Praktiker-Handbuch Lohnsteuer 2010

Praktiker-Handbuch Lohnsteuer 2010

26. Auflage

Einkommensteuergesetz

Lohnsteuer-Durchführungsverordnung

Lohnsteuer-Richtlinien

Rechtsprechung · Anlagen

Im Anhang u. a.

Altersteilzeitgesetz · Arbeitnehmerüberlassungsgesetz · Bundeselterngeld- und Elternzeitgesetz
Bundeskindergeldgesetz · Bundesumzugskostengesetz · Fünftes Vermögensbildungsgesetz
Gesetz zur Verbesserung der betrieblichen Altersversorgung · Sozialversicherungsentgeltverordnung
SGB-Auszüge · Solidaritätszuschlaggesetz 1995 · Steuerdaten-Übermittlungsverordnung
Teilzeit- und Befristungsgesetz · Wohnungsbau-Prämiengesetz

Stichwortverzeichnis

Stand März 2010

Bearbeiter:

Ministerialrat Richard Reinhart

IDW VERLAG GMBH

Düsseldorf 2010

Bibliografische Information Der Deutschen Bibliothek

Die Deutsche Bibliothek verzeichnet diese Publikation in der Deutschen Nationalbibliografie: detaillierte bibliografische Daten sind im Internet über http://dnb.ddb.de abrufbar.

ISBN: 978-3-8021-1425-0

© 2010 IDW Verlag GmbH, Tersteegenstr. 14, 40474 Düsseldorf

Die IDW Verlag GmbH ist ein Unternehmen des Instituts der Wirtschaftsprüfer in Deutschland e.V. (IDW).

www.idw-verlag.de

Das Werk einschließlich aller seiner Teile ist urheberrechtlich geschützt. Jede Verwertung außerhalb der engen Grenzen des Urheberrechtsgesetzes ist ohne vorherige schriftliche Einwilligung des Verlages unzulässig und strafbar. Dies gilt insbesondere für Vervielfältigungen, Übersetzungen, Mikroverfilmungen und die Einspeicherung und Verbreitung in elektronischen Systemen. Es wird darauf hingewiesen, dass im Werk verwendete Markennamen und Produktbezeichnungen dem marken-, kennzeichen- oder urheberrechtlichen Schutz unterliegen.

Die Angaben in diesem Werk wurden sorgfältig erstellt und entsprechen dem Wissensstand bei Redaktionsschluss. Da Hinweise und Fakten jedoch dem Wandel der Rechtsprechung und der Gesetzgebung unterliegen, kann für die Richtigkeit und Vollständigkeit der Angaben in diesem Werk keine Haftung übernommen werden. Gleichfalls werden die in diesem Werk abgedruckten Texte und Abbildungen einer üblichen Kontrolle unterzogen; das Auftreten von Druckfehlern kann jedoch gleichwohl nicht völlig ausgeschlossen werden, so dass für aufgrund von Druckfehlern fehlerhafte Texte und Abbildungen ebenfalls keine Haftung übernommen werden kann.

Satz: Merlin Digital GmbH, Essen

Druck und Verarbeitung: B.O.S.S Druck und Medien GmbH, Goch

Vorwort

Der Lohnsteuerband 2010 wird in seiner 26. Auflage im einheitlichen Verlagskonzept für die Veranlagungsbände vorgelegt. Dem **Hauptteil (EStG, LStR, LStH 2010 u. a.)** folgen **Anlagen** und **Anhang**. Den **Anlagen** sind alle **Verwaltungsregelungen** zugeordnet, die thematisch zu den Vorschriften des EStG gehören, z. B. in den Richtlinien zitierte BMF-Schreiben. Sie sind dem Leitparagraphen des EStG zugeordnet und ggf. numerisch sortiert, z. B.: § 001-01 für erste Anlage zu § 1 EStG. In den **Anhang** sind alle **übrigen Materialien** aufgenommen, also Verordnungen, Nebengesetze, weitere Verwaltungsregelungen. Der **Hauptteil** ist wie bisher zusammengestellt: Gesetzestext und ihm zugeordnet Durchführungsverordnung, die Lohnsteuer-Richtlinien und die neuen amtlichen Hinweise zu den Lohnsteuer-Richtlinien, nach Bedarf die in diesen zitierten Abschnitte der EStR, ESt-Kartei NW und Rechtsprechung. Änderungen gegenüber dem Vorjahr sind durch **Randstriche** gekennzeichnet; in den **LStR/LStH** hebt der **Fettdruck** die Änderungen und Ergänzungen des Textes im Vergleich zum Vorjahr hervor.

Auf den Seiten 1 bis 173 ist das **Einkommensteuergesetz** unter Berücksichtigung der Änderungen bis Ende März 2010 geschlossen abgedruckt. In dieser Fassung gilt es grundsätzlich ab **2010**; Abweichungen sind angemerkt. Die für den **Lohnsteuerabzug 2010** maßgebende Fassung des Einkommensteuergesetzes ist im anschließenden Teil abgedruckt. Den einzelnen **Paragraphen** sind die entsprechenden **Abschnitte der LStR** mit den **LStH** (amtliche Lohnsteuerhinweise), die einschlägige **Rechtsprechung** des Bundesfinanzhofs und Bundesverfassungsgerichts und ein Nachweis der Erlasse der Länder nach der **EStG-Kartei** Nordrhein-Westfalen zugeordnet. Die Kartei enthält eine vollständige und fortlaufende Sammlung aller allgemein gültigen materiell-rechtlichen Verwaltungsanordnungen. Im Lohnsteuerband sind die Weisungen zu den fachlich einschlägigen Paragraphen vollständig nachgewiesen („**ESt-Kartei NW**"). Die Kartei enthält 3 Nummernkreise:

1. Nummernkreis 1 bis 799 bundeseinheitlich ergangene Erlasse,
2. Nummernkreis 800 bis 999 nicht bundeseinheitlich ergangene Erlasse und koordinierte OFD-Verfügungen,
3. Nummernkreis 1000 ff. Verfügungen der OFD Düsseldorf,
   2000 ff. Verfügungen der OFD Köln,
   3000 ff. Verfügungen der OFD Münster.

Den Karteierlassen sind Fundstellen, Stichworte zur Inhaltserschließung sowie Hinweise auf deren Einarbeitung in die Richtlinien angefügt, um überflüssiges Nachschlagen in der Kartei zu vermeiden. Die **Rechtsprechung** wird als **Rechtsprechungsauswahl** nachgewiesen, hier mit den Leitsätzen des BFH bei im Bundessteuerblatt veröffentlichten Urteilen. Die Urteile sind in **zeitlicher Reihenfolge absteigend** sortiert, beginnend mit den jeweils jüngsten Entscheidungen. Im anschließenden Teil „**Schwebende Verfahren**" wird auf einschlägige anhängige Verfahren beim Bundesfinanzhof und Bundesverfassungsgericht hingewiesen. Sie sind nach den Endziffern der Aktenzeichen gegliedert, so dass die neuesten Revisionen am Anfang stehen. Nach dem Hauptteil folgen die **Anlagen** (Verwaltungsregelungen zum EStG) und **Anhang** (Verordnungen, weitere Anweisungen und Nebengesetze). Vom Abdruck einiger Anlagen und Anhänge wurde aus Platzgründen abgesehen.

Das ausführliche **Stichwortverzeichnis** soll die Benutzung erleichtern. Es verweist nicht auf Seitenzahlen, sondern auf **Fundstellen** und **Dokumentenangaben**, z. B. EStG § 8 (2) 9 für § 8 Absatz 2 Satz 9 EStG, LStR 8.1 (2) für R 8.1 Absatz 2 LStR, LStH für die Hinweise zu den LStR.

Zu den Gesetzesänderungen/-beschlüssen von 2009 bis Ende März 2010:
Das **Bürgerentlastungsgesetz Krankenversicherung** (Datum und Fundstellen der Gesetzesänderungen unter Fußnote 1 Seite 1) führt ab 2010 zu erheblichen Änderungen beim Abzug von Vorsorgeaufwendungen, insbesondere von Kranken- und Pflegeversicherung in der Veranlagung (§ 10 EStG, keine Vorsorgepauschale mehr) und im Lohnsteuerverfahren (§ 39b EStG mit differenzierender Berechnung der Vorsorgepauschale und auch einer arbeitslohnabhängigen Mindestvorsorgepauschale); dazu wird auf das BMF-Schreiben zur Vorsorgepauschale ab 2010 **Anlage § 039b-05** hingewiesen. Das **Wachstumsbeschleunigungsgesetz** kurz nach der Bundestagswahl mit dem ermäßigten Umsatzsteuersatz für Beherbergungsleistungen hat in mehrerer Hinsicht für Aufregung gesorgt; lohnsteuerlich drohten ab 1. 1. 2010 nachteilige Auswirkungen bei Arbeitgeberersatz von Reisekosten (insbesondere Übernachtung mit Frühstück). Die Finanzverwaltung hat zügig gehandelt mit dem Ziel, diese nachteiligen Auswirkungen zu vermeiden; geht das Frühstück – nicht gesondert berechnet – in einen Sammelposten ein, so bleibt die günstige Vereinfachungsregelung der LStR anwendbar(**Anlage § 008-15**

Tz. II). Mit dem **Gesetz zur Umsetzung steuerlicher EU-Vorgaben sowie zur Änderung steuerlicher Vorschriften** (bei Redaktionsschluss noch nicht veröffentlicht, gemäß Bundesrats-Drucksachen 4/10 und 107/10 im Text berücksichtigt) wurde **§ 3 Nummer 39 EStG (steuerfreie Überlassung von Vermögensbeteiligungen, Anlage § 003-07)** rückwirkend geändert; ab 2009 (von Beginn der Neuregelung an) ist nicht mehr erforderlich, dass „die Vermögensbeteiligung als freiwillige Leistung zusätzlich zum ohnehin geschuldeten Arbeitslohn überlassen und nicht auf bestehende oder künftige Ansprüche angerechnet wird". Etwaige Entgeltumwandlung schließt also die Steuerfreiheit nicht aus.

Die Rechtsprechung des Bundesfinanzhofs führte ebenfalls zu neuen BMF-Schreiben, z.b. zur **doppelten Haushaltsführung in Wegverlegungsfällen (Anlage § 009-09)** und zur **regelmäßigen Arbeitsstätte bei Auswärtstätigkeit (Anlage § 009-10)**. Zu den Voraussetzungen für die steuerliche Anerkennung von **Zeitwertkonten** siehe **Anlage § 038-02**. Für die Übermittlung der **Lohnsteuerbescheinigung 2010** ist erstmals grundsätzliche die steuerliche Identifikationsnummer des Arbeitnehmers zu verwenden; die Verwendung der eTIN ist ab 1.1.2010 nur noch sehr begrenzt möglich (**Anlage § 041b-02**).

Auf das neue optionale **Faktorverfahren (§ 39f EStG)** wird hingewiesen. Es ist ab 2010 anzuwenden und soll ermöglichen, die Steuerlast zwischen Arbeitnehmerehegatten gleichmäßig zu verteilen. Mit dem (Minderungs-)Faktor wird die Splittingwirkung auf die Lohnsteuer der Steuerklasse IV für den jeweiligen Arbeitslohn übertragen – die Splittingwirkung kommt beiden Arbeitnehmerehegatten schon beim Lohnsteuerabzug zu Gute (siehe unter Steuerklassenwahl – Anlage § 38b-01 –).

Zahlenmäßige Änderungen sind auch aus der beigefügten **Übersicht 2010** ersichtlich (**Anhang 59**).

Die Auswahl und Bearbeitung des Materials lag in den Händen von Herrn Ministerialrat Richard Reinhart. Für Anregungen und Wünsche zum Inhalt sowie zur Ausgestaltung sind wir jederzeit dankbar.

Düsseldorf, April 2010   Der Bearbeiter
                                                                                                                IDW Verlag GmbH

Inhaltsverzeichnis

		Seite
Vorwort		V
Inhaltsverzeichnis		VII
Abkürzungsverzeichnis		XXV
Einkommensteuergesetz		1
EStG Anlage 1	(zu § 4d Absatz 1 EStG) Tabelle für die Errechnung des Deckungskapitals für lebenslänglich laufende Leistungen von Unterstützungskassen	169
EStG Anlage 2	(zu § 43b EStG) Gesellschaften im Sinne der Richtlinie 90/435/EWG	170
EStG Anlage 3	(zu § 50g EStG)	173

(I. Steuerpflicht)

EStG § 1	Steuerpflicht	175
LStR 2008		
Einführung		175

(II. Einkommen)

EStG § 1a	(Steuerpflicht Sondervorschriften)	181
EStG § 2	Umfang der Besteuerung, Begriffsbestimmungen	182
EStG § 2a	Negative Einkünfte mit Bezug zu Drittstaaten	184
EStG § 3	(Steuerfreie Einnahmen)	186
LStR		
R 3.2	Leistungen nach dem Dritten Buch Sozialgesetzbuch (§ 3 Nummer 2 EStG)	198
R 3.4	Überlassung von Dienstkleidung und andere Leistungen an bestimmte Angehörige des öffentlichen Dienstes (§ 3 Nummer 4 EStG)	199
R 3.5	Geld- und Sachbezüge an Wehrpflichtige und Zivildienstleistende (§ 3 Nummer 5 EStG)	199
R 3.6	Gesetzliche Bezüge der Wehr- und Zivildienstbeschädigten, Kriegsbeschädigten, ihrer Hinterbliebenen und der ihnen gleichgestellten Personen (§ 3 Nummer 6 EStG)	199
R 3.11	Beihilfen und Unterstützungen, die wegen Hilfsbedürftigkeit gewährt werden (§ 3 Nummer 11 EStG)	200
R 3.12	Aufwandsentschädigungen aus öffentlichen Kassen (§ 3 Nummer 12 Satz 2 EStG)	202
R 3.13	Reisekostenvergütungen, Umzugskostenvergütungen und Trennungsgelder aus öffentlichen Kassen (§ 3 Nummer 13 EStG)	205
R 3.16	Erstattung von Reisekosten, Umzugskosten und Mehraufwendungen bei doppelter Haushaltsführung außerhalb des öffentlichen Dienstes (§ 3 Nummer 16 EStG)	206
R 3.26	Steuerbefreiung für nebenberufliche Tätigkeiten (§ 3 Nummer 26 EStG)	207
R 3.28	Leistungen nach dem Altersteilzeitgesetz (§ 3 Nummer 28 EStG)	209
R 3.30	Werkzeuggeld (§ 3 Nummer 30 EStG)	211
R 3.31	Überlassung typischer Berufskleidung (§ 3 Nummer 31 EStG)	212
R 3.32	Sammelbeförderung von Arbeitnehmern zwischen Wohnung und Arbeitsstätte (§ 3 Nummer 32 EStG)	212
R 3.33	Unterbringung und Betreuung von nicht schulpflichtigen Kindern (§ 3 Nummer 33 EStG)	213
R 3.45	Betriebliche Personalcomputer und Telekommunikationsgeräte (§ 3 Nummer 45 EStG)	214
R 3.50	Durchlaufende Gelder, Auslagenersatz (§ 3 Nummer 50 EStG)	214
R 3.58	Zuschüsse und Zinsvorteile aus öffentlichen Haushalten (§ 3 Nummer 58 EStG)	215
R 3.59	Steuerfreie Mietvorteile (§ 3 Nummer 59 EStG)	215
R 3.62	Zukunftssicherungsleistungen (§ 3 Nummer 62 EStG, § 2 Absatz 2 Nummer 3 LStDV)	216
R 3.64	Kaufkraftausgleich (§ 3 Nummer 64 EStG)	220

R 3.65	Insolvenzsicherung (§ 3 Nummer 65 EStG)	221
EStG § 3a	(weggefallen)	236
EStG § 3b LStR	Steuerfreiheit von Zuschlägen für Sonntags-, Feiertags- oder Nachtarbeit	236
R 3b.	Steuerfreiheit der Zuschläge für Sonntags-, Feiertags- oder Nachtarbeit (§ 3b EStG)	237
EStG § 3c	Anteilige Abzüge	245
EStG § 4	Gewinnbegriff im Allgemeinen	247
EStG § 4a	Gewinnermittlungszeitraum, Wirtschaftsjahr	256
EStG § 4b	Direktversicherung	256
EStG § 4c	Zuwendungen an Pensionskassen	256
EStG § 4d	Zuwendungen an Unterstützungskassen	257
EStG § 4e	Beiträge an Pensionsfonds	259
EStG § 4f	(weggefallen)	259
EStG § 4g	Bildung eines Ausgleichspostens bei Entnahme nach § 4 Absatz 1 Satz 3	259
EStG § 4h	Betriebsausgabenabzug für Zinsaufwendungen (Zinsschranke)	260
EStG § 5	Gewinn bei Kaufleuten und bei bestimmten anderen Gewerbetreibenden	262
EStG § 5a	Gewinnermittlung bei Handelsschiffen im internationalen Verkehr	263
EStG § 5b	Elektronische Übermittlung von Bilanzen sowie Gewinn- und Verlustrechnungen	265
EStG § 6	Bewertung	265
EStG § 6a	Pensionsrückstellung	272
EStG § 6b	Übertragung stiller Reserven bei der Veräußerung bestimmter Anlagegüter	273
EStG § 6c	Übertragung stiller Reserven bei der Veräußerung bestimmter Anlagegüter bei der Ermittlung des Gewinns nach § 4 Absatz 3 oder nach Durchschnittssätzen	276
EStG § 6d	Euroumrechnungsrücklage	276
EStG § 7	Absetzung für Abnutzung oder Substanzverringerung	276
EStG § 7a	Gemeinsame Vorschriften für erhöhte Absetzungen und Sonderabschreibungen	279
EStG § 7b	Erhöhte Absetzungen für Einfamilienhäuser, Zweifamilienhäuser und Eigentumswohnungen	280
EStG § 7c	Erhöhte Absetzungen für Baumaßnahmen an Gebäuden zur Schaffung neuer Mietwohnungen	280
EStG § 7d	Erhöhte Absetzungen für Wirtschaftsgüter, die dem Umweltschutz dienen	281
EStG § 7e	(weggefallen)	282
EStG § 7f	Bewertungsfreiheit für abnutzbare Wirtschaftsgüter des Anlagevermögens privater Krankenhäuser	282
EStG § 7g	Investitionsabzugsbeträge und Sonderabschreibungen zur Förderung kleiner und mittlerer Betriebe	283
EStG § 7h	Erhöhte Absetzungen bei Gebäuden in Sanierungsgebieten und städtebaulichen Entwicklungsbereichen	284
EStG § 7i	Erhöhte Absetzungen bei Baudenkmalen	285
EStG § 7k	Erhöhte Absetzungen für Wohnungen mit Sozialbindung	285
EStG § 8	Einnahmen	287

LStR
R 8.1	Bewertung der Sachbezüge (§ 8 Absatz 2 EStG)	287
R 8.2	Bezug von Waren und Dienstleistungen (§ 8 Absatz 3 EStG)	304

EStG § 9	**Werbungskosten**	319

LStR
R 9.1	Werbungskosten	320
R 9.2	Aufwendungen für die Aus- und Fortbildung	324
R 9.3	Ausgaben im Zusammenhang mit Berufsverbänden	326
R 9.4	Reisekosten	327
R 9.5	Fahrtkosten als Reisekosten	329
R 9.6	Verpflegungsmehraufwendungen als Reisekosten	331
R 9.7	Übernachtungskosten	333
R 9.8	Reisenebenkosten	334
R 9.9	Umzugskosten	335
R 9.10	Aufwendungen für Wege zwischen Wohnung und **regelmäßiger** Arbeitsstätte	337
R 9.11	Mehraufwendungen bei doppelter Haushaltsführung	340
R 9.12	Arbeitsmittel	345
R 9.13	Werbungskosten bei Heimarbeiten	347

EStG § 9a	**Pauschbeträge für Werbungskosten**	372

EStR 2008
R 9a.	Pauschbeträge für Werbungskosten	372

EStG § 9b	**(Umsatzsteuerrechtlicher Vorsteuerabzug)**	373

EStG § 9c	**Kinderbetreuungskosten**	374

EStG § 10	**(Sonderausgaben)**	375

EStR 2008
R 10.1	Sonderausgaben (Allgemeines)	380
R 10.2	Unterhaltsleistungen an den geschiedenen oder dauernd getrennt lebenden Ehegatten	380
R 10.3	Renten und dauernde Lasten, **Versorgungsleistungen**	381
R 10.4	Vorsorgeaufwendungen (Allgemeines) – unbesetzt –	381
R 10.5	Versicherungsbeiträge	381
R 10.6	Nachversteuerung von Versicherungsbeiträgen	381
R 10.7	Kirchensteuern und Kirchenbeiträge	381
R 10.8	**Kinderbetreuungskosten** – unbesetzt –	381
R 10.9	Aufwendungen für die Berufsausbildung	381
R 10.10	Schulgeld – unbesetzt –	382

EStG § 10a	**Zusätzliche Altersvorsorge**	391
EStG § 10b	**Steuerbegünstigte Zwecke**	394
EStG § 10c	**Sonderausgaben-Pauschbetrag**	398
EStG § 10d	**Verlustabzug**	398
EStG § 10e	**Steuerbegünstigung der zu eigenen Wohnzwecken genutzten Wohnung im eigenen Haus**	400
EStG § 10f	**Steuerbegünstigung für zu eigenen Wohnzwecken genutzte Baudenkmale und Gebäude in Sanierungsgebieten und städtebaulichen Entwicklungsbereichen**	401
EStG § 10g	**Steuerbegünstigung für schutzwürdige Kulturgüter, die weder zur Einkunftserzielung noch zu eigenen Wohnzwecken genutzt werden**	401

EStG § 10h	Steuerbegünstigung der unentgeltlich zu Wohnzwecken überlassenen Wohnung im eigenen Haus	402
EStG § 10i	Vorkostenabzug bei einer nach dem Eigenheimzulagengesetz begünstigten Wohnung	402
EStG § 11	(Vereinnahmung und Verausgabung)	403
EStG § 11a	Sonderbehandlung von Erhaltungsaufwand bei Gebäuden in Sanierungsgebieten und städtebaulichen Entwicklungsbereichen	407
EStG § 11b	Sonderbehandlung von Erhaltungsaufwand bei Baudenkmalen	407
EStG § 12	(Nicht abzugsfähige Ausgaben)	408
EStG § 13	Einkünfte aus Land- und Forstwirtschaft	414
EStG § 13a	Ermittlung des Gewinns aus Land- und Forstwirtschaft nach Durchschnittssätzen	415
EStG § 14	Veräußerung des Betriebs	417
EStG § 14a	Vergünstigungen bei der Veräußerung bestimmter land- und forstwirtschaftlicher Betriebe	417
EStG § 15	Einkünfte aus Gewerbebetrieb	419
EStG § 15a	Verluste bei beschränkter Haftung	420
EStG § 15b	Verluste im Zusammenhang mit Steuerstundungsmodellen	422
EStG § 16	Veräußerung des Betriebs	423
EStG § 17	Veräußerung von Anteilen an Kapitalgesellschaften	424
EStG § 18	(Selbständige Arbeit)	425
EStG § 19	(Nichtselbständige Arbeit)	428
LStDV		
§ 1	*Arbeitnehmer, Arbeitgeber*	430
§ 2	*Arbeitslohn*	430
LStR		
H 19.0	Arbeitnehmer	431
EStR 2008		
R 4.8	Rechtsverhältnisse zwischen Angehörigen	434
LStR		
R 19.1	Arbeitgeber	435
R 19.2	Nebentätigkeit und Aushilfstätigkeit	436
R 19.3	Arbeitslohn	437
R 19.4	Vermittlungsprovisionen	443
R 19.5	Zuwendungen bei Betriebsveranstaltungen	443
R 19.6	Aufmerksamkeiten	446
R 19.7	Berufliche Fort- oder Weiterbildungsleistungen des Arbeitgebers	447
R 19.8	Versorgungsbezüge	448
R 19.9	Zahlung von Arbeitslohn an die Erben oder Hinterbliebenen eines verstorbenen Arbeitnehmers	450
EStG § 19a	Überlassung von Vermögensbeteiligungen an Arbeitnehmer (weggefallen)	471
LStR		
R 19a.	Steuerbegünstigte Überlassung von Vermögensbeteiligungen	471
EStG § 20	(Kapitalvermögen)	476
EStG § 21	(Vermietung und Verpachtung)	483

EStG § 22	Arten der sonstigen Einkünfte	486
EStG § 22a	Rentenbezugsmitteilungen an die zentrale Stelle	495
EStG § 23	Private Veräußerungsgeschäfte	496
EStG § 24	(Gemeinsame Vorschriften)	499
EStG § 24a	Altersentlastungsbetrag	500
EStR 2008		
R 24a.	Altersentlastungsbetrag	501
EStG § 24b	Entlastungsbetrag für Alleinerziehende	502

(III. Veranlagung)

EStG § 25	Veranlagungszeitraum, Steuererklärungspflicht	503
EStG § 26	Veranlagung von Ehegatten	503
EStG § 26a	Getrennte Veranlagung von Ehegatten	505
EStG § 26b	Zusammenveranlagung von Ehegatten	506
EStG § 26c	Besondere Veranlagung für den Veranlagungszeitraum der Eheschließung	507
EStG § 27	(weggefallen)	507
EStG § 28	Besteuerung bei fortgesetzter Gütergemeinschaft	507
EStG §§ 29 und 30 (weggefallen)		507

(IV. Tarif)

EStG § 31	Familienleistungsausgleich	508
EStG § 32	Kinder, Freibeträge für Kinder	510
EStR 2008		
R 32.1	Im ersten Grad mit dem Steuerpflichtigen verwandte Kinder – unbesetzt –	512
R 32.2	Pflegekinder	512
R 32.3	Allgemeines zur Berücksichtigung von Kindern	512
R 32.4	Kinder, die Arbeit suchen – unbesetzt –	512
R 32.5	Kinder, die für einen Beruf ausgebildet werden	512
R 32.6	Kinder, die sich in einer Übergangszeit befinden – unbesetzt –	512
R 32.7	Kinder, die mangels Ausbildungsplatz ihre Berufsausbildung nicht beginnen oder fortsetzen können	513
R 32.8	Kinder, die ein freiwilliges soziales oder ökologisches Jahr oder freiwillige Dienste leisten – unbesetzt –	513
R 32.9	Kinder, die wegen körperlicher, geistiger oder seelischer Behinderung außerstande sind, sich selbst zu unterhalten	513
R 32.10	Einkünfte und Bezüge des Kindes	514
R 32.11	Verlängerungstatbestände bei Arbeit suchenden Kindern und Kindern in Berufsausbildung	514
R 32.12	Höhe der Freibeträge für Kinder in Sonderfällen	515
R 32.13	Übertragung der Freibeträge für Kinder	515
EStG § 32a	Einkommensteuertarif	526
EStG § 32b	Progressionsvorbehalt	528
EStR 2008		
R 32b.	Progressionsvorbehalt	530
EStG § 32c	Tarifbegrenzung bei Gewinneinkünften	535
EStG § 32d	Gesonderter Steuertarif für Einkünfte aus Kapitalvermögen	535

EStG § 33	Außergewöhnliche Belastungen	538

EStR 2008

R 33.1	Außergewöhnliche Belastungen allgemeiner Art	538
R 33.2	Aufwendungen für existentiell notwendige Gegenstände	538
R 33.3	Aufwendungen wegen Pflegebedürftigkeit **und erheblich eingeschränkter Alltagskompetenz**	539
R 33.4	Aufwendungen wegen Krankheit, Behinderung und Tod	540
EStG § 33a	Außergewöhnliche Belastungen in besonderen Fällen	545

EStR 2008

R 33a.1	Aufwendungen für den Unterhalt und eine etwaige Berufsausbildung	546
R 33a.2	Freibetrag zur Abgeltung des Sonderbedarfs eines sich in Berufsausbildung befindenden, auswärtig untergebrachten, volljährigen Kindes	546
R 33a.3	Aufwendungen für eine Hilfe im Haushalt oder für vergleichbare Dienstleistungen (§ 33a Absatz 3 EStG)	547
R 33a.4	Zeitanteilige Ermäßigung nach § 33a Absatz 4 EStG	547
EStG § 33b	**Pauschbeträge für behinderte Menschen, Hinterbliebene und Pflegepersonen**	551

EStDV

§ 65	*Nachweis der Voraussetzungen für die Inanspruchnahme der Pauschbeträge des § 33b des Gesetzes*	552

EStR 2008

R 33b.	Pauschbeträge für behinderte Menschen, Hinterbliebene und Pflegepersonen	553
EStG § 34	Außerordentliche Einkünfte	555

EStR 2008

R 34.4	Anwendung des § 34 Absatz 1 EStG auf Einkünfte aus der Vergütung für eine mehrjährige Tätigkeit (§ 34 Absatz 2 Nummer 4 EStG)	556
EStG § 34a	Begünstigung der nicht entnommenen Gewinne	563
EStG § 34b	Steuersätze bei außerordentlichen Einkünften aus Forstwirtschaft	565

(V. Steuerermäßigungen)

EStG § 34c	(Steuerermäßigung bei ausländischen Einkünften)	566
EStG § 34d	Ausländische Einkünfte	567
EStG § 34e	(Steuerermäßigung bei Einkünften aus Land- und Forstwirtschaft)	568
EStG § 34f	(Steuerermäßigung für Steuerpflichtige mit Kindern bei Inanspruchnahme erhöhter Absetzungen für Wohngebäude oder der Steuerbegünstigungen für eigengenutztes Wohneigentum)	569
EStG § 34g	(Steuerermäßigung bei Zuwendungen an politische Parteien und an unabhängige Wählervereinigungen)	570
EStG § 35	(Steuerermäßigung bei Einkünften aus Gewerbebetrieb)	571
EStG § 35a	Steuerermäßigung bei Aufwendungen für haushaltsnahe Beschäftigungsverhältnisse, haushaltsnahe Dienstleistungen und Handwerkerleistungen	572
EStG § 35b	Steuerermäßigung bei Belastung mit Erbschaftsteuer	573

(VI. Steuererhebung)

EStG § 36	Entstehung und Tilgung der Einkommensteuer	574
EStG § 37	Einkommensteuer-Vorauszahlung	575
EStG § 37a	Pauschalierung der Einkommensteuer durch Dritte	577
EStG § 37b	Pauschalierung der Einkommensteuer bei Sachzuwendungen	578

EStG § 38	Erhebung der Lohnsteuer	579
LStR		
R 38.1	Steuerabzug vom Arbeitslohn	580
R 38.2	Zufluss von Arbeitslohn	580
R 38.3	Einbehaltungspflicht des Arbeitgebers	582
R 38.4	Lohnzahlung durch Dritte	583
R 38.5	Lohnsteuerabzug durch Dritte	584
EStG § 38a	Höhe der Lohnsteuer	589
EStG § 38b	Lohnsteuerklassen	590
EStR 2008		
R 26.	Voraussetzungen für die Anwendung des § 26 EStG	591
EStG § 39	Lohnsteuerkarte	592
LStR		
R 39.1	Verfahren bei der Ausstellung der Lohnsteuerkarte	593
R 39.2	Änderungen und Ergänzungen der Lohnsteuerkarte	596
R 39.3	Nachträgliche Ausstellung von Lohnsteuerkarten	600
EStG § 39a	Freibetrag und Hinzurechnungsbetrag	602
LStR		
R 39a.1	Verfahren bei der Eintragung eines Freibetrags oder eines Hinzurechnungsbetrags auf der Lohnsteuerkarte	603
R 39a.2	Freibetrag wegen negativer Einkünfte	606
R 39a.3	Freibeträge bei Ehegatten	606
EStG § 39b	Durchführung des Lohnsteuerabzugs für unbeschränkt einkommensteuerpflichtige Arbeitnehmer	609
LStR		
R 39b.1	Aufbewahrung der Lohnsteuerkarte	611
R 39b.2	Laufender Arbeitslohn und sonstige Bezüge	611
R 39b.3	Freibeträge für Versorgungsbezüge	612
R 39b.4	Altersentlastungsbetrag **beim Lohnsteuerabzug**	612
R 39b.5	Einbehaltung der Lohnsteuer vom laufenden Arbeitslohn	613
R 39b.6	Einbehaltung der Lohnsteuer von sonstigen Bezügen	614
R 39b.7	Berücksichtigung der Vorsorgepauschale beim Lohnsteuerabzug	618
R 39b.8	Permanenter Lohnsteuer-Jahresausgleich	618
R 39b.9	Besteuerung des Nettolohns	619
R 39b.10	Anwendung von Doppelbesteuerungsabkommen	620
EStG § 39c	Durchführung des Lohnsteuerabzugs ohne Lohnsteuerkarte	623
LStR		
R 39c.	Nichtvorlage der Lohnsteuerkarte	623
EStG § 39d	Durchführung des Lohnsteuerabzugs für beschränkt einkommensteuerpflichtige Arbeitnehmer	626
LStR		
R 39d.	Durchführung des Lohnsteuerabzugs für beschränkt einkommensteuerpflichtige Arbeitnehmer	626
EStG § 39e	Elektronische Lohnsteuerabzugsmerkmale	630
EStG § 39f	Faktorverfahren anstelle Steuerklassenkombination III/V	632
EStG § 40	Pauschalierung der Lohnsteuer in besonderen Fällen	633

LStR
R 40.1 Bemessung der Lohnsteuer nach besonderen Pauschsteuersätzen (§ 40 Absatz 1 EStG) 634
R 40.2 Bemessung der Lohnsteuer nach einem festen Pauschsteuersatz (§ 40 Absatz 2 EStG) . . 636
EStG § 40a Pauschalierung der Lohnsteuer für Teilzeitbeschäftigte und geringfügige Beschäftigte 641
LStR
R 40a.1 Kurzfristige Beschäftigte und Aushilfskräfte in der Land- und Forstwirtschaft........ 642
R 40a.2 Geringfügig entlohnte Beschäftigte 644
EStG § 40b Pauschalierung der Lohnsteuer bei bestimmten Zukunftssicherungsleistungen 647
LStR
R 40b.1 Pauschalierung der Lohnsteuer bei Beiträgen zu Direktversicherungen und Zuwendungen an Pensionskassen für Versorgungszusagen, die vor dem 1.1.2005 erteilt wurden. . 647
R 40b.2 Pauschalierung der Lohnsteuer bei Beiträgen zu einer Gruppenunfallversicherung 654
EStG § 41 **Aufzeichnungspflichten beim Lohnsteuerabzug** 658
LStDV
§ 4 *Lohnkonto* 658
§ 5 *Besondere Aufzeichnungs- und Mitteilungspflichten im Rahmen der betrieblichen Altersversorgung*.. 660
LStR
R 41.1 Aufzeichnungserleichterungen, Aufzeichnung der Religionsgemeinschaft........... 661
R 41.2 Aufzeichnung des Großbuchstaben U 661
R 41.3 Betriebsstätte 661
EStG § 41a **Anmeldung und Abführung der Lohnsteuer** 665
LStR
R 41a.1 Lohnsteuer-Anmeldung 666
R 41a.2 Abführung der Lohnsteuer 667
EStG § 41b **Abschluss des Lohnsteuerabzugs** 670
LStR
R 41b. Abschluss des Lohnsteuerabzugs 671
EStG § 41c **Änderung des Lohnsteuerabzugs** 674
LStR
R 41c.1 Änderung des Lohnsteuerabzugs 674
R 41c.2 Anzeigepflichten des Arbeitgebers 675
R 41c.3 Nachforderung von Lohnsteuer 676
EStG §§ 42 und 42a (weggefallen)... 678
EStG § 42b **Lohnsteuer-Jahresausgleich durch den Arbeitgeber** 679
LStR
R 42b. Durchführung des Lohnsteuer-Jahresausgleichs durch den Arbeitgeber 680
EStG § 42c (weggefallen)... 680
EStG § 42d **Haftung des Arbeitgebers und Haftung bei Arbeitnehmerüberlassung** 681
LStR
R 42d.1 Inanspruchnahme des Arbeitgebers 682
R 42d.2 Haftung bei Arbeitnehmerüberlassung 687
R 42d.3 Haftung bei Lohnsteuerabzug durch einen Dritten............................ 690
EStG § 42e **Anrufungsauskunft**.. 694

LStR		
R 42e.	Anrufungsauskunft	694
EStG § 42f	Lohnsteuer-Außenprüfung	696
LStR		
R 42f.	Lohnsteuer-Außenprüfung	696
EStG § 43	Kapitalerträge mit Steuerabzug	698
EStG § 43a	Bemessung der Kapitalertragsteuer	700
EStG § 43b	Bemessung der Kapitalertragsteuer bei bestimmten Gesellschaften	702
EStG § 44	Entrichtung der Kapitalertragsteuer	703
EStG § 44a	Abstandnahme vom Steuerabzug	705
EStG § 44b	Erstattung der Kapitalertragsteuer	707
EStG § 45	Ausschluss der Erstattung von Kapitalertragsteuer	709
EStG § 45a	Anmeldung und Bescheinigung der Kapitalertragsteuer	709
EStG § 45b	Erstattung von Kapitalertragsteuer auf Grund von Sammelanträgen	710
EStG § 45c	(weggefallen)	711
EStG § 45d	Mitteilungen an das Bundeszentralamt für Steuern	711
EStG § 45e	Ermächtigung für Zinsinformationsverordnung	712
EStG § 46	Veranlagung bei Bezug von Einkünften aus nichtselbständiger Arbeit	712
EStG § 47	(weggefallen)	715

(VII. Steuerabzug bei Bauleistungen)

EStG § 48	Steuerabzug	716
EStG § 48a	Verfahren	716
EStG § 48b	Freistellungsbescheinigung	717
EStG § 48c	Anrechnung	717
EStG § 48d	Besonderheiten im Fall von Doppelbesteuerungsabkommen	718

(VIII. Besteuerung beschränkt Steuerpflichtiger)

EStG § 49	Beschränkt steuerpflichtige Einkünfte	718
EStG § 50	Sondervorschriften für beschränkt Steuerpflichtige	722
EStG § 50a	Steuerabzug bei beschränkt Steuerpflichtigen	724

(IX. Sonstige Vorschriften, Bußgeld-, Ermächtigungs- und Schlussvorschriften)

EStG § 50b	Prüfungsrecht	727
EStG § 50c	(weggefallen)	727
EStG § 50d	Besonderheiten im Fall von Doppelbesteuerungsabkommen und der §§ 43b und 50g	727
EStG § 50e	Bußgeldvorschriften; Nichtverfolgung von Steuerstraftaten bei geringfügiger Beschäftigung in Privathaushalten	730
EStG § 50f	Bußgeldvorschriften	731
EStG § 50g	Entlastung vom Steuerabzug bei Zahlungen von Zinsen und Lizenzgebühren zwischen verbundenen Unternehmen verschiedener Mitgliedstaaten der Europäischen Union	731

EStG § 50h	Bestätigung für Zwecke der Entlastung von Quellensteuern in einem anderen Mitgliedstaat der Europäischen Union oder der Schweizerischen Eidgenossenschaft	733
EStG § 51	Ermächtigungen	734
EStG § 51a	Festsetzung und Erhebung von Zuschlagsteuern	735
EStG § 52	Anwendungsvorschriften	737
EStG § 52a	Anwendungsvorschriften zur Einführung einer Abgeltungsteuer auf Kapitalerträge und Veräußerungsgewinne	737
EStG § 53	Sondervorschrift zur Steuerfreistellung des Existenzminimums eines Kindes in den Veranlagungszeiträumen 1983 bis 1995	738
EStG § 54	(weggefallen)	738
EStG § 55	Schlussvorschriften (Sondervorschriften für die Gewinnermittlung nach § 4 oder nach Durchschnittssätzen bei vor dem 1. Juli 1970 angeschafftem Grund und Boden)	739
EStG § 56	Sondervorschriften für Steuerpflichtige in dem in Artikel 3 des Einigungsvertrages genannten Gebiet	740
EStG § 57	Besondere Anwendungsregeln aus Anlass der Herstellung der Einheit Deutschlands	741
EStG § 58	Weitere Anwendung von Rechtsvorschriften, die vor Herstellung der Einheit Deutschlands in dem in Artikel 3 des Einigungsvertrages genannten Gebiet gegolten haben	741
EStG §§ 59 bis 61 (weggefallen)		742

(X. Kindergeld)

EStG § 62	Anspruchsberechtigte	742
EStG § 63	Kinder	744
EStG § 64	Zusammentreffen mehrerer Ansprüche	745
EStG § 65	Andere Leistungen für Kinder	746
EStG § 66	Höhe des Kindergeldes, Zahlungszeitraum	746
EStG § 67	Antrag	747
EStG § 68	Besondere Mitwirkungspflichten	747
EStG § 69	Überprüfung des Fortbestehens von Anspruchsvoraussetzungen durch Meldedaten-Übermittlung	748
EStG § 70	Festsetzung und Zahlung des Kindergeldes	748
EStG § 71	(weggefallen)	750
EStG § 72	Festsetzung und Zahlung des Kindergeldes an Angehörige des öffentlichen Dienstes	750
EStG § 73	(weggefallen)	751
EStG § 74	Zahlung des Kindergeldes in Sonderfällen	751
EStG § 75	Aufrechnung	752
EStG § 76	Pfändung	753
EStG § 76a	Kontenpfändung und Pfändung von Bargeld	753
EStG § 77	Erstattung von Kosten im Vorverfahren	753
EStG § 78	Übergangsregelungen	754

(XI. Altersvorsorgezulage)

EStG § 79	Zulageberechtigte	754
EStG § 80	Anbieter	754
EStG § 81	Zentrale Stelle	754
EStG § 81a	Zuständige Stelle	755
EStG § 82	Altersvorsorgebeiträge	755
EStG § 83	Altersvorsorgezulage	756
EStG § 84	Grundzulage	756
EStG § 85	Kinderzulage	756
EStG § 86	Mindesteigenbeitrag	757
EStG § 87	Zusammentreffen mehrerer Verträge	757
EStG § 88	Entstehung des Anspruchs auf Zulage	758
EStG § 89	Antrag	758
EStG § 90	Verfahren	759
EStG § 91	Datenerhebung und Datenabgleich	759
EStG § 92	Bescheinigung	760
EStG § 92a	Verwendung für eine selbst genutzte Wohnung	760
EStG § 92b	Verfahren bei Verwendung für eine selbst genutzte Wohnung	763
EStG § 93	Schädliche Verwendung	764
EStG § 94	Verfahren bei schädlicher Verwendung	765
EStG § 95	Sonderfälle der Rückzahlung	766
EStG § 96	Anwendung der Abgabenordnung, allgemeine Vorschriften	766
EStG § 97	Übertragbarkeit	767
EStG § 98	Rechtsweg	767
EStG § 99	Ermächtigung	767

Anlagen

Anlage	Inhalt	Seite
§ 001–01:	BMF-Schreiben vom 9.9.2008 betr. Berücksichtigung ausländischer Verhältnisse; **Ländergruppeneinteilung** ab 1.1.2008	769
§ 001–CD02:	BMF-Schreiben vom 8.10.1996 (BStBl. I S. 1191) betr. **Erweiterte unbeschränkte Einkommensteuerpflicht** nach § 1 Absatz 2 EStG und unbeschränkte Einkommensteuerpflicht auf Antrag nach § 1 Absatz 3 in Verbindung mit § 1a Absatz 2 EStG; Billigkeitsregelung – **abrufbar** –	
§ 001–CD03:	BMF-Schreiben vom 30.12.1996 (BStBl. I S. 1506) und 25.11.1999 (BStBl. I S. 990) betr. Beschränkte und unbeschränkte Einkommensteuerpflicht; Umsetzung des EuGH-Urteils vom 14. Februar 1995 – **Schumacker** – im Rahmen des **Jahressteuergesetzes 1996** – **abrufbar** –	
§ 003–CD01:	Gleichlautender Ländererlass vom 15.10.2002 (BStBl. I S. 993) betr. Steuerliche Behandlung von **Aufwandsentschädigungen** aus öffentlichen Kassen an öffentliche Dienste leistende Personen (§ 3 Nummer 12 Satz 2 EStG); **Übertragung** nicht ausgeschöpfter steuerfreier **Monatsbeträge**	
§ 003–02:	BMF-Schreiben vom 25.11.2008 betr. **Anwendungsschreiben zu § 3 Nummer 26a EStG**	772

Anlage	Inhalt	Seite
§ 003–03:	BMF-Schreiben vom 8.1.2010 betr. Steuerbefreiung des Kaufkraftausgleichs (§ 3 Nummer 64 EStG); Gesamtübersicht der **Kaufkraftzuschläge** zum 1.1.2010 . .	776
§ 003–04:	BMF-Schreiben vom 12.4.2006 betr. Steuerliche Behandlung des von Organen der **EU** gezahlten **Tagegeldes** für in ihrem Bereich verwendete **Beamte**	780
§ 003–CD05:	BMF-Schreiben vom 20.8.2007 (BStBl. I S. 656) betr. Steuerliche Vorrechte und Befreiungen aufgrund **zwischenstaatlicher Vereinbarungen** (Fundstellenverzeichnis) – **abrufbar** –	
§ 003–06:	BMF-Schreiben vom 26.10.2006 betr. **Übertragung** von Versorgungsverpflichtungen und Versorgungsanwartschaften **auf Pensionsfonds**; Anwendung der Regelungen in § 4d Absatz 3 EStG und § 4e Absatz 3 EStG i.V.m. § 3 Nummer 66 EStG.	782
§ 003–07:	BMF-Schreiben vom 8.12.2009 betr. Behandlung der Überlassung von **Vermögensbeteiligungen ab 2009** (§ 3 Nummer 39, § 19a EStG).	784
§ 004–02:	BMF-Schreiben vom 14.10.1996 betr. Ertragsteuerliche Behandlung von **Incentive-Reisen**.	788
§ 004–03:	BMF-Schreiben vom 3.4.2007 betr. Einkommensteuerrechtliche Behandlung der Aufwendungen für ein häusliches **Arbeitszimmer** nach § 4 Absatz 5 Satz 1 Nr. 6b, § 9 Absatz 5 und § 10 Absatz 1 Nummer 7 EStG; Neuregelung durch das Steueränderungsgesetz 2007 vom 19. Juli 2006	790
§ 004f–01:	BMF-Schreiben vom 19.1.2007 betr. Steuerliche Berücksichtigung von **Kinderbetreuungskosten** (EStG: §§ 4f, 9 Absatz 5 Satz 1, § 9a Satz 1 Nummer 1 Buchstabe a, § 10 Absatz 1 Nummer 5 und 8); **Anwendungsschreiben**	795
§ 008–01:	BMF-Schreiben vom 27.9.1993 betr. Steuerliche Behandlung der **Rabatte**, die Arbeitnehmern **von dritter Seite** eingeräumt werden	800
§ 008–02:	BMF-Schreiben vom 3.12.2009 betr. Lohnsteuerliche Behandlung von unentgeltlichen oder verbilligten **Mahlzeiten** der Arbeitnehmer **ab Kalenderjahr 2010**	801
§ 008–03:	**Sachbezugswerte** Luftfahrtunternehmen, Seeschifffahrt	802
§ 008–04:	BMF-Schreiben vom 1.10.2008 betr. Steuerliche Behandlungen von **Arbeitgeberdarlehen**.	805
§ 008–05:	BMF-Schreiben vom 13.7.2009 betr. Lohnsteuerliche Behandlung von **Mahlzeitengestellungen bei Auswärtstätigkeit** (§ 3 Nummer 13 und 16, § 8 Absatz 2 Satz 6 EStG; Anwendung des BFH-Beschlusses vom 19. November 2008 – VI R 80/06 – (BStBl. 2009 II S. 547) und der Lohnsteuer-Richtlinien (R 8.1 Absatz 8 Nummer 2 LStR 2008)	809
§ 008–06:	BMF-Schreiben vom 28.5.1996 betr. Steuerliche Behandlung der **Überlassung** eines betrieblichen **Kraftfahrzeugs** an Arbeitnehmer	811
§ 008–07:	**Merkblatt** für den **Arbeitgeber** zu den Rechtsänderungen beim Steuerabzug vom Arbeitslohn ab 1. Januar **1996** und zur Auszahlung des Kindergeldes ab 1. Januar 1996 (Auszug)	814
§ 008–08:	BMF-Schreiben vom 18.12.2009 betr. Ermittlung des geldwerten Vorteils beim **Erwerb von Kraftfahrzeugen** vom Arbeitgeber in der Automobilbranche (§ 8 Absatz 3 EStG)	818
§ 008–09:	BMF-Schreiben vom 28.3.2007 betr. Verhältnis von § 8 Absatz 2 und Absatz 3 EStG bei der **Bewertung von Sachbezügen**; Anwendung des BFH-Urteils vom 5.9.2006 – VI R 41/02 – (BStBl. 2007 II S. 309)	819
§ 008–10:	a) BMF-Schreiben vom 2.3.1990 betr. Einkommensteuerliche Behandlung der **Zinsen** auf Einlagen der **Arbeitnehmer** von Kreditinstituten	820
	b) BMF-Schreiben vom 15.4.1993 betr. Steuerliche Behandlung der **Personalrabatte** bei Arbeitnehmern von **Kreditinstituten**	820
§ 008–11:	BMF-Schreiben vom 28.3.1994 betr. Lohnsteuerliche Behandlung ersparter **Abschlussgebühren** bei Abschluss eines **Bausparvertrages**	822

Anlage	Inhalt	Seite
§ 008–12:	BMF-Schreiben vom 23.10.2008 betr. Überlassung von **Dienstwagen** für Fahrten zwischen Wohnung und Arbeitsstätte (§ 8 Absatz 2 Satz 3 EStG); **Anwendung** der **BFH-Urteile** vom 4.4.2008	823
§ 008–13:	BMF-Schreiben vom 6.2.2009 betr. Lohnsteuerliche Behandlung von **Zuzahlungen** des **Arbeitnehmers** zu den Anschaffungskosten eines betrieblichen Kraftfahrzeugs (§ 8 Absatz 2 Satz 2 ff. EStG); Anwendung des BFH-Urteils vom 18.10.2007 VI R 59/06	825
§ 008–14:	BMF-Schreiben vom 6.2.2009 betr. Lohnsteuerliche Behandlung vom **Arbeitnehmer** selbst getragener **Aufwendungen** bei Überlassung eines betrieblichen Kraftfahrzeugs (§ 8 Absatz 2 Satz 2 ff. EStG); Anwendung des BFH-Urteils vom 18.10.2007 VI R 57/06	826
§ 008–15:	BMF-Schreiben vom 5.3.2010 betr. Anwendung des ermäßigten Umsatzsteuersatzes für **Beherbergungsleistungen** (§ 12 Abs. 2 Nr. 11 UStG) **ab dem 1. Januar 2010**; Folgen für die Umsatz- und Lohnbesteuerung	827
§ 009–01:	BMF-Schreiben vom 31.3.1992 betr. **Dienstreise-Kaskoversicherung** des Arbeitgebers für Kraftfahrzeuge des Arbeitnehmers und **steuerfreier Fahrtkostenersatz;** hier: BFH-Urteil vom 27. Juni 1991 – VI R 3/87 –	831
§ 009–02:	BMF-Schreiben vom 17.12.2009 betr. Steuerliche Behandlung von Reisekosten und Reisekostenvergütungen bei beruflich oder betrieblich veranlassten **Auswärtstätigkeiten im Ausland ab 1. Januar 2010**	832
§ 009–03:	BMF-Schreiben vom 28.10.2009 betr. Einkommen-(lohn-)steuerliche Behandlung von freiwilligen **Unfallversicherungen**	840
§ 009–04:	BMF-Schreiben vom 16.12.2008 betr. Steuerliche Anerkennung von **Umzugskosten** nach R 9.9 Absatz 2 LStR 2008; Änderung der maßgebenden Beträge für umzugsbegingte Unterrichtskosten und sonstige Umzugsauslagen ab 1.1.2008, 1.1.2009, 1.7.2009	844
§ 009–06:	BMF-Schreiben vom 20.8.2001 betr. **Pauschale Kilometersätze ab 2002** – bei Benutzung eines Privatfahrzeugs zu Dienstreisen, Einsatzwechseltätigkeit oder Fahrtätigkeit – bei der Berücksichtigung der tatsächlichen Fahrtkosten in anderen Fällen	845
§ 009–07:	BMF-Schreiben vom 31.8.2009 betr. **Entfernungspauschalen ab 2007;** Gesetz zur Fortführung der Gesetzeslage 2006 bei der Entfernungspauschale (BGBl. I S. 774, BStBl. I S. 536)	846
§ 009–08:	BMF-Schreiben vom 26.9.2003 betr. Einkommensteuerliche Behandlung von Aufwendungen für **Auslandssprachkurse** als Werbungskosten oder Betriebsausgaben nach § 9 Absatz 1 Satz 1, § 4 Absatz 4 EStG und § 12 Nummer 1 EStG; Rechtsfolgen aus dem Urteil des BFH vom 13. Juni 2002 – VI R 168/00 – (BStBl. II 2003 S. 765)	853
§ 009–09:	BMF-Schreiben vom 10.12.2009 betr. Steuerliche Behandlung einer **doppelten Haushaltsführung** nach **Wegverlegung** des Lebensmittelpunktes vom Beschäftigungsort; Anwendung der BFH-Urteile vom 5. März 2009 – VI R 23/07 und VI R 58/06 – (BStBl. II S. 1016 und 1012)	854
§ 009–10:	BMF-Schreiben vom 21.12.2009 betr. **Regelmäßige Arbeitsstätte** und **Auswärtstätigkeit** bei einer beruflichen Tätigkeit außerhalb einer betrieblichen Einrichtung des eigenen Arbeitgebers; Anwendung der BFH-Urteile vom 10. Juli 2008 - VI R 21/07 – (BStBl. 2009 II S. 818) und vom 9. Juli 2009 – VI R 21/08 – (BStBl. II S. 822)	856
§ 010–01:	BMF-Schreiben vom 30.1.2008 betr. Gesetz zur Neuordnung der einkommensteuerrechtlichen Behandlung von **Altersvorsorgeaufwendungen und Altersbezügen** – Alterseinkünftegesetz (AltEinkG) mit Änderungen durch die Jahressteuergesetze 2007 und 2008 (JStG 2007/JStG 2008); Aktualisierung des BMF-Schreibens vom 24.2.2005, BStBl. I S. 429	858

Anlage	Inhalt	Seite
§ 010–02:	BMF-Schreiben vom 4.11.2005 betr. Neuregelung der einkommensteuerlichen Behandlung von **Berufsausbildungskosten** gemäß § 10 Absatz 1 Nummer 7, § 12 Nummer 5 EStG **ab 2004** und BMF-Schreiben vom 21.6.2007 mit Neufassung Randziffern 17 und 25	896
§ 010a–01:	BMF-Schreiben vom 31.3.2010 betr. Steuerliche Förderung der privaten **Altersvorsorge** und betrieblichen Altersvorsorgung	901
§ 019–01:	BMF-Schreiben vom 14.9.1994 betr. Steuerliche Behandlung unentgeltlicher oder **verbilligter Reisen** bei **Mitarbeitern von Reisebüros** und Reiseveranstaltern	969
§ 019–02:	BMF-Schreiben vom 30.6.1997 betr. Lohnsteuerliche Behandlung der Aufwendungen des Arbeitgebers für sicherheitsgefährdete Arbeitnehmer; **Sicherheitsmaßnahmen**	971
§ 019–CD03:	BMF-Schreiben vom 6.12.1994 (BStBl. I S. 921) betr. Lohnsteuerliche Behandlung der **Pflichtbeiträge** katholischer **Geistlicher** zur/zum a) Ruhegehaltskasse des (Erz-)Bistums, b) Diaspora-Priesterhilfswerk, c) Haushälterinnen-Zusatzversorgung **– abrufbar –**	
§ 019–04:	BMF-Schreiben vom 5.10.1990 betr. **Steuerabzug** vom Arbeitslohn **bei** unbeschränkt einkommensteuer-(lohnsteuer-)pflichtigen **Künstlern** und verwandten Berufen	973
§ 019–05:	Lohnsteuererstattungsanspruch bei **Rückzahlung** von **Arbeitslohn**	979
§ 019–06:	BMF-Schreiben vom 13.12.2005 betr. **Vermietung** eines **Büroraums** an den Arbeitgeber	982
§ 019–08:	BMF-Schreiben vom 13.2.3007 betr. **Übernahme** von Beitragsleistungen zur freiwilligen Versicherung der Arbeitnehmer in der gesetzlichen **Rentenversicherung** durch den Arbeitgeber; Anwendung BFH vom 5.9.2006	984
§ 024b–01:	BMF-Schreiben vom 29.10.2004 betr. **Entlastungsbetrag für Alleinerziehende** (§ 24b EStG); Anwendungsschreiben	985
§ 034–01:	BMF-Schreiben vom 24.5.2004 betr. Zweifelsfragen im Zusammenhang mit der ertragsteuerlichen Behandlung von **Entlassungsentschädigungen**	988
§ 034c–01:	BMF-Schreiben vom 31.10.1983 betr. Steuerliche Behandlung von Arbeitnehmereinkünften bei Auslandstätigkeiten (**Auslandstätigkeitserlass**)	995
§ 035a–01:	BMF-Schreiben vom 15.2.2010 betr. Anwendungsschreiben zu § 35a EStG	997
§ 037b–01:	Gleich lautende Erlasse der obersten Finanzbehörden der Länder vom 28.12.2006 betr. **Kirchensteuer bei Pauschalierung** der Einkommensteuer **nach § 37b EStG**	1018
§ 037b–02:	BMF-Schreiben vom 29.4.2008 betr. **Pauschalierung der Einkommensteuer** bei Sachzuwendungen **nach § 37b EStG**	1020
§ 038–01:	BMF-Schreiben vom 27.1.2004 betr. **Einführungsschreiben Lohnsteuer** zum Steueränderungsgesetz 2003 und Haushaltsbegleitgesetz 2004	1024
§ 038–02:	BMF-Schreiben vom 17.6.2009 betr. Lohn-/einkommensteuerliche Behandlung sowie Voraussetzungen für die steuerliche Anerkennung von **Zeitwertkonten-Modellen**	1030
§ 038b–01:	Merkblatt und Tabellen zur **Steuerklassenwahl 2010**	1035
§ 039–01:	BMF-Schreiben vom 27.7.2009 betr. Ausstellung der **Lohnsteuerkarte 2010**	1040
§ 039b–01:	Fundstellennachweis der **Programmablaufpläne, Prüftabellen 2010**; BMF-Schreiben vom 8.10.2009, 12.10.2009 und 20.11.2009	1042
§ 039b–02:	BMF-Schreiben vom 12.1.2010 betr. Stand der Doppelbesteuerungsabkommen und der Doppelbesteuerungsverhandlungen am 1. Januar 2010 (**DBA-Übersicht**)	1048
§ 039b–03:	BMF-Schreiben vom 14.9.2006 betr. Steuerliche Behandlung des **Arbeitslohns** nach den **Doppelbesteuerungsabkommen**	1060
§ 039b–04:	BMF-Schreiben vom 10.1.1994 betr. Besteuerung von **Gastlehrkräften** nach den Doppelbesteuerungsabkommen (DBA)	1083

Anlage	Inhalt	Seite
§ 039b–05:	BMF-Schreiben vom 14.12.2009 betr. **Vorsorgepauschale ab 2010** (§ 39b Absatz 2 Satz 5 Nummer 3 und Absatz 4 EStG)	1085
§ 039d–01:	BMF-Schreiben vom 31.7.2002 betr. Besteuerung der Einkünfte aus nichtselbständiger Arbeit bei **beschränkt einkommensteuerpflichtigen Künstlern**	1090
§ 039e–01:	BMF-Schreiben vom 3.4.2009 betr. **Steuerliche Lebensbescheinigung** für Kinder unter 18 Jahren; Auswertung des Eintragungsfelds für die Identifikationsnummer des Kindes.	1092
§ 040–01:	BMF-Schreiben vom 10.1.2000 betr. Gesetz zur Neuregelung der **geringfügigen Beschäftigungsverhältnisse** und **Steuerentlastungsgesetz 1999/2000/2002**	1094
§ 040–02:	Gleich lautendeErlasse der obersten Finanzbehörden der Länder vom 17.11.2006 betr. **Kirchensteuer bei Pauschalierung der Lohnsteuer**.	1096
§ 040–03:	BMF-Schreiben vom 22.8.2005, vom 30.3.2006 und vom 11.7.2006 betr. Ertragsteuerliche Behandlung von Aufwendungen für **VIP-Logen in Sportstätten**, für **Hospitality-Leistungen** im Rahmen der Fußballweltmeisterschaft 2006 und Anwendung der Vereinfachungsregelungen auf **ähnliche Sachverhalte**.	1098
§ 041a–01:	BMF-Schreiben vom 24.8.2009 betr. Bekanntmachung des **Musters** für die **Lohnsteuer-Anmeldung 2010**	1103
§ 041a–02:	BMF-Schreiben vom 11.5.2004 betr. Zulassung von Vordrucken, die von den amtlich vorgeschriebenen Vordrucken im UmsatzsteuerVoranmeldungs- und **Lohnsteuer-Anmeldungsverfahren** abweichen; Grundsatzschreiben	1107
§ 041a–CD03:	BMF-Schreiben vom 27.12.1999 (BStBl. I S. 1049) betr. **Grundsätze** für die Verwendung von **Steuererklärungsvordrucken** – abrufbar –	
§ 041a–05:	BMF-Schreiben vom 29.11.2004 betr. Verpflichtung zur Abgabe von Umsatzsteuer-Voranmeldungen und **Lohnsteuer-Anmeldungen auf elektronischem Weg** (§ 18 Absatz 1Satz 1 UStG und § 41a Absatz 1 EStG) ab 1. Januar 2005	1112
§ 041b–01:	BMF-Schreiben vom 26.8.2009 betr. Bekanntmachung des Musters für den Ausdruck der **elektronischen Lohnsteuerbescheinigung 2010**; Ausschreibung von **Lohnsteuerbescheinigungen** und Besonderen Lohnsteuerbescheinigungen durch den Arbeitgeber ohne maschinelle Lohnabrechnung für das Kalenderjahr 2010	1113
§ 041b–02:	BMF-Schreiben vom 28.11.2008 betr. Übermittlung der **Lohnsteuerbescheinigungen 2009**; Verwendung der steuerlichen Identifikationsnummer und des lohnsteuerlichen Ordnungsmerkmals und BMF-Schreiben vom 9.11.2009 betr. **Übermittlung** der **Lohnsteuerbescheinigung 2010**; Erstmalige Verwendung der steuerlichen Identifikationsnummer	1121
§ 042f–01:	BMF-Schreiben vom 16.7.2001 betr. Grundsätze zum **Datenzugriff** und zur Prüfbarkeit digitaler Unterlagen (GDPdU)	1122

Anhang

Anlage	Inhalt	Seite
Anhang 1:	Lohnsteuer-Durchführungsverordnung 1990 **(LStDV)**	1127
Anhang 2:	Einkommensteuer-Durchführungsverordnung 2000 **(EStDV 2000)** (Auszug)	1131
Anhang 3:	**Sozialversicherungsentgeltverordnung (SvEV)**	1137
Anhang CD5:	Verordnung zur Auszahlung des Kindergeldes an Arbeitnehmer außerhalb des öffentlichen Dienstes **(Kindergeldauszahlungs-Verordnung – KAV)** – abrufbar –	
Anhang 6:	**Solidaritätszuschlaggesetz 1995**	1140
Anhang 7:	BMF-Schreiben vom 20.9.1994 betr. **Merkblatt** zum **Solidaritätszuschlag** im Lohnsteuer-Abzugsverfahren **ab 1995**	1143
Anhang 8:	Gesetz zur Verbesserung der **betrieblichen Altersversorgung (BetrAVG)** (Auszug)	1145
Anhang 9:	Arbeitnehmerüberlassungsgesetz **(AÜG)**	1162

Anlage	Inhalt	Seite
Anhang 10:	Altersvorsorge-Durchführungsverordnung (AltvDV)	1171
Anhang 11:	Altersteilzeitgesetz	1179
Anhang 12:	Gesetz über Teilzeitarbeit und befristete Arbeitsverträge (**Teilzeit- und Befristungsgesetz** – TzBfG)	1187
Anhang CD13:	Gesetz über Bergmannsprämien (**BergPG**) – abrufbar –	
Anhang CD14:	Verordnung zur Durchführung des Gesetzes über Bergmannsprämien (**BergPDV**) – abrufbar –	
Anhang 15:	Gesetz über die Umzugskostenvergütung für die Bundesbeamten, Richter im Bundesdienst und Soldaten (Bundesumzugskostengesetz – **BUKG**)	1193
Anhang 16:	Verordnung über die Umzugskostenvergütung bei Auslandsumzügen (Auslandsumzugskostenverordnung – **AUV**)	1201
Anhang 18:	**Bundeselterngeld- und Elternzeitgesetz (BEEG)**	1213
Anhang 19:	Bundeskindergeldgesetz (**BKGG**)	1224
Anhang CD20:	Gesetz zum Erziehungsgeld und zur Elternzeit (Bundeserziehungsgeldgesetz – BErzGG) – **abrufbar** –	
Anhang CD21:	Mutterschutzgesetz (**MuSchG**) (Auszug) – **abrufbar** –	
Anhang CD22:	Entwicklungshelfer-Gesetz (**EhfG**) (Auszug) – **abrufbar** –	
Anhang 23:	Fünftes Gesetz zur Förderung der Vermögensbildung der Arbeitnehmer (Fünftes Vermögensbildungsgesetz – **5. VermBG**)	1232
Anhang 24:	Verordnung zur Durchführung des Fünften Vermögensbildungsgesetzes (**VermBDV 1994**)	1244
Anhang 25:	BMF-Schreiben vom 9.8.2004, vom 16.3.2009 und vom 4.2.2010 betr. **Anwendung des Fünften Vermögensbildungsgesetzes ab 2009**	1250
Anhang 26:	BMF-Schreiben vom 17.7.2009 betr. Bekanntmachung des Vordruckmusters Bescheinigung der **2009** angelegten **vermögenswirksamen Leistungen**	1269
Anhang 28:	Wohnungsbau-Prämiengesetz (**WoPG 1996**)	1271
Anhang 29:	Verordnung zur Durchführung des Wohnungsbau-Prämiengesetzes (**WoPDV 1996**)	1277
Anhang 30:	Wohnungsbau-Prämienrichtlinien 2002 – **WoPR 2002** –	1283
Anhang 31:	BMF-Schreiben vom 25.11.2009 betr. Bekanntmachung der Vordruckmuster für den **Antrag** auf **Wohnungsbauprämie für 2009**	1294
Anhang CD32:	BMF-Schreiben vom 26.11.2001 (BStBl. I S. 895) betr. Bekanntmachung des Vordruckmusters für die **Wohnungsbauprämien-Anmeldung** ab 2002 – **abrufbar** –	
Anhang CD33:	BMF-Schreiben vom 26.11.2001 (BStBl. I S. 890) betr. Bekanntmachung des Vordruckmusters für die **Mitteilung** nach § 4a Absatz 4 WoPG über **zurückfordernde Prämien** – **abrufbar** –	
Anhang CD34:	Eigenheimzulagengesetz (**EigZulG**) – **abrufbar** –	
Anhang 35:	Verordnung über die elektronische Übermittlung von für das Besteuerungsverfahren erforderlichen Daten (Steuerdaten-Übermittlungsverordnung – **StDÜV**)	1300
Anhang 35a:	BMF-Schreiben vom 15.1.2007 betr. StDÜV und Steuerdaten-Abrufverordnung (StDAV) – mit Zugängen Stand 1/2009 –	1302
Anhang 36:	Steuerberatungsgesetz (**StBerG**) (Auszug)	1306
Anhang 37:	Verordnung zur Durchführung der Vorschriften über die Lohnsteuerhilfevereine (**DVLStHV**)	1315
Anhang 39:	Gleich lautende Ländererlasse vom 15.1.2010 betr. Umfang der **Beratungsbefugnis** der **Lohnsteuerhilfevereine**	1318
Anhang CD40:	Gleich lautende Ländererlasse vom 30.5.1990 (BStBl. I S. 244) betr. Erhebung der **Mitgliedsbeiträge** durch **Lohnsteuerhilfevereine** – **abrufbar** –	
Anhang CD41:	Gleich lautende Ländererlasse vom 31.5.1990 (BStBl. I S. 253) betr. **Aufzeichnungspflicht** und **Lohnsteuerhilfevereine** – **abrufbar** –	
Anhang 44:	Betriebsprüfungsordnung – **BpO 2000** – (Auszug)	1322

Anlage	Inhalt	Seite
Anhang 45:	BMF-Schreiben vom 20.7.2001 betr. **Hinweise** auf die wesentlichen Rechte und Mitwirkungspflichten des Steuerpflichtigen bei der **Außenprüfung** (§ 5 Absatz 2 Satz 2 BpO 2000)	1326
Anhang 48:	Fundstellennachweis der **Kirchensteuern**	1328
Anhang CD49:	**Grenzgängerregelung** mit der **Schweiz** (Gesetz vom 30.9.1993, Protokoll vom 21.12.1992, Verhandlungsprotokoll vom 18.12.1991) – Auszug – **– abrufbar –**	
Anhang CD50:	BMF-Schreiben vom 20.5.1997 (BStBl. I S. 560) betr. **DBA-Schweiz; Abfindungen** an Arbeitnehmer für das vorzeitige Ausscheiden aus dem Dienst – **abrufbar –**	
Anhang 51:	**Sozialversicherungs-Rechengrößenverordnung 2010** (Auszug)	1332
Anhang 52:	**Sozialgesetzbuch III** (Auszug §§ 133, 434t)	1333
Anhang 53:	**Sozialgesetzbuch IV** (Auszug **Arbeitsentgelt,** Wertguthaben, geringfügige **Beschäftigung, Meldepflicht, Haushaltscheck, Prüfung**)	1334
Anhang 54:	**Sozialgesetzbuch VI** (Auszug §§ 187a, 187b)	1354
Anhang 55:	BMF-Schreiben vom 1.4.2009, vom 6.10.2009 und vom 15.1.2010 betr. **Vorläufige Steuerfestsetzung** im Hinblick auf anhängige Musterverfahren (§ 165 Absatz 1 AO); Ruhenlassen von außergerichtlichen Rechtsbehelfsverfahren (§ 363 Absatz 2 AO); Aussetzung der Vollziehung (§ 361 AO, § 69 Absatz 2 FGO)	1355
Anhang 56:	Erbschaftsteuer-Richtlinien 2003 **(ErbStR 2003)** (Auszug)	1359
Anhang CD57:	BMF-Schreiben vom 29.3.2007 betr. **Eindämmung der Normenflut** – Auszug – **– abrufbar –**	
Anhang 59:	Übersicht über Zahlen zur Lohnsteuer **2010**	1360
Anhang 60:	Überleitung **LStR 2005 – LStR 2008**	1362

Stichwortverzeichnis 1371

Abkürzungsverzeichnis

a. a. O.	=	am angegebenen Ort
Abs.	=	Absatz
a. F.	=	alter Fassung
AFG	=	Arbeitsförderungsgesetz
AGS	=	Amtlicher Gemeindeschlüssel
Anh.	=	Anhang
AktG	=	Aktiengesetz
Anl.	=	Anlage
AO	=	Abgabenordnung
Art.	=	Artikel
AStG	=	Außensteuergesetz
AÜG	=	Arbeitnehmerüberlassungsgesetz
AUV	=	Auslandsumzugskostenverordnung
AVG	=	Angestelltenversicherungsgesetz
AvMG	=	Altersvermögensgesetz
BAföG	=	Bundesausbildungsförderungsgesetz
BBesG	=	Bundesbesoldungsgesetz
BBG	=	Bundesbeamtengesetz
BeamtVG	=	Beamtenversorgungsgesetz
BerlinFG	=	Berlinförderungsgesetz
betr.	=	betreffend
BetrAVG	=	Betriebsrentengesetz
BFH	=	Bundesfinanzhof
BFHE	=	Entscheidungen des Bundesfinanzhofs
BFGEntlG	=	Gesetz zur Entlastung des Bundesfinanzhofs
BFH/NV	=	Sammlung amtlich nicht veröffentlichter Entscheidungen des Bundesfinanzhofs
BGB	=	Bürgerliches Gesetzbuch
BGBl.	=	Bundesgesetzblatt
BGH	=	Bundesgerichtshof
BKGG	=	Bundeskindergeldgesetz
BMF	=	Bundesministerium der Finanzen
BRD	=	Bundesrepublik Deutschland
BRKG	=	Bundesreisekostengesetz
BSG	=	Bundessozialgericht
BSGE	=	Entscheidungen des Bundessozialgerichts
BStBl.	=	Bundessteuerblatt
BuchO-ADV	=	Buchungsordnung für die Finanzämter bei Einsatz autom. Datenverarbeitungsanlagen
BUKG	=	Bundesumzugskostengesetz
BVerfG	=	Bundesverfassungsgericht
BVG	=	Bundesversorgungsgesetz
BWGöG	=	Gesetz zur Regelung der Wiedergutmachung nationalsozialistischen Unrechts
DBA	=	Doppelbesteuerungsabkommen
EFG	=	Entscheidungen der Finanzgerichte
EG-Staaten	=	Mitgliedstaaten der Europäischen Gemeinschaften
EStDV	=	Einkommensteuer-Durchführungsverordnung
EStG	=	Einkommensteuergesetz
EStR	=	Einkommensteuer-Richtlinien
FA	=	Finanzamt
ff.	=	(fort)folgende
FG	=	Finanzgericht
FGO	=	Finanzgerichtsordnung

G	=	Gesetz
G 131	=	Gesetz zu Artikel 131 GG
GenG	=	Genossenschaftsgesetz
GewStG	=	Gewerbesteuergesetz
GG	=	Grundgesetz
ggf.	=	gegebenenfalls
GmbH	=	Gesellschaft mit beschränkter Haftung
GMBl	=	Gemeinsames Ministerialblatt
GVBl.	=	Gesetz- und Verordnungsblatt
H ...	=	Hinweis zu EStR/LStR
HFR	=	Höchstrichterliche Finanzrechtsprechung
HGB	=	Handelsgesetzbuch
i. d. F.	=	in der Fassung
i. S.d.	=	im Sinne des (der)
i. V. m.	=	in Verbindung mit
KG	=	Kommanditgesellschaft
Kj.	=	Kalenderjahr
KStDV	=	Körperschaftsteuer-Durchführungsverordnung
KStG	=	Körperschaftsteuergesetz
KWG	=	Kreditwesengesetz
LSt	=	Lohnsteuer
LStDV	=	Lohnsteuer-Durchführungsverordnung
LStH	=	Lohnsteuer-Hinweise
LStJA	=	Lohnsteuer-Jahresausgleich
LStR	=	Lohnsteuer-Richtlinien
MinBlFin	=	Ministerialblatt des Bundesminister der Finanzen
NJW	=	Neue Juristische Wochenschrift
Nr.	=	Nummer
nv.	=	nicht amtlich veröffentlicht
NW	=	Nordrhein-Westfalen
OFD	=	Oberfinanzdirektion
R, Rl	=	Richtlinien
RFH	=	Reichsfinanzhof
RStBl	=	Reichssteuerblatt
RVO	=	Reichsversicherungsordnung
Rz.	=	Randziffer
S., s.	=	Seite, siehe
SachBezV	=	Sachbezugsverordnung
SGB	=	Sozialgesetzbuch
StPfl.	=	Steuerpflichtige(r)
SvEV	=	Sozialversicherungsentgeltverordnung
USG	=	Unterhaltssicherungsgesetz
VermBDV	=	Verordnung zur Durchführung des Fünften Vermögensbildungsgesetzes
VermBG	=	Vermögensbildungsgesetz
V(O)	=	Verordnung
VVG	=	Versicherungsvertragsgesetz
VZ	=	Veranlagungszeitraum
Wj.	=	Wirtschaftsjahr

WoPDV	=	Verordnung zum WoPG
WoPG	=	Wohnungsbau-Prämiengesetz
WoPR	=	Richtlinien zum WoPG
ZDG	=	Zivildienstgesetz

Einkommensteuergesetz (EStG)

EStG in der Fassung der Bekanntmachung vom 8. Oktober 2009[1) 2)]
(BGBl. I S. 3366, 3862; BStBl. I S. 1346)

I. Steuerpflicht

§ 1
Steuerpflicht

(1) ¹Natürliche Personen, die im Inland einen Wohnsitz oder ihren gewöhnlichen Aufenthalt haben, sind unbeschränkt einkommensteuerpflichtig. ²Zum Inland im Sinne dieses Gesetzes gehört auch der der Bundesrepublik Deutschland zustehende Anteil am Festlandsockel, soweit dort Naturschätze des Meeresgrundes und des Meeresuntergrundes erforscht oder ausgebeutet werden oder dieser der Energieerzeugung unter Nutzung erneuerbarer Energien dient.

(2) ¹Unbeschränkt einkommensteuerpflichtig sind auch deutsche Staatsangehörige, die

1. im Inland weder einen Wohnsitz noch ihren gewöhnlichen Aufenthalt haben und

2. zu einer inländischen juristischen Person des öffentlichen Rechts in einem Dienstverhältnis stehen und dafür Arbeitslohn aus einer inländischen öffentlichen Kasse beziehen,

sowie zu ihrem Haushalt gehörende Angehörige, die die deutsche Staatsangehörigkeit besitzen oder keine Einkünfte oder nur Einkünfte beziehen, die ausschließlich im Inland einkommensteuerpflichtig sind. ²Dies gilt nur für natürliche Personen, die in dem Staat, in dem sie ihren Wohnsitz oder ihren gewöhnlichen Aufenthalt haben, lediglich in einem der beschränkten Einkommensteuerpflicht ähnlichen Umfang zu einer Steuer vom Einkommen herangezogen werden.

(3) ¹Auf Antrag werden auch natürliche Personen als unbeschränkt einkommensteuerpflichtig behandelt, die im Inland weder einen Wohnsitz noch ihren gewöhnlichen Aufenthalt haben, soweit sie inländische Einkünfte im Sinne des § 49 haben. ²Dies gilt nur, wenn ihre Einkünfte im Kalenderjahr mindestens zu 90 Prozent der deutschen Einkommensteuer unterliegen oder die nicht der deutschen Einkommensteuer unterliegenden Einkünfte den Grundfreibetrag nach § 32a Absatz 1 Satz 2 Nummer 1 nicht übersteigen; dieser Betrag ist zu kürzen, soweit es nach den Verhältnissen im Wohnsitzstaat des Steuerpflichtigen notwendig und angemessen ist. ³Inländische Einkünfte, die nach einem Abkommen zur Vermeidung der Doppelbesteuerung nur der Höhe nach beschränkt besteuert werden dürfen, gelten hierbei als nicht der deutschen Einkommensteuer unterliegend. ⁴Unberücksichtigt bleiben bei der Ermittlung der Einkünfte nach Satz 2 nicht der deutschen Einkommensteuer unterliegende Einkünfte, die im Ausland nicht besteuert werden, soweit vergleichbare Einkünfte im Inland steuerfrei sind. ⁵Weitere Voraussetzung ist, dass die Höhe der nicht der deutschen Einkommensteuer unterliegenden Einkünfte durch eine Bescheinigung der zuständigen ausländischen Steuerbehörde nachgewiesen wird. ⁶Der Steuerabzug nach § 50a ist ungeachtet der Sätze 1 bis 4 vorzunehmen.

(4) Natürliche Personen, die im Inland weder einen Wohnsitz noch ihren gewöhnlichen Aufenthalt haben, sind vorbehaltlich der Absätze 2 und 3 und des § 1a beschränkt einkommensteuerpflichtig, wenn sie inländische Einkünfte im Sinne des § 49 haben.

§ 1a

(1)[3)] Für Staatsangehörige eines Mitgliedstaates der Europäischen Union oder eines Staates, auf den das Abkommen über den Europäischen Wirtschaftsraum anwendbar ist, die nach § 1 Absatz 1 unbeschränkt einkommensteuerpflichtig sind oder die nach § 1 Absatz 3 als unbeschränkt einkommensteuerpflichtig zu behandeln sind, gilt bei Anwendung von § 10 Absatz 1 Nummer 1 und 1a und § 26 Absatz 1 Satz 1 Folgendes:

1. Unterhaltsleistungen an den geschiedenen oder dauernd getrennt lebenden Ehegatten (§ 10 Absatz 1 Nummer 1) sind auch dann als Sonderausgaben abziehbar, wenn der Empfänger nicht unbeschränkt einkommensteuerpflichtig ist. ²Voraussetzung ist, dass der Empfänger seinen Wohnsitz oder gewöhnlichen Aufenthalt im Hoheitsgebiet eines anderen Mitgliedstaates der Europäischen Union oder eines Staates hat, auf den das Abkommen über den Europäischen Wirtschaftsraum Anwendung findet. ³Weitere Voraussetzung ist, dass die Besteuerung der Unterhaltszahlungen beim Empfänger durch eine Bescheinigung der zuständigen ausländischen Steuerbehörde nachgewiesen wird;

1a. auf besonderen Verpflichtungsgründen beruhende Versorgungsleistungen (§ 10 Absatz 1 Nummer 1a) sind auch dann als Sonderausgaben abziehbar, wenn der Empfänger nicht un-

---

1) Unter Berücksichtigung der Änderungen bis 2009: Artikel 10 Gesetz vom 3. 4. 2009 (BGBl. I S. 700, BStBl. I S. 534), Artikel 1 Gesetz vom 20. 4. 2009 (BGBl. I S. 774, BStBl. I S. 536), Artikel 3 BilMoG vom 25. 5. 2009 (BGBl. I S. 1102, BStBl. I S. 650), Artikel 5 und 7 Absatz 4 Gesetz vom 7. 7. 2009 (BGBl. I S. 1707, BStBl. I S. 872), Artikel 1 Bürgerentlastungsgesetz Krankenversicherung vom 16. 7. 2009 (BGBl. I S. 1959, BStBl. I S. 782), Artikel 1 Steuerhinterziehungsbekämpfungsgesetz vom 29. 7. 2009 (BGBl. I S. 2301, BStBl. I S. 826), Artikel 8 Gesetz vom 10. 8. 2009 (BGBl. I S. 2702, BStBl. I S. 866), Artikel 1 Wachstumsbeschleunigungsgesetz vom 22. 12. 2009 (BGBl. I S. 3950, BStBl. 2010 I S. 2) sowie 2010: Gesetz zur Umsetzung steuerlicher EU-Vorgaben sowie zur Änderung steuerlicher Vorschriften vom 8.4.2010 (BGBl. I S. 386, BStBl. I S. ...).

2) Nach § 52 Absatz 1 EStG gilt die nachstehende Fassung – soweit in den Absätzen 2 bis 65 nicht anders bestimmt ist – erstmals für den **VZ 2010**.

3) Zur Anwendung von § 1a Absatz 1 EStG vor VZ 1996 siehe § 52 Absatz 2 EStG.

beschränkt einkommensteuerpflichtig ist. ²Nummer 1 Satz 2 und 3 gilt entsprechend;

2. der nicht dauernd getrennt lebende Ehegatte ohne Wohnsitz oder gewöhnlichen Aufenthalt im Inland wird auf Antrag für die Anwendung des § 26 Absatz 1 Satz 1 als unbeschränkt einkommensteuerpflichtig behandelt. ²Nummer 1 Satz 2 gilt entsprechend. ³Bei Anwendung des § 1 Absatz 3 Satz 2 ist auf die Einkünfte beider Ehegatten abzustellen und der Grundfreibetrag nach § 32a Absatz 1 Satz 2 Nummer 1 zu verdoppeln.

(2) Für unbeschränkt einkommensteuerpflichtige Personen im Sinne des § 1 Absatz 2, die die Voraussetzungen des § 1 Absatz 3 Satz 2 bis 5 erfüllen, und für unbeschränkt einkommensteuerpflichtige Personen im Sinne des § 1 Absatz 3, die die Voraussetzungen des § 1 Absatz 2 Satz 1 Nummer 1 und 2 erfüllen und an einem ausländischen Dienstort tätig sind, gilt die Regelung des Absatzes 1 Nummer 2 entsprechend mit der Maßgabe, dass auf Wohnsitz oder gewöhnlichen Aufenthalt im Staat des ausländischen Dienstortes abzustellen ist.

II. Einkommen
1. Sachliche Voraussetzungen für die Besteuerung

§ 2
Umfang der Besteuerung, Begriffsbestimmungen

(1) ¹Der Einkommensteuer unterliegen

1. Einkünfte aus Land- und Forstwirtschaft,
2. Einkünfte aus Gewerbebetrieb,
3. Einkünfte aus selbständiger Arbeit,
4. Einkünfte aus nichtselbständiger Arbeit,
5. Einkünfte aus Kapitalvermögen,
6. Einkünfte aus Vermietung und Verpachtung,
7. sonstige Einkünfte im Sinne des § 22,

die der Steuerpflichtige während seiner unbeschränkten Einkommensteuerpflicht oder als inländische Einkünfte während seiner beschränkten Einkommensteuerpflicht erzielt. ²Zu welcher Einkunftsart die Einkünfte im einzelnen Fall gehören, bestimmt sich nach den §§ 13 bis 24.

(2) ¹Einkünfte sind
1. bei Land- und Forstwirtschaft, Gewerbebetrieb und selbständiger Arbeit der Gewinn (§§ 4 bis 7k),
2. bei den anderen Einkunftsarten der Überschuss der Einnahmen über die Werbungskosten (§§ 8 bis 9a).

²Bei Einkünften aus Kapitalvermögen tritt § 20 Absatz 9 vorbehaltlich der Regelung in § 32d Absatz 2 an die Stelle des § 9 und 9a.

(3) Die Summe der Einkünfte, vermindert um den Altersentlastungsbetrag, den Entlastungsbetrag für Alleinerziehende und den Abzug nach § 13 Absatz 3, ist der Gesamtbetrag der Einkünfte.

(4) Der Gesamtbetrag der Einkünfte, vermindert um die Sonderausgaben und die außergewöhnlichen Belastungen, ist das Einkommen.

(5) ¹Das Einkommen, vermindert um die Freibeträge nach § 32 Absatz 6 und um die sonstigen vom Einkommen abzuziehenden Beträge, ist das zu versteuernde Einkommen; dieses bildet die Bemessungsgrundlage für die tarifliche Einkommensteuer. ²Knüpfen andere Gesetze an den Begriff des zu versteuernden Einkommens an, ist für deren Zweck das Einkommen in allen Fällen des § 32 um die Freibeträge nach § 32 Absatz 6 zu vermindern.

(5a) Knüpfen außersteuerliche Rechtsnormen an die in den vorstehenden Absätzen definierten Begriffe (Einkünfte, Summe der Einkünfte, Gesamtbetrag der Einkünfte, Einkommen, zu versteuerndes Einkommen) an, erhöhen sich für deren Zwecke diese Größen um die nach § 32d Absatz 1 und nach § 43 Absatz 5 zu besteuernden Beträge sowie um die nach § 3 Nummer 40 steuerfreien Beträge und mindern sich um die nach § 3c Absatz 2 nicht abziehbaren Beträge.

(5b) ¹Soweit Rechtsnormen dieses Gesetzes an die in den vorstehenden Absätzen definierten Begriffe (Einkünfte, Summe der Einkünfte, Gesamtbetrag der Einkünfte, Einkommen, zu versteuerndes Einkommen) anknüpfen, sind Kapitalerträge nach § 32d Absatz 1 und § 43 Absatz 5 nicht einzubeziehen. ²Satz 1 gilt nicht in den Fällen

1. des § 10b Absatz 1, wenn der Steuerpflichtige dies beantragt, sowie
2. des § 32 Absatz 4 Satz 2, des § 32d Absatz 2 und 6, des § 33 Absatz 3 und des § 33a Absatz 1 Satz 4 und Absatz 2 Satz 2.

(6) ¹Die tarifliche Einkommensteuer, vermindert um die anzurechnenden ausländischen Steuern und die Steuerermäßigungen, vermehrt um die Steuer nach § 32d Absatz 3 und 4, die Steuer nach § 34c Absatz 5 und den Zuschlag nach § 3 Absatz 4 Satz 2 des Forstschäden-Ausgleichsgesetzes in der Fassung der Bekanntmachung vom 26. August 1985 (BGBl. I S. 1756), das zuletzt durch Artikel 18 des Gesetzes vom 19. Dezember 2008 (BGBl. I S. 2794) geändert worden ist, in der jeweils geltenden Fassung, ist die festzusetzende Einkommensteuer. ²Wurde der Gesamtbetrag der Einkünfte in den Fällen des § 10a Absatz 2 um Sonderausgaben nach § 10a Absatz 1 gemindert, ist für die Ermittlung der festzusetzenden Einkommensteuer der Anspruch auf Zulage nach Abschnitt XI der tariflichen Einkommensteuer hinzuzurechnen; bei der Ermittlung der dem Steuerpflichtigen zustehenden Zulage bleibt die Erhöhung der Grundzulage nach § 84 Satz 2 außer Betracht. ³Wird die Einkommensteuer in den Fällen des § 31 um die Freibeträge nach § 32 Absatz 6 gemindert, ist der Anspruch auf Kindergeld nach Abschnitt X der tariflichen Einkommensteuer hinzuzurechnen.

(7) ¹Die Einkommensteuer ist eine Jahressteuer. ²Die Grundlagen für ihre Festsetzung sind jeweils für ein Kalenderjahr zu ermitteln. ³Besteht während eines Kalenderjahres sowohl unbeschränkte als auch beschränkte Einkommensteuerpflicht, so sind die während der beschränkten Einkommensteuerpflicht erzielten inländischen Einkünfte in eine Veranlagung zur unbeschränkten Einkommensteuerpflicht einzubeziehen.

§ 2a
Negative Einkünfte mit Bezug zu Drittstaaten

(1) ¹Negative Einkünfte
1. aus einer in einem Drittstaat belegenen land- und forstwirtschaftlichen Betriebsstätte,
2. aus einer in einem Drittstaat belegenen gewerblichen Betriebsstätte,
3. a) aus dem Ansatz des niedrigeren Teilwerts eines zu einem Betriebsvermögen gehörenden Anteils an einer Drittstaaten-Körperschaft oder
   b) aus der Veräußerung oder Entnahme eines zu einem Betriebsvermögen gehörenden Anteils an einer Drittstaaten-Körperschaft oder aus der Auflösung oder Herabsetzung des Kapitals einer Drittstaaten-Körperschaft,
4. in den Fällen des § 17 bei einem Anteil an einer Drittstaaten-Kapitalgesellschaft,
5. aus der Beteiligung an einem Handelsgewerbe als stiller Gesellschafter und aus partiarischen Darlehen, wenn der Schuldner Wohnsitz, Sitz oder Geschäftsleitung in einem Drittstaat hat,
6. a) aus der Vermietung oder der Verpachtung von unbeweglichem Vermögen oder von Sachinbegriffen, wenn diese in einem Drittstaat belegen sind, oder
   b) aus der entgeltlichen Überlassung von Schiffen, sofern der Überlassende nicht nachweist, dass diese ausschließlich oder fast ausschließlich in einem anderen Staat als einem Drittstaat eingesetzt worden sind, es sei denn, es handelt sich um Handelsschiffe, die
      aa) von einem Vercharterer ausgerüstet überlassen oder
      bb) an in einem anderen als in einem Drittstaat ansässige Ausrüster, die die Voraussetzungen des § 510 Absatz 1 HGB erfüllen, überlassen oder
      cc) insgesamt nur vorübergehend an in einem Drittstaat ansässige Ausrüster, die die Voraussetzungen des § 510 Absatz 1 HGB erfüllen, überlassen worden sind, oder [1)]
   c) aus dem Ansatz des niedrigeren Teilwerts oder der Übertragung eines zu einem Betriebsvermögen gehörenden Wirtschaftsguts im Sinne der Buchstaben a und b,
7. a) aus dem Ansatz des niedrigeren Teilwerts, der Veräußerung oder Entnahme eines zu einem Betriebsvermögen gehörenden Anteils an
   b) aus der Auflösung oder Herabsetzung des Kapitals,
   c) in den Fällen des § 17 bei einem Anteil an einer Körperschaft mit Sitz oder Geschäftsleitung in einem anderen Staat als einem Drittstaat, soweit die negativen Einkünfte auf einen der in den Nummern 1 bis 6 genannten Tatbestände zurückzuführen sind,

dürfen nur mit positiven Einkünften der jeweils selben Art und, mit Ausnahme der Fälle der Nummer 6 Buchstabe b, aus demselben Staat, in den Fällen der Nummer 7 auf Grund von Tatbeständen der jeweils selben Art aus demselben Staat, ausgeglichen werden; sie dürfen auch nicht nach § 10d abgezogen werden. ²Den negativen Einkünften sind Gewinnminderungen gleichgestellt. ³Soweit die negativen Einkünfte nicht nach Satz 1 ausgeglichen werden können, mindern sie die positiven Einkünfte der jeweils selben Art, die der Steuerpflichtige in den folgenden Veranlagungszeiträumen aus demselben Staat, in den Fällen der Nummer 7 auf Grund von Tatbeständen der jeweils selben Art aus demselben Staat, erzielt. ⁴Die Minderung ist nur insoweit zulässig, als die negativen Einkünfte in den vorangegangenen Veranlagungszeiträumen nicht berücksichtigt werden konnten (verbleibende negative Einkünfte). ⁵Die am Schluss eines Veranlagungszeitraums verbleibenden negativen Einkünfte sind gesondert festzustellen; § 10d Absatz 4 gilt sinngemäß.

(2) ¹Absatz 1 Satz 1 Nummer 2 ist nicht anzuwenden, wenn der Steuerpflichtige nachweist, dass die negativen Einkünfte aus einer gewerblichen Betriebsstätte in einem Drittstaat stammen, die ausschließlich oder fast ausschließlich die Herstellung oder Lieferung von Waren, außer Waffen, die Gewinnung von Bodenschätzen sowie die Bewirkung gewerblicher Leistungen zum Gegenstand hat, soweit diese nicht in der Errichtung oder dem Betrieb von Anlagen, die dem Fremdenverkehr dienen, oder in der Vermietung oder Verpachtung von Wirtschaftsgütern einschließlich der Überlassung von Rechten, Plänen, Mustern, Verfahren, Erfahrungen und Kenntnissen bestehen; das unmittelbare Halten einer Beteiligung von mindestens einem Viertel am Nennkapital einer Kapitalgesellschaft, die ausschließlich oder fast ausschließlich die vorgenannten Tätigkeiten zum Gegenstand hat, sowie die mit dem Halten der Beteiligung in Zusammenhang stehende Finanzierung gilt als Bewirkung gewerblicher Leistungen, wenn die Kapitalgesellschaft weder ihre Geschäftsleitung noch ihren Sitz im Inland hat. ²Absatz 1 Satz 1 Nummer 3 und 4 ist nicht anzuwenden, wenn der Steuerpflichtige nachweist, dass die in Satz 1 genannten Voraussetzungen bei der Körperschaft entweder seit ihrer Gründung oder während der letzten fünf Jahre vor und in dem Veranlagungszeitraum vorgelegen haben, in dem die negativen Einkünfte bezogen werden.[2)]

(2a) ¹Bei der Anwendung der Absätze 1 und 2 sind
1. als Drittstaaten die Staaten anzusehen, die nicht Mitgliedstaaten der Europäischen Union sind;
2. Drittstaaten-Körperschaften und Drittstaaten-Kapitalgesellschaften solche, die weder ihre Geschäftsleitung noch ihren Sitz in einem Mitgliedstaat der Europäischen Union haben.

---
1) Zur erstmaligen Anwendung von § 2a Nummer 6 Buchstabe b siehe § 52 Absatz 3 Satz 1 EStG.
2) Zur weiteren Anwendung der in § 2a weggefallenen Absätze 3 und 4 für die VZ 1999 bis 2008 siehe § 52 Absatz 3 Sätze 3 bis 6 EStG.

²Bei Anwendung des Satzes 1 sind den Mitgliedstaaten der Europäischen Union die Staaten gleichgestellt, auf die das Abkommen über den Europäischen Wirtschaftsraum anwendbar ist, sofern zwischen der Bundesrepublik Deutschland und dem anderen Staat auf Grund der Richtlinie 77/799/EWG des Rates vom 19. Dezember 1977 über die gegenseitige Amtshilfe zwischen den zuständigen Behörden der Mitgliedstaaten im Bereich der direkten Steuern und der Mehrwertsteuer (ABl. EG Nr. L 336 S. 15), die zuletzt durch die Richtlinie 2006/98/EWG des Rates vom 20. November 2006 (ABl. EU Nr. L 363 S. 129) geändert worden ist, in der jeweils geltenden Fassung oder einer vergleichbaren zwei- oder mehrseitigen Vereinbarung Auskünfte erteilt werden, die erforderlich sind, um die Besteuerung durchzuführen.

2. Steuerfreie Einnahmen

§ 3

Steuerfrei sind

1. a) Leistungen aus einer Krankenversicherung, aus einer Pflegeversicherung und aus der gesetzlichen Unfallversicherung,
   b) Sachleistungen und Kinderzuschüsse aus den gesetzlichen Rentenversicherungen einschließlich der Sachleistungen nach dem Gesetz über die Alterssicherung der Landwirte,
   c) Übergangsgeld nach dem Sechsten Buch Sozialgesetzbuch und Geldleistungen nach den §§ 10, 36 bis 39 des Gesetzes über die Alterssicherung der Landwirte,
   d) das Mutterschaftsgeld nach dem Mutterschutzgesetz, der Reichsversicherungsordnung und dem Gesetz über die Krankenversicherung der Landwirte, die Sonderunterstützung für im Familienhaushalt beschäftigte Frauen, der Zuschuss zum Mutterschaftsgeld nach dem Mutterschutzgesetz sowie der Zuschuss bei Beschäftigungsverboten für die Zeit vor oder nach einer Entbindung sowie für den Entbindungstag während einer Elternzeit nach beamtenrechtlichen Vorschriften;
2. das Arbeitslosengeld, das Teilarbeitslosengeld, das Kurzarbeitergeld, das Winterausfallgeld, die Arbeitslosenhilfe, der Zuschuss zum Arbeitsentgelt, das Übergangsgeld, das Unterhaltsgeld, die Eingliederungshilfe, das Überbrückungsgeld, der Gründungszuschuss, der Existenzgründungszuschuss nach dem Dritten Buch Sozialgesetzbuch oder dem Arbeitsförderungsgesetz sowie das aus dem Europäischen Sozialfonds finanzierte Unterhaltsgeld und die aus Landesmitteln ergänzten Leistungen aus dem Europäischen Sozialfonds zur Aufstockung des Überbrückungsgeldes nach dem Dritten Buch Sozialgesetzbuch oder dem Arbeitsförderungsgesetz und die übrigen Leistungen nach dem Dritten Buch Sozialgesetzbuch oder dem Arbeitsförderungsgesetz und den entsprechenden Programmen des Bundes und der Länder, soweit sie Arbeitnehmern oder Arbeitsuchenden oder zur Förderung der Ausbildung oder Fortbildung der Empfänger gewährt werden, sowie Leistungen auf Grund der in § 141m Absatz 1 und § 141n Absatz 2 des Arbeitsförderungsgesetzes oder § 187 und § 208 Absatz 2 des Dritten Buches Sozialgesetzbuch genannten Ansprüche, Leistungen auf Grund der in § 115 Absatz 1 des Zehnten Buches Sozialgesetzbuch in Verbindung mit § 117 Absatz 4 Satz 1 oder § 134 Absatz 4, § 160 Absatz 1 Satz 1 und § 166a des Arbeitsförderungsgesetzes oder in Verbindung mit § 143 Absatz 3 oder § 198 Satz 2 Nummer 6, § 335 Absatz 3 des Dritten Buches Sozialgesetzbuch genannten Ansprüche, wenn über das Vermögen des ehemaligen Arbeitgebers des Arbeitslosen das Konkursverfahren, Gesamtvollstreckungsverfahren oder Insolvenzverfahren eröffnet worden ist oder einer der Fälle des § 141b Absatz 3 des Arbeitsförderungsgesetzes oder des § 183 Absatz 1 Nummer 2 oder 3 des Dritten Buches Sozialgesetzbuch vorliegt, und der Altersübergangsgeld-Ausgleichsbetrag nach § 249e Absatz 4a des Arbeitsförderungsgesetzes in der bis zum 31. Dezember 1997 geltenden Fassung:

2a. die Arbeitslosenbeihilfe und die Arbeitslosenhilfe nach dem Soldatenversorgungsgesetz;

2b. Leistungen zur Sicherung des Lebensunterhalts und zur Eingliederung in Arbeit nach dem Zweiten Buch Sozialgesetzbuch;

3. a) Rentenabfindungen nach § 107 des Sechsten Buches Sozialgesetzbuch, nach § 21 des Beamtenversorgungsgesetzes oder entsprechendem Landesrecht und nach § 43 des Soldatenversorgungsgesetzes in Verbindung mit § 21 des Beamtenversorgungsgesetzes,
   b) Beitragserstattungen an den Versicherten nach den §§ 210 und 286d des Sechsten Buches Sozialgesetzbuch sowie nach den §§ 204, 205 und 207 des Sechsten Buches Sozialgesetzbuch, Beitragserstattungen nach den §§ 75 und 117 des Gesetzes über die Alterssicherung der Landwirte und nach § 26 des Vierten Buches Sozialgesetzbuch,
   c) Leistungen aus berufsständischen Versorgungseinrichtungen, die den Leistungen nach den Buchstaben a und b entsprechen,
   d) Kapitalabfindungen und Ausgleichszahlungen nach § 48 des Beamtenversorgungsgesetzes oder entsprechendem Landesrecht und nach den §§ 28 bis 35 und 38 des Soldatenversorgungsgesetzes;
4. bei Angehörigen der Bundeswehr, der Bundespolizei, des Zollfahndungsdienstes, der Bereitschaftspolizei der Länder, der Vollzugspolizei und der Berufsfeuerwehr der Länder und Gemeinden und bei Vollzugsbeamten der Kriminalpolizei des Bundes, der Länder und Gemeinden
   a) der Geldwert der ihnen aus Dienstbeständen überlassenen Dienstkleidung,

b) Einkleidungsbeihilfen und Abnutzungsentschädigungen für die Dienstkleidung der zum Tragen oder Bereithalten von Dienstkleidung Verpflichteten und für dienstlich notwendige Kleidungsstücke der Vollzugsbeamten der Kriminalpolizei und der Zollfahndungsbeamten,

c) im Einsatz gewährte Verpflegung oder Verpflegungszuschüsse,

d) der Geldwert der auf Grund gesetzlicher Vorschriften gewährten Heilfürsorge;

5. die Geld- und Sachbezüge sowie die Heilfürsorge, die Soldaten auf Grund des § 1 Absatz 1 Satz 1 des Wehrsoldgesetzes und Zivildienstleistende auf Grund des § 35 des Zivildienstgesetzes erhalten;

6. Bezüge, die auf Grund gesetzlicher Vorschriften aus öffentlichen Mitteln versorgungshalber an Wehrdienstbeschädigte und Zivildienstbeschädigte oder ihre Hinterbliebenen, Kriegsbeschädigte, Kriegshinterbliebene und ihnen gleichgestellte Personen gezahlt werden, soweit es sich nicht um Bezüge handelt, die auf Grund der Dienstzeit gewährt werden;

7. Ausgleichsleistungen nach dem Lastenausgleichsgesetz, Leistungen nach dem Flüchtlingshilfegesetz, dem Bundesvertriebenengesetz, dem Reparationsschädengesetz, dem Vertriebenenzuwendungsgesetz, dem NS-Verfolgtenentschädigungsgesetz sowie Leistungen nach dem Entschädigungsgesetz und nach dem Ausgleichsleistungsgesetz, soweit sie nicht Kapitalerträge im Sinne des § 20 Absatz 1 Nummer 7 und Absatz 2 sind;

8. Geldrenten, Kapitalentschädigungen und Leistungen im Heilverfahren, die auf Grund gesetzlicher Vorschriften zur Wiedergutmachung nationalsozialistischen Unrechts gewährt werden. ²Die Steuerpflicht von Bezügen aus einem aus Wiedergutmachungsgründen neu begründeten oder wieder begründeten Dienstverhältnis sowie von Bezügen aus einem früheren Dienstverhältnis, die aus Wiedergutmachungsgründen neu gewährt oder wieder gewährt werden, bleibt unberührt;

9. Erstattungen nach § 23 Absatz 2 Satz 1 Nummer 3 und 4 sowie § 39 Absatz 4 Satz 2 des Achten Buches Sozialgesetzbuch;[1]

10. Einnahmen einer Gastfamilie für die Aufnahme eines behinderten oder von Behinderung bedrohten Menschen nach § 2 Absatz 1 des Neunten Buches Sozialgesetzbuch zur Pflege, Betreuung, Unterbringung und Verpflegung, die auf Leistungen eines Leistungsträgers nach dem Sozialgesetzbuch beruhen. ²Für Einnahmen im Sinne des Satzes 1, die nicht auf Leistungen eines Leistungsträgers nach dem Sozialgesetzbuch beruhen, gilt Entsprechendes bis zur Höhe der Leistungen nach dem Zwölften Buch Sozialgesetzbuch. ³Überschreiten die auf Grund der in Satz 1 bezeichneten Tätigkeit bezogenen Einnahmen der Gastfamilie den steuerfreien Betrag, dürfen die mit der Tätigkeit in unmittelbarem wirtschaftlichen Zusammenhang stehenden Ausgaben abweichend von § 3c nur insoweit als Betriebsausgaben abgezogen werden, als sie den Betrag der steuerfreien Einnahmen übersteigen;[2]

11. Bezüge aus öffentlichen Mitteln oder aus Mitteln einer öffentlichen Stiftung, die wegen Hilfsbedürftigkeit oder als Beihilfe zu dem Zweck bewilligt werden, die Erziehung oder Ausbildung, die Wissenschaft oder Kunst unmittelbar zu fördern. ²Darunter fallen nicht Kinderzuschläge und Kinderbeihilfen, die auf Grund der Besoldungsgesetze, besonderer Tarife oder ähnlicher Vorschriften gewährt werden. ³Voraussetzung für die Steuerfreiheit ist, dass der Empfänger mit den Bezügen nicht zu einer bestimmten wissenschaftlichen oder künstlerischen Gegenleistung oder zu einer bestimmten Arbeitnehmertätigkeit verpflichtet wird. ⁴Den Bezügen aus öffentlichen Mitteln wegen Hilfsbedürftigkeit gleichgestellt sind Beitragsermäßigungen und Prämienrückzahlungen eines Trägers der gesetzlichen Krankenversicherung für nicht in Anspruch genommene Beihilfeleistungen;

12. aus einer Bundeskasse oder Landeskasse gezahlte Bezüge, die in einem Bundesgesetz oder Landesgesetz oder einer auf bundesgesetzlicher oder landesgesetzlicher Ermächtigung beruhenden Bestimmung oder von der Bundesregierung oder einer Landesregierung als Aufwandsentschädigung festgesetzt sind und als Aufwandsentschädigung im Haushaltsplan ausgewiesen werden. ²Das Gleiche gilt für andere Bezüge, die als Aufwandsentschädigung aus öffentlichen Kassen an öffentliche Dienste leistende Personen gezahlt werden, soweit nicht festgestellt wird, dass sie für Verdienstausfall oder Zeitverlust gewährt werden oder den Aufwand, der dem Empfänger erwächst, offenbar übersteigen;

13. die aus öffentlichen Kassen gezahlten Reisekostenvergütungen, Umzugskostenvergütungen und Trennungsgelder. ²Die als Reisekostenvergütungen gezahlten Vergütungen für Verpflegungsmehraufwendungen sind nur insoweit steuerfrei, als sie die Pauschbeträge nach § 4 Absatz 5 Satz 1 Nummer 5 nicht

---

1) Zur weiteren Anwendung der früheren Nummer 9 (bis 2007) siehe § 52 Absatz 4a Satz 1 und 2 EStG *(nachrichtlich früherer Text: „Abfindungen wegen einer vom Arbeitgeber veranlassten oder gerichtlich ausgesprochenen Auflösung des Dienstverhältnisses, höchstens jedoch 7 200 Euro. ²Hat der Arbeitnehmer das 50. Lebensjahr vollendet und hat das Dienstverhältnis mindestens 15 Jahre bestanden, so beträgt der Höchstbetrag 9 000 Euro, hat der Arbeitnehmer das 55. Lebensjahr vollendet und hat das Dienstverhältnis mindestens 20 Jahre bestanden, so beträgt der Höchstbetrag 11 000 Euro;".*

2) Zur weiteren Anwendung der früheren Nummer 10 (bis 2008 und unbefristete) siehe § 52 Absatz 4a Satz 3 EStG *(nachrichtlich früherer Text: „Übergangsgelder und Übergangsbeihilfen auf Grund gesetzlicher Vorschriften wegen Entlassung aus einem Dienstverhältnis, höchstens jedoch 10 800 Euro;").*

übersteigen; Trennungsgelder sind nur insoweit steuerfrei, als sie die nach § 9 Absatz 1 Satz 3 Nummer 5 und Absatz 5 sowie § 4 Absatz 5 Satz 1 Nummer 5 abziehbaren Aufwendungen nicht übersteigen;

14. Zuschüsse eines Trägers der gesetzlichen Rentenversicherung zu den Aufwendungen eines Rentners für seine Krankenversicherung und von dem gesetzlichen Rentenversicherungsträger getragene Anteile (§ 249a des Fünften Buches Sozialgesetzbuch) an den Beiträgen für die gesetzliche Krankenversicherung;

15. (weggefallen)

16. die Vergütungen, die Arbeitnehmer außerhalb des öffentlichen Dienstes von ihrem Arbeitgeber zur Erstattung von Reisekosten, Umzugskosten oder Mehraufwendungen bei doppelter Haushaltsführung erhalten, soweit sie die beruflich veranlassten Mehraufwendungen, bei Verpflegungsmehraufwendungen die Pauschbeträge nach § 4 Absatz 5 Satz 1 Nummer 5 und bei Familienheimfahrten mit dem eigenen oder außerhalb des Dienstverhältnisses zur Nutzung überlassenen Kraftfahrzeug die Pauschbeträge nach § 9 Absatz 1 Satz 3 Nummer 4 nicht übersteigen; Vergütungen zur Erstattung von Mehraufwendungen bei doppelter Haushaltsführung sind nur insoweit steuerfrei, als sie nach § 9 Absatz 1 Satz 3 Nummer 5 und Absatz 5 sowie § 4 Absatz 5 Satz 1 Nummer 5 abziehbaren Aufwendungen nicht übersteigen;

17. Zuschüsse zum Beitrag nach § 32 des Gesetzes über die Alterssicherung der Landwirte;

18. das Aufgeld für ein an die Bank für Vertriebene und Geschädigte (Lastenausgleichsbank) zugunsten des Ausgleichsfonds (§ 5 des Lastenausgleichsgesetzes) gegebenes Darlehen, wenn das Darlehen nach § 7f des Gesetzes in der Fassung der Bekanntmachung vom 15. September 1953 (BGBl. I S. 1355) im Jahr der Hingabe als Betriebsausgabe abzugsfähig war;

19. Entschädigungen auf Grund des Gesetzes über die Entschädigung ehemaliger deutscher Kriegsgefangener;

20. die aus öffentlichen Mitteln des Bundespräsidenten aus sittlichen oder sozialen Gründen gewährten Zuwendungen an besonders verdiente Personen oder ihre Hinterbliebenen;

21. Zinsen aus Schuldbuchforderungen im Sinne des § 35 Absatz 1 des Allgemeinen Kriegsfolgengesetzes in der im Bundesgesetzblatt Teil III, Gliederungsnummer 653-1, veröffentlichten bereinigten Fassung;

22. der Ehrensold, der auf Grund des Gesetzes über Titel, Orden und Ehrenzeichen in der im Bundesgesetzblatt Teil III, Gliederungsnummer 1132-1, veröffentlichten bereinigten Fassung, zuletzt geändert durch Gesetz vom 24. April 1986 (BGBl. I S. 560), gewährt wird;

23. die Leistungen nach dem Häftlingshilfegesetz, dem Strafrechtlichen Rehabilitierungsgesetz, dem Verwaltungsrechtlichen Rehabilitierungsgesetz und dem Beruflichen Rehabilitierungsgesetz;

24. Leistungen, die auf Grund des Bundeskindergeldgesetzes gewährt werden;

25. Entschädigungen nach dem Infektionsschutzgesetz vom 20. Juli 2000 (BGBl. I S. 1045);

26. Einnahmen aus nebenberuflichen Tätigkeiten als Übungsleiter, Ausbilder, Erzieher, Betreuer oder vergleichbaren nebenberuflichen Tätigkeiten, aus nebenberuflichen künstlerischen Tätigkeiten oder der nebenberuflichen Pflege alter, kranker oder behinderter Menschen im Dienst oder im Auftrag einer juristischen Person des öffentlichen Rechts, die in einem Mitgliedstaat der Europäischen Union oder in einem Staat belegen ist, auf den das Abkommen über den Europäischen Wirtschaftsraum Anwendung findet, oder einer unter § 5 Absatz 1 Nummer 9 des Körperschaftsteuergesetzes fallenden Einrichtung zur Förderung gemeinnütziger, mildtätiger und kirchlicher Zwecke (§§ 52 bis 54 der Abgabenordnung) bis zur Höhe von insgesamt 2100 Euro im Jahr.[1] ²Überschreiten die Einnahmen für die in Satz 1 bezeichneten Tätigkeiten den steuerfreien Betrag, dürfen die mit den nebenberuflichen Tätigkeiten in unmittelbarem wirtschaftlichen Zusammenhang stehenden Ausgaben abweichend von § 3c nur insoweit als Betriebsausgaben oder Werbungskosten abgezogen werden, als sie den Betrag der steuerfreien Einnahmen übersteigen;

26a. Einnahmen aus nebenberuflichen Tätigkeiten im Dienst oder Auftrag einer juristischen Person des öffentlichen Rechts, die in einem Mitgliedstaat der Europäischen Union oder in einem Staat belegen ist, auf den das Abkommen über den Europäischen Wirtschaftsraum Anwendung findet, oder einer unter § 5 Absatz 1 Nummer 9 des Körperschaftsteuergesetzes fallenden Einrichtung zur Förderung gemeinnütziger, mildtätiger und kirchlicher Zwecke (§§ 52 bis 54 der Abgabenordnung) bis zur Höhe von insgesamt 500 Euro im Jahr. ²Die Steuerbefreiung ist ausgeschlossen, wenn für die Einnahmen aus der Tätigkeit – ganz oder teilweise – eine Steuerbefreiung nach § 3 Nummer 12 oder 26 gewährt wird. ³Überschreiten die Einnahmen für die in Satz 1 bezeichneten Tätigkeiten den steuerfreien Betrag, dürfen die mit den nebenberuflichen Tätigkeiten in unmittelbarem wirtschaftlichen Zusammenhang stehenden Ausgaben abweichend von § 3c nur insoweit als Betriebsausgaben oder Werbungskosten abgezogen werden, als

---

[1] Betragsänderung in Nummer 26 von 1848 Euro auf 2100 Euro ab 1.1.2007 in Kraft (Art. 9 Absatz 1 Gesetz vom 10.10.2007 BGBl. I S. 2332). Geänderte Fassung von 2008 ist in allen noch nicht bestandskräftigen Fällen anzuwenden (§ 52 Absatz 4b EStG).

sie den Betrag der steuerfreien Einnahmen übersteigen;[1)]

27. der Grundbetrag der Produktionsaufgaberente und das Ausgleichsgeld nach dem Gesetz zur Förderung der Einstellung der landwirtschaftlichen Erwerbstätigkeit bis zum Höchstbetrag von 18 407 Euro;

28. die Aufstockungsbeträge im Sinne des § 3 Absatz 1 Nummer 1 Buchstabe a sowie die Beiträge und Aufwendungen im Sinne des § 3 Absatz 1 Nummer 1 Buchstabe b und des § 4 Absatz 2 des Altersteilzeitgesetzes, die Zuschläge, die versicherungsfrei Beschäftigte im Sinne des § 27 Absatz 1 Nummer 1 bis 3 des Dritten BuchesSozialgesetzbuch zur Aufstockung der Bezüge bei Altersteilzeit nach beamtenrechtlichen Vorschriften oder Grundsätzen erhalten sowie die Zahlungen des Arbeitgebers zur Übernahme der Beiträge im Sinne des § 187a des Sechsten Buches Sozialgesetzbuch, soweit sie 50 Prozent der Beiträge nicht übersteigen;

29. das Gehalt und die Bezüge,
    a) die die diplomatischen Vertreter ausländischer Staaten, die ihnen zugewiesenen Beamten und die in ihren Diensten stehenden Personen erhalten. ²Dies gilt nicht für deutsche Staatsangehörige oder für im Inland ständig ansässige Personen;
    b) der Berufskonsul, der Konsulatsangehörigen und ihres Personals, soweit sie Angehörige des Entsendestaats sind. ²Dies gilt nicht für Personen, die im Inland ständig ansässig sind oder außerhalb ihres Amtes oder Dienstes einen Beruf, ein Gewerbe oder eine andere gewinnbringende Tätigkeit ausüben;

30. Entschädigungen für die betriebliche Benutzung von Werkzeugen eines Arbeitnehmers (Werkzeuggeld), soweit sie die entsprechenden Aufwendungen des Arbeitnehmers nicht offensichtlich übersteigen;

31. die typische Berufskleidung, die der Arbeitgeber seinem Arbeitnehmer unentgeltlich oder verbilligt überlässt; dasselbe gilt für eine Barablösung eines nicht nur einzelvertraglichen Anspruchs auf Gestellung von typischer Berufskleidung, wenn die Barablösung betrieblich veranlasst ist und die entsprechenden Aufwendungen des Arbeitnehmers nicht offensichtlich übersteigt;

32. die unentgeltliche oder verbilligte Sammelbeförderung eines Arbeitnehmers zwischen Wohnung und Arbeitsstätte mit einem vom Arbeitgeber gestellten Beförderungsmittel, soweit die Sammelbeförderung für den betrieblichen Einsatz des Arbeitnehmers notwendig ist;

33. zusätzlich zum ohnehin geschuldeten Arbeitslohn erbrachte Leistungen des Arbeitgebers zur Unterbringung und Betreuung von nicht schulpflichtigen Kindern der Arbeitnehmer in Kindergärten oder vergleichbaren Einrichtungen;

34. zusätzlich zum ohnehin geschuldeten Arbeitslohn erbrachte Leistungen des Arbeitgebers zur Verbesserung des allgemeinen Gesundheitszustandes und der betrieblichen Gesundheitsförderung, die hinsichtlich Qualität, Zweckbindung und Zielgerichtetheit den Anforderungen der §§ 20 und 20a des Fünften Buches Sozialgesetzbuch genügen, soweit sie 500 Euro im Kalenderjahr nicht übersteigen;[2)]

35. die Einnahmen der bei der Deutsche Post AG, Deutsche Postbank AG oder Deutsche Telekom AG beschäftigten Beamten, soweit die Einnahmen ohne Neuordnung des Postwesens und der Telekommunikation nach den Nummern 11 bis 13 und 64 steuerfrei wären;

36. Einnahmen für Leistungen zur Grundpflege oder hauswirtschaftlichen Versorgung bis zur Höhe des Pflegegeldes nach § 37 des Elften Buches Sozialgesetzbuch, wenn diese Leistungen von Angehörigen des Pflegebedürftigen oder von anderen Personen, die damit eine sittliche Pflicht im Sinne des § 33 Absatz 2 gegenüber dem Pflegebedürftigen erfüllen, erbracht werden. ²Entsprechendes gilt, wenn der Pflegebedürftige Pflegegeld aus privaten Versicherungsverträgen nach den Vorgaben des Elften Buches Sozialgesetzbuch oder eine Pauschalbeihilfe nach Beihilfevorschriften für häusliche Pflege erhält;

37. der Unterhaltsbeitrag und der Maßnahmebeitrag nach dem Aufstiegsfortbildungsförderungsgesetz, soweit sie als Zuschuss geleistet werden;

38. Sachprämien, die der Steuerpflichtige für die persönliche Inanspruchnahme von Dienstleistungen von Unternehmen unentgeltlich erhält, die diese zum Zwecke der Kundenbindung im allgemeinen Geschäftsverkehr in einem jedermann zugänglichen planmäßigen Verfahren gewähren, soweit der Wert der Prämien 1 080 Euro im Kalenderjahr nicht übersteigt;

39. der Vorteil des Arbeitnehmers im Rahmen eines gegenwärtigen Dienstverhältnisses aus der unentgeltlichen oder verbilligten Überlassung von Vermögensbeteiligungen im Sinne des § 2 Absatz 1 Nummer 1 Buchstabe a, b und d bis l und Absatz 2 bis 5 des Fünften Vermögensbildungsgesetzes in der Fassung der Bekanntmachung vom 4. März 1994 (BGBl. I S. 406), zuletzt geändert durch Artikel 2 des Gesetzes vom 7. März 2009 (BGBl. I S. 451), in der jeweils geltenden Fassung, am Unternehmen des Arbeitgebers, soweit der Vorteil insgesamt 360 Euro im Kalenderjahr nicht übersteigt. ²Voraussetzung für die Steuerfreiheit ist, dass die Beteiligung mindestens allen Arbeit-

---

1) Nummer 26a ab 1.1.2007 in Kraft (Art. 9 Absatz 1 Gesetz vom 10.10.2007 BGBl. I S. 2332). Geänderte Fassung von 2008 ist in allen noch nicht bestandskräftigen Fällen anzuwenden (§ 52 Absatz 4b EStG).
2) § 3 Nummer 34 ist erstmals auf Arbeitgeberleistungen im Kj. 2008 anzuwenden (§ 52 Absatz 4c EStG).

nehmern offensteht, die im Zeitpunkt der Bekanntgabe des Angebots ein Jahr oder länger ununterbrochen in einem gegenwärtigen Dienstverhältnis zum Unternehmen stehen. ³Als Unternehmen des Arbeitgebers im Sinne des Satzes 1 gilt auch ein Unternehmen im Sinne des § 18 des Aktiengesetzes. ⁴Als Wert der Vermögensbeteiligung ist der gemeine Wert anzusetzen;

40. ¹⁾ 40 Prozent

   a) der Betriebsvermögensmehrungen oder Einnahmen aus der Veräußerung oder der Entnahme von Anteilen an Körperschaften, Personenvereinigungen und Vermögensmassen, deren Leistungen beim Empfänger zu Einnahmen im Sinne des § 20 Absatz 1 Nummer 1 und 9 gehören oder an einer Organgesellschaft im Sinne der §§ 14, 17 oder 18 des Körperschaftsteuergesetzes oder aus deren Auflösung oder Herabsetzung von deren Nennkapital oder aus dem Ansatz eines solchen Wirtschaftsguts mit dem Wert, der sich nach § 6 Absatz 1 Nummer 2 Satz 3 ergibt, soweit sie zu den Einkünften aus Land- und Forstwirtschaft, aus Gewerbebetrieb oder aus selbständiger Arbeit gehören. ²Dies gilt nicht, soweit der Ansatz des niedrigeren Teilwerts in vollem Umfang zu einer Gewinnminderung geführt hat und soweit diese Gewinnminderung nicht durch Ansatz eines Werts, der sich nach § 6 Absatz 1 Nummer 2 Satz 3 ergibt, ausgeglichen worden ist. ³Satz 1 gilt außer für Betriebsvermögensmehrungen aus dem Ansatz mit dem Wert, der sich nach § 6 Absatz 1 Nummer 2 Satz 3 ergibt, ebenfalls nicht, soweit Abzüge nach § 6b oder ähnliche Abzüge voll steuerwirksam vorgenommen worden sind;

   b) des Veräußerungspreises im Sinne des § 16 Absatz 2, soweit er auf die Veräußerung von Anteilen an Körperschaften, Personenvereinigungen und Vermögensmassen entfällt, deren Leistungen beim Empfänger zu Einnahmen im Sinne des § 20 Absatz 1 Nummer 1 und 9 gehören oder an einer Organgesellschaft im Sinne der §§ 14, 17 oder 18 des Körperschaftsteuergesetzes. ²Satz 1 ist in den Fällen des § 16 Absatz 3 entsprechend anzuwenden. ³Buchstabe a Satz 3 gilt entsprechend;

   c) des Veräußerungspreises oder des gemeinen Werts im Sinne des § 17 Absatz 2. ²Satz 1 ist in den Fällen des § 17 Absatz 4 entsprechend anzuwenden;

   d) der Bezüge im Sinne des § 20 Absatz 1 Nummer 1 und der Einnahmen im Sinne des § 20 Absatz 1 Nummer 9. ²Dies gilt für sonstige Bezüge im Sinne des § 20 Absatz 1 Nummer 1 Satz 2 und der Einnahmen im Sinne des § 20 Absatz 1 Nummer 9 zweiter Halbsatz nur, soweit sie das Einkommen der leistenden Körperschaft nicht gemindert haben (§ 8 Absatz 3 Satz 2 des Körperschaftsteuergesetzes). ³Satz 1 Buchstabe d Satz 2 gilt nicht, soweit die verdeckte Gewinnausschüttung das Einkommen einer dem Steuerpflichtigen nahe stehenden Person erhöht hat und § 32a des Körperschaftsteuergesetzes auf die Veranlagung dieser nahe stehenden Person keine Anwendung findet,

   e) der Bezüge im Sinne des § 20 Absatz 1 Nummer 2,

   f) der besonderen Entgelte oder Vorteile im Sinne des § 20 Absatz 3, die neben den in § 20 Absatz 1 Nummer 1 und Absatz 2 Satz 1 Nummer 2 Buchstabe a bezeichneten Einnahmen oder an deren Stelle gewährt werden,

   g) des Gewinns aus der Veräußerung von Dividendenscheinen und sonstigen Ansprüchen im Sinne des § 20 Absatz 2 Satz 1 Nummer 2 Buchstabe a,

   h) des Gewinns aus der Abtretung von Dividendenansprüchen oder sonstigen Ansprüchen im Sinne des § 20 Absatz 2 Satz 1 Nummer 2 Buchstabe a in Verbindung mit § 20 Absatz 2 Satz 2,

   i) der Bezüge im Sinne des § 22 Nummer 1 Satz 2, soweit diese von einer nicht von der Körperschaftsteuer befreiten Körperschaft, Personenvereinigung oder Vermögensmasse stammen.

   ²Dies gilt für Satz 1 Buchstabe d bis h nur in Verbindung mit § 20 Absatz 8. ³Satz 1 Buchstabe a, b und d bis h ist nicht anzuwenden für Anteile, die bei Kreditinstituten und Finanzdienstleistungsinstituten nach § 1a des Kreditwesengesetzes dem Handelsbuch zuzurechnen sind; Gleiches gilt für Anteile, die von Finanzunternehmen im Sinne des Gesetzes über das Kreditwesen mit dem Ziel der kurzfristigen Erzielung eines Eigenhandelserfolges erworben werden. ⁴Satz 3 zweiter Halbsatz gilt auch für Kreditinstitute, Finanzdienstleistungsinstitute und Finanzunternehmen mit Sitz in einem anderen Mitgliedstaat der Europäischen Gemeinschaft oder in einem anderen Vertragsstaat des EWR-Abkommens.

40a. ²⁾ 40 Prozent der Vergütungen im Sinne des § 18 Absatz 1 Nummer 4;

41. ³⁾a) Gewinnausschüttungen, soweit für das Kalenderjahr oder Wirtschaftsjahr, in dem sie bezogen werden, oder für die vorangegangenen sieben Kalenderjahre oder Wirtschaftsjahre aus einer Beteiligung an derselben ausländischen Gesellschaft Hinzurechnungsbeträge (§ 10

---

1) Zur Anwendung der Nummer 40 siehe § 52 Absatz 4d EStG.
2) Zur Anwendung von § 3 Nummer 40a siehe § 52 Absatz 4e EStG.
3) Zur Anwendung der Nummer 41 siehe § 52 Absatz 4f EStG.

Absatz 2 des Außensteuergesetzes) der Einkommensteuer unterlegen haben, § 11 Absatz 1 und 2 des Außensteuergesetzes in der Fassung des Artikels 12 des Gesetzes vom 21. Dezember 1993 (BGBl. I S. 2310) nicht anzuwenden war und der Steuerpflichtige dies nachweist; § 3c Absatz 2 gilt entsprechend;

b) Gewinne aus der Veräußerung eines Anteils an einer ausländischen Kapitalgesellschaft sowie aus deren Auflösung oder Herabsetzung ihres Kapitals, soweit für das Kalenderjahr oder Wirtschaftsjahr, in dem sie bezogen werden, oder für die vorangegangenen sieben Kalenderjahre oder Wirtschaftsjahre aus einer Beteiligung an derselben ausländischen Gesellschaft Hinzurechnungsbeträge (§ 10 Absatz 2 des Außensteuergesetzes) der Einkommensteuer unterlegen haben, § 11 Absatz 1 und 2 des Außensteuergesetzes in der Fassung des Artikels 12 des Gesetzes vom 21. Dezember 1993 (BGBl. I S. 2310) nicht anzuwenden war, der Steuerpflichtige dies nachweist und der Hinzurechnungsbetrag ihm nicht als Gewinnanteil zugeflossen ist.

²Die Prüfung, ob Hinzurechnungsbeträge der Einkommensteuer unterlegen haben, erfolgt im Rahmen der gesonderten Feststellung nach § 18 des Außensteuergesetzes.

42. die Zuwendungen, die auf Grund des Fulbright-Abkommens gezahlt werden;

43. der Ehrensold für Künstler sowie Zuwendungen aus Mitteln der Deutschen Künstlerhilfe, wenn es sich um Bezüge aus öffentlichen Mitteln handelt, die wegen der Bedürftigkeit des Künstlers gezahlt werden;

44. Stipendien, die unmittelbar aus öffentlichen Mitteln oder von zwischenstaatlichen oder überstaatlichen Einrichtungen, denen die Bundesrepublik Deutschland als Mitglied angehört, zur Förderung der Forschung oder zur Förderung der wissenschaftlichen oder künstlerischen Ausbildung oder Fortbildung gewährt werden. ²Das Gleiche gilt für Stipendien, die zu den in Satz 1 bezeichneten Zwecken von einer Einrichtung, die von einer Körperschaft des öffentlichen Rechts errichtet ist oder verwaltet wird, oder von einer Körperschaft, Personenvereinigung oder Vermögensmasse im Sinne des § 5 Absatz 1 Nummer 9 des Körperschaftsteuergesetzes gegeben werden. ³Voraussetzung für die Steuerfreiheit ist, dass

a) die Stipendien einen für die Erfüllung der Forschungsaufgabe oder für die Bestreitung des Lebensunterhalts und die Deckung des Ausbildungsbedarfs erforderlichen Betrag nicht übersteigen und nach den von dem Geber erlassenen Richtlinien vergeben werden,

b) der Empfänger im Zusammenhang mit dem Stipendium nicht zu einer bestimmten wissenschaftlichen oder künstlerischen Gegenleistung oder zu einer bestimmten Arbeitnehmertätigkeit verpflichtet ist;

45. die Vorteile des Arbeitnehmers aus der privaten Nutzung von betrieblichen Personalcomputern und Telekommunikationsgeräten;

46. Bergmannsprämien nach dem Gesetz über Bergmannsprämien;

47. Leistungen nach § 14a Absatz 4 und § 14b des Arbeitsplatzschutzgesetzes;

48. Leistungen nach dem Unterhaltssicherungsgesetz, soweit sie nicht nach dessen § 15 Absatz 1 Satz 2 steuerpflichtig sind;

49. laufende Zuwendungen eines früheren alliierten Besatzungssoldaten an seine im Geltungsbereich des Grundgesetzes ansässige Ehefrau, soweit sie auf diese Zuwendungen angewiesen ist;

50. die Beträge, die der Arbeitnehmer vom Arbeitgeber erhält, um sie für ihn auszugeben (durchlaufende Gelder), und die Beträge, durch die Auslagen des Arbeitnehmers für den Arbeitgeber ersetzt werden (Auslagenersatz);

51. Trinkgelder, die anlässlich einer Arbeitsleistung dem Arbeitnehmer von Dritten freiwillig und ohne dass ein Rechtsanspruch auf sie besteht, zusätzlich zu dem Betrag gegeben werden, der für diese Arbeitsleistung zu zahlen ist;

52. (weggefallen)

53. die Übertragung von Wertguthaben nach § 7f Absatz 1 Satz 1 Nummer 2 des Vierten Buches Sozialgesetzbuch auf die Deutsche Rentenversicherung Bund. ²Die Leistungen aus Wertguthaben durch die Deutsche Rentenversicherung Bund gehören zu den Einkünften aus nichtselbständiger Arbeit im Sinne des § 19. ³Von ihnen ist Lohnsteuer einzubehalten;

54. Zinsen aus Entschädigungsansprüchen für deutsche Auslandsbonds im Sinne der §§ 52 bis 54 des Bereinigungsgesetzes für deutsche Auslandsbonds in der im Bundesgesetzblatt Teil III, Gliederungsnummer 4139-2, veröffentlichten bereinigten Fassung, soweit sich die Entschädigungsansprüche gegen den Bund oder die Länder richten. ²Das Gleiche gilt für die Zinsen aus Schuldverschreibungen und Schuldbuchforderungen, die nach den §§ 9, 10 und 14 des Gesetzes zur näheren Regelung der Entschädigungsansprüche für Auslandsbonds in der im Bundesgesetzblatt Teil III, Gliederungsnummer 4139-3, veröffentlichten bereinigten Fassung vom Bund oder von den Ländern für Entschädigungsansprüche erteilt oder eingetragen werden;

55. der in den Fällen des § 4 Absatz 2 Nummer 2 und Absatz 3 des Betriebsrentengesetzes vom 19. Dezember 1974 (BGBl. I S. 3610), das zuletzt durch Artikel 8 des Gesetzes vom 5. Juli 2004 (BGBl. I S. 1427) geändert worden ist, in der jeweils geltenden Fassung geleistete Übertragungswert nach § 4 Absatz 5 des Betriebsrentengesetzes, wenn die betriebliche Altersversorgung beim ehemaligen und neuen

Arbeitgeber über einen Pensionsfonds, eine Pensionskasse oder ein Unternehmen der Lebensversicherung durchgeführt wird. ²Satz 1 gilt auch, wenn der Übertragungswert vom ehemaligen Arbeitgeber oder von einer Unterstützungskasse an den neuen Arbeitgeber oder eine andere Unterstützungskasse geleistet wird. ³Die Leistungen des neuen Arbeitgebers, der Unterstützungskasse, des Pensionsfonds, der Pensionskasse oder des Unternehmens der Lebensversicherung auf Grund des Betrages nach Satz 1 und 2 gehören zu den Einkünften, zu denen die Leistungen gehören würden, wenn die Übertragung nach § 4 Absatz 2 Nummer 2 und Absatz 3 des Betriebsrentengesetzes nicht stattgefunden hätte;

55a. die nach § 10 des Versorgungsausgleichsgesetzes vom 3. April 2009 (BGBl. I S. 700) in der jeweils geltenden Fassung (interne Teilung) durchgeführte Übertragung von Anrechten für die ausgleichsberechtigte Person zu Lasten von Anrechten der ausgleichspflichtigen Person. ²Die Leistungen aus diesen Anrechten gehören bei der ausgleichsberechtigten Person zu den Einkünften, zu denen die Leistungen bei der ausgleichspflichtigen Person gehören würden, wenn die interne Teilung nicht stattgefunden hätte;

55b. der nach § 14 des Versorgungsausgleichsgesetzes (externe Teilung) geleistete Ausgleichswert zur Begründung von Anrechten für die ausgleichsberechtigte Person zu Lasten von Anrechten der ausgleichspflichtigen Person, soweit Leistungen aus diesen Anrechten zu steuerpflichtigen Einkünften nach den §§ 19, 20 und 22 führen würden. ²Satz 1 gilt nicht, soweit Leistungen, die auf dem begründeten Anrecht beruhen, bei der ausgleichsberechtigten Person zu Einkünften nach § 20 Absatz 1 Nummer 6 oder § 22 Nummer 1 Satz 3 Buchstabe a Doppelbuchstabe bb führen würden. ³Der Versorgungsträger der ausgleichspflichtigen Person hat den Versorgungsträger der ausgleichsberechtigten Person über die für die Besteuerung der Leistungen erforderlichen Grundlagen zu informieren. ⁴Dies gilt nicht, wenn der Versorgungsträger der ausgleichsberechtigten Person die Grundlagen bereits kennt oder aus den bei ihm vorhandenen Daten feststellen kann und dieser Umstand dem Versorgungsträger der ausgleichspflichtigen Person mitgeteilt worden ist;

56. Zuwendungen des Arbeitgebers nach § 19 Absatz 1 Satz 1 Nummer 3 Satz 1 aus dem ersten Dienstverhältnis an eine Pensionskasse zum Aufbau einer nicht kapitalgedeckten betrieblichen Altersversorgung, bei der eine Auszahlung der zugesagten Alters-, Invaliditäts- oder Hinterbliebenenversorgung in Form einer Rente oder eines Auszahlungsplans (§ 1 Absatz 1 Satz 1 Nummer 4 des Altersvorsorgeverträge-Zertifizierungsgesetzes) vorgesehen ist, soweit diese Zuwendungen im Kalenderjahr 1 Prozent der Beitragsbemessungsgrenze in der allgemeinen Rentenversicherung nicht übersteigen. ²Der in Satz 1 genannte Höchstbetrag erhöht sich ab 1. Januar 2014 auf 2 Prozent, ab 1. Januar 2020 auf 3 Prozent und ab 1. Januar 2025 auf 4 Prozent der Beitragsbemessungsgrenze in der allgemeinen Rentenversicherung. ³Die Beträge nach den Sätzen 1 und 2 sind jeweils um die nach § 3 Nummer 63 Satz 1, 3 oder Satz 4 steuerfreien Beträge zu mindern;

57. die Beträge, die die Künstlersozialkasse zugunsten des nach dem Künstlersozialversicherungsgesetz Versicherten aus dem Aufkommen von Künstlersozialabgabe und Bundeszuschuss an einen Träger der Sozialversicherung oder an den Versicherten zahlt;

58. das Wohngeld nach dem Wohngeldgesetz, die sonstigen Leistungen aus öffentlichen Haushalten oder Zweckvermögen zur Senkung der Miete oder Belastung im Sinne des § 11 Absatz 2 Nummer 4 des Wohngeldgesetzes sowie öffentliche Zuschüsse zur Deckung laufender Aufwendungen und Zinsvorteile bei Darlehen, die aus öffentlichen Haushalten gewährt werden, für eine zu eigenen Wohnzwecken genutzte Wohnung im eigenen Haus oder eine zu eigenen Wohnzwecken genutzte Eigentumswohnung, soweit die Zuschüsse und Zinsvorteile die Vorteile aus einer entsprechenden Förderung mit öffentlichen Mitteln nach dem Zweiten Wohnungsbaugesetz, dem Wohnraumförderungsgesetz oder einem Landesgesetz zur Wohnraumförderung nicht überschreiten, der Zuschuss für die Wohneigentumsbildung in innerstädtischen Altbauquartieren nach den Regelungen zum Stadtumbau Ost in den Verwaltungsvereinbarungen über die Gewährung von Finanzhilfen des Bundes an die Länder nach Artikel 104a Absatz 4 des Grundgesetzes zur Förderung städtebaulicher Maßnahmen;

59. die Zusatzförderung nach § 88e des Zweiten Wohnungsbaugesetzes und nach § 51f des Wohnungsbaugesetzes für das Saarland und Geldleistungen, die ein Mieter zum Zwecke der Wohnkostenentlastung nach dem Wohnraumförderungsgesetz oder einem Landesgesetz zur Wohnraumförderung erhält, soweit die Einkünfte dem Mieter zuzurechnen sind, und die Vorteile aus einer mietweisen Wohnungsüberlassung im Zusammenhang mit einem Arbeitsverhältnis, soweit sie die Vorteile aus einer entsprechenden Förderung nach dem zweiten Wohnungsbaugesetz, nach dem Wohnraumförderungsgesetz oder einem Landesgesetz zur Wohnraumförderung nicht überschreiten;

60. Leistungen aus öffentlichen Mitteln an Arbeitnehmer des Steinkohlen-, Pechkohlen- und Erzbergbaues, des Braunkohlentiefbaues und der Eisen- und Stahlindustrie aus Anlass von Stilllegungs-, Einschränkungs-, Umstellungs- oder Rationalisierungsmaßnahmen;

61. Leistungen nach § 4 Absatz 1 Nummer 2, § 7 Absatz 3, §§ 9, 10 Absatz 1, §§ 13, 15 des Entwicklungshelfer-Gesetzes;

EStG

62. Ausgaben des Arbeitgebers für die Zukunftssicherung des Arbeitnehmers, soweit der Arbeitgeber dazu nach sozialversicherungsrechtlichen oder anderen gesetzlichen Vorschriften oder nach einer auf gesetzlicher Ermächtigung beruhenden Bestimmung verpflichtet ist, und es sich nicht um Zuwendungen oder Beiträge des Arbeitgebers nach den Nummern 56 und 63 handelt. ²Den Ausgaben des Arbeitgebers für die Zukunftssicherung, die auf Grund gesetzlicher Verpflichtung geleistet werden, werden gleichgestellt Zuschüsse des Arbeitgebers zu den Aufwendungen des Arbeitnehmers

   a) für eine Lebensversicherung,
   b) für die freiwillige Versicherung in der gesetzlichen Rentenversicherung,
   c) für eine öffentlich-rechtliche Versicherungs- oder Versorgungseinrichtung seiner Berufsgruppe,

   wenn der Arbeitnehmer von der Versicherungspflicht in der gesetzlichen Rentenversicherung befreit worden ist. ³Die Zuschüsse sind nur insoweit steuerfrei, als sie insgesamt bei Befreiung von der Versicherungspflicht in der allgemeinen Rentenversicherung die Hälfte und bei Befreiung von der Versicherungspflicht in der knappschaftlichen Rentenversicherung zwei Drittel der Gesamtaufwendungen des Arbeitnehmers nicht übersteigen und nicht höher sind als der Betrag, der als Arbeitgeberanteil bei Versicherungspflicht in der allgemeinen Rentenversicherung oder in der knappschaftlichen Rentenversicherung zu zahlen wäre. ⁴Die Sätze 2 und 3 gelten sinngemäß für Beiträge des Arbeitgebers zu einer Pensionskasse, wenn der Arbeitnehmer bei diesem Arbeitgeber nicht im Inland beschäftigt ist und der Arbeitgeber keine Beiträge zur gesetzlichen Rentenversicherung im Inland leistet; Beiträge des Arbeitgebers zu einer Rentenversicherung auf Grund gesetzlicher Verpflichtung sind anzurechnen;

63. [1] Beiträge des Arbeitgebers aus dem ersten Dienstverhältnis an einen Pensionsfonds, eine Pensionskasse oder für eine Direktversicherung zum Aufbau einer kapitalgedeckten betrieblichen Altersversorgung, bei der eine Auszahlung der zugesagten Alters-, Invaliditäts- oder Hinterbliebenenversorgungsleistungen in Form einer Rente oder eines Auszahlungsplans (§ 1 Absatz 1 Satz 1 Nummer 4 des Altersvorsorgeverträge-Zertifizierungsgesetzes vom 26. Juni 2001 (BGBl. I S. 1310, 1322), das zuletzt durch Artikel 7 des Gesetzes vom 5. Juli 2004 (BGBl. I S. 1427) geändert worden ist, in der jeweils geltenden Fassung) vorgesehen ist, soweit die Beiträge im Kalenderjahr 4 Prozent der Beitragsbemessungsgrenze in der allgemeinen Rentenversicherung nicht übersteigen. ²Dies gilt nicht, soweit der Arbeitnehmer nach § 1a Absatz 3 des Betriebsrentengesetzes verlangt hat, dass die Voraussetzungen für eine Förderung nach § 10a oder Abschnitt XI erfüllt werden. ³Der Höchstbetrag nach Satz 1 erhöht sich um 1 800 Euro, wenn die Beiträge im Sinne des Satzes 1 auf Grund einer Versorgungszusage geleistet werden, die nach dem 31. Dezember 2004 erteilt wurde. ⁴Aus Anlass der Beendigung des Dienstverhältnisses geleistete Beiträge im Sinne des Satzes 1 sind steuerfrei, soweit sie 1 800 Euro vervielfältigt mit der Anzahl der Kalenderjahre, in denen das Dienstverhältnis des Arbeitnehmers zu dem Arbeitgeber bestanden hat, nicht übersteigen; der vervielfältigte Betrag vermindert sich um die nach den Sätzen 1 und 3 steuerfreien Beiträge, die der Arbeitgeber in dem Kalenderjahr, in dem das Dienstverhältnis beendet wird, und in den sechs vorangegangenen Kalenderjahren erbracht hat; Kalenderjahre vor 2005 sind dabei jeweils nicht zu berücksichtigen;

64. bei Arbeitnehmern, die zu einer inländischen juristischen Person des öffentlichen Rechts in einem Dienstverhältnis stehen und dafür Arbeitslohn aus einer inländischen öffentlichen Kasse beziehen, die Bezüge für eine Tätigkeit im Ausland insoweit, als sie den Arbeitslohn übersteigen, der dem Arbeitnehmer bei einer gleichwertigen Tätigkeit am Ort der zahlenden öffentlichen Kasse zustehen würde. ²Satz 1 gilt auch, wenn das Dienstverhältnis zu einer anderen Person besteht, die den Arbeitslohn entsprechend den im Sinne des Satzes 1 geltenden Vorschriften ermittelt, der Arbeitslohn aus einer öffentlichen Kasse gezahlt wird und ganz oder im Wesentlichen aus öffentlichen Mitteln aufgebracht wird. ³Bei anderen für einen begrenzten Zeitraum in das Ausland entsandten Arbeitnehmern, die dort einen Wohnsitz oder gewöhnlichen Aufenthalt haben, ist der ihnen von einem inländischen Arbeitgeber gewährte Kaufkraftausgleich steuerfrei, soweit er den für vergleichbare Auslandsdienstbezüge nach *§ 54 des Bundesbesoldungsgesetzes*[2] zulässigen Betrag nicht übersteigt;

65. a) Beiträge des Trägers der Insolvenzsicherung (§ 14 des Betriebsrentengesetzes) zugunsten eines Versorgungsberechtigten und seiner Hinterbliebenen an eine Pensionskasse oder ein Unternehmen der Lebensversicherung zur Ablösung von Verpflichtungen, die der Träger der Insolvenzsicherung im Sicherungsfall gegenüber dem Versorgungsberechtigten und seinen Hinterbliebenen hat,

   b) Leistungen zur Übernahme von Versorgungsleistungen oder unverfallbaren Versorgungsanwartschaften durch eine Pensionskasse oder ein Unternehmen der Lebensversicherung in den in § 4 Absatz 4 des

---

1) Zur Anwendung von § 3 Nummer 63 bei Direktversicherung siehe § 52 Absatz 6 EStG.
2) Änderung in „§ 55 des Bundesbesoldungsgesetzes" ab 1.7.2010 in Kraft (Artikel 16 Absatz 9 DNeuG vom 5.2.2009 BGBl. I S. 160).

Betriebsrentengesetzes bezeichneten Fällen und

c) der Erwerb von Ansprüchen durch den Arbeitnehmer gegenüber einem Dritten im Falle der Eröffnung des Insolvenzverfahrens oder in den Fällen des § 7 Absatz 1 Satz 4 des Betriebsrentengesetzes, soweit der Dritte neben dem Arbeitgeber für die Erfüllung von Ansprüchen auf Grund bestehender Versorgungsverpflichtungen oder Versorgungsanwartschaften gegenüber dem Arbeitnehmer und dessen Hinterbliebenen einsteht; dies gilt entsprechend, wenn der Dritte für Wertguthaben aus einer Vereinbarung über die Altersteilzeit nach dem Altersteilzeitgesetz vom 23. Juli 1996 (BGBl. I S. 1078), zuletzt geändert durch Artikel 234 der Verordnung vom 31. Oktober 2006 (BGBl. I S. 2407), in der jeweils geltenden Fassung oder auf Grund von Wertguthaben aus einem Arbeitszeitkonto in den im ersten Halbsatz genannten Fällen für den Arbeitgeber einsteht.

²In den Fällen nach Buchstabe a, b und c gehören die Leistungen der Pensionskasse, des Unternehmens der Lebensversicherung oder des Dritten zu den Einkünften, zu denen jene Leistungen gehören würden, die ohne Eintritt eines Falles nach Buchstabe a, b und c zu erbringen wären. ³Soweit sie zu den Einkünften aus nichtselbständiger Arbeit im Sinne des § 19 gehören, ist von ihnen Lohnsteuer einzubehalten. ⁴Für die Erhebung der Lohnsteuer gelten die Pensionskasse, das Unternehmen der Lebensversicherung oder der Dritte als Arbeitgeber und der Leistungsempfänger als Arbeitnehmer;

66. Leistungen eines Arbeitgebers oder einer Unterstützungskasse an einen Pensionsfonds zur Übernahme bestehender Versorgungsverpflichtungen oder Versorgungsanwartschaften durch den Pensionsfonds, wenn ein Antrag nach § 4d Absatz 3 oder § 4e Absatz 3 gestellt worden ist;

67. das Erziehungsgeld nach dem Bundeserziehungsgeldgesetz und vergleichbare Leistungen der Länder, das Elterngeld nach dem Bundeselterngeld- und Elternzeitgesetz und vergleichbare Leistungen der Länder sowie Leistungen für Kindererziehung an Mütter der Geburtsjahrgänge vor 1921 nach den §§ 294 bis 299 des Sechsten Buches Sozialgesetzbuch und die Zuschläge nach den §§ 50a bis 50e des Beamtenversorgungsgesetzes oder den §§ 70 bis 74 des Soldatenversorgungsgesetzes;

68. die Hilfen nach dem Gesetz über die Hilfe für durch Anti-D-Immunprophylaxe mit dem Hepatitis-C-Virus infizierte Personen vom 2. August 2000 (BGBl. I S. 1270);

69. die von der Stiftung „Humanitäre Hilfe für durch Blutprodukte HIV-infizierte Personen" nach dem HIV-Hilfegesetz vom 24. Juli 1995 (BGBl. I S. 972) gewährten Leistungen;

70. die Hälfte

a) der Betriebsvermögensmehrungen oder Einnahmen aus der Veräußerung von Grund und Boden und Gebäuden, die am 1. Januar 2007 mindestens fünf Jahre zum Anlagevermögen eines inländischen Betriebsvermögens des Steuerpflichtigen gehören, wenn diese auf Grund eines nach dem 31. Dezember 2006 und vor dem 1. Januar 2010 rechtswirksam abgeschlossenen obligatorischen Vertrages an eine REIT-Aktiengesellschaft oder einen Vor-REIT veräußert werden,

b) der Betriebsvermögensmehrungen, die auf Grund der Eintragung eines Steuerpflichtigen in das Handelsregister als REIT-Aktiengesellschaft im Sinne des REIT-Gesetzes vom 28. Mai 2007 (BGBl. I S. 914) durch Anwendung des § 13 Absatz 1 und 3 Satz 1 des Körperschaftsteuergesetzes auf Grund und Boden und Gebäude entstehen, wenn diese Wirtschaftsgüter vor dem 1. Januar 2005 angeschafft oder hergestellt wurden, und die Schlussbilanz im Sinne des § 13 Absatz 1 und 3 des Körperschaftsteuergesetzes auf einen Zeitpunkt vor dem 1. Januar 2010 aufzustellen ist.

²Satz 1 ist nicht anzuwenden,

a) wenn der Steuerpflichtige den Betrieb veräußert oder aufgibt und der Veräußerungsgewinn nach § 34 besteuert wird,

b) soweit der Steuerpflichtige von den Regelungen der §§ 6b und 6c Gebrauch macht,

c) soweit der Ansatz des niedrigeren Teilwerts in vollem Umfang zu einer Gewinnminderung geführt hat und soweit diese Gewinnminderung nicht durch den Ansatz eines Werts, der sich nach § 6 Absatz 1 Nummer 1 Satz 4 ergibt, ausgeglichen worden ist,

d) wenn im Falle des Satzes 1 Buchstabe a der Buchwert zuzüglich der Veräußerungskosten den Veräußerungserlös oder im Falle des Satzes 1 Buchstabe b der Buchwert den Teilwert übersteigt. ²Ermittelt der Steuerpflichtige den Gewinn nach § 4 Absatz 3, treten an die Stelle des Buchwerts die Anschaffungs- oder Herstellungskosten verringert um die vorgenommenen Absetzungen für Abnutzung oder Substanzverringerung,

e) soweit vom Steuerpflichtigen in der Vergangenheit Abzüge bei den Anschaffungs- oder Herstellungskosten von Wirtschaftsgütern im Sinne des Satzes 1 nach § 6b oder ähnliche Abzüge voll steuerwirksam vorgenommen worden sind,

f) wenn es sich um eine Übertragung im Zusammenhang mit Rechtsvorgängen handelt, die dem Umwandlungssteuergesetz unterliegen und die Übertragung zu einem Wert unterhalb des gemeinen Werts erfolgt.

³Die Steuerbefreiung entfällt rückwirkend, wenn

a) innerhalb eines Zeitraums von vier Jahren seit dem Vertragsschluss im Sinne des Satzes 1 Buchstabe a der Erwerber oder innerhalb eines Zeitraums von vier Jahren nach dem Stichtag der Schlussbilanz im Sinne des Satzes 1 Buchstabe b die REIT-Aktiengesellschaft den Grund und Boden oder das Gebäude veräußert,

b) innerhalb eines Zeitraums von vier Jahren seit dem Vertragsschluss im Sinne des Satzes 1 Buchstabe a der Vor-REIT oder ein anderer Vor-REIT als sein Gesamtrechtsnachfolger nicht als REIT-Aktiengesellschaft in das Handelsregister eingetragen wird,

c) die REIT-Aktiengesellschaft innerhalb eines Zeitraums von vier Jahren seit dem Vertragsschluss im Sinne des Satzes 1 Buchstabe a oder nach dem Stichtag der Schlussbilanz im Sinne des Satzes 1 Buchstabe b in keinem Veranlagungszeitraum die Voraussetzungen für die Steuerbefreiung erfüllt,

d) die Steuerbefreiung der REIT-Aktiengesellschaft innerhalb eines Zeitraums von vier Jahren seit dem Vertragsschluss im Sinne des Satzes 1 Buchstabe a oder nach dem Stichtag der Schlussbilanz im Sinne des Satzes 1 Buchstabe b endet,

e) das Bundeszentralamt für Steuern dem Erwerber im Sinne des Satzes 1 Buchstabe a den Status als Vor-REIT im Sinne des § 2 Satz 4 des REIT-Gesetzes vom 28. Mai 2007 (BGBl. I S. 914) bestandskräftig aberkannt hat.

⁴Die Steuerbefreiung entfällt auch rückwirkend, wenn die Wirtschaftsgüter im Sinne des Satzes 1 Buchstabe a vom Erwerber an den Veräußerer oder eine ihm nahe stehende Person im Sinne des § 1 Absatz 2 des Außensteuergesetzes überlassen werden und der Veräußerer oder eine ihm nahe stehende Person im Sinne des § 1 Absatz 2 des Außensteuergesetzes nach Ablauf einer Frist von zwei Jahren seit Eintragung des Erwerbers als REIT-Aktiengesellschaft in das Handelsregister an dieser mittelbar oder unmittelbar zu mehr als 50 Prozent beteiligt ist. ⁵Der Grundstückserwerber haftet für die sich aus dem rückwirkenden Wegfall der Steuerbefreiung ergebenden Steuern.

§ 3a
(weggefallen)

§ 3b
Steuerfreiheit von Zuschlägen für Sonntags-, Feiertags- oder Nachtarbeit

(1) Steuerfrei sind Zuschläge, die für tatsächlich geleistete Sonntags-, Feiertags- oder Nachtarbeit neben dem Grundlohn gezahlt werden, soweit sie

1. für Nachtarbeit 25 Prozent,
2. vorbehaltlich der Nummern 3 und 4 für Sonntagsarbeit 50 Prozent,
3. vorbehaltlich der Nummer 4 für Arbeit am 31. Dezember ab 14 Uhr und an den gesetzlichen Feiertagen 125 Prozent,
4. für Arbeit am 24. Dezember ab 14 Uhr, am 25. und 26. Dezember sowie am 1. Mai 150 Prozent

des Grundlohns nicht übersteigen.

(2) ¹Grundlohn ist der laufende Arbeitslohn, der dem Arbeitnehmer bei der für ihn maßgebenden regelmäßigen Arbeitszeit für den jeweiligen Lohnzahlungszeitraum zusteht; er ist in einen Stundenlohn umzurechnen und mit höchstens 50 Euro anzusetzen. ²Nachtarbeit ist die Arbeit in der Zeit von 20 Uhr bis 6 Uhr. ³Sonntagsarbeit und Feiertagsarbeit ist die Arbeit in der Zeit von 0 Uhr bis 24 Uhr des jeweiligen Tages. ⁴Die gesetzlichen Feiertage werden durch die am Ort der Arbeitsstätte geltenden Vorschriften bestimmt.

(3) Wenn die Nachtarbeit vor 0 Uhr aufgenommen wird, gilt abweichend von den Absätzen 1 und 2 Folgendes:

1. Für Nachtarbeit in der Zeit von 0 Uhr bis 4 Uhr erhöht sich der Zuschlagssatz auf 40 Prozent,
2. als Sonntagsarbeit und Feiertagsarbeit gilt auch die Arbeit in der Zeit von 0 Uhr bis 4 Uhr des auf den Sonntag oder Feiertag folgenden Tages.

§ 3c
Anteilige Abzüge

(1) Ausgaben dürfen, soweit sie mit steuerfreien Einnahmen in unmittelbarem wirtschaftlichen Zusammenhang stehen, nicht als Betriebsausgaben oder Werbungskosten abgezogen werden; Absatz 2 bleibt unberührt.

(2)¹⁾ ¹Betriebsvermögensminderungen, Betriebsausgaben, Veräußerungskosten oder Werbungskosten, die mit den in § 3 Nummer 40 zugrunde liegenden Betriebsvermögensmehrungen oder Einnahmen oder mit Vergütungen nach § 3 Nummer 40a in wirtschaftlichem Zusammenhang stehen, dürfen unabhängig davon, in welchem Veranlagungszeitraum die Betriebsvermögensmehrungen oder Einnahmen anfallen, bei der Ermittlung der Einkünfte nur zu 60 Prozent abgezogen werden; Entsprechendes gilt, wenn bei der Ermittlung der Einkünfte der Wert des Betriebsvermögens oder des Anteils am Betriebsvermögen oder die Anschaffungs- oder Herstellungskosten oder der an deren Stelle tretende Wert mindernd zu berücksichtigen sind. ²Satz 1 gilt auch für Wertminderungen des Anteils an einer Organgesellschaft, die nicht auf Gewinnausschüttungen zurückzuführen sind. ³§ 8b Absatz 10 des Körperschaftsteuergesetzes gilt sinngemäß.

(3) Betriebsvermögensminderungen, Betriebsausgaben, Veräußerungskosten oder Werbungskosten, die mit den Betriebsvermögensmehrungen oder Einnahmen im Sinne des § 3 Nummer 70 in wirtschaftlichem Zusammenhang stehen, dürfen unabhängig davon, in welchem Veranlagungszeitraum die Betriebsvermö-

---

1) Zur erstmaligen Anwendung von § 3c Absatz 2 EStG siehe § 52 Absatz 8a EStG.

gensmehrungen oder Einnahmen anfallen, nur zur Hälfte abgezogen werden.

3. Gewinn

§ 4
Gewinnbegriff im Allgemeinen

(1) ¹Gewinn ist der Unterschiedsbetrag zwischen dem Betriebsvermögen am Schluss des Wirtschaftsjahres und dem Betriebsvermögen am Schluss des vorangegangenen Wirtschaftsjahres, vermehrt um den Wert der Entnahmen und vermindert um den Wert der Einlagen. ²Entnahmen sind alle Wirtschaftsgüter (Barentnahmen, Waren, Erzeugnisse, Nutzungen und Leistungen), die der Steuerpflichtige dem Betrieb für sich, für seinen Haushalt oder für andere betriebsfremde Zwecke im Laufe des Wirtschaftsjahres entnommen hat. ³Einer Entnahme für betriebsfremde Zwecke steht der Ausschluss oder die Beschränkung des Besteuerungsrechts der Bundesrepublik Deutschland hinsichtlich des Gewinns aus der Veräußerung oder der Nutzung eines Wirtschaftsguts gleich. ⁴Satz 3 gilt nicht für Anteile an einer Europäischen Gesellschaft oder Europäischen Genossenschaft in den Fällen

1. einer Sitzverlegung der Europäischen Gesellschaft nach Artikel 8 der Verordnung (EG) Nr. 2157/2001 des Rates vom 8. Oktober 2001 über das Statut der Europäischen Gesellschaft (SE) (ABl. EG Nr. L 294 S. 1), zuletzt geändert durch die Verordnung (EG) Nr. 885/2004 des Rates vom 26. April 2004 (ABl. EU Nr. L 168 S. 1), und

2. einer Sitzverlegung der Europäischen Genossenschaft nach Artikel 7 der Verordnung (EG) Nr. 1435/2003 des Rates vom 22. Juli 2003 über das Statut der Europäischen Genossenschaft (SCE) (ABl. EU Nr. L 207 S. 1).

⁵Ein Wirtschaftsgut wird nicht dadurch entnommen, dass der Steuerpflichtige zur Gewinnermittlung nach § 13a übergeht. ⁶Eine Änderung der Nutzung eines Wirtschaftsguts, die bei Gewinnermittlung nach Satz 1 keine Entnahme ist, ist auch bei Gewinnermittlung nach § 13a keine Entnahme. ⁷Einlagen sind alle Wirtschaftsgüter (Bareinzahlungen und sonstige Wirtschaftsgüter), die der Steuerpflichtige dem Betrieb im Laufe des Wirtschaftsjahres zugeführt hat; einer Einlage steht die Begründung des Besteuerungsrechts der Bundesrepublik Deutschland hinsichtlich des Gewinns aus der Veräußerung eines Wirtschaftsguts gleich. ⁸Bei der Ermittlung des Gewinns sind die Vorschriften über die Betriebsausgaben, über die Bewertung und über die Absetzung für Abnutzung oder Substanzverringerung zu befolgen.

(2) ¹Der Steuerpflichtige darf die Vermögensübersicht (Bilanz) auch nach ihrer Einreichung beim Finanzamt ändern, soweit sie den Grundsätzen ordnungsmäßiger Buchführung unter Befolgung der Vorschriften dieses Gesetzes nicht entspricht; diese Änderung ist nicht zulässig, wenn die Vermögensübersicht (Bilanz) einer Steuerfestsetzung zugrunde liegt, die nicht mehr aufgehoben oder geändert werden kann. ²Darüber hinaus ist eine Änderung der Vermögensübersicht (Bilanz) nur zulässig, wenn sie in einem engen zeitlichen und sachlichen Zusammenhang mit einer Änderung nach Satz 1 steht und soweit die Auswirkung der Änderung nach Satz 1 auf den Gewinn reicht.[1)]

(3) ¹Steuerpflichtige, die nicht auf Grund gesetzlicher Vorschriften verpflichtet sind, Bücher zu führen und regelmäßig Abschlüsse zu machen, und die auch keine Bücher führen und keine Abschlüsse machen, können als Gewinn den Überschuss der Betriebseinnahmen über die Betriebsausgaben ansetzen. ²Hierbei scheiden Betriebseinnahmen und Betriebsausgaben aus, die im Namen und für Rechnung eines anderen vereinnahmt und verausgabt werden (durchlaufende Posten). ³Die Vorschriften über die Bewertungsfreiheit für geringwertige Wirtschaftsgüter (§ 6 Absatz 2), die Bildung eines Sammelpostens (§ 6 Absatz 2a) und über die Absetzung für Abnutzung oder Substanzverringerung sind zu befolgen. ⁴Die Anschaffungs- oder Herstellungskosten für nicht abnutzbare Wirtschaftsgüter des Anlagevermögens, für Anteile an Kapitalgesellschaften, für Wertpapiere und vergleichbare nicht verbriefte Forderungen und Rechte, für Grund und Boden sowie Gebäude des Umlaufvermögens sind erst im Zeitpunkt des Zuflusses des Veräußerungserlöses oder bei Entnahme im Zeitpunkt der Entnahme als Betriebsausgaben zu berücksichtigen. ⁵Die Wirtschaftsgüter des Anlagevermögens und Wirtschaftsgüter des Umlaufvermögens im Sinne des Satzes 4 sind unter Angabe des Tages der Anschaffung oder Herstellung und der Anschaffungs- oder Herstellungskosten oder des an deren Stelle getretenen Werts in besondere, laufend zu führende Verzeichnisse aufzunehmen.[2)]

(4) Betriebsausgaben sind die Aufwendungen, die durch den Betrieb veranlasst sind.

(4a)[3)] ¹Schuldzinsen sind nach Maßgabe der Sätze 2 bis 4 nicht abziehbar, wenn Überentnahmen getätigt worden sind. ²Eine Überentnahme ist der Betrag, um den die Entnahmen die Summe des Gewinns und der Einlagen des Wirtschaftsjahres übersteigen. ³Die nicht abziehbaren Schuldzinsen werden typisiert mit sechs Prozent der Überentnahme des Wirtschaftsjahres zuzüglich der Überentnahmen vorangegangener Wirtschaftsjahre und abzüglich der Beträge, um die in den vorangegangenen Wirtschaftsjahren der Gewinn und die Einlagen die Entnahmen überstiegen haben (Unterentnahmen), ermittelt; bei der Ermittlung der Überentnahme ist vom Gewinn ohne Berücksichtigung der nach Maßgabe dieses Absatzes nicht abziehbaren Schuldzinsen auszugehen. ⁴Der sich dabei ergebende Betrag, höchstens jedoch der um 2 050 Euro verminderte Betrag der im Wirtschaftsjahr angefallenen Schuldzinsen, ist dem Gewinn hinzuzurechnen. ⁵Der Abzug von Schuldzinsen für Darlehen zur Finanzierung von Anschaffungs- oder Herstellungs-

---

1) § 4 Absatz 2 Satz 2 ist auch für VZ vor 1999 anzuwenden (§ 52 Absatz 9 EStG).
2) Zur Anwendung von § 4 Absatz 3 EStG siehe § 52 Absatz 10 EStG.
3) Zur Anwendung von § 4 Absatz 4a EStG siehe § 52 Absatz 11 EStG.

kosten von Wirtschaftsgütern des Anlagevermögens bleibt unberührt. ⁶Die Sätze 1 bis 5 sind bei Gewinnermittlung nach § 4 Absatz 3 sinngemäß anzuwenden; hierzu sind Entnahmen und Einlagen gesondert aufzuzeichnen.

(5)¹⁾ ¹Die folgenden Betriebsausgaben dürfen den Gewinn nicht mindern:

1. Aufwendungen für Geschenke an Personen, die nicht Arbeitnehmer des Steuerpflichtigen sind. ²Satz 1 gilt nicht, wenn die Anschaffungs- oder Herstellungskosten der dem Empfänger im Wirtschaftsjahr zugewendeten Gegenstände insgesamt 35 Euro nicht übersteigen;

2. Aufwendungen für die Bewirtung von Personen aus geschäftlichem Anlass, soweit sie 70 Prozent der Aufwendungen übersteigen, die nach der allgemeinen Verkehrsauffassung als angemessen anzusehen und deren Höhe und betriebliche Veranlassung nachgewiesen sind. ²Zum Nachweis der Höhe und der betrieblichen Veranlassung der Aufwendungen hat der Steuerpflichtige schriftlich die folgenden Angaben zu machen: Ort, Tag, Teilnehmer und Anlass der Bewirtung sowie Höhe der Aufwendungen. ³Hat die Bewirtung in einer Gaststätte stattgefunden, so genügen Angaben zu dem Anlass und den Teilnehmern der Bewirtung; die Rechnung über die Bewirtung ist beizufügen;

3. Aufwendungen für Einrichtungen des Steuerpflichtigen, soweit sie der Bewirtung, Beherbergung oder Unterhaltung von Personen, die nicht Arbeitnehmer des Steuerpflichtigen sind, dienen (Gästehäuser) und sich außerhalb des Orts eines Betriebs des Steuerpflichtigen befinden;

4. Aufwendungen für Jagd oder Fischerei, für Segeljachten oder Motorjachten sowie für ähnliche Zwecke und für die hiermit zusammenhängenden Bewirtungen;

5. Mehraufwendungen für die Verpflegung des Steuerpflichtigen, soweit in den folgenden Sätzen nichts anderes bestimmt ist. ²Wird der Steuerpflichtige vorübergehend von seiner Wohnung und dem Mittelpunkt seiner dauerhaft angelegten betrieblichen Tätigkeit entfernt betrieblich tätig, ist für jeden Kalendertag, an dem der Steuerpflichtige wegen dieser vorübergehenden Tätigkeit von seiner Wohnung und seinem Tätigkeitsmittelpunkt

    a) 24 Stunden abwesend ist, ein Pauschbetrag von 24 Euro,

    b) weniger als 24 Stunden, aber mindestens 14 Stunden abwesend ist, ein Pauschbetrag von 12 Euro,

    c) weniger als 14 Stunden, aber mindestens 8 Stunden abwesend ist, ein Pauschbetrag von 6 Euro

    abzuziehen; eine Tätigkeit, die nach 16 Uhr begonnen und vor 8 Uhr des nachfolgenden Kalendertags beendet wird, ohne dass eine Übernachtung stattfindet, ist mit der gesamten Abwesenheitsdauer dem Kalendertag der überwiegenden Abwesenheit zuzurechnen. ³Wird der Steuerpflichtige bei seiner individuellen betrieblichen Tätigkeit typischerweise nur an ständig wechselnden Tätigkeitsstätten oder auf einem Fahrzeug tätig, gilt Satz 2 entsprechend; dabei ist allein die Dauer der Abwesenheit von der Wohnung maßgebend. ⁴Bei einer Tätigkeit im Ausland treten an die Stelle der Pauschbeträge nach Satz 2 länderweise unterschiedliche Pauschbeträge, die für die Fälle der Buchstaben a, b und c mit 120, 80 und 40 Prozent der höchsten Auslandstagegelder nach dem Bundesreisekostengesetz vom Bundesministerium der Finanzen im Einvernehmen mit den obersten Finanzbehörden der Länder aufgerundet auf volle Euro festgesetzt werden; dabei bestimmt sich der Pauschbetrag nach dem Ort, den der Steuerpflichtige vor 24 Uhr Ortszeit zuletzt erreicht, oder, wenn dieser Ort im Inland liegt nach dem letzten Tätigkeitsort im Ausland. ⁵Bei einer längerfristigen vorübergehenden Tätigkeit an derselben Tätigkeitsstätte beschränkt sich der pauschale Abzug nach Satz 2 auf die ersten drei Monate. ⁶Die Abzugsbeschränkung nach Satz 1, die Pauschbeträge nach den Sätzen 2 und 4 sowie die Dreimonatsfrist nach Satz 5 gelten auch für den Abzug von Verpflegungsmehraufwendungen bei einer aus betrieblichem Anlass begründeten doppelten Haushaltsführung; dabei ist für jeden Kalendertag innerhalb der Dreimonatsfrist, an dem gleichzeitig eine Tätigkeit im Sinne des Satzes 2 oder 3 ausgeübt wird, nur der jeweils höchste in Betracht kommende Pauschbetrag abzuziehen und die Dauer einer Tätigkeit im Sinne des Satzes 2 an dem Beschäftigungsort, der zur Begründung der doppelten Haushaltsführung geführt hat, auf die Dreimonatsfrist anzurechnen, wenn sie ihr unmittelbar vorausgegangen ist;

6. Aufwendungen für die Wege des Steuerpflichtigen zwischen Wohnung und Betriebsstätte und für Familienheimfahrten, soweit in den folgenden Sätzen nichts anderes bestimmt ist. ²Zur Abgeltung dieser Aufwendung ist § 9 Absatz 1 Satz 3 Nummer 4 und 5 Satz 1 bis 6 und Absatz 2 entsprechend anwenden. ³Bei der Nutzung eines Kraftfahrzeugs dürfen die Aufwendungen in Höhe des positiven Unterschiedsbetrags zwischen 0,03 Prozent des inländischen Listenpreises im Sinne des § 6 Absatz 1 Nummer 4 Satz 2 des Kraftfahrzeugs im Zeitpunkt der Erstzulassung je Kalendermonat für jeden Entfernungskilometer und dem sich nach § 9 Absatz 1 Satz 3 Nummer 4 oder Absatz 2 ergebenden Betrag sowie Aufwendungen für Familienheimfahrten in Höhe des positiven Unterschiedsbetrags zwischen 0,002 Prozent des inländischen Listenpreises im Sinne des § 6 Absatz 1 Nummer 4 Satz 2 für jeden Entfernungskilometer und dem sich nach § 9 Absatz 1 Satz 3 Nummer 5 Satz 4 bis 6 oder Absatz 2 ergebenden Betrag den Gewinn nicht mindern; ermittelt der Steuerpflichtige die private Nutzung des Kraftfahrzeugs nach § 6 Absatz 1 Nummer 4 Satz 1 oder Satz 3, treten an die Stelle des mit

---

1) Zur Anwendung von § 4 Absatz 5 EStG siehe § 52 Absatz 12 EStG.

0,03 oder 0,002 Prozent des inländischen Listenpreises ermittelten Betrags für Fahrten zwischen Wohnung und Betriebsstätte und für Familienheimfahrten die auf diese Fahrten entfallenden tatsächlichen Aufwendungen;

6a. (weggefallen)[1)]

6b. Aufwendungen für ein häusliches Arbeitszimmer sowie die Kosten der Ausstattung. ²Dies gilt nicht, wenn das Arbeitszimmer den Mittelpunkt der gesamten betrieblichen und beruflichen Betätigung bildet;

7. andere als die in den Nummern 1 bis 6 und 6b bezeichneten Aufwendungen, die die Lebensführung des Steuerpflichtigen oder anderer Personen berühren, soweit sie nach allgemeiner Verkehrsauffassung als unangemessen anzusehen sind;

8. von einem Gericht oder einer Behörde im Geltungsbereich dieses Gesetzes oder von Organen der Europäischen Gemeinschaften festgesetzte Geldbußen, Ordnungsgelder und Verwarnungsgelder. ²Dasselbe gilt für Leistungen zur Erfüllung von Auflagen oder Weisungen, die in einem berufsgerichtlichen Verfahren erteilt werden, soweit die Auflagen oder Weisungen nicht lediglich der Wiedergutmachung des durch die Tat verursachten Schadens dienen. ³Die Rückzahlung von Ausgaben im Sinne der Sätze 1 und 2 darf den Gewinn nicht erhöhen. ⁴Das Abzugsverbot für Geldbußen gilt nicht, soweit der wirtschaftliche Vorteil, der durch den Gesetzesverstoß erlangt wurde, abgeschöpft worden ist, wenn die Steuern vom Einkommen und Ertrag, die auf den wirtschaftlichen Vorteil entfallen, nicht abgezogen worden sind; Satz 3 ist insoweit nicht anzuwenden;

8a. Zinsen auf hinterzogene Steuern nach § 235 der Abgabenordnung;

9. Ausgleichszahlungen, die in den Fällen der §§ 14, 17 und 18 des Körperschaftsteuergesetzes an außenstehende Anteilseigner geleistet werden;

10. die Zuwendung von Vorteilen sowie damit zusammenhängende Aufwendungen, wenn die Zuwendung der Vorteile eine rechtswidrige Handlung darstellt, die den Tatbestand eines Strafgesetzes oder eines Gesetzes verwirklicht, das die Ahndung mit einer Geldbuße zulässt. ²Gerichte, Staatsanwaltschaften oder Verwaltungsbehörden haben Tatsachen, die sie dienstlich erfahren und die den Verdacht einer Tat im Sinne des Satzes 1 begründen, der Finanzbehörde für Zwecke des Besteuerungsverfahrens und zur Verfolgung von Steuerstraftaten und Steuerordnungswidrigkeiten mitzuteilen. ³Die Finanzbehörde teilt Tatsachen, die den Verdacht einer Straftat oder einer Ordnungswidrigkeit im Sinne des Satzes 1 begründen, den Staatsanwaltschaften oder der Verwaltungsbehörde mit. ⁴Diese unterrichten die Finanzbehörde von dem Ausgang des Verfahrens und der zugrundeliegenden Tatsachen;

11. Aufwendungen, die mit unmittelbaren oder mittelbaren Zuwendungen von nicht einlagefähigen Vorteilen an natürliche oder juristische Personen oder Personengesellschaften zur Verwendung in Betrieben in tatsächlichem oder wirtschaftlichem Zusammenhang stehen, deren Gewinn nach § 5a Absatz 1 ermittelt wird;[2)]

12. Zuschläge nach § 162 Absatz 4 der Abgabenordnung.

²Das Abzugsverbot gilt nicht, soweit die in den Nummern 2 bis 4 bezeichneten Zwecke Gegenstand einer mit Gewinnabsicht ausgeübten Betätigung des Steuerpflichtigen sind. ³§ 12 Nummer 1 bleibt unberührt.

(5a) (weggefallen)

(5b) Die Gewerbesteuer und die darauf entfallenden Nebenleistungen sind keine Betriebsausgaben.

(6) Aufwendungen zur Förderung staatspolitischer Zwecke (§ 10b Absatz 2) sind keine Betriebsausgaben.

(7) ¹Aufwendungen im Sinne des Absatzes 5 Satz 1 Nummer 1 bis 4, 6b und 7 sind einzeln und getrennt von den sonstigen Betriebsausgaben aufzuzeichnen. ²Soweit diese Aufwendungen nicht bereits nach Absatz 5 vom Abzug ausgeschlossen sind, dürfen sie bei der Gewinnermittlung nur berücksichtigt werden, wenn sie nach Satz 1 besonders aufgezeichnet sind.

(8) Für Erhaltungsaufwand bei Gebäuden in Sanierungsgebieten und städtebaulichen Entwicklungsbereichen sowie bei Baudenkmalen gelten die §§ 11a und 11b entsprechend.

§ 4a
Gewinnermittlungszeitraum,
Wirtschaftsjahr

(1) ¹Bei Land- und Forstwirten und bei Gewerbetreibenden ist der Gewinn nach dem Wirtschaftsjahr zu ermitteln. ²Wirtschaftsjahr ist

1. bei Land- und Forstwirten der Zeitraum vom 1. Juli bis zum 30. Juni. ²Durch Rechtsverordnung kann für einzelne Gruppen von Land- und Forstwirten ein anderer Zeitraum bestimmt werden, wenn das aus wirtschaftlichen Gründen erforderlich ist;

2. bei Gewerbetreibenden, deren Firma im Handelsregister eingetragen ist, der Zeitraum, für den sie regelmäßig Abschlüsse machen. ²Die Umstellung des Wirtschaftsjahres auf einen vom Kalenderjahr abweichenden Zeitraum ist steuerlich nur wirksam, wenn sie im Einvernehmen mit dem Finanzamt vorgenommen wird;

3. bei anderen Gewerbetreibenden das Kalenderjahr. ²Sind sie gleichzeitig buchführende Land- und Forstwirte, so können sie mit Zustimmung des Finanzamts den nach Nummer 1 maßgebenden Zeitraum als Wirtschaftsjahr für den Gewerbebetrieb bestimmen, wenn sie für den Gewerbebetrieb Bücher führen und für diesen Zeitraum regelmäßig Abschlüsse machen.

---
1) Zur Anwendung von § 4 Absatz 5 Nummer 6a siehe § 52 Absatz 12 Satz 3 und 4 EStG.
2) Zur Anwendung von § 4 Absatz 5 Nummer 11 siehe § 52 Absatz 12 Satz 5 EStG.

(2) Bei Land- und Forstwirten und bei Gewerbetreibenden, deren Wirtschaftsjahr vom Kalenderjahr abweicht, ist der Gewinn aus Land- und Forstwirtschaft oder aus Gewerbebetrieb bei der Ermittlung des Einkommens in folgender Weise zu berücksichtigen:

1. ¹Bei Land- und Forstwirten ist der Gewinn des Wirtschaftsjahres auf das Kalenderjahr, in dem das Wirtschaftsjahr beginnt, und auf das Kalenderjahr, in dem das Wirtschaftsjahr endet, entsprechend dem zeitlichen Anteil aufzuteilen. ²Bei der Aufteilung sind Veräußerungsgewinne im Sinne des § 14 auszuscheiden und dem Gewinn des Kalenderjahres hinzuzurechnen, in dem sie entstanden sind;
2. bei Gewerbetreibenden gilt der Gewinn des Wirtschaftsjahres als in dem Kalenderjahr bezogen, in dem das Wirtschaftsjahr endet.

§ 4b
Direktversicherung

¹Der Versicherungsanspruch aus einer Direktversicherung, die von einem Steuerpflichtigen aus betrieblichem Anlass abgeschlossen wird, ist dem Betriebsvermögen des Steuerpflichtigen nicht zuzurechnen, soweit am Schluss des Wirtschaftsjahres hinsichtlich der Leistungen des Versicherers die Person, auf deren Leben die Lebensversicherung abgeschlossen ist, oder ihre Hinterbliebenen bezugsberechtigt sind. ²Das gilt auch, wenn der Steuerpflichtige die Ansprüche aus dem Versicherungsvertrag abgetreten oder beliehen hat, sofern er sich der bezugsberechtigten Person gegenüber schriftlich verpflichtet, sie bei Eintritt des Versicherungsfalls so zu stellen, als ob die Abtretung oder Beleihung nicht erfolgt wäre.

§ 4c
Zuwendungen an Pensionskassen

(1) ¹Zuwendungen an eine Pensionskasse dürfen von dem Unternehmen, das die Zuwendungen leistet (Trägerunternehmen), als Betriebsausgaben abgezogen werden, soweit sie auf einer in der Satzung oder im Geschäftsplan der Kasse festgelegten Verpflichtung oder auf einer Anordnung der Versicherungsaufsichtsbehörde beruhen oder der Abdeckung von Fehlbeträgen bei der Kasse dienen. ²Soweit die allgemeinen Versicherungsbedingungen und die fachlichen Geschäftsunterlagen im Sinne des § 5 Absatz 3 Nummer 2 Halbsatz 2 des Versicherungsaufsichtsgesetzes nicht zum Geschäftsplan gehören, gelten diese als Teil des Geschäftsplans.

(2) Zuwendungen im Sinne des Absatzes 1 dürfen als Betriebsausgaben nicht abgezogen werden, soweit die Leistungen der Kasse, wenn sie vom Trägerunternehmen unmittelbar erbracht würden, bei diesem nicht betrieblich veranlasst wären.

§ 4d
Zuwendungen an Unterstützungskassen

(1) ¹Zuwendungen an eine Unterstützungskasse dürfen von dem Unternehmen, das die Zuwendungen leistet (Trägerunternehmen), als Betriebsausgaben abgezogen werden, soweit die Leistungen der Kasse, wenn sie vom Trägerunternehmen unmittelbar erbracht würden, bei diesem betrieblich veranlasst wären und sie die folgenden Beträge nicht übersteigen:

1. bei Unterstützungskassen, die lebenslänglich laufende Leistungen gewähren:
   a) das Deckungskapital für die laufenden Leistungen nach der dem Gesetz als Anlage 1 beigefügten Tabelle. ²Leistungsempfänger ist jeder ehemalige Arbeitnehmer des Trägerunternehmens, der von der Unterstützungskasse Leistungen erhält; soweit die Kasse Hinterbliebenenversorgung gewährt, ist Leistungsempfänger der Hinterbliebene eines ehemaligen Arbeitnehmers des Trägerunternehmens, der von der Kasse Leistungen erhält. ³Dem ehemaligen Arbeitnehmer stehen andere Personen gleich, denen Leistungen des Alters-, Invaliditäts- oder Hinterbliebenenversorgung aus Anlass ihrer ehemaligen Tätigkeit für das Trägerunternehmen zugesagt worden sind;
   b) in jedem Wirtschaftsjahr für jeden Leistungsanwärter,[1)]
      aa) wenn die Kasse nur Invaliditätsversorgung oder nur Hinterbliebenenversorgung gewährt, jeweils 6 Prozent,
      bb) wenn die Kasse Altersversorgung mit oder ohne Einschluss von Invaliditätsversorgung oder Hinterbliebenenversorgung gewährt, 25 Prozent
   der jährlichen Versorgungsleistungen, die der Leistungsanwärter oder, wenn nur Hinterbliebenenversorgung gewährt wird, dessen Hinterbliebene nach den Verhältnissen am Schluss des Wirtschaftsjahres der Zuwendung im letzten Zeitpunkt der Anwartschaft, spätestens zum Zeitpunkt des Erreichens der Regelaltersgrenze der gesetzlichen Rentenversicherung erhalten können. ²Leistungsanwärter ist jeder ehemalige Arbeitnehmer des Trägerunternehmens, der von der Unterstützungskasse schriftlich zugesagte Leistungen erhalten kann und am Schluss des Wirtschaftsjahres, in dem die Zuwendung erfolgt, das 23. Lebensjahr vollendet hat; soweit die Kasse nur Hinterbliebenenversorgung gewährt, gilt als Leistungsanwärter jeder Arbeitnehmer oder ehemalige Arbeitnehmer des Trägerunternehmens, der am Schluss des Wirtschaftsjahres, in dem die Zuwendung erfolgt, das 27. Lebensjahr vollendet hat und dessen Hinterbliebene die Hinterbliebenenversorgung erhalten können. ³Das Trägerunternehmen kann bei der Berechnung nach Satz 1 statt des dort maßgebenden Betrags den Durchschnittsbetrag der von der Kasse im Wirtschaftsjahr an Leistungsempfänger im Sinne des Buchstabens a gewährten Leistungen zugrunde legen. ⁴In diesem Fall sind Leistungsanwärter im Sinne des Satzes 2 nur die Arbeitnehmer oder ehema-

---
1) Zur Anwendung von § 4d Absatz 1 Nummer 1 Buchstabe b Satz 1 siehe § 52 Absatz 12a EStG.

ligen Arbeitnehmer des Trägerunternehmens, die am Schluss des Wirtschaftsjahres, in dem die Zuwendung erfolgt, das 50. Lebensjahr vollendet haben. ⁵Dem Arbeitnehmer oder ehemaligen Arbeitnehmer als Leistungsanwärter stehen andere Personen gleich, denen schriftlich Leistungen der Alters-, Invaliditäts- oder Hinterbliebenenversorgung aus Anlass ihrer Tätigkeit für das Trägerunternehmen zugesagt worden sind;

c) den Betrag des Beitrags, den die Kasse an einen Versicherer zahlt, soweit sie sich die Mittel für ihre Versorgungsleistungen, die der Leistungsanwärter oder Leistungsempfänger nach den Verhältnissen am Schluss des Wirtschaftsjahres der Zuwendung erhalten kann, durch Abschluss einer Versicherung verschafft. ²Bei Versicherungen für einen Leistungsanwärter ist der Abzug des Beitrags nur zulässig, wenn der Leistungsanwärter die in Buchstabe b Satz 2 und 5 genannten Voraussetzungen erfüllt, die Versicherung für die Dauer bis zu dem Zeitpunkt abgeschlossen ist, für den erstmals Leistungen der Altersversorgung vorgesehen sind, mindestens jedoch bis zu dem Zeitpunkt, an dem der Leistungsanwärter das 55. Lebensjahr vollendet hat, und während dieser Zeit jährlich Beiträge gezahlt werden, die der Höhe nach gleichbleiben oder steigen. ³Das Gleiche gilt für Leistungsanwärter, die das 27. Lebensjahr noch nicht vollendet haben, für Leistungen der Invaliditäts- oder Hinterbliebenenversorgung, für Leistungen der Altersversorgung unter der Voraussetzung, dass die Leistungsanwartschaft bereits unverfallbar ist. ⁴Ein Abzug ist ausgeschlossen, wenn die Ansprüche aus der Versicherung der Sicherung eines Darlehens dienen. ⁵Liegen die Voraussetzungen der Sätze 1 bis 4 vor, sind die Zuwendungen nach den Buchstaben a und b in dem Verhältnis zu vermindern, in dem die Leistungen der Kasse durch die Versicherung gedeckt sind;

d) den Betrag, den die Kasse einem Leistungsanwärter im Sinne des Buchstabens b Satz 2 und 5 vor Eintritt des Versorgungsfalls als Abfindung für künftige Versorgungsleistungen gewährt, den Übertragungswert nach § 4 Absatz 5 des Betriebsrentengesetzes oder den Betrag, den sie an einen anderen Versorgungsträger zahlt, der eine ihr obliegende Versorgungsverpflichtung übernommen hat.

²Zuwendungen dürfen nicht als Betriebsausgaben abgezogen werden, wenn das Vermögen der Kasse ohne Berücksichtigung künftiger Versorgungsleistungen am Schluss des Wirtschaftsjahres das zulässige Kassenvermögen übersteigt. ³Bei der Ermittlung des Vermögens der Kasse ist am Schluss des Wirtschaftsjahres vorhandener Grundbesitz mit 200 Prozent der Einheitswerte anzusetzen, die zu dem Feststellungszeitpunkt maßgebend sind, der dem Schluss des Wirtschaftsjahres folgt; Ansprüche aus einer Versicherung sind mit dem Wert des geschäftsplanmäßigen Deckungskapitals zuzüglich der Guthaben aus Beitragsrückerstattung am Schluss des Wirtschaftsjahres anzusetzen, und das übrige Vermögen ist mit dem gemeinen Wert am Schluss des Wirtschaftsjahres zu bewerten. ⁴Zulässiges Kassenvermögen ist die Summe aus dem Deckungskapital für alle am Schluss des Wirtschaftsjahres laufenden Leistungen nach der dem Gesetz als Anlage 1 beigefügten Tabelle für Leistungsanwärter im Sinne des Satzes 1 Buchstabe a und dem Achtfachen der nach Satz 1 Buchstabe b abzugsfähigen Zuwendungen. ⁵Soweit sich die Kasse die Mittel für ihre Leistungen durch Abschluss einer Versicherung verschafft, ist, wenn die Voraussetzungen für den Abzug des Beitrags nach Satz 1 Buchstabe c erfüllt sind, zulässiges Kassenvermögen der Wert des geschäftsplanmäßigen Deckungskapitals aus der Versicherung am Schluss des Wirtschaftsjahres; in diesem Fall ist das zulässige Kassenvermögen nach Satz 4 in dem Verhältnis zu vermindern, in dem die Leistungen der Kasse durch die Versicherung gedeckt sind. ⁶Soweit die Berechnung des Deckungskapitals nicht zum Geschäftsplan gehört, tritt an die Stelle des geschäftsplanmäßigen Deckungskapitals der nach § 176 Absatz 3 des Gesetzes über den Versicherungsvertrag berechnete Zeitwert, beim zulässigen Kassenvermögen ohne Berücksichtigung des Guthabens aus Beitragsrückerstattung. ⁷Gewährt eine Unterstützungskasse an Stelle von lebenslänglich laufenden Leistungen eine einmalige Kapitalleistung, so gelten 10 Prozent der Kapitalleistung als Jahresbetrag einer lebenslänglich laufenden Leistung;

2. bei Kassen, die keine lebenslänglich laufenden Leistungen gewähren, für jedes Wirtschaftsjahr 0,2 Prozent der Lohn- und Gehaltssumme des Trägerunternehmens, mindestens jedoch den Betrag der von der Kasse in einem Wirtschaftsjahr erbrachten Leistungen, soweit dieser Betrag höher ist als die in den vorangegangenen fünf Wirtschaftsjahren vorgenommenen Zuwendungen abzüglich der in dem gleichen Zeitraum erbrachten Leistungen. ²Diese Zuwendungen dürfen nicht als Betriebsausgaben abgezogen werden, wenn das Vermögen der Kasse am Schluss des Wirtschaftsjahres das zulässige Kassenvermögen übersteigt. ³Als zulässiges Kassenvermögen kann 1 Prozent der durchschnittlichen Lohn- und Gehaltssumme der letzten drei Jahre angesetzt werden. ⁴Hat die Kasse bereits 10 Wirtschaftsjahre bestanden, darf das zulässige Kassenvermögen zusätzlich die Summe der in den letzten 10 Wirtschaftsjahren gewährten Leistungen nicht übersteigen. ⁵Für die Bewertung des Vermögens der Kasse gilt Nummer 1 Satz 3 entsprechend. ⁶Bei der Berechnung der Lohn- und Gehaltssumme des Trägerunternehmens sind Löhne und Gehälter von Personen, die von der Kasse keine nicht lebenslänglich laufenden Leistungen erhalten können, auszuscheiden.

²Gewährt eine Kasse lebenslänglich laufende und nicht lebenslänglich laufende Leistungen, so gilt Satz 1 Nummer 1 und 2 nebeneinander. ³Leistet ein Trägerunternehmen Zuwendungen an mehrere Unterstützungskassen, so sind diese Kassen bei der Anwendung der Nummern 1 und 2 als Einheit zu behandeln.

(2) ¹Zuwendungen im Sinne des Absatzes 1 sind von dem Trägerunternehmen in dem Wirtschaftsjahr als Betriebsausgaben abzuziehen, in dem sie geleistet werden. ²Zuwendungen, die bis zum Ablauf eines Monats nach Aufstellung oder Feststellung der Bilanz des Trägerunternehmens für den Schluss eines Wirtschaftsjahres geleistet werden, können von dem Trägerunternehmen noch für das abgelaufene Wirtschaftsjahr durch eine Rückstellung gewinnmindernd berücksichtigt werden. ³Übersteigen die in einem Wirtschaftsjahr geleisteten Zuwendungen die nach Absatz 1 abzugsfähigen Beträge, so können die übersteigenden Beträge im Wege der Rechnungsabgrenzung auf die folgenden drei Wirtschaftsjahre vorgetragen und im Rahmen der für diese Wirtschaftsjahre abzugsfähigen Beträge als Betriebsausgaben behandelt werden. ⁴§ 5 Absatz 1 Satz 2 ist nicht anzuwenden.

(3) ¹Abweichend von Absatz 1 Satz 1 Nummer 1 Satz 1 Buchstabe d und Absatz 2 können auf Antrag die insgesamt erforderlichen Zuwendungen an die Unterstützungskasse für den Betrag, den die Kasse an einen Pensionsfonds zahlt, für eine ihr obliegende Versorgungsverpflichtung ganz oder teilweise übernommen hat, nicht im Wirtschaftsjahr der Zuwendung, sondern erst in den dem Wirtschaftsjahr der Zuwendung folgenden zehn Wirtschaftsjahren gleichmäßig verteilt als Betriebsausgaben abgezogen werden. ²Der Antrag ist unwiderruflich; der jeweilige Rechtsnachfolger ist an den Antrag gebunden.

§ 4e[1)]
Beiträge an Pensionsfonds

(1) Beiträge an einen Pensionsfonds im Sinne des § 112 des Versicherungsaufsichtsgesetzes dürfen von dem Unternehmen, das die Beiträge leistet (Trägerunternehmen), als Betriebsausgaben abgezogen werden, soweit sie auf einer festgelegten Verpflichtung beruhen oder der Abdeckung von Fehlbeträgen bei dem Fonds dienen.

(2) Beiträge im Sinne des Absatzes 1 dürfen als Betriebsausgaben nicht abgezogen werden, soweit die Leistungen des Fonds, wenn sie vom Trägerunternehmen unmittelbar erbracht würden, bei diesem nicht betrieblich veranlasst wären.

(3) ¹Der Steuerpflichtige kann auf Antrag die insgesamt erforderlichen Leistungen an einen Pensionsfonds zur teilweisen oder vollständigen Übernahme einer bestehenden Versorgungsverpflichtung oder Versorgungsanwartschaft durch den Pensionsfonds erst in dem Wirtschaftsjahr der Übertragung folgenden zehn Wirtschaftsjahren gleichmäßig verteilt als Betriebsausgaben abziehen. ²Der Antrag ist unwiderruflich; der jeweilige Rechtsnachfolger ist an den Antrag gebunden. ³Ist eine Pensionsrückstellung nach § 6a gewinnerhöhend aufzulösen, ist Satz 1 mit der Maßgabe anzuwenden, dass die Leistungen an den Pensionsfonds im Wirtschaftsjahr der Übertragung in Höhe der aufgelösten Rückstellung als Betriebsausgaben abgezogen werden können; der die aufgelöste Rückstellung übersteigende Betrag ist in den dem Wirtschaftsjahr der Übertragung folgenden zehn Wirtschaftsjahren gleichmäßig verteilt als Betriebsausgaben abzuziehen. ⁴Satz 3 gilt entsprechend, wenn es im Zuge der Leistungen des Arbeitgebers an den Pensionsfonds zu Vermögensübertragungen einer Unterstützungskasse an den Arbeitgeber kommt.

§ 4f
(weggefallen)

§ 4g
Bildung eines Ausgleichspostens bei Entnahme nach § 4 Absatz 1 Satz 3

(1) ¹Ein unbeschränkt Steuerpflichtiger kann in Höhe des Unterschiedsbetrags zwischen dem Buchwert und dem nach § 6 Absatz 1 Nummer 4 Satz 1 zweiter Halbsatz anzusetzenden Wert eines Wirtschaftsguts des Anlagevermögens auf Antrag einen Ausgleichsposten bilden, soweit das Wirtschaftsgut infolge seiner Zuordnung zu einer Betriebsstätte desselben Steuerpflichtigen in einem anderen Mitgliedstaat der Europäischen Union gemäß § 4 Absatz 1 Satz 3 als entnommen gilt. ²Der Ausgleichsposten ist für jedes Wirtschaftsgut getrennt auszuweisen. ³Das Antragsrecht kann für jedes Wirtschaftsjahr nur einheitlich für sämtliche Wirtschaftsgüter ausgeübt werden. ⁴Der Antrag ist unwiderruflich. ⁵Die Vorschriften des Umwandlungssteuergesetzes bleiben unberührt.

(2) ¹Der Ausgleichsposten ist im Wirtschaftsjahr der Bildung und in den vier folgenden Wirtschaftsjahren zu jeweils einem Fünftel gewinnerhöhend aufzulösen. ²Er ist in vollem Umfang gewinnerhöhend aufzulösen,

1. wenn das als entnommen geltende Wirtschaftsgut aus dem Betriebsvermögen des Steuerpflichtigen ausscheidet,

2. wenn das als entnommen geltende Wirtschaftsgut aus der Besteuerungshoheit der Mitgliedstaaten der Europäischen Union ausscheidet oder

3. wenn die stillen Reserven des als entnommen geltenden Wirtschaftsguts im Ausland aufgedeckt werden oder in entsprechender Anwendung der Vorschriften des deutschen Steuerrechts hätten aufgedeckt werden müssen.

(3) ¹Wird die Zuordnung eines Wirtschaftsguts zu einer anderen Betriebsstätte des Steuerpflichtigen in einem anderen Mitgliedstaat der Europäischen Union im Sinne des Absatzes 1 innerhalb der tatsächlichen Nutzungsdauer, spätestens jedoch vor Ablauf von fünf Jahren nach Änderung der Zuordnung, aufgehoben, ist der für dieses Wirtschaftsgut gebildete Ausgleichsposten ohne Auswirkungen auf den Gewinn aufzulösen und das Wirtschaftsgut mit den fortgeführten Anschaffungskosten, erhöht um zwischenzeitlich gewinnerhöhend berücksichtigte

---
1) Zur Anwendung von § 4e siehe § 52 Absatz 12b EStG.

Auflösungsbeträge im Sinne der Absätze 2 und 5 Satz 2 und um den Unterschiedsbetrag zwischen dem Rückführungswert und dem Buchwert im Zeitpunkt der Rückführung, höchstens jedoch mit dem gemeinen Wert, anzusetzen. ²Die Aufhebung der geänderten Zuordnung ist ein Ereignis im Sinne des § 175 Absatz 1 Nummer 2 der Abgabenordnung.

(4) ¹Die Absätze 1 bis 4 finden entsprechende Anwendung bei der Ermittlung des Überschusses der Betriebseinnahmen über die Betriebsausgaben gemäß § 4 Absatz 3. ²Wirtschaftsgüter, für die ein Ausgleichsposten nach Absatz 1 gebildet worden ist, sind in ein laufend zu führendes Verzeichnis aufzunehmen. ³Der Steuerpflichtige hat darüber hinaus Aufzeichnungen zu führen, aus denen die Bildung und Auflösung der Ausgleichsposten hervorgeht. ⁴Die Aufzeichnungen nach den Sätzen 2 und 3 sind der Steuererklärung beizufügen.

(5) ¹Der Steuerpflichtige ist verpflichtet, der zuständigen Finanzbehörde die Entnahme oder ein Ereignis im Sinne des Absatzes 2 unverzüglich anzuzeigen. ²Kommt der Steuerpflichtige dieser Anzeigepflicht, seinen Aufzeichnungspflichten nach Absatz 4 oder seinen sonstigen Mitwirkungspflichten im Sinne des § 90 der Abgabenordnung nicht nach, ist der Ausgleichsposten dieses Wirtschaftsguts gewinnerhöhend aufzulösen.

§ 4h
Betriebsausgabenabzug für Zinsaufwendungen (Zinsschranke)

(1) ¹Zinsaufwendungen eines Betriebs sind abziehbar in Höhe des Zinsertrags, darüber hinaus nur bis zur Höhe des verrechenbaren EBITDA. ²Das verrechenbare EBITDA ist 30 Prozent des um die Zinsaufwendungen und um die nach § 6 Absatz 2 Satz 1 abzuziehenden, nach § 6 Absatz 2a Satz 2 gewinnmindernd aufzulösenden und nach § 7 abgesetzten Beträge erhöhten und um die Zinserträge verminderten maßgeblichen Gewinns. ³Soweit das verrechenbare EBITDA die um die Zinserträge geminderten Zinsaufwendungen des Betriebs übersteigt, ist es in die folgenden fünf Wirtschaftsjahre vorzutragen (EBITDA-Vortrag); ein EBITDA-Vortrag entsteht nicht in Wirtschaftsjahren, in denen Absatz 2 die Anwendung von Absatz 1 Satz 1 ausschließt. ⁴Zinsaufwendungen, die nach Satz 1 nicht abgezogen werden können, sind bis zur Höhe der EBITDA-Vorträge aus vorangegangenen Wirtschaftsjahren abziehbar und mindern die EBITDA-Vorträge in ihrer zeitlichen Reihenfolge. ⁵Danach verbleibende nicht abziehbare Zinsaufwendungen sind in die folgenden Wirtschaftsjahre vorzutragen (Zinsvortrag). ⁶Sie erhöhen die Zinsaufwendungen dieser Wirtschaftsjahre, nicht aber den maßgeblichen Gewinn.

(2) ¹Absatz 1 Satz 1 ist nicht anzuwenden, wenn
a) der Betrag der Zinsaufwendungen, soweit er den Betrag der Zinserträge übersteigt, weniger als drei Millionen Euro beträgt,
b) der Betrieb nicht oder nur anteilmäßig zu einem Konzern gehört oder
c) der Betrieb zu einem Konzern gehört und seine Eigenkapitalquote am Schluss des vorangegangenen Abschlussstichtages gleich hoch oder höher ist als die des Konzerns (Eigenkapitalvergleich). ²Ein Unterschreiten der Eigenkapitalquote des Konzerns um bis zu zwei Prozentpunkte ist unschädlich.

³Eigenkapitalquote ist das Verhältnis des Eigenkapitals zur Bilanzsumme; sie bemisst sich nach dem Konzernabschluss, der den Betrieb umfasst, und ist für den Betrieb auf der Grundlage des Jahresabschlusses oder Einzelabschlusses zu ermitteln. ⁴Wahlrechte sind im Konzernabschluss und im Jahresabschluss oder Einzelabschluss einheitlich auszuüben; bei gesellschaftsrechtlichen Kündigungsrechten ist insoweit mindestens das Eigenkapital anzusetzen, das sich nach den Vorschriften des Handelsgesetzbuchs ergeben würde. ⁵Bei der Ermittlung der Eigenkapitalquote des Betriebs ist das Eigenkapital um einen im Konzernabschluss enthaltenen Firmenwert, soweit er auf den Betrieb entfällt, und um die Hälfte von Sonderposten mit Rücklagenanteil (§ 273 des Handelsgesetzbuchs) zu erhöhen sowie um das Eigenkapital, das keine Stimmrechte vermittelt – mit Ausnahme von Vorzugsaktien –, der Anteile an anderen Konzerngesellschaften und um Einlagen der letzten sechs Monate vor dem maßgeblichen Abschlussstichtag, soweit ihnen Entnahmen oder Ausschüttungen innerhalb der ersten sechs Monate nach dem maßgeblichen Abschlussstichtag gegenüberstehen, zu kürzen. ⁶Die Bilanzsumme ist um Kapitalforderungen zu kürzen, die nicht im Konzernabschluss ausgewiesen sind und denen Verbindlichkeiten im Sinne des Absatzes 3 in mindestens gleicher Höhe gegenüberstehen. ⁷Sonderbetriebsvermögen ist dem Betrieb der Mitunternehmerschaft zuzuordnen, soweit es im Konzernvermögen enthalten ist. ⁸Die für den Eigenkapitalvergleich maßgeblichen Abschlüsse sind einheitlich nach den International Financial Reporting Standards (IFRS) zu erstellen. ⁹Hiervon abweichend können Abschlüsse nach dem Handelsrecht eines Mitgliedstaats der Europäischen Union verwendet werden, wenn kein Konzernabschluss nach den IFRS zu erstellen und offen zu legen ist und für keines der letzten fünf Wirtschaftsjahre ein Konzernabschluss nach den IFRS erstellt wurde; nach den Generally Accepted Accounting Principles der Vereinigten Staaten von Amerika (US-GAAP) aufzustellende und offen zu legende Abschlüsse sind zu verwenden, wenn kein Konzernabschluss nach den IFRS oder dem Handelsrecht eines Mitgliedstaats der Europäischen Union zu erstellen und offen zu legen ist. ¹⁰Der Konzernabschluss muss den Anforderungen an die handelsrechtliche Konzernrechnungslegung genügen oder die Voraussetzungen erfüllen, unter denen ein Abschluss nach den §§ 291 und 292 des Handelsgesetzbuchs befreiende Wirkung hätte. ¹¹Wurde der Jahresabschluss oder Einzelabschluss nicht nach denselben Rechnungslegungsstandards wie der Konzernabschluss aufgestellt, ist die Eigenkapitalquote des Betriebs in einer Überleitungsrechnung nach den für den Konzernabschluss geltenden Rechnungslegungsstandards zu er-

mitteln. ¹²Die Überleitungsrechnung ist einer prüferischen Durchsicht zu unterziehen. ¹³Auf Verlangen der Finanzbehörde ist der Abschluss oder die Überleitungsrechnung des Betriebs durch einen Abschlussprüfer zu prüfen, der die Voraussetzungen des § 319 des Handelsgesetzbuchs erfüllt. ¹⁴Ist ein dem Eigenkapitalvergleich zugrunde gelegter Abschluss unrichtig und führt der zutreffende Abschluss zu einer Erhöhung der nach Absatz 1 nicht abziehbaren Zinsaufwendungen, ist ein Zuschlag entsprechend § 162 Absatz 4 Satz 1 und 2 der Abgabenordnung festzusetzen. ¹⁵Bemessungsgrundlage für den Zuschlag sind die nach Absatz 1 nicht abziehbaren Zinsaufwendungen. ¹⁶§ 162 Absatz 4 Satz 4 bis 6 der Abgabenordnung gilt sinngemäß.

²Ist eine Gesellschaft, bei der der Gesellschafter als Mitunternehmer anzusehen ist, unmittelbar oder mittelbar einer Körperschaft nachgeordnet, gilt für die Gesellschaft § 8a Absatz 2 und 3 des Körperschaftsteuergesetzes entsprechend.

(3) ¹Maßgeblicher Gewinn ist der nach den Vorschriften dieses Gesetzes mit Ausnahme des Absatzes 1 ermittelte steuerpflichtige Gewinn. ²Zinsaufwendungen sind Vergütungen für Fremdkapital, die den maßgeblichen Gewinn gemindert haben. ³Zinserträge sind Erträge aus Kapitalforderungen jeder Art, die den maßgeblichen Gewinn erhöht haben. ⁴Die Auf- und Abzinsung unverzinslicher oder niedrig verzinslicher Verbindlichkeiten oder Kapitalforderungen führen ebenfalls zu Zinserträgen oder Zinsaufwendungen. ⁵Ein Betrieb gehört zu einem Konzern, wenn er nach dem für die Anwendung des Absatzes 2 Satz 1 Buchstabe c zugrunde gelegten Rechnungslegungsstandard mit einem oder mehreren anderen Betrieben konsolidiert wird oder werden könnte. ⁶Ein Betrieb gehört für Zwecke des Absatzes 2 auch zu einem Konzern, wenn seine Finanz- und Geschäftspolitik mit einem oder mehreren anderen Betrieben einheitlich bestimmt werden kann.

(4) ¹Der EBITDA-Vortrag und der Zinsvortrag sind gesondert festzustellen. ²Zuständig ist das für die gesonderte Feststellung des Gewinns und Verlusts der Gesellschaft zuständige Finanzamt, im Übrigen das für die Besteuerung zuständige Finanzamt. ³§ 10d Absatz 4 gilt sinngemäß. ⁴Feststellungsbescheide sind zu erlassen, aufzuheben oder zu ändern, soweit sich die nach Satz 1 festzustellenden Beträge ändern.

(5) ¹Bei Aufgabe oder Übertragung des Betriebs gehen ein nicht verbrauchter EBITDA-Vortrag und ein nicht verbrauchter Zinsvortrag unter. ²Scheidet ein Mitunternehmer aus einer Gesellschaft aus, gehen der EBITDA-Vortrag und der Zinsvortrag anteilig mit der Quote unter, mit der der ausgeschiedene Gesellschafter an der Gesellschaft beteiligt war. ³§ 8c des Körperschaftsteuergesetzes ist auf den Zinsvortrag einer Gesellschaft entsprechend anzuwenden, soweit an dieser unmittelbar oder mittelbar eine Körperschaft als Mitunternehmer beteiligt ist.

§ 5
Gewinn bei Kaufleuten und bei bestimmten anderen Gewerbetreibenden

(1) ¹Bei Gewerbetreibenden, die auf Grund gesetzlicher Vorschriften verpflichtet sind, Bücher zu führen und regelmäßig Abschlüsse zu machen, oder die ohne eine solche Verpflichtung Bücher führen und regelmäßig Abschlüsse machen, ist für den Schluss des Wirtschaftsjahres das Betriebsvermögen anzusetzen (§ 4 Absatz 1 Satz 1), das nach den handelsrechtlichen Grundsätzen ordnungsmäßiger Buchführung auszuweisen ist, es sei denn, im Rahmen der Ausübung eines steuerlichen Wahlrechts wird oder wurde ein anderer Ansatz gewählt. ²Voraussetzung für die Ausübung steuerlicher Wahlrechte ist, dass die Wirtschaftsgüter, die nicht mit dem handelsrechtlich maßgeblichen Wert in der steuerlichen Gewinnermittlung ausgewiesen werden, in besondere, laufend zu führende Verzeichnisse aufgenommen werden. ³In den Verzeichnissen sind der Tag der Anschaffung oder Herstellung, die Anschaffungs- oder Herstellungskosten, die Vorschrift des ausgeübten steuerlichen Wahlrechts und die vorgenommenen Abschreibungen nachzuweisen.

(1a) ¹Posten der Aktivseite dürfen nicht mit Posten der Passivseite verrechnet werden. ²Die Ergebnisse der in der handelsrechtlichen Rechnungslegung zur Absicherung finanzwirtschaftlicher Risiken gebildeten Bewertungseinheiten sind auch für die steuerliche Gewinnermittlung maßgeblich.

(2) Für immaterielle Wirtschaftsgüter des Anlagevermögens ist ein Aktivposten nur anzusetzen, wenn sie entgeltlich erworben wurden.

(2a) Für Verpflichtungen, die nur zu erfüllen sind, soweit künftig Einnahmen oder Gewinne anfallen, sind Verbindlichkeiten oder Rückstellungen erst anzusetzen, wenn die Einnahmen oder Gewinne angefallen sind.

(3) ¹Rückstellungen wegen Verletzung fremder Patent-, Urheber- oder ähnlicher Schutzrechte dürfen erst gebildet werden, wenn

1. der Rechtsinhaber Ansprüche wegen der Rechtsverletzung geltend gemacht hat oder
2. mit einer Inanspruchnahme wegen der Rechtsverletzung ernsthaft zu rechnen ist.

²Eine nach Satz 1 Nummer 2 gebildete Rückstellung ist spätestens in der Bilanz des dritten auf ihre erstmalige Bildung folgenden Wirtschaftsjahres gewinnerhöhend aufzulösen, wenn Ansprüche nicht geltend gemacht worden sind.

(4) Rückstellungen für die Verpflichtung zu einer Zuwendung anlässlich eines Dienstjubiläums dürfen nur gebildet werden, wenn das Dienstverhältnis mindestens zehn Jahre bestanden hat, das Dienstjubiläum das Bestehen eines Dienstverhältnisses von mindestens fünfzehn Jahren voraussetzt, die Zusage schriftlich erteilt ist und soweit der Zuwendungsberechtigte seine Anwartschaft nach dem 31. Dezember 1992 erwirbt.

(4a) ¹Rückstellungen für drohende Verluste aus schwebenden Geschäften dürfen nicht gebildet werden.¹⁾ ²Das gilt nicht für Ergebnisse nach Absatz 1a Satz 2.

---
1) Zur Anwendung von § 5 Absatz 4a siehe § 52 Absatz 13 EStG.

(4b) ¹Rückstellungen für Aufwendungen, die in künftigen Wirtschaftsjahren als Anschaffungs- oder Herstellungskosten eines Wirtschaftsguts zu aktivieren sind, dürfen nicht gebildet werden. ²Rückstellungen für die Verpflichtung zur schadlosen Verwertung radioaktiver Reststoffe sowie ausgebauter oder abgebauter radioaktiver Anlagenteile dürfen nicht gebildet werden, soweit Aufwendungen im Zusammenhang mit der Bearbeitung oder Verarbeitung von Kernbrennstoffen stehen, die aus der Aufarbeitung bestrahlter Kernbrennstoffe gewonnen worden sind und keine radioaktiven Abfälle darstellen.[1)]

(5) ¹Als Rechnungsabgrenzungsposten sind nur anzusetzen

1. auf der Aktivseite Ausgaben vor dem Abschlussstichtag, soweit sie Aufwand für eine bestimmte Zeit nach diesem Tag darstellen;
2. auf der Passivseite Einnahmen vor dem Abschlussstichtag, soweit sie Ertrag für eine bestimmte Zeit nach diesem Tag darstellen.

²Auf der Aktivseite sind ferner anzusetzen

1. als Aufwand berücksichtigte Zölle und Verbrauchsteuern, soweit sie auf am Abschlussstichtag auszuweisende Wirtschaftsgüter des Vorratsvermögens entfallen,
2. als Aufwand berücksichtigte Umsatzsteuer auf am Abschlussstichtag auszuweisende Anzahlungen.

(6) Die Vorschriften über die Entnahmen und die Einlagen, über die Zulässigkeit der Bilanzänderung, über die Betriebsausgaben, über die Bewertung und über die Absetzung für Abnutzung oder Substanzverringerung sind zu befolgen.

§ 5a
Gewinnermittlung bei Handelsschiffen im internationalen Verkehr

(1) ¹An Stelle der Ermittlung des Gewinns nach § 4 Absatz 1 oder § 5 ist bei einem Gewerbebetrieb mit Geschäftsleitung im Inland der Gewinn, soweit er auf den Betrieb von Handelsschiffen im internationalen Verkehr entfällt, auf unwiderruflichen Antrag des Steuerpflichtigen nach der in seinem Betrieb geführten Tonnage zu ermitteln, wenn die Bereederung dieser Handelsschiffe im Inland durchgeführt wird. ²Der im Wirtschaftsjahr erzielte Gewinn beträgt pro Tag des Betriebs für jedes im internationalen Verkehr betriebene Handelsschiff für jeweils volle 100 Nettotonnen (Nettoraumzahl)

0,92 Euro bei einer Tonnage bis zu 1 000 Nettotonnen,

0,69 Euro für die 1 000 Nettotonnen übersteigende Tonnage bis zu 10 000 Nettotonnen,

0,46 Euro für die 10 000 Nettotonnen übersteigende Tonnage bis zu 25 000 Nettotonnen,

0,23 Euro für die 25 000 Nettotonnen übersteigende Tonnage.

(2) ¹Handelsschiffe werden im internationalen Verkehr betrieben, wenn eigene oder gecharterte Seeschiffe, die im Wirtschaftsjahr überwiegend in einem inländischen Seeschiffsregister eingetragen sind, in diesem Wirtschaftsjahr überwiegend zur Beförderung von Personen oder Gütern im Verkehr mit oder zwischen ausländischen Häfen, innerhalb eines ausländischen Hafens oder zwischen einem ausländischen Hafen und der Hohen See eingesetzt werden. ²Zum Betrieb von Handelsschiffen im internationalen Verkehr gehören auch ihre Vercharterung, wenn vom Vercharterer ausgerüstet worden sind, und die unmittelbar mit ihrem Einsatz oder ihrer Vercharterung zusammenhängenden Neben- und Hilfsgeschäfte einschließlich der Veräußerung der Handelsschiffe und der unmittelbar ihrem Betrieb dienenden Wirtschaftsgüter. ³Der Einsatz und die Vercharterung von gecharterten Handelsschiffen gilt nur dann als Betrieb von Handelsschiffen im internationalen Verkehr, wenn gleichzeitig eigene oder ausgerüstete Handelsschiffe im internationalen Verkehr betrieben werden. ⁴Sind gecharterte Handelsschiffe nicht in einem inländischen Seeschiffsregister eingetragen, gilt Satz 3 unter der weiteren Voraussetzung, dass im Wirtschaftsjahr die Nettotonnage der gecharterten Handelsschiffe das Dreifache nach den Sätzen 1 und 2 im internationalen Verkehr betriebenen Handelsschiffe nicht übersteigt; für die Berechnung der Nettotonnage sind jeweils die Nettotonnen pro Schiff mit der Anzahl der Betriebstage nach Absatz 1 zu vervielfältigen. ⁵Dem Betrieb von Handelsschiffen im internationalen Verkehr ist gleichgestellt, wenn Seeschiffe, die im Wirtschaftsjahr überwiegend in einem inländischen Seeschiffsregister eingetragen sind, in diesem Wirtschaftsjahr überwiegend außerhalb der deutschen Hoheitsgewässer zum Schleppen, Bergen oder zur Aufsuchung von Bodenschätzen eingesetzt werden; die Sätze 2 bis 4 sind sinngemäß anzuwenden.

(3) ¹Der Antrag auf Anwendung der Gewinnermittlung nach Absatz 1 ist im Wirtschaftsjahr der Anschaffung oder Herstellung des Handelsschiffs (Indienststellung) mit Wirkung ab Beginn dieses Wirtschaftsjahres zu stellen. ²Vor Indienststellung des Handelsschiffs durch den Betrieb von Handelsschiffen im internationalen Verkehr erwirtschaftete Gewinne sind in diesem Fall nicht zu besteuern; Verluste sind weder ausgleichsfähig noch verrechenbar. ³Bereits erlassene Steuerbescheide sind insoweit zu ändern. ⁴Das gilt auch dann, wenn der Steuerbescheid unanfechtbar geworden ist; die Festsetzungsfrist endet insoweit nicht, bevor die Festsetzungsfrist für den Veranlagungszeitraum abgelaufen ist, in dem der Gewinn erstmals nach Absatz 1 ermittelt wird. ⁵Wird der Antrag auf Anwendung der Gewinnermittlung nach Absatz 1 nicht im Wirtschaftsjahr der Anschaffung oder Herstellung des Handelsschiffs (Indienststellung) gestellt, kann er erstmals in dem Wirtschaftsjahr gestellt werden, das jeweils nach Ablauf eines Zeitraumes von zehn Jahren, vom Beginn des Jahres der Indienststellung gerechnet, endet. ⁶Die Sätze 2 bis 4 sind insoweit nicht anwendbar. ⁷Der Steuerpflichtige ist an die Gewinnermittlung nach Absatz 1 vom Beginn des Wirtschaftsjahres an, in dem er den Antrag stellt, zehn Jahre gebunden. ⁸Nach Ablauf dieses Zeitraumes kann er den Antrag mit Wirkung für den Beginn jedes folgenden Wirtschaftsjahres bis

---

1) Zur Auflösung bisheriger Rückstellungen siehe § 52 Absatz 14 EStG.

zum Ende des Jahres unwiderruflich zurücknehmen. ⁹An die Gewinnermittlung nach allgemeinen Vorschriften ist der Steuerpflichtige ab dem Beginn des Wirtschaftsjahres, in dem er den Antrag zurücknimmt, zehn Jahre gebunden.[1)]

(4) ¹Zum Schluss des Wirtschaftsjahres, das der erstmaligen Anwendung des Absatzes 1 vorangeht (Übergangsjahr), ist für jedes Wirtschaftsgut, das unmittelbar dem Betrieb von Handelsschiffen im internationalen Verkehr dient, der Unterschiedsbetrag zwischen Buchwert und Teilwert in ein besonderes Verzeichnis aufzunehmen. ²Der Unterschiedsbetrag ist gesondert und bei Gesellschaften im Sinne des § 15 Absatz 1 Satz 1 Nummer 2 einheitlich festzustellen. ³Der Unterschiedsbetrag nach Satz 1 ist dem Gewinn hinzuzurechnen:

1. in den dem letzten Jahr der Anwendung des Absatzes 1 folgenden fünf Wirtschaftsjahren jeweils in Höhe von mindestens einem Fünftel,
2. in dem Jahr, in dem das Wirtschafsgut aus dem Betriebsvermögen ausscheidet oder in dem es nicht mehr unmittelbar dem Betrieb von Handelsschiffen im internationalen Verkehr dient,
3. in dem Jahr des Ausscheidens eines Gesellschafters hinsichtlich des auf ihn entfallenden Anteils.

⁴Die Sätze 1 bis 3 sind entsprechend anzuwenden, wenn der Steuerpflichtige Wirtschaftsgüter des Betriebsvermögens dem Betrieb von Handelsschiffen im internationalen Verkehr zuführt.

(4a) ¹Bei Gesellschaften im Sinne des § 15 Absatz 1 Satz 1 Nummer 2 tritt für die Zwecke dieser Vorschrift an die Stelle des Steuerpflichtigen die Gesellschaft. ²Der nach Absatz 1 ermittelte Gewinn ist den Gesellschaftern entsprechend ihrem Anteil am Gesellschaftsvermögen zuzurechnen. ³Vergütungen im Sinne des § 15 Absatz 1 Satz 1 Nummer 2 und Satz 2 sind hinzuzurechnen.

(5) ¹Gewinn nach Absatz 1 umfassen auch Einkünfte nach § 16. ²Die §§ 34, 34c Absatz 1 bis 3 und § 35 sind nicht anzuwenden. ³Rücklagen nach den §§ 6b und 6d sind beim Übergang zur Gewinnermittlung nach Absatz 1 dem Gewinn im Erstjahr hinzuzurechnen; bis zum Übergang in Anspruch genommene Investitionsabzugsbeträge nach § 7g Absatz 1 sind nach Maßgabe des § 7g Absatz 3 rückgängig zu machen. ⁴Für die Anwendung des § 15a ist der nach § 4 Absatz 1 oder § 5 ermittelte Gewinn zugrunde zu legen.

(6) In der Bilanz zum Schluss des Wirtschaftsjahres, in dem Absatz 1 letztmalig angewendet wird, ist für jedes Wirtschaftsgut, das unmittelbar dem Betrieb von Handelsschiffen im internationalen Verkehr dient, der Teilwert anzusetzen.

§ 5b[2)]
Elektronische Übermittlung von Bilanzen sowie Gewinn- und Verlustrechnungen

(1) ¹Wird der Gewinn nach § 4 Absatz 1, § 5 oder § 5a ermittelt, so ist der Inhalt der Bilanz sowie der Gewinn- und Verlustrechnung nach amtlich vorgeschriebenem Datensatz durch Datenfernübertragung zu übermitteln. ²Enthält die Bilanz Ansätze oder Beträge, die den steuerlichen Vorschriften nicht entsprechen, so sind diese Ansätze oder Beträge durch Zusätze oder Anmerkungen den steuerlichen Vorschriften anzupassen und nach amtlich vorgeschriebenem Datensatz durch Datenfernübertragung zu übermitteln. ³Der Steuerpflichtige kann auch eine den steuerlichen Vorschriften entsprechende Bilanz nach amtlich vorgeschriebenem Datensatz durch Datenfernübertragung übermitteln. ⁴§ 150 Absatz 7 der Abgabenordnung gilt entsprechend. ⁵Im Fall der Eröffnung des Betriebs sind die Sätze 1 bis 4 für den Inhalt der Eröffnungsbilanz entsprechend anzuwenden.

(2) ¹Auf Antrag kann die Finanzbehörde zur Vermeidung unbilliger Härten auf eine elektronische Übermittlung verzichten. ²§ 150 Absatz 8 der Abgabenordnung gilt entsprechend.

§ 6[3)]
Bewertung

(1) Für die Bewertung der einzelnen Wirtschaftsgüter, die nach § 4 Absatz 1 oder nach § 5 als Betriebsvermögen anzusetzen sind, gilt das Folgende:

1. ¹Wirtschaftsgüter des Anlagevermögens, die der Abnutzung unterliegen, sind mit den Anschaffungs- oder Herstellungskosten oder dem an deren Stelle tretenden Wert, vermindert um die Absetzungen für Abnutzung, erhöhte Absetzungen, Sonderabschreibungen, Abzüge nach § 6b und ähnliche Abzüge, anzusetzen. ²Ist der Teilwert aufgrund einer voraussichtlich dauernden Wertminderung niedriger, so kann dieser angesetzt werden. ³Teilwert ist der Betrag, den ein Erwerber des ganzen Betriebs im Rahmen des Gesamtkaufpreises für das einzelne Wirtschaftsgut ansetzen würde; dabei ist davon auszugehen, dass der Erwerber den Betrieb fortführt. ⁴Wirtschaftsgüter, die bereits am Schluss des vorangegangenen Wirtschaftsjahres zum Anlagevermögen des Steuerpflichtigen gehört haben, sind in den folgenden Wirtschaftsjahren gemäß Satz 1 anzusetzen, es sei denn, der Steuerpflichtige weist nach, dass ein niedrigerer Teilwert nach Satz 2 angesetzt werden kann.

1a. ¹Zu den Herstellungskosten eines Gebäudes gehören auch Aufwendungen für Instandsetzungs- und Modernisierungsmaßnahmen, die innerhalb von drei Jahren nach der Anschaffung des Gebäudes durchgeführt werden, wenn die Aufwendungen ohne die Umsatzsteuer 15 Prozent der Anschaffungskosten des Gebäudes übersteigen (anschaffungsnahe Herstellungskosten). ²Zu diesen Aufwendungen gehören nicht die Aufwendungen für Erweiterungen im Sinne des § 255 Absatz 2 Satz 1 des Handelsgesetzbuchs

---
1) Zur Anwendung von § 5a Absatz 3 siehe § 52 Absatz 15 EStG.
2) Zur erstmaligen Anwendung von § 5b (ab 2011) siehe § 52 Absatz 15a EStG.
3) Zur Anwendung von § 6 siehe § 52 Absatz 16 EStG.

2. ¹Andere als die in Nummer 1 bezeichneten Wirtschaftsgüter des Betriebs (Grund und Boden, Beteiligungen, Umlaufvermögen) sind mit den Anschaffungs- oder Herstellungskosten oder dem an deren Stelle tretenden Wert, vermindert um Abzüge nach § 6b und ähnliche Abzüge, anzusetzen. ²Ist der Teilwert (Nummer 1 Satz 3) aufgrund einer voraussichtlich dauernden Wertminderung niedriger, so kann dieser angesetzt werden. ³Nummer 1 Satz 4 gilt entsprechend.

2a. ¹Steuerpflichtige, die den Gewinn nach § 5 ermitteln, können für den Wertansatz gleichartiger Wirtschaftsgüter des Vorratsvermögens unterstellen, dass die zuletzt angeschafften oder hergestellten Wirtschaftsgüter zuerst verbraucht oder veräußert worden sind, soweit dies den handelsrechtlichen Grundsätzen ordnungsmäßiger Buchführung entspricht. ²Der Vorratsbestand am Schluss des Wirtschaftsjahres, das der erstmaligen Anwendung der Bewertung nach Satz 1 vorangeht, gilt mit seinem Bilanzansatz als erster Zugang des neuen Wirtschaftsjahres. ³Von der Verbrauchs- oder Veräußerungsfolge nach Satz 1 kann in den folgenden Wirtschaftsjahren nur mit Zustimmung des Finanzamts abgewichen werden.

2b. ¹Steuerpflichtige, die in den Anwendungsbereich des § 340 des Handelsgesetzbuchs fallen, haben die zu Handelszwecken erworbenen Finanzinstrumente, die nicht in einer Bewertungseinheit im Sinn des § 5 Absatz 1a Satz 2 abgebildet werden, mit dem beizulegenden Zeitwert abzüglich eines Risikoabschlags (§ 340e Absatz 3 des Handelsgesetzbuchs) zu bewerten. ²Nummer 2 Satz 2 ist nicht anzuwenden.

3. ¹Verbindlichkeiten sind unter sinngemäßer Anwendung der Vorschriften der Nummer 2 anzusetzen und mit einem Zinssatz von 5,5 Prozent abzuzinsen. ²Ausgenommen von der Abzinsung sind Verbindlichkeiten, deren Laufzeit am Bilanzstichtag weniger als 12 Monate beträgt, und Verbindlichkeiten, die verzinslich sind oder auf einer Anzahlung oder Vorausleistung beruhen.

3a. Rückstellungen sind höchstens insbesondere unter Berücksichtigung folgender Grundsätze anzusetzen:

a) bei Rückstellungen für gleichartige Verpflichtungen ist auf der Grundlage der Erfahrungen in der Vergangenheit aus der Abwicklung solcher Verpflichtungen die Wahrscheinlichkeit zu berücksichtigen, dass der Steuerpflichtige nur zu einem Teil der Summe dieser Verpflichtungen in Anspruch genommen wird;

b) Rückstellungen für Sachleistungsverpflichtungen sind mit den Einzelkosten und den angemessenen Teilen der notwendigen Gemeinkosten zu bewerten;

c) künftige Vorteile, die mit der Erfüllung der Verpflichtung voraussichtlich verbunden sein werden, sind, soweit sie nicht als Forderungen zu aktivieren sind, bei ihrer Bewertung wertmindernd zu berücksichtigen;

d) ¹Rückstellungen für Verpflichtungen, für deren Entstehen im wirtschaftlichen Sinne der laufende Betrieb ursächlich ist, sind zeitanteilig in gleichen Raten anzusammeln. ²Rückstellungen für gesetzliche Verpflichtungen zur Rücknahme und Verwertung von Erzeugnissen, die vor Inkrafttreten entsprechender gesetzlicher Verpflichtungen in Verkehr gebracht worden sind, sind zeitanteilig in gleichen Raten bis zum Beginn der jeweiligen Erfüllung anzusammeln; Buchstabe e ist insoweit nicht anzuwenden. ³Rückstellungen für die Verpflichtung, ein Kernkraftwerk stillzulegen, sind ab dem Zeitpunkt der erstmaligen Nutzung bis zum Zeitpunkt, in dem mit der Stilllegung begonnen werden muss, zeitanteilig in gleichen Raten anzusammeln; steht der Zeitpunkt der Stilllegung nicht fest, beträgt der Zeitraum für die Ansammlung 25 Jahre;

e) ¹Rückstellungen für Verpflichtungen sind mit einem Zinssatz von 5,5 Prozent abzuzinsen; Nummer 3 Satz 2 ist entsprechend anzuwenden. ²Für die Abzinsung von Rückstellungen für Sachleistungsverpflichtungen ist der Zeitraum bis zum Beginn der Erfüllung maßgebend. ³Für die Abzinsung von Rückstellungen für die Verpflichtung, ein Kernkraftwerk stillzulegen, ist der sich aus Buchstabe d Satz 3 ergebende Zeitraum maßgebend; und

f) bei der Bewertung sind die Wertverhältnisse am Bilanzstichtag maßgebend; künftige Preis- und Kostensteigerungen dürfen nicht berücksichtigt werden.

4. ¹Entnahmen des Steuerpflichtigen für sich, für seinen Haushalt oder für andere betriebsfremde Zwecke sind mit dem Teilwert anzusetzen; in den Fällen des § 4 Absatz 1 Satz 3 ist die Entnahme mit dem gemeinen Wert anzusetzen. ²Die private Nutzung eines Kraftfahrzeugs, das zu mehr als 50 Prozent betrieblich genutzt wird, ist für jeden Kalendermonat mit 1 Prozent des inländischen Listenpreises im Zeitpunkt der Erstzulassung zuzüglich der Kosten für Sonderausstattungen einschließlich Umsatzsteuer anzusetzen. ³Die private Nutzung kann abweichend von Satz 2 mit den auf die Privatfahrten entfallenden Aufwendungen angesetzt werden, wenn die für das Kraftfahrzeug insgesamt entstehenden Aufwendungen durch Belege und das Verhältnis der privaten zu den übrigen Fahrten durch ein ordnungsgemäßes Fahrtenbuch nachgewiesen werden. ⁴Wird ein Wirtschaftsgut unmittelbar nach seiner Entnahme einer nach § 5 Absatz 1 Nummer 9 des Körperschaftsteuergesetzes von der Körperschaftsteuer befreiten Körperschaft, Personenvereinigung oder Vermögensmasse oder einer juristischen Person des öffentlichen Rechts zur Verwendung für steuerbegünstigte Zwecke im Sinne des § 10b Absatz 1 Satz 1 unentgeltlich überlassen, so kann die Entnahme mit dem Buchwert angesetzt werden. ⁵Satz 4 gilt nicht für die Entnahme von Nutzungen und Leistungen.

5. ¹Einlagen sind mit dem Teilwert für den Zeitpunkt der Zuführung anzusetzen; sie sind jedoch höchstens mit den Anschaffungs- oder Herstellungskosten anzusetzen, wenn das zugeführte Wirtschaftsgut
   a) innerhalb der letzten drei Jahre vor dem Zeitpunkt der Zuführung angeschafft oder hergestellt worden ist,
   b) ein Anteil an einer Kapitalgesellschaft ist und die Steuerpflichtige an der Gesellschaft im Sinne des § 17 Absatz 1 oder 6 beteiligt ist; § 17 Absatz 2 Satz 5 gilt entsprechend, oder
   c) ein Wirtschaftsgut im Sinne des § 20 Absatz 2 ist.[1)]

   ²Ist die Einlage ein abnutzbares Wirtschaftsgut, so sind die Anschaffungs- oder Herstellungskosten um Absetzungen für Abnutzung zu kürzen, die auf den Zeitraum zwischen der Anschaffung oder Herstellung des Wirtschaftsguts und der Einlage entfallen. ³Ist die Einlage ein Wirtschaftsgut, das vor der Zuführung aus einem Betriebsvermögen des Steuerpflichtigen entnommen worden ist, so tritt an die Stelle der Anschaffungs- oder Herstellungskosten der Wert, mit dem die Entnahme angesetzt worden ist, und an die Stelle des Zeitpunkts der Anschaffung oder Herstellung der Zeitpunkt der Entnahme.

5a. In den Fällen des § 4 Absatz 1 Satz 7 zweiter Halbsatz ist das Wirtschaftsgut mit dem gemeinen Wert anzusetzen.

6. Bei Eröffnung eines Betriebs ist Nummer 5 entsprechend anzuwenden.

7. Bei entgeltlichem Erwerb eines Betriebs sind die Wirtschaftsgüter mit dem Teilwert, höchstens jedoch mit den Anschaffungs- oder Herstellungskosten anzusetzen.

(2) ¹Die Anschaffungs- oder Herstellungskosten oder der nach Absatz 1 Nummer 5 bis 6 an deren Stelle tretende Wert von abnutzbaren beweglichen Wirtschaftsgütern des Anlagevermögens, die einer selbständigen Nutzung fähig sind, können im Wirtschaftsjahr der Anschaffung, Herstellung oder Einlage des Wirtschaftsguts oder der Eröffnung des Betriebs in voller Höhe als Betriebsausgaben abgezogen werden, wenn die Anschaffungs- oder Herstellungskosten, vermindert um einen darin enthaltenen Vorsteuerbetrag (§ 9b Absatz 1), oder der nach Absatz 1 Nummer 5 bis 6 an deren Stelle tretende Wert für das einzelne Wirtschaftsgut 410 Euro nicht übersteigen. ²Ein Wirtschaftsgut ist einer selbständigen Nutzung nicht fähig, wenn es nach seiner betrieblichen Zweckbestimmung nur zusammen mit anderen Wirtschaftsgütern des Anlagevermögens genutzt werden kann und die in den Nutzungszusammenhang eingefügten Wirtschaftsgüter technisch aufeinander abgestimmt sind. ³Das gilt auch, wenn das Wirtschaftsgut aus dem betrieblichen Nutzungszusammenhang gelöst und in einen anderen betrieblichen Nutzungszusammenhang eingefügt werden kann. ⁴Wirtschaftsgüter im Sinne des Satzes 1, deren Wert 150 Euro übersteigt, sind unter Angabe des Tages der Anschaffung, Herstellung oder Einlage des Wirtschaftsguts oder der Eröffnung des Betriebs und der Anschaffungs- oder Herstellungskosten oder des nach Absatz 1 Nummer 5 bis 6 an deren Stelle tretenden Werts in ein besonderes, laufend zu führendes Verzeichnis aufzunehmen. ⁵Das Verzeichnis braucht nicht geführt zu werden, wenn diese Angaben aus der Buchführung ersichtlich sind.

(2a) ¹Abweichend von Absatz 2 Satz 1 kann für die abnutzbaren beweglichen Wirtschaftsgüter des Anlagevermögens, die einer selbständigen Nutzung fähig sind, im Wirtschaftsjahr der Anschaffung, Herstellung oder Einlage des Wirtschaftsguts oder der Eröffnung des Betriebs ein Sammelposten gebildet werden, wenn die Anschaffungs- oder Herstellungskosten, vermindert um einen darin enthaltenen Vorsteuerbetrag (§ 9b Absatz 1), oder der nach Absatz 1 Nummer 5 bis 6 an deren Stelle tretende Wert für das einzelne Wirtschaftsgut 150 Euro, aber nicht 1 000 Euro übersteigen. ²Der Sammelposten ist im Wirtschaftsjahr der Bildung und den folgenden vier Wirtschaftsjahren mit jeweils einem Fünftel gewinnmindernd aufzulösen. ³Scheidet ein Wirtschaftsgut im Sinne des Satzes 1 aus dem Betriebsvermögen aus, wird der Sammelposten nicht vermindert. ⁴Die Anschaffungs- oder Herstellungskosten oder der nach Absatz 1 Nummer 5 bis 6 an deren Stelle tretende Wert von abnutzbaren beweglichen Wirtschaftsgütern des Anlagevermögens, die einer selbständigen Nutzung fähig sind, können im Wirtschaftsjahr der Anschaffung, Herstellung oder Einlage des Wirtschaftsguts oder der Eröffnung des Betriebs in voller Höhe als Betriebsausgaben abgezogen werden, wenn die Anschaffungs- oder Herstellungskosten, vermindert um einen darin enthaltenen Vorsteuerbetrag (§ 9b Absatz 1), oder der nach Absatz 1 Nummer 5 bis 6 an deren Stelle tretende Wert für das einzelne Wirtschaftsgut 150 Euro nicht übersteigen. ⁵Die Sätze 1 bis 3 sind für alle in einem Wirtschaftsjahr angeschafften, hergestellten oder eingelegten Wirtschaftsgüter einheitlich anzuwenden.

(3) ¹Wird ein Betrieb, ein Teilbetrieb oder der Anteil eines Mitunternehmers an einem Betrieb unentgeltlich übertragen, so sind bei der Ermittlung des Gewinns des bisherigen Betriebsinhabers (Mitunternehmers) die Wirtschaftsgüter mit den Werten anzusetzen, die sich nach den Vorschriften über die Gewinnermittlung ergeben; dies gilt auch bei der unentgeltlichen Aufnahme einer natürlichen Person in ein bestehendes Einzelunternehmen sowie bei der unentgeltlichen Übertragung eines Teils eines Mitunternehmeranteils auf eine natürliche Person. ²Satz 1 ist auch anzuwenden, wenn der bisherige Betriebsinhaber (Mitunternehmer) Wirtschaftsgüter, die weiterhin zum Betriebsvermögen derselben Mitunternehmerschaft gehören, nicht überträgt, sofern der Rechtsnachfolger den übernommenen Mitunternehmeranteil über einen Zeitraum von mindestens fünf Jahren nicht veräußert oder aufgibt. ³Der Rechtsnachfolger ist an die in Satz 1 genannten Werte gebunden.

---

1) Zur Anwendung von Nummer 5 Buchstabe c (ab 2009) siehe § 52a Absatz 5 EStG.

(4) Wird ein einzelnes Wirtschaftsgut außer in den Fällen der Einlage (§ 4 Absatz 1 Satz 7) unentgeltlich in das Betriebsvermögen eines anderen Steuerpflichtigen übertragen, gilt sein gemeiner Wert für das aufnehmende Betriebsvermögen als Anschaffungskosten.

(5) ¹Wird ein einzelnes Wirtschaftsgut von einem Betriebsvermögen in ein anderes Betriebsvermögen desselben Steuerpflichtigen überführt, ist bei der Überführung der Wert anzusetzen, der sich nach den Vorschriften über die Gewinnermittlung ergibt, sofern die Besteuerung der stillen Reserven sichergestellt ist. ²Satz 1 gilt auch für die Überführung aus einem eigenen Betriebsvermögen des Steuerpflichtigen in dessen Sonderbetriebsvermögen bei einer Mitunternehmerschaft und umgekehrt sowie für die Überführung zwischen verschiedenen Sonderbetriebsvermögen desselben Steuerpflichtigen bei verschiedenen Mitunternehmerschaften. ³Satz 1 gilt entsprechend, soweit ein Wirtschaftsgut

1. unentgeltlich oder gegen Gewährung oder Minderung von Gesellschaftsrechten aus einem Betriebsvermögen des Mitunternehmers in das Gesamthandsvermögen einer Mitunternehmerschaft und umgekehrt,
2. unentgeltlich oder gegen Gewährung oder Minderung von Gesellschaftsrechten aus dem Sonderbetriebsvermögen eines Mitunternehmers in das Gesamthandsvermögen derselben Mitunternehmerschaft oder einer anderen Mitunternehmerschaft, an der er beteiligt ist, und umgekehrt oder
3. unentgeltlich zwischen den jeweiligen Sonderbetriebsvermögen verschiedener Mitunternehmer derselben Mitunternehmerschaft

übertragen wird. ⁴Wird das nach Satz 3 übertragene Wirtschaftsgut innerhalb einer Sperrfrist veräußert oder entnommen, ist rückwirkend auf den Zeitpunkt der Übertragung der Teilwert anzusetzen, es sei denn, die bis zur Übertragung entstandenen stillen Reserven sind durch Erstellung einer Ergänzungsbilanz dem übertragenden Gesellschafter zugeordnet worden; diese Sperrfrist endet drei Jahre nach Abgabe der Steuererklärung des Übertragenden für den Veranlagungszeitraum, in dem die in Satz 3 bezeichnete Übertragung erfolgt ist. ⁵Der Teilwert ist auch anzusetzen, soweit in den Fällen des Satzes 3 der Anteil einer Körperschaft, Personenvereinigung oder Vermögensmasse an dem Wirtschaftsgut unmittelbar oder mittelbar begründet wird oder dieser sich erhöht. ⁶Soweit innerhalb von sieben Jahren nach der Übertragung des Wirtschaftsguts nach Satz 3 der Anteil einer Körperschaft, Personenvereinigung oder Vermögensmasse an dem übertragenen Wirtschaftsgut aus einem anderen Grund unmittelbar oder mittelbar begründet wird oder dieser sich erhöht, ist rückwirkend auf den Zeitpunkt der Übertragung ebenfalls der Teilwert anzusetzen.¹⁾

(6) ¹Wird ein einzelnes Wirtschaftsgut im Wege des Tausches übertragen, bemessen sich die Anschaffungskosten nach dem gemeinen Wert des hingegebenen Wirtschaftsguts. ²Erfolgt die Übertragung im Wege der verdeckten Einlage, erhöhen sich die Anschaffungskosten der Beteiligung an der Kapitalgesellschaft um den Teilwert des eingelegten Wirtschaftsguts. ³In den Fällen des Absatzes 1 Nummer 5 Satz 1 Buchstabe a erhöhen sich die Anschaffungskosten im Sinne des Satzes 2 um den Einlagewert des Wirtschaftsguts. ⁴Absatz 5 bleibt unberührt.

(7) Im Fall des § 4 Absatz 3 sind bei der Bemessung der Absetzungen für Abnutzung oder Substanzverringerung die sich bei der Anwendung der Absätze 3 bis 6 ergebenden Werte als Anschaffungskosten zugrunde zu legen.

§ 6a
Pensionsrückstellung

(1) Für eine Pensionsverpflichtung darf eine Rückstellung (Pensionsrückstellung) nur gebildet werden, wenn und soweit

1. der Pensionsberechtigte einen Rechtsanspruch auf einmalige oder laufende Pensionsleistungen hat,
2. die Pensionszusage keine Pensionsleistungen in Abhängigkeit von künftigen gewinnabhängigen Bezügen vorsieht und keinen Vorbehalt enthält, dass die Pensionsanwartschaft oder die Pensionsleistung gemindert oder entzogen werden kann, oder ein solcher Vorbehalt sich nur auf Tatbestände erstreckt, bei deren Vorliegen nach allgemeinen Rechtsgrundsätzen unter Beachtung billigen Ermessens eine Minderung oder ein Entzug der Pensionsanwartschaft oder der Pensionsleistung zulässig ist, und
3. die Pensionszusage schriftlich erteilt ist; die Pensionszusage muss eindeutige Angaben zu Art, Form, Voraussetzungen und Höhe der in Aussicht gestellten künftigen Leistungen enthalten.

(2) Eine Pensionsrückstellung darf erstmals gebildet werden

1. vor Eintritt des Versorgungsfalls für das Wirtschaftsjahr, in dem die Pensionszusage erteilt wird, frühestens jedoch für das Wirtschaftsjahr, bis zu dessen Mitte der Pensionsberechtigte das 27. Lebensjahr vollendet oder für das Wirtschaftsjahr, in dessen Verlauf die Pensionsanwartschaft gemäß den Vorschriften des Betriebsrentengesetzes unverfallbar wird.²⁾
2. nach Eintritt des Versorgungsfalls für das Wirtschaftsjahr, in dem der Versorgungsfall eintritt.

(3) ¹Eine Pensionsrückstellung darf höchstens mit dem Teilwert der Pensionsverpflichtung angesetzt werden. ²Als Teilwert einer Pensionsverpflichtung gilt

1. ³⁾ vor Beendigung des Dienstverhältnisses des Pensionsberechtigten der Barwert der künftigen Pensionsleistungen am Schluss des Wirtschaftsjahres abzüglich des sich auf denselben Zeitpunkt ergebenden Barwertes betragsmäßig

---

1) Zur erstmaligen Anwendung von § 6 Absatz 5 Satz 3 bis 6 siehe § 52 Absatz 16a EStG.
2) Zur erstmaligen Anwendung von § 6a Absatz 2 Nummer 1 siehe § 52 Absatz 16b und 17 EStG.
3) Zur erstmaligen Anwendung von § 6a Absatz 3 Nummer 1 siehe § 52 Absatz 16b und 17 EStG.

gleich bleibender Jahresbeträge, bei einer Entgeltumwandlung im Sinne von § 1 Absatz 2 des Betriebsrentengesetzes mindestens jedoch der Barwert der gemäß den Vorschriften des Gesetzes zur Verbesserung der betrieblichen Altersversorgung unverfallbaren künftigen Pensionsleistungen am Schluss des Wirtschaftsjahres. ²Die Jahresbeträge sind so zu bemessen, dass am Beginn des Wirtschaftsjahres, in dem das Dienstverhältnis begonnen hat, ihr Barwert gleich dem Barwert der künftigen Pensionsleistungen ist; die künftigen Pensionsleistungen sind dabei mit dem Betrag anzusetzen, der sich nach den Verhältnissen am Bilanzstichtag ergibt. ³Es sind die Jahresbeträge zugrunde zu legen, die vom Beginn des Wirtschaftsjahres, in dem das Dienstverhältnis begonnen hat, bis zu dem in der Pensionszusage vorgesehenen Zeitpunkt des Eintritts des Versorgungsfalls rechnungsmäßig aufzubringen sind. ⁴Erhöhungen oder Verminderungen der Pensionsleistungen nach dem Schluss des Wirtschaftsjahres, die hinsichtlich des Zeitpunkts ihres Wirksamwerdens oder ihres Umfangs ungewiss sind, sind bei der Berechnung des Barwertes der künftigen Pensionsleistungen und der Jahresbeträge erst zu berücksichtigen, wenn sie eingetreten sind. ⁵Wird die Pensionszusage erst nach dem Beginn des Dienstverhältnisses erteilt, so ist die Zwischenzeit für die Berechnung der Jahresbeträge nur insoweit als Wartezeit zu behandeln, als sie in der Pensionszusage als solche bestimmt ist. ⁶Hat das Dienstverhältnis schon vor der Vollendung des 27. Lebensjahres des Pensionsberechtigten bestanden, so gilt es als zu Beginn des Wirtschaftsjahres begonnen, bis zu dessen Mitte der Pensionsberechtigte das 27. Lebensjahr vollendet; in diesem Fall gilt für davor liegende Wirtschaftsjahre als Teilwert der Barwert der gemäß den Vorschriften des Betriebsrentengesetzes unverfallbaren künftigen Pensionsleistungen am Schluss des Wirtschaftsjahres;

2. nach Beendigung des Dienstverhältnisses des Pensionsberechtigten unter Aufrechterhaltung seiner Pensionsanwartschaft oder nach Eintritt des Versorgungsfalls der Barwert der künftigen Pensionsleistungen am Schluss des Wirtschaftsjahres; Nummer 1 Satz 4 gilt sinngemäß.

³Bei der Berechnung des Teilwerts der Pensionsverpflichtung sind ein Rechnungszinsfuß von 6 Prozent und die anerkannten Regeln der Versicherungsmathematik anzuwenden.

(4) ¹Eine Pensionsrückstellung darf in einem Wirtschaftsjahr höchstens um den Unterschied zwischen dem Teilwert der Pensionsverpflichtung am Schluss des Wirtschaftsjahres und am Schluss des vorangegangenen Wirtschaftsjahres erhöht werden. ²Soweit der Unterschiedsbetrag auf der erstmaligen Anwendung neuer oder geänderter biometrischer Rechnungsgrundlagen beruht, kann er nur auf mindestens drei Wirtschaftsjahre gleichmäßig verteilt der Pensionsrückstellung zugeführt werden; Entsprechendes gilt beim Wechsel auf andere biometrische Rechnungsgrundlagen. ³In dem Wirtschaftsjahr, in dem mit der Bildung einer Pensionsrückstellung frühestens begonnen werden darf (Erstjahr), darf die Rückstellung bis zur Höhe des Teilwerts der Pensionsverpflichtung am Schluss des Wirtschaftsjahres gebildet werden; diese Rückstellung kann auf das Erstjahr und die beiden folgenden Wirtschaftsjahre gleichmäßig verteilt werden. ⁴Erhöht sich in einem Wirtschaftsjahr gegenüber dem vorangegangenen Wirtschaftsjahr der Barwert der künftigen Pensionsleistungen um mehr als 25 Prozent, so kann die für dieses Wirtschaftsjahr zulässige Erhöhung der Pensionsrückstellung auf dieses Wirtschaftsjahr und die beiden folgenden Wirtschaftsjahre gleichmäßig verteilt werden. ⁵Am Schluss des Wirtschaftsjahres, in dem das Dienstverhältnis des Pensionsberechtigten unter Aufrechterhaltung seiner Pensionsanwartschaft endet oder der Versorgungsfall eintritt, darf die Pensionsrückstellung stets bis zur Höhe des Teilwerts der Pensionsverpflichtung gebildet werden; die für dieses Wirtschaftsjahr zulässige Erhöhung der Pensionsrückstellung kann auf dieses Wirtschaftsjahr und die beiden folgenden Wirtschaftsjahre gleichmäßig verteilt werden. ⁶Satz 2 gilt in den Fällen der Sätze 3 bis 5 entsprechend.

(5) Die Absätze 3 und 4 gelten entsprechend, wenn der Pensionsberechtigte zu dem Pensionsverpflichteten in einem anderen Rechtsverhältnis als einem Dienstverhältnis steht.

§ 6b[1)]
Übertragung stiller Reserven bei der Veräußerung bestimmter Anlagegüter

(1) ¹Steuerpflichtige, die

Grund und Boden,

Aufwuchs auf Grund und Boden mit dem dazugehörigen Grund und Boden, wenn der Aufwuchs zu einem land- und forstwirtschaftlichen Betriebsvermögen gehört,

Gebäude oder

Binnenschiffe

veräußern, können im Wirtschaftsjahr der Veräußerung von den Anschaffungs- oder Herstellungskosten der in Satz 2 bezeichneten Wirtschaftsgüter, die im Wirtschaftsjahr der Veräußerung oder im vorangegangenen Wirtschaftsjahr angeschafft oder hergestellt worden sind, einen Betrag bis zur Höhe des bei der Veräußerung entstandenen Gewinns abziehen. ²Der Abzug ist zulässig bei den Anschaffungs- oder Herstellungskosten von

1. Grund und Boden,

   soweit der Gewinn bei der Veräußerung von Grund und Boden entstanden ist,

2. Aufwuchs auf Grund und Boden mit dem dazugehörigen Grund und Boden, wenn der Aufwuchs zu einem land- und forstwirtschaftlichen Betriebsvermögen gehört,

   soweit der Gewinn bei der Veräußerung von Grund und Boden oder der Veräußerung von Aufwuchs auf Grund und Boden mit dem

---

1) Zur Anwendung von § 6b siehe § 52 Absatz 18, 18a und 59d EStG.

dazugehörigen Grund und Boden entstanden ist,
3. Gebäuden,

soweit der Gewinn bei der Veräußerung von Grund und Boden, von Aufwuchs auf Grund und Boden mit dem dazugehörigen Grund und Boden oder Gebäuden entstanden ist, oder

4. Binnenschiffen,

soweit der Gewinn bei der Veräußerung von Binnenschiffen entstanden ist.

³Der Anschaffung oder Herstellung von Gebäuden steht ihre Erweiterung, ihr Ausbau oder ihr Umbau gleich. ⁴Der Abzug ist in diesem Fall nur von dem Aufwand für die Erweiterung, den Ausbau oder den Umbau der Gebäude zulässig.

(2) ¹Gewinn im Sinne des Absatzes 1 Satz 1 ist der Betrag, um den der Veräußerungspreis nach Abzug der Veräußerungskosten den Buchwert übersteigt, mit dem das veräußerte Wirtschaftsgut im Zeitpunkt der Veräußerung anzusetzen gewesen wäre. ²Buchwert ist der Wert, mit dem ein Wirtschaftsgut nach § 6 anzusetzen ist.

(3) ¹Soweit Steuerpflichtige den Abzug nach Absatz 1 nicht vorgenommen haben, können sie im Wirtschaftsjahr der Veräußerung eine den steuerlichen Gewinn mindernde Rücklage bilden. ²Bis zur Höhe dieser Rücklage können sie von den Anschaffungs- oder Herstellungskosten der in Absatz 1 Satz 2 bezeichneten Wirtschaftsgüter, die in den folgenden vier Wirtschaftsjahren angeschafft oder hergestellt worden sind, im Wirtschaftsjahr ihrer Anschaffung oder Herstellung einen Betrag unter Berücksichtigung der Einschränkungen des Absatzes 1 Satz 2 bis 4 abziehen. ³Die Frist von vier Jahren verlängert sich bei neu hergestellten Gebäuden auf sechs Jahre, wenn mit ihrer Herstellung vor dem Schluss des vierten auf die Bildung der Rücklage folgenden Wirtschaftsjahres begonnen worden ist. ⁴Die Rücklage ist in Höhe des abgezogenen Betrags gewinnerhöhend aufzulösen. ⁵Ist eine Rücklage am Schluss des vierten auf ihre Bildung folgenden Wirtschaftsjahres noch vorhanden, so ist sie in diesem Zeitpunkt gewinnerhöhend aufzulösen, soweit nicht ein Abzug von den Herstellungskosten von Gebäuden in Betracht kommt, mit deren Herstellung bis zu diesem Zeitpunkt begonnen worden ist; ist die Rücklage am Schluss des sechsten auf ihre Bildung folgenden Wirtschaftsjahres noch vorhanden, so ist sie in diesem Zeitpunkt gewinnerhöhend aufzulösen.

(4) ¹Voraussetzung für die Anwendung der Absätze 1 und 3 ist, dass

1. der Steuerpflichtige den Gewinn nach § 4 Absatz 1 oder § 5 ermittelt,
2. die veräußerten Wirtschaftsgüter im Zeitpunkt der Veräußerung mindestens sechs Jahre ununterbrochen zum Anlagevermögen einer inländischen Betriebsstätte gehört haben,
3. die angeschafften oder hergestellten Wirtschaftsgüter zum Anlagevermögen einer inländischen Betriebsstätte gehören,
4. der bei der Veräußerung entstandene Gewinn bei der Ermittlung des im Inland steuerpflichtigen Gewinns nicht außer Ansatz bleibt und
5. der Abzug nach Absatz 1 und die Bildung und Auflösung der Rücklage nach Absatz 3 in der Buchführung verfolgt werden können.

²Der Abzug nach den Absätzen 1 und 3 ist bei Wirtschaftsgütern, die zu einem land- und forstwirtschaftlichen Betrieb gehören oder der selbständigen Arbeit dienen, nicht zulässig, wenn der Gewinn bei der Veräußerung von Wirtschaftsgütern eines Gewerbebetriebs entstanden ist.

(5) An die Stelle der Anschaffungs- oder Herstellungskosten im Sinne des Absatzes 1 tritt in den Fällen, in denen das Wirtschaftsgut im Wirtschaftsjahr vor der Veräußerung angeschafft oder hergestellt worden ist, der Buchwert am Schluss des Wirtschaftsjahres der Anschaffung oder Herstellung.

(6) ¹Ist ein Betrag nach Absatz 1 oder 3 abgezogen worden, so tritt für die Absetzungen für Abnutzung oder Substanzverringerung oder in den Fällen des § 6 Absatz 2 und 2a im Wirtschaftsjahr des Abzugs der verbleibende Betrag an die Stelle der Anschaffungs- oder Herstellungskosten. ²In den Fällen des § 7 Absatz 4 Satz 1 und Absatz 5 sind die um den Abzugsbetrag nach Absatz 1 oder 3 geminderten Anschaffungs- oder Herstellungskosten maßgebend.

(7) Soweit eine nach Absatz 3 Satz 1 gebildete Rücklage gewinnerhöhend aufgelöst wird, ohne dass ein entsprechender Betrag nach Absatz 3 abgezogen wird, ist der Gewinn des Wirtschaftsjahres, in dem die Rücklage aufgelöst wird, für jedes volle Wirtschaftsjahr, in dem die Rücklage bestanden hat, um 6 Prozent des aufgelösten Rücklagenbetrags zu erhöhen.

(8) ¹Werden Wirtschaftsgüter im Sinne des Absatzes 1 zum Zweck der Vorbereitung oder Durchführung von städtebaulichen Sanierungs- oder Entwicklungsmaßnahmen an einen der in Satz 2 bezeichneten Erwerber übertragen, sind die Absätze 1 bis 7 mit der Maßgabe anzuwenden, dass

1. die Fristen des Absatzes 3 Sätze 2, 3 und 5 sich jeweils um drei Jahre verlängern und
2. an die Stelle der in Absatz 4 Nummer 2 bezeichneten Frist von sechs Jahren eine Frist von zwei Jahren tritt.

²Erwerber im Sinne des Satzes 1 sind Gebietskörperschaften, Gemeindeverbände, Verbände im Sinne des § 166 Absatz 4 des Baugesetzbuchs, Planungsverbände nach § 205 des Baugesetzbuchs, Sanierungsträger nach § 157 des Baugesetzbuchs, Entwicklungsträger nach § 167 des Baugesetzbuchs sowie Erwerber, die städtebauliche Sanierungsmaßnahmen als Eigentümer selbst durchführen (§ 147 Absatz 2 und § 148 Absatz 1 des Baugesetzbuchs).

(9) Absatz 8 ist nur anzuwenden, wenn die nach Landesrecht zuständige Behörde bescheinigt, dass die Übertragung der Wirtschaftsgüter zum Zweck der Vorbereitung oder Durchführung von städtebaulichen Sanierungs- oder Entwicklungsmaßnahmen an einen der in Absatz 8 Satz 2 bezeichneten Erwerber erfolgt ist.

(10) ¹Steuerpflichtige, die keine Körperschaften, Personenvereinigungen oder Vermögensmassen

sind, können Gewinne aus der Veräußerung von Anteilen an Kapitalgesellschaften bis zu einem Betrag von 500 000 Euro auf die im Wirtschaftsjahr der Veräußerung oder in den folgenden zwei Wirtschaftsjahren angeschafften Anteile an Kapitalgesellschaften oder angeschafften oder hergestellten abnutzbaren beweglichen Wirtschaftsgüter oder auf die im Wirtschaftsjahr der Veräußerung oder in den folgenden vier Wirtschaftsjahren angeschafften oder hergestellten Gebäude nach Maßgabe der Sätze 2 bis 11 übertragen. ²Wird der Gewinn im Jahr der Veräußerung auf Gebäude oder abnutzbare bewegliche Wirtschaftsgüter übertragen, so kann ein Betrag bis zur Höhe des bei der Veräußerung entstandenen und nicht nach § 3 Nummer 40 Satz 1 Buchstabe a und b in Verbindung mit § 3c Absatz 2 steuerbefreiten Betrags von den Anschaffungs- oder Herstellungskosten für Gebäude oder abnutzbare bewegliche Wirtschaftsgüter abgezogen werden. ³Wird der Gewinn im Jahr der Veräußerung auf Anteile an Kapitalgesellschaften übertragen, mindern sich die Anschaffungskosten der Anteile an Kapitalgesellschaften in Höhe des Veräußerungsgewinns einschließlich des nach § 3 Nummer 40 Satz 1 Buchstabe a und b in Verbindung mit § 3c Absatz 2 steuerbefreiten Betrages. ⁴Absatz 2, Absatz 4 Satz 1 Nummer 1, 2, 3, 5 und Satz 2 sowie Absatz 5 sind sinngemäß anzuwenden. ⁵Soweit Steuerpflichtige den Abzug nach Sätzen 1 bis 4 nicht vorgenommen haben, können sie eine Rücklage nach Maßgabe des Satzes 2 einschließlich des nach § 3 Nummer 40 Satz 1 Buchstabe a und b in Verbindung mit § 3c Absatz 2 steuerbefreiten Betrages bilden. ⁶Bei der Auflösung der Rücklage gelten die Sätze 2 und 3 sinngemäß. ⁷Im Fall des Satzes 2, ist die Rücklage in gleicher Höhe wie nach § 3 Nummer 40 Satz 1 Buchstabe a und b in Verbindung mit § 3c Absatz 2 steuerbefreiten Betrag aufzulösen. ⁸Ist eine Rücklage am Schluss des vierten auf ihre Bildung folgenden Wirtschaftsjahres noch vorhanden, ist sie in diesem Zeitpunkt gewinnerhöhend aufzulösen. ⁹Soweit der Abzug nach Satz 6 nicht vorgenommen wurde, ist der Gewinn des Wirtschaftsjahres, in dem die Rücklage aufgelöst wird, für jedes volle Wirtschaftsjahr, in dem die Rücklage bestanden hat, um 6 Prozent des nicht nach § 3 Nummer 40 Satz 1 Buchstabe a und b in Verbindung mit § 3c Absatz 2 steuerbefreiten aufgelösten Rücklagenbetrags zu erhöhen. ¹⁰Für die zum Gesamthandsvermögen von Personengesellschaften oder Gemeinschaften gehörenden Anteile an Kapitalgesellschaften gelten die Sätze 1 bis 9 nur, soweit an den Personengesellschaften und Gemeinschaften keine Körperschaften, Personenvereinigungen oder Vermögensmassen beteiligt sind.

§ 6c[1]
Übertragung stiller Reserven bei der Veräußerung bestimmter Anlagegüter bei der Ermittlung des Gewinns nach § 4 Absatz 3 oder nach Durchschnittssätzen

(1) ¹§ 6b mit Ausnahme des § 6b Absatz 4 Nummer 1 ist entsprechend anzuwenden, wenn der Gewinn nach § 4 Absatz 3 oder die Einkünfte aus Land- und Forstwirtschaft nach Durchschnittssätzen ermittelt werden. ²Soweit nach § 6b Absatz 3 eine Rücklage gebildet werden kann, ist ihre Bildung als Betriebsausgabe (Abzug) und ihre Auflösung als Betriebseinnahme (Zuschlag) zu behandeln; der Zeitraum zwischen Abzug und Zuschlag gilt als Zeitraum, in dem die Rücklage bestanden hat.

(2) ¹Voraussetzung für die Anwendung des Absatzes 1 ist, dass die Wirtschaftsgüter, bei denen ein Abzug von den Anschaffungs- oder Herstellungskosten oder von dem Wert nach § 6b Absatz 5 vorgenommen worden ist, in besondere, laufend zu führende Verzeichnisse aufgenommen werden. ²In den Verzeichnissen sind der Tag der Anschaffung oder Herstellung, die Anschaffungs- oder Herstellungskosten, der Abzug nach § 6b Absatz 1 und 3 in Verbindung mit Absatz 1, die Abzugsbeträge für Abnutzung, die Abschreibungen sowie die Beträge nachzuweisen, die nach § 6b Absatz 3 in Verbindung mit Absatz 1 als Betriebsausgaben (Abzug) oder Betriebseinnahmen (Zuschlag) behandelt worden sind.

§ 6d[2]
Euroumrechnungsrücklage

(1) ¹Ausleihungen, Forderungen und Verbindlichkeiten im Sinne des Artikels 43 des Einführungsgesetzes zum Handelsgesetzbuch, die auf Währungseinheiten der an der europäischen Währungsunion teilnehmenden anderen Mitgliedstaaten oder auf die ECU im Sinne des Artikels 2 der Verordnung (EG) Nr. 1103/97 des Rates vom 17. Juni 1997 (ABl. EG Nr. L 162 S. 1) lauten, sind am Schluss des ersten nach dem 31. Dezember 1998 endenden Wirtschaftsjahres mit dem vom Rat der Europäischen Union gemäß Artikel 109l Absatz 4 Satz 1 des EG-Vertrages unwiderruflich festgelegten Umrechnungskurs umzurechnen und mit dem sich danach ergebenden Wert anzusetzen. ²Der Gewinn, der sich aus diesem jeweiligen Ansatz für das einzelne Wirtschaftsgut ergibt, kann in eine steuerfreie Rücklage eingestellt werden. ³Die Rücklage ist gewinnerhöhend aufzulösen, soweit das Wirtschaftsgut, aus dessen Bewertung sich der in die Rücklage eingestellte Gewinn ergeben hat, aus dem Betriebsvermögen ausscheidet. ⁴Die Rücklage ist spätestens am Schluss des fünften nach dem 31. Dezember 1998 endenden Wirtschaftsjahres gewinnerhöhend aufzulösen.

(2) ¹In die Euroumrechnungsrücklage gemäß Absatz 1 Satz können auch Erträge eingestellt werden, die sich aus der Aktivierung von Wirtschaftsgütern auf Grund der unwiderruflichen Festlegung der Umrechnungskurse ergeben. ²Absatz 1 Satz 3 gilt entsprechend.

(3) Die Bildung und Auflösung der jeweiligen Rücklage müssen in der Buchführung verfolgt werden können.

§ 7
Absetzung für Abnutzung oder Substanzverringerung

(1) ¹Bei Wirtschaftsgütern, deren Verwendung oder Nutzung durch den Steuerpflichtigen zur Er-

---

1) Zur Anwendung von § 6c siehe § 52 Absatz 19 EStG.
2) § 6d ist erstmals für nach dem 31.12.1998 endende Wirtschaftsjahre anzuwenden (§ 52 Absatz 20 EStG).

zielung von Einkünften sich erfahrungsgemäß auf einen Zeitraum von mehr als einem Jahr erstreckt, ist jeweils für ein Jahr der Teil der Anschaffungs- oder Herstellungskosten abzusetzen, der bei gleichmäßiger Verteilung dieser Kosten auf die Gesamtdauer der Verwendung oder Nutzung auf ein Jahr entfällt (Absetzung für Abnutzung in gleichen Jahresbeträgen). ²Die Absetzung bemisst sich hierbei nach der betriebsgewöhnlichen Nutzungsdauer des Wirtschaftsguts. ³Als betriebsgewöhnliche Nutzungsdauer des Geschäfts- oder Firmenwerts eines Gewerbebetriebs oder eines Betriebs der Land- und Forstwirtschaft gilt ein Zeitraum von fünfzehn Jahren. ⁴Im Jahr der Anschaffung oder Herstellung des Wirtschaftsguts vermindert sich für dieses Jahr der Absetzungsbetrag nach Satz 1 um jeweils ein Zwölftel für jeden vollen Monat, der dem Monat der Anschaffung oder Herstellung vorangeht. ⁵Bei Wirtschaftsgütern, die nach einer Verwendung zur Erzielung von Einkünften im Sinne des § 2 Absatz 1 Nummer 4 bis 7 in ein Betriebsvermögen eingelegt worden sind, mindern sich die Anschaffungs- oder Herstellungskosten um die Absetzung für Abnutzung oder Substanzverringerung, Sonderabschreibungen oder erhöhte Absetzungen, die bis zum Zeitpunkt der Einlage vorgenommen worden sind. ⁶Bei beweglichen Wirtschaftsgütern des Anlagevermögens, bei denen es wirtschaftlich begründet ist, die Absetzung für Abnutzung nach Maßgabe der Leistung des Wirtschaftsguts vorzunehmen, kann der Steuerpflichtige dieses Verfahren statt der Absetzung für Abnutzung in gleichen Jahresbeträgen anwenden, wenn er den auf das einzelne Jahr entfallenden Umfang der Leistung nachweist. ⁷Absetzungen für außergewöhnliche technische oder wirtschaftliche Abnutzung sind zulässig; soweit die Grund hierfür in späteren Wirtschaftsjahren entfällt, ist in den Fällen der Gewinnermittlung nach § 4 Absatz 1 oder nach § 5 eine entsprechende Zuschreibung vorzunehmen.¹⁾

(2) ¹Bei beweglichen Wirtschaftsgütern des Anlagevermögens, die nach dem 31. Dezember 2008 und vor dem 1. Januar 2011 angeschafft oder hergestellt worden sind, kann der Steuerpflichtige statt der Absetzung für Abnutzung in gleichen Jahresbeträgen die Absetzung für Abnutzung in fallenden Jahresbeträgen bemessen. ²Die Absetzung für Abnutzung in fallenden Jahresbeträgen kann nach einem unveränderlichen Prozentsatz vom jeweiligen Buchwert (Restwert) vorgenommen werden; der dabei anzuwendende Prozentsatz darf höchstens das Zweieinhalbfache der bei der Absetzung für Abnutzung in gleichen Jahresbeträgen in Betracht kommenden Prozentsatzes betragen und 25 Prozent nicht übersteigen. ³Absatz 1 Satz 4 und § 7a Absatz 8 gelten entsprechend. ⁴Bei Wirtschaftsgütern, bei denen die Absetzung für Abnutzung in fallenden Jahresbeträgen bemessen wird, sind Absetzungen für außergewöhnliche technische oder wirtschaftliche Abnutzung nicht zulässig.²⁾

(3) ¹Der Übergang von der Absetzung für Abnutzung in fallenden Jahresbeträgen zur Absetzung für Abnutzung in gleichen Jahresbeträgen ist zulässig. ²In diesem Fall bemisst sich die Absetzung für Abnutzung vom Zeitpunkt des Übergangs an nach dem dann noch vorhandenen Restwert und der Restnutzungsdauer des einzelnen Wirtschaftsguts. ³Der Übergang von der Absetzung für Abnutzung in gleichen Jahresbeträgen zur Absetzung für Abnutzung in fallenden Jahresbeträgen ist nicht zulässig.³⁾

(4)⁴⁾ ¹Bei Gebäuden sind abweichend von Absatz 1 als Absetzung für Abnutzung die folgenden Beträge bis zur vollen Absetzung abzuziehen:

1. bei Gebäuden, soweit sie zu einem Betriebsvermögen gehören und nicht Wohnzwecken dienen und für die der Bauantrag nach dem 31. März 1985 gestellt worden ist, jährlich 3 Prozent,

2. bei Gebäuden, soweit sie die Voraussetzungen der Nummer 1 nicht erfüllen und die

    a) nach dem 31. Dezember 1924 fertiggestellt worden sind, jährlich 2 Prozent,

    b) vor dem 1. Januar 1925 fertiggestellt worden sind, jährlich 2,5 Prozent

der Anschaffungs- oder Herstellungskosten; Absatz 1 Satz 5 gilt entsprechend. ²Beträgt die tatsächliche Nutzungsdauer eines Gebäudes in den Fällen des Satzes 1 Nummer 1 weniger als 33 Jahre, in den Fällen des Satzes 1 Nummer 2 Buchstabe a weniger als 50 Jahre, in den Fällen des Satzes 1 Nummer 2 Buchstabe b weniger als 40 Jahre, so können an Stelle der Absetzungen nach Satz 1 die der tatsächlichen Nutzungsdauer entsprechenden Absetzungen für Abnutzung vorgenommen werden. ³Absatz 1 letzter Satz bleibt unberührt. ⁴Bei Gebäuden im Sinne der Nummer 2 rechtfertigt die für Gebäude im Sinne der Nummer 1 geltende Regelung weder die Anwendung des Absatzes 1 letzter Satz noch den Ansatz des niedrigeren Teilwerts (§ 6 Absatz 1 Nummer 1 Satz 2).

(5) ¹Bei Gebäuden, die in einem Mitgliedstaat der Europäischen Union oder einem anderen Staat belegen sind, auf den das Abkommen über den Europäischen Wirtschaftsraum (EWR-Abkommen) angewendet wird, und die vom Steuerpflichtigen hergestellt oder bis zum Ende des Jahres der Fertigstellung angeschafft worden sind, können abweichend von Absatz 4 als Absetzung für Abnutzung die folgenden Beträge abgezogen werden:

1. bei Gebäuden im Sinne des Absatzes 4 Satz 1 Nummer 1, die vom Steuerpflichtigen auf Grund eines vor dem 1. Januar 1994 gestellten Bauantrags hergestellt oder auf Grund eines vor diesem Zeitpunkt rechtswirksam abgeschlossenen obligatorischen Vertrags angeschafft worden sind,

   – im Jahr der Fertigstellung und in den folgenden 3 Jahren jeweils 10 Prozent,

---

1) Zur Anwendung von § 7 Absatz 1 siehe § 52 Absatz 21 EStG.
2) Zur letztmaligen Anwendung der früheren Fassung von § 7 Absatz 2 siehe § 52 Absatz 21a Satz 3 EStG.
3) Zur letztmaligen Anwendung der früheren Fassung von § 7 Absatz 3 siehe § 52 Absatz 21a Satz 3 EStG.
4) Zur Weiteranwendung von § 7 Absatz 4 Satz 1 und 2 bisheriger Fassung siehe § 52 Absatz 21b EStG.

- in den darauf folgenden 3 Jahren jeweils 5 Prozent,
- in den darauf folgenden 18 Jahren jeweils 2,5 Prozent,

2. bei Gebäuden im Sinne des Absatzes 4 Satz 1 Nummer 2, die vom Steuerpflichtigen auf Grund eines vor dem 1. Januar 1995 gestellten Bauantrags hergestellt oder auf Grund eines vor diesem Zeitpunkt rechtswirksam abgeschlossenen obligatorischen Vertrags angeschafft worden sind
   - im Jahr der Fertigstellung und in den folgenden 7 Jahren jeweils 5 Prozent,
   - in den darauf folgenden 6 Jahren jeweils 2,5 Prozent,
   - in den darauf folgenden 36 Jahren jeweils 1,25 Prozent,

3. bei Gebäuden im Sinne des Absatzes 4 Satz 1 Nummer 2, soweit sie Wohnzwecken dienen, die vom Steuerpflichtigen
   a) auf Grund eines nach dem 28. Februar 1989 und vor dem 1. Januar 1996 gestellten Bauantrags hergestellt oder nach dem 28. Februar 1989 auf Grund eines nach dem 28. Februar 1989 und vor dem 1. Januar 1996 rechtswirksam abgeschlossenen obligatorischen Vertrags angeschafft worden sind,
      - im Jahr der Fertigstellung und in den folgenden 3 Jahren jeweils 7 Prozent,
      - in den darauf folgenden 6 Jahren jeweils 5 Prozent,
      - in den darauf folgenden 6 Jahren jeweils 2 Prozent,
      - in den darauf folgenden 24 Jahren jeweils 1,25 Prozent,
   b) auf Grund eines nach dem 31. Dezember 1995 und vor dem 1. Januar 2004 gestellten Bauantrags hergestellt oder auf Grund eines nach dem 31. Dezember 1995 und vor dem 1. Januar 2004 rechtswirksam abgeschlossenen obligatorischen Vertrags angeschafft worden sind,
      - im Jahr der Fertigstellung und in den folgenden 7 Jahren jeweils 5 Prozent,
      - in den darauf folgenden 6 Jahren jeweils 2,5 Prozent,
      - in den darauf folgenden 36 Jahren jeweils 1,25 Prozent,
   c) auf Grund eines nach dem 31. Dezember 2003 und vor dem 1. Januar 2006 gestellten Bauantrags hergestellt oder auf Grund eines nach dem 31. Dezember 2003 und vor dem 1. Januar 2006 rechtswirksam abgeschlossenen obligatorischen Vertrags angeschafft worden sind,
      - im Jahr der Fertigstellung und in den folgenden 9 Jahren jeweils 4 Prozent,
      - in den darauf folgenden 8 Jahren jeweils 2,5 Prozent,
      - in den darauf folgenden 32 Jahren jeweils 1,25 Prozent,

der Anschaffungs- oder Herstellungskosten. ²Im Fall der Anschaffung kann Satz 1 nur angewendet werden, wenn der Hersteller für das veräußerte Gebäude weder Absetzungen für Abnutzung nach Satz 1 vorgenommen noch erhöhte Absetzungen oder Sonderabschreibungen in Anspruch genommen hat. ³Absatz 1 Satz 4 gilt nicht.

(5a) Die Absätze 4 und 5 sind auf Gebäudeteile, die selbständige unbewegliche Wirtschaftsgüter sind, sowie auf Eigentumswohnungen und auf im Teileigentum stehende Räume entsprechend anzuwenden.

(6) Bei Bergbauunternehmen, Steinbrüchen und anderen Betrieben, die einen Verbrauch der Substanz mit sich bringen, ist Absatz 1 entsprechend anzuwenden; dabei sind Absetzungen nach Maßgabe des Substanzverzehrs zulässig (Absetzung für Substanzverringerung).

§ 7a
Gemeinsame Vorschriften für erhöhte Absetzungen und Sonderabschreibungen

(1) ¹Werden in dem Zeitraum, in dem bei einem Wirtschaftsgut erhöhte Absetzungen oder Sonderabschreibungen in Anspruch genommen werden können (Begünstigungszeitraum), nachträgliche Herstellungskosten aufgewendet, so bemessen sich vom Jahr der Entstehung der nachträglichen Herstellungskosten an bis zum Ende des Begünstigungszeitraums die Absetzungen für Abnutzung, erhöhten Absetzungen und Sonderabschreibungen nach den um die nachträglichen Herstellungskosten erhöhten Anschaffungs- oder Herstellungskosten. ²Entsprechendes gilt für nachträgliche Anschaffungskosten. ³Werden im Begünstigungszeitraum die Anschaffungs- oder Herstellungskosten eines Wirtschaftsguts nachträglich gemindert, so bemessen sich vom Jahr der Minderung an bis zum Ende des Begünstigungszeitraums die Absetzungen für Abnutzung, erhöhten Absetzungen und Sonderabschreibungen nach den geminderten Anschaffungs- oder Herstellungskosten.

(2) ¹Können bei einem Wirtschaftsgut erhöhte Absetzungen oder Sonderabschreibungen bereits für Anzahlungen auf Anschaffungskosten oder für Teilherstellungskosten in Anspruch genommen werden, so sind die Vorschriften über erhöhte Absetzungen und Sonderabschreibungen mit der Maßgabe anzuwenden, dass an die Stelle der Anschaffungs- oder Herstellungskosten die Anzahlungen auf Anschaffungskosten oder die Teilherstellungskosten und an die Stelle des Jahres der Anschaffung oder Herstellung das Jahr der Anzahlung oder Teilherstellung treten. ²Nach Anschaffung oder Herstellung des Wirtschaftsguts sind erhöhte Absetzungen oder Sonderabschreibungen nur zulässig, soweit sie nicht bereits für Anzahlungen auf Anschaffungskosten oder für Teilherstellungskosten in Anspruch genommen worden sind. ³Anzahlungen auf Anschaffungskosten sind im Zeitpunkt der tatsächlichen Zahlung aufgewendet. ⁴Werden Anzahlungen auf Anschaffungskosten durch Hingabe eines Wechsels geleistet, so sind sie in dem Zeitpunkt aufgewendet, in dem dem Lieferanten durch Diskontierung oder Einlösung des Wechsels das Geld tatsächlich zufließt.

EStG

⁵Entsprechendes gilt, wenn an Stelle von Geld ein Scheck hingegeben wird.

(3) Bei Wirtschaftsgütern, bei denen erhöhte Absetzungen in Anspruch genommen werden, müssen in jedem Jahr des Begünstigungszeitraums mindestens Absetzungen in Höhe der Absetzungen für Abnutzung nach § 7 Absatz 1 oder 4 berücksichtigt werden.

(4) Bei Wirtschaftsgütern, bei denen Sonderabschreibungen in Anspruch genommen werden, sind die Absetzungen für Abnutzung nach § 7 Absatz 1 oder 4 vorzunehmen.

(5) Liegen bei einem Wirtschaftsgut die Voraussetzungen für die Inanspruchnahme von erhöhten Absetzungen oder Sonderabschreibungen auf Grund mehrerer Vorschriften vor, so dürfen erhöhte Absetzungen oder Sonderabschreibungen nur auf Grund einer dieser Vorschriften in Anspruch genommen werden.

(6) Erhöhte Absetzungen oder Sonderabschreibungen sind bei der Prüfung, ob die in § 141 Absatz 1 Nummer 4 und 5 der Abgabenordnung bezeichneten Buchführungsgrenzen überschritten sind, nicht zu berücksichtigen.[1]

(7) ¹Ist ein Wirtschaftsgut mehreren Beteiligten zuzurechnen und sind die Voraussetzungen für erhöhte Absetzungen oder Sonderabschreibungen nur bei einzelnen Beteiligten erfüllt, so dürfen die erhöhten Absetzungen und Sonderabschreibungen nur anteilig für diese Beteiligten vorgenommen werden. ²Die erhöhten Absetzungen oder Sonderabschreibungen dürfen von den Beteiligten, bei denen die Voraussetzungen dafür erfüllt sind, nur einheitlich vorgenommen werden.

(8) ¹Erhöhte Absetzungen oder Sonderabschreibungen sind bei Wirtschaftsgütern, die zu einem Betriebsvermögen gehören, nur zulässig, wenn sie in ein besonderes, laufend zu führendes Verzeichnis aufgenommen werden, das den Tag der Anschaffung oder Herstellung, die Anschaffungs- oder Herstellungskosten, die betriebsgewöhnliche Nutzungsdauer und die Höhe der jährlichen Absetzungen für Abnutzung, erhöhten Absetzungen und Sonderabschreibungen enthält. ²Das Verzeichnis braucht nicht geführt zu werden, wenn diese Angaben aus der Buchführung ersichtlich sind.

(9) Sind für ein Wirtschaftsgut Sonderabschreibungen vorgenommen worden, so bemessen sich nach Ablauf des maßgebenden Begünstigungszeitraums die Absetzungen für Abnutzung bei Gebäuden und bei Wirtschaftsgütern im Sinne des § 7 Absatz 5a nach dem Restwert und dem nach § 7 Absatz 4 unter Berücksichtigung der Restnutzungsdauer maßgebenden Prozentsatz, bei anderen Wirtschaftsgütern nach dem Restwert und der Restnutzungsdauer.

§ 7b
Erhöhte Absetzungen für Einfamilienhäuser, Zweifamilienhäuser und Eigentumswohnungen

(1) ¹Bei im Inland belegenen Einfamilienhäusern, Zweifamilienhäusern und Eigentumswohnungen, die zu mehr als 66 2/3 Prozent Wohnzwecken dienen und die vor dem 1. Januar 1987 hergestellt oder angeschafft worden sind, kann abweichend von § 7 Absatz 4 und 5 der Bauherr im Jahr der Fertigstellung und in den sieben folgenden Jahren jeweils bis zu 5 Prozent der Herstellungskosten oder ein Erwerber im Jahr der Anschaffung und in den sieben folgenden Jahren jeweils bis zu 5 Prozent der Anschaffungskosten absetzen. ²Nach Ablauf dieser acht Jahre sind als Absetzung für Abnutzung bis zur vollen Absetzung jährlich 2,5 Prozent des Restwerts abzuziehen; § 7 Absatz 4 Satz 2 gilt entsprechend. ³Übersteigen die Herstellungskosten oder die Anschaffungskosten bei einem Einfamilienhaus oder einer Eigentumswohnung 200 000 Deutsche Mark, bei einem Zweifamilienhaus 250 000 Deutsche Mark, bei einem Anteil an einem dieser Gebäude oder einer Eigentumswohnung den entsprechenden Teil von 200 000 Deutsche Mark oder von 250 000 Deutsche Mark, so ist auf den übersteigenden Teil der Herstellungskosten oder der Anschaffungskosten § 7 Absatz 4 anzuwenden. ⁴Satz 1 ist nicht anzuwenden, wenn der Steuerpflichtige das Einfamilienhaus, Zweifamilienhaus, die Eigentumswohnung oder einen Anteil an einem dieser Gebäude oder an einer Eigentumswohnung

1. von seinem Ehegatten anschafft und bei den Ehegatten die Voraussetzungen des § 26 Absatz 1 vorliegen;

2. anschafft und im zeitlichen Zusammenhang mit der Anschaffung an den Veräußerer ein Einfamilienhaus, Zweifamilienhaus oder eine Eigentumswohnung oder einen Anteil an einem dieser Gebäude oder an einer Eigentumswohnung veräußert; das gilt auch, wenn das veräußerte Gebäude, die Eigentumswohnung oder der veräußerte Anteil den Ehegatten des Steuerpflichtigen zuzurechnen war und bei den Ehegatten im Zeitpunkt der Anschaffung und im Zeitpunkt der Veräußerung die Voraussetzungen des § 26 Absatz 1 vorliegen;

3. nach einer früheren Veräußerung durch ihn wieder anschafft; das gilt auch, wenn das Gebäude, die Eigentumswohnung oder der Anteil im Zeitpunkt der früheren Veräußerung dem Ehegatten des Steuerpflichtigen zuzurechnen war und bei den Ehegatten die Voraussetzungen des § 26 Absatz 1 vorliegen.

(2) ¹Absatz 1 gilt entsprechend für Herstellungskosten, die für Ausbauten und Erweiterungen an einem Einfamilienhaus, Zweifamilienhaus oder an einer Eigentumswohnung aufgewendet worden sind und der Ausbau oder die Erweiterung vor dem 1. Januar 1987 fertiggestellt worden ist, wenn das Einfamilienhaus, Zweifamilienhaus oder die Eigentumswohnung vor dem 1. Januar 1964 fertiggestellt und nicht nach dem 31. Dezember 1976 angeschafft worden ist. ²Weitere Voraussetzung ist, dass das Gebäude oder die Eigentumswohnung im Inland belegen ist und die ausgebauten oder neu hergestellten Gebäudeteile zu mehr als 80 Prozent Wohnzwecken dienen. ³Nach Ablauf des Zeitraums, in dem nach Satz 1 erhöhte Absetzungen vorgenommen werden können, ist der Restwert den Anschaffungs- oder Herstellungskosten des Gebäudes oder dem an deren

---

1) Wegen der letztmaligen Anwendung der früheren Fassung des § 7a Absatz 6 EStG siehe § 52 Absatz 22 EStG.

Stelle tretenden Wert hinzuzurechnen; die weiteren Absetzungen für Abnutzung sind einheitlich für das gesamte Gebäude nach dem sich hiernach ergebenden Betrag und dem für das Gebäude maßgebenden Prozentsatz zu bemessen.

(3) ¹Der Bauherr kann erhöhte Absetzungen, die er im Jahr der Fertigstellung und in den zwei folgenden Jahren nicht ausgenutzt hat, bis zum Ende des dritten auf das Jahr der Fertigstellung folgenden Jahres nachholen. ²Nachträgliche Herstellungskosten, die bis zum Ende des dritten auf das Jahr der Fertigstellung folgenden Jahres entstehen, können abweichend von § 7a Absatz 1 vom Jahr ihrer Entstehung an so behandelt werden, als wären sie bereits im ersten Jahr des Begünstigungszeitraums entstanden. ³Die Sätze 1 und 2 gelten für den Erwerber eines Einfamilienhauses, eines Zweifamilienhauses oder einer Eigentumswohnung und bei Ausbauten und Erweiterungen im Sinne des Absatzes 2 entsprechend.

(4) ¹Zum Gebäude gehörende Garagen sind ohne Rücksicht auf ihre tatsächliche Nutzung als Wohnzwecken dienend zu behandeln, soweit in ihnen nicht mehr als ein Personenkraftwagen für jede in dem Gebäude befindliche Wohnung untergestellt werden kann. ²Räume für die Unterstellung weiterer Kraftwagen sind stets als nicht Wohnzwecken dienend zu behandeln.

(5) ¹Erhöhte Absetzungen nach den Absätzen 1 und 2 kann der Steuerpflichtige nur für ein Einfamilienhaus oder für ein Zweifamilienhaus oder für eine Eigentumswohnung oder für den Ausbau oder die Erweiterung eines Einfamilienhauses, eines Zweifamilienhauses oder einer Eigentumswohnung in Anspruch nehmen. ²Ehegatten, bei denen die Voraussetzungen des § 26 Absatz 1 vorliegen, können erhöhte Absetzungen nach den Absätzen 1 und 2 für insgesamt zwei in Satz 1 bezeichnete Gebäude, Eigentumswohnungen, Ausbauten oder Erweiterungen in Anspruch nehmen. ³Den erhöhten Absetzungen nach den Absätzen 1 und 2 stehen die erhöhten Absetzungen nach § 7b in der jeweiligen Fassung ab Inkrafttreten des Gesetzes vom 16. Juni 1964 (BGBl. I. S. 353) und nach § 15 Absatz 1 bis 4 des Berlinförderungsgesetzes in der Fassung des Gesetzes vom 11. Juli 1977 (BGBl. I S. 1213) gleich. ⁴Ist das Einfamilienhaus, das Zweifamilienhaus oder die Eigentumswohnung (Erstobjekt) dem Steuerpflichtigen nicht bis zum Ablauf des Begünstigungszeitraums zuzurechnen, so kann der Steuerpflichtige abweichend von den Sätzen 1 bis 3 erhöhte Absetzungen bei einem weiteren Einfamilienhaus, Zweifamilienhaus oder einer weiteren Eigentumswohnung im Sinne des Absatzes 1 Satz 1 (Folgeobjekt) in Anspruch nehmen, wenn er das Folgeobjekt innerhalb eines Zeitraums von zwei Jahren vor und drei Jahren nach Ablauf des Veranlagungszeitraums, in dem ihm das Erstobjekt letztmals zugerechnet worden ist, anschafft oder herstellt; Entsprechendes gilt bei einem Ausbau oder einer Erweiterung eines Einfamilienhauses, Zweifamilienhauses oder einer Eigentumswohnung. ⁵Im Fall des Satzes 4 ist der Begünstigungszeitraum für das Folgeobjekt um die Anzahl der Veranlagungszeiträume zu kürzen, in denen das Erstobjekt dem Steuerpflichtigen zugerechnet worden ist; hat der Steuerpflichtige das Folgeobjekt in einem Veranlagungszeitraum, in dem ihm das Erstobjekt noch zuzurechnen ist, hergestellt oder angeschafft oder einen Ausbau oder eine Erweiterung vorgenommen, so beginnt der Begünstigungszeitraum für das Folgeobjekt abweichend von Absatz 1 mit Ablauf des Veranlagungszeitraums, in dem das Erstobjekt dem Steuerpflichtigen letztmals zugerechnet worden ist.

(6) ¹Ist ein Einfamilienhaus, ein Zweifamilienhaus oder eine Eigentumswohnung mehreren Steuerpflichtigen zuzurechnen, so ist Absatz 5 mit der Maßgabe anzuwenden, dass der Anteil des Steuerpflichtigen an einem dieser Gebäude oder an einer Eigentumswohnung einem Einfamilienhaus, einem Zweifamilienhaus oder einer Eigentumswohnung gleichsteht; Entsprechendes gilt bei dem Ausbau oder der Erweiterung von Einfamilienhäusern, Zweifamilienhäusern oder Eigentumswohnungen, die mehreren Steuerpflichtigen zuzurechnen sind. ²Satz 1 ist nicht anzuwenden, wenn ein Einfamilienhaus, ein Zweifamilienhaus oder eine Eigentumswohnung ausschließlich dem Steuerpflichtigen und seinem Ehegatten zuzurechnen ist und bei den Ehegatten die Voraussetzungen des § 26 Absatz 1 vorliegen.

(7) Der Bauherr von Kaufeigenheimen, Trägerkleinsiedlungen und Kaufeigentumswohnungen kann abweichend von Absatz 5 für alle von ihm vor dem 1. Januar 1987 erstellten Kaufeigenheime, Trägerkleinsiedlungen und Kaufeigentumswohnungen im Jahr der Fertigstellung und im folgenden Jahr erhöhte Absetzungen bis zu jeweils 5 Prozent vornehmen.

(8) Führt eine nach § 7c begünstigte Baumaßnahme dazu, dass das bisher begünstigte Objekt kein Einfamilienhaus, Zweifamilienhaus und keine Eigentumswohnung mehr ist, kann der Steuerpflichtige die erhöhten Absetzungen nach den Absätzen 1 und 2 bei Vorliegen der übrigen Voraussetzungen für den restlichen Begünstigungszeitraum unter Einbeziehung der Herstellungskosten für die Baumaßnahme nach § 7c in Anspruch nehmen, soweit er diese Herstellungskosten nicht in die Bemessungsgrundlage nach § 7c einbezogen hat.

§ 7c
Erhöhte Absetzungen für
Baumaßnahmen an Gebäuden zur
Schaffung neuer Mietwohnungen

(1) Bei Wohnungen im Sinne des Absatzes 2, die durch Baumaßnahmen an Gebäuden im Inland hergestellt worden sind, können abweichend von § 7 Absatz 4 und 5 im Jahr der Fertigstellung und in den folgenden 4 Jahren Absetzungen jeweils bis zu 20 Prozent der Bemessungsgrundlage vorgenommen werden.

(2) Begünstigt sind Wohnungen,

1. für die der Bauantrag nach dem 2. Oktober 1989 gestellt worden ist oder, falls ein Bauantrag nicht erforderlich ist, mit deren Herstellung nach diesem Zeitpunkt begonnen worden ist,

2. die vor dem 1. Januar 1996 fertiggestellt worden sind und

3. für die keine Mittel aus öffentlichen Haushalten unmittelbar oder mittelbar gewährt werden.

(3) ¹Bemessungsgrundlage sind die Aufwendungen, die dem Steuerpflichtigen durch die Baumaßnahme entstanden sind, höchstens jedoch 60 000 Deutsche Mark je Wohnung. ²Sind durch die Baumaßnahmen Gebäudeteile hergestellt worden, die selbständige unbewegliche Wirtschaftsgüter sind, gilt für die Herstellungskosten, für die keine Absetzungen nach Absatz 1 vorgenommen werden, § 7 Absatz 4; § 7b Absatz 8 bleibt unberührt.

(4) Die erhöhten Absetzungen können nur in Anspruch genommen werden, wenn die Wohnung vom Zeitpunkt der Fertigstellung bis zum Ende des Begünstigungszeitraums fremden Wohnzwecken dient.

(5) ¹Nach Ablauf des Begünstigungszeitraums ist ein Restwert den Anschaffungs- oder Herstellungskosten des Gebäudes oder dem an deren Stelle tretenden Wert hinzuzurechnen; die weiteren Absetzungen für Abnutzung sind einheitlich für das gesamte Gebäude nach dem sich hiernach ergebenden Betrag und dem für das Gebäude maßgebenden Prozentsatz zu bemessen. ²Satz 1 ist auf Gebäudeteile, die selbständige unbewegliche Wirtschaftsgüter sind, und auf Eigentumswohnungen entsprechend anzuwenden.

§ 7d
Erhöhte Absetzungen für Wirtschaftsgüter, die dem Umweltschutz dienen

(1) ¹Bei abnutzbaren beweglichen und unbeweglichen Wirtschaftsgütern des Anlagevermögens, bei denen die Voraussetzungen des Absatzes 2 vorliegen und die nach dem 31. Dezember 1974 und vor dem 1. Januar 1991 angeschafft oder hergestellt worden sind, können abweichend von § 7 im Wirtschaftsjahr der Anschaffung oder Herstellung bis zu 60 Prozent und in den folgenden Wirtschaftsjahren bis zur vollen Absetzung jeweils bis zu 10 Prozent der Anschaffungs- oder Herstellungskosten abgesetzt werden. ²Nicht in Anspruch genommene erhöhte Absetzungen können nachgeholt werden. ³Nachträgliche Anschaffungs- oder Herstellungskosten, die vor dem 1. Januar 1991 entstanden sind, können abweichend von § 7a Absatz 1 so behandelt werden, als wären sie im Wirtschaftsjahr der Anschaffung oder Herstellung entstanden.

(2) Die erhöhten Absetzungen nach Absatz 1 können nur in Anspruch genommen werden, wenn

1. die Wirtschaftsgüter in einem im Inland belegenen Betrieb des Steuerpflichtigen unmittelbar und zu mehr als 70 Prozent dem Umweltschutz dienen und
2. die von der Landesregierung bestimmte Stelle bescheinigt, dass
   a) die Wirtschaftsgüter zu dem in Nummer 1 bezeichneten Zweck bestimmt und geeignet sind und
   b) die Anschaffung oder Herstellung der Wirtschaftsgüter im öffentlichen Interesse erforderlich ist.

(3) ¹Die Wirtschaftsgüter dienen dem Umweltschutz, wenn sie dazu verwendet werden,
1. a) den Anfall von Abwasser oder
   b) Schädigungen durch Abwasser oder
   c) Verunreinigungen der Gewässer durch andere Stoffe als Abwasser oder
   d) Verunreinigungen der Luft oder
   e) Lärm oder Erschütterungen

   zu verhindern, zu beseitigen oder zu verringern oder
2. Abfälle nach den Grundsätzen des Abfallbeseitigungsgesetzes zu beseitigen.

²Die Anwendung des Satzes 1 ist nicht dadurch ausgeschlossen, dass die Wirtschaftsgüter zugleich für Zwecke des innerbetrieblichen Umweltschutzes verwendet werden.

(4) ¹Die Absätze 1 bis 3 sind auf nach dem 31. Dezember 1974 und vor dem 1. Januar 1991 entstehende nachträgliche Herstellungskosten bei Wirtschaftsgütern, die dem Umweltschutz dienen und die vor dem 1. Januar 1975 angeschafft oder hergestellt worden sind, mit der Maßgabe entsprechend anzuwenden, dass im Wirtschaftsjahr der Fertigstellung der nachträglichen Herstellungsarbeiten erhöhte Absetzungen bis zur vollen Höhe der nachträglichen Herstellungskosten vorgenommen werden können. ²Das Gleiche gilt, wenn bei Wirtschaftsgütern, die dem Umweltschutz dienen, nachträgliche Herstellungskosten nach dem 31. Dezember 1974 und vor dem 1. Januar 1991 dadurch entstehen, dass ausschließlich aus Gründen des Umweltschutzes Veränderungen vorgenommen werden.

(5) ¹Die erhöhten Absetzungen nach Absatz 1 können bereits für Anzahlungen auf Anschaffungskosten und für Teilherstellungskosten in Anspruch genommen werden. ²§ 7a Absatz 2 ist mit der Maßgabe anzuwenden, dass die Summe der erhöhten Absetzungen 60 Prozent der bis zum Ende des jeweiligen Wirtschaftsjahres insgesamt aufgewendeten Anzahlungen oder Teilherstellungskosten nicht übersteigen darf. ³Satz 1 gilt in den Fällen des Absatzes 4 sinngemäß.

(6) Die erhöhten Absetzungen nach den Absätzen 1 bis 5 werden unter der Bedingung gewährt, dass die Voraussetzung des Absatzes 2 Nummer 1

1. in den Fällen des Absatzes 1 mindestens fünf Jahre nach der Anschaffung der Wirtschaftsgüter,
2. in den Fällen des Absatzes 4 Satz 1 mindestens fünf Jahre nach Beendigung der nachträglichen Herstellungsarbeiten

erfüllt wird.

(7) ¹Steuerpflichtige, die nach dem 31. Dezember 1974 und vor dem 1. Januar 1991 durch Hingabe eines Zuschusses zur Finanzierung der Anschaffungs- oder Herstellungskosten von abnutzbaren Wirtschaftsgütern im Sinne des Absatzes 2 ein Recht auf Mitbenutzung dieser Wirtschaftsgüter erwerben, können bei diesem Recht abweichend von § 7 erhöhte Absetzungen nach Maßgabe des Absatzes 1 oder 4 Satz 1 vornehmen. ²Die erhöhten Absetzungen können nur in Anspruch genommen werden, wenn der Empfänger

1. den Zuschuss unverzüglich und unmittelbar zur Finanzierung der Anschaffung oder Herstellung der Wirtschaftsgüter oder der nachträglichen

Herstellungsarbeiten bei den Wirtschaftsgütern verwendet und

2. dem Steuerpflichtigen bestätigt, dass die Voraussetzung der Nummer 1 vorliegt und dass für die Wirtschaftsgüter oder die nachträglichen Herstellungsarbeiten eine Bescheinigung nach Absatz 2 Nummer 2 erteilt ist.

³Absatz 6 gilt sinngemäß.

(8) ¹Die erhöhten Absetzungen nach den Absätzen 1 bis 7 können nicht für Wirtschaftsgüter in Anspruch genommen werden, die in Betrieben oder Betriebsstätten verwendet werden, die in den letzten zwei Jahren vor dem Beginn des Kalenderjahres, in dem das Wirtschaftsgut angeschafft oder hergestellt worden ist, errichtet worden sind. ²Die Verlagerung von Betrieben oder Betriebsstätten gilt nicht als Errichtung im Sinne des Satzes 1, wenn die in Absatz 2 Nummer 2 bezeichnete Behörde bestätigt, dass die Verlagerung im öffentlichen Interesse aus Gründen des Umweltschutzes erforderlich ist.

§ 7e
(weggefallen)

§ 7f
Bewertungsfreiheit für abnutzbare Wirtschaftsgüter des Anlagevermögens privater Krankenhäuser

(1) Steuerpflichtige, die im Inland ein privates Krankenhaus betreiben, können unter den Voraussetzungen des Absatzes 2 bei abnutzbaren Wirtschaftsgütern des Anlagevermögens, die dem Betrieb dieses Krankenhauses dienen, im Jahr der Anschaffung oder Herstellung und in den vier folgenden Jahren Sonderabschreibungen vornehmen, und zwar

1. bei beweglichen Wirtschaftsgütern des Anlagevermögens bis zur Höhe von insgesamt 50 Prozent,
2. bei unbeweglichen Wirtschaftsgütern des Anlagevermögens bis zur Höhe von insgesamt 30 Prozent

der Anschaffungs- oder Herstellungskosten.

(2) Die Abschreibungen nach Absatz 1 können nur in Anspruch genommen werden, wenn bei dem privaten Krankenhaus im Jahr der Anschaffung oder Herstellung der Wirtschaftsgüter und im Jahr der Inanspruchnahme der Abschreibungen die in § 67 Absatz 1 oder 2 der Abgabenordnung bezeichneten Voraussetzungen erfüllt sind.

(3) Die Abschreibungen nach Absatz 1 können bereits für Anzahlungen auf Anschaffungskosten und für Teilherstellungskosten in Anspruch genommen werden.

(4) ¹Die Abschreibungen nach den Absätzen 1 und 3 können nur für Wirtschaftsgüter in Anspruch genommen werden, die der Steuerpflichtige vor dem 1. Januar 1996 bestellt oder herzustellen begonnen hat. ²Als Beginn der Herstellung gilt bei Baumaßnahmen, für die eine Baugenehmigung erforderlich ist, der Zeitpunkt, in dem der Bauantrag gestellt worden ist.

---
1) Zur Anwendung von § 7g siehe § 52 Absatz 23 EStG.

§ 7g[1]
Investitionsabzugsbeträge und Sonderabschreibungen zur Förderung kleiner und mittlerer Betriebe

(1) ¹Steuerpflichtige können für die künftige Anschaffung oder Herstellung eines abnutzbaren beweglichen Wirtschaftsguts des Anlagevermögens bis zu 40 Prozent der voraussichtlichen Anschaffungs- oder Herstellungskosten gewinnmindernd abziehen (Investitionsabzugsbetrag). ²Der Investitionsabzugsbetrag kann nur in Anspruch genommen werden, wenn

1. der Betrieb am Schluss des Wirtschaftsjahres, in dem der Abzug vorgenommen wird, die folgenden Größenmerkmale nicht überschreitet:

   a) bei Gewerbebetrieben oder der selbständigen Arbeit dienenden Betrieben, die ihren Gewinn nach § 4 Absatz 1 oder § 5 ermitteln, ein Betriebsvermögen von 235 000 Euro;

   b) bei Betrieben der Land- und Forstwirtschaft einen Wirtschaftswert oder einen Ersatzwirtschaftswert von 125 000 Euro oder

   c) bei Betrieben im Sinne der Buchstaben a und b, die ihren Gewinn nach § 4 Absatz 3 ermitteln, ohne Berücksichtigung des Investitionsabzugsbetrages einen Gewinn von 100 000 Euro;

2. der Steuerpflichtige beabsichtigt, das begünstigte Wirtschaftsgut voraussichtlich

   a) in den dem Wirtschaftsjahr des Abzugs folgenden drei Wirtschaftsjahren anzuschaffen oder herzustellen;

   b) mindestens bis zum Ende des dem Wirtschaftsjahr der Anschaffung oder Herstellung folgenden Wirtschaftsjahres in einer inländischen Betriebsstätte des Betriebs ausschließlich oder fast ausschließlich betrieblich zu nutzen und

3. der Steuerpflichtige das begünstigte Wirtschaftsgut in den beim Finanzamt einzureichenden Unterlagen seiner Funktion nach benennt und die Höhe der voraussichtlichen Anschaffungs- oder Herstellungskosten angibt.

³Abzugsbeträge können auch dann in Anspruch genommen werden, wenn dadurch ein Verlust entsteht oder sich erhöht. ⁴Die Summe der Beträge, die im Wirtschaftsjahr des Abzugs und in den drei vorangegangenen Wirtschaftsjahren nach Satz 1 insgesamt abgezogen und nicht nach Absatz 2 hinzugerechnet oder nach Absatz 3 oder 4 rückgängig gemacht wurden, darf je Betrieb 200 000 Euro nicht übersteigen.

(2) ¹Im Wirtschaftsjahr der Anschaffung oder Herstellung des begünstigten Wirtschaftsguts ist der für dieses Wirtschaftsgut in Anspruch genommene Investitionsabzugsbetrag in Höhe von 40 Prozent der Anschaffungs- oder Herstellungskosten gewinnerhöhend hinzuzurechnen; die Hinzurechnung darf den nach Absatz 1 abgezogenen Betrag nicht übersteigen. ²Die Anschaffungs- oder Herstellungskosten des Wirtschaftsguts können in dem in Satz 1 ge-

nannten Wirtschaftsjahr um bis zu 40 Prozent, höchstens jedoch um die Hinzurechnung nach Satz 1, gewinnmindernd herabgesetzt werden; die Bemessungsgrundlage für die Absetzungen für Abnutzung, erhöhten Absetzungen und Sonderabschreibungen sowie die Anschaffungs- oder Herstellungskosten im Sinne von § 6 Absatz 2 und 2a verringern sich entsprechend.

(3) ¹Soweit der Investitionsabzugsbetrag nicht bis zum Ende des dritten auf das Wirtschaftsjahr des Abzugs folgenden Wirtschaftsjahres nach Absatz 2 hinzugerechnet wurde, ist der Abzug nach Absatz 1 rückgängig zu machen. ²Wurde der Gewinn des maßgebenden Wirtschaftsjahres bereits einer Steuerfestsetzung oder einer gesonderten Feststellung zugrunde gelegt, ist der entsprechende Steuer- oder Feststellungsbescheid insoweit zu ändern. ³Das gilt auch dann, wenn der Steuer- oder Feststellungsbescheid bestandskräftig geworden ist; die Festsetzungsfrist endet insoweit nicht, bevor die Festsetzungsfrist für den Veranlagungszeitraum abgelaufen ist, in dem das dritte auf das Wirtschaftsjahr des Abzugs folgende Wirtschaftsjahr endet.

(4) ¹Wird in den Fällen des Absatzes 2 das Wirtschaftsgut nicht bis zum Ende des dem Wirtschaftsjahr der Anschaffung oder Herstellung folgenden Wirtschaftsjahres in einer inländischen Betriebsstätte des Betriebs ausschließlich oder fast ausschließlich betrieblich genutzt, sind der Abzug nach Absatz 1 sowie die Herabsetzung der Anschaffungs- oder Herstellungskosten, die Verringerung der Bemessungsgrundlage und die Hinzurechnung nach Absatz 2 rückgängig zu machen. ²Wurden die Gewinne der maßgebenden Wirtschaftsjahre bereits Steuerfestsetzungen oder gesonderten Feststellungen zugrunde gelegt, sind die entsprechenden Steuer- oder Feststellungsbescheide insoweit zu ändern. ³Das gilt auch dann, wenn die Steuer- oder Feststellungsbescheide bestandskräftig geworden sind; die Festsetzungsfristen enden insoweit nicht, bevor die Festsetzungsfrist für den Veranlagungszeitraum abgelaufen ist, in dem die Voraussetzungen des Absatzes 1 Satz 2 Nummer 2 Buchstabe b erstmals nicht mehr vorliegen. ⁴§ 233a Absatz 2a der Abgabenordnung ist nicht anzuwenden.

(5) Bei abnutzbaren beweglichen Wirtschaftsgütern des Anlagevermögens können unter den Voraussetzungen des Absatzes 6 im Jahr der Anschaffung oder Herstellung und in den vier folgenden Jahren neben den Absetzungen für Abnutzung nach § 7 Absatz 1 oder Absatz 2 Sonderabschreibungen bis zu insgesamt 20 Prozent der Anschaffungs- oder Herstellungskosten in Anspruch genommen werden.

(6) Die Sonderabschreibungen nach Absatz 5 können nur in Anspruch genommen werden, wenn

1. der Betrieb zum Schluss des Wirtschaftsjahres, das der Anschaffung oder Herstellung vorangeht, die Größenmerkmale des Absatzes 1 Satz 2 Nummer 1 nicht überschreitet, und
2. das Wirtschaftsgut im Jahr der Anschaffung oder Herstellung und im darauf folgenden Wirtschaftsjahr in einer inländischen Betriebsstätte des Betriebs des Steuerpflichtigen ausschließlich oder fast ausschließlich betrieblich genutzt wird; Absatz 4 gilt entsprechend.

(7) Bei Personengesellschaften und Gemeinschaften sind die Absätze 1 bis 6 mit der Maßgabe anzuwenden, dass an die Stelle des Steuerpflichtigen die Gesellschaft oder die Gemeinschaft tritt.

§ 7h
Erhöhte Absetzungen bei Gebäuden in Sanierungsgebieten und städtebaulichen Entwicklungsbereichen

(1)¹⁾ ¹Bei einem im Inland belegenen Gebäude in einem förmlich festgelegten Sanierungsgebiet oder städtebaulichen Entwicklungsbereich kann der Steuerpflichtige abweichend von § 7 Absatz 4 und 5 im Jahr der Herstellung und in den folgenden sieben Jahren jeweils bis zu 9 Prozent und in den folgenden vier Jahren jeweils bis zu 7 Prozent der Herstellungskosten für Modernisierungs- und Instandsetzungsmaßnahmen im Sinne des § 177 des Baugesetzbuchs absetzen. ²Satz 1 ist entsprechend anzuwenden auf Herstellungskosten für Maßnahmen, die der Erhaltung, Erneuerung und funktionsgerechten Verwendung eines Gebäudes im Sinne des Satzes 1 dienen, das wegen seiner geschichtlichen, künstlerischen oder städtebaulichen Bedeutung erhalten bleiben soll, und zu deren Durchführung sich der Eigentümer neben bestimmten Modernisierungsmaßnahmen gegenüber der Gemeinde verpflichtet hat. ³Der Steuerpflichtige kann die erhöhten Absetzungen im Jahr des Abschlusses der Maßnahme und in den folgenden elf Jahren auch für Anschaffungskosten in Anspruch nehmen, die auf Maßnahmen im Sinne der Sätze 1 und 2 entfallen, soweit diese nach dem rechtswirksamen Abschluss eines obligatorischen Erwerbsvertrags oder eines gleichstehenden Rechtsakts durchgeführt worden sind. ⁴Die erhöhten Absetzungen können nur in Anspruch genommen werden, soweit die Herstellungs- oder Anschaffungskosten durch Zuschüsse aus Sanierungs- oder Entwicklungsförderungsmitteln nicht gedeckt sind. ⁵Nach Ablauf des Begünstigungszeitraums ist ein Restwert den Herstellungs- oder Anschaffungskosten des Gebäudes oder dem an deren Stelle tretenden Wert hinzuzurechnen; die weiteren Absetzungen für Abnutzung sind einheitlich für das gesamte Gebäude nach dem sich hiernach ergebenden Betrag und dem für das Gebäude maßgebenden Prozentsatz zu bemessen.

(2) ¹Der Steuerpflichtige kann die erhöhten Absetzungen nur in Anspruch nehmen, wenn er durch eine Bescheinigung der zuständigen Gemeindebehörde die Voraussetzungen des Absatzes 1 für das Gebäude und die Maßnahmen nachweist. ²Sind ihm Zuschüsse aus Sanierungs- oder Entwicklungsförderungsmitteln gewährt worden, so hat die Bescheinigung auch deren Höhe zu enthalten; werden ihm solche Zuschüsse nach Ausstellung der Bescheinigung gewährt, so ist diese entsprechend zu ändern.

(3) Die Absätze 1 und 2 sind auf Gebäudeteile, die selbständige unbewegliche Wirtschaftsgüter sind, sowie auf Eigentumswohnungen und auf im Teil-

---

1) Zur Anwendung von § 7h Absatz 1 siehe § 52 Absatz 23a EStG.

eigentum stehende Räume entsprechend anzuwenden.

§ 7i
Erhöhte Absetzungen bei Baudenkmalen

(1)[1] ¹Bei einem im Inland belegenen Gebäude, das nach den jeweiligen landesrechtlichen Vorschriften ein Baudenkmal ist, kann der Steuerpflichtige abweichend von § 7 Absatz 4 und 5 im Jahr der Herstellung und in den folgenden sieben Jahren jeweils bis zu 9 Prozent und in den folgenden vier Jahren jeweils bis zu 7 Prozent der Herstellungskosten für Baumaßnahmen, die nach Art und Umfang zur Erhaltung des Gebäudes als Baudenkmal oder zu seiner sinnvollen Nutzung erforderlich sind, absetzen. ²Eine sinnvolle Nutzung ist nur anzunehmen, wenn das Gebäude in der Weise genutzt wird, dass die Erhaltung der schützenswerten Substanz des Gebäudes auf die Dauer gewährleistet ist. ³Bei einem im Inland belegenen Gebäudeteil, das nach den jeweiligen landesrechtlichen Vorschriften ein Baudenkmal ist, sind die Sätze 1 und 2 entsprechend anzuwenden. ⁴Bei einem im Inland belegenen Gebäude oder Gebäudeteil, das für sich allein nicht die Voraussetzungen für ein Baudenkmal erfüllt, aber Teil einer Gebäudegruppe oder Gesamtanlage ist, die nach den jeweiligen landesrechtlichen Vorschriften als Einheit geschützt ist, kann der Steuerpflichtige die erhöhten Absetzungen von den Herstellungskosten für Baumaßnahmen vornehmen, die nach Art und Umfang zur Erhaltung des schützenswerten äußeren Erscheinungsbildes der Gebäudegruppe oder Gesamtanlage erforderlich sind. ⁵Der Steuerpflichtige kann die erhöhten Absetzungen im Jahr des Abschlusses der Baumaßnahme und in den folgenden elf Jahren auch für Anschaffungskosten in Anspruch nehmen, die auf Baumaßnahmen im Sinne der Sätze 1 bis 4 entfallen, soweit diese nach dem rechtswirksamen Abschluss eines obligatorischen Erwerbsvertrages oder eines gleichstehenden Rechtsakts durchgeführt worden sind. ⁶Die Baumaßnahmen müssen in Abstimmung mit der in Absatz 2 bezeichneten Stelle durchgeführt worden sein. ⁷Die erhöhten Absetzungen können nur in Anspruch genommen werden, soweit die Herstellungs- oder Anschaffungskosten nicht durch Zuschüsse aus öffentlichen Kassen gedeckt sind. ⁸§ 7h Absatz 1 Satz 5 ist entsprechend anzuwenden.

(2) ¹Der Steuerpflichtige kann die erhöhten Absetzungen nur in Anspruch nehmen, wenn er durch eine Bescheinigung der nach Landesrecht zuständigen oder von der Landesregierung bestimmten Stelle die Voraussetzungen des Absatzes 1 für das Gebäude oder Gebäudeteil und für die Erforderlichkeit der Aufwendungen nachweist. ²Hat eine der für Denkmalschutz oder Denkmalpflege zuständigen Behörden ihm Zuschüsse gewährt, so hat die Bescheinigung auch deren Höhe zu enthalten; werden ihm solche Zuschüsse nach Ausstellung der Bescheinigung gewährt, so ist diese entsprechend zu ändern.

(3) § 7h Absatz 3 ist entsprechend anzuwenden.

§ 7k
Erhöhte Absetzungen für Wohnungen mit Sozialbindung

(1) ¹Bei Wohnungen im Sinne des Absatzes 2 können abweichend von § 7 Absatz 4 und 5 im Jahr der Fertigstellung und in den folgenden 4 Jahren jeweils bis zu 10 Prozent und in den folgenden 5 Jahren jeweils bis zu 7 Prozent der Herstellungskosten oder Anschaffungskosten abgesetzt werden. ²Im Fall der Anschaffung ist Satz 1 nur anzuwenden, wenn der Hersteller für die veräußerte Wohnung weder Absetzungen für Abnutzung nach § 7 Absatz 5 vorgenommen noch erhöhte Absetzungen oder Sonderabschreibungen in Anspruch genommen hat. ³Nach Ablauf dieser 10 Jahre sind als Absetzungen für Abnutzung bis zur vollen Absetzung jährlich 3 1/3 Prozent des Restwerts abzuziehen; § 7 Absatz 4 Satz 2 gilt entsprechend.

(2) Begünstigt sind Wohnungen im Inland,

1. a) für die der Bauantrag nach dem 28. Februar 1989 gestellt worden ist und die vom Steuerpflichtigen hergestellt worden sind oder

   b) die vom Steuerpflichtigen nach dem 28. Februar 1989 auf Grund eines nach diesem Zeitpunkt rechtswirksam abgeschlossenen obligatorischen Vertrags bis zum Ende des Jahres der Fertigstellung angeschafft worden sind,

2. die vor dem 1. Januar 1996 fertiggestellt worden sind,

3. für die keine Mittel aus öffentlichen Haushalten unmittelbar oder mittelbar gewährt werden,

4. die im Jahr der Anschaffung oder Herstellung und in den folgenden 9 Jahren (Verwendungszeitraum) dem Steuerpflichtigen zu fremden Wohnzwecken dienen und

5. für die der Steuerpflichtige für jedes Jahr des Verwendungszeitraums, in dem er die Wohnung vermietet hat, durch eine Bescheinigung nachweist, dass die Voraussetzungen des Absatzes 3 vorliegen.

(3) ¹Die Bescheinigung nach Absatz 2 Nummer 5 ist von der nach § 3 des Wohnungsbindungsgesetzes zuständigen Stelle, im Saarland von der durch die Landesregierung bestimmten Stelle (zuständigen Stelle), nach Ablauf des jeweiligen Jahres des Begünstigungszeitraums für Wohnungen zu erteilen,

1. a) die der Steuerpflichtige nur an Personen vermietet hat, für die

   aa) eine Bescheinigung über die Wohnberechtigung nach § 5 des Wohnungsbindungsgesetzes, im Saarland eine Mieteranerkennung, dass die Voraussetzungen des § 14 des Wohnungsbaugesetzes für das Saarland erfüllt sind, ausgestellt worden ist, oder

   bb) eine Bescheinigung ausgestellt worden ist, dass die Voraussetzungen des § 88a Absatz 1 Buchstabe b des Zweiten Wohnungsbaugesetzes, im Saarland des § 51b Absatz 1 Buchstabe b des Woh-

---

1) Zur Anwendung von § 7i Absatz 1 siehe § 52 Absatz 23b EStG.

nungsbaugesetzes für das Saarland, erfüllen,

und wenn die Größe der Wohnung die in dieser Bescheinigung angegebene Größe nicht übersteigt, oder

b) für die der Steuerpflichtige keinen Mieter im Sinne des Buchstabens a gefunden hat und für die ihm die zuständige Stelle nicht innerhalb von 6 Wochen nach seiner Anforderung einen solchen Mieter nachgewiesen hat,

und

2. bei denen die Höchstmiete nicht überschritten worden ist. [2]Die Landesregierungen werden ermächtigt, die Höchstmiete in Anlehnung an die Beträge nach § 72 Absatz 3 des Zweiten Wohnungsbaugesetzes, im Saarland unter Berücksichtigung der Besonderheiten des Wohnungsbaugesetzes für das Saarland durch Rechtsverordnung festzusetzen. [3]In der Rechtsverordnung ist eine Erhöhung der Mieten in Anlehnung an die Erhöhung der Mieten im öffentlich geförderten sozialen Wohnungsbau zuzulassen. [4]§ 4 des Gesetzes zur Regelung der Miethöhe bleibt unberührt.

[2]Bei Wohnungen, für die der Bauantrag nach dem 31. Dezember 1992 gestellt worden ist und die vom Steuerpflichtigen hergestellt worden sind oder die vom Steuerpflichtigen auf Grund eines nach dem 31. Dezember 1992 rechtswirksam abgeschlossenen obligatorischen Vertrags angeschafft worden sind, gilt Satz 1 Nummer 1 Buchstabe a mit der Maßgabe, dass der Steuerpflichtige die Wohnungen an Personen vermietet hat, die im Jahr der Fertigstellung zu ihm in einem Dienstverhältnis gestanden haben, und ist Satz 1 Nummer 1 Buchstabe b nicht anzuwenden.

4. Überschuss der Einnahmen über dieWerbungskosten

§ 8
Einnahmen

(1) Einnahmen sind alle Güter, die in Geld oder Geldeswert bestehen und dem Steuerpflichtigen im Rahmen einer der Einkunftsarten des § 2 Absatz 1 Satz 1 Nummer 4 bis 7 zufließen.

(2) [1]Einnahmen, die nicht in Geld bestehen (Wohnung, Kost, Waren, Dienstleistungen und sonstige Sachbezüge), sind mit den um übliche Preisnachlässe geminderten üblichen Endpreisen am Abgabeort anzusetzen. [2]Für die private Nutzung eines betrieblichen Kraftfahrzeugs zu privaten Fahrten gilt § 6 Absatz 1 Nummer 4 Satz 2 entsprechend. [3]Kann das Kraftfahrzeug auch für Fahrten zwischen Wohnung und Arbeitsstätte genutzt werden, erhöht sich der Wert in Satz 2 für jeden Kalendermonat um 0,03 Prozent des Listenpreises im Sinne des § 6 Absatz 1 Nummer 4 Satz 2 für jeden Kilometer der Entfernung zwischen Wohnung und Arbeitsstätte. [4]Der Wert nach den Sätzen 2 und 3 kann mit der die private Nutzung und die Nutzung zu Fahrten zwischen Wohnung und Arbeitsstätte entfallenden Teil der gesamten Kraftfahrzeugaufwendungen angesetzt werden, wenn die durch das Kraftfahrzeug insgesamt entstehenden Aufwendungen durch Belege und das Verhältnis der privaten Fahrten und der Fahrten zwischen Wohnung und Arbeitsstätte zu den übrigen Fahrten durch ein ordnungsgemäßes Fahrtenbuch nachgewiesen werden. [5]Die Nutzung des Kraftfahrzeugs zu einer Familienheimfahrt im Rahmen einer doppelten Haushaltsführung ist mit 0,002 Prozent des Listenpreises im Sinne des § 6 Absatz 1 Nummer 4 Satz 2 für jeden Kilometer der Entfernung zwischen dem Ort des eigenen Hausstandes und dem Beschäftigungsort anzusetzen; dies gilt nicht, wenn für diese Fahrt ein Abzug von Werbungskosten nach § 9 Absatz 1 Satz 3 Nummer 5 Satz 3 und 4 in Betracht käme; Satz 4 ist sinngemäß anzuwenden. [6]Bei Arbeitnehmern, für deren Sachbezüge durch Rechtsverordnung nach § 17 Absatz 1 Nummer 3 des Vierten Buches Sozialgesetzbuch Werte bestimmt worden sind, sind diese Werte maßgebend. [7]Die Werte nach Satz 6 sind auch bei Steuerpflichtigen anzusetzen, die nicht der gesetzlichen Rentenversicherungspflicht unterliegen. [8]Die oberste Finanzbehörde eines Landes kann mit Zustimmung des Bundesministeriums der Finanzen für weitere Sachbezüge der Arbeitnehmer Durchschnittswerte festsetzen. [9]Sachbezüge, die nach Satz 1 zu bewerten sind, bleiben außer Ansatz, wenn die sich nach Anrechnung der vom Steuerpflichtigen gezahlten Entgelte ergebenden Vorteile insgesamt 44 Euro im Kalendermonat nicht übersteigen.

(3) [1]Erhält ein Arbeitnehmer auf Grund seines Dienstverhältnisses Waren oder Dienstleistungen, die vom Arbeitgeber nicht überwiegend für den Bedarf seiner Arbeitnehmer hergestellt, vertrieben oder erbracht werden und deren Bezug nicht nach § 40 pauschal versteuert wird, so gelten als deren Werte abweichend von Absatz 2 die um vier Prozent geminderten Endpreise, zu denen der Arbeitgeber oder der Abgabeort nächstansässige Abnehmer die Waren oder Dienstleistungen fremden Letztverbrauchern im allgemeinen Geschäftsverkehr anbietet. [2]Die sich nach Abzug der vom Arbeitnehmer gezahlten Entgelte ergebenden Vorteile sind steuerfrei, soweit sie aus dem Dienstverhältnis insgesamt 1 080 Euro im Kalenderjahr nicht übersteigen.

§ 9
Werbungskosten

(1) [1]Werbungskosten sind Aufwendungen zur Erwerbung, Sicherung und Erhaltung der Einnahmen. [2]Sie sind bei der Einkunftsart abzuziehen, bei der sie erwachsen sind. [3]Werbungskosten sind auch

1. Schuldzinsen und auf besonderen Verpflichtungsgründen beruhende Renten und dauernde Lasten, soweit sie mit einer Einkunftsart in wirtschaftlichem Zusammenhang stehen. [2]Bei Leibrenten kann nur der Anteil abgezogen werden, der sich nach § 22 Nummer 1 Satz 3 Buchstabe a Doppelbuchstabe bb ergibt;

2. Steuern vom Grundbesitz, sonstige öffentliche Abgaben und Versicherungsbeiträge, soweit solche Ausgaben sich auf Gebäude oder auf Gegenstände beziehen, die dem Steuerpflichtigen zur Einnahmeerzielung dienen;

3. Beiträge zu Berufsständen und sonstigen Berufsverbänden, deren Zweck nicht auf einen wirtschaftlichen Geschäftsbetrieb gerichtet ist;

4. Aufwendungen des Arbeitnehmers für die Wege zwischen Wohnung und regelmäßiger Arbeitsstätte. ²Zur Abgeltung dieser Aufwendungen ist für jeden Arbeitstag, an dem der Arbeitnehmer die regelmäßige Arbeitsstätte aufsucht, eine Entfernungspauschale für jeden vollen Kilometer der Entfernung zwischen Wohnung und regelmäßiger Arbeitsstätte von 0,30 Euro anzusetzen, höchstens jedoch 4 500 Euro im Kalenderjahr; ein höherer Betrag als 4 500 Euro ist anzusetzen, soweit der Arbeitnehmer einen eigenen oder ihm zur Nutzung überlassenen Kraftwagen benutzt. ³Die Entfernungspauschale gilt nicht für Flugstrecken und Strecken mit steuerfreier Sammelbeförderung nach § 3 Nummer 32. ⁴Für die Bestimmung der Entfernung ist die kürzeste Straßenverbindung zwischen Wohnung und regelmäßiger Arbeitsstätte maßgebend; eine andere als die kürzeste Straßenverbindung kann zugrunde gelegt werden, wenn diese offensichtlich verkehrsgünstiger ist und vom Arbeitnehmer regelmäßig für die Wege zwischen Wohnung und regelmäßiger Arbeitsstätte benutzt wird. ⁵Nach § 8 Absatz 3 steuerfreie Sachbezüge für Fahrten zwischen Wohnung und regelmäßiger Arbeitsstätte mindern den nach Satz 2 abziehbaren Betrag; ist der Arbeitgeber selbst der Verkehrsträger, ist der Preis anzusetzen, den ein dritter Arbeitgeber an den Verkehrsträger zu entrichten hätte. ⁶Hat ein Arbeitnehmer mehrere Wohnungen, so sind die Wege von einer Wohnung, die nicht der regelmäßigen Arbeitsstätte am nächsten liegt, nur zu berücksichtigen, wenn sie den Mittelpunkt der Lebensinteressen des Arbeitnehmers bildet und nicht nur gelegentlich aufgesucht wird;

5. notwendige Mehraufwendungen, die einem Arbeitnehmer wegen einer aus beruflichem Anlass begründeten doppelten Haushaltsführung entstehen, und zwar unabhängig davon, aus welchen Gründen die doppelte Haushaltsführung beibehalten wird. ²Eine doppelte Haushaltsführung liegt nur vor, wenn der Arbeitnehmer außerhalb des Ortes, in dem er einen eigenen Hausstand unterhält, beschäftigt ist und auch am Beschäftigungsort wohnt. ³Aufwendungen für die Wege vom Beschäftigungsort zum Ort des eigenen Hausstands und zurück (Familienheimfahrten) können jeweils nur für eine Familienheimfahrt wöchentlich abgezogen werden. ⁴Zur Abgeltung der Aufwendungen für die Familienheimfahrt ist eine Entfernungspauschale von 0,30 Euro für jeden vollen Kilometer der Entfernung zwischen dem Ort des eigenen Hausstands und dem Beschäftigungsort anzusetzen. ⁵Nummer 4 Satz 3 bis 5 ist entsprechend anzuwenden. ⁶Aufwendungen für Familienheimfahrten mit einem dem Steuerpflichtigen im Rahmen einer Einkunftsart überlassenen Kraftfahrzeug werden nicht berücksichtigt;[1]

6. Aufwendungen für Arbeitsmittel, zum Beispiel für Werkzeuge und typische Berufskleidung. ²Nummer 7 bleibt unberührt;

7. Absetzungen für Abnutzung und für Substanzverringerung und erhöhte Absetzungen. ²§ 6 Absatz 2 Satz 1 bis 3 ist in Fällen der Anschaffung oder Herstellung von Wirtschaftsgütern entsprechend anzuwenden.[2]

(2) ¹Durch die Entfernungspauschalen sind sämtliche Aufwendungen abgegolten, die durch die Wege zwischen Wohnung und regelmäßiger Arbeitsstätte und durch die Familienheimfahrten veranlasst sind. ²Aufwendungen für die Benutzung öffentlicher Verkehrsmittel können angesetzt werden, soweit sie den als Entfernungspauschale abziehbaren Betrag übersteigen. ³Behinderte Menschen,

1. deren Grad der Behinderung mindestens 70 beträgt,
2. deren Grad der Behinderung weniger als 70, aber mindestens 50 beträgt und die in ihrer Bewegungsfähigkeit im Straßenverkehr erheblich beeinträchtigt sind,

können an Stelle der Entfernungspauschalen die tatsächlichen Aufwendungen für die Wege zwischen Wohnung und regelmäßiger Arbeitsstätte und für die Familienheimfahrten ansetzen. ⁴Die Voraussetzungen der Nummern 1 und 2 sind durch amtliche Unterlagen nachzuweisen.

(3) Absatz 1 Satz 3 Nummer 4 und 5 und Absatz 2 gelten bei den Einkunftsarten im Sinne des § 2 Absatz 1 Satz 1 Nummer 5 bis 7 entsprechend.

(4) (weggefallen)

(5) ¹§ 4 Absatz 5 Satz 1 Nummer 1 bis 5, 6b bis 8a, 10, 12 und Absatz 6 sowie § 9c Absatz 1 und 3 gelten sinngemäß. ²§ 6 Absatz 1 Nummer 1a gilt entsprechend.[3]

§ 9a[4]
Pauschbeträge für Werbungskosten

¹Für Werbungskosten sind bei der Ermittlung der Einkünfte die folgenden Pauschbeträge abzuziehen, wenn nicht höhere Werbungskosten nachgewiesen werden:

1. a) von den Einnahmen aus nichtselbständiger Arbeit vorbehaltlich Buchstabe b:

    ein Arbeitnehmer-Pauschbetrag von 920 Euro; daneben sind Aufwendungen nach § 9c Absatz 1 und 3 gesondert abzuziehen;

    b) von den Einnahmen aus nichtselbstständiger Arbeit, soweit es sich um Versorgungsbezüge im Sinne des § 19 Absatz 2 handelt:

    ein Pauschbetrag von 102 Euro;

2. (weggefallen)

---

1) Zur Anwendung von § 9 Absatz 1 Nummer 5 i. d. F. StÄndG 2003 (Wegfall der Zweijahresfrist) siehe § 52 Absatz 23d EStG.
2) Zur Anwendung von § 9 Absatz 1 Nummer 7 i.d.F. Unternehmensteuerreformgesetz 2008 erstmals ab VZ 2008 siehe § 52 Absatz 23d EStG.
3) Zur Anwendung von § 9 Absatz 5 siehe § 52 Absatz 23d EStG.
4) Zur Anwendung von § 9a i.d.F. Unternehmensteuerreformgesetz 2008 erstmals ab VZ 2009 siehe § 52a Absatz 6 EStG.

3. von den Einnahmen im Sinne des § 22 Nummer 1, 1a und 5:

   ein Pauschbetrag von insgesamt 102 Euro.

²Der Pauschbetrag nach Satz 1 Nummer 1 Buchstabe b darf nur bis zur Höhe der um den Versorgungsfreibetrag einschließlich des Zuschlags zum Versorgungsfreibetrag (§ 19 Absatz 2) geminderten Einnahmen, die Pauschbeträge nach Satz 1 Nummer 1 Buchstabe a und Nummer 3, dürfen nur bis zur Höhe der Einnahmen abgezogen werden.

4a. Umsatzsteuerrechtlicher Vorsteuerabzug

§ 9b

(1) Der Vorsteuerbetrag nach § 15 des Umsatzsteuergesetzes gehört, soweit er bei der Umsatzsteuer abgezogen werden kann, nicht zu den Anschaffungs- oder Herstellungskosten des Wirtschaftsguts, auf dessen Anschaffung oder Herstellung er entfällt.

(2) Wird der Vorsteuerabzug nach § 15a des Umsatzsteuergesetzes berichtigt, so sind die Mehrbeträge als Betriebseinnahmen oder Einnahmen, die Minderbeträge als Betriebsausgaben oder Werbungskosten zu behandeln; die Anschaffungs- oder Herstellungskosten bleiben unberührt.

4b. Kinderbetreuungskosten

§ 9c[1]
Kinderbetreuungskosten

(1) ¹Aufwendungen für Dienstleistungen zur Betreuung eines zum Haushalt des Steuerpflichtigen gehörenden Kindes im Sinne des § 32 Absatz 1, die wegen einer Erwerbstätigkeit des Steuerpflichtigen anfallen, können bei Kindern, die das 14. Lebensjahr noch nicht vollendet haben oder wegen einer vor Vollendung des 25. Lebensjahres eingetretenen körperlichen, geistigen oder seelischen Behinderung außerstande sind, sich selbst zu unterhalten, in Höhe von zwei Dritteln der Aufwendungen, höchstens 4 000 Euro je Kind, bei der Ermittlung der Einkünfte aus Land- und Forstwirtschaft, Gewerbebetrieb oder selbständiger Arbeit wie Betriebsausgaben abgezogen werden. ²Im Fall des Zusammenlebens der Elternteile gilt Satz 1 nur, wenn beide Elternteile erwerbstätig sind.

(2) ¹Nicht erwerbsbedingte Aufwendungen für Dienstleistungen zur Betreuung eines zum Haushalt des Steuerpflichtigen gehörenden Kindes im Sinne des § 32 Absatz 1 können bei Kindern, die das 14. Lebensjahr noch nicht vollendet haben oder wegen einer vor Vollendung des 25. Lebensjahres eingetretenen körperlichen, geistigen oder seelischen Behinderung außerstande sind, sich selbst zu unterhalten, in Höhe von zwei Dritteln der Aufwendungen, höchstens 4 000 Euro je Kind, als Sonderausgaben abgezogen werden, wenn der Steuerpflichtige sich in Ausbildung befindet, körperlich, geistig oder seelisch behindert oder krank ist. ²Erwachsen die Aufwendungen wegen Krankheit des Steuerpflichtigen, muss die Krankheit innerhalb eines zusammenhängenden Zeitraums von mindestens drei Monaten bestanden haben, es sei denn, der Krankheitsfall tritt unmittelbar im Anschluss an eine Erwerbstätigkeit oder Ausbildung ein. ³Bei zusammenlebenden Eltern ist Satz 1 nur dann anzuwenden, wenn bei beiden Elternteilen die Voraussetzungen nach Satz 1 vorliegen oder ein Elternteil erwerbstätig ist und der andere Elternteil sich in Ausbildung befindet, körperlich, geistig oder seelisch behindert oder krank ist. ⁴Aufwendungen für Dienstleistungen zur Betreuung eines zum Haushalt des Steuerpflichtigen gehörenden Kindes im Sinne des § 32 Absatz 1 können bei Kindern, die das dritte Lebensjahr vollendet, das sechste Lebensjahr aber noch nicht vollendet haben, in Höhe von zwei Dritteln der Aufwendungen, höchstens 4 000 Euro je Kind, als Sonderausgaben abgezogen werden, wenn nicht nach Absatz 1 noch nach Satz 1 zu berücksichtigen sind.

(3) ¹Die Absätze 1 und 2 gelten nicht für Aufwendungen für Unterricht, die Vermittlung besonderer Fähigkeiten sowie für sportliche und andere Freizeitbetätigungen. ²Ist das zu betreuende Kind nicht nach § 1 Absatz 1 oder Absatz 2 unbeschränkt einkommensteuerpflichtig, ist der in den Absätzen 1 und 2 genannte Betrag zu kürzen, soweit es nach den Verhältnissen im Wohnsitzstaat des Kindes notwendig und angemessen ist. ³Voraussetzung für den Abzug der Aufwendungen nach den Absätzen 1 und 2 ist, dass der Steuerpflichtige für die Aufwendungen eine Rechnung erhalten hat und die Zahlung auf das Konto des Erbringers der Leistung erfolgt ist.

5. Sonderausgaben

§ 10

(1) Sonderausgaben sind die folgenden Aufwendungen, wenn sie weder Betriebsausgaben noch Werbungskosten sind oder wie Betriebsausgaben oder Werbungskosten behandelt werden:

1. Unterhaltsleistungen an den geschiedenen oder dauernd getrennt lebenden unbeschränkt einkommensteuerpflichtigen Ehegatten, wenn der Geber dies mit Zustimmung des Empfängers beantragt, bis zu 13 805 Euro im Kalenderjahr. ²Der Höchstbetrag nach Satz 1 erhöht sich um den Betrag der im jeweiligen Veranlagungszeitraum nach Absatz 1 Nummer 3 für die Absicherung des geschiedenen oder dauernd getrennt lebenden unbeschränkt einkommensteuerpflichtigen Ehegatten aufgewandten Beiträge. ³Der Antrag kann jeweils nur für ein Kalenderjahr gestellt und nicht zurückgenommen werden. ⁴Die Zustimmung ist mit Ausnahme der nach § 894 Absatz 1 der Zivilprozessordnung erteilten bis auf Widerruf wirksam. ⁵Der Widerruf ist vor Beginn des Kalenderjahres, für das die Zustimmung erstmals nicht mehr gelten soll, gegenüber dem Finanzamt zu erklären. ⁶Die Sätze 1 bis 5 gelten für Fälle der Nichtigkeit oder der Aufhebung der Ehe entsprechend;

1a. [2] auf besonderen Verpflichtungsgründen beruhende, lebenslange und wiederkehrende Ver-

---

1) Zur Anwendung von § 9c siehe § 52 Absatz 23f EStG.
2) Zur Anwendung von § 10 Absatz 1 Nummer 1a siehe § 52 Absatz 23g EStG.

sorgungsleistungen, die nicht mit Einkünften in wirtschaftlichem Zusammenhang stehen, die bei der Veranlagung außer Betracht bleiben, wenn der Empfänger unbeschränkt einkommensteuerpflichtig ist. ²Dies gilt nur für

a) Versorgungsleistungen im Zusammenhang mit der Übertragung eines Mitunternehmeranteils an einer Personengesellschaft, die eine Tätigkeit im Sinne der §§ 13, 15 Absatz 1 Satz 1 Nummer 1 oder des § 18 Absatz 1 ausübt,

b) Versorgungsleistungen im Zusammenhang mit der Übertragung eines Betriebs oder Teilbetriebs, sowie

c) Versorgungsleistungen im Zusammenhang mit der Übertragung eines mindestens 50 Prozent betragenden Anteils an einer Gesellschaft mit beschränkter Haftung, wenn der Übergeber als Geschäftsführer tätig war und der Übernehmer diese Tätigkeit nach der Übertragung übernimmt.

³Satz 2 gilt auch für den Teil der Versorgungsleistungen, der auf den Wohnteil eines Betriebs der Land- und Forstwirtschaft entfällt;

1b. Leistungen auf Grund eines schuldrechtlichen Versorgungsausgleichs, soweit die ihnen zu Grunde liegenden Einnahmen beim Ausgleichsverpflichteten der Besteuerung unterliegen;

2. a) Beiträge zu den gesetzlichen Rentenversicherungen oder landwirtschaftlichen Alterskassen sowie zu berufsständischen Versorgungseinrichtungen, die den gesetzlichen Rentenversicherungen vergleichbare Leistungen erbringen;

b) Beiträge des Steuerpflichtigen zum Aufbau einer eigenen kapitalgedeckten Altersversorgung, wenn der Vertrag nur die Zahlung einer monatlichen auf das Leben des Steuerpflichtigen bezogenen lebenslangen Leibrente nicht vor Vollendung des 60. Lebensjahres[1)] oder die ergänzende Absicherung des Eintritts der Berufsunfähigkeit (Berufsunfähigkeitsrente), der verminderten Erwerbsfähigkeit (Erwerbsminderungsrente) oder von Hinterbliebenen (Hinterbliebenenrente) vorsieht; Hinterbliebene in diesem Sinne sind der Ehegatte des Steuerpflichtigen und die Kinder, für die er Anspruch auf Kindergeld oder auf einen Freibetrag nach § 32 Absatz 6 hat; der Anspruch auf Waisenrente darf längstens für den Zeitraum bestehen, in dem der Rentenberechtigte die Voraussetzungen für die Berücksichtigung als Kind im Sinne des § 32 erfüllt; die genannten Ansprüche dürfen nicht vererblich, nicht übertragbar, nicht beleihbar, nicht veräußerbar und nicht kapitalisierbar sein und es darf darüber hinaus kein Anspruch auf Auszahlungen bestehen.

²Zu den Beiträgen nach den Buchstaben a und b ist der nach § 3 Nummer 62 steuerfreie Arbeitgeberanteil zur gesetzlichen Rentenversicherung und ein diesem gleichgestellter steuerfreier Zuschuss des Arbeitgebers hinzuzurechnen. ³Beiträge nach § 168 Absatz 1 Nummer 1b oder 1c oder nach § 172 Absatz 3 oder 3a des Sechsten Buches Sozialgesetzbuch werden abweichend von Satz 2 nur auf Antrag des Steuerpflichtigen hinzugerechnet;

3. Beiträge zu

a) Krankenversicherungen, soweit diese zur Erlangung eines durch das Zwölfte Buch Sozialgesetzbuch bestimmten sozialhilfegleichen Versorgungsniveaus erforderlich sind. ²Für Beiträge zur gesetzlichen Krankenversicherung sind dies die nach dem Dritten Titel des Ersten Abschnitts des Achten Kapitels des Fünften Buches Sozialgesetzbuch oder die nach dem Sechsten Abschnitt des Zweiten Gesetzes über die Krankenversicherung der Landwirte festgesetzten Beiträge. ³Für Beiträge zu einer privaten Krankenversicherung sind dies die Beitragsanteile, die auf Vertragsleistungen entfallen, die, mit Ausnahme der auf das Krankengeld entfallenden Beitragsanteile, in Art, Umfang und Höhe den Leistungen nach dem Dritten Kapitel des Fünften Buches Sozialgesetzbuch vergleichbar sind, auf die ein Anspruch besteht; § 12 Absatz 1d des Versicherungsaufsichtsgesetzes in der Fassung der Bekanntmachung vom 17. Dezember 1992 (BGBl. 1993 I S. 2), das zuletzt durch Artikel 4 und 6 Absatz 2 des Gesetzes vom 17. Oktober 2008 (BGBl. I S. 1982) geändert worden ist, gilt entsprechend. ⁴Wenn sich aus den Krankenversicherungsbeiträgen nach Satz 2 ein Anspruch auf Krankengeld oder ein Anspruch auf eine Leistung, die anstelle von Krankengeld gewährt wird, ergeben kann, ist der jeweilige Beitrag um 4 Prozent zu vermindern;

b) gesetzlichen Pflegeversicherungen (soziale Pflegeversicherung und private Pflege-Pflichtversicherung).

²Als eigene Beiträge des Steuerpflichtigen werden auch die vom Steuerpflichtigen im Rahmen der Unterhaltsverpflichtung getragenen eigenen Beiträge im Sinne des Buchstaben a oder Buchstaben b eines Kindes behandelt, für das ein Anspruch auf einen Freibetrag nach § 32 Absatz 6 oder auf Kindergeld besteht. ³Hat der Steuerpflichtige in den Fällen des Absatzes 1 Nummer 1 eigene Beiträge im Sinne des Buchstaben a oder des Buchstaben b zum Erwerb einer Krankenversicherung oder gesetzlichen Pflegeversicherung für einen geschiedenen oder dauernd getrennt lebenden unbeschränkt einkommensteuerpflichtigen Ehegatten geleistet, dann werden diese abweichend von Satz 1 als eigene Beiträge des geschiedenen oder dauernd getrennt lebenden unbeschränkt einkommensteuerpflichtigen Ehegatten behandelt;

---

1) Für Vertragsabschlüsse nach 31.12.2011 62. Lebensjahr (§ 52 Absatz 24 Satz 1 EStG).

3a. Beiträge zu Kranken- und Pflegeversicherungen, soweit diese nicht nach Nummer 3 zu berücksichtigen sind; Beiträge zu Versicherungen gegen Arbeitslosigkeit, zu Erwerbs- und Berufsunfähigkeitsversicherungen, die nicht unter Nummer 2 Satz 1 Buchstabe b fallen, zu Unfall- und Haftpflichtversicherungen sowie zu Risikoversicherungen, die nur für den Todesfall eine Leistung vorsehen; Beiträge zu Versicherungen im Sinne des § 10 Absatz 1 Nummer 2 Buchstabe b Doppelbuchstabe bb bis dd in der am 31. Dezember 2004 geltenden Fassung, wenn die Laufzeit dieser Versicherungen vor dem 1. Januar 2005 begonnen hat und ein Versicherungsbeitrag bis zum 31. Dezember 2004 entrichtet wurde; § 10 Absatz 1 Nummer 2 Satz 2 bis 6 und Absatz 2 Satz 2 in der am 31. Dezember 2004 geltenden Fassung ist in diesen Fällen weiter anzuwenden;

4. gezahlte Kirchensteuer; dies gilt vorbehaltlich § 32d Absatz 2 und 6 nicht für die nach § 51a Abs. 2b bis 2d erhobene Kirchensteuer;

5. (weggefallen)

6. (weggefallen)

7. Aufwendungen für die eigene Berufsausbildung bis zu 4 000 Euro im Kalenderjahr. ²Bei Ehegatten, die die Voraussetzungen des § 26 Absatz 1 Satz 1 erfüllen, gilt Satz 1 für jeden Ehegatten. ³Zu den Aufwendungen im Sinne des Satzes 1 gehören auch Aufwendungen für eine auswärtige Unterbringung. ⁴§ 4 Absatz 5 Satz 1 Nummer 5 und 6b, § 9 Absatz 1 Satz 3 Nummer 4 und 5 und Absatz 2 sind bei der Ermittlung der Aufwendungen anzuwenden;

8. (weggefallen)

9. ¹⁾ 30 Prozent des Entgelts, höchstens 5 000 Euro, das der Steuerpflichtige für ein Kind, für das er Anspruch auf einen Freibetrag nach § 32 Absatz 6 oder auf Kindergeld hat, für dessen Besuch einer Schule in freier Trägerschaft oder einer überwiegend privat finanzierten Schule entrichtet, mit Ausnahme des Entgelts für Beherbergung, Betreuung und Verpflegung. ²Voraussetzung ist, dass die Schule in einem Mitgliedstaat der Europäischen Union oder in einem Staat belegen ist, auf den das Abkommen über den Europäischen Wirtschaftsraum Anwendung findet, und die Schule zu einem von dem zuständigen inländischen Ministerium eines Landes, von der Kultusministerkonferenz der Länder oder von einer inländischen Zeugnisanerkennungsstelle anerkannten oder einem inländischen Abschluss an einer öffentlichen Schule als gleichwertig anerkannten allgemein bildenden oder berufsbildenden Schul-, Jahrgangs- oder Berufsabschluss führt. ³Der Besuch einer anderen Einrichtung, die auf einen Schul-, Jahrgangs- oder Berufsabschluss im Sinne des Satzes 2 ordnungsgemäß vorbereitet, steht einem Schulbesuch im Sinne des Satzes 1 gleich. ⁴Der Besuch einer Deutschen Schule im Ausland steht dem Besuch einer solchen Schule gleich, unabhängig von ihrer Belegenheit. ⁵Der Höchstbetrag nach Satz 1 wird für jedes Kind, bei dem die Voraussetzungen vorliegen, je Elternpaar nur einmal gewährt.

(2) ¹Voraussetzung für den Abzug der in Absatz 1 Nummer 2, 3 und 3a bezeichneten Beträge (Vorsorgeaufwendungen) ist, dass sie

1. nicht in unmittelbarem wirtschaftlichen Zusammenhang mit steuerfreien Einnahmen stehen; steuerfreie Zuschüsse zu einer Kranken- oder Pflegeversicherung stehen insgesamt in unmittelbarem wirtschaftlichen Zusammenhang mit den Vorsorgeaufwendungen im Sinne des Absatzes 1 Nummer 3,

2. a) an Versicherungsunternehmen, die ihren Sitz oder ihre Geschäftsleitung in einem Mitgliedstaat der Europäischen Gemeinschaft oder einem anderen Vertragsstaat des Europäischen Wirtschaftsraums haben und das Versicherungsgeschäft im Inland betreiben dürfen, und Versicherungsunternehmen, denen die Erlaubnis zum Geschäftsbetrieb im Inland erteilt ist,

b) an berufsständische Versorgungseinrichtungen,

c) an einen Sozialversicherungsträger oder

d) an einen Anbieter im Sinne des § 80

geleistet werden.

²Vorsorgeaufwendungen nach Absatz 1 Nummer 2 Buchstabe b werden nur berücksichtigt, wenn

1. die Beiträge zugunsten eines Vertrags geleistet wurden, der nach § 5a des Altersvorsorgeverträge-Zertifizierungsgesetzes zertifiziert ist, wobei die Zertifizierung Grundlagenbescheid im Sinne des § 171 Absatz 10 der Abgabenordnung ist, und

2. der Steuerpflichtige gegenüber dem Anbieter in die Datenübermittlung nach Absatz 2a eingewilligt hat.

³Vorsorgeaufwendungen nach Absatz 1 Nummer 3 werden nur berücksichtigt, wenn der Steuerpflichtige gegenüber dem Versicherungsunternehmen, dem Träger der gesetzlichen Kranken- und Pflegeversicherung oder der Künstlersozialkasse in die Datenübermittlung nach Absatz 2a eingewilligt hat; die Einwilligung gilt als erteilt, wenn die Beiträge mit der elektronischen Lohnsteuerbescheinigung (§ 41b Absatz 1 Satz 2) oder der Rentenbezugsmitteilung (§ 22a Absatz 1 Satz 1 Nummer 5) übermittelt werden. ⁴Sind die übermittelten Daten nach Satz 2 Nummer 2 unzutreffend und werden sie daher nach Bekanntgabe des Steuerbescheids vom Anbieter aufgehoben oder korrigiert, kann der Steuerbescheid insoweit geändert werden. ⁵Werden die Daten innerhalb der Frist nach Satz 2 Nummer 2 und erstmalig nach Bekanntgabe des Steuerbescheids übermittelt, kann der Steuerbescheid ebenfalls insoweit geändert werden.

(2a) ¹Der Steuerpflichtige hat in die Datenübermittlung nach Absatz 2 gegenüber der übermittelnden Stelle schriftlich einzuwilligen, spätestens bis zum Ablauf des zweiten Kalenderjahres, das auf das

---

1) Zur Anwendung von § 10 Absatz 1 Nummer 9 siehe § 52 Absatz 24b EStG.

Beitragsjahr (Kalenderjahr, in dem die Beiträge geleistet worden sind) folgt; übermittelnde Stelle ist bei Vorsorgeaufwendungen nach Absatz 1 Nummer 2 Buchstabe b der Anbieter, bei Vorsorgeaufwendungen nach Absatz 1 Nummer 3 das Versicherungsunternehmen, der Träger der gesetzlichen Kranken- und Pflegeversicherung oder die Künstlersozialkasse. ²Die Einwilligung gilt auch für die folgenden Beitragsjahre, es sei denn, der Steuerpflichtige widerruft diese schriftlich gegenüber der übermittelnden Stelle. ³Der Widerruf muss vor Beginn des Beitragsjahres, für das die Einwilligung erstmals nicht mehr gelten soll, der übermittelnden Stelle vorliegen. ⁴Die übermittelnde Stelle hat bei Vorliegen einer Einwilligung

1. nach Absatz 2 Satz 2 Nummer 2 die Höhe der im jeweiligen Beitragsjahr geleisteten und erstatteten Beiträge nach Absatz 1 Nummer 2 Buchstabe b und die Zertifizierungsnummer,

2. nach Absatz 2 Satz 3 die Höhe der im jeweiligen Beitragsjahr geleisteten und erstatteten Beiträge nach Absatz 1 Nummer 3, soweit diese nicht mit der elektronischen Lohnsteuerbescheinigung oder der Rentenbezugsmitteilung zu übermitteln sind,

unter Angabe der Vertrags- oder Versicherungsdaten, des Datums der Einwilligung und Identifikationsnummer (§ 139b der Abgabenordnung) nach amtlich vorgeschriebenem Datensatz durch Datenfernübertragung an die zentrale Stelle (§ 81) bis zum 28. Februar des dem Beitragsjahr folgenden Kalenderjahres zu übermitteln. ⁵§ 22a Absatz 2 gilt entsprechend. ⁶Wird die Einwilligung nach Ablauf des Beitragsjahres, jedoch innerhalb der in Satz 1 genannten Frist abgegeben, sind die Daten bis zum Ende des folgenden Kalendervierteljahres zu übermitteln. ⁷Stellt die übermittelnde Stelle fest, dass

1. die an die zentrale Stelle übermittelten Daten unzutreffend sind oder

2. der zentralen Stelle ein Datensatz übermittelt wurde, obwohl die Voraussetzungen hierfür nicht vorlagen,

ist dies unverzüglich durch Übermittlung eines Datensatzes an die zentrale Stelle zu korrigieren oder zu stornieren. ⁸Ein Steuerbescheid kann geändert werden, soweit Daten nach den Sätzen 4, 6 oder Satz 7 übermittelt wurden. ⁹Die übermittelnde Stelle hat den Steuerpflichtigen über die Höhe der nach den Sätzen 4, 6 oder Satz 7 übermittelten Beiträge für das Beitragsjahr zu unterrichten. ¹⁰§ 150 Absatz 6 der Abgabenordnung gilt entsprechend. ¹¹Das Bundeszentralamt für Steuern kann die bei Vorliegen der Einwilligung nach Absatz 2 Satz 3 zu übermittelnden Daten prüfen; die §§ 193 bis 203 der Abgabenordnung sind sinngemäß anzuwenden. ¹²Wer vorsätzlich oder grob fahrlässig eine unzutreffende Höhe der Beiträge im Sinne des Absatzes 1 Nummer 3 übermittelt, haftet für die entgangene Steuer. ¹³Diese ist mit 30 Prozent des zu hoch ausgewiesenen Betrags anzusetzen.

(3) ¹Vorsorgeaufwendungen nach Absatz 1 Nummer 2 Satz 2 sind bis zu 20 000 Euro zu berücksichtigen. ²Bei zusammenveranlagten Ehegatten verdoppelt sich der Höchstbetrag. ³Der Höchstbetrag nach Satz 1 oder 2 ist bei Steuerpflichtigen, die

1. Arbeitnehmer sind und die während des ganzen oder eines Teils des Kalenderjahres

    a) in der gesetzlichen Rentenversicherung versicherungsfrei oder auf Antrag des Arbeitgebers von der Versicherungspflicht befreit waren und denen für den Fall ihres Ausscheidens aus der Beschäftigung auf Grund des Beschäftigungsverhältnisses eine lebenslängliche Versorgung oder an deren Stelle eine Abfindung zusteht oder die in der gesetzlichen Rentenversicherung nachzuversichern sind oder

    b) nicht der gesetzlichen Rentenversicherungspflicht unterliegen, eine Berufstätigkeit ausgeübt und im Zusammenhang damit auf Grund vertraglicher Vereinbarungen Anwartschaftsrechte auf eine Altersversorgung erworben haben, oder

2. Einkünfte im Sinne des § 22 Nummer 4 erzielen und die ganz oder teilweise ohne eigene Beitragsleistung einen Anspruch auf Altersversorgung erwerben,

um den Betrag zu kürzen, der, bezogen auf die Einnahmen aus der Tätigkeit, die die Zugehörigkeit zum genannten Personenkreis begründen, dem Gesamtbeitrag (Arbeitgeber- und Arbeitnehmeranteil) zur allgemeinen Rentenversicherung entspricht. ⁴Im Kalenderjahr 2005 sind 60 Prozent der nach den Sätzen 1 bis 3 ermittelten Vorsorgeaufwendungen anzusetzen. ⁵Der sich danach ergebende Betrag, vermindert um den nach § 3 Nummer 62 steuerfreien Arbeitgeberanteil zur gesetzlichen Rentenversicherung und einen diesem gleichgestellten steuerfreien Zuschuss des Arbeitgebers, ist als Sonderausgabe abziehbar. ⁶Der Prozentsatz in Satz 4 erhöht sich in den folgenden Kalenderjahren bis zum Kalenderjahr 2025 um je 2 Prozentpunkte je Kalenderjahr. ⁷Beiträge nach § 168 Absatz 1 Nummer 1b oder 1c oder nach § 172 Absatz 3 oder 3a des Sechsten Buches Sozialgesetzbuch vermindern den abziehbaren Betrag nach Satz 5 nur, wenn der Steuerpflichtige die Hinzurechnung dieser Beiträge zu den Vorsorgeaufwendungen nach § 10 Absatz 1 Nummer 2 Satz 3 beantragt hat.

(4) ¹Vorsorgeaufwendungen im Sinne des Absatzes 1 Nummer 3 und 3a können je Kalenderjahr insgesamt bis 2 800 Euro abgezogen werden. ²Der Höchstbetrag beträgt 1 900 Euro bei Steuerpflichtigen, die ganz oder teilweise ohne eigene Aufwendungen einen Anspruch auf vollständige oder teilweise Erstattung oder Übernahme von Krankheitskosten haben oder für die Krankenversicherungsleistungen im Sinne des § 3 Nummer 9, 14, 57 oder 62 erbracht werden. ³Bei zusammen veranlagten Ehegatten bestimmt sich der gemeinsame Höchstbetrag aus der Summe der jedem Ehegatten unter der Voraussetzungen von Satz 1 und 2 zustehenden Höstbeträge. ⁴Übersteigen die Vorsorgeaufwendungen im Sinne des Absatzes 1 Nummer 3 die nach den Sätzen 1 bis 3 zu berücksichtigenden Vorsorgeaufwendungen, sind diese abzuziehen und ein Abzug von Vorsorgeaufwendungen im Sinne des Absatzes 1 Nummer 3a scheidet aus.

(4a) ¹Ist in den Kalenderjahren 2005 bis 2019 der Abzug der Vorsorgeaufwendungen nach Absatz 1 Nummer 2 Buchstabe a, Absatz 1 Nummer 3 und Nummer 3a in der für das Kalenderjahr 2004 geltenden Fassung des § 10 Absatz 3 mit folgenden Höchstbeträgen für den Vorwegabzug

Kalenderjahr	Vorwegabzug für den Steuerpflichtigen	Vorwegabzug im Falle der Zusammenveranlagung von Ehegatten
2005	3 068	6 136
2006	3 068	6 136
2007	3 068	6 136
2008	3 068	6 136
2009	3 068	6 136
2010	3 068	6 136
2011	2 700	5 400
2012	2 400	4 800
2013	2 100	4 200
2014	1 800	3 600
2015	1 500	3 000
2016	1 200	2 400
2017	900	1 800
2018	600	1 200
2019	300	600

zuzüglich des Erhöhungsbetrags nach Satz 3 günstiger, ist der sich danach ergebende Betrag anstelle des Abzugs nach Absatz 3 und 4 anzusetzen. ²Mindestens ist bei Anwendung des Satzes 1 der Betrag anzusetzen, der sich ergeben würde, wenn zusätzlich noch die Vorsorgeaufwendungen nach Absatz 1 Nummer 2 Buchstabe b in die Günstigerprüfung einbezogen werden würden; der Erhöhungsbetrag nach Satz 3 ist nicht hinzuzurechnen. ³Erhöhungsbetrag sind die Beiträge nach Absatz 1 Nummer 2 Buchstabe b, soweit sie nicht den um die Beiträge nach Absatz 1 Nummer 2 Buchstabe a und den nach § 3 Nummer 62 steuerfreien Arbeitgeberanteil zur gesetzlichen Rentenversicherung und einen diesem gleichgestellten steuerfreien Zuschuss verminderten Höchstbetrag nach Absatz 3 Satz 1 bis 3 überschreiten; Absatz 3 Satz 4 und 6 gilt entsprechend.

(5) Durch Rechtsverordnung wird bezogen auf den Versicherungstarif bestimmt, wie der nicht abziehbare Teil der Beiträge zum Erwerb eines Krankenversicherungsschutzes im Sinne des Absatzes 1 Nummer 3 Buchstabe a Satz 3 durch einheitliche prozentuale Abschläge auf die zugunsten des jeweiligen Tarifs gezahlte Prämie zu ermitteln ist, soweit der nicht abziehbare Beitragsteil nicht bereits als gesonderter Tarif oder Tarifbaustein ausgewiesen wird.

§ 10a
Zusätzliche Altersvorsorge¹⁾

(1) ¹In der inländischen gesetzlichen Rentenversicherung Pflichtversicherte können Altersvorsorgebeiträge (§ 82) zuzüglich der dafür nach Abschnitt XI zustehenden Zulage jährlich bis zu 2 100 Euro als Sonderausgaben abziehen; das Gleiche gilt für

1. Empfänger von inländischer Besoldung nach dem Bundesbesoldungsgesetz oder einem Landesbesoldungsgesetz,
2. Empfänger von Amtsbezügen aus einem inländischen Amtsverhältnis, deren Versorgungsrecht die entsprechende Anwendung des § 69e Absatz 3 und 4 des Beamtenversorgungsgesetzes vorsieht,
3. die nach § 5 Absatz 1 Satz 1 Nummer 2 und dem Sechsten Buches Sozialgesetzbuch versicherungsfrei Beschäftigten, die nach § 6 Absatz 1 Satz 1 Nummer 2 oder nach § 230 Absatz 2 Satz 2 des Sechsten Buches Sozialgesetzbuch von der Versicherungspflicht befreiten Beschäftigten, deren Versorgungsrecht die entsprechende Anwendung des § 69e Absatz 3 und 4 des Beamtenversorgungsgesetzes vorsieht,
4. Beamte, Richter, Berufssoldaten und Soldaten auf Zeit, die ohne Besoldung beurlaubt sind, für die Zeit einer Beschäftigung, wenn während der Beurlaubung die Gewährleistung einer Versorgungsanwartschaft unter den Voraussetzungen des § 5 Absatz 1 Satz 1 des Sechsten Buches Sozialgesetzbuch auf diese Beschädigung erstreckt wird, und
5. Steuerpflichtige im Sinne der Nummern 1 bis 4, die beurlaubt sind und deshalb keine Besoldung, Amtsbezüge oder Entgelt erhalten, sofern sie eine Anrechnung von Kindererziehungszeiten nach § 56 des Sechsten Buches Sozialgesetzbuch in Anspruch nehmen könnten, wenn die Versicherungsfreiheit in der inländischen gesetzlichen Rentenversicherung nicht bestehen würde,

wenn sie spätestens bis zum Ablauf des zweiten Kalenderjahres, das auf das Beitragsjahr (§ 88) folgt, gegenüber der zuständigen Stelle (§ 81a) schriftlich eingewilligt haben, dass diese der zentralen Stelle (§ 81) jährlich mitteilt, dass der Steuerpflichtige zum begünstigten Personenkreis gehört, dass die zuständige Stelle der zentralen Stelle die für die Ermittlung des Mindesteigenbeitrags (§ 86) und die Gewährung der Kinderzulage (§ 85) erforderlichen Daten übermittelt und die zentrale Stelle diese Daten für das Zulageverfahren verwenden darf. ²Bei der Erteilung der Einwilligung ist der Steuerpflichtige darauf hinzuweisen, dass er die Einwilligung vor Beginn des Kalenderjahres, für das sie erstmals nicht mehr gelten soll, gegenüber der zuständigen Stelle widerrufen kann. ³Versicherungspflichtige nach dem Gesetz über die Alterssicherung der Landwirte sowie Personen, die wegen Arbeitslosigkeit bei einer inländischen Agentur für Arbeit als Arbeitsuchende gemeldet sind und der Versicherungspflicht in der Rentenversicherung nicht unterliegen, weil sie eine Leistung nach dem Zweiten Buch Sozialgesetzbuch nur wegen des zu berücksichtigenden Einkommens oder Vermögens nicht beziehen, stehen Pflichtversicherten gleich. ⁴Die Sätze 1 und 2 gelten entsprechend für Steuerpflichtige, die nicht zum begünstigten Personenkreis nach Satz 1 oder 3 gehören und eine Rente wegen voller Erwerbsminderung

---
1) Zur Anwendung von § 10a siehe § 52 Absatz 24c, 24d EStG.

oder Erwerbsunfähigkeit oder eine Versorgung wegen Dienstunfähigkeit aus einem der in Satz 1 oder 3 genannten Alterssicherungssysteme beziehen, wenn unmittelbar vor dem Bezug der entsprechenden Leistungen der Leistungsbezieher einer der in Satz 1 oder 3 genannten begünstigten Personengruppen angehörte; dies gilt nicht, wenn der Steuerpflichtige das 67. Lebensjahr vollendet hat. ⁵Bei der Ermittlung der dem Steuerpflichtigen zustehenden Zulage nach Satz 1 bleibt die Erhöhung der Grundzulage nach § 84 Satz 2 außer Betracht.

(1a) ¹Sofern eine Zulagenummer (§ 90 Absatz 1 Satz 2) durch die zentrale Stelle oder eine Versicherungsnummer nach § 147 des Sechsten Buches Sozialgesetzbuch noch nicht vergeben ist, haben die in Absatz 1 Satz 1 Nummer 1 bis 5 genannten Steuerpflichtigen über die zuständige Stelle eine Zulagenummer bei der zentralen Stelle zu beantragen. ²Für Empfänger einer Versorgung im Sinne des Absatzes 1 Satz 4 gilt Satz 1 entsprechend.

(2) ¹Ist der Sonderausgabenabzug nach Absatz 1 für den Steuerpflichtigen günstiger als der Anspruch auf die Zulage nach Abschnitt XI, erhöht sich die unter Berücksichtigung des Sonderausgabenabzugs ermittelte tarifliche Einkommensteuer um den Anspruch auf Zulage. ²In den anderen Fällen scheidet der Sonderausgabenabzug aus. ³Die Günstigerprüfung wird von Amts wegen vorgenommen.

(2a) ¹Der Sonderausgabenabzug setzt voraus, dass der Steuerpflichtige gegenüber dem Anbieter (übermittelnde Stelle) in die Datenübermittlung nach Absatz 5 Satz 1 eingewilligt hat. ²§ 10 Absatz 2a Satz 1 bis Satz 3 gilt entsprechend. ³In den Fällen des Absatzes 3 Satz 2 und 3 ist die Einwilligung nach Satz 1 von beiden Ehegatten abzugeben. ⁴Hat der Zulageberechtigte den Anbieter nach § 89 Absatz 1a bevollmächtigt, gilt die Einwilligung nach Satz 1 als erteilt. ⁵Eine Einwilligung nach Satz 1 gilt auch für das jeweilige Beitragsjahr als erteilt, für das dem Anbieter ein Zulageantrag nach § 89 für den mittelbar Zulageberechtigten (§ 79 Satz 2) vorliegt.

(3) ¹Der Abzugsbetrag nach Absatz 1 steht im Falle der Veranlagung von Ehegatten nach § 26 Absatz 1 jedem Ehegatten unter den Voraussetzungen des Absatzes 1 gesondert zu. ²Gehört nur ein Ehegatte zu dem Absatz 1 begünstigten Personenkreis und ist der andere Ehegatte nach § 79 Satz 2 zulageberechtigt, sind bei dem nach Absatz 1 abzugsberechtigten Ehegatten die von beiden Ehegatten geleisteten Altersvorsorgebeiträge und die dafür zustehenden Zulagen bei der Anwendung der Absätze 1 und 2 zu berücksichtigen. ³Gehören beide Ehegatten zu dem nach Absatz 1 begünstigten Personenkreis und liegt ein Fall der Veranlagung nach § 26 Absatz 1 vor, ist bei der Günstigerprüfung nach Absatz 2 der Anspruch auf Zulage beider Ehegatten anzusetzen.

(4) ¹Im Falle des Absatzes 2 Satz 1 stellt das Finanzamt die über den Zulageanspruch nach Abschnitt XI hinausgehende Steuerermäßigung gesondert fest und teilt diese der zentralen Stelle (§ 81) mit; § 10d Absatz 4 Satz 3 bis 5 gilt entsprechend. ²Sind Altersvorsorgebeiträge zu Gunsten von mehreren Verträgen geleistet worden, erfolgt die Zurechnung im Verhältnis der nach Absatz 1 berücksichtigten Altersvorsorgebeiträge. ³Ehegatten ist der nach Satz 1 festzustellende Betrag auch im Falle der Zusammenveranlagung jeweils getrennt zuzurechnen; die Zurechnung erfolgt im Verhältnis der nach Absatz 1 berücksichtigten Altersvorsorgebeiträge. ⁴Werden Altersvorsorgebeiträge nach Absatz 3 Satz 2 berücksichtigt, die nach § 79 Satz 2 zulageberechtigte Ehegatte zugunsten eines auf seinen Namen lautenden Vertrages geleistet hat, ist die hierauf entfallende Steuerermäßigung dem Vertrag zuzurechnen, zu dessen Gunsten die Altersvorsorgebeiträge geleistet wurden. ⁵Die Übermittlung an die zentrale Stelle erfolgt unter Angabe der Vertragsnummer und der Identifikationsnummer (§ 139b der Abgabenordnung) sowie der Zulage- oder Versicherungsnummer nach § 147 des Sechsten Buches Sozialgesetzbuch.

(5) ¹Die übermittelnde Stelle hat bei Vorliegen einer Einwilligung nach Absatz 2a die Höhe der im jeweiligen Beitragsjahr zu berücksichtigenden Altersvorsorgebeiträge unter Angabe der Vertragsdaten, des Datums der Einwilligung nach Absatz 2a, der Identifikationsnummer (§ 139b der Abgabenordnung) sowie der Zulage- oder der Versicherungsnummer nach § 147 des Sechsten Buches Sozialgesetzbuch nach amtlich vorgeschriebenen Datensatz durch Datenfernübertragung an die zentrale Stelle bis zum 28. Februar des dem Beitragsjahr folgenden Kalenderjahres zu übermitteln. ²§ 10 Absatz 2a Satz 6 bis 8 und § 22a Absatz 2 gelten entsprechend. ³Die Übermittlung erfolgt auch dann, wenn im Fall der mittelbaren Zulageberechtigung keine Altersvorsorgebeiträge geleistet worden sind. ⁴Die übrigen Voraussetzungen für den Sonderausgabenabzug nach den Absätzen 1 bis 3 werden im Wege der Datenerhebung und des automatisierten Datenabgleichs nach § 91 überprüft.

§ 10b¹⁾
Steuerbegünstigte Zwecke

¹Zuwendungen (Spenden und Mitgliedsbeiträge) zur Förderung steuerbegünstigter Zwecke im Sinne der §§ 52 bis 54 der Abgabenordnung können insgesamt bis zu

1. 20 Prozent des Gesamtbetrags der Einkünfte oder
2. 4 Promille der Summe der gesamten Umsätze und der im Kalenderjahr aufgewendeten Löhne und Gehälter

als Sonderausgaben abgezogen werden. ²Voraussetzung für den Abzug ist, dass diese Zuwendungen

1. an eine juristische Person des öffentlichen Rechts oder an eine öffentliche Dienststelle, die in einem Mitgliedstaat der Europäischen Union oder in einem Staat belegen ist, auf den das Abkommen über den Europäischen Wirtschaftsraum (EWR-Abkommen) Anwendung findet, oder
2. an eine nach § 5 Absatz 1 Nummer 9 des Körperschaftsteuergesetzes steuerbefreite Körperschaft, Personenvereinigung oder Vermögensmasse oder

---

1) Zur Anwendung von § 10b siehe § 52 Absatz 24e EStG.

3. an eine Körperschaft, Personenvereinigung oder Vermögensmasse, die in einem Mitgliedstaat der Europäischen Union oder in einem Staat belegen ist, auf den das Abkommen über den Europäischen Wirtschaftsraum (EWR-Abkommen) Anwendung findet, und die nach § 5 Absatz 1 Nummer 9 des Körperschaftsteuergesetzes in Verbindung mit § 5 Absatz 2 Nummer 2 zweiter Halbsatz des Körperschaftsteuergesetzes steuerbefreit wäre, wenn sie inländische Einkünfte erzielen würde,

geleistet werden. ³Für nicht im Inland ansässige Zuwendungsempfänger nach Satz 2 ist weitere Voraussetzung, dass durch diese Staaten Amtshilfe und Unterstützung bei der Beitreibung geleistet werden. ⁴Amtshilfe ist der Auskunftsaustausch im Sinne oder entsprechend der Richtlinie 77/799/EWG einschließlich der in diesem Zusammenhang anzuwendenden Durchführungsbestimmungen in den für den jeweiligen Veranlagungszeitraum geltenden Fassungen oder eines entsprechenden Nachfolgerechtsaktes. ⁵Beitreibung ist die gegenseitige Unterstützung bei der Beitreibung von Forderungen im Sinne oder entsprechend der Richtlinie 2008/55/EG des Rates vom 26. Mai 2008 über die gegenseitige Unterstützung bei der Beitreibung von Forderungen in Bezug auf bestimmte Abgaben, Zölle, Steuern und sonstige Maßnahmen (ABl. L 150 vom 10.6.2008, S. 28) einschließlich der in diesem Zusammenhang anzuwendenden Durchführungsbestimmungen in den für den jeweiligen Veranlagungszeitraum geltenden Fassungen oder eines entsprechenden Nachfolgerechtsaktes. ⁶Werden die steuerbegünstigten Zwecke des Zuwendungsempfängers im Sinne von Satz 2 Nummer 1 nur im Ausland verwirklicht, ist für den Sonderausgabenabzug Voraussetzung, dass natürliche Personen, die ihren Wohnsitz oder ihren gewöhnlichen Aufenthalt im Geltungsbereich dieses Gesetzes haben, gefördert werden oder dass die Tätigkeit dieses Zuwendungsempfängers neben der Verwirklichung der steuerbegünstigten Zwecke auch zum Ansehen der Bundesrepublik Deutschland beitragen kann. ⁷Abziehbar sind auch Mitgliedsbeiträge an Körperschaften, die Kunst und Kultur gemäß § 52 Absatz 2 Nummer 5 der Abgabenordnung fördern, soweit es sich nicht um Mitgliedsbeiträge nach Satz 8 Nummer 2 handelt, auch wenn den Mitgliedern Vergünstigungen gewährt werden. ⁸Nicht abziehbar sind Mitgliedsbeiträge an Körperschaften, die

1. den Sport (§ 52 Absatz 2 Nummer 21 der Abgabenordnung),
2. kulturelle Betätigungen, die in erster Linie der Freizeitgestaltung dienen,
3. die Heimatpflege und Heimatkunde (§ 52 Absatz 2 Nummer 22 der Abgabenordnung) oder
4. Zwecke im Sinne des § 52 Absatz 2 Nummer 23 der Abgabenordnung

fördern. ⁹Abziehbare Zuwendungen, die die Höchstbeträge nach Satz 1 überschreiten oder die den um die Beträge nach § 10 Absatz 3 und 4, § 10c und § 10d verminderten Gesamtbetrag der Einkünfte übersteigen, sind im Rahmen der Höchstbeträge in den folgenden Veranlagungszeiträumen als Sonderausgaben abzuziehen. ¹⁰§ 10d Absatz 4 gilt entsprechend.

(1a) ¹Spenden zur Förderung steuerbegünstigter Zwecke im Sinne der §§ 52 bis 54 der Abgabenordnung in den Vermögensstock einer Stiftung, welche die Voraussetzungen des Absatzes 1 Satz 2 bis 6 erfüllt, können auf Antrag des Steuerpflichtigen im Veranlagungszeitraum der Zuwendung und in den folgenden neun Veranlagungszeiträumen bis zu einem Gesamtbetrag von 1 Million Euro zusätzlich zu den Höchstbeträgen nach Absatz 1 Satz 1 abgezogen werden. ²Der besondere Abzugsbetrag nach Satz 1 bezieht sich auf den gesamten Zehnjahreszeitraum und kann der Höhe nach innerhalb dieses Zeitraums nur einmal in Anspruch genommen werden. ³§ 10d Absatz 4 gilt entsprechend.

(2) ¹Zuwendungen an politische Parteien im Sinne des § 2 des Parteiengesetzes sind bis zur Höhe von insgesamt 1 650 Euro und im Fall der Zusammenveranlagung von Ehegatten bis zur Höhe von insgesamt 3 300 Euro im Kalenderjahr abzugsfähig. ²Sie können nur insoweit als Sonderausgaben abgezogen werden, als für sie nicht eine Steuerermäßigung nach § 34g gewährt worden ist.

(3) ¹Als Zuwendung im Sinne dieser Vorschrift gilt auch die Zuwendung von Wirtschaftsgütern mit Ausnahme von Nutzungen und Leistungen. ²Ist das Wirtschaftsgut unmittelbar vor seiner Zuwendung einem Betriebsvermögen entnommen worden, so darf bei der Ermittlung der Zuwendungshöhe der bei der Entnahme angesetzte Wert nicht überschritten werden. ³Ansonsten bestimmt sich die Höhe der Zuwendung nach dem gemeinen Wert des zugewendeten Wirtschaftsguts, wenn dessen Veräußerung im Zeitpunkt der Zuwendung keinen Besteuerungstatbestand erfüllen würde. ⁴In allen eigen Fällen dürfen bei der Ermittlung der Zuwendungshöhe die fortgeführten Anschaffungs- oder Herstellungskosten nur überschritten werden, soweit eine Gewinnrealisierung stattgefunden hat. ⁵Aufwendungen zugunsten einer Körperschaft, die zum Empfang steuerlich abziehbarer Zuwendungen berechtigt ist, können nur abgezogen werden, wenn ein Anspruch auf die Erstattung der Aufwendungen durch Vertrag oder Satzung eingeräumt und auf die Erstattung verzichtet worden ist. ⁶Der Anspruch darf nicht unter der Bedingung des Verzichts eingeräumt worden sein.

(4) ¹Der Steuerpflichtige darf auf die Richtigkeit der Bestätigung über Spenden und Mitgliedsbeiträge vertrauen, es sei denn, dass er die Bestätigung durch unlautere Mittel oder falsche Angaben erwirkt hat oder dass ihm die Unrichtigkeit der Bestätigung bekannt oder infolge grober Fahrlässigkeit nicht bekannt war. ²Wer vorsätzlich oder grob fahrlässig eine unrichtige Bestätigung ausstellt oder veranlasst, dass Zuwendungen nicht zu den in der Bestätigung angegebenen steuerbegünstigten Zwecken verwendet werden, haftet für die entgangene Steuer. ³Diese ist mit 30 Prozent des zugewendeten Betrags anzusetzen. ⁴In den Fällen des Satzes 2 zweite Alternative (Veranlasserhaftung) ist vorrangig der Zuwendungsempfänger in Anspruch zu nehmen; die in diesen Fällen für den Zuwendungsempfänger handelnden natürlichen Personen sind nur in Anspruch

zu nehmen, wenn die entgangene Steuer nicht nach § 47 der Abgabenordnung erloschen ist und Vollstreckungsmaßnahmen gegen den Zuwendungsempfänger nicht erfolgreich sind. ⁵Die Festsetzungsfrist für Haftungsansprüche nach Satz 2 läuft nicht ab, solange die Festsetzungsfrist für von dem Empfänger der Zuwendung geschuldete Körperschaftsteuer für den Veranlagungszeitraum nicht abgelaufen ist, in dem die unrichtige Bestätigung ausgestellt worden ist oder veranlasst wurde, dass die Zuwendung nicht zu den in der Bestätigung angegebenen steuerbegünstigten Zwecken verwendet worden ist; § 191 Absatz 5 der Abgabenordnung ist nicht anzuwenden.

§ 10c
Sonderausgaben-Pauschbetrag

¹Für Sonderausgaben nach den §§ 9c und 10 Absatz 1 Nummer 1, 1a, 4, 7 und 9 und nach § 10b wird ein Pauschbetrag von 36 Euro abgezogen (Sonderausgaben-Pauschbetrag), wenn der Steuerpflichtige nicht höhere Aufwendungen nachweist. ²Im Falle der Zusammenveranlagung von Ehegatten verdoppelt sich der Sonderausgaben-Pauschbetrag.

§ 10d¹⁾
Verlustabzug

(1) ¹Negative Einkünfte, die bei der Ermittlung des Gesamtbetrags der Einkünfte nicht ausgeglichen werden, sind bis zu einem Betrag von 511 500 Euro, bei Ehegatten, die nach den §§ 26, 26b zusammenveranlagt werden, bis zu einem Betrag von 1 023 000 Euro vom Gesamtbetrag der Einkünfte des unmittelbar vorangegangenen Veranlagungszeitraums vorrangig vor Sonderausgaben, außergewöhnlichen Belastungen und sonstigen Abzugsbeträgen abzuziehen (Verlustrücktrag). ²Dabei wird der Gesamtbetrag der Einkünfte des unmittelbar vorangegangenen Veranlagungszeitraums um die Begünstigungsbeträge nach § 34a Absatz 3 Satz 1 gemindert. ³Ist für den unmittelbar vorangegangenen Veranlagungszeitraum bereits ein Steuerbescheid erlassen worden, so ist er insoweit zu ändern, als der Verlustrücktrag zu gewähren oder zu berichtigen ist. ⁴Das gilt auch dann, wenn der Steuerbescheid unanfechtbar geworden ist; die Festsetzungsfrist endet insoweit nicht, bevor die Festsetzungsfrist für den Veranlagungszeitraum abgelaufen ist, in dem die negativen Einkünfte nicht ausgeglichen werden. ⁵Auf Antrag des Steuerpflichtigen ist ganz oder teilweise von der Anwendung des Satzes 1 abzusehen. ⁶Im Antrag ist die Höhe des Verlustrücktrags anzugeben.

(2) ¹Nicht ausgeglichene negative Einkünfte, die nicht nach Absatz 1 abgezogen worden sind, sind in den folgenden Veranlagungszeiträumen bis zu einem Gesamtbetrag der Einkünfte von 1 Million Euro unbeschränkt, darüber hinaus bis zu 60 Prozent des 1 Million Euro übersteigenden Gesamtbetrags der Einkünfte vorrangig vor Sonderausgaben, außergewöhnlichen Belastungen und sonstigen Abzugsbeträgen abzuziehen (Verlustvortrag). ²Bei Ehegatten, die nach §§ 26, 26b zusammenveranlagt werden, tritt an die Stelle des Betrags von 1 Million Euro ein Betrag von 2 Millionen Euro. ³Der Abzug ist nur insoweit zulässig, als die Verluste nicht nach Absatz 1 abgezogen worden sind und in den vorangegangenen Veranlagungszeiträumen nicht nach Satz 1 und 2 abgezogen werden konnten.

(3) (weggefallen)

(4) ¹Der am Schluss eines Veranlagungszeitraums verbleibende Verlustvortrag ist gesondert festzustellen. ²Verbleibender Verlustvortrag sind die bei der Ermittlung des Gesamtbetrags der Einkünfte nicht ausgeglichenen negativen Einkünfte, vermindert um die nach Absatz 1 abgezogenen und die nach Absatz 2 abziehbaren Beträge und vermehrt um den auf den Schluss des vorangegangenen Veranlagungszeitraums festgestellten verbleibenden Verlustvortrag. ³Zuständig für die Feststellung ist das für die Besteuerung zuständige Finanzamt. ⁴Feststellungsbescheide sind zu erlassen, aufzuheben oder zu ändern, soweit sich die nach Satz 2 zu berücksichtigenden Beträge ändern und deshalb der entsprechende Steuerbescheid zu erlassen, aufzuheben oder zu ändern ist. ⁵Satz 4 ist entsprechend anzuwenden, wenn der Erlass, die Aufhebung oder die Änderung des Steuerbescheids mangels steuerlicher Auswirkungen unterbleibt. ⁶Die Feststellungsfrist endet nicht, bevor die Festsetzungsfrist für den Veranlagungszeitraum abgelaufen ist, auf dessen Schluss der verbleibende Verlustvortrag gesondert festzustellen ist; § 181 Absatz 5 der Abgabenordnung ist nur anzuwenden, wenn die zuständige Finanzbehörde die Feststellung des Verlustvortrags pflichtwidrig unterlassen hat.

§ 10e²⁾
Steuerbegünstigung der zu eigenen Wohnzwecken genutzten Wohnung im eigenen Haus

(1) ¹Der Steuerpflichtige kann von den Herstellungskosten einer Wohnung in einem im Inland belegenen eigenen Haus oder einer im Inland belegenen eigenen Eigentumswohnung zuzüglich der Hälfte der Anschaffungskosten für den dazugehörenden Grund und Boden (Bemessungsgrundlage) im Jahr der Fertigstellung und in den drei folgenden Jahren jeweils bis zu 6 Prozent, höchstens jeweils 10 124 Euro, und in den vier darauffolgenden Jahren jeweils bis zu 5 Prozent, höchstens jeweils 8 437 Euro wie Sonderausgaben abziehen. ²Voraussetzung ist, dass der Steuerpflichtige die Wohnung hergestellt und dem jeweiligen Jahr des Zeitraums nach Satz 1 (Abzugszeitraum) zu eigenen Wohnzwecken genutzt hat und die Wohnung keine Ferienwohnung oder Wochenendwohnung ist. ³Eine Nutzung zu eigenen Wohnzwecken liegt auch vor, wenn Teile einer zu eigenen Wohnzwecken genutzten Wohnung unentgeltlich zu Wohnzwecken überlassen werden. ⁴Hat der Steuerpflichtige die Wohnung angeschafft, so sind die Sätze 1 bis 3 mit der Maßgabe anzuwenden, dass an die Stelle des Jahres der Fertigstellung das Jahr der Anschaffung und an die Stelle der Herstellungs-

---

1) Zur Anwendung von § 10d siehe § 52 Absatz 25 EStG.
2) Zur Anwendung des § 10e EStG siehe § 52 Absatz 26 EStG. Auf die Neuregelung der steuerlichen Wohneigentumsförderung für Objekte ab 1996 bis 2005 durch das Eigenheimzulagengesetz (Anhang CD34) wird hingewiesen.

kosten die Anschaffungskosten treten; hat der Steuerpflichtige die Wohnung nicht bis zum Ende des zweiten auf das Jahr der Fertigstellung folgenden Jahres angeschafft, kann er von der Bemessungsgrundlage im Jahr der Anschaffung und in den drei folgenden Jahren höchstens jeweils 4 602 Euro und in den vier darauf folgenden Jahren höchstens jeweils 3 835 Euro abziehen. ⁵§ 6b Absatz 6 gilt sinngemäß. ⁶Bei einem Anteil an der zu eigenen Wohnzwecken genutzten Wohnung kann der Steuerpflichtige den entsprechenden Teil der Abzugsbeträge nach Satz 1 wie Sonderausgaben abziehen. ⁷Werden Teile der Wohnung nicht zu eigenen Wohnzwecken genutzt, ist die Bemessungsgrundlage um den auf den nicht zu eigenen Wohnzwecken entfallenden Teil zu kürzen. Satz 4 ist nicht anzuwenden, wenn der Steuerpflichtige die Wohnung oder einen Anteil daran von seinem Ehegatten anschafft und bei den Ehegatten die Voraussetzungen des § 26 Absatz 1 vorliegen.

(2) Absatz 1 gilt entsprechend für Herstellungskosten zu eigenen Wohnzwecken genutzter Ausbauten und Erweiterungen an einer im Inland belegenen, zu eigenen Wohnzwecken genutzten Wohnung.

(3) ¹Der Steuerpflichtige kann die Abzugsbeträge nach den Absätzen 1 und 2, die er in einem Jahr des Abzugszeitraums nicht ausgenutzt hat, bis zum Ende des Abzugszeitraums abziehen. ²Nachträgliche Herstellungskosten oder Anschaffungskosten, die bis zum Ende des Abzugszeitraums entstehen, können vom Jahr ihrer Entstehung an für die Veranlagungszeiträume, in denen der Steuerpflichtige Abzugsbeträge nach den Absätzen 1 und 2 hätte abziehen können, so behandelt werden, als wären sie zu Beginn des Abzugszeitraums entstanden.

(4) ¹Die Abzugsbeträge nach den Absätzen 1 und 2 kann der Steuerpflichtige nur für eine Wohnung oder für einen Ausbau oder eine Erweiterung abziehen. ²Ehegatten, bei denen die Voraussetzungen des § 26 Absatz 1 vorliegen, können die Abzugsbeträge nach den Absätzen 1 und 2 für insgesamt zwei der in Satz 1 bezeichneten Objekte abziehen, jedoch nicht gleichzeitig für zwei in räumlichem Zusammenhang belegene Objekte, wenn bei den Ehegatten im Zeitpunkt der Herstellung oder Anschaffung der Objekte die Voraussetzungen des § 26 Absatz 1 vorliegen. ³Den Abzugsbeträgen stehen die erhöhten Absetzungen nach § 7b in der jeweiligen Fassung vor Inkrafttreten des Gesetzes vom 16. Juni 1964 (BGBl. I S. 353) und nach § 15 Absatz 1 bis 4 des Berlinförderungsgesetzes in der jeweiligen Fassung ab Inkrafttreten des Gesetzes vom 11. Juli 1977 (BGBl. I S. 1213) gleich. ⁴Nutzt der Steuerpflichtige die Wohnung in einem eigenen Haus oder die Eigentumswohnung (Erstobjekt) nicht bis zum Ablauf des Abzugszeitraums zu eigenen Wohnzwecken und kann er deshalb die Abzugsbeträge nach den Absätzen 1 und 2 nicht mehr in Anspruch nehmen, so kann er die Abzugsbeträge nach Absatz 1 bei einer weiteren Wohnung im Sinne des Absatzes 1 Satz 1 (Folgeobjekt) in Anspruch nehmen, wenn er das Folgeobjekt innerhalb von zwei Jahren vor und drei Jahren nach Ablauf des Veranlagungszeitraums, in dem er das Erstobjekt letztmals zu eigenen Wohnzwecken genutzt hat, anschafft oder herstellt; Entsprechendes gilt bei einem Ausbau oder einer Erweiterung einer Wohnung. ⁵Im Fall des Satzes 4 ist der Abzugszeitraum für das Folgeobjekt um die Anzahl der Veranlagungszeiträume zu kürzen, in denen der Steuerpflichtige für das Erstobjekt die Abzugsbeträge nach den Absätzen 1 und 2 hätte abziehen können; hat der Steuerpflichtige das Folgeobjekt in dem Veranlagungszeitraum, in dem er das Erstobjekt noch zu eigenen Wohnzwecken genutzt hat, hergestellt oder angeschafft oder ausgebaut oder erweitert, so beginnt der Abzugszeitraum für das Folgeobjekt mit Ablauf des Veranlagungszeitraums, in dem der Steuerpflichtige das Erstobjekt letztmals zu eigenen Wohnzwecken genutzt hat. ⁶Für das Folgeobjekt sind die Prozentsätze der vom Erstobjekt verbliebenen Jahre maßgebend. ⁷Dem Erstobjekt im Sinne des Satzes 4 steht ein Erstobjekt im Sinne des § 7b Absatz 5 Satz 4 sowie des § 15 Absatz 1 und des § 15b Absatz 1 des Berlinförderungsgesetzes gleich. ⁸Ist für den Steuerpflichtigen Objektverbrauch nach den Sätzen 1 bis 3 eingetreten, kann er die Abzugsbeträge nach den Absätzen 1 und 2 für ein weiteres, in dem in Artikel 3 des Einigungsvertrages genannten Gebiet belegenes Objekt abziehen, wenn der Steuerpflichtige oder dessen Ehegatte, bei denen die Voraussetzungen des § 26 Absatz 1 vorliegen, in dem in Artikel 3 des Einigungsvertrages genannten Gebiet zugezogen ist und

1. seinen ausschließlichen Wohnsitz in diesem Gebiet zu Beginn des Veranlagungszeitraums hat oder ihn im Laufe des Veranlagungszeitraums begründet oder

2. bei mehrfachem Wohnsitz einen Wohnsitz in diesem Gebiet hat und sich dort überwiegend aufhält.

⁹Voraussetzung für die Anwendung des Satzes 8 ist, dass die Wohnung im eigenen Haus oder die Eigentumswohnung vor dem 1. Januar 1995 hergestellt oder angeschafft oder der Ausbau oder die Erweiterung vor diesem Zeitpunkt fertiggestellt worden ist. ¹⁰Die Sätze 2 und 4 bis 6 sind für im Satz 8 bezeichnete Objekte sinngemäß anzuwenden.

(5) ¹Sind mehrere Steuerpflichtige Eigentümer einer zu eigenen Wohnzwecken genutzten Wohnung, so ist Absatz 4 mit der Maßgabe anzuwenden, dass der Anteil des Steuerpflichtigen an der Wohnung einer Wohnung gleichsteht; Entsprechendes gilt bei dem Ausbau oder der Erweiterung einer zu eigenen Wohnzwecken genutzten Wohnung. ²Satz 1 ist nicht anzuwenden, wenn Eigentümer der Wohnung der Steuerpflichtige und sein Ehegatte sind und bei den Ehegatten die Voraussetzungen des § 26 Absatz 1 vorliegen. ³Erwirb im Fall des Satzes 2 ein Ehegatte infolge Erbfalls einen Miteigentumsanteil an der Wohnung hinzu, so kann er die auf diesen Anteil entfallenden Abzugsbeträge nach den Absätzen 1 und 2 weiter in der bisherigen Höhe abziehen; Entsprechendes gilt, wenn im Fall des Satzes 2 während des Abzugszeitraums die Voraussetzungen des § 26 Absatz 1 wegfallen und ein Ehegatte den Anteil des anderen Ehegatten an der Wohnung erwirbt.

(5a) ¹Die Abzugsbeträge nach den Absätzen 1 und 2 können nur für die Veranlagungszeiträume in Anspruch genommen werden, in denen der Gesamtbetrag der Einkünfte 61 355 Euro, bei nach § 26b zusammenveranlagten Ehegatten 122 710 Euro nicht übersteigt. ²Eine Nachholung von Abzugsbeträgen nach Absatz 3 Satz 1 ist nur für Veranlagungszeiträume möglich, in denen die in Satz 1 genannten Voraussetzungen vorgelegen haben; Entsprechendes gilt für nachträgliche Herstellungskosten oder Anschaffungskosten im Sinne des Absatzes 3 Satz 2.

(6) ¹Aufwendungen des Steuerpflichtigen, die bis zum Beginn der erstmaligen Nutzung einer Wohnung im Sinne des Absatzes 1 zu eigenen Wohnzwecken entstehen, unmittelbar mit der Herstellung oder Anschaffung des Gebäudes oder der Eigentumswohnung oder der Anschaffung des dazugehörenden Grund und Bodens zusammenhängen, nicht zu den Herstellungskosten oder Anschaffungskosten der Wohnung oder zu den Anschaffungskosten des Grund und Bodens gehören und die im Fall der Vermietung oder Verpachtung der Wohnung als Werbungskosten abgezogen werden könnten, können wie Sonderausgaben abgezogen werden. ²Wird eine Wohnung bis zum Beginn der erstmaligen Nutzung zu eigenen Wohnzwecken vermietet oder zu eigenen beruflichen oder eigenen betrieblichen Zwecken genutzt und sind die Aufwendungen Werbungskosten oder Betriebsausgaben, können sie nicht wie Sonderausgaben abgezogen werden. ³Aufwendungen nach Satz 1, die Erhaltungsaufwand sind und im Zusammenhang mit der Anschaffung des Gebäudes oder der Eigentumswohnung stehen, können insgesamt nur bis zu 15 Prozent der Anschaffungskosten des Gebäudes oder der Eigentumswohnung, höchstens bis zu 15 Prozent von 76 694 Euro, abgezogen werden. ⁴Die Sätze 1 und 2 gelten entsprechend bei Ausbauten und Erweiterungen an einer zu eigenen Wohnzwecken genutzten Wohnung.

(6a) ¹Nimmt der Steuerpflichtige Abzugsbeträge für ein Objekt nach den Absätzen 1 oder 2 in Anspruch oder ist er aufgrund des Absatzes 5a zur Inanspruchnahme von Abzugsbeträgen für ein solches Objekt nicht berechtigt, so kann er die mit diesem Objekt in wirtschaftlichem Zusammenhang stehenden Schuldzinsen, die für die Zeit der Nutzung zu eigenen Wohnzwecken entstehen, im Jahr der Herstellung oder Anschaffung und in den beiden folgenden Kalenderjahren bis zur Höhe von jeweils 12 000 Deutsche Mark wie Sonderausgaben abziehen, wenn er das Objekt vor dem 1. Januar 1995 fertiggestellt oder vor diesem Zeitpunkt bis zum Ende des Jahres der Fertigstellung angeschafft hat. ²Soweit der Schuldzinsenabzug nach Satz 1 nicht in vollem Umfang im Jahr der Herstellung oder Anschaffung in Anspruch genommen werden kann, kann er in den dritten auf das Jahr der Herstellung oder Anschaffung folgenden Kalenderjahr nachgeholt werden. ³Absatz 1 Satz 6 gilt sinngemäß.

(7) ¹Sind mehrere Steuerpflichtige Eigentümer einer zu eigenen Wohnzwecken genutzten Wohnung, so können die Abzugsbeträge nach den Absätzen 1 und 2 und die Aufwendungen nach den Absätzen 6 und 6a gesondert und einheitlich festgestellt werden. ²Die für die gesonderte Feststellung von Einkünften nach § 180 Absatz 1 Nummer 2 Buchstabe a der Abgabenordnung geltenden Vorschriften sind entsprechend anzuwenden.

§ 10f
Steuerbegünstigung für zu eigenen Wohnzwecken genutzte Baudenkmale und Gebäude in Sanierungsgebieten und städtebaulichen Entwicklungsbereichen

(1)¹⁾ ¹Der Steuerpflichtige kann Aufwendungen an einem eigenen Gebäude im Kalenderjahr des Abschlusses der Baumaßnahme und in den neun folgenden Kalenderjahren jeweils bis zu 9 Prozent wie Sonderausgaben abziehen, wenn die Voraussetzungen des § 7h oder des § 7i vorliegen. ²Dies gilt nur, soweit er das Gebäude in dem jeweiligen Kalenderjahr zu eigenen Wohnzwecken nutzt und die Aufwendungen nicht in die Bemessungsgrundlage nach § 10e oder dem Eigenheimzulagengesetz einbezogen hat. ³Für Zeiträume, für die der Steuerpflichtige erhöhte Absetzungen von Aufwendungen nach § 7h oder § 7i abgezogen hat, kann er für diese Aufwendungen keine Abzugsbeträge nach Satz 1 in Anspruch nehmen. ⁴Eine Nutzung zu eigenen Wohnzwecken liegt auch vor, wenn Teile einer zu eigenen Wohnzwecken genutzten Wohnung unentgeltlich zu Wohnzwecken überlassen werden.

(2)²⁾ ¹Der Steuerpflichtige kann Erhaltungsaufwand, der an einem eigenen Gebäude entsteht und nicht zu den Betriebsausgaben oder Werbungskosten gehört, im Kalenderjahr des Abschlusses der Maßnahme und in den neun folgenden Kalenderjahren jeweils bis zu 9 Prozent wie Sonderausgaben abziehen, wenn die Voraussetzungen des § 11a Absatz 1 in Verbindung mit § 7h Absatz 2 oder des § 11b Satz 1 oder 2 in Verbindung mit § 7i Absatz 1 Satz 2 und Absatz 2 vorliegen. ²Dies gilt nur, soweit der Steuerpflichtige das Gebäude in dem jeweiligen Kalenderjahr zu eigenen Wohnzwecken nutzt und diese Aufwendungen nicht nach § 10e Absatz 6 oder § 10i abgezogen hat. ³Soweit der Steuerpflichtige das Gebäude während des Verteilungszeitraums zur Einkunftserzielung nutzt, ist der noch nicht berücksichtigte Teil des Erhaltungsaufwands im Jahr des Übergangs zur Einkunftserzielung wie Sonderausgaben abzuziehen. ⁴Absatz 1 Satz 4 ist entsprechend anzuwenden.

(3) ¹Die Abzugsbeträge nach den Absätzen 1 und 2 kann der Steuerpflichtige nur bei einem Gebäude in Anspruch nehmen. ²Ehegatten, bei denen die Voraussetzungen des § 26 Absatz 1 vorliegen, können die Abzugsbeträge nach den Absätzen 1 und 2 bei insgesamt zwei Gebäuden abziehen. ³Gebäuden im Sinne der Absätze 1 und 2 stehen Gebäude gleich, für die Abzugsbeträge nach § 52 Absatz 21 Satz 6 in Verbindung mit § 51 Absatz 1 Nummer 2 Buchstabe x oder Buchstabe y des Einkommensteuergesetzes 1987 in der Fassung der Bekanntmachung vom 27. Februar 1987 (BGBl. I S. 657) in Anspruch genom-

---

1) Zur Anwendung von § 10f Absatz 1 siehe § 52 Absatz 27 EStG.
2) Zur Anwendung von § 10f Absatz 2 siehe § 52 Absatz 27 EStG.

men worden sind; Entsprechendes gilt für Abzugsbeträge nach § 52 Absatz 21 Satz 7.

(4) ¹Sind mehrere Steuerpflichtige Eigentümer eines Gebäudes, so ist Absatz 3 mit der Maßgabe anzuwenden, dass der Anteil des Steuerpflichtigen an einem solchen Gebäude dem Gebäude gleichsteht. ²Erwirbt ein Miteigentümer, der für seinen Anteil bereits Abzugsbeträge nach Absatz 1 oder Absatz 2 abgezogen hat, einen Anteil an demselben Gebäude hinzu, kann er für danach von ihm durchgeführte Maßnahmen im Sinne der Absätze 1 oder 2 auch die Abzugsbeträge nach den Absätzen 1 und 2 in Anspruch nehmen, die auf den hinzuerworbenen Anteil entfallen. ³§ 10e Absatz 5 Satz 2 und 3 sowie Absatz 7 ist sinngemäß anzuwenden.

(5) Die Absätze 1 bis 4 sind auf Gebäudeteile, die selbständige unbewegliche Wirtschaftsgüter sind, und auf Eigentumswohnungen entsprechend anzuwenden.

§ 10g[1)]
Steuerbegünstigung für schutzwürdige Kulturgüter, die weder zur Einkunftserzielung noch zu eigenen Wohnzwecken genutzt werden

(1) ¹Der Steuerpflichtige kann Aufwendungen für Herstellungs- und Erhaltungsmaßnahmen an eigenen schutzwürdigen Kulturgütern im Inland, soweit sie öffentliche oder private Zuwendungen oder etwaige aus diesen Kulturgütern erzielte Einnahmen übersteigen, im Kalenderjahr des Abschlusses der Maßnahme und in den neun folgenden Kalenderjahren jeweils bis zu 9 Prozent wie Sonderausgaben abziehen. ²Kulturgüter im Sinne des Satzes 1 sind

1. Gebäude oder Gebäudeteile, die nach den jeweiligen landesrechtlichen Vorschriften ein Baudenkmal sind,
2. Gebäude oder Gebäudeteile, die für sich allein nicht die Voraussetzungen für ein Baudenkmal erfüllen, aber Teil einer nach den jeweiligen landesrechtlichen Vorschriften als Einheit geschützten Gebäudegruppe oder Gesamtanlage sind,
3. gärtnerische, bauliche und sonstige Anlagen, die keine Gebäude oder Gebäudeteile und die nach den jeweiligen landesrechtlichen Vorschriften unter Schutz gestellt sind,
4. Mobiliar, Kunstgegenstände, Kunstsammlungen, wissenschaftliche Sammlungen, Bibliotheken oder Archive, die sich seit mindestens 20 Jahren im Besitz der Familie des Steuerpflichtigen befinden oder in das Verzeichnis national wertvollen Kulturgüter oder das Verzeichnis national wertvoller Archive eingetragen sind und deren Erhaltung wegen ihrer Bedeutung für Kunst, Geschichte oder Wissenschaft im öffentlichen Interesse liegt,

wenn sie in einem den Verhältnissen entsprechenden Umfang der wissenschaftlichen Forschung oder der Öffentlichkeit zugänglich gemacht werden, es sei denn, dem Zugang stehen zwingende Gründe des Denkmal- oder Archivschutzes entgegen. ³Die Maßnahmen müssen nach Maßgabe der geltenden Bestimmungen der Denkmal- und Archivpflege erforderlich und in Abstimmung mit der in Absatz 3 genannten Stelle durchgeführt worden sein; bei Aufwendungen für Herstellungs- und Erhaltungsmaßnahmen an Kulturgütern im Sinne des Satzes 2 Nummer 1 und 2 ist § 7i Absatz 1 Satz 1 bis 4 sinngemäß anzuwenden.

(2) ¹Die Abzugsbeträge nach Absatz 1 Satz 1 kann der Steuerpflichtige nur in Anspruch nehmen, soweit er die schutzwürdigen Kulturgüter im jeweiligen Kalenderjahr weder zur Erzielung von Einkünften im Sinne des § 2 noch Gebäude oder Gebäudeteile zu eigenen Wohnzwecken nutzt und die Aufwendungen nicht nach § 10e Absatz 6, § 10h Satz 3 oder § 10i abgezogen hat. ²Für Zeiträume, für die der Steuerpflichtige von Aufwendungen Absetzungen für Abnutzung, erhöhte Absetzungen, Sonderabschreibungen oder Beträge nach § 10e Absatz 1 bis 5, den §§ 10f, 10h, 15b oder des Berlinförderungsgesetzes oder § 7 des Fördergebietsgesetzes abgezogen hat, kann er für diese Aufwendungen keine Abzugsbeträge nach Absatz 1 Satz 1 in Anspruch nehmen; Entsprechendes gilt, wenn der Steuerpflichtige die Eigenheimzulage nach dem Eigenheimzulagengesetz in Anspruch genommen hat. ³Soweit die Kulturgüter während des Zeitraums nach Absatz 1 Satz 1 zur Einkunftserzielung genutzt werden, ist der nicht nicht berücksichtigte Teil der Aufwendungen, die auf Erhaltungsarbeiten entfallen, im Jahr des Übergangs zur Einkunftserzielung wie Sonderausgaben abzuziehen.

(3) ¹Der Steuerpflichtige kann den Abzug vornehmen, wenn er durch eine Bescheinigung der nach Landesrecht zuständigen oder von der Landesregierung bestimmten Stelle die Voraussetzungen des Absatzes 1 für das Kulturgut und für die Erforderlichkeit der Aufwendungen nachweist. ²Hat eine der für Denkmal- oder Archivpflege zuständigen Behörden ihm Zuschüsse gewährt, so hat die Bescheinigung auch deren Höhe zu enthalten; werden ihm solche Zuschüsse nach Ausstellung der Bescheinigung gewährt, so ist diese entsprechend zu ändern.

(4) ¹Die Absätze 1 bis 3 sind auf Gebäudeteile, die selbständige unbewegliche Wirtschaftsgüter sind, sowie auf Eigentumswohnungen und im Teileigentum stehende Räume entsprechend anzuwenden. ²§ 10e Absatz 7 gilt sinngemäß.

§ 10h[2)]
Steuerbegünstigung der unentgeltlich zu Wohnzwecken überlassenen Wohnung im eigenen Haus

¹Der Steuerpflichtige kann von den Aufwendungen, die ihm durch Baumaßnahmen zur Herstellung einer Wohnung entstanden sind, im Jahr der Fertigstellung und in den drei folgenden Jahren jeweils bis zu 6 Prozent, höchstens jeweils 10 124 Euro, und in den vier darauffolgenden Jahren jeweils bis zu 5 Prozent, höchstens jeweils 8 437 Euro wie Sonderausgaben abziehen. ²Voraussetzung ist, dass

---

1) Zur Anwendung von § 10g siehe § 52 Absatz 27a EStG.
2) § 10h ist letztmals bei Herstellungsbeginn vor dem 1.1.1996 anzuwenden (§ 52 Absatz 28 EStG).

1. der Steuerpflichtige nach dem 30. September 1991 den Bauantrag gestellt oder mit der Herstellung begonnen hat,
2. die Baumaßnahmen an einem Gebäude im Inland durchgeführt worden sind, in dem der Steuerpflichtige im jeweiligen Jahr des Zeitraums nach Satz 1 eine eigene Wohnung zu eigenen Wohnzwecken nutzt,
3. die Wohnung keine Ferienwohnung oder Wochenendwohnung ist,
4. der Steuerpflichtige die Wohnung insgesamt im jeweiligen Jahr des Zeitraums nach Satz 1 voll unentgeltlich an einen Angehörigen im Sinne des § 15 Absatz 1 Nummer 3 und 4 der Abgabenordnung auf Dauer zu Wohnzwecken überlassen hat und
5. der Steuerpflichtige die Aufwendungen nicht in die Bemessungsgrundlage nach §§ 10e, 10f Absatz 1, §§ 10g, 52 Absatz 21 Satz 6 oder nach § 7 des Fördergebietsgesetzes einbezogen hat.

³§ 10e Absatz 1 Satz 5 und 6, Absatz 3, 5a, 6 und 7 gilt sinngemäß.

§ 10i[1)]
Vorkostenabzug bei einer nach dem Eigenheimzulagengesetz begünstigten Wohnung

(1) ¹Der Steuerpflichtige kann nachstehende Vorkosten wie Sonderausgaben abziehen:
1. eine Pauschale von 1 790 Euro im Jahr der Fertigstellung oder Anschaffung, wenn er für die Wohnung im Jahr der Herstellung oder Anschaffung oder in einem der zwei folgenden Jahre eine Eigenheimzulage nach dem Eigenheimzulagengesetz in Anspruch nimmt, und
2. Erhaltungsaufwendungen bis zu 11 504 Euro, die
   a) bis zum Beginn der erstmaligen Nutzung einer Wohnung zu eigenen Wohnzwecken entstanden sind oder
   b) bis zum Ablauf des auf das Jahr der Anschaffung folgenden Kalenderjahres entstanden sind, wenn der Steuerpflichtige eine von ihm bisher als Mieter genutzte Wohnung anschafft.

²Die Erhaltungsaufwendungen nach Satz 1 Nummer 2 müssen unmittelbar mit der Herstellung oder Anschaffung des Gebäudes oder der Eigentumswohnung zusammenhängen, dürfen nicht zu den Herstellungskosten oder Anschaffungskosten der Wohnung oder zu den Anschaffungskosten des Grund und Bodens gehören und müßten im Fall der Vermietung und Verpachtung der Wohnung als Werbungskosten abgezogen werden können. ³Wird eine Wohnung bis zum Beginn der erstmaligen Nutzung zu eigenen Wohnzwecken vermietet oder zu eigenen beruflichen oder eigenen betrieblichen Zwecken genutzt und sind die Erhaltungsaufwendungen Werbungskosten oder Betriebsausgaben, können sie nicht wie Sonderausgaben abgezogen werden. ⁴Bei einem Anteil an der zu eigenen Wohnzwecken genutzten Wohnung kann der Steuerpflichtige den entsprechenden Teil der Abzugsbeträge nach Satz 1 wie Sonderausgaben abziehen. ⁵Die vorstehenden Sätze gelten entsprechend bei Ausbauten und Erweiterungen an einer zu eigenen Wohnzwecken genutzten Wohnung.

(2) ¹Sind mehrere Steuerpflichtige Eigentümer einer zu eigenen Wohnzwecken genutzten Wohnung, können die Aufwendungen nach Absatz 1 gesondert und einheitlich festgestellt werden. ²Die für die gesonderte Feststellung von Einkünften nach § 180 Absatz 1 Nummer 2 Buchstabe a der Abgabenordnung geltenden Vorschriften sind entsprechend anzuwenden.

6. Vereinnahmung und Verausgabung

§ 11

(1) ¹Einnahmen sind innerhalb des Kalenderjahres bezogen, in dem sie dem Steuerpflichtigen zugeflossen sind. ²Regelmäßig wiederkehrende Einnahmen, die dem Steuerpflichtigen kurze Zeit vor Beginn oder kurze Zeit nach Beendigung des Kalenderjahres, zu dem sie wirtschaftlich gehören, zugeflossen sind, gelten als in diesem Kalenderjahr bezogen. ³Der Steuerpflichtige kann Einnahmen, die auf einer Nutzungsüberlassung im Sinne des Absatzes 2 Satz 3 beruhen, insgesamt auf den Zeitraum gleichmäßig verteilen, für den die Vorauszahlung geleistet wird.[2)] ⁴Für Einnahmen aus nichtselbständiger Arbeit gilt § 38a Absatz 1 Satz 2 und 3 und § 40 Absatz 3 Satz 2. ⁵Die Vorschriften über die Gewinnermittlung (§ 4 Absatz 1, § 5) bleiben unberührt.

(2) ¹Ausgaben sind für das Kalenderjahr abzusetzen, in dem sie geleistet worden sind. ²Für regelmäßig wiederkehrende Ausgaben gilt Absatz 1 Satz 2 entsprechend. ³Werden Ausgaben für eine Nutzungsüberlassung von mehr als fünf Jahren im Voraus geleistet, sind sie insgesamt auf den Zeitraum gleichmäßig zu verteilen, für den die Vorauszahlung geleistet wird.[3)] ⁴Satz 3 ist auf ein Damnum oder Disagio nicht anzuwenden, soweit dieses marktüblich ist. ⁵§ 42 der Abgabenordnung bleibt unberührt. ⁶Die Vorschriften über die Gewinnermittlung (§ 4 Absatz 1, § 5) bleiben unberührt.

§ 11a
Sonderbehandlung von Erhaltungsaufwand bei Gebäuden in Sanierungsgebieten und städtebaulichen Entwicklungsbereichen

(1) ¹Der Steuerpflichtige kann durch Zuschüsse aus Sanierungs- oder Entwicklungsförderungsmitteln nicht gedeckten Erhaltungsaufwand für Maßnahmen im Sinne des § 177 des Baugesetzbuchs an einem im Inland belegenen Gebäude in einem förmlich festgelegten Sanierungsgebiet oder städtebaulichen Entwicklungsbereich auf zwei bis fünf Jahre gleichmäßig verteilen. ²Satz 1 ist entsprechend anzuwenden auf durch Zuschüsse aus Sanierungs- oder Entwicklungsförderungsmitteln nicht gedeckten Erhaltungsaufwand für Maßnahmen, die der Erhaltung, Erneuerung und funktionsgerechten

---
1) § 10i ist letztmals bei Herstellung oder Anschaffung vor dem 1.1.1999 anzuwenden (§ 52 Absatz 29 EStG).
2) Zur Anwendung von § 11 Absatz 1 Satz 3 siehe § 52 Absatz 30 EStG.
3) Zur Anwendung von § 11 Absatz 2 Satz 3 siehe § 52 Absatz 30 EStG.

Verwendung eines Gebäudes im Sinne des Satzes 1 dienen, das wegen seiner geschichtlichen, künstlerischen oder städtebaulichen Bedeutung erhalten bleiben soll, und zu deren Durchführung sich der Eigentümer neben bestimmten Modernisierungsmaßnahmen gegenüber der Gemeinde verpflichtet hat.

(2) ¹Wird das Gebäude während des Verteilungszeitraums veräußert, ist der noch nicht berücksichtigte Teil des Erhaltungsaufwands im Jahr der Veräußerung als Betriebsausgaben oder Werbungskosten abzusetzen. ²Das Gleiche gilt, wenn ein nicht zu einem Betriebsvermögen gehörendes Gebäude in ein Betriebsvermögen eingebracht oder wenn ein Gebäude aus dem Betriebsvermögen entnommen oder wenn ein Gebäude nicht mehr zur Einkunftserzielung genutzt wird.

(3) Steht das Gebäude im Eigentum mehrerer Personen, ist der in Absatz 1 bezeichnete Erhaltungsaufwand von allen Eigentümern auf den gleichen Zeitraum zu verteilen.

(4) § 7h Absatz 2 und 3 ist entsprechend anzuwenden.

§ 11b
Sonderbehandlung von
Erhaltungsaufwand bei Baudenkmalen

¹Der Steuerpflichtige kann durch Zuschüsse aus öffentlichen Kassen nicht gedeckten Erhaltungsaufwand für ein im Inland belegenes Gebäude oder Gebäudeteil, das nach den jeweiligen landesrechtlichen Vorschriften ein Baudenkmal ist, auf zwei bis fünf Jahre gleichmäßig verteilen, soweit die Aufwendungen nach Art und Umfang zur Erhaltung des Gebäudes oder Gebäudeteils als Baudenkmal oder zu seiner sinnvollen Nutzung erforderlich und die Maßnahmen in Abstimmung mit der in § 7i Absatz 2 bezeichneten Stelle vorgenommen worden sind. ²Durch Zuschüsse aus öffentlichen Kassen nicht gedeckten Erhaltungsaufwand für ein im Inland belegenes Gebäude oder Gebäudeteil, das für sich allein nicht die Voraussetzungen für ein Baudenkmal erfüllt, aber Teil einer Gebäudegruppe oder Gesamtanlage ist, die nach den jeweiligen landesrechtlichen Vorschriften als Einheit geschützt ist, kann der Steuerpflichtige auf zwei bis fünf Jahre gleichmäßig verteilen, soweit die Aufwendungen nach Art und Umfang zur Erhaltung des schützenswerten äußeren Erscheinungsbildes der Gebäudegruppe oder Gesamtanlage erforderlich und die Maßnahmen in Abstimmung mit der in § 7i Absatz 2 bezeichneten Stelle vorgenommen worden sind. ³§§ 7h Absatz 3 und § 7i Absatz 1 Satz 2 und Absatz 2 sowie § 11a Absatz 2 und 3 sind entsprechend anzuwenden.

7. Nicht abzugsfähige Ausgaben

§ 12

Soweit in den §§ 9c, 10 Absatz 1 Nummer 1, 2 bis 4, 7 und 9, §§ 10a, 10b und den §§ 33 bis 33b nichts anderes bestimmt ist, dürfen weder bei den einzelnen Einkunftsarten noch vom Gesamtbetrag der Einkünfte abgezogen werden

1. die für den Haushalt des Steuerpflichtigen und für den Unterhalt seiner Familienangehörigen aufgewendeten Beträge. ²Dazu gehören auch die Aufwendungen für die Lebensführung, die die wirtschaftliche oder gesellschaftliche Stellung des Steuerpflichtigen mit sich bringt, auch wenn sie zur Förderung des Berufs oder der Tätigkeit des Steuerpflichtigen erfolgen;

2. freiwillige Zuwendungen, Zuwendungen auf Grund einer freiwillig begründeten Rechtspflicht und Zuwendungen an eine gegenüber dem Steuerpflichtigen oder seinem Ehegatten gesetzlich unterhaltsberechtigte Person oder deren Ehegatten, auch wenn diese Zuwendungen auf einer besonderen Vereinbarung beruhen;

3. die Steuern vom Einkommen und sonstige Personensteuern sowie die Umsatzsteuer für Umsätze, die Entnahmen sind, und die Vorsteuerbeträge auf Aufwendungen, für die das Abzugsverbot der Nummer 1 oder des § 4 Absatz 5 Satz 1 Nummer 1 bis 5, 7 oder Absatz 7 gilt; das gilt auch für die auf diese Steuern entfallenden Nebenleistungen;

4. in einem Strafverfahren festgesetzte Geldstrafen, sonstige Rechtsfolgen vermögensrechtlicher Art, bei denen der Strafcharakter überwiegt, und Leistungen zur Erfüllung von Auflagen oder Weisungen, soweit die Auflagen oder Weisungen nicht lediglich der Wiedergutmachung des durch die Tat verursachten Schadens dienen;

5. Aufwendungen des Steuerpflichtigen für seine erstmalige Berufsausbildung und für ein Erststudium, wenn diese nicht im Rahmen eines Dienstverhältnisses stattfinden.

8. Die einzelnen Einkunftsarten
a) Land- und Forstwirtschaft
(§ 2 Absatz 1 Satz 1 Nummer 1)

§ 13
Einkünfte aus Land- und Forstwirtschaft

(1) Einkünfte aus Land- und Forstwirtschaft sind

1. Einkünfte aus dem Betrieb von Landwirtschaft, Forstwirtschaft, Weinbau, Gartenbau und aus allen Betrieben, die Pflanzen und Pflanzenteile mit Hilfe der Naturkräfte gewinnen. ²Zu diesen Einkünften gehören auch die Einkünfte aus der Tierzucht und Tierhaltung, wenn im Wirtschaftsjahr

für die ersten 20 Hektar
nicht mehr als 10 Vieheinheiten,
für die nächsten 10 Hektar
nicht mehr als 7 Vieheinheiten,
für die nächsten 20 Hektar
nicht mehr als 6 Vieheinheiten
für die nächsten 50 Hektar
nicht mehr als 3 Vieheinheiten
und für die weitere Fläche
nicht mehr als 1,5 Vieheinheiten

je Hektar der vom Inhaber des Betriebs regelmäßig landwirtschaftlich genutzten Fläche erzeugt oder gehalten werden. ³Die Tierbestände sind nach dem Futterbedarf in Vieheinheiten umzurechnen. ⁴§ 51 Absatz 2 bis 5 des Bewertungsgesetzes ist anzuwenden. ⁵Die Einkünfte aus Tierzucht und Tierhaltung einer Gesell-

schaft, bei der die Gesellschafter als Unternehmer (Mitunternehmer) anzusehen sind, gehören zu den Einkünften im Sinne des Satzes 1, wenn die Voraussetzungen des § 51a des Bewertungsgesetzes erfüllt sind und andere Einkünfte der Gesellschafter aus dieser Gesellschaft zu den Einkünften aus Land- und Forstwirtschaft gehören;
2. Einkünfte aus sonstiger land- und forstwirtschaftlicher Nutzung (§ 62 des Bewertungsgesetzes);
3. Einkünfte aus Jagd, wenn diese mit dem Betrieb einer Landwirtschaft oder einer Forstwirtschaft im Zusammenhang steht;
4. Einkünfte von Hauberg-, Wald-, Forst- und Laubgenossenschaften und ähnlichen Realgemeinden im Sinne des § 3 Absatz 2 des Körperschaftsteuergesetzes.

(2) Zu den Einkünften im Sinne des Absatzes 1 gehören auch
1. Einkünfte aus einem land- und forstwirtschaftlichen Nebenbetrieb. ²Als Nebenbetrieb gilt ein Betrieb, der dem land- und forstwirtschaftlichen Hauptbetrieb zu dienen bestimmt ist;
2. der Nutzungswert der Wohnung des Steuerpflichtigen, wenn die Wohnung die bei Betrieben gleicher Art übliche Größe nicht überschreitet und das Gebäude oder der Gebäudeteil nach den jeweiligen landesrechtlichen Vorschriften ein Baudenkmal ist.
3. die Produktionsaufgaberente nach dem Gesetz zur Förderung der Einstellung der landwirtschaftlichen Erwerbstätigkeit.

(3) ¹Die Einkünfte aus Land- und Forstwirtschaft werden bei der Ermittlung des Gesamtbetrags der Einkünfte nur berücksichtigt, soweit sie den Betrag von 670 Euro übersteigen. ²Satz 1 ist nur anzuwenden, wenn die Summe der Einkünfte 30 700 Euro nicht übersteigt. ³Im Falle der Zusammenveranlagung von Ehegatten verdoppeln sich die Beträge der Sätze 1 und 2.

(4) ¹Absatz 2 Nummer 2 findet nur Anwendung, sofern im Veranlagungszeitraum 1986 bei einem Steuerpflichtigen für die von ihm zu eigenen Wohnzwecken oder zu Wohnzwecken des Altenteilers genutzte Wohnung die Voraussetzungen für die Anwendung des § 13 Absatz 2 Nummer 2 des Einkommensteuergesetzes in der Fassung der Bekanntmachung vom 16. April 1997 (BGBl. I S. 821) vorlagen. ²Der Steuerpflichtige kann für einen Veranlagungszeitraum nach dem Veranlagungszeitraum 1998 unwiderruflich beantragen, dass Absatz 2 Nummer 2 ab diesem Veranlagungszeitraum nicht mehr angewendet wird. ³§ 52 Absatz 21 Satz 4 und 6 des Einkommensteuergesetzes in der Fassung der Bekanntmachung vom 16. April 1997 (BGBl. I S. 821) ist entsprechend anzuwenden. ⁴Im Fall des Satzes 2 gelten die Wohnung des Steuerpflichtigen und der Altenteilerwohnung sowie der dazugehörende Grund und Boden zu dem Zeitpunkt als entnommen, bis zu dem Absatz 2 Nummer 2 letztmals angewendet wird. ⁵Der Entnahmegewinn bleibt außer Ansatz. ⁶Werden
1. die Wohnung und der dazugehörende Grund und Boden entnommen oder veräußert, bevor sie nach Satz 4 als entnommen gelten, oder
2. eine vor dem 1. Januar 1987 einem Dritten entgeltlich zur Nutzung überlassene Wohnung und der dazugehörende Grund und Boden für eigene Wohnzwecke oder für Wohnzwecke eines Altenteilers entnommen,

bleibt der Entnahme- oder Veräußerungsgewinn ebenfalls außer Ansatz; Nummer 2 ist nur anzuwenden, soweit nicht Wohnungen vorhanden sind, die Wohnzwecken des Eigentümers des Betriebs oder Wohnzwecken eines Altenteilers dienen und die unter Satz 4 oder unter Nummer 1 fallen.

(5) Wird Grund und Boden dadurch entnommen, dass auf diesem Grund und Boden die Wohnung des Steuerpflichtigen oder eine Altenteilerwohnung errichtet wird, bleibt der Entnahmegewinn außer Ansatz; der Steuerpflichtige kann die Regelung nur für eine zu eigenen Wohnzwecken genutzte Wohnung und für eine Altenteilerwohnung in Anspruch nehmen.

(6) ¹Werden einzelne Wirtschaftsgüter eines land- und forstwirtschaftlichen Betriebs auf einen der gemeinschaftlichen Tierhaltung dienenden Betrieb im Sinne des § 34 Absatz 6a des Bewertungsgesetzes einer Erwerbs- und Wirtschaftsgenossenschaft oder eines Vereins gegen Gewährung von Mitgliedsrechten übertragen, ist die auf den dabei entstehenden Gewinn entfallende Einkommensteuer auf Antrag in jährlichen Teilbeträgen zu entrichten. ²Der einzelne Teilbetrag muss mindestens ein Fünftel dieser Steuer betragen.

(7) § 15 Absatz 1 Satz 1 Nummer 2, Absatz 1a, Absatz 2 Satz 2 sowie die §§ 15a und 15b sind entsprechend anzuwenden.[1)]

§ 13a[2)]
Ermittlung des Gewinns aus Land- und Forstwirtschaft nach Durchschnittssätzen

(1) ¹Der Gewinn ist für einen Betrieb der Land- und Forstwirtschaft nach den Absätzen 3 bis 6 zu ermitteln, wenn
1. der Steuerpflichtige nicht auf Grund gesetzlicher Vorschriften verpflichtet ist, Bücher zu führen und regelmäßig Abschlüsse zu machen, und
2. die selbstbewirtschaftete Fläche der landwirtschaftlichen Nutzung (§ 34 Absatz 2 Nummer 1 Buchstabe a des Bewertungsgesetzes) ohne Sonderkulturen (§ 52 des Bewertungsgesetzes) nicht 20 Hektar überschreitet und
3. die Tierbestände insgesamt 50 Vieheinheiten (Anlage 1 zum Bewertungsgesetz) nicht übersteigen und
4. der Wert der selbst bewirtschafteten Sondernutzungen nach Absatz 5 nicht mehr als 2 000 Deutsche Mark je Sondernutzung beträgt.

²Der Gewinn ist letztmalig für das Wirtschaftsjahr nach Durchschnittssätzen zu ermitteln, das nach Be-

---
1) Zur Anwendung von § 13 Absatz 7 siehe § 52 Absatz 30a EStG.
2) Zur Anwendung von § 13a siehe § 52 Absatz 31 EStG.

kanntgabe der Mitteilung endet, durch die die Finanzbehörde auf den Beginn der Buchführungspflicht (§ 141 Absatz 2 Abgabenordnung) oder den Wegfall einer anderen Voraussetzung des Satzes 1 hingewiesen hat.

(2) ¹Auf Antrag des Steuerpflichtigen ist für einen Betrieb im Sinne des Absatzes 1 der Gewinn für vier aufeinanderfolgende Wirtschaftsjahre nicht nach den Absätzen 3 bis 6 zu ermitteln. ²Wird der Gewinn eines dieser Wirtschaftsjahre durch den Steuerpflichtigen nicht durch Betriebsvermögensvergleich oder durch Vergleich der Betriebseinnahmen mit den Betriebsausgaben ermittelt, ist der Gewinn für den gesamten Zeitraum von vier Wirtschaftsjahren nach den Absätzen 3 bis 6 zu ermitteln. ³Der Antrag ist bis zur Abgabe der Steuererklärung, jedoch spätestens 12 Monate nach Ablauf des ersten Wirtschaftsjahres, auf das er sich bezieht, schriftlich zu stellen. ⁴Er kann innerhalb dieser Frist zurückgenommen werden.

(3) ¹Durchschnittssatzgewinn ist die Summe aus
1. dem Grundbetrag (Absatz 4),
2. den Zuschlägen für Sondernutzungen (Absatz 5),
3. den nach Absatz 6 gesondert zu ermittelnden Gewinnen,
4. den vereinnahmten Miet- und Pachtzinsen,
5. den vereinnahmten Kapitalerträgen, die sich aus Kapitalanlagen von Veräußerungserlösen im Sinne des Absatzes 6 Satz 1 Nummer 2 ergeben.

²Abzusetzen sind verausgabte Pachtzinsen und diejenigen Schuldzinsen und dauernden Lasten, die Betriebsausgaben sind. ³Die abzusetzenden Beträge dürfen insgesamt nicht zu einem Verlust führen.

(4) ¹Die Höhe des Grundbetrags richtet sich bei der landwirtschaftlichen Nutzung ohne Sonderkulturen nach dem Hektarwert (§ 40 Absatz 1 Satz 3 des Bewertungsgesetzes) der selbstbewirtschafteten Fläche. ²Je Hektar der landwirtschaftlichen Nutzung sind anzusetzen.
1. bei einem Hektarwert
bis 300 Deutsche Mark 205 Euro,
2. bei einem Hektarwert
über 300 Deutsche Mark
bis 500 Deutsche Mark 307 Euro,
3. bei einem Hektarwert
über 500 Deutsche Mark
bis 1 000 Deutsche Mark 358 Euro,
4. bei einem Hektarwert
über 1 000 Deutsche Mark
bis 1 500 Deutsche Mark 410 Euro,
5. bei einem Hektarwert
über 1 500 Deutsche Mark
bis 2 000 Deutsche Mark 461 Euro,
6. bei einem Hektarwert
über 2 000 Deutsche Mark 512 Euro.

(5) ¹Als Sondernutzungen gelten die in § 34 Absatz 2 Nummer 1 Buchstabe b bis e des Bewertungsgesetzes genannten Nutzungen, die in § 34 Absatz 2 Nummer 2 des Bewertungsgesetzes genannten Wirtschaftsgüter, die Nebenbetriebe (§ 34 Absatz 2 Nummer 3 des Bewertungsgesetzes) und die Sonderkulturen (§ 52 des Bewertungsgesetzes). ²Die Werte der Sondernutzungen sind aus den jeweils zuletzt festgestellten Einheitswerten oder den nach § 125 des Bewertungsgesetzes ermittelten Ersatzwirtschaftswerten abzuleiten. ³Bei Sondernutzungen, deren Werte jeweils 500 Deutsche Mark übersteigen, ist für jede Sondernutzung ein Zuschlag von 512 Euro zu machen. ⁴Satz 3 ist bei der forstwirtschaftlichen Nutzung nicht anzuwenden.

(6) ¹In den Durchschnittssatzgewinn sind über die nach den Absätzen 4 und 5 zu ermittelnden Beträge hinaus auch Gewinne, soweit sie insgesamt 1 534 Euro übersteigen, einzubeziehen aus
1. der forstwirtschaftlichen Nutzung,
2. der Veräußerung oder Entnahme von Grund und Boden und Gebäuden sowie der im Zusammenhang mit einer Betriebsumstellung stehenden Veräußerung oder Entnahme von Wirtschaftsgütern des übrigen Anlagevermögens,
3. Dienstleistungen und vergleichbaren Tätigkeiten, sofern diese dem Bereich der Land- und Forstwirtschaft zugerechnet und nicht für andere Betriebe der Land- und Forstwirtschaft erbracht werden,
4. der Auflösung von Rücklagen nach § 6c und von Rücklagen für Ersatzbeschaffung.

²Bei der Ermittlung der Gewinne nach den Nummern 1 und 2 ist § 4 Absatz 3 entsprechend anzuwenden. ³Der Gewinn aus den in Nummer 3 genannten Tätigkeiten beträgt 35 Prozent der Einnahmen.

§ 14
Veräußerung des Betriebs

¹Zu den Einkünften aus Land- und Forstwirtschaft gehören auch Gewinne, die bei der Veräußerung eines land- oder forstwirtschaftlichen Betriebs oder Teilbetriebs oder eines Anteils an einem land- und forstwirtschaftlichen Betriebsvermögen erzielt werden. ²§ 16 gilt entsprechend mit der Maßgabe, dass der Freibetrag nach § 16 Absatz 4 nicht zu gewähren ist, wenn der Freibetrag nach § 14a Absatz 1 gewährt wird.

§ 14a[1)]
Vergünstigungen bei der Veräußerung bestimmter land- und forstwirtschaftlicher Betriebe

(1) ¹Veräußert ein Steuerpflichtiger nach dem 30. Juni 1970 und vor dem 1. Januar 2001 seinen land- und forstwirtschaftlichen Betrieb im Ganzen, so wird auf Antrag der Veräußerungsgewinn (§ 16 Absatz 2) nur insoweit zur Einkommensteuer herangezogen, als er den Betrag von 150 000 Deutsche Mark übersteigt, wenn
1. der für den Zeitpunkt der Veräußerung maßgebende Wirtschaftswert (§ 46 des Bewertungsgesetzes) des Betriebs 40 000 Deutsche Mark nicht übersteigt,
2. die Einkünfte des Steuerpflichtigen im Sinne des § 2 Absatz 1 Satz 1 Nummer 2 bis 7 in dem Veranlagungszeitraum der Veräußerung vorangegangenen beiden Veranlagungszeiträumen jeweils den Betrag von 35 000 Deutsche

---

1) Zur Anwendung des § 14a EStG siehe § 52 Absatz 32 EStG.

Mark nicht überstiegen haben. ²Bei Ehegatten, die nicht dauernd getrennt leben, gilt Satz 1 mit der Maßgabe, dass die Einkünfte beider Ehegatten zusammen jeweils 70 000 Deutsche Mark nicht überstiegen haben.

²Ist im Zeitpunkt der Veräußerung ein nach Nummer 1 maßgebender Wirtschaftswert nicht festgestellt oder sind bis zu diesem Zeitpunkt die Voraussetzungen für eine Wertfortschreibung erfüllt, so ist der Wert maßgebend, der sich für den Zeitpunkt der Veräußerung als Wirtschaftswert ergeben würde.

(2) ¹Der Anwendung des Absatzes 1 und des § 34 Absatz 1 steht nicht entgegen, wenn die zum land- und forstwirtschaftlichen Vermögen gehörenden Gebäude mit dem dazugehörigen Grund und Boden nicht mitveräußert werden. ²In diesem Fall gelten die Gebäude mit dem dazugehörigen Grund und Boden als entnommen. ³Der Freibetrag kommt auch dann in Betracht, wenn zum Betrieb ein forstwirtschaftlicher Teilbetrieb gehört und dieser nicht mitveräußert, sondern als eigenständiger Betrieb vom Steuerpflichtigen fortgeführt wird. ⁴In diesem Falle ermäßigt sich der Freibetrag auf den Teil, der dem Verhältnis des tatsächlich entstandenen Veräußerungsgewinns zu dem bei einer Veräußerung des ganzen land- und forstwirtschaftlichen Betriebs erzielbaren Veräußerungsgewinn entspricht.

(3) ¹Als Veräußerung gilt auch die Aufgabe des Betriebs, wenn

1. die Voraussetzungen des Absatzes 1 erfüllt sind und

2. der Steuerpflichtige seinen land- und forstwirtschaftlichen Betrieb zu Zwecke der Strukturverbesserung abgegeben hat und dies durch eine Bescheinigung der nach Landesrecht zuständigen Stelle nachweist.

²§ 16 Absatz 3 Satz 4 und 5 gilt entsprechend.

(4) ¹Veräußert oder entnimmt ein Steuerpflichtiger nach dem 31. Dezember 1979 und vor dem 1. Januar 2006 Teile des zu einem land- und forstwirtschaftlichen Betrieb gehörenden Grund und Bodens, so wird der bei der Veräußerung oder der Entnahme entstehende Gewinn auf Antrag nur insoweit zur Einkommensteuer herangezogen, als er den Betrag von 61 800 Euro übersteigt. ²Satz 1 ist nur anzuwenden, wenn

1. der Veräußerungspreis nach Abzug der Veräußerungskosten oder der Grund und Boden innerhalb von 12 Monaten nach der Veräußerung oder Entnahme in sachlichem Zusammenhang mit der Hoferbfolge oder Hofübernahme zur Abfindung weichender Erben verwendet wird und

2. das Einkommen des Steuerpflichtigen ohne Berücksichtigung des Gewinns aus der Veräußerung oder Entnahme und des Freibetrags in dem dem Veranlagungszeitraum der Veräußerung oder Entnahme vorangegangenen Veranlagungszeitraum den Betrag von 18 000 Euro nicht überstiegen hat; bei Ehegatten, die nach den §§ 26, 26b zusammen veranlagt werden, erhöht sich der Betrag von 18 000 Euro auf 36 000 Euro.

³Übersteigt das Einkommen den Betrag von 18 000 Euro, so vermindert sich der Betrag von 61 800 Euro nach Satz 1 für jede angefangenen 250 Euro des übersteigenden Einkommens um 10 300 Euro; bei Ehegatten, die nach den §§ 26, 26b zusammen veranlagt werden und deren Einkommen den Betrag von 36 000 Euro übersteigt, vermindert sich der Betrag von 61 800 Euro nach Satz 1 für jede angefangenen 500 Euro des übersteigenden Einkommens um 10 300 Euro. ⁴Werden mehrere weichende Erben abgefunden, so kann der Freibetrag mehrmals, jedoch insgesamt nur einmal je weichender Erbe geltend gemacht werden, auch wenn die Abfindung in mehreren Schritten oder durch mehrere Inhaber des Betriebs vorgenommen wird. ⁵Weichender Erbe ist, wer gesetzlicher Erbe eines Inhabers eines land- und forstwirtschaftlichen Betriebs ist oder bei gesetzlicher Erbfolge wäre, aber nicht zur Übernahme des Betriebs berufen ist; eine Stellung als Mitunternehmer des Betriebs bis zur Auseinandersetzung steht einer Behandlung als weichender Erbe nicht entgegen, wenn sich die Erben innerhalb von zwei Jahren nach dem Erbfall auseinandersetzen. ⁶Ist ein zur Übernahme des Betriebs berufener Miterbe noch minderjährig, beginnt die Frist von zwei Jahren mit Eintritt der Volljährigkeit.

(5) ¹Veräußert ein Steuerpflichtiger nach dem 31. Dezember 1985 und vor dem 1. Januar 2001 Teile des zu einem land- und forstwirtschaftlichen Betrieb gehörenden Grund und Bodens, so wird der bei der Veräußerung entstehende Gewinn auf Antrag nur insoweit zur Einkommensteuer herangezogen, als er den Betrag von 90 000 Deutsche Mark übersteigt, wenn

1. der Steuerpflichtige den Veräußerungspreis nach Abzug der Veräußerungskosten zur Tilgung von Schulden verwendet, die zu dem land- und forstwirtschaftlichen Betrieb gehören und vor dem 1. Juli 1985 bestanden haben, und

2. die Voraussetzungen des Absatzes 4 Satz 2 Nummer 2 erfüllt sind.

²Übersteigt das Einkommen den Betrag von 35 000 Deutsche Mark, so vermindert sich der Betrag von 90 000 Deutsche Mark nach Satz 1 für jede angefangenen 500 Deutsche Mark des übersteigenden Einkommens um 15 000 Deutsche Mark; bei Ehegatten, die nach den §§ 26, 26b zusammen veranlagt werden und bei denen das Einkommen den Betrag von 70 000 Deutsche Mark übersteigt, vermindert sich der Betrag von 90 000 Deutsche Mark nach Satz 1 für jede angefangenen 1000 Deutsche Mark des übersteigenden Einkommens um 15 000 Deutsche Mark. ³Der Freibetrag von höchstens 90 000 Deutsche Mark wird für alle Veräußerungen im Sinne des Satzes 1 insgesamt nur einmal gewährt.

(6) Verwendet der Steuerpflichtige den Veräußerungspreis oder entnimmt er den Grund und Boden nur zum Teil zu den in den Absätzen 4 und 5 angegebenen Zwecken, so ist nur der entsprechende Teil des Gewinns aus der Veräußerung oder Entnahme steuerfrei.

(7) Auf die Freibeträge nach Absatz 4 in dieser Fassung sind die Freibeträge, die nach Absatz 4 in der vor dem 1. Januar 1986 geltenden Fassungen gewährt worden sind, anzurechnen.

b) Gewerbebetrieb
(§ 2 Absatz 1 Satz 1 Nummer 2)

§ 15
Einkünfte aus Gewerbebetrieb

(1) ¹Einkünfte aus Gewerbebetrieb sind

1. Einkünfte aus gewerblichen Unternehmen. ²Dazu gehören auch Einkünfte aus gewerblicher Bodenbewirtschaftung, z. B. aus Bergbauunternehmen und aus Betrieben zur Gewinnung von Torf, Steinen und Erden, soweit sie nicht land- oder forstwirtschaftliche Nebenbetriebe sind;

2. die Gewinnanteile der Gesellschafter einer Offenen Handelsgesellschaft, einer Kommanditgesellschaft und einer anderen Gesellschaft, bei der der Gesellschafter als Unternehmer (Mitunternehmer) des Betriebs anzusehen ist, und die Vergütungen, die der Gesellschafter von der Gesellschaft für seine Tätigkeit im Dienst der Gesellschaft oder für die Hingabe von Darlehen oder für die Überlassung von Wirtschaftsgütern bezogen hat. ²Der mittelbar über eine oder mehrere Personengesellschaften beteiligte Gesellschafter steht dem unmittelbar beteiligten Gesellschafter gleich; er ist als Mitunternehmer des Betriebs der Gesellschaft anzusehen, an der er und die Personengesellschaften, die seine Beteiligung vermitteln, jeweils als Mitunternehmer der Betriebe der Personengesellschaften anzusehen sind, an denen sie unmittelbar beteiligt sind;

3. die Gewinnanteile der persönlich haftenden Gesellschafter einer Kommanditgesellschaft auf Aktien, soweit sie nicht auf Anteile am Grundkapital entfallen, und die Vergütungen, die der persönlich haftende Gesellschafter von der Gesellschaft für seine Tätigkeit im Dienst der Gesellschaft oder für die Hingabe von Darlehen oder für die Überlassung von Wirtschaftsgütern bezogen hat.

²Satz 1 Nummer 2 und 3 gilt auch für Vergütungen, die als nachträgliche Einkünfte (§ 24 Nummer 2) bezogen werden. ³§ 13 Absatz 5 gilt entsprechend, sofern das Grundstück im Veranlagungszeitraum 1986 zu einem gewerblichen Betriebsvermögen gehört hat.

(1a) ¹In den Fällen des § 4 Absatz 1 Satz 4 ist der Gewinn aus einer späteren Veräußerung der Anteile ungeachtet der Bestimmungen eines Abkommens zur Vermeidung der Doppelbesteuerung in der gleichen Art und Weise zu besteuern, wie die Veräußerung dieser Anteile an der Europäischen Gesellschaft oder Europäischen Genossenschaft zu besteuern gewesen wäre, wenn keine Sitzverlegung stattgefunden hätte. ²Dies gilt auch, wenn später die Anteile verdeckt in eine Kapitalgesellschaft eingelegt werden, die Europäische Gesellschaft oder Europäische Genossenschaft aufgelöst wird oder wenn ihr Kapital herabgesetzt und zurückgezahlt wird oder wenn Beträge aus dem steuerlichen Einlagekonto im Sinne des § 27 des Körperschaftsteuergesetzes ausgeschüttet oder zurückgezahlt werden.

(2) ¹Eine selbständige nachhaltige Betätigung, die mit der Absicht, Gewinn zu erzielen, unternommen wird und sich als Beteiligung am allgemeinen wirtschaftlichen Verkehr darstellt, ist Gewerbebetrieb, wenn die Betätigung weder als Ausübung von Land- und Forstwirtschaft noch als Ausübung eines freien Berufs noch als eine andere selbständige Arbeit anzusehen ist. ²Eine durch die Betätigung verursachte Minderung der Steuern vom Einkommen ist kein Gewinn im Sinne des Satzes 1. ³Ein Gewerbebetrieb liegt, wenn seine Voraussetzungen im Übrigen gegeben sind, auch dann vor, wenn die Gewinnerzielungsabsicht nur ein Nebenzweck ist.

(3) Als Gewerbebetrieb gilt in vollem Umfang die mit Einkünfteerzielungsabsicht unternommene Tätigkeit

1. einer Offenen Handelsgesellschaft, einer Kommanditgesellschaft oder einer anderen Personengesellschaft, wenn die Gesellschaft auch eine Tätigkeit im Sinne des Absatzes 1 Satz 1 Nummer 1 ausübt oder gewerbliche Einkünfte im Sinne des Absatzes 1 Satz 1 Nummer 2 bezieht,

2. einer Personengesellschaft, die keine Tätigkeit im Sinne des Absatzes 1 Nummer 1 ausübt und bei der ausschließlich eine oder mehrere Kapitalgesellschaften persönlich haftende Gesellschafter sind und nur diese oder Personen, die nicht Gesellschafter sind, zur Geschäftsführung befugt sind (gewerblich geprägte Personengesellschaft). ²Ist eine gewerblich geprägte Personengesellschaft als persönlich haftender Gesellschafter an einer anderen Personengesellschaft beteiligt, so steht für die Beurteilung, ob die Tätigkeit dieser Personengesellschaft als Gewerbebetrieb gilt, die gewerblich geprägte Personengesellschaft einer Kapitalgesellschaft gleich.

(4)¹⁾ ¹Verluste aus gewerblicher Tierzucht oder gewerblicher Tierhaltung dürfen weder mit anderen Einkünften aus Gewerbebetrieb noch mit Einkünften aus anderen Einkunftsarten ausgeglichen werden; sie dürfen auch nicht nach § 10d abgezogen werden. ²Die Verluste mindern jedoch nach Maßgabe des § 10d die Gewinne, die der Steuerpflichtige in dem unmittelbar vorangegangenen und in den folgenden Wirtschaftsjahren aus gewerblicher Tierzucht oder gewerblicher Tierhaltung erzielt hat oder erzielt. ³Die Sätze 1 und 2 gelten entsprechend für Verluste aus Termingeschäften, durch die der Steuerpflichtige einen Differenzausgleich oder einen durch den Wert einer veränderlichen Bezugsgröße bestimmten Geldbetrag oder Vorteil erlangt. ⁴Satz 3 gilt nicht für die Geschäfte, die zum gewöhnlichen Geschäftsbetrieb bei Kreditinstituten, Finanzdienstleistungsinstituten und Finanzunternehmen im Sinne des Gesetzes über das Kreditwesen gehören oder die der Absicherung von Geschäften des gewöhnlichen Geschäftsbetriebs dienen. ⁵Satz 4 gilt nicht, wenn es sich um Geschäfte handelt, die der Absicherung von Aktiengeschäften dienen, bei denen der Veräußerungsgewinn nach § 3 Nummer 40 Satz 1 Buchstabe a und b in Verbindung mit § 3c Absatz 2 teil-

---

1) Zur erstmaligen Anwendung von § 15 Absatz 4 Satz 3 bis 5 EStG siehe § 52 Absatz 32b EStG.

weise steuerfrei ist, oder die nach § 8b Absatz 2 des Körperschaftsteuergesetzes bei der Ermittlung des Einkommens außer Ansatz bleiben. ⁶Verluste aus stillen Gesellschaften, Unterbeteiligungen oder sonstigen Innengesellschaften an Kapitalgesellschaften, bei denen der Gesellschafter oder Beteiligte als Mitunternehmer anzusehen ist, dürfen weder mit Einkünften aus Gewerbebetrieb noch aus anderen Einkunftsarten ausgeglichen werden; sie dürfen auch nicht nach § 10d abgezogen werden. ⁷Die Verluste mindern jedoch nach Maßgabe des § 10d die Gewinne, die der Gesellschafter oder Beteiligte in dem unmittelbar vorangegangenen Wirtschaftsjahr oder in den folgenden Wirtschaftsjahren aus derselben stillen Gesellschaft, Unterbeteiligung oder sonstigen Innengesellschaft bezieht. ⁸Satz 6 und 7 gelten nicht, soweit der Verlust auf eine natürliche Person als unmittelbar oder mittelbar beteiligter Mitunternehmer entfällt.

§ 15a[1]
Verluste bei beschränkter Haftung

(1) ¹Der einem Kommanditisten zuzurechnende Anteil am Verlust der Kommanditgesellschaft darf weder mit anderen Einkünften aus Gewerbebetrieb noch mit Einkünften aus anderen Einkunftsarten ausgeglichen werden, soweit ein negatives Kapitalkonto des Kommanditisten entsteht oder sich erhöht; er darf insoweit auch nicht nach § 10d abgezogen werden. ²Haftet der Kommanditist am Bilanzstichtag den Gläubigern der Gesellschaft auf Grund des § 171 Absatz 1 des Handelsgesetzbuchs, so können abweichend von Satz 1 Verluste des Kommanditisten bis zur Höhe des Betrags, um den die im Handelsregister eingetragene Einlage des Kommanditisten seine geleistete Einlage übersteigt, auch ausgeglichen oder abgezogen werden, soweit durch den Verlust ein negatives Kapitalkonto entsteht oder sich erhöht. ³Satz 2 ist nur anzuwenden, wenn derjenige, dem der Anteil zuzurechnen ist, im Handelsregister eingetragen ist, das Bestehen der Haftung nachgewiesen wird und eine Vermögensminderung auf Grund der Haftung nicht durch Vertrag ausgeschlossen oder nach Art und Weise des Geschäftsbetriebs unwahrscheinlich ist.

(1a) ¹Nachträgliche Einlagen führen weder zu einer nachträglichen Ausgleichs- oder Abzugsfähigkeit eines vorhandenen verrechenbaren Verlustes noch zu einer Ausgleichs- oder Abzugsfähigkeit des dem Kommanditisten zuzurechnenden Anteils am Verlust eines zukünftigen Wirtschaftsjahres, soweit durch den Verlust ein negatives Kapitalkonto des Kommanditisten entsteht oder sich erhöht. ²Nachträgliche Einlagen im Sinne des Satzes 1 sind Einlagen, die nach Ablauf eines Wirtschaftsjahres geleistet werden, in dem ein nicht ausgleichs- oder abzugsfähiger Verlust im Sinne des Absatzes 1 entstanden oder ein Gewinn im Sinne des Absatzes 3 Satz 1 zugerechnet worden ist.

(2) ¹Soweit der Verlust nach den Absätzen 1 und 1a nicht ausgeglichen oder abgezogen werden darf, mindert er die Gewinne, die dem Kommanditisten in späteren Wirtschaftsjahren aus seiner Beteiligung an der Kommanditgesellschaft zuzurechnen sind. ²Der verrechenbare Verlust, der nach Abzug von einem Veräußerungs- oder Aufgabegewinn verbleibt, ist im Zeitpunkt der Veräußerung oder Aufgabe des gesamten Mitunternehmeranteils oder der Betriebsveräußerung oder -aufgabe bis zur Höhe der nachträglichen Einlagen im Sinne des Absatzes 1a ausgleichs- oder abzugsfähig.

(3) ¹Soweit ein negatives Kapitalkonto des Kommanditisten durch Entnahmen entsteht oder sich erhöht (Einlageminderung) und soweit nicht auf Grund der Entnahmen eine nach Absatz 1 Satz 2 zu berücksichtigende Haftung besteht oder entsteht, ist dem Kommanditisten der Betrag der Einlageminderung als Gewinn zuzurechnen. ²Der nach Satz 1 zuzurechnende Betrag darf den Betrag der Anteile am Verlust der Kommanditgesellschaft nicht übersteigen, der im Wirtschaftsjahr der Einlageminderung und in den zehn vorangegangenen Wirtschaftsjahren ausgleichs- oder abzugsfähig gewesen ist. ³Wird der Haftungsbetrag im Sinne des Absatzes 1 Satz 2 gemindert (Haftungsminderung) und sind im Wirtschaftsjahr der Haftungsminderung und den zehn vorangegangenen Wirtschaftsjahren Verluste nach Absatz 1 Satz 2 ausgleichs- oder abzugsfähig gewesen, so ist dem Kommanditisten der Betrag der Haftungsminderung, vermindert um auf Grund der Haftung tatsächlich geleistete Beträge, als Gewinn zuzurechnen; Satz 2 gilt sinngemäß. ⁴Die nach den Sätzen 1 bis 3 zuzurechnenden Beträge mindern die Gewinne, die dem Kommanditisten im Wirtschaftsjahr der Zurechnung oder in späteren Jahren aus seiner Beteiligung an der Kommanditgesellschaft zuzurechnen sind.

(4) ¹Der nach Absatz 1 nicht ausgleichs- oder abzugsfähige Verlust eines Kommanditisten, vermindert um die nach Absatz 2 abzuziehenden und vermehrt um die nach Absatz 3 hinzuzurechnenden Beträge (verrechenbarer Verlust), ist jährlich gesondert festzustellen. ²Dabei ist von dem verrechenbaren Verlust des vorangegangenen Wirtschaftsjahres auszugehen. ³Zuständig für den Erlass des Feststellungsbescheids ist das für die gesonderte Feststellung des Gewinns und Verlustes der Gesellschaft zuständige Finanzamt. ⁴Der Feststellungsbescheid kann nur insoweit angegriffen werden, als der verrechenbare Verlust gegenüber dem verrechenbaren Verlust des vorangegangenen Wirtschaftsjahres sich verändert hat. ⁵Die gesonderten Feststellungen nach Satz 1 können mit der gesonderten und einheitlichen Feststellung der einkommensteuerpflichtigen und körperschaftsteuerpflichtigen Einkünfte verbunden werden. ⁶In diesen Fällen sind die gesonderten Feststellungen des verrechenbaren Verlustes einheitlich durchzuführen.

(5) Absatz 1 Satz 1, Absatz 1a, 2 und 3 Satz 1, 2 und 4 sowie Absatz 4 gelten sinngemäß für andere Unternehmer, soweit deren Haftung der eines Kommanditisten vergleichbar ist, insbesondere für

1. stille Gesellschafter einer stillen Gesellschaft im Sinne des § 230 des Handelsgesetzbuchs, bei der der stille Gesellschafter als Unternehmer (Mitunternehmer) anzusehen ist,

---
1) Zur Anwendung des § 15a EStG siehe § 52 Absatz 33 EStG.

EStG

2. Gesellschafter einer Gesellschaft im Sinne des Bürgerlichen Gesetzbuchs, bei der der Gesellschafter als Unternehmer (Mitunternehmer) anzusehen ist, soweit die Inanspruchnahme des Gesellschafters für Schulden in Zusammenhang mit dem Betrieb durch Vertrag ausgeschlossen oder nach Art und Weise des Geschäftsbetriebs unwahrscheinlich ist,

3. Gesellschafter einer ausländischen Personengesellschaft, bei der der Gesellschafter als Unternehmer (Mitunternehmer) anzusehen ist, soweit die Haftung des Gesellschafters für Schulden in Zusammenhang mit dem Betrieb der eines Kommanditisten oder eines stillen Gesellschafters entspricht oder soweit die Inanspruchnahme des Gesellschafters für Schulden in Zusammenhang mit dem Betrieb durch Vertrag ausgeschlossen oder nach Art und Weise des Geschäftsbetriebs unwahrscheinlich ist,

4. Unternehmer, soweit Verbindlichkeiten nur in Abhängigkeit von Erlösen oder Gewinnen aus der Nutzung, Veräußerung oder sonstigen Verwertung von Wirtschaftsgütern zu tilgen sind,

5. Mitreeder einer Reederei im Sinne des § 489 des Handelsgesetzbuches, bei der der Mitreeder als Unternehmer (Mitunternehmer) anzusehen ist, wenn die persönliche Haftung des Mitreeders für die Verbindlichkeiten der Reederei ganz oder teilweise ausgeschlossen oder soweit die Inanspruchnahme des Mitreeders für Verbindlichkeiten der Reederei nach Art und Weise des Geschäftsbetriebs unwahrscheinlich ist.

§ 15b[1)]
Verluste im Zusammenhang mit Steuerstundungsmodellen

(1) [1]Verluste im Zusammenhang mit einem Steuerstundungsmodell dürfen weder mit Einkünften aus Gewerbebetrieb noch mit Einkünften aus anderen Einkunftsarten ausgeglichen werden; sie dürfen auch nicht nach § 10d abgezogen werden. [2]Die Verluste mindern jedoch die Einkünfte, die der Steuerpflichtige in den folgenden Wirischaftsjahren aus derselben Einkunftsquelle erzielt. [3]§ 15a ist insoweit nicht anzuwenden.

(2) [1]Ein Steuerstundungsmodell im Sinne des Absatzes 1 liegt vor, wenn auf Grund einer modellhaften Gestaltung steuerliche Vorteile in Form negativer Einkünfte erzielt werden sollen. [2]Dies ist der Fall, wenn dem Steuerpflichtigen auf Grund eines vorgefertigten Konzepts die Möglichkeit geboten werden soll, zumindest in der Anfangsphase der Investition Verluste mit übrigen Einkünften zu verrechnen. [3]Dabei ist es ohne Belang, auf welchen Vorschriften die negativen Einkünfte beruhen.

(3) Absatz 1 ist nur anzuwenden, wenn innerhalb der Anfangsphase das Verhältnis der Summe der prognostizierten Verluste zur Höhe des gezeichneten und nach dem Konzept auch aufzubringenden Kapitals oder bei Einzelinvestoren des eingesetzten Eigenkapitals 10 Prozent übersteigt.

(4) [1]Der nach Absatz 1 nicht ausgleichsfähige Verlust ist jährlich gesondert festzustellen. [2]Dabei ist von dem verrechenbaren Verlust des Vorjahres auszugehen. [3]Der Feststellungsbescheid kann nur insoweit angegriffen werden, als der verrechenbare Verlust gegenüber dem verrechenbaren Verlust des Vorjahres sich verändert hat. [4]Handelt es sich bei dem Steuerstundungsmodell um eine Gesellschaft oder Gemeinschaft im Sinne des § 180 Absatz 1 Nummer 2 Buchstabe a der Abgabenordnung, ist das für die gesonderte und einheitliche Feststellung der einkommensteuerpflichtigen und körperschaftsteuerpflichtigen Einkünfte aus dem Steuerstundungsmodell zuständige Finanzamt für den Erlass des Feststellungsbescheids nach Satz 1 zuständig; anderenfalls ist das Betriebsfinanzamt (§ 18 Absatz 1 Nummer 2 der Abgabenordnung) zuständig. [5]Handelt es sich bei dem Steuerstundungsmodell um eine Gesellschaft oder Gemeinschaft im Sinne des § 180 Absatz 1 Nummer 2 Buchstabe a der Abgabenordnung, können mit den gesonderten Feststellungen nach Satz 1 mit der gesonderten und einheitlichen Feststellung der einkommensteuerpflichtigen und körperschaftsteuerpflichtigen Einkünfte aus dem Steuerstundungsmodell verbunden werden; in diesen Fällen sind die gesonderten Feststellungen nach Satz 1 einheitlich durchzuführen.

§ 16[2)]
Veräußerung des Betriebs

(1) [1]Zu den Einkünften aus Gewerbebetrieb gehören auch Gewinne, die erzielt werden bei der Veräußerung

1. des ganzen Gewerbebetriebs oder eines Teilbetriebs. [2]Als Teilbetrieb gilt auch das die gesamte Nennkapital umfassende Beteiligung an einer Kapitalgesellschaft; im Fall der Auflösung der Kapitalgesellschaft ist § 17 Absatz 4 Satz 3 sinngemäß anzuwenden;

2. des gesamten Anteils eines Gesellschafters, der als Unternehmer (Mitunternehmer) des Betriebs anzusehen ist (§ 15 Absatz 1 Satz 1 Nummer 2);

3. des gesamten Anteils eines persönlich haftenden Gesellschafters einer Kommanditgesellschaft auf Aktien (§ 15 Absatz 1 Satz 1 Nummer 3).

[2]Gewinne, die bei der Veräußerung eines Teils eines Anteils in Sinne von Satz 1 Nummer 2 oder 3 erzielt werden, sind laufende Gewinne.

(2) [1]Veräußerungsgewinn im Sinne des Absatzes 1 ist der Betrag, um den der Veräußerungspreis nach Abzug der Veräußerungskosten den Wert des Betriebsvermögens (Absatz 1 Satz 1 Nummer 1) oder den Wert des Anteils am Betriebsvermögen (Absatz 1 Satz 1 Nummer 2 und 3) übersteigt. [2]Der Wert des Betriebsvermögens oder des Anteils ist für den Zeitpunkt der Veräußerung nach § 4 Absatz 1 oder nach § 5 zu ermitteln. [3]Soweit auf der Seite des Veräußerers und auf der Seite des Erwerbers dieselben Personen Unternehmer oder Mitunternehmer sind, gilt der Gewinn insoweit jedoch als laufender Gewinn.

---

1) Zur Anwendung von § 15b siehe § 52 Absatz 33a EStG.
2) Zur Anwendung von § 16 siehe § 52 Absatz 34 EStG.

(3) ¹Als Veräußerung gilt auch die Aufgabe des Gewerbebetriebs sowie eines Anteils im Sinne des Absatzes 1 Satz 1 Nummer 2 oder 3. ²Werden im Zuge der Realteilung einer Mitunternehmerschaft Teilbetriebe, Mitunternehmeranteile oder einzelne Wirtschaftsgüter in das jeweilige Betriebsvermögen der einzelnen Mitunternehmer übertragen, so sind bei der Ermittlung des Gewinns der Mitunternehmerschaft die Wirtschaftsgüter mit den Werten anzusetzen, die sich nach den Vorschriften über die Gewinnermittlung ergeben, sofern die Besteuerung der stillen Reserven sichergestellt ist; der übernehmende Mitunternehmer ist an diese Werte gebunden. ³Dagegen ist für den jeweiligen Übertragungsvorgang rückwirkend der gemeine Wert anzusetzen, soweit bei einer Realteilung, bei der einzelne Wirtschaftsgüter übertragen worden sind, zum Buchwert übertragener Grund und Boden, übertragene Gebäude oder andere übertragene wesentliche Betriebsgrundlagen innerhalb einer Sperrfrist nach der Übertragung veräußert oder entnommen werden; diese Sperrfrist endet drei Jahre nach Abgabe der Steuererklärung der Mitunternehmerschaft für den Veranlagungszeitraum der Realteilung. ⁴Satz 2 ist bei einer Realteilung, bei der einzelne Wirtschaftsgüter übertragen werden, nicht anzuwenden, soweit die Wirtschaftsgüter unmittelbar oder mittelbar auf eine Körperschaft, Personenvereinigung oder Vermögensmasse übertragen werden; in diesem Fall ist bei der Übertragung der gemeine Wert anzusetzen. ⁵Soweit einzelne dem Betrieb gewidmete Wirtschaftsgüter im Rahmen der Aufgabe des Betriebs veräußert werden und soweit auf der Seite des Veräußerers und auf der Seite des Erwerbers dieselben Personen Unternehmer oder Mitunternehmer sind, gilt der Gewinn aus der Aufgabe des Gewerbebetriebs als laufender Gewinn. ⁶Werden die einzelnen dem Betrieb gewidmeten Wirtschaftsgüter im Rahmen der Aufgabe des Betriebs veräußert, so sind die Veräußerungspreise anzusetzen. ⁷Werden die Wirtschaftsgüter nicht veräußert, so ist der gemeine Wert im Zeitpunkt der Aufgabe anzusetzen. ⁸Bei Aufgabe eines Gewerbebetriebs, an dem mehrere Personen beteiligt waren, ist für jeden einzelnen Beteiligten der gemeine Wert der Wirtschaftsgüter anzusetzen, die er bei der Auseinandersetzung erhalten hat.

(4) ¹Hat der Steuerpflichtige das 55. Lebensjahr vollendet oder ist er im sozialversicherungsrechtlichen Sinne dauernd berufsunfähig, so wird der Veräußerungsgewinn auf Antrag zur Einkommensteuer nur herangezogen, soweit er 45 000 Euro übersteigt. ²Der Freibetrag ist dem Steuerpflichtigen nur einmal zu gewähren. ³Er ermäßigt sich um den Betrag, um den der Veräußerungsgewinn 136 000 Euro übersteigt.

(5) Werden bei einer Realteilung, bei der Teilbetriebe auf einzelne Mitunternehmer übertragen werden, Anteile an einer Körperschaft, Personenvereinigung oder Vermögensmasse unmittelbar oder mittelbar von einem nach § 8b Absatz 2 des Körperschaftsteuergesetzes begünstigten Steuerpflichtigen auf einen von § 8b Absatz 2 des Körperschaftsteuergesetzes begünstigten Mitunternehmer übertragen, ist abweichend von Absatz 3 Satz 2 rückwirkend auf den Zeitpunkt der Realteilung der gemeine Wert anzusetzen, wenn der übernehmende Mitunternehmer die Anteile innerhalb eines Zeitraums von sieben Jahren nach der Realteilung unmittelbar oder mittelbar veräußert oder durch einen Vorgang nach § 22 Absatz 1 Satz 6 Nummer 1 bis 5 des Umwandlungssteuergesetzes weiter überträgt; § 22 Absatz 3 Satz 3 des Umwandlungssteuergesetzes gilt entsprechend.

§ 17[1)]
Veräußerung von Anteilen an Kapitalgesellschaften

(1) ¹Zu den Einkünften aus Gewerbebetrieb gehört auch der Gewinn aus der Veräußerung von Anteilen an einer Kapitalgesellschaft, wenn der Veräußerer innerhalb der letzten fünf Jahre am Kapital der Gesellschaft unmittelbar oder mittelbar zu mindestens 1 Prozent beteiligt war. ²Die verdeckte Einlage von Anteilen an einer Kapitalgesellschaft in eine Kapitalgesellschaft steht der Veräußerung der Anteile gleich. ³Anteile an einer Kapitalgesellschaft sind Aktien, Anteile an einer Gesellschaft mit beschränkter Haftung, Genussscheine oder ähnliche Beteiligungen und Anwartschaften auf solche Beteiligungen. ⁴Hat der Veräußerer den veräußerten Anteil innerhalb der letzten fünf Jahre vor der Veräußerung unentgeltlich erworben, so gilt Satz 1 entsprechend, wenn der Veräußerer zwar nicht selbst, aber der Rechtsvorgänger oder, sofern der Anteil nacheinander unentgeltlich übertragen worden ist, einer der Rechtsvorgänger innerhalb der letzten fünf Jahre im Sinne von Satz 1 beteiligt war.

(2) ¹Veräußerungsgewinn im Sinne des Absatzes 1 ist der Betrag, um den der Veräußerungspreis nach Abzug der Veräußerungskosten die Anschaffungskosten übersteigt. ²In den Fällen des Absatzes 1 Satz 2 tritt an die Stelle des Veräußerungspreises der Anteile ihr gemeiner Wert. ³Weist der Veräußerer nach, dass ihm die Anteile bereits im Zeitpunkt der Begründung der unbeschränkten Steuerpflicht nach § 1 Absatz 1 zuzurechnen waren und dass der bis zu diesem Zeitpunkt entstandene Vermögenszuwachs auf Grund gesetzlicher Bestimmungen des Wegzugsstaats im Wegzugsstaat einer der Steuer nach § 6 des Außensteuergesetzes vergleichbaren Steuer unterlegen hat, tritt an die Stelle der Anschaffungskosten der Wert, den der Wegzugsstaat bei der Berechnung der Steuer nach § 6 des Außensteuergesetzes vergleichbaren Steuer angesetzt hat, höchstens jedoch der gemeine Wert. ⁴Satz 3 ist in den Fällen des § 6 Absatz 3 des Außensteuergesetzes nicht anzuwenden. ⁵Hat der Veräußerer den veräußerten Anteil unentgeltlich erworben, so sind als Anschaffungskosten des Anteils die Anschaffungskosten des Rechtsvorgängers maßgebend, der den Anteil zuletzt entgeltlich erworben hat. ⁶Ein Veräußerungsverlust ist nicht zu berücksichtigen, soweit er auf Anteile entfällt,

    a) die der Steuerpflichtige innerhalb der letzten fünf Jahre unentgeltlich erworben hatte. ²Dies gilt nicht, soweit der Rechtsvorgänger anstelle des Steuerpflichtigen den Veräußerungsverlust hätte geltend machen können;

---

1) Zur Anwendung von § 17 EStG siehe § 52 Absatz 34a EStG.

b) die entgeltlich erworben worden sind und nicht innerhalb der gesamten letzten fünf Jahre zu einer Beteiligung des Steuerpflichtigen im Sinne von Absatz 1 Satz 1 gehört haben. ²Dies gilt nicht für innerhalb der letzten fünf Jahre erworbene Anteile, deren Erwerb zur Begründung einer Beteiligung des Steuerpflichtigen im Sinne von Absatz 1 Satz 1 geführt hat oder die nach Begründung der Beteiligung im Sinne von Absatz 1 Satz 1 erworben worden sind.

(3) ¹Der Veräußerungsgewinn wird zur Einkommensteuer nur herangezogen, soweit er den Teil von 9 060 Euro übersteigt, der dem veräußerten Anteil an der Kapitalgesellschaft entspricht. ²Der Freibetrag ermäßigt sich um den Betrag, um den der Veräußerungsgewinn den Teil von 36 100 Euro übersteigt, der dem veräußerten Anteil an der Kapitalgesellschaft entspricht.

(4) ¹Als Veräußerung im Sinne des Absatzes 1 gilt auch die Auflösung einer Kapitalgesellschaft, die Kapitalherabsetzung, wenn das Kapital zurückgezahlt wird, und die Ausschüttung oder Zurückzahlung von Beträgen aus dem steuerlichen Einlagenkonto im Sinne des § 27 des Körperschaftsteuergesetzes. ²In diesen Fällen ist als Veräußerungspreis der gemeine Wert des dem Steuerpflichtigen zugeteilten oder zurückgezahlten Vermögens der Kapitalgesellschaft anzusehen. ³Satz 1 gilt nicht, soweit die Bezüge nach § 20 Absatz 1 Nummer 1 oder Nummer 2 zu den Einnahmen aus Kapitalvermögen gehören.

(5) ¹Die Beschränkung oder der Ausschluss des Besteuerungsrechts der Bundesrepublik Deutschland hinsichtlich des Gewinns aus der Veräußerung der Anteile an einer Kapitalgesellschaft im Fall der Verlegung des Sitzes oder des Orts der Geschäftsleitung der Kapitalgesellschaft in einen anderen Staat stehen der Veräußerung der Anteile zum gemeinen Wert gleich. ²Dies gilt nicht in den Fällen der Sitzverlegung einer Europäischen Gesellschaft nach Artikel 8 der Verordnung (EG) Nr. 2157/2001 und der Sitzverlegung einer anderen Kapitalgesellschaft in einen anderen Mitgliedstaat der Europäischen Union. ³In diesen Fällen ist der Gewinn aus einer späteren Veräußerung der Anteile ungeachtet der Bestimmungen eines Abkommens zur Vermeidung der Doppelbesteuerung in der gleichen Art und Weise zu besteuern, wie die Veräußerung dieser Anteile zu besteuern gewesen wäre, wenn keine Sitzverlegung stattgefunden hätte. ⁴§ 15 Absatz 1a Satz 2 ist entsprechend anzuwenden.

(6) Als Anteile im Sinne des Absatzes 1 Satz 1 gelten auch Anteile an Kapitalgesellschaften, an denen der Veräußerer innerhalb der letzten fünf Jahre am Kapital der Gesellschaft nicht unmittelbar oder mittelbar zu mindestens 1 Prozent beteiligt war, wenn

1. die Anteile auf Grund eines Einbringungsvorgangs im Sinne des Umwandlungssteuergesetzes, bei dem nicht der gemeine Wert zum Ansatz kam, erworben wurden und
2. zum Einbringungszeitpunkt für die eingebrachten Anteile die Voraussetzungen von Absatz 1 Satz 1 erfüllt waren oder die Anteile auf einer Sacheinlage im Sinne von § 20 Absatz 1 des Umwandlungssteuergesetzes vom 7. Dezember 2006

(BGBl. I S. 2782, 2791) in der jeweils geltenden Fassung beruhen.

(7) Als Anteile im Sinne des Absatzes 1 Satz 1 gelten auch Anteile an einer Genossenschaft einschließlich der Europäischen Genossenschaft.

c) Selbständige Arbeit
(§ 2 Absatz 1 Satz 1 Nummer 3)

§ 18

(1) Einkünfte aus selbständiger Arbeit sind

1. Einkünfte aus freiberuflicher Tätigkeit. ²Zu der freiberuflichen Tätigkeit gehören die selbständig ausgeübte wissenschaftliche, künstlerische, schriftstellerische, unterrichtende oder erzieherische Tätigkeit, die selbständige Berufstätigkeit der Ärzte, Zahnärzte, Tierärzte, Rechtsanwälte, Notare, Patentanwälte, Vermessungsingenieure, Ingenieure, Architekten, Handelschemiker, Wirtschaftsprüfer, Steuerberater, beratenden Volks- und Betriebswirte, vereidigten Buchprüfer, Steuerbevollmächtigten, Heilpraktiker, Dentisten, Krankengymnasten, Journalisten, Bildberichterstatter, Dolmetscher, Übersetzer, Lotsen und ähnlicher Berufe. ³Ein Angehöriger eines freien Berufs im Sinne der Sätze 1 und 2 ist auch dann freiberuflich tätig, wenn er sich der Mithilfe fachlich vorgebildeter Arbeitskräfte bedient; Voraussetzung ist, dass er auf Grund eigener Fachkenntnisse leitend und eigenverantwortlich tätig wird. ⁴Eine Vertretung im Fall vorübergehender Verhinderung steht der Annahme einer leitenden und eigenverantwortlichen Tätigkeit nicht entgegen;

2. Einkünfte der Einnehmer einer staatlichen Lotterie, wenn sie nicht Einkünfte aus Gewerbebetrieb sind;

3. Einkünfte aus sonstiger selbständiger Arbeit, z. B. Vergütungen für die Vollstreckung von Testamenten, für Vermögensverwaltung und für die Tätigkeit als Aufsichtsratsmitglied;

4. Einkünfte, die ein Beteiligter an einer vermögensverwaltenden Gesellschaft oder Gemeinschaft, deren Zweck im Erwerb, Halten und in der Veräußerung von Anteilen an Kapitalgesellschaften besteht, als Vergütung für Leistungen zur Förderung des Gesellschafts- oder Gemeinschaftszwecks erzielt, wenn der Anspruch auf die Vergütung unter der Voraussetzung eingeräumt worden ist, dass die Gesellschafter oder Gemeinschafter ihr eingezahltes Kapital vollständig zurückerhalten haben; § 15 Absatz 3 ist nicht anzuwenden.

(2) Einkünfte nach Absatz 1 sind auch dann steuerpflichtig, wenn es sich nur um eine vorübergehende Tätigkeit handelt.

(3) ¹Zu den Einkünften aus selbständiger Arbeit gehört auch der Gewinn, der bei der Veräußerung des Vermögens oder eines selbständigen Teils des Vermögens oder eines Anteils am Vermögen erzielt wird, das der selbständigen Arbeit dient. ²§ 16 Absatz 1 Satz 1 Nummer 1 und 2 und Absatz 1 Satz 2 sowie Absatz 2 bis 4 gilt entsprechend.

(4) ¹§ 13 Absatz 5 gilt entsprechend, sofern das Grundstück im Veranlagungszeitraum 1986 zu einem der selbständigen Arbeit dienenden Betriebsvermögen gehört hat. ²§ 15 Absatz 1 Satz 1 Nummer 2, Absatz 1a, Absatz 2 Satz 2 und 3, §§ 15a und 15b sind entsprechend anzuwenden.¹⁾

d) Nichtselbständige Arbeit
(§ 2 Absatz 1 Satz 1 Nummer 4)

§ 19

(1) ¹Zu den Einkünften aus nichtselbständiger Arbeit gehören

1. Gehälter, Löhne, Gratifikationen, Tantiemen und andere Bezüge und Vorteile für eine Beschäftigung im öffentlichen oder privaten Dienst;
2. Wartegelder, Ruhegelder, Witwen- und Waisengelder und andere Bezüge und Vorteile aus früheren Dienstleistungen, auch soweit sie von Arbeitgebern ausgleichspflichtiger Personen an ausgleichsberechtigte Personen infolge einer nach § 10 oder § 14 des Versorgungsausgleichsgesetzes durchgeführten Teilung geleistet werden;
3. laufende Beiträge und laufende Zuwendungen des Arbeitgebers aus einem bestehenden Dienstverhältnis an einen Pensionsfonds, eine Pensionskasse oder für eine Direktversicherung für eine betriebliche Altersversorgung. ²Zu den Einkünften aus nichtselbständiger Arbeit gehören auch Sonderzahlungen, die der Arbeitgeber neben den laufenden Beiträgen und Zuwendungen an eine solche Versorgungseinrichtung leistet, mit Ausnahme der Zahlungen des Arbeitgebers zur Erfüllung der Solvabilitätsvorschriften nach den §§ 53c und 114 des Versicherungsaufsichtsgesetzes, Zahlungen des Arbeitgebers in der Rentenbezugszeit nach § 112 Absatz 1a des Versicherungsaufsichtsgesetzes oder Sanierungsgelder; Sonderzahlungen des Arbeitgebers sind insbesondere Zahlungen an eine Pensionskasse anlässlich
   a) seines Ausscheidens aus einer nicht im Wege der Kapitaldeckung finanzierten betrieblichen Altersversorgung oder
   b) des Wechsels von einer nicht im Wege der Kapitaldeckung zu einer anderen nicht im Wege der Kapitaldeckung finanzierten betrieblichen Altersversorgung.

³Von Sonderzahlungen im Sinne des Satzes 2 Buchstabe b ist bei laufenden und wiederkehrenden Zahlungen entsprechend dem periodischen Bedarf nur auszugehen, soweit die Bemessung der Zahlungsverpflichtungen des Arbeitgebers nach dem Wechsel die Bemessung der Zahlungsverpflichtung zum Zeitpunkt des Wechsels übersteigt. ⁴Sanierungsgelder sind Sonderzahlungen des Arbeitgebers an eine Pensionskasse anlässlich der Systemumstellung einer nicht im Wege der Kapitaldeckung finanzierten betrieblichen Altersversorgung auf der Finanzierungs- oder Leistungsseite, die der Finanzierung der zum Zeitpunkt der Umstellung bestehenden Versorgungsverpflichtungen oder Versorgungsanwartschaften dienen; bei laufenden und wiederkehrenden Zahlungen entsprechend dem periodischen Bedarf ist nur von Sanierungsgeldern auszugehen, soweit die Bemessung der Zahlungsverpflichtungen des Arbeitgebers in das Versorgungssystem nach der Systemumstellung die Bemessung der Zahlungsverpflichtung zum Zeitpunkt der Systemumstellung übersteigt. ²Es ist gleichgültig, ob es sich um laufende oder um einmalige Bezüge handelt und ob ein Rechtsanspruch auf sie besteht.

(2) ¹Von Versorgungsbezügen bleiben ein nach einem Prozentsatz ermittelter, auf einen Höchstbetrag begrenzter Betrag (Versorgungsfreibetrag) und ein Zuschlag zum Versorgungsfreibetrag steuerfrei. ²Versorgungsbezüge sind

1. das Ruhegehalt, Witwen- oder Waisengeld, der Unterhaltsbeitrag oder ein gleichartiger Bezug
   a) auf Grund beamtenrechtlicher oder entsprechender gesetzlicher Vorschriften,
   b) nach beamtenrechtlichen Grundsätzen von Körperschaften, Anstalten oder Stiftungen des öffentlichen Rechts oder öffentlich-rechtlichen Verbänden von Körperschaften oder
2. in anderen Fällen Bezüge und Vorteile aus früheren Dienstleistungen wegen Erreichens einer Altersgrenze, verminderter Erwerbsfähigkeit oder Hinterbliebenenbezüge; Bezüge wegen Erreichens einer Altersgrenze gelten erst dann als Versorgungsbezüge, wenn der Steuerpflichtige das 63. Lebensjahr oder, wenn er schwerbehindert ist, das 60. Lebensjahr vollendet hat.

³Der maßgebende Prozentsatz, der Höchstbetrag des Versorgungsfreibetrags und der Zuschlag zum Versorgungsfreibetrag sind der nachstehenden Tabelle zu entnehmen:

Jahr des Versorgungsbeginns	Versorgungsfreibetrag		Zuschlag zum Versorgungsfreibetrag in Euro
	in % der Versorgungsbezüge	Höchstbetrag in Euro	
bis 2005	40,0	3 000	900
ab 2006	38,4	2 880	864
2007	36,8	2 760	828
2008	35,2	2 640	792
2009	33,6	2 520	756
2010	32,0	2 400	720
2011	30,4	2 280	684
2012	28,8	2 160	648
2013	27,2	2 040	612
2014	25,6	1 920	576
2015	24,0	1 800	540
2016	22,4	1 680	504
2017	20,8	1 560	468

---

1) Zur Anwendung von § 18 Absatz 4 Satz 2 siehe § 52 Absatz 34b EStG.

Jahr des Versorgungs-beginns	Versorgungsfreibetrag		Zuschlag zum Versorgungs-freibetrag in Euro
	in % der Versorgungs-bezüge	Höchstbetrag in Euro	
2018	19,2	1 440	432
2019	17,6	1 320	396
2020	16,0	1 200	360
2021	15,2	1 140	342
2022	14,4	1 080	324
2023	13,6	1 020	306
2024	12,8	960	288
2025	12,0	900	270
2026	11,2	840	252
2027	10,4	780	234
2028	9,6	720	216
2029	8,8	660	198
2030	8,0	600	180
2031	7,2	540	162
2032	6,4	480	144
2033	5,6	420	126
2034	4,8	360	108
2035	4,0	300	90
2036	3,2	240	72
2037	2,4	180	54
2038	1,6	120	36
2039	0,8	60	18
2040	0,0	0	0

[4]Bemessungsgrundlage für den Versorgungsfreibetrag ist

a) bei Versorgungsbeginn vor 2005

das Zwölffache des Versorgungsbezugs für Januar 2005,

b) bei Versorgungsbeginn ab 2005

das Zwölffache des Versorgungsbezugs für den ersten vollen Monat,

jeweils zuzüglich voraussichtlicher Sonderzahlungen im Kalenderjahr, auf die zu diesem Zeitpunkt ein Rechtsanspruch besteht. [5]Der Zuschlag zum Versorgungsfreibetrag darf nur bis zur Höhe der um den Versorgungsfreibetrag geminderten Bemessungsgrundlage berücksichtigt werden. [6]Bei mehreren Versorgungsbezügen mit unterschiedlichem Bezugsbeginn bestimmen sich der insgesamt berücksichtigungsfähige Höchstbetrag des Versorgungsfreibetrags und der Zuschlag zum Versorgungsfreibetrag nach dem Jahr des Beginns des ersten Versorgungsbezugs. [7]Folgt ein Hinterbliebenenbezug einem Versorgungsbezug, bestimmen sich der Prozentsatz, der Höchstbetrag des Versorgungsfreibetrags und der Zuschlag zum Versorgungsfreibetrag für den Hinterbliebenenbezug nach dem Jahr des Beginns des Versorgungsbezugs. [8]Der nach den Sätzen 3 bis 7 berechnete Versorgungsfreibetrag und Zuschlag zum Versorgungsfreibetrag gelten für die gesamte Laufzeit des Versorgungsbezugs. [9]Regelmäßige Anpassungen des Versorgungsbezugs führen nicht zu einer Neuberechnung. [10]Abweichend hiervon sind der Versorgungsfreibetrag und der Zuschlag zum Versorgungsfreibetrag neu zu berechnen, wenn sich der Versorgungsbezug wegen Anwendung von Anrechnungs-, Ruhens-, Erhöhungs- oder Kürzungsregelungen erhöht oder vermindert. [11]In diesen Fällen sind die Sätze 3 bis 7 mit dem geänderten Versorgungsbezug als Bemessungsgrundlage im Sinne des Satzes 4 anzuwenden; im Kalenderjahr der Änderung sind der höchste Versorgungsfreibetrag und Zuschlag zum Versorgungsfreibetrag maßgebend. [12]Für jeden vollen Kalendermonat, für den keine Versorgungsbezüge gezahlt werden, ermäßigen sich der Versorgungsfreibetrag und der Zuschlag zum Versorgungsfreibetrag in diesem Kalenderjahr um je ein Zwölftel.

§ 19a[1)]
Überlassung von Vermögensbeteiligungen an Arbeitnehmer
(in Neufassung EStG 2009 entfallen)

e) Kapitalvermögen
(§ 2 Absatz 1 Satz 1 Nummer 5)

§ 20[2)]

(1) Zu den Einkünften aus Kapitalvermögen gehören

1. Gewinnanteile (Dividenden), Ausbeuten und sonstige Bezüge aus Aktien, Genussrechten, mit denen das Recht am Gewinn und Liquidationserlös einer Kapitalgesellschaft verbunden ist, aus Anteilen an Gesellschaften mit beschränkter Haftung, an Erwerbs- und Wirtschaftsgenossenschaften sowie an bergbautreibenden Vereinigungen, die die Rechte einer juristischen Person haben. [2]Zu den sonstigen Bezügen gehören auch verdeckte Gewinnausschüttungen. [3]Die Bezüge gehören nicht zu den Einnahmen, soweit sie aus Ausschüttungen einer Körperschaft stammen, für die Beträge aus dem steuerlichen Einlagekonto im Sinne des § 27 des Körperschaftsteuergesetzes als verwendet gelten. [4]Als sonstige Bezüge gelten auch Einnahmen, die an Stelle der Bezüge im Sinne des Satzes 1 von einem anderen als dem Anteilseigner nach Absatz 5 bezogen werden, wenn die Aktien mit Dividendenberechtigung erworben, aber ohne Dividendenanspruch geliefert werden;

2. Bezüge, die nach der Auflösung einer Körperschaft oder Personenvereinigung im Sinne der Nummer 1 anfallen und die nicht in der Rückzahlung von Nennkapital bestehen; Nummer 1 Satz 3 gilt entsprechend. [2]Gleiches gilt für Bezüge, die auf Grund einer Kapitalherabsetzung oder nach der Auflösung einer unbeschränkt steuerpflichtigen Körperschaft oder Personen-

---

1) § 19a wurde aufgehoben durch Mitarbeiterkapitalbeteiligungsgesetz vom 7.3.2009 (BGBl. I S. 451, BStBl. I S. 436), zur Weiteranwendung (bis 2015) siehe § 52 Absatz 35 EStG. Text § 19a EStG bei LStH 19a.

2) Zur Anwendung von § 20 siehe § 52a Absatz 8 bis 10 EStG.

vereinigung im Sinne der Nummer 1 anfallen und die als Gewinnausschüttung im Sinne des § 28 Absatz 2 Satz 2 und 4 des Körperschaftsteuergesetzes gelten;

3. (weggefallen)

4. Einnahmen aus der Beteiligung an einem Handelsgewerbe als stiller Gesellschafter und aus partiarischen Darlehen, es sei denn, dass der Gesellschafter oder Darlehnsgeber als Mitunternehmer anzusehen ist. ²Auf Anteile des stillen Gesellschafters am Verlust des Betriebes sind § 15 Absatz 4 Satz 6 bis 8 und § 15a sinngemäß anzuwenden;

5. Zinsen aus Hypotheken und Grundschulden und Renten aus Rentenschulden. ²Bei Tilgungshypotheken und Tilgungsgrundschulden ist nur der Teil der Zahlungen anzusetzen, der als Zins auf den jeweiligen Kapitalrest entfällt;

6. der Unterschiedsbetrag zwischen der Versicherungsleistung und der Summe der auf sie entrichteten Beiträge (Erträge) im Erlebensfall oder bei Rückkauf des Vertrags bei Rentenversicherungen mit Kapitalwahlrecht, soweit nicht die lebenslange Rentenzahlung gewählt und erbracht wird, und bei Kapitalversicherungen mit Sparanteil, wenn der Vertrag nach dem 31. Dezember 2004 abgeschlossen worden ist. ²Wird die Versicherungsleistung nach Vollendung des 60. Lebensjahres[1)] des Steuerpflichtigen und nach Ablauf von zwölf Jahren seit dem Vertragsabschluss ausgezahlt, ist die Hälfte des Unterschiedsbetrags anzusetzen. ³Bei entgeltlichem Erwerb des Anspruchs auf die Versicherungsleistung treten die Anschaffungskosten an die Stelle der vor dem Erwerb entrichteten Beiträge. ⁴Die Sätze 1 bis 3 sind auf Erträge aus fondsgebundenen Lebensversicherungen, auf Erträge im Erlebensfall bei Rentenversicherungen ohne Kapitalwahlrecht, soweit keine lebenslange Rentenzahlung vereinbart und erbracht wird, und auf Erträge bei Rückkauf des Vertrages bei Rentenversicherungen ohne Kapitalwahlrecht entsprechend anzuwenden. ⁵Ist in einem Versicherungsvertrag eine gesonderte Verwaltung von speziell für diesen Vertrag zusammengestellten Kapitalanlagen vereinbart, die nicht auf öffentlich vertriebene Investmentfondsanteile oder Anlagen, die die Entwicklung eines veröffentlichten Indexes abbilden, beschränkt ist, und kann der wirtschaftlich Berechtigte unmittelbar oder mittelbar über die Veräußerung der Vermögensgegenstände und die Wiederanlage der Erlöse bestimmen (vermögensverwaltender Versicherungsvertrag), sind die dem Versicherungsunternehmen zufließenden Erträge dem wirtschaftlich Berechtigten aus dem Versicherungsvertrag zuzurechnen; Sätze 1 bis 4 sind nicht anzuwenden. ⁶Satz 2 ist nicht anzuwenden, wenn

a) in einem Kapitallebensversicherungsvertrag mit vereinbarter laufender Beitragszahlung in mindestens gleichbleibender Höhe bis zum Zeitpunkt des Erlebensfalls die vereinbarte Leistung bei Eintritt des versicherten Risikos weniger als 50 Prozent der Summe der für die gesamte Vertragsdauer zu zahlenden Beiträge beträgt und

b) bei einem Kapitallebensversicherungsvertrag die vereinbarte Leistung bei Eintritt des versicherten Risikos das Deckungskapital oder den Zeitwert der Versicherung spätestens fünf Jahre nach Vertragsabschluss nicht um mindestens 10 Prozent des Deckungskapitals, des Zeitwerts oder der Summe der gezahlten Beiträge übersteigt. ²Dieser Prozentsatz darf bis zum Ende der Vertragslaufzeit in jährlich gleichen Schritten auf Null sinken;

7. Erträge aus sonstigen Kapitalforderungen jeder Art, wenn die Rückzahlung des Kapitalvermögens oder ein Entgelt für die Überlassung des Kapitalvermögens zur Nutzung zugesagt oder geleistet worden ist, auch wenn die Höhe der Rückzahlung oder des Entgelts von einem ungewissen Ereignis abhängt. ²Dies gilt unabhängig von der Bezeichnung und der zivilrechtlichen Ausgestaltung der Kapitalanlage;

8. Diskontbeträge von Wechseln und Anweisungen einschließlich der Schatzwechsel;

9. Einnahmen aus Leistungen einer nicht von der Körperschaftsteuer befreiten Körperschaft, Personenvereinigung oder Vermögensmasse im Sinne des § 1 Absatz 1 Nummer 3 bis 5 des Körperschaftsteuergesetzes, die Gewinnausschüttungen im Sinne der Nummer 1 wirtschaftlich vergleichbar sind, soweit sie nicht bereits zu den Einnahmen im Sinne der Nummer 1 gehören; Nummer 1 Satz 2, 3 und Nummer 2 gelten entsprechend;

10. a) Leistungen eines nicht von der Körperschaftsteuer befreiten Betriebs gewerblicher Art im Sinne des § 4 des Körperschaftsteuergesetzes mit eigener Rechtspersönlichkeit, die zu mit Gewinnausschüttungen im Sinne der Nummer 1 Satz 1 wirtschaftlich vergleichbaren Einnahmen führen; Nummer 1 Satz 2, 3 und Nummer 2 gelten entsprechend;

b) der nicht den Rücklagen zugeführte Gewinn und verdeckte Gewinnausschüttungen eines nicht von der Körperschaftsteuer befreiten Betriebs gewerblicher Art im Sinne des § 4 des Körperschaftsteuergesetzes ohne eigene Rechtspersönlichkeit, der den Gewinn durch Betriebsvermögensvergleich ermittelt oder Umsätze einschließlich der steuerfreien Umsätze, ausgenommen die Umsätze nach § 4 Nummer 8 bis 10 des Umsatzsteuergesetzes, von mehr als 350 000 Euro im Kalenderjahr oder einen Gewinn von mehr als 30 000 Euro im Wirtschaftsjahr hat, sowie der Gewinn im Sinne des § 22 Absatz 4 des Umwandlungssteuergesetzes. ²Die Auflösung der Rücklagen zu Zwecken außerhalb des Betriebs gewerblicher Art führt zu einem Gewinn im

---

[1)] Für Vertragsabschlüsse nach 31.12.2011 62. Lebensjahr (§ 52 Absatz 36 Satz 9 EStG).

Sinne des Satzes 1; in Fällen der Einbringung nach dem Sechsten und dem Formwechsel nach dem Achten Teil des Umwandlungssteuergesetzes gelten die Rücklagen als aufgelöst. ³Bei dem Geschäft der Veranstaltung von Werbesendungen der inländischen öffentlich-rechtlichen Rundfunkanstalten gelten drei Viertel des Einkommens im Sinne des § 8 Absatz 1 Satz 3 des Körperschaftsteuergesetzes als Gewinn im Sinne des Satzes 1. ⁴Die Sätze 1 und 2 sind bei wirtschaftlichen Geschäftsbetrieben der von der Körperschaftsteuer befreiten Körperschaften, Personenvereinigungen oder Vermögensmassen entsprechend anzuwenden. ⁵Nummer 1 Satz 3 gilt entsprechend;

11. Stillhalterprämien, die für die Einräumung von Optionen vereinnahmt werden; schließt der Stillhalter ein Glattstellungsgeschäft ab, mindern sich die Einnahmen aus den Stillhalterprämien um die im Glattstellungsgeschäft gezahlten Prämien.

(2) ¹Zu den Einkünften aus Kapitalvermögen gehören auch

1. der Gewinn aus der Veräußerung von Anteilen an einer Körperschaft im Sinne des Absatzes 1 Nummer 1. ²Anteile an einer Körperschaft sind auch Genussrechte im Sinne des Absatzes 1 Nummer 1, den Anteilen im Sinne des Absatzes 1 Nummer 1 ähnliche Beteiligungen und Anwartschaften auf Anteile im Sinne des Absatzes 1 Nummer 1;

2. der Gewinn aus der Veräußerung
    a) von Dividendenscheinen und sonstigen Ansprüchen durch den Inhaber des Stammrechts, wenn die dazugehörigen Aktien oder sonstigen Anteile nicht mitveräußert werden. ²Diese Besteuerung tritt an die Stelle der Besteuerung nach Absatz 1;
    b) von Zinsscheinen und Zinsforderungen durch den Inhaber oder ehemaligen Inhaber der Schuldverschreibung, wenn die dazugehörigen Schuldverschreibungen nicht mitveräußert werden. ²Entsprechendes gilt für die Einlösung von Zinsscheinen und Zinsforderungen durch den ehemaligen Inhaber der Schuldverschreibung.
    ²Satz 1 gilt sinngemäß für die Einnahmen aus der Abtretung von Dividenden- oder Zinsansprüchen oder sonstigen Ansprüchen im Sinne des Satzes 1, wenn die dazugehörigen Anteilsrechte oder Schuldverschreibungen nicht in einzelnen Wertpapieren verbrieft sind. ³Satz 2 gilt auch bei der Abtretung von Zinsansprüchen aus Schuldbuchforderungen, die in ein öffentliches Schuldbuch eingetragen sind;

3. der Gewinn
    a) bei Termingeschäften, durch die der Steuerpflichtige einen Differenzausgleich oder einen durch den Wert einer veränderlichen Bezugsgröße bestimmten Geldbetrag oder Vorteil erlangt;
    b) aus der Veräußerung eines als Termingeschäft ausgestalteten Finanzinstruments;

4. der Gewinn aus der Veräußerung von Wirtschaftsgütern, die Erträge im Sinne des Absatzes 1 Nummer 4 erzielen;

5. der Gewinn aus der Übertragung von Rechten im Sinne des Absatzes 1 Nummer 5;

6. der Gewinn aus der Veräußerung von Ansprüchen auf eine Versicherungsleistung im Sinne des Absatzes 1 Nummer 6. ²Das Versicherungsunternehmen hat nach Kenntniserlangung von einer Veräußerung unverzüglich Mitteilung an das für den Steuerpflichtigen zuständige Finanzamt zu machen und auf Verlangen des Steuerpflichtigen eine Bescheinigung über die Höhe der entrichteten Beiträge im Zeitpunkt der Veräußerung zu erteilen;

7. der Gewinn aus der Veräußerung von sonstigen Kapitalforderungen jeder Art im Sinne des Absatzes 1 Nummer 7;

8. der Gewinn aus der Übertragung oder Aufgabe einer die Einnahmen im Sinne des Absatzes 1 Nummer 9 vermittelnden Rechtsposition.

²Als Veräußerung im Sinne des Satzes 1 gilt auch die Einlösung, Rückzahlung, Abtretung oder verdeckte Einlage in eine Kapitalgesellschaft; in den Fällen von Satz 1 Nummer 4 gilt auch die Vereinnahmung eines Auseinandersetzungsguthabens als Veräußerung. ³Die Anschaffung oder Veräußerung einer unmittelbaren oder mittelbaren Beteiligung an einer Personengesellschaft gilt als Anschaffung oder Veräußerung der anteiligen Wirtschaftsgüter.

(3) Zu den Einkünften aus Kapitalvermögen gehören auch besondere Entgelte oder Vorteile, die neben den in den Absätzen 1 und 2 bezeichneten Einnahmen oder an deren Stelle gewährt werden.

(4) ¹Gewinn im Sinne des Absatzes 2 ist der Unterschied zwischen den Einnahmen aus der Veräußerung nach Abzug der Aufwendungen, die in unmittelbaren sachlichen Zusammenhang mit dem Veräußerungsgeschäft stehen, und den Anschaffungskosten; bei nicht in Euro getätigten Geschäften sind die Einnahmen im Zeitpunkt der Veräußerung und die Anschaffungskosten im Zeitpunkt der Anschaffung in Euro umzurechnen. ²In den Fällen der verdeckten Einlage tritt an die Stelle der Einnahmen aus der Veräußerung der Wirtschaftsgüter ihr gemeiner Wert; der Gewinn ist für das Kalenderjahr der verdeckten Einlage anzusetzen. ³Ist ein Wirtschaftsgut im Sinne des Absatzes 2 in das Privatvermögen durch Entnahme oder Betriebsaufgabe überführt worden, tritt an die Stelle der Anschaffungskosten der nach § 6 Absatz 1 Nummer 4 oder § 16 Absatz 3 angesetzte Wert. ⁴In den Fällen des Absatzes 2 Satz 1 Nummer 6 gelten die entrichteten Beiträge im Sinne des Absatzes 1 Nummer 6 Satz 1 als Anschaffungskosten; ist ein entgeltlicher Erwerb vorausgegangen, gelten auch die nach dem Erwerb entrichteten Beiträge als Anschaffungskosten. ⁵Gewinn bei einem Termingeschäft ist der Differenzausgleich oder der durch den Wert einer veränderlichen Bezugsgröße bestimmte Geldbetrag oder Vorteil abzüglich der Aufwendungen, die im unmittelbaren sachlichen Zusammenhang mit dem Termingeschäft stehen. ⁶Bei unentgeltlichem Erwerb sind dem Einzelrechtsnachfolger für Zwecke dieser

Vorschrift die Anschaffung, die Überführung des Wirtschaftsguts in das Privatvermögen, der Erwerb eines Rechts aus Termingeschäften oder die Beiträge im Sinne des Absatzes 1 Nummer 6 Satz 1 durch den Rechtsvorgänger zuzurechnen. [7]Bei vertretbaren Wertpapieren, die einem Verwahrer zur Sammelverwahrung im Sinne des § 5 des Depotgesetzes in der Fassung der Bekanntmachung vom 11. Januar 1995 (BGBl. I S. 34), das zuletzt durch Artikel 4 des Gesetzes vom 5. April 2004 (BGBl. I S. 502) geändert worden ist, in der jeweils geltenden Fassung anvertraut worden sind, ist zu unterstellen, dass die zuerst angeschafften Wertpapiere zuerst veräußert wurden.

(4a) [1]Werden Anteile an einer Körperschaft, Vermögensmasse oder Personenvereinigung, die weder ihre Geschäftsleitung noch ihren Sitz im Inland hat, gegen Anteile an einer anderen Körperschaft, Vermögensmasse oder Personenvereinigung, die weder ihre Geschäftsleitung noch ihren Sitz im Inland hat, getauscht und wird der Tausch auf Grund gesellschaftsrechtlicher Maßnahmen vollzogen, die von den beteiligten Unternehmen ausgehen, treten abweichend von Absatz 2 Satz 1 und § 13 Absatz 2 des Umwandlungssteuergesetzes die übernommenen Anteile steuerlich an die Stelle der bisherigen Anteile, wenn das Recht der Bundesrepublik Deutschland hinsichtlich der Besteuerung des Gewinns aus der Veräußerung der erhaltenen Anteile nicht ausgeschlossen oder beschränkt ist oder die Mitgliedstaaten der Europäischen Union bei einer Verschmelzung Artikel 8 der Richtlinie 90/434/EWG anzuwenden haben; in diesem Fall ist der Gewinn aus einer späteren Veräußerung der erworbenen Anteile ungeachtet der Bestimmungen eines Abkommens zur Vermeidung der Doppelbesteuerung in der gleichen Art und Weise zu besteuern, wie die Veräußerung der Anteile an der übertragenden Körperschaft zu besteuern wäre, und § 15 Absatz 1a Satz 2 entsprechend anzuwenden. [2]Erhält der Steuerpflichtige in den Fällen des Satzes 1 zusätzlich zu den Anteilen eine Gegenleistung, gilt diese als Ertrag im Sinne des Absatzes 1 Nummer 1. [3]Besitzt bei sonstigen Kapitalforderungen im Sinne des Absatzes 1 Nummer 7 der Inhaber das Recht, bei Fälligkeit anstelle der Rückzahlung des Nominalbetrags vom Emittenten die Lieferung einer vorher festgelegten Anzahl von Wertpapieren zu verlangen oder besitzt der Emittent das Recht, bei Fälligkeit dem Inhaber anstelle der Rückzahlung des Nominalbetrags eine vorher festgelegte Anzahl von Wertpapieren anzudienen und machen der Inhaber der Forderung oder der Emittent von diesem Recht Gebrauch, ist abweichend von Absatz 4 Satz 1 das Entgelt für den Erwerb der Forderung als Veräußerungspreis der Forderung und als Anschaffungskosten der erhaltenen Wertpapiere anzusetzen. [4]Werden Bezugsrechte veräußert oder ausgeübt, die nach § 186 des Aktiengesetzes, § 55 des Gesetzes betreffend die Gesellschaften mit beschränkter Haftung oder eines vergleichbaren ausländischen Rechts einen Anspruch auf Abschluss eines Zeichnungsvertrags begründen, wird der Teil der Anschaffungskosten der Altanteile, der auf das Bezugsrecht entfällt, bei der Ermittlung des Gewinns nach Absatz 4 Satz 1 mit 0 Euro angesetzt. [5]Werden einem Steuerpflichtigen Anteile im Sinne des Absatzes 2 Satz 1 Nummer 1 zugeteilt, ohne dass dieser eine gesonderte Gegenleistung zu entrichten hat, werden der Ertrag und die Anschaffungskosten dieser Anteile mit 0 Euro angesetzt, wenn die Voraussetzungen der Sätze 3 und 4 nicht vorliegen und die Ermittlung der Höhe des Kapitalertrags nicht möglich ist. [6]Soweit es auf die steuerliche Wirksamkeit einer Kapitalmaßnahme im Sinne der vorstehenden Sätze 1 bis 5 ankommt, ist auf den Zeitpunkt der Einbuchung in das Depot des Steuerpflichtigen abzustellen.

(5) [1]Einkünfte aus Kapitalvermögen im Sinne des Absatzes 1 Nummer 1 und 2 erzielt der Anteilseigner. [2]Anteilseigner ist derjenige, dem nach § 39 der Abgabenordnung die Anteile an dem Kapitalvermögen im Sinne des Absatzes 1 Nummer 1 im Zeitpunkt des Gewinnverteilungsbeschlusses zuzurechnen sind. [3]Sind einem Nießbraucher oder Pfandgläubiger die Einnahmen im Sinne des Absatzes 1 Nummer 1 oder 2 zuzurechnen, gilt er als Anteilseigner.

(6) [1]Verbleibende positive Einkünfte aus Kapitalvermögen sind nach der Verrechnung im Sinne des § 43a Absatz 3 zunächst mit Verlusten aus privaten Veräußerungsgeschäften nach Maßgabe des § 23 Absatz 3 Satz 9 und 10 zu verrechnen. [2]Verluste aus Kapitalvermögen dürfen nicht mit Einkünften aus anderen Einkunftsarten ausgeglichen werden; sie dürfen auch nicht nach § 10d abgezogen werden. [3]Die Verluste mindern jedoch die Einkünfte, die der Steuerpflichtige in den folgenden Veranlagungszeiträumen aus Kapitalvermögen erzielt. [4]§ 10d Absatz 4 ist sinngemäß anzuwenden. [5]Verluste aus Kapitalvermögen im Sinne des Absatzes 2 Satz 1 Nummer 1 Satz 1, die aus der Veräußerung von Aktien entstehen, dürfen nur mit Gewinnen aus Kapitalvermögen im Sinne des Absatzes 2 Satz 1 Nummer 1 Satz 1, die aus der Veräußerung von Aktien entstehen, ausgeglichen werden; die Sätze 3 und 4 gelten sinngemäß. [6]Verluste aus Kapitalvermögen, die der Kapitalertragsteuer unterliegen, dürfen nur verrechnet werden oder mindern die Einkünfte, die der Steuerpflichtige in den folgenden Veranlagungszeiträumen aus Kapitalvermögen erzielt, wenn eine Bescheinigung im Sinne des § 43a Absatz 3 Satz 4 vorliegt.

(7) [1]§ 15b ist sinngemäß anzuwenden. [2]Ein vorgefertigtes Konzept im Sinne des § 15b Absatz 2 Satz 2 liegt auch vor, wenn die positiven Einkünfte nicht der tariflichen Einkommensteuer unterliegen.

(8) [1]Soweit Einkünfte der in den Absätzen 1, 2 und 3 bezeichneten Art zu den Einkünften aus Land- und Forstwirtschaft, aus Gewerbebetrieb, aus selbständiger Arbeit oder aus Vermietung und Verpachtung gehören, sind sie diesen Einkünften zuzurechnen. [2]Absatz 4a findet insoweit keine Anwendung.

(9) [1]Bei der Ermittlung der Einkünfte aus Kapitalvermögen ist als Werbungskosten ein Betrag von 801 Euro abzuziehen (Sparer-Pauschbetrag); der Abzug der tatsächlichen Werbungskosten ist ausgeschlossen. [2]Ehegatten, die zusammen veranlagt werden, wird ein gemeinsamer Sparer-Pauschbetrag von 1 602 Euro gewährt. [3]Der gemeinsame Sparer-Pauschbetrag ist bei der Einkunftsermittlung bei jedem Ehegatten je zur Hälfte abzuziehen; sind die Kapitalerträge eines Ehegatten niedriger als 801

Euro, so ist der anteilige Sparer-Pauschbetrag insoweit, als er die Kapitalerträge dieses Ehegatten übersteigt, bei dem anderen Ehegatten abzuziehen. ⁴Der Sparer-Pauschbetrag und der gemeinsame Sparer-Pauschbetrag dürfen nicht höher sein als die nach Maßgabe des Absatzes 6 verrechneten Kapitalerträge.

f) Vermietung und Verpachtung
(§ 2 Absatz 1 Satz 1 Nummer 6)

§ 21

(1) ¹Einkünfte aus Vermietung und Verpachtung sind
1. Einkünfte aus Vermietung und Verpachtung von unbeweglichem Vermögen, insbesondere von Grundstücken, Gebäuden, Gebäudeteilen, Schiffen, die in ein Schiffsregister eingetragen sind, und Rechten, die den Vorschriften des bürgerlichen Rechts über Grundstücke unterliegen (z. B. Erbbaurecht, Mineralgewinnungsrecht);
2. Einkünfte aus Vermietung und Verpachtung von Sachinbegriffen, insbesondere von beweglichem Betriebsvermögen;
3. Einkünfte aus zeitlich begrenzter Überlassung von Rechten, insbesondere von schriftstellerischen, künstlerischen und gewerblichen Urheberrechten, von gewerblichen Erfahrungen und von Gerechtigkeiten und Gefällen;
4. Einkünfte aus der Veräußerung von Miet- und Pachtzinsforderungen, auch dann, wenn die Einkünfte im Veräußerungspreis von Grundstücken enthalten sind und die Miet- oder Pachtzinsen sich auf einen Zeitraum beziehen, in dem der Veräußerer noch Besitzer war.

²§§ 15a und 15b sind sinngemäß anzuwenden.[1]

(2) Beträgt das Entgelt für die Überlassung von Wohnung zu Wohnzwecken weniger als 56 Prozent der ortsüblichen Marktmiete, so ist die Nutzungsüberlassung in einen entgeltlichen und einen unentgeltlichen Teil aufzuteilen.

(3) Einkünfte der in den Absätzen 1 und 2 bezeichneten Art sind Einkünften aus anderen Einkunftsarten zuzurechnen, soweit sie zu diesen gehören.

g) Sonstige Einkünfte
(§ 2 Absatz 1 Satz 1 Nummer 7)

§ 22
Arten der sonstigen Einkünfte

Sonstige Einkünfte sind
1. Einkünfte aus wiederkehrenden Bezügen, soweit sie nicht zu den in § 2 Absatz 1 Nummer 1 bis 6 bezeichneten Einkunftsarten gehören; § 15b ist sinngemäß anzuwenden.[2] ²Werden die Bezüge freiwillig oder auf Grund einer freiwillig begründeten Rechtspflicht oder einer gesetzlich unterhaltsberechtigten Person gewährt, so sind sie nicht dem Empfänger zuzurechnen; dem Empfänger sind dagegen zuzurechnen

a) Bezüge, die von einer Körperschaft, Personenvereinigung oder Vermögensmasse außerhalb der Erfüllung steuerbegünstigter Zwecke im Sinne der §§ 52 bis 54 der Abgabenordnung gewährt werden, und
b) Bezüge im Sinne des § 1 der Verordnung über die Steuerbegünstigung von Stiftungen, die an die Stelle von Familienfideikommissen getreten sind, in der im Bundesgesetzblatt Teil III, Gliederungsnummer 611-4-3, veröffentlichten bereinigten Fassung.[3]

³Zu den in Satz 1 bezeichneten Einkünften gehören auch
a) Leibrenten und andere Leistungen,
 aa) die aus den gesetzlichen Rentenversicherungen, den landwirtschaftlichen Alterskassen, den berufsständischen Versorgungseinrichtungen und aus Rentenversicherungen im Sinne des § 10 Absatz 1 Nummer 2 Buchstabe b erbracht werden, soweit sie jeweils der Besteuerung unterliegen. ²Bemessungsgrundlage für den der Besteuerung unterliegenden Anteil ist der Jahresbetrag der Renten.

³Der der Besteuerung unterliegende Anteil ist nach dem Jahr des Rentenbeginns und dem in diesem Jahr maßgebenden Prozentsatz aus der nachstehenden Tabelle zu entnehmen:

Jahr des Rentenbeginns	Besteuerungsanteil in %
bis 2005	50
ab 2006	52
2007	54
2008	56
2009	58
2010	60
2011	62
2012	64
2013	66
2014	68
2015	70
2016	72
2017	74
2018	76
2019	78
2020	80
2021	81
2022	82
2023	83
2024	84
2025	85
2026	86

---
1) Zur Anwendung von § 21 Absatz 1 Satz 2 siehe § 52 Absatz 37e EStG.
2) Zur Anwendung von § 22 Nummer 1 Satz 1 zweiter Halbsatz siehe § 52 Absatz 38 Satz 3 EStG.
3) Zur Anwendung von § 22 Nummer 1 Satz 2 EStG siehe § 52 Absatz 38 Satz 1 EStG.

EStG

Jahr des Rentenbeginns	Besteuerungsanteil in %
2027	87
2028	88
2029	89
2030	90
2031	91
2032	92
2033	93
2034	94
2035	95
2036	96
2037	97
2038	98
2039	99
2040	100

[4]Der Unterschiedsbetrag zwischen dem Jahresbetrag der Rente und dem der Besteuerung unterliegenden Anteil der Rente ist der steuerfreie Teil der Rente. [5]Dieser gilt ab dem Jahr, das dem Jahr des Rentenbeginns folgt, für die gesamte Laufzeit des Rentenbezugs. [6]Abweichend hiervon ist der steuerfreie Teil der Rente bei einer Veränderung des Jahresbetrags der Rente in dem Verhältnis anzupassen, in dem der veränderte Jahresbetrag der Rente zum Jahresbetrag der Rente steht, der der Ermittlung des steuerfreien Teils der Rente zugrunde liegt. [7]Regelmäßige Anpassungen des Jahresbetrags der Rente führen nicht zu einer Neuberechnung und bleiben bei einer Neuberechnung außer Betracht. [8]Folgen nach dem 31. Dezember 2004 Renten aus derselben Versicherung einander nach, gilt für die spätere Rente Satz 3 mit der Maßgabe, dass sich der Prozentsatz nach dem Jahr richtet, das sich ergibt, wenn die Laufzeit der vorhergehenden Renten von dem Jahr des Beginns der späteren Rente abgezogen wird; der Prozentsatz kann jedoch nicht niedriger bemessen werden als der für das Jahr 2005;

bb) die nicht solche im Sinne des Doppelbuchstaben aa sind und bei denen in den einzelnen Bezügen Einkünfte aus Erträgen des Rentenrechts enthalten sind. [2]Dies gilt auf Antrag auch für Leibrenten und andere Leistungen, soweit diese auf bis zum 31. Dezember 2004 geleisteten Beiträgen beruhen, welche oberhalb des Betrags des Höchstbeitrags zur gesetzlichen Rentenversicherung gezahlt wurden; der Steuerpflichtige muss nachweisen, dass der Betrag des Höchstbeitrags mindestens zehn Jahre überschritten wurde; soweit hiervon im Versorgungsausgleich übertragene Rentenanwartschaften betroffen sind, gilt § 4 Absatz 1 des Versorgungsausgleichsgesetzes entsprechend. [3]Als Ertrag des Rentenrechts gilt für die gesamte Dauer des Rentenbezugs der Unterschiedsbetrag zwischen dem Jahresbetrag der Rente und dem Betrag, der sich bei gleichmäßiger Verteilung des Kapitalwerts der Rente auf ihre voraussichtliche Laufzeit ergibt; dabei ist der Kapitalwert nach dieser Laufzeit zu berechnen. [4]Der Ertrag des Rentenrechts (Ertragsanteil) ist aus der nachstehenden Tabelle zu entnehmen:

Bei Beginn der Rente vollendetes Lebensjahr des Rentenberechtigten	Ertragsanteil in %
0 bis 1	59
2 bis 3	58
4 bis 5	57
6 bis 8	56
9 bis 10	55
11 bis 12	54
13 bis 14	53
15 bis 16	52
17 bis 18	51
19 bis 20	50
21 bis 22	49
23 bis 24	48
25 bis 26	47
27	46
28 bis 29	45
30 bis 31	44
32	43
33 bis 34	42
35	41
36 bis 37	40
38	39
39 bis 40	38
41	37
42	36
43 bis 44	35
45	34
46 bis 47	33
48	32
49	31
50	30
51 bis 52	29
53	28
54	27
55 bis 56	26
57	25
58	24

Bei Beginn der Rente vollendetes Lebensjahr des Rentenberechtigten	Ertragsanteil in %
59	23
60 bis 61	22
62	21
63	20
64	19
65 bis 66	18
67	17
68	16
69 bis 70	15
71	14
72 bis 73	13
74	12
75	11
76 bis 77	10
78 bis 79	9
80	8
81 bis 82	7
83 bis 84	6
85 bis 87	5
88 bis 91	4
92 bis 93	3
94 bis 96	2
ab 97	1

⁵Die Ermittlung des Ertrags aus Leibrenten, die vor dem 1. Januar 1955 zu laufen begonnen haben, und aus Renten, deren Dauer von der Lebenszeit mehrerer Personen oder einer anderen Person als beim Rentenberechtigten abhängt, sowie aus Leibrenten, die auf eine bestimmte Zeit beschränkt sind, wird durch eine Rechtsverordnung bestimmt;

b) Einkünfte aus Zuschüssen und sonstigen Vorteilen, die als wiederkehrende Bezüge gewährt werden;

1a. Einkünfte aus Unterhaltsleistungen, soweit sie nach § 10 Absatz 1 Nummer 1 vom Geber abgezogen werden können;

1b. Einkünfte aus Versorgungsleistungen, soweit sie beim Zahlungsverpflichteten nach § 10 Absatz 1 Nummer 1a als Sonderausgaben abgezogen werden können;

1c. Einkünfte aus Leistungen auf Grund eines schuldrechtlichen Versorgungsausgleichs, soweit sie beim Ausgleichsverpflichteten nach § 10 Absatz 1 Nummer 1b als Sonderausgaben abgezogen werden können;

2. Einkünfte aus privaten Veräußerungsgeschäften im Sinne des § 23;

3. Einkünfte aus Leistungen, soweit sie weder zu anderen Einkunftsarten (§ 2 Absatz 1 Satz 1 Nummer 1 bis 6) noch zu den Einkünften im Sinne der Nummern 1, 1a, 2 oder 4 gehören, z. B. Einkünfte aus gelegentlichen Vermittlungen und aus der Vermietung beweglicher Gegenstände. ²Solche Einkünfte sind nicht einkommensteuerpflichtig, wenn sie weniger als 256 Euro im Kalenderjahr betragen haben. ³Übersteigen die Werbungskosten die Einnahmen, so darf der übersteigende Betrag bei Ermittlung des Einkommens nicht ausgeglichen werden; er darf auch nicht nach § 10d abgezogen werden. ⁴Die Verluste mindern jedoch nach Maßgabe des § 10d die Einkünfte, die der Steuerpflichtige in dem unmittelbar vorangegangenen Veranlagungszeitraum oder in den folgenden Veranlagungszeiträumen aus Leistungen im Sinne des Satzes 1 erzielt hat oder erzielt; § 10d Absatz 4 gilt entsprechend. ⁵Verluste aus Leistungen im Sinne des § 22 Nummer 3 in der bis zum 31. Dezember 2008 anzuwendenden Fassung können abweichend von Satz 3 auch mit Einkünften aus Kapitalvermögen im Sinne des § 20 Absatz 1 Nummer 11 ausgeglichen werden. ⁶Sie mindern abweichend von Satz 4 nach Maßgabe des § 10d auch die Einkünfte, die der Steuerpflichtige in den folgenden Veranlagungszeiträumen aus § 20 Absatz 1 Nummer 11 erzielt;[1)]

4. Entschädigungen, Amtszulagen, Zuschüsse zu Kranken- und Pflegeversicherungsbeiträgen, Übergangsgelder, Überbrückungsgelder, Sterbegelder, Versorgungsabfindungen, Versorgungsbezüge, die auf Grund des Abgeordnetengesetzes oder des Europaabgeordnetengesetzes sowie vergleichbare Bezüge, die auf Grund der entsprechenden Gesetze der Länder gezahlt werden, und die Entschädigungen, das Übergangsgeld, das Ruhegehalt und die Hinterbliebenenversorgung, die auf Grund des Abgeordnetenstatuts des Europäischen Parlaments von der Europäischen Union gezahlt werden. ²Werden zur Abgeltung des durch das Mandat veranlassten Aufwandes Aufwandsentschädigungen gezahlt, so dürfen die durch das Mandat veranlassten Aufwendungen nicht als Werbungskosten abgezogen werden. ³Wahlkampfkosten zur Erlangung eines Mandats im Bundestag, im Europäischen Parlament oder im Parlament eines Landes dürfen nicht als Werbungskosten abgezogen werden. ⁴Es gelten entsprechend

a) für Nachversicherungsbeiträge auf Grund gesetzlicher Verpflichtung nach den Abgeordnetengesetzen im Sinne des Satzes 1 und für Zuschüsse zu Kranken- und Pflegeversicherungsbeiträgen § 3 Nummer 62,

b) für Versorgungsbezüge § 19 Absatz 2 nur bezüglich des Versorgungsfreibetrags; beim Zusammentreffen mit Versorgungsbezügen im Sinne des § 19 Absatz 2 Satz 2 bleibt jedoch insgesamt höchstens ein Betrag in

---

1) § 22 Nummer 3 Satz 5 und 6 sind letztmals für VZ 2013 anzuwenden (§ 52a Absatz 10a EStG).

Höhe des Versorgungsfreibetrags nach § 19 Absatz 2 Satz 3 im Veranlagungszeitraum steuerfrei,

c) für das Übergangsgeld, das in einer Summe gezahlt wird, und für die Versorgungsabfindung § 34 Absatz 1,

d) für die Gemeinschaftssteuer, die auf die Entschädigungen, das Übergangsgeld, das Ruhegehalt und die Hinterbliebenenversorgung auf Grund des Abgeordnetenstatuts des Europäischen Parlaments von der Europäischen Union erhoben wird, § 34c Absatz 1; dabei sind die im ersten Halbsatz genannten Einkünfte für die entsprechende Anwendung des § 34c Absatz 1 wie ausländische Einkünfte und die Gemeinschaftssteuer wie eine der deutschen Einkommensteuer entsprechende ausländische Steuer zu behandeln;

5. [1] Leistungen aus Altersvorsorgeverträgen, Pensionsfonds, Pensionskassen und Direktversicherungen. [2]Soweit die Leistungen nicht auf Beiträgen, auf die § 3 Nummer 63, § 10a oder Abschnitt XI angewendet wurde, nicht auf Zulagen im Sinne des Abschnitts XI, nicht auf Zahlungen im Sinne des § 92a Absatz 2 Satz 4 Nummer 1 und des § 92a Absatz 3 Satz 9 Nummer 2, nicht auf steuerfreien Leistungen nach § 3 Nummer 66 und nicht auf Ansprüchen beruhen, die durch steuerfreie Zuwendungen nach § 3 Nummer 56 oder die durch nach § 3 Nummer 55b Satz 1 steuerfreie Leistung aus einem im Versorgungsausgleich begründeten Anrecht erworben wurden,

a) ist bei lebenslangen Renten sowie bei Berufsunfähigkeits-, Erwerbsminderungs- und Hinterbliebenenrenten Nummer 1 Satz 3 Buchstabe a entsprechend anzuwenden,

b) ist bei Leistungen aus Versicherungsverträgen, Pensionsfonds, Pensionskassen und Direktversicherungen, die nicht solche nach Buchstabe a sind, § 20 Absatz 1 Nummer 6 in der jeweils für den Vertrag geltenden Fassung entsprechend anzuwenden,

c) unterliegt bei anderen Leistungen der Unterschiedsbetrag zwischen der Leistung und der Summe der auf sie entrichteten Beiträge der Besteuerung; § 20 Absatz 1 Nummer 6 Satz 2 gilt entsprechend.

[3]In den Fällen des § 93 Absatz 1 Satz 1 und 2 gilt das ausgezahlte geförderte Altersvorsorgevermögen nach Abzug der Zulagen im Sinne des Abschnitts XI als Leistung im Sinne des Satzes 2. [4]Als Leistung im Sinne des Satzes 1 gilt auch der Verminderungsbetrag nach § 92a Absatz 2 Satz 5 und der Auflösungsbetrag nach § 92a Absatz 3 Satz 5. [5]Der Auflösungsbetrag nach § 92a Absatz 2 Satz 6 wird zu 70 Prozent als Leistung nach Satz 1 erfasst. [6]Tritt nach dem Beginn der Auszahlungsphase der Fall des § 92a Absatz 3 Satz 1 ein, dann ist

a) innerhalb eines Zeitraums bis zum zehnten Jahr nach dem Beginn der Auszahlungsphase das Eineinhalbfache,

b) innerhalb eines Zeitraums zwischen dem zehnten und 20. Jahr nach dem Beginn der Auszahlungsphase das Einfache

des nach Satz 5 noch nicht erfassten Auflösungsbetrags als Leistung nach Satz 1 zu erfassen; § 92a Absatz 3 Satz 9 gilt entsprechend mit der Maßgabe, dass als noch nicht zurückgeführter Betrag im Wohnförderkonto der nicht erfasste Auflösungsbetrag gilt. [7]Bei erstmaligem Bezug von Leistungen, in den Fällen des § 93 Absatz 1 sowie bei Änderung der im Kalenderjahr auszuzahlenden Leistung hat der Anbieter nach Ablauf des Kalenderjahres dem Steuerpflichtigen nach amtlich vorgeschriebenem Vordruck den Betrag der im abgelaufenen Kalenderjahr zugeflossenen Leistungen nach Satz 1 bis 6 gesondert mitzuteilen. [8]In den Fällen des § 92a Absatz 2 Satz 10 erster Halbsatz erhält der Steuerpflichtige die Angaben nach Satz 7 von der zentralen Stelle (§ 81). [9]Werden dem Steuerpflichtigen Abschluss- und Vertriebskosten eines Altersvorsorgevertrages erstattet, gilt der Erstattungsbetrag als Leistung im Sinne des Satzes 1.

§ 22a
Rentenbezugsmitteilungen an die zentrale Stelle

(1) [1]Die Träger der gesetzlichen Rentenversicherung, der Spitzenverband der landwirtschaftlichen Sozialversicherung für die Träger der Alterssicherung der Landwirte, die berufsständischen Versorgungseinrichtungen, die Pensionskassen, die Pensionsfonds, die Versicherungsunternehmen, die Unternehmen, die Verträge im Sinne des § 10 Absatz 1 Nummer 2 Buchstabe b anbieten, und die Anbieter im Sinne des § 80 (Mitteilungspflichtige) haben der zentralen Stelle (§ 81) bis zum 31. März des Jahres, das auf das Jahr folgt, in dem eine Leibrente oder andere Leistung nach § 22 Nummer 1 Satz 3 Buchstabe a und § 22 Nummer 5 einem Leistungsempfänger zugeflossen ist, folgende Daten zu übermitteln (Rentenbezugsmitteilung): [2)]

1. Identifikationsnummer (§ 139b der Abgabenordnung), Familienname, Vorname und Geburtsdatum des Leistungsempfängers;

2. je gesondert den Betrag der Leibrenten und anderen Leistungen im Sinne des § 22 Nummer 1 Satz 3 Buchstabe a Doppelbuchstabe aa, bb Satz 4 und Doppelbuchstabe bb Satz 5 in Verbindung mit § 55 Absatz 2 der Einkommensteuer-Durchführungsverordnung sowie im Sinne des § 22 Nummer 5. [2]Der im Betrag der Rente enthaltene Teil, der ausschließlich auf einer Anpassung der Rente beruht, ist gesondert mitzuteilen;

3. Zeitpunkt des Beginns und des Endes des jeweiligen Leistungsbezugs; folgen nach dem 31. Dezember 2004 Renten aus derselben Ver-

---

1) Zur Anwendung von § 22 Nummer 5 (auf „Altfälle") siehe § 52 Absatz 34c EStG.
2) Zur Anwendung von § 22a Absatz 1 siehe § 52 Absatz 38a EStG.

sicherung einander nach, ist auch die Laufzeit der vorhergehenden Renten mitzuteilen;
4. Bezeichnung und Anschrift des Mitteilungspflichtigen;
5. die Beiträge im Sinne des § 10 Absatz 1 Nummer 3 Buchstabe a Satz 1 und 2 und Buchstabe b, soweit diese vom Mitteilungspflichtigen an die Träger der gesetzlichen Kranken- und Pflegeversicherung abgeführt werden;
6. die dem Leistungsempfänger zustehenden Beitragszuschüsse nach § 106 des Sechsten Buches Sozialgesetzbuch.

²Die Datenübermittlung hat nach amtlich vorgeschriebenem Datensatz durch Datenfernübertragung zu erfolgen. ³Im Übrigen ist § 150 Absatz 6 der Abgabenordnung entsprechend anzuwenden.

(2) ¹Der Leistungsempfänger hat dem Mitteilungspflichtigen seine Identifikationsnummer mitzuteilen. ²Teilt der Leistungsempfänger die Identifikationsnummer dem Mitteilungspflichtigen trotz Aufforderung nicht mit, übermittelt das Bundeszentralamt für Steuern dem Mitteilungspflichtigen auf dessen Anfrage die Identifikationsnummer des Leistungsempfängers; weitere Daten dürfen nicht übermittelt werden. ³In der Anfrage dürfen nur die in § 139b Absatz 2 der Abgabenordnung genannten Daten des Leistungsempfängers angegeben werden, soweit sie dem Mitteilungspflichtigen bekannt sind. ⁴Die Anfrage des Mitteilungspflichtigen und die Antwort des Bundeszentralamtes für Steuern sind über die zentrale Stelle zu übermitteln. ⁵Die zentrale Stelle führt eine ausschließlich automatisierte Prüfung der ihr übermittelten Daten daraufhin durch, ob sie vollständig und schlüssig sind und ob das vorgeschriebene Datenformat verwendet worden ist. ⁶Sie speichert die Daten des Leistungsempfängers nur für Zwecke dieser Prüfung bis zur Übermittlung an das Bundeszentralamt für Steuern oder an den Mitteilungspflichtigen. ⁷Die Daten sind bei der Übermittlung zwischen der zentralen Stelle und dem Bundeszentralamt für Steuern zu verschlüsseln. ⁸Für die Anfrage gilt Absatz 1 Satz 2 und 3 entsprechend. ⁹Der Mitteilungspflichtige darf die Identifikationsnummer nur verwenden, soweit sie für die Erfüllung der Mitteilungspflicht nach Absatz 1 Satz 1 erforderlich ist.

(3) Der Mitteilungspflichtige hat den Leistungsempfänger jeweils darüber zu unterrichten, dass die Leistung der zentralen Stelle mitgeteilt wird.

(4) ¹Die zentrale Stelle (§ 81) kann bei den Mitteilungspflichtigen ermitteln, ob sie ihre Pflichten nach Absatz 1 Satz 1 erfüllt haben. ²Die §§ 193 bis 203 der Abgabenordnung gelten sinngemäß. ³Auf Verlangen der zentralen Stelle haben die Mitteilungspflichtigen ihre Unterlagen, soweit sie im Ausland geführt und aufbewahrt werden, verfügbar zu machen.

§ 23[1)]
Private Veräußerungsgeschäfte

(1) ¹Private Veräußerungsgeschäfte (§ 22 Nummer 2) sind

1. Veräußerungsgeschäfte bei Grundstücken und Rechten, die den Vorschriften des bürgerlichen Rechts über Grundstücke unterliegen (z. B. Erbbaurecht, Mineralgewinnungsrecht), bei denen der Zeitraum zwischen Anschaffung und Veräußerung nicht mehr als zehn Jahre beträgt. ²Gebäude und Außenanlagen sind einzubeziehen, soweit sie innerhalb dieses Zeitraums errichtet, ausgebaut oder erweitert werden; dies gilt entsprechend für Gebäudeteile, die selbständige unbewegliche Wirtschaftsgüter sind, sowie für Eigentumswohnungen und im Teileigentum stehende Räume. ³Ausgenommen sind Wirtschaftsgüter, die im Zeitraum zwischen Anschaffung oder Fertigstellung und Veräußerung ausschließlich zu eigenen Wohnzwecken oder im Jahr der Veräußerung und in den beiden vorangegangenen Jahren zu eigenen Wohnzwecken genutzt wurden;
2. Veräußerungsgeschäfte bei anderen Wirtschaftsgütern, bei denen der Zeitraum zwischen Anschaffung und Veräußerung nicht mehr als ein Jahr beträgt. ²Bei Wirtschaftsgütern im Sinne von Nummer 2 Satz 1, aus denen Nutzung als Einkunftsquelle zumindest in einem Kalenderjahr Einkünfte erzielt werden, erhöht sich der Zeitraum auf zehn Jahre.

²Als Anschaffung gilt auch die Überführung eines Wirtschaftsguts in das Privatvermögen des Steuerpflichtigen durch Entnahme oder Betriebsaufgabe. ³Bei unentgeltlichem Erwerb ist dem Einzelrechtsnachfolger für Zwecke dieser Vorschrift die Anschaffung oder die Überführung des Wirtschaftsguts in das Privatvermögen durch den Rechtsvorgänger zuzurechnen. ⁴Die Anschaffung oder Veräußerung einer unmittelbaren oder mittelbaren Beteiligung an einer Personengesellschaft gilt als Anschaffung oder Veräußerung der anteiligen Wirtschaftsgüter. ⁵Als Veräußerung im Sinne des Satzes 1 Nummer 1 gilt auch

1. die Einlage eines Wirtschaftsguts in das Betriebsvermögen, wenn die Veräußerung aus dem Betriebsvermögen innerhalb eines Zeitraums von zehn Jahren seit Anschaffung des Wirtschaftsguts erfolgt, und
2. die verdeckte Einlage in eine Kapitalgesellschaft.

(2) Einkünfte aus privaten Veräußerungsgeschäften der in Absatz 1 bezeichneten Art sind den Einkünften aus anderen Einkunftsarten zuzurechnen, soweit sie zu diesen gehören.

(3) ¹Gewinn oder Verlust aus Veräußerungsgeschäften nach Absatz 1 ist der Unterschied zwischen Veräußerungspreis einerseits und den Anschaffungs- oder Herstellungskosten und den Werbungskosten andererseits. ²In den Fällen des Absatzes 1 Satz 5 Nummer 1 tritt an die Stelle des Veräußerungspreises der für den Zeitpunkt der Einlage nach § 6 Absatz 1 Nummer 5 angesetzte Wert, in den Fällen des Absatzes 1 Satz 5 Nummer 2 der gemeine Wert. ³In den Fällen des Absatzes 1 Satz 2 tritt an die Stelle der Anschaffungs- oder Herstellungskosten der nach § 6 Absatz 1 Nummer 4 oder § 16 Absatz 3 angesetzte Wert. ⁴Die Anschaffungs- oder Herstellungskosten mindern sich um Absetzungen für Abnutzung, er-

---

1) Zur Anwendung von § 23 siehe § 52a Absatz 11 EStG.

höhte Absetzungen und Sonderabschreibungen, soweit sie bei der Ermittlung der Einkünfte im Sinne des § 2 Absatz 1 Satz 1 Nummer 4 bis 7 abgezogen worden sind. [5]Gewinne bleiben steuerfrei, wenn der aus den privaten Veräußerungsgeschäften erzielte Gesamtgewinn im Kalenderjahr weniger als 600 Euro betragen hat. [6]In den Fällen des Absatzes 1 Satz 5 Nummer 1 sind Gewinne oder Verluste für das Kalenderjahr, in dem der Preis für die Veräußerung aus dem Betriebsvermögen zugeflossen ist, in den Fällen des Absatzes 1 Satz 5 Nummer 2 für das Kalenderjahr der verdeckten Einlage anzusetzen. [7]Verluste dürfen nur bis zur Höhe des Gewinns, den der Steuerpflichtige im gleichen Kalenderjahr aus privaten Veräußerungsgeschäften erzielt hat, ausgeglichen werden; sie dürfen nicht nach § 10d abgezogen werden. [8]Die Verluste mindern jedoch nach Maßgabe des § 10d die Einkünfte, die der Steuerpflichtige in dem unmittelbar vorangegangenen Veranlagungszeitraum oder in den folgenden Veranlagungszeiträumen aus privaten Veräußerungsgeschäften erzielt hat; § 10d Absatz 4 gilt entsprechend. [9]Verluste aus privaten Veräußerungsgeschäften im Sinne des § 23 in der bis zum 31. Dezember 2008 anzuwendenden Fassung können abweichend von Satz 7 auch mit Einkünften aus Kapitalvermögen im Sinne des § 20 Absatz 2 in der Fassung des Artikels 1 des Gesetzes vom 14. August 2007 (BGBl. I S. 1912) ausgeglichen werden. [10]Sie mindern abweichend von Satz 8 nach Maßgabe des § 10d auch die Einkünfte, die der Steuerpflichtige in den folgenden Veranlagungszeiträumen aus § 20 Absatz 2 in der Fassung des Artikels 1 des Gesetzes vom 14. August 2007 (BGBl. I S. 1912) erzielt.

h) Gemeinsame Vorschriften

§ 24

Zu den Einkünften im Sinne des § 2 Absatz 1 gehören auch

1. Entschädigungen, die gewährt worden sind

    a) als Ersatz für entgangene oder entgehende Einnahmen oder

    b) für die Aufgabe oder Nichtausübung einer Tätigkeit, für die Aufgabe einer Gewinnbeteiligung oder einer Anwartschaft auf eine solche;

    c) als Ausgleichszahlungen an Handelsvertreter nach § 89b des Handelsgesetzbuchs;

2. Einkünfte aus einer ehemaligen Tätigkeit im Sinne des § 2 Absatz 1 Nummer 1 bis 4 oder aus einem früheren Rechtsverhältnis im Sinne des § 2 Absatz 1 Nummer 5 bis 7, und zwar auch dann, wenn sie dem Steuerpflichtigen als Rechtsnachfolger zufließen;

3. Nutzungsvergütungen für die Inanspruchnahme von Grundstücken für öffentliche Zwecke sowie Zinsen auf solche Nutzungsvergütungen und auf Entschädigungen, die mit der Inanspruchnahme von Grundstücken für öffentliche Zwecke zusammenhängen.

§ 24a
Altersentlastungsbetrag

[1]Der Altersentlastungsbetrag ist bis zu einem Höchstbetrag im Kalenderjahr ein nach einem Prozentsatz ermittelter Betrag des Arbeitslohns und der positiven Summe der Einkünfte, die nicht solche aus nichtselbstständiger Arbeit sind. [2]Bei der Bemessung des Betrags bleiben außer Betracht:

1. Versorgungsbezüge im Sinne des § 19 Absatz 2;
2. Einkünfte aus Leibrenten im Sinne des § 22 Nummer 1 Satz 3 Buchstabe a;
3. Einkünfte im Sinne des § 22 Nummer 4 Satz 4 Buchstabe b;
4. Einkünfte im Sinne des § 22 Nummer 5 Satz 1, soweit § 52 Absatz 34c anzuwenden ist;
5. Einkünfte im Sinne des § 22 Nummer 5 Satz 2 Buchstabe a.

[3]Der Altersentlastungsbetrag wird einem Steuerpflichtigen gewährt, der vor dem Beginn des Kalenderjahres, in dem er sein Einkommen bezogen hat, das 64. Lebensjahr vollendet hatte. [4]Im Fall der Zusammenveranlagung von Ehegatten zur Einkommensteuer sind die Sätze 1 bis 3 für jeden Ehegatten gesondert anzuwenden. [5]Der maßgebende Prozentsatz und der Höchstbetrag des Altersentlastungsbetrags sind der nachstehenden Tabelle zu entnehmen:

Das auf die Vollendung des 64. Lebensjahres folgende Kalenderjahr	Altersentlastungsbetrag	
	in % der Einkünfte	Höchstbetrag in Euro
2005	40,0	1 900
2006	38,4	1 824
2007	36,8	1 748
2008	35,2	1 672
2009	33,6	1 596
2010	32,0	1 520
2011	30,4	1 444
2012	28,8	1 368
2013	27,2	1 292
2014	25,6	1 216
2015	24,0	1 140
2016	22,4	1 064
2017	20,8	988
2018	19,2	912
2019	17,6	836
2020	16,0	760
2021	15,2	722
2022	14,4	684
2023	13,6	646
2024	12,8	608
2025	12,0	570
2026	11,2	532
2027	10,4	494
2028	9,6	456
2029	8,8	418

Das auf die Vollendung des 64. Lebensjahres folgende Kalenderjahr	Altersentlastungsbetrag	
	in % der Einkünfte	Höchstbetrag in Euro
2030	8,0	380
2031	7,2	342
2032	6,4	304
2033	5,6	266
2034	4,8	228
2035	4,0	190
2036	3,2	152
2037	2,4	114
2038	1,6	76
2039	0,8	38
2040	0,0	0.

§ 24b
Entlastungsbetrag für Alleinerziehende

(1) ¹Allein stehende Steuerpflichtige können einen Entlastungsbetrag in Höhe von 1 308 Euro im Kalenderjahr von der Summe der Einkünfte abziehen, wenn zu ihrem Haushalt mindestens ein Kind gehört, für das ihnen ein Freibetrag nach § 32 Absatz 6 oder Kindergeld zusteht. ²Die Zugehörigkeit zum Haushalt ist anzunehmen, wenn das Kind in der Wohnung des allein stehenden Steuerpflichtigen gemeldet ist. ³Ist das Kind bei mehreren Steuerpflichtigen gemeldet, steht der Entlastungsbetrag nach Satz 1 demjenigen Alleinstehenden zu, der die Voraussetzungen auf Auszahlung des Kindergeldes nach § 64 Absatz 2 Satz 1 erfüllt oder erfüllen würde in Fällen, in denen nur ein Anspruch auf einen Freibetrag nach § 32 Absatz 6 besteht.

(2) ¹Allein stehend im Sinne des Absatzes 1 sind Steuerpflichtige, die nicht die Voraussetzungen für die Anwendung des Splitting-Verfahrens (§ 26 Absatz 1) erfüllen oder verwitwet sind und keine Haushaltsgemeinschaft mit einer anderen volljährigen Person bilden, es sei denn, für diese steht ihnen ein Freibetrag nach § 32 Absatz 6 oder Kindergeld zu oder es handelt sich um ein Kind im Sinne des § 63 Absatz 1 Satz 1, das einen Dienst nach § 32 Absatz 5 Satz 1 Nummer 1 und 2 leistet oder eine Tätigkeit nach § 32 Absatz 5 Satz 1 Nummer 3 ausübt. ²Ist die andere Person mit Haupt- oder Nebenwohnsitz in der Wohnung des Steuerpflichtigen gemeldet, wird vermutet, dass sie mit dem Steuerpflichtigen gemeinsam wirtschaftet (Haushaltsgemeinschaft). ³Diese Vermutung ist widerlegbar, es sei denn, der Steuerpflichtige und die andere Person leben in einer eheähnlichen Gemeinschaft oder in einer eingetragenen Lebenspartnerschaft.

(3) Für jeden vollen Kalendermonat, in dem die Voraussetzungen des Absatzes 1 nicht vorgelegen haben, ermäßigt sich der Entlastungsbetrag um ein Zwölftel.

III. Veranlagung

§ 25
Veranlagungszeitraum, Steuererklärungspflicht

(1) Die Einkommensteuer wird nach Ablauf des Kalenderjahres (Veranlagungszeitraum) nach dem Einkommen veranlagt, das der Steuerpflichtige in diesem Veranlagungszeitraum bezogen hat, soweit nicht nach § 43 Absatz 5 und § 46 eine Veranlagung unterbleibt.

(2) (weggefallen)

(3) ¹Der Steuerpflichtige hat für den abgelaufenen Veranlagungszeitraum eine Einkommensteuererklärung abzugeben. ²Ehegatten haben für den Fall der Zusammenveranlagung (§ 26b) eine gemeinsame Einkommensteuererklärung abzugeben. ³Wählt einer der Ehegatten die getrennte Veranlagung (§ 26a) oder wählen beide Ehegatten die besondere Veranlagung für den Veranlagungszeitraum der Eheschließung (§ 26c), hat jeder der Ehegatten eine Einkommensteuererklärung abzugeben. ⁴Der Steuerpflichtige hat die Einkommensteuererklärung eigenhändig zu unterschreiben. ⁵Eine gemeinsame Einkommensteuererklärung ist von beiden Ehegatten eigenhändig zu unterschreiben.

(4) ¹Die Erklärung nach Absatz 3 ist nach amtlich vorgeschriebenem Datensatz durch Datenfernübertragung zu übermitteln, wenn Einkünfte nach § 2 Absatz 1 Satz 1 Nummer 1 bis 3 erzielt werden und es sich nicht um einen der Veranlagungsfälle gemäß § 46 Absatz 2 Nummer 2 bis 8 handelt. ²Auf Antrag kann die Finanzbehörde zur Vermeidung unbilliger Härten auf eine Übermittlung durch Datenfernübertragung verzichten.¹⁾

§ 26
Veranlagung von Ehegatten

(1) ¹Ehegatten, die beide unbeschränkt einkommensteuerpflichtig im Sinne des § 1 Absatz 1 oder 2 oder des § 1a sind und nicht dauernd getrennt leben und bei denen diese Voraussetzungen zu Beginn des Veranlagungszeitraums vorgelegen haben oder im Laufe des Veranlagungszeitraums eingetreten sind, können zwischen getrennter Veranlagung (§ 26a) und Zusammenveranlagung (§ 26b) wählen; für den Veranlagungszeitraum der Eheschließung können sie statt dessen die besondere Veranlagung nach § 26c wählen. ²Eine Ehe, die im Laufe des Veranlagungszeitraums aufgelöst worden ist, bleibt für die Anwendung des Satzes 1 unberücksichtigt, wenn einer der Ehegatten in demselben Veranlagungszeitraum wieder geheiratet hat und bei ihm und dem neuen Ehegatten die Voraussetzungen des Satzes 1 ebenfalls vorliegen. ³Satz 2 gilt nicht, wenn die Ehe durch Tod aufgelöst worden ist und die Ehegatten der neuen Ehe die besondere Veranlagung nach § 26c wählen.

(2) ¹Ehegatten werden getrennt veranlagt, wenn einer der Ehegatten getrennte Veranlagung wählt. ²Ehegatten werden zusammen veranlagt oder – für den Veranlagungszeitraum der Eheschließung – nach § 26c veranlagt, wenn beide Ehegatten die betreffende Veranlagungsart wählen. ³Die zur Aus-

---

1) § 25 Absatz 4 ist erstmals für Einkommensteuererklärungen VZ 2011 anzuwenden (§ 52 Absatz 39 EStG).

übung der Wahl erforderlichen Erklärungen sind beim Finanzamt schriftlich oder zu Protokoll abzugeben.

(3) Werden die nach Absatz 2 erforderlichen Erklärungen nicht abgegeben, so wird unterstellt, dass die Ehegatten die Zusammenveranlagung wählen.

§ 26a
Getrennte Veranlagung von Ehegatten

(1) ¹Bei getrennter Veranlagung von Ehegatten in den in § 26 bezeichneten Fällen sind jedem Ehegatten die von ihm bezogenen Einkünfte zuzurechnen. ²Einkünfte eines Ehegatten sind nicht allein deshalb zum Teil dem anderen Ehegatten zuzurechnen, weil dieser bei der Erzielung der Einkünfte mitgewirkt hat.

(2) ¹Sonderausgaben nach § 9c und außergewöhnliche Belastungen (§§ 33 bis 33b) werden in Höhe des bei einer Zusammenveranlagung in Betracht kommenden Betrags bei beiden Veranlagungen jeweils zur Hälfte abgezogen, wenn die Ehegatten nicht gemeinsam eine andere Aufteilung beantragen. ²Die nach § 33b Absatz 5 übertragbaren Pauschbeträge stehen den Ehegatten insgesamt nur einmal zu; sie werden jedem Ehegatten zur Hälfte gewährt. ³Die nach § 34f zu gewährende Steuerermäßigung steht den Ehegatten in dem Verhältnis zu, in dem sie erhöhte Absetzungen nach § 7b oder Abzugsbeträge nach § 10e Absatz 1 bis 5 oder nach § 15b des Berlinförderungsgesetzes in Anspruch nehmen. ⁴Die nach § 35a zu gewährende Steuerermäßigung steht den Ehegatten jeweils zur Hälfte zu, wenn die Ehegatten nicht gemeinsam eine andere Aufteilung beantragen.

(3) Die Anwendung des § 10d für den Fall des Übergangs von der getrennten Veranlagung zur Zusammenveranlagung und von der Zusammenveranlagung zur getrennten Veranlagung, wenn bei beiden Ehegatten nicht ausgeglichene Verluste vorliegen, wird durch Rechtsverordnung der Bundesregierung mit Zustimmung des Bundesrates geregelt.

§ 26b
Zusammenveranlagung von Ehegatten

Bei der Zusammenveranlagung von Ehegatten werden die Einkünfte, die die Ehegatten erzielt haben, zusammengerechnet, den Ehegatten gemeinsam zugerechnet und, soweit nichts anderes vorgeschrieben ist, die Ehegatten sodann gemeinsam als Steuerpflichtiger behandelt.

§ 26c
Besondere Veranlagung für den
Veranlagungszeitraum der Eheschließung

(1) ¹Bei besonderer Veranlagung für den Veranlagungszeitraum der Eheschließung werden Ehegatten so behandelt, als ob sie diese Ehe nicht geschlossen hätten. ²§ 12 Nummer 2 bleibt unberührt. ³§ 26a Absatz 1 gilt sinngemäß.

(2) ¹Bei der besonderen Veranlagung ist das Verfahren nach § 32a Absatz 5 anzuwenden, wenn der zu veranlagende Ehegatte zu Beginn des Veranlagungszeitraums verwitwet war und bei ihm die Voraussetzungen des § 32a Absatz 6 Nummer 1 vorgelegen hatten.

§ 27
(weggefallen)

§ 28
Besteuerung bei fortgesetzter Gütergemeinschaft

Bei fortgesetzter Gütergemeinschaft gelten Einkünfte, die in das Gesamtgut fallen, als Einkünfte des überlebenden Ehegatten, wenn dieser unbeschränkt steuerpflichtig ist.

§§ 29 und 30
(weggefallen)

IV. Tarif

§ 31
Familienleistungsausgleich

¹Die steuerliche Freistellung eines Einkommensbetrags in Höhe des Existenzminimums eines Kindes einschließlich der Bedarfe für Betreuung und Erziehung oder Ausbildung wird im gesamten Veranlagungszeitraum entweder durch die Freibeträge nach § 32 Absatz 6 oder durch Kindergeld nach Abschnitt X bewirkt. ²Soweit das Kindergeld dafür nicht erforderlich ist, dient es der Förderung der Familie. ³Im laufenden Kalenderjahr wird Kindergeld als Steuervergütung monatlich gezahlt. ⁴Bewirkt der Anspruch auf Kindergeld für den gesamten Veranlagungszeitraum die nach Satz 1 gebotene steuerliche Freistellung nicht vollständig und werden deshalb bei der Veranlagung zur Einkommensteuer die Freibeträge nach § 32 Absatz 6 vom Einkommen abgezogen, erhöht sich die unter Abzug dieser Freibeträge ermittelte tarifliche Einkommensteuer um den Anspruch auf Kindergeld für den gesamten Veranlagungszeitraum; bei nicht zusammenveranlagten Eltern wird der Kindergeldanspruch im Umfang des Kinderfreibetrags angesetzt. ⁵Satz 4 gilt entsprechend für mit dem Kindergeld vergleichbare Leistungen nach § 65. ⁶Besteht nach ausländischem Recht Anspruch auf Leistungen für Kinder, wird dieser insoweit nicht berücksichtigt, als er das inländische Kindergeld übersteigt.

§ 32
Kinder, Freibeträge für Kinder

(1) Kinder sind

1. im ersten Grad mit dem Steuerpflichtigen verwandte Kinder,

2. Pflegekinder (Personen, mit denen der Steuerpflichtige durch ein familienähnliches, auf längere Dauer berechnetes Band verbunden ist, sofern er sie nicht zu Erwerbszwecken in seinen Haushalt aufgenommen hat und das Obhuts- und Pflegeverhältnis zu den Eltern nicht mehr besteht).¹⁾

(2) ¹Besteht bei einem angenommenen Kind das Kindschaftsverhältnis zu den leiblichen Eltern weiter, ist es vorrangig als angenommenes Kind zu berücksichtigen. ²Ist ein im ersten Grad mit dem Steuerpflichtigen verwandtes Kind zugleich ein Pflege-

---

1) Zur Anwendung von § 32 Absatz 1 Nummer 2 siehe § 52 Absatz 40 Satz 1 EStG.

kind, ist es vorrangig als Pflegekind zu berücksichtigen.

(3) Ein Kind wird in dem Kalendermonat, in dem es lebend geboren wurde, und in jedem folgenden Kalendermonat, zu dessen Beginn es das 18. Lebensjahr noch nicht vollendet hat, berücksichtigt.

(4) ¹Ein Kind, das das 18. Lebensjahr vollendet hat, wird berücksichtigt, wenn es

1. noch nicht das 21. Lebensjahr vollendet hat, nicht in einem Beschäftigungsverhältnis steht und bei einer Agentur für Arbeit im Inland als Arbeitsuchender gemeldet ist oder

2. ¹⁾ noch nicht das 25. Lebensjahr vollendet hat und

   a) für einen Beruf ausgebildet wird oder

   b) sich in einer Übergangszeit von höchstens vier Monaten befindet, die zwischen zwei Ausbildungsabschnitten oder zwischen einem Ausbildungsabschnitt und der Ableistung des gesetzlichen Wehr- oder Zivildienstes, einer vom Wehr- oder Zivildienst befreienden Tätigkeit als Entwicklungshelfer oder als Dienstleistender im Ausland nach § 14b des Zivildienstgesetzes oder der Ableistung eines freiwilligen Dienstes im Sinne des Buchstaben d liegt, oder

   c) eine Berufsausbildung mangels Ausbildungsplatzes nicht beginnen oder fortsetzen kann oder

   d) ein freiwilliges soziales Jahr oder ein freiwilliges ökologisches Jahr im Sinne des Jugendfreiwilligendienstegesetzes oder einen Freiwilligendienst im Sinne des Beschlusses Nr. 1719/2006/EG des Europäischen Parlaments und des Rates vom 15. November 2006 zur Einführung des Programms „Jugend in Aktion" (ABl. EU Nr. L 327 S. 30) oder einen anderen Dienst im Ausland im Sinne von § 14b des Zivildienstgesetzes oder einen entwicklungspolitischen Freiwilligendienst „weltwärts" im Sinne der Richtlinie des Bundesministeriums für wirtschaftliche Zusammenarbeit und Entwicklung vom 1. August 2007 (BAnz. 2008 S. 1297) oder einen Freiwilligendienst aller Generationen im Sinne von § 2 Absatz 1a des Siebten Buches Sozialgesetzbuch leistet oder

3. ²⁾ wegen körperlicher, geistiger oder seelischer Behinderung außerstande ist, sich selbst zu unterhalten; Voraussetzung ist, dass die Behinderung vor Vollendung des 25. Lebensjahres eingetreten ist.

²Nach Satz 1 Nummer 1 und 2 wird ein Kind nur berücksichtigt, wenn es Einkünfte und Bezüge, die zur Bestreitung des Unterhalts oder der Berufsausbildung bestimmt oder geeignet sind, von nicht mehr als 8 004 Euro im Kalenderjahr hat. ³Dieser Betrag ist zu kürzen, soweit es nach den Verhältnissen im Wohnsitzstaat des Kindes notwendig und angemessen ist. ⁴Zu den Bezügen gehören auch steuerfreie Gewinne nach den §§ 14, 16 Absatz 4, § 17 Absatz 3 und § 18 Absatz 3, die nach § 19 Absatz 2 steuerfrei bleibenden Einkünfte sowie Sonderabschreibungen und erhöhte Absetzungen, soweit sie die höchstmöglichen Absetzungen für Abnutzung nach § 7 übersteigen. ⁵Bezüge, die für besondere Ausbildungszwecke bestimmt sind, bleiben hierbei außer Ansatz; Entsprechendes gilt für Einkünfte, soweit sie für solche Zwecke verwendet werden. ⁶Liegen die Voraussetzungen nach Satz 1 Nummer 1 oder 2 nur in einem Teil des Kalendermonats vor, sind Einkünfte und Bezüge nur insoweit anzusetzen, als sie auf diesen Teil entfallen. ⁷Für jeden Kalendermonat, in dem die Voraussetzungen nach Satz 1 Nummer 1 oder 2 an keinem Tag vorliegen, ermäßigt sich der Betrag nach Satz 2 oder 3 um ein Zwölftel. ⁸Einkünfte und Bezüge des Kindes, die auf diese Kalendermonate entfallen, bleiben außer Ansatz. ⁹Ein Verzicht auf Teile der zustehenden Einkünfte und Bezüge steht der Anwendung der Sätze 2, 3 und 7 nicht entgegen. ¹⁰Nicht auf Euro lautende Beträge sind entsprechend dem für Ende September des Jahres vor dem Veranlagungszeitraum von der Europäischen Zentralbank bekannt gegebenen Referenzkurs umzurechnen.

(5)³⁾ ¹In den Fällen des Absatzes 4 Satz 1 Nummer 1 oder Nummer 2 Buchstabe a und b wird ein Kind, das

1. den gesetzlichen Grundwehrdienst oder Zivildienst geleistet hat, oder

2. sich an Stelle des gesetzlichen Grundwehrdienstes freiwillig für die Dauer von nicht mehr als drei Jahren zum Wehrdienst verpflichtet hat, oder

3. eine vom gesetzlichen Grundwehrdienst oder Zivildienst befreiende Tätigkeit als Entwicklungshelfer im Sinne des § 1 Absatz 1 des Entwicklungshelfer-Gesetzes ausgeübt hat,

für einen der Dauer dieser Dienste oder der Tätigkeit entsprechenden Zeitraum, höchstens für die Dauer des inländischen gesetzlichen Grundwehrdienstes oder bei anerkannten Kriegsdienstverweigerern für die Dauer des inländischen gesetzlichen Zivildienstes über das 21. oder 25. Lebensjahr hinaus berücksichtigt. ²Wird der gesetzliche Grundwehrdienst oder Zivildienst in einem Mitgliedstaat der Europäischen Union oder einem Staat, auf den das Abkommen über den Europäischen Wirtschaftsraum Anwendung findet, geleistet, so ist die Dauer dieses Dienstes maßgebend. ³Absatz 4 Satz 2 bis 10 gilt entsprechend.

(6) ¹Bei der Veranlagung zur Einkommensteuer wird für jedes zu berücksichtigende Kind des Steuerpflichtigen ein Freibetrag von 2 184 Euro für das sächliche Existenzminimum des Kindes (Kinderfreibetrag) sowie ein Freibetrag von 1 320 Euro für den Betreuungs- und Erziehungs- oder Ausbildungsbedarf des Kindes vom Einkommen abgezogen. ²Bei Ehegatten, die nach den §§ 26, 26b zusammen zur Einkommensteuer veranlagt werden, verdoppeln

---

1) Zur Anwendung von § 32 Absatz 4 Nummer 2 siehe § 52 Absatz 40 Sätze 2 ff.
2) Zur Anwendung von § 32 Absatz 4 Nummer 3 siehe § 52 Absatz 40 Satz 5 EStG.
3) Zur Anwendung von § 32 Absatz 5 Satz 1 siehe § 52 Absatz 40 Satz 6 EStG.

sich die Beträge nach Satz 1, wenn das Kind zu beiden Ehegatten in einem Kindschaftsverhältnis steht. ³Die Beträge nach Satz 2 stehen dem Steuerpflichtigen auch dann zu, wenn

1. der andere Elternteil verstorben oder nicht unbeschränkt einkommensteuerpflichtig ist oder
2. der Steuerpflichtige allein das Kind angenommen hat oder das Kind nur zu ihm in einem Pflegekindschaftsverhältnis steht.

⁴Für ein nicht nach § 1 Absatz 1 oder 2 unbeschränkt einkommensteuerpflichtiges Kind können die Beträge nach den Sätzen 1 bis 3 nur abgezogen werden, soweit sie nach den Verhältnissen seines Wohnsitzstaates notwendig und angemessen sind. ⁵Für jeden Kalendermonat, in dem die Voraussetzungen für einen Freibetrag nach den Sätzen 1 bis 4 nicht vorliegen, ermäßigen sich die dort genannten Beträge um ein Zwölftel. ⁶Abweichend von Satz 1 wird bei einem unbeschränkt einkommensteuerpflichtigen Elternpaar, bei dem die Voraussetzungen des § 26 Absatz 1 Satz 1 nicht vorliegen, auf Antrag eines Elternteils der dem anderen Elternteil zustehende Kinderfreibetrag auf ihn übertragen, wenn er, nicht jedoch der andere Elternteil seiner Unterhaltspflicht gegenüber dem Kind für das Kalenderjahr im Wesentlichen nachkommt; bei minderjährigen Kindern wird der dem Elternteil, in dessen Wohnung das Kind nicht gemeldet ist, zustehende Freibetrag für den Betreuungs- und Erziehungs- oder Ausbildungsbedarf auf Antrag des anderen Elternteils auf diesen übertragen. ⁷Die den Eltern nach den Sätzen 1 bis 6 zustehenden Freibeträge können auf Antrag auch auf einen Stiefelternteil oder Großelternteil übertragen werden, wenn dieser das Kind in seinen Haushalt aufgenommen hat; dies kann auch mit Zustimmung des berechtigten Elternteils geschehen, die nur für künftige Kalenderjahre widerrufen werden kann.

§ 32a
Einkommensteuertarif

(1)[1] ¹Die tarifliche Einkommensteuer bemisst sich nach dem zu versteuernden Einkommen. ²Sie beträgt vorbehaltlich der §§ 32b, 32d, 34, 34a, 34b und 34c jeweils in Euro für zu versteuernde Einkommen

1. bis 7 834 Euro (Grundfreibetrag): 0;
2. von 7 835 Euro bis 13 139 Euro: $(939{,}68 \cdot y + 1\,400) \cdot y$;
3. von 13 140 Euro bis 52 551 Euro: $(228{,}74 \cdot z + 2\,397) \cdot z + 1007$;
4. von 52 552 Euro bis 250 400 Euro: $0{,}42 \cdot x - 8\,064$;
5. von 250 401 Euro an: $0{,}45 \cdot x - 15\,576$.

³„y" ist ein Zehntausendstel des 7 834 Euro übersteigenden Teils des auf einen vollen Euro-Betrag abgerundeten zu versteuernden Einkommens. ⁴„z" ist ein Zehntausendstel des 13 139 Euro übersteigenden Teils des auf einen vollen Euro-Betrag abgerundeten zu versteuernden Einkommens. ⁵„x" ist das auf einen vollen Euro-Betrag abgerundete zu versteuernde Einkommen. ⁶Der sich ergebende Steuerbetrag ist auf den nächsten vollen Euro-Betrag abzurunden.

(2) bis (4) (weggefallen)

(5) Bei Ehegatten, die nach den §§ 26, 26b zusammen zur Einkommensteuer veranlagt werden, beträgt die tarifliche Einkommensteuer vorbehaltlich der §§ 32b, 32d, 34, 34a, 34b und 34c das Zweifache des Steuerbetrags, der sich für die Hälfte ihres gemeinsam zu versteuernden Einkommens nach Absatz 1 ergibt (Splitting-Verfahren).

(6) ¹Das Verfahren nach Absatz 5 ist auch anzuwenden zur Berechnung der tariflichen Einkommensteuer für das zu versteuernde Einkommen

1. bei einem verwitweten Steuerpflichtigen für den Veranlagungszeitraum, der dem Kalenderjahr folgt, in dem der Ehegatte verstorben ist, wenn der Steuerpflichtige und sein verstorbener Ehegatte im Zeitpunkt seines Todes die Voraussetzungen des § 26 Absatz 1 Satz 1 erfüllt haben,
2. bei einem Steuerpflichtigen, dessen Ehe in dem Kalenderjahr, in dem er sein Einkommen bezogen hat, aufgelöst worden ist, wenn in diesem Kalenderjahr
   a) der Steuerpflichtige und sein bisheriger Ehegatte die Voraussetzungen des § 26 Absatz 1 Satz 1 erfüllt haben,
   b) der bisherige Ehegatte wieder geheiratet hat und
   c) der bisherige Ehegatte und dessen neuer Ehegatte ebenfalls die Voraussetzungen des § 26 Absatz 1 Satz 1 erfüllen.

²Dies gilt nicht, wenn eine Ehe durch Tod aufgelöst worden ist und die Ehegatten der neuen Ehe die besondere Veranlagung nach § 26c wählen.

²Voraussetzung für die Anwendung des Satzes 1 ist, dass der Steuerpflichtige nicht nach den §§ 26, 26a getrennt zur Einkommensteuer veranlagt wird.

§ 32b
Progressionsvorbehalt

(1) ¹Hat ein zeitweise oder während des gesamten Veranlagungszeitraums unbeschränkt Steuerpflichtiger oder ein beschränkt Steuerpflichtiger, auf den § 50 Absatz 2 Satz 2 Nummer 4 Anwendung findet,

1. a) Arbeitslosengeld, Teilarbeitslosengeld, Zuschüsse zum Arbeitsentgelt, Kurzarbeitergeld, Winterausfallgeld, Insolvenzgeld, Arbeitslosenhilfe, Übergangsgeld, Altersübergangsgeld, Altersübergangsgeld-Ausgleichsbetrag, Unterhaltsgeld als Zuschuss, Eingliederungshilfe nach dem Dritten Buch Sozialgesetzbuch oder dem Arbeitsförderungsgesetz, das aus dem Europäischen Sozialfonds finanzierte Unterhaltsgeld sowie Leistungen nach § 10 des Dritten Buches Sozialgesetzbuch, die dem Lebensunterhalt dienen; Insolvenzgeld, das nach § 188 Absatz 1 des Dritten Buches Sozialgesetzbuch

---

1) Zur Fassung von § 32a Absatz 1 ab VZ 2010 siehe § 52 Absatz 41 EStG.

einem Dritten zusteht, ist dem Arbeitnehmer zuzurechnen,

b) Krankengeld, Mutterschaftsgeld, Verletztengeld, Übergangsgeld oder vergleichbare Lohnersatzleistungen nach dem Fünften, Sechsten oder Siebten Buch Sozialgesetzbuch, der Reichsversicherungsordnung, dem Gesetz über die Krankenversicherung der Landwirte oder dem Zweiten Gesetz über die Krankenversicherung der Landwirte,

c) Mutterschaftsgeld, Zuschuss zum Mutterschaftsgeld, die Sonderunterstützung nach dem Mutterschutzgesetz sowie den Zuschuss bei Beschäftigungsverboten für die Zeit vor oder nach einer Entbindung sowie für den Entbindungstag während einer Elternzeit nach beamtenrechtlichen Vorschriften,

d) Arbeitslosenbeihilfe oder Arbeitslosenhilfe nach dem Soldatenversorgungsgesetz,

e) Entschädigungen für Verdienstausfall nach dem Infektionsschutzgesetz vom 20. Juli 2000 (BGBl. I S. 1045),

f) Versorgungskrankengeld oder Übergangsgeld nach dem Bundesversorgungsgesetz,

g) nach § 3 Nummer 28 steuerfreie Aufstockungsbeträge oder Zuschläge,

h) Verdienstausfallentschädigung nach dem Unterhaltssicherungsgesetz,

i) (weggefallen)

j) Elterngeld nach dem Bundeselterngeld- und Elternzeitgesetz oder

2. ausländische Einkünfte, die im Veranlagungszeitraum nicht der deutschen Einkommensteuer unterlegen haben; dies gilt nur für Fälle der zeitweisen unbeschränkten Steuerpflicht einschließlich der in § 2 Absatz 7 Satz 3 geregelten Fälle; ausgenommen sind Einkünfte, die nach einem sonstigen zwischenstaatlichen Übereinkommen im Sinne der Nummer 4 steuerfrei sind und die nach diesem Übereinkommen nicht unter dem Vorbehalt der Einbeziehung bei der Berechnung der Einkommensteuer stehen,

3. Einkünfte, die nach einem Abkommen zur Vermeidung der Doppelbesteuerung steuerfrei sind,

4. Einkünfte, die nach sonstigen zwischenstaatlichen Übereinkommen unter dem Vorbehalt der Einbeziehung bei der Berechnung der Einkommensteuer steuerfrei sind,

5. [1)] Einkünfte, die bei Anwendung von § 1 Absatz 3 oder § 1a oder § 50 Absatz 2 Satz 2 Nummer 4 im Veranlagungszeitraum bei der Ermittlung des zu versteuernden Einkommens unberücksichtigt bleiben, weil sie nicht der deutschen Einkommensteuer oder einem Steuerabzug unterliegen; ausgenommen sind Einkünfte, die nach einem sonstigen zwischenstaatlichen Übereinkommen im Sinne der Nummer 4 steuerfrei sind und die nach diesem Übereinkommen nicht unter dem Vorbehalt der Einbeziehung bei der Berechnung der Einkommensteuer stehen,

bezogen, so ist auf das nach § 32a Absatz 1 zu versteuernde Einkommen ein besonderer Steuersatz anzuwenden. ²Satz 1 Nummer 3 gilt nicht für Einkünfte

1. aus einer anderen als in einem Drittstaat belegenen land- und forstwirtschaftlichen Betriebsstätte,

2. aus einer anderen als in einem Drittstaat belegenen gewerblichen Betriebsstätte, die nicht die Voraussetzungen des § 2a Absatz 2 Satz 1 erfüllt,

3. aus der Vermietung oder der Verpachtung von unbeweglichem Vermögen oder von Sachinbegriffen, wenn diese in einem anderen Staat als in einem Drittstaat belegen sind, oder

4. aus der entgeltlichen Überlassung von Schiffen, sofern diese ausschließlich oder fast ausschließlich in einem anderen als in einem Drittstaat eingesetzt worden sind, es sei denn, es handelt sich um Handelsschiffe, die

a) von einem Vercharterer ausgerüstet überlassen oder

b) an in einem anderen als in einem Drittstaat ansässige Ausrüster, die die Voraussetzungen des § 510 Absatz 1 des Handelsgesetzbuchs erfüllen, überlassen oder

c) insgesamt nur vorübergehend an in einem Drittstaat ansässige Ausrüster, die die Voraussetzungen des § 510 Absatz 1 des Handelsgesetzbuchs erfüllen, überlassen

worden sind, oder

5. aus dem Ansatz des niedrigeren Teilwerts oder der Übertragung eines zu einem Betriebsvermögen gehörenden Wirtschaftsguts im Sinne der Nummern 3 und 4.

³§ 2a Absatz 2a gilt entsprechend.[2)]

(1a) Als unmittelbar von einem unbeschränkt Steuerpflichtigen bezogene ausländische Einkünfte im Sinne des Absatzes 1 Nummer 3 gelten auch die ausländischen Einkünfte, die eine Organgesellschaft im Sinne des § 14 oder § 17 des Körperschaftsteuergesetzes bezogen hat und die nach einem Abkommen zur Vermeidung der Doppelbesteuerung steuerfrei sind, in dem Verhältnis, in dem dem unbeschränkt Steuerpflichtigen das Einkommen der Organgesellschaft bezogen auf das gesamte Einkommen der Organgesellschaft im Veranlagungszeitraum zugerechnet wird.

(2) ¹Der besondere Steuersatz nach Absatz 1 ist der Steuersatz, der sich ergibt, wenn bei der Berechnung der Einkommensteuer das nach § 32a Absatz 1 zu versteuernde Einkommen vermehrt oder vermindert wird um

1. im Fall des Absatzes 1 Nummer 1 die Summe der Leistungen nach Abzug des Arbeitnehmer-Pauschbetrags (§ 9a Satz 1 Nummer 1), soweit er nicht bei der Ermittlung der Einkünfte aus nichtselbständiger Arbeit abziehbar ist;

---

1) Zur Anwendung von § 32b Absatz 1 Nummer 5 siehe § 52 Absatz 43a Satz 1 EStG.
2) § 32b Absatz 1 Satz 2 und 3 ist erstmals für VZ 2008 anzuwenden (§ 52 Absatz 43a Satz 2 EStG).

2. im Fall des Absatzes 1 Nummer 2 bis 5 die dort bezeichneten Einkünfte, wobei die darin enthaltenen außerordentlichen Einkünfte mit einem Fünftel zu berücksichtigen sind. ²Bei der Ermittlung der Einkünfte im Fall des Absatzes 1 Nummer 2 bis 5

a) ist der Arbeitnehmer-Pauschbetrag (§ 9a Satz 1 Nummer 1 Buchstabe a) abzuziehen, soweit er nicht bei der Ermittlung der Einkünfte aus nichtselbständiger Arbeit abziehbar ist;

b) sind Werbungskosten nur insoweit abzuziehen, als sie zusammen mit den bei der Ermittlung der Einkünfte aus nichtselbständiger Arbeit abziehbaren Werbungskosten den Arbeitnehmer-Pauschbetrag (§ 9a Satz 1 Nummer 1 Buchstabe a) übersteigen.

²Ist der für die Berechnung des besonderen Steuersatzes maßgebende Betrag höher als 250 000 Euro und sind im zu versteuernden Einkommen Einkünfte im Sinne des § 2 Absatz 1 Satz Nummer 1 bis 3 enthalten, ist für den Anteil dieser Einkünfte am zu versteuernden Einkommen der Steuersatz im Sinne des Satzes 1 nach § 32a mit der Maßgabe zu berechnen, dass in Absatz 1 Satz 2 die Angabe „§ 32b" und die Nummer 5 entfallen sowie die Nummer 4 in folgender Fassung anzuwenden ist:

„4. von 52 152 Euro an: 0,42 · x – 7 914."

³Für die Bemessung des Anteils im Sinne des Satzes 2 gilt § 32c Absatz 1 Satz 2 und 3 entsprechend.

(3) ¹Die Träger der Sozialleistungen im Sinne des Absatzes 1 Nummer 1 haben die Daten über die im Kalenderjahr gewährten Leistungen sowie die Dauer des Leistungszeitraums für jeden Empfänger bis zum 28. Februar des Folgejahres nach amtlich vorgeschriebenem Datensatz zu übermitteln, soweit die Leistungen nicht auf der Lohnsteuerbescheinigung (§ 41b Absatz 1 Satz 2 Nummer 5) auszuweisen sind; § 41b Absatz 2 und § 22a Absatz 2 gelten entsprechend. ²Der Empfänger der Leistungen ist entsprechend zu informieren und auf die steuerliche Behandlung dieser Leistungen und seine Steuererklärungspflicht hinzuweisen. ³In den Fällen des § 188 Absatz 1 des Dritten Buches Sozialgesetzbuch ist Empfänger der an Dritte ausgezahlten Insolvenzgeldes der Arbeitnehmer, der seinen Arbeitsentgeltanspruch übertragen hat.[1]

§ 32c
Tarifbegrenzung bei Gewinneinkünften[2]

(1) ¹Sind in dem zu versteuernden Einkommen Einkünfte im Sinne des § 2 Absatz 1 Satz Nummer 1 bis 3 (Gewinneinkünfte) enthalten, ist von der tariflichen Einkommensteuer nach § 32a ein Entlastungsbetrag für den Anteil dieser Einkünfte am zu versteuernden Einkommen abzuziehen. ²Dieser Anteil bemisst sich nach dem Verhältnis der Gewinneinkünfte zur Summe der Einkünfte. ³Er beträgt höchstens 100 Prozent. ⁴Einkünfte, die nach den §§ 34, 34b ermäßigt besteuert werden, gelten nicht als Gewinneinkünfte im Sinne der Sätze 1 und 2.

(2) ¹Zur Ermittlung des Entlastungsbetrags im Sinne des Absatzes 1 wird der nach Absatz 1 Satz 2 ermittelte Anteilssatz auf den Teil des zu versteuernden Einkommens angewandt, der 250 000 Euro übersteigt. ²Der Entlastungsbetrag beträgt 3 Prozent dieses Betrags. ³Der Entlastungsbetrag ist auf den nächsten vollen Euro-Betrag aufzurunden.

(3) ¹Bei Ehegatten, die zusammen zur Einkommensteuer veranlagt werden, beträgt der Entlastungsbetrag das Zweifache des Entlastungsbetrags, der sich für die Hälfte ihres gemeinsam zu versteuernden Einkommens nach den Absätzen 1 und 2 ergibt. ²Die Ehegatten sind bei der Verhältnisrechnung nach Absatz 1 Satz 2 gemeinsam als Steuerpflichtiger zu behandeln. ³Satz 1 gilt entsprechend bei Steuerpflichtigen, deren Einkommensteuer nach § 32a Absatz 6 zu ermitteln ist.

(4) Die Absätze 1 bis 3 sind nicht anzuwenden, wenn der Steuersatz nach § 32b zu ermitteln ist.

§ 32d[3]
Gesonderter Steuertarif für Einkünfte aus Kapitalvermögen

(1) ¹Die Einkommensteuer für Einkünfte aus Kapitalvermögen, die nicht unter § 20 Absatz 8 fallen, beträgt 25 Prozent. ²Die Steuer nach Satz 1 vermindert sich um die nach Maßgabe des Absatzes 5 anrechenbaren ausländischen Steuern. ³Im Fall der Kirchensteuerpflicht ermäßigt sich die Steuer nach den Sätzen 1 und 2 um 25 Prozent der auf die Kapitalerträge entfallenden Kirchensteuer. ⁴Die Einkommensteuer beträgt damit $\frac{e - 4q}{4 + k}$.

⁵Dabei sind „e" die nach den Vorschriften des § 20 ermittelten Einkünfte, „q" die nach Maßgabe des Absatzes 5 anrechenbare ausländische Steuer und „k" der für die Kirchensteuer erhebende Religionsgesellschaft (Religionsgemeinschaft) geltende Kirchensteuersatz.

(2) Absatz 1 gilt nicht

1. für Kapitalerträge im Sinne des § 20 Absatz 1 Nummer 4 und 7 sowie Absatz 2 Satz 1 Nummer 4 und 7,

   a) wenn Gläubiger und Schuldner einander nahe stehende Personen sind,

   b) wenn sie von einer Kapitalgesellschaft oder Genossenschaft an einen Anteilseigner gezahlt werden, der zu mindestens 10 Prozent an der Gesellschaft oder Genossenschaft beteiligt ist. ²Dies gilt auch, wenn der Gläubiger der Kapitalerträge eine dem Anteilseigner nahe stehende Person ist, oder

   c) soweit ein Dritter die Kapitalerträge schuldet und diese Kapitalanlage im Zusam-

---

1) Zur Anwendung von § 32b Absatz 3 in dieser Fassung siehe § 52 Absatz 43a Satz 4 und 6 ff. EStG. (Das nach § 52 Abs. 43a Satz 4 vorgesehene BMF-Schreiben liegt noch nicht vor.) Zur Weiteranwendung von § 32b Absatz 4 siehe § 52 Absatz 43a Satz 4 EStG.
2) § 32c ist für VZ 2007 anzuwenden, siehe § 52 Absatz 44 EStG.
3) § 32d ist erstmals für VZ 2009 anzuwenden (§ 52a Absatz 15 EStG).

hang mit einer Kapitalüberlassung an einen Betrieb des Gläubigers steht. ²Dies gilt entsprechend, wenn Kapital überlassen wird

aa) an eine dem Gläubiger der Kapitalerträge nahestehende Person oder

bb) an eine Personengesellschaft, bei der der Gläubiger der Kapitalerträge oder eine diesem nahestehende Person als Mitunternehmer beteiligt ist oder

cc) an eine Kapitalgesellschaft oder Genossenschaft, an der der Gläubiger der Kapitalerträge oder eine diesem nahestehende Person zu mindestens 10 Prozent beteiligt ist,

sofern der Dritte auf den Gläubiger oder eine diesem nahestehende Person zurückgreifen kann. ³Ein Zusammenhang ist anzunehmen, wenn die Kapitalanlage und die Kapitalüberlassung auf einem einheitlichen Plan beruhen. ⁴Hiervon ist insbesondere dann auszugehen, wenn die Kapitalüberlassung in engem zeitlichen Zusammenhang mit einer Kapitalanlage steht oder die jeweiligen Zinsvereinbarungen miteinander verknüpft sind. ⁵Von einem Zusammenhang ist jedoch nicht auszugehen, wenn die Zinsvereinbarungen marktüblich sind oder die Anwendung des Absatzes 1 beim Steuerpflichtigen zu keinem Belastungsvorteil führt. ⁶Die Sätze 1 bis 5 gelten sinngemäß, wenn das überlassene Kapital vom Gläubiger der Kapitalerträge für die Erzielung von Einkünften im Sinne des § 2 Absatz 1 Satz 1 Nummer 4, 6 und 7 eingesetzt wird.

²Insoweit findet § 20 Absatz 6 und 9 keine Anwendung;

2. für Kapitalerträge im Sinne des § 20 Absatz 1 Nummer 6 Satz 2. ²Insoweit findet § 20 Absatz 6 keine Anwendung;

3. auf Antrag für Kapitalerträge im Sinne des § 20 Absatz 1 Nummer 1 und 2 aus einer Beteiligung an einer Kapitalgesellschaft, wenn der Steuerpflichtige im Veranlagungszeitraum, für den der Antrag erstmals gestellt wird, unmittelbar oder mittelbar

a) zu mindestens 25 Prozent an der Kapitalgesellschaft beteiligt ist oder

b) zu mindestens 1 Prozent an der Kapitalgesellschaft beteiligt und beruflich für diese tätig ist.

²Insoweit finden § 3 Nummer 40 Satz 2 und § 20 Absatz 6 und 9 keine Anwendung. ³Der Antrag gilt für die jeweilige Beteiligung erstmals für den Veranlagungszeitraum, für den er gestellt worden ist. ⁴Er ist spätestens zusammen mit der Einkommensteuererklärung für den jeweiligen Veranlagungszeitraum zu stellen und gilt, solange er nicht widerrufen wird, auch für die folgenden vier Veranlagungszeiträume, ohne dass die Antragsvoraussetzungen erneut zu belegen sind. ⁵Die Widerrufserklärung muss dem Finanzamt spätestens mit der Steuererklärung für den Veranlagungszeitraum zugehen, für den die Sätze 1 bis 4 erstmals nicht mehr angewandt werden sollen. ⁶Nach einem Widerruf ist ein erneuter Antrag des Steuerpflichtigen für diese Beteiligung an der Kapitalgesellschaft nicht mehr zulässig.

(3) ¹Steuerpflichtige Kapitalerträge, die nicht der Kapitalertragsteuer unterlegen haben, hat der Steuerpflichtige in seiner Einkommensteuererklärung anzugeben. ²Für diese Kapitalerträge erhöht sich die tarifliche Einkommensteuer um den nach Absatz 1 ermittelten Betrag.

(4) Der Steuerpflichtige kann mit der Einkommensteuererklärung für Kapitalerträge, die der Kapitalertragsteuer unterlegen haben, eine Steuerfestsetzung entsprechend Absatz 3 Satz 2 insbesondere in Fällen eines nicht vollständig ausgeschöpften Sparer-Pauschbetrags, einer Anwendung der Ersatzbemessungsgrundlage nach § 43a Absatz 2 Satz 7, eines noch nicht im Rahmen des § 43a Absatz 3 berücksichtigten Verlusts, eines Verlustvortrags nach § 20 Absatz 6 und noch nicht berücksichtigter ausländischer Steuern, zur Überprüfung des Steuereinbehalts dem Grund oder der Höhe nach oder zur Anwendung von Absatz 1 Satz 3 beantragen.

(5) ¹In den Fällen der Absätze 3 und 4 ist bei unbeschränkt Steuerpflichtigen, die mit ausländischen Kapitalerträgen in dem Staat, aus dem die Kapitalerträge stammen, zu einer der deutschen Einkommensteuer entsprechenden Steuer herangezogen werden, die auf ausländische Kapitalerträge festgesetzte und gezahlte und um einen entstandenen Ermäßigungsanspruch gekürzte ausländische Steuer, jedoch höchstens 25 Prozent ausländische Steuer auf den einzelnen Kapitalertrag, auf die deutsche Steuer anzurechnen. ²Soweit in einem Abkommen zur Vermeidung der Doppelbesteuerung die Anrechnung einer ausländischen Steuer einschließlich einer als gezahlt geltenden Steuer auf die deutsche Steuer vorgesehen ist, gilt Satz 1 entsprechend. ³Die ausländischen Steuern sind nur bis zur Höhe der auf die im jeweiligen Veranlagungszeitraum bezogenen Kapitalerträge im Sinne des Satzes 1 entfallenden deutschen Steuer anzurechnen.

(6) ¹Auf Antrag des Steuerpflichtigen werden anstelle der Anwendung der Absätze 1, 3 und 4 die nach § 20 ermittelten Kapitaleinkünfte den Einkünften im Sinne des § 2 hinzugerechnet und der tariflichen Einkommensteuer unterworfen, wenn dies zu einer niedrigeren Einkommensteuer führt (Günstigerprüfung). ²Absatz 5 ist mit der Maßgabe anzuwenden, dass die nach dieser Vorschrift ermittelten ausländischen Steuern auf die zusätzliche tarifliche Einkommensteuer anzurechnen sind, die auf die hinzugerechneten Kapitaleinkünfte entfällt. ³Der Antrag kann für den jeweiligen Veranlagungszeitraum nur einheitlich für sämtliche Kapitalerträge gestellt werden. ⁴Bei zusammenveranlagten Ehegatten kann der Antrag nur für sämtliche Kapitalerträge beider Ehegatten gestellt werden.

§ 33
Außergewöhnliche Belastungen

(1) Erwachsen einem Steuerpflichtigen zwangsläufig größere Aufwendungen als der überwiegenden Mehrzahl der Steuerpflichtigen gleicher Ein-

kommensverhältnisse, gleicher Vermögensverhältnisse und gleichen Familienstands (außergewöhnliche Belastung), so wird auf Antrag die Einkommensteuer dadurch ermäßigt, dass der Teil der Aufwendungen, der die dem Steuerpflichtigen zumutbare Belastung (Absatz 3) übersteigt, vom Gesamtbetrag der Einkünfte abgezogen wird.

(2) [1]Aufwendungen erwachsen dem Steuerpflichtigen zwangsläufig, wenn er sich ihnen aus rechtlichen, tatsächlichen oder sittlichen Gründen nicht entziehen kann und soweit die Aufwendungen den Umständen nach notwendig sind und einen angemessenen Betrag nicht übersteigen. [2]Aufwendungen, die zu den Betriebsausgaben, Werbungskosten oder Sonderausgaben gehören oder unter § 9 Absatz 5 oder § 9c fallen, bleiben dabei außer Betracht; das gilt für Aufwendungen im Sinne des § 10 Absatz 1 Nummer 7 und 9 nur insoweit, als sie als Sonderausgaben abgezogen werden können. [3]Aufwendungen, die durch Diätverpflegung entstehen, können nicht als außergewöhnliche Belastung berücksichtigt werden.

(3) [1]Die zumutbare Belastung beträgt

bei einem Gesamtbetrag der Einkünfte	bis 15 340 EUR	über 15 340 EUR bis 51 130 EUR	über 51 130 EUR
1. bei Steuerpflichtigen, die keine Kinder haben und bei denen die Einkommensteuer			
a) nach 32a Absatz 1,	5	6	7
b) nach § 32a Absatz 5 oder 6 (Splitting-Verfahren)	4	5	6
zu berechnen ist;			
2. bei Steuerpflichtigen mit			
a) einem Kind oder zwei Kindern,	2	3	4
b) drei oder mehr Kindern	1	1	2
	Prozent des Gesamtbetrags der Einkünfte.		

[2]Als Kinder des Steuerpflichtigen zählen die, für die er Anspruch auf einen Freibetrag nach § 32 Absatz 6 oder auf Kindergeld hat.

§ 33a
Außergewöhnliche Belastung in besonderen Fällen

(1) [1]Erwachsen einem Steuerpflichtigen Aufwendungen für den Unterhalt und eine etwaige Berufsausbildung einer dem Steuerpflichtigen oder seinem Ehegatten gegenüber gesetzlich unterhaltsberechtigten Person, so wird auf Antrag die Einkommensteuer dadurch ermäßigt, dass die Aufwendungen bis zu 8 004 Euro im Kalenderjahr vom Gesamtbetrag der Einkünfte abgezogen werden. [2]Der Höchstbetrag nach Satz 1 erhöht sich um den Betrag der im jeweiligen Veranlagungszeitraum nach § 10 Absatz 1 Nummer 3 für die Absicherung der unterhaltsberechtigten Person aufgewandten Beiträge; dies gilt nicht für Kranken- und Pflegeversicherungsbeiträge, die bereits nach § 10 Absatz 1 Nummer 3 Satz 1 anzusetzen sind. [3]Der gesetzlich unterhaltsberechtigten Person gleichgestellt ist eine Person, wenn bei ihr zum Unterhalt bestimmte inländische öffentliche Mittel mit Rücksicht auf die Unterhaltsleistungen des Steuerpflichtigen gekürzt werden. [4]Voraussetzung ist, dass weder der Steuerpflichtige noch eine andere Person Anspruch auf einen Freibetrag nach § 32 Absatz 6 oder auf Kindergeld für die unterhaltene Person hat und die unterhaltene Person kein oder nur ein geringes Vermögen besitzt. [5]Hat die unterhaltene Person andere Einkünfte oder Bezüge, so vermindert sich die Summe der nach Satz 1 und Satz 2 ermittelten Beträge um den Betrag, um den diese Einkünfte und Bezüge den Betrag von 624 Euro im Kalenderjahr übersteigen, sowie um die der unterhaltenen Person als Ausbildungshilfe aus öffentlichen Mitteln oder von Förderungseinrichtungen, die hierfür öffentliche Mittel erhalten, bezogenen Zuschüsse; zu den Bezügen gehören auch die in § 32 Absatz 4 Satz 4 genannten. [6]Ist die unterhaltene Person nicht unbeschränkt einkommensteuerpflichtig, so können die Aufwendungen nur abgezogen werden, soweit sie nach den Verhältnissen des Wohnsitzstaats der unterhaltenen Person notwendig und angemessen sind, höchstens jedoch der Betrag, der sich nach den Sätzen 1 bis 5 ergibt; ob der Steuerpflichtige zum Unterhalt gesetzlich verpflichtet ist, ist nach inländischen Maßstäben zu beurteilen. [7]Werden die Aufwendungen für eine unterhaltene Person von mehreren Steuerpflichtigen getragen, so wird bei jedem der Teil des sich hiernach ergebenden Betrags abgezogen, der seinem Anteil am Gesamtbetrag der Leistungen entspricht.

(2) [1]Zur Abgeltung des Sonderbedarfs eines sich in Berufsausbildung befindenden, auswärtig untergebrachten, volljährigen Kindes, für das Anspruch auf einen Freibetrag nach § 32 Absatz 6 oder Kindergeld besteht, kann der Steuerpflichtige einen Freibetrag in Höhe von 924 Euro je Kalenderjahr vom Gesamtbetrag der Einkünfte abziehen. [2]Dieser Freibetrag vermindert sich um die eigenen Einkünfte und Bezüge im Sinne des § 32 Absatz 4 Satz 2 und 4 des Kindes, soweit diese 1 848 Euro im Kalenderjahr übersteigen, sowie um die von dem Kind als Ausbildungshilfe aus öffentlichen Mitteln oder von Förderungseinrichtungen, die hierfür öffentliche Mittel erhalten, bezogenen Zuschüsse. [3]Für ein nicht unbeschränkt einkommensteuerpflichtiges Kind vermindern sich die vorstehenden Beträge nach Maßgabe des Absatzes 1 Satz 5. [4]Erfüllen mehrere Steuerpflichtige für dasselbe Kind die Voraussetzungen nach Satz 1, so kann der Freibetrag insgesamt nur einmal abgezogen werden. [5]Jedem Elternteil steht grundsätzlich die Hälfte des Abzugsbetrags nach den Sätzen 1 bis 3 zu. [6]Auf gemeinsamen Antrag der Eltern ist eine andere Aufteilung möglich.

(3) [1]Für jeden vollen Kalendermonat, in dem die in den Absätzen 1 und 2 bezeichneten Voraussetzungen nicht vorgelegen haben, ermäßigen sich die dort bezeichneten Beträge um je ein Zwölftel. [2]Eigene Ein-

künfte und Bezüge der unterhaltenen Person oder des Kindes, die auf diese Kalendermonate entfallen, vermindern die nach Satz 1 ermäßigten Höchstbeträge und Freibeträge nicht. ³Als Ausbildungshilfe bezogene Zuschüsse mindern nur die zeitanteiligen Höchstbeträge und Freibeträge der Kalendermonate, für die die Zuschüsse bestimmt sind.

(4) In den Fällen der Absätze 1 und 2 kann wegen der in diesen Vorschriften bezeichneten Aufwendungen der Steuerpflichtige eine Steuerermäßigung nach § 33 nicht in Anspruch nehmen.

§ 33b
Pauschbeträge für behinderte Menschen, Hinterbliebene und Pflegepersonen

(1) ¹Wegen der Aufwendungen für die Hilfe bei den gewöhnlichen und regelmäßig wiederkehrenden Verrichtungen des täglichen Lebens, für die Pflege sowie für einen erhöhten Wäschebedarf können behinderte Menschen unter den Voraussetzungen des Absatzes 2 anstelle einer Steuerermäßigung nach § 33 einen Pauschbetrag nach Absatz 3 geltend machen (Behinderten-Pauschbetrag). ²Das Wahlrecht kann für die genannten Aufwendungen im jeweiligen Veranlagungszeitraum nur einheitlich ausgeübt werden.

(2) Die Pauschbeträge erhalten

1. behinderte Menschen, deren Grad der Behinderung auf mindestens 50 festgestellt ist;

2. behinderte Menschen, deren Grad der Behinderung auf weniger als 50, aber mindestens auf 25 festgestellt ist, wenn

   a) dem behinderten Menschen wegen seiner Behinderung nach gesetzlichen Vorschriften Renten oder andere laufende Bezüge zustehen, und zwar auch dann, wenn das Recht auf die Bezüge ruht oder der Anspruch auf die Bezüge durch Zahlung eines Kapitals abgefunden worden ist, oder

   b) die Behinderung zu einer dauernden Einbuße der körperlichen Beweglichkeit geführt hat oder auf einer typischen Berufskrankheit beruht.

(3) ¹Die Höhe des Pauschbetrags richtet sich nach dem dauernden Grad der Behinderung. ²Als Pauschbeträge werden gewährt bei einem Grad der Behinderung

von 25 und 30	310 Euro,
von 35 und 40	430 Euro,
von 45 und 50	570 Euro,
von 55 und 60	720 Euro,
von 65 und 70	890 Euro,
von 75 und 80	1 060 Euro,
von 85 und 90	1 230 Euro,
von 95 und 100	1 420 Euro.

³Für behinderte Menschen, die hilflos im Sinne des Absatzes 6 sind, und für Blinde erhöht sich der Pauschbetrag auf 3 700 Euro.

(4) ¹Personen, denen laufende Hinterbliebenenbezüge bewilligt worden sind, erhalten auf Antrag einen Pauschbetrag von 370 Euro (Hinterbliebenen-Pauschbetrag), wenn die Hinterbliebenenbezüge geleistet werden

1. nach dem Bundesversorgungsgesetz oder einem anderen Gesetz, das die Vorschriften des Bundesversorgungsgesetzes über Hinterbliebenenbezüge für entsprechend anwendbar erklärt, oder

2. nach den Vorschriften über die gesetzliche Unfallversicherung oder

3. nach den beamtenrechtlichen Vorschriften an Hinterbliebene eines an den Folgen eines Dienstunfalls verstorbenen Beamten oder

4. nach den Vorschriften des Bundesentschädigungsgesetzes über die Entschädigung für Schäden an Leben, Körper oder Gesundheit.

²Der Pauschbetrag wird auch dann gewährt, wenn das Recht auf die Bezüge ruht oder der Anspruch auf die Bezüge durch Zahlung eines Kapitals abgefunden worden ist.

(5) ¹Steht der Behinderten-Pauschbetrag oder der Hinterbliebenen-Pauschbetrag einem Kind zu, für das der Steuerpflichtige Anspruch auf einen Freibetrag nach § 32 Absatz 6 oder auf Kindergeld hat, so wird der Pauschbetrag auf Antrag auf den Steuerpflichtigen übertragen, wenn ihn das Kind nicht in Aspruch nimmt. ²Dabei ist der Pauschbetrag grundsätzlich auf beide Elternteile je zur Hälfte aufzuteilen. ³Auf gemeinsamen Antrag der Eltern ist eine andere Aufteilung möglich. ⁴In diesen Fällen besteht für Aufwendungen, für die der Behinderten-Pauschbetrag gilt, kein Anspruch auf eine Steuerermäßigung nach § 33.

(6) ¹Wegen der außergewöhnlichen Belastungen, die einem Steuerpflichtigen durch die Pflege einer Person erwachsen, die nicht nur vorübergehend hilflos ist, kann er an Stelle einer Steuerermäßigung nach § 33 einen Pauschbetrag von 924 Euro im Kalenderjahr geltend machen (Pflegepauschbetrag), wenn er dafür keine Einnahmen erhält. ²Zu diesen Einnahmen zählt unabhängig von der Verwendung nicht das von den Eltern eines behinderten Kindes für dieses Kind empfangene Pflegegeld. ³Hilflos im Sinne des Satzes 1 ist eine Person, wenn sie für eine Reihe von häufig und regelmäßig wiederkehrenden Verrichtungen zur Sicherung ihrer persönlichen Existenz im Ablauf eines jeden Tages fremder Hilfe dauernd bedarf. ⁴Diese Voraussetzungen sind auch erfüllt, wenn die Hilfe in Form einer Überwachung oder einer Anleitung zu den in Satz 3 genannten Verrichtungen erforderlich ist oder wenn die Hilfe zwar nicht dauernd geleistet werden muss, jedoch eine ständige Bereitschaft zur Hilfeleistung erforderlich ist. ⁵Voraussetzung ist, dass der Steuerpflichtige die Pflege im Inland entweder in seiner Wohnung oder in der Wohnung des Pflegebedürftigen persönlich durchführt. ⁶Wird ein Pflegebedürftiger von mehreren Steuerpflichtigen im Veranlagungszeitraum gepflegt, wird der Pauschbetrag nach der Zahl der Pflegepersonen, bei denen die Voraussetzungen der Sätze 1 bis 5 vorliegen, geteilt.¹⁾

(7) Die Bundesregierung wird ermächtigt, durch Rechtsverordnung mit Zustimmung des Bundesrates

---

1) Zur Anwendung von § 33b Absatz 6 in dieser Fassung siehe § 52 Absatz 46a EStG.

zu bestimmen, wie nachzuweisen ist, dass die Voraussetzungen für die Inanspruchnahme der Pauschbeträge vorliegen.

§ 34[1)]
Außerordentliche Einkünfte

(1) [1]Sind in dem zu versteuernden Einkommen außerordentliche Einkünfte enthalten, so ist die auf alle im Veranlagungszeitraum bezogenen außerordentlichen Einkünfte entfallende Einkommensteuer nach den Sätzen 2 bis 4 zu berechnen. [2]Die für die außerordentlichen Einkünfte anzusetzende Einkommensteuer beträgt das Fünffache des Unterschiedsbetrags zwischen der Einkommensteuer für das um diese Einkünfte verminderte zu versteuernde Einkommen (verbleibendes zu versteuerndes Einkommen) und der Einkommensteuer für das verbleibende zu versteuernde Einkommen zuzüglich eines Fünftels dieser Einkünfte. [3]Ist das verbleibende zu versteuernde Einkommen negativ und das zu versteuernde Einkommen positiv, so beträgt die Einkommensteuer das Fünffache der auf ein Fünftel des zu versteuernden Einkommens entfallenden Einkommensteuer. [4]Die Sätze 1 bis 3 gelten nicht für außerordentliche Einkünfte im Sinne des Absatzes 2 Nummer 1, wenn der Steuerpflichtige diese Einkünfte ganz oder teilweise § 6b oder § 6c anwendet.

(2) Als außerordentliche Einkünfte kommen nur in Betracht:
1. Veräußerungsgewinne im Sinne der §§ 14, 14a Absatz 1, der §§ 16 und 18 Absatz 3 mit Ausnahme des steuerpflichtigen Teils der Veräußerungsgewinne, die nach § 3 Nummer 40 Buchstabe b in Verbindung mit § 3c Absatz 2 teilweise steuerbefreit sind;
2. Entschädigungen im Sinne des § 24 Nummer 1;
3. Nutzungsvergütungen und Zinsen im Sinne des § 24 Nummer 3, soweit sie für einen Zeitraum von mehr als drei Jahren nachgezahlt werden;
4. Vergütungen für mehrjährige Tätigkeiten; mehrjährig ist die Tätigkeit, soweit sie sich über mindestens zwei Veranlagungszeiträume erstreckt und einen Zeitraum von mehr als zwölf Monaten umfasst;
5. Einkünfte aus außerordentlichen Holznutzungen im Sinne des § 34b Absatz 1 Nummer 1.

(3) [1]Sind in dem zu versteuernden Einkommen außerordentliche Einkünfte im Sinne des Absatzes 2 Nummer 1 enthalten, so kann auf Antrag abweichend von Absatz 1 die auf den Teil dieser außerordentlichen Einkünfte, der den Betrag von insgesamt 5 Millionen Euro[2)] nicht übersteigt, entfallende Einkommensteuer nach einem ermäßigten Steuersatz bemessen werden, wenn der Steuerpflichtige das 55. Lebensjahr vollendet hat oder wenn er im sozialversicherungsrechtlichen Sinne dauernd berufsunfähig ist. [2]Der ermäßigte Steuersatz beträgt 56 Prozent des durchschnittlichen Steuersatzes, der sich ergäbe, wenn die tarifliche Einkommensteuer nach dem gesamten zu versteuernden Einkommen zuzüglich der dem Progressionsvorbehalt unterliegenden Einkünfte zu bemessen wäre, mindestens jedoch 15 Prozent[3)]. [3]Auf das um die in Satz 1 genannten Einkünfte verminderte zu versteuernde Einkommen (verbleibendes zu versteuerndes Einkommen) sind vorbehaltlich des Absatzes 1 die allgemeinen Tarifvorschriften anzuwenden. [4]Die Ermäßigung nach den Sätzen 1 bis 3 kann der Steuerpflichtige nur einmal im Leben in Anspruch nehmen. [5]Erzielt der Steuerpflichtige in einem Veranlagungszeitraum mehr als einen Veräußerungs- oder Aufgabegewinn im Sinne des Satzes 1, kann er die Ermäßigung nach den Sätzen 1 bis 3 nur für einen Veräußerungs- oder Aufgabegewinn beantragen. [6]Absatz 1 Satz 4 ist entsprechend anzuwenden.

§ 34a[4)]
Begünstigung der nicht entnommenen Gewinne

(1) [1]Sind in dem zu versteuernden Einkommen nicht entnommene Gewinne aus Land- und Forstwirtschaft, Gewerbebetrieb oder selbständiger Arbeit (§ 2 Absatz 1 Satz 1 Nummer 1 bis 3) im Sinne des Absatzes 2 enthalten, ist die Einkommensteuer für diese Gewinne auf Antrag des Steuerpflichtigen ganz oder teilweise mit einem Steuersatz von 28,25 Prozent zu berechnen; dies gilt nicht, soweit für die Gewinne der Freibetrag nach § 16 Absatz 4 oder die Steuerermäßigung nach § 34 Absatz 3 in Anspruch genommen wird oder es sich um Gewinne im Sinne des § 18 Absatz 1 Nummer 4 handelt. [2]Der Antrag nach Satz 1 ist für jeden Betrieb oder Mitunternehmeranteil für jeden Veranlagungszeitraum gesondert bei dem für die Einkommensbesteuerung zuständigen Finanzamt zu stellen. [3]Bei Mitunternehmeranteilen kann der Steuerpflichtige den Antrag nur stellen, wenn sein Anteil am nach § 4 Absatz 1 Satz 1 oder 5 ermittelten Gewinn mehr als 10 Prozent beträgt oder 10 000 Euro übersteigt. [4]Der Antrag kann bis zur Unanfechtbarkeit des Einkommensteuerbescheids für den nächsten Veranlagungszeitraum vom Steuerpflichtigen ganz oder teilweise zurückgenommen werden; der Einkommensteuerbescheid ist entsprechend zu ändern. [5]Die Festsetzungsfrist endet insoweit nicht, bevor die Festsetzungsfrist für den nächsten Veranlagungszeitraum abgelaufen ist.

(2) Nicht entnommener Gewinn des Betriebs oder Mitunternehmeranteils ist der nach § 4 Absatz 1 Satz 1 oder 5 ermittelte Gewinn vermindert um den positiven Saldo der Entnahmen und Einlagen des Wirtschaftsjahres.

(3) [1]Der Begünstigungsbetrag ist der im Veranlagungszeitraum nach Absatz 1 Satz 1 auf Antrag begünstigte Gewinn. [2]Der Begünstigungsbetrag des Veranlagungszeitraums, vermindert um die darauf entfallende Steuerbelastung nach Absatz 1 und den darauf entfallenden Solidaritätszuschlag, vermehrt um den nachversteuerungspflichtigen Betrag des Vorjahres und den auf diesen Betrieb oder Mit-

---
1) Zur Anwendung von § 34 siehe § 52 Absatz 47 EStG.
2) § 34 Absatz 3 Satz 1 EStG i. d. F. § 52 Absatz 47 Satz 5 EStG.
3) § 34 Absatz 3 Satz 2 EStG i. d. F. § 52 Absatz 47 Satz 6 EStG.
4) § 34a ist erstmals für VZ 2008 anzuwenden (§ 52 Absatz 48 EStG).

unternehmeranteil nach Absatz 5 übertragenen nachversteuerungspflichtigen Betrag, vermindert um den Nachversteuerungsbetrag im Sinne des Absatzes 4 und den auf einen anderen Betrieb oder Mitunternehmeranteil nach Absatz 5 übertragenen nachversteuerungspflichtigen Betrag, ist der nachversteuerungspflichtige Betrag des Betriebs oder Mitunternehmeranteils zum Ende des Veranlagungszeitraums. ³Dieser ist für jeden Betrieb oder Mitunternehmeranteil jährlich gesondert festzustellen.

(4) ¹Übersteigt der positive Saldo der Entnahmen und Einlagen des Wirtschaftsjahres bei einem Betrieb oder Mitunternehmeranteil den nach § 4 Absatz 1 Satz 1 oder § 5 ermittelten Gewinn (Nachversteuerungsbetrag), ist vorbehaltlich Absatz 5 eine Nachversteuerung durchzuführen, soweit zum Ende des vorangegangenen Veranlagungszeitraums ein nachversteuerungspflichtiger Betrag nach Absatz 3 festgestellt wurde. ²Die Einkommensteuer auf den Nachversteuerungsbetrag beträgt 25 Prozent. ³Der Nachversteuerungsbetrag ist um die Beträge, die für die Erbschaftsteuer (Schenkungsteuer) anlässlich der Übertragung des Betriebs oder Mitunternehmeranteils entnommen wurden, zu vermindern.

(5) ¹Die Übertragung oder Überführung eines Wirtschaftsguts nach § 6 Absatz 5 Satz 1 bis 3 führt unter den Voraussetzungen des Absatzes 4 zur Nachversteuerung. ²Eine Nachversteuerung findet nicht statt, wenn der Steuerpflichtige beantragt, den nachversteuerungspflichtigen Betrag in Höhe des Buchwerts des übertragenen oder überführten Wirtschaftsguts, höchstens jedoch in Höhe des Nachversteuerungsbetrags, den die Übertragung oder Überführung des Wirtschaftsguts ausgelöst hätte, auf den anderen Betrieb oder Mitunternehmeranteil zu übertragen.

(6) ¹Eine Nachversteuerung des nachversteuerungspflichtigen Betrags nach Absatz 4 ist durchzuführen

1. in den Fällen der Betriebsveräußerung oder -aufgabe im Sinne der §§ 14, 16 Absatz 1 und 3 sowie des § 18 Absatz 3,
2. in den Fällen der Einbringung eines Betriebs oder Mitunternehmeranteils in eine Kapitalgesellschaft oder eine Genossenschaft sowie in den Fällen des Formwechsels einer Personengesellschaft in eine Kapitalgesellschaft oder Genossenschaft,
3. wenn der Gewinn nicht mehr nach § 4 Absatz 1 Satz 1 oder § 5 ermittelt wird oder
4. wenn der Steuerpflichtige dies beantragt.

²In den Fällen der Nummern 1 und 2 ist die nach Absatz 4 geschuldete Einkommensteuer auf Antrag des Steuerpflichtigen oder seines Rechtsnachfolgers in regelmäßigen Teilbeträgen für einen Zeitraum von höchstens zehn Jahren seit Eintritt der ersten Fälligkeit zinslos zu stunden, wenn ihre alsbaldige Einziehung mit erheblichen Härten für den Steuerpflichtigen verbunden wäre.

(7) ¹In den Fällen der unentgeltlichen Übertragung eines Betriebs oder Mitunternehmeranteils nach § 6 Absatz 3 hat der Rechtsnachfolger den nachversteuerungspflichtigen Betrag fortzuführen. ²In den Fällen der Einbringung eines Betriebs oder Mitunternehmeranteils zu Buchwerten nach § 24 des Umwandlungssteuergesetzes geht der für den eingebrachten Betrieb oder Mitunternehmeranteil festgestellte nachversteuerungspflichtige Betrag auf den neuen Mitunternehmeranteil über.

(8) Negative Einkünfte dürfen nicht mit ermäßigt besteuerten Gewinnen im Sinne von Absatz 1 Satz 1 ausgeglichen werden; sie dürfen insoweit auch nicht nach § 10d abgezogen werden.

(9) ¹Zuständig für den Erlass der Feststellungsbescheide über den nachversteuerungspflichtigen Betrag ist das für die Einkommensbesteuerung zuständige Finanzamt. ²Die Feststellungsbescheide können nur insoweit angegriffen werden, als sich der nachversteuerungspflichtige Betrag gegenüber dem nachversteuerungspflichtigen Betrag des Vorjahres verändert hat. ³Die gesonderten Feststellungen nach Satz 1 können mit dem Einkommensteuerbescheid verbunden werden.

(10) ¹Sind Einkünfte aus Land- und Forstwirtschaft, Gewerbebetrieb oder selbständiger Arbeit nach § 180 Absatz 1 Nummer 2 Buchstabe a oder b der Abgabenordnung gesondert festzustellen, können auch die Höhe der Entnahmen und Einlagen sowie weitere für die Tarifermittlung nach den Absätzen 1 bis 7 erforderliche Besteuerungsgrundlagen gesondert festgestellt werden. ²Zuständig für die gesonderten Feststellungen nach Satz 1 ist das Finanzamt, das für die gesonderte Feststellung nach § 180 Absatz 1 Nummer 2 der Abgabenordnung zuständig ist. ³Die gesonderten Feststellungen nach Satz 1 können mit der Feststellung nach § 180 Absatz 1 Nummer 2 der Abgabenordnung verbunden werden. ⁴Die Feststellungsfrist für die gesonderte Feststellung nach Satz 1 endet nicht vor Ablauf der Feststellungsfrist für die Feststellung nach § 180 Absatz 1 Nummer 2 der Abgabenordnung.

(11) ¹Der Bescheid über die gesonderte Feststellung des nachversteuerungspflichtigen Betrags ist zu erlassen, aufzuheben oder zu ändern, soweit der Steuerpflichtige einen Antrag nach Absatz 1 stellt oder diesen ganz oder teilweise zurücknimmt oder sich die Besteuerungsgrundlagen im Einkommensteuerbescheid ändern. ²Dies gilt entsprechend, wenn der Erlass, die Aufhebung oder Änderung des Einkommensteuerbescheids mangels steuerlicher Auswirkung unterbleibt. ³Die Feststellungsfrist endet nicht, bevor die Festsetzungsfrist für den Veranlagungszeitraum abgelaufen ist, auf dessen Schluss der nachversteuerungspflichtige Betrag des Betriebs oder Mitunternehmeranteils gesondert festzustellen ist.

§ 34b
Steuersätze bei außerordentlichen Einkünften aus Forstwirtschaft

(1) Zu den außerordentlichen Einkünften aus Holznutzungen gehören:

1. Einkünfte aus Holznutzungen, die aus wirtschaftlichen Gründen erfolgt sind (außerordentliche Holznutzungen). ²Sie liegen nur insoweit vor, als die gesamte Holznutzung abzüglich der Holznutzung infolge höherer Gewalt den Nutzungssatz (Absatz 4 Nummer 1) übersteigt. ³Bei

der Berechnung der zu begünstigenden außerordentlichen Holznutzungen des laufenden Wirtschaftsjahres sind die eingesparten Nutzungen der letzten drei Wirtschaftsjahre in Abzug zu bringen. ⁴Die Differenz zwischen Nutzungssatz und geringerer tatsächlicher Nutzung eines Wirtschaftsjahres stellt die eingesparte Nutzung dar;

2. Einkünfte aus Holznutzungen infolge höherer Gewalt (Kalamitätsnutzungen). ²Sie sind durch Eis-, Schnee-, Windbruch oder Windwurf, Erdbeben, Bergrutsch, Insektenfraß, Brand oder durch Naturereignisse mit vergleichbaren Folgen verursacht. ³Hierzu gehören nicht die Schäden, die in der Forstwirtschaft regelmäßig entstehen.

(2) Bei der Ermittlung der außerordentlichen Einkünfte aus Holznutzungen sind

1. die persönlichen und sachlichen Verwaltungskosten, Grundsteuer und Zwangsbeiträge, soweit sie zu den festen Betriebsausgaben gehören, bei den Einnahmen aus ordentlichen Holznutzungen und Holznutzungen infolge höherer Gewalt, die innerhalb des Nutzungssatzes (Absatz 4 Nummer 1) anfallen, zu berücksichtigen. ²Sie sind entsprechend der Höhe der Einnahmen aus den bezeichneten Holznutzungen auf diese zu verteilen;
2. die anderen Betriebsausgaben entsprechend der Höhe der Einnahmen aus allen Holznutzungsarten auf diese zu verteilen.

(3) ¹Die Einkommensteuer bemisst sich
1. für die zu begünstigenden außerordentlichen Holznutzungen im Sinne des Absatzes 1 Nummer 1 nach § 34 Absatz 1;
2. für die Kalamitätsnutzungen im Sinne des Absatzes 1 Nummer 2, soweit sie den Nutzungssatz (Absatz 4 Nummer 1) übersteigen, nach der Hälfte des durchschnittlichen Steuersatzes, der sich ergäbe, wenn die tarifliche Einkommensteuer nach dem gesamten zu versteuernden Einkommen zuzüglich der dem Progressionsvorbehalt unterliegenden Einkünfte zu bemessen wäre;
3. für Kalamitätsnutzungen im Sinne des Absatzes 1 Nummer 2, soweit sie den doppelten Nutzungssatz übersteigen, nach dem halben Steuersatz der Nummer 2.

²Treffen verschiedene Holznutzungsarten innerhalb eines Wirtschaftsjahres zusammen, sind diese auf die Kalamitätsnutzungen und auf die übrigen Holznutzungen aufzuteilen. ³Sind die übrigen Holznutzungen nicht geringer als der Nutzungssatz, sind die ermäßigten Steuersätze des Satzes 1 Nummer 2 und 3 auf die gesamten Kalamitätsnutzungen anzuwenden. ⁴Sind die übrigen Holznutzungen geringer als der Nutzungssatz, ergibt sich ein Restbetrag, der die Kalamitätsnutzung zu mindern sind. ⁵Die ermäßigten Steuersätze des Satzes 1 Nummer 2 und 3 finden in diesem Fall nur Anwendung auf die Einkünfte aus den geminderten Kalamitätsnutzungen.

(4) Außerordentliche Einkünfte aus Holznutzungen sind nur unter den folgenden Voraussetzungen anzuerkennen:
1. auf Grund eines amtlich anerkannten Betriebsgutachtens oder durch ein Betriebswerk muss periodisch für zehn Jahre ein Nutzungssatz festgesetzt sein. ²Dieser muss den Nutzungen entsprechen, die unter Berücksichtigung der vollen Ertragsfähigkeit des Waldes in Festmetern nachhaltig erzielbar sind;
2. die in einem Wirtschaftsjahr erzielten verschiedenen Nutzungen müssen mengenmäßig nachgewiesen werden;
3. Schäden infolge höherer Gewalt müssen unverzüglich nach Feststellung des Schadensfalls dem zuständigen Finanzamt mitgeteilt werden.

V. Steuerermäßigungen
1. Steuerermäßigung bei ausländischen Einkünften

§ 34c[1])

(1) ¹Bei unbeschränkt Steuerpflichtigen, die mit ausländischen Einkünften in dem Staat, aus dem die Einkünfte stammen, zu einer der deutschen Einkommensteuer entsprechenden Steuer herangezogen werden, ist die festgesetzte und gezahlte und um einen entstandenen Ermäßigungsanspruch gekürzte ausländische Steuer auf die deutsche Einkommensteuer anzurechnen, die auf die Einkünfte aus diesem Staat entfällt; das gilt nicht für Einkünfte aus Kapitalvermögen, auf die § 32d Absatz 1 und 3 bis 6 anzuwenden ist. ²Die auf die ausländischen Einkünfte nach Satz 1 erster Halbsatz entfallende deutsche Einkommensteuer ist in der Weise zu ermitteln, dass die sich bei der Veranlagung des zu versteuernden Einkommens, einschließlich der ausländischen Einkünfte, nach den §§ 32a, 32b, 34, 34a und 34b ergebende deutsche Einkommensteuer im Verhältnis dieser ausländischen Einkünfte zur Summe der Einkünfte aufgeteilt wird. ³Bei der Ermittlung des zu versteuernden Einkommens, der Summe der Einkünfte und der ausländischen Einkünfte sind die Einkünfte nach Satz 1 zweiter Halbsatz nicht zu berücksichtigen; bei der Ermittlung der ausländischen Einkünfte sind die ausländischen Einkünfte nicht zu berücksichtigen, die in dem Staat, aus dem sie stammen, nach dessen Recht nicht besteuert werden. ⁴Gehören ausländische Einkünfte der in § 34d Nummer 3, 4, 6, 7 und 8 Buchstabe c genannten Art zum Gewinn eines inländischen Betriebes, sind bei ihrer Ermittlung Betriebsausgaben und Betriebsvermögensminderungen abzuziehen, die mit den diesen Einkünften zugrunde liegenden Einnahmen in wirtschaftlichem Zusammenhang stehen. ⁵Die ausländischen Steuern sind nur insoweit anzurechnen, als sie auf die im Veranlagungszeitraum bezogenen Einkünfte entfallen.

(2) Statt der Anrechnung (Absatz 1) ist die ausländische Steuer auf Antrag bei der Ermittlung der Einkünfte abzuziehen, soweit sie auf ausländische Einkünfte entfällt, die nicht steuerfrei sind.

---
1) Zur Anwendung von § 34c siehe § 52 Absatz 49 EStG.

(3) Bei unbeschränkt Steuerpflichtigen, bei denen eine ausländische Steuer vom Einkommen nach Absatz 1 nicht angerechnet werden kann, weil die Steuer nicht der deutschen Einkommensteuer entspricht oder nicht in dem Staat erhoben wird, aus dem die Einkünfte stammen, oder weil keine ausländischen Einkünfte vorliegen, ist die festgesetzte und gezahlte und um einen entstandenen Ermäßigungsanspruch gekürzte ausländische Steuer bei der Ermittlung der Einkünfte abzuziehen, soweit sie auf Einkünfte entfällt, die der deutschen Einkommensteuer unterliegen.

(4) (weggefallen)

(5) Die obersten Finanzbehörden der Länder oder die von ihnen beauftragten Finanzbehörden können mit Zustimmung des Bundesministeriums der Finanzen die auf ausländische Einkünfte entfallende deutsche Einkommensteuer ganz oder zum Teil erlassen oder in einem Pauschbetrag festsetzen, wenn es aus volkswirtschaftlichen Gründen zweckmäßig ist oder die Anwendung des Absatzes 1 besonders schwierig ist.

(6) ¹Die Absätze 1 bis 3 sind vorbehaltlich der Sätze 2 bis 6 nicht anzuwenden, wenn die Einkünfte aus einem ausländischen Staat stammen, mit dem ein Abkommen zur Vermeidung der Doppelbesteuerung besteht. ²Soweit in einem Abkommen zur Vermeidung der Doppelbesteuerung die Anrechnung einer ausländischen Steuer auf die deutsche Einkommensteuer vorgesehen ist, sind Absatz 1 Satz 2 bis 5 und Absatz 2 entsprechend auf die nach dem Abkommen anzurechnende ausländische Steuer anzuwenden; das gilt nicht für Einkünfte, auf die § 32d Absatz 1 und 3 bis 6 anzuwenden ist; bei nach dem Abkommen als gezahlt geltenden ausländischen Steuerbeträgen sind Absatz 1 Satz 3 und Absatz 2 nicht anzuwenden. ³Absatz 1 Satz 3 gilt auch dann entsprechend, wenn die Einkünfte in dem ausländischen Staat nach dem Abkommen zur Vermeidung der Doppelbesteuerung mit diesem Staat nicht besteuert werden können. ⁴Bezieht sich ein Abkommen zur Vermeidung der Doppelbesteuerung nicht auf eine Steuer vom Einkommen dieses Staates, so sind die Absätze 1 und 2 entsprechend anzuwenden. ⁵In den Fällen des § 50d Absatz 9 sind die Absätze 1 bis 3 und Satz 6 entsprechend anzuwenden. ⁶Absatz 3 ist anzuwenden, wenn der Staat, mit dem ein Abkommen zur Vermeidung der Doppelbesteuerung besteht, Einkünfte besteuert, die nicht aus diesem Staat stammen, es sei denn, die Besteuerung hat ihre Ursache in einer Gestaltung, für die wirtschaftliche oder sonst beachtliche Gründe fehlen, oder das Abkommen gestattet dem Staat die Besteuerung dieser Einkünfte.

(7) Durch Rechtsverordnung können Vorschriften erlassen werden über
1. die Anrechnung ausländischer Steuern, wenn die ausländischen Einkünfte aus mehreren fremden Staaten stammen,
2. den Nachweis über die Höhe der festgesetzten und gezahlten ausländischen Steuern,
3. die Berücksichtigung ausländischer Steuern, die nachträglich erhoben oder zurückgezahlt werden.

§ 34d
Ausländische Einkünfte

Ausländische Einkünfte im Sinne des § 34c Absatz 1 bis 5 sind

1. Einkünfte aus einer in einem ausländischen Staat betriebenen Land- und Forstwirtschaft (§§ 13 und 14) und Einkünfte der in den Nummern 3, 4, 6, 7 und 8 Buchstabe c genannten Art, soweit sie zu den Einkünften aus Land- und Forstwirtschaft gehören;

2. Einkünfte aus Gewerbebetrieb (§§ 15 und 16),
   a) die durch eine in einem ausländischen Staat belegene Betriebsstätte oder durch einen in einem ausländischen Staat tätigen ständigen Vertreter erzielt werden, und Einkünfte der in den Nummern 3, 4, 6, 7 und 8 Buchstabe c genannten Art, soweit sie zu den Einkünften aus Gewerbebetrieb gehören,
   b) die aus Bürgschafts- und Avalprovisionen erzielt werden, wenn der Schuldner Wohnsitz, Geschäftsleitung oder Sitz in einem ausländischen Staat hat, oder
   c) die durch den Betrieb eigener oder gecharterter Seeschiffe oder Luftfahrzeuge aus Beförderungen zwischen ausländischen oder von ausländischen zu inländischen Häfen erzielt werden, einschließlich der Einkünfte aus anderen mit solchen Beförderungen zusammenhängenden, sich auf das Ausland erstreckenden Beförderungsleistungen;

3. Einkünfte aus selbständiger Arbeit (§ 18), die in einem ausländischen Staat ausgeübt oder verwertet wird oder worden ist, und Einkünfte der in den Nummern 4, 6, 7 und 8 Buchstabe c genannten Art, soweit sie zu den Einkünften aus selbständiger Arbeit gehören;

4. Einkünfte aus der Veräußerung von
   a) Wirtschaftsgütern, die zum Anlagevermögen eines Betriebs gehören, wenn die Wirtschaftsgüter in einem ausländischen Staat belegen sind,
   b) Anteilen an Kapitalgesellschaften, wenn die Gesellschaft Geschäftsleitung oder Sitz in einem ausländischen Staat hat;

5. Einkünfte aus nichtselbständiger Arbeit (§ 19), die in einem ausländischen Staat ausgeübt oder, ohne im Inland ausgeübt zu werden oder worden zu sein, in einem ausländischen Staat verwertet wird oder worden ist, und Einkünfte, die von ausländischen öffentlichen Kassen mit Rücksicht auf ein gegenwärtiges oder früheres Dienstverhältnis gewährt werden. ²Einkünfte, die von inländischen öffentlichen Kassen einschließlich der Kassen der Deutschen Bundesbahn und der Deutschen Bundesbank mit Rücksicht auf ein gegenwärtiges oder früheres Dienstverhältnis gewährt werden, gelten auch dann als ausländische Einkünfte, wenn die Tätigkeit in einem ausländischen Staat ausgeübt wird oder worden ist;

6. Einkünfte aus Kapitalvermögen (§ 20), wenn der Schuldner Wohnsitz, Geschäftsleitung oder Sitz in einem ausländischen Staat hat oder das Ka-

pitalvermögen durch ausländischen Grundbesitz gesichert ist;

7. Einkünfte aus Vermietung und Verpachtung (§ 21), soweit das unbewegliche Vermögen oder die Sachinbegriffe in einem ausländischen Staat belegen oder die Rechte zur Nutzung in einem ausländischen Staat überlassen worden sind;

8. sonstige Einkünfte im Sinne des § 22, wenn
   a) der zur Leistung der wiederkehrenden Bezüge Verpflichtete Wohnsitz, Geschäftsleitung oder Sitz in einem ausländischen Staat hat,
   b) bei privaten Veräußerungsgeschäften die veräußerten Wirtschaftsgüter in einem ausländischen Staat belegen sind,
   c) bei Einkünften aus Leistungen einschließlich der Einkünfte aus Leistungen im Sinne des § 49 Absatz 1 Nummer 9 der zur Vergütung der Leistung Verpflichtete Wohnsitz, Geschäftsleitung oder Sitz in einem ausländischen Staat hat.

2. Steuerermäßigung bei Einkünften aus Land- und Forstwirtschaft

§ 34e

(1) ¹Die tarifliche Einkommensteuer ermäßigt sich in den Veranlagungszeiträumen 1999 und 2000 vorbehaltlich des Absatzes 2 um die Einkommensteuer, die auf den Gewinn dieser Veranlagungszeiträume aus einem land- und forstwirtschaftlichen Betrieb entfällt, höchstens jedoch um 1 000 Deutsche Mark, wenn der Gewinn der in diesen Veranlagungszeiträumen beginnenden Wirtschaftsjahre weder geschätzt noch nach § 13a ermittelt worden ist und den Betrag von 40 000 Deutsche Mark nicht übersteigt. ²Beträgt der Gewinn mehr als 40 000 Deutsche Mark, so vermindert sich der Höchstbetrag für die Steuerermäßigung um 10 Prozent des Betrags, um den der Gewinn den Betrag von 40 000 Deutsche Mark übersteigt. ³Sind an einem solchen land- und forstwirtschaftlichen Betrieb mehrere Steuerpflichtige beteiligt, so ist der Höchstbetrag für die Steuerermäßigung auf die Beteiligten nach ihrem Beteiligungsverhältnis aufzuteilen. ⁴Die Anteile der Beteiligten an dem Höchstbetrag für die Steuerermäßigung sind gesondert festzustellen (§ 179 Abgabenordnung).

(2) ¹Die Steuerermäßigung darf beim Steuerpflichtigen nicht mehr als insgesamt 1 000 Deutsche Mark betragen. ²Die auf den Gewinn des Veranlagungszeitraums nach Absatz 1 Satz 1 entfallende Einkommensteuer bemisst sich nach dem durchschnittlichen Steuersatz der tariflichen Einkommensteuer; dabei ist dieser Gewinn um den Teil des Freibetrags nach § 13 Absatz 3 zu kürzen, der dem Verhältnis des Gewinns zu den Einkünften des Steuerpflichtigen aus Land- und Forstwirtschaft vor Abzug des Freibetrags entspricht. ³Werden Ehegatten nach den §§ 26, 26b zusammen veranlagt, wird die Steuerermäßigung jedem der Ehegatten gewährt, soweit sie Inhaber oder Mitinhaber verschiedener land- und forstwirtschaftlicher Betriebe im Sinne des Absatzes 1 Satz 1 sind.

2a. Steuerermäßigung für Steuerpflichtige mit Kindern bei Inanspruchnahme erhöhter Absetzungen für Wohngebäude oder der Steuerbegünstigungen für eigengenutztes Wohneigentum

§ 34f

(1) ¹Bei Steuerpflichtigen, die erhöhte Absetzungen nach § 7b oder § 15 des Berlinförderungsgesetzes in Anspruch nehmen, ermäßigt sich die tarifliche Einkommensteuer, vermindert um die sonstigen Steuerermäßigungen mit Ausnahme der §§ 34g und 35, auf Antrag um je 600 Deutsche Mark für das zweite und jedes weitere Kind des Steuerpflichtigen oder seines Ehegatten. ²Voraussetzung ist,

1. dass der Steuerpflichtige das Objekt, bei einem Zweifamilienhaus mindestens eine Wohnung, zu eigenen Wohnzwecken nutzt oder wegen des Wechsels des Arbeitsortes nicht zu eigenen Wohnzwecken nutzen kann und
2. dass es sich einschließlich des ersten Kindes um Kinder im Sinne des § 32 Absatz 1 bis 5 oder 6 Satz 7 handelt, die zum Haushalt des Steuerpflichtigen gehören oder in dem für die erhöhten Absetzungen maßgebenden Begünstigungszeitraum gehört haben, wenn diese Zugehörigkeit auf Dauer angelegt ist oder war.

(2) ¹Bei Steuerpflichtigen, die die Steuerbegünstigung nach § 10e Absatz 1 bis 5 oder nach § 15b des Berlinförderungsgesetzes in Anspruch nehmen, ermäßigt sich die tarifliche Einkommensteuer, vermindert um die sonstigen Steuerermäßigungen mit Ausnahme des § 34g, auf Antrag um je 512 Euro für jedes Kind des Steuerpflichtigen oder seines Ehegatten im Sinne des § 32 Absatz 1 bis 5 oder 6 Satz 7. ²Voraussetzung ist, dass das Kind zum Haushalt des Steuerpflichtigen gehört oder in dem für die Steuerbegünstigung maßgebenden Zeitraum gehört hat, wenn diese Zugehörigkeit auf Dauer angelegt ist oder war.

(3) ¹Bei Steuerpflichtigen, die die Steuerbegünstigung nach § 10e Absatz 1, 2, 4 und 5 in Anspruch nehmen, ermäßigt sich die tarifliche Einkommensteuer, vermindert um die sonstigen Steuerermäßigungen, auf Antrag um je 512 Euro für jedes Kind des Steuerpflichtigen oder seines Ehegatten im Sinne des § 32 Absatz 1 bis 5 oder 6 Satz 7. ²Voraussetzung ist, dass das Kind zum Haushalt des Steuerpflichtigen gehört oder in dem für die Steuerbegünstigung maßgebenden Zeitraum gehört hat, wenn diese Zugehörigkeit auf Dauer angelegt ist oder war. ³Soweit sich der Betrag der Steuerermäßigung nach Satz 1 bei der Ermittlung der festzusetzenden Einkommensteuer nicht steuerentlastend auswirkt, ist er von der tariflichen Einkommensteuer der zwei vorangegangenen Veranlagungszeiträume abzuziehen. ⁴Steuerermäßigungen, die nach den Sätzen 1 und 3 nicht berücksichtigt werden können, können bis zum Ende des Abzugszeitraums im Sinne des § 10e in den folgenden Veranlagungszeiträumen abgezogen werden. ⁵Ist für einen Veranlagungszeitraum bereits ein Steuerbescheid erlassen worden, so ist er insoweit zu ändern, als die Steuerermäßigung nach den Sätzen 3 und 4 zu gewähren oder zu berichtigen ist; die Verjährungsfristen enden insoweit nicht, bevor die Ver-

jährungsfrist für den Veranlagungszeitraum abgelaufen ist, für den die Steuerermäßigung nach Satz 1 beantragt worden ist.[1)]

(4)[2)] ¹Die Steuerermäßigungen nach den Absätzen 2 oder 3 kann der Steuerpflichtige insgesamt nur bis zur Höhe der Bemessungsgrundlage der Abzugsbeträge nach § 10e Absatz 1 oder 2 in Anspruch nehmen. ²Die Steuerermäßigung nach den Absätzen 1, 2 und 3 Satz 1 kann der Steuerpflichtige im Kalenderjahr nur für ein Objekt in Anspruch nehmen.

2b. Steuerermäßigung bei Zuwendungen an politische Parteien und an unabhängige Wählervereinigungen

§ 34g

¹Die tarifliche Einkommensteuer, vermindert um die sonstigen Steuerermäßigungen mit Ausnahme des § 34f Absatz 3, ermäßigt sich bei Zuwendungen an

1. politische Parteien im Sinne des § 2 des Parteiengesetzes und
2. Vereine ohne Parteicharakter, wenn
   a) der Zweck des Vereins ausschließlich darauf gerichtet ist, durch Teilnahme mit eigenen Wahlvorschlägen an Wahlen auf Bundes-, Landes- oder Kommunalebene bei der politischen Willensbildung mitzuwirken, und
   b) der Verein auf Bundes-, Landes- oder Kommunalebene bei der jeweils letzten Wahl wenigstens ein Mandat errungen oder der zuständigen Wahlbehörde oder dem zuständigen Wahlorgan angezeigt hat, dass er mit eigenen Wahlvorschlägen auf Bundes-, Landes- oder Kommunalebene an der jeweils nächsten Wahl teilnehmen will.

²Nimmt der Verein an der jeweils nächsten Wahl nicht teil, wird die Ermäßigung nur für die bis zum Wahltag an ihn geleisteten Beiträge und Spenden gewährt. ³Die Ermäßigung für Beiträge und Spenden an den Verein wird erst wieder gewährt, wenn er sich mit eigenen Wahlvorschlägen an einer Wahl beteiligt hat. ⁴Die Ermäßigung wird in diesem Fall nur für Beiträge und Spenden gewährt, die nach Beginn des Jahres, in dem die Wahl stattfindet, geleistet werden.

²Die Ermäßigung beträgt 50 Prozent der Ausgaben, höchstens jeweils 825 Euro für Ausgaben nach den Nummern 1 und 2, im Falle der Zusammenveranlagung von Ehegatten höchstens jeweils 1 650 Euro.
³§ 10b Absatz 3 und 4 gilt entsprechend.

3. Steuerermäßigung bei Einkünften aus Gewerbebetrieb

§ 35[3)]

(1) ¹Die tarifliche Einkommensteuer, vermindert um die sonstigen Steuerermäßigungen mit Ausnahme der §§ 34f, 34g und 35a, ermäßigt sich, soweit sie anteilig auf im zu versteuernden Einkommen enthaltene gewerbliche Einkünfte entfällt (Ermäßigungshöchstbetrag),

1. bei Einkünften aus gewerblichen Unternehmen im Sinne des § 15 Absatz 1 Satz 1 Nummer 1 um das 3,8-fache des jeweils für den dem Veranlagungszeitraum entsprechenden Erhebungszeitraum nach § 14 des Gewerbesteuergesetzes für das Unternehmen festgesetzten Steuermessbetrags (Gewerbesteuer-Messbetrag); Absatz 3 Satz 5 ist entsprechend anzuwenden;

2. bei Einkünften aus Gewerbebetrieb als Mitunternehmer im Sinne des § 15 Absatz 1 Satz 1 Nummer 2 oder als persönlich haftender Gesellschafter einer Kommanditgesellschaft auf Aktien im Sinne des § 15 Absatz 1 Satz 1 Nummer 3 um das 3,8-fache des jeweils für den dem Veranlagungszeitraum entsprechenden Erhebungszeitraum festgesetzten anteiligen Gewerbesteuer-Messbetrags.

²Der Ermäßigungshöchstbetrag ist wie folgt zu ermitteln:

$$\frac{\text{Summe der positiven gewerblichen Einkünfte}}{\text{Summe aller positiven Einkünfte}} \cdot \text{geminderte tarifliche Steuer.}$$

³Gewerbliche Einkünfte im Sinne der Sätze 1 und 2 sind die der Gewerbesteuer unterliegenden Gewinne und Gewinnanteile, soweit sie nicht nach anderen Vorschriften von der Steuerermäßigung nach § 35 ausgenommen sind. ⁴Geminderte tarifliche Steuer ist die tarifliche Steuer nach Abzug von Beträgen auf Grund der Anwendung zwischenstaatlicher Abkommen und nach Anrechnung der ausländischen Steuern nach § 34c Absatz 1 und 6 dieses Gesetzes und § 12 des Außensteuergesetzes. ⁵Der Abzug des Steuerermäßigungsbetrags ist auf die tatsächlich zu zahlende Gewerbesteuer beschränkt.

(2) ¹Bei Mitunternehmerschaften im Sinne des § 15 Absatz 1 Satz 1 Nummer 2 oder bei Kommanditgesellschaften auf Aktien im Sinne des § 15 Absatz 1 Satz 1 Nummer 3 ist der Betrag des Gewerbesteuer-Messbetrags, die tatsächlich zu zahlende Gewerbesteuer und der auf die einzelnen Mitunternehmer oder auf die persönlich haftenden Gesellschafter entfallende Anteil gesondert und einheitlich festzustellen. ²Der Anteil eines Mitunternehmers am Gewerbesteuer-Messbetrag richtet sich nach seinem Anteil am Gewinn der Mitunternehmerschaft nach Maßgabe des allgemeinen Gewinnverteilungsschlüssels; Vorabgewinnanteile sind nicht zu berücksichtigen. ³Wenn auf Grund der Bestimmungen in einem Abkommen zur Vermeidung der Doppelbesteuerung bei der Festsetzung des Gewerbesteuer-Messbetrags für eine Mitunternehmerschaft nur der auf einen Teil der Mitunternehmer entfallende anteilige Gewerbeertrag berücksichtigt wird, ist der Gewerbesteuer-Messbetrag nach Maßgabe des allgemeinen Gewinnverteilungsschlüssels in voller Höhe auf diese Mitunternehmer entsprechend

---

1) Zur Anwendung von § 34f Absatz 3 siehe § 52 Absatz 50 EStG.
2) Zur Anwendung von § 34f Absatz 4 siehe § 52 Absatz 50 EStG.
3) Zur erstmaligen Anwendung von § 35 EStG siehe § 52 Absatz 50a EStG.

ihrer Anteile am Gewerbeertrag der Mitunternehmerschaft aufzuteilen. ⁴Der anteilige Gewerbesteuer-Messbetrag ist als Prozentsatz mit zwei Nachkommastellen gerundet zu ermitteln. ⁵Bei der Feststellung nach Satz 1 sind anteilige Gewerbesteuer-Messbeträge, die aus einer Beteiligung an einer Mitunternehmerschaft stammen, einzubeziehen.

(3) ¹Zuständig für die gesonderte Feststellung nach Absatz 2 ist das für die gesonderte Feststellung der Einkünfte zuständige Finanzamt. ²Für die Ermittlung der Steuerermäßigung nach Absatz 1 sind die Festsetzung des Gewerbesteuer-Messbetrags, die Feststellung des Anteils an dem festzusetzenden Gewerbesteuer-Messbetrag nach Absatz 2 Satz 1 und die Festsetzung der Gewerbesteuer Grundlagenbescheide. ³Für die Ermittlung des anteiligen Gewerbesteuer-Messbetrags nach Absatz 2 sind die Festsetzung des Gewerbesteuer-Messbetrags und die Festsetzung des anteiligen Gewerbesteuer-Messbetrags aus der Beteiligung an einer Mitunternehmerschaft Grundlagenbescheide.

(4) Für die Aufteilung und die Feststellung der tatsächlich zu zahlenden Gewerbesteuer bei Mitunternehmerschaften im Sinne des § 15 Absatz 1 Satz 1 Nummer 2 und bei Kommanditgesellschaften auf Aktien im Sinne des § 15 Absatz 1 Satz 1 Nummer 3 gelten die Absätze 2 und 3 entsprechend.

4. Steuerermäßigung bei Aufwendungen für haushaltsnahe Beschäftigungsverhältnisse und für die Inanspruchnahme haushaltsnaher Dienstleistungen

§ 35a[1)]
Steuerermäßigung bei Aufwendungen für haushaltsnahe Beschäftigungsverhältnisse, haushaltsnahe Dienstleistungen und Handwerkerleistungen

(1) Für haushaltsnahe Beschäftigungsverhältnisse, bei denen es sich um eine geringfügige Beschäftigung im Sinne des § 8a des Vierten Buches Sozialgesetzbuch handelt, ermäßigt sich die tarifliche Einkommensteuer, vermindert um die sonstigen Steuerermäßigungen, auf Antrag um 20 Prozent, höchstens 510 Euro, der Aufwendungen des Steuerpflichtigen.

(2) ¹Für andere als in Absatz 1 aufgeführte haushaltsnahe Beschäftigungsverhältnisse oder für die Inanspruchnahme von haushaltsnahen Dienstleistungen, die nicht Dienstleistungen nach Absatz 3 sind, ermäßigt sich die tarifliche Einkommensteuer, vermindert um die sonstigen Steuerermäßigungen, auf Antrag um 20 Prozent, höchstens 4 000 Euro, der Aufwendungen des Steuerpflichtigen. ²Die Steuerermäßigung kann auch in Anspruch genommen werden für die Inanspruchnahme von Pflege- und Betreuungsleistungen sowie für Aufwendungen, die einem Steuerpflichtigen wegen der Unterbringung in einem Heim oder zur dauernden Pflege erwachsen, soweit darin Kosten für Dienstleistungen enthalten sind, die mit denen einer Hilfe im Haushalt vergleichbar sind.

(3) Für die Inanspruchnahme von Handwerkerleistungen für Renovierungs-, Erhaltungs- und Modernisierungsmaßnahmen, mit Ausnahme der nach dem CO_2-Gebäudesanierungsprogramm der KfW Förderbank geförderten Maßnahmen, ermäßigt sich die tarifliche Einkommensteuer, vermindert um die sonstigen Steuerermäßigungen, auf Antrag um 20 Prozent, höchstens 1 200 Euro, der Aufwendungen des Steuerpflichtigen.

(4) ¹Die Steuerermäßigung nach den Absätzen 1 bis 3 kann nur in Anspruch genommen werden, wenn das Beschäftigungsverhältnis, die Dienstleistung oder die Handwerkerleistung in einem in der Europäischen Union oder dem Europäischen Wirtschaftsraum liegenden Haushalt des Steuerpflichtigen oder – bei Pflege- und Betreuungsleistungen – gepflegten oder betreuten Person ausgeübt oder erbracht wird. ²In den Fällen des Absatzes 2 Satz 2 zweiter Halbsatz ist Voraussetzung, dass das Heim oder der Ort der dauernden Pflege in der Europäischen Union oder dem Europäischen Wirtschaftsraum liegt.

(5) ¹Die Steuerermäßigungen nach den Absätzen 1 bis 3 können nur in Anspruch genommen werden, soweit die Aufwendungen nicht Betriebsausgaben oder Werbungskosten darstellen oder unter § 9c fallen und soweit sie nicht als außergewöhnliche Belastung berücksichtigt worden sind. ²Der Abzug von der tariflichen Einkommensteuer nach den Absätzen 2 und 3 gilt nur für Arbeitskosten. ³Voraussetzung für die Inanspruchnahme der Steuerermäßigung für haushaltsnahe Dienstleistungen nach Absatz 2 oder für Handwerkerleistungen nach Absatz 3 ist, dass der Steuerpflichtige für die Aufwendungen eine Rechnung erhalten hat und die Zahlung auf das Konto des Erbringers der Leistung erfolgt ist. ⁴Leben zwei Alleinstehende in einem Haushalt zusammen, können sie die Höchstbeträge nach den Absätzen 1 bis 3 insgesamt jeweils nur einmal in Anspruch nehmen.

5. Steuerermäßigung bei Belastung mit Erbschaftsteuer

§ 35b[2)]
Steuerermäßigung bei Belastung mit Erbschaftsteuer

¹Sind bei der Ermittlung des Einkommens Einkünfte berücksichtigt worden, die im Veranlagungszeitraum oder in den vorangegangenen vier Veranlagungszeiträumen als Erwerb von Todes wegen der Erbschaftsteuer unterlegen haben, so wird auf Antrag die um sonstige Steuerermäßigungen gekürzte tarifliche Einkommensteuer, die auf diese Einkünfte entfällt, um den in Satz 2 bestimmten Prozentsatz ermäßigt. ²Der Prozentsatz bestimmt sich nach dem Verhältnis, in dem die festgesetzte Erbschaftsteuer zu dem Betrag steht, der sich ergibt, wenn dem steuerpflichtigen Erwerb (§ 10 Absatz 1 des Erbschaftsteuer- und Schenkungsteuergesetzes) die Freibeträge nach den §§ 16 und 17 und der steuerfreie Betrag nach § 5 des Erbschaftsteuer- und Schenkungsteuergesetzes hinzugerechnet werden. ³Die Sätze 1 und 2 gelten nicht, soweit Erbschaft-

---

1) Zur Anwendung von § 35a EStG siehe § 52 Absatz 50b EStG.
2) Zur erstmaligen Anwendung von § 35b (Erbfall nach dem 31.12.2008) siehe § 52 Absatz 50c EStG.

steuer nach § 10 Absatz 1 Nummer 1a abgezogen wird.

VI. Steuererhebung
1. Erhebung der Einkommensteuer

§ 36
Entstehung und Tilgung der Einkommensteuer

(1) Die Einkommensteuer entsteht, soweit in diesem Gesetz nichts anderes bestimmt ist, mit Ablauf des Veranlagungszeitraums.

(2) Auf die Einkommensteuer werden angerechnet:
1. die für den Veranlagungszeitraum entrichteten Einkommensteuer-Vorauszahlungen (§ 37);
2. [1]) die durch Steuerabzug erhobene Einkommensteuer, soweit sie auf die bei der Veranlagung erfassten Einkünfte oder auf die nach § 3 Nummer 40 dieses Gesetzes oder nach § 8b Absatz 1 und 6 Satz 2 des Körperschaftsteuergesetzes bei der Ermittlung des Einkommens außer Ansatz bleibenden Bezüge entfällt und nicht die Erstattung beantragt oder durchgeführt worden ist. ²Die durch Steuerabzug erhobene Einkommensteuer wird nicht angerechnet, wenn die in § 45a Absatz 2 oder 3 bezeichnete Bescheinigung nicht vorgelegt worden ist. ³In den Fällen des § 8b Absatz 6 Satz 2 des Körperschaftsteuergesetzes ist es für die Anrechnung ausreichend, wenn die Bescheinigung nach § 45a Absatz 2 und 3 vorgelegt wird, die dem Gläubiger der Kapitalerträge ausgestellt worden ist.

(3)[2]) ¹Die Steuerbeträge nach Absatz 2 Nummer 2 sind jeweils auf volle Euro aufzurunden. ²Bei den durch Steuerabzug erhobenen Steuern ist die Summe der Beträge einer einzelnen Abzugsteuer aufzurunden.

(4) ¹Wenn sich nach der Abrechnung ein Überschuss zuungunsten des Steuerpflichtigen ergibt, hat der Steuerpflichtige (Steuerschuldner) diesen Betrag, soweit er den fällig gewordenen, aber nicht entrichteten Einkommensteuer-Vorauszahlungen entspricht, sofort, im Übrigen innerhalb eines Monats nach Bekanntgabe des Steuerbescheids zu entrichten (Abschlusszahlung). ²Wenn sich nach der Abrechnung ein Überschuss zugunsten des Steuerpflichtigen ergibt, wird dieser dem Steuerpflichtigen nach Bekanntgabe des Steuerbescheids ausgezahlt. ³Bei Ehegatten, die nach den §§ 26, 26b zur Einkommensteuer zusammen veranlagt worden sind, wirkt die Auszahlung an einen Ehegatten auch für und gegen den anderen Ehegatten.

§ 37
Einkommensteuer-Vorauszahlung

(1) ¹Der Steuerpflichtige hat am 10. März, 10. Juni, 10. September und 10. Dezember Vorauszahlungen auf die Einkommensteuer zu entrichten, die er für den laufenden Veranlagungszeitraum voraussichtlich schulden wird. ²Die Einkommensteuer-Vorauszahlung entsteht jeweils mit Beginn des Kalendervierteljahres, in dem die Vorauszahlungen zu entrichten sind, oder, wenn die Steuerpflicht erst im Laufe des Kalendervierteljahres begründet wird, mit Begründung der Steuerpflicht.

(2) (weggefallen)

(3) ¹Das Finanzamt setzt die Vorauszahlungen durch Vorauszahlungsbescheid fest. ²Die Vorauszahlungen bemessen sich grundsätzlich nach der Einkommensteuer, die sich nach Anrechnung der Steuerabzugsbeträge (§ 36 Absatz 2 Nummer 2) bei der letzten Veranlagung ergeben hat. ³Das Finanzamt kann bis zum Ablauf des auf den Veranlagungszeitraum folgenden 15. Kalendermonats die Vorauszahlungen an die Einkommensteuer anpassen, die sich für den Veranlagungszeitraum voraussichtlich ergeben wird; dieser Zeitraum verlängert sich auf 21 Monate, wenn die Einkünfte aus Land- und Forstwirtschaft bei der erstmaligen Steuerfestsetzung der anderen Einkünfte voraussichtlich überwiegen werden. ⁴Bei der Anwendung der Sätze 2 und 3 bleiben Aufwendungen im Sinne des § 9c Absatz 2 und 3, des § 10 Absatz 1 Nummer 1, 1a, 1b, 4, 7 und 9, der §§ 10b und 33 sowie die abziehbaren Beträge nach § 33a, wenn die Aufwendungen und abziehbaren Beträge insgesamt 600 Euro nicht übersteigen, außer Ansatz. ⁵Die Steuerermäßigung nach § 34a bleibt außer Ansatz. ⁶Bei der Anwendung der Sätze 2 und 3 bleibt der Sonderausgabenabzug nach § 10a Absatz 1 außer Ansatz. ⁷Außer Ansatz bleiben bis zur Anschaffung oder Fertigstellung der Objekte im Sinne des § 10e Absatz 1 und 2 und § 10h auch die Aufwendungen, die nach § 10e Absatz 6 und § 10h Satz 3 wie Sonderausgaben abgezogen werden; Entsprechendes gilt auch für Aufwendungen, die nach § 10i für nach dem Eigenheimzulagengesetz begünstigte Objekte wie Sonderausgaben abgezogen werden. ⁸Negative Einkünfte aus der Vermietung oder Verpachtung eines Gebäudes im Sinne des § 21 Absatz 1 Satz 1 Nummer 1 werden bei der Festsetzung der Vorauszahlungen nur für Kalenderjahre berücksichtigt, die nach der Anschaffung oder Fertigstellung dieses Gebäudes beginnen. ⁹Wird ein Gebäude vor dem Kalenderjahr seiner Fertigstellung angeschafft, tritt an die Stelle der Anschaffung die Fertigstellung. ¹⁰Satz 8 gilt nicht für negative Einkünfte aus der Vermietung oder Verpachtung eines Gebäudes, für die erhöhte Absetzungen nach den §§ 14a, 14c oder 14d des Berlinförderungsgesetzes oder Sonderabschreibungen nach § 4 des Fördergebietsgesetzes in Anspruch genommen werden. ¹¹Satz 8 gilt für negative Einkünfte aus der Vermietung oder Verpachtung eines anderen Vermögensgegenstandes im Sinne des § 21 Absatz 1 Satz 1 Nummer 1 bis 3 entsprechend mit der Maßgabe, dass an die Stelle der Anschaffung oder Fertigstellung die Aufnahme der Nutzung durch den Steuerpflichtigen tritt. ¹²In den Fällen des § 31, in denen die gebotene steuerliche Freistellung eines Einkommensbetrags in Höhe des Existenzminimums eines Kindes durch das Kindergeld nicht in vollem Umfang bewirkt wird, bleiben bei der Anwendung der Sätze 2 und 3 Freibeträge nach § 32 Absatz 6 und zu verrechnendes Kindergeld außer Ansatz.

---

1) Zur Anwendung von § 36 Absatz 2 Nummer 2 EStG siehe § 52 Absatz 50d EStG.
2) Zur Anwendung von § 36 Absatz 3 EStG siehe § 52 Absatz 50d EStG.

(4) ¹Bei einer nachträglichen Erhöhung der Vorauszahlungen ist die letzte Vorauszahlung für den Veranlagungszeitraum anzupassen. ²Der Erhöhungsbetrag ist innerhalb eines Monats nach Bekanntgabe des Vorauszahlungsbescheids zu entrichten.

(5) ¹Vorauszahlungen sind nur festzusetzen, wenn sie mindestens 400 Euro im Kalenderjahr und mindestens 100 Euro für einen Vorauszahlungszeitpunkt betragen. ²Festgesetzte Vorauszahlungen sind nur zu erhöhen, wenn sich der Erhöhungsbetrag im Fall des Absatzes 3 Satz 2 bis 5 für einen Vorauszahlungszeitpunkt auf mindestens 100 Euro, im Fall des Absatzes 4 auf mindestens 5 000 Euro beläuft.

§ 37a
Pauschalierung der Einkommensteuer durch Dritte

(1) ¹Das Finanzamt kann auf Antrag zulassen, dass das Unternehmen, das Sachprämien im Sinne des § 3 Nummer 38 gewährt, die Einkommensteuer für den Teil der Prämien, der nicht steuerfrei ist, pauschal erhebt. ²Bemessungsgrundlage der pauschalen Einkommensteuer ist der gesamte Wert der Prämien, die den im Inland ansässigen Steuerpflichtigen zufließen. ³Der Pauschsteuersatz beträgt 2,25 Prozent.

(2) ¹Auf die pauschale Einkommensteuer ist § 40 Absatz 3 sinngemäß anzuwenden. ²Das Unternehmen hat die Prämienempfänger von der Steuerübernahme zu unterrichten.

(3) ¹Über den Antrag entscheidet das Betriebsstättenfinanzamt des Unternehmens (§ 41a Absatz 1 Satz 1 Nummer 1). ²Hat das Unternehmen mehrere Betriebsstättenfinanzämter, so ist das Finanzamt der Betriebsstätte zuständig, in der die für die pauschale Besteuerung maßgebenden Prämien ermittelt werden. ³Die Genehmigung zur Pauschalierung wird mit Wirkung für die Zukunft erteilt und kann zeitlich befristet werden; sie erstreckt sich auf alle im Geltungszeitraum ausgeschütteten Prämien.

(4) Die pauschale Einkommensteuer gilt als Lohnsteuer und ist von dem Unternehmen in der Lohnsteuer-Anmeldung der Betriebsstätte im Sinne des Absatzes 3 anzumelden und spätestens am zehnten Tag nach Ablauf des für die Betriebsstätte maßgebenden Lohnsteuer-Anmeldungszeitraums an das Betriebsstättenfinanzamt abzuführen.

§ 37b
Pauschalierung der Einkommensteuer bei Sachzuwendungen

(1) ¹Steuerpflichtige können die Einkommensteuer einheitlich für alle innerhalb eines Wirtschaftsjahres gewährten
1. betrieblich veranlassten Zuwendungen, die zusätzlich zur ohnehin vereinbarten Leistung oder Gegenleistung erbracht werden, und
2. Geschenke im Sinne des § 4 Absatz 5 Satz 1 Nummer 1,

die nicht in Geld bestehen, mit einem Pauschsteuersatz von 30 Prozent erheben. ²Bemessungsgrundlage der pauschalen Einkommensteuer sind die Aufwendungen des Steuerpflichtigen einschließlich Umsatzsteuer; bei Zuwendungen an Arbeitnehmer verbundener Unternehmen ist Bemessungsgrund-lage mindestens der sich nach § 8 Absatz 3 Satz 1 ergebende Wert. ³Die Pauschalierung ist ausgeschlossen,
1. soweit die Aufwendungen je Empfänger und Wirtschaftsjahr oder
2. wenn die Aufwendungen für die einzelne Zuwendung

den Betrag von 10 000 Euro übersteigen.

(2) ¹Absatz 1 gilt auch für betrieblich veranlasste Zuwendungen an Arbeitnehmer des Steuerpflichtigen, soweit sie nicht in Geld bestehen und zusätzlich zum ohnehin geschuldeten Arbeitslohn erbracht werden. ²In den Fällen des § 8 Absatz 2 Satz 2 bis 8, Absatz 3, § 40 Absatz 2 sowie in Fällen, in denen Vermögensbeteiligungen überlassen werden, ist Absatz 1 nicht anzuwenden; Entsprechendes gilt, soweit die Zuwendungen nach § 40 Absatz 1 pauschaliert worden sind. ³§ 37a Absatz 1 bleibt unberührt.

(3) ¹Die pauschal besteuerten Sachzuwendungen bleiben bei der Ermittlung der Einkünfte des Empfängers außer Ansatz. ²Auf die pauschale Einkommensteuer ist § 40 Absatz 3 sinngemäß anzuwenden. ³Der Steuerpflichtige hat den Empfänger von der Steuerübernahme zu unterrichten.

(4) ¹Die pauschale Einkommensteuer gilt als Lohnsteuer und ist von dem die Sachzuwendung gewährenden Steuerpflichtigen in der Lohnsteuer-Anmeldung der Betriebsstätte nach § 41 Absatz 2 anzumelden und spätestens am zehnten Tag nach Ablauf des für die Betriebsstätte maßgebenden Lohnsteuer-Anmeldungszeitraums an das Betriebsstättenfinanzamt abzuführen. ²Hat der Steuerpflichtige mehrere Betriebsstätten im Sinne des Satzes 1, so ist das Finanzamt der Betriebsstätte zuständig, in der die für die pauschale Besteuerung maßgebenden Sachbezüge ermittelt werden.

2. Steuerabzug vom Arbeitslohn (Lohnsteuer)

§ 38
Erhebung der Lohnsteuer

(1) ¹Bei Einkünften aus nichtselbständiger Arbeit wird die Einkommensteuer durch Abzug vom Arbeitslohn erhoben (Lohnsteuer), soweit der Arbeitslohn von einem Arbeitgeber gezahlt wird, der
1. im Inland einen Wohnsitz, seinen gewöhnlichen Aufenthalt, seine Geschäftsleitung, seinen Sitz, eine Betriebsstätte oder einen ständigen Vertreter im Sinne der §§ 8 bis 13 der Abgabenordnung hat (inländischer Arbeitgeber) oder
2. einem Dritten (Entleiher) Arbeitnehmer gewerbsmäßig zur Arbeitsleistung im Inland überlässt, ohne inländischer Arbeitgeber zu sein (ausländischer Verleiher).

²Inländischer Arbeitgeber im Sinne des Satzes 1 ist in den Fällen der Arbeitnehmerentsendung auch das in Deutschland ansässige aufnehmende Unternehmen, das den Arbeitslohn für die ihm geleistete Arbeit wirtschaftlich trägt; Voraussetzung hierfür ist nicht, dass das Unternehmen dem Arbeitnehmer den Arbeitslohn im eigenen Namen und für eigene Rechnung auszahlt. ³Der Lohnsteuer unterliegt auch der im Rahmen des Dienstverhältnisses von einem Drit-

ten gewährte Arbeitslohn, wenn der Arbeitgeber weiß oder erkennen kann, dass derartige Vergütungen erbracht werden; dies ist insbesondere anzunehmen, wenn Arbeitgeber und Dritter verbundene Unternehmen im Sinne von § 15 des Aktiengesetzes sind.

(2) [1]Der Arbeitnehmer ist Schuldner der Lohnsteuer. [2]Die Lohnsteuer entsteht in dem Zeitpunkt, in dem der Arbeitslohn dem Arbeitnehmer zufließt.

(3) [1]Der Arbeitgeber hat die Lohnsteuer für Rechnung des Arbeitnehmers bei jeder Lohnzahlung vom Arbeitslohn einzubehalten. [2]Bei juristischen Personen des öffentlichen Rechts hat die öffentliche Kasse, die den Arbeitslohn zahlt, die Pflichten des Arbeitgebers. [3]In den Fällen der nach § 7f Absatz 1 Satz 1 Nummer 2 des Vierten Buches Sozialgesetzbuch an die Deutsche Rentenversicherung Bund übertragenen Wertguthaben hat die Deutsche Rentenversicherung Bund bei Inanspruchnahme des Wertguthabens die Pflichten des Arbeitgebers.

(3a) [1]Soweit sich aus einem Dienstverhältnis oder einem früheren Dienstverhältnis tarifvertragliche Ansprüche des Arbeitnehmers auf Arbeitslohn unmittelbar gegen einen Dritten mit Wohnsitz, Geschäftsleitung oder Sitz im Inland richten und von diesem durch die Zahlung von Geld erfüllt werden, hat der Dritte die Pflichten des Arbeitgebers. [2]In anderen Fällen kann das Finanzamt zulassen, dass ein Dritter mit Wohnsitz, Geschäftsleitung oder Sitz im Inland die Pflichten des Arbeitgebers im eigenen Namen erfüllt. [3]Voraussetzung ist, dass der Dritte

1. sich hierzu gegenüber dem Arbeitgeber verpflichtet hat,
2. den Lohn auszahlt oder er nur Arbeitgeberpflichten für von ihm vermittelte Arbeitnehmer übernimmt und
3. die Steuererhebung nicht beeinträchtigt wird.

[4]Die Zustimmung erteilt das Betriebsstättenfinanzamt des Dritten auf dessen Antrag im Einvernehmen mit dem Betriebsstättenfinanzamt des Arbeitgebers; sie darf mit Nebenbestimmungen versehen werden, die die ordnungsgemäße Steuererhebung sicherstellen und die Überprüfung des Lohnsteuerabzugs nach § 42f erleichtern sollen. [5]Die Zustimmung kann mit Wirkung für die Zukunft widerrufen werden. [6]In den Fällen der Sätze 1 und 2 sind die das Lohnsteuerverfahren betreffenden Vorschriften mit der Maßgabe anzuwenden, dass an die Stelle des Arbeitgebers der Dritte tritt; der Arbeitgeber ist von seinen Pflichten befreit, soweit der Dritte diese Pflichten erfüllt hat. [7]Erfüllt der Dritte die Pflichten des Arbeitgebers, kann er der Arbeitslohn, den einem Arbeitnehmer in demselben Lohnabrechnungszeitraum aus mehreren Dienstverhältnissen zufließt, für die Lohnsteuerermittlung und in der Lohnsteuerbescheinigung zusammenrechnen.

(4) [1]Wenn der vom Arbeitgeber geschuldete Barlohn zur Deckung der Lohnsteuer nicht ausreicht, hat der Arbeitnehmer dem Arbeitgeber den Fehlbetrag zur Verfügung zu stellen oder der Arbeitgeber einen entsprechenden Teil der anderen Bezüge des Arbeitnehmers zurückzubehalten. [2]Soweit der Arbeitnehmer seiner Verpflichtung nicht nachkommt und der Arbeitgeber den Fehlbetrag nicht durch Zurückbehaltung von anderen Bezügen des Arbeitnehmers aufbringen kann, hat der Arbeitgeber dies dem Betriebsstättenfinanzamt (§ 41a Absatz 1 Satz 1 Nummer 1) anzuzeigen. [3]Der Arbeitnehmer hat dem Arbeitgeber die von einem Dritten gewährten Bezüge (Absatz 1 Satz 3) am Ende des jeweiligen Lohnzahlungszeitraums anzugeben; wenn der Arbeitnehmer keine Angabe oder eine erkennbar unrichtige Angabe macht, hat der Arbeitgeber dies dem Betriebsstättenfinanzamt anzuzeigen. [4]Das Finanzamt hat die zuwenig erhobene Lohnsteuer vom Arbeitnehmer nachzufordern.

§ 38a
Höhe der Lohnsteuer

(1) [1]Die Jahreslohnsteuer bemisst sich nach dem Arbeitslohn, den der Arbeitnehmer im Kalenderjahr bezieht (Jahresarbeitslohn). [2]Laufender Arbeitslohn gilt in dem Kalenderjahr als bezogen, in dem der Lohnzahlungszeitraum endet; in den Fällen des § 39b Absatz 5 Satz 1 tritt der Lohnabrechnungszeitraum an die Stelle des Lohnzahlungszeitraums. [3]Arbeitslohn, der nicht als laufender Arbeitslohn gezahlt wird (sonstige Bezüge), wird in dem Kalenderjahr bezogen, in dem er dem Arbeitnehmer zufließt.

(2) Die Jahreslohnsteuer wird nach dem Jahresarbeitslohn so bemessen, dass sie der Einkommensteuer entspricht, die der Arbeitnehmer schuldet, wenn er ausschließlich Einkünfte aus nichtselbständiger Arbeit erzielt.

(3) [1]Vom laufenden Arbeitslohn wird die Lohnsteuer jeweils mit dem auf den Lohnzahlungszeitraum fallenden Teilbetrag der Jahreslohnsteuer erhoben, der sich bei Umrechnung des laufenden Arbeitslohns auf einen Jahresarbeitslohn ergibt. [2]Von sonstigen Bezügen wird die Lohnsteuer mit dem Betrag erhoben, der zusammen mit der Lohnsteuer für den laufenden Arbeitslohn des Kalenderjahres und für etwa im Kalenderjahr bereits gezahlte sonstige Bezüge die voraussichtliche Jahreslohnsteuer ergibt.

(4) Bei der Ermittlung der Lohnsteuer werden die Besteuerungsgrundlagen des Einzelfalls durch die Einreihung des Arbeitnehmers in Steuerklassen (§ 38b), Ausstellung von entsprechenden Lohnsteuerkarten (§ 39) sowie Feststellung von Freibeträgen und Hinzurechnungsbeträgen (§ 39a) berücksichtigt.

§ 38b
Lohnsteuerklassen

[1]Für die Durchführung des Lohnsteuerabzugs werden unbeschränkt einkommensteuerpflichtige Arbeitnehmer in Steuerklassen eingereiht. [2]Dabei gilt Folgendes:

1. In die Steuerklasse I gehören Arbeitnehmer, die
   a) ledig sind,
   b) verheiratet, verwitwet oder geschieden sind und bei denen die Voraussetzungen für die Steuerklasse III oder IV nicht erfüllt sind;
2. in die Steuerklasse II gehören die unter Nummer 1 bezeichneten Arbeitnehmer, wenn bei ihnen der Entlastungsbetrag für Alleinerziehende (§ 24b) zu berücksichtigen ist;

3. in die Steuerklasse III gehören Arbeitnehmer,
   a) die verheiratet sind, wenn beide Ehegatten unbeschränkt einkommensteuerpflichtig sind und nicht dauernd getrennt leben und
      aa) der Ehegatte des Arbeitnehmers keinen Arbeitslohn bezieht oder
      bb) der Ehegatte des Arbeitnehmers auf Antrag beider Ehegatten in die Steuerklasse V eingereiht wird,
   b) die verwitwet sind, wenn sie und ihr verstorbener Ehegatte im Zeitpunkt seines Todes unbeschränkt einkommensteuerpflichtig waren und in diesem Zeitpunkt nicht dauernd getrennt gelebt haben, für das Kalenderjahr, das dem Kalenderjahr folgt, in dem der Ehegatte verstorben ist,
   c) deren Ehe aufgelöst worden ist, wenn
      aa) im Kalenderjahr der Auflösung der Ehe beide Ehegatten unbeschränkt einkommensteuerpflichtig waren und nicht dauernd getrennt gelebt haben und
      bb) der andere Ehegatte wieder geheiratet hat, von seinem neuen Ehegatten nicht dauernd getrennt lebt und er und sein neuer Ehegatte unbeschränkt einkommensteuerpflichtig sind,
      für das Kalenderjahr, in dem die Ehe aufgelöst worden ist;
4. in die Steuerklasse IV gehören Arbeitnehmer, die verheiratet sind, wenn beide Ehegatten unbeschränkt einkommensteuerpflichtig sind und nicht dauernd getrennt leben und der Ehegatte des Arbeitnehmers ebenfalls Arbeitslohn bezieht;
5. in die Steuerklasse V gehören die unter Nummer 4 bezeichneten Arbeitnehmer, wenn der Ehegatte des Arbeitnehmers auf Antrag beider Ehegatten in die Steuerklasse III eingereiht wird;
6. die Steuerklasse VI gilt bei Arbeitnehmern, die nebeneinander von mehreren Arbeitgebern Arbeitslohn beziehen, für die Einbehaltung der Lohnsteuer vom Arbeitslohn aus dem zweiten und weiteren Dienstverhältnis.

³Als unbeschränkt einkommensteuerpflichtig im Sinne der Nummern 3 und 4 gelten nur Personen, die die Voraussetzungen des § 1 Absatz 1 oder 2 oder des § 1a erfüllen.

§ 39
Lohnsteuerkarte

(1) ¹Die Gemeinden haben den nach § 1 Absatz 1 unbeschränkt einkommensteuerpflichtigen Arbeitnehmern für jedes Kalenderjahr unentgeltlich eine Lohnsteuerkarte nach amtlich vorgeschriebenem Muster auszustellen und zu übermitteln, letztmalig für das Kalenderjahr 2010. ²Steht ein Arbeitnehmer nebeneinander bei mehreren Arbeitgebern in einem Dienstverhältnis, so hat die Gemeinde eine entsprechende Anzahl Lohnsteuerkarten unentgeltlich auszustellen und zu übermitteln. ³Wenn eine Lohnsteuerkarte verlorengegangen, unbrauchbar geworden oder zerstört worden ist, hat die Gemeinde eine Ersatz-Lohnsteuerkarte auszustellen. ⁴Hierfür kann die ausstellende Gemeinde von dem Arbeitnehmer eine Gebühr bis 5 Euro erheben; das Verwaltungskostengesetz ist anzuwenden. ⁵Die Gemeinde hat die Ausstellung einer Ersatz-Lohnsteuerkarte dem für den Arbeitnehmer örtlich zuständigen Finanzamt unverzüglich mitzuteilen.

(2) ¹Für die Ausstellung der Lohnsteuerkarte ist die Gemeinde örtlich zuständig, in deren Bezirk der Arbeitnehmer am 20. September des dem Kalenderjahr, für das die Lohnsteuerkarte gilt, vorangehenden Jahres oder erstmals nach diesem Stichtag seine Hauptwohnung oder in Ermangelung einer Wohnung seinen gewöhnlichen Aufenthalt hatte. ²Bei verheirateten Arbeitnehmern gilt als Hauptwohnung die Hauptwohnung der Familie oder in Ermangelung einer solchen die Hauptwohnung des älteren Ehegatten, wenn beide Ehegatten unbeschränkt einkommensteuerpflichtig sind und nicht dauernd getrennt leben.

(3) ¹Die Gemeinde hat auf der Lohnsteuerkarte insbesondere einzutragen:
1. die Steuerklasse (§ 38b) in Buchstaben,
2. die Zahl der Kinderfreibeträge bei den Steuerklassen I bis IV, und zwar für jedes nach § 1 Absatz 1 unbeschränkt einkommensteuerpflichtige Kind im Sinne des § 32 Absatz 1 Nummer 1 und Absatz 3
   a) den Zähler 0,5, wenn dem Arbeitnehmer der Kinderfreibetrag nach § 32 Absatz 6 Satz 1 zusteht, oder
   b) den Zähler 1, wenn dem Arbeitnehmer der Kinderfreibetrag zusteht, weil
      aa) die Voraussetzungen des § 32 Absatz 6 Satz 2 vorliegen,
      bb) der andere Elternteil vor dem Beginn des Kalenderjahres verstorben ist (§ 32 Absatz 6 Satz 3 Nummer 1) oder
      cc) der Arbeitnehmer allein das Kind angenommen hat (§ 32 Absatz 6 Satz 3 Nummer 2),
3. auf den Lohnsteuerkarten für 2009 und 2010 die Identifikationsnummer (§ 139b der Abgabenordnung) des Arbeitnehmers.

²Für die Eintragung der Steuerklasse III ist das Finanzamt zuständig, wenn der Ehegatte des Arbeitnehmers nach § 1a Absatz 1 Nummer 2 als unbeschränkt einkommensteuerpflichtig zu behandeln ist.

(3a) ¹Soweit dem Arbeitnehmer Kinderfreibeträge nach § 32 Absatz 1 bis 6 zustehen, die nicht nach Absatz 3 von der Gemeinde auf der Lohnsteuerkarte einzutragen sind, ist vorbehaltlich des § 39a Absatz 1 Nummer 6 die auf der Lohnsteuerkarte eingetragene Zahl der Kinderfreibeträge sowie im Falle des § 38b Nummer 2 die Steuerklasse vom Finanzamt auf Antrag zu ändern. ²Das Finanzamt kann auf nähere Angaben des Arbeitnehmers verzichten, wenn der Arbeitnehmer höchstens die auf seiner Lohnsteuerkarte für das vorangegangene Kalenderjahr eingetragene Zahl der Kinderfreibeträge beantragt und versichert, dass sich die maßgebenden Verhältnisse nicht wesentlich geändert haben. ³In den Fällen des § 32 Absatz 6 Satz 6 gelten die Sätze 1 und 2 nur, wenn nach den tatsächlichen Verhältnissen zu erwarten ist, dass die Voraussetzungen auch im Laufe des Kalenderjahres bestehen bleiben. ⁴Der Antrag kann nur nach amtlich vorgeschriebenem Vordruck gestellt werden.

(3b) ¹Für die Eintragungen nach den Absätzen 3 und 3a sind die Verhältnisse zu Beginn des Kalenderjahres maßgebend, für das die Lohnsteuerkarte gilt. ²Auf Antrag des Arbeitnehmers kann eine für ihn ungünstigere Steuerklasse oder Zahl der Kinderfreibeträge auf der Lohnsteuerkarte eingetragen werden. ³In den Fällen der Steuerklassen III und IV sind bei der Eintragung der Zahl der Kinderfreibeträge auch Kinder des Ehegatten zu berücksichtigen. ⁴Die Eintragungen sind die gesonderte Feststellung von Besteuerungsgrundlagen im Sinne des § 179 Absatz 1 der Abgabenordnung, die unter dem Vorbehalt der Nachprüfung steht. ⁵Den Eintragungen braucht eine Belehrung über den zulässigen Rechtsbehelf nicht beigefügt zu werden.

(4) ¹Der Arbeitnehmer ist verpflichtet, die Eintragung der Steuerklasse und der Zahl der Kinderfreibeträge auf der Lohnsteuerkarte umgehend ändern zu lassen, wenn die Eintragung auf der Lohnsteuerkarte von den Verhältnissen zu Beginn des Kalenderjahres zugunsten des Arbeitnehmers abweicht oder in den Fällen, in denen die Steuerklasse II bescheinigt ist, die Voraussetzungen für die Berücksichtigung des Entlastungsbetrags für Alleinerziehende (§ 24b) im Laufe des Kalenderjahres entfallen; dies gilt nicht, wenn eine Änderung als Folge einer nach Absatz 3a Satz 3 durchgeführten Übertragung des Kinderfreibetrags in Betracht kommt. ²Die Änderung von Eintragungen im Sinne des Absatzes 3 ist bei der Gemeinde, die Änderung von Eintragungen im Sinne des Absatzes 3a beim Finanzamt zu beantragen. ³Kommt der Arbeitnehmer seiner Verpflichtung nicht nach, so hat die Gemeinde oder das Finanzamt die Eintragung von Amts wegen zu ändern; der Arbeitnehmer hat die Lohnsteuerkarte der Gemeinde oder dem Finanzamt auf Verlangen vorzulegen. ⁴Unterbleibt die Änderung der Eintragung, hat das Finanzamt zuwenig erhobene Lohnsteuer vom Arbeitnehmer nachzufordern, wenn diese 10 Euro übersteigt; hierzu hat die Gemeinde dem Finanzamt die Fälle mitzuteilen, in denen eine von ihr vorzunehmende Änderung unterblieben ist.

(5) ¹Treten bei einem Arbeitnehmer im Laufe des Kalenderjahres, für das die Lohnsteuerkarte gilt, die Voraussetzungen für eine ihm günstigere Steuerklasse oder höhere Zahl der Kinderfreibeträge ein, so kann der Arbeitnehmer bis zum 30. November bei der Gemeinde, in den Fällen des Absatzes 3a beim Finanzamt die Änderung der Eintragung beantragen. ²Die Änderung ist mit Wirkung von dem Tage an vorzunehmen, an dem erstmals die Voraussetzungen für die Änderung vorlagen. ³Ehegatten, die beide in einem Dienstverhältnis stehen, können im Laufe des Kalenderjahres einmal, spätestens bis zum 30. November, bei der Gemeinde beantragen, die auf ihren Lohnsteuerkarten eingetragenen Steuerklassen in andere nach § 38b Satz 2 Nummer 3 bis 5 in Betracht kommende Steuerklassen zu ändern. ⁴Die Gemeinde hat die Änderung mit Wirkung vom Beginn des auf die Antragstellung folgenden Kalendermonats an vorzunehmen.

(5a) ¹Ist ein Arbeitnehmer, für den eine Lohnsteuerkarte ausgestellt worden ist, zu Beginn des Kalenderjahres beschränkt einkommensteuerpflichtig oder im Laufe des Kalenderjahres beschränkt einkommensteuerpflichtig geworden, hat er dies dem Finanzamt unter Vorlage der Lohnsteuerkarte unverzüglich anzuzeigen. ²Das Finanzamt hat die Lohnsteuerkarte vom Zeitpunkt des Eintritts der beschränkten Einkommensteuerpflicht an ungültig zu machen. ³Absatz 3b Satz 4 und 5 gilt sinngemäß. ⁴Unterbleibt die Anzeige, hat das Finanzamt zu wenig erhobene Lohnsteuer vom Arbeitnehmer nachzufordern, wenn diese 10 Euro übersteigt.

(6) ¹Die Gemeinden sind insoweit, als sie Lohnsteuerkarten auszustellen, Eintragungen auf die Lohnsteuerkarten vorzunehmen oder zu ändern haben, örtliche Landesfinanzbehörden. ²Sie sind insoweit verpflichtet, den Anweisungen des örtlich zuständigen Finanzamts nachzukommen. ³Das Finanzamt kann erforderlichenfalls Verwaltungsakte, für die eine Gemeinde sachlich zuständig ist, selbst erlassen. ⁴Der Arbeitnehmer, der Arbeitgeber oder andere Personen dürfen die Eintragung auf der Lohnsteuerkarte nicht ändern oder ergänzen.

§ 39a
Freibetrag und Hinzurechnungsbetrag

(1) Auf der Lohnsteuerkarte wird als vom Arbeitslohn abzuziehender Freibetrag die Summe der folgenden Beträge eingetragen:
1. Werbungskosten, die bei den Einkünften aus nichtselbständiger Arbeit anfallen, soweit sie den Arbeitnehmer-Pauschbetrag (§ 9a Satz 1 Nummer 1 Buchstabe a) oder bei Versorgungsbezügen den Pauschbetrag (§ 9a Satz 1 Nummer 1 Buchstabe b) übersteigen,
2. Sonderausgaben im Sinne des § 9c Absatz 2 und 3 und des § 10 Absatz 1 Nummer 1, 1a, 1b, 4, 7 und 9 und des § 10b, soweit sie den Sonderausgaben-Pauschbetrag von 36 Euro übersteigen,
3. der Betrag, der nach den §§ 33, 33a und 33b Absatz 6 wegen außergewöhnlicher Belastungen zu gewähren ist,
4. die Pauschbeträge für behinderte Menschen und Hinterbliebene (§ 33b Absatz 1 bis 5),
5. die folgenden Beträge, wie sie nach § 37 Absatz 3 bei der Festsetzung von Einkommensteuer-Vorauszahlungen zu berücksichtigen sind:
   a) die Beträge, die nach § 10d Absatz 2, §§ 10e, 10f, 10g, 10h, 10i, nach § 15b des Berlinförderungsgesetzes oder nach § 7 des Fördergebietsgesetzes abgezogen werden können,
   b) die negative Summe der Einkünfte im Sinne des § 2 Absatz 1 Satz 1 Nummer 1 bis 3, 6 und 7 und der negativen Einkünfte im Sinne des § 2 Absatz 1 Satz 1 Nummer 5,
   c) das Vierfache der Steuerermäßigung nach den §§ 34f und 35a,
6. die Freibeträge nach § 32 Absatz 6 für jedes Kind im Sinne des § 32 Absatz 1 bis 4, für das

kein Anspruch auf Kindergeld besteht. ²Soweit für diese Kinder Kinderfreibeträge nach § 39 Absatz 3 auf der Lohnsteuerkarte eingetragen worden sind, ist die eingetragene Zahl der Kinderfreibeträge entsprechend zu vermindern,

7. ein Betrag auf der Lohnsteuerkarte für ein zweites oder weiteres Dienstverhältnis insgesamt bis zur Höhe des auf volle Euro abgerundeten zu versteuernden Jahresbetrags nach § 39b Absatz 2 Satz 5, bis zu dem nach der Steuerklasse des Arbeitnehmers, die für den Lohnsteuerabzug vom Arbeitslohn aus dem ersten Dienstverhältnis anzuwenden ist, Lohnsteuer nicht zu erheben ist. ²Vorausetzung ist, dass der Jahresarbeitslohn aus dem ersten Dienstverhältnis den nach Satz 1 maßgebenden Eingangsbetrag unterschreitet und dass in Höhe des Betrags zugleich auf der Lohnsteuerkarte für das erste Dienstverhältnis ein dem Arbeitslohn hinzuzurechnender Betrag (Hinzurechnungsbetrag) eingetragen wird. ³Soll auf der Lohnsteuerkarte für das erste Dienstverhältnis auch ein Freibetrag nach den Nummern 1 bis 6 eingetragen werden, so ist nur der diesen Freibetrag übersteigende Betrag als Hinzurechnungsbetrag einzutragen; ist der Freibetrag höher als der Hinzurechnungsbetrag, so ist nur der den Hinzurechnungsbetrag übersteigende Freibetrag einzutragen.

8. der Entlastungsbetrag für Alleinerziehende (§ 24b) bei Verwitweten, die nicht in Steuerklasse II gehören.

(2) ¹Die Gemeinde hat nach Anweisung des Finanzamts die Pauschbeträge für behinderte Menschen und Hinterbliebene bei der Ausstellung der Lohnsteuerkarten von Amts wegen einzutragen; dabei ist der Freibetrag durch Aufteilung in Monatsfreibeträge, erforderlichenfalls Wochen- und Tagesfreibeträge, jeweils auf das Kalenderjahr gleichmäßig zu verteilen. ²Der Arbeitnehmer kann beim Finanzamt die Eintragung des nach Absatz 1 insgesamt in Betracht kommenden Freibetrags beantragen. ³Der Antrag kann nur nach amtlich vorgeschriebenem Vordruck bis zum 30. November des Kalenderjahres gestellt werden, für das die Lohnsteuerkarte gilt. ⁴Der Antrag ist hinsichtlich eines Freibetrags aus der Summe der nach Absatz 1 Nummer 1 bis 3 und 8 in Betracht kommenden Aufwendungen und Beträge unzulässig, wenn die Aufwendungen im Sinne des § 9, soweit sie den Arbeitnehmer-Pauschbetrag übersteigen, die Aufwendungen im Sinne des § 9c Absatz 2 und 3 und des § 10 Absatz 1 Nummer 1, 1a, 1b, 4, 7 und 9, der §§ 10b und 33 sowie der abziehbaren Beträge nach den §§ 24b, 33a und 33b Absatz 6 insgesamt 600 Euro nicht übersteigen. ⁵Das Finanzamt kann auf nähere Angaben des Arbeitnehmers verzichten, wenn der Arbeitnehmer höchstens den auf seiner Lohnsteuerkarte für das vorangegangene Kalenderjahr eingetragenen Freibetrag beantragt und versichert, dass sich die maßgebenden Verhältnisse nicht wesentlich geändert haben. ⁶Das Finanzamt hat den Freibetrag durch Aufteilung in Monatsfreibeträge, erforderlichenfalls Wochen- und Tagesfreibeträge, jeweils auf der Antragstellung folgenden Monate des Kalenderjahres gleichmäßig zu verteilen. ⁷Abweichend hiervon darf ein Freibetrag, der im Monat Januar eines Kalenderjahres beantragt wird, mit Wirkung vom 1. Januar dieses Kalenderjahres an eingetragen werden. ⁸Die Sätze 5 bis 7 gelten für den Hinzurechnungsbetrag nach Absatz 1 Nummer 7 entsprechend.

(3) ¹Für Ehegatten, die beide unbeschränkt einkommensteuerpflichtig sind und nicht dauernd getrennt leben, ist jeweils die Summe der nach Absatz 1 Nummer 2 bis 5 und 8 in Betracht kommenden Beträge gemeinsam zu ermitteln; der in Absatz 1 Nummer 2 genannte Betrag ist zu verdoppeln. ²Für die Anwendung des Absatzes 2 Satz 4 ist die Summe der für beide Ehegatten in Betracht kommenden Aufwendungen im Sinne des § 9, soweit sie jeweils den Arbeitnehmer-Pauschbetrag übersteigen, der Aufwendungen im Sinne des § 9c Absatz 2 und 3 und des § 10 Absatz 1 Nummer 1, 1a, 1b, 4, 7 und 9, der §§ 10b und 33 sowie der abziehbaren Beträge nach den §§ 24b, 33a und 33b Absatz 6 maßgebend. ³Die nach Satz 1 ermittelte Summe ist je zur Hälfte auf die Ehegatten aufzuteilen, wenn für jeden Ehegatten eine Lohnsteuerkarte ausgeschrieben worden ist und die Ehegatten keine andere Aufteilung beantragen. ⁴Für einen Arbeitnehmer, dessen Ehe in dem Kalenderjahr, für das die Lohnsteuerkarte gilt, aufgelöst worden ist und dessen bisheriger Ehegatte in demselben Kalenderjahr wieder geheiratet hat, sind die nach Absatz 1 in Betracht kommenden Beträge ausschließlich auf Grund der in seiner Person erfüllten Voraussetzungen zu ermitteln. ⁵Satz 1 zweiter Halbsatz ist auch anzuwenden, wenn die tarifliche Einkommensteuer nach § 32a Absatz 6 zu ermitteln ist.

(4) ¹Die Eintragung eines Freibetrags oder eines Hinzurechnungsbetrages auf der Lohnsteuerkarte ist die gesonderte Feststellung einer Besteuerungsgrundlage im Sinne des § 179 Absatz 1 der Abgabenordnung, die unter dem Vorbehalt der Nachprüfung steht. ²Der Eintragung braucht eine Belehrung über den zulässigen Rechtsbehelf nicht beigefügt zu werden. ³Ein mit einer Belehrung über den zulässigen Rechtsbehelf versehener schriftlicher Bescheid ist jedoch zu erteilen, wenn dem Antrag des Arbeitnehmers nicht in vollem Umfang entsprochen wird. ⁴§ 153 Absatz 2 der Abgabenordnung ist nicht anzuwenden.

(5) Ist zuwenig Lohnsteuer erhoben worden, weil auf der Lohnsteuerkarte ein Freibetrag unzutreffend eingetragen worden ist, hat das Finanzamt den Fehlbetrag vom Arbeitnehmer nachzufordern, wenn er 10 Euro übersteigt.

§ 39b
Durchführung des Lohnsteuerabzugs für unbeschränkt einkommensteuerpflichtige Arbeitnehmer

(1) ¹Für die Durchführung des Lohnsteuerabzugs hat der unbeschränkt einkommensteuerpflichtige Arbeitnehmer seinem Arbeitgeber vor Beginn des Kalenderjahres oder beim Eintritt in das Dienstverhältnis eine Lohnsteuerkarte vorzulegen. ²Der Arbeitgeber hat die Lohnsteuerkarte für die Dauer des Dienstverhältnisses aufzubewahren. ³Er hat sie dem Arbeitnehmer während des Kalenderjahres zur

Vorlage beim Finanzamt oder bei der Gemeinde vorübergehend zu überlassen sowie innerhalb angemessener Frist nach Beendigung des Dienstverhältnisses herauszugeben. ⁴Der Arbeitgeber darf die auf der Lohnsteuerkarte eingetragenen Merkmale nur für die Einbehaltung der Lohnsteuer verwerten; er darf sie ohne Zustimmung des Arbeitnehmers nur offenbaren, soweit dies gesetzlich zugelassen ist.

(2) ¹Für die Einbehaltung der Lohnsteuer vom laufenden Arbeitslohn hat der Arbeitgeber die Höhe des laufenden Arbeitslohns im Lohnzahlungszeitraum festzustellen und auf einen Jahresarbeitslohn hochzurechnen. ²Der Arbeitslohn eines monatlichen Lohnzahlungszeitraums ist mit zwölf, der Arbeitslohn eines wöchentlichen Lohnzahlungszeitraums mit 360/7 und der Arbeitslohn eines täglichen Lohnzahlungszeitraums mit 360 zu vervielfältigen. ³Von dem hochgerechneten Jahresarbeitslohn sind ein etwaiger Versorgungsfreibetrag (§ 19 Absatz 2) und Altersentlastungsbetrag (§ 24a) abzuziehen. ⁴Außerdem ist der hochgerechnete Jahresarbeitslohn um einen etwaigen auf der Lohnsteuerkarte des Arbeitnehmers für den Lohnzahlungszeitraum eingetragenen Freibetrag (§ 39a Absatz 1) oder Hinzurechnungsbetrag (§ 39a Absatz 1 Nummer 7), vervielfältigt unter sinngemäßer Anwendung von Satz 2, zu vermindern oder zu erhöhen. ⁵Der so verminderte oder erhöhte hochgerechnete Jahresarbeitslohn, vermindert um

1. den Arbeitnehmer-Pauschbetrag (§ 9a Satz 1 Nummer 1 Buchstabe a) oder bei Versorgungsbezügen den Pauschbetrag (§ 9a Satz 1 Nummer 1 Buchstabe b) und den Zuschlag zum Versorgungsfreibetrag (§ 19 Absatz 2) in den Steuerklassen I bis V,
2. den Sonderausgaben-Pauschbetrag (§ 10c Satz 1) in den Steuerklassen I bis V,
3. eine Vorsorgepauschale aus den Teilbeträgen
   a) für die Rentenversicherung bei Arbeitnehmern, die in der gesetzlichen Rentenversicherung pflichtversichert oder von der gesetzlichen Rentenversicherung nach § 6 Absatz 1 Nummer 1 des Sechsten Buches Sozialgesetzbuch befreit sind, in den Steuerklassen I bis VI in Höhe des Betrags, der bezogen auf den Arbeitslohn 50 Prozent des Beitrags in der allgemeinen Rentenversicherung unter Berücksichtigung der jeweiligen Beitragsbemessungsgrenzen entspricht,
   b) für die Krankenversicherung bei Arbeitnehmern, die in der gesetzlichen Krankenversicherung versichert sind, in den Steuerklassen I bis VI in Höhe des Betrags, der bezogen auf den Arbeitslohn unter Berücksichtigung der Beitragsbemessungsgrenze und den ermäßigten Beitragssatz (§ 243 des Fünften Buches Sozialgesetzbuch) dem Arbeitnehmeranteil eines pflichtversicherten Arbeitnehmers entspricht,
   c) für die Pflegeversicherung bei Arbeitnehmern, die in der sozialen Pflegeversicherung versichert sind, in den Steuerklassen I bis VI in Höhe des Betrags, der bezogen auf den Arbeitslohn unter Berücksichtigung der Beitragsbemessungsgrenze und den bundeseinheitlichen Beitragssatz dem Arbeitnehmeranteil eines pflichtversicherten Arbeitnehmers entspricht, erhöht um den Beitragszuschlag des Arbeitnehmers nach § 55 Absatz 3 des Elften Buches Sozialgesetzbuch, wenn die Voraussetzungen dafür vorliegen,
   d) für die Krankenversicherung und für die private Pflege-Pflichtversicherung bei Arbeitnehmern, die nicht unter Buchstabe b und c fallen, in den Steuerklassen I bis V in Höhe der dem Arbeitgeber mitgeteilten Beiträge im Sinne des § 10 Absatz 1 Nummer 3, etwaig vervielfältigt unter sinngemäßer Anwendung von Satz 2 auf einen Jahresbetrag, vermindert um den Betrag, der bezogen auf den Arbeitslohn unter Berücksichtigung der Beitragsbemessungsgrenze und den ermäßigten Beitragssatz in der gesetzlichen Krankenversicherung sowie den bundeseinheitlichen Beitragssatz in der sozialen Pflegeversicherung dem Arbeitgeberanteil für einen pflichtversicherten Arbeitnehmer entspricht, wenn der Arbeitgeber gesetzlich verpflichtet ist, Zuschüsse zu den Kranken- und Pflegeversicherungsbeiträgen des Arbeitnehmers zu leisten;

   Entschädigungen im Sinne des § 24 Nummer 1 sind bei Anwendung der Buchstaben a bis c nicht zu berücksichtigen; mindestens ist für die Summe der Teilbeträge nach den Buchstaben b und c oder für den Teilbetrag nach Buchstabe d ein Betrag in Höhe von 12 Prozent des Arbeitslohns, höchstens 1 900 Euro in den Steuerklassen I, II, IV, V, VI und höchstens 3 000 Euro in der Steuerklasse III anzusetzen,
4. den Entlastungsbetrag für Alleinerziehende (§ 24b) in der Steuerklasse II,

ergibt den zu versteuernden Jahresbetrag. ⁶Für den zu versteuernden Jahresbetrag ist die Jahreslohnsteuer in den Steuerklassen I, II und IV nach § 32a Absatz 1 sowie in der Steuerklasse III nach § 32a Absatz 5 zu berechnen. ⁷In den Steuerklassen V und VI ist die Jahreslohnsteuer zu berechnen, die sich aus dem Zweifachen des Unterschiedsbetrags zwischen dem Steuerbetrag für das Eineinviertelfache und dem Steuerbetrag für das Dreiviertelfache des zu versteuernden Jahresbetrags nach § 32a Absatz 1 ergibt; die Jahreslohnsteuer beträgt jedoch mindestens 14 Prozent des Jahresbetrags, für den 9 225 Euro übersteigenden Teil des Jahresbetrags höchstens 42 Prozent und für den 26 276 Euro übersteigenden Teil des zu versteuernden Jahresbetrags jeweils 42 Prozent sowie für den 200 320 Euro übersteigenden Teil des zu versteuernden Jahresbetrags jeweils 45 Prozent.[1] ⁸Für die Lohnsteuerberechnung ist die auf der Lohnsteuerkarte eingetragene Steuerklasse maßgebend. ⁹Die monatliche Lohnsteuer ist 1/12, die wöchentliche Lohnsteuer sind 7/360 und die tägliche Lohnsteuer ist 1/360 der Jahreslohnsteuer. ¹⁰Bruchteile eines Cents, die sich bei der

---

[1] Zur Fassung von § 39b Absatz 2 Satz 7 ab VZ 2010 siehe § 52 Absatz 51 EStG.

Berechnung nach den Sätzen 2 und 9 ergeben, bleiben jeweils außer Ansatz. [11]Die auf den Lohnzahlungszeitraum entfallende Lohnsteuer ist vom Arbeitslohn einzubehalten. [12]Das Betriebsstättenfinanzamt kann allgemein oder auf Antrag zulassen, dass die Lohnsteuer unter den Voraussetzungen des § 42b Absatz 1 nach dem voraussichtlichen Jahresarbeitslohn ermittelt wird, wenn gewährleistet ist, dass die zutreffende Jahreslohnsteuer (§ 38a Absatz 2) nicht unterschritten wird.

(3) [1]Für die Einbehaltung der Lohnsteuer von einem sonstigen Bezug hat der Arbeitgeber den voraussichtlichen Jahresarbeitslohn ohne den sonstigen Bezug festzustellen. [2]Hat der Arbeitnehmer Lohnsteuerbescheinigungen aus früheren Dienstverhältnissen des Kalenderjahres nicht vorgelegt, so ist bei der Ermittlung des voraussichtlichen Jahresarbeitslohns der Arbeitslohn für Beschäftigungszeiten bei früheren Arbeitgebern mit dem Betrag anzusetzen, der sich ergibt, wenn der laufende Arbeitslohn im Monat der Zahlung des sonstigen Bezugs entsprechend der Beschäftigungsdauer bei früheren Arbeitgebern hochgerechnet wird. [3]Der voraussichtliche Jahresarbeitslohn ist um den Versorgungsfreibetrag (§ 19 Absatz 2) und den Altersentlastungsbetrag (§ 24a), wenn die Voraussetzungen für den Abzug dieser Beträge jeweils erfüllt sind, sowie nach Maßgabe der Eintragungen auf der Lohnsteuerkarte um einen etwaigen Jahresfreibetrag zu vermindern oder um einen etwaigen Jahreshinzurechnungsbetrag zu erhöhen. [4]Für den so ermittelten Jahresarbeitslohn (maßgebender Jahresarbeitslohn) ist die Lohnsteuer nach Maßgabe des Absatzes 2 Satz 5 bis 7 zu ermitteln. [5]Außerdem ist die Jahreslohnsteuer für den maßgebenden Jahresarbeitslohn unter Einbeziehung des sonstigen Bezugs zu ermitteln. [6]Dabei ist der sonstige Bezug, soweit es sich nicht um einen sonstigen Bezug im Sinne des Satzes 9 handelt, um den Versorgungsfreibetrag und den Altersentlastungsbetrag zu vermindern, wenn die Voraussetzungen für den Abzug dieser Beträge jeweils erfüllt sind und soweit sie nicht bei der Steuerberechnung für den maßgebenden Jahresarbeitslohn berücksichtigt worden sind. [7]Für die Lohnsteuerberechnung ist die auf der Lohnsteuerkarte eingetragene Steuerklasse maßgebend. [8]Der Unterschiedsbetrag zwischen den ermittelten Jahreslohnsteuerbeträgen ist die Lohnsteuer, die vom sonstigen Bezug einzubehalten ist. [9]Die Lohnsteuer ist bei einem sonstigen Bezug im Sinne des § 34 Absatz 1 und 2 Nummer 2 und 4 in der Weise zu ermäßigen, dass der sonstige Bezug bei der Anwendung des Satzes 5 mit einem Fünftel anzusetzen ist und der Unterschiedsbetrag im Sinne des Satzes 8 zu verfünffachen ist; § 34 Absatz 1 Satz 3 ist sinngemäß anzuwenden. [10]Ein sonstiger Bezug im Sinne des § 34 Absatz 1 und 2 Nummer 2 und 4 ist bei der Anwendung des Satzes 4 in die Bemessungsgrundlage für die Vorsorgepauschale nach Absatz 2 Satz 5 Nummer 3 einzubeziehen.

(4) In den Kalenderjahren 2010 bis 2024 ist Absatz 2 Satz 5 Nummer 3 Buchstabe a mit der Maßgabe anzuwenden, dass im Kalenderjahr 2010 der ermittelte Betrag auf 40 Prozent begrenzt und dieser Prozentsatz in jedem folgenden Kalenderjahr um je 4 Prozentpunkte erhöht wird.

(5) [1]Wenn der Arbeitgeber für den Lohnzahlungszeitraum lediglich Abschlagzahlungen leistet und eine Lohnabrechnung für einen längeren Zeitraum (Lohnabrechnungszeitraum) vornimmt, kann er den Lohnabrechnungszeitraum als Lohnzahlungszeitraum behandeln und die Lohnsteuer abweichend von § 38 Absatz 3 bei der Lohnabrechnung einbehalten. [2]Satz 1 gilt nicht, wenn der Lohnabrechnungszeitraum fünf Wochen übersteigt oder die Lohnabrechnung nicht innerhalb von drei Wochen nach dessen Ablauf erfolgt. [3]Das Betriebsstättenfinanzamt kann anordnen, dass die Lohnsteuer von den Abschlagzahlungen einzubehalten ist, wenn die Erhebung der Lohnsteuer sonst nicht gesichert erscheint. [4]Wenn wegen einer besonderen Entlohnungsart weder ein Lohnzahlungszeitraum noch ein Lohnabrechnungszeitraum festgestellt werden kann, gilt als Lohnzahlungszeitraum die Summe der tatsächlichen Arbeitstage oder Arbeitswochen.

(6) [1]Ist nach einem Abkommen zur Vermeidung der Doppelbesteuerung der von einem Arbeitgeber (§ 38) gezahlte Arbeitslohn von der Lohnsteuer freizustellen, so erteilt das Betriebsstättenfinanzamt auf Antrag des Arbeitnehmers oder des Arbeitgebers eine entsprechende Bescheinigung. [2]Der Arbeitgeber hat diese Bescheinigung als Beleg zum Lohnkonto (§ 41 Absatz 1) aufzubewahren.

(7) (weggefallen)

(8) Das Bundesministerium der Finanzen hat im Einvernehmen mit den obersten Finanzbehörden der Länder auf der Grundlage der Absätze 2 und 3 einen Programmablaufplan für die maschinelle Berechnung der Lohnsteuer aufzustellen und bekannt zu machen.

§ 39c
Durchführung des Lohnsteuerabzugs ohne Lohnsteuerkarte

(1) [1]Solange der unbeschränkt einkommensteuerpflichtige Arbeitnehmer dem Arbeitgeber eine Lohnsteuerkarte schuldhaft nicht vorlegt oder die Rückgabe der ihm ausgehändigten Lohnsteuerkarte schuldhaft verzögert, hat der Arbeitgeber die Lohnsteuer nach der Steuerklasse VI zu ermitteln. [2]Weist der Arbeitnehmer nach, dass er die Nichtvorlage oder verzögerte Rückgabe der Lohnsteuerkarte nicht zu vertreten hat, so hat der Arbeitgeber für die Lohnsteuerberechnung die ihm bekannten Familienverhältnisse des Arbeitnehmers zugrunde zu legen.

(2) [1]Der Arbeitgeber kann die Lohnsteuer von dem Arbeitslohn für den Monat Januar eines Kalenderjahres abweichend von Absatz 1 auf Grund der Eintragungen auf der Lohnsteuerkarte für das vorhergehende Kalenderjahr ermitteln, wenn der Arbeitnehmer eine Lohnsteuerkarte für das neue Kalenderjahr bis zur Lohnabrechnung nicht vorgelegt hat. [2]Nach Vorlage der Lohnsteuerkarte ist die Lohnsteuerermittlung für den Monat Januar zu überprüfen und erforderlichenfalls zu ändern. [3]Legt der Arbeitnehmer bis zum 31. März keine Lohnsteuerkarte vor, ist nachträglich Absatz 1 anzuwenden. [4]Die zuwenig oder zuviel einbehaltene Lohnsteuer ist jeweils bei der nächsten Lohnabrechnung auszugleichen.

(3) ¹Für Arbeitnehmer, die nach § 1 Absatz 2 unbeschränkt einkommensteuerpflichtig sind, hat der Arbeitgeber die Lohnsteuer unabhängig von einer Lohnsteuerkarte zu ermitteln. ²Dabei ist die Steuerklasse maßgebend, die nach § 39 Absatz 3 bis 5 auf einer Lohnsteuerkarte des Arbeitnehmers einzutragen wäre. ³Auf Antrag des Arbeitnehmers erteilt das Betriebsstättenfinanzamt (§ 41a Absatz 1 Satz 1 Nummer 1) über die maßgebende Steuerklasse, die Zahl der Kinderfreibeträge und einen etwa in Betracht kommenden Freibetrag oder Hinzurechnungsbetrag (§ 39a) eine Bescheinigung, für die die Vorschriften über die Eintragung auf der Lohnsteuerkarte sinngemäß anzuwenden sind.

(4) ¹Arbeitnehmer, die nach § 1 Absatz 3 als unbeschränkt einkommensteuerpflichtig behandelt werden, haben ihrem Arbeitgeber vor Beginn des Kalenderjahres oder beim Eintritt in das Dienstverhältnis eine Bescheinigung vorzulegen. ²Die Bescheinigung wird auf Antrag des Arbeitnehmers vom Betriebsstättenfinanzamt (§ 41a Absatz 1 Satz 1 Nummer 1) des Arbeitgebers erteilt. ³In die Bescheinigung, für die die Vorschriften über die Eintragung auf der Lohnsteuerkarte sinngemäß anzuwenden sind, trägt das Finanzamt die maßgebende Steuerklasse, die Zahl der Kinderfreibeträge und einen etwa in Betracht kommenden Freibetrag oder Hinzurechnungsbetrag (§ 39a) ein. ⁴Ist der Arbeitnehmer gleichzeitig bei mehreren inländischen Arbeitgebern tätig, ist für die Erteilung jeder weiteren Bescheinigung das Betriebsstättenfinanzamt zuständig, bei dem die erste Bescheinigung ausgestellt ist. ⁵Bei Ehegatten, die beide Arbeitslohn von einem inländischen Arbeitgeber beziehen, ist für die Erteilung der Bescheinigungen das Betriebsstättenfinanzamt des älteren Ehegatten zuständig.

(5) In den Fällen des § 38 Absatz 3a Satz 1 kann der Dritte die Lohnsteuer für einen sonstigen Bezug mit 20 Prozent unabhängig von einer Lohnsteuerkarte ermitteln, wenn der maßgebende Jahresarbeitslohn nach § 39b Absatz 3 zuzüglich des sonstigen Bezugs 10 000 Euro nicht übersteigt; bei der Feststellung des maßgebenden Jahresarbeitslohns sind nur die Lohnzahlungen des Dritten zu berücksichtigen.

§ 39d
Durchführung des Lohnsteuerabzugs für beschränkt einkommensteuerpflichtige Arbeitnehmer

(1) ¹Für die Durchführung des Lohnsteuerabzugs werden beschränkt einkommensteuerpflichtige Arbeitnehmer in die Steuerklasse I eingereiht. ²§ 38b Satz 2 Nummer 6 ist anzuwenden. ³Das Betriebsstättenfinanzamt (§ 41a Absatz 1 Satz 1 Nummer 1) erteilt auf Antrag des Arbeitnehmers über die maßgebende Steuerklasse eine Bescheinigung, für die die Vorschriften über die Eintragungen auf der Lohnsteuerkarte mit der Maßgabe sinngemäß anzuwenden sind, dass der Arbeitnehmer eine Änderung der Bescheinigung bis zum Ablauf des Kalenderjahres, für das sie gilt, beim Finanzamt beantragen kann.

(2) ¹In die nach Absatz 1 zu erteilende Bescheinigung trägt das Finanzamt für einen Arbeitnehmer, bei dem § 50 Absatz 1 Satz 4 anzuwenden ist, auf Antrag Folgendes ein:

1. Werbungskosten, die bei den Einkünften aus nichtselbständiger Arbeit anfallen (§ 9), soweit sie den Arbeitnehmer-Pauschbetrag (§ 9a Satz 1 Nummer 1 Buchstabe a) oder bei Versorgungsbezügen den Pauschbetrag (§ 9a Satz 1 Nummer 1 Buchstabe b) übersteigen,

2. Sonderausgaben im Sinne des § 10b, soweit sie den Sonderausgaben-Pauschbetrag (§ 10c) übersteigen, und die wie Sonderausgaben abziehbaren Beträge nach § 10e oder § 10i, jedoch erst nach Fertigstellung oder Anschaffung des begünstigten Objekts oder nach Fertigstellung der begünstigten Maßnahme,

3. den Freibetrag oder den Hinzurechnungsbetrag nach § 39a Absatz 1 Nummer 7.

²Der Antrag kann nur nach amtlich vorgeschriebenem Vordruck bis zum Ablauf des Kalenderjahres gestellt werden, für das die Bescheinigung gilt. ³Das Finanzamt hat die Summe der eingetragenen Beträge durch Aufteilung in Monatsbeträge, erforderlichenfalls Wochen- und Tagesbeträge, jeweils auf die voraussichtliche Dauer des Dienstverhältnisses im Kalenderjahr gleichmäßig zu verteilen. ⁴§ 39a Absatz 4 und 5 ist sinngemäß anzuwenden.

(3) ¹Der Arbeitnehmer hat die nach Absatz 1 erteilte Bescheinigung seinem Arbeitgeber vor Beginn des Kalenderjahres oder beim Eintritt in das Dienstverhältnis vorzulegen. ²Der Arbeitgeber hat die Bescheinigung aufzubewahren. ³§ 39b Absatz 1 Satz 3 und 4 gilt sinngemäß. ⁴Der Arbeitgeber hat im Übrigen den Lohnsteuerabzug nach Maßgabe des § 39b Absatz 2 bis 6, des § 39c Absatz 1, 2 und 5 und des § 41c durchzuführen; dabei tritt die nach Absatz 1 erteilte Bescheinigung an die Stelle der Lohnsteuerkarte. ⁵§ 41b ist sinngemäß anzuwenden.

§ 39e
Elektronische Lohnsteuerabzugsmerkmale

(1) Das Finanzamt teilt die nach den §§ 39 bis 39d sowie nach § 39f von ihm festzustellenden Lohnsteuerabzugsmerkmale dem Bundeszentralamt für Steuern zum Zweck der Bereitstellung für den automatisierten Abruf durch den Arbeitgeber mit.

(2) ¹Für jeden Steuerpflichtigen speichert das Bundeszentralamt für Steuern zum Zweck der Bereitstellung automatisiert abrufbarer Lohnsteuerabzugsmerkmale für den Arbeitgeber folgende Daten zu den in § 139b Absatz 3 der Abgabenordnung genannten Daten hinzu:

1. rechtliche Zugehörigkeit zu einer steuererhebenden Religionsgemeinschaft sowie Datum des Eintritts und Austritts,

2. melderechtlicher Familienstand und bei Verheirateten die Identifikationsnummer des Ehegatten,

3. Kinder mit ihrer Identifikationsnummer und soweit bekannt die Rechtsstellung und Zuordnung der Kinder zu den Eltern sowie die Identifikationsnummer des anderen Elternteils,

4. Familienstand für die Bereitstellung von elektronischen Lohnsteuermerkmalen und gewählte Steuerklassen (§ 38b), Zahl der Lohnsteuerkarten und beantragte ungünstigere Steuerklasse und Angaben zu Kinderfreibeträgen

(§ 39), Freibetrag und Hinzurechnungsbetrag (§§ 39a, 39d), Faktor (§ 39f), amtlicher Gemeindeschlüssel der Wohnsitzgemeinde,

5. Höhe der Beiträge für eine Krankenversicherung und für eine private Pflege-Pflichtversicherung (§ 10 Absatz 1 Nummer 3, § 39b Absatz 2 Satz 5 Nummer 3 Buchstabe d), wenn der Steuerpflichtige dies beantragt.

²Die nach Landesrecht für das Meldewesen zuständigen Behörden (Meldebehörden) haben dem Bundeszentralamt für Steuern unter Angabe der Identifikationsnummer die in Satz 1 Nummer 1 bis 3 bezeichneten Daten und deren Änderungen im Melderegister mitzuteilen, in den Fällen der Nummer 3 bis das Kind das 18. Lebensjahr vollendet hat.

(3) ¹Das Bundeszentralamt für Steuern hält die Identifikationsnummer, den Tag der Geburt, Merkmale für den Kirchensteuerabzug und folgende Lohnsteuerabzugsmerkmale des Arbeitnehmers zum unentgeltlichen automatisierten Abruf durch den Arbeitgeber bereit: Steuerklasse (§ 38b) in Zahlen, die Zahl der Kinderfreibeträge (§ 39), Freibetrag und Hinzurechnungsbetrag (§§ 39a, 39d) sowie den Faktor (§ 39f), Teilbetrag der Vorsorgepauschale für die Krankenversicherung und private Pflege-Pflichtversicherung (§ 39b Absatz 2 Satz 5 Nummer 3 Buchstabe d). ²Bezieht ein Arbeitnehmer nebeneinander von mehreren Arbeitgebern Arbeitslohn, so sind für jedes weitere Dienstverhältnis elektronische Lohnsteuerabzugsmerkmale zu bilden. ³Das Bundeszentralamt für Steuern führt die elektronischen Lohnsteuerabzugsmerkmale des Arbeitnehmers zum Zweck ihrer Bereitstellung nach Satz 1 mit der Wirtschafts-Identifikationsnummer (§ 139c der Abgabenordnung) des Arbeitgebers zusammen.

(4) ¹Der Arbeitnehmer hat seinem Arbeitgeber bei Eintritt in das Dienstverhältnis zum Zweck des Abrufs der Lohnsteuerabzugsmerkmale seine Identifikationsnummer sowie den Tag seiner Geburt mitzuteilen. ²Der Arbeitgeber hat bei Beginn des Dienstverhältnisses die Lohnsteuerabzugsmerkmale für den Arbeitnehmer beim Bundeszentralamt für Steuern durch Datenfernübertragung abzurufen und sie in das Lohnkonto für den Arbeitnehmer zu übernehmen. ³Zur Plausibilitätsprüfung der Identifikationsnummer hält das Bundeszentralamt für Steuern für den Arbeitgeber entsprechende Regeln zum Abruf bereit. ⁴Für den Abruf von Lohnsteuerabzugsmerkmale hat sich der Arbeitgeber zu authentifizieren und seine Wirtschafts-Identifikationsnummer sowie die Identifikationsnummer und den Tag der Geburt des Arbeitnehmers mitzuteilen. ⁵Der Arbeitgeber hat bei Beendigung des Dienstverhältnisses unverzüglich dem Bundeszentralamt für Steuern mitzuteilen. ⁶Beauftragt der Arbeitgeber einen Dritten mit der Durchführung des Lohnsteuerabzugs, hat sich der Dritte für den Datenabruf zu authentifizieren und zusätzlich seine Wirtschafts-Identifikationsnummer mitzuteilen.

(5) ¹Auf die elektronischen Lohnsteuerabzugsmerkmale sind die für die Lohnsteuerkarte geltenden Schutzvorschriften entsprechend anzuwenden. ²Wer Lohnsteuerabzugsmerkmale vorsätzlich oder leichtfertig für andere Zwecke als die Durchführung des Lohn- und Kirchensteuerabzugs verwendet, handelt ordnungswidrig; § 50f Absatz 2 ist anzuwenden.

(6) Die abgerufenen Lohnsteuerabzugsmerkmale sind vom Arbeitgeber für die Durchführung des Lohnsteuerabzugs des Arbeitnehmers anzuwenden bis ihm das Bundeszentralamt für Steuern geänderte Lohnsteuerabzugsmerkmale zum Abruf bereitstellt und die Bereitstellung mitteilt oder der Arbeitgeber dem Bundeszentralamt für Steuern die Beendigung des Dienstverhältnisses anzeigt.

(7) ¹Die elektronischen Lohnsteuerabzugsmerkmale werden erstmals für die Durchführung des Lohnsteuerabzugs gebildet. ²Der Steuerpflichtige kann beim Wohnsitzfinanzamt (§ 19 der Abgabenordnung) beantragen, dass für ihn keine elektronischen Lohnsteuerabzugsmerkmale mehr gebildet werden. ³Erstmalig gebildete oder geänderte elektronische Lohnsteuerabzugsmerkmale sind dem Arbeitnehmer auf Antrag mitzuteilen oder elektronisch bereitzustellen. ⁴Werden dem Arbeitnehmer elektronische Lohnsteuerabzugsmerkmale bekannt, die zu seinen Gunsten von den tatsächlichen Verhältnissen abweichen, so ist er verpflichtet, sie ändern zu lassen.

(8) ¹Auf Antrag des Arbeitgebers kann das Betriebsstättenfinanzamt zur Vermeidung unbilliger Härten zulassen, dass der Arbeitgeber nicht am Abrufverfahren teilnimmt. ²Dem Antrag eines Arbeitgebers ohne maschinelle Lohnabrechnung, der ausschließlich Arbeitnehmer im Rahmen einer geringfügigen Beschäftigung in seinem Privathaushalt im Sinne des § 8a des Vierten Buches Sozialgesetzbuch beschäftigt, ist stattzugeben. ³Der Arbeitgeber hat dem Antrag unter Angabe seiner Wirtschafts-Identifikationsnummer ein Verzeichnis der beschäftigten Arbeitnehmer mit Angabe der jeweiligen Identifikationsnummer und des Geburtsdatums des Arbeitnehmers beizufügen. ⁴Der Antrag ist nach amtlich vorgeschriebenem Vordruck zu stellen. ⁵Das Betriebsstättenfinanzamt übermittelt dem Arbeitgeber für die Durchführung des Lohnsteuerabzugs für ein Kalenderjahr eine arbeitgeberbezogene Bescheinigung mit den Lohnsteuerabzugsmerkmalen für den Arbeitnehmer. ⁶Absatz 5 ist entsprechend anzuwenden.

(9) ¹Die elektronischen Lohnsteuerabzugsmerkmale sind für die Durchführung des Lohnsteuerabzugs ab 2011 anzuwenden. ²Die Gemeinden haben die Lohnsteuerkarte nach § 39 letztmals für das Kalenderjahr 2010 auszustellen und zu übermitteln. ³Auf den Lohnsteuerkarten für 2009 und 2010 ist zusätzlich die Identifikationsnummer des Arbeitnehmers einzutragen. ⁴Das Bundeszentralamt für Steuern errichtet unverzüglich die Datei der elektronischen Lohnsteuerabzugsmerkmale und das Verfahren für den Abruf durch den Arbeitgeber zum Zweck der Durchführung des Lohnsteuerabzugs ab 2011. ⁵Die Meldebehörden übermitteln die Daten gemäß Absatz 2 dem Bundeszentralamt für Steuern in dem mit ihm abzustimmenden Verfahren und zur Einführung der elektronischen Lohnsteuerabzugsmerkmale für jeden Steuerpflichtigen unter Angabe der Identifikationsnummer die im Melderegister gespeicherten Daten nach Absatz 2 Satz 1 Nummer 1 bis 3 sowie die in § 2 Absatz 2 Nummer 2 des

Melderechtsrahmengesetzes in der Fassung der Bekanntmachung vom 19. April 2002 (BGBl. I S. 1342), das zuletzt durch Artikel 26b des Gesetzes vom 20. Dezember 2007 (BGBl. I S. 3150) geändert worden ist, in der jeweils geltenden Fassung, bezeichneten Daten; für die Datenübermittlung zur Einführung der elektronischen Lohnsteuerabzugsmerkmale gilt § 39 Absatz 6 entsprechend. ⁶Für die Datenübermittlung gilt § 6 Absatz 2a der Zweiten Bundesmeldedatenübermittlungsverordnung vom 31. Juli 1995 (BGBl. I S. 1011), die zuletzt durch Artikel 19 des Gesetzes vom 20. Dezember 2007 (BGBl. I S. 3150) geändert worden ist, in der jeweils geltenden Fassung, entsprechend. ⁷Das Bundesministerium der Finanzen kann im Einvernehmen mit dem Bundesministerium des Innern und den obersten Finanzbehörden der Länder Beginn und Zeitpunkt der erstmaligen Übermittlung nach Absatz 2 sowie den Beginn und die Frist für die Datenübermittlung nach Satz 5 durch ein im Bundessteuerblatt zu veröffentlichendes Schreiben mitteilen.

(10) ¹Das Bundesministerium der Finanzen kann den Zeitpunkt des erstmaligen Datenabrufs durch den Arbeitgeber durch ein im Bundessteuerblatt zu veröffentlichendes Schreiben mitteilen. ²Zur Prüfung und zum Nachweis der Funktionsfähigkeit der Verfahren zur Bildung, Speicherung und Übermittlung, Änderung, Bereitstellung sowie zum Abruf der elektronischen Lohnsteuerabzugsmerkmale können die elektronischen Lohnsteuerabzugsmerkmale vor 2010 gebildet, gespeichert und genutzt werden. ³Zur Erprobung der in Satz 2 genannten Verfahren können das Bundeszentralamt für Steuern und die an der Erprobung teilnehmenden Arbeitgeber die Regelungen der Absätze 1 bis 6 und Absatz 7 Satz 1 im Kalenderjahr 2010 anwenden. ⁴Das Bundesministerium der Finanzen hat auf die Möglichkeit der Erprobung des Verfahrens der elektronischen Lohnsteuerabzugsmerkmale durch ein im Bundessteuerblatt zu veröffentlichendes Schreiben hinzuweisen. ⁵Das Bundeszentralamt für Steuern kann mit Zustimmung des Bundesministeriums der Finanzen die an der Erprobung teilnehmenden Arbeitgeber auswählen. ⁶Ist bei der Erprobung oder dem Einsatz des Verfahrens der elektronischen Lohnsteuerabzugsmerkmale die Wirtschafts-Identifikationsnummer noch nicht oder nicht vollständig eingeführt, tritt die Umsatzsteuer-Identifikationsnummer (§ 27a des Umsatzsteuergesetzes) an die Stelle der Wirtschafts-Identifikationsnummer.

(11) Die beim Bundeszentralamt für Steuern nach Absatz 2 Satz 1 gespeicherten Daten können auch zur Prüfung und Durchführung der Einkommensbesteuerung (§ 2) des Steuerpflichtigen für Veranlagungszeiträume ab 2005 verwendet werden.

§ 39f¹⁾
Faktorverfahren anstelle Steuerklassenkombination III/V

(1) ¹Bei Ehegatten, die in die Steuerklasse IV gehören (§ 38b Satz 2 Nummer 4), hat das Finanzamt auf Antrag beider Ehegatten nach § 39a anstelle der Steuerklassenkombination III/V (§ 38b Satz 2 Nummer 5) auf der Lohnsteuerkarte jeweils die Steuerklasse IV in Verbindung mit einem Faktor zur Ermittlung der Lohnsteuer einzutragen, wenn der Faktor kleiner als 1 ist. ²Der Faktor ist Y : X und vom Finanzamt mit drei Nachkommastellen ohne Rundung zu berechnen. ³„Y" ist die voraussichtliche Einkommensteuer für beide Ehegatten nach dem Splittingverfahren (§ 32a Absatz 5) unter Berücksichtigung der in § 39b Absatz 2 genannten Abzugsbeträge. ⁴„X" ist die Summe der voraussichtlichen Lohnsteuer bei Anwendung der Steuerklasse IV für jeden Ehegatten. ⁵In die Bemessungsgrundlage für Y werden jeweils neben den Jahresarbeitslöhnen der ersten Dienstverhältnisse zusätzlich Beträge einbezogen, die nach § 39a Absatz 1 Nummer 1 bis 6 als Freibetrag auf der Lohnsteuerkarte eingetragen werden könnten; Freibeträge werden neben dem Faktor nicht eingetragen. ⁶In den Fällen des § 39a Absatz 1 Nummer 7 sind bei der Ermittlung von Y und X die Hinzurechnungsbeträge zu berücksichtigen; die Hinzurechnungsbeträge sind zusätzlich auf der Lohnsteuerkarte für das erste Dienstverhältnis einzutragen. ⁷Arbeitslöhne aus zweiten und weiteren Dienstverhältnissen (Steuerklasse VI) sind im Faktorverfahren nicht zu berücksichtigen.

(2) Für die Einbehaltung der Lohnsteuer vom Arbeitslohn hat der Arbeitgeber Steuerklasse IV und den Faktor anzuwenden.

(3) ¹§ 39 Absatz 5 Satz 3 und 4 gilt sinngemäß. ²§ 39a ist anzuwenden mit der Maßgabe, dass ein Antrag nach amtlich vorgeschriebenem Vordruck (§ 39a Absatz 2) nur erforderlich ist, wenn bei der Faktorermittlung zugleich Beträge nach § 39a Absatz 1 Nummer 1 bis 6 berücksichtigt werden sollen.

(4) Das Faktorverfahren ist im Programmablaufplan für die maschinelle Berechnung der Lohnsteuer (§ 39b Absatz 8) zu berücksichtigen.

§ 40
Pauschalierung der Lohnsteuer in besonderen Fällen

(1) ¹Das Betriebsstättenfinanzamt (§ 41a Absatz 1 Satz 1 Nummer 1) kann auf Antrag des Arbeitgebers zulassen, dass die Lohnsteuer mit einem unter Berücksichtigung der Vorschriften des § 38a zu ermittelnden Pauschsteuersatz erhoben wird, soweit

1. von dem Arbeitgeber sonstige Bezüge in einer größeren Zahl von Fällen gewährt werden oder

2. in einer größeren Zahl von Fällen Lohnsteuer nachzuerheben ist, weil der Arbeitgeber die Lohnsteuer nicht vorschriftsmäßig einbehalten hat.

²Bei der Ermittlung des Pauschsteuersatzes ist zu berücksichtigen, dass die in Absatz 3 vorgeschriebene Übernahme der pauschalen Lohnsteuer durch den Arbeitgeber für den Arbeitnehmer eine in Geldeswert bestehende Einnahme im Sinne des § 8 Absatz 1 darstellt (Nettosteuersatz). ³Die Pauschalierung ist in den Fällen des Satzes 1 Nummer 1 ausgeschlossen, soweit der Arbeitgeber einem Arbeitnehmer sonstige Bezüge von mehr als 1 000 Euro im Kalenderjahr gewährt. ⁴Der Arbeitgeber hat dem Antrag eine Berechnung beizufügen, aus der sich der durchschnittliche Steuersatz unter Zugrundelegung

---

1) § 39f ist erstmals für den Lohnsteuerabzug 2010 anzuwenden (§ 52 Absatz 52 EStG).

der durchschnittlichen Jahresarbeitslöhne und der durchschnittlichen Jahreslohnsteuer in jeder Steuerklasse für diejenigen Arbeitnehmer ergibt, denen die Bezüge gewährt werden sollen oder gewährt worden sind.

(2) ¹Abweichend von Absatz 1 kann der Arbeitgeber die Lohnsteuer mit einem Pauschsteuersatz von 25 Prozent erheben, soweit er

1. arbeitstäglich Mahlzeiten im Betrieb an die Arbeitnehmer unentgeltlich oder verbilligt abgibt oder Barzuschüsse an ein anderes Unternehmen leistet, das arbeitstäglich Mahlzeiten an die Arbeitnehmer unentgeltlich oder verbilligt abgibt. ²Voraussetzung ist, dass die Mahlzeiten nicht als Lohnbestandteile vereinbart sind,
2. Arbeitslohn aus Anlass von Betriebsveranstaltungen zahlt,
3. Erholungsbeihilfen gewährt, wenn diese zusammen mit Erholungsbeihilfen, die in demselben Kalenderjahr früher gewährt worden sind, 156 Euro für den Arbeitnehmer, 104 Euro für dessen Ehegatten und 52 Euro für jedes Kind nicht übersteigen und der Arbeitgeber sicherstellt, dass die Beihilfen zu Erholungszwecken verwendet werden,
4. Vergütungen für Verpflegungsmehraufwendungen anlässlich einer Tätigkeit im Sinne des § 4 Absatz 5 Satz 1 Nummer 5 Satz 2 bis 4 zahlt, soweit diese die dort bezeichneten Pauschbeträge um nicht mehr als 100 Prozent übersteigen,
5. den Arbeitnehmern zusätzlich zum ohnehin geschuldeten Arbeitslohn unentgeltlich oder verbilligt Personalcomputer übereignet; das gilt auch für Zubehör und Internetzugang. ²Das Gleiche gilt für Zuschüsse des Arbeitgebers, die zusätzlich zum ohnehin geschuldeten Arbeitslohn zu den Aufwendungen des Arbeitnehmers für die Internetnutzung gezahlt werden.

²Der Arbeitgeber kann die Lohnsteuer mit einem Pauschsteuersatz von 15 Prozent für Sachbezüge in Form der unentgeltlichen oder verbilligten Beförderung eines Arbeitnehmers zwischen Wohnung und Arbeitsstätte und für zusätzlich zum ohnehin geschuldeten Arbeitslohn geleistete Zuschüsse zu den Aufwendungen des Arbeitnehmers für Fahrten zwischen Wohnung und Arbeitsstätte erheben, soweit diese Bezüge den Betrag nicht übersteigen, den der Arbeitnehmer nach § 9 Absatz 1 Satz 3 Nummer 4 und Absatz 2 als Werbungskosten geltend machen könnte, wenn die Bezüge nicht pauschal besteuert würden. ³Die nach Satz 2 pauschal besteuerten Bezüge mindern die nach § 9 Absatz 1 Satz 3 Nummer 4 und Absatz 2 abziehbaren Werbungskosten; sie bleiben bei der Anwendung des § 40a Absatz 1 bis 4 außer Ansatz.

(3) ¹Der Arbeitgeber hat die pauschale Lohnsteuer zu übernehmen. ²Er ist Schuldner der pauschalen Lohnsteuer; auf den Arbeitnehmer abgewälzte pauschale Lohnsteuer gilt als zugeflossener Arbeitslohn und mindert nicht die Bemessungsgrundlage. ³Der pauschal besteuerte Arbeitslohn und die pauschale Lohnsteuer bleiben bei einer Veranlagung zur Einkommensteuer und beim Lohnsteuer-Jahresausgleich außer Ansatz. ⁴Die pauschale Lohnsteuer ist weder auf die Einkommensteuer noch auf die Jahreslohnsteuer anzurechnen.

§ 40a
Pauschalierung der Lohnsteuer für
Teilzeitbeschäftigte und geringfügig Beschäftigte

(1) ¹Der Arbeitgeber kann unter Verzicht auf die Vorlage einer Lohnsteuerkarte bei Arbeitnehmern, die nur kurzfristig beschäftigt werden, die Lohnsteuer mit einem Pauschsteuersatz von 25 Prozent des Arbeitslohns erheben. ²Eine kurzfristige Beschäftigung liegt vor, wenn der Arbeitnehmer bei dem Arbeitgeber gelegentlich, nicht regelmäßig wiederkehrend beschäftigt wird, die Dauer der Beschäftigung 18 zusammenhängende Arbeitstage nicht übersteigt und

1. der Arbeitslohn während der Beschäftigungsdauer 62 Euro durchschnittlich je Arbeitstag nicht übersteigt oder
2. die Beschäftigung zu einem unvorhersehbaren Zeitpunkt sofort erforderlich wird.

(2) Der Arbeitgeber kann unter Verzicht auf die Vorlage einer Lohnsteuerkarte die Lohnsteuer einschließlich Solidaritätszuschlag und Kirchensteuern (einheitliche Pauschsteuer) für das Arbeitsentgelt aus geringfügigen Beschäftigungen im Sinne des § 8 Absatz 1 Nummer 1 oder des 8a des Vierten Buches Sozialgesetzbuch, für das er Beiträge nach § 168 Absatz 1 Nummer 1b oder 1c (geringfügig versicherungspflichtig Beschäftigte) oder nach § 172 Absatz 3 oder 3a (versicherungsfrei geringfügig Beschäftigte) des Sechsten Buches Sozialgesetzbuch zu entrichten hat, mit einem einheitlichen Pauschsteuersatz in Höhe von insgesamt 2 Prozent des Arbeitsentgelts erheben.

(2a) Hat der Arbeitgeber in den Fällen des Absatzes 2 keine Beiträge nach § 168 Absatz 1 Nummer 1b oder 1c oder nach § 172 Absatz 3 oder 3a des Sechsten Buches Sozialgesetzbuch zu entrichten, kann er unter Verzicht auf die Vorlage einer Lohnsteuerkarte die Lohnsteuer mit einem Pauschsteuersatz in Höhe von 20 Prozent des Arbeitsentgelts erheben.

(3) ¹Abweichend von den Absätzen 1 und 2a kann der Arbeitgeber unter Verzicht auf die Vorlage einer Lohnsteuerkarte bei Aushilfskräften, die in Betrieben der Land- und Forstwirtschaft im Sinne des § 13 Absatz 1 Nummer 1 bis 4 ausschließlich mit typisch land- oder forstwirtschaftlichen Arbeiten beschäftigt werden, die Lohnsteuer mit einem Pauschsteuersatz von 5 Prozent des Arbeitslohns erheben. ²Aushilfskräfte im Sinne dieser Vorschrift sind Personen, die für die Ausführung und für die Dauer von Arbeiten, die nicht ganzjährig anfallen, beschäftigt werden; eine Beschäftigung mit anderen land- und forstwirtschaftlichen Arbeiten ist unschädlich, wenn deren Dauer 25 Prozent der Gesamtbeschäftigungsdauer nicht überschreitet. ³Aushilfskräfte sind nicht Arbeitnehmer, die zu den land- und forstwirtschaftlichen Fachkräften gehören oder die der Arbeitgeber mehr als 180 Tage im Kalenderjahr beschäftigt.

(4) Die Pauschalierungen nach den Absätzen 1 und 3 sind unzulässig

EStG

1. bei Arbeitnehmern, deren Arbeitslohn während der Beschäftigungsdauer durchschnittlich je Arbeitsstunde 12 Euro übersteigt,
2. bei Arbeitnehmern, die für eine andere Beschäftigung von demselben Arbeitgeber Arbeitslohn beziehen, der nach den §§ 39b bis 39d dem Lohnsteuerabzug unterworfen wird.

(5) Auf die Pauschalierungen nach den Absätzen 1 bis 3 ist § 40 Absatz 3 anzuwenden.

(6) ¹Für die Erhebung der einheitlichen Pauschsteuer nach Absatz 2 ist die Deutsche Rentenversicherung Knappschaft-Bahn-See/Verwaltungsstelle Cottbus zuständig. ²Die Regelungen zum Steuerabzug vom Arbeitslohn sind entsprechend anzuwenden. ³Für die Anmeldung, Abführung und Vollstreckung der einheitlichen Pauschsteuer gelten dabei die Regelungen für die Beiträge nach § 168 Absatz 1 Nummer 1b oder 1c oder nach § 172 Absatz 3 oder 3a des Sechsten Buches Sozialgesetzbuch. ⁴Die Deutsche Rentenversicherung Knappschaft-Bahn-See/Verwaltungsstelle Cottbus hat die einheitliche Pauschsteuer auf die erhebungsberechtigten Körperschaften aufzuteilen; dabei entfallen aus Vereinfachungsgründen 90 Prozent der einheitlichen Pauschsteuer auf die Lohnsteuer, 5 Prozent auf den Solidaritätszuschlag und 5 Prozent auf die Kirchensteuer. ⁵Die erhebungsberechtigten Kirchen haben sich auf eine Aufteilung des Kirchensteueranteils zu verständigen und diesen der Deutschen Rentenversicherung Knappschaft-Bahn-See/Verwaltungsstelle Cottbus mitzuteilen. ⁶Die Deutsche Rentenversicherung Knappschaft-Bahn-See/Verwaltungsstelle Cottbus ist berechtigt, die einheitliche Pauschsteuer nach Absatz 2 zusammen mit den Sozialversicherungsbeiträgen beim Arbeitgeber einzuziehen.

§ 40b[1)]
Pauschalierung der Lohnsteuer bei bestimmten Zukunftsicherungsleistungen

(1) Der Arbeitgeber kann die Lohnsteuer von den Zuwendungen zum Aufbau einer nicht kapitalgedeckten betrieblichen Altersversorgung an eine Pensionskasse mit einem Pauschsteuersatz von 20 Prozent der Zuwendungen erheben.

(2) ¹Absatz 1 gilt nicht, soweit die zu besteuernden Zuwendungen des Arbeitgebers für den Arbeitnehmer 1 752 Euro im Kalenderjahr übersteigen oder nicht aus seinem ersten Dienstverhältnis bezogen werden. ²Sind mehrere Arbeitnehmer gemeinsam in der Pensionskasse versichert, so gilt als Zuwendung für den einzelnen Arbeitnehmer der Teilbetrag, der sich bei einer Aufteilung der gesamten Zuwendungen durch die Zahl der begünstigten Arbeitnehmer ergibt, wenn dieser Teilbetrag 1 752 Euro nicht übersteigt; hierbei sind Zuwendungen, für die Zuwendungen von mehr als 2 148 Euro im Kalenderjahr geleistet werden, nicht einzubeziehen. ³Für Zuwendungen, die der Arbeitgeber für den Arbeitnehmer aus Anlass der Beendigung des Dienstverhältnisses erbringt, vervielfältigt sich der Betrag von 1 752 Euro mit der Anzahl der Kalenderjahre, in denen das Dienstverhältnis des Arbeitnehmers zu dem Arbeitgeber bestanden hat; in diesem Fall ist Satz 2 nicht anzuwenden. ⁴Der vervielfältigte Betrag vermindert sich um die nach Absatz 1 pauschal besteuerten Zuwendungen, die der Arbeitgeber in dem Kalenderjahr, in dem das Dienstverhältnis beendet wird, und in den sechs vorangegangenen Kalenderjahren erbracht hat.

(3) Von den Beiträgen für eine Unfallversicherung des Arbeitnehmers kann der Arbeitgeber die Lohnsteuer mit einem Pauschsteuersatz von 20 Prozent der Beiträge erheben, wenn mehrere Arbeitnehmer gemeinsam in einem Unfallversicherungsvertrag versichert sind und der Teilbetrag, der sich bei einer Aufteilung der gesamten Beiträge nach Abzug der Versicherungsteuer durch die Zahl der begünstigten Arbeitnehmer ergibt, 62 Euro im Kalenderjahr nicht übersteigt.

(4) In den Fällen des § 19 Absatz 1 Satz 1 Nummer 3 Satz 2 hat der Arbeitgeber die Lohnsteuer mit einem Pauschsteuersatz in Höhe von 15 Prozent der Sonderzahlungen zu erheben.

(5) ¹§ 40 Absatz 3 ist anzuwenden. ²Die Anwendung des § 40 Absatz 1 Satz 1 Nummer 1 auf Bezüge im Sinne des Absatzes 1, des Absatzes 3 und des Absatzes 4 ist ausgeschlossen.

§ 41
Aufzeichnungspflichten beim Lohnsteuerabzug

(1) ¹Der Arbeitgeber hat am Ort der Betriebsstätte (Absatz 2) für jeden Arbeitnehmer und jedes Kalenderjahr ein Lohnkonto zu führen. ²In das Lohnkonto sind die für den Lohnsteuerabzug und die Lohnsteuerzerlegung erforderlichen Merkmale aus der Lohnsteuerkarte oder aus einer entsprechenden Bescheinigung zu übernehmen. ³Bei jeder Lohnzahlung für das Kalenderjahr, für das das Lohnkonto gilt, sind im Lohnkonto die Art und Höhe des gezahlten Arbeitslohns einschließlich der steuerfreien Bezüge sowie die einbehaltene oder übernommene Lohnsteuer einzutragen; an die Stelle der Lohnzahlung tritt in den Fällen des § 39b Absatz 5 Satz 1 die Lohnabrechnung. ⁴Ferner sind das Kurzarbeitergeld, das Schlechtwettergeld, das Winterausfallgeld, der Zuschuss zum Mutterschaftsgeld nach dem Mutterschutzgesetz, der Zuschuss bei Beschäftigungsverboten für die Zeit vor oder nach einer Entbindung sowie für den Entbindungstag während einer Elternzeit nach beamtenrechtlichen Vorschriften, die Entschädigungen für Verdienstausfall nach dem Infektionsschutzgesetz vom 20. Juli 2000 (BGBl. I S. 1045), sowie die nach § 3 Nummer 28 steuerfreien Aufstockungsbeträge oder Zuschläge einzutragen. ⁵Ist während der Dauer des Dienstverhältnisses in anderen Fällen als in denen des Satzes 4 der Anspruch auf Arbeitslohn für mindestens fünf aufeinander folgende Arbeitstage im Wesentlichen weggefallen, so ist dies jeweils durch Eintragung des Großbuchstabens U zu vermerken. ⁶Hat der Arbeitgeber die Lohnsteuer von einem sonstigen Bezug im ersten Dienstverhältnis berechnet und ist dabei der Arbeitslohn aus früheren Dienstverhältnissen des Kalenderjahres außer Betracht geblieben, so ist dies durch Eintragung des Großbuchstabens S

[1)] Zur Weiteranwendung von § 40b Absatz 1 und 2 i.d.F. am 31.12.2004 auf Versorgungszusagen vor 1.1.2005 siehe § 52 Absatz 52a EStG.

zu vermerken. ⁷Die Bundesregierung wird ermächtigt, durch Rechtsverordnung mit Zustimmung des Bundesrates vorzuschreiben, welche Einzelangaben im Lohnkonto aufzuzeichnen sind. ⁸Dabei können für Arbeitnehmer mit geringem Arbeitslohn und für die Fälle der §§ 40 bis 40b Aufzeichnungserleichterungen sowie für steuerfreie Bezüge Aufzeichnungen außerhalb des Lohnkontos zugelassen werden. ⁹Die Lohnkonten sind bis zum Ablauf des sechsten Kalenderjahres, das auf die zuletzt eingetragene Lohnzahlung folgt, aufzubewahren.

(2) ¹Betriebsstätte ist der Betrieb oder Teil des Betriebs des Arbeitgebers, in dem der für die Durchführung des Lohnsteuerabzugs maßgebende Arbeitslohn ermittelt wird. ²Wird der maßgebende Arbeitslohn nicht in dem Betrieb oder einem Teil des Betriebs des Arbeitgebers oder nicht im Inland ermittelt, so gilt als Betriebsstätte der Mittelpunkt der geschäftlichen Leitung des Arbeitgebers im Inland; im Fall des § 38 Absatz 1 Satz 1 Nummer 2 gilt als Betriebsstätte der Ort im Inland, an dem die Arbeitsleistung ganz oder vorwiegend stattfindet. ³Als Betriebsstätte gilt auch der inländische Heimathafen deutscher Handelsschiffe, wenn die Reederei im Inland keine Niederlassung hat.

§ 41a
Anmeldung und Abführung der Lohnsteuer

(1) ¹Der Arbeitgeber hat spätestens am zehnten Tag nach Ablauf eines jeden Lohnsteuer-Anmeldungszeitraums
1. dem Finanzamt, in dessen Bezirk sich die Betriebsstätte (§ 41 Absatz 2) befindet (Betriebsstättenfinanzamt), eine Steuererklärung einzureichen, in der er die Summen der im Lohnsteuer-Anmeldungszeitraum einzubehaltenden und zu übernehmenden Lohnsteuer angibt (Lohnsteuer-Anmeldung),
2. die im Lohnsteuer-Anmeldungszeitraum insgesamt einbehaltene und übernommene Lohnsteuer an das Betriebsstättenfinanzamt abzuführen.

²Die Lohnsteuer-Anmeldung ist nach amtlich vorgeschriebenem Datensatz durch Datenfernübertragung nach Maßgabe der Steuerdaten-Übermittlungsverordnung zu übermitteln. ³Auf Antrag kann das Finanzamt zur Vermeidung unbilliger Härten auf eine elektronische Übermittlung verzichten; in diesem Fall ist die Lohnsteuer-Anmeldung nach amtlich vorgeschriebenem Vordruck abzugeben und vom Arbeitgeber oder von einer zu seiner Vertretung berechtigten Person zu unterschreiben. ⁴Der Arbeitgeber wird von der Verpflichtung zur Abgabe weiterer Lohnsteuer-Anmeldungen befreit, wenn er Arbeitnehmer, für die er Lohnsteuer einzubehalten oder zu übernehmen hat, nicht mehr beschäftigt und das dem Finanzamt mitteilt.

(2) ¹Lohnsteuer-Anmeldungszeitraum ist grundsätzlich der Kalendermonat. ²Lohnsteuer-Anmeldungszeitraum ist das Kalendervierteljahr, wenn die abzuführende Lohnsteuer für das vorangegangene Kalenderjahr mehr als 1 000 Euro, aber nicht mehr als 4 000 Euro betragen hat; Lohnsteuer-Anmeldungszeitraum ist das Kalenderjahr, wenn die abzuführende Lohnsteuer für das vorangegangene Kalenderjahr nicht mehr als 1 000 Euro betragen hat. ³Hat die Betriebsstätte nicht während des ganzen vorangegangenen Kalenderjahres bestanden, so ist die für das vorangegangene Kalenderjahr abzuführende Lohnsteuer für die Feststellung des Lohnsteuer-Anmeldungszeitraums auf einen Jahresbetrag umzurechnen. ⁴Wenn die Betriebsstätte im vorangegangenen Kalenderjahr noch nicht bestanden hat, ist die auf einen Jahresbetrag umgerechnete für den ersten vollen Kalendermonat nach der Eröffnung der Betriebsstätte abzuführende Lohnsteuer maßgebend.

(3) ¹Die oberste Finanzbehörde des Landes kann bestimmen, dass die Lohnsteuer nicht dem Betriebsstättenfinanzamt, sondern einer anderen öffentlichen Kasse anzumelden und an diese abzuführen ist; die Kasse erhält insoweit die Stellung einer Landesfinanzbehörde. ²Das Betriebsstättenfinanzamt oder die zuständige andere öffentliche Kasse können anordnen, dass die Lohnsteuer abweichend von dem nach Absatz 1 maßgebenden Zeitpunkt anzumelden und abzuführen ist, wenn die Abführung der Lohnsteuer nicht gesichert erscheint.

(4) ¹Arbeitgeber, die eigene oder gecharterte Handelsschiffe betreiben, dürfen vom Gesamtbetrag der anzumeldenden und abzuführenden Lohnsteuer einen Betrag von 40 Prozent der Lohnsteuer der auf solchen Schiffen in einem zusammenhängenden Arbeitsverhältnis von mehr als 183 Tagen beschäftigten Besatzungsmitgliedern abziehen und einbehalten. ²Die Handelsschiffe müssen in einem inländischen Seeschiffsregister eingetragen sein, die deutsche Flagge führen und zur Beförderung von Personen oder Gütern im Verkehr mit oder zwischen ausländischen Häfen, innerhalb eines ausländischen Hafens oder zwischen einem ausländischen Hafen und der Hohen See betrieben werden. ³Die Sätze 1 und 2 sind entsprechend anzuwenden, wenn Seeschiffe im Wirtschaftsjahr überwiegend außerhalb der deutschen Hoheitsgewässer zum Schleppen, Bergen oder zur Aufsuchung von Bodenschätzen oder zur Vermessung von Energielagerstätten unter dem Meeresboden eingesetzt werden. ⁴Ist für den Lohnsteuerabzug die Lohnsteuer nach Steuerklasse V oder VI zu ermitteln, so bemisst sich der Betrag nach Satz 1 nach der Lohnsteuer der Steuerklasse I.

§ 41b
Abschluss des Lohnsteuerabzugs

(1) ¹Bei Beendigung eines Dienstverhältnisses oder am Ende des Kalenderjahres hat der Arbeitgeber das Lohnkonto des Arbeitnehmers abzuschließen. ²Auf Grund der Eintragungen im Lohnkonto hat der Arbeitgeber spätestens bis zum 28. Februar des Folgejahres nach amtlich vorgeschriebenem Datensatz auf elektronischem Weg nach Maßgabe der Steuerdaten-Übermittlungsverordnung vom 28. Januar 2003 (BGBl. I S. 139), zuletzt geändert durch Artikel 1 der Verordnung vom 26. Juni 2007 (BGBl. I S. 1185), in der jeweils geltenden Fassung¹⁾, insbesondere folgende Angaben zu übermitteln (elektronische Lohnsteuerbescheinigung):

---

1) Neufassung dieses Satzteils von § 41b Absatz 1 Satz 2 ist ab 2009 anzuwenden (§ 52 Absatz 52c EStG).

1. Name, Vorname, Geburtsdatum und Anschrift des Arbeitnehmers, die auf der Lohnsteuerkarte oder der entsprechenden Bescheinigung eingetragenen Besteuerungsmerkmale, den amtlichen Schlüssel der Gemeinde, die die Lohnsteuerkarte ausgestellt hat, die Bezeichnung und die Nummer des Finanzamts, an das die Lohnsteuer abgeführt worden ist sowie die Steuernummer des Arbeitgebers,
2. die Dauer des Dienstverhältnisses während des Kalenderjahres sowie die Anzahl der nach § 41 Absatz 1 Satz 6 vermerkten Großbuchstaben U,
3. die Art und Höhe des gezahlten Arbeitslohns sowie den nach § 41 Absatz 1 Satz 7 vermerkten Großbuchstaben S,
4. die einbehaltene Lohnsteuer, den Solidaritätszuschlag und die Kirchensteuer,
5. das Kurzarbeitergeld, das Schlechtwettergeld, das Winterausfallgeld, den Zuschuss zum Mutterschaftsgeld nach dem Mutterschutzgesetz, die Entschädigungen für Verdienstausfall nach dem Infektionsschutzgesetz vom 20. Juli 2000 (BGBl. I S. 1045), zuletzt geändert durch Artikel 11 § 3 des Gesetzes vom 6. August 2002 (BGBl. I S. 3082), in der jeweils geltenden Fassung, sowie die nach § 3 Nummer 28 steuerfreien Aufstockungsbeträge oder Zuschläge,
6. die auf die Entfernungspauschale anzurechnenden steuerfreien Arbeitgeberleistungen für Fahrten zwischen Wohnung und Arbeitsstätte,
7. die pauschal besteuerten Arbeitgeberleistungen für Fahrten zwischen Wohnung und Arbeitsstätte,
8. (weggefallen)
9. für die steuerfreie Sammelbeförderung nach § 3 Nummer 32 den Großbuchstaben F,
10. die nach § 3 Nummer 13 und 16 steuerfrei gezahlten Verpflegungszuschüsse und Vergütungen bei doppelter Haushaltsführung,
11. Beiträge zu den gesetzlichen Rentenversicherungen und an berufsständische Versorgungseinrichtungen, getrennt nach Arbeitgeber- und Arbeitnehmeranteil,
12. die nach § 3 Nummer 62 gezahlten Zuschüsse zur Kranken- und Pflegeversicherung,
13. die Beiträge des Arbeitnehmers zur gesetzlichen Krankenversicherung und zur sozialen Pflegeversicherung,
14. die Beiträge des Arbeitnehmers zur Arbeitslosenversicherung,
15. den nach § 39b Absatz 2 Satz 5 Nummer 3 Buchstabe d berücksichtigten Teilbetrag der Vorsorgepauschale.

³Der Arbeitgeber hat dem Arbeitnehmer einen nach amtlich vorgeschriebenem Muster gefertigten Ausdruck der elektronischen Lohnsteuerbescheinigung mit Angabe des lohnsteuerlichen Ordnungsmerkmals (Absatz 2) auszuhändigen oder elektronisch bereitzustellen. ⁴Wenn das Dienstverhältnis vor Ablauf des Kalenderjahres beendet wird, hat der Arbeitgeber dem Arbeitnehmer die Lohnsteuerkarte auszuhändigen. ⁵Nach Ablauf des Kalenderjahres darf der Arbeitgeber die Lohnsteuerkarte nur aushändigen, wenn sie eine Lohnsteuerbescheinigung enthält und der Arbeitnehmer zur Einkommensteuer veranlagt wird. ⁶Dem Arbeitnehmer nicht ausgehändigte Lohnsteuerkarten ohne Lohnsteuerbescheinigungen kann der Arbeitgeber vernichten; nicht ausgehändigte Lohnsteuerkarten mit Lohnsteuerbescheinigungen hat er dem Betriebsstättenfinanzamt einzureichen.

(2) ¹Für die Datenübermittlung nach Absatz 1 Satz 2 hat der Arbeitgeber aus dem Namen, Vornamen und Geburtsdatum des Arbeitnehmers ein Ordnungsmerkmal nach amtlich festgelegter Regel für den Arbeitnehmer zu bilden und zu verwenden. ²Das lohnsteuerliche Ordnungsmerkmal darf nur erhoben, gebildet, verarbeitet oder genutzt werden für die Zuordnung der elektronischen Lohnsteuerbescheinigung oder sonstiger für das Besteuerungsverfahren erforderlicher Daten zu einem bestimmten Steuerpflichtigen und für Zwecke des Besteuerungsverahrens. ³Nach Vergabe der Identifikationsnummer (§ 139b der Abgabenordnung) hat der Arbeitgeber für die Datenübermittlung anstelle des lohnsteuerlichen Ordnungsmerkmals die Identifikationsnummer des Arbeitnehmers zu verwenden. ⁴Das Bundesministerium der Finanzen teilt den Zeitpunkt der erstmaligen Verwendung durch ein im Bundessteuerblatt zu veröffentlichendes Schreiben mit. ⁵Der nach Maßgabe der Steuerdaten-Übermittlungsverordnung authentifizierte Arbeitgeber kann die Identifikationsnummer des Arbeitnehmers für die Übermittlung der Lohnsteuerbescheinigung 2010 beim Bundeszentralamt für Steuern erheben. ⁶Das Bundeszentralamt für Steuern teilt dem Arbeitgeber die Identifikationsnummer des Arbeitnehmers mit, sofern die übermittelten Daten mit den nach § 139b Absatz 3 der Abgabenordnung beim Bundeszentralamt für Steuern gespeicherten Daten übereinstimmen. ⁷Die Anfrage des Arbeitgebers und die Antwort des Bundeszentralamtes für Steuern sind über die zentrale Stelle (§ 81) zu übermitteln. ⁸§ 22a Absatz 2 Satz 5 bis 8 ist entsprechend anzuwenden.

(3) ¹Ein Arbeitgeber ohne maschinelle Lohnabrechnung, der ausschließlich Arbeitnehmer im Rahmen einer geringfügigen Beschäftigung in seinem Privathaushalt im Sinne des § 8a des Vierten Buches Sozialgesetzbuch beschäftigt und keine elektronische Lohnsteuerbescheinigung erteilt, hat an Stelle der elektronischen Lohnsteuerbescheinigung eine entsprechende Lohnsteuerbescheinigung auf der Lohnsteuerkarte des Arbeitnehmers zu erteilen. ²Liegt dem Arbeitgeber eine Lohnsteuerkarte des Arbeitnehmers nicht vor, hat er die Lohnsteuerbescheinigung nach amtlich vorgeschriebenem Muster zu erteilen. ³Der Arbeitgeber hat dem Arbeitnehmer die Lohnsteuerbescheinigung auszuhändigen, wenn das Dienstverhältnis vor Ablauf des Kalenderjahres beendet wird oder der Arbeitnehmer zur Einkommensteuer veranlagt wird. ⁴In den übrigen Fällen hat der Arbeitgeber die Lohnsteuerbescheinigung dem Betriebsstättenfinanzamt einzureichen.

(4) Die Absätze 1 bis 3 gelten nicht für Arbeitnehmer, soweit sie Arbeitslohn bezogen haben, der nach den §§ 40 bis 40b pauschal besteuert worden ist.

§ 41c
Änderung des Lohnsteuerabzugs

(1) ¹Der Arbeitgeber ist berechtigt, bei der jeweils nächstfolgenden Lohnzahlung bisher erhobene Lohnsteuer zu erstatten oder noch nicht erhobene Lohnsteuer nachträglich einzubehalten,

1. wenn ihm der Arbeitnehmer eine Lohnsteuerkarte mit Eintragungen vorlegt, die auf einen Zeitpunkt vor Vorlage der Lohnsteuerkarte zurückwirken, oder
2. wenn er erkennt, dass er die Lohnsteuer bisher nicht vorschriftsmäßig einbehalten hat; dies gilt auch bei rückwirkender Gesetzesänderung.

²In den Fällen des Satzes 1 Nummer 2 ist der Arbeitgeber jedoch verpflichtet, wenn ihm dies wirtschaftlich zumutbar ist.

(2) ¹Die zu erstattende Lohnsteuer ist dem Betrag zu entnehmen, den der Arbeitgeber für seine Arbeitnehmer insgesamt an Lohnsteuer einbehalten oder übernommen hat. ²Wenn die zu erstattende Lohnsteuer aus dem Betrag nicht gedeckt werden kann, der insgesamt an Lohnsteuer einzubehalten oder zu übernehmen ist, wird der Fehlbetrag dem Arbeitgeber auf Antrag vom Betriebsstättenfinanzamt ersetzt.

(3) ¹Nach Ablauf des Kalenderjahres oder, wenn das Dienstverhältnis vor Ablauf des Kalenderjahres endet, nach Beendigung des Dienstverhältnisses, ist die Änderung des Lohnsteuerabzugs nur bis zur Übermittlung oder Ausschreibung der Lohnsteuerbescheinigung zulässig. ²Bei Änderung des Lohnsteuerabzugs nach Ablauf des Kalenderjahres ist die nachträglich einzubehaltende Lohnsteuer nach dem Jahresarbeitslohn zu ermitteln. ³Eine Erstattung von Lohnsteuer ist nach Ablauf des Kalenderjahres nur im Wege des Lohnsteuer-Jahresausgleichs nach § 42b zulässig.

(4) ¹Der Arbeitgeber hat die Fälle, in denen er die Lohnsteuer nach Absatz 1 nicht nachträglich einbehält oder die Lohnsteuer nicht nachträglich einbehalten kann, weil

1. Eintragungen auf der Lohnsteuerkarte eines Arbeitnehmers, die nach Beginn des Dienstverhältnisses vorgenommen worden sind, auf einen Zeitpunkt vor Beginn des Dienstverhältnisses zurückwirken,
2. der Arbeitnehmer vom Arbeitgeber Arbeitslohn nicht mehr bezieht oder
3. der Arbeitgeber nach Ablauf des Kalenderjahres bereits die Lohnsteuerbescheinigung übermittelt oder ausgeschrieben hat,

dem Betriebsstättenfinanzamt unverzüglich anzuzeigen. ²Das Finanzamt hat die zu wenig erhobene Lohnsteuer vom Arbeitnehmer nachzufordern, wenn der nachzufordernde Betrag 10 Euro übersteigt. ³§ 42d bleibt unberührt.

§§ 42 und 42a
(weggefallen)

§ 42b
Lohnsteuer-Jahresausgleich durch den Arbeitgeber

(1) ¹Der Arbeitgeber ist berechtigt, seinen unbeschränkt einkommensteuerpflichtigen Arbeitnehmern, die während des abgelaufenen Kalenderjahres (Ausgleichsjahr) ständig in einem Dienstverhältnis gestanden haben, die für das Ausgleichsjahr einbehaltene Lohnsteuer insoweit zu erstatten, als sie die auf den Jahresarbeitslohn entfallende Jahreslohnsteuer übersteigt (Lohnsteuer-Jahresausgleich). ²Er ist zur Durchführung des Lohnsteuer-Jahresausgleichs verpflichtet, wenn er am 31. Dezember des Ausgleichsjahres mindestens zehn Arbeitnehmer beschäftigt. ³Voraussetzung für den Lohnsteuer-Jahresausgleich ist, dass dem Arbeitgeber die Lohnsteuerkarte und Lohnsteuerbescheinigungen aus etwaigen vorangegangenen Dienstverhältnissen vorliegen. ⁴Der Arbeitgeber darf den Lohnsteuer-Jahresausgleich nicht durchführen, wenn

1. der Arbeitnehmer es beantragt oder
2. der Arbeitnehmer für das Ausgleichsjahr oder für einen Teil des Ausgleichsjahres nach den Steuerklassen V oder VI zu besteuern war oder
3. der Arbeitnehmer für einen Teil des Ausgleichsjahres nach den Steuerklassen II, III oder IV zu besteuern war oder
3a. bei der Lohnsteuerberechnung ein Freibetrag oder Hinzurechnungsbetrag zu berücksichtigen war oder
3b. das Faktorverfahren angewandt wurde oder
4. der Arbeitnehmer im Ausgleichsjahr Kurzarbeitergeld, Schlechtwettergeld, Winterausfallgeld, Zuschuss zum Mutterschaftsgeld nach dem Mutterschutzgesetz, Zuschuss bei Beschäftigungsverboten für die Zeit vor oder nach einer Entbindung sowie für den Entbindungstag während einer Elternzeit nach beamtenrechtlichen Vorschriften, Entschädigungen für Verdienstausfall nach dem Infektionsschutzgesetz vom 20. Juli 2000 (BGBl. I S. 1045), oder nach § 3 Nummer 28 steuerfreie Aufstockungsbeträge oder Zuschläge bezogen hat oder
4a. die Anzahl der im Lohnkonto oder in der Lohnsteuerbescheinigung eingetragenen Großbuchstaben U mindestens eins beträgt oder
5. für den Arbeitnehmer im Ausgleichsjahr im Rahmen der Vorsorgepauschale jeweils nur zeitweise Beträge nach § 39b Absatz 2 Satz 5 Nummer 3 Buchstabe a bis d oder der Beitragszuschlag nach § 39b Absatz 2 Satz 5 Nummer 3 Buchstabe c berücksichtigt wurden oder
6. der Arbeitnehmer im Ausgleichsjahr ausländische Einkünfte aus nichtselbständiger Arbeit bezogen hat, die nach einem Abkommen zur Vermeidung der Doppelbesteuerung oder unter Progressionsvorbehalt nach § 34c Absatz 5 von der Lohnsteuer freigestellt waren.

(2) ¹Für den Lohnsteuer-Jahresausgleich hat der Arbeitgeber den Jahresarbeitslohn aus dem zu ihm bestehenden Dienstverhältnis und nach den Lohnsteuerbescheinigungen aus etwaigen vorangegangenen Dienstverhältnissen festzustellen. ²Dabei bleiben die Bezüge im Sinne des § 34 Absatz 1 und Absatz 2 Nummer 2 und 4 außer Ansatz, wenn der Arbeitnehmer nicht jeweils die Einbeziehung in den Lohnsteuer-Jahresausgleich beantragt. ³Vom Jahresarbeitslohn sind der etwa in Betracht kommende Versorgungsfreibetrag und Zuschlag zum Ver-

sorgungsfreibetrag und der etwa in Betracht kommende Altersentlastungsbetrag abzuziehen. ⁴Für den so geminderten Jahresarbeitslohn ist nach Maßgabe der auf der Lohnsteuerkarte zuletzt eingetragenen Steuerklasse die Jahreslohnsteuer nach § 39b Absatz 2 Satz 6 und 7 zu ermitteln. ⁵Den Betrag, um den die sich hiernach ergebende Jahreslohnsteuer die Lohnsteuer unterschreitet, die von dem zugrunde gelegten Jahresarbeitslohn insgesamt erhoben worden ist, hat der Arbeitgeber dem Arbeitnehmer zu erstatten. ⁶Bei der Ermittlung der insgesamt erhobenen Lohnsteuer ist die Lohnsteuer auszuscheiden, die von den nach Satz 2 außer Ansatz gebliebenen Bezügen einbehalten worden ist.

(3) ¹Der Arbeitgeber darf den Lohnsteuer-Jahresausgleich frühestens bei der Lohnabrechnung für den letzten im Ausgleichsjahr endenden Lohnzahlungszeitraum, spätestens bei der Lohnabrechnung für den letzten Lohnzahlungszeitraum, der im Monat März des dem Ausgleichsjahr folgenden Kalenderjahres endet, durchführen. ²Die zu erstattende Lohnsteuer ist dem Betrag zu entnehmen, den der Arbeitgeber für seine Arbeitnehmer für den Lohnzahlungszeitraum insgesamt an Lohnsteuer erhoben hat. ³§ 41c Absatz 2 Satz 2 ist anzuwenden.

(4) ¹Der Arbeitgeber hat im Lohnkonto für das Ausgleichsjahr den Inhalt etwaiger Lohnsteuerbescheinigungen aus vorangegangenen Dienstverhältnissen des Arbeitnehmers einzutragen. ²Im Lohnkonto für das Ausgleichsjahr ist die im Lohnsteuer-Jahresausgleich erstattete Lohnsteuer gesondert einzutragen. ³In der Lohnsteuerbescheinigung für das Ausgleichsjahr ist der sich nach Verrechnung der erhobenen Lohnsteuer mit der erstatteten Lohnsteuer ergebende Betrag als erhobene Lohnsteuer einzutragen.

§ 42c
(weggefallen)

§ 42d
Haftung des Arbeitgebers und Haftung bei Arbeitnehmerüberlassung

(1) Der Arbeitgeber haftet
1. für die Lohnsteuer, die er einzubehalten und abzuführen hat,
2. für die Lohnsteuer, die er beim Lohnsteuer-Jahresausgleich zu Unrecht erstattet hat,
3. für die Einkommensteuer (Lohnsteuer), die auf Grund fehlerhafter Angaben im Lohnkonto oder in der Lohnsteuerbescheinigung verkürzt wird,
4. für die Lohnsteuer, die in den Fällen des § 38 Absatz 3a der Dritte zu übernehmen hat.

(2) Der Arbeitgeber haftet nicht, soweit Lohnsteuer nach § 39 Absatz 4 oder § 39a Absatz 5 nachzufordern ist und in den vom Arbeitgeber angezeigten Fällen des § 38 Absatz 4 Satz 2 und 3 und des § 41c Absatz 4.

(3) ¹Soweit die Haftung des Arbeitgebers reicht, sind der Arbeitgeber und der Arbeitnehmer Gesamtschuldner. ²Das Betriebsstättenfinanzamt kann die Steuerschuld oder Haftungsschuld nach pflichtgemäßem Ermessen gegenüber jedem Gesamtschuldner geltend machen. ³Der Arbeitgeber kann auch dann in Anspruch genommen werden, wenn der Arbeitnehmer zur Einkommensteuer veranlagt wird. ⁴Der Arbeitnehmer kann im Rahmen der Gesamtschuldnerschaft nur in Anspruch genommen werden,

1. wenn der Arbeitgeber die Lohnsteuer nicht vorschriftsmäßig vom Arbeitslohn einbehalten hat,
2. wenn der Arbeitnehmer weiß, dass der Arbeitgeber die einbehaltene Lohnsteuer nicht vorschriftsmäßig angemeldet hat. ²Dies gilt nicht, wenn der Arbeitnehmer den Sachverhalt dem Finanzamt unverzüglich mitgeteilt hat.

(4) ¹Für die Inanspruchnahme des Arbeitgebers bedarf es keines Haftungsbescheids und keines Leistungsgebots, soweit der Arbeitgeber
1. die einzubehaltende Lohnsteuer angemeldet hat oder
2. nach Abschluss einer Lohnsteuer-Außenprüfung seine Zahlungsverpflichtung schriftlich anerkennt.

²Satz 1 gilt entsprechend für die Nachforderung zu übernehmender pauschaler Lohnsteuer.

(5) Von der Geltendmachung der Steuernachforderung oder Haftungsforderung ist abzusehen, wenn diese insgesamt 10 Euro nicht übersteigt.

(6) ¹Soweit einem Dritten (Entleiher) Arbeitnehmer gewerbsmäßig zur Arbeitsleistung überlassen werden, haftet er mit Ausnahme der Fälle, in denen eine Arbeitnehmerüberlassung nach § 1 Absatz 3 des Arbeitnehmerüberlassungsgesetzes vorliegt, neben dem Arbeitgeber. ²Der Entleiher haftet nicht, wenn der Überlassung eine Erlaubnis nach § 1 des Arbeitnehmerüberlassungsgesetzes in der Fassung der Bekanntmachung vom 3. Februar 1995 (BGBl. I S. 158), das zuletzt durch Artikel 11 Nummer 21 des Gesetzes vom 30. Juli 2004 (BGBl. I S. 1950) geändert worden ist, in der jeweils geltenden Fassung zugrunde liegt und soweit er nachweist, dass er den nach § 51 Absatz 1 Nummer 2 Buchstabe d vorgesehenen Mitwirkungspflichten nachgekommen ist. ³Der Entleiher haftet ferner nicht, wenn er über das Vorliegen einer Arbeitnehmerüberlassung ohne Verschulden irrte. ⁴Die Haftung beschränkt sich auf die Lohnsteuer für die Zeit, für die ihm der Arbeitnehmer überlassen worden ist. ⁵Soweit die Haftung des Entleihers reicht, sind der Arbeitgeber, der Entleiher und der Arbeitnehmer Gesamtschuldner. ⁶Der Entleiher darf auf Zahlung nur in Anspruch genommen werden, soweit die Vollstreckung in das inländische bewegliche Vermögen des Arbeitgebers fehlgeschlagen ist oder keinen Erfolg verspricht; § 219 Satz 2 der Abgabenordnung ist entsprechend anzuwenden. ⁷Ist durch die Umstände der Arbeitnehmerüberlassung die Lohnsteuer schwer zu ermitteln, so ist die Haftungsschuld mit 15 Prozent des zwischen Verleiher und Entleiher vereinbarten Entgelts ohne Umsatzsteuer anzunehmen, solange der Entleiher nicht glaubhaft macht, dass die Lohnsteuer, für die er haftet, niedriger ist. ⁸Die Absätze 1 bis 5 sind entsprechend anzuwenden. ⁹Die Zuständigkeit des Finanzamts richtet sich nach dem Ort der Betriebsstätte des Verleihers.

(7) Soweit der Entleiher Arbeitgeber ist, haftet der Verleiher wie ein Entleiher nach Absatz 6.

(8) ¹Das Finanzamt kann hinsichtlich der Lohnsteuer der Leiharbeitnehmer anordnen, dass der Entleiher einen bestimmten Teil des mit dem Verleiher vereinbarten Entgelts einzubehalten und abzuführen hat, wenn dies zur Sicherung des Steueranspruchs notwendig ist; Absatz 6 Satz 4 ist anzuwenden. ²Der Verwaltungsakt kann auch mündlich erlassen werden. ³Die Höhe des einzubehaltenden und abzuführenden Teils des Entgelts bedarf keiner Begründung, wenn der in Absatz 6 Satz 7 genannte Prozentsatz nicht überschritten wird.

(9) ¹Der Arbeitgeber haftet auch dann, wenn ein Dritter nach § 38 Absatz 3a dessen Pflichten trägt. ²In diesen Fällen haftet der Dritte neben dem Arbeitgeber. ³Soweit die Haftung des Dritten reicht, sind der Arbeitgeber, der Dritte und der Arbeitnehmer Gesamtschuldner. ⁴Absatz 3 Satz 2 bis 4 ist anzuwenden; Absatz 4 gilt auch für die Inanspruchnahme des Dritten. ⁵Im Fall des § 38 Absatz 3a Satz 2 beschränkt sich die Haftung des Dritten auf die Lohnsteuer, die für die Zeit zu erheben ist, für die er sich gegenüber dem Arbeitgeber zur Vornahme des Lohnsteuerabzugs verpflichtet hat; der maßgebende Zeitraum endet nicht, bevor der Dritte seinem Betriebsstättenfinanzamt die Beendigung seiner Verpflichtung gegenüber dem Arbeitgeber angezeigt hat. ⁶In den Fällen des § 38 Absatz 3a Satz 7 ist als Haftungsschuld der Betrag zu ermitteln, um den die Lohnsteuer, die für den gesamten Arbeitslohn des Lohnzahlungszeitraums zu berechnen und einzubehalten ist, die insgesamt tatsächlich einbehaltene Lohnsteuer übersteigt. ⁷Betrifft die Haftungsschuld mehrere Arbeitgeber, so ist sie bei fehlerhafter Lohnsteuerberechnung nach dem Verhältnis der Arbeitslöhne und für nachträglich zu erfassende Arbeitslohnbeträge nach dem Verhältnis dieser Beträge auf die Arbeitgeber aufzuteilen. ⁸In den Fällen des § 38 Absatz 3a ist das Betriebsstättenfinanzamt des Dritten für die Geltendmachung der Steuer- oder Haftungsschuld zuständig.

§ 42e
Anrufungsauskunft

¹Das Betriebsstättenfinanzamt hat auf Anfrage eines Beteiligten darüber Auskunft zu geben, ob und inwieweit im einzelnen Fall die Vorschriften über die Lohnsteuer anzuwenden sind. ²Sind für einen Arbeitgeber mehrere Betriebsstättenfinanzämter zuständig, so erteilt das Finanzamt die Auskunft, in dessen Bezirk sich die Geschäftsleitung (§ 10 der Abgabenordnung) des Arbeitgebers im Inland befindet. ³Ist dieses Finanzamt kein Betriebsstättenfinanzamt, so ist das Finanzamt zuständig, in dessen Bezirk sich die Betriebsstätte mit den meisten Arbeitnehmern befindet. ⁴In den Fällen der Sätze 2 und 3 hat der Arbeitgeber sämtliche Betriebsstättenfinanzämter, das Finanzamt der Geschäftsleitung und erforderlichenfalls die Betriebsstätte mit den meisten Arbeitnehmern anzugeben sowie zu erklären, für welche Betriebsstätten die Auskunft von Bedeutung ist.

§ 42f
Lohnsteuer-Außenprüfung

(1) Für die Außenprüfung der Einbehaltung oder Übernahme und Abführung der Lohnsteuer ist das Betriebsstättenfinanzamt zuständig.

(2) ¹Für die Mitwirkungspflicht des Arbeitgebers bei der Außenprüfung gilt § 200 der Abgabenordnung. ²Darüber hinaus haben die Arbeitnehmer des Arbeitgebers dem mit der Prüfung Beauftragten jede gewünschte Auskunft über Art und Höhe ihrer Einnahmen zu geben und auf Verlangen die in ihrem Besitz befindlichen Lohnsteuerkarten sowie die Belege über bereits entrichtete Lohnsteuer vorzulegen. ³Dies gilt auch für Personen, bei denen es streitig ist, ob sie Arbeitnehmer des Arbeitgebers sind oder waren.

(3) ¹In den Fällen des § 38 Absatz 3a ist für die Außenprüfung das Betriebsstättenfinanzamt des Dritten zuständig; § 195 Satz 2 der Abgabenordnung bleibt unberührt. ²Die Außenprüfung ist auch beim Arbeitgeber zulässig; dessen Mitwirkungspflichten bleiben neben den Pflichten des Dritten bestehen.

(4) Auf Verlangen des Arbeitgebers können die Außenprüfung und die Prüfungen durch die Träger der Rentenversicherung (§ 28p des Vierten Buches Sozialgesetzbuch) zur gleichen Zeit durchgeführt werden.

3. Steuerabzug vom Kapitalertrag (Kapitalertragsteuer)

§ 43[1)]
Kapitalerträge mit Steuerabzug

(1) ¹Bei den folgenden inländischen und in den Fällen der Nummern 6, 7 Buchstabe a und Nummern 8 bis 12 sowie Satz 2 auch ausländischen Kapitalerträgen wird die Einkommensteuer durch Abzug vom Kapitalertrag (Kapitalertragsteuer) erhoben:

1. Kapitalerträgen im Sinne des § 20 Absatz 1 Nummer 1 und 2. ²Entsprechendes gilt für Kapitalerträge im Sinne des § 20 Absatz 2 Satz 1 Nummer 2 Buchstabe a und Nummer 2 Satz 2;
2. Zinsen aus Teilschuldverschreibungen, bei denen neben der festen Verzinsung ein Recht auf Umtausch in Gesellschaftsanteile (Wandelanleihen) oder eine Zusatzverzinsung, die sich nach der Höhe der Gewinnausschüttungen des Schuldners richtet (Gewinnobligationen), eingeräumt ist, und Zinsen aus Genussrechten, die nicht in § 20 Absatz 1 Nummer 1 genannt sind. ²Zu den Gewinnobligationen gehören nicht solche Teilschuldverschreibungen, bei denen der Zinsfuß nur vorübergehend herabgesetzt und gleichzeitig eine von dem jeweiligen Gewinnergebnis des Unternehmens abhängige Zusatzverzinsung bis zur Höhe des ursprünglichen Zinsfußes festgelegt worden ist. ³Zu den Kapitalerträgen im Sinne des Satzes 1 gehören nicht die Bundesbankgenussrechte im Sinne des § 3 Absatz 1 des Gesetzes über die Liquidation der Deutschen Reichsbank und der Deutschen Golddiskontbank in der im Bundesgesetzblatt Teil III, Gliederungsnummer 7620-6, veröffent-

---

1) Zur Anwendung von § 43 in dieser Fassung (ab 2009) siehe § 52a EStG.

lichten bereinigten Fassung, das zuletzt durch das Gesetz vom 17. Dezember 1975 (BGBl. I S. 3123) geändert worden ist;
3. Kapitalerträgen im Sinne des § 20 Absatz 1 Nummer 4;
4. Kapitalerträgen im Sinne des § 20 Absatz 1 Nummer 6; § 20 Absatz 1 Nummer 6 Satz 2 und 3 in der am 1. Januar 2008 anzuwendenden Fassung bleiben für Zwecke der Kapitalertragsteuer unberücksichtigt. ²Der Steuerabzug vom Kapitalertrag ist in den Fällen des § 20 Absatz 1 Nummer 6 Satz 4 in der am 31. Dezember 2004 geltenden Fassung nur vorzunehmen, wenn das Versicherungsunternehmen auf Grund einer Mitteilung des Finanzamts weiß oder infolge der Verletzung eigener Anzeigeverpflichtungen nicht weiß, dass die Kapitalerträge nach dieser Vorschrift zu den Einkünften aus Kapitalvermögen gehören;
5. (weggefallen)
6. ausländischen Kapitalerträgen im Sinne der Nummer 1;
7. Kapitalerträgen im Sinne des § 20 Absatz 1 Nummer 7 außer bei Kapitalerträgen im Sinne der Nummer 2, wenn
    a) es sich um Zinsen aus Anleihen und Forderungen handelt, die in ein öffentliches Schuldbuch oder in ein ausländisches Register eingetragen oder über die Sammelurkunden im Sinne des § 9a des Depotgesetzes oder Teilschuldverschreibungen ausgegeben sind;
    b) der Schuldner der nicht in Buchstabe a genannten Kapitalerträge ein inländisches Kreditinstitut oder ein inländisches Finanzdienstleistungsinstitut im Sinne des Gesetzes über das Kreditwesen ist. ²Kreditinstitut in diesem Sinne ist auch die Kreditanstalt für Wiederaufbau, eine Bausparkasse, ein Versicherungsunternehmen für Erträge aus Kapitalanlagen, die mit Einlagegeschäften bei Kreditinstituten vergleichbar sind, die Deutsche Postbank AG, die Deutsche Bundesbank bei Geschäften mit jedermann einschließlich ihrer Betriebsangehörigen im Sinne der §§ 22 und 25 des Gesetzes über die Deutsche Bundesbank und eine inländische Zweigstelle eines ausländischen Kreditinstituts oder eines ausländischen Finanzdienstleistungsinstituts im Sinne der §§ 53 und 53b des Gesetzes über das Kreditwesen, nicht aber die ausländische Zweigstelle eines inländischen Kreditinstituts oder eines inländischen Finanzdienstleistungsinstituts. ³Die inländische Zweigstelle gilt an Stelle des ausländischen Kreditinstituts oder des ausländischen Finanzdienstleistungsinstituts als Schuldner der Kapitalerträge;
7a. Kapitalerträgen im Sinne des § 20 Absatz 1 Nummer 9;
7b. Kapitalerträgen im Sinne des § 20 Absatz 1 Nummer 10 Buchstabe a;
7c. Kapitalerträgen im Sinne des § 20 Absatz 1 Nummer 10 Buchstabe b;
8. Kapitalerträgen im Sinne des § 20 Absatz 1 Nummer 11;
9. Kapitalerträgen im Sinne des § 20 Absatz 2 Satz 1 Nummer 1 Satz 1 und 2;
10. Kapitalerträgen im Sinne des § 20 Absatz 2 Satz 1 Nummer 2 Buchstabe b und Nummer 7;
11. Kapitalerträgen im Sinne des § 20 Absatz 2 Satz 1 Nummer 3;
12. Kapitalerträgen im Sinne des § 20 Absatz 2 Satz 1 Nummer 8.

²Dem Steuerabzug unterliegen auch Kapitalerträge im Sinne des § 20 Absatz 3, die neben den in den Nummern 1 bis 12 bezeichneten Kapitalerträgen oder an deren Stelle gewährt werden. ³Der Steuerabzug ist ungeachtet des § 3 Nummer 40 und des § 8b des Körperschaftsteuergesetzes vorzunehmen. ⁴Für Zwecke des Kapitalertragsteuerabzugs gilt die Übertragung eines von einer auszahlenden Stelle verwahrten oder verwalteten Wirtschaftsguts im Sinne des § 20 Absatz 2 auf einen anderen Gläubiger als Veräußerung des Wirtschaftsguts. ⁵Satz 4 gilt nicht, wenn der Steuerpflichtige der auszahlenden Stelle mitteilt, dass es sich um eine unentgeltliche Übertragung handelt. ⁶Die auszahlende Stelle hat dies dem für sie zuständigen Betriebsstättenfinanzamt anzuzeigen.

(1a) ¹Abweichend von § 13 des Umwandlungssteuergesetzes treten für Zwecke des Kapitalertragsteuerabzugs die Anteile an der übernehmenden Körperschaft steuerlich an die Stelle der Anteile an der übertragenden Körperschaft. ²Abweichend von § 21 des Umwandlungssteuergesetzes gelten die eingebrachten Anteile zum Zwecke des Kapitalertragsteuerabzugs als mit dem Wert der Anschaffungsdaten veräußert.

(2) ¹Der Steuerabzug ist außer in den Fällen des Absatzes 1 Satz 1 Nummer 7c nicht vorzunehmen, wenn Gläubiger und Schuldner der Kapitalerträge (Schuldner) oder die auszahlende Stelle im Zeitpunkt des Zufließens dieselbe Person sind. ²Der Steuerabzug ist außerdem nicht vorzunehmen, wenn in den Fällen des Absatzes 1 Satz 1 Nummer 6, 7 und 8 bis 12 Gläubiger der Kapitalerträge ein inländisches Kreditinstitut oder inländisches Finanzdienstleistungsinstitut nach Absatz 1 Satz 1 Nummer 7 Buchstabe b oder eine inländische Kapitalanlagegesellschaft ist. ³Bei Kapitalerträgen im Sinne des Absatzes 1 Satz 1 Nummer 6 und 8 bis 12 ist ebenfalls kein Steuerabzug vorzunehmen, wenn
1. eine unbeschränkt steuerpflichtige Körperschaft, Personenvereinigung oder Vermögensmasse, die nicht unter Satz 2 oder § 44a Absatz 4 Satz 1 fällt, Gläubigerin der Kapitalerträge ist, oder
2. die Kapitalerträge Betriebseinnahmen eines inländischen Betriebs sind und der Gläubiger der Kapitalerträge dies gegenüber der auszahlenden Stelle nach amtlich vorgeschriebenem Vordruck erklärt; dies gilt entsprechend für Kapitalerträge aus Options- und Termingeschäften im Sinne des Absatzes 1 Satz 1 Nummer 8 und 11, wenn sie zu den Einkünften aus Vermietung und Verpachtung gehören.

EStG

⁴Im Fall des § 1 Absatz 1 Nummer 4 und 5 des Körperschaftsteuergesetzes ist Satz 3 Nummer 1 nur anzuwenden, wenn die Körperschaft, Personenvereinigung oder Vermögensmasse durch eine Bescheinigung des für sie zuständigen Finanzamts ihre Zugehörigkeit zu dieser Gruppe von Steuerpflichtigen nachweist. ⁵Die Bescheinigung ist unter dem Vorbehalt des Widerrufs auszustellen.

⁶Die Fälle des Satzes 3 Nummer 2 hat die auszahlende Stelle gesondert aufzuzeichnen und die Erklärung der Zugehörigkeit der Kapitalerträge zu den Betriebseinnahmen ober zu den Einnahmen aus Vermietung und Verpachtung zehn Jahre aufzubewahren; die Frist beginnt mit dem Schluss des Kalenderjahres, in dem die Erklärung zugegangen ist. ⁷Die auszahlende Stelle hat in den Fällen des Satzes 3 Nummer 2 daneben die Konto- oder Depotbezeichnung oder die sonstige Kennzeichnung des Geschäftsvorgangs, Vor- und Zunamen des Gläubigers sowie die Identifikationsnummer nach § 139b der Abgabenordnung bzw. bei Personenmehrheit den Firmennamen und die zugehörige Steuernummer nach amtlich vorgeschriebenem Datensatz zu speichern und durch Datenfernübertragung zu übermitteln. ⁸Das Bundesministerium der Finanzen wird den Empfänger der Datenlieferungen sowie den Zeitpunkt der erstmaligen Übermittlung durch ein im Bundessteuerblatt zu veröffentlichendes Schreiben mitteilen.

(3) ¹Kapitalerträge im Sinne des Absatzes 1 Satz 1 Nummer 1 Satz 1 sowie Nummer 2 bis 4 sind inländische, wenn der Schuldner Wohnsitz, Geschäftsleitung oder Sitz im Inland hat; Kapitalerträge im Sinne des Absatzes 1 Satz 1 Nummer 4 sind nur dann inländische, wenn der Schuldner eine Niederlassung im Sinne des § 106, § 110a oder § 110d des Versicherungsaufsichtsgesetzes im Inland hat. ²Kapitalerträge im Sinne des Absatzes 1 Satz 1 Nummer 2 Satz 2 sind inländische, wenn der Schuldner der veräußerten Ansprüche die Voraussetzungen des Satzes 1 erfüllt. ³Kapitalerträge im Sinne des § 20 Absatz 1 Nummer 1 Satz 4 sind inländische, wenn der Emittent der Aktien Geschäftsleitung oder Sitz im Inland hat. ⁴Kapitalerträge im Sinne des Absatzes 1 Satz 1 Nummer 6 sind ausländische, wenn weder die Voraussetzungen nach Satz 1 noch nach Satz 2 vorliegen.

(4) Der Steuerabzug ist auch dann vorzunehmen, wenn die Kapitalerträge beim Gläubiger zu den Einkünften aus Land- und Forstwirtschaft, aus Gewerbebetrieb, aus selbständiger Arbeit oder aus Vermietung und Verpachtung gehören.

(5) ¹Für Kapitalerträge im Sinne des § 20, die der Kapitalertragsteuer unterlegen haben, ist die Einkommensteuer mit dem Steuerabzug abgegolten, soweit nicht der Gläubiger nach § 44 Absatz 1 Satz 7 bis 9 und Absatz 5 in Anspruch genommen werden kann. ²Dies gilt nicht in Fällen des § 32d Absatz 2 und für Kapitalerträge, die zu den Einkünften aus Land- und Forstwirtschaft, aus Gewerbebetrieb, aus selbständiger Arbeit oder aus Vermietung und Verpachtung gehören. ³Auf Antrag des Gläubigers werden Kapitalerträge im Sinne des Satzes 1 in die besondere Besteuerung von Kapitalerträgen nach § 32d einbezogen.

§ 43a¹⁾
Bemessung der Kapitalertragsteuer

(1) ¹Die Kapitalertragsteuer beträgt

1. in den Fällen des § 43 Absatz 1 Satz 1 Nummer 1 bis 4, 6 bis 7a und 8 bis 12 sowie Satz 2:

   25 Prozent des Kapitalertrags;

2. in den Fällen des § 43 Absatz 1 Satz 1 Nummer 7b und 7c:

   15 Prozent des Kapitalertrags.

²Im Fall einer Kirchensteuerpflicht ermäßigt sich die Kapitalertragsteuer um 25 Prozent der auf die Kapitalerträge entfallenden Kirchensteuer. ³§ 32d Absatz 1 Satz 4 und 5 gilt entsprechend.

(2) ¹Dem Steuerabzug unterliegen die vollen Kapitalerträge ohne jeden Abzug. ²In den Fällen des § 43 Absatz 1 Satz 1 Nummer 9 bis 12 bemisst sich der Steuerabzug nach § 20 Absatz 4 und 4a, wenn die Wirtschaftsgüter von der die Kapitalerträge auszahlenden Stelle erworben oder veräußert und seitdem verwahrt oder verwaltet worden sind. ³Überträgt der Steuerpflichtige die Wirtschaftsgüter auf ein anderes Depot, hat die abgebende inländische auszahlende Stelle der übernehmenden inländischen auszahlenden Stelle die Anschaffungsdaten mitzuteilen. ⁴Satz 3 gilt in den Fällen des § 43 Absatz 1 Satz 5 entsprechend. ⁵Handelt es sich bei der abgebenden auszahlenden Stelle um ein Kreditinstitut oder Finanzdienstleistungsinstitut mit Sitz in einem anderen Mitgliedstaat der Europäischen Gemeinschaft, in einem anderen Vertragsstaat des EWR-Abkommens vom 3. Januar 1994 (ABl. EG Nr. L 1 S. 3) in der jeweils geltenden Fassung oder in einem anderen Vertragsstaat nach Artikel 17 Absatz 2 Ziffer i der Richtlinie 2003/48/EG vom 3. Juni 2003 im Bereich der Besteuerung von Zinserträgen (ABl. EU Nr. L 157 S. 38), kann der Steuerpflichtige den Nachweis nur durch eine Bescheinigung des ausländischen Instituts führen; dies gilt entsprechend für eine in diesem Gebiet belegene Zweigstelle eines inländischen Kreditinstituts oder Finanzdienstleistungsinstituts. ⁶In allen anderen Fällen ist ein Nachweis der Anschaffungsdaten nicht zulässig. ⁷Sind die Anschaffungsdaten nicht nachgewiesen, bemisst sich der Steuerabzug nach 30 Prozent der Einnahmen aus der Veräußerung oder Einlösung der Wirtschaftsgüter. ⁸In den Fällen des § 43 Absatz 1 Satz 4 gelten der Börsenpreis zum Zeitpunkt der Übertragung zuzüglich Stückzinsen als Einnahmen aus der Veräußerung und die mit dem Depotübertrag verbundenen Kosten als Veräußerungskosten im Sinne des § 20 Absatz 4 Satz 1. ⁹Zur Ermittlung des Börsenpreises ist der niedrigste am Vortag der Übertragung im regulierten Markt notierte Kurs anzusetzen; liegt am Vortag eine Notierung nicht vor, so werden die Wirtschafsgüter mit dem letzen innerhalb von 30 Tagen vor dem Übertragungstag im regulierten Markt notierten Kurs angesetzt; entsprechendes gilt für Wertpapiere, die im Inland in den Freiverkehr einbezogen sind oder in einem anderen Staat des Europäischen Wirtschaftsraums

---

1) Zur Anwendung von § 43a in dieser Fassung (ab 2009) siehe § 52a EStG.

EStG

zum Handel an einem geregelten Markt im Sinne des Artikels 1 Nummer 13 der Richtlinie 93/22/EWG des Rates vom 10. Mai 1993 über Wertpapierdienstleistungen (ABl. EG Nr. L 141 S. 27) zugelassen sind. [10]Liegt ein Börsenpreis nicht vor, bemisst sich die Steuer nach 30 Prozent der Anschaffungskosten. [11]Die übernehmende auszahlende Stelle hat als Anschaffungskosten den von der abgebenden Stelle angesetzen Börsenpreis anzusetzen und die bei der Übertragung als Einnahmen aus der Veräußerung angesetzten Stückzinsen nach Absatz 3 zu berücksichtigen. [12]Satz 9 gilt entsprechend. [13]Liegt ein Börsenpreis nicht vor, bemisst sich der Steuerabzug nach 30 Prozent der Einnahmen aus der Veräußerung oder Einlösung der Wirtschaftsgüter. [14]Hat die auszahlende Stelle die Wirtschaftsgüter vor dem 1. Januar 1994 erworben oder veräußert und seitdem verwahrt oder verwaltet, kann sie den Steuerabzug nach 30 Prozent der Einnahmen aus der Veräußerung oder Einlösung der Wertpapiere und Kapitalforderungen bemessen. [15]Abweichend von den Sätzen 2 bis 14 bemisst sich der Steuerabzug bei Kapitalerträgen aus nicht für einen marktmäßigen Handel bestimmten schuldbuchfähigen Wertpapieren des Bundes und der Länder oder bei Kapitalerträgen im Sinne des § 43 Absatz 1 Satz 1 Nummer 7 Buchstabe a, die nicht in Inhaber- oder Orderschuldverschreibungen verbrieften Kapitalforderungen nach dem vollen Kapitalertrag ohne jeden Abzug.

(3) [1]Die auszahlende Stelle hat ausländische Steuern auf Kapitalerträge nach Maßgabe des § 32d Absatz 5 zu berücksichtigen. [2]Sie hat unter Berücksichtigung des § 20 Absatz 6 Satz 5 im Kalenderjahr negative Kapitalerträge einschließlich gezahlter Stückzinsen bis zur Höhe der positiven Kapitalerträge auszugleichen; liegt ein gemeinsamer Freistellungsauftrag im Sinne des § 44a Absatz 2 Satz 1 Nummer 1 in Verbindung mit § 20 Absatz 9 Satz 2 vor, erfolgt ein gemeinsamer Ausgleich. [3]Der nicht ausgeglichene Verlust ist auf das nächste Kalenderjahr zu übertragen. [4]Auf Verlangen des Gläubigers der Kapitalerträge hat sie über die Höhe eines nicht ausgeglichenen Verlusts eine Bescheinigung nach amtlich vorgeschriebenen Muster zu erteilen; der Verlustübertrag entfällt in diesem Fall. [5]Der unwiderrufliche Antrag auf Erteilung der Bescheinigung muss bis zum 15. Dezember des laufenden Jahres der auszahlenden Stelle zugehen. [6]Überträgt der Gläubiger der Kapitalerträge seine im Depot befindlichen Wirtschaftsgüter vollständig auf ein anderes Depot, hat die abgebende auszahlende Stelle der übernehmenden auszahlenden Stelle auf Verlangen des Gläubigers der Kapitalerträge die Höhe des nicht ausgeglichenen Verlusts mitzuteilen; eine Bescheinigung nach Satz 4 darf in diesem Fall nicht erteilt werden. [7]Die vorstehenden Sätze gelten nicht in den Fällen des § 20 Absatz 8 und des § 44 Absatz 1 Satz 4 Nummer 1 Buchstabe a Doppelbuchstabe bb sowie bei Körperschaften, Personenvereinigungen oder Vermögensmassen.

(4) [1]Die Absätze 2 und 3 gelten entsprechend für die das Bundesschuldbuch führende Stelle oder eine Landesschuldenverwaltung als auszahlende Stelle.

[2]Werden die Wertpapiere oder Forderungen von einem Kreditinstitut oder einem Finanzdienstleistungsinstitut oder der Maßgabe der Verwahrung und Verwaltung durch die das Bundesschuldbuch führende Stelle oder eine Landesschuldenverwaltung erworben, hat das Kreditinstitut oder das Finanzdienstleistungsinstitut der das Bundesschuldbuch führende Stelle oder einer Landesschuldenverwaltung zusammen mit den im Schuldbuch einzutragenden Wertpapieren und Forderungen den Erwerbszeitpunkt und die Anschaffungsdaten sowie in Fällen des Absatzes 2 den Erwerbspreis der für einen marktmäßigen Handel bestimmten schuldbuchfähigen Wertpapiere des Bundes oder der Länder und außerdem mitzuteilen, dass es diese Wertpapiere und Forderungen erworben oder veräußert und seitdem verwahrt oder verwaltet hat.

§ 43b[1)]
Bemessung der Kapitalertragsteuer bei bestimmten Gesellschaften

(1) [1]Auf Antrag wird die Kapitalertragsteuer für Kapitalerträge im Sinne des § 20 Absatz 1 Nummer 1, die einer Muttergesellschaft, die weder ihren Sitz noch ihre Geschäftsleitung im Inland hat, oder einer in einem anderen Mitgliedstaat der Europäischen Union gelegenen Betriebsstätte dieser Muttergesellschaft, aus Ausschüttungen einer Tochtergesellschaft zufließen, nicht erhoben. [2]Satz 1 gilt auch für Ausschüttungen einer Tochtergesellschaft, die einer in einem anderen Mitgliedstaat der Europäischen Union gelegenen Betriebsstätte einer unbeschränkt steuerpflichtigen Muttergesellschaft zufließen. [3]Ein Zufluss an die Betriebsstätte liegt nur vor, wenn die Beteiligung an der Tochtergesellschaft tatsächlich zu dem Betriebsvermögen der Betriebsstätte gehört. [4]Die Sätze 1 bis 3 gelten nicht für Kapitalerträge im Sinne des § 20 Absatz 1 Nummer 1, die anlässlich der Liquidation oder Umwandlung einer Tochtergesellschaft zufließen.

(2) [1]Muttergesellschaft im Sinne des Absatzes 1 ist jede Gesellschaft, die die in der Anlage 2 zu diesem Gesetz bezeichneten Voraussetzungen erfüllt und nach Artikel 3 Absatz 1 Buchstabe a der Richtlinie 90/435/EWG des Rates vom 23. Juli 1990 über das gemeinsame Steuersystem der Mutter- und Tochtergesellschaften verschiedener Mitgliedstaaten (ABl. EG Nr. L 225 S. 6, Nr. L 266 S. 20, 1997 Nr. L 16 S. 98), zuletzt geändert durch die Richtlinie 2006/98/EG des Rates vom 20. November 2006 (ABl. EU Nr. L 363 S. 129), im Zeitpunkt der Entstehung der Kapitalertragsteuer nach § 44 Absatz 1 Satz 2 nachweislich mindestens zu 15 Prozent unmittelbar am Kapital der Tochtergesellschaft (Mindestbeteiligung) beteiligt ist. [2]Ist die Mindestbeteiligung zu diesem Zeitpunkt nicht erfüllt, ist der Zeitpunkt des Gewinnverteilungsbeschlusses maßgeblich. [3]Tochtergesellschaft im Sinne des Absatzes 1 sowie des Satzes 1 ist jede unbeschränkt steuerpflichtige Gesellschaft, die die in der Anlage 2 zu diesem Gesetz und in Artikel 3 Absatz 1 Buchstabe b der Richtlinie 90/435/EWG bezeichneten Voraussetzungen erfüllt. [4]Weitere Voraussetzung ist, dass die Beteiligung nachweislich ununterbrochen zwölf Monate besteht. [5]Wird dieser Beteiligungszeit-

---

1) Zur Anwendung von § 43b siehe § 52 Absatz 53 und Absatz 55a bis 55d EStG.

raum nach dem Zeitpunkt der Entstehung der Kapitalertragsteuer gemäß § 44 Absatz 1 Satz 2 vollendet, ist die einbehaltene und abgeführte Kapitalertragsteuer nach § 50d Absatz 1 zu erstatten; das Freistellungsverfahren nach § 50d Absatz 2 ist ausgeschlossen.

(2a) Betriebsstätte im Sinne der Absätze 1 und 2 ist eine feste Geschäftseinrichtung in einem anderen Mitgliedstaat der Europäischen Union, durch die die Tätigkeit der Muttergesellschaft ganz oder teilweise ausgeübt wird, wenn das Besteuerungsrecht für die Gewinne dieser Geschäftseinrichtung nach dem jeweils geltenden Abkommen zur Vermeidung der Doppelbesteuerung dem Staat, in dem sie gelegen ist, zugewiesen wird und diese Gewinne in diesem Staat der Besteuerung unterliegen.

(3) Absatz 1 in Verbindung mit Absatz 2 gilt auch, wenn die Beteiligung der Muttergesellschaft am Kapital der Tochtergesellschaft mindestens 10 Prozent beträgt, und der Staat, in dem die Muttergesellschaft nach einem mit einem anderen Mitgliedstaat der Europäischen Union abgeschlossenen Abkommen zur Vermeidung der Doppelbesteuerung als ansässig gilt, dieser Gesellschaft für Ausschüttungen der Tochtergesellschaft eine Steuerbefreiung oder eine Anrechnung der deutschen Körperschaftsteuer auf die Steuer der Muttergesellschaft gewährt und seinerseits Ausschüttungen an eine unbeschränkt steuerpflichtige Muttergesellschaft ab der gleichen Beteiligungshöhe von der Kapitalertragsteuer befreit.

§ 44[1])
Entrichtung der Kapitalertragsteuer

(1) ¹Schuldner der Kapitalertragsteuer ist in den Fällen des § 43 Absatz 1 Satz 1 Nummer 1 bis 7b und 8 bis 12 sowie Satz 2 der Gläubiger der Kapitalerträge. ²Die Kapitalertragsteuer entsteht in dem Zeitpunkt, in dem die Kapitalerträge dem Gläubiger zufließen. ³In diesem Zeitpunkt haben in den Fällen des § 43 Absatz 1 Satz 1 Nummer 1 bis 4 sowie 7a und 7b der Schuldner der Kapitalerträge, jedoch in den Fällen des § 43 Absatz 1 Satz 1 Nummer 1 Satz 2 die für den Verkäufer der Wertpapiere den Verkaufsauftrag ausführende Stelle im Sinne des Satzes 4 Nummer 1 und in den Fällen des § 20 Absatz 1 Nummer 1 Satz 4 das für den Verkäufer der Aktien den Verkaufsauftrag ausführende inländische Kreditinstitut oder Finanzdienstleistungsinstitut im Sinne des § 43 Absatz 1 Satz 1 Nummer 7 Buchstabe b (den Verkaufsauftrag ausführende Stelle), und in den Fällen des § 43 Absatz 1 Satz 1 Nummer 6, 7 und 8 bis 12 sowie Satz 2 die die Kapitalerträge auszahlende Stelle den Steuerabzug für Rechnung des Gläubigers der Kapitalerträge vorzunehmen. ⁴Die die Kapitalerträge auszahlende Stelle ist

1. in den Fällen des § 43 Absatz 1 Satz 1 Nummer 6, 7 Buchstabe a und Nummer 8 bis 12 sowie Satz 2

   a) das inländische Kreditinstitut oder das inländische Finanzdienstleistungsinstitut im Sinne des § 43 Absatz 1 Satz 1 Nummer 7 Buchstabe b, das inländische Wertpapierhandelsunternehmen oder die inländische Wertpapierhandelsbank,

      aa) das die Teilschuldverschreibungen, die Anteile an einer Sammelschuldbuchforderung, die Wertrechte, die Zinsscheine oder sonstigen Wirtschaftsgüter verwahrt oder verwaltet oder deren Veräußerung durchführt und die Kapitalerträge auszahlt oder gutschreibt oder in den Fällen des § 43 Absatz 1 Satz 1 Nummer 11 die Kapitalerträge auszahlt oder gutschreibt,

      bb) das die Kapitalerträge gegen Aushändigung der Zinsscheine oder der Teilschuldverschreibungen einem anderen als einem ausländischen Kreditinstitut oder einem ausländischen Finanzdienstleistungsinstitut auszahlt oder gutschreibt;

   b) der Schuldner der Kapitalerträge in den Fällen des § 43 Absatz 1 Satz 1 Nummer 7 Buchstabe a und Nummer 10 unter den Voraussetzungen des Buchstabens a, wenn kein inländisches Kreditinstitut oder kein inländisches Finanzdienstleistungsinstitut die die Kapitalerträge auszahlende Stelle ist;

2. in den Fällen des § 43 Absatz 1 Satz 1 Nummer 7 Buchstabe b das inländische Kreditinstitut oder das inländische Finanzdienstleistungsinstitut, das die Kapitalerträge als Schuldner auszahlt oder gutschreibt.

⁵Die innerhalb eines Kalendermonats einbehaltene Steuer ist jeweils bis zum zehnten des folgenden Monats an das Finanzamt abzuführen, das für die Besteuerung

1. des Schuldners der Kapitalerträge,

2. der den Verkaufsauftrag ausführenden Stelle oder

3. der die Kapitalerträge auszahlenden Stelle

nach dem Einkommen zuständig ist; bei Kapitalerträgen im Sinne des § 43 Absatz 1 Satz 1 Nummer 1 ist die einbehaltene Steuer, soweit es sich um Kapitalerträge im Sinne des § 20 Absatz 1 Nummer 1 Satz 4 handelt, in dem Zeitpunkt abzuführen, in dem die Kapitalerträge dem Gläubiger zufließen. ⁶Dabei ist die Kapitalertragsteuer, die zu demselben Zeitpunkt abzuführen ist, jeweils auf den nächsten vollen Eurobetrag abzurunden. ⁷Wenn Kapitalerträge ganz oder teilweise nicht in Geld bestehen (§ 8 Absatz 2) und der in Geld geleistete Kapitalertrag nicht zur Deckung der Kapitalertragsteuer ausreicht, hat der Gläubiger der Kapitalerträge dem zum Steuerabzug Verpflichteten den Fehlbetrag zur Verfügung zu stellen. ⁸Soweit der Gläubiger seiner Verpflichtung nicht nachkommt, hat der zum Steuerabzug Verpflichtete dies dem für ihn zuständigen Betriebsstättenfinanzamt anzuzeigen. ⁹Das Finanzamt hat die zu wenig erhobene Kapitalertragsteuer vom Gläubiger der Kapitalerträge nachzufordern.

(2) ¹Gewinnanteile (Dividenden) und andere Kapitalerträge im Sinne des § 43 Absatz 1 Satz 1 Nummer 1, deren Ausschüttung von einer Körperschaft beschlossen wird, fließen dem Gläubiger der

---

1) Zur Anwendung von § 44 in dieser Fassung siehe § 52a EStG.

Kapitalerträge an dem Tag zu (Absatz 1), der im Beschluss als Tag der Auszahlung bestimmt worden ist. ²Ist die Ausschüttung nur festgesetzt, ohne dass über den Zeitpunkt der Auszahlung ein Beschluss gefasst worden ist, so gilt als Zeitpunkt des Zufließens der Tag nach der Beschlussfassung. ³Für Kapitalerträge im Sinne des § 20 Absatz 1 Nummer 1 Satz 4 gelten diese Zuflusszeitpunkte entsprechend.

(3) ¹Ist bei Einnahmen aus der Beteiligung an einem Handelsgewerbe als stiller Gesellschafter in dem Beteiligungsvertrag über den Zeitpunkt der Ausschüttung keine Vereinbarung getroffen, so gilt der Kapitalertrag am Tag nach der Aufstellung der Bilanz über eine sonstigen Feststellung des Gewinnanteils des stillen Gesellschafters, spätestens jedoch sechs Monate nach Ablauf des Wirtschaftsjahres, für das der Kapitalertrag ausgeschüttet oder gutgeschrieben werden soll, als zugeflossen. ²Bei Zinsen aus partiarischen Darlehen gilt Satz 1 entsprechend.

(4) Haben Gläubiger und Schuldner der Kapitalerträge vor dem Zufließen ausdrücklich Stundung des Kapitalertrags vereinbart, weil der Schuldner vorübergehend zur Zahlung nicht in der Lage ist, so ist der Steuerabzug erst mit Ablauf der Stundungsfrist vorzunehmen.

(5) ¹Die Schuldner der Kapitalerträge, die den Verkaufsauftrag ausführenden Stellen oder die die Kapitalerträge auszahlenden Stellen haften für die Kapitalertragsteuer, die sie einzubehalten und abzuführen haben, es sei denn, sie weisen nach, dass sie die ihnen auferlegten Pflichten weder vorsätzlich noch grob fahrlässig verletzt haben. ²Der Gläubiger der Kapitalerträge wird nur in Anspruch genommen,

1. wenn der Schuldner, die den Verkaufsauftrag ausführende Stelle oder die die Kapitalerträge auszahlende Stelle die Kapitalerträge nicht vorschriftsmäßig gekürzt hat,
2. wenn der Gläubiger weiß, dass der Schuldner, die den Verkaufsauftrag ausführende Stelle oder die die Kapitalerträge auszahlende Stelle die einbehaltene Kapitalertragsteuer nicht vorschriftsmäßig abgeführt hat, und dies dem Finanzamt nicht unverzüglich mitteilt oder
3. wenn das die Kapitalerträge auszahlende inländische Kreditinstitut oder das inländische Finanzdienstleistungsinstitut die Kapitalerträge zu Unrecht ohne Abzug der Kapitalertragsteuer ausgezahlt hat.

³Für die Inanspruchnahme des Schuldners der Kapitalerträge, den Verkaufsauftrag ausführenden Stelle und der die Kapitalerträge auszahlenden Stelle bedarf es keines Haftungsbescheids, soweit der Schuldner, die den Verkaufsauftrag ausführende Stelle oder die die Kapitalerträge auszahlende Stelle die einbehaltene Kapitalertragsteuer richtig angemeldet hat oder soweit sie ihre Zahlungsverpflichtungen gegenüber dem Finanzamt oder dem Prüfungsbeamten des Finanzamts schriftlich anerkennen.

(6) ¹In den Fällen des § 43 Absatz 1 Satz 1 Nummer 7c gilt die juristische Person des öffentlichen Rechts und die von der Körperschaftsteuer befreite Körperschaft, Personenvereinigung oder Vermögensmasse als Gläubiger und der Betrieb gewerblicher Art und der wirtschaftliche Geschäftsbetrieb als Schuldner der Kapitalerträge. ²Die Kapitalertragsteuer entsteht, auch soweit sie auf verdeckte Gewinnausschüttungen entfällt, die im abgelaufenen Wirtschaftsjahr vorgenommen worden sind, im Zeitpunkt der Bilanzerstellung; sie entsteht spätestens acht Monate nach Ablauf des Wirtschaftsjahres; in den Fällen des § 20 Absatz 1 Nummer 10 Buchstabe b Satz 2 am Tag nach der Beschlussfassung über die Verwendung und in den Fällen des § 22 Absatz 4 des Umwandlungssteuergesetzes am Tag nach der Veräußerung. ³Die Kapitalertragsteuer entsteht in den Fällen des § 20 Absatz 1 Nummer 10 Buchstabe b Satz 3 zum Ende des Wirtschaftsjahres. ⁴Die Absätze 1 bis 4 und 5 Satz 2 sind entsprechend anzuwenden. ⁵Der Schuldner der Kapitalerträge haftet für die Kapitalertragsteuer, soweit sie auf verdeckte Gewinnausschüttungen und auf Veräußerungen im Sinne des § 22 Absatz 4 des Umwandlungssteuergesetzes entfällt.

(7) ¹In den Fällen des § 14 Absatz 3 des Körperschaftsteuergesetzes entsteht die Kapitalertragsteuer in dem Zeitpunkt der Feststellung der Handelsbilanz der Organgesellschaft; sie entsteht spätestens acht Monate nach Ablauf des Wirtschaftsjahres der Organgesellschaft. ²Die entstandene Kapitalertragsteuer ist an dem auf den Entstehungszeitpunkt nachfolgenden Werktag an das Finanzamt abzuführen, das für die Besteuerung der Organgesellschaft nach dem Einkommen zuständig ist. ³Im Übrigen sind die Absätze 1 bis 4 entsprechend anzuwenden.

§ 44a[1])
Abstandnahme vom Steuerabzug

(1) Bei Kapitalerträgen im Sinne des § 43 Absatz 1 Satz 1 Nummer 3, 4, 6, 7 und 8 bis 12 sowie Satz 2, die einem unbeschränkt einkommensteuerpflichtigen Gläubiger zufließen, ist der Steuerabzug nicht vorzunehmen,

1. soweit die Kapitalerträge zusammen mit den Kapitalerträgen, für die die Kapitalertragsteuer nach § 44b zu erstatten ist, den Sparer-Pauschbetrag nach § 20 Absatz 9 nicht übersteigen,
2. wenn anzunehmen ist, dass auch für Fälle der Günstigerprüfung nach § 32d Absatz 6 keine Steuer entsteht.

(2) ¹Voraussetzung für die Abstandnahme vom Steuerabzug nach Absatz 1 ist, dass dem nach § 44 Absatz 1 zum Steuerabzug Verpflichteten in den Fällen

1. des Absatzes 1 Nummer 1 ein Freistellungsauftrag des Gläubigers der Kapitalerträge nach amtlich vorgeschriebenem Vordruck oder
2. des Absatzes 1 Nummer 2 eine Nichtveranlagungs-Bescheinigung des für den Gläubiger zuständigen Wohnsitzfinanzamts

vorliegt. ²In den Fällen des Satzes 1 Nummer 2 ist die Bescheinigung unter dem Vorbehalt des Widerrufs auszustellen. ³Ihre Geltungsdauer darf höchstens drei Jahre betragen und muss am Schluss eines Ka-

---

1) Zur Anwendung von § 44a in dieser Fassung siehe § 52a EStG.

lenderjahres enden. ⁴Fordert das Finanzamt die Bescheinigung zurück oder erkennt der Gläubiger, dass die Voraussetzungen für ihre Erteilung weggefallen sind, so hat er dem Finanzamt die Bescheinigung zurückzugeben.

(3) Der nach § 44 Absatz 1 zum Steuerabzug Verpflichtete hat in seinen Unterlagen das Finanzamt, das die Bescheinigung erteilt hat, den Tag der Ausstellung der Bescheinigung und die in der Bescheinigung angegebene Steuer- und Listennummer zu vermerken sowie die Freistellungsaufträge aufzubewahren.

(4) ¹Ist der Gläubiger

1. eine von der Körperschaftsteuer befreite inländische Körperschaft, Personenvereinigung oder Vermögensmasse oder
2. eine inländische juristische Person des öffentlichen Rechts,

so ist der Steuerabzug bei Kapitalerträgen im Sinne des § 43 Absatz 1 Satz 1 Nummer 4, 6, 7 und 8 bis 12 sowie Satz 2 nicht vorzunehmen. ²Dies gilt auch, wenn es sich bei den Kapitalerträgen im Sinne des § 20 Absatz 1 Nummer 1 und 2 handelt, die der Gläubiger von einer von der Körperschaftsteuer befreiten Körperschaft bezieht. ³Voraussetzung ist, dass der Gläubiger dem Schuldner oder dem Kapitalerträge auszahlenden inländischen Kreditinstitut oder inländischen Finanzdienstleistungsinstitut durch eine Bescheinigung des für seine Geschäftsleitung oder seinen Sitz zuständigen Finanzamts nachweist, dass er eine Körperschaft, Personenvereinigung oder Vermögensmasse im Sinne des Satzes 1 Nummer 1 oder 2 ist. ⁴Absatz 2 Satz 2 bis 4 und Absatz 3 gelten entsprechend. ⁵Die in Satz 3 bezeichnete Bescheinigung wird nicht erteilt, wenn die Kapitalerträge in den Fällen des Satzes 1 Nummer 1 in einem wirtschaftlichen Geschäftsbetrieb anfallen, für den die Befreiung von der Körperschaftsteuer ausgeschlossen ist, oder wenn sie in den Fällen des Satzes 1 Nummer 2 in einem nicht von der Körperschaftsteuer befreiten Betrieb gewerblicher Art anfallen.

(5) ¹Bei Kapitalerträgen im Sinne des § 43 Absatz 1 Satz 1 Nummer 6, 7 und 8 bis 12 sowie Satz 2, die einem unbeschränkt oder beschränkt einkommensteuerpflichtigen Gläubiger zufließen, ist der Steuerabzug nicht vorzunehmen, wenn die Kapitalerträge Betriebseinnahmen des Gläubigers sind und die Kapitalertragsteuer bei ihm auf Grund der Art seiner Geschäfte auf Dauer höher wäre als die gesamte festzusetzende Einkommensteuer oder Körperschaftsteuer. ²Ist der Gläubiger ein Lebens- oder Krankenversicherungsunternehmen als Organgesellschaft, ist für die Anwendung des Satzes 1 eine bestehende Organschaft im Sinne des § 14 des Körperschaftsteuergesetzes nicht zu berücksichtigen, wenn die beim Organträger anzurechnende Kapitalertragsteuer, einschließlich der Kapitalertragsteuer des Lebens- oder Krankenversicherungsunternehmens, die auf Grund von § 19 Absatz 5 des Körperschaftsteuergesetzes anzurechnen wäre, höher wäre, als die gesamte festzusetzende Körperschaftsteuer. ³Für die Prüfung der Voraussetzung des Satzes 2 ist auf die Verhältnisse der dem Antrag auf Erteilung einer Bescheinigung im Sinne des Satzes 4 vorangehenden drei Veranlagungszeiträume abzustellen. ⁴Die Voraussetzung des Satzes 1 ist durch eine Bescheinigung des für den Gläubiger zuständigen Finanzamts nachzuweisen. ⁵Die Bescheinigung ist unter dem Vorbehalt des Widerrufs auszustellen. ⁶Die Voraussetzung des Satzes 2 ist gegenüber dem für den Gläubiger zuständigen Finanzamt durch eine Bescheinigung des für den Organträger zuständigen Finanzamts nachzuweisen.

(6) ¹Voraussetzung für die Abstandnahme vom Steuerabzug nach den Absätzen 1, 4 und 5 bei Kapitalerträgen im Sinne des § 43 Absatz 1 Satz 1 Nummer 6, 7 und 8 bis 12 sowie Satz 2 ist, dass die Teilschuldverschreibungen, die Anteile an der Sammelschuldbuchforderung, die Wertrechte, die Einlagen und Guthaben oder sonstigen Wirtschaftsgüter im Zeitpunkt des Zufließens der Einnahmen unter dem Namen des Gläubigers der Kapitalerträge bei der für die Kapitalerträge auszahlenden Stelle verwahrt oder verwaltet werden. ²Ist dies nicht der Fall, ist die Bescheinigung nach § 45a Absatz 2 durch einen entsprechenden Hinweis zu kennzeichnen.

(7)¹⁾ ¹Ist der Gläubiger eine inländische

1. Körperschaft, Personenvereinigung oder Vermögensmasse im Sinne des § 5 Absatz 1 Nummer 9 des Körperschaftsteuergesetzes oder

2. Stiftung des öffentlichen Rechts, die ausschließlich und unmittelbar gemeinnützigen oder mildtätigen Zwecken dient, oder

3. juristische Person des öffentlichen Rechts, die ausschließlich und unmittelbar kirchlichen Zwecken dient,

so ist der Steuerabzug bei Kapitalerträgen im Sinne des § 43 Absatz 1 Satz 1 Nummer 7a bis 7c nicht vorzunehmen. ²Der Steuerabzug vom Kapitalertrag ist außerdem nicht vorzunehmen bei Kapitalerträgen im Sinne des § 43 Absatz 1 Satz 1 Nummer 1, soweit es sich um Erträge aus Anteilen an Gesellschaften mit beschränkter Haftung, Namensaktien nicht börsennotierter Aktiengesellschaften und Anteilen an Erwerbs- und Wirtschaftsgenossenschaften sowie aus Genussrechten im Sinne des § 43 Absatz 1 Satz 1 Nummer 2 und Nummer 3; Voraussetzung für die Abstandnahme bei Kapitalerträgen aus Genussrechten im Sinne des § 43 Absatz 1 Satz 1 Nummer 1 und Kapitalerträgen im Sinne des § 43 Absatz 1 Satz 1 Nummer 2 ist, dass die Genussrechte und Wirtschaftsgüter im Sinne des § 43 Absatz 1 Satz 1 Nummer 2 nicht sammelverwahrt werden. ³Bei allen übrigen Kapitalerträgen im Sinne des § 43 Absatz 1 Satz 1 Nummer 1 und 2 ist § 44b Absatz 6 sinngemäß anzuwenden. ⁴Voraussetzung für die Anwendung der Sätze 1 und 2 ist, dass der Gläubiger durch eine Bescheinigung des für seine Geschäftsleitung oder seinen Sitz zuständigen Finanzamts nachweist, dass er eine Körperschaft, Personenvereinigung oder Vermögensmasse nach Satz 1 ist. ⁵Absatz 4 gilt entsprechend.

---

1) Zur Anwendung von § 44a Absatz 7 siehe § 52 Absatz 55g EStG.

EStG

(8)[1] ¹Ist der Gläubiger

1. eine nach § 5 Absatz 1 mit Ausnahme der Nummer 9 des Körperschaftsteuergesetzes oder nach anderen Gesetzen von der Körperschaftsteuer befreite Körperschaft, Personenvereinigung oder Vermögensmasse oder

2. eine inländische juristische Person des öffentlichen Rechts, die nicht in Absatz 7 berzeichnet ist,

so ist der Steuerabzug bei Kapitalerträgen im Sinne des § 43 Absatz 1 Satz 1 Nummer 1, soweit es sich um Erträge aus Anteilen an Gesellschaften mit beschränkter Haftung, Namensaktien nicht börsennotierter Aktiengesellschaften und Erwerbs- und Wirtschaftsgenossenschaften handelt, sowie von Erträgen aus Genussrechen im Sinne des § 43 Absatz 1 Satz 1 Nummer 1 und Kapitalerträgen im Sinne des § 43 Absatz 1 Satz 1 Nummer 2 und 3 unter der Voraussetzung, dass diese Wirtschaftsgüter nicht sammelverwahrt werden, und bei Kapitalerträgen im Sinne des § 43 Absatz 1 Satz 1 Nummer 7a nur in Höhe von drei Fünfteln vorzunehmen. ²Bei allen übrigen Kapitalerträgen nach § 43 Absatz 1 Satz 1 Nummer 1 bis 3 ist § 44b Absatz 6 in Verbindung mit Satz 1 sinngemäß anzuwenden (Erstattung von zwei Fünfteln der gesetzlich in § 43a vorgeschriebenen Kapitalertragsteuer). ³Voraussetzung für die Anwendung des Satzes 1 ist, dass der Gläubiger durch eine Bescheinigung des für seine Geschäftsleitung oder seinen Sitz zuständigen Finanzamts nachweist, dass er eine Körperschaft, Personenvereinigung oder Vermögensmasse im Sinne des Satzes 1 ist. ⁴Absatz 4 gilt entsprechend.

(9) ¹Ist der Gläubiger der Kapitalerträge im Sinne des § 43 Absatz 1 Satz 1 Nummer 1 bis 4 eine beschränkt steuerpflichtige Körperschaft im Sinne des § 2 Nummer 1 des Körperschaftsteuergesetzes, so werden zwei Fünftel der einbehaltenen und abgeführten Kapitalertragsteuer erstattet. ² § 50d Absatz 1 Satz 3 bis 9, Absatz 3 und 4 ist entsprechend anzuwenden. ³Der Anspruch auf eine weitergehende Freistellung und Erstattung nach § 50d Absatz 1 in Verbindung mit § 43b oder nach einem Abkommen zur Vermeidung der Doppelbesteuerung bleibt unberührt. ⁴Verfahren nach den vorstehenden Sätzen und nach § 50d Absatz 1 soll das Bundeszentralamt für Steuern verbinden.[2]

§ 44b[3]
Erstattung der Kapitalertragsteuer

(1) ¹Bei Kapitalerträgen im Sinne des § 43 Absatz 1 Satz 1 Nummer 1 und 2, die einem unbeschränkt einkommensteuerpflichtigen und in den Fällen des § 44a Absatz 5 auch einem beschränkt einkommensteuerpflichtigen Gläubiger zufließen, wird auf Antrag die einbehaltene und abgeführte Kapitalertragsteuer unter den Voraussetzungen des § 44a Absatz 1 Nummer 2, Absatz 2 Satz 1 Nummer 2 und Absatz 5 in dem dort bestimmten Umfang erstattet. ²Dem Antrag auf Erstattung sind

a) die Nichtveranlagungs-Bescheinigung nach § 44a Absatz 2 Satz 1 Nummer 2 sowie eine Steuerbescheinigung nach § 45a Absatz 3 oder

b) die Bescheinigung nach § 44a Absatz 5 sowie eine Steuerbescheinigung nach § 45a Absatz 2 oder Absatz 3 beizufügen.

(2) ¹Für die Erstattung ist das Bundeszentralamt für Steuern zuständig. ²Der Antrag ist nach amtlich vorgeschriebenem Muster zu stellen und zu unterschreiben.

(3) ¹Die Antragsfrist endet am 31. Dezember des Jahres, das dem Kalenderjahr folgt, in dem die Einnahmen zugeflossen sind. ²Die Frist kann nicht verlängert werden.

(4) Die Erstattung ist ausgeschlossen, wenn die vorgeschriebenen Steuerbescheinigungen nicht vorgelegt oder durch einen Hinweis nach § 44a Absatz 6 Satz 2 gekennzeichnet worden sind.

(5) ¹Ist Kapitalertragsteuer einbehalten oder abgeführt worden, obwohl eine Verpflichtung hierzu nicht bestand, oder hat der Gläubiger dem nach § 44 Absatz 1 zum Steuerabzug Verpflichteten die Bescheinigung nach § 43 Absatz 2 Satz 4, den Freistellungsauftrag, die Nichtveranlagungs-Bescheinigung oder die Bescheinigungen nach § 44a Absatz 4 oder 5 erst zu einem Zeitpunkt vorgelegt, zu dem die Kapitalertragsteuer bereits abgeführt war, oder nach diesem Zeitpunkt erst die Erklärung nach § 43 Absatz 2 Satz 3 Nummer 2 abgegeben, ist auf Antrag des nach § 44 Absatz 1 zum Steuerabzug Verpflichteten die Steueranmeldung (§ 45a Absatz 1) insoweit zu ändern; stattdessen kann der zum Steuerabzug Verpflichtete bei der folgenden Steueranmeldung die abzuführende Kapitalertragsteuer entsprechend kürzen. ²Erstattungsberechtigt ist der Antragsteller. ³Die vorstehenden Sätze sind in den Fällen des Absatzes 6 nicht anzuwenden.

(6) ¹Werden Kapitalerträge im Sinne des § 43 Absatz 1 Satz 1 Nummer 1 und 2 durch ein inländisches Kredit- oder Finanzdienstleistungsinstitut im Sinne des § 43 Absatz 1 Satz 1 Nummer 7 Buchstabe b, das die Wertpapiere, Wertrechte oder sonstigen Wirtschaftsgüter unter dem Namen des Gläubigers verwahrt oder verwaltet, als Schuldner der Kapitalerträge oder für Rechnung des Schuldners gezahlt, kann das Kredit- oder Finanzdienstleistungsinstitut die einbehaltene und abgeführte Kapitalertragsteuer dem Gläubiger der Kapitalerträge bis zur Ausstellung einer Steuerbescheinigung, längstens bis zum 31. März des auf den Zufluss der Kapitalerträge folgenden Kalenderjahres, unter den folgenden Voraussetzungen erstatten:

1. dem Kredit- oder Finanzdienstleistungsinstitut wird eine Nichtveranlagungs-Bescheinigung nach § 44a Absatz 2 Satz 1 Nummer 2 für den Gläubiger vorgelegt,

2. dem Kredit- oder Finanzdienstleistungsinstitut wird eine Bescheinigung nach § 44a Absatz 5 für den Gläubiger vorgelegt,

---

1) Zur Anwendung von § 44a Absatz 8 siehe § 52 Absatz 55g und § 52a Absatz 16 Satz 1 und 2EStG.
2) Zur Anwendung von § 44a Absatz 9 siehe § 52a Absatz 16 Satz 3 EStG.
3) Zur Anwendung von § 44b siehe § 52 Absatz 53 und 55h sowie § 52a EStG.

3. dem Kredit- oder Finanzdienstleistungsinstitut wird eine Bescheinigung nach § 44a Absatz 7 Satz 4 für den Gläubiger vorgelegt und eine Abstandnahme war nicht möglich oder

4. dem Kredit- oder Finanzdienstleistungsinstitut wird eine Bescheinigung nach § 44a Absatz 8 Satz 3 für den Gläubiger vorgelegt und die teilweise Abstandnahme war nicht möglich; in diesen Fällen darf die Kapitalertragsteuer nur in Höhe von zwei Fünfteln erstattet werden.

²Das erstattende Kredit- oder Finanzdienstleistungsinstitut haftet in sinngemäßer Anwendung des § 44 Absatz 5 für zu Unrecht vorgenommene Erstattungen; für die Zahlungsaufforderung gilt § 219 Satz 2 der Abgabenordnung entsprechend. ³Das Kredit- oder Finanzdienstleistungsinstitut hat die Summe der Erstattungsbeträge in der Steueranmeldung gesondert anzugeben und von der von ihm abzuführenden Kapitalertragsteuer abzusetzen. ⁴Wird dem Kredit- oder Finanzdienstleistungsinstitut ein Freistellungsauftrag erteilt, für den auch Kapitalerträge im Sinne des Satzes 1 erfasst, oder führt das Institut einen Verlustausgleich nach § 43a Absatz 3 Satz 2 unter Einbeziehung von Kapitalerträgen im Sinne des Satzes 1 aus, so hat es bis zur Ausstellung der Steuerbescheinigung, längstens bis zum 31. März des auf den Zufluss der Kapitalerträge folgenden Kalenderjahres, die einbehaltene und abgeführte Kapitalertragsteuer auf diese Kapitalerträge zu erstatten; Satz 2 ist entsprechend anzuwenden.

§ 45[1])
Ausschluss der Erstattung von Kapitalertragsteuer

¹In den Fällen, in denen die Dividende an einen anderen als an den Anteilseigner ausgezahlt wird, ist die Erstattung von Kapitalertragsteuer an den Zahlungsempfänger ausgeschlossen. ²Satz 1 gilt nicht für den Erwerber eines Dividendenscheins in den Fällen des § 20 Absatz 2 Satz 1 Nummer 2 Buchstabe a. ³In den Fällen des § 20 Absatz 2 Satz 1 Nummer 2 Buchstabe b ist die Erstattung von Kapitalertragsteuer an den Erwerber von Zinsscheinen nach § 37 Absatz 2 der Abgabenordnung ausgeschlossen.

§ 45a[2])
Anmeldung und Bescheinigung
der Kapitalertragsteuer

(1) ¹Die Anmeldung der einbehaltenen Kapitalertragsteuer ist dem Finanzamt innerhalb der in § 44 Absatz 1 oder Absatz 7 bestimmten Frist nach amtlich vorgeschriebenem Vordruck auf elektronischem Weg nach Maßgabe der Steuerdaten-Übermittlungsverordnung zu übermitteln. ²Satz 1 gilt entsprechend, wenn ein Steuerabzug nicht oder nicht in voller Höhe vorzunehmen ist. ³Der Grund für die Nichtabführung ist anzugeben. ⁴Auf Antrag kann das Finanzamt zur Vermeidung unbilliger Härten auf eine elektronische Übermittlung verzichten; in diesem Fall ist die Kapitalertragsteuer-Anmeldung von dem Schuldner, der den Verkaufsauftrag ausführenden Stelle, der auszahlenden Stelle oder einer vertretungsberechtigten Person zu unterschreiben.

(2) ¹In den Fällen des § 43 Absatz 1 Satz 1 Nummer 1 bis 4, 7a und 7b sind der Schuldner der Kapitalerträge und in den Fällen des § 43 Absatz 1 Satz 1 Nummer 6, 7 und 8 bis 12 sowie Satz 2 die Kapitalerträge auszahlende Stelle vorbehaltlich des Absatzes 3 verpflichtet, dem Gläubiger der Kapitalerträge auf Verlangen eine Bescheinigung nach amtlich vorgeschriebenem Muster auszustellen, die die nach § 32d erforderlichen Angaben enthält. ²Die Bescheinigung braucht nicht unterschrieben zu werden, wenn sie in einem maschinellen Verfahren ausgedruckt worden ist und den Aussteller erkennen lässt. ³§ 44a Absatz 6 gilt sinngemäß; über die zu kennzeichnenden Bescheinigungen haben die genannten Institute und Unternehmen Aufzeichnungen zu führen. ⁴Diese müssen einen Hinweis auf den Buchungsbeleg über die Auszahlung an den Empfänger der Bescheinigung enthalten.

(3) ¹Werden Kapitalerträge für Rechnung des Schuldners durch ein inländisches Kreditinstitut oder ein inländisches Finanzdienstleistungsinstitut gezahlt, so hat an Stelle des Schuldners das Kreditinstitut oder das Finanzdienstleistungsinstitut die Bescheinigung zu erteilen. ²Satz 1 gilt in den Fällen des § 20 Absatz 1 Nummer 1 Satz 4 entsprechend; der Emittent der Aktien gilt insoweit als Schuldner der Kapitalerträge.

(4) ¹Eine Bescheinigung nach Absatz 2 oder 3 ist auch zu erteilen, wenn in Vertretung des Gläubigers ein Antrag auf Erstattung der Kapitalertragsteuer nach § 44b gestellt worden ist oder gestellt wird. ²Satz 1 gilt entsprechend, wenn nach § 44a Absatz 8 Satz 1 der Steuerabzug nicht in voller Höhe vorgenommen worden ist.

(5) ¹Eine Ersatzbescheinigung darf nur ausgestellt werden, wenn die Urschrift nach den Angaben des Gläubigers abhanden gekommen oder vernichtet ist. ²Die Ersatzbescheinigung muss als solche gekennzeichnet sein. ³Über die Ausstellung von Ersatzbescheinigungen hat der Aussteller Aufzeichnungen zu führen.

(6) ¹Eine Bescheinigung, die den Absätzen 2 bis 5 nicht entspricht, hat der Aussteller zurückzufordern und durch eine berichtigte Bescheinigung zu ersetzen. ²Die berichtigte Bescheinigung ist als solche zu kennzeichnen. ³Wird die zurückgeforderte Bescheinigung nicht innerhalb eines Monats nach Zusendung der berichtigten Bescheinigung an den Aussteller zurückgegeben, hat der Aussteller das nach seinen Unterlagen für den Empfänger zuständige Finanzamt schriftlich zu benachrichtigen.

(7) ¹Der Aussteller einer Bescheinigung, die den Absätzen 2 bis 5 nicht entspricht, haftet für die auf Grund der Bescheinigung verkürzten Steuern oder zu Unrecht gewährten Steuervorteile. ²Ist die Bescheinigung nach Absatz 3 durch ein inländisches Kreditinstitut oder ein inländisches Finanzdienstleistungsinstitut ausgestellt worden, so haftet dieses für den Schuldner auch, wenn er zum Zweck der Bescheinigung unrichtige Angaben macht. ³Der Aussteller haftet nicht

1. in den Fällen des Satzes 2,

---

1) Zur Anwendung von § 45 siehe § 52 Absatz 53 EStG.
2) Zur Anwendung von § 45a siehe § 52 Absatz 53 und § 52a Absatz 16 Satz 4 EStG.

2. wenn er die ihm nach Absatz 6 obliegenden Verpflichtungen erfüllt hat.

§ 45b[1)]
Erstattung von Kapitalertragsteuer auf Grund von Sammelanträgen

(1) ¹Wird in den Fällen des § 44b Absatz 1 der Antrag auf Erstattung von Kapitalertragsteuer in Vertretung das Gläubigers der Kapitalerträge durch einen Vertreter im Sinne des Absatzes 2 gestellt, kann von der Nichtveranlagungs-Bescheinigung nach § 44a Absatz 2 Satz 1 Nummer 2 oder der Bescheinigung nach § 44a Absatz 5 sowie der Steuerbescheinigung nach § 45a Absatz 2 oder 3 abgesehen werden, wenn der Vertreter versichert, dass

1. eine Bescheinigung im Sinne des § 45a Absatz 2 oder 3 als ungültig gekennzeichnet oder nach den Angaben des Gläubigers der Kapitalerträge abhanden gekommen oder vernichtet ist,
2. die Wertpapiere oder die Kapitalforderungen im Zeitpunkt des Zufließens der Einnahmen in einem auf den Namen des Vertreters lautenden Wertpapierdepot bei dem inländischen Kreditinstitut oder bei der inländischen Zweigniederlassung eines der in § 53b Absatz 1 oder 7 des Gesetzes über das Kreditwesen genannten Institute oder Unternehmen verzeichnet waren oder bei Vertretern im Sinne des Absatzes 2 Satz 1 Nummer 3 zu diesem Zeitpunkt der Geschäftsanteil vom Vertreter verwaltet wurde,
3. eine Nichtveranlagungs-Bescheinigung nach § 44a Absatz 2 Satz 1 Nummer 2 oder eine Bescheinigung nach § 44a Absatz 5 vorliegt und
4. die Angaben im dem Antrag wahrheitsgemäß nach bestem Wissen und Gewissen gemacht worden sind.

²Über Anträge, in denen ein Vertreter versichert, dass die Bescheinigung im Sinne des § 45a Absatz 2 oder 3 als ungültig gekennzeichnet oder nach den Angaben des Gläubigers der Kapitalerträge abhanden gekommen oder vernichtet ist, haben die Vertreter Aufzeichnungen zu führen.

(2) ¹Absatz 1 gilt für Anträge, die

1. eine Kapitalgesellschaft in Vertretung ihrer Arbeitnehmer stellt, soweit es sich um Einnahmen aus Anteilen handelt, die den Arbeitnehmern von der Kapitalgesellschaft überlassen worden sind und von ihr, einem inländischen Kreditinstitut oder einer inländischen Zweigniederlassung eines der in § 53b Absatz 1 oder 7 des Gesetzes über das Kreditwesen genannten Institute oder Unternehmen verwahrt werden,
2. der von einer Kapitalgesellschaft bestellte Treuhänder in Vertretung der Arbeitnehmer dieser Kapitalgesellschaft stellt, soweit es sich um Einnahmen aus Anteilen handelt, die den Arbeitnehmern von der Kapitalgesellschaft überlassen worden sind und von dem Treuhänder, einem inländischen Kreditinstitut oder einer inländischen Zweigniederlassung eines der in § 53b Absatz 1 oder 7 des Gesetzes über das Kreditwesen genannten Institute oder Unternehmen verwahrt werden;
3. eine Erwerbs- oder Wirtschaftsgenossenschaft in Vertretung ihrer Mitglieder stellt, soweit es sich um Einnahmen aus Anteilen an dieser Genossenschaft handelt und nicht die Abstandnahme gemäß § 44a Absatz 8 durchgeführt wurde.

²Den Arbeitnehmern im Sinne des Satzes 1 Nummer 1 und 2 stehen Arbeitnehmer eines mit der Kapitalgesellschaft verbundenen Unternehmens (§ 15 Aktiengesetz) sowie frühere Arbeitnehmer der Kapitalgesellschaft oder eines mit ihr verbundenen Unternehmens gleich. ³Den von der Kapitalgesellschaft überlassenen Anteilen stehen Aktien gleich, die den Arbeitnehmern bei einer Kapitalerhöhung auf Grund ihres Bezugsrechts aus den von der Kapitalgesellschaft überlassenen Aktien zugeteilt worden sind oder den Arbeitnehmern auf Grund einer Kapitalerhöhung aus Gesellschaftsmitteln gehören.

(2a) ¹Sammelanträge auf volle oder teilweise Erstattung können auch Gesamthandsgemeinschaften für ihre Mitglieder im Sinne von § 44a Absatz 7 und 8 stellen. ²Die Absätze 1 und 2 sind entsprechend anzuwenden.

(3) ¹Erkennt der Vertreter des Gläubigers der Kapitalerträge vor Ablauf der Festsetzungsfrist im Sinne der §§ 169 bis 171 der Abgabenordnung, dass die Erstattung ganz oder teilweise zu Unrecht festgesetzt worden ist, so hat er dies dem Bundeszentralamt für Steuern anzuzeigen. ²Das Bundeszentralamt für Steuern hat die zu Unrecht erstatteten Beträge von dem Gläubiger zurückzufordern, für den sie festgesetzt worden sind. ³Der Vertreter des Gläubigers haftet für die zurückzuzahlenden Beträge.

(4) ¹§ 44b Absatz 1 bis 4 gilt entsprechend. ²Die Antragsfrist gilt als gewahrt, wenn der Gläubiger die beantragende Stelle bis zu dem in § 44b Absatz 3 bezeichneten Zeitpunkt schriftlich mit der Antragstellung beauftragt hat.

(5) Die Vollmacht, den Antrag auf Erstattung von Kapitalertragsteuer zu stellen, ermächtigt zum Empfang der Steuererstattung.

§ 45c[2)]
(weggefallen)

§ 45d[3)]
Mitteilungen an das Bundeszentralamt für Steuern

(1) ¹Wer nach § 44 Absatz 1 dieses Gesetzes und § 7 des Investmentsteuergesetzes zum Steuerabzug verpflichtet ist oder auf Grund von Sammelanträgen nach § 45b Absatz 1 und 2 die Erstattung von Kapitalertragsteuer beantragt, hat dem Bundeszentralamt für Steuern bis zum 31. Mai des Jahres, das auf das Jahr folgt, in dem die Kapitalerträge den Gläubigern zufließen, folgende Daten zu übermitteln:

---

1) Zur Anwendung von § 45b siehe § 52 Absatz 53 EStG.
2) § 45c ist aufgehoben durch Unternehmersteuergesetz 2008 vom 14.8.2007 (BGBl. I S. 1912), letztmals für VZ 2008 anzuwenden (§ 52a Absatz 1 EStG).
3) Zur Anwendung von § 45d in dieser Fassung siehe § 52a EStG.

1. Vor- und Zunamen sowie das Geburtsdatum der Person – gegebenenfalls auch des Ehegatten –, die den Freistellungsauftrag erteilt hat (Auftraggeber),
2. Anschrift des Auftraggebers,
3. bei den Kapitalerträgen, für die ein Freistellungsauftrag erteilt worden ist,
    a) die Kapitalerträge, bei denen vom Steuerabzug Abstand genommen worden ist oder bei denen auf Grund des Freistellungsauftrags gemäß § 44b Absatz 6 Satz 4 oder gemäß § 7 Absatz 5 Satz 1 des Investmentsteuergesetzes Kapitalertragsteuer erstattet wurde,
    b) die Kapitalerträge, bei denen die Erstattung von Kapitalertragsteuer beim Bundeszentralamt für Steuern beantragt worden ist,
4. Namen und Anschrift des Empfängers des Freistellungsauftrags.

²Die Datenübermittlung hat nach amtlich vorgeschriebenem Datensatz auf amtlich vorgeschriebenen maschinell verwertbaren Datenträgern zu erfolgen. ³Im Übrigen findet § 150 Absatz 6 der Abgabenordnung entsprechende Anwendung. ⁴Das Bundeszentralamt für Steuern kann auf Antrag eine Übermittlung nach amtlich vorgeschriebenem Vordruck zulassen, wenn eine Übermittlung nach Satz 2 eine unbillige Härte mit sich bringen würde.

(2) ¹Das Bundeszentralamt für Steuern darf den Sozialleistungsträgern die Daten nach Absatz 1 mitteilen, soweit dies zur Überprüfung des bei der Sozialleistung zu berücksichtigenden Einkommens oder Vermögens erforderlich ist oder der Betroffene zustimmt. ²Für Zwecke des Satzes 1 ist das Bundeszentralamt für Steuern berechtigt, die ihm von den Sozialleistungsträgern übermittelten Daten mit den vorhandenen Daten nach Absatz 1 im Wege des automatisierten Datenabgleichs zu überprüfen und das Ergebnis den Sozialleistungsträgern mitzuteilen.

(3) ¹Ein inländischer Versicherungsvermittler im Sinne des § 59 Absatz 1 des Versicherungsvertragsgesetzes hat bis zum 30. März des Folgejahres das Zustandekommen eines Vertrages im Sinne des § 20 Absatz 1 Nummer 6 zwischen einer im Inland ansässigen Person und einem Versicherungsunternehmen mit Sitz und Geschäftsleitung im Ausland gegenüber dem Bundeszentralamt für Steuern mitzuteilen; dies gilt nicht, wenn das Versicherungsunternehmen eine Niederlassung im Inland hat oder das Versicherungsunternehmen dem Bundeszentralamt für Steuern bis zu diesem Zeitpunkt das Zustandekommen eines Vertrages angezeigt und den Versicherungsvermittler hierüber in Kenntnis gesetzt hat. ²Folgende Daten sind zu übermitteln:
1. Vor- und Zunamen sowie das Geburtsdatum, Anschrift und Steueridentifikationsnummer des Versicherungsnehmers,
2. Vertragsnummer oder sonstige Kennzeichnung des Vertrages,
3. Versicherungssumme und Laufzeit,
4. Angabe, ob es sich um einen konventionellen, einen fondsgebundenen oder einen vermögensverwaltenden Versicherungsvertrag handelt.

³Die Regelungen des Absatzes 1 Satz 2 bis 4 sind entsprechend anzuwenden.

§ 45e
Ermächtigung für Zinsinformationsverordnung

¹Die Bundesregierung wird ermächtigt, durch Rechtsverordnung mit Zustimmung des Bundesrates die Richtlinie 2003/48/EG des Rates vom 3. Juni 2003 (ABl. EU Nr. L 157 S. 38) in der jeweils geltenden Fassung im Bereich der Besteuerung von Zinserträgen umzusetzen. ²§ 45d Absatz 1 Satz 2 bis 4 und Absatz 2 sind entsprechend anzuwenden.

4. Veranlagung von Steuerpflichtigen mit steuerabzugspflichtigen Einkünften

§ 46
Veranlagung bei Bezug von Einkünften aus nichtselbständiger Arbeit

(1) (weggefallen)

(2) Besteht das Einkommen ganz oder teilweise aus Einkünften aus nichtselbständiger Arbeit, von denen ein Steuerabzug vorgenommen worden ist, so wird eine Veranlagung nur durchgeführt,
1. wenn die positive Summe der einkommensteuerpflichtigen Einkünfte, die nicht dem Steuerabzug vom Arbeitslohn zu unterwerfen waren, vermindert um die darauf entfallenden Beträge nach § 13 Absatz 3 und § 24a, oder die positive Summe der Einkünfte und Leistungen, die dem Progressionsvorbehalt unterliegen, jeweils mehr als 410 Euro beträgt;[1)]
2. wenn der Steuerpflichtige nebeneinander von mehreren Arbeitgebern Arbeitslohn bezogen hat; das gilt nicht, soweit nach § 38 Absatz 3a Satz 7 Arbeitslohn von mehreren Arbeitgebern für den Lohnsteuerabzug zusammengerechnet worden ist;
3. wenn bei einem Steuerpflichtigen die Summe der beim Steuerabzug vom Arbeitslohn nach § 39b Absatz 2 Satz 5 Nummer 3 Buchstabe b bis f berücksichtigten Teilbeträge der Vorsorgepauschale größer ist als die abziehbaren Vorsorgeaufwendungen nach § 10 Absatz 1 Nummer 3 und Nummer 3a in Verbindung mit Absatz 4;
3a. wenn von Ehegatten, die nach §§ 26, 26b zusammen zur Einkommensteuer zu veranlagen sind, beide Arbeitslohn bezogen haben und einer für den Veranlagungszeitraum oder einen Teil davon nach der Steuerklasse V oder VI besteuert oder bei Steuerklasse IV der Faktor (§ 39f) eingetragen worden ist;
4. wenn auf der Lohnsteuerkarte eines Steuerpflichtigen ein Freibetrag im Sinne des § 39a Absatz 1 Nummer 1 bis 3, 5 oder 6 eingetragen worden ist; dasselbe gilt für einen Steuerpflichtigen, der zum Personenkreis des § 1 Absatz 2 gehört, wenn diese Eintragungen auf einer Bescheinigung nach § 39c erfolgt sind;

---
1) Zur Anwendung von § 46 Absatz 2 Nummer 1 siehe § 52 Absatz 55j Satz 1 EStG.

4a. wenn bei einem Elternpaar, bei dem die Voraussetzungen des § 26 Absatz 1 Satz 1 nicht vorliegen,
   a) bis c) (weggefallen)
   d) im Fall des § 33a Absatz 2 Satz 6 das Elternpaar gemeinsam eine Aufteilung des Abzugsbetrags in einem anderen Verhältnis als je zur Hälfte beantragt oder
   e) im Fall des § 33b Absatz 5 Satz 3 das Elternpaar gemeinsam eine Aufteilung des Pauschbetrags für behinderte Menschen oder des Pauschbetrags für Hinterbliebene in einem anderen Verhältnis als je zur Hälfte beantragt.

   ²Die Veranlagungspflicht besteht für jeden Elternteil, der Einkünfte aus nichtselbständiger Arbeit bezogen hat;

5. wenn bei einem Steuerpflichtigen die Lohnsteuer für einen sonstigen Bezug im Sinne des § 34 Absatz 1 und Absatz 2 Nummer 2 und 4 nach § 39b Absatz 3 Satz 9 oder für einen sonstigen Bezug nach § 39c Absatz 5 ermittelt wurde;

5a. wenn der Arbeitgeber die Lohnsteuer von einem sonstigen Bezug berechnet hat und dabei der Arbeitslohn aus früheren Dienstverhältnissen des Kalenderjahrs außer Betracht geblieben ist (§ 39b Absatz 3 Satz 2, § 41 Absatz 1 Satz 7, Großbuchstabe S);

6. wenn die Ehe des Arbeitnehmers im Veranlagungszeitraum durch Tod, Scheidung oder Aufhebung aufgelöst worden ist und er oder sein Ehegatte der aufgelösten Ehe im Veranlagungszeitraum wieder geheiratet hat;

7. wenn
   a) für einen unbeschränkt Steuerpflichtigen im Sinne des § 1 Absatz 1 auf der Lohnsteuerkarte ein Ehegatte im Sinne des § 1a Absatz 1 Nummer 2 berücksichtigt worden ist oder
   b) für einen Steuerpflichtigen, der zum Personenkreis des § 1 Absatz 2 oder des § 1a gehört, das Betriebsstättenfinanzamt eine Bescheinigung nach § 39c Absatz 4 erteilt hat; dieses Finanzamt ist dann auch für die Veranlagung zuständig;

8. ¹⁾ wenn die Veranlagung beantragt wird, insbesondere zur Anrechnung von Lohnsteuer auf die Einkommensteuer. ²Der Antrag ist durch Abgabe einer Einkommensteuererklärung zu stellen.

(3) ¹In den Fällen des Absatzes 2 ist ein Betrag in Höhe der einkommensteuerpflichtigen Einkünfte, von denen der Steuerabzug vom Arbeitslohn nicht vorgenommen worden ist, vom Einkommen abzuziehen, wenn diese Einkünfte insgesamt nicht mehr als 410 Euro betragen. ²Der Betrag nach Satz 1 vermindert sich um den Altersentlastungsbetrag, soweit dieser den unter Verwendung des nach § 24a Satz 5 maßgebenden Prozentsatzes zu ermittelnden Anteil des Arbeitslohns mit Ausnahme der Versorgungsbezüge im Sinne des § 19 Absatz 2 übersteigt, und um den nach § 13 Absatz 3 zu berücksichtigenden Betrag.

(4) ¹Kommt nach Absatz 2 eine Veranlagung zur Einkommensteuer nicht in Betracht, so gilt die Einkommensteuer, die auf die Einkünfte aus nichtselbständiger Arbeit entfällt, für den Steuerpflichtigen durch den Lohnsteuerabzug als abgegolten, soweit nicht für zuwenig erhobene Lohnsteuer in Anspruch genommen werden kann. ²§ 42b bleibt unberührt.

(5) Durch Rechtsverordnung kann in den Fällen des Absatzes 2 Nummer 1, in denen die einkommensteuerpflichtigen Einkünfte, von denen der Steuerabzug vom Arbeitslohn nicht vorgenommen worden ist, den Betrag von 410 Euro übersteigen, die Besteuerung so gemildert werden, dass auf die volle Besteuerung dieser Einkünfte stufenweise übergeleitet wird.

§ 47
(weggefallen)

VII. Steuerabzug bei Bauleistungen

§ 48 ²⁾
Steuerabzug

(1) ¹Erbringt jemand im Inland eine Bauleistung (Leistender) an einen Unternehmer im Sinne des § 2 des Umsatzsteuergesetzes oder an eine juristische Person des öffentlichen Rechts (Leistungsempfänger), ist der Leistungsempfänger verpflichtet, von der Gegenleistung einen Steuerabzug in Höhe von 15 Prozent für Rechnung des Leistenden vorzunehmen. ²Vermietet der Leistungsempfänger Wohnungen, so ist Satz 1 nicht auf Bauleistungen für diese Wohnungen anzuwenden, wenn er nicht mehr als zwei Wohnungen vermietet. ³Bauleistungen sind alle Leistungen, die der Herstellung, Instandsetzung, Instandhaltung, Änderung oder Beseitigung von Bauwerken dienen. ⁴Als Leistender gilt auch derjenige, der über eine Leistung abrechnet, ohne sie erbracht zu haben.

(2) ¹Der Steuerabzug muss nicht vorgenommen werden, wenn der Leistende dem Leistungsempfänger eine im Zeitpunkt der Gegenleistung gültige Freistellungsbescheinigung nach § 48b Absatz 1 Satz 1 vorlegt oder die Gegenleistung im laufenden Kalenderjahr den folgenden Betrag voraussichtlich nicht übersteigen wird:

1. 15 000 Euro, wenn der Leistungsempfänger ausschließlich steuerfreie Umsätze nach § 4 Nummer 12 Satz 1 des Umsatzsteuergesetzes ausführt,
2. 5 000 Euro in den übrigen Fällen.

²Für die Ermittlung des Betrags sind die für denselben Leistungsempfänger erbrachten und voraussichtlich zu erbringenden Bauleistungen zusammenzurechnen.

(3) Gegenleistung im Sinne des Absatzes 1 ist das Entgelt zuzüglich Umsatzsteuer.

---
1) Zur Anwendung von § 46 Absatz 2 Nummer 8 siehe § 52 Absatz 55j Satz 2 EStG.
2) Zur erstmaligen Anwendung ab 2002 siehe § 52 Absatz 56 EStG.

(4) Wenn der Leistungsempfänger den Steuerabzugsbetrag angemeldet und abgeführt hat,

1. ist § 160 Absatz 1 Satz 1 der Abgabenordnung nicht anzuwenden,
2. sind § 42d Absatz 6 und 8 und § 50a Absatz 7 nicht anzuwenden.

§ 48a
Verfahren

(1) ¹Der Leistungsempfänger hat bis zum 10. Tag nach Ablauf des Monats, in dem die Gegenleistung im Sinne des § 48 erbracht wird, eine Anmeldung nach amtlich vorgeschriebenem Vordruck abzugeben, in der er den Steuerabzug für den Anmeldungszeitraum selbst zu berechnen hat. ²Der Abzugsbetrag ist am 10. Tag nach Ablauf des Anmeldungszeitraums fällig und an das für den Leistenden zuständige Finanzamt für Rechnung des Leistenden abzuführen. ³Die Anmeldung des Abzugsbetrages steht einer Steueranmeldung gleich.

(2) Der Leistungsempfänger hat mit dem Leistenden unter Angabe

1. des Namens und der Anschrift des Leistenden,
2. des Rechnungsbetrages, des Rechnungsdatums und des Zahlungstags,
3. der Höhe des Steuerabzugs und
4. des Finanzamts, bei dem der Abzugsbetrag angemeldet worden ist,

über den Steuerabzug abzurechnen.

(3) ¹Der Leistungsempfänger haftet für einen nicht oder zu niedrig abgeführten Abzugsbetrag. ²Der Leistungsempfänger haftet nicht, wenn ihm im Zeitpunkt der Gegenleistung eine Freistellungsbescheinigung (§ 48b) vorgelegen hat, auf deren Rechtmäßigkeit er vertrauen konnte. ³Er darf insbesondere dann nicht auf eine Freistellungsbescheinigung vertrauen, wenn diese durch unlautere Mittel oder durch falsche Angaben erwirkt wurde und ihm dies bekannt oder infolge grober Fahrlässigkeit nicht bekannt war. ⁴Den Haftungsbescheid erlässt das für den Leistenden zuständige Finanzamt.

(4) § 50b gilt entsprechend.

§ 48b
Freistellungsbescheinigung

(1) ¹Auf Antrag des Leistenden hat das für ihn zuständige Finanzamt, wenn der zu sichernde Steueranspruch nicht gefährdet erscheint und ein inländischer Empfangsbevollmächtigter bestellt ist, eine Bescheinigung nach amtlich vorgeschriebenen Vordruck zu erteilen, in der den Leistungsempfänger von der Pflicht zum Steuerabzug befreit. ²Eine Gefährdung kommt insbesondere dann in Betracht, wenn der Leistende

1. Anzeigepflichten nach § 138 der Abgabenordnung nicht erfüllt,
2. seiner Auskunfts- und Mitwirkungspflicht nach § 90 der Abgabenordnung nicht nachkommt,
3. den Nachweis der steuerlichen Ansässigkeit durch Bescheinigung der zuständigen ausländischen Steuerbehörde nicht erbringt.

(2) Eine Bescheinigung soll erteilt werden, wenn der Leistende glaubhaft macht, dass keine zu sichernden Steueransprüche bestehen.

(3) In der Bescheinigung sind anzugeben:
1. Name, Anschrift und Steuernummer des Leistenden,
2. Geltungsdauer der Bescheinigung,
3. Umfang der Freistellung sowie der Leistungsempfänger, wenn sie nur für bestimmte Bauleistungen gilt,
4. das ausstellende Finanzamt.

(4) Wird eine Freistellungsbescheinigung aufgehoben, die nur für bestimmte Bauleistungen gilt, ist dies den betroffenen Leistungsempfängern mitzuteilen.

(5) Wenn eine Freistellungsbescheinigung vorliegt, gilt § 48 Absatz 4 entsprechend.

(6) ¹Das Bundeszentralamt für Steuern erteilt dem Leistungsempfänger im Sinne des § 48 Absatz 1 Satz 1 im Wege elektronischer Abfrage Auskunft über die beim Bundeszentralamt für Steuern gespeicherten Freistellungsbescheinigungen. ²Mit dem Antrag auf die Erteilung einer Freistellungsbescheinigung stimmt der Antragsteller zu, dass seine Daten nach § 48b Absatz 3 beim Bundesamt für Finanzen gespeichert werden und dass über die gespeicherten Daten an die Leistungsempfänger Auskunft gegeben wird.

§ 48c
Anrechnung

(1) ¹Soweit der Abzugsbetrag einbehalten und angemeldet worden ist, wird er auf vom Leistenden zu entrichtende Steuern nacheinander wie folgt angerechnet:

1. die nach § 41a Absatz 1 einbehaltene und angemeldete Lohnsteuer,
2. die Vorauszahlungen auf die Einkommen- oder Körperschaftsteuer,
3. die Einkommen- oder Körperschaftsteuer des Besteuerungs- oder Veranlagungszeitraums, in dem die Leistung erbracht worden ist, und
4. die vom Leistenden im Sinne der §§ 48, 48a anzumeldenden und abzuführenden Abzugsbeträge.

²Die Anrechnung nach Satz 1 Nummer 2 kann nur für Vorauszahlungszeiträume innerhalb des Besteuerungs- oder Veranlagungszeitraums erfolgen, in dem die Leistung erbracht worden ist. ³Die Anrechnung nach Satz 1 Nummer 2 darf nicht zu einer Erstattung führen.

(2) ¹Auf Antrag des Leistenden erstattet das nach § 20a Absatz 1 der Abgabenordnung zuständige Finanzamt den Abzugsbetrag. ²Die Erstattung setzt voraus, dass der Leistende nicht zur Abgabe von Lohnsteueranmeldungen verpflichtet ist und eine Veranlagung zur Einkommen- oder Körperschaftsteuer nicht in Betracht kommt oder der Leistende glaubhaft macht, dass im Veranlagungszeitraum keine zu sichernden Steueransprüche entstehen werden. ³Der Antrag ist nach amtlich vorgeschriebenen Muster bis zum Ablauf des zweiten Kalenderjahres zu stellen, das auf das Jahr folgt, in dem der Ab-

zugsbetrag angemeldet worden ist; weitergehende Fristen nach einem Abkommen zur Vermeidung der Doppelbesteuerung bleiben unberührt.

(3) Das Finanzamt kann die Anrechnung ablehnen, soweit der angemeldete Abzugsbetrag nicht abgeführt worden ist und Anlass zu der Annahme besteht, dass ein Missbrauch vorliegt.

§ 48d
Besonderheiten im Fall von Doppelbesteuerungsabkommen

(1) ¹Können Einkünfte, die dem Steuerabzug nach § 48 unterliegen, nach einem Abkommen zur Vermeidung der Doppelbesteuerung nicht besteuert werden, so sind die Vorschriften über die Einbehaltung, Abführung und Anmeldung der Steuer durch den Schuldner der Gegenleistung ungeachtet des Abkommens anzuwenden. ²Unberührt bleibt der Anspruch des Gläubigers der Gegenleistung auf Erstattung der einbehaltenen und abgeführten Steuer. ³Der Anspruch ist durch Antrag nach § 48c Absatz 2 geltend zu machen. ⁴Der Gläubiger der Gegenleistung hat durch eine Bestätigung der für ihn zuständigen Steuerbehörde des anderen Staates nachzuweisen, dass er dort ansässig ist. ⁵§ 48b gilt entsprechend. ⁶Der Leistungsempfänger kann sich im Haftungsverfahren nicht auf die Rechte des Gläubigers aus dem Abkommen berufen.

(2) Unbeschadet des § 5 Absatz 1 Nummer 2 des Finanzverwaltungsgesetzes liegt die Zuständigkeit für Entlastungsmaßnahmen nach Absatz 1 bei dem nach 20a der Abgabenordnung zuständigen Finanzamt.

VIII. Besteuerung beschränkt Steuerpflichtiger

§ 49
Beschränkt steuerpflichtige Einkünfte

(1) Inländische Einkünfte im Sinne der beschränkten Einkommensteuerpflicht (§ 1 Absatz 4) sind
1. Einkünfte aus einer im Inland betriebenen Land- und Forstwirtschaft (§§ 13, 14);
2. Einkünfte aus Gewerbebetrieb (§§ 15 bis 17)
   a) für die im Inland eine Betriebsstätte unterhalten wird oder ein ständiger Vertreter bestellt ist,
   b) die durch den Betrieb eigener oder gecharterter Seeschiffe oder Luftfahrzeuge aus Beförderungen zwischen inländischen und von inländischen zu ausländischen Häfen erzielt werden, einschließlich der Einkünfte aus anderen mit solchen Beförderungen zusammenhängenden, sich auf das Inland erstreckenden Beförderungsleistungen,
   c) die von einem Unternehmen im Rahmen einer internationalen Betriebsgemeinschaft oder eines Pool-Abkommens, bei denen ein Unternehmen mit Sitz oder Geschäftsleitung im Inland die Beförderung durchführt, aus Beförderungen und Beförderungsleistungen nach Buchstabe b erzielt werden,
   d) die, soweit sie nicht zu den Einkünften im Sinne der Nummern 3 und 4 gehören, durch im Inland ausgeübte oder verwertete künstlerische, sportliche, artistische, unterhaltende oder ähnliche Darbietungen erzielt werden, einschließlich der Einkünfte aus anderen mit diesen Leistungen zusammenhängenden Leistungen, unabhängig davon, wem die Einnahmen zufließen,
   e) die unter den Voraussetzungen des § 17 erzielt werden, wenn es sich um Anteile an einer Kapitalgesellschaft handelt,
      aa) die ihren Sitz oder ihre Geschäftsleitung im Inland hat oder
      bb) bei deren Erwerb auf Grund eines Antrags nach § 13 Absatz 2 oder § 21 Absatz 2 Satz 3 Nummer 2 des Umwandlungssteuergesetzes nicht der gemeine Wert der eingebrachten Anteile angesetzt worden ist oder auf die § 17 Absatz 5 Satz 2 anzuwenden war, oder
   f) die, soweit sie nicht zu den Einkünften im Sinne des Buchstaben a gehören, durch
      aa) Vermietung und Verpachtung oder
      bb) Veräußerung
   von inländischem unbeweglichen Vermögen, von Sachinbegriffen oder Rechten, die im Inland belegen oder in ein inländisches öffentliches Buch oder Register eingetragen sind oder deren Verwertung in einer inländischen Betriebsstätte oder anderen Einrichtung erfolgt, erzielt werden. ²Als Einkünfte aus Gewerbebetrieb gelten auch die Einkünfte aus Tätigkeiten im Sinne dieses Buchstabens, die von einer Körperschaft im Sinne des § 2 Nummer 1 des Körperschaftsteuergesetzes erzielt werden, die mit einer Kapitalgesellschaft oder sonstigen juristischen Person im Sinne des § 1 Absatz 1 Nummer 1 bis 3 des Körperschaftsteuergesetzes vergleichbar ist;
3. Einkünfte aus selbständiger Arbeit (§ 18), die im Inland ausgeübt oder verwertet wird oder worden ist oder für die im Inland eine feste Einrichtung oder eine Betriebsstätte unterhalten wird;
4. Einkünfte aus nichtselbständiger Arbeit (§ 19), die
   a) im Inland ausgeübt oder verwertet wird oder worden ist,
   b) aus inländischen öffentlichen Kassen einschließlich der Kassen des Bundeseisenbahnvermögens und der Deutschen Bundesbank mit Rücksicht auf ein gegenwärtiges oder früheres Dienstverhältnis gewährt werden, ohne dass ein Zahlungsanspruch gegenüber der inländischen öffentlichen Kasse bestehen muss,
   c) als Vergütung für eine Tätigkeit als Geschäftsführer, Prokurist oder Vorstandsmitglied einer Gesellschaft mit Geschäftsleitung im Inland bezogen werden,

d) als Entschädigung im Sinne des § 24 Nummer 1 für die Auflösung eines Dienstverhältnisses gezahlt werden, soweit die für die zuvor ausgeübte Tätigkeit bezogenen Einkünfte der inländischen Besteuerung unterlegen haben,

e) an Bord eines im internationalen Luftverkehr eingesetzten Luftfahrzeugs ausgeübt wird, das von einem Unternehmen mit Geschäftsleitung im Inland betrieben wird;

5. [1)] Einkünfte aus Kapitalvermögen im Sinne des

a) § 20 Absatz 1 Nummer 1 mit Ausnahme der Erträge aus Investmentanteilen im Sinne des § 2 des Investmentsteuergesetzes, Nummer 2, 4, 6 und 9, wenn der Schuldner Wohnsitz, Geschäftsleitung oder Sitz im Inland hat oder wenn es sich um Fälle des § 44 Absatz 1 Satz 4 Nummer 1 Buchstabe a Doppelbuchstabe bb dieses Gesetzes handelt; dies gilt auch für Erträge aus Wandelanleihen und Gewinnobligationen,

b) § 20 Absatz 1 Nummer 1 in Verbindung mit den §§ 2 und 7 des Investmentsteuergesetzes

aa) bei Erträgen im Sinne des § 7 Absatz 3 des Investmentsteuergesetzes,

bb) bei Erträgen im Sinne des § 7 Absatz 1, 2 und 4 des Investmentsteuergesetzes, wenn es sich um Fälle des § 44 Absatz 1 Satz 4 Nummer 1 Buchstabe a Doppelbuchstabe bb dieses Gesetzes handelt;

c) § 20 Absatz 1 Nummer 5 und 7, wenn

aa) das Kapitalvermögen durch inländischen Grundbesitz, durch inländische Rechte, die den Vorschriften des bürgerlichen Rechts über Grundstücke unterliegen, oder durch Schiffe, die in ein inländisches Schiffsregister eingetragen sind, unmittelbar oder mittelbar gesichert ist. ²Ausgenommen sind Zinsen aus Anleihen und Forderungen, die in ein öffentliches Schuldbuch eingetragen oder über die Sammelurkunden im Sinne des § 9a des Depotgesetzes oder Teilschuldverschreibungen ausgegeben sind, oder

bb) das Kapitalvermögen aus Genussrechten besteht, die nicht in § 20 Absatz 1 Nummer 1 genannt sind,

d) § 43 Absatz 1 Satz 1 Nummer 7 Buchstabe a, Nummer 9 und 10 sowie Satz 2, wenn sie von einem Schuldner oder von einem inländischen Kreditinstitut oder einem inländischen Finanzdienstleistungsinstitut im Sinne des § 43 Absatz 1 Satz 1 Nummer 7 Buchstabe b einem anderen als einem ausländischen Kreditinstitut oder einem ausländischen Finanzdienstleistungsinstitut

aa) gegen Aushändigung der Zinsscheine ausgezahlt oder gutgeschrieben werden und die Teilschuldverschreibungen nicht von dem Schuldner, dem inländischen Kreditinstitut oder dem inländischen Finanzdienstleistungsinstitut verwahrt werden oder

bb) gegen Übergabe der Wertpapiere ausgezahlt oder gutgeschrieben werden und diese vom Kreditinstitut weder verwahrt noch verwaltet werden.

²§ 20 Absatz 3 gilt entsprechend;

6. Einkünfte aus Vermietung und Verpachtung (§ 21), soweit sie nicht zu den Einkünften im Sinne der Nummern 1 bis 5 gehören, wenn das unbewegliche Vermögen, die Sachinbegriffe oder Rechte im Inland belegen oder in ein inländisches öffentliches Buch oder Register eingetragen sind oder in einer inländischen Betriebsstätte oder in einer anderen Einrichtung verwertet werden;

7. sonstige Einkünfte im Sinne des § 22 Nummer 1 Satz 3 Buchstabe a, die von den inländischen gesetzlichen Rentenversicherungsträgern, den inländischen landwirtschaftlichen Alterskassen, den inländischen berufsständischen Versorgungseinrichtungen, den inländischen Versicherungsunternehmen oder sonstigen inländischen Zahlstellen gewährt werden; dies gilt entsprechend für Leibrenten und andere Leistungen ausländischer Zahlstellen, wenn die Beiträge, die den Leistungen zugrunde liegen, nach § 10 Absatz 1 Nummer 2 ganz oder teilweise bei der Ermittlung der Sonderausgaben berücksichtigt wurden;

8. [2)] sonstige Einkünfte im Sinne des § 22 Nummer 2, soweit es sich um private Veräußerungsgeschäfte handelt, mit

a) inländischen Grundstücken oder

b) inländischen Rechten, die den Vorschriften des bürgerlichen Rechts über Grundstücke unterliegen;

8a. sonstige Einkünfte im Sinne des § 22 Nummer 4;

9. sonstige Einkünfte im Sinne des § 22 Nummer 3, auch wenn sie bei Anwendung dieser Vorschrift einer anderen Einkunftsart zuzurechnen wären, soweit es sich um Einkünfte aus inländischen unterhaltenden Darbietungen, aus der Nutzung beweglicher Sachen im Inland oder aus der Überlassung der Nutzung oder des Rechts auf Nutzung von gewerblichen, technischen, wissenschaftlichen und ähnlichen Erfahrungen, Kenntnissen und Fertigkeiten, zum Beispiel Plänen, Mustern und Verfahren, handelt, die im Inland genutzt werden oder worden sind; dies gilt nicht, soweit es sich um steuerpflichtige Einkünfte im Sinne der Nummern 1 bis 8 handelt;

10. sonstige Einkünfte im Sinne des § 22 Nummer 5; dies gilt auch für Leistungen ausländischer Zahlstellen, soweit die Leistungen bei einem unbeschränkt Steuerpflichtigen zu Einkünften

---

1) Zur Anwendung früherer Fassungen von § 49 Absatz 1 Nummer 5 Buchstabe a siehe § 52 Absatz 57a EStG. Zur Anwendung in dieser Fassung siehe § 52a Absatz 17 EStG.

2) Zur Anwendung von Nummer 8 in dieser Fassung siehe § 52a Absatz 17 EStG.

nach § 22 Nummer 5 Satz 1 führen würden oder wenn die Beiträge, die den Leistungen zugrunde liegen, nach § 10 Absatz 1 Nummer 2 ganz oder teilweise bei der Ermittlung der Sonderausgaben berücksichtigt wurden.

(2) Im Ausland gegebene Besteuerungsmerkmale bleiben außer Betracht, soweit bei ihrer Berücksichtigung inländische Einkünfte im Sinne des Absatzes 1 nicht angenommen werden könnten.

(3) ¹Bei Schifffahrt- und Luftfahrtunternehmen sind die Einkünfte im Sinne des Absatzes 1 Nummer 2 Buchstabe b mit 5 Prozent der für diese Beförderungsleistungen vereinbarten Entgelte anzusetzen. ²Das gilt auch, wenn Einkünfte durch eine inländische Betriebsstätte oder einen inländischen ständigen Vertreter erzielt werden (Absatz 1 Nummer 2 Buchstabe a). ³Das gilt nicht in den Fällen des Absatzes 1 Nummer 2 Buchstabe c oder soweit das deutsche Besteuerungsrecht nach einem Abkommen zur Vermeidung der Doppelbesteuerung ohne Begrenzung des Steuersatzes aufrechterhalten bleibt.

(4) ¹Abweichend von Absatz 1 Nummer 2 sind Einkünfte steuerfrei, die ein beschränkt Steuerpflichtiger mit Wohnsitz oder gewöhnlichem Aufenthalt in einem ausländischen Staat durch den Betrieb eigener oder gecharterter Schiffe oder Luftfahrzeuge aus einem Unternehmen bezieht, dessen Geschäftsleitung sich in dem ausländischen Staat befindet. ²Voraussetzung für die Steuerbefreiung ist, dass dieser ausländische Staat Steuerpflichtigen mit Wohnsitz oder gewöhnlichem Aufenthalt im Geltungsbereich dieses Gesetzes eine entsprechende Steuerbefreiung für derartige Einkünfte gewährt und dass das Bundesministerium für Verkehr, Bau und Stadtentwicklung die Steuerbefreiung nach Satz 1 für verkehrspolitisch unbedenklich erklärt hat.

§ 50¹⁾
Sondervorschriften für beschränkt Steuerpflichtige

(1) ¹Beschränkt Steuerpflichtige dürfen Betriebsausgaben (§ 4 Absatz 4 bis 8) oder Werbungskosten (§ 9) nur insoweit abziehen, als sie mit inländischen Einkünften in wirtschaftlichem Zusammenhang stehen. ²§ 32a Absatz 1 ist mit der Maßgabe anzuwenden, dass das zu versteuernde Einkommen um den Grundfreibetrag des § 32a Absatz 1 Satz 2 Nummer 1 erhöht wird; dies gilt nicht für Arbeitnehmer, die Einkünfte aus nichtselbständiger Arbeit im Sinne des § 49 Abs. 1 Nummer 4 beziehen. ³§ 9 Absatz 5 Satz 1, soweit er § 9c Absatz 1 und 3 für anwendbar erklärt, die §§ 9c, 10, 10a, 10c, 16 Absatz 4, die §§ 24b, 32, 32a Absatz 6, die §§ 33, 33a, 33b und 35a sind nicht anzuwenden. ⁴Hiervon abweichend sind bei Arbeitnehmern, die Einkünfte aus nichtselbständiger Arbeit im Sinne des § 49 Absatz 1 Nummer 4 beziehen, § 9 Absatz 5 Satz 1, soweit er § 9c Absatz 1 und 3 für anwendbar erklärt, § 10 Absatz 1 Nummer 2 und 3 sowie § 10c anzuwenden, soweit die Aufwendungen auf die Zeit entfallen, in der Einkünfte im Sinne des § 49 Absatz 1 Nummer 4 erzielt wurden. ⁵Die Jahres- und Monatsbeträge der Pauschalen nach § 9a Satz 1 Nummer 1 und § 10c ermäßigen sich zeitanteilig, wenn Einkünfte im Sinne des § 49 Absatz 1 Nummer 4 nicht während eines vollen Kalenderjahres oder Kalendermonats zugeflossen sind.

(2) ¹Die Einkommensteuer für Einkünfte, die dem Steuerabzug vom Arbeitslohn oder vom Kapitalertrag oder dem Steuerabzug auf Grund des § 50a unterliegen, gilt bei beschränkt Steuerpflichtigen durch den Steuerabzug als abgegolten. ²Satz 1 gilt nicht
1. für Einkünfte eines inländischen Betriebs;
2. wenn nachträglich festgestellt wird, dass die Voraussetzungen der unbeschränkten Einkommensteuerpflicht im Sinne des § 1 Absatz 2 oder Absatz 3 oder des § 1a nicht vorgelegen haben; § 39 Absatz 5a ist sinngemäß anzuwenden;
3. in Fällen des § 2 Absatz 7 Satz 3;
4. für Einkünfte aus nichtselbständiger Arbeit im Sinne des § 49 Absatz 1 Nummer 4,
    a) wenn auf Grund des § 39 Absatz 2 eine Eintragung auf der Bescheinigung im Sinne des § 39d Absatz 1 Satz 3 erfolgt ist oder
    b) wenn die Veranlagung zur Einkommensteuer beantragt wird (§ 46 Absatz 2 Nummer 8);
5. für Einkünfte im Sinne des § 50a Absatz 1 Nummer 1, 2 und 4, wenn die Veranlagung zur Einkommensteuer beantragt wird.

³In den Fällen des Satzes 2 Nummer 4 erfolgt die Veranlagung durch das Betriebsstättenfinanzamt, das die Bescheinigung nach § 39d Absatz 1 Satz 3 erteilt hat. ⁴Bei mehreren Betriebsstättenfinanzämtern ist das Betriebsstättenfinanzamt zuständig, in dessen Bezirk der Arbeitnehmer zuletzt beschäftigt war. ⁵Bei Arbeitnehmern mit Steuerklasse VI ist das Betriebsstättenfinanzamt zuständig, in dessen Bezirk der Arbeitnehmer zuletzt unter Anwendung der Steuerklasse I beschäftigt war. ⁶Ist keine Bescheinigung nach § 39d Absatz 1 Satz 3 erteilt worden, ist das Betriebsstättenfinanzamt zuständig, in dessen Bezirk der Arbeitnehmer zuletzt beschäftigt war. ⁷Satz 2 Nummer 4 Buchstabe b und Nummer 5 gilt nur für Staatsangehörige eines Mitgliedstaats der Europäischen Union oder eines anderen Staates, auf den das Abkommen über den Europäischen Wirtschaftsraum Anwendung findet, die im Hoheitsgebiet eines dieser Staaten ihren Wohnsitz oder gewöhnlichen Aufenthalt haben. ⁸In den Fällen des Satzes 2 Nummer 5 erfolgt die Veranlagung durch das Bundeszentralamt für Steuern.

(3) § 34c Absatz 1 bis 3 ist bei Einkünften aus Land- und Forstwirtschaft, Gewerbebetrieb oder selbständiger Arbeit, für die im Inland ein Betrieb unterhalten wird, entsprechend anzuwenden, soweit darin nicht Einkünfte aus einem ausländischen Staat enthalten sind, mit denen der beschränkt Steuerpflichtige dort in einem der unbeschränkten Steuerpflicht ähnlichen Umfang zu einer Steuer vom Einkommen herangezogen wird.

(4) Die obersten Finanzbehörden der Länder oder die von ihnen beauftragten Finanzbehörden können

---
1) Zur Anwendung von § 50 siehe § 52 Absatz 58 EStG.

mit Zustimmung des Bundesministeriums der Finanzen die Einkommensteuer bei beschränkt Steuerpflichtigen ganz oder zum Teil erlassen oder in einem Pauschbetrag festsetzen, wenn dies im besonderen öffentlichen Interesse liegt; ein besonderes öffentliches Interesse besteht insbesondere

1. im Zusammenhang mit der inländischen Veranstaltung international bedeutsamer kultureller und sportlicher Ereignisse, um deren Ausrichtung ein internationaler Wettbewerb stattfindet, oder
2. im Zusammenhang mit dem inländischen Auftritt einer ausländischen Kulturvereinigung, wenn ihr Auftritt wesentlich aus öffentlichen Mitteln gefördert wird.

§ 50a[1)]
Steuerabzug bei beschränkt Steuerpflichtigen

(1) Die Einkommensteuer wird bei beschränkt Steuerpflichtigen im Wege des Steuerabzugs erhoben
1. bei Einkünften, die durch im Inland ausgeübte künstlerische, sportliche, artistische, unterhaltende oder ähnliche Darbietungen erzielt werden, einschließlich der Einkünfte aus anderen mit diesen Leistungen zusammenhängenden Leistungen, unabhängig davon, wem die Einkünfte zufließen (§ 49 Absatz 1 Nummer 2 bis 4 und 9), es sei denn, es handelt sich um Einkünfte aus nichtselbständiger Arbeit, die bereits dem Steuerabzug vom Arbeitslohn nach § 38 Absatz 1 Satz 1 Nummer 1 unterliegen,
2. bei Einkünften aus der inländischen Verwertung von Darbietungen im Sinne der Nummer 1 (§ 49 Absatz 1 Nummer 2 bis 4 und 6),
3. bei Einkünften, die aus Vergütungen für die Überlassung der Nutzung oder des Rechts auf Nutzung von Rechten, insbesondere von Urheberrechten und gewerblichen Schutzrechten, von gewerblichen, technischen, wissenschaftlichen und ähnlichen Erfahrungen, Kenntnissen und Fertigkeiten, zum Beispiel Plänen, Mustern und Verfahren, herrühren (§ 49 Absatz 1 Nummer 2, 3, 6 und 9),
4. bei Einkünften, die Mitgliedern des Aufsichtsrats, Verwaltungsrats, Grubenvorstands und anderen mit der Überwachung der Geschäftsführung von Körperschaften, Personenvereinigungen und Vermögensmassen im Sinne des § 1 des Körperschaftsteuergesetzes beauftragten Personen sowie von anderen inländischen Personenvereinigungen des privaten und öffentlichen Rechts, bei denen die Gesellschafter nicht als Unternehmer (Mitunternehmer) anzusehen sind, für die Überwachung der Geschäftsführung gewährt werden (§ 49 Absatz 1 Nummer 3).

(2) [1]Der Steuerabzug beträgt 15 Prozent, in den Fällen des Absatzes 1 Nummer 4 beträgt er 30 Prozent der gesamten Einnahmen. [2]Vom Schuldner der Vergütung ersetzte oder übernommene Reisekosten gehören nur insoweit zu den Einnahmen, als die Fahrt- und Übernachtungsauslagen die tatsächlichen Kosten und die Vergütungen für Verpflegungsmehraufwand die Pauschbeträge nach § 4 Absatz 5 Satz 1 Nummer 5 übersteigen. [3]Bei Einkünften im Sinne des Absatzes 1 Nummer 1 wird ein Steuerabzug nicht erhoben, wenn die Einnahmen je Darbietung 250 Euro nicht übersteigen.

(3) [1]Der Schuldner der Vergütung kann von den Einnahmen in den Fällen des Absatzes 1 Nummer 1, 2 und 4 mit ihnen in unmittelbarem wirtschaftlichem Zusammenhang stehende Betriebsausgaben oder Werbungskosten abziehen, die ihm ein beschränkt Steuerpflichtiger in einer für das Bundeszentralamt für Steuern nachprüfbaren Form nachgewiesen hat oder die vom Schuldner der Vergütung übernommen worden sind. [2]Das gilt nur, wenn der beschränkt Steuerpflichtige Staatsangehöriger eines Mitgliedstaats der Europäischen Union oder eines anderen Staates ist, auf den das Abkommen über den Europäischen Wirtschaftsraum Anwendung findet, und im Hoheitsgebiet eines dieser Staaten seinen Wohnsitz oder gewöhnlichen Aufenthalt hat. [3]Es gilt entsprechend bei einer beschränkt steuerpflichtigen Körperschaft, Personenvereinigung oder Vermögensmasse im Sinne des § 32 Absatz 4 des Körperschaftsteuergesetzes. [4]In diesen Fällen beträgt der Steuerabzug von den nach Abzug der Betriebsausgaben oder Werbungskosten verbleibenden Einnahmen (Nettoeinnahmen), wenn

1. Gläubiger der Vergütung eine natürliche Person ist, 30 Prozent,
2. Gläubiger der Vergütung eine Körperschaft, Personenvereinigung oder Vermögensmasse ist, 15 Prozent.

(4) [1]Hat der Gläubiger einer Vergütung seinerseits Steuern für Rechnung eines anderen beschränkt steuerpflichtigen Gläubigers einzubehalten (zweite Stufe), kann er vom Steuerabzug absehen, wenn seine Einnahmen bereits dem Steuerabzug nach Absatz 2 unterlegen haben. [2]Wenn der Schuldner der Vergütung auf zweiter Stufe Betriebsausgaben oder Werbungskosten nach Absatz 3 geltend macht, die Veranlagung nach § 50 Absatz 2 Satz 2 Nummer 5 beantragt oder die Erstattung der Abzugsteuer nach § 50d Abs. 1 oder einer anderen Vorschrift beantragt, hat er die nach Absatz 2 oder Absatz 3 ergebende Steuer zu diesem Zeitpunkt zu entrichten; Absatz 5 gilt entsprechend.

(5) [1]Die Steuer entsteht in dem Zeitpunkt, in dem die Vergütung dem Gläubiger zufließt. [2]In diesem Zeitpunkt hat der Schuldner der Vergütung den Steuerabzug für Rechnung des Gläubigers (Steuerschuldner) vorzunehmen. [3]Er hat die innerhalb eines Kalendervierteljahres einbehaltene Steuer jeweils bis zum zehnten des dem Kalendervierteljahr folgenden Monats an das Bundeszentralamt für Steuern abzuführen. [4]Der Schuldner der Vergütung haftet für die Einbehaltung und Abführung der Steuer. [5]Der Steuerschuldner kann in Anspruch genommen werden, wenn der Schuldner der Vergütung den Steuerabzug nicht vorschriftsmäßig vorgenommen hat. [6]Der Schuldner der Vergütung ist verpflichtet, dem Gläubiger auf Verlangen die folgenden Angaben nach amtlich vorgeschriebenem Muster zu bescheinigen:

[1)] Zur Anwendung von § 50a siehe § 52 Absatz 58a, 58b EStG.

1. den Namen und die Anschrift des Gläubigers,
2. die Art der Tätigkeit und Höhe der Vergütung in Euro,
3. den Zahlungstag,
4. den Betrag der einbehaltenen und abgeführten Steuer nach Absatz 2 oder Absatz 3.

(6) Die Bundesregierung kann durch Rechtsverordnung mit Zustimmung des Bundesrates bestimmen, dass bei Vergütungen für die Nutzung oder das Recht auf Nutzung von Urheberrechten (Absatz 1 Nummer 3), die nicht unmittelbar an den Gläubiger, sondern an einen Beauftragten geleistet werden, anstelle des Schuldners der Vergütung der Beauftragte die Steuer einzubehalten und abzuführen hat und für die Einbehaltung und Abführung haftet.

(7) ¹Das Finanzamt des Vergütungsgläubigers kann anordnen, dass der Schuldner der Vergütung für Rechnung des Gläubigers (Steuerschuldner) die Einkommensteuer von beschränkt steuerpflichtigen Einkünften, soweit diese nicht bereits dem Steuerabzug unterliegen, im Wege des Steuerabzugs einzubehalten und abzuführen hat, wenn dies zur Sicherung des Steueranspruchs zweckmäßig ist. ²Der Steuerabzug beträgt 25 Prozent der gesamten Einnahmen, bei Körperschaften, Personenvereinigungen oder Vermögensmassen 15 Prozent der gesamten Einnahmen, wenn der Vergütungsgläubiger nicht glaubhaft macht, dass die voraussichtlich geschuldete Steuer niedriger ist. ³Absatz 5 gilt entsprechend mit der Maßgabe, dass die Steuer bei dem Finanzamt anzumelden und abzuführen ist, das den Steuerabzug angeordnet hat. ⁴§ 50 Absatz 2 Satz 1 ist nicht anzuwenden.

IX. Sonstige Vorschriften, Bußgeld-, Ermächtigungs- und Schlussvorschriften

§ 50b
Prüfungsrecht

¹Die Finanzbehörden sind berechtigt, Verhältnisse, die für die Anrechnung oder Vergütung von Körperschaftsteuer, für die Anrechnung oder Erstattung von Kapitalertragsteuer, für die Nichtvornahme des Steuerabzugs, für die Ausstellung der Jahresbescheinigung nach § 24c oder für die Mitteilungen an das Bundeszentralamt für Steuern nach § 45e von Bedeutung sind oder der Aufklärung bedürfen, bei den am Verfahren Beteiligten zu prüfen. ²Die §§ 193 bis 203 der Abgabenordnung gelten sinngemäß.

§ 50c¹⁾
(Wertminderung von Anteilen durch Gewinnausschüttungen)
(weggefallen)

§ 50d²⁾
Besonderheiten im Fall von Doppelbesteuerungsabkommen und der §§ 43b und 50g

(1) ¹Können Einkünfte, die dem Steuerabzug vom Kapitalertrag oder dem Steuerabzug auf Grund des § 50a unterliegen, nach den §§ 43b, 50g oder nach einem Abkommen zur Vermeidung der Doppelbesteuerung nicht oder nur nach einem niedrigeren Steuersatz besteuert werden, so sind die Vorschriften über die Einbehaltung, Abführung und Anmeldung der Steuer ungeachtet der §§ 43b und 50g sowie des Abkommens anzuwenden. ²Unberührt bleibt der Anspruch des Gläubigers der Kapitalerträge oder Vergütungen auf völlige oder teilweise Erstattung der einbehaltenen und abgeführten oder der auf Grund Haftungsbescheid oder Nachforderungsbescheid entrichteten Steuer. ³Die Erstattung erfolgt auf Antrag des Gläubigers der Kapitalerträge oder Vergütungen auf der Grundlage eines Freistellungsbescheids; der Antrag ist nach amtlich vorgeschriebenem Vordruck bei dem Bundeszentralamt für Steuern zu stellen. ⁴Der zu erstattende Betrag wird nach Bekanntgabe der Freistellungsbescheids ausgezahlt. ⁵Hat der Gläubiger der Vergütungen im Sinne des § 50a nach § 50a Absatz 5 Steuern für Rechnung beschränkt steuerpflichtiger Gläubiger einzubehalten, kann die Auszahlung des Erstattungsanspruchs davon abhängig gemacht werden, dass er die Zahlung der von ihm einzubehaltenden Steuer nachweist, hierfür Sicherheit leistet oder unwiderruflich die Zustimmung zur Verrechnung seines Erstattungsanspruchs mit seiner Steuerzahlungsschuld erklärt. ⁶Das Bundeszentralamt für Steuern kann zulassen, dass Anträge auf maschinell verwertbaren Datenträgern gestellt werden. ⁷Die Frist für den Antrag auf Erstattung beträgt vier Jahre nach Ablauf des Kalenderjahres, in dem die Kapitalerträge oder Vergütungen bezogen worden sind. ⁸Die Frist nach Satz 7 endet nicht vor Ablauf von sechs Monaten nach dem Zeitpunkt der Entrichtung der Steuer. ⁹Für die Erstattung der Kapitaltragsteuer gilt § 45 entsprechend. ¹⁰Der Schuldner der Kapitalerträge oder Vergütungen kann sich vorbehaltlich des Absatzes 2 nicht auf die Rechte des Gläubigers aus dem Abkommen berufen.

(1a) ¹Der nach Absatz 1 in Verbindung mit § 50g zu erstattende Betrag ist zu verzinsen. ²Der Zinslauf beginnt zwölf Monate nach Ablauf des Monats, in dem der Antrag auf Erstattung und alle für die Entscheidung erforderlichen Nachweise vorliegen, frühestens am Tag der Entrichtung der Steuer durch den Schuldner der Kapitalerträge oder Vergütungen. ³Er endet mit Ablauf des Tages, an dem der Freistellungsbescheid wirksam wird. ⁴Wird der Freistellungsbescheid aufgehoben, geändert oder nach § 129 der Abgabenordnung berichtigt, ist eine bisherige Zinsfestsetzung zu ändern. ⁵§ 233a Absatz 5 der Abgabenordnung gilt sinngemäß. ⁶Für die Höhe und Berechnung der Zinsen gilt § 238 der Abgabenordnung. ⁷Auf die Festsetzung der Zinsen ist § 239 der Abgabenordnung sinngemäß anzuwenden. ⁸Die Vorschriften dieses Absatzes sind nicht anzuwenden, wenn der Steuerabzug keine abgeltende Wirkung hat (§ 50 Absatz 2).

(2) ¹In den Fällen der §§ 43b, 50a Absatz 1, § 50g kann der Schuldner der Kapitalerträge oder Vergütungen den Steuerabzug nach Maßgabe von § 43b oder § 50g oder des Abkommens unterlassen oder nach einem niedrigeren Steuersatz vornehmen, wenn das Bundeszentralamt für Steuern dem Gläubiger

---

1) Zur weiteren Anwendung von § 50c EStG siehe § 52 Absatz 59 EStG.
2) Zur Anwendung von § 50d EStG siehe § 52 Absatz 59a EStG.

auf Grund eines vom ihm nach amtlich vorgeschriebenem Vordruck gestellten Antrags bescheinigt, dass die Voraussetzungen dafür vorliegen (Freistellung im Steuerabzugsverfahren); dies gilt auch bei Kapitalerträgen, die einer nach einem Abkommen zur Vermeidung der Doppelbesteuerung im anderen Vertragsstaat ansässigen Kapitalgesellschaft, die am Nennkapital einer unbeschränkt steuerpflichtigen Kapitalgesellschaft im Sinne des § 1 Absatz 1 Nummer 1 des Körperschaftsteuergesetzes zu mindestens einem Zehntel unmittelbar beteiligt ist und im Staat ihrer Ansässigkeit den Steuern vom Einkommen oder Gewinn unterliegt, ohne davon befreit zu sein, von der unbeschränkt steuerpflichtigen Kapitalgesellschaft zufließen. ²Die Freistellung kann unter dem Vorbehalt des Widerrufs erteilt und von Auflagen oder Bedingungen abhängig gemacht werden. ³Sie kann in den Fällen des § 50a Absatz 1 von der Bedingung abhängig gemacht werden, dass die Erfüllung der Verpflichtungen nach § 50a Absatz 5 nachgewiesen werden, soweit die Vergütungen an andere beschränkt Steuerpflichtige weitergeleitet werden. ⁴Die Geltungsdauer der Bescheinigung nach Satz 1 beginnt frühestens an dem Tag, an dem der Antrag beim Bundeszentralamt für Steuern eingeht; sie beträgt mindestens ein Jahr und darf drei Jahre nicht überschreiten; der Gläubiger der Kapitalerträge oder der Vergütungen ist verpflichtet, den Wegfall der Voraussetzungen für die Freistellung unverzüglich dem Bundesamt für Finanzen mitzuteilen. ⁵Voraussetzung für die Abstandnahme vom Steuerabzug ist, dass dem Schuldner der Kapitalerträge oder Vergütungen die Bescheinigung nach Satz 1 vorliegt. ⁶Über den Antrag ist innerhalb von drei Monaten zu entscheiden. ⁷Die Frist beginnt mit der Vorlage aller für die Entscheidung erforderlichen Nachweise. ⁸Bestehende Anmeldeverpflichtungen bleiben unberührt.

(3) ¹Eine ausländische Gesellschaft hat keinen Anspruch auf völlige oder teilweise Entlastung nach Absatz 1 oder Absatz 2, soweit Personen an ihr beteiligt sind, denen die Erstattung oder Freistellung nicht zustände, wenn sie die Einkünfte unmittelbar erzielten, und

1. für die Einschaltung der ausländischen Gesellschaft wirtschaftliche oder sonst beachtliche Gründe fehlen oder
2. die ausländische Gesellschaft nicht mehr als 10 Prozent ihrer gesamten Bruttoerträge des betreffenden Wirtschaftsjahres aus eigener Wirtschaftstätigkeit erzielt oder
3. die ausländische Gesellschaft nicht mit einem für ihren Geschäftszweck angemessen eingerichteten Geschäftsbetrieb am allgemeinen wirtschaftlichen Verkehr teilnimmt.

²Maßgebend sind ausschließlich die Verhältnisse der ausländischen Gesellschaft; organisatorische, wirtschaftliche oder sonst beachtliche Merkmale der Unternehmen, die der ausländischen Gesellschaft nahe stehen (§ 1 Absatz 2 des Außensteuergesetzes), bleiben außer Betracht. ³An einer eigenen Wirtschaftstätigkeit fehlt es, soweit die ausländische Gesellschaft ihre Bruttoerträge aus der Verwaltung von Wirtschaftsgütern erzielt oder ihre wesentlichen Geschäftstätigkeiten auf Dritte überträgt. ⁴Die Sätze 1 bis 3 sind nicht anzuwenden, wenn mit der Hauptgattung der Aktien der ausländischen Gesellschaft ein wesentlicher und regelmäßiger Handel an einer anerkannten Börse stattfindet oder für die ausländische Gesellschaft die Vorschriften des Investmentsteuergesetzes gelten.

(4) ¹Der Gläubiger der Kapitalerträge oder Vergütungen im Sinne des § 50a hat nach amtlich vorgeschriebenem Vordruck durch eine Bestätigung der für ihn zuständigen Steuerbehörde des anderen Staates nachzuweisen, dass er dort ansässig ist oder die Voraussetzungen des § 50g Absatz 3 Nummer 5 Buchstabe c erfüllt sind. ²Das Bundesministerium der Finanzen kann im Einvernehmen mit den obersten Finanzbehörden der Länder erleichterte Verfahren oder vereinfachte Nachweise zulassen.

(5) ¹Abweichend von Absatz 2 kann das Bundeszentralamt für Steuern in den Fällen des § 50a Absatz 1 Nummer 3 den Schuldner der Vergütung auf Antrag allgemein ermächtigen, den Steuerabzug zu unterlassen oder nach einem niedrigeren Steuersatz vorzunehmen (Kontrollmeldeverfahren). ²Die Ermächtigung kann in Fällen geringer steuerlicher Bedeutung erteilt und mit Auflagen verbunden werden. ³Einer Bestätigung nach Absatz 4 Satz 1 bedarf es im Kontrollmeldeverfahren nicht. ⁴Inhalt der Auflage kann die Angabe des Namens, des Wohnortes oder des Ortes des Sitzes oder der Geschäftsleitung des Schuldners und des Gläubigers, der Art der Vergütung, des Bruttobetrags und des Zeitpunkts der Zahlungen sowie des einbehaltenen Steuerbetrags sein. ⁵Mit dem Antrag auf Teilnahme am Kontrollmeldeverfahren gilt die Zustimmung des Gläubigers und des Schuldners zur Weiterleitung der Angaben des Schuldners an den Wohnsitz- oder Sitzstaat des Gläubigers als erteilt. ⁶Die Ermächtigung ist als Beleg aufzubewahren. ⁷Absatz 2 Satz 8 gilt entsprechend.

(6) Soweit Absatz 2 nicht anwendbar ist, gilt Absatz 5 auch für Kapitalerträge im Sinne des § 43 Absatz 1 Satz 1 Nummer 1 und 4, wenn sich im Zeitpunkt der Zahlung des Kapitalertrags der Anspruch auf Besteuerung nach einem niedrigeren Steuersatz ohne nähere Ermittlungen feststellen lässt.

(7) Werden Einkünfte im Sinne des § 49 Absatz 1 Nummer 4 aus einer Kasse einer juristischen Person des öffentlichen Rechts im Sinne der Vorschrift eines Abkommens zur Vermeidung der Doppelbesteuerung über den öffentlichen Dienst gewährt, so ist diese Vorschrift bei Bestehen eines Dienstverhältnissen mit einer anderen Person in der Weise auszulegen, dass die Vergütung für die erstgenannte Person geleistete Dienste gezahlt werden, wenn sie ganz oder im Wesentlichen aus öffentlichen Mitteln aufgebracht werden.

(8) ¹Sind Einkünfte eines unbeschränkt Steuerpflichtigen aus nichtselbständiger Arbeit (§ 19) nach einem Abkommen zur Vermeidung der Doppelbesteuerung von der Bemessungsgrundlage der deutschen Steuer auszunehmen, wird die Freistellung bei der Veranlagung ungeachtet des Abkommens nur gewährt, soweit der Steuerpflichtige nachweist, dass der Staat, dem nach dem Abkommen das Besteuerungsrecht zusteht, auf dieses Be-

steuerungsrecht verzichtet hat oder dass die in diesem Staat auf die Einkünfte festgesetzten Steuern entrichtet wurden. ²Wird ein solcher Nachweis erst geführt, nachdem die Einkünfte in eine Veranlagung zur Einkommensteuer einbezogen wurden, ist der Steuerbescheid insoweit zu ändern. ³§ 175 Absatz 1 Satz 2 der Abgabenordnung ist entsprechend anzuwenden.

(9) ¹Sind Einkünfte eines unbeschränkt Steuerpflichtigen nach einem Abkommen zur Vermeidung der Doppelbesteuerung von der Bemessungsgrundlage der deutschen Steuer auszunehmen, so wird die Freistellung der Einkünfte ungeachtet des Abkommens nicht gewährt, wenn

1. der andere Staat die Bestimmungen des Abkommens so anwendet, dass die Einkünfte in diesem Staat von der Besteuerung auszunehmen sind oder nur zu einem durch das Abkommen begrenzten Steuersatz besteuert werden können, oder
2. die Einkünfte in dem anderen Staat nur deshalb nicht steuerpflichtig sind, weil sie von einer Person bezogen werden, die in diesem Staat nicht auf Grund ihres Wohnsitzes, ständigen Aufenthalts, des Ortes ihrer Geschäftsleitung, des Sitzes oder eines ähnlichen Merkmals unbeschränkt steuerpflichtig ist.

²Nummer 2 gilt nicht für Dividenden, die nach einem Abkommen zur Vermeidung der Doppelbesteuerung von der Bemessungsgrundlage der deutschen Steuer auszunehmen sind, es sei denn, die Dividenden sind bei der Ermittlung des Gewinns der ausschüttenden Gesellschaft abgezogen worden. ³Bestimmungen eines Abkommens zur Vermeidung der Doppelbesteuerung, die die Freistellung von Einkünften in einem weitergehenden Umfang einschränken, sowie Absatz 8 und § 20 Absatz 2 des Außensteuergesetzes bleiben unberührt.

(10) ¹Sind auf Vergütungen im Sinne des § 15 Absatz 1 Satz 1 Nummer 2 Satz 1 zweiter Halbsatz und Nummer 3 zweiter Halbsatz die Vorschriften eines Abkommens zur Vermeidung der Doppelbesteuerung anzuwenden und enthält das Abkommen keine solche Vergütungen betreffende ausdrückliche Regelung, gelten diese Vergütungen für Zwecke der Anwendung des Abkommens ausschließlich als Unternehmensgewinne. ²Absatz 9 Nummer 1 bleibt unberührt.

§ 50e
Bußgeldvorschriften; Nichtverfolgung von Steuerstraftaten bei geringfügiger Beschäftigung in Privathaushalten

(1) ¹Ordnungswidrig handelt, wer vorsätzlich oder leichtfertig entgegen § 45d Absatz 1 Satz 1, § 45d Absatz 3 Satz 1, der nach § 45e erlassenen Rechtsverordnung oder den unmittelbar geltenden Verträgen mit den in Artikel 17 der Richtlinie 2003/48/EG genannten Staaten und Gebieten eine Mitteilung nicht, nicht richtig, nicht vollständig oder nicht rechtzeitig abgibt. ²Die Ordnungswidrigkeit kann mit einer Geldbuße bis zu fünftausend Euro geahndet werden.

(2) ¹Liegen die Voraussetzungen des § 40a Absatz 2 vor, werden Steuerstraftaten (§§ 369 bis 376 der Abgabenordnung) als solche nicht verfolgt, wenn der Arbeitgeber in den Fällen des § 8a des Vierten Buches Sozialgesetzbuch entgegen § 41a Absatz 1 Nummer 1, auch in Verbindung mit Absatz 2 und 3 und § 51a, und § 40a Absatz 6 Satz 3 dieses Gesetzes in Verbindung mit § 28a Absatz 7 Satz 1 des Vierten Buches Sozialgesetzbuch für das Arbeitsentgelt die Lohnsteuer-Anmeldung und die Anmeldung der einheitlichen Pauschsteuer nicht oder nicht rechtzeitig durchführt und dadurch Steuern verkürzt oder für sich oder einen anderen nicht gerechtfertigte Steuervorteile erlangt. ³Die Freistellung von der Verfolgung nach Satz 1 gilt auch für den Arbeitnehmer einer in Satz 1 genannten Beschäftigung, der die Finanzbehörde pflichtwidrig über erhebliche Tatsachen aus dieser Beschäftigung in Unkenntnis lässt. ³Die Bußgeldvorschriften der §§ 377 bis 384 der Abgabenordnung bleiben mit der Maßgabe anwendbar, dass § 378 der Abgabenordnung auch bei vorsätzlichem Handeln anwendbar ist.

§ 50f
Bußgeldvorschriften

(1) Ordnungswidrig handelt, wer vorsätzlich oder leichtfertig entgegen § 22a Absatz 2 Satz 9 die Identifikationsnummer für andere als die dort genannten Zwecke verwendet.

(2) Die Ordnungswidrigkeit kann mit einer Geldbuße bis zu zehntausend Euro geahndet werden.

§ 50g[1)]
Entlastung vom Steuerabzug bei Zahlungen von Zinsen und Lizenzgebühren zwischen verbundenen Unternehmen verschiedener Mitgliedstaaten der Europäischen Union

(1) ¹Auf Antrag werden die Kapitalertragsteuer für Zinsen und die Steuer auf Grund des § 50a für Lizenzgebühren, die von einem Unternehmen der Bundesrepublik Deutschland oder einer dort gelegenen Betriebsstätte eines Unternehmens eines anderen Mitgliedstaates der Europäischen Union als Schuldner an ein Unternehmen eines anderen Mitgliedstaates der Europäischen Union oder an eine in einem anderen Mitgliedstaat der Europäischen Union gelegene Betriebsstätte eines Unternehmens eines Mitgliedstaates der Europäischen Union als Gläubiger gezahlt werden, nicht erhoben. ²Erfolgt die Besteuerung durch Veranlagung, werden die Zinsen und Lizenzgebühren bei der Ermittlung der Einkünfte nicht erfasst. ³Voraussetzung für die Anwendung der Sätze 1 und 2 ist, dass der Gläubiger der Zinsen oder Lizenzgebühren ein mit dem Schuldner verbundenes Unternehmen oder dessen Betriebsstätte ist. ⁴Die Sätze 1 bis 3 sind nicht anzuwenden, wenn die Zinsen oder Lizenzgebühren an eine Betriebsstätte eines Unternehmens eines Mitgliedstaates der Europäischen Union als Gläubiger gezahlt werden, die in einem Staat außerhalb der Europäischen Union oder im Inland gelegen ist und in der die Tätigkeit des Unternehmens ganz oder teilweise ausgeübt wird.

[1)] Zur erstmaligen Anwendung von § 50g siehe § 52 Absatz 59b EStG.

(2) Absatz 1 ist nicht anzuwenden auf die Zahlung von

1. Zinsen,

    a) die nach deutschem Recht als Gewinnausschüttung behandelt werden (§ 20 Absatz 1 Nummer 1 Satz 2) oder

    b) die auf Forderungen beruhen, die einen Anspruch auf Beteiligung am Gewinn des Schuldners begründen;

2. Zinsen oder Lizenzgebühren, die den Betrag übersteigen, den der Schuldner und der Gläubiger ohne besondere Beziehungen, die zwischen den beiden oder einem von ihnen und einem Dritten auf Grund von Absatz 3 Nummer 5 Buchstabe b bestehen, vereinbart hätten.

(3) Für die Anwendung der Absätze 1 und 2 gelten die folgenden Begriffsbestimmungen und Beschränkungen:

1. Der Gläubiger muss der Nutzungsberechtigte sein. ²Nutzungsberechtigter ist

    a) ein Unternehmen, wenn es die Einkünfte im Sinne von § 2 Absatz 1 erzielt;

    b) eine Betriebsstätte, wenn

        aa) die Forderung, das Recht oder der Gebrauch von Informationen, auf Grund derer/dessen Zahlungen von Zinsen oder Lizenzgebühren geleistet werden, tatsächlich zu der Betriebsstätte gehört und

        bb) die Zahlungen der Zinsen oder Lizenzgebühren Einkünfte darstellen, auf Grund derer die Gewinne der Betriebsstätte in dem Mitgliedstaat der Europäischen Union, in dem sie gelegen ist, zu einer der in Nummer 5 Buchstabe a Doppelbuchstabe cc genannten Steuer beziehungsweise im Fall Belgiens dem „impôt des non-résidents/ belasting der nietverblijfhouders" beziehungsweise im Fall Spaniens dem „Impuesto sobre la Renta de no Residentes" beziehungsweise zu einer mit diesen Steuern identischen oder weitgehend ähnlichen Steuer herangezogen werden, die nach dem jeweiligen Zeitpunkt des Inkrafttretens der Richtlinie 2003/ 49/EG des Rates vom 3. Juni 2003 über eine gemeinsame Steuerregelung für Zahlungen von Zinsen und Lizenzgebühren zwischen verbundenen Unternehmen verschiedener Mitgliedstaaten (ABl. EU Nr. L 157 S. 49), zuletzt geändert durch die Richtlinie 2006/98/EG des Rates vom 20. November 2006 (ABl. EU Nr. L 363 S. 129), anstelle der bestehenden Steuern oder ergänzend zu ihnen eingeführt wird.

2. Eine Betriebsstätte gilt nur dann als Schuldner der Zinsen oder Lizenzgebühren, wenn die Zahlung bei der Ermittlung des Gewinns der Betriebsstätte eine steuerlich abzugsfähige Betriebsausgabe ist.

3. Gilt eine Betriebsstätte eines Unternehmens eines Mitgliedstaates der Europäischen Union als Schuldner oder Gläubiger von Zinsen oder Lizenzgebühren, so wird kein anderer Teil des Unternehmens als Schuldner oder Gläubiger der Zinsen oder Lizenzgebühren angesehen.

4. Im Sinne des Absatzes 1 sind

    a) „Zinsen" Einkünfte aus Forderungen jeder Art, auch wenn die Forderungen durch Pfandrechte an Grundstücken gesichert sind, insbesondere Einkünfte aus öffentlichen Anleihen und aus Obligationen einschließlich der damit verbundenen Aufgelder und der Gewinne aus Losanleihen; Zuschläge für verspätete Zahlung und die Rückzahlung von Kapital gelten nicht als Zinsen;

    b) „Lizenzgebühren" Vergütungen jeder Art, die für die Nutzung oder für das Recht auf Nutzung von Urheberrechten an literarischen, künstlerischen oder wissenschaftlichen Werken, einschließlich kinematografischer Filme und Software, von Patenten, Marken, Mustern oder Modellen, Plänen, geheimen Formeln oder Verfahren oder für die Mitteilung gewerblicher, kaufmännischer oder wissenschaftlicher Erfahrungen gezahlt werden; Zahlungen für die Nutzung oder das Recht auf Nutzung gewerblicher, kaufmännischer oder wissenschaftlicher Ausrüstungen gelten als Lizenzgebühren.

5. Die Ausdrücke „Unternehmen eines Mitgliedstaates der Europäischen Union", „verbundenes Unternehmen" und „Betriebsstätte" bedeuten:

    a) „Unternehmen eines Mitgliedstaates der Europäischen Union" jedes Unternehmen, das

        aa) eine der in Anlage 3 Nummer 1 zu diesem Gesetz aufgeführten Rechtsformen aufweist und

        bb) nach dem Steuerrecht eines Mitgliedstaates in diesem Mitgliedstaat ansässig ist und nicht nach einem zwischen dem betreffenden Staat und einem Staat außerhalb der Europäischen Union geschlossenen Abkommen zur Vermeidung der Doppelbesteuerung von Einkünften für steuerliche Zwecke als außerhalb der Gemeinschaft ansässig gilt und

        cc) einer der in Anlage 3 Nummer 2 zu diesem Gesetz aufgeführten Steuern unterliegt und nicht von ihr befreit ist. ²Entsprechendes gilt für eine mit diesen Steuern identische oder weitgehend ähnliche Steuer, die nach dem jeweiligen Zeitpunkt des Inkrafttretens der Richtlinie 2003/49/EG des Rates vom 3. Juni 2003 (ABl. EU Nr. L 157 S. 49), zuletzt geändert durch die Richtlinie 2006/98/ EG des Rates vom 20. November 2006 (ABl. EU Nr. L 363 S. 129), anstelle der bestehenden Steuern oder ergänzend zu ihnen eingeführt wird.

²Ein Unternehmen ist im Sinne von Doppelbuchstabe bb in einem Mitgliedstaat der Europäischen Union ansässig, wenn es der unbeschränkten Steuerpflicht im Inland oder einer vergleichbaren Besteuerung in einem anderen Mitgliedstaat der Europäischen Union nach dessen Rechtsvorschriften unterliegt.

b) „Verbundenes Unternehmen" jedes Unternehmen, das dadurch mit eine zweiten Unternehmen verbunden ist, dass

aa) das erste Unternehmen unmittelbar mindestens zu 25 Prozent an dem Kapital des zweiten Unternehmens beteiligt ist oder

bb) das zweite Unternehmen unmittelbar mindestens zu 25 Prozent an dem Kapital des ersten Unternehmens beteiligt ist oder

cc) ein drittes Unternehmen unmittelbar mindestens zu 25 Prozent an dem Kapital des ersten Unternehmens und dem Kapital des zweiten Unternehmens beteiligt ist.

²Die Beteiligungen dürfen nur zwischen Unternehmen bestehen, die in einem Mitgliedstaat der Europäischen Union ansässig sind.

c) „Betriebsstätte" eine feste Geschäftseinrichtung in einem Mitgliedstaat der Europäischen Union, in der die Tätigkeit eines Unternehmens eines anderen Mitgliedstaates der Europäischen Union ganz oder teilweise ausgeübt wird.

(4) ¹Die Entlastung nach Absatz 1 ist zu versagen oder zu entziehen, wenn der hauptsächliche Beweggrund oder einer der hauptsächlichen Beweggründe für Geschäftsvorfälle die Steuervermeidung oder der Missbrauch sind. ²§ 50d Absatz 3 bleibt unberührt.

(5) Entlastungen von der Kapitalertragsteuer für Zinsen und der Steuer auf Grund des § 50a nach einem Abkommen zur Vermeidung der Doppelbesteuerung, die weiter gehen als die nach Absatz 1 gewährten, werden durch Absatz 1 nicht eingeschränkt.

(6) ¹Ist im Fall des Absatzes 1 Satz 1 eines der Unternehmen ein Unternehmen der Schweizerischen Eidgenossenschaft oder ist eine in der Schweizerischen Eidgenossenschaft gelegene Betriebsstätte eines Unternehmens eines anderen Mitgliedstaats der Europäischen Union Gläubiger der Zinsen oder Lizenzgebühren, gelten die Absätze 1 bis 5 entsprechend mit der Maßgabe, dass die Schweizerische Eidgenossenschaft insoweit einem Mitgliedstaat der Europäischen Union gleichgestellt ist. ²Absatz 3 Nummer 5 Buchstabe a gilt entsprechend mit der Maßgabe, dass ein Unternehmen der Schweizerischen Eidgenossenschaft jedes Unternehmen ist, das

1. eine der folgenden Rechtsformen aufweist:

   – Aktiengesellschaft/société anonyme/società anonima;

   – Gesellschaft mit beschränkter Haftung/société à responsabilité limitée/ società a responsabilità limitata;

   – Kommanditaktiengesellschaft/société en commandite par actions/società in accomandita per azioni, und

2. nach dem Steuerrecht der Schweizerischen Eidgenossenschaft dort ansässig ist und nicht nach einem zwischen der Schweizerischen Eidgenossenschaft und einem Staat außerhalb der Europäischen Union geschlossenen Abkommen zur Vermeidung der Doppelbesteuerung von Einkünften für steuerliche Zwecke als außerhalb der Gemeinschaft oder der Schweizerischen Eidgenossenschaft ansässig gilt, und

3. unbeschränkt der schweizerischen Körperschaftsteuer unterliegt, ohne von ihr befreit zu sein.

§ 50h[1])
Bestätigung für Zwecke der Entlastung von Quellensteuern in einem anderen Mitgliedstaat der Europäischen Union oder der Schweizerischen Eidgenossenschaft

Auf Antrag hat das Finanzamt, das für die Besteuerung eines Unternehmens der Bundesrepublik Deutschland oder einer dort gelegenen Betriebsstätte eines Unternehmens eines anderen Mitgliedstaats der Europäischen Union im Sinne des § 50g Absatz 3 Nummer 5 oder eines Unternehmens der Schweizerischen Eidgenossenschaft im Sinne des § 50g Absatz 6 Satz 2 zuständig ist, für die Entlastung von der Quellensteuer dieses Staats auf Zinsen oder Lizenzgebühren im Sinne des § 50g zu bescheinigen, dass das empfangende Unternehmen steuerlich im Inland ansässig ist oder die Betriebsstätte im Inland gelegen ist.

§ 51
Ermächtigungen

(1) Die Bundesregierung wird ermächtigt, mit Zustimmung des Bundesrates

1. zur Durchführung dieses Gesetzes Rechtsverordnungen zu erlassen, soweit dies zur Wahrung der Gleichmäßigkeit bei der Besteuerung, zur Beseitigung von Unbilligkeiten in Härtefällen, zur Steuerfreistellung des Existenzminimums oder zur Vereinfachung des Besteuerungsverfahrens erforderlich ist, und zwar:

   a) über die Abgrenzung der Steuerpflicht, die Beschränkung der Steuererklärungspflicht auf die Fälle, in denen eine Veranlagung in Betracht kommt, über die den Einkommensteuererklärungen beizufügenden Unterlagen und über die Beistandspflichten Dritter;

   b) über die Ermittlung der Einkünfte und die Feststellung des Einkommens einschließlich der abzugsfähigen Beträge;

   c) über die Höhe von besonderen Betriebsausgaben-Pauschbeträgen für Gruppen von Betrieben, bei denen hinsichtlich der Besteuerungsgrundlagen annähernd gleiche Verhältnisse vorliegen, wenn der Steuer-

---

1) Zur erstmaligen Anwendung von § 50h siehe § 52 Absatz 59b EStG.

pflichtige Einkünfte aus Gewerbebetrieb (§ 15) oder selbständiger Arbeit (§ 18) erzielt, in Höhe eines Prozentsatzes der Umsätze im Sinne des § 1 Absatz 1 Nummer 1 des Umsatzsteuergesetzes; Umsätze aus der Veräußerung von Wirtschaftsgütern des Anlagevermögens sind nicht zu berücksichtigen. ²Einen besonderen Betriebsausgaben-Pauschbetrag dürfen nur Steuerpflichtige in Anspruch nehmen, die ihren Gewinn durch Einnahme-Überschussrechnung nach § 4 Absatz 3 ermitteln. ³Bei der Festlegung der Höhe des besonderen Betriebsausgaben-Pauschbetrags ist der Zuordnung der Betriebe entsprechend der Klassifikation der Wirtschaftszweige, Fassung für Steuerstatistiken, Rechnung zu tragen. ⁴Bei der Ermittlung der besonderen Betriebsausgaben-Pauschbeträge sind alle Betriebsausgaben mit Ausnahme der an das Finanzamt gezahlten Umsatzsteuer zu berücksichtigen. ⁵Bei der Veräußerung oder Entnahme von Wirtschaftsgütern des Anlagevermögens sind die Anschaffungs- oder Herstellungskosten, vermindert um die Absetzungen für Abnutzung nach § 7 Absatz 1 oder 4 sowie die Veräußerungskosten neben dem besonderen Betriebsausgaben-Pauschbetrag abzugsfähig. ⁶Der Steuerpflichtige kann im folgenden Veranlagungszeitraum zur Ermittlung der tatsächlichen Betriebsausgaben übergehen. ⁷Wechselt der Steuerpflichtige zur Ermittlung der tatsächlichen Betriebsausgaben, sind die abnutzbaren Wirtschaftsgüter des Anlagevermögens mit ihren Anschaffungs- oder Herstellungskosten, vermindert um die Absetzungen für Abnutzung nach § 7 Absatz 1 oder 4, in ein laufend zu führendes Verzeichnis aufzunehmen. ⁸§ 4 Absatz 3 Satz 5 bleibt unberührt. ⁹Nach dem Wechsel zur Ermittlung der tatsächlichen Betriebsausgaben ist eine erneute Inanspruchnahme des besonderen Betriebsausgaben-Pauschbetrags erst nach Ablauf der folgenden vier Veranlagungszeiträume zulässig; die §§ 140 und 141 der Abgabenordnung bleiben unberührt;

d) über die Veranlagung, die Anwendung der Tarifvorschriften und die Regelung der Steuerentrichtung einschließlich der Steuerabzüge;

e) über die Besteuerung der beschränkt Steuerpflichtigen einschließlich eines Steuerabzugs;

f) in Fällen, in denen ein Sachverhalt zu ermitteln und steuerrechtlich zu beurteilen ist, der sich auf Vorgänge außerhalb des Geltungsbereichs dieses Gesetzes bezieht, und außerhalb des Geltungsbereichs dieses Gesetzes ansässige Beteiligte oder andere Personen nicht wie bei Vorgängen innerhalb des Geltungsbereichs dieses Gesetzes zur Mitwirkung bei der Ermittlung des Sachverhalts herangezogen werden können, zu bestimmen,

aa) in welchem Umfang Aufwendungen im Sinne des § 4 Absatz 4 oder des § 9 den Gewinn oder den Überschuss der Einnahmen über die Werbungskosten nur unter Erfüllung besonderer Mitwirkungs- und Nachweispflichten mindern dürfen. ²Die besonderen Mitwirkungs- und Nachweispflichten können sich erstrecken auf

aaa) die Angemessenheit der zwischen nahestehenden Personen im Sinne des § 1 Absatz 2 des Außensteuergesetzes in ihren Geschäftsbeziehungen vereinbarten Bedingungen,

bbb) die Angemessenheit der Gewinnabgrenzung zwischen unselbständigen Unternehmensteilen,

ccc) die Pflicht zur Einhaltung von für nahestehende Personen geltenden Dokumentations- und Nachweispflichten auch bei Geschäftsbeziehungen zwischen nicht nahestehenden Personen,

ddd) die Bevollmächtigung der Finanzbehörde durch den Steuerpflichtigen, in seinem Namen mögliche Auskunftsansprüche gegenüber den von der Finanzbehörde benannten Kreditinstituten außergerichtlich und gerichtlich geltend zu machen;

bb) dass eine ausländische Gesellschaft ungeachtet des § 50d Absatz 3 nur dann einen Anspruch auf völlige oder teilweise Entlastung vom Steuerabzug nach § 50d Absatz 1 und 2 oder § 44a Absatz 9 hat, soweit sie die Ansässigkeit der an ihr unmittelbar oder mittelbar beteiligten natürlichen Personen, deren Anteil unmittelbar oder mittelbar 10 Prozent übersteigt, darlegt und nachweisen kann;

cc) dass § 2 Absatz 5b Satz 1, § 32d Absatz 1 und § 43 Absatz 5 in Bezug auf Einkünfte im Sinne des § 20 Absatz 1 Nummer 1 und die steuerfreien Einnahmen nach § 3 Nummer 40 Satz 1 und 2 nur dann anzuwenden ist, wenn die Finanzbehörde bevollmächtigt wird, im Namen des Steuerpflichtigen mögliche Auskunftsansprüche gegenüber den von der Finanzbehörde benannten Kreditinstituten außergerichtlich und gerichtlich geltend zu machen.

²Die besonderen Nachweis- und Mitwirkungspflichten aufgrund dieses Buchstabens gelten nicht, wenn die außerhalb des Geltungsbereichs dieses Gesetzes ansässigen Beteiligten oder andere Personen in einem Staat oder Gebiet ansässig sind, mit dem ein Abkommen besteht, das die Erteilung von Auskünften entsprechend Artikel 26 des Musterabkommens der OECD zur Ver-

meidung der Doppelbesteuerung auf dem Gebiet der Steuern vom Einkommen und vom Vermögen in der Fassung von 2005 vorsieht oder der Staat oder das Gebiet Auskünfte in einem vergleichbaren Umfang erteilt oder die Bereitschaft zu einer entsprechenden Auskunftserteilung besteht;[1)]

2. Vorschriften durch Rechtsverordnung zu erlassen

    a) über die sich aus der Aufhebung oder Änderung von Vorschriften dieses Gesetzes ergebenden Rechtsfolgen, soweit dies zur Wahrung der Gleichmäßigkeit bei der Besteuerung oder zur Beseitigung von Unbilligkeiten in Härtefällen erforderlich ist;

    b) (weggefallen)

    c) über den Nachweis von Zuwendungen im Sinne des § 10b;

    d) über Verfahren, die in den Fällen des § 38 Absatz 1 Satz 1 Nummer 2 den Steueranspruch der Bundesrepublik Deutschland sichern oder die sicherstellen, dass bei Befreiungen im Ausland ansässiger Leiharbeitnehmer von der Steuer der Bundesrepublik Deutschland auf Grund von Abkommen zur Vermeidung der Doppelbesteuerung die ordnungsgemäße Besteuerung im Ausland gewährleistet ist. ²Hierzu kann nach Maßgabe zwischenstaatlicher Regelungen bestimmt werden, dass

        aa) der Entleiher in dem hierzu notwendigen Umfang an derartigen Verfahren mitwirkt,

        bb) er sich im Haftungsverfahren nicht auf die Freistellungsbestimmungen des Abkommens berufen kann, wenn er seine Mitwirkungspflichten verletzt;

    e) bis m) (weggefallen)

    n) über Sonderabschreibungen

        aa) im Tiefbaubetrieb des Steinkohlen-, Pechkohlen-, Braunkohlen- und Erzbergbaues bei Wirtschaftsgütern des Anlagevermögens unter Tage und bei bestimmten mit dem Grubenbetrieb unter Tage in unmittelbarem Zusammenhang stehenden, der Förderung, Seilfahrt, Wasserhaltung und Wetterführung sowie der Aufbereitung des Minerals dienenden Wirtschaftsgütern des Anlagevermögens über Tage, soweit die Wirtschaftsgüter

        für die Errichtung von neuen Förderschachtanlagen, auch in Form von Anschlussschachtanlagen,

        für die Errichtung neuer Schächte sowie die Erweiterung des Grubengebäudes und den durch Wasserzuflüsse aus stillliegenden Anlagen bedingten Ausbau der Wasserhaltung bestehender Schachtanlagen,

        für Rationalisierungsmaßnahmen in der Hauptschacht-, Blindschacht-, Strecken- und Abbauförderung, im Streckenvortrieb, in der Gewinnung, Versatzwirtschaft, Seilfahrt, Wetterführung und Wasserhaltung sowie in der Aufbereitung,

        für die Zusammenfassung von mehreren Förderschachtanlagen zu einer einheitlichen Förderschachtanlage und

        für den Wiederaufschluss stillliegender Grubenfelder und Feldesteile,

        bb) im Tagebaubetrieb des Braunkohlen- und Erzbergbaues bei bestimmten Wirtschaftsgütern des beweglichen Anlagevermögens (Grubenaufschluss, Entwässerungsanlagen, Großgeräte sowie Einrichtungen des Grubenrettungswesens und der Ersten Hilfe und im Erzbergbau auch Aufbereitungsanlagen), die

        für die Erschließung neuer Tagebaue, auch in Form von Anschlusstagebauen,

        für Rationalisierungsmaßnahmen bei laufenden Tagebauen,

        beim Übergang zum Tieftagebau für die Freilegung und Gewinnung der Lagerstätte und

        für die Wiederinbetriebnahme stillgelegter Tagebaue

von Steuerpflichtigen, die den Gewinn nach § 5 ermitteln, vor dem 1. Januar 1990 angeschafft oder hergestellt werden. ²Die Sonderabschreibungen können bereits für Anzahlungen auf Anschaffungskosten und für Teilherstellungskosten zugelassen werden. ³Hat der Steuerpflichtige vor dem 1. Januar 1990 die Wirtschaftsgüter bestellt oder mit ihrer Herstellung begonnen, so können die Sonderabschreibungen auch für nach dem 31. Dezember 1989 und vor dem 1. Januar 1991 angeschaffte oder hergestellte Wirtschaftsgüter sowie für vor dem 1. Januar 1991 geleistete Anzahlungen auf Anschaffungskosten und entstandene Teilherstellungskosten in Anspruch genommen werden. ⁴Voraussetzung für die Inanspruchnahme der Sonderabschreibungen ist, dass die Förderungswürdigkeit der bezeichneten Vorhaben von der obersten Landesbehörde für Wirtschaft im Einvernehmen mit dem Bundesministerium für Wirtschaft und Technologie bescheinigt worden ist. ⁵Die Sonderabschreibungen können im Wirtschaftsjahr der Anschaffung oder Herstellung und in den vier folgenden Wirtschaftsjahren in Anspruch genommen werden, und zwar bei beweglichen Wirtschaftsgütern des Anlagevermögens bis zu insgesamt 50 Prozent, bei unbeweglichen Wirtschaftsgütern des Anlagevermögens bis zu insgesamt 30 Prozent der Anschaffungs- oder Herstellungskosten. ⁶Bei

---

1) Hinweis auf BMF-Schreiben vom 5.1.2010 (BStBl. I S. 19) betr. Nicht kooperierende Staaten und Gebiete.

den begünstigten Vorhaben im Tagebaubetrieb des Braunkohlen- und Erzbergbaues kann außerdem zugelassen werden, dass die vor dem 1. Januar 1991 aufgewendeten Kosten für den Vorabraum bis zu 50 Prozent als sofort abzugsfähige Betriebsausgaben behandelt werden;

o) (weggefallen)

p) über die Bemessung der Absetzungen für Abnutzung oder Substanzverringerung bei nicht zu einem Betriebsvermögen gehörenden Wirtschaftsgütern, die vor dem 21. Juni 1948 angeschafft oder hergestellt oder die unentgeltlich erworben sind. ²Hierbei kann bestimmt werden, dass die Absetzungen für Abnutzung oder Substanzverringerung nicht nach den Anschaffungs- oder Herstellungskosten, sondern nach Hilfswerten (am 21. Juni 1948 maßgebender Einheitswert, Anschaffungs- oder Herstellungskosten des Rechtsvorgängers abzüglich der von ihm vorgenommenen Absetzungen, fiktive Anschaffungskosten an einem noch zu bestimmenden Stichtag) zu bemessen sind. ³Zur Vermeidung von Härten kann zugelassen werden, dass an Stelle der Absetzungen für Abnutzung, die nach dem am 21. Juni 1948 maßgebenden Einheitswert zu bemessen sind, der Betrag abgezogen wird, der für das Wirtschaftsgut im Veranlagungszeitraum 1947 als Absetzung für Abnutzung geltend gemacht werden konnte. ⁴Für das Land Berlin tritt in den Sätzen 1 bis 3 an die Stelle des 21. Juni 1948 jeweils der 1. April 1949;

q) über erhöhte Absetzungen bei Herstellungskosten

aa) für Maßnahmen, die für den Anschluss eines im Inland belegenen Gebäudes an eine Fernwärmeversorgung einschließlich der Anbindung an das Heizsystem erforderlich sind, wenn die Fernwärmeversorgung überwiegend aus Anlagen der Kraft-Wärme-Kopplung, zur Verbrennung von Müll oder zur Verwertung von Abwärme gespeist wird,

bb) für den Einbau von Wärmepumpenanlagen, Solaranlagen und Anlagen zur Wärmerückgewinnung in einem im Inland belegenen Gebäude einschließlich der Anbindung an das Heizsystem,

cc) für die Errichtung von Windkraftanlagen, wenn die mit diesen Anlagen erzeugte Energie überwiegend unmittelbar oder durch Verrechnung mit Elektrizitätsbezügen des Steuerpflichtigen von einem Elektrizitätsversorgungsunternehmen zur Versorgung eines im Inland belegenen Gebäudes des Steuerpflichtigen verwendet wird, einschließlich der Anbindung an das Versorgungssystem des Gebäudes,

dd) für die Errichtung von Anlagen zur Gewinnung von Gas, das aus pflanzlichen oder tierischen Abfallstoffen durch Gärung unter Sauerstoffabschluss entsteht, wenn dieses Gas zur Beheizung eines im Inland belegenen Gebäudes des Steuerpflichtigen oder zur Warmwasserbereitung in einem solchen Gebäude des Steuerpflichtigen verwendet wird, einschließlich der Anbindung an das Versorgungssystem des Gebäudes,

ee) für den Einbau einer Warmwasseranlage zur Versorgung von mehr als einer Zapfstelle und einer zentralen Heizungsanlage oder bei einer zentralen Heizungs- und Warmwasseranlage für den Einbau eines Heizkessels, eines Brenners, einer zentralen Steuerungseinrichtung, einer Wärmeabgabeeinrichtung und eine Änderung der Abgasanlage in einem im Inland belegenen Gebäude oder in einer im Inland belegenen Eigentumswohnung, wenn mit dem Einbau nicht vor Ablauf von zehn Jahren seit Fertigstellung dieses Gebäudes begonnen worden ist und der Einbau nach dem 30. Juni 1985 fertiggestellt worden ist; Entsprechendes gilt bei Anschaffungskosten für neue Einzelöfen, wenn keine Zentralheizung vorhanden ist.

²Voraussetzung für die Gewährung der erhöhten Absetzungen ist, dass die Maßnahmen vor dem 1. Januar 1992 fertiggestellt worden sind; in den Fällen des Satzes 1 Doppelbuchstabe aa müssen die Gebäude vor dem 1. Juli 1983 fertiggestellt worden sein, es sei denn, dass der Anschluss nicht schon im Zusammenhang mit der Errichtung des Gebäudes möglich war. ³Die erhöhten Absetzungen dürfen jährlich 10 Prozent der Aufwendungen nicht übersteigen. ⁴Sie dürfen nicht gewährt werden, wenn für dieselbe Maßnahme eine Investitionszulage in Anspruch genommen wird. ⁵Sind die Aufwendungen Erhaltungsaufwand und entstehen sie bei einer zu eigenen Wohnzwecken genutzten Wohnung im eigenen Haus, für die der Nutzungswert nicht mehr besteuert wird, und liegen in den Fällen des Satzes 1 Doppelbuchstabe aa die Voraussetzungen des Satzes 2 zweiter Halbsatz vor, so kann der Abzug dieser Aufwendungen wie Sonderausgaben mit gleichmäßiger Verteilung auf das Kalenderjahr, in dem die Arbeiten abgeschlossen worden sind, und die neun folgenden Kalenderjahre zugelassen werden, wenn die Maßnahme vor dem 1. Januar 1992 abgeschlossen worden ist;

r) nach denen Steuerpflichtige größere Aufwendungen

aa) für die Erhaltung von nicht zu einem Betriebsvermögen gehörenden Gebäuden, die überwiegend Wohnzwecken dienen,

bb) zur Erhaltung eines Gebäudes in einem förmlich festgelegten Sanierungsgebiet oder städtebaulichen Entwicklungsbereich, die für Maßnahmen im Sinne des § 177 des Baugesetzbuchs sowie für bestimmte Maßnahmen, die der Erhaltung, Erneuerung und funktionsgerechten Verwendung eines Gebäudes dienen, das wegen seiner geschichtlichen, künstlerischen oder städtebaulichen Bedeutung erhalten bleiben soll, und zu deren Durchführung sich der Eigentümer neben bestimmten Modernisierungsmaßnahmen gegenüber der Gemeinde verpflichtet hat, aufgewendet worden sind,

cc) zur Erhaltung von Gebäuden, die nach den jeweiligen landesrechtlichen Vorschriften Baudenkmale sind, soweit die Aufwendungen nach Art und Umfang zur Erhaltung des Gebäudes als Baudenkmal und zu seiner sinnvollen Nutzung erforderlich sind,

auf zwei bis fünf Jahre gleichmäßig verteilen können. ²In den Fällen der Doppelbuchstaben bb und cc ist Voraussetzung, dass der Erhaltungsaufwand vor dem 1. Januar 1990 entstanden ist. ³In den Fällen von Doppelbuchstabe cc sind die Denkmaleigenschaft des Gebäudes und die Voraussetzung, dass die Aufwendungen nach Art und Umfang zur Erhaltung des Gebäudes als Baudenkmal und zu seiner sinnvollen Nutzung erforderlich sind, durch eine Bescheinigung der nach Landesrecht zuständigen oder von der Landesregierung bestimmten Stelle nachzuweisen;

s) nach denen bei Anschaffung oder Herstellung von abnutzbaren beweglichen und bei Herstellung von abnutzbaren unbeweglichen Wirtschaftsgütern des Anlagevermögens auf Antrag ein Abzug von der Einkommensteuer für den Veranlagungszeitraum der Anschaffung oder Herstellung bis zur Höhe von 7,5 Prozent der Anschaffungs- oder Herstellungskosten dieser Wirtschaftsgüter vorgenommen werden kann, wenn eine Störung des gesamtwirtschaftlichen Gleichgewichts eingetreten ist oder sich abzeichnet, die eine nachhaltige Verringerung der Umsätze oder der Beschäftigung zur Folge hatte oder erwarten lässt, insbesondere bei einem erheblichen Rückgang der Nachfrage nach Investitionsgütern oder Bauleistungen. ²Bei der Bemessung des von der Einkommensteuer abzugsfähigen Betrags dürfen nur berücksichtigt werden

aa) die Anschaffungs- oder Herstellungskosten von beweglichen Wirtschaftsgütern, die innerhalb eines jeweils festzusetzenden Zeitraums, der ein Jahr nicht übersteigen darf (Begünstigungszeitraum), angeschafft oder hergestellt werden,

bb) die Anschaffungs- oder Herstellungskosten von beweglichen Wirtschaftsgütern, die innerhalb des Begünstigungszeitraums bestellt und angezahlt werden oder mit deren Herstellung innerhalb des Begünstigungszeitraums begonnen wird, wenn sie innerhalb eines Jahres, bei Schiffen innerhalb zweier Jahre nach Ablauf des Begünstigungszeitraums geliefert oder fertig gestellt werden. ²Soweit bewegliche Wirtschaftsgüter im Sinne des Satzes 1 mit Ausnahme von Schiffen nach Ablauf eines Jahres, aber vor Ablauf zweier Jahre nach dem Ende des Begünstigungszeitraums geliefert oder fertiggestellt werden, dürfen bei Bemessung des Abzugs von der Einkommensteuer die bis zum Ablauf eines Jahres nach dem Ende des Begünstigungszeitraums aufgewendeten Anzahlungen und Teilherstellungskosten berücksichtigt werden,

cc) die Herstellungskosten von Gebäuden, bei denen innerhalb des Begünstigungszeitraums der Antrag auf Baugenehmigung gestellt wird, wenn sie bis zum Ablauf von zwei Jahren nach dem Ende des Begünstigungszeitraums fertiggestellt werden;

dabei scheiden geringwertige Wirtschaftsgüter im Sinne des § 6 Absatz 2 und Wirtschaftsgüter, die in gebrauchtem Zustand erworben werden, aus. ³Von der Begünstigung können außerdem Wirtschaftsgüter ausgeschlossen werden, für die Sonderabschreibungen, erhöhte Absetzungen oder die Investitionszulage nach § 19 des Berlinförderungsgesetzes in Anspruch genommen werden. ⁴In den Fällen des Satzes 2 Doppelbuchstabe bb und cc können bei Bemessung des von der Einkommensteuer abzugsfähigen Betrags bereits die im Begünstigungszeitraum, im Fall des Satzes 2 Doppelbuchstabe bb Satz 2 auch die bis zum Ablauf eines Jahres nach dem Ende des Begünstigungszeitraums aufgewendeten Anzahlungen und Teilherstellungskosten berücksichtigt werden; der Abzug von der Einkommensteuer kann insoweit schon für den Veranlagungszeitraum vorgenommen werden, in dem die Anzahlungen oder Teilherstellungskosten aufgewendet worden sind. ⁵Übersteigt der von der Einkommensteuer abzugsfähige Betrag die für den Veranlagungszeitraum der Anschaffung oder Herstellung geschuldete Einkommensteuer, so kann der übersteigende Betrag von der Einkommensteuer für den darauffolgenden Veranlagungszeitraum abgezogen werden. ⁶Entsprechendes gilt, wenn in den Fällen des Satzes 2 Doppelbuchstabe bb und cc der Abzug von der Einkommensteuer bereits für Anzahlungen oder Teilherstellungskosten geltend gemacht wird. ⁷Der Abzug von der Einkommensteuer darf jedoch die für den Veranlagungszeitraum der Anschaffung oder Herstellung und den folgenden Veranlagungszeitraum insgesamt zu entrichtende Einkommensteuer nicht übersteigen. ⁸In den Fällen des Satzes 2 Doppelbuchstabe bb Satz 2 gilt dies mit der Maßgabe, dass an die Stelle des Veranlagungszeitraums der Anschaffung oder Herstellung der Veranlagungszeitraum tritt, in dem zuletzt Anzahlungen oder Teilherstellungskosten aufgewendet worden sind. ⁹Werden begünstigte Wirtschaftsgüter von Gesellschaften im Sinne des § 15 Absatz 1 Satz 1 Nummer 2 und 3 angeschafft oder hergestellt, so ist der abzugsfähige Betrag nach dem Verhältnis der Gewinnanteile einschließlich der Vergütungen aufzuteilen. ¹⁰Die Anschaffungs- oder Herstellungskosten der Wirtschaftsgüter, die bei Bemessung des von der Einkommensteuer abzugsfähigen Betrags berücksichtigt worden sind, werden durch den Abzug von der Einkommensteuer nicht gemindert. ¹¹Rechtsverordnungen auf Grund dieser Ermächtigung bedürfen der Zustimmung des Bundestages. ¹²Die Zustimmung gilt als erteilt, wenn der Bundestag nicht binnen vier Wochen nach Eingang der Vorlage der Bundesregierung die Zustimmung verweigert hat;

t) (weggefallen)

u) über Sonderabschreibungen bei abnutzbaren Wirtschaftsgütern des Anlagevermögens, die der Forschung oder Entwicklung dienen und nach dem 18. Mai 1983 und vor dem 1. Januar 1990 angeschafft oder hergestellt werden. ²Voraussetzung für die Inanspruchnahme der Sonderabschreibungen ist, dass die beweglichen Wirtschaftsgüter ausschließlich und die unbeweglichen Wirtschaftsgüter zu mehr als 33 1/3 Prozent der Forschung oder Entwicklung dienen. ³Die Sonderabschreibungen können auch für Ausbauten und Erweiterungen an bestehenden Gebäuden, Gebäudeteilen, Eigentumswohnungen oder im Teileigentum stehenden Räumen zugelassen werden, wenn die ausgebauten oder neu hergestellten Gebäudeteile zu mehr als 33 1/3 Prozent der Forschung oder Entwicklung dienen. ⁴Die Wirtschaftsgüter dienen der Forschung oder Entwicklung, wenn sie verwendet werden

    aa) zur Gewinnung von neuen wissenschaftlichen oder technischen Erkenntnissen und Erfahrungen allgemeiner Art (Grundlagenforschung) oder

    bb) zur Neuentwicklung von Erzeugnissen oder Herstellungsverfahren oder

    cc) zur Weiterentwicklung von Erzeugnissen oder Herstellungsverfahren, soweit wesentliche Änderungen dieser Erzeugnisse oder Verfahren entwickelt werden.

⁵Die Sonderabschreibungen können im Wirtschaftsjahr der Anschaffung oder Herstellung und in den vier folgenden Wirtschaftsjahren in Anspruch genommen werden, und zwar

    aa) bei beweglichen Wirtschaftsgütern des Anlagevermögens bis zu insgesamt 40 Prozent,

    bb) bei unbeweglichen Wirtschaftsgütern des Anlagevermögens, die zu mehr als 66 2/3 Prozent der Forschung oder Entwicklung dienen, bis zu insgesamt 15 Prozent, die nicht zu mehr als 66 2/3 Prozent, aber zu mehr als 33 1/3 Prozent der Forschung oder Entwicklung dienen, bis zu insgesamt 10 Prozent,

    cc) bei Ausbauten und Erweiterungen an bestehenden Gebäuden, Gebäudeteilen, Eigentumswohnungen oder im Teileigentum stehenden Räumen, wenn die ausgebauten oder neu hergestellten Gebäudeteile zu mehr als 66 2/3 Prozent der Forschung oder Entwicklung dienen, bis zu insgesamt 15 Prozent, zu nicht mehr als 66 2/3 Prozent, aber zu mehr als 33 1/3 Prozent der Forschung oder Entwicklung dienen, bis zu insgesamt 10 Prozent

der Anschaffungs- oder Herstellungskosten. ⁶Sie können bereits für Anzahlungen auf Anschaffungskosten und für Teilherstellungskosten zugelassen werden. ⁷Die Sonderabschreibungen sind nur unter der Bedingung zuzulassen, dass die Wirtschaftsgüter und die ausgebauten oder neu hergestellten Gebäudeteile mindestens drei Jahre nach ihrer Anschaffung oder Herstellung in dem erforderlichen Umfang der Forschung oder Entwicklung in einer inländischen Betriebsstätte des Steuerpflichtigen dienen;

v) (weggefallen)

w) über Sonderabschreibungen bei Handelsschiffen, die aufgrund eines vor dem 25. April 1996 abgeschlossenen Schiffbauvertrags hergestellt, in einem inländischen Seeschiffsregister eingetragen und vor dem 1. Januar 1999 von Steuerpflichtigen angeschafft oder hergestellt worden sind, die den Gewinn nach § 5 ermitteln. ²Im Fall der Anschaffung eines Handelsschiffes ist weitere Voraussetzung, dass das Schiff vor dem 1. Januar 1996 in ungebrauchtem Zustand vom Hersteller oder nach dem 31. Dezember 1995 auf Grund eines vor dem 25. April 1996 abgeschlossenen Kaufvertrags bis zum Ablauf des vierten auf das Jahr der Fertigstellung folgenden Jahres erworben worden ist. ³Bei Steuerpflichtigen, die in eine Gesellschaft im Sinne von § 15 Absatz 1 Satz 1 Nummer 2 und Absatz 3 nach Abschluss des Schiffbauvertrags (Unterzeichnung des Hauptvertrags) eingetreten sind, dürfen Sonderabschreibungen nur zugelassen werden, wenn sie der Gesellschaft vor dem 1. Januar 1999 beitreten. ⁴Die Sonderabschreibungen können im Wirtschaftsjahr der Anschaffung oder Herstellung und in den vier folgenden Wirtschaftsjahren bis zu insgesamt 40 Prozent der Anschaffungs-

oder Herstellungskosten in Anspruch genommen werden. ⁵Sie können bereits für Anzahlungen auf Anschaffungskosten und für Teilherstellungskosten zugelassen werden. ⁶Die Sonderabschreibungen sind nur unter der Bedingung zuzulassen, dass die Handelsschiffe innerhalb eines Zeitraums von acht Jahren nach ihrer Anschaffung oder Herstellung nicht veräußert werden; für Anteile an einem Handelsschiff gilt dies entsprechend. ⁷Die Sätze 1 bis 6 gelten für Schiffe, die der Seefischerei dienen, entsprechend. ⁸Für Luftfahrzeuge, die vom Steuerpflichtigen hergestellt oder in ungebrauchtem Zustand vom Hersteller erworben worden sind und die zur gewerbsmäßigen Beförderung von Personen oder Sachen im internationalen Luftverkehr oder zur Verwendung zu sonstigen gewerblichen Zwecken im Ausland bestimmt sind, gelten die Sätze 1 bis 4 und 6 mit der Maßgabe entsprechend, dass an die Stelle der Eintragung in ein inländisches Seeschiffsregister die Eintragung in die deutsche Luftfahrzeugrolle, an die Stelle des Höchstsatzes von 40 Prozent ein Höchstsatz von 30 Prozent und bei der Vorschrift des Satzes 6 an die Stelle des Zeitraums von acht Jahren ein Zeitraum von sechs Jahren treten;

x) über erhöhte Absetzungen bei Herstellungskosten für Modernisierungs- und Instandsetzungsmaßnahmen im Sinne des § 177 des Baugesetzbuchs sowie für bestimmte Maßnahmen, die der Erhaltung, Erneuerung und funktionsgerechten Verwendung eines Gebäudes dienen, das wegen seiner geschichtlichen, künstlerischen oder städtebaulichen Bedeutung erhalten bleiben soll, und zu deren Durchführung sich der Eigentümer neben bestimmten Modernisierungsmaßnahmen gegenüber der Gemeinde verpflichtet hat, die für Gebäude in einem förmlich festgelegten Sanierungsgebiet oder städtebaulichen Entwicklungsbereich aufgewendet worden sind; Voraussetzung ist, dass die Maßnahmen vor dem 1. Januar 1991 abgeschlossen worden sind. ²Die erhöhten Absetzungen dürfen jährlich 10 Prozent der Aufwendungen nicht übersteigen;

y) über erhöhte Absetzungen für Herstellungskosten an Gebäuden, die nach den jeweiligen landesrechtlichen Vorschriften Baudenkmale sind, soweit die Aufwendungen nach Art und Umfang zur Erhaltung des Gebäudes als Baudenkmal und zu seiner sinnvollen Nutzung erforderlich sind; Voraussetzung ist, dass die Maßnahmen vor dem 1. Januar 1991 abgeschlossen worden sind. ²Die Denkmaleigenschaft des Gebäudes und die Voraussetzung, dass die Aufwendungen nach Art und Umfang zur Erhaltung des Gebäudes als Baudenkmal und zu seiner sinnvollen Nutzung erforderlich sind, sind durch eine Bescheinigung der nach Landesrecht zuständigen oder von der Landesregierung bestimmten Stelle nachzuweisen.

³Die erhöhten Absetzungen dürfen jährlich 10 Prozent der Aufwendungen nicht übersteigen;

3. die in § 4a Absatz 1 Satz 2 Nummer 1, § 10 Absatz 5, § 22 Nummer 1 Satz 3 Buchstabe a, § 26a Absatz 3, § 34c Absatz 7, § 46 Absatz 5 und § 50a Absatz 6 vorgesehenen Rechtsverordnungen zu erlassen.

(2) ¹Die Bundesregierung wird ermächtigt, durch Rechtsverordnung Vorschriften zu erlassen, nach denen die Inspruchnahme von Sonderabschreibungen und erhöhten Absetzungen sowie die Bemessung der Absetzung für Abnutzung in fallenden Jahresbeträgen ganz oder teilweise ausgeschlossen werden können, wenn eine Störung des gesamtwirtschaftlichen Gleichgewichts eingetreten ist oder sich abzeichnet, die erhebliche Preissteigerungen mit sich gebracht hat oder erwarten lässt, insbesondere, wenn die Inlandsnachfrage nach Investitionsgütern oder Bauleistungen das Angebot wesentlich übersteigt. ²Die Inanspruchnahme von Sonderabschreibungen und erhöhten Absetzungen sowie die Bemessung der Absetzung für Abnutzung in fallenden Jahresbeträgen darf nur ausgeschlossen werden

1. für bewegliche Wirtschaftsgüter, die innerhalb eines jeweils festzusetzenden Zeitraums, der frühestens mit dem Tage beginnt, an dem die Bundesregierung ihren Beschluss über die Verordnung bekanntgibt, und der ein Jahr nicht übersteigen darf, angeschafft oder hergestellt werden. ²Für bewegliche Wirtschaftsgüter, die vor Beginn dieses Zeitraums bestellt und angezahlt worden sind oder mit deren Herstellung vor Beginn dieses Zeitraums angefangen worden ist, darf jedoch die Inanspruchnahme von Sonderabschreibungen und erhöhten Absetzungen sowie die Bemessung der Absetzung für Abnutzung in fallenden Jahresbeträgen nicht ausgeschlossen werden;

2. für bewegliche Wirtschaftsgüter und für Gebäude, die in dem in Nummer 1 bezeichneten Zeitraum bestellt werden oder mit deren Herstellung in diesem Zeitraum begonnen wird. ²Als Beginn der Herstellung gilt bei Gebäuden der Zeitpunkt, in dem der Antrag auf Baugenehmigung gestellt wird.

³Rechtsverordnungen auf Grund dieser Ermächtigung bedürfen der Zustimmung des Bundestages und des Bundesrates. ⁴Die Zustimmung gilt als erteilt, wenn der Bundesrat nicht binnen drei Wochen, der Bundestag nicht binnen vier Wochen nach Eingang der Vorlage der Bundesregierung die Zustimmung verweigert hat.

(3) ¹Die Bundesregierung wird ermächtigt, durch Rechtsverordnung mit Zustimmung des Bundesrates Vorschriften zu erlassen, nach denen die Einkommensteuer einschließlich des Steuerabzugs vom Arbeitslohn, des Steuerabzugs vom Kapitalertrag und des Steuerabzugs bei beschränkt Steuerpflichtigen

1. um höchstens 10 Prozent herabgesetzt werden kann. ²Der Zeitraum, für den die Herabsetzung gilt, darf ein Jahr nicht übersteigen; er soll sich mit dem Kalenderjahr decken. ³Voraussetzung ist, dass eine Störung des gesamtwirtschaftlichen Gleichgewichts eingetreten ist oder sich ab-

zeichnet, die eine nachhaltige Verringerung der Umsätze oder der Beschäftigung zur Folge hatte oder erwarten lässt, insbesondere bei einem erheblichen Rückgang der Nachfrage nach Investitionsgütern und Bauleistungen oder Verbrauchsgütern;

2. um höchstens 10 Prozent erhöht werden kann. ²Der Zeitraum, für den die Erhöhung gilt, darf ein Jahr nicht übersteigen; er soll sich mit dem Kalenderjahr decken. ³Voraussetzung ist, dass eine Störung des gesamtwirtschaftlichen Gleichgewichts eingetreten ist oder sich abzeichnet, die erhebliche Preissteigerungen mit sich gebracht hat oder erwarten lässt, insbesondere, wenn die Nachfrage nach Investitionsgütern und Bauleistungen oder Verbrauchsgütern das Angebot wesentlich übersteigt.

²Rechtsverordnungen auf Grund dieser Ermächtigung bedürfen der Zustimmung des Bundestages.

(4) Das Bundesministerium der Finanzen wird ermächtigt,

1. [1)] im Einvernehmen mit den obersten Finanzbehörden der Länder die Vordrucke für
   a) (weggefallen)
   b) die Erklärungen zur Einkommensbesteuerung,
   c) die Anträge nach § 39 Absatz 3a sowie die Anträge nach § 39a Absatz 2, in dessen Vordrucke der Antrag nach § 39f einzubeziehen ist,
   d) die Lohnsteueranmeldung (§ 41a Absatz 1),
   e) die Anmeldung der Kapitalertragsteuer (§ 45a Absatz 1) und den Freistellungsauftrag nach § 44a Absatz 2 Satz 1 Nummer 1,
   f) die Anmeldung des Abzugsbetrags (§ 48a),
   g) die Erteilung der Freistellungsbescheinigung (§ 48b),
   h) die Anmeldung der Abzugsteuer (§ 50a),
   i) die Entlastung von der Kapitalertragsteuer und vom Steuerabzug nach § 50a auf Grund von Abkommen zur Vermeidung der Doppelbesteuerung
   und die Muster der Lohnsteuerkarte (§ 39), der Bescheinigungen nach den §§ 39c und 39d, des Ausdrucks der elektronischen Lohnsteuerbescheinigung (§ 41b Absatz 1), das Muster der Lohnsteuerbescheinigung nach § 41b Absatz 3 Satz 2, der Anträge auf Erteilung einer Bescheinigung nach den §§ 39c und 39d und der in § 45a Absatz 2 und 3 und § 50a Absatz 5 Satz 7 vorgesehenen Bescheinigungen zu bestimmen;

1a. im Einvernehmen mit den obersten Finanzbehörden der Länder auf der Basis der §§ 32a und 39b einen Programmablaufplan für die Herstellung von Lohnsteuertabellen für die manuelle Berechnung der Lohnsteuer aufzustellen und bekannt zu machen. ²Der Lohnstufenabstand beträgt bei den Jahrestabellen 36. ³Die in den Tabellenstufen auszuweisende Lohnsteuer ist aus der Obergrenze der Tabellenstufen zu berechnen und muss an der Obergrenze mit der maschinell berechneten Lohnsteuer übereinstimmen. ⁴Die Monats-, Wochen- und Tagestabellen sind aus den Jahrestabellen abzuleiten;

1b. im Einvernehmen mit den obersten Finanzbehörden der Länder den Mindestumfang der nach § 5b elektronisch zu übermittelnden Bilanz und Gewinn- und Verlustrechnung zu bestimmen;

1c. durch Rechtsverordnung zur Durchführung dieses Gesetzes mit Zustimmung des Bundesrates Vorschriften über einen von dem vorgesehenen erstmaligen Anwendungszeitpunkt gemäß § 52 Absatz 15a in der Fassung des Artikels 1 des Gesetzes vom 20. Dezember 2008 (BGBl. I S. 2850) abweichenden späteren Anwendungszeitpunkt zu erlassen, wenn bis zum 31. Dezember 2010 erkennbar ist, dass die technischen oder organisatorischen Voraussetzungen für eine Umsetzung der in § 5b Absatz 1 in der Fassung des Artikels 1 des Gesetzes vom 20. Dezember 2008 (BGBl. I S. 2850) vorgesehenen Verpflichtung nicht ausreichen;

2. den Wortlaut dieses Gesetzes und der zu diesem Gesetz erlassenen Rechtsverordnungen in der jeweils geltenden Fassung satzweise numeriert mit neuem Datum und in neuer Paragraphenfolge bekanntzumachen und dabei Unstimmigkeiten im Wortlaut zu beseitigen.

§ 51a[2)]
Festsetzung und Erhebung von Zuschlagsteuern

(1) Auf die Festsetzung und Erhebung von Steuern, die nach der Einkommensteuer bemessen werden (Zuschlagsteuern), sind die Vorschriften dieses Gesetzes entsprechend anzuwenden.

(2) ¹Bemessungsgrundlage ist die Einkommensteuer, die abweichend von § 2 Absatz 6 unter Berücksichtigung von Freibeträgen nach § 32 Absatz 6 in allen Fällen des § 32 festzusetzen wäre. ²Zur Ermittlung der Einkommensteuer im Sinne des Satzes 1 ist das zu versteuernde Einkommen um die nach § 3 Nummer 40 steuerfreien Beträge zu erhöhen und um die nach § 3c Absatz 2 nicht abziehbaren Beträge zu mindern. ³§ 35 ist bei der Ermittlung der festzusetzenden Einkommensteuer nach Satz 1 nicht anzuwenden.

(2a) ¹Vorbehaltlich des § 40a Absatz 2 in der Fassung des Gesetzes vom 23. Dezember 2002 (BGBl. I S. 4621) ist beim Steuerabzug vom Arbeitslohn Bemessungsgrundlage die Lohnsteuer; beim Steuerabzug vom laufenden Arbeitslohn und beim Jahresausgleich ist die Lohnsteuer maßgebend, die sich ergibt, wenn der nach § 39b Absatz 2 Satz 5 zu versteuernde Jahresbetrag für die Steuerklassen I, II und III um den Kinderfreibetrag von 4 368 Euro sowie den Freibetrag für den Betreuungs- und Erziehungs- oder Ausbildungsbedarf von 2 640 Euro und für die Steuerklasse IV um den Kinderfreibetrag von 2 184 Euro sowie den Freibetrag für den Betreuungs-

---

1) Zur erstmaligen Anwendung der früheren Fassung von § 51 Absatz 4 Nummer 1 siehe § 52 Absatz 59c EStG.
2) Zur Anwendung von § 51a siehe § 52a Absatz 18 EStG.

und Erziehungs- oder Ausbildungsbedarf von 1 320 Euro für jedes Kind vermindert wird, für das eine Kürzung der Freibeträge für Kinder nach § 32 Absatz 6 Satz 4 nicht in Betracht kommt. ²Bei der Anwendung des § 39b für die Ermittlung der Zuschlagsteuern ist die auf der Lohnsteuerkarte eingetragene Zahl der Kinderfreibeträge maßgebend. ³Bei Anwendung des § 39f ist beim Steuerabzug vom laufenden Arbeitslohn die Lohnsteuer maßgebend, die sich bei Anwendung des nach § 39f Absatz 1 ermittelten Faktors auf den nach den Sätzen 1 und 2 ermittelten Betrag ergibt.

(2b) Wird die Einkommensteuer nach § 43 Absatz 1 durch Abzug vom Kapitalertrag (Kapitalertragsteuer) erhoben, wird die darauf entfallende Kirchensteuer nach dem Kirchensteuersatz der Religionsgemeinschaft, der der Kirchensteuerpflichtige angehört, als Zuschlag zur Kapitalertragsteuer erhoben.

(2c) ¹Der zur Vornahme des Steuerabzugs verpflichtete Schuldner der Kapitalerträge oder die auszahlende Stelle im Sinne des § 44 Absatz 1 Satz 3 oder in den Fällen des Satzes 2 die Person oder Stelle, die die Auszahlung an den Gläubiger vornimmt, hat die auf Kapitalertragsteuer nach Absatz 2b entfallende Kirchensteuer auf schriftlichen Antrag des Kirchensteuerpflichtigen hin einzubehalten (Kirchensteuerabzugsverpflichteter). ²Zahlt der Abzugsverpflichtete die Kapitalerträge nicht unmittelbar an den Gläubiger aus, ist Kirchensteuerabzugsverpflichteter die Person oder Stelle, die die Auszahlung für die Rechnung des Schuldners an den Gläubiger vornimmt; in diesem Fall hat der Kirchensteuerabzugsverpflichtete zunächst die vom Schuldner der Kapitalerträge erhobene Kapitalertragsteuer gemäß § 43a Absatz 1 Satz 3 in Verbindung mit § 32d Absatz 1 Satz 4 und 5 zu ermäßigen und im Rahmen seiner Steueranmeldung nach § 45a Absatz 1 die abzuführende Kapitalertragsteuer entsprechend zu kürzen. ³Der Antrag nach Satz 1 kann nicht auf Teilbeträge des Kapitalertrags eingeschränkt werden; er kann nicht rückwirkend widerrufen werden. ⁴Der Antrag hat die Religionsangehörigkeit des Steuerpflichtigen zu benennen. ⁵Der Kirchensteuerabzugsverpflichtete hat den Kirchensteuerabzug getrennt nach Religionsangehörigkeiten an das für ihn zuständige Finanzamt abzuführen. ⁶Der abgeführte Steuerabzug ist an die Religionsgemeinschaft weiterzuleiten. ⁷§ 44 Absatz 5 ist mit der Maßgabe anzuwenden, dass der Haftungsbescheid von dem für den Kirchensteuerabzugsverpflichteten zuständigen Finanzamt erlassen wird. ⁸Satz 6 gilt entsprechend. ⁹§ 45a Absatz 2 ist mit der Maßgabe anzuwenden, dass auch die Religionsgemeinschaft angegeben wird. ¹⁰Sind an den Kapitalerträgen mehrere Personen beteiligt, kann der Antrag nach Satz 1 nur gestellt werden, wenn es sich um Ehegatten handelt oder alle Beteiligten derselben Religionsgemeinschaft angehören. ¹¹Sind an den Kapitalerträgen Ehegatten beteiligt, haben diese für den Antrag nach Satz 1 übereinstimmend zu erklären, in welchem Verhältnis der auf jeden Ehegatten entfallende Anteil der Kapitalerträge zu diesen Erträgen steht. ¹²Die Kapitalerträge sind entsprechend diesem Verhältnis aufzuteilen und die Kirchensteuer ist einzubehalten, soweit der Anteil einem kirchensteuerpflichtigen Ehegatten zuzuordnen ist. ¹³Wird das Verhältnis nicht erklärt, wird der Anteil nach dem auf ihn entfallenden Kopfteil ermittelt. ¹⁴Der Kirchensteuerabzugsverpflichtete darf die durch den Kirchensteuerabzug erlangten Daten nur für den Kirchensteuerabzug verwenden; für andere Zwecke darf er sie nur verwenden, soweit der Kirchensteuerpflichtige zustimmt oder dies gesetzlich zugelassen ist.

(2d) ¹Wird die nach Absatz 2b zu erhebende Kirchensteuer nicht nach Absatz 2c als Kirchensteuerabzug vom Kirchensteuerabzugsverpflichteten einbehalten, wird sie nach Ablauf des Kalenderjahres nach dem Kapitalertragsteuerbetrag veranlagt, der sich ergibt, wenn die Steuer auf Kapitalerträge nach § 32d Absatz 1 Satz 4 und 5 errechnet wird; wenn Kirchensteuer als Kirchensteuerabzug nach Absatz 2c erhoben wurde, wird eine Veranlagung auf Antrag des Steuerpflichtigen durchgeführt. ²Der Abzugsverpflichtete hat dem Kirchensteuerpflichtigen auf dessen Verlangen hin eine Bescheinigung über die einbehaltene Kapitalertragsteuer zu erteilen. ³Der Kirchensteuerpflichtige hat die erhobene Kapitalertragsteuer zu erklären und die Bescheinigung nach Satz 2 oder nach § 45a Absatz 2 oder 3 vorzulegen.

(2e) ¹Die Auswirkungen der Absätze 2c bis 2d werden unter Beteiligung von Vertretern von Kirchensteuer erhebenden Religionsgemeinschaften und weiteren Sachverständigen durch die Bundesregierung mit dem Ziel überprüft, einen umfassenden verpflichtenden Quellensteuerabzug auf der Grundlage eines elektronischen Informationssystems, das den Abzugsverpflichteten Auskunft über die Zugehörigkeit zu einer Kirchensteuer erhebenden Religionsgemeinschaft gibt, einzuführen. ²Die Bundesregierung unterrichtet den Bundestag bis spätestens zum 30. Juni 2010 über das Ergebnis.

(3) Ist die Einkommensteuer für Einkünfte, die dem Steuerabzug unterliegen, durch den Steuerabzug abgegolten oder werden solche Einkünfte bei der Veranlagung zur Einkommensteuer oder beim Lohnsteuer-Jahresausgleich nicht erfasst, gilt dies für die Zuschlagsteuer entsprechend.

(4) ¹Die Vorauszahlungen auf Zuschlagsteuern sind gleichzeitig mit den festgesetzten Vorauszahlungen auf die Einkommensteuer zu entrichten; § 37 Absatz 5 ist nicht anzuwenden. ²Solange ein Bescheid über die Vorauszahlungen auf Zuschlagsteuern nicht erteilt worden ist, sind die Vorauszahlungen ohne besondere Aufforderung nach Maßgabe der für die Zuschlagsteuern geltenden Vorschriften zu entrichten. ³§ 240 Absatz 1 Satz 3 der Abgabenordnung ist insoweit nicht anzuwenden; § 254 Absatz 2 der Abgabenordnung gilt insoweit sinngemäß.

(5) ¹Mit einem Rechtsbehelf gegen die Zuschlagsteuer kann weder die Bemessungsgrundlage noch die Höhe des zu versteuernden Einkommens angegriffen werden. ²Wird die Bemessungsgrundlage geändert, ändert sich die Zuschlagsteuer entsprechend.

(6) Die Absätze 1 bis 5 gelten für die Kirchensteuern nach Maßgabe landesrechtlicher Vorschriften.

§ 52
Anwendungsvorschriften

(1) ¹Diese Fassung des Gesetzes ist, soweit in den folgenden Absätzen und § 52a nichts anderes bestimmt ist, erstmals für den Veranlagungszeitraum 2010 anzuwenden. ²Beim Steuerabzug vom Arbeitslohn gilt Satz 1 mit der Maßgabe, dass diese Fassung erstmals auf den laufenden Arbeitslohn anzuwenden ist, der für einen nach dem 31. Dezember 2009 endenden Lohnzahlungszeitraum gezahlt wird, und auf sonstige Bezüge, die nach dem 31. Dezember 2009 zufließen.

(1a) § 1 Absatz 3 Satz 4 in der Fassung des Artikels 1 des Gesetzes vom 20. Dezember 2007 (BGBl. I S. 3150) ist für Staatsangehörige eines Mitgliedstaates der Europäischen Union oder eines Staates, auf den das Abkommen über den Europäischen Wirtschaftsraum anwendbar ist, auf Antrag auch für Veranlagungszeiträume vor 2008 anzuwenden, soweit Steuerbescheide noch nicht bestandskräftig sind.

(2) § 1a Absatz 1 ist für Staatsangehörige eines Mitgliedstaates der Europäischen Union auf Antrag auch für Veranlagungszeiträume vor 1996 anzuwenden, soweit Steuerbescheide noch nicht bestandskräftig sind; für Staatsangehörige und für das Hoheitsgebiet Finnlands, Islands, Norwegens, Österreichs und Schwedens gilt dies ab dem Veranlagungszeitraum 1994.

(3) ¹§ 2a Absatz 1 Satz 1 Nummer 6 Buchstabe b in der Fassung der Bekanntmachung vom 22. Dezember 1999 (BGBl. I S. 2601) ist erstmals auf negative Einkünfte eines Steuerpflichtigen anzuwenden, die er aus einer entgeltlichen Überlassung von Schiffen auf Grund eines nach dem 31. Dezember 1999 rechtswirksam abgeschlossenen obligatorischen Vertrags oder gleichstehenden Rechtsakts erzielt. ²§ 2a Absatz 1 bis 2a in der Fassung des Artikels 1 des Gesetzes vom 19. Dezember 2008 (BGBl. I S. 2794) ist in allen Fällen anzuwenden, in denen die Steuer noch nicht bestandskräftig festgesetzt ist. ³Für negative Einkünfte im Sinne des § 2a Absatz 1 und 2, die vor der ab dem 24. Dezember 2008 geltenden Fassung nach § 2a Absatz 1 Satz 5 bestandskräftig gesondert festgestellt wurden, ist § 2a Absatz 1 Satz 3 bis 5 in der vor der 24. Dezember 2008 geltenden Fassung weiter anzuwenden. ⁴§ 2a Absatz 3 und 4 in der Fassung der Bekanntmachung vom 16. April 1997 (BGBl. I S. 821) ist letztmals für den Veranlagungszeitraum 1998 anzuwenden. ⁵§ 2a Absatz 3 Satz 3, 5 und 6 in der Fassung der Bekanntmachung vom 16. April 1997 (BGBl. I S. 821) ist für Veranlagungszeiträume ab 1999 weiter anzuwenden, soweit sich ein positiver Betrag im Sinne des § 2a Absatz 3 Satz 3 ergibt oder soweit eine in einem ausländischen Staat belegene Betriebsstätte im Sinne des § 2a Absatz 4 in der Fassung des Satzes 8 in eine Kapitalgesellschaft umgewandelt, übertragen oder aufgegeben wird. ⁶Insoweit ist in § 2a Absatz 3 Satz 5 letzter Halbsatz die Bezeichnung „§ 10d Absatz 3" durch „§ 10d Absatz 4" zu ersetzen. ⁷§ 2a Absatz 4 ist für die Veranlagungszeiträume 1999 bis 2005 in der folgenden Fassung anzuwenden:

„(4) Wird eine in einem ausländischen Staat belegene Betriebsstätte

1. in eine Kapitalgesellschaft umgewandelt oder
2. entgeltlich oder unentgeltlich übertragen oder
3. aufgegeben, jedoch die ursprünglich von der Betriebsstätte ausgeübte Geschäftstätigkeit ganz oder teilweise von einer Gesellschaft, an der der inländische Steuerpflichtige zu mindestens 10 Prozent unmittelbar oder mittelbar beteiligt ist, oder von einer ihm nahestehenden Person im Sinne des § 1 Absatz 2 des Außensteuergesetzes in der Fassung der Bekanntmachung vom 20. Dezember 1996 (BGBl. I S. 2049) fortgeführt,

so ist ein nach Absatz 3 Satz 1 und 2 abgezogener Verlust, soweit er nach Absatz 3 Satz 3 nicht wieder hinzugerechnet worden ist oder nicht noch hinzuzurechnen ist, im Veranlagungszeitraum der Umwandlung, Übertragung oder Aufgabe in entsprechender Anwendung des Absatzes 3 Satz 3 dem Gesamtbetrag der Einkünfte hinzuzurechnen."

⁸§ 2a Absatz 4 ist die Veranlagungszeiträume ab 2006 in der folgenden Fassung anzuwenden:

„(4) ¹Wird eine in einem ausländischen Staat belegene Betriebsstätte

1. in eine Kapitalgesellschaft umgewandelt oder
2. entgeltlich oder unentgeltlich übertragen oder
3. aufgegeben, jedoch die ursprünglich von der Betriebsstätte ausgeübte Geschäftstätigkeit ganz oder teilweise von einer Gesellschaft, an der der inländische Steuerpflichtige zu mindestens 10 Prozent unmittelbar oder mittelbar beteiligt ist, oder von einer ihm nahe stehenden Person im Sinne des § 1 Absatz 2 des Außensteuergesetzes fortgeführt,

so ist ein nach Absatz 3 Satz 1 und 2 abgezogener Verlust, soweit er nach Absatz 3 Satz 3 nicht wieder hinzugerechnet worden ist oder nicht noch hinzuzurechnen ist, im Veranlagungszeitraum der Umwandlung, Übertragung oder Aufgabe in entsprechender Anwendung des Absatzes 3 Satz 3 dem Gesamtbetrag der Einkünfte hinzuzurechnen. ²Satz 1 gilt entsprechend bei Beendigung der unbeschränkten Einkommensteuerpflicht (§ 1 Absatz 1) durch Aufgabe des Wohnsitzes oder des gewöhnlichen Aufenthalts oder bei Beendigung der unbeschränkten Körperschaftsteuerpflicht (§ 1 Absatz 1 des Körperschaftsteuergesetzes) durch Verlegung des Sitzes oder des Orts der Geschäftsleitung sowie bei unbeschränkter Einkommensteuerpflicht (§ 1 Absatz 1) oder unbeschränkter Körperschaftsteuerpflicht (§ 1 Absatz 1 des Körperschaftsteuergesetzes) bei Beendigung der Ansässigkeit im Inland auf Grund der Bestimmungen eines Abkommens zur Vermeidung der Doppelbesteuerung."

(4) § 2b in der Fassung der Bekanntmachung vom 19. Oktober 2002 (BGBl. I S. 4210, 2003 I S. 179) ist weiterhin für Einkünfte aus einer Einkunftsquelle im Sinne des § 2b anzuwenden, die der Steuerpflichtige nach dem 4. März 1999 und vor dem 11. November 2005 rechtswirksam erworben oder begründet hat.

(4a) ¹§ 3 Nummer 9 in der bis zum 31. Dezember 2005 geltenden Fassung ist weiter anzuwenden für vor dem 1. Januar 2006 entstandene Ansprüche der Arbeitnehmer auf Abfindungen oder für Abfindungen wegen einer vor dem 1. Januar 2006 getroffenen Gerichtsentscheidung oder einer am 31. Dezember 2005 anhängigen Klage, soweit die Abfindungen dem Arbeitnehmer vor dem 1. Januar 2008 zufließen. ²Gleiches gilt für Abfindungen auf Grund eines vor dem 1. Januar 2006 abgeschlossenen Sozialplans, wenn die Arbeitnehmer in dem zugrunde liegenden und vor dem 1. Januar 2006 vereinbarten Interessenausgleich namentlich bezeichnet worden sind (§ 1 Absatz 5 Satz 1 des Kündigungsschutzgesetzes sowie § 125 der Insolvenzordnung in der jeweils am 31. Dezember 2005 geltenden Fassung); ist eine Abfindung in einem vor dem 25. Dezember 2008 ergangenen Steuerbescheid als steuerpflichtige Einnahme berücksichtigt worden, ist dieser Bescheid insoweit auf Antrag des Arbeitnehmers zu ändern. ³§ 3 Nummer 10 in der bis zum 31. Dezember 2005 geltenden Fassung ist weiter anzuwenden für Entlassungen vor dem 1. Januar 2006, soweit die Übergangsgelder und Übergangsbeihilfen dem Arbeitnehmer vor dem 1. Januar 2008 zufließen, und für an Soldaten auf Zeit und Soldatinnen auf Zeit gezahlte Übergangsbeihilfen, wenn das Dienstverhältnis vor dem 1. Januar 2006 begründet wurde. ⁴§ 3 Nummer 13 und 16 in der Fassung des Gesetzes vom 20. April 2009 (BGBl. I S. 774) ist erstmals ab dem Veranlagungszeitraum 2007 anzuwenden.

(4b) § 3 Nummer 26 und 26a in der Fassung des Artikels 1 des Gesetzes vom 19. Dezember 2008 (BGBl. I S. 2794) sind in allen Fällen anzuwenden, in denen die Steuer noch nicht bestandskräftig festgesetzt ist.

(4c) § 3 Nummer 34 in der Fassung des Artikels 1 des Gesetzes vom 19. Dezember 2008 (BGBl. I S. 2794) ist erstmals auf Leistungen des Arbeitgebers im Kalenderjahr 2008 anzuwenden.

(4d) ¹§ 3 Nummer 40 ist erstmals anzuwenden für
1. Gewinnausschüttungen, auf die bei der ausschüttenden Körperschaft der nach Artikel 3 des Gesetzes vom 23. Oktober 2000 (BGBl. I S. 1433) aufgehobene Vierte Teil des Körperschaftsteuergesetzes nicht mehr anzuwenden ist; für die übrigen in § 3 Nummer 40 genannten Erträge im Sinne des § 20 gilt Entsprechendes;
2. Erträge im Sinne des § 3 Nummer 40 Satz 1 Buchstabe a, b, c und j nach Ablauf des ersten Wirtschaftsjahres der Gesellschaft, an der die Anteile bestehen, für das das Körperschaftsteuergesetz in der Fassung des Artikels 3 des Gesetzes vom 23. Oktober 2000 (BGBl. I S. 1433) erstmals anzuwenden ist.

²§ 3 Nummer 40 Satz 3 und 4 in der am 12. Dezember 2006 geltenden Fassung ist für Anteile, die einbringungsgeboren im Sinne des § 21 des Umwandlungssteuergesetzes in der am 12. Dezember 2006 geltenden Fassung sind, weiter anzuwenden. ³§ 3 Nummer 40 Satz 1 Buchstabe d in der Fassung des Artikels 1 des Gesetzes vom 13. Dezember 2006 (BGBl. I S. 2878) ist erstmals auf Bezüge im Sinne des § 20 Absatz 1 Nummer 1 und auf Einnahmen im Sinne des § 20 Absatz 1 Nummer 9 anzuwenden, die nach dem 18. Dezember 2006 zugeflossen sind.

(4e) ¹§ 3 Nummer 40a in der Fassung des Gesetzes vom 30. Juli 2004 (BGBl. I S. 2013) ist auf Vergütungen im Sinne des § 18 Absatz 1 Nummer 4 anzuwenden, wenn die vermögensverwaltende Gesellschaft oder Gemeinschaft nach dem 31. März 2002 und vor dem 1. Januar 2009 gegründet worden ist oder soweit die Vergütungen in Zusammenhang mit der Veräußerung von Anteilen an Kapitalgesellschaften stehen, die nach dem 7. November 2003 und vor dem 1. Januar 2009 erworben worden sind. ²§ 3 Nummer 40a in der Fassung des Artikels 3 des Gesetzes vom 12. August 2008 (BGBl. I S. 1672) ist erstmals auf Vergütungen im Sinne des § 18 Absatz 1 Nummer 4 anzuwenden, wenn die vermögensverwaltende Gesellschaft oder Gemeinschaft nach dem 31. Dezember 2008 gegründet worden ist.

(4f) § 3 Nummer 41 ist erstmals auf Gewinnausschüttungen oder Gewinne aus der Veräußerung eines Anteils an einer ausländischen Kapitalgesellschaft sowie aus deren Auflösung oder Herabsetzung ihres Kapitals anzuwenden, wenn auf die Ausschüttung oder auf die Gewinne aus der Veräußerung § 3 Nummer 40 Buchstabe a, b, c und d des Einkommensteuergesetzes in der Fassung des Artikels 3 des Gesetzes vom 23. Oktober 2000 (BGBl. I S. 1433) anwendbar wäre.

(5) (weggefallen)

(6) ¹§ 3 Nummer 63 ist bei Beiträgen für eine Direktversicherung nicht anzuwenden, wenn die entsprechende Versorgungszusage vor dem 1. Januar 2005 erteilt wurde und der Arbeitnehmer gegenüber dem Arbeitgeber für diese Beiträge auf die Anwendung des § 3 Nummer 63 verzichtet hat. ²Der Verzicht gilt für die Dauer des Dienstverhältnisses; er ist bis zum 30. Juni 2005 oder bei einem späteren Arbeitgeberwechsel bis zur ersten Beitragsleistung zu erklären. ³§ 3 Nummer 63 Satz 3 ist nicht anzuwenden, wenn § 40b Absatz 1 und 2 in der am 31. Dezember 2004 geltenden Fassung angewendet wird.

(7) § 3 Nummer 65 in der Fassung des Artikels 1 des Gesetzes vom 13. Dezember 2006 (BGBl. I S. 2878) ist in allen Fällen anzuwenden, in denen die Einkommensteuer noch nicht bestandskräftig festgesetzt ist.

(8) (weggefallen)

(8a) ¹§ 3c Absatz 2 ist erstmals auf Aufwendungen anzuwenden, die mit Erträgen in wirtschaftlichen Zusammenhang stehen, auf die § 3 Nummer 40 erstmals anzuwenden ist. ²§ 3c Absatz 2 Satz 3 und 4 in der am 12. Dezember 2006 geltenden Fassung ist für Anteile, die einbringungsgeboren im Sinne des § 21 des Umwandlungssteuergesetzes in der am 12. Dezember 2006 geltenden Fassung sind, weiter anzuwenden.

(8b) § 4 Absatz 1 in der Fassung des Artikels 1 des Gesetzes vom 7. Dezember 2006 (BGBl. I S. 2782) ist erstmals für nach dem 31. Dezember 2005 endende Wirtschaftsjahre anzuwenden.

(9) § 4 Absatz 2 Satz 2 in der Fassung des Gesetzes vom 22. Dezember 1999 (BGBl. I S. 2601) ist auch für Veranlagungszeiträume vor 1999 anzuwenden.

(10) ¹§ 4 Absatz 3 Satz 4 ist nicht anzuwenden, soweit die Anschaffungs- oder Herstellungskosten vor dem 1. Januar 1971 als Betriebsausgaben abgesetzt worden sind. ²§ 4 Absatz 3 Satz 4 und 5 in der Fas-

sung des Artikels 1 des Gesetzes vom 28. April 2006 (BGBl. I S. 1095) ist erstmals für Wirtschaftsgüter anzuwenden, die nach dem 5. Mai 2006 angeschafft, hergestellt oder in das Betriebsvermögen eingelegt werden. ³Die Anschaffungs- oder Herstellungskosten für nicht abnutzbare Wirtschaftsgüter des Anlagevermögens, die vor dem 5. Mai 2006 angeschafft, hergestellt oder in das Betriebsvermögen eingelegt wurden, sind erst im Zeitpunkt des Zuflusses des Veräußerungserlöses oder im Zeitpunkt der Entnahme als Betriebsausgaben zu berücksichtigen.

(11) ¹§ 4 Absatz 4a in der Fassung des Gesetzes vom 22. Dezember 1999 (BGBl. I S. 2601) ist erstmals für das Wirtschaftsjahr anzuwenden, das nach dem 31. Dezember 1998 endet. ²Über- und Unterentnahmen vorangegangener Wirtschaftsjahre bleiben unberücksichtigt. ³Bei vor dem 1. Januar 1999 eröffneten Betrieben sind im Falle der Betriebsaufgabe bei der Überführung von Wirtschaftsgütern aus dem Betriebsvermögen in das Privatvermögen die Buchwerte nicht als Entnahme anzusetzen; im Falle der Betriebsveräußerung ist nur der Veräußerungsgewinn als Entnahme anzusetzen. ⁴Die Aufzeichnungspflichten im Sinne des § 4 Absatz 4a Satz 6 sind erstmals ab dem 1. Januar 2000 zu erfüllen.

(12) ¹§ 4 Absatz 5 Satz 1 Nummer 1 Satz 2 in der Fassung des Artikels 9 des Gesetzes vom 29. Dezember 2003 (BGBl. I S. 3076) ist erstmals für Wirtschaftsjahre anzuwenden, die nach dem 31. Dezember 2003 beginnen. ²§ 4 Absatz 5 Satz 1 Nummer 2 Satz 1 in der Fassung des Artikels 9 des Gesetzes vom 29. Dezember 2003 (BGBl. I S. 3076) ist erstmals für Wirtschaftsjahre anzuwenden, die nach dem 31. Dezember 2003 beginnen. ³§ 4 Absatz 5 Satz 1 Nummer 6 Satz 3 in der Fassung des Artikels 1 des Gesetzes vom 28. April 2006 (BGBl. I S. 1095) ist erstmals für Wirtschaftsjahre anzuwenden, die nach dem 31. Dezember 2005 beginnen. ⁴§ 4 Absatz 5 Satz 1 Nummer 6a in der Fassung der Bekanntmachung vom 19. Oktober 2002 (BGBl. I S. 4210) ist letztmals für den Veranlagungszeitraum 2002 anzuwenden. ⁵In den Fällen, in denen die Einkommensteuer für die Veranlagungszeiträume bis einschließlich 2002 noch nicht formell bestandskräftig oder hinsichtlich der Aufwendungen für eine betrieblich veranlasste doppelte Haushaltsführung vorläufig festgesetzt ist, ist § 9 Absatz 1 Satz 3 Nummer 5 in der Fassung des Artikels 1 des Gesetzes vom 15. Dezember 2003 (BGBl. I S. 2645) anzuwenden; dies gilt auch für unter dem Vorbehalt der Nachprüfung ergangene Einkommensteuerbescheide für Veranlagungszeiträume bis einschließlich 2002, soweit nicht bereits Festsetzungsverjährung eingetreten ist. ⁶§ 4 Absatz 5 Satz 1 Nummer 11 in der Fassung des Artikels 1 des Gesetzes vom 22. Dezember 2003 (BGBl. I S. 2840) ist erstmals für das Wirtschaftsjahr anzuwenden, das nach dem 31. Dezember 2003 endet. ⁷§ 4 Absatz 5b in der Fassung des Artikels 1 des Gesetzes vom 14. August 2007 (BGBl. I S. 1912) gilt erstmals für Gewerbesteuer, die für Erhebungszeiträume festgesetzt wird, die nach dem 31. Dezember 2007 enden. ⁸§ 4 Absatz 5 Satz 1 Nummer 6 in der Fassung des Gesetzes vom 20. April 2009 (BGBl. I S. 774) ist erstmals ab dem Veranlagungszeitraum 2007 anzuwenden.

(12a) ¹§ 4d Absatz 1 Satz 1 Nummer 1 Satz 1 Buchstabe b Satz 1 in der Fassung des Artikels 1 des Gesetzes vom 19. Dezember 2008 (BGBl. I S. 2794) ist erstmals für das Wirtschaftsjahr anzuwenden, das nach dem 31. Dezember 2007 endet. ²§ 4d Absatz 1 Satz 1 Nummer 1 Satz 1 in der Fassung des Artikels 5 Nummer 1 des Gesetzes vom 10. Dezember 2007 (BGBl. I S. 2838) ist erstmals bei nach dem 31. Dezember 2008 zugesagten Leistungen der betrieblichen Altersversorgung anzuwenden.

(12b) § 4e in der Fassung des Artikels 6 des Gesetzes vom 26. Juni 2001 (BGBl. I S. 1310) ist erstmals für das Wirtschaftsjahr anzuwenden, das nach dem 31. Dezember 2001 endet.

(12c) (weggefallen)

(12d) ¹§ 4h in der Fassung des Artikels 1 des Gesetzes vom 14. August 2007 (BGBl. I S. 1912) ist erstmals für Wirtschaftsjahre anzuwenden, die nach dem 25. Mai 2007 beginnen und nicht vor dem 1. Januar 2008 enden. ²§ 4h Absatz 5 Satz 3 in der Fassung des Artikels 1 des Gesetzes vom 19. Dezember 2008 (BGBl. I S. 2794) ist erstmals auf schädliche Beteiligungserwerbe nach dem 28. November 2008 anzuwenden, deren sämtliche Erwerbe und gleichgestellte Rechtsakte nach dem 28. November 2008 stattfinden. ³§ 4h Absatz 2 Satz 1 Buchstabe a in der Fassung des Artikels 1 des Gesetzes vom 16. Juli 2009 (BGBl. I S. 1959) ist erstmals für Wirtschaftsjahre anzuwenden, die nach dem 25. Mai 2007 beginnen und nicht vor dem 1. Januar 2008 enden. ⁴§ 4h Absatz 1, 2 Satz 1 Buchstabe c Satz 2, Absatz 4 Satz 1 und 4 und Absatz 5 Satz 1 und 2 in der Fassung des Artikels 1 des Gesetzes vom 22. Dezember 2009 (BGBl. I S. 3950) ist erstmals für Wirtschaftsjahre anzuwenden, die nach dem 31. Dezember 2009 enden. ⁵Nach den Grundsätzen des § 4h Absatz 1 Satz 1 bis 3 in der Fassung des Artikels 1 des Gesetzes vom 22. Dezember 2009 (BGBl. I S. 3950) zu ermittelnde EBITDA-Vorträge für Wirtschaftsjahre, die nach dem 31. Dezember 2006 beginnen und vor dem 1. Januar 2010 enden, erhöhen auf Antrag das verrechenbare EBITDA des ersten Wirtschaftsjahres, das nach dem 31. Dezember 2009 endet; § 4h Absatz 5 des Einkommensteuergesetzes, § 8a Absatz 1 des Körperschaftsteuergesetzes und § 2 Absatz 4 Satz 1, § 4 Absatz 2 Satz 2, § 9 Satz 3, § 15 Absatz 3, § 20 Absatz 9 des Umwandlungssteuergesetzes in der Fassung des Artikels 1 des Gesetzes vom 22. Dezember 2009 (BGBl. I S. 3950) sind dabei sinngemäß anzuwenden.

(12e) ¹§ 5 Absatz 1a in der Fassung des Artikels 3 des Bilanzrechtsmodernisierungsgesetzes vom 25. Mai 2009 (BGBl. I S. 1102) ist erstmals für Wirtschaftsjahre anzuwenden, die nach dem 31. Dezember 2009 beginnen. ²§ 5 Absatz 1a in der Fassung des Artikels 3 des Bilanzrechtsmodernisierungsgesetzes vom 25. Mai 2009 (BGBl. I S. 1102) ist für Wirtschaftsjahre anzuwenden, die nach dem 31. Dezember 2008 beginnen, wenn das Wahlrecht nach Artikel 66 Absatz 3 Satz 6 des Einführungsgesetzes zum Handelsgesetzbuch in der Fassung des Artikels 2 des Bilanzrechtsmodernisierungsgesetzes vom 25. Mai 2009 (BGBl. I S. 1102) ausgeübt wird.

(13) ¹§ 5 Absatz 4a ist erstmals für das Wirtschaftsjahr anzuwenden, das nach dem 31. Dezember 1996 endet. ²Rückstellungen für drohende Ver-

luste aus schwebenden Geschäften, die am Schluss des letzten vor dem 1. Januar 1997 endenden Wirtschaftsjahres zulässigerweise gebildet worden sind, sind in den Schlussbilanzen des ersten nach dem 31. Dezember 1996 endenden Wirtschaftsjahres und der fünf folgenden Wirtschaftsjahre mit mindestens 25 Prozent im ersten und jeweils mindestens 15 Prozent im zweiten bis sechsten Wirtschaftsjahr gewinnerhöhend aufzulösen.

(14) Soweit Rückstellungen für Aufwendungen, die Anschaffungs- oder Herstellungskosten für ein Wirtschaftsgut sind, in der Vergangenheit gebildet worden sind, sind sie in dem ersten Veranlagungszeitraum, dessen Veranlagung noch nicht bestandskräftig ist, in vollem Umfang aufzulösen.

(15) ¹Für Gewerbebetriebe, in denen der Steuerpflichtige vor dem 1. Januar 1999 bereits Einkünfte aus dem Betrieb von Handelsschiffen im internationalen Verkehr erzielt hat, kann der Antrag nach § 5a Absatz 3 Satz 1 auf Anwendung der Gewinnermittlung nach § 5a Absatz 1 in dem Wirtschaftsjahr, das nach dem 31. Dezember 1998 endet, oder in einem der beiden folgenden Wirtschaftsjahre gestellt werden (Erstjahr). ²§ 5a Absatz 3 in der Fassung des Artikels 9 des Gesetzes vom 29. Dezember 2003 (BGBl. I S. 3076) ist erstmals für das Wirtschaftsjahr anzuwenden, das nach dem 31. Dezember 2005 endet. ³§ 5a Absatz 3 Satz 1 in der am 31. Dezember 2003 geltenden Fassung ist weiterhin anzuwenden, wenn der Steuerpflichtige im Fall der Anschaffung das Handelsschiff auf Grund eines vor dem 1. Januar 2006 rechtswirksam abgeschlossenen schuldrechtlichen Vertrags oder gleichgestellten Rechtsaktes angeschafft oder im Fall der Herstellung mit der Herstellung des Handelsschiffs vor dem 1. Januar 2006 begonnen hat. ⁴In Fällen des Satzes 3 muss der Antrag auf Anwendung des § 5a Absatz 1 spätestens bis zum Ablauf des Wirtschaftsjahres gestellt werden, das vor dem 1. Januar 2008 endet. ⁵§ 5a Absatz 5 Satz 3 in der Fassung des Artikels 1 des Gesetzes vom 14. August 2007 (BGBl. I S. 1912) ist erstmals für Wirtschaftsjahre anzuwenden, die nach dem 17. August 2007 enden. ⁶Soweit Ansparabschreibungen im Sinne von § 7g Absatz 3 in der bis zum 17. August 2007 geltenden Fassung zum Zeitpunkt des Übergangs zur Gewinnermittlung nach § 5a Absatz 1 noch nicht gewinnerhöhend aufgelöst worden sind, ist § 5a Absatz 5 Satz 4 in der bis zum 17. August 2007 geltenden Fassung weiter anzuwenden.

(15a) § 5b in der Fassung des Artikels 1 des Gesetzes vom 20. Dezember 2008 (BGBl. I S. 2850) ist erstmals für Wirtschaftsjahre anzuwenden, die nach dem 31. Dezember 2010 beginnen.

(16) ¹§ 6 Absatz 1 in der Fassung des Artikels 1 des Gesetzes vom 7. Dezember 2006 (BGBl. I S. 2782) ist erstmals für nach dem 31. Dezember 2005 endende Wirtschaftsjahre anzuwenden. ²§ 6 Absatz 1 in der Fassung des Gesetzes vom 2. März 1999 (BGBl. I S. 402) ist erstmals für das erste nach dem 31. Dezember 1998 endende Wirtschaftsjahr (Erstjahr) anzuwenden. ³In Höhe von vier Fünfteln des im Erstjahr durch die Anwendung des § 6 Absatz 1 Nummer 1 und 2 in der Fassung des Gesetzes vom 24. März 1999 (BGBl. I S. 402) entstehenden Gewinns kann im Erstjahr eine den steuerlichen Gewinn mindernde Rücklage gebildet werden, die in den Erstjahr folgenden vier Wirtschaftsjahren jeweils mit mindestens einem Viertel gewinnerhöhend aufzulösen ist (Auflösungszeitraum). ⁴Scheidet ein der Regelung nach den Sätzen 1 bis 3 unterliegendes Wirtschaftsgut im Auflösungszeitraum ganz oder teilweise aus, ist im Wirtschaftsjahr des Ausscheidens der für das Wirtschaftsgut verbleibende Teil der Rücklage nach Satz 3 in vollem Umfang oder teilweise gewinnerhöhend aufzulösen. ⁵Soweit ein der Regelung nach den Sätzen 1 bis 3 unterliegendes Wirtschaftsgut im Auflösungszeitraum erneut auf den niedrigeren Teilwert abgeschrieben wird, ist der für das Wirtschaftsgut verbleibende Teil der Rücklage nach Satz 3 in Höhe der Abschreibung gewinnerhöhend aufzulösen. ⁶§ 3 Nummer 40 Satz 1 Buchstabe a Satz 2 in der Fassung des Gesetzes vom 23. Oktober 2000 (BGBl. I S. 1433) und § 8b Absatz 2 Satz 2 des Körperschaftsteuergesetzes in der Fassung des Gesetzes vom 23. Oktober 2000 (BGBl. I S. 1433) sind in den Fällen der Sätze 3 bis 5 entsprechend anzuwenden. ⁷§ 6 Absatz 1 Nummer 1a in der Fassung des Artikels 1 des Gesetzes vom 15. Dezember 2003 (BGBl. I S. 2645) ist erstmals für Baumaßnahmen anzuwenden, mit denen nach dem 31. Dezember 2003 begonnen wird. ⁸Als Beginn gilt bei Baumaßnahmen, für die eine Baugenehmigung erforderlich ist, der Zeitpunkt, in dem der Bauantrag gestellt wird, bei baugenehmigungsfreien Bauvorhaben, für die Bauunterlagen einzureichen sind, der Zeitpunkt, in dem die Bauunterlagen eingereicht werden. ⁹Sämtliche Baumaßnahmen im Sinne des § 6 Absatz 1 Nummer 1a Satz 1 an einem Objekt gelten als eine Baumaßnahme im Sinne des Satzes 7. ¹⁰§ 6 Absatz 1 Nummer 2b und 3a Buchstabe f in der Fassung des Artikels 3 des Bilanzrechtsmodernisierungsgesetzes vom 25. Mai 2009 (BGBl. I S. 1102) sind erstmals für Wirtschaftsjahre anzuwenden, die nach dem 31. Dezember 2009 beginnen; § 6 Absatz 1 Nummer 2b und § 6 Absatz 1 Nummer 3a Buchstabe f in der Fassung des Artikels 3 des Bilanzrechtsmodernisierungsgesetzes vom 25. Mai 2009 (BGBl. I S. 1102) sind erstmals für Wirtschaftsjahre anzuwenden, die nach dem 31. Dezember 2008 beginnen, wenn das Wahlrecht nach Artikel 66 Absatz 3 Satz 6 des Einführungsgesetzes zum Handelsgesetzbuch in der Fassung des Artikels 2 des Bilanzrechtsmodernisierungsgesetzes vom 25. Mai 2009 (BGBl. I S. 1102) ausgeübt wird; für die Hälfte des Gewinns, der sich aus der erstmaligen Anwendung des § 6 Absatz 1 Nummer 2b ergibt, kann eine den Gewinn mindernde Rücklage gebildet werden, die in den folgenden Wirtschaftsjahren gewinnerhöhend aufzulösen ist. ¹¹§ 6 Absatz 1 Nummer 4 Satz 2 in der Fassung des Artikels 1 des Gesetzes vom 28. April 2006 (BGBl. I S. 1095) ist erstmals für Wirtschaftsjahre anzuwenden, die nach dem 31. Dezember 2005 beginnen. ¹²§ 6 Absatz 1 Nummer 4 Satz 6 in der am 24. Dezember 2008 geltenden Fassung ist letztmalig für das Wirtschaftsjahr anzuwenden, das vor dem 1. Januar 2009 endet. ¹³§ 6 Absatz 1 Nummer 4 Satz 6 in der Fassung des Artikels 1 des Gesetzes vom 19. Dezember 2008 (BGBl. I S. 2794) ist erstmalig für Wirtschaftsjahre, die nach dem 31. Dezember 2008 beginnen, anzuwenden. ¹⁴§ 6

Absatz 2 und 2a in der Fassung des Artikels 1 des Gesetzes vom 22. Dezember 2009 (BGBl. I S. 3950) ist erstmals bei Wirtschaftsgütern anzuwenden, die nach dem 31. Dezember 2009 angeschafft, hergestellt oder in das Betriebsvermögen eingelegt werden. ¹⁵§ 6 Absatz 6 Satz 2 und 3 ist erstmals für Einlagen anzuwenden, die nach dem 31. Dezember 1998 vorgenommen werden.

(16a) § 6 Absatz 5 Satz 3 bis 5 in der Fassung des Gesetzes vom 20. Dezember 2001 (BGBl. I S. 3858) ist erstmals auf Übertragungsvorgänge nach dem 31. Dezember 2000 anzuwenden. ²§ 6 Absatz 5 Satz 6 in der Fassung des Gesetzes vom 20. Dezember 2001 (BGBl. I S. 3858) ist erstmals auf Anteilsbegründungen und Anteilserhöhungen nach dem 31. Dezember 2000 anzuwenden.

(16b) § 6a Absatz 2 Nummer 1 erste Alternative und Absatz 3 Satz 2 Nummer 1 Satz 6 erster Halbsatz in der Fassung des Artikels 6 des Gesetzes vom 26. Juni 2001 (BGBl. I S. 1310) ist bei Pensionsverpflichtungen gegenüber Berechtigten anzuwenden, denen der Pensionsverpflichtete erstmals eine Pensionszusage nach dem 31. Dezember 2000 erteilt hat; § 6a Absatz 2 Nummer 1 zweite Alternative sowie § 6a Absatz 3 Satz 2 Nummer 1 Satz 1 und § 6a Absatz 3 Satz 2 Nummer 1 Satz 6 zweiter Halbsatz sind bei Pensionsverpflichtungen anzuwenden, die auf einer nach dem 31. Dezember 2000 vereinbarten Entgeltumwandlung im Sinne von § 1 Absatz 2 des Betriebsrentengesetzes beruhen.

(17) § 6a Absatz 2 Nummer 1 und Absatz 3 Satz 2 Nummer 1 Satz 6 in der Fassung des Artikels 5 Nummer 2 des Gesetzes vom 10. Dezember 2007 (BGBl. I S. 2838) sind erstmals bei nach dem 31. Dezember 2008 erteilten Pensionszusagen anzuwenden.

(18) ¹§ 6b in der Fassung des Gesetzes vom 24. März 1999 (BGBl. I S. 402) ist erstmals auf Veräußerungen anzuwenden, die nach dem 31. Dezember 1998 vorgenommen werden. ²Für Veräußerungen, die vor diesem Zeitpunkt vorgenommen worden sind, ist § 6b in der im Veräußerungszeitpunkt geltenden Fassung weiter anzuwenden.

(18a) ¹§ 6b in der Fassung des Artikels 1 des Gesetzes vom 20. Dezember 2001 (BGBl. I S. 3858) ist erstmals auf Veräußerungen anzuwenden, die nach dem 31. Dezember 2001 vorgenommen werden. ²Für Veräußerungen, die vor diesem Zeitpunkt vorgenommen worden sind, ist § 6b in der im Veräußerungszeitpunkt geltenden Fassung weiter anzuwenden.

(18b) ¹§ 6b in der Fassung des Artikels 1 des Gesetzes vom 26. April 2006 (BGBl. I S. 1091) ist erstmals auf Veräußerungen nach dem 31. Dezember 2005 und letztmals auf Veräußerungen vor dem 1. Januar 2011 anzuwenden. ²Für Veräußerungen, die vor diesem Zeitpunkt vorgenommen werden, ist § 6b in der im Veräußerungszeitpunkt geltenden Fassung weiter anzuwenden. ³§ 6b Absatz 10 Satz 11 in der am 12. Dezember 2006 geltenden Fassung ist für Anteile, die einbringungsgeboren im Sinne des § 21 des Umwandlungssteuergesetzes in der am 12. Dezember 2006 geltenden Fassung sind, weiter anzuwenden.

(19) ¹§ 6c in der Fassung des Gesetzes vom 24. März 1999 (BGBl. I S. 402) ist erstmals auf Veräußerungen anzuwenden, die nach dem 31. Dezember 1998 vorgenommen werden. ²Für Veräußerungen, die vor diesem Zeitpunkt vorgenommen worden sind, ist § 6c in der im Veräußerungszeitpunkt geltenden Fassung weiter anzuwenden.

(20) § 6d ist erstmals für das Wirtschaftsjahr anzuwenden, das nach dem 31. Dezember 1998 endet.

(21) ¹§ 7 Absatz 1 Satz 4 in der Fassung des Gesetzes vom 24. März 1999 (BGBl. I S. 402) ist erstmals für Einlagen anzuwenden, die nach dem 31. Dezember 1998 vorgenommen werden. ²§ 7 Absatz 1 Satz 6 in der Fassung des Gesetzes vom 24. März 1999 (BGBl. I S. 402) ist erstmals für das nach dem 31. Dezember 1998 endende Wirtschaftsjahr anzuwenden. ³§ 7 Absatz 1 Satz 4 in der Fassung des Artikels 9 des Gesetzes vom 29. Dezember 2003 (BGBl. I S. 3076) ist erstmals bei Wirtschaftsgütern anzuwenden, die nach dem 31. Dezember 2003 angeschafft oder hergestellt worden sind.

(21a) ¹§ 7 Absatz 2 Satz 2 in der Fassung des Gesetzes vom 23. Oktober 2000 (BGBl. I S. 1433) ist erstmals bei Wirtschaftsgütern anzuwenden, die nach dem 31. Dezember 2000 angeschafft oder hergestellt worden sind. ²Bei Wirtschaftsgütern, die vor dem 1. Januar 2001 angeschafft oder hergestellt worden sind, ist § 7 Absatz 2 Satz 2 des Einkommensteuergesetzes in der Fassung des Gesetzes vom 22. Dezember 1999 (BGBl. I S. 2601) weiter anzuwenden. ³§ 7 Absatz 2 und 3 in der bis zum 31. Dezember 2007 geltenden Fassung ist letztmalig anzuwenden für vor dem 1. Januar 2008 angeschaffte oder hergestellte bewegliche Wirtschaftsgüter.

(21b) ¹Bei Gebäuden, soweit sie zu einem Betriebsvermögen gehören und nicht Wohnzwecken dienen, ist § 7 Absatz 4 Satz 1 und 2 in der Fassung des Gesetzes vom 22. Dezember 1999 (BGBl. I S. 2601) weiter anzuwenden, wenn der Steuerpflichtige im Fall der Herstellung vor dem 1. Januar 2001 mit der Herstellung des Gebäudes begonnen hat oder im Fall der Anschaffung das Objekt auf Grund eines vor dem 1. Januar 2001 rechtswirksam abgeschlossenen obligatorischen Vertrags oder gleichstehenden Rechtsakts angeschafft hat. ²Als Beginn der Herstellung gilt bei Gebäuden, für die eine Baugenehmigung erforderlich ist, der Zeitpunkt, in dem der Bauantrag gestellt wird; bei baugenehmigungsfreien Gebäuden, für die Bauunterlagen einzureichen sind, der Zeitpunkt, in dem die Bauunterlagen eingereicht werden.

(21c) § 7 Absatz 5 in der Fassung des Artikels 1 des Gesetzes vom ... (BGBl. I S. ... [einsetzen: Ausfertigungsdatum und Seitenzahl der Verkündung des vorliegenden Änderungsgesetzes]) ist auf Antrag auch für Veranlagungszeiträume vor 2010 anzuwenden, soweit Steuerbescheide noch nicht bestandskräftig sind.

(22) § 7a Absatz 6 des Einkommensteuergesetzes 1979 in der Fassung der Bekanntmachung vom 21. Juni 1979 (BGBl. I S. 721) ist letztmals für das Wirtschaftsjahr anzuwenden, das dem Wirtschaftsjahr vorangeht, für das § 15a erstmals anzuwenden ist.

(23) ¹§ 7g Absatz 1 bis 4 und 7 in der Fassung des Artikels 1 des Gesetzes vom 14. August 2007 (BGBl. I S. 1912) ist erstmals für Wirtschaftsjahre anzuwenden, die nach dem 17. August 2007 enden. ²§ 7g Absatz 5 und 6 in der Fassung des Artikels 1 des Gesetzes vom 14. August 2007 (BGBl. I S. 1912) ist erstmals bei Wirtschaftsgütern anzuwenden, die nach dem 31. Dezember 2007 angeschafft oder hergestellt werden. ³Bei Ansparabschreibungen, die in vor dem 18. August 2007 endenden Wirtschaftsjahren gebildet worden sind, und Wirtschaftsgütern, die vor dem 1. Januar 2008 angeschafft oder hergestellt worden sind, ist § 7g in der bis zum 17. August 2007 geltenden Fassung weiter anzuwenden. ⁴Soweit Ansparabschreibungen noch nicht gewinnerhöhend aufgelöst worden sind, vermindert sich der Höchstbetrag von 200 000 Euro nach § 7g Absatz 1 Satz 4 in der Fassung des Artikels 1 des Gesetzes vom 14. August 2007 (BGBl. I S. 1912) um die noch vorhandenen Ansparabschreibungen. ⁵In Wirtschaftsjahren, die nach dem 31. Dezember 2008 und vor dem 1. Januar 2011 enden, ist § 7g Absatz 1 Satz 2 Nummer 1 mit der Maßgabe anzuwenden, dass bei Gewerbebetrieben oder der selbständigen Arbeit dienenden Betrieben, die ihren Gewinn nach § 4 Absatz 1 oder § 5 ermitteln, ein Betriebsvermögen von 335 000 Euro, bei Betrieben der Land- und Forstwirtschaft ein Wirtschaftswert oder Ersatzwirtschaftswert von 175 000 Euro und bei Betrieben, die ihren Gewinn nach § 4 Absatz 3 ermitteln, ohne Berücksichtigung von Investitionsabzugsbeträgen ein Gewinn von 200 000 Euro nicht überschritten wird. ⁶Bei Wirtschaftsgütern, die nach dem 31. Dezember 2008 und vor dem 1. Januar 2011 angeschafft oder hergestellt werden, ist § 7g Absatz 6 Nummer 1 mit der Maßgabe anzuwenden, dass der Betrieb zum Schluss des Wirtschaftsjahres, das der Anschaffung oder Herstellung vorangeht, die Größenmerkmale des Satzes 5 nicht überschreitet.

(23a) ¹§ 7h Absatz 1 Satz 1 und 3 in der Fassung des Artikels 9 des Gesetzes vom 29. Dezember 2003 (BGBl. I S. 3076) sind erstmals für Modernisierungs- und Instandsetzungsmaßnahmen anzuwenden, mit denen nach dem 31. Dezember 2003 begonnen wird. ²Als Beginn gilt bei Baumaßnahmen, für die eine Baugenehmigung erforderlich ist, der Zeitpunkt, in dem der Bauantrag gestellt wird, bei baugenehmigungsfreien Bauvorhaben, für die Bauunterlagen einzureichen sind, der Zeitpunkt, in dem die Bauunterlagen eingereicht werden.

(23b) ¹§ 7i Absatz 1 Satz 1 und 5 in der Fassung des Artikels 9 des Gesetzes vom 29. Dezember 2003 (BGBl. I S. 3076) sind erstmals für Baumaßnahmen anzuwenden, mit denen nach dem 31. Dezember 2003 begonnen wird. ²Als Beginn gilt bei Baumaßnahmen, für die eine Baugenehmigung erforderlich ist, der Zeitpunkt, in dem der Bauantrag gestellt wird, bei baugenehmigungsfreien Bauvorhaben, für die Bauunterlagen einzureichen sind, der Zeitpunkt, in dem die Bauunterlagen eingereicht werden.

(23c) § 8 Absatz 2 in der Fassung des Gesetzes vom 20. April 2009 (BGBl. I S. 774) ist erstmals ab dem Veranlagungszeitraum 2007 anzuwenden.

(23d) ¹§ 9 Absatz 1 Satz 3 Nummer 4 und 5 und Absatz 2 in der Fassung des Gesetzes vom 20. April 2009 (BGBl. I S. 774) ist erstmals ab dem Veranlagungszeitraum 2007 anzuwenden. ²§ 9 Absatz 1 Satz 3 Nummer 5 in der Fassung des Artikels 1 des Gesetzes vom 15. Dezember 2003 (BGBl. I S. 2645) ist erstmals ab dem Veranlagungszeitraum 2003 anzuwenden und in Fällen, in denen die Einkommensteuer noch nicht formell bestandskräftig oder hinsichtlich der Aufwendungen für eine beruflich veranlasste doppelte Haushaltsführung vorläufig festgesetzt ist. ³§ 9 Absatz 1 Satz 3 Nummer 7 Satz 2 in der Fassung des Artikels 1 des Gesetzes vom 22. Dezember 2009 (BGBl. I S. 3950) ist erstmals für die im Veranlagungszeitraum 2010 angeschafften oder hergestellten Wirtschaftsgüter anzuwenden. ⁴Für die Anwendung des § 9 Absatz 5 Satz 2 in der Fassung des Artikels 1 des Gesetzes vom 15. Dezember 2003 (BGBl. I S 2645) gilt Absatz 16 Satz 7 bis 9 entsprechend.

(23e) § 9c in der Fassung des Artikels 1 des Gesetzes vom 22. Dezember 2008 (BGBl. I S. 2955) gilt auch für Kinder, die wegen einer vor dem 1. Januar 2007 in der Zeit ab Vollendung des 25. Lebensjahres und vor Vollendung des 27. Lebensjahres eingetretenen körperlichen, geistigen oder seelischen Behinderung außerstande sind, sich selbst zu unterhalten.

(23f) ¹§ 10 Absatz 1 Nummer 1a in der Fassung des Artikels 1 des Gesetzes vom 20. Dezember 2007 (BGBl. I S. 3150) ist auf alle Versorgungsleistungen anzuwenden, die auf nach dem 31. Dezember 2007 vereinbarten Vermögensübertragungen beruhen. ²Für Versorgungsleistungen, die auf vor dem 1. Januar 2008 vereinbarten Vermögensübertragungen beruhen, gilt dies nur, wenn das übertragene Vermögen nur deshalb einen ausreichenden Ertrag bringt, weil ersparte Aufwendungen mit Ausnahme des Nutzungsvorteils eines zu eigenen Zwecken vom Vermögensübernehmer genutzten Grundstücks zu den Erträgen des Vermögens gerechnet werden.

(24) ¹§ 10 Absatz 1 Nummer 2 Buchstabe b Satz 2 ist für Vertragsabschlüsse nach dem 31. Dezember 2011 mit der Maßgabe anzuwenden, dass der Vertrag die Zahlung der Leibrente nicht vor Vollendung des 62. Lebensjahres vorsehen darf. ²Für Verträge im Sinne des § 10 Absatz 1 Nummer 2 Buchstabe b, die vor dem 1. Januar 2010 abgeschlossen wurden, und bei Kranken- und Pflegeversicherungen im Sinne des § 10 Absatz 1 Nummer 3, bei denen das Versicherungsverhältnis vor dem 1. Januar 2010 bestanden hat, ist § 10 Absatz 2 Satz 2 Nummer 2 und Satz 3 mit der Maßgabe anzuwenden, dass

1. die erforderliche Einwilligung zur Datenübermittlung als erteilt gilt, wenn die übermittelnde Stelle den Steuerpflichtigen schriftlich darüber informiert, dass vom Vorliegen einer Einwilligung ausgegangen wird, das in Nummer 2 beschriebene Verfahren Anwendung findet und die Daten an die zentrale Stelle übermittelt werden, wenn der Steuerpflichtige dem nicht innerhalb einer Frist von vier Wochen nach Erhalt dieser schriftlichen Information schriftlich widerspricht;

2. die übermittelnde Stelle, wenn die nach § 10 Absatz 2 Satz 2 Nummer 2 oder Satz 3 erforderliche Einwilligung des Steuerpflichtigen vorliegt oder als erteilt gilt, die für die Datenübermittlung

nach § 10 Absatz 2a erforderliche Identifikationsnummer (§ 139b der Abgabenordnung) des Steuerpflichtigen abweichend von § 22a Absatz 2 Satz 1 und 2 beim Bundeszentralamt für Steuern erheben kann. ²Das Bundeszentralamt für Steuern teilt der übermittelnden Stelle die Identifikationsnummer des Steuerpflichtigen mit, sofern die übermittelten Daten mit den nach § 139b Absatz 3 der Abgabenordnung beim Bundeszentralamt für Steuern gespeicherten Daten übereinstimmen. ³Stimmen die Daten nicht überein, findet § 22a Absatz 2 Satz 1 und 2 Anwendung.

(24a) § 10 Absatz 1 Nummer 7 Satz 4 in der Fassung des Gesetzes vom 20. April 2009 (BGBl. I S. 774) ist erstmals ab dem Veranlagungszeitraum 2007 anzuwenden.

(24a)[1)] ¹§ 10 Absatz 1 Nummer 9 in der Fassung des Artikels 1 des Gesetzes vom 19. Dezember 2008 (BGBl. I S. 2794) ist erstmals für den Veranlagungszeitraum 2008 anzuwenden. ²Für Schulgeldzahlungen an Schulen in freier Trägerschaft oder an überwiegend privat finanzierte Schulen, die in einem anderen Mitgliedstaat der Europäischen Union oder in einem Staat belegen sind, auf den das Abkommen über den Europäischen Wirtschaftsraum Anwendung findet, und die zu einem von dem zuständigen inländischen Ministerium eines Landes, von der Kultusministerkonferenz der Länder oder von einer inländischen Zeugnisanerkennungsstelle anerkannten oder einem inländischen Abschluss an einer öffentlichen Schule als gleichwertig anerkannten allgemein bildenden oder berufsbildenden Schul-, Jahrgangs- oder Berufsabschluss führen, gilt § 10 Absatz 1 Nummer 9 in der Fassung des Artikels 1 Nummer 7 Buchstabe a Doppelbuchstabe cc des Gesetzes vom 13. Dezember 2006 (BGBl. I S. 2878) für noch nicht bestandskräftige Steuerfestsetzungen der Veranlagungszeiträume vor 2008 mit der Maßgabe, dass es sich nicht um eine gemäß Artikel 7 Absatz 4 des Grundgesetzes staatlich genehmigte oder nach Landesrecht erlaubte Ersatzschule oder eine nach Landesrecht anerkannte allgemein bildende Ergänzungsschule handeln muss.

(24b) § 10 Absatz 5 in der am 31. Dezember 2009 geltenden Fassung ist auf Beiträge zu Versicherungen im Sinne des § 10 Absatz 1 Nummer 2 Buchstabe b Doppelbuchstabe bb bis dd in der am 31. Dezember 2004 geltenden Fassung weiterhin anzuwenden, wenn die Laufzeit dieser Versicherungen vor dem 1. Januar 2005 begonnen hat und ein Versicherungsbeitrag bis zum 31. Dezember 2004 entrichtet wurde.

(24c) ¹§ 10a Absatz 1 Satz 4 in der Fassung des Artikels 1 des Gesetzes vom 19. Dezember 2008 (BGBl. I S. 2794) sowie § 81a Satz 1 Nummer 5 und § 86 Absatz 1 Satz 2 Nummer 4 in der Fassung des Artikels 1 des Gesetzes vom 29. Juli 2008 (BGBl. I S. 1509) sind erstmals ab dem Veranlagungszeitraum 2008 anzuwenden. ²Für die Anwendung des § 10a stehen den in der inländischen gesetzlichen Rentenversicherung Pflichtversicherten nach § 10a Absatz 1 Satz 1 die Pflichtmitglieder in einem ausländischen gesetzlichen Alterssicherungssystem gleich, wenn diese Pflichtmitgliedschaft

1. mit einer Pflichtmitgliedschaft in einem inländischen Alterssicherungssystem nach § 10a Absatz 1 Satz 1 oder Satz 3 vergleichbar ist und

2. vor dem 1. Januar 2010 begründet wurde.

³Für die Anwendung des § 10a stehen den Steuerpflichtigen nach § 10a Absatz 1 Satz 4 die Personen gleich,

1. die aus einem ausländischen gesetzlichen Alterssicherungssystem eine Leistung erhalten, die den in § 10a Absatz 1 Satz 4 genannten Leistungen vergleichbar ist,

2. unmittelbar vor dem Bezug der entsprechenden Leistung einer der in § 10a Absatz 1 Satz 1 oder Satz 3 genannten begünstigten Personengruppen angehörten und

3. noch nicht das 67. Lebensjahr vollendet haben.

⁴Als Altersvorsorgebeiträge (§ 82) sind bei den in den Sätzen 2 und 3 genannten Personengruppen nur diejenigen Beiträge zu berücksichtigen, die vom Abzugsberechtigten zugunsten seines vor dem 1. Januar 2010 abgeschlossenen Vertrags geleistet wurden.

(24d) ¹§ 10a Absatz 5 Satz 3 in der Fassung des Artikels 1 des Gesetzes vom 20. Dezember 2007 (BGBl. I S. 3150) ist auch für Veranlagungszeiträume vor 2008 anzuwenden, soweit

1. sich dies zugunsten des Steuerpflichtigen auswirkt oder

2. die Steuerfestsetzung bei Inkrafttreten des Jahressteuergesetzes 2008 vom 20. Dezember 2007 (BGBl. I S. 3150) noch nicht unanfechtbar war oder unter dem Vorbehalt der Nachprüfung stand.

²Für Verträge, auf die bereits vor dem 1. Januar 2010 Altersvorsorgebeiträge im Sinne des § 82 eingezahlt wurden, kann die übermittelnde Stelle, wenn die nach § 10a Absatz 2a erforderliche Einwilligung des Steuerpflichtigen vorliegt, die für die Übermittlung der Daten nach § 10a Absatz 5 Satz 1 in der Fassung des Artikels 1, des Gesetzes vom 16. Juli 2009 (BGBl. I S. 1959) erforderliche Identifikationsnummer (§ 139b der Abgabenordnung) des Steuerpflichtigen abweichend von § 22a Absatz 2 Satz 1 und 2 beim Bundeszentralamt für Steuern erheben. ³Das Bundeszentralamt für Steuern teilt dem Anbieter die Identifikationsnummer des Steuerpflichtigen mit, sofern die übermittelten Daten mit den nach § 139b Absatz 3 der Abgabenordnung beim Bundeszentralamt für Steuern gespeicherten Daten übereinstimmen. ⁴Stimmen die Daten nicht überein, findet § 22a Absatz 2 Satz 1 und 2 Anwendung.

(24e) ¹§ 10b Absatz 1 Satz 3 und Absatz 1a in der Fassung des Gesetzes vom 14. Juli 2000 (BGBl. I S. 1034) sind auf Zuwendungen anzuwenden, die nach dem 31. Dezember 1999 geleistet werden. ²§ 10b Absatz 1 und 1a in der Fassung des Artikels 1 des Gesetzes vom 10. Oktober 2007 (BGBl. I S. 2332) ist auf Zuwendungen anzuwenden, die nach dem

---

1) Hinweis: Doppelbesetzung Absatz 24a durch Gesetz vom 20.4.2009 (BGBl. I S. 774) und Gesetz vom 16.7.2009 (BGBl. I S. 1959).

31. Dezember 2006 geleistet werden. ³Für Zuwendungen, die im Veranlagungszeitraum 2007 geleistet werden, gilt auf Antrag des Steuerpflichtigen § 10b Absatz 1 in der am 26. Juli 2000 geltenden Fassung. ⁴§ 10b Absatz 1 Satz 2 in der Fassung des Artikels 1 des Gesetzes vom 19. Dezember 2008 (BGBl. I S. 2794) ist auf Mitgliedsbeiträge anzuwenden, die nach dem 31. Dezember 2006 geleistet werden. ⁵§ 10b Absatz 1 Satz 1 bis 5, Absatz 1a Satz 1 und Absatz 4 Satz 4 in der Fassung des Artikels 1 des Gesetzes vom ... (BGBl. I S. ... [einsetzen: Ausfertigungsdatum und Seitenzahl der Verkündung des vorliegenden Änderungsgesetzes]) ist in allen Fällen anzuwenden, in denen die Einkommensteuer noch nicht bestandskräftig festgesetzt ist; bei Anwendung dieses Satzes gelten jedoch die bisherigen für den jeweiligen Veranlagungszeitraum festgelegten Höchstabzugsgrenzen des § 10b Absatz 1 und 1a unverändert fort. ⁶§ 10b Absatz 1 Satz 6 in der Fassung des Artikels 1 des Gesetzes vom ... (BGBl. I S. ... [einsetzen: Ausfertigungsdatum und Seitenzahl der Verkündung des vorliegenden Änderungsgesetzes]) ist auf Zuwendungen anzuwenden, die nach dem 31. Dezember 2009 geleistet werden. ⁷§ 10b Absatz 1 Satz 7 in der Fassung des Artikels 1 des Gesetzes vom ... (BGBl. I S. ... [einsetzen: Ausfertigungsdatum und Seitenzahl der Verkündung des vorliegenden Änderungsgesetzes]) ist in allen Fällen anzuwenden, in denen die Einkommensteuer noch nicht bestandskräftig festgesetzt ist und in denen die Mitgliedsbeiträge nach dem 31. Dezember 2006 geleistet werden.

(25) ¹Auf den am Schluss des Veranlagungszeitraums 1998 festgestellten verbleibenden Verlustabzug ist § 10d in der Fassung des Gesetzes vom 16. April 1997 (BGBl. I S. 821) anzuwenden. ²Satz 1 ist erstmals für den Veranlagungszeitraum 2003 anzuwenden. ³§ 10d in der Fassung des Artikels 1 des Gesetzes vom 22. Dezember 2003 (BGBl. I S. 2840) ist erstmals für den Veranlagungszeitraum 2004 anzuwenden. ⁴Auf den Verlustrücktrag aus dem Veranlagungszeitraum 2004 in den Veranlagungszeitraum 2003 ist § 10d Absatz 1 in der für den Veranlagungszeitraum 2004 geltenden Fassung anzuwenden. ⁵§ 10d Absatz 4 Satz 6 in der Fassung des Artikels 1 des Gesetzes vom 13. Dezember 2006 (BGBl. I S. 2878) gilt für alle bei Inkrafttreten dieses Gesetzes noch nicht abgelaufenen Feststellungsfristen.

(26) ¹Für nach dem 31. Dezember 1986 und vor dem 1. Januar 1991 hergestellte oder angeschaffte Wohnungen im eigenen Haus oder Eigentumswohnungen sowie in diesem Zeitraum fertiggestellte Ausbauten oder Erweiterungen ist § 10e des Einkommensteuergesetzes 1990 in der Fassung der Bekanntmachung vom 7. September 1990 (BGBl. I S. 1898) weiter anzuwenden. ²Für nach dem 31. Dezember 1990 hergestellte oder angeschaffte Wohnungen im eigenen Haus oder Eigentumswohnungen sowie in diesem Zeitraum fertiggestellte Ausbauten oder Erweiterungen ist § 10e des Einkommensteuergesetzes in der durch Gesetz vom 24. Juni 1991 (BGBl. I S. 1322) geänderten Fassung weiter anzuwenden. ³Abweichend von Satz 2 ist § 10e Absatz 1 bis 5 und 6 bis 7 in der durch Gesetz vom 25. Februar 1992 (BGBl. I S. 297) geänderten Fassung erstmals für den Veranlagungszeitraum 1991 bei Objekten im Sinne des § 10e Absatz 1 und 2 anzuwenden, wenn im Fall der Herstellung der Steuerpflichtige nach dem 30. September 1991 den Bauantrag gestellt oder mit der Herstellung begonnen hat oder im Fall der Anschaffung der Steuerpflichtige das Objekt nach dem 30. September 1991 auf Grund eines nach diesem Zeitpunkt rechtswirksam abgeschlossenen obligatorischen Vertrags oder gleichstehenden Rechtsakts angeschafft hat oder mit der Herstellung des Objekts nach dem 30. September 1991 begonnen worden ist. ⁴§ 10e Absatz 5a ist erstmals bei in § 10e Absatz 1 und 2 bezeichneten Objekten anzuwenden, wenn im Fall der Herstellung der Steuerpflichtige den Bauantrag nach dem 31. Dezember 1991 gestellt oder, falls ein solcher nicht erforderlich ist, mit der Herstellung nach diesem Zeitpunkt begonnen oder im Fall der Anschaffung der Steuerpflichtige das Objekt auf Grund eines nach dem 31. Dezember 1991 rechtswirksam abgeschlossenen obligatorischen Vertrags oder gleichstehenden Rechtsakts angeschafft hat. ⁵§ 10e Absatz 1 Satz 4 in der Fassung des Gesetzes vom 23. Juni 1993 (BGBl. I S. 944) und Absatz 6 Satz 3 in der Fassung des Gesetzes vom 21. Dezember 1993 (BGBl. I S. 2310) ist erstmals anzuwenden, wenn der Steuerpflichtige das Objekt auf Grund eines nach dem 31. Dezember 1993 rechtswirksam abgeschlossenen obligatorischen Vertrags oder gleichstehenden Rechtsakts angeschafft hat. ⁶§ 10e ist letztmals anzuwenden, wenn der Steuerpflichtige im Fall der Herstellung vor dem 1. Januar 1996 mit der Herstellung des Objekts begonnen hat oder im Fall der Anschaffung das Objekt auf Grund eines vor dem 1. Januar 1996 rechtswirksam abgeschlossenen obligatorischen Vertrags- oder gleichstehenden Rechtsakts angeschafft hat. ⁷Als Beginn der Herstellung gilt bei Objekten, für die eine Baugenehmigung erforderlich ist, der Zeitpunkt, in dem der Bauantrag gestellt wird; bei baugenehmigungsfreien Objekten, für die Bauunterlagen einzureichen sind, der Zeitpunkt, in dem die Bauunterlagen eingereicht werden.

(27) ¹§ 10f Absatz 1 Satz 1 in der Fassung des Artikels 9 des Gesetzes vom 29. Dezember 2003 (BGBl. I S. 3076) ist erstmals für Baumaßnahmen anzuwenden, die nach dem 31. Dezember 2003 begonnen wurden. ²Als Beginn gilt bei Baumaßnahmen, für die eine Baugenehmigung erforderlich ist, der Zeitpunkt, in dem der Bauantrag gestellt wird, bei baugenehmigungsfreien Bauvorhaben, für die Bauunterlagen einzureichen sind, der Zeitpunkt, in dem die Bauunterlagen eingereicht werden. ³§ 10f Absatz 2 Satz 1 in der Fassung des Artikels 9 des Gesetzes vom 29. Dezember 2003 (BGBl. I S. 3076) ist erstmals auf Erhaltungsaufwand anzuwenden, der nach dem 31. Dezember 2003 entstanden ist.

(27a) ¹§ 10g in der Fassung des Artikels 9 des Gesetzes vom 29. Dezember 2003 (BGBl. I S. 3076) ist erstmals auf Aufwendungen anzuwenden, die auf nach dem 31. Dezember 2003 begonnene Herstellungs- und Erhaltungsmaßnahmen entfallen. ²Als Beginn gilt bei Baumaßnahmen, für die eine Baugenehmigung erforderlich ist, der Zeitpunkt, in dem der Bauantrag gestellt wird, bei baugenehmigungsfreien Bauvorhaben, für die Bauunterlagen einzureichen sind, der Zeitpunkt, in dem die Bauunterlagen eingereicht werden.

(28) ¹§ 10h ist letztmals anzuwenden, wenn der Steuerpflichtige vor dem 1. Januar 1996 mit der Herstellung begonnen hat. ²Als Beginn der Herstellung gilt bei Baumaßnahmen, für die eine Baugenehmigung erforderlich ist, der Zeitpunkt, in dem der Bauantrag gestellt wird; bei baugenehmigungsfreien Baumaßnahmen, für die Bauunterlagen einzureichen sind, der Zeitpunkt, in dem die Bauunterlagen eingereicht werden.

(29) ¹§ 10i in der Fassung der Bekanntmachung vom 16. April 1997 (BGBl. I S. 821) ist letztmals anzuwenden, wenn der Steuerpflichtige im Fall der Herstellung vor dem 1. Januar 1999 mit der Herstellung des Objekts begonnen hat oder im Fall der Anschaffung das Objekt auf Grund eines vor dem 1. Januar 1999 rechtswirksam abgeschlossenen obligatorischen Vertrags oder gleichstehenden Rechtsakts angeschafft hat. ²Als Beginn der Herstellung gilt bei Objekten, für die eine Baugenehmigung erforderlich ist, der Zeitpunkt, in dem der Bauantrag gestellt wird; bei baugenehmigungsfreien Objekten, für die Bauunterlagen einzureichen sind, der Zeitpunkt, in dem die Bauunterlagen eingereicht werden.

(30) ¹§ 11 Absatz 1 Satz 3 und Absatz 2 Satz 3 in der Fassung des Artikels 1 des Gesetzes vom 9. Dezember 2004 (BGBl. I S. 3310) sind im Hinblick auf Erbbauzinsen und andere Entgelte für die Nutzung eines Grundstücks erstmals für Vorauszahlungen anzuwenden, die nach dem 31. Dezember 2003 geleistet wurden. ²§ 11 Absatz 2 Satz 4 in der Fassung des Artikels 1 des Gesetzes vom 13. Dezember 2006 (BGBl. I S. 2878) ist erstmals auf ein Damnum oder Disagio im Zusammenhang mit einem Kredit für ein Grundstück anzuwenden, das nach dem 31. Dezember 2003 geleistet wurde, in anderen Fällen für ein Damnum oder Disagio, das nach dem 31. Dezember 2004 geleistet wurde.

(30a) ¹Für die Anwendung des § 13 Absatz 7 in der Fassung des Artikels 1 des Gesetzes vom 22. Dezember 2005 (BGBl. I S. 3683) gilt Absatz 33a entsprechend. ²§ 13 Absatz 7, § 15 Absatz 1a sowie § 18 Absatz 4 Satz 2 in der Fassung des Artikels 1 des Gesetzes vom 7. Dezember 2006 (BGBl. I S. 2782) sind erstmals für nach dem 31. Dezember 2005 endende Wirtschaftsjahre anzuwenden.

(31) ¹§ 13a in der Fassung des Gesetzes vom 19. Dezember 2000 (BGBl. I S. 1790) ist erstmals für das Wirtschaftsjahr anzuwenden, das nach dem 31. Dezember 2001 endet. ²§ 13a in der Fassung des Gesetzes vom 20. Dezember 2001 (BGBl. I S. 3794) ist erstmals für Wirtschaftsjahre anzuwenden, die nach dem 31. Dezember 2001 beginnen.

(32) ¹§ 14a in der Fassung des Gesetzes vom 19. Dezember 2000 (BGBl. I S. 1790) ist erstmals für das Wirtschaftsjahr anzuwenden, das nach dem 31. Dezember 2001 endet.

(32a) § 15 Absatz 3 Nummer 1 in der Fassung des Artikels 1 des Gesetzes vom 13. Dezember 2006 (BGBl. I S. 2878) ist auch für Veranlagungszeiträume vor 2006 anzuwenden.

(32b) § 15 Absatz 4 Satz 3 bis 5 ist erstmals auf Verluste anzuwenden, die nach Ablauf des ersten Wirtschaftsjahres der Gesellschaft, auf deren Anteile sich die in § 15 Absatz 4 Satz 4 bezeichneten Geschäfte beziehen, entstehen, für das das Körperschaftsteuergesetz in der Fassung des Artikels 3 des Gesetzes vom 23. Oktober 2000 (BGBl. I S. 1433) erstmals anzuwenden ist.

(33) ¹§ 15a ist nicht auf Verluste anzuwenden, soweit sie

1. durch Sonderabschreibungen nach § 82f der Einkommensteuer-Durchführungsverordnung,
2. durch Absetzungen für Abnutzung in fallenden Jahresbeträgen nach § 7 Absatz 2 von den Herstellungskosten oder von den Anschaffungskosten von in ungebrauchtem Zustand vom Hersteller erworbenen Seeschiffen, die in einem inländischen Seeschiffregister eingetragen sind,

entstehen; Nummer 1 gilt nur bei Schiffen, deren Anschaffungs- oder Herstellungskosten zu mindestens 30 Prozent durch Mittel finanziert werden, die weder unmittelbar noch mittelbar in wirtschaftlichem Zusammenhang mit der Aufnahme von Krediten durch den Gewerbebetrieb stehen, zu dessen Betriebsvermögen das Schiff gehört. ²§ 15a ist in diesen Fällen erstmals anzuwenden auf Verluste, die in nach dem 31. Dezember 1999 beginnenden Wirtschaftsjahren entstehen, wenn der Schiffbauvertrag vor dem 25. April 1996 abgeschlossen worden ist und der Gesellschafter der Gesellschaft vor dem 1. Januar 1999 beigetreten ist; soweit Verluste, die in dem Betrieb der Gesellschaft entstehen und nach Satz 1 oder nach § 15a Absatz 1 Satz 1 ausgleichsfähig oder abzugsfähig sind, zusammen das Eineinviertelfache der insgesamt geleisteten Einlage übersteigen, ist § 15a auf Verluste anzuwenden, die nach dem 31. Dezember 1994 beginnenden Wirtschaftsjahren entstehen. ³Scheidet ein Kommanditist oder ein anderer Mitunternehmer, dessen Haftung der eines Kommanditisten vergleichbar ist und dessen Kapitalkonto in der Steuerbilanz der Gesellschaft auf Grund von ausgleichs- oder abzugsfähigen Verlusten negativ geworden ist, aus der Gesellschaft aus oder wird in einem solchen Fall die Gesellschaft aufgelöst, so gilt der Betrag, den der Mitunternehmer nicht ausgleichen muss, als Veräußerungsgewinn im Sinne des § 16. ⁴In Höhe der nach Satz 3 als Gewinn zuzurechnenden Beträge sind bei den anderen Mitunternehmern unter Berücksichtigung der für die Zurechnung von Verlusten geltenden Grundsätze Verlustanteile anzusetzen. ⁵Bei der Anwendung des § 15a Absatz 3 sind nur Verluste zu berücksichtigen, auf die § 15a Absatz 1 anzuwenden ist. ⁶§ 15 Absatz 1a, 2 Satz 1 und Absatz 5 in der Fassung des Artikels 1 des Gesetzes vom 19. Dezember 2008 (BGBl. I S. 2794) sind erstmals auf Einlagen anzuwenden, die nach dem 24. Dezember 2008 getätigt werden.

(33a) ¹§ 15b in der Fassung des Artikels 1 des Gesetzes vom 22. Dezember 2005 (BGBl. I S. 3683) ist nur auf Verluste der dort bezeichneten Steuerstundungsmodelle anzuwenden, denen der Steuerpflichtige nach dem 10. November 2005 beigetreten ist oder für die nach dem 10. November 2005 mit dem Außenvertrieb begonnen wurde. ²Der Außenvertrieb beginnt in dem Zeitpunkt, in dem die Voraussetzungen für die Veräußerung der konkret bestimmbaren Fondsanteile erfüllt sind und die Gesellschaft selbst oder über ein Vertriebsunternehmen mit Außenwirkung an den Markt herangetreten ist. ³Dem Beginn des Außenvertriebs stehen der Beschluss von Kapitalerhöhungen und die Reinvestition von Erlösen in neue Projekte gleich. ⁴Besteht das Steuerstundungsmodell nicht im Erwerb eines Anteils an einem geschlossenen Fonds, ist § 15b in der Fassung des Artikels 1 des Gesetzes vom 22. Dezember 2005 (BGBl. I S. 3683) anzuwenden, wenn die Investition nach dem 10. November 2005 rechtsverbindlich getätigt wurde.

(34) ¹§ 16 Absatz 1 in der Fassung des Artikels 1 des Gesetzes vom 20. Dezember 2001 (BGBl. I S. 3858) ist erstmals auf Veräußerungen anzuwenden, die nach dem 31. Dezember 2001 erfolgen. ²§ 16 Absatz 2 Satz 3 und Absatz 3 Satz 2 in der Fassung der Bekanntmachung vom 16. April 1997 (BGBl. I S. 821) ist erstmals auf Veräußerungen anzuwenden, die nach dem 31. Dezember 1993 erfolgen. ³§ 16 Absatz 3 Satz 1 und 2 in der Fassung des Gesetzes vom 24. März 1999 (BGBl. I S. 402) ist erstmals auf Veräußerungen und Realteilungen anzuwenden, die nach dem 31. Dezember 1998 erfolgen. ⁴§ 16 Absatz 3 Satz 2 bis 4 in der Fassung des Gesetzes vom 20. Dezember 2001 (BGBl. I S. 3858) ist erstmals auf Realteilungen anzuwenden, die nach dem 31. Dezember 2000 erfolgen. ⁵§ 16 Absatz 4 in der Fassung der Bekanntmachung vom 16. April 1997 (BGBl. I S. 821) ist erstmals auf Veräußerungen anzuwenden, die nach dem 31. Dezember 1995 erfolgen; hat der Steuerpflichtige bereits für Veräußerungen vor dem 1. Januar 1996 Veräußerungsfreibeträge in Anspruch genommen, bleiben diese unberücksichtigt. ⁶§ 16 Absatz 4 in der Fassung des Gesetzes vom 23. Oktober 2000 (BGBl. I S. 1433) ist auf Veräußerungen und Realteilungen anzuwenden, die nach dem 31. Dezember 2000 erfolgen. ⁷§ 16 Absatz 5 in der Fassung des Gesetzes vom 7. Dezember 2006 (BGBl. I S. 2782) ist erstmals anzuwenden, wenn die ursprüngliche Übertragung der veräußerten Anteile nach dem 12. Dezember 2006 erfolgt ist.

(34a) ¹§ 17 in der Fassung des Artikels 1 des Gesetzes vom 23. Oktober 2000 (BGBl. I S. 1433) ist, soweit Anteile an unbeschränkt körperschaftsteuerpflichtigen Gesellschaften veräußert werden, erstmals auf Veräußerungen anzuwenden, die nach Ablauf des ersten Wirtschaftsjahres der Gesellschaft, deren Anteile veräußert werden, vorgenommen werden, für das das Körperschaftsteuergesetz in der Fassung des Artikels 3 des Gesetzes vom 23. Oktober 2000 (BGBl. I S. 1433) erstmals anzuwenden ist; auf Veräußerungen, die vor diesem Zeitpunkt vorgenommen werden, ist § 17 in der Fassung des Gesetzes vom 22. Dezember 1999 (BGBl. I S. 2601) anzuwenden. ²§ 17 Absatz 2 Satz 4 in der Fassung des Gesetzes vom 24. März 1999 (BGBl. I S. 402) ist auch für Veranlagungszeiträume vor 1999 anzuwenden.

(34b) Für die Anwendung des § 18 Absatz 4 Satz 2 in der Fassung des Artikels 1 des Gesetzes vom 22. Dezember 2005 (BGBl. I S. 3683) gilt Absatz 33a entsprechend.

(34c) Wird eine Versorgungsverpflichtung nach § 3 Nummer 66 auf einen Pensionsfonds übertragen und hat der Steuerpflichtige bereits vor dieser Übertragung Leistungen auf Grund dieser Versorgungsverpflichtung erhalten, so sind insoweit auf die Leistungen aus dem Pensionsfonds im Sinne des § 22 Nummer 5 Satz 1 die Beträge nach § 9a Satz 1 Nummer 1 und § 19 Absatz 2 entsprechend anzuwenden; § 9a Satz 1 Nummer 3 ist nicht anzuwenden.

(35) § 19a in der am 31. Dezember 2008 geltenden Fassung ist weiter anzuwenden, wenn

1. die Vermögensbeteiligung vor dem 1. April 2009 überlassen wird oder

2. auf Grund einer am 31. März 2009 bestehenden Vereinbarung ein Anspruch auf die unentgeltliche oder verbilligte Überlassung einer Vermögensbeteiligung besteht sowie die Vermögensbeteiligung vor dem 1. Januar 2016 überlassen wird

und der Arbeitgeber bei demselben Arbeitnehmer im Kalenderjahr nicht § 3 Nummer 39 anzuwenden hat.

(36) ¹§ 20 Absatz 1 Nummer 1 bis 3 in der Fassung des Gesetzes vom 24. März 1999 (BGBl. I S. 402) ist letztmals anzuwenden für Ausschüttungen, für die der Vierte Teil des Körperschaftsteuergesetzes nach § 34 Absatz 10a des Körperschaftsteuergesetzes in der Fassung des Artikels 3 des Gesetzes vom 23. Oktober 2000 (BGBl. I S. 1433) letztmals anzuwenden ist. ²§ 20 Absatz 1 Nummer 1 in der Fassung des Gesetzes vom 23. Oktober 2000 (BGBl. I S. 1433) und § 20 Absatz 1 Nummer 2 in der Fassung des Artikels 1 des Gesetzes vom 20. Dezember 2001 (BGBl. I S. 3858) ist erstmals für Erträge anzuwenden, für die Satz 1 nicht gilt. ³§ 20 Absatz 1 Nummer 6 in der Fassung vom 7. September 1990 (BGBl. I S. 1898) ist erstmals nach dem 31. Dezember 1974 zugeflossene Zinsen aus Versicherungsverträgen anzuwenden, die nach dem 31. Dezember 1973 abgeschlossen worden sind. ⁴§ 20 Absatz 1 Nummer 6 in der Fassung des Gesetzes vom 20. Dezember 1996 (BGBl. I S. 2049) ist erstmals auf Zinsen aus Versicherungsverträgen anzuwenden, bei denen die Ansprüche nach dem 31. Dezember 1996 entgeltlich erworben worden sind. ⁵Für Kapitalerträge aus Versicherungsverträgen, die vor dem 1. Januar 2005 abgeschlossen werden, ist § 20 Absatz 1 Nummer 6 in der am 31. Dezember 2004 geltenden Fassung mit der Maßgabe weiterhin anzuwenden, dass in Satz 3 die Angabe „§ 10 Absatz 1 Nummer 2 Buchstabe b Satz 5" durch die Angabe „§ 10 Absatz 1 Nummer 2 Buchstabe b Satz 6" ersetzt wird. ⁶§ 20 Absatz 1 Nummer 1 Satz 4, § 43 Absatz 3, § 44 Absatz 1, 2 und 5 und § 45a Absatz 1 und 3 in der Fassung des Artikels 1 des Gesetzes vom 13. Dezember 2006 (BGBl. I S. 2878) sind erstmals auf Verkäufe anzuwenden, die nach dem 31. Dezember 2006 getätigt werden. ⁷§ 20 Absatz 1 Nummer 6 Satz 1 in der Fassung des Artikels 1 des Gesetzes vom 13. Dezember 2006 (BGBl. I S. 2878) ist auf Erträge aus Versicherungsverträgen, die nach dem 31. Dezember 2004 abgeschlossen werden, anzuwenden. ⁸§ 20 Absatz 1 Nummer 6 Satz 3 in der Fassung des Artikels 1 des Gesetzes vom 13. Dezember 2006 (BGBl.

I S. 2878) ist erstmals anzuwenden auf Versicherungsleistungen im Erlebensfall bei Versicherungsverträgen, die nach dem 31. Dezember 2006 abgeschlossen werden, und auf Versicherungsleistungen bei Rückkauf eines Vertrages nach dem 31. Dezember 2006. [9]§ 20 Absatz 1 Nummer 6 Satz 2 ist für Vertragsabschlüsse nach dem 31. Dezember 2011 mit der Maßgabe anzuwenden, dass die Versicherungsleistung nach Vollendung des 62. Lebensjahres des Steuerpflichtigen ausgezahlt wird. [10]§ 20 Absatz 1 Nummer 6 Satz 5 in der Fassung des Artikels 1 des Gesetzes vom 19. Dezember 2008 (BGBl. I S. 2794) ist für alle Kapitalerträge anzuwenden, die dem Versicherungsunternehmen nach dem 31. Dezember 2008 zufließen. [11]§ 20 Absatz 1 Nummer 6 Satz 6 in der Fassung des Artikels 1 des Gesetzes vom 19. Dezember 2008 (BGBl. I S. 2794) ist für alle Versicherungsverträge anzuwenden, die nach dem 31. März 2009 abgeschlossen werden oder bei denen die erstmalige Beitragsleistung nach dem 31. März 2009 erfolgt. [12]Wird auf Grund einer internen Teilung nach § 10 des Versorgungsausgleichsgesetzes oder einer externen Teilung nach § 14 des Versorgungsausgleichsgesetzes ein Anrecht in Form eines Versicherungsvertrags zugunsten der ausgleichsberechtigten Person begründet, gilt dieser Vertrag insoweit zu den gleichen Zeitpunkt als abgeschlossen wie derjenige der ausgleichspflichtigen Person.

(36a) Für die Anwendung des § 20 Absatz 1 Nummer 4 Satz 2 in der Fassung des Artikels 1 des Gesetzes vom 22. Dezember 2005 (BGBl. I S. 3683) gilt Absatz 33a entsprechend.

(37) § 20 Absatz 1 Nummer 9 ist erstmals auf Einnahmen anzuwenden, die nach Ablauf des ersten Wirtschaftsjahres der Körperschaft, Personenvereinigung oder Vermögensmasse im Sinne von § 1 Absatz 1 Nummer 3 bis 5 des Körperschaftsteuergesetzes erzielt werden, für das das Körperschaftsteuergesetz in der Fassung des Artikels 3 des Gesetzes vom 23. Oktober 2000 (BGBl. I S. 1433) erstmals anzuwenden ist.

(37a) [1]§ 20 Absatz 1 Nummer 10 Buchstabe a ist erstmals auf Leistungen anzuwenden, die nach Ablauf des ersten Wirtschaftsjahres des Betriebs gewerblicher Art mit eigener Rechtspersönlichkeit erzielt werden, für das das Körperschaftsteuergesetz in der Fassung des Artikels 3 des Gesetzes vom 23. Oktober 2000 (BGBl. I S. 1433) erstmals anzuwenden ist. [2]§ 20 Absatz 1 Nummer 10 Buchstabe b ist erstmals auf Gewinne anzuwenden, die nach Ablauf des ersten Wirtschaftsjahres des Betriebs gewerblicher Art ohne eigene Rechtspersönlichkeit oder des wirtschaftlichen Geschäftsbetriebs erzielt werden, für das das Körperschaftsteuergesetz in der Fassung des Artikels 3 des Gesetzes vom 23. Oktober 2000 (BGBl. I S. 1433) erstmals anzuwenden ist. [3]§ 20 Absatz 1 Nummer 10 Buchstabe b Satz 3 ist erstmals für den Veranlagungszeitraum 2001 anzuwenden. [4]§ 20 Absatz 1 Nummer 10 Buchstabe b Satz 1 in der Fassung des Artikels 1 des Gesetzes vom 31. Juli 2003 (BGBl. I S. 1550) ist erstmals ab dem Veranlagungszeitraum 2004 anzuwenden. [5]§ 20 Absatz 1 Nummer 10 Buchstabe b Satz 1 in der am 12. Dezember 2006 geltenden Fassung ist für Anteile, die einbringungsgeboren im Sinne des § 21 des Umwandlungssteuergesetzes in der am 12. Dezember 2006 geltenden Fassung sind, weiter anzuwenden. [6]§ 20 Absatz 1 Nummer 10 Buchstabe b Satz 2 zweiter Halbsatz in der Fassung des Artikels 1 des Gesetzes vom 7. Dezember 2006 (BGBl. I S. 2782) ist erstmals auf Einbringungen oder Formwechsel anzuwenden, für die das Umwandlungssteuergesetz in der Fassung des Artikels 6 des Gesetzes vom 7. Dezember 2006 (BGBl. I S. 2782) anzuwenden ist. [7]§ 20 Absatz 1 Nummer 10 Buchstabe b Satz 2 zweiter Halbsatz ist auf Einbringungen oder Formwechsel, für die das Umwandlungssteuergesetz in der Fassung des Artikels 6 des Gesetzes vom 7. Dezember 2006 (BGBl. I S. 2782) noch nicht anzuwenden ist, in der folgenden Fassung anzuwenden:

„in Fällen der Einbringung nach dem Achten und des Formwechsels nach dem Zehnten Teil des Umwandlungssteuergesetzes gelten die Rücklagen als aufgelöst."

[8]§ 20 Absatz 1 Nummer 10 Buchstabe b Satz 3 in der Fassung des Artikels 1 des Gesetzes vom 19. Dezember 2008 (BGBl. I S. 2794) ist erstmals für den Veranlagungszeitraum 2009 anzuwenden.

(37b) § 20 Absatz 2 Satz 1 Nummer 4 Sätze 2 und 4 in der Fassung des Artikels 1 des Gesetzes vom 20. Dezember 2001 (BGBl. I S. 3794) ist für alle Veranlagungszeiträume anzuwenden, soweit Steuerbescheide noch nicht bestandskräftig sind.

(37c) § 20 Absatz 2a Satz 1 in der Fassung des Gesetzes vom 24. März 1999 (BGBl. I S. 402) ist letztmals anzuwenden für Ausschüttungen, für die der Vierte Teil des Körperschaftsteuergesetzes nach § 34 Absatz 10a des Körperschaftsteuergesetzes in der Fassung des Artikels 3 des Gesetzes vom 23. Oktober 2000 (BGBl. I S. 1433) letztmals anzuwenden ist.

(37d) [1]§ 20 Absatz 1 Nummer 4 Satz 2 und Absatz 2b in der Fassung des Artikels 1 des Gesetzes vom 13. Dezember 2006 (BGBl. I S. 2878) ist erstmals für den Veranlagungszeitraum 2006 anzuwenden. [2]Absatz 33a gilt entsprechend.

(37e) Für die Anwendung des § 21 Absatz 1 Satz 1 in der Fassung des Artikels 1 des Gesetzes vom 22. Dezember 2005 (BGBl. I S. 3683) gilt Absatz 33a entsprechend.

(38) [1]§ 22 Nummer 1 Satz 2 ist erstmals auf Bezüge anzuwenden, die nach Ablauf des Wirtschaftsjahres der Körperschaft, Personenvereinigung oder Vermögensmasse erzielt werden, die die Bezüge gewährt, für das das Körperschaftsteuergesetz in der Fassung der Bekanntmachung vom 22. April 1999 (BGBl. I S. 817), zuletzt geändert durch Artikel 4 des Gesetzes vom 14. Juli 2000 (BGBl. I S. 1034), letztmalig anzuwenden ist. [2]Für die Anwendung des § 22 Nummer 1 Satz 1 zweiter Halbsatz in der Fassung des Artikels 1 des Gesetzes vom 22. Dezember 2005 (BGBl. I S. 3683) gilt Absatz 33a entsprechend. [3]§ 22 Nummer 1 Satz 4 zweiter Halbsatz in der Fassung des Artikels 1 des Gesetzes vom 13. Dezember 2006 (BGBl. I S. 2878) ist auch in den Fällen anzuwenden, in denen am 1. Januar 2007 die Feststellungsfrist noch nicht abgelaufen ist.

(38a) [1]Abweichend von § 22a Absatz 1 Satz 1 kann das Bundeszentralamt für Steuern den Zeitpunkt der erstmaligen Übermittlung von Rentenbezugsmitteilungen durch ein im Bundessteuerblatt zu veröffentlichendes Schreiben mitteilen. ²Der Mitteilungspflichtige nach § 22a Absatz 1 kann die Identifikationsnummer (§ 139b der Abgabenordnung) eines Leistungsempfängers, dem in den Jahren 2005 bis 2008 Leistungen zugeflossen sind, abweichend von § 22a Absatz 2 Satz 1 und 2 beim Bundeszentralamt für Steuern erheben. ³Das Bundeszentralamt für Steuern teilt dem Mitteilungspflichtigen die Identifikationsnummer des Leistungsempfängers mit, sofern die übermittelten Daten mit den nach § 139b Absatz 3 der Abgabenordnung beim Bundeszentralamt für Steuern gespeicherten Daten übereinstimmen. ⁴Stimmen die Daten nicht überein, findet § 22a Absatz 2 Satz 1 und 2 Anwendung.

(39) § 25 Absatz 4 in der Fassung des Artikels 1 des Gesetzes vom 20. Dezember 2008 (BGBl. I S. 2850) ist erstmals für Einkommensteuererklärungen anzuwenden, die für den Veranlagungszeitraum 2011 abzugeben sind.

(40) ¹§ 32 Absatz 1 Nummer 2 in der Fassung des Artikels 1 des Gesetzes vom 15. Dezember 2003 (BGBl. I S. 2645) ist in allen Fällen anzuwenden, in denen die Einkommensteuer noch nicht bestandskräftig festgesetzt ist. ²§ 32 Absatz 4 Satz 1 Nummer 2 Buchstabe d ist für den Veranlagungszeitraum 2000 in der folgenden Fassung anzuwenden:

„d) ein freiwilliges soziales Jahr im Sinne des Gesetzes zur Förderung eines freiwilligen sozialen Jahres, ein freiwilliges ökologisches Jahr im Sinne des Gesetzes zur Förderung eines freiwilligen ökologischen Jahres oder einen Freiwilligendienst im Sinne des Beschlusses Nr. 1686/98/EG des Europäischen Parlaments und des Rates vom 20. Juli 1998 zur Einführung des gemeinschaftlichen Aktionsprogramms „Europäischer Freiwilligendienst für junge Menschen" (ABl. EG Nr. L 214 S. 1) oder des Beschlusses Nr. 1031/2000/EG des Europäischen Parlaments und des Rates vom 13. April 2000 zur Einführung des gemeinschaftlichen Aktionsprogramms „Jugend" (ABl. EG Nr. L 117 S. 1) leistet oder"

³§ 32 Absatz 4 Satz 1 Nummer 2 Buchstabe d in der Fassung des Gesetzes vom 16. August 2001 (BGBl. I S. 2074) ist erstmals für den Veranlagungszeitraum 2001 anzuwenden. ⁴§ 32 Absatz 4 Satz 1 Nummer 2 Buchstabe d in der Fassung des Artikels 2 Absatz 5 Buchstabe a des Gesetzes vom 16. Mai 2008 (BGBl. I S. 842) ist auf Freiwilligendienste im Sinne des Beschlusses Nr. 1719/2006/EG des Europäischen Parlaments und des Rates vom 15. November 2006 zur Einführung des Programms „Jugend in Aktion" (ABl. EU Nr. L 327 S. 30), die ab dem 1. Januar 2007 begonnen wurden, ab dem Veranlagungszeitraum 2007 anzuwenden. ⁵Die Regelungen des § 32 Absatz 4 Satz 1 Nummer 2 Buchstabe d in der bis zum 31. Dezember 2007 anzuwendenden Fassung sind, bezogen auf die Ableistung eines freiwilligen sozialen Jahres im Sinne des Gesetzes zur Förderung eines freiwilligen sozialen Jahres oder eines freiwilligen ökologischen Jahres im Sinne des Gesetzes zur Förderung eines freiwilligen ökologischen Jahres auch über den 31. Dezember 2007 hinaus anzuwenden, soweit die vorstehend genannten freiwilligen Jahre vor dem 1. Juni 2008 vereinbart oder begonnen wurden und über den 31. Mai 2008 hinausgehen und die Beteiligten nicht die Anwendung der Vorschriften des Jugendfreiwilligendienstegesetzes vereinbaren. ⁶§ 32 Absatz 4 Satz 1 Nummer 2 Buchstabe d in der Fassung des Artikels 1 des Gesetzes vom 16. Juli 2009 (BGBl. I S. 1959) ist auf einen Freiwilligendienst aller Generationen im Sinne von § 2 Absatz 1a des Siebten Buches Sozialgesetzbuch ab dem Veranlagungszeitraum 2009 anzuwenden. ⁷§ 32 Absatz 4 Satz 1 Nummer 2 in der Fassung des Artikels 1 des Gesetzes vom 19. Juli 2006 (BGBl. I S. 1652) ist für Kinder, die im Veranlagungszeitraum 2006 das 24. Lebensjahr vollendet haben, mit der Maßgabe anzuwenden, dass an die Stelle der Angabe „noch nicht das 25. Lebensjahr vollendet hat" die Angabe „noch nicht das 26. Lebensjahr vollendet hat" tritt; für Kinder, die im Veranlagungszeitraum 2006 das 25. oder 26. Lebensjahr vollendeten, ist § 32 Absatz 4 Satz 1 Nummer 2 weiterhin in der bis zum 31. Dezember 2006 geltenden Fassung anzuwenden. ⁸§ 32 Absatz 4 Satz 1 Nummer 3 in der Fassung des Artikels 1 des Gesetzes vom 19. Juli 2006 (BGBl. I S. 1652) ist erstmals für Kinder, die im Veranlagungszeitraum 2007 wegen einer vor Vollendung des 25. Lebensjahres eingetretenen körperlichen, geistigen oder seelischen Behinderung außerstande sind, sich selbst zu unterhalten; für Kinder, die wegen einer vor dem 1. Januar 2007 in der Zeit ab der Vollendung des 25. Lebensjahres und vor Vollendung des 27. Lebensjahres eingetretenen körperlichen, geistigen oder seelischen Behinderung außerstande sind, sich selbst zu unterhalten, ist § 32 Absatz 4 Satz 1 Nummer 3 weiterhin in der bis zum 31. Dezember 2006 geltenden Fassung anzuwenden. ⁹§ 32 Absatz 5 Satz 1 in der Fassung des Artikels 1 des Gesetzes vom 19. Juli 2006 (BGBl. I S. 1652) ist für Kinder, die im Veranlagungszeitraum 2006 das 24. Lebensjahr vollendeten, mit der Maßgabe anzuwenden, dass an die Stelle der Angabe „über das 21. oder 25. Lebensjahr hinaus" die Angabe „über das 21. oder 26. Lebensjahr hinaus" tritt; für Kinder, die im Veranlagungszeitraum 2006 das 25., 26. oder 27. Lebensjahr vollendeten, ist § 32 Absatz 5 Satz 1 weiterhin in der bis zum 31. Dezember 2006 geltenden Fassung anzuwenden. ¹⁰Für nach § 10 Absatz 1 Nummer 2 Buchstabe b und §§ 10a, 82 begünstigten Verträge, die vor dem 1. Januar 2007 abgeschlossen wurden, gelten für das Vorliegen einer begünstigten Hinterbliebenenversorgung die Altersgrenzen des § 32 in der bis zum 31. Dezember 2006 geltenden Fassung. ¹¹Dies gilt entsprechend für die Anwendung des § 93 Absatz 1 Satz 3 Buchstabe b.

(41) § 32a Absatz 1 ist ab dem Veranlagungszeitraum 2010 in der folgenden Fassung anzuwenden:

„(1) Die tarifliche Einkommensteuer bemisst sich nach dem zu versteuernden Einkommen. Sie beträgt vorbehaltlich der §§ 32b, 32d, 34, 34a, 34b und 34c jeweils in Euro für zu versteuernde Einkommen

1. bis 8 004 Euro (Grundfreibetrag): 0;

2. von 8 005 Euro bis 13 469 Euro:
(912,17 · y + 1 400) · y;
3. von 13 470 Euro bis 52 881 Euro:
(228,74 · z + 2 397) · z + 1038;
4. von 52 882 Euro bis 250 730 Euro:
0,42 · x – 8 172;
5. von 250 731 Euro an:
0,45 · x – 15 694.

„y" ist ein Zehntausendstel des 8.004 Euro übersteigenden Teils des auf einen vollen Euro-Betrag abgerundeten zu versteuernden Einkommens. „z" ist ein Zehntausendstel des 13.469 Euro übersteigenden Teils des auf einen vollen Euro-Betrag abgerundeten zu versteuernden Einkommens. „x" ist das auf einen vollen Euro-Betrag abgerundete zu versteuernde Einkommen. Der sich ergebende Steuerbetrag ist auf den nächsten vollen Euro-Betrag abzurunden."

(42) und (43) (weggefallen)

(43a) [1] § 32b Absatz 1 Nummer 5 in der Fassung des Artikels 1 des Gesetzes vom 20. Dezember 2007 (BGBl. I S. 3150) ist bei Staatsangehörigen eines Mitgliedstaates der Europäischen Union oder eines Staates, auf den das Abkommen über den Europäischen Wirtschaftsraum anwendbar ist, die im Hoheitsgebiet eines dieser Staaten ihren Wohnsitz oder gewöhnlichen Aufenthalt haben, auf Antrag auch für Veranlagungszeiträume vor 2008 anzuwenden, soweit Steuerbescheide noch nicht bestandskräftig sind. [2] § 32b Absatz 1 Satz 2 und 3 in der Fassung des Artikels 1 des Gesetzes vom 19. Dezember 2008 (BGBl. I S. 2794) ist erstmals für den Veranlagungszeitraum 2008 anzuwenden. [3] § 32b Absatz 2 Satz 2 und 3 in der Fassung des Artikels 1 des Gesetzes vom 13. Dezember 2006 (BGBl. I S. 2878) ist letztmals für den Veranlagungszeitraum 2007 anzuwenden. [4] Abweichend von § 32b Absatz 3 kann das Bundesministerium der Finanzen den Zeitpunkt der erstmaligen Übermittlung der Mitteilungen durch ein im Bundessteuerblatt zu veröffentlichendes Schreiben mitteilen. [5] Bis zu diesem Zeitpunkt sind § 32b Absatz 3 und 4 in der am 20. Dezember 2003 geltenden Fassung weiter anzuwenden. [6] Der Träger der Sozialleistungen nach § 32b Absatz 1 Nummer 1 darf die Identifikationsnummer (§ 139b der Abgabenordnung) eines Leistungsempfängers, dem im Kalenderjahr vor dem Zeitpunkt der erstmaligen Übermittlung Leistungen zugeflossen sind, abweichend von § 22a Absatz 2 Satz 1 und 2 beim Bundeszentralamt für Steuern erheben. [7] Das Bundeszentralamt für Steuern teilt dem Träger der Sozialleistungen die Identifikationsnummer des Leistungsempfängers mit, sofern die ihm vom Träger der Sozialleistungen übermittelten Daten mit den nach § 139b Absatz 3 der Abgabenordnung beim Bundeszentralamt für Steuern gespeicherten Daten übereinstimmen. [8] Stimmen die Daten nicht überein, findet § 22a Absatz 2 Satz 1 und 2 Anwendung. [9] Die Anfrage des Trägers der Sozialleistungen und die Antwort des Bundeszentralamtes für Steuern sind über die zentrale Stelle (§ 81) zu übermitteln. [10] Die zentrale Stelle führt eine ausschließlich automatisierte Prüfung der ihr übermittelten Daten daraufhin durch, ob sie vollständig und schlüssig sind und ob das vorgeschriebene Datenformat verwendet worden ist.

(44) § 32c in der Fassung des Artikels 1 des Gesetzes vom 13. Dezember 2006 (BGBl. I S 2878) ist letztmals für den Veranlagungszeitraum 2007 anzuwenden.

(45) und (46) (weggefallen)

(46a) § 33b Absatz 6 in der Fassung des Artikels 1 des Gesetzes vom 9. Dezember 2004 (BGBl. I S. 3310) ist in allen Fällen anzuwenden, in denen die Einkommensteuer noch nicht bestandskräftig festgesetzt ist.

(47) [1] § 34 Absatz 1 Satz 1 in der Fassung des Gesetzes vom 23. Oktober 2000 (BGBl. I S. 1433) ist erstmals für den Veranlagungszeitraum 1999 anzuwenden. [2] Auf § 34 Absatz 2 Nummer 1 in der Fassung des Gesetzes vom 23. Oktober 2000 (BGBl. I S. 1433) ist Absatz 4a in der Fassung des Gesetzes vom 23. Oktober 2000 (BGBl. I S. 1433) entsprechend anzuwenden. [3] Satz 2 gilt nicht für die Anwendung des § 34 Absatz 3 in der Fassung des Gesetzes vom 19. Dezember 2000 (BGBl. I S. 1812). [4] In den Fällen, in denen nach dem 31. Dezember eines Jahres mit zulässiger steuerlicher Rückwirkung eine Vermögensübertragung nach dem Umwandlungssteuergesetz erfolgt oder ein Veräußerungsgewinn im Sinne des § 34 Absatz 2 Nummer 1 in der Fassung des Gesetzes vom 23. Oktober 2000 (BGBl. I S. 1433) erzielt wird, gelten die außerordentlichen Einkünfte als nach dem 31. Dezember dieses Jahres erzielt. [5] § 34 Absatz 3 Satz 1 in der Fassung des Gesetzes vom 19. Dezember 2000 (BGBl. I S. 1812) ist ab dem Veranlagungszeitraum 2002 mit der Maßgabe anzuwenden, dass an die Stelle der Angabe „10 Millionen Deutsche Mark" die Angabe „5 Millionen Euro" tritt. [6] § 34 Absatz 3 Satz 2 in der Fassung des Artikels 9 des Gesetzes vom 29. Dezember 2003 (BGBl. I S. 3076) ist erstmals für den Veranlagungszeitraum 2004 und ab dem Veranlagungszeitraum 2005 mit der Maßgabe anzuwenden, dass an die Stelle der Angabe „16 Prozent" die Angabe „15 Prozent" tritt. [7] Für die Anwendung des § 34 Absatz 3 Satz 4 in der Fassung des Gesetzes vom 19. Dezember 2000 (BGBl. I S. 1812) ist die Inanspruchnahme einer Steuerermäßigung nach § 34 in Veranlagungszeiträumen vor dem 1. Januar 2001 unbeachtlich.

(48) § 34a in der Fassung des Artikels 1 des Gesetzes vom 19. Dezember 2008 (BGBl. I S. 2794) ist erstmals für den Veranlagungszeitraum 2008 anzuwenden.

(49) [1] § 34c Absatz 1 Satz 1 bis 3 sowie § 34c Absatz 6 Satz 2 in der Fassung des Artikels 1 des Gesetzes vom 19. Dezember 2008 (BGBl. I S. 2794) sind erstmals für den Veranlagungszeitraum 2009 anzuwenden. [2] § 34c Absatz 1 Satz 2 ist für den Veranlagungszeitraum 2008 in der folgenden Fassung anzuwenden:

„Die auf diese ausländischen Einkünfte entfallende deutsche Einkommensteuer ist in der Weise zu ermitteln, dass die sich bei der Veranlagung des zu versteuernden Einkommens, einschließlich der ausländischen Einkünfte, nach den §§ 32a, 32b, 34, 34b und 34b ergebende deutsche Einkommensteuer im Verhältnis dieser ausländischen Einkünfte zur Summe der Einkünfte aufgeteilt wird."

³§ 34c Absatz 6 Satz 5 in Verbindung mit Satz 1 in der Fassung des Artikels 1 des Gesetzes vom 13. Dezember 2006 (BGBl. I S. 2878) ist für alle Veranlagungszeiträume anzuwenden, soweit Steuerbescheide noch nicht bestandskräftig sind.

(50) ¹§ 34f Absatz 3 und 4 Satz 2 in der Fassung des Gesetzes vom 25. Februar 1992 (BGBl. I S. 297) ist erstmals anzuwenden bei Inanspruchnahme der Steuerbegünstigung nach § 10e Absatz 1 bis 5 in der Fassung des Gesetzes vom 25. Februar 1992 (BGBl. I S. 297). ²§ 34f Absatz 4 Satz 1 ist erstmals anzuwenden bei Inanspruchnahme der Steuerbegünstigung nach § 10e Absatz 1 bis 5 oder nach § 15b des Berlinförderungsgesetzes für nach dem 31. Dezember 1991 hergestellte oder angeschaffte Objekte.

(50a) ¹§ 35 in der Fassung des Artikels 1 des Gesetzes vom 19. Dezember 2008 (BGBl. I S. 2794) ist erstmals für den Veranlagungszeitraum 2008 anzuwenden. ²Gewerbesteuer-Messbeträge, die Erhebungszeiträumen zuzuordnen sind, die vor dem 1. Januar 2008 enden, sind abweichend von § 35 Absatz 1 Satz 1 nur mit dem 1,8fachen des Gewerbesteuer-Messbetrags zu berücksichtigen.

(50b) ¹§ 35a in der Fassung des Gesetzes vom 23. Dezember 2002 (BGBl. I S. 4621) ist erstmals für im Veranlagungszeitraum 2003 geleistete Aufwendungen anzuwenden, soweit die den Aufwendungen zu Grunde liegenden Leistungen nach dem 31. Dezember 2002 erbracht worden sind. ²§ 35a in der Fassung des Artikels 1 des Gesetzes vom 13. Dezember 2006 (BGBl. I S. 2878) ist erstmals für im Veranlagungszeitraum 2006 geleistete Aufwendungen anzuwenden, soweit die den Aufwendungen zu Grunde liegenden Leistungen nach dem 31. Dezember 2005 erbracht worden sind. ³§ 35a Absatz 1 Satz 1 und Absatz 2 Satz 1 und 2 in der Fassung des Artikels 1 des Gesetzes vom 20. Dezember 2007 (BGBl. I S. 3150) ist in allen Fällen anzuwenden, in denen die Einkommensteuer noch nicht bestandskräftig festgesetzt ist. ⁴§ 35a in der Fassung des Artikels 1 des Gesetzes vom 21. Dezember 2008 (BGBl. I S. 2896) ist erstmals anzuwenden bei Aufwendungen, die im Veranlagungszeitraum 2009 geleistet und deren zu Grunde liegende Leistungen nach dem 31. Dezember 2008 erbracht worden sind. ⁵§ 35a in der Fassung des Artikels 1 des Gesetzes vom 22. Dezember 2008 (BGBl. I S. 2955) ist erstmals für im Veranlagungszeitraum 2009 geleistete Aufwendungen anzuwenden, soweit die den Aufwendungen zu Grunde liegenden Leistungen nach dem 31. Dezember 2008 erbracht worden sind.

(50c) § 35b in der Fassung des Artikels 1 des Gesetzes vom 24. Dezember 2008 (BGBl. I S. 3018) ist erstmals für den Veranlagungszeitraum 2009 anzuwenden, wenn der Erbfall nach dem 31. Dezember 2008 eingetreten ist.

(50d) ¹§ 36 Absatz 2 Satz 2 Nummer 2 und 3 und Absatz 3 Satz 1 in der Fassung des Gesetzes vom 24. März 1999 (BGBl. I S. 402) ist letztmals anzuwenden für Ausschüttungen, für die der Vierte Teil des Körperschaftsteuergesetzes nach § 34 Absatz 10a des Körperschaftsteuergesetzes in der Fassung des Artikels 3 des Gesetzes vom 23. Oktober 2000 (BGBl. I S. 1433) letztmals anzuwenden ist. ²§ 36 Absatz 2 Satz 2 Nummer 2 und Absatz 3 Satz 1 in der Fassung des Gesetzes vom 23. Oktober 2000 (BGBl. I S. 1433) ist erstmals für Erträge anzuwenden, für die Satz 1 nicht gilt.

(50e) Die §§ 36a bis 36e in der Fassung des Gesetzes vom 24. März 1999 (BGBl. I S. 402) sind letztmals anzuwenden für Ausschüttungen, für die der Vierte Teil des Körperschaftsteuergesetzes nach § 34 Absatz 10a des Körperschaftsteuergesetzes in der Fassung des Artikels 3 des Gesetzes vom 23. Oktober 2000 (BGBl. I S. 1433) letztmals anzuwenden ist.

(50f) ¹§ 37 Absatz 3 ist, soweit die erforderlichen Daten nach § 10 Absatz 2 Satz 2 noch nicht nach § 10 Absatz 2a übermittelt wurden, mit der Maßgabe anzuwenden, dass

1. als Beiträge im Sinne des § 10 Absatz 1 Nummer 3 Buchstabe a die für den letzten Veranlagungszeitraum geleisteten Beiträge zugunsten einer privaten Krankenversicherung vermindert um 20 Prozent oder Beiträge zur gesetzlichen Krankenversicherung vermindert um 4 Prozent,

2. als Beiträge im Sinne des § 10 Absatz 1 Nummer 3 Buchstabe b die bei der letzten Veranlagung berücksichtigten Beiträge zugunsten einer gesetzlichen Pflegeversicherung

anzusetzen sind; mindestens jedoch 1 500 Euro. ²Bemessen sich die Vorauszahlungen auf der Veranlagung des Veranlagungszeitraums 2008, dann sind 1 500 Euro als Beiträge im Sinne des § 10 Absatz 1 Nummer 3 anzusetzen, wenn der Steuerpflichtige keine höheren Beiträge gegenüber dem Finanzamt nachweist. ³Bei zusammen veranlagten Ehegatten ist der in den Sätzen 1 und 2 genannte Betrag von 1 500 Euro zu verdoppeln.

(51) § 39b Absatz 2 Satz 7 zweiter Halbsatz ist auf den laufenden Arbeitslohn, der für einen nach dem 31. Dezember 2009 endenden Lohnzahlungszeitraum gezahlt wird, und auf sonstige Bezüge, die nach dem 31. Dezember 2009 zufließen, mit der Maßgabe anzuwenden, dass die Zahl „9 255" durch die Zahl „9 429", die Zahl „26 276" durch die Zahl „26 441" und die Zahl „200 320" durch die Zahl 200 584" ersetzt wird.

(51a) § 39b Absatz 3 Satz 10 ist auf sonstige Bezüge, die nach dem 31. Dezember 2008 und vor dem 1. Januar 2010 zufließen, in folgender Fassung anzuwenden:

„Ein sonstiger Bezug im Sinne des § 34 Absatz 1 und 2 Nummer 2 und Nummer 4 ist bei der Anwendung des Satzes 4 in die Bemessungsgrundlage für die Vorsorgepauschale nach Absatz 2 Satz 5 Nummer 3 einzubeziehen."

(52) § 39f in der Fassung des Artikels 1 des Gesetzes vom 19. Dezember 2008 (BGBl. I S. 2794) ist erstmals für den Lohnsteuerabzug 2010 anzuwenden.

(52a) § 40 Absatz 2 Satz 2 und 3 in der Fassung des Gesetzes vom 20. April 2009 (BGBl. I S. 774) ist erstmals anzuwenden auf den laufenden Arbeitslohn, der für einen nach dem 31. Dezember 2006 endenden Lohnzahlungszeitraum gezahlt wird, und auf sonstige Bezüge, die nach dem 31. Dezember 2006 zufließen.

(52b) ¹§ 40b Absatz 1 und 2 in der am 31. Dezember 2004 geltenden Fassung ist weiter anzuwenden auf Beiträge für eine Direktversicherung des Arbeitnehmers und Zuwendungen an eine Pensionskasse, die auf Grund einer Versorgungszusage geleistet werden, die vor dem 1. Januar 2005 erteilt wurde. ²Sofern die Beiträge für eine Direktversicherung die Voraussetzungen des § 3 Nummer 63 erfüllen, gilt dies nur, wenn der Arbeitnehmer nach Absatz 6 gegenüber dem Arbeitgeber für diese Beiträge auf die Anwendung des § 3 Nummer 63 verzichtet hat. ³§ 40b Absatz 4 in der Fassung des Artikels 1 des Gesetzes vom 13. Dezember 2006 (BGBl. II S. 2878) ist erstmals anzuwenden auf Sonderzahlungen, die nach dem 23. August 2006 gezahlt werden.

(52c) § 41b Absatz 1 Satz 2 Satzteil vor Nummer 1 in der Fassung des Artikels 1 des Gesetzes vom 20. Dezember 2007 (BGBl. I S. 3150) ist erstmals anzuwenden für Lohnsteuerbescheinigungen von laufendem Arbeitslohn, der für einen nach dem 31. Dezember 2008 endenden Lohnzahlungszeitraum gezahlt wird, und von sonstigen Bezügen, die nach dem 31. Dezember 2008 zufließen.

(53) ¹Die §§ 43 bis 45c in der Fassung des Gesetzes vom 22. Dezember 1999 (BGBl. I S. 2601) sind letztmals anzuwenden für Ausschüttungen, für die der Vierte Teil des Körperschaftsteuergesetzes nach § 34 Absatz 10a des Körperschaftsteuergesetzes in der Fassung des Artikels 3 des Gesetzes vom 23. Oktober 2000 (BGBl. I S. 1433) letztmals anzuwenden ist. ²Die §§ 43 bis 45c in der Fassung des Artikels 1 des Gesetzes vom 23. Oktober 2000 (BGBl. I S. 1433), dieses wiederum geändert durch Artikel 2 des Gesetzes vom 19. Dezember 2000 (BGBl. I S. 1812), sind auf Kapitalerträge anzuwenden, für die Satz 1 nicht gilt. ³§ 44 Absatz 6 Satz 3 in der Fassung des Gesetzes vom 20. Dezember 2001 (BGBl. I S. 3858) ist erstmals für den Veranlagungszeitraum 2001 anzuwenden. ⁴§ 45d Absatz 1 Satz 1 in der Fassung des Gesetzes vom 20. Dezember 2001 (BGBl. I S. 3794) ist für Mitteilungen auf Grund der Steuerabzugspflicht nach § 18a des Auslandinvestment-Gesetzes auf Kapitalerträge anzuwenden, die den Gläubigern nach dem 31. Dezember 2001 zufließen. ⁵§ 44 Absatz 6 in der Fassung des Artikels 1 des Gesetzes vom 13. Dezember 2006 (BGBl. I S. 2878) ist erstmals für Kapitalerträge anzuwenden, für die Satz 1 nicht gilt.

(53a) ¹§ 43 Absatz 1 Satz 1 Nummer 1 Satz 2 und Absatz 3 Satz 2 sind erstmals auf Entgelte anzuwenden, die nach dem 31. Dezember 2004 zufließen, es sei denn, die Veräußerung ist vor dem 29. Juli 2004 erfolgt. ²§ 43 Absatz 1 Satz 1 Nummer 7 Buchstabe b Satz 2 in der Fassung des Artikels 1 des Gesetzes vom 13. Dezember 2006 (BGBl. I S. 2878) ist erstmals auf Verträge anzuwenden, die nach dem 31. Dezember 2006 abgeschlossen werden.

(54) Bei der Veräußerung oder Einlösung von Wertpapieren und Kapitalforderungen, die von der das Bundesschuldbuch führenden Stelle oder einer Landesschuldenverwaltung verwahrt oder verwaltet werden können, bemisst sich der Steuerabzug nach den bis zum 31. Dezember 1993 geltenden Vorschriften, wenn sie vor dem 1. Januar 1994 emittiert worden sind; dies gilt nicht für besonders in Rechnung gestellte Stückzinsen.

(55) § 43a Absatz 2 Satz 7 ist erstmals auf Erträge aus Wertpapieren und Kapitalforderungen anzuwenden, die nach dem 31. Dezember 2001 erworben worden sind.

(55a) Die Anlage 2 (zu § 43b) in der Fassung des Artikels 1 des Gesetzes vom 20. Dezember 2007 (BGBl. I S. 3150) ist auf Ausschüttungen im Sinne des § 43b anzuwenden, die nach dem 31. Dezember 2006 zufließen.

(55b) (weggefallen)

(55c) § 43b Absatz 2 Satz 1 ist auf Ausschüttungen, die nach dem 31. Dezember 2008 zufließen, mit der Maßgabe anzuwenden, dass an die Stelle der Angabe „15 Prozent" die Angabe „10 Prozent" tritt.

(55d) § 43b Absatz 3 ist letztmals auf Ausschüttungen anzuwenden, die vor dem 1. Januar 2009 zugeflossen sind.

(55e) ¹§ 44 Absatz 1 Satz 5 in der Fassung des Gesetzes vom 21. Juli 2004 (BGBl. I S. 1753) ist erstmals auf Ausschüttungen anzuwenden, die nach dem 31. Dezember 2004 erfolgen. ²§ 44 Absatz 6 Satz 2 und 5 in der am 12. Dezember 2006 geltenden Fassung sind für Anteile, die einbringungsgeboren im Sinne des § 21 des Umwandlungssteuergesetzes in der am 12. Dezember 2006 geltenden Fassung sind, weiter anzuwenden.

(55f) ¹Für die Anwendung des § 44a Absatz 1 Nummer 1 und Absatz 2 Satz 1 Nummer 1 auf Kapitalerträge, die nach dem 31. Dezember 2006 zufließen, gilt Folgendes: ²Ist ein Freistellungsauftrag vor dem 1. Januar 2007 unter Beachtung des § 20 Absatz 4 in der bis dahin geltenden Fassung erteilt worden, darf der nach § 44 Absatz 1 zum Steuerabzug Verpflichtete den angegebenen Freistellungsbetrag nur zu 56,37 Prozent berücksichtigen. ³Sind in dem Freistellungsauftrag der gesamte Sparer-Freibetrag nach § 20 Absatz 4 in der Fassung des Artikels 1 des Gesetzes vom 19. Juli 2006 (BGBl. I S. 1652) und der gesamte Werbungskosten-Pauschbetrag nach § 9a Satz 1 Nummer 2 in der Fassung des Artikels 1 des Gesetzes vom 19. Juli 2006 (BGBl. I S. 1652) angegeben, ist der Werbungskosten-Pauschbetrag in voller Höhe zu berücksichtigen.

(55g) ¹§ 44a Absatz 7 und 8 in der Fassung des Artikels 1 des Gesetzes vom 15. Dezember 2003 (BGBl. I S. 2645) ist erstmals für Ausschüttungen anzuwenden, die nach dem 31. Dezember 2003 erfolgen. ²Für Ausschüttungen, die vor dem 1. Januar 2004 erfolgen, sind § 44a Absatz 7 und 44c in der Fassung der Bekanntmachung vom 19. Oktober 2002 (BGBl. I. S. 4210, 2003 I S. 179) weiterhin anzuwenden. ³§ 44a Absatz 7 und 8 in der Fassung des Artikels 1 des Gesetzes vom 9. Dezember 2004 (BGBl. I. S. 3310) und § 45b Absatz 2a sind erstmals auf Ausschüttungen anzuwenden, die nach dem 31. Dezember 2004 erfolgen.

(55h) § 44b Absatz 1 Satz 1 in der Fassung des Artikels 1 des Gesetzes vom 13. Dezember 2006 (BGBl. I S. 2878) ist erstmals auf Kapitalerträge anzuwenden, die nach dem 31. Dezember 2006 zufließen.

(55j) ¹§ 46 Absatz 2 Nummer 1 in der Fassung des Artikels 1 des Gesetzes vom 13. Dezember 2006

(BGBl. I S. 2878) ist auch auf Veranlagungszeiträume vor 2006 anzuwenden. ²§ 46 Absatz 2 Nummer 8 in der Fassung des Artikels 1 des Gesetzes vom 20. Dezember 2007 (BGBl. I S. 3150) ist erstmals für den Veranlagungszeitraum 2005 anzuwenden und in Fällen, in denen am 28. Dezember 2007 über einen Antrag auf Veranlagung zur Einkommensteuer noch nicht bestandskräftig entschieden ist.

(56) § 48 in der Fassung des Gesetzes vom 30. August 2001 (BGBl. I S. 2267) ist erstmals auf Gegenleistungen anzuwenden, die nach dem 31. Dezember 2001 erbracht werden.

(57) § 49 Absatz 1 Nummer 2 Buchstabe e und f sowie Nummer 8 in der Fassung des Gesetzes vom 7. Dezember 2006 (BGBl. I S. 2782) ist erstmals für den Veranlagungszeitraum 2006 anzuwenden.

(57a) ¹§ 49 Absatz 1 Nummer 5 Buchstabe a in der Fassung des Gesetzes vom 22. Dezember 1999 (BGBl. I S. 2601) ist letztmals anzuwenden für Ausschüttungen, für die der Vierte Teil des Körperschaftsteuergesetzes nach § 34 Absatz 10a des Körperschaftsteuergesetzes in der Fassung des Artikels 3 des Gesetzes vom 23. Oktober 2000 (BGBl. I S. 1433) letztmals anzuwenden ist. ²§ 49 Absatz 1 Nummer 5 Buchstabe a in der Fassung des Gesetzes vom 23. Oktober 2000 (BGBl. I S. 1433) ist erstmals für Kapitalerträge anzuwenden, für die Satz 1 nicht gilt. ³§ 49 Absatz 1 Nummer 5 Buchstabe b in der Fassung des Gesetzes vom 22. Dezember 1999 (BGBl. I S. 2601) ist letztmals anzuwenden für Ausschüttungen, für die der Vierte Teil des Körperschaftsteuergesetzes nach § 34 Absatz 10a des Körperschaftsteuergesetzes in der Fassung des Artikels 3 des Gesetzes vom 23. Oktober 2000 (BGBl. I S. 1433) letztmals anzuwenden ist. ⁴Für die Anwendung des § 49 Absatz 1 Nummer 5 Buchstabe a in der Fassung des Gesetzes vom 20. Dezember 2001 (BGBl. I S. 3794) gelten bei Kapitalerträgen, die nach dem 31. Dezember 2000 zufließen, die Sätze 1 und 2 entsprechend. ⁵§ 49 Absatz 1 Nummer 5 Buchstabe a und b in der Fassung des Artikels 1 des Gesetzes vom 9. Dezember 2004 (BGBl. I S. 3310) ist erstmals auf Kapitalerträge, die nach dem 31. Dezember 2003 zufließen, anzuwenden.

(58) ¹§ 50 Absatz 1 in der Fassung des Artikels 1 des Gesetzes vom 20. Dezember 2007 (BGBl. I S. 3150) ist bei Staatsangehörigen eines Mitgliedstaates der Europäischen Union oder eines Staates, auf den das Abkommen über den Europäischen Wirtschaftsraum anwendbar ist, die im Hoheitsgebiet eines dieser Staaten ihren Wohnsitz oder gewöhnlichen Aufenthalt haben, auf Antrag auch für Veranlagungszeiträume vor 2008 anzuwenden, soweit Steuerbescheide noch nicht bestandskräftig sind. ²§ 50 Absatz 1 Satz 2 Nummer 3 in der Fassung der Bekanntmachung vom 19. Oktober 2002 (BGBl. I S. 4210; 2003 I S. 179) ist letztmals anzuwenden auf Vergütungen, die vor dem 1. Januar 2009 zufließen. ³Der Zeitpunkt der erstmaligen Anwendung des § 50 Absatz 2 in der Fassung des Artikels 8 des Gesetzes vom 10. August 2009 (BGBl. I S. 2702) wird durch eine Rechtsverordnung der Bundesregierung bestimmt, die der Zustimmung des Bundesrates bedarf; dieser Zeitpunkt darf nicht vor dem 31. Dezember 2011 liegen.

(58a) ¹§ 50a in der Fassung des Artikels 1 des Gesetzes vom 19. Dezember 2008 (BGBl. I S. 2794) ist erstmals auf Vergütungen anzuwenden, die nach dem 31. Dezember 2008 zufließen. ²Der Zeitpunkt der erstmaligen Anwendung des § 50a Absatz 3 und 5 in der Fassung des Artikels 8 des Gesetzes vom 10. August 2009 (BGBl. I S. 2702) wird durch eine Rechtsverordnung der Bundesregierung bestimmt, die der Zustimmung des Bundesrates bedarf; dieser Zeitpunkt darf nicht vor dem 31. Dezember 2011 liegen.

(58b) § 50a Absatz 7 Satz 3 in der Fassung des Gesetzes vom 20. Dezember 2001 (BGBl. I S. 3794) ist erstmals auf Vergütungen anzuwenden, für die der Steuerabzug nach dem 22. Dezember 2001 angeordnet worden ist.

(58c) § 50b in der Fassung des Artikels 1 des Gesetzes vom 13. Dezember 2006 (BGBl. I S 2878) ist erstmals anzuwenden für Jahresbescheinigungen, die nach dem 31. Dezember 2004 ausgestellt werden.

(59) § 50c in der Fassung des Gesetzes vom 24. März 1999 (BGBl. I S. 402) ist weiter anzuwenden, wenn für die Anteile vor Ablauf des ersten Wirtschaftsjahres, für das das Körperschaftsteuergesetz in der Fassung des Artikels 3 des Gesetzes vom 23. Oktober 2000 (BGBl. I S. 1433) erstmals anzuwenden ist, ein Sperrbetrag zu bilden war.

(59a) ¹§ 50d in der Fassung des Gesetzes vom 22. Dezember 1999 (BGBl. I S. 2601) ist letztmals anzuwenden für Ausschüttungen, für die der Vierte Teil des Körperschaftsteuergesetzes nach § 34 Absatz 10a des Körperschaftsteuergesetzes in der Fassung des Artikels 3 des Gesetzes vom 23. Oktober 2000 (BGBl. I S. 1433) letztmals anzuwenden ist. ²§ 50d in der Fassung des Gesetzes vom 23. Oktober 2000 (BGBl. I S. 1433) ist erstmals auf Kapitalerträge anzuwenden, für die Satz 1 nicht gilt. ³§ 50d in der Fassung des Gesetzes vom 20. Dezember 2001 (BGBl. I S. 3794) ist ab 1. Januar 2002 anzuwenden; für Anträge auf die Erteilung von Freistellungsbescheinigungen, die bis zum 31. Dezember 2001 gestellt worden sind, ist § 50d Absatz 2 Satz 4 nicht anzuwenden. ⁴§ 50d Absatz 1 in der Fassung des Artikels 1 des Gesetes vom 15. Dezember 2003 (BGBl. I S. 2645) ist ab 1. Januar 2002 anzuwenden. ⁵§ 50d Absatz 1, 1a, 2 und 4 in der Fassung des Gesetzes vom 2. Dezember 2004 (BGBl. I S. 3112) ist erstmals auf Zahlungen anzuwenden, die nach dem 31. Dezember 2003 erfolgen. ⁶§ 50d Absatz 9 Satz 1 Nummer 1 in der Fassung des Artikels 1 des Gesetzes vom 13. Dezember 2006 (BGBl. I S. 2878) ist für alle Veranlagungszeiträume anzuwenden, soweit Steuerbescheide noch nicht bestandskräftig sind. ⁷§ 50d Absatz 1, 1a, 2 und 5 in der Fassung des Artikels 1 des Gesetzes vom 19. Dezember 2008 (BGBl. I S. 2794) ist erstmals auf Vergütungen anzuwenden, die nach dem 31. Dezember 2008 zufließen. ⁸§ 50d Absatz 10 in der Fassung des Artikels 1 des Gesetzes vom 19. Dezember 2008 (BGBl. I S. 2794) ist in allen Fällen anzuwenden, in denen die Einkommen- und Körperschaftsteuer noch nicht bestandskräftig festgesetzt ist.

(59b) Die Anlage 3 (zu § 50g) in der Fassung des Artikels 1 des Gesetzes vom 20. Dezember 2007

(BGBl. I S. 3150) ist auf Zahlungen anzuwenden, die nach dem 31. Dezember 2006 erfolgen.

(59c) § 51 Absatz 4 Nummer 1 in der Fassung des Gesetzes vom 24. März 1999 (BGBl. I S. 402) ist letztmals anzuwenden für Ausschüttungen, für die der Vierte Teil des Körperschaftsteuergesetzes nach § 34 Absatz 10a des Körperschaftsteuergesetzes in der Fassung des Artikels 3 des Gesetzes vom 23. Oktober 2000 (BGBl. I S. 1433) letztmals anzuwenden ist.

(59d) [1]§ 52 Absatz 8 in der Fassung des Artikels 1 Nummer 59 des Jahressteuergesetzes 1996 vom 11. Oktober 1995 (BGBl. I S. 1250) ist nicht anzuwenden. [2]§ 52 Absatz 8 in der Fassung des Artikels 8 Nummer 5 des Dritten Finanzmarktförderungsgesetzes vom 24. März 1998 (BGBl. I S. 529) ist in folgender Fassung anzuwenden:

„(8) § 6b Absatz 1 Satz 2 Nummer 5 und Absatz 4 Satz 1 Nummer 2 ist erstmals auf Veräußerungen anzuwenden, die nach dem Inkrafttreten des Artikels 7 des Dritten Finanzmarktförderungsgesetzes vorgenommen werden."

(60) § 55 in der Fassung des Gesetzes vom 24. März 1999 (BGBl. I S. 402) ist auch für Veranlagungszeiträume vor 1999 anzuwenden.

(61) Die §§ 62 und 65 in der Fassung des Gesetzes vom 16. Dezember 1997 (BGBl. I S. 2970) sind erstmals für den Veranlagungszeitraum 1998 anzuwenden.

(61a) [1]§ 62 Absatz 2 in der Fassung des Gesetzes vom 30. Juli 2004 (BGBl. I S. 1950) ist erstmals für den Veranlagungszeitraum 2005 anzuwenden. [2]§ 62 Absatz 2 in der Fassung des Artikels 2 Nummer 2 des Gesetzes vom 13. Dezember 2006 (BGBl. I S. 2915) ist in allen Fällen anzuwenden, in denen das Kindergeld noch nicht bestandskräftig festgesetzt ist.

(62) § 66 Absatz 3 in der Fassung der Bekanntmachung vom 16. April 1997 (BGBl. I S. 821) ist letztmals anzuwenden für das Kalenderjahr 1997 anzuwenden, so dass Kindergeld auf einen nach dem 31. Dezember 1997 gestellten Antrag rückwirkend längstens bis einschließlich Juli 1997 gezahlt werden kann.

(63) § 73 in der Fassung der Bekanntmachung vom 16. April 1997 (BGBl. I S. 821) ist weiter für Kindergeld anzuwenden, das der private Arbeitgeber für Zeiträume vor dem 1. Januar 1999 auszuzahlen hat.

(63a) § 79 Satz 1 gilt entsprechend für die in Absatz 24c Satz 2 und 3 genannten Personen, sofern sie unbeschränkt steuerpflichtig sind oder für das Beitragsjahr nach § 1 Absatz 3 als unbeschränkt steuerpflichtig behandelt werden.

(64) § 86 in der Fassung des Gesetzes vom 15. Januar 2003 ist erstmals für den Veranlagungszeitraum 2002 anzuwenden.

(65) [1]§ 91 Absatz 1 Satz 4 in der Fassung des Artikels 1 des Gesetzes vom 20. Dezember 2007 (BGBl. I S. 3150) ist ab Veranlagungszeitraum 2002 anzuwenden. [2]§ 91 Absatz 1 Satz 1 in der Fassung des Artikels 1 des Gesetzes vom 19. Dezember 2008 (BGBl. I S. 2794) ist bis zum 31. Dezember 2008 mit der Maßgabe anzuwenden, dass die Wörter „Spitzenverband der landwirtschaftlichen Sozialversicherung" durch die Wörter „Gesamtverband der landwirtschaftlichen Alterskassen" zu ersetzen sind.

(66) Endet die unbeschränkte Steuerpflicht eines Zulageberechtigten im Sinne des Absatzes 24c Satz 2 und 3 durch Aufgabe des inländischen Wohnsitzes oder gewöhnlichen Aufenthalts und wird die Person nicht nach § 1 Absatz 3 als unbeschränkt einkommensteuerpflichtig behandelt, gelten die §§ 93 und 94 entsprechend; § 95 Absatz 2 und 3 und § 99 Absatz 1 in der am 31. Dezember 2008 geltenden Fassung sind anzuwenden.

(67) [1]Wurde der Rückzahlungsbetrag nach § 95 Absatz 1 in Verbindung mit den §§ 93 und 94 Absatz 2 Satz 1 bis zum 9. September 2009 bestandskräftig festgesetzt oder ist die Frist für den Festsetzungsantrag nach § 94 Absatz 2 Satz 2 in Verbindung mit § 90 Absatz 4 Satz 2 bis zu diesem Zeitpunkt bereits abgelaufen, findet § 95 Absatz 2 und 3 und § 99 Absatz 1 in der am 31. Dezember 2008 geltenden Fassung weiter Anwendung. [2]Handelt es sich nicht um einen Fall des Satzes 1 ist § 95 in der Fassung des Artikels 1 des Gesetzes vom ... (BGBl. I S. ... [einsetzen: Ausfertigungsdatum und Seitenzahl der Verkündung des vorliegenden Änderungsgesetzes]) anzuwenden; bereits vor dem ... [einsetzen: Tag des Inkrafttretens des Artikels 1 Nummer 12 des vorliegenden Änderungsgesetzes]) erlassene Bescheide können entsprechend aufgehoben oder geändert werden. [3]Wurde ein Stundungsbescheid nach § 95 Absatz 2 Satz 2 in der am 31. Dezember 2008 geltenden Fassung bekannt gegeben, ist § 95 Absatz 2 Satz 3 in der am 31. Dezember 2008 geltenden Fassung dieses Gesetzes weiter anzuwenden.

§ 52a
Anwendungsvorschriften zur Einführung einer Abgeltungsteuer auf Kapitalerträge und Veräußerungsgewinne

(1) Beim Steuerabzug vom Kapitalertrag ist diese Fassung des Gesetzes[1)] erstmals auf Kapitalerträge anzuwenden, die dem Gläubiger nach dem 31. Dezember 2008 zufließen, soweit in den folgenden Absätzen nichts anderes bestimmt ist.

(2) § 2 Absatz 2 und 5a bis 6 in der Fassung des Artikels 1 des Gesetzes vom 14. August 2007 (BGBl. I S. 1912) ist erstmals ab dem Veranlagungszeitraum 2009 anzuwenden.

(3) [1]§ 3 Nummer 40 Satz 1 und 2 in der Fassung des Artikels 1 des Gesetzes vom 14. August 2007 (BGBl. I S. 1912) ist erstmals ab dem Veranlagungszeitraum 2009 anzuwenden. [2]Abweichend von Satz 1 ist § 3 Nummer 40 in der bis zum 31. Dezember 2008 geltenden Fassung bei Veräußerungsgeschäften, bei denen § 23 Absatz 1 Satz 1 Nummer 2 in der bis zum 31. Dezember 2008 anzuwendenden Fassung nach dem 31. Dezember 2008 Anwendung findet, weiterhin anzuwenden.

(4) [1]§ 3c Absatz 2 Satz 1 in der Fassung des Artikels 1 des Gesetzes vom 14. August 2007 (BGBl. I S. 1912) ist erstmals ab dem Veranlagungszeitraum 2009 anzuwenden. [2]Abweichend von Satz 1 ist § 3c Absatz 2 Satz 1 in der bis zum 31. Dezember 2008

---

1) Artikel 1 Unternehmensteuerreformgesetz 2008 vom 14.8.2007 (BGBl. I S. 1912, BStBl. I S. 630).

anzuwendenden Fassung bei Veräußerungsgeschäften, bei denen § 23 Absatz 1 Satz 1 Nummer 2 in der bis zum 31. Dezember 2008 anzuwendenden Fassung nach dem 31. Dezember 2008 Anwendung findet, weiterhin anzuwenden.

(5) § 6 Absatz 1 Nummer 5 Satz 1 Buchstabe c in der Fassung des Artikels 1 des Gesetzes vom 14. August 2007 (BGBl. I S. 1912) ist auf Einlagen anzuwenden, die nach dem 31. Dezember 2008 erfolgen.

(6) § 9a in der Fassung des Artikels 1 des Gesetzes vom 14. August 2007 (BGBl. I S. 1912) ist erstmals ab dem Veranlagungszeitraum 2009 anzuwenden.

(7) § 10 Absatz 1 Nummer 4 in der Fassung des Artikels 1 des Gesetzes vom 14. August 2007 (BGBl. I S. 1912) ist erstmals auf Kapitalerträge anzuwenden, die nach dem 31. Dezember 2008 zufließen und auf die § 51a Absatz 2b bis 2d anzuwenden ist.

(8) § 20 Absatz 1 Nummer 7 in der Fassung des Artikels 1 des Gesetzes vom 14. August 2007 (BGBl. I S. 1912) ist vorbehaltlich der Regelungen in Absatz 10 Satz 6 bis 8 erstmals auf Kapitalerträge anzuwenden, die dem Gläubiger nach dem 31. Dezember 2008 zufließen.

(9) § 20 Absatz 1 Nummer 11 in der Fassung des Artikels 1 des Gesetzes vom 14. August 2007 (BGBl. I S. 1912) ist erstmals auf nach dem 31. Dezember 2008 zufließende Stillhalterprämien anzuwenden.

(10) ¹§ 20 Absatz 2 Satz 1 Nummer 1 in der Fassung des Artikels 1 des Gesetzes vom 14. August 2007 (BGBl. I S. 1912) ist erstmals auf Gewinne aus der Veräußerung von Anteilen anzuwenden, die nach dem 31. Dezember 2008 erworben werden. ²§ 20 Absatz 2 Satz 1 Nummer 2 in der Fassung des Artikels 1 des Gesetzes vom 14. August 2007 (BGBl. I S. 1912) ist erstmals auf Veräußerungen nach dem 31. Dezember 2008 anzuwenden. ³§ 20 Absatz 2 Satz 1 Nummer 3 in der Fassung des Artikels 1 des Gesetzes vom 14. August 2007 (BGBl. I S. 1912) ist erstmals auf Gewinne aus Termingeschäften anzuwenden, bei denen der Rechtserwerb nach dem 31. Dezember 2008 erfolgt. ⁴§ 20 Absatz 2 Satz 1 Nummer 4, 5 und 8 in der Fassung des Artikels 1 des Gesetzes vom 14. August 2007 (BGBl. I S. 1912) ist erstmals auf Gewinne anzuwenden, bei denen die zugrunde liegenden Wirtschaftsgüter, Rechte oder Rechtspositionen nach dem 31. Dezember 2008 erworben oder geschaffen werden. ⁵§ 20 Absatz 2 Satz 1 Nummer 6 in der Fassung des Artikels 1 des Gesetzes vom 14. August 2007 (BGBl. I S. 1912) ist erstmals auf die Veräußerung von Ansprüchen nach dem 31. Dezember 2008 anzuwenden, bei denen der Versicherungsvertrag nach dem 31. Dezember 2004 abgeschlossen wurde; dies gilt auch für Versicherungsverträge, die vor dem 1. Januar 2005 abgeschlossen wurden, sofern bei einem Rückkauf zum Veräußerungszeitpunkt die Erträge nach § 20 Absatz 1 Nummer 6 in der am 31. Dezember 2004 geltenden Fassung steuerpflichtig wären. ⁶§ 20 Absatz 2 Satz 1 Nummer 7 in der Fassung des Artikels 1 des Gesetzes vom 14. August 2007 (BGBl. I S. 1912) ist erstmals auf nach dem 31. Dezember 2008 zufließende Kapitalerträge aus der Veräußerung sonstiger Kapitalforderungen anzuwenden. ⁷Für Kapitalerträge aus Kapitalforderungen, die

zum Zeitpunkt des vor dem 1. Januar 2009 erfolgten Erwerbs zwar Kapitalforderungen im Sinne des § 20 Absatz 1 Nummer 7 in der am 31. Dezember 2008 anzuwendenden Fassung, aber nicht Kapitalforderungen im Sinne des § 20 Absatz 2 Satz 1 Nummer 4 in der am 31. Dezember 2008 anzuwendenden Fassung sind, ist § 20 Absatz 2 Satz 1 Nummer 7 nicht anzuwenden; Kapitalforderungen im Sinne des § 20 Absatz 2 Satz 1 Nummer 4 in der am 31. Dezember 2008 anzuwendenden Fassung liegen auch vor, wenn die Rückzahlung nur teilweise garantiert ist oder wenn eine Trennung zwischen Ertrags- und Vermögensebene möglich erscheint. ⁸Bei Kapitalforderungen, die zwar nicht die Voraussetzungen von § 20 Absatz 1 Nummer 7 in der am 31. Dezember 2008 anzuwendenden Fassung, aber die Voraussetzungen von § 20 Absatz 1 Nummer 7 in der Fassung des Artikels 1 des Gesetzes vom 14. August 2007 (BGBl. I S. 1912) erfüllen, ist § 20 Absatz 2 Satz 1 Nummer 7 in Verbindung mit § 20 Absatz 1 Nummer 7 vorbehaltlich der Regelung in Absatz 11 Satz 4 und 6 auf alle nach dem 30. Juni 2009 zufließenden Kapitalerträge anzuwenden, es sei denn, die Kapitalforderung wurde vor dem 15. März 2007 angeschafft. ⁹§ 20 Absatz 2 Satz 2 und 3 in der Fassung des Artikels 1 des Gesetzes vom 14. August 2007 (BGBl. I S. 1912) ist erstmals auf Veräußerungen, Einlösungen, Abtretungen oder verdeckte Einlagen nach dem 31. Dezember 2008 anzuwenden. ¹⁰§ 20 Absatz 3 bis 9 in der Fassung des Artikels 1 des Gesetzes vom 19. Dezember 2008 (BGBl. I S. 2794) ist erstmals auf nach dem 31. Dezember 2008 zufließende Kapitalerträge anzuwenden.

(10a) § 22 Nummer 3 Satz 5 und 6 in der Fassung des Artikels 1 des Gesetzes vom 19. Dezember 2008 (BGBl. I S. 2794) ist letztmals für den Veranlagungszeitraum 2013 anzuwenden.

(11) ¹§ 23 Absatz 1 Satz 1 Nummer 1 in der am 1. Januar 2000 geltenden Fassung und § 23 Absatz 1 Satz 1 Nummer 2 und 3 in der am 1. Januar 1999 geltenden Fassung sind auf Veräußerungsgeschäfte anzuwenden, bei denen die Veräußerung auf einem nach dem 31. Dezember 1998 rechtswirksam abgeschlossenen obligatorischen Vertrag oder gleichstehenden Rechtsakt beruht. ²§ 23 Absatz 1 Satz 1 Nummer 2 Satz 2 und 3 in der am 16. Dezember 2004 geltenden Fassung ist erstmals für den Veranlagungszeitraum 2005 anzuwenden. ³§ 23 Absatz 1 Satz 1 Nummer 2 in der Fassung des Artikels 1 des Gesetzes vom 14. August 2007 (BGBl. I S. 1912) ist erstmals auf Veräußerungsgeschäfte anzuwenden, bei denen die Wirtschaftsgüter nach dem 31. Dezember 2008 auf Grund eines nach diesem Zeitpunkt rechtswirksam abgeschlossenen obligatorischen Vertrags oder gleichstehenden Rechtsakts angeschafft wurden. ⁴§ 23 Absatz 1 Satz 1 Nummer 2 in der am 1. Januar 1999 geltenden Fassung ist letztmals auf Veräußerungsgeschäfte anzuwenden, bei denen die Wirtschaftsgüter vor dem 1. Januar 2009 erworben wurden. ⁵§ 23 Absatz 1 Satz 1 Nummer 3 in der am 1. Januar 1999 geltenden Fassung ist letztmals auf Veräußerungsgeschäfte anzuwenden, bei denen die Veräußerung auf einem vor dem 1. Januar 2009 rechtswirksam abgeschlossenen obligatorischen Vertrag oder gleichstehenden Rechtsakt beruht. ⁶§ 23 Absatz 1 Satz 1 Nummer 4 ist auf Ter-

mingeschäfte anzuwenden, bei denen der Erwerb des Rechts auf einen Differenzausgleich, Geldbetrag oder Vorteil nach dem 31. Dezember 1998 und vor dem 1. Januar 2009 erfolgt. [7]§ 23 Absatz 1 Satz 5 ist erstmals für Einlagen und verdeckte Einlagen anzuwenden, die nach dem 31. Dezember 1999 vorgenommen werden. [8]§ 23 Absatz 3 Satz 4 in der Fassung des Gesetzes vom 22. Dezember 1999 (BGBl. I S. 2601) ist auf Veräußerungsgeschäfte anzuwenden, bei denen der Steuerpflichtige das Wirtschaftsgut nach dem 31. Juli 1995 und vor dem 1. Januar 2009 anschafft oder nach dem 31. Dezember 1998 und vor dem 1. Januar 2009 fertigstellt; § 23 Absatz 3 Satz 4 in der Fassung des Artikels 1 des Gesetzes vom 19. Dezember 2008 (BGBl. I S. 2794) ist auf Veräußerungsgeschäfte anzuwenden, bei denen der Steuerpflichtige das Wirtschaftsgut nach dem 31. Dezember 2008 anschafft oder fertigstellt. [9]§ 23 Absatz 1 Satz 2 und 3 sowie § 23 Absatz 3 Satz 3 in der am 12. Dezember 2006 geltenden Fassung sind für Anteile, die einbringungsgeboren im Sinne des § 21 des Umwandlungsteuergesetzes in der am 12. Dezember 2006 geltenden Fassung sind, weiter anzuwenden. [10]§ 23 Absatz 3 Satz 9 zweiter Halbsatz in der Fassung des Artikels 1 des Gesetzes vom 13. Dezember 2006 (BGBl. I S. 2878) ist auch in den Fällen anzuwenden, in denen am 1. Januar 2007 die Feststellungsfrist noch nicht abgelaufen ist. [11]§ 23 Absatz 3 Satz 9 und 10 in der Fassung des Artikels 1 des Gesetzes vom 14. August 2007 (BGBl. I S. 1912) ist letztmals für den Veranlagungszeitraum 2013 anzuwenden.

(12) § 24c ist letztmals für den Veranlagungszeitraum 2008 anzuwenden.

(13) § 25 Absatz 1 in der Fassung des Artikels 1 des Gesetzes vom 14. August 2007 (BGBl. I S. 1912) ist erstmals für den Veranlagungszeitraum 2009 anzuwenden.

(14) § 32 Absatz 4 Satz 4 in der Fassung des Artikels 1 des Gesetzes vom 14. August 2007 (BGBl. I S. 1912) ist erstmals ab dem Veranlagungszeitraum 2009 anzuwenden.

(15) § 32d in der Fassung des Artikels 1 des Gesetzes vom 19. Dezember 2008 (BGBl. I S. 2794) ist erstmals für den Veranlagungszeitraum 2009 anzuwenden.

(16) [1]§ 43 Absatz 3 Satz 1 zweiter Halbsatz in der Fassung des Artikels 1 des Gesetzes vom 19. Dezember 2008 (BGBl. I S. 2794) ist erstmals für Kapitalerträge anzuwenden, die dem Gläubiger nach dem 31. Dezember 2009 zufließen. [2]§ 43a Absatz 3 Satz 2 in der Fassung des Artikels 1 des Gesetzes vom 19. Dezember 2008 (BGBl. I S. 2794) ist erstmals für Kapitalerträge anzuwenden, die dem Gläubiger nach dem 31. Dezember 2009 zufließen. [3]§ 44a Absatz 8 Satz 1 in der Fassung des Artikels 1 des Gesetzes vom 14. August 2007 (BGBl. I S. 1912) und Satz 2 in der Fassung des Artikels 1 des Gesetzes vom 19. Dezember 2008 (BGBl. I S. 2794) sind erstmals auf Kapitalerträge anzuwenden, die dem Gläubiger nach dem 31. Dezember 2007 zufließen. [4]Für Kapitalerträge im Sinne des § 43 Absatz 1 Satz 1 Nummer 1, die nach dem 31. Dezember 2007 und vor dem 1. Januar 2009 zufließen, ist er mit der Maßgabe anzuwenden, dass an die Stelle der Wörter „drei Fünftel" die Wörter „drei Viertel" und an die Stelle der Wörter „zwei Fünftel" die Wörter „ein Viertel" treten. [5]§ 44a Absatz 9 in der Fassung des Artikels 1 des Gesetzes vom 19. Dezember 2008 (BGBl. I S. 2794) ist erstmals auf Kapitalerträge anzuwenden, die dem Gläubiger nach dem 31. Dezember 2008 zufließen. [6]§ 44b Absatz 1 Satz 1 in der Fassung des Artikels 1 des Gesetzes vom 19. Dezember 2008 (BGBl. I S. 2794) ist erstmals für Kapitalerträge anzuwenden, die dem Gläubiger nach dem 31. Dezember 2009 zufließen. [7]§ 45a Absatz 4 Satz 2 in der Fassung des Artikels 1 des Gesetzes vom 20. Dezember 2007 (BGBl. I S. 3150) ist erstmals auf Kapitalerträge anzuwenden, die dem Gläubiger nach dem 31. Dezember 2007 zufließen. [8]§ 45b Absatz 1 Satz 1 in der Fassung des Artikels 1 des Gesetzes vom 19. Dezember 2008 (BGBl. I S. 2794) ist erstmals für Kapitalerträge anzuwenden, die dem Gläubiger nach dem 31. Dezember 2009 zufließen. [9]§ 45d Absatz 3 ist für Versicherungsverträge anzuwenden, die nach dem 31. Dezember 2008 abgeschlossen werden; die erstmalige Übermittlung hat bis zum 30. März 2011 zu erfolgen.

(16a) § 44a Absatz 7 und 8, § 44b Absatz 5 und 6, § 45b und § 45d Absatz 1 in der Fassung des Artikels 1 des Gesetzes vom 16. Juli 2009 (BGBl. I S. 1959) sind erstmals auf Kapitalerträge anzuwenden, die dem Gläubiger nach dem 31. Dezember 2009 zufließen.

(17) § 49 Absatz 1 Nummer 5 Satz 1 Buchstabe d, Satz 2 und Nummer 8 in der Fassung des Artikels 1 des Gesetzes vom 14. August 2007 (BGBl. I S. 1912) ist erstmals auf Kapitalerträge anzuwenden, die nach dem 31. Dezember 2008 zufließen.

(18) § 51a Absatz 2b bis 2d in der Fassung des Artikels 1 des Gesetzes vom 14. August 2007 (BGBl. I S. 1912) ist erstmals auf nach dem 31. Dezember 2008 zufließende Kapitalerträge anzuwenden.

§ 53
Sondervorschriften zur Steuerfreistellung des Existenzminimums eines Kindes in den Veranlagungszeiträumen 1983 bis 1995

[1]In den Veranlagungszeiträumen 1983 bis 1995 sind in Fällen, in denen die Einkommensteuer noch nicht formell bestandskräftig oder hinsichtlich der Höhe der Kinderfreibeträge vorläufig festgesetzt ist, für jedes bei der Festsetzung berücksichtigte Kind folgende Beträge als Existenzminimum des Kindes steuerfrei zu belassen:

1983	3 732 Deutsche Mark,
1984	3 864 Deutsche Mark,
1985	3 924 Deutsche Mark,
1986	4 296 Deutsche Mark,
1987	4 416 Deutsche Mark,
1988	4 572 Deutsche Mark,
1989	4 752 Deutsche Mark,
1990	5 076 Deutsche Mark,
1991	5 388 Deutsche Mark,
1992	5 676 Deutsche Mark,
1993	5 940 Deutsche Mark,
1994	6 096 Deutsche Mark,
1995	6 168 Deutsche Mark.

[2]Im Übrigen ist § 32 in der für den jeweiligen Veranlagungszeitraum geltenden Fassung anzuwenden.

³Für die Prüfung, ob die nach Satz 1 und 2 gebotene Steuerfreistellung bereits erfolgt ist, ist das dem Steuerpflichtigen im jeweiligen Veranlagungszeitraum zustehende Kindergeld mit dem auf das bisherige zu versteuernde Einkommen des Steuerpflichtigen in demselben Veranlagungszeitraum anzuwendenden Grenzsteuersatz in einen Freibetrag umzurechnen; dies gilt auch dann, soweit das Kindergeld dem Steuerpflichtigen im Wege eines zivilrechtlichen Ausgleichs zusteht. ⁴Die Umrechnung des zustehenden Kindergeldes ist entsprechend dem Umfang der bisher abgezogenen Kinderfreibeträge vorzunehmen. ⁵Bei einem unbeschränkt einkommensteuerpflichtigen Elternpaar, bei dem die Voraussetzungen des § 26 Absatz 1 Satz 1 nicht vorliegen, ist eine Änderung der bisherigen Inanspruchnahme des Kinderfreibetrags unzulässig. ⁶Erreicht die Summe aus dem bei der bisherigen Einkommensteuerfestsetzung abgezogenen Kinderfreibetrag und dem nach Satz 3 und 4 berechneten Freibetrag nicht den nach Satz 1 und 2 für den jeweiligen Veranlagungszeitraum maßgeblichen Betrag, ist der Unterschiedsbetrag vom bisherigen zu versteuernden Einkommen abzuziehen und die Einkommensteuer neu festzusetzen. ⁷Im Zweifel hat der Steuerpflichtige die Voraussetzungen durch Vorlage entsprechender Unterlagen nachzuweisen.

§ 54
(weggefallen)

§ 55 ¹⁾
Schlussvorschriften
(Sondervorschriften für die Gewinnermittlung nach § 4 oder nach Durchschnittssätzen bei vor dem 1. Juli 1970 angeschafftem Grund und Boden)

(1) ¹Bei Steuerpflichtigen, deren Gewinn für das Wirtschaftsjahr, in das der 30. Juni 1970 fällt, nicht nach § 5 zu ermitteln ist, gilt bei Grund und Boden, der mit Ablauf des 30. Juni 1970 zu ihrem Anlagevermögen gehört hat, als Anschaffungs- oder Herstellungskosten (§ 4 Absatz 3 Satz 4 und § 6 Absatz 1 Nummer 2 Satz 1) das Zweifache des nach den Absätzen 2 bis 4 zu ermittelnden Ausgangsbetrags. ²Zum Grund und Boden im Sinne des Satzes 1 gehören nicht die mit ihm in Zusammenhang stehenden Wirtschaftsgüter und Nutzungsbefugnisse.

(2) ¹Bei der Ermittlung des Ausgangsbetrags des zum land- und forstwirtschaftlichen Vermögen (§ 33 Absatz 1 Satz 1 des Bewertungsgesetzes in der Fassung der Bekanntmachung vom 10. Dezember 1965 – BGBl. I S. 1861 –, zuletzt geändert durch das Bewertungsänderungsgesetz 1971 vom 27. Juli 1971 – BGBl. I S. 1157) gehörenden Grund und Bodens ist seine Zuordnung zu den Nutzungen und Wirtschaftsgütern (§ 34 Absatz 2 des Bewertungsgesetzes) am 1. Juli 1970 maßgebend; dabei sind die Hof- und Gebäudeflächen sowie die Hausgärten im Sinne des § 40 Absatz 3 des Bewertungsgesetzes nicht in die einzelne Nutzung einzubeziehen. ²Es sind anzusetzen:
1. bei Flächen, die nach dem Bodenschätzungsgesetz vom 20. Dezember 2007 (BGBl. I S. 3150, 3176) in der jeweils geltenden Fassung zu schätzen sind, für jedes katastermäßig abgegrenzte Flurstück der Betrag in Deutsche Mark, der sich ergibt, wenn die für das Flurstück am 1. Juli 1970 im amtlichen Verzeichnis nach § 2 Absatz 2 der Grundbuchordnung (Liegenschaftskataster) ausgewiesene Ertragsmesszahl vervierfacht wird. ²Abweichend von Satz 1 sind für Flächen der Nutzungsteile
   a) Hopfen, Spargel, Gemüsebau und Obstbau 2,05 Euro je Quadratmeter,
   b) Blumen- und Zierpflanzenbau sowie Baumschulen 2,56 Euro je Quadratmeter

anzusetzen, wenn der Steuerpflichtige dem Finanzamt gegenüber bis zum 30. Juni 1972 eine Erklärung über die Größe, Lage und Nutzung der betreffenden Flächen abgibt,
2. für Flächen der forstwirtschaftlichen Nutzung je Quadratmeter 0,51 Euro,
3. für Flächen der weinbaulichen Nutzung der Betrag, der sich unter Berücksichtigung der maßgebenden Lagenvergleichszahl (Vergleichszahl der einzelnen Weinbaulage, § 39 Absatz 1 Satz 3 und § 57 des Bewertungsgesetzes), die für ausbauende Betriebsweise mit Fassweinerzeugung anzusetzen ist, aus der nachstehenden Tabelle ergibt:

Lagenvergleichszahl	Ausgangsbetrag je Quadratmeter in Euro
bis 20	1,28
21 bis 30	1,79
31 bis 40	2,56
41 bis 50	3,58
51 bis 60	4,09
61 bis 70	4,60
71 bis 100	5,11
über 100	6,39

4. für Flächen der sonstigen land- und forstwirtschaftlichen Nutzung, auf die Nummer 1 keine Anwendung findet, je Quadratmeter 0,51 Euro,
5. für Hofflächen, Gebäudeflächen und Hausgärten im Sinne des § 40 Absatz 3 des Bewertungsgesetzes je Quadratmeter 2,56 Euro,
6. für Flächen des Geringstlandes je Quadratmeter 0,13 Euro,
7. für Flächen des Abbaulandes je Quadratmeter 0,26 Euro,
8. für Flächen des Unlandes je Quadratmeter 0,05 Euro.

(3) ¹Lag am 1. Juli 1970 kein Liegenschaftskataster vor, in dem Ertragsmesszahlen ausgewiesen sind, so ist der Ausgangsbetrag in sinngemäßer Anwendung des Absatzes 2 Satz 2 Nummer 1 Satz 1 auf der Grundlage der durchschnittlichen Ertragsmesszahl der landwirtschaftlichen Nutzung eines Betriebs zu ermitteln, die die Grundlage für die Hauptfeststellung des Einheitswerts auf den 1. Januar 1964 bildet. ²Absatz 2 Satz 2 Nummer 1 Satz 2 bleibt unberührt.

---

1) § 55 ist auch für VZ vor 1999 anzuwenden (§ 52 Absatz 60 EStG).

(4) Bei nicht zum land- und forstwirtschaftlichen Vermögen gehörenden Grund und Boden ist als Ausgangsbetrag anzusetzen:

1. Für unbebaute Grundstücke der auf den 1. Januar 1964 festgestellte Einheitswert. ²Wird auf den 1. Januar 1964 kein Einheitswert festgestellt oder hat sich der Bestand des Grundstücks nach dem 1. Januar 1964 und vor dem 1. Juli 1970 verändert, so ist der Wert maßgebend, der sich ergeben würde, wenn das Grundstück nach seinem Bestand vom 1. Juli 1970 und nach den Wertverhältnissen vom 1. Januar 1964 zu bewerten wäre;

2. für bebaute Grundstücke der Wert, der sich nach Nummer 1 ergeben würde, wenn das Grundstück unbebaut wäre.

(5) ¹Weist der Steuerpflichtige nach, dass der Teilwert für Grund und Boden im Sinne des Absatzes 1 am 1. Juli 1970 höher ist als das Zweifache des Ausgangsbetrags, so ist auf Antrag des Steuerpflichtigen der Teilwert als Anschaffungs- oder Herstellungskosten anzusetzen. ²Der Antrag ist bis zum 31. Dezember 1975 bei dem Finanzamt zu stellen, das für die Ermittlung des Gewinns aus dem Betrieb zuständig ist. ³Der Teilwert ist gesondert festzustellen. ⁴Vor dem 1. Januar 1974 braucht diese Feststellung nur zu erfolgen, wenn ein berechtigtes Interesse des Steuerpflichtigen gegeben ist. ⁵Die Vorschriften der Abgabenordnung und der Finanzgerichtsordnung über die gesonderte Feststellung von Besteuerungsgrundlagen gelten entsprechend.

(6) ¹Verluste, die bei der Veräußerung oder Entnahme von Grund und Boden im Sinne des Absatzes 1 entstehen, dürfen bei der Ermittlung des Gewinns in Höhe des Betrags nicht berücksichtigt werden, um den der ausschließlich auf den Grund und Boden entfallende Veräußerungspreis oder der an dessen Stelle tretende Wert nach Abzug der Veräußerungskosten unter dem Zweifachen des Ausgangsbetrags liegt. ²Entsprechendes gilt bei Anwendung des § 6 Absatz 1 Nummer 2 Satz 2.

(7) Grund und Boden, der nach § 4 Absatz 1 Satz 5 des Einkommensteuergesetzes 1969 nicht anzusetzen war, ist wie eine Einlage zu behandeln; er ist dabei mit dem nach Absatz 1 oder 5 maßgebenden Wert anzusetzen.

§ 56
Sondervorschriften für Steuerpflichtige in dem in Artikel 3 des Einigungsvertrages genannten Gebiet

Bei Steuerpflichtigen, die am 31. Dezember 1990 einen Wohnsitz oder ihren gewöhnlichen Aufenthalt in dem in Artikel 3 des Einigungsvertrages genannten Gebiet und im Jahre 1990 keinen Wohnsitz oder gewöhnlichen Aufenthalt im bisherigen Geltungsbereich dieses Gesetzes hatten, gilt Folgendes:

§ 7 Absatz 5 ist auf Gebäude anzuwenden, die in dem in Artikel 3 des Einigungsvertrages genannten Gebiet nach dem 31. Dezember 1990 angeschafft oder hergestellt worden sind.

§ 57
Besondere Anwendungsregeln aus Anlass der Herstellung der Einheit Deutschlands

(1) Die §§ 7c, 7f, 7g, 7k und 10e dieses Gesetzes, die §§ 76, 78, 82a und 82f der Einkommensteuer-Durchführungsverordnung sowie die §§ 7 und 12 Absatz 3 des Schutzbaugesetzes sind auf Tatbestände anzuwenden, die in dem in Artikel 3 des Einigungsvertrages genannten Gebiet nach dem 31. Dezember 1990 verwirklicht worden sind.

(2) Die §§ 7b und 7d dieses Gesetzes sowie die §§ 81, 82d, 82g und 82i der Einkommensteuer-Durchführungsverordnung sind nicht auf Tatbestände anzuwenden, die in dem in Artikel 3 des Einigungsvertrages genannten Gebiet verwirklicht worden sind.

(3) Bei der Anwendung des § 7g Absatz 2 Nummer 1 und des § 14a Absatz 1 ist in dem in Artikel 3 des Einigungsvertrages genannten Gebiet anstatt vom maßgebenden Einheitswert des Betriebs der Land- und Forstwirtschaft und den darin ausgewiesenen Werten vom Ersatzwirtschaftswert nach § 125 des Bewertungsgesetzes auszugehen.

(4) ¹§ 10d Absatz 1 ist mit der Maßgabe anzuwenden, dass der Sonderausgabenabzug erstmals von dem für die zweite Hälfte des Veranlagungszeitraums 1990 ermittelten Gesamtbetrag der Einkünfte vorzunehmen ist. ²§ 10d Absatz 2 und 3 ist auch für Verluste anzuwenden, die in dem in Artikel 3 des Einigungsvertrages genannten Gebiet im Veranlagungszeitraum 1990 entstanden sind.

(5) § 22 Nummer 4 ist auf vergleichbare Bezüge anzuwenden, die auf Grund des Gesetzes über Rechtsverhältnisse der Abgeordneten der Volkskammer der Deutschen Demokratischen Republik vom 31. Mai 1990 (GBl. I Nr. 30 S. 274) gezahlt worden sind.

(6) § 34f Absatz 3 Satz 3 ist erstmals auf die in dem in Artikel 3 des Einigungsvertrags genannten Gebiet für die zweite Hälfte des Veranlagungszeitraums 1990 festgesetzte Einkommensteuer anzuwenden.

§ 58
Weitere Anwendung von Rechtsvorschriften, die vor Herstellung der Einheit Deutschlands in dem in Artikel 3 des Einigungsvertrags genannten Gebiet gegolten haben

(1) Die Vorschriften über Sonderabschreibungen nach § 3 Absatz 1 des Steueränderungsgesetzes vom 6. März 1990 (GBl. I Nr. 17 S. 136) in Verbindung mit § 7 der Durchführungsbestimmung zum Gesetz zur Änderung der Rechtsvorschriften über die Einkommen-, Körperschaft- und Vermögensteuer – Steueränderungsgesetz – vom 16. März 1990 (GBl. I Nr. 21 S. 195) sind auf Wirtschaftsgüter weiter anzuwenden, die nach dem 31. Dezember 1989 und vor dem 1. Januar 1991 in dem in Artikel 3 des Einigungsvertrages genannten Gebiet angeschafft oder hergestellt worden sind.

(2) ¹Rücklagen nach § 3 Absatz 2 des Steueränderungsgesetzes vom 6. März 1990 (GBl. I Nr. 17 S. 136) in Verbindung mit § 8 der Durchführungsbestimmung zum Gesetz zur Änderung der Rechtsvorschriften über die Einkommen-, Körperschaft- und Vermögensteuer – Steueränderungsgesetz – vom

16. März 1990 (GBl. I Nr. 21 S. 195) dürfen, soweit sie zum 31. Dezember 1990 zulässigerweise gebildet worden sind, auch nach diesem Zeitpunkt fortgeführt werden. ²Sie sind spätestens im Veranlagungszeitraum 1995 gewinn- oder sonst einkünfteerhöhend aufzulösen. ³Sind vor dieser Auflösung begünstigte Wirtschaftsgüter angeschafft oder hergestellt worden, sind die in die Rücklage eingestellten Beträge von den Anschaffungs- oder Herstellungskosten abzuziehen; die Rücklage ist in Höhe des abgezogenen Betrags im Veranlagungszeitraum der Anschaffung oder Herstellung gewinn- oder sonst einkünfteerhöhend aufzulösen.

(3) Die Vorschrift über den Steuerabzugsbetrag nach § 9 Absatz 1 der Durchführungsbestimmung zum Gesetz zur Änderung der Rechtsvorschriften über die Einkommen-, Körperschaft- und Vermögensteuer – Steueränderungsgesetz – vom 16. März 1990 (GBl. I Nr. 21 S. 195) ist für Steuerpflichtige weiter anzuwenden, die vor dem 1. Januar 1991 in dem in Artikel 3 des Einigungsvertrages genannten Gebiet eine Betriebsstätte begründet haben, wenn sie von dem Tag der Begründung der Betriebsstätte an zwei Jahre lang die Tätigkeit ausüben, die Gegenstand der Betriebsstätte ist.

§§ 59 bis 61
(weggefallen)

X. Kindergeld

§ 62[1)]
Anspruchsberechtigte

(1) Für Kinder im Sinne des § 63 hat Anspruch auf Kindergeld nach diesem Gesetz, wer
1. im Inland einen Wohnsitz oder seinen gewöhnlichen Aufenthalt hat oder
2. ohne Wohnsitz oder gewöhnlichen Aufenthalt im Inland
   a) nach § 1 Absatz 2 unbeschränkt einkommensteuerpflichtig ist oder
   b) nach § 1 Absatz 3 als unbeschränkt einkommensteuerpflichtig behandelt wird.

(2)[2)] ¹Ein nicht freizügigkeitsberechtigter Ausländer erhält Kindergeld nur, wenn er
1. eine Niederlassungserlaubnis besitzt,
2. eine Aufenthaltserlaubnis besitzt, die zur Ausübung einer Erwerbstätigkeit berechtigt oder berechtigt hat, es sei denn, die Aufenthaltserlaubnis wurde
   a) nach § 16 oder § 17 des Aufenthaltsgesetzes erteilt,
   b) nach § 18 Absatz 2 des Aufenthaltsgesetzes erteilt und die Zustimmung der Bundesagentur für Arbeit darf nach der Beschäftigungsverordnung nur für einen bestimmten Höchstzeitraum erteilt werden,
   c) nach § 23 Absatz 1 des Aufenthaltsgesetzes wegen eines Krieges in seinem Heimatland oder nach den §§ 23a, 24, 25 Absatz 3 bis 5 des Aufenthaltsgesetzes erteilt
oder
3. eine in Nummer 2 Buchstabe c genannte Aufenthaltserlaubnis besitzt und
   a) sich seit mindestens drei Jahren rechtmäßig, gestattet oder geduldet im Bundesgebiet aufhält und
   b) im Bundesgebiet berechtigt erwerbstätig ist, laufende Geldleistungen nach dem Dritten Buch Sozialgesetzbuch bezieht oder Elternzeit in Anspruch nimmt.

§ 63
Kinder

(1) ¹Als Kinder werden berücksichtigt
1. Kinder im Sinne des § 32 Absatz 1,
2. vom Berechtigten in seinen Haushalt aufgenommene Kinder seines Ehegatten,
3. vom Berechtigten in seinen Haushalt aufgenommene Enkel.

²§ 32 Absatz 3 bis 5 gilt entsprechend. ³Kinder, die weder einen Wohnsitz noch ihren gewöhnlichen Aufenthalt im Inland, in einem Mitgliedstaat der Europäischen Union oder in einem Staat, auf den das Abkommen über den Europäischen Wirtschaftsraum Anwendung findet, haben, werden nicht berücksichtigt, es sei denn, sie leben im Haushalt eines Berechtigten im Sinne des § 62 Absatz 1 Nummer 2 Buchstabe a. ⁴Kinder im Sinne von § 2 Absatz 4 Satz 2 des Bundeskindergeldgesetzes werden nicht berücksichtigt.

(2) Die Bundesregierung wird ermächtigt, durch Rechtsverordnung, die nicht der Zustimmung des Bundesrates bedarf, zu bestimmen, dass einem Berechtigten, der im Inland erwerbstätig ist oder sonst seine hauptsächlichen Einkünfte erzielt, für seine in Absatz 1 Satz 3 erster Halbsatz bezeichneten Kinder Kindergeld ganz oder teilweise zu leisten ist, soweit dies mit Rücksicht auf die durchschnittlichen Lebenshaltungskosten für Kinder in deren Wohnsitzstaat und auf die dort gewährten dem Kindergeld vergleichbaren Leistungen geboten ist.

§ 64
Zusammentreffen mehrerer Ansprüche

(1) Für jedes Kind wird nur einem Berechtigten Kindergeld gezahlt.

(2) ¹Bei mehreren Berechtigten wird das Kindergeld demjenigen gezahlt, der das Kind in seinen Haushalt aufgenommen hat. ²Ist ein Kind in den gemeinsamen Haushalt von Eltern, einem Elternteil und dessen Ehegatten, Pflegeeltern oder Großeltern aufgenommen worden, so bestimmen diese untereinander den Berechtigten. ³Wird eine Bestimmung nicht getroffen, so bestimmt das Familiengericht auf Antrag den Berechtigten. ⁴Den Antrag kann stellen, wer ein berechtigtes Interesse an der Zahlung des Kindergeldes hat. ⁵Lebt ein Kind im gemeinsamen Haushalt von Eltern und Großeltern, so wird das

---
1) Zur Anwendung von § 62 siehe § 52 Absatz 61 EStG.
2) § 62 Absatz 2 ist in dieser Fassung in allen noch nicht bestandskräftigen Fällen anzuwenden (§ 52 Absatz 61a Satz 2 EStG).

Kindergeld vorrangig einem Elternteil gezahlt; es wird an einen Großelternteil gezahlt, wenn der Elternteil gegenüber der zuständigen Stelle auf seinen Vorrang schriftlich verzichtet hat.

(3) ¹Ist das Kind nicht in den Haushalt eines Berechtigten aufgenommen, so erhält das Kindergeld derjenige, der dem Kind eine Unterhaltsrente zahlt. ²Zahlen mehrere Berechtigte dem Kind Unterhaltsrenten, so erhält das Kindergeld derjenige, der dem Kind die höchste Unterhaltsrente zahlt. ³Werden gleich hohe Unterhaltsrenten gezahlt oder zahlt keiner der Berechtigten dem Kind Unterhalt, so bestimmen die Berechtigten untereinander, wer das Kindergeld erhalten soll. ⁴Wird eine Bestimmung nicht getroffen, so gilt Absatz 2 Satz 3 und 4 entsprechend.

§ 65 [1])
Andere Leistungen für Kinder

(1) ¹Kindergeld wird nicht für ein Kind gezahlt, für das eine der folgenden Leistungen zu zahlen ist oder bei entsprechender Antragstellung zu zahlen wäre:
1. Kinderzulagen aus der gesetzlichen Unfallversicherung oder Kinderzuschüsse aus den gesetzlichen Rentenversicherungen,
2. Leistungen für Kinder, die im Ausland gewährt werden und dem Kindergeld oder einer der unter Nummer 1 genannten Leistungen vergleichbar sind,
3. Leistungen für Kinder, die von einer zwischen- oder überstaatlichen Einrichtung gewährt werden und dem Kindergeld vergleichbar sind.

²Soweit es für die Anwendung von Vorschriften dieses Gesetzes auf den Erhalt der Leistungen ankommt, stehen die Leistungen nach Satz 1 dem Kindergeld gleich. ³Steht ein Berechtigter in einem Versicherungspflichtverhältnis zur Bundesagentur für Arbeit nach § 24 des Dritten Buches Sozialgesetzbuch oder ist er versicherungsfrei nach § 28 Nummer 1 des Dritten Buches Sozialgesetzbuch oder steht er im Inland in einem öffentlich-rechtlichen Dienst- oder Amtsverhältnis, so wird sein Anspruch auf Kindergeld für ein Kind nicht nach Satz 1 Nummer 3 mit Rücksicht darauf ausgeschlossen, dass sein Ehegatte als Beamter, Ruhestandsbeamter oder sonstiger Bediensteter der Europäischen Gemeinschaften für das Kind Anspruch auf Kinderzulage hat.

(2) Ist in den Fällen des Absatzes 1 Satz 1 Nummer 1 der Bruttobetrag der anderen Leistung niedriger als das Kindergeld nach § 66, wird Kindergeld in Höhe des Unterschiedsbetrages gezahlt, wenn er mindestens 5 Euro beträgt.

§ 66 [2])
Höhe des Kindergeldes, Zahlungszeitraum

(1) ¹Das Kindergeld beträgt monatlich für erste und zweite Kinder jeweils 184 Euro, für dritte Kinder 190 Euro und für das vierte und jedes weitere Kind jeweils 215 Euro. ²Darüber hinaus wird für jedes Kind, für das im Kalenderjahr 2009 mindestens für einen Kalendermonat ein Anspruch auf Kindergeld besteht, für das Kalenderjahr 2009 ein Einmalbetrag in Höhe von 100 Euro gezahlt.

(2) Das Kindergeld wird monatlich vom Beginn des Monats an gezahlt, in dem die Anspruchsvoraussetzungen erfüllt sind, bis zum Ende des Monats, in dem die Anspruchsvoraussetzungen wegfallen.

§ 67
Antrag

¹Das Kindergeld ist bei der zuständigen Familienkasse schriftlich zu beantragen. ²Den Antrag kann außer dem Berechtigten auch stellen, wer ein berechtigtes Interesse an der Leistung des Kindergeldes hat.

§ 68
Besondere Mitwirkungspflichten

(1) ¹Wer Kindergeld beantragt oder erhält, hat Änderungen in den Verhältnissen, die für die Leistung erheblich sind oder über die im Zusammenhang mit der Leistung Erklärungen abgegeben worden sind, unverzüglich der zuständigen Familienkasse mitzuteilen. ²Ein Kind, das das 18. Lebensjahr vollendet hat, ist auf Verlangen der Familienkasse verpflichtet, an der Aufklärung des für die Kindergeldzahlung maßgebenden Sachverhalts mitzuwirken; § 101 der Abgabenordnung findet insoweit keine Anwendung.

(2) (weggefallen)

(3) Auf Antrag des Berechtigten erteilt die das Kindergeld auszahlende Stelle eine Bescheinigung über das für das Kalenderjahr ausgezahlte Kindergeld.

(4) Die Familienkassen dürfen den die Bezüge im öffentlichen Dienst anweisenden Stellen Auskunft über den für die jeweilige Kindergeldzahlung maßgebenden Sachverhalt erteilen.

§ 69
Überprüfung des Fortbestehens von Anspruchsvoraussetzungen durch Meldedaten-Übermittlung

Die Meldebehörden übermitteln in regelmäßigen Abständen den Familienkassen nach Maßgabe einer auf Grund des § 20 Absatz 1 des Melderechtsrahmengesetzes zu erlassenden Rechtsverordnung die in § 18 Absatz 1 des Melderechtsrahmengesetzes genannten Daten aller Einwohner, zu deren Person im Melderegister Daten von minderjährigen Kindern gespeichert sind, und dieser Kinder, soweit die Daten nach ihrer Art für die Prüfung der Rechtmäßigkeit des Bezuges von Kindergeld geeignet sind.

§ 70
Festsetzung und Zahlung des Kindergeldes

(1) Das Kindergeld nach § 62 wird von den Familienkassen durch Bescheid festgesetzt und ausgezahlt.

(2) ¹Soweit in den Verhältnissen, die für den Anspruch auf Kindergeld erheblich sind, Änderungen eintreten, ist die Festsetzung des Kindergeldes mit

---

1) Zur Anwendung von § 65 siehe § 52 Absatz 61 EStG.
2) Zur Anwendung des (weggefallenen) § 66 Absatz 3 siehe § 52 Absatz 62 EStG.

Wirkung vom Zeitpunkt der Änderung der Verhältnisse aufzuheben oder zu ändern. ²Ist die Änderung einer Kindergeldfestsetzung nur wegen einer Anhebung der in § 66 Absatz 1 genannten Kindergeldbeträge erforderlich, kann von der Erteilung eines schriftlichen Änderungsbescheides abgesehen werden.

(3) ¹Materielle Fehler der letzten Festsetzung können durch Neufestsetzung oder durch Aufhebung der Festsetzung beseitigt werden. ²Neu festgesetzt oder aufgehoben wird mit Wirkung ab dem auf die Bekanntgabe der Neufestsetzung oder der Aufhebung der Festsetzung folgenden Monat. ³Bei der Neufestsetzung oder Aufhebung der Festsetzung nach Satz 1 ist § 176 der Abgabenordnung entsprechend anzuwenden; dies gilt nicht für Monate, die nach der Verkündung der maßgeblichen Entscheidung eines obersten Gerichtshofes des Bundes beginnen.

(4) Eine Kindergeldfestsetzung ist aufzuheben oder zu ändern, wenn nachträglich bekannt wird, dass die Einkünfte und Bezüge des Kindes den Grenzbetrag nach § 32 Absatz 4 über- oder unterschreiten.

§ 71
(weggefallen)

§ 72
Festsetzung und Zahlung des Kindergeldes an Angehörige des öffentlichen Dienstes

(1) ¹Steht Personen, die
1. in einem öffentlich-rechtlichen Dienst-, Amts- oder Ausbildungsverhältnis stehen, mit Ausnahme der Ehrenbeamten, oder
2. Versorgungsbezüge nach beamten- oder soldatenrechtlichen Vorschriften oder Grundsätzen erhalten oder
3. Arbeitnehmer des Bundes, eines Landes, einer Gemeinde, eines Gemeindeverbandes oder einer sonstigen Körperschaft, einer Anstalt oder einer Stiftung des öffentlichen Rechts sind, einschließlich der zu ihrer Berufsausbildung Beschäftigten,

Kindergeld nach Maßgabe dieses Gesetzes zu, wird es von den Körperschaften, Anstalten oder Stiftungen des öffentlichen Rechts festgesetzt und ausgezahlt. ²Die genannten juristischen Personen sind insoweit Familienkasse.

(2) Der Deutschen Post AG, der Deutschen Postbank AG und der Deutschen Telekom AG obliegt die Durchführung dieses Gesetzes für ihre jeweiligen Beamten und Versorgungsempfänger in Anwendung des Absatzes 1.

(3) Absatz 1 gilt nicht für Personen, die ihre Bezüge oder Arbeitsentgelt
1. von einem Dienstherrn oder Arbeitgeber im Bereich der Religionsgesellschaften des öffentlichen Rechts oder
2. von einem Spitzenverband der Freien Wohlfahrtspflege, einem diesem unmittelbar oder mittelbar angeschlossenen Mitgliedsverband oder einer solchen Verband angeschlossenen Einrichtung oder Anstalt

erhalten.

(4) Die Absätze 1 und 2 gelten nicht für Personen, die voraussichtlich nicht länger als sechs Monate in den Kreis der in Absatz 1 Satz 1 Nummer 1 bis 3 und Absatz 2 Bezeichneten eintreten.

(5) Obliegt mehreren Rechtsträgern die Zahlung von Bezügen oder Arbeitsentgelt (Absatz 1 Satz 1) gegenüber einem Berechtigten, so ist für die Durchführung dieses Gesetzes zuständig:

1. bei Zusammentreffen von Versorgungsbezügen mit anderen Bezügen oder Arbeitsentgelt der Rechtsträger, dem die Zahlung der anderen Bezüge oder des Arbeitsentgelts obliegt;
2. bei Zusammentreffen mehrerer Versorgungsbezüge der Rechtsträger, dem die Zahlung der neuen Versorgungsbezüge im Sinne der beamtenrechtlichen Ruhensvorschriften obliegt;
3. bei Zusammentreffen von Arbeitsentgelt (Absatz 1 Satz 1 Nummer 3) mit Bezügen aus einem der in Absatz 1 Satz 1 Nummer 1 bezeichneten Rechtsverhältnisse der Rechtsträger, dem die Zahlung dieser Bezüge obliegt;
4. bei Zusammentreffen mehrerer Arbeitsentgelte (Absatz 1 Satz 1 Nummer 3) der Rechtsträger, dem die Zahlung des höheren Arbeitsentgelts obliegt oder – falls die Arbeitsentgelte gleich hoch sind – der Rechtsträger, zu dem das zuerst begründete Arbeitsverhältnis besteht.

(6) ¹Scheidet ein Berechtigter im Laufe eines Monats aus dem Kreis der in Absatz 1 Satz 1 Nummer 1 bis 3 Bezeichneten aus oder tritt er im Laufe eines Monats in diesen Kreis ein, so wird das Kindergeld für diesen Monat von der Stelle gezahlt, die bis zum Ausscheiden oder Eintritt des Berechtigten zuständig war. ²Dies gilt nicht, soweit die Zahlung von Kindergeld für ein Kind in Betracht kommt, das erst nach dem Ausscheiden oder Eintritt bei dem Berechtigten nach § 63 zu berücksichtigen ist. ³Ist in einem Fall des Satzes 1 das Kindergeld bereits für einen folgenden Monat gezahlt worden, so muss der für diesen Monat Berechtigte die Zahlung gegen sich gelten lassen.

(7) ¹In den Abrechnungen der Bezüge und des Arbeitsentgelts ist das Kindergeld gesondert auszuweisen, wenn es zusammen mit den Bezügen oder dem Arbeitsentgelt ausgezahlt wird. ²Der Rechtsträger hat die Summe des von ihm für alle Berechtigten ausgezahlten Kindergeldes dem Betrag, den er insgesamt an Lohnsteuer einzubehalten hat, zu entnehmen und bei der nächsten Lohnsteuer-Anmeldung gesondert abzusetzen. ³Übersteigt das insgesamt ausgezahlte Kindergeld den Betrag, der insgesamt an Lohnsteuer abzuführen ist, so wird der übersteigende Betrag dem Rechtsträger auf Antrag von dem Finanzamt, an das die Lohnsteuer abzuführen ist, aus den Einnahmen der Lohnsteuer ersetzt.

(8) ¹Abweichend von Absatz 1 Satz 1 werden Kindergeldansprüche auf Grund über- oder zwischenstaatlicher Rechtsvorschriften durch die Familienkassen der Bundesagentur für Arbeit festgesetzt und ausgezahlt. ²Dies gilt auch für Fälle, in denen Kindergeldansprüche sowohl nach Maßgabe dieses Ge-

EStG

setzes als auch auf Grund über- oder zwischenstaatlicher Rechtsvorschriften bestehen.

§ 73[1])
(weggefallen)

§ 74
Zahlung des Kindergeldes in Sonderfällen

(1) ¹Das für ein Kind festgesetzte Kindergeld nach § 66 Absatz 1 kann an das Kind ausgezahlt werden, wenn der Kindergeldberechtigte ihm gegenüber seiner gesetzlichen Unterhaltspflicht nicht nachkommt. ²Kindergeld kann an Kinder, die bei der Festsetzung des Kindergeldes berücksichtigt werden, bis zur Höhe des Betrages, der sich bei entsprechender Anwendung des § 76 ergibt, ausgezahlt werden. ³Dies gilt auch, wenn der Kindergeldberechtigte mangels Leistungsfähigkeit nicht unterhaltspflichtig ist oder nur Unterhalt in Höhe eines Betrages zu leisten braucht, der geringer ist als das für die Auszahlung in Betracht kommende Kindergeld. ⁴Die Auszahlung kann auch an die Person oder Stelle erfolgen, die dem Kind Unterhalt gewährt.

(2) Für Erstattungsansprüche der Träger von Sozialleistungen gegen die Familienkasse gelten die §§ 102 bis 109 und 111 bis 113 des Zehnten Buches Sozialgesetzbuch entsprechend.

§ 75
Aufrechnung

(1) Mit Ansprüchen auf Rückzahlung von Kindergeld kann die Familienkasse gegen Ansprüche auf laufendes Kindergeld bis zu deren Hälfte aufrechnen, wenn der Leistungsberechtigte nicht nachweist, dass er dadurch hilfebedürftig im Sinne der Vorschriften des Zwölften Buches Sozialgesetzbuch über die Hilfe zum Lebensunterhalt oder im Sinne der Vorschriften des Zweiten Buches Sozialgesetzbuch über die Leistungen zur Sicherung des Lebensunterhalts wird.

(2) Absatz 1 gilt für die Aufrechnung eines Anspruchs auf Erstattung von Kindergeld gegen einen späteren Kindergeldanspruch eines mit dem Erstattungspflichtigen in Haushaltsgemeinschaft lebenden Berechtigten entsprechend, soweit es sich um laufendes Kindergeld für ein Kind handelt, das bei beiden berücksichtigt werden kann oder konnte.

§ 76
Pfändung

¹Der Anspruch auf Kindergeld kann nur wegen gesetzlicher Unterhaltsansprüche eines Kindes, das bei der Festsetzung des Kindergeldes berücksichtigt wird, gepfändet werden. ²Für die Höhe des pfändbaren Betrages gilt:

1. ¹Gehört das unterhaltsberechtigte Kind zum Kreis der Kinder, für die dem Leistungsberechtigten Kindergeld gezahlt wird, so ist eine Pfändung bis zu dem Betrag möglich, der bei gleichmäßiger Verteilung des Kindergeldes auf jedes dieser Kinder entfällt. ²Ist das Kindergeld durch die Berücksichtigung eines weiteren Kindes erhöht, für das einer dritten Person Kindergeld oder dieser oder dem Leistungsberechtigten eine andere Geldleistung für Kinder zusteht, so bleibt der Erhöhungsbetrag bei der Bestimmung des pfändbaren Betrages des Kindergeldes nach Satz 1 außer Betracht;

2. der Erhöhungsbetrag nach Nummer 1 Satz 2 ist zugunsten jedes bei der Festsetzung des Kindergeldes berücksichtigten unterhaltsberechtigten Kindes zu dem Anteil pfändbar, der sich bei gleichmäßiger Verteilung auf alle Kinder, die bei der Festsetzung des Kindergeldes zugunsten des Leistungsberechtigten berücksichtigt werden, ergibt.

§ 76a[2])
Kontenpfändung und Pfändung von Bargeld

(1) ¹Wird Kindergeld auf das Konto des Berechtigten oder in den Fällen des § 74 Absatz 1 Satz 1 bis 3 bzw. § 76 auf das Konto des Kindes bei einem Geldinstitut *(ab 1.7.2010 „Kreditinstitut")* überwiesen, ist die Forderung, die durch die Gutschrift entsteht, für die Dauer von sieben *(ab 1.7.2010 „14")* Tagen seit der Gutschrift der Überweisung unpfändbar. ²Eine Pfändung des Guthabens gilt als mit der Maßgabe ausgesprochen, dass sie das Guthaben in Höhe der in Satz 1 bezeichneten Forderung während der sieben *(ab 1.7.2010 „14")* Tage nicht erfasst.

(2) ¹Das Geldinstitut *(ab 1.7.2010 „Kreditinstitut")* ist dem Schuldner innerhalb der sieben *(ab 1.7.2010 „14")* Tage zur Leistung aus dem nach Absatz 1 von der Pfändung nicht erfassten Guthaben nur soweit verpflichtet, als der Schuldner nachweist oder als dem Geldinstitut *(ab 1.7.2010 „Kreditinstitut")* sonst bekannt ist, dass das Guthaben von der Pfändung nicht erfasst ist. ²Soweit das Geldinstitut *(ab 1.7.2010 „Kreditinstitut")* hiernach geleistet hat, gilt Absatz 1 Satz 2 nicht.

(3) ¹Eine Leistung, die das Geldinstitut *(ab 1.7.2010 „Kreditinstitut")* innerhalb der sieben *(ab 1.7.2010 „14")* Tage aus dem nach Absatz 1 Satz 2 von der Pfändung nicht erfassten Guthaben an den Gläubiger bewirkt, ist dem Schuldner gegenüber unwirksam. ²Das gilt auch für eine Hinterlegung.

(4) Bei Empfängern laufender Kindergeldleistungen sind die in Absatz 1 genannten Forderungen nach Ablauf von sieben *(ab 1.7.2010 „14")* Tagen seit der Gutschrift sowie Bargeld insoweit der Pfändung unterworfen, als ihr Betrag dem unpfändbaren Teil der Leistungen für die Zeit von der Pfändung bis zum nächsten Zahlungstermin entspricht.

(5) ¹*Pfändungsschutz für Kontoguthaben besteht nach dieser Vorschrift nicht, wenn der Schuldner ein Pfändungsschutzkonto im Sinne von § 850k Absatz 7 der Zivilprozessordnung führt.* ²*Hat das Kreditinstitut keine Kenntnis von dem Bestehen eines Pfändungsschutzkontos, leistet es nach den Absätzen 1 bis 4 mit*

---

1) § 73 EStG betraf Zahlung des Kindergeldes an Arbeitnehmer außerhalb des öffentlichen Dienstes (§ 72 EStG). Für vom privaten Arbeitgeber für Zeiträume vor dem 1.1.1999 auszuzahlendes Kindergeld weiter anzuwenden (§ 52 Absatz 63 EStG).
2) Die kursiven Änderungen in § 76a treten am 1.7.2010 in Kraft; insgesamt wird § 76a am 1.1.2012 aufgehoben (Artikel 5 und 7 Absatz 4, Artikel 11 Absatz 1 und 2 des Gesetzes vom 7.7.2009, BGBl. I S. 1707, BStBl. I S. 872).

befreiender Wirkung an den Schuldner. ³Gegenüber dem Gläubiger ist das Kreditinstitut zur Leistung nur verpflichtet, wenn ihm das Bestehen des Pfändungsschutzkontos nachgewiesen ist.

§ 77
Erstattung von Kosten im Vorverfahren

(1) ¹Soweit der Einspruch gegen die Kindergeldfestsetzung erfolgreich ist, hat die Familienkasse demjenigen, der den Einspruch erhoben hat, die zur zweckentsprechenden Rechtsverfolgung oder Rechtsverteidigung notwendigen Aufwendungen zu erstatten. ²Dies gilt auch, wenn der Einspruch nur deshalb keinen Erfolg hat, weil die Verletzung einer Verfahrens- oder Formvorschrift nach § 126 der Abgabenordnung unbeachtlich ist. ³Aufwendungen, die durch das Verschulden des Erstattungsberechtigten entstanden sind, hat dieser selbst zu tragen; das Verschulden eines Vertreters ist dem Vertretenen zuzurechnen.

(2) Die Gebühren und Auslagen eines Bevollmächtigten oder Beistandes, der nach den Vorschriften des Steuerberatungsgesetzes zur geschäftsmäßigen Hilfeleistung in Steuersachen befugt ist, sind erstattungsfähig, wenn dessen Zuziehung notwendig war.

(3) ¹Die Familienkasse setzt auf Antrag den Betrag der zu erstattenden Aufwendungen fest. ²Die Kostentenentscheidung bestimmt auch, ob die Zuziehung eines Bevollmächtigten oder Beistandes im Sinne des Absatzes 2 notwendig war.

§ 78
Übergangsregelungen

(1) bis (4) (weggefallen)

(5) ¹Abweichend von § 64 Absatz 2 und 3 steht Berechtigten, die für Dezember 1990 für ihre Kinder Kindergeld in dem in Artikel 3 des Einigungsvertrages genannten Gebiet bezogen haben, das Kindergeld für diese Kinder auch für die folgende Zeit zu, solange sie ihren Wohnsitz oder gewöhnlichen Aufenthalt in diesem Gebiet beibehalten und die Kinder die Voraussetzungen ihrer Berücksichtigung weiterhin erfüllen. ²§ 64 Absatz 2 und 3 ist insoweit erst für die Zeit vom Beginn des Monats an anzuwenden, in dem ein hierauf gerichteter Antrag bei der zuständigen Stelle eingegangen ist; der hiernach Berechtigte muss die nach Satz 1 geleisteten Zahlungen gegen sich gelten lassen.

XI. Altersvorsorgezulage

§ 79
Zulageberechtigte

¹¹Die in § 10a Absatz 1 genannten Personen haben Anspruch auf eine Altersvorsorgezulage (Zulage). ²Leben die Ehegatten nicht dauernd getrennt (§ 26 Absatz 1) und haben sie ihren Wohnsitz oder gewöhnlichen Aufenthalt in einem Mitgliedstaat der Europäischen Union oder einem Staat, auf den das Abkommen über den Europäischen Wirtschaftsraum anwendbar ist, und ist nur ein Ehegatte nach Satz 1 begünstigt, so ist auch der andere Ehegatte zulageberechtigt, wenn auf seinen Namen lautender Altersvorsorgevertrag besteht.

§ 80
Anbieter

Anbieter im Sinne dieses Gesetzes sind Anbieter von Altersvorsorgeverträgen gemäß § 1 Absatz 2 des Altersvorsorgeverträge-Zertifizierungsgesetzes sowie die in § 82 Absatz 2 genannten Versorgungseinrichtungen.

§ 81
Zentrale Stelle

Zentrale Stelle im Sinne dieses Gesetzes ist die Deutsche Rentenversicherung Bund.

§ 81a
Zuständige Stelle

¹Zuständige Stelle ist bei einem

1. Empfänger von Besoldung nach dem Bundesbesoldungsgesetz oder einem Landesbesoldungsgesetz die die Besoldung anordnende Stelle,

2. Empfänger von Amtsbezügen im Sinne des § 10a Absatz 1 Satz 1 Nummer 2 die die Amtsbezüge anordnende Stelle,

3. versicherungsfrei Beschäftigten sowie bei einem von der Versicherungspflicht befreiten Beschäftigten im Sinne des § 10a Absatz 1 Satz 1 Nummer 3 der die Versorgung gewährleistende Arbeitgeber der rentenversicherungsfreien Beschäftigung,

4. Beamten, Richter, Berufssoldaten und Soldaten auf Zeit im Sinne des § 10a Absatz 1 Satz 1 Nummer 4 der zur Zahlung des Arbeitsentgelts verpflichtete Arbeitgeber und

5. Empfänger einer Versorgung im Sinne des § 10a Absatz 1 Satz 4 die die Versorgung anordnende Stelle.

²Für die in § 10a Absatz 1 Satz 1 Nummer 5 genannten Steuerpflichtigen gilt Satz 1 entsprechend.

§ 82
Altersvorsorgebeiträge

(1) ¹Geförderte Altersvorsorgebeiträge sind im Rahmen der in § 10a genannten Grenzen

1. Beiträge,
2. Tilgungsleistungen,

die der Zulageberechtigte (§ 79) zugunsten eines auf seinen Namen lautenden Vertrags leistet, der nach § 5 des Altersvorsorgeverträge-Zertifizierungsgesetzes zertifiziert ist (Altersvorsorgevertrag). ²Die Zertifizierung ist Grundlagenbescheid im Sinne des § 171 Absatz 10 der Abgabenordnung. ³Als Tilgungsleistungen gelten auch Beiträge, die zugunsten eines Altersvorsorgevertrags im Sinne des § 1 Absatz 1 Satz 1 Nummer 3 des Altersvorsorgeverträge-Zertifizierungsgesetzes erbracht wurden und die zur Tilgung eines im Rahmen des Altersvorsorgevertrags abgeschlossenen Darlehens abgetreten wurden. ⁴Im Fall der Übertragung von gefördertem Altersvorsorgevermögen nach § 1 Absatz 1 Satz 1 Nummer 10 Buchstabe b des Altersvorsorgeverträge-Zertifizierungsgesetzes in einen Altersvorsorgevertrag im Sinne des § 1 Absatz 1a Satz 1 Nummer 3 des Altersvorsorgeverträge-Zertifizierungsgesetzes gelten die Beiträge nach Satz 1 Nummer 1 ab dem Zeitpunkt der Übertragung als

Tilgungsleistungen nach Satz 3; eine erneute Förderung nach § 10a oder Abschnitt XI erfolgt insoweit nicht. ⁵Tilgungsleistungen nach den Sätzen 1 und 3 werden nur berücksichtigt, wenn das zugrunde liegende Darlehen für eine nach dem 31. Dezember 2007 vorgenommene wohnungswirtschaftliche Verwendung im Sinne des § 92a Absatz 1 Satz 1 eingesetzt wurde.

(2) ¹Zu den Altersvorsorgebeiträgen gehören auch
a) die aus dem individuell versteuerten Arbeitslohn des Arbeitnehmers geleisteten Beiträge an einen Pensionsfonds, eine Pensionskasse oder eine Direktversicherung zum Aufbau einer kapitalgedeckten betrieblichen Altersversorgung und
b) Beiträge des Arbeitnehmers und des ausgeschiedenen Arbeitnehmers, die dieser im Fall der zunächst durch Entgeltumwandlung (§ 1a des Betriebsrentengesetzes) finanzierten und nach § 3 Nummer 63 oder § 10a und diesem Abschnitt geförderten kapitalgedeckten betrieblichen Altersversorgung nach Maßgabe des § 1a Absatz 4 und 1b Absatz 5 Satz 1 Nummer 2 des Betriebsrentengesetzes selbst erbringt,

wenn eine Auszahlung der zugesagten Altersversorgungsleistung in Form einer Rente oder eines Auszahlungsplans (§ 1 Absatz 1 Satz 1 Nummer 4 des Altersvorsorgevertrag-Zertifizierungsgesetzes) vorgesehen ist. ²Die §§ 3 und 4 des Betriebsrentengesetzes stehen dem vorbehaltlich des § 93 nicht entgegen.

(3) Zu den Altersvorsorgebeiträgen gehören auch die Beitragsanteile, die zur Absicherung der verminderten Erwerbsfähigkeit des Zulageberechtigten und zur Hinterbliebenenversorgung verwendet werden, wenn in der Leistungsphase die Auszahlung in Form einer Rente erfolgt.

(4) Nicht zu den Altersvorsorgebeiträgen zählen
1. Aufwendungen, die vermögenswirksame Leistungen nach dem Fünften Vermögensbildungsgesetz in der Fassung der Bekanntmachung vom 4. März 1994 (BGBl. I S. 406), zuletzt geändert durch Artikel 19 des Gesetzes vom 29. Dezember 2003 (BGBl. I S. 3076), in der jeweils geltenden Fassung darstellen,
2. prämienbegünstigte Aufwendungen nach dem Wohnungsbau-Prämiengesetz in der Fassung der Bekanntmachung vom 30. Oktober 1997 (BGBl. I S. 2678), zuletzt geändert durch Artikel 5 des Gesetzes vom 29. Juli 2008 (BGBl. I S. 1509), in der jeweils geltenden Fassung,
3. Aufwendungen, die im Rahmen des § 10 als Sonderausgaben geltend gemacht werden, oder
4. Zahlungen nach § 92a Absatz 2 Satz 4 Nummer 1 und Absatz 3 Satz 9 Nummer 2.

§ 83
Altersvorsorgezulage

In Abhängigkeit von den geleisteten Altersvorsorgebeiträgen wird eine Zulage gezahlt, die sich aus einer Grundzulage (§ 84) und einer Kinderzulage (§ 85) zusammensetzt.

§ 84
Grundzulage

¹Jeder Zulageberechtigte erhält eine Grundzulage; diese beträgt jährlich 154 Euro. ²Für Zulageberechtigte nach § 79 Satz 1, die zu Beginn des Beitragsjahres (§ 88) das 25. Lebensjahr noch nicht vollendet haben, erhöht sich die Grundzulage nach Satz 1 um einmalig 200 Euro. ³Die Erhöhung nach Satz 2 ist für das erste nach dem 31. Dezember 2007 beginnende Beitragsjahr zu gewähren, für das eine Altersvorsorgezulage beantragt wird.

§ 85
Kinderzulage

(1) ¹Die Kinderzulage beträgt für jedes Kind, für das dem Zulageberechtigten Kindergeld ausgezahlt wird, jährlich 185 Euro. ²Für ein nach dem 31. Dezember 2007 geborenes Kind erhöht sich die Kinderzulage nach Satz 1 auf 300 Euro. ³Der Anspruch auf Kinderzulage entfällt für den Veranlagungszeitraum, für den das Kindergeld insgesamt zurückgefordert wird. ⁴Erhalten mehrere Zulageberechtigte für dasselbe Kind Kindergeld, steht die Kinderzulage demjenigen zu, dem für den ersten Anspruchszeitraum (§ 66 Absatz 2) im Kalenderjahr Kindergeld ausgezahlt worden ist.

(2) ¹Bei Eltern, die miteinander verheiratet sind, nicht dauernd getrennt leben (§ 26 Absatz 1) und ihren Wohnsitz oder gewöhnlichen Aufenthalt in einem Mitgliedstaat der Europäischen Union oder einem Staat haben, auf den das Abkommen über den Europäischen Wirtschaftsraum anwendbar ist, wird die Kinderzulage der Mutter zugeordnet, auf Antrag beider Eltern dem Vater. ²Der Antrag kann für ein abgelaufenes Beitragsjahr nicht zurückgenommen werden.

§ 86¹⁾
Mindesteigenbeitrag

(1) ¹Die Zulage nach den §§ 84 und 85 wird gekürzt, wenn der Zulageberechtigte nicht den Mindesteigenbeitrag leistet. ²Dieser beträgt jährlich 4 Prozent der Summe der in dem dem Kalenderjahr vorangegangenen Kalenderjahr
1. erzielten beitragspflichtigen Einnahmen im Sinne des Sechsten Buches Sozialgesetzbuch,
2. bezogenen Besoldung und Amtsbezüge,
3. in den Fällen des § 10a Absatz 1 Satz 1 Nummer 3 und 4 erzielten Einnahmen, die beitragspflichtig wären, wenn die Versicherungsfreiheit in der gesetzlichen Rentenversicherung nicht bestehen würde und
4. bezogenen Rente wegen voller Erwerbsminderung oder Erwerbsunfähigkeit oder bezogenen Versorgungsbezüge wegen Dienstunfähigkeit in den Fällen des § 10a Absatz 1 Satz 4,

jedoch nicht mehr als die in § 10a Absatz 1 Satz 1 genannten Beträge, vermindert um die Zulage nach den §§ 84 und 85; gehört der Ehegatte zum Personenkreis nach § 79 Satz 2, berechnet sich der Mindesteigenbeitrag nach § 79 Satz 1 Begünstigten unter Berücksichtigung der den Ehegatten insgesamt zustehenden Zulagen. ³Auslandsbezogene Bestandteile nach den §§ 52 ff. des Bundesbesol-

---

1) § 86 ist in dieser Fassung erstmals für VZ 2002 anzuwenden (§ 52 Absatz 64 EStG).

dungsgesetzes oder entsprechender Regelungen eines Landesbesoldungsgesetzes bleiben unberücksichtigt. ⁴Als Sockelbetrag sind ab dem Jahr 2005 jährlich 60 Euro zu leisten. ⁵Ist der Sockelbetrag höher als der Mindesteigenbeitrag nach Satz 2, so ist der Sockelbetrag als Mindesteigenbeitrag zu leisten. ⁶Die Kürzung der Zulage ermittelt sich nach dem Verhältnis der Altersvorsorgebeiträge zum Mindesteigenbeitrag.

(2) ¹Ein nach § 79 Satz 2 begünstigter Ehegatte hat Anspruch auf eine ungekürzte Zulage, wenn der zum begünstigten Personenkreis nach § 79 Satz 1 gehörende Ehegatte seinen geförderten Mindesteigenbeitrag unter Berücksichtigung der den Ehegatten insgesamt zustehenden Zulagen erbracht hat. ²Werden bei einer in der gesetzlichen Rentenversicherung pflichtversicherten Person beitragspflichtige Einnahmen zu Grunde gelegt, die höher sind als das tatsächlich erzielte Entgelt, die Entgeltersatzleistung oder der nach § 19 des Zweiten Buches Sozialgesetzbuch als Arbeitslosengeld II ausgezahlte Betrag, ist das tatsächlich erzielte Entgelt, der Zahlbetrag der Entgeltersatzleistung oder der nach § 19 des Zweiten Buches Sozialgesetzbuch als Arbeitslosengeld II ausgezahlte Betrag für die Berechnung des Mindesteigenbeitrags zu berücksichtigen. ³Satz 2 gilt auch in den Fällen, in denen im vorangegangenen Jahr keine der in Absatz 1 Satz 2 genannten Beträge bezogen wurden.

(3) ¹Für Versicherungspflichtige nach dem Gesetz über die Alterssicherung der Landwirte ist Absatz 1 mit der Maßgabe anzuwenden, dass auch die Einkünfte aus Land- und Forstwirtschaft im Sinne des § 13 des zweiten dem Beitragsjahr vorangegangenen Veranlagungszeitraums als beitragspflichtige Einnahmen des vorangegangenen Kalenderjahres gelten. ²Negative Einkünfte im Sinne des Satzes 1 bleiben unberücksichtigt, wenn weitere nach Absatz 1 oder Absatz 2 zu berücksichtigende Einnahmen erzielt werden.

(4) Wird nach Ablauf des Beitragsjahres festgestellt, dass die Voraussetzungen für die Gewährung einer Kinderzulage nicht vorgelegen haben, ändert sich dadurch die Berechnung des Mindesteigenbeitrags für dieses Beitragsjahr nicht.

§ 87
Zusammentreffen mehrerer Verträge

(1) ¹Zahlt der nach § 79 Satz 1 Zulageberechtigte Altersvorsorgebeiträge zugunsten mehrerer Verträge, so wird die Zulage nur für zwei dieser Verträge gewährt. ²Der insgesamt nach § 86 zu leistende Mindesteigenbeitrag muss zugunsten dieser Verträge geleistet worden sein. ³Die Zulage ist entsprechend dem Verhältnis der auf diese Verträge geleisteten Beiträge zu verteilen.

(2) ¹Der nach § 79 Satz 2 Zulageberechtigte kann die Zulage für das jeweilige Beitragsjahr nicht auf mehrere Altersvorsorgeverträge verteilen. ²Es ist nur der Altersvorsorgevertrag begünstigt, für den zuerst die Zulage beantragt wird.

§ 88
Entstehung des Anspruchs auf Zulage

Der Anspruch auf die Zulage entsteht mit Ablauf des Kalenderjahres, in dem die Altersvorsorgebeiträge geleistet worden sind (Beitragsjahr).

§ 89
Antrag

(1) ¹Der Zulageberechtigte hat den Antrag auf Zulage nach amtlich vorgeschriebenem Vordruck bis zum Ablauf des zweiten Kalenderjahres, das auf das Beitragsjahr (§ 88) folgt, bei dem Anbieter seines Vertrages einzureichen. ²Hat der Zulageberechtigte im Beitragsjahr Altersvorsorgebeiträge für mehrere Verträge gezahlt, so hat er mit dem Zulageantrag zu bestimmen, auf welche Verträge die Zulage überwiesen werden soll. ³Beantragt der Zulageberechtigte die Zulage für mehr als zwei Verträge, so wird die Zulage nur für die zwei Verträge mit den höchsten Altersvorsorgebeiträgen gewährt. ⁴Sofern eine Zulagenummer (§ 90 Absatz 1 Satz 2) durch die zentrale Stelle (§ 81) oder eine Versicherungsnummer nach § 147 des Sechsten Buches Sozialgesetzbuch für den nach § 79 Satz 2 berechtigten Ehegatten noch nicht vergeben ist, hat dieser über seinen Anbieter eine Zulagenummer bei der zentralen Stelle zu beantragen. ⁵Der Antragsteller ist verpflichtet, dem Anbieter unverzüglich eine Änderung der Verhältnisse mitzuteilen, die zu einer Minderung oder zum Wegfall des Zulageanspruchs führt.

(1a) ¹Der Zulageberechtigte kann den Anbieter seines Vertrages schriftlich bevollmächtigen, für ihn abweichend von Absatz 1 die Zulage für jedes Beitragsjahr zu beantragen. ²Absatz 1 Satz 5 gilt mit Ausnahme der Mitteilung geänderter beitragspflichtiger Einnahmen entsprechend. ³Ein Widerruf der Vollmacht ist bis zum Ablauf des Beitragsjahres, für das der Anbieter keinen Antrag auf Zulage stellen soll, gegenüber dem Anbieter zu erklären.

(2) ¹Der Anbieter ist verpflichtet,

a) die Vertragsdaten,

b) die Versicherungsnummer nach § 147 des Sechsten Buches Sozialgesetzbuch, die Zulagenummer des Zulageberechtigten und dessen Ehegatten oder einen Antrag auf Vergabe einer Zulagenummer eines nach § 79 Satz 2 berechtigten Ehegatten,

c) den vom Zulageberechtigten mitgeteilten Angaben zur Ermittlung des Mindesteigenbeitrags (§ 86),

d) die für die Gewährung der Kinderzulage erforderlichen Daten,

e) die Höhe der geleisteten Altersvorsorgebeiträge und

f) das Vorliegen einer nach Absatz 1a erteilten Vollmacht

als die für die Ermittlung und Überprüfung des Zulageanspruchs und Durchführung des Zulageverfahrens erforderlichen Daten zu erfassen. ²Er hat die Daten der bei ihm im Laufe eines Kalendervierteljahres eingegangenen Anträge bis zum Ende des folgenden Monats nach amtlich vorgeschriebenem Datensatz durch amtlich bestimmte Datenfernübertragung an die zentrale Stelle zu übermitteln. ³Dies gilt auch im Fall des Absatzes 1 Satz 5.

(3) ¹Ist der Anbieter nach Absatz 1a Satz 1 bevollmächtigt worden, hat er der zentralen Stelle die nach Absatz 2 Satz 1 erforderlichen Angaben für jedes Kalenderjahr bis zum Ablauf des auf das Beitragsjahr folgenden Kalenderjahres zu übermitteln. ²Liegt die Bevollmächtigung erst nach dem im Satz 1 genannten Meldetermin vor, hat der Anbieter die Angaben bis zum Endes des folgenden Kalendervierteljahres nach der Bevollmächtigung, spätestens jedoch bis zum Ablauf der in Absatz 1 Satz 1 genannten Antragsfrist, zu übermitteln. ³Absatz 2 Satz 2 und 3 gilt sinngemäß.

§ 90
Verfahren

(1) ¹Die zentrale Stelle ermittelt auf Grund der von ihr erhobenen oder der ihr übermittelten Daten, ob und in welcher Höhe ein Zulageanspruch besteht. ²Soweit der zuständige Träger der Rentenversicherung keine Versicherungsnummer vergeben hat, vergibt die zentrale Stelle zur Erfüllung der ihr nach diesem Abschnitt zugewiesenen Aufgaben eine Zulagenummer. ³Die zentrale Stelle teilt im Falle eines Antrags nach § 10a Absatz 1a der zuständigen Stelle, im Falle eines Antrags nach § 89 Absatz 1 Satz 4 dem Anbieter die Zulagenummer mit; von dort wird sie an den Antragsteller weitergeleitet.

(2) ¹Die zentrale Stelle veranlasst die Auszahlung an den Anbieter zugunsten der Zulageberechtigten durch die zuständige Kasse. ²Ein gesonderter Zulagenbescheid ergeht vorbehaltlich des Absatzes 4 nicht. ³Der Anbieter hat die erhaltenen Zulagen unverzüglich den begünstigten Verträgen gutzuschreiben. ⁴Zulagen, die nach Beginn der Auszahlungsphase für das Altersvorsorgevermögen von der zentralen Stelle an den Anbieter überwiesen werden, können vom Anbieter an den Anleger ausgezahlt werden. ⁵Besteht kein Zulageanspruch, so teilt die zentrale Stelle dies dem Anbieter durch Datensatz mit. ⁶Die zentrale Stelle teilt dem Anbieter die Altersvorsorgebeiträge im Sinne des § 82, auf die § 10a oder dieser Abschnitt angewendet wurde, durch Datensatz mit.

(3) ¹Erkennt die zentrale Stelle nachträglich, dass der Zulageanspruch ganz oder teilweise nicht besteht oder weggefallen ist, so hat sie zu Unrecht gutgeschriebene oder ausgezahlte Zulagen zurückzufordern und dies dem Anbieter durch Datensatz mitzuteilen. ²Bei bestehendem Vertragsverhältnis hat der Anbieter das Konto zu belasten. ³Die ihm im Kalendervierteljahr mitgeteilten Rückforderungsbeträge hat er bis zum zehnten Tag des dem Kalendervierteljahr folgenden Monats in einem Betrag bei der zentralen Stelle anzumelden und an diese abzuführen. ⁴Die Anmeldung nach Satz 3 ist nach amtlich vorgeschriebenem Vordruck abzugeben. ⁵Sie gilt als Steueranmeldung im Sinne der Abgabenordnung.

(4) ¹Eine Festsetzung der Zulage erfolgt nur auf besonderen Antrag des Zulageberechtigten. ²Der Antrag ist schriftlich innerhalb eines Jahres nach Erteilung der Bescheinigung nach § 92 durch den Anbieter vom Antragsteller an den Anbieter zu richten. ³Der Anbieter leitet den Antrag der zentralen Stelle zur Festsetzung zu. ⁴Er hat dem Antrag eine Stellungnahme und die zur Festsetzung erforderlichen Unterlagen beizufügen. ⁵Die zentrale Stelle teilt die Festsetzung auch dem Anbieter mit. ⁶Im Übrigen gilt Absatz 3 entsprechend.

§ 91
Datenerhebung und Datenabgleich

(1) ¹Für die Berechnung und Überprüfung der Zulage sowie die Überprüfung des Vorliegens der Voraussetzungen des Sonderausgabenabzugs nach § 10a übermitteln die Träger der gesetzlichen Rentenversicherung, der Spitzenverband der landwirtschaftlichen Sozialversicherung als Träger der Alterssicherung der Landwirte, die Bundesagentur für Arbeit, die Meldebehörden, die Familienkassen und die Finanzämter der zentralen Stelle auf Anforderung die bei ihnen vorhandenen Daten nach § 89 Absatz 2 durch Datenfernübertragung; für Zwecke der Berechnung des Mindesteigenbeitrags für ein Beitragsjahr darf die zentrale Stelle bei den Trägern der gesetzlichen Rentenversicherung und dem Spitzenverband der landwirtschaftlichen Sozialversicherung für die Träger der Alterssicherung der Landwirte die bei ihnen vorhandenen Daten zu den beitragspflichtigen Einnahmen sowie in den Fällen des § 10a Absatz 1 Satz 4 zur Höhe der bezogenen Rente wegen voller Erwerbsminderung oder Erwerbsunfähigkeit erheben, sofern diese nicht vom Anbieter nach § 89 übermittelt worden sind. ²Für Zwecke der Überprüfung nach Satz 1 darf die zentrale Stelle die ihr überlassenen Daten mit den ihr nach § 89 Absatz 2 übermittelten Daten automatisiert abgleichen. ³Führt die Überprüfung zu einer Änderung der ermittelten oder festgesetzten Zulage, ist dies dem Anbieter mitzuteilen. ⁴Ergibt die Überprüfung eine Abweichung von dem in der Steuerfestsetzung berücksichtigten Sonderausgabenabzug nach § 10a oder der gesonderten Feststellung nach § 10a Absatz 4, ist dies dem Finanzamt mitzuteilen; die Steuerfestsetzung oder die gesonderte Feststellung ist insoweit zu ändern.

(2) ¹Die zuständige Stelle hat der zentralen Stelle die Daten nach § 10a Absatz 1 Satz 1 zweiter Halbsatz bis zum 31. März des dem Beitragsjahr folgenden Kalenderjahres durch Datenfernübertragung zu übermitteln. ²Liegt die Einwilligung nach § 10a Absatz 1 Satz 1 zweiter Halbsatz erst nach dem in Satz 1 genannten Meldetermin vor, hat die zuständige Stelle die Daten spätestens bis zum Ende des folgenden Kalendervierteljahres nach Erteilung der Einwilligung nach Maßgabe von Satz 1 zu übermitteln.¹⁾

§ 92
Bescheinigung

¹Der Anbieter hat dem Zulageberechtigten jährlich eine Bescheinigung nach amtlich vorgeschriebenem Vordruck zu erteilen über

1. die Höhe der im abgelaufenen Beitragsjahr geleisteten Altersvorsorgebeiträge (Beiträge und Tilgungsleistungen),

---

1) Zur Anwendung von § 91 Absatz 2 für das Beitragsjahr 2002 siehe § 52 Absatz 65 EStG.

2. die im abgelaufenen Beitragsjahr getroffenen, aufgehobenen oder geänderten Ermittlungsergebnisse (§ 90),
3. die Summe der bis zum Ende des abgelaufenen Beitragsjahres dem Vertrag gutgeschriebenen Zulagen,
4. die Summe der bis zum Ende des abgelaufenen Beitragsjahres geleisteten Altersvorsorgebeiträge (Beiträge und Tilgungsleistungen),
5. den Stand des Altersvorsorgevermögens,
6. den Stand des Wohnförderkontos (§ 92a Absatz 2 Satz 1) und
7. die Bestätigung der durch den Anbieter erfolgten Datenübermittlung an die zentrale Stelle im Fall des § 10a Absatz 5 Satz 4.

²In den Fällen des § 92a Absatz 2 Satz 10 erster Halbsatz bedarf es keiner jährlichen Bescheinigung, wenn zu Satz 1 Nummer 1 und 2 keine Angaben erforderlich sind, sich zu Satz 1 Nummer 3 bis 5 keine Änderungen gegenüber der zuletzt erteilten Bescheinigung ergeben und der Anbieter dem Zulageberechtigten eine Bescheinigung ausgestellt hat, in der der jährliche Stand des Wohnförderkontos bis zum Beginn der vereinbarten Auszahlungsphase ausgewiesen wurde. ³Der Anbieter kann dem Zulageberechtigten mit dessen Einverständnis die Bescheinigung auch elektronisch bereitstellen.

§ 92a[1])
Verwendung für eine selbst genutzte Wohnung

(1) ¹Der Zulageberechtigte kann das in einem Altersvorsorgevertrag gebildete und nach § 10a oder diesem Abschnitt geförderte Kapital bis zu 75 Prozent oder zu 100 Prozent wie folgt verwenden (Altersvorsorge-Eigenheimbetrag):
1. bis zum Beginn der Auszahlungsphase unmittelbar für die Anschaffung oder Herstellung einer Wohnung oder
2. zu Beginn der Auszahlungsphase zur Entschuldung einer Wohnung oder
3. für den Erwerb von Geschäftsanteilen (Pflichtanteilen) an einer eingetragenen Genossenschaft für die Selbstnutzung einer Genossenschaftswohnung.

²Eine nach Satz 1 begünstigte Wohnung ist
1. eine Wohnung in einem eigenen Haus oder
2. eine eigene Eigentumswohnung oder
3. eine Genossenschaftswohnung einer eingetragenen Genossenschaft,

wenn diese Wohnung in einem Mitgliedstaat der Europäischen Union oder in einem Staat, auf den das Abkommen über den Europäischen Wirtschaftsraum (EWR-Abkommen) anwendbar ist, belegen ist und die Hauptwohnung oder den Mittelpunkt der Lebensinteressen des Zulageberechtigten darstellt. ³Der Altersvorsorge-Eigenheimbetrag nach Satz 1 gilt nicht als Leistung aus einem Altersvorsorgevertrag, der dem Zulageberechtigten im Zeitpunkt der Auszahlung zufließt. ⁴Der Anschaffung einer zu eigenen Wohnzwecken genutzten Wohnung steht die Anschaffung eines eigentumsähnlichen oder lebenslangen Dauerwohnrechts nach § 33 des Wohnungseigentumsgesetzes gleich, soweit Vereinbarungen nach § 39 des Wohnungseigentumsgesetzes getroffen werden.

(2) ¹Der Altersvorsorge-Eigenheimbetrag, die Tilgungsleistungen im Sinne des § 82 Absatz 1 Satz 1 Nummer 2 und die hierfür gewährten Zulagen sind vom jeweiligen Anbieter gesondert zu erfassen (Wohnförderkonto). ²Beiträge, die nach § 82 Absatz 1 Satz 3 wie Tilgungsleistungen behandelt wurden, sind im Zeitpunkt der unmittelbaren Darlehenstilgung einschließlich der zur Tilgung eingesetzten Zulagen und Erträge in das Wohnförderkonto aufzunehmen; dies gilt nicht, wenn Absatz 3 Satz 8 anzuwenden ist. ³Nach Ablauf eines Beitragsjahres, letztmals für das Beitragsjahr des Beginns der Auszahlungsphase, ist der sich aus dem Wohnförderkonto ergebende Gesamtbetrag um 2 Prozent zu erhöhen. ⁴Das Wohnförderkonto ist zu vermindern um

1. Zahlungen des Zulageberechtigten auf einen auf seinen Namen lautenden zertifizierten Altersvorsorgevertrag nach § 1 Absatz 1 des Altersvorsorgeverträge-Zertifizierungsgesetzes zur Minderung der in das Wohnförderkonto eingestellten Beträge; erfolgt die Einzahlung nicht beim Anbieter, der das Wohnförderkonto führt, hat der Zulageberechtigte dies den Anbietern, in den Fällen des Satzes 10 erster Halbsatz auch der zentralen Stelle mitzuteilen,

2. den Verminderungsbetrag nach Satz 5.

⁵Verminderungsbetrag ist der sich mit Ablauf des Kalenderjahres des Beginns der Auszahlungsphase ergebende Stand des Wohnförderkontos dividiert durch die Anzahl der Jahre bis zur Vollendung des 85. Lebensjahres des Zulageberechtigten; als Beginn der Auszahlungsphase gilt der vom Zulageberechtigten und Anbieter vereinbarte Zeitpunkt, der zwischen der Vollendung des 60. Lebensjahres und des 68. Lebensjahres des Zulageberechtigten liegen muss; ist der Beginn der Auszahlungsphase nicht vereinbart, so gilt die Vollendung des 67. Lebensjahres als Beginn der Auszahlungsphase. ⁶Anstelle einer Verminderung nach Satz 5 kann der Zulageberechtigte zu Beginn der Auszahlungsphase von seinem Anbieter, in den Fällen des Satzes 10 erster Halbsatz von der zentralen Stelle die Auflösung des Wohnförderkontos verlangen (Auflösungsbetrag). ⁷Der Anbieter hat bei Einstellung in das Wohnförderkonto die Beträge nach den Sätzen 2 und 4 Nummer 1 und den Beginn der Auszahlungsphase und den vertraglich vorgesehenen Beginn der Auszahlungsphase sowie ein Verlangen nach Satz 6 der zentralen Stelle nach amtlich vorgeschriebenem Datensatz durch Datenübertragung mitzuteilen. ⁸Wird gefördertes Altersvorsorgevermögen nach § 93 Absatz 2 Satz 1 von einem Anbieter auf einen anderen auf den Namen des Zulageberechtigten lautenden Altersvorsorgevertrag übertragen und wird für den Zulageberechtigten zugleich ein Wohnförderkonto geführt, so ist das Wohnförderkonto beim Anbieter des bisherigen Vertrags zu schließen und vom Anbieter des neuen Altersvorsorgevertrags fortzuführen. ⁹Dies gilt ent-

---

1) Zur Anwendung von § 92a siehe § 52 Absatz 24c EStG.

sprechend bei Übertragungen nach § 93 Absatz 1 Satz 4 Buchstabe c und § 93 Absatz 1a. ¹⁰Wurde die Geschäftsbeziehung im Hinblick auf den jeweiligen Altersvorsorgevertrag zwischen dem Zulageberechtigten und dem Anbieter beendet, weil das angesparte Kapital vollständig aus dem Altersvorsorgevertrag entnommen oder das gewährte Darlehen vollständig getilgt wurde, wird das Wohnförderkonto bei diesem Anbieter geschlossen und von der zentralen Stelle weitergeführt; erfolgt eine Zahlung nach Satz 4 Nummer 1 oder nach Absatz 3 Satz 9 Nummer 2, wird das Wohnförderkonto vom Zeitpunkt der Einzahlung vom Anbieter, bei dem die Einzahlung erfolgt, weitergeführt. ¹¹Der Zulageberechtigte kann abweichend von Satz 10 bestimmen, dass das Wohnförderkonto nicht von der zentralen Stelle weitergeführt, sondern mit dem Wohnförderkonto eines weiteren Anbieters, der ebenfalls ein Wohnförderkonto für den Zulageberechtigten führt, zusammengeführt wird. ¹²Der Zulageberechtigte hat dies beiden Anbietern schriftlich mitzuteilen. ¹³In den Fällen des Satzes 11 erster Halbsatz teilt der Anbieter dem Zulageberechtigten die beabsichtigte Übertragung des Wohnförderkontos auf die zentrale Stelle mit. ¹⁴Erhält der Anbieter innerhalb vier Wochen nach Übersendung der Mitteilung nach Satz 13 keine Mitteilung des Zulageberechtigten nach Satz 12, teilt der Anbieter der zentralen Stelle nach amtlich vorgeschriebenem Datensatz durch amtlich bestimmte Datenfernübertragung den Stand des Wohnförderkontos und den Zeitpunkt der Beendigung der Geschäftsbeziehung mit. ¹⁵In den Fällen des Satzes 11 hat der Anbieter die Mitteilung des Satzes 14 ergänzt um die Angaben zu dem neuen Anbieter der zentralen Stelle zu übermitteln. ¹⁶In den Fällen des Satzes 10 zweiter Halbsatz teilt die zentrale Stelle dem Anbieter nach amtlich vorgeschriebenem Datensatz durch amtlich bestimmten Datenfernübertragung den Stand des Wohnförderkontos mit.

(3) ¹Nutzt der Zulageberechtigte die Wohnung im Sinne des Absatzes 1 Satz 2, für die ein Altersvorsorge-Eigenheimbetrag verwendet oder für die eine Tilgungsförderung im Sinne des § 82 Absatz 1 in Anspruch genommen worden ist, nicht nur vorübergehend nicht mehr zu eigenen Wohnzwecken, hat er dies dem Anbieter, in der Auszahlungsphase der zentralen Stelle, unter Angabe des Zeitpunkts der Aufgabe der Selbstnutzung mitzuteilen; eine Aufgabe der Selbstnutzung liegt auch vor, soweit der Zulageberechtigte das Eigentum an der Wohnung aufgibt. ²In den Fällen des Absatzes 2 Satz 10 erster Halbsatz besteht die Mitteilungspflicht auch in der Zeit bis zum Beginn der Auszahlungsphase gegenüber der zentralen Stelle. ³Die Mitteilungspflicht gilt entsprechend für den Rechtsnachfolger der begünstigten Wohnung, wenn der Zulageberechtigte stirbt. ⁴Die Anzeigepflicht entfällt, wenn das Wohnförderkonto vollständig zurückgeführt worden ist. ⁵Im Fall des Satzes 1 gelten bei einem bestehenden Wohnförderkonto die erfassten Beträge als Leistungen aus einem Altersvorsorgevertrag, die dem Zulageberechtigten im Zeitpunkt der Aufgabe zufließen; das Wohnförderkonto ist aufzulösen (Auflösungsbetrag). ⁶Verstirbt der Zulageberechtigte, ist der Auflösungsbetrag ihm noch zuzurechnen. ⁷Der Anbieter hat den Auflösungsbetrag der zentralen Stelle nach amtlich vorgeschriebenem Datensatz durch Datenfernübertragung unter Angabe des Zeitpunkts der Aufgabe mitzuteilen. ⁸Wurde im Fall des Satzes 1 eine Tilgungsförderung nach § 82 Absatz 1 Satz 3 in Anspruch genommen und erfolgte keine Einstellung in das Wohnförderkonto nach Absatz 2 Satz 2, gelten die Tilgungsleistungen sowie die Zulagen und Erträge als gefördertes Altersvorsorgevermögen. ⁹Die Sätze 5 und 6 sind nicht anzuwenden, wenn

1. der Zulageberechtigte einen Betrag in Höhe des noch nicht zurückgeführten Betrags im Wohnförderkonto innerhalb eines Jahres vor und von vier Jahren nach Ablauf des Veranlagungszeitraums, in dem er die Wohnung letztmals zu eigenen Wohnzwecken genutzt hat, für eine weitere Wohnung im Sinne des Absatzes 1 Satz 2 verwendet,

2. der Zulageberechtigte einen Betrag in Höhe des noch nicht zurückgeführten Betrags im Wohnförderkonto innerhalb eines Jahres nach Ablauf des Veranlagungszeitraums, in dem er die Wohnung letztmals zu eigenen Wohnzwecken genutzt hat, auf einen auf seinen Namen lautenden zertifizierten Altersvorsorgevertrag zahlt; Absatz 2 Satz 4 Nummer 1 und Satz 7 ist entsprechend anzuwenden,

3. der Ehegatte des verstorbenen Zulageberechtigten innerhalb eines Jahres Eigentümer der Wohnung wird, er sie zu eigenen Wohnzwecken nutzt und die Ehegatten im Zeitpunkt des Todes des Zulageberechtigten nicht dauernd getrennt gelebt haben (§ 26 Absatz 1) und ihren Wohnsitz oder gewöhnlichen Aufenthalt in einem Mitgliedstaat der Europäischen Union oder Staat hatten, auf den das Abkommen über den Europäischen Wirtschaftsraum anwendbar ist; in diesem Fall führt der Anbieter das Wohnförderkonto für den überlebenden Ehegatten fort und teilt dies der zentralen Stelle mit,

4. die Ehewohnung auf Grund einer richterlichen Entscheidung nach § 1361b des Bürgerlichen Gesetzbuchs oder nach der Verordnung über die Behandlung der Ehewohnung und des Hausrats dem anderen Ehegatten zugewiesen wird, oder

5. der Zulageberechtigte krankheits- oder pflegebedingt die Wohnung nicht mehr bewohnt, sofern er Eigentümer dieser Wohnung bleibt, sie ihm weiterhin zur Selbstnutzung zur Verfügung steht und sie nicht von Dritten, mit Ausnahme seines Ehegatten, genutzt wird.

¹⁰In den Fällen des Satzes 9 Nummer 1 und 2 hat der Zulageberechtigte dem Anbieter, in den Fällen des Absatzes 2 Satz 10 erster Halbsatz und in der Auszahlungsphase der zentralen Stelle, die Reinvestitionsabsicht und den Zeitpunkt der Reinvestition oder die Aufgabe der Reinvestitionsabsicht mitzuteilen; in den Fällen des Satzes 9 Nummer 3 und 4 gelten die Sätze 1 bis 8 und Satz 9 Nummer 1 und 2 entsprechend für den Ehegatten, wenn er die Wohnung nicht nur vorübergehend nicht mehr zu eigenen Wohnzwecken nutzt. ¹¹Satz 5 ist mit der Maßgabe anzuwenden, dass der Eingang der Mitteilung

der aufgegebenen Reinvestitionsabsicht als Zeitpunkt der Aufgabe gilt.

(4) ¹Absatz 3 ist auf Antrag des Steuerpflichtigen nicht anzuwenden, wenn er
1. die Wohnung im Sinne des Absatzes 1 Satz 2 auf Grund eines beruflich bedingten Umzugs für die Dauer der beruflich bedingten Abwesenheit nicht selbst nutzt; wird während dieser Zeit mit einer anderen Person ein Nutzungsrecht für diese Wohnung vereinbart, ist diese Vereinbarung von vorneherein entsprechend zu befristen,
2. beabsichtigt, die Selbstnutzung wieder aufzunehmen und
3. die Selbstnutzung spätestens mit der Vollendung seines 67. Lebensjahres aufnimmt.

²Der Steuerpflichtige hat den Antrag bei der zentralen Stelle zu stellen und dabei die notwendigen Nachweise zu erbringen. ³Die zentrale Stelle erteilt dem Steuerpflichtigen einen Bescheid über die Bewilligung des Antrags. ⁴Entfällt eine der in Satz 1 genannten Voraussetzungen, ist Absatz 3 mit der Maßgabe anzuwenden, dass bei einem Wegfall der Voraussetzung nach Satz 1 Nummer 1 als Zeitpunkt der Aufgabe der Zeitpunkt des Wegfalls der Voraussetzung und bei einem Wegfall der Voraussetzung nach Satz 1 Nummer 2 oder Nummer 3 der Eingang der Mitteilung des Steuerpflichtigen nach Absatz 3 als Zeitpunkt der Aufgabe gilt, spätestens jedoch die Vollendung des 67. Lebensjahres des Steuerpflichtigen.

§ 92b
Verfahren bei Verwendung für eine selbst genutzte Wohnung

(1) ¹Der Zulageberechtigte hat die Verwendung des Kapitals nach § 92a Absatz 1 Satz 1 bei der zentralen Stelle zu beantragen und dabei die notwendigen Nachweise zu erbringen. ²Er hat zu bestimmen, aus welchen Altersvorsorgeverträgen welche Beträge ausgezahlt werden sollen. ³Die zentrale Stelle teilt dem Zulageberechtigten durch Bescheid und den Anbietern der in Satz 2 genannten Altersvorsorgeverträge nach amtlich vorgeschriebenem Datensatz durch Datenfernübertragung mit, welche Beträge förderunschädlich ausgezahlt werden können.

(2) ¹Die Anbieter der in Absatz 1 Satz 2 genannten Altersvorsorgeverträge dürfen den Altersvorsorge-Eigenheimbetrag auszahlen, sobald sie die Mitteilung nach Absatz 1 Satz 3 erhalten haben. ²Sie haben der zentralen Stelle nach amtlich vorgeschriebenem Datensatz durch Datenfernübertragung Folgendes anzuzeigen:
1. den Auszahlungszeitpunkt und den Auszahlungsbetrag,
2. die Summe der bis zum Auszahlungszeitpunkt dem Altersvorsorgevertrag gutgeschriebenen Zulagen,
3. die Summe der bis zum Auszahlungszeitpunkt geleisteten Altersvorsorgebeiträge und
4. den Stand des geförderten Altersvorsorgevermögens im Zeitpunkt der Auszahlung.

(3) ¹Die zentrale Stelle stellt zu Beginn der Auszahlungsphase und in den Fällen des § 92a Absatz 2 Satz 8 bis 11 sowie Absatz 3 Satz 5 den Stand des Wohnförderkontos, soweit für die Besteuerung erforderlich, den Verminderungsbetrag und den Auflösungsbetrag von Amts wegen gesondert fest. ²Die zentrale Stelle teilt die Feststellung dem Zulageberechtigten durch Bescheid und dem Anbieter nach amtlich vorgeschriebenem Datensatz durch Datenfernübertragung mit. ³Der Anbieter hat auf Anforderung der zentralen Stelle die zur Feststellung erforderlichen Unterlagen vorzulegen. ⁴Auf Antrag des Zulageberechtigten stellt die zentrale Stelle den Stand des Wohnförderkontos gesondert fest. ⁵§ 90 Absatz 4 Satz 2 bis 5 gilt entsprechend.

§ 93
Schädliche Verwendung

(1) ¹Wird gefördertes Altersvorsorgevermögen nicht unter den in § 1 Absatz 1 Satz 1 Nummer 4 und 10 Buchstabe c des Altersvorsorgeverträge-Zertifizierungsgesetzes oder § 1 Absatz 1 Satz 1 Nummer 4, 5 und 10 Buchstabe c des Altersvorsorgeverträge-Zertifizierungsgesetzes in der bis zum 31. Dezember 2004 geltenden Fassung genannten Voraussetzungen an den Zulageberechtigten ausgezahlt (schädliche Verwendung), sind die auf das ausgezahlte geförderte Altersvorsorgevermögen entfallenden Zulagen und die nach § 10a Absatz 4 gesondert festgestellten Beträge (Rückzahlungsbetrag) zurückzuzahlen. ²Dies gilt auch bei einer Auszahlung nach Beginn der Auszahlungsphase (§ 1 Absatz 1 Satz 1 Nummer 2 des Altersvorsorgeverträge-Zertifizierungsgesetzes) und bei Auszahlungen im Falle des Todes des Zulageberechtigten. ³Hat der Zulageberechtigte Zahlungen im Sinne des § 92a Absatz 2 Satz 4 Nummer 1 oder § 92a Absatz 3 Satz 9 Nummer 2 geleistet, dann handelt es sich bei dem hierauf beruhenden Altersvorsorgevermögen um gefördertes Altersvorsorgevermögen im Sinne des Satzes 1; der Rückzahlungsbetrag bestimmt sich insoweit nach der für die in das Wohnförderkonto eingestellten Beträge gewährten Förderung. ⁴Eine Rückzahlungsverpflichtung besteht nicht für den Teil der Zulagen und der Steuermäßigung,

a) der auf nach § 1 Absatz 1 Satz 1 Nummer 2 des Altersvorsorgeverträge-Zertifizierungsgesetzes angespartes gefördertes Altersvorsorgevermögen entfällt, wenn es in Form einer Hinterbliebenenrente an die dort genannten Hinterbliebenen ausgezahlt wird; dies gilt auch für Leistungen im Sinne des § 82 Absatz 3 an Hinterbliebene des Steuerpflichtigen;

b) der den Beitragsanteilen zuzuordnen ist, die für die zusätzliche Absicherung der verminderten Erwerbsfähigkeit und eine zusätzliche Hinterbliebenenabsicherung ohne Kapitalbildung verwendet worden sind;

c) der auf gefördertes Altersvorsorgevermögen entfällt, das im Falle des Todes des Zulageberechtigten auf einen auf den Namen des Ehegatten lautenden Altersvorsorgevertrag übertragen wird, wenn die Ehegatten im Zeitpunkt des Todes des Zulageberechtigten nicht dauernd getrennt gelebt haben (§ 26 Absatz 1) und ihren Wohnsitz oder gewöhnlichen Aufenthalt in einem Mitgliedstaat der Europäischen Union oder einem Staat hatten, auf den das Abkommen über den Europäischen Wirtschaftsraum anwendbar ist;

d) der auf den Altersvorsorge-Eigenheimbetrag entfällt.

(1a) ¹Eine schädliche Verwendung liegt nicht vor, wenn gefördertes Altersvorsorgevermögen auf Grund einer internen Teilung nach § 10 des Versorgungsausgleichsgesetzes oder auf Grund einer externen Teilung nach § 14 des Versorgungsausgleichsgesetzes auf einen zertifizierten Altersvorsorgevertrag oder eine nach § 82 Absatz 2 begünstigte betriebliche Altersversorgung übertragen wird. ²In diesen Fällen teilt die zentrale Stelle der ausgleichspflichtigen Person die Höhe der auf die Ehezeit im Sinne des § 3 Absatz 1 des Versorgungsausgleichsgesetzes entfallenden gesondert festgestellten Beträge nach § 10a Absatz 4 und die ermittelten Zulagen mit. ³Die entsprechenden Beträge sind monatsweise zuzuordnen. ⁴Soweit das während der Ehezeit gebildete geförderte Altersvorsorgevermögen nach Satz 1 übertragen wird, geht die steuerliche Förderung mit allen Rechten und Pflichten auf die ausgleichsberechtigte Person über. ⁵Die zentrale Stelle teilt die geänderte Zuordnung der gesondert festgestellten Beträge nach § 10a Absatz 4 sowie der ermittelten Zulagen der ausgleichspflichtigen und der ausgleichsberechtigten Person durch Feststellungsbescheid mit. ⁶Nach Eintritt der Unanfechtbarkeit dieses Feststellungsbescheids informiert die zentrale Stelle den Anbieter durch einen Datensatz über die geänderte Zuordnung.

(2) ¹Die Übertragung von gefördertem Altersvorsorgevermögen auf einen anderen auf den Namen des Zulageberechtigten lautenden Altersvorsorgevertrag (§ 1 Absatz 1 Satz 1 Nummer 10 Buchstabe b des Altersvorsorgeverträge-Zertifizierungsgesetzes) stellt keine schädliche Verwendung dar. ²Dies gilt sinngemäß in den Fällen des § 4 Absatz 2 und 3 des Betriebsrentengesetzes, wenn das geförderte Altersvorsorgevermögen auf eine der in § 82 Absatz 2 Buchstabe a genannten Einrichtungen der betrieblichen Altersversorgung zum Aufbau einer kapitalgedeckten betrieblichen Altersversorgung übertragen und eine lebenslange Altersversorgung im Sinne des § 1 Absatz 1 Satz 1 Nummer 4 des Altersvorsorgeverträge-Zertifizierungsgesetzes oder § 1 Absatz 1 Satz 1 Nummer 4 und 5 des Altersvorsorgeverträge-Zertifizierungsgesetzes in der bis zum 31. Dezember 2004 geltenden Fassung vorgesehen wird. ³In den übrigen Fällen der Abfindung von Anwartschaften der betrieblichen Altersversorgung gilt dies, soweit das geförderte Altersvorsorgevermögen zu Gunsten eines auf den Namen des Zulageberechtigten lautenden Altersvorsorgevertrages geleistet wird.

(3) ¹Auszahlungen zur Abfindung einer Kleinbetragsrente zu Beginn der Auszahlungsphase gelten nicht als schädliche Verwendung. ²Eine Kleinbetragsrente ist eine Rente, die bei gleichmäßiger Verrentung des gesamten zu Beginn der Auszahlungsphase zur Verfügung stehenden Kapitals eine monatliche Rente ergibt, die 1 Prozent der monatlichen Bezugsgröße nach § 18 des Vierten Buches Sozialgesetzbuch nicht übersteigt. ³Bei der Berechnung dieses Betrags sind alle bei einem Anbieter bestehenden Verträge des Zulageberechtigten insgesamt zu berücksichtigen, auf die nach diesem Abschnitt geförderte Altersvorsorgebeiträge geleistet wurden.

§ 94
Verfahren bei schädlicher Verwendung

(1) ¹In den Fällen des § 93 Absatz 1 hat der Anbieter der zentralen Stelle vor der Auszahlung des geförderten Altersvorsorgevermögens die schädliche Verwendung nach amtlich vorgeschriebenem Datensatz durch amtlich bestimmte Datenfernübertragung anzuzeigen. ²Die zentrale Stelle ermittelt den Rückzahlungsbetrag und teilt diesen dem Anbieter durch Datensatz mit. ³Der Anbieter hat den Rückzahlungsbetrag einzubehalten, mit der nächsten Anmeldung nach § 90 Absatz 3 anzumelden und an die zentrale Stelle abzuführen. ⁴Der Anbieter hat die einbehaltenen und abgeführten Beträge der zentralen Stelle nach amtlich vorgeschriebenem Datensatz durch amtlich bestimmte Datenfernübertragung mitzuteilen und diese Beträge sowie die dem Vertrag bis zur schädlichen Verwendung gutgeschriebenen Erträge dem Zulageberechtigten zu bescheinigen. ⁵In den Fällen des § 93 Absatz 3 gilt Satz 1 entsprechend.

(2) ¹Eine Festsetzung des Rückzahlungsbetrags erfolgt durch die zentrale Stelle auf besonderen Antrag des Zulageberechtigten oder sofern die Rückzahlung nach Absatz 1 ganz oder teilweise nicht möglich ist oder nicht erfolgt ist. ²§ 90 Absatz 4 Satz 2 bis 6 gilt entsprechend. ³Im Rückforderungsbescheid sind auf den Rückzahlungsbetrag die vom Anbieter bereits einbehaltenen und abgeführten Beträge nach Maßgabe der Bescheinigung nach Absatz 1 Satz 4 anzurechnen. ⁴Der Zulageberechtigte hat den verbleibenden Rückzahlungsbetrag innerhalb eines Monats nach Bekanntgabe des Rückforderungsbescheids an die zuständige Kasse zu entrichten. ⁵Die Frist für die Festsetzung des Rückzahlungsbetrags beträgt vier Jahre und beginnt mit Ablauf des Kalenderjahres, in dem die Auszahlung im Sinne des § 93 Absatz 1 erfolgt ist.

§ 95
Sonderfälle der Rückzahlung

(1) Die §§ 93 und 94 gelten entsprechend, wenn

1. sich der Wohnsitz oder gewöhnliche Aufenthalt des Zulageberechtigten außerhalb der Mitgliedstaaten der Europäischen Union und der Staaten befindet, auf die das Abkommen über den Europäischen Wirtschaftsraum (EWR-Abkommen) anwendbar ist, oder wenn der Zulageberechtigte ungeachtet eines Wohnsitzes oder gewöhnlichen Aufenthaltes in einem dieser Staaten nach einem Abkommen zur Vermeidung der Doppelbesteuerung mit einem dritten Staat als außerhalb des Hoheitsgebiets dieser Staaten ansässig gilt, und

2. entweder die Zulageberechtigung endet oder die Auszahlungsphase des Altersvorsorgevertrags begonnen hat.

(2) ¹Auf Antrag des Zulageberechtigten ist der Rückzahlungsbetrag (§ 93 Absatz 1 Satz 1) zunächst bis zum Beginn der Auszahlung (§ 1 Absatz 1 Nummer 2 des Altersvorsorgeverträge-Zertifizierungsgesetzes oder § 92a Absatz 2 Satz 5) zu stunden. ²Die Stundung ist zu verlängern, wenn der Rück-

zahlungsbetrag mit mindestens 15 Prozent der Leistungen aus dem Altersvorsorgevertrag getilgt wird. ³Die Stundung endet, wenn das geförderte Altersvorsorgevermögen nicht unter die in § 1 Absatz 1 Satz 1 Nummer 4 des Altersvorsorgeverträge-Zertifizierungsgesetzes genannten Voraussetzungen an den Zulageberechtigten ausgezahlt wird. ⁴Der Stundungsantrag ist über den Anbieter an die zentrale Stelle zu richten. ⁴Die zentrale Stelle teilt ihre Entscheidung auch dem Anbieter mit.

(3) Wurde der Rückzahlungsbetrag nach Absatz 2 gestundet und

1. verlegt der ehemals Zulageberechtigte seinen ausschließlichen Wohnsitz oder gewöhnlichen Aufenthalt in einen Mitgliedstaat der Europäischen Union oder einen Staat, auf den das Abkommen über den Europäischen Wirtschaftsraum (EWR-Abkommen) anwendbar ist, oder
2. wird der ehemals Zulageberechtigte erneut zulageberechtigt, sind der Rückzahlungsbetrag und die bereits entstandenen Stundungszinsen von der zentralen Stelle zu erlassen.

§ 96
Anwendung der Abgabenordnung, allgemeine Vorschriften

(1) ¹Auf die Zulagen und die Rückzahlungsbeträge sind die für Steuervergütungen geltenden Vorschriften der Abgabenordnung entsprechend anzuwenden. ²Dies gilt nicht für § 163 der Abgabenordnung.

(2) ¹Der Anbieter haftet als Gesamtschuldner neben dem Zulageempfänger für die Zulagen und die nach § 10a Absatz 4 gesondert festgestellten Beträge, die wegen seiner vorsätzlichen oder grob fahrlässigen Pflichtverletzung zu Unrecht gezahlt, nicht einbehalten oder nicht zurückgezahlt worden sind. ²Für die Inanspruchnahme des Anbieters ist die zentrale Stelle zuständig.

(3) Die zentrale Stelle hat auf Anfrage des Anbieters Auskunft über die Anwendung des Abschnitts XI zu geben.

(4) ¹Die zentrale Stelle kann beim Anbieter ermitteln, ob er seine Pflichten erfüllt hat. ²Die §§ 193 bis 203 der Abgabenordnung gelten sinngemäß. ³Auf Verlangen der zentralen Stelle hat der Anbieter ihr Unterlagen, soweit sie im Ausland geführt und aufbewahrt werden, verfügbar zu machen.

(5) Der Anbieter erhält vom Bund oder den Ländern keinen Ersatz für die ihm aus diesem Verfahren entstehenden Kosten.

(6) ¹Der Anbieter darf die im Zulageverfahren bekannt gewordenen Verhältnisse der Beteiligten nur für das Verfahren verwerten. ²Er darf sie ohne Zustimmung der Beteiligten nur offenbaren, soweit dies gesetzlich zugelassen ist.

(7) ¹Für die Zulage gelten die Strafvorschriften des § 370 Absatz 1 bis 4, der §§ 371, 375 Absatz 1 und des § 376 sowie die Bußgeldvorschriften der §§ 378, 379 Absatz 1 und 4 und der §§ 383 und 384 der Abgabenordnung entsprechend. ²Für das Strafverfahren wegen einer Straftat nach Satz 1 sowie der Begünstigung einer Person, die eine solche Tat begangen hat, gelten die §§ 385 bis 408, für das Bußgeldverfahren wegen einer Ordnungswidrigkeit nach Satz 1 die §§ 409 bis 412 der Abgabenordnung entsprechend.

§ 97
Übertragbarkeit

¹Das nach § 10a oder Abschnitt XI geförderte Altersvorsorgevermögen einschließlich seiner Erträge, die geförderten laufenden Altersvorsorgebeiträge und der Anspruch auf die Zulage sind nicht übertragbar. ² § 93 Absatz 1a und § 4 des Betriebsrentengesetzes bleiben unberührt.

§ 98
Rechtsweg

In öffentlich-rechtlichen Streitigkeiten über die aufgrund des Abschnitts XI ergehenden Verwaltungsakte ist der Finanzrechtsweg gegeben.

§ 99
Ermächtigung

(1) Das Bundesministerium der Finanzen wird ermächtigt, die Vordrucke für die Anträge nach § 89, für die Anmeldung nach § 90 Absatz 3 und für die in den §§ 92 und 94 Absatz 1 Satz 4 vorgesehenen Bescheinigungen und im Einvernehmen mit den obersten Finanzbehörden der Länder die Vordrucke für die nach § 10a Absatz 5 Satz 1 und § 22 Nummer 5 Satz 7 vorgesehenen Bescheinigungen und den Inhalt und Aufbau der für die Durchführung des Zulageverfahrens zu übermittelnden Datensätze zu bestimmen.

(2) ¹Das Bundesministerium der Finanzen wird ermächtigt, im Einvernehmen mit dem Bundesministerium für Arbeit und Soziales und dem Bundesministerium des Innern durch Rechtsverordnung mit Zustimmung des Bundesrates Vorschriften zur Durchführung dieses Gesetzes über das Verfahren für die Ermittlung, Festsetzung, Auszahlung, Rückzahlung und Rückforderung der Zulage sowie die Rückzahlung und Rückforderung der nach § 10a Absatz 4 festgestellten Beträge zu erlassen. ²Hierzu gehören insbesondere

1. Vorschriften über Aufzeichnungs-, Aufbewahrungs-, Bescheinigungs- und Anzeigepflichten des Anbieters,
2. Grundsätze des vorgesehenen Datenaustausches zwischen den Anbietern, der zentralen Stelle, den Trägern der gesetzlichen Rentenversicherung, der Bundesagentur für Arbeit, den Meldebehörden, den Familienkassen, den zuständigen Stellen und den Finanzämtern und
3. Vorschriften über Mitteilungspflichten, die für die Erteilung der Bescheinigungen nach § 22 Nummer 5 Satz 7 und § 92 erforderlich sind.

EStG

Anlage 1 (zu § 4d Absatz 1)

Tabelle für die Errechung des Deckungskapitals
für lebenslänglich laufende Leistungen von Unterstützungskassen

Erreichtes Alter des Leistungsempfängers (Jahre)	Die Jahresbeiträge der laufenden Leistungen sind zu vervielfachen bei Leistungen	
	an männliche Leistungsempfänger mit	an weibliche Leistungsempfänger mit
1	2	3
bis 26	11	17
27 bis 29	12	17
30	13	17
31 bis 35	13	16
36 bis 39	14	16
40 bis 46	14	15
47 und 48	14	14
49 bis 52	13	14
53 bis 56	13	13
57 und 58	13	12
59 und 60	12	12
61 bis 63	12	11
64	11	11
65 bis 67	11	10
68 bis 71	10	9
72 bis 74	9	8
75 bis 77	8	7
78	8	6
79 bis 81	7	6
82 bis 84	6	5
85 bis 87	5	4
88	4	4
89 und 90	4	3
91 bis 93	3	3
94	3	2
95 und älter	2	2

EStG

Anlage 2 (zu § 43b)
Gesellschaften im Sinne der Richtlinie 90/435/EWG
Gesellschaft im Sinne der genannten Richtlinie ist jede Gesellschaft, die

1. eine der aufgeführten Formen aufweist:
   a) die nach der Verordnung (EG) Nr. 2157/2001 des Rates vom 8. Oktober 2001 über das Statut der Europäischen Gesellschaft (SE) (ABl. EG Nr. L 294 S. 1), zuletzt geändert durch die Verordnung (EG) Nr. 1791/2006 des Rates vom 20. November 2006 (ABl. EU Nr. L 363 S. 1) und der Richtlinie 2001/86/EG des Rates vom 8. Oktober 2001 zur Ergänzung des Statuts der Europäischen Gesellschaft hinsichtlich der Beteiligung der Arbeitnehmer (ABl. EU Nr. L 294 S. 22) gegründeten Gesellschaften sowie die nach der Verordnung (EG) Nr. 1435/2003 des Rates vom 22. Juli 2003 über das Statut der Europäischen Genossenschaft (SCE) (ABl. EU Nr. L 207 S. 1, 2007 Nr. L 49 S. 35) und nach der Richtlinie 2003/72/EG des Rates vom 22. Juli 2003 zur Ergänzung des Statuts der Europäischen Genossenschaft hinsichtlich der Beteiligung der Arbeitnehmer (ABl. EU Nr. L 207 S. 25) gegründeten Genossenschaften;
   b) Gesellschaften belgischen Rechts mit der Bezeichnung „société anonyme"/„naamloze vennootschap", „société en commandite par actions"/„commanditaire vennootschap op aandelen", „société privée à responsabilité limitée"/„besloten vennootschap met beperkte aansprakelijkheid", „société coopérative à responsabilité limitée"/„coöperatieve vennootschap met beperkte aansprakelijkheid", „société coopérative à responsabilité illimitée"/„coöperatieve vennootschap met onbeperkte aansprakelijkheid", „société en nom collectif"/„vennootschap onder firma", „société en commandite simple"/„gewone commanditaire vennootschap", öffentliche Unternehmen, die eine der genannten Rechtsformen angenommen haben, und andere nach belgischem Recht gegründete Gesellschaften, die der belgischen Körperschaftsteuer unterliegen;
   c) Gesellschaften bulgarischen Rechts mit der Bezeichnung „събирателното дружество", „командитното дружество", „дружеството с ограничена отговорност", „акционерното дружество", „командитното дружество с акции", „неперсонифицирано дружество", „кооперации", „кооперативни съюзи", „държавни предприятия", die nach bulgarischem Recht gegründet wurden und gewerbliche Tätigkeiten ausüben;
   d) Gesellschaften tschechischen Rechts mit der Bezeichnung „akciová společnost", „společnost s ručením omezeným";
   e) Gesellschaften dänischen Rechts mit der Bezeichnung „aktieselskab" oder „anpartsselskab". Weitere nach dem Körperschaftsteuergesetz steuerpflichtige Gesellschaften, soweit ihr steuerbarer Gewinn nach den allgemeinen steuerrechtlichen Bestimmungen für die „aktieselskaber" ermittelt und besteuert wird;
   f) Gesellschaften deutschen Rechts mit der Bezeichnung „Aktiengesellschaft", „Kommanditgesellschaft auf Aktien", „Gesellschaft mit beschränkter Haftung", „Versicherungsverein auf Gegenseitigkeit", „Erwerbs- und Wirtschaftsgenossenschaft", „Betrieb gewerblicher Art von juristischen Personen des öffentlichen Rechts", und andere nach deutschem Recht gegründete Gesellschaften, die der deutschen Körperschaftsteuer unterliegen;
   g) Gesellschaften estnischen Rechts mit der Bezeichnung „täisühing", „usaldusühing", „osaühing", „aktsiaselts", „tulundusühistu";
   h) Gesellschaften griechischen Rechts mit der Bezeichnung „ανώνυμη εται- ρεία", „εταιρεία περιορισμένης ευθύνης (Ε.Π.Ε.)" und andere nach griechischem Recht gegründete Gesellschaften, die der griechischen Körperschaftsteuer unterliegen;
   i) Gesellschaften spanischen Rechts mit der Bezeichnung „sociedad anónima", „sociedad comanditaria por acciones", „sociedad de responsabilidad limitada", die öffentlich-rechtlichen Körperschaften, deren Tätigkeit unter das Privatrecht fällt. Andere nach spanischem Recht gegründete Körperschaften, die der spanischen Körperschaftsteuer („impuesto sobre sociedades") unterliegen;
   j) Gesellschaften französischen Rechts mit der Bezeichnung „société anonyme", „société en commandite par actions", „société à responsabilité limitée", „sociétés par actions simplifiées", „sociétés d'assurances mutuelles", „caisses d'épargne et de prévoyance", „sociétés civiles", die automatisch der Körperschaftsteuer unterliegen, „coopératives", „unions de coopératives", die öffentlichen Industrie- und Handelsbetriebe und -unternehmen und andere nach französischem Recht gegründete Gesellschaften, die der französischen Körperschaftsteuer unterliegen;
   k) nach irischem Recht gegründete oder eingetragene Gesellschaften, gemäß dem Industrial and Provident Societies Act eingetragene Körperschaften, gemäß dem Building Societies Act gegründete „building societies" und „trustee savings banks" im Sinne des Trustee Savings Banks Act von 1989;
   l) Gesellschaften italienischen Rechts mit der Bezeichnung „società per azioni", „società in accomandita per azioni", „società a responsibilità limitata", „società cooperative", „società di mutua assicurazione" sowie öffentliche und private Körperschaften, deren

Tätigkeit ganz oder überwiegend handelsgewerblicher Art ist;

m) Gesellschaften zyprischen Rechts mit der Bezeichnung „εταιρείες" im Sinne der Einkommensteuergesetze;

n) Gesellschaften lettischen Rechts mit der Bezeichnung „akciju sabiedrība", „sabiedrība ar ierobežotu atbildību";

o) Gesellschaften litauischen Rechts;

p) Gesellschaften luxemburgischen Rechts mit der Bezeichnung „société anonyme", „société en commandite par actions", „société à responsabilité limitée", „société coopérative", „société coopérative organisée comme une société anonyme", „association d'assurances mutuelles", „association d'épargne-pension", „entreprise de nature commerciale, industrielle ou minière de l'Etat, des communes, des syndicats de communes, des établissements publics et des autres personnes morales de droit public" sowie andere nach luxemburgischem Recht gegründete Gesellschaften, die der luxemburgischen Körperschaftsteuer unterliegen;

q) Gesellschaften ungarischen Rechts mit der Bezeichnung „közkereseti társaság", „betéti társaság", „közös vállalat", „korlátolt felelősségű társaság", „részvénytársaság", „egyesülés", „szövetkezet";

r) Gesellschaften maltesischen Rechts mit der Bezeichnung „Kumpaniji ta' Responsabilita' Limitata", „Soċjetajiet en commandite li l-kapital tagħhom maqsum f'azzjonijiet";

s) Gesellschaften niederländischen Rechts mit der Bezeichnung „naamloze vennootschap", „besloten vennootschap met beperkte aansprakelijkheid", „Open commanditaire vennootschap", „Coöperatie", „onderlinge waarborgmaatschappij", „Fonds voor gemene rekening", „vereniging op coöperatieve grondslag", „vereniging welke op onderlinge grondslag als verzekeraar of kredietinstelling optreedt" und andere nach niederländischem Recht gegründete Gesellschaften, die der niederländischen Körperschaftsteuer unterliegen;

t) Gesellschaften österreichischen Rechts mit der Bezeichnung „Aktiengesellschaft", „Gesellschaft mit beschränkter Haftung", „Versicherungsvereine auf Gegenseitigkeit", „Erwerbsund Wirtschaftsgenossenschaften", „Betriebe gewerblicher Art von Körperschaften des öffentlichen Rechts", „Sparkassen" und andere nach österreichischem Recht gegründete Gesellschaften, die der österreichischen Körperschaftsteuer unterliegen;

u) Gesellschaften polnischen Rechts mit der Bezeichnung „spółka akcyjna", „spółka z ograniczoną odpowiedzialnością";

v) die nach portugiesischem Recht gegründeten Handelsgesellschaften oder zivilrechtlichen Handelsgesellschaften, Genossenschaften und öffentlichen Unternehmen;

w) Gesellschaften rumänischen Rechts mit der Bezeichnung „societăți pe acțiuni", „societăți în comandită pe acțiuni", „societăți cu răspundere limitată";

x) Gesellschaften slowenischen Rechts mit der Bezeichnung „delniška družba", „komanditna družba", „družba z omejeno odgovornostjo";

y) Gesellschaften slowakischen Rechts mit der Bezeichnung „akciová spoločnosť", „spoločnosť s ručením obmedzeným", „komanditná spoločnosť";

z) Gesellschaften finnischen Rechts mit der Bezeichnung „osakeyhtiö"/„aktiebolag", „osuuskunta"/„andelslag", „säästöpankki"/ „sparbank" und „vakuutusyhtiö"/„ försäkringsbolag";

aa) Gesellschaften schwedischen Rechts mit der Bezeichnung „aktiebolag", „försäkringsaktiebolag", „ekonomiska föreningar", „sparbanker", „ömsesidiga försäkringsbolag";

ab) nach dem Recht des Vereinigten Königreichs gegründete Gesellschaften.

2. nach dem Steuerrecht eines Mitgliedstaats in Bezug auf den steuerlichen Wohnsitz als in diesem Staat ansässig und auf Grund eines mit einem dritten Staat geschlossenen Doppelbesteuerungsabkommens in Bezug auf den steuerlichen Wohnsitz nicht als außerhalb der Gemeinschaft ansässig betrachtet wird und

3. ohne Wahlmöglichkeit einer der nachstehenden Steuern

– vennootschapsbelasting/impôt des sociétés in Belgien,
– selskabsskat in Dänemark,
– Körperschaftsteuer in Deutschland,
– Yhteisöjen tulovero/inkomstskatten för samfund in Finnland,
– φόροσ εισοδήματος νομικών προσώπων κερδοσκοπικού χαρακτήρα in Griechenland,
– impuesto sobre sociedades in Spanien,
– impôt sur les sociétés in Frankreich,
– corporation tax in Irland,
– imposta sul reddito delle persone giuridiche in Italien,
– impôt sur le revenu des collectivités in Luxemburg,
– vennootschapsbelasting in den Niederlanden,
– Körperschaftsteuer in Österreich,
– imposto sobre o rendimento das pessoas colectivas in Portugal,
– Statlig inkomstskatt in Schweden,
– corporation tax im Vereinigten Königreich,
– Daň z příjmů právnických in der Tschechischen Republik,
– Tulumaks in Estland,
– Φόροσ Είσοδήματοσ in Zypern,
– uzņēmumu ienākuma nodoklis in Lettland,
– Pelno mokestis in Litauen,

EStG

- Társasági adó, osztalékadó in Ungarn,
- Taxxa fuq l-income in Malta,
- Podatek dochodowy od osób prawnych in Polen,
- Davek od dobička pravnih oseb in Slowenien,
- daň z príjmov právnických osôb in der Slowakei,
- корпоративен данък in Bulgarien,
- impozit pe profit in Rumänien.

oder irgendeiner Steuer, die eine dieser Steuern ersetzt, unterliegt, ohne davon befreit zu sein.

EStG

Anlage 3 (zu § 50g)

1. Unternehmen im Sinne von § 50g Absatz 3 Nummer 5 Buchstabe a Doppelbuchstabe aa sind

   a) Gesellschaften belgischen Rechts mit der Bezeichnung:

   „naamloze vennootschap"/„société anonyme", „commanditaire vennootschap op aandelen"/„société en commandite par actions", „besloten vennootschap met beperkte aansprakelijkheid"/„société privée à responsabilité limitée" sowie öffentlich-rechtliche Körperschaften, deren Tätigkeit unter das Privatrecht fällt;

   b) Gesellschaften dänischen Rechts mit der Bezeichnung:

   „aktieselskab" und „anpartsselskab";

   b) Gesellschaften deutschen Rechts mit der Bezeichnung:

   „Aktiengesellschaft", „Kommanditgesellschaft auf Aktien" und „Gesellschaft mit beschränkter Haftung";

   d) Gesellschaften griechischen Rechts mit der Bezeichnung

   „ανώνυμη εταιρία";

   e) Gesellschaften spanischen Rechts mit der Bezeichnung

   „sociedad anónima", „sociedad comanditaria por acciones", „sociedad de responsabilidad limitada" sowie öffentlich-rechtliche Körperschaften, deren Tätigkeit unter das Privatrecht fällt;

   f) Gesellschaften französischen Rechts mit der Bezeichnung

   „société anonyme", „société en commandite par actions", „société à responsabilité limitée" sowie die staatlichen Industrie- und Handelsbetriebe und -unternehmen;

   g) Gesellschaften irischen Rechts mit der Bezeichnung

   „public companies limited by shares or by guarantee", „private companies limited by shares or by guarantee", gemäß den „Industrial and Provident Societies Acts" eingetragene Einrichtungen oder gemäß den „Building Societies Acts" eingetragene „building societies";

   h) Gesellschaften italienischen Rechts mit der Bezeichnung

   „società per azioni", „società in accomandita per azioni", „società a responsabilità limitata" sowie staatliche und private Industrie- und Handelsunternehmen;

   i) Gesellschaften luxemburgischen Rechts mit der Bezeichnung

   „société anonyme", „société en commandite par actions" und „société à responsabilité limitée";

   j) Gesellschaften niederländischen Rechts mit der Bezeichnung „naamloze vennootschap" und „besloten vennootschap met beperkte aansprakelijkheid";

   k) Gesellschaften österreichischen Rechts mit der Bezeichnung

   „Aktiengesellschaft" und „Gesellschaft mit beschränkter Haftung";

   l) Gesellschaften portugiesischen Rechts in Form von Handelsgesellschaften oder zivilrechtlichen Handelsgesellschaften sowie Genossenschaften und öffentliche Unternehmen;

   m) Gesellschaften finnischen Rechts mit der Bezeichnung

   „osakeyhtiö/aktiebolag", „osuuskunta/andelslag", „säästöpankki/sparbank" und „vakuutusyhtiö/försäkringsbolag";

   n) Gesellschaften schwedischen Rechts mit der Bezeichnung

   „aktiebolag" und „försäkringsaktiebolag";

   o) nach dem Recht des Vereinigten Königreichs gegründete Gesellschaften;

   p) Gesellschaften tschechischen Rechts mit der Bezeichnung

   „akciová společnost", „společnost s ručením omezeným", „veřejná obchodní společnost", „komanditní společnost" und „družstvo";

   q) Gesellschaften estnischen Rechts mit der Bezeichnung

   „täisühing", „usaldusühing", „osaühing", „aktsiaselts" und „tulundusühistu";

   r) Gesellschaften zyprischen Rechts, die nach dem Gesellschaftsrecht als Gesellschaften bezeichnet werden, Körperschaften des öffentlichen Rechts und sonstige Körperschaften, die als Gesellschaft im Sinne der Einkommensteuergesetze gelten;

   s) Gesellschaften lettischen Rechts mit der Bezeichnung

   „akciju sabiedrība" und „sabiedrība ar ierobežotu atbildību";

   t) nach dem Recht Litauens gegründete Gesellschaften;

   u) Gesellschaften ungarischen Rechts mit der Bezeichnung

   „közkereseti társaság", „betéti társaság", „közös vállalat", „korlátolt felelősségű társaság", „részvénytársaság", „egyesülés", „közhasznú társaság" und „szövetkezet";

   v) Gesellschaften maltesischen Rechts mit der Bezeichnung

   „Kumpaniji ta' Responsabilita' Limitata" und „Soċjetajiet in akkomandita li l-kapital taghhom maqsum f'azzjonijiet";

   w) Gesellschaften polnischen Rechts mit der Bezeichnung

   „spółka akcyjna" und „spółka z ograniczoną odpowiedzialnością";

   x) Gesellschaften slowenischen Rechts mit der Bezeichnung

„delniška družba", „komanditna delniška družba", „komanditna družba", „družba z omejeno odgovornostjo" und „družba z neomejeno odgovornostjo";

y) Gesellschaften slowakischen Rechts mit der Bezeichnung

„akciová spoločnos", „spoločnosť s ručením obmedzeným", „komanditná spoločnos", „verejná obchodná spoločnos" und „družstvo";

aa) Gesellschaften bulgarischen Rechts mit der Bezeichnung

„събирателното дружество", „командитното дружество", „дружеството с ограничена отговорност", „акционерното дружество", „командитното дружество с акции", „кооперации", „кооперативни съюзи", „държавни предприятия", die nach bulgarischem Recht gegründet wurden und gewerbliche Tätigkeiten ausüben;

ab) Gesellschaften rumänischen Rechts mit der Bezeichnung

„societăți pe acțiuni", „societăți în comandită pe acțiuni", „societăți cu răspundere limitată".

2. Steuern im Sinne von § 50g Absatz 3 Nummer 5 Buchstabe a Doppelbuchstabe cc sind:
   - impôt des sociétés/vennootschapsbelasting in Belgien,
   - selskabsskat in Dänemark,
   - Körperschaftsteuer in Deutschland,
   - Φόρος εισοδήματος νομικών προσώπων in Griechenland,
   - impuesto sobre sociedades in Spanien,
   - impôt sur les sociétés in Frankreich,
   - corporation tax in Irland,
   - imposta sul reddito delle persone giuridiche in Italien,
   - impôt sur le revenu des collectivités in Luxemburg,
   - vennootschapsbelasting in den Niederlanden,
   - Körperschaftsteuer in Österreich,
   - imposto sobre o rendimento da pessoas colectivas in Portugal,
   - yhteisöjen tulovero/inkomstskatten för samfund in Finnland,
   - statlig inkomstskatt in Schweden,
   - corporation tax im Vereinigten Königreich,
   - Daň z příjmů právnických osob in der Tschechischen Republik,
   - Tulumaks in Estland,
   - φόρος εισοδήματος in Zypern,
   - Uzņēmumu ienākuma nodoklis in Lettland,
   - Pelno mokestis in Litauen,
   - Társasági adó in Ungarn,
   - Taxxa fuq l-income in Malta,
   - Podatek dochodowy od osób prawnych in Polen,
   - Davek od dobička pravnih oseb in Slowenien,
   - Daň z príjmov právnických osôb in der Slowakei,
   - корпоративен данък in Bulgarien,
   - impozit pe profit, impozitul pe veniturile obținute din România de nerezidenți in Rumänien."

RL Einführung §1

I. Steuerpflicht

§ 1 Steuerpflicht

(1) ¹Natürliche Personen, die im Inland einen Wohnsitz oder ihren gewöhnlichen Aufenthalt haben, sind unbeschränkt einkommensteuerpflichtig. ²Zum Inland im Sinne dieses Gesetzes gehört auch der der Bundesrepublik Deutschland zustehende Anteil am Festlandsockel, soweit dort Naturschätze des Meeresgrundes und des Meeresuntergrundes erforscht oder ausgebeutet werden oder dieser der Energieerzeugung unter Nutzung erneuerbarer Energien dient.

(2) ¹Unbeschränkt einkommensteuerpflichtig sind auch deutsche Staatsangehörige, die

1. im Inland weder einen Wohnsitz noch ihren gewöhnlichen Aufenthalt haben und
2. zu einer inländischen juristischen Person des öffentlichen Rechts in einem Dienstverhältnis stehen und dafür Arbeitslohn aus einer inländischen öffentlichen Kasse beziehen,

sowie zu ihrem Haushalt gehörende Angehörige, die die deutsche Staatsangehörigkeit besitzen oder keine Einkünfte oder nur Einkünfte beziehen, die ausschließlich im Inland einkommensteuerpflichtig sind. ²Dies gilt nur für natürliche Personen, die in dem Staat, in dem sie ihren Wohnsitz oder ihren gewöhnlichen Aufenthalt haben, lediglich in einem der beschränkten Einkommensteuerpflicht ähnlichen Umfang zu einer Steuer vom Einkommen herangezogen werden.

(3) ¹Auf Antrag werden auch natürliche Personen als unbeschränkt einkommensteuerpflichtig behandelt, die im Inland weder einen Wohnsitz noch ihren gewöhnlichen Aufenthalt haben, soweit sie inländische Einkünfte im Sinne des § 49 haben. ²Dies gilt nur, wenn ihre Einkünfte im Kalenderjahr mindestens zu 90 Prozent der deutschen Einkommensteuer unterliegen oder die nicht der deutschen Einkommensteuer unterliegenden Einkünfte den Grundfreibetrag nach § 32a Absatz 1 Satz 2 Nummer 1 nicht übersteigen; dieser Betrag ist zu kürzen, soweit es nach den Verhältnissen im Wohnsitzstaat des Steuerpflichtigen notwendig und angemessen ist.[1)] ³Inländische Einkünfte, die nach einem Abkommen zur Vermeidung der Doppelbesteuerung nur der Höhe nach beschränkt besteuert werden dürfen, gelten hierbei als nicht der deutschen Einkommensteuer unterliegend. ⁴Unberücksichtigt bleiben bei der Ermittlung der Einkünfte nach Satz 2 nicht der deutschen Einkommensteuer unterliegende Einkünfte, die im Ausland nicht besteuert werden, soweit vergleichbare Einkünfte im Inland steuerfrei sind. ⁵Weitere Voraussetzung ist, dass die Höhe der nicht der deutschen Einkommensteuer unterliegenden Einkünfte durch eine Bescheinigung der zuständigen ausländischen Steuerbehörde nachgewiesen wird. ⁶Der Steuerabzug nach § 50a ist ungeachtet der Sätze 1 bis 4 vorzunehmen.

(4) Natürliche Personen, die im Inland weder einen Wohnsitz noch ihren gewöhnlichen Aufenthalt haben, sind vorbehaltlich der Absätze 2 und 3 und des § 1a beschränkt einkommensteuerpflichtig, wenn sie inländische Einkünfte im Sinne des § 49 haben.

LStR 2008[2)]

Einführung[3)]

(1) Die **Lohnsteuer-Richtlinien 2008 (LStR 2008)** enthalten im Interesse einer einheitlichen Anwendung des Lohnsteuerrechts durch die Finanzbehörden Erläuterungen der Rechtslage, Weisungen zur Auslegung des Einkommensteuergesetzes und seiner Durchführungsverordnungen sowie Weisungen zur Vermeidung unbilliger Härten und zur Verwaltungsvereinfachung.

(2) ¹Die LStR 2008 sind beim Steuerabzug vom Arbeitslohn anzuwenden für Lohnzahlungszeiträume, die nach dem **31.12.2007** enden, und für sonstige Bezüge, die dem Arbeitnehmer nach dem **31.12.2007** zufließen. ²Sie gelten auch für frühere Zeiträume, soweit sie geänderte Vorschriften des Einkommen-

---

1) Zu § 1 Absatz 3 Satz 2 EStG Ländergruppeneinteilung siehe **Anlage § 001–01**.
2) LStR 2008 vom 10.12.2007 BStBl. I Sondernummer 1/2007; Geltung ab 2008.
3) Änderungen und Ergänzungen der LStR 2008 gegenüber 2007 und der LStH 2010 gegenüber 2009 sind durch **Fettdruck** hervorgehoben.

§ 1
RL Einführung, Rechtsprechung

steuergesetzes betreffen, die vor dem 1. 1. 2008 anzuwenden sind. ³Die **LStR 2008** sind auch für frühere Jahre anzuwenden, soweit sie lediglich eine Erläuterung der Rechtslage darstellen. ⁴Die obersten Finanzbehörden der Länder können mit Zustimmung des Bundesministeriums der Finanzen (BMF) die in den Lohnsteuer-Richtlinien festgelegten Höchst- und Pauschbeträge ändern, wenn eine Anpassung an neue Rechtsvorschriften oder an die wirtschaftliche Entwicklung geboten ist.

(3) Anordnungen, die mit den nachstehenden Richtlinien im Widerspruch stehen, sind nicht mehr anzuwenden.

(4) Diesen Richtlinien liegt, soweit im Einzelnen keine andere Fassung angegeben ist, das Einkommensteuergesetz 2002 in der Fassung der Bekanntmachung vom 19. 10. 2002 (BGBl. I S. 4210, BStBl. I S. 1209), zuletzt geändert durch **Artikel 1 des Gesetzes zur weiteren Stärkung des bürgerschaftlichen Engagements vom 10. 10. 2007 (BGBl. I S. 2332)**, zu Grunde.

Hinweise

LStH 1 *Erweiterte unbeschränkte Steuerpflicht und unbeschränkte Steuerpflicht auf Antrag*
→ *H 1a EStH*

Rechtsprechungsauswahl

BFH v. 11. 11. 2009 I R 15/09 (BFH-Webseite): Nichtrückkehrtage bei Anwendung der Grenzgängerregelung in Art. 15a DBA-Schweiz 1992

1. Bei der Anwendung der Grenzgängerregelung in Art. 15a DBA-Schweiz 1992 zählen Dienstreisetage mit Übernachtungen im Ansässigkeitsstaat zu den Tagen, an denen der Arbeitnehmer aus beruflichen Gründen nicht an seinen Wohnsitz zurückkehrt — Nichtrückkehrtage – (Bestätigung des BMF-Schreibens vom 19. September 1994, BStBl. I 1994, 683 Tz. 13).

2. Eintägige Dienstreisen in Drittstaaten führen nicht zu Nichtrückkehrtagen (Abweichung vom BMF-Schreiben in BStBl. I 1994, 683 Tz. 14).

3. Der Tag, an dem der Arbeitnehmer von einer mehrtätigen Dienstreise in Drittstaaten an seinen Wohnsitz zurückkehrt, zählt nicht als Nichtrückkehrtag. Ein Nichtrückkehrtag liegt dagegen vor, wenn der Arbeitnehmer an diesem Tag mit der Rückreise beginnt, aber erst am Folgetag an seinen Wohnsitz zurückkehrt.

4. Tage, an denen der Arbeitnehmer aufgrund einer anderweitigen selbständigen Tätigkeit nicht an seinen Wohnsitz zurückkehrt, führen nicht zu Nichtrückkehrtagen.

5. Entfällt eine mehrtägige Dienstreise des Arbeitnehmers auf Wochenenden oder Feiertage, so liegen keine Nichtrückkehrtage vor, wenn die Arbeit an diesen Tagen nicht ausdrücklich vereinbart ist und der Arbeitgeber für die an diesen Tagen geleistete Arbeit weder einen anderweitigen Freizeitausgleich noch ein zusätzliches Entgelt gewährt, sondern lediglich die Reisekosten übernimmt (Abweichung vom BMF-Schreiben vom 7. Juli 1997, BStBl. I 1997, 723 Tz. 11). Dies gilt auch für leitende Angestellte, die ihre Tätigkeit zeitlich eigenverantwortlich wahrnehmen und während einer Dienstreise freiwillig am Wochenende arbeiten (Bestätigung des Senatsurteils vom 26. Juli 1995 I R 80/94, BFH/NV 1996, 200).

BFH v. 11. 11. 2009 I R 84/08 (BFH-Webseite): Nichtrückkehrtage bei Anwendung der Grenzgängerregelung in Art. 13 Abs. 5 DBA-Frankreich

1. Bei einer Beschäftigung in der Grenzzone während des ganzen Kalenderjahres geht die Grenzgängereigenschaft nach Art. 13 Abs. 5 DBA-Frankreich nur dann verloren, wenn der Arbeitnehmer an mehr als 45 Arbeitstagen (Nichtrückkehrtagen) entweder nicht zum Wohnsitz zurückkehrt oder ganztägig außerhalb der Grenzzone für seinen Arbeitgeber tätig ist (Bestätigung des BMF-Schreibens vom 3. April 2006, BStBl. I 2006, 304 Tz. B.2).

2. Eintägige Dienstreisen außerhalb der Grenzzone führen zu Nichtrückkehrtagen, wenn der Arbeitnehmer an diesen Tagen nicht zugleich innerhalb der Grenzzone gearbeitet hat; bloße Transferreisen innerhalb der Grenzzone sind insoweit unbeachtlich (Abgrenzung zum Senatsbeschluss vom 25. November 2002 I B 136/02, BFHE 201, 119, BStBl. II 2005, 375). Dies gilt in gleicher Weise für Rückreisetage bei mehrtägigen Dienstreisen außerhalb der Grenzzone.

3. Hinreisetage bei mehrtägigen Dienstreisen außerhalb der Grenzzone zählen nur dann zu den Nichtrückkehrtagen, wenn der Arbeitnehmer nicht vor der Abreise zwischen seinem Wohnsitz und dem Arbeitsort in der Grenzzone gependelt ist.

Rechtsprechung § 1

4. Entfällt eine mehrtägige Dienstreise außerhalb der Grenzzone auf Wochenenden oder Feiertage, so liegen keine Nichtrückkehrtage vor, wenn die Arbeit an diesen Tagen weder vertraglich vereinbart ist noch vom Arbeitnehmer tatsächlich ausgeübt wird (Bestätigung des BMF-Schreibens vom 3. April 2006, BStBl. I 2006, 304 Tz. B.4); die Reisetätigkeit ist insoweit nicht als Arbeitstätigkeit anzusehen.

5. Krankheitstage während einer mehrtägigen Dienstreise führen nicht zu Nichtrückkehrtagen. Ein Nichtrückkehrtag liegt dagegen vor, wenn der Arbeitnehmer während der Dienstreise infolge höherer Gewalt (hier: "Taifunwarnung") daran gehindert ist, seine vertraglich vereinbarte Arbeitsleistung zu erbringen.

BFH v. 11. 11. 2009 I R 83/08 (BFH-Webseite): Freistellung nach Art. 24 Abs. 1 Nr. 1 Satz 1 Buchst. d DBA-Schweiz 1992 erfasst auch die Einkünfte leitender Angestellter von schweizerischen Kapitalgesellschaften aus Tätigkeiten außerhalb der Schweiz

Die Tätigkeit eines in Deutschland ansässigen leitenden Angestellten für eine schweizerische Kapitalgesellschaft, die unter Art. 15 Abs. 4 DBA-Schweiz 1992 fällt, wird auch insoweit i.S. des Art. 24 Abs. 1 Nr. 1 Satz 1 Buchst. d DBA-Schweiz 1992 "in der Schweiz ausgeübt", als sie tatsächlich außerhalb der Schweiz verrichtet wird (Bestätigung des Senatsurteils vom 25. Oktober 2006 I R 81/04, BFHE 215, 237).

BFH v. 2. 9. 2009 I R 111/08 (BFH-Webseite):

1. Art. 15 Abs. 1 DBA-Schweiz 1971 ermöglicht kein deutsches Besteuerungsrecht für eine Abfindungszahlung, die eine zuvor in Deutschland wohnende Person nach ihrem Wegzug in die Schweiz von ihrem bisherigen inländischen Arbeitgeber aus Anlass der Auflösung des Arbeitsverhältnisses erhält (Bestätigung der ständigen Rechtsprechung).

2. Eine Übereinkunft zwischen den deutschen und Schweizer Steuerbehörden (hier: Verständigungsvereinbarung mit der Eidgenössischen Steuerverwaltung über die Frage des Besteuerungsrechts bei Abfindungen an Arbeitnehmer, bekannt gegeben durch BMF-Schreiben vom 13. Oktober 1992, RIW 1993, 82) nach Maßgabe von Art. 26 Abs. 3 DBA-Schweiz 1971 bindet die Gerichte nicht (ebenfalls Bestätigung der ständigen Rechtsprechung; entgegen BMF-Schreiben vom 20. Mai 1997, BStBl. I 1997, 560).

3. Die Besteuerung der Abfindung nach der sog. überdachenden Besteuerung gemäß Art. 4 Abs. 4 DBA-Schweiz 1971 scheidet aus, wenn der Zuzug der zuvor in Deutschland wohnenden Person in die Schweiz erfolgte, um dort eine unselbständige Tätigkeit auszuüben; daneben bestehende anderweitige Beweggründe für den Zuzug (hier: beabsichtigte Eheschließung mit einer in der Schweiz ansässigen Person und Begründung eines gemeinsamen Hausstands) sind unschädlich.

BFH v. 2. 9. 2009 I R 90/08 (BFH-Webseite):

1. Art. 15 Abs. 1 DBA-Belgien ermöglicht kein deutsches Besteuerungsrecht für eine Abfindungszahlung, die eine in Belgien ansässige Person von ihrem bisherigen inländischen Arbeitgeber aus Anlass der Kündigung des Arbeitsverhältnisses erhält (Bestätigung der ständigen Rechtsprechung).

2. Eine Übereinkunft zwischen den deutschen und belgischen Steuerbehörden (hier: Verständigungsvereinbarung mit dem belgischen Finanzministerium vom 15. Dezember 2006 über die Zuordnung des Besteuerungsrechts bei Abfindungen an Arbeitnehmer, bekannt gegeben durch BMF-Schreiben vom 10. Januar 2007, BStBl. I 2007, 261) nach Maßgabe von Art. 25 Abs. 3 DBA-Belgien bindet die Gerichte nicht (ebenfalls Bestätigung der ständigen Rechtsprechung).

3. Natürliche Personen, die nach § 1 Abs. 3 EStG 2002 auf Antrag als unbeschränkt steuerpflichtig behandelt werden, unterfallen nicht der sog. Rückfallregelung des § 50d Abs. 9 Satz 1 Nr. 1 EStG 2002 i.d.F. des JStG 2007.

BFH v. 23. 9. 2008 I R 65/07 (BStBl. 2009 II S. 666): Das FA kann auch dann „nachträglich" i.S. von § 50 Abs. 5 Satz 4 Nr. 1 EStG 1997/§ 50 Abs. 5 Satz 2 Nr. 1 EStG 1997 i.d.F. des StSenkG feststellen, dass die Voraussetzungen der unbeschränkten Einkommensteuerpflicht nach § 1 Abs. 3 EStG 1997 nicht vorgelegen haben, wenn es dies bereits bei Erteilung der Bescheinigung hätte bemerken können. Auch bei einer fehlerhaft erteilten Bescheinigung nach § 39c Abs. 4 EStG 1997 kann das FA die zu wenig erhobene Lohnsteuer nachfordern.

BFH v. 27. 8. 2008 I R 10/07 (BStBl. 2009 II S. 94): Muss ein in Deutschland ansässiger Arbeitnehmer über mehrere Tage hinweg ohne Unterbrechung in der Schweiz tätig werden, so ist bei der Anwendung der Grenzgängerregelung in Art. 15a DBA-Schweiz 1971/1992 nicht jeder dieser Tage als ein Tag zu zählen, an dem der Arbeitnehmer aus beruflichen Gründen nicht an seinen Wohnsitz zurückkehrt (Bestätigung des Senatsurteils vom 16. Mai 2001 I R 100/00, BFHE 195, 341, BStBl. II 2001, 633; Abgrenzung zum Senatsurteil vom 15. September 2004 I R 67/03, BFHE 207, 452).

BFH v. 27. 8. 2008 I R 64/07 (BStBl. 2009 II S. 97):
1. Muss ein in Deutschland ansässiger Arbeitnehmer über mehrere Tage hinweg ohne Unterbrechung in der Schweiz tätig werden, so ist bei der Anwendung der Grenzgängerregelung in Art. 15a DBA-Schweiz 1971/1992 nicht jeder dieser Tage als ein Tag zu zählen, an dem der Arbeitnehmer aus beruflichen Gründen nicht an seinen Wohnsitz zurückkehrt (Bestätigung des Senatsurteils vom 16. Mai 2001 I R 100/00, BFHE 195, 341, BStBl. II 2001, 633; Abgrenzung zum Senatsurteil vom 15. September 2004 I R 67/03, BFHE 207, 452).
2. Dieser Grundsatz greift auch dann ein, wenn sich an eine Tagesschicht in der Schweiz ein Pikettdienst (Bereitschaftsdienst) und an diesen erneut eine Tagesschicht anschließen und das maßgebliche Arbeitsrecht den Pikettdienst zur Arbeitszeit zählt.

BFH v. 20. 8. 2008 I R 78/07 (BStBl. 2009 II S. 708):
1. Die für die personelle Ausweitung der unbeschränkten Steuerpflicht maßgebende Höhe der Einkünfte in § 1 Abs. 3 Satz 2 EStG 2002 ist nach deutschem Recht zu ermitteln, und zwar auch dann, wenn die Einkünfte im ausländischen Wohnsitzstaat zum Teil steuerfrei sind.
2. Überschreiten die im ausländischen Wohnsitzstaat erzielten Einkünfte bei einer Ermittlung nach deutschem Recht die absolute Wesentlichkeitsgrenze des § 1 Abs. 3 Satz 2 i.V.m. § 1a Abs. 1 Nr. 2 Satz 3 EStG 2002, ist eine Zusammenveranlagung zur Einkommensteuer auch dann ausgeschlossen, wenn die ausländischen Einkünfte nach dem Recht des Wohnsitzstaates ermittelt unterhalb der absoluten Wesentlichkeitsgrenze liegen. Dies gilt jedenfalls dann, wenn die steuerpflichtigen Einkünfte im Wohnsitzstaat so hoch sind, dass sie den persönlichen Verhältnissen des Ehegatten Rechnung tragen.

BFH v. 5. 6. 2007 I R 22/06 (BStBl. II S. 812): Eine Wohnung ist „ständige Wohnstätte" i. S. des DBA-Schweiz 1971, wenn sie nach Art und Intensität ihrer Nutzung eine nicht nur hin und wieder aufgesuchte, sondern in den allgemeinen Lebensrhythmus des Steuerpflichtigen einbezogene Anlaufstelle darstellt.

BFH v. 5. 6. 2007 I R 1/06 (BStBl. II S. 810): Wird ein in Deutschland ansässiger Arbeitnehmer in den USA für einen Arbeitgeber tätig, der nach Maßgabe des Art. 4 DBA-USA1989 sowohl in Deutschland als auch in den USA ansässig ist, so ist der auf diese Tätigkeit entfallende Arbeitslohn unter Progressionsvorbehalt von der Einkommensteuer befreit.

BFH v. 22. 2. 2006 I R 60/05 (BStBl. 2007 II S. 106):
1. Mitarbeiter des Goethe-Instituts mit Wohnsitz im Ausland stehen nicht zu einer inländischen juristischen Person des öffentlichen Rechts in einem Dienstverhältnis und sind daher nicht nach § 1 Abs. 2 EStG 1997 unbeschränkt einkommensteuerpflichtig.
2. Ob eine Person in dem Staat, in dem sie ihren Wohnsitz oder gewöhnlichen Aufenthalt hat, lediglich in einem der beschränkten Einkommensteuerpflicht ähnlichen Umfang zu einer Steuer vom Einkommen herangezogen wird (§ 1 Abs. 3 Satz 2 EStG 1997), ist nach den Vorschriften des maßgebenden ausländischen Steuerrechts zu prüfen.
3. Die Antragsveranlagung einer Person mit inländischen Einkünften i. S. des § 49 EStG 1997 nach § 1 Abs. 3 EStG 1997 ermöglicht im Grundsatz keine Zusammenveranlagung mit ihrem ebenfalls im Ausland wohnenden Ehegatten, wenn dieser selbst nicht unbeschränkt einkommensteuerpflichtig ist.
4. Unterhaltsaufwendungen an den im Ausland wohnenden Ehegatten sind gemäß § 33a Abs. 1 Satz 1 EStG 1997 nur insoweit abzugsfähig, als sie nach den Verhältnissen des Wohnsitzstaates notwendig und angemessen sind. Auf die konkreken Lebenshaltungskosten am Wohnort ist nicht abzustellen.

BFH v. 22. 2. 2006 I R 14/05 (BStBl. II S. 743): Vergütungen aus Arbeit i. S. von Art. 14 DBA-Singapur „stammen" i. S. von Art. 21 DBA-Singapur aus Deutschland, wenn sie von einem hier ansässigen Arbeitgeber als Vergütung für die Tätigkeit in Singapur gezahlt werden.

BFH v. 9. 11. 2005 I R 47/04 (BStBl. 2006 II S. 374):
1. „Technische Fachkräfte" i. S. des Zusatzabkommens zum NATO-Truppenstatut sind, auch wenn sie im Inland einen Wohnsitz oder ihren gewöhnlichen Aufenthalt haben, nicht unbeschränkt einkommensteuerpflichtig, soweit sie sich nur in ihrer Eigenschaft als „technische Fachkraft" in der Bundesrepublik aufhalten.
2. Eine „technische Fachkraft" hält sich dann nur in dieser Eigenschaft im Inland auf, wenn nach ihren gesamten Lebensumständen erkennbar ist, dass sie nach Beendigung ihres Dienstes in den Aus-

Rechtsprechung § 1

gangsstaat oder in ihren Heimatstaat zurückkehren wird. Maßgeblich sind insoweit die Verhältnisse aus der Sicht des jeweiligen Besteuerungszeitraums.

BFH v. 23. 2. 2005 I R 46/03 (BStBl. II S. 547):

1. Wird ein in Deutschland ansässiger Arbeitnehmer von seinem deutschen Arbeitgeber in den Verwaltungsrat („Consejo de administración") einer spanischen Gesellschaft entsandt, ohne für die dortige Tätigkeit eine besondere Vergütung zu erhalten, so ist sein von seinem deutschen Arbeitgeber gezahlter Arbeitslohn nicht anteilig nach Art. 23 Abs. 1 i. V. m. Art. 16 DBA-Spanien steuerfrei.

2. Entsendet eine inländische Gesellschaft einen ihrer Arbeitnehmer zu einer spanischen Tochtergesellschaft und erstattet ihr diese denjenigen Teil des Arbeitslohns, der auf die für sie in Spanien ausgeübte Tätigkeit entfällt, so wird hierdurch die Tochtergesellschaft nicht notwendig zur Arbeitgeberin des betreffenden Arbeitnehmers im abkommensrechtlichen Sinne. Voraussetzung hierfür ist vielmehr, dass der Einsatz des Arbeitnehmers bei der Tochtergesellschaft in deren Interesse erfolgt und dass der Arbeitnehmer in den Arbeitsablauf der Tochtergesellschaft eingebunden ist.

3. Wird der Arbeitnehmer einer inländischen Kapitalgesellschaft (Muttergesellschaft) zeitweilig für deren spanische Tochtergesellschaft tätig und erstattet diese der Muttergesellschaft zeitanteilig für die von ihr gezahlten Arbeitslohn, so wird dieser Teil des Arbeitslohns regelmäßig „für die Tochtergesellschaft" gezahlt. Eine Ausnahme hiervon gilt jedoch, wenn die Tochtergesellschaft einem nicht von der Muttergesellschaft entsandten Arbeitnehmer nur geringere Bezüge zugestanden hätte.

BFH v. 15. 9. 2004 I R 67/03 (BStBl. 2010 II S. 155):

1. Ein Arbeitnehmer mit Wohnsitz in Deutschland und Arbeitsort in der Schweiz unterliegt nur dann nicht als Grenzgänger der deutschen Besteuerung, wenn er mehr als 60 Mal im Jahr nach getaner Arbeit aus beruflichen Gründen nicht an seinen Wohnort zurückkehrt. Dabei kommt es nicht darauf an, ob das Ende der Arbeitszeit oder der Zeitpunkt der Ankunft am Wohnort auf den Tag des Arbeitsantritts oder auf einen nachfolgenden Tag fällt (Abweichung vom Senatsurteil vom 16. Mai 2001 I R 100/00, BFHE 195, 341, BStBl. II 2001, 633).

2. Das Erfordernis einer Rufbereitschaft ist ein beruflicher Grund für den Verbleib eines Arbeitnehmers in der Nähe seines Arbeitsortes.

3. Ein in Deutschland wohnhafter Arbeitnehmer trägt die Beweislast dafür, dass er mehr als 60 Mal im Jahr nach dem Arbeitsende aus beruflichen Gründen in der Schweiz geblieben ist.

Schwebende Verfahren

BFH I R 92/09 (BFH-Webseite): Sind Bezüge aus Schweizer Pensionskassen als Ruhegehalt aus einem früheren Dienstverhältnis (Art. 19 DBA-Schweiz) oder als Rentenzahlung (Art. 21 DBA-Schweiz) anzusehen?

BFH I R 76/09 (BFH-Webseite): Grenzgänger: Sind Arbeitstage in Deutschland sowie Tage, an denen der Kläger von mehrtägigen Geschäftsreisen aus Drittstaaten zurückgekehrt ist, als sog. Nichtrückkehrtage zu berücksichtigen?

BFH I R 16/09 (BFH-Webseite): Grenzgänger: Eintages-Geschäftsreisen in Drittstaaten, Rückreisetag von mehrtägigen Geschäftsreisen in Drittstaaten und Diensreise im Ansässigkeitsstaat als Nichtrückkehrtage? Ist ein Handlungsbevollmächtigter leitender Angestellter im Sinne des Art. 15 Abs. 4 DBA-Schweiz?

BFH I R 15/09 (BFH-Webseite): Sind eintägige Geschäftsreisen in Drittstaaten, Tage der Rückkehr von mehrtägigen Geschäftsreisen in Drittstaaten sowie Arbeitstage im Ansässigkeitsstaat als Nichtrückkehrtage zu werten?

BFH I R 5/09 (BFH-Webseite): Gilt die tatsächlich in Drittstaaten ausgeübte Arbeit im Sinne des Art. 24 Abs. 1 Nr. 1 Buchstabe d DBA-Schweiz als in der Schweiz ausgeübt und sind die Einkünfte hieraus deshalb von der Bemessungsgrundlage der deutschen Steuer auszunehmen?

BFH I R 115/08 (BFH-Webseite): Ist bei mehrtägigen Dienstreisen in Drittstaaten der Tag, an dem der Arbeitnehmer zurückgekehrt ist, als Nichtrückkehrtag im Sinne von Art. 15a Abs. 2 Satz 2 DBA Schweiz 1971/1989 zu bewerten?

BFH I R 110/08 (BFH-Webseite): Inländisches Recht zur Besteuerung für Einkünfte i.S. des Art. 15 Abs. 4 DBA-Schweiz eines in der Schweiz ansässigen Geschäftsführers einer Kapitalgesellschaft mit Sitz in der Schweiz?

§ 1 Rechtsprechung

BFH I R 92/08 (BFH-Webseite): Sind Arbeitseinkünfte eines in Deutschland ansässigen leitenden Angestellten einer schweizerischen Kapitalgesellschaft nach Art. 24 Abs. 1 Nr. 1 Buchstabe d DBA-Schweiz von der deutschen Steuer (unter Progressionsvorbehalt) freizustellen, weil die tatsächlich in Drittstaaten verrichtete Arbeit im Sinne des Art. 24 Abs. 1 Nr. 1 Buchstabe d als in der Schweiz ausgeübte Arbeit gilt?

BFH I R 91/08 (BFH-Webseite): Ist der Anteil der Einkünfte aus unselbständiger Arbeit eines leitenden Angestellten, der auf eine Tätigkeit außerhalb der Schweiz entfällt, in Deutschland zu besteuern?

BFH I R 89/08 (BFH-Webseite): Wie I R 91/08.

BFH I R 86/08 (BFH-Webseite): Wie I R 91/08, I R 89/08.

BFH I R 84/08 (BFH-Webseite): Berechnung der sog. schädlichen Nichtrückkehrtage im Rahmen der Grenzgängerregelung in Art. 13 Abs. 5 DBA-Frankreich: Dienstreisen in das Drittland, An- und Abreisetag, Krankheitstage, Tage mit Unwetterwarnung.

BFH I R 105/03 (Beilage 3/2008 BStBl. II S. 26): Aufteilung einer für mehrere Jahre vom inländischen Arbeitgeber gezahlten Abfindung: Ist eine Abfindung, die ein für mehrere Jahre in Frankreich beschäftigter Arbeitnehmer von seinem im Inland ansässigen Arbeitgeber erhält, in einen stpfl. inländischen und einen nach Art. 13 DBA-Frankreich von der inländischen Besteuerung ausgenommenen Anteil aufzuteilen? Ist die sog. Fünftelung-Regelung in § 34 Abs. 1 EStG n. F. verfassungsgemäß? (Das Verfahren ist bis zur Entscheidung BVerfG 2 BvL 1/03 – bei § 34 EStG – ausgesetzt.)

§ 1a

§ 1a (Steuerpflicht Sondervorschriften)

(1)¹⁾ Für Staatsangehörige eines Mitgliedstaates der Europäischen Union oder eines Staates, auf den das Abkommen über den Europäischen Wirtschaftsraum anwendbar ist, die nach § 1 Absatz 1 unbeschränkt einkommensteuerpflichtig sind oder die nach § 1 Absatz 3 als unbeschränkt einkommensteuerpflichtig zu behandeln sind, gilt bei Anwendung von § 10 Absatz 1 Nummer 1 und 1a und § 26 Absatz 1 Satz 1 Folgendes:

1. Unterhaltsleistungen an den geschiedenen oder dauernd getrennt lebenden Ehegatten (§ 10 Absatz 1 Nummer 1) sind auch dann als Sonderausgaben abziehbar, wenn der Empfänger nicht unbeschränkt einkommensteuerpflichtig ist. ²Voraussetzung ist, dass der Empfänger seinen Wohnsitz oder gewöhnlichen Aufenthalt im Hoheitsgebiet eines anderen Mitgliedstaates der Europäischen Union oder eines Staates hat, auf den das Abkommen über den Europäischen Wirtschaftsraum Anwendung findet. ³Weitere Voraussetzung ist, dass die Besteuerung der Unterhaltszahlungen beim Empfänger durch eine Bescheinigung der zuständigen ausländischen Steuerbehörde nachgewiesen wird;

1a. auf besonderen Verpflichtungsgründen beruhende Versorgungsleistungen (§ 10 Absatz 1 Nummer 1a) sind auch dann als Sonderausgaben abziehbar, wenn der Empfänger nicht unbeschränkt einkommensteuerpflichtig ist. ²Nummer 1 Satz 2 und 3 gilt entsprechend;

2. der nicht dauernd getrennt lebende Ehegatte ohne Wohnsitz oder gewöhnlichen Aufenthalt im Inland wird auf Antrag für die Anwendung des § 26 Absatz 1 Satz 1 als unbeschränkt einkommensteuerpflichtig behandelt. ²Nummer 1 Satz 2 gilt entsprechend. ³Bei Anwendung des § 1 Absatz 3 Satz 2 ist auf die Einkünfte beider Ehegatten abzustellen und der Grundfreibetrag nach § 32a Absatz 1 Satz 2 Nummer 1 zu verdoppeln.

(2) Für unbeschränkt einkommensteuerpflichtige Personen im Sinne des § 1 Absatz 2, die die Voraussetzungen des § 1 Absatz 3 Satz 2 bis 5 erfüllen, und für unbeschränkt einkommensteuerpflichtige Personen im Sinne des § 1 Absatz 3, die die Voraussetzungen des § 1 Absatz 2 Satz 1 Nummer 1 und 2 erfüllen und an einem ausländischen Dienstort tätig sind, gilt die Regelung des Absatzes 1 Nummer 2 entsprechend mit der Maßgabe, dass auf Wohnsitz oder gewöhnlichen Aufenthalt im Staat des ausländischen Dienstortes abzustellen ist.

Rechtsprechungsauswahl

BFH v. 20. 8. 2008 I R 78/07 (BFH-Webseite):

1. Die für die personelle Ausweitung der unbeschränkten Steuerpflicht maßgebende Höhe der Einkünfte in § 1 Abs. 3 Satz 2 EStG 2002 ist nach deutschem Recht zu ermitteln, und zwar auch dann, wenn die Einkünfte im ausländischen Wohnsitzstaat zum Teil steuerfrei sind.
2. Überschreiten die im ausländischen Wohnsitzstaat erzielten Einkünfte bei einer Ermittlung nach deutschem Recht die absolute Wesentlichkeitsgrenze des § 1 Abs. 3 Satz 2 i.V.m. § 1a Abs. 1 Nr. 2 Satz 3 EStG 2002, ist eine Zusammenveranlagung zur Einkommensteuer auch dann ausgeschlossen, wenn die ausländischen Einkünfte nach dem Recht des Wohnsitzstaates ermittelt unterhalb der absoluten Wesentlichkeitsgrenze liegen. Dies gilt jedenfalls dann, wenn die steuerpflichtigen Einkünfte im Wohnsitzstaat so hoch sind, dass sie den persönlichen Verhältnissen des Ehegatten Rechnung tragen.

Schwebende Verfahren

BFH I R 80/09 (BFH-Webseite): Kann eine Zusammenveranlagung nach § 1a Abs. 1 Nr. 2, § 1 Abs. 3 EStG nur dann erfolgen, wenn entweder eine „Bescheinigung EU/EWR" oder eine Bescheinigung einer deutschen Auslandsvertretung im Ansässigkeitsstaat, aus welchen sich die Höhe der Einkünfte (auch bei Einkünften von 0 EUR) ergibt, vorgelegt wird?

---

1) Zur Anwendung von § 1a Absatz 1 EStG vor VZ 1996 siehe § 52 Absatz 2 EStG.

§ 2

II. Einkommen

1. Sachliche Voraussetzungen für die Besteuerung
§ 2 Umfang der Besteuerung, Begriffsbestimmungen

(1) ¹Der Einkommensteuer unterliegen
1. Einkünfte aus Land- und Forstwirtschaft,
2. Einkünfte aus Gewerbebetrieb,
3. Einkünfte aus selbständiger Arbeit,
4. Einkünfte aus nichtselbständiger Arbeit,
5. Einkünfte aus Kapitalvermögen,
6. Einkünfte aus Vermietung und Verpachtung,
7. sonstige Einkünfte im Sinne des § 22,

die der Steuerpflichtige während seiner unbeschränkten Einkommensteuerpflicht oder als inländische Einkünfte während seiner beschränkten Einkommensteuerpflicht erzielt. ²Zu welcher Einkunftsart die Einkünfte im einzelnen Fall gehören, bestimmt sich nach den §§ 13 bis 24.

(2) ¹Einkünfte sind
1. bei Land- und Forstwirtschaft, Gewerbebetrieb und selbständiger Arbeit der Gewinn (§§ 4 bis 7k),
2. bei den anderen Einkunftsarten der Überschuss der Einnahmen über die Werbungskosten (§§ 8 bis 9 a).

²Bei Einkünften aus Kapitalvermögen tritt § 20 Absatz 9 vorbehaltlich der Regelung in § 32d Absatz 2 an die Stelle der §§ 9 und 9a.

(3) Die Summe der Einkünfte, vermindert um den Altersentlastungsbetrag, den Entlastungsbetrag für Alleinerziehende und den Abzug nach § 13 Absatz 3, ist der Gesamtbetrag der Einkünfte.

(4) Der Gesamtbetrag der Einkünfte, vermindert um die Sonderausgaben und die außergewöhnlichen Belastungen, ist das Einkommen.

(5) ¹Das Einkommen, vermindert um die Freibeträge nach § 32 Absatz 6 und um die sonstigen vom Einkommen abzuziehenden Beträge, ist das zu versteuernde Einkommen; dieses bildet die Bemessungsgrundlage für die tarifliche Einkommensteuer. ²Knüpfen andere Gesetze an den Begriff des zu versteuernden Einkommens an, ist für deren Zweck das Einkommen in allen Fällen des § 32 um die Freibeträge nach § 32 Absatz 6 zu vermindern.

(5a) Knüpfen außersteuerliche Rechtsnormen an die in den vorstehenden Absätzen definierten Begriffe (Einkünfte, Summe der Einkünfte, Gesamtbetrag der Einkünfte, Einkommen, zu versteuerndes Einkommen) an, erhöhen sich für deren Zwecke diese Größen um die nach § 32d Absatz 1 und nach § 43 Absatz 5 zu besteuernden Beträge sowie um die nach § 3 Nummer 40 steuerfreien Beträge und mindern sich um die nach § 3c Absatz 2 nicht abziehbaren Beträge.

(5b) ¹Soweit Rechtsnormen dieses Gesetzes an die in den vorstehenden Absätzen definierten Begriffe (Einkünfte, Summe der Einkünfte, Gesamtbetrag der Einkünfte, Einkommen, zu versteuerndes Einkommen) anknüpfen, sind Kapitalerträge nach § 32d Absatz 1 und § 43 Absatz 5 nicht einzubeziehen. ²Satz 1 gilt nicht in den Fällen
1. des § 10b Absatz 1, wenn der Steuerpflichtige dies beantragt, sowie
2. des § 32 Absatz 4 Satz 2, des § 32d Absatz 2 und 6, des § 33 Absatz 3 und des § 33a Absatz 1 Satz 4 und Absatz 2 Satz 2.

(6) ¹Die tarifliche Einkommensteuer, vermindert um die anzurechnenden ausländischen Steuern und die Steuerermäßigungen, vermehrt um die Steuer nach § 32d Absatz 3 und 4, die Steuer nach § 34c Absatz 5 und den Zuschlag nach § 3 Absatz 4 Satz 2 des Forstschäden-

Ausgleichsgesetzes in der Fassung der Bekanntmachung vom 26. August 1985 (BGBl. I S. 1756), das zuletzt durch Artikel 18 des Gesetzes vom 19. Dezember 2008 (BGBl. I S. 2794) geändert worden ist, in der jeweils geltenden Fassung, ist die festzusetzende Einkommensteuer. ²Wurde der Gesamtbetrag der Einkünfte in den Fällen des § 10a Absatz 2 um Sonderausgaben nach § 10a Absatz 1 gemindert, ist für die Ermittlung der festzusetzenden Einkommensteuer der Anspruch auf Zulage nach Abschnitt XI der tariflichen Einkommensteuer hinzuzurechnen; bei der Ermittlung der dem Steuerpflichtigen zustehenden Zulage bleibt die Erhöhung der Grundzulage nach § 84 Satz 2 außer Betracht. ³Wird das Einkommen in den Fällen des § 31 um die Freibeträge nach § 32 Absatz 6 gemindert, ist der Anspruch auf Kindergeld nach Abschnitt X der tariflichen Einkommensteuer hinzuzurechnen.

(7) ¹Die Einkommensteuer ist eine Jahressteuer. ²Die Grundlagen für ihre Festsetzung sind jeweils für ein Kalenderjahr zu ermitteln. ³Besteht während eines Kalenderjahres sowohl unbeschränkte als auch beschränkte Einkommensteuerpflicht, so sind die während der beschränkten Einkommensteuerpflicht erzielten inländischen Einkünfte in eine Veranlagung zur unbeschränkten Einkommensteuerpflicht einzubeziehen.

Hinweise

LStH 2 → *R 2 EStR, H2 EStH*

Rechtsprechungsauswahl

BFH v. 25. 8. 2009 I R 33/08 (BStBl. 2010 II S. 150): Bei der Berechnung der Lohnsteuer für einen „sonstigen Bezug", der einem (ehemaligen) Arbeitnehmer nach einem Wechsel von der unbeschränkten in die beschränkte Steuerpflicht in diesem Kalenderjahr zufließt, ist der während der Zeit der unbeschränkten Steuerpflicht gezahlte Arbeitslohn im „Jahresarbeitslohn" (§ 39d Abs. 3 Satz 4 i.V.m. § 39b Abs. 3 Satz 7 EStG 2002) zu berücksichtigen.

BFH v. 26. 11. 2008 X R 31/07 (BStBl. 2009 II S. 651): Eine Schadensersatzrente nach § 844 Abs. 2 BGB, die den durch den Tod des Ehegatten eingetretenen materiellen Unterhaltsschaden ausgleicht, unterliegt nicht der Einkommensteuerpflicht nach § 22 Nr. 1 EStG.

BFH v. 4. 9. 2008 IV R 1/07 (BStBl. 2009 II S. 335): Die Ungewissheit i.S. von § 165 AO i.V.m. § 171 Abs. 8 AO, ob ein Steuerpflichtiger mit Einkünfteerzielungsabsicht tätig geworden ist oder ob Liebhaberei vorliegt, ist beseitigt, wenn die für die Beurteilung der Einkünfteerzielungsabsicht maßgeblichen Hilfstatsachen festgestellt werden können und das FA davon positive Kenntnis hat.

BFH v. 28. 8. 2008 VI R 50/06 (BStBl. 2009 II S. 243):
1. Die Einkunftserzielungsabsicht kann auch bei den Einkünften aus nichtselbständiger Arbeit fehlen, so dass von einer einkommensteuerrechtlich unbeachtlichen Liebhaberei auszugehen ist.
2. Beurteilungseinheit für die Überschusserzielungsabsicht bei den Einkünften aus nichtselbständiger Arbeit ist das einzelne Dienstverhältnis. Fiktive weitere Einkünfte aus anderen Beschäftigungsverhältnissen, die sich im Anschluss an das jeweilige Dienstverhältnis ergeben könnten, sind für die Totalüberschussprognose nicht zu berücksichtigen.
3. In die Totalüberschussprognose ist das zu erwartende Ruhegehalt des Steuerpflichtigen und eine etwaige Hinterbliebenenversorgung seines Ehegatten mit nach der aktuellen Sterbetafel des Statistischen Bundesamts zu bestimmenden und nicht abzuzinsenden Verkehrswerten einer lebenslänglichen Leistung einzubeziehen.

BFH v. 6. 9. 2006 XI R 26/04 (BStBl. 2007 II S. 167): Es wird die Entscheidung des BVerfG darüber eingeholt, ob § 2 Abs. 3 Sätze 2 bis 8, § 10d Abs. 1 Sätze 2 bis 4, Abs. 2 Sätze 2 bis 4, Satz 5 Halbsatz 2 soweit auf Sätze 2 bis 4 verweisend, und Abs. 3 EStG i.d.F. des StEntlG 1999/2000/2002 wegen Verletzung des Grundsatzes der Normenklarheit (Art. 20 Abs. 3, Art. 19 Abs. 4 GG) verfassungswidrig sind.

Schwebende Verfahren

BVerfG 2 BvL 59/06 (Beilage 3/2008 BStBl. II S. 179): (Normenkontrollverfahren zu BFH v. 6. 9. 2006 XI R 26/04 BStBl. 2007 II S. 167) Sind die Vorschriften über die Mindeststeuerregelung wegen Verletzung des Grundsatzes der Normenklarheit verfassungswidrig (Art. 2 Abs. 1, Art. 3 Abs. 1, Art. 14, Art. 20 Abs. 1 i.V.m. Art. 1 GG)?

§ 2a

§ 2a Negative Einkünfte mit Bezug zu Drittstaaten

(1) ¹Negative Einkünfte

1. aus einer in einem Drittstaat belegenen land- und forstwirtschaftlichen Betriebsstätte,
2. aus einer in einem Drittstaat belegenen gewerblichen Betriebsstätte,
3. a) aus dem Ansatz des niedrigeren Teilwerts eines zu einem Betriebsvermögen gehörenden Anteils an einer Drittstaaten-Körperschaft oder
   b) aus der Veräußerung oder Entnahme eines zu einem Betriebsvermögen gehörenden Anteils an einer Drittstaaten-Körperschaft oder aus der Auflösung oder Herabsetzung des Kapitals einer Drittstaaten-Körperschaft,
4. in den Fällen des § 17 bei einem Anteil an einer Drittstaaten-Kapitalgesellschaft,
5. aus der Beteiligung an einem Handelsgewerbe als stiller Gesellschafter und aus partiarischen Darlehen, wenn der Schuldner Wohnsitz, Sitz oder Geschäftsleitung in einem Drittstaat hat,
6. a) aus der Vermietung oder der Verpachtung von unbeweglichem Vermögen oder von Sachinbegriffen, wenn diese in einem Drittstaat belegen sind, oder
   b) aus der entgeltlichen Überlassung von Schiffen, sofern der Überlassende nicht nachweist, dass diese ausschließlich oder fast ausschließlich in einem anderen Staat als einem Drittstaat eingesetzt worden sind, es sei denn, es handelt sich um Handelsschiffe, die

   aa) von einem Vercharterer ausgerüstet überlassen oder

   bb) an in einem anderen als in einem Drittstaat ansässige Ausrüster, die die Voraussetzungen des § 510 Absatz 1 HGB erfüllen, überlassen oder

   cc) insgesamt nur vorübergehend an in einem Drittstaat ansässige Ausrüster, die die Voraussetzungen des § 510 Absatz 1 HGB erfüllen, überlassen

   worden sind, oder [1]
   c) aus dem Ansatz des niedrigeren Teilwerts oder der Übertragung eines zu einem Betriebsvermögen gehörenden Wirtschaftsguts im Sinne der Buchstaben a und b,
7. a) aus dem Ansatz des niedrigeren Teilwerts, der Veräußerung oder Entnahme eines zu einem Betriebsvermögen gehörenden Anteils an
   b) aus der Auflösung oder Herabsetzung des Kapitals,
   c) in den Fällen des § 17 bei einem Anteil an

einer Körperschaft mit Sitz oder Geschäftsleitung in einem anderen Staat als einem Drittstaat, soweit die negativen Einkünfte auf einen der in den Nummern 1 bis 6 genannten Tatbestände zurückzuführen sind,

dürfen nur mit positiven Einkünften der jeweils selben Art und, mit Ausnahme der Fälle der Nummer 6 Buchstabe b, aus demselben Staat, in den Fällen der Nummer 7 auf Grund von Tatbeständen der jeweils selben Art aus demselben Staat, ausgeglichen werden; sie dürfen auch nicht nach § 10d abgezogen werden. ²Den negativen Einkünften sind Gewinnminderungen gleichgestellt. ³Soweit die negativen Einkünfte nicht nach Satz 1 ausgeglichen werden können, mindern sie die positiven Einkünfte der jeweils selben Art, die der Steuerpflichtige in den folgenden Veranlagungszeiträumen aus demselben Staat, in den Fällen der Nummer 7 auf Grund von Tatbeständen der jeweils selben Art aus demselben Staat, erzielt. ⁴Die Minderung ist nur insoweit zulässig, als die negativen Einkünfte in den vorangegangenen Veranlagungszeiträumen nicht berücksichtigt werden konnten (verbleibende negative Einkünfte). ⁵Die am Schluss eines Veranlagungszeitraums verbleibenden negativen Einkünfte sind gesondert festzustellen; § 10d Absatz 4 gilt sinngemäß.

(2) ¹Absatz 1 Satz 1 Nummer 2 ist nicht anzuwenden, wenn der Steuerpflichtige nachweist, dass die negativen Einkünfte aus einer gewerblichen Betriebsstätte in einem Drittstaat

---

1) Zur erstmaligen Anwendung von § 2a Nummer 6 Buchstabe b siehe § 52 Absatz 3 Satz 1 EStG.

Rechtsprechung § 2a

stammen, die ausschließlich oder fast ausschließlich die Herstellung oder Lieferung von Waren, außer Waffen, die Gewinnung von Bodenschätzen sowie die Bewirkung gewerblicher Leistungen zum Gegenstand hat, soweit diese nicht in der Errichtung oder dem Betrieb von Anlagen, die dem Fremdenverkehr dienen, oder in der Vermietung oder der Verpachtung von Wirtschaftsgütern einschließlich der Überlassung von Rechten, Plänen, Mustern, Verfahren, Erfahrungen und Kenntnissen bestehen; das unmittelbare Halten einer Beteiligung von mindestens einem Viertel am Nennkapital einer Kapitalgesellschaft, die ausschließlich oder fast ausschließlich die vorgenannten Tätigkeiten zum Gegenstand hat, sowie die mit dem Halten der Beteiligung in Zusammenhang stehende Finanzierung gilt als Bewirkung gewerblicher Leistungen, wenn die Kapitalgesellschaft weder ihre Geschäftsleitung noch ihren Sitz im Inland hat. ²Absatz 1 Satz 1 Nummer 3 und 4 ist nicht anzuwenden, wenn der Steuerpflichtige nachweist, dass die in Satz 1 genannten Voraussetzungen bei der Körperschaft entweder seit ihrer Gründung oder während der letzten fünf Jahre vor und in dem Veranlagungszeitraum vorgelegen haben, in dem die negativen Einkünfte bezogen werden.[1)]

(2a) ¹Bei der Anwendung der Absätze 1 und 2 sind

1. als Drittstaaten die Staaten anzusehen, die nicht Mitgliedstaaten der Europäischen Union sind;

2. Drittstaaten-Körperschaften und Drittstaaten-Kapitalgesellschaften solche, die weder ihre Geschäftsleitung noch ihren Sitz in einem Mitgliedstaat der Europäischen Union haben.

²Bei Anwendung des Satzes 1 sind den Mitgliedstaaten der Europäischen Union die Staaten gleichgestellt, auf die das Abkommen über den Europäischen Wirtschaftsraum anwendbar ist, sofern zwischen der Bundesrepublik Deutschland und dem anderen Staat auf Grund der Richtlinie 77/799/EWG des Rates vom 19. Dezember 1977 über die gegenseitige Amtshilfe zwischen den zuständigen Behörden der Mitgliedstaaten im Bereich der direkten Steuern und der Mehrwertsteuer (ABl. EG Nr. L 336 S. 15), die zuletzt durch die Richtlinie 2006/98/EWG des Rates vom 20. November 2006 (ABl. EU Nr. L 363 S. 129) geändert worden ist, in der jeweils geltenden Fassung oder einer vergleichbaren zwei- oder mehrseitigen Vereinbarung Auskünfte erteilt werden, die erforderlich sind, um die Besteuerung durchzuführen.

Rechtsprechungsauswahl

BFH v. 29. 1. 2008 I R 85/06 (BStBl. II S. 671): § 2a Abs. 3 Satz 1 i. V. m. Abs. 1 Nr. 2 und Abs. 2 Satz 1 EStG 1990 ermöglicht den Abzug eines Verlustes, der aus einer gewerblichen Betriebsstätte im Ausland stammt und (u. a.) ausschließlich oder fast ausschließlich die Bewirkung gewerblicher Leistungen zum Gegenstand hat, soweit diese nicht in der Errichtung oder dem Betrieb von Anlagen bestehen, die dem Fremdenverkehr dienen. Der Abzugsausschluss von Verlusten aus Fremdenverkehrsleistungen widerspricht der Niederlassungsfreiheit gemäß Art. 52 und Art. 58 EGV, jetzt Art. 43 und Art. 48 EG, und ist deshalb innerhalb der EU nicht anzuwenden (Anschluss an EuGH-Urteil vom 29. März 2007 Rs. C-347/04 "Rewe Zentralfinanz", BStBl. II 2007, 492).*)

*) Hinweis auf BMF-Schreiben vom 4. August 2008 IV B 5 – S 2118-a/07/10012, 2008/0419777 (BStBl. 2008 I S. 837).

---

1) Zur weiteren Anwendung der in § 2a weggefallenen Absätze 3 und 4 für die VZ 1999 bis 2008 siehe § 52 Absatz 3 Sätze 3 bis 6 EStG.

§ 3

2. Steuerfreie Einnahmen

§ 3 (Steuerfreie Einnahmen)

Steuerfrei sind

1. a) Leistungen aus einer Krankenversicherung, aus einer Pflegeversicherung und aus der gesetzlichen Unfallversicherung,

    b) Sachleistungen und Kinderzuschüsse aus den gesetzlichen Rentenversicherungen einschließlich der Sachleistungen nach dem Gesetz über die Alterssicherung der Landwirte,

    c) Übergangsgeld nach dem Sechsten Buch Sozialgesetzbuch und Geldleistungen nach den §§ 10, 36 bis 39 des Gesetzes über die Alterssicherung der Landwirte,

    d) das Mutterschaftsgeld nach dem Mutterschutzgesetz, der Reichsversicherungsordnung und dem Gesetz über die Krankenversicherung der Landwirte, die Sonderunterstützung für im Familienhaushalt beschäftigte Frauen, der Zuschuss zum Mutterschaftsgeld nach dem Mutterschutzgesetz sowie der Zuschuss bei Beschäftigungsverboten für die Zeit vor oder nach einer Entbindung sowie für den Entbindungstag während einer Elternzeit nach beamtenrechtlichen Vorschriften;

2. das Arbeitslosengeld, das Teilarbeitslosengeld, das Kurzarbeitergeld, das Winterausfallgeld, die Arbeitslosenhilfe, der Zuschuss zum Arbeitsentgelt, das Übergangsgeld, das Unterhaltsgeld, die Eingliederungshilfe, das Überbrückungsgeld, der Gründungszuschuss, der Existenzgründungszuschuss nach dem Dritten Buch Sozialgesetzbuch oder dem Arbeitsförderungsgesetz sowie das aus dem Europäischen Sozialfonds finanzierte Unterhaltsgeld und die aus Landesmitteln ergänzten Leistungen aus dem Europäischen Sozialfonds zur Aufstockung des Überbrückungsgeldes nach dem Dritten Buch Sozialgesetzbuch oder dem Arbeitsförderungsgesetz und die übrigen Leistungen nach dem Dritten Buch Sozialgesetzbuch oder dem Arbeitsförderungsgesetz und den entsprechenden Programmen des Bundes und der Länder, soweit sie Arbeitnehmern oder Arbeitsuchenden oder zur Förderung der Ausbildung oder Fortbildung der Empfänger gewährt werden, sowie Leistungen auf Grund der in § 141m Absatz 1 und § 141n Absatz 2 des Arbeitsförderungsgesetzes oder § 187 und § 208 Absatz 2 des Dritten Buches Sozialgesetzbuch genannten Ansprüche, Leistungen auf Grund der in § 115 Absatz 1 des Zehnten Buches Sozialgesetzbuch in Verbindung mit § 117 Absatz 4 Satz 1 oder § 134 Absatz 4, § 160 Absatz 1 Satz 1 und § 166a des Arbeitsförderungsgesetzes oder in Verbindung mit § 143 Absatz 3 oder § 198 Satz 2 Nummer 6, § 335 Absatz 3 des Dritten Buches Sozialgesetzbuch genannten Ansprüche, wenn über das Vermögen des ehemaligen Arbeitgebers des Arbeitslosen das Konkursverfahren, Gesamtvollstreckungsverfahren oder Insolvenzverfahren eröffnet worden ist oder einer der Fälle des § 141b Absatz 3 des Arbeitsförderungsgesetzes oder des § 183 Absatz 1 Nummer 2 oder 3 des Dritten Buches Sozialgesetzbuch vorliegt, und der Altersübergangsgeld-Ausgleichsbetrag nach § 249e Absatz 4a des Arbeitsförderungsgesetzes in der bis zum 31. Dezember 1997 geltenden Fassung;

2a. die Arbeitslosenbeihilfe und die Arbeitslosenhilfe nach dem Soldatenversorgungsgesetz;

2b. Leistungen zur Sicherung des Lebensunterhalts und zur Eingliederung in Arbeit nach dem Zweiten Buch Sozialgesetzbuch;

3. a) Rentenabfindungen nach § 107 des Sechsten Buches Sozialgesetzbuch, nach § 21 des Beamtenversorgungsgesetzes oder entsprechendem Landesrecht und nach § 43 des Soldatenversorgungsgesetzes in Verbindung mit § 21 des Beamtenversorgungsgesetzes,

    b) Beitragserstattungen an den Versicherten nach den §§ 210 und 286d des Sechsten Buches Sozialgesetzbuch sowie nach den §§ 204, 205 und 207 des Sechsten Buches Sozialgesetzbuch, Beitragserstattungen nach den §§ 75 und 117 des Gesetzes über

§ 3

die Alterssicherung der Landwirte und nach § 26 des Vierten Buches Sozialgesetzbuch,

c) Leistungen aus berufsständischen Versorgungseinrichtungen, die den Leistungen nach den Buchstaben a und b entsprechen,

d) Kapitalabfindungen und Ausgleichszahlungen nach § 48 des Beamtenversorgungsgesetzes oder entsprechendem Landesrecht und nach den §§ 28 bis 35 und 38 des Soldatenversorgungsgesetzes;

4. bei Angehörigen der Bundeswehr, der Bundespolizei, des Zollfahndungsdienstes, der Bereitschaftspolizei der Länder, der Vollzugspolizei und der Berufsfeuerwehr der Länder und Gemeinden und bei Vollzugsbeamten der Kriminalpolizei des Bundes, der Länder und Gemeinden

   a) der Geldwert der ihnen aus Dienstbeständen überlassenen Dienstkleidung,

   b) Einkleidungsbeihilfen und Abnutzungsentschädigungen für die Dienstkleidung der zum Tragen oder Bereithalten von Dienstkleidung Verpflichteten und für dienstlich notwendige Kleidungsstücke der Vollzugsbeamten der Kriminalpolizei und der Zollfahndungsbeamten,

   c) im Einsatz gewährte Verpflegung oder Verpflegungszuschüsse,

   d) der Geldwert der auf Grund gesetzlicher Vorschriften gewährten Heilfürsorge;

5. die Geld- und Sachbezüge sowie die Heilfürsorge, die Soldaten auf Grund des § 1 Absatz 1 Satz 1 des Wehrsoldgesetzes und Zivildienstleistende auf Grund des § 35 des Zivildienstgesetzes erhalten;

6. Bezüge, die auf Grund gesetzlicher Vorschriften aus öffentlichen Mitteln versorgungshalber an Wehrdienstbeschädigte und Zivildienstbeschädigte oder ihre Hinterbliebenen, Kriegsbeschädigte, Kriegshinterbliebene und ihnen gleichgestellte Personen gezahlt werden, soweit es sich nicht um Bezüge handelt, die auf Grund der Dienstzeit gewährt werden;

7. Ausgleichsleistungen nach dem Lastenausgleichsgesetz, Leistungen nach dem Flüchtlingshilfegesetz, dem Bundesvertriebenengesetz, dem Reparationsschädengesetz, dem Vertriebenenzuwendungsgesetz, dem NS-Verfolgtenentschädigungsgesetz sowie Leistungen nach dem Entschädigungsgesetz und nach dem Ausgleichsleistungsgesetz, soweit sie nicht Kapitalerträge im Sinne des § 20 Absatz 1 Nummer 7 und Absatz 2 sind;

8. Geldrenten, Kapitalentschädigungen und Leistungen im Heilverfahren, die auf Grund gesetzlicher Vorschriften zur Wiedergutmachung nationalsozialistischen Unrechts gewährt werden. ²Die Steuerpflicht von Bezügen aus einem aus Wiedergutmachungsgründen neu begründeten oder wieder begründeten Dienstverhältnis sowie von Bezügen aus einem früheren Dienstverhältnis, die aus Wiedergutmachungsgründen neu gewährt oder wieder gewährt werden, bleibt unberührt;

9. Erstattungen nach § 23 Absatz 2 Satz 1 Nummer 3 und 4 sowie nach § 39 Absatz 4 Satz 2 des Achten Buches Sozialgesetzbuch; [1)]

10. Einnahmen einer Gastfamilie für die Aufnahme eines behinderten oder von Behinderung bedrohten Menschen nach § 2 Absatz 1 des Neunten Buches Sozialgesetzbuch zur Pflege, Betreuung, Unterbringung und Verpflegung, die auf Leistungen eines Leistungsträgers nach dem Sozialgesetzbuch beruhen. ²Für Einnahmen im Sinne des Satzes 1, die nicht auf Leistungen eines Leistungsträgers nach dem Sozialgesetzbuch

---

1) Zu dieser Fassung von § 3 Nummer 9 Hinweis auf BMF-Schreiben vom 20.5.2009 (BStBl. I S. 642 – Tagespflegepersonen, Betriebsausgabenpauschale –), vom 17.12.2008 (BStBl. 2009 I S. 15) betr. Aktualisierung der BMF-Schreiben vom 20.11.2007 (BStBl. I S. 824) und vom 17.12.2007 (BStBl. 2008 I S. 17). Zur weiteren Anwendung der früheren Nummer 9 (bis 2007) siehe § 52 Absatz 4a Satz 1 und 2 EStG *(nachrichtlich früherer Text: „Abfindungen wegen einer vom Arbeitgeber veranlassten oder gerichtlich ausgesprochenen Auflösung des Dienstverhältnisses, höchstens jedoch 7 200 Euro. ²Hat der Arbeitnehmer das 50. Lebensjahr vollendet und hat das Dienstverhältnis mindestens 15 Jahre bestanden, so beträgt der Höchstbetrag 9 000 Euro, hat der Arbeitnehmer das 55. Lebensjahr vollendet und hat das Dienstverhältnis mindestens 20 Jahre bestanden, so beträgt der Höchstbetrag 11 000 Euro;").*

§ 3

beruhen, gilt Entsprechendes bis zur Höhe der Leistungen nach dem Zwölften Buch Sozialgesetzbuch. ³Überschreiten die auf Grund der in Satz 1 bezeichneten Tätigkeit bezogenen Einnahmen der Gastfamilie den steuerfreien Betrag, dürfen die mit der Tätigkeit in unmittelbarem wirtschaftlichen Zusammenhang stehenden Ausgaben abweichend von § 3c nur insoweit als Betriebsausgaben abgezogen werden, als sie den Betrag der steuerfreien Einnahmen übersteigen;[1)]

11. [2)] Bezüge aus öffentlichen Mitteln oder aus Mitteln einer öffentlichen Stiftung, die wegen Hilfsbedürftigkeit oder als Beihilfe zu dem Zweck bewilligt werden, die Erziehung oder Ausbildung, die Wissenschaft oder Kunst unmittelbar zu fördern. ²Darunter fallen nicht Kinderzuschläge und Kinderbeihilfen, die auf Grund der Besoldungsgesetze, besonderer Tarife oder ähnlicher Vorschriften gewährt werden. ³Voraussetzung für die Steuerfreiheit ist, daß der Empfänger mit den Bezügen nicht zu einer bestimmten wissenschaftlichen oder künstlerischen Gegenleistung oder zu einer bestimmten Arbeitnehmertätigkeit verpflichtet wird. ⁴Den Bezügen aus öffentlichen Mitteln wegen Hilfsbedürftigkeit gleichgestellt sind Beitragsermäßigungen und Prämienrückzahlungen eines Trägers der gesetzlichen Krankenversicherung für nicht in Anspruch genommene Beihilfeleistungen;

12. aus einer Bundeskasse oder Landeskasse gezahlte Bezüge, die in einem Bundesgesetz oder Landesgesetz oder einer auf bundesgesetzlicher oder landesgesetzlicher Ermächtigung beruhenden Bestimmung oder von der Bundesregierung oder einer Landesregierung als Aufwandsentschädigung festgesetzt sind und als Aufwandsentschädigung im Haushaltsplan ausgewiesen werden. ²Das Gleiche gilt für andere Bezüge, die als Aufwandsentschädigung aus öffentlichen Kassen an öffentliche Dienste leistende Personen gezahlt werden, soweit nicht festgestellt wird, dass sie für Verdienstausfall oder Zeitverlust gewährt werden oder den Aufwand, der dem Empfänger erwächst, offenbar übersteigen;

13. die aus öffentlichen Kassen gezahlten Reisekostenvergütungen und Umzugskostenvergütungen und Trennungsgelder. ²Die als Reisekostenvergütungen gezahlten Vergütungen für Verpflegungsmehraufwendungen sind nur insoweit steuerfrei, als sie die Pauschbeträge nach § 4 Absatz 5 Satz 1 Nummer 5 nicht übersteigen; Trennungsgelder sind nur insoweit steuerfrei, als sie die nach § 9 Absatz 1 Satz 3 Nummer 5 und Absatz 5 sowie § 4 Absatz 5 Satz 1 Nummer 5 abziehbaren Aufwendungen nicht übersteigen;

14. Zuschüsse eines Trägers der gesetzlichen Rentenversicherung zu den Aufwendungen eines Rentners für seine Krankenversicherung und von dem gesetzlichen Rentenversicherungsträger getragene Anteile (§ 249a des Fünften Buches Sozialgesetzbuch) an den Beiträgen für die gesetzliche Krankenversicherung;

15. (weggefallen)

16. die Vergütungen, die Arbeitnehmer außerhalb des öffentlichen Dienstes von ihrem Arbeitgeber zur Erstattung von Reisekosten, Umzugskosten oder Mehraufwendungen bei doppelter Haushaltsführung erhalten, soweit sie die beruflich veranlassten Mehraufwendungen, bei Verpflegungsmehraufwendungen die Pauschbeträge nach § 4 Absatz 5 Satz 1 Nummer 5 und bei Familienheimfahrten mit dem eigenen oder außerhalb des Dienstverhältnisses zur Nutzung überlassenen Kraftfahrzeug die Pauschbeträge nach § 9 Absatz 1 Satz 3 Nummer 4 nicht übersteigen; Vergütungen zur Erstattung von Mehraufwendungen bei doppelter Haushaltsführung sind nur insoweit steuerfrei, als sie die nach § 9 Absatz 1 Satz 3 Nummer 5 und Absatz 5 sowie § 4 Absatz 5 Satz 1 Nummer 5 abziehbaren Aufwendungen nicht übersteigen;

---

1) Zur weiteren Anwendung der früheren Nummer 10 (bis 2008 und unbefristete) siehe § 52 Absatz 4a Satz 3 EStG *(nachrichtlich früherer Text: „Übergangsgelder und Übergangsbeihilfen auf Grund gesetzlicher Vorschriften wegen Entlassung aus einem Dienstverhältnis, höchstens jedoch 10 800 Euro;")*.

2) Zur einkommensteuerrechtlichen Behandlung der Geldleistungen für Kinder in Vollzeitpflege siehe BMF-Schreiben vom 20.11.2007 (BStBl. I S. 824) und § 3 Nummer 9 EStG.

17. Zuschüsse zum Beitrag nach § 32 des Gesetzes über die Alterssicherung der Landwirte;

18. das Aufgeld für ein an die Bank für Vertriebene und Geschädigte (Lastenausgleichsbank) zugunsten des Ausgleichsfonds (§ 5 Lastenausgleichsgesetz) gegebenes Darlehen, wenn das Darlehen nach § 7f des Gesetzes in der Fassung der Bekanntmachung vom 15. September 1953 (BGBl. I S. 1355) im Jahr der Hingabe als Betriebsausgabe abzugsfähig war;

19. Entschädigungen auf Grund des Gesetzes über die Entschädigung ehemaliger deutscher Kriegsgefangener;

20. die aus öffentlichen Mitteln des Bundespräsidenten aus sittlichen oder sozialen Gründen gewährten Zuwendungen an besonders verdiente Personen oder ihre Hinterbliebenen;

21. Zinsen aus Schuldbuchforderungen im Sinne des § 35 Absatz 1 des Allgemeinen Kriegsfolgengesetzes in der im Bundesgesetzblatt Teil III, Gliederungsnummer 653-1, veröffentlichten bereinigten Fassung;

22. der Ehrensold, der auf Grund des Gesetzes über Titel, Orden und Ehrenzeichen in der im Bundesgesetzblatt Teil III, Gliederungsnummer 1132-1, veröffentlichten bereinigten Fassung, zuletzt geändert durch Gesetz vom 24. April 1986 (BGBl. I S. 560), gewährt wird;

23. die Leistungen nach dem Häftlingshilfegesetz, dem Strafrechtlichen Rehabilitierungsgesetz, dem Verwaltungsrechtlichen Rehabilitierungsgesetz und dem Beruflichen Rehabilitierungsgesetz;

24. Leistungen, die auf Grund des Bundeskindergeldgesetzes gewährt werden;

25. Entschädigungen nach dem Infektionsschutzgesetz vom 20. Juli 2000 (BGBl. I S. 1045);

26. Einnahmen aus nebenberuflichen Tätigkeiten als Übungsleiter, Ausbilder, Erzieher, Betreuer oder vergleichbaren nebenberuflichen Tätigkeiten, aus nebenberuflichen künstlerischen Tätigkeiten oder der nebenberuflichen Pflege alter, kranker oder behinderter Menschen im Dienst oder im Auftrag einer juristischen Person des öffentlichen Rechts, die in einem Mitgliedstaat der Europäischen Union oder in einem Staat belegen ist, auf den das Abkommen über den Europäischen Wirtschaftsraum Anwendung findet, oder einer unter § 5 Absatz 1 Nummer 9 des Körperschaftsteuergesetzes fallenden Einrichtung zur Förderung gemeinnütziger, mildtätiger und kirchlicher Zwecke (§§ 52 bis 54 der Abgabenordnung) bis zur Höhe von insgesamt 2100 Euro im Jahr.[1] ²Überschreiten die Einnahmen für die in Satz 1 bezeichneten Tätigkeiten den steuerfreien Betrag, dürfen die mit den nebenberuflichen Tätigkeiten in unmittelbarem wirtschaftlichen Zusammenhang stehenden Ausgaben abweichend von § 3c nur insoweit als Betriebsausgaben oder Werbungskosten abgezogen werden, als sie den Betrag der steuerfreien Einnahmen übersteigen;

26a. Einnahmen aus nebenberuflichen Tätigkeiten im Dienst oder Auftrag einer juristischen Person des öffentlichen Rechts, die in einem Mitgliedstaat der Europäischen Union oder in einem Staat belegen ist, auf den das Abkommen über den Europäischen Wirtschaftsraum Anwendung findet, oder einer unter § 5 Absatz 1 Nummer 9 des Körperschaftsteuergesetzes fallenden Einrichtung zur Förderung gemeinnütziger, mildtätiger und kirchlicher Zwecke (§§ 52 bis 54 der Abgabenordnung) bis zur Höhe von insgesamt 500 Euro im Jahr. ²Die Steuerbefreiung ist ausgeschlossen, wenn für die Einnahmen aus der Tätigkeit – ganz oder teilweise – eine Steuerbefreiung nach § 3 Nummer 12 oder 26 gewährt wird. ³Überschreiten die Einnahmen für die in Satz 1 bezeichneten Tätigkeiten den steuerfreien Betrag, dürfen die mit den nebenberuflichen Tätigkeiten in unmittelbarem wirtschaftlichen Zusammenhang stehenden Ausgaben abweichend von § 3c nur insoweit als Betriebsausgaben oder Werbungs-

---

1) Die Betragsänderung in Nummer 26 von 1848 Euro auf 2100 Euro ist rückwirkend ab 1.1.2007 in Kraft getreten (Artikel 9 Absatz 1 Gesetz vom 10.10.2007 BGBl. S. 2332). Geänderte Fassung von 2008 ist in allen noch nicht bestandskräftigen Fällen anzuwenden (§ 52 Absatz 4b EStG).

§ 3

kosten abgezogen werden, als sie den Betrag der steuerfreien Einnahmen übersteigen;[1)]

27. der Grundbetrag der Produktionsaufgaberente und das Ausgleichsgeld nach dem Gesetz zur Förderung der Einstellung der landwirtschaftlichen Erwerbstätigkeit bis zum Höchstbetrag von 18 407 Euro;

28. die Aufstockungsbeträge im Sinne des § 3 Absatz 1 Nummer 1 Buchstabe a sowie die Beiträge und Aufwendungen im Sinne des § 3 Absatz 1 Nummer 1 Buchstabe b und des § 4 Absatz 2 des Altersteilzeitgesetzes, die Zuschläge, die versicherungsfrei Beschäftigte im Sinne des § 27 Absatz 1 Nummer 1 bis 3 des Dritten Buches Sozialgesetzbuch zur Aufstockung der Bezüge bei Altersteilzeit nach beamtenrechtlichen Vorschriften oder Grundsätzen erhalten sowie die Zahlungen des Arbeitgebers zur Übernahme der Beiträge im Sinne des § 187a des Sechsten Buches Sozialgesetzbuch, soweit sie 50 Prozent der Beiträge nicht übersteigen;

29. das Gehalt und die Bezüge

   a) die die diplomatischen Vertreter ausländischer Staaten, die ihnen zugewiesenen Beamten und die in ihren Diensten stehenden Personen erhalten. ²Dies gilt nicht für deutsche Staatsangehörige oder für im Inland ständig ansässige Personen;

   b) der Berufskonsuln, der Konsulatsangehörigen und ihres Personals, soweit sie Angehörige des Entsendestaats sind. ²Dies gilt nicht für Personen, die im Inland ständig ansässig sind oder außerhalb ihres Amtes oder Dienstes einen Beruf, ein Gewerbe oder eine andere gewinnbringende Tätigkeit ausüben;

30. Entschädigungen für die betriebliche Benutzung von Werkzeugen eines Arbeitnehmers (Werkzeuggeld), soweit sie die entsprechenden Aufwendungen des Arbeitnehmers nicht offensichtlich übersteigen;

31. die typische Berufskleidung, die der Arbeitgeber seinem Arbeitnehmer unentgeltlich oder verbilligt überlässt; dasselbe gilt für eine Barablösung eines nicht nur einzelvertraglichen Anspruchs auf Gestellung von typischer Berufskleidung, wenn die Barablösung betrieblich veranlasst ist und die entsprechenden Aufwendungen des Arbeitnehmers nicht offensichtlich übersteigt;

32. die unentgeltliche oder verbilligte Sammelbeförderung eines Arbeitnehmers zwischen Wohnung und Arbeitsstätte mit einem vom Arbeitgeber gestellten Beförderungsmittel, soweit die Sammelbeförderung für den betrieblichen Einsatz des Arbeitnehmers notwendig ist;

33. zusätzlich zum ohnehin geschuldeten Arbeitslohn erbrachte Leistungen des Arbeitgebers zur Unterbringung und Betreuung von nicht schulpflichtigen Kindern der Arbeitnehmer in Kindergärten oder vergleichbaren Einrichtungen;

34. zusätzlich zum ohnehin geschuldeten Arbeitslohn erbrachte Leistungen des Arbeitgebers zur Verbesserung des allgemeinen Gesundheitszustandes und der betrieblichen Gesundheitsförderung, die hinsichtlich Qualität, Zweckbindung und Zielgerichtetheit den Anforderungen der §§ 20 und 20a des Fünften Buches Sozialgesetzbuch genügen, soweit sie 500 Euro im Kalenderjahr nicht übersteigen;[2)]

35. die Einnahmen der bei der Deutsche Post AG, Deutsche Postbank AG oder Deutsche Telekom AG beschäftigten Beamten, soweit die Einnahmen ohne Neuordnung des Postwesens und der Telekommunikation nach den Nummern 11 bis 13 und 64 steuerfrei wären;

36. Einnahmen für Leistungen zur Grundpflege oder hauswirtschaftlichen Versorgung bis zur Höhe des Pflegegeldes nach § 37 des Elften Buches Sozialgesetzbuch, wenn diese

---

1) Nummer 26a ist rückwirkend ab 1.1.2007 in Kraft getreten (Artikel 9 Absatz 1 Gesetz vom 10.10.2007 BGBl. S. 2332). Siehe BMF-Anwendungsschreiben zu § 3 Nummer 26a EStG vom 25.11.2008 (BStBl. I S. 985) – *Anlage § 003-02* –. Geänderte Fassung von 2008 ist in allen noch nicht bestandskräftigen Fällen anzuwenden (§ 52 Absatz 4b EStG).

2) § 3 Nummer 34 ist erstmals auf Arbeitgeberleistungen im Kj. 2008 anzuwenden (§ 52 Absatz 4c EStG).

§ 3

Leistungen von Angehörigen des Pflegebedürftigen oder von anderen Personen, die damit eine sittliche Pflicht im Sinne des § 33 Absatz 2 gegenüber dem Pflegebedürftigen erfüllen, erbracht werden. ²Entsprechendes gilt, wenn der Pflegebedürftige Pflegegeld aus privaten Versicherungsverträgen nach den Vorgaben des Elften Buches Sozialgesetzbuch oder eine Pauschalbeihilfe nach Beihilfevorschriften für häusliche Pflege erhält;

37. der Unterhaltsbeitrag und der Maßnahmebeitrag nach dem Aufstiegsfortbildungsförderungsgesetz, soweit sie als Zuschuss geleistet werden;

38. Sachprämien, die der Steuerpflichtige für die persönliche Inanspruchnahme von Dienstleistungen von Unternehmen unentgeltlich erhält, die diese zum Zwecke der Kundenbindung im allgemeinen Geschäftsverkehr in einem jedermann zugänglichen planmäßigen Verfahren gewähren, soweit der Wert der Prämien 1 080 Euro im Kalenderjahr nicht übersteigt;

39. der Vorteil des Arbeitnehmers im Rahmen eines gegenwärtigen Dienstverhältnisses aus der unentgeltlichen oder verbilligten Überlassung von Vermögensbeteiligungen im Sinne des § 2 Absatz 1 Nummer 1 Buchstabe a, b und d bis l und Absatz 2 bis 5 des Fünften Vermögensbildungsgesetzes in der Fassung der Bekanntmachung vom 4. März 1994 (BGBl. I S. 406), zuletzt geändert durch Artikel 2 des Gesetzes vom 7. März 2009 (BGBl. I S. 451), in der jeweils geltenden Fassung, am Unternehmen des Arbeitgebers, soweit der Vorteil insgesamt 360 Euro im Kalenderjahr nicht übersteigt. ²Voraussetzung für die Steuerfreiheit ist, dass die Beteiligung mindestens allen Arbeitnehmern offensteht, die im Zeitpunkt der Bekanntgabe des Angebots ein Jahr oder länger ununterbrochen in einem gegenwärtigen Dienstverhältnis zum Unternehmen stehen.

³Als Unternehmen des Arbeitgebers im Sinne des Satzes 1 gilt auch ein Unternehmen im Sinne des § 18 des Aktiengesetzes. ⁴Als Wert der Vermögensbeteiligung ist der gemeine Wert anzusetzen;

40. [1)] 40 Prozent

    a) der Betriebsvermögensmehrungen oder Einnahmen aus der Veräußerung oder der Entnahme von Anteilen an Körperschaften, Personenvereinigungen und Vermögensmassen, deren Leistungen beim Empfänger zu Einnahmen im Sinne des § 20 Absatz 1 Nummer 1 und 9 gehören oder an einer Organgesellschaft im Sinne der §§ 14, 17 oder 18 des Körperschaftsteuergesetzes oder aus deren Auflösung oder Herabsetzung von deren Nennkapital oder aus dem Ansatz eines solchen Wirtschaftsguts mit dem Wert, der sich nach § 6 Absatz 1 Nummer 2 Satz 3 ergibt, soweit sie zu den Einkünften aus Land- und Forstwirtschaft, aus Gewerbebetrieb oder aus selbständiger Arbeit gehören. ²Dies gilt nicht, soweit der Ansatz des niedrigeren Teilwerts in vollem Umfang zu einer Gewinnminderung geführt hat und soweit diese Gewinnminderung nicht durch Ansatz eines Werts, der sich nach § 6 Absatz 1 Nummer 2 Satz 3 ergibt, ausgeglichen worden ist. ³Satz 1 gilt außer für Betriebsvermögensmehrungen aus dem Ansatz mit dem Wert, der sich nach § 6 Absatz 1 Nummer 2 Satz 3 ergibt, ebenfalls nicht, soweit Abzüge nach § 6b oder ähnliche Abzüge voll steuerwirksam vorgenommen worden sind,

    b) des Veräußerungspreises im Sinne des § 16 Absatz 2, soweit er auf die Veräußerung von Anteilen an Körperschaften, Personenvereinigungen und Vermögensmassen entfällt, deren Leistungen beim Empfänger zu Einnahmen im Sinne des § 20 Absatz 1 Nummer 1 und 9 gehören oder an einer Organgesellschaft im Sinne der §§ 14, 17 oder 18 des Körperschaftsteuergesetzes. ²Satz 1 ist in den Fällen des § 16 Absatz 3 entsprechend anzuwenden. ³Buchstabe a Satz 3 gilt entsprechend,

    c) des Veräußerungspreises oder des gemeinen Werts im Sinne des § 17 Absatz 2. ²Satz 1 ist in den Fällen des § 17 Absatz 4 entsprechend anzuwenden,

---
1) Zur Anwendung der Nummer 40 siehe § 52 Absatz 4d EStG.

§ 3

d) der Bezüge im Sinne des § 20 Absatz 1 Nummer 1 und der Einnahmen im Sinne des § 20 Absatz 1 Nummer 9. ²Dies gilt für sonstige Bezüge im Sinne des § 20 Absatz 1 Nummer 1 Satz 2 und der Einnahmen im Sinne des § 20 Absatz 1 Nummer 9 zweiter Halbsatz nur, soweit sie das Einkommen der leistenden Körperschaft nicht gemindert haben (§ 8 Absatz 3 Satz 2 des Körperschaftsteuergesetzes). ³Satz 1 Buchstabe d Satz 2 gilt nicht, soweit die verdeckte Gewinnausschüttung das Einkommen einer dem Steuerpflichtigen nahe stehenden Person erhöht hat und § 32a des Körperschaftsteuergesetzes auf die Veranlagung dieser nahe stehenden Person keine Anwendung findet,

e) der Bezüge im Sinne des § 20 Absatz 1 Nummer 2,

f) der besonderen Entgelte oder Vorteile im Sinne des § 20 Absatz 3, die neben den in § 20 Absatz 1 Nummer 1 und Absatz 2 Satz 1 Nummer 2 Buchstabe a bezeichneten Einnahmen oder an deren Stelle gewährt werden,

g) des Gewinns aus der Veräußerung von Dividendenscheinen und sonstigen Ansprüchen im Sinne des § 20 Absatz 2 Satz 1 Nummer 2 Buchstabe a,

h) des Gewinns aus der Abtretung von Dividendenansprüchen oder sonstigen Ansprüchen im Sinne des § 20 Absatz 2 Satz 1 Nummer 2 Buchstabe a in Verbindung mit § 20 Absatz 2 Satz 2,

i) der Bezüge im Sinne des § 22 Nummer 1 Satz 2, soweit diese von einer nicht von der Körperschaftsteuer befreiten Körperschaft, Personenvereinigung oder Vermögensmasse stammen.

²Dies gilt für Satz 1 Buchstabe d bis h nur in Verbindung mit § 20 Absatz 8. ³Satz 1 Buchstabe a, b und d bis h ist nicht anzuwenden für Anteile, die bei Kreditinstituten und Finanzdienstleistungsinstituten nach § 1a des Kreditwesengesetzes dem Handelsbuch zuzurechnen sind; Gleiches gilt für Anteile, die von Finanzunternehmen im Sinne des Gesetzes über das Kreditwesen mit dem Ziel der kurzfristigen Erzielung eines Eigenhandelserfolges erworben werden. ⁴Satz 3 zweiter Halbsatz gilt auch für Kreditinstitute, Finanzdienstleistungsinstitute und Finanzunternehmen mit Sitz in einem anderen Mitgliedsstaat der Europäischen Gemeinschaft oder in einem anderen Vertragsstaat des EWR-Abkommens;

40a. [1] 40 Prozent der Vergütungen im Sinne des § 18 Absatz 1 Nummer 4;

41. [2] a) Gewinnausschüttungen, soweit für das Kalenderjahr oder Wirtschaftsjahr, in dem sie bezogen werden, oder für die vorangegangenen sieben Kalenderjahre oder Wirtschaftsjahre aus einer Beteiligung an derselben ausländischen Gesellschaft Hinzurechnungsbeträge (§ 10 Absatz 2 des Außensteuergesetzes) der Einkommensteuer unterlegen haben, § 11 Absatz 1 und 2 des Außensteuergesetzes in der Fassung des Artikels 12 des Gesetzes vom 21. Dezember 1993 (BGBl. I S. 2310) nicht anzuwenden war und der Steuerpflichtige dies nachweist; § 3c Absatz 2 gilt entsprechend;

b) Gewinne aus der Veräußerung eines Anteils an einer ausländischen Kapitalgesellschaft sowie aus deren Auflösung oder Herabsetzung ihres Kapitals, soweit für das Kalenderjahr oder Wirtschaftsjahr, in dem sie bezogen werden, oder für die vorangegangenen sieben Kalenderjahre oder Wirtschaftsjahre aus einer Beteiligung an derselben ausländischen Gesellschaft Hinzurechnungsbeträge (§ 10 Absatz 2 des Außensteuergesetzes) der Einkommensteuer unterlegen haben, § 11 Absatz 1 und 2 des Außensteuergesetzes in der Fassung des Artikels 12 des Gesetzes vom 21. Dezember 1993 (BGBl. I S. 2310) nicht anzuwenden war, der Steuerpflichtige dies nachweist und der Hinzurechnungsbetrag ihm nicht als Gewinnanteil zugeflossen ist.

---

1) Zur Anwendung von § 3 Nummer 40a siehe § 52 Absatz 4e EStG.
2) Zur Anwendung der Nummer 41 siehe § 52 Absatz 4f EStG.

§ 3

²Die Prüfung, ob Hinzurechnungsbeträge der Einkommensteuer unterlegen haben, erfolgt im Rahmen der gesonderten Feststellung nach § 18 des Außensteuergesetzes;

42. die Zuwendungen, die auf Grund des Fulbright-Abkommens gezahlt werden;

43. der Ehrensold für Künstler sowie Zuwendungen aus Mitteln der Deutschen Künstlerhilfe, wenn es sich um Bezüge aus öffentlichen Mitteln handelt, die wegen der Bedürftigkeit des Künstlers gezahlt werden;

44. Stipendien, die unmittelbar aus öffentlichen Mitteln oder von zwischenstaatlichen oder überstaatlichen Einrichtungen, denen die Bundesrepublik Deutschland als Mitglied angehört, zur Förderung der Forschung oder zur Förderung der wissenschaftlichen oder künstlerischen Ausbildung oder Fortbildung gewährt werden. ²Das Gleiche gilt für Stipendien, die zu den in Satz 1 bezeichneten Zwecken von einer Einrichtung, die von einer Körperschaft des öffentlichen Rechts errichtet ist oder verwaltet wird, oder von einer Körperschaft, Personenvereinigung oder Vermögensmasse im Sinne des § 5 Absatz 1 Nummer 9 des Körperschaftsteuergesetzes gegeben werden. ³Voraussetzung für die Steuerfreiheit ist, dass

   a) die Stipendien einen für die Erfüllung der Forschungsaufgabe oder für die Bestreitung des Lebensunterhalts und die Deckung des Ausbildungsbedarfs erforderlichen Betrag nicht übersteigen und nach den von dem Geber erlassenen Richtlinien vergeben werden,

   b) der Empfänger im Zusammenhang mit dem Stipendium nicht zu einer bestimmten wissenschaftlichen oder künstlerischen Gegenleistung oder zu einer bestimmten Arbeitnehmertätigkeit verpflichtet ist;

45. die Vorteile des Arbeitnehmers aus der privaten Nutzung von betrieblichen Personalcomputern und Telekommunikationsgeräten;

46. Bergmannsprämien nach dem Gesetz über Bergmannsprämien;

47. Leistungen nach § 14 a Absatz 4 und § 14 b des Arbeitsplatzschutzgesetzes;

48. Leistungen nach dem Unterhaltssicherungsgesetz, soweit sie nicht nach dessen § 15 Absatz 1 Satz 2 steuerpflichtig sind;

49. laufende Zuwendungen eines früheren alliierten Besatzungssoldaten an seine im Geltungsbereich des Grundgesetzes ansässige Ehefrau, soweit sie auf diese Zuwendungen angewiesen ist;

50. die Beträge, die der Arbeitnehmer vom Arbeitgeber erhält, um sie für ihn auszugeben (durchlaufende Gelder), und die Beträge, durch die Auslagen des Arbeitnehmers für den Arbeitgeber ersetzt werden (Auslagenersatz);

51. Trinkgelder, die anlässlich einer Arbeitsleistung dem Arbeitnehmer von Dritten freiwillig und ohne dass ein Rechtsanspruch auf sie besteht, zusätzlich zu dem Betrag gegeben werden, der für diese Arbeitsleistung zu zahlen ist;

52. (weggefallen)

53. die Übertragung von Wertguthaben nach § 7f Absatz 1 Satz 1 Nummer 2 des Vierten Buches Sozialgesetzbuch auf die Deutsche Rentenversicherung Bund. ²Die Leistungen aus dem Wertguthaben durch die Deutsche Rentenversicherung Bund gehören zu den Einkünften aus nichtselbständiger Arbeit im Sinne des § 19. ³Von ihnen ist Lohnsteuer einzubehalten;

54. Zinsen aus Entschädigungsansprüchen für deutsche Auslandsbonds im Sinne der §§ 52 bis 54 des Bereinigungsgesetzes für deutsche Auslandsbonds in der im Bundesgesetzblatt Teil III, Gliederungsnummer 4139-2, veröffentlichten bereinigten Fassung, soweit sich die Entschädigungsansprüche gegen den Bund oder die Länder richten. ²Das Gleiche gilt für die Zinsen aus Schuldverschreibungen und Schuldbuchforderungen, die nach den §§ 9, 10 und 14 des Gesetzes zur näheren Regelung der Entschädigungsansprüche für Auslandsbonds in der im Bundesgesetzblatt Teil III,

§ 3

Gliederungsnummer 4139-3, veröffentlichten bereinigten Fassung vom Bund oder von den Ländern für Entschädigungsansprüche erteilt oder eingetragen werden;

55. der in den Fällen des § 4 Absatz 2 Nummer 2 und Absatz 3 des Betriebsrentengesetzes vom 19. Dezember 1974 (BGBl. I S. 3610), das zuletzt durch Artikel 8 des Gesetzes vom 5. Juli 2004 (BGBl. I S. 1427) geändert worden ist, in der jeweils geltenden Fassung geleistete Übertragungswert nach § 4 Absatz 5 des Betriebsrentengesetzes, wenn die betriebliche Altersversorgung beim ehemaligen und neuen Arbeitgeber über einen Pensionsfonds, eine Pensionskasse oder ein Unternehmen der Lebensversicherung durchgeführt wird. ²Satz 1 gilt auch, wenn der Übertragungswert vom ehemaligen Arbeitgeber oder von einer Unterstützungskasse an den neuen Arbeitgeber oder eine andere Unterstützungskasse geleistet wird. ³Die Leistungen des neuen Arbeitgebers, der Unterstützungskasse, des Pensionsfonds, der Pensionskasse oder des Unternehmens der Lebensversicherung auf Grund des Betrages nach Satz 1 und 2 gehören zu den Einkünften, zu denen die Leistungen gehören würden, wenn die Übertragung nach § 4 Absatz 2 Nummer 2 und Absatz 3 des Betriebsrentengesetzes nicht stattgefunden hätte;

55a. die nach § 10 des Versorgungsausgleichsgesetzes vom 3. April 2009 (BGBl. I S. 700) in der jeweils geltenden Fassung (interne Teilung) durchgeführte Übertragung von Anrechten für die ausgleichsberechtigte Person zu Lasten von Anrechten der ausgleichspflichtigen Person. ²Die Leistungen aus diesen Anrechten gehören bei der ausgleichsberechtigten Person zu den Einkünften, zu denen die Leistungen bei der ausgleichspflichtigen Person gehören würden, wenn die interne Teilung nicht stattgefunden hätte;

55b. der nach § 14 des Versorgungsausgleichsgesetzes (externe Teilung) geleistete Ausgleichswert zur Begründung von Anrechten für die ausgleichsberechtigte Person zu Lasten von Anrechten der ausgleichspflichtigen Person, soweit Leistungen aus diesen Anrechten zu steuerpflichtigen Einkünften nach den §§ 19, 20 und 22 führen würden. ²Satz 1 gilt nicht, soweit Leistungen, die auf dem begründeten Anrecht beruhen, bei der ausgleichsberechtigten Person zu Einkünften nach § 20 Absatz 1 Nummer 6 oder § 22 Nummer 1 Satz 3 Buchstabe a Doppelbuchstabe bb führen würden. ³Der Versorgungsträger der ausgleichspflichtigen Person hat den Versorgungsträger der ausgleichsberechtigten Person über die für die Besteuerung der Leistungen erforderlichen Grundlagen zu informieren. ⁴Dies gilt nicht, wenn der Versorgungsträger der ausgleichsberechtigten Person die Grundlagen bereits kennt oder aus den bei ihm vorhandenen Daten feststellen kann und dieser Umstand dem Versorgungsträger der ausgleichspflichtigen Person mitgeteilt worden ist;

56. Zuwendungen des Arbeitgebers nach § 19 Absatz 1 Satz 1 Nummer 3 Satz 1 aus dem ersten Dienstverhältnis an eine Pensionskasse zum Aufbau einer nicht kapitalgedeckten betrieblichen Altersversorgung, bei der eine Auszahlung der zugesagten Alters-, Invaliditäts- oder Hinterbliebenenversorgung in Form einer Rente oder eines Auszahlungsplans (§ 1 Absatz 1 Satz 1 Nummer 4 des Altersvorsorgeverträge-Zertifizierungsgesetzes) vorgesehen ist, soweit diese Zuwendungen im Kalenderjahr 1 Prozent der Beitragsbemessungsgrenze in der allgemeinen Rentenversicherung nicht übersteigen. ²Der in Satz 1 genannte Höchstbetrag erhöht sich ab 1. Januar 2014 auf 2 Prozent, ab 1. Januar 2020 auf 3 Prozent und ab 1. Januar 2025 auf 4 Prozent der Beitragsbemessungsgrenze in der allgemeinen Rentenversicherung. ³Die Beträge nach den Sätzen 1 und 2 sind jeweils um die nach § 3 Nummer 63 Satz 1, 3 oder Satz 4 steuerfreien Beträge zu mindern;

57. die Beträge, die die Künstlersozialkasse zugunsten des nach dem Künstlersozialversicherungsgesetz Versicherten aus dem Aufkommen von Künstlersozialabgabe und Bundeszuschuss an einen Träger der Sozialversicherung oder an den Versicherten zahlt;

58. das Wohngeld nach dem Wohngeldgesetz, die sonstigen Leistungen aus öffentlichen Haushalten oder Zweckvermögen zur Senkung der Miete oder Belastung im Sinne des

§ 11 Absatz 2 Nummer 4 des Wohngeldgesetzes sowie öffentliche Zuschüsse zur Deckung laufender Aufwendungen und Zinsvorteile bei Darlehen, die aus öffentlichen Haushalten gewährt werden, für eine zu eigenen Wohnzwecken genutzte Wohnung im eigenen Haus oder eine zu eigenen Wohnzwecken genutzte Eigentumswohnung, soweit die Zuschüsse und Zinsvorteile die Vorteile aus einer entsprechenden Förderung mit öffentlichen Mitteln nach dem Zweiten Wohnungsbaugesetz, dem Wohnraumförderungsgesetz oder einem Landesgesetz zur Wohnraumförderung nicht überschreiten, der Zuschuss für die Wohneigentumsbildung in innerstädtischen Altbauquartieren nach den Regelungen zum Stadtumbau Ost in den Verwaltungsvereinbarungen über die Gewährung von Finanzhilfen des Bundes an die Länder nach Artikel 104a Absatz 4 des Grundgesetzes zur Förderung städtebaulicher Maßnahmen;

59. die Zusatzförderung nach § 88e des Zweiten Wohnungsbaugesetzes und nach § 51f des Wohnungsbaugesetzes für das Saarland und Geldleistungen, die ein Mieter zum Zwecke der Wohnkostenentlastung nach dem Wohnraumförderungsgesetz oder einem Landesgesetz zur Wohnraumförderung erhält, soweit die Einkünfte dem Mieter zuzurechnen sind, und die Vorteile aus einer mietweisen Wohnungsüberlassung im Zusammenhang mit einem Arbeitsverhältnis, soweit sie die Vorteile aus einer entsprechenden Förderung nach dem Zweiten Wohnungsbaugesetz, nach dem Wohnraumförderungsgesetz oder einem Landesgesetz zur Wohnraumförderung nicht überschreiten;

60. Leistungen aus öffentlichen Mitteln an Arbeitnehmer des Steinkohlen-, Pechkohlen- und Erzbergbaues, des Braunkohlentiefbaues und der Eisen- und Stahlindustrie aus Anlass von Stilllegungs-, Einschränkungs-, Umstellungs- oder Rationalisierungsmaßnahmen;

61. Leistungen nach § 4 Absatz 1 Nummer 2, § 7 Absatz 3, §§ 9, 10 Absatz 1, §§ 13, 15 des Entwicklungshelfer-Gesetzes;

62. Ausgaben des Arbeitgebers für die Zukunftssicherung des Arbeitnehmers, soweit der Arbeitgeber dazu nach sozialversicherungsrechtlichen oder anderen gesetzlichen Vorschriften oder nach einer auf gesetzlicher Ermächtigung beruhenden Bestimmung verpflichtet ist, und es sich nicht um Zuwendungen oder Beiträge des Arbeitgebers nach den Nummern 56 und 63 handelt. ²Den Ausgaben des Arbeitgebers für die Zukunftssicherung, die auf Grund gesetzlicher Verpflichtung geleistet werden, werden gleichgestellt Zuschüsse des Arbeitgebers zu den Aufwendungen des Arbeitnehmers

a) für eine Lebensversicherung,

b) für die Versicherung in der gesetzlichen Rentenversicherung,

c) für eine öffentlich-rechtliche Versicherungs- oder Versorgungseinrichtung seiner Berufsgruppe,

wenn der Arbeitnehmer von der Versicherungspflicht in der gesetzlichen Rentenversicherung befreit worden ist. ³Die Zuschüsse sind nur insoweit steuerfrei, als sie insgesamt bei Befreiung von der Versicherungspflicht in der allgemeinen Rentenversicherung die Hälfte und bei Befreiung von der Versicherungspflicht in der knappschaftlichen Rentenversicherung zwei Drittel der Gesamtaufwendungen des Arbeitnehmers nicht übersteigen und nicht höher sind als der Betrag, der als Arbeitgeberanteil bei Versicherungspflicht in der allgemeinen Rentenversicherung oder in der knappschaftlichen Rentenversicherung zu zahlen wäre. ⁴Die Sätze 2 und 3 gelten sinngemäß für Beiträge des Arbeitgebers zu einer Pensionskasse, wenn der Arbeitnehmer bei diesem Arbeitgeber nicht im Inland beschäftigt ist und der Arbeitgeber keine Beiträge zur gesetzlichen Rentenversicherung im Inland leistet; Beiträge des Arbeitgebers zu einer Rentenversicherung auf Grund gesetzlicher Verpflichtung sind anzurechnen;

63. [1]) Beiträge des Arbeitgebers aus dem ersten Dienstverhältnis an einen Pensionsfonds, eine Pensionskasse oder für eine Direktversicherung zum Aufbau einer kapitalge-

---

1) Zur Anwendung von § 3 Nummer 63 bei Direktversicherung siehe § 52 Absatz 6 EStG.

§ 3

deckten betrieblichen Altersversorgung, bei der eine Auszahlung der zugesagten Alters-, Invaliditäts- oder Hinterbliebenenversorgungsleistungen in Form einer Rente oder eines Auszahlungsplans (§ 1 Absatz 1 Satz 1 Nummer 4 des Altersvorsorgeverträge-Zertifizierungsgesetzes vom 26. Juni 2001 (BGBl. I S. 1310, 1322), das zuletzt durch Artikel 7 des Gesetzes vom 5. Juli 2004 (BGBl. I S. 1427) geändert worden ist, in der jeweils geltenden Fassung) vorgesehen ist, soweit die Beiträge im Kalenderjahr 4 Prozent der Beitragsbemessungsgrenze in der allgemeinen Rentenversicherung nicht übersteigen. ²Dies gilt nicht, soweit der Arbeitnehmer nach § 1a Absatz 3 des Betriebsrentengesetzes verlangt hat, dass die Voraussetzungen für eine Förderung nach § 10a oder Abschnitt XI erfüllt werden. ³Der Höchstbetrag nach Satz 1 erhöht sich um 1 800 Euro, wenn die Beiträge im Sinne des Satzes 1 auf Grund einer Versorgungszusage geleistet werden, die nach dem 31. Dezember 2004 erteilt wurde. ⁴Aus Anlass der Beendigung des Dienstverhältnisses geleistete Beiträge im Sinne des Satzes 1 sind steuerfrei, soweit sie 1 800 Euro vervielfältigt mit der Anzahl der Kalenderjahre, in denen das Dienstverhältnis des Arbeitnehmers zu dem Arbeitgeber bestanden hat, nicht übersteigen; der vervielfältigte Betrag vermindert sich um die nach den Sätzen 1 und 3 steuerfreien Beiträge, die der Arbeitgeber in dem Kalenderjahr, in dem das Dienstverhältnis beendet wird, und in den sechs vorangegangenen Kalenderjahren erbracht hat; Kalenderjahre vor 2005 sind dabei jeweils nicht zu berücksichtigen;

64. bei Arbeitnehmern, die zu einer inländischen juristischen Person des öffentlichen Rechts in einem Dienstverhältnis stehen und dafür Arbeitslohn aus einer inländischen öffentlichen Kasse beziehen, die Bezüge für eine Tätigkeit im Ausland insoweit, als sie den Arbeitslohn übersteigen, der dem Arbeitnehmer bei einer gleichwertigen Tätigkeit am Ort der zahlenden öffentlichen Kasse zustehen würde. ²Satz 1 gilt auch, wenn das Dienstverhältnis zu einer anderen Person besteht, die den Arbeitslohn entsprechend den im Sinne des Satzes 1 geltenden Vorschriften ermittelt, der Arbeitslohn aus einer öffentlichen Kasse gezahlt wird und ganz oder im Wesentlichen aus öffentlichen Mitteln aufgebracht wird. ³Bei anderen für einen begrenzten Zeitraum in das Ausland entsandten Arbeitnehmern, die dort einen Wohnsitz oder gewöhnlichen Aufenthalt haben, ist der ihnen von einem inländischen Arbeitgeber gewährte Kaufkraftausgleich steuerfrei, soweit er den für vergleichbare Auslandsdienstbezüge nach *§ 54 des Bundesbesoldungsgesetzes*[1]) zulässigen Betrag nicht übersteigt;

65. a) Beiträge des Trägers der Insolvenzsicherung (§ 14 des Betriebsrentengesetzes) zugunsten eines Versorgungsberechtigten und seiner Hinterbliebenen an eine Pensionskasse oder ein Unternehmen der Lebensversicherung zur Ablösung von Verpflichtungen, die der Träger der Insolvenzsicherung im Sicherungsfall gegenüber dem Versorgungsberechtigten und seinen Hinterbliebenen hat,

b) Leistungen zur Übernahme von Versorgungsleistungen oder unverfallbaren Versorgungsanwartschaften durch eine Pensionskasse oder ein Unternehmen der Lebensversicherung in den in § 4 Absatz 4 des Betriebsrentengesetzes bezeichneten Fällen und

c) der Erwerb von Ansprüchen durch den Arbeitnehmer gegenüber einem Dritten im Falle der Eröffnung des Insolvenzverfahrens oder in den Fällen des § 7 Absatz 1 Satz 4 des Betriebsrentengesetzes, soweit der Dritte neben dem Arbeitgeber für die Erfüllung von Ansprüchen auf Grund bestehender Versorgungsverpflichtungen oder Versorgungsanwartschaften gegenüber dem Arbeitnehmer und dessen Hinterbliebenen einsteht; dies gilt entsprechend, wenn der Dritte für Wertguthaben aus einer Vereinbarung über die Altersteilzeit nach dem Altersteilzeitgesetz vom 23. Juli 1996 (BGBl. I S. 1078), zuletzt geändert durch Artikel 234 der Verordnung vom 31. Oktober 2006 (BGBl. I S. 2407), in der jeweils geltenden Fassung oder auf Grund von Wertguthaben aus einem Arbeitszeitkonto in den im ersten Halbsatz genannten Fällen für den Arbeitgeber einsteht.

---

1) Änderung in „§ 55 des Bundesbesoldungsgesetzes" ab 1.7.2010 in Kraft (Artikel 16 Absatz 9 DNeuG vom 5.2.2009 BGBl. I S. 160).

§ 3

²In den Fällen nach Buchstabe a, b und c gehören die Leistungen der Pensionskasse, des Unternehmens der Lebensversicherung oder des Dritten zu den Einkünften, zu denen jene Leistungen gehören würden, die ohne Eintritt eines Falles nach Buchstabe a, b und c zu erbringen wären. ³Soweit sie zu den Einkünften aus nichtselbständiger Arbeit im Sinne des § 19 gehören, ist von ihnen Lohnsteuer einzubehalten. ⁴Für die Erhebung der Lohnsteuer gelten die Pensionskasse, das Unternehmen der Lebensversicherung oder der Dritte als Arbeitgeber und der Leistungsempfänger als Arbeitnehmer;

66. Leistungen eines Arbeitgebers oder einer Unterstützungskasse an einen Pensionsfonds zur Übernahme bestehender Versorgungsverpflichtungen oder Versorgungsanwartschaften durch den Pensionsfonds, wenn ein Antrag nach § 4d Absatz 3 oder § 4e Absatz 3 gestellt worden ist;

67. das Erziehungsgeld nach dem Bundeserziehungsgeldgesetz und vergleichbare Leistungen der Länder, das Elterngeld nach dem Bundeselterngeld- und Elternzeitgesetz und vergleichbare Leistungen der Länder sowie Leistungen für Kindererziehung an Mütter der Geburtsjahrgänge vor 1921 nach den §§ 294 bis 299 des Sechsten Buches Sozialgesetzbuch und die Zuschläge nach den §§ 50a bis 50e des Beamtenversorgungsgesetzes oder den §§ 70 bis 74 des Soldatenversorgungsgesetzes;

68. die Hilfen nach dem Gesetz über die Hilfe für durch Anti-D-Immunprophylaxe mit dem Hepatitis-C-Virus infizierte Personen vom 2. August 2000 (BGBl. I S. 1270);

69. die von der Stiftung „Humanitäre Hilfe für durch Blutprodukte HIV-infizierte Personen" nach dem HIV-Hilfegesetz vom 24. Juli 1995 (BGBl. I S. 972) gewährten Leistungen;

70. die Hälfte

    a) der Betriebsvermögensmehrungen oder Einnahmen aus der Veräußerung von Grund und Boden und Gebäuden, die am 1. Januar 2007 mindestens fünf Jahre zum Anlagevermögen eines inländischen Betriebsvermögens des Steuerpflichtigen gehören, wenn diese auf Grund eines nach dem 31. Dezember 2006 und vor dem 1. Januar 2010 rechtswirksam abgeschlossenen obligatorischen Vertrages an eine REIT-Aktiengesellschaft oder einen Vor-REIT veräußert werden,

    b) der Betriebsvermögensmehrungen, die auf Grund der Eintragung eines Steuerpflichtigen in das Handelsregister als REIT-Aktiengesellschaft im Sinne des REIT-Gesetzes vom 28. Mai 2007 (BGBl. I S. 914) durch Anwendung des § 13 Absatz 1 und 3 Satz 1 des Körperschaftsteuergesetzes auf Grund und Boden und Gebäude entstehen, wenn diese Wirtschaftsgüter vor dem 1. Januar 2005 angeschafft oder hergestellt wurden, und die Schlussbilanz im Sinne des § 13 Absatz 1 und 3 des Körperschaftsteuergesetzes auf einen Zeitpunkt vor dem 1. Januar 2010 aufzustellen ist.

    ²Satz 1 ist nicht anzuwenden,

    a) wenn der Steuerpflichtige den Betrieb veräußert oder aufgibt und der Veräußerungsgewinn nach § 34 besteuert wird,

    b) soweit der Steuerpflichtige von den Regelungen der §§ 6b und 6c Gebrauch macht,

    c) soweit der Ansatz des niedrigeren Teilwerts in vollem Umfang zu einer Gewinnminderung geführt hat und soweit diese Gewinnminderung nicht durch den Ansatz eines Werts, der sich nach § 6 Absatz 1 Nummer 1 Satz 4 ergibt, ausgeglichen worden ist,

    d) wenn im Falle des Satzes 1 Buchstabe a der Buchwert zuzüglich der Veräußerungskosten den Veräußerungserlös oder im Falle des Satzes 1 Buchstabe b der Buchwert den Teilwert übersteigt. ²Ermittelt der Steuerpflichtige den Gewinn nach § 4 Absatz 3, treten an die Stelle des Buchwerts die Anschaffungs- oder Herstellungskosten verringert um die vorgenommenen Absetzungen für Abnutzung oder Substanzverringerung,

e) soweit vom Steuerpflichtigen in der Vergangenheit Abzüge bei den Anschaffungs- oder Herstellungskosten von Wirtschaftsgütern im Sinne des Satzes 1 nach § 6b oder ähnliche Abzüge voll steuerwirksam vorgenommen worden sind,

f) wenn es sich um eine Übertragung im Zusammenhang mit Rechtsvorgängen handelt, die dem Umwandlungssteuergesetz unterliegen und die Übertragung zu einem Wert unterhalb des gemeinen Werts erfolgt.

³Die Steuerbefreiung entfällt rückwirkend, wenn

a) innerhalb eines Zeitraums von vier Jahren seit dem Vertragsschluss im Sinne des Satzes 1 Buchstabe a der Erwerber oder innerhalb eines Zeitraums von vier Jahren nach dem Stichtag der Schlussbilanz im Sinne des Satzes 1 Buchstabe b die REIT-Aktiengesellschaft den Grund und Boden oder das Gebäude veräußert,

b) innerhalb eines Zeitraums von vier Jahren seit dem Vertragsschluss im Sinne des Satzes 1 Buchstabe a der Vor-REIT oder ein anderer Vor-REIT als sein Gesamtrechtsnachfolger nicht als REIT-Aktiengesellschaft in das Handelsregister eingetragen wird,

c) die REIT-Aktiengesellschaft innerhalb eines Zeitraums von vier Jahren seit dem Vertragsschluss im Sinne des Satzes 1 Buchstabe a oder nach dem Stichtag der Schlussbilanz im Sinne des Satzes 1 Buchstabe b in keinem Veranlagungszeitraum die Voraussetzungen für die Steuerbefreiung erfüllt,

d) die Steuerbefreiung der REIT-Aktiengesellschaft innerhalb eines Zeitraums von vier Jahren seit dem Vertragsschluss im Sinne des Satzes 1 Buchstabe a oder nach dem Stichtag der Schlussbilanz im Sinne des Satzes 1 Buchstabe b endet,

e) das Bundeszentralamt für Steuern dem Erwerber im Sinne des Satzes 1 Buchstabe a den Status als Vor-REIT im Sinne des § 2 Satz 4 des REIT-Gesetzes vom 28. Mai 2007 (BGBl. I S. 914) bestandskräftig aberkannt hat.

⁴Die Steuerbefreiung entfällt auch rückwirkend, wenn die Wirtschaftsgüter im Sinne des Satzes 1 Buchstabe a vom Erwerber an den Veräußerer oder eine ihm nahe stehende Person im Sinne des § 1 Absatz 2 des Außensteuergesetzes überlassen werden und der Veräußerer oder eine ihm nahe stehende Person im Sinne des § 1 Absatz 2 des Außensteuergesetzes nach Ablauf einer Frist von zwei Jahren seit Eintragung des Erwerbers als REIT-Aktiengesellschaft in das Handelsregister an dieser mittelbar oder unmittelbar zu mehr als 50 Prozent beteiligt ist. ⁵Der Grundstückserwerber haftet für die sich aus dem rückwirkenden Wegfall der Steuerbefreiung ergebenden Steuern.

Hinweise

LStH 3.0 *Steuerbefreiung nach anderen Gesetzen und nach Verträgen*
→ *R 3.0 EStR, H 3.0 EStH*
Zwischenstaatliche Vereinbarungen
→ *BMF vom 20.8.2007 (BStBl. I S. 656)* — *Anlage § 003 – CD05 –*

LStR

R 3.2 Leistungen nach dem Dritten Buch Sozialgesetzbuch (§ 3 Nr. 2 EStG)

(1) ¹Steuerfrei sind das Arbeitslosengeld und das Teilarbeitslosengeld nach dem Dritten Buch Sozialgesetzbuch (SGB III). ²Etwaige spätere Zahlungen des Arbeitgebers an die Agentur für Arbeit auf Grund des gesetzlichen Forderungsübergangs (§ 115 SGB X) sind ebenfalls steuerfrei, wenn über das Vermögen des Arbeitgebers das Insolvenzverfahren eröffnet worden ist oder einer der Fälle des § 183 Abs. 1 Satz 1 Nr. 2 oder 3 SGB III vorliegt. ³Hat die Agentur für Arbeit in den Fällen des § 143 Abs. 3 und § 143a Abs. 4 SGB III zunächst Arbeitslosengeld gezahlt und zahlt der Arbeitnehmer dieses auf Grund dieser Vorschriften der Agentur für Arbeit zurück, bleibt die Rückzahlung mit Ausnahme des Progressionsvorbehalts (→ R **32b**. EStR) ohne steuerliche Auswirkung (§ 3c EStG); der dem Arbeitnehmer vom Arbeitgeber nachgezahlte Arbeitslohn ist grundsätzlich steuerpflichtig.

(2) Steuerfrei sind außerdem das Insolvenzgeld (§ 183 SGB III) und Leistungen des Insolvenzverwalters oder des ehemaligen Arbeitgebers auf Grund von § 187 Satz 1 SGB III an die Agentur für Arbeit oder auf Grund von § 208 Abs. 2 SGB III an die Einzugsstelle.

(3) Zu den steuerfreien Leistungen nach dem SGB III gehört auch das Wintergeld, das als Mehraufwands-Wintergeld zur Abgeltung der witterungsbedingten Mehraufwendungen bei Arbeit und als Zuschuss-Wintergeld **für jede aus Arbeitszeitguthaben ausgeglichene Ausfallstunde (zur Vermeidung der Inanspruchnahme des Saison-Kurzarbeitergeldes) gezahlt wird** (§ 175a SGB III).

(4) [1]Steuerfrei ist außerdem das Unterhaltsgeld (§ 153 SGB III). [2]Hierzu zählen auch die Sonderformen des Teilunterhaltsgeldes (§ 154 SGB III).

(5) Steuerfrei sind auch das Übergangsgeld und **der Gründungszuschuss, die** behinderten oder von Behinderung bedrohten Menschen nach den §§ 45 bis 52 SGB IX bzw. § 33 Abs. 3 Nr. 5 SGB IX **geleistet werden**, weil es sich um Leistungen i.S.d. SGB III, SGB VI, SGB VII oder des Bundesversorgungsgesetzes (BVG) handelt.

Hinweise

LStH 3.2 *Zahlungen des Arbeitgebers an die Agentur für Arbeit*

Leistet der Arbeitgeber aufgrund des gesetzlichen Forderungsübergangs nach § 115 SGB X eine Lohnnachzahlung unmittelbar an die Arbeitsverwaltung, führt dies beim Arbeitnehmer zum Zufluss von Arbeitslohn (→ BFH vom 15.11.2007 – BStBl. 2008 II S. 375). Sind die Voraussetzungen von R 3.2 Abs. 1 Satz 2 nicht erfüllt, d. h. liegt kein Konkurs-, Gesamtvollstreckungs- oder Insolvenzverfahren vor, sind die Zahlungen des Arbeitgebers steuerpflichtiger Arbeitslohn (→ BFH vom 16.3.1993 – BStBl. II S. 507); in diesen Fällen ist R 39b.6 Abs. 3 zu beachten.

LStR

R 3.4 Überlassung von Dienstkleidung und anderen Leistungen an bestimmte Angehörige des öffentlichen Dienstes (§ 3 Nr. 4 EStG)

[1]Die Steuerfreiheit nach § 3 Nr. 4 Buchstabe a und b EStG gilt für sämtliche Dienstbekleidungsstücke, die die Angehörigen der genannten Berufsgruppen nach den jeweils maßgebenden Dienstbekleidungsvorschriften zu tragen verpflichtet sind. [2]Zu den Angehörigen der Bundeswehr oder **der Bundespolizei** i.S.d. § 3 Nr. 4 EStG gehören nicht die Zivilbediensteten.

R 3.5 Geld- und Sachbezüge an Wehrpflichtige und Zivildienstleistende (§ 3 Nr. 5 EStG)

[1]Zu den Geldbezügen i.S.d. § 1 Abs. 1 Satz 1 des Wehrsoldgesetzes gehören neben dem Wehrsold die besondere Zuwendung, das Dienstgeld und das Entlassungsgeld. [2]Nach § 35 des Zivildienstgesetzes (ZDG) stehen den Zivildienstleistenden die gleichen Geld- und Sachbezüge zu wie einem Soldaten des untersten Mannschaftsdienstgrades, der auf Grund der Wehrpflicht Wehrdienst leistet. [3]Bei Zivildienstleistenden, denen keine dienstliche Unterkunft zugewiesen werden kann und deshalb „Heimschlaferlaubnis" erteilt wird, gehört auch das anstelle der Unterkunftsgestellung gezahlte Fahrgeld für die Fahrten zwischen Wohnung und Arbeitsstätte zu den steuerfreien Geldbezügen.

R 3.6 Gesetzliche Bezüge der Wehr- und Zivildienstbeschädigten, Kriegsbeschädigten, ihrer Hinterbliebenen und der ihnen gleichgestellten Personen (§ 3 Nr. 6 EStG)

(1) [1]Steuerfreie Bezüge nach § 3 Nr. 6 EStG sind die Leistungen nach dem Bundesversorgungsgesetz ohne Rücksicht darauf, ob sie sich unmittelbar aus diesem oder aus Gesetzen, die es für anwendbar erklären, ergeben, ferner Leistungen nach den § 41 Abs. 2, §§ 63, 63a, 63b, 85 und 86 des Soldatenversorgungsgesetzes (SVG) sowie nach § 35 Abs. 5 und nach § 50 des Zivildienstgesetzes. [2]Zu den Gesetzen, die das Bundesversorgungsgesetz für anwendbar erklären, gehören

1. das Soldatenversorgungsgesetz (§ 80 des Gesetzes),
2. das Zivildienstgesetz (§ 47 des Gesetzes),
3. das Häftlingshilfegesetz (§§ 4 und 5 des Gesetzes),
4. das Gesetz über die Unterhaltsbeihilfe für Angehörige von Kriegsgefangenen (§ 3 des Gesetzes),
5. das Gesetz über **die Bundespolizei** (§ 59 Abs. 1 des Gesetzes i.V.m. dem Soldatenversorgungsgesetz),

§ 3

6. das Gesetz zur Regelung der Rechtsverhältnisse der unter Artikel 131 des Grundgesetzes fallenden Personen (vgl. §§ 66, 66 a des Gesetzes),
7. das Gesetz zur Einführung des Bundesversorgungsgesetzes im Saarland vom 16.8.1961 (§ 5 Abs. 1 des Gesetzes),
8. das Gesetz über die Entschädigung für Opfer von Gewalttaten (§ 1 des Gesetzes),
9. das Infektionsschutzgesetz (§ 60 des Gesetzes),
10. das Strafrechtliche Rehabilitierungsgesetz (§§ 21, 22 des Gesetzes),
11. das Verwaltungsrechtliche Rehabilitierungsgesetz (§§ 3, 4 des Gesetzes).

(2) Zu den nach § 3 Nr. 6 EStG versorgungshalber gezahlten Bezügen, die nicht auf Grund der Dienstzeit gewährt werden, gehören auch

1. Bezüge der Berufssoldaten der früheren Wehrmacht, der Angehörigen des Vollzugsdienstes der Polizei, des früheren Reichswasserschutzes, der Beamten der früheren Schutzpolizei der Länder sowie der früheren Angehörigen der Landespolizei und ihrer Hinterbliebenen,
2. die Unfallfürsorgeleistungen an Beamte auf Grund der §§ 32 bis 35 und 38 Beamtenversorgungsgesetz (BeamtVG), Unterhaltsbeiträge nach den §§ 40, 41, 43 und 43a BeamtVG,
3. die Dienstbeschädigungsvollrenten und die Dienstbeschädigungsteilrenten nach den Versorgungsordnungen der Nationalen Volksarmee (VSO-NVA), der Volkspolizei, der Feuerwehr und des Strafvollzugs des Ministeriums des Innern (VSO-MdI), der DDR-Zollverwaltung (VSO-Zoll) und des Ministeriums für Staatssicherheit/Amtes für Nationale Sicherheit (VSO-MfS/AfNS) sowie der Dienstbeschädigungsausgleich, der ab dem 1.1.1997 nach dem Gesetz über einen Ausgleich für Dienstbeschädigungen im Beitrittsgebiet vom 11.11.1996 (BGBl. I S. 1676) anstelle der vorbezeichneten Renten gezahlt wird.

Hinweise

LStH 3.6 *Bezüge aus EU-Mitgliedstaaten*

§ 3 Nr. 6 EStG ist auch auf Bezüge von Kriegsbeschädigten und gleichgestellten Personen anzuwenden, die aus öffentlichen Mitteln anderer EU-Mitgliedstaaten gezahlt werden (→ BFH vom 22.1.1997 – BStBl. II S. 358).

Erhöhtes Unfallruhegehalt nach § 37 BeamtVG

ist ein Bezug, der auf Grund der Dienstzeit gewährt wird, und somit nicht nach § 3 Nr. 6 EStG steuerbefreit ist (→ BFH vom 29.5.2008 – BStBl. 2009 II S. 150).

Unterhaltsbeitrag nach § 38 BeamtVG

ist ein Bezug, der „versorgungshalber" gezahlt wird und somit nach § 3 Nr. 6 EStG steuerbefreit ist (→ BFH vom 16.1.1998 – BStBl. II S. 303).

LStR

R 3.11 Beihilfen und Unterstützungen, die wegen Hilfsbedürftigkeit gewährt werden (§ 3 Nr. 11 EStG)

Beihilfen und Unterstützungen aus öffentlichen Mitteln

(1) Steuerfrei sind

1. Beihilfen in Krankheits-, Geburts- **oder** Todesfällen nach den Beihilfevorschriften des Bundes **oder** der Länder sowie Unterstützungen in besonderen Notfällen, die aus öffentlichen Kassen gezahlt werden;
2. Beihilfen in Krankheits-, Geburts- **oder** Todesfällen **oder** Unterstützungen in besonderen Notfällen an Arbeitnehmer von Körperschaften, Anstalten **oder** Stiftungen des öffentlichen Rechts auf Grund von Beihilfevorschriften (Beihilfegrundsätzen) **oder** Unterstützungsvorschriften (Unterstützungsgrundsätzen) des Bundes oder der Länder oder von entsprechenden Regelungen;
3. Beihilfen und Unterstützungen an Arbeitnehmer von Verwaltungen, Unternehmen oder Betrieben, die sich überwiegend in öffentlicher Hand befinden, wenn
   a) die Verwaltungen, Unternehmen oder Betriebe einer staatlichen oder kommunalen Aufsicht und Prüfung der Finanzgebarung bezüglich der Entlohnung und der Gewährung der Beihilfen unterliegen und

b) die Entlohnung sowie die Gewährung von Beihilfen und Unterstützungen für die betroffenen Arbeitnehmer ausschließlich nach den für Arbeitnehmer des öffentlichen Dienstes geltenden Vorschriften und Vereinbarungen geregelt sind;

4. Beihilfen und Unterstützungen an Arbeitnehmer von Unternehmen, die sich nicht überwiegend in öffentlicher Hand befinden, z.b. staatlich anerkannte Privatschulen, wenn

a) hinsichtlich der Entlohnung, der Reisekostenvergütungen und der Gewährung von Beihilfen und Unterstützungen nach den Regelungen verfahren wird, die für den öffentlichen Dienst gelten,

b) die für die Bundesverwaltung oder eine Landesverwaltung maßgeblichen Vorschriften über die Haushalts-, Kassen- und Rechnungsführung und über die Rechnungsprüfung beachtet werden und

c) das Unternehmen der Prüfung durch den Bundesrechnungshof oder einen Landesrechnungshof unterliegt.

Unterstützungen an Arbeitnehmer im privaten Dienst

(2) ¹Unterstützungen, die von privaten Arbeitgebern an einzelne Arbeitnehmer gezahlt werden, sind steuerfrei, wenn die Unterstützungen dem Anlass nach gerechtfertigt sind, z.b. in Krankheits- und Unglücksfällen. ²Voraussetzung für die Steuerfreiheit ist, dass die Unterstützungen

1. aus einer mit eigenen Mitteln des Arbeitgebers geschaffenen, aber von ihm unabhängigen und mit ausreichender Selbständigkeit ausgestatteten Einrichtung gewährt werden. ²Das gilt nicht nur für bürgerlich-rechtlich selbständige Unterstützungskassen, sondern auch für steuerlich selbständige Unterstützungskassen ohne bürgerlich-rechtliche Rechtspersönlichkeit, auf deren Verwaltung der Arbeitgeber keinen maßgebenden Einfluss hat;

2. aus Beträgen gezahlt werden, die der Arbeitgeber dem Betriebsrat oder sonstigen Vertretern der Arbeitnehmer zu dem Zweck überweist, aus diesen Beträgen Unterstützungen an die Arbeitnehmer ohne maßgebenden Einfluss des Arbeitgebers zu gewähren;

3. vom Arbeitgeber selbst erst nach Anhörung des Betriebsrats oder sonstiger Vertreter der Arbeitnehmer gewährt oder nach einheitlichen Grundsätzen bewilligt werden, denen der Betriebsrat oder sonstige Vertreter der Arbeitnehmer zugestimmt haben.

³Die Voraussetzungen des Satzes 2 Nr. 1 bis 3 brauchen nicht vorzuliegen, wenn der Betrieb weniger als fünf Arbeitnehmer beschäftigt. ⁴Die Unterstützungen sind bis zu einem Betrag von 600 Euro je Kalenderjahr steuerfrei. ⁵Der 600 Euro übersteigende Betrag gehört nur dann nicht zum steuerpflichtigen Arbeitslohn, wenn er aus Anlass eines besonderen Notfalls gewährt wird. ⁶Bei der Beurteilung, ob ein solcher Notfall vorliegt, sind auch die Einkommensverhältnisse und der Familienstand des Arbeitnehmers zu berücksichtigen; **drohende oder bereits eingetretene Arbeitslosigkeit begründet für sich keinen besonderen Notfall im Sinne dieser Vorschrift.**. ⁷Steuerfrei sind auch Leistungen des Arbeitgebers zur Aufrechterhaltung und Erfüllung eines Beihilfeanspruchs nach beamtenrechtlichen Vorschriften sowie zum Ausgleich von Beihilfeaufwendungen früherer Arbeitgeber im Falle der Beurlaubung oder Gestellung von Arbeitnehmern oder des Übergangs des öffentlich-rechtlichen Dienstverhältnisses auf den privaten Arbeitgeber, wenn Versicherungsfreiheit in der gesetzlichen Krankenversicherung nach § 6 Abs. 1 Nr. 2 SGB V besteht.

Hinweise

LStH 3.11 *Beamte bei Postunternehmen*

→ *§ 3 Nr. 35 EStG*

Beihilfen aus öffentlichen Haushalten

Für nicht nach R 3.11 Abs. 1 Nr. 3 oder 4 steuerfreie Beihilfen kann eine Steuerfreiheit in Betracht kommen, soweit die Mittel aus einem öffentlichen Haushalt stammen und über die Gelder nur nach Maßgabe der haushaltsrechtlichen Vorschriften des öffentlichen Rechts verfügt werden kann und ihre Verwendung einer gesetzlich geregelten Kontrolle unterliegt (→ BFH vom 15.11.1983 – BStBl. 1984 II S. 113); ist das Verhältnis der öffentlichen Mittel zu den Gesamtkosten im Zeitpunkt des Lohnsteuerabzugs nicht bekannt, so muss das Verhältnis ggf. geschätzt werden.

Beihilfen von einem Dritten

gehören regelmäßig zum steuerpflichtigen Arbeitslohn, wenn dies durch eine ausreichende Beziehung zwischen dem Arbeitgeber und dem Dritten gerechtfertigt ist (→ BFH vom 27.1.1961 – BStBl. III S. 167).

Erholungsbeihilfen und andere Beihilfen

gehören grundsätzlich zum steuerpflichtigen Arbeitslohn, soweit sie nicht ausnahmsweise als Unterstützungen anzuerkennen sind (→ BFH vom 14.1.1954 – BStBl. III S. 86, vom 4.2.1954 – BStBl. III S. 111, vom 5.7.1957 – BStBl. III S. 279 und vom 18.3.1960 – BStBl. III S. 237).

Öffentliche Kassen

Öffentliche Kassen sind die Kassen der inländischen juristischen Personen des öffentlichen Rechts und solche Kassen, die einer Dienstaufsicht und Prüfung der Finanzgebarung durch die inländische öffentliche Hand unterliegen (BFH vom 7.8.1986 – BStBl. II S. 848). Zu den öffentlichen Kassen gehören danach neben den Kassen des Bundes, der Länder und der Gemeinden insbesondere auch die Kassen der öffentlich-rechtlichen Religionsgemeinschaften, die Ortskrankenkassen, Landwirtschaftliche Krankenkassen, Innungskrankenkassen und Ersatzkassen sowie die Kassen des Bundeseisenbahnvermögens, der Deutschen Bundesbank, der öffentlich-rechtlichen Rundfunkanstalten, der Berufsgenossenschaften, Gemeindeunfallversicherungsverbände, der Deutschen Rentenversicherungen (Bund, Land, Knappschaft-Bahn-See) und die Unterstützungskassen der Postunternehmen.

Öffentliche Stiftung

→ H 3.11 EStH

Steuerfreiheit nach § 3 Nr. 11 EStG

– *Voraussetzung ist eine offene Verausgabung nach Maßgabe der haushaltsrechtlichen Vorschriften und unter gesetzlicher Kontrolle (→ BFH vom 9.4.1975 – BStBl. II S. 577 und vom 15.11.1983 – BStBl. 1984 II S. 113).*

– *Empfänger einer steuerfreien Beihilfe können nur Personen sein, denen sie im Hinblick auf den Zweck der Leistung bewilligt worden ist (→ BFH vom 19.6.1997 – BStBl. II S. 652).*

– *Zu den steuerfreien Erziehungs- und Ausbildungsbeihilfen gehören die Leistungen nach dem Bundesausbildungsförderungsgesetz sowie die Ausbildungszuschüsse nach § 5 Abs. 4 des Soldatenversorgungsgesetzes.*

– *Zu den steuerfreien Erziehungs- und Ausbildungsbeihilfen gehören nicht die Unterhaltszuschüsse an Beamte im Vorbereitungsdienst – Beamtenanwärter (→ BFH vom 12.8.1983 – BStBl. II S. 718), die zur Sicherstellung von Nachwuchskräften gezahlten Studienbeihilfen und die für die Fertigung einer Habilitationsschrift gewährten Beihilfen (→ BFH vom 4.5.1972 – BStBl. II S. 566).*

Stipendien

→ R 3.44 EStR, H 3.44 EStH

LStR

R 3.12 Aufwandsentschädigungen aus öffentlichen Kassen (§ 3 Nr. 12 Satz 2 EStG)

(1) ¹Öffentliche Dienste leisten grundsätzlich alle Personen, die im Dienst einer juristischen Person des öffentlichen Rechts stehen **und hoheitliche (einschl. schlichter Hoheitsverwaltung) Aufgaben ausüben, die nicht der Daseinsvorsorge zuzurechnen sind.** ²Keine öffentlichen Dienste im Sinne dieser Vorschrift leisten hingegen Personen, die in der fiskalischen Verwaltung tätig sind.

(2) ¹Voraussetzung für die Anerkennung als steuerfreie Aufwandsentschädigung nach § 3 Nr. 12 Satz 2 EStG ist, dass die gezahlten Beträge dazu bestimmt sind, Aufwendungen abzugelten, die steuerlich als Werbungskosten oder Betriebsausgaben abziehbar wären. ²Eine steuerfreie Aufwandsentschädigung liegt deshalb insoweit nicht vor, als die Entschädigung für Verdienstausfall oder Zeitverlust oder zur Abgeltung eines Haftungsrisikos gezahlt wird oder dem Empfänger ein **abziehbarer** Aufwand nicht oder offenbar nicht in Höhe der gewährten Entschädigung erwächst. ³Das Finanzamt hat das Recht und die Pflicht zu prüfen, ob die als Aufwandsentschädigung gezahlten Beträge tatsächlich zur Bestreitung eines abziehbaren Aufwands erforderlich sind. ⁴Dabei ist nicht erforderlich, dass der Steuerpflichtige alle seine dienstlichen Aufwendungen bis ins Kleinste nachweist. ⁵Entscheidend ist auch nicht, welche Aufwendungen einem einzelnen Steuerpflichtigen in einem einzelnen Jahr tatsächlich erwachsen sind, sondern ob Personen in gleicher dienstlicher Stellung im Durchschnitt der Jahre **abziehbare** Aufwendungen etwa in Höhe der Aufwandsentschädigung erwachsen sind. ⁶Eine Nachprüfung ist nur geboten, wenn dazu ein Anlass von einigem Gewicht besteht. ⁷Werden im kommunalen Bereich ehrenamtlich tätigen Personen Bezüge unter der Bezeichnung Aufwandsentschädigung gezahlt, sind sie nicht nach § 3 Nr. 12 Satz 2 EStG steuerfrei, soweit sie auch den Aufwand an Zeit und Arbeitsleistung sowie den entgangenen

Arbeitsverdienst und das Haftungsrisiko abgelten oder den **abziehbaren** Aufwand offensichtlich übersteigen.

(3) ¹Zur Erleichterung der Feststellung, inwieweit es sich in den Fällen des § 3 Nr. 12 Satz 2 EStG um eine steuerfreie Aufwandsentschädigung handelt, ist wie folgt zu verfahren: [1)]
²Sind die Anspruchsberechtigten und der Betrag oder auch ein Höchstbetrag der aus einer öffentlichen Kasse gewährten Aufwandsentschädigung durch Gesetz oder Rechtsverordnung bestimmt, ist die Aufwandsentschädigung

1. bei hauptamtlich tätigen Personen in voller Höhe steuerfrei,
2. bei ehrenamtlich tätigen Personen in Höhe von 1/3 der gewährten Aufwandsentschädigung, mindestens **175 Euro** monatlich steuerfrei.

³Sind die Anspruchsberechtigten und der Betrag oder auch ein Höchstbetrag nicht durch Gesetz oder Rechtsverordnung bestimmt, kann bei hauptamtlich und ehrenamtlich tätigen Personen in der Regel ohne weiteren Nachweis ein steuerlich anzuerkennender Aufwand von **175 Euro** monatlich angenommen werden. ⁴Ist die Aufwandsentschädigung niedriger als **175 Euro** monatlich, bleibt nur der tatsächlich geleistete Betrag steuerfrei. ⁵Bei Personen, die für mehrere Körperschaften des öffentlichen Rechts tätig sind, sind die steuerfreien monatlichen Mindest- und Höchstbeträge auf die Entschädigung zu beziehen, die von der einzelnen öffentlich-rechtlichen Körperschaft an diese Personen gezahlt wird. ⁶Aufwandsentschädigungen für mehrere Tätigkeiten bei einer Körperschaft sind für die Anwendung der Mindest- und Höchstbeträge zusammenzurechnen. ⁷Bei einer gelegentlichen ehrenamtlichen Tätigkeit sind die steuerfreien monatlichen Mindest- und Höchstbeträge nicht auf einen weniger als einen Monat dauernden Zeitraum der ehrenamtlichen Tätigkeit umzurechnen. ⁸Soweit der steuerfreie Monatsbetrag von **175 Euro** nicht ausgeschöpft wird, ist eine Übertragung in andere Monate dieser Tätigkeiten im selben Kalenderjahr möglich. ⁹Maßgebend für die Ermittlung der Anzahl der in Betracht kommenden Monate ist die Dauer der ehrenamtlichen Funktion bzw. Ausübung im Kalenderjahr. ¹⁰Die für die Finanzverwaltung zuständige oberste Landesbehörde kann im Benehmen mit dem Bundesministerium der Finanzen und den obersten Finanzbehörden der anderen Länder Anpassungen an die im Lande gegebenen Verhältnisse vornehmen.

(4) ¹Die Empfänger von Aufwandsentschädigungen können dem Finanzamt gegenüber einen höheren steuerlich **abziehbaren** Aufwand glaubhaft machen; der die Aufwandsentschädigung übersteigende Aufwand ist als Werbungskosten oder Betriebsausgaben abziehbar. ²Wenn einer hauptamtlich tätigen Person neben den Aufwendungen, die durch die Aufwandsentschädigung ersetzt werden sollen, andere beruflich veranlasste Aufwendungen entstehen, sind diese unabhängig von der Aufwandsentschädigung als Werbungskosten; in diesem Fall ist aber Absatz 3 nicht anzuwenden, sondern nach Absatz 2 Satz 3 bis 6 zu verfahren. ³Bei ehrenamtlich tätigen Personen sind alle durch die Tätigkeit veranlassten Aufwendungen als durch die steuerfreie Aufwandsentschädigung ersetzt anzusehen, so dass nur ein die Aufwandsentschädigung übersteigender Aufwand als Werbungskosten oder Betriebsausgaben abziehbar ist.

(5) ¹Von Pauschalentschädigungen, die Gemeinden oder andere juristische Personen des öffentlichen Rechts für eine gelegentliche ehrenamtliche Tätigkeit zahlen, darf ein Betrag bis zu 6 Euro täglich ohne nähere Prüfung als steuerfrei anerkannt werden. ²Bei höheren Pauschalentschädigungen hat das Finanzamt zu prüfen, ob auch ein Aufwand an Zeit und Arbeitsleistung sowie ein entgangener Verdienst abgegolten worden ist. ³Anstelle dieser Regelung kann auch Absatz 3 angewendet werden.

Hinweise

LStH 3.12 Allgemeines zu § 3 Nr. 12 Satz 2 EStG

> *Aufwandsentschädigungen, bei denen die Voraussetzungen des § 3 Nr. 12 Satz 1 EStG nicht vorliegen, sind nach § 3 Nr. 12 Satz 2 EStG nur steuerfrei, wenn sie aus öffentlichen Kassen (→ LStH 3.11) an Personen gezahlt werden, die öffentliche Dienste für einen inländischen*

---

1) BMF-Schreiben vom 20.12.2007 (BStBl. 2008 I S. 21) betr. Anwendung der Mindestbeträge in R 3.12 Abs. 3 LStR 2008 ab 1. Januar 2007:
„Das Bundeskabinett hat am 7. November 2007 die Entschließung des Bundesrates für eine Vorgriffsregelung zu R 3.12 Abs. 3 LStR 2008 ab 1. Januar 2007 zustimmend zur Kenntnis genommen.
Im Einvernehmen mit den obersten Finanzbehörden der Länder gilt Folgendes:
Die mit den Lohnsteuer-Richtlinien 2008 (BStBl 2007 I Sondernummer 1 vom 20. Dezember 2007) von 154 Euro auf 175 Euro erhöhten steuerfreien Mindestbeträge für Aufwandsentschädigungen aus öffentlichen Kassen an öffentliche Dienste leistende Personen in R 3.12 Abs. 3 LStR 2008 sind erstmals ab dem 1. Januar 2007 anzuwenden."

Träger öffentlicher Gewalt leisten (→ BFH vom 3.12.1982 – BStBl. 1983 II S. 219). Dabei kann es sich auch um eine Nebentätigkeit handeln. Aufwandsentschädigungen können nicht nur bei Personen steuerfrei sein, die öffentlich-rechtliche (hoheitliche) Dienste leisten, sondern auch bei Personen, die im Rahmen des öffentlichen Dienstes Aufgaben der schlichten Hoheitsverwaltung erfüllen (→ BFH vom 15.3.1968 – BStBl. II S. 437, vom 1.4.1971 – BStBl. II S. 519 und vom 27.2.1976 – BStBl. II S. 418).

Beamte bei Postunternehmen

→ § 3 Nr. 35 EStG

Begriff der Aufwandsentschädigung

– Zur Abgeltung von Werbungskosten/Betriebsausgaben → BFH vom 9.7.1992 (BStBl. 1993 II S. 50) und vom 29.11.2006 (BStBl. 2007 II S. 308).

– Zur Prüfung dieser Voraussetzung durch das Finanzamt → BFH vom 3. 8.1962 (BStBl. III S. 425) und vom 9.6.1989 (BStBl. 1990 II S. 121 und 123).

Daseinsvorsorge

Beispiel:

Ein kirchlicher Verein erbringt Pflegeleistungen im Rahmen der Nachbarschaftshilfe.

Die den Pflegekräften gewährten Entschädigungen sind nicht nach § 3 Nr. 12 Satz 2 EStG steuerbefreit, da Pflegeleistungen zur Daseinsvorsorge gehören; ggf. kann eine Steuerbefreiung nach § 3 Nr. 26 oder Nr. 26a EStG in Betracht kommen.

Fiskalische Verwaltung

Keine öffentlichen Dienste i.S.d. § 3 Nr. 12 Satz 2 EStG leisten Personen, die in der fiskalischen Verwaltung tätig sind (→ BFH vom 13.8.1971 – BStBl. II S. 818, vom 9.5.1974 – BStBl. II S. 631 und vom 31.1.1975 – BStBl. II S. 563). Dies ist insbesondere dann der Fall, wenn sich die Tätigkeit für die juristische Person des öffentlichen Rechts ausschließlich oder überwiegend auf die Erfüllung von Aufgaben

1. in einem land- oder forstwirtschaftlichen Betrieb einer juristischen Person des öffentlichen Rechts oder

2. in einem **Betrieb gewerblicher Art** einer juristischen Person des öffentlichen Rechts im Sinne des § 1 Abs. 1 Nr. 6 KStG bezieht.

Ob es sich um einen Betrieb gewerblicher Art einer juristischen Person des öffentlichen Rechts handelt, beurteilt sich nach dem Körperschaftsteuerrecht (§ 4 KStG und R 6 KStR). Hierbei kommt es nicht darauf an, ob der Betrieb gewerblicher Art von der Körperschaftsteuer befreit ist. Zu den Betrieben gewerblicher Art in diesem Sinne gehören insbesondere die von einer juristischen Person des öffentlichen Rechts unterhaltenen Betriebe, die der Versorgung der Bevölkerung mit Wasser, Gas, Elektrizität oder Wärme (→ BFH vom 19.1.1990 – BStBl. II S. 679), dem öffentlichen Verkehr oder dem Hafenbetrieb dienen, sowie die in der Rechtsform einer juristischen Person des öffentlichen Rechts betriebenen Sparkassen (→ BFH vom 13.8.1971 – BStBl. II S. 818).

Öffentliche Kassen

→ LStH 3.11

Steuerlicher Aufwand

Zur Voraussetzung der Abgeltung steuerlich zu berücksichtigender Werbungskosten / Betriebsausgaben → BFH vom 3.8.1962 (BStBl. III S. 425), vom 9.6.1989 (BStBl. 1990 II S. 121 und 123), vom 9.7.1992 (BStBl. 1993 II S. 50) und vom 29.11.2006 (BStBl. 2007 II S. 308).

Übertragung nicht ausgeschöpfter steuerfreier Monatsbeträge (Beispiel)

Für öffentliche Dienste in einem Ehrenamt in der Zeit vom 1. 1. bis 31. 5. werden folgende Aufwandsentschädigungen i. S. v. § 3 Nr. 12 Satz 2 EStG und R 3.12 Abs. 3 Satz 3 LStR gezahlt:

Januar 250 €, Februar 50 €, März 180 €, April 300 €, Mai 200 €; Zeitaufwand wird nicht vergütet. Für den Lohnsteuerabzug können die nicht ausgeschöpften steuerfreien Monatsbeträge i. H. v. 175 € wie folgt mit den steuerpflichtigen Aufwandsentschädigungen der anderen Lohnzahlungszeiträume dieser Tätigkeit verrechnet werden:

RL 3.12, 3.13 **§ 3**

	Gezahlte Aufwands- entschädi- gung	Steuerliche Behandlung nach R 3.12 Abs. 3 Satz 3 LStR		Steuerliche Behandlung bei Übertragung nicht ausgeschöpfter steuerfreier Monatsbeträge	
		Steuerfrei sind:	Steuer- pflichtig sind:	Steuerfreier Höchst- betrag:	Steuerpflichtig sind:
Januar	250 €	175 €	75 €	175 €	75 €
Februar	50 €	50 €	0 €	2 x 175 € = 350 €	0 € (250+50–350), Aufrollung des Januar
März	180 €	175 €	5 €	3 x 175 € = 525 €	0 € (250+50+180–525)
April	300 €	175 €	125 €	4 x 175 € = 700 €	80 € (250+50+180+300 –700), Aufrollung des März
Mai	200 €	175 €	25 €	5 x 175 € = 875 €	105 € (250+50+180+300+ 200–875)
Summe	980 €	750 €	230 €	5 x 175 € = 875 €	105 €

Bei Verrechnung des nicht ausgeschöpften Freibetragsvolumens mit abgelaufenen Lohnzahlungszeiträumen ist im Februar der Lohnsteuereinbehalt für den Monat Januar und im April für den Monat März zu korrigieren. – **Anlage § 003-CD01** –

LStR

R 3.13 Reisekostenvergütungen, Umzugskostenvergütungen und Trennungsgelder aus öffentlichen Kassen (§ 3 Nr. 13 EStG)

(1) [1]Nach § 3 Nr. 13 EStG sind Bezüge[1)] steuerfrei, die als Reisekostenvergütungen, Umzugskostenvergütungen oder Trennungsgelder aus einer öffentlichen Kasse gezahlt werden. [2]Die Steuerfreiheit von Vergütungen für Verpflegungsmehraufwendungen bei **Auswärtstätigkeiten** i.S.d. **R 9.4** Abs. 2 ist auf die nach R **9.6** maßgebenden Beträge und bei Abordnungen, die keine **Auswärtstätigkeiten** i.S.d. **R 9.4** Abs. 2 sind, auf die nach R **9.11** maßgebenden Beträge begrenzt; R **3.16** Satz 1 bis 3 ist entsprechend anzuwenden.

(2) [1]Reisekostenvergütungen sind die als solche bezeichneten Vergütungen, die dem Grunde und der Höhe nach unmittelbar nach Maßgabe der reisekostenrechtlichen Vorschriften des Bundes oder der Länder gezahlt werden. [2]Reisekostenvergütungen liegen auch vor, soweit sie dem Grunde und der Höhe nach auf Grund von Tarifverträgen oder anderen Vereinbarungen gezahlt werden, die den reisekostenrechtlichen Vorschriften des Bundes oder der Länder entsprechen. [3]§ 12 Nr. 1 EStG bleibt unberührt.

(3) [1]Werden bei Reisekostenvergütungen aus öffentlichen Kassen die reisekostenrechtlichen Vorschriften nicht oder nur teilweise angewendet, können auf diese Vergütungen die zu § 3 Nr. 16 EStG erlassenen Verwaltungsvorschriften angewendet werden. [2]Im Übrigen kann auch eine Steuerbefreiung nach § 3 Nr. 12 oder Nr. 26[2)] EStG in Betracht kommen; → R **3.12** und **3.26**.

(4) [1]Absätze 2 und 3 gelten sinngemäß für Umzugskostenvergütungen und Trennungsgelder nach Maßgabe der umzugskosten- und reisekostenrechtlichen Vorschriften des Bundes und der Länder. [2]Werden anlässlich eines Umzugs für die Umzugstage Verpflegungsmehraufwendungen nach dem Bundesumzugskostengesetz (BUKG) erstattet, ist die Erstattung nur im Rahmen der zeitlichen Voraus-

---

1) Geld und Sachbezüge.
2) bzw. Nummer 26a.

§ 3 RL 3.13, 3.16

setzungen des § 4 Abs. 5 Satz 1 Nr. 5 EStG steuerfrei. ³Trennungsgeld, das bei täglicher Rückkehr zum Wohnort gezahlt wird, ist nur nach Maßgabe der **R 9.4** bis **9.6** steuerfrei. ⁴Trennungsgeld, das in den Fällen des Bezugs einer Unterkunft am Beschäftigungsort gezahlt wird, ist nur nach Maßgabe von R **9.11** steuerfrei.

Hinweise

LStH 3.13 Beamte bei Postunternehmen
→ § 3 Nr. 35 EStG

Klimabedingte Kleidung
Der Beitrag zur Beschaffung klimabedingter Kleidung (§ 11 AUV) sowie der Ausstattungsbetrag (§ 12 AUV) sind nicht nach § 3 Nr. 13 Satz 1 EStG steuerfrei (→ BFH vom 27.5.1994 – BStBl. 1995 II S. 17 und vom 12.4.2007 – BStBl. II S. 536).

Mietbeiträge
anstelle eines Trennungsgelds sind nicht nach § 3 Nr. 13 EStG steuerfrei (→ BFH vom 16.7.1971 – BStBl. II S. 772).

Öffentliche Kassen
→ LStH 3.11

Pauschale Reisekostenvergütungen
Nach einer öffentlich-rechtlichen Satzung geleistete pauschale Reisekostenvergütungen können auch ohne Einzelnachweis steuerfrei sein, sofern die Pauschale die tatsächlich entstandenen Reiseaufwendungen nicht ersichtlich übersteigt (→ BFH vom 8.10.2008 – BStBl. 2009 II S. 405).

Prüfung, ob Werbungskosten vorliegen
Es ist nur zu prüfen, ob die ersetzten Aufwendungen vom Grundsatz her Werbungskosten sind (→ BFH vom 12.4.2007 – BStBl. II S. 536). Daher sind z.B. Arbeitgeberleistungen im Zusammenhang mit Incentive-Reisen nicht nach § 3 Nr. 13 EStG steuerfrei (→ R 3.13 Abs. 2 Satz 3), soweit diese dem Arbeitnehmer als geldwerter Vorteil zuzurechnen sind (→ LStH 19.7).

Sachbezug
Der mit dem tatsächlichen Wert nach § 8 Abs. 2 Satz 1 EStG bewertete geldwerte Vorteil für eine zur Verfügung gestellte Mahlzeit ist bis zur Höhe des jeweiligen gesetzlichen Pauschbetrags für Verpflegungsmehraufwendungen im Rahmen des § 3 Nr. 13 EStG steuerfrei (→ BMF vom 13.7.2009 – BStBl. I S. 771, Tz. 1).   – Anlage § 008-05 –

LStR

R 3.16 Erstattung von Reisekosten, Umzugskosten und Mehraufwendungen bei doppelter Haushaltsführung außerhalb des öffentlichen Dienstes (§ 3 Nr. 16 EStG)

¹Bei der Erstattung von Reisekosten¹⁾ dürfen die einzelnen Aufwendungsarten zusammengefasst werden; in diesem Falle ist die Erstattung steuerfrei, soweit sie die Summe der nach R **9.5** bis **9.8** zulässigen Einzelerstattungen nicht übersteigt. ²Hierbei können mehrere Dienstreisen zusammengefasst abgerechnet werden. ³Dies gilt sinngemäß für die Erstattung von Umzugskosten und von Mehraufwendungen bei einer doppelten Haushaltsführung. ⁴Wegen der Höhe der steuerfrei zu belassenden Reisekostenvergütungen, Umzugskostenvergütungen oder Vergütungen von Mehraufwendungen bei einer doppelten Haushaltsführung → R **9.4** bis **9.9** und **9.11**.

Hinweise

LStH 3.16 Gehaltsumwandlung
Vergütungen zur Erstattung von Reisekosten können auch dann steuerfrei sein, wenn sie der Arbeitgeber aus umgewandeltem Arbeitslohn zahlt. Voraussetzung ist, dass Arbeitgeber und Arbeitnehmer die Lohnumwandlung vor der Entstehung des Vergütungsanspruchs vereinbaren (→ BFH vom 27.4.2001 – BStBl. II S. 601).

---

1) Geld und Sachbezüge.

Sachbezug
Der mit dem tatsächlichen Wert nach § 8 Abs. 2 Satz 1 EStG bewertete geldwerte Vorteil für eine zur Verfügung gestellte Mahlzeit ist bis zur Höhe des jeweiligen gesetzlichen Pauschbetrags für Verpflegungsmehraufwendungen im Rahmen des § 3 Nr. 16 EStG steuerfrei (→ BMF vom 13.7.2009 – BStBl. I S. 771, Tz. 1). – *Anlage § 008-05* –

LStR

R 3.26 Steuerbefreiung für nebenberufliche Tätigkeiten (§ 3 Nr. 26 EStG)

Begünstigte Tätigkeiten

(1) ¹Die Tätigkeiten als Übungsleiter, Ausbilder, Erzieher oder Betreuer haben miteinander gemeinsam, dass sie auf andere Menschen durch persönlichen Kontakt Einfluss nehmen, um auf diese Weise deren geistige und körperliche Fähigkeiten zu entwickeln und zu fördern. ²Gemeinsames Merkmal der Tätigkeiten ist eine pädagogische Ausrichtung. ³Zu den begünstigten Tätigkeiten gehören z.B. die Tätigkeit eines Sporttrainers, eines Chorleiters oder Orchesterdirigenten, die Lehr- und Vortragstätigkeit im Rahmen der allgemeinen Bildung und Ausbildung, z.B. Kurse und Vorträge an Schulen und Volkshochschulen, Mütterberatung, Erste-Hilfe-Kurse, Schwimm-Unterricht, oder im Rahmen der beruflichen Ausbildung und Fortbildung, nicht dagegen die Ausbildung von Tieren, z.B. von Rennpferden oder Diensthunden. ⁴Die Pflege alter, kranker oder behinderter Menschen umfasst außer der Dauerpflege auch Hilfsdienste bei der häuslichen Betreuung durch ambulante Pflegedienste, z.B. Unterstützung bei der Grund- und Behandlungspflege, bei häuslichen Verrichtungen und Einkäufen, beim Schriftverkehr, bei der Altenhilfe entsprechend § 71 SGB XII, z.B. Hilfe bei der Wohnungs- und Heimplatzbeschaffung, in Fragen der Inanspruchnahme altersgerechter Dienste, und bei Sofortmaßnahmen gegenüber Schwerkranken und Verunglückten, z.B. durch Rettungssanitäter und Ersthelfer. ⁵Eine Tätigkeit, die ihrer Art nach keine übungsleitende, ausbildende, erzieherische, betreuende oder künstlerische Tätigkeit und keine Pflege alter, kranker oder behinderter Menschen ist, ist keine begünstigte Tätigkeit, auch wenn sie die übrigen Voraussetzungen des § 3 Nr. 26 EStG erfüllt, z.B. eine Tätigkeit als Vorstandsmitglied, als Vereinskassierer oder als Gerätewart bei einem Sportverein.[1)]

Nebenberuflichkeit

(2) ¹Eine Tätigkeit wird nebenberuflich ausgeübt, wenn sie – bezogen auf das Kalenderjahr – nicht mehr als ein Drittel der Arbeitszeit eines vergleichbaren Vollzeiterwerbs in Anspruch nimmt. ²Es können deshalb auch solche Personen nebenberuflich tätig sein, die im steuerrechtlichen Sinne keinen Hauptberuf ausüben, z.B. Hausfrauen, Vermieter, Studenten, Rentner oder Arbeitslose. ³Übt ein Steuerpflichtiger mehrere verschiedenartige Tätigkeiten i.S.d. § 3 Nr. 26 EStG aus, ist die Nebenberuflichkeit für jede Tätigkeit getrennt zu beurteilen. ⁴Mehrere gleichartige Tätigkeiten sind zusammenzufassen, wenn sie sich nach der Verkehrsanschauung als Ausübung eines einheitlichen Hauptberufs darstellen, z.B. Unterricht von jeweils weniger als dem dritten Teil des Pensums einer Vollzeitkraft in mehreren Schulen. ⁵Eine Tätigkeit wird nicht nebenberuflich ausgeübt, wenn sie als Teil der Haupttätigkeit anzusehen ist.

Arbeitgeber/Auftraggeber

(3) ¹Der Freibetrag wird nur gewährt, wenn die Tätigkeit im Dienst oder im Auftrag einer der in § 3 Nr. 26 EStG genannten Personen erfolgt. ²Als juristische Personen des öffentlichen Rechts kommen beispielsweise in Betracht Bund, Länder, Gemeinden, Gemeindeverbände, Industrie- und Handelskammern, Handwerkskammern, Rechtsanwaltskammern, Steuerberaterkammern, Wirtschaftsprüferkammern, Ärztekammern, Universitäten oder die Träger der Sozialversicherung. ³Zu den Einrichtungen i.S.d. § 5 Abs. 1 Nr. 9 Körperschaftsteuergesetz (KStG) gehören Körperschaften, Personenvereinigungen, Stiftungen und Vermögensmassen, die nach der Satzung oder dem Stiftungsgeschäft und nach der tatsächlichen Geschäftsführung ausschließlich und unmittelbar gemeinnützige, mildtätige oder kirchliche Zwecke verfolgen. ⁴Nicht zu den begünstigten Einrichtungen gehören beispielsweise Berufsverbände (Arbeitgeberverband, Gewerkschaft) oder Parteien. ⁵Fehlt es an einem begünstigten Auftraggeber / Arbeitgeber, so kann der **Freibetrag** nicht in Anspruch genommen werden.

Förderung gemeinnütziger, mildtätiger und kirchlicher Zwecke

(4) ¹Die Begriffe der gemeinnützigen, mildtätigen und kirchlichen Zwecke ergeben sich aus den §§ 52 bis 54 der Abgabenordnung (AO). ²Eine Tätigkeit dient auch dann der selbstlosen Förderung begünstigter Zwecke, wenn sie diesen Zwecken nur mittelbar zugute kommt.

---

1) Für diesen Personenkreis siehe § 3 Nr. 26a EStG. BMF-Schreiben vom 25.11.2008 (BStBl. I S. 985 – *Anlage § 003-02* –).

§ 3 RL 3.26

(5) ¹Wird die Tätigkeit im Rahmen der Erfüllung der Satzungszwecke einer juristischen Person ausgeübt, die wegen Förderung gemeinnütziger, mildtätiger oder kirchlicher Zwecke steuerbegünstigt ist, ist im Allgemeinen davon auszugehen, dass die Tätigkeit ebenfalls der Förderung dieser steuerbegünstigten Zwecke dient. ²Dies gilt auch dann, wenn die nebenberufliche Tätigkeit in einem sogenannten Zweckbetrieb i.S.d. §§ 65 bis 68 AO ausgeübt wird, z.b. als nebenberuflicher Übungsleiter bei sportlichen Veranstaltungen nach § 67a Abs. 1 AO, als nebenberuflicher Erzieher in einer Einrichtung der Fürsorgeerziehung oder der freiwilligen Erziehungshilfe nach § 68 Nr. 5 AO. ³Eine Tätigkeit in einem steuerpflichtigen wirtschaftlichen Geschäftsbetrieb einer im Übrigen steuerbegünstigten juristischen Person (§§ 64, 14 AO) erfüllt dagegen das Merkmal der Förderung gemeinnütziger, mildtätiger oder kirchlicher Zwecke nicht.

(6) ¹Der Förderung begünstigter Zwecke kann auch eine Tätigkeit für eine juristische Person des öffentlichen Rechts dienen, z.B. nebenberufliche Lehrtätigkeit an einer Universität, nebenberufliche Ausbildungstätigkeit bei der Feuerwehr, nebenberufliche Fortbildungstätigkeit für eine Anwalts- oder Ärztekammer. ²Dem steht nicht entgegen, dass die Tätigkeit in den Hoheitsbereich der juristischen Person des öffentlichen Rechts fallen kann.

Gemischte Tätigkeiten

(7) ¹Erzielt der Steuerpflichtige Einnahmen, die teils für eine Tätigkeit, die unter § 3 Nr. 26 EStG fällt, und teils für eine andere Tätigkeit gezahlt werden, ist lediglich für den entsprechenden Anteil nach § 3 Nr. 26 EStG der **Freibetrag** zu gewähren. ²Die Steuerfreiheit von Bezügen nach anderen Vorschriften, z.B. nach § 3 Nr. 12, 13, 16 EStG, bleibt unberührt; wenn auf bestimmte Bezüge sowohl § 3 Nr. 26 EStG als auch andere Steuerbefreiungsvorschriften anwendbar sind, sind die Vorschriften in der Reihenfolge anzuwenden, die für den Steuerpflichtigen am günstigsten sind.

Höchstbetrag

(8) ¹Der Freibetrag nach § 3 Nr. 26 EStG ist ein Jahresbetrag. ²Dieser wird auch dann nur einmal gewährt, wenn mehrere begünstigte Tätigkeiten ausgeübt werden. ³Er ist nicht zeitanteilig aufzuteilen, wenn die begünstigte Tätigkeit lediglich wenige Monate ausgeübt wird.

Werbungskosten- bzw. Betriebsausgabenabzug

(9) ¹Ein Abzug von Werbungskosten bzw. Betriebsausgaben, die mit den steuerfreien Einnahmen nach § 3 Nr. 26 EStG in einem unmittelbaren wirtschaftlichen Zusammenhang stehen, ist nur dann möglich, wenn die Einnahmen aus der Tätigkeit und gleichzeitig auch die jeweiligen Ausgaben den Freibetrag übersteigen. ²In Arbeitnehmerfällen ist in jedem Fall der Arbeitnehmer-Pauschbetrag anzusetzen, soweit er nicht bei anderen Dienstverhältnissen verbraucht ist.

Lohnsteuerverfahren

(10) ¹Beim Lohnsteuerabzug ist eine zeitanteilige Aufteilung des steuerfreien Höchstbetrags nicht erforderlich; das gilt auch dann, wenn feststeht, dass das Dienstverhältnis nicht bis zum Ende des Kalenderjahres besteht. ²Der Arbeitnehmer hat dem Arbeitgeber jedoch schriftlich zu bestätigen, dass die Steuerbefreiung nicht bereits in einem anderen Dienst- oder Auftragsverhältnis berücksichtigt worden ist oder berücksichtigt wird. ³Diese Erklärung ist zum Lohnkonto zu nehmen.

Hinweise

LStH 3.26 *Abgrenzung der Einkunftsart*
→ R 19.2, H 19.2

Begrenzung der Steuerbefreiung

Die Steuerfreiheit ist auch bei Einnahmen aus mehreren nebenberuflichen Tätigkeiten, z.B. Tätigkeit für verschiedene gemeinnützige Organisationen, und bei Zufluss von Einnahmen aus einer in mehreren Jahren ausgeübten Tätigkeit i.S.d. § 3 Nr. 26 EStG in einem Jahr auf einen einmaligen Jahresbetrag von 2.100 Euro begrenzt (→ BFH vom 23.6.1988 – BStBl. II S. 890 und vom 15.2.1990 – BStBl. II S. 686).

Künstlerische Tätigkeit

Eine nebenberufliche künstlerische Tätigkeit liegt auch dann vor, wenn sie die eigentliche künstlerische (Haupt-)Tätigkeit nur unterstützt und ergänzt, sofern sie Teil des gesamten künstlerischen Geschehens ist (→ BFH vom 18.4.2007 – BStBl. II S. 702).

Mittelbare Förderung

eines begünstigten Zwecks reicht für eine Steuerfreiheit aus. So dient die Unterrichtung eines geschlossenen Kreises von Pflegeschülern an einem Krankenhaus mittelbar dem Zweck der Gesundheitspflege (→ BFH vom 26. 3.1992 – BStBl. 1993 II S. 20).

Nebenberuflichkeit

– *Selbst bei dienstrechtlicher Verpflichtung zur Übernahme einer Tätigkeit im Nebenamt unter Fortfall von Weisungs- und Kontrollrechten des Arbeitgebers kann Nebenberuflichkeit vorliegen (→ BFH vom 29.1.1987 – BStBl. II S. 783).*
– *Zum zeitlichen Umfang → BFH vom 30.3.1990 (BStBl. II S. 854).*

Prüfer

Die Tätigkeit als Prüfer bei einer Prüfung, die zu Beginn, im Verlaufe oder als Abschluss einer Ausbildung abgenommen wird, ist mit der Tätigkeit eines Ausbilders vergleichbar (→ BFH vom 23.6.1988 – BStBl. II S. 890).

Rundfunkessays

Die Tätigkeit als Verfasser und Vortragender von Rundfunkessays ist nicht nach § 3 Nr. 26 EStG begünstigt (→ BFH vom 17.10.1991 – BStBl. 1992 II S. 176).

Vergebliche Aufwendungen

Aufwendungen für eine Tätigkeit i. S. d. § 3 Nr. 26 EStG sind auch dann als vorweggenommene Betriebsausgaben abzugsfähig, wenn es nicht mehr zur Ausübung der Tätigkeit kommt; das Abzugsverbot des § 3c EStG steht dem nicht entgegen (→ BFH vom 6.7.2005 – BStBl. 2006 II S. 163).

LStH 3.26a Allgemeine Grundsätze

→ **BMF vom 25.11.2008 (BStBl. I S. 985) unter Berücksichtigung der Änderungen durch BMF vom 14.10.2009 (BStBl. I S. 1318.)** – *Anlage § 003-02* –

LStR

R 3.28 Leistungen nach dem Altersteilzeitgesetz (§ 3 Nr. 28 EStG)

(1) [1]Aufstockungsbeträge und zusätzliche Beiträge zur gesetzlichen Rentenversicherung i.S.d. § 3 Abs. 1 Nr. 1 sowie Aufwendungen i.S.d. des § 4 Abs. 2 Altersteilzeitgesetz sind steuerfrei, wenn die Voraussetzungen des § 2 Altersteilzeitgesetz, z. B. Vollendung des 55. Lebensjahres, Verringerung der tariflichen regelmäßigen wöchentlichen Arbeitszeit auf die Hälfte, vorliegen. [2]Die Vereinbarung über die Arbeitszeitverminderung muss sich zumindest auf die Zeit erstrecken, bis der Arbeitnehmer eine Rente wegen Alters beanspruchen kann. [3]Dafür ist nicht erforderlich, dass diese Rente ungemindert ist. [4]Der frühestmögliche Zeitpunkt, zu dem eine Altersrente in Anspruch genommen werden kann, ist die Vollendung des 60. Lebensjahres. [5]Die Steuerfreiheit kommt nicht mehr in Betracht mit Ablauf des Kalendermonats, in dem der Arbeitnehmer die Altersteilzeitarbeit beendet oder **die für ihn geltende Altersgrenze für die Regelaltersrente erreicht** hat (§ 5 Abs. 1 Nr. 1 Altersteilzeitgesetz).

(2) [1]Die Leistungen sind auch dann steuerfrei, wenn der Förderanspruch des Arbeitgebers an die **Bundesagentur** für Arbeit nach § 5 Abs. 1 Nr. 2 und 3, Abs. 2 bis 4 Altersteilzeitgesetz erlischt, nicht besteht oder ruht, z. B. wenn der frei gewordene Voll- oder Teilarbeitsplatz nicht wieder besetzt wird. [2]Durch eine vorzeitige Beendigung der Altersteilzeit (Störfall) ändert sich der Charakter der bis dahin erbrachten Arbeitgeberleistungen nicht, weil das Altersteilzeitgesetz keine Rückzahlung vorsieht. [3]Die Steuerfreiheit der Aufstockungsbeträge bleibt daher bis zum Eintritt des Störfalls erhalten.

(3) [1]Aufstockungsbeträge und zusätzliche Beiträge zur gesetzlichen Rentenversicherung sind steuerfrei, auch soweit sie über die im Altersteilzeitgesetz genannten Mindestbeträge hinausgehen. [2]Dies gilt nur, soweit die Aufstockungsbeträge zusammen mit dem während der Altersteilzeit bezogenen Nettoarbeitslohn monatlich 100 % des maßgebenden Arbeitslohns nicht übersteigen. [3]Maßgebend ist bei laufendem Arbeitslohn der Nettoarbeitslohn, den der Arbeitnehmer im jeweiligen Lohnzahlungszeitraum ohne Altersteilzeit üblicherweise erhalten hätte; bei sonstigen Bezügen ist auf den unter Berücksichtigung des nach R **39b.6** Abs. 2 ermittelten voraussichtlichen Jahresnettoarbeitslohn unter Einbeziehung der sonstigen Bezüge bei einer unterstellten Vollzeitbeschäftigung abzustellen. [4]Unangemessene Erhöhungen vor oder während der Altersteilzeit sind dabei nicht zu berücksichtigen. [5]Aufstockungsbeträge, die in Form von Sachbezügen gewährt werden, sind steuerfrei, wenn die Aufstockung betragsmäßig in Geld festgelegt und außerdem vereinbart ist, dass der Arbeitgeber anstelle der Geldleistung Sachbezüge erbringen darf.

§ 3 LStH 3.28

Hinweise

LStH 3.28 Allgemeines

Für die Anwendung des § 3 Nr. 28 EStG kommt es nicht darauf an, dass die Altersteilzeit vor dem 1.1.2010 begonnen wurde und durch die Bundesagentur nach § 4 AltTZG gefördert wird → § 1 Abs. 3 Satz 2 AltTZG.

Begrenzung auf 100 % des Nettoarbeitslohns
Beispiel 1 (laufend gezahlter Aufstockungsbetrag):
Ein Arbeitnehmer mit einem monatlichen Vollzeit-Bruttogehalt in Höhe von 8.750 € nimmt von der Vollendung des 62. bis zur Vollendung des 64. Lebensjahrs Altersteilzeit in Anspruch. Danach scheidet er aus dem Arbeitsverhältnis aus.
Der Mindestaufstockungsbetrag nach § 3 Abs. 1 Nr. 1 Buchst. a Altersteilzeitgesetz beträgt 875 €. Der Arbeitgeber gewährt eine weitere freiwillige Aufstockung in Höhe von 3.000 € (Aufstockungsbetrag insgesamt 3.875 €). Der steuerfreie Teil des Aufstockungsbetrags ist wie folgt zu ermitteln:

a) Ermittlung des maßgebenden Arbeitslohns

Bruttoarbeitslohn bei fiktiver Vollarbeitszeit	8.750 €
./. gesetzliche Abzüge (Lohnsteuer, Solidaritätszuschlag Kirchensteuer, Sozialversicherungsbeiträge)	3.750 €
= maßgebender Nettoarbeitslohn	5.000 €

b) Vergleichsberechnung

Bruttoarbeitslohn bei Altersteilzeit	4.375 €
./. gesetzliche Abzüge (Lohnsteuer, Solidaritätszuschlag Kirchensteuer, Sozialversicherungsbeiträge)	1.725 €
= Zwischensumme	2.650 €
+ Mindestaufstockungsbetrag	875 €
+ freiwilliger Aufstockungsbetrag	3.000 €
= Nettoarbeitslohn	6.525 €

Durch den freiwilligen Aufstockungsbetrag von 3.000 € ergäbe sich ein Nettoarbeitslohn bei der Altersteilzeit, der den maßgebenden Nettoarbeitslohn um 1.525 € übersteigen würde. Demnach sind steuerfrei:

Mindestaufstockungsbetrag		875 €
+ freiwilliger Aufstockungsbetrag	3.000 €	
abzgl.	1.525 €	1.475 €
= steuerfreier Aufstockungsbetrag		2.350 €

c) Abrechnung des Arbeitgebers

Bruttoarbeitslohn bei Altersteilzeit	4.375 €
+ steuerpflichtiger Aufstockungsbetrag	1.525 €
= steuerpflichtiger Arbeitslohn	5.900 €
./. gesetzliche Abzüge (Lohnsteuer, Solidaritätszuschlag Kirchensteuer, Sozialversicherungsbeiträge)	2.300 €
= Zwischensumme	3.600 €
+ steuerfreier Aufstockungsbetrag	2.350 €
= Nettoarbeitslohn	5.950 €

Beispiel 2 (sonstiger Bezug als Aufstockungsbetrag):
Ein Arbeitnehmer hätte bei einer Vollzeitbeschäftigung Anspruch auf ein monatliches Bruttogehalt in Höhe von 4.000 € sowie im März auf einen sonstigen Bezug (Ergebnisbeteiligung) in Höhe von 1.500 € (brutto).

Nach dem Altersteilzeitvertrag werden im März folgende Beträge gezahlt:

– laufendes Bruttogehalt	2.000 €
– laufende steuerfreie Aufstockung (einschließlich freiwilliger Aufstockung des Arbeitgebers)	650 €
– Brutto-Ergebnisbeteiligung (50 % der vergleichbaren Vergütung auf Basis einer Vollzeitbeschäftigung)	750 €
– Aufstockungsleistung auf die Ergebnisbeteiligung	750 €

a) Ermittlung des maßgebenden Arbeitslohns

jährlicher laufender Bruttoarbeitslohn bei fiktiver Vollarbeitszeitbeschäftigung	48.000 €
+ sonstiger Bezug bei fiktiver Vollzeitbeschäftigung	1.500 €
./. gesetzliche jährliche Abzüge (Lohnsteuer, Solidaritätszuschlag, Kirchensteuer, Sozialversicherungsbeiträge)	18.100 €
= maßgebender Jahresnettoarbeitslohn	31.400 €

b) Vergleichsberechnung

jährlich laufender Bruttoarbeitslohn bei Altersteilzeit	24.000 €
+ steuerpflichtiger sonstiger Bezug bei Altersteilzeit	750 €
./. gesetzliche jährliche Abzüge (Lohnsteuer, Solidaritätszuschlag, Kirchensteuer, Sozialversicherungsbeiträge)	6.000 €
= Zwischensumme	18.750 €
+ Aufstockung Ergebnisbeteiligung	750 €
+ steuerfreie Aufstockung (12 x 650)	7.800 €
= Jahresnettoarbeitslohn	27.300 €

Durch die Aufstockung des sonstigen Bezugs wird der maßgebende Jahresnettoarbeitslohn von 31.400 € nicht überschritten. Demnach kann die Aufstockung des sonstigen Bezugs (im Beispiel: Aufstockung der Ergebnisbeteiligung) in Höhe von 750 € insgesamt steuerfrei bleiben.

Progressionsvorbehalt

Die Aufstockungsbeträge unterliegen dem Progressionsvorbehalt (→ § 32b Abs. 1 Nr. 1 Buchstabe g EStG). Zur Aufzeichnung und Bescheinigung → § 41 Abs. 1 und § 41b Abs. 1 Satz 2 Nr. 5 EStG.

LStR

R 3.30 Werkzeuggeld (§ 3 Nr. 30 EStG)

[1]Die Steuerbefreiung beschränkt sich auf die Erstattung der Aufwendungen, die dem Arbeitnehmer durch die betriebliche Benutzung eigener Werkzeuge entstehen. [2]Als Werkzeuge sind allgemein nur Handwerkzeuge anzusehen, die zur leichteren Handhabung, zur Herstellung oder zur Bearbeitung eines Gegenstands verwendet werden; Musikinstrumente und deren Einzelteile gehören ebenso wie Schreibmaschinen und Personalcomputer o.Ä. nicht dazu. [3]Eine betriebliche Benutzung der Werkzeuge liegt auch dann vor, wenn die Werkzeuge im Rahmen des Dienstverhältnisses außerhalb einer Betriebsstätte des Arbeitgebers eingesetzt werden, z.B. auf einer Baustelle. [4]Ohne Einzelnachweis der tatsächlichen Aufwendungen sind pauschale Entschädigungen steuerfrei, soweit sie

1. die regelmäßigen Absetzungen für Abnutzung der Werkzeuge,

2. die üblichen Betriebs-, Instandhaltungs- und Instandsetzungskosten der Werkzeuge sowie

3. die Kosten der Beförderung der Werkzeuge zwischen Wohnung und Einsatzstelle

abgelten. [5]Soweit Entschädigungen für Zeitaufwand des Arbeitnehmers gezahlt werden, z.B. für die ihm obliegende Reinigung und Wartung der Werkzeuge, gehören sie zum steuerpflichtigen Arbeitslohn.

Hinweise

LStH 3.30 Musikinstrumente
sind keine Werkzeuge (→ BFH vom 21.8.1995 – BStBl. II S. 906).

LStR

R 3.31 Überlassung typischer Berufskleidung (§ 3 Nr. 31 EStG)
(1) ¹Steuerfrei ist nach § 3 Nr. 31 erster Halbsatz EStG nicht nur die Gestellung, sondern auch die Übereignung typischer Berufskleidung durch den Arbeitgeber. ²Erhält der Arbeitnehmer die Berufsbekleidung von seinem Arbeitgeber zusätzlich zum ohnehin geschuldeten Arbeitslohn (→ R 3.33 **Abs. 5**), ist anzunehmen, dass es sich um typische Berufskleidung handelt, wenn nicht das Gegenteil offensichtlich ist. ³Zur typischen Berufskleidung gehören Kleidungsstücke, die
1. als Arbeitsschutzkleidung auf die jeweils ausgeübte Berufstätigkeit zugeschnitten sind oder
2. nach ihrer z. B. uniformartigen Beschaffenheit oder dauerhaft angebrachten Kennzeichnung durch Firmenemblem objektiv eine berufliche Funktion erfüllen,

wenn ihre private Nutzung so gut wie ausgeschlossen ist. ⁴Normale Schuhe und Unterwäsche sind z. B. keine typische Berufskleidung.

(2) ¹Die Steuerbefreiung nach § 3 Nr. 31 zweiter Halbsatz EStG beschränkt sich auf die Erstattung der Aufwendungen, die dem Arbeitnehmer durch den beruflichen Einsatz typischer Berufskleidung in den Fällen entstehen, in denen der Arbeitnehmer z. B. nach Unfallverhütungsvorschriften, Tarifvertrag oder Betriebsvereinbarung einen Anspruch auf Gestellung von Arbeitskleidung hat, der aus betrieblichen Gründen durch die Barvergütung abgelöst wird. ²Die Barablösung einer Verpflichtung zur Gestellung von typischer Berufskleidung ist z. B. betrieblich begründet, wenn die Beschaffung der Kleidungsstücke durch den Arbeitnehmer für den Arbeitgeber vorteilhafter ist. ³Pauschale Barablösungen sind steuerfrei, soweit sie die regelmäßigen Absetzungen für Abnutzung und die üblichen Instandhaltungs- und Instandsetzungskosten der typischen Berufskleidung abgelten.

Hinweise

LStH 3.31 Abgrenzung zwischen typischer Berufskleidung und bürgerlicher Kleidung
→ BFH vom 18.4.1991 (BStBl. II S. 751).
Lodenmantel
ist keine typische Berufskleidung (→ BFH vom 19.1.1996 – BStBl. II S. 202).

LStR

R 3.32 Sammelbeförderung von Arbeitnehmern zwischen Wohnung und Arbeitsstätte (§ 3 Nr. 32 EStG)
Die Notwendigkeit einer Sammelbeförderung ist z. B. in den Fällen anzunehmen, in denen
1. die Beförderung mit öffentlichen Verkehrsmitteln nicht oder nur mit unverhältnismäßig hohem Zeitaufwand durchgeführt werden könnte,
2. die Arbeitnehmer an ständig wechselnden Tätigkeitsstätten oder verschiedenen Stellen eines weiträumigen Arbeitsgebiets eingesetzt werden oder
3. der Arbeitsablauf eine gleichzeitige Arbeitsaufnahme der beförderten Arbeitnehmer erfordert.

Hinweise

LStH 3.32 Lohnsteuerbescheinigung
Bei steuerfreier Sammelbeförderung zwischen Wohnung und regelmäßiger Arbeitsstätte ist der Großbuchstabe F anzugeben → BMF-Schreiben zur Ausschreibung von Lohnsteuerbescheinigungen. – *Anlage § 041b – 01 –*

Sammelbeförderung
Sammelbeförderung i. S. d. § 3 Nr. 32 EStG ist die durch den Arbeitgeber organisierte oder zumindest veranlasste Beförderung mehrerer Arbeitnehmer; sie darf nicht auf dem Entschluss eines Arbeitnehmers beruhen. Das Vorliegen einer Sammelbeförderung bedarf

grundsätzlich einer besonderen Rechtsgrundlage. Dies kann ein Tarifvertrag oder eine Betriebsvereinbarung sein (→ BFH vom 29.1.2009 – BStBl. II S. . . . , – VI R 56/07).

LStR

R 3.33 Unterbringung und Betreuung von nicht schulpflichtigen Kindern (§ 3 Nr. 33 EStG)

(1) [1]Steuerfrei sind zusätzliche Arbeitgeberleistungen (→ **Absatz 5**) zur Unterbringung, einschließlich Unterkunft und Verpflegung, und Betreuung von nicht schulpflichtigen Kindern des Arbeitnehmers in Kindergärten oder vergleichbaren Einrichtungen. [2]Dies gilt auch, wenn der nicht beim Arbeitgeber beschäftigte Elternteil die Aufwendungen trägt. [3]Leistungen für die Vermittlung einer Unterbringungs- und Betreuungsmöglichkeit durch Dritte sind nicht steuerfrei. [4]Zuwendungen des Arbeitgebers an einen Kindergarten oder vergleichbare Einrichtung, durch die er für die Kinder seiner Arbeitnehmer ein Belegungsrecht ohne Bewerbungsverfahren und Wartezeit erwirbt, sind den Arbeitnehmern nicht als geldwerter Vorteil zuzurechnen.

(2) [1]Es ist gleichgültig, ob die Unterbringung und Betreuung in betrieblichen oder außerbetrieblichen Kindergärten erfolgt. [2]Vergleichbare Einrichtungen sind z. B. Schulkindergärten, Kindertagesstätten, Kinderkrippen, Tagesmütter, Wochenmütter und Ganztagspflegestellen. [3]Die Einrichtung muss gleichzeitig zur Unterbringung und Betreuung von Kindern geeignet sein. [4]Die alleinige Betreuung im Haushalt, z. B. durch Kinderpflegerinnen, Hausgehilfinnen oder Familienangehörige, genügt nicht. [5]Soweit Arbeitgeberleistungen auch den Unterricht eines Kindes ermöglichen, sind sie nicht steuerfrei. [6]Das Gleiche gilt für Leistungen, die nicht unmittelbar der Betreuung eines Kindes dienen, z. B. die Beförderung zwischen Wohnung und Kindergarten.

(3) [1]Begünstigt sind nur Leistungen zur Unterbringung und Betreuung von nicht schulpflichtigen Kindern. [2]**Ob ein Kind schulpflichtig ist, richtet sich nach dem jeweiligen landesrechtlichen Schulgesetz.** [3]**Die Schulpflicht ist aus Vereinfachungsgründen nicht zu prüfen bei Kindern,** die

1. das 6. Lebensjahr noch nicht vollendet haben oder

2. im laufenden Kalenderjahr das 6. Lebensjahr nach dem 30. Juni vollendet haben, es sei denn, sie sind vorzeitig eingeschult worden, oder

3. im laufenden Kalenderjahr das 6. Lebensjahr vor dem 1. Juli vollendet haben, in den Monaten Januar bis Juli dieses Jahres.

[4]Den nicht schulpflichtigen Kindern stehen schulpflichtige Kinder gleich, solange sie mangels Schulreife vom Schulbesuch zurückgestellt sind.

(4) [1]Sachleistungen an den Arbeitnehmer, die über den nach § 3 Nr. 33 EStG steuerfreien Bereich hinausgehen, sind regelmäßig mit dem Wert nach § 8 Abs. 2 Satz 1 EStG dem Arbeitslohn hinzuzurechnen. [2]Barzuwendungen an den Arbeitnehmer sind nur steuerfrei, soweit der Arbeitnehmer dem Arbeitgeber die zweckentsprechende Verwendung nachgewiesen hat. [3]Der Arbeitgeber hat die Nachweise im Original als Belege zum Lohnkonto aufzubewahren.

(5) [1]Die Zusätzlichkeitsvoraussetzung erfordert, dass die zweckbestimmte Leistung zu dem Arbeitslohn hinzukommt, den der Arbeitgeber schuldet, wenn die maßgebende Zweckbestimmung nicht getroffen wird. [2]Eine zweckgebundene Leistung wird nur dann zusätzlich zu dem ohnehin geschuldeten Arbeitslohn erbracht, wenn der Arbeitnehmer die Leistung ohne Zweckbindung nicht erhalten würde. [3]Entscheidend ist also, dass nur derjenige Arbeitnehmer die Leistung erhalten kann, der sie zu den begünstigten Zweck verwendet. [4]Wird eine zweckbestimmte Leistung unter Anrechnung auf den vereinbarten Arbeitslohn oder durch Umwandlung (Umwidmung) des vereinbarten Arbeitslohns gewährt, liegt keine zusätzliche Leistung vor; der vereinbarte Arbeitslohn bleibt unverändert. [5]Dies gilt selbst dann, wenn die Umwandlung auf Grund einer tarifvertraglichen Öffnungsklausel erfolgt. [6]Eine zusätzliche Leistung liegt auch dann nicht vor, wenn sie unter Anrechnung auf eine freiwillige Sonderzahlung, z. B. Weihnachtsgeld, erbracht wird. [7]Es ist unerheblich, ob die zusätzliche Leistung ihrerseits vom Arbeitgeber geschuldet oder freiwillig gewährt wird. [8]Ebenso ist es unschädlich, wenn der Arbeitgeber verschiedene zweckgebundene Leistungen zur Auswahl anbietet.

Hinweise

LStH 3.39 Allgemeine Grundsätze
→ *BMF vom 8.12.2009 (BStBl. I S. 1513)* – Anlage § 003-07 –

§ 3 RL 3.45, 3.50

R 3.45 Betriebliche Personalcomputer und Telekommunikationsgeräte (§ 3 Nr. 45 EStG)
¹Die Privatnutzung betrieblicher Personalcomputer und Telekommunikationsgeräte durch den Arbeitnehmer ist unabhängig vom Verhältnis der beruflichen zur privaten Nutzung steuerfrei. ²Die Steuerfreiheit umfasst auch die Nutzung von Zubehör und Software. ³Sie ist nicht auf die private Nutzung im Betrieb beschränkt, sondern gilt beispielsweise auch für Mobiltelefone im Auto oder Personalcomputer in der Wohnung des Arbeitnehmers. ⁴Die Steuerfreiheit gilt nur für die Überlassung zur Nutzung durch den Arbeitgeber oder auf Grund des Dienstverhältnisses durch einen Dritten. ⁵In diesen Fällen sind auch die vom Arbeitgeber getragenen Verbindungsentgelte (Grundgebühr und sonstige laufende Kosten) steuerfrei. ⁶Für die Steuerfreiheit kommt es nicht darauf an, ob die Vorteile zusätzlich zum ohnehin geschuldeten Arbeitslohn oder auf Grund einer Vereinbarung mit dem Arbeitgeber über die Herabsetzung von Arbeitslohn erbracht werden.

Hinweise

LStH 3.45 *Anwendungsbereich*

Die auf Arbeitnehmer beschränkte Steuerfreiheit für die Vorteile aus der privaten Nutzung von betrieblichen Personalcomputern und Telekommunikationsgeräten (§ 3 Nr. 45 EStG) verletzt nicht den Gleichheitssatz (→ BFH vom 21.6.2006 – BStBl. II S. 715).

LStR

R 3.50 Durchlaufende Gelder, Auslagenersatz (§ 3 Nr. 50 EStG)
(1) ¹Durchlaufende Gelder oder Auslagenersatz liegen vor, wenn
1. der Arbeitnehmer die Ausgaben für Rechnung des Arbeitgebers macht, wobei es gleichgültig ist, ob das im Namen des Arbeitgebers oder im eigenen Namen geschieht, und
2. über die Ausgaben im Einzelnen abgerechnet wird.

²Dabei sind die Ausgaben des Arbeitnehmers bei ihm so zu beurteilen, als hätte der Arbeitgeber sie selbst getätigt. ³Die Steuerfreiheit der durchlaufenden Gelder oder des Auslagenersatzes nach § 3 Nr. 50 EStG ist hiernach stets dann ausgeschlossen, wenn die Ausgaben durch das Dienstverhältnis des Arbeitnehmers veranlasst sind (→ R **19.3**).

(2) ¹Pauschaler Auslagenersatz führt regelmäßig zu Arbeitslohn. ²Ausnahmsweise kann pauschaler Auslagenersatz steuerfrei bleiben, wenn er regelmäßig wiederkehrt und der Arbeitnehmer die entstandenen Aufwendungen für einen repräsentativen Zeitraum von drei Monaten im Einzelnen nachweist. ³Dabei können bei Aufwendungen für Telekommunikation auch die Aufwendungen für das Nutzungsentgelt einer Telefonanlage sowie für den Grundpreis der Anschlüsse entsprechend dem beruflichen Anteil der Verbindungsentgelte an den gesamten Verbindungsentgelten (Telefon und Internet) steuerfrei ersetzt werden. ⁴Fallen erfahrungsgemäß beruflich veranlasste Telekommunikationsaufwendungen an, können aus Vereinfachungsgründen ohne Einzelnachweis bis zu 20 % des Rechnungsbetrags, höchstens 20 Euro monatlich steuerfrei ersetzt werden. ⁵Zur weiteren Vereinfachung kann der monatliche Durchschnittsbetrag, der sich aus den Rechnungsbeträgen für einen repräsentativen Zeitraum von drei Monaten ergibt, für den pauschalen Auslagenersatz fortgeführt werden. ⁶Der pauschale Auslagenersatz bleibt grundsätzlich so lange steuerfrei, bis sich die Verhältnisse wesentlich ändern. ⁷Eine wesentliche Änderung der Verhältnisse kann sich insbesondere im Zusammenhang mit einer Änderung der Berufstätigkeit ergeben.

Hinweise

LStH 3.50 *Allgemeines*
– *Nicht nach § 3 Nr. 50 EStG* **steuerfrei**
  Ersatz von Werbungskosten
  Ersatz von Kosten der privaten Lebensführung des Arbeitnehmers
– **Steuerfrei** *ist z.B. der Ersatz von Gebühren für ein geschäftliches Telefongespräch, das der Arbeitnehmer für den Arbeitgeber außerhalb des Betriebs führt.*

Ersatz von Reparaturkosten
Ersetzt der Arbeitgeber auf Grund einer tarifvertraglichen Verpflichtung dem als Orchestermusiker beschäftigten Arbeitnehmer die Kosten der Instandsetzung des dem Arbeitnehmer

gehörenden Musikinstruments, so handelt es sich dabei um steuerfreien Auslagenersatz (→ BFH vom 28.3.2006 – BStBl. II S. 473).

Garagenmiete
Stellt der Arbeitnehmer den Dienstwagen in einer von ihm angemieteten Garage unter, handelt es sich bei der vom Arbeitgeber erstatteten Garagenmiete um steuerfreien Auslagenersatz (→ BFH vom 7.6.2002 – BStBl. II S. 829).

Pauschaler Auslagenersatz
führt regelmäßig zu Arbeitslohn (→ BFH vom 10.6.1966 – BStBl. III S. 607). Er ist nur dann steuerfrei, wenn der Steuerpflichtige nachweist, dass die Pauschale den tatsächlichen Aufwendungen im Großen und Ganzen entspricht (→ BFH vom 2.10.2003 – BStBl. 2004 II S. 129).

LStH 3.51 Freiwillige Sonderzahlungen
an Arbeitnehmer eines konzernverbundenen Unternehmens sind keine steuerfreien Trinkgelder (→ BFH vom 3.5.2007 – BStBl. II S. 712).

Spielbanktronc
Aus dem Spielbanktronc finanzierte Zahlungen an die Arbeitnehmer der Spielbank sind keine steuerfreien Trinkgelder (→ BFH vom 18.12.2008 – BStBl. 2009 II S. 820).

LStH 3.55 Übertragung der betrieblichen Altersversorgung
→ BMF vom **20.1.2009** (BStBl. I S. 273), Rz. 221–226   – Anlage § 010a-01 –

LStH 3.55a Allgemeine Grundsätze
→ BMF vom ... (BStBl. I S. ....)

LStH 3.55b Allgemeine Grundsätze
→ BMF vom ... (BStBl. I S. ....)

LStH 3.56 Allgemeine Grundsätze
→ BMF vom **20.1.2009** (BStBl. I S. 273), Rz. 236–242   – Anlage § 010a-01 –

LStR

R 3.58 Zuschüsse und Zinsvorteile aus öffentlichen Haushalten (§ 3 Nr. 58 EStG)
Öffentliche Haushalte im Sinne des § 3 Nr. 58 EStG sind die Haushalte des Bundes, der Länder, der Gemeinden, der Gemeindeverbände, der kommunalen Zweckverbände und der Sozialversicherungsträger.

R 3.59 Steuerfreie Mietvorteile (§ 3 Nr. 59)
[1]Steuerfrei sind Mietvorteile, die im Rahmen eines Dienstverhältnisses gewährt werden und die auf der Förderung nach dem Zweiten Wohnungsbaugesetz, dem Wohnungsbaugesetz für das Saarland, nach dem Wohnraumförderungsgesetz (WoFG) **oder den Landesgesetzen zur Wohnraumförderung** beruhen. [2]Mietvorteile, die sich aus dem Einsatz von Wohnungsfürsorgemitteln aus öffentlichen Haushalten ergeben, sind ebenfalls steuerfrei. [3]Bei einer Wohnung, die ohne Mittel aus öffentlichen Haushalten errichtet worden ist, gilt Folgendes: [4]Die Mietvorteile im Rahmen eines Dienstverhältnisses sind steuerfrei, wenn die Wohnung im Zeitpunkt ihres Bezugs durch den Arbeitnehmer für eine Förderung mit Mitteln aus öffentlichen Haushalten in Betracht gekommen wäre. [5]§ 3 Nr. 59 EStG ist deshalb nur auf Wohnungen anwendbar, die in dem Geltungszeitraum der in Satz 1 genannten Gesetze errichtet worden sind, d.h. auf Baujahrgänge ab 1957. [6]Es muss nicht geprüft werden, ob der Arbeitnehmer nach seinen Einkommensverhältnissen als Mieter einer geförderten Wohnung in Betracht kommt. [7]Der Höhe nach ist die Steuerbefreiung auf die Mietvorteile begrenzt, die sich aus der Förderung nach den in Satz 1 genannten Gesetzen ergeben würden. [8]§ 3 Nr. 59 EStG ist deshalb nicht anwendbar auf Wohnungen, für die der Förderzeitraum abgelaufen ist. [9]Wenn der Förderzeitraum im Zeitpunkt des Bezugs der Wohnung durch den Arbeitnehmer noch nicht abgelaufen ist, ist ein Mietvorteil bis zur Höhe des Teilbetrags steuerfrei, auf den der Arbeitgeber gegenüber der Vergleichsmiete verzichten müsste, wenn die Errichtung der Wohnung nach den in Satz 1 genannten Gesetzen gefördert worden wäre. [10]Der steuerfreie Teilbetrag verringert sich in dem Maße, in dem der Arbeitgeber nach den Förderregelungen eine höhere Miete verlangen könnte. [11]Mit Ablauf der Mietbindungsfrist läuft auch die Steuerbefreiung aus. [12]Soweit später

zulässige Mieterhöhungen z.B. nach Ablauf des Förderzeitraums im Hinblick auf das Dienstverhältnis unterblieben sind, sind sie in den steuerpflichtigen Mietvorteil einzubeziehen.

Hinweise

LStH 3.59 Steuerfreie Mietvorteile im Zusammenhang mit einem Arbeitsverhältnis
R 3.59 Sätze 2 bis 4 LStR sind unabhängig vom BFH-Urteil vom 16.2.2005 (BStBl. II S. 750) weiterhin anzuwenden (→ BMF vom 10.10.2005 – BStBl. I S. 959).

LStR

R 3.62 Zukunftssicherungsleistungen (§ 3 Nr. 62 EStG, § 2 Abs. 2 Nr. 3 LStDV)

Leistungen auf Grund gesetzlicher Verpflichtungen

(1) ¹Zu den nach § 3 Nr. 62 EStG steuerfreien Ausgaben des Arbeitgebers für die Zukunftssicherung des Arbeitnehmers (§ 2 Abs. 2 Nr. 3 Satz 1 und 2 LStDV) gehören insbesondere die Beitragsanteile des Arbeitgebers am Gesamtsozialversicherungsbeitrag (Rentenversicherung, Krankenversicherung, Pflegeversicherung, Arbeitslosenversicherung), Beiträge des Arbeitgebers nach § 172 Abs. 2 SGB VI zu einer berufsständischen Versorgungseinrichtung für Arbeitnehmer, die nach § 6 Abs. 1 Satz 1 Nr. 1 SGB VI von der Versicherungspflicht in der gesetzlichen Rentenversicherung befreit sind, und Beiträge des Arbeitgebers nach § 249b SGB V und den §§ 168 Abs. 1 Nr. 1b oder 1c, 172 Abs. 3 oder 3a SGB VI für geringfügig Beschäftigte. ²Dies gilt auch für solche Beitragsanteile, die auf Grund einer nach ausländischen Gesetzen bestehenden Verpflichtung an ausländische Sozialversicherungsträger, die den inländischen Sozialversicherungsträgern vergleichbar sind, geleistet werden. ³Steuerfrei sind nach § 3 Nr. 62 EStG auch vom Arbeitgeber nach **§ 3 Abs. 3 Satz 3 der Sozialversicherungsentgeltverordnung (SvEV)** übernommene Arbeitnehmeranteile am Gesamtsozialversicherungsbeitrag sowie Krankenversicherungsbeiträge, die der Arbeitgeber nach § 5 Abs. 2 der **Elternzeit**verordnung oder nach entsprechenden Rechtsvorschriften der Länder erstattet. ⁴Zukunftssicherungsleistungen auf Grund einer tarifvertraglichen Verpflichtung sind dagegen nicht nach § 3 Nr. 62 EStG steuerfrei.

(2) Für Ausgaben des Arbeitgebers zur Kranken- und Pflegeversicherung des Arbeitnehmers gilt Folgendes:

1. Die Beitragsteile und Zuschüsse des Arbeitgebers zur Krankenversicherung und zur sozialen oder privaten Pflegeversicherung eines krankenversicherungspflichtigen Arbeitnehmers sind bis zur Hälfte des jeweiligen Beitragssatzes der Kranken- und Pflegekasse **(ab 1.1.2009: bis zur Hälfte des Beitragssatzes zur Kranken- und Pflegeversicherung)** steuerfrei, bei der der Arbeitnehmer versichert ist, bei privater Pflegeversicherung höchstens bis zur Hälfte des tatsächlichen Pflegeversicherungsbeitrags.

2. ¹Zuschüsse des Arbeitgebers zur Krankenversicherung und zur sozialen oder privaten Pflegeversicherung eines nicht krankenversicherungspflichtigen Arbeitnehmers, der in der gesetzlichen Krankenversicherung freiwillig versichert ist, sind nach § 3 Nr. 62 EStG steuerfrei, soweit der Arbeitgeber nach § 257 Abs. 1 SGB V und § 61 Abs. 1 SGB XI zur Zuschussleistung verpflichtet ist. ²Steuerfrei ist deshalb die Hälfte der Beiträge zur Krankenversicherung und zur sozialen Pflegeversicherung, die für einen krankenversicherungspflichtigen Arbeitnehmer bei der Krankenkasse, bei der die freiwillige Mitgliedschaft besteht, und bei der Pflegekasse, die bei dieser Krankenkasse errichtet ist, zu zahlen wäre, höchstens jedoch die Hälfte der tatsächlichen Kranken- und Pflegeversicherungsbeiträge. ³Soweit bei Beziehern von Kurzarbeitergeld oder Winterausfallgeld ein fiktives Arbeitsentgelt maßgebend ist, bleiben die Arbeitgeberzuschüsse in voller Höhe steuerfrei (§ 257 Abs. 1 Satz 3 SGB V i.V.m. § 249 Abs. 2 SGB V). ⁴Übersteigt das Arbeitsentgelt nur auf Grund von einmalig gezahltem Arbeitsentgelt die Jahresarbeitsentgeltgrenze und hat der Arbeitnehmer deshalb für jeden Monat die Höchstbeiträge an die Kranken- und Pflegekasse zu zahlen, sind die Arbeitgeberzuschüsse aus Vereinfachungsgründen bis zur Hälfte der Höchstbeiträge steuerfrei. ⁵Dies gilt auch dann, wenn das im Krankheitsfall fortgezahlte Arbeitsentgelt die monatliche Beitragsbemessungsgrenze unterschreitet und der Arbeitnehmer dennoch für die Dauer der Entgeltfortzahlung die Höchstbeiträge an die Kranken- und Pflegekasse zu zahlen hat. ⁶Werden die nach Satz 2 maßgebenden Kranken- und Pflegeversicherungsbeiträge satzungsgemäß auf den nächsten vollen Euro-Betrag aufgerundet, so bleiben aus Vereinfachungsgründen die Arbeitgeberzuschüsse bis zur Hälfte der aufgerundeten Kranken- und Pflegeversicherungsbeiträge steuerfrei.

3. ¹Zuschüsse des Arbeitgebers zu den Kranken- und Pflegeversicherungsbeiträgen eines nicht krankenversicherungspflichtigen Arbeitnehmers, der eine private Kranken- und Pflegeversicherung abgeschlossen hat, sind ebenfalls nach § 3 Nr. 62 EStG steuerfrei, soweit der Arbeitgeber nach § 257

Abs. 2 SGB V sowie nach § 61 Abs. 2 SGB XI zur Zuschussleistung verpflichtet ist. ²Der Anspruch auf den Arbeitgeberzuschuss an den bei einem privaten Krankenversicherungsunternehmen versicherten Arbeitnehmer setzt voraus, dass der private Krankenversicherungsschutz Leistungen zum Inhalt hat, die ihrer Art nach auch im Fünften Buch Sozialgesetzbuch bestehen (→ § 11 Abs. 1 SGB V). ³Voraussetzung ist nicht, dass der private Krankenversicherungsschutz einen bestimmten Mindestumfang hat, also auch alle Leistungen des Fünften Buches Sozialgesetzbuch erstreckt; soweit der private Krankenversicherungsschutz andere Leistungen umfasst, die der Art nach nicht zu den Leistungen des **SGB V** gehören, bleibt der darauf entfallende Teil des Beitrags bei der Bemessung des Arbeitgeberzuschusses unberücksichtigt. ⁴Steuerfrei ist die Hälfte des Betrags, der sich unter Anwendung des durchschnittlichen allgemeinen Beitragssatzes **(ab 1.1.2009: des um 0,9 Beitragssatzpunkte verminderten allgemeinen Beitragssatzes)** der Krankenkassen und der Beitragsbemessungsgrundlage ergibt**; in der Pflegeversicherung richtet sich die Steuerfreiheit nach dem gesetzlichen Beitragsanteil des Arbeitgebers**. ⁵Übersteigt das Arbeitsentgelt nur auf Grund von einmalig gezahltem Arbeitsentgelt die Jahresentgeltgrenze oder unterschreitet das im Krankheitsfall fortgezahlte Arbeitsentgelt die monatliche Beitragsbemessungsgrenze und hat der Arbeitnehmer dennoch die Höchstbeiträge zu zahlen, ist aus Vereinfachungsgründen die Hälfte der durchschnittlichen Höchstbeiträge der gesetzlichen Krankenversicherung und der sozialen Pflegeversicherung steuerfrei. ⁶Die Steuerfreiheit ist vorbehaltlich der **Nummer 2 Satz 3**, der entsprechend gilt, begrenzt auf die Hälfte der tatsächlichen Beiträge, soweit sie für diejenigen Leistungen gezahlt werden, die der Art nach den Leistungen des **SGB V und SGB XI** entsprechen. ⁷Der Arbeitgeber darf Zuschüsse zu einer privaten Krankenversicherung und zu einer privaten Pflegeversicherung des Arbeitnehmers nur dann steuerfrei lassen, wenn der Arbeitnehmer eine Bescheinigung des Versicherungsunternehmens vorlegt, in der bestätigt wird, dass die Voraussetzungen des § 257 Abs. 2 a SGB V und des § 61 Abs. 6 SGB XI vorliegen und dass es sich bei den vertraglichen Leistungen um Leistungen i.S.d. **SGB V und SGB XI** handelt. ⁸Die Bescheinigung muss außerdem Angaben über die Höhe des für die vertraglichen Leistungen i.S.d. **SGB V und SGB XI** zu zahlenden Versicherungsbeitrag enthalten. ⁹Der Arbeitgeber hat die Bescheinigung als Unterlage zum Lohnkonto aufzubewahren. ¹⁰Soweit der Arbeitgeber die steuerfreien Zuschüsse unmittelbar an den Arbeitnehmer auszahlt, hat der Arbeitnehmer die zweckentsprechende Verwendung durch eine Bescheinigung des Versicherungsunternehmens über die tatsächlichen Kranken- und Pflegeversicherungsbeiträge nach Ablauf eines jeden Kalenderjahres nachzuweisen; der Arbeitgeber hat diese Bescheinigung als Unterlage zum Lohnkonto aufzubewahren. ¹¹Die Bescheinigung kann mit der Bescheinigung nach den Sätzen 7 und 8 verbunden werden.

Den gesetzlichen Pflichtbeiträgen gleichgestellte Zuschüsse

(3) ¹Nach § 3 Nr. 62 Satz 2 EStG sind den Ausgaben des Arbeitgebers für die Zukunftssicherung des Arbeitnehmers, die auf Grund gesetzlicher Verpflichtung geleistet werden, die Zuschüsse des Arbeitgebers gleichgestellt, die zu den Beiträgen des Arbeitnehmers für eine Lebensversicherung – auch für die mit einer betrieblichen Pensionskasse abgeschlossene Lebensversicherung –, für die freiwillige Versicherung in der gesetzlichen Rentenversicherung oder für eine öffentlich-rechtliche Versicherungs- oder Versorgungseinrichtung der Berufsgruppe geleistet werden, wenn der Arbeitnehmer von der Versicherungspflicht in der gesetzlichen Rentenversicherung nach einer der folgenden Vorschriften auf eigenen Antrag befreit worden ist:

1. § 18 Abs. 3 des Gesetzes über die Erhöhung der Einkommensgrenzen in der Sozialversicherung und der Arbeitslosenversicherung und zur Änderung der Zwölften Verordnung zum Aufbau der Sozialversicherung vom 13.8.1952 (BGBl. I S. 437),
2. Artikel 2 § 1 des Angestelltenversicherungs-Neuregelungsgesetzes vom 23.2.1957 (BGBl. I S. 88, 1074) oder Artikel 2 § 1 des Knappschaftsrentenversicherungs-Neuregelungsgesetzes vom 21.5.1957 (BGBl. I S. 533), jeweils in der bis zum 30.6.1965 geltenden Fassung,
3. § 7 Abs. 2 des Angestelltenversicherungsgesetzes i.d.F. des Artikels 1 des Angestelltenversicherungs-Neuregelungsgesetzes vom 23.2.1957 (BGBl. I S. 88, 1074),
4. Artikel 2 § 1 des Angestelltenversicherungs-Neuregelungsgesetzes oder Artikel 2 § 1 des Knappschaftsrentenversicherungs-Neuregelungsgesetzes, jeweils i.d.F. des Rentenversicherungs-Änderungsgesetzes vom 9.6.1965 (BGBl. I S. 476),
5. Artikel 2 § 1 des Zweiten Rentenversicherungs-Änderungsgesetzes vom 23.12.1966 (BGBl. I S. 745),
6. Artikel 2 § 1 des Angestelltenversicherungs-Neuregelungsgesetzes oder Artikel 2 § 1 des Knappschaftsrentenversicherungs-Neuregelungsgesetzes, jeweils i.d.F. des Finanzänderungsgesetzes 1967 vom 21.12.1967 (BGBl. I S. 1259),

§ 3 RL 3.62

7. Artikel 2 § 1 Abs. 2 des Angestelltenversicherungs-Neuregelungsgesetzes oder Artikel 2 § 1 Abs. 1 a des Knappschaftsrentenversicherungs-Neuregelungsgesetzes, jeweils i.d.F. des Dritten Rentenversicherungs-Änderungsgesetzes vom 28.7.1969 (BGBl. I S. 956),
8. § 20 des Gesetzes über die Sozialversicherung vom 28.6.1990 (GBl. der Deutschen Demokratischen Republik I Nr. 38 S. 486) i.V.m. § 231a SGB VI i.d.F. des Gesetzes zur Herstellung der Rechtseinheit in der gesetzlichen Renten- und Unfallversicherung (Renten-Überleitungsgesetz – RÜG) vom 25.7.1991 (BGBl. I S. 1606).

²Zuschüsse des Arbeitgebers i.S.d. § 3 Nr. 62 Satz 2 EStG liegen nicht vor, wenn der Arbeitnehmer kraft Gesetzes in der gesetzlichen Rentenversicherung versicherungsfrei ist. ³Den Beiträgen des Arbeitnehmers für eine freiwillige Versicherung in der gesetzlichen Rentenversicherung der Angestellten stehen im Übrigen Beiträge für die freiwillige Versicherung in der Arbeiterrentenversicherung oder in der knappschaftlichen Rentenversicherung oder für die Selbstversicherung in der gesetzlichen Rentenversicherung gleich.

Höhe der steuerfreien Zuschüsse, Nachweis

(4) ¹Die Steuerfreiheit der Zuschüsse beschränkt sich nach § 3 Nr. 62 Satz 3 EStG im Grundsatz auf den Betrag, den der Arbeitgeber als Arbeitgeberanteil zur gesetzlichen Rentenversicherung aufzuwenden hätte, wenn der Arbeitnehmer nicht von der gesetzlichen Versicherungspflicht befreit worden wäre. ²Soweit der Arbeitgeber die steuerfreien Zuschüsse unmittelbar an den Arbeitnehmer auszahlt, hat dieser die zweckentsprechende Verwendung durch eine entsprechende Bescheinigung des Versicherungsträgers bis zum 30. April des folgenden Kalenderjahres nachzuweisen. ³Die Bescheinigung ist als Unterlage zum Lohnkonto aufzubewahren.

Hinweise

LStH 3.62 Ausländische Krankenversicherung

Die nach § 3 Nr. 62 Satz 1 EStG für die Steuerfreiheit vorausgesetzte gesetzliche Verpflichtung zu einer Zukunftssicherungsleistung des Arbeitgebers ergibt sich für einen Arbeitgeberzuschuss zu einer privaten Krankenversicherung aus § 257 Abs. 2a Satz 1 SGB V. § 257 Abs. 2a SGB V findet auch auf Steuerpflichtige Anwendung, die eine Krankenversicherung bei einem Versicherungsunternehmen abgeschlossen haben, das in einem anderen Land der EU seinen Sitz hat und ist vom Steuerpflichtigen nachzuweisen. Die Vorlage der Bescheinigung nach § 257 Abs. 2a Satz 3 SGB V ist nicht konstitutive Voraussetzung der Steuerbefreiung (→ BFH vom 22.7.2008 – BStBl. II S. 894).

Ausländische Versicherungsunternehmen

Zahlungen des Arbeitgebers an ausländische Versicherungsunternehmen sind nicht steuerfrei, wenn sie auf vertraglicher Grundlage entrichtet werden (→ BFH vom 28.5.2009 – BStBl. II S. 857).

Ausländischer Sozialversicherungsträger

Arbeitgeberanteile zur ausländischen Sozialversicherung sind nicht steuerfrei, wenn sie auf vertraglicher Grundlage und damit freiwillig entrichtet werden (→ BFH vom 18.5.2004 – BStBl. 2004 II S. 1014).

Beitragszuschlag

Der Beitragszuschlag für Kinderlose in der sozialen Pflegeversicherung i. H. v. 0,25 % ist vom Arbeitnehmer allein zu tragen und kann deshalb vom Arbeitgeber nicht steuerfrei erstattet werden (→ § 55 Abs. 3 i. V. m. § 58 Abs. 1 SGB XI).

Entscheidung des Sozialversicherungsträgers

Bei der Frage, ob die Ausgaben des Arbeitgebers für die Zukunftssicherung des Arbeitnehmers auf einer gesetzlichen Verpflichtung beruhen, ist der Entscheidung des zuständigen Sozialversicherungsträgers des Arbeitnehmers zu folgen, wenn sie nicht offensichtlich rechtswidrig ist (→ BFH vom 6.6.2002 – BStBl. 2003 II S. 34).

Gegenwärtiger Versicherungsstatus

Für die Steuerfreiheit von Arbeitgeberzuschüssen zu einer Lebensversicherung des Arbeitnehmers ist dessen gegenwärtiger Versicherungsstatus maßgeblich. Die Zuschüsse sind nicht nach § 3 Nr. 62 Satz 2 EStG steuerfrei, wenn der Arbeitnehmer als nunmehr beherrschender Gesellschafter-Geschäftsführer kraft Gesetzes rentenversicherungsfrei geworden ist, auch wenn er sich ursprünglich auf eigenen Antrag von der Rentenversicherungspflicht hatte befreien lassen (→ *BFH vom 10.10.2002 – BStBl. II S. 886).*

Gesetzlicher Beitragsanteil des Arbeitgebers in der Pflegeversicherung

Beispiel:

*Ein Arbeitgeber zahlt für **Juli 2009** einem privat krankenversicherten Arbeitnehmer einen Zuschuss zur privaten Pflegeversicherung in Höhe von 50 % des Gesamtbetrags von 36 €. Die Beitragsbemessungsgrenze **2009** beträgt **44.100** € (mtl. **3.675** €). Der steuerfreie Betrag errechnet sich wie folgt:*

a) *Die Betriebsstätte befindet sich in Sachsen (Arbeitnehmeranteil: 1,475 %, Arbeitgeberanteil: 0,475 %)*

1. Begrenzung

*3.675 € x 1,95 % = **71,66** € mtl. Beitrag zur sozialen Pflegeversicherung*
*3.675 € x 0,475 % = **17,46** € mtl. Arbeitgeberanteil*

2. Begrenzung

Privater Pflegeversicherungsbeitrag mtl.	*36,00 €*
davon 50 %	*18,00 €*

Vergleich

1. Begrenzung	***17,46 €***
2. Begrenzung	*18,00 €*
Anzusetzen als Zuschuss des Arbeitgebers und damit steuerfrei nach § 3 Nr. 62 EStG	***17,46 €***

b) *Die Betriebsstätte befindet sich im übrigen Bundesgebiet (Arbeitnehmeranteil: 0,975 %, Arbeitgeberanteil: 0,975 %):*

1. Begrenzung

*3.675 € x 1,95 % = **71,66** € mtl. Beitrag zur sozialen Pflegeversicherung*
*3.675 € x 0,975 % = **35,83** € mtl. Arbeitgeberanteil*

2. Begrenzung

Privater Pflegeversicherungsbeitrag mtl.	*36,00 €*
davon 50 %	*18,00 €*

Vergleich

1. Begrenzung	*35,83 €*
2. Begrenzung	*18,00 €*
Anzusetzen als Zuschuss des Arbeitgebers und damit steuerfrei nach § 3 Nr. 62 EStG	***18,00 €***

Rückzahlung von Beitragsanteilen an den Arbeitgeber

Beitragsanteile am Gesamtsozialversicherungsbeitrag, die der Arbeitgeber ohne gesetzliche Verpflichtung übernommen hat, sind kein Arbeitslohn, wenn sie dem Arbeitgeber zurückgezahlt worden sind und der Arbeitnehmer keine Versicherungsleistungen erhalten hat (→ BFH vom 27.3.1992 – BStBl. II S. 663).

Umlagezahlungen

→ **LStH 3.63**

Zusätzlicher Krankenversicherungsbeitrag

*Der **zusätzliche Krankenversicherungsbeitrag** i. H. v. 0,9 % ist vom Arbeitnehmer allein zu tragen und kann deshalb vom Arbeitgeber nicht steuerfrei erstattet werden (→ **§ 241** Abs. 1 i. V. m. § 257 Abs. 1 SGB V).*

*– Der kassenindividuelle Zusatzbeitrag ist vom Arbeitnehmer allein zu tragen und kann deshalb vom Arbeitgeber nicht steuerfrei erstattet werden (→ **§ 242 SGB V**).*

LStH 3.63 Allgemeine Grundsätze

→ *BMF vom **20.1.2009** (BStBl. I S. 273), Rz. 202 – 219.* — *Anlage § 010a-01 –*

§ 3

Umlagezahlungen
- Umlagezahlungen des Arbeitgebers an die VBL sind Arbeitslohn (→ § 19 Abs. 1 Satz 1 Nr. 3 Satz 1 EStG); sie sind weder nach § 3 Nr. 62 EStG noch nach § 3 Nr. 63 EStG steuerfrei (→ BFH vom 7.5.2009 – BStBl. 2010 II S 194).
- → § 3 Nr. 56 EStG

LStR

R 3.64 Kaufkraftausgleich (§ 3 Nr. 64 EStG)

(1) ¹Wird einem Arbeitnehmer außerhalb des öffentlichen Dienstes von einem inländischen Arbeitgeber ein Kaufkraftausgleich gewährt, bleibt er im Rahmen des Absatzes 2 steuerfrei, wenn der Arbeitnehmer aus dienstlichen Gründen in ein Gebiet außerhalb des Inlands entsandt wird und dort für einen begrenzten Zeitraum einen Wohnsitz im Sinne des § 8 AO oder gewöhnlichen Aufenthalt im Sinne des § 9 AO hat. ²Eine Entsendung für einen begrenzten Zeitraum ist anzunehmen, wenn eine Rückkehr des Arbeitnehmers nach Beendigung der Tätigkeit vorgesehen ist. ³Es ist unerheblich, ob der Arbeitnehmer tatsächlich zurückkehrt oder nicht.

(2) ¹Der Umfang der Steuerfreiheit des Kaufkraftausgleichs bestimmt sich nach den Sätzen des Kaufkraftzuschlags zu den Auslandsdienstbezügen im öffentlichen Dienst. ²Die für die einzelnen Länder in Betracht kommenden Kaufkraftzuschläge werden im Bundessteuerblatt Teil I bekanntgemacht.[1)]

(3) ¹Die Zuschläge beziehen sich jeweils auf den Auslandsdienstort einer Vertretung der Bundesrepublik Deutschland und gelten, sofern nicht im Einzelnen andere Zuschläge festgesetzt sind, jeweils für den gesamten konsularischen Amtsbezirk der Vertretung. ²Die konsularischen Amtsbezirke der Vertretungen ergeben sich vorbehaltlich späterer Änderungen, die im Bundesanzeiger veröffentlicht werden, aus dem Verzeichnis der Vertretungen der Bundesrepublik Deutschland im Ausland.

(4) ¹Die regionale Begrenzung der Zuschlagssätze gilt auch für die Steuerbefreiung nach § 3 Nr. 64 EStG. ²Für ein Land, das von einer Vertretung der Bundesrepublik Deutschland nicht erfasst wird, kann jedoch der Zuschlagssatz angesetzt werden, der für einen vergleichbaren konsularischen Amtsbezirk eines Nachbarlandes festgesetzt worden ist.

(5) ¹Die Zuschlagssätze werden im öffentlichen Dienst auf 60 % der Dienstbezüge, die bei Verwendung im Inland zustehen, und der Auslandsdienstbezüge angewendet. ²Da eine vergleichbare Bemessungsgrundlage außerhalb des öffentlichen Dienstes regelmäßig nicht vorhanden ist, ist der steuerfreie Teil des Kaufkraftausgleichs durch Anwendung eines entsprechenden Abschlagssatzes nach den Gesamtbezügen einschließlich des Kaufkraftausgleichs zu bestimmen. ³Dabei ist es gleichgültig, ob die Bezüge im Inland oder im Ausland ausgezahlt werden. ⁴Der Abschlagssatz errechnet sich nach der Formel:

$$\frac{\text{Zuschlagssatz} \times 600}{1000 + 6 \times \text{Zuschlagssatz}}$$

⁵Ergibt sich durch Anwendung des Abschlagssatzes ein höherer Betrag als der tatsächlich gewährte Kaufkraftausgleich, ist nur der niedrigere Betrag steuerfrei. ⁶Zu den Gesamtbezügen, auf die der Abschlagssatz anzuwenden ist, gehören nicht steuerfreie Reisekostenvergütungen und steuerfreie Vergütungen für Mehraufwendungen bei doppelter Haushaltsführung.

(6) ¹Wird ein Zuschlagssatz rückwirkend erhöht, ist der Arbeitgeber berechtigt, die bereits abgeschlossenen Lohnabrechnungen insoweit wiederaufzurollen und bei der jeweils nächstfolgenden Lohnzahlung die ggf. zuviel einbehaltene Lohnsteuer zu erstatten. ²Dabei ist § 41 c Abs. 2 und 3 EStG anzuwenden. ³Die Herabsetzung eines Zuschlagssatzes ist erstmals bei der Lohnabrechnung des Arbeitslohns zu berücksichtigen, der für einen nach der Veröffentlichung der Herabsetzung beginnenden Lohnzahlungszeitraum gezahlt wird.

Hinweise

LStH 3.64 *Abschlagssätze*

Zuschlagssatz	Abschlagssatz	Zuschlagssatz	Abschlagssatz	Zuschlagssatz	Abschlagssatz
5	2,91	40	19,35	75	31,03
10	5,66	45	21,26	80	32,43

---

1) Aktuelle Gesamtübersicht siehe **Anlage § 003-03**.

15	8,26	50	23,08	85	33,77
20	10,71	55	24,81	90	35,06
25	13,04	60	26,47	95	36,31
30	15,25	65	28,06	100	37,50
35	17,36	70	29,58		

EU-Tagegeld

Das EU-Tagegeld ist Arbeitslohn. Es bleibt jedoch steuerfrei, soweit es auf steuerfreie Auslandsdienstbezüge angerechnet wird (BMF vom 12.4.2006 – BStBl. I S. 340).

– *Anlage § 003-04* –

Wohnungsgestellung

am ausländischen Dienstort → R 8.1 Abs. 6 Satz 10

LStR

R 3.65 Insolvenzsicherung (§ 3 Nr. 65 EStG)

(1) [1]Die Steuerbefreiung gilt für etwaige Beiträge des Trägers der Insolvenzsicherung an eine Pensionskasse oder an ein Lebensversicherungsunternehmen zur Versicherung seiner Verpflichtungen im Sicherungsfall. [2]Sie gilt auch für die Übertragung von Direktzusagen oder für Zusagen, die von einer Unterstützungskasse erbracht werden sollen, wenn die Betriebstätigkeit eingestellt und das Unternehmen liquidiert wird (§ 4 Abs. 4 **des Betriebsrentengesetzes** – BetrAVG). [3]Im Falle der Liquidation einer Kapitalgesellschaft greift die Steuerbefreiung auch bei der Übertragung von Versorgungszusagen, die an Gesellschafter-Geschäftsführer gegeben worden sind; dies gilt auch dann, wenn es sich um Versorgungszusagen an beherrschende Gesellschafter-Geschäftsführer handelt. [4]Die Sätze 2 und 3 gelten nicht bei einer Betriebsveräußerung, wenn das Unternehmen vom Erwerber fortgeführt wird.

(2) [1]Die Mittel für die Durchführung der Insolvenzsicherung werden auf Grund öffentlich-rechtlicher Verpflichtung durch Beiträge aller Arbeitgeber aufgebracht, die Leistungen der betrieblichen Altersversorgung unmittelbar zugesagt haben oder eine betriebliche Altersversorgung über eine Unterstützungskasse, eine Direktversicherung **oder einem Pensionsfonds** durchführen (§ 10 BetrAVG)[1]. [2]Die Beiträge an den Träger der Insolvenzsicherung gehören damit als Ausgaben des Arbeitgebers für die Zukunftsicherung des Arbeitnehmers, die auf Grund gesetzlicher Verpflichtung geleistet werden, zu den steuerfreien Einnahmen i.S.d. § 3 Nr. 62 EStG.

(3) [1]Durch die Insolvenzsicherung der betrieblichen Altersversorgung werden nicht neue oder höhere Ansprüche geschaffen, sondern nur bereits vorhandene Ansprüche gegen Insolvenz geschützt. [2]Die in Insolvenzfällen zu erbringenden Versorgungsleistungen des Trägers der Insolvenzsicherung bzw. bei Rückversicherung der Pensionskasse oder des Lebensversicherungsunternehmens behalten deshalb grundsätzlich ihren steuerlichen Charakter, als wäre der Insolvenzfall nicht eingetreten. [3]Das bedeutet z.b, dass Versorgungsleistungen an einen Arbeitnehmer, die auf einer Pensionszusage beruhen oder die über eine Unterstützungskasse durchgeführt werden sollten, auch nach Eintritt des Insolvenzfalles und Übernahme der Leistungen durch ein Versicherungsunternehmen zu den Einnahmen aus nichtselbständiger Arbeit gehören.

(4) **§ 3 Nr. 65 Satz 1 Buchstabe c EStG ist in den Fällen der Übertragung oder Umwandlung einer Rückdeckungsversicherung (→ R40b.1 Abs. 3) nicht anwendbar.**

Hinweise

LStH 3.65 Allgemeine Grundsätze

→ BMF vom **20.1.2009** (BStBl. I S. 273), Rz. 183 ff.   – *Anlage § 010a-01* –

LStH 3.66 Allgemeines

→ BMF vom **26.10.2006** (BStBl. I S. 709)   – *Anlage § 003-06* –

Die Steuerfreiheit gilt auch dann, wenn beim übertragenden Unternehmen keine Zuwendungen im Sinne des § 4d Abs. 3 EStG oder Leistungen im Sinne von § 4e Abs. 3 EStG im Zusammenhang mit der Übernahme einer Versorgungsverpflichtung durch einen Pensionsfonds anfallen (→ BMF vom **20.1.2009** BStBl. I S. 273), Rz. 220).   – *Anlage § 010a-01* –

---

1) Anhang 8.

§ 3   RL 3.65, LStH 3.66, ESt-Kartei NW

Umfang der Steuerfreiheit
Bei einer entgeltlichen Übertragung von Versorgungsanwartschaften aktiver Beschäftigter kommt die Anwendung von § 3 Nr. 66 EStG nur für Zahlungen an den Pensionsfonds in Betracht, die für die bis zum Zeitpunkt der Übertragung bereits erdienten Versorgungsanwartschaften geleistet werden; Zahlungen an den Pensionsfonds für zukünftig noch zu erdienende Anwartschaften sind ausschließlich in dem begrenzten Rahmen des § 3 Nr. 63 EStG lohnsteuerfrei (→BMF vom 26.10.2006 – BStBl. I S. 709).   *– Anlage § 003-06 –*

ESt-Kartei NW

Fach 1 Leistungen nach dem Bundesausbildungs- und Arbeitsförderungsgesetz

1. Zahlungen, die aufgrund gesetzlichen Forderungsübergangs nach § 117 Abs. 4 Satz 2 AFG an die Bundesanstalt für Arbeit geleistet werden – ausgesondert – (ab 1.1.1990 überholt)
2. Behandlung des an ausländische Arbeitnehmer gezahlten deutschen Konkursausfallgeldes (als Lohnersatzleistung von der Lohnsteuer befreit; entspricht BMF-Schreiben v. 16. 7. 1979 BStBl. I S. 486)
3. Steuerliche Behandlung des Vorruhestands- und Altersübergangsgeldes im Beitrittsgebiet (entspricht BMF-Schreiben v. 28. 2. 1991 BStBl. I S. 663; – zum Progressionsvorbehalt durch Gesetzesänderung überholt, BMF-Schreiben v. 31.1.1994 BStBl. I S. 140)
4. Steuerliche Behandlung von Unterhaltsgeld aus dem Europäischen Sozialfonds (ESF) (steuerfrei nach § 3 Nr. 2 EStG, da es dem Unterhaltsgeld nach § 44 AFG entspricht; kein Progressionsvorbehalt, da in abschließender Aufzählung des § 32b EStG nicht enthalten)

Fach 2 Abfindungen und Übergangsgelder

1. Überbrückungsbeihilfen nach dem „Tarifvertrag Soziale Sicherung" der Arbeitnehmer bei den Stationierungsstreitkräften – Hinweis auf § 3 EStG Fach 5 Nr. 13 –
2. Hinweis ausgesondert
3. Steuerliche Behandlung von Vorruhestandsleistungen – Hinweis auf § 19 EStG Fach 2 Nr. 21 –
4. Übergangsgelder an Arbeitnehmer im öffentlichen Dienst (kommunaler Feuerwehrtechnischer Dienst und Justizvollzugsdienst bei Auflösung des Arbeitsverhältnisses mit 60 Jahren gemäß Tarifvorschriften; steuerfreie Abfindung i.S. § 3 Nr. 9 EStG; bei Beamten ist das entsprechende gesetzliche Übergangsgeld nach § 3 Nr. 3 EStG steuerfrei)
5. Zuwendungen zum Altersübergangsgeld im Bereich der Deutschen Bundespost POSTDIENST und der Deutschen Reichsbahn (Abfindungen i.S. § 3 Nr. 9 EStG; da dem Lohnsteuerabzug unterworfen, Änderung des Steuerbescheides nach § 173 Abs. 1 Satz 1 Nr. 2 AO oder auf Antrag Erlaß nach § 227 AO)

1000. Steuerliche Behandlung von Abfindungen wegen Auflösung des Dienstverhältnisses – ausgesondert – (überholt ab VZ 1999)

Fach 3 Aufwandsentschädigungen

1. Ehrenamtliche Mitarbeiter in der Außenorganisation der Carl-Duisberg-Gesellschaft e.V. – ausgesondert – (überholt durch Zeitablauf)
2. Zuschüsse, die an römisch-katholische Geistliche zur Entlohnung der Pfarrhaushälterinnen gewährt werden – ausgesondert – (mit Wirkung ab 1. 1. 1998 aufgehoben)
3. Pauschalentschädigungen für AStA-Mitglieder (grundsätzlich steuerpflichtiger Arbeitslohn)
4. Mitglieder der Aufsichtsgremien der öffentlich-rechtlichen Rundfunk- oder Fernsehanstalten (Tätigkeit im Programmbereich ist als öffentlicher Dienst anzusehen; auf Aufwandsentschädigungen ist daher § 3 Nr. 12 Satz 2 EStG anzuwenden; nach Abschnitt 13 Abs. 4 LStR 1990 ein Drittel, höchstens 300 DM monatlich, steuerfrei)
5. Aufwandsentschädigungen an vom Dienst freigestellte Personalvertretungsmitglieder (im Bundesdienst nach § 3 Nr. 12 Satz 1 oder Satz 2 EStG steuerfrei)
6. Aufwandsentschädigungen nach § 3 Nr. 26 EStG – ausgesondert – (entsprach BMF-Schreiben vom 19. 6. 1981 BStBl. I S. 502; eingegangen in Abschnitt 17 LStR 1990)
7. Entschädigungen an Mitglieder kommunaler Vertretungen – Hinweis auf § 3 EStG Fach 3 Nr. 808 –
8. Ehrenamtliche Tätigkeit in den Berufs- und Standesorganisationen (an Angehörige freier Berufe sind in der Regel Einnahmenersatz i. S. § 24 Nr. 1a EStG und deshalb Betriebseinnahmen, ggf. Steuerfreiheit nach § 3 Nr. 12 Satz 2 EStG)

ESt-Kartei NW § 3

9. Ehrenamtliche Tätigkeit bei Sozialversicherungsträgern und Berufsgenossenschaften (Vergütungen stellen Einkünfte aus sonstiger selbständiger Arbeit i. S. § 18 Abs. 1 Nr. 3 EStG dar; Vereinfachungsregelung nach Abschnitt 13 Abs. 4 LStR 1990 nicht anzuwenden)
10. Ergänzungen zu den Lohnsteuer-Richtlinien 1990 – ausgesondert – (entsprach BMF-Schreiben v. 13. 2. 1990 BStBl. I S. 112; – in LStR 1993 eingegangen, zeitlich überholt –)
11. Aufwandsentschädigungen bei Entsendung in die ehemalige DDR (für öffentliche Dienste leistende Personen, Zahlungen außerhalb einer Bundes- oder Landeskasse; es ist nicht zu prüfen, ob sie die steuerlich anzunehmenden Aufwendungen übersteigen, wenn entsprechende Aufwandsentschädigungen nach § 3 Nr. 12 Satz 1 EStG steuerfrei sind)
12. Aufwandsentschädigungen für die nebenberufliche Pflege alter, kranker oder behinderter Menschen – ausgesondert – (übernommen in Abschnitt 17 Abs. 1 Satz 3 LStR 1993)
13. Personalkostenzuschüsse des Bundes für die kommunalen Spitzenverbände in den neuen Ländern; steuerliche Behandlung der Aufwandsentschädigung (ab dem 1. 1. 1994, die nicht mehr in voller Höhe durch Personalkostenzuschüsse des Bundes gedeckt werden; der Eigenanteil der kommunalen Spitzenverbände, die keine Körperschaften des öffentlichen Rechts sind, ist steuerpflichtiger Arbeitslohn; insoweit scheidet § 3 Nr. 12 Satz 2 EStG mangels öffentlicher Kasse aus)
14. Steuerliche Behandlung von Aufwandsentschädigungen aus öffentlichen Kassen an öffentliche Dienste leistende Personen (§ 3 Nr. 12 Satz 2 EStG); Übertragung nicht ausgeschöpfter steuerfreier Monatsbeträge (entspricht gleichlautenden Ländererlassen v. 15.10.2002 BStBl. I S. 993, **Anlage § 003-CD01**)
800. Arbeitnehmer von Rundfunkanstalten – ausgesondert – (bedeutungslos durch Zeitablauf)
801. Aufwandsentschädigungen bei den (Erz-)Bistümern und Generalvikariaten (bis zur Höhe von 250 DM monatlich steuerfrei gemäß § 3 Nr. 12 Satz 2 EStG)
802. Gebührenanteile der Gerichtsvollzieher als Aufwandsentschädigung (ab 1. 1. 1976 aufgrund Verordnung 30 v.H. steuerfrei nach § 3 Nr. 12 Satz 1 EStG; Aufwendungen für Beschäftigung einer Bürokraft sind daneben Werbungskosten)
803. Vergütungen für Nebentätigkeit im öffentlichen Dienst – ausgesondert – (ab 1.1.1994 überholt) – Hinweis auf § 19 EStG Fach 1 Nr. 11 –
804. Ausweis von Aufwandsentschädigungen im Haushaltsplan (bloßer Ausweis einer Aufwandsentschädigung im Haushaltsplan ist nicht schon gesetzliche Festlegung i.S. § 3 Nr. 12 Satz 1 EStG; Beschluß der Bundes- oder Landesregierung über den Haushaltsplan Festsetzung, wenn dort Empfänger/Empfängergruppe und Höhe für den Anspruchsberechtigten ersichtlich ist)
805. Gebührenanteile der Schiedsfrauen bzw. der Schiedsmänner – Hinweis auf § 4 (4) EStG Fach 5 Nr. 2 – (ein Drittel, mindestens 50 DM, höchstens aber 300 DM monatlich ohne Einzelnachweis als Betriebsausgaben anzuerkennen)
806. Aufwandsentschädigungen und Reisekostenvergütungen für Kreisbrandmeister und deren Stellvertreter (als Arbeitnehmer des Kreises anzusehen; Steuerabzug vom Arbeitslohn ist vorzunehmen, soweit die Aufwandsentschädigungen nicht nach § 3 Nr. 12 Satz 2 i.V.m. LStR steuerfrei sind; entsprechende Behandlung der Bezirksbrandmeister und deren Stellvertreter)
807. Steuerliche Behandlung der an ehrenamtlich Mitwirkende bei politischen Wahlen gezahlten Erfrischungsgelder (Anwendung von § 3 Nr. 12 Satz 2 EStG, R 13 Abs. 4, 6 LStR; bei Wahlorganen selbständige Einkünfte; bei Wahlhelfern nichtselbständige Einkünfte)
808. Entschädigungen an Mitglieder kommunaler Vertretungen (ehrenamtliche Mitglieder, zusammenfassender Erlass für VZ ab 2002; grundsätzlich Einnahmen aus „sonstiger selbständiger Arbeit" i.S. § 18 Abs. 1 Nr. 3 EStG; Regelung der steuerfreien Aufwandsentschädigungen nach § 3 Nr. 12 Satz 2 EStG für Ratsmitglieder, Mitglieder des Kreistages, der Landschaftsversammlungen, der Bezirksvertretungen, für Ortsvorsteher und sachkundige Bürger; hauptamtliche Bürgermeister sind – nach geänderter Kommunalverfassung von 1994 – Arbeitnehmer; Wahlkampfkosten für sie sind grundsätzlich Werbungskosten ab Nominierung durch Partei)
809. Steuerliche Behandlung der an Mitglieder von Umlegungs- und Gutachterausschüssen gezahlten Entschädigungen (Mitglieder sind nach Gesamtbild selbständig tätig; auf die Entschädigungen findet § 3 Nr. 12 Satz 2 EStG, R 13 Abs. 3 LStR Anwendung; bei Kommunalbeamten jedoch nichtselbständige Tätigkeit im Rahmen Hauptamt)
1000. Steuerliche Behandlung der Entschädigungen von Wehrführern und stellvertretenden Wehrführern der freiwilligen Feuerwehr (Aufteilungsschlüssel für Aufwandsentschädigung zur Anwendung des § 3 Nr. 26 EStG für die Ausbildung von Feuerwehrmännern)

1001. Steuerfreie Aufwandsentschädigungen nach § 3 Nr. 26 EStG für die nebenberufliche Pflege alter, kranker oder behinderter Menschen (1. bei Bahnhofsmissionen 60 v.h. der Einnahmen, maximal 2 400 DM steuerfrei; 2. ehrenamtliche Helfer im Rettungsdienst tätiger Organisationen weiterhin als Arbeitnehmer zu behandeln, auch ab 1990 10 DM täglich als Reisekostenersatz nach § 3 Nr. 16 EStG steuerfrei, entsprechend außerhalb des Rettungsdienstes, sofern die auswärtige Tätigkeit mehr als 10 Stunden beträgt; zu 2. ersatzlos aufgehoben ab 1.1.1999 wegen Regelung ab 1999 in LStR 1999 70 Abs. 1 Satz 4)

1002. Steuerliche Behandlung der an Geistliche und Forstbedienstete gezahlten Amts- oder Dienstzimmerentschädigungen (steuerfrei unter den Voraussetzungen des § 3 Nr. 12 Satz 2 EStG i. V. m. Abschnitt 13 Abs. 4 Satz 3 Nr. 1 LStR 1996 bis zu 300 DM monatlich; räumlich getrennte Dienstzimmer können bei der Mietwertberechnung nicht einzubeziehen sein)

1003. Lohnsteuerliche Behandlung der Bezüge der römisch-katholischen Geistlichen und ihrer Pfarrhaushälterinnen (zentrale Gehaltsabrechnung kein geldwerter Vorteil für den Geistlichen; Versorgungsleistungen im Leistungsfall von Haushälterinnen als Arbeitslohn zu versteuern; Zahlungen für Pfarrhaushälterin an Zusatzversorgungseinrichtung; Bewertung der als Werbungskosten abzugsfähigen Lohnanteile)

Fach 4 Spesenersatz, Auslagenersatz, durchlaufende Gelder

1. Beiträge an eine berufliche Unfallversicherung und Zahlungen aus dieser Unfallversicherung – Hinweis auf § 9 EStG Fach 9 Nr. 1 –
2. Wegezeiten- und Fahrkostenersatz bei Teilnahme an einer Betriebsversammlung (Wegezeitvergütung ist steuerpflichtiger Arbeitslohn; Ersatz zusätzlicher Fahrkosten steuerfrei bis 31. 12. 1989, ab 1. 1. 1990 steuerpflichtiger Arbeitslohn, wenn die Betriebsversammlung im Betrieb selbst abgehalten wird, insoweit nur Werbungskostenabzug für zusätzliche Fahrt möglich; bei Betriebsversammlung außerhalb des Betriebs steuerfreie Erstattung nach § 3 Nr. 16 EStG; Pauschalregelungen für den steuerfreien Fahrkostenersatz nicht anzuerkennen)
3. Vom Arbeitgeber ersetzte Kontoführungsgebühren – ausgesondert – (ab 1. 1. 1990 überholt)
4. Entschädigungen der Bundespost an Posthalter für die Überlassung von Räumen zu Dienstzwecken – ausgesondert – (überholt ab 1. 1. 1990)
5. Zurverfügungstellung eines Parkplatzes sowie Ersatz von Parkgebühren durch den Arbeitgeber – ausgesondert – (ab 1. 1. 1990 überholt)
6. Zuschüsse und Beihilfen bei sog. Blockbeschulung – Hinweis auf § 3 EStG Fach 5 Nr. 10 –
7. Pauschalierung des Werbungskostenersatzes bei Verwaltungsangehörigen im Außendienst – ausgesondert – (überholt ab 1. 1. 1996 durch Neuregelung Verpflegungsmehraufwendungen im JStR 1996)
8. Entschädigungen im freiwilligen Werksfeuerwehrdienst – ausgesondert – (ab 1. 1. 1991 überholt)
9. Wegegeld der Waldarbeiter und der Straßen- und Wasserbauarbeiter – ausgesondert – (ab 1. 1. 1990 überholt)
10. Futter- und Wartungskosten für Wachhunde – ausgesondert – (überholt ab 1. 1. 1990)
11. Entschädigung an ehrenamtliche Helfer des DRK und anderer im Rettungsdienst tätigen Organisationen – ausgesondert – (aufgehoben ab 1. 1. 1999)
12. Auslagenersatz, Werbungskosten und geldwerter Vorteil im Zusammenhang mit Telekommunikation des Arbeitnehmers (entsprach BMF-Schreiben v. 11. 6. 1990 BStBl. I S. 290; – ab 1.1.2002 überholt durch Gesetzesänderungen (§ 3 Nr. 45, § 40 Abs. 2 Satz 1 Nr. 5 EStG) und LStR 2002 (R 21e, R 22 Abs. 2, R 33 Abs. 5, R 127 Abs. 4a) und aufgehoben mit BMF-Schreiben v. 20.11.2001 BStBl. I S. 993)
13. Hinweis ausgesondert
14. Vom Arbeitgeber abgeschlossene Dienstreise-Kaskoversicherung (entspricht BMF-Schreiben v. 31. 3. 1992 BStBl. I S. 270, **Anlage § 009-01**)
15. Rechtsänderungen im Lohnsteuerverfahren ab 1994; Steuerbefreiung von Fahrtkostenzuschüssen – ausgesondert – (entsprach Tz. 2 BMF-Schreiben v. 1. 2. 1994 BStBl. I S. 119 – ab 1996 siehe R 21b LStR)
16. Steuerliche Behandlung der Waldarbeiter nach § 33 a des Manteltarifvertrages für Waldarbeiter (MTW) gezahlten Transportentschädigungen (Pauschale von 2 DM für Mitnahme betriebseigenen Geräts ist steuerpflichtiger Arbeitslohn; die pauschalen Transportentschädigungen sind steuerfrei, soweit sie mit der Fahrzeugentschädigung den Kilometersatz nach Abschnitt 38 Abs. 2 LStR nicht übersteigen)

ESt-Kartei NW § 3

17. Steuerliche Behandlung von Reisekostenvergütungen ab dem 1. 1. 1996 (Zusammenfassung der Vergütungsarten je Erstattung, wie Tz. 8 Merkblatt BStBl. 1995 I S. 719, Abschnitt 16 Satz 2 LStR 1996; aus Vereinfachung können steuerpflichtige Teile bis zu einer Obergrenze von 300 DM monatlich nur mindestens vierteljährlich abgerechnet werden; das gilt auch für die Besteuerung von Mahlzeiten gemäß Abschnitt 31 Abs. 6a Nr. 2 LStR)

800. Entschädigung für eine Außendiensttätigkeit der Betriebsprüfer der Allgemeinen Ortskrankenkassen (Pauschvergütung – neben zusätzlichem steuerfreiem Reisekostenersatz für einzelne Dienstreisen (Dienstgänge – nach § 3 Nr. 13 EStG i.V.m. Abschnitt 14 Abs. 2 LStR 1993 steuerfrei)

801. Entschädigungen an Privatforstbedienstete (wie im staatlichen Forstdienst ab 1. 1. 1990 Dienstkleidungszuschuß nach § Nr. 31 EStG steuerfrei; Futtergeld, Jagdaufwandsentschädigung, Schußgeld und pauschale Dienstzimmerentschädigung sind steuerpflichtiger Werbungskostenersatz)

1000. Steuerliche Behandlung eines Job-Tickets (Abzug von Kilometer-Pauschbetrag neben Job-Ticket möglich, Prüfung bei begründetem Verdacht unzutreffender Darstellung des Arbeitnehmers; überholt ab VZ 2001 durch Einführung der Entfernungspauschale, § 9 Abs. 1 Nr. 4 EStG 2001)

1001. Steuerliche Behandlung des geldwerten Vorteils aus der Gestellung von Dienstkleidung an die hauptberuflichen Kräfte der freiwilligen Feuerwehren – Hinweis auf § 8 EStG Fach 1 Nr. 1001 –

1002. Steuerfreie Aufwandsentschädigungen nach § 3 Nr. 26 EStG für die nebenberufliche Pflege alter, kranker oder behinderter Menschen – Hinweis auf § 3 EStG Fach 3 Nr. 1001 –

Fach 5 Beihilfen und Unterstützungen

1. Promotions-Stipendien und Zweitstudien-Stipendien der Stiftung Volkswagenwerk – ausgesondert – (bedeutungslos durch Zeitablauf)
2. Leistungen aus dem ärztlichen Hilfswerk der Kassenärztlichen Vereinigung Nordrhein (wenn allein wegen Hilfsbedürftigkeit gewährt, steuerfrei nach § 3 Nr. 11 EStG)
3. Unterhaltsbeihilfen an Lehrlinge, Postjungboten und Praktikanten der Deutschen Bundespost – ausgesondert – (bedeutungslos durch Zeitablauf)
4. Vergütungen im Lehramtsassistentenaustausch (Steuerfreiheit nach § 3 Nr. 11 EStG als Ausbildungsbeihilfen aus öffentlichen Mitteln)
5. Sterbegelder und Witwenabfindungen nach dem Beamtenversorgungsgesetz (Sterbegeld steuerpflichtiger Arbeitslohn, Witwenabfindung steuerfreie Kapitalabfindung nach § 3 Nr. 3 EStG)
6. Aufwendungen des Arbeitgebers für Vorsorgekuren (zur Anwendung des Abschnitts 14 Abs. 2 LStR/11 Abs. 2 LStR 1993; kein steuerpflichtiger Arbeitslohn bei echten Kuren unter ärztlicher Aufsicht und grundsätzlich amtsärztlicher Bescheinigung über Notwendigkeit einer Kur zur Erhaltung der Arbeitsfähigkeit, ggf. auch durch Vertrauensarzt, ermächtigte Werksärzte)
7. Notstandsbeihilfen aus öffentlichen Mitteln – ausgesondert – (vgl. Abschnitt 11 LStR)
8. Ausbildungsbeihilfen der Deutschen Bundespost – ausgesondert – (überholt durch Zeitablauf)
9. Leistungen an Schwerbehinderte nach der Ausgleichsabgabe-VO zum Schwerbehindertengesetz (steuerfrei nach § 3 Nr. 11 EStG)
10. Zuschüsse und Beihilfen bei sog. Blockbeschulung (von deswegen auswärts wohnenden Auszubildenden; steuerfrei nach § 3 Nr. 11, 2 EStG, Reisekostenersatz)
11. Leistungen nach § 9 Abs.1 der Verordnung über den Mutterschutz für Beamtinnen – ausgesondert – (überholt durch Zeitablauf)
12. Beihilfen an Bedienstete öffentlich-rechtlicher Religionsgesellschaften (Anwendung des Abschnitts 14 Abs. 1 LStR/Abschnitt 11 Abs. 1 Nr. 1 LStR 1993)
13. Überbrückungsbeihilfen nach dem „Tarifvertrag Soziale Sicherung" der Arbeitnehmer bei den Stationierungsstreitkräften (§ 3 Nr. 10, 11 EStG nicht anwendbar, steuerfrei im Rahmen des § 3 Nr. 9 EStG; wegen monatlicher Zahlung § 34 Abs. 1 EStG nicht anzuwenden und mangels sonstiger Bezüge auch nicht § 40 Abs. 1 Nr. 1 EStG)
14. Übergangsbeihilfen für Arbeitnehmer der Eisen- und Stahlindustrie (Steuerfreiheit der vom Arbeitsamt nach § 14 Abs. 5 bzw. Abs. 1 der Richtlinien über die Gewährung von Beihilfen an Arbeitnehmer der Eisen- und Stahlindustrie gewährten bzw. erstatteten Beihilfen nach § 3 Nr. 60 EStG)
15. Aus öffentlichen Mitteln gewährte Filmpreise (Prämien) für Kulturfilme – Hinweis auf § 2 EStG Nr. 2 – (entspricht BMF-Schreiben v. 5.9.1996 BStBl. I S. 1150 betr. Einkommensteuerrechtliche Behandlung von Preisgeldern (§ 2 Abs. 1 EStG); Nummer 4 zu Filmpreisen aufgehoben durch BMF-Schreiben v. 23.12.2002 BStBl. 2003 I S. 76)

§ 3 ESt-Kartei NW

16. Steuerliche Maßnahmen zur Unterstützung der Opfer der Hochwasserkatastrophe im August 2002; Zusammenstellung der Maßnahmen – Hinweis auf § 4 (4) EStG Fach 1 Nr. 12 – (entspricht BMF-Schreiben v. 1.10.2002 BStBl. I S. 960)
17. Steuerliche Maßnahmen zur Unterstützung der Opfer der Seebeben-Katastrophe im Dezember 2004 in Indien, Indonesien, Sri Lanka, Thailand, Malaysia, Birma (Myanmar), Bangladesch, auf den Malediven, den Seychellen sowie Kenia, Tansania und Somalia – Hinweis auf § 4 (4) EStG Fach 1 Nr. 14 – (entspricht BMF-Schreiben v. 14.1.2005 BStBl. I S. 52).
800. Erholungsbeihilfen im Steinkohlenbergbau und in der Eisen- und Stahlindustrie (grundsätzlich steuerpflichtig; zur Anwendung von Abschnitt 14 LStR/Abschnitt 11 Abs. 2, 3 LStR 1993 bei Notstandsbeihilfen/Unterstützungen)
801. Stipendien der Alexander von Humboldt-Stiftung an ausländische Wissenschaftler (nicht steuerfrei nach § 3 Nr. 44 Buchstabe c EStG, wenn erstmals 10 Jahre nach Abschluß des Studiums/der Promotion gewährt)

Fach 6 Zukunftssicherungsleistungen und Insolvenzsicherung

1. Arbeitgeberzuschüsse zur Angestelltenversicherung und zu befreienden Lebensversicherungen der Vorstandsmitglieder von Aktiengesellschaften (Steuerfreiheit nach § 3 Nr. 62 EStG aus Billigkeitsgründen bei Abschluss der Lebensversicherung in Annahme der Rentenversicherungspflicht bis zum 31. 7. 1969)
2. Weiterzuzahlende Beiträge und Umlagen zu Zusatzversorgungseinrichtungen während des Grundwehrdienstes (bei Arbeitgebern des öffentlichen Dienstes; steuerfrei nach § 3 Nr. 62 EStG)
3. Arbeitgeberzuschüsse zur Krankenversicherung bei freiwilliger Mitgliedschaft in der Bundesknappschaft (zur Steuerfreiheit nach § 3 Nr. 62 EStG)
4. Arbeitgeberbeiträge zur US-Sozialversicherung (für amerikanische Angestellte von Tochtergesellschaften; keine Anwendung des § 3 Nr. 62 EStG, da nur Muttergesellschaft zur Beitragsleistung verpflichtet ist. Anwendung des Zukunftssicherungsfreibetrags von 312 DM – der ab 1. 1. 1990 aufgehoben ist –)
5. Arbeitgeberzuschüsse nach § 257 SGB V an Ruhestandsbeamte und ihnen gleichgestellte Personen (bei Tätigkeit als Angestellte Steuerfreiheit nach § 3 Nr. 62 EStG)
6. Beiträge und Umlagen zur Nachversicherung der in § 18 Abs. 1 Nr. 4 bis 6 des Gesetzes zur Verbesserung der betrieblichen Altersversorgung bezeichneten Personen (Steuerfreiheit nach § 3 Nr. 62 EStG)
7. Erstattung der Selbstbeteiligung bei privaten Krankenversicherungen der Arbeitnehmer durch den Arbeitgeber (nicht steuerfrei nach § 3 Nr. 62 EStG, Anwendung des Abschnitts 14 LStR/ Abschnitt 11 Abs. 2 LStR 1993)
8. Leistungen nach § 4a Abs. 9 und 10 der Verordnung über den Mutterschutz für Beamtinnen (Steuerfreiheit nach § 3 Nr. 62 EStG für Krankenversicherungsbeiträge und nach § 3 Nr. 64 EStG für Mietzuschuss)
9. Insolvenzversicherung der Altersversorgung für Gesellschafter-Geschäftsführer von Kapitalgesellschaften durch Verpfändung der Ansprüche aus einer Rückdeckungsversicherung – Hinweis auf § 19 EStG Fach 2 Nr. 19 –
10. Arbeitgeberzuschüsse für die Zukunftssicherung von Vorstandsmitgliedern eines Versicherungsvereins auf Gegenseitigkeit (zur Steuerfreiheit nach § 3 Nr. 62 EStG und Anrechnung beim Vorwegabzug nach § 10 Abs. 3 Nr. 2 EStG)
11. Arbeitgeberzuschüsse zu Versicherungs- oder Versorgungseinrichtungen (i. S. § 3 Nr. 62 Satz 2 Buchstabe c EStG; Mitgliedschaft auf Grund Gesetzes nicht Voraussetzung für Steuerfreiheit nach § 3 Nr. 62 EStG)
12. Erstattung von Krankenversicherungsbeiträgen nach der Mutterschutzverordnung (Steuerfreiheit des besonderen Mutterschaftsgeldes nach § 3 Nr. 1 Buchstabe d EStG und der erstatteten Krankenversicherungsbeiträge nach § 3 Nr. 62 EStG)
13. Steuerliche Behandlung von Vorruhestandsleistungen – Hinweis auf § 19 EStG Fach 2 Nr. 21 –
14. Arbeitgeberzuschüsse bei Überschreitung der Beitragsbemessungsgrenze durch Sonderzuwendungen (aus Vereinfachungsgründen von vornherein geleisteter Höchstbeitrag – Vermeidung der Rückrechnung nach § 385 Abs. 1a RVO/§ 227 Abs. 4 SGB V – auch für den steuerfreien Arbeitgeberzuschuß nach § 3 Nr. 62 EStG maßgebend)

15. Beiträge zur Sozialversicherung von deutschen Arbeitnehmern exterritorialer Arbeitgeber (bei der Veranlagung der Arbeitnehmer ist die Hälfte ihres Gesamtbeitrags aus Billigkeitsgründen steuerfrei zu belassen)
16. Übernahme der Arbeitnehmer-Anteile zur gesetzlichen Sozialversicherung durch den Arbeitgeber bei Kurzarbeit (ist in voller Höhe steuerfrei, da auf gesetzlicher Verpflichtung i.S. des § 3 Nr. 62 EStG beruhend)
17. Pflichtversicherung auf Antrag nach Art. 22 § 2 des Gesetzes zum Staatsvertrag (entspricht BMF-Schreiben v. 8. 3. 1991 IV B 6 – S 2333 – 2/91 BStBl. I S. 387, **Anlage § 003-CD02** – abrufbar –)
18. Steuerliche Behandlung von Arbeitgeberzuschüssen zur Kranken- und Pflegeversicherung eines nicht versicherungspflichtigen Arbeitnehmers bei Entgeltfortzahlung – ausgesondert – (entsprach BMF-Schreiben vom 27.11.1997 BStBl. I S. 979 – eingegangen in R 24 Abs. 2 Nr. 3 Satz 5 LStR 1999 –)
19. Steuerliche Förderung der privaten Altersvorsorge und betrieblichen Altersversorgung – Hinweis auf § 10a EStG Nr. 1 –
800. Leistungen für die Zukunftssicherung von beherrschenden Gesellschafter-Geschäftsführern einer GmbH und von Vorstandsmitgliedern einer AG oder eines VVaG (nicht steuerfrei nach § 3 Nr. 62 EStG, weil arbeitsrechtlich kein Arbeitsverhältnis vorliegt; sozialversicherungsrechtlich in der Regel kein abhängiges Beschäftigungsverhältnis gegeben bei 50 % Anteil am Stammkapital der GmbH; Beispiele versicherungsrechtlicher Entscheidungen)
801. Steuerliche Behandlung von Arbeitgeberzuschüssen zur Kranken- und Pflegeversicherung bei beherrschenden Gesellschafter-Geschäftsführern einer Gesellschaft mit beschränkter Haftung (GmbH) und Vorstandsmitgliedern einer Aktiengesellschaft (AG) oder eines Versicherungsvereins auf Gegenseitigkeit (VVaG) (Entscheidung des Sozialversicherungsträgers über die Sozialversicherungspflicht kann nunmehr regelmäßig von den Finanzämtern für die Frage der Steuerfreiheit nach § 3 Nr. 62 Satz 1 EStG übernommen werden, s. BFH v. 6. 6. 2002 BStBl. 2003 II S. 34)
802. Rückwirkender Wegfall der Sozialversicherungspflicht bei beherrschenden Gesellschafter-Geschäftsführern einer GmbH (gemäß nachträglicher Feststellung durch den Sozialversicherungsträger; zu den steuerlichen Folgen)
803. Übertragung von Versorgungszusagen bei Liquidation einer Kapitalgesellschaft (§ 3 Nr. 65 Satz 2 EStG) (Leistungen des Arbeitgebers hierfür sind steuerfrei; gilt für Antwartschaften und „bereits laufende Renten"; Gesellschafter-Geschäftsführer sind nach Ziel des § 4 Abs. 3 BetrAVG einzubeziehen)
1000. Wegfall der vermeintlichen Sozialversicherungspflicht bei beherrschenden Gesellschafter-Geschäftsführern einer GmbH – ausgesondert – (jetzt) – Hinweis auf § 3 EStG Fach 6 Nr. 802 –

Fach 7 Kaufkraftausgleich

1. Übersicht über die Kaufkraftzuschläge (Fundstellennachweis BStBl.; aktuelle Übersicht der Kaufkraftzuschläge siehe **Anlage § 003-03**)
2. Auslandsanteil der vom Bundesverwaltungsamt an beschränkt einkommensteuerpflichtige Auslandslehrer gezahlten Bezüge – ausgesondert – (entsprach BMF-Schreiben vom 7. 10. 1991 BStBl. I S. 952; – ab VZ 1991 durch § 3 Nr. 64 EStG gesetzlich so geregelt –)
800. Steuerliche Behandlung der Zahlungen der Evangelischen Kirche in Deutschland an evangelische Pfarrer im Ausland; Umfang der Steuerfreiheit nach § 3 Nr. 64 EStG (§ 3 Nr. 64 EStG ist anzuwenden, wenn ausnahmsweise das Besteuerungsrecht für Deutschland und Steuerpflicht nach § 1 Abs. 2 Satz 1 EStG bejaht wird)

Fach 8 Jubiläumszuwendungen

1. Berechnung der maßgebenden Zeiten für die Gewährung von steuerfreien Jubiläumsgeschenken – ausgesondert – (überholt ab VZ 1999)
2. Berücksichtigung von Dienstzeiten bei „verbundenen" Arbeitgebern – ausgesondert – (überholt ab VZ 1999)
1000. Jubiläumsgeschenke bei Geschäftsjubiläen von Konzernunternehmen – ausgesondert – (überholt ab VZ 1999)

Fach 9 Sonstige steuerfreie Einnahmen

1. Steuerbefreiung der Bediensteten der Organisation „EUROCONTROL" – Hinweis auf Internationale Organisationen und zwischenstaatliche Vereinbarungen Fach 2 Nr. 4 – (Generaldirektor

und Bedienstete von ESt befreit, vorausgesetzt sie unterliegen einer organisationsinternen Steuer; diese ist ab 1.1.1981 beschlossen)
2. Verständigungsvereinbarung zur Anwendung der Grenzgängerregelung Belgien – Hinweis auf DBA Belgien Nr. 1 – (Grenzgängereigenschaft bei nicht täglicher Rückkehr, 45-Arbeitstage-Grenze für Tätigkeit außerhalb der Grenzzone)
3. Zahlung von besonderem Mutterschaftsgeld – Hinweis auf § 3 EStG Fach 6 Nr. 12 –
4. Zinszuschüsse und Zinsersparnisse bei Darlehen zur Errichtung oder zum Erwerb einer eigengenutzten Wohnung – ausgesondert – (entsprach BMF-Schreiben vom 9. 7. 1987 und 3. 10. 1988 BStBl. 1987 I S. 512 und 1988 I S. 432; – eingegangen in Abschnitt 28 LStR 1990 –)
5. Zulagen deutscher Lehrer bei den Europäischen Schulen (im Inland aufgrund Vorrechteregelung steuerfrei; im Ausland nur bei unbeschränkter Einkommensteuerpflicht nach § 1 Abs. 3 EStG lohnsteuerpflichtig, § 3 Nr. 64 EStG scheidet mangels öffentlicher Kasse aus)
6. Zusätzlich zum ohnehin geschuldeten Arbeitslohn erbrachte zweckbestimmte Arbeitgeberleistungen – ausgesondert – (entsprach BMF-Schreiben v. 22. 12. 1994 BStBl. I S. 925; – eingegangen in R 21c LStR 1996 –)
7. Steuerliche Behandlung des Altersübergangsgeld-Ausgleichsbetrags nach § 249 e Abs. 4 a AFG – ausgesondert – (entsprach BMF-Schreiben v. 10. 1. 1995 BStBl. I S. 133; – ab VZ 1995 durch § 3 Nr. 2, § 32b Abs. 1 Nr. 1 Buchstabe a EStG gesetzlich so geregelt –)
8. Einkommensteuerliche Behandlung von Einnahmen für häusliche Pflegeleistungen – ausgesondert – (entsprach BMF-Schreiben v. 28. 4. 1995 BStBl. I S. 251; überholt ab VZ 1996 durch entsprechende Regelung in § 3 Nr. 36 EStG)
9. Steuerfreie Zinszuschüsse bei Barlohnumwandlung nach § 3 Nr. 68 EStG a. F. und § 52 Abs. 2j EStG – ausgesondert – (überholt ab VZ 1994)
10. Antrag auf Erteilung einer Bescheinigung zur Steuerfreistellung des Arbeitslohns für ein geringfügiges Beschäftigungsverhältnis und gesonderte Lohnsteuerbescheinigung des Arbeitgebers – Hinweis auf § 41b EStG Nr. 17 –
11. Ertragsteuerliche Behandlung von Sanierungsgewinnen; Steuerstundung und Steuererlass aus sachlichen Billigkeitsgründen (§§ 163, 222, 227 AO) (entspricht BMF-Schreiben v. 27. 3. 2003 BStBl. I S. 240)
800. Befreiung deutscher Staatsangehöriger bei der NATO von der Einkommensteuer – Hinweis auf Internationale und zwischenstaatliche Vereinbarungen Fach 3 Nr. 801 – (nach dem Ottawa-Abkommen, Nachweis der Zugehörigkeit zu dem begünstigten Personenkreis durch Bescheinigung des NATO-Generalsekretariats)

Rechtsprechungsauswahl

BFH v. 21. 1. 2010 VI R 51/08 (BFH-Webseite): Vorteil aus unentgeltlicher Verpflegung an Bord eines Flusskreuzfahrtschiffes ausnahmsweise kein Arbeitslohn

1. Verpflegt der Arbeitgeber die Besatzungsmitglieder an Bord eines Flusskreuzfahrtschiffes unentgeltlich, so ist der den Arbeitnehmern gewährte Vorteil dann kein Arbeitslohn, wenn das eigenbetriebliche Interesse des Arbeitgebers an einer Gemeinschaftsverpflegung wegen besonderer betrieblicher Abläufe den Vorteil der Arbeitnehmer bei weitem überwiegt.
2. Bei der Nachforderung von Lohnsteuer dürfen die Beträge nicht zugerechnet werden, die der Arbeitgeber bei einer Auswärtstätigkeit steuerfrei hätte ersetzen dürfen.
3. Die Bewertungsregelung des § 8 Abs. 3 EStG kommt zur Anwendung, wenn aus der Küche eines Flusskreuzfahrtschiffes neben den Passagieren auch die Besatzungsmitglieder verpflegt werden.

BFH v. 11. 11. 2009 IX R 1/09 (BFH-Webseite): Steuerwirksame Gestaltung des Zuflusses einer Abfindung

Arbeitgeber und Arbeitnehmer können den Zeitpunkt des Zuflusses einer Abfindung oder eines Teilbetrags einer solchen beim Arbeitnehmer in der Weise steuerwirksam gestalten, dass sie deren ursprünglich vorgesehene Fälligkeit vor ihrem Eintritt auf einen späteren Zeitpunkt verschieben.

BFH v. 1. 10. 2009 VI R 41/07 (BFH-Webseite): Zuschüsse zum ohnehin geschuldeten Arbeitslohn

1. Der ohnehin geschuldete Arbeitslohn i.S. des § 40 Abs. 2 Satz 2 EStG ist der arbeitsrechtlich geschuldete.

Rechtsprechung § 3

2. Ein Zuschuss zum ohnehin geschuldeten Arbeitslohn i.S. des § 40 Abs. 2 Satz 2 EStG kann auch unter Anrechnung auf andere freiwillige Sonderzahlungen geleistet werden (entgegen R 3.33 Abs. 5 Satz 6 LStR 2009).

BFH v. 28. 5. 2009 VI R 27/06 (BStBl. II S. 857):
1. Zukunftssicherungsleistungen, die ein inländischer Arbeitgeber für einen unbeschränkt steuerpflichtigen schwedischen Arbeitnehmer auf vertraglicher Grundlage an niederländische und schwedische Versicherungsunternehmen entrichtet, sind Arbeitslohn, der nicht nach § 3 Nr. 62 Satz 1 EStG von der Steuer befreit ist.
2. Der Umstand, dass § 3 Nr. 62 EStG Zukunftssicherungsleistungen des Arbeitgebers nur steuerfrei stellt, wenn diese aufgrund einer materiell gesetzlichen Verpflichtung geleistet werden, verstößt nicht gegen EU-Recht. Insoweit liegt weder eine Beschränkung der Arbeitnehmerfreizügigkeit i.S. des Art. 39 EG, noch der Niederlassungsfreiheit i.S. des Art. 43 EG oder der Dienstleistungsfreiheit i.S. des Art. 49 EG vor.

BFH v. 7. 5. 2009 VI R 8/07 (BStBl. 2010 II S. 194):
1. Umlagezahlungen des Arbeitgebers an die VBL, die dem Arbeitnehmer einen unmittelbaren und unentziehbaren Rechtsanspruch gegen die VBL verschaffen, führen im Zeitpunkt ihrer Zahlung zu Arbeitslohn.
2. Für den Arbeitslohncharakter von Zukunftssicherungsleistungen kommt es grundsätzlich nicht darauf an, ob der Versicherungsfall bei dem begünstigten Arbeitnehmer überhaupt eintritt und welche Leistungen dieser letztlich erhält.
3. Als Arbeitslohn anzusehende Umlagezahlungen des Arbeitgebers an die VBL sind weder nach § 3 Nr. 62 EStG noch nach § 3 Nr. 63 EStG steuerfrei.

BFH v. 18. 12. 2008 VI R 49/06 (BStBl. 2009 II S. 820):
1. Aus dem Spielbanktronc finanzierte Zahlungen an die Arbeitnehmer der Spielbank sind keine steuerfreien Trinkgelder i.S. des § 3 Nr. 51 EStG.
2. Der Begriff des Trinkgelds, der auch § 3 Nr. 51 EStG zugrunde liegt, setzt grundsätzlich ein Mindestmaß an persönlicher Beziehung zwischen Trinkgeldgeber und Trinkgeldnehmer voraus.
3. Wenn der Arbeitgeber selbst Gelder tatsächlich und von Rechts wegen an- und einnehmen, verwalten und buchungstechnisch erfassen muss, sind dies keine dem Arbeitnehmer von Dritten gegebenen Trinkgelder i.S. des § 3 Nr. 51 EStG.

BFH v. 19. 11. 2008 VI R 80/06 (BStBl. 2009 II S. 547):
1. Aufwendungen für Mahlzeiten, die zur Beköstigung der Arbeitnehmer anlässlich einer Auswärtstätigkeit (Fortbildungsveranstaltung) abgegeben werden, sind mit den tatsächlichen Werten und nicht mit den Werten der Sachbezugsverordnung anzusetzen (Bestätigung des BFH-Urteils vom 6. Februar 1987 VI R 24/84, BFHE 149, 172, BStBl. II 1987, 355; gegen R 31 Abs. 6a Nr. 2 bzw. Abs. 8 Nr. 2 LStR).
2. Steuerfreie Bezüge sind in die Prüfung der Freigrenze gemäß § 8 Abs. 2 Satz 9 EStG nicht einzubeziehen.
3. § 3 Nr. 16 EStG kommt auch dann zur Anwendung, wenn der Arbeitgeber nicht einen Geldbetrag, sondern die damit zu erlangende Leistung unmittelbar zuwendet (Bestätigung des BFH-Urteils vom 19. Februar 1993 VI R 42/92, BFHE 170, 560, BStBl. II 1993, 519).*

*) Hinweis auf BMF-Schreiben vom 13. Juli 2009 IV C 5 – S 2334/08/10013, 2009/045064 (BStBl. 2009 I S. 771). **– Anlage § 008 – 05 –**

BFH v. 8. 10. 2008 VIII R 58/06 (BStBl. 2009 II S. 405): Nach einer öffentlich-rechtlichen Satzung geleistete pauschale Reisekostenvergütungen an politische Mandatsträger (hier: Fraktionsvorsitzende im Kreistag) können auch ohne Einzelnachweis gegenüber dem FA nach § 3 Nr. 13 EStG steuerbefreit sein, sofern die Pauschale die tatsächlich entstandenen Reiseaufwendungen nicht ersichtlich übersteigt.

BFH v. 11. 9. 2008 VI R 13/06 (BStBl. II S. 928): Rügt ein Steuerpflichtiger, der nicht zu den Abgeordneten des Deutschen Bundestages gehört, im finanzgerichtlichen Verfahren eine gleichheitswidrige Begünstigung der Abgeordneten aufgrund der diesen gewährten steuerfreien Kostenpauschale, so kommt eine Vorlage an das Bundesverfassungsgericht zur Überprüfung ihrer Verfassungsmäßigkeit mangels Entscheidungserheblichkeit nicht in Betracht.

BFH v. 27. 8. 2008 I R 81/07 (BStBl. 2009 II S. 632): Eine Entlassungsabfindung für einen in das Ausland verzogenen Arbeitnehmer, die den Verlust künftigen Arbeitsverdienstes abgelten soll und kei-

§ 3

nen Zusammenhang (z.B. durch die Bemessung an der Dauer der bisher ausgeübten Tätigkeit) zu einer tatsächlich ausgeübten Tätigkeit im Inland aufweist, zählt nicht zu den beschränkt steuerpflichtigen inländischen Einkünften i.S. des § 49 Abs. 1 Nr. 4 EStG 1997 (Rechtslage vor der Änderung des EStG durch das StÄndG 2003 vom 15. Dezember 2003, BGBl. I 2003, 2645, BStBl. I 2003, 710 ab dem Veranlagungszeitraum 2004).

BFH v. 22. 7. 2008 VI R 51/05 (BStBl. II S. 981): Der Vorsitzende und die Referenten des AStA sind Arbeitnehmer im Sinne des Einkommensteuerrechts. Die an sie gezahlten Aufwandsentschädigungen sind als einkommensteuerpflichtiger Lohn zu behandeln.

BFH v. 22. 7. 2008 VI R 56/05 (BStBl. II S. 894):
1. Die nach § 3 Nr. 62 Satz 1 EStG für die Steuerfreiheit vorausgesetzte gesetzliche Verpflichtung zu einer Zukunftssicherungsleistung des Arbeitgebers ergibt sich für einen Arbeitgeberzuschuss zu einer privaten Krankenversicherung aus § 257 Abs. 2a Satz 1 SGB V.
2. Die Vorlage der Bescheinigung nach § 257 Abs. 2a Satz 3 SGB V ist nicht konstitutive Voraussetzung der Steuerbefreiung.
3. § 257 Abs. 2a SGB V findet auch auf Steuerpflichtige Anwendung, die eine Krankenversicherung bei einem Versicherungsunternehmen abgeschlossen haben, das in einem anderen Land der EU seinen Sitz hat.
4. § 257 Abs. 2a SGB V beschränkt nicht die Dienstleistungsfreiheit i. S. des Art. 49 EGV.

BFH v. 29. 5. 2008 VI R 25/07 (BStBl. 2009 II S. 150): Das erhöhte Unfallruhegehalt nach § 37 BeamtVG wird „auf Grund der Dienstzeit" i.S. von § 3 Nr. 6 EStG gewährt und ist somit nicht nach dieser Vorschrift steuerbefreit.

BFH v. 29. 5. 2008 VI R 57/05 (BStBl. 2009 II S. 147):
1. Ob ein nach § 3 Nr. 39 EStG steuerfreies Arbeitsentgelt aus einer geringfügigen Beschäftigung erzielt wird, beurteilt sich ausschließlich nach sozialversicherungsrechtlichen Maßstäben. Die Geringfügigkeitsgrenze ist auch unter Einbeziehung tariflich geschuldeter, aber tatsächlich nicht ausgezahlter Löhne zu bestimmen (sozialversicherungsrechtliches „Entstehungsprinzip").
2. Der Einkommensteuer unterliegt auch bei einer geringfügigen Beschäftigung nur der tatsächlich zugeflossene Arbeitslohn („Zuflussprinzip").

BFH v. 13. 9. 2007 VI R 16/06 (BStBl. 2008 II S. 394): Beiträge zur Zukunftssicherung des Arbeitnehmers, zu deren Leistung der Arbeitgeber aufgrund einer Allgemeinverbindlicherklärung gemäß § 5 TVG verpflichtet ist, sind steuerfrei (§ 3 Nr. 62 Satz 1 Alternative 3 EStG).*)

*) Fußnote BStBl. II: „Mit dem Altersvermögensgesetz vom 26. Juni 2001 (BGBl. I S. 1310) wurde ab 2002 die Steuerbefreiungsvorschrift des § 3 Nr. 63 in das Einkommensteuergesetz (EStG) eingeführt. Durch das Alterseinkünftegesetz vom 5. Juli 2004 (BGBl. I S. 1427) wurde die einkommensteuerrechtliche Behandlung von Altersvorsorgeaufwendungen und Altersbezügen ab dem Veranlagungszeitraum 2005 grundlegend umgestaltet.

Danach erfolgt bei der Basisversorgung (insbesondere der gesetzlichen Rentenversicherung) eine Steuerfreistellung über § 3 Nr. 62 EStG und ein Sonderausgabenabzug nach § 10 EStG; die späteren Versorgungsleistungen unterliegen der Besteuerung nach § 22 Nr. 1 Satz 3 Buchstabe a Doppelbuchstabe aa EStG. Der Aufbau einer Zusatzversorgung (z. B. über das Zusatzversorgungswerk für Arbeitnehmer in der Land- und Forstwirtschaft – ZLF –) wird dagegen durch andere steuerliche Instrumente (u. a. Steuerfreistellung über § 3 Nr. 63 EStG sowie Förderung über § 10a EStG und Abschnitt XI [Altersvorsorgezulage] des EStG) staatlich unterstützt; die späteren Versorgungsleistungen unterliegen der Besteuerung nach § 22 Nr. 5 EStG. Vor diesem Hintergrund sind entsprechende Beiträge an das ZLF ab 2005 steuerfrei nach § 3 Nr. 63 EStG."

BFH v. 30. 8. 2007 IV R 14/06 (BStBl. II S. 942): Arbeitgeberanteile zur Sozialversicherung eines Mitunternehmers, der sozialversicherungsrechtlich als Arbeitnehmer angesehen wird, gehören – unabhängig davon, ob sie dem Mitunternehmer zufließen – zu den Vergütungen, die er von der Gesellschaft für seine Tätigkeit im Dienste der Gesellschaft bezogen hat (Bestätigung der ständigen Rechtsprechung).

BFH v. 3. 5. 2007 VI R 37/05 (BStBl. II S. 712): Freiwillige Sonderzahlungen an Arbeitnehmer eines konzernverbundenen Unternehmens sind keine steuerfreien Trinkgelder i.S. des § 3 Nr. 51 EStG.

BFH v. 18. 4. 2007 XI R 21/06 (BStBl. II S. 702): Eine nebenberufliche künstlerische Tätigkeit kann auch vorliegen, wenn sie die eigentliche künstlerische (Haupt-)Tätigkeit unterstützt und ergänzt, sofern sie Teil des gesamten künstlerischen Geschehens ist.

Rechtsprechung §3

BFH v. 12. 4. 2007 VI R 53/04 (BStBl. II S. 536):
1. § 3 Nr. 13 Satz 1 EStG ist verfassungskonform dahingehend auszulegen, dass nur Werbungskostenersatz steuerfrei ist (Bestätigung der Rechtsprechung im Urteil vom 27. Mai 1994 VI R 67/92, BFHE 175, 57, BStBl. II 1995, 17).
2. Vergütungen nach § 11 und § 12 AUV sind nicht steuerfrei.

BFH v. 29. 11. 2006 VI R 3/04 (BStBl. 2007 II S. 308):
1. § 3 Nr. 12 Satz 2 EStG ist verfassungskonform dahingehend auszulegen, dass die Erstattung nur solcher Aufwendungen von der Steuer befreit ist, die als Betriebsausgaben oder Werbungskosten abziehbar sind (Bestätigung der Rechtsprechung).
2. Eine vom Arbeitgeber für die berufliche Nutzung von Wohnraum gezahlte Aufwandsentschädigung (§ 17 BBesG) ist nur steuerfrei, wenn die Voraussetzungen für einen Werbungskostenabzug der Aufwendungen für ein häusliches Arbeitszimmer gegeben sind.

BFH v. 21. 9. 2006 VI R 81/04 (BStBl. 2007 II S. 114): Das BMF wird gemäß § 122 Abs. 2 Satz 3 FGO zum Beitritt aufgefordert, um zur Frage der Verfassungsmäßigkeit des § 3 Nr. 12 EStG im Hinblick auf die Steuerfreiheit der Amtsausstattung und der Kostenpauschale für Abgeordnete (§ 12 AbgG) Stellung zu nehmen.

BFH v. 28. 6. 2006 XI R 58/05 (BStBl. II S. 835): Der Freibetrag des § 3 Nr. 9 EStG ist – falls Zahlungen aus Anlass der Auflösung eines Arbeitsverhältnisses in mehr als einem Veranlagungszeitraum bezogen werden – bei der ersten Zahlung zu berücksichtigen. Ein Wahlrecht des Steuerpflichtigen besteht insoweit nicht.

BFH v. 21. 6. 2006 XI R 50/05 (BStBl. II S. 715): Die auf Arbeitnehmer beschränkte Steuerfreiheit für die Vorteile aus der privaten Nutzung von betrieblichen Personalcomputern und Telekommunikationsgeräten (§ 3 Nr. 45 EStG) verletzt nicht den Gleichheitssatz.

BFH v. 27. 4. 2006 IV R 41/04 (BStBl. II S. 755):
1. Zuschüsse, die ein in der Rechtsform einer GbR betriebenes Kulturorchester aus öffentlichen Mitteln erhält, sind nicht nach § 3 Nr. 11 EStG steuerfrei, soweit sie dazu bestimmt sind, die Vorabvergütungen der Gesellschafter abzudecken.
2. Soweit die Zuschüsse nach ihrem Zweck der anteiligen Deckung der Betriebsausgaben des Orchesters dienen, sind die abziehbaren Betriebsausgaben nach § 3c (nunmehr Abs. 1) EStG um diesen Betrag zu kürzen.

BFH v. 5. 4. 2006 IX R 109/00 (BStBl. II S. 541):
1. Aufwendungen des Kreditinstituts (Arbeitgeber) für Sicherheitsmaßnahmen am Wohnhaus seines leitenden Angestellten (Vorstandsmitglied) sind bei allenfalls abstrakter berufsbedingter Gefährdung von dessen Leben, Gesundheit und Vermögen, also nicht unerheblichem Eigeninteresse des Vorstandsmitglieds, Arbeitslohn.
2. Kein steuerfreier Auslagenersatz ist gegeben, wenn die Aufwendungen nicht im ganz überwiegenden betrieblichen Interesse des Kreditinstituts liegen und – angesichts der sich ratierlich mindernden Rückzahlungsverpflichtung – nach Ablauf von fünf Jahren zu einer dauerhaften und nicht unerheblichen Bereicherung des Steuerpflichtigen führen.

BFH v. 28. 3. 2006 VI R 24/03 (BStBl. II S. 473): Ersetzt der Arbeitgeber aufgrund einer tarifvertraglichen Verpflichtung dem als Orchestermusiker beschäftigten Arbeitnehmer die Kosten der Instandsetzung des dem Arbeitnehmer gehörenden Musikinstruments, so handelt es sich dabei um steuerfreien Auslagenersatz.

BFH v. 1. 3. 2006 XI R 43/02 (BStBl. II S. 685):
Dem Gerichtshof der Europäischen Gemeinschaften werden folgende Fragen zur Vorabentscheidung vorgelegt:
1. Ist Art. 59 des Vertrages zur Gründung der Europäischen Gemeinschaft a. F. (jetzt Art. 49 des Vertrages zur Gründung der Europäischen Gemeinschaft n. F.) dahin gehend auszulegen, dass von seinem Schutzbereich auch die nebenberufliche Tätigkeit als Lehrer im Dienst oder Auftrag einer juristischen Person des öffentlichen Rechts (Universität) erfasst wird, wobei für diese Tätigkeit als quasi ehrenamtliche Tätigkeit nur eine Aufwandsentschädigung geleistet wird?
2. Für den Fall, dass Frage 1 bejaht wird: Ist die Beschränkung der Dienstleistungsfreiheit, die darin liegt, dass Entschädigungen nur steuerbegünstigt sind, wenn sie von inländischen juristischen Per-

§ 3   Rechtsprechung

sonen des öffentlichen Rechts gezahlt werden (hier: § 3 Nr. 26 des Einkommensteuergesetzes), dadurch gerechtfertigt, dass die nationalstaatliche Steuerbegünstigung nur durch eine Tätigkeit zugunsten einer inländischen juristischen Person des öffentlichen Rechts legitimiert ist?

3. Für den Fall, dass Frage 2 verneint wird: Ist Art. 126 des Vertrages zur Gründung der Europäischen Gemeinschaft a. F. (jetzt Art. 149 des Vertrages zur Gründung der Europäischen Gemeinschaft n. F.) dahin auszulegen, dass eine steuerrechtliche Regelung, mit deren Hilfe das Bildungssystem ergänzend gestaltet wird (wie hier § 3 Nr. 26 des Einkommensteuergesetzes), im Hinblick auf die insoweit fortbestehende Verantwortung der Mitgliedstaaten zulässig ist?

BFH v. 6. 7. 2005 XI R 61/04 (BStBl. 2006 II S. 163): Entstehen bei einer beabsichtigten nebenberuflichen Tätigkeit i. S. des § 3 Nr. 26 EStG vorweggenommene Betriebsausgaben, kommt es aber nicht mehr zur Ausführung der Tätigkeit, steht das Abzugsverbot des § 3c EStG dem Abzug dieser Betriebsausgaben nicht entgegen.

BFH v. 14 4. 2005 VI R 134/01 (BStBl. II S. 569): Die Beiträge für die gesetzliche Rentenversicherung und Arbeitgeberanteile zur Kranken- und Pflegeversicherung, die der Bund nach § 15 des Gesetzes zur Förderung der Einstellung der landwirtschaftlichen Erwerbstätigkeit (FELEG) trägt, stellen bei den ehemaligen Arbeitnehmern der stillgelegten landwirtschaftlichen Unternehmen keinen Arbeitslohn dar.

BFH v. 16. 2. 2005 VI R 58/03 (BStBl. II S. 750): Die Steuerbefreiung von Mietvorteilen im Zusammenhang mit einem Arbeitsverhältnis gemäß § 3 Nr. 59 2. Halbsatz EStG ist auf Fälle beschränkt, in denen die Vorteile auf der Förderung nach dem II. WoBauG beruhen.*)
*) Hinweis auf BMF-Schreiben v. 10.10.2005 (BStBl. I S. 959). Regelungsinhalt:
„Hierzu wird im Einvernehmen mit den obersten Finanzbehörden der Länder die folgende Auffassung vertreten:
Das BFH-Urteil ist anzuwenden. Die sich daraus ergebende Frage, ob die Sätze 2 bis 4 in R 23a LStR eine zutreffende Auslegung des § 3 Nr. 59 EStG beinhalten, hat der BFH letztendlich offen gelassen bzw. nicht angesprochen. Es ist daher sachgerecht, diese für die Arbeitnehmer günstigeren Regelungen beizubehalten. Die Sätze 2 bis 4 in R 23a LStR sind deshalb weiterhin anzuwenden."

BFH v. 10. 11. 2004 XI R 51/03 (BStBl. 2005 II S. 441): Seit der Neufassung des § 3 Nr. 9 EStG durch das EStRG 1974 kommt es für die Steuerfreiheit einer Abfindung wegen Auflösung des Dienstverhältnisses nicht mehr darauf an, ob dem Arbeitnehmer eine weitere Zusammenarbeit mit dem Arbeitgeber noch zuzumuten ist.

BFH v. 10. 11. 2004 XI R 64/03 (BStBl. 2005 II S. 181): Die Auflösung eines Dienstverhältnisses wird von demjenigen veranlasst, der sie betreibt. Im Regelfall kann davon ausgegangen werden, dass bei Zahlung einer Abfindung der Arbeitgeber die Auflösung veranlasst hat.

BFH v. 16. 6. 2004 XI R 55/03 (BStBl. II S. 1055): Vorruhestandsgelder, die aufgrund eines Manteltarifvertrages vereinbart werden, sind Teil der Entschädigung für den Verlust des Arbeitsplatzes. Erstreckt sich die Zahlung der Vorruhestandsgelder über mehr als einen Veranlagungszeitraum, ist mangels Zusammenballung eine begünstigte Besteuerung der Gesamtentschädigung zu versagen.

BFH v. 18. 5. 2004 VI R 11/01 (BStBl. II S. 1014): Arbeitgeberanteile, die ein inländischer Arbeitgeber für einen unbeschränkt steuerpflichtigen französischen Arbeitnehmer an eine französische Sozialversicherung entrichtet, sind Arbeitslohn, der nicht nach § 3 Nr. 62 Satz 1 EStG von der Steuer befreit ist, wenn die Abführung auf vertraglicher Grundlage erfolgt.

BFH v. 2. 10. 2003 IV R 4/02 (BStBl. 2004 II S. 129):
1. Leistet der Steuerpflichtige Erziehungshilfe, indem er die betreuten Kinder zeitweise in seinen Haushalt aufnimmt, und erhält er dafür von einem privaten Träger der Kinder- und Jugendhilfe neben einem Gehalt eine pauschale Kostenerstattung, ist diese nur dann als nach § 3 Nr. 50 EStG steuerfreier Auslagenersatz anzusehen, wenn der Steuerpflichtige nachweist, dass die Pauschale den tatsächlichen Aufwendungen im Großen und Ganzen entspricht.

 Kann der Nachweis nicht erbracht werden, ist die Pauschale als Bestandteil des Arbeitslohns steuerpflichtig. Die tatsächlichen Aufwendungen des Steuerpflichtigen, die notfalls im Wege der Schätzung zu ermitteln sind, stellen Werbungskosten dar.

2. Wird der Erziehungshelfer nicht als Arbeitnehmer, sondern selbständig tätig, erzielt er mit der Vergütung Einkünfte aus einer freiberuflichen Tätigkeit, wenn die Erziehung der Gesamtheit der Betreuungsleistung das Gepräge gibt. Die tatsächlichen Aufwendungen stellen Betriebsausgaben dar.

Rechtsprechung § 3

BFH v. 10. 9. 2003 XI R 9/02 (BStBl. 2004 II S. 349): Eine Entschädigung i. S. des § 24 Nr. 1 Buchst. a EStG liegt auch dann vor, wenn bereits bei Beginn des Dienstverhältnisses ein Ersatzanspruch für den Fall der betriebsbedingten Kündigung oder Nichtverlängerung des Dienstverhältnisses vereinbart wird (Abweichung vom BFH-Urteil vom 27. Februar 1991 XI R 8/87, BFHE 164, 243, BStBl. II 1991, 703).

BFH v. 20. 3. 2003 IV R 15/01 (BStBl. 2004 II S. 190): Die Steuerbefreiung von Forschungsstipendien nach § 3 Nr. 44 EStG umfasst sowohl die der Erfüllung der Forschungsaufgaben (Sachbeihilfen) als auch die der Bestreitung des Lebensunterhalts dienenden Zuwendungen (gegen R 6 Abs. 1 Satz 1 zu § 3 Nr. 44 EStR 1993; R 6 Satz 1 zu § 3 Nr. 44 EStR 2001).

BFH v. 10. 10. 2002 VI R 95/99 (BStBl. II S. 886): Für die Steuerfreiheit von Arbeitgeberzuschüssen zu einer Lebensversicherung des Arbeitnehmers ist dessen gegenwärtiger Versicherungsstatus maßgeblich. Die Zuschüsse sind nicht nach § 3 Nr. 62 Satz 2 EStG steuerfrei, wenn der Arbeitnehmer als nunmehr beherrschender Gesellschafter-Geschäftsführer kraft Gesetzes rentenversicherungsfrei geworden ist, auch wenn er sich ursprünglich auf eigenen Antrag von der Rentenversicherungspflicht hatte befreien lassen.

BFH v. 26. 6. 2002 IV R 39/01 (BStBl. II S. 697): Zuschüsse zur Förderung von Existenzgründern aus Mitteln des Europäischen Sozialfonds und aus Landesmitteln im Rahmen des Programms „Arbeit und Qualifizierung für Sachsen" sind nicht steuerfrei.

BFH v. 7. 6. 2002 VI R 145/99 (BStBl. II S. 829):
1. Überlässt der Arbeitnehmer seinem Arbeitgeber eine eigene Garage, in der ein Dienstwagen untergestellt wird, stellt das vom Arbeitgeber gezahlte Nutzungsentgelt regelmäßig keinen Arbeitslohn dar.
2. Stellt der Arbeitnehmer den Dienstwagen in einer von ihm angemieteten Garage unter, handelt es sich bei der vom Arbeitgeber erstatteten Garagenmiete um steuerfreien Auslagenersatz.
3. Wird in diesen Fällen die private Nutzung des Dienstwagens nach der 1 v.H.-Regelung erfasst, so ist kein geldwerter Vorteil für die Überlassung der Garage an den Arbeitnehmer anzusetzen.

BFH v. 6. 6. 2002 VI R 178/97 (BStBl. 2003 II S. 34):
1. Arbeitgeberanteile zur gesetzlichen Sozialversicherung eines Arbeitnehmers gehören nicht zum Arbeitslohn. § 3 Nr. 62 Satz 1 EStG hat insofern nur deklaratorische Bedeutung.
2. Entscheidungen der zuständigen Sozialversicherungsträger über die Sozialversicherungspflicht von Beschäftigungsverhältnissen können infolge ihrer Tatbestandswirkung im Besteuerungsverfahren zu beachten sein.

BFH v. 26. 3. 2002 VI R 45/00 (BStBl. II S. 827): Hat ein Beamter im Veranlagungszeitraum nur zeitweise eine Tätigkeit im Beitrittsgebiet ausgeübt und dafür eine steuerfreie Aufwandsentschädigung erhalten, so sind die auf die Tätigkeit im Beitrittsgebiet entfallenden Werbungskosten zu dem Anteil nicht abziehbar, der dem Verhältnis der steuerfreien Einnahmen zu den im Zeitraum der Tätigkeit im Beitrittsgebiet erzielten Gesamteinnahmen entspricht (Fortführung der Rechtsprechung aus dem Urteil vom 26. März 2002 VI R 26/00).

BFH v. 26. 3. 2002 VI R 26/00 (BStBl. II S. 823):
1. Die Bindungswirkung des Beschlusses des BVerfG vom 11. November 1998 2 BvL 10/95 (BVerfGE 99, 280, BStBl. II 1999, 502) erstreckt sich nach § 31 Abs. 1 BVerfGG auch auf die einem Landesbeamten für seine Tätigkeit im Beitrittsgebiet im Jahre 1991 gewährte Aufwandsentschädigung.
2. Die einem Beamten für seine Tätigkeit im Beitrittsgebiet gewährte Aufwandsentschädigung ist nicht vorab auf die durch die Abordnung in das Beitrittsgebiet verursachten Werbungskosten anzurechnen.
3. § 3c EStG findet auch dann Anwendung, wenn das BVerfG eine Regelung über die Steuerbefreiung von Einnahmen für mit dem GG unvereinbar erklärt, jedoch anordnet, dass die betreffenden Einnahmen aus Gründen des Vertrauensschutzes steuerfrei zu belassen sind.
4. Erhält der Beamte für seine Tätigkeit im Beitrittsgebiet eine steuerfreie Aufwandsentschädigung, sind seine Werbungskosten zu dem Teil nicht abziehbar, der dem Verhältnis der steuerfrei gewährten Aufwandsentschädigung zu den in dem Zeitraum der Tätigkeit im Beitrittsgebiet erzielten Gesamteinnahmen entspricht.

BFH v. 26. 3. 2002 VI B 1/02 (BStBl. II S. 361): Die Steuerbefreiung des § 3 Nr. 39 EStG entfällt auch dann, wenn die Summe der anderen Einkünfte des Arbeitnehmers deshalb positiv ist, weil innerhalb des Kalenderjahrs von einer geringfügigen zu einer Teil- oder Vollzeiterwerbstätigkeit übergegangen wird.

233

§ 3 Rechtsprechung

BFH v. 6. 3. 2002 XI R 51/00 (BStBl. II S. 516):
1. Erhält ein Arbeitnehmer, der als Spitzenkandidat seiner Partei für eine Parlamentswahl kandidiert hat, für die Auflösung seines Arbeitsverhältnisses eine Abfindung, so ist diese Entschädigung i. S. des § 24 Nr. 1 Buchst. a EStG, wenn sein Arbeitgeber die Auflösung des Arbeitsverhältnisses fordert, weil der Steuerpflichtige ein Regierungsamt übernimmt.
2. Eine Abfindung ist insoweit keine Entschädigung i. S. des § 24 Nr. 1 Buchst. a EStG, als sie einen künftig entstehenden Pensionsanspruch in kapitalisierter Form abgilt.
3. Erhöht der Arbeitgeber im Zuge der Auflösung des Arbeitsverhältnisses die im Arbeitsvertrag für den Fall der Beendigung des Arbeitsverhältnisses zugesagte monatliche Pension, so steht dies der tarifbegünstigten Besteuerung der Einmalabfindung nicht entgegen (Bestätigung der Tz. 6 ff. des BMF-Schreibens vom 18. Dezember 1998 IV A 5 – S 2290 – 18/98, BStBl. I 1998, 1512). (S. Anlage § 034-01.)

BFH v. 6. 11. 2001 VI R 54/00 (BStBl. 2002 II S. 164): Erstattet der Arbeitgeber dem Arbeitnehmer für dessen eigenen PKW sämtliche Kosten, wendet er Barlohn und nicht einen Nutzungsvorteil i. S. des § 8 Abs. 2 Satz 2 EStG zu.

BFH v. 26. 7. 2001 VI R 122/98 (BStBl. II S. 844):
1. Hat der Arbeitgeber seinem Arbeitnehmer ein Kfz entsprechend den Richtlinien des BMF vom 9. Juni 1973 (MinBlFin 1973), 306 ff.) über Beschaffung und Haltung „beamteneigener" Kraftfahrzeuge überlassen, bleibt der Arbeitgeber wirtschaftlicher Eigentümer des Kfz.
2. Bei der Wagenpflegepauschale in Höhe von 30 DM monatlich gemäß den vorgenannten Richtlinien handelt es sich um steuerfreien Auslagenersatz nach § 3 Nr. 50 EStG.
3. Wird ein Kfz entsprechend den vorgenannten Richtlinien an einen Arbeitnehmer für Privatfahrten sowie Fahrten zwischen Wohnung und Arbeitsstätte überlassen, erzielt der Arbeitnehmer daraus Sachezüge nach § 8 Abs. 2 Satz 1 EStG. Der diesbezügliche geldwerte Vorteil ist nicht nach § 3 Nr. 13 EStG oder § 3 Nr. 16 EStG steuerfrei.

BFH v. 27. 4. 2001 VI R 2/98 (BStBl. II S. 601): Vergütungen zur Erstattung von Reisekosten können auch dann nach § 3 Nr. 16 EStG steuerfrei sein, wenn sie der Arbeitgeber aus umgewandeltem Arbeitslohn zahlt. Voraussetzung ist, dass Arbeitgeber und Arbeitnehmer die Lohnumwandlung vor der Entstehung des Vergütungsanspruchs vereinbaren.

BVerfG v. 25. 2. 1999 2 BvR 397/94 (HFR S. 574): Werden Beihilfen nach beamtenrechtlichen Grundsätzen an Lehrer einer staatlich anerkannten Ersatzschule gezahlt, sind sie insoweit nicht nach § 3 Nr. 11 EStG steuerfrei, soweit die Mittel dazu aus privaten Spenden und nicht aus einem öffentlichen Haushalt stammen.
Anmerkung: Betrifft BFH v. 29. 11. 1993 VI R 37/93 (BFH/NV 1994 S. 239).

BFH v. 19. 2. 1999 VI R 43/95 (BStBl. II S. 361): Die einkommensteuerliche Erfassung von freiwilligen Trinkgeldern führt nicht unter dem Gesichtspunkt der Gleichheit im Belastungserfolg zu einem Verstoß gegen Art. 3 Abs. 1 GG.

BVerfG v. 11. 11.1998 2 BvL 10/95 (BStBl. 1999 I S. 502):
1. Zahlt ein Arbeitgeber dem Arbeitnehmer eine Stellenzulage, die einen Anreiz für die Übernahme einer bestimmten Tätigkeit bietet, so unterliegen nach dem Grundsatz der Besteuerungsgleichheit auch diese Erwerbseinnahmen der Regelbesteuerung, die das Einkommensteuergesetz jeweils bestimmt.
2. § 3 Nr. 12 Satz 1 EStG verstößt in seiner Anwendung auf Zulagen für Besoldungsempfänger des Bundes wegen ihrer dienstlichen Tätigkeit bei einer Dienststelle in dem in Art. 3 des Einigungsvertrages genannten Gebiet gegen Art. 3 Abs. 1 GG, weil der Aufwandstatbestand in § 3 Nr. 12 Satz 1 EStG nicht nur erwerbsdienliche, als Werbungskosten oder Betriebsausgaben berücksichtigungsfähige Ausgaben, sondern auch Amts- und Stellenzulagen umfaßt.

BFH v. 23. 9. 1998 XI R 18/98 (BStBl. 1999 II S. 98): Verpflichtet sich ein Arbeitgeber im Rahmen eines arbeitsgerichtlichem Vergleichs zu einer Spendenzahlung, ohne daß der Arbeitnehmer auf die Person des Spendenempfängers Einfluß nehmen kann, so enthält diese Vereinbarung noch keine zu Einkünften aus nichtselbständiger Arbeit führende Lohnverwendungsabrede.

BFH v. 23. 9. 1998 XI R 11/98 (BStBl. 1999 II S. 133): Pflegesätze, die für die Unterbringung von Kindern in einem Kinderhaus gezahlt werden, sind keine Beihilfen i. S. des § 3 Nr. 11 EStG.

Rechtsprechung § 3

BFH v. 28. 8. 1998 X R 32/97 (BStBl. II S. 565): Hat der Arbeitgeber gemäß § 3 Nr. 68 EStG zusätzlich zum Arbeitslohn einen steuerfreien Zinszuschuß gewährt oder geschuldeten Arbeitslohn in einen steuerfreien Zinszuschuß umgewandelt, kann der Arbeitnehmer die vor Bezug der eigengenutzten Wohnung entstandenen Schuldzinsen nur gekürzt um den Zinszuschuß als Vorkosten nach § 10e Abs. 6 EStG abziehen.

BFH v. 9. 7. 1998 V R 105/92 (BStBl. II S. 635): Nur bei Vorliegen besonderer Umstände sind unentgeltliche Beförderungen von Arbeitnehmern von deren Wohnung zur Arbeitsstätte (§ 3 Nr. 32 EStG) bei der Umsatzsteuer nicht steuerbar.

BFH v. 26. 5. 1998 VI R 9/96 (BStBl. II S. 581): Krankentagegelder, die ein Arbeitnehmer als Mitglied einer (schweizerischen) Betriebskrankenkasse aufgrund eigener Beiträge selbst beanspruchen kann, sind auch dann kein Arbeitslohn, wenn der Arbeitnehmer arbeitsrechtlich zum Versicherungsbeitritt verpflichtet war und der Arbeitgeber sowohl in den Beitragseinzug als auch in die Auszahlung der Versicherungsleistung eingeschaltet ist.

BFH v. 15. 5. 1998 VI R 127/97 (BStBl. II S. 518): Einen Zinszuschuß zahlt der Arbeitgeber dann nicht zusätzlich zum ohnehin geschuldeten Arbeitslohn, wenn er ihn mit einer Gratifikation (Jahresabschlußprämie) verrechnet, auf deren Zahlung der Kläger einen Rechtsanspruch hat.

BFH v. 16. 1. 1998 VI R 5/96 (BStBl. II S. 303): Der Unterhaltsbeitrag nach § 38 BeamtVG ist ein Bezug, der „versorgungshalber" und nicht „auf Grund der Dienstzeit" i. S. des § 3 Nr. 6 EStG gewährt wird und somit nach dieser Vorschrift steuerbefreit ist (Änderung der dem Senatsurteil vom 15. Mai 1992 VI R 19/90, BFHE 168, 258, BStBl. II 1992, 1035 stillschweigend zugrundeliegenden gegenteiligen Rechtsauffassung).

Schwebende Verfahren

BVerfG 2 BvR 1493/09 (BFH-Webseite): Zahlungen aus Spielbanktronc keine steuerfreien Trinkgeldgelder.
– Verfassungsbeschwerde –
Vorgehend: BFH, Urteil vom 18.12.2008 (VI R 49/06, BStBl. 2009 II S. 820); BFH, Beschluss vom 22.4.2009 (VI S 5/09)

BFH VI R 48/09 (BFH-Webseite): Welchen Einkünften und Personen ist eine private Kfz-Nutzung zuzurechnen, wenn das Kfz vom Ehegatten genutzt wird, der auch im Betrieb des anderen Ehegatten beschäftigt ist? (Unrichtige steuerliche Behandlung der Sozialversicherungsbeiträge?)

BFH VI R 44/09 (BFH-Webseite): Ist eine Kostenpauschale i.H.v. monatlich 1350 DM pro zur Pflege aufgenommenem Kind (Streitjahre 2000 und 2001) ohne Nachweis der tatsächlichen Kosten in voller Höhe als Auslagenersatz nach § 3 Nr. 50 EStG steuerfrei?

BFH VI R 36/09 (BFH-Webseite): Führen Umlagezahlungen des Arbeitgebers an die VBL bei Änderung der Berechnung der Ansprüche (nun nach versicherungsmathematischem Punktemodell) nur in Höhe des neuen, geringeren Leistungsanspruchs des Arbeitnehmers zu – nach § 3 Nr. 63 EStG steuerfreiem(?) – Arbeitslohn?

BFH VI R 24/09 (BFH-Webseite): Kann ein Arbeitnehmer, dem beruflich veranlasste Übernachtungskosten im Ausland in voller Höhe von seinem Arbeitgeber erstattet wurden, Werbungskosten nach den Pauschbeträgen gemäß R 40 Abs. 2 LStR geltend machen, soweit diese über die tatsächlichen Übernachtungskosten hinausgehen?

BFH VI R 23/09 (BFH-Webseite): Sind Eigenanteile von Arbeitnehmern an den Beiträgen zur betrieblichen Altersversorgung gemäß § 3 Nr. 63 EStG steuerfrei, wenn der Gruppenversicherungsvertrag zwischen dem Arbeitgeber und der Pensionskasse geschlossen worden ist? Wie ist der Begriff „Beiträge des Arbeitgebers" in § 3 Nr. 63 EStG auszulegen?
Ist die Festsetzung der pauschalen Lohnsteuer im Wege eines Haftungsbescheids statt eines Nachforderungsbescheids rechtmäßig?

BFH IX R 23/09 (BFH-Webseite): Zuschusszahlung zum Kurzarbeitergeld als Abfindung - Handelt es sich bei den der Klägerin von einer externen Beschäftigungsgesellschaft und Qualifizierungsgesellschaft gezahlten Zuschüssen zum Kurzarbeitergeld um eine steuerfreie Abfindung i.S. des § 3 Nr. 9 EStG in der bis zum 31.12.2005 geltenden Fassung?

BVerfG 2 BvR 2244/08 (BFH-Webseite): Keine Vorlage an das BVerfG wegen angeblich gleichheitswidriger Begünstigung durch steuerfreie Kostenpauschale der Bundestagsabgeordneten – Entschei-

§§ 3a, 3b

dungserheblichkeit i.S. des Art. 100 Abs. 1 Satz 1 GG – Keine generelle Zulässigkeit von Richtervorlagen in Verfahren Nichtbegünstigter.
Vorgehend: BFH, Urteil vom 11.9.2008 (VI R 81/04)

BVerfG 2 BvR 2228/08 (BFH-Webseite): (Verfassungsbeschwerde zu BFH v. 11. 9. 2008 VI R 13/06, BStBl. 2008 II S. 928) Keine Vorlage an das BVerfG wegen angeblich gleichheitswidriger Begünstigung durch steuerfreie Kostenpauschale der Bundestagsabgeordneten – Entscheidungserheblichkeit i. S. des Art. 100 GG – Gestaltungsspielraum des Gesetzgebers – Beitritt des BMF zum Revisionsverfahren – Keine generelle Zulässigkeit von Richtervorlagen in Verfahren Nichtbegünstigter.

BVerfG 2 BvR 2227/08 (BFH-Webseite): (Verfassungsbeschwerde zu BFH v. 11. 9. 2008 VI R 63/04) Wie BVerfG 2 BvR 2228/08.

BFH VI R 57/08 (BFH-Webseite): Sind Eigenanteile von Arbeitnehmern an den Beiträgen zur betrieblichen Altersversorgung gemäß § 3 Nr. 63 EStG steuerfrei, wenn der Gruppenversicherungsvertrag zwischen dem Arbeitgeber und der Pensionskasse geschlossen worden ist? Wie ist der Begriff „Beiträge des Arbeitgebers" in § 3 Nr. 63 EStG auszulegen?

BFH VI R 52/08 (BFH-Webseite): Entfalten Bescheide der Sozialversicherungsbehörden über die Frage der Sozialversicherungspflicht eines Beschäftigungsverhältnisses Bindungswirkung für das Besteuerungsverfahren?

BFH X R 33/08 (EFG 2008 S. 670; Beilage 3/2008 BStBl. II S. 32): Keine Steuerbefreiung nach § 3 Nr. 44 EStG für Forschungsstipendien eines französischen Stipendiengebers oder verstößt die Beschränkung der Steuerfreiheit auf Stipendien von gemeinnützigen Organisationen mit Sitz im Inland gegen Gemeinschaftsrecht?

BFH VI R 15/08 (BFH-Webseite): Unterliegen Tagegelder, die einem in Deutschland wohnenden Grenzgänger im Zusammenhang mit einer Umschulungsmaßnahme von der Schweizer Invalidenversicherung gezahlt wurden, als Arbeitslohn oder als sonstige Einkünfte der Einkommensteuer? Wenn ja, sind diese gemäß § 3 Nr. 1 Buchst. a oder c EStG steuerfrei?

§ 3a (weggefallen)

§ 3b Steuerfreiheit von Zuschlägen für Sonntags-, Feiertags- oder Nachtarbeit

(1) **Steuerfrei sind Zuschläge, die für tatsächlich geleistete Sonntags-, Feiertags- oder Nachtarbeit neben dem Grundlohn gezahlt werden, soweit sie**

1. **für Nachtarbeit 25 Prozent,**
2. **vorbehaltlich der Nummern 3 und 4 für Sonntagsarbeit 50 Prozent,**
3. **vorbehaltlich der Nummer 4 für Arbeit am 31. Dezember ab 14 Uhr und an den gesetzlichen Feiertagen 125 Prozent,**
4. **für Arbeit am 24. Dezember ab 14 Uhr, am 25. und 26. Dezember sowie am 1. Mai 150 Prozent**

des Grundlohns nicht übersteigen.

(2) ¹Grundlohn ist der laufende Arbeitslohn, der dem Arbeitnehmer bei der für ihn maßgebenden regelmäßigen Arbeitszeit für den jeweiligen Lohnzahlungszeitraum zusteht; er ist in einen Stundenlohn umzurechnen und mit höchstens 50 Euro anzusetzen. ²Nachtarbeit ist die Arbeit in der Zeit von 20 Uhr bis 6 Uhr. ³Sonntagsarbeit und Feiertagsarbeit ist die Arbeit in der Zeit von 0 Uhr bis 24 Uhr des jeweiligen Tages. ⁴Die gesetzlichen Feiertage werden durch die am Ort der Arbeitsstätte geltenden Vorschriften bestimmt.

(3) Wenn die Nachtarbeit vor 0 Uhr aufgenommen wird, gilt abweichend von den Absätzen 1 und 2 Folgendes:

1. Für Nachtarbeit in der Zeit von 0 Uhr bis 4 Uhr erhöht sich der Zuschlagssatz auf 40 Prozent,
2. als Sonntagsarbeit und Feiertagsarbeit gilt auch die Arbeit in der Zeit von 0 Uhr bis 4 Uhr des auf den Sonntag oder Feiertag folgenden Tages.

LStR

R 3b. Steuerfreiheit der Zuschläge für Sonntags-, Feiertags oder Nachtarbeit (§ 3b EStG)

Allgemeines

(1) ¹Die Steuerfreiheit setzt voraus, dass neben dem Grundlohn tatsächlich ein Zuschlag für Sonntags-, Feiertags- oder Nachtarbeit gezahlt wird. ²Ein solcher Zuschlag kann in einem Gesetz, einer Rechtsverordnung, einem Tarifvertrag, einer Betriebsvereinbarung oder einem Einzelarbeitsvertrag geregelt sein. ³Bei einer Nettolohnvereinbarung ist der Zuschlag nur steuerfrei, wenn er neben dem vereinbarten Nettolohn gezahlt wird. ⁴Unschädlich ist es, wenn neben einem Zuschlag für Sonntags-, Feiertags- oder Nachtarbeit, die gleichzeitig Mehrarbeit ist, keine gesonderte Mehrarbeitsvergütung oder ein Grundlohn gezahlt wird, mit dem die Mehrarbeit abgegolten ist. ⁵Auf die Bezeichnung der Lohnzuschläge kommt es nicht an. ⁶Die Barabgeltung eines Freizeitanspruchs oder eines Freizeitüberhangs oder Zuschläge wegen Mehrarbeit oder wegen anderer als durch die Arbeitszeit bedingter Erschwernisse oder Zulagen, die lediglich nach bestimmten Zeiträumen bemessen werden, sind keine begünstigten Lohnzuschläge. ⁷§ 3b EStG ist auch bei Arbeitnehmern anwendbar, deren Lohn nach § 40a EStG pauschal versteuert wird.

Grundlohn

(2) ¹Grundlohn ist nach § 3b Abs. 2 EStG der auf eine Arbeitsstunde entfallende Anspruch auf laufenden Arbeitslohn, den der Arbeitnehmer für den jeweiligen Lohnzahlungszeitraum auf Grund seiner regelmäßigen Arbeitszeit erwirbt. ²Im Einzelnen gilt Folgendes:

1. Abgrenzung des Grundlohns

   a) ¹Der Anspruch auf laufenden Arbeitslohn ist nach R 39b.2 vom Anspruch auf sonstige Bezüge abzugrenzen. ²Soweit Arbeitslohn-Nachzahlungen oder -Vorauszahlungen zum laufenden Arbeitslohn gehören, erhöhen sie den laufenden Arbeitslohn der Lohnzahlungszeiträume, für die sie nach- oder vorausgezahlt werden; § 41c EStG ist anzuwenden.

   b) ¹Ansprüche auf Sachbezüge, Aufwendungszuschüsse und vermögenswirksame Leistungen gehören zum Grundlohn, wenn sie laufender Arbeitslohn sind. ²Das Gleiche gilt für Ansprüche auf Zuschläge und Zulagen, die wegen der Besonderheit der Arbeit in der regelmäßigen Arbeitszeit gezahlt werden, z. B. Erschwerniszulagen oder Schichtzuschläge, sowie für Lohnzuschläge für die Arbeit in der nicht durch § 3b EStG begünstigten Zeit. ³Regelmäßige Arbeitszeit ist die für das jeweilige Dienstverhältnis vereinbarte Normalarbeitszeit.

   c) ¹Nicht zum Grundlohn gehören Ansprüche auf Vergütungen für Überstunden (Mehrarbeitsvergütungen), Zuschläge für Sonntags-, Feiertags- oder Nachtarbeit in der nach § 3b EStG begünstigten Zeit, und zwar auch insoweit, als sie wegen Überschreitens der dort genannten Zuschlagssätze steuerpflichtig sind. ²Dies gilt auch für steuerfreie und nach § 40 EStG pauschal besteuerte Bezüge. ³Zum Grundlohn gehören aber die nach § 3 Nr. **56 oder** 63 EStG steuerfreien Beiträge des Arbeitgebers, soweit es sich um laufenden Arbeitslohn handelt.

2. Ermittlung des Grundlohnanspruchs für den jeweiligen Lohnzahlungszeitraum

   a) ¹Es ist der für den jeweiligen Lohnzahlungszeitraum vereinbarte Grundlohn i.S.d. Nummer 1 zu ermitteln (Basisgrundlohn). ²Werden die für den Lohnzahlungszeitraum zu zahlenden Lohnzuschläge nach den Verhältnissen eines früheren Lohnzahlungszeitraums bemessen, ist auch der Ermittlung des Basisgrundlohns der frühere Lohnzahlungszeitraum zugrunde zu legen. ³Werden die Zuschläge nach der Arbeitsleistung eines früheren Lohnzahlungszeitraums, jedoch nach dem Grundlohn des laufenden Lohnzahlungszeitraums bemessen, ist der Basisgrundlohn des laufenden Lohnzahlungszeitraums zugrunde zu legen. ⁴Soweit sich die Lohnvereinbarung auf andere Zeiträume als auf den Lohnzahlungszeitraum bezieht, ist der Basisgrundlohn durch Vervielfältigung des vereinbarten Stundenlohns mit der Stundenzahl der regelmäßigen Arbeitszeit im Lohnzahlungszeitraum zu ermitteln. ⁵Bei einem monatlichen Lohnzahlungszeitraum ergibt sich die Stundenzahl der regelmäßigen Arbeitszeit aus dem 4,35fachen der wöchentlichen Arbeitszeit. ⁶Arbeitszeitausfälle, z. B. durch Urlaub oder Krankheit, bleiben außer Betracht.

   b) ¹Zusätzlich ist der Teil des für den jeweiligen Lohnzahlungszeitraum zustehenden Grundlohns i. S. d. Nummer 1 zu ermitteln, dessen Höhe nicht von im voraus bestimmbaren Verhältnissen abhängt (Grundlohnzusätze), z. B. der nur für einzelne Arbeitsstunden bestehende Anspruch auf Erschwerniszulagen oder Spätarbeitszuschläge oder der von der Zahl der tatsächlichen Arbeitstage abhängende Anspruch auf Fahrtkostenzuschüsse. ²Diese Grundlohnzusätze sind mit den Beträgen anzusetzen, die dem Arbeitnehmer für den jeweiligen Lohnzahlungszeitraum tatsächlich zustehen.

§ 3b

RL 3b

3. Umrechnung des Grundlohnanspruchs

¹Basisgrundlohn (Nummer 2 Buchstabe a) und Grundlohnzusätze (Nummer 2 Buchstabe b) sind zusammenzurechnen und durch die Zahl der Stunden der regelmäßigen Arbeitszeit im jeweiligen Lohnzahlungszeitraum zu teilen. ²Bei einem monatlichen Lohnzahlungszeitraum ist der Divisor mit dem 4,35fachen der wöchentlichen Arbeitszeit anzusetzen. ³Das Ergebnis ist der Grundlohn; er ist für die Berechnung des steuerfreien Anteils der Zuschläge für Sonntags-, Feiertags- und Nachtarbeit maßgebend, soweit er die Stundenlohnhöchstgrenze nach § 3b Abs. 2 Satz 1 EStG nicht übersteigt. ⁴Ist keine regelmäßige Arbeitszeit vereinbart, sind der Ermittlung des Grundlohns die im Lohnzahlungszeitraum tatsächlich geleisteten Arbeitsstunden zugrunde zu legen. ⁵Bei Stücklohnempfängern kann die Umrechnung des Stücklohns auf einen Stundenlohn unterbleiben.

4. Wird ein Zuschlag für Sonntags-, Feiertags- oder Nachtarbeit von weniger als einer Stunde gezahlt, ist bei der Ermittlung des steuerfreien Zuschlags für diesen Zeitraum der Grundlohn entsprechend zu kürzen.

5. Bei einer Beschäftigung nach dem Altersteilzeitgesetz ist der Grundlohn nach § 3b Abs. 2 EStG so zu berechnen, als habe eine Vollzeitbeschäftigung bestanden.

Nachtarbeit an Sonntagen und Feiertagen

(3) ¹Wird an Sonntagen und Feiertagen oder in der zu diesen Tagen nach § 3b Abs. 3 Nr. 2 EStG gehörenden Zeit Nachtarbeit geleistet, kann die Steuerbefreiung nach § 3b Abs. 1 Nr. 2 bis 4 EStG neben der Steuerbefreiung nach § 3b Abs. 1 Nr. 1 EStG in Anspruch genommen werden. ²Dabei ist der steuerfreie Zuschlagssatz für Nachtarbeit mit dem steuerfreien Zuschlagssatz für Sonntags- oder Feiertagsarbeit auch dann zusammenzurechnen, wenn nur ein Zuschlag gezahlt wird. ³Zu den gesetzlichen Feiertagen i.S.d. § 3b Abs. 1 Nr. 3 EStG gehören der Oster- und der Pfingstsonntag auch dann, wenn sie in den am Ort der Arbeitsstätte geltenden Vorschriften nicht ausdrücklich als Feiertage genannt werden. ⁴Wenn für die einem Sonn- oder Feiertag folgende oder vorausgehende Nachtarbeit ein Zuschlag für Sonntags- oder Feiertagsarbeit gezahlt wird, ist dieser als Zuschlag für Nachtarbeit zu behandeln.

Feiertagsarbeit an Sonntagen

(4) ¹Ist ein Sonntag zugleich Feiertag, kann ein Zuschlag nur bis zur Höhe des jeweils in Betracht kommenden Feiertagszuschlags steuerfrei gezahlt werden. ²Das gilt auch dann, wenn nur ein Sonntagszuschlag gezahlt wird.

Zusammentreffen mit Mehrarbeitszuschlägen

(5) ¹Hat der Arbeitnehmer arbeitsrechtlich Anspruch auf Zuschläge für Sonntags-, Feiertags- oder Nachtarbeit und auf Zuschläge für Mehrarbeit und wird Mehrarbeit als Sonntags-, Feiertags- oder Nachtarbeit geleistet, sind folgende Fälle zu unterscheiden:

1. es werden sowohl die in Betracht kommenden Zuschläge für Sonntags-, Feiertags- oder Nachtarbeit als auch für Mehrarbeit gezahlt;
2. es wird nur der in Betracht kommende Zuschlag für Sonntags-, Feiertags- oder Nachtarbeit gezahlt, der ebenso hoch oder höher ist als der Zuschlag für Mehrarbeit;
3. es wird nur der Zuschlag für Mehrarbeit gezahlt;
4. es wird ein einheitlicher Zuschlag (Mischzuschlag) gezahlt, der höher ist als die jeweils in Betracht kommenden Zuschläge, aber niedriger als ihre Summe;
5. es wird ein einheitlicher Zuschlag (Mischzuschlag) gezahlt, der höher ist als die Summe der jeweils in Betracht kommenden Zuschläge.

²In den Fällen **des Satzes 1 Nr.** 1 und 2 ist von den gezahlten Zuschlägen der Betrag als Zuschlag für Sonntags-, Feiertags- oder Nachtarbeit zu behandeln, der dem arbeitsrechtlich jeweils in Betracht kommenden Zuschlag entspricht. ³Im Falle **des Satzes 1 Nr.** 3 liegt ein Zuschlag i.S.d. § 3b EStG nicht vor. ⁴In den Fällen **des Satzes 1 Nr.** 4 und 5 ist der Mischzuschlag im Verhältnis der in Betracht kommenden Einzelzuschläge in einen nach § 3b EStG begünstigten Anteil und einen nicht begünstigten Anteil aufzuteilen. ⁵Ist für Sonntags-, Feiertags- oder Nachtarbeit kein Zuschlag vereinbart, weil z. B. Pförtner oder Nachtwächter ihre Tätigkeit regelmäßig zu den begünstigten Zeiten verrichten, bleibt von einem für diese Tätigkeiten gezahlten Mehrarbeitszuschlag kein Teilbetrag nach § 3b EStG steuerfrei.

Nachweis der begünstigten Arbeitszeiten

(6) ¹Steuerfrei sind nur Zuschläge, die für tatsächlich geleistete Sonntags-, Feiertags- oder Nachtarbeit gezahlt werden. ²Zur vereinbarten und vergüteten Arbeitszeit gehörende Waschzeiten, Schichtübergabezeiten und Pausen gelten hingegen als begünstigte Arbeitszeit i.S.d. § 3b EStG, soweit sie in den begünstigten Zeitraum fallen. ³Die tatsächlich geleistete Sonntags-, Feiertags- oder Nachtarbeit ist grundsätzlich im Einzelfall nachzuweisen. ⁴Wird eine einheitliche Vergütung für den Grundlohn und die

Zuschläge für Sonntags-, Feiertags- oder Nachtarbeit, ggf. unter Einbeziehung der Mehrarbeit und Überarbeit, gezahlt, weil Sonntags-, Feiertags- oder Nachtarbeit üblicherweise verrichtet wird, und werden deshalb die sonntags, feiertags oder nachts tatsächlich geleisteten Arbeitsstunden nicht aufgezeichnet, bleiben die in der einheitlichen Vergütung enthaltenen Zuschläge für Sonntags-, Feiertags- oder Nachtarbeiten grundsätzlich nicht nach § 3b EStG steuerfrei. [5]Zu einem erleichterten Nachweis → Absatz 7. [6]Sind die Einzelanschreibung und die Einzelbezahlung der geleisteten Sonntags-, Feiertags- oder Nachtarbeit wegen der Besonderheiten der Arbeit und der Lohnzahlungen nicht möglich, darf das Betriebsstättenfinanzamt den Teil der Vergütung, der als steuerfreier Zuschlag für Sonntags-, Feiertags- oder Nachtarbeit anzuerkennen ist, von Fall zu Fall feststellen. [7]Im Interesse einer einheitlichen Behandlung der Arbeitnehmer desselben Berufszweigs darf das Betriebsstättenfinanzamt die Feststellung nur auf Weisung der vorgesetzten Behörde treffen. [8]Die Weisung ist der obersten Landesfinanzbehörde vorbehalten, wenn die für den in Betracht kommenden Berufszweig maßgebende Regelung nicht nur im Bezirk der für das Betriebsstättenfinanzamt zuständigen vorgesetzten Behörde gilt. [9]Eine Feststellung nach Satz 6 kommt für solche Regelungen nicht in Betracht, durch die nicht pauschale Zuschläge festgesetzt, sondern bestimmte Teile eines nach Zeiträumen bemessenen laufenden Arbeitslohns als Zuschläge für Sonntags-, Feiertags- oder Nachtarbeit erklärt werden.

Pauschale Zuschläge

(7) [1]Werden Zuschläge für Sonntags-, Feiertags- oder Nachtarbeit als laufende Pauschale, z. B. Monatspauschale, gezahlt und wird eine Verrechnung mit den Zuschlägen, die für die einzeln nachgewiesenen Zeiten für Sonntags-, Feiertags- oder Nachtarbeit auf Grund von Einzelberechnungen zu zahlen wären, erst später vorgenommen, kann die laufende Pauschale oder ein Teil davon steuerfrei belassen werden, wenn

1. der steuerfreie Betrag nicht nach höheren als den in § 3b EStG genannten **Prozentsätzen** berechnet wird,

2. der steuerfreie Betrag nach dem durchschnittlichen Grundlohn und der durchschnittlichen im Zeitraum des Kalenderjahres tatsächlich anfallenden Sonntags-, Feiertags- oder Nachtarbeit bemessen wird,

3. die Verrechnung mit den einzeln ermittelten Zuschlägen jeweils vor der Erstellung der Lohnsteuerbescheinigung und somit regelmäßig spätestens zum Ende des Kalenderjahres oder beim Ausscheiden des Arbeitnehmers aus dem Dienstverhältnis erfolgt. [2]Für die Ermittlung der im Einzelnen nachzuweisenden Zuschläge ist auf den jeweiligen Lohnzahlungszeitraum abzustellen. [3]Dabei ist auch der steuerfreie Teil der einzeln ermittelten Zuschläge festzustellen und die infolge der Pauschalierung zuwenig oder zuviel einbehaltene Lohnsteuer auszugleichen,

4. bei der Pauschalzahlung erkennbar ist, welche Zuschläge im Einzelnen – jeweils getrennt nach Zuschlägen für Sonntags-, Feiertags- oder Nachtarbeit – abgegolten sein sollen und nach welchen **Prozentsätzen** des Grundlohns die Zuschläge bemessen worden sind,

5. die Pauschalzahlung tatsächlich ein Zuschlag ist, der neben dem Grundlohn gezahlt wird; eine aus dem Arbeitslohn rechnerisch ermittelte Pauschalzahlung ist kein Zuschlag.

[2]Ergibt die Einzelfeststellung, dass der dem Arbeitnehmer auf Grund der tatsächlich geleisteten Sonntags-, Feiertags- oder Nachtarbeit zustehende Zuschlag höher ist als die Pauschalzahlung, kann ein höherer Betrag nur steuerfrei sein, wenn und soweit der Zuschlag auch tatsächlich zusätzlich gezahlt wird; eine bloße Kürzung des steuerpflichtigen Arbeitslohns um den übersteigenden Steuerfreibetrag ist nicht zulässig. [3]Diese Regelungen gelten sinngemäß, wenn lediglich die genaue Feststellung des steuerfreien Betrags im Zeitpunkt der Zahlung des Zuschlags schwierig ist und sie erst zu einem späteren Zeitpunkt nachgeholt werden kann.

Zeitversetzte Auszahlung

(8) [1]Die Steuerfreiheit von Zuschlägen für Sonntags-, Feiertags- oder Nachtarbeit bleibt auch bei zeitversetzter Auszahlung grundsätzlich erhalten. [2]Voraussetzung ist jedoch, dass vor der Leistung der begünstigten Arbeit bestimmt wird, dass ein steuerfreier Zuschlag – ggf. teilweise – als Wertguthaben auf ein Arbeitszeitkonto genommen und getrennt ausgewiesen wird. [3]Dies gilt z.B. in Fällen der Altersteilzeit bei Aufteilung in Arbeits- und Freistellungsphase (so genannte Blockmodelle).

§ 3b

Hinweise

LStH 3b *Abgrenzung Sonntags-/Feiertagszuschlag – Nachtzuschlag*

Beispiel:

Ein Arbeitnehmer beginnt seine Nachtschicht am Sonntag, dem 1. 5. um 22 Uhr und beendet sie am 2. 5. um 7 Uhr.

Für diesen Arbeitnehmer sind Zuschläge zum Grundlohn bis zu folgenden Sätzen steuerfrei:
- 175 % für die Arbeit am 1. 5. in der Zeit von 22 Uhr bis 24 Uhr (25 % für Nachtarbeit und 150 % für Feiertagsarbeit),
- 190 %. für die Arbeit am 2. 5. in der Zeit von 0 Uhr bis 4 Uhr (40 % für Nachtarbeit und 150 % für Feiertagsarbeit),
- 25 % für die Arbeit am 2. 5. in der Zeit von 4 Uhr bis 6 Uhr.

Abgrenzung Spätarbeitszuschlag – andere Lohnzuschläge

Beispiel:

Auf Grund tarifvertraglicher Vereinbarung erhält ein Arbeitnehmer für die Arbeit in der Zeit von 18 bis 22 Uhr einen Spätarbeitszuschlag und für die in der Zeit von 19 bis 21 Uhr verrichteten Arbeiten eine Gefahrenzulage. Der für die Zeit von 20 bis 22 Uhr gezahlte Spätarbeitszuschlag ist ein nach § 3b EStG begünstigter Zuschlag für Nachtarbeit. Die Gefahrenzulage wird nicht für die Arbeit zu einer bestimmten Zeit gezahlt und ist deshalb auch insoweit kein Nachtarbeitszuschlag i.S.d. § 3b EStG, als sie für die Arbeit in der Zeit von 20 bis 21 Uhr gezahlt wird.

Aufteilung von Mischzuschlägen

→ BFH vom 13. 10. 1989 (BStBl. 1991 II S. 8)

Bereitschaftsdienste

- Ein Zeitzuschlag für ärztliche Bereitschaftsdienste wird auch dann nicht für tatsächlich geleistete Sonntags-, Feiertags- oder Nachtarbeit gezahlt, wenn die Bereitschaftsdienste überwiegend zu diesen Zeiten anfallen. Auch wenn die auf Sonntage, Feiertage und Nachtzeit entfallenden Bereitschaftsdienste festgestellt werden können, ist die Bereitschaftsdienstvergütung deshalb nicht steuerfrei (→ BFH vom 24.11.1989 – BStBl. 1990 II S. 315).
- Ist in begünstigten Zeiten des § 3b EStG Bereitschaft angeordnet, sind Zuschläge zur Bereitschaftsdienstvergütung steuerfrei, soweit sie die in § 3b EStG vorgesehenen Prozentsätze, gemessen an der Bereitschaftsdienstvergütung, nicht übersteigen (→ BFH vom 27.8.2002 – BStBl. II S. 883).

Einkünfte aus nichtselbständiger Arbeit

- Die Steuerfreiheit nach § 3b EStG setzt voraus, dass die Zuschläge ohne diese Vorschrift den Einkünften aus nichtselbständiger Arbeit zuzurechnen wären (→ BFH vom 19.3.1997 – BStBl. II S. 577).
- Zahlt eine Kapitalgesellschaft ihrem Gesellschafter-Geschäftsführer zusätzlich zu seinem Festgehalt Vergütungen für Sonntags-, Feiertags- und Nachtarbeit, liegt nur in Ausnahmefällen keine verdeckte Gewinnausschüttung vor (→ BFH vom 14.7.2004 – BStBl. 2005 II S. 307).
- Bezieht ein nicht beherrschender Gesellschafter, der zugleich leitender Angestellter der GmbH ist, neben einem hohen Festgehalt, Sonderzahlungen und einer Gewinntantieme zusätzlich Zuschläge für Sonntags-, Feiertags-, Mehr- und Nachtarbeit, können diese als verdeckte Gewinnausschüttung zu erfassen sein (→ BFH vom 13.12.2006 – BStBl. 2007 II S. 393).

Grundlohn

Beispiel 1:

Ein Arbeitnehmer in einem Drei-Schicht-Betrieb hat eine tarifvertraglich geregelte Arbeitszeit von 38 Stunden wöchentlich und einen monatlichen Lohnzahlungszeitraum. Er hat Anspruch – soweit es den laufenden Arbeitslohn ohne Sonntags-, Feiertags- oder Nachtarbeitszuschläge angeht – auf
- einen Normallohn von 8,50 € für jede im Lohnzahlungszeitraum geleistete Arbeitsstunde,
- einen Schichtzuschlag von 0,25 € je Arbeitsstunde,
- einen Zuschlag für Samstagsarbeit von 0,50 € für jede Samstagsarbeitsstunde,

§ 3b

- einen Spätarbeitszuschlag von 0,85 € für jede Arbeitsstunde zwischen 18.00 Uhr und 20.00 Uhr,
- einen Überstundenzuschlag von 2,50 € je Überstunde,
- eine Gefahrenzulage für unregelmäßig anfallende gefährliche Arbeiten von 1,50 € je Stunde,
- einen steuerpflichtigen, aber nicht pauschal versteuerten Fahrtkostenzuschuß von 3,00 € je Arbeitstag
- eine vermögenswirksame Leistung von 40,00 € monatlich,
- Beiträge des Arbeitgebers zu einer Direktversicherung von 50,00 € monatlich.

Im Juni hat der Arbeitnehmer infolge Urlaubs nur an 10 Tagen insgesamt 80 Stunden gearbeitet. In diesen 80 Stunden sind enthalten:

– Regelmäßige Arbeitsstunden	76
– Überstunden insgesamt	4
– Samstagsstunden insgesamt	12
– Überstunden an Samstagen	2
– Spätarbeitsstunden insgesamt	16
– Überstunden mit Spätarbeit	2
– Stunden mit gefährlichen Arbeiten insgesamt	5
– Überstunden mit gefährlichen Arbeiten	1

Hiernach betragen

a) der Basisgrundlohn

8,50 € Stundenlohn x 38 Stunden x 4,35	1.405,05 €
0,25 € Schichtzuschlag x 38 Stunden x 4,35	41,33 €
Vermögenswirksame Leistungen	40,00 €
Beiträge zur Direktversicherung	50,00 €
insgesamt	1.536,38 €

b) die Grundlohnzusätze

0,50 € Samstagsarbeitszuschlag x 10 Stunden	5,00 €
0,85 € Spätarbeitszuschlag x 14 Stunden	11,90 €
1,50 € Gefahrenzulage x 4 Stunden	6,00 €
3,00 € Fahrtkostenzuschuss x 10 Arbeitstage	30,00 €
insgesamt	52,90 €

c) der Grundlohn des Lohnzahlungszeitraums insgesamt   1.589,28 €

d) der für die Begrenzung des steuerfreien Anteils der begünstigten Lohnzuschläge maßgebende Grundlohn

$$\frac{1.589,28\ €}{38 \times 4,35} = \qquad 9,61\ €$$

Beispiel 2:

Bei einem Arbeitnehmer mit tarifvertraglich geregelter Arbeitszeit von 37,5 Stunden wöchentlich und einem monatlichen Lohnzahlungszeitraum, dessen Sonntags-, Feiertags- und Nachtarbeitszuschläge sowie nicht im voraus feststehende Bezüge sich nach den Verhältnissen des Vormonats bemessen, betragen für den Lohnzahlungszeitraum März

– der Basisgrundlohn	1.638,64 €
– die Grundlohnzusätze (bemessen nach den Verhältnissen im Monat Februar)	140,36 €
Im Februar betrug der Basisgrundlohn	1.468,08 €.

Für die Ermittlung des steuerfreien Anteils der Zuschläge für Sonntags-, Feiertags- oder Nachtarbeit, die dem Arbeitnehmer auf Grund der im Februar geleisteten Arbeit für den Lohnzahlungszeit-raum März zustehen, ist von einem Grundlohn auszugehen, der sich aus

- dem Basisgrundlohn des Lohnzahlungszeitraums
  Februar (R 30 Abs. 2 Nr. 2 Buchst. a Satz 2) von 1.468,08 €
- und den Grundlohnzusätzen des Lohnzahlungszeitraums
  März (bemessen nach den Verhältnissen im Februar) 140,36 €

zusammensetzt.

Der für die Berechnung des steuerfreien Anteils der begünstigten Lohnzuschläge maßgebende Grundlohn beträgt

also $\dfrac{1.468,08\ €\ +\ 140,36\ €}{37,5 \times 4,35} =$ 9,86 €.

Pauschale Zuschläge

- Die Steuerbefreiung setzt grundsätzlich Einzelaufstellungen der tatsächlich erbrachten Arbeitsstunden an Sonn- und Feiertagen oder zur Nachtzeit voraus (→ BFH vom 28.11.1990 – BStBl. 1991 II S. 293). Demgegenüber können pauschale Zuschläge dann steuerfrei sein, wenn und soweit sie als bloße Abschlagszahlungen oder Vorschüsse auf später einzeln abzurechnende Zuschläge geleistet werden (→ BFH vom 23.10.1992 – BStBl. 1993 II S. 314).
- Pauschale Zuschläge können steuerfrei sein, wenn sie als Abschlagszahlungen oder Vorschüsse für tatsächlich geleistete Sonntags-, Feiertags- oder Nachtarbeit gezahlt werden. Der fehlende Nachweis tatsächlich erbrachter Arbeitsleistungen kann nicht durch eine Modellrechnung ersetzt werden (→ BFH vom 25.5.2005 – BStBl. II S. 725).

Tatsächliche Arbeitsleistung

Soweit Zuschläge gezahlt werden, ohne dass der Arbeitnehmer in der begünstigten Zeit gearbeitet hat, z. B. bei Lohnfortzahlung im Krankheits- oder Urlaubsfall, bei Lohnfortzahlung an von der betrieblichen Tätigkeit freigestellte Betriebsratsmitglieder **oder bei der Lohnfortzahlung nach dem Mutterschutzgesetz**, sind sie steuerpflichtig (→ BFH vom 3.5.1974 – BStBl. II S. 646 und vom 26.10.1984 – BStBl. 1985 II S. 57 **und vom 27.5.2009 – BStBl. II S. 730**).

Wechselschichtzuschlag

Zuschläge für Wechselschichtarbeit, die der Arbeitnehmer für seine Wechselschicht regelmäßig und fortlaufend bezieht, sind dem steuerpflichtigen Grundlohn zugehörig; sie sind auch während der durch § 3b EStG begünstigten Nachtzeit nicht steuerbefreit (→ BFH vom 7.7.2005 – BStBl. II S. 888).

Zeitwertkonto

Bei zeitversetzter Auszahlung bleibt die Steuerfreiheit nur für den Zuschlag als solchen erhalten (→ R 3b Abs. 8). Eine darauf beruhende etwaige Verzinsung oder Wertsteigerung ist hingegen nicht steuerfrei (→ BMF vom 17.6.2009 – BStBl. I S. 1286). – Anlage § 038-02 –

Zuschlag zum Grundlohn

Ein Zuschlag wird nicht neben dem Grundlohn gezahlt, wenn er aus dem arbeitsrechtlich geschuldeten Arbeitslohn rechnerisch ermittelt wird, selbst wenn im Hinblick auf eine ungünstig liegende Arbeitszeit ein höherer Arbeitslohn gezahlt werden sollte (→ BFH vom 28. 11. 1990 – BStBl. 1991 II S. 296); infolgedessen dürfen auch aus einer Umsatzbeteiligung keine Zuschläge abgespalten und nach § 3b EStG steuerfrei gelassen werden.

ESt-Kartei NW

1. Fanganteile in der Kleinen Hochsee- und Küstenfischerei mit Hochseekuttern (steuerfrei nach § 3 Abs. 2 EStG bis 3 v.H. in der Krabbenfischerei, bis 9,7 v.H. in der Küstenfischerei der Ostsee, bis 12,1 v.H. in der Kleinen Hochseefischerei einschließlich der Fischerei auf Seezungen mit Krabbenkuttern)
2. Zuschläge bei Zahlung von Stücklohn – ausgesondert – (s. Abschnitt 30 Abs. 2 Nr. 3 Satz 4 LStR 1993)
3. Zuschläge, die dem spieltechnischen Personal von Spielbanken bezahlt werden (Voraussetzungen für die Steuerfreiheit von Zuschlägen)
4. Zeitzuschläge im öffentlichen Dienst – ausgesondert – (entsprach BMF-Schreiben vom 13. 12. 1989 BStBl. 1990 I S. 137; – eingegangen in R 30 Abs. 2 Nr. 2a und 4 LStR 1999 –)

Rechtsprechung § 3b

5. Zuschläge bei Pkw-Fahrern im öffentlichen Dienst (Steuerfreiheit von Pauschalzuschlägen gemäß Abschnitt 17 Abs. 7 Nr. 5 LStR/Abschnitt 30 Abs. 6 Satz 7ff. LStR 1993, jedoch nicht im Krankheits- oder Urlaubsfall)
6. Zuschläge in der Seeschiffahrt ab 1. 5. 1986 – ausgesondert – (ab 1. 1. 1991 ersatzlos aufgehoben)
7. Steuerliche Behandlung der Lohnzuschläge ab 1990 – ausgesondert – (entsprach BMF-Schreiben v. 1. 3. 1990 BStBl. I S. 140; – eingegangen in R 30 Abs. 1 LStR 1993 –)
8. Hinweis ausgesondert
9. Zahlung von Mischzuschlägen bei Mehrarbeit – ausgesondert – (entsprach BMF-Schreiben v. 28. 12. 1990 BStBl. 1991 I S. 57; – eingegangen in R 30 Abs. 5 Satz 4 LStR 1993 –)
10. Steuerfreiheit von nicht tarifvertraglichen Zuschlägen für regelmäßige Nachtarbeit vor 1990; – Beschluss des Bundesverfassungsgerichts vom 8. 6. 1993 – 1 BvL 20/85 – ausgesondert – (entsprach BMF-Schreiben v. 20. 12. 1993 BStBl. I S. 27)
11. Anerkennung steuerfreier Zuschläge für Sonntags-, Feiertags- oder Nachtarbeit bei Fluggesellschaften (Verzicht auf Einzelanschreibung und Einzelbezahlung nur bei Fluggesellschaften, die Flüge in verschiedenen Zeitzonen durchführen; Gestattungen von Aufzeichnungserleichterungen und pauschalen Zuschlagsermittlungen bei Flügen innerhalb derselben Zeitzone sind zu widerrufen; Einräumung einer Umstellungsfrist bis 31.12.1998)
12. Überstundenvergütungen für Gesellschafter-Geschäftsführer; Anwendung des BFH-Urteils vom 19.3.1997 (BStBl. II S. 577) (entspricht BMF-Schreiben v. 28.9.1998 BStBl. I S. 1194: für vor dem 1.1.1998 endende Lohnzahlungszeiträume sind bei § 3b EStG keine nachteiligen steuerlichen Folgen zu ziehen)

Rechtsprechungsauswahl

BFH v. 27. 5. 2009 VI B 69/08 (BStBl. II S. 730):
1. Zuschläge für tatsächlich nicht geleistete Sonntags-, Feiertags- und Nachtarbeit, die in dem nach § 11 MuSchG gezahlten Mutterschutzlohn enthalten sind, sind nicht nach § 3b EStG steuerfrei (Bestätigung der Rechtsprechung).
2. § 3b EStG führt auch nicht mittelbar zu einer Diskriminierung von Frauen und begegnet deshalb keinen verfassungs- oder europarechtlichen Bedenken.

BFH v. 13. 12. 2006 VIII R 31/05 (BStBl. 2007 II S. 393): Bezieht ein nicht beherrschender Gesellschafter, der aber zugleich leitender Angestellter der GmbH ist, neben einem hohen Festgehalt, Sonderzahlungen und einer Gewinntantieme zusätzlich Zuschläge für Sonntags-, Feiertags-, Mehr- und Nachtarbeit, so können diese in Anlehnung an die ständige Rechtsprechung des BFH zur Qualifikation derartiger Zuschläge an Gesellschafter-Geschäftsführer aufgrund einer Gesamtwürdigung als vGA bei seinen Einkünften aus Kapitalvermögen und nicht als steuerfreie Einnahmen bei den Einkünften aus nichtselbständiger Arbeit zu erfassen sein.

BFH v. 7. 7. 2005 IX R 81/98 (BStBl. II S. 888): Zuschläge für Wechselschichtarbeit, die der Arbeitnehmer für seine Wechselschichttätigkeit regelmäßig und fortlaufend bezieht, sind dem steuerpflichtigen Grundlohn zugehörig; sie sind auch während der durch § 3b EStG begünstigten Nachtzeit nicht steuerbefreit.

BFH v. 25. 5. 2005 IX R 72/02 (BStBl. II S. 725): Pauschale Zuschläge können nach § 3b EStG steuerfrei sein, wenn sie als Abschlagszahlungen oder Vorschüsse auf Zuschläge für tatsächlich geleistete Sonntagsarbeit, Feiertagsarbeit oder Nachtarbeit gezahlt werden. Der fehlende Nachweis tatsächlich erbrachter Arbeitsleistungen kann nicht durch eine Modellrechnung ersetzt werden.

BFH v. 16. 3. 2004 VIII R 33/02 (BStBl. II S. 927): Billigkeitsmaßnahmen der Verwaltung zur Anpassung der Verwaltungspraxis an eine von der bisherigen Verwaltungsmeinung abweichende Rechtsauffassung sind von den Gerichten jedenfalls dann zu beachten, wenn sie vom FA im Rahmen der Steuerfestsetzung getroffen wurden und bestandskräftig geworden sind.

BFH v. 27. 8. 2002 VI R 64/96 (BStBl. II S. 883): Ist in begünstigten Zeiten des § 3b EStG Rufbereitschaft angeordnet, sind Zuschläge zur Rufbereitschaftsentschädigung steuerfrei, soweit sie die in § 3b EStG vorgesehenen v. H.-Sätze, gemessen an der Rufbereitschaftsentschädigung, nicht übersteigen.

BFH v. 19. 3. 1997 I R 75/96 (BStBl. II S. 577):
1. Eine vGA i. S. des § 8 Abs. 3 Satz 2 KStG kann auch dann anzunehmen sein, wenn eine Kapitalgesellschaft mit ihrem Gesellschafter Bedingungen vereinbart, die von denen abweichen, die

§ 3b   Rechtsprechung

voneinander unabhängige Dritte unter gleichen oder ähnlichen Verhältnissen vereinbart hätten. In diesen Fällen indiziert das vom Fremdvergleich abweichende Verhalten die Veranlassung im Gesellschaftsverhältnis.

2. Mit dem Aufgabenbild eines GmbH-Geschäftsführers verträgt sich keine Vereinbarung über die Vergütung von Überstunden. Dies gilt erst recht dann, wenn die Vereinbarung von vornherein auf die Vergütung von Überstunden an Sonntagen, Feiertagen und zur Nachtzeit beschränkt ist und/oder wenn außerdem eine Gewinntantieme vereinbart ist.

3. Die an einen Gesellschafter-Geschäftsführer geleisteten Überstundenvergütungen sind steuerlich als vGA i. S. des § 8 Abs. 3 Satz 2 KStG zu behandeln.

Anmerkung: Hinweis auf die Übergangsregelung bis Ende 1997 für 3b EStG in ESt-Kartei NW § 3b EStG Nr. 11.

Schwebende Verfahren

BFH VIII R 27/09 (BFH-Webseite): Stellen die dem Gesellschafter-Geschäftsführer einer GmbH gezahlten Sonntagszuschläge und Feiertagszuschläge steuerfreien Arbeitslohn dar oder sind sie wegen dessen besonderer Vergütungsvereinbarung als verdeckte Gewinnausschüttung zu behandeln?

BFH VI R 6/09 (BFH-Webseite): Sind Gefahrenzuschläge in verfassungskonformer Auslegung des § 3b EStG von der Einkommensteuer zu befreien?

Rechtsprechung § 3c

§ 3c Anteilige Abzüge

(1) Ausgaben dürfen, soweit sie mit steuerfreien Einnahmen in unmittelbarem wirtschaftlichen Zusammenhang stehen, nicht als Betriebsausgaben oder Werbungskosten abgezogen werden; Absatz 2 bleibt unberührt.

(2) [1] ¹Betriebsvermögensminderungen, Betriebsausgaben, Veräußerungskosten oder Werbungskosten, die mit den dem § 3 Nummer 40 zugrunde liegenden Betriebsvermögensmehrungen oder Einnahmen oder mit Vergütungen nach § 3 Nummer 40a in wirtschaftlichem Zusammenhang stehen, dürfen unabhängig davon, in welchem Veranlagungszeitraum die Betriebsvermögensmehrungen oder Einnahmen anfallen, bei der Ermittlung der Einkünfte nur zu 60 Prozent abgezogen werden; Entsprechendes gilt, wenn bei der Ermittlung der Einkünfte der Wert des Betriebsvermögens oder des Anteils am Betriebsvermögen oder die Anschaffungs- oder Herstellungskosten oder der an deren Stelle tretende Wert mindernd zu berücksichtigen sind. ²Satz 1 gilt auch für Wertminderungen des Anteils an einer Organgesellschaft, die nicht auf Gewinnausschüttungen zurückzuführen sind. ³§ 8b Absatz 10 des Körperschaftsteuergesetzes gilt sinngemäß.

(3) Betriebsvermögensminderungen, Betriebsausgaben oder Veräußerungskosten, die mit den Betriebsvermögensmehrungen oder Einnahmen im Sinne des § 3 Nummer 70 in wirtschaftlichem Zusammenhang stehen, dürfen unabhängig davon, in welchem Veranlagungszeitraum die Betriebsvermögensmehrungen oder Einnahmen anfallen, nur zur Hälfte abgezogen werden.

Rechtsprechungsauswahl

BFH v. 11. 2. 2009 I R 25/08 (BFH-Webseite):

1. Aufwendungen eines Referendars für eine Ausbildungsstation in den USA sind nur im Hinblick auf den Anteil, der auf den hierfür bezogenen inländischen Arbeitslohn entfällt, als Werbungskosten bei den Einkünften aus nichtselbständiger Arbeit zu berücksichtigen, wenn von der Ausbildungsstation eine steuerfreie Tätigkeitsvergütung gezahlt wird (Art. 23 Abs. 2 Satz 1 Buchst. a DBA-USA 1989).
2. Die steuerfreie Tätigkeitsvergütung ist nach Abzug des hierauf entfallenden Anteils der Aufwendungen im Rahmen des Progressionsvorbehalts zu erfassen.

BFH v. 19. 6. 2007 VIII R 69/05 (BStBl. 2008 II S. 551): Das Halbabzugsverbot des § 3c Abs. 2 EStG ist mit dem GG vereinbar.

BFH v. 20. 9. 2006 I R 59/05 (BStBl. 2007 II S. 756):

1. Vorab entstandene Werbungskosten im Zusammenhang mit einer beabsichtigten nichtselbständigen Tätigkeit im Ausland sind nicht in die Bemessungsgrundlage der Einkommensteuer einzubeziehen, wenn die Einkünfte aus der beabsichtigten Tätigkeit nicht der deutschen Besteuerung unterliegen. Sie sind jedoch in einem solchen Fall bei der Bemessung des anzuwendenden Steuersatzes zu berücksichtigen (Progressionsvorbehalt), wenn dies nicht durch ein Doppelbesteuerungsabkommen ausgeschlossen wird (Bestätigung der Senatsurteile vom 6. Oktober 1993 I R 32/93, BFHE 172, 385, BStBl. II 1994, 113; vom 19. Dezember 2001 I R 63/00, BFHE 197, 495, BStBl. II 2003, 302; vom 15. Mai 2002 I R 40/01, BFHE 199, 224, BStBl. II 2002, 660).
2. Die Höhe der dem Progressionsvorbehalt unterliegenden Einkünfte ist nach deutschem Recht zu ermitteln. Dabei sind die dort vorgesehenen Abzugsbeschränkungen zu berücksichtigen. Eine Ausnahme hiervon gilt nur für Beschränkungen, die sich daraus ergeben, dass die betreffenden Einkünfte nicht der deutschen Einkommensteuer unterliegen bzw. abkommensrechtlich steuerbefreit sind.
3. Ein Zusammenhang mit nach deutschem Recht steuerfreien Einnahmen hindert den Werbungskostenabzug auch dann, wenn die betreffenden Aufwendungen mit erst in Zukunft zu erwartenden Einnahmen zusammenhängen.

BFH v. 27. 4. 2006 IV R 41/04 (BStBl. II S. 755):

1. Zuschüsse, die ein in der Rechtsform einer GbR betriebenes Kulturorchester aus öffentlichen Mitteln erhält, sind nicht nach § 3 Nr. 11 EStG steuerfrei, soweit sie dazu bestimmt sind, die Vorabvergütungen der Gesellschafter abzudecken.

---

1) Zur erstmaligen Anwendung von § 3c Absatz 2 EStG siehe § 52 Absatz 8a EStG.

§ 3c Rechtsprechung

2. Soweit die Zuschüsse nach ihrem Zweck der anteiligen Deckung der Betriebsausgaben des Orchesters dienen, sind die abziehbaren Betriebsausgaben nach § 3c (nunmehr Abs. 1) EStG um diesen Betrag zu kürzen.

BFH v. 6. 7. 2005 XI R 61/04 (BStBl. 2006 II S. 163): Entstehen bei einer beabsichtigten nebenberuflichen Tätigkeit i. S. des § 3 Nr. 26 EStG vorweggenommene Betriebsausgaben, kommt es aber nicht mehr zur Ausführung der Tätigkeit, steht das Abzugsverbot des § 3c EStG dem Abzug dieser Betriebsausgaben nicht entgegen.

BFH v. 26. 3. 2002 VI R 45/00 (BStBl. II S. 827): Hat ein Beamter im Veranlagungszeitraum nur zeitweise eine Tätigkeit im Beitrittsgebiet ausgeübt und dafür eine steuerfreie Aufwandsentschädigung erhalten, so sind die auf die Tätigkeit im Beitrittsgebiet entfallenden Werbungskosten zu dem Anteil abziehbar, der dem Verhältnis der steuerfreien Einnahmen zu den im Zeitraum der Tätigkeit im Beitrittsgebiet erzielten Gesamteinnahmen entspricht (Fortführung der Rechtsprechung aus dem Urteil vom 26. März 2002 VI R 26/00).

BFH v. 26. 3. 2002 VI R 26/00 (BStBl. II S. 823):
1. Die Bindungswirkung des Beschlusses des BVerfG vom 11. November 1998 2 BvL 10/95 (BVerfGE 99, 280, BStBl. II 1999, 502) erstreckt sich nach § 31 Abs. 1 BVerfGG auch auf die einem Landesbeamten für seine Tätigkeit im Beitrittsgebiet im Jahre 1991 gewährte Aufwandsentschädigung.
2. Die einem Beamten für seine Tätigkeit im Beitrittsgebiet gewährte Aufwandsentschädigung ist nicht vorab auf die durch die Abordnung in das Beitrittsgebiet verursachten Werbungskosten anzurechnen.
3. § 3c EStG findet auch dann Anwendung, wenn das BVerfG eine Regelung über die Steuerbefreiung von Einnahmen für mit dem GG unvereinbar erklärt, jedoch anordnet, dass die betreffenden Einnahmen aus Gründen des Vertrauensschutzes steuerfrei zu belassen sind.
4. Erhält der Beamte für seine Tätigkeit im Beitrittsgebiet eine steuerfreie Aufwandsentschädigung, sind seine Werbungskosten zu dem Teil nicht abziehbar, der dem Verhältnis der steuerfrei gewährten Aufwandsentschädigung zu den in dem Zeitraum der Tätigkeit im Beitrittsgebiet erzielten Gesamteinnahmen entspricht.

BFH v. 23.11.2000 VI R 93/98 (BStBl. 2001 II S. 199): Führt ein Arbeitnehmer in dem Zeitraum, für den er Konkursausfallgeld erhält, Fahrten zwischen Wohnung und Arbeitsstätte durch, sind die Aufwendungen gemäß § 9 Abs. 1 Satz 3 Nr. 4 EStG als Werbungskosten bei den Einkünften aus nichtselbständiger Arbeit abzuziehen. Zwischen den fraglichen Aufwendungen und dem Konkursausfallgeld besteht kein unmittelbarer wirtschaftlicher Zusammenhang i. S. des § 3c EStG.

BFH v. 13. 8. 1997 I R 65/95 (BStBl. 1998 II S. 21): Erhält ein Auslandslehrer steuerfreie Auslandsbezüge, so sind seine Werbungskosten zu dem Teil nicht abziehbar, der dem Verhältnis der steuerfreien Einnahmen zu den Gesamteinnahmen entspricht (Anschluß an BFH-Urteil vom 11. Februar 1993 VI R 66/91, BFHE 170, 392, BStBl. II 1993, 450).

Schwebende Verfahren

BFH VI R 24/09 (BFH-Webseite): Kann ein Arbeitnehmer, dem beruflich veranlasste Übernachtungskosten im Ausland in voller Höhe von seinem Arbeitgeber erstattet wurden, Werbungskosten nach den Pauschbeträgen gemäß R 40 Abs. 2 LStR geltend machen, soweit diese über die tatsächlichen Übernachtungskosten hinausgehen?

§ 4

3. Gewinn

§ 4 Gewinnbegriff im Allgemeinen

(1) ¹Gewinn ist der Unterschiedsbetrag zwischen dem Betriebsvermögen am Schluss des Wirtschaftsjahres und dem Betriebsvermögen am Schluss des vorangegangenen Wirtschaftsjahres, vermehrt um den Wert der Entnahmen und vermindert um den Wert der Einlagen. ²Entnahmen sind alle Wirtschaftsgüter (Barentnahmen, Waren, Erzeugnisse, Nutzungen und Leistungen), die der Steuerpflichtige dem Betrieb für sich, für seinen Haushalt oder für andere betriebsfremde Zwecke im Laufe des Wirtschaftsjahres entnommen hat. ³Einer Entnahme für betriebsfremde Zwecke steht der Ausschluss oder die Beschränkung des Besteuerungsrechts der Bundesrepublik Deutschland hinsichtlich des Gewinns aus der Veräußerung oder der Nutzung eines Wirtschaftsguts gleich. ⁴Satz 3 gilt nicht für Anteile an einer Europäischen Gesellschaft oder Europäischen Genossenschaft in den Fällen

1. einer Sitzverlegung der Europäischen Gesellschaft nach Artikel 8 der Verordnung (EG) Nr. 2157/2001 des Rates vom 8. Oktober 2001 über das Statut der Europäischen Gesellschaft (SE) (ABl. EG Nr. L 294 S. 1), zuletzt geändert durch die Verordnung (EG) Nr. 885/2004 des Rates vom 26. April 2004 (ABl. EU Nr. L 168 S. 1), und

2. einer Sitzverlegung der Europäischen Genossenschaft nach Artikel 7 der Verordnung (EG) Nr. 1435/2003 des Rates vom 22. Juli 2003 über das Statut der Europäischen Genossenschaft (SCE) (ABl. EU Nr. L 207 S. 1).

⁵Ein Wirtschaftsgut wird nicht dadurch entnommen, dass der Steuerpflichtige zur Gewinnermittlung nach § 13a übergeht. ⁶Eine Änderung der Nutzung eines Wirtschaftsguts, die bei Gewinnermittlung nach Satz 1 keine Entnahme ist, ist auch bei Gewinnermittlung nach § 13a keine Entnahme. ⁷Einlagen sind alle Wirtschaftsgüter (Bareinzahlungen und sonstige Wirtschaftsgüter), die der Steuerpflichtige dem Betrieb im Laufe des Wirtschaftsjahres zugeführt hat; einer Einlage steht die Begründung des Besteuerungsrechts der Bundesrepublik Deutschland hinsichtlich des Gewinns aus der Veräußerung eines Wirtschaftsguts gleich. ⁸Bei der Ermittlung des Gewinns sind die Vorschriften über die Betriebsausgaben, über die Bewertung und über die Absetzung für Abnutzung oder Substanzverringerung zu befolgen.

(2) ¹Der Steuerpflichtige darf die Vermögensübersicht (Bilanz) auch nach ihrer Einreichung beim Finanzamt ändern, soweit sie den Grundsätzen ordnungsmäßiger Buchführung unter Befolgung der Vorschriften dieses Gesetzes nicht entspricht; diese Änderung ist nicht zulässig, wenn die Vermögensübersicht (Bilanz) einer Steuerfestsetzung zugrunde liegt, die nicht mehr aufgehoben oder geändert werden kann. ²Darüber hinaus ist eine Änderung der Vermögensübersicht (Bilanz) nur zulässig, wenn sie in einem engen zeitlichen und sachlichen Zusammenhang mit einer Änderung nach Satz 1 steht und soweit die Auswirkung der Änderung nach Satz 1 auf den Gewinn reicht.¹⁾

(3)²⁾ ¹Steuerpflichtige, die nicht auf Grund gesetzlicher Vorschriften verpflichtet sind, Bücher zu führen und regelmäßig Abschlüsse zu machen, und die auch keine Bücher führen und keine Abschlüsse machen, können als Gewinn den Überschuss der Betriebseinnahmen über die Betriebsausgaben ansetzen. ²Hierbei scheiden Betriebseinnahmen und Betriebsausgaben aus, die im Namen und für Rechnung eines anderen vereinnahmt und verausgabt werden (durchlaufende Posten). ³Die Vorschriften über die Bewertungsfreiheit für geringwertige Wirtschaftsgüter (§ 6 Absatz 2), die Bildung eines Sammelpostens (§ 6 Absatz 2a) und über die Absetzung für Abnutzung oder Substanzverringerung sind zu befolgen. ⁴Die Anschaffungs- oder Herstellungskosten für nicht abnutzbare Wirtschaftsgüter des Anlagevermögens, für Anteile an Kapitalgesellschaften, für Wertpapiere und vergleichbare nicht verbriefte Forderungen und Rechte, für Grund und Boden sowie Gebäude des Umlaufvermögens sind erst im Zeitpunkt des Zuflusses des Veräußerungserlöses oder bei Entnahme im Zeitpunkt der Entnahme als Betriebsausgaben zu berücksichtigen. ⁵Die Wirtschaftsgüter des Anlagevermögens und Wirtschaftsgüter des Umlaufvermögens im Sinne

---

1) § 4 Absatz 2 Satz 2 ist auch für VZ vor 1999 anzuwenden (§ 52 Absatz 9 EStG).
2) Zur Anwendung von § 4 Absatz 3 siehe § 52 Absatz 10 EStG. Bei Betriebseinnahmen ab 17500 Euro ist der Vordruck Anlage EÜR zu verwenden, für 2007 BMF-Schreiben vom 14.11.2007 (BStBl. I S. 792), für 2008 BMF-Schreiben vom 5.9.2008 (BStBl. I S. 862), für 2009 BMF-Schreiben vom 18.8.2009 (BStBl. I S. 837)

§ 4

des Satzes 4 sind unter Angabe des Tages der Anschaffung oder Herstellung und der Anschaffungs- oder Herstellungskosten oder des an deren Stelle getretenen Werts in besondere, laufend zu führende Verzeichnisse aufzunehmen.

(4) Betriebsausgaben sind die Aufwendungen, die durch den Betrieb veranlasst sind.

(4a)[1] ¹Schuldzinsen sind nach Maßgabe der Sätze 2 bis 4 nicht abziehbar, wenn Überentnahmen getätigt worden sind. ²Eine Überentnahme ist der Betrag, um den die Entnahmen die Summe des Gewinns und der Einlagen des Wirtschaftsjahres übersteigen. ³Die nicht abziehbaren Schuldzinsen werden typisiert mit 6 Prozent der Überentnahme des Wirtschaftsjahres zuzüglich der Überentnahmen vorangegangener Wirtschaftsjahre und abzüglich der Beträge, um die in den vorangegangenen Wirtschaftsjahren der Gewinn und die Einlagen die Entnahmen überstiegen haben (Unterentnahmen), ermittelt; bei der Ermittlung der Überentnahme ist vom Gewinn ohne Berücksichtigung des nach Maßgabe dieses Absatzes nicht abziehbaren Schuldzinsen auszugehen. ⁴Der sich dabei ergebende Betrag, höchstens jedoch der um 2 050 Euro verminderte Betrag der im Wirtschaftsjahr angefallenen Schuldzinsen, ist dem Gewinn hinzuzurechnen. ⁵Der Abzug von Schuldzinsen für Darlehen zur Finanzierung von Anschaffungs- oder Herstellungskosten von Wirtschaftsgütern des Anlagevermögens bleibt unberührt. ⁶Die Sätze 1 bis 5 sind bei Gewinnermittlung nach § 4 Absatz 3 sinngemäß anzuwenden; hierzu sind Entnahmen und Einlagen gesondert aufzuzeichnen.

(5)[2] ¹Die folgenden Betriebsausgaben dürfen den Gewinn nicht mindern:

1. Aufwendungen für Geschenke an Personen, die nicht Arbeitnehmer des Steuerpflichtigen sind. ²Satz 1 gilt nicht, wenn die Anschaffungs- oder Herstellungskosten der dem Empfänger im Wirtschaftsjahr zugewendeten Gegenstände insgesamt 35 Euro nicht übersteigen;

2. Aufwendungen für die Bewirtung von Personen aus geschäftlichem Anlass, soweit sie 70 Prozent der Aufwendungen übersteigen, die nach der allgemeinen Verkehrsauffassung als angemessen anzusehen und deren Höhe und betriebliche Veranlassung nachgewiesen sind. ²Zum Nachweis der Höhe und der betrieblichen Veranlassung der Aufwendungen hat der Steuerpflichtige schriftlich die folgenden Angaben zu machen: Ort, Tag, Teilnehmer und Anlass der Bewirtung sowie Höhe der Aufwendungen. ³Hat die Bewirtung in einer Gaststätte stattgefunden, so genügen Angaben zu dem Anlass und den Teilnehmern der Bewirtung; die Rechnung über die Bewirtung ist beizufügen;

3. Aufwendungen für Einrichtungen des Steuerpflichtigen, soweit sie der Bewirtung, Beherbergung oder Unterhaltung von Personen, die nicht Arbeitnehmer des Steuerpflichtigen sind, dienen (Gästehäuser) und sich außerhalb des Orts eines Betriebs des Steuerpflichtigen befinden;

4. Aufwendungen für Jagd oder Fischerei, für Segeljachten oder Motorjachten sowie für ähnliche Zwecke und für die hiermit zusammenhängenden Bewirtungen;

5. Mehraufwendungen für die Verpflegung des Steuerpflichtigen, soweit in den folgenden Sätzen nichts anderes bestimmt ist. ²Wird der Steuerpflichtige vorübergehend von seiner Wohnung und dem Mittelpunkt seiner dauerhaft angelegten betrieblichen Tätigkeit entfernt betrieblich tätig, ist für jeden Kalendertag, an dem der Steuerpflichtige wegen dieser vorübergehenden Tätigkeit von seiner Wohnung und seinem Tätigkeitsmittelpunkt

   a) 24 Stunden abwesend ist, ein Pauschbetrag von 24 Euro,
   b) weniger als 24 Stunden, aber mindestens 14 Stunden abwesend ist, ein Pauschbetrag von 12 Euro,
   c) weniger als 14 Stunden, aber mindestens 8 Stunden abwesend ist, ein Pauschbetrag von 6 Euro

   abzuziehen; eine Tätigkeit, die nach 16 Uhr begonnen und vor 8 Uhr des nachfolgenden Kalendertags beendet wird, ohne dass eine Übernachtung stattfindet, ist mit der ge-

---

1) Zur Anwendung von § 4 Absatz 4a EStG siehe § 52 Absatz 11 EStG.
2) Zur Anwendung von § 4 Absatz 5 EStG siehe § 52 Absatz 12 EStG.

§ 4

samten Abwesenheitsdauer dem Kalendertag der überwiegenden Abwesenheit zuzurechnen. ³Wird der Steuerpflichtige bei seiner individuellen betrieblichen Tätigkeit typischerweise nur an ständig wechselnden Tätigkeitsstätten oder auf einem Fahrzeug tätig, gilt Satz 2 entsprechend; dabei ist allein die Dauer der Abwesenheit von der Wohnung maßgebend. ⁴Bei einer Tätigkeit im Ausland treten an die Stelle der Pauschbeträge nach Satz 2 länderweise unterschiedliche Pauschbeträge, die für die Fälle der Buchstaben a, b und c mit 120, 80 und 40 Prozent der höchsten Auslandstagegelder nach dem Bundesreisekostengesetz vom Bundesministerium der Finanzen im Einvernehmen mit den obersten Finanzbehörden der Länder aufgerundet auf volle Euro festgesetzt werden; dabei bestimmt sich der Pauschbetrag nach dem Ort, den der Steuerpflichtige vor 24 Uhr Ortszeit zuletzt erreicht, oder, wenn dieser Ort im Inland liegt, nach dem letzten Tätigkeitsort im Ausland. ⁵Bei einer längerfristigen vorübergehenden Tätigkeit an derselben Tätigkeitsstätte beschränkt sich der pauschale Abzug nach Satz 2 auf die ersten drei Monate. ⁶Die Abzugsbeschränkung nach Satz 1, die Pauschbeträge nach den Sätzen 2 und 4 sowie die Dreimonatsfrist nach Satz 5 gelten auch für den Abzug von Verpflegungsmehraufwendungen bei einer aus betrieblichem Anlass begründeten doppelten Haushaltsführung; dabei ist für jeden Kalendertag innerhalb der Dreimonatsfrist, an dem gleichzeitig eine Tätigkeit im Sinne des Satzes 2 oder 3 ausgeübt wird, nur der jeweils höchste in Betracht kommende Pauschbetrag abzuziehen und die Dauer einer Tätigkeit im Sinne des Satzes 2 an dem Beschäftigungsort, der zur Begründung der doppelten Haushaltsführung geführt hat, auf die Dreimonatsfrist anzurechnen, wenn sie ihr unmittelbar vorausgegangen ist;

6. ¹⁾Aufwendungen für die Wege des Steuerpflichtigen zwischen Wohnung und Betriebsstätte und für Familienheimfahrten, soweit in den folgenden Sätzen nichts anderes bestimmt ist. ²Zur Abgeltung dieser Aufwendung ist § 9 Absatz 1 Satz 3 Nummer 4 und 5 Satz 1 bis 6 und Absatz 2 entsprechend anwenden. ³Bei der Nutzung eines Kraftfahrzeugs dürfen die Aufwendungen in Höhe des positiven Unterschiedsbetrags zwischen 0,03 Prozent des inländischen Listenpreises im Sinne des § 6 Absatz 1 Nummer 4 Satz 2 des Kraftfahrzeugs im Zeitpunkt der Erstzulassung je Kalendermonat für jeden Entfernungskilometer und dem sich nach § 9 Absatz 1 Satz 3 Nummer 4 oder Absatz 2 ergebenden Betrag sowie Aufwendungen für Familienheimfahrten in Höhe des positiven Unterschiedsbetrags zwischen 0,002 Prozent des inländischen Listenpreises im Sinne des § 6 Absatz 1 Nummer 4 Satz 2 für jeden Entfernungskilometer und dem sich nach § 9 Absatz 1 Satz 3 Nummer 5 Satz 4 bis 6 oder Absatz 2 ergebenden Betrag den Gewinn nicht mindern; ermittelt der Steuerpflichtige die private Nutzung des Kraftfahrzeugs nach § 6 Absatz 1 Nummer 4 Satz 1 oder Satz 3, treten an die Stelle des mit 0,03 oder 0,002 Prozent des inländischen Listenpreises ermittelten Betrags für Fahrten zwischen Wohnung und Betriebsstätte und für Familienheimfahrten die auf diese Fahrten entfallenden tatsächlichen Aufwendungen;

6a. (weggefallen)²⁾

6b. Aufwendungen für ein häusliches Arbeitszimmer sowie die Kosten der Ausstattung. ²Dies gilt nicht, wenn das Arbeitszimmer den Mittelpunkt der gesamten betrieblichen und beruflichen Betätigung bildet;

7. andere als die in den Nummern 1 bis 6 und 6b bezeichneten Aufwendungen, die die Lebensführung des Steuerpflichtigen oder anderer Personen berühren, soweit sie nach allgemeiner Verkehrsauffassung als unangemessen anzusehen sind;

8. von einem Gericht oder einer Behörde im Geltungsbereich dieses Gesetzes oder von Organen der Europäischen Gemeinschaften festgesetzte Geldbußen, Ordnungsgelder und Verwarnungsgelder. ²Dasselbe gilt für Leistungen zur Erfüllung von Auflagen oder Weisungen, die in einem berufsgerichtlichen Verfahren erteilt werden, soweit die Auflagen oder Weisungen nicht lediglich der Wiedergutmachung des durch die Tat verursachten Schadens dienen. ³Die Rückzahlung von Ausgaben im Sinne der Sätze 1

---

1) Zur Anwendung von § 4 Absatz 5 Satz 1 Nummer 6 EStG siehe BMF-Schreiben vom 18.11.2009 (BStBl. I S. 1326).
2) Zur Anwendung von § 4 Absatz 5 Nummer 6a siehe § 52 Absatz 12 Satz 3 und 4 EStG.

und 2 darf den Gewinn nicht erhöhen. ⁴Das Abzugsverbot für Geldbußen gilt nicht, soweit der wirtschaftliche Vorteil, der durch den Gesetzesverstoß erlangt wurde, abgeschöpft worden ist, wenn die Steuern vom Einkommen und Ertrag, die auf den wirtschaftlichen Vorteil entfallen, nicht abgezogen worden sind; Satz 3 ist insoweit nicht anzuwenden;

8a. Zinsen auf hinterzogene Steuern nach § 235 der Abgabenordnung;

9. Ausgleichszahlungen, die in den Fällen der §§ 14, 17 und 18 des Körperschaftsteuergesetzes an außenstehende Anteilseigner geleistet werden;

10. die Zuwendung von Vorteilen sowie damit zusammenhängende Aufwendungen, wenn die Zuwendung der Vorteile eine rechtswidrige Handlung darstellt, die den Tatbestand eines Strafgesetzes oder eines Gesetzes verwirklicht, das die Ahndung mit einer Geldbuße zulässt. ²Gerichte, Staatsanwaltschaften oder Verwaltungsbehörden haben Tatsachen, die sie dienstlich erfahren und die den Verdacht einer Tat im Sinne des Satzes 1 begründen, der Finanzbehörde für Zwecke des Besteuerungsverfahrens und zur Verfolgung von Steuerstraftaten und Steuerordnungswidrigkeiten mitzuteilen. ³Die Finanzbehörde teilt Tatsachen, die den Verdacht einer Straftat oder einer Ordnungswidrigkeit im Sinne des Satzes 1 begründen, der Staatsanwaltschaft oder der Verwaltungsbehörde mit. ⁴Diese unterrichten die Finanzbehörde von dem Ausgang des Verfahrens und den zugrunde liegenden Tatsachen;

11. Aufwendungen, die mit unmittelbaren oder mittelbaren Zuwendungen von nicht einlagefähigen Vorteilen an natürliche oder juristische Personen oder Personengesellschaften zur Verwendung in Betrieben in tatsächlichem oder wirtschaftlichem Zusammenhang stehen, deren Gewinn nach § 5a Absatz 1 ermittelt wird;[1)]

12. Zuschläge nach § 162 Absatz 4 der Abgabenordnung.

²Das Abzugsverbot gilt nicht, soweit die in den Nummern 2 bis 4 bezeichneten Zwecke Gegenstand einer mit Gewinnabsicht ausgeübten Betätigung des Steuerpflichtigen sind. ³§ 12 Nummer 1 bleibt unberührt.

(5a) (weggefallen)

(5b) Die Gewerbesteuer und die darauf entfallenden Nebenleistungen sind keine Betriebsausgaben.

(6) Aufwendungen zur Förderung staatspolitischer Zwecke (§ 10b Absatz 2) sind keine Betriebsausgaben.

(7) ¹Aufwendungen im Sinne des Absatzes 5 Satz 1 Nummer 1 bis 4, 6b und 7 sind einzeln und getrennt von den sonstigen Betriebsausgaben aufzuzeichnen. ²Soweit diese Aufwendungen nicht bereits nach Absatz 5 vom Abzug ausgeschlossen sind, dürfen sie bei der Gewinnermittlung nur berücksichtigt werden, wenn sie nach Satz 1 besonders aufgezeichnet sind.

(8) Für Erhaltungsaufwand bei Gebäuden in Sanierungsgebieten und städtebaulichen Entwicklungsbereichen sowie bei Baudenkmalen gelten die §§ 11a und 11b entsprechend.

Rechtsprechungsauswahl

BFH v. 21. 1. 2010 VI R 2/08 (BFH-Webseite): Übernahme von Steuerberatungskosten ist Arbeitslohn
Die Übernahme von Steuerberatungskosten für die Erstellung von Einkommensteuererklärungen der Arbeitnehmer durch den Arbeitgeber führt bei Vorliegen einer Nettolohnvereinbarung zu Arbeitslohn.

BFH v. 23. 9. 2009 IV R 21/08 (BFH-Webseite): Zuordnung der Aufwendungen für ein von Ehegatten betrieblich genutztes häusliches Arbeitszimmer; Objektbegrenzung bei mehreren Nutzern und mehreren Arbeitszimmern

1. Nutzen Ehegatten einen Raum in einem von ihnen bewohnten und in ihrem Miteigentum stehenden Haus, um Dienstleistungen zur Förderung des Gesellschaftszwecks einer zwischen ihnen bestehenden Personengesellschaft zu erbringen, so sind ihnen die auf diesen Raum entfallenden und

---

1) Zur Anwendung von § 4 Absatz 5 Nummer 11 siehe § 52 Absatz 12 Satz 5 EStG.

Rechtsprechung § 4

von ihnen getragenen Aufwendungen (AfA, Schuldzinsen, Energiekosten) nach dem Verhältnis ihrer Miteigentumsanteile zuzuordnen.

2. Nutzen die Ehegatten für diesen Zweck einen Raum in einer von ihnen bewohnten und gemeinsam angemieteten Wohnung, so sind ihnen die anteiligen Mietzinsen und die anteiligen Energiekosten zur Hälfte zuzuordnen.

3. Nutzen Ehegatten gemeinsam ein häusliches Arbeitszimmer, so steht einem Ehegatten, der seine Aufwendungen für das häusliche Arbeitszimmer nach § 4 Abs. 5 Satz 1 Nr. 6b Satz 3 1. Halbsatz EStG 1997 beschränkt abziehen kann, der Höchstbetrag nach dieser Vorschrift nur anteilig zu. Mehrere häusliche Arbeitszimmer, die während eines Veranlagungszeitraums nacheinander in verschiedenen Wohnungen oder Häusern genutzt werden, sind für die Anwendung des § 4 Abs. 5 Satz 1 Nr. 6b Satz 3 1. Halbsatz EStG 1997 als ein Objekt anzusehen (Fortentwicklung des BFH-Urteils vom 20. November 2003 IV R 30/03, BFHE 204, 176, BStBl. II 2004, 775).

BFH v. 21. 9. 2009 GrS 1/06 (BFH-Webseite): Aufteilung der Aufwendungen für eine gemischt veranlasste Reise

1. Aufwendungen für die Hin- und Rückreise bei gemischt beruflich (betrieblich) und privat veranlassten Reisen können grundsätzlich in abziehbare Werbungskosten oder Betriebsausgaben und nicht abziehbare Aufwendungen für die private Lebensführung nach Maßgabe der beruflich und privat veranlassten Zeitanteile der Reise aufgeteilt werden, wenn die beruflich veranlassten Zeitanteile feststehen und nicht von untergeordneter Bedeutung sind.

2. Das unterschiedliche Gewicht der verschiedenen Veranlassungsbeiträge kann es jedoch im Einzelfall erfordern, einen anderen Aufteilungsmaßstab heranzuziehen oder ganz von einer Aufteilung abzusehen.

BFH v. 25. 8. 2009 VI B 69/09 (BStBl. II S. 826): Es ist ernstlich zweifelhaft, ob das ab Veranlagungszeitraum 2007 geltende Abzugsverbot des § 4 Abs. 5 Satz 1 Nr. 6b EStG betreffend Aufwendungen (hier: eines Lehrers, dem kein anderer Arbeitsplatz zur Verfügung steht) für ein häusliches Arbeitszimmer, mit Ausnahme der Fälle, in denen das Arbeitszimmer den Mittelpunkt der gesamten betrieblichen und beruflichen Betätigung bildet, verfassungsgemäß ist.

Anmerkung: Zur Aussetzung der Vollziehung siehe BMF-Schreiben vm 6.10.2009 (BStBl. I S. 1148) – **Anhang 55** –.

BFH v. 18. 6. 2009 VI R 61/06 (BFH-Webseite): Der Einsatz eines Arbeitnehmers auf einem Fahrzeug auf dem Betriebsgelände bzw. unter Tage im Bergwerk des Arbeitgebers stellt keine „Fahrtätigkeit" (Auswärtstätigkeit) i.S. des § 4 Abs. 5 Satz 1 Nr. 5 Satz 3 EStG dar.

BFH v. 19. 5. 2009 VIII R 6/07 (BStBl. 2010 II S. 168):

1. Eine sogenannte Praxisausfallversicherung, durch die im Falle einer krankheitsbedingten Arbeitsunfähigkeit des Steuerpflichtigen die fortlaufenden Kosten seines Betriebes ersetzt werden, gehört dessen Lebensführungsbereich an. Die Beiträge zu dieser Versicherung stellen daher keine Betriebsausgaben dar, die Versicherungsleistung ist nicht steuerbar.

2. Wird neben dem privaten Risiko der Erkrankung zugleich das betriebliche Risiko der Quarantäne, also der ordnungsbehördlich verfügten Schließung der Praxis versichert, so steht § 12 Nr. 1 EStG dem Abzug der hierauf entfallenden Versicherungsbeiträge als Betriebsausgaben nicht entgegen.

BFH v. 27. 3. 2009 VIII B 184/08 (BStBl. II S. 850):

1. Aufwendungen eines Steuerpflichtigen für ein häusliches Arbeitszimmer sind nicht deshalb bei den Einkünften aus Kapitalvermögen in voller Höhe abzuziehen, weil der Steuerpflichtige Anlageentscheidungen ausschließlich im Arbeitszimmer trifft.

2. § 4 Abs. 5 Satz 1 Nr. 6b EStG in der bis zum Veranlagungszeitraum 2006 geltenden Fassung ist gemäß § 9 Abs. 5 EStG auf die Einkünfte aus Kapitalvermögen mit der Maßgabe sinngemäß anzuwenden, dass bei der Bestimmung des Mittelpunkts der gesamten betrieblichen oder beruflichen Tätigkeit auf die gesamte der Erzielung von Einkünften dienende Tätigkeit des Steuerpflichtigen abzustellen ist.

BFH v. 26. 3. 2009 VI R 15/07 (BStBl. II S. 598):

1. Ein Raum ist als häusliches Arbeitszimmer von anderen beruflich genutzten Zimmern im häuslichen Bereich abzugrenzen.

§ 4 Rechtsprechung

2. Räumlichkeiten, die ihrer Ausstattung und Funktion nach nicht einem Büro entsprechen, sind auch dann nicht dem Typus des häuslichen Arbeitszimmers zuzuordnen, wenn sie ihrer Lage nach mit dem Wohnraum des Steuerpflichtigen verbunden und so in dessen häusliche Sphäre eingebunden sind.
3. Ist eine Zuordnung zum Typus des häuslichen Arbeitszimmers nicht möglich, sind die durch die berufliche Nutzung veranlassten Aufwendungen grundsätzlich unbeschränkt als Werbungskosten gemäß § 9 Abs. 1 Satz 1 EStG abziehbar.

BFH v. 17. 2. 2009 VIII R 21/08 (BFH-Webseite):
1. Die Pauschsätze in § 4 Abs. 5 Satz 1 Nr. 5 EStG gelten den Mehraufwand für Verpflegung auch hinsichtlich der Personalkosten ab, der für die Bereitstellung der Verpflegung anteilig vom Steuerpflichtigen zu tragen ist.
2. Dies gilt selbst dann, wenn dieser Personalkostenaufwand anteilig im Wege der Umlage (im Streitfall von Lotsen einer Lotsenbrüderschaft für einen gemeinschaftlich unterhaltenen Kantinenbetrieb) unabhängig davon zu tragen ist, ob der Steuerpflichtige die unter Einsatz dieses Aufwandes bereitgestellte Verpflegung in Anspruch genommen hat.

BFH v. 19. 6. 2008 VI R 48/07 (BStBl. II S. 870): Der persönliche Anwendungsbereich des § 4 Abs. 5 Satz 1 Nr. 2 EStG i. V. m. § 9 Abs. 5 EStG ist bei einem Arbeitnehmer nur eröffnet, wenn dieser selbst als bewirtende Person auftritt.

BFH v. 10. 6. 2008 VIII R 68/06 (BStBl. II S. 973): Wird in einem steuerlich anzuerkennenden Arbeitsverhältnis zwischen Ehegatten (ggf. auch zwischen einer Personengesellschaft und dem Ehegatten eines Gesellschafters) ein Teil des bis dahin bestehenden angemessenen Lohnanspruchs in einen Direktversicherungsschutz umgewandelt ohne Veränderung des Arbeitsverhältnisses im Übrigen (sog. echte Barlohnumwandlung), sind die Versicherungsbeiträge betrieblich veranlasst und regelmäßig ohne Prüfung einer sog. Überversorgung als Betriebsausgabe zu berücksichtigen (gegen BFH-Urteil vom 16. Mai 1995 XI R 87/93, BFHE 178, 129, BStBl. II 1995, 873 und in Abgrenzung zu Fällen zusätzlich zum bis dahin bestehenden Lohnanspruch geleisteter Versicherungsbeiträge).

BFH v. 10. 6. 2008 VIII R 76/05 (BStBl. II S. 937):
1. Der Steuerpflichtige, der Einnahmen aus nichtselbständiger Arbeit erzielt, hat einen Rechtsanspruch auf den Ansatz des ungekürzten Arbeitnehmer-Pauschbetrages, selbst wenn feststeht, dass keine oder nur geringe Werbungskosten angefallen sind. Bei einem zwingenden gesetzlichen Pauschbetrag verbieten sich Überlegungen, ob im Einzelfall die Besteuerung vereinfacht wird oder nicht.
2. Erzielt ein Steuerpflichtiger – im Streitfall ein als angestellter Assessor und als selbständiger Rechtsanwalt tätiger Jurist – sowohl Einnahmen aus selbständiger als auch aus nichtselbständiger Arbeit, so sind die durch diese Tätigkeiten veranlassten Aufwendungen den jeweiligen Einkunftsarten, gegebenenfalls nach einer im Schätzungswege vorzunehmenden Aufteilung der Aufwendungen, als Werbungskosten oder Betriebsausgaben zuzuordnen. Sind die Werbungskosten niedriger als der Arbeitnehmer-Pauschbetrag, so ist dieser in voller Höhe anzusetzen. Der Steuerpflichtige kann keine beliebige Bestimmung treffen und auf diese Weise neben dem Arbeitnehmer-Pauschbetrag sämtliche nachgewiesenen Aufwendungen als Betriebsausgaben geltend machen.

BFH v. 18.9.2007 I R 75/06 (BStBl. 2008 II S. 116): Bewirtet ein Unternehmen im Rahmen einer Schulungsveranstaltung an dieser Veranstaltung teilnehmende Personen, die nicht seine Arbeitnehmer sind, so unterliegt der Bewirtungsaufwand der Abzugsbeschränkung gemäß § 4 Abs. 5 Satz 1 Nr. 2 EStG.

BFH v. 18.4.2007 XI R 60/40 (BStBl. II S. 762): Wird der zum Betriebsvermögen gehörende PKW eines selbständig tätigen Arztes während des privat veranlassten Besuchs eines Weihnachtsmarkts auf einem Parkplatz abgestellt und dort gestohlen, ist der Vermögensverlust der privaten Nutzung zuzurechnen und nicht gewinnmindernd zu berücksichtigen.

BFH v. 22. 11. 2006 X R 1/05 (BStBl. 2007 II S. 304):
1. Aufwendungen für einen zugleich als Büroarbeitsplatz und als Warenlager betrieblich genutzten Raum unterliegen der Abzugsbeschränkung für häusliche Arbeitszimmer, wenn der Raum nach dem Gesamtbild der Verhältnisse, vor allem aufgrund seiner Ausstattung und Funktion, ein typisches häusliches Büro ist und die Ausstattung und Funktion des Raumes als Lager dahinter zurücktritt.
2. Wird der betrieblich genutzte Raum nicht überwiegend durch seine Funktion und Ausstattung als häusliches Büro geprägt, so ist bei der Berechnung der Raumkosten der betriebliche Nutzungsanteil im Verhältnis der Fläche des Raumes zur Gesamtfläche aller Räume des Gebäudes einschließlich der Nebenräume zu ermitteln (Fortführung des Senatsurteils vom 5. September 1990 X R 3/89, BFHE 161, 549, BStBl. II 1991, 389).

Rechtsprechung § 4

BFH v. 23.5. 2006 VI R 21/03 (BStBl. II S. 600):

1. Ob und in welchem Umfang die Aufwendungen für das Herrichten eines häuslichen Arbeitszimmers für eine nachfolgende berufliche Tätigkeit als Werbungskosten abziehbar sind, bestimmt sich nach den zu erwartenden Umständen der späteren beruflichen Tätigkeit. Nicht entscheidend ist, ob die beabsichtigte berufliche Nutzung im Jahr des Aufwands bereits begonnen hat.
2. Bei einem Steuerpflichtigen, der eine in qualitativer Hinsicht gleichwertige Arbeitsleistung wöchentlich an drei Tagen an einem häuslichen Telearbeitsplatz und an zwei Tagen im Betrieb seines Arbeitgebers zu erbringen hat, liegt der Mittelpunkt der gesamten beruflichen Betätigung im häuslichen Arbeitszimmer.

BFH v. 19. 12. 2005 VI R 30/05 (BStBl. 2006 II S. 378): Die Dreimonatsfrist für den Abzug der Verpflegungspauschalen (§ 4 Abs. 5 Satz 1 Nr. 5 Satz 5 EStG) findet auch dann Anwendung, wenn ein Seemann auf einem Hochseeschiff auswärts eingesetzt wird.

BFH v. 2. 12. 2005 VI R 63/03 (BStBl. 2006 II S. 329): Nutzt ein Steuerpflichtiger ein häusliches Arbeitszimmer während einer Phase der Erwerbslosigkeit zur Vorbereitung auf eine künftige Erwerbstätigkeit, so kann er die Aufwendungen für das Arbeitszimmer regelmäßig nur geltend machen, wenn und soweit ihm der Werbungskostenabzug auch unter den zu erwartenden Umständen der späteren beruflichen Tätigkeit zustehen würde.

BFH v. 1. 12. 2005 IV R 26/04 (BStBl. 2006 II S. 182):

1. Unfallschäden teilen steuerrechtlich das Schicksal der Fahrt, auf der sie entstanden sind. Unfallbedingte Schadensersatzleistungen sind daher betrieblich veranlasste Aufwendungen, soweit sich der Unfall auf einer betrieblichen Reise ereignet hat.
2. Beruht die Reise als solche auf einer doppelten Veranlassung, so kann die private Veranlassung der Aufwendungen von untergeordneter Bedeutung sein. Werden aber aufgrund der privaten Mitveranlassung einer Reise erhebliche Unfallkosten ausgelöst, die nicht mehr von untergeordneter Bedeutung sind, so führt dies zu einem Abzugsverbot für diese privat veranlassten Aufwendungen, das die betriebliche Veranlassung der übrigen Aufwendungen unberührt lässt.

BFH v. 9. 11. 2005 VI R 19/04 (BStBl. 2006 II S. 328): Liegen zwar die gesetzlichen Voraussetzungen für einen beschränkten Abzug der Aufwendungen für ein häusliches Arbeitszimmer, nicht jedoch jene für einen unbeschränkten Abzug vor, so kann der auf 1 250 € begrenzte Abzugsrahmen nicht dadurch ausgeweitet werden, dass im gleichen Veranlagungszeitraum das Arbeitszimmer gewechselt oder ein weiterer Raum für eine künftige Nutzung als häusliches Arbeitszimmer hergerichtet wird.

BFH v. 18. 8. 2005 VI R 39/04 (BStBl. 2006 II S. 428):

1. Werden im Dachgeschoss eines Mehrfamilienhauses Räumlichkeiten, die nicht zur Privatwohnung des Steuerpflichtigen gehören, als Arbeitszimmer genutzt, so handelt es sich hierbei im Regelfall um ein „außerhäusliches" Arbeitszimmer, das nicht unter die Abzugsbeschränkung des § 4 Abs. 5 Satz 1 Nr. 6b EStG fällt.
2. Etwas anderes kann dann gelten, wenn die Räumlichkeiten aufgrund der unmittelbaren räumlichen Nähe mit den privaten Wohnräumen des Steuerpflichtigen als gemeinsame Wohneinheit verbunden sind. Ob eine solche gemeinsame Wohneinheit vorliegt, ist von den Finanzgerichten aufgrund wertender Betrachtung zu entscheiden {Fortführung der BFH-Urteile vom 26. Februar 2003 VI R 124/01, BFHE 202, 104, BStBl. II 2004, 69, und VI R 125/01, BFHE 202, 109, BStBl. II 2004, 72).
3. Nutzt ein Steuerpflichtiger ein Arbeitszimmer im Rahmen mehrerer Einkunftsarten, so sind die darauf getätigten Aufwendungen entsprechend den tatsächlichen Nutzungsanteilen auf die verschiedenen Einnahmequellen aufzuteilen.

BFH v. 6. 7. 2005 XI R 87/03 (BStBl. 2006 II S. 18): Ein Tankstellenbetreiber hat den Mittelpunkt seiner gesamten betrieblichen Betätigung i. S. des § 4 Abs. 5 Satz 1 Nr. 6b Satz 3 EStG am Ort der Tankstelle. Das gilt auch, wenn er überwiegend im häuslichen Arbeitszimmer tätig ist.

BFH v. 10. 2. 2005 VI B 113/04 (BStBl. II S. 488):

1. Es ist höchstrichterlich hinreichend geklärt, unter welchen Voraussetzungen ein anderer Arbeitsplatz für die berufliche Tätigkeit eines Steuerpflichtigen zur Verfügung steht.
2. Dabei sind die tatrichterliche Überzeugungsbildung, die Tatsachen- bzw. Sachverhaltswürdigung sowie Schlussfolgerungen des FG in tatsächlicher Art für das Revisionsgericht grundsätzlich bindend.

§ 4 Rechtsprechung

Schwebende Verfahren

BFH VIII R 33/09 (BFH-Webseite): Berücksichtigung von Sachschäden an einem privaten Kraftfahrzeug, die auf einer beruflich veranlassten Fahrt entstanden sind: Kann der Unterschiedsbetrag der Zeitwerte des Fahrzeugs vor und nach dem Unfall als Werbungskosten abgezogen werden, wenn das beschädigte Fahrzeug nicht repariert wird?

Ist die Regelung über die beschränkte Abzugsfähigkeit der Aufwendungen für ein Arbeitszimmer gemäß § 4 Abs. 5 Satz 1 Nr. 6b EStG 1997 verfassungskonform?

Hätte das FG über die Frage des Bestehens eines allgemeinen Folgenbeseitigungsanspruchs für den Fall der unverbindlichen und unrichtigen Auskunft des Finanzamts entscheiden müssen?

BFH VIII R 31/09 (BFH-Webseite): Betriebsausgabenabzug bei einem nur teilweise betrieblich genutzten Leasingfahrzeug:

Sind bei einem zu 30% betrieblich genutzten Leasingfahrzeug die Leasingraten voll als Betriebsausgabe abzugsfähig und ist die Privatnutzung nach der 1%-Regelung zu bemessen oder ist nur der betrieblich veranlasste Teil der Leasingraten (30%) als Betriebsausgabe abzugsfähig?

BFH VIII R 24/09 (BFH-Webseite): Ergibt sich aus § 8 Abs. 2 Satz 5 EStG dadurch eine Ungleichbehandlung bei der Besteuerung der Familienheimfahrten, dass Lohnempfänger bei mit einem Dienstwagen durchgeführten Familienheimfahrten nur dann einen Differenzbetrag versteuern müssen, wenn sie mehr als eine Heimfahrt wöchentlich durchführen, während Steuerpflichtige mit Gewinneinkünften mit einem zum Betriebsvermögen gehörenden PKW für jede Heimfahrt eine Hinzurechnung nach der Pauschalmethode in Kauf nehmen müssen?

Auslegung des Merkmals der „Notwendigkeit" von Aufwendungen für die Ausstattung der Zweitwohnung am Beschäftigungsort im Rahmen einer doppelten Haushaltsführung.

BFH VI R 20/09 (BFH-Webseite): Kann ein weiträumiges Waldgebiet als regelmäßige Arbeitsstätte (Tätigkeitsmittelpunkt bei Verpflegungsmehraufwendungen) angesehen werden?

BFH VI R 15/09 (EFG 2009 S. 822; BFH-Webseite): Beginnt die Dreimonatsfrist für Verpflegungsmehraufwendungen bei doppelter Haushaltsführung von Neuem, wenn der Arbeitnehmer nach zehn Monaten Unterbrechung wieder dieselbe in seinem Eigentum stehende Wohnung bezieht?

BVerfG 2 BvL 13/09 (BFH-Webseite): Es wird die Entscheidung des Bundesverfassungsgerichts darüber eingeholt, ob durch die im Steueränderungsgesetz 2007 vom 19.7.2006 (BGBl. I 2006, 1652) erfolgte Änderung des § 4 Abs. 5 Satz 1 Nr. 6b Satz 2 EStG eine Regelung getroffen worden ist, die insoweit gegen den Gleichheitsgrundsatz (Art. 3 Abs. 1 GG) verstößt, als der Abzug von Aufwendungen für ein häusliches Arbeitszimmer auch dann nicht mehr möglich ist, wenn für die betriebliche oder berufliche Tätigkeit kein anderer Arbeitsplatz zur Verfügung steht.

– Normenkontrollverfahren –

Vorgehend: FG Münster, Entscheidung vom 8.5.2009 (1 K 2872/08 E)

BFH VI R 13/09 (BFH-Webseite): Ist die in § 4 Abs. 5 Satz 1 Nr. 6b EStG i.d.F. des Steueränderungsgesetzes 2007 bestimmte Begrenzung der abziehbaren Aufwendungen für ein häusliches Arbeitszimmer auf die Fälle, in denen das Arbeitszimmer den Mittelpunkt der gesamten betrieblichen und beruflichen Betätigung bildet, verfassungsgemäß?

BFH VIII R 5/09 (BFH-Webseite): Beschränkter Abzug der Aufwendungen für das beruflich genutzte Arbeitszimmer bei einem Stpfl., der eine schriftstellerische und beratende Tätigkeit sowie eine Vortragstätigkeit und Lehrtätigkeit ausübt? Wo liegt der inhaltliche (qualitative) Schwerpunkt und damit der Mittelpunkt der beruflichen Tätigkeit, wenn der Großteil der erzielten Einnahmen aus der Vortragstätigkeit und Lehrtätigkeit herrührt?

BFH VIII R 4/09 (BFH-Webseite): Sind Reisekosten mangels (erneuter) Vorlage von Belegen im Einspruchsverfahren teilweise vom Abzug ausgeschlossen? Liegt die Beweislast insoweit beim Stpfl.?

Ist bei einem Schauspieler und Drehbuchautor, dessen Schwerpunkt auf der Schauspielerei liegt, das Arbeitszimmer der Mittelpunkt der betrieblichen und beruflichen Tätigkeit?

BFH IV R 45/08 (BFH-Webseite): Sind Versicherungsansprüche auf das Leben oder den Todesfall eines nahen Angehörigen eines Mitunternehmers dem Betriebsvermögen einer Personengesellschaft zuzuordnen mit der Folge der Abzugsfähigkeit der Prämien als Betriebsausgaben, weil dieser Mitunternehmer zu weniger als 10 v.H. an der Gesellschaft beteiligt ist?

Rechtsprechung § 4

BFH VIII R 26/08 (BFH-Webseite): Können Kosten eines die Einkommensteuer betreffenden Finanzgerichtsprozesses – sofern im Verfahren Fragen der Gewinnermittlung bzw. der Ermittlung der übrigen Einkünfte streitig sind – als Betriebsausgaben/Werbungskosten abgezogen werden?

BFH VIII R 48/07 (EFG 2007 S. 1939; Beilage 3/2008 BStBl. II S. 36): Höhe der abziehbaren Mehraufwendungen für eine Zweitwohnung im Rahmen der doppelten Haushaltsführung bei den Sonderbetriebsausgaben eines Rechtsanwalts einer Sozietät:
Sind die notwendigen und angemessenen Mehraufwendungen auf eine 60 qm große Zweitwohnung beschränkt? Ist beim Betriebsausgabenabzug nach § 4 Abs. 4 i.V.m. Abs. 5 EStG (anders als in § 9 Abs. 1 Satz 3 Nr. 5 EStG) eine Beschränkung auf „notwendige" Mehraufwendungen überhaupt vorgesehen?

BFH VIII R 80/05 (EFG 2006 S. 95; Beilage 3/2008 BStBl. II S. 63): Steht das Aufteilungsverbot gemäß § 12 Nr. 1 Satz 2 EStG dem anteiligen Betriebsausgabenabzug von gemischt veranlassten Reisekosten entgegen (hier: Reisekosten eines Steuerberaters, der zusammen mit seiner bei ihm angestellten Ehefrau einen Mandanten und dessen Ehefrau auf einer Reise nach Bangkok und Hongkong über Weihnachten und Neujahr zu Beratungszwecken begleitet hat; die Reisekosten für die Ehefrau des Steuerberaters wurden von vornherein nicht als Betriebsausgaben abgezogen)?
(Hinweis: Das Verfahren ruht wegen Vorlagebeschluss BFH v. 20.7.2006 VI R 94/01, GrS 1/06. Hinweis auf Entscheidung vom 21.9.2009.)

§§ 4a, 4b, 4c

§ 4a Gewinnermittlungszeitraum, Wirtschaftsjahr

(1) ¹Bei Land- und Forstwirten und bei Gewerbetreibenden ist der Gewinn nach dem Wirtschaftsjahr zu ermitteln. ²Wirtschaftsjahr ist

1. bei Land- und Forstwirten der Zeitraum vom 1. Juli bis zum 30. Juni. ²Durch Rechtsverordnung kann für einzelne Gruppen von Land- und Forstwirten ein anderer Zeitraum bestimmt werden, wenn das aus wirtschaftlichen Gründen erforderlich ist;

2. bei Gewerbetreibenden, deren Firma im Handelsregister eingetragen ist, der Zeitraum, für den sie regelmäßig Abschlüsse machen. ²Die Umstellung des Wirtschaftsjahres auf einen vom Kalenderjahr abweichenden Zeitraum ist steuerlich nur wirksam, wenn sie im Einvernehmen mit dem Finanzamt vorgenommen wird;

3. bei anderen Gewerbetreibenden das Kalenderjahr. ²Sind sie gleichzeitig buchführende Land- und Forstwirte, so können sie mit Zustimmung des Finanzamts den nach Nummer 1 maßgebenden Zeitraum als Wirtschaftsjahr für den Gewerbebetrieb bestimmen, wenn sie für den Gewerbebetrieb Bücher führen und für diesen Zeitraum regelmäßig Abschlüsse machen.

(2) Bei Land- und Forstwirten und bei Gewerbetreibenden, deren Wirtschaftsjahr vom Kalenderjahr abweicht, ist der Gewinn aus Land- und Forstwirtschaft oder aus Gewerbebetrieb bei der Ermittlung des Einkommens in folgender Weise zu berücksichtigen:

1. ¹Bei Land- und Forstwirten ist der Gewinn des Wirtschaftsjahres auf das Kalenderjahr, in dem das Wirtschaftsjahr beginnt, und auf das Kalenderjahr, in dem das Wirtschaftsjahr endet, entsprechend dem zeitlichen Anteil aufzuteilen. ²Bei der Aufteilung sind Veräußerungsgewinne im Sinne des § 14 auszuscheiden und dem Gewinn des Kalenderjahres hinzuzurechnen, in dem sie entstanden sind;

2. bei Gewerbetreibenden gilt der Gewinn des Wirtschaftsjahrs als in dem Kalenderjahr bezogen, in dem das Wirtschaftsjahr endet.

§ 4b Direktversicherung

¹Der Versicherungsanspruch aus einer Direktversicherung, die von einem Steuerpflichtigen aus betrieblichem Anlass abgeschlossen wird, ist dem Betriebsvermögen des Steuerpflichtigen nicht zuzurechnen, soweit am Schluss des Wirtschaftsjahres hinsichtlich der Leistungen des Versicherers die Person, auf deren Leben die Lebensversicherung abgeschlossen ist, oder ihre Hinterbliebenen bezugsberechtigt sind. ²Das gilt auch, wenn der Steuerpflichtige die Ansprüche aus dem Versicherungsvertrag abgetreten oder beliehen hat, sofern er sich der bezugsberechtigten Person gegenüber schriftlich verpflichtet, sie bei Eintritt des Versicherungsfalls so zu stellen, als ob die Abtretung oder Beleihung nicht erfolgt wäre.

§ 4c Zuwendungen an Pensionskassen

(1) ¹Zuwendungen an eine Pensionskasse dürfen von dem Unternehmen, das die Zuwendungen leistet (Trägerunternehmen), als Betriebsausgaben abgezogen werden, soweit sie auf einer in der Satzung oder im Geschäftsplan der Kasse festgelegten Verpflichtung oder auf einer Anordnung der Versicherungsaufsichtsbehörde beruhen oder der Abdeckung von Fehlbeträgen bei der Kasse dienen. ²Soweit die allgemeinen Versicherungsbedingungen und die fachlichen Geschäftsunterlagen im Sinne des § 5 Absatz 3 Nummer 2 Halbsatz 2 des Versicherungsaufsichtsgesetzes nicht zum Geschäftsplan gehören, gelten diese als Teil des Geschäftsplans.

(2) Zuwendungen im Sinne des Absatzes 1 dürfen als Betriebsausgaben nicht abgezogen werden, soweit die Leistungen der Kasse, wenn sie vom Trägerunternehmen unmittelbar erbracht würden, bei diesem nicht betrieblich veranlasst wären.

§ 4d Zuwendungen an Unterstützungskassen

(1) ¹Zuwendungen an eine Unterstützungskasse dürfen von dem Unternehmen, das die Zuwendungen leistet (Trägerunternehmen), als Betriebsausgaben abgezogen werden, soweit die Leistungen der Kasse, wenn sie vom Trägerunternehmen unmittelbar erbracht würden, bei diesem betrieblich veranlasst wären, sie die folgenden Beträge nicht übersteigen:

1. bei Unterstützungskassen, die lebenslänglich laufende Leistungen gewähren:
   a) das Deckungskapital für die laufenden Leistungen nach der dem Gesetz als Anlage 1 beigefügten Tabelle. ²Leistungsempfänger ist jeder ehemalige Arbeitnehmer des Trägerunternehmens, der von der Unterstützungskasse Leistungen erhält; soweit die Kasse Hinterbliebenenversorgung gewährt, ist Leistungsempfänger der Hinterbliebene eines ehemaligen Arbeitnehmers des Trägerunternehmens, der von der Kasse Leistungen erhält. ³Dem ehemaligen Arbeitnehmer stehen andere Personen gleich, denen Leistungen der Alters-, Invaliditäts- oder Hinterbliebenenversorgung aus Anlass ihrer ehemaligen Tätigkeit für das Trägerunternehmen zugesagt worden sind;
   b) in jedem Wirtschaftsjahr für jeden Leistungsanwärter,[1)]
      aa) wenn die Kasse nur Invaliditätsversorgung oder nur Hinterbliebenenversorgung gewährt, jeweils 6 Prozent,
      bb) wenn die Kasse Altersversorgung mit oder ohne Einschluss von Invaliditätsversorgung oder Hinterbliebenenversorgung gewährt, 25 Prozent
   der jährlichen Versorgungsleistungen, die der Leistungsanwärter oder, wenn nur Hinterbliebenenversorgung gewährt wird, dessen Hinterbliebene nach den Verhältnissen am Schluss des Wirtschaftsjahres der Zuwendung im letzten Zeitpunkt der Anwartschaft, spätestens zum Zeitpunkt des Erreichens der Regelaltersgrenze der gesetzlichen Rentenversicherung erhalten können. ²Leistungsanwärter ist jeder Arbeitnehmer oder ehemalige Arbeitnehmer des Trägerunternehmens, der von der Unterstützungskasse schriftlich zugesagte Leistungen erhalten kann und am Schluss des Wirtschaftsjahres, in dem die Zuwendung erfolgt, das 27. Lebensjahr vollendet hat; soweit die Kasse nur Hinterbliebenenversorgung gewährt, gilt als Leistungsanwärter jeder Arbeitnehmer oder ehemalige Arbeitnehmer des Trägerunternehmens, der am Schluss des Wirtschaftsjahres, in dem die Zuwendung erfolgt, das 27. Lebensjahr vollendet hat und dessen Hinterbliebene die Hinterbliebenenversorgung erhalten können. ³Das Trägerunternehmen kann bei der Berechnung nach Satz 1 statt des dort maßgebenden Betrags den Durchschnittsbetrag der von der Kasse im Wirtschaftsjahr an Leistungsempfänger im Sinne des Buchstabens a Satz 2 gewährten Leistungen zugrunde legen. ⁴In diesem Fall sind Leistungsanwärter im Sinne des Satzes 2 nur die Arbeitnehmer oder ehemaligen Arbeitnehmer des Trägerunternehmens, die am Schluss des Wirtschaftsjahres, in dem die Zuwendung erfolgt, das 50. Lebensjahr vollendet haben. ⁵Dem Arbeitnehmer oder ehemaligen Arbeitnehmer als Leistungsanwärter stehen andere Personen gleich, denen schriftlich Leistungen der Alters-, Invaliditäts- oder Hinterbliebenenversorgung aus Anlass ihrer Tätigkeit für das Trägerunternehmen zugesagt worden sind;
   c) den Betrag des Beitrages, den die Kasse an einen Versicherer zahlt, soweit sie sich die Mittel für ihre Versorgungsleistungen, die die Leistungsanwärter oder Leistungsempfänger nach den Verhältnissen am Schluss des Wirtschaftsjahres der Zuwendung erhalten kann, durch Abschluss einer Versicherung verschafft. ²Bei Versicherungen für einen Leistungsanwärter ist der Abzug des Beitrages nur zulässig, wenn der Leistungsanwärter die in Buchstabe b Sätze 2 und 5 genannten Voraussetzungen erfüllt, die Versicherung für die Dauer bis zu dem Zeitpunkt abgeschlossen ist, für den erstmals Leistungen der Altersversorgung vorgesehen sind, mindestens jedoch bis zu dem Zeitpunkt, an dem der Leistungsanwärter das 55. Lebensjahr vollendet hat, und während dieser Zeit jährlich Beiträge gezahlt werden,

---
1) Zur Anwendung von § 4d Absatz 1 Nummer 1 Buchstabe b Satz 1 siehe § 52 Absatz 12a EStG.

§ 4d

die der Höhe nach gleichbleiben oder steigen. ³Das Gleiche gilt für Leistungsanwärter, die das 27. Lebensjahr noch nicht vollendet haben, für Leistungen der Invaliditäts- oder Hinterbliebenenversorgung, für Leistungen der Altersversorgung unter der Voraussetzung, dass die Leistungsanwartschaft bereits unverfallbar ist. ⁴Ein Abzug ist ausgeschlossen, wenn die Ansprüche aus der Versicherung der Sicherung eines Darlehens dienen. ⁵Liegen die Voraussetzungen der Sätze 1 bis 4 vor, sind die Zuwendungen nach den Buchstaben a und b in dem Verhältnis zu vermindern, in dem die Leistungen der Kasse durch die Versicherung gedeckt sind;

d) den Betrag, den die Kasse einem Leistungsanwärter im Sinne des Buchstabens b Satz 2 und 5 vor Eintritt des Versorgungsfalls als Abfindung für künftige Versorgungsleistungen gewährt, den Übertragungswert nach § 4 Absatz 5 des Betriebsrentengesetzes oder den Betrag, den sie an einen anderen Versorgungsträger zahlt, der eine ihr obliegende Versorgungsverpflichtung übernommen hat.

²Zuwendungen dürfen nicht als Betriebsausgaben abgezogen werden, wenn das Vermögen der Kasse ohne Berücksichtigung künftiger Versorgungsleistungen am Schluss des Wirtschaftsjahres das zulässige Kassenvermögen übersteigt. ³Bei der Ermittlung des Vermögens der Kasse ist am Schluss des Wirtschaftsjahres vorhandener Grundbesitz mit 200 Prozent der Einheitswerte anzusetzen, die zu dem Feststellungszeitpunkt maßgebend sind, der dem Schluss des Wirtschaftsjahres folgt; Ansprüche aus einer Versicherung sind mit dem Wert des geschäftsplanmäßigen Deckungskapitals zuzüglich der Guthaben aus Beitragsrückerstattung am Schluss des Wirtschaftsjahres anzusetzen, und das übrige Vermögen ist mit dem gemeinen Wert am Schluss des Wirtschaftsjahres zu bewerten. ⁴Zulässiges Kassenvermögen ist die Summe aus dem Deckungskapital für alle am Schluss des Wirtschaftsjahres laufenden Leistungen nach der dem Gesetz als Anlage 1 beigefügten Tabelle für Leistungsempfänger im Sinne des Satzes 1 Buchstabe a und dem Achtfachen der nach Satz 1 Buchstabe b abzugsfähigen Zuwendungen. ⁵Soweit sich die Kasse die Mittel für ihre Leistungen durch Abschluss einer Versicherung verschafft, ist, wenn die Voraussetzungen für den Abzug des Beitrages nach Satz 1 Buchstabe c erfüllt sind, zulässiges Kassenvermögen der Wert des geschäftsplanmäßigen Deckungskapitals aus der Versicherung am Schluss des Wirtschaftsjahrs; in diesem Fall ist das zulässige Kassenvermögen nach Satz 4 in dem Verhältnis zu vermindern, in dem die Leistungen der Kasse durch die Versicherung gedeckt sind. ⁶Soweit die Berechnung des Deckungskapitals nicht zum Geschäftsplan gehört, tritt an die Stelle des geschäftsplanmäßigen Deckungskapitals der nach § 176 Absatz 3 des Gesetzes über den Versicherungsvertrag berechnete Zeitwert, beim zulässigen Kassenvermögen ohne Berücksichtigung des Guthabens aus Beitragsrückerstattung. ⁷Gewährt eine Unterstützungskasse an Stelle von lebenslänglich laufenden Leistungen eine einmalige Kapitalleistung, so gelten 10 Prozent der Kapitalleistung als Jahresbetrag einer lebenslänglich laufenden Leistung;

2. bei Kassen, die keine lebenslänglich laufenden Leistungen gewähren, für jedes Wirtschaftsjahr 0,2 Prozent der Lohn- und Gehaltssumme des Trägerunternehmens, mindestens jedoch den Betrag der von der Kasse in einem Wirtschaftsjahr erbrachten Leistungen, soweit dieser Betrag höher ist als die in den vorangegangenen fünf Wirtschaftsjahren vorgenommenen Zuwendungen abzüglich der in dem gleichen Zeitraum erbrachten Leistungen. ²Diese Zuwendungen dürfen nicht als Betriebsausgaben abgezogen werden, wenn das Vermögen der Kasse am Schluss des Wirtschaftsjahres das zulässige Kassenvermögen übersteigt. ³Als zulässiges Kassenvermögen kann 1 Prozent der durchschnittlichen Lohn- und Gehaltssumme der letzten drei Jahre angesetzt werden. ⁴Hat die Kasse bereits 10 Wirtschaftsjahre bestanden, darf das zulässige Kassenvermögen zusätzlich die Summe der in den letzten 10 Wirtschaftsjahren gewährten Leistungen nicht übersteigen. ⁵Für die Bewertung des Vermögens der Kasse gilt Nummer 1 Satz 3 entsprechend. ⁶Bei der Berechnung der Lohn- und Gehaltssumme des Trägerunternehmens sind Löhne und Gehälter von Personen, die von der Kasse keine nicht lebenslänglich laufenden Leistungen erhalten können, auszuscheiden.

²Gewährt eine Kasse lebenslänglich laufende und nicht lebenslänglich laufende Leistungen, so gilt Satz 1 Nummer 1 und 2 nebeneinander. ³Leistet ein Trägerunternehmen Zuwendungen an mehrere Unterstützungskassen, so sind diese Kassen bei der Anwendung der Nummern 1 und 2 als Einheit zu behandeln.

(2) ¹Zuwendungen im Sinne des Absatzes 1 sind von dem Trägerunternehmen in dem Wirtschaftsjahr als Betriebsausgaben abzuziehen, in dem sie geleistet werden. ²Zuwendungen, die bis zum Ablauf eines Monats nach Aufstellung oder Feststellung der Bilanz des Trägerunternehmens für das Ende eines Wirtschaftsjahres geleistet werden, können von dem Trägerunternehmen noch für das abgelaufene Wirtschaftsjahr durch eine Rückstellung gewinnmindernd berücksichtigt werden. ³Übersteigen die in einem Wirtschaftsjahr geleisteten Zuwendungen die nach Absatz 1 abzugsfähigen Beträge, so können die übersteigenden Erträge im Wege der Rechnungsabgrenzung auf die folgenden drei Wirtschaftsjahre vorgetragen und im Rahmen der für diese Wirtschaftsjahre abzugsfähigen Beträge als Betriebsausgaben behandelt werden. ⁴§ 5 Absatz 1 Satz 2 ist nicht anzuwenden.

(3) ¹Abweichend von Absatz 1 Satz 1 Nummer 1 Satz 1 Buchstabe d und Absatz 2 können auf Antrag die insgesamt erforderlichen Zuwendungen an die Unterstützungskasse für den Betrag, den die Kasse an einen Pensionsfonds zahlt, der eine ihr obliegende Versorgungsverpflichtung ganz oder teilweise übernommen hat, nicht im Wirtschaftsjahr der Zuwendung, sondern erst in den dem Wirtschaftsjahr der Zuwendung folgenden zehn Wirtschaftsjahren gleichmäßig verteilt als Betriebsausgaben abgezogen werden. ²Der Antrag ist unwiderruflich; der jeweilige Rechtsnachfolger ist an den Antrag gebunden.

§ 4e[1]) Beiträge an Pensionsfonds

(1) Beiträge an einen Pensionsfonds im Sinne des § 112 des Versicherungsaufsichtsgesetzes dürfen von dem Unternehmen, das die Beiträge leistet (Trägerunternehmen), als Betriebsausgaben abgezogen werden, soweit sie auf einer festgelegten Verpflichtung beruhen oder der Abdeckung von Fehlbeträgen bei dem Fonds dienen.

(2) Beiträge im Sinne des Absatzes 1 dürfen als Betriebsausgaben nicht abgezogen werden, soweit die Leistungen des Fonds, wenn sie vom Trägerunternehmen unmittelbar erbracht würden, bei diesem nicht betrieblich veranlasst wären.

(3) ¹Der Steuerpflichtige kann auf Antrag die insgesamt erforderlichen Leistungen an einen Pensionsfonds zur teilweisen oder vollständigen Übernahme einer bestehenden Versorgungsverpflichtung oder Versorgungsanwartschaft durch den Pensionsfonds erst in dem Wirtschaftsjahr der Übertragung folgenden zehn Wirtschaftsjahren gleichmäßig verteilt als Betriebsausgaben abziehen. ²Der Antrag ist unwiderruflich; der jeweilige Rechtsnachfolger ist an den Antrag gebunden. ³Ist eine Pensionsrückstellung nach § 6a gewinnerhöhend aufzulösen, ist Satz 1 mit der Maßgabe anzuwenden, dass die Leistungen an den Pensionsfonds im Wirtschaftsjahr der Übertragung in Höhe der aufgelösten Rückstellung als Betriebsausgaben abgezogen werden können; der die aufgelöste Rückstellung übersteigende Betrag ist in den dem Wirtschaftsjahr der Übertragung folgenden zehn Wirtschaftsjahren gleichmäßig verteilt als Betriebsausgaben abzuziehen. ⁴Satz 3 gilt entsprechend, wenn es im Zuge der Leistungen des Arbeitgebers an den Pensionsfonds zu Vermögensübertragungen einer Unterstützungskasse an den Arbeitgeber kommt.

§ 4f (weggefallen)

§ 4g Bildung eines Ausgleichspostens bei Entnahme nach § 4 Absatz 1 Satz 3

(1) ¹Ein unbeschränkt Steuerpflichtiger kann in Höhe des Unterschiedsbetrags zwischen dem Buchwert und dem nach § 6 Absatz 1 Nummer 4 Satz 1 zweiter Halbsatz anzuset-

---

1) Zur erstmaligen Anwendung von § 4e siehe § 52 Absatz 12b EStG.

zenden Wert eines Wirtschaftsguts des Anlagevermögens auf Antrag einen Ausgleichsposten bilden, soweit das Wirtschaftsgut infolge seiner Zuordnung zu einer Betriebsstätte desselben Steuerpflichtigen in einem anderen Mitgliedstaat der Europäischen Union gemäß § 4 Absatz 1 Satz 3 als entnommen gilt. ²Der Ausgleichsposten ist für jedes Wirtschaftsgut getrennt auszuweisen. ³Das Antragsrecht kann für jedes Wirtschaftsjahr nur einheitlich für sämtliche Wirtschaftsgüter ausgeübt werden. ⁴Der Antrag ist unwiderruflich. ⁵Die Vorschriften des Umwandlungssteuergesetzes bleiben unberührt.

(2) ¹Der Ausgleichsposten ist im Wirtschaftsjahr der Bildung und in den vier folgenden Wirtschaftsjahren zu jeweils einem Fünftel gewinnerhöhend aufzulösen. ²Er ist in vollem Umfang gewinnerhöhend aufzulösen,

1. wenn das als entnommen geltende Wirtschaftsgut aus dem Betriebsvermögen des Steuerpflichtigen ausscheidet,
2. wenn das als entnommen geltende Wirtschaftsgut aus der Besteuerungshoheit der Mitgliedstaaten der Europäischen Union ausscheidet oder
3. wenn die stillen Reserven des als entnommen geltenden Wirtschaftsguts im Ausland aufgedeckt werden oder in entsprechender Anwendung der Vorschriften des deutschen Steuerrechts hätten aufgedeckt werden müssen.

(3) ¹Wird die Zuordnung eines Wirtschaftsguts zu einer anderen Betriebsstätte des Steuerpflichtigen in einem anderen Mitgliedstaat der Europäischen Union im Sinne des Absatzes 1 innerhalb der tatsächlichen Nutzungsdauer, spätestens jedoch vor Ablauf von fünf Jahren nach Änderung der Zuordnung, aufgehoben, ist der für dieses Wirtschaftsgut gebildete Ausgleichsposten ohne Auswirkungen auf den Gewinn aufzulösen und das Wirtschaftsgut mit den fortgeführten Anschaffungskosten, erhöht um zwischenzeitlich gewinnerhöhend berücksichtigte Auflösungsbeträge im Sinne der Absätze 2 und 5 Satz 2 und um den Unterschiedsbetrag zwischen dem Rückführungswert und dem Buchwert im Zeitpunkt der Rückführung, höchstens jedoch mit dem gemeinen Wert, anzusetzen. ²Die Aufhebung der geänderten Zuordnung ist ein Ereignis im Sinne des § 175 Absatz 1 Nummer 2 der Abgabenordnung.

(4) ¹Die Absätze 1 bis 4 finden entsprechende Anwendung bei der Ermittlung des Überschusses der Betriebseinnahmen über die Betriebsausgaben gemäß § 4 Absatz 3. ²Wirtschaftsgüter, für die ein Ausgleichsposten nach Absatz 1 gebildet worden ist, sind in ein laufend zu führendes Verzeichnis aufzunehmen. ³Der Steuerpflichtige hat darüber hinaus Aufzeichnungen zu führen, aus denen die Bildung und Auflösung der Ausgleichsposten hervorgeht. ⁴Die Aufzeichnungen nach den Sätzen 2 und 3 sind der Steuererklärung beizufügen.

(5) ¹Der Steuerpflichtige ist verpflichtet, der zuständigen Finanzbehörde die Entnahme oder ein Ereignis im Sinne des Absatzes 2 unverzüglich anzuzeigen. ²Kommt der Steuerpflichtige dieser Anzeigepflicht, seinen Aufzeichnungspflichten nach Absatz 4 oder seinen sonstigen Mitwirkungspflichten im Sinne des § 90 der Abgabenordnung nicht nach, ist der Ausgleichsposten dieses Wirtschaftsguts gewinnerhöhend aufzulösen.

§ 4h Betriebsausgabenabzug für Zinsaufwendungen (Zinsschranke)

(1) ¹Zinsaufwendungen eines Betriebs sind abziehbar in Höhe des Zinsertrags, darüber hinaus nur bis zur Höhe des verrechenbaren EBITDA. ²Das verrechenbare EBITDA ist 30 Prozent des um die Zinsaufwendungen und um die nach § 6 Absatz 2 Satz 1 abzuziehenden, nach § 6 Absatz 2a Satz 2 gewinnmindernd aufzulösenden und nach § 7 abgesetzten Beträge erhöhten und um die Zinserträge verminderten maßgeblichen Gewinns. ³Soweit das verrechenbare EBITDA die um die Zinserträge geminderten Zinsaufwendungen des Betriebs übersteigt, ist es in die folgenden fünf Wirtschaftsjahre vorzutragen (EBITDA-Vortrag); ein EBITDA-Vortrag entsteht nicht in Wirtschaftsjahren, in denen Absatz 2 die Anwendung von Absatz 1 Satz 1 ausschließt. ⁴Zinsaufwendungen, die nach Satz 1 nicht abgezogen werden können, sind bis zur Höhe der EBITDA-Vorträge aus vo-

§ 4h

rangegangenen Wirtschaftsjahren abziehbar und mindern die EBITDA-Vorträge in ihrer zeitlichen Reihenfolge. ⁵Danach verbleibende nicht abziehbare Zinsaufwendungen sind in die folgenden Wirtschaftsjahre vorzutragen (Zinsvortrag). ⁶Sie erhöhen die Zinsaufwendungen dieser Wirtschaftsjahre, nicht aber den maßgeblichen Gewinn.

(2) ¹Absatz 1 Satz 1 ist nicht anzuwenden, wenn

a) der Betrag der Zinsaufwendungen, soweit er den Betrag der Zinserträge übersteigt, weniger als drei Millionen Euro beträgt,

b) der Betrieb nicht oder nur anteilmäßig zu einem Konzern gehört oder

c) der Betrieb zu einem Konzern gehört und seine Eigenkapitalquote am Schluss des vorangegangenen Abschlussstichtages gleich hoch oder höher ist als die des Konzerns (Eigenkapitalvergleich). ²Ein Unterschreiten der Eigenkapitalquote des Konzerns um bis zu zwei Prozentpunkte ist unschädlich.

³Eigenkapitalquote ist das Verhältnis des Eigenkapitals zur Bilanzsumme; sie bemisst sich nach dem Konzernabschluss, der den Betrieb umfasst, und ist für den Betrieb auf der Grundlage des Jahresabschlusses oder Einzelabschlusses zu ermitteln. ⁴Wahlrechte sind im Konzernabschluss und im Jahresabschluss oder Einzelabschluss einheitlich auszuüben; bei gesellschaftsrechtlichen Kündigungsrechten ist insoweit mindestens das Eigenkapital anzusetzen, das sich nach den Vorschriften des Handelsgesetzbuchs ergeben würde. ⁵Bei der Ermittlung der Eigenkapitalquote des Betriebs ist das Eigenkapital um einen im Konzernabschluss enthaltenen Firmenwert, soweit er auf den Betrieb entfällt, und um die Hälfte von Sonderposten mit Rücklagenanteil (§ 273 des Handelsgesetzbuchs) zu erhöhen sowie um das Eigenkapital, das keine Stimmrechte vermittelt – mit Ausnahme von Vorzugsaktien –, die Anteile an anderen Konzerngesellschaften und um Einlagen der letzten sechs Monate vor dem maßgeblichen Abschlussstichtag, soweit ihnen Entnahmen oder Ausschüttungen innerhalb der ersten sechs Monate nach dem maßgeblichen Abschlussstichtag gegenüberstehen, zu kürzen. ⁶Die Bilanzsumme ist um Kapitalforderungen zu kürzen, die nicht im Konzernabschluss ausgewiesen sind und denen Verbindlichkeiten im Sinne des Absatzes 3 in mindestens gleicher Höhe gegenüberstehen. ⁷Sonderbetriebsvermögen ist dem Betrieb der Mitunternehmerschaft zuzuordnen, soweit es im Konzernvermögen enthalten ist.

⁸Die für den Eigenkapitalvergleich maßgeblichen Abschlüsse sind einheitlich nach den International Financial Reporting Standards (IFRS) zu erstellen. ⁹Hiervon abweichend können Abschlüsse nach dem Handelsrecht eines Mitgliedstaats der Europäischen Union verwendet werden, wenn kein Konzernabschluss nach den IFRS zu erstellen und offen zu legen ist und für keines der letzten fünf Wirtschaftsjahre ein Konzernabschluss nach den IFRS erstellt wurde; nach den Generally Accepted Accounting Principles der Vereinigten Staaten von Amerika (US-GAAP) aufzustellende und offen zu legende Abschlüsse sind zu verwenden, wenn kein Konzernabschluss nach den IFRS oder dem Handelsrecht eines Mitgliedstaats der Europäischen Union zu erstellen und offen zu legen ist. ¹⁰Der Konzernabschluss muss den Anforderungen an die handelsrechtliche Konzernrechnungslegung genügen oder die Voraussetzungen erfüllen, unter denen ein Abschluss nach den §§ 291 und 292 des Handelsgesetzbuchs befreiende Wirkung hätte. ¹¹Wurde der Jahresabschluss oder Einzelabschluss nicht nach denselben Rechnungslegungsstandards wie der Konzernabschluss aufgestellt, ist die Eigenkapitalquote des Betriebs in einer Überleitungsrechnung nach den für den Konzernabschluss geltenden Rechnungslegungsstandards zu ermitteln. ¹²Die Überleitungsrechnung ist einer prüferischen Durchsicht zu unterziehen. ¹³Auf Verlangen der Finanzbehörde ist der Abschluss oder die Überleitungsrechnung des Betriebs durch einen Abschlussprüfer zu prüfen, der die Voraussetzungen des § 319 des Handelsgesetzbuchs erfüllt.

¹⁴Ist ein dem Eigenkapitalvergleich zugrunde gelegter Abschluss unrichtig und führt der zutreffende Abschluss zu einer Erhöhung der nach Absatz 1 nicht abziehbaren Zinsaufwendungen, ist ein Zuschlag entsprechend § 162 Absatz 4 Satz 1 und 2 der Abgabenordnung festzusetzen. ¹⁵Bemessungsgrundlage für den Zuschlag sind die nach

Absatz 1 nicht abziehbaren Zinsaufwendungen. [16]§ 162 Absatz 4 Satz 4 bis 6 der Abgabenordnung gilt sinngemäß.

[2]Ist eine Gesellschaft, bei der der Gesellschafter als Mitunternehmer anzusehen ist, unmittelbar oder mittelbar einer Körperschaft nachgeordnet, gilt für die Gesellschaft § 8a Absatz 2 und 3 des Körperschaftsteuergesetzes entsprechend.

(3) [1]Maßgeblicher Gewinn ist der nach den Vorschriften dieses Gesetzes mit Ausnahme des Absatzes 1 ermittelte steuerpflichtige Gewinn. [2]Zinsaufwendungen sind Vergütungen für Fremdkapital, die den maßgeblichen Gewinn gemindert haben. [3]Zinserträge sind Erträge aus Kapitalforderungen jeder Art, die den maßgeblichen Gewinn erhöht haben. [4]Die Auf- und Abzinsung unverzinslicher oder niedrig verzinslicher Verbindlichkeiten oder Kapitalforderungen führen ebenfalls zu Zinserträgen oder Zinsaufwendungen. [5]Ein Betrieb gehört zu einem Konzern, wenn er nach dem für die Anwendung des Absatzes 2 Satz 1 Buchstabe c zugrunde gelegten Rechnungslegungsstandard mit einem oder mehreren anderen Betrieben konsolidiert wird oder werden könnte. [6]Ein Betrieb gehört für Zwecke des Absatzes 2 auch zu einem Konzern, wenn seine Finanz- und Geschäftspolitik mit einem oder mehreren anderen Betrieben einheitlich bestimmt werden kann.

(4) [1]Der EBITDA-Vortrag und der Zinsvortrag sind gesondert festzustellen. [2]Zuständig ist das für die gesonderte Feststellung des Gewinns und Verlusts der Gesellschaft zuständige Finanzamt, im Übrigen das für die Besteuerung zuständige Finanzamt. [3]§ 10d Absatz 4 gilt sinngemäß. [4]Feststellungsbescheide sind zu erlassen, aufzuheben oder zu ändern, soweit sich die nach Satz 1 festzustellenden Beträge ändern.

(5) [1]Bei Aufgabe oder Übertragung des Betriebs gehen ein nicht verbrauchter EBITDA-Vortrag und ein nicht verbrauchter Zinsvortrag unter. [2]Scheidet ein Mitunternehmer aus einer Gesellschaft aus, gehen der EBITDA-Vortrag und der Zinsvortrag anteilig mit der Quote unter, mit der der ausgeschiedene Gesellschafter an der Gesellschaft beteiligt war. [3]§ 8c des Körperschaftsteuergesetzes ist auf den Zinsvortrag einer Gesellschaft entsprechend anzuwenden, soweit an dieser unmittelbar oder mittelbar eine Körperschaft als Mitunternehmer beteiligt ist.

§ 5 Gewinn bei Kaufleuten und bei bestimmten anderen Gewerbetreibenden

(1) [1]Bei Gewerbetreibenden, die auf Grund gesetzlicher Vorschriften verpflichtet sind, Bücher zu führen und regelmäßig Abschlüsse zu machen, oder die ohne eine solche Verpflichtung Bücher führen und regelmäßig Abschlüsse machen, ist für den Schluss des Wirtschaftsjahres das Betriebsvermögen anzusetzen (§ 4 Absatz 1 Satz 1), das nach den handelsrechtlichen Grundsätzen ordnungsmäßiger Buchführung auszuweisen ist, es sei denn, im Rahmen der Ausübung eines steuerlichen Wahlrechts wird oder wurde ein anderer Ansatz gewählt. [2]Voraussetzung für die Ausübung steuerlicher Wahlrechte ist, dass die Wirtschaftsgüter, die nicht mit dem handelsrechlich maßgeblichen Wert in der steuerlichen Gewinnermittlung ausgewiesen werden, in besondere, laufend zu führende Verzeichnisse aufgenommen werden. [3]In den Verzeichnissen sind der Tag der Anschaffung oder Herstellung, die Anschaffungs- oder Herstellungskosten, die Vorschrift des ausgeübten steuerlichen Wahlrechts und die vorgenommenen Abschreibungen nachzuweisen.

(1a) [1]Posten der Aktivseite dürfen nicht mit Posten der Passivseite verrechnet werden. [2]Die Ergebnisse der in der handelsrechtlichen Rechnungslegung zur Absicherung finanzwirtschaftlicher Risiken gebildeten Bewertungseinheiten sind auch für die steuerliche Gewinnermittlung maßgeblich.

(2) Für immaterielle Wirtschaftsgüter des Anlagevermögens ist ein Aktivposten nur anzusetzen, wenn sie entgeltlich erworben wurden.

(2a) [1]Für Verpflichtungen, die nur zu erfüllen sind, soweit künftig Einnahmen oder Gewinne anfallen, sind Verbindlichkeiten oder Rückstellungen erst anzusetzen, wenn die Einnahmen oder Gewinne angefallen sind.

§§ 5, 5a

(3) ¹Rückstellungen wegen Verletzung fremder Patent-, Urheber- oder ähnlicher Schutzrechte dürfen erst gebildet werden, wenn
1. der Rechtsinhaber Ansprüche wegen der Rechtsverletzung geltend gemacht hat oder
2. mit einer Inanspruchnahme wegen der Rechtsverletzung ernsthaft zu rechnen ist.

²Eine nach Satz 1 Nummer 2 gebildete Rückstellung ist spätestens in der Bilanz des dritten auf ihre erstmalige Bildung folgenden Wirtschaftsjahres gewinnerhöhend aufzulösen, wenn Ansprüche nicht geltend gemacht worden sind.

(4) Rückstellungen für die Verpflichtung zu einer Zuwendung anläßlich eines Dienstjubiläums dürfen nur gebildet werden, wenn das Dienstverhältnis mindestens zehn Jahre bestanden hat, das Dienstjubiläum das Bestehen eines Dienstverhältnisses von mindestens 15 Jahren voraussetzt, die Zusage schriftlich erteilt ist und soweit der Zuwendungsberechtigte seine Anwartschaft nach dem 31. Dezember 1992 erwirbt.

(4a) ¹Rückstellungen für drohende Verluste aus schwebenden Geschäften dürfen nicht gebildet werden.[1] ²Das gilt nicht für Ergebnisse nach Absatz 1a Satz 2.

(4b) ¹Rückstellungen für Aufwendungen, die in künftigen Wirtschaftsjahren als Anschaffungs- oder Herstellungskosten eines Wirtschaftsguts zu aktivieren sind, dürfen nicht gebildet werden. ²Rückstellungen für die Verpflichtung zur schadlosen Verwertung radioaktiver Reststoffe sowie ausgebauter oder abgebauter radioaktiver Anlagenteile dürfen nicht gebildet werden, soweit Aufwendungen im Zusammenhang mit der Bearbeitung oder Verarbeitung von Kernbrennstoffen stehen, die aus der Aufarbeitung bestrahlter Kernbrennstoffe gewonnen worden sind und keine radioaktiven Abfälle darstellen.[2]

(5) ¹Als Rechnungsabgrenzungsposten sind nur anzusetzen
1. auf der Aktivseite Ausgaben vor dem Abschlussstichtag, soweit sie Aufwand für eine bestimmte Zeit nach diesem Tag darstellen;
2. auf der Passivseite Einnahmen vor dem Abschlussstichtag, soweit sie Ertrag für eine bestimmte Zeit nach diesem Tag darstellen.

²Auf der Aktivseite sind ferner anzusetzen
1. als Aufwand berücksichtigte Zölle und Verbrauchsteuern, soweit sie auf am Abschlussstichtag auszuweisende Wirtschaftsgüter des Vorratsvermögens entfallen,
2. als Aufwand berücksichtigte Umsatzsteuer auf am Abschlussstichtag auszuweisende Anzahlungen.

(6) Die Vorschriften über die Entnahmen und die Einlagen, über die Zulässigkeit der Bilanzänderung, über die Betriebsausgaben, über die Bewertung und über die Absetzung für Abnutzung oder Substanzverringerung sind zu befolgen.

§ 5a Gewinnermittlung bei Handelsschiffen im internationalen Verkehr

(1) ¹An Stelle der Ermittlung des Gewinns nach § 4 Absatz 1 oder § 5 ist bei einem Gewerbebetrieb mit Geschäftsleitung im Inland der Gewinn, soweit er auf den Betrieb von Handelsschiffen im internationalen Verkehr entfällt, auf unwiderruflichen Antrag des Steuerpflichtigen nach der in seinem Betrieb geführten Tonnage zu ermitteln, wenn die Bereederung dieser Handelsschiffe im Inland durchgeführt wird. ²Der im Wirtschaftsjahr erzielte Gewinn beträgt pro Tag des Betriebs für jedes im internationalen Verkehr betriebene Handelsschiff für jeweils volle 100 Nettotonnen (Nettoraumzahl)

0,92 Euro bei einer Tonnage bis zu 1 000 Nettotonnen,

0,69 Euro für die 1 000 Nettotonnen übersteigende Tonnage bis zu 10 000 Nettotonnen,

0,46 Euro für die 10 000 Nettotonnen übersteigende Tonnage bis zu 25 000 Nettotonnen,

---

1) Zur Anwendung von § 5 Absatz 4a siehe § 52 Absatz 13 EStG.
2) Zur Auflösung bisheriger Rückstellungen siehe § 52 Absatz 14 EStG.

§ 5a

0,23 Euro für die 25 000 Nettotonnen übersteigende Tonnage.

(2) ¹Handelsschiffe werden im internationalen Verkehr betrieben, wenn eigene oder gecharterte Seeschiffe, die im Wirtschaftsjahr überwiegend in einem inländischen Seeschiffsregister eingetragen sind, in diesem Wirtschaftsjahr überwiegend zur Beförderung von Personen oder Gütern im Verkehr mit oder zwischen ausländischen Häfen, innerhalb eines ausländischen Hafens oder zwischen einem ausländischen Hafen und der Hohen See eingesetzt werden. ²Zum Betrieb von Handelsschiffen im internationalen Verkehr gehören auch ihre Vercharterung, wenn sie vom Vercharterer ausgerüstet worden sind, und die unmittelbar mit ihrem Einsatz oder ihrer Vercharterung zusammenhängenden Neben- und Hilfsgeschäfte einschließlich der Veräußerung der Handelsschiffe und der unmittelbar ihrem Betrieb dienenden Wirtschaftsgüter. ³Der Einsatz und die Vercharterung von gecharterten Handelsschiffen gilt nur dann als Betrieb von Handelsschiffen im internationalen Verkehr, wenn gleichzeitig eigene oder ausgerüstete Handelsschiffe im internationalen Verkehr betrieben werden. ⁴Sind gecharterte Handelsschiffe nicht in einem inländischen Seeschiffsregister eingetragen, gilt Satz 3 unter der weiteren Voraussetzung, daß im Wirtschaftsjahr die Nettotonnage der gecharterten Handelsschiffe das Dreifache der nach den Sätzen 1 und 2 im internationalen Verkehr betriebenen Handelsschiffe nicht übersteigt; für die Berechnung der Nettotonnage sind jeweils die Nettotonnen pro Schiff mit der Anzahl der Betriebstage nach Absatz 1 zu vervielfältigen. ⁵Dem Betrieb von Handelsschiffen im internationalen Verkehr ist gleichgestellt, wenn Seeschiffe, die im Wirtschaftsjahr überwiegend in einem inländischen Seeschiffsregister eingetragen sind, in diesem Wirtschaftsjahr überwiegend außerhalb der deutschen Hoheitsgewässer zum Schleppen, Bergen oder zur Aufsuchung von Bodenschätzen eingesetzt werden; die Sätze 2 bis 4 sind sinngemäß anzuwenden.

(3)[1] ¹Der Antrag auf Anwendung der Gewinnermittlung nach Absatz 1 ist im Wirtschaftsjahr der Anschaffung oder Herstellung des Handelsschiffs (Indienststellung) mit Wirkung ab Beginn dieses Wirtschaftsjahres zu stellen. ²Vor Indienststellung des Handelsschiffs durch den Betrieb von Handelsschiffen im internationalen Verkehr erwirtschaftete Gewinne sind in diesem Fall nicht zu besteuern; Verluste sind weder ausgleichsfähig noch verrechenbar. ³Bereits erlassene Steuerbescheide sind insoweit zu ändern. ⁴Das gilt auch dann, wenn der Steuerbescheid unanfechtbar geworden ist; die Festsetzungsfrist endet insoweit nicht, bevor die Festsetzungsfrist für den Veranlagungszeitraum abgelaufen ist, in dem der Gewinn erstmals nach Absatz 1 ermittelt wird. ⁵Wird der Antrag auf Anwendung der Gewinnermittlung nach Absatz 1 nicht nach Satz 1 im Wirtschaftsjahr der Anschaffung oder Herstellung des Handelsschiffs (Indienststellung) gestellt, kann er erstmals in dem Wirtschaftsjahr gestellt werden, das jeweils nach Ablauf eines Zeitraumes von zehn Jahren, vom Beginn des Jahres der Indienststellung gerechnet, endet. ⁶Die Sätze 2 bis 4 sind insoweit nicht anwendbar. ⁷Der Steuerpflichtige ist an die Gewinnermittlung nach Absatz 1 vom Beginn des Wirtschaftsjahres an, in dem er den Antrag stellt, zehn Jahre gebunden. ⁸Nach Ablauf dieses Zeitraumes kann er den Antrag mit Wirkung für den Beginn jedes folgenden Wirtschaftsjahres bis zum Ende des Jahres unwiderruflich zurücknehmen. ⁹An die Gewinnermittlung nach allgemeinen Vorschriften ist der Steuerpflichtige ab dem Beginn des Wirtschaftsjahres, in dem er den Antrag zurücknimmt, zehn Jahre gebunden.

(4) ¹Zum Schluss des Wirtschaftsjahres, das der erstmaligen Anwendung des Absatzes 1 vorangeht (Übergangsjahr), ist für jedes Wirtschaftsgut, das unmittelbar dem Betrieb von Handelsschiffen im internationalen Verkehr dient, der Unterschiedsbetrag zwischen Buchwert und Teilwert in ein besonderes Verzeichnis aufzunehmen. ²Der Unterschiedsbetrag ist gesondert und bei Gesellschaften im Sinne des § 15 Absatz 1 Satz 1 Nummer 2 einheitlich festzustellen. ³Der Unterschiedsbetrag nach Satz 1 ist dem Gewinn hinzuzurechnen:

1. in den dem letzten Jahr der Anwendung des Absatzes 1 folgenden fünf Wirtschaftsjahren jeweils in Höhe von mindestens einem Fünftel,

---

1) Zur Anwendung von § 5a Absatz 3 siehe § 52 Absatz 15 EStG.

2. in dem Jahr, in dem das Wirtschaftsgut aus dem Betriebsvermögen ausscheidet oder in dem es nicht mehr unmittelbar dem Betrieb von Handelsschiffen im internationalen Verkehr dient,
3. in dem Jahr des Ausscheidens eines Gesellschafters hinsichtlich des auf ihn entfallenden Anteils.

⁴Die Sätze 1 bis 3 sind entsprechend anzuwenden, wenn der Steuerpflichtige Wirtschaftsgüter des Betriebsvermögens dem Betrieb von Handelsschiffen im internationalen Verkehr zuführt.

(4a) ¹Bei Gesellschaften im Sinne des § 15 Absatz 1 Satz 1 Nummer 2 tritt für die Zwecke dieser Vorschrift an die Stelle des Steuerpflichtigen die Gesellschaft. ²Der nach Absatz 1 ermittelte Gewinn ist den Gesellschaftern entsprechend ihrem Anteil am Gesellschaftsvermögen zuzurechnen. ³Vergütungen im Sinne des § 15 Absatz 1 Satz 1 Nummer 2 und Satz 2 sind hinzuzurechnen.

(5) ¹Gewinne nach Absatz 1 umfassen auch Einkünfte nach § 16. ²§§ 34, 34c Absatz 1 bis 3 und § 35 sind nicht anzuwenden. ³Rücklagen nach den §§ 6b und 6d sind beim Übergang zur Gewinnermittlung nach Absatz 1 dem Gewinn im Erstjahr hinzuzurechnen; bis zum Übergang in Anspruch genommene Investitionsabzugsbeträge nach § 7g Absatz 1 sind nach Maßgabe des § 7g Absatz 3 rückgängig zu machen. ⁴Für die Anwendung des § 15a ist der nach § 4 Absatz 1 oder § 5 ermittelte Gewinn zugrunde zu legen.

(6) In der Bilanz zum Schluss des Wirtschaftsjahres, in dem Absatz 1 letztmalig angewendet wird, ist für jedes Wirtschaftsgut, das unmittelbar dem Betrieb von Handelsschiffen im internationalen Verkehr dient, der Teilwert anzusetzen.

§ 5b Elektronische Übermittlung von Bilanzen sowie Gewinn- und Verlustrechnungen [1)]

(1) ¹Wird der Gewinn nach § 4 Absatz 1, § 5 oder § 5a ermittelt, so ist der Inhalt der Bilanz sowie der Gewinn- und Verlustrechnung nach amtlich vorgeschriebenem Datensatz durch Datenfernübertragung zu übermitteln. ²Enthält die Bilanz Ansätze oder Beträge, die den steuerlichen Vorschriften nicht entsprechen, so sind diese Ansätze oder Beträge durch Zusätze oder Anmerkungen den steuerlichen Vorschriften anzupassen und nach amtlich vorgeschriebenem Datensatz durch Datenfernübertragung zu übermitteln. ³Der Steuerpflichtige kann auch eine den steuerlichen Vorschriften entsprechende Bilanz nach amtlich vorgeschriebenem Datensatz durch Datenfernübertragung übermitteln. ⁴§ 150 Absatz 7 der Abgabenordnung gilt entsprechend. ⁵Im Fall der Eröffnung des Betriebs sind die Sätze 1 bis 4 für den Inhalt der Eröffnungsbilanz entsprechend anzuwenden.

(2) ¹Auf Antrag kann die Finanzbehörde zur Vermeidung unbilliger Härten auf eine elektronische Übermittlung verzichten. ²§ 150 Absatz 8 der Abgabenordnung gilt entsprechend.

§ 6 Bewertung [2)]

(1) Für die Bewertung der einzelnen Wirtschaftsgüter, die nach § 4 Absatz 1 oder nach § 5 als Betriebsvermögen anzusetzen sind, gilt das Folgende:
1. ¹Wirtschaftsgüter des Anlagevermögens, die der Abnutzung unterliegen, sind mit den Anschaffungs- oder Herstellungskosten oder dem an deren Stelle tretenden Wert, vermindert um die Absetzungen für Abnutzung, erhöhte Absetzungen, Sonderabschreibungen, Abzüge nach § 6b und ähnliche Abzüge, anzusetzen. ²Ist der Teilwert auf Grund einer voraussichtlich dauernden Wertminderung niedriger, so kann dieser angesetzt werden. ³Teilwert ist der Betrag, den ein Erwerber des ganzen Betriebs im Rahmen des Gesamtkaufpreises für das einzelne Wirtschaftsgut ansetzen würde; dabei

---
1) Zur erstmaligen Anwendung von § 5b (ab 2011) siehe § 52 Absatz 15a EStG. Hinweis auf BMF-Schreiben vom 19.1.2010 (BStBl. I S. 47) betr. elektronische Übermittlung von Bilanzen sowie Gewinn- und Verlustrechnungen.
2) Zur Anwendung von § 6 siehe § 52 Absatz 16 EStG.

§ 6

ist davon auszugehen, daß der Erwerber den Betrieb fortführt. [4]Wirtschaftsgüter, die bereits am Schluss des vorangegangenen Wirtschaftsjahres zum Anlagevermögen des Steuerpflichtigen gehört haben, sind in den folgenden Wirtschaftsjahren gemäß Satz 1 anzusetzen, es sei denn, der Steuerpflichtige weist nach, dass ein niedrigerer Teilwert nach Satz 2 angesetzt werden kann.

1a. [1]Zu den Herstellungskosten eines Gebäudes gehören auch Aufwendungen für Instandsetzungs- und Modernisierungsmaßnahmen, die innerhalb von drei Jahren nach der Anschaffung des Gebäudes durchgeführt werden, wenn die Aufwendungen ohne die Umsatzsteuer 15 Prozent der Anschaffungskosten des Gebäudes übersteigen (anschaffungsnahe Herstellungskosten). [2]Zu diesen Aufwendungen gehören nicht die Aufwendungen für Erweiterungen im Sinne des § 255 Absatz 2 Satz 1 des Handelsgesetzbuchs sowie Aufwendungen für Erhaltungsarbeiten, die jährlich üblicherweise anfallen.

2. [1]Andere als die in Nummer 1 bezeichneten Wirtschaftsgüter des Betriebs (Grund und Boden, Beteiligungen, Umlaufvermögen) sind mit den Anschaffungs- oder Herstellungskosten oder dem an deren Stelle tretenden Wert, vermindert um Abzüge nach § 6b und ähnliche Abzüge, anzusetzen. [2]Ist der Teilwert (Nummer 1 Satz 3) auf Grund einer voraussichtlich dauernden Wertminderung niedriger, so kann dieser angesetzt werden. [3]Nummer 1 Satz 4 gilt entsprechend.

2a. [1]Steuerpflichtige, die den Gewinn nach § 5 ermitteln, können für den Wertansatz gleichartiger Wirtschaftsgüter des Vorratsvermögens unterstellen, daß die zuletzt angeschafften oder hergestellten Wirtschaftsgüter zuerst verbraucht oder veräußert worden sind, soweit dies den handelsrechtlichen Grundsätzen ordnungsmäßiger Buchführung entspricht. [2]Der Vorratsbestand am Schluss des Wirtschaftsjahres, das der erstmaligen Anwendung der Bewertung nach Satz 1 vorangeht, gilt mit seinem Bilanzansatz als erster Zugang des neuen Wirtschaftsjahres. [3]Von der Verbrauchs- oder Veräußerungsfolge nach Satz 1 kann in den folgenden Wirtschaftsjahren nur mit Zustimmung des Finanzamts abgewichen werden.

2b. [1]Steuerpflichtige, die in den Anwendungsbereich des § 340 des Handelsgesetzbuchs fallen, haben die zu Handelszwecken erworbenen Finanzinstrumente, die nicht in einer Bewertungseinheit im Sinn des § 5 Absatz 1a Satz 2 abgebildet werden, mit dem beizulegenden Zeitwert abzüglich eines Risikoabschlages (§ 340e Absatz 3 des Handelsgesetzbuchs) zu bewerten. [2]Nummer 2 Satz 2 ist nicht anzuwenden.

3. [1]Verbindlichkeiten sind unter sinngemäßer Anwendung der Vorschriften der Nummer 2 anzusetzen und mit einem Zinssatz von 5,5 Prozent abzuzinsen. [2]Ausgenommen von der Abzinsung sind Verbindlichkeiten, deren Laufzeit am Bilanzstichtag weniger als zwölf Monate beträgt, und Verbindlichkeiten, die verzinslich sind oder auf einer Anzahlung oder Vorausleistung beruhen.

3a. Rückstellungen sind höchstens insbesondere unter Berücksichtigung folgender Grundsätze anzusetzen:

  a) bei Rückstellungen für gleichartige Verpflichtungen ist auf der Grundlage der Erfahrungen in der Vergangenheit aus der Abwicklung solcher Verpflichtungen die Wahrscheinlichkeit zu berücksichtigen, daß der Steuerpflichtige nur zu einem Teil der Summe dieser Verpflichtungen in Anspruch genommen wird;

  b) Rückstellungen für Sachleistungsverpflichtungen sind mit den Einzelkosten und den angemessenen Teilen der notwendigen Gemeinkosten zu bewerten;

  c) künftige Vorteile, die mit der Erfüllung der Verpflichtung voraussichtlich verbunden sein werden, sind, soweit sie nicht als Forderung zu aktivieren sind, bei ihrer Bewertung wertmindernd zu berücksichtigen;

  d) Rückstellungen für Verpflichtungen, für deren Entstehen im wirtschaftlichen Sinne der laufende Betrieb ursächlich ist, sind zeitanteilig in gleichen Raten anzusammeln. [2]Rückstellungen für gesetzliche Verpflichtungen zur Rücknahme und Verwertung von Erzeugnissen, die vor Inkrafttreten entsprechender gesetzlicher

§ 6

Verpflichtungen in Verkehr gebracht worden sind, sind zeitanteilig in gleichen Raten bis zum Beginn der jeweiligen Erfüllung anzusammeln; Buchstabe e ist insoweit nicht anzuwenden. ³Rückstellungen für die Verpflichtung, ein Kernkraftwerk stillzulegen, sind ab dem Zeitpunkt der erstmaligen Nutzung bis zum Zeitpunkt, in dem mit der Stilllegung begonnen werden muss, zeitanteilig in gleichen Raten anzusammeln; steht der Zeitpunkt der Stilllegung nicht fest, beträgt der Zeitraum für die Ansammlung 25 Jahre;

e) Rückstellungen für Verpflichtungen sind mit einem Zinssatz von 5,5 Prozent abzuzinsen; Nummer 3 Satz 2 ist entsprechend anzuwenden. ²Für die Abzinsung von Rückstellungen für Sachleistungsverpflichtungen ist der Zeitraum bis zum Beginn der Erfüllung maßgebend. ³Für die Abzinsung von Rückstellungen für die Verpflichtung, ein Kernkraftwerk stillzulegen, ist der sich aus Buchstabe d Satz 3 ergebende Zeitraum maßgebend; und

f) bei der Bewertung sind die Wertverhältnisse am Bilanzstichtag maßgebend; künftige Preis- und Kostensteigerungen dürfen nicht berücksichtigt werden.

4. [1)]¹Entnahmen des Steuerpflichtigen für sich, für seinen Haushalt oder für andere betriebsfremde Zwecke sind mit dem Teilwert anzusetzen; in den Fällen des § 4 Absatz 1 Satz 3 ist die Entnahme mit dem gemeinen Wert anzusetzen. ²Die private Nutzung eines Kraftfahrzeugs, das zu mehr als 50 Prozent betrieblich genutzt wird, ist für jeden Kalendermonat mit 1 Prozent des inländischen Listenpreises im Zeitpunkt der Erstzulassung zuzüglich der Kosten für Sonderausstattungen einschließlich Umsatzsteuer anzusetzen. ³Die private Nutzung kann abweichend von Satz 2 mit den auf die Privatfahrten entfallenden Aufwendungen angesetzt werden, wenn die für das Kraftfahrzeug insgesamt entstehenden Aufwendungen durch Belege und das Verhältnis der privaten zu den übrigen Fahrten durch ein ordnungsgemäßes Fahrtenbuch nachgewiesen werden. ⁴Wird ein Wirtschaftsgut unmittelbar nach seiner Entnahme einer nach § 5 Absatz 1 Nummer 9 des Körperschaftsteuergesetzes von der Körperschaftsteuer befreiten Körperschaft, Personenvereinigung oder Vermögensmasse oder einer juristischen Person des öffentlichen Rechts zur Verwendung für steuerbegünstigte Zwecke im Sinne des § 10b Absatz 1 Satz 1 unentgeltlich überlassen, so kann die Entnahme mit dem Buchwert angesetzt werden. ⁵Satz 4 gilt nicht für die Entnahme von Nutzungen und Leistungen.

5. ¹Einlagen sind mit dem Teilwert für den Zeitpunkt der Zuführung anzusetzen; sie sind jedoch höchstens mit den Anschaffungs- oder Herstellungskosten anzusetzen, wenn das zugeführte Wirtschaftsgut

a) innerhalb der letzten drei Jahre vor dem Zeitpunkt der Zuführung angeschafft oder hergestellt worden ist,

b) ein Anteil an einer Kapitalgesellschaft ist und der Steuerpflichtige an der Gesellschaft im Sinne des § 17 Absatz 1 oder 6 beteiligt ist; § 17 Absatz 2 Satz 5 gilt entsprechend, oder

c) ein Wirtschaftsgut im Sinne des § 20 Absatz 2 ist.[2)]

²Ist die Einlage ein abnutzbares Wirtschaftsgut, so sind die Anschaffungs- oder Herstellungskosten um Absetzungen für Abnutzung zu kürzen, die auf den Zeitraum zwischen der Anschaffung oder Herstellung des Wirtschaftsguts und der Einlage entfallen. ³Ist die Einlage ein Wirtschaftsgut, das vor der Zuführung aus einem Betriebsvermögen des Steuerpflichtigen entnommen worden ist, so tritt an die Stelle der Anschaffungs- oder Herstellungskosten der Wert, mit dem die Entnahme angesetzt worden ist, und an die Stelle des Zeitpunkts der Anschaffung oder Herstellung der Zeitpunkt der Entnahme.

---

1) Zur Anwendung von § 6 Absatz 1 Nummer 4 Satz 1 bis 3 EStG siehe BMF-Schreiben vom 18.1.2009 (BStBl. I S. 1326).
2) Zur Anwendung von Nummer 5 Buchstabe c (ab 2009) siehe § 52a Absatz 5 EStG.

§ 6

5a. In den Fällen des § 4 Absatz 1 Satz 7 zweiter Halbsatz ist das Wirtschaftsgut mit dem gemeinen Wert anzusetzen.

6. Bei Eröffnung eines Betriebs ist Nummer 5 entsprechend anzuwenden.

7. Bei entgeltlichem Erwerb eines Betriebs sind die Wirtschaftsgüter mit dem Teilwert, höchstens jedoch mit den Anschaffungs- oder Herstellungskosten anzusetzen.

(2) ¹Die Anschaffungs- oder Herstellungskosten oder der nach Absatz 1 Nummer 5 bis 6 an deren Stelle tretende Wert von abnutzbaren beweglichen Wirtschaftsgütern des Anlagevermögens, die einer selbständigen Nutzung fähig sind, können im Wirtschaftsjahr der Anschaffung, Herstellung oder Einlage des Wirtschaftsguts oder der Eröffnung des Betriebs in voller Höhe als Betriebsausgaben abgezogen werden, wenn die Anschaffungs- oder Herstellungskosten, vermindert um einen darin enthaltenen Vorsteuerbetrag (§ 9b Absatz 1), oder der nach Absatz 1 Nummer 5 bis 6 an deren Stelle tretende Wert für das einzelne Wirtschaftsgut 410 Euro nicht übersteigen. ²Ein Wirtschaftsgut ist einer selbständigen Nutzung nicht fähig, wenn es nach seiner betrieblichen Zweckbestimmung nur zusammen mit anderen Wirtschaftsgütern des Anlagevermögens genutzt werden kann und die in den Nutzungszusammenhang eingefügten Wirtschaftsgüter technisch aufeinander abgestimmt sind. ³Das gilt auch, wenn das Wirtschaftsgut aus dem betrieblichen Nutzungszusammenhang gelöst und in einen anderen betrieblichen Nutzungszusammenhang eingefügt werden kann. ⁴Wirtschaftsgüter im Sinne des Satzes 1, deren Wert 150 Euro übersteigt, sind unter Angabe des Tages der Anschaffung, Herstellung oder Einlage des Wirtschaftsguts oder der Eröffnung des Betriebs und Anschaffungs- oder Herstellungskosten oder des nach Absatz 1 Nummer 5 bis 6 an deren Stelle tretenden Werts in ein besonderes, laufend zu führendes Verzeichnis aufzunehmen. ⁵Das Verzeichnis braucht nicht geführt zu werden, wenn diese Angaben aus der Buchführung ersichtlich sind.

(2a) ¹Abweichend von Absatz 2 Satz 1 kann für die abnutzbaren beweglichen Wirtschaftsgüter des Anlagevermögens, die einer selbständigen Nutzung fähig sind, im Wirtschaftsjahr der Anschaffung, Herstellung oder Einlage des Wirtschaftsguts oder der Eröffnung des Betriebs ein Sammelposten gebildet werden, wenn die Anschaffungs- oder Herstellungskosten, vermindert um einen darin enthaltenen Vorsteuerbetrag (§ 9b Absatz 1), oder der nach Absatz 1 Nummer 5 bis 6 an deren Stelle tretende Wert für das einzelne Wirtschaftsgut 150 Euro, aber nicht 1 000 Euro übersteigen. ²Der Sammelposten ist im Wirtschaftsjahr der Bildung und den folgenden vier Wirtschaftsjahren mit jeweils einem Fünftel gewinnmindernd aufzulösen. ³Scheidet ein Wirtschaftsgut im Sinne des Satzes 1 aus dem Betriebsvermögen aus, wird der Sammelposten nicht vermindert. ⁴Die Anschaffungs- oder Herstellungskosten oder der nach Absatz 1 Nummer 5 bis 6 an deren Stelle tretende Wert von abnutzbaren beweglichen Wirtschaftsgütern des Anlagevermögens, die einer selbständigen Nutzung fähig sind, können im Wirtschaftsjahr der Anschaffung, Herstellung oder Einlage des Wirtschaftsguts oder der Eröffnung des Betriebs in voller Höhe als Betriebsausgaben abgezogen werden, wenn die Anschaffungs- oder Herstellungskosten, vermindert um einen darin enthaltenen Vorsteuerbetrag (§ 9b Absatz 1), oder der nach Absatz 1 Nummer 5 bis 6 an deren Stelle tretende Wert für das einzelne Wirtschaftsgut 150 Euro nicht übersteigen. ⁵Die Sätze 1 bis 3 sind für alle in einem Wirtschaftsjahr angeschafften, hergestellten oder eingelegten Wirtschaftsgüter einheitlich anzuwenden.

(3) ¹Wird ein Betrieb, ein Teilbetrieb oder der Anteil eines Mitunternehmers an einem Betrieb unentgeltlich übertragen, so sind bei der Ermittlung des Gewinns des bisherigen Betriebsinhabers (Mitunternehmers) die Wirtschaftsgüter mit den Werten anzusetzen, die sich nach den Vorschriften über die Gewinnermittlung ergeben; dies gilt auch bei der unentgeltlichen Aufnahme einer natürlichen Person in ein bestehendes Einzelunternehmen sowie bei der unentgeltlichen Übertragung eines Teils eines Mitunternehmeranteils auf eine natürliche Person. ²Satz 1 ist auch anzuwenden, wenn der bisherige Betriebsinhaber (Mitunternehmer) Wirtschaftsgüter, die weiterhin zum Betriebsvermögen derselben Mitunternehmerschaft gehören, nicht überträgt, sofern der Rechtsnachfolger den übernommenen Mitunternehmeranteil über einen Zeitraum von mindestens fünf Jahren nicht veräußert oder aufgibt. ³Der Rechtsnachfolger ist an die in Satz 1 genannten Werte gebunden.

Rechtsprechung § 6

(4) Wird ein einzelnes Wirtschaftsgut außer in den Fällen der Einlage (§ 4 Absatz 1 Satz 7) unentgeltlich in das Betriebsvermögen eines anderen Steuerpflichtigen übertragen, gilt sein gemeiner Wert für das aufnehmende Betriebsvermögen als Anschaffungskosten.

(5) ¹Wird ein einzelnes Wirtschaftsgut von einem Betriebsvermögen in ein anderes Betriebsvermögen desselben Steuerpflichtigen überführt, ist bei der Überführung der Wert anzusetzen, der sich nach den Vorschriften über die Gewinnermittlung ergibt, sofern die Besteuerung der stillen Reserven sichergestellt ist. ²Satz 1 gilt auch für die Überführung aus einem eigenen Betriebsvermögen des Steuerpflichtigen in dessen Sonderbetriebsvermögen bei einer Mitunternehmerschaft und umgekehrt sowie für die Überführung zwischen verschiedenen Sonderbetriebsvermögen desselben Steuerpflichtigen bei verschiedenen Mitunternehmerschaften. ³Satz 1 gilt entsprechend, soweit ein Wirtschaftsgut

1. unentgeltlich oder gegen Gewährung oder Minderung von Gesellschaftsrechten aus einem Betriebsvermögen des Mitunternehmers in das Gesamthandsvermögen einer Mitunternehmerschaft und umgekehrt,

2. unentgeltlich oder gegen Gewährung oder Minderung von Gesellschaftsrechten aus dem Sonderbetriebsvermögen eines Mitunternehmers in das Gesamthandsvermögen derselben Mitunternehmerschaft oder einer anderen Mitunternehmerschaft, an der er beteiligt ist, und umgekehrt oder

3. unentgeltlich zwischen den jeweiligen Sonderbetriebsvermögen verschiedener Mitunternehmer derselben Mitunternehmerschaft

übertragen wird. ⁴Wird das nach Satz 3 übertragene Wirtschaftsgut innerhalb einer Sperrfrist veräußert oder entnommen, ist rückwirkend auf den Zeitpunkt der Übertragung der Teilwert anzusetzen, es sei denn, die bis zur Übertragung entstandenen stillen Reserven sind durch Erstellung einer Ergänzungsbilanz dem übertragenden Gesellschafter zugeordnet worden; diese Sperrfrist endet drei Jahre nach Abgabe der Steuererklärung des Übertragenden für den Veranlagungszeitraum, in dem die in Satz 3 bezeichnete Übertragung erfolgt ist. ⁵Der Teilwert ist auch anzusetzen, soweit in den Fällen des Satzes 3 der Anteil einer Körperschaft, Personenvereinigung oder Vermögensmasse an dem Wirtschaftsgut unmittelbar oder mittelbar begründet wird oder dieser sich erhöht. ⁶Soweit innerhalb von sieben Jahren nach der Übertragung des Wirtschaftsguts nach Satz 3 der Anteil einer Körperschaft, Personenvereinigung oder Vermögensmasse an dem übertragenen Wirtschaftsgut aus einem anderen Grund unmittelbar oder mittelbar begründet wird oder dieser sich erhöht, ist rückwirkend auf den Zeitpunkt der Übertragung ebenfalls der Teilwert anzusetzen.[1)]

(6) ¹Wird ein einzelnes Wirtschaftsgut im Wege des Tausches übertragen, bemessen sich die Anschaffungskosten nach dem gemeinen Wert des hingegebenen Wirtschaftsguts. ²Erfolgt die Übertragung im Wege der verdeckten Einlage, erhöhen sich die Anschaffungskosten der Beteiligung an der Kapitalgesellschaft um den Teilwert des eingelegten Wirtschaftsguts. ³In den Fällen des Absatzes 1 Nummer 5 Satz 1 Buchstabe a erhöhen sich die Anschaffungskosten im Sinne des Satzes 2 um den Einlagewert des Wirtschaftsguts. ⁴Absatz 5 bleibt unberührt.

(7) Im Fall des § 4 Absatz 3 sind bei der Bemessung der Absetzungen für Abnutzung oder Substanzverringerung die sich bei Anwendung der Absätze 3 bis 6 ergebenden Werte als Anschaffungskosten zugrunde zu legen.

Rechtsprechungsauswahl

BFH v. 11. 2. 2010 VI R 43/09 (BFH-Webseite): Private Fahrzeugnutzung als Arbeitslohn oder vGA

1. Die nachhaltige "vertragswidrige" private Nutzung eines betrieblichen PKW durch den anstellungsvertraglich gebundenen Gesellschafter-Geschäftsführer ist nicht stets als vGA zu beurteilen.

2. Unterbindet die Kapitalgesellschaft die unbefugte Nutzung durch den Gesellschafter-Geschäftsführer nicht, kann dies sowohl durch das Beteiligungsverhältnis als auch durch das Arbeitsverhältnis

---

1) Zur erstmaligen Anwendung von § 6 Absatz 5 Satz 3 und 4 siehe § 52 Absatz 16a EStG.

§ 6 Rechtsprechung

veranlasst sein. Die Zuordnung (vGA oder Arbeitslohn) bedarf der wertenden Betrachtung im Einzelfall (Anschluss an BFH-Urteil vom 23. April 2009 VI R 81/06, BFHE 225, 33).

BFH v. 26. 11. 2009 VIII B 190/09 (BFH-Webseite): Investitionsabzugsbetrag, ausschließlich oder fast ausschließlich betriebliche Nutzung

1. Für einen betrieblichen PKW, der auch privat genutzt werden soll, kann die Absicht der ausschließlich oder fast ausschließlich betrieblichen Nutzung des PKW dadurch dargelegt werden, dass der Steuerpflichtige geltend macht, den (ausreichenden) betrieblichen Nutzungsanteil mittels eines Fahrtenbuches zu dokumentieren.
2. Dem steht bei summarischer Prüfung nicht entgegen, dass der Steuerpflichtige für ein im Zeitpunkt der Geltendmachung des Investitionsabzugsbetrages vorhandenes Fahrzeug den privaten Nutzungsanteil unter Anwendung der sog. 1 %-Regelung (§ 6 Abs. 1 Nr. 4 Satz 2 EStG) ermittelt (gegen BMF-Schreiben vom 8. Mai 2009 IV C 6 – S 2139 – b/07/10002, 2009/0294464, BStBl. I 2009, 633 Rn. 47).

BFH v. 10. 4. 2008 VI R 38/06 (BStBl. II S. 768):

1. Die Aufzeichnungen im Fahrtenbuch müssen eine hinreichende Gewähr für ihre Vollständigkeit und Richtigkeit bieten. Kleinere Mängel führen nicht zur Verwerfung des Fahrtenbuchs und Anwendung der 1%-Regelung, wenn die Angaben insgesamt plausibel sind.
2. § 8 Abs. 2 Satz 4 EStG setzt nicht die Einrichtung eines gesonderten Aufwandskontos voraus.

BFH v. 26. 4. 2006 X R 35/05 (BStBl. 2007 II S. 445): Die Nutzung eines betrieblichen Kraftfahrzeugs zur Erzielung von Überschusseinkünften ist durch die Bewertung der privaten Nutzung nach der 1 v.H.-Regelung nicht mit abgegolten. Sie ist vielmehr mit den auf sie entfallenden tatsächlichen Selbstkosten als Entnahme zu erfassen.

BFH v. 30. 11. 2005 I R 110/04 (BStBl. 2007 II S. 251):

1. Verpflichtet sich ein Arbeitgeber in einer Vereinbarung über Altersteilzeit, dem jeweiligen Arbeitnehmer in der Freistellungsphase einen bestimmten Prozentsatz des bisherigen Arbeitsentgelts zu zahlen, so ist für diese Verpflichtung bereits während der vorangehenden Beschäftigungsphase eine ratierlich aufzubauende Rückstellung zu bilden. Denn Verbindlichkeiten, die nach Beendigung eines schwebenden Geschäfts zu erfüllen sind, sind bereits während dessen Laufzeit zu passivieren.
2. Verpflichtungen zu Geldleistungen sind (auch vor Geltung des § 6 Abs. 1 Nr. 3a Buchst. e EStG 1997 i. d. F. des StEntlG 1999/2000/2002) grundsätzlich abzuzinsen; dies gilt nicht, wenn sie tatsächlich keinen Zinsanteil enthalten.

Hinweis auf BMF-Schreiben vom 28. 3. 2007 (BStBl. I S. 297) betr. Bilanzsteuerliche Berücksichtigung von Altersteilzeitvereinbarungen im Rahmen des so genannten „Blockmodells" nach dem Altersteilzeitgesetz (AltTZG).

BFH v. 16. 11. 2005 VI R 64/04 (BStBl. 2006 II S. 410):

1. Eine mit Hilfe eines Computerprogramms erzeugte Datei genügt den Anforderungen an ein ordnungsgemäßes Fahrtenbuch nur dann, wenn nachträgliche Veränderungen an den zu einem früheren Zeitpunkt eingegebenen Daten nach der Funktionsweise des verwendeten Programms technisch ausgeschlossen sind oder in ihrer Reichweite in der Datei selbst dokumentiert und offen gelegt werden.
2. Kann der Arbeitnehmer den ihm überlassenen Dienstwagen auch privat nutzen und wird über die Nutzung des Dienstwagens ein ordnungsgemäßes Fahrtenbuch nicht geführt, so ist der zu versteuernde geldwerte Vorteil nach der 1 v.H.-Regelung zu bewerten. Eine Schätzung des Privatanteils anhand anderer Aufzeichnungen kommt nicht in Betracht.

BFH v. 9. 11. 2005 VI R 27/05 (BStBl. 2006 II S. 408): Ein ordnungsgemäßes Fahrtenbuch muss zeitnah und in geschlossener Form geführt werden und die zu erfassenden Fahrten einschließlich des an ihrem Ende erreichten Gesamtkilometerstands vollständig und in ihrem fortlaufenden Zusammenhang wiedergeben.

BFH v. 16. 2. 2005 VI R 37/04 (BStBl. II S. 563): Bemessungsgrundlage für die Bewertung der Nutzung eines betrieblichen Kfz zu privaten Fahrten nach der 1 v. H.-Regelung ist auch bei Arbeitnehmern der inländische Bruttolistenpreis einschließlich des darin enthaltenen Aufpreises für ein werkseitig eingebautes Satellitennavigationsgerät.

Rechtsprechung § 6

BFH v. 19. 2. 2004 VI R 135/01 (BStBl. II S. 958):
3. Die Peripherie-Geräte einer PC-Anlage sind regelmäßig keine geringwertigen Wirtschaftsgüter i. S. des § 6 Abs. 2 Satz 1 EStG.

BFH v. 6. 3. 2003 XI R 12/02 (BStBl. II S. 704): Berechnungsgrundlage für die private Kfz-Nutzung ist der Listenpreis einschließlich der Umsatzsteuer.

BFH v. 13. 2. 2003 X R 23/01 (BStBl. II S. 472): Kombinationskraftwagen (hier: Geländewagen) sind ungeachtet ihrer kraftfahrzeugsteuerrechtlichen Einordnung als (gewichtsbesteuerte) „andere Fahrzeuge" i. S. von § 8 Nr. 2 KraftStG auch dann Kfz i. S. des § 6 Abs. 1 Nr. 4 Satz 2 EStG (sog. 1-v.-H.-Regelung), wenn sie über ein zulässiges Gesamtgewicht von mehr als 2,8 t verfügen.

BFH v. 15. 5. 2002 VI R 132/00 (BStBl. 2003 II S. 311):
1. Steht ein betriebliches Kfz mehreren Arbeitnehmern zur privaten Nutzung zur Verfügung, beläuft sich der nach § 8 Abs. 2 Satz 2 EStG i. V. m. § 6 Abs. 1 Nr. 4 Satz 2 EStG zu ermittelnde geldwerte Vorteil für jeden Kalendermonat auf insgesamt 1 v. H. des inländischen Listenpreises des Kfz im Zeitpunkt der Erstzulassung zuzüglich der Kosten für Sonderausstattungen einschließlich der Umsatzsteuer.
2. Der nach § 8 Abs. 2 Satz 2 EStG i. V. m. § 6 Abs. 1 Nr. 4 Satz 2 EStG ermittelte Vorteil ist in diesem Fall entsprechend der Zahl der Nutzungsberechtigten aufzuteilen.

BFH v. 1. 3. 2001 IV R 27/00 (BStBl. II S. 403):
1. Die pauschale Bewertung der privaten Nutzung eines betrieblichen Kfz nach § 6 Abs. 1 Nr. 4 Satz 2 EStG verstößt auch insoweit nicht gegen den Gleichheitssatz, als die Nutzungsentnahme bei einem Gebrauchtfahrzeug ebenfalls nach dem Listenpreis bei der Erstzulassung bemessen wird (Anschluss an BFH-Urteil vom 24. Februar 2000 III R 59/98, BFHE 191, 286, BStBl. II 2000, 273).
2. Die auf Beschlussempfehlung des Vermittlungsausschusses in das JStG 1996 aufgenommene Regelung des § 6 Abs. 1 Nr. 4 Satz 2 EStG genügt dem Demokratieprinzip in Gestalt des Parlamentsvorbehalts (Art. 20 Abs. 3, Art. 76 Abs. 1 GG) und ist daher in formell verfassungsmäßiger Weise zustande gekommen.
3. Die umsatzsteuerliche Schätzung des Verwendungseigenverbrauchs ist nicht geeignet, die Führung eines Fahrtenbuchs zu vermeiden oder die pauschalierende 1-v. H.-Regelung zu ersetzen.
4. Die pauschalierende 1-v. H.-Regelung setzt die Zugehörigkeit des Kfz zum Betriebsvermögen voraus, hat aber keinen Einfluss auf dessen Zuordnung zum Betriebs- oder Privatvermögen.

Schwebende Verfahren

BFH VIII R 31/09 (BFH-Webseite): Betriebsausgabenabzug bei einem nur teilweise betrieblich genutzten Leasingfahrzeug:
Sind bei einem zu 30% betrieblich genutzten Leasingfahrzeug die Leasingraten voll als Betriebsausgabe abzugsfähig und ist die Privatnutzung nach der 1%-Regelung zu bemessen oder ist nur der betrieblich veranlasste Teil der Leasingraten (30%) als Betriebsausgabe abzugsfähig?

BFH VI R 46/08 (BFH-Webseite): Welche Anforderungen sind an die Erschütterung des Anscheinsbeweises für die private Nutzung eines Firmenwagens zu stellen?

BFH VIII R 24/08 (BFH-Webseite): Ist § 6 Abs. 1 Nr. 4 Satz 2 EStG bei mehreren, im Betriebsvermögen eines selbständig Tätigen befindlichen PKW auf jedes einzelne zum Betriebsvermögen gehörende Kfz isoliert anzuwenden? Kommt es bei der Anwendung des § 6 Abs. 1 Nr. 4 Satz 2 EStG auf eine eventuelle private Mitbenutzung der betrieblichen PKW durch Personen, die zur Privatsphäre des Unternehmensinhabers gehören, an? Inwieweit sind Verwaltungsanweisungen für das Finanzgericht bindend?

§ 6a

§ 6a Pensionsrückstellung

(1) Für eine Pensionsverpflichtung darf eine Rückstellung (Pensionsrückstellung) nur gebildet werden, wenn und soweit

1. der Pensionsberechtigte einen Rechtsanspruch auf einmalige oder laufende Pensionsleistungen hat,
2. die Pensionszusage keine Pensionsleistungen in Abhängigkeit von künftigen gewinnabhängigen Bezügen vorsieht und keinen Vorbehalt enthält, dass die Pensionsanwartschaft oder die Pensionsleistung gemindert oder entzogen werden kann, oder ein solcher Vorbehalt sich nur auf Tatbestände erstreckt, bei deren Vorliegen nach allgemeinen Rechtsgrundsätzen unter Beachtung billigen Ermessens eine Minderung oder ein Entzug der Pensionsanwartschaft oder der Pensionsleistung zulässig ist, und
3. die Pensionszusage schriftlich erteilt ist; die Pensionszusage muss eindeutige Angaben zu Art, Form, Voraussetzungen und Höhe der in Aussicht gestellten künftigen Leistungen enthalten.

(2) Eine Pensionsrückstellung darf erstmals gebildet werden

1. vor Eintritt des Versorgungsfalls für das Wirtschaftsjahr, in dem die Pensionszusage erteilt wird, frühestens jedoch für das Wirtschaftsjahr, bis zu dessen Mitte der Pensionsberechtigte das 27. Lebensjahr vollendet oder für das Wirtschaftsjahr, in dessen Verlauf die Pensionsanwartschaft gemäß den Vorschriften des Betriebsrentengesetzes,[1)]
2. nach Eintritt des Versorgungsfalls für das Wirtschaftsjahr, in dem der Versorgungsfall eintritt.

(3) ¹Eine Pensionsrückstellung darf höchstens mit dem Teilwert der Pensionsverpflichtung angesetzt werden. ²Als Teilwert einer Pensionsverpflichtung gilt

1. [2)] vor Beendigung des Dienstverhältnisses des Pensionsberechtigten der Barwert der künftigen Pensionsleistungen am Schluss des Wirtschaftsjahres abzüglich des sich auf denselben Zeitpunkt ergebenden Barwertes betragsmäßig gleich bleibender Jahresbeträge, bei einer Entgeltumwandlung im Sinne von § 1 Absatz 2 des Betriebsrentengesetzes mindestens jedoch der Barwert der gemäß den Vorschriften des Gesetzes zur Verbesserung der betrieblichen Altersversorgung unverfallbaren künftigen Pensionsleistungen am Schluss des Wirtschaftsjahres. ²Die Jahresbeträge sind so zu bemessen, dass am Beginn des Wirtschaftsjahres, in dem das Dienstverhältnis begonnen hat, ihr Barwert gleich dem Barwert der künftigen Pensionsleistungen ist; die künftigen Pensionsleistungen sind dabei mit dem Betrag anzusetzen, der sich nach den Verhältnissen am Bilanzstichtag ergibt. ³Es sind die Jahresbeträge zugrunde zu legen, die vom Beginn des Wirtschaftsjahres, in dem das Dienstverhältnis begonnen hat, bis zu dem in der Pensionszusage vorgesehenen Zeitpunkt des Eintritts des Versorgungsfalls rechnungsmäßig aufzubringen sind. ⁴Erhöhungen oder Verminderungen der Pensionsleistungen nach dem Schluss des Wirtschaftsjahres, die hinsichtlich des Zeitpunkts ihres Wirksamwerdens oder ihres Umfangs ungewiss sind, sind bei der Berechnung des Barwertes der künftigen Pensionsleistungen und der Jahresbeträge erst zu berücksichtigen, wenn sie eingetreten sind. ⁵Wird die Pensionszusage erst nach dem Beginn des Dienstverhältnisses erteilt, so ist die Zwischenzeit für die Berechnung der Jahresbeträge nur insoweit als Wartezeit zu behandeln, als sie in der Pensionszusage als solche bestimmt ist. ⁶Hat das Dienstverhältnis schon vor der Vollendung des 27. Lebensjahres des Pensionsberechtigten bestanden, so gilt es als zu Beginn des Wirtschaftsjahres begonnen, in dessen Mitte der Pensionsberechtigte das 27. Lebensjahr vollendet; in diesem Fall gilt für davor liegende Wirtschaftsjahre als Teilwert der Barwert der gemäß den Vor-

---

1) Zur erstmaligen Anwendung von § 6a Absatz 2 Nummer 1 siehe § 52 Absatz 16b und 17 EStG. Hinweis auf BMF-Schreiben vom 18.9.2001 (BStBl. I S. 612) betr. Zeitliche Anwendung der §§ 4d und 6a EStG; vom 6.4.2005 (BStBl. I S. 619) betr. Bilanzsteuerrechtliche Berücksichtigung von Abfindungsklauseln in Pensionszusagen nach § 6a EStG; vom 15.3.2007 (BStBl. I S. 290) betr. das sog. Näherungsverfahren.

2) Zur erstmaligen Anwendung von § 6a Absatz 3 Nummer 1 siehe § 52 Absatz 16b und 17 EStG.

§§ 6a, 6b

schriften des Betriebsrentengesetzes unverfallbaren künftigen Pensionsleistungen am Schluss des Wirtschaftsjahres;

2. nach Beendigung des Dienstverhältnisses des Pensionsberechtigten unter Aufrechterhaltung seiner Pensionsanwartschaft oder nach Eintritt des Versorgungsfalls der Barwert der künftigen Pensionsleistungen am Schluss des Wirtschaftsjahres; Nummer 1 Satz 4 gilt sinngemäß.

³Bei der Berechnung des Teilwertes der Pensionsverpflichtung sind ein Rechnungszinsfuß von 6 Prozent und die anerkannten Regeln der Versicherungsmathematik anzuwenden.

(4) ¹Eine Pensionsrückstellung darf in einem Wirtschaftsjahr höchstens um den Unterschied zwischen dem Teilwert der Pensionsverpflichtung am Schluss des Wirtschaftsjahres und am Schluss des vorangegangenen Wirtschaftsjahres erhöht werden. ²Soweit der Unterschiedsbestrag auf der erstmaligen Anwendung neuer oder geänderter biometrischer Rechnungsgrundlagen beruht, kann er nur auf mindestens drei Wirtschaftsjahre gleichmäßig verteilt der Pensionsrückstellung zugeführt werden; Entsprechendes gilt beim Wechsel auf andere biometrische Rechnungsgrundlagen[1]. ³In dem Wirtschaftsjahr, in dem mit der Bildung einer Pensionsrückstellung frühestens begonnen werden darf (Erstjahr), darf die Rückstellung bis zur Höhe des Teilwertes der Pensionsverpflichtung am Schluss des Wirtschaftsjahres gebildet werden; diese Rückstellung kann auf das Erstjahr und die beiden folgenden Wirtschaftsjahre gleichmäßig verteilt werden. ⁴Erhöht sich in einem Wirtschaftsjahr gegenüber dem vorangegangenen Wirtschaftsjahr der Barwert der künftigen Pensionsleistungen um mehr als 25 Prozent, so kann die für dieses Wirtschaftsjahr zulässige Erhöhung der Pensionsrückstellung auf dieses Wirtschaftsjahr und die beiden folgenden Wirtschaftsjahre gleichmäßig verteilt werden. ⁵Am Schluss des Wirtschaftsjahres, in dem das Dienstverhältnis des Pensionsberechtigten unter Aufrechterhaltung seiner Pensionsanwartschaft endet oder der Versorgungsfall eintritt, darf die Pensionsrückstellung stets bis zur Höhe des Teilwertes der Pensionsverpflichtung gebildet werden; die für dieses Wirtschaftsjahr zulässige Erhöhung der Pensionsrückstellung kann auf dieses Wirtschaftsjahr und die beiden folgenden Wirtschaftsjahre gleichmäßig verteilt werden. ⁶Satz 2 gilt in den Fällen der Sätze 3 bis 5 entsprechend.[2]

(5) Die Absätze 3 und 4 gelten entsprechend, wenn der Pensionsberechtigte zu dem Pensionsverpflichteten in einem anderen Rechtsverhältnis als einem Dienstverhältnis steht.

§ 6b Übertragung stiller Reservern bei der Veräußerung bestimmter Anlagegüter[3]

(1) ¹Steuerpflichtige, die

Grund und Boden,

Aufwuchs auf Grund und Boden pmit dem dazugehörigen Grund und Boden, wenn der Aufwuchs zu einem land- und forstwirtschaftlichen Betriebsvermögen gehört,

Gebäude oder

Binnenschiffe

veräußern, können im Wirtschaftsjahr der Veräußerung von den Anschaffungs- oder Herstellungskosten der in Satz 2 bezeichneten Wirtschaftsgüter, die im Wirtschaftsjahr der Veräußerung oder im vorangegangenen Wirtschaftsjahr angeschafft oder hergestellt worden sind, einen Betrag bis zur Höhe des bei der Veräußerung entstandenen Gewinns abziehen. ²Der Abzug ist zulässig bei den Anschaffungs- oder Herstellungskosten von

1. Grund und Boden,
   soweit der Gewinn bei der Veräußerung von Grund und Boden entstanden ist,
2. Aufwuchs auf Grund und Boden mit dem dazugehörigen Grund und Boden, wenn der zu einem land- und forstwirtschaftlichen Betriebsvermögen gehört,

---

1) Zur erstmaligen Anwendung von § 6a Absatz 4 Satz 2 siehe § 52 Absatz 17 EStG.
2) Zur erstmaligen Anwendung von § 6a Absatz 4 Satz 6 siehe § 52 Absatz 17 EStG.
3) Zur Anwendung von § 6b siehe § 52 Absatz 18, 18a und 59d EStG.

§ 6b

soweit der Gewinn bei der Veräußerung von Grund und Boden oder der Veräußerung von Aufwuchs auf Grund und Boden mit dem dazugehörigen Grund und Boden entstanden ist,

3. Gebäuden,

soweit der Gewinn bei der Veräußerung von Grund und Boden, von Aufwuchs auf Grund und Boden mit dem dazugehörigen Grund und Boden oder Gebäuden entstanden ist, oder

4. Binnenschiffen,

soweit der Gewinn bei der Veräußerung von Binnenschiffen entstanden ist. ³Der Anschaffung oder Herstellung von Gebäuden steht ihre Erweiterung, ihr Ausbau oder ihr Umbau gleich. ⁴Der Abzug ist in diesem Fall nur von dem Aufwand für die Erweiterung, den Ausbau oder den Umbau der Gebäude zulässig.

(2) ¹Gewinn im Sinne des Absatzes 1 Satz 1 ist der Betrag, um den der Veräußerungspreis nach Abzug der Veräußerungskosten den Buchwert übersteigt, mit dem das veräußerte Wirtschaftsgut im Zeitpunkt der Veräußerung anzusetzen gewesen wäre. ²Buchwert ist der Wert, mit dem ein Wirtschaftsgut nach § 6 anzusetzen ist.

(3) ¹Soweit Steuerpflichtige den Abzug nach Absatz 1 nicht vorgenommen haben, können sie im Wirtschaftsjahr der Veräußerung eine den steuerlichen Gewinn mindernde Rücklage bilden. ²Bis zur Höhe dieser Rücklage können sie von den Anschaffungs- oder Herstellungskosten der in Absatz 1 Satz 2 bezeichneten Wirtschaftsgüter, die in den folgenden vier Wirtschaftsjahren angeschafft oder hergestellt worden sind, im Wirtschaftsjahr ihrer Anschaffung oder Herstellung einen Betrag unter Berücksichtigung der Einschränkungen des Absatzes 1 Satz 2 bis 4 abziehen. ³Die Frist von vier Jahren verlängert sich bei neu hergestellten Gebäuden auf sechs Jahre, wenn mit ihrer Herstellung vor dem Schluss des vierten auf die Bildung der Rücklage folgenden Wirtschaftsjahres begonnen worden ist. ⁴Die Rücklage ist in Höhe des abgezogenen Betrags gewinnerhöhend aufzulösen. ⁵Ist eine Rücklage am Schluss des vierten auf ihre Bildung folgenden Wirtschaftsjahres noch vorhanden, so ist sie in diesem Zeitpunkt gewinnerhöhend aufzulösen, soweit nicht ein Abzug von den Herstellungskosten von Gebäuden in Betracht kommt, mit deren Herstellung bis zu diesem Zeitpunkt begonnen worden ist; ist die Rücklage am Schluss des sechsten auf ihre Bildung folgenden Wirtschaftsjahres noch vorhanden, so ist sie in diesem Zeitpunkt gewinnerhöhend aufzulösen.

(4) ¹Voraussetzung für die Anwendung der Absätze 1 und 3 ist, dass

1. der Steuerpflichtige den Gewinn nach § 4 Absatz 1 oder § 5 ermittelt,

2. die veräußerten Wirtschaftsgüter im Zeitpunkt der Veräußerung mindestens sechs Jahre ununterbrochen zum Anlagevermögen einer inländischen Betriebsstätte gehört haben,

3. die angeschafften oder hergestellten Wirtschaftsgüter zum Anlagevermögen einer inländischen Betriebsstätte gehören,

4. der bei der Veräußerung entstandene Gewinn bei der Ermittlung des im Inland steuerpflichtigen Gewinns nicht außer Ansatz bleibt und

5. der Abzug nach Absatz 1 und die Bildung und Auflösung der Rücklage nach Absatz 3 in der Buchführung verfolgt werden können.

²Der Abzug nach den Absätzen 1 und 3 ist bei Wirtschaftsgütern, die zu einem land- und forstwirtschaftlichen Betrieb gehören oder der selbständigen Arbeit dienen, nicht zulässig, wenn der Gewinn bei der Veräußerung von Wirtschaftsgütern eines Gewerbebetriebs entstanden ist.

(5) An die Stelle der Anschaffungs- oder Herstellungskosten im Sinne des Absatzes 1 tritt in den Fällen, in denen das Wirtschaftsgut im Wirtschaftsjahr vor der Veräußerung angeschafft oder hergestellt worden ist, der Buchwert am Schluss des Wirtschaftsjahres der Anschaffung oder Herstellung.

§ 6b

(6) ¹Ist ein Betrag nach Absatz 1 oder 3 abgezogen worden, so tritt für die Absetzungen für Abnutzung oder Substanzverringerung oder in den Fällen des § 6 Absatz 2 und Absatz 2a im Wirtschaftsjahr des Abzugs der verbleibende Betrag an die Stelle der Anschaffungs- oder Herstellungskosten. ²In den Fällen des § 7 Absatz 4 Satz 1 und Absatz 5 sind die um den Abzugsbetrag nach Absatz 1 oder 3 geminderten Anschaffungs- oder Herstellungskosten maßgebend.

(7) Soweit eine nach Absatz 3 Satz 1 gebildete Rücklage gewinnerhöhend aufgelöst wird, ohne daß ein entsprechender Betrag nach Absatz 3 abgezogen wird, ist der Gewinn des Wirtschaftsjahres, in dem die Rücklage aufgelöst wird, für jedes volle Wirtschaftsjahr, in dem die Rücklage bestanden hat, um 6 Prozent des aufgelösten Rücklagenbetrags zu erhöhen.

(8) ¹Werden Wirtschaftsgüter im Sinne des Absatzes 1 zum Zweck der Vorbereitung oder Durchführung von städtebaulichen Sanierungs- oder Entwicklungsmaßnahmen an einen der in Satz 3 bezeichneten Erwerber übertragen, sind die Absätze 1 bis 7 mit der Maßgabe anzuwenden, dass

1. die Fristen des Absatzes 3 Sätze 2, 3 und 5 sich jeweils um drei Jahre verlängern und
2. an die Stelle der in Absatz 4 Nummer 2 bezeichneten Frist von sechs Jahren eine Frist von zwei Jahren tritt.

²Erwerber im Sinne des Satzes 1 sind Gebietskörperschaften, Gemeindeverbände, Verbände im Sinne des § 166 Absatz 4 des Baugesetzbuchs, Planungsverbände nach § 205 des Baugesetzbuchs, Sanierungsträger nach § 157 des Baugesetzbuchs, Entwicklungsträger nach § 167 des Baugesetzbuchs sowie Erwerber, die städtebauliche Sanierungsmaßnahmen als Eigentümer selbst durchführen (§ 147 Absatz 2 und § 148 Absatz 1 Baugesetzbuch).

(9) Absatz 8 ist nur anzuwenden, wenn die nach Landesrecht zuständige Behörde bescheinigt, dass die Übertragung der Wirtschaftsgüter zum Zweck der Vorbereitung oder Durchführung von städtebaulichen Sanierungs- oder Entwicklungsmaßnahmen an einen der in Absatz 8 Satz 4 bezeichneten Erwerber erfolgt ist.

(10) ¹Steuerpflichtige, die keine Körperschaften, Personenvereinigungen oder Vermögensmassen sind, können Gewinne aus der Veräußerung von Anteilen an Kapitalgesellschaften bis zu einem Betrag von 500 000 Euro auf die im Wirtschaftsjahr der Veräußerung oder in den folgenden zwei Wirtschaftsjahren angeschafften Anteile an Kapitalgesellschaften oder angeschafften oder hergestellten abnutzbaren beweglichen Wirtschaftsgüter oder auf die im Wirtschaftsjahr der Veräußerung oder in den folgenden vier Wirtschaftsjahren angeschafften oder hergestellten Gebäude nach Maßgabe der Sätze 2 bis 11 übertragen. ²Wird der Gewinn im Jahr der Veräußerung auf Gebäude oder abnutzbare bewegliche Wirtschaftsgüter übertragen, so kann ein Betrag bis zur Höhe des bei der Veräußerung entstandenen und nicht nach § 3 Nummer 40 Satz 1 Buchstabe a und b in Verbindung mit § 3c Absatz 2 steuerbefreiten Betrags von den Anschaffungs- oder Herstellungskosten für Gebäude oder abnutzbare bewegliche Wirtschaftsgüter abgezogen werden. ³Wird der Gewinn im Jahr der Veräußerung auf Anteile an Kapitalgesellschaften übertragen, mindern sich die Anschaffungskosten der Anteile an Kapitalgesellschaften in Höhe des Veräußerungsgewinns einschließlich des nach § 3 Nummer 40 Satz 1 Buchstabe a und b in Verbindung mit § 3c Absatz 2 steuerbefreiten Betrages. ⁴Absatz 2, Absatz 4 Satz 1 Nummer 1, 2, 3, 5 und Satz 2 sowie Absatz 5 sind sinngemäß anzuwenden. ⁵Soweit Steuerpflichtige den Abzug nach den Sätzen 1 bis 4 nicht vorgenommen haben, können sie eine Rücklage nach Maßgabe des Satzes 1 einschließlich des nach § 3 Nummer 40 Satz 1 Buchstabe a und b in Verbindung mit § 3c Absatz 2 steuerbefreiten Betrages bilden. ⁶Bei der Auflösung der Rücklage gelten die Sätze 2 und 3 sinngemäß. ⁷Im Fall des Satzes 2 ist die Rücklage in gleicher Höhe um den nach § 3 Nummer 40 Satz 1 Buchstabe a und b in Verbindung mit § 3c Absatz 2 steuerbefreiten Betrag aufzulösen. ⁸Ist eine Rücklage am Schluss des vierten auf ihre Bildung folgenden Wirtschaftsjahres noch vorhanden, so ist sie in diesem Zeitpunkt gewinnerhöhend aufzulösen. ⁹Soweit der Abzug nach Satz 6 nicht vorgenommen wurde, ist der Gewinn des Wirtschaftsjahres, in dem die Rücklage aufgelöst wird, für jedes volle Wirtschaftsjahr, in dem die Rücklage bestanden hat, um 6 Prozent des nicht nach § 3 Nummer 40 Satz 1 Buchstabe a und

§§ 6b, 6c, 6d, 7

b in Verbindung mit § 3c Absatz 2 steuerbefreiten aufgelösten Rücklagenbetrags zu erhöhen. [10]Für die zum Gesamthandsvermögen von Personengesellschaften oder Gemeinschaften gehörenden Anteile an Kapitalgesellschaften gelten die Sätze 1 bis 9 nur, soweit an den Personengesellschaften und Gemeinschaften keine Körperschaften, Personenvereinigungen oder Vermögensmassen beteiligt sind.

§ 6c[1]) Übertragung stiller Reserven bei der Veräußerung bestimmter Anlagegüter bei der Ermittlung des Gewinns nach § 4 Absatz 3 oder nach Durchschnittssätzen

(1) [1]§ 6b mit Ausnahme des § 6b Absatz 4 Nummer 1 ist entsprechend anzuwenden, wenn der Gewinn nach § 4 Absatz 3 oder die Einkünfte aus Land- und Forstwirtschaft nach Durchschnittssätzen ermittelt werden. [2]Soweit nach § 6b Absatz 3 eine Rücklage gebildet werden kann, ist ihre Bildung als Betriebsausgabe (Abzug) und ihre Auflösung als Betriebseinnahme (Zuschlag) zu behandeln; der Zeitraum zwischen Abzug und Zuschlag gilt als Zeitraum, in dem die Rücklage bestanden hat.

(2) [1]Voraussetzung für die Anwendung des Absatzes 1 ist, dass die Wirtschaftsgüter, bei denen ein Abzug von den Anschaffungs- oder Herstellungskosten oder von dem Wert nach § 6b Absatz 5 vorgenommen worden ist, in besondere, laufend zu führende Verzeichnisse aufgenommen werden. [2]In den Verzeichnissen sind der Tag der Anschaffung oder Herstellung, die Anschaffungs- oder Herstellungskosten, der Abzug nach § 6b Absatz 1 und 3 in Verbindung mit Absatz 1, die Absetzungen für Abnutzung, die Abschreibungen sowie die Beträge nachzuweisen, die nach § 6b Absatz 3 in Verbindung mit Absatz 1 als Betriebsausgaben (Abzug) oder Betriebseinnahmen (Zuschlag) behandelt worden sind.

§ 6d Euroumrechnungsrücklage[2])

(1) [1]Ausleihungen, Forderungen und Verbindlichkeiten im Sinne des Artikels 43 des Einführungsgesetzes zum Handelsgesetzbuch, die auf Währungseinheiten der an der europäischen Währungsunion teilnehmenden anderen Mitgliedstaaten oder auf die ECU im Sinne des Artikels 2 der Verordnung (EG) Nr. 1103/97 des Rates vom 17. Juni 1997 (ABl. EG Nr. L 162 S. 1) lauten, sind am Schluss des ersten nach dem 31. Dezember 1998 endenden Wirtschaftsjahres mit dem vom Rat der Europäischen Union gemäß Artikel 109l Absatz 4 Satz 1 des EG-Vertrages unwiderruflich festgelegten Umrechnungskurs umzurechnen und mit dem sich danach ergebenden Wert anzusetzen. [2]Der Gewinn, der sich aus diesem jeweiligen Ansatz für das einzelne Wirtschaftsgut ergibt, kann in eine den steuerlichen Gewinn mindernde Rücklage eingestellt werden. [3]Die Rücklage ist gewinnerhöhend aufzulösen, soweit das Wirtschaftsgut, aus dessen Bewertung sich der in die Rücklage eingestellte Gewinn ergeben hat, aus dem Betriebsvermögen ausscheidet. [4]Die Rücklage ist spätestens am Schluss des fünften nach dem 31. Dezember 1998 endenden Wirtschaftsjahres gewinnerhöhend aufzulösen.

(2) [1]In die Euroumrechnungsrücklage gemäß Absatz 1 Satz 2 können auch Erträge eingestellt werden, die sich aus der Aktivierung von Wirtschaftsgütern auf Grund der unwiderruflichen Festlegung der Umrechnungskurse ergeben. [2]Absatz 1 Satz 3 gilt entsprechend.

(3) Die Bildung und Auflösung der jeweiligen Rücklage müssen in der Buchführung verfolgt werden können.

§ 7 Absetzung für Abnutzung oder Substanzverringerung

(1) [1]Bei Wirtschaftsgütern, deren Verwendung oder Nutzung durch den Steuerpflichtigen zur Erzielung von Einkünften sich erfahrungsgemäß auf einen Zeitraum von mehr als einem Jahr erstreckt, ist jeweils für ein Jahr der Teil der Anschaffungs- oder Herstellungskosten abzusetzen, der bei gleichmäßiger Verteilung dieser Kosten auf die Gesamtdauer der Ver-

---

1) Zur Anwendung von § 6c siehe § 52 Absatz 19 EStG.
2) § 6d ist erstmals für nach dem 31. 12. 1998 endende Wirtschaftsjahre anzuwenden (§ 52 Absatz 20 EStG).

wendung oder Nutzung auf ein Jahr entfällt (Absetzung für Abnutzung in gleichen Jahresbeträgen). ²Die Absetzung bemisst sich hierbei nach der betriebsgewöhnlichen Nutzungsdauer des Wirtschaftsguts. ³Als betriebsgewöhnliche Nutzungsdauer des Geschäfts- oder Firmenwerts eines Gewerbebetriebs oder eines Betriebs der Land- und Forstwirtschaft gilt ein Zeitraum von 15 Jahren. ⁴Im Jahr der Anschaffung oder Herstellung des Wirtschaftsguts vermindert sich für dieses Jahr der Absetzungsbetrag nach Satz 1 um jeweils ein Zwölftel für jeden vollen Monat, der dem Monat der Anschaffung oder Herstellung vorangeht. ⁵Bei Wirtschaftsgütern, die nach einer Verwendung zur Erzielung von Einkünften im Sinne des § 2 Absatz 1 Nummer 4 bis 7 in ein Betriebsvermögen eingelegt worden sind, mindern sich die Anschaffungs- oder Herstellungskosten um die Absetzungen für Abnutzung oder Substanzverringerung, Sonderabschreibungen oder erhöhte Absetzungen, die bis zum Zeitpunkt der Einlage vorgenommen worden sind. ⁶Bei beweglichen Wirtschaftsgütern des Anlagevermögens, bei denen es wirtschaftlich begründet ist, die Absetzung für Abnutzung nach Maßgabe der Leistung des Wirtschaftsguts vorzunehmen, kann der Steuerpflichtige dieses Verfahren statt der Absetzung für Abnutzung in gleichen Jahresbeträgen anwenden, wenn er den auf das einzelne Jahr entfallenden Umfang der Leistung nachweist. ⁷Absetzungen für außergewöhnliche technische oder wirtschaftliche Abnutzung sind zulässig; soweit der Grund hierfür in späteren Wirtschaftsjahren entfällt, ist in den Fällen der Gewinn-ermittlung nach § 4 Absatz 1 oder nach § 5 eine entsprechende Zuschreibung vorzunehmen.¹⁾

(2) ¹Bei beweglichen Wirtschaftsgütern des Anlagevermögens, die nach dem 31. Dezember 2008 und vor dem 1. Januar 2011 angeschafft oder hergestellt worden sind, kann der Steuerpflichtige statt der Absetzung für Abnutzung in gleichen Jahresbeträgen die Absetzung für Abnutzung in fallenden Jahresbeträgen bemessen. ²Die Absetzung für Abnutzung in fallenden Jahresbeträgen kann nach einem unveränderlichen Prozentsatz vom jeweiligen Buchwert (Restwert) vorgenommen werden; der dabei anzuwendende Prozentsatz darf höchstens das Zweieinhalbfache des bei der Absetzung für Abnutzung in gleichen Jahresbeträgen in Betracht kommenden Prozentsatzes betragen und 25 Prozent nicht übersteigen. ³Absatz 1 Satz 4 und § 7a Absatz 8 gelten entsprechend. ⁴Bei Wirtschaftsgütern, bei denen die Absetzung für Abnutzung in fallenden Jahresbeträgen bemessen wird, sind Absetzungen für außergewöhnliche technische oder wirtschaftliche Abnutzung nicht zulässig.²⁾

(3) ¹Der Übergang von der Absetzung für Abnutzung in fallenden Jahresbeträgen zur Absetzung für Abnutzung in gleichen Jahresbeträgen ist zulässig. ²In diesem Fall bemisst sich die Absetzung für Abnutzung vom Zeitpunkt des Übergangs an nach dem dann noch vorhandenen Restwert und der Restnutzungsdauer des einzelnen Wirtschaftsguts. ³Der Übergang von der Absetzung für Abnutzung in gleichen Jahresbeträgen zur Absetzung für Abnutzung in fallenden Jahresbeträgen ist nicht zulässig.³⁾

(4)⁴⁾ ¹Bei Gebäuden sind abweichend von Absatz 1 als Absetzung für Abnutzung die folgenden Beträge bis zur vollen Absetzung abzuziehen:

1. bei Gebäuden, soweit sie zu einem Betriebsvermögen gehören und nicht Wohnzwecken dienen und für die der Bauantrag nach dem 31. März 1985 gestellt worden ist, jährlich 3 Prozent,
2. bei Gebäuden, soweit sie die Voraussetzungen der Nummer 1 nicht erfüllen und die
   a) nach dem 31. Dezember 1924 fertig gestellt worden sind, jährlich 2 Prozent,
   b) vor dem 1. Januar 1925 fertig gestellt worden sind, jährlich 2,5 Prozent

der Anschaffungs- oder Herstellungskosten; Absatz 1 Satz 5 gilt entsprechend. ²Beträgt die tatsächliche Nutzungsdauer eines Gebäudes in den Fällen des Satzes 1 Nummer 1 weniger als 33 Jahre, in den Fällen des Satzes 1 Nummer 2 Buchstabe a weniger als 50 Jahre, in den Fällen des Satzes 1 Nummer 2 Buchstabe b weniger als 40 Jahre, so können an Stelle der Absetzungen nach Satz 1 die der tatsächlichen Nutzungsdauer entsprechenden Abset-

---

1) Zur Anwendung von § 7 Absatz 1 siehe § 53 Absatz 21 EStG.
2) Zur letztmaligen Anwendung der früheren Fassung von § 7 Absatz 2 siehe § 52 Absatz 21a Satz 3 EStG.
3) Zur letztmaligen Anwendung der früheren Fassung von § 7 Absatz 3 siehe § 52 Absatz 21a Satz 3 EStG.
4) Zur Weiteranwendung von § 7 Absatz 4 Satz 1 und 2 bisheriger Fassung siehe § 52 Absatz 21b EStG.

§ 7

zungen für Abnutzung vorgenommen werden. ³Absatz 1 letzter Satz bleibt unberührt. ⁴Bei Gebäuden im Sinne der Nummer 2 rechtfertigt die für Gebäude im Sinne der Nummer 1 geltende Regelung weder die Anwendung des Absatzes 1 letzter Satz noch den Ansatz des niedrigeren Teilwerts (§ 6 Absatz 1 Nummer 1 Satz 2).

(5) ¹Bei Gebäuden, die in einem Mitgliedstaat der Europäischen Union oder einem anderen Staat belegen sind, auf den das Abkommen über den Europäischen Wirtschaftsraum (EWR-Abkommen) angewendet wird, und die vom Steuerpflichtigen hergestellt oder bis zum Ende des Jahres der Fertigstellung angeschafft worden sind, können abweichend von Absatz 4 als Absetzung für Abnutzung die folgenden Beträge abgezogen werden:

1. bei Gebäuden im Sinne des Absatzes 4 Satz 1 Nummer 1, die vom Steuerpflichtigen auf Grund eines vor dem 1. Januar 1994 gestellten Bauantrags hergestellt oder auf Grund eines vor diesem Zeitpunkt rechtswirksam abgeschlossenen obligatorischen Vertrags angeschafft worden sind,
   - im Jahr der Fertigstellung und in den folgenden 3 Jahren jeweils 10 Prozent,
   - in den darauf folgenden 3 Jahren jeweils 5 Prozent,
   - in den darauf folgenden 18 Jahren jeweils 2,5 Prozent,

2. bei Gebäuden im Sinne des Absatzes 4 Satz 1 Nummer 2, die vom Steuerpflichtigen auf Grund eines vor dem 1. Januar 1995 gestellten Bauantrags hergestellt oder auf Grund eines vor diesem Zeitpunkt rechtswirksam abgeschlossenen obligatorischen Vertrags angeschafft worden sind,
   - im Jahr der Fertigstellung und in den folgenden 7 Jahren jeweils 5 Prozent,
   - in den darauf folgenden 6 Jahren jeweils 2,5 Prozent,
   - in den darauf folgenden 36 Jahren jeweils 1,25 Prozent,

3. bei Gebäuden im Sinne des Absatzes 4 Satz 1 Nummer 2, soweit sie Wohnzwecken dienen, die vom Steuerpflichtigen

   a) auf Grund eines nach dem 28. Februar 1989 und vor dem 1. Januar 1996 gestellten Bauantrags hergestellt oder nach dem 28. Februar 1989 auf Grund eines nach dem 28. Februar 1989 und vor dem 1. Januar 1996 rechtswirksam abgeschlossenen obligatorischen Vertrags angeschafft worden sind,
      - im Jahr der Fertigstellung und in den folgenden 3 Jahren jeweils 7 Prozent,
      - in den darauf folgenden 6 Jahren jeweils 5 Prozent,
      - in den darauf folgenden 6 Jahren jeweils 2 Prozent,
      - in den darauf folgenden 24 Jahren jeweils 1,25 Prozent,

   b) auf Grund eines nach dem 31. Dezember 1995 und vor dem 1. Januar 2004 gestellten Bauantrags hergestellt oder nach dem 31. Dezember 1995 und vor dem 1. Januar 2004 rechtswirksam abgeschlossenen obligatorischen Vertrags angeschafft worden sind,
      - im Jahr der Fertigstellung und in den folgenden 7 Jahren jeweils 5 Prozent,
      - in den darauf folgenden 6 Jahren jeweils 2,5 Prozent,
      - in den darauf folgenden 36 Jahren jeweils 1,25 Prozent,

   c) auf Grund eines nach dem 31. Dezember 2003 und vor dem 1. Januar 2006 gestellten Bauantrags hergestellt oder nach dem 31. Dezember 2003 und vor dem 1. Januar 2006 rechtswirksam abgeschlossenen obligatorischen Vertrags angeschafft worden sind,
      - im Jahr der Fertigstellung und in den folgenden 9 Jahren jeweils 4 Prozent,
      - in den darauf folgenden 8 Jahren jeweils 2,5 Prozent,
      - in den darauf folgenden 32 Jahren jeweils 1,25 Prozent,

der Anschaffungs- oder Herstellungskosten. ²Im Fall der Anschaffung kann Satz 1 nur angewendet werden, wenn der Hersteller für das veräußerte Gebäude weder Absetzungen für

Abnutzung nach Satz 1 vorgenommen noch erhöhte Absetzungen oder Sonderabschreibungen in Anspruch genommen hat. ³Absatz 1 Satz 4 gilt nicht.

(5a) Die Absätze 4 und 5 sind auf Gebäudeteile, die selbständige unbewegliche Wirtschaftsgüter sind, sowie auf Eigentumswohnungen und auf im Teileigentum stehende Räume entsprechend anzuwenden.

(6) Bei Bergbauunternehmen, Steinbrüchen und anderen Betrieben, die einen Verbrauch der Substanz mit sich bringen, ist Absatz 1 entsprechend anzuwenden; dabei sind Absetzungen nach Maßgabe des Substanzverzehrs zulässig (Absetzung für Substanzverringerung).

§ 7a Gemeinsame Vorschriften für erhöhte Absetzungen und Sonderabschreibungen

(1) ¹Werden in dem Zeitraum, in dem bei einem Wirtschaftsgut erhöhte Absetzungen oder Sonderabschreibungen in Anspruch genommen werden können (Begünstigungszeitraum), nachträgliche Herstellungskosten aufgewendet, so bemessen sich vom Jahr der Entstehung der nachträglichen Herstellungskosten an bis zum Ende des Begünstigungszeitraums die Absetzungen für Abnutzung, erhöhten Absetzungen und Sonderabschreibungen nach den um die nachträglichen Herstellungskosten erhöhten Anschaffungs- oder Herstellungskosten. ²Entsprechendes gilt für nachträgliche Anschaffungskosten. ³Werden im Begünstigungszeitraum die Anschaffungs- oder Herstellungskosten eines Wirtschaftsguts nachträglich gemindert, so bemessen sich vom Jahr der Minderung an bis zum Ende des Begünstigungszeitraums die Absetzungen für Abnutzung, erhöhten Absetzungen und Sonderabschreibungen nach den geminderten Anschaffungs- oder Herstellungskosten.

(2) ¹Können bei einem Wirtschaftsgut erhöhte Absetzungen oder Sonderabschreibungen bereits für Anzahlungen auf Anschaffungskosten oder für Teilherstellungskosten in Anspruch genommen werden, so sind die Vorschriften über erhöhte Absetzungen und Sonderabschreibungen mit der Maßgabe anzuwenden, dass an die Stelle der Anschaffungs- oder Herstellungskosten die Anzahlungen auf Anschaffungskosten oder die Teilherstellungskosten und an die Stelle des Jahres der Anschaffung oder Herstellung das Jahr der Anzahlung oder Teilherstellung treten. ²Nach Anschaffung oder Herstellung des Wirtschaftsguts sind erhöhte Absetzungen oder Sonderabschreibungen nur zulässig, soweit sie nicht bereits für Anzahlungen auf Anschaffungskosten oder für Teilherstellungskosten in Anspruch genommen worden sind. ³Anzahlungen auf Anschaffungskosten sind im Zeitpunkt der tatsächlichen Zahlung aufgewendet. ⁴Werden Anzahlungen auf Anschaffungskosten durch Hingabe eines Wechsels geleistet, so sind sie in dem Zeitpunkt aufgewendet, in dem dem Lieferanten durch Diskontierung oder Einlösung des Wechsels das Geld tatsächlich zufließt. ⁵Entsprechendes gilt, wenn an Stelle von Geld ein Scheck hingegeben wird.

(3) Bei Wirtschaftsgütern, bei denen erhöhte Absetzungen in Anspruch genommen werden, müssen in jedem Jahr des Begünstigungszeitraums mindestens Absetzungen in Höhe der Absetzungen für Abnutzung nach § 7 Absatz 1 oder 4 berücksichtigt werden.

(4) Bei Wirtschaftsgütern, bei denen Sonderabschreibungen in Anspruch genommen werden, sind die Absetzungen für Abnutzung nach § 7 Absatz 1 oder 4 vorzunehmen.

(5) Liegen bei einem Wirtschaftsgut die Voraussetzungen für die Inanspruchnahme von erhöhten Absetzungen oder Sonderabschreibungen auf Grund mehrerer Vorschriften vor, so dürfen erhöhte Absetzungen oder Sonderabschreibungen nur auf Grund einer dieser Vorschriften in Anspruch genommen werden.

(6) Erhöhte Absetzungen oder Sonderabschreibungen sind bei der Prüfung, ob die in § 141 Absatz 1 Nummer 4 und 5 der Abgabenordnung bezeichneten Buchführungsgrenzen überschritten sind, nicht zu berücksichtigen.[1)]

(7) ¹Ist ein Wirtschaftsgut mehreren Beteiligten zuzurechnen und sind die Voraussetzungen für erhöhte Absetzungen oder Sonderabschreibungen nur bei einzelnen Beteiligten erfüllt, so dürfen die erhöhten Absetzungen und Sonderabschreibungen nur anteilig für diese Be-

---

1) Wegen der letztmaligen Anwendung der früheren Fassung des § 7a Absatz 6 EStG siehe § 52 Absatz 22 EStG.

teiligten vorgenommen werden. ²Die erhöhten Absetzungen oder Sonderabschreibungen dürfen von den Beteiligten, bei denen die Voraussetzungen dafür erfüllt sind, nur einheitlich vorgenommen werden.

(8) ¹Erhöhte Absetzungen oder Sonderabschreibungen sind bei Wirtschaftsgütern, die zu einem Betriebsvermögen gehören, nur zulässig, wenn sie in ein besonderes, laufend zu führendes Verzeichnis aufgenommen werden, das den Tag der Anschaffung oder Herstellung, die Anschaffungs- oder Herstellungskosten, die betriebsgewöhnliche Nutzungsdauer und die Höhe der jährlichen Absetzungen für Abnutzung, erhöhten Absetzungen und Sonderabschreibungen enthält. ²Das Verzeichnis braucht nicht geführt zu werden, wenn diese Angaben aus der Buchführung ersichtlich sind.

(9) Sind für ein Wirtschaftsgut Sonderabschreibungen vorgenommen worden, so bemessen sich nach Ablauf des maßgebenden Begünstigungszeitraums die Absetzungen für Abnutzung bei Gebäuden und bei Wirtschaftsgütern im Sinne des § 7 Absatz 5a nach dem Restwert und dem nach § 7 Absatz 4 unter Berücksichtigung der Restnutzungsdauer maßgebenden Prozentsatz, bei anderen Wirtschaftsgütern nach dem Restwert und der Restnutzungsdauer.

§ 7b Erhöhte Absetzungen für Einfamilienhäuser, Zweifamilienhäuser und Eigentumswohnungen

– bei Herstellung oder Anschaffung vor dem 1. Januar 1987 –
Gesetzestext siehe Seite 32 f.

§ 7c Erhöhte Absetzungen für Baumaßnahmen an Gebäuden zur Schaffung neuer Mietwohnungen

(1) Bei Wohnungen im Sinne des Absatzes 2, die durch Baumaßnahmen an Gebäuden im Inland hergestellt worden sind, können abweichend von § 7 Absatz 4 und 5 im Jahr der Fertigstellung und in den folgenden 4 Jahren Absetzungen jeweils bis zu 20 Prozent der Bemessungsgrundlage vorgenommen werden.

(2) Begünstigt sind Wohnungen,
1. für die der Bauantrag nach dem 2. Oktober 1989 gestellt worden ist oder, falls ein Bauantrag nicht erforderlich ist, mit deren Herstellung nach diesem Zeitpunkt begonnen worden ist,
2. die vor dem 1. Januar 1996 fertiggestellt worden sind und
3. für die keine Mittel aus öffentlichen Haushalten unmittelbar oder mittelbar gewährt werden.

(3) ¹Bemessungsgrundlage sind die Aufwendungen, die dem Steuerpflichtigen durch die Baumaßnahme entstanden sind, höchstens jedoch 60 000 Deutsche Mark je Wohnung. ²Sind durch die Baumaßnahmen Gebäudeteile hergestellt worden, die selbständige unbewegliche Wirtschaftsgüter sind, gilt für die Herstellungskosten, für die keine Absetzungen nach Absatz 1 vorgenommen werden, § 7 Absatz 4; § 7b Absatz 8 bleibt unberührt.

(4) Die erhöhten Absetzungen können nur in Anspruch genommen werden, wenn die Wohnung vom Zeitpunkt der Fertigstellung bis zum Ende des Begünstigungszeitraums fremden Wohnzwecken dient.

(5) ¹Nach Ablauf des Begünstigungszeitraums ist ein Restwert den Anschaffungs- oder Herstellungskosten des Gebäudes oder dem an deren Stelle tretenden Wert hinzuzurechnen; die weiteren Absetzungen für Abnutzung sind einheitlich für das gesamte Gebäude nach dem sich hiernach ergebenden Betrag und dem für das Gebäude maßgebenden Prozentsatz zu bemessen. ²Satz 1 ist auf Gebäudeteile, die selbständige unbewegliche Wirtschaftsgüter sind, und auf Eigentumswohnungen entsprechend anzuwenden.

§ 7d

§ 7d Erhöhte Absetzungen für Wirtschaftsgüter, die dem Umweltschutz dienen

(1) ¹Bei abnutzbaren beweglichen und unbeweglichen Wirtschaftsgütern des Anlagevermögens, bei denen die Voraussetzungen des Absatzes 2 vorliegen und die nach dem 31. Dezember 1974 und vor dem 1. Januar 1991 angeschafft oder hergestellt worden sind, können abweichend von § 7 im Wirtschaftsjahr der Anschaffung oder Herstellung bis zu 60 Prozent und in den folgenden Wirtschaftsjahren bis zur vollen Absetzung jeweils bis zu 10 Prozent der Anschaffungs- oder Herstellungskosten abgesetzt werden. ²Nicht in Anspruch genommene erhöhte Absetzungen können nachgeholt werden. ³Nachträgliche Anschaffungs- oder Herstellungskosten, die vor dem 1. Januar 1991 entstanden sind, können abweichend von § 7a Absatz 1 so behandelt werden, als wären sie im Wirtschaftsjahr der Anschaffung oder Herstellung entstanden.

(2) Die erhöhten Absetzungen nach Absatz 1 können nur in Anspruch genommen werden, wenn

1. die Wirtschaftsgüter in einem im Inland belegenen Betrieb des Steuerpflichtigen unmittelbar und zu mehr als 70 Prozent dem Umweltschutz dienen und
2. die von der Landesregierung bestimmte Stelle bescheinigt, dass

    a) die Wirtschaftsgüter zu dem in Nummer 1 bezeichneten Zweck bestimmt und geeignet sind und

    b) die Anschaffung oder Herstellung der Wirtschaftsgüter im öffentlichen Interesse erforderlich ist.

(3) ¹Die Wirtschaftsgüter dienen dem Umweltschutz, wenn sie dazu verwendet werden,

1. a) den Anfall von Abwasser oder

    b) Schädigungen durch Abwasser oder

    c) Verunreinigungen der Gewässer durch andere Stoffe als Abwasser oder

    d) Verunreinigungen der Luft oder

    e) Lärm oder Erschütterungen

    zu verhindern, zu beseitigen oder zu verringern oder

2. Abfälle nach den Grundsätzen des Abfallbeseitigungsgesetzes zu beseitigen.

²Die Anwendung des Satzes 1 ist nicht dadurch ausgeschlossen, dass die Wirtschaftsgüter zugleich für Zwecke des innerbetrieblichen Umweltschutzes verwendet werden.

(4) ¹Die Absätze 1 bis 3 sind auf nach dem 31. Dezember 1974 und vor dem 1. Januar 1991 entstehende nachträgliche Herstellungskosten bei Wirtschaftsgütern, die dem Umweltschutz dienen und die vor dem 1. Januar 1975 angeschafft oder hergestellt worden sind, mit der Maßgabe entsprechend anzuwenden, dass im Wirtschaftsjahr der Fertigstellung der nachträglichen Herstellungsarbeiten erhöhte Absetzungen bis zur vollen Höhe der nachträglichen Herstellungskosten vorgenommen werden können. ²Das Gleiche gilt, wenn bei Wirtschaftsgütern, die nicht dem Umweltschutz dienen, nachträgliche Herstellungskosten nach dem 31. Dezember 1974 und vor dem 1. Januar 1991 dadurch entstehen, dass ausschließlich aus Gründen des Umweltschutzes Veränderungen vorgenommen werden.

(5) ¹Die erhöhten Absetzungen nach Absatz 1 können bereits für Anzahlungen auf Anschaffungskosten und für Teilherstellungskosten in Anspruch genommen werden. ²§ 7a Absatz 2 ist mit der Maßgabe anzuwenden, dass die Summe der erhöhten Absetzungen 60 Prozent der bis zum Ende des jeweiligen Wirtschaftsjahres insgesamt aufgewendeten Anzahlungen oder Teilherstellungskosten nicht übersteigen darf. ³Satz 1 gilt in den Fällen des Absatzes 4 sinngemäß.

(6) Die erhöhten Absetzungen nach den Absätzen 1 bis 5 werden unter der Bedingung gewährt, dass die Voraussetzung des Absatzes 2 Nummer 1

1. in den Fällen des Absatzes 1 mindestens fünf Jahre nach der Anschaffung oder Herstellung der Wirtschaftsgüter,

§§ 7d, 7e, 7f

2. in den Fällen des Absatzes 4 Satz 1 mindestens fünf Jahre nach Beendigung der nachträglichen Herstellungsarbeiten

erfüllt wird.

(7) ¹Steuerpflichtige, die nach dem 31. Dezember 1974 und vor dem 1. Januar 1991 durch Hingabe eines Zuschusses zur Finanzierung der Anschaffungs- oder Herstellungskosten von abnutzbaren Wirtschaftsgütern im Sinne des Absatzes ²Die erhöhten Absetzungen können nur in Anspruch genommen werden, wenn der Empfänger

1. den Zuschuss unverzüglich und unmittelbar zur Finanzierung der Anschaffung oder Herstellung der Wirtschaftsgüter oder der nachträglichen Herstellungsarbeiten bei den Wirtschaftsgütern verwendet und
2. dem Steuerpflichtigen bestätigt, dass die Voraussetzung der Nummer 1 vorliegt und dass für die Wirtschaftsgüter oder die nachträglichen Herstellungsarbeiten eine Bescheinigung nach Absatz 2 Nummer 2 erteilt ist.

³Absatz 6 gilt sinngemäß.

(8) ¹Die erhöhten Absetzungen nach den Absätzen 1 bis 7 können nicht für Wirtschaftsgüter in Anspruch genommen werden, die in Betrieben oder Betriebsstätten verwendet werden, die in den letzten zwei Jahren vor dem Beginn des Kalenderjahrs, in dem das Wirtschaftsgut angeschafft oder hergestellt worden ist, errichtet worden sind. ²Die Verlagerung von Betrieben oder Betriebsstätten gilt nicht als Errichtung im Sinne des Satzes 1, wenn die in Absatz 2 Nummer 2 bezeichnete Behörde bestätigt, dass die Verlagerung im öffentlichen Interesse aus Gründen des Umweltschutzes erforderlich ist.

§ 7e (weggefallen)

§ 7f Bewertungsfreiheit für abnutzbare Wirtschaftsgüter des Anlagevermögens privater Krankenhäuser

(1) Steuerpflichtige, die im Inland ein privates Krankenhaus betreiben, können unter den Voraussetzungen des Absatzes 2 bei abnutzbaren Wirtschaftsgütern des Anlagevermögens, die dem Betrieb dieses Krankenhauses dienen, im Jahr der Anschaffung oder Herstellung und in den vier folgenden Jahren Sonderabschreibungen vornehmen, und zwar

1. bei beweglichen Wirtschaftsgütern des Anlagevermögens bis zur Höhe von insgesamt 50 Prozent,
2. bei unbeweglichen Wirtschaftsgütern des Anlagevermögens bis zur Höhe von insgesamt 30 Prozent

der Anschaffungs- oder Herstellungskosten.

(2) Die Abschreibungen nach Absatz 1 können nur in Anspruch genommen werden, wenn bei dem privaten Krankenhaus im Jahr der Anschaffung oder Herstellung der Wirtschaftsgüter und im Jahr der Inanspruchnahme der Abschreibungen die in § 67 Absatz 1 oder 2 der Abgabenordnung bezeichneten Voraussetzungen erfüllt sind.

(3) Die Abschreibungen nach Absatz 1 können bereits für Anzahlungen auf Anschaffungskosten und für Teilherstellungskosten in Anspruch genommen werden.

(4) ¹Die Abschreibungen nach den Absätzen 1 und 3 können nur für Wirtschaftsgüter in Anspruch genommen werden, die der Steuerpflichtige vor dem 1. Januar 1996 bestellt oder herzustellen begonnen hat. ²Als Beginn der Herstellung gilt bei Baumaßnahmen, für die eine Baugenehmigung erforderlich ist, der Zeitpunkt, in dem der Bauantrag gestellt worden ist.

§ 7g

§ 7g[1] **Investitionsabzugsbeträge und Sonderabschreibungen zur Förderung kleiner und mittlerer Betriebe**

(1) ¹Steuerpflichtige können für die künftige Anschaffung oder Herstellung eines abnutzbaren beweglichen Wirtschaftsguts des Anlagevermögens bis zu 40 Prozent der voraussichtlichen Anschaffungs- oder Herstellungskosten gewinnmindernd abziehen (Investitionsabzugsbetrag). ²Der Investitionsabzugsbetrag kann nur in Anspruch genommen werden, wenn

1. der Betrieb am Schluss des Wirtschaftsjahres, in dem der Abzug vorgenommen wird, die folgenden Größenmerkmale nicht überschreitet:

    a) bei Gewerbebetrieben oder der selbständigen Arbeit dienenden Betrieben, die ihren Gewinn nach § 4 Absatz 1 oder § 5 ermitteln, ein Betriebsvermögen von 235 000 Euro;

    b) bei Betrieben der Land- und Forstwirtschaft einen Wirtschaftswert oder einen Ersatzwirtschaftswert von 125 000 Euro oder

    c) bei Betrieben im Sinne der Buchstaben a und b, die ihren Gewinn nach § 4 Absatz 3 ermitteln, ohne Berücksichtigung des Investitionsabzugsbetrages einen Gewinn von 100 000 Euro;

2. der Steuerpflichtige beabsichtigt, das begünstigte Wirtschaftsgut voraussichtlich

    a) in den dem Wirtschaftsjahr des Abzugs folgenden drei Wirtschaftsjahren anzuschaffen oder herzustellen;

    b) mindestens bis zum Ende des dem Wirtschaftsjahr der Anschaffung oder Herstellung folgenden Wirtschaftsjahres in einer inländischen Betriebsstätte des Betriebs ausschließlich oder fast ausschließlich betrieblich zu nutzen und

3. der Steuerpflichtige das begünstigte Wirtschaftsgut in den beim Finanzamt einzureichenden Unterlagen seiner Funktion nach benennt und die Höhe der voraussichtlichen Anschaffungs- oder Herstellungskosten angibt.

³Abzugsbeträge können auch dann in Anspruch genommen werden, wenn dadurch ein Verlust entsteht oder sich erhöht. ⁴Die Summe der Beträge, die im Wirtschaftsjahr des Abzugs und in den drei vorangegangenen Wirtschaftsjahren nach Satz 1 insgesamt abgezogen und nicht nach Absatz 2 hinzugerechnet oder nach Absatz 3 oder 4 rückgängig gemacht wurden, darf je Betrieb 200 000 Euro nicht übersteigen.

(2) ¹Im Wirtschaftsjahr der Anschaffung oder Herstellung des begünstigten Wirtschaftsguts ist der für dieses Wirtschaftsgut in Anspruch genommene Investitionsabzugsbetrag in Höhe von 40 Prozent der Anschaffungs- oder Herstellungskosten gewinnerhöhend hinzuzurechnen; die Hinzurechnung darf den nach Absatz 1 abgezogenen Betrag nicht übersteigen. ²Die Anschaffungs- oder Herstellungskosten des Wirtschaftsguts können in dem in Satz 1 genannten Wirtschaftsjahr um bis zu 40 Prozent, höchstens jedoch um die Hinzurechnung nach Satz 1, gewinnmindernd herabgesetzt werden; die Bemessungsgrundlage für die Absetzungen für Abnutzung, erhöhten Absetzungen und Sonderabschreibungen sowie die Anschaffungs- oder Herstellungskosten im Sinne von § 6 Absatz 2 und 2a verringern sich entsprechend.

(3) ¹Soweit der Investitionsabzugsbetrag nicht bis zum Ende des dritten auf das Wirtschaftsjahr des Abzugs folgenden Wirtschaftsjahres nach Absatz 2 hinzugerechnet wurde, ist der Abzug nach Absatz 1 rückgängig zu machen. ²Wurde der Gewinn des maßgebenden Wirtschaftsjahres bereits einer Steuerfestsetzung oder einer gesonderten Feststellung zugrunde gelegt, ist der entsprechende Steuer- oder Feststellungsbescheid insoweit zu ändern. ³Das gilt auch dann, wenn der Steuer- oder Feststellungsbescheid bestandskräftig geworden ist; die Festsetzungsfrist endet insoweit nicht, bevor die Festsetzungsfrist für den Veranlagungszeitraum abgelaufen ist, in dem das dritte auf das Wirtschaftsjahr des Abzugs folgende Wirtschaftsjahr endet.

---

1) Zur Anwendung von § 7g siehe § 52 Absatz 23 EStG.

§§ 7g, 7h

(4) ¹Wird in den Fällen des Absatzes 2 das Wirtschaftsgut nicht bis zum Ende des dem Wirtschaftsjahr der Anschaffung oder Herstellung folgenden Wirtschaftsjahres in einer inländischen Betriebsstätte des Betriebs ausschließlich oder fast ausschließlich betrieblich genutzt, sind der Abzug nach Absatz 1 sowie die Herabsetzung der Anschaffungs- oder Herstellungskosten, die Verringerung der Bemessungsgrundlage und die Hinzurechnung nach Absatz 2 rückgängig zu machen. ²Wurden die Gewinne der maßgebenden Wirtschaftsjahre bereits Steuerfestsetzungen oder gesonderten Feststellungen zugrunde gelegt, sind die entsprechenden Steuer- oder Feststellungsbescheide insoweit zu ändern. ³Das gilt auch dann, wenn die Steuer- oder Feststellungsbescheide bestandskräftig geworden sind; die Festsetzungsfristen enden insoweit nicht, bevor die Festsetzungsfrist für den Veranlagungszeitraum abgelaufen ist, in dem die Voraussetzungen des Absatzes 1 Satz 2 Nummer 2 Buchstabe b erstmals nicht mehr vorliegen. ⁴§ 233a Absatz 2a der Abgabenordnung ist nicht anzuwenden.

(5) Bei abnutzbaren beweglichen Wirtschaftsgütern des Anlagevermögens können unter den Voraussetzungen des Absatzes 6 im Jahr der Anschaffung oder Herstellung und in den vier folgenden Jahren neben den Absetzungen für Abnutzung nach § 7 Absatz 1 oder Absatz 2 Sonderabschreibungen bis zu insgesamt 20 Prozent der Anschaffungs- oder Herstellungskosten in Anspruch genommen werden.

(6) Die Sonderabschreibungen nach Absatz 5 können nur in Anspruch genommen werden, wenn

1. der Betrieb zum Schluss des Wirtschaftsjahres, das der Anschaffung oder Herstellung vorangeht, die Größenmerkmale des Absatzes 1 Satz 2 Nummer 1 nicht überschreitet, und

2. das Wirtschaftsgut im Jahr der Anschaffung oder Herstellung und im darauf folgenden Wirtschaftsjahr in einer inländischen Betriebsstätte des Betriebs des Steuerpflichtigen ausschließlich oder fast ausschließlich betrieblich genutzt wird; Absatz 4 gilt entsprechend.

(7) Bei Personengesellschaften und Gemeinschaften sind die Absätze 1 bis 6 mit der Maßgabe anzuwenden, dass an die Stelle des Steuerpflichtigen die Gesellschaft oder die Gemeinschaft tritt.

§ 7h Erhöhte Absetzungen bei Gebäuden in Sanierungsgebieten und städtebaulichen Entwicklungsbereichen

(1)[1)] ¹Bei einem im Inland belegenen Gebäude in einem förmlich festgelegten Sanierungsgebiet oder städtebaulichen Entwicklungsbereich kann der Steuerpflichtige abweichend von § 7 Absatz 4 und 5 im Jahr der Herstellung und in den folgenden sieben Jahren jeweils bis zu 9 Prozent und in den folgenden vier Jahren jeweils bis zu 7 Prozent der Herstellungskosten für Modernisierungs- und Instandsetzungsmaßnahmen im Sinne des § 177 des Baugesetzbuchs absetzen. ²Satz 1 ist entsprechend anzuwenden auf Herstellungskosten für Maßnahmen, die der Erhaltung, Erneuerung und funktionsgerechten Verwendung eines Gebäudes im Sinne des Satzes 1 dienen, das wegen seiner geschichtlichen, künstlerischen oder städtebaulichen Bedeutung erhalten bleiben soll, und zu deren Durchführung sich der Eigentümer neben bestimmten Modernisierungsmaßnahmen gegenüber der Gemeinde verpflichtet hat. ³Der Steuerpflichtige kann die erhöhten Absetzungen im Jahr des Abschlusses der Maßnahme und in den folgenden elf Jahren auch für Anschaffungskosten in Anspruch nehmen, die auf Maßnahmen im Sinne der Sätze 1 und 2 entfallen, soweit diese nach dem rechtswirksamen Abschluss eines obligatorischen Erwerbsvertrags oder eines gleichstehenden Rechtsakts durchgeführt worden sind. ⁴Die erhöhten Absetzungen können nur in Anspruch genommen werden, soweit die Herstellungs- oder Anschaffungskosten durch Zuschüsse aus Sanierungs- oder Entwicklungsförderungsmitteln nicht gedeckt sind. ⁵Nach Ablauf des Begünstigungszeitraums ist ein Restwert den Herstellungs- oder Anschaffungskosten des Gebäudes oder dem an deren Stelle tretenden Wert hinzuzurechnen;

---

1) Zur Anwendung von § 7h Absatz 1 siehe § 52 Absatz 23a EStG.

die weiteren Absetzungen für Abnutzung sind einheitlich für das gesamte Gebäude nach dem sich hiernach ergebenden Betrag und dem für das Gebäude maßgebenden Prozentsatz zu bemessen.

(2) ¹Der Steuerpflichtige kann die erhöhten Absetzungen nur in Anspruch nehmen, wenn er durch eine Bescheinigung der zuständigen Gemeindebehörde die Voraussetzungen des Absatzes 1 für das Gebäude und die Maßnahmen nachweist. ²Sind ihm Zuschüsse aus Sanierungs- oder Entwicklungsförderungsmitteln gewährt worden, so hat die Bescheinigung auch deren Höhe zu enthalten; werden ihm solche Zuschüsse nach Ausstellung der Bescheinigung gewährt, so ist diese entsprechend zu ändern.

(3) Die Absätze 1 und 2 sind auf Gebäudeteile, die selbständige Wirtschaftsgüter sind, sowie auf Eigentumswohnungen und auf im Teileigentum stehende Räume entsprechend anzuwenden.

§ 7i Erhöhte Absetzungen bei Baudenkmalen

(1)[1] ¹Bei einem im Inland belegenen Gebäude, das nach den jeweiligen landesrechtlichen Vorschriften ein Baudenkmal ist, kann der Steuerpflichtige abweichend von § 7 Absatz 4 und 5 im Jahr der Herstellung und in den folgenden sieben Jahren jeweils bis zu 9 Prozent und in den folgenden vier Jahren jeweils bis zu 7 Prozent der Herstellungskosten für Baumaßnahmen, die nach Art und Umfang zur Erhaltung des Gebäudes als Baudenkmal oder zu seiner sinnvollen Nutzung erforderlich sind, absetzen. ²Eine sinnvolle Nutzung ist nur anzunehmen, wenn das Gebäude in der Weise genutzt wird, dass die Erhaltung der schützenswerten Substanz des Gebäudes auf die Dauer gewährleistet ist. ³Bei einem im Inland belegenen Gebäudeteil, das nach den jeweiligen landesrechtlichen Vorschriften ein Baudenkmal ist, sind die Sätze 1 und 2 entsprechend anzuwenden. ⁴Bei einem im Inland belegenen Gebäude oder Gebäudeteil, das für sich allein nicht die Voraussetzungen für ein Baudenkmal erfüllt, aber Teil einer Gebäudegruppe oder Gesamtanlage ist, die nach den jeweiligen landesrechtlichen Vorschriften als Einheit geschützt ist, kann der Steuerpflichtige die erhöhten Absetzungen von den Herstellungskosten für Baumaßnahmen vornehmen, die nach Art und Umfang zur Erhaltung des schützenswerten äußeren Erscheinungsbildes der Gesamtanlage oder Gebäudegruppe erforderlich sind. ⁵Der Steuerpflichtige kann die erhöhten Absetzungen im Jahr des Abschlusses der Baumaßnahme und in den folgenden elf Jahren auch für Anschaffungskosten in Anspruch nehmen, die auf Baumaßnahmen im Sinne der Sätze 1 bis 4 entfallen, soweit diese nach dem rechtswirksamen Abschluss eines obligatorischen Erwerbsvertrages oder eines gleichstehenden Rechtsakts durchgeführt worden sind. ⁶Die Baumaßnahmen müssen in Abstimmung mit der in Absatz 2 bezeichneten Stelle durchgeführt worden sein. ⁷Die erhöhten Absetzungen können nur in Anspruch genommen werden, soweit die Herstellungs- oder Anschaffungskosten nicht durch Zuschüsse aus öffentlichen Kassen gedeckt sind. ⁸§ 7h Absatz 1 Satz 5 ist entsprechend anzuwenden.

(2) ¹Der Steuerpflichtige kann die erhöhten Absetzungen nur in Anspruch nehmen, wenn er durch eine Bescheinigung der nach Landesrecht zuständigen oder von der Landesregierung bestimmten Stelle die Voraussetzungen des Absatzes 1 für das Gebäude oder Gebäudeteil und für die Erforderlichkeit der Aufwendungen nachweist. ²Hat eine der für Denkmalschutz oder Denkmalpflege zuständigen Behörden ihm Zuschüsse gewährt, so hat die Bescheinigung auch deren Höhe zu enthalten; werden ihm solche Zuschüsse nach Ausstellung der Bescheinigung gewährt, so ist diese entsprechend zu ändern.

(3) § 7h Absatz 3 ist entsprechend anzuwenden.

§ 7k Erhöhte Absetzungen für Wohnungen mit Sozialbindung

(1) ¹Bei Wohnungen im Sinne des Absatzes 2 können abweichend von § 7 Absatz 4 und 5 im Jahr der Fertigstellung und in den folgenden vier Jahren jeweils bis zu 10 Prozent und in den folgenden fünf Jahren jeweils bis zu 7 Prozent der Herstellungskosten oder Anschaffungskosten abgesetzt werden. ²Im Fall der Anschaffung ist Satz 1 nur anzuwenden, wenn der Hersteller für die veräußerte Wohnung weder Absetzungen für Abnutzung nach § 7

---

1) Zur Anwendung von § 7i Absatz 1 siehe § 52 Absatz 23b EStG.

§ 7k

Absatz 5 vorgenommen noch erhöhte Absetzungen oder Sonderabschreibungen in Anspruch genommen hat. ³Nach Ablauf dieser zehn Jahre sind als Absetzungen für Abnutzung bis zur vollen Absetzung jährlich 3 1/3 Prozent des Restwerts abzuziehen; § 7 Absatz 4 Satz 2 gilt entsprechend.

(2) Begünstigt sind Wohnungen im Inland,

1. a) für die der Bauantrag nach dem 28. Februar 1989 gestellt worden ist und die vom Steuerpflichtigen hergestellt worden sind oder

   b) die vom Steuerpflichtigen nach dem 28. Februar 1989 auf Grund eines nach diesem Zeitpunkt rechtswirksam abgeschlossenen obligatorischen Vertrags bis zum Ende des Jahres der Fertigstellung angeschafft worden sind,

2. die vor dem 1. Januar 1996 fertiggestellt worden sind,

3. für die keine Mittel aus öffentlichen Haushalten unmittelbar oder mittelbar gewährt werden,

4. die im Jahr der Anschaffung oder Herstellung und in den folgenden neun Jahren (Verwendungszeitraum) dem Steuerpflichtigen zu fremden Wohnzwecken dienen und

5. für die der Steuerpflichtige für jedes Jahr des Verwendungszeitraums, in dem er die Wohnungen vermietet hat, durch eine Bescheinigung nachweist, dass die Voraussetzungen des Absatzes 3 vorliegen.

(3) ¹Die Bescheinigung nach Absatz 2 Nummer 5 ist von der nach § 3 des Wohnungsbindungsgesetzes zuständigen Stelle, im Saarland von der durch die Landesregierung bestimmten Stelle (zuständige Stelle), nach Ablauf des jeweiligen Jahres des Begünstigungszeitraums für Wohnungen zu erteilen,

1. a) die der Steuerpflichtige nur an Personen vermietet hat, für die

   aa) eine Bescheinigung über die Wohnberechtigung nach § 5 des Wohnungsbindungsgesetzes, im Saarland eine Mieteranerkennung, dass die Voraussetzungen des § 14 des Wohnungsbaugesetzes für das Saarland erfüllt sind, ausgestellt worden ist, oder

   bb) eine Bescheinigung ausgestellt worden ist, dass sie die Voraussetzungen des § 88a Absatz 1 Buchstabe b des Zweiten Wohnungsbaugesetzes, im Saarland des § 51b Absatz 1 Buchstabe b des Wohnungsbaugesetzes für das Saarland, erfüllen,

   und wenn die Größe der Wohnung die in dieser Bescheinigung angegebene Größe nicht übersteigt, oder

   b) für die der Steuerpflichtige keinen Mieter im Sinne des Buchstabens a gefunden hat und für die ihm die zuständige Stelle nicht innerhalb von sechs Wochen nach seiner Anforderung einen solchen Mieter nachgewiesen hat,

   und

2. bei denen die Höchstmiete nicht überschritten worden ist. ²Die Landesregierungen werden ermächtigt, die Höchstmiete in Anlehnung an die Beträge nach § 72 Absatz 3 des Zweiten Wohnungsbaugesetzes, im Saarland unter Berücksichtigung der Besonderheiten des Wohnungsbaugesetzes für das Saarland, durch Rechtsverordnung festzusetzen. ³In der Rechtsverordnung ist eine Erhöhung der Mieten in Anlehnung an die Erhöhung der Mieten im öffentlich geförderten sozialen Wohnungsbau zuzulassen. ⁴§ 4 des Gesetzes zur Regelung der Miethöhe bleibt unberührt.

²Bei Wohnungen, für die der Bauantrag nach dem 31. Dezember 1992 gestellt worden ist und die vom Steuerpflichtigen hergestellt worden sind oder die vom Steuerpflichtigen auf Grund eines nach dem 31. Dezember 1992 rechtswirksam abgeschlossenen obligatorischen Vertrags angeschafft worden sind, gilt Satz 1 Nummer 1 Buchstabe a mit der Maßgabe, daß der Steuerpflichtige die Wohnungen nur an Personen vermietet hat, die im Jahr der Fertigstellung zu ihm in einem Dienstverhältnis gestanden haben, und ist Satz 1 Nummer 1 Buchstabe b nicht anzuwenden.

§ 8 Einnahmen

4. Überschuss der Einnahmen über die Werbungskosten

(1) Einnahmen sind alle Güter, die in Geld oder Geldeswert bestehen und dem Steuerpflichtigen im Rahmen einer der Einkunftsarten des § 2 Absatz 1 Satz 1 Nummer 4 bis 7 zufließen.

(2) [1]Einnahmen, die nicht in Geld bestehen (Wohnung, Kost, Waren, Dienstleistungen und sonstige Sachbezüge), sind mit den um übliche Preisnachlässe geminderten üblichen Endpreisen am Abgabeort anzusetzen. [2]Für die private Nutzung eines betrieblichen Kraftfahrzeugs zu privaten Fahrten gilt § 6 Absatz 1 Nummer 4 Satz 2 entsprechend. [3]Kann das Kraftfahrzeug auch für Fahrten zwischen Wohnung und Arbeitsstätte genutzt werden, erhöht sich der Wert in Satz 2 für jeden Kalendermonat um 0,03 Prozent des Listenpreises im Sinne des § 6 Absatz 1 Nummer 4 Satz 2 für jeden Kilometer der Entfernung zwischen Wohnung und Arbeitsstätte. [4]Der Wert nach den Sätzen 2 und 3 kann mit dem auf die private Nutzung und die Nutzung zu Fahrten zwischen Wohnung und Arbeitsstätte entfallenden Teil der gesamten Kraftfahrzeugaufwendungen angesetzt werden, wenn die durch das Kraftfahrzeug insgesamt entstehenden Aufwendungen durch Belege und das Verhältnis der privaten Fahrten und der Fahrten zwischen Wohnung und Arbeitsstätte zu den übrigen Fahrten durch ein ordnungsgemäßes Fahrtenbuch nachgewiesen werden. [5]Die Nutzung des Kraftfahrzeugs zu einer Familienheimfahrt im Rahmen einer doppelten Haushaltsführung ist mit 0,002 Prozent des Listenpreises im Sinne des § 6 Absatz 1 Nummer 4 Satz 2 für jeden Kilometer der Entfernung zwischen dem Ort des eigenen Hausstands und dem Beschäftigungsort anzusetzen; dies gilt nicht, wenn für diese Fahrt ein Abzug von Werbungskosten nach § 9 Absatz 1 Satz 3 Nummer 5 Satz 3 und 4 in Betracht käme; Satz 4 ist sinngemäß anzuwenden. [6]Bei Arbeitnehmern, für deren Sachbezüge durch Rechtsverordnung nach § 17 Absatz 1 Satz 1 Nummer 4 des Vierten Buches Sozialgesetzbuch Werte bestimmt worden sind, sind diese Werte maßgebend. [7]Die Werte nach Satz 6 sind auch bei Steuerpflichtigen anzusetzen, die nicht der gesetzlichen Rentenversicherungspflicht unterliegen. [8]Die oberste Finanzbehörde eines Landes kann mit Zustimmung des Bundesministeriums der Finanzen für weitere Sachbezüge der Arbeitnehmer Durchschnittswerte festsetzen. [9]Sachbezüge, die nach Satz 1 zu bewerten sind, bleiben außer Ansatz, wenn die sich nach Anrechnung der vom Steuerpflichtigen gezahlten Entgelte ergebenden Vorteile insgesamt 44 Euro im Kalendermonat nicht übersteigen.

(3) [1]Erhält ein Arbeitnehmer auf Grund seines Dienstverhältnisses Waren oder Dienstleistungen, die vom Arbeitgeber nicht überwiegend für den Bedarf seiner Arbeitnehmer hergestellt, vertrieben oder erbracht werden und deren Bezug nicht nach § 40 pauschal versteuert wird, so gelten als deren Werte abweichend von Absatz 2 die um 4 Prozent geminderten Endpreise, zu denen der Arbeitgeber oder der dem Abgabeort nächstansässige Abnehmer die Waren oder Dienstleistungen fremden Letztverbrauchern im allgemeinen Geschäftsverkehr anbietet. [2]Die sich nach Abzug der vom Arbeitnehmer gezahlten Entgelte ergebenden Vorteile sind steuerfrei, soweit sie aus dem Dienstverhältnis insgesamt 1 080 Euro im Kalenderjahr nicht übersteigen.

LStR

R 8.1. Bewertung der Sachbezüge (§ 8 Abs. 2 EStG)

Allgemeines

(1) [1]Fließt dem Arbeitnehmer Arbeitslohn in Form von Sachbezügen zu, sind diese ebenso wie Barlohnzahlungen entweder dem laufenden Arbeitslohn oder den sonstigen Bezügen zuzuordnen (→ R 39b.2). [2]Für die Besteuerung unentgeltlicher Sachbezüge ist deren Geldwert maßgebend. [3]Erhält der Arbeitnehmer die Sachbezüge nicht unentgeltlich, ist der Unterschiedsbetrag zwischen dem Geldwert des Sachbezugs und dem tatsächlichen Entgelt zu versteuern. [4]Der Geldwert ist entweder durch Einzelbewertung zu ermitteln (→ Absatz 2) oder mit einem amtlichen Sachbezugswert anzusetzen (→ Absatz 4). [5]Besondere Bewertungsvorschriften gelten nach § 8 Abs. 3 EStG für den Bezug von Waren oder Dienstleistungen, die vom Arbeitgeber nicht überwiegend für den Bedarf seiner Arbeitnehmer hergestellt, vertrieben oder erbracht werden, soweit diese Sachbezüge nicht nach § 40 EStG pauschal

§ 8 RL 8.1

versteuert werden (→ R **8.2**), sowie nach § 19a Abs. 2 EStG für den Bezug von Vermögensbeteiligungen (→ R **19a**). [6]Die Auszahlung von Arbeitslohn in Fremdwährung ist kein Sachbezug. [7]Ein bei einem Dritten einzulösender Gutschein ist dann kein Sachbezug, wenn neben der Bezeichnung der abzugebenden Ware oder Dienstleistung ein anzurechnender Betrag oder Höchstbetrag angegeben ist; die Freigrenze nach § 8 Abs. 2 Satz 9 EStG findet keine Anwendung.

Einzelbewertung von Sachbezügen

(2) [1]Sachbezüge, für die keine amtlichen Sachbezugswerte (→ Absatz 4) festgesetzt sind und die nicht nach § 8 Abs. 2 Satz 2 bis 5 EStG (→ Absatz 9 und 10) oder § 8 Abs. 3 EStG (→ R **8.2**) zu bewerten sind, sind nach § 8 Abs. 2 Satz 1 EStG mit den um übliche Preisnachlässe geminderten üblichen Endpreisen am Abgabeort im Zeitpunkt der Abgabe anzusetzen. [2]Das ist der Preis, der im allgemeinen Geschäftsverkehr von Letztverbrauchern in der Mehrzahl der Verkaufsfälle am Abgabeort für gleichartige Waren oder Dienstleistungen tatsächlich gezahlt wird. [3]Er schließt die Umsatzsteuer und sonstige Preisbestandteile ein. [4]Bietet der Arbeitgeber die zu bewertende Ware oder Dienstleistung unter vergleichbaren Bedingungen in nicht unerheblichem Umfang fremden Letztverbrauchern zu einem niedrigeren als dem üblichen Preis an, ist dieser Preis anzusetzen. [5]Bei einem umfangreichen Warenangebot, von dem fremde Letztverbraucher ausgeschlossen sind, kann der übliche Preis einer Ware auch auf Grund repräsentativer Erhebungen über die relative Preisdifferenz für die gängigsten Einzelstücke jeder Warengruppe ermittelt werden. [6]Maßgebend für die Preisfeststellung ist der Ort, an dem der Arbeitgeber dem Arbeitnehmer den Sachbezug anbietet. [7]Lässt sich an diesem Ort der übliche Preis nicht feststellen, z. B. weil dort gleichartige Güter an fremde Letztverbraucher nicht abgegeben werden, ist der übliche Preis zu schätzen. [8]Fallen Bestell- und Liefertag auseinander, sind die Verhältnisse am Bestelltag für die Preisfeststellung maßgebend. [9]Erhält der Arbeitnehmer eine Ware oder Dienstleistung, die nach § 8 Abs. 2 Satz 1 EStG zu bewerten ist, kann sie aus Vereinfachungsgründen mit 96 % des Endpreises (→ R **8.2** Abs. 2) bewertet werden, zu dem sie der Abgebende oder dessen Abnehmer fremden Letztverbrauchern im allgemeinen Geschäftsverkehr anbietet.

Freigrenze nach § 8 Abs. 2 Satz 9 EStG

(3) [1]Bei der Prüfung der Freigrenze bleiben die nach § 8 Abs. 2 Satz 1 EStG zu bewertenden Vorteile, die nach §§ 37b, 40 EStG pauschal versteuert werden, außer Ansatz. [2]Auf Zukunftssicherungsleistungen des Arbeitgebers i.S.d. § 2 Abs. 2 Nr. 3 LStDV, die auch vorliegen, wenn der Arbeitgeber als Versicherungsnehmer dem Arbeitnehmer Versicherungsschutz verschafft, ist die Freigrenze nicht anwendbar. [3]Bei der monatlichen Überlassung einer Monatsmarke oder einer monatlichen Fahrberechtigung für ein Job-Ticket, das für einen längeren Zeitraum gilt, ist die Freigrenze anwendbar.

Amtliche Sachbezugswerte

(4) [1]Amtliche Sachbezugswerte werden durch die **SvEV**[1)], die Bekanntmachung des Werts der Beköstigung in der Seeschifffahrt und Fischerei oder durch Erlasse der obersten Landesfinanzbehörden nach § 8 Abs. 2 Satz 8 EStG festgesetzt.[2)] [2]Die amtlichen Sachbezugswerte sind, soweit nicht § 8 Abs. 3 EStG anzuwenden **ist**, ausnahmslos für die Sachbezüge maßgebend, für die sie bestimmt sind. [3]Die amtlichen Sachbezugswerte gelten auch dann, wenn in einem Tarifvertrag, einer Betriebsvereinbarung oder in einem Arbeitsvertrag für Sachbezüge höhere oder niedrigere Werte festgesetzt worden sind. [4]Sie gelten ausnahmsweise auch für Barvergütungen, wenn diese nur gelegentlich oder vorübergehend gezahlt werden, z. B. bei tageweiser auswärtiger Beschäftigung, für die Dauer einer Krankheit oder eines Urlaubs, und wenn mit der Barvergütung nicht mehr als der tatsächliche Wert der Sachbezüge abgegolten wird; geht die Barvergütung über den tatsächlichen Wert der Sachbezüge hinaus, so ist die Barvergütung der Besteuerung zugrunde zu legen.

Unterkunft oder Wohnung

(5) [1]Für die Bewertung einer Unterkunft, die keine Wohnung ist (→ Absatz 6 Satz 2 bis 4), ist der amtliche Sachbezugswert nach der **SvEV** maßgebend. [2]Dabei ist der amtliche Sachbezugswert grundsätzlich auch dann anzusetzen, wenn der Arbeitgeber die dem Arbeitnehmer überlassene Unterkunft gemietet und ggf. mit Einrichtungsgegenständen ausgestattet hat. [3]Eine Gemeinschaftsunterkunft liegt vor, wenn die Unterkunft beispielsweise durch Gemeinschaftswaschräume oder Gemeinschaftsküchen Wohnheimcharakter hat oder Zugangsbeschränkungen unterworfen ist.

(6) [1]Soweit nicht § 8 Abs. 3 EStG anzuwenden **ist**, ist für die Bewertung einer Wohnung der ortsübliche Mietwert maßgebend. [2]Eine Wohnung ist eine in sich geschlossene Einheit von Räumen, in denen ein selbständiger Haushalt geführt werden kann. [3]Wesentlich ist, dass eine Wasserversorgung und -entsorgung, zumindest eine einer Küche vergleichbare Kochgelegenheit sowie eine Toilette vorhanden sind.

---

1) Anhang 3.
2) Anlage § 008-03.

RL 8.1 § 8

⁴Danach stellt z. B. ein Einzimmerappartement mit Küchenzeile und WC als Nebenraum eine Wohnung dar, dagegen ist ein Wohnraum bei Mitbenutzung von Bad, Toilette und Küche eine Unterkunft. ⁵Als ortsüblicher Mietwert ist die Miete anzusetzen, die für eine nach Baujahr, Art, Größe, Ausstattung, Beschaffenheit und Lage vergleichbare Wohnung üblich ist (Vergleichsmiete). ⁶In den Fällen, in denen der Arbeitgeber vergleichbare Wohnungen in nicht unerheblichem Umfang an fremde Dritte zu einer niedrigeren als der üblichen Miete vermietet, ist die niedrigere Miete anzusetzen. ⁷Die Vergleichsmiete gilt unabhängig davon, ob die Wohnung z. B. als Werks- und Dienstwohnung im Eigentum des Arbeitgebers oder dem Arbeitgeber auf Grund eines Belegungsrechts zur Verfügung steht oder von ihm angemietet worden ist. ⁸Gesetzliche Mietpreisbeschränkungen sind zu beachten. ⁹Stehen solche einem Mieterhöhungsverlangen entgegen, gilt dies jedoch nur, soweit die maßgebliche Ausgangsmiete den ortsüblichen Mietwert oder die gesetzlich zulässige Höchstmiete nicht unterschritten hat. ¹⁰Überlässt der Arbeitgeber dem Arbeitnehmer im Rahmen einer Auslandstätigkeit eine Wohnung im Ausland, deren ortsübliche Miete 18 % des Arbeitslohns ohne Kaufkraftausgleich übersteigt, ist diese Wohnung mit 18 % des Arbeitslohns ohne Kaufkraftausgleich zuzüglich 10 % der darüber hinausgehenden ortsüblichen Miete zu bewerten.

Kantinenmahlzeiten und Essenmarken

(7) Für die Bewertung von Mahlzeiten, die arbeitstäglich an die Arbeitnehmer abgegeben werden, gilt Folgendes:

1. ¹Mahlzeiten, die durch eine vom Arbeitgeber selbst betriebene Kantine, Gaststätte oder vergleichbare Einrichtung abgegeben werden, sind mit dem maßgebenden amtlichen Sachbezugswert nach der SvEV zu bewerten.¹⁾ ²Abweichendes gilt nach § 8 Abs. 3 EStG nur dann, wenn die Mahlzeiten überwiegend nicht für die Arbeitnehmer zubereitet werden.

2. ¹Mahlzeiten, die die Arbeitnehmer in einer nicht vom Arbeitgeber selbst betriebenen Kantine, Gaststätte oder vergleichbaren Einrichtung erhalten, sind vorbehaltlich der Nummer 4 ebenfalls mit dem maßgebenden amtlichen Sachbezugswert zu bewerten, wenn der Arbeitgeber auf Grund vertraglicher Vereinbarung durch Barzuschüsse oder andere Leistungen an die die Mahlzeiten vertreibende Einrichtung, z. B. durch verbilligte Überlassung von Räumen, Energie oder Einrichtungsgegenständen, zur Verbilligung der Mahlzeiten beiträgt. ²Es ist nicht erforderlich, dass die Mahlzeiten im Rahmen eines Reihengeschäfts zunächst an den Arbeitgeber und danach von diesem an die Arbeitnehmer abgegeben werden.

3. In den Fällen der Nummern 1 und 2 ist ein geldwerter Vorteil als Arbeitslohn zu erfassen, wenn und soweit der vom Arbeitnehmer für eine Mahlzeit gezahlte Preis (einschließlich Umsatzsteuer) den maßgebenden amtlichen Sachbezugswert unterschreitet.

4. Bestehen die Leistungen des Arbeitgebers im Falle der Nummer 2 aus Barzuschüssen in Form von Essenmarken (Essensgutscheine, Restaurantschecks), die vom Arbeitgeber an die Arbeitnehmer verteilt und von einer Gaststätte oder vergleichbaren Einrichtung (Annahmestelle) bei der Abgabe einer Mahlzeit in Zahlung genommen werden, gilt Folgendes:
   a) ¹Es ist nicht die Essenmarke mit ihrem Verrechnungswert, sondern vorbehaltlich des Buchstaben b die Mahlzeit mit dem maßgebenden Sachbezugswert zu bewerten, wenn
      aa) tatsächlich eine Mahlzeit abgegeben wird. ²Lebensmittel sind nur dann als Mahlzeit anzuerkennen, wenn sie zum unmittelbaren Verzehr geeignet oder zum Verbrauch während der Essenpausen bestimmt sind,
      bb) für jede Mahlzeit lediglich eine Essenmarke täglich in Zahlung genommen wird,
      cc) der Verrechnungswert der Essenmarke den amtlichen Sachbezugswert einer Mittagsmahlzeit um nicht mehr als 3,10 Euro übersteigt und
      dd) die Essenmarke nicht an Arbeitnehmer ausgegeben wird, die eine **Auswärtstätigkeit** ausüben.

   ²Dies gilt auch dann, wenn zwischen dem Arbeitgeber und der Annahmestelle keine unmittelbaren vertraglichen Beziehungen bestehen, weil ein Unternehmen eingeschaltet ist, das die Essenmarken ausgibt. ³Zur Erfüllung der Voraussetzungen nach Doppelbuchstabe bb hat der Arbeitgeber für jeden Arbeitnehmer die Tage der Abwesenheit z. B. infolge von **Auswärtstätigkeiten**, Urlaub oder Erkrankung festzustellen und die für diese Tage ausgegebenen Essenmarken zurückzufordern oder die Zahl der im Folgemonat auszugebenden Essenmarken um die Zahl der Abwesenheitstage zu vermindern. ⁴Die Pflicht zur Feststellung der Abwesenheitstage und zur Anpassung der Zahl der Essenmarken im Folgemonat entfällt für Arbeitnehmer, die im Kalenderjahr durchschnittlich an nicht mehr als drei Arbeitstagen je Kalendermonat **Auswärts-**

---

1) Anhang 3 und Anlage § 008-02.

§ 8   RL 8.1

tätigkeiten ausüben, wenn keiner dieser Arbeitnehmer im Kalendermonat mehr als 15 Essenmarken erhält.

b) Bestehen die Leistungen des Arbeitgebers ausschließlich in der Hingabe von Essenmarken, ist auch unter den Voraussetzungen des Buchstaben a der Verrechnungswert der Essenmarke als Arbeitslohn anzusetzen, wenn dieser Wert den geldwerten Vorteil nach Nummer 3 unterschreitet.

c) ¹Wird der Arbeitsvertrag dahingehend geändert, dass der Arbeitnehmer anstelle von Barlohn Essenmarken erhält, vermindert sich dadurch der Barlohn in entsprechender Höhe. ²Die Essenmarken sind mit dem Wert anzusetzen, der sich nach den Buchstaben a oder b ergibt. ³Ohne Änderung des Arbeitsvertrags führt der Austausch von Barlohn durch Essenmarken nicht zu einer Herabsetzung des steuerpflichtigen Barlohns. ⁴In diesem Fall ist der Betrag, um den sich der ausgezahlte Barlohn verringert, als Entgelt für die Mahlzeit oder Essenmarke anzusehen und von dem nach Nummer 4 Buchstabe a oder b maßgebenden Wert abzusetzen.

d) ¹Die von Annahmestellen eingelösten Essenmarken brauchen nicht an den Arbeitgeber zurückgegeben und von ihm nicht aufbewahrt zu werden, wenn der Arbeitgeber eine Abrechnung erhält, aus der sich ergibt, wieviel Essenmarken mit welchem Verrechnungswert eingelöst worden sind, und diese aufbewahrt. ²Dasselbe gilt, wenn ein Essenmarkenemittent eingeschaltet ist und der Arbeitgeber von diesem eine entsprechende Abrechnung erhält und aufbewahrt.

5. ¹Wenn der Arbeitgeber unterschiedliche Mahlzeiten zu unterschiedlichen Preisen teilentgeltlich oder unentgeltlich an die Arbeitnehmer abgibt oder Leistungen nach Nummer 2 zur Verbilligung der Mahlzeiten erbringt und die Lohnsteuer nach § 40 Abs. 2 EStG pauschal erhebt, kann der geldwerte Vorteil mit dem Durchschnittswert der Pauschalbesteuerung zugrunde gelegt werden. ²Die Durchschnittsbesteuerung braucht nicht tageweise durchgeführt zu werden, sie darf sich auf den gesamten Lohnzahlungszeitraum erstrecken. ³Bietet der Arbeitgeber bestimmte Mahlzeiten nur einem Teil seiner Arbeitnehmer an, z. B. in einem Vorstandskasino, sind diese Mahlzeiten nicht in die Durchschnittsberechnung einzubeziehen. ⁴Unterhält der Arbeitgeber mehrere Kantinen, ist der Durchschnittswert für jede einzelne Kantine zu ermitteln. ⁵Ist die Ermittlung des Durchschnittswerts wegen der Menge der zu erfassenden Daten besonders aufwendig, kann die Ermittlung des Durchschnittswerts für einen repräsentativen Zeitraum und bei einer Vielzahl von Kantinen für eine repräsentative Auswahl der Kantinen durchgeführt werden.

6. ¹Der Arbeitgeber hat die vom Arbeitnehmer geleistete Zahlung grundsätzlich in nachprüfbarer Form nachzuweisen. ²Der Einzelnachweis der Zahlungen ist nur dann nicht erforderlich,

    a) wenn gewährleistet ist, dass

       aa) die Zahlung des Arbeitnehmers für eine Mahlzeit den anteiligen amtlichen Sachbezugswert nicht unterschreitet oder

       bb) nach Nummer 4 der Wert der Essenmarke als Arbeitslohn zu erfassen ist oder

    b) wenn der Arbeitgeber die Durchschnittsberechnung nach Nummer 5 anwendet.

Mahlzeiten aus besonderem Anlass

(8) Für die steuerliche Erfassung und Bewertung von Mahlzeiten, die der Arbeitgeber oder auf dessen Veranlassung ein Dritter aus besonderem Anlass an Arbeitnehmer abgibt, gilt Folgendes:

1. ¹Mahlzeiten, die im ganz überwiegenden betrieblichen Interesse des Arbeitgebers an die Arbeitnehmer abgegeben werden, gehören nicht zum Arbeitslohn. ²Dies gilt für Mahlzeiten im Rahmen herkömmlicher Betriebsveranstaltungen nach Maßgabe der R **19.5**, für ein sog. Arbeitsessen i.S.d. R **19.6** Abs. 2 sowie für die Beteiligung von Arbeitnehmern an einer geschäftlich veranlassten Bewirtung i.S.d. § 4 Abs. 5 Satz 1 Nr. 2 EStG.

2. ¹Mahlzeiten, die zur üblichen Beköstigung der Arbeitnehmer anlässlich oder während einer **Auswärtstätigkeit** i.S.d. R **9.4** Abs. **2** oder im Rahmen einer doppelten Haushaltsführung i.S.d. § 9 Abs. 1 Satz 3 Nr. 5 EStG abgegeben werden, sind mit dem maßgebenden amtlichen Sachbezugswert nach der **SvEV** anzusetzen¹⁾. ²Eine übliche Beköstigung liegt nur vor, wenn der Wert der Mahlzeit 40 Euro nicht übersteigt. ³Die Abgabe einer Mahlzeit ist vom Arbeitgeber veranlasst, wenn er Tag und Ort der Mahlzeit bestimmt hat. ⁴Hierzu ist es erforderlich, dass er sich vor Beginn der Auswärtstätigkeit seines Arbeitnehmers direkt mit dem Unternehmen schriftlich in Verbindung setzt, das dem Arbeitnehmer die Mahlzeiten zur Verfügung stellen soll. ⁵Es reicht nicht aus, dass der Arbeitgeber den Arbeitnehmer ermächtigt, sich auf seine Rechnung in einer oder – etwa unter Einschaltung einer Essenbonorganisation – mehreren Vertragsgaststätten zu beköstigen. ⁶Erfordern **Auswärtstätigkeiten** wegen ihres besonderen Charakters (z.B. Tagungen) eine besondere organisatorische Vorberei-

---

1) Zum Bewertungswahlrecht → LStH 8.1 (8) Auswärtstätigkeit.

RL 8.1 **§ 8**

tung, wird die Abgabe von Mahlzeiten durch Dritte auch dann als vom Arbeitgeber veranlasst angesehen, wenn dieser die Organisation der **Auswärtstätigkeit** einschließlich der Verpflegung bei einem Dritten in Auftrag gegeben hat. [7]Hat der Arbeitgeber die Abgabe von Mahlzeiten veranlasst, ist es unerheblich, wie die Rechnung beglichen wird. [8]Die Sätze 1 bis 7 gelten auch für die Abgabe von Mahlzeiten während einer Bildungsmaßnahme i.S.d. R **19.7** Abs. 1. [9]R **91.6** Abs. 2 bleibt unberührt.

3. Mahlzeiten, die der Arbeitgeber als Gegenleistung für das Zurverfügungstellen der individuellen Arbeitskraft an seine Arbeitnehmer abgibt, sind mit ihrem tatsächlichen Preis anzusetzen.

4. [1]In den Fällen der Nummern 2 und 3 ist ein geldwerter Vorteil als Arbeitslohn zu erfassen, wenn und soweit der vom Arbeitnehmer gezahlte Preis (einschließlich Umsatzsteuer) den maßgebenden Wert der Mahlzeit unterschreitet. [2]Auf den Sachbezugswert ist auch ein zwischen Arbeitgeber und Arbeitnehmer vereinbartes Entgelt anzurechnen, wenn dieses Entgelt von der steuerfreien Reisekostenvergütung, auf die der Arbeitnehmer einen Anspruch hat, oder vom Nettoarbeitslohn einbehalten wird. [3]Die Höhe der Reisekostenvergütung und des zu bescheinigenden Arbeitslohns wird durch die Entgeltverrechnung nicht verändert. [4]Wird vom Arbeitgeber oder auf dessen Veranlassung von einem Dritten nur ein Essen, aber kein Getränk gestellt, ist das Entgelt, das der Arbeitnehmer für ein Getränk bei der Mahlzeit zahlt, nicht auf den Sachbezugswert für die Mahlzeit anzurechnen.

Gestellung von Kraftfahrzeugen

(9) Überlässt der Arbeitgeber oder auf Grund des Dienstverhältnisses ein Dritter dem Arbeitnehmer ein Kraftfahrzeug zur privaten Nutzung, gilt Folgendes:

1. [1]Der Arbeitgeber hat den privaten Nutzungswert mit monatlich 1 % des inländischen Listenpreises des Kraftfahrzeugs anzusetzen. [2]Kann das Kraftfahrzeug auch zu Fahrten zwischen Wohnung und Arbeitsstätte genutzt werden, ist diese Nutzungsmöglichkeit unabhängig von der Nutzung des Fahrzeugs zu Privatfahrten zusätzlich mit monatlich 0,03 % des inländischen Listenpreises des Kraftfahrzeugs für jeden Kilometer der Entfernung zwischen Wohnung und Arbeitsstätte zu bewerten und dem Arbeitslohn zuzurechnen. [3]Wird das Kraftfahrzeug zu Heimfahrten im Rahmen einer doppelten Haushaltsführung genutzt, erhöht sich der Wert nach Satz 1 für jeden Kilometer der Entfernung zwischen dem Beschäftigungsort und dem Ort des eigenen Hausstands um 0,002 % des inländischen Listenpreises für jede Fahrt, für die der Werbungskostenabzug nach § 9 Abs. **2 Satz 7** EStG ausgeschlossen ist. [4]Die Monatswerte nach den Sätzen 1 und 2 sind auch dann anzusetzen, wenn das Kraftfahrzeug dem Arbeitnehmer im Kalendermonat nur zeitweise zur Verfügung steht. [5]Kürzungen der Werte, z. B. wegen einer Beschriftung des Kraftwagens, wegen eines privaten Zweitwagens oder wegen Übernahme der Treibstoff- oder Garagenkosten durch den Arbeitnehmer, sind nicht zulässig.[1]) [6]Listenpreis i.S.d. Sätze 1 bis 3 ist – auch bei gebraucht erworbenen oder geleasten Fahrzeugen – die auf volle hundert Euro abgerundete unverbindliche Preisempfehlung des Herstellers für das genutzte Kraftfahrzeug im Zeitpunkt seiner Erstzulassung zuzüglich der Kosten für – auch nachträglich eingebaute – Sonderausstattungen (z. B. Navigationsgeräte, Diebstahlsicherungssysteme) und der Umsatzsteuer; der Wert eines Autotelefons einschließlich Freisprecheinrichtung sowie der Wert eines weiteren Satzes Reifen einschließlich Felgen bleiben außer Ansatz. [7]Bei einem Kraftwagen, der aus Sicherheitsgründen gepanzert ist, kann der Listenpreis des leistungsschwächeren Fahrzeugs zugrunde gelegt werden, das dem Arbeitnehmer zur Verfügung gestellt würde, wenn seine Sicherheit nicht gefährdet wäre.

2. [1]Der Arbeitgeber kann den privaten Nutzungswert abweichend von Nummer 1 mit den für das Kraftfahrzeug **entstehenden Aufwendungen** ansetzen, die auf die nach Nummer 1 zu erfassenden privaten Fahrten entfallen, wenn die **Aufwendungen** durch Belege und das Verhältnis der privaten zu den übrigen Fahrten durch ein ordnungsgemäßes Fahrtenbuch nachgewiesen werden; **dabei bleiben vom Arbeitnehmer selbst getragene Kosten außer Ansatz.** [2]Dabei sind die dienstlich und privat zurückgelegten Fahrtstrecken gesondert und laufend im Fahrtenbuch nachzuweisen. [3]Für dienstliche Fahrten sind grundsätzlich die folgenden Angaben erforderlich:

   a) Datum und Kilometerstand zu Beginn und am Ende jeder einzelnen Auswärtstätigkeit,

   b) Reiseziel und bei Umwegen auch die Reiseroute,

   c) Reisezweck und aufgesuchte Geschäftspartner.

   [4]Für Privatfahrten genügen jeweils Kilometerangaben; für Fahrten zwischen Wohnung und Arbeitsstätte genügt jeweils ein kurzer Vermerk im Fahrtenbuch. [5]Die Führung des Fahrtenbuchs kann nicht auf einen repräsentativen Zeitraum beschränkt werden, auch wenn die Nutzungsverhältnisse keinen größeren Schwankungen unterliegen. [6]Anstelle des Fahrtenbuchs kann ein Fahrtenschreiber

---

1) Hinweis auf BMF-Schreiben vom 6.2.2009 (BStBl. I S. 412) – **Anlage § 008-14** –.

§ 8 RL 8.1

eingesetzt werden, wenn sich daraus dieselben Erkenntnisse gewinnen lassen. [7]Der private Nutzungswert ist der Anteil an den Gesamtkosten des Kraftwagens, der dem Verhältnis der Privatfahrten zur Gesamtfahrtstrecke entspricht. [8]Die Gesamtkosten sind als Summe der Nettoaufwendungen (einschließlich sämtlicher Unfallkosten) zuzüglich Umsatzsteuer zu ermitteln; Absetzungen für Abnutzung **sind stets einzubeziehen**. [9]Den Absetzungen für Abnutzung sind die tatsächlichen Anschaffungs- oder Herstellungskosten einschließlich der Umsatzsteuer zugrunde zu legen.

3. [1]Der Arbeitgeber muss in Abstimmung mit dem Arbeitnehmer die Anwendung eines der Verfahren nach den Nummern 1 und 2 für jedes Kalenderjahr festlegen; das Verfahren darf bei demselben Kraftfahrzeug während des Kalenderjahres nicht gewechselt werden. [2]Soweit die genaue Erfassung des privaten Nutzungswerts nach Nummer 2 monatlich nicht möglich ist, kann der Erhebung der Lohnsteuer monatlich ein Zwölftel des Vorjahresbetrags zugrunde gelegt werden. [3]Nach Ablauf des Kalenderjahres oder nach Beendigung des Dienstverhältnisses ist der tatsächlich zu versteuernde Nutzungswert zu ermitteln und eine etwaige Lohnsteuerdifferenz nach Maßgabe der §§ 41c, 42b EStG auszugleichen. [4]Bei der Veranlagung zur Einkommensteuer ist der Arbeitnehmer nicht an das für die Erhebung der Lohnsteuer gewählte Verfahren gebunden.

4. [1]Zahlt der Arbeitnehmer an den Arbeitgeber für die Nutzung des Kraftfahrzeugs ein Entgelt, mindert dies den Nutzungswert. [2]Dabei ist es gleichgültig, ob das Nutzungsentgelt pauschal oder entsprechend der tatsächlichen Nutzung des Kraftfahrzeugs bemessen wird. [3]Zuschüsse des Arbeitnehmers zu den Anschaffungskosten können im Zahlungsjahr ebenfalls auf den privaten Nutzungswert angerechnet werden; in den Fällen der Nummer 2 gilt dies nur, wenn die für die AfA-Ermittlung maßgebenden Anschaffungskosten nicht um die Zuschüsse gemindert worden sind.[1)] [4]Zuschussrückzahlungen sind Arbeitslohn, soweit die Zuschüsse den privaten Nutzungswert gemindert haben.

Gestellung eines Kraftfahrzeugs mit Fahrer

(10) Wenn ein Kraftfahrzeug mit Fahrer zur Verfügung gestellt wird, gilt Folgendes:

1. Stellt der Arbeitgeber dem Arbeitnehmer für Fahrten zwischen Wohnung und Arbeitsstätte ein Kraftfahrzeug mit Fahrer zur Verfügung, ist der für diese Fahrten nach Absatz 9 Nr. 1 oder 2 ermittelte Nutzungswert des Kraftfahrzeugs um 50 % zu erhöhen.

2. Stellt der Arbeitgeber dem Arbeitnehmer für andere Privatfahrten ein Kraftfahrzeug mit Fahrer zur Verfügung, ist der entsprechende private Nutzungswert des Kraftfahrzeugs wie folgt zu erhöhen:
   a) um 50 %, wenn der Fahrer überwiegend in Anspruch genommen wird,
   b) um 40 %, wenn der Arbeitnehmer das Kraftfahrzeug häufig selbst steuert,
   c) um 25 %, wenn der Arbeitnehmer das Kraftfahrzeug weit überwiegend selbst steuert.

3. [1]Wenn einem Arbeitnehmer aus Sicherheitsgründen ein sondergeschütztes (gepanzertes) Kraftfahrzeug, das zum Selbststeuern nicht geeignet ist, mit Fahrer zur Verfügung gestellt wird, ist von der steuerlichen Erfassung der Fahrergestellung abzusehen. [2]Es ist dabei unerheblich, in welcher Gefährdungsstufe der Arbeitnehmer eingeordnet ist.

Hinweise

LStH 8.1 (1-4) 44-Euro-Freigrenze

— *Für die Feststellung, ob die Freigrenze des § 8 Abs. 2 Satz 9 EStG überschritten wird, sind die in einem Kalendermonat zufließenden und nach § 8 Abs. 2 Satz 1 EStG zu bewertenden Vorteile – auch soweit hierfür Lohnsteuer nach § 39b Abs. 2 und 3 EStG einbehalten wird – zusammenzurechnen. Außer Ansatz bleiben Vorteile, die nach § 8 Abs. 2 Satz 2 bis 8 oder Abs. 3 EStG oder nach § 19a EStG zu bewerten sind. Vorteile aus der Überlassung eines zinslosen oder zinsverbilligten Arbeitgeberdarlehens sind bei der Zusammenrechnung einzubeziehen (→ BMF vom 1.10.2008 – BStBl. I S. 892).*
– Anlage § 008-04 –

— *Wird eine anlässlich einer Auswärtstätigkeit (einschließlich Fortbildungsveranstaltungen) gestellte Mahlzeit nach § 8 Abs. 2 Satz 1 EStG bewertet, ist der den nach § 3 Nr. 13 oder 16 EStG steuerfreien Teil übersteigende Betrag in die Prüfung der 44-Euro-Freigrenze einzubeziehen (→ BMF vom 13.7.2009 – BStBl. I S. 771).*
– Anlage § 008-05 –

---

1) Hinweis auf BMF-Schreiben vom 6.2.2009 (BStBl. I S. 413) – **Anlage § 008-13** –, Änderung der Verwaltungsauffassung → LStH 8.1 (9-10) Zuzahlungen des Arbeitnehmers.

LStH 8.1 **§ 8**

- *Zu den Aufzeichnungserleichterungen für Sachbezüge i.S.d. § 8 Abs. 2 Satz 9 EStG → § 4 Abs. 3 Satz 2 LStDV.*

Aktienoptionen

→ *H 38.2*

→ *H 9.1*

Arbeitgeberdarlehen

→ *BMF vom 1.10.2008 (BStBl. I S. 892)* – *Anlage § 008-04* –

Ausländische Währung

Lohnzahlungen in einer gängigen ausländischen Währung sind Einnahmen in Geld und kein Sachbezug. Die Freigrenze des § 8 Abs. 2 Satz 9 EStG findet auf sie keine Anwendung (→ BFH vom 27.10.2004 – BStBl. 2005 II S. 135).

Durchschnittswerte der von Luftfahrtunternehmen gewährten Flüge

→ *gleichlautende Ländererlasse vom 9.11.2009 (BStBl. I S. 1314)* – *Anlage § 008-03* –

Geldleistung oder Sachbezug

- Auf zweckgebundene Geldleistungen (Zuschüsse des Arbeitgebers für Mitgliedsbeiträge der Arbeitnehmer an einen Sportverein oder Fitnessclub) findet die Freigrenze des § 8 Abs. 2 Satz 9 EStG keine Anwendung (→ BFH vom 27.10.2004 – BStBl. 2005 II S. 137).
- Leistet der Arbeitgeber im Rahmen eines ausgelagerten Optionsmodells zur Vermögensbeteiligung der Arbeitnehmer Zuschüsse an einen Dritten als Entgelt für die Übernahme von Kursrisiken, führt dies bei den Arbeitnehmern zu Sachlohn, wenn die Risikoübernahme des Dritten auf einer vertraglichen Vereinbarung mit dem Arbeitgeber beruht; die Freigrenze des § 8 Abs. 2 Satz 9 EStG ist anwendbar (→ BFH vom 13.9.2007 – BStBl. 2008 II S. 204).
- Die Umwandlung von Barlohn in Sachlohn (Gehaltsumwandlung) setzt voraus, dass der Arbeitnehmer unter Änderung des Anstellungsvertrages auf einen Teil seines Barlohns verzichtet und ihm der Arbeitgeber stattdessen Sachlohn gewährt. Ob ein Anspruch auf Barlohn oder Sachlohn besteht, ist auf den Zeitpunkt bezogen zu entscheiden, zu dem der Arbeitnehmer über seinen Lohnanspruch verfügt (→ BFH vom 6.3.2008 – BStBl. II S. 530).

Geltung der Sachbezugswerte

- Die Sachbezugswerte nach der SvEV gelten nach § 8 Abs. 2 Satz 7 EStG auch für Arbeitnehmer, die nicht der gesetzlichen Rentenversicherungspflicht unterliegen.
- Die Sachbezugswerte gelten nicht, wenn die vorgesehenen Sachbezüge durch Barvergütungen abgegolten werden; in diesen Fällen sind grundsätzlich die Barvergütungen zu versteuern (→ BFH vom 16.3.1962 – BStBl. III S. 284).

Job-Ticket

→ *BMF vom 27.1.2004 (BStBl. I S. 173), Tz. II.1* – *Anlage § 038-01* –

- Ein geldwerter Vorteil ist nicht anzunehmen, wenn der Arbeitgeber seinen Arbeitnehmern ein Job-Ticket zu dem mit dem Verkehrsträger vereinbarten Preis überlässt. Ein Sachbezug liegt jedoch vor, soweit der Arbeitnehmer das Job-Ticket darüber hinaus verbilligt oder unentgeltlich vom Arbeitgeber erhält. § 8 Abs. 2 Satz 9 EStG (44-Euro-Freigrenze) findet Anwendung.

- *Beispiel*

Üblicher Preis für eine Monatsfahrkarte	100,00 €
Vom Verkehrsträger dem Arbeitgeber eingeräumte Job-Ticketermäßigung 10%	10,00 €
vom Arbeitgeber entrichteter Preis	90,00 €
davon 96% (→ R 8.1 Abs. 2 Satz 9)	86,40 €
abzüglich Zuzahlung des Arbeitnehmers	45,00 €
Vorteil	41,40 €

Unter der Voraussetzung, dass keine weiteren Sachbezüge im Sinne von § 8 Abs. 2 Satz 1 EStG im Monat gewährt werden, die zu einer Überschreitung der 44-Euro-Grenze führen, bleibt der Vorteil von 41,40 € außer Ansatz.

- Gilt das Job-Ticket für einen längeren Zeitraum (z. B. Jahreskarte), fließt der Vorteil insgesamt bei Überlassung des Job-Tickets zu (→ BFH vom 12.4.2007 – BStBl. II S. 719).

Sachbezugswerte im Bereich der Seeschifffahrt und Fischerei

→ Gleichlautende Erlasse der Länder Bremen, Hamburg, Mecklenburg-Vorpommern, Niedersachsen und Schleswig-Holstein, die im BStBl. I veröffentlicht werden.

– Anlage § 008-03 –

Üblicher Endpreis

- Maßgebend ist allein der übliche Endpreis für die konkrete Ware oder Dienstleistung. Dies gilt auch, wenn funktionsgleiche und qualitativ gleichwertige Waren anderer Hersteller billiger sind (→ BFH vom 30.5.2001 – BStBl. 2002 II S. 230).
- Beim Erwerb eines Gebrauchtwagens vom Arbeitgeber ist nicht auf den Händlereinkaufspreis abzustellen, sondern auf den Preis, den das Fahrzeug unter Berücksichtigung der vereinbarten Nebenleistungen auf dem Gebrauchtwagenmarkt tatsächlich erzielen würde (Händlerverkaufspreis). Wird zur Bestimmung des üblichen Endpreises eine Schätzung erforderlich, kann sich die Wertermittlung an den im Rechtsverkehr anerkannten Marktübersichten für gebrauchte Pkw orientieren (→ BFH vom 17.6.2005 – BStBl. II S. 795).
- Der Wert einer dem Arbeitnehmer durch den Arbeitgeber zugewandten Reise kann grundsätzlich anhand der Kosten geschätzt werden, die der Arbeitgeber für die Reise aufgewendet hat. Sofern sich ein Beteiligter auf eine abweichende Wertbestimmung beruft, muss er konkret darlegen, dass eine Schätzung des üblichen Endpreises am Abgabeort nach den aufgewandten Kosten dem objektiven Wert der Reise nicht entspricht (→ BFH vom 18.8.2005 – BStBl. 2006 II S. 30).

Wandeldarlehensvertrag

Der geldwerte Vorteil bemisst sich im Falle der Ausübung des Wandlungsrechts aus der Differenz zwischen dem Börsenpreis der Aktien an dem Tag, an dem der Arbeitnehmer die wirtschaftliche Verfügungsmacht über die Aktien erlangt, und den Erwerbsaufwendungen (→ BFH vom 23.6.2005 – BStBl. II S. 770).

Wandelschuldverschreibung

→ H 38.2

Warengutscheine

- **Beispiel 1**

    Der Arbeitgeber gewährt seinem Arbeitnehmer folgenden Gutschein: „30 Liter Diesel im Wert von höchsten 44 €", der bei einer bestimmten Tankstelle einzulösen ist. Der Arbeitgeber hat ermittelt, dass bei Hingabe des Gutscheins der Liter Diesel 1,419 € kostete.

    Da ein Höchstbetrag angegeben ist, liegt kein Sachbezug vor; die 44-Euro-Freigrenze ist nicht anwendbar. Der Wert des Gutscheins in Höhe von 42,57 € ist steuerpflichtiger Arbeitslohn.

- **Beispiel 2**

    Der Arbeitgeber gewährt seinem Arbeitnehmer folgenden Gutschein: „30 Liter Diesel". Der Arbeitnehmer bezahlt die Tankfüllung und lässt sich den eingelösten Gutschein vom Tankwart bestätigen. Nach Vorlage des unterzeichneten Gutscheins und der Quittung beim Arbeitgeber erhält der Arbeitnehmer von diesem den Betrag laut Quittung erstattet.

    Da der Arbeitnehmer vom Arbeitgeber Bargeld erhält, ist die Ausgestaltung des Gutscheins unbeachtlich. Die Bargeldzahlung ist steuerpflichtiger Arbeitslohn.

- **Beispiel 3**

    Der Arbeitgeber gewährt seinem Arbeitnehmer folgenden Gutschein: „30 Liter Diesel". Der Arbeitnehmer bezahlt mit der vom Arbeitgeber zur Verfügung gestellten Tankkarte.

LStH 8.1 § 8

Da die Tankkarte die Funktion einer Firmenkreditkarte hat, führt die Begleichung der Rechnung zu einer steuerpflichtigen Barlohnzahlung. Auf die Ausgestaltung des Gutscheins kommt es daher nicht an.

– **Beispiel 4**
Der Arbeitgeber gewährt auf Grund einer mit der Tankstelle getroffenen Vereinbarung seinem Arbeitnehmer folgenden Gutschein: „30 Liter Diesel". Nach Einlösung des Gutscheins rechnet die Tankstelle gegenüber dem Arbeitgeber ab. Der Arbeitgeber hat ermittelt, dass bei Hingabe des Gutscheins der Liter Diesel 1,419 € kostete.

Da die Ware konkret bezeichnet und kein Höchstbetrag angegeben ist, liegt ein Sachbezug vor; die 44-Euro-Freigrenze ist anwendbar. Unter der Voraussetzung, dass keine weiteren Sachezüge im Sinne von § 8 Abs. 2 Satz 1 EStG im Monat gewährt werden, ist der Vorteil in Höhe von 40,86 € (96 % von 42,57 €; → R 8.1 Abs. 2 Satz 9) deshalb steuerfrei.

– *Zum Zuflusszeitpunkt bei Warengutscheinen → R 38.2 Abs. 3*

Zinsersparnisse
→ *Arbeitgeberdarlehen*

Zukunftssicherungsleistungen

– *Tarifvertraglich vereinbarte Zahlungen des Arbeitgebers an eine Zusatzversorgungskasse sind als Barlohn zu qualifizieren, wenn zwischen dem Arbeitgeber und der Zusatzversorgungskasse keine vertraglichen Beziehungen bestehen; die 44-Euro-Freigrenze findet keine Anwendung(→ BFH vom 26.11.2002 – BStBl. 2003 II S. 331).*

– *Auf Zukunftsverssicherungsleistungen des Arbeitgebers i.S.d. § 40b EStG findet die 44-Euro-Freigrenze keine Anwendung(→ BFH vom 26.11.2002 – BStBl. 2003 II S. 492); → R 8.1 Abs. 3 Satz 2.*

LStH 8.1 (5-6) *Erholungsheim*

Wird ein Arbeitnehmer in einem Erholungsheim des Arbeitgebers oder auf Kosten des Arbeitgebers zur Erholung in einem anderen Beherbergungsbetrieb untergebracht oder verpflegt, ist die Leistung mit dem entsprechenden Pensionspreis eines vergleichbaren Beherbergungsbetriebs am selben Ort zu bewerten; dabei können jedoch Preisabschläge in Betracht kommen, wenn der Arbeitnehmer z.B. nach der Hausordnung Bedingungen unterworfen wird, die für Hotels und Pensionen allgemein nicht gelten (→ BFH vom 18.3.1960 – BStBl. III S. 237).

Ortsüblicher Mietwert

Überlässt der Arbeitgeber seinem Arbeitnehmer eine Wohnung zu einem Mietpreis, der innerhalb der Mietpreisspanne des örtlichen Mietspiegels für vergleichbare Wohnungen liegt, scheidet die Annahme eines geldwerten Vorteils regelmäßig aus (→ BFH vom 17.8.2005 – BStBl. 2006 II S. 71).

Persönliche Bedürfnisse des Arbeitnehmers

Persönliche Bedürfnisse des Arbeitnehmers, z.B. hinsichtlich der Größe der Wohnung, sind bei der Höhe des Mietwerts nicht zu berücksichtigen (→ BFH vom 8.3.1968 – BStBl. II S. 435 und vom 2.10.1968 – BStBl. 1969 II S. 73).

Steuerfreie Mietvorteile
→ *R 3.59*

LStH 8.1 (7) *Begriff der Mahlzeit*

Zu den Mahlzeiten gehören alle Speisen und Lebensmittel, die üblicherweise der Ernährung dienen, einschließlich der dazu üblichen Getränke (→ BFH vom 21.3.1975 – BStBl. II S. 486 und vom 7.11.1975 – BStBl. 1976 II S. 50).

Essenmarken

Beispiele zu R 8.1 Abs. 7 Nr. 4 Buchst. b

Beispiel 1:
Ein Arbeitnehmer erhält eine Essenmarke mit einem Wert von 1 €. Die Mahlzeit kostet 2 €.

Preis der Mahlzeit	2,00 €
./. Wert der Essenmarke	1,00 €
Zahlung des Arbeitnehmers	1,00 €
Sachbezugswert der Mahlzeit *(2010)*	**2,80**
./. Zahlung des Arbeitnehmers	1,00 €
Verbleibender Wert	**1,80 €**
Anzusetzen ist der niedrigere Wert der Essenmarke	1,00 €

Beispiel 2:
Ein Arbeitnehmer erhält eine Essenmarke mit einem Wert von 3 €. Die Mahlzeit kostet 3 €.

Preis der Mahlzeit	3,00 €
./. Wert der Essensmarke	3,00 €
Zahlung des Arbeitnehmers	0,00 €
Sachbezugswert der Mahlzeit *(2010)*	2,80 €
./. Zahlung des Arbeitnehmers	0,00 €
Verbleibender Wert	**2,80 €**
Anzusetzen ist der Sachbezugswert	**2,80 €**

Essenmarken und Barlohnverzicht
— *Änderung des Arbeitsvertrags*

Wird der Arbeitsvertrag dahingehend geändert, dass der Arbeitnehmer anstelle von Barlohn Essenmarken erhält, so vermindert sich dadurch der Barlohn in entsprechender Höhe (→ BFH vom 20.8.1997 – BStBl. II S. 667).

Beispiel:
Der Arbeitgeber gibt dem Arbeitnehmer monatlich 15 Essenmarken. Im Arbeitsvertrag ist der Barlohn von 3 500 € im Hinblick auf die Essenmarken um 60 € auf 3 440 € herabgesetzt worden.

a) Beträgt der Verrechnungswert der Essenmarken jeweils 5 €, so ist dem Barlohn von 3 440 € der Wert der Mahlzeit mit dem Sachbezugswert (15 x **2,80** € =) 42 € hinzuzurechnen.

b) Beträgt der Verrechnungswert der Essenmarken jeweils 6 €, so ist dem Barlohn von 3 440 € der Verrechnungswert der Essenmarken (15 X 6 € =) 90 € hinzuzurechnen.

— *Keine Änderung des Arbeitsvertrags*

Ohne Änderung des Arbeitsvertrags führt der Austausch von Barlohn durch Essenmarken nicht zu einer Herabsetzung des steuerpflichtigen Barlohns. In diesem Fall ist der Betrag, um den sich der ausgezahlte Barlohn verringert, als Entgelt für die Mahlzeit oder Essenmarke anzusehen und von dem für die Essenmarke maßgebenden Wert abzusetzen.

Beispiel:
Ein Arbeitnehmer mit einem monatlichen Bruttolohn von 3 500 € erhält von seinem Arbeitgeber 15 Essenmarken. Der Arbeitsvertrag bleibt unverändert. Der Arbeitnehmer zahlt für die Essenmarken monatlich 60 €.

a) Auf den Essenmarken ist jeweils ein Verrechnungswert von 6 € ausgewiesen.

Der Verrechnungswert der Essenmarke übersteigt den Sachbezugswert von **2,80** € um mehr als 3,10 €. Die Essenmarken sind deshalb mit ihrem Verrechnungswert anzusetzen:

15 Essenmarken x 6 €	90,00 €
./. Entgelt des Arbeitnehmers	60,00 €
Vorteil	**30,00 €**

Dieser ist dem bisherigen Arbeitslohn von 3 500 € hinzuzurechnen.

b) Auf den Essenmarken ist jeweils ein Verrechnungswert von 5 € ausgewiesen.

Der Verrechnungswert der Essenmarke übersteigt den Sachbezugswert von **2,80** € um nicht mehr als 3,10 €. Es ist deshalb nicht der Verrechnungswert der

LStH 8.1 §8

Essenmarken, sondern der Wert der erhaltenen Mahlzeiten mit dem Sachbezugswert anzusetzen:

15 Essenmarken x Sachbezugswert *2,80 €*	*42,00 €*
./. Entgelt des Arbeitnehmers	*60,00 €*
Vorteil	*0,00 €*

Dem bisherigen Arbeitslohn von 3 500 € ist nichts hinzuzurechnen.

Sachbezugsbewertung

Beispiel zu R 8.1 Abs. 7 Nr. 3

Der Arbeitnehmer zahlt 2 € für ein Mittagessen im Wert von 4 €.

Sachbezugswert der Mahlzeit *(2010)*	*2,80 €*
./. Zahlung des Arbeitnehmers	*2,00 €*
geldwerter Vorteil	*0,80 €*

Hieraus ergibt sich, dass die steuerliche Erfassung der Mahlzeiten entfällt, wenn gewährleistet ist, dass der Arbeitnehmer für jede Mahlzeit mindestens einen Preis in Höhe des amtlichen Sachbezugswerts zahlt.

LStH 8.1 (8) *Auswärtstätigkeit*

Aufwendungen für Mahlzeiten, die zur Beköstigung der Arbeitnehmer anlässlich einer Auswärtstätigkeit (einschließlich Fortbildungsveranstaltungen) abgegeben werden, sind nach § 8 Abs. 2 Satz 1 EStG zu bewerten (→ BFH vom 19.11.2008 – BStBl. 2009 II S. 547). Es ist nicht zu beanstanden, wenn weiterhin nach R 8.1 Abs. 8 Nr. 2 LStR verfahren wird (→ BMF vom 13.7.2009 – BStBl. I S. 771).

– *Anlage § 008-05* –

Individuell zu versteuernde Mahlzeiten

Mit dem tatsächlichen Preis anzusetzen sind Mahlzeiten, die im Rahmen unüblicher Betriebsveranstaltungen (→ BFH vom 6.2.1987 – BStBl. II S. 355) oder regelmäßiger Geschäftsleitungssitzungen (→ BFH vom 4.8.1994 - BStBl. 1995 II S. 59) abgegeben werden.

Reisekostenabrechnungen

Beispiel 1:

Ein Arbeitnehmer ist durch eine Auswärtstätigkeit an einem Kalendertag 15 Stunden abwesend. Nach der betrieblichen Reisekostenregelung beträgt die Reisekostenvergütung bei einer 15-stündigen Abwesenheit 15 €, die bei Gewährung einer Mahlzeit um 30 % zu kürzen ist. Der Arbeitnehmer hat deshalb nur Anspruch auf eine Reisekostenvergütung von 10,50 € in bar.

– *Der Arbeitnehmer erhält vom Arbeitgeber eine Mittagsmahlzeit unentgeltlich.*

  *Der geldwerte Vorteil der Mahlzeit ist mit dem Sachbezugswert **2,80 €** (2010) dem steuerpflichtigen Arbeitslohn hinzuzurechnen.*

– *Der Arbeitnehmer erhält vom Arbeitgeber eine Mittagsmahlzeit, für die ein Entgelt von **2,80 €** vereinbart ist. Dieses Entgelt wird von der Reisekostenvergütung einbehalten. Statt 10,50 € erhält der Arbeitnehmer nur **7,70 €** ausgezahlt.*

  Die Zurechnung eines geldwerten Vorteils zum Arbeitslohn entfällt. Als Reisekostenvergütung sind nach § 4 Abs. 2 LStDV 10,50 € einzutragen. Auf die Höhe des auf der Lohnsteuerkarte zu bescheinigenden Arbeitslohns hat die Mahlzeit ebenfalls keinen Einfluss.

Beispiel 2:

Der Arbeitgeber stellt dem Arbeitnehmer bei einer Auswärtstätigkeit Unterkunft und Frühstück.

*Der geldwerte Vorteil des Frühstücks ist mit dem Sachbezugswert **1,57 €** (2010) dem steuerpflichtigen Arbeitslohn hinzuzurechnen. Ein geldwerter Vorteil für die Gestellung der Unterkunft ist nicht anzusetzen.*

§ 8 LStH 8.1

LStH 8.1 (9-10) *1 %-Regelung*

Die 1 %-Regelung ist verfassungsrechtlich nicht zu beanstanden (→ BFH vom 24.2.2000 – BStBl. II S. 273).

Abgrenzung Kostenerstattung – Nutzungsüberlassung
– Erstattet der Arbeitgeber dem Arbeitnehmer für dessen eigenen Pkw sämtliche Kosten, wendet er Barlohn und nicht einen Nutzungsvorteil i.S.d. § 8 Abs. 2 EStG zu (→ BFH vom 6.11.2001 – BStBl. 2002 II S. 164).
– Eine nach § 8 Abs. 2 EStG zu bewertende Nutzungsüberlassung liegt vor, wenn der Arbeitnehmer das Kraftfahrzeug auf Veranlassung des Arbeitgebers least, dieser sämtliche Kosten des Kraftfahrzeugs trägt und im Innenverhältnis allein über die Nutzung des Kraftfahrzeugs bestimmt (→ BFH vom 6.11.2001 – BStBl. 2002 II S. 370).

Anscheinsbeweis

Der Beweis des ersten Anscheins spricht für eine private Nutzung des zur Verfügung gestellten Firmenwagens (→ BFH vom 7.11.2006 – BStBl. 2007 II S. 116).

→ Nutzungsverbot

Aufwendungen bei sicherheitsgeschützten Fahrzeugen
– Wird der Nutzungswert für ein aus Sicherheitsgründen gepanzertes Kraftfahrzeug individuell ermittelt, so kann dabei die AfA nach dem Anschaffungspreis des leistungsschwächeren Fahrzeugs zugrunde gelegt werden, das dem Arbeitnehmer zur Verfügung gestellt würde, wenn seine Sicherheit nicht gefährdet wäre (→ BMF vom 28.5.1996 – BStBl. I S. 654). *– Anlage § 008-06 –*
– Im Hinblick auf die durch die Panzerung verursachten höheren laufenden Betriebskosten bestehen keine Bedenken, wenn der Nutzungswertermittlung 70 % der tatsächlich festgestellten laufenden Kosten (ohne AfA) zugrunde gelegt werden (→ BMF vom 28.5.1996 – BStBl. I S. 654). *– Anlage § 008-06 –*

Begrenzung des pauschalen Nutzungswerts

Der pauschale Nutzungswert kann die dem Arbeitgeber für das Fahrzeug insgesamt entstandenen Kosten übersteigen. Wird dies im Einzelfall nachgewiesen, so ist der Nutzungswert höchstens mit dem Betrag der Gesamtkosten des Kraftfahrzeugs anzusetzen, wenn nicht aufgrund des Nachweises der Fahrten durch ein Fahrtenbuch ein geringerer Wertansatz in Betracht kommt. Der mit dem Betrag der Gesamtkosten anzusetzende Nutzungswert ist um 50 % zu erhöhen, wenn das Kraftfahrzeug mit Fahrer zur Verfügung gestellt worden ist (→ BMF vom 28.5.1996 – BStBl. I S. 654).
– Anlage § 008-06 –

Dienstliche Fahrten von der Wohnung

Ein geldwerter Vorteil ist für Fahrten zwischen Wohnung und regelmäßiger Arbeitsstätte nicht zu erfassen, wenn ein Arbeitnehmer ein Firmenfahrzeug ausschließlich an den Tagen für seine Fahrten zwischen Wohnung und regelmäßiger Arbeitsstätte erhält, an denen es erforderlich werden kann, dass er dienstliche Fahrten von der Wohnung aus antritt, z.B. beim Bereitschaftsdienst in Versorgungsunternehmen (→ BMF vom 28.5.1996 – BStBl. I S. 654). *– Anlage § 008-06 –*

Durchschnittswert

Bei der individuellen Nutzungswertermittlung ist die Bildung eines Durchschnittswerts nicht zulässig. Es ist auch nicht zulässig, die individuelle Nutzungswertermittlung auf Privatfahrten zu beschränken, wenn das Kraftfahrzeug auch zu Fahrten zwischen Wohnung und regelmäßiger Arbeitsstätte genutzt wird (→ Arbeitgeber-Merkblatt vom 1.1.1996 – BStBl. 1995 I S. 719, Tz.22). *– Anlage § 008-07 –*

Elektronisches Fahrtenbuch

Ein elektronisches Fahrtenbuch ist anzuerkennen, wenn sich daraus dieselben Erkenntnisse wie aus einem manuell geführten Fahrtenbuch gewinnen lassen. Beim Ausdrucken von elektronischen Aufzeichnungen müssen nachträgliche Veränderungen der aufgezeichneten Angaben technisch ausgeschlossen, zumindest aber dokumentiert werden (→ BMF vom 28.5.1996 – BStBl. I S. 654 und BFH vom 16.11.2005 – BStBl. 2006 II S. 410). *– Anlage § 008-06 –*

Erleichterungen bei der Führung eines Fahrtenbuchs

*Ein Fahrtenbuch soll die Zuordnung von Fahrten zur betrieblichen und beruflichen Sphäre darstellen und ermöglichen. Es muss laufend geführt werden und die berufliche Veranlassung plausibel erscheinen lassen und ggf. eine stichprobenartige Nachprüfung ermöglichen. Auf einzelne in R 8.1 Abs. 9 Nr. 2 geforderte Angaben kann verzichtet werden, soweit wegen der besonderen Umstände im Einzelfall die erforderliche Aussagekraft und Überprüfungsmöglichkeit nicht beeinträchtigt wird. Bei Kundendienstmonteuren und Handelsvertretern mit täglich wechselnden Auswärtstätigkeiten reicht es z.B. aus, wenn sie angeben, welche Kunden sie an welchem Ort aufsuchen. Angaben über die Reiseroute und zu den Entfernungen zwischen den Stationen einer Auswärtstätigkeit sind nur bei größerer Differenz zwischen direkter Entfernung und tatsächlicher Fahrtstrecke erforderlich. Bei Fahrten eines Taxifahrers im sogenannten Pflichtfahrgebiet ist es in Bezug auf Reisezweck, Reiseziel und aufgesuchtem Geschäftspartner ausreichend, täglich zu Beginn und Ende der Gesamtheit dieser Fahrten den Kilometerstand anzugeben mit der Angabe „Taxifahrten im Pflichtfahrgebiet" o.ä. Wurden Fahrten durchgeführt, die über dieses Gebiet hinausgehen, kann auf die genaue Angabe des Reiseziels nicht verzichtet werden. Für Fahrlehrer ist es ausreichend in Bezug auf Reisezweck, Reiseziel und aufgesuchtem Geschäftspartner „Lehrfahrten", „Fahrschulfahrten" o.ä. anzugeben (→ BMF vom 21.1.2002 – BStBl. I S. 148). – früher schon **Anlage § 008-06** unter II.2. –*

Bei sicherheitsgefährdeten Personen, deren Fahrtroute häufig von sicherheitsmäßigen Gesichtspunkten bestimmt wird, kann auf die Angabe der Reiseroute auch bei größeren Differenzen zwischen der direkten Entfernung und der tatsächlichen Fahrtstrecke verzichtet werden (→ BMF vom 28.5.1996 – BStBl. I S. 654). – **Anlage § 008-06** –

Fahrergestellung bei Familienheimfahrten

Stellt der Arbeitgeber dem Arbeitnehmer für die steuerlich zu erfassenden Familienheimfahrten ein Kraftfahrzeug mit Fahrer zur Verfügung, so ist der Nutzungswert der Fahrten, die unter Inanspruchnahme eines Fahrers durchgeführt worden sind, um 50 % zu erhöhen (→ BMF vom 28.5.1996 – BStBl. I S. 654). – **Anlage § 008-06** –

Fahrten zwischen Wohnung und regelmäßiger Arbeitsstätte bei individueller Nutzungswertermittlung

Es ist nicht zulässig, die individuelle Nutzungswertermittlung auf Fahrten zwischen Wohnung und regelmäßiger Arbeitsstätte zu beschränken, wenn das Fahrzeug auch zu Privatfahrten genutzt wird (→ Arbeitgeber-Merkblatt vom 1.1.1996 – BStBl. 1995 I S. 719, Tz. 32). – **Anlage § 008-07** –

Fahrten zwischen Wohnung und regelmäßiger Arbeitsstätte bei pauschaler Nutzungswertermittlung

– *Es ist unerheblich, ob und wie oft im Kalendermonat das Kraftfahrzeug tatsächlich zu Fahrten zwischen Wohnung und regelmäßiger Arbeitsstätte genutzt wird; der Ansatz des pauschalen Nutzungswerts hängt allein davon ab, dass der Arbeitnehmer das Kraftfahrzeug zu Fahrten zwischen Wohnung und regelmäßiger Arbeitsstätte nutzen kann. Ein durch Urlaub oder Krankheit bedingter Nutzungsausfall ist im Nutzungswert pauschal berücksichtigt (→ Arbeitgeber-Merkblatt vom 1.1.1996 – BStBl. 1995 I S. 719, Tz. 28).* – **Anlage § 008-07** –

– *Dem pauschalen Nutzungswert ist die einfache Entfernung zwischen Wohnung und regelmäßiger Arbeitsstätte zugrunde zu legen; diese ist auf den nächsten vollen Kilometerbetrag abzurunden. Maßgebend ist die kürzeste benutzbare Straßenverbindung. Der pauschale Nutzungswert ist nicht zu erhöhen, wenn der Arbeitnehmer das Kraftfahrzeug an einem Arbeitstag mehrmals zwischen Wohnung und regelmäßiger Arbeitsstätte benutzt (→ Arbeitgeber-Merkblatt vom 1.1.1996 – BStBl. 1995 I S. 719, Tz. 30).* – **Anlage § 008-07** –

– *Fährt der Arbeitnehmer abwechselnd zu verschiedenen Wohnungen oder zu verschiedenen regelmäßigen Arbeitsstätten, ist ein pauschaler Monatswert unter Zugrundelegung der Entfernung zur näher gelegenen Wohnung oder näher gelegenen regelmäßigen Arbeitsstätte anzusetzen. Für jede Fahrt von und zu der weiter entfernt liegenden Wohnung oder von und zu der weiter entfernt liegenden regelmäßigen Arbeitsstätte ist zusätzlich ein pauschaler Nutzungswert von 0,002 % des inländischen Listenpreises des Kraftfahrzeugs für jeden Kilometer der Entfernung zwischen Wohnung und regelmäßiger Arbeitsstätte dem Arbeitslohn zuzurechnen,* soweit sie die Entfernung zur näher gelegenen Wohnung übersteigt (→ Arbeitgeber-Merkblatt vom 1.1.1996 – BStBl. 1995 I S. 719, Tz. 31).

Fahrzeugpool

Übersteigt die Zahl der Nutzungsberechtigten die in einem Fahrzeugpool zur Verfügung stehenden Kraftfahrzeuge, so ist bei pauschaler Nutzungswertermittlung für Privatfahrten der geldwerte Vorteil mit 1 % der Listenpreise aller Kraftfahrzeuge zu ermitteln und die Summe entsprechend der Zahl der Nutzungsberechtigten aufzuteilen. Für Fahrten zwischen Wohnung und regelmäßiger Arbeitsstätte ist der geldwerte Vorteil mit 0,03 % der Listenpreise aller Kraftfahrzeuge zu ermitteln und die Summe durch die Zahl der Nutzungsberechtigten zu teilen. Dieser Wert ist beim einzelnen Arbeitnehmer mit der Zahl seiner Entfernungskilometer zu multiplizieren (→ BFH vom 15.5.2002 – BStBl. 2003 II S. 311).

Garage für den Dienstwagen

Wird ein Dienstwagen in der eigenen oder angemieteten Garage des Arbeitnehmers untergestellt und trägt der Arbeitgeber hierfür die Kosten, so ist bei der 1 %-Regelung kein zusätzlicher geldwerter Vorteil für die Garage anzusetzen (→ BFH vom 7.6.2002 – BStBl. II S. 829).

Gelegentliche Nutzung

Bei der pauschalen Nutzungswertermittlung ist die private Nutzung mit monatlich 1 % des Listenpreises auch dann anzusetzen, wenn der Arbeitnehmer das ihm überlassene Kraftfahrzeug tatsächlich nur gelegentlich nutzt (→ BMF vom 28.5.1996 – BStBl. I S. 654). *– Anlage § 008-06 –*

Die Monatsbeträge brauchen nicht angesetzt zu werden

- für volle Kalendermonate, in denen dem Arbeitnehmer kein betriebliches Kraftfahrzeug zur Verfügung steht, oder
- wenn dem Arbeitnehmer das Kraftfahrzeug aus besonderem Anlass oder zu einem besonderen Zweck nur gelegentlich (von Fall zu Fall) für nicht mehr als fünf Kalendermonat im Kalendermonat überlassen wird. In diesem Fall ist die Nutzung zu Privatfahrten und zu Fahrten zwischen Wohnung und regelmäßiger Arbeitsstätte je Fahrtkilometer mit 0,001 % des inländischen Listenpreises des Kraftfahrzugs zu bewerten (Einzelbewertung). Zum Nachweis der Fahrstrecke müssen die Kilometerstände festgehalten werden.

Gesamtkosten

Bei der Ermittlung des privaten Nutzungswerts nach den für das Kraftfahrzeug insgesamt entstehenden Aufwendungen ist für PKW von einer AfA von 12,5 % der Anschaffungskosten entsprechend einer achtjährigen (Gesamt-)Nutzungsdauer auszugehen (→ BFH vom 29.3.2005 – BStBl. 2006 II S. 368).

Kraftfahrzeuge

im Sinne des § 8 Abs. 2 EStG sind auch:

- Campingfahrzeuge (→ BFH vom 6.11.2001 – BStBl. 2002 II S. 370),
- Kombinationskraftwagen (z. B. Geländewagen) ungeachtet ihrer kraftfahrzeugsteuerrechtlichen Einordnung als (gewichtsbesteuerte) „andere Fahrzeuge" (→ BFH vom 13.2.2003 – BStBl. II S. 472).

Leerfahrten

Bei der Feststellung der privat und der dienstlich zurückgelegten Fahrtstrecken sind sog. Leerfahrten, die bei der Überlassung eines Kraftfahrzeugs mit Fahrer durch die An- und Abfahrten des Fahrers auftreten können, den dienstlichen Fahrten zuzurechnen (→ BMF vom 28.5.1996 – BStBl. I S. 654). *– Anlage § 008-06 –*

Listenpreis bei reimportierten Fahrzeugen

Für den pauschalen Nutzungswert ist auch bei reimportierten Fahrzeugen der inländische Listenpreis des Kraftfahrzugs im Zeitpunkt seiner Erstzulassung maßgebend. Soweit das reimportierte Fahrzeug mit zusätzlichen Sonderausstattungen versehen ist, die sich im inländischen Listenpreis nicht niedergeschlagen haben, ist der Wert der Sonderausstattung zusätzlich zu berücksichtigen. Soweit das reimportierte Fahrzeug geringer wertig ausgestattet ist, lässt sich der Wert der „Minderausstattung" durch einen Vergleich mit einem adäquaten inländischen Fahrzeug angemessen berücksichtigen (→ BMF vom 28.5.1996 – BStBl. I S. 654).   – *Anlage § 008-06* –

Navigationsgerät

Bemessungsgrundlage für die Bewertung nach der 1 %-Regelung ist der inländische Bruttolistenpreis einschließlich des darin enthaltenen Aufpreises für ein werkseitig eingebautes Satellitennavigationsgerät (→ BFH vom 16.2.2005 – BStBl. II S. 563).

Nutzung durch mehrere Arbeitnehmer

Wird ein Kraftfahrzeug von mehreren Arbeitnehmern genutzt, so ist bei pauschaler Nutzungswertermittlung für Privatfahrten der geldwerte Vorteil mit 1 % der Listenpreise entsprechend der Zahl der Nutzungsberechtigten aufzuteilen. Für Fahrten zwischen Wohnung und regelmäßiger Arbeitsstätte ist bei jedem Arbeitnehmer der geldwerte Vorteil mit 0,03 % des Listenpreises je Entfernungskilometer zu ermitteln und dieser Wert durch die Zahl der Nutzungsberechtigten zu teilen (→ BFH vom 15.5.2002 – BStBl. 2003 II S. 311).

Nutzungsentgelt

- *Die zwingend vorgeschriebene Bewertung nach der 1 %-Regelung, sofern nicht von der Möglichkeit, ein Fahrtenbuch zu führen, Gebrauch gemacht wird, kann nicht durch Zahlung eines Nutzungsentgelts vermieden werden, selbst wenn dieses als angemessen anzusehen ist. Das vereinbarungsgemäß gezahlte Nutzungsentgelt ist von dem entsprechend ermittelten privaten Nutzungswert in Abzug zu bringen (→ BFH vom 7.11.2006 – BStBl. 2007 II S. 269).*
- *Bei der 1 %-Regelung sind vom Arbeitnehmer selbst getragene Treibstoffkosten kein Nutzungsentgelt. Sie mindern weder den geldwerten Vorteil noch sind sie als Werbungskosten abziehbar (→ BFH vom 18.10.2007 – BStBl. 2008 II S. 198).*

Nutzungsverbot

Wird dem Arbeitnehmer ein Kraftfahrzeug mit der Maßgabe zur Verfügung gestellt, es für Privatfahrten und/oder Fahrten zwischen Wohnung und regelmäßiger Arbeitsstätte nicht zu nutzen, so kann von dem Ansatz des jeweils in Betracht kommenden pauschalen Wertes nur abgesehen werden, wenn der Arbeitgeber die Einhaltung seines Verbots überwacht oder wenn wegen der besonderen Umstände des Falles die verbotene Nutzung so gut wie ausgeschlossen ist, z.B. wenn der Arbeitnehmer das Fahrzeug nach seiner Arbeitszeit und am Wochenende auf dem Betriebsgelände abstellt und den Schlüssel abgibt.

Das Nutzungsverbot ist durch entsprechende Unterlagen nachzuweisen, die zum Lohnkonto zu nehmen sind. Wird das Verbot aus besonderem Anlass oder zu besonderem Zweck von Fall zu Fall ausgesetzt, so ist jeder Kilometer mit 0,001 % des inländischen Listenpreises des Kraftfahrzeugs zu bewerten (Einzelbewertung). Zum Nachweis der Fahrstrecke müssen die Kilometerstände festgehalten werden (→ BMF vom 28.5.1996 – BStBl. I S. 654).   – *Anlage § 008-06* –

Ordnungsgemäßes Fahrtenbuch

- *Ein ordnungsgemäßes Fahrtenbuch muss zeitnah und in geschlossener Form geführt werden und die zu erfassenden Fahrten einschließlich des an ihrem Ende erreichten Gesamtkilometerstands vollständig und in ihrem fortlaufenden Zusammenhang wiedergeben (→ BFH vom 9.11.2005 – BStBl. 2006 II S. 408). Kleinere Mängel führen nicht zur Verwerfung des Fahrtenbuchs, wenn die Angaben insgesamt plausibel sind (→ BFH vom 10.4.2008 – BStBl. II S. 768).*
- *Die erforderlichen Angaben müssen sich dem Fahrtenbuch selbst entnehmen lassen. Ein Verweis auf ergänzende Unterlagen ist nur zulässig, wenn der geschlossene Charakter der Fahrtenbuchaufzeichnungen dadurch nicht beeinträchtigt wird (→ BFH vom 16.3.2006 – BStBl. II S. 625).*
- *Mehrere Teilabschnitte einer einheitlichen beruflichen Reise können miteinander zu einer zusammenfassenden Eintragung verbunden werden, wenn die einzelnen aufgesuchten Kunden oder Geschäftspartner im Fahrtenbuch in der zeitlichen Reihenfolge aufgeführt werden (→ BFH vom 16.3.2006 – BStBl. II S. 625).*
- *Der Übergang von der beruflichen zur privaten Nutzung des Fahrzeugs ist im Fahrtenbuch durch Angabe des bei Abschluss der beruflichen Fahrt erreichten Gesamtkilometerstands zu dokumentieren (→ BFH vom 16.3.2006 – BStBl. II S. 625).*

§ 8

– Kann der Arbeitnehmer den ihm überlassenen Dienstwagen auch privat nutzen und wird über die Nutzung des Dienstwagens kein ordnungsgemäßes Fahrtenbuch geführt, ist der zu versteuernde geldwerte Vorteil nach der 1 %-Regelung zu bewerten. Eine Schätzung des Privatanteils anhand anderer Aufzeichnungen kommt nicht in Betracht (→ BFH vom 16.11.2005 – BStBl. 2006 II S. 410).

Park and ride

– Setzt der Arbeitnehmer ein ihm überlassenes Kraftfahrzeug bei den Fahrten zwischen Wohnung und regelmäßiger Arbeitsstätte oder bei Familienheimfahrten nur für eine Teilstrecke ein, weil er regelmäßig die andere Teilstrecke mit öffentlichen Verkehrsmitteln zurücklegt, so ist der Ermittlung des pauschalen Nutzungswerts die gesamte Entfernung zugrunde zu legen. Ein Nutzungswert auf der Grundlage der Entfernung, die mit dem Kraftfahrzeug zurückgelegt worden ist, kommt nur in Betracht, wenn das Kraftfahrzeug vom Arbeitgeber nur für diese Teilstrecke zur Verfügung gestellt worden ist. Der Arbeitgeber hat die Einhaltung seines Verbots zu überwachen (→ BMF vom 28.5.1996 – BStBl. I S. 654). – *Anlage § 008-06* –

– Der pauschale Nutzungswert kann auch dann auf der Grundlage der Entfernung, die mit dem Kraftfahrzeug tatsächlich zurückgelegt worden ist, ermittelt werden, wenn für die restliche Teilstrecke z. B. eine auf den Arbeitnehmer ausgestellte Jahres-Bahnfahrkarte vorgelegt wird (→ BMF vom 23.10.2008 – BStBl. I S. 961).
– *Anlage § 008-12* –

Schätzung des Privatanteils

Kann der Arbeitnehmer den ihm überlassenen Dienstwagen auch privat nutzen und wird über die Nutzung des Dienstwagens kein ordnungsgemäßes Fahrtenbuch geführt, ist der zu versteuernde geldwerte Vorteil nach der 1 %-Regelung zu bewerten. Eine Schätzung des Privatanteils anhand anderer Aufzeichnungen kommt nicht in Betracht (→ BFH vom 16.11.2005 – BStBl. 2006 II S. 410).

Schutzbrief

Übernimmt der Arbeitgeber die Beiträge für einen auf seinen Arbeitnehmer ausgestellten Schutzbrief, liegt darin die Zuwendung eines geldwerten Vorteils, der nicht von der Abgeltungswirkung der 1 %-Regelung erfasst wird (→ BFH vom 14.9.2005 – BStBl. 2006 II S. 72).

Straßenbenutzungsgebühren

Übernimmt der Arbeitgeber die Straßenbenutzungsgebühren für die mit einem Firmenwagen unternommenen Privatfahrten seines Arbeitnehmers, liegt darin die Zuwendung eines geldwerten Vorteils, der nicht von der Abgeltungswirkung der 1 %-Regelung erfasst wird (→ BFH vom 14.9.2005 – BStBl. 2006 II S. 72).

Überlassung eines betrieblichen Kraftfahrzeugs zu Familienheimfahrten

– Überlässt der Arbeitgeber oder auf Grund des Dienstverhältnisses ein Dritter dem Arbeitnehmer ein Kraftfahrzeug unentgeltlich zu wöchentlichen Familienheimfahrten im Rahmen einer beruflich veranlassten doppelten Haushaltsführung, so ist insoweit der Nutzungswert steuerlich nicht zu erfassen (→ § 8 Abs. 2 Satz 5 EStG).

– Wird das Kraftfahrzeug zu mehr als einer Familienheimfahrt wöchentlich genutzt, so ist für jede Familienheimfahrt ein pauschaler Nutzungswert in Höhe von 0,002 % des inländischen Listenpreises des Kraftfahrzugs für jeden Kilometer der Entfernung zwischen dem Beschäftigungsort und dem Ort des eigenen Hausstands anzusetzen und dem Arbeitslohn zuzurechnen. Anstelle des pauschalen Nutzungswerts kann der Arbeitgeber den Nutzungswert mit den Aufwendungen für das Kraftfahrzeug ansetzen, die auf die zu erfassenden Fahrten entfallen, wenn die für das Kraftfahrzeug insgesamt entstehenden Aufwendungen durch Belege und das Verhältnis der privaten zu den übrigen Fahrten durch ein ordnungsgemäßes Fahrtenbuch nachgewiesen werden (→ Arbeitgeber-Merkblatt vom 1.1.1996 – BStBl. 1995 I S. 719, Tz. 37). – *Anlage § 008-07* –

Überlassung mehrerer Kraftfahrzeuge

– Stehen einem Arbeitnehmer gleichzeitig mehrere Kraftfahrzeuge zur Verfügung, so ist bei der pauschalen Nutzungswertermittlung für jedes Fahrzeug die private Nutzung mit monatlich 1 % des Listenpreises anzusetzen; dem privaten Nutzungswert kann der Listenpreis des überwiegend genutzten Kraftfahrzeugs zugrunde gelegt werden, wenn die Nutzung der Fahrzeuge durch andere zur Privatsphäre des Arbeitnehmers gehörende Personen so gut wie ausgeschlossen ist. Dem Nutzungswert für Fahrten zwischen Wohnung und regelmäßiger Arbeitsstätte ist stets der Listenpreis des überwiegend für diese Fahrten benutzten Kraftfahrzeugs zugrunde zu legen (→ BMF vom 28.5.1996 – BStBl. I S. 654). *– Anlage § 008-06 –*

– Der Listenpreis des überwiegend genutzten Kraftfahrzeugs ist bei der pauschalen Nutzungswertermittlung auch bei einem Fahrzeugwechsel im Laufe eines Kalendermonats zugrunde zu legen (→ Arbeitgeber-Merkblatt vom 1.1.1996 – BStBl. 1995 I S. 719, Tz. 21). *– Anlage § 008-07 –*

– Bei der individuellen Nutzungswertermittlung muss für jedes Kraftfahrzeug die insgesamt entstehenden Aufwendungen und das Verhältnis der privaten zu den übrigen Fahrten nachgewiesen werden (→ Arbeitgeber-Merkblatt vom 1.1.1996 – BStBl. 1995 I S. 719, Tz. 22). *– Anlage § 008-07 –*

– Stehen einem Arbeitnehmer gleichzeitig mehrere Kraftfahrzeuge zur Verfügung und führt er nur für einzelne Kraftfahrzeuge ein ordnungsgemäßes Fahrtenbuch, so kann er für diese den privaten Nutzungswert individuell ermitteln, während der Nutzungswert für die anderen mit monatlich 1 % des Listenpreises anzusetzen ist (→ BFH vom 3.8.2000 - BStBl. 2001 II S. 332).

Vereinfachungsregelung

Bei der individuellen Nutzungswertermittlung im Laufe des Kalenderjahres bestehen keine Bedenken, wenn die Privatfahrten je Fahrtkilometer vorläufig mit 0,001 % des inländischen Listenpreises für das Kraftfahrzeug angesetzt werden (→ Arbeitgeber-Merkblatt vom 1.1.1996 – BStBl. 1995 I S. 719, Tz. 24). *– Anlage § 008-07 –*

Verzicht auf Schadensersatz

Verzichtet der Arbeitgeber gegenüber dem Arbeitnehmer auf Schadensersatz nach einem während einer beruflichen Fahrt alkoholbedingt entstandenen Schaden am auch zur privaten Nutzung überlassenen Firmen-PKW, so ist der dem Arbeitnehmer aus dem Verzicht entstehende Vermögensvorteil nicht durch die 1 %-Regelung abgegolten. Der als Arbeitslohn zu erfassende Verzicht auf Schadensersatz führt nur dann zu einer Steuererhöhung, wenn die Begleichung der Schadensersatzforderung nicht zum Werbungskostenabzug berechtigt. Ein Werbungskostenabzug kommt nicht in Betracht, wenn das auslösende Moment für den Verkehrsunfall die alkoholbedingte Fahruntüchtigkeit war (→ BFH vom 24.5.2007 – BStBl. II S. 766).

Werkstattwagen

– **Die 1 %-Regelung gilt nicht für Fahrzeuge, die auf Grund ihrer objektiven Beschaffenheit und Einrichtung typischerweise so gut wie ausschließlich nur zur Beförderung von Gütern bestimmt sind** (→ BFH vom 18.12.2008 – BStBl. 2009 II S. 381).

– Ein geldwerter Vorteil für die Fahrten zwischen Wohnung und regelmäßiger Arbeitsstätte ist nur dann nicht zu erfassen, wenn ein Arbeitnehmer ein Firmenfahrzeug ausschließlich an den Tagen für seine Fahrten zwischen Wohnung und regelmäßiger Arbeitsstätte erhält, an denen es erforderlich werden kann, dass er dienstliche Fahrten von der Wohnung aus antritt, z. B. beim Bereitschaftsdienst in Versorgungsunternehmen (→ BMF vom 28.5.1996 – BStBl. I S. 654).
– Anlage § 008-06 –

Zuzahlungen des Arbeitnehmers

– Zuzahlungen des Arbeitnehmers zu den Anschaffungskosten können – entgegen R 8.1 Abs. 9 Nr. 4 Satz 3 1. Halbsatz – nicht nur im Zahlungsjahr, sondern auch in den darauf folgenden Kalenderjahren auf den geldwerten Vorteil angerechnet werden. R 8.1 Abs. 9 Nr. 4 Satz 3 2. Halbsatz bleibt unberührt (→ BMF vom 6.2.2009 – BStBl. I S. 413). *– Anlage § 008-13 –*

Beispiel:

Der Arbeitnehmer hat im Jahr 2008 zu den Anschaffungskosten eines Firmenwagens einen Zuschuss i. H. v. 10 000 € geleistet. Der geldwerte Vorteil beträgt jährlich 4 000 €. Ab Januar 2010 wird ihm ein anderer Firmenwagen überlassen. Der geldwerte Vorteil i. H. v. 4 000 € wird in den Jahren 2008 und 2009 um jeweils 4 000 € gemindert. Auf Grund der Überlassung eines anderen Firmenwagens ab

§ 8 RL 8.2

2010 kann der verbleibende Zuzahlungsbetrag von 2 000 € nicht auf den geldwerten Vorteil dieses Firmenwagens angerechnet werden.

– Bei der Fahrtenbuchmethode fließen vom Arbeitnehmer selbst getragene Aufwendungen nicht in die Gesamtkosten ein und erhöhen nicht den individuell zu ermittelnden geldwerten Vorteil. Bei der 1 %-Regelung mindern vom Arbeitnehmer selbst getragene Aufwendungen nicht den pauschal ermittelten geldwerten Vorteil (→ BMF vom 6.2.2009 – BStBl. I S. 412). – Anlage § 008-14 –

LStR

R 8.2 Bezug von Waren und Dienstleistungen (§ 8 Abs. 3 EStG)

(1) [1]Die steuerliche Begünstigung bestimmter Sachbezüge der Arbeitnehmer nach § 8 Abs. 3 EStG setzt Folgendes voraus:

1. [1]Die Sachbezüge müssen dem Arbeitnehmer auf Grund seines Dienstverhältnisses zufließen. [2]Steht der Arbeitnehmer im Kalenderjahr nacheinander oder nebeneinander in mehreren Dienstverhältnissen, sind die Sachbezüge aus jedem Dienstverhältnis unabhängig voneinander zu beurteilen. [3]Auf Sachbezüge, die der Arbeitnehmer nicht unmittelbar vom Arbeitgeber erhält, ist § 8 Abs. 3 EStG grundsätzlich nicht anwendbar.

2. [1]Die Sachbezüge müssen in der Überlassung von Waren oder in Dienstleistungen bestehen. [2]Zu den Waren gehören alle Wirtschaftsgüter, die im Wirtschaftsverkehr wie Sachen (§ 90 BGB) behandelt werden, also auch elektrischer Strom und Wärme. [3]Als Dienstleistungen kommen alle anderen Leistungen in Betracht, die üblicherweise gegen Entgelt erbracht werden.

3. [1]Auf Rohstoffe, Zutaten und Halbfertigprodukte ist die Begünstigung anwendbar, wenn diese mengenmäßig überwiegend in die Erzeugnisse des Betriebs eingehen. [2]Betriebs- und Hilfsstoffe, die mengenmäßig überwiegend nicht an fremde Dritte abgegeben werden, sind nicht begünstigt.

4. Bei jedem einzelnen Sachbezug, für den die Voraussetzungen des § 8 Abs. 3 und des § 40 Abs. 1 oder Abs. 2 **Satz 1** Nr. 1 oder 2 EStG gleichzeitig vorliegen, kann zwischen der Pauschalbesteuerung und der Anwendung des § 8 Abs. 3 EStG gewählt werden.

[2]Die Begünstigung gilt sowohl für teilentgeltliche als auch für unentgeltliche Sachbezüge. [3]Sie gilt deshalb z. B. für den Haustrunk im Brauereigewerbe, für die Freitabakwaren in der Tabakwarenindustrie und für die Deputate im Bergbau sowie in der Land- und Forstwirtschaft. [4]Nachträgliche Gutschriften sind als Entgeltsminderung zu werten, wenn deren Bedingungen bereits in dem Zeitpunkt feststehen, in dem der Arbeitnehmer die Sachbezüge erhält. [5]Zuschüsse eines Dritten sind nicht als Verbilligung zu werten, sondern ggf. als Lohnzahlungen durch Dritte zu versteuern.

(2) [1]Der steuerlichen Bewertung der Sachbezüge, die die Voraussetzungen des Absatzes 1 erfüllen, sind die Endpreise (einschließlich der Umsatzsteuer) zugrunde zu legen, zu denen der Arbeitgeber die Waren oder Dienstleistungen fremden Letztverbrauchern im allgemeinen Geschäftsverkehr anbietet. [2]Bei der Gewährung von Versicherungsschutz sind es die Beiträge, die der Arbeitgeber als Versicherer von fremden Versicherungsnehmern für diesen Versicherungsschutz verlangt. [3]Fehlt ein schriftliches Preisangebot, ist die erste Preisangabe des Anbieters maßgebend. [4]Tritt der Arbeitgeber mit Letztverbrauchern außerhalb des Arbeitnehmerbereichs nicht in Geschäftsbeziehungen, sind die Endpreise zugrunde zu legen, zu denen der dem Abgabeort des Arbeitgebers nächstansässige Abnehmer die Waren oder Dienstleistungen fremden Letztverbrauchern anbietet.[5]Dies gilt auch in den Fällen, in denen der Arbeitgeber nur als Kommissionär tätig ist. [6]R **8.1** Abs. 2 Satz 5 ist sinngemäß anzuwenden. [7]Für die Preisfeststellung ist grundsätzlich jeweils der Kalendertag maßgebend, an dem die Ware oder Dienstleistung an den Arbeitnehmer abgegeben wird. [8]Fallen Bestell- und Liefertag auseinander, sind die Verhältnisse am Bestelltag für die Ermittlung des Angebotspreises maßgebend. [9]Der um 4 % geminderte Endpreis ist der Geldwert des Sachbezugs; als Arbeitslohn ist der Unterschiedsbetrag zwischen diesem Geldwert und dem vom Arbeitnehmer gezahlten Entgelt anzusetzen. [10]Arbeitslöhne dieser Art aus demselben Dienstverhältnis bleiben steuerfrei, soweit sie insgesamt den Rabatt-Freibetrag nach § 8 Abs. 3 EStG im Kalenderjahr nicht übersteigen.

Hinweise

LStH 8.2 Allgemeines

Die Regelung des § 8 Abs. 3 EStG gilt nicht für

- Waren, die der Arbeitgeber überwiegend für seine Arbeitnehmer herstellt, z.B. Kantinenmahlzeiten, oder überwiegend an seine Arbeitnehmer vertreibt und Dienstleistungen, die der Arbeitgeber überwiegend für seine Arbeitnehmer erbringt,
- Sachbezüge, die nach § 40 Abs. 1 oder Abs. 2 Nr. 1 oder 2 EStG pauschal versteuert werden.

In diesen Fällen ist die Bewertung nach § 8 Abs. 2 EStG vorzunehmen.

Anwendung des Rabatt-Freibetrags

Der Rabatt-Freibetrag findet Anwendung bei

- Waren oder Dienstleistungen, die vom Arbeitgeber hergestellt, vertrieben oder erbracht werden (→ BFH vom 15.1.1993 – BStBl. II S. 356),
- Leistungen des Arbeitgebers, auch wenn sie nicht zu seinem üblichen Geschäftsgegenstand gehören (→ BFH vom 7.2.1997 – BStBl. II S. 363),
- der verbilligten Abgabe von Medikamenten an die Belegschaft eines Krankenhauses, wenn Medikamente dieser Art mindestens im gleichen Umfang an Patienten abgegeben werden (→ BFH vom 27.8.2002 – BStBl. II S. 881 und BStBl. 2003 II S. 95),
- Waren, die ein Arbeitgeber im Auftrag und nach dem Plänen und Vorgaben eines anderen produziert und damit Hersteller dieser Waren ist (→ BFH vom 28.8.2002 – BStBl. 2003 II S. 154 betr. Zeitungsdruck),
- verbilligter Überlassung einer Hausmeisterwohnung, wenn der Arbeitgeber Wohnungen zumindest in gleichem Umfang an Dritte vermietet und sich die Hausmeisterwohnung durch ihre Merkmale nicht in einem solchen Maße von anderen Wohnungen unterscheidet, dass sie nur als Hausmeisterwohnung genutzt werden kann (→ BFH vom 16.2.2005 BStBl. II S. 529),
- Überlassung eines zinslosen oder zinsverbilligten Arbeitgeberdarlehens, wenn Darlehen gleicher Art und zu gleichen Konditionen überwiegend an betriebsfremde Dritte vergeben werden (→ BMF vom 1.10.2008 – BStBl. I S. 892).   *– Anlage § 008-04 –*

Der Rabatt-Freibetrag findet keine Anwendung bei

- Arbeitgeberdarlehen, wenn der Arbeitgeber lediglich verbundenen Unternehmen Darlehen gewährt (→ BFH vom 18.9.2002 – BStBl. 2003 II S. 371),
- Arbeitgeberdarlehen, wenn der Arbeitgeber Darlehen dieser Art nicht an Fremde vergibt (→ BFH vom 9.10.2002 – BStBl. 2003 II S. 373 betr. Arbeitgeberdarlehen einer Landeszentralbank).

Aufteilung eines Sachbezugs

Die Aufteilung eines Sachbezugs zum Zwecke der Lohnsteuerpauschalierung ist nur zulässig, wenn die Pauschalierung der Lohnsteuer beantragt wird und die Pauschalierungsgrenze des § 40 Abs. 1 Satz 3 EStG überschritten wird (→ BMF vom 1.10.2008 – BStBl. I S. 892, Rdnr. 17).
– Anlage § 008-04 –

Berechnung des Rabatt-Freibetrags

Beispiel 1:

Ein Möbelhandelsunternehmen überlässt einem Arbeitnehmer eine Schrankwand zu einem Preis von 3.000 €; der durch Preisauszeichnung angegebene Endpreis dieser Schrankwand beträgt 4.500 €.

Zur Ermittlung des Sachbezugswerts ist der Endpreis um 4 % = 180 € zu kürzen, so dass sich nach Anrechnung des vom Arbeitnehmer gezahlten Entgelts ein Arbeitslohn von 1 € ergibt. Dieser Arbeitslohn überschreitet den Rabatt-Freibetrag von 1.080 € um 240 €, so dass dieser Betrag zu versteuern ist.

Würde der Arbeitnehmer im selben Kalenderjahr ein weiteres Möbelstück unter denselben Bedingungen beziehen, so käme der Rabatt-Freibetrag nicht mehr in Betracht; es ergäbe sich dann ein zu versteuernder Betrag von 1.320 € (Unterschiedsbetrag zwischen dem um 4 % = 180 € geminderten Endpreis von 4.500 € und dem Abgabepreis von 3.000 €).

Beispiel 2:

Der Arbeitnehmer eines Reisebüros hat für eine vom Arbeitgeber vermittelte Pauschalreise, die im Katalog des Reiseveranstalters zum Preis von 2.000 € angeboten wird, nur 1.500 € zu zahlen. Vom Preisnachlass entfallen 300 € auf die Reiseleistung des Veranstalters und 200 € auf die Vermittlung des Arbeitgebers, der insoweit keine Vermittlungsprovision erhält.

Die unentgeltliche Vermittlungsleistung ist nach § 8 Abs. 3 EStG mit ihrem um 4 % = 8 € geminderten Endpreis von 200 € zu bewerten, so dass sich ein Arbeitslohn von 192 € ergibt, der im Rahmen des Rabatt-Freibetrags von 1 080 € jährlich steuerfrei ist.

Auf die darüber hinausgehende Verbilligung der Pauschalreise um 300 € ist der Rabatt-Freibetrag nicht anwendbar, weil die Reiseveranstaltung nicht vom Arbeitgeber durchgeführt wird; sie ist deshalb nach § 8 Abs. 2 EStG zu bewerten. Nach R 8.1 Abs. 2 Satz 9 kann der für die Reiseleistung maßgebende Preis mit 1 728 € (96 % von 1 800 €) angesetzt werden, so dass sich ein steuerlicher Preisvorteil von 228 € ergibt.

Dienstleistungen

Die leih- oder mietweise Überlassung von Grundstücken, Wohnungen, möblierten Zimmern oder von Kraftfahrzeugen, Maschinen und anderen beweglichen Sachen sowie die Gewährung von Darlehen sind Dienstleistungen (→ BFH vom 4. 11. 1994 – BStBl. 1995 II S. 338).

Weitere Beispiele für Dienstleistungen sind:
- Beförderungsleistungen,
- Beratung,
- Datenverarbeitung,
- Kontenführung,
- Reiseveranstaltungen,
- Versicherungsschutz,
- Werbung.

Endpreis
- im **Einzelhandel** ist der Preis, mit dem die Ware ausgezeichnet ist (→ BFH vom 4.6.1993 – BStBl. II S. 687),
- beim Erwerb von Kraftfahrzeugen vom Arbeitgeber in der Automobilbranche → BMF vom 30.1.1996 (BStBl. I S. 114),   – **aktuelle BMF Anlage § 008-08** –
- bei Überlassung eines zinslosen oder zinsverbilligten Arbeitgeberdarlehens → BMF vom 1.10.2008 (BStBl. I S. 892),   – **Anlage § 008-04** –
- ist der Angebotspreis, zu dem das Fahrzeug fremden Letztverbrauchern im allgemeinen Geschäftsverkehr angeboten wird. Dies ist grundsätzlich der unabhängig von Rabattgewährungen nach der Preisangabenverordnung ausgewiesene Preis (→ BFH vom 17.6.2009 – BStBl. 2010 II S. 67).

Personalrabatte bei Kreditinstituten

→ BMF vom 15. 4. 1993 (BStBl. I S. 339)   – **Anlage § 008-10** –

Sachbezüge an ehemalige Arbeitnehmer

Sachbezüge, die dem Arbeitnehmer ausschließlich wegen seines früheren oder künftigen Dienstverhältnisses zufließen, sind nach § 8 Abs. 3 EStG zu bewerten (→ BFH vom 8.11.1996 – BStBl. 1997 II S. 330).

Sachbezüge von dritter Seite
- Erfassung und Bewertung

    → BMF vom 27. 9. 1993 (BStBl. I S. 814)   – **Anlage § 008-01** –
- Einschaltung eines Dritten

    Die Einschaltung eines Dritten ist für die Anwendung des § 8 Abs. 3 EStG unschädlich, wenn der Arbeitnehmer eine vom Arbeitgeber hergestellte Ware auf dessen Veranlassung und Rechnung erhält (→ BFH vom 4.6.1993 – BStBl. II S. 687).

Vermittlungsprovision
- Ein Arbeitgeber, der den Abschluss von Versicherungsverträgen vermittelt, kann seinen Arbeitnehmern auch dadurch einen geldwerten Vorteil i.S.d. § 8 Abs. 3 Satz 1 EStG gewähren, dass er im Voraus auf die ihm zustehende Vermittlungsprovision verzichtet, sofern das Versicherungsunternehmen auf Grund dieses Verzichts den fraglichen Arbeitnehmern den Abschluss von Versicherungsverträgen zu günstigeren Tarifen gewährt, als das bei anderen Versicherungsnehmern der Fall ist (→ BFH vom 30.5.2001 – BStBl. 2002 II S. 230).

- Gibt der Arbeitgeber seine Provisionen, die er von Dritten für die Vermittlung von Versicherungsverträgen seiner Arbeitnehmer erhalten hat, an diese weiter, gewährt er Bar- und nicht Sachlohn (→ *BFH vom 23.8.2007 – BStBl. 2008 II S. 52*).

Wahlrecht
Die Bewertung eines Sachbezugs hat vorrangig nach § 8 Abs. 3 EStG zu erfolgen. Weder der Arbeitgeber noch der Arbeitnehmer haben ein Wahlrecht auf Anwendung des § 8 Abs. 2 EStG (→ *BMF vom 28.3.2007 – BStBl. I S. 464*). **– Anlage § 008-09 –**

Waren und Dienstleistungen vom Arbeitgeber
- Die Waren oder Dienstleistungen müssen vom Arbeitgeber hergestellt, vertrieben oder erbracht werden (→ *BFH vom 15.1.1993 – BStBl. II S. 356*).
- Es ist nicht erforderlich, dass die Leistung des Arbeitgebers zu seinem üblichen Geschäftsgegenstand gehört (→ *BFH vom 7.2.1997 – BStBl. II S. 363*).

ESt-Kartei NW

Fach 1 Bewertung von Sachbezügen und Durchschnittswerte für bestimmte Sachbezüge

1. Lohnsteuerliche Behandlung von unentgeltlichen oder verbilligten Mahlzeiten der Arbeitnehmer (Sachbezugswerte ab 1999 entsprechend den jeweiligen BMF-Schreiben; aktuelle Werte siehe **Anlage § 008-02**)
2. Bewertung der Sachbezüge bei Freiflügen und verbilligten Flügen (Kilometerwerte ab 1998 entsprechend den jeweiligen BMF-Schreiben; aktuelle Werte siehe **Anlage § 008-03**)
3. Sachbezugswerte für Tabakwaren – ausgesondert – (ab 1. 1. 1990 weitgehend ohne Bedeutung, ab 1. 4. 1992 aufgehoben; allgemeine Bewertungsgrundsätze des § 8 EStG maßgebend)
4. Bewertung der Gemeinschaftsunterkunft bei Angehörigen der Bundeswehr, des Bundesgrenzschutzes und der Polizei des Landes Nordrhein-Westfalen (ab 2000 entsprechend den jeweiligen BMF-Schreiben; aktuelle Werte siehe **Anlage § 008-03**)
5. Lohnsteuerliche Behandlung der unentgeltlichen oder verbilligten Überlassung von Fahrausweisen in Nahverkehrsbetrieben (ab 1.1.1994 sind die allgemeinen Grundsätze anzuwenden, nämlich für Arbeitnehmer bei Fahrten zwischen Wohnung und Arbeitsstätte § 3 Nr. 34 EStG, für andere Fahrten und für Angehörige § 8 Abs. 3 EStG)
6. Veräußerung von Erbbaugrundstücken an Arbeitnehmer (Verkehrswertermittlung, Wertabschlag wegen des Erbbaurechts, Anwendung der Wertermittlungs-Richtlinien 1976)
7. Sachbezugswert für Verpflegung bei Angehörigen der Bundeswehr, des Bundesgrenzschutzes, der Bereitschaftspolizei der Länder, der Vollzugspolizei des Bundes, der Länder und Gemeinden – ausgesondert – (– überholt ab 1.1.1990 –)
8. Anwendung der Sachbezugsverordnung bei entgeltlicher Gewährung von Kost und Wohnung (bei Erstattung des anteiligen Sachbezugswerts für Kost durch den Arbeitnehmer an den Arbeitgeber liegt keine „verbilligte" Gewährung von Kost vor, deshalb ist bei der Frage, ob eine verbilligte Überlassung von Wohnraum vorliegt, vom ortsüblichen Mietpreis auszugehen)
9. Lohnsteuerliche Behandlung von Mahlzeiten ab 1990 – ausgesondert – (entsprach BMF-Schreiben v. 7. 2. 1990 BStBl. I S. 111; – inhaltlich übernommen in R 31 Abs. 6 LStR 1993 –)
10. Geldwerter Vorteil bei Fahrergestellung – ausgesondert – (entsprach BMF-Schreiben v. 21.1.1991 BStBl. I S. 157; – jetzt R 31 Abs. 10 LStR 2000 –)
11. Lohnsteuerliche Behandlung von Sondertarifen für das Job-Ticket – ausgesondert – (ab VZ 1994 überholt)
12. Aufwendungen für ein Autotelefon (entsprach BMF-Schreiben v. 14. 10. 1993 BStBl. I S. 908; – ab 1.1.2002 überholt durch Gesetzesänderungen und LStR 2002 und aufgehoben mit BMF-Schreiben v. 20.11.2001 BStBl. I S. 993)
13. Steuerliche Behandlung der Rabatte, die Arbeitnehmern von dritter Seite eingeräumt werden (entspricht BMF-Schreiben v. 27. 9. 1993 BStBl. I S. 814, **Anlage § 008-01**)
14. Steuerliche Behandlung von Nutzungsüberlassungen; Anwendung der Grundsätze des BFH-Urteils vom 4. 11. 1994 (BStBl. 1995 II S. 338) (entspricht BMF-Schreiben v. 28. 4. 1995 BStBl. I S. 273 und v. 21. 7. 2003 BStBl. I S. 391, **Anlage § 008-05**)
15. Ermittlung des geldwerten Vorteils beim Erwerb von Kraftfahrzeugen vom Arbeitgeber in der Automobilbranche (§ 8 Abs. 3 EStG) (entspricht BMF-Schreiben v. 30. 1. 1996 BStBl. I S. 114, **Anlage § 008-08**)

§ 8 ESt-Kartei NW

16. Steuerliche Behandlung der Überlassung eines betrieblichen Kraftfahrzeugs an Arbeitnehmer (entspricht BMF-Schreiben v. 28. 5. 1996 BStBl. I S. 654, **Anlage § 008-06**)
17. Steuerliche Reisekostenregelungen ab 1996; Arbeitgeberveranlassung bei der Mahlzeitenabgabe durch Dritte – ausgesondert – (entsprach BMF-Schreiben v. 5. 6. 1996 BStBl. I S. 656; – inhaltlich übernommen in R 31 Abs. 8 Nr. 2 LStR 2000 –)
18. Anwendung der 50 DM-Freigrenze für Sachbezüge nach § 8 Abs. 2 Satz 9 EStG – ausgesondert – (entsprach BMF-Schreiben v. 9. 7. 1997 BStBl. I S. 735; – inhaltlich übernommen in H 31 Abs. 1-4 LStH 2000)
19. Lohnsteuerliche Behandlung von Essenmarken – ausgesondert – (entsprach BMF-Schreiben v. 8. 9. 1997 BStBl. I S. 804; – inhaltlich übernommen in R 31 Abs. 7 Nr. 4 LStR 2000 –)
20. Mahlzeitengestellung anlässlich von Auswärtstätigkeiten; übliche Beköstigung i. S. d. R 31 Abs. 8 Nr. 2 LStR (übliche Beköstigung liegt nur vor, wenn der Wert der Mahlzeit die Grenze für sog. Arbeitsessen – R 73 Abs. 2 Satz 2 LStR – von 40 € nicht übersteigt; maßgebend für Mahlzeiten ab 1.1.2002; für Mahlzeiten davor einzelfallbezogene Prüfung der Gesamtumstände notwendig)
800. Durchschnittswerte für Kohlendeputate ab 1990 (für 1990 und 1991; ab 1992 Bewertung des Sachbezugs „Hausbrand" nach den allgemeinen Grundsätzen; Durchschnittswerte werden nicht mehr festgesetzt)
1000. Steuerliche Behandlung der Freiflüge der Bediensteten von Luftfahrtunternehmen (Sachbezugswerte sind nicht bei anderen Arbeitgebern anwendbar, jedoch auch, wenn die Luftfahrtunternehmen den Flug einem Dritten überlassen, z. B. Angestellten eines Reisebüros)
1001. Steuerliche Behandlung des geldwerten Vorteils aus der Gestellung von Dienstkleidung an die hauptberuflichen Kräfte der freiwilligen Feuerwehren (aus Billigkeitsgründen Steuerfreiheit nach § 3 Nr. 4 Buchstabe a EStG wie für Berufsfeuerwehren anzuwenden, auch auf nicht „typische Berufskleidung", soweit sie zur vorgeschriebenen Dienstkleidung gehört)
1002. Verbilligte Übernachtungen der Arbeitnehmer im Hotelgewerbe (auf diese Dienstleistung ist gemäß BFH v. 4. 11. 1994 VI R 81/93, BStBl. 1995 II S. 338, nunmehr § 8 Abs. 3 EStG anzuwenden; maßgebend ist grundsätzlich der sog. Schrankpreis, jedoch auch niedrigere Sonderpreise, wenn diese in Preislisten festgelegt sind und sich an die Allgemeinheit richten)

Fach 2 Zuwendungen im Betrieb und bei Betriebsveranstaltungen

1. Zuwendungen des Arbeitgebers aus Anlass von Betriebsveranstaltungen – ausgesondert – (entsprach BMF-Schreiben vom 9. 9. 1986 BStBl. I S. 482; inhaltlich übernommen als R 72 LStR 1987)

Fach 3 Sonstige geldwerte Vorteile

1. Geldwerter Vorteil aus der Überlassung von Fernsehgeräten und Video-Recordern an Bedienstete der Deutschen Bundespost und der Rundfunk- und Fernsehanstalten (ab 1990 monatlicher Durchschnittswert der privaten Nutzung mit 1 v.H. des auf volle 100 DM – ab 2002 volle 100 Euro – abgerundeten Gerätekaufpreises – Listenpreis einschließlich Umsatzsteuer – anzusetzen; Gebührenersparnis ist zusätzlicher Sachbezug, soweit nicht § 8 Abs. 3 EStG anzuwenden ist)
2. Energie- und Wasserlieferungen an Arbeitnehmer von Versorgungsunternehmen (ab 1990 § 8 Abs. 2 EStG anzuwenden, wenn Lieferung durch anderes Versorgungsunternehmen als das des Arbeitgebers erfolgt; § 8 Abs. 3 EStG ebenfalls nicht für Barvergütung des Arbeitgebers anzuwenden, wenn Lieferung durch Dritten zum normalen Tarifpreis erfolgt; Neuregelung nach Gesetz zur Neuregelung des Energiewirtschaftsrechts v. 24. 4. 1998, BGBl. I S. 730: § 8 Abs. 3 EStG setzt Nämlichkeit der Ware bei Lieferung durch Dritten voraus; diese liegt vor bei sog. Durchleitung; auch bei der sog. Netzzugangsalternative; bei „All-inclusive-Verträgen" Anwendung des Rabattfreibetrags für alle Leistungen)
3. Personalrabatte bei Arbeitnehmern von Kreditinstituten (entspricht BMF-Schreiben v. 15.4.1993 BStBl. I S. 339, **Anlage § 008-10 Buchstabe b**)
800. Lohnsteuerliche Behandlung von Warengutscheinen (die zur Einlösung bei einem fremden Dritten bestimmt sind: „Auf einen bei einem Dritten einzulösenden Gutschein des Arbeitgebers, auf dem neben der Bezeichnung der abzugebenden Ware oder Dienstleistung ein anzurechnender Betrag oder ein Höchstbetrag angegeben ist, ist die Freigrenze nach § 8 Abs. 2 Satz 9 EStG nicht anwendbar. Soweit die Freigrenze auf vor dem 01.04.2003 eingelöste Gutscheine mit darauf angegebenem Anrechnungs- oder Höchstbetrag unter Bezugnahme auf OFD-Verfügungen angewendet worden ist, ist dies nicht zu beanstanden.")

Rechtsprechung § 8

Rechtsprechungsauswahl

BFH v. 11. 2. 2010 VI R 43/09 (BFH-Webseite): Private Fahrzeugnutzung als Arbeitslohn oder vGA

1. Die nachhaltige "vertragswidrige" private Nutzung eines betrieblichen PKW durch den anstellungsvertraglich gebundenen Gesellschafter-Geschäftsführer ist nicht stets als vGA zu beurteilen.
2. Unterbindet die Kapitalgesellschaft die unbefugte Nutzung durch den Gesellschafter-Geschäftsführer nicht, kann dies sowohl durch das Beteiligungsverhältnis als auch durch das Arbeitsverhältnis veranlasst sein. Die Zuordnung (vGA oder Arbeitslohn) bedarf der wertenden Betrachtung im Einzelfall (Anschluss an BFH-Urteil vom 23. April 2009 VI R 81/06, BFHE 225, 33).

BFH v. 21. 1. 2010 VI R 51/08 (BFH-Webseite): Vorteil aus unentgeltlicher Verpflegung an Bord eines Flusskreuzfahrtschiffes ausnahmsweise kein Arbeitslohn

1. Verpflegt der Arbeitgeber die Besatzungsmitglieder an Bord eines Flusskreuzfahrtschiffes unentgeltlich, so ist der den Arbeitnehmern gewährte Vorteil dann kein Arbeitslohn, wenn das eigenbetriebliche Interesse des Arbeitgebers an einer Gemeinschaftsverpflegung wegen besonderer betrieblicher Abläufe den Vorteil der Arbeitnehmer bei weitem überwiegt.
2. Bei der Nachforderung von Lohnsteuer dürfen die Beträge nicht zugerechnet werden, die der Arbeitgeber bei einer Auswärtstätigkeit steuerfrei hätte ersetzen dürfen.
3. Die Bewertungsregelung des § 8 Abs. 3 EStG kommt zur Anwendung, wenn aus der Küche eines Flusskreuzfahrtschiffes neben den Passagieren auch die Besatzungsmitglieder verpflegt werden.

BFH v. 3. 12. 2009 VI R 4/08 (BFH-Webseite): Umrechnung von Arbeitslohn in fremder Währung

1. Einkünfte in einer gängigen, frei konvertiblen und im Inland handelbaren ausländischen Währung sind als Einnahmen in Geld zu besteuern. Sie stellen aus sich heraus einen Wert dar, der durch Umrechnung in Euro zu bestimmen ist.
2. Umrechnungsmaßstab ist – soweit vorhanden – der auf den Umrechnungszeitpunkt bezogene Euro-Referenzkurs der Europäischen Zentralbank.
3. Lohnzahlungen sind bei Zufluss des Arbeitslohns anhand der von der Europäischen Zentralbank veröffentlichten monatlichen Durchschnittsreferenzkurse umzurechnen.

BFH v. 1. 10. 2009 VI R 22/07 (BStBl. 2010 II S. 204): Hersteller einer Ware i.S. des § 8 Abs. 3 EStG kann derjenige sein, der den Gegenstand selbst produziert, der ihn auf eigene Kosten nach seinen Vorgaben und Plänen von einem Dritten produzieren lässt oder der damit vergleichbare sonstige gewichtige Beiträge zur Herstellung der Ware erbringt (Fortführung des Senatsurteils vom 28. August 2002 VI R 88/99, BFHE 200, 254, BStBl. II 2003, 154).

BFH v. 9. 7. 2009 VI R 21/08 (BStBl. II S. 822): Die betriebliche Einrichtung eines Kunden des Arbeitgebers ist keine regelmäßige Arbeitsstätte i.S. des § 9 Abs. 1 Satz 3 Nr. 4 EStG. Die Vorschrift kommt demnach auch dann nicht zur Anwendung, wenn ein Arbeitnehmer bei einem Kunden des Arbeitgebers längerfristig eingesetzt ist (Festhalten am Senatsurteil vom 10. Juli 2008 VI R 21/07, BFHE 222, 391, BFH/NV 2008, 1923). (Hinweis: Jetzt auch BStBl. 2009 II S. 818.)

BFH v. 17. 6. 2009 VI R 18/07 (BStBl. 2010 II S. 67): Die unverbindliche Preisempfehlung eines Automobilherstellers ist jedenfalls seit dem Jahr 2003 keine geeignete Grundlage, den lohnsteuerrechtlich erheblichen Vorteil eines Personalrabatts für sog. Jahreswagen zu bewerten.*)

*) Hinweis auf BMF-Schreiben vom 18. 12. 2009 (BStBl. 2010 I S. 20). – **Anlage § 008-08** –

BFH v. 17. 6. 2009 VI R 69/06 (BStBl. 2010 II S. 69): Der Veräußerungsgewinn aus einer Kapitalbeteiligung an einem Unternehmen führt nicht allein deshalb zu Einkünften aus nichtselbständiger Arbeit, weil die Kapitalbeteiligung von einem Arbeitnehmer des Unternehmens gehalten und nur Arbeitnehmern angeboten worden war.

BFH v. 23. 4. 2009 VI R 81/06 (BFH-Webseite):

1. Für die Frage, ob ein Gesellschafter-Geschäftsführer als Arbeitnehmer i.S. von § 1 Abs. 2 Sätze 1 und 2 LStDV zu beurteilen ist, ist nicht entscheidend, in welchem Verhältnis er an der Kapitalgesellschaft beteiligt ist.
2. Allerdings sind Gesellschafter-Geschäftsführer, die mindestens 50 % des Stammkapitals der GmbH innehaben, regelmäßig Selbständige im Sinne des Sozialversicherungsrechts (Anschluss an BFH-Urteil vom 2. Dezember 2005 VI R 16/03, BFH/NV 2006, 544).
3. Ist die private Nutzung eines betrieblichen PKW durch den Gesellschafter-Geschäftsführer im Anstellungsvertrag mit der GmbH ausdrücklich gestattet, kommt der Ansatz einer vGA in Höhe der

§ 8 Rechtsprechung

Vorteilsgewährung nicht in Betracht. Nach übereinstimmender Auffassung des I. Senats und des VI. Senats des BFH liegt in einem solchen Fall immer Sachlohn und keine vGA vor.

4. Dagegen ist eine vertragswidrige private Nutzung eines betrieblichen Fahrzeugs durch einen Gesellschafter-Geschäftsführer nicht stets als Arbeitslohn zu qualifizieren (Senats-Beschluss vom 15. November 2007 VI ER-S 4/07).

5. Bei einer nachhaltigen „vertragswidrigen" privaten Nutzung eines betrieblichen PKW durch den anstellungsvertraglich gebundenen Gesellschafter-Geschäftsführer liegt allerdings der Schluss nahe, dass Nutzungsbeschränkung oder -verbot nicht ernstlich gewollt sind, sondern lediglich „auf dem Papier stehen". Unterbindet die Kapitalgesellschaft die unbefugte Nutzung durch den Gesellschafter-Geschäftsführer nicht, kann dies sowohl durch das Beteiligungsverhältnis als auch durch das Arbeitsverhältnis veranlasst sein. Die Zuordnung (vGA oder Arbeitslohn) bedarf der wertenden Betrachtung im Einzelfall.

BFH v. 23. 4. 2009 VI B 118/08 (BStBl. 2010 II S. 234):

1. Nutzt der Gesellschafter-Geschäftsführer einer GmbH ein Fahrzeug privat auf Grundlage einer im Anstellungsvertrag ausdrücklich zugelassenen Nutzungsgestattung, liegt keine vGA, sondern ein lohnsteuerlich erheblicher Vorteil vor.

2. Eine vertragswidrige private Nutzung eines betrieblichen Fahrzeugs durch einen Gesellschafter-Geschäftsführer ist nicht stets als Arbeitslohn zu qualifizieren (Senatsbeschluss vom 15. November 2007 VI ER-S 4/07).

BFH v. 18. 12. 2008 VI R 34/07 (BStBl. 2009 II S. 381):

1. Ein Fahrzeug, das aufgrund seiner objektiven Beschaffenheit und Einrichtung typischerweise so gut wie ausschließlich nur zur Beförderung von Gütern bestimmt ist, unterfällt nicht der Bewertungsregelung des § 8 Abs. 2 Satz 2 EStG (1 %-Regelung).

2. Ob ein Arbeitnehmer ein solches Fahrzeug auch für private Zwecke eingesetzt hat, bedarf der Feststellung im Einzelnen. Die Feststellungslast obliegt dem FA. Dieses kann sich nicht auf den sog. Beweis des ersten Anscheins berufen.

BFH v. 19. 11. 2008 VI R 80/06 (BStBl. 2009 II S. 547):

1. Aufwendungen für Mahlzeiten, die zur Beköstigung der Arbeitnehmer anlässlich einer Auswärtstätigkeit (Fortbildungsveranstaltung) abgegeben werden, sind mit den tatsächlichen Werten und nicht mit den Werten der Sachbezugsverordnung anzusetzen (Bestätigung des BFH-Urteils vom 6. Februar 1987 VI R 24/84, BFHE 149, 172, BStBl. II 1987, 355; gegen R 31 Abs. 6a Nr. 2 bzw. Abs. 8 Nr. 2 LStR).

2. Steuerfreie Bezüge sind in die Prüfung der Freigrenze gemäß § 8 Abs. 2 Satz 9 EStG nicht einzubeziehen.

3. § 3 Nr. 16 EStG kommt auch dann zur Anwendung, wenn der Arbeitgeber nicht einen Geldbetrag, sondern die damit zu erlangende Leistung unmittelbar zuwendet (Bestätigung des BFH-Urteils vom 19. Februar 1993 VI R 42/92, BFHE 170, 560, BStBl. II 1993, 519).*)

*) Hinweis auf BMF-Schreiben vom 13. Juli 2009 IV C 5 – S 2334/08/10013, 2009/0454064 (BStBl. 2009 I S. 771). – **Anlage § 008–05** –

BFH v. 2. 9. 2008 X R 8/06 (BFH-Webseite):

1. Wird von einer Provision das Entgelt für Lose unmittelbar einbehalten, ist der Erwerb der Lose bereits Teil der Einkommensverwendung. Die Vorteile, die im Rahmen der Einkommensverwendung erworben werden, stehen mit der Einkommenserzielung in keinem steuerlich relevanten Sachzusammenhang.

2. Die Möglichkeit, bereits verdientes Geld im Rahmen einer betrieblichen Losveranstaltung einzusetzen, führt nicht zu Betriebseinnahmen.

BFH v. 28. 8. 2008 VI R 52/07 (BStBl. 2009 II S. 280):

1. Wird dem Arbeitnehmer ein Dienstwagen auch zur privaten Nutzung überlassen, so ist ein Zuschlag nach § 8 Abs. 2 Satz 3 EStG (0,03 %-Regelung) nur vorzunehmen, wenn der Arbeitnehmer den Dienstwagen tatsächlich für die Fahrten zwischen Wohnung und Arbeitsstätte nutzt. Für eine solche Nutzung besteht ein Anscheinsbeweis, der durch die Vorlage einer auf den Arbeitnehmer ausgestellten Jahres-Bahnfahrkarte entkräftet werden kann.

Rechtsprechung § 8

2. Mit der Entkräftung des Anscheinsbeweises ist der Sachverhalt zur Ermittlung des Zuschlags im Hinblick auf Art und Umfang der Nutzung des Dienstwagens umfassend aufzuklären (Anschluss an Senatsurteile vom 4. April 2008 VI R 85/04, BStBl. II 2008, 887, und VI R 68/05, BStBl. II 2008, 890).

Hinweis auf BMF-Schreiben vom 12.3.2009 (BStBl. I S. 500) betr. Anwendung des BFH-Urteils vom 28.8.2008 VI R 52/07: „Das Urteil ist nicht über den entschiedenen Einzelfall hinaus anzuwenden. Die Ausführungen im BMF-Schreiben vom 23. Oktober 2008, BStBl. 2008 I S. 961, gelten entsprechend."
– Anlage § 008-12 –

BFH v. 10. 7. 2008 VI R 21/07 (BStBl. 2009 II S. 818): Die betriebliche Einrichtung eines Kunden des Arbeitgebers ist keine regelmäßige Arbeitsstätte i.s. des § 9 Abs. 1 Satz 3 Nr. 4 EStG a.F. bzw. § 8 Abs. 2 Satz 3 EStG. Die Vorschriften kommen demnach auch dann nicht zur Anwendung, wenn ein Arbeitnehmer bei einem Kunden des Arbeitgebers längerfristig eingesetzt ist.

BFH v. 10. 4. 2008 VI R 38/06 (BStBl. II S. 768):
1. Die Aufzeichnungen im Fahrtenbuch müssen eine hinreichende Gewähr für ihre Vollständigkeit und Richtigkeit bieten. Kleinere Mängel führen nicht zur Verwerfung des Fahrtenbuchs und Anwendung der 1%-Regelung, wenn die Angaben insgesamt plausibel sind.
2. § 8 Abs. 2 Satz 4 EStG setzt nicht die Einrichtung eines gesonderten Aufwandskontos voraus.

BFH v. 4. 4. 2008 VI R 85/04 (BStBl. II S. 887):
1. Sucht ein Außendienstmitarbeiter mindestens einmal wöchentlich den Betriebssitz seines Arbeitgebers auf, so ist der Betriebssitz eine (regelmäßige) Arbeitsstätte i. S. des § 8 Abs. 2 Satz 3 EStG.
2. Der Zuschlag nach § 8 Abs. 2 Satz 3 EStG (0,03 %-Regelung) kommt nur zur Anwendung, wenn der Arbeitnehmer den Dienstwagen tatsächlich für Fahrten zwischen Wohnung und Arbeitsstätte nutzt. Wird dem Arbeitnehmer ein Dienstwagen auch für diese Fahrten überlassen, so besteht ein Anscheinsbeweis für eine entsprechende Nutzung. Die Entkräftung des Anscheinsbeweises ist nicht auf die Fälle beschränkt, in denen dem Arbeitnehmer die Nutzung des Dienstwagens für die Fahrten zwischen Wohnung und Arbeitsstätte arbeitsrechtlich untersagt ist.
3. Wird der Dienstwagen einmal wöchentlich für Fahrten zwischen Wohnung und Arbeitsstätte genutzt, so hängt der Zuschlag nach § 8 Abs. 2 Satz 3 EStG von der Anzahl der tatsächlich durchgeführten Fahrten ab. Zur Ermittlung des Zuschlags ist eine Einzelbewertung der Fahrten mit 0,002 % des Listenpreises i. S. des § 6 Abs. 1 Nr. 4 Satz 2 EStG je Entfernungskilometer vorzunehmen.*)

*) Hinweis auf BMF-Schreiben vom 23. Oktober 2008 IV C 5 – S 2334/08/10010, 2008/0570272 (BStBl. 2008 I S. 961). – **Anlage § 008-12** –

BFH v. 4. 4. 2008 VI R 68/05 (BStBl. II S. 890):
1. Der nach § 8 Abs. 2 Satz 3 EStG bei Überlassung eines Dienstwagens für Fahrten zwischen Wohnung und (regelmäßiger) Arbeitsstätte an einen Arbeitnehmer anzusetzende Zuschlag bildet einen Korrekturposten zur Entfernungspauschale. Für die Ermittlung des Zuschlags kommt es ebenso wie bei der Entfernungspauschale auf die tatsächlichen Nutzungsverhältnisse an. Wird der Dienstwagen auf dem Weg zwischen Wohnung und Arbeitsstätte nur auf einer Teilstrecke eingesetzt, beschränkt sich der Zuschlag auf diese Teilstrecke.
2. Wird dem Arbeitnehmer ein Dienstwagen auch für Fahrten zwischen Wohnung und Arbeitsstätte überlassen, besteht ein Anscheinsbeweis dafür, dass er den Dienstwagen für die Gesamtstrecke nutzt. Der Anscheinsbeweis ist bereits dann entkräftet, wenn für eine Teilstrecke eine auf den Arbeitnehmer ausgestellte Jahres-Bahnfahrkarte vorgelegt wird.*)

*) Hinweis auf BMF-Schreiben vom 23. Oktober 2008 IV C 5 – S 2334/08/10010, 2008/0570272 (BStBl. 2008 I S. 961). – **Anlage § 008-12** –

BFH v. 18. 10. 2007 VI R 59/06 (BStBl. 2009 II S. 200): Zuzahlungen zu den Anschaffungskosten eines dem Arbeitnehmer zur privaten Nutzung überlassenen Dienstwagens sind auch dann als Werbungskosten bei den Einnahmen aus nichtselbständiger Arbeit zu berücksichtigen, wenn der Nutzungsvorteil nach der 1 %-Regelung besteuert wird.*)

*) Hinweis auf BMF-Schreiben vom 6. Februar IV C 5 – S 2334/08/10003, 2009/0046728 (BStBl. I S. 413). – **Anlage § 008-13** –

BFH v. 18. 10. 2007 VI R 57/06 (BStBl. 2009 II S. 199): Überlässt ein Arbeitgeber seinem Arbeitnehmer ein Kraftfahrzeug für dessen private Nutzung, können einzelne vom Arbeitnehmer selbst getragene Kraftfahrzeugkosten als Werbungskosten berücksichtigt werden, wenn der Nutzungsvorteil

311

§ 8 Rechtsprechung

nach der sog. Fahrtenbuchmethode ermittelt wird. Dagegen kommt ein Werbungskostenabzug nicht in Betracht, wenn der Nutzungsvorteil pauschal nach der sog. 1 %-Regelung bemessen wird.*)

*) Hinweis auf BMF-Schreiben vom 6. Februar IV C 5 – S 2334/08/10003, 2009/0046712 (BStBl. I S. 412). – **Anlage § 008-14** –

BFH v. 18. 10. 2007 VI R 96/04 (BStBl. 2008 II S. 198): Der nach der sog. 1 %-Regelung gemäß § 40 Abs. 1 EStG pauschaliert besteuerte Vorteil eines vom Arbeitgeber dem Arbeitnehmer zur Privatnutzung überlassenen Dienstwagens ist nicht um die vom Arbeitnehmer selbst getragenen Treibstoffkosten zu mindern. Übernommene individuelle Kosten sind kein Entgelt für die Einräumung der Nutzungsmöglichkeit.

BFH v. 13. 9. 2007 VI R 26/04 (BStBl. 2008 II S. 204): Leistet der Arbeitgeber im Rahmen eines ausgelagerten Optionsmodells zur Vermögensbeteiligung der Arbeitnehmer Zuschüsse an einen Dritten als Entgelt für die Übernahme von Kursrisiken, so führt dies bei den Arbeitnehmern zu Sachlohn, wenn die Risikoübernahme des Dritten auf einer vertraglichen Vereinbarung mit dem Arbeitgeber beruht.

BFH v. 23. 8. 2007 VI R 74/04 (BStBl. II S. 948): Bei der Bemessung der verbilligten Überlassung einer Unterkunft, die als Sachbezug dem Arbeitsentgelt hinzuzurechnen ist, sind die amtlichen Werte der Sachbezugsverordnung in ihrer in den Jahren 1995 bis 1997 jeweils gültigen Fassung im Festsetzungsverfahren zwingend anzusetzen.

BFH v. 23. 8. 2007 VI R 44/05 (BStBl. 2008 II S. 52): Gibt der Arbeitgeber Provisionen, die er von Verbundunternehmen für die Vermittlung von Versicherungsverträgen erhalten hat, in bestimmten Fällen an eigene Arbeitnehmer weiter, gewährt er Bar- und nicht Sachlohn, wenn eine Vermittlungsleistung nur den Verbundunternehmen erbracht wird und auch nur diesen gegenüber Ansprüche bestehen, mit der Folge, dass weitergeleitete Provisionen nicht nach § 8 Abs. 3 EStG zu bewerten sind.

BFH v. 24. 5. 2007 VI R 73/05 (BStBl. II S. 766):
1. Verzichtet der Arbeitgeber gegenüber dem Arbeitnehmer auf Schadensersatz nach einem während einer beruflichen Fahrt alkoholbedingt entstandenen Schaden am auch zur privaten Nutzung überlassenen Firmen-PKW, so ist der dem Arbeitnehmer aus dem Verzicht entstehende Vermögensvorteil nicht durch die 1 v.H.-Regelung abgegolten.
2. Der als Arbeitslohn zu erfassende Verzicht auf Schadensersatz führt nur dann zu einer Steuererhöhung, wenn die Begleichung der Schadensersatzforderung nicht zum Werbungskostenabzug berechtigt. Ein Werbungskostenabzug kommt nicht in Betracht, wenn das auslösende Moment für den Verkehrsunfall die alkoholbedingte Fahruntüchtigkeit war.

BFH v. 12. 4. 2007 VI R 89/04 (BStBl. II S. 719): Überlässt der Arbeitgeber dem Arbeitnehmer eine Jahresnetzkarte, so führt dies zum sofortigen Zufluss von Arbeitslohn, wenn dem Arbeitnehmer mit der Karte ein uneingeschränktes Nutzungsrecht eingeräumt wurde.

BFH v. 7. 11. 2006 VI R 95/04 (BStBl. 2007 II S. 269): Bei der 1 v.H.-Regelung zur Ermittlung der privaten Nutzung eines Firmenfahrzeugs handelt es sich um eine zwingende Bewertungsregelung, die nicht durch die Zahlung eines Nutzungsentgelts vermieden werden kann, selbst wenn dieses als angemessen anzusehen ist. Die vereinbarungsgemäß gezahlten Nutzungsvergütungen sind von den nach § 8 Abs. 2 Sätze 2 und 3 EStG ermittelten Werten in Abzug zu bringen.

BFH v. 7. 11. 2006 VI R 19/05 (BStBl. 2007 II S. 116):
1. Die 1 v.H.-Regelung kommt nicht zur Anwendung, wenn eine Privatnutzung des Firmenfahrzeugs ausscheidet. Allerdings spricht der Beweis des ersten Anscheins für eine private Nutzung.
2. Das Verbot des Arbeitgebers, das Fahrzeug privat zu nutzen, kann ausreichen, den Anscheinsbeweis zu erschüttern, sofern es nicht nur zum Schein ausgesprochen worden ist.
3. Die Würdigung, ob im Einzelfall der Anscheinsbeweis als entkräftet angesehen werden kann, obliegt der Tatsacheninstanz.

BFH v. 5. 9. 2006 VI R 41/02 (BStBl. 2007 II S. 309): Erhält ein Arbeitnehmer verbilligt Waren (z.B. Jahreswagen), die sein Arbeitgeber herstellt oder vertreibt, kann die Höhe des geldwerten Vorteils nach der Regelung des § 8 Abs. 2 EStG ohne Bewertungsabschlag und Rabattfreibetrag, oder mit diesen nach der des § 8 Abs. 3 EStG ermittelt werden.*)

*) Hinweis auf BMF-Schreiben vom 28.3.2007 (BStBl. I S. 464). – **Anlage § 008-09** –

Rechtsprechung § 8

BFH v. 4. 5. 2006 VI R 67/03 (BStBl. II S. 914): Verpflichtet sich der Arbeitgeber gegenüber dem Darlehensgeber zur Zahlung von Zinsausgleichszahlungen, ist steuerpflichtiger Arbeitslohn anzunehmen. Für die Anwendung der Verwaltungsanweisung (Abschn. 31 Abs. 8 LStR 1993 bis 1996) ist kein Raum.

BFH v. 4. 5. 2006 VI R 28/05 (BStBl. II S. 781):
1. Gewährt der Arbeitgeber seinem Arbeitnehmer ein Darlehen zu einem marktüblichen Zinssatz, erlangt der Arbeitnehmer keinen lohnsteuerlich zu erfassenden Vorteil.
2. Abschn. 31 Abs. 8 Satz 3 LStR 1999 bindet die Finanzgerichte nicht in ihren Feststellungen, ob der Arbeitnehmer ein Darlehen zu einem marktüblichen Zinssatz erhalten hat.
3. Abschn. 31 Abs. 8 Satz 3 LStR 1999 enthält keine Wertfestsetzung einer obersten Finanzbehörde eines Landes i. S. des § 8 Abs. 2 Satz 8 EStG.

BFH v. 26. 4. 2006 X R 35/05 (BStBl. 2007 II S. 445): Die Nutzung eines betrieblichen Kraftfahrzeugs zur Erzielung von Überschusseinkünften ist durch die Bewertung der privaten Nutzung nach der 1 v.H.-Regelung nicht mit abgegolten. Sie ist vielmehr mit den auf sie entfallenden tatsächlichen Selbstkosten als Entnahme zu erfassen.

BFH v. 11. 4. 2006 VI R 60/02 (BStBl. II S. 691): Die kostenlose oder verbilligte Überlassung von qualitativ und preislich hochwertigen Bekleidungsstücken durch den Arbeitgeber an die Mitglieder seiner Geschäftsleitung stellt steuerpflichtigen Arbeitslohn dar. Der Entlohnungscharakter der Zuwendung kann nicht mit einem überwiegend eigenbetrieblichen Interesse widerlegt werden, weil das Tragen der vom Arbeitgeber hergestellten Kleidungsstücke neben Repräsentationszwecken auch der Werbung dienen würde.

BFH v. 16. 3. 2006 VI R 87/04 (BStBl. II S. 625):
1. Ein ordnungsgemäßes Fahrtenbuch muss grundsätzlich zu den beruflichen Reisen Angaben zum Datum, zum Reiseziel, zum aufgesuchten Kunden oder Geschäftspartner bzw. zum Gegenstand der dienstlichen Verrichtung und zu dem bei Abschluss der Fahrt erreichten Gesamtkilometerstand des Fahrzeugs enthalten.
2. Mehrere Teilabschnitte einer einheitlichen beruflichen Reise können miteinander zu einer zusammenfassenden Eintragung verbunden werden, wenn die einzelnen aufgesuchten Kunden oder Geschäftspartner im Fahrtenbuch in der zeitlichen Reihenfolge aufgeführt werden.
3. Der Übergang von der beruflichen Nutzung zur privaten Nutzung des Fahrzeugs ist im Fahrtenbuch durch Angabe des bei Abschluss der beruflichen Fahrt erreichten Gesamtkilometerstands zu dokumentieren.
4. Die erforderlichen Angaben müssen sich dem Fahrtenbuch selbst entnehmen lassen. Ein Verweis auf ergänzende Unterlagen ist nur zulässig, wenn der geschlossene Charakter der Fahrtenbuchaufzeichnungen dadurch nicht beeinträchtigt wird.

BFH v. 16. 11. 2005 VI R 64/04 (BStBl. 2006 II S. 410):
1. Eine mit Hilfe eines Computerprogramms erzeugte Datei genügt den Anforderungen an ein ordnungsgemäßes Fahrtenbuch nur dann, wenn nachträgliche Veränderungen an den zu einem früheren Zeitpunkt eingegebenen Daten nach der Funktionsweise des verwendeten Programms technisch ausgeschlossen sind oder in ihrer Reichweite in der Datei selbst dokumentiert und offen gelegt werden.
2. Kann der Arbeitnehmer den ihm überlassenen Dienstwagen auch privat nutzen und wird über die Nutzung des Dienstwagens ein ordnungsgemäßes Fahrtenbuch nicht geführt, so ist der zu versteuernde geldwerte Vorteil nach der 1 v.H.-Regelung zu bewerten. Eine Schätzung des Privatanteils anhand anderer Aufzeichnungen kommt nicht in Betracht.

BFH v. 9. 11. 2005 VI R 27/05 (BStBl. 2006 II S. 408): Ein ordnungsgemäßes Fahrtenbuch muss zeitnah und in geschlossener Form geführt werden und die zu erfassenden Fahrten einschließlich des an ihrem Ende erreichten Gesamtkilometerstands vollständig und in ihrem fortlaufenden Zusammenhang wiedergeben.

BFH v. 14. 9. 2005 VI R 37/03 (BStBl. 2006 II S. 72): Übernimmt der Arbeitgeber die Straßenbenutzungsgebühren (Vignetten, Mautgebühren) für die mit einem Firmenwagen unternommenen Privatfahrten seines Arbeitnehmers, liegt darin die Zuwendung eines geldwerten Vorteils, der nicht von der Abgeltungswirkung der 1 v.H.-Regelung erfasst wird.

§ 8 Rechtsprechung

BFH v. 18. 8. 2005 VI R 32/03 (BStBl. 2006 II S. 30):
1. Eine Aufteilung von Sachzuwendungen an Arbeitnehmer in Arbeitslohn und Zuwendungen im betrieblichen Eigeninteresse ist grundsätzlich möglich, wenn die Zuwendungen bei Würdigung aller Umstände des Einzelfalls gemischt veranlasst sind.
2. Bei gemischt veranlassten Reisen sind für die Aufteilung zunächst die Kostenbestandteile der Reise abzutrennen, die sich leicht und eindeutig dem betriebsfunktionalen Bereich und dem Bereich, der sich als geldwerter Vorteil darstellt, zuordnen lassen. Die danach verbleibenden Kosten sind grundsätzlich im Wege sachgerechter Schätzung (§ 162 AO 1977) aufzuteilen. Als Aufteilungsmaßstab ist dabei in der Regel das Verhältnis der Zeitanteile heranzuziehen, in dem Reise-Bestandteile mit Vorteilscharakter zu den aus betriebsfunktionalen Gründen durchgeführten Reise-Bestandteilen stehen.
3. Der Wert einer dem Arbeitnehmer durch den Arbeitgeber zugewandten Reise kann grundsätzlich anhand der Kosten geschätzt werden, die der Arbeitgeber für die Reise aufgewendet hat. Sofern sich ein Beteiligter auf eine abweichende Wertbestimmung beruft, muss er konkret darlegen, dass eine Schätzung des üblichen Endpreises am Abgabeort nach den aufgewandten Kosten dem objektiven Wert der Reise nicht entspricht.
4. Macht der Arbeitgeber in schwierigen Fällen, in denen ihm bei Anwendung der gebotenen Sorgfalt Zweifel über die Rechtslage kommen müssen, von der Möglichkeit der Anrufungsauskunft (§ 42e EStG) keinen Gebrauch, so ist ein auf dieser Unterlassung beruhender Rechtsirrtum grundsätzlich nicht entschuldbar und steht der Inanspruchnahme des Arbeitgebers im Wege der Haftung nicht entgegen.

BFH v. 17. 8. 2005 IX R 10/05 (BStBl. 2006 II S. 71): Überlässt der Arbeitgeber seinem Arbeitnehmer eine Wohnung zu einem Mietpreis, der innerhalb der Mietpreisspanne des Mietspiegels der Gemeinde liegt, scheidet regelmäßig die Annahme eines geldwerten Vorteils durch verbilligte Wohnraumüberlassung aus.

BFH v. 17. 6. 2005 VI R 84/04 (BStBl. II S. 795):
1. Der Erwerb eines Gebrauchtwagens vom Arbeitgeber führt beim Arbeitnehmer zum Zufluss von Arbeitslohn, wenn der gezahlte Kaufpreis hinter dem nach § 8 Abs. 2 Satz 1 EStG zu bestimmenden Wert des Fahrzeugs zurückbleibt. Für den danach maßgeblichen üblichen Endpreis des Fahrzeugs ist nicht auf den Händlereinkaufspreis abzustellen, sondern auf den Preis, den das Fahrzeug unter Berücksichtigung der vereinbarten Nebenleistungen auf dem Gebrauchtwagenmarkt tatsächlich erzielen würde.
2. Wird zur Bestimmung des üblichen Endpreises eine Schätzung erforderlich, kann sich die Wertermittlung an den im Rechtsverkehr anerkannten Marktübersichten für gebrauchte PKW orientieren. Das Ergebnis dieser Schätzung ist in der Revision nur eingeschränkt überprüfbar.

BFH v. 29. 3. 2005 IX B 174/03 (BStBl. 2006 II S. 368): Im Fall der Überlassung eines betrieblichen PKW an einen Arbeitnehmer zu dessen privater Nutzung richtet sich die im Rahmen des § 8 Abs. 2 Satz 4 EStG (Wert des Sachbezugs) zu ermittelnde AfA nicht notwendig nach den Ansätzen, die der Arbeitgeber bei seiner Gewinnermittlung geltend gemacht hat. Vielmehr ist im Regelfall von einer AfA für PKW von 12,5 v. H. der Anschaffungskosten entsprechend einer achtjährigen Gesamtnutzungsdauer des PKW auszugehen.

BFH v. 16. 2. 2005 VI R 37/04 (BStBl. II S. 563): Bemessungsgrundlage für die Bewertung der Nutzung eines betrieblichen Kfz zu privaten Fahrten nach der 1 v. H.-Regelung ist auch bei Arbeitnehmern der inländische Bruttolistenpreis einschließlich des darin enthaltenen Aufpreises für ein werkseitig eingebautes Satellitennavigationsgerät.

BFH v. 16. 2. 2005 VI R 46/03 (BStBl. II S. 529):
1. Kann eine Hausmeisterwohnung auch an Dritte vermietet werden, kommt der Rabattfreibetrag zum Zuge, wenn der Arbeitgeber zumindest in gleichem Umfang an Dritte vermietet.
2. Ob es für den Ausgangsbetrag der Rabattbesteuerung bei einer verbilligt überlassenen Hausmeisterwohnung gerechtfertigt ist, wegen Zugangseinschränkungen oder sonstigen Nutzungsbeeinträchtigungen Abschläge vorzunehmen, ist Tatfrage.

BFH v. 27. 10. 2004 VI R 51/03 (BStBl. 2005 II S. 137): Auf zweckgebundene Geldleistungen des Arbeitgebers an seine Arbeitnehmer findet die Sachbezugsfreigrenze des § 8 Abs. 2 Satz 9 EStG keine Anwendung.

Rechtsprechung § 8

BFH v. 27. 10. 2004 VI R 29/02 (BStBl. 2005 II S. 135): Lohnzahlungen in einer gängigen ausländischen Währung sind Einnahmen in Geld und kein Sachbezug. Die Freigrenze des § 8 Abs. 2 Satz 9 EStG findet auf sie keine Anwendung.

BFH v. 19. 8. 2004 VI R 33/97 (BStBl. II S. 1076):
1. Nutzt eine Arbeitnehmerin aufgrund eines von einem Dritten unentgeltlich eingeräumten Wohnungsrechts eine Wohnung, stellt der Nutzungsvorteil Arbeitslohn dar, wenn er sich als Ertrag der Arbeit erweist.
2. Anders als bei der Einräumung eines Erbbaurechts fließen in einem solchen Fall die Einnahmen nicht bereits mit der Bestellung, sondern erst laufend mit der Nutzung zu.
3. Die durch Rechtsverordnung nach § 17 Abs. 1 Nr. 3 SGB IV vorgesehenen Durchschnittswerte der SachbezV in der Fassung vor 1996 kamen nur für solche Sachbezüge in Betracht, für die sie nach Ermächtigungsgrundlage und Ziel der Regelung geschaffen waren. Hierzu zählte nicht der Vorteil, eine Wohnung mit außergewöhnlicher Ausstattung nutzen zu dürfen.

BFH v. 26. 6. 2003 VI R 112/98 (BStBl. II S. 886): Eine Bereicherung in Form ersparter Aufwendungen hinsichtlich beiläufig erworbener Kenntnisse und Fertigkeiten (hier: Führerscheinkosten der Klasse 3) im Rahmen einer umfassenden Gesamtausbildung zum Polizeivollzugsdienst muss nicht zu Arbeitslohn eines Polizeianwärters führen, sofern das Ausbildungsinteresse des Dienstherrn im Vordergrund steht.

BFH v. 13. 2. 2003 X R 23/01 (BStBl. II S. 472): Kombinationskraftwagen (hier: Geländewagen) sind ungeachtet ihrer kraftfahrzeugsteuerrechtlichen Einordnung als (gewichtsbesteuerte) „andere Fahrzeuge" i. S. von § 8 Nr. 2 KraftStG auch dann Kfz i. S. des § 6 Abs. 1 Nr. 4 Satz 2 EStG (sog. 1-v.-H.-Regelung), wenn sie über ein zulässiges Gesamtgewicht von mehr als 2,8 t verfügen.

BFH v. 26. 11. 2002 VI R 68/01 (BStBl. 2003 II S. 492): Zukunftssicherungsleistungen des Arbeitgebers i. S. des § 40b EStG bleiben auch dann nicht nach § 8 Abs. 2 Satz 9 EStG steuerfrei, wenn sie 50 DM je Arbeitnehmer im Kalendermonat nicht überschreiten und der Arbeitgeber Versicherungsnehmer ist.

BFH v. 26. 11. 2002 VI R 161/01 (BStBl. 2003 II S. 331): Tarifvertraglich vereinbarte Zahlungen des Arbeitgebers an die Zusatzversorgungskasse der Land- und Forstwirtschaft in Höhe von mtl. 10 DM je Arbeitnehmer sind als Barlohn zu qualifizieren, wenn zwischen dem Arbeitgeber und der Zusatzversorgungskasse keine vertraglichen Beziehungen bestehen. Auf Barlohnzahlungen findet § 8 Abs. 2 Satz 9 EStG keine Anwendung.

BFH v. 9. 10. 2002 VI R 164/01 (BStBl. 2003 II S. 373): Auf den geldwerten Vorteil eines zinsgünstigen Arbeitgeberdarlehens ist der Rabattfreibetrag des § 8 Abs. 3 Satz 2 EStG nicht anwendbar, wenn der Arbeitgeber – eine Landeszentralbank – Darlehen dieser Art nicht an Fremde vergibt.

BFH v. 18. 9. 2002 VI R 134/99 (BStBl. 2003 II S. 371): Auf den geldwerten Vorteil eines zinslosen Arbeitgeberdarlehens kann der Rabattfreibetrag nicht schon deswegen angewendet werden, weil der Arbeitgeber drei verbundenen Unternehmen Darlehen gewährt.

BFH v. 28. 8. 2002 VI R 88/99 (BStBl. 2003 II S. 154): Hersteller einer Ware i. S. des § 8 Abs. 3 EStG kann auch derjenige Arbeitgeber sein, der im Auftrag und nach den Plänen und Vorgaben eines anderen die Ware produziert.

BFH v. 27. 8. 2002 VI R 158/98 (BStBl. 2003 II S. 95): Bezieht ein Krankenhaus neben Medikamenten für den eigenen Bedarf auch solche, die die Beschäftigten bestellen durften, so kommt der Rabattfreibetrag auf die von den Beschäftigen bestellten Medikamente nur zum Zuge, wenn Medikamente dieser Art mindestens im gleichen Umfang an Patienten abgegeben werden.

BFH v. 27. 8. 2002 VI R 63/97 (BStBl. II S. 881): Der Rabattfreibetrag kommt auch bei der verbilligten Abgabe von Medikamenten an die Belegschaft eines Krankenhauses in Betracht.

BFH v. 7. 6. 2002 VI R 53/01 (BStBl. II S. 878): Sind dem Bezirksleiter einer Einzelhandelskette zwischen fünf und acht Filialen fest zugeordnet, die er täglich aufsucht, um dort Arbeiten zu verrichten, die den wesentlichen Inhalt seines Aufgabengebiets betreffen, handelt es sich bei der Fahrt von der Wohnung zu der als erste aufgesuchten Filiale und der Fahrt von der zuletzt aufgesuchten Filiale zur Wohnung jeweils um Fahrten zwischen Wohnung und Arbeitsstätte. Dementsprechend ist nach § 8 Abs. 2 Satz 3 EStG ein geldwerter Vorteil zu erfassen, sofern das dem Bezirksleiter überlassene betriebliche Kfz auch für diese Fahrten genutzt wird.

315

§ 8 Rechtsprechung

BFH v. 7. 6. 2002 VI R 145/99 (BStBl. II S. 829):
1. Überlässt der Arbeitnehmer seinem Arbeitgeber eine eigene Garage, in der ein Dienstwagen untergestellt wird, stellt das vom Arbeitgeber gezahlte Nutzungsentgelt regelmäßig keinen Arbeitslohn dar.
2. Stellt der Arbeitnehmer den Dienstwagen in einer von ihm angemieteten Garage unter, handelt es sich bei der vom Arbeitgeber erstatteten Garagenmiete um steuerfreien Auslagenersatz.
3. Wird in diesen Fällen die private Nutzung des Dienstwagens nach der 1 v.H.-Regelung erfasst, so ist kein geldwerter Vorteil für die Überlassung der Garage an den Arbeitnehmer anzusetzen.

BFH v. 15. 5. 2002 VI R 132/00 (BStBl. 2003 II S. 311):
1. Steht ein betriebliches Kfz mehreren Arbeitnehmern zur privaten Nutzung zur Verfügung, beläuft sich der nach § 8 Abs. 2 Satz 2 EStG i. V. m. § 6 Abs. 1 Nr. 4 Satz 2 EStG zu ermittelnde geldwerte Vorteil für jeden Kalendermonat auf insgesamt 1 v. H. des inländischen Listenpreises des Kfz im Zeitpunkt der Erstzulassung zuzüglich der Kosten für Sonderausstattungen einschließlich der Umsatzsteuer.
2. Der nach § 8 Abs. 2 Satz 2 EStG i. V. m. § 6 Abs. 1 Nr. 4 Satz 2 EStG ermittelte Vorteil ist in diesem Fall entsprechend der Zahl der Nutzungsberechtigten aufzuteilen.

BFH v. 6. 11. 2001 VI R 62/96 (BStBl. 2002 II S. 370):
1. Der Arbeitgeber überlässt dem Arbeitnehmer ein Kfz auch dann unentgeltlich zur privaten Nutzung i. S. von Nr. 7.4 des BMF-Schreibens vom 8. November 1982 (BStBl. I 1982, 814) bzw. Abschn. 31 Abs. 7 Satz 3 Nr. 4 LStR 1990, wenn der Arbeitnehmer das Kfz auf Veranlassung des Arbeitgebers least, dieser sämtliche Kosten des Kfz trägt und im Innenverhältnis zum Arbeitnehmer allein über die Nutzung des Kfz bestimmt.
2. Auch bei Campingfahrzeugen kann es sich um Pkw bzw. Kraftwagen i. S. der Nr. 7.4 des BMF-Schreibens in BStBl. I 1982, 814 bzw. Abschn. 31 Abs. 7 LStR 1990 handeln.
3. Kann der Arbeitnehmer das ihm überlassene Kfz auch für Fahrten zwischen Wohnung und Arbeitsstätte nutzen, ist ein zusätzlicher geldwerter Vorteil zu erfassen.

BFH v. 6. 11. 2001 VI R 54/00 (BStBl. 2002 II S. 164): Erstattet der Arbeitgeber dem Arbeitnehmer für dessen eigenen PKW sämtliche Kosten, wendet er Barlohn und nicht einen Nutzungsvorteil i. S. des § 8 Abs. 2 Satz 2 EStG zu.

BFH v. 26. 7. 2001 VI R 122/98 (BStBl. II S. 844):
1. Hat der Arbeitgeber seinem Arbeitnehmer ein Kfz entsprechend den Richtlinien des BMF vom 9. Juni 1973 (MinBlFin 1973), 306 ff.) über Beschaffung und Haltung „beamteneigener" Kraftfahrzeuge überlassen, bleibt der Arbeitgeber wirtschaftlicher Eigentümer des Kfz.
2. Bei der Wagenpflegepauschale in Höhe von 30 DM monatlich gemäß den vorgenannten Richtlinien handelt es sich um steuerfreien Auslagenersatz nach § 3 Nr. 50 EStG.
3. Wird ein Kfz entsprechend den vorgenannten Richtlinien an einen Arbeitnehmer für Privatfahrten sowie Fahrten zwischen Wohnung und Arbeitsstätte überlassen, erzielt der Arbeitnehmer daraus Sacheszug nach § 8 Abs. 2 Satz 1 EStG. Der diesbezügliche geldwerte Vorteil ist nicht nach § 3 Nr. 13 EStG oder § 3 Nr. 16 EStG steuerfrei.

BFH v. 30. 5. 2001 VI R 123/00 (BStBl. 2002 II S. 230):
1. Ob ein geldwerter Vorteil i. S. des § 8 Abs. 2 Satz 1 EStG durch die verbilligte Überlassung einer Ware oder Dienstleistung gegeben ist, ist allein anhand des üblichen Endpreises für die konkrete Ware oder Dienstleistung zu ermitteln.
2. Ein geldwerter Vorteil ist auch dann gegeben, wenn der übliche Endpreis für funktionsgleiche und qualitativ gleichwertige Waren oder Dienstleistungen anderer Hersteller oder Dienstleister geringer ist als der der konkreten Ware oder Dienstleistung, die verbilligt überlassen wird.
3. Ein Arbeitgeber, der den Abschluss von Versicherungsverträgen vermittelt, kann seinen Arbeitnehmern auch dadurch einen geldwerten Vorteil i. S. des § 8 Abs. 3 Satz 1 EStG gewähren, dass er im Voraus auf die ihm zustehende Vermittlungsprovision verzichtet, sofern das Versicherungsunternehmen aufgrund dieses Verzichts den fraglichen Arbeitnehmern den Abschluss von Versicherungsverträgen zu günstigeren Tarifen gewährt, als das bei anderen Versicherungsnehmern der Fall ist.

BFH v. 30. 5. 2001 VI R 177/99 (BStBl. II S. 671): Beugt eine Maßnahme des Arbeitgebers einer spezifisch berufsbedingten Beeinträchtigung der Gesundheit des Arbeitnehmers vor oder wirkt ihr ent-

Rechtsprechung § 8

gegen, kann der dem Arbeitnehmer aus der Maßnahme erwachsende Vorteil im Einzelfall nicht als Arbeitslohn zu erfassen sein.

BFH v. 4. 4. 2001 VI R 196/00 (BStBl. II S. 813): Überlässt der Arbeitgeber Wertpapiere an seine Arbeitnehmer gegen einen fest und unabänderlich bezifferten Preisnachlass, so bemisst sich der geldwerte Vorteil nach diesem im Überlassungsangebot bezifferten Preisnachlass. § 19a Abs. 8 Satz 2 EStG findet in diesem Fall keine Anwendung.

BFH v. 25. 5. 2000 VI R 195/98 (BStBl. II S. 690):
1. Stellt der Arbeitgeber seinem Arbeitnehmer ein Kfz für Fahrten zwischen Wohnung und Arbeitsstätte zur Verfügung, so ist der darin liegende Vorteil in aller Regel als Arbeitslohn zu erfassen.
2. Erweist sich die Kfz-Gestellung jedoch unter objektiver Würdigung aller Umstände des Einzelfalls ausnahmsweise lediglich als notwendige Begleiterscheinung betriebsfunktionaler Zielsetzungen des Arbeitgebers, so wird der Vorteil nicht „für" die Beschäftigung gewährt und stellt deshalb keinen Arbeitslohn dar.
3. Die Überlassung eines Werkstattwagens zur Durchführung von Reparaturen an Energieversorgungseinrichtungen im Rahmen einer Wohnungsrufbereitschaft führt auch dann nicht zu Arbeitslohn, wenn das Fahrzeug in dieser Zeit für Fahrten zwischen Wohnung und Arbeitsstätte zur Verfügung steht.

BFH v. 24. 2. 2000 III R 59/98 (BStBl. II S. 273): Die Regelung in § 6 Abs. 1 Nr. 4 Sätze 2 und 3 EStG, wonach die private Nutzung eines betrieblichen Kfz für jeden Kalendermonat mit 1 v.H. des inländischen Listenpreises im Zeitpunkt der Erstzulassung (zuzüglich Sonderausstattungen einschließlich Umsatzsteuer) anzusetzen ist, wenn nicht u. a. das Verhältnis der privaten zu den übrigen Fahrten durch ein ordnungsgemäßes Fahrtenbuch nachgewiesen wird (sog. Ein-Prozent-Regelung), verstößt nicht gegen das GG, sondern hält sich im Gestaltungsspielraum des Steuergesetzgebers bei Typisierungen.

Schwebende Verfahren

BFH VI R 48/09 (BFH-Webseite): Welchen Einkünften und Personen ist eine private Kfz-Nutzung zuzurechnen, wenn das Kfz vom Ehegatten genutzt wird, der auch im Betrieb des anderen Ehegatten beschäftigt ist? (Unrichtige steuerliche Behandlung der Sozialversicherungsbeiträge?)

BFH VI R 41/09 (BFH-Webseite): Stellt der Verzicht eines Dritten auf die sonst üblichen Gebühren für den Abschluss eines Bausparvertrages durch Bankmitarbeiter einen i. S. des § 38 Abs. 1 Satz 3 EStG erkennbaren geldwerten Vorteil dar?

BFH VI R 30/09 (BFH-Webseite): Besteht ein Wahlrecht zwischen § 8 Abs. 2 und Abs. 3 EStG für die Bewertung des geldwerten Vorteils bei Gewährung eines Preisnachlasses durch den Arbeitgeber für einen Jahreswagen?

BFH VI R 27/09 (BFH-Webseite): Stellt eine vom Arbeitgeber dem Arbeitnehmer überlassene Tankkarte, mit welcher dieser berechtigt wird, an einer Vertragstankstelle des Arbeitgebers monatlich mit einem Höchstbetrag von 44 EUR zu tanken, einen Barlohn oder einen Sachbezug mit der Freigrenze des § 8 Abs. 2 Satz 9 EStG i.H.v. 44 EUR dar?

BFH VIII R 24/09 (BFH-Webseite): Ergibt sich aus § 8 Abs. 2 Satz 5 EStG dadurch eine Ungleichbehandlung bei der Besteuerung der Familienheimfahrten, dass Lohnempfänger bei mit einem Dienstwagen durchgeführten Familienheimfahrten nur dann einen Differenzbetrag versteuern müssen, wenn sie mehr als eine Heimfahrt wöchentlich durchführen, während Steuerpflichtige mit Gewinneinkünften mit einem zum Betriebsvermögen gehörenden PKW für jede Heimfahrt eine Hinzurechnung nach der Pauschalmethode in Kauf nehmen müssen?
Auslegung des Merkmals der „Notwendigkeit" von Aufwendungen für die Ausstattung der Zweitwohnung am Beschäftigungsort im Rahmen einer doppelten Haushaltsführung.

BFH VI R 21/09 (BFH-Webseite): Ist ein vom Arbeitgeber dem Arbeitnehmer überlassener Geschenkgutschein für ein Handelsunternehmen eines Dritten im Wert von 20 EUR Barlohn oder ein Sachbezug mit der Freigrenze des § 8 Abs. 2 Satz 9 EStG?

BFH VI R 12/09 (BFH-Webseite): Sind Umrüstungskosten auf Flüssiggasbetrieb in die Bemessungsgrundlage der 1%-Regelung (Sonderausstattung) einzubeziehen?

BFH VI R 53/08 (BFH-Webseite): Ist eine Preisbildung im gewöhnlichen Geschäftsverkehr bei nicht notierten Anteilen an einer Kapitalgesellschaft möglich, wenn kein „offener Markt" besteht?

§ 8 Rechtsprechung

BFH VI R 46/08 (BFH-Webseite): Welche Anforderungen sind an die Erschütterung des Anscheinsbeweises für die private Nutzung eines Firmenwagens zu stellen?

BFH X R 44/08 (BFH-Webseite): Hat ein selbständiger Versicherungsvermittler die volle Prämiendifferenz zwischen vergünstigten Haustarifen und den Kundentarifen ohne Berücksichtigung von Abschlägen nach § 8 Abs. 3 EStG und ohne die Möglichkeit einer Pauschalversteuerung als geldwerten Vorteil der Einkommensteuer und Gewerbesteuer zu unterwerfen? Verfassungswidrige Benachteiligung von Selbständigen gegenüber begünstigt besteuerten Arbeitnehmern? Divergenz zum BFH-Urteil IX R 10/05 (BStBl. II 2006, 71)?

BFH X R 43/08 (BFH-Webseite): Wie BFH X R 44/08.

BFH VI R 36/08 (BFH-Webseite): In welchem Verhältnis stehen die Vorschriften des § 8 Abs. 2 EStG und des § 19a EStG im Fall der unentgeltlichen Gewährung von Genussrechten an Arbeitnehmer?

BFH VI R 26/08 (BFH-Webseite): Stellt eine vom Arbeitgeber dem Arbeitnehmer gewährte Kundenkarte eines Dritten mit freier Wahl aus allen Warengruppen des Dritten bis zu 44 EUR einen Barlohn oder einen Sachbezug mit der Freigrenze des § 8 Abs. 2 Satz 9 EStG i.H.v. 44 EUR dar?

BFH VI R 30/07 (EFG 2007 S. 1508; Beilage 3/2008 BStBl. II S. 48): Sind bei der Ermittlung des gemeinen Werts einer überlassenen Vermögensbeteiligung in Form von Aktien an der Arbeitgeber-Gesellschaft, die zum Zeitpunkt des Erwerbs durch den Arbeitnehmer im Februar des Streitjahrs nicht an einer deutschen Börse zum amtlichen Handel zugelassen waren, neben den Verkäufen aus den letzten 12 Monaten weitere wertbildende Faktoren wie mehrmalige Kapitalerhöhungen, der vom Arbeitnehmer geleistete und tatsächlich 4 Monate später erfolgte Börsengang sowie die dadurch erzielte Steigerung des Vermögenswerts des Arbeitgebers um das Fünffache zu berücksichtigen?

§ 9

§ 9 Werbungskosten

(1) ¹Werbungskosten sind Aufwendungen zur Erwerbung, Sicherung und Erhaltung der Einnahmen. ²Sie sind bei der Einkunftsart abzuziehen, bei der sie erwachsen sind. ³Werbungskosten sind auch

1. Schuldzinsen und auf besonderen Verpflichtungsgründen beruhende Renten und dauernde Lasten, soweit sie mit einer Einkunftsart in wirtschaftlichem Zusammenhang stehen. ²Bei Leibrenten kann nur der Anteil abgezogen werden, der sich nach § 22 Nummer 1 Satz 3 Buchstabe a Doppelbuchstabe bb ergibt;

2. Steuern vom Grundbesitz, sonstige öffentliche Abgaben und Versicherungsbeiträge, soweit solche Ausgaben sich auf Gebäude oder auf Gegenstände beziehen, die dem Steuerpflichtigen zur Einnahmeerzielung dienen;

3. Beiträge zu Berufsständen und sonstigen Berufsverbänden, deren Zweck nicht auf einen wirtschaftlichen Geschäftsbetrieb gerichtet ist;

4. Aufwendungen des Arbeitnehmers für die Wege zwischen Wohnung und regelmäßiger Arbeitsstätte. ²Zur Abgeltung dieser Aufwendungen ist für jeden Arbeitstag, an dem der Arbeitnehmer die regelmäßige Arbeitsstätte aufsucht, eine Entfernungspauschale für jeden vollen Kilometer der Entfernung zwischen Wohnung und regelmäßiger Arbeitsstätte von 0,30 Euro anzusetzen, höchstens jedoch 4 500 Euro im Kalenderjahr; ein höherer Betrag als 4 500 Euro ist anzusetzen, soweit der Arbeitnehmer einen eigenen oder ihm zur Nutzung überlassenen Kraftwagen benutzt. ³Die Entfernungspauschale gilt nicht für Flugstrecken und Strecken mit steuerfreier Sammelbeförderung nach § 3 Nummer 32. ⁴Für die Bestimmung der Entfernung ist die kürzeste Straßenverbindung zwischen Wohnung und regelmäßiger Arbeitsstätte maßgebend; eine andere als die kürzeste Straßenverbindung kann zugrunde gelegt werden, wenn diese offensichtlich verkehrsgünstiger ist und vom Arbeitnehmer regelmäßig für die Wege zwischen Wohnung und regelmäßiger Arbeitsstätte benutzt wird. ⁵Nach § 8 Absatz 3 steuerfreie Sachbezüge für Fahrten zwischen Wohnung und regelmäßiger Arbeitsstätte mindern den nach Satz 2 abziehbaren Betrag; ist der Arbeitgeber selbst der Verkehrsträger, ist der Preis anzusetzen, den ein dritter Arbeitgeber an den Verkehrsträger zu entrichten hätte. ⁶Hat ein Arbeitnehmer mehrere Wohnungen, so sind die Wege von einer Wohnung, die nicht der regelmäßigen Arbeitsstätte am nächsten liegt, nur zu berücksichtigen, wenn sie den Mittelpunkt der Lebensinteressen des Arbeitnehmers bildet und nicht nur gelegentlich aufgesucht wird;

5. notwendige Mehraufwendungen, die einem Arbeitnehmer wegen einer aus beruflichem Anlass begründeten doppelten Haushaltsführung entstehen, und zwar unabhängig davon, aus welchen Gründen die doppelte Haushaltsführung beibehalten wird. ²Eine doppelte Haushaltsführung liegt nur vor, wenn der Arbeitnehmer außerhalb des Ortes, in dem er einen eigenen Hausstand unterhält, beschäftigt ist und auch am Beschäftigungsort wohnt. ³Aufwendungen für die Wege vom Beschäftigungsort zum Ort des eigenen Hausstands und zurück (Familienheimfahrten) können jeweils nur für eine Familienheimfahrt wöchentlich abgezogen werden. ⁴Zur Abgeltung der Aufwendungen für eine Familienheimfahrt ist eine Entfernungspauschale von 0,30 Euro für jeden vollen Kilometer der Entfernung zwischen dem Ort des eigenen Hausstands und dem Beschäftigungsort anzusetzen. ⁵Nummer 4 Satz 3 bis 5 ist entsprechend anzuwenden. ⁶Aufwendungen für Familienheimfahrten mit einem dem Steuerpflichtigen im Rahmen einer Einkunftsart überlassenen Kraftfahrzeug werden nicht berücksichtigt;[1)]

6. Aufwendungen für Arbeitsmittel, zum Beispiel für Werkzeuge und typische Berufskleidung. ²Nummer 7 bleibt unberührt;

---

1) Zur Anwendung von § 9 Absatz 1 Nummer 5 i. d. F. StÄndG 2003 (Wegfall der Zweijahresfrist) siehe § 52 Absatz 23d EStG.

§ 9 RL 9.1

7. Absetzungen für Abnutzung und für Substanzverringerung und erhöhte Absetzungen. ²§ 6 Absatz 2 Satz 1 bis 3 ist in Fällen der Anschaffung oder Herstellung von Wirtschaftsgütern entsprechend anzuwenden.¹⁾

(2) ¹Durch die Entfernungspauschalen sind sämtliche Aufwendungen abgegolten, die durch die Wege zwischen Wohnung und regelmäßiger Arbeitsstätte und durch die Familienheimfahrten veranlasst sind. ²Aufwendungen für die Benutzung öffentlicher Verkehrsmittel können angesetzt werden, soweit sie den als Entfernungspauschale abziehbaren Betrag übersteigen. ³Behinderte Menschen,

1. deren Grad der Behinderung mindestens 70 beträgt,
2. deren Grad der Behinderung weniger als 70, aber mindestens 50 beträgt und die in ihrer Bewegungsfähigkeit im Straßenverkehr erheblich beeinträchtigt sind,

können an Stelle der Entfernungspauschalen die tatsächlichen Aufwendungen für die Wege zwischen Wohnung und regelmäßiger Arbeitsstätte und für die Familienheimfahrten ansetzen. ⁴Die Voraussetzungen der Nummern 1 und 2 sind durch amtliche Unterlagen nachzuweisen.

(3) Absatz 1 Satz 3 Nummer 4 und 5 und Absatz 2 gelten bei den Einkunftsarten im Sinne des § 2 Absatz 1 Satz 1 Nummer 5 bis 7 entsprechend.

(4) (weggefallen)

(5) ¹§ 4 Absatz 5 Satz 1 Nummer 1 bis 5, 6b bis 8a, 10, 12 und Absatz 6 sowie § 9c Absatz 1 und 3 gelten sinngemäß. ²§ 6 Absatz 1 Nummer 1a gilt entsprechend.²⁾

LStR

R 9.1 Werbungskosten

(1) ¹Zu den Werbungskosten gehören alle Aufwendungen, die durch den Beruf veranlasst sind. ²Werbungskosten, die die Lebensführung des Arbeitnehmers oder anderer Personen berühren, sind nach § 9 Abs. 5 i.V.m. § 4 Abs. 5 Satz 1 Nr. 7 EStG insoweit nicht abziehbar, als sie nach der allgemeinen Verkehrsauffassung als unangemessen anzusehen sind. ³Dieses Abzugsverbot betrifft nur seltene Ausnahmefälle; die Werbungskosten müssen erhebliches Gewicht haben und die Grenze der Angemessenheit erheblich überschreiten, wie z. B. Aufwendungen für die Nutzung eines Privatflugzeugs zu einer **Auswärtstätigkeit**.

(2) ¹Aufwendungen für Ernährung, Kleidung und Wohnung sowie Repräsentationsaufwendungen sind in der Regel Aufwendungen für die Lebensführung i.S.d. § 12 Nr. 1 EStG. ²Besteht bei diesen Aufwendungen ein Zusammenhang mit der beruflichen Tätigkeit des Arbeitnehmers, ist zu prüfen, ob und in welchem Umfang die Aufwendungen beruflich veranlasst sind. ³Hierbei gilt Folgendes:

1. Sind die Aufwendungen so gut wie ausschließlich beruflich veranlasst, z. B. Aufwendungen für typische Berufskleidung (→ R **3.31**), sind sie in voller Höhe als Werbungskosten abziehbar.
2. Sind die Aufwendungen nur zum Teil beruflich veranlasst und lässt sich dieser Teil der Aufwendungen nach objektiven Merkmalen leicht und einwandfrei von den Aufwendungen trennen, die ganz oder teilweise der privaten Lebensführung dienen, ist dieser Teil der Aufwendungen als Werbungskosten abziehbar; er kann ggf. geschätzt werden.
3. Lassen sich die Aufwendungen nach ihrer beruflichen Veranlassung (Werbungskosten) und nach ihrer privaten Veranlassung (Aufwendungen für die Lebensführung) nicht nach objektiven Merkmalen leicht und eindeutig trennen oder ist die private Veranlassung nicht nur von untergeordneter Bedeutung, gehören sie insgesamt zu den nach § 12 Nr. 1 EStG nicht abziehbaren Ausgaben.
4. ¹Aufwendungen für die Ernährung gehören grundsätzlich zu den nach § 12 Nr. 1 EStG nicht abziehbaren Aufwendungen für die Lebensführung. ²Das Abzugsverbot nach § 12 Nr. 1 EStG gilt jedoch nicht für Verpflegungsmehraufwendungen, die z. B. als Reisekosten (→ R **9.6**) oder wegen einer aus beruflichem Anlass begründeten doppelten Haushaltsführung (→ R **9.11**) so gut wie ausschließlich durch die berufliche Tätigkeit veranlasst sind.

---

1) Zur Anwendung von § 9 Absatz 1 Nummer 7 i.d.F. Unternehmensteuerreformgesetz 2008 erstmals ab VZ 2008 siehe § 52 Absatz 23d EStG.

2) Zur Anwendung von § 9 Absatz 5 siehe § 52 Absatz 23d EStG.

RL 9.1 **§ 9**

(3) Die Annahme von Werbungskosten setzt nicht voraus, dass im selben Kalenderjahr, in dem die Aufwendungen geleistet werden, Arbeitslohn zufließt.

(4) [1]Ansparleistungen für beruflich veranlasste Aufwendungen, z. B. Beiträge an eine Kleiderkasse zur Anschaffung typischer Berufskleidung, sind noch keine Werbungskosten; angesparte Beträge können erst dann abgezogen werden, wenn sie als Werbungskosten verausgabt worden sind. [2]Hat ein Arbeitnehmer beruflich veranlasste Aufwendungen dadurch erspart, dass er entsprechende Sachbezüge erhalten hat, steht der Wert der Sachbezüge entsprechenden Aufwendungen gleich; die Sachbezüge sind vorbehaltlich der Abzugsbeschränkungen nach § 9 Abs. 1 Satz 3 Nr. 5, 7 und Abs. 5 EStG mit dem Wert als Werbungskosten abziehbar, mit dem sie als steuerpflichtiger Arbeitslohn erfasst worden sind. [3]Steuerfreie Bezüge schließen entsprechende Werbungskosten aus; Entsprechendes gilt für von der Agentur für Arbeit gezahlte Mobilitätshilfen nach §§ 53 ff. SGB III wie z. B. Reisekosten-, Fahrtkosten-, Trennungskosten- und Umzugskostenbeihilfe.

(5) [1]Telekommunikationsaufwendungen sind Werbungskosten, soweit sie beruflich veranlasst sind. [2]Weist der Arbeitnehmer den Anteil der beruflich veranlassten Aufwendungen an den Gesamtaufwendungen für einen repräsentativen Zeitraum von drei Monaten im Einzelnen nach, kann dieser berufliche Anteil für den gesamten Veranlagungszeitraum zugrunde gelegt werden. [3]Dabei können die Aufwendungen für das Nutzungsentgelt der Telefonanlage sowie für den Grundpreis der Anschlüsse entsprechend dem beruflichen Anteil der Verbindungsentgelte an den gesamten Verbindungsentgelten (Telefon und Internet) abgezogen werden. [4]Fallen erfahrungsgemäß beruflich veranlasste Telekommunikationsaufwendungen an, können aus Vereinfachungsgründen ohne Einzelnachweis bis zu 20 % des Rechnungsbetrags, jedoch höchstens 20 Euro monatlich als Werbungskosten anerkannt werden. [5]Zur weiteren Vereinfachung kann der monatliche Durchschnittsbetrag, der sich aus den Rechnungsbeträgen für einen repräsentativen Zeitraum von drei Monaten ergibt, für den gesamten Veranlagungszeitraum zugrunde gelegt werden. [6]Nach R **3.50** Abs. 2 steuerfrei ersetzte Telekommunikationsaufwendungen mindern den als Werbungskosten abziehbaren Betrag.

Hinweise

LStH 9.1 Aktienoptionen

Erhält ein Arbeitnehmer von seinem Arbeitgeber nicht handelbare Aktienoptionsrechte, können die von ihm getragenen Aufwendungen im Zahlungszeitpunkt nicht als Werbungskosten berücksichtigt werden; sie mindern erst im Jahr der Verschaffung der verbilligten Aktien den geldwerten Vorteil. Verfällt das Optionsrecht, sind die Optionskosten im Jahr des Verfalls als vergebliche Werbungskosten abziehbar (→ BFH vom 3.5.2007 – BStBl. II S. 647).

Aufteilung von Aufwendungen bei mehreren Einkunftsarten

Erzielt ein Arbeitnehmer sowohl Einnahmen aus selbständiger als auch aus nichtselbständiger Arbeit, sind die durch diese Tätigkeiten veranlassten Aufwendungen den jeweiligen Einkunftsarten, ggf. nach einer im Schätzungswege vorzunehmenden Aufteilung der Aufwendungen, als Werbungskosten oder Betriebsausgaben zuzuordnen (→ BFH vom 10.6.2008 – BStBl. II S. 937).

Aufteilungs- und Abzugsverbot

→ BFH vom 19.10.1970 (BStBl. 1971 II S. 17 und 21).

Auslandstätigkeit

*Die auf eine Auslandstätigkeit entfallenden Werbungskosten, die nicht eindeutig den steuerfreien oder steuerpflichtigen Bezügen zugeordnet werden können, sind regelmäßig zu dem Teil nicht abziehbar, der dem Verhältnis der steuerfreien Einnahmen zu den Gesamteinnahmen während der Auslandstätigkeit entspricht (→ BFH vom 11.2.1993 – BStBl. II S. 450 **und vom 11.2.2009 – BStBl. II S. . . . . – I R 25/08 – zu Aufwendungen eines Referendars**).*

Berufliche Veranlassung

Eine berufliche Veranlassung setzt voraus, dass objektiv ein → Zusammenhang mit dem Beruf besteht und in der Regel subjektiv die Aufwendungen zur Förderung des Berufs gemacht werden (→ BFH vom 28.11.1980 – BStBl. 1981 II S. 368).

Beteiligung am Arbeitgeberunternehmen

Schuldzinsen für Darlehen mit denen Arbeitnehmer den Erwerb von Gesellschaftsanteilen an ihrer Arbeitgeberin finanzieren, um damit die arbeitsvertragliche Voraussetzung für die Erlangung einer höher dotierten Position zu erfüllen, sind regelmäßig nicht bei den Einkünften aus nichtselbständiger Arbeit, sondern bei den Einkünften aus Kapitalvermögen als Werbungskosten zu berücksichtigen (→ BFH vom 5.4.2006 – BStBl. II S. 654).

Bewirtungskosten
- Bewirtungskosten eines Arbeitnehmers anlässlich persönlicher Ereignisse sind grundsätzlich nicht als Werbungskosten abziehbar (→ BFH vom 19.2.1993 – BStBl. II S. 403 und vom 15.7.1994 – BStBl. II S. 896).
- Bewirtungskosten, die einem Offizier für einen Empfang aus Anlass der Übergabe der Dienstgeschäfte (Kommandoübergabe) und der Verabschiedung in den Ruhestand entstehen, können als Werbungskosten zu berücksichtigen sein (→ BFH vom 11.1.2007 – BStBl. II S. 317).
- Bewirtungskosten eines angestellten Geschäftsführers mit variablen Bezügen anlässlich einer ausschließlich für Betriebsangehörige im eigenen Garten veranstalteten Feier zum 25-jährigen Dienstjubiläum können Werbungskosten sein (→ BFH vom 1.2.2007 – BStBl. II S. 459).
- Beruflich veranlasste Bewirtungskosten können ausnahmsweise auch dann vorliegen, wenn der Arbeitnehmer nicht variabel vergütet wird (→ BFH vom 24.5.2007 – BStBl. II S. 721).
- Bewirtungskosten sind nur in Höhe von 70 % als Werbungskosten abzugsfähig (→ § 4 Abs. 5 Satz 1 Nr. 2 i. V. m. § 9 Abs. 5 EStG). Diese Abzugsbeschränkung gilt nur, wenn der Arbeitnehmer Bewirtender ist (→ BFH vom 19.6.2008 – BStBl. II S. 870). Sie gilt nicht, wenn der Arbeitnehmer nur Arbeitnehmer des eigenen Arbeitgebers bewirtet (→ BFH vom 19.6.2008 – BStBl. 2009 II S. 11).

Bürgerliche Kleidung
Aufwendungen für bürgerliche Kleidung sind auch bei außergewöhnlich hohen Aufwendungen nicht als Werbungskosten abziehbar (→ BFH vom 6.7.1989 – BStBl. 1990 II S. 49).

Einbürgerung
Aufwendungen für die Einbürgerung sind nicht als Werbungskosten abziehbar (→ BFH vom 18.5.1984 – BStBl. II S. 588).

Ernährung
Aufwendungen für die Ernährung am Ort der regelmäßigen Arbeitsstätte sind auch dann nicht als Werbungskosten abziehbar, wenn der Arbeitnehmer berufsbedingt arbeitstäglich überdurchschnittlich oder ungewöhnlich lange von seiner Wohnung abwesend ist (→ BFH vom 21.1.1994 – BStBl. II S 418).

Erziehungsurlaub/Elternzeit
Aufwendungen während eines Erziehungsurlaubs/einer Elternzeit können vorab entstandene Werbungskosten sein. Der berufliche Verwendungsbezug ist darzulegen, wenn er sich nicht bereits aus den Umständen von Umschulungs- oder Qualifizierungsmaßnahmen ergibt (→ BFH vom 22.7.2003 – BStBl. 2004 II S. 888).

Geldauflagen
Geldauflagen sind nicht als Werbungskosten abziehbar, soweit die Auflagen nicht der Wiedergutmachung des durch die Tat verursachten Schadens dienen (→ BFH vom 22.7.2008 – BStBl. 2009 II S. 151).

Geldbußen
Geldbußen sind nicht als Werbungskosten abziehbar (→ BFH vom 22.7.2008 – BStBl. 2009 II S. 151).

Geschenke
Geschenke eines Arbeitnehmers anlässlich persönlicher Feiern sind nicht als Werbungskosten abziehbar (→ BFH vom 1.7.1994 – BStBl. 1995 II S. 273).

Kinderbetreuungskosten *Hinweis: Gesetzesänderung siehe § 9c EStG*
→ BMF vom 19.1.2007 (BStBl. I S. 184) *– Anlage § 004f-01 –*

Körperpflege und Kosmetika
Aufwendungen für Körperpflege und Kosmetika sind auch bei außergewöhnlich hohen Aufwendungen nicht als Werbungskosten abziehbar (→ BFH vom 6.7.1989 – BStBl. 1990 II S. 49).

Kontoführungsgebühren

Kontoführungsgebühren sind Werbungskosten, soweit sie durch Gutschriften von Einnahmen aus dem Dienstverhältnis und durch beruflich veranlasste Überweisungen entstehen. Pauschale Kontoführungsgebühren sind ggf. nach dem Verhältnis beruflich und privat veranlasster Kontenbewegungen aufzuteilen (→ BFH vom 9.5.1984 – BStBl. II S. 560).

Kunstgegenstände

Aufwendungen für die Ausschmückung eines Dienstzimmers sind nicht als Werbungskosten abziehbar (→ BFH vom 12.3.1993 – BStBl. II S. 506).

Nachträgliche Werbungskosten

Werbungskosten können auch im Hinblick auf ein früheres Dienstverhältnis entstehen (→ BFH vom 14.10.1960 – BStBl. 1961 III S. 20).

Psychoseminar

Aufwendungen für die Teilnahme an psychologischen Seminaren, die nicht auf den konkreten Beruf zugeschnittene psychologische Kenntnisse vermitteln, sind auch dann nicht als Werbungskosten abziehbar, wenn der Arbeitgeber für die Teilnahme an den Seminaren bezahlten Bildungsurlaub gewährt (→ BFH vom 6.3.1995 – BStBl. II S. 393).

Reinigung von typischer Berufskleidung in privater Waschmaschine

→ LStH 9.12 (Berufskleidung)

Sammelbeförderung

BMF vom **31.8.2009** (BStBl. I S. **891**) *– Anlage § 009-07 –*

Schulgeld

Schulgeldzahlungen an eine fremdsprachige Schule im Inland sind auch dann nicht als Werbungskosten abziehbar, wenn sich die ausländischen Eltern aus beruflichen Gründen nur vorübergehend im Inland aufhalten (→ BFH vom 23.11.2000 – BStBl. 2001 II S. 132).

Strafverteidigungskosten

Aufwendungen für die Strafverteidigung können Werbungskosten sein, wenn der Schuldvorwurf durch berufliches Verhalten veranlasst war (→ BFH vom 19.2.1982 – BStBl. II S. 467 und vom 18.10.2007 – BStBl. 2008 II S. 223).

Übernachtung an der regelmäßigen Arbeitsstätte

Die Kosten für gelegentliche Hotelübernachtungen am Ort der regelmäßigen Arbeitsstätte sind Werbungskosten nach § 9 Abs. 1 Satz 1 EStG, wenn sie beruflich veranlasst sind. Für eine Tätigkeit an diesem Ort – z. B. für Fortbildungsveranstaltungen – sind Verpflegungsmehraufwendungen daher nicht zu berücksichtigen (→ BFH vom 5.8.2004 – BStBl. II S. 1074).

Verlorener Zuschuss eines Gesellschafter-Geschäftsführers

Gewährt der Gesellschafter-Geschäftsführer einer GmbH, an der er nicht nur unwesentlich beteiligt ist, einen verlorenen Zuschuss, ist die Berücksichtigung als Werbungskosten regelmäßig abzulehnen (→ BFH vom 26.11.1993 – BStBl. 1994 II S. 242).

Verlust einer Beteiligung an einer GmbH

Der Verlust einer Beteiligung an einer GmbH kann selbst dann nicht als Werbungskosten berücksichtigt werden, wenn die Beteiligung am Stammkapital der GmbH Voraussetzung für die Beschäftigung als Arbeitnehmer der GmbH war (→ BFH vom 12.5.1995 – BStBl. II S. 644).

Verlust einer Darlehensforderung gegen den Arbeitgeber

Der Verlust einer Darlehensforderung gegen den Arbeitgeber ist als Werbungskosten zu berücksichtigen, wenn der Arbeitnehmer das Risiko, die Forderung zu verlieren, aus beruflichen Gründen bewusst auf sich genommen hat (→ BFH vom 7.5.1993 – BStBl. II S. 663).

Versorgungsausgleich

Ausgleichszahlungen eines Beamten und damit zusammenhängende Schuldzinsen zur Vermeidung einer Kürzung seiner Versorgungsbezüge an den auf den Versorgungsausgleich verzichtenden Ehegatten sind Werbungskosten (→ BFH vom 8.3.2006 – BStBl. II S. 446 und S. 448).

Versorgungszuschlag

Zahlt der Arbeitgeber bei beurlaubten Beamten ohne Bezüge einen Versorgungszuschlag, handelt es sich um steuerpflichtigen Arbeitslohn. In gleicher Höhe liegen beim Arbeitnehmer

Werbungskosten vor; dies gilt auch, wenn der Arbeitnehmer den Versorgungszuschlag zahlt (→ BMF vom 22.2.1991 – BStBl. I S. 951).

Vertragsstrafe
Die Zahlung einer in einem Ausbildungsverhältnis begründeten Vertragsstrafe kann zu Werbungskosten führen (→ BFH vom 22.6.2006 – BStBl. 2007 II S. 4).

Videorecorder
Aufwendungen für einen Videorecorder sind – ohne Nachweis der weitaus überwiegenden beruflichen Nutzung – nicht als Werbungskosten abziehbar (→ BFH vom 27.9.1991 – BStBl. 1992 II S. 195).

Vorweggenommene Werbungskosten
Werbungskosten können auch im Hinblick auf ein künftiges Dienstverhältnis entstehen (→ BFH vom 4.8.1961 – BStBl. 1962 III S. 5 und vom 3.11.1961 – BStBl. 1962 III S. 123). Der Berücksichtigung dieser Werbungskosten steht es nicht entgegen, dass der Arbeitnehmer Arbeitslosengeld oder sonstige für seinen Unterhalt bestimmte steuerfreie Leistungen erhält (→ BFH vom 4.3.1977 – BStBl. II S. 507), ggf. kommt ein Verlustabzug nach § 10d EStG in Betracht.

Werbegeschenke
Aufwendungen eines Arbeitnehmers für Werbegeschenke an Kunden seines Arbeitgebers sind Werbungskosten, wenn er sie tätigt, um die Umsätze seines Arbeitgebers und damit seine erfolgsabhängigen Einkünfte zu steigern (→ BFH vom 13.1.1984 – BStBl. II S. 315). Aufwendungen für Werbegeschenke können ausnahmsweise auch dann Werbungskosten sein, wenn der Arbeitnehmer nicht variabel vergütet wird (→ BFH vom 24.5.2007 – BStBl. II S. 721). Die nach § 4 Abs. 5 Satz 1 Nr. 1 EStG maßgebende Wertgrenze von 35 Euro ist zu beachten (§ 9 Abs. 5 EStG).

Werbungskosten bei Insolvenzgeld
Werbungskosten, die auf den Zeitraum entfallen, für den der Arbeitnehmer Insolvenzgeld erhält, sind abziehbar, da kein unmittelbarer wirtschaftlicher Zusammenhang zwischen den Aufwendungen und dem steuerfreien Insolvenzgeld i.S.d. § 3c EStG besteht (→ BFH vom 23.11.2000 – BStBl. 2001 II S. 199).

Zusammenhang mit dem Beruf
Ein Zusammenhang mit dem Beruf ist gegeben, wenn die Aufwendungen in einem wirtschaftlichen Zusammenhang mit der auf Einnahmeerzielung gerichteten Tätigkeit des Arbeitnehmers stehen (→ BFH vom 1.10.1982 – BStBl. 1983 II S. 17).

LStR

R 9.2 Aufwendungen für die Aus- und Fortbildung

(1) ¹Aufwendungen für den erstmaligen Erwerb von Kenntnissen, die zur Aufnahme eines Berufs befähigen, beziehungsweise für ein erstes Studium sind Kosten der Lebensführung und nur als Sonderausgaben im Rahmen von § 10 Abs. 1 Nr. 7 EStG abziehbar. ²Das gilt auch für ein berufsbegleitendes Erststudium. ³Werbungskosten liegen dagegen vor, wenn die erstmalige Berufsausbildung oder das Erststudium Gegenstand eines Dienstverhältnisses (Ausbildungsdienstverhältnis) ist. ⁴Unabhängig davon, ob ein Dienstverhältnis besteht, sind die Aufwendungen für die Fortbildung in dem bereits erlernten Beruf und für die Umschulungsmaßnahmen, die einen Berufswechsel vorbereiten, als Werbungskosten abziehbar. ⁵Das gilt auch für die Aufwendungen für ein weiteres Studium, wenn dieses in einem hinreichend konkreten, objektiv feststellbaren Zusammenhang mit späteren steuerpflichtigen Einnahmen aus der angestrebten beruflichen Tätigkeit steht.

(2) ¹Zur Berücksichtigung der Aufwendungen im Zusammenhang mit einer auswärtigen Ausbildungs- oder Fortbildungsstätte finden R 9.4 bis **9.11** sinngemäß Anwendung. ²Danach sind **die Grundsätze für Auswärtstätigkeiten** maßgebend, wenn der Arbeitnehmer im Rahmen seines Ausbildungsdienstverhältnisses oder als Ausfluss seines Dienstverhältnisses zu Fortbildungszwecken vorübergehend einen außerhalb seiner regelmäßigen Arbeitsstätte im Betrieb des Arbeitgebers gelegene Ausbildungs- oder Fortbildungsstätte aufsucht. ³Das gilt auch dann, wenn die Ausbildung oder Fortbildung in der Freizeit, z. B. am Wochenende stattfindet. ⁴Ist die Bildungsmaßnahme nicht Ausfluss des Dienstverhältnisses und befindet sich der Schwerpunkt der Umschulungsmaßnahme oder des weiteren Studiums im Sinne von Absatz 1 Satz 5 in der Wohnung des Steuerpflichtigen, wie dies in der Regel bei einem Fernstudium der

RL 9.2 **§ 9**

Fall ist, ist die Wohnung regelmäßige Ausbildungsstätte, so dass für gelegentliche Reisen zu anderen Ausbildungsorten ebenfalls **die Grundsätze für Auswärtstätigkeiten** gelten.
(3) ¹Liegen weder im Betrieb des Arbeitgebers noch in der Wohnung des Steuerpflichtigen die Voraussetzungen für die Annahme einer regelmäßigen Arbeits- oder Fortbildungsstätte i.S.d. Absatzes 2 vor, ist der jeweilige Ausbildungsort vom ersten Tag an regelmäßige Arbeitsstätte. ²Bei der Ermittlung der Aufwendungen sind § 9 Abs. 1 Satz 3 Nr. 5 und Abs. 2 EStG[1]) anzuwenden. ³**Nimmt ein Arbeitnehmer, der eine Auswärtstätigkeit i.S.d. R 9.4 Abs. 2 Satz 2 ausübt, z. B. an einer Fortbildungsveranstaltung teil, gilt die Teilnahme als Auswärtstätigkeit.**

Hinweise

LStH 9.2 *Allgemeine Grundsätze*

→ *BMF vom 4.11.2005 (BStBl. I S. 955) unter Berücksichtigung der Änderungen durch BMF vom 21.6.2007 (BStBl. I S. 492)* – *Anlage § 010-02* –

Allgemein bildende Schulen

Aufwendungen für den Besuch allgemein bildender Schulen sind regelmäßig keine Werbungskosten (→ BFH vom 22.6.2006 – BStBl. II S. 717).

Ausbildungsdienstverhältnis

Beispiele:

– *Referendariat zur Vorbereitung auf das zweite Staatsexamen (→ BFH vom 10.12.1971 – BStBl. 1972 II S. 251)*
– *Beamtenanwärter (→ BFH vom 21.1.1972 – BStBl. II S. 261)*
– *zum Studium abkommandierte oder beurlaubte Bundeswehroffiziere (→ BFH vom 7.11.1980 – BStBl. 1981 II S. 216 und vom 28.9.1984 – BStBl. 1985 II S. 87)*
– *zur Erlangung der mittleren Reife abkommandierte Zeitsoldaten (→ BFH vom 28.9.1984 – BStBl. 1985 II S. 89)*
– *für ein Promotionsstudium beurlaubte Geistliche (→ BFH vom 7.8.1987 – BStBl. II S. 780)*

Deutschkurs

Aufwendungen eines in Deutschland lebenden Ausländers für das Erlernen der deutschen Sprache gehören regelmäßig auch dann zu den nicht abziehbaren Kosten der Lebensführung, wenn ausreichende Deutschkenntnisse für einen angestrebten Ausbildungsplatz förderlich sind (→ BFH vom 15.3.2007 – BStBl. II S. 814).

Erziehungsurlaub/Elternzeit

Aufwendungen während eines Erziehungsurlaubs/einer Elternzeit können vorab entstandene Werbungskosten sein. Der berufliche Verwendungsbezug ist darzulegen, wenn er sich nicht bereits aus den Umständen von Umschulungs- oder Qualifizierungsmaßnahmen ergibt (→ BFH vom 22.7.2003 – BStBl. 2004 II S. 888).

Fortbildung

– ***Aufwendungen von Führungskräften für Seminare zur Persönlichkeitsentfaltung können Werbungskosten sein** (→ BFH vom 28.8.2008 – BStBl. 2009 II S. 108).*
– ***Aufwendungen einer leitenden Redakteurin zur Verbesserung beruflicher Kommunikationsfähigkeit sind Werbungskosten** (→ BFH vom 28.8.2008 – BStBl. 2009 II S. 106).*
– *Aufwendungen einer Krankenschwester für einen Lehrgang mit dem Ziel, Lehrerin für Pflegeberufe zu werden, sind als Werbungskosten anzuerkennen. Eine Bildungseinrichtung ist als regelmäßige Arbeitsstätte anzusehen, wenn diese über einen längeren Zeitraum hinweg zum Zwecke eines Vollzeitunterrichts aufgesucht wird (→ BFH vom 22.7.2003 – BStBl. 2004 II S. 886).*
– *Aufwendungen einer Stewardess für den Erwerb des Verkehrsflugzeugführerscheins einschließlich Musterberechtigung stellen vorab entstandene Werbungskosten dar. Die Aufwendungen für den Erwerb des Privatflugzeugführerscheins führen regelmäßig nicht zu Werbungskosten (→ BFH vom 27.5.2003 – BStBl. 2005 II S. 202). **Bei einer durchgehenden Ausbildung zum Verkehrsflugzeugführer sind aber auch die Aufwendungen für den Erwerb des Privatflugzeugführerscheins als Werbungskosten abziehbar** (→ BFH vom 30.9.2008 – BStBl. 2009 II S. 111).*

---

1) Jetzt § 9 Absatz 1 Satz 3 Nummer 4 und 5 EStG.

§ 9 RL 9.2, 9.3

Fremdsprachenunterricht

– *Der Abzug der Aufwendungen für einen Sprachkurs kann nicht mit der Begründung versagt werden, er habe in einem anderen Mitgliedstaat der Europäischen Union stattgefunden (→ BFH vom 13.6.2002 – BStBl. 2003 II S. 765). Dies gilt auch für Staaten, auf die das Abkommen über den europäischen Wirtschaftsraum Anwendung findet (Island, Liechtenstein, Norwegen), und wegen eines bilateralen Abkommens, das die Dienstleistungsfreiheit festschreibt, auch für die Schweiz (→ BMF vom 26.9.2003 – BStBl. I S. 447). – Anlage § 009-08 –*

– *Aufwendungen zum Erlernen von Grundkenntnissen in einer gängigen Fremdsprache sind regelmäßig keine Fortbildungskosten (→ BFH vom 22.7.1993 – BStBl. II S. 787); sie können ausnahmsweise Werbungskosten sein, wenn ein konkreter und enger Zusammenhang mit der Berufstätigkeit besteht (→ BFH vom 26.11.1993 – BStBl. 1994 II S. 248). Sie können insbesondere dann beruflich veranlasst sein, wenn bereits die nächste Stufe beruflichen Fortkommens Fremdsprachenkenntnisse erfordert (→ BFH vom 10.4.2002 – BStBl. II S. 579).*

– *Aufwendungen für eine zur Erteilung von Fremdsprachenunterricht in den eigenen Haushalt aufgenommene Lehrperson sind selbst bei einem konkreten Bezug zur Berufstätigkeit keine Fortbildungskosten (→ BFH vom 8.10.1993 – BStBl. 1994 II S. 114).*

Klassenfahrt

Aufwendungen eines Berufsschülers für eine im Rahmen eines Ausbildungsdienstverhältnisses als verbindliche Schulveranstaltung durchgeführte Klassenfahrt sind in der Regel Werbungskosten (→ BFH vom 7.2.1992 – BStBl. II S. 531).

Regelmäßige Arbeitsstätte

– *Eine Bildungseinrichtung ist als regelmäßige Arbeitsstätte anzusehen, wenn diese über einen längeren Zeitraum hinweg zum Zwecke eines Vollzeitunterrichts aufgesucht wird (→ BFH vom 22.7.2003 – BStBl. 2004 II S. 886).*

– *Führt ein vollbeschäftigter Arbeitnehmer eine längerfristige, jedoch vorübergehende berufliche Bildungsmaßnahme durch, wird der Veranstaltungsort im Allgemeinen nicht zu einer weiteren regelmäßigen Arbeitsstätte (→ BFH vom 10.4.2008 – BStBl. II S. 825).*

Ski- und Snowboardkurse

Aufwendungen von Lehrern für Snowboardkurse können als Werbungskosten bei den Einkünften aus nichtselbständiger Arbeit abziehbar sein, wenn ein konkreter Zusammenhang mit der Berufstätigkeit besteht (→ BFH vom 22.6.2006 – BStBl. II S. 782). Zu den Merkmalen der beruflichen Veranlassung → BFH vom 26.8.1988 (BStBl. 1989 II S. 91).

Studienreisen und Fachkongresse

→ *R 12.2 EStR, H 12.2 EStH*

LStR

R 9.3 Ausgaben im Zusammenhang mit Berufsverbänden

(1) [1]Ausgaben bei Veranstaltungen des Berufsstands, des Berufsverbands, des Fachverbands oder der Gewerkschaft eines Arbeitnehmers, die der Förderung des Allgemeinwissens der Teilnehmer dienen, sind nicht Werbungskosten, sondern Aufwendungen für die Lebensführung. [2]Um nicht abziehbare Aufwendungen für die Lebensführung handelt es sich insbesondere stets bei den Aufwendungen, die der Arbeitnehmer aus Anlass von gesellschaftlichen Veranstaltungen der bezeichneten Organisation gemacht hat, und zwar auch dann, wenn die gesellschaftlichen Veranstaltungen im Zusammenhang mit einer rein fachlichen oder beruflichen Tagung oder Sitzung standen.

(2) [1]Bestimmte Veranstaltungen von Berufsständen und Berufsverbänden dienen dem Zweck, die Teilnehmer im Beruf fortzubilden, z. B. Vorlesungen bei Verwaltungsakademien oder Volkshochschulen, Fortbildungslehrgänge, fachwissenschaftliche Lehrgänge, fachliche Vorträge. [2]Ausgaben, die dem Teilnehmer bei solchen Veranstaltungen entstehen, können Werbungskosten sein.

RL 9.3, 9.4 §9

Hinweise

LStH 9.3 Ehrenamtliche Tätigkeit

Aufwendungen eines Arbeitnehmers im Zusammenhang mit einer ehrenamtlichen Tätigkeit für seine Gewerkschaft oder seinen Berufsverband können Werbungskosten sein → BFH vom 28.11.1980 – BStBl. 1981 II S. 368 und vom 2.10.1992 – BStBl. 1993 II S. 53).

Mitgliedsbeiträge an einen Interessenverband

Mitgliedsbeiträge an einen Interessenverband sind Werbungskosten, wenn dieser als Berufsverband auch die spezifischen beruflichen Interessen des Arbeitnehmers vertritt. Dies ist nicht nur nach der Satzung, sondern auch nach der tatsächlichen Verbandstätigkeit zu beurteilen (→ BFH vom 13.8.1993 – BStBl. 1994 II S. 33).

Reiseaufwendungen für einen Berufsverband

Reiseaufwendungen eines Arbeitnehmers im Zusammenhang mit einer ehrenamtlichen Tätigkeit für seine Gewerkschaft oder seinen Berufsverband sind keine Werbungskosten, wenn der Schwerpunkt der Reise allgemeintouristischen Zwecken dient (→ BFH vom 25.3.1993 – BStBl. II S. 559).

LStR

R 9.4 Reisekosten

Reisekostenbegriff

(1) ¹Reisekosten sind Fahrtkosten (→ R 9.5), Verpflegungsmehraufwendungen (→ R 9.6), Übernachtungskosten (→ R 9.7) und Reisenebenkosten (→ R 9.8), wenn diese **durch eine** so gut wie ausschließlich **beruflich veranlasste Auswärtstätigkeit** (→ **Absatz 2**) des Arbeitnehmers **entstehen.** ²**Eine beruflich veranlasste Auswärtstätigkeit ist auch** der Vorstellungsbesuch eines Stellenbewerbers. ³Erledigt der Arbeitnehmer im Zusammenhang mit **der beruflich veranlassten Auswärtstätigkeit** auch in einem mehr als geringfügigen Umfang private Angelegenheiten, sind die beruflich veranlassten von den privat veranlassten Aufwendungen zu trennen. ⁴Ist das nicht – auch nicht durch Schätzung – leicht und einwandfrei möglich, gehören die gesamten Aufwendungen zu den nach § 12 EStG nicht abziehbaren Aufwendungen für die Lebensführung. ⁵Aufwendungen, die nicht so gut wie ausschließlich **beruflich veranlasste Auswärtstätigkeit entstanden** sind, z. B. Bekleidungskosten, sowie Aufwendungen für die Anschaffung von Koffern und anderer Reiseausrüstung, sind keine Reisekosten. ⁶**Die berufliche Veranlassung der Auswärtstätigkeit**, die Reisedauer und den Reiseweg hat der Arbeitnehmer aufzuzeichnen und anhand geeigneter Unterlagen, z. B. Fahrtenbuch (→ **R 8.1** Abs. 9 Nr. 2 Satz 3), Tankquittungen, Hotelrechnungen, Schriftverkehr, nachzuweisen oder glaubhaft zu machen.

Beruflich veranlasste Auswärtstätigkeit

(2) ¹Eine Auswärtstätigkeit liegt vor, wenn der Arbeitnehmer **vorübergehend** außerhalb seiner Wohnung und **an keiner seiner** regelmäßigen Arbeitsstätten beruflich tätig wird. ²**Eine Auswärtstätigkeit liegt ebenfalls vor, wenn der Arbeitnehmer bei seiner individuellen beruflichen Tätigkeit typischerweise nur an ständig wechselnden Tätigkeitsstätten oder auf einem Fahrzeug tätig wird.**

Regelmäßige Arbeitsstätte

(3) ¹Regelmäßige Arbeitsstätte ist der ortsgebundene Mittelpunkt der dauerhaft angelegten beruflichen Tätigkeit des Arbeitnehmers, **unabhängig davon, ob es sich um eine Einrichtung des Arbeitgebers handelt.** ²Regelmäßige Arbeitsstätte ist insbesondere jede ortsfeste dauerhafte betriebliche Einrichtung des Arbeitgebers, der der Arbeitnehmer zugeordnet ist und die er mit einer gewissen Nachhaltigkeit immer wieder aufsucht. ³Nicht maßgebend sind Art, Umfang und Inhalt der Tätigkeit. ⁴Von einer regelmäßigen Arbeitsstätte ist auszugehen, wenn die betriebliche Einrichtung des Arbeitgebers vom Arbeitnehmer durchschnittlich im Kalenderjahr an einem Arbeitstag je Arbeitswoche aufgesucht wird. ⁴Bei einer vorübergehenden Auswärtstätigkeit (z. B. befristete Abordnung) an einer anderen betrieblichen Einrichtung des Arbeitgebers oder eines verbundenen Unternehmens wird diese nicht zur regelmäßigen Arbeitsstätte.

Hinweise

LStH 9.4 Erstattung durch den Arbeitgeber

– *Steuerfrei* → § 3 Nr. 13, 16 EStG, → R 3.13, 3.16

§ 9

- *Steuerfreie Arbeitgebererstattungen mindern die abziehbaren Werbungskosten auch dann, wenn sie erst im Folgejahr geleistet werden (→ BFH vom 20.9.2006 – BStBl. 2007 II S. 756).*

Regelmäßige Arbeitsstätte
- *Regelmäßige Arbeitsstätte ist jede dauerhafte betriebliche Einrichtung des Arbeitgebers, der der Arbeitnehmer zugeordnet ist und die er nachhaltig, fortdauernd und immer wieder aufsucht (→ BFH vom 11.5.2005 – BStBl. II S. 791).*
- *Der Betrieb oder eine ortsfeste Betriebsstätte des Arbeitgebers stellt auch dann eine regelmäßige Arbeitsstätte dar, wenn der Arbeitnehmer diesen Ort stets nur aufsucht, um dort die täglichen Aufträge entgegenzunehmen, abzurechnen und Bericht zu erstatten, oder wenn er dort ein Dienstfahrzeug übernimmt, um damit anschließend von der Arbeitsstätte aus eine Auswärtstätigkeit anzutreten. Dabei ist es nicht von Belang, in welchem zeitlichen Umfang der Arbeitnehmer an dieser Arbeitsstätte beruflich tätig wird (→ BFH vom 11.5.2005 – BStBl. II S. 788).*
- *Ein Arbeitnehmer kann innerhalb desselben Dienstverhältnisses auch mehrere regelmäßige Arbeitsstätten nebeneinander haben (→ BFH vom 7.6.2002 – BStBl. II S. 878 betr. Bezirksleiter einer Einzelhandelskette).*
- *Der Heimatflughafen einer Flugbegleiterin ist regelmäßige Arbeitsstätte (→ BFH vom 5.8.2004 – BStBl. II S. 1074).*
- *Sucht ein Außendienstmitarbeiter mindestens einmal wöchentlich den Betriebssitz seines Arbeitgebers auf, ist der Betriebssitz eine regelmäßige Arbeitsstätte (→ BFH vom 4.4.2008 – BStBl. II S. 887).*
- *Regelmäßige Arbeitsstätte bei Bildungsmaßnahmen → H 9.2 (Regelmäßige Arbeitsstätte).*
- **Beispiele:**
Als regelmäßige Arbeitsstätte kommen auch in Betracht:
  - *betriebliche Einrichtungen (z. B. Bus-/Straßenbahndepots oder Verkaufsstellen für Fahrkarten),*
  - *außerbetriebliche Einrichtungen, (z. B.* **wenn das Dienstverhältnis an einen anderen Arbeitgeber ausgelagert wird und der Arbeitnehmer weiterhin an seiner bisherigen regelmäßigen Arbeitsstätte tätig ist (Outsourcing)** *oder* **der Leiharbeitnehmer vom Verleiher für die gesamte Dauer seines Dienstverhältnisses dem Entleiher überlassen wird** *(→ BMF vom 21.12.2009 – BStBl. 2010 I S. 21.).* – *Anlage § 009-10 –*

Keine regelmäßigen Arbeitsstätten sind:
  - *öffentliche Haltestellen oder Schiffsanlegestellen ohne weitere Arbeitgebereinrichtungen,*
  - **betriebliche Einrichtungen von Kunden des Arbeitgebers, auch wenn der Arbeitnehmer beim Kunden des Arbeitgebers längerfristig eingesetzt ist** *(→ BMF vom 21.12.2009 – BStBl. 2010 I S. 21 zu den BFH-Urteilen vom 10.7.2008 – BStBl. II S. 818 zu Programmeinweisungen und vom 9.7.2009 – BStBl. II S. 822 zu EDV-Beratung).* – *Anlage § 009-10 –*

Seeleute
Bei Seeleuten, die an Land keine regelmäßige Arbeitsstätte haben, stellt auch das Schiff keine regelmäßige Arbeitsstätte dar (→ BFH vom 19.12.2005 – BStBl. 2006 II S. 378).

Vorübergehende Auswärtstätigkeit
Eine Auswärtstätigkeit ist **vorübergehend***, wenn der Arbeitnehmer voraussichtlich an die regelmäßige Arbeitsstätte zurückkehren und dort seine berufliche Tätigkeit fortsetzen wird. Eine Auswärtstätigkeit ist* **nicht vorübergehend***, wenn nach dem Gesamtbild der Verhältnisse anzunehmen ist, dass die auswärtige Tätigkeitsstätte vom ersten Tag an regelmäßige Arbeitsstätte geworden ist, z. B. bei einer Versetzung (→* **BFH vom 10.10.1994 – BStBl. 1995 II S. 137***). Eine längerfristige vorübergehende Auswärtstätigkeit ist noch als dieselbe zu beurteilen, wenn der Arbeitnehmer nach einer Unterbrechung die Auswärtstätigkeit mit gleichem Inhalt, am gleichen Ort und im zeitlichen Zusammenhang mit der bisherigen Tätigkeit ausübt*

(→ *BFH vom 19.7.1996 – BStBl. 1997 II S. 95*). Bei Reisen auf einem seegehenden Schiff findet die nämliche Auswärtstätigkeit regelmäßig ihr Ende, sobald das Schiff in den Heimathafen zurückkehrt (→ *BFH vom 19.12.2005 – BStBl. 2006 II S. 378*).

Weiträumiges Arbeitsgebiet
Auch ein weiträumig zusammenhängendes Arbeitsgebiet kann eine regelmäßige Arbeitsstätte sein, z. B.
– Forstrevier eines Waldarbeiters (→ *BFH vom 19.2.1982 – BStBl. 1983 II S. 466*),
– Werksgelände (→ *BFH vom 2.11.1984 – BStBl. 1985 II S. 139 und vom 18.6.2009 – BStBl. II S. ... – VI R 61/06 –*),
– Neubaugebiet, Kehr- und Zustellbezirk (→ *BFH vom 2.2.1994 – BStBl. II S. 422*).

Ein weiträumig zusammenhängendes Arbeitsgebiet liegt aber nicht schon deshalb vor, weil der Arbeitnehmer ständig in einem Hafengebiet, Gemeindegebiet, im Bereich einer Großstadt oder in einem durch eine Kilometergrenze bestimmten Arbeitsgebiet an verschiedenen Stellen tätig wird (→ *BFH vom 2.2.1994 – BStBl. II S. 422, vom 5.5.1994 – BStBl. II S. 534 und vom 7.2.1997 – BStBl. II S. 333*).

LStR

R 9.5 Fahrtkosten als Reisekosten

Allgemeines

(1) ¹Fahrtkosten sind die tatsächlichen Aufwendungen, die dem Arbeitnehmer durch die persönliche Benutzung eines Beförderungsmittels entstehen. ²Bei öffentlichen Verkehrsmitteln ist der entrichtete Fahrpreis einschließlich etwaiger Zuschläge anzusetzen. ³Benutzt der Arbeitnehmer sein Fahrzeug, ist der Teilbetrag der jährlichen Gesamtkosten dieses Fahrzeugs anzusetzen, der dem Anteil der zu berücksichtigenden Fahrten an der Jahresfahrleistung entspricht. ⁴Der Arbeitnehmer kann auf Grund der für einen Zeitraum von zwölf Monaten ermittelten Gesamtkosten für das von ihm gestellte Fahrzeug einen Kilometersatz errechnen, der so lange angesetzt werden darf, bis sich die Verhältnisse wesentlich ändern, z. B. bis zum Ablauf des Abschreibungszeitraums oder bis zum Eintritt veränderter Leasingbelastungen. ⁵Abweichend von Satz 3 können die Fahrtkosten auch mit pauschalen Kilometersätzen angesetzt werden, die das Bundesministerium der Finanzen im Einvernehmen mit den obersten Finanzbehörden der Länder nach der höchsten Wegstrecken- und Mitnahmeentschädigung nach dem Bundesreisekostengesetz (BRKG) festsetzt.[1)]

Erstattung durch den Arbeitgeber

(2) ¹Der Arbeitnehmer hat seinem Arbeitgeber Unterlagen vorzulegen, aus denen die Voraussetzungen für die Steuerfreiheit der Erstattung und, soweit die Fahrtkosten bei Benutzung eines privaten Fahrzeugs nicht ein durch die pauschalen Kilometersätzen nach Absatz 1 Satz 5 erstattet werden, auch die tatsächlichen Gesamtkosten des Fahrzeugs ersichtlich sein müssen. ²Der Arbeitgeber hat diese Unterlagen als Belege zum Lohnkonto aufzubewahren. ³Erstattet der Arbeitgeber die pauschalen Kilometersätze, hat er nicht zu prüfen, ob dies zu einer unzutreffenden Besteuerung führt. ⁴Wird dem Arbeitnehmer für die Auswärtstätigkeit ein Kraftfahrzeug zur Verfügung gestellt, dürfen die pauschalen Kilometersätze nicht steuerfrei erstattet werden.

Hinweise

LStH 9.5 Allgemeines

– Als Reisekosten können die Aufwendungen für folgende Fahrten angesetzt werden:
   1. *Fahrten zwischen Wohnung oder regelmäßiger Arbeitsstätte und auswärtiger Tätigkeitsstätte oder Unterkunft i.S.d. Nummer 3 einschließlich sämtlicher Zwischenheimfahrten (→ BFH vom 17.12.1976 – BStBl. 1977 II S. 294 und vom 24.4.1992 – BStBl. II S. 664); zur Abgrenzung dieser Fahrten von den Fahrten zwischen Wohnung und regelmäßiger Arbeitsstätte → LStH 9.10 (Dienstliche Verrichtungen auf der Fahrt, Fahrtkosten),*
   2. *innerhalb desselben Dienstverhältnisses Fahrten zwischen mehreren auswärtigen Tätigkeitsstätten, mehreren regelmäßigen Arbeitsstätten (→ BFH vom 9.12.1988 – BStBl. 1989 II S. 296) oder innerhalb eines weiträumigen Arbeitsgebietes und*

---
1) Siehe nachfolgend LStH 9.5 (Pauschale Kilometersätze).

3. *Fahrten zwischen einer Unterkunft am Ort der auswärtigen Tätigkeitsstätte oder in ihrem Einzugsbereich und auswärtiger Tätigkeitsstätte (→ BFH vom 17.12.1976 – BStBl. II 1977 S. 294).*

– *Für die Wege eines Arbeitnehmers zwischen Wohnung und ständig wechselnden Tätigkeitsstätten ist nicht die Entfernungspauschale, sondern der nachgewiesene oder glaubhaft gemachte Aufwand anzusetzen (→ BFH vom 11.5.2005 – BStBl. II S. 785 **und vom 18.12.2008 – BStBl. 2009 II S. 475**).*

– *Bei Übernachtung am auswärtigen Tätigkeitsort ist die Entfernungspauschale weder für die Wege zwischen Wohnung und Tätigkeitsort noch für die Wege zwischen auswärtiger Unterkunft und Tätigkeitsstätte anzusetzen. Die Aufwendungen für solche Fahrten sind in der nachgewiesenen oder glaubhaft gemachten Höhe abziehbar (→ BFH vom 11.5.2005 – BStBl. II S. 793).*

– *Die Fahrtkosten des Arbeitnehmers zu einer Bildungseinrichtung, die keine regelmäßige Arbeitsstätte darstellt (→ H 9.2 Regelmäßige Arbeitsstätte), sind nicht mit der Entfernungspauschale, sondern in tatsächlicher Höhe als Werbungskosten zu berücksichtigen (→ BFH vom 10.4.2008 – BStBl. II S. 825).*

Einzelnachweis

– *Zu den Gesamtkosten eines Fahrzeugs gehören die Betriebsstoffkosten, die Wartungs- und Reparaturkosten, die Kosten einer Garage am Wohnort, die Kraftfahrzeugsteuer, die Aufwendungen für die Halterhaftpflicht- und Fahrzeugversicherungen, die Absetzungen für Abnutzung, die Zinsen für ein Anschaffungsdarlehen (→ BFH vom 1.10.1982 – BStBl. 1983 II S. 17) sowie Aufwendungen infolge von Verkehrsunfällen. Dagegen gehören nicht zu den Gesamtkosten z. B. Park- und Straßenbenutzungsgebühren, Aufwendungen für Insassen- und Unfallversicherungen sowie Verwarnungs-, Ordnungs- und Bußgelder; diese Aufwendungen sind mit Ausnahme der Verwarnungs-, Ordnungs- und Bußgelder als Reisenebenkosten abziehbar (→ LStR 9.8).*

– *Bei einem geleasten Fahrzeug gehört eine Leasingsonderzahlung im Kalenderjahr der Zahlung in voller Höhe zu den Gesamtkosten (→ BFH vom 5.5.1994 – BStBl. II S. 643).*

– *Den Absetzungen für Abnutzung ist bei Personenkraftwagen und Kombifahrzeugen grundsätzlich eine Nutzungsdauer von 6 Jahren zugrunde zu legen (→ BMF vom 15.12.2000 – BStBl. I S. 1532). Bei einer hohen Fahrleistung kann auch eine kürzere Nutzungsdauer anerkannt werden. Bei Kraftfahrzeugen, die im Zeitpunkt der Anschaffung nicht neu gewesen sind, ist die entsprechende Restnutzungsdauer unter Berücksichtigung des Alters, der Beschaffenheit und des voraussichtlichen Einsatzes des Fahrzeugs zu schätzen (→ BMF vom 28.5.1993 – BStBl. I S. 483).*

– *Ein Teilnachweis der tatsächlichen Gesamtkosten ist möglich. Der nicht nachgewiesene Teil der Kosten kann geschätzt werden. Dabei ist von den für den Steuerpflichtigen ungünstigsten Umständen auszugehen (→ BFH vom 7.4.1992 – BStBl. II S. 854).*

Pauschale Kilometersätze – *Anlage § 009-06* –

– *Bei Benutzung eines privaten Fahrzeugs können die Fahrtkosten mit folgenden pauschalen Kilometersätzen angesetzt werden (→ BMF vom 20.8.2001 – BStBl. I S. 541):*

  1. bei einem Kraftwagen 0,30 € je Fahrtkilometer,
  2. bei einem Motorrad oder einem Motorroller 0,13 € je Fahrtkilometer,
  3. bei einem Moped oder Mofa 0,08 € je Fahrtkilometer,
  4. bei einem Fahrrad 0,05 € je Fahrtkilometer.

Für jede Person, die aus beruflicher Veranlassung bei einer Dienstreise mitgenommen wird, erhöht sich der Kilometersatz nach Nummer 1 um 0,02 € und der Kilometersatz nach Nummer 2 um 0,01 €; zusätzliche Aufwendungen, die durch die Mitnahme von Gepäck verursacht worden sind, sind durch die Kilometersätze abgegolten.

– *Neben den Kilometersätzen können etwaige außergewöhnliche Kosten angesetzt werden, wenn diese durch Fahrten entstanden sind, für die die Kilometersätze anzusetzen sind. Außergewöhnliche Kosten sind nur die nicht vorausshbaren Aufwendungen für Reparaturen, die nicht auf Verschleiß (→ BFH vom 17.10.1973 – BStBl. 1974 II S. 186) oder die auf Unfallschäden beruhen, und Absetzungen für außergewöhnliche technische Abnutzung und Aufwendungen infolge eines Schadens, der durch den Diebstahl des Fahrzeugs entstanden ist (→ BFH vom 25.5.1992 – BStBl. 1993 II S. 44); dabei sind ent-*

sprechende Schadensersatzleistungen auf die Kosten anzurechnen. Kosten, die mit dem laufenden Betrieb eines Fahrzeugs zusammenhängen, wie z. B. Aufwendungen für eine Fahrzeug-Vollversicherung, sind keine außergewöhnlichen Kosten (→ BFH vom 21.6.1991 – BStBl. II S. 814 und vom 8.11.1991 – BStBl. 1992 II S. 204).

– *Die Kilometersätze sind nicht anzusetzen, soweit sie im Einzelfall zu einer offensichtlich unzutreffenden Besteuerung führen würden (→ BFH vom 25.10.1985 – BStBl. 1986 II S. 200). Dies kann z. B. in Betracht kommen, wenn bei einer Jahresfahrleistung von mehr als 40 000 km die Kilometersätze die tatsächlichen Kilometerkosten offensichtlich übersteigen (→ BFH vom 26.7.1991 – BStBl. 1992 II S. 105); nicht jedoch, wenn der Arbeitgeber Beiträge zu einer Dienstreise-Kaskoversicherung aufwendet (→ BMF vom 31.3.1992 – BStBl. I S. 270). Zur Erstattung durch den Arbeitgeber → R 9.5 Abs. 2 Satz 3.*

– *Anlage § 009-01 –*

Werbungskostenabzug und Erstattung durch den Arbeitgeber

– *Die als Reisekosten erfassten Fahrtkosten können als Werbungskosten abgezogen werden, soweit sie nicht vom Arbeitgeber steuerfrei erstattet worden sind (§ 3c EStG).*
– *Die Erstattung der Fahrtkosten durch den Arbeitgeber ist nach § 3 Nr. 16 EStG steuerfrei, soweit höchstens die als Werbungskosten abziehbaren Beträge erstattet werden (→ BFH vom 21.6.1991 – BStBl. II S. 814). Erstattet der Arbeitgeber die pauschalen Kilometersätze, hat er nicht zu prüfen, ob dies zu einer unzutreffenden Besteuerung führt (→ R 9.5 Abs. 2 Satz 3).*
– *Bei Sammelbeförderung durch den Arbeitgeber scheidet mangels Aufwands des Arbeitnehmers ein Werbungskostenabzug für diese Fahrten aus (→ BFH vom 11.5.2005 – BStBl. II S. 785).*

LStR

R 9.6 Verpflegungsmehraufwendungen als Reisekosten

Allgemeines

(1) ¹Verpflegungsmehraufwendungen sind unter den Voraussetzungen des § 4 Abs. 5 Satz 1 Nr. 5 EStG bei **mit den dort genannten Pauschbeträgen** anzusetzen. ²Der Einzelnachweis von Verpflegungsmehraufwendungen berechtigt nicht zum Abzug höherer Beträge. ³Die Pauschbeträge sind auch dann anzuwenden, wenn der Arbeitnehmer Mahlzeiten vom Arbeitgeber oder auf dessen Veranlassung von einem Dritten unentgeltlich oder teilentgeltlich erhalten hat (→ R **8.1** Abs. 8); behält der Arbeitgeber in diesen Fällen für die Mahlzeiten Beträge ein, die über den amtlichen Sachbezugswerten liegen, ist der Differenzbetrag nicht als Werbungskosten abziehbar. ⁴Ist ein Arbeitnehmer an einem Tag mehrfach auswärts tätig, sind die Abwesenheitszeiten i.S.d. § 4 Abs. 5 Satz 1 Nr. 5 EStG zusammenzurechnen.

Konkurrenzregelung

(2) Soweit für denselben Kalendertag Verpflegungsmehraufwendungen wegen einer **Auswärtstätigkeit** oder wegen einer doppelten Haushaltsführung (→ R **9.11** Abs. 7) anzuerkennen sind, ist jeweils der höchste Pauschbetrag anzusetzen.

Besonderheiten bei Auswärtstätigkeiten im Ausland

(3) ¹Für den Ansatz von Verpflegungsmehraufwendungen bei **Auswärtstätigkeiten** im Ausland gelten **nach Staaten** unterschiedliche Pauschbeträge (Auslandstagegelder)[1], die vom Bundesministerium der Finanzen im Einvernehmen mit den obersten Finanzbehörden der Länder auf der Grundlage der höchsten Auslandstagegelder nach dem Bundesreisekostengesetz bekanntgemacht werden. ²Für die in der Bekanntmachung nicht erfassten **Staaten** ist der für Luxemburg geltende Pauschbetrag maßgebend; für die in der Bekanntmachung nicht erfassten Übersee- und Außengebiete eines **Staates** ist der für das Mutterland geltende Pauschbetrag maßgebend. ³Werden an einem Kalendertag **Auswärtstätigkeit im In- und Ausland** durchgeführt, ist für diesen Tag das entsprechende Auslandstagegeld maßgebend, selbst dann, wenn die überwiegende Zeit im Inland verbracht wird. ⁴Im Übrigen ist beim Ansatz des Auslandstagegeldes folgendes zu beachten:

1. ¹Bei Flugreisen gilt ein **Staat** in dem Zeitpunkt als erreicht, in dem das Flugzeug dort landet; Zwischenlandungen bleiben unberücksichtigt, es sei denn, dass durch sie Übernachtungen notwendig werden. ²Erstreckt sich eine Flugreise über mehr als zwei Kalendertage, so ist für die Tage, die zwi-

---

1) Anlage § 009-02.

§ 9 RL 9.6

schen dem Tag des Abflugs und dem Tag der Landung liegen, das für Österreich geltende Tagegeld maßgebend.
2. Bei Schiffsreisen ist das für Luxemburg geltende Tagegeld und für die Tage der Einschiffung und Ausschiffung das für den Hafenort geltende Tagegeld maßgebend.

Dreimonatsfrist
(4) ¹Bei derselben Auswärtstätigkeit beschränkt sich der Abzug der Verpflegungsmehraufwendungen auf die ersten drei Monate; dieselbe Auswärtstätigkeit liegt nicht vor, wenn die auswärtige Tätigkeitsstätte an nicht mehr als (ein bis) zwei Tagen wöchentlich aufgesucht wird. ²Eine längerfristige vorübergehende Auswärtstätigkeit ist noch als dieselbe Auswärtstätigkeit zu beurteilen, wenn der Arbeitnehmer nach einer Unterbrechung die Auswärtstätigkeit mit gleichem Inhalt, am gleichen Ort ausübt und ein zeitlicher Zusammenhang mit der bisherigen Tätigkeit besteht. ³Eine urlaubs- oder krankheitsbedingte Unterbrechung bei derselben Auswärtstätigkeit hat auf den Ablauf der Dreimonatsfrist keinen Einfluss. ⁴Andere Unterbrechungen, z. B. durch vorübergehende Tätigkeit an der regelmäßigen Arbeitsstätte, führen nur dann zu einem Neubeginn der Dreimonatsfrist, wenn die Unterbrechung mindestens vier Wochen gedauert hat.

Hinweise

LStH 9.6 Dreimonatsfrist
- *Der Abzug des Verpflegungsmehraufwands ist auf die ersten drei Monate des Einsatzes an derselben Tätigkeitsstätte beschränkt (→ BFH vom 11.5.2005 – BStBl. II S. 782).*
- *Eine Unterbrechung durch vorübergehende Rückkehr des Arbeitnehmers in den Betrieb von weniger als vier Wochen (→ R 9.6 Abs. 4) führt nicht zu einer Verlängerung der Dreimonatsfrist (→ BFH vom 19.7.1996 – BStBl. 1997 II S. 95).*
- *Die Dreimonatsfrist für den Abzug der Verpflegungspauschalen (§ 4 Abs. 5 Satz 1 Nr. 5 Satz 5 EStG) findet auch dann Anwendung, wenn ein Seemann auf einem Hochseeschiff auswärts eingesetzt ist (→ BFH vom 19.12.2005 – BStBl. 2006 II S. 378).*
- *Seeleute können für die ersten drei Monate eines jeden vorübergehenden Einsatzes an Bord eines Schiffes Verpflegungsmehraufwendungen wegen Auswärtstätigkeit geltend machen (→ BFH vom 16.11.2005 – BStBl. 2006 II S. 267).*

Erstattung durch den Arbeitgeber
- **steuerfrei** → *§ 3 Nr. 13, 16 EStG,* → *LStR 3.13, 3.16*
  Die Erstattung der Verpflegungsmehraufwendungen durch den Arbeitgeber ist steuerfrei, soweit keine höheren Beträge erstattet werden, als nach § 4 Abs. 5 Satz 1 Nr. 5 EStG, → *LStR 9.6 als Reisekosten angesetzt werden dürfen. Eine zusammengefasste Erstattung unterschiedlicher Aufwendungen ist möglich* → *LStR 3.16 Satz 1. Zur Erstattung im Zusammenhang mit Mahlzeitengestellungen bei Auswärtstätigkeit* → *BMF vom 13.7.2009 (BStBl. I S. 771).* *– Anlage § 008-05 –*
- ***pauschale Versteuerung*** → *§ 40 Abs. 2 Satz 1 Nr. 4 EStG,* → *LStR 40.2 Abs. 1 Nr. 4; LStR 40.2 Abs. 2*
- **Nachweise**
  Der Arbeitnehmer hat seinem Arbeitgeber Unterlagen vorzulegen, aus denen die Voraussetzungen für den Erstattungsanspruch ersichtlich sein müssen. Der Arbeitgeber hat diese Unterlagen als Belege zum Lohnkonto aufzubewahren (→ BFH vom 6.3.1980 – BStBl. II S. 289).

Pauschbeträge bei Auslandsdienstreisen
→ *BMF vom **17.12.2008** (BStBl. I S. **1077**).* *– aktuell ab 2010: Anlage § 009-02 –*

Ständig wechselnde auswärtige Tätigkeitsstätten
- *Sucht der Arbeitnehmer den Betrieb seines Arbeitgebers mit einer gewissen Nachhaltigkeit fortdauernd und immer wieder auf, um von dort aus seine berufliche Tätigkeit an ständig wechselnden auswärtigen Tätigkeitsstätten anzutreten, so kann er Mehraufwendungen für Verpflegung nicht für die Dauer der Abwesenheit von seiner Wohnung, sondern erst ab Beginn seiner Auswärtstätigkeit außerhalb des Betriebes steuerlich geltend machen (→ BFH vom 11.5.2005 – BStBl. II S. 789).*
- *Bei Übernachtung am auswärtigen Tätigkeitsort richtet sich die Höhe des Verpflegungsmehraufwands bei Auswärtstätigkeiten i. S. d. § 4 Abs. 5 Satz 1 Nr. 5 Satz 3 EStG nach der*

Abwesenheit des Arbeitnehmers von seiner Wohnung am Ort des Lebensmittelpunkts. Nicht entscheidend ist die Abwesenheitsdauer von der Unterkunft am Einsatzort. Der Abzug des Verpflegungsmehraufwands ist auf die ersten drei Monate des Einsatzes an derselben Tätigkeitsstätte beschränkt (→ BFH vom 11.5.2005 – BStBl. II S. 782).

Verpflegungsmehraufwendungen

Arbeitnehmer haben bei einer beruflichen Auswärtstätigkeit einen Rechtsanspruch darauf, dass die gesetzlichen Pauschbeträge berücksichtigt werden (→ BFH vom 4.4.2006 – BStBl. II S. 567).

Werbungskostenabzug bei Reisekostenerstattung durch den Arbeitgeber

Wurden Reisekosten vom Arbeitgeber – ggf. teilweise – erstattet, ist der Werbungskostenabzug insgesamt auf den Betrag beschränkt, um den die Summe der abziehbaren Aufwendungen die steuerfreie Erstattung übersteigt (→ BFH vom 15. 11. 1991 – BStBl. 1992 II S. 367). Dabei ist es gleich, ob die Erstattung des Arbeitgebers nach § 3 Nr. 13, 16 EStG oder nach anderen Vorschriften steuerfrei geblieben ist, z. B. durch Zehrkostenentschädigungen i.S.d. § 3 Nr. 12 EStG (→ BFH vom 28. 1. 1988 – BStBl. II S. 635). **Zum Werbungskostenabzug im Fall der Mahlzeitengestellungen bei Auswärtstätigkeit** → *BMF vom 13.7.2009 (BStBl. I S. 771).*

– Anlage § 008-05 –

LStR

R 9.7. Übernachtungskosten

Allgemeines

(1) ¹Übernachtungskosten sind die tatsächlichen Aufwendungen, die dem Arbeitnehmer für die persönliche Inanspruchnahme einer Unterkunft zur Übernachtung entstehen. ²Benutzt der Arbeitnehmer ein Mehrbettzimmer gemeinsam mit Personen, die zu seinem Arbeitgeber in keinem Dienstverhältnis stehen, sind die Aufwendungen maßgebend, die bei Inanspruchnahme eines Einzelzimmers im selben Haus entstanden wären. ³Führt auch die weitere Person eine **Auswärtstätigkeit** aus, sind die tatsächlichen Unterkunftskosten gleichmäßig aufzuteilen. ⁴Wird durch Zahlungsbelege nur ein Gesamtpreis für Unterkunft und **Verpflegung** nachgewiesen und lässt sich der Preis für **die Verpflegung** nicht feststellen (**z. B. Tagungspauschale**), ist der Gesamtpreis zur Ermittlung der Übernachtungskosten wie folgt zu kürzen:

1. **für Frühstück um 20 %,**
2. **für Mittag- und Abendessen um jeweils 40 %**

des für den Unterkunftsort maßgebenden Pauschbetrags für Verpflegungsmehraufwendungen bei einer **Auswärtstätigkeit** mit einer Abwesenheitsdauer von mindestens 24 Stunden.

Werbungskostenabzug

(2) Die **tatsächlichen** Übernachtungskosten können bei einer **Auswärtstätigkeit** als Reisekosten angesetzt und als Werbungskosten abgezogen werden, soweit sie nicht vom Arbeitgeber nach § 3 Nr. 13 **oder 16** EStG steuerfrei ersetzt werden.

Erstattung durch den Arbeitgeber

(3) ¹Für jede Übernachtung im Inland darf der Arbeitgeber einen Pauschbetrag von 20 Euro steuerfrei erstatten. ²Bei Übernachtungen im Ausland dürfen die Übernachtungskosten ohne Einzelnachweis der tatsächlichen Aufwendungen mit Pauschbeträgen (Übernachtungsgeldern) steuerfrei erstattet werden. ³Die Pauschbeträge werden vom Bundesministerium der Finanzen im Einvernehmen mit den obersten Finanzbehörden der Länder auf der Grundlage der höchsten Auslandsübernachtungsgelder nach dem Bundesreisekostengesetz bekannt gemacht.[1] ⁴Sie richten sich nach dem Ort, der nach R 9.6 Abs. 3 Satz 4 Nummer 1 und 2 maßgebend ist. ⁵Für die in der Bekanntmachung nicht erfassten Länder und Gebiete ist R 9.6 Abs. 3 Satz 2 anzuwenden. ⁶Die Pauschbeträge dürfen nicht steuerfrei erstattet werden, wenn dem Arbeitnehmer die Unterkunft vom Arbeitgeber oder auf Grund seines Dienstverhältnisses von einem Dritten unentgeltlich oder teilweise unentgeltlich zur Verfügung gestellt wurde. ⁷Auch bei Übernachtung in einem Fahrzeug ist die steuerfreie Zahlung der Pauschbeträge nicht zulässig. ⁸Bei Benutzung eines Schlafwagens oder einer Schiffskabine dürfen die Pauschbeträge nur dann steuerfrei gezahlt werden, wenn die Übernachtung in einer anderen Unterkunft begonnen oder beendet worden ist.

---

1) Anlage § 009-02.

§ 9 RL 9.7, 9.8

Hinweise

LStH 9.7 Steuerfreiheit der Arbeitgebererstattungen

Die Erstattung der Übernachtungskosten durch den Arbeitgeber ist steuerfrei
- *aus öffentlichen Kassen in voller Höhe → § 3 Nr. 13 EStG,*
- *bei Arbeitgebern außerhalb des öffentlichen Dienstes nach § 3 Nr. 16 EStG bis zur Höhe der tatsächlichen Aufwendungen oder bis zur Höhe der maßgebenden Pauschbeträge (Übernachtung im Inland: 20 Euro, Übernachtung im Ausland: Pauschbeträge → BMF vom 17.12.2008, BStBl. I S. 1077).*   *– aktuell ab 2010: Anlage § 009-02 –*

Übernachtung an ständig wechselnden auswärtigen Tätigkeitsstätten

Der Bezug einer Unterkunft an einer vorübergehenden beruflichen Tätigkeitsstätte begründet keine doppelte Haushaltsführung. Die mit einer solchen Auswärtstätigkeit verbundenen Übernachtungskosten sind in vollem Umfang ohne zeitliche Begrenzung als Werbungskosten abziehbar (→ BFH vom 11.5.2005 – BStBl. II S. 782).

Übernachtungskosten

Die Übernachtungskosten sind für den Werbungskostenabzug grundsätzlich im Einzelnen nachzuweisen. Sie können geschätzt werden, wenn sie dem Grunde nach zweifelsfrei entstanden sind (→ BFH vom 12.9.2001 – BStBl. II S. 775).

LStR

R 9.8 Reisenebenkosten

Allgemeines

(1) Reisenebenkosten sind unter den Voraussetzungen von R 9.4 Abs. 1 die tatsächlichen Aufwendungen z. B. für

1. Beförderung und Aufbewahrung von Gepäck,
2. Ferngespräche und Schriftverkehr beruflichen Inhalts mit dem Arbeitgeber oder dessen Geschäftspartner,
3. Straßenbenutzung und Parkplatz sowie Schadensersatzleistungen infolge von Verkehrsunfällen, wenn die jeweils damit verbundenen Fahrtkosten nach R 9.5 als Reisekosten anzusetzen sind.

Werbungskostenabzug

(2) Die Reisenebenkosten können in tatsächlicher Höhe als Werbungskosten abgezogen werden, soweit sie nicht vom Arbeitgeber steuerfrei erstattet werden.

Steuerfreiheit der Arbeitgebererstattungen

(3) [1]Die Erstattung der Reisenebenkosten durch den Arbeitgeber ist nach § 3 Nr. 16 EStG steuerfrei, soweit sie die tatsächlichen Aufwendungen nicht überschreitet. [2]Der Arbeitnehmer hat seinem Arbeitgeber Unterlagen vorzulegen, aus denen die tatsächlichen Aufwendungen ersichtlich sein müssen. [3]Der Arbeitgeber hat diese Unterlagen als Belege zum Lohnkonto aufzubewahren.

Hinweise

LStH 9.8 Diebstahl

Wertverluste bei einem Diebstahl des für die Reise notwendigen persönlichen Gepäcks sind Reisenebenkosten (→ BFH vom 30.6.1995 – BStBl. II S. 744). Dies gilt nicht für den Verlust von → Geld oder → Schmuck.

Geld

Der Verlust einer Geldbörse führt nicht zu Reisenebenkosten (→ BFH vom 4.7.1986 – BStBl. II S. 771).

Geldbußen

→ R 4.13 EStR

Ordnungsgeld

→ R 4.13 EStR

Reisegepäckversicherung
Kosten für eine Reisegepäckversicherung, soweit sich der Versicherungsschutz auf eine beruflich bedingte Abwesenheit von einer ortsgebundenen regelmäßigen Arbeitsstätte beschränkt, sind Reisenebenkosten; zur Aufteilung der Aufwendungen für eine gemischte Reisegepäckversicherung → BFH vom 19.2.1993 (BStBl. II S. 519).

Schaden
Wertverluste auf Grund eines Schadens an mitgeführten Gegenständen, die der Arbeitnehmer auf seiner Reise verwenden musste, sind Reisenebenkosten, wenn der Schaden auf einer reisespezifischen Gefährdung beruht (→ BFH vom 30.11.1993 – BStBl. 1994 II S. 256).

Schmuck
Der Verlust von Schmuck führt nicht zu Reisenebenkosten (→ BFH vom 26.1.1968 – BStBl. II S. 342).

Unfallversicherung
*Beiträge zu Unfallversicherungen sind Reisenebenkosten, soweit sie Berufsunfälle außerhalb einer ortsgebundenen regelmäßigen Arbeitsstätte abdecken; wegen der steuerlichen Behandlung von Unfallversicherungen, die das Unfallrisiko sowohl im beruflichen als auch im außerberuflichen Bereich abdecken → BMF vom **28.10.2009** (BStBl. I S. **1275**).*

– Anlage § 009-03 –

Verwarnungsgelder
→ R 4.13 EStR

LStR

R 9.9 Umzugskosten

Allgemeines

(1) Kosten, die einem Arbeitnehmer durch einen beruflich veranlassten Wohnungswechsel entstehen, sind Werbungskosten.

Höhe der Umzugskosten

(2) ¹Bei einem beruflich veranlassten Wohnungswechsel können die tatsächlichen Umzugskosten grundsätzlich bis zur Höhe der Beträge als Werbungskosten abgezogen werden, die nach dem Bundesumzugskostengesetz (BUKG)[1] und der Auslandsumzugskostenverordnung (AUV)[2] in der jeweils geltenden Fassung mit Ausnahme der §§ 11, 12 AUV sowie Maklergebühren für eine eigene Wohnung als Umzugskostenvergütung höchstens gezahlt werden könnten; dabei sind die Pauschbeträge für Verpflegungsmehraufwendungen nach § 4 Abs. 5 Satz 1 Nr. 5 EStG zu beachten. ²Werden die umzugskostenrechtlich festgelegten Grenzen eingehalten, ist nicht zu prüfen, ob die Umzugskosten Werbungskosten darstellen. ³Werden höhere Umzugskosten im Einzelnen nachgewiesen, ist insgesamt zu prüfen, ob und inwieweit die Aufwendungen Werbungskosten oder nicht abziehbare Kosten der Lebensführung sind, z. B. bei Aufwendungen für die Neuanschaffung von Einrichtungsgegenständen. ⁴Anstelle der in § 10 BUKG pauschal erfassten Umzugskosten können auch die im Einzelfall nachgewiesenen höheren Umzugskosten als Werbungskosten abgezogen werden. ⁵Ein Werbungskostenabzug entfällt, soweit die Umzugskosten vom Arbeitgeber steuerfrei erstattet worden sind (§ 3c EStG).

Erstattung durch den Arbeitgeber

(3) ¹Die Erstattung der Umzugskosten durch den Arbeitgeber ist steuerfrei, soweit keine höheren Beträge erstattet werden, als nach Absatz 2 als Werbungskosten abziehbar wären. ²Der Arbeitnehmer hat seinem Arbeitgeber Unterlagen vorzulegen, aus denen die tatsächlichen Aufwendungen ersichtlich sein müssen. ³Der Arbeitgeber hat diese Unterlagen als Belege zum Lohnkonto aufzubewahren.

Hinweise

LStH 9.9 *Aufgabe der Umzugsabsicht*

Wird vom Arbeitgeber eine vorgesehene Versetzung rückgängig gemacht, sind die dem Arbeitnehmer durch die Aufgabe seiner Umzugsabsicht entstandenen vergeblichen Aufwendungen als Werbungskosten abziehbar (→ BFH vom 24.5.2000 – BStBl. 1987 II S. 584).

---

1) Anhang 15.
2) Anhang 16.

§ 9

Berufliche Veranlassung
Ein Wohnungswechsel ist z. B. beruflich veranlasst,
1. wenn durch ihn eine → erhebliche Verkürzung der Entfernung zwischen Wohnung und Arbeitsstätte eintritt und die verbleibende Wegezeit im Berufsverkehr als normal angesehen werden kann (→ BFH vom 6.11.1986 – BStBl. 1987 II S. 81). Es ist nicht erforderlich, dass der Wohnungswechsel mit einem Wohnortwechsel oder mit einem Arbeitsplatzwechsel verbunden ist,
2. wenn er im ganz überwiegenden betrieblichen Interesse des Arbeitgebers durchgeführt wird, insbesondere beim Beziehen oder Räumen einer Dienstwohnung, die aus betrieblichen Gründen bestimmten Arbeitnehmern vorbehalten ist, um z. B. deren jederzeitige Einsatzmöglichkeit zu gewährleisten (→ BFH vom 28.4.1988 – BStBl. II S. 777), oder
3. wenn er aus Anlass der erstmaligen Aufnahme einer beruflichen Tätigkeit, des Wechsels des Arbeitgebers oder im Zusammenhang mit einer Versetzung durchgeführt wird oder
4. wenn der eigene Hausstand zur Beendigung einer doppelten Haushaltsführung an den Beschäftigungsort verlegt wird (→ BFH vom 21.7.1989 – BStBl. II S. 917).

Die privaten Motive für die Auswahl der neuen Wohnung sind grundsätzlich unbeachtlich (→ BFH vom 23.3.2001 – BStBl. 2002 II S. 56).

Doppelte Haushaltsführung
→ LStR 9.11

Eheschließung
Erfolgt ein Umzug aus Anlass einer Eheschließung von getrennten Wohnorten in eine gemeinsame Familienwohnung, so ist die berufliche Veranlassung des Umzugs eines jeden Ehegatten gesondert zu beurteilen (→ BFH vom 23.3.2001 – BStBl. II S. 585).

Erhebliche Fahrzeitverkürzung
– Eine erhebliche Verkürzung der Entfernung zwischen Wohnung und Arbeitsstätte ist anzunehmen, wenn sich die Dauer der täglichen Hin- und Rückfahrt insgesamt wenigstens zeitweise um mindestens eine Stunde ermäßigt (→ BFH vom 22.11.1991 – BStBl. 1992 II S. 494 und vom 16.10.1992 – BStBl. 1993 II S. 610).
– Die Fahrzeitersparnisse beiderseits berufstätiger Ehegatten sind weder zusammenzurechnen (→ BFH vom 27.7.1995 – BStBl. II S. 728) noch zu saldieren (→ BFH vom 21.2.2006 – BStBl. II S. 598).
– Steht bei einem Umzug eine arbeitstägliche Fahrzeitersparnis von mindestens einer Stunde fest, sind private Gründe (z. B. Gründung eines gemeinsamen Haushalts aus Anlass einer Eheschließung, erhöhter Wohnbedarf wegen Geburt eines Kindes) unbeachtlich (→ BFH vom 23.3.2001 – BStBl. II S. 585 und BStBl. 2002 II S. 56).

Höhe der Umzugskosten
– Zur Höhe der maßgebenden Beträge für umzugsbedingte Unterrichtskosten und sonstige Umzugsauslagen ab 1.1.2008, 1.1.2009 und 1.7.2009 → BMF vom 16.12.2008 (BStBl. 1076). – *Anlage § 009-04* –
– Die umzugskostenrechtliche Beschränkung einer Mietausfallentschädigung für den bisherigen Wohnungsvermieter gilt nicht für den Werbungskostenabzug (→ BFH vom 1.12.1993 – BStBl. 1994 II S. 323).
– Nicht als Werbungskosten abziehbar sind die bei einem Grundstückskauf angefallenen Maklergebühren, auch soweit sie auf die Vermittlung einer vergleichbaren Mietwohnung entfallen würden (→ BFH vom 24.5.2000 – BStBl. II S. 586) sowie Aufwendungen für die Anschaffung von klimabedingter Kleidung und Wohnungsausstattung i.S.d. §§ 11 und 12 AUV (→ BFH vom 20.3.1992 – BStBl. 1993 II S. 192, vom 27.5.1994 – BStBl. 1995 II S. 17 und vom 12.4.2007 – BStBl. II S. 536).
– Zur steuerfreien Arbeitgebererstattung → LStR 9.9 Abs. 3
– Aufwendungen auf Grund der Veräußerung eines Eigenheims anlässlich eines beruflich bedingten Umzugs sind keine Werbungskosten bei den Einkünften aus nichtselbständiger Arbeit (→ BFH vom 24.5.2000 – BStBl. II S. 476).
– Veräußerungsverluste aus dem Verkauf eines Eigenheims einschließlich zwischenzeitlich angefallener Finanzierungskosten anlässlich eines beruflich bedingten Umzugs sind keine

RL 9.10 § 9

> *Werbungskosten bei den Einkünften aus nichtselbständiger Arbeit (→ BFH vom 24.5.2000 – BStBl. II S. 474).*
> – *Bei einem beruflich veranlassten Umzug sind Aufwendungen für die Ausstattung der neuen Wohnung (z. B. Renovierungsmaterial, Gardinen, Rollos, Lampen, Telefonanschluss, Anschaffung und Installation eines Wasserboilers) nicht als Werbungskosten abziehbar (→ BFH vom 17.12.2002 – BStBl. 2003 II S. 314). Die Berücksichtigung der Pauschale nach § 10 BUKG bleibt unberührt → R 9.9 Abs. 2 Satz 2.*
>
> **Rückumzug ins Ausland**
> *Der Rückumzug ins Ausland ist bei einem ausländischen Arbeitnehmer, der unbefristet ins Inland versetzt wurde und dessen Familie mit ins Inland umzog und der bei Erreichen der Altersgrenze ins Heimatland zurückzieht, nicht beruflich veranlasst (→ BFH vom 8.11.1996 – BStBl. 1997 II S. 207); anders bei einer von vornherein befristeten Tätigkeit im Inland (→ BFH vom 4.12.1992 – BStBl. 1993 II S. 722).*
>
> **Umzug ins Ausland**
> **Umzugskosten im Zusammenhang mit einer beabsichtigten nichtselbständigen Tätigkeit im Ausland sind bei den inländischen Einkünften nicht als Werbungskosten abziehbar, wenn die Einkünfte aus der beabsichtigten Tätigkeit nicht der deutschen Besteuerung unterliegen (→ BFH vom 20.9.2006 – BStBl. 2007 II S. 756). Zum Progressionsvorbehalt → H 32b (Zeitweise unbeschränkte Steuerpflicht) EStH.**
>
> **Zwischenumzug**
> *Die berufliche Veranlassung eines Umzugs endet regelmäßig mit dem Einzug in die erste Wohnung am neuen Arbeitsort. Die Aufwendungen für die Einlagerung von Möbeln für die Zeit vom Bezug dieser Wohnung bis zur Fertigstellung eines Wohnhauses am oder in der Nähe vom neuen Arbeitsort sind daher keine Werbungskosten (→ BFH vom 21.9.2000 – BStBl. 2001 II S. 70).*

LStR

R 9.10 Aufwendungen für Wege zwischen Wohnung und regelmäßiger Arbeitsstätte

Maßgebliche Wohnung

(1) ¹Als Ausgangspunkt für die Wege kommt jede Wohnung des Arbeitnehmers in Betracht, die er regelmäßig zur Übernachtung nutzt und von der aus er seine **regelmäßige** Arbeitsstätte aufsucht. ²Als Wohnung ist z. B. auch ein möbliertes Zimmer, eine Schiffskajüte, ein Gartenhaus, ein auf eine gewisse Dauer abgestellter Wohnwagen oder ein Schlafplatz in einer Massenunterkunft anzusehen. ³Hat ein Arbeitnehmer mehrere Wohnungen, können Wege von und zu der von der **regelmäßigen** Arbeitsstätte weiter entfernt liegenden Wohnung nach § 9 **Abs. 2** Satz 6 EStG[1)] nur dann berücksichtigt werden, wenn sich dort der Mittelpunkt der Lebensinteressen des Arbeitnehmers befindet und sie nicht nur gelegentlich aufgesucht wird. ⁴Der Mittelpunkt der Lebensinteressen befindet sich bei einem verheirateten Arbeitnehmer regelmäßig am tatsächlichen Wohnort seiner Familie. ⁵Die Wohnung kann aber nur dann ohne nähere Prüfung berücksichtigt werden, wenn sie der Arbeitnehmer mindestens sechsmal im Kalenderjahr aufsucht. ⁶Bei anderen Arbeitnehmern befindet sich der Mittelpunkt der Lebensinteressen an dem Wohnort, zu dem die engeren persönlichen Beziehungen bestehen. ⁷Die persönlichen Beziehungen können ihren Ausdruck besonders in Bindungen an Personen, z. B. Eltern, Verlobte, Freundes- und Bekanntenkreis, finden, aber auch in Vereinszugehörigkeiten und anderen Aktivitäten. ⁸Sucht der Arbeitnehmer diese Wohnung im Durchschnitt mindestens zweimal monatlich auf, ist davon auszugehen, dass sich dort der Mittelpunkt seiner Lebensinteressen befindet. ⁹Die Sätze 4 bis 8 gelten unabhängig davon, ob sich der Lebensmittelpunkt im Inland oder im Ausland befindet.

Fahrten mit einem zur Nutzung überlassenen Kraftfahrzeug

(2) Ein Kraftfahrzeug ist dem Arbeitnehmer zur Nutzung überlassen, wenn es dem Arbeitnehmer vom Arbeitgeber unentgeltlich oder teilentgeltlich überlassen worden (→ R **8.1** Abs. 9) ist oder wenn es der Arbeitnehmer von dritter Seite geliehen, gemietet oder geleast hat.

Behinderte Menschen i. S. d. § 9 Abs. 2 **Satz 11** EStG[2)]

(3) ¹Ohne Einzelnachweis der tatsächlichen Aufwendungen können die Fahrtkosten nach den Regelungen in R **9.5** Abs. 1 Satz 5 und R **9.8** Abs. 1 Nr. 3 angesetzt werden. ²Wird ein behinderter Ar-

---
1) Jetzt § 9 Absatz 1 Satz 3 Nummer 4 Satz 6 EStG.
2) Jetzt § 9 Absatz 2 Satz 3 EStG.

§ 9 RL 9.10

beitnehmer im eigenen oder ihm zur Nutzung überlassenen Kraftfahrzeug arbeitstäglich von einem Dritten, z. B. dem Ehegatten, zu seiner **regelmäßigen** Arbeitsstätte gefahren und wieder abgeholt, können auch die Kraftfahrzeugkosten, die durch die Ab- und Anfahrten des Fahrers – die sogenannten Leerfahrten – entstehen, in tatsächlicher Höhe oder in sinngemäßer Anwendung von R **9.5** Abs. 1 **wie** Werbungskosten abgezogen werden. ³Für den Nachweis der Voraussetzungen des § 9 Abs. 2 **Satz 11** EStG ist § 65 EStDV entsprechend anzuwenden. ⁴Für die Anerkennung der tatsächlichen Aufwendungen oder der Kilometersätze aus R **9.5** Abs. 1 und für die Berücksichtigung von Leerfahrten ist bei rückwirkender Festsetzung oder Änderung des Grads der Behinderung **das Gültigkeitsdatum des entsprechenden Nachweises maßgebend.**

Hinweise

LStH 9.10 *Allgemeine Grundsätze*

- → *BMF vom* **31.8.2009** *(BStBl. I S. 891).*   *– Anlage § 009-07 –*

Anrechnung von Arbeitgebererstattungen auf die Entfernungspauschale

→ *BMF vom* **31.8.2009** *(BStBl. I S. 891), Tz. 1.9*   *– Anlage § 009-07 –*

Behinderte Menschen

- → *BMF vom* **31.8.2009** *(BStBl. I S. 891), Tz. 3*   *– Anlage § 009-07 –*
- *Auch bei behinderten Arbeitnehmern darf grundsätzlich nur eine Hin- und Rückfahrt arbeitstäglich, gegebenenfalls zusätzlich eine Rück- und Hinfahrt als Leerfahrt, berücksichtigt werden (→ BFH vom 2. 4. 1976 – BStBl. II S. 452).*

Benutzung verschiedener Verkehrsmittel

→ *BMF vom* **31.8.2009** *(BStBl. I S. 891), Tz. 1.6*   *– Anlage § 009-07 –*

Dienstliche Verrichtungen auf der Fahrt

Eine Fahrt zwischen Wohnung und regelmäßiger Arbeitsstätte liegt auch vor, wenn diese gleichzeitig zu dienstlichen Verrichtungen für den Arbeitgeber genutzt wird, z. B. Abholen der Post, sich dabei aber der Charakter der Fahrt nicht wesentlich ändert und allenfalls ein geringer Umweg erforderlich wird; die erforderliche Umwegstrecke ist als Auswärtstätigkeit zu werten (→ BFH vom 12. 10. 1990 – BStBl. 1991 II S. 134).

Fahrgemeinschaften

→ *BMF vom* **31.8.2009** *(BStBl. I S. 891), Tz. 1.5*   *– Anlage § 009-07 –*

Fahrtkosten

- *bei Antritt einer Auswärtstätigkeit von der regelmäßigen Arbeitsstätte*

   Die Entfernungspauschale ist auch dann anzusetzen, wenn der Arbeitnehmer seine regelmäßige Arbeitsstätte nur deshalb aufsucht, um von dort eine Auswärtstätigkeit anzutreten oder Aufträge entgegenzunehmen, Bericht zu erstatten oder ähnliche Reisefolgetätigkeiten auszuüben (→ BFH vom 18.1.1991 – BStBl. II S. 408 und vom 2. 2. 1994 – BStBl. II S. 422).

   Fahrten des Arbeitnehmers zwischen seiner Wohnung und dem Betriebs- bzw. Firmensitz, von dem aus die Auswärtstätigkeit zu wechselnden Tätigkeitsstätten angetreten wird, sind Wege zwischen Wohnung und regelmäßiger Arbeitsstätte (→ BFH vom 11.5.2005 – BStBl. II S. 791).

   Die Fahrten eines Linienbusfahrers zwischen seiner Wohnung und unterschiedlichen Busdepots, an denen er das zu führende Fahrzeug in wechselndem Turnus zu übernehmen hat und die er mit einer gewissen Nachhaltigkeit fortdauernd und immer wieder aufsucht, sind Fahrten zwischen Wohnung und regelmäßiger Arbeitsstätte (→ BFH vom 11.5.2005 – BStBl. II S. 788).

- *bei einfacher Fahrt*

   Wird das Kraftfahrzeug lediglich für eine Hin- oder Rückfahrt benutzt, z. B. wenn sich an die Hinfahrt eine Auswärtstätigkeit anschließt, die an der Wohnung des Arbeitnehmers endet, so ist die Entfernungspauschale nur zur Hälfte anzusetzen (→ BFH vom 26.7.1978 – BStBl. II S. 661). Dasselbe gilt, wenn Hin- und Rückfahrt sich auf unterschiedliche Wohnungen oder regelmäßige Arbeitsstätten beziehen (→ BFH vom 9. 12. 1988 – BStBl. 1989 II S. 296).

– *bei Fortbildungsveranstaltungen*

Wege zwischen Wohnung und regelmäßiger Arbeitsstätte liegen auch vor, wenn diese freiwillig zum Zwecke der Fortbildung aufgesucht wird (→ BFH vom 26.2.2003 – BStBl. II S. 495). Die Fahrtkosten des Arbeitnehmers zu einer Bildungseinrichtung, die keine regelmäßige Arbeitsstätte darstellt (→ H 9.2 Regelmäßige Arbeitsstätte), sind nicht mit der Entfernungspauschale, sondern in tatsächlicher Höhe als Werbungskosten zu berücksichtigen (→ BFH vom 10.4.2008 – BStBl. II S. 825).

– *bei mehreren regelmäßigen Arbeitsstätten*

Die Entfernungspauschale gilt nicht für Fahrten zwischen mehreren regelmäßigen Arbeitsstätten **in demselben Dienstverhältnis** *(→ BFH vom 9.12.1988 – BStBl. 1989 II S. 296 und vom 7.6.2002 – BStBl. II S. 878).* **Zum Ansatz der Entfernungspauschale bei mehreren regelmäßigen Arbeitsstätten und mehreren Dienstverhältnissen (BMF vom 31.8.2009 – BStBl. I S. 891, Tz. 1.8).** – *Anlage § 009-07 –*

– *bei Nutzung unterschiedlicher Verkehrsmittel*

→ *BMF vom* **31.8.2009** *(BStBl. I S. 891), Tz. 1.6* – *Anlage § 009-07 –*

Leerfahrten

Wird ein Arbeitnehmer im eigenen Kraftfahrzeug von einem Dritten zu seiner regelmäßigen Arbeitsstätte gefahren oder wieder abgeholt, so sind die sogenannten Leerfahrten selbst dann nicht zu berücksichtigen, wenn die Fahrten wegen schlechter öffentlicher Verkehrsverhältnisse erforderlich sind (→ BFH vom 7.4.1989 – BStBl. II S. 925).

Mehrere Dienstverhältnisse

→ *BMF vom* **31.8.2009** *(BStBl. I S. 891), Tz. 1.8* – *Anlage § 009-07 –*

Mehrere Wege an einem Arbeitstag

– → *BMF vom* **31.8.2009** *(BStBl. I S. 891), Tz. 1.7* – *Anlage § 009-07 –*

– *Die Abgeltungswirkung der Entfernungspauschale greift auch dann ein, wenn wegen atypischer Dienstzeiten Fahrten zwischen Wohnung und regelmäßiger Arbeitsstätte zweimal arbeitstäglich erfolgen (→ BFH vom 11.9.2003 – BStBl. II S. 893).*

Parkgebühren

→ *BMF vom* **31.8.2009** *(BStBl. I S. 891), Tz. 4* – *Anlage § 009-07 –*

Park an ride

→ *BMF vom* **31.8.2009** *(BStBl. I S. 891), Tz. 1.6* – *Anlage § 009-07 –*

Umwegfahrten

→ *Dienstliche Verrichtungen auf der Fahrt*

→ *Fahrgemeinschaften*

Unfallschäden

Neben der Entfernungspauschale können nach § 9 Abs. 1 Satz 1 EStG nur Aufwendungen berücksichtigt werden für die Beseitigung von Unfallschäden bei einem Verkehrsunfall

– *auf der Fahrt zwischen Wohnung und regelmäßiger Arbeitsstätte (→ BFH vom 23.6.1978 – BStBl. II S. 457 und vom 14.7.1978 – BStBl. II S. 595),*

– *auf einer Umwegfahrt zum Betanken des Fahrzeugs (→ BFH vom 11.10.1984 – BStBl. 1985 II S. 10),*

– *unter einschränkenden Voraussetzungen auf einer Leerfahrt des Ehegatten zwischen der Wohnung und der Haltestelle eines öffentlichen Verkehrsmittels oder auf der Abholfahrt des Ehegatten (→ BFH vom 26.6.1987 – BStBl. II S. 818 und vom 11.2.1993 – BStBl. II S. 518),*

– *auf einer Umwegstrecke zur Abholung der Mitfahrer einer Fahrgemeinschaft unabhängig von der Gestaltung der Fahrgemeinschaft (→ BFH vom 11.7.1980 – BStBl. II S. 655).*

Nicht berücksichtigt werden können die Folgen von Verkehrsunfällen

– *auf der Fahrt unter Alkoholeinfluss (→ BFH vom 6.4.1984 – BStBl. II S. 434),*

– *auf einer Probefahrt (→ BFH vom 23.6.1978 – BStBl. II S. 457),*

– *auf einer Fahrt, die nicht von der Wohnung aus angetreten oder an der Wohnung beendet wird (→ BFH vom 25.3.1988 – BStBl. II S. 706),*

- *auf einer Umwegstrecke, wenn diese aus privaten Gründen befahren wird, z. B. zum Einkauf von Lebensmitteln oder um ein Kleinkind unmittelbar vor Arbeitsbeginn in den Hort zu bringen (→ BFH vom 13.3.1996 – BStBl. II S. 375).*

Zu den berücksichtigungsfähigen Unfallkosten gehören auch Schadensersatzleistungen, die der Arbeitnehmer unter Verzicht auf die Inanspruchnahme seiner gesetzlichen Haftpflichtversicherung selbst getragen hat.

Nicht berücksichtigungsfähig sind dagegen
- *die in den Folgejahren erhöhten Beiträge für die Haftpflicht- und Fahrzeugversicherung, wenn die Schadensersatzleistungen von dem Versicherungsunternehmen erbracht worden sind (→ BFH vom 11.7.1986 – BStBl. II S. 866),*
- *Finanzierungskosten, und zwar auch dann, wenn die Kreditfinanzierung des Fahrzeugs wegen Verlusts eines anderen Kraftfahrzeugs auf einer Fahrt von der Wohnung zur regelmäßigen Arbeitsstätte erforderlich geworden ist (→ BFH vom 1.10.1982 – BStBl. 1983 II S. 17),*
- *der so genannte merkantile Minderwert eines reparierten und weiterhin benutzten Fahrzeugs (→ BFH vom 31.1.1992 – BStBl. II S. 401).*

Lässt der Arbeitnehmer das unfallbeschädigte Fahrzeug nicht reparieren, kann die Wertminderung durch Absetzungen für außergewöhnliche Abnutzung (§ 7 Abs. 1 letzter Satz i. V. m. § 9 Abs. 1 Satz 3 Nr. 7 EStG) berücksichtigt werden; Absetzungen sind ausgeschlossen, wenn die gewöhnliche Nutzungsdauer des Fahrzeugs bereits abgelaufen ist.

→ H 9.12 (Absetzung für Abnutzung).

Soweit die unfallbedingte Wertminderung durch eine Reparatur behoben worden ist, sind nur die tatsächlichen Reparaturkosten zu berücksichtigen (→ BFH vom 27.8.1993 – BStBl. 1994 II S. 235).

Wohnung

Ein Hotelzimmer oder eine fremde Wohnung, in denen der Arbeitnehmer nur kurzfristig aus privaten Gründen übernachtet, ist nicht Wohnung im Sinne des § 9 Abs. 1 EStG (→ BFH vom 25.3.1988 – BStBl. II S. 706).

Der Mittelpunkt der Lebensinteressen befindet sich bei einem verheirateten Arbeitnehmer regelmäßig am tatsächlichen Wohnort seiner Familie (→ BFH vom 10.11.1978 – BStBl. 1979 II S. 219 und vom 3.10.1985 – BStBl. 1986 II S. 95).

Aufwendungen für Wege zwischen der regelmäßigen Arbeitsstätte und der Wohnung, die den örtlichen Mittelpunkt der Lebensinteressen des Arbeitnehmers darstellt, sind auch dann als Werbungskosten i.S.d. § 9 Abs. 1 Satz 3 Nr. 4 EStG zu berücksichtigen, wenn die Fahrt an der näher zur regelmäßigen Arbeitsstätte liegenden Wohnung unterbrochen wird (→ BFH vom 20.12.1991 – BStBl. 1992 II S. 306).

Ob ein Arbeitnehmer seine weiter entfernt liegende Familienwohnung nicht nur gelegentlich aufsucht, ist anhand einer Gesamtwürdigung zu beurteilen. Fünf Fahrten im Kalenderjahr können bei entsprechenden Umständen ausreichend sein (→ BFH vom 26.11.2003 – BStBl. 2004 II S. 233; → R 9.10 Abs. 1 Satz 5).

LStR

R 9.11. Mehraufwendungen bei doppelter Haushaltsführung

Doppelte Haushaltsführung

(1) ¹Eine doppelte Haushaltsführung liegt nur dann vor, wenn der Arbeitnehmer außerhalb des Ortes, in dem er einen eigenen Hausstand unterhält, beschäftigt ist und auch am Beschäftigungsort übernachtet; die Anzahl der Übernachtungen ist dabei unerheblich. ²Eine doppelte Haushaltsführung liegt nicht vor, solange die auswärtige Beschäftigung nach R **9.4 Abs. 2** als **Auswärtstätigkeit** anzuerkennen ist.

Berufliche Veranlassung

(2) ¹Das Beziehen einer Zweitwohnung ist regelmäßig bei einem Wechsel des Beschäftigungsorts auf Grund einer Versetzung, des Wechsels oder der erstmaligen Begründung eines Dienstverhältnisses beruflich veranlasst. ²Beziehen beiderseits berufstätige Ehegatten am gemeinsamen Beschäftigungsort eine gemeinsame Zweitwohnung, liegt ebenfalls eine berufliche Veranlassung vor. ³Auch die Mitnahme des nicht berufstätigen Ehegatten an den Beschäftigungsort steht der beruflichen Veranlassung einer doppelten Haushaltsführung nicht entgegen. ⁴Bei Zuzug aus dem Ausland kann das Beziehen einer

Zweitwohnung auch dann beruflich veranlasst sein, wenn der Arbeitnehmer politisches Asyl beantragt oder erhält.

Eigener Hausstand

(3) ¹Ein eigener Hausstand setzt eine eingerichtete, den Lebensbedürfnissen entsprechende Wohnung des Arbeitnehmers voraus. ²In dieser Wohnung muss der Arbeitnehmer einen Haushalt unterhalten, das heißt, er muss die Haushaltsführung bestimmen oder wesentlich mitbestimmen. ³Es ist nicht erforderlich, dass in der Wohnung am Ort des eigenen Hausstands hauswirtschaftliches Leben herrscht, z. B. wenn der Arbeitnehmer seinen nicht berufstätigen Ehegatten an den auswärtigen Beschäftigungsort mitnimmt oder der Arbeitnehmer nicht verheiratet ist. ⁴Die Wohnung muss außerdem der Mittelpunkt der Lebensinteressen des Arbeitnehmers sein (→ R **9.10** Abs. 1 Satz 4 bis 8). ⁵Bei größerer Entfernung zwischen dieser Wohnung und der Zweitwohnung, insbesondere bei einer Wohnung im Ausland, reicht bereits eine Heimfahrt im Kalenderjahr aus, um diese als Lebensmittelpunkt anzuerkennen, wenn in der Wohnung auch bei Abwesenheit des Arbeitnehmers hauswirtschaftliches Leben herrscht, an dem sich der Arbeitnehmer sowohl durch persönliche Mitwirkung als auch finanziell maßgeblich beteiligt. ⁶Bei Arbeitnehmern mit einer Wohnung in weit entfernt liegenden Ländern, z. B. Australien, Indien, Japan, Korea, Philippinen, gilt Satz 5 mit der Maßgabe, dass innerhalb von zwei Jahren mindestens eine Heimfahrt unternommen wird.

Ort der Zweitwohnung

(4) Eine Zweitwohnung in der Nähe des Beschäftigungsorts steht einer Zweitwohnung am Beschäftigungsort gleich.

Notwendige Mehraufwendungen

(5) ¹Als notwendige Mehraufwendungen wegen einer doppelten Haushaltsführung kommen in Betracht:
1. die Fahrtkosten aus Anlass der Wohnungswechsel zu Beginn und am Ende der doppelten Haushaltsführung sowie für wöchentliche Heimfahrten an den Ort des eigenen Hausstands (→ Absatz **6**) oder Aufwendungen für wöchentliche Familien-Ferngespräche,
2. Verpflegungsmehraufwendungen (→ Absatz **7**),
3. Aufwendungen für die Zweitwohnung (→ Absatz **8**) und
4. Umzugskosten (→ Absatz **9**).

²Führt der Arbeitnehmer mehr als eine Heimfahrt wöchentlich durch, kann er wählen, ob er die nach Satz 1 in Betracht kommenden Mehraufwendungen wegen doppelter Haushaltsführung oder die Fahrtkosten nach R **9.10** geltend machen will. ³Der Arbeitnehmer kann das Wahlrecht bei derselben doppelten Haushaltsführung für jedes Kalenderjahr nur einmal ausüben. ⁴Hat der Arbeitgeber die Zweitwohnung unentgeltlich oder teilentgeltlich zur Verfügung gestellt, sind die abziehbaren Fahrtkosten um diesen Sachbezug mit dem nach R **8.1** Abs. 5 und 6 maßgebenden Wert zu kürzen.

Notwendige Fahrtkosten

(6) Als notwendige Fahrtkosten sind anzuerkennen
1. die tatsächlichen Aufwendungen für die Fahrten anlässlich der Wohnungswechsel zu Beginn und am Ende der doppelten Haushaltsführung. ²Für die Ermittlung der Fahrtkosten ist R **9.5** Abs. 1 anzuwenden; zusätzlich können etwaige Nebenkosten nach Maßgabe von R **9.8** berücksichtigt werden,
2. die Entfernungspauschale nach § 9 Abs. **2** Satz 8 Nr. 5 EStG[1)] für jeweils eine tatsächlich durchgeführte Heimfahrt wöchentlich. ²Aufwendungen für Fahrten mit einem im Rahmen des Dienstverhältnisses zur Nutzung überlassenen Kraftfahrzeug können nicht angesetzt werden (→ Absatz **10** Satz 7 Nr. 1).

Notwendige Verpflegungsaufwendungen

(7) ¹Als notwendige Verpflegungsmehraufwendungen sind für einen Zeitraum von drei Monaten nach Bezug der Wohnung am neuen Beschäftigungsort für jeden Kalendertag, an dem der Arbeitnehmer von seiner Wohnung am Lebensmittelpunkt i.S.d. Absatzes 3 abwesend ist, die bei **Auswärtstätigkeiten** ansetzbaren Pauschbeträge anzuerkennen; dabei ist allein die Dauer der Abwesenheit von der Wohnung am Lebensmittelpunkt maßgebend. ²Ist der Tätigkeit am Beschäftigungsort eine **Auswärtstätigkeit** an diesen Beschäftigungsort unmittelbar vorausgegangen, ist deren Dauer auf die Dreimonatsfrist anzurechnen. ³Für den Ablauf der Dreimonatsfrist gilt R **9.6** Abs. 4 mit der Maßgabe, dass der Neubeginn der Dreimonatsfrist voraussetzt, dass die bisherige Zweitwohnung nicht beibehalten wurde. ⁴R **9.6** Abs. 2 ist zu beachten.

---
1) Jetzt § 9 Absatz 1 Satz 3 Nummer 5 Satz 4 EStG.

§ 9 RL 9.11

Notwendige Aufwendungen für die Zweitwohnung

(8) ¹Als notwendige Aufwendungen für die Zweitwohnung sind deren tatsächliche Kosten anzuerkennen. ²Zu den notwendigen Aufwendungen für die Zweitwohnung gehört auch die für diese Wohnung zu entrichtende Zweitwohnungssteuer. ³Steht die Zweitwohnung im Eigentum des Arbeitnehmers, sind die Aufwendungen in der Höhe als notwendig anzusehen, in der sie der Arbeitnehmer als Mieter für eine nach Größe, Ausstattung und Lage angemessene Wohnung tragen müsste.

Umzugskosten

(9) ¹Der Nachweis der Umzugskosten i.S.d. § 10 BUKG[1)] ist notwendig bei einem Umzug anlässlich der Begründung, Beendigung oder des Wechsels einer doppelten Haushaltsführung, weil dafür die Pauschalierung nicht gilt. ²Dasselbe gilt für die sonstigen Umzugsauslagen i.S.d. § 10 AUV[2)] bei Beendigung einer doppelten Haushaltsführung durch den Rückumzug eines Arbeitnehmers in das Ausland.

Erstattung durch den Arbeitgeber oder Werbungskostenabzug

(10) ¹Die notwendigen Mehraufwendungen nach den Absätzen **5** bis **9** können als Werbungskosten abgezogen werden, soweit sie nicht vom Arbeitgeber nach den folgenden Regelungen steuerfrei erstattet werden; R **9.6** Abs. 2 ist sinngemäß anzuwenden. ²Die Erstattung der Mehraufwendungen bei doppelter Haushaltsführung durch den Arbeitgeber ist nach § 3 Nr. 13 oder 16 EStG steuerfrei, soweit keine höheren Beträge erstattet werden, als nach Satz 1 als Werbungskosten abgezogen werden können. ³Dabei kann der Arbeitgeber bei Arbeitnehmern in den Steuerklassen III, IV oder V ohne weiteres unterstellen, dass sie einen eigenen Hausstand haben. ⁴Bei anderen Arbeitnehmern darf der Arbeitgeber einen eigenen Hausstand nur dann anerkennen, wenn sie schriftlich erklären, dass sie neben einer Zweitwohnung am Beschäftigungsort außerhalb des Beschäftigungsorts einen eigenen Hausstand unterhalten, und die Richtigkeit dieser Erklärung durch Unterschrift bestätigen. ⁵Diese Erklärung ist als Beleg zum Lohnkonto aufzubewahren. ⁶Das Wahlrecht des Arbeitnehmers nach Absatz **5** hat der Arbeitgeber nicht zu beachten. ⁷Darüber hinaus gilt Folgendes:

1. Hat der Arbeitgeber oder für dessen Rechnung ein Dritter dem Arbeitnehmer einen Kraftwagen zur Durchführung der Heimfahrten unentgeltlich überlassen, kommen ein Werbungskostenabzug und eine Erstattung von Fahrtkosten nicht in Betracht.
2. Verpflegungsmehraufwendungen dürfen nur bis zu den nach Absatz **7** maßgebenden Pauschbeträgen steuerfrei erstattet werden.
3. ¹Die notwendigen Aufwendungen für die Zweitwohnung an einem Beschäftigungsort im Inland dürfen ohne Einzelnachweis für einen Zeitraum von drei Monaten mit einem Pauschbetrag bis zu 20 Euro und für die Folgezeit mit einem Pauschbetrag bis zu 5 Euro je Übernachtung steuerfrei erstattet werden, wenn dem Arbeitnehmer die Zweitwohnung nicht unentgeltlich oder teilentgeltlich zur Verfügung gestellt worden ist. ²Bei einer Zweitwohnung im Ausland können die notwendigen Aufwendungen ohne Einzelnachweis für einen Zeitraum von drei Monaten mit dem für eine **Auswärtstätigkeit** geltenden ausländischen Übernachtungspauschbetrag und für die Folgezeit mit 40 % dieses Pauschbetrags steuerfrei erstattet werden.

Hinweise

LStH 9.11 (1–4) Beibehaltung der Wohnung

> *Ist der doppelte Haushalt beruflich begründet worden, ist es unerheblich, ob in der Folgezeit auch die Beibehaltung beider Wohnungen beruflich veranlasst ist (→ BFH vom 30. 9. 1988 – BStBl. 1989 II S. 103)* **oder ob der gemeinsame Wohnsitz beiderseits berufstätiger Ehegatten über die Jahre gleich bleibt oder verändert wird** *(→ BFH vom 30.10.2008 – BStBl. 2009 II S. 153).*

Berufliche Veranlassung

– → **BMF vom 10.12.2009 (BStBl. I S. 1599)**   *– Anlage § 009-09 –*

> – *Der berufliche Veranlassungszusammenhang einer doppelten Haushaltsführung wird nicht allein dadurch beendet, dass ein Arbeitnehmer seinen Familienhausstand innerhalb desselben Ortes verlegt (→ BFH vom 4.4.2006 – BStBl. II S. 714).*

---

1) Anhang 15.
2) Anhang 16.

Beschäftigung am Hauptwohnsitz

Aufwendungen eines Arbeitnehmers für eine Zweitwohnung an einem auswärtigen Beschäftigungsort mit regelmäßiger Arbeitsstätte sind auch dann wegen doppelter Haushaltsführung als Werbungskosten abziehbar, wenn der Arbeitnehmer zugleich am Ort seines Hausstandes eine weitere regelmäßige Arbeitsstätte hat (→ *BFH vom 24.5.2007 – BStBl. II S. 609*).

Ehegatten

Bei verheirateten Arbeitnehmern kann für jeden Ehegatten eine doppelte Haushaltsführung beruflich veranlasst sein, wenn die Ehegatten außerhalb des Ortes ihres gemeinsamen Hausstands an verschiedenen Orten beschäftigt sind und am jeweiligen Beschäftigungsort eine Zweitwohnung beziehen (→ *BFH vom 6. 10. 1994 – BStBl. 1995 II S. 184*).

Eheschließung

Eine beruflich veranlasste **doppelte** Haushaltsführung liegt auch in den Fällen vor, in denen der eigene Hausstand nach der Eheschließung am Beschäftigungsort des ebenfalls berufstätigen Ehegatten begründet (→ *BFH vom 6. 9. 1977 – BStBl. 1978 II S. 32, vom 20. 3. 1980 – BStBl. II S. 455 und vom 4.10.1989 – BStBl. 1990 II S. 321*) oder wegen der Aufnahme einer Berufstätigkeit des Ehegatten an dessen Beschäftigungsort verlegt und am Beschäftigungsort eine Zweitwohnung des Arbeitnehmers begründet worden ist (→ *BFH vom 2. 10. 1987 – BStBl. II S. 852*).

Eigener Hausstand

– Die Wohnung muss grundsätzlich aus eigenem Recht, z. B. als Eigentümer oder als Mieter genutzt werden, wobei auch ein gemeinsames oder abgeleitetes Nutzungsrecht ausreichen kann (→ *BFH vom 5.10.1994 – BStBl. 1995 II S. 180*). Ein eigener Hausstand wird auch anerkannt, wenn die Wohnung zwar allein vom Lebenspartner des Arbeitnehmers angemietet wurde, dieser sich aber mit Duldung seines Partners dauerhaft dort aufhält und sich finanziell in einem Umfang an der Haushaltsführung beteiligt, dass daraus auf eine gemeinsame Haushaltsführung geschlossen werden kann (→ *BFH vom 12.9.2000 – BStBl. 2001 II S. 29*).

– Bei einem alleinstehenden Arbeitnehmer ist zu prüfen, ob er einen eigenen Hausstand unterhält oder in einen fremden Haushalt eingegliedert ist. Allein der Umstand, dass die Wohnung unentgeltlich überlassen wird, spricht nicht gegen das Vorliegen eines eigenen Hausstands. Die Unentgeltlichkeit ist aber ein Indiz gegen das Vorliegen eines eigenen Hausstands (→ *BFH vom 14.6.2007 – BStBl. II S. 890*).

– Ein eigener Hausstand liegt nicht vor bei Arbeitnehmern, die – wenn auch gegen Kostenbeteiligung – in den Haushalt der Eltern eingegliedert sind oder in der Wohnung der Eltern lediglich ein Zimmer bewohnen (→ *BFH vom 5. 10. 1994 – BStBl. 1995 II S. 180*).

– Ein Vorbehaltsnießbrauch zu Gunsten der Eltern an einem Zweifamilienhaus eines unverheirateten Arbeitnehmers schließt nicht aus, dass dieser dort einen eigenen Hausstand als Voraussetzung für eine doppelte Haushaltsführung unterhält, wenn gesichert ist, dass er die Wohnung nicht nur vorübergehend nutzen kann; bei dieser Prüfung kommt es auf den Fremdvergleich nicht an (→ *BFH vom 4.11.2003 – BStBl. 2004 II S. 16*).

– Unterhält ein unverheirateter Arbeitnehmer am Ort des Lebensmittelpunkts seinen Haupthausstand, so kommt es für das Vorliegen einer doppelten Haushaltsführung nicht darauf an, ob die ihm dort zur ausschließlichen Nutzung zur Verfügung stehenden Räumlichkeiten den bewertungsrechtlichen Anforderungen an eine Wohnung gerecht werden (→ *BFH vom 14.10.2004 – BStBl. 2005 II S. 98*).

Nicht eheliche Lebensgemeinschaft

– → **BMF vom 10.12.2009 (BStBl. I S. 1599)** – *Anlage § 009-09* –

– Die Rechtsprechung des BFH, nach der eine doppelte Haushaltsführung auch dann anerkannt werden kann, wenn Personen, die an verschiedenen Orten wohnen und dort arbeiten, nach der → Eheschließung eine der beiden Wohnungen zur Familienwohnung machen, ist nicht in jedem Fall auf nicht eheliche Lebensgemeinschaften zu übertragen. Die Gründung eines doppelten Haushalts kann bei nicht verheirateten Personen beruflich veranlasst sein, wenn sie vor der Geburt des gemeinsamen Kindes an verschiedenen Orten berufstätig sind, dort wohnen und im zeitlichen Zusammenhang mit der Geburt des Kindes eine der beiden Wohnungen zur Familienwohnung machen (→ BFH vom 15.3.2007 – BStBl. II S. 533).

Nutzung der Zweitwohnung

Es ist unerheblich, wie oft der Arbeitnehmer tatsächlich in der Zweitwohnung übernachtet (→ BFH vom 9. 6. 1988 – BStBl. II S. 990).

Private Veranlassung

→ BMF vom 10.12.2009 (BStBl. I S. 1599) – Anlage § 009-09 –

Regelmäßige Arbeitsstätte

Eine doppelte Haushaltsführung setzt den Bezug einer Zweitwohnung am Ort einer regelmäßigen Arbeitsstätte voraus (→ BFH vom 11.5.2005 – BStBl. II S. 782). Bei Arbeitnehmern, die auf Grund ihrer individuellen Tätigkeit typischerweise nur an ständig wechselnden Tätigkeitsstätten eingesetzt werden, richtet sich der Abzug der Aufwendungen nach Reisekostengrundsätzen (→ R 9.4 ff.).

Zeitlicher Zusammenhang

Es ist gleichgültig, ob die → Zweitwohnung in zeitlichem Zusammenhang mit dem Wechsel des Beschäftigungsorts, nachträglich (→ BFH vom 9. 3. 1979 – BStBl. II S. 520) oder im Rahmen eines Umzugs aus einer privat begründeten → Zweitwohnung (→ BFH vom 26. 8. 1988 – BStBl. 1989 II S. 89) bezogen worden ist.

Zweitwohnung

Als Zweitwohnung am Beschäftigungsort kommt jede dem Arbeitnehmer entgeltlich oder unentgeltlich zur Verfügung stehende Unterkunft in Betracht, z. B. auch eine Eigentumswohnung, ein möbliertes Zimmer, ein Hotelzimmer, eine Gemeinschaftsunterkunft (→ BFH vom 3. 10. 1985 – BStBl. 1986 II S. 369) oder bei Soldaten die Unterkunft in der Kaserne (→ BFH vom 20. 12. 1982 – BStBl. 1983 II S. 269).

LStH 9.11 (5–10) Angemessenheit der Unterkunftskosten

- Die tatsächlichen Mietkosten sind als Werbungskosten abziehbar, soweit sie nicht überhöht sind (→ BFH vom 16. 3. 1979 – BStBl. II S. 473). Entsprechendes gilt für die tatsächlich angefallenen Unterkunftskosten im eigenen Haus (→ BFH vom 24.5.2000 – BStBl. II S. 474).
- Nicht überhöht sind Aufwendungen, die sich für eine Wohnung von 60 qm bei einem ortsüblichen Mietzins je qm für eine nach Lage und Ausstattung durchschnittliche Wohnung (Durchschnittsmietzins) ergeben würden (→ BFH vom 9.8.2007 – BStBl. II S. 820).
- Ein häusliches Arbeitszimmer in der Zweitwohnung am Beschäftigungsort ist bei der Ermittlung der abziehbaren Unterkunftskosten nicht zu berücksichtigen; der Abzug der hierauf entfallenden Aufwendungen richtet sich nach § 4 Abs. 5 Satz 1 Nr. 6b EStG (→ BFH vom 9.8.2007 – BStBl. **2009** II S. 722).

Drittaufwand

Der Abzug der Aufwendungen für die Zweitwohnung ist ausgeschlossen, wenn die Aufwendungen auf Grund eines Dauerschuldverhältnisses (z. B. Mietvertrag) von einem Dritten getragen werden (→ BFH vom 13. 3. 1996 – BStBl. II S. 375 und vom 24. 2. 2000 – BStBl. II S. 314).

Eigene Zweitwohnung

Bei einer im Eigentum des Arbeitnehmers stehenden Zweitwohnung gilt Folgendes:

- Zu den Aufwendungen gehören auch die Absetzungen für Abnutzung, Hypothekenzinsen und Reparaturkosten (→ BFH vom 3. 12. 1982 – BStBl. 1983 II S. 467).
- Die Inanspruchnahme der Eigenheimzulage scheidet aus, wenn für eine doppelte Haushaltsführung Aufwendungen als Werbungskosten geltend gemacht werden (→ § 2 Satz 2 EigZulG sowie zu § 10e EStG → BFH vom 27.7.2000 – BStBl. II S. 692).

Erstattung durch den Arbeitgeber

- Steuerfrei → § 3 Nr. 13, 16 EStG, → R 3.13, 3.16

- *Steuerfreie Arbeitgebererstattungen mindern die abziehbaren Werbungskosten auch dann, wenn sie erst im Folgejahr geleistet werden (→ BFH vom 20.9.2006 – BStBl. II S. 756).*

Kostenarten
Zu den einzelnen Kostenarten bei Vorliegen einer doppelten Haushaltsführung → BFH vom 4.4.2006 (BStBl. II S. 567).

Pauschbeträge bei doppelter Haushaltsführung im Ausland
→ BMF vom 17.12.2008 (BStBl. I S. 1077); zur Begrenzung auf 40 % → LStR 9.11 Abs. 10 Satz 7 Nr. 3 Satz 2.   *– aktuell ab 2010: Anlage § 009-02 –*

Telefonkosten
Anstelle der Aufwendungen für eine Heimfahrt an den Ort des eigenen Hausstands können die Gebühren für ein Ferngespräch bis zu einer Dauer von 15 Minuten mit Angehörigen, die zum eigenen Hausstand des Arbeitnehmers gehören, berücksichtigt werden (→ BFH vom 18. 3. 1988 – BStBl. II S. 988).

Übernachtungskosten
Die Übernachtungskosten sind für den Werbungskostenabzug grundsätzlich im Einzelnen nachzuweisen. Sie können geschätzt werden, wenn sie dem Grunde nach zweifelsfrei entstanden sind (→ BFH vom 12.9.2001 – BStBl. II S. 775).

Umzugskosten
- *→ BMF vom 10.12.2009 (BStBl. I S. 1599)*   *– Anlage § 009-09 –*
- *Zu den notwendigen Mehraufwendungen einer doppelten Haushaltsführung gehören auch die durch das Beziehen oder die Aufgabe der Zweitwohnung verursachten tatsächlichen Umzugskosten (→ BFH vom 29. 4. 1992 – BStBl. II S. 667).*

Verpflegungsmehraufwendungen
→ BMF vom 10.12.2009 (BStBl. I S. 1599)   *– Anlage § 009-09 –*

Wahlrecht
*Wählt der Arbeitnehmer den Abzug der Fahrtkosten nach R 9.10, so kann er Verpflegungsmehraufwendungen nach R 9.11 Abs. 7 und Aufwendungen für die Zweitwohnung nach R 9.11 Abs. 8 auch dann nicht geltend machen, wenn ihm Fahrtkosten nicht an jedem Arbeitstag entstanden sind, weil er sich in **Rufbereitschaft** zu halten oder mehrere Arbeitsschichten nacheinander abzuleisten hatte (→ BFH vom 2. 10. 1992 – BStBl. 1993 II S. 113).*

LStR

R 9.12 Arbeitsmittel

[1]Die Anschaffungs- oder Herstellungskosten von Arbeitsmitteln einschließlich der Umsatzsteuer können nen im Jahr der Anschaffung oder Herstellung in voller Höhe als Werbungskosten abgesetzt werden, wenn sie ausschließlich der Umsatzsteuer für das einzelne Arbeitsmittel die Grenze für geringwertige Wirtschaftsgüter nach § 9 Abs. 1 Satz 3 Nr. 7 Satz 2 EStG nicht übersteigen. [2]Höhere Anschaffungs- oder Herstellungskosten sind auf die Kalenderjahre der voraussichtlichen gesamten Nutzungsdauer des Arbeitsmittels zu verteilen und in jedem dieser Jahre anteilig als Werbungskosten zu berücksichtigen. [3]Wird ein als Arbeitsmittel genutztes Wirtschaftsgut veräußert, ist ein sich eventuell ergebender Veräußerungserlös bei den Einkünften aus nichtselbständiger Arbeit nicht zu erfassen.

Hinweise

LStH 9.12 *Absetzung für Abnutzung*
- *Außergewöhnliche technische oder wirtschaftliche Abnutzungen sind zu berücksichtigen (→ BFH vom 29. 4. 1983 – BStBl. II S. 586 – im Zusammenhang mit einem Diebstahl eingetretene Beschädigung an einem als Arbeitsmittel anzusehenden PKW).*
- *Eine technische Abnutzung kann auch dann in Betracht kommen, wenn wirtschaftlich kein Wertverzehr eintritt (→ BFH vom 31. 1. 1986 – BStBl. II S. 355 – als Arbeitsmittel ständig in Gebrauch befindliche Möbelstücke, → BFH vom 26.1.2001 – BStBl. II S. 194 – im Konzertalltag regelmäßig bespielte Meistergeige).*

§ 9

- *Wird ein Wirtschaftsgut nach einer Nutzung außerhalb der Einkunftsarten als Arbeitsmittel verwendet, so sind die weiteren AfA von den Anschaffungs- oder Herstellungskosten einschließlich Umsatzsteuer nach der voraussichtlichen gesamten Nutzungsdauer des Wirtschaftsguts in gleichen Jahresbeträgen zu bemessen. Der auf den Zeitraum vor der Verwendung als Arbeitsmittel entfallende Teil der Anschaffungs- oder Herstellungskosten des Wirtschaftsguts (fiktive AfA) gilt als abgesetzt (→ BFH vom 14. 2. 1989 – BStBl. II S. 922 und vom 2. 2. 1990 – BStBl. II S. 684). Dies gilt auch für geschenkte Wirtschaftsgüter (→ BFH vom 16. 2. 1990 – BStBl. II S. 883).*
- *Der Betrag, der nach Umwidmung eines erworbenen oder geschenkten Wirtschaftsguts zu einem Arbeitsmittel nach Abzug der fiktiven AfA von den Anschaffungs- oder Herstellungskosten einschließlich Umsatzsteuer verbleibt, kann aus Vereinfachungsgründen im Jahr der erstmaligen Verwendung des Wirtschaftsguts als Arbeitsmittel in voller Höhe als Werbungskosten abgezogen werden, wenn er 410 Euro nicht übersteigt (→ BFH vom 16. 2. 1990 – BStBl. II S. 883).*
- *Die Peripherie-Geräte einer PC-Anlage sind regelmäßig keine geringwertigen Wirtschaftsgüter (→ BFH vom 19.2.2004 – BStBl. II S. 958).*

Angemessenheit

Aufwendungen für ein Arbeitsmittel können auch dann Werbungskosten sein, wenn sie zwar ungewöhnlich hoch, aber bezogen auf die berufliche Stellung und die Höhe der Einnahmen nicht unangemessen sind.

→ *BFH vom 10.3.1978 (BStBl. II S. 459) – Anschaffung eines Flügels durch eine am Gymnasium Musik unterrichtende Lehrerin*

→ *BFH vom 21.10.1988 (BStBl. 1989 II S. 356) – Anschaffung eines Flügels durch eine Musikpädagogin*

Aufteilung der Anschaffungs- oder Herstellungskosten

- *Betreffen Wirtschaftsgüter sowohl den beruflichen als auch den privaten Bereich des Arbeitnehmers, ist eine Aufteilung der Anschaffungs- oder Herstellungskosten in nicht abziehbare Aufwendungen für die Lebensführung und in Werbungskosten nur zulässig, wenn objektive Merkmale und Unterlagen eine zutreffende und leicht nachprüfbare Trennung ermöglichen und wenn außerdem der berufliche Nutzungsanteil nicht von untergeordneter Bedeutung ist (→ BFH vom 19.10.1970 – BStBl. 1971 II S. 17).*
- *Die Aufwendungen sind voll abziehbar, wenn die Wirtschaftsgüter ausschließlich oder ganz überwiegend der Berufsausübung dienen.*

→ *BFH vom 18.2.1977 (BStBl. II S. 464) – Schreibtisch im Wohnraum eines Gymnasiallehrers*

→ *BFH vom 21.10.1988 (BStBl. 1989 II S. 356) – Flügel einer Musikpädagogin*

- *Ein privat angeschaffter und in der privaten Wohnung aufgestellter Personalcomputer kann ein Arbeitsmittel sein. Eine private Mitbenutzung ist unschädlich, soweit sie einen Nutzungsanteil von etwa 10 % nicht übersteigt. Die Kosten eines gemischt genutzten PC sind aufzuteilen. § 12 Nr. 1 Satz 2 EStG steht einer solchen Aufteilung nicht entgegen (→ BFH vom 19.2.2004 – BStBl. II S. 958).*

Ausstattung eines häuslichen Arbeitszimmers mit Arbeitsmittel

→ *BMF vom 3.4.2007 (BStBl. I S. 442)* — *Anlage § 004-03 –*

Berufskleidung

- *Begriff der typischen Berufskleidung*

  → *LStR 3.31*

- *Reinigung von typischer Berufskleidung in privater Waschmaschine*

  Werbungskosten sind neben den unmittelbaren Kosten des Waschvorgangs (Wasser- und Energiekosten, Wasch- und Spülmittel) auch die Aufwendungen in Form der Abnutzung sowie Instandhaltung und Wartung der für die Reinigung eingesetzten Waschmaschine. Die Aufwendungen können ggf. geschätzt werden (→ BFH vom 29.6.1993 – BStBl. II S. 837 und 838).

Fachbücher und Fachzeitschriften

Bücher und Zeitschriften sind Arbeitsmittel, wenn sichergestellt ist, dass die erworbenen Bücher und Zeitschriften ausschließlich oder ganz überwiegend beruflichen Zwecken dienen.

→ *BFH vom 29.4.1977 (BStBl. II S. 716)* – Anschaffungskosten für ein allgemeines Nachschlagewerk sind auch bei einem Lehrer grundsätzlich nicht abziehbar.

→ *BFH vom 16.10.1981 (BStBl. 1982 II S. 67)* – Aufwendungen eines Englischlehrers für die Anschaffung eines allgemeinen Nachschlagewerkes in englischer Sprache können abziehbar sein.

→ *BFH vom 21.5.1992 (BStBl. II S. 1015)* – Aufwendungen eines Publizisten für Bücher allgemeinbildenden Inhalts sind nicht abziehbar.

Medizinische Hilfsmittel

Aufwendungen für die Anschaffung medizinischer Hilfsmittel sind selbst dann nicht als Werbungskosten abziehbar, wenn sie ausschließlich am Arbeitsplatz benutzt werden.

→ *BFH vom 23.10.1992 (BStBl. 1993 II S. 193)* – Bildschirmbrille

Nachweis der beruflichen Nutzung

Bei der Anschaffung von Gegenständen, die nach der Lebenserfahrung ganz überwiegend zu Zwecken der Lebensführung angeschafft werden, gelten erhöhte Anforderungen an den Nachweis der beruflichen Nutzung.

→ *BFH vom 27.9.1991 (BStBl. 1992 II S. 195)* – Videorecorder

→ *BFH vom 15.1.1993 (BStBl. II S. 348)* – Spielecomputer

Transport

Anteilige Aufwendungen für den Transport von Arbeitsmitteln bei einem privat veranlassten Umzug sind nicht als Werbungskosten abziehbar (→ BFH vom 21.7.1989 – BStBl. II S. 972).

LStR

R 9.13 Werbungskosten bei Heimarbeitern

(1) Bei Heimarbeitern i.S.d. Heimarbeitsgesetzes können Aufwendungen, die unmittelbar durch die Heimarbeit veranlasst sind, z. B. Miete und Aufwendungen für Heizung und Beleuchtung der Arbeitsräume, Aufwendungen für Arbeitsmittel und Zutaten sowie für den Transport des Materials und der fertiggestellten Waren, als Werbungskosten anerkannt werden, soweit sie die Heimarbeiterzuschläge nach Absatz 2 übersteigen.

(2) ¹Lohnzuschläge, die den Heimarbeitern zur Abgeltung der mit der Heimarbeit verbundenen Aufwendungen neben dem Grundlohn gezahlt werden, sind insgesamt aus Vereinfachungsgründen nach § 3 Nr. 30 und 50 EStG steuerfrei, soweit sie 10 % des Grundlohns nicht übersteigen. ²Die oberste Finanzbehörde eines Landes kann mit Zustimmung des Bundesministeriums der Finanzen den **Prozentsatz** für bestimmte Gruppen von Heimarbeitern an die tatsächlichen Verhältnisse anpassen.

Hinweise

LStH 9.14 Häusliches Arbeitszimmer

Allgemeine Grundsätze

→ *BMF vom 3.4.2007 (BStBl. I S. 442).* – *Anlage § 004-03* –

Ausstattung

Aufwendungen für Einrichtungsgegenstände wie z. B. Bücherschränke oder Schreibtische, die zugleich Arbeitsmittel sind, sind nach § 9 Abs. 1 Satz 3 Nr. 6 EStG abziehbar (→ BFH vom 21.11.1997 – BStBl. 1998 II S. 351).

Außerhäusliches Arbeitszimmer

Werden im Dachgeschoss eines Mehrfamilienhauses Räumlichkeiten, die nicht zur Privatwohnung gehören, als Arbeitszimmer genutzt, handelt es sich hierbei im Regelfall um ein außerhäusliches Arbeitszimmer, das nicht unter die Abzugsbeschränkung des § 4 Abs. 5 Satz 1 Nr. 6b EStG fällt. Etwas anderes kann dann gelten, wenn die Räumlichkeiten auf Grund der unmittelbaren räumlichen Nähe mit den privaten Wohnräumen als gemeinsame Wohneinheit verbunden sind (→ BFH vom 18.8.2005 – BStBl. 2006 II S. 428).

Berufliche Nutzung mehrerer Räume

Zur Abgrenzung eines häuslichen Arbeitszimmers zu sonstigen beruflich genutzten Räumen → BFH vom 26.3.2009 (BStBl. II S. 598).

Drittaufwand

Es gilt der Grundsatz, dass – auch bei zusammenveranlagten Ehegatten – nur derjenige Aufwendungen steuerlich abziehen kann, der sie tatsächlich getragen hat. Daraus folgt:

- *Ehegatten, die gemeinsam die Herstellungskosten des von ihnen bewohnten Hauses getragen haben und die darin jeweils einen Raum für eigenbetriebliche Zwecke nutzen, können jeweils die auf diesen Raum entfallenden Herstellungskosten für die Dauer der betrieblichen Nutzung als Betriebsausgaben/Werbungskosten in Form von AfA geltend machen (→ BFH vom 23.8.1999 – BStBl. II S. 774).*

- *Beteiligt sich der Arbeitnehmer an den Anschaffungs- oder Herstellungskosten eines Gebäudes, das seinem Ehepartner gehört und in dem der Arbeitnehmer ein Arbeitszimmer für seine beruflichen Zwecke nutzt, kann er die auf diesen Raum entfallenden eigenen Aufwendungen grundsätzlich als Werbungskosten (AfA) geltend machen. In diesem Fall sind die auf das Arbeitszimmer entfallenden Anschaffungs- oder Herstellungskosten Bemessungsgrundlage der AfA, soweit sie der Kostenbeteiligung des Arbeitnehmers entsprechen (→ BFH vom 23.8.1999 – BStBl. II S. 778).*

- *Erwerben der Arbeitnehmer und sein Ehegatte aus gemeinsamen Mitteln gleichzeitig jeweils einander gleiche Eigentumswohnungen zum Alleineigentum und nutzt der Arbeitnehmer in der von dem Ehegatten gemeinsam zu Wohnzwecken genutzten Wohnung des Ehegatten ein Arbeitszimmer alleine zu beruflichen Zwecken, kann er die darauf entfallenden Anschaffungskosten grundsätzlich nicht als eigene Werbungskosten (AfA) geltend machen. Die vom Eigentümer-Ehegatten aufgewendeten Anschaffungskosten des Arbeitszimmers sind somit keine Werbungskosten des Arbeitnehmers (keine Anerkennung von Drittaufwand). Abziehbar sind hingegen die durch die Nutzung des Arbeitszimmers verursachten laufenden Aufwendungen (z.B. anteilige Energie- und Reparaturkosten des Arbeitszimmers), wenn sie entweder vom Arbeitnehmer-Ehegatten absprachegemäß übernommen oder von den Ehegatten gemeinsam getragen werden (etwa von einem gemeinsamen Bankkonto). Nicht abziehbar sind dagegen – ungeachtet der gemeinsamen Kostentragung – die durch das Eigentum bedingten Kosten, wie z. B. Grundsteuer, Schuldzinsen, allgemeine Reparaturkosten (→ BFH vom 23.8.1999 – BStBl. II S. 782).*

- *Allein auf Grund der Tatsache, dass der Arbeitnehmer gemeinsam mit seinem Ehepartner ein Arbeitszimmer in der dem Ehegatten gehörenden Wohnung nutzt, sind ihm die anteiligen Anschaffungs- oder Herstellungskosten des Arbeitszimmers entsprechend seiner Nutzung zur Vornahme von AfA nicht zuzurechnen (→ BFH vom 23.8.1999 – BStBl. II S. 787).*

- *Sind die Ehegatten nicht Eigentümer des Hauses oder der Wohnung, ist der Abzug der Aufwendungen für ein Arbeitszimmer ausgeschlossen, wenn die Aufwendungen auf Grund eines Dauerschuldverhältnisses (z. B. Mietvertrag) vom Ehegatten des Arbeitnehmers getragen werden (→ BFH vom 24.2.2000 – BStBl. II S. 314).*

Ermittlung der abziehbaren Aufwendungen

- *Die Aufwendungen für das häusliche Arbeitszimmer, z. B. anteilige Miete und Heizungskosten sowie die unmittelbaren Kosten der Ausstattung, Reinigung und Renovierung, sind Werbungskosten, bei Mitbenutzung zu Ausbildungszwecken anteilig Sonderausgaben (→ BFH vom 22.6.1990 – BStBl. II S. 901).*

- *Die anteiligen Kosten des Arbeitszimmers sind nach dem Verhältnis der Fläche des Arbeitszimmers zur gesamten Wohnfläche einschließlich des Arbeitszimmers zu ermitteln (→ BFH vom 10.4.1987 – BStBl. II S. 500).*

- *Vergrößert sich die Gesamtwohnfläche durch Erweiterungsbaumaßnahmen, so ergibt sich ein veränderter Aufteilungsmaßstab; sind die Erweiterungsbaumaßnahmen mit Krediten finanziert, so sind die darauf entfallenden Schuldzinsen dem häuslichen Arbeitszimmer selbst dann anteilig zuzuordnen, wenn die Baumaßnahmen das Arbeitszimmer nicht unmittelbar betroffen haben (→ BFH vom 21.8.1995 – BStBl. II S. 729).*

- *Wegen der berücksichtigungsfähigen Kosten dem Grunde und der Höhe nach, wenn das Arbeitszimmer in einem selbstgenutzten Haus oder in einer selbstgenutzten Eigentumswohnung gelegen ist, → BFH vom 18.10.1983 (BStBl. 1984 II S. 112).*

- *Die AfA richtet sich bei einem selbstgenutzten häuslichen Arbeitszimmer im eigenen Einfamilienhaus nach § 7 Abs. 4 Satz 1 Nr. 2 oder Abs. 5 Satz 1 Nr. 2 EStG; eine (höhere)*

Absetzung nach § 7 Abs. 5 Satz 1 Nr. 3 EStG ist nicht zulässig (→ BFH vom 30.6.1995 – BStBl. II S. 598 und vom 4.8.1995 – BStBl. II S. 727).
- Liegt das Arbeitszimmer in einer den Ehegatten gemeinsam gehörenden Wohnung, einem gemeinsamen Einfamilienhaus oder einer gemeinsamen Eigentumswohnung, so sind die auf das Arbeitszimmer anteilig entfallenden Aufwendungen einschließlich AfA grundsätzlich unabhängig vom Miteigentumsanteil des anderen Ehegatten zu berücksichtigen (→ BFH vom 12.2.1988 – BStBl. II S. 764); Entsprechendes gilt für die auf das Arbeitszimmer anteilig entfallenden Schuldzinsen (→ BFH vom 3.4.1987 – BStBl. II S. 623).
- Vergütungen an den Ehegatten für die Reinigung des Arbeitszimmers sind keine Werbungskosten (→ BFH vom 27.10.1978 – BStBl. 1979 II S. 80).

Kunstgegenstände

Aufwendungen für Kunstgegenstände, die zur Einrichtung eines häuslichen Arbeitszimmers gehören, sind regelmäßig keine Werbungskosten (→ BFH vom 30.10.1990 – BStBl. 1991 II S. 340 und vom 12.3.1993 – BStBl. II S. 506).

Räumliche Voraussetzungen

- Zu den Voraussetzungen für die steuerliche Anerkennung gehört, dass das Arbeitszimmer von den privat genutzten Räumen getrennt ist (→ BFH vom 6.12.1991 – BStBl. 1992 II S. 304).
- Neben dem Arbeitszimmer muss genügend Wohnraum vorhanden sein (→ BFH vom 26.4.1985 – BStBl. II S. 467).
- Ein häusliches Arbeitszimmer ist steuerlich nicht anzuerkennen, wenn das Arbeitszimmer ständig durchquert werden muss, um andere privat genutzte Räume der Wohnung zu erreichen (→ BFH vom 18.10.1983 – BStBl. 1984 II S. 110); die private Mitbenutzung des Arbeitszimmers ist dagegen von untergeordneter Bedeutung, wenn es nur durchquert werden muss, um z. B. das Schlafzimmer zu erreichen (→ BFH vom 19.8.1988 – BStBl. II S. 1000).

Telearbeitsplatz

Wird eine in qualitativer Hinsicht gleichwertige Arbeitsleistung wöchentlich an drei Tagen an einem häuslichen Telearbeitsplatz und an zwei Tagen im Betrieb des Arbeitgebers erbracht, liegt der Mittelpunkt der gesamten beruflichen Betätigung im häuslichen Arbeitszimmer (→ BFH vom 23.5.2006 – BStBl. II S. 600).

Vermietung an den Arbeitgeber

→ BMF vom 13.12.2005 (BStBl. 2006 I S. 4) – *Anlage § 019-06* –

Vorweggenommene Aufwendungen

- Ob die Aufwendungen für das Herrichten eines häuslichen Arbeitszimmers für eine nachfolgende berufliche Tätigkeit als Werbungskosten abziehbar sind, bestimmt sich nach den zu erwartenden Umständen der späteren beruflichen Tätigkeit. Nicht entscheidend ist, ob die beabsichtigte berufliche Nutzung im Jahr des Aufwands bereits begonnen hat (→ BFH vom 23.5.2006 – BStBl. II S. 600).
- Aufwendungen für ein häusliches Arbeitszimmer während einer Erwerbslosigkeit sind nur abziehbar, wenn der Abzug auch bei der späteren beruflichen Tätigkeit möglich wäre (→ BFH vom 2.12.2005 – BStBl. 2006 II S. 329).

ESt-Kartei NW

Fach 1 Grundsätzliches

1. Steuerliche Anerkennung von Wahlkampfkosten bei kommunalen Wahlbeamten und ehrenamtlichen Mitgliedern kommunaler Vertretungen (Werbungskosten, wenn das angestrebte Amt eine hauptberufliche, steuerpflichtige Tätigkeit ist, dann unabhängig von tatsächlicher Wahl – erfolglose Werbungskosten –; bisherige Auffassung –keine Berücksichtigung bei ehrenamtlichem Stadtratsmandat – gegenstandslos aufgrund BFH v. 25. 1. 1996 BStBl. II S. 431, soweit Gewinnerzielungsabsicht bejaht werden kann, sind Wahlkampfkosten auch hier als Betriebsausgaben abzugsfähig, soweit sie steuerfreie Entschädigungen übersteigen)

2. Versorgungszuschlag für Beamte bei Beurlaubung ohne Dienstbezüge (nach § 6 Abs. 1 Satz 2 Nr. 5 des Beamtenversorgungsgesetzes ab 1. 1. 1990: „Zahlt der Arbeitgeber den Versorgungszuschlag, so handelt es sich um steuerpflichtigen Arbeitslohn. In gleicher Höhe liegen beim Arbeitnehmer Werbungskosten vor, auf die der Arbeitnehmer-Pauschbetrag von 2000 DM an-

§ 9   ESt-Kartei NW

zurechnen ist. Dies gilt auch wenn der Arbeitnehmer den Versorgungszuschlag zahlt."; entspricht BMF-Schreiben v. 22. 2. 1991 BStBl. I S. 951; – zur Kürzung des Vorwegabzugs Hinweis auf § 10 EStG Fach 1 Nr. 1 –)

800. Werbungskosten bei Empfängern von Auslandsdienstbezügen aus öffentlichen Kassen (Anwendung von § 3 Nr. 64 1. Halbsatz EStG aus Billigkeitsgründen auch, wenn der Auslandsbedienstete wegen beibehaltenen Wohnsitzes nach § 1 Abs. 1 EStG unbeschränkt steuerpflichtig ist; Steuerfreiheit der das fiktive Inlandsgehalt übersteigenden Bezüge bei von der Zentralstelle für das Auslandsschulwesen vermittelten Personen, auch wenn Dienstvertrag mit einem Träger einer deutschen Auslandsschule geschlossen wurde; Aufteilung der den steuerpflichtigen und steuerfreien Arbeitslohn betreffenden Werbungskosten nach dem Verhältnis der entsprechenden Einnahmen, § 3c EStG)

801. Entschädigungen an Mitglieder kommunaler Vertretungen
– Hinweis auf § 3 EStG Fach 3 Nr. 808 –

1000. Anerkennung von Werbungskosten bei kommunalen Wahlbeamten (da die Aufwandsentschädigung auch in NW lediglich die persönlichen Aufwendungen abgilt, im wesentlichen Repräsentationsaufwendungen, sind daneben die anderen Werbungskosten abziehbar, etwa Fahrten zwischen Wohnung und Arbeitsstätte, häusliches Arbeitszimmer, Dienstreisen; entsprechend BFH v. 9. 6. 1989 VI R 154/86, BStBl. 1990 II S. 121 zu Hessen)

1001. Steuerliche Berücksichtigung von Zahlungen eines Gesellschafter-Geschäftsführers einer GmbH aufgrund einer Haftungsinanspruchnahme nach § 69 AO (grundsätzlich Werbungskosten bei den Einkünften aus nichtselbständiger Arbeit; auch bei Zahlungen nach Beendigung des Arbeitsverhältnisses, wenn die Pflichtverletzung in die Tätigkeitszeit fällt und ein objektiver Zusammenhang mit der beruflichen Tätigkeit besteht)

Fach 2 Pauschbeträge für bestimmte Berufsgruppen

1. Werbungskosten bei Musikern – ausgesondert – (ab 1. 1. 1990 überholt)
2. Werbungskosten-Pauschsätze für Film- und Fernsehschaffende – ausgesondert – (ab 1. 1. 1991 überholt)
3. Darstellende Künstler im Sinne des Abschnitts 23 Abs. 1 Nr. 2 LStR – ausgesondert – (ab 1. 1. 1990 überholt)
4. Pauschalierung des Werbungskostenersatzes bei Verwaltungsangehörigen im Außendienst – Hinweis auf § 3 EStG Fach 4 Nr. 7 –
5. Werbungskosten-(Betriebsausgaben-)Pauschbetrag für Parlamentsjournalisten in Bonn – ausgesondert – (ab 1990, entsprach BMF-Schreiben vom 27. 12. 1989 BStBl. 1990 I S. 14; ab 1. 1. 1994 aufgehoben, entsprach BMF-Schreiben vom 16. 12. 1993 BStBl. I S. 1002)
6. Werbungskosten-Pauschbetrag bei nebenberuflicher Tätigkeit als Kirchenmusiker – ausgesondert – (überholt ab 1. 1. 1991)
7. Werbungskosten-Pauschbetrag bei nebenberuflicher Lehr- und Prüfungstätigkeit – ausgesondert – (überholt ab 1. 1. 1991)
8. Anwendungszeitraum von Werbungskosten-Pauschbeträgen für bestimmte Berufsgruppen – ausgesondert – (Aufhebungen wie vorstehend angemerkt)

1000. Werbungskosten bei Heimarbeiten in der Solinger Besteck- und Schneidwarenindustrie (Festsetzung gemäß Abschnitt 46 Abs. 2 Satz 2 LStR; unter Anrechnung des Arbeitnehmer-Pauschbetrags bleiben monatlich 1 500 DM steuerfrei; zu dieser Anrechnung können den steuerpflichtigen Einnahmen monatlich 167 DM hinzugerechnet werden)

Fach 3 Regelmäßige Arbeitsstätte – Einsatzwechseltätigkeit – Fahrtätigkeit

1. Grenzaufsichtsbeamte im Zolldienst – ausgesondert – (ab 1990 überholt)
2. Aufwendungen für Fahrten mit eigenem Kraftfahrzeug zwischen Wohnung und ständig wechselnden Einsatzstellen – ausgesondert – (Übergangsregelung 1986, ab 1990 überholt)
3. Fiktive regelmäßige Arbeitsstätte bei Fahrtätigkeit – ausgesondert – (entsprach BMF-Schreiben vom 22. 4. 1991 BStBl. I S. 511; – überholt durch Änderung in R 39 Abs. 6 Satz 1 LStR 1993 –)
4. Hinweis ausgesondert
5. Steuerliche Berücksichtigung von Mehraufwendungen für Verpflegung bei eintägiger Auswärtstätigkeit – ausgesondert – (entsprach BMF-Schreiben v. 27. 6. 1994 BStBl. I S. 454 – überholt ab VZ 1996 –)

ESt-Kartei NW §9

6. Abgrenzung einer Dienstreise von einer Fahrtätigkeit oder Einsatzwechseltätigkeit – ausgesondert – (entsprach BMF-Schreiben v. 5. 6. 1996 BStBl. I S. 657 – eingegangen in R 37 Abs. 2 LStR 1999 –)
1000. Werbungskosten für Unterhaltungskünstler und Artisten: Aufwendungen für auswärtige Beschäftigung (regelmäßige Arbeitsstätte am Ort des jeweils neu begründeten, kurzfristigen Dienstverhältnisses; folglich liegen Fahrten zwischen Wohnung und Arbeitsstätte vor, bei Übernachtung sind die Grundsätze der doppelten Haushaltsführung anzuwenden; beides ist nicht durch die besonderen Werbungskosten-Pauschsätze erfasst)

Fach 4 Fahrten zwischen Wohnung und Arbeitsstätte

1. Einführungsschreiben zu den Entfernungspauschalen ab 2001 (entspricht BMF-Schreiben v. 11.12.2001 BStBl. I S. 994, **Anlage § 009-07**)
800. Abgrenzung der Fahrten zwischen Wohnung und Arbeitsstätte von sonstigen Fahrten (Charakter der Fahrt ändert sich nicht durch beiläufige dienstliche Verrichtung, z.b. Abholen der Eingangspost des Arbeitgebers; Zustellbezirk von Zeitungszustellern als weiträumiges Arbeitsgebiet regelmäßige Arbeitsstätte, Fahrtkosten zur außerhalb gelegenen Abholstelle wie bei einem Dienstgang zu berücksichtigen)
1000. Steuerliche Behandlung eines Job-Tickets – Hinweis auf § 3 EStG Fach 4 Nr. 1000 –
1001. Werbungskosten für Unterhaltungskünstler und Artisten: Aufwendungen für auswärtige Unterbringung – Hinweis auf § 9 EStG Fach 3 Nr. 1000 –

Fach 5 Reisekosten

1. Höchst- und Pauschbeträge für Verpflegungsmehraufwendungen und Übernachtungskosten bei Dienstreisen in das Ausland ab 1. 1. 1990 (entspricht den jeweiligen BMF-Schreiben; aktuelle Werte ab 2005 **Anlage § 009-02**)
2. Anrechnung steuerfreier Pauschvergütungen bei Verwaltungsangehörigen im Außendienst – ausgesondert – (entsprach BMF-Schreiben vom 28. 3. 1989 BStBl. I S. 132; – überholt durch Rechtsänderung –)
3. Sonderregelungen zur Dreimonatsfrist bei Dienst- und Geschäftsreisen, Dienst- und Geschäftsgängen in das Beitrittsgebiet sowie Einsatzwechseltätigkeit im Beitrittsgebiet – ausgesondert – (für 1990-1995; entsprach den BMF-Schreiben v. 21. 5. 1991 BStBl. I S. 536, v. 4. 11. 1991 BStBl. I S. 1022, v. 23. 9. 1992 BStBl. I S. 627 und v. 9. 11. 1994 BStBl. I S. 868; ab VZ 1996 zeitlich überholt)
4. Mehrjährige Ausbildung an wechselnden Ausbildungsstätten – ausgesondert – (entsprach BMF-Schreiben vom 21. 2. 1991 BStBl. I S. 265; – überholt durch R 34 Abs. 3 S. 5 und R 37 Abs. 3 Nr. 2 Satz 2 LStR 1993 –)
5. Pauschale Kilometersätze – bei Benutzung eines Privatfahrzeugs zu Dienstreisen, Einsatzwechseltätigkeit oder Fahrtätigkeit – bei der Berücksichtigung der tatsächlichen Fahrtkosten in anderen Fällen (entspricht BMF-Schreiben v. 11. 1. 2001 BStBl. I S. 95 (Werte 2001 in DM) und v. 20. 8. 2001 BStBl. I S. 541 (Werte ab 2002 in Euro), **Anlage § 009-06**)
6. Nutzungsdauer von Pkw und Kombifahrzeugen – Hinweis auf § 7 EStG Fach 2 Nr. 3 EStG – (entspricht BMF-Schreiben v. 3. 12. 1992 BStBl. I S. 734 und v. 28. 5. 1993 BStBl. I S. 483 – eingegangen in Abschnitt 38 Abs. 1 LStR 1996 – LStH 38 → Einzelnachweis –)
7. Änderungen im steuerlichen Reisekostenrecht durch das Jahressteuergesetz 1997 – ausgesondert – (entsprach BMF-Schreiben vom 26. 5. 1997 BStBl. I S. 612 – eingegangen in R 127 Abs. 4 LStR 1999 –)
800. Dienstreisen und Dienstgänge der Polizeivollzugsbeamten (Stellenzulage ist in voller Höhe steuerpflichtiger Arbeitslohn – bestätigt durch BFH v. 8. 10. 1993 VI R 9/93, BFH/NV 1994 S. 312 –; Aufwandsentschädigung für Dienstreisen nach § 3 Nr. 13 EStG steuerfrei)
801. Werbungskosten bei Beamtenanwärtern (in Bildungseinrichtungen, Dienstreise in den ersten 3 Monaten, danach doppelte Haushaltsführung)
802. Ende einer Dienstreise nach drei Monaten (mit Folge einer – ggf. weiteren – regelmäßigen Arbeitsstätte auch wenn Arbeitnehmer dort in dieser Zeit nicht überwiegend beschäftigt war, sofern **eine** Dienstreise vorliegt, s. BFH v. 19. 7. 1996 BStBl. 1997 II S. 95, Rechtsprechung § 9 EStG)
1000. Verpflegungsmehraufwendungen als Reisekosten – ausgesondert – (– überholt ab VZ 1996 –)
1001. Verpflegungsmehraufwand bei Dienst- und Geschäftsreisen; Zusammentreffen einer Auslandsdienst-/geschäftsreise mit einer Inlandsdienst-/geschäftsreise – ausgesondert – (– überholt durch entsprechende R 39 Abs. 3 Satz 3 LStR 1999 –)

§ 9 ESt-Kartei NW

Fach 6 Umzugskosten
1. Umzugskosten nach Abschnitt 41 Abs. 2 LStR (entspricht den jeweiligen BMF-Schreiben; aktuelle Werte **Anlage § 009-04**)
2. Anwendung des BFH-Urteils vom 20. 3. 1992 zur steuerlichen Anerkennung von Umzugskosten nach Abschnitt 41 Abs. 2 LStR – ausgesondert – (entsprach BMF-Schreiben v. 8. 2. 1993 BStBl. I S. 247; – ab 1996 überholt durch R 41 Abs. 2 Satz 3 und Abs. 3 Satz 2 LStR 1996 –)

1000. Steuerliche Fragen im Zusammenhang mit Nettolohnvereinbarungen – Hinweis auf § 19 EStG Fach 2 Nr. 1000 –

Fach 7 Doppelte Haushaltsführung
1. Aufwendungen für Familienheimfahrten bei Bundeswehroffizieren (Reserveoffizier während Wehrübung, nicht abziehbar wegen des Zusammenhangs mit dem steuerfreien Wehrsold, § 3c EStG)
2. Aufwendungen für doppelte Haushaltsführung, den Unterhalt von Angehörigen im Ausland, die Berufsausbildung, Beaufsichtigung und Betreuung von Kindern im Ausland – Hinweis auf § 33a EStG Fach 1 Nr. 9 –
3. Aufwendungen für eine eigene Wohnung im Rahmen einer doppelten Haushaltsführung – ausgesondert – (entsprach BMF-Schreiben v. 10. 5. 1989 BStBl. I S. 165; überholt durch Zeitablauf)
4. Folgerungen aus der geänderten Rechtsprechung des Bundesfinanzhofs zur doppelten Haushaltsführung – ausgesondert – (entsprach BMF-Schreiben v. 8. 3. 1995 BStBl. I S. 168; – ab 1996 überholt durch gesetzliche Neuregelung/Abschnitt 43 LStR 1996 –)
5. Einführungsschreiben zu den Entfernungspauschalen ab 2001 – Hinweis auf § 9 EStG Fach 4 Nr. 1 –
6. Doppelte Haushaltsführung bei Arbeitnehmern ohne eigenen Hausstand (R 43 Abs. 5 LStR); Folgerungen aus der Änderung des § 9 Abs. 1 Satz 3 Nr. 5 EStG durch das Steueränderungsgesetz 2003 (entspricht BMF-Schreiben v. 30.6.2004 BStBl. I S. 582)

1000. Steuerliche Fragen im Zusammenhang mit Nettolohnvereinbarungen – Hinweis auf § 19 EStG Fach 2 Nr. 1000 –
1001. Werbungskosten für Unterhaltungskünstler und Artisten: Aufwendungen für auswärtige Beschäftigung – Hinweis auf § 9 EStG Fach 3 Nr. 1000 –

Fach 8 Fortbildungskosten und Abgrenzung zu Ausbildungskosten
1. Aufwendungen ausländischer Arbeitnehmer für die Erlernung der deutschen Sprache (als Fortbildungskosten nur nach Lage des Einzelfalls abziehbar, BFH v. 19. 10. 1970 BStBl. 1971 II S. 17 und 21, auch bei Spätaussiedlern)
2. Aufwendungen von Lehrern zum Erwerb der Schulskileiter-Lizenz – ausgesondert – (vgl. jetzt Nr. 1000)
3. Einkommensteuerliche Behandlung von Aufwendungen für Auslandssprachkurse als Werbungskosten oder Betriebsausgaben nach § 9 (1) Satz 1, § 4 (4) EStG und § 12 Nr. 1 EStG; Rechtsfolgen aus dem Urteil des BFH vom 13.6.2002 (BStBl. 2003 II S. 765) – Hinweis auf § 12 EStG Nr. 3 –

1000. Aufwendungen von Lehrern zum Erwerb der Schulskilehrer-Lizenz (10 Voraussetzungen, die gemäß BFH-Urteil v. 26. 8. 1988 BStBl. 1989 II S. 91 gleichzeitig zu erfüllen sind)

Fach 9 Sonstige Werbungskosten
1. Steuerliche Behandlung von freiwilligen Unfallversicherungen der Arbeitnehmer (entspricht BMF-Schreiben v. 18.2.1997 BStBl. I S. 278 und v. 17.7.2000 BStBl. I S. 1204, **Anlage § 009-03**)
2. Werbungskosten bei Sportlehrern (an allgemein- oder berufsbildender Schule, Sportbekleidung regelmäßig abziehbar, nicht bei privater Nutzung von nicht völlig untergeordneter Bedeutung, so z.B. Skiausrüstung nicht abziehbar)
3. Einkommensteuerliche Behandlung des Versorgungsausgleichs – Hinweis auf § 22 EStG Fach 1 Nr. 1 – (entspricht BMF-Schreiben v. 20.7.1981 BStBl. I S. 567)
4. Kontoführungsgebühren (30,– DM – ab 2002: 16 € – jährlich aus Vereinfachungsgründen als beruflich veranlaßt anzusehen, steuerfreier Ersatz durch Arbeitgeber ist anzurechnen; – ab 1990 ist der Arbeitgeberersatz steuerpflichtig, Abschnitt 70 Abs. 2 Nr. 13 LStR 1990/1993 –)
5. Auslagenersatz, Werbungskosten und geldwerter Vorteil im Zusammenhang mit Telekommunikation des Arbeitnehmers – Hinweis auf § 3 EStG Fach 4 Nr. 12 –

ESt-Kartei NW, Rechtsprechung § 9

6. Abführungsbeträge von Vorstands- und anderen nichtselbständig tätigen Organmitgliedern – Hinweis auf § 4 Abs. 4 EStG Fach 1 Nr. 1 – (bei eindeutiger Verpflichtung zur Abführung bestimmter Teile der Bezüge Werbungskosten, BFH v. 9. 10. 1980 BStBl. 1981 II S. 29; freiwillige Abführung ist Einkommensverwendung, im Rahmen des § 10b EStG Spende; diese Grundsätze gelten auch für Zuwendungen an gewerkschaftliche Einrichtungen, wenn sie Voraussetzung für die Bestellung als Organmitglied sind)
7. Lohnsteuerliche Behandlung der Pflichtbeiträge katholischer Geistlicher zur/zum a) Ruhegehaltskasse des (Erz-)Bistums, b) Diaspora-Priesterhilfswerk, c) Haushälterinnen-Zusatzversorgung – Hinweis auf § 19 EStG Fach 2 Nr. 29 –
8. Dienstkleidung im öffentlichen Dienst als Berufskleidung (BFH v. 19. 1. 1996 BStBl. II S. 202, s. Rechtsprechung § 9 EStG, ist nur auf gleichgelagerte Fälle anzuwenden; andere Kleidungsstücke als Lodenmäntel, die als Dienstkleidungs- oder Uniformteile dauerhaft gekennzeichnet sind, weiterhin als typische Berufskleidung – Abschnitt 20 Abs. 1 Nr. 2 LStR 1996 – anzuerkennen)
9. Einkommensteuerliche Behandlung der Aufwendungen für ein häusliches Arbeitszimmer nach § 4 Abs. 5 Satz 1 Nr. 6b, § 9 Abs. 5 und § 10 Abs. 1 – Hinweis auf § 4 (5) – (7) EStG Nr. 7 und 1000 – (entspricht den jeweiligen BMF-Schreiben, aktuelles Schreiben **Anlage § 004-03**)
10. Absetzung für außergewöhnliche technische oder wirtschaftliche Abnutzung (AfaA) für einen durch einen Unfall beschädigten Pkw; Anwendung des BFH-Urteils vom 13.3.1998 (BStBl. II S. 443) – Hinweis auf § 7 EStG Fach 2 Nr. 5 – (aus Vertrauensschutzgründen ist es nicht zu beanstanden, wenn für vor dem 1.1.1998 eingetretenen Unfälle AfaA noch in einem späteren Jahr geltend gemacht wird)
11. Abzugsverbot für die Zuwendung von Vorteilen i. S. des § 4 Abs. 5 Satz 1 Nr. 10 EStG – Hinweis auf § 4 (5)-(7) EStG Nr. 8 – (entspricht BMF-Schreiben v. 10.10.2002 BStBl. I S. 1031)
800. Steuerliche Berücksichtigung der Aufwendungen für einen privat angeschafften Computer und für Internetnutzung (der nachgewiesene oder glaubhaft gemachte berufliche Nutzungsanteil ist anzuerkennen). § 12 EStG steht einer Aufteilung der Aufwendungen nicht mehr entgegen; der Werbungskostenabzug für Telekommunikationsaufwendungen wegen der Internetnutzung richtet sich ab 1.1.2002 nach R 33 Abs. 5 LStR 2002)
801. Rentenversicherungen und Lebensversicherungen gegen finanzierten Einmalbetrag – Hinweis auf § 22 EStG Fach 2 Nr. 801 –
1000. Steuerliche Behandlung der Bezüge der römisch-katholischen Geistlichen und ihrer Pfarrhaushälterinnen – Hinweis auf § 3 EStG Fach 3 Nr. 1003 –

Rechtsprechungsauswahl

BFH v. 21. 9. 2009 GrS 1/06 (BFH-Webseite): Aufteilung der Aufwendungen für eine gemischt veranlasste Reise

1. Aufwendungen für die Hin- und Rückreise bei gemischt beruflich (betrieblich) und privat veranlassten Reisen können grundsätzlich in abziehbare Werbungskosten oder Betriebsausgaben und nicht abziehbare Aufwendungen für die private Lebensführung nach Maßgabe der beruflich und privat veranlassten Zeitanteile der Reise aufgeteilt werden, wenn die beruflich veranlassten Zeitanteile feststehen und nicht von untergeordneter Bedeutung sind.
2. Das unterschiedliche Gewicht der verschiedenen Veranlassungsbeiträge kann es jedoch im Einzelfall erfordern, einen anderen Aufteilungsmaßstab heranzuziehen oder ganz von einer Aufteilung abzusehen.

BFH v. 17. 9. 2009 VI R 24/08 (BStBl. 2010 II S. 198):

1. Ein Veräußerungsverlust aus einer Kapitalbeteiligung am Arbeitgeber führt nicht allein deshalb zu Werbungskosten oder negativen Einnahmen bei den Einkünften aus nichtselbständiger Arbeit, weil die Beteiligung wegen der Beendigung des Arbeitsverhältnisses veräußert wurde.
2. Erforderlich ist vielmehr, dass ein solcher Verlust in einem einkommensteuerrechtlich erheblichen Veranlassungszusammenhang zum Arbeitsverhältnis steht und nicht auf der Nutzung der Beteiligung als Kapitalertragsquelle beruht.

BFH v. 17. 9. 2009 VI R 17/08 (BFH-Webseite):

1. Wird ein fehlgeschlagenes Mitarbeiteraktienprogramm rückgängig gemacht, indem zuvor vergünstigt erworbene Aktien an den Arbeitgeber zurückgegeben werden, liegen negative Einnahmen bzw. Werbungskosten vor.

§ 9 Rechtsprechung

2. Die Höhe des Erwerbsaufwands bemisst sich in einem solchen Fall nach dem ursprünglich gewährten geldwerten Vorteil; zwischenzeitlich eingetretene Wertveränderungen der Aktien sind unbeachtlich.

BFH v. 25. 8. 2009 VI B 69/09 (BStBl. II S. 826): Es ist ernstlich zweifelhaft, ob das ab Veranlagungszeitraum 2007 geltende Abzugsverbot des § 4 Abs. 5 Satz 1 Nr. 6b EStG betreffend Aufwendungen (hier: eines Lehrers, dem kein anderer Arbeitsplatz zur Verfügung steht) für ein häusliches Arbeitszimmer, mit Ausnahme der Fälle, in denen das Arbeitszimmer den Mittelpunkt der gesamten betrieblichen und beruflichen Betätigung bildet, verfassungsgemäß ist.
Anmerkung: Zur Aussetzung der Vollziehung siehe BMF-Schreiben vom 6.10.2009 (BStBl. I S. 1148) – **Anhang 55** –.

BFH v. 9. 7. 2009 VI R 21/08 (BStBl. II S. 822): Die betriebliche Einrichtung eines Kunden des Arbeitgebers ist keine regelmäßige Arbeitsstätte i.S. des § 9 Abs. 1 Satz 3 Nr. 4 EStG. Die Vorschrift kommt demnach auch dann nicht zur Anwendung, wenn ein Arbeitnehmer bei einem Kunden des Arbeitgebers längerfristig eingesetzt ist (Festhalten am Senatsurteil vom 10. Juli 2008 VI R 21/07, BFHE 222, 391, BFH/NV 2008, 1923). (Hinweis: Jetzt auch BStBl. 2009 II S. 818.)

BFH v. 25. 6. 2009 IX R 49/08 (BStBl. 2010 II S. 122): Bei einer sozialpädagogischen Lebensgemeinschaft sind die Aufwendungen für Gemeinschaftsräume, die sowohl der eigenen Wohnnutzung des Steuerpflichtigen und seiner Familie wie auch der (entgeltlichen) Betreuung der in die Familie integrierten fremden Kinder dienen, regelmäßig nach der Zahl der der Haushaltsgemeinschaft zugehörigen Personen aufzuteilen.

BFH v. 18. 6. 2009 VI R 14/07 (BFH-Webseite):
1. § 12 Nr. 5 EStG bestimmt in typisierender Weise, dass bei einer erstmaligen Berufsausbildung ein hinreichend veranlasster Zusammenhang mit einer bestimmten Erwerbstätigkeit fehlt. Die Vorschrift enthält jedoch kein Abzugsverbot für erwerbsbedingte Aufwendungen.
2. In verfassungskonformer Auslegung steht § 12 Nr. 5 EStG einem Abzug von Aufwendungen als Werbungskosten für ein Erststudium nach abgeschlossener Berufsausbildung nicht entgegen.

BFH v. 18. 6. 2009 VI R 61/06 (BFH-Webseite): Der Einsatz eines Arbeitnehmers auf einem Fahrzeug auf dem Betriebsgelände bzw. unter Tage im Bergwerk des Arbeitgebers stellt keine „Fahrtätigkeit" (Auswärtstätigkeit) i.S. des § 4 Abs. 5 Satz 1 Nr. 5 Satz 3 EStG dar.

BFH v. 5. 5. 2009 VI R 77/06 (BStBl. II S. 729):
1. Steuerpflichtige mit einer entsprechenden Behinderung können für die Wege zwischen Wohnung und Arbeitsstätte anstelle der Entfernungspauschalen die tatsächlichen Aufwendungen in Abzug bringen (§ 9 Abs. 2 Satz 3 EStG).
2. Behinderte haben jedoch nach dem eindeutigen Wortlaut des § 9 Abs. 2 Satz 3 EStG nur die Wahl, die Wegekosten entweder einheitlich nach den Entfernungspauschalen oder einheitlich nach den tatsächlichen Aufwendungen zu bemessen. Eine Kombination von Entfernungspauschale und tatsächlichen Aufwendungen bei der Bemessung der Wegekosten ist mit § 9 Abs. 2 Satz 3 EStG nicht vereinbar.*)
*) Hinweis BStBl. II auf BMF-Schreiben vom 31.8.2009 (BStBl. I S. 891). – **Anlage § 009-07** –

BFH v. 23. 4. 2009 VI R 60/06 (BFH-Webseite): Der Betreuungsfreibetrag in § 32 Abs. 6 Satz 1 EStG 2001 erfasst auch erwerbsbedingten Betreuungsbedarf.

BFH v. 26. 3. 2009 VI R 42/07 (BStBl. II S. 724):
1. Der Umstand, dass der Gesetzgeber Flugstrecken nicht in die Entfernungspauschale einbezogen hat, begegnet keinen verfassungsrechtlichen Bedenken.
2. Mit dem Abzug der tatsächlichen Flugkosten wahrt der Gesetzgeber das objektive Nettoprinzip in besonderer Weise und trägt folgerichtig dem Gebot der Besteuerung nach der finanziellen Leistungsfähigkeit Rechnung.
3. Soweit die Entfernungspauschale als entfernungsabhängige Subvention und damit als Lenkungsnorm wirkt, ist es gleichheitsrechtlich nicht zu beanstanden, wenn der Gesetzgeber aus verkehrs- und umweltpolitischen Motiven Flugstrecken nicht in die Entfernungspauschale einbezogen hat.
4. Mit dem Abzug der tatsächlichen Flugkosten gemäß § 9 Abs. 1 Satz 3 Nr. 5 Satz 5 i.V.m. § 9 Abs. 1 Satz 3 Nr. 4 Satz 2 EStG verstößt der Gesetzgeber nicht wegen eines normativen Vollzugsdefizits gegen den allgemeinen Gleichheitssatz.*)
*) Hinweis BStBl. II auf BMF-Schreiben vom 31.8.2009 (BStBl. I S. 891). – **Anlage § 009-07** –

Rechtsprechung § 9

BFH v. 26. 3. 2009 VI R 15/07 (BStBl. II S. 598):
1. Ein Raum ist als häusliches Arbeitszimmer von anderen beruflich genutzten Zimmern im häuslichen Bereich abzugrenzen.
2. Räumlichkeiten, die ihrer Ausstattung und Funktion nach nicht einem Büro entsprechen, sind auch dann nicht dem Typus des häuslichen Arbeitszimmers zuzuordnen, wenn sie ihrer Lage nach mit dem Wohnraum des Steuerpflichtigen verbunden und so in dessen häusliche Sphäre eingebunden sind.
3. Ist eine Zuordnung zum Typus des häuslichen Arbeitszimmers nicht möglich, sind die durch die berufliche Nutzung veranlassten Aufwendungen grundsätzlich unbeschränkt als Werbungskosten gemäß § 9 Abs. 1 Satz 1 EStG abziehbar.

BFH v. 5. 3. 2009 VI R 23/07 (BStBl. II S. 1016):
1. Eine beruflich begründete doppelte Haushaltsführung liegt vor, wenn aus beruflicher Veranlassung in einer Wohnung am Beschäftigungsort ein zweiter (doppelter) Haushalt zum Hausstand des Steuerpflichtigen hinzutritt. Der Haushalt in der Wohnung am Beschäftigungsort ist beruflich veranlasst, wenn ihn der Steuerpflichtige nutzt, um seinen Arbeitsplatz von dort aus erreichen zu können.
2. Eine aus beruflichem Anlass begründete doppelte Haushaltsführung kann auch dann vorliegen, wenn ein Steuerpflichtiger seinen Haupthausstand aus privaten Gründen vom Beschäftigungsort wegverlegt und er darauf in einer Wohnung am Beschäftigungsort einen Zweithaushalt begründet, um von dort seiner bisherigen Beschäftigung weiter nachgehen zu können (Änderung der Rechtsprechung).*)

*) Hinweis auf BMF-Schreiben vom 10. Dezember 2009 IV C 5 - S 2352/0, 2009/0813056 (BStBl. I S. 1599). – **Anlage § 009-09** –

BFH v. 5. 3. 2009 VI R 58/06 (BStBl. II S. 1012):
1. Eine beruflich begründete doppelte Haushaltsführung liegt vor, wenn aus beruflicher Veranlassung in einer Wohnung am Beschäftigungsort ein zweiter (doppelter) Haushalt zum Hausstand des Steuerpflichtigen hinzutritt. Der Haushalt in der Wohnung am Beschäftigungsort ist beruflich veranlasst, wenn ihn der Steuerpflichtige nutzt, um seinen Arbeitsplatz von dort aus erreichen zu können.
2. Eine aus beruflichem Anlass begründete doppelte Haushaltsführung kann auch dann vorliegen, wenn ein Steuerpflichtiger seinen Haupthausstand aus privaten Gründen vom Beschäftigungsort wegverlegt und er darauf in einer Wohnung am Beschäftigungsort einen Zweithaushalt begründet, um von dort seiner bisherigen Beschäftigung weiter nachgehen zu können (Änderung der Rechtsprechung).
3. Es kommt nicht mehr darauf an, ob noch ein enger Zusammenhang zwischen der Wegverlegung des Familienwohnsitzes vom Beschäftigungsort und der Neubegründung des zweiten Haushalts am Beschäftigungsort besteht (Änderung der Rechtsprechung).*)

*) Hinweis auf BMF-Schreiben vom 10. Dezember 2009 IV C 5 – S 2352/0, 2009/0813056 (BStBl. I S. 1599). – **Anlage § 009-09** –

BFH v. 26. 2. 2009 VI R 17/07 (BStBl. II S. 421): Die Kosten eines Verfahrens, das ursprünglich die Eintragung eines höheren Freibetrags auf der Lohnsteuerkarte zum Gegenstand hatte und das die Beteiligten nach der Entscheidung des BVerfG vom 9. Dezember 2008 zur Verfassungswidrigkeit von § 9 Abs. 2 Satz 1 und Satz 2 EStG i.d.F. des StÄndG 2007 vom 19. Juli 2006 (BGBl. I 2006, 1652, BStBl. I 2006, 432) in der Hauptsache für erledigt erklärt haben, sind dem FA aufzuerlegen. Dies gilt ungeachtet der Tatsache, dass § 9 Abs. 2 Satz 2 EStG zunächst nur im Wege vorläufiger Steuerfestsetzung ohne die Beschränkung auf „erhöhte" Aufwendungen „ab dem 21. Entfernungskilometer" gilt.

BFH v. 11. 2. 2009 I R 25/08 (BFH-Webseite):
1. Aufwendungen eines Referendars für eine Ausbildungsstation in den USA sind nur im Hinblick auf den Anteil, der auf den hierfür bezogenen inländischen Arbeitslohn entfällt, als Werbungskosten bei den Einkünften aus nichtselbständiger Arbeit zu berücksichtigen, wenn von der Ausbildungsstation eine steuerfreie Tätigkeitsvergütung gezahlt wird (Art. 23 Abs. 2 Satz 1 Buchst. a DBA-USA 1989).
2. Die steuerfreie Tätigkeitsvergütung ist nach Abzug des hierauf entfallenden Anteils der Aufwendungen im Rahmen des Progressionsvorbehalts zu erfassen.

BFH v. 15. 1. 2009 VI R 37/06 (BStBl. 2010 II S. 111):
1. Das Abzugsverbot des § 12 Nr. 4 EStG greift nicht, wenn das Strafgericht dem Steuerpflichtigen zur Wiedergutmachung des durch die Tat verursachten Schadens eine Geldauflage nach § 56b Abs. 2 Satz 1 Nr. 1 StGB erteilt.

§ 9 Rechtsprechung

2. § 12 Nr. 4 EStG begründet nur für Auflagen und Weisungen ein Abzugsverbot, die als strafähnliche Sanktionen die Aufgabe haben, Genugtuung für das begangene Unrecht zu schaffen.
3. Ausgleichszahlungen an das geschädigte Tatopfer fallen dagegen nicht unter das Abzugsverbot des § 12 Nr. 4 EStG. Solche Zahlungen sind nach den allgemeinen Grundsätzen als Betriebsausgaben oder Werbungskosten abzugsfähig.
4. Der Anwendungsbereich des § 12 Nr. 4 EStG wird nicht dadurch eröffnet, dass die Auflage nach § 56b Abs. 2 Satz 1 Nr. 1 StGB, den durch die Tat verursachten Schaden wieder gut zu machen, zugleich der Genugtuung für das begangene Unrecht dient.

BFH v. 18. 12. 2008 VI R 39/07 (BStBl. 2009 II S. 475):
1. Für die Wege eines Arbeitnehmers zwischen Wohnung und ständig wechselnden Tätigkeitsstätten ist keine Entfernungspauschale nach § 9 Abs. 1 Satz 3 Nr. 4 EStG anzusetzen.
2. Die Fahrtkosten sind unabhängig von der Entfernung (ab dem ersten Kilometer) in tatsächlicher Höhe als Werbungskosten zu berücksichtigen.
3. Die frühere Rechtsprechung zur Anwendung des § 9 Abs. 1 Satz 3 Nr. 4 EStG bei Fahrten zu ständig wechselnden Tätigkeitsstätten im Einzugsbereich (sog. 30-km-Grenze) ist aufgrund geänderter Rechtsprechung des BFH überholt.*)

*) In allen noch offenen Fällen sind R 38 Abs. 3 LStR 2005 und Tz. III des BMF-Schreibens vom 26. Oktober 2005 (BStBl. I S. 960) insoweit nicht mehr anzuwenden.

BFH v. 11. 12. 2008 VI R 9/05 (BFH-Webseite):
1. Erhält ein Arbeitnehmer Leistungen aus einer durch Beiträge seines Arbeitgebers finanzierten Gruppenunfallversicherung, die ihm keinen eigenen unentziehbaren Rechtsanspruch einräumt, so führen im Zeitpunkt der Leistung die bis dahin entrichteten, auf den Versicherungsschutz des Arbeitnehmers entfallenden Beiträge zu Arbeitslohn, begrenzt auf die dem Arbeitnehmer ausgezahlte Versicherungsleistung.
2. Der auf das Risiko beruflicher Unfälle entfallende Anteil der Beiträge führt als Werbungskostenersatz auch zu Werbungskosten des Arbeitnehmers, mit denen der entsprechende steuerpflichtige Arbeitslohn zu saldieren ist.
3. Regelmäßig kann davon ausgegangen werden, dass die Beiträge jeweils hälftig auf das Risiko privater und beruflicher Unfälle entfallen.

BVerfG v. 9. 12. 2008 2 BvL 1/07, 2 BvL 2/07, 2 BvL 1/08, 2 BvL 2/08 (BGBl. I S. 2888): (Entscheidungsformel BVerfG)
1. § 9 Absatz 2 Satz 1 und Satz 2 des Einkommensteuergesetzes in der seit Inkrafttreten des Steueränderungsgesetzes 2007 vom 19. Juli 2006 (Bundesgesetzblatt Teil I Seite 1652) geltenden Fassung ist mit Artikel 3 Absatz 1 des Grundgesetzes unvereinbar.
2. Bis zu einer gesetzlichen Neuregelung ist § 9 Absatz 2 Satz 2 des Einkommensteuergesetzes im Wege vorläufiger Steuerfestsetzung (§ 165 Abgabenordnung) sowie entsprechend im Lohnsteuerverfahren, hinsichtlich der Einkommensteuervorauszahlungen und in sonstigen Verfahren, in denen das zu versteuernde Einkommen zu bestimmen ist, mit der Maßgabe anzuwenden, dass die tatbestandliche Beschränkung auf „erhöhte" Aufwendungen „ab dem 21. Entfernungskilometer" entfällt.

Die vorstehende Entscheidungsformel hat gemäß § 31 Abs. 2 des Bundesverfassungsgerichtsgesetzes Gesetzeskraft.

BFH v. 30. 10. 2008 VI R 10/07 (BStBl. 2009 II S. 153): Bei beiderseits berufstätigen Ehegatten sind die Aufwendungen für eine doppelte Haushaltsführung zeitlich unbeschränkt als Minderung finanzieller Leistungsfähigkeit steuerlich zu berücksichtigen. Die Verlegung des Familienwohnsitzes an den Beschäftigungsort des anderen Ehegatten unter Beibehaltung der ursprünglichen Familienwohnung als Erwerbswohnung ist unerheblich.

BFH v. 30. 9. 2008 VI R 4/07 (BFH-Webseite): Aufwendungen eines Zeitsoldaten für den Erwerb eines Verkehrsflugzeugführerscheins im Rahmen einer Fachausbildung sind vorab entstandene Werbungskosten bei den Einkünften aus nichtselbständiger Arbeit. Dies gilt auch dann, wenn die Schulung die Ausbildung für den Erwerb des Privatflugzeugführerscheins einschließt (Abgrenzung zum BFH-Urteil vom 27. Mai 2003 VI R 85/02, BFHE 207, 393, BStBl. II 2005, 202).

BFH v. 11. 9. 2008 VI R 13/06 (BStBl. II S. 928): Rügt ein Steuerpflichtiger, der nicht zu den Abgeordneten des Deutschen Bundestages gehört, im finanzgerichtlichen Verfahren eine gleichheitswidrige

Rechtsprechung § 9

Begünstigung der Abgeordneten aufgrund der diesen gewährten steuerfreien Kostenpauschale, so kommt eine Vorlage an das Bundesverfassungsgericht zur Überprüfung ihrer Verfassungsmäßigkeit mangels Entscheidungserheblichkeit nicht in Betracht.

BFH v. 28. 8. 2008 VI R 35/05 (BStBl. 2009 II S. 108):
1. Aufwendungen für Seminare zur Persönlichkeitsentfaltung sind beruflich veranlasst, wenn die Veranstaltungen primär auf die spezifischen Bedürfnisse des vom Steuerpflichtigen ausgeübten Berufs ausgerichtet sind. Indizien für die berufliche Veranlassung sind insbesondere die Lehrinhalte und ihre konkrete Anwendung in der beruflichen Tätigkeit, der Ablauf des Lehrgangs sowie die teilnehmenden Personen.
2. Ein Lehrgang, der sowohl Grundlagenwissen als auch berufsbezogenes Spezialwissen vermittelt, kann beruflich veranlasst sein, wenn der Erwerb des Grundlagenwissens die Vorstufe zum Erwerb des berufsbezogenen Spezialwissens bildet.
3. Der Teilnehmerkreis eines Lehrgangs, der sich mit Anforderungen an Führungskräfte befasst, ist auch dann homogen zusammengesetzt, wenn die Teilnehmer Führungspositionen in verschiedenen Berufsgruppen innehaben.

BFH v. 28. 8. 2008 VI R 44/04 (BStBl. 2009 II S. 106):
1. Die berufliche Veranlassung von Aufwendungen für Kurse zum Neuro-Linguistischen Programmieren (NLP-Kurse) zur Verbesserung der Kommunikationsfähigkeit wird insbesondere dadurch indiziert, dass die Kurse von einem berufsmäßigen Veranstalter durchgeführt werden, ein homogener Teilnehmerkreis vorliegt und der Erwerb der Kenntnisse und Fähigkeiten auf eine anschließende Verwendung in der beruflichen Tätigkeit angelegt ist.
2. Private Anwendungsmöglichkeiten der in den NLP-Kursen vermittelten Lehrinhalte sind unbeachtlich, wenn sie sich als bloße Folge zwangsläufig und untrennbar aus den im beruflichen Interesse gewonnenen Kenntnissen und Fähigkeiten ergeben.
3. Ein homogener Teilnehmerkreis liegt auch dann vor, wenn die Teilnehmer zwar unterschiedlichen Berufsgruppen angehören, aber aufgrund der Art ihrer beruflichen Tätigkeit gleichgerichtete fachliche Interessen haben.

BFH v. 22. 7. 2008 VI R 47/06 (BStBl. 2009 II S. 151):
1. Übernimmt ein Arbeitgeber nicht aus ganz überwiegend eigenbetrieblichem Interesse die Zahlung einer Geldbuße und einer Geldauflage, die gegen einen bei ihm beschäftigten Arbeitnehmer wegen Verstößen gegen das Lebensmittelrecht verhängt worden sind, so handelt es sich hierbei um Arbeitslohn.
2. Ein Vorteil wird dann aus ganz überwiegend eigenbetrieblichem Interesse gewährt, wenn im Rahmen einer Gesamtwürdigung aus den Begleitumständen zu schließen ist, dass der jeweils verfolgte betriebliche Zweck im Vordergrund steht (Bestätigung der Rechtsprechung).
3. Geldbußen i.S. von § 17 OWiG können nicht als Werbungskosten abgezogen werden (§ 4 Abs. 5 Satz 1 Nr. 8 Satz 1 EStG i.V.m. § 9 Abs. 5 EStG).
4. Der Werbungskostenabzug von Geldauflagen i.S. des § 153a StPO scheidet nach § 12 Nr. 4 EStG aus, soweit die Auflagen nicht lediglich der Wiedergutmachung des durch die Tat verursachten Schadens dienen.

BFH v. 10. 7. 2008 VI R 21/07 (BStBl. 2009 II S. 818): Die betriebliche Einrichtung eines Kunden des Arbeitgebers ist keine regelmäßige Arbeitsstätte i.S. des § 9 Abs. 1 Satz 3 Nr. 4 EStG a.F. bzw. § 8 Abs. 2 Satz 3 EStG. Die Vorschriften kommen demnach auch dann nicht zur Anwendung, wenn ein Arbeitnehmer bei einem Kunden des Arbeitgebers längerfristig eingesetzt ist.

BFH v. 19. 6. 2008 VI R 48/07 (BStBl. II S. 870): Der persönliche Anwendungsbereich des § 4 Abs. 5 Satz 1 Nr. 2 EStG i. V. m. § 9 Abs. 5 EStG ist bei einem Arbeitnehmer nur eröffnet, wenn dieser selbst als bewirtende Person auftritt.

BFH v. 19. 6. 2008 VI R 33/07 (BStBl. 2009 II S. 11): Bewirtet ein leitender Arbeitnehmer mit variablen Bezügen seine Arbeitskollegen, insbesondere ihm unterstellte Mitarbeiter, so unterliegen die Bewirtungsaufwendungen nicht der Abzugsbeschränkung gemäß § 4 Abs. 5 Satz 1 Nr. 2 i.V.m. § 9 Abs. 5 EStG.

BFH v. 10. 6. 2008 VIII R 76/05 (BStBl. II S. 937):
1. Der Steuerpflichtige, der Einnahmen aus nichtselbständiger Arbeit erzielt, hat einen Rechtsanspruch auf den Ansatz des ungekürzten Arbeitnehmer-Pauschbetrages, selbst wenn feststeht, dass keine

oder nur geringe Werbungskosten angefallen sind. Bei einem zwingenden gesetzlichen Pauschbetrag verbieten sich Überlegungen, ob im Einzelfall die Besteuerung vereinfacht wird oder nicht.

2. Erzielt ein Steuerpflichtiger - im Streitfall ein als angestellter Assessor und als selbständiger Rechtsanwalt tätiger Jurist - sowohl Einnahmen aus selbständiger als auch aus nichtselbständiger Arbeit, so sind die durch diese Tätigkeiten veranlassten Aufwendungen den jeweiligen Einkunftsarten, gegebenenfalls nach einer im Schätzungswege vorzunehmenden Aufteilung der Aufwendungen, als Werbungskosten oder Betriebsausgaben zuzuordnen. Sind die Werbungskosten niedriger als der Arbeitnehmer-Pauschbetrag, so ist dieser in voller Höhe anzusetzen. Der Steuerpflichtige kann keine beliebige Bestimmung treffen und auf diese Weise neben dem Arbeitnehmer-Pauschbetrag sämtliche nachgewiesenen Aufwendungen als Betriebsausgaben geltend machen.

BFH v. 10. 4. 2008 VI R 66/05 (BStBl. II S. 825): Führt ein vollbeschäftigter Arbeitnehmer eine längerfristige, jedoch vorübergehende berufliche Bildungsmaßnahme durch, so wird der Veranstaltungsort im Allgemeinen nicht zu einer weiteren regelmäßigen Arbeitsstätte i. S. des § 9 Abs. 1 Satz 3 Nr. 4 EStG a. F. Die Fahrtkosten des Arbeitnehmers zu der Bildungseinrichtung sind deshalb nicht mit der Entfernungspauschale, sondern in tatsächlicher Höhe als Werbungskosten zu berücksichtigen.

BFH v. 4. 4. 2008 VI R 85/04 (BStBl. II S. 887):
1. Sucht ein Außendienstmitarbeiter mindestens einmal wöchentlich den Betriebssitz seines Arbeitgebers auf, so ist der Betriebssitz eine (regelmäßige) Arbeitsstätte i. S. des § 8 Abs. 2 Satz 3 EStG.
2. Der Zuschlag nach § 8 Abs. 2 Satz 3 EStG (0,03 %-Regelung) kommt nur zur Anwendung, wenn der Arbeitnehmer den Dienstwagen tatsächlich für Fahrten zwischen Wohnung und Arbeitsstätte nutzt. Wird dem Arbeitnehmer ein Dienstwagen auch für diese Fahrten überlassen, so besteht ein Anscheinsbeweis für eine entsprechende Nutzung. Die Entkräftung des Anscheinsbeweises ist nicht auf die Fälle beschränkt, in denen dem Arbeitnehmer die Nutzung des Dienstwagens für die Fahrten zwischen Wohnung und Arbeitsstätte arbeitsrechtlich untersagt ist.
3. Wird der Dienstwagen einmal wöchentlich für Fahrten zwischen Wohnung und Arbeitsstätte genutzt, so hängt der Zuschlag nach § 8 Abs. 2 Satz 3 EStG von der Anzahl der tatsächlich durchgeführten Fahrten ab. Zur Ermittlung des Zuschlags ist eine Einzelbewertung der Fahrten mit 0,002 % des Listenpreises i. S. des § 6 Abs. 1 Nr. 4 Satz 2 EStG je Entfernungskilometer vorzunehmen.*)

*) Hinweis auf BMF-Schreiben vom 23. Oktober 2008 IV C 5 – S 2334/08/10010, 2008/0570272 (BStBl. 2008 I S. 961). – **Anlage § 008-12** –

BFH v. 4. 4. 2008 VI R 68/05 (BStBl. II S. 890):
1. Der nach § 8 Abs. 2 Satz 3 EStG bei Überlassung eines Dienstwagens für Fahrten zwischen Wohnung und (regelmäßiger) Arbeitsstätte an einen Arbeitnehmer anzusetzende Zuschlag bildet einen Korrekturposten zur Entfernungspauschale. Für die Ermittlung des Zuschlags kommt es ebenso wie bei der Entfernungspauschale auf die tatsächlichen Nutzungsverhältnisse an. Wird der Dienstwagen auf dem Weg zwischen Wohnung und Arbeitsstätte nur auf einer Teilstrecke eingesetzt, beschränkt sich der Zuschlag auf diese Teilstrecke.
2. Wird dem Arbeitnehmer ein Dienstwagen auch für Fahrten zwischen Wohnung und Arbeitsstätte überlassen, besteht ein Anscheinsbeweis dafür, dass er den Dienstwagen für die Gesamtstrecke nutzt. Der Anscheinsbeweis ist bereits dann entkräftet, wenn für eine Teilstrecke eine auf den Arbeitnehmer ausgestellte Jahres-Bahnfahrkarte vorgelegt wird.*)

*) Hinweis auf BMF-Schreiben vom 23. Oktober 2008 IV C 5 – S 2334/08/10010, 2008/0570272 (BStBl. 2008 I S. 961). – **Anlage § 008-12**

BFH v. 6. 3. 2008 VI R 6/05 (BStBl. II S. 530): Die Umwandlung von Barlohn in Sachlohn setzt voraus, dass der Arbeitnehmer unter Änderung des Anstellungsvertrages auf einen Teil seines Barlohns verzichtet und ihm der Arbeitgeber stattdessen Sachlohn gewährt. Ob ein Anspruch auf Barlohn oder Sachlohn besteht, ist auf den Zeitpunkt bezogen zu entscheiden, zu dem der Arbeitnehmer über seinen Lohnanspruch verfügt.

BFH v. 7. 2. 2008 VI R 75/06 (BStBl. 2010 II S. 48): Die berufliche Veranlassung eines Darlehens wird nicht zwingend dadurch ausgeschlossen, dass der Darlehensvertrag mit dem alleinigen Gesellschafter-Geschäftsführer der Arbeitgeberin (GmbH) statt mit der insolvenzbedrohten GmbH geschlossen worden und die Darlehensvaluta an diesen geflossen ist. Maßgeblich sind der berufliche Veranlassungszusammenhang und der damit verbundene konkrete Verwendungszweck des Darlehens.

BFH v. 10. 1. 2008 VI R 17/07 (BStBl. II S. 234): Es wird eine Entscheidung des BVerfG darüber eingeholt, ob § 9 Abs. 2 Satz 1 EStG i.d.F. des StÄndG 2007 insoweit mit dem GG vereinbar ist, als danach

Rechtsprechung § 9

Aufwendungen des Arbeitnehmers für seine Wege zwischen Wohnung und regelmäßiger Arbeitsstätte keine Werbungskosten sind und keine weiteren einkommensteuerrechtlichen Regelungen bestehen, nach denen die vom Abzugsverbot betroffenen Aufwendungen ansonsten die einkommensteuerliche Bemessungsgrundlage mindern.

Hinweis: Normenkontrollverfahren BVerfG 2 BvL 2/08 – Urteil v. 9.12.2008 (BGBl. I S. 2888).

BFH v. 18. 10. 2007 VI R 59/06 (BStBl. 2009 II S. . . . .): Zuzahlungen zu den Anschaffungskosten eines dem Arbeitnehmer zur privaten Nutzung überlassenen Dienstwagens sind auch dann als Werbungskosten bei den Einnahmen aus nichtselbständiger Arbeit zu berücksichtigen, wenn der Nutzungsvorteil nach der 1 %-Regelung besteuert wird.

BFH v. 18. 10. 2007 VI R 57/06 (BStBl. 2009 II S. . . . .): Überlässt ein Arbeitgeber seinem Arbeitnehmer ein Kraftfahrzeug für dessen private Nutzung, können einzelne vom Arbeitnehmer selbst getragene Kraftfahrzeugkosten als Werbungskosten berücksichtigt werden, wenn der Nutzungsvorteil nach der sog. Fahrtenbuchmethode ermittelt wird. Dagegen kommt ein Werbungskostenabzug nicht in Betracht, wenn der Nutzungsvorteil pauschal nach der sog. 1 %-Regelung bemessen wird.

BFH v. 18. 10. 2007 VI R 96/04 (BStBl. 2008 II S. 198): Der nach der sog. 1 %-Regelung gemäß § 40 Abs. 1 EStG pauschaliert besteuerte Vorteil eines vom Arbeitgeber dem Arbeitnehmer zur Privatnutzung überlassenen Dienstwagens ist nicht um die vom Arbeitnehmer selbst getragenen Treibstoffkosten zu mindern. Übernommene individuelle Kosten sind kein Entgelt für die Einräumung der Nutzungsmöglichkeit.

BFH v. 18. 10. 2007 VI R 42/04 (BStBl. 2008 II S. 223):

1. Strafverteidigungskosten sind Erwerbsaufwendungen, wenn der strafrechtliche Vorwurf, gegen den sich der Steuerpflichtige zur Wehr setzt, durch sein berufliches Verhalten veranlasst war.
2. Auf einer Honorarvereinbarung beruhende Strafverteidigungskosten führen nicht zu einer außergewöhnlichen Belastung, soweit sie nach einem Freispruch des Steuerpflichtigen nicht der Staatskasse zur Last fallen.

BFH v. 23. 8. 2007 VI B 42/07 (BStBl. II S. 799):

1. Es ist ernstlich zweifelhaft, ob das ab 2007 geltende Abzugsverbot des § 9 Abs. 2 EStG betreffend Aufwendungen für Wege zwischen Wohnung und Arbeitsstätte verfassungsgemäß ist.
2. Ein Beitritt des Bundesministeriums der Finanzen zu einem vor dem Bundesfinanzhof anhängigen Beschwerdeverfahren ist jedenfalls dann unzulässig, wenn es sich um eine Sache wegen Aussetzung der Vollziehung handelt.

Hinweis: Zur Aussetzung der Vollziehung BMF-Schreiben vom 4.10.2007 (BStBl. I S. 722).

BFH v. 9. 8. 2007 VI R 23/05 (BStBl. 2009 II S. 722):

1. Im Rahmen der Mehraufwendungen für doppelte Haushaltsführung sind Kosten für ein in der Wohnung am Beschäftigungsort gelegenes Arbeitszimmer, sofern die Abzugsvoraussetzungen dem Grunde nach gegeben sind, gesondert zu beurteilen und in den gesetzlichen Grenzen zu berücksichtigen.
2. Aufwendungen, die für eine Wohnung am Beschäftigungsort mit einem häuslichen Arbeitszimmer entstehen, sind nur insoweit abziehbar, wie sie nicht auf das Arbeitszimmer entfallen und die durch die Merkmale Wohnfläche und ortsüblicher Durchschnittsmietzins bestimmte Grenze des Notwendigen nicht überschreiten.*)

*) Allgemeine Anwendung des Urteils ergibt sich schon aus H 9.11 (5-10 „Angemessenheit der Unterkunftskosten") LStH 2008 und H 9.11 (5-10 „Angemessenheit der Unterkunftskosten") LStH 2009.

BFH v. 9. 8. 2007 VI R 10/06 (BStBl. II S. 820):

1. Unterhält ein Alleinstehender, der am Beschäftigungsort wohnt, an einem anderen Ort einen eigenen Hausstand, besteht mit zunehmender Dauer besonderer Anlass zu prüfen, wo sich sein Lebensmittelpunkt befindet.
2. Unterkunftskosten am Beschäftigungsort sind notwendig i.S. von § 9 Abs. 1 Satz 3 Nr. 5 Satz 1 EStG, wenn sie den Durchschnittsmietzins einer 60 qm-Wohnung am Beschäftigungsort nicht überschreiten.

BFH v. 14. 6. 2007 VI R 60/05 (BStBl. II S. 890): Im Rahmen einer Gesamtwürdigung aller Umstände ist zu klären, ob ein alleinstehender Arbeitnehmer einen eigenen Hausstand unterhält oder in einem

§ 9 Rechtsprechung

fremden Haushalt eingegliedert ist. Dabei ist auch von Bedeutung, ob der Arbeitnehmer die Wohnung entgeltlich oder unentgeltlich nutzt.

BFH v. 24. 5. 2007 VI R 73/05 (BStBl. II S. 766):
1. Verzichtet der Arbeitgeber gegenüber dem Arbeitnehmer auf Schadensersatz nach einem während einer beruflichen Fahrt alkoholbedingt entstandenen Schaden am auch zur privaten Nutzung überlassenen Firmen-PKW, so ist der dem Arbeitnehmer aus dem Verzicht entstehende Vermögensvorteil nicht durch die 1 v.H.-Regelung abgegolten.
2. Der als Arbeitslohn zu erfassende Verzicht auf Schadensersatz führt nur dann zu einer Steuererhöhung, wenn die Begleichung der Schadensersatzforderung nicht zum Werbungskostenabzug berechtigt. Ein Werbungskostenabzug kommt nicht in Betracht, wenn das auslösende Moment für den Verkehrsunfall die alkoholbedingte Fahruntüchtigkeit war.

BFH v. 24. 5. 2007 VI R 78/04 (BStBl. II S. 721): Bei der Würdigung, ob Aufwendungen eines Arbeitnehmers für Bewirtung und Werbegeschenke beruflich veranlasst sind, kann eine variable, vom Erfolg seiner Arbeit abhängige Entlohnung ein gewichtiges Indiz darstellen. Liegt indessen eine derartige Entlohnung nicht vor, so verlieren Aufwendungen nicht ohne Weiteres ihren beruflichen Charakter; der Erwerbsbezug kann sich auch aus anderen Umständen ergeben.

BFH v. 24. 5. 2007 VI R 47/03 (BStBl. II S. 609): Aufwendungen eines Arbeitnehmers für eine Zweitwohnung an einem auswärtigen Beschäftigungsort sind auch dann wegen doppelter Haushaltsführung als Werbungskosten abziehbar, wenn der Arbeitnehmer zugleich am Ort seines Hausstands beschäftigt ist.

BFH v. 3. 5. 2007 VI R 36/05 (BStBl. II S. 647):
1. Räumt ein Arbeitgeber einem Arbeitnehmer Aktienoptionen als Ertrag der Arbeit ein, sind damit zusammenhängende Aufwendungen des Arbeitnehmers erst im Jahr der Verschaffung der verbilligten Aktien zu berücksichtigen (Fortführung der Rechtsprechung im Senatsurteil vom 20. Juni 2001 VI R 105/99, BFHE 195, 395, BStBl. II 2001, 689).
2. Verfällt das Optionsrecht, sind die Optionskosten im Jahr des Verfalls als vergebliche Werbungskosten abziehbar.

BFH v. 29. 3. 2007 IX R 10/06 (BStBl. II S. 645): Wer einen als Darlehen empfangenen Geldbetrag nicht dazu nutzt, Aufwendungen im Zusammenhang mit seiner Vermietungstätigkeit zu begleichen, sondern ihn in einen Cash-Pool einbringt, aus dem heraus er später seine Kosten bestreitet, kann Schuldzinsen aus diesem Darlehen nicht als Werbungskosten von seinen Einnahmen aus Vermietung abziehen.

BFH v. 15. 3. 2007 VI R 14/04 (BStBl. II S. 814): Aufwendungen eines in Deutschland lebenden Ausländers für das Erlernen der deutschen Sprache gehören regelmäßig auch dann zu den nichtabziehbaren Kosten der Lebensführung, wenn ausreichende Deutschkenntnisse für einen angestrebten Ausbildungsplatz förderlich sind.

BFH v. 15. 3. 2007 VI R 31/05 (BStBl. II S. 533):
1. Die Rechtsprechung des BFH, nach der eine doppelte Haushaltsführung auch dann anerkannt werden kann, wenn Personen, die an verschiedenen Orten wohnen und dort arbeiten, nach der Eheschließung eine der beiden Wohnungen zur Familienwohnung machen, ist nicht in jedem Fall auf nicht eheliche Lebensgemeinschaften zu übertragen.
2. Die Gründung eines doppelten Haushalts kann bei nicht verheirateten Personen beruflich veranlasst sein, wenn sie vor der Geburt eines gemeinsamen Kindes an verschiedenen Orten berufstätig sind, dort wohnen und im zeitlichen Zusammenhang mit der Geburt des Kindes eine der beiden Wohnungen zur Familienwohnung machen.

BFH v. 1. 2. 2007 VI B 118/04 (BStBl. II S. 538):
1. Eine Beweisaufnahme zu einem streitigen Vorbringen darf nicht abgelehnt werden, wenn der dem Beweisantrag zugrundeliegende Tatsachenvortrag konkret genug ist, um die Erheblichkeit des Vorbringens beurteilen zu können.
2. Ein Beweisantrag des Inhalts, ein Arbeitnehmer habe den „Mittelpunkt seiner Lebensinteressen" i.S. des § 9 Abs. 1 Satz 3 Nr. 4 EStG an einem bestimmten Ort innegehabt, ist hinreichend substantiiert und bestimmt. Eine Pflicht, die den Begriff des Lebensmittelpunkts prägenden Einzeltatsachen zusätzlich zu benennen und unter Beweis zu stellen, besteht regelmäßig nicht.

Rechtsprechung § 9

3. Begründet ein FG im angefochtenen Urteil, weshalb es von der Erhebung eines beantragten Beweises abgesehen hat, so genügt für eine ordnungsgemäße Rüge der Verletzung der Sachaufklärungspflicht regelmäßig der Vortrag, das FG sei dem Beweisantritt nicht gefolgt.

BFH v. 1. 2. 2007 VI R 25/03 (BStBl. II S. 459): Bewirtungsaufwendungen eines angestellten Geschäftsführers mit variablen Bezügen anlässlich einer ausschließlich für Betriebsangehörige im eigenen Garten veranstalteten Feier zum 25-jährigen Dienstjubiläum können Werbungskosten sein.

BFH v. 11. 1. 2007 VI R 52/03 (BStBl. II S. 317):

1. Die berufliche Veranlassung von Werbungskosten ist anhand einer Gesamtwürdigung aller Umstände des Einzelfalles festzustellen.
2. Bewirtungsaufwendungen, die einem Offizier für einen Empfang aus Anlass der Übergabe der Dienstgeschäfte (Kommandoübergabe) und der Verabschiedung in den Ruhestand entstehen, können als Werbungskosten zu berücksichtigen sein.

BFH v. 11. 1. 2007 VI R 8/05 (BStBl. II S. 457): Aufwendungen für Fachkongresse können als Werbungskosten bei den Einkünften aus nichtselbständiger Arbeit abziehbar sein, wenn ein konkreter Zusammenhang mit der Berufstätigkeit besteht. Dies ist im Rahmen einer Gesamtwürdigung aller Umstände des Einzelfalls zu bestimmen.

BFH v. 29. 11. 2006 VI R 3/04 (BStBl. 2007 II S. 308):

1. § 3 Nr. 12 Satz 2 EStG ist verfassungskonform dahingehend auszulegen, dass die Erstattung nur solcher Aufwendungen von der Steuer befreit ist, die als Betriebsausgaben oder Werbungskosten abziehbar sind (Bestätigung der Rechtsprechung).
2. Eine vom Arbeitgeber für die berufliche Nutzung von Wohnraum gezahlte Aufwandsentschädigung (§ 17 BBesG) ist nur steuerfrei, wenn die Voraussetzungen für einen Werbungskostenabzug der Aufwendungen für ein häusliches Arbeitszimmer gegeben sind.

BFH v. 21. 9. 2006 VI R 81/04 (BStBl. 2007 II S. 114): Das BMF wird gemäß § 122 Abs. 2 Satz 3 FGO zum Beitritt aufgefordert, um zur Frage der Verfassungsmäßigkeit des § 3 Nr. 12 EStG im Hinblick auf die Steuerfreiheit der Amtsausstattung und der Kostenpauschale für Abgeordnete (§ 12 AbgG) Stellung zu nehmen.

BFH v. 20. 7. 2006 VI R 94/01 (BStBl. 2007 II S. 121): Dem Großen Senat wird folgende Rechtsfrage zur Entscheidung vorgelegt:
Können Aufwendungen für die Hin- und Rückreise bei gemischt beruflich (betrieblich) und privat veranlassten Reisen in abziehbare Werbungskosten (Betriebsausgaben) und nicht abziehbare Aufwendungen für die private Lebensführung nach Maßgabe der beruflich (betrieblich) und privat veranlassten Zeitanteile der Reise aufgeteilt werden, wenn die beruflich (betrieblich) veranlassten Zeitanteile feststehen und nicht von untergeordneter Bedeutung sind? (BFH GrS 1/06)

BFH v. 20. 7. 2006 VI R 26/05 (BStBl. II S. 764): Vorab entstandene Werbungskosten können auch bei einem im Anschluss an das Abitur durchgeführten Hochschulstudium anzuerkennen sein.*)
*) Ab 1. Januar 2004 geänderte Rechtslage.

BFH v. 22. 6. 2006 VI R 5/03 (BStBl. 2007 II S. 4): Die Zahlung einer in einem Ausbildungsverhältnis begründeten Vertragsstrafe kann zu Erwerbsaufwendungen (Werbungskosten oder Betriebsausgaben) führen.

BFH v. 22. 6. 2006 VI R 61/02 (BStBl. II S. 782):

1. Aufwendungen von Lehrern für Snowboardkurse können als Werbungskosten bei den Einkünften aus nichtselbständiger Arbeit abziehbar sein, wenn ein konkreter Zusammenhang mit der Berufstätigkeit besteht. Dies ist im Rahmen einer Gesamtwürdigung aller Umstände des Einzelfalls zu bestimmen.
2. Im Rahmen dieser Gesamtwürdigung können die in dem BFH-Urteil vom 26. August 1988 VI R 175/85 (BFHE 154, 513, BStBl. II 1989, 91) genannten Merkmale für die berufliche Veranlassung von Aufwendungen für Skilehrgänge Beweisanzeichen (Indizien) für den im Einzelfall maßgeblichen Veranlassungszusammenhang sein.

BFH v. 22. 6. 2006 VI R 5/04 (BStBl. II S. 717): Aufwendungen für den Besuch allgemein bildender Schulen sind regelmäßig keine Werbungskosten.

§ 9 Rechtsprechung

BFH v. 23.5. 2006 VI R 21/03 (BStBl. II S. 600):
1. Ob und in welchem Umfang die Aufwendungen für das Herrichten eines häuslichen Arbeitszimmers für eine nachfolgende berufliche Tätigkeit als Werbungskosten abziehbar sind, bestimmt sich nach den zu erwartenden Umständen der späteren beruflichen Tätigkeit. Nicht entscheidend ist, ob die beabsichtigte berufliche Nutzung im Jahr des Aufwands bereits begonnen hat.
2. Bei einem Steuerpflichtigen, der eine in qualitativer Hinsicht gleichwertige Arbeitsleistung wöchentlich an drei Tagen an einem häuslichen Telearbeitsplatz und an zwei Tagen im Betrieb seines Arbeitgebers zu erbringen hat, liegt der Mittelpunkt der gesamten beruflichen Betätigung im häuslichen Arbeitszimmer.

BFH v. 5. 4. 2006 IX R 111/00 (BStBl. II S. 654): Schuldzinsen für Darlehen, mit denen Arbeitnehmer den Erwerb von Gesellschaftsanteilen an ihrer Arbeitgeberin finanzieren, um damit die arbeitsvertragliche Voraussetzung für die Erlangung einer höher dotierten Position zu erfüllen, sind regelmäßig Werbungskosten bei den Einkünften aus Kapitalvermögen (Anschluss an BFH-Urteil vom 21. April 1961 VI 158/59 U, BFHE 73, 449, BStBl. III 1961, 431).

BFH v. 4. 4. 2006 VI R 11/02 (BStBl. II S. 714): Der berufliche Veranlassungszusammenhang einer doppelten Haushaltsführung wird nicht allein dadurch beendet, dass ein Steuerpflichtiger seinen Familienhausstand innerhalb desselben Ortes verlegt.

BFH v. 4. 4. 2006 VI R 44/03 (BStBl. II S. 567):
1. Aufgrund der Neuregelung des Verpflegungsmehraufwands ab 1996 hat ein Steuerpflichtiger bei einer beruflichen Auswärtstätigkeit einen Rechtsanspruch darauf, dass die gesetzlichen Pauschbeträge berücksichtigt werden.
2. Zu den einzelnen Kostenarten bei Vorliegen einer doppelten Haushaltsführung.

BFH v. 8. 3. 2006 IX R 78/01 (BStBl. II S. 448):
1. Ausgleichszahlungen, die ein zum Versorgungsausgleich verpflichteter Beamter auf Grund einer Vereinbarung gemäß § 1408 Abs. 2 BGB an seinen Ehegatten leistet, um Kürzungen seiner Versorgungsbezüge zu vermeiden, sind sofort als Werbungskosten abziehbar (Ergänzung zum BFH-Urteil vom 8. März 2006 IX R 107/00).
2. Werden die Abfindungszahlungen fremdfinanziert, kann der Beamte die dadurch entstehenden Schuldzinsen als Werbungskosten bei den Einkünften aus nichtselbständiger Arbeit absetzen.

BFH v. 8.3. 2006 IX R 107/00 (BStBl. II S. 446): Ausgleichszahlungen, die ein zum Versorgungsausgleich verpflichteter Ehegatte auf Grund einer Vereinbarung gemäß § 1587o BGB an den anderen Ehegatten leistet, um Kürzungen seiner Versorgungsbezüge (§ 19 Abs. 1 Satz 1 Nr. 2 EStG) zu vermeiden, sind sofort als Werbungskosten abziehbar.

BFH v. 21. 2. 2006 IX R 79/01 (BStBl. II S. 598): Bei der Abgrenzung, ob Umzugskosten eines verheirateten Arbeitnehmers Aufwendungen für die Lebensführung oder deshalb nahezu ausschließlich beruflich veranlasst sind, weil sich die Fahrzeiten zwischen Wohnung und Arbeitsstätte regelmäßig arbeitstäglich um insgesamt mindestens eine Stunde verkürzen, sind die Fahrzeitveränderungen der Ehegatten nicht zu saldieren.

BFH v. 19. 12. 2005 VI R 30/05 (BStBl. 2006 II S. 378): Die Dreimonatsfrist für den Abzug der Verpflegungspauschalen (§ 4 Abs. 5 Satz 1 Nr. 5 Satz 5 EStG) findet auch dann Anwendung, wenn ein Seemann auf einem Hochseeschiff auswärts eingesetzt wird.

BFH v. 2. 12. 2005 VI R 63/03 (BStBl. 2006 II S. 329): Nutzt ein Steuerpflichtiger ein häusliches Arbeitszimmer während einer Phase der Erwerbslosigkeit zur Vorbereitung auf eine künftige Erwerbstätigkeit, so kann er die Aufwendungen für das Arbeitszimmer regelmäßig nur geltend machen, wenn und soweit ihm der Werbungskostenabzug auch unter den zu erwartenden Umständen der späteren beruflichen Tätigkeit zustehen würde.

BFH v. 16. 11. 2005 VI R 12/04 (BStBl. 2006 II S. 267): Ein Soldat der Bundesmarine kann für die ersten drei Monate eines jeden vorübergehenden Einsatzes an Bord eines Schiffes Verpflegungsmehraufwendungen wegen Auswärtstätigkeit geltend machen.

BFH v. 11. 5. 2005 VI R 40/04 (BStBl. II S. 712): Ein Arbeitnehmer kann für die Wege zwischen Wohnung und Arbeitsstätte die höheren Aufwendungen für die an einzelnen Tagen benutzten öffentlichen Verkehrsmittel auch dann in voller Höhe als Werbungskosten abziehen, wenn er für die übrigen Arbeitstage die Entfernungspauschale geltend macht.

Rechtsprechung §9

BFH v. 11. 5. 2005 VI R 34/04 (BStBl. II S. 793):
1. Ein Arbeitnehmer, der typischerweise an ständig wechselnden Tätigkeitsstätten beruflich tätig ist und dabei am Ort einer solchen auswärtigen Tätigkeitsstätte vorübergehend eine Unterkunft bezieht, kann die Entfernungspauschale weder für die Wege zwischen seiner Wohnung und dem Tätigkeitsort noch – unabhängig von der Entfernung – für die Wege zwischen auswärtiger Unterkunft und Tätigkeitsstätte ansetzen.
2. Die Aufwendungen für solche Fahrten sind in der nachgewiesenen oder glaubhaft gemachten Höhe abziehbar.
3. Bei Sammelbeförderung durch den Arbeitgeber scheidet mangels Aufwands des Arbeitnehmers ein Werbungskostenabzug für diese Fahrten aus.*)

*) Hinweis auf BMF-Schreiben v. 26.10.2005 (BStBl. I S. 960).

BFH v. 11. 5. 2005 VI R 25/04 (BStBl. II S. 791):
1. Regelmäßige Arbeitsstätte i. S. des § 9 Abs. 1 Satz 3 Nr. 4 EStG ist jede dauerhafte betriebliche Einrichtung des Arbeitgebers, der der Arbeitnehmer zugeordnet ist und die er nachhaltig, fortdauernd und immer wieder aufsucht.
2. Fahrten des Arbeitnehmers zwischen seiner Wohnung und dem Betriebs- bzw. Firmensitz, von dem aus die Auswärtstätigkeit auf wechselnden Tätigkeitsstätten angetreten wird, betreffen die Wege zwischen Wohnung und Arbeitsstätte (Ansatz der Entfernungspauschale).
3. Für die Wege zwischen dem Betriebs- bzw. Firmensitz als regelmäßiger Arbeitsstätte des Arbeitnehmers und ständig wechselnden Tätigkeitsstätten kann nicht die Entfernungspauschale angesetzt werden; abziehbar sind die hierfür nachgewiesenen oder glaubhaft gemachten Aufwendungen.
4. Bei Sammelbeförderung durch den Arbeitgeber scheidet mangels Aufwands des Arbeitnehmers ein Werbungskostenabzug für diese Fahrten aus.*)

*) Hinweis auf BMF-Schreiben v. 26.10.2005 (BStBl. I S. 960).

BFH v. 11. 5. 2005 VI R 16/04 (BStBl. II S. 789): Sucht der Arbeitnehmer den Betrieb seines Arbeitgebers mit einer gewissen Nachhaltigkeit fortdauernd und immer wieder auf, um von dort aus seine berufliche Tätigkeit an ständig wechselnden auswärtigen Tätigkeitsstätten anzutreten, so kann er Mehraufwendungen für Verpflegung nicht für die Dauer der Abwesenheit von seiner Wohnung, sondern erst ab Beginn seiner Auswärtstätigkeit außerhalb des Betriebes steuerlich geltend machen*)

*) Hinweis auf BMF-Schreiben v. 26.10.2005 (BStBl. I S. 960).

BFH v. 11. 5. 2005 VI R 15/04 (BStBl. II S. 788): Die Fahrten eines Linienbusfahrers zwischen seiner Wohnung und unterschiedlichen Busdepots, an denen er das zu führende Fahrzeug in wechselndem Turnus zu übernehmen hat und die er mit einer gewissen Nachhaltigkeit fortdauernd und immer wieder aufsucht, sind Fahrten zwischen Wohnung und Arbeitsstätte.*)

*) Hinweis auf BMF-Schreiben v. 26.10.2005 (BStBl. I S. 960).

BFH v. 11. 5. 2005 VI R 70/03 (BStBl. II S. 785):
1. Für die Wege eines Arbeitnehmers zwischen Wohnung und ständig wechselnden Tätigkeitsstätten ist die Entfernungspauschale nach § 9 Abs. 1 Satz 3 Nr. 4 EStG nicht anzusetzen.
2. Die Aufwendungen für solche Fahrten sind in der nachgewiesenen oder glaubhaft gemachten Höhe abziehbar.
3. Bei Sammelbeförderung durch den Arbeitgeber scheidet mangels Aufwands des Arbeitnehmers ein Werbungskostenabzug für diese Fahrten aus.*)

*) Hinweis auf BMF-Schreiben v. 26.10.2005 (BStBl. I S. 960).

BFH v. 11. 5. 2005 VI R 7/02 (BStBl. II S. 782):
1. Der Bezug einer Unterkunft an einer vorübergehenden beruflichen Tätigkeitsstätte (Einsatzwechseltätigkeit) begründet keine doppelte Haushaltsführung. Die mit einer solchen Auswärtstätigkeit verbundenen Fahrt- und Übernachtungskosten sind in vollem Umfang als Werbungskosten abziehbar (Änderung der Rechtsprechung).
2. Die Höhe des Verpflegungsmehraufwands richtet sich bei Auswärtstätigkeiten i. S. des § 4 Abs. 5 Satz 1 Nr. 5 Satz 3 EStG nach der Abwesenheit des Arbeitnehmers von seiner Wohnung am Ort des Lebensmittelpunkts. Nicht entscheidend ist die Abwesenheitsdauer von der auswärtigen Unterkunft am Einsatzort. Der Abzug des Verpflegungsmehraufwands ist auf die ersten drei Monate des Einsatzes an derselben Tätigkeitsstätte beschränkt.*)

*) Hinweis auf BMF-Schreiben v. 26.10.2005 (BStBl. I S. 960).

§ 9 Rechtsprechung

BFH v. 10. 2. 2005 VI B 113/04 (BStBl. 2005 II S. 488):
1. Es ist höchstrichterlich hinreichend geklärt, unter welchen Voraussetzungen ein anderer Arbeitsplatz für die berufliche Tätigkeit eines Steuerpflichtigen zur Verfügung steht.
2. Dabei sind die tatrichterliche Überzeugungsbildung, die Tatsachen- bzw. Sachverhaltswürdigung sowie Schlussfolgerungen des FG in tatsächlicher Art für das Revisionsgericht grundsätzlich bindend.

BFH v. 26. 1. 2005 VI R 71/03 (BStBl. II S. 349):
1. Die Frage, ob Aufwendungen für ein Studium in einem hinreichend konkreten, objektiv feststellbaren Zusammenhang mit künftigen steuerbaren Einnahmen stehen, obliegt in erster Linie der tatrichterlichen Würdigung.
2. Dabei hat der Tatrichter die Bekundungen der Steuerpflichtigen unter Berücksichtigung einerseits der Beweisschwierigkeiten und andererseits der wirtschaftlichen Gegebenheiten zu würdigen.

BFH v. 14. 10. 2004 VI R 82/02 (BStBl. 2005 II S. 98): Unterhält ein unverheirateter Arbeitnehmer am Ort des Lebensmittelpunkts seinen Haupthausstand, so kommt es für das Vorliegen einer doppelten Haushaltsführung nicht darauf an, ob die ihm dort zur ausschließlichen Nutzung zur Verfügung stehenden Räumlichkeiten den bewertungsrechtlichen Anforderungen an eine Wohnung gerecht werden.

BFH v. 6. 10. 2004 VI R 27/01 (BStBl. II S. 1071): Die Kosten einer Gartenerneuerung können anteilig den Kosten des häuslichen Arbeitszimmers zuzurechnen sein, wenn bei einer Reparatur des Gebäudes, zu dem das Arbeitszimmer gehört, Schäden am Garten verursacht worden sind. Zu berücksichtigen sind allerdings nur diejenigen Aufwendungen, die der Wiederherstellung des ursprünglichen Zustands dienen.

BFH v. 16. 9. 2004 VI R 25/02 (BStBl. 2006 II S. 10): Leistet der Arbeitgeber Zahlungen für ein im Haus bzw. in der Wohnung des Arbeitnehmers gelegenes Büro, das der Arbeitnehmer für die Erbringung seiner Arbeitsleistung nutzt, so ist die Unterscheidung zwischen Arbeitslohn einerseits und Einkünften aus Vermietung und Verpachtung andererseits danach vorzunehmen, in wessen vorrangigem Interesse die Nutzung des Büros erfolgt.
*) Hinweis auf BMF-Schreiben vom 13.12.2005 (BStBl. 2006 I S. 4), – Anlage § 019-06 –.

BFH v. 5. 8. 2004 VI R 40/03 (BStBl. II S. 1074):
1. Die Kosten für gelegentliche Hotelübernachtungen am Ort der regelmäßigen Arbeitsstätte sind Werbungskosten, wenn sie beruflich veranlasst sind.
2. Der Heimatflughafen ist regelmäßige Arbeitsstätte einer Flugbegleiterin. Für ihre dortige Tätigkeit – z. B. für Fortbildungsveranstaltungen – sind Verpflegungsmehraufwendungen daher nicht zu berücksichtigen.

BFH v. 27. 7. 2004 VI R 43/03 (BStBl. 2005 II S. 357): Die Dreimonatsfrist des § 4 Abs. 5 Satz 1 Nr. 5 Satz 5 EStG findet auch dann Anwendung, wenn ein Arbeitnehmer im Zuge einer Einsatzwechseltätigkeit längerfristig vorübergehend an derselben Tätigkeitsstätte eingesetzt wird (gegen R 39 Abs. 1 Satz 5 LStR).*)
*) Hinweis auf BMF-Schreiben v. 11.4.2005 (BStBl. I S. 673).

BFH v. 7. 7. 2004 VI R 11/04 (BStBl. II S. 1004): Ein Berufsfeuerwehrmann, der während der Dienstzeit grundsätzlich in der Feuerwache anwesend sein muss, dort stets Arbeiten zu verrichten hat und nach jedem Einsatz dorthin zurückkehrt, übt weder eine Fahr- noch eine Einsatzwechseltätigkeit aus.

BFH v. 18. 5. 2004 VI R 70/98 (BStBl. II S. 962): Erbringt ein Arbeitnehmer seine Arbeitsleistung vorübergehend außerhalb der Wohnung und des dauerhaften Mittelpunkts seiner beruflichen Tätigkeit, so begründet er dort auch nach Ablauf von drei Monaten keine (weitere) Arbeitsstätte i. S. des § 9 Abs. 1 Satz 3 Nr. 4 EStG, wenn sich die auswärtige Tätigkeit im Vergleich zur Arbeit an der (bisherigen) regelmäßigen Tätigkeitsstätte als untergeordnet darstellt (insoweit gegen Abschn. 25 Abs. 3 Satz 2 LStR 1984 und 1987, Abschn. 37 Abs. 3 Satz 2 Nr. 2 Satz 3 LStR 1990).

BFH v. 19. 2. 2004 VI R 135/01 (BStBl. II S. 958):
1. Ein privat angeschaffter und in der privaten Wohnung aufgestellter PC kann ein Arbeitsmittel i. S. des § 9 Abs. 1 Satz 3 Nr. 6 EStG sein. Eine private Mitbenutzung ist unschädlich, soweit sie einen Nutzungsanteil von etwa 10 v. H. nicht übersteigt.
2. Die Kosten eines gemischt genutzten PC sind aufzuteilen. § 12 Nr. 1 Satz 2 EStG steht einer solchen Aufteilung nicht entgegen.
3. Die Peripherie-Geräte einer PC-Anlage sind regelmäßig keine geringwertigen Wirtschaftsgüter i. S. des § 6 Abs. 2 Satz 1 EStG.

Rechtsprechung § 9

BFH v. 9. 12. 2003 VI R 35/96 (BStBl. 2004 II S. 641): Zahlungen aufgrund einer Haftung wegen Beihilfe zur Steuerhinterziehung Dritter können bei einem GmbH-Gesellschafter-Geschäftsführer zu Erwerbsaufwendungen führen.

BFH v. 9. 12. 2003 VI R 185/97 (BStBl. 2004 II S. 491): Der endgültige Verlust eines Arbeitsmittels (hier: Violine einer Orchestermusikerin) durch Diebstahl oder Unterschlagung kann im Wege der AfaA zu Erwerbsaufwendungen führen. Nach den Umständen des Einzelfalles kann dies auch dann der Fall sein, wenn der Ehepartner des Steuerpflichtigen den Verlust herbeiführt.

BFH v. 9. 12. 2003 VI R 150/01 (BFH-Webseite): Einem Schulleiter mit Unterrichtsverpflichtung wird das Dienstzimmer in der Schule grundsätzlich nur für die Verwaltungstätigkeit, nicht aber für die Lehrtätigkeit (Vor- und Nachbereitung des Unterrichts) zur Verfügung gestellt, so dass Aufwendungen für ein häusliches Arbeitszimmer in Höhe von 2 400 DM (jetzt: 1 250 €) regelmäßig zu berücksichtigen sind.

BFH v. 26. 11. 2003 VI R 152/99 (BStBl. 2004 II S. 233): Ob ein Arbeitnehmer seine weiter entfernt liegende Familienwohnung „nicht nur gelegentlich" aufsucht, ist anhand einer Gesamtwürdigung zu beurteilen. Fünf Fahrten im Kalenderjahr können bei entsprechenden Umständen ausreichend sein (gegen Abschn. 42 Abs. 3 Satz 5 LStR 1996).

BFH v. 4. 11. 2003 VI R 96/01 (BStBl. 2004 II S. 891): Kosten für den Erwerb eines Doktortitels können, sofern sie beruflich veranlasst sind, Werbungskosten sein. Sie sind regelmäßig nicht als Kosten der privaten Lebensführung zu beurteilen (Änderung der Rechtsprechung; Anschluss an die Urteile vom 4. Dezember 2002 VI R 120/01, BFHE 201, 156, BStBl. II 2003, 403; vom 17. Dezember 2002 VI R 137/01, BFHE 201, 211, BStBl. II 2003, 407; vom 27. Mai 2003 VI R 33/01, BFHE 202, 314, BStBl. II 2004, 884; vom 22. Juli 2003 VI R 50/02, BFHE 202, 563, BStBl. II 2004, 889).*)
*) Anmerkung BStBl. II: „Ab 1. Januar 2004 geänderte Rechtslage."

BFH v. 4. 11. 2003 VI R 170/99 (BStBl. 2004 II S. 16): Ein Vorbehaltsnießbrauch zu Gunsten der Eltern an einem Zweifamilienhaus eines unverheirateten Arbeitnehmers schließt nicht aus, dass dieser dort einen eigenen Hausstand als Voraussetzung für eine doppelte Haushaltsführung unterhält, wenn gesichert ist, dass er die Wohnung nicht nur vorübergehend nutzen kann; bei dieser Prüfung kommt es auf den Fremdvergleich nicht an.

BFH v. 13. 10. 2003 VI R 71/02 (BStBl. 2004 II S. 890):
1. Aufwendungen für eine erstmalige, vom Arbeitsamt unterstützte Berufsausbildung zur Bürokauffrau können Werbungskosten sein, soweit sie die Kostenerstattungen nach § 45 AFG (jetzt §§ 79, 81 SGB III) übersteigen.*)
2. Das Unterhaltsgeld i. S. des § 44 AFG (jetzt §§ 77, 153 SGB III) ist demgegenüber nicht nach § 3c EStG anzurechnen (Fortführung der Rechtsprechung aus dem BFH-Urteil vom 4. März 1977 VI R 213/75, BFHE 122, 265, BStBl. II 1977, 507).

*) Anmerkung BStBl. II: „Ab 1. Januar 2004 geänderte Rechtslage."

BFH v. 23. 9. 2003 IX R 65/02 (BStBl. 2005 II S. 159): Erbbauzinsen sind auch dann als Werbungskosten bei den Einkünften aus Vermietung und Verpachtung im Kalenderjahr ihrer Leistung sofort abziehbar, wenn sie in einem Einmalbetrag vorausgezahlt werden (gegen BMF-Schreiben vom 10. Dezember 1996, BStBl. I 1996, 1440).*)
*) Anmerkung BStBl. II: „Die steuerrechtliche Behandlung von in einem Einmalbetrag vorausgezahlten Erbbauzinsen und anderen Entgelten für Nutzungsüberlassungen wurde durch Artikel 1 des Gesetzes zur Umsetzung von EU-Richtlinien in nationales Recht und zur Änderung weiterer Vorschriften vom 9. Dezember 2004 gesetzlich geregelt (BGBl. I S. 3310, BStBl. I S. 1158). Soweit es sich dabei um längerfristige Nutzungsüberlassungen bei Grundstücken handelt, gilt die gesetzliche Neuregelung bereits ab dem 1. Januar 2004." (§ 11 Abs. 2 Satz 3 EStG)

BFH v. 11. 9. 2003 VI B 101/03 (BStBl. II S. 893):
1. Die Abgeltungswirkung der Entfernungspauschale greift auch dann ein, wenn wegen atypischer Dienstzeiten Fahrten zwischen Wohnung und Arbeitsstätte zweimal arbeitstäglich erfolgen.
2. Der Gesetzgeber war von Verfassungs wegen nicht verpflichtet, für atypische Dienstzeiten eine Ausnahme von der Abgeltungswirkung der Entfernungspauschale vorzunehmen.

BFH v. 7. 8. 2003 VI R 162/00 (BStBl. 2004 II S. 83):
1. Ein Büroarbeitsplatz in der Schalterhalle einer Bank ist auch dann ein „anderer Arbeitsplatz" im Sinne der Abzugsbeschränkung, wenn sich der Steuerpflichtige dort durch die konkreten Arbeitsbedingungen (z. B. Reinigungsarbeiten und Kundenverkehr) in seiner Konzentration gestört fühlt.

2. Muss ein Bankangestellter in einem nicht unerheblichen Umfang Bürotätigkeiten auch außerhalb der üblichen Bürozeiten verrichten und steht ihm hierfür sein regulärer Arbeitsplatz nicht zur Verfügung, können die Aufwendungen für ein häusliches Arbeitszimmer grundsätzlich (bis zu einer Höhe von 2400 DM – jetzt: 1250 €) als Werbungskosten zu berücksichtigen sein.*)
*) Hinweis auf BMF-Schreiben v. 7. 1. 2004 (BStBl. I S. 143), – **Anlage § 004-03** –.

BFH v. 7. 8. 2003 VI R 17/01 (BStBl. 2004 II S. 78): Ein Arbeitsplatz in einem Großraumbüro ist auch dann ein „anderer Arbeitsplatz" i. S. des § 4 Abs. 5 Satz 1 Nr. 6b Satz 2 Alternative 2 EStG, wenn er dem Steuerpflichtigen nicht individuell zugeordnet ist.*)
*) Hinweis auf BMF-Schreiben v. 7. 1. 2004 (BStBl. I S. 143), – **Anlage § 004-03** –.

BFH v. 7. 8. 2003 VI R 16/01 (BStBl. 2004 II S. 77): Steht einem Grundschulleiter, der zu 50 v. H. von seiner Unterrichtsverpflichtung freigestellt ist, ein Dienstzimmer von knapp 11 qm zur Verfügung, so schließt das die steuerliche Berücksichtigung von Aufwendungen für ein häusliches Arbeitszimmer nicht aus.*)
*) Hinweis auf BMF-Schreiben v. 7. 1. 2004 (BStBl. I S. 143), – **Anlage § 004-03** –.

BFH v. 7. 8. 2003 VI R 118/00 (BStBl. 2004 II S. 82): Steht einer Schulleiterin mit einem Unterrichtspensum von 18 Wochenstunden im Schulsekretariat ein Schreibtisch für Verwaltungsarbeiten zur Verfügung, so schließt das die steuerliche Berücksichtigung von Aufwendungen für ein häusliches Arbeitszimmer zur Vor- und Nachbereitung des Unterrichts nicht aus.*)
*) Hinweis auf BMF-Schreiben v. 7. 1. 2004 (BStBl. I S. 143), – **Anlage § 004-03** –.

BFH v. 7. 8. 2003 VI R 41/98 (BStBl. 2004 II S. 80): Leistet ein EDV-Organisator außerhalb seiner regulären Arbeitszeit vom häuslichen Arbeitszimmer aus per Telefon und Teleservice Bereitschaftsdienst und kann er hierfür seinen Arbeitsplatz beim Arbeitgeber tatsächlich nicht nutzen, sind die Aufwendungen für das häusliche Arbeitszimmer grundsätzlich (bis zu einer Höhe von 2 400 DM – jetzt: 1 250 €) als Werbungskosten zu berücksichtigen.*)
*) Hinweis auf BMF-Schreiben v. 7. 1. 2004 (BStBl. I S. 143), – **Anlage § 004-03** –.

BFH v. 22. 7. 2003 VI R 190/97 (BStBl. 2004 II S. 886):
1. Aufwendungen einer Krankenschwester für einen Lehrgang mit dem Ziel, Lehrerin für Pflegeberufe zu werden, sind als Werbungskosten anzuerkennen.
2. Eine Bildungseinrichtung ist als regelmäßige Arbeitsstätte anzusehen, wenn diese häufig über einen längeren Zeitraum hinweg zum Zwecke eines Vollzeitunterrichts aufgesucht wird.

BFH v. 22. 7. 2003 VI R 50/02 (BStBl. 2004 II S. 889): Aufwendungen für ein Universitätsstudium im Anschluss an ein Fachhochschulstudium können Werbungskosten sein, sofern sie beruflich veranlasst sind. Es ist nicht darauf abzustellen, ob es sich bei dem Hochschulstudium um ein Erst- oder Zweitstudium handelt oder ob das Studium die Grundlage für eine neue oder andere berufliche Basis schafft.*)
*) Anmerkung BStBl. II: „Ab 1. Januar 2004 geänderte Rechtslage."

BFH v. 22. 7. 2003 VI R 137/99 (BStBl. 2004 II S. 888): Aufwendungen einer Steuerpflichtigen, die sich im Erziehungsurlaub befindet, können vorab entstandene Werbungskosten sein. Dabei bedarf der berufliche Verwendungsbezug der Aufwendungen – wenn er sich nicht bereits aus den Umständen von Umschulungs- oder Qualifizierungsmaßnahmen ergibt – einer ins Einzelne gehenden Darlegung.

BFH v. 27. 5. 2003 VI R 85/02 (BStBl. 2005 II S. 202):
1. Aufwendungen einer Stewardess für den Erwerb des Verkehrsflugzeugführerscheins einschließlich Musterberechtigung stellen vorab entstandene Werbungskosten bei den Einkünften aus nichtselbständiger Arbeit dar.
2. Aufwendungen für den Erwerb des Privatflugzeugführerscheins führen demgegenüber regelmäßig nicht zu Werbungskosten.

BFH v. 27. 5. 2003 VI R 33/01 (BStBl. 2004 II S. 884): Vorab entstandene Werbungskosten können auch bei einer erstmaligen Berufsausbildung anzuerkennen sein (Anschluss an BFH-Urteil vom 4. Dezember 2002 VI R 120/01, BFHE 201, 156, BStBl. II 2003, 403).*)
*) Anmerkung BStBl. II: „Ab 1. Januar 2004 geänderte Rechtslage."

BFH v. 29. 4. 2003 VI R 86/99 (BStBl. II S. 749): Die Höhe von vorab entstandenen Erwerbsaufwendungen wegen einer über einen längeren Zeitraum auf einen Abschluss zielenden erstmaligen, anderen oder qualifizierteren Berufsausbildung ist unabhängig davon zu ermitteln, ob daneben einer Erwerbstätigkeit nachgegangen wird.

Rechtsprechung § 9

BFH v. 8. 4. 2003 IX R 36/00 (BStBl. II S. 706): Veräußert ein Steuerpflichtiger seine bisher selbst genutzte und durch ein Darlehen finanzierte Immobilie und verwendet er unter Aufrechterhaltung des Darlehens nur einen Teil des Verkaufserlöses dazu, durch die Anschaffung einer anderen Immobilie Einkünfte aus Vermietung und Verpachtung zu erzielen, so kann er aus dem fortgeführten Darlehen nicht mehr an Schuldzinsen als Werbungskosten abziehen, als dem Anteil der Anschaffungskosten der neuen Immobilie an dem gesamten Verkaufserlös entspricht.

BFH v. 25.3.2003 IX R 22/01 (BStBl. 2004 II S. 348):

1. Finanziert der Steuerpflichtige die Herstellung von Eigentumswohnungen, von denen eine dem Erzielen von Einkünften und die andere der (nichtsteuerbaren) Selbstnutzung dient, mit Eigenmitteln und Darlehen, kann er die Darlehenszinsen insoweit als Werbungskosten bei den Einkünften aus Vermietung und Verpachtung abziehen, als er das Darlehen (tatsächlich) zur Herstellung der der Einkünfteerzielung dienenden Eigentumswohnung verwendet.

2. Der Werbungskostenabzug setzt voraus, dass der Steuerpflichtige der vermieteten Eigentumswohnung die auf sie entfallenden Herstellungskosten (Sonderausstattung und Gemeinkosten) zuordnet und mit Darlehensmitteln gesondert bezahlt. Stellt der Unternehmer die Kosten des Gesamtgebäudes nur einheitlich in Rechnung, kann der Steuerpflichtige die für die Zuordnung erforderliche Aufteilung (im Verhältnis der selbstgenutzten Wohn-/Nutzflächen des Gebäudes zu denen, die der Einkünfteerzielung dienen) selbst vornehmen und die sich danach ergebenden Herstellungskosten der vermieteten Eigentumswohnung gesondert mit Darlehensmitteln bezahlen (gegen Schreiben des BMF vom 10. Dezember 1999 IV C 3 – S 2211 – 34/99, BStBl. I 1999, 1130).

3. Wird das der vermieteten Eigentumswohnung zugeordnete Darlehen einem (Eigen- und Fremdmittel umfassenden) Konto gutgeschrieben, von dem der Steuerpflichtige alle Gebäudeerrichtungskosten bezahlt, sind die Darlehenszinsen nur anteilig als Werbungskosten abziehbar.*)

*) Anmerkung BStBl. II: Hinweis auf BMF-Schreiben v. 16.4.2004 (BStBl. I S. 464).

BFH v. 11. 3. 2003 IX R 55/01 (BStBl. II S. 627): Ein Missbrauch rechtlicher Gestaltungsmöglichkeiten i. S. des § 42 AO 1977 liegt nicht vor, wenn ein Ehegatte dem anderen seine an dessen Beschäftigungsort belegene Wohnung im Rahmen einer doppelten Haushaltsführung zu fremdüblichen Bedingungen vermietet.

BFH v. 26. 2. 2003 VI R 156/01 (BStBl. 2004 II S. 75): Ein Arbeitszimmer, das sich in einem selbst genutzten Einfamilienhaus befindet, ist grundsätzlich ein „häusliches" Arbeitszimmer i. S. des § 4 Abs. 5 Satz 1 Nr. 6b EStG.*)
*) Hinweis auf BMF-Schreiben v. 7. 1. 2004 (BStBl. I S. 143), – **Anlage § 004-03** –.

BFH v. 26. 2. 2003 VI R 130/01 (BStBl. 2004 II S. 74): Ein Arbeitszimmer in einem zur Wohnung des Steuerpflichtigen gehörenden Hobbyraum ist auch dann ein „häusliches" Arbeitszimmer i. S. des § 4 Abs. 5 Satz 1 Nr. 6b EStG, wenn sich der betreffende Raum im Keller eines Mehrfamilienhauses befindet.*)
*) Hinweis auf BMF-Schreiben v. 7. 1. 2004 (BStBl. I S. 143), – **Anlage § 004-03** –.

BFH v. 26. 2. 2003 VI R 160/99 (BStBl. II S. 515): Werden im Keller eines Mehrfamilienhauses Räumlichkeiten, die nicht zur Privatwohnung des Steuerpflichtigen gehören, als Arbeitszimmer genutzt, so kann es sich hierbei um ein „außerhäusliches" Arbeitszimmer handeln, das nicht unter die Abzugsbeschränkung des § 4 Abs. 5 Satz 1 Nr. 6b EStG fällt.

BFH v. 26. 2. 2003 VI R 30/02 (BStBl. II S. 495): Die Abzugsbeschränkung des § 9 Abs. 1 Satz 3 Nr. 4 EStG setzt nicht voraus, dass der Arbeitnehmer seine regelmäßige Arbeitsstätte zum Zwecke eines Arbeitseinsatzes aufsucht. Sie greift auch ein, wenn die regelmäßige Arbeitsstätte freiwillig zum Zwecke der Fortbildung angefahren wird.

BFH v. 13. 2. 2003 IV R 44/01 (BStBl. II S. 698): Aufwendungen eines Steuerpflichtigen mit einer abgeschlossenen Berufsausbildung für den Erwerb eines neuen Berufs sind vorweggenommene Betriebsausgaben oder Werbungskosten, wenn sie in einem hinreichend konkreten Zusammenhang mit erwarteten späteren Einnahmen aus dem neuen Beruf stehen und die Ausbildung für den neuen Beruf der Überwindung oder Vermeidung von Arbeitslosigkeit dient (Anschluss an BFH-Urteil vom 4. Dezember 2002 VI R 120/01, zur amtlichen Veröffentlichung bestimmt).

BFH v. 17. 12. 2002 VI R 188/98 (BStBl. 2003 II S. 314): Bei einem beruflich veranlassten Umzug sind Aufwendungen für die Ausstattung der neuen Wohnung nicht als Werbungskosten abziehbar.

§ 9 Rechtsprechung

BFH v. 17. 12. 2002 VI R 137/01 (BStBl. 2003 II S. 407):

1. Aufwendungen für ein berufsbegleitendes erstmaliges Hochschulstudium sind als Werbungskosten zu berücksichtigen, sofern sie beruflich veranlasst sind.

2. Die Auffassung, wonach Ausgaben für ein Erststudium an einer Universität oder Fachhochschule stets der allgemeinen Lebensführung zuzuordnen und deshalb nur als Sonderausgaben begrenzt abziehbar sind, wird aufgegeben (Änderung der Rechsprechung).

BVerfG v. 4. 12. 2002 2 BvR 400/98 und 2 BvR 1735/00 (BStBl. 2003 II S. 534, Entscheidungsformel mit Gesetzeskraft BGBl. 2003 I S. 636): § 9 Absatz 1 Satz 3 Nummer 5 Satz 3 Einkommensteuergesetz in der Fassung des Artikel 1 Nummer 14 Jahressteuergesetz 1996 vom 11. Oktober 1995 (Bundesgesetzblatt I S. 1250) ist mit Artikel 3 Absatz 1 des Grundgesetzes unvereinbar, soweit die Vorschrift Fälle der fortlaufend verlängerten Abordnung („Kettenabordnung") erfasst, und unvereinbar mit Artikel 3 Absatz 1 in Verbindung mit Artikel 6 Absatz 1 des Grundgesetzes, soweit sie für beiderseits berufstätige Ehegatten Geltung beansprucht.
*) Hinweis auf BMF-Schreiben v. 13.6.2003 (BGBl. I S. 341) (vorläufige Steuerfestsetzung wegen Zweijahresfrist bei doppelter Haushaltsführung in Anwendung des Beschlusses).
Anmerkung: Streichung der Zweijahresfrist in § 4 Abs.5 Satz 1 Nr. 6a und § 9 Abs. 1 Satz 3 Nr. 5 EStG durch StÄndG 2003 v. 15.12.2003 (BGBl. I S. 2645) ab 2003.

BFH v. 4. 12. 2002 VI R 120/01 (BStBl. 2003 II S. 403): Aufwendungen für eine Umschulungsmaßnahme, die die Grundlage dafür bildet, von einer Berufs- oder Erwerbsart zu einer anderen überzuwechseln, können vorab entstandene Werbungskosten sein (Änderung der Rechtsprechung).

BFH v. 13. 11. 2002 VI R 164/00 (BStBl. 2003 II S. 350): Ein Arbeitszimmer kann auch dann „häuslich" i. S. des § 4 Abs. 5 Satz 1 Nr. 6b EStG sein, wenn es sich in einem Anbau zum Wohnhaus des Steuerpflichtigen befindet und nur über einen separaten Eingang vom straßenabgewandten Garten aus betreten werden kann.

BFH v. 1. 10. 2002 IX R 12/00 (BStBl. 2003 II S. 398): Die Abschlussgebühren eines Bausparvertrages, der bestimmungsgemäß der Ablösung eines Darlehens dient, mit dem der Erwerb einer vermieteten Immobilie finanziert wurde, sind nach § 9 Abs. 1 Satz 3 Nr. 1, § 9a Satz 1 Nr. 2 Satz 2 EStG abziehbare Schuldzinsen.

BFH v. 19. 9. 2002 VI R 70/01 (BStBl. 2003 II S. 139):

1. „Häusliches Arbeitszimmer" i. S. des § 4 Abs. 5 Satz 1 Nr. 6b EStG ist ein Raum, der seiner Lage, Funktion und Ausstattung nach in die häusliche Sphäre des Steuerpflichtigen eingebunden ist und vorwiegend der Erledigung gedanklicher, schriftlicher oder verwaltungstechnischer bzw. -organisatorischer Arbeiten dient.

2. Auch ein im Keller des selbst bewohnten Einfamilienhauses gelegener Raum, den der Steuerpflichtige zusätzlich zu einem häuslichen Arbeitszimmer als Archiv nutzt, kann zusammen mit diesem unter die Abzugsbeschränkung des § 4 Abs. 5 Satz 1 Nr. 6b EStG fallen.

BFH v. 27. 8. 2002 VI R 22/01 (BStBl. 2003 II S. 369): Für eine (Auslands-)Reise kann ein hinreichend konkreter beruflicher Anlass auch dann vorliegen, wenn es sich zwar um die Teilnahme an einer Gruppenreise handelt, die Organisation und Durchführung einer solchen Reise jedoch Dienstaufgabe des damit betrauten Arbeitnehmers ist.

BFH v. 13. 6. 2002 VI R 168/00 (BStBl. 2003 II S. 765): Die steuerliche Berücksichtigung von Aufwendungen für einen Sprachkurs kann nicht mit der Begründung versagt werden, er habe in einem anderen Mitgliedstaat der Europäischen Union stattgefunden.*)
*) Hinweis auf BMF-Schreiben v. 26. 9. 2003 (BStBl. I S. 447), – Anlage § 009-08 –.

BFH v. 10. 4. 2002 VI R 154/00 (BStBl. II S. 779):

1. Die Rechtsprechung, dass Verwaltungspauschalen nach dem Regelungsverständnis der Verwaltung auszulegen sind, gilt nicht für solche Verwaltungsanweisungen, die lediglich gesetzesauslegenden Charakter haben.

2. Ob Pauschbeträge für Verpflegungsmehraufwendungen wegen Fahrtätigkeit zu gewähren sind, entscheidet sich nicht nach den abstrakten Merkmalen eines bestimmten Berufsbildes, sondern nach dem konkreten Einsatz des betreffenden Arbeitnehmers.

Rechtsprechung § 9

BFH v. 10. 4. 2002 VI R 46/01 (BStBl. II S. 579):
1. Ob zwischen dem Erwerb von Fremdsprachenkenntnissen und der beruflichen Tätigkeit des Steuerpflichtigen ein konkreter Zusammenhang besteht, ist aufgrund einer Gesamtwürdigung aller Umstände des Einzelfalls festzustellen.
2. Aufwendungen für einen Sprachkurs können insbesondere dann beruflich veranlasst sein, wenn bereits die nächste Stufe des beruflichen Fortkommens des Steuerpflichtigen Fremdsprachenkenntnisse erfordert.
3. Auch wenn der Sprachkurs nur Grundkenntnisse vermittelt, die vom Steuerpflichtigen angestrebte berufliche Tätigkeit jedoch qualifizierte Fremdsprachenkenntnisse erfordert, können die Aufwendungen für den Sprachkurs Werbungskosten sein.

BFH v. 26. 3. 2002 VI R 45/00 (BStBl. II S. 827): Hat ein Beamter im Veranlagungszeitraum nur zeitweise eine Tätigkeit im Beitrittsgebiet ausgeübt und dafür eine steuerfreie Aufwandsentschädigung erhalten, so sind die auf die Tätigkeit im Beitrittsgebiet entfallenden Werbungskosten zu dem Anteil nicht abziehbar, der dem Verhältnis der steuerfreien Einnahmen zu den im Zeitraum der Tätigkeit im Beitrittsgebiet erzielten Gesamteinnahmen entspricht (Fortführung der Rechtsprechung aus dem Urteil vom 26. März 2002 VI R 26/00).

BFH v. 26. 3. 2002 VI R 26/00 (BStBl. II S. 823):
1. Die Bindungswirkung des Beschlusses des BVerfG vom 11. November 1998 2 BvL 10/95 (BVerfGE 99, 280, BStBl. II 1999, 502) erstreckt sich nach § 31 Abs. 1 BVerfGG auch auf die einem Landesbeamten für seine Tätigkeit im Beitrittsgebiet im Jahre 1991 gewährte Aufwandsentschädigung.
2. Die einem Beamten für seine Tätigkeit im Beitrittsgebiet gewährte Aufwandsentschädigung ist nicht vorab auf die durch die Abordnung in das Beitrittsgebiet verursachten Werbungskosten anzurechnen.
3. § 3c EStG findet auch dann Anwendung, wenn das BVerfG eine Regelung über die Steuerbefreiung von Einnahmen für mit dem GG unvereinbar erklärt, jedoch anordnet, dass die betreffenden Einnahmen aus Gründen des Vertrauensschutzes steuerfrei zu belassen sind.
4. Erhält der Beamte für seine Tätigkeit im Beitrittsgebiet eine steuerfreie Aufwandsentschädigung, sind seine Werbungskosten zu dem Teil nicht abziehbar, der dem Verhältnis der steuerfrei gewährten Aufwandsentschädigung zu den in dem Zeitraum der Tätigkeit im Beitrittsgebiet erzielten Gesamteinnahmen entspricht.

Schwebende Verfahren

BVerfG 2 BvR 2369/09 (BFH-Webseite): Keine Verletzung von Grundfreiheiten durch beschränkten Sonderausgabenabzug – Arbeitnehmerfreizügigkeit – Schutzbereich und Verhältnis zu Art. 12 und Art. 18 Abs. 1 EG – keine Harmonisierung der Doppelbesteuerung innerhalb der EU – Vereinheitlichung der Rentenbesteuerung in Frankreich und Deutschland gemeinschaftsrechtlich nicht geboten – Kontoführungsgebühren und Umtauschgebühren für in ausländischer Währung ausgezahlten Arbeitslohn als Werbungskosten.

Vorgehend: BFH, Urteil vom 24.6.2009 (X R 57/06)

BFH VI R 47/09 (BFH-Webseite): Doppelte Haushaltsführung im sog. Wegverlegungsfall.

Unter welchen Voraussetzungen sind Umzugskosten bei fehlender Verlegung des Lebensmittelpunkts als Werbungskosten anzuerkennen?

BFH VI R 45/09 (BFH-Webseite): Sind Aufwendungen eines Polizei-Hundeführers für den ihm zugewiesenen landeseigenen Diensthund, dessen private Verwendung nach der Dienstvorschrift untersagt ist, als Werbungskosten zu berücksichtigen?

BFH VI R 42/09 (BFH-Webseite): Kann ein Pfarrer die Kosten für eine dienstlich angeordnete Pilgerwallfahrt nach Rom sowie für eine Fortbildungsveranstaltung nach Jordanien als Werbungskosten steuerlich geltend machen?

BFH VI R 34/09 (BFH-Webseite): Begründung einer doppelten Haushaltsführung aus beruflichem Anlass (bei beiderseits berufstätigen Partnern einer nicht ehelichen Lebensgemeinschaft) im sog. Wegverlegungsfall?

BFH VIII R 33/09 (BFH-Webseite): Berücksichtigung von Sachschäden an einem privaten Kraftfahrzeug, die auf einer beruflich veranlassten Fahrt entstanden sind: Kann der Unterschiedsbetrag der Zeitwerte des Fahrzeugs vor und nach dem Unfall als Werbungskosten abgezogen werden, wenn das beschädigte Fahrzeug nicht repariert wird?

§ 9 Rechtsprechung

Ist die Regelung über die beschränkte Abzugsfähigkeit der Aufwendungen für ein Arbeitszimmer gemäß § 4 Abs. 5 Satz 1 Nr. 6b EStG 1997 verfassungskonform?

Hätte das FG über die Frage des Bestehens eines allgemeinen Folgenbeseitigungsanspruchs für den Fall der unverbindlichen und unrichtigen Auskunft des Finanzamts entscheiden müssen?

BFH VI R 26/09 (BFH-Webseite): Doppelte Haushaltsführung eines Alleinstehenden: Setzt die Annahme eines eigenen Hausstandes die finanzielle Beteiligung voraus?

BFH VI R 25/09 (BFH-Webseite): Sind Aufwendungen für die betriebswirtschaftliche Beratung in Bezug auf die Sozialversicherungspflicht eines GmbH-Geschäftsführers steuerlich zu berücksichtigen?

BFH VI R 24/09 (BFH-Webseite): Kann ein Arbeitnehmer, dem beruflich veranlasste Übernachtungskosten im Ausland in voller Höhe von seinem Arbeitgeber erstattet wurden, Werbungskosten nach den Pauschbeträgen gemäß R 40 Abs. 2 LStR geltend machen, soweit diese über die tatsächlichen Übernachtungskosten hinausgehen?

BFH VIII R 24/09 (BFH-Webseite): Ergibt sich aus § 8 Abs. 2 Satz 5 EStG dadurch eine Ungleichbehandlung bei der Besteuerung der Familienheimfahrten, dass Lohnempfänger bei mit einem Dienstwagen durchgeführten Familienheimfahrten nur dann einen Differenzbetrag versteuern müssen, wenn sie mehr als eine Heimfahrt wöchentlich durchführen, während Steuerpflichtige mit Gewinneinkünften mit einem zum Betriebsvermögen gehörenden PKW für jede Heimfahrt eine Hinzurechnung nach der Pauschalmethode in Kauf nehmen müssen?

Auslegung des Merkmals der „Notwendigkeit" von Aufwendungen für die Ausstattung der Zweitwohnung am Beschäftigungsort im Rahmen einer doppelten Haushaltsführung.

BFH VI R 22/09 (BFH-Webseite): Findet die Ausbildung eines Pilotenanwärters im Rahmen eines Dienstverhältnisses i.S. des § 12 Nr. 5 EStG statt?

Ist die Regelung des § 12 Nr. 5 EStG verfassungsmäßig?

BFH VI R 20/09 (BFH-Webseite): Kann ein weiträumiges Waldgebiet als regelmäßige Arbeitsstätte (Tätigkeitsmittelpunkt bei Verpflegungsmehraufwendungen) angesehen werden?

BFH VI R 15/09 (EFG 2009 S. 822; BFH-Webseite): Beginnt die Dreimonatsfrist für Verpflegungsmehraufwendungen bei doppelter Haushaltsführung von Neuem, wenn der Arbeitnehmer nach zehn Monaten Unterbrechung wieder dieselbe in seinem Eigentum stehende Wohnung bezieht?

BVerfG 2 BvL 13/09 (BFH-Webseite): Es wird die Entscheidung des Bundesverfassungsgerichts darüber eingeholt, ob durch die im Steueränderungsgesetz 2007 vom 19.7.2006 (BGBl. I 2006, 1652) erfolgte Änderung des § 4 Abs. 5 Satz 1 Nr. 6b Satz 2 EStG eine Regelung getroffen worden ist, die insoweit gegen den Gleichheitsgrundsatz (Art. 3 Abs. 1 GG) verstößt, als der Abzug von Aufwendungen für ein häusliches Arbeitszimmer auch dann nicht mehr möglich ist, wenn für die betriebliche oder berufliche Tätigkeit kein anderer Arbeitsplatz zur Verfügung steht.

– Normenkontrollverfahren –

Vorgehend: FG Münster, Entscheidung vom 8.5.2009 (1 K 2872/08 E)

BFH VI R 13/09 (BFH-Webseite): Ist die in § 4 Abs. 5 Satz 1 Nr. 6b EStG i.d.F. des Steueränderungsgesetzes 2007 bestimmte Begrenzung der abziehbaren Aufwendungen für ein häusliches Arbeitszimmer auf die Fälle, in denen das Arbeitszimmer den Mittelpunkt der gesamten betrieblichen und beruflichen Betätigung bildet, verfassungsgemäß?

BFH VI R 8/09 (BFH-Webseite): Wie BFH VI R 22/09.

BFH VI R 38/08 (BFH-Webseite): In welcher Höhe sind Aufwendungen einer Auslandsreise (Kosten für Flug, Medikamente und pauschaler Verpflegungsmehraufwand) als Werbungskosten berücksichtigungsfähig, wenn die Reise in einen Abschnitt mit ausschließlich beruflichen Tätigkeiten und in einen Abschnitt mit gemischt beruflichen und privaten Tätigkeiten aufgeteilt werden kann?

BFH VI R 35/08 (BFH-Webseite): Übt ein (Hafen-) Leiharbeiter, der seine Arbeitsleistung bei verschiedenen Vertragsfirmen (Entleiher) auf deren Betriebsgelände erbringt, eine Tätigkeit an wechselnden Tätigkeitsstätten oder innerhalb einer einheitlichen großräumigen regelmäßigen Arbeitsstätte aus?

BFH VI R 34/08 (BFH-Webseite): Unter welchen Voraussetzungen ist der Verlust eines vom Arbeitnehmer (Gesellschafter-Geschäftsführer) dem Arbeitgeber gewährten Darlehens als Werbungskosten zu berücksichtigen?

Rechtsprechung § 9

BFH VI R 33/08 (BFH-Webseite): Sind an die geschiedene Ehefrau geleistete Ausgleichszahlungen im Rahmen des Versorgungsausgleichs betreffend die Anwartschaft des Ehemannes auf Leistungen der betrieblichen Altersversorgung (spätere Einkünfte nach § 19 EStG) bei von diesem nicht zu vertretender Umwandlung des Versorgungsträgers als vorab entstandene Werbungskosten zu berücksichtigen?

BFH X R 23/08 (Beilage 3/2008 BStBl. II S. 51): Ausgleichszahlungen eines Arbeitnehmers an die frühere Ehefrau im Zusammenhang mit einem Scheidungsfolgenvergleich (Abfindung zum Ausschluss des schuldrechtlichen Versorgungsausgleichs) als Werbungskosten bei den Einkünften aus nichtselbständiger Arbeit und den sonstigen Einkünften?

BFH VI R 20/08 (BFH-Webseite): Erfasst die Abgeltungswirkung der Entfernungspauschale bzw. des pauschalen Kilometersatzes von 0,30 EUR auch eine Leasingsonderzahlung, die im Veranlagungszeitraum vor der erstmaligen Nutzung des Fahrzeugs geleistet wurde?

BFH VI R 11/08 (BFH-Webseite): Ist die Dreimonatsfrist für den Abzug von Verpflegungsmehraufwendungen bei beruflich veranlasster doppelter Haushaltsführung im Falle beiderseitiger Berufstätigkeit von Ehegatten mit dem GG vereinbar?

BFH VI R 10/08 (BFH-Webseite): Wie BFH VI R 11/08.

BFH VIII R 32/07 (EFG 2007 S. 698; Beilage 3/2008 BStBl. II S. 52): Sind Aufwendungen einer Gesellschaft für die Teilnahme ihres Gesellschafter-Geschäftsführers an Reisen, bei denen dieser als Mitglied einer „Wirtschaftsdelegation" den Ministerpräsidenten bzw. den Wirtschaftsminister eines Bundeslandes begleitete, und an Jahrestagungen des Weltwirtschaftsforums in Davos betrieblich oder durch das Gesellschaftsverhältnis veranlasst?

BFH VI R 5/07 (EFG 2007 S. 754; Beilage 3/2008 BStBl. II S. 52): Können Aufwendungen für eine Auslands(Sprach-)reise nach Dublin einer hierfür vom Dienst befreiten Lehrerin für Englisch und Religion in abziehbare Erwerbsaufwendungen und nicht abziehbare Aufwendungen für private Lebensführung aufgeteilt werden und welcher Aufteilungsmaßstab ist hierfür heranzuziehen, wenn die beruflich veranlassten Zeitanteile der Reise nicht abschließend feststellbar sind und die Reise in nicht geringem Umfang der allgemeinen Information über die geographischen, wirtschaftlichen und sonstigen Besonderheiten Irlands gedient hat.

BFH I R 34/06 (EFG 2006 S. 879; Beilage 3/2008 BStBl. II S. 63): Wie sind die einzelnen Komponenten einer Reise bei teils privatem, teils einkünftebezogenem Anlass hinsichtlich ihrer Abzugsfähigkeit als Werbungskosten zu beurteilen?
(Hinweis: Das Verfahren ist ausgesetzt bis zur Entscheidung BFH GrS 1/06.)

BFH VI R 66/04 (EFG 2005 S. 352; Beilage 3/2008 BStBl. II S. 51): Aufwendungen eines vom Arbeitgeber für die Teilnahme an einem nur für Ärzte ausgerichteten sportmedizinischen Wochenkurs am Gardasee zur Erlangung der Zusatzbezeichnung „Sportmedizin" (Anrechnung von 25 Stunden Ausbildung in Theorie und Praxis der Leibesübungen) freigestellten Unfallchirurgen ausschließlich beruflich veranlasst? Fallen die Aufwendungen unter das Aufteilungs- und Abzugsverbots nach § 12 Nr. 1 EStG, wenn wegen der Entschließungsfreiheit des Klägers zur individuellen Absolvierung der 120 Pflichtstunden im Fach Leibesübungen der Teilnahmezwang und der verbindliche Charakter als Pflichtveranstaltung fehlen?
(Hinweis: Das Verfahren ist ausgesetzt bis zur Entscheidung BFH GrS 1/06.)

BFH VI R 94/01 (EFG 2001 S. 1186; Beilage 3/2008 BStBl. II S. 50): Kann eine private Mitveranlassung der USA-Reise nach Las Vegas des als EDV-Controller tätigen Klägers zum Besuch einer Computermesse ausgeschlossen werden, wenn die Reise vom Arbeitgeber nicht bezuschusst, kein Sonderurlaub gewährt und kein Nachweis über die Teilnahme an allen Einzelveranstaltungen erbracht wurde? Sind entgegen dem Aufteilungsverbot die Flugkosten in dem Verhältnis zum Werbungskostenabzug zuzulassen, in dem die Tage, an denen ganztätige berufliche Veranstaltungen stattgefunden haben, zur Reisedauer stehen?
(Hinweis auf BFH v. 20. 7. 2006 BStBl. 2007 II S. 121, Vorlage an Großen Senat, GrS 1/06.)

§ 9a

§ 9a Pauschbeträge für Werbungskosten[1)]

¹Für Werbungskosten sind bei der Ermittlung der Einkünfte die folgenden Pauschbeträge abzuziehen, wenn nicht höhere Werbungskosten nachgewiesen werden:

1. a) von den Einnahmen aus nichtselbständiger Arbeit vorbehaltlich Buchstabe b:

    ein Arbeitnehmer-Pauschbetrag von 920 Euro; daneben sind Aufwendungen nach § 9c Absatz 1 und 3 gesondert abzuziehen;

   b) von den Einnahmen aus nichtselbstständiger Arbeit, soweit es sich um Versorgungsbezüge im Sinne des § 19 Absatz 2 handelt:

    ein Pauschbetrag von 102 Euro;

2. (weggefallen)

3. von den Einnahmen im Sinne des § 22 Nummer 1, 1a und 5:

    ein Pauschbetrag von insgesamt 102 Euro.

²Der Pauschbetrag nach Satz 1 Nummer 1 Buchstabe b darf nur bis zur Höhe der um den Versorgungsfreibetrag einschließlich des Zuschlags zum Versorgungsfreibetrag (§ 19 Absatz 2) geminderten Einnahmen, die Pauschbeträge nach Satz 1 Nummer 1 Buchstabe a und Nummer 3 dürfen nur bis zur Höhe der Einnahmen abgezogen werden.

Hinweise

LStH 9a *Allgemeines*
  → *R 9a EStR, H 9a EStH*

  Der Arbeitnehmer-Pauschbetrag ist auch dann nicht zu kürzen, wenn feststeht, dass keine oder nur geringe Werbungskosten angefallen sind (→ BFH vom 10.6.2008 – BStBl. II S. 937).

EStR 2008

R 9a. Pauschbeträge für Werbungskosten

(1) ¹Der in § 9a Satz 1 Nr. 2 EStG **in der am 31.12.2008 geltenden Fassung** bezeichnete Pauschbetrag von 102 Euro steht den Ehegatten im Fall ihrer Zusammenveranlagung gemeinsam zu. ²Die Ehegatten können daher in diesem Fall entweder nur den Pauschbetrag von 102 Euro oder nachgewiesene höhere Werbungskosten geltend machen. ³Es ist nicht zulässig, dass einer der Ehegatten den halben Pauschbetrag und der andere Ehegatte Werbungskosten in nachgewiesener Höhe abzieht. ⁴Der Pauschbetrag kann auch dann voll in Anspruch genommen werden, wenn nur einer der Ehegatten Einnahmen aus Kapitalvermögen bezogen hat. ⁵Haben beide Ehegatten Einnahmen aus Kapitalvermögen und sind die Einkünfte jedes Ehegatten gesondert zu ermitteln, z. B. für Zwecke des § 24a EStG, können die Ehegatten den ihnen zustehenden Pauschbetrag beliebig unter sich aufteilen. ⁶Für jeden Ehegatten darf jedoch höchstens ein Teilbetrag in Höhe seiner Einnahmen berücksichtigt werden.

(2) Die Pauschbeträge für Werbungskosten sind nicht zu ermäßigen, wenn die unbeschränkte Steuerpflicht lediglich während eines Teils des Kalenderjahres bestanden hat.

ESt-Kartei NW

1. Anwendung des Werbungskosten-Pauschbetrags nach § 9a Satz 1 Nr. 2 EStG bei den Einkünften aus Vermietung und Verpachtung – ausgesondert – (entsprach BMF-Schreiben v. 23.9.1997 BStBl. I S. 895; überholt ab VZ 1999)

Rechtsprechungsauswahl

BFH v. 10. 6. 2008 VIII R 76/05 (BStBl. II S. 937):

1. Der Steuerpflichtige, der Einnahmen aus nichtselbständiger Arbeit erzielt, hat einen Rechtsanspruch auf den Ansatz des ungekürzten Arbeitnehmer-Pauschbetrages, selbst wenn feststeht, dass keine

---

1) Zur Anwendung von § 9a i.d.F. Unternehmensteuerreformgesetz 2008 erstmals ab VZ 2009 siehe § 52a Abs. 6 EStG.

Rechtsprechung §§ 9a, 9b

oder nur geringe Werbungskosten angefallen sind. Bei einem zwingenden gesetzlichen Pauschbetrag verbieten sich Überlegungen, ob im Einzelfall die Besteuerung vereinfacht wird oder nicht.

2. Erzielt ein Steuerpflichtiger – im Streitfall ein als angestellter Assessor und als selbständiger Rechtsanwalt tätiger Jurist – sowohl Einnahmen aus selbständiger als auch aus nichtselbständiger Arbeit, so sind die durch diese Tätigkeiten veranlassten Aufwendungen den jeweiligen Einkunftsarten, gegebenenfalls nach einer im Schätzungswege vorzunehmenden Aufteilung der Aufwendungen, als Werbungskosten oder Betriebsausgaben zuzuordnen. Sind die Werbungskosten niedriger als der Arbeitnehmer-Pauschbetrag, so ist dieser in voller Höhe anzusetzen. Der Steuerpflichtige kann keine beliebige Bestimmung treffen und auf diese Weise neben dem Arbeitnehmer-Pauschbetrag sämtliche nachgewiesenen Aufwendungen als Betriebsausgaben geltend machen.

BFH v. 7. 11. 2000 III R 79/97 (BStBl. 2001 II S. 702): Bei der Berechnung des Ausbildungsfreibetrages ist der Werbungskostenpauschbetrag des § 9a Satz 1 Nr. 1 EStG bei der Ermittlung der anzurechnenden Einkünfte des Kindes zeitanteilig auf den Ausbildungszeitraum und die Kürzungsmonate aufzuteilen, wenn sich das Kind nur einige Monate im Kalenderjahr in Berufsausbildung befand, aber während des gesamten Kalenderjahres Arbeitslohn bezogen hat.

BFH v. 29. 10. 1998 XI R 63/97 (BStBl. 1999 II S. 588): Der Arbeitnehmer-Pauschbetrag ist bei der Ermittlung der nach § 34 Abs. 1 und 2 EStG begünstigten außerordentlichen Einkünfte aus nichtselbständiger Tätigkeit nur insoweit abzuziehen, als tariflich voll zu besteuernde Einnahmen dieser Einkunftsart dafür nicht mehr zur Verfügung stehen.

BFH v. 11. 12. 1997 III R 214/94 (BStBl. 1998 II S. 292): Bei der Berechnung der sogenannten Opfergrenze ist der Arbeitnehmerpauschbetrag anzusetzen; das gilt auch dann, wenn der Steuerpflichtige keine Werbungskosten hatte.

BVerfG v. 10. 4. 1997 2 BvL 77/92 (BStBl. II S. 518):

1. Der Gleichheitssatz fordert nicht eine immer mehr individualisierende und spezialisierende Steuergesetzgebung, sondern die Regelung eines allgemein verständlichen und möglichst unausweichlichen Belastungsgrundes. Deshalb darf der Gesetzgeber einen steuererheblichen Vorgang um der materiellen Gleichheit willen im typischen Lebensvorgang erfassen und individuell gestaltbare Besonderheiten unberücksichtigt lassen.
2. Zur Verfassungsmäßigkeit der Aufhebung von Arbeitnehmer- und Weihnachtsfreibetrag.

Anmerkung: Unter II 3. der Gründe vertritt das BVerfG die Auffassung, dass der Arbeitnehmer-Pauschbetrag von 2 000 DM verfassungsgemäß ist.

4a. Umsatzsteuerrechtlicher Vorsteuerabzug

§ 9b (Umsatzsteuerrechtlicher Vorsteuerabzug)

(1) Der Vorsteuerbetrag nach § 15 des Umsatzsteuergesetzes gehört, soweit er bei der Umsatzsteuer abgezogen werden kann, nicht zu den Anschaffungs- oder Herstellungskosten des Wirtschaftsguts, auf dessen Anschaffung oder Herstellung er entfällt.

(2) Wird der Vorsteuerabzug nach § 15a des Umsatzsteuergesetzes berichtigt, so sind die Mehrbeträge als Betriebseinnahmen oder Einnahmen, die Minderbeträge als Betriebsausgaben oder Werbungskosten zu behandeln; die Anschaffungs- oder Herstellungskosten bleiben unberührt.

§ 9c

4b. Kinderbetreuungskosten

§ 9c Kinderbetreuungskosten [1)]

(1) ¹Aufwendungen für Dienstleistungen zur Betreuung eines zum Haushalt des Steuerpflichtigen gehörenden Kindes im Sinne des § 32 Absatz 1, die wegen einer Erwerbstätigkeit des Steuerpflichtigen anfallen, können bei Kindern, die das 14. Lebensjahr noch nicht vollendet haben oder wegen einer vor Vollendung des 25. Lebensjahres eingetretenen körperlichen, geistigen oder seelischen Behinderung außerstande sind, sich selbst zu unterhalten, in Höhe von zwei Dritteln der Aufwendungen, höchstens 4 000 Euro je Kind, bei der Ermittlung der Einkünfte aus Land- und Forstwirtschaft, Gewerbebetrieb oder selbständiger Arbeit wie Betriebsausgaben abgezogen werden. ² Im Fall des Zusammenlebens der Elternteile gilt Satz 1 nur, wenn beide Elternteile erwerbstätig sind.

(2) ¹Nicht erwerbsbedingte Aufwendungen für Dienstleistungen zur Betreuung eines zum Haushalt des Steuerpflichtigen gehörenden Kindes im Sinne des § 32 Absatz 1 können bei Kindern, die das 14. Lebensjahr noch nicht vollendet haben oder wegen einer vor Vollendung des 25. Lebensjahres eingetretenen körperlichen, geistigen oder seelischen Behinderung außerstande sind, sich selbst zu unterhalten, in Höhe von zwei Dritteln der Aufwendungen, höchstens 4 000 Euro je Kind, als Sonderausgaben abgezogen werden, wenn der Steuerpflichtige sich in Ausbildung befindet, körperlich, geistig oder seelisch behindert oder krank ist. ²Erwachsen die Aufwendungen wegen Krankheit des Steuerpflichtigen, muss die Krankheit innerhalb eines zusammenhängenden Zeitraums von mindestens drei Monaten bestanden haben, es sei denn, der Krankheitsfall tritt unmittelbar im Anschluss an eine Erwerbstätigkeit oder Ausbildung ein. ³Bei zusammenlebenden Eltern ist Satz 1 nur dann anzuwenden, wenn bei beiden Elternteilen die Voraussetzungen nach Satz 1 vorliegen oder ein Elternteil erwerbstätig ist und der andere Elternteil sich in Ausbildung befindet, körperlich, geistig oder seelisch behindert oder krank ist. ⁴Aufwendungen für Dienstleistungen zur Betreuung eines zum Haushalt des Steuerpflichtigen gehörenden Kindes im Sinne des § 32 Absatz 1 können bei Kindern, die das dritte Lebensjahr vollendet, das sechste Lebensjahr aber noch nicht vollendet haben, in Höhe von zwei Dritteln der Aufwendungen, höchstens 4 000 Euro je Kind, als Sonderausgaben abgezogen werden, wenn sie weder nach Absatz 1 noch nach Satz 1 zu berücksichtigen sind.

(3) ¹Die Absätze 1 und 2 gelten nicht für Aufwendungen für Unterricht, die Vermittlung besonderer Fähigkeiten sowie für sportliche und andere Freizeitbetätigungen. ²Ist das zu betreuende Kind nicht nach § 1 Absatz 2 unbeschränkt einkommensteuerpflichtig, ist der in den Absätzen 1 und 2 genannte Betrag zu kürzen, soweit es nach den Verhältnissen im Wohnsitzstaat des Kindes notwendig und angemessen ist. ³Voraussetzung für den Abzug der Aufwendungen nach den Absätzen 1 und 2 ist, dass der Steuerpflichtige für die Aufwendungen eine Rechnung erhalten hat und die Zahlung auf das Konto des Erbringers der Leistung erfolgt ist.

Schwebende Verfahren

BFH III R 80/09 (BFH-Webseite): Ist die mit dem Gesetz zur Förderung von Wachstum und Beschäftigung vom 26.4.2006 (BGBl. I 2006, 1091) und dem Steueränderungsgesetz vom 19.7.2006 (BGBl. I 2006, 1652) neugeordnete Berücksichtigung von Kinderbetreuungskosten bei nur einem erwerbstätigen Ehegatten (EStG §§ 4f, 9 Abs. 5 Satz 1 und 10 Abs. 1 Nrn. 8 und 5) verfassungswidrig?

BFH III R 79/09 (BFH-Webseite): Erwerbsbedingte Kinderbetreuungskosten bei nichtehelicher Lebensgemeinschaft mit gemeinsamer Haushaltsführung und Topfwirtschaft: Sind die Aufwendungen beim Kläger abzugsfähig, wenn die Mutter den Betreuungsvertrag im eigenen Namen abgeschlossen hat und die Aufwendungen von ihrem Konto abgeflossen sind? Abziehbarkeit von (unechtem Dritt-)Aufwand bei nichtehelicher Lebensgemeinschaft?

---

1) Zur Anwendung von § 9c siehe § 52 Abs. 23f EStG.

5. Sonderausgaben

§ 10 (Sonderausgaben)

(1) Sonderausgaben sind die folgenden Aufwendungen, wenn sie weder Betriebsausgaben noch Werbungskosten sind oder wie Betriebsausgaben oder Werbungskosten behandelt werden:

1. Unterhaltsleistungen an den geschiedenen oder dauernd getrennt lebenden unbeschränkt einkommensteuerpflichtigen Ehegatten, wenn der Geber dies mit Zustimmung des Empfängers beantragt, bis zu 13 805 Euro im Kalenderjahr. ²Der Höchstbetrag nach Satz 1 erhöht sich um den Betrag der im jeweiligen Veranlagungszeitraum nach Absatz 1 Nummer 3 für die Absicherung des geschiedenen oder dauernd getrennt lebenden unbeschränkt einkommensteuerpflichtigen Ehegatten aufgewandten Beiträge. ³Der Antrag kann jeweils nur für ein Kalenderjahr gestellt und nicht zurückgenommen werden. ⁴Die Zustimmung ist mit Ausnahme der nach § 894 Absatz 1 der Zivilprozessordnung als erteilt geltenden bis auf Widerruf wirksam. ⁵Der Widerruf ist vor Beginn des Kalenderjahres, für das die Zustimmung erstmals nicht gelten soll, gegenüber dem Finanzamt zu erklären. ⁶Die Sätze 1 bis 5 gelten für Fälle der Nichtigkeit oder der Aufhebung der Ehe entsprechend.

1a. ¹⁾ auf besonderen Verpflichtungsgründen beruhende, lebenslange und wiederkehrende Versorgungsleistungen, die nicht mit Einkünften in wirtschaftlichem Zusammenhang stehen, die bei der Veranlagung außer Betracht bleiben, wenn der Empfänger unbeschränkt einkommensteuerpflichtig ist. ²Dies gilt nur für

   a) Versorgungsleistungen im Zusammenhang mit der Übertragung eines Mitunternehmeranteils an einer Personengesellschaft, die eine Tätigkeit im Sinne der §§ 13, 15 Absatz 1 Satz 1 Nummer 1 oder des § 18 Absatz 1 ausübt,

   b) Versorgungsleistungen im Zusammenhang mit der Übertragung eines Betriebs oder Teilbetriebs, sowie

   c) Versorgungsleistungen im Zusammenhang mit der Übertragung eines mindestens 50 Prozent betragenden Anteils an einer Gesellschaft mit beschränkter Haftung, wenn der Übergeber als Geschäftsführer tätig war und der Übernehmer diese Tätigkeit nach der Übertragung übernimmt.

   ³Satz 2 gilt auch für den Teil der Versorgungsleistungen, der auf den Wohnteil eines Betriebs der Land- und Forstwirtschaft entfällt;

1b. Leistungen auf Grund eines schuldrechtlichen Versorgungsausgleichs, soweit die ihnen zu Grunde liegenden Einnahmen beim Ausgleichsverpflichteten der Besteuerung unterliegen;

2. a) Beiträge zu den gesetzlichen Rentenversicherungen oder landwirtschaftlichen Alterskassen sowie zu berufsständischen Versorgungseinrichtungen, die den gesetzlichen Rentenversicherungen vergleichbare Leistungen erbringen; ²⁾

   b) Beiträge des Steuerpflichtigen zum Aufbau einer eigenen kapitalgedeckten Altersversorgung, wenn der Vertrag nur die Zahlung einer monatlichen auf das Leben des Steuerpflichtigen bezogenen lebenslangen Leibrente nicht vor Vollendung des 60. Lebensjahres³⁾ oder die ergänzende Absicherung des Eintritts der Berufsunfähigkeit (Berufsunfähigkeitsrente), der verminderten Erwerbsfähigkeit (Erwerbsminderungsrente) oder von Hinterbliebenen (Hinterbliebenenrente) vorsieht; Hinterbliebene in diesem Sinne sind der Ehegatte des Steuerpflichtigen und die Kinder, für die er Anspruch auf Kindergeld oder auf einen Freibetrag nach § 32 Absatz 6 hat; der Anspruch auf Waisenrente darf längstens für den Zeitraum bestehen, in dem der Rentenberechtigte die Voraussetzungen für die Berücksichtigung als Kind im Sinne des § 32 erfüllt; die genannten Ansprüche dürfen nicht vererblich,

---

1) Zur Anwendung von § 10 Absatz 1 Nummer 1a siehe § 52 Absatz 23g EStG.
2) Hinweis auf BMF-Schreiben vom 7.2.2007 (BStBl. I S. 262) mit Liste der berufständischen Versorgungseinrichtungen.
3) Für Vertragsabschlüsse nach 31.12.2011 62. Lebensjahr (§ 52 Absatz 24 Satz 1 EStG).

§ 10

nicht übertragbar, nicht beleihbar, nicht veräußerbar und nicht kapitalisierbar sein und es darf darüber hinaus kein Anspruch auf Auszahlungen bestehen. ²Zu den Beiträgen nach den Buchstaben a und b ist der nach § 3 Nummer 62 steuerfreie Arbeitgeberanteil zur gesetzlichen Rentenversicherung und ein diesem gleichgestellter steuerfreier Zuschuss des Arbeitgebers hinzuzurechnen. ³Beiträge nach § 168 Absatz 1 Nummer 1b oder 1c oder nach § 172 Absatz 3 oder 3a des Sechsten Buches Sozialgesetzbuch werden abweichend von Satz 2 nur auf Antrag des Steuerpflichtigen hinzugerechnet;

3. Beiträge zu

   a) Krankenversicherungen, soweit diese zur Erlangung eines durch das Zwölfte Buch Sozialgesetzbuch bestimmten sozialhilfegleichen Versorgungsniveaus erforderlich sind. ²Für Beiträge zur gesetzlichen Krankenversicherung sind dies die nach dem Dritten Titel des Ersten Abschnitts des Achten Kapitels des Fünften Buches Sozialgesetzbuch oder die nach dem Sechsten Abschnitt des Zweiten Gesetzes über die Krankenversicherung der Landwirte festgesetzten Beiträge. ³Für Beiträge zu einer privaten Krankenversicherung sind dies die Beitragsanteile, die auf Vertragsleistungen entfallen, die, mit Ausnahme der auf das Krankengeld entfallenden Beitragsanteile, in Art, Umfang und Höhe den Leistungen nach dem Dritten Kapitel des Fünften Buches Sozialgesetzbuch vergleichbar sind, auf die ein Anspruch besteht; § 12 Absatz 1d des Versicherungsaufsichtsgesetzes in der Fassung der Bekanntmachung vom 17. Dezember 1992 (BGBl. 1993 I S. 2), das zuletzt durch Artikel 4 und 6 Absatz 2 des Gesetzes vom 17. Oktober 2008 (BGBl. I S. 1982) geändert worden ist, gilt entsprechend. ⁴Wenn sich aus den Krankenversicherungsbeiträgen nach Satz 2 ein Anspruch auf Krankengeld oder ein Anspruch auf eine Leistung, die anstelle von Krankengeld gewährt wird, ergeben kann, ist der jeweilige Beitrag um 4 Prozent zu vermindern;

   b) gesetzlichen Pflegeversicherungen (soziale Pflegeversicherung und private Pflege-Pflichtversicherung).

   ²Als eigene Beiträge des Steuerpflichtigen werden auch die vom Steuerpflichtigen im Rahmen der Unterhaltsverpflichtung getragenen eigenen Beiträge im Sinne des Buchstaben a oder des Buchstaben b eines Kindes behandelt, für das ein Anspruch auf einen Freibetrag nach § 32 Absatz 6 oder auf Kindergeld besteht. ³Hat der Steuerpflichtige in den Fällen des Absatzes 1 Nummer 1 eigene Beiträge im Sinne des Buchstaben a oder des Buchstaben b zum Erwerb einer Krankenversicherung oder gesetzlichen Pflegeversicherung für einen geschiedenen oder dauernd getrennt lebenden unbeschränkt einkommensteuerpflichtigen Ehegatten geleistet, dann werden diese abweichend von Satz 1 als eigene Beiträge des geschiedenen oder dauernd getrennt lebenden unbeschränkt einkommensteuerpflichtigen Ehegatten behandelt;

3a. Beiträge zu Kranken- und Pflegeversicherungen, soweit diese nicht nach Nummer 3 zu berücksichtigen sind; Beiträge zu Versicherungen gegen Arbeitslosigkeit, zu Erwerbs- und Berufsunfähigkeitsversicherungen, die nicht unter Nummer 2 Satz 1 Buchstabe b fallen, zu Unfall- und Haftpflichtversicherungen sowie zu Risikoversicherungen, die nur für den Todesfall eine Leistung vorsehen; Beiträge zu Versicherungen im Sinne des § 10 Absatz 1 Nummer 2 Buchstabe b Doppelbuchstabe bb bis dd in der am 31. Dezember 2004 geltenden Fassung, wenn die Laufzeit dieser Versicherungen vor dem 1. Januar 2005 begonnen hat und ein Versicherungsbeitrag bis zum 31. Dezember 2004 entrichtet wurde; § 10 Absatz 1 Nummer 2 Satz 2 bis 6 und Absatz 2 Satz 2 in der am 31. Dezember 2004 geltenden Fassung ist in diesen Fällen weiter anzuwenden;

4. gezahlte Kirchensteuer; dies gilt vorbehaltlich § 32d Absatz 2 und 6 nicht für die nach § 51a Absatz 2b bis 2d erhobene Kirchensteuer;

5. (weggefallen)

6. (weggefallen)

§ 10

7. Aufwendungen für die eigene Berufsausbildung bis zu 4 000 Euro im Kalenderjahr. ²Bei Ehegatten, die die Voraussetzungen des § 26 Absatz 1 Satz 1 erfüllen, gilt Satz 1 für jeden Ehegatten. ³Zu den Aufwendungen im Sinne des Satzes 1 gehören auch Aufwendungen für eine auswärtige Unterbringung. ⁴§ 4 Absatz 5 Satz 1 Nummer 5 und 6b, § 9 Absatz 1 Satz 3 Nummer 4 und 5 und Absatz 2 sind bei der Ermittlung der Aufwendungen anzuwenden;
8. (weggefallen)
9. [1)] 30 Prozent des Entgelts, höchstens 5 000 Euro, das der Steuerpflichtige für ein Kind, für das er Anspruch auf einen Freibetrag nach § 32 Absatz 6 oder auf Kindergeld hat, für dessen Besuch einer Schule in freier Trägerschaft oder einer überwiegend privat finanzierten Schule entrichtet, mit Ausnahme des Entgelts für Beherbergung, Betreuung und Verpflegung. ²Voraussetzung ist, dass die Schule in einem Mitgliedstaat der Europäischen Union oder in einem Staat belegen ist, auf den das Abkommen über den Europäischen Wirtschaftsraum Anwendung findet, und die Schule zu einem von dem zuständigen inländischen Ministerium eines Landes, von der Kultusministerkonferenz der Länder oder von einer inländischen Zeugnisanerkennungsstelle anerkannten oder einem inländischen Abschluss an einer öffentlichen Schule als gleichwertig anerkannten allgemein bildenden oder berufsbildenden Schul-, Jahrgangs- oder Berufsabschluss führt. ³Der Besuch einer anderen Einrichtung, die auf einen Schul-, Jahrgangs- oder Berufsabschluss im Sinne des Satzes 2 ordnungsgemäß vorbereitet, steht einem Schulbesuch im Sinne des Satzes 1 gleich. ⁴Der Besuch einer Deutschen Schule im Ausland steht dem Besuch einer solchen Schule gleich, unabhängig von ihrer Belegenheit. ⁵Der Höchstbetrag nach Satz 1 wird für jedes Kind, bei dem die Voraussetzungen vorliegen, je Elternpaar nur einmal gewährt.

(2) ¹Voraussetzung für den Abzug der in Absatz 1 Nummer 2, 3 und 3a bezeichneten Beträge (Vorsorgeaufwendungen) ist, dass sie

1. nicht in unmittelbarem wirtschaftlichen Zusammenhang mit steuerfreien Einnahmen stehen; steuerfreie Zuschüsse zu einer Kranken- oder Pflegeversicherung stehen insgesamt in unmittelbarem wirtschaftlichen Zusammenhang mit den Vorsorgeaufwendungen im Sinne des Absatzes 1 Nummer 3,
2. a) an Versicherungsunternehmen, die ihren Sitz oder ihre Geschäftsleitung in einem Mitgliedstaat der Europäischen Gemeinschaft oder einem anderen Vertragsstaat des Europäischen Wirtschaftsraums haben und das Versicherungsgeschäft im Inland betreiben dürfen, und Versicherungsunternehmen, denen die Erlaubnis zum Geschäftsbetrieb im Inland erteilt ist,
   b) an berufsständische Versorgungseinrichtungen,
   c) an einen Sozialversicherungsträger oder
   d) an einen Anbieter im Sinne des § 80

geleistet werden.

²Vorsorgeaufwendungen nach Absatz 1 Nummer 2 Buchstabe b werden nur berücksichtigt, wenn

1. die Beiträge zugunsten eines Vertrags geleistet wurden, der nach § 5a des Altersvorsorgeverträge-Zertifizierungsgesetzes zertifiziert ist, wobei die Zertifizierung Grundlagenbescheid im Sinne des § 171 Absatz 10 der Abgabenordnung ist, und
2. der Steuerpflichtige gegenüber dem Anbieter in die Datenübermittlung nach Absatz 2a eingewilligt hat.

³Vorsorgeaufwendungen nach Absatz 1 Nummer 3 werden nur berücksichtigt, wenn der Steuerpflichtige gegenüber dem Versicherungsunternehmen, dem Träger der gesetzlichen Kranken- und Pflegeversicherung oder der Künstlersozialkasse in die Datenübermittlung nach Absatz 2a eingewilligt hat; die Einwilligung gilt als erteilt, wenn die Beiträge mit der

---

1) Zur Anwendung von § 10 Absatz 1 Nummer 9 siehe § 52 Absatz 24b EStG. Zur Berücksichtigung von Schulgeldzahlungen als Sonderausgaben BMF-Schreiben vom 9.3.2009 (BStBl. I S. 487).

§ 10

elektronischen Lohnsteuerbescheinigung (§ 41b Absatz 1 Satz 2) oder der Rentenbezugsmitteilung (§ 22a Absatz 1 Satz 1 Nummer 5) übermittelt werden. ⁴Sind die übermittelten Daten nach Satz 2 Nummer 2 unzutreffend und werden sie daher nach Bekanntgabe des Steuerbescheids vom Anbieter aufgehoben oder korrigiert, kann der Steuerbescheid insoweit geändert werden. ⁵Werden die Daten innerhalb der Frist nach Satz 2 Nummer 2 und erstmalig nach Bekanntgabe des Steuerbescheids übermittelt, kann der Steuerbescheid ebenfalls insoweit geändert werden.

(2a) ¹Der Steuerpflichtige hat in die Datenübermittlung nach Absatz 2 gegenüber der übermittelnden Stelle schriftlich einzuwilligen, spätestens bis zum Ablauf des zweiten Kalenderjahres, das auf das Beitragsjahr (Kalenderjahr, in dem die Beiträge geleistet worden sind) folgt; übermittelnde Stelle ist bei Vorsorgeaufwendungen nach Absatz 1 Nummer 2 Buchstabe b der Anbieter, bei Vorsorgeaufwendungen nach Absatz 1 Nummer 3 das Versicherungsunternehmen, der Träger der gesetzlichen Kranken- und Pflegeversicherung oder die Künstlersozialkasse. ²Die Einwilligung gilt auch für die folgenden Beitragsjahre, es sei denn, der Steuerpflichtige widerruft diese schriftlich gegenüber der übermittelnden Stelle. ³Der Widerruf muss vor Beginn des Beitragsjahres, für das die Einwilligung erstmals nicht mehr gelten soll, der übermittelnden Stelle vorliegen. ⁴Die übermittelnde Stelle hat bei Vorliegen einer Einwilligung

1. nach Absatz 2 Satz 2 Nummer 2 die Höhe der im jeweiligen Beitragsjahr geleisteten und erstatteten Beiträge nach Absatz 1 Nummer 2 Buchstabe b und die Zertifizierungsnummer,

2. nach Absatz 2 Satz 3 die Höhe der im jeweiligen Beitragsjahr geleisteten und erstatteten Beiträge nach Absatz 1 Nummer 3, soweit diese nicht mit der elektronischen Lohnsteuerbescheinigung oder der Rentenbezugsmitteilung zu übermitteln sind,

unter Angabe der Vertrags- oder Versicherungsdaten, des Datums der Einwilligung und Identifikationsnummer (§ 139b der Abgabenordnung) nach amtlich vorgeschriebenem Datensatz durch Datenfernübertragung an die zentrale Stelle (§ 81) bis zum 28. Februar des dem Beitragsjahr folgenden Kalenderjahres zu übermitteln. ⁵§ 22a Absatz 2 gilt entsprechend. ⁶Wird die Einwilligung nach Ablauf des Beitragsjahres, jedoch innerhalb der in Satz 1 genannten Frist abgegeben, sind die Daten bis zum Ende des folgenden Kalendervierteljahres zu übermitteln. ⁷Stellt die übermittelnde Stelle fest, dass

1. die an die zentrale Stelle übermittelten Daten unzutreffend sind oder

2. der zentralen Stelle ein Datensatz übermittelt wurde, obwohl die Voraussetzungen hierfür nicht vorlagen,

ist dies unverzüglich durch Übermittlung eines Datensatzes an die zentrale Stelle zu korrigieren oder zu stornieren. ⁸Ein Steuerbescheid kann geändert werden, soweit Daten nach den Sätzen 4, 6 oder Satz 7 übermittelt wurden. ⁹Die übermittelnde Stelle hat den Steuerpflichtigen über die Höhe der nach den Sätzen 4, 6 oder Satz 7 übermittelten Beiträge für das Beitragsjahr zu unterrichten. ¹⁰§ 150 Absatz 6 der Abgabenordnung gilt entsprechend. ¹¹Das Bundeszentralamt für Steuern kann die bei Vorliegen der Einwilligung nach Absatz 2 Satz 3 zu übermittelnden Daten prüfen; die §§ 193 bis 203 der Abgabenordnung sind sinngemäß anzuwenden. ¹²Wer vorsätzlich oder grob fahrlässig eine unzutreffende Höhe der Beiträge im Sinne des Absatzes 1 Nummer 3 übermittelt, haftet für die entgangene Steuer. ¹³Diese ist mit 30 Prozent des zu hoch ausgewiesenen Betrags anzusetzen.

(3) ¹Vorsorgeaufwendungen nach Absatz 1 Nummer 2 Satz 2 sind bis zu 20 000 Euro zu berücksichtigen. ²Bei zusammenveranlagten Ehegatten verdoppelt sich der Höchstbetrag. ³Der Höchstbetrag nach Satz 1 oder 2 ist bei Steuerpflichtigen, die

1. Arbeitnehmer sind und die während des ganzen oder eines Teils des Kalenderjahres

    a) in der gesetzlichen Rentenversicherung versicherungsfrei oder auf Antrag des Arbeitgebers von der Versicherungspflicht befreit waren und denen für den Fall ihres Ausscheidens aus der Beschäftigung auf Grund des Beschäftigungsverhältnisses eine lebenslängliche Versorgung oder an deren Stelle eine Abfindung zusteht oder die in der gesetzlichen Rentenversicherung nachzuversichern sind oder

§ 10

b) nicht der gesetzlichen Rentenversicherungspflicht unterliegen, eine Berufstätigkeit ausgeübt und im Zusammenhang damit auf Grund vertraglicher Vereinbarungen Anwartschaftsrechte auf eine Altersversorgung erworben haben, oder

2. Einkünfte im Sinne des § 22 Nummer 4 erzielen und die ganz oder teilweise ohne eigene Beitragsleistung einen Anspruch auf Altersversorgung erwerben,

um den Betrag zu kürzen, der, bezogen auf die Einnahmen aus der Tätigkeit, die die Zugehörigkeit zum genannten Personenkreis begründen, dem Gesamtbeitrag (Arbeitgeber- und Arbeitnehmeranteil) zur allgemeinen Rentenversicherung entspricht. ⁴Im Kalenderjahr 2005 sind 60 Prozent der nach den Sätzen 1 bis 3 ermittelten Vorsorgeaufwendungen anzusetzen. ⁵Der sich danach ergebende Betrag, vermindert um den nach § 3 Nummer 62 steuerfreien Arbeitgeberanteil zur gesetzlichen Rentenversicherung und einen diesem gleichgestellten steuerfreien Zuschuss des Arbeitgebers, ist als Sonderausgabe abziehbar. ⁶Der Prozentsatz in Satz 4 erhöht sich in den folgenden Kalenderjahren bis zum Kalenderjahr 2025 um je 2 Prozentpunkte je Kalenderjahr. ⁷Beiträge nach § 168 Absatz 1 Nummer 1b oder 1c oder nach § 172 Absatz 3 oder 3a des Sechsten Buches Sozialgesetzbuch vermindern den abziehbaren Betrag nach Satz 5 nur, wenn der Steuerpflichtige die Hinzurechnung dieser Beiträge zu den Vorsorgeaufwendungen nach § 10 Absatz 1 Nummer 2 Satz 3 beantragt hat.

(4) ¹Vorsorgeaufwendungen im Sinne des Absatzes 1 Nummer 3 und 3a können je Kalenderjahr insgesamt bis 2 800 Euro abgezogen werden. ²Der Höchstbetrag beträgt 1 900 Euro bei Steuerpflichtigen, die ganz oder teilweise ohne eigene Aufwendungen einen Anspruch auf vollständige oder teilweise Erstattung oder Übernahme von Krankheitskosten haben oder für deren Krankenversicherung Leistungen im Sinne des § 3 Nummer 9, 14, 57 oder 62 erbracht werden. ³Bei zusammen veranlagten Ehegatten bestimmt sich der gemeinsame Höchstbetrag aus der Summe der jedem Ehegatten unter den Voraussetzungen von Satz 1 und 2 zustehenden Höstbeträge. ⁴Übersteigen die Vorsorgeaufwendungen im Sinne des Absatzes 1 Nummer 3 die nach den Sätzen 1 bis 3 zu berücksichtigenden Vorsorgeaufwendungen, sind diese abzuziehen und ein Abzug von Vorsorgeaufwendungen im Sinne des Absatzes 1 Nummer 3a scheidet aus.

(4a) ¹Ist in den Kalenderjahren 2005 bis 2019 der Abzug der Vorsorgeaufwendungen nach Absatz 1 Nummer 2 Buchstabe a, Absatz 1 Nummer 3 und Nummer 3a in der für das Kalenderjahr 2004 geltenden Fassung des § 10 Absatz 3 mit folgenden Höchstbeträgen für den Vorwegabzug

§ 10

Kalenderjahr	Vorwegabzug für den Steuer-pflichtigen	Vorwegabzug im Falle der Zusammenveranlagung von Ehegatten
2005	3 068	6 136
2006	3 068	6 136
2007	3 068	6 136
2008	3 068	6 136
2009	3 068	6 136
2010	3 068	6 136
2011	2 700	5 400
2012	2 400	4 800
2013	2 100	4 200
2014	1 800	3 600
2015	1 500	3 000
2016	1 200	2 400
2017	900	1 800
2018	600	1 200
2019	300	600

zuzüglich des Erhöhungsbetrags nach Satz 3 günstiger, ist der sich danach ergebende Betrag anstelle des Abzugs nach Absatz 3 und 4 anzusetzen. ²Mindestens ist bei Anwendung des Satzes 1 der Betrag anzusetzen, der sich ergeben würde, wenn zusätzlich noch die Vorsorgeaufwendungen nach Absatz 1 Nummer 2 Buchstabe b in die Günstigerprüfung einbezogen werden würden; der Erhöhungsbetrag nach Satz 3 ist nicht hinzuzurechnen. ³Erhöhungsbetrag sind die Beiträge nach Absatz 1 Nummer 2 Buchstabe b, soweit sie nicht den um die Beiträge nach Absatz 1 Nummer 2 Buchstabe a und den nach § 3 Nummer 62 steuerfreien Arbeitgeberanteil zur gesetzlichen Rentenversicherung und einen diesem gleichgestellten steuerfreien Zuschuss verminderten Höchstbetrag nach Absatz 3 Satz 1 bis 3 überschreiten; Absatz 3 Satz 4 und 6 gilt entsprechend.

(5) Durch Rechtsverordnung wird bezogen auf den Versicherungstarif bestimmt, wie der nicht abziehbare Teil der Beiträge zum Erwerb eines Krankenversicherungsschutzes im Sinne des Absatzes 1 Nummer 3 Buchstabe a Satz 3 durch einheitliche prozentuale Abschläge auf die zugunsten des jeweiligen Tarifs gezahlte Prämie zu ermitteln ist, soweit der nicht abziehbare Beitragsteil nicht bereits als gesonderter Tarif oder Tarifbaustein ausgewiesen wird.[1)]

Hinweise

LStH 10 Sonderausgaben → *R 10.1 bis 10.9 EStR, H 10.1 bis 10.11 EStH*

EStR 2008

R 10.1 Sonderausgaben (Allgemeines)
Bei Ehegatten, die nach § 26b EStG zusammen zur Einkommensteuer veranlagt werden, kommt es für den Abzug von Sonderausgaben nicht darauf an, ob sie der Ehemann oder die Ehefrau geleistet hat.

R 10.2 Unterhaltsleistungen an den geschiedenen oder dauernd getrennt lebenden Ehegatten
(1) Der Antrag nach § 10 Abs. 1 Nr. 1 EStG kann auf einen Teilbetrag der Unterhaltsleistungen beschränkt werden.

(2) Die Zustimmung wirkt auch dann bis auf Widerruf, wenn sie im Rahmen eines Vergleichs erteilt wird.

---

1) Krankenversicherungsbeitragsanteil-Ermittlungsverordnung (KVBEVO) vom 11.8.2009 (BGBl. I S. 2730, BStBl. I S. 1530).

(3) Leistet jemand Unterhalt an mehrere Empfänger, so sind die Unterhaltsleistungen an jeden bis **zum Höchstbetrag** abziehbar.

R 10.3 Renten und dauernde Lasten, Versorgungsleistungen

(1) Renten und → dauernde Lasten, die mit steuerbefreiten Einkünften, z.B. auf Grund eines DBA, in wirtschaftlichem Zusammenhang stehen, können nicht als Sonderausgaben abgezogen werden.

(2) [1]Renten und dauernde Lasten, die freiwillig oder auf Grund einer freiwillig begründeten Rechtspflicht geleistet werden, sind grundsätzlich nicht als Sonderausgaben abziehbar. [2]Das gilt auch für Zuwendungen an eine gegenüber dem Steuerpflichtigen oder seinem Ehegatten gesetzlich unterhaltsberechtigte Person oder an deren Ehegatten (§ 12 Nr. 2 EStG).

R 10.4 Vorsorgeaufwendungen (Allgemeines) – unbesetzt – [1)]

R 10.5 Versicherungsbeiträge

[1]Wird ein Kraftfahrzeug teils für berufliche und teils für private Zwecke benutzt, kann der Steuerpflichtige den Teil seiner Aufwendungen für die Kfz-Haftpflichtversicherung, der dem Anteil der privaten Nutzung entspricht, im Rahmen des § 10 EStG als Sonderausgaben abziehen. [2]Werden Aufwendungen für Wege zwischen Wohnung und Arbeitsstätte oder Familienheimfahrten mit eigenem Kraftfahrzeug in Höhe der Entfernungspauschale nach § 9 **Abs. 2** EStG abgezogen, können die Aufwendungen für die Kfz-Haftpflichtversicherung zur Vereinfachung in voller Höhe als Sonderausgaben anerkannt werden.

R 10.6 Nachversteuerung von Versicherungsbeiträgen

[1]Bei einer Nachversteuerung nach § 30 EStDV wird der Steuerbescheid des Kalenderjahres, in dem die Versicherungsbeiträge für Versicherungen i. S. d. § 10 Abs. 1 Nr. 3 Buchstabe b EStG als Sonderausgabe berücksichtigt worden sind, nicht berichtigt. [2]Es ist lediglich festzustellen, welche Steuer für das jeweilige Kalenderjahr festzusetzen gewesen wäre, wenn der Steuerpflichtige die Versicherungsbeiträge nicht geleistet hätte. [3]Der Unterschiedsbetrag zwischen dieser Steuer und der seinerzeit festgesetzten Steuer ist als Nachsteuer für das Kalenderjahr zu erheben, in dem das steuerschädliche Ereignis eingetreten ist.

R 10.7 Kirchensteuern und Kirchenbeiträge

(1) [1]Beiträge der Mitglieder von Religionsgemeinschaften (Kirchenbeiträge), die mindestens in einem Land als Körperschaft des öffentlichen Rechts anerkannt sind, aber während des ganzen Kalenderjahres keine Kirchensteuer erheben, sind aus Billigkeitsgründen wie Kirchensteuern abziehbar. [2]Voraussetzung ist, dass der Steuerpflichtige über die geleisteten Beiträge eine Empfangsbestätigung der Religionsgemeinschaft vorlegt. [3]Der Abzug ist bis zur Höhe der Kirchensteuer zulässig, die in dem betreffenden Land von den als Körperschaften des öffentlichen Rechts anerkannten Religionsgemeinschaften erhoben wird. [4]Bei unterschiedlichen Kirchensteuersätzen ist der höchste Steuersatz maßgebend. [5]Die Sätze 1 bis 4 sind nicht anzuwenden, wenn der Steuerpflichtige gleichzeitig als Mitglied einer öffentlich-rechtlichen Religionsgemeinschaft zur Zahlung von Kirchensteuer verpflichtet ist.

(2) Kirchenbeiträge, die nach Absatz 1 nicht wie Kirchensteuer als Sonderausgaben abgezogen werden, können im Rahmen des § 10b EStG steuerlich berücksichtigt werden.

R 10.8 Kinderbetreuungskosten – unbesetzt –

R 10.9 Aufwendungen für die Berufsausbildung

[1]Erhält der Steuerpflichtige zur unmittelbaren Förderung seiner Ausbildung steuerfreie Bezüge, mit denen Aufwendungen i. S. d. § 10 Abs. 1 Nr. 7 EStG abgegolten werden, entfällt insoweit der Sonderausgabenabzug. [2]Das gilt auch dann, wenn die zweckgebundenen steuerfreien Bezüge erst nach Ablauf des betreffenden Kalenderjahres gezahlt werden. [3]Zur Vereinfachung ist eine Kürzung der für den Sonderausgabenabzug in Betracht kommenden Aufwendungen nur dann vorzunehmen, wenn die steuerfreien Bezüge ausschließlich zur Bestreitung der in § 10 Abs. 1 Nr. 7 EStG bezeichneten Aufwendungen bestimmt sind. [4]Gelten die steuerfreien Bezüge dagegen ausschließlich oder teilweise Aufwendungen für den Lebensunterhalt ab – ausgenommen solche für auswärtige Unterbringung –, z.B. Berufsausbildungsbeihilfen nach § 59 SGB III, Leistungen nach den §§ 12 und 13 BAföG, sind als Sonderausgaben geltend gemachten Berufsausbildungsaufwendungen nicht zu kürzen.

---

1) Hinweis auf BMF-Schreiben zum Alterseinkünftegesetz vom 30.1.2008 (BStBl. I S. 390) – *Anlage § 010-01* –.

§ 10

R 10.10 Schulgeld – unbesetzt –

ESt-Kartei NW

Fach 1 Vorsorgeaufwendungen (Allgemeines)
1. Kürzung des Vorwegabzugs nach § 10 Abs. 3 Nr. 2 Satz 2 EStG bei ohne Dienstbezüge beurlaubten Beamten, deren Arbeitgeber einen Versorgungszuschlag zahlt (entspricht BMF-Schreiben v. 15. 7. 1994 BStBl. I S. 528: Kürzung ist vorzunehmen 1990 bis 1992 um 12 v. H., ab 1993 um 16 v. H. des gesamten steuerpflichtigen Arbeitslohns einschließlich des vom Arbeitgeber an den Dienstherrn gezahlten Versorgungszuschlags)
2. Kürzung des Vorwegabzugs nach § 10 Abs. 3 Nr. 2 Satz 2 Buchstabe a EStG bei einem Alleingesellschafter-Geschäftsführer einer GmbH mit vertraglichem Ruhegehaltsanspruch (entspricht BMF-Schreiben vom 9. 7. 2004 BStBl. I S. 582; aufgehoben durch BMF-Schreiben vom 22.5.2007, BStBl. I S. 493, Rn. 25)
3. Vorsorgeaufwendungen; 1. Kürzung des Vorwegabzugs bei einem Steuerpflichtigen mit mehreren Arbeitsverhältnissen mit Einkünften aus nichtselbständiger Arbeit 2. Kürzung des Vorwegabzugs bei zusammenveranlagten Ehegatten (entspricht BMF-Schreiben vom 13. 8. 2004 BStBl. I S. 848)
800. Ermittlung der Beitragsbemessungsgrenze zur Kürzung des Vorwegabzugs bei Beschäftigung sowohl in den alten als auch in den neuen Bundesländern (anteilige Berücksichtigung der jeweiligen Beitragsbemessungsgrenzen, nicht bei zeitlich befristeter Abordnung)
801. Kürzung des Vorwegabzugs bei Arbeitgeberzuschüssen zur Kranken- und Pflegeversicherung bei beherrschenden Gesellschafter-Geschäftsführern einer Gesellschaft mit beschränkter Haftung (GmbH) und Vorstandsmitgliedern einer Aktiengesellschaft (AG) oder eines Versicherungsvereins auf Gegenseitigkeit (VVaG) – Hinweis auf § 3 EStG Fach 6 Nr. 801 –

Fach 2 Versicherungsbeiträge
1. Beiträge an Rechtsschutzversicherungen (keine Sonderausgaben, z.T. Werbungskosten, Abgeltung mit Kilometer-Pauschbetrag für Fahrten zwischen Wohnung und Arbeitsstätte)
2. Kraftfahrzeug-Haftpflichtversicherungen bei ausländischen Versicherungsgesellschaften (Sonderausgabenabzug auch wenn diese keine Erlaubnis zum Geschäftsbetrieb im Inland haben)
3. Mindestvertragsdauer bei Versicherungen auf den Erlebens- oder Todesfall (wenn Teilbeträge der Versicherungssumme während Laufzeit ausgezahlt werden, kein Sonderausgabenabzug bei Auszahlung unter Mindestvertragsdauer von 12 Jahren)
4. Mindestvertragsdauer bei Zuzahlungen oder Beitragserhöhungen von Lebensversicherungsverträgen – ausgesondert – (überholt durch BMF-Schreiben v. 22. 8. 2002 BStBl. I S. 827, s. § 10 EStG Fach 2 Nr. 16)
5. Anpassungsabgabe an die Versorgungsanstalt der deutschen Bühnen (VddB) und die Versorgungsanstalt der deutschen Kulturorchester (VddK) – Hinweis auf § 19 EStG Fach 2 Nr. 14 –
6. Einkommensteuerliche Behandlung des Versorgungsausgleichs – Hinweis auf § 22 EStG Fach 1 Nr. 1 – (entspricht BMF-Schreiben v. 20. 7. 1981 BStBl. I S. 567)
7. Beitragszahlungsdauer und Zeitpunkt des Vertragsabschlusses bei Rentenversicherungen mit Kapitalwahlrecht und Kapitalversicherungen – Hinweis auf § 20 EStG Fach 1 Nr. 1 – (entspricht BMF-Schreiben v. 31. 8. 1979 BStBl. I S. 592 und 13. 11. 1985 BStBl. I S. 661 zu Zinsen aus Lebensversicherungen; BMF-Schreiben v. 20. 7. 1990 BStBl. I S. 324 und v. 7. 2. 1991 BStBl. I S. 214)
8. Verlängerung der Laufzeit von Versicherungsverträgen im Sinne des § 10 Abs. 1 Nr. 2 Buchstabe b Doppelbuchstaben cc und dd EStG bei Bürgern der ehemaligen DDR und von Berlin (Ost) – ausgesondert – (entsprach BMF-Schreiben v. 22. 2. 1991 BStBl. I S. 330; überholt durch BMF-Schreiben v. 22. 8. 2002 BStBl. I S. 827, s. § 10 Fach 2 Nr. 16)
9. I. Anwendung des § 10 Abs. 2 Satz 2 und des § 52 Abs. 24 Satz 3 EStG; Finanzierungen unter Einsatz von Lebensversicherungsansprüchen; Zusammenfassung der bisher ergangenen BMF-Schreiben (entspricht BMF-Schreiben v. 15. 6. 2000 BStBl. I S. 1118) II. Finanzierung unter Einsatz von Lebensversicherungsansprüchen gemäß § 10 Abs. 2 Satz 2 EStG. Anzeige nach § 29 Abs. 1 EStDV. Umstellung auf Euro (entspricht BMF-Schreiben v. 7. 1. 2002 BStBl. I S. 140)
10. Anwendung des § 10 Abs. 2 Satz 2 und des § 52 Abs. 13a Satz 4 EStG i.d.F. des Steueränderungsgesetzes 1992 vom 25. 2. 1992 (BGBl. I S. 297, BStBl. I S. 146); Einräumung eines unwiderruflichen Bezugsrechts für den Todesfall – ausgesondert – (jetzt zusammengefasst in Nr. 9)
11. Anhebung der Beiträge zu Direktversicherungen im Zusammenhang mit der Änderung des § 40b EStG ab 1996 (entspricht BMF-Schreiben v. 12. 12. 1995 BStBl. I S. 805; aus Billigkeitsgründen

ESt-Kartei NW § 10

- in Anlehnung an Abschnitt 129 Abs. 3a Satz 5 LStR 1996 – keine Steuerpflicht bei Beitragserhöhung bis 408 DM jährlich, wenn die Mindestvertragsdauer von 12 Jahren bis zur Altersgrenze nicht mehr zu erreichen wäre)

12. Mindesttodesfallschutz bei Lebensversicherungen – ausgesondert – (entsprach BMF-Schreiben v. 6. 12. 1996 BStBl. I S. 1438; überholt durch BMF-Schreiben v. 22. 8. 2002 BStBl. I S. 827, s. § 10 Fach 2 Nr. 16)

13. Steuerliche Behandlung von Lebensversicherungen im Sinne des § 10 Abs. 1 Nr. 2 Buchstabe b EStG bei bestimmten schweren Erkrankungen a) Vorgezogene Leistung b) Veräußerung von Ansprüchen – ausgesondert – (entsprach BMF-Schreiben v. 12. 9. 1997 BStBl. I S. 825; überholt durch BMF-Schreiben v. 22. 8. 2002 BStBl. I S. 827, s. § 10 Fach 2 Nr. 16)

14. Anwendung des § 10 Abs. 1 Nr. 2 Buchstabe b Doppelbuchstabe cc EStG; Zeitpunkt der Ausübung des Kapitalwahlrechts bei Rentenversicherungen mit Kapitalwahlrecht – ausgesondert – (entsprach BMF-Schreiben v. 26. 7. 1996 BStBl. I S. 1120; überholt durch BMF-Schreiben v. 22. 8. 2002 BStBl. I S. 827, s. § 10 Fach 2 Nr. 16)

15. Einkommensteuerliche Behandlung des von Mitgliedern der gesetzlichen Krankenkassen zu entrichtenden Zusatzbeitrags zur Finanzierung von Instandhaltungskosten der Krankenhäuser (entspricht BMF-Schreiben v. 30.1.1998 BStBl. I S. 162: sind im Rahmen der Höchstbeträge als Sonderausgaben abzuziehen)

16. Vertragsänderungen bei Versicherungen auf den Erlebens- oder Todesfall im Sinne des § 10 Abs. 1 Nr. 2 Buchstabe b Doppelbuchstaben cc und dd EStG (entspricht BMF-Schreiben v. 22.8.2002 BStBl. I S. 827)

1000. Erfassung der Erträge aus Lebensversicherungen bei Steuerinländern mit „ausländischer" Lebensversicherung und Erfassung der Erträge aus Lebensversicherungen bei Steuerausländern mit „inländischer" Lebensversicherung, Auswirkung des Steueränderungsgesetzes 1992 (§ 10 Abs. 2 Satz 2, § 20 Abs. 1 Nr. 6 EStG) (Sonderausgaben nur für Beiträge an Versicherungsunternehmen mit EU-Sitz/Geschäftsleitung und Erlaubnis zum Geschäftsbetrieb im Inland; bei beschränkt Steuerpflichtigen gemäß § 50 Abs. 1 Satz 3 EStG generell kein Abzug)

1001. Finanzierungen unter Einsatz von Lebensversicherungsansprüchen nach dem Steueränderungsgesetz 1992: Auszahlung von Darlehensmitteln auf Treuhandkonten von Banken (entspricht BMF-Schreiben v. 2. 5. 1996, DStR S. 785)

Fach 3 Bausparkassenbeiträge

1. Erhöhung der Bausparsumme und Zusammenlegung von Bausparverträgen (Erhöhung steuer- und prämienrechtlich ein selbständiger Vertrag – Zusatzvertrag –, bei Zusammenlegung bleiben die bisherigen Verträge bestehen; Verteilung der geleisteten Bausparbeiträge)

2. Vorzeitige Verwendung der Bausparsumme zum Erwerb von Immobilienzertifikaten (Steuer- oder Prämienunschädlichkeit, wenn Inhaber des Zertifikats wirtschaftlicher Eigentümer des Objekts ist und die vom Bausparer aufgewendeten Mittel unmittelbar zu begünstigten Zwecken verwendet werden; dies liegt nur bei Fonds in Form einer Bruchteilsgemeinschaft vor)

3. Herabsetzung der Bausparsumme (Anwendung der im Zeitpunkt des Abschlusses des ursprünglichen Vertrags geltenden einkommensteuerlichen oder prämienrechtlichen Vorschriften auf künftige geringere Leistungen)

4. Vorzeitige Verwendung der Bausparsumme für den Bau von Luftschutzräumen (Aufwendungen gehören grundsätzlich zu den Aufwendungen für Wohngebäude bzw. den Wohnzwecken dienenden Gebäudeteil)

5. Vorzeitige Verwendung der Bausparsumme zum Erwerb von eigentumsähnlichen Dauerwohnrechten (steuer- und prämienunschädlich bei Dauerwohnrechten für 50 bis 99 Jahre)

6. Steuerliche Behandlung von Auffüllungs- und Zwischenkrediten (Abtretung des Auszahlungsanspruchs zur Sicherung des Kredits ist steuer- und prämienunschädlich; auch Beleihung des Bausparvertrags unter bestimmten Voraussetzungen; Verhältnisrechnung nach Abschnitt 94 Abs. 5 EStR bei teilweise schädlicher Mittelverwendung anzuwenden)

7. Befragung älterer Bausparer durch die Finanzämter (Absicht der Erlangung von Baudarlehen im Zeitpunkt der Bausparbeitragsleistung in der Regel auch für Bausparer in höherem Lebensalter zu unterstellen; Prüfung nur bei begründeten Zweifeln)

8. Verwendung von Bausparmitteln im Zusammenhang mit der Aktion „Ferien auf dem Bauernhof" (steuer- und prämienschädlich nur bei Schaffung von Wohnraum, dessen Vermietung als gewerbliche Tätigkeit zu behandeln ist; dies ist anzunehmen bei mindestens 4 Zimmern oder min-

destens 6 Betten zur Beherbergung von Fremden bzw. bei weniger Zimmern/Betten, wenn außer Frühstück auch Hauptmahlzeit gewährt wird)

9. Verwendung von Bausparmitteln zur Wohnungsmodernisierung durch Mieter (entspricht BMF-Schreiben vom 24. 11. 1982 BStBl. I S. 868)
10. Abschlußgebühr im Fall der Kündigung (nach Verrechnung mit geleisteten Bausparbeiträgen; keine Nachversteuerung bzw. Rückforderung der Wohnungsbauprämie bei vorzeitiger Vertragsauflösung, weil darin keine Rückzahlung geleisteter Beiträge liegt)

Fach 4 Ausbildungskosten

1. (Hinweis auf BMF-Schreiben zum häuslichen Arbeitszimmer – **Anlage § 004-03** – wie in § 9 EStG Fach 9 Nr. 9)

Fach 5 Sonstige Sonderausgaben

1. Beiträge an Kirchengemeinden im Ausland – Hinweis auf § 10b EStG Nr. 7 –
2. Einkommensteuerliche Behandlung des Versorgungsausgleichs – Hinweis auf § 22 EStG Fach 1 Nr. 1 – (entspricht BMF-Schreiben v. 20.7.1981 BStBl. I S. 567)
3. Sonderausgabenabzug von Steuerberatungskosten nach Einleitung eines Steuerstrafverfahrens (§ 10 Abs. 1 Nr. 6 EStG) (BFH v. 20.9.1989 BStBl. 1990 II S. 20 steht Zuordnung zu Steuerberatungskosten nicht entgegen, soweit diese auch ohne Einleitung eines Steuerstrafverfahrens entstanden wären)
4. Folgen der Erstattung von Sonderausgaben in einem späteren Veranlagungszeitraum (§ 10 EStG, § 175 AO) (grundsätzlich Verrechnung mit gleichartigen Sonderausgaben im Erstattungsjahr, ggf. Änderung im Verausgabungsjahr; entspricht BMF-Schreiben v. 11.7.2002 BStBl. I S. 667)
5. Behandlung von wiederkehrenden Leistungen im Zusammenhang mit der Übertragung von Privat- und Betriebsvermögen – Hinweis auf § 22 EStG Fach 3 Nr. 5 – (entspricht BMF-Schreiben v. 26.8.2002 BStBl. I S. 893)
6. Außergewöhnliche Instandhaltungen als dauernde Last i. S. des § 10 Abs. 1 Nr. 1a EStG; BFH-Urteil vom 28.2.2002 (BStBl. 2003 II S. 644) (entspricht BMF-Schreiben v. 21.7.2003 BStBl. I S. 405)

800. Öffentlich-rechtliche Religionsgemeinschaften (Aufzählung für Nordrhein-Westfalen)

1000. Begrenzter Sonderausgabenabzug für Schulgeldzahlungen nach § 10 Abs. 1 Nr. 9 EStG (I. in NW nur Ersatzschulen begünstigt; Verzeichnis der Ersatzschulen im Regierungsbezirk Düsseldorf; keine Begünstigung deutscher Schulen im Ausland; II. Begünstigung allgemeinbildender Ergänzungsschulen; III. Begünstigung deutscher Schulen im Ausland)

1001. Hinzuziehung zum Verfahren beim Rechtsstreit über die steuerliche Behandlung wiederkehrender Leistungen – Hinweis auf § 22 EStG Fach 3 Nr. 1000 –

1002. Berücksichtigung von Kirchensteuererstattungen beim Sonderausgabenabzug: Erstattung von Kirchensteuer nach einer sog. Kappung durch die Kirchen – ausgesondert – überholt durch § 10 EStG Fach 5 Nr. 4)

Rechtsprechungsauswahl

BFH v. 19. 1. 2010 X R 17/09 (BFH-Webseite): Beerdigungskosten als dauernde Last
Hat sich der Vermögensübernehmer gegenüber den Vermögensübergebern (Eltern) in einem Vermögensübergabevertrag verpflichtet, die Kosten einer standesgemäßen Beerdigung zu tragen, so sind die dadurch nach dem Tod des Letztverstorbenen entstandenen angemessenen Aufwendungen als dauernde Last i.S. von § 10 Abs. 1 Nr. 1a EStG abziehbar, soweit nicht der Vermögensübernehmer, sondern ein Dritter Erbe ist.

BFH v. 9. 12. 2009 X R 28/07 (BFH-Webseite): Beschränkte Abziehbarkeit von Altersvorsorgeaufwendungen verfassungsgemäß; keine Eintragung von Altersvorsorgeaufwendungen i.S. des § 10 Abs. 1 Nr. 2 Buchst. a EStG auf der Lohnsteuerkarte

1. Im zeitlichen Geltungsbereich des Alterseinkünftegesetzes geleistete Beiträge zu den gesetzlichen Rentenversicherungen und zu berufsständischen Versorgungseinrichtungen sind als Sonderausgaben nur beschränkt abziehbar (Bestätigung des Senatsbeschlusses vom 1. Februar 2006 X B 166/05, BFHE 212, 242, BStBl. II 2006, 420). Hiergegen bestehen keine verfassungsrechtlichen Bedenken.

Rechtsprechung § 10

2. Es ist verfassungsrechtlich nicht zu beanstanden, dass Altersvorsorgeaufwendungen i.S. des § 10 Abs. 1 Nr. 2 Buchst. a EStG i.d.F. des Alterseinkünftegesetzes nicht als Freibetrag auf der Lohnsteuerkarte eingetragen werden können.

BFH v. 18. 11. 2009 X R 34/07 (BFH-Webseite): Beschränkte Abziehbarkeit von Altersvorsorgeaufwendungen verfassungsgemäß – Verfassungsmäßigkeit des Grundfreibetrags

1. Im zeitlichen Geltungsbereich des Alterseinkünftegesetzes geleistete Beiträge zu den gesetzlichen Rentenversicherungen sind als Sonderausgaben nur beschränkt abziehbar (Bestätigung des Senatsbeschlusses vom 1. Februar 2006 X B 166/05, BFHE 212, 242, BStBl. II 2006, 420). Hiergegen bestehen keine verfassungsrechtlichen Bedenken.
2. Der im Jahr 2005 im Fall der Zusammenveranlagung zu berücksichtigende Grundfreibetrag ist verfassungsrechtlich nicht zu beanstanden.

BFH v. 18. 11. 2009 X R 6/08 (BFH-Webseite): Beschränkte Abziehbarkeit von Altersvorsorgeaufwendungen und von sonstigen Vorsorgeaufwendungen verfassungsgemäß

1. Im zeitlichen Geltungsbereich des Alterseinkünftegesetzes geleistete Beiträge zu den gesetzlichen Rentenversicherungen sind als Sonderausgaben nur beschränkt abziehbar (Bestätigung des Senatsbeschlusses vom 1. Februar 2006 X B 166/05, BFHE 212, 242, BStBl. II 2006, 420). Hiergegen bestehen keine verfassungsrechtlichen Bedenken.
2. Die Regelung über die begrenzte Abziehbarkeit von sonstigen Vorsorgeaufwendungen (§ 10 Abs. 1 Nr. 3, Abs. 4 EStG i.d.F. des Alterseinkünftegesetzes) ist verfassungsrechtlich nicht zu beanstanden.

BFH v. 14. 10. 2009 X R 14/08 (BFH-Webseite): Änderung eines Steuerbescheides bei Zusammenveranlagung

1. Allein die Änderung eines Einkommensteuerbescheides wegen eines den Vorwegabzug betreffenden rückwirkenden Ereignisses, das die Verhältnisse nur eines Ehegatten berührt, berechtigt nicht zur Korrektur eines Fehlers, der die steuerlichen Verhältnisse des anderen Ehegatten berührt.
2. Eine Änderung wegen einer nachträglich bekannt gewordenen Tatsache kommt nicht in Betracht, wenn sich die nachträglich bekannt gewordene Tatsache zunächst wegen Zusammenveranlagung nicht ausgewirkt hatte.

BFH v. 21. 7. 2009 X R 32/07 (BStBl. 2010 II S. 38):

1. Die Verrechnung erstatteter oder zurückgezahlter mit gezahlten Sonderausgaben setzt Gleichartigkeit voraus.
2. Ob die Sonderausgaben gleichartig sind, richtet sich nach deren Sinn und Zweck sowie deren wirtschaftlichen Bedeutung und Auswirkungen für den Steuerpflichtigen. Bei Versicherungsbeiträgen kommt es auf die Funktion der Versicherung und das abgesicherte Risiko an.

BFH v. 24. 6. 2009 X R 57/06 (BStBl. II S. 1000): Die europäischen Grundfreiheiten eines Grenzgängers werden durch den beschränkten Sonderausgabenabzug auch dann nicht verletzt, wenn ein anderer Mitgliedstaat die entsprechenden Altersrenten aufgrund des ihm durch das Doppelbesteuerungsabkommen mit der Bundesrepublik Deutschland zugewiesenen Besteuerungsrechts vollständig der Besteuerung unterwirft.

BFH v. 18. 6. 2009 VI R 14/07 (BFH-Webseite):

1. § 12 Nr. 5 EStG bestimmt in typisierender Weise, dass bei einer erstmaligen Berufsausbildung ein hinreichend veranlasster Zusammenhang mit einer bestimmten Erwerbstätigkeit fehlt. Die Vorschrift enthält jedoch kein Abzugsverbot für erwerbsbedingte Aufwendungen.
2. In verfassungskonformer Auslegung steht § 12 Nr. 5 EStG einem Abzug von Aufwendungen als Werbungskosten für ein Erststudium nach abgeschlossener Berufsausbildung nicht entgegen.

BFH v. 26. 11. 2008 X R 15/07 (BStBl. 2009 II S. 710):

1. Mit der Umstellung der Besteuerung der Alterseinkünfte auf die sog. nachgelagerte Besteuerung hat der Gesetzgeber die Grenzen seines weiten Gestaltungsspielraums nicht überschritten.
2. Die Besteuerung der Renteneinkünfte eines vormals Selbständigen im Rahmen der Übergangsregelung des AltEinkG begegnet keinen verfassungsrechtlichen Bedenken, sofern nicht gegen das Verbot der Doppelbesteuerung verstoßen wird.

BFH v. 2. 9. 2008 X R 46/07 (BStBl. 2009 II S. 229): Die Erstattung von Kirchensteuer ist insoweit ein rückwirkendes Ereignis i. S. des § 175 Abs. 1 Satz 1 Nr. 2 AO, als sie die im Jahr der Erstattung gezahlte

§ 10 Rechtsprechung

Kirchensteuer übersteigt (Anschluss an BFH-Urteil vom 7. Juli 2004 XI R 10/04, BFHE 207, 28, BStBl. II 2004, 1058).

BFH v. 17. 7. 2008 X R 62/04 (BStBl. II S. 976):

1. Auch Schulgeld für den Besuch eines englischen Internats kann unter den Voraussetzungen des § 10 Abs. 1 Nr. 9 EStG abziehbar sein.

2. Der Vorrang des Gemeinschaftsrechts gegenüber dem nationalen Recht hat insbesondere zur Folge, dass gemeinschaftsrechtswidrige Vorschriften des nationalen Steuerrechts nicht anzuwenden sind, ohne dass es einer Vorlage an das BVerfG oder den EuGH bedarf (Anwendungsvorrang).

BVerfG v. 13. 2. 2008 2 BvL 1/06 (BGBl. I S. 540): (Entscheidungsformel)

1. § 10 Absatz 1 Nr. 2 Buchstabe a in Verbindung mit § 10 Absatz 3 Einkommensteuergesetz in der für den Veranlagungszeitraum 1997 geltenden Fassung und alle nachfolgenden Fassungen einschließlich der zum 1. Januar 2005 durch das Alterseinkünftegesetz vom 5. Juli 2004 (BGBl. I S. 1427) in Kraft getretenen Nachfolgevorschrift des § 10 Absatz 1 Nr. 3 Buchstabe a in Verbindung mit § 10 Absatz 4 Einkommensteuergesetz sind mit Artikel 1 Absatz 1 in Verbindung mit Artikel 20 Absatz 1, Artikel 3 Absatz 1 und Artikel 6 Absatz 1 des Grundgesetzes unvereinbar, soweit nach Maßgabe der Gründe der Sonderausgabenabzug die Beiträge zu einer privaten Krankheitskostenversicherung (Vollversicherung) und einer privaten Pflegepflichtversicherung nicht ausreichend erfasst, die dem Umfang nach erforderlich sind, um dem Steuerpflichtigen und seiner Familie eine sozialhilfegleiche Kranken- und Pflegeversorgung zu gewährleisten.

2. Der Gesetzgeber ist verpflichtet, spätestens mit Wirkung zum 1. Januar 2010 eine Neuregelung zu treffen. Bis zu diesem Zeitpunkt bleiben § 10 Absatz 3 Einkommensteuergesetz sowie die Nachfolgeregelungen, insbesondere § 10 Absatz 4 Einkommensteuergesetz in der Fassung des Artikel 1 Nr. 7 des Alterseinkünftegesetzes vom 5. Juli 2004 (BGBl. I S. 1427), zuletzt geändert durch Artikel 1 Nr. 5 des Jahressteuergesetzes 2008 vom 20. Dezember 2007 (BGBl. I S. 3150) weiter anwendbar.

3. In Ermangelung einer Neuregelung sind ab dem Veranlagungszeitraum 2010 Beiträge zu einer privaten Krankheitskostenversicherung (Vollversicherung) und zur privaten Pflegepflichtversicherung bei der Einkommensteuer in vollem Umfang als Sonderausgaben abzugsfähig.

Die vorstehende Entscheidungsformel hat gemäß § 31 Abs. 2 des Bundesverfassungsgerichtsgesetzes Gesetzeskraft.

BFH v. 31. 7. 2007 VII R 60/06 (BStBl. 2009 II S. 592):

1. Eine Kapitallebensversicherung ist nicht deshalb unpfändbar, weil dem Versicherungsnehmer nach den Versicherungsbedingungen das Recht eingeräumt ist, statt einer fälligen Kapitalleistung eine Versorgungsrente zu wählen.

2. Darf der Vollstreckungsschuldner wegen des durch die Pfändung bewirkten relativen Verfügungsverbots keine Verfügungen mehr vornehmen, die das Pfandrecht beeinträchtigen, so kann er nach Pfändung der Kapitallebensversicherung Pfändungsschutz nicht mehr durch Ausübung des Rentenwahlrechts herbeiführen. Die Pfändung erfasst auch dieses Wahlrecht.

BFH v. 15. 3. 2007 VI R 14/04 (BStBl. II S. 814): Aufwendungen eines in Deutschland lebenden Ausländers für das Erlernen der deutschen Sprache gehören regelmäßig auch dann zu den nichtabziehbaren Kosten der Lebensführung, wenn ausreichende Deutschkenntnisse für einen angestrebten Ausbildungsplatz förderlich sind.

BFH v. 20. 12. 2006 X R 38/05 (BStBl. 2007 II S. 823): Der Vorwegabzug für Vorsorgeaufwendungen ist auch für Veranlagungszeiträume nach Beendigung des Beschäftigungsverhältnisses zu kürzen, wenn in wirtschaftlichem Zusammenhang mit der früheren Beschäftigung stehender Arbeitslohn nachträglich an den Steuerpflichtigen ausgezahlt wird und der Steuerpflichtige durch arbeitgeberfinanzierte Zukunftssicherungsleistungen oder Altersversorgungsansprüche begünstigt worden war.

(Hinweis auf Verfassungsbeschwerde BVerfG 2 BvR 805/07.)

BFH v. 15. 11. 2006 XI R 73/03 (BStBl. 2007 II S. 387): Die allgemeine Anwendungsvorschrift des § 52 Abs. 1 EStG i.d.F. des StEntlG 1999/2000/2002 vom 24. März 1999 (BGBl. I 1999, 402), mit der unter anderem § 10 Abs. 1 Nr. 5 EStG a.F. mit Wirkung ab dem Veranlagungszeitraum 1999 aufgehoben worden ist, verstößt insoweit nicht gegen das verfassungsrechtliche Rückwirkungsverbot, als danach Nachzahlungszinsen i.S. von § 233a AO 1977, die nach der Verkündung des StEntlG 1999/2000/2002 (31. März 1999) gezahlt worden sind, nicht mehr als Sonderausgaben abzogen werden können.

Rechtsprechung § 10

BFH v. 8. 11. 2006 X R 45/02 (BStBl. 2007 II S. 574): Beiträge zu den gesetzlichen Rentenversicherungen sind in den Veranlagungszeiträumen vor 2005 nur als Sonderausgaben mit den sich aus § 10 Abs. 3 EStG a.F. ergebenden Höchstbeträgen abziehbar. Hieran hat sich durch das Inkrafttreten des Alterseinkünftegesetzes (AltEinkG) vom 5. Juli 2004 (BGBl. I 2004, 1427) zum 1. Januar 2005 nichts geändert. Dies folgt aus der zeitlichen Geltungsanordnung des § 52 EStG i.d.F. des Art. 1 Nr. 25 AltEinkG.*)

*) Hinweis BStBl. II: Verfassungsbeschwerde eingelegt (Az. des BVerfG: 2 BvR 325/07).

BFH v. 26. 9. 2006 X R 3/05 (BStBl. 2007 II S. 452): Sagt die GmbH nur einem ihrer beiden zu gleichen Teilen beteiligten Gesellschafter-Geschäftsführer eine Altersversorgung zu, so ist der diesem Gesellschafter-Geschäftsführer zustehende Vorwegabzug für Vorsorgeaufwendungen auch dann um 16 v.H. des Geschäftsführergehalts zu kürzen, wenn es sich bei dem anderen Gesellschafter-Geschäftsführer um den mit ihm zusammenveranlagten Ehegatten handelt.*)

*) Hinweis auf BMF-Schreiben vom 22.5.2007 (BStBl. I S. 493) betr. Vorsorgeaufwendungen bei Gesellschafter-Geschäftsführern von Kapitalgesellschaften und BMF-Schreiben Anlage § 010-01.

BFH v. 28. 6. 2006 XI R 32/05 (BStBl. 2007 II S. 5):

1. § 10 Abs. 1 Nr. 1 Satz 2 EStG verbietet zwar die nachträgliche Einschränkung (vgl. BFH-Urteil vom 22. September 1999 XI R 121/96, BFHE 190, 320, BStBl. II 2000 S. 218), nicht aber die betragsmäßige Erweiterung eines bereits vorliegenden begrenzten Antrags zum Realsplitting.

2. Der Antrag auf Erweiterung kann auch noch nach Bestandskraft des Einkommensteuerbescheids gestellt werden.

3. Der erweiterte Antrag stellt in Verbindung mit der erweiterten Zustimmungserklärung ein rückwirkendes Ereignis i.S. des § 175 Abs. 1 Satz 1 Nr. 2 AO 1977 dar.

BFH v. 22. 6. 2006 VI R 5/03 (BStBl. 2007 II S. 4): Die Zahlung einer in einem Ausbildungsverhältnis begründeten Vertragsstrafe kann zu Erwerbsaufwendungen (Werbungskosten oder Betriebsausgaben) führen.

BFH v. 31. 5. 2006 X R 9/05 (BStBl. II S. 858):

1. Ist eine Steuer „im Hinblick auf anhängige Verfassungsbeschwerden bzw. andere gerichtliche Verfahren" vorläufig festgesetzt, so bezieht sich der Vorläufigkeitsvermerk nur auf solche Verfahren, die bereits im Zeitpunkt der Festsetzung beim EuGH, beim BVerfG, beim BFH oder bei einem anderen obersten Bundesgericht anhängig sind.

2. Die Vorläufigkeit eines Einkommensteuerbescheids „hinsichtlich der beschränkten Abzugsfähigkeit von Vorsorgeaufwendungen (§10 Abs. 3 EStG)" erstreckt sich, soweit sie im Hinblick auf die gegen den BFH-Beschluss vom 21. Dezember 2000 XI B 75/99 (BFH/NV 2001, 773) erhobene Verfassungsbeschwerde (Az. des BVerfG: 2 BvR 587/01) verfügt worden ist, nur auf die Frage, ob auch bei zusammenveranlagten Ehegatten eine individuelle Kürzung des Vorwegabzugs dergestalt möglich ist, dass jedenfalls demjenigen Ehegatten, der nicht durch vorwegabzugschädliche Arbeitgeberleistungen begünstigt worden ist, ein eigener Vorwegabzug von 3 068 € verbleibt.

BFH v. 5.4. 2006 XI R 1/04 (BStBl. II S. 682): Die „Europäischen Schulen" erfüllen die Voraussetzungen, unter denen bei einer deutschen Schule eine Genehmigung zu erteilen wäre, und sind durch den deutschen Gesetzgeber in einer Weise anerkannt, die einer staatlichen Genehmigung gleichkommt (Abweichung vom BFH-Urteil vom 16. Dezember 1998 X R 3/98, BFH/NV 1999, 918).

BFH v. 1. 2. 2006 X B 166/05 (BStBl. II S. 420): Es ist nicht ernstlich zweifelhaft, dass im zeitlichen Anwendungsbereich des AltEinkG (ab dem 1. Januar 2005) geleistete Beiträge zu den gesetzlichen Rentenversicherungen (§ 10 Abs. 1 Nr. 2 EStG) als Sonderausgaben nach näherer Maßgabe der Überleitung in die sog. nachgelagerte Besteuerung (§ 10 Abs. 3 EStG) nur beschränkt abziehbar sind. Gegen diese gesetzliche Regelung bestehen bei summarischer Beurteilung keine durchgreifenden verfassungsrechtlichen Bedenken.

BFH v. 14. 12. 2005 X R 20/04 (BStBl. 2006 II S. 312): Es wird eine Entscheidung des BVerfG darüber eingeholt, ob § 10 Abs. 1 Nr. 2 Buchst. a i. V. m. § 10 Abs. 3 EStG in der für das Streitjahr 1997 geltenden Fassung insofern verfassungsmäßig ist, als

1. diese Vorschrift den Abzug von Beiträgen zu Krankenversicherungen mit der Wirkung begrenzt, dass diese im Streitfall nicht ausreichen, damit die Kläger für sich selbst Krankenversicherungsschutz in dem von den gesetzlichen Krankenversicherungen gewährten und somit angemessenen Umfang erlangen können,

§ 10

2. die verfassungsrechtlich gebotene steuerliche Abziehbarkeit der den gesamten Vorsorgebedarf abdeckenden Aufwendungen durch den dem Steuerpflichtigen selbst und seinem Ehegatten zustehenden Höchstbetrag unabhängig davon begrenzt wird, ob unterhaltsberechtigte Kinder vorhanden sind oder nicht. Weder § 10 Abs. 3 EStG noch eine sonstige Vorschrift des EStG sieht eine steuerliche Entlastung oder bei der Bemessung des Kindergeldes eine Transferleistung für den Fall vor, dass der Steuerpflichtige seine Kinder privat gegen Krankheit versichert, um für diese im Leistungsumfang der gesetzlichen Krankenversicherung Versicherungsschutz zu erlangen.

BFH v. 16. 11. 2005 XI R 79/03 (BStBl. 2006 II S. 377): Ein Schulbesuch, für den Aufwendungen nach § 10 Abs. 1 Nr. 9 EStG zu berücksichtigen sind, kommt regelmäßig erst mit dem Beginn der öffentlich-rechtlichen Schulpflicht und der Möglichkeit des Zugangs zu öffentlichen Schulen einschließlich öffentlicher Vorschulen in Betracht.

BFH v. 6. 7. 2005 VIII R 71/04 (BStBl. 2006 II S. 53): Die nachträgliche Verlängerung eines Versicherungsvertrages um drei Jahre führt trotz gleich bleibender Beitragsleistung steuerrechtlich zu einem neuen Vertrag, wenn die Möglichkeit der Vertragsänderung im ursprünglichen Versicherungsvertrag nicht vorgesehen war und sich aufgrund der Vertragsänderung die Laufzeit des Vertrages, die Prämienzahlungsdauer, die insgesamt zu entrichtenden Versicherungsbeiträge und die Versicherungssumme ändern.

BFH v. 14. 4. 2005 XI R 33/03 (BStBl. II S. 825): Stimmt die Empfängerin von Unterhaltszahlungen dem der Höhe nach beschränkten Antrag auf Abzug der Zahlungen als Sonderausgaben i. S. des § 10 Abs. 1 Nr. 1 EStG zu, so beinhaltet dies keine der Höhe nach unbeschränkte Zustimmung für die Folgejahre.

BFH v. 23. 2. 2005 XI R 29/03 (BStBl. II S. 634): Sagt die GmbH ihren beiden zu gleichen Teilen beteiligten Gesellschafter-Geschäftsführern die gleiche Altersversorgung zu, so steht jedem von ihnen der Vorwegabzug für Vorsorgeaufwendungen ungekürzt zu (Fortführung der Rechtsprechung im Urteil vom 16. Oktober 2002 XI R 25/01, BFHE 200, 554, BStBl. II 2004, 546).

BFH v. 23. 2. 2005 XI R 63/00 (BStBl. II S. 631): Auch Verheiratete mit nur einem Kind können Aufwendungen für hauswirtschaftliche Beschäftigungsverhältnisse gemäß § 10 Abs. 1 Nr. 8 Buchst. a EStG als Sonderausgaben dann abziehen, wenn einer der Ehegatten selbst hilfsbedürftig ist.

Schwebende Verfahren

BVerfG 2 BvR 2369/09 (BFH-Webseite): Keine Verletzung von Grundfreiheiten durch beschränkten Sonderausgabenabzug – Arbeitnehmerfreizügigkeit – Schutzbereich und Verhältnis zu Art. 12 und Art. 18 Abs. 1 EG – keine Harmonisierung der Doppelbesteuerung innerhalb der EU – Vereinheitlichung der Rentenbesteuerung in Frankreich und Deutschland gemeinschaftsrechtlich nicht geboten – Kontoführungsgebühren und Umtauschgebühren für in ausländischer Währung ausgezahlten Arbeitslohn als Werbungskosten

Vorgehend: BFH, Urteil vom 24.6.2009 (X R 57/06)

BFH X R 62/09 (BFH-Webseite): Sonderausgabenabzug von Beiträgen zur Schweizer Alters- und Hinterlassenenversicherung: Sind die Versicherungsbeiträge, die ein unbeschränkt Steuerpflichtiger aufgrund seiner gewerblichen Tätigkeit in der Schweiz entrichten muss, als Sonderausgaben abziehbar, obwohl die Einkünfte nach dem DBA-Schweiz von der inländischen Einkommensteuer freizustellen sind. Besteht seit Inkrafttreten des Alterseinkünftegesetzes nicht mehr allein ein wirtschaftlicher Zusammenhang zwischen den Vorsorgeaufwendungen im Veranlagungszeitraum der Verausgabung mit den steuerfreien Einkünften dieses Zeitraums, sondern auch mit den zukünftigen Rentenbezügen?

BFH VIII R 51/09 (BFH-Webseite): Verfassungswidrigkeit der Besteuerung von Kapitaleinkünften im Veranlagungszeitraum 2007?

Verfassungswidrigkeit der ab dem 1. Januar 2006 erfolgten Abschaffung des Sonderausgabenabzugs für private Steuerberatungskosten (§ 10 Abs. 1 Nr. 6 EStG a.F.)?

Liegt in Bezug auf eine leerstehende Wohnung Einkünfteerzielungsabsicht vor, so dass die Aufwendungen als Werbungskosten bei den Einkünften aus Vermietung und Verpachtung steuerlich zu berücksichtigen sind?

BFH X R 48/09 (BFH-Webseite): Abzug von Schulgeld für eine vom Sohn im Streitjahr 2004 besuchte im Inland belegene private Ergänzungsschule unter Anwendung der Neufassung des § 10 Abs. 1 Nr. 9 EStG und der Übergangsregelung des § 52 Abs. 24b Satz 2 EStG i.d.F des Jahressteuergesetzes 2009?

BFH X R 43/09 (BFH-Webseite): Höchstbetrag nach § 10 Abs. 4 EStG auf Krankenversicherungsbeiträge des nicht erwerbstätigen Ehegatten: Steht der selbst nicht erwerbstätigen Ehefrau eines Arbeit-

Rechtsprechung § 10

nehmers, die aufgrund eines eigenen Vertrags privat krankenversichert ist, der große Höchstbetrag von 2 400 EUR zu oder kommt nur der verminderte Abzugsbetrag von 1 500 EUR zur Anwendung, wenn für die Beiträge zur privaten Krankenversicherung Leistungen i.S. des § 3 Nr. 62 EStG (steuerfreie Zuschusszahlungen des Arbeitgebers des Ehemannes) erbracht werden?

BFH X R 36/09 (BFH-Webseite): Steuerlicher Abzug von Leistungen an die geschiedene Ehefrau: Sind Zahlungen des Klägers an seine geschiedene Ehefrau als Leistungen aufgrund eines schuldrechtlichen Versorgungsausgleichs gemäß § 10 Abs. 1 Nr. 1b EStG (in der ab 2008 geltenden Fassung) bzw. als Werbungskosten in voller Höhe abziehbar oder als Unterhaltsleistungen nach § 10 Abs. 1 Nr. 1 EStG nur beschränkt berücksichtigungsfähig?

BFH X R 32/09 (BFH-Webseite): Beerdigungskosten als Sonderausgaben: Sind auf der Grundlage eines Hofübergabevertrags geschuldete Aufwendungen für die Beerdigung des letztverstorbenen Altenteilers beim Altenteilsverpflichteten und Alleinerben als Sonderausgaben gem. § 10 Abs. 1 Nr. 1a EStG zu berücksichtigen?

BFH X R 27/09 (BFH-Webseite): Schulgeld als Sonderausgabe: Abzug von Schulgeldzahlungen für eine in diesen Jahrgangsstufen nach bayerischem Landesrecht nicht als Ersatzschule genehmigte Privatschule? Vereinbarkeit des § 10 Abs. 1 Nr. 9 EStG mit Verfassungsrecht und Gemeinschaftsrecht, wenn die staatliche Anerkennung als Ergänzungsschule mangels eines entsprechenden Verfahrens nach Landesrecht nicht vorgesehen ist?

BFH X R 24/09 (BFH-Webseite): Sind Studiengebühren für den Besuch einer Kunsthochschule der Tochter in den Niederlanden nicht als Sonderausgaben nach § 10 Abs. 1 Nr. 9 EStG zu berücksichtigen, weil die im Ausland belegene Schule im Inland weder als staatlich genehmigte oder nach Landesrecht erlaubte Ersatzschule noch als allgemein bildende Ergänzungsschule beurteilt werden könnte?

BFH VI R 22/09 (BFH-Webseite): Findet die Ausbildung eines Pilotenanwärters im Rahmen eines Dienstverhältnisses i.S. des § 12 Nr. 5 EStG statt?
Ist die Regelung des § 12 Nr. 5 EStG verfassungsmäßig?

BFH X R 15/09 (BFH-Webseite): Verfassungswidrigkeit der Sonderausgaben-Höchstbeträge der Streitjahre 1993 bis 1999: Berücksichtigung weiterer Vorsorgeaufwendungen für die Krankenversicherung und Arbeitslosenversicherung wegen deren Zuordnung zum Existenzminimum? Keine Bindung an die Entscheidung des Bundesverfassungsgerichts 2 BvL 1/06 (BVerfGE 120, 125) – Verstoß der Anordnung der weiterhin nur beschränkten Abziehbarkeit von Krankenversicherungsbeiträgen bis zum Jahr 2009 gegen das Leistungsfähigkeitsprinzip und die Rechtsschutzgarantie? Verfassungswidrigkeit der nur beschränkten Abziehbarkeit von Aufwendungen zur Arbeitslosenversicherung?

BFH VI R 8/09 (BFH-Webseite): Wie BFH VI R 22/09.

BFH VI R 55/08 (BFH-Webseite): Ist § 39a EStG ergänzend dahingehend auszulegen, dass ein Freibetrag auf der Lohnsteuerkarte für eine Einmalzahlung zum Erhalt einer Rente als Sonderausgabe i. S. des § 10 Abs. 1 Nr. 2 Buchst. b EStG einzutragen ist?

BFH X R 40/08 (BFH-Webseite): Abzug von anteiligen Steuerberatungskosten des Streitjahres 2006 als dauernde Last: Sind die aufgrund eines Steuerberatungsvertrages (Dauerschuldverhältnis) und der gesetzlichen Verpflichtung zur Abgabe der Steuererklärung nicht mit Einkünften in wirtschaftlichem Zusammenhang stehenden Steuerberatungskosten (für die laufende steuerliche Beratung und Erstellung des Mantelbogens der Einkommensteuererklärung) nach Wegfall des § 10 Abs. 1 Nr. 6 EStG gemäß § 10 Abs. 1 Nr. 1a EStG als dauernde Last abziehbar?

BFH X R 10/08 (EFG 2008 S. 622; Beilage 3/2008 BStBl. II S. 58): Abzug von Steuerberatungskosten: Verfassungswidrigkeit der durch Art. 1 Nr. 3 des Gesetzes zum Einstieg in ein steuerliches Sofortprogramm vom 22.12.2005 (BGBl. I 2005, 3682) ab dem 1.1.2006 erfolgten Abschaffung des Sonderausgabenabzugs für private Steuerberatungskosten (§ 10 Abs. 1 Nr. 6 EStG in der bis zum 31.12.2005 geltenden Fassung)?

BFH X R 43/05 (Beilage 3/2008 BStBl. II S. 58):

1. Verfassungswidrige Beschränkung des Sonderausgabenabzugs von Krankenkassenbeiträgen und Beiträgen zur Altersversorgung? Beiträge zur gesetzlichen Rentenversicherung als im Hinblick auf das Alterseinkünftegesetz in voller Höhe abziehbare Werbungskosten?
2. Sind pauschal 40 v.H. der Einnahmen nach § 1 Abs. 2 des Strafbefreiungserklärungsgesetzes oder alternativ ein Drittel der Einkünfte des Klägers nach § 3 Nr. 12 EStG (Kostenpauschale für Bundes-

tagsabgeordnete) steuerfrei zu belassen. Besteht ein aus Art. 3 Abs. 1 GG abgeleiteter Anspruch auf diese Begünstigung?

Hinweis (BFH-Webseite): Das Verfahren ruht bis zum Abschluss der beim BFH anhängigen Verfahren VI R 63/04 und X R 20/04 und der beim BVerfG anhängigen Verfahren 2 BvR 2299/04 und BvL 14/05.

§ 10a

§ 10a Zusätzliche Altersvorsorge[1)]

(1) [1]In der inländischen gesetzlichen Rentenversicherung Pflichtversicherte können Altersvorsorgebeiträge (§ 82) zuzüglich der dafür nach Abschnitt XI zustehenden Zulage jährlich bis zu 2 100 Euro als Sonderausgaben abziehen; das Gleiche gilt für

1. Empfänger von inländischer Besoldung nach dem Bundesbesoldungsgesetz oder einem Landesbesoldungsgestz,
2. Empfänger von Amtsbezügen aus einem inländischen Amtsverhältnis, deren Versorgungsrecht die entsprechende Anwendung des § 69e Absatz 3 Satz 1 und Absatz 4 des Beamtenversorgungsgesetzes vorsieht,
3. die nach § 5 Absatz 1 Satz 1 Nummer 2 und 3 des Sechsten Buches Sozialgesetzbuch versicherungsfrei Beschäftigten, die nach § 6 Absatz 1 Satz 1 Nummer 2 oder nach § 230 Absatz 2 Satz 2 des Sechsten Buches Sozialgesetzbuch von der Versicherungspflicht befreiten Beschäftigten, deren Versorgungsrecht die entsprechende Anwendung des § 69e Absatz 3 und 4 des Beamtenversorgungsgesetzes vorsieht,
4. Beamte, Richter, Berufssoldaten und Soldaten auf Zeit, die ohne Besoldung beurlaubt sind, für die Zeit einer Beschäftigung, wenn während der Beurlaubung die Gewährleistung einer Versorgungsanwartschaft unter den Voraussetzungen des § 5 Absatz 1 Satz 1 des Sechsten Buches Sozialgesetzbuch auf diese Beschädigung erstreckt wird, und
5. Steuerpflichtige im Sinne der Nummern 1 bis 4, die beurlaubt sind und deshalb keine Besoldung, Amtsbezüge oder Entgelt erhalten, sofern sie eine Anrechnung von Kindererziehungszeiten nach § 56 des Sechsten Buches Sozialgesetzbuch in Anspruch nehmen könnten, wenn die Versicherungsfreiheit in der inländischen gesetzlichen Rentenversicherung nicht bestehen würde,

wenn sie spätestens bis zum Ablauf des zweiten Kalenderjahres, das auf das Beitragsjahr (§ 88) folgt, gegenüber der zuständigen Stelle (§ 81a) schriftlich eingewilligt haben, dass diese der zentralen Stelle (§ 81) jährlich mitteilt, dass der Steuerpflichtige zum begünstigten Personenkreis gehört, dass die zuständige Stelle der zentralen Stelle die für die Ermittlung des Mindesteigenbeitrags (§ 86) und die Gewährung der Kinderzulage (§ 85) erforderlichen Daten übermittelt und die zentrale Stelle diese Daten für das Zulageverfahren verwenden darf. [2]Bei der Erteilung der Einwilligung ist der Steuerpflichtige darauf hinzuweisen, dass er die Einwilligung vor Beginn des Kalenderjahres, für das sie erstmals nicht mehr gelten soll, gegenüber der zuständigen Stelle widerrufen kann. [3]Versicherungspflichtige nach dem Gesetz über die Alterssicherung der Landwirte sowie Personen, die wegen Arbeitslosigkeit bei einer inländischen Agentur für Arbeit als Arbeitsuchende gemeldet sind und der Versicherungspflicht in der Rentenversicherung nicht unterliegen, weil sie eine Leistung nach dem Zweiten Buch Sozialgesetzbuch nur wegen des zu berücksichtigenden Einkommens oder Vermögens nicht beziehen, stehen Pflichtversicherten gleich. [4]Die Sätze 1 und 2 gelten entsprechend für Steuerpflichtige, die nicht zum begünstigten Personenkreis nach Satz 1 oder 3 gehören und eine Rente wegen voller Erwerbsminderung oder Erwerbsunfähigkeit oder eine Versorgung wegen Dienstunfähigkeit aus einem der in Satz 1 oder 3 genannten Alterssicherungssysteme beziehen, wenn unmittelbar vor dem Bezug der entsprechenden Leistungen der Leistungsbezieher einer der in Satz 1 oder 3 genannten begünstigten Personengruppen angehörte; dies gilt nicht, wenn der Steuerpflichtige das 67. Lebensjahr vollendet hat. [5]Bei der Ermittlung der dem Steuerpflichtigen zustehenden Zulage nach Satz 1 bleibt die Erhöhung der Grundzulage nach § 84 Satz 2 außer Betracht.

(1a) [1]Sofern eine Zulagenummer (§ 90 Absatz 1 Satz 2) durch die zentrale Stelle oder eine Versicherungsnummer nach § 147 des Sechsten Buches Sozialgesetzbuch noch nicht vergeben ist, haben die in Absatz 1 Satz 1 Nummer 1 bis 5 genannten Steuerpflichtigen über die zuständige Stelle eine Zulagenummer bei der zentralen Stelle zu beantragen. [2]Für Empfänger einer Versorgung im Sinne des Absatzes 1 Satz 4 gilt Satz 1 entsprechend.

(2) [1]Ist der Sonderausgabenabzug nach Absatz 1 für den Steuerpflichtigen günstiger als der Anspruch auf die Zulage nach Abschnitt XI, erhöht sich die unter Berücksichtigung des

---

1) Zur Anwendung von § 10a siehe § 52 Abs. 24c, 24d EStG.

Sonderausgabenabzugs ermittelte tarifliche Einkommensteuer um den Anspruch auf Zulage. ²In den anderen Fällen scheidet der Sonderausgabenabzug aus. ³Die Günstigerprüfung wird von Amts wegen vorgenommen.

(2a) ¹Der Sonderausgabenabzug setzt voraus, dass der Steuerpflichtige gegenüber dem Anbieter (übermittelnde Stelle) in die Datenübermittlung nach Absatz 5 Satz 1 eingewilligt hat. ²§ 10 Absatz 2a Satz 1 bis Satz 3 gilt entsprechend. ³In den Fällen des Absatzes 3 Satz 2 und 3 ist die Einwilligung nach Satz 1 von beiden Ehegatten abzugeben. ⁴Hat der Zulageberechtigte den Anbieter nach § 89 Absatz 1a bevollmächtigt, gilt die Einwilligung nach Satz 1 als erteilt. ⁵Eine Einwilligung nach Satz 1 gilt auch für das jeweilige Beitragsjahr als erteilt, für das dem Anbieter ein Zulageantrag nach § 89 für den mittelbar Zulageberechtigten (§ 79 Satz 2) vorliegt.

(3) ¹Der Abzugsbetrag nach Absatz 1 steht im Falle der Veranlagung von Ehegatten nach § 26 Absatz 1 jedem Ehegatten unter den Voraussetzungen des Absatzes 1 gesondert zu. ²Gehört nur ein Ehegatte zu dem nach Absatz 1 begünstigten Personenkreis und ist der andere Ehegatte nach § 79 Satz 2 zulageberechtigt, sind bei dem nach Absatz 1 abzugsberechtigten Ehegatten die von beiden Ehegatten geleisteten Altersvorsorgebeiträge und die dafür zustehenden Zulagen bei der Anwendung der Absätze 1 und 2 zu berücksichtigen. ³Gehören beide Ehegatten zu dem nach Absatz 1 begünstigten Personenkreis und liegt ein Fall der Veranlagung nach § 26 Absatz 1 vor, ist bei der Günstigerprüfung nach Absatz 2 der Anspruch auf Zulage beider Ehegatten anzusetzen.

(4) ¹Im Falle des Absatzes 2 Satz 1 stellt das Finanzamt die über den Zulageanspruch nach Abschnitt XI hinausgehende Steuerermäßigung gesondert fest und teilt diese der zentralen Stelle (§ 81) mit; § 10d Absatz 4 Satz 3 bis 5 gilt entsprechend. ²Sind Altersvorsorgebeiträge zu Gunsten von mehreren Verträgen geleistet worden, erfolgt die Zurechnung im Verhältnis der nach Absatz 1 berücksichtigten Altersvorsorgebeiträge. ³Ehegatten ist der nach Satz 1 festzustellende Betrag auch im Falle der Zusammenveranlagung jeweils getrennt zuzurechnen; die Zurechnung erfolgt im Verhältnis der nach Absatz 1 berücksichtigten Altersvorsorgebeiträge. ⁴Werden Altersvorsorgebeiträge nach Absatz 3 Satz 2 berücksichtigt, die der nach § 79 Satz 2 zulageberechtigte Ehegatte zugunsten eines auf seinen Namen lautenden Vertrages geleistet hat, ist die hierauf entfallende Steuerermäßigung dem Vertrag zuzurechnen, zu dessen Gunsten die Altersvorsorgebeiträge geleistet wurden. ⁵Die Übermittlung an die zentrale Stelle erfolgt unter Angabe der Vertragsnummer und der Identifikationsnummer (§ 139b der Abgabenordnung) sowie der Zulage- oder Versicherungsnummer nach § 147 des Sechsten Buches Sozialgesetzbuch.

(5) [1)]¹Die übermittelnde Stelle hat bei Vorliegen einer Einwilligung nach Absatz 2a die Höhe der im jeweiligen Beitragsjahr zu berücksichtigenden Altersvorsorgebeiträge unter Angabe der Vertragsdaten, des Datums der Einwilligung nach Absatz 2a, der Identifikationsnummer (§ 139b der Abgabenordnung) sowie der Zulage- oder der Versicherungsnummer nach § 147 des Sechsten Buches Sozialgesetzbuch nach amtlich vorgeschriebenem Datensatz durch Datenfernübertragung an die zentrale Stelle bis zum 28. Februar des dem Beitragsjahr folgenden Kalenderjahres zu übermitteln. ²§ 10 Absatz 2a Satz 6 bis 8 und § 22a Absatz 2 gelten entsprechend. ³Die Übermittlung erfolgt auch dann, wenn im Fall der mittelbaren Zulageberechtigung keine Altersvorsorgebeiträge geleistet worden sind. ⁴Die übrigen Voraussetzungen für den Sonderausgabenabzug nach den Absätzen 1 bis 3 werden im Wege der Datenerhebung und des automatisierten Datenabgleichs nach § 91 überprüft.

ESt-Kartei NW

1. Steuerliche Förderung der privaten Altersvorsorge und betrieblichen Altersversorgung (entspricht BMF-Schreiben v. 5.8.2002 BStBl. I S. 767)   – aktuelles Schreiben **Anlage § 010a-01** –
2. Steuerliche Förderung der privaten Altersvorsorge; Beurlaubte und insichbeurlaubte Beamte (entspricht BMF-Schreiben v. 3.12.2002 BStBl. I S. 1391)

---

1) Bekanntmachung des Vordruckmusters für die Bescheinigung nach § 10a Absatz 5 EStG mit BMF-Schreiben vom 29.5.2009 (BStBl. I S. 643).

§ 10a ESt-Kartei NW

3. Steuerliche Förderung der privaten Altersvorsorge; Einverständniserklärung nach § 10a Abs. 1a EStG (entspricht BMF-Schreiben v. 11.3.2004 BStBl. I S. 407)
4. Altersvermögensgesetz (AVmG); Vordruckmuster für die Bescheinigung nach § 10a Abs. 5 EStG (entspricht BMF-Schreiben v. 18.12.2002 BStBl. I S. 1397 und v. 2.10.2003 BStBl. I S. 493)
5. Steuerliche Förderung der privaten kapitalgedeckten Altersvorsorge; Begünstigter Personenkreis (§ 10a Abs. 1 EStG) (entspricht BMF-Schreiben v. 1.7.2003 BStBl. I S. 383)

§ 10b

§ 10b[1] **Steuerbegünstigte Zwecke**

(1) ¹Zuwendungen (Spenden und Mitgliedsbeiträge) zur Förderung steuerbegünstigter Zwecke im Sinne der §§ 52 bis 54 der Abgabenordnung können insgesamt bis zu

1. 20 Prozent des Gesamtbetrags der Einkünfte oder
2. 4 Promille der Summe der gesamten Umsätze und der im Kalenderjahr aufgewendeten Löhne und Gehälter

als Sonderausgaben abgezogen werden. ²Voraussetzung für den Abzug ist, dass diese Zuwendungen

1. an eine juristische Person des öffentlichen Rechts oder an eine öffentliche Dienststelle, die in einem Mitgliedstaat der Europäischen Union oder in einem Staat belegen ist, auf den das Abkommen über den Europäischen Wirtschaftsraum (EWR-Abkommen) Anwendung findet, oder
2. an eine nach § 5 Absatz 1 Nummer 9 des Körperschaftsteuergesetzes steuerbefreite Körperschaft, Personenvereinigung oder Vermögensmasse oder
3. an eine Körperschaft, Personenvereinigung oder Vermögensmasse, die in einem Mitgliedstaat der Europäischen Union oder in einem Staat belegen ist, auf den das Abkommen über den Europäischen Wirtschaftsraum (EWR-Abkommen) Anwendung findet, und die nach § 5 Absatz 1 Nummer 9 des Körperschaftsteuergesetzes in Verbindung mit § 5 Absatz 2 Nummer 2 zweiter Halbsatz des Körperschaftsteuergesetzes steuerbefreit wäre, wenn sie inländische Einkünfte erzielen würde,

geleistet werden. ³Für nicht im Inland ansässige Zuwendungsempfänger nach Satz 2 ist weitere Voraussetzung, dass durch diese Staaten Amtshilfe und Unterstützung bei der Beitreibung geleistet werden. ⁴Amtshilfe ist der Auskunftsaustausch im Sinne oder entsprechend der Richtlinie 77/799/EWG einschließlich der in diesem Zusammenhang anzuwendenden Durchführungsbestimmungen in den für den jeweiligen Veranlagungszeitraum geltenden Fassungen oder eines entsprechenden Nachfolgerechtsaktes. ⁵Beitreibung ist die gegenseitige Unterstützung bei der Beitreibung von Forderungen im Sinne oder entsprechend der Richtlinie 2008/55/EG des Rates vom 26. Mai 2008 über die gegenseitige Unterstützung bei der Beitreibung von Forderungen in Bezug auf bestimmte Abgaben Zölle, Steuern und sonstige Maßnahmen (ABl. L 150 vom 10.6.2008, S. 28) einschließlich der in diesem Zusammenhang anzuwendenden Durchführungsbestimmungen in den für den jeweiligen Veranlagungszeitraum geltenden Fassungen oder eines entsprechenden Nachfolgerechtsaktes. ⁶Werden die steuerbegünstigten Zwecke des Zuwendungsempfängers im Sinne von Satz 2 Nummer 1 nur im Ausland verwirklicht, ist für den Sonderausgabenabzug Voraussetzung, dass natürliche Personen, die ihren Wohnsitz oder ihren gewöhnlichen Aufenthalt im Geltungsbereich dieses Gesetzes haben, gefördert werden oder dass die Tätigkeit dieses Zuwendungsempfängers neben der Verwirklichung der steuerbegünstigten Zwecke auch zum Ansehen der Bundesrepublik Deutschland beitragen kann. ⁷Abziehbar sind auch Mitgliedsbeiträge an Körperschaften, die Kunst und Kultur gemäß § 52 Absatz 2 Nummer 5 der Abgabenordnung fördern, soweit es sich nicht um Mitgliedsbeiträge nach Satz 8 Nummer 2 handelt, auch wenn den Mitgliedern Vergünstigungen gewährt werden. ⁸Nicht abziehbar sind Mitgliedsbeiträge an Körperschaften, die

1. den Sport (§ 52 Absatz 2 Nummer 21 der Abgabenordnung),
2. kulturelle Betätigungen, die in erster Linie der Freizeitgestaltung dienen,
3. die Heimatpflege und Heimatkunde (§ 52 Absatz 2 Nummer 22 der Abgabenordnung) oder
4. Zwecke im Sinne des § 52 Absatz 2 Nummer 23 der Abgabenordnung

fördern. ⁹Abziehbare Zuwendungen, die die Höchstbeträge nach Satz 1 überschreiten oder die den um die Beträge nach § 10 Absatz 3 und 4, § 10c und § 10d verminderten Gesamt-

---

1) Zur Anwendung von § 10b siehe § 52 Abs. 24e EStG. Neue Muster für Zuwendungsbestätigungen siehe BMF-Schreiben vom 13.12.2007 (BStBl. 2008 I S. 4) und vom 31.3.2008 (BStBl. I S. 565). Hinweis auf BMF-Schreiben vom 18.12.2008 (BStBl. 2009 I S. 16) betr. Anwendungsschreiben zu § 10b EStG (ab 1.1.2007).

betrag der Einkünfte übersteigen, sind im Rahmen der Höchstbeträge in den folgenden Veranlagungszeiträumen als Sonderausgaben abzuziehen. [10]§ 10d Absatz 4 gilt entsprechend.

(1a) [1]Spenden zur Förderung steuerbegünstigter Zwecke im Sinne der §§ 52 bis 54 der Abgabenordnung in den Vermögensstock einer Stiftung, welche die Voraussetzungen des Absatzes 1 Satz 2 bis 6 erfüllt, können auf Antrag des Steuerpflichtigen im Veranlagungszeitraum der Zuwendung und in den folgenden neun Veranlagungszeiträumen bis zu einem Gesamtbetrag von 1 Million Euro zusätzlich zu den Höchstbeträgen nach Absatz 1 Satz 1 abgezogen werden. [2]Der besondere Abzugsbetrag nach Satz 1 bezieht sich auf den gesamten Zehnjahreszeitraum und kann der Höhe nach innerhalb dieses Zeitraums nur einmal in Anspruch genommen werden. [3]§ 10d Absatz 4 gilt entsprechend.

(2) [1]Zuwendungen an politische Parteien im Sinne des § 2 des Parteiengesetzes sind bis zur Höhe von insgesamt 1 650 Euro und im Fall der Zusammenveranlagung von Ehegatten bis zur Höhe von insgesamt 3 300 Euro im Kalenderjahr abzugsfähig. [2]Sie können nur insoweit als Sonderausgaben abgezogen werden, als für sie nicht eine Steuerermäßigung nach § 34g gewährt worden ist.

(3) [1]Als Zuwendung im Sinne dieser Vorschrift gilt auch die Zuwendung von Wirtschaftsgütern mit Ausnahme von Nutzungen und Leistungen. [2]Ist das Wirtschaftsgut unmittelbar vor seiner Zuwendung einem Betriebsvermögen entnommen worden, so darf bei der Ermittlung der Zuwendungshöhe der bei der Entnahme angesetzte Wert nicht überschritten werden. [3]Ansonsten bestimmt sich die Höhe der Zuwendung nach dem gemeinen Wert des zugewendeten Wirtschaftsguts, wenn dessen Veräußerung im Zeitpunkt der Zuwendung keinen Besteuerungstatbestand erfüllen würde. [4]In allen übrigen Fällen dürfen bei der Ermittlung der Zuwendungshöhe die fortgeführten Anschaffungs- oder Herstellungskosten nur überschritten werden, soweit eine Gewinnrealisierung stattgefunden hat. [5]Aufwendungen zugunsten einer Körperschaft, die zum Empfang steuerlich abziehbarer Zuwendungen berechtigt ist, können nur abgezogen werden, wenn ein Anspruch auf die Erstattung der Aufwendungen durch Vertrag oder Satzung eingeräumt und auf die Erstattung verzichtet worden ist. [6]Der Anspruch darf nicht unter der Bedingung des Verzichts eingeräumt worden sein.

(4) [1]Der Steuerpflichtige darf auf die Richtigkeit der Bestätigung über Spenden und Mitgliedsbeiträge vertrauen, es sei denn, dass er die Bestätigung durch unlautere Mittel oder falsche Angaben erwirkt hat oder dass ihm die Unrichtigkeit der Bestätigung bekannt oder infolge grober Fahrlässigkeit nicht bekannt war. [2]Wer vorsätzlich oder grob fahrlässig eine unrichtige Bestätigung ausstellt oder wer veranlasst, dass Zuwendungen nicht zu den in der Bestätigung angegebenen steuerbegünstigten Zwecken verwendet werden, haftet für die entgangene Steuer. [3]Diese ist mit 30 Prozent des zugewendeten Betrags anzusetzen. [4]In den Fällen des Satzes 2 zweite Alternative (Veranlasserhaftung) ist vorrangig der Zuwendungsempfänger in Anspruch zu nehmen; die in diesen Fällen für den Zuwendungsempfänger handelnden natürlichen Personen sind nur in Anspruch zu nehmen, wenn die entgangene Steuer nicht nach § 47 der Abgabenordnung erloschen ist und Vollstreckungsmaßnahmen gegen den Zuwendungsempfänger nicht erfolgreich sind. [5]Die Festsetzungsfrist für Haftungsansprüche nach Satz 2 läuft nicht ab, solange die Festsetzungsfrist für von dem Empfänger der Zuwendung geschuldete Körperschaftsteuer für den Veranlagungszeitraum nicht abgelaufen ist, in dem die unrichtige Bestätigung ausgestellt worden ist oder veranlasst wurde, dass die Zuwendung nicht zu den in der Bestätigung angegebenen steuerbegünstigten Zwecken verwendet worden ist; § 191 Absatz 5 der Abgabenordnung ist nicht anzuwenden.

ESt-Kartei NW

1. Ausländische Konsulate als Spendenempfänger (nicht möglich, da nicht mit Körperschaften öffentlichen Rechts vergleichbar)
2. Zuwendungen an die Sektionen des Deutschen Alpenvereins e.V., München (Voraussetzungen für Steuerbegünstigung, Mitgliederbeiträge an die einzelnen Sektionen nicht begünstigt)

3. Spenden zur Errichtung eines öffentlichen Schwimmbades (Gemeinnützigkeit erforderlich, liegt nicht vor bei Zusammenfassung mit anderen steuerpflichtigen Betrieben gewerblicher Art)
4. Patenschaftsabonnements (Zuwendung an spendenberechtigte Körperschaft als Spende, wenn Zeitschrift für gemeinnützigen Zweck verwendet wird, z.B. Lieferung an Krankenhäuser, Alten- oder Pflegeheime)
5. Ausstellung von Spendenbescheinigungen für Spenden an wissenschaftliche Hochschulen (deutlich erkennbar durch die für Personal- und Wirtschaftsverwaltung zuständige Stelle der Hochschule)
6. Höchstgrenzen für Mitgliedsbeiträge und Aufnahmegebühren bei Vereinen, deren Tätigkeit in erster Linie den Mitgliedern zugute kommt (entspricht BMF-Schreiben v. 20. 10. 1998 BStBl. I S. 1424)
7. Abzugsfähigkeit von Beiträgen an Kirchengemeinden im Ausland (bei Spendenbescheinigung der von der Evangelischen Kirche in Deutschland zu ihren Auslandsgemeinden entsandten und bevollmächtigten Pfarrer)
8. Zulassung des sog. Listenverfahrens bei Durchlaufspenden an gemeinnützige Körperschaften (entspricht BMF-Schreiben v. 3. 1. 1986 BStBl. I S. 52)
9. Beiträge und Spenden an politische Parteien (Listen der begünstigten politischen Organisationen)
10. Hinweis ausgesondert
11. Spendenbestätigungen bei Zuwendungen an unmittelbar spendenempfangsberechtigte steuerbegünstigte Körperschaften bei Durchlaufspenden; Datum des Bescheids bzw. der Bescheinigung über die Steuerbegünstigung der Empfängerkörperschaft nach § 5 Abs. 1 Nr. 9 KStG (entspricht BMF-Schreiben v. 15. 12. 1994 BStBl. I S. 884)
12. Begrenzung des Spendenabzugs bei Spenden an einen begünstigten Zuwendungsempfänger, der unterschiedliche begünstigte Zwecke fördert, zur Förderung wissenschaftlicher, mildtätiger und als besonders förderungswürdig anerkannter kultureller Zwecke (entspricht BMF-Schreiben v. 9. 1. 2001 BStBl. I S. 81)
13. Verfassungsrechtliche Zweifel zu § 48 Abs. 2 EStDV aufgrund des BFH-Urteils vom 24. 11. 1993 – X R 5/91 – (BStBl. 1994 II S. 683) (entspricht BMF-Schreiben v. 17. 8. 1994 BStBl. I S. 710)
14. Anerkennung sog. Aufwandsspenden an gemeinnützige Körperschaften (wenn auf rechtswirksam entstandenen Ersatzanspruch verzichtet wird und der Verein bei Teilnahme am Listenverfahren den Betrag auf das Sonderkonto „Listenverfahren" umbucht bzw. bei der Durchlaufstelle als Spende einzahlt)
15. Ertragsteuerliche Behandlung des Sponsoring – Hinweis auf § 4 (4) EStG Fach 1 Nr. 11 – (entspricht BMF-Schreiben v. 18.2.1998 BStBl. I S. 212)
16. Elternleistungen an gemeinnützige Schulvereine (entspricht BMF-Schreiben v. 4. 1. 1991 BStBl. 1992 I S. 266)
17. Steuerliche Anerkennung sogenannter Aufwandsspenden an gemeinnützige Vereine (§ 10b Abs. 3 Satz 4 und 5 EStG); Aufwendungsersatzansprüche gemäß § 670 BGB (entspricht BMF-Schreiben v. 7. 6. 1999 BStBl. I S. 591)
18. Neuordnung des Spendenrechts; Übergangsregelung zur Verwendung der amtlich vorgeschriebenen Vordrucke für die Ausstellung von Zuwendungsbestätigungen (entspricht BMF-Schreiben v. 14.1.2000 BStBl. I S. 132) – s. auch Nr. 24 –
19. Verwendung der verbindlichen Muster für Zuwendungsbestätigungen (entspricht BMF-Schreiben v. 2.6.2000 BStBl. I S. 592) – s. auch Nr. 24 –
20. Zuwendungsbestätigungen für Stiftungen; Gesetz zur weiteren steuerlichen Förderungen von Stiftungen (entspricht BMF-Schreiben v. 7. 12. 2000 BStBl. I S. 1557) – s. auch Nr. 24 –
21. Steuerliche Behandlung von Zuwendungen (Spenden) an die Stiftung „Erinnerung, Verantwortung und Zukunft" mit Sitz in Berlin (entspricht BMF-Schreiben v. 5.9.2001 BStBl. I S. 863)
22. Steuerliche Maßnahmen zur Unterstützung der Opfer der Hochwasserkatastrophe im August 2002; Zusammenstellung der Maßnahmen – Hinweis auf § 4 (4) EStG Fach 1 Nr. 12 – (entspricht BMF-Schreiben v. 1.10.2002 BStBl. I S. 960)
23. Zuwendungen an politische Parteien (§§ 34g, 10b EStG) 1. Zuwendungsbestätigungen 2. Behandlung von Mandatsträgerbeiträgen (entspricht BMF-Schreiben v. 10.4.2003 BStBl. I S. 286 und v. 24.2.2004 BStBl. I S. 335)

24. Neuordnung der untergesetzlichen Regelungen des Spendenrechts; Ausgestaltung der Muster für Zuwendungsbestätigungen (entspricht BMF-Schreiben v. 18.11.1999 BStBl. I S. 979)
25. Steuerlich unschädliche Betätigungen; Ergänzung des § 58 Nr. 1 AO durch das Gesetz zur Änderung des Investitionszulagengesetzes 1999 vom 20. 12. 2000 (entspricht BMF-Schreiben v. 27. 11. 2003 BStBl. 2004 I S. 190 und v. 2. 4. 2004 BStBl. I S. 462)
26. Steuerliche Maßnahmen zur Unterstützung der Opfer der Seebeben-Katastrophe im Dezember 2004 in Indien, Indonesien, Sri Lanka, Thailand, Malaysia, Birma (Myanmar), Bangladesch, auf den Malediven, den Seychellen sowie Kenia, Tansania und Somalia – Hinweis auf § 4 (4) EStG Fach 1 Nr. 14 – (entspricht BMF-Schreiben v. 14.1.2005 BStBl. I S. 52).
800. Öffentlich-rechtliche Religionsgemeinschaften – Hinweis auf § 10 EStG Fach 5 Nr. 800 –
801. Mitgliedsbeiträge an Sportvereine (auch bei Zahlung an Stadtkasse von Spendenabzug ausgeschlossen)
802. Ausgaben zur Erstausstattung einer gemeinnützigen Stiftung mit Stiftungskapital (Spendenabzugsfähigkeit grundsätzlich zu bejahen)
803. Aufgrund einer Bewährungsauflage an gemeinnützige Einrichtungen gezahlte Beträge (keine abzugsfähigen Spenden i.S. § 10b EStG)
804. Blutspenden an das Deutsche Rote Kreuz (keine Sachspenden iS. § 10b Abs. 1 EStG)
805. Erteilung von Spendenbescheinigungen durch den AStA einer Universität – ausgesondert – (überholt durch § 71 Abs. 1 Universitätsgesetz NRW, GVNW 1993 S. 532)
806. Sonderbeiträge der Mandatsträger an ihre Parteien (keine Werbungskosten, im Rahmen des § 10b EStG als Sonderausgaben abziehbar bzw. Steuerabzug nach § 34g EStG)
807. Elternleistungen an gemeinnützige Schulvereine – Hinweis auf § 10b EStG Nr. 16 –
808. Großspenden bei Mitunternehmerschaften (bei Personengesellschaften muß auf den einzelnen Gesellschafter ein Spendenanteil von mindestens 50000 DM entfallen)
809. Spendenabzug gem. § 10 b EStG/§ 9 Abs. 1 Nr. 2 KStG/§ 9 Nr. 5 GewStG (Zusammenstellung der bei steuermindernden Spenden zu beachtenden Regelungen)
810. Betriebsausgabenabzug für Sponsoring-Aufwendungen und Anwendung des § 4 (5) Nr. 1 bis 7 EStG bei sog. VIP-Maßnahmen im Rahmen des Veranstaltungs-Sponsoring – ausgesondert, s. Nr. 15 –
811. Gesonderte Feststellung des verbleibenden Großspendenvortrags (erstmals zum Schluß des VZ 1996, § 10b Abs. 1 Satz 4 EStG)

Rechtsprechungsauswahl

BFH v. 2. 8. 2006 XI R 6/03 (BStBl. 2007 II S. 8): Zuwendungen von Mitgliedern an den eigenen Verein, die – gegebenenfalls im Verbund mit gleichgerichteten Leistungen anderer Vereinsmitglieder – unmittelbar und ursächlich mit einem durch den Verein ermöglichten Vorteil zusammenhängen, sind nicht als Spenden gemäß § 10b EStG steuerlich absetzbar.

BFH v. 5.4.2006 I R 20/05 (BStBl. 2007 II S. 450): Eine sog. Durchlaufspende ist nur dann abziehbar, wenn der Letztempfänger für denjenigen Veranlagungszeitraum, für den die Spende steuerlich berücksichtigt werden soll, wegen Gemeinnützigkeit von der Körperschaftsteuer befreit ist.

BFH v. 3. 8. 2005 XI R 76/03 (BStBl. 2006 II S. 121): Der zusätzliche Abzugshöchstbetrag des § 10b Abs. 1 Satz 3 EStG in Höhe von 40 000 DM bzw. 20 450 € steht bei zusammen veranlagten Ehegatten jedem Ehegatten einzeln zu.

§§ 10c, 10d

§ 10c Sonderausgaben-Pauschbetrag

¹Für Sonderausgaben nach den §§ 9c und 10 Absatz 1 Nummer 1, 1a, 4, 7 und 9 und nach § 10b wird ein Pauschbetrag von 36 Euro abgezogen (Sonderausgaben-Pauschbetrag), wenn der Steuerpflichtige nicht höhere Aufwendungen nachweist. ²Im Falle der Zusammenveranlagung von Ehegatten verdoppelt sich der Sonderausgaben-Pauschbetrag.

§ 10d Verlustabzug[1)]

(1) ¹Negative Einkünfte, die bei der Ermittlung des Gesamtbetrags der Einkünfte nicht ausgeglichen werden, sind bis zu einem Betrag von 511 500 Euro, bei Ehegatten, die nach den §§ 26, 26b zusammenveranlagt werden, bis zu einem Betrag von 1 023 000 Euro vom Gesamtbetrag der Einkünfte des unmittelbar vorangegangenen Veranlagungszeitraums vorrangig vor Sonderausgaben, außergewöhnlichen Belastungen und sonstigen Abzugsbeträgen abzuziehen (Verlustrücktrag). ²Dabei wird der Gesamtbetrag der Einkünfte des unmittelbar vorangegangenen Veranlagungszeitraums um die Begünstigungsbeträge nach § 34a Absatz 3 Satz 1 gemindert. ³Ist für den unmittelbar vorangegangenen Veranlagungszeitraum bereits ein Steuerbescheid erlassen worden, so ist er insoweit zu ändern, als der Verlustrücktrag zu gewähren oder zu berichtigen ist. ⁴Das gilt auch dann, wenn der Steuerbescheid unanfechtbar geworden ist; die Festsetzungsfrist endet insoweit nicht, bevor die Festsetzungsfrist für den Veranlagungszeitraum abgelaufen ist, in dem die negativen Einkünfte nicht ausgeglichen werden. ⁵Auf Antrag des Steuerpflichtigen ist ganz oder teilweise von der Anwendung des Satzes 1 abzusehen. ⁶Im Antrag ist die Höhe des Verlustrücktrags anzugeben.

(2) ¹Nicht ausgeglichene negative Einkünfte, die nicht nach Absatz 1 abgezogen worden sind, sind in den folgenden Veranlagungszeiträumen bis zu einem Gesamtbetrag der Einkünfte von 1 Million Euro unbeschränkt, darüber hinaus bis zu 60 Prozent des 1 Million Euro übersteigenden Gesamtbetrags der Einkünfte vorrangig vor Sonderausgaben, außergewöhnlichen Belastungen und sonstigen Abzugsbeträgen abzuziehen (Verlustvortrag). ²Bei Ehegatten, die nach §§ 26, 26b zusammenveranlagt werden, tritt an die Stelle des Betrags von 1 Million Euro ein Betrag von 2 Millionen Euro. ³Der Abzug ist nur insoweit zulässig, als die Verluste nicht nach Absatz 1 abgezogen worden sind und in den vorangegangenen Veranlagungszeiträumen nicht nach Satz 1 und 2 abgezogen werden konnten.

(3) (weggefallen)

(4) ¹Der am Schluss eines Veranlagungszeitraums verbleibende Verlustvortrag ist gesondert festzustellen. ²Verbleibender Verlustvortrag sind die bei der Ermittlung des Gesamtbetrags der Einkünfte nicht ausgeglichenen negativen Einkünfte, vermindert um die nach Absatz 1 abgezogenen und die nach Absatz 2 abziehbaren Beträge und vermehrt um den auf den Schluss des vorangegangenen Veranlagungszeitraums festgestellten verbleibenden Verlustvortrag. ³Zuständig für die Feststellung ist das für die Besteuerung zuständige Finanzamt. ⁴Feststellungsbescheide sind zu erlassen, aufzuheben oder zu ändern, soweit sich die nach Satz 2 zu berücksichtigenden Beträge ändern und deshalb der entsprechende Steuerbescheid zu erlassen, aufzuheben oder zu ändern ist. ⁵Satz 4 ist entsprechend anzuwenden, wenn der Erlass, die Aufhebung oder die Änderung des Steuerbescheids mangels steuerlicher Auswirkungen unterbleibt. ⁶Die Feststellungsfrist endet nicht, bevor die Festsetzungsfrist für den Veranlagungszeitraum abgelaufen ist, auf dessen Schluss der verbleibende Verlustvortrag gesondert festzustellen ist; § 181 Absatz 5 der Abgabenordnung ist nur anzuwenden, wenn die zuständige Finanzbehörde die Feststellung des Verlustvortrags pflichtwidrig unterlassen hat.

---

1) Zur Anwendung von § 10d siehe § 52 Abs. 25 EStG. Hinweis auf das BMF-Schreiben vom 29.11.2004 (BStBl. I S. 1097) betr. Anwendung der Verlustabzugsbeschränkung des § 10d EStG bei besonderen Verrechnungsbeschränkungen (§ 2b EStG, § 15 Abs. 4 Satz 1 sowie den Sätzen 3 bis 5 und 6 bis 8 EStG; §§ 22 Nrn. 2, 3 und 23 EStG).

ESt-Kartei NW

1. Verlustabzug nach § 10d EStG in Erbfällen; BFH-Urteil vom 16. Mai 2001 – I R 76/99 – BStBl. 2002 II S. 487 (entspricht BMF-Schreiben v. 26.7.2002 BStBl. I S. 667)
2. (Verlustabzug und Verlustabzugsbeschränkungen – entspricht BMF-Schreiben v. 29.11.2004 BStBl. I S. 1097)
800. Berücksichtigung des (positiven oder negativen) Progressionsvorbehalts im Rahmen eines Verlustabzugs nach § 10d EStG – Hinweis auf § 32b EStG Fach 2 Nr. 800 –
1000. Steuerliche Fragen im Zusammenhang mit Nettolohnvereinbarungen – Hinweis auf § 19 EStG Fach 2 Nr. 1000 –

Rechtsprechungsauswahl

BFH v. 17. 9. 2008 IX R 70/06 (BStBl. 2009 II S. 897): Ein verbleibender Verlustvortrag ist auch dann erstmals gemäß § 10d Abs. 4 Satz 1 EStG gesondert festzustellen, wenn der Einkommensteuerbescheid für das Verlustentstehungsjahr zwar bestandskräftig ist, darin aber keine nicht ausgeglichenen negativen Einkünfte berücksichtigt worden sind (Änderung der Rechtsprechung gegenüber BFH-Urteilen vom 9. Dezember 1998 XI R 62/97, BFHE 187, 523, BStBl. II 2000, 3, und vom 9. Mai 2001 XI R 25/99, BFHE 195, 545, BStBl. II 2002, 817).

BFH v. 10. 7. 2008 IX R 90/07 (BStBl. 2009 II S. 816):
1. Der Beginn der Feststellungsfrist für einen Verlustfeststellungsbescheid nach § 10d EStG bestimmt sich nach § 170 Abs. 2 Satz 1 Nr. 1, § 181 Abs. 1 Satz 1 AO.
2. § 10d Abs. 4 Satz 6 EStG gilt nach § 52 Abs. 25 Satz 5 EStG nicht, wenn die Feststellungsfrist zum Zeitpunkt des Inkrafttretens des JStG 2007 bereits abgelaufen war; § 181 Abs. 5 AO hemmt nicht den Ablauf der Feststellungsfrist.*)

*) Hinweis auf BMF-Schreiben vom 5. Oktober 2009 – IV C 4 – S 2225/07/0004, 2009/0513487 (BStBl. 2009 I S. 1189).

BFH v. 17. 12. 2007 GrS 2/04 (BStBl. 2008 II S. 608):
1. Der Erbe kann einen vom Erblasser nicht ausgenutzten Verlustabzug nach § 10d EStG nicht bei seiner eigenen Veranlagung zur Einkommensteuer geltend machen. Jedoch ist die bisherige gegenteilige Rechtsprechung des BFH aus Gründen des Vertrauensschutzes weiterhin in allen Erbfällen anzuwenden, die bis zum Ablauf des Tages der Veröffentlichung dieses Beschlusses eingetreten sind.
2. Da der Große Senat des BFH die vorgelegte erste Rechtsfrage im Grundsatz verneint hat, erübrigt sich eine Stellungnahme zu der vom vorlegenden Senat nur hilfsweise gestellten zweiten Rechtsfrage.*)

*) Hinweis auf BMF-Schreiben vom 24. Juli 2008 IV C 4 - S 2225/07/0006, 2008/0397612 (BStBl. 2008 I S. 809).

BFH v. 6. 9. 2006 XI R 26/04 (BStBl. 2007 II S. 167): Es wird die Entscheidung des BVerfG darüber eingeholt, ob § 2 Abs. 3 Sätze 2 bis 8, § 10d Abs. 1 Sätze 2 bis 4, Abs. 2 Sätze 2 bis 4, Satz 5 Halbsatz 2 soweit auf Sätze 2 bis 4 verweisend, und Abs. 3 EStG i.d.F. des StEntlG 1999/2000/2002 wegen Verletzung des Grundsatzes der Normenklarheit (Art. 20 Abs. 3, Art. 19 Abs. 4 GG) verfassungswidrig sind.

BFH v. 2. 8. 2006 XI R 65/05 (BStBl. 2007 II S. 921): Ein verbleibender Verlustabzug ist auch dann festzustellen, wenn die Einkommensteuer für diesen Veranlagungszeitraum aufgrund Verjährung nicht mehr festgesetzt werden kann.*)

*) Hinweis BStBl. II auf BMF-Schreiben vom 30. 11. 2007 (BStBl. I S. 825); aufgehoben durch BMF-Schreiben vom 5.10.2009 (BStBl. I S. 1189).

§ 10e

§ 10e Steuerbegünstigung der zu eigenen Wohnzwecken genutzten Wohnung im eigenen Haus[1]

– bei Herstellung oder Anschaffung vor dem 1. Januar 1996 –
Gesetzestext siehe Seite 47 ff.

ESt-Kartei NW
– letztmals abgedruckt Handbuch Lohnsteuer 2007 (da zeitlich überholt) –

---

[1] Zur Anwendung des § 10e EStG siehe § 52 Abs. 26 EStG.
Auf die Neuregelung der steuerlichen Wohneigentumsförderung für Objekte ab 1996 bis 2005 durch das Eigenheimzulagengesetz (Anhang CD 34) wird hingewiesen.

§§ 10f, 10g

§ 10f Steuerbegünstigung für zu eigenen Wohnzwecken genutzte Baudenkmale und Gebäude in Sanierungsgebieten und städtebaulichen Entwicklungsbereichen

(1)[1] ¹Der Steuerpflichtige kann Aufwendungen an einem eigenen Gebäude im Kalenderjahr des Abschlusses der Baumaßnahme und in den neun folgenden Kalenderjahren jeweils bis zu 9 Prozent wie Sonderausgaben abziehen, wenn die Voraussetzungen des § 7h oder des § 7i vorliegen. ²Dies gilt nur, soweit er das Gebäude in dem jeweiligen Kalenderjahr zu eigenen Wohnzwecken nutzt und die Aufwendungen nicht in die Bemessungsgrundlage nach § 10e oder dem Eigenheimzulagengesetz einbezogen hat. ³Für Zeiträume, für die der Steuerpflichtige erhöhte Absetzungen von Aufwendungen nach § 7h oder § 7i abgezogen hat, kann er für diese Aufwendungen keine Abzugsbeträge nach Satz 1 in Anspruch nehmen. ⁴Eine Nutzung zu eigenen Wohnzwecken liegt auch vor, wenn Teile einer zu eigenen Wohnzwecken genutzten Wohnung unentgeltlich zu Wohnzwecken überlassen werden.

(2)[2] ¹Der Steuerpflichtige kann Erhaltungsaufwand, der an einem eigenen Gebäude entsteht und nicht zu den Betriebsausgaben oder Werbungskosten gehört, im Kalenderjahr des Abschlusses der Maßnahme und in den neun folgenden Kalenderjahren jeweils bis zu 9 Prozent wie Sonderausgaben abziehen, wenn die Voraussetzungen des § 11a Absatz 1 in Verbindung mit § 7h Absatz 2 oder des § 11b Sätze 1 oder 2 in Verbindung mit § 7i Absatz 1 Satz 2 und Absatz 2 vorliegen. ²Dies gilt nur, soweit der Steuerpflichtige das Gebäude in dem jeweiligen Kalenderjahr zu eigenen Wohnzwecken nutzt und diese Aufwendungen nicht nach §10e Absatz 6 oder § 10i abgezogen hat. ³Soweit der Steuerpflichtige das Gebäude während dieses Verteilungszeitraums zur Einkunftserzielung nutzt, ist der noch nicht berücksichtigte Teil des Erhaltungsaufwands im Jahr des Übergangs zur Einkunftserzielung wie Sonderausgaben abzuziehen. ⁴Absatz 1 Satz 4 ist entsprechend anzuwenden.

(3) ¹Die Abzugsbeträge nach den Absätzen 1 und 2 kann der Steuerpflichtige nur bei einem Gebäude in Anspruch nehmen. ²Ehegatten, bei denen die Voraussetzungen des § 26 Absatz 1 vorliegen, können die Abzugsbeträge nach den Absätzen 1 und 2 bei insgesamt zwei Gebäuden abziehen. ³Gebäuden im Sinne der Absätze 1 und 2 stehen Gebäude gleich, für die Abzugsbeträge nach § 52 Absatz 21 Satz 6 in Verbindung mit § 51 Absatz 1 Nummer 2 Buchstabe x oder Buchstabe y des Einkommensteuergesetzes 1987 in der Fassung der Bekanntmachung vom 27. Februar 1987 (BGBl. I S. 657) in Anspruch genommen worden sind; Entsprechendes gilt für Abzugsbeträge nach § 52 Absatz 21 Satz 7.

(4) ¹Sind mehrere Steuerpflichtige Eigentümer eines Gebäudes, so ist Absatz 3 mit der Maßgabe anzuwenden, dass der Anteil des Steuerpflichtigen an einem solchen Gebäude dem Gebäude gleichsteht. ²Erwirbt ein Miteigentümer, der für seinen Anteil bereits Abzugsbeträge nach Absatz 1 oder Absatz 2 abgezogen hat, einen Anteil an demselben Gebäude hinzu, kann er für danach von ihm durchgeführte Maßnahmen im Sinne des Absatzes 1 oder 2 auch die Abzugsbeträge nach den Absätzen 1 und 2 in Anspruch nehmen, die auf den hinzuerworbenen Anteil entfallen. ³§ 10e Absatz 5 Sätze 2 und 3 sowie Absatz 7 ist sinngemäß anzuwenden.

(5) Die Absätze 1 bis 4 sind auf Gebäudeteile, die selbständige unbewegliche Wirtschaftsgüter sind, und auf Eigentumswohnungen entsprechend anzuwenden.

§ 10g Steuerbegünstigung für schutzwürdige Kulturgüter, die weder zur Einkunftserzielung noch zu eigenen Wohnzwecken genutzt werden[3]

(1) ¹Der Steuerpflichtige kann Aufwendungen für Herstellungs- und Erhaltungsmaßnahmen an eigenen schutzwürdigen Kulturgütern im Inland, soweit sie öffentliche oder private Zuwendungen oder etwaige aus diesen Kulturgütern erzielte Einnahmen übersteigen, im Kalenderjahr des Abschlusses der Maßnahme und in den neun folgenden Kalenderjahren jeweils bis zu 9 Prozent wie Sonderausgaben abziehen. ²Kulturgüter im Sinne des Satzes 1 sind

---
1) Zur Anwendung von § 10f Absatz 1 siehe § 52 Absatz 27 EStG.
2) Zur Anwendung von § 10f Absatz 2 siehe § 52 Absatz 27 EStG.
3) Zur Anwendung von § 10g siehe § 52 Absatz 27a EStG.

§§ 10g, 10h, 10i

1. Gebäude oder Gebäudeteile, die nach den jeweiligen landesrechtlichen Vorschriften ein Baudenkmal sind,
2. Gebäude oder Gebäudeteile, die für sich allein nicht die Voraussetzungen für ein Baudenkmal erfüllen, aber Teil einer nach den jeweiligen landesrechtlichen Vorschriften als Einheit geschützten Gebäudegruppe oder Gesamtanlage sind,
3. gärtnerische, bauliche und sonstige Anlagen, die keine Gebäude oder Gebäudeteile und nach den jeweiligen landesrechtlichen Vorschriften unter Schutz gestellt sind,
4. Mobiliar, Kunstgegenstände, Kunstsammlungen, wissenschaftliche Sammlungen, Bibliotheken oder Archive, die sich seit mindestens 20 Jahren im Besitz der Familie des Steuerpflichtigen befinden oder in das Verzeichnis national wertvollen Kulturgutes oder das Verzeichnis national wertvoller Archive eingetragen sind und deren Erhaltung wegen ihrer Bedeutung für Kunst, Geschichte oder Wissenschaft im öffentlichen Interesse liegt,

wenn sie in einem den Verhältnissen entsprechenden Umfang der wissenschaftlichen Forschung oder der Öffentlichkeit zugänglich gemacht werden, es sei denn, dem Zugang stehen zwingende Gründe des Denkmal- oder Archivschutzes entgegen. ³Die Maßnahmen müssen nach Maßgabe der geltenden Bestimmungen der Denkmal- und Archivpflege erforderlich und in Abstimmung mit der in Absatz 3 genannten Stelle durchgeführt worden sein; bei Aufwendungen für Herstellungs- und Erhaltungsmaßnahmen an Kulturgütern im Sinne des Satzes 2 Nummer 1 und 2 ist § 7i Absatz 1 Sätze 1 bis 4 sinngemäß anzuwenden.

(2) ¹Die Abzugsbeträge nach Absatz 1 Satz 1 kann der Steuerpflichtige nur in Anspruch nehmen, soweit er die schutzwürdigen Kulturgüter im jeweiligen Kalenderjahr weder zur Erzielung von Einkünften im Sinne des § 2 noch Gebäude oder Gebäudeteile zu eigenen Wohnzwecken nutzt und die Aufwendungen nicht nach § 10e Absatz 6, § 10h Satz 3 oder § 10i abgezogen hat. ²Für Zeiträume, für die der Steuerpflichtige von Aufwendungen Absetzungen für Abnutzung, erhöhte Absetzungen, Sonderabschreibungen oder Beträge nach § 10e Absatz 1 bis 5, den §§ 10f, 10h, 15b des Berlinförderungsgesetzes oder § 7 des Fördergebietsgesetzes abgezogen hat, kann er für diese Aufwendungen keine Abzugsbeträge nach Absatz 1 Satz 1 in Anspruch nehmen; Entsprechendes gilt, wenn der Steuerpflichtige für Aufwendungen die Eigenheimzulage nach dem Eigenheimzulagengesetz in Anspruch genommen hat. ³Soweit die Kulturgüter während des Zeitraums nach Absatz 1 Satz 1 zur Einkunftserzielung genutzt werden, ist der noch nicht berücksichtigte Teil der Aufwendungen, die auf Erhaltungsarbeiten entfallen, im Jahr des Übergangs zur Einkunftserzielung wie Sonderausgaben abzuziehen.

(3) ¹Der Steuerpflichtige kann den Abzug vornehmen, wenn er durch eine Bescheinigung der nach Landesrecht zuständigen oder von der Landesregierung bestimmten Stelle die Voraussetzungen des Absatzes 1 für das Kulturgut und für die Erforderlichkeit der Aufwendungen nachweist. ²Hat eine der für Denkmal- oder Archivpflege zuständigen Behörden ihm Zuschüsse gewährt, so hat die Bescheinigung auch deren Höhe zu enthalten; werden ihm solche Zuschüsse nach Ausstellung der Bescheinigung gewährt, so ist diese entsprechend zu ändern.

(4) ¹Die Absätze 1 bis 3 sind auf Gebäudeteile, die selbständige unbewegliche Wirtschaftsgüter sind, sowie auf Eigentumswohnungen und im Teileigentum stehende Räume entsprechend anzuwenden. ²§ 10e Absatz 7 gilt sinngemäß.

§ 10h Steuerbegünstigung der unentgeltlich zu Wohnzwecken überlassenen Wohnung im eigenen Haus[1]
Gesetzestext siehe Seite 50 f.

§ 10i Vorkostenabzug bei einer nach dem Eigenheimzulagengesetz begünstigten Wohnung[2]
Gesetzestext siehe Seite 51.

---

1) § 10h ist letztmals bei Herstellungsbeginn vor dem 1. 1. 1996 anzuwenden (§ 52 Absatz 28 EStG).
2) § 10i ist letztmals bei Herstellung oder Anschaffung vor dem 1. 1. 1999 anzuwenden (§ 52 Absatz 29 EStG).

6. Vereinnahmung und Verausgabung

§ 11 (Vereinnahmung und Verausgabung)

(1) ¹Einnahmen sind innerhalb des Kalenderjahres bezogen, in dem sie dem Steuerpflichtigen zugeflossen sind. ²Regelmäßig wiederkehrende Einnahmen, die dem Steuerpflichtigen kurze Zeit vor Beginn oder kurze Zeit nach Beendigung des Kalenderjahres, zu dem sie wirtschaftlich gehören, zugeflossen sind, gelten als in diesem Kalenderjahr bezogen. ³Der Steuerpflichtige kann Einnahmen, die auf einer Nutzungsüberlassung im Sinne des Absatzes 2 Satz 3 beruhen, insgesamt auf den Zeitraum gleichmäßig verteilen, für den die Vorauszahlung geleistet wird.[1] ⁴Für Einnahmen aus nichtselbständiger Arbeit gilt § 38a Absatz 1 Satz 2 und 3 und § 40 Absatz 3 Satz 2. ⁵Die Vorschriften über die Gewinnermittlung (§ 4 Absatz 1, § 5) bleiben unberührt.

(2) ¹Ausgaben sind für das Kalenderjahr abzusetzen, in dem sie geleistet worden sind. ²Für regelmäßig wiederkehrende Ausgaben gilt Absatz 1 Satz 2 entsprechend. ³Werden Ausgaben für eine Nutzungsüberlassung von mehr als fünf Jahren im Voraus geleistet, sind sie insgesamt auf den Zeitraum gleichmäßig zu verteilen, für den die Vorauszahlung geleistet wird.[2] ⁴Satz 3 ist auf ein Damnum oder Disagio nicht anzuwenden, soweit dieses marktüblich ist. ⁵§ 42 der Abgabenordnung bleibt unberührt. ⁶Die Vorschriften über die Gewinnermittlung (§ 4 Absatz 1, § 5) bleiben unberührt.

Hinweise

LStH 11 *Allgemeines*
→ *H 11 EStH*

Rückzahlung von Arbeitslohn

Zurückgezahlter Arbeitslohn ist erst im Zeitpunkt des Abflusses steuermindernd zu berücksichtigen (→ BFH vom 4.5.2006 – BStBl. II S. 830 und 832); das gilt auch dann, wenn sich die Rückzahlung im Folgejahr steuerlich nicht mehr auswirkt (→ BFH vom 7.11.2006 – BStBl. 2007 II S. 315).

Zufluss von Arbeitslohn
→ *LStR 38.2*

ESt-Kartei NW

1. Zins- und Tilgungsstreckungsdarlehen (Zinsen für das Hauptdarlehen im Zeitpunkt der Gewährung des Zusatzdarlehens abgeflossen, nicht erst mit Tilgung des Zusatzdarlehens)
2. Lohnsteuererstattungsanspruch bei Rückzahlung von Arbeitslohn (s. **Anlage § 019-05**)
3. Hinweis ausgesondert
800. Abzug des Damnums als Werbungskosten bei den Überschusseinkünften – Hinweis auf § 21 Fach 3 Nr. 801 –
1000. Steuerliche Fragen im Zusammenhang mit Nettolohnvereinbarungen – Hinweis auf § 19 EStG Fach 2 Nr. 1000 –
1001. Verlagerung von Lohnzahlungen 1989 in das Kalenderjahr 1990: Frage des Zuflusses und der Entstehung der Lohnsteuer nach § 38 Abs. 2 EStG – Hinweis auf § 38 EStG Nr. 1000 –

Rechtsprechungsauswahl

BFH v. 3. 12. 2009 VI R 4/08 (BFH-Webseite): Umrechnung von Arbeitslohn in fremder Währung

1. Einkünfte in einer gängigen, frei konvertiblen und im Inland handelbaren ausländischen Währung sind als Einnahmen in Geld zu besteuern. Sie stellen aus sich heraus einen Wert dar, der durch Umrechnung in Euro zu bestimmen ist.

---

1) Zur Anwendung von § 11 Absatz 1 Satz 3 siehe § 52 Absatz 30 EStG; zur zeitlichen Anwendung BMF-Schreiben vom 5.4.2005 (BStBl. I S. 617); zur Anwendung auf Damnum und Disagio BMF-Schreiben vom 16.12.2005 (BStBl. I S. 1052).
2) Zur Anwendung von § 11 Absatz 2 Satz 3 siehe § 52 Absatz 30 EStG.

§ 11　　　　　　　　　　　　　　　　　　　　　　　　　　Rechtsprechung

2. Umrechnungsmaßstab ist – soweit vorhanden – der auf den Umrechnungszeitpunkt bezogene Euro-Referenzkurs der Europäischen Zentralbank.
3. Lohnzahlungen sind bei Zufluss des Arbeitslohns anhand der von der Europäischen Zentralbank veröffentlichten monatlichen Durchschnittsreferenzkurse umzurechnen.

BFH v. 11. 11. 2009 IX R 1/09 (BFH-Webseite): Steuerwirksame Gestaltung des Zuflusses einer Abfindung
Arbeitgeber und Arbeitnehmer können den Zeitpunkt des Zuflusses einer Abfindung oder eines Teilbetrags einer solchen beim Arbeitnehmer in der Weise steuerwirksam gestalten, dass sie deren ursprünglich vorgesehene Fälligkeit vor ihrem Eintritt auf einen späteren Zeitpunkt verschieben.

BFH v. 20. 11. 2008 VI R 25/05 (BStBl. 2009 II S. 382): Räumt der Arbeitgeber selbst handelbare Optionsrechte ein, gelangt der für den Zufluss von Arbeitslohn maßgebliche Vorteil in Gestalt eines Preisnachlasses auf gewährte Aktien erst aufgrund der Verwertung der Option in das wirtschaftliche Eigentum des Optionsnehmers (Arbeitnehmer).

BFH v. 30. 9. 2008 VI R 67/05 (BStBl. 2009 II S. 282):
1. Bei einem Aktienerwerb fließt dem Arbeitnehmer der geldwerte Vorteil in dem Zeitpunkt zu, in dem der Anspruch auf Verschaffung der wirtschaftlichen Verfügungsmacht über die Aktien erfüllt wird.
2. Dem Zufluss steht es nicht entgegen, wenn der Arbeitnehmer aufgrund einer Sperr- bzw. Haltefrist die Aktien für eine bestimmte Zeit nicht veräußern kann. Der Erwerber ist rechtlich und wirtschaftlich bereits von dem Augenblick an Inhaber der Aktie, in dem sie auf ihn übertragen oder auf seinen Namen im Depot einer Bank hinterlegt wird.
3. Der geldwerte Vorteil fließt dem Arbeitnehmer auch dann mit der Verschaffung der Verfügungsmacht zu, wenn die Aktien unter der auflösenden Bedingung einer Rückzahlungsverpflichtung (§ 158 Abs. 2 BGB) überlassen werden und diese Bedingung eintritt (sog. Istprinzip).

BFH v. 19. 6. 2008 VI R 4/05 (BStBl. II S. 826):
1. Ob eine Zuwendung des Arbeitgebers an den Arbeitnehmer durch das Dienstverhältnis veranlasst ist und zu Einkünften aus nichtselbständiger Arbeit führt oder ob sie aufgrund einer Sonderrechtsbeziehung zwischen Arbeitgeber und Arbeitnehmer einer anderen Einkunftsart oder dem nicht einkommensteuerbaren Bereich zuzurechnen ist, obliegt in erster Linie der tatrichterlichen Würdigung durch das Finanzgericht.
2. Werden einem Arbeitnehmer vom Arbeitgeber oder einem Dritten im Hinblick auf das Dienstverhältnis Aktienankaufs- oder Vorkaufsrechte eingeräumt, fließt dem Arbeitnehmer nicht zum Zeitpunkt der Rechtseinräumung, sondern erst zum Zeitpunkt des entgeltlichen Verzichts hierauf ein geldwerter Vorteil zu (Fortführung der Senatsrechtsprechung in den Senatsurteilen vom 3. Mai 2007 VI R 36/05, BFHE 218, 118, BStBl. II 2007, 647; vom 23. Juni 2005 VI R 124/99, BFHE 209, 549, BStBl. II 2005, 766; vom 23. Juni 2005 VI R 10/03, BFHE 209, 559, BStBl. II 2005, 770).

BFH v. 15. 11. 2007 VI R 66/03 (BStBl. 2008 II S. 375):
1. Leistet der Arbeitgeber aufgrund des gesetzlichen Forderungsübergangs nach § 115 SGB X eine Lohnnachzahlung unmittelbar an die Arbeitsverwaltung, führt dies beim Arbeitnehmer zum Zufluss von Arbeitslohn.
2. Unterliegt der Nachzahlungsbetrag sowohl der Tarifermäßigung des § 34 Abs. 1 EStG als auch dem negativen Progressionsvorbehalt des § 32b EStG, so ist eine integrierte Steuerberechnung nach dem Günstigkeitsprinzip vorzunehmen. Danach sind die Ermäßigungsvorschriften in der Reihenfolge anzuwenden, die zu einer geringeren Steuerbelastung führt, als dies bei ausschließlicher Anwendung des negativen Progressionsvorbehalts der Fall wäre.

BFH v. 1. 8. 2007 XI R 48/05 (BStBl. 2008 II S. 282): Eine für das vorangegangene Kalenderjahr geschuldete und zu Beginn des Folgejahres entrichtete Umsatzsteuer-Vorauszahlung ist als regelmäßig wiederkehrende Ausgabe im vorangegangenen Veranlagungszeitraum abziehbar.

BFH v. 3. 5. 2007 VI R 36/05 (BStBl. II S. 647):
1. Räumt ein Arbeitgeber einem Arbeitnehmer Aktienoptionen als Ertrag der Arbeit ein, sind damit zusammenhängende Aufwendungen des Arbeitnehmers erst im Jahr der Verschaffung der verbilligten Aktien zu berücksichtigen (Fortführung der Rechtsprechung im Senatsurteil vom 20. Juni 2001 VI R 105/99, BFHE 195, 395, BStBl II 2001, 689).
2. Verfällt das Optionsrecht, sind die Optionskosten im Jahr des Verfalls als vergebliche Werbungskosten abziehbar.

Rechtsprechung § 11

BFH v. 12. 4. 2007 VI R 89/04 (BStBl. II S. 719): Überlässt der Arbeitgeber dem Arbeitnehmer eine Jahresnetzkarte, so führt dies zum sofortigen Zufluss von Arbeitslohn, wenn dem Arbeitnehmer mit der Karte ein uneingeschränktes Nutzungsrecht eingeräumt wurde.

BFH v. 12. 4. 2007 VI R 6/02 (BStBl. II S. 581):
1. Die Ablösung einer vom Arbeitgeber erteilten Pensionszusage führt beim Arbeitnehmer auch dann zum Zufluss von Arbeitslohn, wenn der Ablösungsbetrag auf Verlangen des Arbeitnehmers zur Übernahme der Pensionsverpflichtung an einen Dritten gezahlt wird.
2. Der Ablösungsbetrag unterliegt als Vergütung für eine mehrjährige Tätigkeit der Tarifermäßigung des § 34 Abs. 3 EStG 1990.

BFH v. 16. 1. 2007 IX R 69/04 (BStBl. 2007 II S. 579): Arbeitnehmeranteile zur Arbeitslosen-, Kranken- und Rentenversicherung (Gesamtsozialversicherung) sind – bei eigenem Rechtsanspruch des Arbeitnehmers gegen die Versorgungseinrichtung – als Arbeitslohn mit ihrer Abführung durch den Arbeitgeber gegenwärtig zugeflossen.

BFH v. 7. 11. 2006 VI R 2/05 (BStBl. 2007 II S. 315): Die Rückzahlung ursprünglich als laufender Arbeitslohn gezahlter Beträge gilt nicht schon in dem Kalenderjahr als abgeflossen, in dem der laufende Arbeitslohn selbst gemäß § 11 Abs. 1 Satz 3 (jetzt Satz 4) EStG i.V.m. § 38a Abs. 1 Satz 2 EStG als bezogen galt. Die Rückzahlung ist erst im Kalenderjahr des tatsächlichen Abflusses einkünftemindernd zu berücksichtigen.

BFH v. 20. 9. 2006 I R 59/05 (BStBl. 2007 II S. 756):
1. Vorab entstandene Werbungskosten im Zusammenhang mit einer beabsichtigten nichtselbständigen Tätigkeit im Ausland sind nicht in die Bemessungsgrundlage der Einkommensteuer einzubeziehen, wenn die Einkünfte aus der beabsichtigten Tätigkeit nicht der deutschen Besteuerung unterliegen. Sie sind jedoch in einem solchen Fall bei der Bemessung des anzuwendenden Steuersatzes zu berücksichtigen (Progressionsvorbehalt), und zwar auch dann nicht durch ein Doppelbesteuerungsabkommen ausgeschlossen wird (Bestätigung der Senatsurteile vom 6. Oktober 1993 I R 32/93, BFHE 172, 385, BStBl. II 1994, 113; vom 19. Dezember 2001 I R 63/00, BFHE 197, 495, BStBl. II 2003, 302; vom 15. Mai 2002 I R 40/01, BFHE 199, 224, BStBl. II 2002, 660).
2. Die Höhe der dem Progressionsvorbehalt unterliegenden Einkünfte ist nach deutschem Recht zu ermitteln. Dabei sind die dort vorgesehenen Abzugsbeschränkungen zu berücksichtigen. Eine Ausnahme hiervon gilt nur für Beschränkungen, die sich daraus ergeben, dass die betreffenden Einkünfte nicht der deutschen Einkommensteuer unterliegen bzw. abkommensrechtlich steuerbefreit sind.
3. Ein Zusammenhang mit nach deutschem Recht steuerfreien Einnahmen hindert den Werbungskostenabzug auch dann, wenn die betreffenden Aufwendungen mit erst in Zukunft zu erwartenden Einnahmen zusammenhängen.

BFH v. 4. 5. 2006 VI R 33/03 (BStBl. II S. 911):
1. Die Rückzahlung einer Abfindung ist auch dann im Abflussjahr zu berücksichtigen, wenn die Abfindung im Zuflussjahr begünstigt besteuert worden ist.
2. Eine Lohnrückzahlung ist regelmäßig kein rückwirkendes Ereignis, das zur Änderung des Einkommensteuerbescheides des Zuflussjahres berechtigt.

BFH v. 4. 5. 2006 VI R 19/03 (BStBl. II S. 832):
1. Durch das Dienstverhältnis veranlasste Leistungen des Arbeitgebers sind auch dann Arbeitslohn, wenn es an einem Rechtsgrund fehlt.
2. Zurückgezahlter Arbeitslohn ist erst im Zeitpunkt des Abflusses steuermindernd zu berücksichtigen.

BFH v. 4. 5. 2006 VI R 17/03 (BStBl. II S. 830):
1. Zum Arbeitslohn gehören auch versehentliche Überweisungen des Arbeitgebers, die dieser zurückfordern kann.
2. Die Rückzahlung von Arbeitslohn ist erst im Zeitpunkt des tatsächlichen Abflusses einkünftemindernd zu berücksichtigen.

BFH v. 23. 6. 2005 VI R 10/03 (BStBl. II S. 770):
1. Gewährt ein Arbeitnehmer dem Arbeitgeber ein Darlehen, das mit einem Wandlungsrecht zum Bezug von Aktien ausgestattet ist, wird ein Zufluss von Arbeitslohn nicht bereits durch die Hingabe des Darlehens begründet.

§ 11 Rechtsprechung

2. Im Falle der Ausübung des Wandlungsrechts durch den Arbeitnehmer fließt diesem ein geldwerter Vorteil aus dem Bezug von Aktien zu einem unter dem Kurswert liegenden Übernahmepreis grundsätzlich erst dann zu, wenn dem Arbeitnehmer durch Erfüllung des Anspruchs das wirtschaftliche Eigentum an den Aktien verschafft wird.
3. Überträgt der Arbeitnehmer das Darlehen nebst Wandlungsrecht gegen Entgelt auf einen Dritten, fließt dem Arbeitnehmer ein geldwerter Vorteil im Zeitpunkt der Übertragung zu.
4. Der geldwerte Vorteil bemisst sich im Falle der Ausübung des Wandlungsrechts aus der Differenz zwischen dem Börsenpreis der Aktien an dem Tag, an dem der Arbeitnehmer die wirtschaftliche Verfügungsmacht über die Aktien erlangt, und den Erwerbsaufwendungen.

BFH v. 23. 6. 2005 VI R 124/99 (BStBl. II S. 766):
1. Wird einem Arbeitnehmer im Rahmen seines Arbeitsverhältnisses durch Übertragung einer nicht handelbaren Wandelschuldverschreibung ein Anspruch auf die Verschaffung von Aktien eingeräumt, wird ein Zufluss von Arbeitslohn nicht bereits durch die Übertragung der Wandelschuldverschreibung begründet.
2. Im Falle der Ausübung des Wandlungsrechts durch den Arbeitnehmer fließt diesem ein geldwerter Vorteil grundsätzlich erst dann zu, wenn dem Arbeitnehmer durch Erfüllung des Anspruchs das wirtschaftliche Eigentum an den Aktien verschafft wird.

Schwebende Verfahren

BFH VI R 39/09 (BFH-Webseite): Stellen Zahlungen des Arbeitgebers zur arbeitnehmerfinanzierten Altersversorgung bei nicht dem BetrAVG entsprechender Gehaltsumwandlung Arbeitslohn dar (Vertrauensschutz bei betrieblichen Versorgungsregelungen, die vor Erlass des BMF-Schreibens vom 4. Februar 2000 ein Bestimmungsrecht des Arbeitnehmers vorsehen)? Zuflusszeitpunkt?

BFH VI R 37/09 (BFH-Webseite): Welche Auswirkungen haben gesetzlich geregelte Verfügungsbeschränkungen auf den Zeitpunkt des Zuflusses von geldwerten Vorteilen aus unentgeltlich oder verbilligt überlassenen Aktien („restricted shares") an Arbeitnehmer?

BFH IX R 15/09 (BFH-Webseite): Zuflusszeitpunkt von Abfindungszahlungen – Ist die der Klägerin wegen Kündigung des Arbeitsverhältnisses zustehende Abfindung, die der Klägerin nach der zwischen Arbeitgeber und Betriebsrat geschlossenen Betriebsvereinbarung bereits im Dezember 2003 zustand, aber aufgrund einer zwischen dem Arbeitgeber und der Klägerin getroffenen Vereinbarung aus steuerlichen Gründen erst im Januar 2004 ausgezahlt wurde, nicht im Jahr 2004, sondern bereits im Jahr 2003 zu versteuern?

BFH IX R 14/09 (BFH-Webseite): Wie IX R 15/09.

BFH IX R 13/09 (BFH-Webseite): Wie IX R 15/09.

BFH IX R 12/09 (BFH-Webseite): Wie IX R 15/09.

BFH VI R 47/08 (BFH-Webseite): Ist die wirtschaftliche Verfügungsmacht über die als stille (Mitarbeiter)Beteiligung ohne Dispositionsbefugnis aufgrund von Liquiditätsschwierigkeiten des Arbeitgebers den Arbeitnehmern gewährten Beträge durch Gutschrift auf die Beteiligungskonten der Arbeitnehmer auf diese übergegangen?

BFH VI R 12/08 (BFH-Webseite): Führt die Veräußerung von Aktienoptionsrechten, die im Zusammenhang mit der Gewährung von Wandeldarlehen eingeräumt wurden, zu Arbeitslohn, wenn der Steuerpflichtige zum Zeitpunkt des Vertragsabschlusses noch kein Arbeitnehmer des diesen Vorteil gewährenden Dritten war?

§§ 11a, 11b

§ 11a Sonderbehandlung von Erhaltungsaufwand bei Gebäuden in Sanierungsgebieten und städtebaulichen Entwicklungsbereichen

(1) ¹Der Steuerpflichtige kann durch Zuschüsse aus Sanierungs- oder Entwicklungsförderungsmitteln nicht gedeckten Erhaltungsaufwand für Maßnahmen im Sinne des § 177 des Baugesetzbuchs an einem im Inland belegenen Gebäude in einem förmlich festgelegten Sanierungsgebiet oder städtebaulichen Entwicklungsbereich auf zwei bis fünf Jahre gleichmäßig verteilen. ²Satz 1 ist entsprechend anzuwenden auf durch Zuschüsse aus Sanierungs- oder Entwicklungsförderungsmitteln nicht gedeckten Erhaltungsaufwand für Maßnahmen, die der Erhaltung, Erneuerung und funktionsgerechten Verwendung eines Gebäudes im Sinne des Satzes 1 dienen, das wegen seiner geschichtlichen, künstlerischen oder städtebaulichen Bedeutung erhalten bleiben soll, und zu deren Durchführung sich der Eigentümer neben bestimmten Modernisierungsmaßnahmen gegenüber der Gemeinde verpflichtet hat.

(2) ¹Wird das Gebäude während des Verteilungszeitraums veräußert, so ist der noch nicht berücksichtigte Teil des Erhaltungsaufwands im Jahr der Veräußerung als Betriebsausgaben oder Werbungskosten abzusetzen. ²Das Gleiche gilt, wenn ein nicht zu einem Betriebsvermögen gehörendes Gebäude in ein Betriebsvermögen eingebracht oder wenn ein Gebäude aus dem Betriebsvermögen entnommen oder wenn ein Gebäude nicht mehr zur Einkunftserzielung genutzt wird.

(3) Steht das Gebäude im Eigentum mehrerer Personen, ist der in Absatz 1 bezeichnete Erhaltungsaufwand von allen Eigentümern auf den gleichen Zeitraum zu verteilen.

(4) § 7h Absatz 2 und 3 ist entsprechend anzuwenden.

§ 11b Sonderbehandlung von Erhaltungsaufwand bei Baudenkmalen

¹Der Steuerpflichtige kann durch Zuschüsse aus öffentlichen Kassen nicht gedeckten Erhaltungsaufwand für ein im Inland belegenes Gebäude oder Gebäudeteil, das nach den jeweiligen landesrechtlichen Vorschriften ein Baudenkmal ist, auf zwei bis fünf Jahre gleichmäßig verteilen, soweit die Aufwendungen nach Art und Umfang zur Erhaltung des Gebäudes oder Gebäudeteils als Baudenkmal oder zu seiner sinnvollen Nutzung erforderlich und die Maßnahmen in Abstimmung mit der in § 7i Absatz 2 bezeichneten Stelle vorgenommen worden sind. ²Durch Zuschüsse aus öffentlichen Kassen nicht gedeckten Erhaltungsaufwand für ein im Inland belegenes Gebäude oder Gebäudeteil, das für sich allein nicht die Voraussetzungen für ein Baudenkmal erfüllt, aber Teil einer Gebäudegruppe oder Gesamtanlage ist, die nach den jeweiligen landesrechtlichen Vorschriften als Einheit geschützt ist, kann der Steuerpflichtige auf zwei bis fünf Jahre gleichmäßig verteilen, soweit die Aufwendungen nach Art und Umfang zur Erhaltung des schützenswerten äußeren Erscheinungsbildes der Gebäudegruppe oder Gesamtanlage erforderlich und die Maßnahmen in Abstimmung mit der in § 7i Absatz 2 bezeichneten Stelle vorgenommen worden sind. ³§ 7h Absatz 3 und § 7i Absatz 1 Satz 2 und Absatz 2 sowie § 11a Absatz 2 und 3 sind entsprechend anzuwenden.

§ 12 ESt-Kartei NW, Rechtsprechung

7. Nicht abzugsfähige Ausgaben

§ 12 (Nicht abzugsfähige Ausgaben)

Soweit in den §§ 9c, 10 Absatz 1 Nummer 1, 2 bis 4, 7 und 9, §§ 10a, 10b und den §§ 33 bis 33b nichts anderes bestimmt ist, dürfen weder bei den einzelnen Einkunftsarten noch vom Gesamtbetrag der Einkünfte abgezogen werden

1. die für den Haushalt des Steuerpflichtigen und für den Unterhalt seiner Familienangehörigen aufgewendeten Beträge. ²Dazu gehören auch die Aufwendungen für die Lebensführung, die die wirtschaftliche oder gesellschaftliche Stellung des Steuerpflichtigen mit sich bringt, auch wenn sie zur Förderung des Berufs oder der Tätigkeit des Steuerpflichtigen erfolgen;
2. freiwillige Zuwendungen, Zuwendungen auf Grund einer freiwillig begründeten Rechtspflicht und Zuwendungen an eine gegenüber dem Steuerpflichtigen oder seinem Ehegatten gesetzlich unterhaltsberechtigte Person oder deren Ehegatten, auch wenn diese Zuwendungen auf einer besonderen Vereinbarung beruhen;
3. die Steuern vom Einkommen und sonstige Personensteuern sowie die Umsatzsteuer für Umsätze, die Entnahmen sind, und die Vorsteuerbeträge auf Aufwendungen, für die das Abzugsverbot der Nummer 1 oder des § 4 Absatz 5 Satz 1 Nummer 1 bis 5, 7 oder Absatz 7 gilt; das gilt auch für die auf diese Steuern entfallenden Nebenleistungen;
4. in einem Strafverfahren festgesetzte Geldstrafen, sonstige Rechtsfolgen vermögensrechtlicher Art, bei denen der Strafcharakter überwiegt, und Leistungen zur Erfüllung von Auflagen oder Weisungen, soweit die Auflagen oder Weisungen nicht lediglich der Wiedergutmachung des durch die Tat verursachten Schadens dienen;
5. Aufwendungen des Steuerpflichtigen für seine erstmalige Berufsausbildung und für ein Erststudium, wenn diese nicht im Rahmen eines Dienstverhältnisses stattfinden.

ESt-Kartei NW

1. Kürzung der Übernachtungskosten bei Geschäftsreisen (R 119 Abs. 2 Nr. 2 EStR 1993) (entspricht BMF-Schreiben v. 19. 12. 1995 BStBl. I S. 809; Kürzung wegen Frühstück ab 1996 wie bei Dienstreisen, Abschnitt 40 Abs. 1 LStR 1996)
2. Ertragsteuerliche Behandlung des Sponsoring – Hinweis auf § 4 (4) EStG Fach 1 Nr. 11 – (entspricht BMF-Schreiben v. 18. 2. 1998 BStBl. I S. 212)
3. Einkommensteuerliche Behandlung von Aufwendungen für Auslandssprachkurse als Werbungskosten oder Betriebsausgaben nach § 9 (1) Satz 1, § 4 (4) EStG und § 12 Nr. 1 EStG; Rechtsfolgen aus dem Urteil des BFH vom 13.6.2002 (BStBl. 2003 II S. 765) (entspricht BMF-Schreiben v. 26. 9. 2003 BStBl. I S. 447, **Anlage § 009-08**)

1000. Aufwendungen von Lehrern zum Erwerb der Schulskilehrer-Lizenz – Hinweis auf § 9 EStG Fach 8 Nr. 1000 –
1001. Steuerliche Berücksichtigung von Zahlungen eines Gesellschafter-Geschäftsführers einer GmbH aufgrund einer Haftungsinanspruchnahme nach § 69 AO – Hinweis auf § 9 EStG Fach 1 Nr. 1001 –

Rechtsprechungsauswahl

BFH v. 21. 9. 2009 GrS 1/06 (BFH-Webseite): Aufteilung der Aufwendungen für eine gemischt veranlasste Reise

1. Aufwendungen für die Hin- und Rückreise bei gemischt beruflich (betrieblich) und privat veranlassten Reisen können grundsätzlich in abziehbare Werbungskosten oder Betriebsausgaben und nicht abziehbare Aufwendungen für die private Lebensführung nach Maßgabe der beruflich und privat veranlassten Zeitanteile der Reise aufgeteilt werden, wenn die beruflich veranlassten Zeitanteile feststehen und nicht von untergeordneter Bedeutung sind.
2. Das unterschiedliche Gewicht der verschiedenen Veranlassungsbeiträge kann es jedoch im Einzelfall erfordern, einen anderen Aufteilungsmaßstab heranzuziehen oder ganz von einer Aufteilung abzusehen.

Rechtsprechung § 12

BFH v. 18. 6. 2009 VI R 14/07 (BFH-Webseite):
1. § 12 Nr. 5 EStG bestimmt in typisierender Weise, dass bei einer erstmaligen Berufsausbildung ein hinreichend veranlasster Zusammenhang mit einer bestimmten Erwerbstätigkeit fehlt. Die Vorschrift enthält jedoch kein Abzugsverbot für erwerbsbedingte Aufwendungen.
2. In verfassungskonformer Auslegung steht § 12 Nr. 5 EStG einem Abzug von Aufwendungen als Werbungskosten für ein Erststudium nach abgeschlossener Berufsausbildung nicht entgegen.

BFH v. 19. 5. 2009 VIII R 6/07 (BStBl. 2010 II S. 168):
1. Eine sogenannte Praxisausfallversicherung, durch die im Falle einer krankheitsbedingten Arbeitsunfähigkeit des Steuerpflichtigen die fortlaufenden Kosten seines Betriebes ersetzt werden, gehört dessen Lebensführungsbereich an. Die Beiträge zu dieser Versicherung stellen daher keine Betriebsausgaben dar, die Versicherungsleistung ist nicht steuerbar.
2. Wird neben dem privaten Risiko der Erkrankung zugleich das betriebliche Risiko der Quarantäne, also der ordnungsbehördlich verfügten Schließung der Praxis versichert, so steht § 12 Nr. 1 EStG dem Abzug der hierauf entfallenden Versicherungsbeiträge als Betriebsausgaben nicht entgegen.

BFH v. 15. 1. 2009 VI R 37/06 (BStBl. 2010 II S. 111):
1. Das Abzugsverbot des § 12 Nr. 4 EStG greift nicht, wenn das Strafgericht dem Steuerpflichtigen zur Wiedergutmachung des durch die Tat verursachten Schadens eine Geldauflage nach § 56b Abs. 2 Satz 1 Nr. 1 StGB erteilt.
2. § 12 Nr. 4 EStG begründet nur für Auflagen und Weisungen ein Abzugsverbot, die als strafähnliche Sanktionen die Aufgabe haben, Genugtuung für das begangene Unrecht zu schaffen.
3. Ausgleichszahlungen an das geschädigte Tatopfer fallen dagegen nicht unter das Abzugsverbot des § 12 Nr. 4 EStG. Solche Zahlungen sind nach den allgemeinen Grundsätzen als Betriebsausgaben oder Werbungskosten abzugsfähig.
4. Der Anwendungsbereich des § 12 Nr. 4 EStG wird nicht dadurch eröffnet, dass die Auflage nach § 56b Abs. 2 Satz 1 Nr. 1 StGB, den durch die Tat verursachten Schaden wieder gut zu machen, zugleich der Genugtuung für das begangene Unrecht dient.

BFH v. 30. 9. 2008 VI R 4/07 (BFH-Webseite): Aufwendungen eines Zeitsoldaten für den Erwerb eines Verkehrsflugzeugführerscheins im Rahmen einer Fachausbildung sind vorab entstandene Werbungskosten bei den Einkünften aus nichtselbständiger Arbeit. Dies gilt auch dann, wenn die Schulung die Ausbildung für den Erwerb des Privatflugzeugführerscheins einschließt (Abgrenzung zum BFH-Urteil vom 27. Mai 2003 VI R 85/02, BFHE 207, 393, BStBl. II 2005, 202).

BFH v. 28. 8. 2008 VI R 35/05 (BStBl. 2009 II S. 108):
1. Aufwendungen für Seminare zur Persönlichkeitsentfaltung sind beruflich veranlasst, wenn die Veranstaltungen primär auf die spezifischen Bedürfnisse des vom Steuerpflichtigen ausgeübten Berufs ausgerichtet sind. Indizien für die berufliche Veranlassung sind insbesondere die Lehrinhalte und ihre konkrete Anwendung in der beruflichen Tätigkeit, der Ablauf des Lehrgangs sowie die teilnehmenden Personen.
2. Ein Lehrgang, der sowohl Grundlagenwissen als auch berufsbezogenes Spezialwissen vermittelt, kann beruflich veranlasst sein, wenn der Erwerb des Grundlagenwissens die Vorstufe zum Erwerb des berufsbezogenen Spezialwissens bildet.
3. Der Teilnehmerkreis eines Lehrgangs, der sich mit Anforderungen an Führungskräfte befasst, ist auch dann homogen zusammengesetzt, wenn die Teilnehmer Führungspositionen in verschiedenen Berufsgruppen innehaben.

BFH v. 28. 8. 2008 VI R 44/04 (BStBl. 2009 II S. 106):
1. Die berufliche Veranlassung von Aufwendungen für Kurse zum Neuro-Linguistischen Programmieren (NLP-Kurse) zur Verbesserung der Kommunikationsfähigkeit wird insbesondere dadurch indiziert, dass die Kurse von einem berufsmäßigen Veranstalter durchgeführt werden, ein homogener Teilnehmerkreis vorliegt und der Erwerb der Kenntnisse und Fähigkeiten auf eine anschließende Verwendung in der beruflichen Tätigkeit angelegt ist.
2. Private Anwendungsmöglichkeiten der in den NLP-Kursen vermittelten Lehrinhalte sind unbeachtlich, wenn sie sich als bloße Folge zwangsläufig und untrennbar aus den im beruflichen Interesse gewonnenen Kenntnissen und Fähigkeiten ergeben.

§ 12 Rechtsprechung

3. Ein homogener Teilnehmerkreis liegt auch dann vor, wenn die Teilnehmer zwar unterschiedlichen Berufsgruppen angehören, aber aufgrund der Art ihrer beruflichen Tätigkeit gleichgerichtete fachliche Interessen haben.

BFH v. 9. 8. 2007 VI R 23/05 (BFH-Webseite):
1. Im Rahmen der Mehraufwendungen für doppelte Haushaltsführung sind Kosten für ein in der Wohnung am Beschäftigungsort gelegenes Arbeitszimmer, sofern die Abzugsvoraussetzungen dem Grunde nach gegeben sind, gesondert zu beurteilen und in den gesetzlichen Grenzen zu berücksichtigen.
2. Aufwendungen, die für eine Wohnung am Beschäftigungsort mit einem häuslichen Arbeitszimmer entstehen, sind nur insoweit abziehbar, wie sie nicht auf das Arbeitszimmer entfallen und die durch die Merkmale Wohnfläche und ortsüblicher Durchschnittsmietzins bestimmte Grenze des Notwendigen nicht überschreiten.

BFH v. 9. 8. 2007 VI R 10/06 (BStBl. II S. 820):
1. Unterhält ein Alleinstehender, der am Beschäftigungsort wohnt, an einem anderen Ort einen eigenen Hausstand, besteht mit zunehmender Dauer besonderer Anlass zu prüfen, wo sich sein Lebensmittelpunkt befindet.
2. Unterkunftskosten am Beschäftigungsort sind notwendig i.S. von § 9 Abs. 1 Satz 3 Nr. 5 Satz 1 EStG, wenn sie den Durchschnittsmietzins einer 60 qm-Wohnung am Beschäftigungsort nicht überschreiten.

BFH v. 15. 3. 2007 VI R 14/04 (BStBl. II S. 814): Aufwendungen eines in Deutschland lebenden Ausländers für das Erlernen der deutschen Sprache gehören regelmäßig auch dann zu den nichtabziehbaren Kosten der Lebensführung, wenn ausreichende Deutschkenntnisse für einen angestrebten Ausbildungsplatz förderlich sind.

BFH v. 1. 2. 2007 VI R 25/03 (BStBl. II S. 459): Bewirtungsaufwendungen eines angestellten Geschäftsführers mit variablen Bezügen anlässlich einer ausschließlich für Betriebsangehörige im eigenen Garten veranstalteten Feier zum 25-jährigen Dienstjubiläum können Werbungskosten sein.

BFH v. 11. 1. 2007 VI R 52/03 (BStBl. II S. 317):
1. Die berufliche Veranlassung von Werbungskosten ist anhand einer Gesamtwürdigung aller Umstände des Einzelfalles festzustellen.
2. Bewirtungsaufwendungen, die einem Offizier für einen Empfang aus Anlass der Übergabe der Dienstgeschäfte (Kommandoübergabe) und der Verabschiedung in den Ruhestand entstehen, können als Werbungskosten zu berücksichtigen sein.

BFH v. 11. 1. 2007 VI R 8/05 (BStBl. II S. 457): Aufwendungen für Fachkongresse können als Werbungskosten bei den Einkünften aus nichtselbständiger Arbeit abziehbar sein, wenn ein konkreter Zusammenhang mit der Berufstätigkeit besteht. Dies ist im Rahmen einer Gesamtwürdigung aller Umstände des Einzelfalls zu bestimmen.

BFH v. 20. 7. 2006 VI R 94/01 (BStBl. 2007 II S. 121): Dem Großen Senat wird folgende Rechtsfrage zur Entscheidung vorgelegt:
Können Aufwendungen für die Hin- und Rückreise bei gemischt beruflich (betrieblich) und privat veranlassten Reisen in abziehbare Werbungskosten (Betriebsausgaben) und nicht abziehbare Aufwendungen für die private Lebensführung nach Maßgabe der beruflich (betrieblich) und privat veranlassten Zeitanteile der Reise aufgeteilt werden, wenn die beruflich (betrieblich) veranlassten Zeitanteile feststehen und nicht von untergeordneter Bedeutung sind?
(Hinweis auf Entscheidung v. 21.9.2009 GrS 1/06.)

BFH v. 22. 6. 2006 VI R 61/02 (BStBl. II S. 782):
1. Aufwendungen von Lehrern für Snowboardkurse können als Werbungskosten bei den Einkünften aus nichtselbständiger Arbeit abziehbar sein, wenn ein konkreter Zusammenhang mit der Berufstätigkeit besteht. Dies ist im Rahmen einer Gesamtwürdigung aller Umstände des Einzelfalls zu bestimmen.
2. Im Rahmen dieser Gesamtwürdigung können die in dem BFH-Urteil vom 26. August 1988 VI R 175/85 (BFHE 154, 513, BStBl. II 1989, 91) genannten Merkmale für die berufliche Veranlassung von Aufwendungen für Skilehrgänge Beweisanzeichen (Indizien) für den im Einzelfall maßgeblichen Veranlassungszusammenhang sein.

Rechtsprechung § 12

BFH v. 7. 6. 2006 IX R 4/04 (BStBl. 2007 II S. 294): Bei der steuerrechtlichen Anerkennung von Verträgen zwischen nahen Angehörigen ist der zivilrechtlichen Unwirksamkeit des Vertragsabschlusses nur indizielle Bedeutung beizumessen (Anschluss an BFH-Urteil vom 13. Juli 1999 VIII R 29/97, BFHE 191, 250, BStBl. II 2000, 386).*)

*) Anmerkung BStBl. II: Hinweis auf BMF-Schreiben vom 2.4.2007 (BStBl. I S. 441) – Nichtanwendung über entschiedenen Einzelfall hinaus –.

BFH v. 4. 4. 2006 VI R 11/02 (BStBl. II S. 714): Der berufliche Veranlassungszusammenhang einer doppelten Haushaltsführung wird nicht allein dadurch beendet, dass ein Steuerpflichtiger seinen Familienhausstand innerhalb desselben Ortes verlegt.

BFH v. 1. 12. 2005 IV R 26/04 (BStBl. 2006 II S. 182):
1. Unfallschäden teilen steuerrechtlich das Schicksal der Fahrt, auf der sie entstanden sind. Unfallbedingte Schadensersatzleistungen sind daher betrieblich veranlasste Aufwendungen, soweit sich der Unfall auf einer betrieblichen Reise ereignet hat.
2. Beruht die Reise als solche auf einer doppelten Veranlassung, so kann die private Veranlassung der Aufwendungen von untergeordneter Bedeutung sein. Werden aber aufgrund der privaten Mitveranlassung einer Reise erhebliche Unfallkosten ausgelöst, die nicht mehr von untergeordneter Bedeutung sind, so führt dies zu einem Abzugsverbot für diese privat veranlassten Aufwendungen, das die betriebliche Veranlassung der übrigen Aufwendungen unberührt lässt.

BFH v. 14. 12. 2004 XI R 6/02 (BStBl. 2005 II S. 392): Langjährige Verluste eines selbständig tätigen Rechtsanwalts, dessen Einnahmen ohne plausible Gründe auf niedrigstem Niveau stagnieren und der seinen Lebensunterhalt aus erheblichen anderweitigen Einkünften bestreitet, sprechen regelmäßig dafür, dass er seine Tätigkeit nur aus persönlichen Gründen fortführt (Abgrenzung zum BFH-Urteil vom 22. April 1998 XI R 10/97, BFHE 186, 206, BStBl. II 1998, 663).

BFH v. 3. 3. 2004 X R 12/02 (BStBl. II S. 722): Für die Gesamtwürdigung im Rahmen der Beurteilung, ob ein zwischen nahen Angehörigen geschlossener Vertrag der Besteuerung zugrunde zu legen ist, können auch zeitlich vor dem Streitjahr liegende Umstände herangezogen werden (Abgrenzung vom BFH-Urteil vom 8. März 1962 IV 165/60 U, BFHE 74, 584, BStBl. III 1962, 217).

BFH v. 19. 2. 2004 VI R 135/01 (BStBl. II S. 958):
1. Ein privat angeschaffter und in der privaten Wohnung aufgestellter PC kann ein Arbeitsmittel i. S. des § 9 Abs. 1 Satz 3 Nr. 6 EStG sein. Eine private Mitbenutzung ist unschädlich, soweit sie einen Nutzungsanteil von etwa 10 v. H. nicht übersteigt.
2. Die Kosten eines gemischt genutzten PC sind aufzuteilen. § 12 Nr. 1 Satz 2 EStG steht einer solchen Aufteilung nicht entgegen.
3. Die Peripherie-Geräte einer PC-Anlage sind regelmäßig keine geringwertigen Wirtschaftsgüter i. S. des § 6 Abs. 2 Satz 1 EStG.

BFH v. 4. 11. 2003 VI R 96/01 (BStBl. 2004 II S. 891): Kosten für den Erwerb eines Doktortitels können, sofern sie beruflich veranlasst sind, Werbungskosten sein. Sie sind regelmäßig nicht als Kosten der privaten Lebensführung zu beurteilen (Änderung der Rechtsprechung; Anschluss an die Urteile vom 4. Dezember 2002 VI R 120/01, BFHE 201, 156, BStBl. II 2003, 403; vom 17. Dezember 2002 VI R 137/01, BFHE 201, 211, BStBl. II 2003, 407; vom 27. Mai 2003 VI R 33/01, BFHE 202, 314, BStBl. II 2004, 884; vom 22. Juli 2003 VI R 50/02, BFHE 202, 563, BStBl. II 2004, 889).*)

*) Anmerkung BStBl. II: „Ab 1. Januar 2004 geänderte Rechtslage."

BFH v. 28. 1. 2003 VI R 48/99 (BStBl. II S. 724): Lädt ein Arbeitgeber anlässlich eines Geburtstags eines Arbeitnehmers Geschäftsfreunde, Repräsentanten des öffentlichen Lebens, Vertreter von Verbänden und Berufsorganisationen sowie Mitarbeiter zu einem Empfang ein, ist unter Berücksichtigung aller Umstände des Einzelfalls zu entscheiden, ob es sich um ein Fest des Arbeitgebers (betriebliche Veranstaltung) oder um ein privates Fest des Arbeitnehmers handelt.

BFH v. 17. 12. 2002 VI R 137/01 (BStBl. 2003 II S. 407):
1. Aufwendungen für ein berufsbegleitendes erstmaliges Hochschulstudium sind als Werbungskosten zu berücksichtigen, sofern sie beruflich veranlasst sind.
2. Die Auffassung, wonach Ausgaben für ein Erststudium an einer Universität oder Fachhochschule stets der allgemeinen Lebensführung zuzuordnen und deshalb nur als Sonderausgaben begrenzt abziehbar sind, wird aufgegeben (Änderung der Rechsprechung).

§ 12 Rechtsprechung

BFH v. 4. 12. 2002 VI R 120/01 (BStBl. 2003 II S. 403): Aufwendungen für eine Umschulungsmaßnahme, die die Grundlage dafür bildet, von einer Berufs- oder Erwerbsart zu einer anderen überzuwechseln, können vorab entstandene Werbungskosten sein (Änderung der Rechtsprechung).

BVerfG v. 27. 11. 2002 2 BvR 483/00 (HFR 2003 S. 171): Es ist verfassungsrechtlich grundsätzlich nicht zu beanstanden, dass durch den Fremdvergleich bei Vermögenszuwendungen zwischen nahestehenden Personen (hier: Stipendienvertrag zwischen Vater und Sohn) das Vorliegen von Betriebsausgaben sachgerecht von nicht abziehbaren Kosten der Lebensführung abgegrenzt werden soll.

BFH v. 27. 8. 2002 VI R 22/01 (BStBl. 2003 II S. 369): Für eine (Auslands-)Reise kann ein hinreichend konkreter beruflicher Anlass auch dann vorliegen, wenn es sich zwar um die Teilnahme an einer Gruppenreise handelt, die Organisation und Durchführung einer solchen Reise jedoch Dienstaufgabe des damit betrauten Arbeitnehmers ist.

BFH v. 13. 6. 2002 VI R 168/00 (BStBl. 2003 II S. 765): Die steuerliche Berücksichtigung von Aufwendungen für einen Sprachkurs kann nicht mit der Begründung versagt werden, er habe in einem anderen Mitgliedstaat der Europäischen Union stattgefunden.*)
*) Hinweis auf BMF-Schreiben v. 26.9.2003 (BStBl. I S. 447), – **Anlage § 009-08 –**.

BFH v. 10. 4. 2002 VI R 46/01 (BStBl. II S. 579):
1. Ob zwischen dem Erwerb von Fremdsprachenkenntnissen und der beruflichen Tätigkeit des Steuerpflichtigen ein konkreter Zusammenhang besteht, ist aufgrund einer Gesamtwürdigung aller Umstände des Einzelfalls festzustellen.
2. Aufwendungen für einen Sprachkurs können insbesondere dann beruflich veranlasst sein, wenn bereits die nächste Stufe des beruflichen Fortkommens des Steuerpflichtigen Fremdsprachenkenntnisse erfordert.
3. Auch wenn der Sprachkurs nur Grundkenntnisse vermittelt, die vom Steuerpflichtigen angestrebte berufliche Tätigkeit jedoch qualifizierte Fremdsprachenkenntnisse erfordert, können die Aufwendungen für den Sprachkurs Werbungskosten sein.

Schwebende Verfahren

BFH VI R 42/09 (BFH-Webseite): Kann ein Pfarrer die Kosten für eine dienstlich angeordnete Pilgerwallfahrt nach Rom sowie für eine Fortbildungsveranstaltung nach Jordanien als Werbungskosten steuerlich geltend machen?

BFH VI R 22/09 (BFH-Webseite): Findet die Ausbildung eines Pilotenanwärters im Rahmen eines Dienstverhältnisses i.S. des § 12 Nr. 5 EStG statt?
Ist die Regelung des § 12 Nr. 5 EStG verfassungsmäßig?

BFH VI R 8/09 (BFH-Webseite): Wie BFH VI R 22/09.

BFH IV R 45/08 (BFH-Webseite): Sind Versicherungsansprüche auf das Leben oder den Todesfall eines nahen Angehörigen eines Mitunternehmers dem Betriebsvermögen einer Personengesellschaft zuzuordnen mit der Folge der Abzugsfähigkeit der Prämien als Betriebsausgaben, weil dieser Mitunternehmer zu weniger als 10 v.H. an der Gesellschaft beteiligt ist?

BFH VI R 38/08 (BFH-Webseite): In welcher Höhe sind Aufwendungen einer Auslandsreise (Kosten für Flug, Medikamente und pauschaler Verpflegungsmehraufwand) als Werbungskosten berücksichtigungsfähig, wenn die Reise in einen Abschnitt mit ausschließlich beruflichen Tätigkeiten und in einen Abschnitt mit gemischt beruflichen und privaten Tätigkeiten aufgeteilt werden kann?

BFH VIII R 26/08 (BFH-Webseite): Können Kosten eines die Einkommensteuer betreffenden Finanzgerichtsprozesses – sofern im Verfahren Fragen der Gewinnermittlung bzw. der Ermittlung der übrigen Einkünfte streitig sind – als Betriebsausgaben/Werbungskosten abgezogen werden?

BFH VI R 5/07 (EFG 2007 S. 754; Beilage 3/2008 BStBl. II S. 52): Können Aufwendungen für eine Auslands(Sprach-)reise nach Dublin einer hierfür vom Dienst befreiten Lehrerin für Englisch und Religion in abziehbare Erwerbsaufwendungen und nicht abziehbare Aufwendungen für private Lebensführung aufgeteilt werden und welcher Aufteilungsmaßstab ist hierfür heranzuziehen, wenn die beruflich veranlassten Zeitanteile der Reise nicht abschließend feststellbar sind und die Reise in nicht geringem Umfang der allgemeinen Information über die geographischen, wirtschaftlichen und sonstigen Besonderheiten Irlands gedient hat.

Rechtsprechung § 12

BFH I R 34/06 (EFG 2006 S. 879; Beilage 3/2008 BStBl. II S. 63): Wie sind die einzelnen Komponenten einer Reise bei teils privatem, teils einkünftebezogenem Anlass hinsichtlich ihrer Abzugsfähigkeil als Werbungskosten zu beurteilen?
(Hinweis: Das Verfahren ist ausgesetzt bis zur Entscheidung BFH GrS 1/06.)

BFH VIII R 80/05 (EFG 2006 S. 95; Beilage 3/2008 BStBl. II S. 63): Steht das Aufteilungsverbot gemäß § 12 Nr. 1 Satz 2 EStG dem anteiligen Betriebsausgabenabzug von gemischt veranlassten Reisekosten entgegen (hier: Reisekosten eines Steuerberaters, der zusammen mit seiner bei ihm angestellten Ehefrau einen Mandanten und dessen Ehefrau auf einer Reise nach Bangkok und Hongkong über Weihnachten und Neujahr zu Beratungszwecken begleitet hat; die Reisekosten für die Ehefrau des Steuerberaters wurden von vornherein nicht als Betriebsausgaben abgezogen)?
Hinweis: Das Verfahren ruht wegen Vorlagebeschluss BFH v. 20.7.2006 VI R 94/01, GrS 1/06.)

BFH VI R 66/04 (EFG 2005 S. 352; Beilage 3/2008 BStBl. II S. 51): Aufwendungen eines vom Arbeitgeber für die Teilnahme an einem nur für Ärzte ausgerichteten sportmedizinischen Wochenkurs am Gardasee zur Erlangung der Zusatzbezeichnung „Sportmedizin" (Anrechnung von 25 Stunden Ausbildung in Theorie und Praxis der Leibesübungen) freigestellten Unfallchirurgen ausschließlich beruflich veranlasst? Fallen die Aufwendungen unter das Aufteilungs- und Abzugsverbots nach § 12 Nr. 1 EStG, wenn wegen der Entschließungsfreiheit des Klägers zur individuellen Absolvierung der 120 Pflichtstunden im Fach Leibesübungen der Teilnahmezwang und der verbindliche Charakter als Pflichtveranstaltung fehlen?
(Hinweis: Das Verfahren ist ausgesetzt bis zur Entscheidung BFH GrS 1/06.)

BFH VI R 94/01 (EFG 2001 S. 1186; Beilage 3/2008 BStBl. II S. 50): Kann eine private Mitveranlassung der USA-Reise nach Las Vegas des als EDV-Controller tätigen Klägers zum Besuch einer Computermesse ausgeschlossen werden, wenn die Reise vom Arbeitgeber nicht bezuschusst, kein Sonderurlaub gewährt und kein Nachweis über die Teilnahme an allen Einzelveranstaltungen erbracht wurde? Sind entgegen dem Aufteilungsverbot die Flugkosten in dem Verhältnis zum Werbungskostenabzug zuzulassen, in dem die Tage, an denen ganztätige berufliche Veranstaltungen stattgefunden haben, zur Reisedauer stehen?
(Hinweis auf BFH v. 20.7.2006 BStBl. 2007 II S. 121, Vorlage an Großen Senat, GrS 1/06. Hinweis auf Entscheidung v. 21.9.2009.)

§ 13

8. Die einzelnen Einkunftsarten

a) Land- und Forstwirtschaft
(§ 2 Absatz 1 Satz 1 Nummer 1)

§ 13 Einkünfte aus Land- und Forstwirtschaft

(1) Einkünfte aus Land- und Forstwirtschaft sind

1. Einkünfte aus dem Betrieb von Landwirtschaft, Forstwirtschaft, Weinbau, Gartenbau und aus allen Betrieben, die Pflanzen und Pflanzenteile mit Hilfe der Naturkräfte gewinnen. ²Zu diesen Einkünften gehören auch die Einkünfte aus der Tierzucht und Tierhaltung, wenn im Wirtschaftsjahr

für die ersten 20 Hektar	nicht mehr als	10 Vieheinheiten,
für die nächsten 10 Hektar	nicht mehr als	7 Vieheinheiten,
für die nächsten 20 Hektar	nicht mehr als	6 Vieheinheiten,
für die nächsten 50 Hektar	nicht mehr als	3 Vieheinheiten
und für die weitere Fläche	nicht mehr als	1,5 Vieheinheiten

je Hektar der vom Inhaber des Betriebs regelmäßig landwirtschaftlich genutzten Fläche erzeugt oder gehalten werden. ³Die Tierbestände sind nach dem Futterbedarf in Vieheinheiten umzurechnen. ⁴§ 51 Absatz 2 bis 5 des Bewertungsgesetzes ist anzuwenden. ⁵Die Einkünfte aus Tierzucht und Tierhaltung einer Gesellschaft, bei der die Gesellschafter als Unternehmer (Mitunternehmer) anzusehen sind, gehören zu den Einkünften im Sinne des Satzes 1, wenn die Voraussetzungen des §51a des Bewertungsgesetzes erfüllt sind und andere Einkünfte der Gesellschafter aus dieser Gesellschaft zu den Einkünften aus Land- und Forstwirtschaft gehören;

2. Einkünfte aus sonstiger land- und forstwirtschaftlicher Nutzung (§ 62 Bewertungsgesetz);

3. Einkünfte aus Jagd, wenn diese mit dem Betrieb einer Landwirtschaft oder einer Forstwirtschaft im Zusammenhang steht;

4. Einkünfte von Hauberg-, Wald-, Forst- und Laubgenossenschaften und ähnlichen Realgemeinden im Sinne des § 3 Absatz 2 des Körperschaftsteuergesetzes.

(2) Zu den Einkünften im Sinne des Absatzes 1 gehören auch

1. Einkünfte aus einem land- und forstwirtschaftlichen Nebenbetrieb. ²Als Nebenbetrieb gilt ein Betrieb, der dem land- und forstwirtschaftlichen Hauptbetrieb zu dienen bestimmt ist;

2. der Nutzungswert der Wohnung des Steuerpflichtigen, wenn die Wohnung die bei Betrieben gleicher Art übliche Größe nicht überschreitet und das Gebäude oder der Gebäudeteil nach den jeweiligen landesrechtlichen Vorschriften ein Baudenkmal ist;

3. die Produktionsaufgaberente nach dem Gesetz zur Förderung der Einstellung der landwirtschaftlichen Erwerbstätigkeit.

(3) ¹Die Einkünfte aus Land- und Forstwirtschaft werden bei der Ermittlung des Gesamtbetrags der Einkünfte nur berücksichtigt, soweit sie den Betrag von 670 Euro übersteigen. ²Satz 1 ist nur anzuwenden, wenn die Summe der Einkünfte 30 700 Euro nicht übersteigt. ³Im Fall der Zusammenveranlagung von Ehegatten verdoppeln sich die Beträge der Sätze 1 und 2.

(4) ¹Absatz 2 Nummer 2 findet nur Anwendung, sofern im Veranlagungszeitraum 1986 bei einem Steuerpflichtigen für die von ihm zu eigenen Wohnzwecken oder zu Wohnzwecken des Altenteilers genutzte Wohnung die Voraussetzungen für die Anwendung des § 13 Absatz 2 Nummer 2 des Einkommensteuergesetzes in der Fassung der Bekanntmachung vom 16. April 1997 (BGBl. I S. 821) vorlagen. ²Der Steuerpflichtige kann für einen Veranlagungszeitraum nach dem Veranlagungszeitraum 1998 unwiderruflich beantragen, dass Absatz 2 Nummer 2 ab diesem Veranlagungszeitraum nicht mehr angewendet wird. ³§ 52 Absatz 21 Satz 4 und 6 des Einkommensteuergesetzes in der Fassung der Bekannt-

machung vom 16. April 1997 (BGBl. I S. 821) ist entsprechend anzuwenden. ⁴Im Fall des Satzes 2 gelten die Wohnung des Steuerpflichtigen und die Altenteilerwohnung sowie der dazugehörende Grund und Boden zu dem Zeitpunkt als entnommen, bis zu dem Absatz 2 Nummer 2 letztmals angewendet wird. ⁵Der Entnahmegewinn bleibt außer Ansatz. ⁶Werden

1. die Wohnung und der dazugehörende Grund und Boden entnommen oder veräußert, bevor sie nach Satz 4 als entnommen gelten, oder
2. eine vor dem 1. Januar 1987 einem Dritten entgeltlich zur Nutzung überlassene Wohnung und der dazugehörende Grund und Boden für eigene Wohnzwecke oder für Wohnzwecke eines Altenteilers entnommen,

bleibt der Entnahme- oder Veräußerungsgewinn ebenfalls außer Ansatz; Nummer 2 ist nur anzuwenden, soweit nicht Wohnungen vorhanden sind, die Wohnzwecken des Eigentümers des Betriebs oder Wohnzwecken eines Altenteilers dienen und die unter Satz 4 oder unter Nummer 1 fallen.

(5) Wird Grund und Boden dadurch entnommen, dass auf diesem Grund und Boden die Wohnung des Steuerpflichtigen oder eine Altenteilerwohnung errichtet wird, bleibt der Entnahmegewinn außer Ansatz; der Steuerpflichtige kann die Regelung nur für eine zu eigenen Wohnzwecken genutzte Wohnung und für eine Altenteilerwohnung in Anspruch nehmen.

(6) ¹Werden einzelne Wirtschaftsgüter eines land- und forstwirtschaftlichen Betriebs auf einen der gemeinschaftlichen Tierhaltung dienenden Betrieb im Sinne des § 34 Absatz 6a des Bewertungsgesetzes einer Erwerbs- und Wirtschaftsgenossenschaft oder eines Vereins gegen Gewährung von Mitgliedsrechten übertragen, so ist die auf den dabei entstehenden Gewinn entfallende Einkommensteuer auf Antrag in jährlichen Teilbeträgen zu entrichten. ²Der einzelne Teilbetrag muß mindestens ein Fünftel dieser Steuer betragen.

(7) § 15 Absatz 1 Satz 1 Nummer 2, Absatz 1a, Absatz 2 Satz 2 und 3, §§ 15a und 15b sind entsprechend anzuwenden.[1)]

§ 13a Ermittlung des Gewinns aus Land- und Forstwirtschaft nach Durchschnittssätzen[2)]

(1) ¹Der Gewinn ist für einen Betrieb der Land- und Forstwirtschaft nach den Absätzen 3 bis 6 zu ermitteln, wenn

1. der Steuerpflichtige nicht auf Grund gesetzlicher Vorschriften verpflichtet ist, Bücher zu führen und regelmäßige Abschlüsse zu machen, und
2. die selbstbewirtschaftete Fläche der landwirtschaftlichen Nutzung (§ 34 Absatz 2 Nummer 1 Buchstabe a Bewertungsgesetz) ohne Sonderkulturen (§ 52 Bewertungsgesetz) nicht 20 Hektar überschreitet und
3. die Tierbestände insgesamt 50 Vieheinheiten (Anlage 1 zum Bewertungsgesetz) nicht übersteigen und
4. der Wert der selbstbewirtschafteten Sondernutzungen nach Absatz 5 nicht mehr als 2 000 Deutsche Mark je Sondernutzung beträgt.

²Der Gewinn ist letztmalig für das Wirtschaftsjahr nach Durchschnittssätzen zu ermitteln, das nach Bekanntgabe der Mitteilung endet, durch die die Finanzbehörde auf den Beginn der Buchführungspflicht (§ 141 Absatz 2 Abgabenordnung) oder den Wegfall einer anderen Voraussetzung des Satzes 1 hingewiesen hat.

(2) ¹Auf Antrag des Steuerpflichtigen ist für einen Betrieb im Sinne des Absatzes 1 der Gewinn für vier aufeinander folgende Wirtschaftsjahre nicht nach den Absätzen 3 bis 6 zu ermitteln. ²Wird der Gewinn eines dieser Wirtschaftsjahre durch den Steuerpflichtigen

---

1) Zur Anwendung von § 13 Absatz 7 siehe § 52 Absatz 30a EStG.
2) Zur Anwendung von § 13a siehe § 52 Absatz 31 EStG.

§ 13a

nicht durch Betriebsvermögensvergleich oder durch Vergleich der Betriebseinnahmen mit den Betriebsausgaben ermittelt, ist der Gewinn für den gesamten Zeitraum von vier Wirtschaftsjahren nach den Absätzen 3 bis 6 zu ermitteln. ³Der Antrag ist bis zur Abgabe der Steuererklärung, jedoch spätestens zwölf Monate nach Ablauf des ersten Wirtschaftsjahres, auf das er sich bezieht, schriftlich zu stellen. ⁴Er kann innerhalb dieser Frist zurückgenommen werden.

(3) ¹Durchschnittssatzgewinn ist die Summe aus
1. dem Grundbetrag (Absatz 4),
2. den Zuschlägen für Sondernutzungen (Absatz 5),
3. den nach Absatz 6 gesondert zu ermittelnden Gewinnen,
4. den vereinnahmten Miet- und Pachtzinsen,
5. den vereinnahmten Kapitalerträgen, die sich aus Kapitalanlagen von Veräußerungserlösen im Sinne des Absatzes 6 Satz 1 Nummer 2 ergeben.

²Abzusetzen sind verausgabte Pachtzinsen und diejenigen Schuldzinsen und dauernden Lasten, die Betriebsausgaben sind. ³Die abzusetzenden Beträge dürfen insgesamt nicht zu einem Verlust führen.

(4) ¹Die Höhe des Grundbetrags richtet sich bei der landwirtschaftlichen Nutzung ohne Sonderkulturen nach dem Hektarwert (§ 40 Absatz 1 Satz 3 Bewertungsgesetz) der selbstbewirtschafteten Fläche. ²Je Hektar der landwirtschaftlichen Nutzung sind anzusetzen

1. bei einem Hektarwert
   bis 300 Deutsche Mark   205 Euro,
2. bei einem Hektarwert
   über 300 Deutsche Mark
   bis 500 Deutsche Mark   307 Euro,
3. bei einem Hektarwert
   über 500 Deutsche Mark
   bis 1 000 Deutsche Mark   358 Euro,
4. bei einem Hektarwert
   über 1 00 Deutsche Mark
   bis 1 500 Deutsche Mark   410 Euro,
5. bei einem Hektarwert
   über 1 500 Deutsche Mark
   bis 2 000 Deutsche Mark   461 Euro,
6. bei einem Hektarwert
   über 2 000 Deutsche Mark   512 Euro.

(5) ¹Als Sondernutzungen gelten die in § 34 Absatz 2 Nummer 1 Buchstabe b bis e des Bewertungsgesetzes genannten Nutzungen, die in § 34 Absatz 2 Nummer 2 des Bewertungsgesetzes genannten Wirtschaftsgüter, die Nebenbetriebe (§ 34 Absatz 2 Nummer 3 Bewertungsgesetz) und die Sonderkulturen (§ 52 Bewertungsgesetz). ²Die Werte der Sondernutzungen sind aus den jeweils zuletzt festgestellten Einheitswerten oder den nach § 125 des Bewertungsgesetzes ermittelten Ersatzwirtschaftswerten abzuleiten. ³Bei Sondernutzungen, deren Werte jeweils 500 Deutsche Mark übersteigen, ist für jede Sondernutzung ein Zuschlag von 512 Euro zu machen. ⁴Satz 3 ist bei der forstwirtschaftlichen Nutzung nicht anzuwenden.

(6) ¹In den Durchschnittssatzgewinn sind über die nach den Absätzen 4 und 5 zu ermittelnden Beträge hinaus auch Gewinne, soweit sie insgesamt 1 534 Euro übersteigen, einzubeziehen aus
1. der forstwirtschaftlichen Nutzung,
2. der Veräußerung oder Entnahme von Grund und Boden und Gebäuden sowie der im Zusammenhang mit einer Betriebsumstellung stehenden Veräußerung oder Entnahme von Wirtschaftsgütern des übrigen Anlagevermögens,

3. Dienstleistungen und vergleichbaren Tätigkeiten, sofern diese dem Bereich der Land- und Forstwirtschaft zugerechnet und nicht für andere Betriebe der Land- und Forstwirtschaft erbracht werden,

4. der Auflösung von Rücklagen nach § 6c und von Rücklagen für Ersatzbeschaffung.

²Bei der Ermittlung der Gewinne nach den Nummern 1 und 2 ist § 4 Absatz 3 entsprechend anzuwenden. ³Der Gewinn aus den in Nummer 3 genannten Tätigkeiten beträgt 35 Prozent der Einnahmen.

§ 14 Veräußerung des Betriebs

¹Zu den Einkünften aus Land- und Forstwirtschaft gehören auch Gewinne, die bei der Veräußerung eines land- oder forstwirtschaftlichen Betriebs oder Teilbetriebs oder eines Anteils an einem land- und forstwirtschaftlichen Betriebsvermögen erzielt werden. ²§ 16 gilt entsprechend mit der Maßgabe, dass der Freibetrag nach § 16 Absatz 4 nicht zu gewähren ist, wenn der Freibetrag nach § 14a Absatz 1 gewährt wird.

§ 14a Vergünstigungen bei der Veräußerung bestimmter land- und forstwirtschaftlicher Betriebe[1)]

(1) ¹Veräußert ein Steuerpflichtiger nach dem 30. Juni 1970 und vor dem 1. Januar 2001 seinen land- und forstwirtschaftlichen Betrieb im ganzen, so wird auf Antrag der Veräußerungsgewinn (§ 16 Absatz 2) nur insoweit zur Einkommensteuer herangezogen, als er den Betrag von 150 000 Deutsche Mark übersteigt, wenn

1. der für den Zeitpunkt der Veräußerung maßgebende Wirtschaftswert (§ 46 Bewertungsgesetz) des Betriebs 40 000 Deutsche Mark nicht übersteigt,

2. die Einkünfte des Steuerpflichtigen im Sinne des § 2 Absatz 1 Satz 1 Nummer 2 bis 7 in den dem Veranlagungszeitraum der Veräußerung vorangegangenen beiden Veranlagungszeiträumen jeweils den Betrag von 35 000 Deutsche Mark nicht überstiegen haben. ²Bei Ehegatten, die nicht dauernd getrennt leben, gilt Satz 1 mit der Maßgabe, dass die Einkünfte beider Ehegatten zusammen jeweils 70 000 Deutsche Mark nicht überstiegen haben.

²Ist im Zeitpunkt der Veräußerung ein nach Nummer 1 maßgebender Wirtschaftswert nicht festgestellt oder sind bis zu diesem Zeitpunkt die Voraussetzungen für eine Wertfortschreibung erfüllt, so ist der Wert maßgebend, der sich für den Zeitpunkt der Veräußerung als Wirtschaftswert ergeben würde.

(2) ¹Der Anwendung des Absatzes 1 und des § 34 Absatz 1 steht nicht entgegen, wenn die zum land- und forstwirtschaftlichen Vermögen gehörenden Gebäude mit dem dazugehörigen Grund und Boden nicht mitveräußert werden. ²In diesem Fall gelten die Gebäude mit dem dazugehörigen Grund und Boden als entnommen. ³Der Freibetrag kommt auch dann in Betracht, wenn zum Betrieb ein forstwirtschaftlicher Teilbetrieb gehört und dieser nicht mitveräußert, sondern als eigenständiger Betrieb vom Steuerpflichtigen fortgeführt wird. ⁴In diesem Falle ermäßigt sich der Freibetrag auf den Teil, der dem Verhältnis des tatsächlich entstandenen Veräußerungsgewinns zu dem bei einer Veräußerung des ganzen land- und forstwirtschaftlichen Betriebs erzielbaren Veräußerungsgewinn entspricht.

(3) ¹Als Veräußerung gilt auch die Aufgabe des Betriebs, wenn

1. die Voraussetzungen des Absatzes 1 erfüllt sind und

2. der Steuerpflichtige seinen land- und forstwirtschaftlichen Betrieb zum Zwecke der Strukturverbesserung abgegeben hat und dies durch eine Bescheinigung der nach Landesrecht zuständigen Stelle nachweist.

---
1) Zur Anwendung des § 14a EStG siehe § 52 Absatz 32 EStG.

§ 14a

²§ 16 Absatz 3 Satz 4 und 5 gilt entsprechend.

(4) ¹Veräußert oder entnimmt ein Steuerpflichtiger nach dem 31. Dezember 1979 und vor dem 1. Januar 2006 Teile des zu einem land- und forstwirtschaftlichen Betrieb gehörenden Grund und Bodens, so wird der bei der Veräußerung oder der Entnahme entstehende Gewinn auf Antrag nur insoweit zur Einkommensteuer herangezogen, als er den Betrag von 61 800 Euro übersteigt. ²Satz 1 ist nur anzuwenden, wenn

1. der Veräußerungspreis nach Abzug der Veräußerungskosten oder der Grund und Boden innerhalb von zwölf Monaten nach der Veräußerung oder Entnahme in sachlichem Zusammenhang mit der Hoferbfolge oder Hofübernahme zur Abfindung weichender Erben verwendet wird und
2. das Einkommen des Steuerpflichtigen ohne Berücksichtigung des Gewinns aus der Veräußerung oder Entnahme und des Freibetrags in dem dem Veranlagungszeitraum der Veräußerung oder Entnahme vorangegangenen Veranlagungszeitraum den Betrag von 18 000 Euro nicht überstiegen hat; bei Ehegatten, die nach den §§ 26, 26b zusammen veranlagt werden, erhöht sich der Betrag von 18 000 Euro auf 36 000 Euro.

³Übersteigt das Einkommen den Betrag von 18 000 Euro, so vermindert sich der Betrag von 61 800 Euro nach Satz 1 je angefangene 250 Euro des übersteigenden Einkommens um 10 300 Euro; bei Ehegatten, die nach den §§ 26, 26b zusammen veranlagt werden und deren Einkommen den Betrag von 36 000 Euro übersteigt, vermindert sich der Betrag von 61 800 Euro nach Satz 1 je angefangene 500 Euro des übersteigenden Einkommens um 10 300 Euro. ⁴Werden mehrere weichende Erben abgefunden, so kann der Freibetrag mehrmals, jedoch insgesamt nur einmal je weichender Erbe geltend gemacht werden, auch wenn die Abfindung in mehreren Schritten oder durch mehrere Inhaber des Betriebs vorgenommen wird. ⁵Weichender Erbe ist, wer gesetzlicher Erbe eines Inhabers eines land- und forstwirtschaftlichen Betriebs ist oder bei gesetzlicher Erbfolge wäre, aber nicht zur Übernahme des Betriebs berufen ist; eine Stellung als Mitunternehmer des Betriebs bis zur Auseinandersetzung steht einer Behandlung als weichender Erbe nicht entgegen, wenn sich die Erben innerhalb von zwei Jahren nach dem Erbfall auseinandersetzen. ⁶Ist ein zur Übernahme des Betriebs berufener Miterbe noch minderjährig, beginnt die Frist von zwei Jahren mit Eintritt der Volljährigkeit.

(5) ¹Veräußert ein Steuerpflichtiger nach dem 31. Dezember 1985 und vor dem 1. Januar 2001 Teile des zu einem land- und forstwirtschaftlichen Betrieb gehörenden Grund und Bodens, so wird der bei der Veräußerung entstehende Gewinn auf Antrag nur insoweit zur Einkommensteuer herangezogen, als er den Betrag von 90 000 Deutsche Mark übersteigt, wenn

1. der Steuerpflichtige den Veräußerungspreis nach Abzug der Veräußerungskosten zur Tilgung von Schulden verwendet, die zu dem land- und forstwirtschaftlichen Betrieb gehören und vor dem 1. Juli 1985 bestanden haben, und
2. die Voraussetzungen des Absatzes 4 Satz 2 Nummer 2 erfüllt sind.

²Übersteigt das Einkommen den Betrag von 35 000 Deutsche Mark, so vermindert sich der Betrag von 90 000 Deutsche Mark nach Satz 1 für jede angefangenen 500 Deutsche Mark des übersteigenden Einkommens um 15 000 Deutsche Mark; bei Ehegatten, die nach den §§ 26, 26b zusammen veranlagt werden und bei denen das Einkommen den Betrag von 70 000 Deutsche Mark übersteigt, vermindert sich der Betrag von 90 000 Deutsche Mark nach Satz 1 für jede angefangenen 1 000 Deutsche Mark des übersteigenden Einkommens um 15 000 Deutsche Mark. ³Der Freibetrag von höchstens 90 000 DM wird für alle Veräußerungen im Sinne des Satzes 1 insgesamt nur einmal gewährt.

(6) Verwendet der Steuerpflichtige den Veräußerungspreis oder entnimmt er den Grund und Boden nur zum Teil zu den in den Absätzen 4 und 5 angegebenen Zwecken, so ist nur der entsprechende Teil des Gewinns aus der Veräußerung oder Entnahme steuerfrei.

(7) Auf die Freibeträge nach Absatz 4 in dieser Fassung sind die Freibeträge, die nach Absatz 4 in den vor dem 1. Januar 1986 geltenden Fassungen gewährt worden sind, anzurechnen.

§ 15

b) Gewerbebetrieb
(§ 2 Absatz 1 Satz 1 Nummer 2)

§ 15 Einkünfte aus Gewerbebetrieb

(1) ¹Einkünfte aus Gewerbebetrieb sind

1. Einkünfte aus gewerblichen Unternehmen. ²Dazu gehören auch Einkünfte aus gewerblicher Bodenbewirtschaftung, z.b. aus Bergbauunternehmen und aus Betrieben zur Gewinnung von Torf, Steinen und Erden, soweit sie nicht land- oder forstwirtschaftliche Nebenbetriebe sind;

2. die Gewinnanteile der Gesellschafter einer Offenen Handelsgesellschaft, einer Kommanditgesellschaft und einer anderen Gesellschaft, bei der der Gesellschafter als Unternehmer (Mitunternehmer) des Betriebs anzusehen ist, und die Vergütungen, die der Gesellschafter von der Gesellschaft für seine Tätigkeit im Dienst der Gesellschaft oder für die Hingabe von Darlehen oder für die Überlassung von Wirtschaftsgütern bezogen hat. ²Der mittelbar über eine oder mehrere Personengesellschaften beteiligte Gesellschafter steht dem unmittelbar beteiligten Gesellschafter gleich; er ist als Mitunternehmer des Betriebs der Gesellschaft anzusehen, an der er mittelbar beteiligt ist, wenn er und die Personengesellschaften, die seine Beteiligung vermitteln, jeweils als Mitunternehmer der Betriebe der Personengesellschaften anzusehen sind, an denen sie unmittelbar beteiligt sind;

3. die Gewinnanteile der persönlich haftenden Gesellschafter einer Kommanditgesellschaft auf Aktien, soweit sie nicht auf Anteile am Grundkapital entfallen, und die Vergütungen, die der persönlich haftende Gesellschafter von der Gesellschaft für seine Tätigkeit im Dienst der Gesellschaft oder für die Hingabe von Darlehen oder für die Überlassung von Wirtschaftsgütern bezogen hat.

²Satz 1 Nummer 2 und 3 gilt auch für Vergütungen, die als nachträgliche Einkünfte (§ 24 Nummer 2) bezogen werden. ³§ 13 Absatz 5 gilt entsprechend, sofern das Grundstück im Veranlagungszeitraum 1986 zu einem gewerblichen Betriebsvermögen gehört hat.

(1a) ¹In den Fällen des § 4 Absatz 1 Satz 4 ist der Gewinn aus einer späteren Veräußerung der Anteile ungeachtet der Bestimmungen eines Abkommens zur Vermeidung der Doppelbesteuerung in der gleichen Art und Weise zu besteuern, wie die Veräußerung dieser Anteile an der Europäischen Gesellschaft oder Europäischen Genossenschaft zu besteuern gewesen wäre, wenn keine Sitzverlegung stattgefunden hätte. ²Dies gilt auch, wenn später die Anteile verdeckt in eine Kapitalgesellschaft eingelegt werden, die Europäische Gesellschaft oder Europäische Genossenschaft aufgelöst wird oder wenn ihr Kapital herabgesetzt und zurückgezahlt wird oder wenn Beträge aus dem steuerlichen Einlagenkonto im Sinne des § 27 des Körperschaftsteuergesetzes ausgeschüttet oder zurückgezahlt werden.

(2) ¹Eine selbständige nachhaltige Betätigung, die mit der Absicht, Gewinn zu erzielen, unternommen wird und sich als Beteiligung am allgemeinen wirtschaftlichen Verkehr darstellt, ist Gewerbebetrieb, wenn die Betätigung weder als Ausübung von Land- und Forstwirtschaft noch als Ausübung eines freien Berufs noch als eine andere selbständige Arbeit anzusehen ist. ²Eine durch die Betätigung verursachte Minderung der Steuern vom Einkommen ist kein Gewinn im Sinne des Satzes 1. ³Ein Gewerbebetrieb liegt, wenn seine Voraussetzungen im Übrigen gegeben sind, auch dann vor, wenn die Gewinnerzielungsabsicht nur ein Nebenzweck ist.

(3) Als Gewerbebetrieb gilt in vollem Umfang die mit Einkünfteerzielungsabsicht unternommene Tätigkeit

1. einer Offenen Handelsgesellschaft, einer Kommanditgesellschaft oder einer anderen Personengesellschaft, wenn die Gesellschaft auch eine Tätigkeit im Sinne des Absatzes 1 Satz 1 Nummer 1 ausübt oder gewerbliche Einkünfte im Sinne des Absatzes 1 Satz 1 Nummer 2 bezieht,

2. einer Personengesellschaft, die keine Tätigkeit im Sinne des Absatzes 1 Nummer 1 ausübt und bei der ausschließlich eine oder mehrere Kapitalgesellschaften persönlich haftende Gesellschafter sind und nur diese oder Personen, die nicht Gesellschafter sind, zur

§§ 15, 15a

Geschäftsführung befugt sind (gewerblich geprägte Personengesellschaft). ²Ist eine gewerblich geprägte Personengesellschaft als persönlich haftender Gesellschafter an einer anderen Personengesellschaft beteiligt, so steht für die Beurteilung, ob die Tätigkeit dieser Personengesellschaft als Gewerbebetrieb gilt, die gewerblich geprägte Personengesellschaft einer Kapitalgesellschaft gleich.

(4) [1] ¹Verluste aus gewerblicher Tierzucht oder gewerblicher Tierhaltung dürfen weder mit anderen Einkünften aus Gewerbebetrieb noch mit Einkünften aus anderen Einkunftsarten ausgeglichen werden; sie dürfen auch nicht nach § 10d abgezogen werden. ²Die Verluste mindern jedoch nach Maßgabe des § 10d die Gewinne, die der Steuerpflichtige in dem unmittelbar vorangegangenen und in den folgenden Wirtschaftsjahren aus gewerblicher Tierzucht oder gewerblicher Tierhaltung erzielt hat oder erzielt. ³Die Sätze 1 und 2 gelten entsprechend für Verluste aus Termingeschäften, durch die der Steuerpflichtige einen Differenzausgleich oder einen durch den Wert einer veränderlichen Bezugsgröße bestimmten Geldbetrag oder Vorteil erlangt. ⁴Satz 3 gilt nicht für die Geschäfte, die zum gewöhnlichen Geschäftsbetrieb bei Kreditinstituten, Finanzdienstleistungsinstituten und Finanzunternehmen im Sinne des Gesetzes über das Kreditwesen gehören oder die der Absicherung von Geschäften des gewöhnlichen Geschäftsbetriebs dienen. ⁵Satz 4 gilt nicht, wenn es sich um Geschäfte handelt, die der Absicherung von Aktiengeschäften dienen, bei denen der Veräußerungsgewinn nach § 3 Nummer 40 Satz 1 Buchstabe a und b in Verbindung mit § 3c Absatz 2 teilweise steuerfrei ist, oder die nach § 8b Absatz 2 des Körperschaftsteuergesetzes bei der Ermittlung des Einkommens außer Ansatz bleiben. ⁶Verluste aus stillen Gesellschaften, Unterbeteiligungen oder sonstigen Innengesellschaften an Kapitalgesellschaften, bei denen der Gesellschafter oder Beteiligte als Mitunternehmer anzusehen ist, dürfen weder mit Einkünften aus Gewerbebetrieb noch aus anderen Einkunftsarten ausgeglichen werden; sie dürfen auch nicht nach § 10d abgezogen werden. ⁷Die Verluste mindern jedoch nach Maßgabe des § 10d die Gewinne, die der Gesellschafter oder Beteiligte in dem unmittelbar vorangegangenen Wirtschaftsjahr oder in den folgenden Wirtschaftsjahren aus derselben stillen Gesellschaft, Unterbeteiligung oder sonstigen Innengesellschaft bezieht. ⁸Satz 6 und 7 gelten nicht, soweit der Verlust auf eine natürliche Person als unmittelbar oder mittelbar beteiligter Mitunternehmer entfällt.

§ 15a Verluste bei beschränkter Haftung [2]

(1) ¹Der einem Kommanditisten zuzurechnende Anteil am Verlust der Kommanditgesellschaft darf weder mit anderen Einkünften aus Gewerbebetrieb noch mit Einkünften aus anderen Einkunftsarten ausgeglichen werden, soweit ein negatives Kapitalkonto des Kommanditisten entsteht oder sich erhöht; er darf insoweit auch nicht nach § 10d abgezogen werden. ²Haftet der Kommanditist am Bilanzstichtag den Gläubigern der Gesellschaft auf Grund des § 171 Absatz 1 des Handelsgesetzbuchs, so können abweichend von Satz 1 Verluste des Kommanditisten bis zur Höhe des Betrags, um den die im Handelsregister eingetragene Einlage des Kommanditisten seine geleistete Einlage übersteigt, auch ausgeglichen oder abgezogen werden, soweit durch den Verlust ein negatives Kapitalkonto entsteht oder sich erhöht. ³Satz 2 ist nur anzuwenden, wenn derjenige, dem der Anteil zuzurechnen ist, im Handelsregister eingetragen ist, das Bestehen der Haftung nachgewiesen wird und eine Vermögensminderung auf Grund der Haftung nicht durch Vertrag ausgeschlossen oder nach Art und Weise des Geschäftsbetriebs unwahrscheinlich ist.

(1a) ¹Nachträgliche Einlagen führen weder zu einer nachträglichen Ausgleichs- oder Abzugsfähigkeit eines vorhandenen verrechenbaren Verlustes noch zu einer Ausgleichs- oder Abzugsfähigkeit des dem Kommanditisten zuzurechnenden Anteils am Verlust eines zukünftigen Wirtschaftsjahres, soweit durch den Verlust ein negatives Kapitalkonto des Kommanditisten entsteht oder sich erhöht. ²Nachträgliche Einlagen im Sinne des Satzes 1 sind Einlagen, die nach Ablauf eines Wirtschaftsjahres geleistet werden, in dem ein nicht

---

1) Zur erstmaligen Anwendung von § 15 Absatz 4 Satz 3 bis 5 EStG siehe § 52 Absatz 32b EStG.
2) Zur Anwendung des § 15a EStG siehe § 52 Absatz 33 EStG.

§ 15a

ausgleichs- oder abzugsfähiger Verlust im Sinne des Absatzes 1 entstanden oder ein Gewinn im Sinne des Absatzes 3 Satz 1 zugerechnet worden ist.

(2) ¹Soweit der Verlust nach den Absätzen 1 und 1a nicht ausgeglichen oder abgezogen werden darf, mindert er die Gewinne, die dem Kommanditisten in späteren Wirtschaftsjahren aus seiner Beteiligung an der Kommanditgesellschaft zuzurechnen sind. ²Der verrechenbare Verlust, der nach Abzug von einem Veräußerungs- oder Aufgabegewinn verbleibt, ist im Zeitpunkt der Veräußerung oder Aufgabe des gesamten Mitunternehmeranteils oder der Betriebsveräußerung oder -aufgabe bis zur Höhe der nachträglichen Einlagen im Sinne des Absatzes 1a ausgleichs- oder abzugsfähig.

(3) ¹Soweit ein negatives Kapitalkonto des Kommanditisten durch Entnahmen entsteht oder sich erhöht (Einlageminderung) und soweit nicht auf Grund der Entnahmen eine nach Absatz 1 Satz 2 zu berücksichtigende Haftung besteht oder entsteht, ist dem Kommanditisten der Betrag der Einlageminderung als Gewinn zuzurechnen. ²Der nach Satz 1 zuzurechnende Betrag darf den Betrag der Anteile am Verlust der Kommanditgesellschaft nicht übersteigen, der im Wirtschaftsjahr der Einlageminderung und in den zehn vorangegangenen Wirtschaftsjahren ausgleichs- oder abzugsfähig gewesen ist. ³Wird der Haftungsbetrag im Sinne des Absatzes 1 Satz 2 gemindert (Haftungsminderung) und sind im Wirtschaftsjahr der Haftungsminderung und den zehn vorangegangenen Wirtschaftsjahren Verluste nach Absatz 1 Satz 2 ausgleichs- oder abzugsfähig gewesen, so ist dem Kommanditisten der Betrag der Haftungsminderung, vermindert um auf Grund der Haftung tatsächlich geleistete Beträge, als Gewinn zuzurechnen; Satz 2 gilt sinngemäß. ⁴Die nach den Sätzen 1 bis 3 zuzurechnenden Beträge mindern die Gewinne, die dem Kommanditisten im Wirtschaftsjahr der Zurechnung oder in späteren Wirtschaftsjahren aus seiner Beteiligung an der Kommanditgesellschaft zuzurechnen sind.

(4) ¹Der nach Absatz 1 nicht ausgleichs- oder abzugsfähige Verlust eines Kommanditisten, vermindert um die nach Absatz 2 abzuziehenden und vermehrt um die nach Absatz 3 hinzuzurechnenden Beträge (verrechenbarer Verlust), ist jährlich gesondert festzustellen. ²Dabei ist von dem verrechenbaren Verlust des vorangegangenen Wirtschaftsjahres auszugehen. ³Zuständig für den Erlass des Feststellungsbescheids ist das für die gesonderte Feststellung des Gewinns und Verlustes der Gesellschaft zuständige Finanzamt. ⁴Der Feststellungsbescheid kann nur insoweit angegriffen werden, als der verrechenbare Verlust gegenüber dem verrechenbaren Verlust des vorangegangenen Wirtschaftsjahres sich verändert hat. ⁵Die gesonderten Feststellungen nach Satz 1 können mit der gesonderten und einheitlichen Feststellung der einkommensteuerpflichtigen und körperschaftsteuerpflichtigen Einkünfte verbunden werden. ⁶In diesen Fällen sind die gesonderten Feststellungen des verrechenbaren Verlustes einheitlich durchzuführen.

(5) Absatz 1 Satz 1, Absatz 1a, 2 und 3 Satz 1, 2 und 4 sowie Absatz 4 gelten sinngemäß für andere Unternehmer, soweit deren Haftung der eines Kommanditisten vergleichbar ist, insbesondere für

1. stille Gesellschafter einer stillen Gesellschaft im Sinne des § 230 des Handelsgesetzbuchs, bei der der stille Gesellschafter als Unternehmer (Mitunternehmer) anzusehen ist,

2. Gesellschafter einer Gesellschaft im Sinne des Bürgerlichen Gesetzbuchs, bei der der Gesellschafter als Unternehmer (Mitunternehmer) anzusehen ist, soweit die Inanspruchnahme des Gesellschafters für Schulden in Zusammenhang mit dem Betrieb durch Vertrag ausgeschlossen oder nach Art und Weise des Geschäftsbetriebs unwahrscheinlich ist,

3. Gesellschafter einer ausländischen Personengesellschaft, bei der der Gesellschafter als Unternehmer (Mitunternehmer) anzusehen ist, soweit die Haftung des Gesellschafters für Schulden in Zusammenhang mit dem Betrieb der eines Kommanditisten oder eines stillen Gesellschafters entspricht oder soweit die Inanspruchnahme des Gesellschafters für Schulden in Zusammenhang mit dem Betrieb durch Vertrag ausgeschlossen oder nach Art und Weise des Geschäftsbetriebs unwahrscheinlich ist,

4. Unternehmer, soweit Verbindlichkeiten nur in Abhängigkeit von Erlösen oder Gewinnen aus der Nutzung, Veräußerung oder sonstigen Verwertung von Wirtschaftsgütern zu tilgen sind,
5. Mitreeder einer Reederei im Sinne des § 489 des Handelsgesetzbuchs, bei der der Mitreeder als Unternehmer (Mitunternehmer) anzusehen ist, wenn die persönliche Haftung des Mitreeders für die Verbindlichkeiten der Reederei ganz oder teilweise ausgeschlossen oder soweit die Inanspruchnahme des Mitreeders für Verbindlichkeiten der Reederei nach Art und Weise des Geschäftsbetriebs unwahrscheinlich ist.

§ 15b[1]) Verluste im Zusammenhang mit Steuerstundungsmodellen

(1) ¹Verluste im Zusammenhang mit einem Steuerstundungsmodell dürfen weder mit Einkünften aus Gewerbebetrieb noch mit Einkünften aus anderen Einkunftsarten ausgeglichen werden; sie dürfen auch nicht nach § 10d abgezogen werden. ²Die Verluste mindern jedoch die Einkünfte, die der Steuerpflichtige in den folgenden Wirtschaftsjahren aus derselben Einkunftsquelle erzielt. ³§ 15a ist insoweit nicht anzuwenden.

(2) ¹Ein Steuerstundungsmodell im Sinne des Absatzes 1 liegt vor, wenn auf Grund einer modellhaften Gestaltung steuerliche Vorteile in Form negativer Einkünfte erzielt werden sollen. ²Dies ist der Fall, wenn dem Steuerpflichtigen auf Grund eines vorgefertigten Konzepts die Möglichkeit geboten werden soll, zumindest in der Anfangsphase der Investition Verluste mit übrigen Einkünften zu verrechnen. ³Dabei ist es ohne Belang, auf welchen Vorschriften die negativen Einkünfte beruhen.

(3) Absatz 1 ist nur anzuwenden, wenn innerhalb der Anfangsphase das Verhältnis der Summe der prognostizierten Verluste zur Höhe des gezeichneten und nach dem Konzept auch aufzubringenden Kapitals oder bei Einzelinvestoren des eingesetzten Eigenkapitals 10 Prozent übersteigt.

(4) ¹Der nach Absatz 1 nicht ausgleichsfähige Verlust ist jährlich gesondert festzustellen. ²Dabei ist von dem verrechenbaren Verlust des Vorjahres auszugehen. ³Der Feststellungsbescheid kann nur insoweit angegriffen werden, als der verrechenbare Verlust gegenüber dem verrechenbaren Verlust des Vorjahres sich verändert hat. ⁴Handelt es sich bei dem Steuerstundungsmodell um eine Gesellschaft oder Gemeinschaft im Sinne des § 180 Absatz 1 Nummer 2 Buchstabe a der Abgabenordnung, ist das für die gesonderte und einheitliche Feststellung der einkommensteuerpflichtigen und körperschaftsteuerpflichtigen Einkünfte aus dem Steuerstundungsmodell zuständige Finanzamt für den Erlass des Feststellungsbescheids nach Satz 1 zuständig; anderenfalls ist das Betriebsfinanzamt (§ 18 Absatz 1 Nummer 2 der Abgabenordnung) zuständig. ⁵Handelt es sich bei dem Steuerstundungsmodell um eine Gesellschaft oder Gemeinschaft im Sinne des § 180 Absatz 1 Nummer 2 Buchstabe a der Abgabenordnung, können die gesonderten Feststellungen nach Satz 1 mit der gesonderten und einheitlichen Feststellung der einkommensteuerpflichtigen und körperschaftsteuerpflichtigen Einkünfte aus dem Steuerstundungsmodell verbunden werden; in diesen Fällen sind die gesonderten Feststellungen nach Satz 1 einheitlich durchzuführen.

---

1) Zur Anwendung von § 15b siehe § 52 Absatz 33a EStG.

§ 16

§ 16 Veräußerung des Betriebs[1)]

(1) ¹Zu den Einkünften aus Gewerbebetrieb gehören auch Gewinne, die erzielt werden bei der Veräußerung

1. des ganzen Gewerbebetriebs oder eines Teilbetriebs. ²Als Teilbetrieb gilt auch die das gesamte Nennkapital umfassende Beteiligung an einer Kapitalgesellschaft; im Fall der Auflösung der Kapitalgesellschaft ist § 17 Absatz 4 Satz 3 sinngemäß anzuwenden;
2. des gesamten Anteils eines Gesellschafters, der als Unternehmer (Mitunternehmer) des Betriebs anzusehen ist (§ 15 Absatz 1 Satz 1 Nummer 2);
3. des gesamten Anteils eines persönlich haftenden Gesellschafters einer Kommanditgesellschaft auf Aktien (§ 15 Absatz 1 Satz 1 Nummer 3).

²Gewinne, die bei der Veräußerung eines Teils eines Anteils im Sinne von Satz 1 Nummer 2 oder 3 erzielt werden, sind laufende Gewinne.

(2) ¹Veräußerungsgewinn im Sinne des Absatzes 1 ist der Betrag, um den der Veräußerungspreis nach Abzug der Veräußerungskosten den Wert des Betriebsvermögens (Absatz 1 Satz 1 Nummer 1) oder den Wert des Anteils am Betriebsvermögen (Absatz 1 Satz 1 Nummer 2 und 3) übersteigt. ²Der Wert des Betriebsvermögens oder des Anteils ist für den Zeitpunkt der Veräußerung nach § 4 Absatz 1 oder nach § 5 zu ermitteln. ³Soweit auf der Seite des Veräußerers und auf der Seite des Erwerbers dieselben Personen Unternehmer oder Mitunternehmer sind, gilt der Gewinn insoweit jedoch als laufender Gewinn.

(3) ¹Als Veräußerung gilt auch die Aufgabe des Gewerbebetriebs sowie eines Anteils im Sinne des Absatzes 1 Satz 1 Nummer 2 oder 3. ²Werden im Zuge der Realteilung einer Mitunternehmerschaft Teilbetriebe, Mitunternehmeranteile oder einzelne Wirtschaftsgüter in das jeweilige Betriebsvermögen der einzelnen Mitunternehmer übertragen, so sind bei der Ermittlung des Gewinns der Mitunternehmerschaft die Wirtschaftsgüter mit den Werten anzusetzen, die sich nach den Vorschriften über die Gewinnermittlung ergeben, sofern die Besteuerung der stillen Reserven sichergestellt ist; der übernehmende Mitunternehmer ist an diese Werte gebunden. ³Dagegen ist für den jeweiligen Übertragungsvorgang rückwirkend der gemeine Wert anzusetzen, soweit bei einer Realteilung, bei der einzelne Wirtschaftsgüter übertragen worden sind, zum Buchwert übertragener Grund und Boden, übertragene Gebäude oder andere übertragene wesentliche Betriebsgrundlagen innerhalb einer Sperrfrist nach der Übertragung veräußert oder entnommen werden; diese Sperrfrist endet drei Jahre nach Abgabe der Steuererklärung der Mitunternehmerschaft für den Veranlagungszeitraum der Realteilung. ⁴Satz 2 ist bei einer Realteilung, bei der einzelne Wirtschaftsgüter übertragen werden, nicht anzuwenden, soweit die Wirtschaftsgüter unmittelbar oder mittelbar auf eine Körperschaft, Personenvereinigung oder Vermögensmasse übertragen werden; in diesem Fall ist bei der Übertragung der gemeine Wert anzusetzen. ⁵Soweit einzelne dem Betrieb gewidmete Wirtschaftsgüter im Rahmen der Aufgabe des Betriebs veräußert werden und soweit auf der Seite des Veräußerers und auf der Seite des Erwerbers dieselben Personen Unternehmer oder Mitunternehmer sind, gilt der Gewinn aus der Aufgabe des Gewerbebetriebs als laufender Gewinn. ⁶Werden die einzelnen dem Betrieb gewidmeten Wirtschaftsgüter im Rahmen der Aufgabe des Betriebs veräußert, so sind die Veräußerungspreise anzusetzen. ⁷Werden die Wirtschaftsgüter nicht veräußert, so ist der gemeine Wert im Zeitpunkt der Aufgabe anzusetzen. ⁸Bei Aufgabe eines Gewerbebetriebs, an dem mehrere Personen beteiligt waren, ist für jeden Beteiligten der gemeine Wert der Wirtschaftsgüter anzusetzen, die er bei der Auseinandersetzung erhalten hat.

(4) ¹Hat der Steuerpflichtige das 55. Lebensjahr vollendet oder ist er im sozialversicherungsrechtlichen Sinne dauernd berufsunfähig, so wird der Veräußerungsgewinn auf Antrag zur Einkommensteuer nur herangezogen, soweit er 45 000 Euro übersteigt. ²Der Freibetrag ist dem Steuerpflichtigen nur einmal zu gewähren. ³Er ermäßigt sich um den Betrag, um den der Veräußerungsgewinn 136 000 Euro übersteigt.

(5) Werden bei einer Realteilung, bei der Teilbetriebe auf einzelne Mitunternehmer übertragen werden, Anteile an einer Körperschaft, Personenvereinigung oder Vermögens-

---
1) Zur Anwendung von § 16 siehe § 52 Absatz 34 EStG.

masse unmittelbar oder mittelbar von einem nicht von § 8b Absatz 2 des Körperschaftsteuergesetzes begünstigten Steuerpflichtigen auf einen von § 8b Absatz 2 des Körperschaftsteuergesetzes begünstigten Mitunternehmer übertragen, ist abweichend von Absatz 3 Satz 2 rückwirkend auf den Zeitpunkt der Realteilung der gemeine Wert anzusetzen, wenn der übernehmende Mitunternehmer die Anteile innerhalb eines Zeitraums von sieben Jahren nach der Realteilung unmittelbar oder mittelbar veräußert oder durch einen Vorgang nach § 22 Absatz 1 Satz 6 Nummer 1 bis 5 des Umwandlungssteuergesetzes weiter überträgt; § 22 Absatz 2 Satz 3 des Umwandlungssteuergesetzes gilt entsprechend.

§ 17 Veräußerung von Anteilen an Kapitalgesellschaften[1]

(1) ¹Zu den Einkünften aus Gewerbebetrieb gehört auch der Gewinn aus der Veräußerung von Anteilen an einer Kapitalgesellschaft, wenn der Veräußerer innerhalb der letzten fünf Jahre am Kapital der Gesellschaft unmittelbar oder mittelbar zu mindestens 1 Prozent beteiligt war. ²Die verdeckte Einlage von Anteilen an einer Kapitalgesellschaft in eine Kapitalgesellschaft steht der Veräußerung der Anteile gleich. ³Anteile an einer Kapitalgesellschaft sind Aktien, Anteile an einer Gesellschaft mit beschränkter Haftung, Genussscheine oder ähnliche Beteiligungen und Anwartschaften auf solche Beteiligungen. ⁴Hat der Veräußerer den veräußerten Anteil innerhalb der letzten fünf Jahre vor der Veräußerung unentgeltlich erworben, so gilt Satz 1 entsprechend, wenn der Veräußerer zwar nicht selbst, aber der Rechtsvorgänger oder, sofern der Anteil nacheinander unentgeltlich übertragen worden ist, einer der Rechtsvorgänger innerhalb der letzten fünf Jahre im Sinne von Satz 1 beteiligt war.

(2) ¹Veräußerungsgewinn im Sinne des Absatzes 1 ist der Betrag, um den der Veräußerungspreis nach Abzug der Veräußerungskosten die Anschaffungskosten übersteigt. ²In den Fällen des Absatzes 1 Satz 2 tritt an die Stelle des Veräußerungspreises der Anteile ihr gemeiner Wert. ³Weist der Veräußerer nach, dass ihm die Anteile bereits im Zeitpunkt der Begründung der unbeschränkten Steuerpflicht nach § 1 Absatz 1 zuzurechnen waren und dass der bis zu diesem Zeitpunkt entstandene Vermögenszuwachs auf Grund gesetzlicher Bestimmungen des Wegzugsstaats im Wegzugstaat einer der Steuer nach § 6 des Außensteuergesetzes vergleichbaren Steuer unterlegen hat, tritt an die Stelle der Anschaffungskosten der Wert, den der Wegzugsstaat bei der Berechnung der der Steuer nach § 6 des Außensteuergesetzes vergleichbaren Steuer angesetzt hat, höchstens jedoch der gemeine Wert. ⁴Satz 3 ist in den Fällen des § 6 Absatz 3 des Außensteuergesetzes nicht anzuwenden. ⁵Hat der Veräußerer den veräußerten Anteil unentgeltlich erworben, so sind als Anschaffungskosten des Anteils die Anschaffungskosten des Rechtsvorgängers maßgebend, der den Anteil zuletzt entgeltlich erworben hat. ⁶Ein Veräußerungsverlust ist nicht zu berücksichtigen, soweit er auf Anteile entfällt,

a) die der Steuerpflichtige innerhalb der letzten fünf Jahre unentgeltlich erworben hatte. ²Dies gilt nicht, soweit der Rechtsvorgänger an Stelle des Steuerpflichtigen den Veräußerungsverlust hätte geltend machen können;

b) die entgeltlich erworben worden sind und nicht innerhalb der gesamten letzten fünf Jahre zu einer Beteiligung des Steuerpflichtigen im Sinne von Absatz 1 Satz 1 gehört haben. ²Dies gilt nicht für innerhalb der letzten fünf Jahre erworbene Anteile, deren Erwerb zur Begründung einer Beteiligung des Steuerpflichtigen im Sinne von Absatz 1 Satz 1 geführt hat oder die nach Begründung der Beteiligung im Sinne von Absatz 1 Satz 1 erworben worden sind.

(3) ¹Der Veräußerungsgewinn wird zur Einkommensteuer nur herangezogen, soweit er den Teil von 9 060 Euro übersteigt, der dem veräußerten Anteil an der Kapitalgesellschaft entspricht. ²Der Freibetrag ermäßigt sich um den Betrag, um den der Veräußerungsgewinn den Teil von 36 100 Euro übersteigt, der dem veräußerten Anteil an der Kapitalgesellschaft entspricht.

(4) ¹Als Veräußerung im Sinne des Absatzes 1 gilt auch die Auflösung einer Kapitalgesellschaft, die Kapitalherabsetzung, wenn das Kapital zurückgezahlt wird, und die Aus-

---

1) Zur Anwendung von § 17 EStG siehe § 52 Absatz 34a EStG.

schüttung oder Zurückzahlung von Beträgen aus dem steuerlichen Einlagenkonto im Sinne des § 27 des Körperschaftsteuergesetzes. ²In diesen Fällen ist als Veräußerungspreis der gemeine Wert des dem Steuerpflichtigen zugeteilten oder zurückgezahlten Vermögens der Kapitalgesellschaft anzusehen. ³Satz 1 gilt nicht, soweit die Bezüge nach § 20 Absatz 1 Nummer 1 oder Nummer 2 zu den Einnahmen aus Kapitalvermögen gehören.

(5) ¹Die Beschränkung oder der Ausschluss des Besteuerungsrechts der Bundesrepublik Deutschland hinsichtlich des Gewinns aus der Veräußerung der Anteile an einer Kapitalgesellschaft im Fall der Verlegung des Sitzes oder des Orts der Geschäftsleitung der Kapitalgesellschaft in einen anderen Staat stehen der Veräußerung der Anteile zum gemeinen Wert gleich. ²Dies gilt nicht in den Fällen der Sitzverlegung einer Europäischen Gesellschaft nach Artikel 8 der Verordnung (EG) Nr. 2157/2001 und der Sitzverlegung einer anderen Kapitalgesellschaft in einen anderen Mitgliedstaat der Europäischen Union. ³In diesen Fällen ist der Gewinn aus einer späteren Veräußerung der Anteile ungeachtet der Bestimmungen eines Abkommens zur Vermeidung der Doppelbesteuerung in der gleichen Art und Weise zu besteuern, wie die Veräußerung dieser Anteile zu besteuern gewesen wäre, wenn keine Sitzverlegung stattgefunden hätte. ⁴§ 15 Absatz 1a Satz 2 ist entsprechend anzuwenden.

(6) Als Anteile im Sinne des Absatzes 1 Satz 1 gelten auch Anteile an Kapitalgesellschaften, an denen der Veräußerer innerhalb der letzten fünf Jahre am Kapital der Gesellschaft nicht unmittelbar oder mittelbar zu mindestens 1 Prozent beteiligt war, wenn

1. die Anteile auf Grund eines Einbringungsvorgangs im Sinne des Umwandlungssteuergesetzes, bei dem nicht der gemeine Wert zum Ansatz kam, erworben wurden und

2. zum Einbringungszeitpunkt für die eingebrachten Anteile die Voraussetzungen von Absatz 1 Satz 1 erfüllt waren oder die Anteile auf einer Sacheinlage im Sinne von § 20 Absatz 1 des Umwandlungssteuergesetzes vom 7. Dezember 2006 (BGBl. I S. 2782, 2791) in der jeweils geltenden Fassung beruhen.

(7) Als Anteile im Sinne des Absatzes 1 Satz 1 gelten auch Anteile an einer Genossenschaft einschließlich der Europäischen Genossenschaft.

c) Selbständige Arbeit
(§ 2 Absatz 1 Satz 1 Nummer 3)

§ 18 (Selbständige Arbeit, § 2 Absatz 1 Satz 1 Nummer 3)

(1) Einkünfte aus selbständiger Arbeit sind

1. ¹⁾ Einkünfte aus freiberuflicher Tätigkeit. ²Zu der freiberuflichen Tätigkeit gehören die selbständig ausgeübte wissenschaftliche, künstlerische, schriftstellerische, unterrichtende oder erzieherische Tätigkeit, die selbständige Berufstätigkeit der Ärzte, Zahnärzte, Tierärzte, Rechtsanwälte, Notare, Patentanwälte, Vermessungsingenieure, Ingenieure, Architekten, Handelschemiker, Wirtschaftsprüfer, Steuerberater, beratenden Volks- und Betriebswirte, vereidigten Buchprüfer, Steuerbevollmächtigten, Heilpraktiker, Dentisten, Krankengymnasten, Journalisten, Bildberichterstatter, Dolmetscher, Übersetzer, Lotsen und ähnlicher Berufe. ³Ein Angehöriger eines freien Berufs im Sinne der Sätze 1 und 2 ist auch dann freiberuflich tätig, wenn er sich der Mithilfe fachlich vorgebildeter Arbeitskräfte bedient; Voraussetzung ist, dass er auf Grund eigener Fachkenntnisse leitend und eigenverantwortlich tätig wird. ⁴Eine Vertretung im Fall vorübergehender Verhinderung steht der Annahme einer leitenden und eigenverantwortlichen Tätigkeit nicht entgegen;

2. Einkünfte der Einnehmer einer staatlichen Lotterie, wenn sie nicht Einkünfte aus Gewerbebetrieb sind;

---

1) Zur einkommensteuerrechtlichen Behandlung der Geldleistungen für Kinder in Kindertagespflege siehe BMF-Schreiben vom 17.12.2007 (BStBl. 2008 I S. 17) – Einnahmen aus freiberuflicher Tätigkeit, § 3 Nummer 11 und 26 EStG ist nicht anwendbar –.

§ 18

3. Einkünfte aus sonstiger selbständiger Arbeit, z.B. Vergütungen für die Vollstreckung von Testamenten, für Vermögensverwaltung und für die Tätigkeit als Aufsichtsratsmitglied;
4. Einkünfte, die ein Beteiligter an einer vermögensverwaltenden Gesellschaft oder Gemeinschaft, deren Zweck im Erwerb, Halten und in der Veräußerung von Anteilen an Kapitalgesellschaften besteht, als Vergütung für Leistungen zur Förderung des Gesellschafts- oder Gemeinschaftszwecks erzielt, wenn der Anspruch auf die Vergütung unter der Voraussetzung eingeräumt worden ist, dass die Gesellschafter oder Gemeinschafter ihr eingezahltes Kapital vollständig zurückerhalten haben; § 15 Absatz 3 ist nicht anzuwenden.

(2) Einkünfte nach Absatz 1 sind auch dann steuerpflichtig, wenn es sich nur um eine vorübergehende Tätigkeit handelt.

(3) ¹Zu den Einkünften aus selbständiger Arbeit gehört auch der Gewinn, der bei der Veräußerung des Vermögens oder eines selbständigen Teils des Vermögens oder eines Anteils am Vermögen erzielt wird, das der selbständigen Arbeit dient. ²§ 16 Absatz 1 Satz 1 Nummer 1 und 2 und Absatz 1 Satz 2 sowie Absatz 2 bis 4 gilt entsprechend.

(4) ¹§ 13 Absatz 5 gilt entsprechend, sofern das Grundstück im Veranlagungszeitraum 1986 zu einem der selbständigen Arbeit dienenden Betriebsvermögen gehört hat. ²§ 15 Absatz 1 Satz 1 Nummer 2, Absatz 1a, Absatz 2 Satz 2 und 3, §§ 15a und 15b sind entsprechend anzuwenden.[1)]

Rechtsprechungsauswahl

BFH v. 22. 9. 2009 VIII R 31/07 (BFH-Webseite): Freiberufliche Tätigkeit eines IT-Ingenieurs
Ein als Systemadministrator tätiger Diplom-Ingenieur für technische Informatik kann einen freien Beruf ausüben.

BFH v. 22. 9. 2009 VIII R 79/06 (BFH-Webseite): IT-Projektleiter als freier Beruf
Ein Autodidakt, der über Kenntnisse und Fähigkeiten verfügt, die in Breite und Tiefe denen eines Diplom-Informatikers entsprechen, kann als Leiter von IT-Projekten einen ingenieurähnlichen und damit freien Beruf ausüben.

BFH v. 22. 9. 2009 VIII R 63/06 (BFH-Webseite): EDV-Consulting/Software Engineering als freier Beruf
Ein Autodidakt, der über Kenntnisse und Fähigkeiten verfügt, die in Breite und Tiefe denen eines Diplom-Informatikers entsprechen, kann einen ingenieurähnlichen und damit freien Beruf ausüben, wenn er Betriebs- und Datenübertragungssysteme einrichtet und betreut.

BFH v. 14. 6. 2007 VI R 5/06 (BStBl. 2009 II S. 931): Ausländische Fotomodelle, die zur Produktion von Werbefilmen kurzfristig im Inland tätig werden, können selbständig tätig sein.*)

*) Anmerkung BStBl. II: Die verspätete Veröffentlichung im Bundessteuerblatt beruht auf einem Büroversehen.

BFH v. 22. 1. 2004 IV R 51/01 (BStBl. II S. 509):
1. Ein selbständig tätiger Krankenpfleger kann Einkünfte aus einer freiberuflichen Tätigkeit erzielen, wenn er Leistungen der häuslichen Krankenpflege erbringt. Bedient er sich dabei qualifizierten Personals, setzt eine leitende und eigenverantwortliche Tätigkeit voraus, dass er auch selbst gegenüber jedem Patienten pflegerisch tätig wird.
2. Leistungen der häuslichen Pflegehilfe führen zu Einkünften aus Gewerbebetrieb.

BFH v. 28. 8. 2003 IV R 1/03 (BStBl. 2004 II S. 112):
1. Eine Tätigkeit ist eine sonstige selbständige Arbeit i. S. von § 18 Abs. 1 Nr. 3 EStG, wenn sie den dort aufgeführten Tätigkeiten (Vollstreckung von Testamenten, Vermögensverwaltung, Tätigkeit als Aufsichtsratsmitglied) ähnlich ist.
2. Eine Tätigkeit als Aufsichtsratsmitglied i. S. von § 18 Abs. 1 Nr. 3 EStG übt derjenige aus, der mit der Überwachung der Geschäftsführung einer Gesellschaft beauftragt ist. Dies ist dann nicht der Fall, wenn vom Beauftragten im Wesentlichen Aufgaben der Geschäftsführung wahrgenommen werden.

---
1) Zur Anwendung von § 18 Absatz 4 Satz 2 siehe § 52 Absatz 34b EStG.

Rechtsprechung § 18

BFH v. 6. 3. 2003 XI R 46/01 (BStBl. II S. 602): Langjährige Verluste aus selbstständiger Arbeit lassen bei einem bildenden Künstler, der als solcher sowohl selbständig als auch nichtselbständig tätig ist und aus seiner künstlerischen Tätigkeit insgesamt positive Einkünfte erzielt, noch nicht auf eine fehlende Gewinnerzielungsabsicht schließen.

BFH v. 31. 5. 2001 IV R 81/99 (BStBl. 2002 II S. 276): Aus einer objektiv negativen Gewinnprognose kann nur dann auf das Fehlen der Gewinnerzielungsabsicht geschlossen werden, wenn die verlustbringende Tätigkeit typischerweise dazu bestimmt und geeignet ist, der Befriedigung persönlicher Neigungen oder der Erlangung wirtschaftlicher Vorteile außerhalb der Einkunftssphäre zu dienen. Bei anderen Tätigkeiten – hier bei der Tätigkeit als Steuerberater – müssen zusätzliche Anhaltspunkte dafür vorliegen, dass die Verluste aus persönlichen Gründen oder Neigungen hingenommen werden.

BFH v. 10. 9. 1998 IV R 16/97 (BStBl. 1999 II S. 215): Die selbständige Tätigkeit eines Steuerpflichtigen, der eigene Gedanken in der Form eines Softwarelernprogramms für PC verfasst, ist eine schriftstellerische Tätigkeit, wenn das Lernprogramm für die Öffentlichkeit bestimmt ist. Dies ist dann der Fall, wenn das Programm einem aus der Sicht des Verfassers zahlenmäßig nicht bestimmbaren Personenkreis verfügbar gemacht werden soll.

BFH v. 22. 11. 1996 VI R 59/96 (BStBl. 1997 II S. 254): Prämien, die ein Verlagsunternehmen seinen Zeitungsausträgern für die Werbung neuer Abonnenten gewährt, sind dann kein Arbeitslohn, wenn die Zeitungsausträger weder rechtlich noch faktisch zur Anwerbung neuer Abonnenten verpflichtet sind. Dies gilt auch dann, wenn neuen Abonnenten ausschließlich innerhalb des eigenen Zustellungsbezirks der Zeitungsausträger erfolgt und die Belieferung der neuen Abonnenten in der Folgezeit zu einer Erhöhung der Einnahmen aus der nichtselbständig ausgeübten Tätigkeit als Zeitungsausträger führt.

BFH v. 30. 5. 1996 V R 2/95 (BStBl. II S. 493): Bei der Frage, ob eine gastspielverpflichtete Opernsängerin in den Theaterbetrieb eingegliedert und deshalb nichtselbständig oder selbständig tätig ist, ist nicht einseitig auf die Verpflichtung zur Teilnahme an Proben abzustellen (Abgrenzung zum Schreiben des BMF vom 5. Oktober 1990 IV B 6 –S 2332 – 73/90, BStBl. I 1990, 638). (S. **Anlage § 019-04** Tz. 1.1.2.)

§ 19

d) Nichtselbständige Arbeit
(§ 2 Absatz 1 Satz 1 Nummer 4)

§ 19 (Nichtselbständige Arbeit, § 2 Abs. 1 Satz 1 Nr. 4)

(1) ¹Zu den Einkünften aus nichtselbständiger Arbeit gehören

1. Gehälter, Löhne, Gratifikationen, Tantiemen und andere Bezüge und Vorteile für eine Beschäftigung im öffentlichen oder privaten Dienst;
2. Wartegelder, Ruhegelder, Witwen- und Waisengelder und andere Bezüge und Vorteile aus früheren Dienstleistungen, auch soweit sie von Arbeitgebern ausgleichspflichtiger Personen an ausgleichsberechtigte Personen infolge einer nach § 10 oder § 14 des Versorgungsausgleichsgesetzes durchgeführten Teilung geleistet werden;
3. laufende Beiträge und laufende Zuwendungen des Arbeitgebers aus einem bestehenden Dienstverhältnis an einen Pensionsfonds, eine Pensionskasse oder für eine Direktversicherung für eine betriebliche Altersversorgung. ²Zu den Einkünften aus nichtselbständiger Arbeit gehören auch Sonderzahlungen, die der Arbeitgeber neben den laufenden Beiträgen und Zuwendungen an eine solche Versorgungseinrichtung leistet, mit Ausnahme der Zahlungen des Arbeitgebers zur Erfüllung der Solvabilitätsvorschriften nach den §§ 53c und 114 des Versicherungsaufsichtsgesetzes, Zahlungen des Arbeitgebers in der Rentenbezugszeit nach § 112 Absatz 1a des Versicherungsaufsichtsgesetzes oder Sanierungsgelder; Sonderzahlungen des Arbeitgebers sind insbesondere Zahlungen an eine Pensionskasse anlässlich

    a) seines Ausscheidens aus einer nicht im Wege der Kapitaldeckung finanzierten betrieblichen Altersversorgung oder

    b) des Wechsels von einer nicht im Wege der Kapitaldeckung zu einer anderen nicht im Wege der Kapitaldeckung finanzierten betrieblichen Altersversorgung.

    ³Von Sonderzahlungen im Sinne des Satzes 2 Buchstabe b ist bei laufenden und wiederkehrenden Zahlungen entsprechend dem periodischen Bedarf nur auszugehen, soweit die Bemessung der Zahlungsverpflichtungen des Arbeitgebers in das Versorgungssystem nach dem Wechsel die Bemessung der Zahlungsverpflichtung zum Zeitpunkt des Wechsels übersteigt. ⁴Sanierungsgelder sind Sonderzahlungen des Arbeitgebers an eine Pensionskasse anlässlich der Systemumstellung einer nicht im Wege der Kapitaldeckung finanzierten betrieblichen Altersversorgung auf der Finanzierungs- oder Leistungsseite, die der Finanzierung der zum Zeitpunkt der Umstellung bestehenden Versorgungsverpflichtungen oder Versorgungsanwartschaften dienen; bei laufenden und wiederkehrenden Zahlungen entsprechend dem periodischen Bedarf ist nur von Sanierungsgeldern auszugehen, soweit die Bemessung der Zahlungsverpflichtungen des Arbeitgebers in das Versorgungssystem nach der Systemumstellung die Bemessung der Zahlungsverpflichtung zum Zeitpunkt der Systemumstellung übersteigt.

²Es ist gleichgültig, ob es sich um laufende oder um einmalige Bezüge handelt und ob ein Rechtsanspruch auf sie besteht.

(2) ¹Von Versorgungsbezügen bleiben ein nach einem Prozentsatz ermittelter, auf einen Höchstbetrag begrenzter Betrag (Versorgungsfreibetrag) und ein Zuschlag zum Versorgungsfreibetrag steuerfrei. ²Versorgungsbezüge sind

1. das Ruhegehalt, Witwen- oder Waisengeld, der Unterhaltsbeitrag oder ein gleichartiger Bezug

    a) auf Grund beamtenrechtlicher oder entsprechender gesetzlicher Vorschriften,

    b) nach beamtenrechtlichen Grundsätzen von Körperschaften, Anstalten oder Stiftungen des öffentlichen Rechts oder öffentlich-rechtlichen Verbänden von Körperschaften

    oder

2. in anderen Fällen Bezüge und Vorteile aus früheren Dienstleistungen wegen Erreichens einer Altersgrenze, verminderter Erwerbsfähigkeit oder Hinterbliebenenbezüge;

§ 19

Bezüge wegen Erreichens einer Altersgrenze gelten erst dann als Versorgungsbezüge, wenn der Steuerpflichtige das 63. Lebensjahr oder, wenn er schwerbehindert ist, das 60. Lebensjahr vollendet hat.

[3]Der maßgebende Prozentsatz, der Höchstbetrag des Versorgungsfreibetrags und der Zuschlag zum Versorgungsfreibetrag sind der nachstehenden Tabelle zu entnehmen:

Jahr des Versorgungsbeginns	Versorgungsfreibetrag		Zuschlag zum Versorgungsfreibetrag in Euro
	in % der Versorgungsbezüge	Höchstbetrag in Euro	
bis 2005	40,0	3 000	900
ab 2006	38,4	2 880	864
2007	36,8	2 760	828
2008	35,2	2 640	792
2009	33,6	2 520	756
2010	32,0	2 400	720
2011	30,4	2 280	684
2012	28,8	2 160	648
2013	27,2	2 040	612
2014	25,6	1 920	576
2015	24,0	1 800	540
2016	22,4	1 680	504
2017	20,8	1 560	468
2018	19,2	1 440	432
2019	17,6	1 320	396
2020	16,0	1 200	360
2021	15,2	1 140	342
2022	14,4	1 080	324
2023	13,6	1 020	306
2024	12,8	960	288
2025	12,0	900	270
2026	11,2	840	252
2027	10,4	780	234
2028	9,6	720	216
2029	8,8	660	198
2030	8,0	600	180
2031	7,2	540	162
2032	6,4	480	144
2033	5,6	420	126
2034	4,8	360	108
2035	4,0	300	90
2036	3,2	240	72
2037	2,4	180	54
2038	1,6	120	36
2039	0,8	60	18
2040	0,0	0	0

[4]Bemessungsgrundlage für den Versorgungsfreibetrag ist

a) bei Versorgungsbeginn vor 2005

   das Zwölffache des Versorgungsbezugs für Januar 2005,

b) bei Versorgungsbeginn ab 2005

   das Zwölffache des Versorgungsbezugs für den ersten vollen Monat,

jeweils zuzüglich voraussichtlicher Sonderzahlungen im Kalenderjahr, auf die zu diesem Zeitpunkt ein Rechtsanspruch besteht. [5]Der Zuschlag zum Versorgungsfreibetrag darf nur bis zur Höhe der um den Versorgungsfreibetrag geminderten Bemessungsgrundlage berücksichtigt werden. [6]Bei mehreren Versorgungsbezügen mit unterschiedlichem Bezugsbeginn bestimmen sich der insgesamt berücksichtigungsfähige Höchstbetrag des Versorgungsfreibetrags und der Zuschlag zum Versorgungsfreibetrag nach dem Jahr des Beginns des ersten Versorgungsbezugs. [7]Folgt ein Hinterbliebenenbezug einem Versorgungsbezug, bestimmen sich der Prozentsatz, der Höchstbetrag des Versorgungsfreibetrags und der Zuschlag zum Versorgungsfreibetrag für den Hinterbliebenenbezug nach dem Jahr des Beginns des Versorgungsbezugs. [8]Der nach den Sätzen 3 bis 7 berechnete Versorgungsfreibetrag und Zuschlag zum Versorgungsfreibetrag gelten für die gesamte Laufzeit des Versorgungsbezugs. [9]Regelmäßige Anpassungen des Versorgungsbezugs führen nicht zu einer Neuberechnung. [10]Abweichend hiervon sind der Versorgungsfreibetrag und der Zuschlag zum Versorgungsfreibetrag neu zu berechnen, wenn sich der Versorgungsbezug wegen Anwendung von Anrechnungs-, Ruhens-, Erhöhungs- oder Kürzungsregelungen erhöht oder vermindert. [11]In diesen Fällen sind die Sätze 3 bis 7 mit dem geänderten Versorgungsbezug als Bemessungsgrundlage im Sinne des Satzes 4 anzuwenden; im Kalenderjahr der Änderung sind der höchste Versorgungsfreibetrag und Zuschlag zum Versorgungsfreibetrag maßgebend. [12]Für jeden vollen Kalendermonat, für den keine Versorgungsbezüge gezahlt werden, ermäßigen sich der Versorgungsfreibetrag und der Zuschlag zum Versorgungsfreibetrag in diesem Kalenderjahr um je ein Zwölftel.

LStDV

§ 1 Arbeitnehmer, Arbeitgeber

(1) [1]Arbeitnehmer sind Personen, die in öffentlichem oder privatem Dienst angestellt oder beschäftigt sind oder waren und die aus diesem Dienstverhältnis oder einem früheren Dienstverhältnis Arbeitslohn beziehen. [2]Arbeitnehmer sind auch die Rechtsnachfolger dieser Personen, soweit sie Arbeitslohn aus dem früheren Dienstverhältnis ihres Rechtsvorgängers beziehen.

(2) [1]Ein Dienstverhältnis (Absatz 1) liegt vor, wenn der Angestellte (Beschäftigte) dem Arbeitgeber (öffentliche Körperschaft, Unternehmer, Haushaltsvorstand) seine Arbeitskraft schuldet. [2]Dies ist der Fall, wenn die tätige Person in der Betätigung ihres geschäftlichen Willens unter der Leitung des Arbeitgebers steht oder im geschäftlichen Organismus des Arbeitgebers dessen Weisungen zu folgen verpflichtet ist.

(3) Arbeitnehmer ist nicht, wer Lieferungen und sonstige Leistungen innerhalb der von ihm selbständig ausgeübten gewerblichen oder beruflichen Tätigkeit im Inland gegen Entgelt ausführt, soweit es sich um die Entgelte für diese Lieferungen und sonstigen Leistungen handelt.

§ 2 Arbeitslohn

(1) [1]Arbeitslohn sind alle Einnahmen, die dem Arbeitnehmer aus dem Dienstverhältnis zufließen. [2]Es ist unerheblich, unter welcher Bezeichnung oder in welcher Form die Einnahmen gewährt werden.

(2) Zum Arbeitslohn gehören auch

1. *Einnahmen im Hinblick auf ein künftiges Dienstverhältnis;*

2. *Einnahmen aus einem früheren Dienstverhältnis, unabhängig davon, ob sie dem zunächst Bezugsberechtigten oder seinem Rechtsnachfolger zufließen. [2]Bezüge, die ganz oder teilweise auf früheren Beitragsleistungen des Bezugsberechtigten oder seines Rechtsvorgängers beruhen, gehören nicht zum Arbeitslohn, es sei denn, dass die Beitragsleistungen Werbungskosten gewesen sind;*

3. *Ausgaben, die ein Arbeitgeber leistet, um einen Arbeitnehmer oder diesem nahestehende Personen für den Fall der Krankheit, des Unfalls, der Invalidität, des Alters oder des Todes abzusichern (Zukunftssicherung).* ²*Voraussetzung ist, dass der Arbeitnehmer der Zukunftssicherung ausdrücklich oder stillschweigend zustimmt.* ³*Ist bei einer Zukunftssicherung für mehrere Arbeitnehmer oder diesen nahestehende Personen in Form einer Gruppenversicherung oder Pauschalversicherung der für den einzelnen Arbeitnehmer geleistete Teil der Ausgaben nicht in anderer Weise zu ermitteln, so sind die Ausgaben nach der Zahl der gesicherten Arbeitnehmer auf diese aufzuteilen.* ⁴*Nicht zum Arbeitslohn gehören Ausgaben, die nur dazu dienen, dem Arbeitgeber die Mittel zur Leistung einer dem Arbeitnehmer zugesagten Versorgung zu verschaffen;*

4. *Entschädigungen, die dem Arbeitnehmer oder seinem Rechtsnachfolger als Ersatz für entgangenen oder entgehenden Arbeitslohn oder für die Aufgabe oder Nichtausübung einer Tätigkeit gewährt werden;*

5. *besondere Zuwendungen, die auf Grund des Dienstverhältnisses oder eines früheren Dienstverhältnisses gewährt werden, zum Beispiel Zuschüsse im Krankheitsfall;*

6. *besondere Entlohnungen für Dienste, die über die regelmäßige Arbeitszeit hinaus geleistet werden, wie Entlohnung für Überstunden, Überschichten, Sonntagsarbeit;*

7. *Lohnzuschläge, die wegen der Besonderheit der Arbeit gewährt werden;*

8. *Entschädigungen für Nebenämter und Nebenbeschäftigungen im Rahmen eines Dienstverhältnisses.*

Hinweise

LStH 19.0 Arbeitnehmer

Allgemeines

Wer Arbeitnehmer ist, ist unter Beachtung der Vorschriften des § 1 LStDV nach dem Gesamtbild der Verhältnisse zu beurteilen. Die arbeitsrechtliche und sozialversicherungsrechtliche Behandlung ist unmaßgeblich (→ BFH vom 2.12.1998 – BStBl. 1999 II S. 534). Wegen der Abgrenzung der für einen Arbeitnehmer typischen fremdbestimmten Tätigkeit von selbständiger Tätigkeit → BFH vom 14.6.1985 (BStBl. II S. 661) und vom 18.1.1991 (BStBl. II S. 409). Danach können für eine Arbeitnehmereigenschaft insbesondere folgende Merkmale sprechen:

- *persönliche Abhängigkeit,*
- *Weisungsgebundenheit hinsichtlich Ort, Zeit und Inhalt der Tätigkeit,*
- *feste Arbeitszeiten,*
- *Ausübung der Tätigkeit gleichbleibend an einem bestimmten Ort,*
- *feste Bezüge,*
- *Urlaubsanspruch,*
- *Anspruch auf sonstige Sozialleistungen,*
- *Fortzahlung der Bezüge im Krankheitsfall,*
- *Überstundenvergütung,*
- *zeitlicher Umfang der Dienstleistungen,*
- *Unselbständigkeit in Organisation und Durchführung der Tätigkeit,*
- *kein Unternehmerrisiko,*
- *keine Unternehmerinitiative,*
- *kein Kapitaleinsatz,*
- *keine Pflicht zur Beschaffung von Arbeitsmitteln,*
- *Notwendigkeit der engen ständigen Zusammenarbeit mit anderen Mitarbeitern,*
- *Eingliederung in den Betrieb,*
- *Schulden der Arbeitskraft und nicht eines Arbeitserfolges,*
- *Ausführung von einfachen Tätigkeiten, bei denen eine Weisungsabhängigkeit die Regel ist.*

§ 19

Diese Merkmale ergeben sich regelmäßig aus dem der Beschäftigung zugrunde liegenden Vertragsverhältnis, sofern die Vereinbarungen ernsthaft gewollt sind und tatsächlich durchgeführt werden (→ *BFH vom 14.12.1978 – BStBl. 1979 II S. 188, vom 20.2.1979 – BStBl. II S. 414 und vom 24.7.1992 – BStBl. 1993 II S. 155*). Dabei sind die für oder gegen ein Dienstverhältnis sprechenden Merkmale ihrer Bedeutung entsprechend gegeneinander abzuwägen. **Die arbeitsrechtliche Fiktion eines Dienstverhältnisses ist steuerrechtlich nicht maßgebend (→ *BFH vom 8.5.2008 – BStBl. II S. 868*).**

Ehegatten-Arbeitsverhältnis

→ R 4.8 EStR und H 4.8 EStH

Einkunftserzielungsabsicht

Zur Abgrenzung der Einkunftserzielungsabsicht von einer einkommensteuerrechtlich unbeachtlichen Liebhaberei → *BFH vom 28.8.2008 (BStBl. 2009 II S. 243).*

Eltern-Kind-Arbeitsverhältnis

Zur steuerlichen Anerkennung von Dienstverhältnissen zwischen Eltern und Kindern → *BFH vom 9.12.1993 (BStBl. 1994 II S. 298)*, → R 4.8 Abs. 3 EStR.

Gesellschafter-Geschäftsführer

Ein Gesellschafter-Geschäftsführer einer Kapitalgesellschaft ist nicht allein auf Grund seiner Organstellung Arbeitnehmer. Es ist anhand der allgemeinen Merkmale zu entscheiden, ob er die Geschäftsführungsleistung selbständig oder nichtselbständig erbringt (→ *BMF vom 31.5.2007 – BStBl. I S. 503*).

Mitunternehmer

Zur Frage, unter welchen Voraussetzungen ein Arbeitnehmer Mitunternehmer i.S.d. § 15 Abs. 1 Nr. 2 EStG ist, → H 15.8 Abs. 1 (Verdeckte Mitunternehmerschaft) EStH.

Nichteheliche Lebensgemeinschaft

– → H 4.8 EStH
– Ein hauswirtschaftliches Beschäftigungsverhältnis mit der nichtehelichen Lebensgefährtin kann nicht anerkannt werden, wenn diese zugleich Mutter des gemeinsamen Kindes ist (→ *BFH vom 19.5.1999 – BStBl. II S. 764*).

Selbständige Arbeit

Zur Abgrenzung einer Tätigkeit als Arbeitnehmer von einer selbständigen Tätigkeit → R 15.1 und 18.1 EStR.

Weisungsgebundenheit

Die in § 1 Abs. 2 LStDV genannte Weisungsgebundenheit kann auf einem besonderen öffentlich-rechtlichen Gewaltverhältnis beruhen, wie z. B. bei Beamten und Richtern, oder Ausfluss des Direktionsrechts sein, mit dem ein Arbeitgeber die Art und Weise, Ort, Zeit und Umfang der zu erbringenden Arbeitsleistung bestimmt. Die Weisungsbefugnis kann eng, aber auch locker sein, wie z. B. bei einem angestellten Chefarzt, der fachlich weitgehend eigenverantwortlich handelt; entscheidend ist, ob die beschäftigte Person einer etwaigen Weisung bei der Art und Weise der Ausführung der geschuldeten Arbeitsleistung zu folgen verpflichtet ist oder ob ein solches Weisungsrecht nicht besteht. Maßgebend ist das Innenverhältnis; die Weisungsgebundenheit muss im Auftreten der beschäftigten Person nach außen nicht erkennbar werden (→ *BFH vom 15.7.1987 – BStBl. II S. 746*). Die Eingliederung in einen Betrieb kann auch bei einer kurzfristigen Beschäftigung gegeben sein, wie z. B. bei einem Apothekervertreter als Urlaubsvertretung. Sie ist aber eher bei einfachen als bei gehobenen Arbeiten anzunehmen, z. B. bei einem Gelegenheitsarbeiter, der zu bestimmten unter Aufsicht durchzuführenden Arbeiten herangezogen wird. Die vorstehenden Kriterien gelten auch für die Entscheidung, ob ein so genannter Schwarzarbeiter Arbeitnehmer des Auftraggebers ist.

Zuordnung als Arbeitnehmer oder Selbständiger

a) Beispiele für Arbeitnehmer

Amateursportler können Arbeitnehmer sein, wenn die für den Trainings- und Spieleinsatz gezahlten Vergütungen nach dem Gesamtbild der Verhältnisse als Arbeitslohn zu beurteilen sind (→ *BFH vom 23.10.1992 – BStBl. 1993 II S. 303*),

Apothekervertreter; ein selbständiger Apotheker, der als Urlaubsvertreter eines anderen selbständigen Apothekers gegen Entgelt tätig wird, ist Arbeitnehmer (→ *BFH 20.2.1979 – BStBl. II S. 414*),

Artist ist Arbeitnehmer, wenn er seine Arbeitskraft einem Unternehmer für eine Zeitdauer, die eine Reihe von Veranstaltungen umfasst – also nicht lediglich für einige Stunden eines Abends – ausschließlich zur Verfügung stellt (→ BFH vom 16.3.1951 – BStBl. III S. 97),

AStA-Mitglieder → BFH vom 22.7.2008 (BStBl. II S. 981),

Buchhalter → BFH vom 6.7.1955 (BStBl. III S. 256) und vom 13.2.1980 (BStBl. II S. 303),

Büfettier → BFH vom 31.1.1963 (BStBl. III S. 230),

Chefarzt; ein angestellter Chefarzt, der berechtigt ist, Privatpatienten mit eigenem Liquidationsrecht ambulant zu behandeln und die wahlärztlichen Leistungen im Rahmen seines Dienstverhältnisses erbringt (→ BFH vom 5.10.2005 – BStBl. 2006 II S. 94),

Gelegenheitsarbeiter, die zu bestimmten, unter Aufsicht durchzuführenden Verlade- und Umladearbeiten herangezogen werden, sind auch dann Arbeitnehmer, wenn sie die Tätigkeit nur für wenige Stunden ausüben (→ BFH vom 18.1.1974 – BStBl. II S. 301),

Heimarbeiter → R 15.1 Abs. 2 EStR,

Helfer von Wohlfahrtsverbänden; ehrenamtliche Helfer, die Kinder und Jugendliche auf Ferienreisen betreuen, sind Arbeitnehmer (→ BFH vom 28.2.1975 – BStBl. 1976 II S. 134),

Musiker; nebenberuflich tätige Musiker, die in Gaststätten auftreten, sind nach der allgemeinen Lebenserfahrung Arbeitnehmer des Gastwirts; dies gilt nicht, wenn die Kapelle gegenüber Dritten als selbständige Gesellschaft oder der Kapellenleiter als Arbeitgeber der Musiker auftritt bzw. der Musiker oder die Kapelle nur gelegentlich spielt (→ BFH vom 10.9.1976 – BStBl. II S. 178),

Oberarzt; ein in einer Universitätsklinik angestellter Oberarzt ist hinsichtlich der Mitarbeit in der Privatpraxis des Chefarztes dessen Arbeitnehmer (→ BFH vom 11.11.1971 – BStBl. 1972 II S. 213),

Rechtspraktikant der einstufigen Juristenausbildung ist Arbeitnehmer (→ BFH vom 19.4.1985 – BStBl. II S. 465 und vom 24.9.1985 – BStBl. II 1986 S. 184),

Reisevertreter kann auch dann Arbeitnehmer sein, wenn er erfolgsabhängig entlohnt wird und ihm eine gewisse Bewegungsfreiheit eingeräumt ist, die nicht Ausfluss seiner eigenen Machtvollkommenheit ist (→ BFH vom 7.12.1961 – BStBl. 1962 III S. 149);

→ H 15.1 (Reisevertreter) EStH,

Sanitätshelfer des Deutschen Roten Kreuzes sind Arbeitnehmer, wenn die gezahlten Entschädigungen nicht mehr als pauschale Erstattung der Selbstkosten beurteilt werden können, weil sie die durch die ehrenamtliche Tätigkeit veranlassten Aufwendungen der einzelnen Sanitätshelfer regelmäßig nicht nur unwesentlich übersteigen (→ BFH vom 4.8.1994 – BStBl. II S. 944),

Servicekräfte in einem Warenhaus → BFH vom 20.11.2008 (BStBl. 2009 II S. 374),

Stromableser können auch dann Arbeitnehmer sein, wenn die Vertragsparteien „freie Mitarbeit" vereinbart haben und das Ablesen in Ausnahmefällen auch durch einen zuverlässigen Vertreter erfolgen darf (→ BFH vom 24.7.1992 – BStBl. 1993 II S. 155),

Telefoninterviewer → BFH vom 29.5.2008 (BStBl. II S. 933),

Vorstandsmitglied einer Aktiengesellschaft → BFH vom 11.3.1960 (BStBl. III S. 214),

Vorstandsmitglied einer Familienstiftung → BFH vom 31.1.1975 (BStBl. II S. 358),

Vorstandsmitglied einer Genossenschaft → BFH vom 2.10.1968 (BStBl. II 1969 S. 185).

b) *Beispiele für Selbständigkeit*

Arztvertreter → BFH vom 10.4.1953 (BStBl. III S. 142),

Beratungsstellenleiter eines Lohnsteuerhilfevereins ist kein Arbeitnehmer, wenn er die Tätigkeit als freier Mitarbeiter ausübt (→ BFH vom 10.12.1987 – BStBl. II 1988 S. 273),

Bezirksstellenleiter bei Lotto- und Totogesellschaften → BFH vom 14.9.1967 (BStBl. III 1968 S. 193),

Diakonissen sind keine Arbeitnehmerinnen des Mutterhauses (→ BFH vom 30.7.1965 – BStBl. III S. 525),

§ 19

Fahrlehrer, die gegen eine tätigkeitsbezogene Vergütung unterrichten, sind in der Regel keine Arbeitnehmer, auch wenn ihnen keine Fahrschulerlaubnis erteilt worden ist (→ BFH vom 17.10.1996 – BStBl. 1997 II S. 188),

Fotomodell; ein Berufsfotomodell ist kein Arbeitnehmer, wenn es nur von Fall zu Fall vorübergehend zu Aufnahmen herangezogen wird (→ BFH vom 8.6.1967 – BStBl. III S. 618),

Gerichtsreferendar, der neben der Tätigkeit bei Gericht für einen Rechtsanwalt von Fall zu Fall tätig ist, steht zu dem Anwalt in der Regel nicht in einem Arbeitsverhältnis (→ BFH 22.3.1968 – BStBl. II S. 455),

Gutachter → BFH vom 22.6.1971 (BStBl. II S. 749),

Hausgewerbetreibender → R 15.1 Abs. 2 EStR,

Hausverwalter, die für eine Wohnungseigentümergemeinschaft tätig sind, sind keine Arbeitnehmer (→ BFH vom 13.5.1966 – BStBl. III S. 489),

Hopfentreter, die von einem Hopfenaufkäufer oder einer Brauerei von Fall zu Fall vorübergehend zu festgelegten Arbeiten herangezogen werden, sind insoweit nicht Arbeitnehmer (→ BFH vom 24.11.1961 – BStBl. III 1962 S. 69),

Knappschaftsarzt → BFH vom 3.7.1959 (BStBl. III S. 344),

Künstler; zur Frage der Selbständigkeit von Künstlern und verwandten Berufen → BMF vom 5.10.1990 (BStBl. I S. 638), – **Anlage § 019-04** –

Lehrbeauftragte → BFH vom 17.7.1958 (BStBl. III S. 360),

Lotsen → BFH vom 21.5.1987 (BStBl. II S. 625),

Musterungsarzt → BFH vom 30.11.1966 (BStBl. 1967 III S. 331),

Nebenberufliche Lehrkräfte sind in der Regel keine Arbeitnehmer (→ BFH vom 4.10.1984 – BStBl. II 1985 S. 51); zur Abgrenzung zwischen nichtselbständiger und selbständiger Arbeit → LStR 19.2 und LStH 19.2 (Nebenberufliche Lehrtätigkeit),

Notariatsverweser → BFH vom 12.9.1968 (BStBl. II S. 811),

Rundfunkermittler, die im Auftrage einer Rundfunkanstalt Schwarzhörer aufspüren, sind keine Arbeitnehmer, wenn die Höhe ihrer Einnahmen weitgehend von ihrem eigenen Arbeitseinsatz abhängt und sie auch im Übrigen – insbesondere bei Ausfallzeiten – ein Unternehmerrisiko in Gestalt des Entgeltrisikos tragen. Dies gilt unabhängig davon, dass sie nur für einen einzigen Vertragspartner tätig sind (→ BFH vom 2.12.1998 – BStBl. 1999 II S. 534),

Schwarzarbeiter; ein Bauhandwerker ist bei nebenberuflicher „Schwarzarbeit" in der Regel kein Arbeitnehmer des Bauherrn (→ BFH vom 21.3.1975 – BStBl. II S. 513),

Tutoren → BFH vom 21.7.1972 (BStBl. II S. 738) und vom 28.2.1978 (BStBl. II S. 387),

Versicherungsvertreter ist selbständig tätig und kein Arbeitnehmer, wenn er ein ins Gewicht fallendes Unternehmerrisiko trägt; die Art seiner Tätigkeit, ob werbende oder verwaltende, ist in der Regel nicht von entscheidender Bedeutung (→ BFH vom 19.2.1959 – BStBl. III S. 425, vom 10.9.1959 – BStBl. III S. 437, vom 3.10.1961 – BStBl. III S. 567 und vom 13.4.1967 – BStBl. III S. 398),
→ R 15.1 Abs. 1 EStR, H 15.1 (Generalagent, Versicherungsvertreter) EStH,

Vertrauensleute einer Buchgemeinschaft; nebenberufliche Vertrauensleute einer Buchgemeinschaft sind keine Arbeitnehmer des Buchclubs (→ BFH vom 11.3.1960 – BStBl. III S. 215),

Werbedamen, die von ihren Auftraggebern von Fall zu Fall für jeweils kurzfristige Werbeaktionen beschäftigt werden, können selbständig sein (→ BFH vom 14.6.1985 – BStBl. II S. 661).

EStR 2008

R 4.8 Rechtsverhältnisse zwischen Angehörigen
Arbeitsverhältnisse zwischen Ehegatten

(1) Arbeitsverhältnisse zwischen Ehegatten können steuerrechtlich nur anerkannt werden, wenn sie ernsthaft vereinbart und entsprechend der Vereinbarung tatsächlich durchgeführt werden.

Arbeitsverhältnisse mit Personengesellschaften

(2)¹Für die einkommensteuerrechtliche Beurteilung des Arbeitsverhältnisses eines Ehegatten mit einer Personengesellschaft, die von dem anderen Ehegatten auf Grund seiner wirtschaftlichen Machtstellung beherrscht wird, z. B. in der Regel bei einer Beteiligung zu mehr als 50 %, gelten die Grundsätze für die steuerliche Anerkennung von Ehegattenarbeitsverhältnissen im Allgemeinen entsprechend. ²Beherrscht der Mitunternehmer-Ehegatte die Personengesellschaft nicht, kann allgemein davon ausgegangen werden, dass der mitarbeitende Ehegatte in der Gesellschaft die gleiche Stellung wie ein fremder Arbeitnehmer hat und das Arbeitsverhältnis deshalb steuerrechtlich anzuerkennen ist.

Arbeitsverhältnisse zwischen Eltern und Kindern

(3) ¹Für die bürgerlich-rechtliche Wirksamkeit eines Arbeits- oder Ausbildungsvertrages mit einem minderjährigen Kind ist die Bestellung eines Ergänzungspflegers nicht erforderlich. ²→ Arbeitsverhältnisse mit Kindern unter 15 Jahren verstoßen jedoch im Allgemeinen gegen das → Jugendarbeitsschutzgesetz; sie sind nichtig und können deshalb auch steuerrechtlich nicht anerkannt werden. ³Die Gewährung freier Wohnung und Verpflegung kann als Teil der Arbeitsvergütung zu behandeln sein, wenn die Leistungen auf arbeitsvertraglichen Vereinbarungen beruhen.

LStR

R 19.1 Arbeitgeber

¹Neben den in § 1 Abs. 2 LStDV genannten Fällen kommt als Arbeitgeber auch eine natürliche oder juristische Person, ferner eine Personenvereinigung oder Vermögensmasse in Betracht, wenn ihr gegenüber die Arbeitskraft geschuldet wird. ²Die Nachfolgeunternehmen der Deutschen Bundespost sind Arbeitgeber der bei ihnen Beschäftigten. ³Arbeitgeber ist auch, wer Arbeitslohn aus einem früheren oder für ein künftiges Dienstverhältnis zahlt. ⁴Bei internationaler Arbeitnehmerentsendung ist das in Deutschland ansässige Unternehmen, das den Arbeitslohn für die ihm geleistete Arbeit wirtschaftlich trägt, inländischer Arbeitgeber. ⁵Arbeitgeber ist grundsätzlich auch, wer einem Dritten (Entleiher) einen Arbeitnehmer (Leiharbeitnehmer) zur Arbeitsleistung überlässt (Verleiher). ⁶Zahlt im Fall unerlaubter Arbeitnehmerüberlassung der Entleiher anstelle des Verleihers den Arbeitslohn an den Arbeitnehmer, ist der Entleiher regelmäßig nicht Dritter, sondern Arbeitgeber im Sinne von § 38 Abs. 1 Satz 1 Nr. 1 EStG (→ R **42d.2** Abs. 1). ⁷Im Übrigen kommt es nicht darauf an, ob derjenige, dem die Arbeitskraft geschuldet wird, oder ein Dritter Arbeitslohn zahlt (→ R **38.4**).

Hinweise

LStH 19.1 Arbeitgeber

- *Eine **GbR** kann Arbeitgeber im lohnsteuerlichen Sinne sein (→ BFH vom 17.2.1995 – BStBl. II S. 390).*

- *Ein **Sportverein** kann Arbeitgeber der von ihm eingesetzten Amateursportler sein (→ BFH vom 23.10.1992 – BStBl. 1993 II S. 303).*

- *Ein **Verein** ist auch dann Arbeitgeber, wenn nach der Satzung des Vereins Abteilungen mit eigenem Vertreter bestehen und diesen eine gewissen Selbständigkeit eingeräumt ist, so genannter Verein im Verein (→ BFH vom 13.3.2003 – BStBl. II S. 556).*

- *Arbeitgeber **kraft gesetzlicher Fiktion** ist für die in § 3 Nr. 65 Satz 2 und 3 EStG bezeichneten Leistungen die sie erbringende Pensionskasse oder das Unternehmen der Lebensversicherung (→ § 3 Nr. 65 Satz 4 EStG) **und in den Fällen des § 3 Nr. 53 EStG die Deutsche Rentenversicherung Bund** (→ **§ 38 Abs. 3 Satz 3 EStG**).*

- *Arbeitslohn auszahlende **öffentliche Kasse** → § 38 Abs. 3 Satz 2 EStG*

- *Bei Arbeitnehmerentsendung ist das in Deutschland ansässige aufnehmende Unternehmen, das den Arbeitslohn für die ihm geleistete Arbeit wirtschaftlich trägt, Arbeitgeber → § 38 Abs. 1 Satz 2 EStG.*

Kein Arbeitgeber

*Die **Obergesellschaft eines Konzerns** (Organträger) ist auch dann nicht Arbeitgeber der Arbeitnehmer ihrer Tochtergesellschaften, wenn sie diesen Arbeitnehmern Arbeitslohn zahlt (→ BFH vom 21.2.1986 – BStBl. II S. 768).*

§ 19 RL 19.2

LStR

R 19.2 Nebentätigkeit und Aushilfstätigkeit

¹Bei einer nebenberufliche Lehrtätigkeit an einer Schule oder einem Lehrgang mit einem allgemein feststehenden und nicht nur von Fall zu Fall aufgestellten Lehrplan sind die nebenberuflich tätigen Lehrkräfte in der Regel Arbeitnehmer, es sei denn, dass sie in den Schul- oder Lehrgangsbetrieb nicht fest eingegliedert sind. ²Hat die Lehrtätigkeit nur einen geringen Umfang, kann das ein Anhaltspunkt dafür sein, dass eine feste Eingliederung in den Schul- oder Lehrgangsbetrieb nicht vorliegt. ³Ein geringer Umfang in diesem Sinne kann stets angenommen werden, wenn die nebenberuflich tätige Lehrkraft bei der einzelnen Schule oder dem einzelnen Lehrgang in der Woche durchschnittlich nicht mehr als sechs Unterrichtsstunden erteilt. ⁴Auf nebenberuflich tätige Übungsleiter, Ausbilder, Erzieher, Betreuer oder ähnliche Personen sind die Sätze 1 bis 3 sinngemäß anzuwenden.

Hinweise

LStH 19.2 Allgemeines

– *Ob eine Nebentätigkeit oder Aushilfstätigkeit in einem Dienstverhältnis oder selbständig ausgeübt wird, ist nach den allgemeinen Abgrenzungsmerkmalen (§ 1 Abs. 1 und 2 LStDV) zu entscheiden. Dabei ist die Nebentätigkeit oder Aushilfstätigkeit in der Regel für sich allein zu beurteilen. Die Art einer etwaigen Haupttätigkeit ist für die Beurteilung nur wesentlich, wenn beide Tätigkeiten unmittelbar zusammenhängen (→ BFH vom 24.11.1961 – BStBl. 1962 III S. 37).*

– *Zu der Frage, ob eine nebenberufliche oder ehrenamtliche Tätigkeit mit Überschusserzielungsabsicht ausgeübt wird, → BFH vom 23.10.1992 (BStBl. 1993 II S. 303 – Amateurfußballspieler) und vom 4.8.1994 (→ BStBl. II S. 944 – Sanitätshelfer).*

– *Gelegenheitsarbeiter, die zu bestimmten, unter Aufsicht durchzuführenden Arbeiten herangezogen werden, sind auch dann Arbeitnehmer, wenn sie die Tätigkeit nur für einige Stunden ausüben (→ BFH vom 18.1.1974 – BStBl. II S. 301).*

– *Bei nebenberuflich tätigen Musikern, die in Gaststätten auftreten, liegt ein Arbeitsverhältnis zum Gastwirt regelmäßig nicht vor, wenn der einzelne Musiker oder die Kapelle, der er angehört, nur gelegentlich – etwa nur für einen Abend oder an einem Wochenende – von dem Gastwirt verpflichtet wird. Ein Arbeitsverhältnis zum Gastwirt ist in der Regel auch dann zu verneinen, wenn eine Kapelle selbständig als Gesellschaft oder der Kapellenleiter als Arbeitgeber der Musiker aufgetreten ist (→ BFH vom 10.9.1976 – BStBl. 1977 II S. 178).*

Nebenberufliche Lehrtätigkeit

– *Bei **Lehrkräften**, die im Hauptberuf eine nichtselbständige Tätigkeit ausüben, liegt eine Lehrtätigkeit im Nebenberuf nur vor, wenn diese Lehrtätigkeit nicht zu den eigentlichen Dienstobliegenheiten des Arbeitnehmers aus dem Hauptberuf gehört. Die Ausübung der Lehrtätigkeit im Nebenberuf ist in der Regel als Ausübung eines freien Berufs anzusehen (→ BFH vom 24.4.1959 – BStBl. III S. 193), es sei denn, dass gewichtige Anhaltspunkte – z. B. Arbeitsvertrag unter Zugrundelegung eines Tarifvertrags, Anspruch auf Urlaubs- und Feiertagsvergütung – für das Vorliegen einer Arbeitnehmertätigkeit sprechen (→ BFH vom 28.4.1972 – BStBl. II S. 617 und vom 4.5.1972 – BStBl. II S. 618).*

– *Auch bei nur geringem Umfang der Nebentätigkeit sind die **Lehrkräfte** als Arbeitnehmer anzusehen, wenn sie auf Grund eines Arbeitsvertrags ausgestalteten Vertrags tätig werden oder wenn eine an einer Schule vollbeschäftigte Lehrkraft zusätzliche Unterrichtsstunden an derselben Schule oder an einer Schule gleicher Art erteilt (→ BFH vom 4.12.1975 – BStBl. 1976 II S. 291, 292).*

– *Die nebenberufliche Lehrtätigkeit von **Handwerksmeistern** an Berufs- und Meisterschulen ist in aller Regel keine nichtselbständige Tätigkeit.*

– *Bei **Angehörigen der freien Berufe** stellt eine Nebentätigkeit als Lehrbeauftragte an Hochschulen regelmäßig eine selbständige Tätigkeit dar (→ BFH vom 4.10.1984 – BStBl. 1985 II S. 51).*

Nebenberufliche Prüfungstätigkeit

Eine Prüfungstätigkeit als Nebentätigkeit ist in der Regel als Ausübung eines freien Berufs anzusehen (→ BFH vom 14.3.1958 – BStBl. III S. 255, vom 2.4.1958 – BStBl. III S. 293 und vom 29.1.1987 – BStBl. II S. 783 wegen nebenamtlicher Prüfungstätigkeit eines Hochschullehrers).

Nebentätigkeit bei demselben Arbeitgeber
Einnahmen aus der Nebentätigkeit eines Arbeitnehmers, die er im Rahmen des Dienstverhältnisses für denselben Arbeitgeber leistet, für den er die Haupttätigkeit ausübt, sind Arbeitslohn (→ nebenberufliche Lehr- und Prüfungstätigkeit), wenn dem Arbeitnehmer aus seinem Dienstverhältnis Nebenpflichten obliegen, die zwar im Arbeitsvertrag nicht ausdrücklich vorgesehen sind, deren Erfüllung der Arbeitgeber aber nach der tatsächlichen Gestaltung des Dienstverhältnisses und nach der Verkehrsauffassung erwarten darf, auch wenn er die zusätzlichen Leistungen besonders vergüten muss (→ BFH vom 25.11.1971 – BStBl. 1972 II S. 212).

Vermittlungsprovisionen
→ *LStR 19.4*

Zuordnung in Einzelfällen
- *Vergütungen, die **Angestellte eines Notars** für die Übernahme der Auflassungsvollmacht von den Parteien eines beurkundeten Grundstücksgeschäfts erhalten, können Arbeitslohn aus ihrem Dienstverhältnis sein (→ BFH vom 9.12.1954 – BStBl. 1955 III S. 55).*
- *Die Tätigkeit der bei Universitätskliniken angestellten **Assistenzärzte als Gutachter** ist unselbständig, wenn die Gutachten den Auftraggebern als solche der Universitätsklinik zugehen (→ BFH vom 19.4.1956 – BStBl. III S. 187).*
- ***Gemeindedirektor**, der auf Grund des Gesetzes betreffend die Oldenburgische Landesbrandkasse vom 6.8.1938 Mitglied der **Schätzungskommission** ist, bezieht aus dieser Tätigkeit keine Einkünfte aus nichtselbständiger Arbeit (→ BFH vom 8.2.1972 – BStBl. II S. 460).*
- ***Orchestermusiker**, die neben ihrer nichtselbständigen Haupttätigkeit im Orchester gelegentlich für ihren Arbeitgeber eine künstlerische Nebentätigkeit ausüben, können insoweit Einkünfte aus selbständiger Arbeit haben, als die Tätigkeit nicht zu den Nebenpflichten aus dem Dienstvertrag gehört (→ BFH vom 25.11.1971 – BStBl. 1972 II S. 212).*
- *Übernimmt ein **Richter** ohne Entlastung in seinem Amt zusätzlich die **Leitung einer Arbeitsgemeinschaft** für Rechtsreferendare, so besteht zwischen Haupt- und Nebentätigkeit kein unmittelbarer Zusammenhang. Ob die Nebentätigkeit selbständig ausgeübt wird, ist deshalb nach dem Rechtsverhältnis zu beurteilen, auf Grund dessen sie ausgeübt wird (→ BFH-Urteil vom 7.2.1980 – BStBl. II S. 321).*
- *Einnahmen, die angestellte **Schriftleiter** aus freiwilliger **schriftstellerischer Nebentätigkeit** für ihren Arbeitgeber erzielen, können Einnahmen aus selbständiger Tätigkeit sein (→ BFH vom 3.3.1955 – BStBl. III S. 153).*
- *Prämien, die ein Verlagsunternehmen seinen **Zeitungsausträgern** für die **Werbung neuer Abonnenten** gewährt, sind dann kein Arbeitslohn, wenn die Zeitungsausträger weder rechtlich noch faktisch zur Anwerbung neuer Abonnenten verpflichtet sind (→ BFH vom 22.11.1996 – BStBl. 1997 II S. 254).*
- *Das Honorar, das ein (leitender) Angestellter von seinem Arbeitgeber dafür erhält, dass er diesen bei Verhandlungen über den Verkauf des Betriebes beraten hat, gehört zu den Einnahmen aus nichtselbständiger Tätigkeit (→ BFH vom 20.12.2000 – BStBl. 2001 II S. 496).*

LStR

R 19.3 Arbeitslohn

(1) ¹Arbeitslohn ist die Gegenleistung für das Zurverfügungstellen der individuellen Arbeitskraft. ²Zum Arbeitslohn gehören deshalb auch
1. die Lohnzuschläge für Mehrarbeit und Erschwerniszuschläge, wie Hitzezuschläge, Wasserzuschläge, Gefahrenzuschläge, Schmutzzulagen usw.,
2. Entschädigungen, die für nicht gewährten Urlaub gezahlt werden,
3. der auf Grund des § 7 Abs. 1 des Soldatenversorgungsgesetzes gezahlte Einarbeitungszuschuss,
4. pauschale Fehlgeldentschädigungen, die Arbeitnehmern im Kassen- und Zähldienst gezahlt werden, soweit sie 16 Euro im Monat übersteigen,

5. Trinkgelder, Bedienungszuschläge und ähnliche Zuwendungen, auf die der Arbeitnehmer einen Rechtsanspruch hat.

(2) Nicht als Gegenleistung für das Zurverfügungstellen der individuellen Arbeitskraft und damit nicht als Arbeitslohn sind u.a. anzusehen

1. der Wert der unentgeltlich zur beruflichen Nutzung überlassenen Arbeitsmittel,
2. die vom Arbeitgeber auf Grund gesetzlicher Verpflichtung nach § 3 Abs. 2 Nr. 1 und Abs. 3 **des Gesetzes über die Durchführung von Maßnahmen des Arbeitsschutzes zur Verbesserung der Sicherheit und des Gesundheitsschutzes der Beschäftigten bei der Arbeit (ArbSchG)** i.V.m. § 6 Abs. 1 **der Verordnung über Sicherheit und Gesundheitsschutz bei der Arbeit an Bildschirmgeräten (BildscharbV)** übernommenen angemessenen Kosten für eine spezielle Sehhilfe, wenn auf Grund einer Untersuchung der Augen und des Sehvermögens durch eine fachkundige Person i.S.d. § 6 Abs. 1 BildscharbV die spezielle Sehhilfe notwendig ist, um eine ausreichende Sehfähigkeit in den Entfernungsbereichen des Bildschirmarbeitsplatzes zu gewährleisten,
3. übliche Sachleistungen des Arbeitgebers aus Anlass der Diensteinführung, eines Amts- oder Funktionswechsels, eines runden Arbeitnehmerjubiläums (→ R **19.5** Abs. 2 Nr. 3) oder der Verabschiedung eines Arbeitnehmers; betragen die Aufwendungen des Arbeitgebers einschließlich Umsatzsteuer mehr als 110 Euro je teilnehmender Person, sind die Aufwendungen dem Arbeitslohn des Arbeitnehmers hinzuzurechnen; auch Geschenke bis zu einem Gesamtwert von 40 Euro sind in die 110-Euro-Grenze einzubeziehen,
4. übliche Sachleistungen bei einem Empfang anlässlich eines runden Geburtstages eines Arbeitnehmers, wenn es sich unter Berücksichtigung aller Umstände des Einzelfalls um ein Fest des Arbeitgebers (betriebliche Veranstaltung) handelt. ²Die anteiligen Aufwendungen des Arbeitgebers, die auf den Arbeitnehmer selbst, seine Familienangehörigen sowie private Gäste des Arbeitnehmers entfallen, gehören jedoch zum steuerpflichtigen Arbeitslohn, wenn die Aufwendungen des Arbeitgebers mehr als 110 Euro je teilnehmender Person betragen; auch Geschenke bis zu einem Gesamtwert von 40 Euro sind in die 110-Euro-Grenze einzubeziehen,
5. pauschale Zahlungen des Arbeitgebers an ein Dienstleistungsunternehmen, das sich verpflichtet, alle Arbeitnehmer des Auftraggebers kostenlos in persönlichen und sozialen Angelegenheiten zu beraten und zu betreuen, beispielsweise durch die Übernahme der Vermittlung von Betreuungspersonen für Familienangehörige.

(3) ¹Leistungen des Arbeitgebers, mit denen er Werbungskosten des Arbeitnehmers ersetzt, sind nur steuerfrei, soweit dies gesetzlich bestimmt ist. ²Somit sind auch steuerpflichtig

1. Vergütungen des Arbeitgebers zum Ersatz der dem Arbeitnehmer berechneten Kontoführungsgebühren,
2. Vergütungen des Arbeitgebers zum Ersatz der Aufwendungen des Arbeitnehmers für Fahrten zwischen Wohnung und **regelmäßiger** Arbeitsstätte.

Hinweise

LStH 19.3 Abgrenzung zu anderen Einkunftsarten

– *Abgrenzung des Arbeitslohns von den Einnahmen aus Kapitalvermögen → BFH vom 31.10.1989 (BStBl. 1990 II S. 532).*

– *Zahlungen im Zusammenhang mit einer fehlgeschlagenen Hofübergabe sind kein Arbeitslohn, sondern Einkünfte nach § 22 Nr. 3 EStG (→ BFH vom 8.5.2008 – BStBl. II S. 868).*

– *Zur Abgrenzung von Arbeitslohn und privater Vermögensebene bei einem Gesellschafter-Geschäftsführer → BFH vom 19.6.2008 (BStBl. II S. 826).*

Allgemeines zum Arbeitslohnbegriff

*Welche Einnahmen zum Arbeitslohn gehören, ist unter Beachtung der Vorschriften des § 19 Abs. 1 EStG und § 2 LStDV sowie der hierzu ergangenen Rechtsprechung zu entscheiden. Danach sind Arbeitslohn grundsätzlich alle Einnahmen in Geld oder Geldeswert, die durch ein individuelles Dienstverhältnis veranlasst sind. Ein **Veranlassungszusammenhang** zwischen Einnahmen und einem Dienstverhältnis ist anzunehmen, wenn die Einnahmen dem Empfänger nur mit Rücksicht auf das Dienstverhältnis zufließen und sich als Ertrag seiner nichtselbständigen Arbeit darstellen. Die letztgenannte Voraussetzung ist erfüllt, wenn sich die Einnahmen im weitesten Sinne als Gegenleistung für das Zurverfügungstellen der individuellen Arbeitskraft erweisen (→ BFH vom 11.3.1988 – BStBl. II S. 726 sowie BFH vom*

7.7.2004 – BStBl. 2005 II S. 367). Eine solche Gegenleistung liegt nicht vor, wenn die Vergütungen die mit der Tätigkeit zusammenhängenden Aufwendungen nur unwesentlich übersteigen (→ BFH vom 23.10.1992 – BStBl. 1993 II S. 303).

Ebenfalls keine Gegenleistung sind Vorteile, die sich bei objektiver Würdigung aller Umstände nicht als Entlohnung, sondern lediglich als notwendige Begleiterscheinung betriebsfunktionaler Zielsetzungen erweisen. Vorteile besitzen danach keinen Arbeitslohncharakter, wenn sie im ganz überwiegend eigenbetrieblichen Interesse des Arbeitgebers gewährt werden. Das ist der Fall, wenn sich aus den Begleitumständen wie zum Beispiel Anlass, Art und Höhe des Vorteils, Auswahl der Begünstigten, freie oder nur gebundene Verfügbarkeit, Freiwilligkeit oder Zwang zur Annahme des Vorteils und seine besondere Geeignetheit für den jeweils verfolgten betrieblichen Zweck ergibt, dass diese Zielsetzung ganz im Vordergrund steht und ein damit einhergehendes eigenes Interesse des Arbeitnehmers, den betreffenden Vorteil zu erlangen, vernachlässigt werden kann (→ BFH vom 7.7.2004 – BStBl. 2005 II S. 367 und die dort zitierte Rechtsprechung). Im Ergebnis handelt es sich um Leistungen des Arbeitgebers, die er im ganz überwiegenden betrieblichen Interesse erbringt. Ein ganz überwiegendes betriebliches Interesse muss über das an jeder Lohnzahlung bestehende betriebliche Interesse deutlich hinausgehen (→ BFH vom 2.2.1990 – BStBl. II S. 472). Gemeint sind Fälle, z. B. in denen ein Vorteil der Belegschaft als Gesamtheit zugewendet wird und in denen dem Arbeitnehmer ein Vorteil aufgedrängt wird, ohne dass ihm eine Wahl bei der Annahme des Vorteils bleibt und ohne dass der Vorteil eine Marktgängigkeit besitzt (→ BFH vom 25.7.1986 – BStBl. II S. 868).

Beispiele:
Zum Arbeitslohn gehören
- **die vom Arbeitgeber übernommenen Beiträge einer angestellten Rechtsanwältin zum deutschen Anwaltverein** (→ *BFH vom 12.2.2009 – BStBl. II S. 462),*
- *Arbeitnehmeranteile* zur Arbeitslosen-, Kranken-, Pflege- und Rentenversicherung (Gesamtsozialversicherung), wenn der Arbeitnehmer hierdurch einen eigenen Anspruch gegen einen Dritten erwirbt (→ BFH vom 16.1.2007 – BStBl. II S. 579). Entsprechendes gilt für vom Arbeitgeber übernommene Beiträge zur freiwilligen Rentenversicherung, und zwar auch dann, wenn die späteren Leistungen aus der gesetzlichen Rentenversicherung auf die zugesagten Versorgungsbezüge angerechnet werden sollen (→ BMF vom 13.2.2007 – BStBl. I S. 270), – **Anlage § 019-08** –
- die vom Arbeitgeber übernommenen Beiträge zur **Berufshaftpflichtversicherung** von Rechtsanwälten (→ BFH vom 26.7.2007 – BStBl. II S. 892),
- **die vom Arbeitgeber übernommenen Geldbußen und Geldauflagen bei nicht ganz überwiegend eigenbetrieblichem Interesse** (→ **BFH vom 22.7.2008 – BStBl. 2009 II S. 151),**
- die vom Arbeitgeber übernommenen **Kammerbeiträge** für Geschäftsführer von Wirtschaftsprüfungs-/Steuerberatungsgesellschaften (→ BFH vom 17.1.2008 – BStBl. II S. 378),
- die kostenlose oder verbilligte Überlassung von qualitativ und preislich **hochwertiger Kleidungsstücke** durch den Arbeitgeber (→ BFH vom 11.4.2006 – BStBl. II S. 691), soweit es sich nicht um typische Berufskleidung handelt → R 3.31 Abs. 1; zum überwiegend eigenbetrieblichen Interesse bei Überlassung einheitlicher Kleidung → BFH vom 22.6.2006 (BStBl. II S. 915),
- die innerhalb eines Dienstverhältnisses erzielten **Liquidationseinnahmen** eines angestellten Chefarztes aus einem eingeräumten Liquidationsrecht für gesondert berechenbare wahlärztliche Leistungen (→ BFH vom 5.10.2005 – BStBl. 2006 II S. 94),
- **Lohnsteuerbeträge**, soweit sie vom Arbeitgeber übernommen werden und kein Fall des § 40 Abs. 3 EStG vorliegt (→ BFH vom 28.2.1992 – BStBl. II S. 733). Bei den ohne entsprechende Nettolohnvereinbarung übernommenen Lohnsteuerbeträgen handelt es sich um Arbeitslohn des Kalenderjahrs, in dem sie entrichtet worden sind und der Arbeitgeber auf den Ausgleichsanspruch gegen den Arbeitnehmer verzichtet (→ BFH vom 29.10.1993 – BStBl. 1994 II S. 197). Entsprechendes gilt für übernommene Kirchensteuerbeträge,
- vom Arbeitgeber **nachträglich** an das Finanzamt **abgeführte Lohnsteuer** für zunächst als steuerfrei behandelten Arbeitslohn (→ BFH vom 29.11.2000 – BStBl. 2001 II S. 195),

§ 19 LStH 19.3

- *von einem Dritten verliehene Preise, die den Charakter eines leistungsbezogenen Entgelts haben und nicht eine Ehrung der Persönlichkeit des Preisträgers darstellen (→ BFH vom 23.4.2009 – BStBl. II S. 668),*
- **geldwerte Vorteile** *anlässlich von Reisen (→ LStH 19.7),*
- **Sachbezüge**, *soweit sie zu geldwerten Vorteilen des Arbeitnehmers aus seinem Dienstverhältnis führen (→ R 8.1 und 8.2),*
- *der **Erlass einer Schadensersatzforderung** des Arbeitgebers (→ BFH vom 27.3.1992 – BStBl. II S. 837), siehe auch H 8.1 (9–10) Verzicht auf Schadenersatz,*
- *Aufwendungen des Arbeitgebers für **Sicherheitsmaßnahmen** bei abstrakter berufsbedingter Gefährdung (→ BFH vom 5.4.2006 – BStBl. II S. 541); → aber BMF vom 30.6.1997 (BStBl. I S. 696),* **– Anlage § 019-02 –**
- **Surrogatleistungen** *des Arbeitgebers auf Grund des Wegfalls von Ansprüchen im Rahmen der betrieblichen Altersversorgung (→ BFH vom 7.5.2009 – BStBl. 2010 II S. 130),*
- *die vom Arbeitgeber übernommenen festen und laufenden Kosten für einen **Telefonanschluss** in der Wohnung des Arbeitnehmers oder für ein **Mobiltelefon**, soweit kein betriebliches Gerät benutzt wird (→ R 3.45), es sich nicht um Auslagenersatz nach R 3.50 handelt und die Telefonkosten nicht zu den Reisenebenkosten (→ R 9.8), Umzugskosten (→ R 9.9) oder Mehraufwendungen wegen doppelter Haushaltsführung (→ R 9.11) gehören,*
- *die Nutzung vom Arbeitgeber gemieteter **Tennis- und Squashplätzen** (→ BFH vom 27.9.1996 – BStBl. 1997 II S. 146),*
- *ggf. Beiträge für eine und Leistungen aus einer **Unfallversicherung** (→ BMF vom 28.10.2009 – BStBl. I S. 1275),* **– Anlage § 009-03 –**
- *Leistungen aus **Unterstützungskassen** (→ BFH vom 28.3.1958 – BStBl. III S. 268), soweit sie nicht nach R 3.11 Abs. 2 steuerfrei sind,*
- **Vermittlungsprovisionen** *(→ R 19.4).*

Nicht zum Arbeitslohn gehören
- **Aufmerksamkeiten** *(→ R 19.6),*
- **Arbeitnehmeranteile am Gesamtsozialversicherungsbeitrag**, *die der Arbeitgeber wegen der gesetzlichen Beitragslastverschiebung nachzuentrichten und zu übernehmen hat (§ 3 Nr. 62 EStG), es sei denn, dass Arbeitgeber und Arbeitnehmer eine Nettolohnvereinbarung getroffen haben oder der Arbeitgeber zwecks Steuer- und Beitragshinterziehung die Unmöglichkeit einer späteren Rückbelastung beim Arbeitnehmer bewusst in Kauf genommen hat (→ BFH vom 29.10.1993 – BStBl. 1994 II S. 194 und vom 13.9.2007 – BStBl. 2008 II S. 58),*
- *Beiträge des Bundes nach **§ 15 FELEG** (→ BFH vom 14.4.2005 – BStBl. II S. 569),*
- **Betriebsveranstaltungen** *(→ R 19.5),*
- **Fort- oder Weiterbildungsleistungen** *(→ R 19.7),*
- *Gestellung einheitlicher, während der Arbeitszeit zu tragender bürgerliche Kleidung, wenn das eigenbetriebliche Interesse des Arbeitgebers im Vordergrund steht bzw. kein geldwerter Vorteil des Arbeitnehmers anzunehmen ist (→ BFH vom 22.6.2006 – BStBl. II S. 915); zur Überlassung hochwertiger Kleidung → BFH vom 11.4.2006 (BStBl. II S. 691),*
- **Leistungen zur Verbesserung der Arbeitsbedingungen**, *z.B. die Bereitstellung von Aufenthalts- und Erholungsräumen sowie von betriebseigenen Dusch- und Badeanlagen; sie werden der Belegschaft als Gesamtheit und damit in überwiegendem betrieblichen Interesse zugewendet (→ BFH vom 25.7.1986 – BStBl. II S. 868),*
- **Maßnahmen** *des Arbeitgebers zur Vorbeugung spezifisch berufsbedingter Beeinträchtigungen der **Gesundheit**, wenn die Notwendigkeit der Maßnahmen zur Verhinderung krankheitsbedingter Arbeitsausfälle durch Auskünfte des medizinischen Dienstes einer Krankenkasse bzw. Berufsgenossenschaft oder durch Sachverständigengutachten bestätigt wird (→ BFH vom 30.5.2001 – BStBl. II S. 671),*
- **Mietzahlungen** *des Arbeitgebers für ein im Haus bzw. in der Wohnung des Arbeitnehmers gelegenes Arbeitszimmer, das der Arbeitnehmer für die Erbringung seiner Arbeitsleistung*

nutzt, wenn die Nutzung des Arbeitszimmers in vorrangigem Interesse des Arbeitgebers erfolgt (→ *BMF* vom 13.12.2005 – *BStBl.* 2006 I S. 4), — **Anlage § 019-06** —
- **übliche Sachleistungen** des Arbeitgebers anlässlich einer betrieblichen Veranstaltung im Zusammenhang mit einem runden Geburtstag des Arbeitnehmers im Rahmen des R 19.3 Abs. 2 Nr. 4 LStR; zur Abgrenzung einer betrieblichen Veranstaltung von einem privaten Fest des Arbeitnehmers → *BFH* vom 28.1.2003 (*BStBl.* II S. 724),
- **Schadensersatzleistungen**, soweit der Arbeitgeber zur Leistung gesetzlich verpflichtet ist oder soweit der Arbeitgeber einen zivilrechtlichen Schadensersatzanspruch des Arbeitnehmers wegen schuldhafter Verletzung arbeitsvertraglicher Fürsorgepflichten erfüllt (→ *BFH* vom 20.9.1996 – *BStBl.* 1997 II S. 144),
- **Vergütungen eines Sportvereins an Amateursportler**, wenn die Vergütungen die mit der Tätigkeit zusammenhängenden Aufwendungen nur unwesentlich übersteigen (→ *BFH* vom 23.10.1992 – *BStBl.* 1993 II S. 303),
- **Vergütungen für Sanitätshelfer des DRK**, wenn sie als pauschale Erstattung der Selbstkosten beurteilt werden können, weil sie die durch die ehrenamtliche Tätigkeit veranlassten Aufwendungen regelmäßig nur unwesentlich übersteigen (→ *BFH* vom 4.8.1994 – *BStBl.* II S. 944),
- **Verwarnungsgelder** wegen Verletzung des Halteverbots, die der Arbeitgeber (z. B. Paketzustelldienst) aus ganz überwiegend eigenbetrieblichem Interesse übernimmt (→ *BFH* vom 7.7.2004 – *BStBl.* 2005 II S. 367),
- **Vorsorgeuntersuchungen leitender Angestellter**
  → *BFH* vom 17.9.1982 (*BStBl.* 1983 II S. 39),
- **Zuwendungen aus persönlichem Anlass** (→ R 19.6).

Steuerfrei sind
- die Leistungen nach dem **Altersteilzeitgesetz** nach § 3 Nr. 28 EStG (→ R 3.28),
- **Aufwandsentschädigungen** nach § 3 Nr. 12 (→ R 3.12) und Einnahmen bis zum Höchstbetrag nach § 3 Nr. 26 und 26a EStG (→ R 3.26),
- durchlaufende Gelder und **Auslagenersatz** nach § 3 Nr. 50 EStG (→ R 3.50),
- **Beihilfen und Unterstützungen**, die wegen Hilfsbedürftigkeit gewährt werden nach § 3 Nr. 11 EStG (→ R 3.11),
- der Wert der unentgeltlich oder verbilligt überlassenen **Berufskleidung** sowie die Barablösung des Anspruchs auf Gestellung typischer Berufskleidung nach § 3 Nr. 31 EStG (→ R 3.31),
- die Erstattung von Mehraufwendungen bei **doppelter Haushaltsführung** nach § 3 Nr. 13 und 16 EStG (→ R 3.13, 3.16 und 9.11),
- die Maßnahmen der Gesundheitsförderung bis zum Höchstbetrag nach § 3 Nr. 34 EStG,
- der **Kaufkraftausgleich** nach § 3 Nr. 64 EStG (→ R 3.64),
- Leistungen des Arbeitgebers für die Unterbringung und Betreuung von nicht schulpflichtigen **Kindern** nach § 3 Nr. 33 EStG (→ R 3.33),
- **Nutzungsentgelt** für eine dem Arbeitgeber überlassene eigene Garage, in der ein Dienstwagen untergestellt wird (→ *BFH* vom 7.6.2002 – *BStBl.* II S. 829),
- der Ersatz von **Reisekosten** nach § 3 Nr. 13 und 16 EStG (→ R 3.13, 3.16 und 9.4 bis 9.8),
- die betrieblich notwendige **Sammelbeförderung** des Arbeitnehmers nach § 3 Nr. 32 EStG (→ R 3.32),
- **Studienbeihilfen und Stipendien** nach § 3 Nr. 11 und 44 EStG (→ R 4.1 und R 3.44 EStR),
- vom Arbeitgeber nach R 3.50 Abs. 2 ersetzte Aufwendungen für **Telekommunikation**,
- geldwerte Vorteile aus der privaten Nutzung betrieblicher Personalcomputer und **Telekommunikationsgeräte** nach § 3 Nr. 45 EStG (→ R 3.45),
- **Trinkgelder** nach § 3 Nr. 51 EStG,
- der Ersatz von **Umzugskosten** nach § 3 Nr. 13 und 16 EStG (→ R 3.13, 3.16 und 9.9),
- der Ersatz von **Unterkunftskosten** sowie die unentgeltliche oder teilentgeltliche Überlassung einer Unterkunft nach

§ 19

§ 3 Nr. 13 EStG (→ R 3.13),
§ 3 Nr. 16 EStG (→ R 9.7 und 9.11),
- der Ersatz von **Verpflegungskosten** nach
  § 3 Nr. 4 Buchstabe c (→ R 3.4),
  § 3 Nr. 12 (→ R 3.12),
  § 3 Nr. 13 (→ R 3.13),
  § 3 Nr. 16 (→ R 9.6 und 9.11),
  § 3 Nr. 26 EStG (→ R 3.26),
- **Werkzeuggeld** nach § 3 Nr. 30 EStG (→ R 3.30),
- **Zukunftssicherungsleistungen** des Arbeitgebers auf Grund gesetzlicher Verpflichtung und gleichgestellte Zuschüsse nach § 3 Nr. 62 EStG (→ § 2 Abs. 2 Nr. 3 LStDV und R 3.62),
- **Zuschläge** für Sonntags-, Feiertags- oder Nachtarbeit nach § 3b EStG (→ R 3b).

Gehaltsverzicht
→ R 3.33 und 38.2

Lohnverwendungsabrede
Arbeitslohn fließt nicht nur dadurch zu, dass der Arbeitgeber den Lohn auszahlt oder überweist, sondern auch dadurch, dass der Arbeitgeber eine mit dem Arbeitnehmer getroffene Lohnverwendungsabrede (eine konstitutive Verwendungsauflage) erfüllt. Keinen Lohn erhält der Arbeitnehmer hingegen dann, wenn der Arbeitnehmer auf Lohn verzichtet und keine Bedingungen an die Verwendung der freigewordenen Mittel knüpft (→ BFH vom 23.9.1998 – BStBl. 1999 II S. 98).

Lohnzahlung durch Dritte
Bei Zuflüssen von dritter Seite können die Einnahmen insbesondere dann Ertrag der nichtselbständigen Arbeit sein, wenn sie
- im Zusammenhang mit einer konkreten nicht dem Dritten, sondern dem Arbeitgeber geschuldeten Arbeitsleistung verschafft werden (→ BFH vom 11.11.1971 – BStBl. 1972 II S. 213),
- auf Grund konkreter Vereinbarungen mit dem Arbeitgeber beruhen (→ BFH vom 28.3.1958 – BStBl. III S. 268 und vom 27.1.1961 – BStBl. III S. 167 zu Leistungen aus einer **Unterstützungskasse**),
- auf Grund gesellschaftsrechtlicher oder geschäftlicher Beziehungen des Dritten zum Arbeitgeber gewährt werden (→ BFH vom 21.2.1986 – BStBl. II S. 768 zur unentgeltlichen oder teilentgeltlichen Überlassung von **Belegschaftsaktien** an Mitarbeiter verbundener Unternehmen),
- dem Empfänger mit Rücksicht auf das Dienstverhältnis zufließen (→ BFH vom 19.8.2004 – BStBl. II S. 1076 zur Wohnungsüberlassung).

Pensionszusage, Ablösung
Die Ablösung einer vom Arbeitgeber erteilten Pensionszusage führt beim Arbeitnehmer auch dann zum Zufluss von Arbeitslohn, wenn der Ablösungsbetrag auf Verlangen des Arbeitnehmers zur Übernahme der Pensionsverpflichtung an einen Dritten gezahlt wird (→ BFH vom 12.4.2007 – BStBl. II S. 581); zur Übertragung der betrieblichen Altersversorgung → § 3 Nr. 55 und Nr. 66 EStG und BMF vom **20.1.2009** (BStBl. I S. 273, Rz. 220 ff.).

– Anlage § 010a-01 –

Rabattgewährung durch Dritte
→ BMF vom 27.9.1993 (BStBl. I S. 814)   *– Anlage § 008-01 –*

Zinsen
Soweit die Arbeitnehmer von Kreditinstituten und ihre Angehörigen auf ihre Einlagen beim Arbeitgeber höhere Zinsen erhalten als betriebsfremde Anleger, sind die zusätzlichen Zinsen durch das Dienstverhältnis veranlasst und dem Lohnsteuerabzug zu unterwerfen. Aus Vereinfachungsgründen ist es jedoch nicht zu beanstanden, wenn der Zusatzzins als Einnahmen aus Kapitalvermögen behandelt wird, sofern der dem Arbeitnehmer und seinen Angehörigen eingeräumte Zinssatz nicht mehr als 1 Prozentpunkt über dem Zinssatz liegt, den die kontoführende Stelle des Arbeitgebers betriebsfremden Anlegern im allgemeinen Geschäftsverkehr anbietet (→ BMF vom 2.3.1990 – BStBl. I S. 141).   *– Anlage § 008-10 –*

Zufluss von Arbeitslohn
→ *R 38.2*
Zum Lohnsteuerabzug → *R 38.4*

LStR

R 19.4 Vermittlungsprovisionen

(1) ¹Erhalten Arbeitnehmer von ihren Arbeitgebern Vermittlungsprovisionen, sind diese grundsätzlich Arbeitslohn. ²Das Gleiche gilt für Provisionen, die ein Dritter an den Arbeitgeber zahlt und die dieser an den Arbeitnehmer weiterleitet.

(2) ¹Provisionszahlungen einer Bausparkasse oder eines Versicherungsunternehmens an Arbeitnehmer der Kreditinstitute für Vertragsabschlüsse, die während der Arbeitszeit vermittelt werden, sind als Lohnzahlungen Dritter dem Lohnsteuerabzug zu unterwerfen. ²Wenn zum Aufgabengebiet des Arbeitnehmers der direkte Kontakt mit dem Kunden des Kreditinstituts gehört, z.B. bei einem Kunden- oder Anlageberater, gilt dies auch für die Provisionen der Vertragsabschlüsse außerhalb der Arbeitszeit.

Hinweise

LStH 19.4 *Lohnsteuerabzug bei Vermittlungsprovisionen von Dritten*
→ *R 38.4*

Provisionen für Vertragsabschlüsse mit dem Arbeitnehmer
– *Preisnachlässe des Arbeitgebers bei Geschäften, die mit dem Arbeitnehmer als Kunden abgeschlossen werden, sind als Preisvorteile nach § 8 Abs. 3 EStG zu erfassen, auch wenn sie als Provisionszahlungen bezeichnet werden (→ BFH vom 22.5.1992 – BStBl. II S. 840).*
– *Provisionszahlungen einer Bausparkasse oder eines Versicherungsunternehmens an Arbeitnehmer der Kreditinstitute bei Vertragsabschlüssen im Verwandtenbereich und für eigene Verträge unterliegen als Rabatte von dritter Seite dem Lohnsteuerabzug (→ BMF vom 27.9.1993 – BStBl. I S. 814).* – **Anlage § 008-01** –

Provisionen für im Innendienst Beschäftigte
Provisionen, die Versicherungsgesellschaften ihren im Innendienst beschäftigten Arbeitnehmern für die gelegentliche Vermittlung von Versicherungen zahlen, und Provisionen im Bankgewerbe für die Vermittlung von Wertpapiergeschäften sind Arbeitslohn, wenn die Vermittlungstätigkeit im Rahmen des Dienstverhältnisses ausgeübt wird (→ BFH vom 7.10.1954 – BStBl. 1955 III S. 17).

LStR

R 19.5 Zuwendungen bei Betriebsveranstaltungen

Allgemeines

(1) Zuwendungen des Arbeitgebers an die Arbeitnehmer bei Betriebsveranstaltungen gehören als Leistungen im ganz überwiegenden betrieblichen Interesse des Arbeitgebers nicht zum Arbeitslohn, wenn es sich um herkömmliche (übliche) Betriebsveranstaltungen und um bei diesen Veranstaltungen übliche Zuwendungen handelt.

Begriff der Betriebsveranstaltung

(2) ¹Betriebsveranstaltungen sind Veranstaltungen auf betrieblicher Ebene, die gesellschaftlichen Charakter haben und bei denen die Teilnahme allen Betriebsangehörigen offensteht, z.B. Betriebsausflüge, Weihnachtsfeiern, Jubiläumsfeiern. ²Ob die Veranstaltung vom Arbeitgeber, Betriebsrat oder Personalrat durchgeführt wird, ist unerheblich. ³Veranstaltungen, die nur für einen beschränkten Kreis der Arbeitnehmer von Interesse sind, sind Betriebsveranstaltungen, wenn sich die Begrenzung des Teilnehmerkreises nicht als eine Bevorzugung bestimmter Arbeitnehmergruppen darstellt. ⁴Als Betriebsveranstaltungen sind deshalb auch solche Veranstaltungen anzuerkennen, die z.B.

1. jeweils nur für eine Organisationseinheit des Betriebs, z.B. Abteilung, durchgeführt werden, wenn alle Arbeitnehmer dieser Organisationseinheit an der Veranstaltung teilnehmen können,
2. nur für alle im Ruhestand befindlichen früheren Arbeitnehmer des Unternehmens veranstaltet werden (Pensionärstreffen),

§ 19   RL 19.5

3. nur für solche Arbeitnehmer durchgeführt werden, die bereits im Unternehmen ein rundes (10-, 20-, 25-, 30-, 40-, 50-, 60jähriges) Arbeitnehmerjubiläum gefeiert haben oder i.V.m. der Betriebsveranstaltung feiern (Jubilarfeiern). ²Dabei ist es unschädlich, wenn neben den Jubilaren auch ein begrenzter Kreis anderer Arbeitnehmer, wie z.B. die engeren Mitarbeiter des Jubilars, eingeladen wird.
³Der Annahme eines 40-, 50- oder 60-jährigen Arbeitnehmerjubiläums steht nicht entgegen, wenn die Jubilarfeier zu einem Zeitpunkt stattfindet, der höchstens fünf Jahre vor den bezeichneten Jubiläumsdienstzeiten liegt.

⁵Die Ehrung eines einzelnen Jubilars oder eines einzelnen Arbeitnehmers bei dessen Ausscheiden aus dem Betrieb, auch unter Beteiligung weiterer Arbeitnehmer, ist keine Betriebsveranstaltung; zu Sachzuwendungen aus solchen Anlässen → R **19.3** Abs. 2 Nr. 3. ⁶Auch ein sogenanntes Arbeitsessen ist keine Betriebsveranstaltung (→ R **19.6** Abs. 2).

Herkömmlichkeit (Üblichkeit) der Betriebsveranstaltung

(3) ¹Abgrenzungsmerkmale für die Herkömmlichkeit (Üblichkeit) sind Häufigkeit oder besondere Ausgestaltung der Betriebsveranstaltung. ²In Bezug auf die Häufigkeit ist eine Betriebsveranstaltung üblich, wenn nicht mehr als zwei Veranstaltungen jährlich durchgeführt werden; auf die Dauer der einzelnen Veranstaltung kommt es nicht an. ³Das gilt auch für Veranstaltungen i.S.d. Absatzes 2 **Satz** Nr. 2 und 3, die gesondert zu werten sind. ⁴Bei mehr als zwei gleichartigen Veranstaltungen kann der Arbeitgeber die beiden Veranstaltungen auswählen, die als übliche Betriebsveranstaltungen durchgeführt werden. ⁵Unschädlich ist, wenn ein Arbeitnehmer an mehr als zwei unterschiedlichen Veranstaltungen teilnimmt, z. B. ein Jubilar, der noch im selben Jahr in den Ruhestand tritt, nimmt an der Jubilarfeier, an einem Pensionärstreffen und an einem Betriebsausflug teil. ⁶Die Teilnahme eines Arbeitnehmers an mehr als zwei gleichartigen Betriebsveranstaltungen ist unschädlich, wenn sie der Erfüllung beruflicher Aufgaben dient, z.B. wenn der Personalchef oder Betriebsratsmitglieder die Veranstaltungen mehrerer Abteilungen besuchen.

Übliche Zuwendungen

(4) ¹Übliche Zuwendungen bei einer Betriebsveranstaltung sind insbesondere

1. Speisen, Getränke, Tabakwaren und Süßigkeiten,
2. die Übernahme von Übernachtungs- und Fahrtkosten, auch wenn die Fahrt als solche schon einen Erlebniswert hat,
3. Eintrittskarten für kulturelle und sportliche Veranstaltungen, wenn sich die Betriebsveranstaltung nicht im Besuch einer kulturellen oder sportlichen Veranstaltung erschöpft,
4. Geschenke. ²Üblich ist auch die nachträgliche Überreichung der Geschenke an solche Arbeitnehmer, die aus betrieblichen oder persönlichen Gründen nicht an der Betriebsveranstaltung teilnehmen konnten, nicht aber eine deswegen gewährte Barzuwendung,
5. Aufwendungen für den äußeren Rahmen, z. B. für Räume, Musik, Kegelbahn, für künstlerische und artistische Darbietungen, wenn die Darbietungen nicht der wesentliche Zweck der Betriebsveranstaltung sind.

²Betragen die Aufwendungen des Arbeitgebers einschließlich Umsatzsteuer für die üblichen Zuwendungen i.S.d. **Satzes** 1 bis 5 an den einzelnen Arbeitnehmer insgesamt mehr als 110 Euro je Veranstaltung, sind die Aufwendungen dem Arbeitslohn hinzuzurechnen.

(5) Im Übrigen gilt Folgendes:

1. Zuwendungen an den Ehegatten oder einen Angehörigen des Arbeitnehmers, z. B. Kind, Verlobte, sind dem Arbeitnehmer zuzurechnen.
2. Barzuwendungen, die statt der in Absatz 4 **Satz** 1 Nr. 1 bis 3 genannten Sachzuwendungen gewährt werden, sind diesen gleichgestellt, wenn ihre zweckentsprechende Verwendung sichergestellt ist.
3. Nehmen an einer Betriebsveranstaltung Arbeitnehmer teil, die an einem anderen Ort als dem des Betriebs tätig sind, z. B. der Außendienstmitarbeiter eines Unternehmens, können die Aufwendungen für die Fahrt zur Teilnahme abweichend vom BFH-Urteil vom 25.5.1992 – BStBl. II S. 856 als Reisekosten behandelt werden.

Besteuerung der Zuwendungen

(6) ¹Bei einer nicht herkömmlichen (unüblichen) Betriebsveranstaltung gehören die gesamten Zuwendungen an die Arbeitnehmer, einschließlich der Aufwendungen für den äußeren Rahmen (Absatz 4 **Satz 1** Nr. 5), zum Arbeitslohn. ²Für die Erhebung der Lohnsteuer gelten die allgemeinen Vorschriften; § 40 Abs. 2 EStG ist anwendbar. ³Das gilt auch für ihrer Art nach übliche Zuwendungen, bei denen die 110-Euro-Grenze des Absatzes 4 Satz 2 überschritten wird, sowie für nicht übliche Zuwendungen, z. B.

RL 19.5 § 19

Geschenke, deren Gesamtwert 40 Euro übersteigt, oder Zuwendungen an einzelne Arbeitnehmer, aus Anlass – nicht nur bei Gelegenheit – einer Betriebsveranstaltung.

Hinweise

LStH 19.5 Dauer

Aufwendungen des Arbeitgebers führen bei einer zweitägigen Betriebsveranstaltung nicht zu Arbeitslohn, sofern die Freigrenze von 110 Euro eingehalten wird (→ BFH vom 16.11.2005 – BStBl. 2006 II S. 439).

Entlohnungsabsicht

Zuwendungszweck von Aufwendungen des Arbeitgebers für eine nach Häufigkeit, Dauer und Ausgestaltung übliche Betriebsveranstaltung ist nicht die Entlohnung von Arbeitsleistung, sondern das Gelingen der im ganz überwiegenden betrieblichen Interesse des Arbeitgebers zur Förderung des Betriebsklimas durchgeführten Gemeinschaftsveranstaltung. Von einer Entlohnungsabsicht ist dagegen bei einer unüblichen Betriebsveranstaltung oder bei außergewöhnlichen Zuwendungen aus Anlass herkömmlicher Betriebsveranstaltungen auszugehen (→ BFH vom 22.3.1985 – BStBl. II S. 529, 532).

Überschreiten die Zuwendungen anlässlich einer herkömmlichen Betriebsveranstaltung einschließlich der Kosten für den äußeren Rahmen den Höchstbetrag von 110 Euro (→ R 19.5 Abs. 4 Satz 2) je teilnehmenden Arbeitnehmer, erlangen sie ein derartiges Eigengewicht, dass sie als steuerpflichtiger Arbeitslohn zu werten sind. Das gilt auch dann, wenn der Höchstbetrag nur geringfügig oder bei einzelnen Arbeitnehmern nur wegen der Zurechnung von anteiligen Kosten für mitgenommene Angehörige überschritten wird (→ BFH vom 25.5.1992 – BStBl. II S. 655 und vom 16.11.2005 – BStBl. 2006 II S. 442).

Gemischt veranlasste Veranstaltung

– *Sachzuwendungen anlässlich einer Reise, die sowohl eine Betriebsveranstaltung als auch eine aus ganz überwiegend eigenbetrieblichen Interessen durchgeführte Betriebsbesichtigung bei einem Hauptkunden des Arbeitgebers umfasst, sind grundsätzlich aufzuteilen. Die Aufwendungen des Arbeitgebers für eine derartige Reise sind insgesamt kein Arbeitslohn, wenn die dem Betriebsveranstaltungsteil zuzurechnenden, anteiligen Kosten die Freigrenze von 110 Euro nicht übersteigen. Die dem Betriebsbesichtigungsteil zuzurechnenden, anteiligen Kosten stellen ebenfalls keinen Arbeitslohn dar, wenn die Besichtigung im ganz überwiegend eigenbetrieblichen Interesse durchgeführt wird (→ BFH vom 16.11.2005 – BStBl. 2006 II S. 444).*

– **Sachzuwendungen an Arbeitnehmer anlässlich einer Veranstaltung, die sowohl Elemente einer Betriebsveranstaltung als auch einer sonstigen betrieblichen Veranstaltung enthält, sind grundsätzlich aufzuteilen. Die Aufwendungen des Arbeitgebers für die Durchführung der gemischt veranlassten Gesamtveranstaltung sind nur dann kein Arbeitslohn, wenn die dem Betriebsveranstaltungsteil zuzurechnenden anteiligen Kosten die für die Zuordnung bei Betriebsveranstaltungen maßgebliche Freigrenze von 110 € nicht überschreiten (→ BFH vom 30.4.2009 – BStBl. II S. 726).**

Geschenke

Geschenke gehören als übliche Zuwendungen nicht zum Arbeitslohn, wenn sie im Rahmen einer Betriebsveranstaltung gegeben werden. Dies ist nicht der Fall, wenn die Veranstaltung nur in der Übergabe der Geschenke besteht (→ BFH vom 9.6.1978 – BStBl. II S. 532).

Häufigkeit

Führt ein Arbeitgeber pro Kalenderjahr mehr als zwei Betriebsveranstaltungen für denselben Kreis von Begünstigten durch, wird ab der dritten Veranstaltung Arbeitslohn zugewendet (→ BFH vom 16.11.2005 – BStBl. 2006 II S. 440).

Pauschalbesteuerung

Die pauschale Erhebung der Lohnsteuer nach § 40 Abs. 2 Satz 1 Nr. 2 EStG kommt nur in Betracht, wenn begrifflich eine Betriebsveranstaltung gegeben ist. Das ist nur der Fall, wenn die Veranstaltung grundsätzlich allen Arbeitnehmern offen steht, die Teilnahme an ihr also keine Privilegierung einzelner Arbeitnehmer darstellt (→ BFH vom 9.3.1990 – BStBl. II S. 711).

§ 19

Privilegierung

- *Incentive-Reisen, die der Arbeitgeber veranstaltet, um bestimmte Arbeitnehmer für besondere Leistungen zu entlohnen und zu weiteren Leistungen zu motivieren, sind keine Betriebsveranstaltungen (→ BFH vom 9.3.1990 – BStBl. II S. 711).*
- *Eine Betriebsveranstaltung kann auch dann vorliegen, wenn eine gemeinsame Veranstaltung für einzelne Abteilungen eines Unternehmens durchgeführt wird. Voraussetzung hierfür ist, dass die abteilungsübergreifende Veranstaltung allen Arbeitnehmern der einbezogenen Abteilungen offen steht (vertikale Beteiligung) und sich damit die Begrenzung des Teilnehmerkreises nicht als eine Bevorzugung bestimmter Arbeitnehmergruppen innerhalb der Abteilungen darstellt (→ BFH vom 4.8.1994 – BStBl. 1995 II S. 59).*
- **Eine nur Führungskräften eines Unternehmens vorbehaltene Abendveranstaltung ist mangels Offenheit des Teilnehmerkreises keine Betriebsveranstaltung (→ BFH vom 15.1.2009 – BStBl. II S. 476).**

Sachbezugswerte

Bei einer unüblichen Betriebsveranstaltung gewährte Sachzuwendungen sind mit den üblichen Endpreisen am Abgabeort zu bewerten; die Werte der SvEV für Unterkunft und Verpflegung sind nicht anzuwenden (→ BFH vom 6.2.1987 – BStBl. II S. 355).

Theaterkarten

Zu den üblichen Zuwendungen gehört eine vom Arbeitgeber überlassene Theaterkarte, wenn der Theaterbesuch Bestandteil des Gesamtprogramms einer Betriebsveranstaltung ist (→ BFH vom 21.2.1986 – BStBl. II S. 406).

Verlosungsgewinne

Gewinne aus einer Verlosung, die gelegentlich einer Betriebsveranstaltung durchgeführt wurde, gehören zum Arbeitslohn, wenn an der Verlosung nicht alle an der Betriebsveranstaltung teilnehmenden Arbeitnehmer beteiligt werden, sondern die Verlosung nur einem bestimmten, herausgehobenen Personenkreis vorbehalten ist (→ BFH vom 25.11.1993 – BStBl. 1994 II S. 254).

Zuschuss

Leistet ein Arbeitgeber einen Zuschuss zu einer Betriebsveranstaltung in eine Gemeinschaftskasse der Arbeitnehmer, stellt diese Zuwendung keinen Arbeitslohn dar, wenn der Zuschuss die Freigrenze von 110 Euro je Arbeitnehmer nicht überschreitet (→ BFH vom 16.11.2005 – BStBl. 2006 II S. 437).

LStR

R 19.6 Aufmerksamkeiten

(1) [1]Sachleistungen des Arbeitgebers, die auch im gesellschaftlichen Verkehr üblicherweise ausgetauscht werden und zu keiner ins Gewicht fallenden Bereicherung der Arbeitnehmer führen, gehören als bloße Aufmerksamkeiten nicht zum Arbeitslohn. [2]Aufmerksamkeiten sind Sachzuwendungen bis zu einem Wert von 40 Euro, z. B. Blumen, Genussmittel, ein Buch oder ein Tonträger, die dem Arbeitnehmer oder seinen Angehörigen aus Anlass eines besonderen persönlichen Ereignisses zugewendet werden. [3]Geldzuwendungen gehören stets zum Arbeitslohn, auch wenn ihr Wert gering ist.

(2) [1]Als Aufmerksamkeiten gehören auch Getränke und Genussmittel, die der Arbeitgeber den Arbeitnehmern zum Verzehr im Betrieb unentgeltlich oder teilentgeltlich überlässt, nicht zum Arbeitslohn. [2]Dasselbe gilt für Speisen, die der Arbeitgeber den Arbeitnehmern anlässlich und während eines außergewöhnlichen Arbeitseinsatzes, z. B. während einer außergewöhnlichen betrieblichen Besprechung oder Sitzung, im ganz überwiegenden betrieblichen Interesse an einer günstigen Gestaltung des Arbeitsablaufs unentgeltlich oder teilentgeltlich überlässt und deren Wert 40 Euro nicht überschreitet.

Hinweise

LStH 19.6 Bewirtung von Arbeitnehmern

- *Zur Gewichtung des Arbeitgeberinteresses an der Überlassung von Speisen und Getränken anlässlich und während eines außergewöhnlichen Arbeitseinsatzes (→ BFH vom 5.5.1994 – BStBl. II S. 771).*

- *Ein mit einer gewissen Regelmäßigkeit stattfindendes Arbeitsessen in einer Gaststätte am Sitz des Unternehmens führt bei den teilnehmenden Arbeitnehmern zu einem Zufluss von Arbeitslohn (→ BFH vom 4.8.1994 – BStBl. 1995 II S. 59).*
- *Zur Erfassung und Bewertung von Mahlzeiten, die der Arbeitgeber oder auf dessen Veranlassung ein Dritter aus besonderem Anlass an Arbeitnehmer abgibt (→ R 8.1 Abs. 8).*

Gelegenheitsgeschenke

Freiwillige Sonderzuwendungen (z.B. Lehrabschlussprämien) des Arbeitgebers an einzelne Arbeitnehmer, gehören grundsätzlich zum Arbeitslohn, und zwar auch dann, wenn mit ihnen soziale Zwecke verfolgt werden oder wenn sie dem Arbeitnehmer anlässlich besonderer persönlicher Ereignisse zugewendet werden; das gilt sowohl für Geld- als auch für Sachgeschenke (→ BFH vom 22.3.1985 – BStBl. II S. 641).

Warengutschein

als Sachbezug → R 8.1 Abs. 1 Satz 7. Zum Zuflusszeitpunkt → R 38.2 Abs. 3.

LStR

R 19.7 Berufliche Fort- oder Weiterbildungsleistungen des Arbeitgebers

(1) ¹Berufliche Fort- oder Weiterbildungsleistungen des Arbeitgebers führen nicht zu Arbeitslohn, wenn diese Bildungsmaßnahmen im ganz überwiegenden betrieblichen Interesse des Arbeitgebers durchgeführt werden. ²Dabei ist es gleichgültig, ob die Bildungsmaßnahmen am Arbeitsplatz, in zentralen betrieblichen Einrichtungen oder in außerbetrieblichen Einrichtungen durchgeführt werden. ³Sätze 1 und 2 gelten auch für Bildungsmaßnahmen fremder Unternehmer, die für Rechnung des Arbeitgebers erbracht werden.

(2) ¹Bei einer Bildungsmaßnahme ist ein ganz überwiegendes betriebliches Interesse des Arbeitgebers anzunehmen, wenn sie die Einsatzfähigkeit des Arbeitnehmers im Betrieb des Arbeitgebers erhöhen soll. ²Für die Annahme eines ganz überwiegenden betrieblichen Interesses des Arbeitgebers ist nicht Voraussetzung, dass der Arbeitgeber die Teilnahme an der Bildungsmaßnahme zumindest teilweise auf die Arbeitszeit anrechnet. ³Rechnet er die Teilnahme an der Bildungsmaßnahme zumindest teilweise auf die Arbeitszeit an, ist die Prüfung weiterer Voraussetzungen eines ganz überwiegenden betrieblichen Interesses des Arbeitgebers entbehrlich, es sei denn, es liegen konkrete Anhaltspunkte für den Belohnungscharakter der Maßnahme vor. ⁴Auch sprachliche Bildungsmaßnahmen sind unter den genannten Voraussetzungen dem ganz überwiegenden betrieblichen Interesse zuzuordnen, wenn der Arbeitgeber die Sprachkenntnisse in dem für den Arbeitnehmer vorgesehenen Aufgabengebiet verlangt. ⁵Von einem ganz überwiegenden betrieblichen Interesse ist auch bei dem SGB III entsprechenden Qualifikations- und Trainingsmaßnahmen auszugehen, die der Arbeitgeber oder eine zwischengeschaltete Beschäftigungsgesellschaft im Zusammenhang mit Auflösungsvereinbarungen erbringt. ⁶Bildet sich der Arbeitnehmer nicht im ganz überwiegenden betrieblichen Interesse des Arbeitgebers fort, gehört der nach § 8 Abs. 2 EStG zu ermittelnde Wert der vom Arbeitgeber erbrachten Fort- oder Weiterbildungsleistung zum Arbeitslohn. ⁷Der Arbeitnehmer kann ggf. den Wert einer beruflichen Fort- und Weiterbildung im Rahmen des § 9 Abs. 1 Satz 1 EStG als Werbungskosten (→ R **9.2**) oder im Rahmen des § 10 Abs. 1 Nr. 7 EStG als Sonderausgaben geltend machen.

(3) Auch wenn Fort- oder Weiterbildungsleistungen nach den vorstehenden Regelungen nicht zu Arbeitslohn führen, sind die Aufwendungen des Arbeitgebers, die zwar durch die Teilnahme des Arbeitnehmers an der Bildungsveranstaltung veranlasst sind, jedoch wie z. B. Reisekosten neben den Kosten für die eigentliche Fort- oder Weiterbildungsleistung anfallen, nach R **9.4** bis **R 9.8** und **R 9.11** zu behandeln.

Hinweise

LStH 19.7 Incentive-Reisen

- *Veranstaltet der Arbeitgeber so genannte Incentive-Reisen, um bestimmte Arbeitnehmer für besondere Leistungen zu belohnen und zu weiteren Leistungssteigerungen zu motivieren, erhalten die Arbeitnehmer damit einen steuerpflichtigen geldwerten Vorteil, wenn auf den Reisen ein Besichtigungsprogramm angeboten wird, das einschlägigen Touristikkreisen entspricht, und der Erfahrungsaustausch zwischen den Arbeitnehmern demgegenüber zurücktritt (→ BFH vom 9.3.1990 – BStBl. II S. 711).*

§ 19 RL 19.7, 19.8

- Ein geldwerter Vorteil entsteht nicht, wenn die Betreuungsaufgaben das Eigeninteresse des Arbeitnehmers an der Teilnahme des touristischen Programms in den Hintergrund treten lassen (→ BFH vom 5.9.2006 – BStBl. 2007 II S. 312).
- Selbst wenn ein Arbeitnehmer bei einer von seinem Arbeitgeber veranstalteten so genannten Händler-Incentive-Reise Betreuungsaufgaben hat, ist die Reise Arbeitslohn, wenn der Arbeitnehmer auf der Reise von seinem Ehegatten begleitet wird (→ BFH vom 25.3.1993 – BStBl. II S. 639).
- Eine Aufteilung von Sachzuwendungen an Arbeitnehmer in Arbeitslohn und Zuwendungen im eigenbetrieblichen Interesse ist grundsätzlich möglich (→ BFH vom 18.8.2005 – BStBl. 2006 II S. 30).
- → BMF vom 14.10.1996 (BStBl. I S. 1192) *– Anlage § 004-02 –*

Studienreisen, Fachkongresse
→ R 12.2 EStR, H 12.2 EStH

LStR

R 19.8 Versorgungsbezüge

(1) Zu den nach § 19 Abs. 2 EStG steuerbegünstigten Versorgungsbezügen gehören auch:

1. Sterbegeld i.S.d. § 18 Abs. 1, Abs. 2 Nr. 1 und Abs. 3 BeamtVG sowie entsprechende Bezüge im privaten Dienst. ²Nicht zu den steuerbegünstigten Versorgungsbezügen gehören Bezüge, die für den Sterbemonat auf Grund des Arbeitsvertrages als Arbeitsentgelt gezahlt werden; besondere Leistungen an Hinterbliebene, die über das bis zum Erlöschen des Dienstverhältnisses geschuldete Arbeitsentgelt hinaus gewährt werden, sind dagegen Versorgungsbezüge,
2. Übergangsversorgung, die nach dem BAT **oder diesen ergänzenden, ändernden oder ersetzenden Tarifverträgen sowie Übergangszahlungen nach § 47 Nr. 3 des Tarifvertrags für den öffentlichen Dienst der Länder (TV-L)** an Angestellte im militärischen Flugsicherungsdienst, bei der Bundesanstalt für Flugsicherung im Flugsicherungsdienst, im Justizvollzugsdienst und im kommunalen feuerwehrtechnischen Dienst sowie an Luftfahrzeugführer von Messflugzeugen und an fluglärmmessenden Luftfahrzeugführer gezahlt wird, einschließlich des an Hinterbliebene zu zahlenden monatlichen Ausgleichsbetrages und einschließlich des Ausgleichs, der neben der Übergangsversorgung zu zahlen ist, sowie die Übergangsversorgung, die nach § 7 des Tarifvertrags vom 30.11.1991 über einen sozialverträglichen Personalabbau im Bereich des Bundesministeriums der Verteidigung gezahlt wird,
3. die Bezüge der Beamten im einstweiligen Ruhestand,
4. die nach § 44 Abs. **2 Satz 4** des Bundesbeamtengesetzes (BBG) sowie entsprechender Vorschriften der Beamtengesetze der Länder gekürzten Dienstbezüge,
5. die Unterhaltsbeiträge nach den §§ 15 und 26 BeamtVG sowie nach § 69 BeamtVG oder entsprechenden landesrechtlichen Vorschriften,
6. die Versorgungsbezüge der vorhandenen, ehemals unter das G 131 und das Gesetz zur Regelung der Wiedergutmachung nationalsozialistischen Unrechts für Angehörige des öffentlichen Dienstes (BWGöD) fallenden früheren Angehörigen des öffentlichen Dienstes und ihrer Hinterbliebenen nach § 2 Abs. 1 Nr. 1 des Dienstrechtlichen Kriegsfolgen-Abschlussgesetzes (DKfAG) i.V.m. den §§ 69, 69a BeamtVG,
7. die Versorgungsbezüge der politischen Wahlbeamten auf Zeit,
8. das Ruhegehalt und der Ehrensold der ehemaligen Regierungsmitglieder einschließlich der entsprechenden Hinterbliebenenbezüge, nicht dagegen das Übergangsgeld nach § 14 des Bundesministergesetzes sowie entsprechende Leistungen auf Grund von Gesetzen der Länder,
9. Sonderzuwendungen nach § 4 des Bundessonderzahlungsgesetzes sowie entsprechende Leistungen nach Gesetzen der Länder, wenn sie an Empfänger von Bezügen i.S.d. § 19 Abs. 2 EStG gezahlt werden,
10. Verschollenheitsbezüge nach § 29 Abs. 2 BeamtVG sowie entsprechende Leistungen nach den Beamtengesetzen der Länder,
11. Abfindungsrenten nach § 69 BeamtVG oder entsprechenden landesrechtlichen Vorschriften,
12. Unterhaltsbeihilfen nach den §§ 5 und 6 des baden-württembergischen Gesetzes zur einheitlichen Beendigung der politischen Säuberung vom 13.7.1953 (Ges. Bl. S. 91),

13. Ehrensold der früheren ehrenamtlichen Bürgermeister und ihrer Hinterbliebenen nach § 6 des baden-württembergischen Gesetzes über die Aufwandsentschädigung der ehrenamtlichen Bürgermeister vom 19.6.1987 (Ges. Bl. S. 281),
14. Ehrensold der früheren Bürgermeister und früheren Bezirkstagspräsidenten nach den Artikeln 138 und 138 a des bayerischen Gesetzes über kommunale Wahlbeamte,
15. das Ruhegeld der vorhandenen, ehemals unter das G 131 und das BWGöD fallenden früheren Angestellten und Arbeiter der Freien und Hansestadt Hamburg nach § 2 Abs. 1 Nr. 5 DKfAG i. V. m. dem Hamburgischen Zusatzversorgungsgesetz,
16. Ehrensold der früheren ehrenamtlichen Bürgermeister und Kassenverwalter und ihrer Hinterbliebenen nach dem hessischen Gesetz über die Aufwandsentschädigungen und den Ehrensold der ehrenamtlichen Bürgermeister und der ehrenamtlichen Kassenverwalter der Gemeinden vom 7.10.1970 (GVBl. I S. 635),
17. Ehrensold der früheren ehrenamtlichen Bürgermeister, Beigeordneten und Ortsvorsteher nach dem rheinland-pfälzischen Ehrensoldgesetz vom 18.12.1972 (GVBl. S. 376),
18. Ruhegehalt und Versorgungsbezüge, die auf Grund des Artikels 3 der Anlage 1 des Saarvertrags (BGBl. 1956 II S. 1587) an Personen gezahlt werden, die aus Anlass der Rückgliederung des Saarlandes in den Ruhestand versetzt worden sind,
19. die Bezüge der im Saarland nach dem 8.5.1945 berufenen Amtsbürgermeister und Verwaltungsvorsteher, die nach dem Gesetz zur Ergänzung der Gemeindeordnung vom 10.7.1953 (Amtsbl. S. 415) in den Ruhestand versetzt worden sind,
20. Ehrensold der früheren ehrenamtlichen Bürgermeister, Beigeordneten und Amtsvorsteher nach dem saarländischen Gesetz Nr. 987 vom 6.3.1974 (Amtsbl. S. 357),
21. Vorruhestandsleistungen, z. B. i.S.d. Vorruhestandsgesetzes, soweit der Arbeitnehmer im Lohnzahlungszeitraum das 63., bei Schwerbehinderten das 60. Lebensjahr vollendet hat.

(2) Nicht zu den nach § 19 Abs. 2 EStG steuerbegünstigten Versorgungsbezügen gehören insbesondere
1. das Übergangsgeld nach § 47 BeamtVG i. V. m. dessen § 67 Abs. 4 und entsprechende Leistungen auf Grund der Beamtengesetze der Länder sowie das Übergangsgeld nach § 47a BeamtVG,
2. das Übergangsgeld nach § 14 des Bundesministergesetzes und entsprechende Leistungen auf Grund der Gesetze der Länder.

(3) ¹Bezieht ein Versorgungsberechtigter Arbeitslohn aus einem gegenwärtigen Dienstverhältnis und werden deshalb, z. B. nach § 53 BeamtVG, die Versorgungsbezüge gekürzt, sind nur die gekürzten Versorgungsbezüge nach § 19 Abs. 2 EStG steuerbegünstigt; das Gleiche gilt, wenn Versorgungsbezüge nach der Ehescheidung gekürzt werden (§ 57 BeamtVG). ²Nachzahlungen von Versorgungsbezügen an nichtversorgungsberechtigte Erben eines Versorgungsberechtigten sind nicht nach § 19 Abs. 2 EStG begünstigt.

Hinweise

LStH 19.8 Beamte – vorzeitiger Ruhestand
Bezüge nach unwiderruflicher Freistellung vom Dienst bis zur Versetzung in den Ruhestand gehören zu den Versorgungsbezügen (→ BFH vom 12.2.2009 – BStBl. II S. 460).

Emeritenbezüge entpflichteter Hochschullehrer
Zu den Versorgungsbezügen gehören auch Emeritenbezüge entpflichteter Hochschullehrer (→ BFH vom 19.6.1974 – BStBl. 1975 II S. 23 und vom 5.11.1993 – BStBl. 1994 II S. 238).

NATO-Bedienstete
Ruhegehaltsbezüge an ehemalige NATO-Bedienstete sind Versorgungsbezüge (→ BFH vom 22.11.2006 – BStBl. 2007 II S. 402).

Sterbegeld
Das nach den tarifvertraglichen Vorschriften im öffentlichen Dienst gezahlte Sterbegeld ist ein Versorgungsbezug (→ BFH vom 8.2.1974 – BStBl. II S. 303).

Übergangsgeld
Übergangsgeld, das nach den tarifvertraglichen Vorschriften im öffentlichen Dienst gewährt wird, ist ein Versorgungsbezug, wenn es wegen Berufsunfähigkeit oder Erwerbsunfähigkeit oder wegen Erreichens der tariflichen oder der so genannten flexiblen Altersgrenze gezahlt wird; beim Übergangsgeld, das wegen Erreichens einer Altersgrenze gezahlt wird, ist Vo-

raussetzung, dass der Angestellte im Zeitpunkt seines Ausscheidens das 63., bei Schwerbehinderten das 60. Lebensjahr vollendet hat (→ BFH vom 21.8.1974 – BStBl. 1975 II S. 62).

Versorgungsbezüge
→ *BMF vom 30.1.2008 (BStBl. I S. 390), Rz. 81 ff.* – *Anlage § 010-01* –

LStR

R 19.9 Zahlung von Arbeitslohn an die Erben oder Hinterbliebenen eines verstorbenen Arbeitnehmers

(1) [1]Arbeitslohn, der nach dem Tod des Arbeitnehmers gezahlt wird, darf grundsätzlich unabhängig vom Rechtsgrund der Zahlung nicht mehr nach den steuerlichen Merkmalen des Verstorbenen versteuert werden. [2]Bei laufendem Arbeitslohn, der im Sterbemonat oder für den Sterbemonat gezahlt wird, kann der Steuerabzug aus Vereinfachungsgründen noch nach den steuerlichen Merkmalen des Verstorbenen vorgenommen werden; die Lohnsteuerbescheinigung ist jedoch auch in diesem Falle **für** den Erben **auszustellen und zu übermitteln**.

(2) [1]Zahlt der Arbeitgeber den Arbeitslohn an einen Erben oder einen Hinterbliebenen aus, ist der Lohnsteuerabzug vorbehaltlich des Absatzes 1 Satz 2 nur nach dessen Besteuerungsmerkmalen durchzuführen. [2]Die an die übrigen Anspruchsberechtigten weitergegebenen Beträge stellen im Kalenderjahr der Weitergabe negative Einnahmen dar. [3]Handelt es sich dabei um Versorgungsbezüge i.S.d. § 19 Abs. 2 EStG, ist für die Berechnung der negativen Einnahmen zunächst vom Bruttobetrag der an die anderen Anspruchsberechtigten weitergegebenen Beträge auszugehen; dieser Bruttobetrag ist sodann um den Unterschied zwischen den beim Lohnsteuerabzug berücksichtigten Freibeträgen für Versorgungsbezüge und den auf den verbleibenden Anteil des Zahlungsempfängers entfallenden Freibeträgen für Versorgungsbezüge zu kürzen. [4]Die Auseinandersetzungszahlungen sind bei den Empfängern – gegebenenfalls vermindert um die Freibeträge für Versorgungsbezüge (§ 19 Abs. 2 EStG) – als Einkünfte aus nichtselbständiger Arbeit im Rahmen einer Veranlagung zur Einkommensteuer zu erfassen (§ 46 Abs. 2 Nr. 1 EStG).

(3) Für den Steuerabzug durch den Arbeitgeber gilt im Übrigen Folgendes:

1. Beim Arbeitslohn, der noch für die aktive Tätigkeit des verstorbenen Arbeitnehmers gezahlt wird, ist, wie dies bei einer Zahlung an den Arbeitnehmer der Fall gewesen wäre, zwischen laufendem Arbeitslohn, z. B. Lohn für den Sterbemonat oder den Vormonat, und sonstigen Bezügen, z. B. Erfolgsbeteiligung, zu unterscheiden.

2. [1]Der Arbeitslohn für den Sterbemonat stellt, wenn er arbeitsrechtlich für den gesamten Lohnzahlungszeitraum zu zahlen ist, keinen Versorgungsbezug i.S.d. § 19 Abs. 2 EStG dar. [2]Besteht dagegen ein Anspruch auf Lohnzahlung nur bis zum Todestag, handelt es sich bei den darüber hinausgehenden Leistungen an die Hinterbliebenen um Versorgungsbezüge. [3]Dies gilt entsprechend für den Fall, dass die arbeitsrechtlichen Vereinbarungen für den Sterbemonat lediglich die Zahlung von Hinterbliebenenbezügen vorsehen oder keine vertraglichen Abmachungen über die Arbeitslohnbemessung bei Beendigung des Dienstverhältnisses im Laufe des Lohnzahlungszeitraums bestehen. [4]Auch in diesen Fällen stellt nur der Teil der Bezüge, der auf die Zeit nach dem Todestag entfällt, einen Versorgungsbezug dar. [5]In den Fällen des Absatzes 1 Satz 2 sind die Freibeträge für Versorgungsbezüge nicht zu berücksichtigen.

3. [1]Das Sterbegeld ist ein Versorgungsbezug und stellt grundsätzlich einen sonstigen Bezug dar. [2]Dies gilt auch für den Fall, dass als Sterbegeld mehrere Monatsgehälter gezahlt werden, weil es sich hierbei dem Grunde nach nur um die ratenweise Zahlung eines einmaligen Einmalbetrages handelt. [3]Die laufende Zahlung von Witwen- oder Hinterbliebenengeldern i.S.d. § 19 Abs. 1 Satz 1 Nr. 2 EStG durch den Arbeitgeber ist demgegenüber regelmäßig als laufender Arbeitslohn (Versorgungsbezug) zu behandeln.

4. [1]Soweit es sich bei den Zahlungen an die Erben oder Hinterbliebenen nicht um Versorgungsbezüge handelt, ist zu prüfen, ob der Altersentlastungsbetrag (§ 24a EStG) zum Ansatz kommt. [2]Dabei ist auf das Lebensalter des jeweiligen Zahlungsempfängers abzustellen. [3]Absatz 2 ist entsprechend anzuwenden.

5. [1]Soweit Zahlungen an im Ausland wohnhafte Erben oder Hinterbliebene erfolgen, bei denen die Voraussetzungen des § 1 Abs. 2 oder 3, § 1a EStG nicht vorliegen, ist beim Steuerabzug nach den für Lohnzahlungen an beschränkt einkommensteuerpflichtige Arbeitnehmer geltenden Vorschriften zu verfahren (→ § 39d EStG und R **39d**.); Absatz 1 Satz 2 gilt auch in diesen Fällen. [2]Dabei ist jedoch zu beachten, dass auf Grund eines Doppelbesteuerungsabkommens das Besteuerungsrecht dem Ansässigkeitsstaat zustehen kann.

Hinweise

LStH 19.9 *Ausstellung einer Lohnsteuerkarte bei Tod des Ehegatten*
→ R 39.3 Abs. 5
Berechnung des Altersentlastungsbetrags
→ R 39b.4
Berechnung der Freibeträge für Versorgungsbezüge
→ R 39b.3

Erben als Arbeitnehmer
Durch die Zahlung von dem Erblasser zustehenden Arbeitslohn an die Erben oder Hinterbliebenen werden diese steuerlich zu Arbeitnehmern (§ 1 Abs. 1 Satz 2 LStDV). Sie haben dem Arbeitgeber eine Lohnsteuerkarte, gegebenenfalls für ein zweites Dienstverhältnis, vorzulegen (→ BFH vom 29.7.1960 – BStBl. III S. 404).

Weiterleitung von Arbeitslohn an Miterben
Beispiel:
Nach dem Tod des Arbeitnehmers A ist an die Hinterbliebenen B, C, D und E ein Sterbegeld von 4 000 € zu zahlen. Der Arbeitgeber zahlt den Versorgungsbezug an B im Jahr **2010** aus. Dabei wurde die Lohnsteuer nach den auf der Lohnsteuerkarte des B eingetragenen Merkmalen unter Berücksichtigung der Freibeträge für Versorgungsbezüge von **2 000 €** *(32,0 % von 4 000 € = **1 280 €** zuzüglich **720 €**)* erhoben. B gibt im Jahr **2011** je 1/4 des Bruttoversorgungsbezugs an C, D und E weiter (insgesamt 3 000 €).

Im Jahr **2010** ergeben sich lohnsteuerpflichtige Versorgungsbezüge:

Versorgungsbezüge	**4 000 €**
./. Versorgungsfreibetrag	**1 280 €**
./. Zuschlag zum Versorgungsfreibetrag	**720 €**
lohnsteuerpflichtige Versorgungsbezüge	**2 000 €**

Durch die Weitergabe im Jahr **2011** verbleibt B ein Anteil an den Versorgungsbezügen von *1 000 €*. Hierauf entfällt ein Versorgungsfreibetrag in Höhe von **320 €** *(32,0 % vom 1 000 €)* zuzüglich eines Zuschlags zum Versorgungsfreibetrag von **680 €** *(Der B zustehende Zuschlag zum Versorgungsfreibetrag von **720 €** wird lediglich in Höhe von **680 €** berücksichtigt, da er nicht zu negativen Einkünften führen darf)*, also steuerpflichtige Versorgungsbezüge von **0 €**. Daher sind bei B in **2011** negative Einnahmen in Höhe von **2 000 €** anzusetzen.

ESt-Kartei NW

Fach 1 Abgrenzung zu anderen Einkunftsarten

1. Nebenamtlich tätige Kirchenbedienstete (Anwendung der allgemeinen Grundsätze – jetzt Abschnitt 68 LStR 1993 –, danach Organisten und Chorleiter regelmäßig als selbständig, Hilfsküster und Hilfsmesner regelmäßig als nichtselbständig zu behandeln)
2. Steuerliche Behandlung von Ordensangehörigen (kein Dienstverhältnis im steuerlichen Sinn zwischen dem Ordensangehörigen und dem Orden anzunehmen)
3. Entschädigungen der Kassenverwalter bei den Flurbereinigungs-Teilnehmergemeinschaften (sind steuerpflichtiger Arbeitslohn)
4. Werbeprämien an Zeitungsausträger – ausgesondert – (überholt durch BFH-Urteil v. 22. 11. 1996 BStBl. 1997 II S. 254)
5. Abgrenzung zwischen selbständiger und nichtselbständiger Tätigkeit bei unbeschränkt steuerpflichtigen unständig beschäftigten Künstlern (Gastspielern) und Artisten (entspricht BMF-Schreiben v. 5. 10. 1990 BStBl. I S. 638, **Anlage § 019-04**; zur Anwendung des BFH-Urteils v. 30. 5. 1996 BStBl. II S. 493, da besonders gelagerter Einzelfall entschieden wurde, ist Tz. 1.1.2 des BMF-Schreibens weiteranzuwenden, weil in der Praxis der Probenverpflichtung und ihrer Erfüllung bei der Abwägung der für und gegen die Nichtselbständigkeit sprechenden Merkmale besondere Bedeutung zukommt für die Annahme der Nichtselbständigkeit)
6. Bezüge und Prüfungsvergütungen emeritierter Hochschullehrer (Bezüge für freiwillige weitere Lehrtätigkeit sind Einkünfte aus nichtselbständiger Arbeit, Prüfungsvergütungen sind stets Einkünfte aus selbständiger Arbeit)

§ 19

7. Steuerliche Behandlung des Anteils der Assistenz- und Oberärzte sowie des übrigen Krankenhauspersonals an den Liquidationseinnahmen der Chefärzte (entspricht BMF-Schreiben vom 27. 4. 1982 BStBl. I S. 530, **Anlage § 038-02**)
8. Zinsen auf Einlagen der Arbeitnehmer von Kreditinstituten (entspricht BMF-Schreiben v. 2. 3. 1990 BStBl. I S. 141, **Anlage § 008-10 Buchstabe a**)
9. Vergütungen an Genossenschaftsmitglieder der Landwirtschaft in den neuen Bundesländern (entspricht BMF-Schreiben v. 8. 3. 1991 BStBl. I S. 386; Tätigkeit der Genossenschaftsmitglieder für die Genossenschaft wird regelmäßig im Rahmen eines Dienstverhältnisses ausgeübt, daher ab 1. 1. 1991 Lohnsteuerabzug vorzunehmen)
10. Besoldungs- und Versorgungsleistungen der DDR-Zollverwaltung, des ehemaligen Ministeriums des Innern, der Volkspolizei und der nationalen Volksarmee (entspricht BMF-Schreiben v. 21. 3. 1991 BStBl. I S. 474)
11. I. Steuerliche Behandlung von Vergütungen für Nebentätigkeiten im öffentlichen Dienst (bei Entsendung in Unternehmensorgane; wie bisher als Einkünfte aus nichtselbständiger Arbeit – ohne Lohnsteuerabzug – zu behandeln, die im Rahmen der Veranlagung zu erfassen sind; an den Dienstherrn abgeführte Beträge und nachgewiesene Werbungskosten sind abzuziehen; pauschaler Werbungskostenabzug letztmalig für VZ 1993)

    II. Steuerliche Behandlung von Aufwandsentschädigungen an die Vorsitzenden der Verwaltungsräte von Sparkassen (in NRW Einnahmen aus nichtselbständiger Arbeit, jedoch kein Lohnsteuerabzug, Erfassung bei der Veranlagung zur Einkommensteuer)
12. Abgrenzung zwischen selbständiger und nichtselbständiger Tätigkeit bei Gebäudereinigung für die Deutsche Bundespost (im Anschluss an BFH v. 20. 10. 1993 VI R 119/92 sind die aufgrund des „Vertrages über Gebäudereinigung (Kleinobjekt)" mit der Reinigung von Postämtern und Poststellen beauftragten Personen künftig als Arbeitnehmer zu behandeln)
13. Arbeitnehmereigenschaft von Mannschaftssportlern bei ihrer Werbetätigkeit (insbesondere bei Bundesliga-Mannschaften, auch bei Ausgliederung der Werbetätigkeit auf selbständige Vermarktungsgesellschaften ist grundsätzlich der Lohnsteuerabzug vom Arbeitgeber vorzunehmen; bei Spitzensportlern und Mannschaftssportlern mit eigenem persönlichen Werbewert jedoch auch Einnahmen aus Gewerbebetrieb bei selbständiger Werbetätigkeit ohne Eingliederung in eine Vermarktungsgesellschaft)
800. Kirchenrendanten in der Erzdiözese Köln (nach dem Gesamtbild der Verhältnisse ist die Tätigkeit als selbständig i.S. § 18 Abs. 1 Nr. 3 EStG zu werten)
801. Steuerliche Behandlung der an die Mitglieder der Umlegungsausschüsse gezahlten Vergütungen – Hinweis auf § 3 EStG Fach 3 Nr. 809 –
802. Steuerliche Behandlung der an Tutoren gewährten Stipendien (nach den Verhältnissen in NW regelmäßig steuerpflichtiger Arbeitslohn)
803. Entschädigungen an Mitglieder kommunaler Vertretungen – Hinweis auf § 3 EStG Fach 3 Nr. 808 –
804. Steuerliche Behandlung von Betreuungspersonen im Rahmen des Landesprogramms „Schule von acht bis eins" (die von den Vereinen beschäftigten Betreuungspersonen sind als Arbeitnehmer anzusehen; bei Nebenberuflichkeit ist § 3 Nr. 26 EStG anzuwenden)

Fach 2 Arbeitslohn

1. Unterhaltszuschüsse für Personen, die zu Genossenschaftsberatern in Entwicklungsländern ausgebildet werden (aus Bundesmitteln; steuerpflichtiger Arbeitslohn, § 3 Nr. 11 EStG – Bezüge aus öffentlichen Mitteln – nicht gegeben, da Auszahlung über den Ausschuss der Deutschen Genossenschaftsverbände)
2. Entschädigungen für Wehrsoldempfänger und Beamte der Bundeswehr für die besondere Abnutzung, die Instandhaltung und Reinigung der Zivilkleidung (bei Wehrsoldempfängern aus Vereinfachungsgründen von der Besteuerung abzusehen, bei Beamten der Bundeswehr regelmäßig steuerpflichtig)
3. ausgesondert
4. Zahlung von Wintergeld an Waldarbeiter der staatlichen Forstbetriebe (steuerpflichtiger sonstiger Bezug)
5. Aufwendungen der Arbeitgeber zur Wohnungsbeschaffung für Arbeitnehmer (Übergangsregelung von 1990 bis 1995 für von ehemals gemeinnützigen Wohnungsunternehmen an Arbeitnehmer überlassene Wohnungen unter dem ortsüblichen Mietwert, Verzicht auf die Besteuerung;

weitere Übergangsregelung bis 31. 12. 1995 entspricht BMF-Schreiben v. 23. 10. 1992 BStBl. I S. 658)

6. Aufwendungen eines Arbeitgebers für die Teilnahme von Arbeitnehmern an Lehrgängen der Vereinigungen Christliches Jugenddorfwerk Deutschland und Deutsche Gesellschaft für Europäische Erziehung (steuerpflichtiger Arbeitslohn, Ausnahmen für bestimmte sozialpädagogische Institute)
7. Beiträge an eine berufliche Unfallversicherung und Zahlungen aus dieser Unfallversicherung – Hinweis auf § 9 EStG Fach 9 Nr. 1 –
8. Überbrückungsbeihilfen nach dem „Tarifvertrag Soziale Sicherung" der Arbeitnehmer bei den Stationierungsstreitkräften – Hinweis auf § 3 EStG Fach 5 Nr. 13 –
9. Verdienstausfallentschädigung für Helfer im Katastrophenschutz (bei Auszahlung durch Arbeitgeber steuerabzugspflichtiger Arbeitslohn, bei Auszahlung durch Kreisverwaltungsbehörde als Arbeitslohn von Dritten im Rahmen der Veranlagung gemäß § 46 Abs. 2 Nr. 1 EStG zu erfassen)
10. Dienstbelohnungen (wegen Abwendung von Personen- oder erheblichen Sachschäden sind steuerpflichtiger Arbeitslohn, ausnahmsweise nicht die Belohnung für Verhütung einer Katastrophe, wenn die Gefahrenbekämpfung nicht zur unmittelbaren Aufgabe des Arbeitnehmers gehört)
11. Lohnausgleichsregelung im Dachdeckerhandwerk aufgrund des Lohnausgleich-Tarifvertrags vom 5. 7. 1960 – ausgesondert – (überholt durch Zeitablauf)
12. Prämien für die Autoinsassen-Unfallversicherung – Hinweis auf § 24 EStG Nr. 2 – (Prämienzahlung durch Arbeitgeber kein Arbeitslohn und keine Zukunftssicherungsaufwendungen; zur Besteuerung von Entschädigungen aus der Versicherung im Schadensfall; zahlt der Arbeitgeber, so ist Steuerabzug vorzunehmen, soweit der Schadensersatz steuerpflichtig ist – § 2 Abs. 2 Nr. 4 LStDV 1990 –)
13. Übernahme der Verwaltungskosten einer Pensionskasse durch den Arbeitgeber (ebenso wie die Zuwendungen zur Erfüllung der Versorgungsleistungen steuerpflichtiger Arbeitslohn)
14. Anpassungsabgabe an die Versorgungsanstalt der deutschen Bühnen (VddB) und die Versorgungsanstalt der deutschen Kulturorchester (VddK) (die Arbeitgeberanteile sind Arbeitslohn, die Arbeitnehmeranteile sind Vorsorgeaufwendungen, desgleichen vom Arbeitgeber nicht pauschal versteuerte Arbeitgeberanteile; die Leistungen der Versorgungsanstalt sind Renten i.S. des § 22 Nr. 1 EStG)
15. Provisionen und Prämienrabatte bei Eigenversicherung an Arbeitnehmer in der Versicherungswirtschaft – ausgesondert – (ab 1. 1. 1990 überholt)
16. Ersatz von Telefonkosten durch den Arbeitgeber – Hinweis auf § 3 EStG Fach 4 Nr. 12 –
17. Pauschalentschädigungen für AStA-Mitglieder – Hinweis auf § 3 EStG Fach 3 Nr. 3 –
18. Verbilligte Überlassung von Bekleidungsgegenständen an Pflichtmitglieder der Postkleiderkasse – ausgesondert – (überholt)
19. Insolvenzsicherung der Altersversorgung für Gesellschafter-Geschäftsführer von Kapitalgesellschaften durch Verpfändung der Ansprüche aus einer Rückdeckungsversicherung (Beiträge des Arbeitgebers zur Rückdeckungsversicherung kein Arbeitslohn, weil der Arbeitnehmer bei einer Verpfändung keine Rechte und Ansprüche auf die Rückdeckungsversicherung erwirbt)
20. Sanierungsbeiträge der Arbeitnehmer (bei freiwilligem Gehaltsverzicht zur wirtschaftlichen Gesundung des Unternehmens Steuerabzug mangels Zuflusses des vollen Arbeitslohns nur von den geminderten Bezügen, auch bei tarifrechtlich unzulässigem Gehaltsverzicht)
21. Steuerliche Behandlung von Vorruhestandsleistungen (entspricht BMF-Schreiben v. 3. 9. 1984 BStBl. I S. 498 und 15. 11. 1984 BStBl. 1985 I S. 13)
22. Abfindung des Versorgungsanspruchs durch Lebensversicherung zugunsten des Ehegatten (schuldrechtlicher Versorgungsausgleich; bei Übernahme durch Arbeitgeber lohnsteuerlich ausschließlich dem ausgleichsverpflichteten Arbeitnehmer zuzurechnen; Lohnsteuerabzug nach § 39b EStG; keine Pauschalierung nach § 40b EStG, da Versicherung auf den Ausgleichsberechtigten abgeschlossen wird)
23. Winterbeihilfen an Arbeitnehmer des Baugewerbes (durch die ULAK, Lohnzahlung durch Dritte, keine Pauschalbesteuerung durch die ULAK, Erfassung durch ESt-Veranlagung, Bescheinigung über Winterbeihilfe von der ULAK auszustellen; – s. auch Nr. 1002 –)

24. Unentgeltliche Abgabe von Scheckkarten und Scheckvordrucken an Arbeitnehmer der Kreditinstitute (entspricht BMF-Schreiben v. 13. 3. 1991 BStBl. I S. 388 zum BFH-Urteil v. 21. 9. 1990 BStBl. 1991 II S. 262; Vorteile sind steuerpflichtig, jedoch § 8 Abs. 3 EStG anwendbar)
25. Lohnsteuerliche Behandlung der Aufwendungen des Arbeitgebers für sicherheitsgefährdete Arbeitnehmer; Sicherheitsmaßnahmen (entspricht BMF-Schreiben v. 30. 6. 1997 BStBl. I S. 696, **Anlage § 019-02**)
26. Lohnsteuerliche Behandlung ersparter Abschlussgebühren bei Abschluss eines Bausparvertrags (entspricht BMF-Schreiben v. 28. 3. 1994 BStBl. I S. 233, **Anlage § 008-11**)
27. Auslandstätigkeitserlass – Hinweis auf § 34c EStG Nr. 5 – (entspricht BMF-Schreiben v. 31. 10. 1983 BStBl. I S. 470, **Anlage § 034c-01**)
28. Steuerliche Behandlung unentgeltlicher oder verbilligter Reisen bei Mitarbeitern von Reisebüros und Reiseveranstaltern (entspricht BMF-Schreiben v. 14. 9. 1994 BStBl. I S. 755, **Anlage § 019-01**)
29. Lohnsteuerliche Behandlung der Pflichtbeiträge katholischer Geistlicher zur/zum a) Ruhegehaltskasse des (Erz-)Bistums, b) Diaspora-Priesterhilfswerk, c) Haushälterinnen-Zusatzversorgung (entspricht BMF-Schreiben v. 6. 12. 1994 BStBl. I S. 921, **Anlage § 019-CD03**)
30. Arbeitnehmerfinanzierte betriebliche Altersversorgung (I. Arbeitnehmerfinanzierte Pensionszusagen; Vereinbarung künftig niedrigerer Aktivbezüge zugunsten eines höheren Versorgungslohns ist lohnsteuerlich zu beachten, keine Lohnverwendungsabrede mit der Folge des Zuflusses bei Modifizierung der Vergütungsabrede; II. „arbeitnehmerfinanzierte betriebliche Altersversorung"; entsprach BMF-Schreiben v. 4.2.2000 BStBl. I S. 354; zu I. und II. ab 1. 1. 2002 nicht mehr anzuwenden/aufgehoben mit BMF-Schreiben v. 5. 8. 2002 BStBl. I S. 767, ESt-Kartei NW § 10a EStG Nr. 1, aktuelles Schreiben **Anlage § 010a-01**)
31. Ertragsteuerliche Behandlung von Incentiv-Reisen – Hinweis auf § 4 (1-3) EStG Nr. 5 – (entspricht BMF-Schreiben v. 14. 10. 1996 BStBl. I S. 1192, **Anlage § 004-02**)
32. Steuerliche Maßnahmen zur Unterstützung der Opfer der Hochwasserkatastrophe im August 2002; Zusammenstellung der Maßnahmen – Hinweis auf § 4 (4) EStG Fach 1 Nr. 12 – (entspricht BMF-Schreiben v. 1.10.2002 BStBl. I S. 960)
33. Zuflusszeitpunkt des geldwerten Vorteils aus der Ausübung eines Aktienoptionsrechts durch den Arbeitnehmer; Übergangsregelung zum BFH-Urteil vom 20. Juni 2001 (BStBl. II S. 689) (entspricht BMF-Schreiben v. 10.3.2003 BStBl. I S. 234: „Als Zuflusszeitpunkt des geldwerten Vorteils aus der Ausübung eines Aktienoptionsrechts ist der Tag der Ausbuchung der Aktien aus dem Depot des Überlassenden oder dessen Erfüllungsgehilfen maßgebend. Dies gilt unabhängig davon, ob die Kurse zwischen der Optionsausübung und der Ausbuchung der Aktien aus dem Depot des Überlassenden oder dessen Erfüllungsgehilfen gestiegen oder gefallen sind. Dieses Schreiben ist in allen noch offenen Fällen anzuwenden. Bei einer Optionsausübung bis zum 31. Dezember 2001 ist es jedoch nicht zu beanstanden, wenn als Zuflusszeitpunkt der Tag der Optionsausübung zu Grunde gelegt wird.")
34. Übernahme von Aufwendungen für den Führerschein I. bei Feuerwehrleuten durch die Gemeinde, II. durch den Arbeitgeber bei einem Straßenanwärter/einer Straßenanwärterin (zu I. Führerscheinklasse C1/C im ganz überwiegend eigenbetrieblichen Interesse des Arbeitgebers, zu II. ebenso, auch für Führerscheinklasse B)
35. Steuerliche Maßnahmen zur Unterstützung der Opfer der Seebeben-Katastrophe im Dezember 2004 in Indien, Indonesien, Sri Lanka, Thailand, Malaysia, Birma (Myanmar), Bangladesch, auf den Malediven, den Seychellen sowie Kenia, Tansania und Somalia – Hinweis auf § 4 (4) EStG Fach 1 Nr. 14 – (entspricht BMF-Schreiben v. 14.1.2005 BStBl. I S. 52).
800. Steuerliche Behandlung der von Werkstätten für Behinderte an diese gezahlten Beträge (grundsätzlich Arbeitslohn, steuerlich jedoch kein Arbeitsverhältnis anzunehmen, wenn Beschäftigung überwiegend therapeutischen und sozialen Zwecken dient)
801. Provisionszahlungen von Bausparkassen und Versicherungen an Arbeitnehmer von Kreditinstituten (bei Arbeitnehmern mit Kundenkontakt steuerpflichtiger Arbeitslohn, bei Arbeitnehmern ohne Kundenkontakt Provision für fremde Verträge während Arbeitszeit steuerpflichtiger Arbeitslohn; bei ausschließlicher Provisionsberechtigung des Kreditinstituts ist die weitergeleitete Provision stets steuerpflichtiger Arbeitslohn; wenn Provisionszahlung ausschließlich auf Vereinbarungen zwischen dem Arbeitnehmer des Kreditinstituts und der Bausparkasse/dem Versicherungsunternehmen beruht, handelt es sich um Einnahmen aus Gewerbebetrieb oder bei erstmaliger oder nur gelegentlicher Vermittlungstätigkeit um sonstige Einkünfte

im Sinne von § 22 Nr. 3 EStG (BFH v. 27.5.1998 BStBl. II S. 619); dabei sind bei gewerblicher Tätigkeit auch Provisionen für Eigenversicherungen zu erfassen)
802. Steuerliche Behandlung der Überlassung von Aktienoptionsrechten an Arbeitnehmer (Handelbare/Nichthandelbare Aktienoptionsrechte; Zuflusszeitpunkt, Bewertung, Höhe des steuerpflichtigen Vorteils, Zuordnung zum deutschen Besteuerungsrecht, Tarifermäßigung gem. § 34 EStG, Kursveränderungen der Aktie nach dem Zuflusszeitpunkt)
803. Systemumstellung der kirchlichen Versorgungskassen; Arbeitgeberleistung als steuerpflichtiger Arbeitslohn (kein steuerfreies Sanierungsgeld; wegen Musterverfahren VI R 32/04 Aussetzung der Vollziehung zu gewähren) (siehe jetzt BFH v. 14.9.2005 BStBl. 2006 II S. ...)
804. Ertragssteuerliche Behandlung von Aufwendungen für VIP-Logen in Sportstadien – Hinweis auf § 4 (4) EStG Fach 1 Nr. 801 – (siehe jetzt BMF-Schreiben v. 22.8.2005 BStBl. I S. 845, **Anlage § 040-03**)
1000. Steuerliche Fragen im Zusammenhang mit Nettolohnvereinbarungen (Neufassung v. 15.3.2001)
1001. Zuwendungen der Vereine an Amateursportler (Arbeitslohn bei laufendem Entgelt, das über eine Erstattung der tatsächlich entstandenen Aufwendungen hinausgeht, dagegen bei gelegentlichem Entgelt sonstige Einkünfte im Sinne von § 22 Nr. 3 EStG)
1002. Steuerliche Behandlung der Winterbeihilfen, Übergangsbeihilfen und Entschädigungsbeiträge in der Bauwirtschaft (bei Zahlung durch ULAK eine Lohnzahlung durch Dritte, die bei der Veranlagung versteuert werden muß – vgl. Nr. 23 –; soweit der letzte Arbeitgeber die Übergangsbeihilfen auszahlt muß er den Lohnsteuerabzug vornehmen)

Fach 3 Dienstverhältnisse zwischen nahen Angehörigen
1. Aufwendungen des Arbeitgebers für die betriebliche Altersversorgung des Ehegatten – Hinweis auf § 6a EStG Nr. 5 – (entspricht BMF-Schreiben v. 4. 9. 1984 BStBl. I S. 495 und v. 9. 1. 1986 BStBl. I S. 7)

Fach 4 Versorgungsbezüge
1. Einkommensteuerliche Behandlung des Versorgungsausgleichs – Hinweis auf § 22 EStG Fach 1 Nr. 1 – (entspricht BMF-Schreiben v. 20. 7. 1981 BStBl. I S. 567)
2. Nachzahlungen nach § 6 des Gesetzes zur Regelung von Härten im Versorgungsausgleich (Lohnsteuerabzug bei den jeweiligen Empfängern)
3. Steuerliche Behandlung von Vorruhestandsleistungen – Hinweis auf § 19 EStG Fach 2 Nr. 21 –

Fach 5 Aufmerksamkeiten
1. Informations- und Studienreisen von Reisebüroangestellten – ausgesondert – (ab 1. 1. 1990 überholt; – s. Fach 2 Nr. 28 –)
2. Gewährung von Theaterkarten durch den Arbeitgeber – ausgesondert – überholt durch BFH v. 21. 2. 1986 BStBl. II S. 406)
3. Steuerliche Behandlung des Vorteils, der darin liegt, dass bestimmte Arbeitnehmer bei Abschluss eines Bausparvertrags keine Abschlussgebühr zu entrichten haben – ausgesondert – (ab 1. 1. 1994 überholt; vgl. § 19 EStG Fach 2 Nr. 26)
4. Geldwerter Vorteil für Mitarbeiter von Kreditinstituten durch provisionsfreie Abrechnung von Wertpapiergeschäften – ausgesondert – (ab 1. 1. 1990 überholt)
5. Preisnachlässe der Automobilunternehmen für ihre Arbeitnehmer – ausgesondert – (ab 1. 1. 1990 überholt)

Rechtsprechungsauswahl

BFH v. 11. 2. 2010 VI R 43/09 (BFH-Webseite): Private Fahrzeugnutzung als Arbeitslohn oder vGA
1. Die nachhaltige "vertragswidrige" private Nutzung eines betrieblichen PKW durch den anstellungsvertraglich gebundenen Gesellschafter-Geschäftsführer ist nicht stets als vGA zu beurteilen.
2. Unterbindet die Kapitalgesellschaft die unbefugte Nutzung durch den Gesellschafter-Geschäftsführer nicht, kann dies sowohl durch das Beteiligungsverhältnis als auch durch das Arbeitsverhältnis veranlasst sein. Die Zuordnung (vGA oder Arbeitslohn) bedarf der wertenden Betrachtung im Einzelfall (Anschluss an BFH-Urteil vom 23. April 2009 VI R 81/06, BFHE 225, 33).

BFH v. 21. 1. 2010 VI R 51/08 (BFH-Webseite): Vorteil aus unentgeltlicher Verpflegung an Bord eines Flusskreuzfahrtschiffes ausnahmsweise kein Arbeitslohn

§ 19 — Rechtsprechung

1. Verpflegt der Arbeitgeber die Besatzungsmitglieder an Bord eines Flusskreuzfahrtschiffes unentgeltlich, so ist der den Arbeitnehmern gewährte Vorteil dann kein Arbeitslohn, wenn das eigenbetriebliche Interesse des Arbeitgebers an einer Gemeinschaftsverpflegung wegen besonderer betrieblicher Abläufe den Vorteil der Arbeitnehmer bei weitem überwiegt.
2. Bei der Nachforderung von Lohnsteuer dürfen die Beträge nicht zugerechnet werden, die der Arbeitgeber bei einer Auswärtstätigkeit steuerfrei hätte ersetzen dürfen.
3. Die Bewertungsregelung des § 8 Abs. 3 EStG kommt zur Anwendung, wenn aus der Küche eines Flusskreuzfahrtschiffes neben den Passagieren auch die Besatzungsmitglieder verpflegt werden.

BFH v. 21. 1. 2010 VI R 2/08 (BFH-Webseite): Übernahme von Steuerberatungskosten ist Arbeitslohn

Die Übernahme von Steuerberatungskosten für die Erstellung von Einkommensteuererklärungen der Arbeitnehmer durch den Arbeitgeber führt bei Vorliegen einer Nettolohnvereinbarung zu Arbeitslohn.

BFH v. 3. 12. 2009 VI R 4/08 (BFH-Webseite): Umrechnung von Arbeitslohn in fremder Währung

1. Einkünfte in einer gängigen, frei konvertiblen und im Inland handelbaren ausländischen Währung sind als Einnahmen in Geld zu besteuern. Sie stellen aus sich heraus einen Wert dar, der durch Umrechnung in Euro zu bestimmen ist.
2. Umrechnungsmaßstab ist – soweit vorhanden – der auf den Umrechnungszeitpunkt bezogene Euro-Referenzkurs der Europäischen Zentralbank.
3. Lohnzahlungen sind bei Zufluss des Arbeitslohns anhand der von der Europäischen Zentralbank veröffentlichten monatlichen Durchschnittsreferenzkurse umzurechnen.

BFH v. 21. 10. 2009 I R 70/08 (BFH-Webseite): Lohnsteuererstattungsanspruch bei abkommenswidriger Lohnsteuereinbehaltung

1. Ein Arbeitnehmer kann die Lohnsteuer-Anmeldung des Arbeitgebers – soweit sie ihn betrifft – aus eigenem Recht anfechten. Nach dem Eintritt der formellen Bestandskraft der Lohnsteuer-Anmeldung kann der Arbeitnehmer eine Änderung der Anmeldung (§ 164 Abs. 2 AO) begehren.
2. Wird eine Zahlung des Arbeitgebers zu Unrecht dem Lohnsteuerabzug unterworfen, weil die Besteuerung der Zahlung abkommensrechtlich dem Wohnsitzstaat des Arbeitnehmers zugewiesen ist, hat der Arbeitnehmer einen Erstattungsanspruch in analoger Anwendung des § 50d Abs. 1 Satz 2 EStG 2002, der gegen das Betriebsstätten-Finanzamt des Arbeitgebers zu richten ist (Bestätigung der ständigen Rechtsprechung).
3. Eine Erfindervergütung für eine sog. Diensterfindung (§ 9 ArbnErfG) ist grundsätzlich steuerpflichtiger Arbeitslohn (§ 19 EStG 2002) und unterfällt der beschränkten Steuerpflicht gemäß § 49 Abs. 1 Nr. 4 Buchst. a EStG 2002. Dies gilt auch dann, wenn das Arbeitsverhältnis im Augenblick der Zahlung nicht mehr besteht.
4. Da eine Vergütung gemäß § 9 ArbnErfG regelmäßig nicht als konkrete Gegenleistung für eine Arbeitsleistung anzusehen ist, handelt es sich nicht um ein zusätzliches Entgelt „für" eine (frühere) Tätigkeit i.S. des Art. 15 Abs. 1 OECD-MustAbk, so dass eine Besteuerung nur im Ansässigkeitsstaat des (früheren) Arbeitnehmers erfolgt.

BFH v. 17. 9. 2009 VI R 24/08 (BStBl. 2010 II S. 198):

1. Ein Veräußerungsverlust aus einer Kapitalbeteiligung am Arbeitgeber führt nicht allein deshalb zu Werbungskosten oder negativen Einnahmen bei den Einkünften aus nichtselbständiger Arbeit, weil die Beteiligung wegen der Beendigung des Arbeitsverhältnisses veräußert wurde.
2. Erforderlich ist vielmehr, dass ein solcher Verlust in einem einkommensteuerrechtlich erheblichen Veranlassungszusammenhang zum Arbeitsverhältnis steht und nicht auf der Nutzung der Beteiligung als Kapitalertragsquelle beruht.

BFH v. 17. 9. 2009 VI R 17/08 (BFH-Webseite):

1. Wird ein fehlgeschlagenes Mitarbeiteraktienprogramm rückgängig gemacht, indem zuvor vergünstigt erworbene Aktien an den Arbeitgeber zurückgegeben werden, liegen negative Einnahmen bzw. Werbungskosten vor.
2. Die Höhe des Erwerbsaufwands bemisst sich in einem solchen Fall nach dem ursprünglich gewährten geldwerten Vorteil; zwischenzeitlich eingetretene Wertveränderungen der Aktien sind unbeachtlich.

Rechtsprechung § 19

BFH v. 17. 6. 2009 VI R 46/07 (BStBl. 2010 II S. 72):
1. § 36 Abs. 2 Satz 2 Nr. 2 EStG verknüpft inhaltlich Steuerfestsetzungs- und Steuererhebungsverfahren. Daher kann auch die Anfechtung eines Einkommensteuerbescheids mit dem Ziel der Anrechnung höherer Lohnsteuerabzugsbeträge zulässig sein.
2. Die vom Arbeitgeber zu Unrecht angemeldeten und an das FA abgeführten Lohnsteuerbeträge sind als Arbeitslohn beim Arbeitnehmer jedenfalls dann steuerlich zu erfassen, wenn der Lohnsteuerabzug nach § 41c Abs. 3 EStG nicht mehr geändert werden kann (Abgrenzung zum BFH-Urteil vom 24. November 1961 VI 88/61 U, BFHE 74, 246, BStBl. III 1962, 93).

BFH v. 17. 6. 2009 VI R 18/07 (BStBl. 2010 II S. 67): Die unverbindliche Preisempfehlung eines Automobilherstellers ist jedenfalls seit dem Jahr 2003 keine geeignete Grundlage, den lohnsteuerrechtlich erheblichen Vorteil eines Personalrabatts für sog. Jahreswagen zu bewerten.*)

*) Hinweis auf BMF-Schreiben vom 18. 12. 2009 (BStBl. 2010 I S. 20). – **Anlage § 008-08** –

BFH v. 17. 6. 2009 VI R 69/06 (BStBl. 2010 II S. 69): Der Veräußerungsgewinn aus einer Kapitalbeteiligung an einem Unternehmen führt nicht allein deshalb zu Einkünften aus nichtselbständiger Arbeit, weil die Kapitalbeteiligung von einem Arbeitnehmer des Unternehmens gehalten und nur Arbeitnehmern angeboten worden war.

BFH v. 28. 5. 2009 VI R 27/06 (BStBl. II S. 857):
1. Zukunftssicherungsleistungen, die ein inländischer Arbeitgeber für einen unbeschränkt steuerpflichtigen schwedischen Arbeitnehmer auf vertraglicher Grundlage an niederländische und schwedische Versicherungsunternehmen entrichtet, sind Arbeitslohn, der nicht nach § 3 Nr. 62 Satz 1 EStG von der Steuer befreit ist.
2. Der Umstand, dass § 3 Nr. 62 EStG Zukunftssicherungsleistungen des Arbeitgebers nur steuerfrei stellt, wenn diese aufgrund einer materiell gesetzlichen Verpflichtung geleistet werden, verstößt nicht gegen EU-Recht. Insoweit liegt weder eine Beschränkung der Arbeitnehmerfreizügigkeit i.S. des Art. 39 EG, noch der Niederlassungsfreiheit i.S. des Art. 43 EG oder der Dienstleistungsfreiheit i.S. des Art. 49 EG vor.

BFH v. 7. 5. 2009 VI R 37/08 (BStBl. 2010 II S. 135):
1. Fällt ein Arbeitnehmer nach Ausscheiden des Arbeitgebers aus der VBL bei Eintritt des Versicherungsfalles von einem Anspruch auf Versorgungsrente auf einen niedrigeren Anspruch auf Versicherungsrente zurück, so führt dies nicht zur Rückzahlung von Arbeitslohn.
2. Verspricht der Arbeitgeber nach seinem Ausscheiden aus der VBL dem Arbeitnehmer im Wege einer Ruhegeldordnung eine vergleichbare Zusatzversorgung unter Anrechnung von Versicherungsleistungen der VBL, so berührt dies nicht die vorgelagerte Besteuerung früherer Umlagezahlungen an die VBL als Arbeitslohn.

BFH v. 7. 5. 2009 VI R 5/08 (BStBl. 2010 II S. 133):
1. Können nach Ausscheiden des Arbeitgebers aus der VBL Versorgungsansprüche vom Arbeitnehmer wegen Nichterfüllung der Wartezeit nicht mehr erdient werden, so führt dies nicht zur Rückzahlung von Arbeitslohn.
2. Verspricht der Arbeitgeber nach seinem Ausscheiden aus der VBL dem Arbeitnehmer im Wege einer Ruhegeldordnung eine vergleichbare Zusatzversorgung, so berührt dies nicht die vorgelagerte Besteuerung früherer Umlagezahlungen an die VBL als Arbeitslohn.

BFH v. 7. 5. 2009 VI R 16/07 (BStBl. 2010 II S. 130): Die Auszahlung eines Versorgungsguthabens, das nach Ausscheiden des Arbeitgebers aus der VBL aufgrund einer Direktzusage des Arbeitgebers zur Sicherung der zugesagten Gesamtversorgung gebildet worden ist, führt neben zuvor lohnversteuerten Umlagezahlungen an die VBL zu Arbeitslohn.

BFH v. 7. 5. 2009 VI R 8/07 (BStBl. 2010 II S. 194):
1. Umlagezahlungen des Arbeitgebers an die VBL, die dem Arbeitnehmer einen unmittelbaren und unentziehbaren Rechtsanspruch gegen die VBL verschaffen, führen im Zeitpunkt ihrer Zahlung zu Arbeitslohn.
2. Für den Arbeitslohncharakter von Zukunftssicherungsleistungen kommt es grundsätzlich nicht darauf an, ob der Versicherungsfall bei dem begünstigten Arbeitnehmer überhaupt eintritt und welche Leistungen dieser letztlich erhält.

§ 19 Rechtsprechung

3. Als Arbeitslohn anzusehende Umlagezahlungen des Arbeitgebers an die VBL sind weder nach § 3 Nr. 62 EStG noch nach § 3 Nr. 63 EStG steuerfrei.

BFH v. 30. 4. 2009 VI R 55/07 (BStBl. II S. 726):

1. Sachzuwendungen an Arbeitnehmer anlässlich einer Veranstaltung, die sowohl Elemente einer Betriebsveranstaltung als auch einer sonstigen betrieblichen Veranstaltung enthält, sind grundsätzlich aufzuteilen (Anschluss an Senatsentscheidung vom 16. November 2005 VI R 118/01, BFHE 212, 55, BStBl. II 2006, 444).
2. Die Aufwendungen des Arbeitgebers für die Durchführung der gemischt veranlassten Gesamtveranstaltung sind nur dann kein Arbeitslohn, wenn die dem Betriebsveranstaltungsteil zuzurechnenden anteiligen Kosten die für die Zuordnung bei Betriebsveranstaltungen maßgebliche Freigrenze nicht überschreiten.

BFH v. 23. 4. 2009 VI R 81/06 (BFH-Webseite):

1. Für die Frage, ob ein Gesellschafter-Geschäftsführer als Arbeitnehmer i.S. von § 1 Abs. 2 Sätze 1 und 2 LStDV zu beurteilen ist, ist nicht entscheidend, in welchem Verhältnis er an der Kapitalgesellschaft beteiligt ist.
2. Allerdings sind Gesellschafter-Geschäftsführer, die mindestens 50 % des Stammkapitals der GmbH innehaben, regelmäßig Selbständige im Sinne des Sozialversicherungsrechts (Anschluss an BFH-Urteil vom 2. Dezember 2005 VI R 16/03, BFH/NV 2006, 544).
3. Ist die private Nutzung eines betrieblichen PKW durch den Gesellschafter-Geschäftsführer im Anstellungsvertrag mit der GmbH ausdrücklich gestattet, kommt der Ansatz einer vGA in Höhe der Vorteilsgewährung nicht in Betracht. Nach übereinstimmender Auffassung des I. Senats und des VI. Senats des BFH liegt in einem solchen Fall immer Sachlohn und keine vGA vor.
4. Dagegen ist eine vertragswidrige private Nutzung eines betrieblichen Fahrzeugs durch einen Gesellschafter-Geschäftsführer nicht stets als Arbeitslohn zu qualifizieren (Senats-Beschluss vom 15. November 2007 VI ER-S 4/07).
5. Bei einer nachhaltigen „vertragswidrigen" privaten Nutzung eines betrieblichen PKW durch den anstellungsvertraglich gebundenen Gesellschafter-Geschäftsführer liegt allerdings der Schluss nahe, dass Nutzungsbeschränkung oder -verbot nicht ernstlich gewollt sind, sondern lediglich „auf dem Papier stehen". Unterbindet die Kapitalgesellschaft die unbefugte Nutzung durch den Gesellschafter-Geschäftsführer nicht, kann dies sowohl durch das Beteiligungsverhältnis als auch durch das Arbeitsverhältnis veranlasst sein. Die Zuordnung (vGA oder Arbeitslohn) bedarf der wertenden Betrachtung im Einzelfall.

BFH v. 23. 4. 2009 VI B 118/08 (BStBl. 2010 II S. 234):

1. Nutzt der Gesellschafter-Geschäftsführer einer GmbH ein Fahrzeug privat auf Grundlage einer im Anstellungsvertrag ausdrücklich zugelassenen Nutzungsgestattung, liegt keine vGA, sondern ein lohnsteuerlich erheblicher Vorteil vor.
2. Eine vertragswidrige private Nutzung eines betrieblichen Fahrzeugs durch einen Gesellschafter-Geschäftsführer ist nicht stets als Arbeitslohn zu qualifizieren (Senatsbeschluss vom 15. November 2007 VI ER – S 4/07).

BFH v. 23. 4. 2009 VI R 39/08 (BStBl. II S. 668): Der einem Arbeitnehmer von einem Dritten verliehene Nachwuchsförderpreis führt zu Arbeitslohn, wenn die Preisverleihung nicht vor allem eine Ehrung der Persönlichkeit des Preisträgers darstellt, sondern wirtschaftlich den Charakter eines leistungsbezogenen Entgelts hat (Anschluss an BFH-Urteil vom 9. Mai 1985 IV R 184/82, BFHE 143, 466, BStBl. II 1985, 427).

BFH v. 12. 2. 2009 VI R 50/07 (BStBl. II S. 460): Ermöglicht der Dienstherr zum Abbau von Personalüberhängen Beamten, die das 58. Lebensjahr vollendet und den Höchstruhegehaltssatz erreicht haben, in Form einer Sonderurlaubsregelung unwiderruflich die Freistellung vom Dienst unter Fortzahlung von 70 % der Besoldung bis zur Versetzung in den Ruhestand (sog. 58er-Regelung), so handelt es sich um einen „gleichartigen Bezug" i.S. des § 19 Abs. 2 Satz 2 Nr. 1 Buchst. a EStG und damit um begünstigte Versorgungsbezüge.

BFH v. 12. 2. 2009 VI R 32/08 (BStBl. II S. 462): Die Übernahme der Beiträge für die Mitgliedschaft einer angestellten Rechtsanwältin im Deutschen Anwaltverein führt zu Arbeitslohn, wenn der Arbeitgeber nicht im überwiegend eigenbetrieblichen Interesse handelt.

Rechtsprechung § 19

BFH v. 15. 1. 2009 VI R 22/06 (BStBl. II S. 476): Eine nur Führungskräften eines Unternehmens vorbehaltene Abendveranstaltung stellt mangels Offenheit des Teilnehmerkreises keine Betriebsveranstaltung i.S. des § 40 Abs. 2 Satz 1 Nr. 2 EStG dar. Die Möglichkeit der Lohnsteuer-Pauschalierung mit einem festen Steuersatz von 25 % scheidet aus.

BFH v. 18. 12. 2008 VI R 34/07 (BStBl. 2009 II S. 381):
1. Ein Fahrzeug, das aufgrund seiner objektiven Beschaffenheit und Einrichtung typischerweise so gut wie ausschließlich nur zur Beförderung von Gütern bestimmt ist, unterfällt nicht der Bewertungsregelung des § 8 Abs. 2 Satz 2 EStG (1 %-Regelung).
2. Ob ein Arbeitnehmer ein solches Fahrzeug auch für private Zwecke eingesetzt hat, bedarf der Feststellung im Einzelnen. Die Feststellungslast obliegt dem FA. Dieses kann sich nicht auf den sog. Beweis des ersten Anscheins berufen.

BFH v. 18. 12. 2008 VI R 49/06 (BStBl. 2009 II S. 820):
1. Aus dem Spielbanktronc finanzierte Zahlungen an die Arbeitnehmer der Spielbank sind keine steuerfreien Trinkgelder i.s. des § 3 Nr. 51 EStG.
2. Der Begriff des Trinkgelds, der auch § 3 Nr. 51 EStG zugrunde liegt, setzt grundsätzlich ein Mindestmaß an persönlicher Beziehung zwischen Trinkgeldgeber und Trinkgeldnehmer voraus.
3. Wenn der Arbeitgeber selbst Gelder tatsächlich und von Rechts wegen an- und einnehmen, verwalten und buchungstechnisch erfassen muss, sind dies keine dem Arbeitnehmer von Dritten gegebenen Trinkgelder i.s. des § 3 Nr. 51 EStG.

BFH v. 11. 12. 2008 VI R 9/05 (BStBl. 2009 II S. 385):
1. Erhält ein Arbeitnehmer Leistungen aus einer durch Beiträge seines Arbeitgebers finanzierten Gruppenunfallversicherung, die ihm keinen eigenen unentziehbaren Rechtsanspruch einräumt, so führen im Zeitpunkt der Leistung die bis dahin entrichteten, auf den Versicherungsschutz des Arbeitnehmers entfallenden Beiträge zu Arbeitslohn, begrenzt auf die dem Arbeitnehmer ausgezahlte Versicherungsleistung.
2. Der auf das Risiko beruflicher Unfälle entfallende Anteil der Beiträge führt als Werbungskostenersatz auch zu Werbungskosten des Arbeitnehmers, mit denen der entsprechende steuerpflichtige Arbeitslohn zu saldieren ist.
3. Regelmäßig kann davon ausgegangen werden, dass die Beiträge jeweils hälftig auf das Risiko privater und beruflicher Unfälle entfallen.*)

*) Anmerkung BStBl. II: Es ist beabsichtigt, das BMF-Schreiben vom 17.7.2000 (BStBl. I S. 1204) in Kürze anzupassen. **– Anlage § 009 - 03 –**

BFH v. 20. 11. 2008 VI R 4/06 (BStBl. 2009 II S. 374):
1. Ob die von einem Warenproduzenten im Rahmen des Vertriebs in Warenhäusern beschäftigten Servicekräfte als Arbeitnehmer anzusehen sind, ist anhand einer Vielzahl in Betracht kommender Merkmale nach dem Gesamtbild der Verhältnisse zu beurteilen.
2. Die Nachforderung pauschaler Lohnsteuer beim Arbeitgeber setzt voraus, dass der Arbeitgeber der Pauschalierung zustimmt.

BFH v. 20. 11. 2008 VI R 25/05 (BStBl. 2009 II S. 382): Räumt der Arbeitgeber selbst handelbare Optionsrechte ein, gelangt der für den Zufluss von Arbeitslohn maßgebliche Vorteil in Gestalt eines Preisnachlasses auf gewährte Aktien erst aufgrund der Verwertung der Option in das wirtschaftliche Eigentum des Optionsnehmers (Arbeitnehmer).

BFH v. 30. 9. 2008 VI R 67/05 (BStBl. 2009 II S. 282):
1. Bei einem Aktienerwerb fließt dem Arbeitnehmer der geldwerte Vorteil in dem Zeitpunkt zu, in dem der Anspruch auf Verschaffung der wirtschaftlichen Verfügungsmacht über die Aktien erfüllt wird.
2. Dem Zufluss steht es nicht entgegen, wenn der Arbeitnehmer aufgrund einer Sperr- bzw. Haltefrist die Aktien für eine bestimmte Zeit nicht veräußern kann. Der Erwerber ist rechtlich und wirtschaftlich bereits von dem Augenblick an Inhaber der Aktie, in dem sie auf ihn übertragen oder auf seinen Namen im Depot einer Bank hinterlegt wird.
3. Der geldwerte Vorteil fließt dem Arbeitnehmer auch dann mit der Verschaffung der Verfügungsmacht zu, wenn die Aktien unter der auflösenden Bedingung einer Rückzahlungsverpflichtung (§ 158 Abs. 2 BGB) überlassen werden und diese Bedingung eintritt (sog. Istprinzip).

§ 19 Rechtsprechung

BFH v. 28. 8. 2008 VI R 50/06 (BStBl. 2009 II S. 243):
1. Die Einkunftserzielungsabsicht kann auch bei den Einkünften aus nichtselbständiger Arbeit fehlen, so dass von einer einkommensteuerrechtlich unbeachtlichen Liebhaberei auszugehen ist.
2. Beurteilungseinheit für die Überschusserzielungsabsicht bei den Einkünften aus nichtselbständiger Arbeit ist das einzelne Dienstverhältnis. Fiktive weitere Einkünfte aus anderen Beschäftigungsverhältnissen, die sich im Anschluss an das jeweilige Dienstverhältnis ergeben könnten, sind für die Totalüberschussprognose nicht zu berücksichtigen.
3. In die Totalüberschussprognose ist das zu erwartende Ruhegehalt des Steuerpflichtigen und eine etwaige Hinterbliebenenversorgung seines Ehegatten mit den nach der aktuellen Sterbetafel des Statistischen Bundesamts zu bestimmenden und nicht abzuzinsenden Verkehrswerten einer lebenslänglichen Leistung einzubeziehen.

BFH v. 22. 7. 2008 VI R 51/05 (BStBl. II S. 981): Der Vorsitzende und die Referenten des AStA sind Arbeitnehmer im Sinne des Einkommensteuerrechts. Die an sie gezahlten Aufwandsentschädigungen sind als einkommensteuerpflichtiger Lohn zu behandeln.

BFH v. 22. 7. 2008 VI R 47/06 (BStBl. 2009 II S. 151):
1. Übernimmt ein Arbeitgeber nicht aus ganz überwiegend eigenbetrieblichem Interesse die Zahlung einer Geldbuße und einer Geldauflage, die gegen einen bei ihm beschäftigten Arbeitnehmer wegen Verstößen gegen das Lebensmittelrecht verhängt worden sind, so handelt es sich hierbei um Arbeitslohn.
2. Ein Vorteil wird dann aus ganz überwiegend eigenbetrieblichem Interesse gewährt, wenn im Rahmen einer Gesamtwürdigung aus den Begleitumständen zu schließen ist, dass der jeweils verfolgte betriebliche Zweck im Vordergrund steht (Bestätigung der Rechtsprechung).
3. Geldbußen i.S. von § 17 OWiG können nicht als Werbungskosten abgezogen werden (§ 4 Abs. 5 Satz 1 Nr. 8 Satz 1 EStG i.V.m. § 9 Abs. 5 EStG).
4. Der Werbungskostenabzug von Geldauflagen i.S. der § 153a StPO scheidet nach § 12 Nr. 4 EStG aus, soweit die Auflagen nicht lediglich der Wiedergutmachung des durch die Tat verursachten Schadens dienen.

BFH v. 19. 6. 2008 VI R 4/05 (BStBl. II S. 826):
1. Ob eine Zuwendung des Arbeitgebers an den Arbeitnehmer durch das Dienstverhältnis veranlasst ist und zu Einkünften aus nichtselbständiger Arbeit führt oder ob sie aufgrund einer Sonderrechtsbeziehung zwischen Arbeitgeber und Arbeitnehmer einer anderen Einkunftsart oder dem nicht einkommensteuerbaren Bereich zuzurechnen ist, obliegt in erster Linie der tatrichterlichen Würdigung durch das Finanzgericht.
2. Werden einem Arbeitnehmer vom Arbeitgeber oder einem Dritten im Hinblick auf das Dienstverhältnis Aktienankaufs- oder Vorkaufsrechte eingeräumt, fließt dem Arbeitnehmer nicht zum Zeitpunkt der Rechtseinräumung, sondern erst zum Zeitpunkt des entgeltlichen Verzichts hierauf ein geldwerter Vorteil zu (Fortführung der Senatsrechtsprechung in den Senatsurteilen vom 3. Mai 2007 VI R 36/05, BFHE 218, 118, BStBl. II 2007, 647; vom 23. Juni 2005 VI R 124/99, BFHE 209, 549, BStBl. II 2005, 766; vom 23. Juni 2005 VI R 10/03, BFHE 209, 559, BStBl. II 2005, 770).

BFH v. 29. 5. 2008 VI R 25/07 (BStBl. 2009 II S. 150): Das erhöhte Unfallruhegehalt nach § 37 BeamtVG wird „auf Grund der Dienstzeit" i.S. von § 3 Nr. 6 EStG gewährt und ist somit nicht nach dieser Vorschrift steuerbefreit.

BFH v. 29. 5. 2008 VI R 11/07 (BStBl. II S. 933):
1. Ob Telefoninterviewer als Arbeitnehmer anzusehen sind, ist anhand einer Vielzahl in Betracht kommender Merkmale nach dem Gesamtbild der Verhältnisse zu beurteilen.
2. Ein bei Inanspruchnahme des Arbeitgebers als Lohnsteuer-Haftungsschuldner beachtlicher entschuldbarer Rechtsirrtum des Arbeitgebers liegt regelmäßig nicht vor, wenn dieser die Möglichkeit der Anrufungsauskunft (§ 42e EStG) hat, davon jedoch keinen Gebrauch macht.
3. Auch bei Schätzung der Höhe der Lohnsteuer-Haftungsschuld sind alle Umstände zu berücksichtigen, die für die Schätzung von Bedeutung sind. Ein Verstoß gegen § 162 Abs. 1 Satz 2 AO kann nicht durch pauschale Abschläge auf die Haftungsschuld geheilt werden.

BFH v. 8. 5. 2008 VI R 50/05 (BStBl. II S. 868):
1. Macht ein Steuerpflichtiger nachträglich für geleistete Dienste wegen fehlgeschlagener Vergütungserwartung (Hofübergabe) vor dem Arbeitsgericht mit Erfolg eine Vergütung geltend, be-

Rechtsprechung § 19

gründet dies noch nicht die Feststellung, er sei auch im steuerlichen Sinne von Anfang an als Arbeitnehmer anzusehen.

2. Eine sonstige Leistung i. S. des § 22 Nr. 3 EStG ist jedes Tun, Dulden oder Unterlassen, das Gegenstand eines entgeltlichen Vertrags sein kann und das eine Gegenleistung auslöst (Anschluss an BFH-Urteile vom 21. September 1982 VIII R 73/79, BFHE 137, 251, BStBl. II 1983, 201, und vom 21. September 2004 IX R 13/02, BFHE 207, 284, BStBl. II 2005, 44).

BFH v. 6. 3. 2008 VI R 6/05 (BStBl. II S. 530): Die Umwandlung von Barlohn in Sachlohn setzt voraus, dass der Arbeitnehmer unter Änderung des Anstellungsvertrages auf einen Teil seines Barlohns verzichtet und ihm der Arbeitgeber stattdessen Sachlohn gewährt. Ob ein Anspruch auf Barlohn oder Sachlohn besteht, ist auf den Zeitpunkt bezogen zu entscheiden, zu dem der Arbeitnehmer über seinen Lohnanspruch verfügt.

BFH v. 28. 2. 2008 VI R 62/06 (BStBl. II S. 595): Reicht ein Steuerpflichtiger vor Ablauf der Festsetzungsfrist eine Berichtigungsanzeige i. S. des § 153 Abs. 1 AO bei einem unzuständigen FA ein, so ist die Anzeige zwar erstattet; zur Berechnung der Ablaufhemmung nach § 171 Abs. 9 AO ist jedoch grundsätzlich auf den Eingang beim zuständigen FA abzustellen.

(Anmerkung: Betrifft Überlassung von Aktien/Aktienoptionen der Muttergesellschaft durch Konzernobergesellschaft, Lohnzufluss zum Zeitpunkt der Erfüllung der Ansprüche aus dem Optionsrecht; zur haftungsbefreienden Anzeige des Arbeitgebers nach § 41c Abs. 4, § 42d Abs. 2 EStG.)

BFH v. 7. 2. 2008 VI R 75/06 (BStBl. 2010 II S. 48): Die berufliche Veranlassung eines Darlehens wird nicht zwingend dadurch ausgeschlossen, dass der Darlehensvertrag mit dem alleinigen Gesellschafter-Geschäftsführer der Arbeitgeberin (GmbH) statt mit der insolvenzbedrohten GmbH geschlossen worden und die Darlehensvaluta an diesen geflossen ist. Maßgeblich sind der berufliche Veranlassungszusammenhang und der damit verbundene konkrete Verwendungszweck des Darlehens.

BFH v. 17. 1. 2008 VI R 26/06 (BStBl. II S. 378): Obwohl die Anerkennung einer Wirtschaftsprüfungs- und Steuerberatungsgesellschaft voraussetzt, dass die Geschäftsführer Wirtschaftsprüfer bzw. Steuerberater sind, führt die Übernahme der Beiträge zu den Berufskammern durch den Arbeitgeber zu Arbeitslohn. Der Arbeitgeber handelt nicht im überwiegend eigenbetrieblichen Interesse.

BFH v. 18.12.2007 IV R 62/05 (BStBl. 2008 II S. 294):
1. Geldwerte Vorteile aus einem Aktienoptionsprogramm bilden im Regelfall als Anreizlohn eine Vergütung für eine mehrjährige Tätigkeit, wenn die Laufzeit zwischen Einräumung und Ausübung der Optionsrechte mehr als zwölf Monate beträgt und der Arbeitnehmer in dieser Zeit auch bei seinem Arbeitgeber beschäftigt ist (Anschluss an BFH-Urteil vom 19. Dezember 2006 VI R 136/01, BFHE 216, 251, BStBl. II 2007, 456).
2. Als Vergütung für eine mehrjährige Tätigkeit unterliegen die geldwerten Vorteile aus einem Aktienoptionsprogramm der ab 1999 geltenden Tarifermäßigung des § 34 Abs. 1 EStG.

BFH v. 15. 11. 2007 VI R 66/03 (BStBl. 2008 II S. 375):
1. Leistet der Arbeitgeber aufgrund des gesetzlichen Forderungsübergangs nach § 115 SGB X eine Lohnnachzahlung unmittelbar an die Arbeitsverwaltung, führt dies beim Arbeitnehmer zum Zufluss von Arbeitslohn.
2. Unterliegt der Nachzahlungsbetrag sowohl der Tarifermäßigung des § 34 Abs. 1 EStG als auch dem negativen Progressionsvorbehalt des § 32b EStG, so ist eine integrierte Steuerberechnung nach dem Günstigkeitsprinzip vorzunehmen. Danach sind die Ermäßigungsvorschriften in der Reihenfolge anzuwenden, die zu einer geringeren Steuerbelastung führt, als dies bei ausschließlicher Anwendung des negativen Progressionsvorbehalts der Fall wäre.

BFH v. 13. 9. 2007 VI R 54/03 (BStBl. 2008 II S. 58):
1. Bei Nachentrichtung hinterzogener Arbeitnehmeranteile zur Gesamtsozialversicherung führt die Nachzahlung als solche zum Zufluss eines zusätzlichen geldwerten Vorteils (Fortentwicklung der Rechtsprechung).
2. Bei Vereinbarung sog. Schwarzlöhne kommt der Schutzfunktion der Verschiebung der Beitragslast gemäß § 28g SGB IV grundsätzlich kein Vorrang gegenüber dem objektiv bestehenden Zusammenhang der Nachentrichtung der Arbeitnehmeranteile mit dem Arbeitsverhältnis zu.
3. Dem Lohnzufluss steht nicht entgegen, dass der Arbeitgeber beim Arbeitnehmer gemäß § 28g SGB IV keinen Rückgriff mehr nehmen kann.

§ 19 Rechtsprechung

BFH v. 13. 9. 2007 VI R 26/04 (BStBl. 2008 II S. 204): Leistet der Arbeitgeber im Rahmen eines ausgelagerten Optionsmodells zur Vermögensbeteiligung der Arbeitnehmer Zuschüsse an einen Dritten als Entgelt für die Übernahme von Kursrisiken, so führt dies bei den Arbeitnehmern zu Sachlohn, wenn die Risikoübernahme des Dritten auf einer vertraglichen Vereinbarung mit dem Arbeitgeber beruht.

BFH v. 26. 7. 2007 VI R 64/06 (BStBl. II S. 892): Die Übernahme der Beiträge zur Berufshaftpflichtversicherung einer angestellten Rechtsanwältin durch den Arbeitgeber führt zu Arbeitslohn, weil diese gemäß § 51 BRAO zum Abschluss der Versicherung verpflichtet ist und deshalb ein überwiegend eigenbetriebliches Interesse des Arbeitgebers ausscheidet.

BFH v. 5. 7. 2007 VI R 58/05 (BStBl. II S. 774): Der Verlust des durch eine Direktversicherung eingeräumten Bezugsrechts bei Insolvenz des Arbeitgebers löst keine lohnsteuerrechtlichen Folgen aus. Das folgt aus den Besonderheiten der Insolvenzsicherung gemäß § 7 BetrAVG.

BFH v. 14. 6. 2007 VI R 5/06 (BStBl. 2009 II S. 931): Ausländische Fotomodelle, die zur Produktion von Werbefilmen kurzfristig im Inland tätig werden, können selbständig tätig sein.*)

*) Anmerkung BStBl. II: Die verspätete Veröffentlichung im Bundessteuerblatt beruht auf einem Büroversehen.

BFH v. 24. 5. 2007 VI R 73/05 (BStBl. II S. 766):
1. Verzichtet der Arbeitgeber gegenüber dem Arbeitnehmer auf Schadensersatz nach einem während einer beruflichen Fahrt alkoholbedingt entstandenen Schaden am auch zur privaten Nutzung überlassenen Firmen-PKW, so ist der dem Arbeitnehmer aus dem Verzicht entstehende Vermögensvorteil nicht durch die 1 v.H.-Regelung abgegolten.
2. Der als Arbeitslohn zu erfassende Verzicht auf Schadensersatz führt nur dann zu einer Steuererhöhung, wenn die Begleichung der Schadensersatzforderung nicht zum Werbungskostenabzug berechtigt. Ein Werbungskostenabzug kommt nicht in Betracht, wenn das auslösende Moment für den Verkehrsunfall die alkoholbedingte Fahruntüchtigkeit war.

BFH v. 3. 5. 2007 VI R 37/05 (BStBl. II S. 712): Freiwillige Sonderzahlungen an Arbeitnehmer eines konzernverbundenen Unternehmens sind keine steuerfreien Trinkgelder i.S. des § 3 Nr. 51 EStG.

BFH v. 3. 5. 2007 VI R 36/05 (BStBl. II S. 647):
1. Räumt ein Arbeitgeber einem Arbeitnehmer Aktienoptionen als Ertrag der Arbeit ein, sind damit zusammenhängende Aufwendungen des Arbeitnehmers erst im Jahr der Verschaffung der verbilligten Aktien zu berücksichtigen (Fortführung der Rechtsprechung im Senatsurteil vom 20. Juni 2001 VI R 105/99, BFHE 195, 395, BStBl. II 2001, 689).
2. Verfällt das Optionsrecht, sind die Optionskosten im Jahr des Verfalls als vergebliche Werbungskosten abziehbar.

BFH v. 12. 4. 2007 VI R 89/04 (BStBl. II S. 719): Überlässt der Arbeitgeber dem Arbeitnehmer eine Jahresnetzkarte, so führt dies zum sofortigen Zufluss von Arbeitslohn, wenn dem Arbeitnehmer mit der Karte ein uneingeschränktes Nutzungsrecht eingeräumt wurde.

BFH v. 12. 4. 2007 VI R 6/02 (BStBl. II S. 581):
1. Die Ablösung einer vom Arbeitgeber erteilten Pensionszusage führt beim Arbeitnehmer auch dann zum Zufluss von Arbeitslohn, wenn der Ablösungsbetrag auf Verlangen des Arbeitnehmers zur Übernahme der Pensionsverpfiichtung an einen Dritten gezahlt wird.
2. Der Ablösungsbetrag unterliegt als Vergütung für eine mehrjährige Tätigkeit der Tarifermäßigung des § 34 Abs. 3 EStG 1990.

BFH v. 16. 1. 2007 IX R 69/04 (BStBl. 2007 II S. 579): Arbeitnehmeranteile zur Arbeitslosen-, Kranken- und Rentenversicherung (Gesamtsozialversicherung) sind – bei eigenem Rechtsanspruch des Arbeitnehmers gegen die Versorgungseinrichtung – als Arbeitslohn mit ihrer Abführung durch den Arbeitgeber gegenwärtig zugeflossen.

BFH v. 19. 12. 2006 VI R 136/01 (BStBl. 2007 II S. 456):
1. Geldwerte Vorteile aus einem Aktienoptionsprogramm stellen im Regelfall als Anreizlohn eine Vergütung für eine mehrjährige Tätigkeit dar. Abweichend hiervon können Entgelte für frühere Arbeitsleistungen angenommen werden, wenn die Tatumstände ergeben, dass konkrete Arbeitserfolge zusätzlich entlohnt werden sollten.
2. Mehrjährigkeit erfordert, dass zwischen Einräumung und Erfüllung des Optionsrechts mehr als zwölf Monate liegen und der Arbeitnehmer in diesem Zeitraum auch beschäftigt war.

Rechtsprechung § 19

3. Der Tarifermäßigung des § 34 Abs. 3 EStG steht weder entgegen, dass wiederholt Aktienoptionen eingeräumt werden, noch, dass die jeweils gewährte Option nicht in vollem Umfang einheitlich ausgeübt wird.

BFH v. 29. 11. 2006 VI R 3/04 (BStBl. 2007 II S. 308):
1. § 3 Nr. 12 Satz 2 EStG ist verfassungskonform dahingehend auszulegen, dass die Erstattung nur solcher Aufwendungen von der Steuer befreit ist, die als Betriebsausgaben oder Werbungskosten abziehbar sind (Bestätigung der Rechtsprechung).
2. Eine vom Arbeitgeber für die berufliche Nutzung von Wohnraum gezahlte Aufwandsentschädigung (§ 17 SBesG) ist nur steuerfrei, wenn die Voraussetzungen für einen Werbungskostenabzug der Aufwendungen für ein häusliches Arbeitszimmer gegeben sind.

BFH v. 22. 11. 2006 X R 29/05 (BStBl. 2007 II S. 402):
1. Ob die von einer Koordinierten Organisation – hier: der NATO – bezogenen Ruhegehaltszahlungen auf früheren Beitragsleistungen des Steuerpflichtigen beruhen und damit als Leibrente und nicht als Einkünfte aus nichtselbständiger Arbeit zu versteuern sind, bestimmt sich danach, ob der Steuerpflichtige zu ihrer Erlangung eigenes Vermögen einschließlich zugeflossenen Arbeitslohns eingesetzt hat.
2. Behält die Koordinierte Organisation einen Teil vom Arbeitslohn des Steuerpflichtigen ein, um ihn als Arbeitnehmerbeitrag einer Versorgungsrückstellung in ihrem Haushaltsplan zuzuführen, so fließt dem Steuerpflichtigen dadurch kein Arbeitslohn zu.
3. Die Steuerbefreiung für Bezüge und Einkünfte, die den Bediensteten eines NATO-Hauptquartiers in ihrer Eigenschaft als derartige Bedienstete gezahlt werden, findet auf laufende Ruhegehaltszahlungen keine Anwendung.

(Hinweis auf Verfassungsbeschwerde BVerfG 2 BvR 367/07.)

BFH v. 7. 11. 2006 VI R 2/05 (BStBl. 2007 II S. 315): Die Rückzahlung ursprünglich als laufender Arbeitslohn gezahlter Beträge gilt nicht schon in dem Kalenderjahr als abgeflossen, in dem der laufende Arbeitslohn selbst gemäß § 11 Abs. 1 Satz 3 (jetzt Satz 4) EStG i.V.m. § 38a Abs. 1 Satz 2 EStG als bezogen galt. Die Rückzahlung ist erst im Kalenderjahr des tatsächlichen Abflusses einkünftemindernd zu berücksichtigen.

BFH v. 5. 9. 2006 VI R 65/03 (BStBl. 2007 II S. 312): Veranstaltet ein Arbeitgeber sog. Händler-Incentive-Reisen, so führt die Betreuung der Händler durch eigene Arbeitnehmer bei diesen nicht zu geldwerten Vorteilen, wenn die Betreuungsaufgaben das Eigeninteresse der Arbeitnehmer an der Teilnahme des touristischen Programms in den Hintergrund treten lassen.

BFH v. 5. 9. 2006 VI R 38/04 (BStBl. 2007 II S. 181): Die Übernahme von Beitragsleistungen zur freiwilligen Versicherung in der gesetzlichen Rentenversicherung durch den Arbeitgeber für sog. Kirchenbeamte stellt dann keinen Arbeitslohn dar, wenn die Leistungen aus der gesetzlichen Rentenversicherung auf die zugesagten beamtenrechtlichen Versorgungsbezüge angerechnet werden sollen.*)

*) Hinweis auf BMF-Schreiben vom 13.2.2007 (BStBl. S. 270). – **Anlage § 019-08** –

BFH v. 26. 7. 2006 VI R 49/02 (BStBl. II S. 917): Wiederholungshonorare und Erlösbeteiligungen, die an ausübende Künstler von Hörfunk- oder Fernsehproduktionen als Nutzungsentgelte für die Übertragung originärer urheberrechtlicher Verwertungsrechte gezahlt werden, stellen keinen Arbeitslohn dar.

BFH v. 22. 6. 2006 VI R 21/05 (BStBl. II S. 915): Auch bei der Gestellung einheitlicher, während der Arbeitszeit zu tragender bürgerlicher Kleidungsstücke kann das eigenbetriebliche Interesse des Arbeitgebers im Vordergrund stehen bzw. ein geldwerter Vorteil des Arbeitnehmers zu verneinen sein.

BFH v. 4. 5. 2006 VI R 67/03 (BStBl. II S. 914): Verpflichtet sich der Arbeitgeber gegenüber dem Darlehensgeber zur Zahlung von Zinsausgleichszahlungen, ist steuerpflichtiger Arbeitslohn anzunehmen. Für die Anwendung der Verwaltungsanweisung (Abschn. 31 Abs. 8 LStR 1993 bis 1996) ist kein Raum.

BFH v. 4. 5. 2006 VI R 33/03 (BStBl. II S. 911):
1. Die Rückzahlung einer Abfindung ist auch dann im Abflussjahr zu berücksichtigen, wenn die Abfindung im Zuflussjahr begünstigt besteuert worden ist.
2. Eine Lohnrückzahlung ist regelmäßig kein rückwirkendes Ereignis, das zur Änderung des Einkommensteuerbescheides des Zuflussjahres berechtigt.

463

§ 19 Rechtsprechung

BFH v. 4. 5. 2006 VI R 19/03 (BStBl. II S. 832):
1. Durch das Dienstverhältnis veranlasste Leistungen des Arbeitgebers sind auch dann Arbeitslohn, wenn es an einem Rechtsgrund fehlt.
2. Zurückgezahlter Arbeitslohn ist erst im Zeitpunkt des Abflusses steuermindernd zu berücksichtigen.

BFH v. 4. 5. 2006 VI R 17/03 (BStBl. II S. 830):
1. Zum Arbeitslohn gehören auch versehentliche Überweisungen des Arbeitgebers, die dieser zurückfordern kann.
2. Die Rückzahlung von Arbeitslohn ist erst im Zeitpunkt des tatsächlichen Abflusses einkünftemindernd zu berücksichtigen.

BFH v. 11. 4. 2006 VI R 60/02 (BStBl. II S. 691): Die kostenlose oder verbilligte Überlassung von qualitativ und preislich hochwertigen Bekleidungsstücken durch den Arbeitgeber an die Mitglieder seiner Geschäftsleitung stellt steuerpflichtigen Arbeitslohn dar. Der Entlohnungscharakter der Zuwendung kann nicht mit einem überwiegend eigenbetrieblichen Interesse widerlegt werden, weil das Tragen der vom Arbeitgeber hergestellten Kleidungsstücke neben Repräsentationszwecken auch der Werbung dienen würde.

BFH v. 5. 4. 2006 IX R 109/00 (BStBl. II S. 541):
1. Aufwendungen des Kreditinstituts (Arbeitgeber) für Sicherheitsmaßnahmen am Wohnhaus seines leitenden Angestellten (Vorstandsmitglied) sind bei allenfalls abstrakter berufsbedingter Gefährdung von dessen Leben, Gesundheit und Vermögen, also nicht unerheblichem Eigeninteresse des Vorstandsmitglieds, Arbeitslohn.
2. Kein steuerfreier Auslagenersatz ist gegeben, wenn die Aufwendungen nicht im ganz überwiegenden betrieblichen Interesse des Kreditinstituts liegen und angesichts der sich ratierlich mindernden Rückzahlungsverpflichtung nach Ablauf von fünf Jahren zu einer dauerhaften und nicht unerheblichen Bereicherung des Steuerpflichtigen führen.

BFH v. 28. 3. 2006 VI R 24/03 (BStBl. II S. 473): Ersetzt der Arbeitgeber aufgrund einer tarifvertraglichen Verpflichtung dem als Orchestermusiker beschäftigten Arbeitnehmer die Kosten der Instandsetzung des dem Arbeitnehmer gehörenden Musikinstruments, so handelt es sich dabei um steuerfreien Auslagenersatz.

BFH v. 8. 3. 2006 IX R 78/01 (BStBl. II S. 448):
1. Ausgleichszahlungen, die ein zum Versorgungsausgleich verpflichteter Beamter auf Grund einer Vereinbarung gemäß § 1408 Abs. 2 BGB an seinen Ehegatten leistet, um Kürzungen seiner Versorgungsbezüge zu vermeiden, sind sofort als Werbungskosten abziehbar (Ergänzung zum BFH-Urteil vom 8. März 2006 IX R 107/00).
2. Werden die Abfindungszahlungen fremdfinanziert, kann der Beamte die dadurch entstehenden Schuldzinsen als Werbungskosten bei den Einkünften aus nichtselbständiger Arbeit absetzen.

BFH v. 8.3. 2006 IX R 107/00 (BStBl. II S. 446): Ausgleichszahlungen, die ein zum Versorgungsausgleich verpflichteter Ehegatte auf Grund einer Vereinbarung gemäß § 1587o BGB an den anderen Ehegatten leistet, um Kürzungen seiner Versorgungsbezüge (§ 19 Abs. 1 Satz 1 Nr. 2 EStG) zu vermeiden, sind sofort als Werbungskosten abziehbar.

BFH v. 15. 2. 2006 VI R 92/04 (BStBl. II S. 528): Durch die Zahlung des Gegenwerts beim Ausscheiden eines Arbeitgebers aus der Versorgungsanstalt des Bundes und der Länder fließt den Arbeitnehmern kein Arbeitslohn zu.
*) Hinweis auf BMF-Schreiben vom 30. 5. 2006 (BStBl. I S. 415).

BFH v. 16. 11. 2005 VI R 118/01 (BStBl. 2006 II S. 444):
1. Sachzuwendungen an Arbeitnehmer anlässlich einer zweitägigen Reise, die sowohl eine Betriebsveranstaltung als auch eine aus ganz überwiegend eigenbetrieblichen Interessen durchgeführte Betriebsbesichtigung bei einem Hauptkunden des Arbeitgebers umfasst, sind grundsätzlich aufzuteilen.
2. Die Aufwendungen des Arbeitgebers für eine derartige Reise sind insgesamt kein Arbeitslohn, wenn die dem Betriebsveranstaltungsteil zuzurechnenden, anteiligen Kosten die für Zuwendungen bei Betriebsveranstaltungen maßgebliche Freigrenze nicht übersteigen. Die dem Betriebsbesichtigungsteil zuzurechnenden, anteiligen Kosten stellen ebenfalls keinen Arbeitslohn dar, wenn die Besichtigung im ganz überwiegend eigenbetrieblichen Interesse durchgeführt wird und damit keinen Entlohnungscharakter hat.

Rechtsprechung § 19

BFH v. 16. 11. 2005 VI R 68/00 (BStBl. 2006 II S. 440): Führt ein Arbeitgeber pro Kalenderjahr mehr als zwei Betriebsveranstaltungen für denselben Kreis von Begünstigten durch, so wird ab der dritten Veranstaltung Arbeitslohn zugewendet.

BFH v. 16. 11. 2005 VI R 157/98 (BStBl. 2006 II S. 437): Leistet ein Arbeitgeber einen Zuschuss zu einer zweitägigen Betriebsveranstaltung in eine im Übrigen von den Arbeitnehmern unterhaltene Gemeinschaftskasse, so stellt diese Zuwendung keinen Arbeitslohn dar, wenn der Zuschuss die für die Annahme von Arbeitslohn bei Zuwendungen aus Anlass von Betriebsveranstaltungen maßgebliche Freigrenze nicht überschreitet.

BFH v. 16. 11. 2005 VI R 151/00 (BStBl. 2006 II S. 442): Aufwendungen des Arbeitgebers aus Anlass einer Betriebsveranstaltung erlangen beim Überschreiten einer Freigrenze, die für die Jahre 1996 und 1997 200 DM je teilnehmendem Arbeitnehmer beträgt, ein derartiges Eigengewicht, dass sie in vollem Umfang als steuerpflichtiger Arbeitslohn zu werten sind (Bestätigung der Rechtsprechung).

BFH v. 16. 11. 2005 VI R 151/99 (BStBl. 2006 II S. 439): Aufwendungen des Arbeitgebers führen bei einer zweitägigen Betriebsveranstaltung nicht zu Arbeitslohn, sofern die Freigrenze von 200 DM (110 €) eingehalten wird (Änderung der Rechtsprechung).

BFH v. 5. 10. 2005 VI R 152/01 (BStBl. 2006 II S. 94): Ein angestellter Chefarzt bezieht mit den Einnahmen aus dem ihm eingeräumten Liquidationsrecht für die gesondert berechenbaren wahlärztlichen Leistungen in der Regel Arbeitslohn, wenn die wahlärztlichen Leistungen innerhalb des Dienstverhältnisses erbracht werden.

BFH v. 14. 9. 2005 VI R 32/04 (BStBl. 2006 II S. 500): Leistet der Arbeitgeber im Zusammenhang mit der Schließung des Umlagesystems Sonderzahlungen an eine Zusatzversorgungskasse, fließt den Arbeitnehmern kein Arbeitslohn zu.*)

*) Hinweis auf BMF-Schreiben vom 30. 5. 2006 (BStBl. I S. 415).

BFH v. 14. 9. 2005 VI R 148/98 (BStBl. 2006 II S. 532): Leistet der Arbeitgeber beim Wechsel zu einer anderen umlagefinanzierten Zusatzversorgungskasse Sonderzahlungen, fließt den Arbeitnehmern kein Arbeitslohn zu.*)

*) Hinweis auf BMF-Schreiben vom 30. 5. 2006 (BStBl. I S. 415).

BFH v. 18. 8. 2005 VI R 32/03 (BStBl. 2006 II S. 30):

1. Eine Aufteilung von Sachzuwendungen an Arbeitnehmer in Arbeitslohn und Zuwendungen im betrieblichen Eigeninteresse ist grundsätzlich möglich, wenn die Zuwendungen bei Würdigung aller Umstände des Einzelfalls gemischt veranlasst sind.
2. Bei gemischt veranlassten Reisen sind für die Aufteilung zunächst die Kostenbestandteile der Reise abzutrennen, die sich leicht und eindeutig dem betriebsfunktionalen Bereich und dem Bereich, der sich als geldwerter Vorteil darstellt, zuordnen lassen. Die danach verbleibenden Kosten sind grundsätzlich im Wege sachgerechter Schätzung (§ 162 AO 1977) aufzuteilen. Als Aufteilungsmaßstab ist dabei in der Regel das Verhältnis der Zeitanteile heranzuziehen, in dem Reise-Bestandteile mit Vorteilscharakter zu den aus betriebsfunktionalen Gründen durchgeführten Reise-Bestandteilen stehen.
3. Der Wert einer dem Arbeitnehmer durch den Arbeitgeber zugewandten Reise kann grundsätzlich anhand der Kosten geschätzt werden, die der Arbeitgeber für die Reise aufgewendet hat. Sofern sich ein Beteiligter auf eine abweichende Wertbestimmung beruft, muss er konkret darlegen, dass eine Schätzung des üblichen Endpreises am Abgabeort nach den aufgewandten Kosten dem objektiven Wert der Reise nicht entspricht.
4. Macht der Arbeitgeber in schwierigen Fällen, in denen ihm bei Anwendung der gebotenen Sorgfalt Zweifel über die Rechtslage kommen müssen, von der Möglichkeit der Anrufungsauskunft (§ 42e EStG) keinen Gebrauch, so ist ein auf dieser Unterlassung beruhender Rechtsirrtum grundsätzlich nicht entschuldbar und steht der Inanspruchnahme des Arbeitgebers im Wege der Haftung nicht entgegen.

BFH v. 20. 7. 2005 VI R 165/01 (BStBl. II S. 890):

1. Ein Arbeitnehmer kann die Lohnsteuer-Anmeldung des Arbeitgebers aus eigenem Recht anfechten, soweit sie ihn betrifft (Anschluss an das Urteil des BFH vom 12. Oktober 1995 I R 39/95, BFHE 179, 91, BStBl. II 1996, 87).
2. Behält der Arbeitgeber einen Beitrag vom Arbeitslohn ein und führt ihn einer Versorgungsrückstellung zu, fließt dem Arbeitnehmer (noch) kein Arbeitslohn zu.

§ 19

BFH v. 23. 6. 2005 VI R 10/03 (BStBl. II S. 770):

1. Gewährt ein Arbeitnehmer dem Arbeitgeber ein Darlehen, das mit einem Wandlungsrecht zum Bezug von Aktien ausgestattet ist, wird ein Zufluss von Arbeitslohn nicht bereits durch die Hingabe des Darlehens begründet.
2. Im Falle der Ausübung des Wandlungsrechts durch den Arbeitnehmer fließt diesem ein geldwerter Vorteil aus dem Bezug von Aktien zu einem unter dem Kurswert liegenden Übernahmepreis grundsätzlich erst dann zu, wenn dem Arbeitnehmer durch Erfüllung des Anspruchs das wirtschaftliche Eigentum an den Aktien verschafft wird.
3. Überträgt der Arbeitnehmer das Darlehen nebst Wandlungsrecht gegen Entgelt auf einen Dritten, fließt dem Arbeitnehmer ein geldwerter Vorteil im Zeitpunkt der Übertragung zu.
4. Der geldwerte Vorteil bemisst sich im Falle der Ausübung des Wandlungsrechts aus der Differenz zwischen dem Börsenpreis der Aktien an dem Tag, an dem der Arbeitnehmer die wirtschaftliche Verfügungsmacht über die Aktien erlangt, und den Erwerbsaufwendungen.

BFH v. 23. 6. 2005 VI R 124/99 (BStBl. II S. 766):

1. Wird einem Arbeitnehmer im Rahmen seines Arbeitsverhältnisses durch Übertragung einer nicht handelbaren Wandelschuldverschreibung ein Anspruch auf die Verschaffung von Aktien eingeräumt, wird ein Zufluss von Arbeitslohn nicht bereits durch die Übertragung der Wandelschuldverschreibung begründet.
2. Im Falle der Ausübung des Wandlungsrechts durch den Arbeitnehmer fließt diesem ein geldwerter Vorteil grundsätzlich erst dann zu, wenn dem Arbeitnehmer durch Erfüllung des Anspruchs das wirtschaftliche Eigentum an den Aktien verschafft wird.

BFH v. 14. 4. 2005 VI R 134/01 (BStBl. II S. 569): Die Beiträge für die gesetzliche Rentenversicherung und Arbeitgeberanteile zur Kranken- und Pflegeversicherung, die der Bund nach § 15 des Gesetzes zur Förderung der Einstellung der landwirtschaftlichen Erwerbstätigkeit (FELEG) trägt, stellen bei den ehemaligen Arbeitnehmern der stillgelegten landwirtschaftlichen Unternehmen keinen Arbeitslohn dar.

BFH v. 16. 9. 2004 VI R 25/02 (BStBl. 2006 II S. 10): Leistet der Arbeitgeber Zahlungen für ein im Haus bzw. in der Wohnung des Arbeitnehmers gelegenes Büro, das der Arbeitnehmer für die Erbringung seiner Arbeitsleistung nutzt, so ist die Unterscheidung zwischen Arbeitslohn einerseits und Einkünften aus Vermietung und Verpachtung andererseits danach vorzunehmen, in wessen vorrangigem Interesse die Nutzung des Büros erfolgt.*)

*) Hinweis auf BMF-Schreiben vom 13.12.2005 (BStBl. 2006 I S. 4). – *Anlage § 019-06* –

BFH v. 19.8.2004 VI R 33/97 (BStBl. II S. 1076):

1. Nutzt eine Arbeitnehmerin aufgrund eines von einem Dritten unentgeltlich eingeräumten Wohnungsrechts eine Wohnung, stellt der Nutzungsvorteil Arbeitslohn dar, wenn er sich als Ertrag der Arbeit erweist.
2. Anders als bei der Einräumung eines Erbbaurechts fließen in einem solchen Fall die Einnahmen nicht bereits mit der Bestellung, sondern erst laufend mit der Nutzung zu.
3. Die durch Rechtsverordnung nach § 17 Abs. 1 Nr. 3 SGB IV vorgesehenen Durchschnittswerte der SachbezV in der Fassung vor 1996 kamen nur für solche Sachbezüge in Betracht, für die sie nach Ermächtigungsgrundlage und Ziel der Regelung geschaffen waren. Hierzu zählte nicht der Vorteil, eine Wohnung mit außergewöhnlicher Ausstattung nutzen zu dürfen.

BFH v. 7. 7. 2004 VI R 29/00 (BStBl. 2005 II S. 367): Übernimmt der Arbeitgeber, der einen Paketzustelldienst betreibt, aus ganz überwiegend eigenbetrieblichem Interesse die Zahlung von Verwarnungsgeldern, die gegen die bei ihm angestellten Fahrer wegen Verletzung des Halteverbots verhängt worden sind, so handelt es sich hierbei nicht um Arbeitslohn.

BFH v. 2. 10. 2003 IV R 4/02 (BStBl. 2004 II S. 129):

1. Leistet der Steuerpflichtige Erziehungshilfe, indem er die betreuten Kinder zeitweise in seinen Haushalt aufnimmt, und erhält er dafür von einem privaten Träger der Kinder- und Jugendhilfe neben einem Gehalt eine pauschale Kostenerstattung, ist diese nur dann als nach § 3 Nr. 50 EStG steuerfreier Auslagenersatz anzusehen, wenn der Steuerpflichtige nachweist, dass die Pauschale den tatsächlichen Aufwendungen im Großen und Ganzen entspricht.

Rechtsprechung § 19

Kann der Nachweis nicht erbracht werden, ist die Pauschale als Bestandteil des Arbeitslohns steuerpflichtig. Die tatsächlichen Aufwendungen des Steuerpflichtigen, die notfalls im Wege der Schätzung zu ermitteln sind, stellen Werbungskosten dar.

2. Wird der Erziehungshelfer nicht als Arbeitnehmer, sondern selbständig tätig, erzielt er mit der Vergütung Einkünfte aus einer freiberuflichen Tätigkeit, wenn die Erziehung der Gesamtheit der Betreuungsleistung das Gepräge gibt. Die tatsächlichen Aufwendungen stellen Betriebsausgaben dar.

BFH v. 26. 6. 2003 VI R 112/98 (BStBl. II S. 886): Eine Bereicherung in Form ersparter Aufwendungen hinsichtlich beiläufig erworbener Kenntnisse und Fertigkeiten (hier: Führerscheinkosten der Klasse 3) im Rahmen einer umfassenden Gesamtausbildung zum Polizeivollzugsdienst muss nicht zu Arbeitslohn eines Polizeianwärters führen, sofern das Ausbildungsinteresse des Dienstherrn im Vordergrund steht.

BFH v. 21. 2. 2003 VI R 74/00 (BStBl. II S. 496): Bei Entschädigungszahlungen der Urlaubs- und Lohnausgleichskasse der Bauwirtschaft für verfallene Urlaubsansprüche handelt es sich um Einkünfte, die nicht dem Steuerabzug vom Arbeitslohn unterliegen und auf die die Härteregelung nach § 46 Abs. 5 EStG anzuwenden ist.

BFH v. 28. 1. 2003 VI R 48/99 (BStBl. II S. 724): Lädt ein Arbeitgeber anlässlich eines Geburtstags eines Arbeitnehmers Geschäftsfreunde, Repräsentanten des öffentlichen Lebens, Vertreter von Verbänden und Berufsorganisationen sowie Mitarbeiter zu einem Empfang ein, ist unter Berücksichtigung aller Umstände des Einzelfalls zu entscheiden, ob es sich um ein Fest des Arbeitgebers (betriebliche Veranstaltung) oder um ein privates Fest des Arbeitnehmers handelt.

BFH v. 7. 6. 2002 VI R 145/99 (BStBl. II S. 829):

1. Überlässt der Arbeitnehmer seinem Arbeitgeber eine eigene Garage, in der ein Dienstwagen untergestellt wird, stellt das vom Arbeitgeber gezahlte Nutzungsentgelt regelmäßig keinen Arbeitslohn dar.
2. Stellt der Arbeitnehmer den Dienstwagen in einer von ihm angemieteten Garage unter, handelt es sich bei der vom Arbeitgeber erstatteten Garagenmiete um steuerfreien Auslagenersatz.
3. Wird in diesen Fällen die private Nutzung des Dienstwagens nach der 1 v.H.-Regelung erfasst, so ist kein geldwerter Vorteil für die Überlassung der Garage an den Arbeitnehmer anzusetzen.

BFH v. 6. 6. 2002 VI R 178/97 (BStBl. 2003 II S. 34):

1. Arbeitgeberanteile zur gesetzlichen Sozialversicherung eines Arbeitnehmers gehören nicht zum Arbeitslohn. § 3 Nr. 62 Satz 1 EStG hat insofern nur deklaratorische Bedeutung.
2. Entscheidungen des zuständigen Sozialversicherungsträgers über die Sozialversicherungspflicht von Beschäftigungsverhältnissen können infolge ihrer Tatbestandswirkung im Besteuerungsverfahren zu beachten sein.

BFH v. 6. 3. 2002 XI R 51/00 (BStBl. II S. 516):

1. Erhält ein Arbeitnehmer, der als Spitzenkandidat seiner Partei für eine Parlamentswahl kandidiert hat, für die Auflösung seines Arbeitsverhältnisses eine Abfindung, so ist diese Entschädigung i. S. des § 24 Nr. 1 Buchst. a EStG, wenn sein Arbeitgeber die Auflösung des Arbeitsverhältnisses fordert, weil der Steuerpflichtige ein Regierungsamt übernimmt.
2. Eine Abfindung ist insoweit keine Entschädigung i. S. des § 24 Nr. 1 Buchst. a EStG, als sie einen künftig entstehenden Pensionsanspruch in kapitalisierter Form abgilt.
3. Erhöht der Arbeitgeber im Zuge der Auflösung des Arbeitsverhältnisses die im Arbeitsvertrag für den Fall der Beendigung des Arbeitsverhältnisses zugesagte monatliche Pension, so steht dies der tarifbegünstigten Besteuerung der Einmalabfindung nicht entgegen (Bestätigung der Tz. 6 ff. des BMF-Schreibens vom 18. Dezember 1998 IV A 5 – S 2290 – 18/98, BStBl. I 1998, 1512). (S. **Anlage § 034-01**)

BVerfG v. 6. 3. 2002 2 BvL 17/99 (BStBl. II S. 618): (Leitsätze)

1. Die unterschiedliche Besteuerung der Beamtenpensionen nach § 19 EStG und der Renten aus der gesetzlichen Rentenversicherung nach § 22 Nr. 1 Satz 3 Buchstabe a EStG ist seit dem Jahr 1996 mit dem Gleichheitssatz des Art. 3 Abs. 1 GG unvereinbar (Anschluss an BVerfGE 54, 11; 86, 369).
2. Sollen nichtfiskalische Förderungs- und Lenkungsziele den rechtfertigenden Grund für steuerliche Vergünstigungen bilden, so ist neben einer erkennbaren Entscheidung des Gesetzgebers auch ein Mindestmaß an zweckgerechter Ausgestaltung des Vergünstigungstatbestands erforderlich.

§ 19 Rechtsprechung

3. Der Gesetzgeber hat im Rahmen der gebotenen Neuregelung die Besteuerung von Vorsorgeaufwendungen für die Alterssicherung und die Besteuerung von Bezügen aus dem Ergebnis der Vorsorgeaufwendungen so aufeinander abzustimmen, dass eine doppelte Besteuerung vermieden wird.

BFH v. 6. 11. 2001 VI R 54/00 (BStBl. 2002 II S. 164): Erstattet der Arbeitgeber dem Arbeitnehmer für dessen eigenen PKW sämtliche Kosten, wendet er Barlohn und nicht einen Nutzungsvorteil i. S. des § 8 Abs. 2 Satz 2 EStG zu.

BFH v. 19. 10. 2001 VI R 131/00 (BStBl. 2002 II S. 300): Mietet der Arbeitgeber einen Raum als Außendienst-Mitarbeiterbüro von seinem Arbeitnehmer an, sind die Mietzahlungen dann nicht dem Lohnsteuerabzug zu unterwerfen, wenn der Arbeitgeber gleichlautende Mietverträge auch mit fremden Dritten abschließt und die Anmietung des Raums im eigenbetrieblichen Interesse des Arbeitgeber erfolgt. Dieses ist jedenfalls dann anzunehmen, wenn der Arbeitnehmer über keinen weiteren Arbeitsplatz in einer Betriebsstätte des Arbeitgebers verfügt.

BFH v. 12. 9. 2001 VI R 154/00 (BStBl. 2002 II S.22): Zur Frage, ob Zuwendungen des Trägerunternehmens an eine Pensionskasse zur Bildung der gesetzlich vorgeschriebenen Solvabilitätsspanne als Arbeitslohn der aktiven oder ehemaligen Arbeitnehmer zu qualifizieren sind.

BFH v. 20. 6. 2001 VI R 105/99 (BStBl. II S. 689): Wird einem Arbeitnehmer vom Arbeitgeber oder einem Dritten im Hinblick auf das Dienstverhältnis ein nicht handelbares Aktienoptionsrecht eingeräumt, fließt ein geldwerter Vorteil weder bei der Einräumung, noch zum Zeitpunkt der erstmaligen Ausübbarkeit zu, sondern erst bei verbilligtem Aktienbezug nach Optionsausübung (Anschluss an BFH-Urteile vom 24. Januar 2001 I R 100/98, BFH/NV 2001, 965, DStR 2001,931, und I R 119/68, BFH/NV 2001, 968, DStR 2001,934). (Hinweis: Urteile sind veröffentlicht in BStBl. 2001 II S. 509 und 512.)

Anmerkung: BMF-Schreiben hierzu mit Übergangsregelung v. 10.3.2003 (BStBl. I S. 234); Text bei ESt-Kartei NW § 19 EStG Fach 2 Nr. 33.

BFH v. 30. 5. 2001 VI R 159/99 (BStBl. II S. 815): Der Zuschuss, den der Bund an die Bahnversicherungsanstalt Abteilung B leistet (Bundeszuschuss), ist nicht bei den dort zusatzversicherten Arbeitnehmern des Bundeseisenbahnvermögens anteilig als Arbeitslohn zu erfassen.

BFH v. 30. 5. 2001 VI R 177/99 (BStBl. II S. 671): Beugt eine Maßnahme des Arbeitgebers einer spezifisch berufsbedingten Beeinträchtigung der Gesundheit des Arbeitnehmers vor oder wirkt ihr entgegen, kann der dem Arbeitnehmer aus der Maßnahme erwachsende Vorteil im Einzelfall nicht als Arbeitslohn zu erfassen sein.

BFH v. 24. 1. 2001 I R 119/98 (BStBl. II S. 512):
1. Wird einem Arbeitnehmer im Rahmen seines Arbeitsverhältnisses ein nicht handelbares Optionsrecht auf den späteren Erwerb von Aktien zu einem bestimmten Übernahmepreis gewährt, so liegt darin zunächst nur die Einräumung einer Chance. Ein geldwerter Vorteil fließt dem Berechtigten erst zu, wenn dieser die Option ausübt und der Kurswert der Aktien den Übernahmepreis übersteigt (Bestätigung des BFH-Urteils vom 10. März 1972 VI R 278/68, BFHE 105, 348, BStBl. II 1972, 596, und des BFH-Beschlusses vom 23. Juli 1999 VI B 116/99, BFHE 189, 403, BStBl. II 1999, 684).
2. § 19a Abs. 6 Satz 5 EStG 1984 findet nur auf im Inland börsennotierte Aktien und damit nicht auf nicht handelbare Aktienoptionsrechte Anwendung (Bestätigung des BFH-Beschlusses vom 8. August 1991 VI B 109/90, BFHE 165, 101, BStBl. II 1991, 929).
3. Das Optionsrecht wird regelmäßig nicht gewährt, um dadurch in der Vergangenheit erbrachte Leistungen abzugelten, sondern um eine zusätzliche besondere Erfolgsmotivation für die Zukunft zu verschaffen. Soweit die von dem begünstigten Arbeitnehmer in dem Zeitraum zwischen der Gewährung und der Ausübung des Optionsrechts bezogenen Einkünfte aus nichtselbstständiger Arbeit wegen einer Auslandstätigkeit nach Abkommensrecht steuerfrei sind, ist deshalb auch der bei Ausübung des Optionsrechts zugeflossene geldwerte Vorteil anteilig steuerfrei.
4. Das anteilige deutsche Besteuerungsrecht wird nicht dadurch ausgeschlossen, dass der Arbeitnehmer nach Gewährung, aber vor Ausübung des Optionsrechts von der unbeschränkten in die beschränkte Steuerpflicht gewechselt ist.
5. Wird das Optionsrecht von einem Dritten (hier: einer ausländischen Konzernobergesellschaft) gewährt und hat der Arbeitgeber (hier: die inländische Konzerntochtergesellschaft) von dieser Zuwendung keine konkrete Kenntnis, ist der Arbeitgeber gemäß § 38 Abs. 1 Satz 2 EStG nicht zum

Rechtsprechung § 19

Einbehalt der bei Ausübung des Optionsrechts auf die Zuwendung entfallenden Lohnsteuer verpflichtet.

BFH v. 24. 1. 2001 I R 100/98 (BStBl. II S. 509):

1. Wird einem Arbeitnehmer im Rahmen seines Arbeitsverhältnisses ein nicht handelbares Optionsrecht auf den späteren Erwerb von Aktien zu einem bestimmten Übernahmepreis gewährt, so liegt darin zunächst nur die Einräumung einer Chance. Ein geldwerter Vorteil fließt dem Berechtigten erst zu, wenn dieser die Option ausübt und der Kurswert der Aktien den Übernahmepreis übersteigt (Bestätigung des BFH-Urteils vom 10. März 1972 VI R 278/68, BFHE 105, 348, BStBl. II 1972, 596, und des BFH-Beschlusses vom 23. Juli 1999 VI B 116/99, BFHE 189, 403, BStBl. II 1999, 684).

2. Das Optionsrecht wird regelmäßig nicht gewährt, um dadurch in der Vergangenheit erbrachte Leistungen abzugelten, sondern um eine zusätzliche besondere Erfolgsmotivation für die Zukunft zu verschaffen. Soweit die von dem begünstigten Arbeitnehmer in dem Zeitraum zwischen der Gewährung und der Ausübung des Optionsrechts bezogenen Einkünfte aus nichtselbstständiger Arbeit wegen einer Auslandstätigkeit nach Abkommensrecht steuerfrei sind, ist deshalb auch der bei Ausübung des Optionsrechts zugeflossene geldwerte Vorteil anteilig steuerfrei.

3. Die Steuerbefreiung wird nicht dadurch ausgeschlossen, dass der Arbeitnehmer das Optionsrecht erst nach Beendigung der Auslandstätigkeit ausübt.

Schwebende Verfahren

BVerfG 2 BvR 1493/09 (BFH-Webseite): Zahlungen aus Spielbanktronc keine steuerfreien Trinkgeldgelder.

– Verfassungsbeschwerde –

Vorgehend: BFH, Urteil vom 18.12.2008 (VI R 49/06, BStBl. 2009 II S. 820); BFH, Beschluss vom 22.4.2009 (VI S 5/09)

BFH I R 92/09 (BFH-Webseite): Sind Bezüge aus Schweizer Pensionskassen als Ruhegehalt aus einem früheren Dienstverhältnis (Art. 19 DBA-Schweiz) oder als Rentenzahlung (Art. 21 DBA-Schweiz) anzusehen?

BFH VI R 49/09 (BFH-Webseite): Ist eine Änderung nach § 173 Abs. 1 Nr. 1 AO ausgeschlossen, wenn es für die zutreffende rechtliche Subsumption eines Aktienbezugsrechts unter § 2 Abs. 1 Satz 1 Nr. 4, § 19 Abs. 1 Satz 1 Nr. 1 EStG auf die erst nachträglich bekanntgewordene Höhe eines Aktienbezugs nicht ankommt? Steht der Änderung der Grundsatz von Treu und Glauben (Mitwirkungspflicht des Steuerpflichtigen bei an rechtlichen Vorqualifikationen des FA orientiertem, rechtlich konsequentem Verhalten; Ermittlungspflicht des FA bei offensichtlich wertmäßig erheblichen Besteuerungstatbeständen) entgegen?

BFH VI R 48/09 (BFH-Webseite): Welchen Einkünften und Personen ist eine private Kfz-Nutzung zuzurechnen, wenn das Kfz vom Ehegatten genutzt wird, der auch im Betrieb des anderen Ehegatten beschäftigt ist? (Unrichtige steuerliche Behandlung der Sozialversicherungsbeiträge?)

BFH VI R 39/09 (BFH-Webseite): Stellen Zahlungen des Arbeitgebers zur arbeitnehmerfinanzierten Altersversorgung bei nicht dem BetrAVG entsprechender Gehaltsumwandlung Arbeitslohn dar (Vertrauensschutz bei betrieblichen Versorgungsregelungen, die vor Erlass des BMF-Schreibens vom 4. Februar 2000 ein Bestimmungsrecht des Arbeitnehmers vorsehen)? Zuflusszeitpunkt?

BFH VI R 37/09 (BFH-Webseite): Welche Auswirkungen haben gesetzlich geregelte Verfügungsbeschränkungen auf den Zeitpunkt des Zuflusses von geldwerten Vorteilen aus unentgeltlich oder verbilligt überlassenen Aktien („restricted shares") an Arbeitnehmer?

BFH VI R 36/09 (BFH-Webseite): Führen Umlagezahlungen des Arbeitgebers an die VBL bei Änderung der Berechnung der Ansprüche (nun nach versicherungsmathematischem Punktmodell) nur in Höhe des neuen, geringeren Leistungsanspruchs des Arbeitnehmers zu – nach § 3 Nr. 63 EStG steuerfreiem(?) – Arbeitslohn?

BFH VI R 27/09 (BFH-Webseite): Stellt eine vom Arbeitgeber dem Arbeitnehmer überlassene Tankkarte, mit welcher dieser berechtigt wird, an einer Vertragstankstelle des Arbeitgebers monatlich mit einem Höchstbetrag von 44 EUR zu tanken, einen Barlohn oder einen Sachbezug mit der Freigrenze des § 8 Abs. 2 Satz 9 EStG i.H.v. 44 EUR dar?

§ 19 Rechtsprechung

BFH VI R 25/09 (BFH-Webseite): Sind Aufwendungen für die betriebswirtschaftliche Beratung in Bezug auf die Sozialversicherungspflicht eines GmbH-Geschäftsführers steuerlich zu berücksichtigen?

BFH VI R 21/09 (BFH-Webseite): Ist ein vom Arbeitgeber dem Arbeitnehmer überlassener Geschenkgutschein für ein Handelsunternehmen eines Dritten im Wert von 20 EUR Barlohn oder ein Sachbezug mit der Freigrenze des § 8 Abs. 2 Satz 9 EStG?

BFH VI R 47/08 (BFH-Webseite): Ist die wirtschaftliche Verfügungsmacht über die als stille (Mitarbeiter)Beteiligung ohne Dispositionsbefugnis aufgrund von Liquiditätsschwierigkeiten des Arbeitgebers den Arbeitnehmern gewährten Beträge durch Gutschrift auf die Beteiligungskonten der Arbeitnehmer auf diese übergegangen?

BFH VI R 40/08 (BFH-Webseite): Führt bereits die bloße Möglichkeit einer anderen Entscheidung zur Begründung der Rechtserheblichkeit einer neuen Tatsache (hier: nachträgliches Bekanntwerden von Ausgleichszahlungen eines Arbeitgebers im Zusammenhang mit dem Wechsel der Zusatzversorgungskasse, die der Arbeitgeber als Arbeitslohn versteuert hat)?

BFH VIII R 34/08 (BFH-Webseite): Abgrenzung selbständiger von nichtselbständiger Tätigkeit: Erzielt der Kläger aus einer beratenden Tätigkeit für eine Kapitalgesellschaft, deren Gesellschafter-Geschäftsführer er war, Einkünfte aus Gewerbebetrieb, nichtselbständige Einkünfte oder hat er eine Tätigkeit als beratender Betriebswirt ausgeübt und war damit selbständig tätig? Einkünfte? Steht die Organstellung eines GmbH-Geschäftsführers einer ertragsteuerrechtlichen Einordnung als selbständige gewerbliche Tätigkeit entgegen? Divergenz zu V R 29/03 (BStBl. II 2005, 730)?

BFH VI R 33/08 (BFH-Webseite): Sind an die geschiedene Ehefrau geleistete Ausgleichszahlungen im Rahmen des Versorgungsausgleichs betreffend die Anwartschaft des Ehemannes auf Leistungen der betrieblichen Altersversorgung (spätere Einkünfte nach § 19 EStG) bei von diesem nicht zu vertretender Umwandlung des Versorgungsträgers als vorab entstandene Werbungskosten zu berücksichtigen?

BFH VI R 27/08 (BFH-Webseite): Führt bereits die bloße Möglichkeit einer anderen Entscheidung zur Begründung der Rechtserheblichkeit einer neuen Tatsache (hier: nachträgliches Bekanntwerden von Ausgleichszahlungen eines Arbeitgebers im Zusammenhang mit dem Wechsel der Zusatzversorgungskasse, die der Arbeitgeber als Arbeitslohn versteuert hat)?

BFH VI R 26/08 (BFH-Webseite): Stellt eine vom Arbeitgeber dem Arbeitnehmer gewährte Kundenkarte eines Dritten mit freier Wahl aus allen Warengruppen des Dritten bis zu 44 EUR einen Barlohn oder einen Sachbezug mit der Freigrenze des § 8 Abs. 2 Satz 9 EStG i.H.v. 44 EUR dar?

BFH VI R 15/08 (BFH-Webseite): Unterliegen Tagegelder, die einem in Deutschland wohnenden Grenzgänger im Zusammenhang mit einer Umschulungsmaßnahme von der Schweizer Invalidenversicherung gezahlt wurden, als Arbeitslohn oder als sonstige Einkünfte der Einkommensteuer? Wenn ja, sind diese gemäß § 3 Nr. 1 Buchst. a oder c EStG steuerfrei?

BFH VI R 12/08 (BFH-Webseite): Führt die Veräußerung von Aktienoptionsrechten, die im Zusammenhang mit der Gewährung von Wandeldarlehen eingeräumt wurden, zu Arbeitslohn, wenn der Steuerpflichtige zum Zeitpunkt des Vertragsabschlusses noch kein Arbeitnehmer des diesen Vorteil gewährenden Dritten war?

BFH VI R 7/08 (EFG 2008 S. 943; Beilage 3/2008 BStBl. II S. 80): Stellt die Übernahme der Kosten einer Regenerationskur für Fluglotsen durch den Arbeitgeber eine nicht steuerbare Zuwendung im eigenbetrieblichen Interesse oder – ggf. schätzungsweise zu ermittelnden anteiligen –Arbeitslohn dar?

BFH VI R 1/08 (Beilage 3/2008 BStBl. II S. 83): Stellt der mit einer Zwangsversteigerung verbundene Verlust des wirtschaftlichen Eigentums an einer Eigentumswohnung durch Zuschlag an einen Dritten die Rückzahlung von Arbeitslohn oder einen einkommensteuerrechtlich nicht relevanten Vorgang auf der Vermögensebene dar, wenn der Arbeitgeber den Kaufpreis der ihm ursprünglich gehörenden Eigentumswohnung mit dem Lohn des Arbeitnehmers verrechnet hatte?

BVerfG 2 BvR 367/07 (Beilage 3/2008 BStBl. II S. 180): (Verfassungsbeschwerde zu BFH v. 22.11.2006 X R 29/05 BStBl. 2007 II S. 402) Einkommensteuerliche Zuordnung und Steuerpflicht der Ruhegehaltszahlungen an ehemaligen NATO-Bediensteten (Leibrente/Einkünfte aus nichtselbständiger Arbeit); Einkünfte aus nichtselbständiger Arbeit (Art. 2 Abs. 1 i.V.m. Art. 20 Abs. 3, Art 14 GG)

§ 19a Überlassung von Vermögensbeteiligungen an Arbeitnehmer *(weggefallen)* [1)]

LStR

R 19a. Steuerbegünstigte Überlassung von Vermögensbeteiligungen

Allgemeines

(1) [1]§ 19a EStG gilt für unbeschränkt und beschränkt einkommensteuerpflichtige Arbeitnehmer, die in einem gegenwärtigen Dienstverhältnis stehen. [2]Die Überlassung von Vermögensbeteiligungen an frühere Arbeitnehmer des Arbeitgebers ist nur steuerbegünstigt, soweit die unentgeltliche oder verbilligte Vermögensbeteiligung im Rahmen einer Abwicklung des früheren Dienstverhältnisses noch als Arbeitslohn für die tatsächliche Arbeitsleistung überlassen wird.

(2) [1]Voraussetzung für die Steuerbegünstigung ist nicht, dass der Arbeitgeber Rechtsinhaber der zu überlassenden Vermögensbeteiligung ist. [2]Die Steuerbegünstigung gilt deshalb auch für den geldwerten Vorteil, der bei Überlassung der Vermögensbeteiligung durch einen Dritten entsteht, wenn die Überlassung durch das gegenwärtige Dienstverhältnis veranlasst ist. [3]Eine steuerbegünstigte Überlassung von Vermögensbeteiligungen durch Dritte liegt z. B. vor, wenn der Arbeitnehmer die Vermögensbeteiligung unmittelbar erhält

1. von einem Beauftragten des Arbeitgebers, z. B. einem Kreditinstitut, oder
2. von einem Unternehmen, das mit dem Unternehmen des Arbeitgebers in einem Konzern (§ 18 des Aktiengesetzes – AktG) verbunden ist (Ausgabe von Aktien oder anderen Vermögensbeteiligungen durch die Konzernobergesellschaft an Arbeitnehmer der Konzernuntergesellschaft oder zwischen anderen Konzerngesellschaften), oder
3. von einem fremden Unternehmen, mit dem der Arbeitgeber entsprechende Vereinbarungen getroffen hat.

[4]Dabei kommt es nicht darauf an, ob der Arbeitgeber in die Überlassung eingeschaltet ist oder ob der Arbeitgeber dem Dritten den Preis der Vermögensbeteiligung oder die durch die Überlassung entstehenden Kosten ganz oder teilweise ersetzt.

(3) [1]Die Steuerbegünstigung gilt nur für den geldwerten Vorteil, den der Arbeitnehmer durch die unentgeltliche oder verbilligte Überlassung der Vermögensbeteiligung erhält. [2]Deshalb sind Geldleistungen des Arbeitgebers an den Arbeitnehmer zur Begründung oder zum Erwerb der Vermögensbeteiligung oder für den Arbeitnehmer vereinbarte vermögenswirksame Leistungen i.S.d. VermBG, die zur Begründung oder zum Erwerb der Vermögensbeteiligung angelegt werden, nicht steuerbegünstigt. [3]Die Übernahme der mit der Überlassung von Vermögensbeteiligungen verbundenen Nebenkosten durch den Arbeitgeber, z. B. Notariatsgebühren, Eintrittsgelder im Zusammenhang mit Geschäftsguthaben bei einer Genossenschaft und Kosten für Registereintragungen, ist kein Arbeitslohn. [4]Ebenfalls kein Arbeitslohn sind vom Arbeitgeber übernommene Depotgebühren, die durch die Festlegung der Wertpapiere für die Dauer einer vertraglich vereinbarten Sperrfrist entstehen; dies gilt entsprechend bei der kostenlosen Depotführung durch den Arbeitgeber.

Umwandlung von Arbeitslohn

(4) **Für die Steuerfreiheit nach § 19a EStG kommt es nicht darauf an, ob die Vermögensbeteiligungen zusätzlich zum ohnehin geschuldeten Arbeitslohn oder auf Grund einer Vereinbarung mit dem Arbeitnehmer über die Herabsetzung des individuell zu besteuernden Arbeitslohns überlassen werden.**

Begriff der Vermögensbeteiligungen

(5) [1]Die Vermögensbeteiligungen, deren Überlassung nach § 19a EStG steuerbegünstigt ist, sind in § 19a Abs. 1 EStG i.V.m. § 2 Abs. 1 Nr. 1 und Abs. 2 bis 5 VermBG abschließend aufgezählt. [2]Danach können sowohl Vermögensbeteiligungen am Unternehmen des Arbeitgebers (betriebliche Beteiligungen) als auch Vermögensbeteiligungen an anderen Unternehmen (außerbetriebliche Beteiligungen) steuerbegünstigt überlassen werden.

Wert der Vermögensbeteiligung

(6) Der Wert von Vermögensbeteiligungen i.S.d. § 2 Abs. 1 Nr. 1 und Abs. 2 bis 5 VermBG richtet sich **auch dann** nach § 19a Abs. 2 EStG, wenn die Steuerbegünstigung des § 19a Abs. 1 EStG nicht in Anspruch genommen wird.

---

1) § 19a wurde aufgehoben durch Mitarbeiterkapitalbeteiligungsgesetz vom 7.3.2009 (BGBl. I S. 451, BStBl. I S. 436), zur Weiteranwendung (bis 2015) siehe § 52 Abs. 35 EStG. Text § 19a EStG bei LStH 19a.

(7) ¹Beschließt ein herrschendes Unternehmen i.S.d. § 18 Abs. 1 AktG die Überlassung von Vermögensbeteiligungen i.S.d. § 2 Abs. 1 Nr. 1 Buchstabe a, b und f i.V.m. Abs. 2 bis 5 VermBG an Arbeitnehmer des Konzerns, gilt dieser Tag als Tag der Beschlussfassung i.S.d. § 19a Abs. 2 Satz 2 EStG; dies gilt auch dann, wenn das abhängige Unternehmen in einem eigenen Beschluss den Überlassungsbeschluss des herrschenden Unternehmens nachvollzieht, ohne die Wertpapiere von diesem zu erwerben. ²Erwirbt das abhängige Unternehmen die Wertpapiere, ist der Tag seiner Beschlussfassung maßgebend.

(8) Als Tag der Überlassung **kann vom** Tag der Ausbuchung beim Überlassenden oder dessen Erfüllungsgehilfen **ausgegangen werden**.

(9) ¹Vermögensbeteiligungen i.S.d. § 2 Abs. 1 Nr. 1 Buchstabe a, b und f, Abs. 2 und 4 VermBG, für die am Beschlusstag und innerhalb von 30 Tagen vor dem Beschlusstag ein Kurs weder im amtlichen Handel noch im geregelten Markt oder im Freiverkehr ermittelt worden ist, sind mit dem gemeinen Wert am Tag der Überlassung anzusetzen; wird an diesem Tag ein Kurs ermittelt, ist dieser der gemeine Wert. ²Liegt bei erstmaliger Börseneinführung von Aktien weder am Beschlusstag noch am Überlassungstag ein Börsenkurs vor, ist der gemeine Wert der neu eingeführten Aktien mit dem für Privatanleger maßgebenden Ausgabekurs anzusetzen, wenn dieser zeitnah mit dem **Beschluss-** oder Überlassungstag feststeht. ³Der Wert junger Aktien, die noch nicht an der Börse eingeführt, aber schon voll dividendenberechtigt sind, kann aus Vereinfachungsgründen aus dem Kurs der Altaktien am Beschlusstag abgeleitet werden. ⁴Bei jungen Aktien, die noch nicht an der Börse eingeführt und noch nicht voll dividendenberechtigt sind, kann insgesamt ein Abschlag in Höhe von 10 % des Börsenkurses der Altaktien, höchstens von 30 % vom Nominalwert der Aktie, bei Stückaktien vom auf die Aktie entfallenden anteiligen Wert des Grundkapitals gemacht werden. ⁵Der ermittelte Wert gilt für alle jungen Aktien, die dem Arbeitnehmer innerhalb von 9 Monaten nach dem Beschlusstag überlassen werden. ⁶Nach Ablauf von 9 Monaten ist der Kurs der Altaktien am Tag der Überlassung zugrunde zu legen. ⁷Für die Bewertung innerhalb eines Konzerns ist Absatz 7 Satz 1 und 2 anzuwenden.

Ermittlung des steuerfreien geldwerten Vorteils

(10) Der geldwerte Vorteil ergibt sich aus dem Unterschied zwischen dem Wert der Vermögensbeteiligung (→ Absätze 6 bis 9) und dem Preis, zu dem die Vermögensbeteiligung dem Arbeitnehmer überlassen wird.

(11) ¹Der steuerfreie Höchstbetrag ist auf das Dienstverhältnis bezogen. ²Steht der Arbeitnehmer im Kalenderjahr nacheinander oder nebeneinander in mehreren Dienstverhältnissen, kann der steuerfreie Höchstbetrag in jedem Dienstverhältnis in Anspruch genommen werden.

Hinweise

LStH 19a *§ 19a EStG in der am 31.12.2008 geltenden Fassung:*

„(1) Erhält ein Arbeitnehmer im Rahmen eines gegenwärtigen Dienstverhältnisses unentgeltlich oder verbilligt Sachbezüge in Form von Vermögensbeteiligungen im Sinne des § 2 Abs. 1 Nr. 1 und Abs. 2 bis 5 des Fünften Vermögensbildungsgesetzes in der Fassung des Gesetzes vom 19. Dezember 2000 (BGBl. I S. 1790), so ist der Vorteil steuerfrei, soweit er nicht höher als der halbe Wert der Vermögensbeteiligung (Absatz 2) ist und insgesamt 135 Euro im Kalenderjahr nicht übersteigt.

(2) ¹Als Wert der Vermögensbeteiligung ist der gemeine Wert anzusetzen. ²Werden einem Arbeitnehmer Vermögensbeteiligungen im Sinne des § 2 Abs. 1 Nr. 1 Buchstabe a, b und f des Fünften Vermögensbildungsgesetzes überlassen, die am Tag der Beschlussfassung über die Überlassung an einer deutschen Börse zum regulierten Markt zugelassen sind, so werden diese mit dem niedrigsten an diesem Tag für sie im regulierten Markt notierten Kurs angesetzt, wenn am Tag der Überlassung nicht mehr als neun Monate seit dem Tag der Beschlussfassung über die Überlassung vergangen sind. ³Liegt am Tag der Beschlussfassung über die Überlassung eine Notierung nicht vor, so werden diese Vermögensbeteiligungen mit dem letzten innerhalb von 30 Tagen vor diesem Tag im regulierten Markt notierten Kurs angesetzt. ⁴Die Sätze 2 und 3 gelten entsprechend für Vermögensbeteiligungen im Sinne des § 2 Abs. 1 Nr. 1 Buchstabe a, b und f des Fünften Vermögensbildungsgesetzes, die im Inland in den Freiverkehr einbezogen sind oder in einem anderen Staat des Europäischen Wirtschaftsraums zum Handel an einem geregelten Markt im Sinne des Artikels 1 Nr. 13 der Richtlinie 93/22/EWG des Rates vom 10. Mai 1993 über Wertpapierdienstleistungen (ABl. EG Nr. L 141 S. 27) zugelassen sind. ⁵Sind am Tag der Überlassung von Vermögensbeteiligungen im Sinne des § 2 Abs. 1 Nr. 1 Buchstabe a, b und f des Fünften Vermögens-

bildungsgesetzes mehr als neun Monate seit dem Tag der Beschlussfassung über die Überlassung vergangen, so tritt an die Stelle des Tages der Beschlussfassung über die Überlassung im Sinne der Sätze 2 bis 4 der Tag der Überlassung. ⁶Der Wert von Vermögensbeteiligungen im Sinne des § 2 Abs. 1 Nr. 1 Buchstabe c des Fünften Vermögensbildungsgesetzes wird mit dem Ausgabepreis am Tag der Überlassung angesetzt. ⁷Der Wert von Vermögensbeteiligungen im Sinne des § 2 Abs. 1 Nr. 1 Buchstabe g, i, k und l des Fünften Vermögensbildungsgesetzes wird mit dem Nennbetrag angesetzt, wenn nicht besondere Umstände einen höheren oder niedrigeren Wert begründen."

Anwendungsregelung (§ 52 Abs. 35 EStG):

„§ 19a EStG wurde durch das Gesetz zur steuerlichen Förderung der Mitarbeiterkapitalbeteiligung ab VZ 2009 aufgehoben. § 19a EStG ist in der am 31.12.2008 geltenden Fassung weiter anzuwenden, wenn

– die Vermögensbeteiligung vor dem 1.4.2009 überlassen wurde oder
– auf Grund einer am 31.3.2009 bestehenden Vereinbarung ein Anspruch auf die unentgeltliche oder verbilligte Überlassung einer Vermögensbeteiligung vor dem 1.1.2016 überlassen wird

und der Arbeitgeber bei demselben Arbeitnehmer im Kalenderjahr nicht § 3 Nr. 39 EStG anzuwenden hat."

Abgrenzung zwischen stiller Beteiligung und partiarischem Darlehen

Für die Abgrenzung einer stillen Beteiligung von einem partiarischen Darlehen kommt es darauf an, ob die Vertragspartner einen gemeinsamen Zweck verfolgen (→ BFH vom 21.6.1983 – BStBl. II S. 563). Indiz für die Verfolgung eines gemeinsamen Zwecks kann die ausdrückliche Vereinbarung von Kontrollrechten des Arbeitnehmers sein (→ BFH vom 10.02.1978 – BStBl. II S. 256). Fehlt es an einem gemeinsamen Zweck der Vertragspartner, liegt ein partiarisches Darlehen vor.

Begriff der Vermögensbeteiligungen

→ BMF vom 9.8.2004 (BStBl. I S. 717), Abschnitt 4, **unter Berücksichtigung der Änderungen durch BMF vom 16.3.2009 (BStBl. I S. 501).** – *Anhang 25* –

Darlehensforderung

Darlehensforderungen i.S.d. § 2 Abs. 1 Nr. 1 Buchstabe k VermBG können in der Regel dann unter dem Nennwert bewertet werden, wenn die Forderung unverzinslich ist (→ R 109 Abs. 1 Nr. 1 ErbStR); eine Bewertung über dem Nennwert ist im Allgemeinen dann gerechtfertigt, wenn die Forderung hochverzinst und von Seiten des Schuldners (Arbeitgebers) für längere Zeit unkündbar ist (→ R 109 Abs. 1 Nr. 2 ErbStR). – *Anhang 56* –

Ermittlung des steuerfreien geldwerten Vorteils

Die Steuerfreiheit des geldwerten Vorteils ist der Höhe nach doppelt begrenzt, und zwar auf den halben Wert der Vermögensbeteiligung, höchstens aber auf 135 Euro jährlich (§ 19a Abs. 1 Satz 1 EStG). Daraus folgt, dass der geldwerte Vorteil nur insoweit zum steuerpflichtigen Arbeitslohn gehört, als er die Hälfte des Werts der Vermögensbeteiligung übersteigt. Ist der geldwerte Vorteil höher als 135 Euro im Kalenderjahr, so gehört der 135 Euro übersteigende Teil des geldwerten Vorteils auch dann zum steuerpflichtigen Arbeitslohn, wenn die Hälfte des Werts der Vermögensbeteiligung nicht überschritten wird.

Beispiele zur Ermittlung des steuerfreien geldwerten Vorteils

Eigenleistung des Arbeitnehmers €	Wert der Beteiligung €	steuerfrei €	steuerpflichtig €
0	50	25	25
0	500	135	365
200	400	135	65
50	250	125	75
135	270	135	0
150	300	135	15
250	500	135	115
275	550	135	140

Genussschein

Ein Genussschein ist ein Wertpapier, wenn er ein Genussrecht verbrieft und auf Inhaber, Namen oder an Order lautet.

Gewinnschuldverschreibung

Eine Gewinnschuldverschreibung ist ein Wertpapier, das auf Inhaber, Namen oder an Order lautet und in dem die Leistung einer bestimmten Geldsumme – im Regelfall die Einlösung zum Nennwert – versprochen wird.

Junge Aktien

§ 19a Abs. 2 Satz 2 EStG findet auch dann Anwendung, wenn sich der Überlassungsbeschluss auf junge Aktien bezieht, die erst im Rahmen einer bevorstehenden Kapitalerhöhung ausgegeben werden, sofern die „Altaktie" im Zeitpunkt des Überlassungsbeschlusses an der Börse notiert ist. Der Anwendung des § 19a Abs. 2 Satz 2 EStG steht in diesem Fall nicht der Umstand entgegen, dass die jungen Aktien bei ihrer Überlassung an die Arbeitnehmer bereits an der Börse notiert sind (→ BFH vom 4.4.2001 – BStBl. II S. 677).

Preisnachlass

Überlässt der Arbeitgeber Wertpapiere an seine Arbeitnehmer gegen einen fest und unabänderlich bezifferten Preisnachlass, so bemisst sich der geldwerte Vorteil nach diesem im Überlassungsangebot bezifferten Preisnachlass. § 19a Abs. 2 Satz 2 EStG findet in diesem Fall keine Anwendung (→ BFH vom 4.4.2001 – BStBl. II S. 813).

Tag der Beschlussfassung

Der Arbeitgeber kann einen Beschluss über die Überlassung von Aktien an seine Arbeitnehmer aufheben und durch einen anderen Überlassungsbeschluss ersetzen. In diesem Fall ist der nach § 19a Abs. 2 Satz 2 EStG zu berechnende Vorteil auf den Tag des (Zweit-)Beschlusses zu berechnen, auf dem die Überlassung der Aktien tatsächlich beruht (→ BFH vom 4.4.2001 – BStBl. II S. 677).

Wert der Vermögensbeteiligung

– Veräußerungssperren mindern den Wert der Vermögensbeteiligung nicht (→ BFH vom 7.4.1989 – BStBl. II S. 608).

– Veräußerungssperren mindern den Wert der Vermögensbeteiligung nicht (→ BFH vom 7.4.1989 – BStBl. II S. 608 **und vom 30.9.2008 – BStBl. 2009 II S. 282**).

– Kann der Wert der unentgeltlich oder verbilligt überlassenen Vermögensbeteiligung auch nicht aus tatsächlichen Anteilsverkäufen abgeleitet werden, ist der Wert unter Beachtung des von der Finanzverwaltung herausgegebenen „Leitfadens zur Bewertung von Anteilen an Kapitalgesellschaften" zu ermitteln[1]).

Zuflusszeitpunkt der Vermögensbeteiligung

Zeitpunkt des Zuflusses ist der Tag der Erfüllung des Anspruchs des Arbeitnehmers auf Verschaffung der wirtschaftlichen Verfügungsmacht über die Vermögensbeteiligung (→ BFH vom 23.6.2005 – BStBl. II S. 770). Zur Vereinfachungsregelung → R 19a Abs. 8.

ESt-Kartei NW

1. Steuerbegünstigte Überlassung von Vermögensbeteiligungen an Arbeitnehmer ab 1987 – ausgesondert – (siehe Abschnitt 77 LStR; entsprach BMF-Schreiben v. 31. 8. 1987 BStBl. I S. 632)

Rechtsprechungsauswahl

BFH v. 17. 9. 2009 VI R 17/08 (BFH-Webseite):

1. Wird ein fehlgeschlagenes Mitarbeiteraktienprogramm rückgängig gemacht, indem zuvor vergünstigt erworbene Aktien an den Arbeitgeber zurückgegeben werden, liegen negative Einnahmen bzw. Werbungskosten vor.
2. Die Höhe des Erwerbsaufwands bemisst sich in einem solchen Fall nach dem ursprünglich gewährten geldwerten Vorteil; zwischenzeitlich eingetretene Wertveränderungen der Aktien sind unbeachtlich.

---

[1]) http://www.ofd-muenster.de/die_ofd_ms/ Arbeitshilfen__Leitfaeden__Praxishilfen/05_leitfaden_kapital.php.

Rechtsprechung § 19a

BFH v. 13. 9. 2007 VI R 26/04 (BStBl. 2008 II S. 204): Leistet der Arbeitgeber im Rahmen eines ausgelagerten Optionsmodells zur Vermögensbeteiligung der Arbeitnehmer Zuschüsse an einen Dritten als Entgelt für die Übernahme von Kursrisiken, so führt dies bei den Arbeitnehmern zu Sachlohn, wenn die Risikoübernahme des Dritten auf einer vertraglichen Vereinbarung mit dem Arbeitgeber beruht.

BFH v. 4. 4. 2001 VI R 96/00 (BStBl. II S. 813): Überlässt der Arbeitgeber Wertpapiere an seine Arbeitnehmer gegen einen fest und unabänderlich bezifferten Preisnachlass, so bemisst sich der geldwerte Vorteil nach diesem im Überlassungsangebot bezifferten Preisnachlass. § 19a Abs. 8 Satz 2 EStG findet in diesem Fall keine Anwendung.

BFH v. 4. 4. 2001 VI R 173/00 (BStBl. II S. 677):
1. Der Arbeitgeber kann einen Beschluss über die verbilligte oder unentgeltliche Überlassung von Aktien an seine Arbeitnehmer aufheben und durch einen anderen Überlassungsbeschluss ersetzen. In diesem Fall ist der nach § 19a Abs. 8 Satz 2 EStG zu berechnende Vorteil auf den Tag des (Zweit-)Beschlusses zu berechnen, auf dem die Überlassung der Aktien tatsächlich beruht.
2. § 19a Abs. 8 Satz 2 EStG findet auch dann Anwendung, wenn sich der Überlassungsbeschluss auf junge Aktien bezieht, die erst im Rahmen einer bevorstehenden Kapitalerhöhung ausgegeben werden, sofern die „Altaktie" im Zeitpunkt des Überlassungsbeschlusses an der Börse notiert ist.
3. Der Anwendung des § 19a Abs. 8 Satz 2 EStG steht in diesem Fall nicht der Umstand entgegen, dass die jungen Aktien bei ihrer Überlassung an die Arbeitnehmer bereits an der Börse notiert sind.

BFH v. 24. 1. 2001 I R 119/98 (BStBl. II S. 512):
1., 3. – 5. Leitsätze siehe bei § 19 EStG.
2. § 19a Abs. 6 Satz 5 EStG 1984 findet nur auf im Inland börsennotierte Aktien und damit nicht auf nicht handelbare Aktienoptionsrechte Anwendung (Bestätigung des BFH-Beschlusses vom 8. August 1991 VI B 109/90, BFHE 165, 101, BStBl. II 1991, 929).

Schwebende Verfahren

BFH III R 73/08 (BFH-Webseite): Überschrittener Grenzbetrag: Sind vermögenswirksam angelegte Sparbeiträge und der geldwerte Vorteil von Belegschaftsaktien nicht in die Bemessungsgröße für den Grenzbetrag nach § 32 Abs. 4 EStG einzubeziehen?

BFH VI R 53/08 (BFH-Webseite): Ist eine Preisbildung im gewöhnlichen Geschäftsverkehr bei nicht notierten Anteilen an einer Kapitalgesellschaft möglich, wenn kein „offener Markt" besteht?

BFH VI R 36/08 (BFH-Webseite): In welchem Verhältnis stehen die Vorschriften des § 8 Abs. 2 EStG und des § 19a EStG im Fall der unentgeltlichen Gewährung von Genussrechten an Arbeitnehmer?

BFH VI R 30/07 (EFG 2007 S. 1508; Beilage 3/2008 BStBl. II S. 48): Sind bei der Ermittlung des gemeinen Werts einer überlassenen Vermögensbeteiligung in Form von Aktien an der Arbeitgeber-Gesellschaft, die zum Zeitpunkt des Erwerbs durch den Arbeitnehmer im Februar des Streitjahrs nicht an einer deutschen Börse zum amtlichen Handel zugelassen waren, neben den Verkäufen aus den letzten 12 Monaten weitere wertbildende Faktoren wie mehrmalige Kapitalerhöhungen, der vom Arbeitnehmer geleistete und tatsächlich 4 Monate später erfolgte Börsengang sowie die dadurch erzielte Steigerung des Vermögenswerts des Arbeitgebers um das Fünffache zu berücksichtigen?

§ 20

e) Kapitalvermögen
(§ 2 Absatz 1 Satz 1 Nummer 5)

§ 20 (Kapitalvermögen, § 2 Absatz 1 Satz 1 Nummer 5) [1]

(1) Zu den Einkünften aus Kapitalvermögen gehören

1. Gewinnanteile (Dividenden), Ausbeuten und sonstige Bezüge aus Aktien, Genussrechten, mit denen das Recht am Gewinn und Liquidationserlös einer Kapitalgesellschaft verbunden ist, aus Anteilen an Gesellschaften mit beschränkter Haftung, an Erwerbs- und Wirtschaftsgenossenschaften sowie an bergbautreibenden Vereinigungen, die die Rechte einer juristischen Person haben. ²Zu den sonstigen Bezügen gehören auch verdeckte Gewinnausschüttungen. ³Die Bezüge gehören nicht zu den Einnahmen, soweit sie aus Ausschüttungen einer Körperschaft stammen, für die Beträge aus dem steuerlichen Einlagekonto im Sinne des § 27 des Körperschaftsteuergesetzes als verwendet gelten. ⁴Als sonstige Bezüge gelten auch Einnahmen, die an Stelle der Bezüge im Sinne des Satzes 1 von einem anderen als dem Anteilseigner nach Absatz 5 bezogen werden, wenn die Aktien mit Dividendenberechtigung erworben, aber ohne Dividendenanspruch geliefert werden;

2. Bezüge, die nach der Auflösung einer Körperschaft oder Personenvereinigung im Sinne der Nummer 1 anfallen und die nicht in der Rückzahlung von Nennkapital bestehen; Nummer 1 Satz 3 gilt entsprechend. ²Gleiches gilt für Bezüge, die auf Grund einer Kapitalherabsetzung oder nach der Auflösung einer unbeschränkt steuerpflichtigen Körperschaft oder Personenvereinigung im Sinne der Nummer 1 anfallen und die als Gewinnausschüttung im Sinne des § 28 Absatz 2 Satz 2 und 4 des Körperschaftsteuergesetzes gelten;

3. (weggefallen)

4. Einnahmen aus der Beteiligung an einem Handelsgewerbe als stiller Gesellschafter und aus partiarischen Darlehen, es sei denn, daß der Gesellschafter oder Darlehnsgeber als Mitunternehmer anzusehen ist. ²Auf Anteile des stillen Gesellschafters am Verlust des Betriebes sind § 15 Absatz 4 Satz 6 bis 8 und § 15a sinngemäß anzuwenden;

5. Zinsen aus Hypotheken und Grundschulden und Renten aus Rentenschulden. ²Bei Tilgungshypotheken und Tilgungsgrundschulden ist nur der Teil der Zahlungen anzusetzen, der als Zins auf den jeweiligen Kapitalrest entfällt;

6. [2] der Unterschiedsbetrag zwischen der Versicherungsleistung und der Summe der auf sie entrichteten Beiträge (Erträge) im Erlebensfall oder bei Rückkauf des Vertrags bei Rentenversicherungen mit Kapitalwahlrecht, soweit nicht die lebenslange Rentenzahlung gewählt und erbracht wird, und bei Kapitalversicherungen mit Sparanteil, wenn der Vertrag nach dem 31. Dezember 2004 abgeschlossen worden ist. ²Wird die Versicherungsleistung nach Vollendung des 60. Lebensjahres[3] des Steuerpflichtigen und nach Ablauf von zwölf Jahren seit dem Vertragsabschluss ausgezahlt, ist die Hälfte des Unterschiedsbetrags anzusetzen. ³Bei entgeltlichem Erwerb des Anspruchs auf die Versicherungsleistung treten die Anschaffungskosten an die Stelle der vor dem Erwerb entrichteten Beiträge. ⁴Die Sätze 1 bis 3 sind auf Erträge aus fondsgebundenen Lebensversicherungen, auf Erträge im Erlebensfall bei Rentenversicherungen ohne Kapitalwahlrecht, soweit keine lebenslange Rentenzahlung vereinbart und erbracht wird, und auf Erträge bei Rückkauf des Vertrages bei Rentenversicherungen ohne Kapitalwahlrecht entsprechend anzuwenden. ⁵Ist in einem Versicherungsvertrag eine gesonderte Verwaltung von speziell für diesen Vertrag zusammengestellten Kapitalanlagen vereinbart, die nicht auf öffentlich vertriebene Investmentfondsanteile oder Anlagen, die die Entwicklung eines veröffentlichten Indexes abbilden, beschränkt ist,

---

1) Zur Anwendung von § 20 ab 2009 siehe § 52a Abs. 8 bis 10 EStG.
2) Zur Anwendung von § 20 Absatz 1 Nummer 6 EStG siehe § 52 Absatz 36 Sätze 3 bis 5 EStG. Hinweis auf BMF-Schreiben vom 1.10.2009 (BStBl. I S. 1172) betr. Besteuerung von Versicherungsverträgen im Sinne des § 20 Absatz 1 Nummer 6 EStG.
3) Für Vertragsabschlüsse nach 31.12.2011 62. Lebensjahr (§ 52 Absatz 36 Satz 9 EStG).

§ 20

und kann der wirtschaftlich Berechtigte unmittelbar oder mittelbar über die Veräußerung der Vermögensgegenstände und die Wiederanlage der Erlöse bestimmen (vermögensverwaltender Versicherungsvertrag), sind die dem Versicherungsunternehmen zufließenden Erträge dem wirtschaftlich Berechtigten aus dem Versicherungsvertrag zuzurechnen; Sätze 1 bis 4 sind nicht anzuwenden. ⁶Satz 2 ist nicht anzuwenden, wenn

    a) in einem Kapitallebensversicherungsvertrag mit vereinbarter laufender Beitragszahlung in mindestens gleichbleibender Höhe bis zum Zeitpunkt des Erlebensfalls die vereinbarte Leistung bei Eintritt des versicherten Risikos weniger als 50 Prozent der Summe der für die gesamte Vertragsdauer zu zahlenden Beiträge beträgt und

    b) bei einem Kapitallebensversicherungsvertrag die vereinbarte Leistung bei Eintritt des versicherten Risikos das Deckungskapital oder den Zeitwert der Versicherung spätestens fünf Jahre nach Vertragsabschluss nicht um mindestens 10 Prozent des Deckungskapitals, des Zeitwerts oder der Summe der gezahlten Beiträge übersteigt. ²Dieser Prozentsatz darf bis zum Ende der Vertragslaufzeit in jährlich gleichen Schritten auf Null sinken;

7. Erträge aus sonstigen Kapitalforderungen jeder Art, wenn die Rückzahlung des Kapitalvermögens oder ein Entgelt für die Überlassung des Kapitalvermögens zur Nutzung zugesagt oder geleistet worden ist, auch wenn die Höhe der Rückzahlung oder des Entgelts von einem ungewissen Ereignis abhängt. ²Dies gilt unabhängig von der Bezeichnung und der zivilrechtlichen Ausgestaltung der Kapitalanlage;

8. Diskontbeträge von Wechseln und Anweisungen einschließlich der Schatzwechsel;

9. Einnahmen aus Leistungen einer nicht von der Körperschaftsteuer befreiten Körperschaft, Personenvereinigung oder Vermögensmasse im Sinne des § 1 Absatz 1 Nummer 3 bis 5 des Körperschaftsteuergesetzes, die Gewinnausschüttungen im Sinne der Nummer 1 wirtschaftlich vergleichbar sind, soweit sie nicht bereits zu den Einnahmen im Sinne der Nummer 1 gehören; Nummer 1 Satz 2, 3 und Nummer 2 gelten entsprechend;

10. a) Leistungen eines nicht von der Körperschaftsteuer befreiten Betriebs gewerblicher Art im Sinne des § 4 des Körperschaftsteuergesetzes mit eigener Rechtspersönlichkeit, die zu mit Gewinnausschüttungen im Sinne der Nummer 1 Satz 1 wirtschaftlich vergleichbaren Einnahmen führen; Nummer 1 Satz 2, 3 und Nummer 2 gelten entsprechend;

    b) der nicht den Rücklagen zugeführte Gewinn und verdeckte Gewinnausschüttungen eines nicht von der Körperschaftsteuer befreiten Betriebs gewerblicher Art im Sinne des § 4 des Körperschaftsteuergesetzes ohne eigene Rechtspersönlichkeit, der den Gewinn durch Betriebsvermögensvergleich ermittelt oder Umsätze einschließlich der steuerfreien Umsätze, ausgenommen die Umsätze nach § 4 Nummer 8 bis 10 des Umsatzsteuergesetzes, von mehr als 350 000 Euro im Kalenderjahr oder einen Gewinn von mehr als 30 000 Euro im Wirtschaftsjahr hat, sowie der Gewinn im Sinne des § 22 Absatz 4 des Umwandlungssteuergesetzes. ²Die Auflösung der Rücklagen zu Zwecken außerhalb des Betriebs gewerblicher Art führt zu einem Gewinn im Sinne des Satzes 1; in Fällen der Einbringung nach dem Sechsten und des Formwechsels nach dem Achten Teil des Umwandlungssteuergesetzes gelten die Rücklagen als aufgelöst. ³Bei dem Geschäft der Veranstaltung von Werbesendungen der inländischen öffentlich-rechtlichen Rundfunkanstalten gelten drei Viertel des Einkommens im Sinne des § 8 Absatz 1 Satz 3 des Körperschaftsteuergesetzes als Gewinn im Sinne des Satzes 1. ⁴Die Sätze 1 und 2 sind bei wirtschaftlichen Geschäftsbetrieben der von der Körperschaftsteuer befreiten Körperschaften, Personenvereinigungen oder Vermögensmassen entsprechend anzuwenden. ⁵Nummer 1 Satz 3 gilt entsprechend;

11. Stillhalterprämien, die für die Einräumung von Optionen vereinnahmt werden; schließt der Stillhalter ein Glattstellungsgeschäft ab, mindern sich die Einnahmen aus den Stillhalterprämien um die im Glattstellungsgeschäft gezahlten Prämien.

§ 20

(2) ¹Zu den Einkünften aus Kapitalvermögen gehören auch

1. der Gewinn aus der Veräußerung von Anteilen an einer Körperschaft im Sinne des Absatzes 1 Nummer 1. ²Anteile an einer Körperschaft sind auch Genussrechte im Sinne des Absatzes 1 Nummer 1, den Anteilen im Sinne des Absatzes 1 Nummer 1 ähnliche Beteiligungen und Anwartschaften auf Anteile im Sinne des Absatzes 1 Nummer 1;
2. der Gewinn aus der Veräußerung
    a) von Dividendenscheinen und sonstigen Ansprüchen durch den Inhaber des Stammrechts, wenn die dazugehörigen Aktien oder sonstigen Anteile nicht mitveräußert werden. ²Diese Besteuerung tritt an die Stelle der Besteuerung nach Absatz 1;
    b) von Zinsscheinen und Zinsforderungen durch den Inhaber oder ehemaligen Inhaber der Schuldverschreibung, wenn die dazugehörigen Schuldverschreibungen nicht mitveräußert werden. ²Entsprechendes gilt für die Einlösung von Zinsscheinen und Zinsforderungen durch den ehemaligen Inhaber der Schuldverschreibung.

    ²Satz 1 gilt sinngemäß für die Einnahmen aus der Abtretung von Dividenden- oder Zinsansprüchen oder sonstigen Ansprüchen im Sinne des Satzes 1, wenn die dazugehörigen Anteilsrechte oder Schuldverschreibungen nicht in einzelnen Wertpapieren verbrieft sind. ³Satz 2 gilt auch bei der Abtretung von Zinsansprüchen aus Schuldbuchforderungen, die in ein öffentliches Schuldbuch eingetragen sind;
3. der Gewinn
    a) bei Termingeschäften, durch die der Steuerpflichtige einen Differenzausgleich oder einen durch den Wert einer veränderlichen Bezugsgröße bestimmten Geldbetrag oder Vorteil erlangt;
    b) aus der Veräußerung eines als Termingeschäft ausgestalteten Finanzinstruments;
4. der Gewinn aus der Veräußerung von Wirtschaftsgütern, die Erträge im Sinne des Absatzes 1 Nummer 4 erzielen;
5. der Gewinn aus der Übertragung von Rechten im Sinne des Absatzes 1 Nummer 5;
6. der Gewinn aus der Veräußerung von Ansprüchen auf eine Versicherungsleistung im Sinne des Absatzes 1 Nummer 6. ²Das Versicherungsunternehmen hat nach Kenntniserlangung von einer Veräußerung unverzüglich Mitteilung an das für den Steuerpflichtigen zuständige Finanzamt zu machen und auf Verlangen des Steuerpflichtigen eine Bescheinigung über die Höhe der entrichteten Beiträge im Zeitpunkt der Veräußerung zu erteilen;
7. der Gewinn aus der Veräußerung von sonstigen Kapitalforderungen jeder Art im Sinne des Absatzes 1 Nummer 7;
8. der Gewinn aus der Übertragung oder Aufgabe einer die Einnahmen im Sinne des Absatzes 1 Nummer 9 vermittelnden Rechtsposition.

²Als Veräußerung im Sinne des Satzes 1 gilt auch die Einlösung, Rückzahlung, Abtretung oder verdeckte Einlage in eine Kapitalgesellschaft; in den Fällen von Satz 1 Nummer 4 gilt auch die Vereinnahmung eines Auseinandersetzungsguthabens als Veräußerung. ³Die Anschaffung oder Veräußerung einer unmittelbaren oder mittelbaren Beteiligung an einer Personengesellschaft gilt als Anschaffung oder Veräußerung der anteiligen Wirtschaftsgüter.

(3) Zu den Einkünften aus Kapitalvermögen gehören auch besondere Entgelte oder Vorteile, die neben den in den Absätzen 1 und 2 bezeichneten Einnahmen oder an deren Stelle gewährt werden.

(4) ¹Gewinn im Sinne des Absatzes 2 ist der Unterschied zwischen den Einnahmen aus der Veräußerung nach Abzug der Aufwendungen, die im unmittelbaren sachlichen Zusammenhang mit dem Veräußerungsgeschäft stehen, und den Anschaffungskosten; bei nicht in Euro getätigten Geschäften sind die Einnahmen im Zeitpunkt der Veräußerung und die Anschaffungskosten im Zeitpunkt der Anschaffung in Euro umzurechnen. ²In den Fällen der verdeckten Einlage tritt an die Stelle der Einnahmen aus der Veräußerung der

§ 20

Wirtschaftsgüter ihr gemeiner Wert; der Gewinn ist für das Kalenderjahr der verdeckten Einlage anzusetzen. ³Ist ein Wirtschaftsgut im Sinne des Absatzes 2 in das Privatvermögen durch Entnahme oder Betriebsaufgabe überführt worden, tritt an die Stelle der Anschaffungskosten der nach § 6 Absatz 1 Nummer 4 oder § 16 Absatz 3 angesetzte Wert. ⁴In den Fällen des Absatzes 2 Satz 1 Nummer 6 gelten die entrichteten Beiträge im Sinne des Absatzes 1 Nummer 6 Satz 1 als Anschaffungskosten; ist ein entgeltlicher Erwerb vorausgegangen, gelten auch die nach dem Erwerb entrichteten Beiträge als Anschaffungskosten. ⁵Gewinn bei einem Termingeschäft ist der Differenzausgleich oder der durch den Wert einer veränderlichen Bezugsgröße bestimmte Geldbetrag oder Vorteil abzüglich der Aufwendungen, die im unmittelbaren sachlichen Zusammenhang mit dem Termingeschäft stehen. ⁶Bei unentgeltlichem Erwerb sind dem Einzelrechtsnachfolger für Zwecke dieser Vorschrift die Anschaffung, die Überführung des Wirtschaftsguts in das Privatvermögen, der Erwerb eines Rechts aus Termingeschäften oder die Beiträge im Sinne des Absatzes 1 Nummer 6 Satz 1 durch den Rechtsvorgänger zuzurechnen. ⁷Bei vertretbaren Wertpapieren, die einem Verwahrer zur Sammelverwahrung im Sinne des § 5 des Depotgesetzes in der Fassung der Bekanntmachung vom 11. Januar 1995 (BGBl. I S. 34), das zuletzt durch Artikel 4 des Gesetzes vom 5. April 2004 (BGBl. I S. 502) geändert worden ist, in der jeweils geltenden Fassung anvertraut worden sind, ist zu unterstellen, dass die zuerst angeschafften Wertpapiere zuerst veräußert wurden.

(4a) ¹Werden Anteile an einer Körperschaft, Vermögensmasse oder Personenvereinigung, die weder ihre Geschäftsleitung noch ihren Sitz im Inland hat, gegen Anteile an einer anderen Körperschaft, Vermögensmasse oder Personenvereinigung, die weder ihre Geschäftsleitung noch ihren Sitz im Inland hat, getauscht und wird der Tausch auf Grund gesellschaftsrechtlicher Maßnahmen vollzogen, die von den beteiligten Unternehmen ausgehen, treten abweichend von Absatz 2 Satz 1 und § 13 Absatz 2 des Umwandlungssteuergesetzes die übernommenen Anteile steuerlich an die Stelle der bisherigen Anteile, wenn das Recht der Bundesrepublik Deutschland hinsichtlich der Besteuerung des Gewinns aus der Veräußerung der erhaltenen Anteile nicht ausgeschlossen oder beschränkt ist oder die Mitgliedstaaten der Europäischen Union bei einer Verschmelzung Artikel 8 der Richtlinie 90/434/EWG anzuwenden haben; in diesem Fall ist der Gewinn aus einer späteren Veräußerung der erworbenen Anteile ungeachtet der Bestimmungen eines Abkommens zur Vermeidung der Doppelbesteuerung in der gleichen Art und Weise zu besteuern, wie die Veräußerung der Anteile an der übertragenden Körperschaft zu besteuern wäre, und § 15 Absatz 1a Satz 2 entsprechend anzuwenden. ²Erhält der Steuerpflichtige in den Fällen des Satzes 1 zusätzlich zu den Anteilen eine Gegenleistung, gilt diese als Ertrag im Sinne des Absatzes 1 Nummer 1. ³Besitzt bei sonstigen Kapitalforderungen im Sinne des Absatzes 1 Nummer 7 der Inhaber das Recht, bei Fälligkeit anstelle der Rückzahlung des Nominalbetrags vom Emittenten die Lieferung einer vorher festgelegten Anzahl von Wertpapieren zu verlangen oder besitzt der Emittent das Recht, bei Fälligkeit dem Inhaber anstelle der Rückzahlung des Nominalbetrags eine vorher festgelegte Anzahl von Wertpapieren anzudienen und machen der Inhaber der Forderung oder der Emittent von diesem Recht Gebrauch, ist abweichend von Absatz 4 Satz 1 das Entgelt für den Erwerb der Forderung als Veräußerungspreis der Forderung und als Anschaffungskosten der erhaltenen Wertpapiere anzusetzen. ⁴Werden Bezugsrechte veräußert oder ausgeübt, die nach § 186 des Aktiengesetzes, § 55 des Gesetzes betreffend die Gesellschaften mit beschränkter Haftung oder eines vergleichbaren ausländischen Rechts einen Anspruch auf Abschluss eines Zeichnungsvertrags begründen, wird der Teil der Anschaffungskosten der Altanteile, der auf das Bezugsrecht entfällt, bei der Ermittlung des Gewinns nach Absatz 4 Satz 1 mit 0 Euro angesetzt. ⁵Werden einem Steuerpflichtigen Anteile im Sinne des Absatzes 2 Satz 1 Nummer 1 zugeteilt, ohne dass dieser eine gesonderte Gegenleistung zu entrichten hat, werden der Ertrag und die Anschaffungskosten dieser Anteile mit 0 Euro angesetzt, wenn die Voraussetzungen der Sätze 3 und 4 nicht vorliegen und die Ermittlung der Höhe des Kapitalertrags nicht möglich ist. ⁶Soweit es auf die steuerliche Wirksamkeit einer Kapitalmaßnahme im Sinne der vorstehenden Sätze 1 bis 5 ankommt, ist auf den Zeitpunkt der Einbuchung in das Depot des Steuerpflichtigen abzustellen.

§ 20 Rechtsprechung

(5) ¹Einkünfte aus Kapitalvermögen im Sinne des Absatzes 1 Nummer 1 und 2 erzielt der Anteilseigner. ²Anteilseigner ist derjenige, dem nach § 39 der Abgabenordnung die Anteile an dem Kapitalvermögen im Sinne des Absatzes 1 Nummer 1 im Zeitpunkt des Gewinnverteilungsbeschlusses zuzurechnen sind. ³Sind einem Nießbraucher oder Pfandgläubiger die Einnahmen im Sinne des Absatzes 1 Nummer 1 oder 2 zuzurechnen, gilt er als Anteilseigner.

(6) ¹Verbleibende positive Einkünfte aus Kapitalvermögen sind nach der Verrechnung im Sinne des § 43a Absatz 3 zunächst mit Verlusten aus privaten Veräußerungsgeschäften nach Maßgabe des § 23 Absatz 3 Satz 9 und 10 zu verrechnen. ²Verluste aus Kapitalvermögen dürfen nicht mit Einkünften aus anderen Einkunftsarten ausgeglichen werden; sie dürfen auch nicht nach § 10d abgezogen werden. ³Die Verluste mindern jedoch die Einkünfte, die der Steuerpflichtige in den folgenden Veranlagungszeiträumen aus Kapitalvermögen erzielt. ⁴§ 10d Absatz 4 ist sinngemäß anzuwenden. ⁵Verluste aus Kapitalvermögen im Sinne des Absatzes 2 Satz 1 Nummer 1 Satz 1, die aus der Veräußerung von Aktien entstehen, dürfen nur mit Gewinnen aus Kapitalvermögen im Sinne des Absatzes 2 Satz 1 Nummer 1 Satz 1, die aus der Veräußerung von Aktien entstehen, ausgeglichen werden; die Sätze 3 und 4 gelten sinngemäß. ⁶Verluste aus Kapitalvermögen, die der Kapitalertragsteuer unterliegen, dürfen nur verrechnet werden oder mindern die Einkünfte, die der Steuerpflichtige in den folgenden Veranlagungszeiträumen aus Kapitalvermögen erzielt, wenn eine Bescheinigung im Sinne des § 43a Absatz 3 Satz 4 vorliegt.

(7) ¹§ 15b ist sinngemäß anzuwenden. ²Ein vorgefertigtes Konzept im Sinne des § 15b Absatz 2 Satz 2 liegt auch vor, wenn die positiven Einkünfte nicht der tariflichen Einkommensteuer unterliegen.

(8) ¹Soweit Einkünfte der in den Absätzen 1, 2 und 3 bezeichneten Art zu den Einkünften aus Land- und Forstwirtschaft, aus Gewerbebetrieb, aus selbständiger Arbeit oder aus Vermietung und Verpachtung gehören, sind sie diesen Einkünften zuzurechnen. ²Absatz 4a findet insoweit keine Anwendung.

(9) ¹Bei der Ermittlung der Einkünfte aus Kapitalvermögen ist als Werbungskosten ein Betrag von 801 Euro abzuziehen (Sparer-Pauschbetrag); der Abzug der tatsächlichen Werbungskosten ist ausgeschlossen. ²Ehegatten, die zusammen veranlagt werden, wird ein gemeinsamer Sparer-Pauschbetrag von 1 602 Euro gewährt. ³Der gemeinsame Sparer-Pauschbetrag ist bei der Einkunftsermittlung bei jedem Ehegatten je zur Hälfte abzuziehen; sind die Kapitalerträge eines Ehegatten niedriger als 801 Euro, so ist der anteilige Sparer-Pauschbetrag insoweit, als er die Kapitalerträge dieses Ehegatten übersteigt, bei dem anderen Ehegatten abzuziehen. ⁴Der Sparer-Pauschbetrag und der gemeinsame Sparer-Pauschbetrag dürfen nicht höher sein als die nach Maßgabe des Absatzes 6 verrechneten Kapitalerträge.

Rechtsprechungsauswahl

BFH v. 23. 4. 2009 VI R 81/06 (BFH-Webseite):

1. Für die Frage, ob ein Gesellschafter-Geschäftsführer als Arbeitnehmer i.S. von § 1 Abs. 2 Sätze 1 und 2 LStDV zu beurteilen ist, ist nicht entscheidend, in welchem Verhältnis er an der Kapitalgesellschaft beteiligt ist.
2. Allerdings sind Gesellschafter-Geschäftsführer, die mindestens 50 % des Stammkapitals der GmbH innehaben, regelmäßig Selbständige im Sinne des Sozialversicherungsrechts (Anschluss an BFH-Urteil vom 2. Dezember 2005 VI R 16/03, BFH/NV 2006, 544).
3. Ist die private Nutzung eines betrieblichen PKW durch den Gesellschafter-Geschäftsführer im Anstellungsvertrag mit der GmbH ausdrücklich gestattet, kommt der Ansatz einer vGA in Höhe der Vorteilsgewährung nicht in Betracht. Nach übereinstimmender Auffassung des I. Senats und des VI. Senats des BFH liegt in einem solchen Fall immer Sachlohn und keine vGA vor.
4. Dagegen ist eine vertragswidrige private Nutzung eines betrieblichen Fahrzeugs durch einen Gesellschafter-Geschäftsführer nicht stets als Arbeitslohn zu qualifizieren (Senats-Beschluss vom 15. November 2007 VI ER-S 4/07).

Rechtsprechung § 20

5. Bei einer nachhaltigen „vertragswidrigen" privaten Nutzung eines betrieblichen PKW durch den anstellungsvertraglich gebundenen Gesellschafter-Geschäftsführer liegt allerdings der Schluss nahe, dass Nutzungsbeschränkung oder -verbot nicht ernstlich gewollt sind, sondern lediglich „auf dem Papier stehen". Unterbindet die Kapitalgesellschaft die unbefugte Nutzung durch den Gesellschafter-Geschäftsführer nicht, kann dies sowohl durch das Beteiligungsverhältnis als auch durch das Arbeitsverhältnis veranlasst sein. Die Zuordnung (vGA oder Arbeitslohn) bedarf der wertenden Betrachtung im Einzelfall.

BFH v. 23. 4. 2009 VI B 118/08 (BStBl. 2010 II S. 234):

1. Nutzt der Gesellschafter-Geschäftsführer einer GmbH ein Fahrzeug privat auf Grundlage einer im Anstellungsvertrag ausdrücklich zugelassenen Nutzungsgestattung, liegt keine vGA, sondern ein lohnsteuerlich erheblicher Vorteil vor.

2. Eine vertragswidrige private Nutzung eines betrieblichen Fahrzeugs durch einen Gesellschafter-Geschäftsführer ist nicht stets als Arbeitslohn zu qualifizieren (Senatsbeschluss vom 15. November 2007 VI ER-S 4/07).

BFH v. 27. 3. 2009 VIII B 184/08 (BStBl. II S. 850):

1. Aufwendungen eines Steuerpflichtigen für ein häusliches Arbeitszimmer sind nicht deshalb bei den Einkünften aus Kapitalvermögen in voller Höhe abzuziehen, weil der Steuerpflichtige Anlageentscheidungen ausschließlich im Arbeitszimmer trifft.

2. § 4 Abs. 5 Satz 1 Nr. 6b EStG in der bis zum Veranlagungszeitraum 2006 geltenden Fassung ist gemäß § 9 Abs. 5 EStG auf die Einkünfte aus Kapitalvermögen mit der Maßgabe sinngemäß anzuwenden, dass bei der Bestimmung des Mittelpunkts der gesamten betrieblichen oder beruflichen Tätigkeit auf die gesamte der Erzielung von Einkünften dienende Tätigkeit des Steuerpflichtigen abzustellen ist.

BFH v. 18. 11. 2008 VIII R 24/07 (BStBl. 2009 II S. 518): Die pauschale Besteuerung von Erträgen aus im Inland nicht registrierten ausländischen Investmentfonds (sog. „schwarzen" Fonds) gemäß § 18 Abs. 3 AuslInvestmG verstößt offensichtlich gegen europäisches Gemeinschaftsrecht (Art. 73b EGV). Einer Vorlage an den EuGH bedarf es insoweit nicht.*)

*) Hinweis auf BMF-Schreiben vom 6. Juli 2009 IV C 1 – S 1980-a/07/0001, 2009/0452215 (BStBl. 2009 I S. 770).

BFH v. 13. 11. 2007 VIII R 36/05 (BStBl. 2008 II S. 292):

1. Von der Bundesversicherungsanstalt für Angestellte im Zusammenhang mit Rentennachzahlungen gezahlte Zinsen gemäß § 44 Abs. 1 SGB 1 unterliegen der Steuerpflicht nach § 20 Abs. 1 Nr. 7 EStG.

2. Dass mit der Zinszahlung Nachteile ausgeglichen werden sollen, die der Berechtigte durch die verspätete Zahlung der Sozialleistungen erleidet, steht dem nicht entgegen.*)

*) Fußnote BStBl. II: „Gilt für VZ vor 2005, ab VZ 2005 ist der Vorrang des § 22 Nr. 1 Satz 3 Buchst. a EStG zu beachten."

BFH v. 5. 4. 2006 IX R 111/00 (BStBl. II S. 654): Schuldzinsen für Darlehen, mit denen Arbeitnehmer den Erwerb von Gesellschaftsanteilen an ihrer Arbeitgeberin finanzieren, um damit die arbeitsvertragliche Voraussetzung für die Erlangung einer höher dotierten Position zu erfüllen, sind regelmäßig Werbungskosten bei den Einkünften aus Kapitalvermögen (Anschluss an BFH-Urteil vom 21. April 1961 VI 158/59 U, BFHE 73, 449, BStBl. III 1961, 431).

BFH v. 14. 2. 2006 VIII R 49/03 (BStBl. II S. 520): Ersetzen Freiaktien einer niederländischen AG entsprechend einem vereinbarten Wahlrecht die Bardividende, unterliegen sie als Einnahmen aus Kapitalvermögen der Einkommensteuer nach § 20 Abs. 1 Nr. 1 EStG; die Voraussetzungen der §§ 1,7 KapErhStG für einen steuerfreien Erwerb der Anteile liegen insoweit nicht vor.

Eine tatsächliche Vermutung spricht dafür, dass der Wert der Freiaktien zumindest dem Betrag der „ersetzten" Bardividende entspricht.

BFH v. 12. 10. 2005 VIII R 87/03 (BStBl. 2006 II S. 251): Zinsen aus einer Kapitallebensversicherung, die nach Ablauf eines Zeitraums von mehr als zwölf Jahren nach Vertragsabschluss bei Weiterführung des Versicherungsvertrages gezahlt werden, sind in entsprechender Anwendung des § 20 Abs. 1 Nr. 6 Satz 2 EStG steuerfrei.

§ 20

BFH v. 7. 9. 2005 VIII R 90/04 (BStBl. 2006 II S. 61): Die Besteuerung der Einkünfte aus Kapitalvermögen i. S. des § 20 Abs. 1 Nr. 7 EStG ist auch in den Veranlagungszeiträumen seit 1994 nicht verfassungswidrig.

BFH v. 6. 7. 2005 VIII R 71/04 (BStBl. 2006 II S. 53): Die nachträgliche Verlängerung eines Versicherungsvertrages um drei Jahre führt trotz gleich bleibender Beitragsleistung steuerrechtlich zu einem neuen Vertrag, wenn die Möglichkeit der Vertragsänderung im ursprünglichen Versicherungsvertrag nicht vorgesehen war und sich aufgrund der Vertragsänderung die Laufzeit des Vertrages, die Prämienzahlungsdauer, die insgesamt zu entrichtenden Versicherungsbeiträge und die Versicherungssumme ändern.

Rechtsprechung § 21

f) Vermietung und Verpachtung
(§ 2 Absatz 1 Satz 1 Nummer 6)

§ 21 (Vermietung und Verpachtung, § 2 Absatz 1 Satz 1 Nummer 6) [1]

(1) ¹Einkünfte aus Vermietung und Verpachtung sind

1. Einkünfte aus Vermietung und Verpachtung von unbeweglichem Vermögen, insbesondere von Grundstücken, Gebäuden, Gebäudeteilen, Schiffen, die in ein Schiffsregister eingetragen sind, und Rechten, die den Vorschriften des bürgerlichen Rechts über Grundstücke unterliegen (z.b. Erbbaurecht, Mineralgewinnungsrecht);
2. Einkünfte aus Vermietung und Verpachtung von Sachinbegriffen, insbesondere von beweglichem Betriebsvermögen;
3. Einkünfte aus zeitlich begrenzter Überlassung von Rechten, insbesondere von schriftstellerischen, künstlerischen und gewerblichen Urheberrechten, von gewerblichen Erfahrungen und von Gerechtigkeiten und Gefällen;
4. Einkünfte aus der Veräußerung von Miet- und Pachtzinsforderungen, auch dann, wenn die Einkünfte im Veräußerungspreis von Grundstücken enthalten sind und die Miet- oder Pachtzinsen sich auf einen Zeitraum beziehen, in dem der Veräußerer noch Besitzer war.

²§§ 15a und 15b sind sinngemäß anzuwenden. [2]

(2) Beträgt das Entgelt für die Überlassung einer Wohnung zu Wohnzwecken weniger als 56 Prozent der ortsüblichen Marktmiete, so ist die Nutzungsüberlassung in einen entgeltlichen und einen unentgeltlichen Teil aufzuteilen.

(3) Einkünfte der in den Absätzen 1 und 2 bezeichneten Art sind Einkünften aus anderen Einkunftsarten zuzurechnen, soweit sie zu diesen gehören.

Rechtsprechungsauswahl

BFH v. 25. 6. 2009 IX R 54/08 (BStBl. 2010 II S. 124):
1. Zeigt sich aufgrund bislang vergeblicher Vermietungsbemühungen, dass für das Objekt, so wie es baulich gestaltet ist, kein Markt besteht und die Immobilie deshalb nicht vermietbar ist, so muss der Steuerpflichtige – will er seine fortbestehende Vermietungsabsicht belegen – zielgerichtet darauf hinwirken, unter Umständen auch durch bauliche Umgestaltungen einen vermietbaren Zustand des Objekts zu erreichen.
2. Bleibt er untätig und nimmt den Leerstand auch künftig hin, spricht dieses Verhalten gegen den endgültigen Entschluss zu vermieten oder – sollte er bei seinen bisherigen, vergeblichen Vermietungsbemühungen mit Einkünfteerzielungsabsicht gehandelt haben – für deren Aufgabe.

BFH v. 25. 2. 2009 IX R 62/07 (BStBl. II S. 459): Dient eine Kapitallebensversicherung der Rückzahlung von Darlehen, die zum Erwerb von Mietgrundstücken aufgenommen worden sind, so sind die Zinsen für ein zur Finanzierung der Versicherungsbeiträge aufgenommenes Darlehen als Werbungskosten bei den Einkünften aus Vermietung und Verpachtung abziehbar.

BFH v. 28. 10. 2008 IX R 1/07 (BStBl. 2009 II S. 848):
1. Wer Aufwendungen für seine zunächst selbst bewohnte, anschließend leer stehende und noch nicht vermietete Wohnung als vorab entstandene Werbungskosten geltend macht, muss seinen endgültigen Entschluss, diese Wohnung zu vermieten, durch ernsthafte und nachhaltige Vermietungsbemühungen belegen.
2. Die Ernsthaftigkeit und Nachhaltigkeit der Vermietungsbemühungen dienen als Belege (Beweisanzeichen) für die Einkünfteerzielungsabsicht, deren Feststellung und Würdigung im Wesentlichen dem FG als Tatsacheninstanz obliegt.

BFH v. 19. 8. 2008 IX R 39/07 (BStBl. 2009 II S. 138): Wird eine Ferienwohnung nicht durchweg im ganzen Jahr an wechselnde Feriengäste vermietet und können ortsübliche Vermietungszeiten nicht fest-

---
1) Hinweis auf BMF-Schreiben vom 8.10.2004 (BStBl. I S. 933) betr. Einkunftserzielung bei den Einkünften aus Vermietung und Verpachtung.
2) Zur Anwendung von § 21 Abs. 1 Satz 2 siehe § 52 Abs. 37e EStG.

gestellt werden, ist ihr Vermieten mit einer auf Dauer ausgerichteten Vermietungstätigkeit nicht vergleichbar, so dass die Einkünfteerzielungsabsicht durch eine Prognose überprüft werden muss (Fortentwicklung des BFH-Urteils vom 26. Oktober 2004 IX R 57/02, BFHE 208, 151, BStBl. II 2005, 388).

BFH v. 2. 7. 2008 IX B 46/08 (BStBl. II S. 815): Soll nach dem Konzept eines geschlossenen Immobilienfonds in der Rechtsform einer Personengesellschaft die Vermietungstätigkeit des Fonds nur 20 Jahre umfassen, ist sie nicht auf Dauer ausgerichtet und die Einkünfteerzielungsabsicht muss auf beiden Ebenen (auf der Ebene der Personengesellschaft wie auf der Ebene des Gesellschafters) überprüft werden.

BFH v. 15. 1. 2008 IX R 45/07 (BStBl. II S. 572): Erhaltungsaufwendungen sind auch dann Werbungskosten des Steuerpflichtigen bei den Einkünften aus Vermietung und Verpachtung, wenn sie auf einem von einem Dritten im eigenen Namen, aber im Interesse des Steuerpflichtigen abgeschlossenen Werkvertrag beruhen und der Dritte dem Steuerpflichtigen den Betrag zuwendet (Bestätigung des BFH-Urteils vom 15. November 2005 IX R 25/03, BFHE 211, 318, BStBl. II 2006, 623; gegen BMF-Schreiben vom 9. August 2006, BStBl. I 2006, 492).*)

*) Hinweis auf BMF-Schreiben vom 7. Juli 2008 IV C 1 – S 2211/07/10007, 2008/0344679 (BStBl. 2008 I S. 717).

BFH v. 28. 11. 2007 IX R 9/06 (BStBl. 2008 II S. 515):
1. Die § 21 Abs. 1 Satz 1 Nr. 1 EStG zugrunde liegende typisierende Annahme, dass bei einer auf Dauer angelegten Vermietungstätigkeit der Steuerpflichtige beabsichtigt, letztlich einen Einnahmeüberschuss zu erwirtschaften, gilt nicht für die dauerhafte Verpachtung unbebauten Grundbesitzes (Bestätigung des BFH-Beschlusses vom 25. März 2003 IX B 2/03, BFHE 202, 262, BStBl. II 2003, 479).
2. Der Prognosezeitraum beträgt auch bei einer Verpachtung unbebauten Grundbesitzes 30 Jahre.

BFH v. 29. 8. 2007 IX R 17/07 (BStBl. 2008 II S. 502): Es steht auch Angehörigen frei, ihre Rechtsverhältnisse untereinander steuerlich möglichst günstig zu gestalten. Ein Gestaltungsmissbrauch i. S. von § 42 AO ist aber gegeben, wenn eine rechtliche Gestaltung gewählt wird, die – gemessen an dem angestrebten Ziel – unangemessen ist, der Steuerminderung dienen soll und durch wirtschaftliche oder sonst beachtliche nichtsteuerliche Gründe nicht zu rechtfertigen ist.

BFH v. 10. 5. 2007 IX R 7/07 (BStBl. II S. 873): Im Rahmen der Einkunftsart Vermietung und Verpachtung ist die Einkünfteerzielungsabsicht bei einer langfristigen Vermietung ausnahmsweise zu prüfen, wenn der Steuerpflichtige die Anschaffungskosten oder Herstellungskosten des Vermietungsobjekts sowie anfallende Schuldzinsen fremdfinanziert und somit Zinsen auflaufen lässt, ohne dass durch ein Finanzierungskonzept von vornherein deren Kompensation durch spätere positive Ergebnisse vorgesehen ist (Abgrenzung zu BFH-Urteil vom 19. April 2005 IX R 15/04, BFHE 210, 24, BStBl. II 2005, 754).

BFH v. 20. 9. 2006 IX R 17/04 (BStBl. 2007 II S. 112): Der Erbbauzins für ein Erbbaurecht an einem privaten Grundstück gehört zu den Einnahmen aus Vermietung und Verpachtung gemäß § 21 Abs. 1 Satz 1 Nr. 1 EStG. Der bewertungsrechtliche Ansatz des Erbbauzinsanspruchs als sonstiges Vermögen (vgl. Beschluss des BVerfG vom 17. Juli 1995 1 BvR 892/89, BStBl. II 1995, 810) steht dieser Beurteilung nicht entgegen.

BFH v. 24. 8. 2006 IX R 15/06 (BStBl. 2007 II S. 256): Bei einer ausschließlich an wechselnde Feriengäste vermieteten und in der übrigen Zeit hierfür bereitgehaltenen Ferienwohnung ist die Einkünfteerzielungsabsicht der Steuerpflichtigen nicht allein wegen hoher Werbungskostenüberschüsse zu überprüfen (Bestätigung der bisherigen Rechtsprechung).

BFH v. 7. 6. 2006 IX R 4/04 (BStBl. 2007 II S. 294): Bei der steuerrechtlichen Anerkennung von Verträgen zwischen nahen Angehörigen ist der zivilrechtlichen Unwirksamkeit des Vertragsabschlusses nur indizielle Bedeutung beizumessen (Anschluss an BFH-Urteil vom 13. Juli 1999 VIII R 29/97, BFHE 191, 250, BStBl. II 2000, 386).*)

*) Anmerkung BStBl. II: Hinweis auf BMF-Schreiben vom 2.4.2007 (BStBl. I S. 441) – Nichtanwendung über entschiedenen Einzelfall hinaus –.

BFH v. 7. 6. 2006 IX R 45/05 (BStBl. II S. 803): Leistet der Käufer eines Mietobjekts an den Verkäufer infolge einer Vertragsaufhebung Schadensersatz, um sich von seiner gescheiterten Investition zu lösen, so kann er seine Aufwendungen als vorab entstandene vergebliche Werbungskosten absetzen (Ergänzung zum BFH-Urteil vom 15. November 2005 IX R 3/04, BStBl. II 2006, 258).

Rechtsprechung § 21

BFH v. 15. 11. 2005 IX R 25/03 (BStBl. 2006 II S. 623): Schließt ein Dritter im eigenen Namen einen Werkvertrag über Erhaltungsarbeiten am vermieteten Grundstück des Steuerpflichtigen ab und leistet er die vereinbarte Vergütung, so kann der Steuerpflichtige diesen Aufwand auch dann bei seinen Einkünften aus Vermietung und Verpachtung als Werbungskosten abziehen, wenn der Dritte dem Steuerpflichtigen den Betrag zuwendet.*)
*) Hinweis auf BMF-Schreiben vom 9. August 2006 (BStBl. I S. 492). (Anmerkung: Nichtanwendung über den entschiedenen Einzelfall hinaus.)

BFH v. 16. 9. 2004 VI R 25/02 (BStBl. 2006 II S. 10): Leistet der Arbeitgeber Zahlungen für ein im Haus bzw. in der Wohnung des Arbeitnehmers gelegenes Büro, das der Arbeitnehmer für die Erbringung seiner Arbeitsleistung nutzt, so ist die Unterscheidung zwischen Arbeitslohn einerseits und Einkünften aus Vermietung und Verpachtung andererseits danach vorzunehmen, in wessen vorrangigem Interesse die Nutzung des Büros erfolgt.*)
*) Hinweis auf BMF-Schreiben vom 13.12.2005 (BStBl. 2006 I S. 4). *– Anlage § 019-06 –*

BFH v. 20. 3. 2003 VI R 147/00 (BStBl. II S. 519): Vermietet der Arbeitnehmer seinem Arbeitgeber einen Raum, der als dessen Büro zu qualifizieren ist und in dem der Arbeitnehmer seine Arbeitsleistung erbringt, so handelt es sich nicht um ein häusliches Arbeitszimmer i. S. des § 4 Abs. 5 Satz 1 Nr. 6b EStG. Die Abzugsbeschränkung dieser Vorschrift greift deshalb nicht ein.

BFH v. 11. 3. 2003 IX R 55/01 (BStBl. II S. 627): Ein Missbrauch rechtlicher Gestaltungsmöglichkeiten i. S. des § 42 AO 1977 liegt nicht vor, wenn ein Ehegatte dem anderen seine an dessen Beschäftigungsort belegene Wohnung im Rahmen einer doppelten Haushaltsführung zu fremdüblichen Bedingungen vermietet.

BFH v. 19. 10. 2001 VI R 131/00 (BStBl. 2002 II S. 300): Mietet der Arbeitgeber einen Raum als Außendienst-Mitarbeiterbüro von seinem Arbeitnehmer an, sind die Mietzahlungen dann nicht dem Lohnsteuerabzug zu unterwerfen, wenn der Arbeitgeber gleichlautende Mietverträge auch mit fremden Dritten abschließt und die Anmietung des Raums im eigenbetrieblichen Interesse des Arbeitgeber erfolgt. Dieses ist jedenfalls dann anzunehmen, wenn der Arbeitnehmer über keinen weiteren Arbeitsplatz in einer Betriebsstätte des Arbeitgebers verfügt.

§ 22 Arten der sonstigen Einkünfte

g) Sonstige Einkünfte
(§ 2 Absatz 1 Satz 1 Nummer 7)

Sonstige Einkünfte sind

1. Einkünfte aus wiederkehrenden Bezügen, soweit sie nicht zu den in § 2 Absatz 1 Nummer 1 bis 6 bezeichneten Einkunftsarten gehören; § 15b ist sinngemäß anzuwenden.[1] ²Werden die Bezüge freiwillig oder auf Grund einer freiwillig begründeten Rechtspflicht oder einer gesetzlich unterhaltsberechtigten Person gewährt, so sind sie nicht dem Empfänger zuzurechnen; dem Empfänger sind dagegen zuzurechnen

    a) Bezüge, die von einer Körperschaft, Personenvereinigung oder Vermögensmasse außerhalb der Erfüllung steuerbegünstigter Zwecke im Sinne der §§ 52 bis 54 der Abgabenordnung gewährt werden, und

    b) Bezüge im Sinne des § 1 der Verordnung über die Steuerbegünstigung von Stiftungen, die an die Stelle von Familienfideikommissen getreten sind, in der im Bundesgesetzblatt Teil III, Gliederungsnummer 611-4-3, veröffentlichten bereinigten Fassung.[2]

    ³Zu den in Satz 1 bezeichneten Einkünften gehören auch

    a) Leibrenten und andere Leistungen,

        aa) die aus den gesetzlichen Rentenversicherungen, den landwirtschaftlichen Alterskassen, den berufsständischen Versorgungseinrichtungen und aus Rentenversicherungen im Sinne des § 10 Absatz 1 Nummer 2 Buchstabe b erbracht werden, soweit sie jeweils der Besteuerung unterliegen. ²Bemessungsgrundlage für den der Besteuerung unterliegenden Anteil ist der Jahresbetrag der Rente. ³Der der Besteuerung unterliegende Anteil ist nach dem Jahr des Rentenbeginns und dem in diesem Jahr maßgebenden Prozentsatz aus der nachstehenden Tabelle zu entnehmen:

Jahr des Rentenbeginns	Besteuerungsanteil in %
bis 2005	50
ab 2006	52
2007	54
2008	56
2009	58
2010	60
2011	62
2012	64
2013	66
2014	68
2015	70
2016	72
2017	74
2018	76
2019	78
2020	80
2021	81
2022	82
2023	83

---

1) Zur Anwendung von § 22 Nummer 1 Satz 1 zweiter Halbsatz siehe § 52 Absatz 38 Satz 3 EStG.
2) Zur Anwendung von § 22 Nummer 1 Satz 2 EStG siehe § 52 Absatz 38 Satz 1 EStG.

§ 22

Jahr des Rentenbeginns	Besteuerungsanteil in %
2024	84
2025	85
2026	86
2027	87
2028	88
2029	89
2030	90
2031	91
2032	92
2033	93
2034	94
2035	95
2036	96
2037	97
2038	98
2039	99
2040	100

⁴Der Unterschiedsbetrag zwischen dem Jahresbetrag der Rente und dem der Besteuerung unterliegenden Anteil der Rente ist der steuerfreie Teil der Rente. ⁵Dieser gilt ab dem Jahr, das dem Jahr des Rentenbeginns folgt, für die gesamte Laufzeit des Rentenbezugs. ⁶Abweichend hiervon ist der steuerfreie Teil der Rente bei einer Veränderung des Jahresbetrags der Rente in dem Verhältnis anzupassen, in dem der veränderte Jahresbetrag der Rente zum Jahresbetrag steht, der der Ermittlung des steuerfreien Teils der Rente zugrunde liegt. ⁷Regelmäßige Anpassungen des Jahresbetrags der Rente führen nicht zu einer Neuberechnung und bleiben bei einer Neuberechnung außer Betracht. ⁸Folgen nach dem 31. Dezember 2004 Renten aus derselben Versicherung einander nach, gilt für die spätere Rente Satz 3 mit der Maßgabe, dass sich der Vomhundertsatz nach dem Jahr richtet, das sich ergibt, wenn die Laufzeit der vergehenden Renten von dem Jahr des Beginns der späteren Rente abgezogen wird; der Prozentsatz kann jedoch nicht niedriger bemessen werden als der für das Jahr 2005;

bb) die nicht solche im Sinne des Doppelbuchstaben aa sind und bei denen in den einzelnen Bezügen Einkünfte aus Erträgen des Rentenrechts enthalten sind. ²Dies gilt auf Antrag auch für Leibrenten und andere Leistungen, soweit diese auf bis zum 31. Dezember 2004 geleisteten Beiträgen beruhen, welche oberhalb des Betrags des Höchstbetrags zur gesetzlichen Rentenversicherung gezahlt wurden; der Steuerpflichtige muss nachweisen, dass der Betrag des Höchstbetrags mindestens zehn Jahre überschritten wurde; soweit hiervon im Versorgungsausgleich übertragene Rentenanwartschaften betroffen sind, gilt § 4 Absatz 1 des Versorgungsausgleichsgesetzes entsprechend. ³Als Ertrag des Rentenrechts gilt für die gesamte Dauer des Rentenbezugs der Unterschiedsbetrag zwischen dem Jahresbetrag der Rente und dem Betrag, der sich bei gleichmäßiger Verteilung des Kapitalwerts der Rente auf ihre voraussichtliche Laufzeit ergibt; dabei ist der Kapitalwert nach dieser Laufzeit zu berechnen. ⁴Der Ertrag des Rentenrechts (Ertragsanteil) ist aus der nachstehenden Tabelle zu entnehmen:

§ 22

Bei Beginn der Rente vollendetes Lebensjahr des Rentenberechtigten	Ertragsanteil in %
0 bis 1	59
2 bis 3	58
4 bis 5	57
6 bis 8	56
9 bis 10	55
11 bis 12	54
13 bis 14	53
15 bis 16	52
17 bis 18	51
19 bis 20	50
21 bis 22	49
23 bis 24	48
25 bis 26	47
27	46
28 bis 29	45
30 bis 31	44
32	43
33 bis 34	42
35	41
36 bis 37	40
38	39
39 bis 40	38
41	37
42	36
43 bis 44	35
45	34
46 bis 47	33
48	32
49	31
50	30
51 bis 52	29
53	28
54	27
55 bis 56	26
57	25
58	24
59	23
60 bis 61	22
62	21
63	20
64	19
65 bis 66	18
67	17
68	16

§ 22

Bei Beginn der Rente vollendetes Lebensjahr des Rentenberechtigten	Ertragsanteil in %
69 bis 70	15
71	14
72 bis 73	13
74	12
75	11
76 bis 77	10
78 bis 79	9
80	8
81 bis 82	7
83 bis 84	6
85 bis 87	5
88 bis 91	4
92 bis 93	3
94 bis 96	2
ab 97	1

⁵Die Ermittlung des Ertrags aus Leibrenten, die vor dem 1. Januar 1955 zu laufen begonnen haben, und aus Renten, deren Dauer von der Lebenszeit mehrerer Personen oder einer anderen Person als der Rentenberechtigten abhängt, sowie aus Leibrenten, die auf eine bestimmte Zeit beschränkt sind, wird durch eine Rechtsverordnung bestimmt;

b) Einkünfte aus Zuschüssen und sonstigen Vorteilen, die als wiederkehrende Bezüge gewährt werden;

1a. Einkünfte aus Unterhaltsleistungen, soweit sie nach § 10 Absatz 1 Nummer 1 vom Geber abgezogen werden können;

1b. Einkünfte aus Versorgungsleistungen, soweit sie beim Zahlungsverpflichteten nach § 10 Absatz 1 Nummer 1a als Sonderausgaben abgezogen werden können;

1c. Einkünfte aus Leistungen auf Grund eines schuldrechtlichen Versorgungsausgleichs, soweit sie beim Ausgleichsverpflichteten nach § 10 Absatz 1 Nummer 1b als Sonderausgaben abgezogen werden können;

2. Einkünfte aus privaten Veräußerungsgeschäften im Sinne des § 23;

3. Einkünfte aus Leistungen, soweit sie weder zu anderen Einkunftsarten (§ 2 Absatz 1 Satz 1 Nummer 1 bis 6) noch zu den Einkünften im Sinne der Nummern 1, 1a, 2 oder 4 gehören, z.B. Einkünfte aus gelegentlichen Vermittlungen und aus der Vermietung beweglicher Gegenstände. ²Solche Einkünfte sind nicht einkommensteuerpflichtig, wenn sie weniger als 256 Euro im Kalenderjahr betragen haben. ³Übersteigen die Werbungskosten die Einnahmen, so darf der übersteigende Betrag bei Ermittlung des Einkommens nicht ausgeglichen werden; er darf auch nicht nach § 10d abgezogen werden. ⁴Die Verluste mindern jedoch nach Maßgabe des § 10d die Einkünfte, die der Steuerpflichtige in dem unmittelbar vorangegangenen Veranlagungszeitraum oder in den folgenden Veranlagungszeiträumen aus Leistungen im Sinne des Satzes 1 erzielt hat oder erzielt; § 10d Absatz 4 gilt entsprechend. ⁵Verluste aus Leistungen im Sinne des § 22 Nummer 3 in der bis zum 31. Dezember 2008 anzuwendenden Fassung können abweichend von Satz 3 auch mit Einkünften aus Kapitalvermögen im Sinne des § 20 Absatz 1 Nummer 11 ausgeglichen werden. ⁶Sie mindern abweichend von Satz 4 nach Maßgabe des § 10d auch die Einkünfte, die der Steuerpflichtige in den folgenden Veranlagungszeiträumen aus § 20 Absatz 1 Nummer 11 erzielt;[1)]

---

1) § 22 Nummer 3 Satz 5 und 6 sind letztmals für VZ 2013 anzuwenden (§ 52a Absatz 10a EStG).

§ 22

4. Entschädigungen, Amtszulagen, Zuschüsse zu Kranken- und Pflegeversicherungsbeiträgen, Übergangsgelder, Überbrückungsgelder, Sterbegelder, Versorgungsabfindungen, Versorgungsbezüge, die auf Grund des Abgeordnetengesetzes oder des Europaabgeordnetengesetzes sowie vergleichbare Bezüge, die auf Grund der entsprechenden Gesetze der Länder gezahlt werden, und die Entschädigungen, das Übergangsgeld, das Ruhegehalt und die Hinterbliebenenversorgung, die auf Grund des Abgeordnetenstatuts des Europäischen Parlaments von der Europäischen Union gezahlt werden. ²Werden zur Abgeltung des durch das Mandat veranlassten Aufwandes Aufwandsentschädigungen gezahlt, so dürfen die durch das Mandat veranlassten Aufwendungen nicht als Werbungskosten abgezogen werden. ³Wahlkampfkosten zur Erlangung eines Mandats im Bundestag, im Europäischen Parlament oder im Parlament eines Landes dürfen nicht als Werbungskosten abgezogen werden. ⁴Es gelten entsprechend

   a) für Nachversicherungsbeiträge auf Grund gesetzlicher Verpflichtung nach den Abgeordnetengesetzen im Sinne des Satzes 1 und für Zuschüsse zu Kranken- und Pflegeversicherungsbeiträgen § 3 Nummer 62,

   b) für Versorgungsbezüge § 19 Absatz 2 nur bezüglich des Versorgungsfreibetrags; beim Zusammentreffen mit Versorgungsbezügen im Sinne des § 19 Absatz 2 Satz 2 bleibt jedoch insgesamt höchstens ein Betrag in Höhe des Versorgungsfreibetrags nach § 19 Absatz 2 Satz 3 im Veranlagungszeitraum steuerfrei,

   c) für das Übergangsgeld, das in einer Summe gezahlt wird, und für die Versorgungsabfindung § 34 Absatz 1,

   d) für die Gemeinschaftssteuer, die auf die Entschädigungen, das Übergangsgeld, das Ruhegehalt und die Hinterbliebenenversorgung auf Grund des Abgeordnetenstatuts des Europäischen Parlaments von der Europäischen Union erhoben wird, § 34c Absatz 1; dabei sind die im ersten Halbsatz genannten Einkünfte für die entsprechende Anwendung des § 34c Absatz 1 wie ausländische Einkünfte und die Gemeinschaftssteuer wie eine der deutschen Einkommensteuer entsprechende ausländische Steuer zu behandeln;

5. ¹⁾ Leistungen aus Altersvorsorgeverträgen, Pensionsfonds, Pensionskassen und Direktversicherungen. ²Soweit die Leistungen nicht auf Beiträgen, auf die § 3 Nummer 63, § 10a oder Abschnitt XI angewendet wurde, nicht auf Zulagen im Sinne des Abschnitts XI, nicht auf Zahlungen im Sinne des § 92a Absatz 2 Satz 4 Nummer 1 und des § 92a Absatz 3 Satz 9 Nummer 2, nicht auf steuerfreien Leistungen nach § 3 Nummer 66 und nicht auf Ansprüchen beruhen, die durch steuerfreie Zuwendungen nach § 3 Nummer 56 oder die durch die nach § 3 Nummer 55b Satz 1 steuerfreie Leistung aus einem im Versorgungsausgleich begründeten Anrecht erworben wurden,

   a) ist bei lebenslangen Renten sowie bei Berufsunfähigkeits-, Erwerbsminderungs- und Hinterbliebenenrenten Nummer 1 Satz 3 Buchstabe a entsprechend anzuwenden,

   b) ist bei Leistungen aus Versicherungsverträgen, Pensionsfonds, Pensionskassen und Direktversicherungen, die nicht solche nach Buchstabe a sind, § 20 Absatz 1 Nummer 6 in der jeweils für den Vertrag geltenden Fassung entsprechend anzuwenden,

   c) unterliegt bei anderen Leistungen der Unterschiedsbetrag zwischen der Leistung und der Summe der auf sie entrichteten Beiträge der Besteuerung; § 20 Absatz 1 Nummer 6 Satz 2 gilt entsprechend.

   ³In den Fällen des § 93 Absatz 1 Satz 1 und 2 gilt das ausgezahlte geförderte Altersvorsorgevermögen nach Abzug der Zulagen im Sinne des Abschnitts XI als Leistung im Sinne des Satzes 2. ⁴Als Leistung im Sinne des Satzes 1 gilt auch der Verminderungsbetrag nach § 92a Absatz 2 Satz 5 und der Auflösungsbetrag nach § 92a Absatz 3 Satz 5. ⁵Der Auflösungsbetrag nach § 92a Absatz 2 Satz 6 wird zu 70 Prozent als Leistung nach

---

1) Zur Anwendung von § 22 Nummer 5 (auf „Altfälle") siehe § 52 Absatz 34c EStG.

Satz 1 erfasst. ⁶Tritt nach dem Beginn der Auszahlungsphase der Fall des § 92a Absatz 3 Satz 1 ein, dann ist

a) innerhalb eines Zeitraums bis zum zehnten Jahr nach dem Beginn der Auszahlungsphase das Eineinhalbfache,

b) innerhalb eines Zeitraums zwischen dem zehnten und 20. Jahr nach dem Beginn der Auszahlungsphase das Einfache

des nach Satz 5 noch nicht erfassten Auflösungsbetrags als Leistung nach Satz 1 zu erfassen; § 92a Absatz 3 Satz 9 gilt entsprechend mit der Maßgabe, dass als noch nicht zurückgeführter Betrag im Wohnförderkonto der noch nicht erfasste Auflösungsbetrag gilt. ⁷Bei erstmaligem Bezug von Leistungen, in den Fällen des § 93 Absatz 1 sowie bei Änderung der im Kalenderjahr auszuzahlenden Leistung hat der Anbieter (§ 80) nach Ablauf des Kalenderjahres dem Steuerpflichtigen nach amtlich vorgeschriebenem Vordruck den Betrag der im abgelaufenen Kalenderjahr zugeflossenen Leistungen im Sinne der Sätze 1 bis 6 je gesondert mitzuteilen. ⁸In den Fällen des § 92a Absatz 2 Satz 10 erster Halbsatz erhält der Steuerpflichtige die Angaben nach Satz 7 von der zentralen Stelle (§ 81). ⁹Werden dem Steuerpflichtigen Abschluss- und Vertriebskosten eines Altersvorsorgevertrages erstattet, gilt der Erstattungsbetrag als Leistung im Sinne des Satzes 1.[1)]

Rechtsprechungsauswahl

BFH v. 19. 1. 2010 X R 53/08 (BFH-Webseite): Verfassungsmäßigkeit der ab 2005 geltenden Altersrentenbesteuerung; Anwendung der Öffnungsklausel

1. Die gesetzliche Neuregelung der Besteuerung der Altersrenten durch das Alterseinkünftegesetz ist verfassungsmäßig, sofern das Verbot der Doppelbesteuerung eingehalten wird. § 22 Nr. 1 Satz 3 Buchst. a Doppelbuchst. aa EStG verletzt weder das Recht des Steuerpflichtigen auf Gleichbehandlung noch sein Vertrauen auf Beibehaltung der Ertragsanteilsbesteuerung seiner Renteneinkünfte (Bestätigung des Senatsurteils vom 26. November 2008 X R 15/07, BFHE 223, 445, BStBl. II 2009, 710).

2. Bei der Anwendung der Öffnungsklausel des § 22 Nr. 1 Satz 3 Buchst. a Doppelbuchst. bb Satz 2 EStG kommt es darauf an, für welche Jahre der Steuerpflichtige die Beiträge geleistet hat (gegen BMF-Schreiben vom 30. Januar 2008, BStBl. I 2008, 390, Rz 137).

BFH v. 23. 4. 2009 VI R 39/08 (BStBl. II S. 668): Der einem Arbeitnehmer von einem Dritten verliehene Nachwuchsförderpreis führt zu Arbeitslohn, wenn die Preisverleihung nicht vor allem eine Ehrung der Persönlichkeit des Preisträgers darstellt, sondern wirtschaftlich den Charakter eines leistungsbezogenen Entgelts hat (Anschluss an BFH-Urteil vom 9. Mai 1985 IV R 184/82, BFHE 143, 466, BStBl. II 1985, 427).

BFH v. 20. 1. 2009 IX R 34/07 (BStBl. II S. 532):

1. Auch bei ringweiser Vermittlung von Lebensversicherungen unter nahen Angehörigen und wechselseitiger Weitergabe der dafür erhaltenen Provisionen wird eine nach §22 Nr. 3 EStG steuerbare sonstige Leistung erbracht (Anschluss an das BFH-Urteil vom 27. Juni 2006 IX R 25/05, BFH/NV 2007, 657).

2. Die bei ringweiser Vermittlung als Gegenleistung von der Versicherungsgesellschaft vereinnahmte Provision kann nicht um eben den Betrag der Provision als Werbungskosten gemindert werden, wenn der Vermittler diesen Betrag aufgrund einer Vereinbarung der an der ringweisen Vermittlung beteiligten Personen untereinander zwar an den Versicherungsnehmer weiterleiten muss, er umgekehrt aber einen Auskehrungsanspruch gegenüber demjenigen hat, der den Abschluss seiner Versicherung vermittelt (Weiterentwicklung des BFH-Urteils vom 27. Juni 2006 IX R 25/05, BFH/NV 2007, 657).

---

1) Hinweis auf BMF-Schreiben vom 11.11.2004 (BStBl. I S. 1061) betr. Steuerliche Förderung der privaten Altersvorsorge und berieblichen Altersversorgung; Aufteilung von Leistungen bei der nachgelagerten Besteuerung nach § 22 Nummer 5 EStG; BMF-Schreiben vom 23.3.2009 (BStBl. I S. 489) betr. Amtlicher Vordruck nach § 22 Nummer 5 Satz 7 EStG ab dem Kalenderjahr 2009.

§ 22 Rechtsprechung

BFH v. 26. 11. 2008 X R 31/07 (BStBl. 2009 II S. 651): Eine Schadensersatzrente nach § 844 Abs. 2 BGB, die den durch den Tod des Ehegatten eingetretenen materiellen Unterhaltsschaden ausgleicht, unterliegt nicht der Einkommensteuerpflicht nach § 22 Nr. 1 EStG.

BFH v. 26. 11. 2008 X R 15/07 (BStBl. 2009 II S. 710):
1. Mit der Umstellung der Besteuerung der Alterseinkünfte auf die sog. nachgelagerte Besteuerung hat der Gesetzgeber die Grenzen seines weiten Gestaltungsspielraums nicht überschritten.
2. Die Besteuerung der Renteneinkünfte eines vormals Selbständigen im Rahmen der Übergangsregelung des AltEinkG begegnet keinen verfassungsrechtlichen Bedenken, sofern nicht gegen das Verbot der Doppelbesteuerung verstoßen wird.

BFH v. 11. 9. 2008 VI R 13/06 (BStBl. II S. 928): Rügt ein Steuerpflichtiger, der nicht zu den Abgeordneten des Deutschen Bundestages gehört, im finanzgerichtlichen Verfahren eine gleichheitswidrige Begünstigung der Abgeordneten aufgrund der diesen gewährten steuerfreien Kostenpauschale, so kommt eine Vorlage an das Bundesverfassungsgericht zur Überprüfung ihrer Verfassungsmäßigkeit mangels Entscheidungserheblichkeit nicht in Betracht.

BFH v. 19. 6. 2008 VI R 4/05 (BStBl. II S. 826):
1. Ob eine Zuwendung des Arbeitgebers an den Arbeitnehmer durch das Dienstverhältnis veranlasst ist und zu Einkünften aus nichtselbständiger Arbeit führt oder ob sie aufgrund einer Sonderrechtsbeziehung zwischen Arbeitgeber und Arbeitnehmer einer anderen Einkunftsart oder dem nicht einkommensteuerbaren Bereich zuzurechnen ist, obliegt in erster Linie der tatrichterlichen Würdigung durch das Finanzgericht.
2. Werden einem Arbeitnehmer vom Arbeitgeber oder einem Dritten im Hinblick auf das Dienstverhältnis Aktienankaufs- oder Vorkaufsrechte eingeräumt, fließt dem Arbeitnehmer nicht zum Zeitpunkt der Rechtseinräumung, sondern erst zum Zeitpunkt des entgeltlichen Verzichts hierauf ein geldwerter Vorteil zu (Fortführung der Senatsrechtsprechung in den Senatsurteilen vom 3. Mai 2007 VI R 36/05, BFHE 218, 118, BStBl. II 2007, 647; vom 23. Juni 2005 VI R 124/99, BFHE 209, 549, BStBl. II 2005, 766; vom 23. Juni 2005 VI R 10/03, BFHE 209, 559, BStBl. II 2005, 770).

BFH v. 8. 5. 2008 VI R 50/05 (BStBl. II S. 868):
1. Macht ein Steuerpflichtiger nachträglich für geleistete Dienste wegen fehlgeschlagener Vergütungserwartung (Hofübergabe) vor dem Arbeitsgericht mit Erfolg eine Vergütung geltend, begründet dies noch nicht die Feststellung, er sei auch im steuerlichen Sinne von Anfang an als Arbeitnehmer anzusehen.
2. Eine sonstige Leistung i. S. des § 22 Nr. 3 EStG ist jedes Tun, Dulden oder Unterlassen, das Gegenstand eines entgeltlichen Vertrags sein kann und das eine Gegenleistung auslöst (Anschluss an BFH-Urteile vom 21. September 1982 VIII R 73/79, BFHE 137, 251, BStBl. II 1983, 201, und vom 21. September 2004 IX R 13/02, BFHE 207, 284, BStBl. II 2005, 44).

BFH v. 28. 11. 2007 IX R 39/06 (BStBl. 2008 II S. 469): Preisgelder für die Teilnahme als Kandidat an einer Fernsehshow sind als sonstige Einkünfte nach § 22 Nr. 3 EStG steuerbar.*)

*) Hinweis auf BMF-Schreiben vom 30. Mai 2008 IV C 3 - S 2257/08/ 10001, 2008/0217070 (BStBl. 2008 I S. 645).

BFH v. 13. 11. 2007 VIII R 36/05 (BStBl. 2008 II S. 292):
1. Von der Bundesversicherungsanstalt für Angestellte im Zusammenhang mit Rentennachzahlungen gezahlte Zinsen gemäß § 44 Abs. 1 SGB l unterliegen der Steuerpflicht nach § 20 Abs. 1 Nr. 7 EStG.
2. Dass mit der Zinszahlung Nachteile ausgeglichen werden sollen, die der Berechtigte durch die verspätete Zahlung der Sozialleistungen erleidet, steht dem nicht entgegen.*)

*) Fußnote BStBl. II: „Gilt für VZ vor 2005, ab VZ 2005 ist der Vorrang des § 22 Nr. 1 Satz 3 Buchst. a EStG zu beachten."

BFH v. 22. 11. 2006 X R 15/05 (BStBl. 2007 II S. 390): Erwirbt der Steuerpflichtige durch (fremdfinanzierten) Einmalbeitrag eine Leibrente unter Einschluss einer lebenslänglichen Hinterbliebenenrente zugunsten seines Sohnes, so sind die ihm erwachsenen Erwerbsaufwendungen (Werbungskosten) nicht nach den Grundsätzen über die Nichtabziehbarkeit von Drittaufwand zu kürzen (Fortentwicklung der Rechtsprechung im Senatsurteil vom 16. September 2004 X R 29/02, BFHE 208, 129, BStBl. II 2006, 234, betreffend Überschusserzielungsabsicht).

Rechtsprechung § 22

BFH v. 22. 11. 2006 X R 29/05 (BStBl. 2007 II S. 402):

1. Ob die von einer Koordinierten Organisation –hier: der NATO – bezogenen Ruhegehaltszahlungen auf früheren Beitragsleistungen des Steuerpflichtigen beruhen und damit als Leibrente und nicht als Einkünfte aus nichtselbständiger Arbeit zu versteuern sind, bestimmt sich danach, ob der Steuerpflichtige zu ihrer Erlangung eigenes Vermögen einschließlich zugeflossenen Arbeitslohns eingesetzt hat.

2. Behält die Koordinierte Organisation einen Teil vom Arbeitslohn des Steuerpflichtigen ein, um ihn als Arbeitnehmerbeitrag einer Versorgungsrückstellung in ihrem Haushaltsplan zuzuführen, so fließt dem Steuerpflichtigen dadurch kein Arbeitslohn zu.

3. Die Steuerbefreiung für Bezüge und Einkünfte, die den Bediensteten eines NATO-Hauptquartiers in ihrer Eigenschaft als derartige Bedienstete gezahlt werden, findet auf laufende Ruhegehaltszahlungen keine Anwendung.

(Hinweis auf Verfassungsbeschwerde BVerfG 2 BvR 367/07.)

BFH v. 21. 9. 2006 VI R 81/04 (BStBl. 2007 II S. 114): Das BMF wird gemäß § 122 Abs. 2 Satz 3 FGO zum Beitritt aufgefordert, um zur Frage der Verfassungsmäßigkeit des § 3 Nr. 12 EStG im Hinblick auf die Steuerfreiheit der Amtsausstattung und der Kostenpauschale für Abgeordnete (§ 12 AbgG) Stellung zu nehmen.

BFH v. 24. 8. 2006 IX R 32/04 (BStBl. 2007 II S. 44): Die Vereinnahmung eines Reugeldes für den Rücktritt vom Kaufvertrag über ein Grundstück des Privatvermögens ist nicht steuerbar.

BFH v. 20. 6. 2006 X R 3/06 (BStBl. II S. 870): Bezieht der Steuerpflichtige aufgrund eines Rentenversicherungsvertrages gegen Einmalbeitrag auf Lebenszeit sowohl eine garantierte „Grundrente" als auch eine nicht garantierte „Bonusrente aus der Überschussbeteiligung", so sind beide Bestandteile der wiederkehrenden Bezüge einheitlich zu beurteilen und trotz der durch die fehlende Gleichmäßigkeit der Leistungen bedingten Nichterfüllung des Leibrentenbegriffs lediglich mit ihrem Ertrags- bzw. Zinsanteil der Einkommensbesteuerung zu unterwerfen.

Schwebende Verfahren

BFH X R 1/10 (BFH-Webseite): Sind im Jahr 2005 (Streitjahr) erhaltene Nachzahlungen einer Erwerbsunfähigkeitsrente für Zeiträume bis zum 31.12.2004 nach den Regelungen des Alterseinkünftegesetzes mit dem Besteuerungsanteil von 50 % oder nach der bis zum 31.12.2004 geltenden Rechtslage nur mit einem Ertragsanteil von 4 % zu erfassen, wenn der Steuerpflichtige die Zahlung der Rente so rechtzeitig beantragt hat, dass sie bis Ende 2004 hätte erfolgen müssen?

BFH X R 54/09 (BFH-Webseite): Besteuerung einer Erwerbsunfähigkeitsrente aus der gesetzlichen Rentenversicherung ab 2005: Ist die abgekürzte Leibrente weiterhin gem. § 55 Abs. 2 EStDV nur mit dem Ertragsanteil von 4 % oder mit dem Besteuerungsanteil des § 22 Nr. 1 Satz 3 Buchst. a Doppelbuchst. aa EStG von 50 % zu versteuern? Verfassungswidrigkeit der Neuregelung?

BFH X R 29/09 (BFH-Webseite): Anwendungsbereich der Öffnungsklausel des § 22 EStG i.d.F. des Alterseinkünftegesetzes: Unterliegt die von einem verbeamteten Arzt neben seinen Versorgungsbezügen von der Nordrheinischen Ärzteversorgung bezogene Altersrente nur mit einem Ertragsanteil von 18% oder mit einem Anteil von 50% der Besteuerung? Verfassungskonforme erweiterte Anwendung der Öffnungsklausel des § 22 Nr. 1 Satz 3 Buchst. a Doppelbuchst. bb Satz 2 EStG auf diese Renteneinkünfte? Verstößt die Regelung gegen das Gebot der Besteuerung nach der finanziellen Leistungsfähigkeit und der Folgerichtigkeit sowie das Verbot der Doppelbesteuerung; verfassungswidrige Begünstigung von rentenversicherungspflichtigen Arbeitnehmern gegenüber Beamten?

BFH X R 19/09 (BFH-Webseite): Besteuerung einer Erwerbsminderungsrente nach dem Alterseinkünftegesetz: Unterliegt eine von der gesetzlichen Rentenversicherung seit dem 1. Juni 2004 bezogene und erst im Jahr 2006 ausgezahlte Rente wegen Erwerbsminderung – auch soweit sie auf das Jahr 2004 entfällt – einem Besteuerungsanteil von 50 % oder ist diese abgekürzte Leibrente weiterhin nur mit dem Ertragsanteil nach § 55 Abs. 2 EStDV zu versteuern?

BFH X R 7/09 (BFH-Webseite): Sind erhaltene Rentenzahlungen beim Empfänger auch dann mit dem Ertragsanteil als sonstige Einkünfte zu versteuern, wenn ihm der für das Zustandekommen des Versicherungsverhältnisses aufzubringende Einmalbeitrag von dritter Seite unentgeltlich zur Verfügung gestellt wurde und er als Bezugsperson eingesetzt worden ist?

493

§ 22 Rechtsprechung

BFH X R 6/09 (BFH-Webseite):
1. Sind erhaltene Rentenzahlungen beim Empfänger auch dann mit dem Ertragsanteil als sonstige Einkünfte zu versteuern, wenn ihm der für das Zustandekommen des Versicherungsverhältnisses aufzubringende Einmalbeitrag von dritter Seite unentgeltlich zur Verfügung gestellt und er als Bezugsperson eingesetzt worden ist?
2. Können ggf. die sonstigen Einkünfte i.S. des § 22 EStG durch einen nicht vollständig ausgeschöpften Sparerfreibetrag gemindert werden (vgl. Vorlagebeschluss v. 14.11.2001 X R 32-33/01, BStBl. II 2002, 183 – Az. des BVerfG: 2 BvL 3/02)?

BVerfG 2 BvR 2244/08 (BFH-Webseite): Keine Vorlage an das BVerfG wegen angeblich gleichheitswidriger Begünstigung durch steuerfreie Kostenpauschale der Bundestagsabgeordneten – Entscheidungserheblichkeit i.S. des Art. 100 Abs. 1 Satz 1 GG – Keine generelle Zulässigkeit von Richtervorlagen in Verfahren Nichtbegünstigter
Vorgehend: BFH, Urteil vom 11.9.2008 (VI R 81/04)

BVerfG 2 BvR 2228/08 (BFH-Webseite): (Verfassungsbeschwerde zu BFH v. 11. 9. 2008 VI R 13/06, BStBl. 2008 II S. 928) Keine Vorlage an das BVerfG wegen angeblich gleichheitswidriger Begünstigung durch steuerfreie Kostenpauschale der Bundestagsabgeordneten – Entscheidungserheblichkeit i. S. des Art. 100 GG – Gestaltungsspielraum des Gesetzgebers – Beitritt des BMF zum Revisionsverfahren - Keine generelle Zulässigkeit von Richtervorlagen in Verfahren Nichtbegünstigter.

BVerfG 2 BvR 2227/08 (BFH-Webseite): (Verfassungsbeschwerde zu BFH v. 11. 9. 2008 VI R 63/04) Wie BVerfG 2 BvR 2228/08.

BFH X R 37/08 (EFG 2008 S. 685; Beilage 3/2008 BStBl. II S. 88): Sind im Streitjahr 2005 bezogene dänische Renteneinkünfte im Rahmen des Progressionsvorbehalts mit dem Besteuerungsanteil gemäß § 22 Nr. 1 Satz 3 a/aa oder nur mit dem Ertragsanteil nach § 22 Nr. 1 Satz 3 a/bb zu berücksichtigen? Fallen auch ausländische Rentenversicherungssysteme unter die Regelung des § 22 Nr. 1 Satz 3 a/aa und handelt es sich um Leistungen aus der gesetzlichen Rentenversicherung?

BFH VIII R 23/08 (Beilage 3/2008 BStBl. II S. 89):
1. Besteuerung einer durch freiwillige Versicherungspflicht und Nachentrichtung von Beiträgen begründeten Altersrente nach Neuregelung durch das Alterseinkünftegesetz: Liegt eine verfassungswidrige Mehrfachbesteuerung mit einem Besteuerungsanteil von 50 % vor, weil die Rentenbeiträge ausschließlich aus versteuertem Einkommen entrichtet wurden; ist diese Leibrente daher nur mit einem Ertragsanteil von 20 % zu versteuern?
2. Nichtanerkennung von Verlusten aus selbständiger Tätigkeit wegen fehlender Gewinnerzielungsabsicht: Ist die Gestellung eines Pkw durch den ehemaligen Arbeitgeber als Honorar für eine Beratertätigkeit des Revisionsklägers für seinen ehemaligen Arbeitgeber anzusehen?

BFH VI R 15/08 (BFH-Webseite): Unterliegen Tagegelder, die einem in Deutschland wohnenden Grenzgänger im Zusammenhang mit einer Umschulungsmaßnahme von der Schweizer Invalidenversicherung gezahlt wurden, als Arbeitslohn oder als sonstige Einkünfte der Einkommensteuer? Wenn ja, sind diese gemäß § 3 Nr. 1 Buchst. a oder c EStG steuerfrei?

BVerfG 2 BvR 367/07 (Beilage 3/2008 BStBl. II S. 180): (Verfassungsbeschwerde zu BFH v. 22.11.2006 X R 29/05 BStBl. 2007 II S. 402) Einkommensteuerliche Zuordnung und Steuerpflicht der Ruhegehaltszahlungen an ehemaligen NATO-Bediensteten (Leibrente/Einkünfte aus nichtselbständiger Arbeit)/Einkünfte aus nichtselbständiger Arbeit (Art. 2 Abs. 1 i.V.m. Art. 20 Abs. 3, Art 14 GG)

BFH X R 49/07 (EFG 2008 S. 444; Beilage 3/2008 BStBl. II S. 89): Sind Unterhaltszahlungen des dauernd getrennt lebenden Ehegatten der Klägerin bei dieser als sonstige Einkünfte anzusetzen, obgleich die Zahlungen sich beim Ehemann nicht steuermindernd ausgewirkt haben. Auslegung der korrespondierenden Wirkung zwischen § 22 Nr. 1a EStG und § 10 Abs. 1 Nr. 1 EStG?

§ 22a

§ 22a Rentenbezugsmitteilungen an die zentrale Stelle

(1) ¹Die Träger der gesetzlichen Rentenversicherung, der Spitzenverband der landwirtschaftlichen Sozialversicherung für die Träger der Alterssicherung der Landwirte, die berufsständischen Versorgungseinrichtungen, die Pensionskassen, die Pensionsfonds, die Versicherungsunternehmen, die Unternehmen, die Verträge im Sinne des § 10 Absatz 1 Nummer 2 Buchstabe b anbieten, und die Anbieter im Sinne des § 80 (Mitteilungspflichtige) haben der zentralen Stelle (§ 81) bis zum 31. März des Jahres, das auf das Jahr folgt, in dem eine Leibrente oder andere Leistung nach § 22 Nummer 1 Satz 3 Buchstabe a und § 22 Nummer 5 einem Leistungsempfänger zugeflossen ist, folgende Daten zu übermitteln (Rentenbezugsmitteilung):[1)]

1. Identifikationsnummer (§ 139b der Abgabenordnung), Familienname, Vorname und Geburtsdatum des Leistungsempfängers;

2. je gesondert den Betrag der Leibrenten und anderen Leistungen im Sinne des § 22 Nummer 1 Satz 3 Buchstabe a Doppelbuchstabe aa, bb Satz 4 und Doppelbuchstabe bb Satz 5 in Verbindung mit § 55 Absatz 2 der Einkommensteuer-Durchführungsverordnung sowie im Sinne des § 22 Nummer 5. ²Der im Betrag der Rente enthaltene Teil, der ausschließlich auf einer Anpassung der Rente beruht, ist gesondert mitzuteilen;

3. Zeitpunkt des Beginns und des Endes des jeweiligen Leistungsbezugs; folgen nach dem 31. Dezember 2004 Renten aus derselben Versicherung einander nach, ist auch die Laufzeit der vorhergehenden Renten mitzuteilen;

4. Bezeichnung und Anschrift des Mitteilungspflichtigen;

5. die Beiträge im Sinne des § 10 Absatz 1 Nummer 3 Buchstabe a Satz 1 und 2 und Buchstabe b, soweit diese vom Mitteilungspflichtigen an die Träger der gesetzlichen Kranken- und Pflegeversicherung abgeführt werden;

6. die dem Leistungsempfänger zustehenden Beitragszuschüsse nach § 106 des Sechsten Buches Sozialgesetzbuch.

²Die Datenübermittlung hat nach amtlich vorgeschriebenem Datensatz durch Datenfernübertragung zu erfolgen. ³Im Übrigen ist § 150 Absatz 6 der Abgabenordnung entsprechend anzuwenden.

(2) ¹Der Leistungsempfänger hat dem Mitteilungspflichtigen seine Identifikationsnummer mitzuteilen. ²Teilt der Leistungsempfänger die Identifikationsnummer dem Mitteilungspflichtigen trotz Aufforderung nicht mit, übermittelt das Bundeszentralamt für Steuern dem Mitteilungspflichtigen auf dessen Anfrage die Identifikationsnummer des Leistungsempfängers; weitere Daten dürfen nicht übermittelt werden. ³In der Anfrage dürfen nur die in § 139b Absatz 3 der Abgabenordnung genannten Daten des Leistungsempfängers angegeben werden, soweit sie dem Mitteilungspflichtigen bekannt sind. ⁴Die Anfrage des Mitteilungspflichtigen und die Antwort des Bundeszentralamtes für Steuern sind über die zentrale Stelle zu übermitteln. ⁵Die zentrale Stelle führt eine ausschließlich automatisierte Prüfung der ihr übermittelten Daten daraufhin durch, ob sie vollständig und schlüssig sind und ob das vorgeschriebene Datenformat verwendet worden ist. ⁶Sie speichert die Daten des Leistungsempfängers nur für Zwecke dieser Prüfung bis zur Übermittlung an das Bundeszentralamt für Steuern oder an den Mitteilungspflichtigen. ⁷Die Daten sind für die Übermittlung zwischen der zentralen Stelle und dem Bundeszentralamt für Steuern zu verschlüsseln. ⁸Für die Anfrage gilt Absatz 1 Satz 2 und 3 entsprechend. ⁹Der Mitteilungs-

---

1) Zur Anwendung von § 22a Absatz 1 siehe § 52 Absatz 38a EStG. Gemäß Schreiben Bundeszentralamt für Steuern v. 28.10.2008 (BStBl. I S. 955) sind die Rentenbezugsmitteilungen für die VZ 2005 bis 2008 im Zeitraum vom 1.10.2009 bis 31.12.2009 zu übermitteln, ab VZ 2009 gilt die in § 22a Absatz 1 Satz 1 EStG genannte Frist. Der amtliche Datensatz für die Übermittlung ist auf der Internetseite www.bzst.bund.de veröffentlicht. Gemäß BMF-Schreiben v. 13.8.2008 (BStBl. I S. 846) wird die Schnittstelle und Dokumentation im geschützten Bereich der zentralen Stelle unter www.zfa.deutsche-rentenversicherung-bund.de zur Verfügung gestellt.

§§ 22a, 23

pflichtige darf die Identifikationsnummer nur verwenden, soweit dies für die Erfüllung der Mitteilungspflicht nach Absatz 1 Satz 1 erforderlich ist. [1]

(3) Der Mitteilungspflichtige hat den Leistungsempfänger jeweils darüber zu unterrichten, dass die Leistung der zentralen Stelle mitgeteilt wird.

(4) ¹Die zentrale Stelle (§ 81) kann bei den Mitteilungspflichtigen ermitteln, ob sie ihre Pflichten nach Absatz 1 Satz 1 erfüllt haben. ²Die §§ 193 bis 203 der Abgabenordnung gelten sinngemäß. ³Auf Verlangen der zentralen Stelle haben die Mitteilungspflichtigen ihre Unterlagen, soweit sie im Ausland geführt und aufbewahrt werden, verfügbar zu machen.

§ 23 Private Veräußerungsgeschäfte [2]

(1) ¹Private Veräußerungsgeschäfte (§ 22 Nummer 2) sind

1. Veräußerungsgeschäfte bei Grundstücken und Rechten, die den Vorschriften des bürgerlichen Rechts über Grundstücke unterliegen (z.B. Erbbaurecht, Mineralgewinnungsrecht), bei denen der Zeitraum zwischen Anschaffung und Veräußerung nicht mehr als zehn Jahre beträgt. ²Gebäude und Außenanlagen sind einzubeziehen, soweit sie innerhalb dieses Zeitraums errichtet, ausgebaut oder erweitert werden; dies gilt entsprechend für Gebäudeteile, die selbständige unbewegliche Wirtschaftsgüter sind, sowie für Eigentumswohnungen und im Teileigentum stehende Räume. ³Ausgenommen sind Wirtschaftsgüter, die im Zeitraum zwischen Anschaffung oder Fertigstellung und Veräußerung ausschließlich zu eigenen Wohnzwecken oder im Jahr der Veräußerung und in den beiden vorangegangenen Jahren zu eigenen Wohnzwecken genutzt wurden;
2. Veräußerungsgeschäfte bei anderen Wirtschaftsgütern, bei denen der Zeitraum zwischen Anschaffung und Veräußerung nicht mehr als ein Jahr beträgt. ²Bei Wirtschaftsgütern im Sinne von Nummer 2 Satz 1, aus deren Nutzung als Einkunftsquelle zumindest in einem Kalenderjahr Einkünfte erzielt werden, erhöht sich der Zeitraum auf zehn Jahre.

²Als Anschaffung gilt auch die Überführung eines Wirtschaftsguts in das Privatvermögen des Steuerpflichtigen durch Entnahme oder Betriebsaufgabe. ³Bei unentgeltlichem Erwerb ist dem Einzelrechtsnachfolger für Zwecke dieser Vorschrift die Anschaffung oder die Überführung des Wirtschaftsguts in das Privatvermögen durch den Rechtsvorgänger zuzurechnen. ⁴Die Anschaffung oder Veräußerung einer unmittelbaren oder mittelbaren Beteiligung an einer Personengesellschaft gilt als Anschaffung oder Veräußerung der anteiligen Wirtschaftsgüter. ⁵Als Veräußerung im Sinne des Satzes 1 Nummer 1 gilt auch

1. die Einlage eines Wirtschaftsguts in das Betriebsvermögen, wenn die Veräußerung aus dem Betriebsvermögen innerhalb eines Zeitraums von zehn Jahren seit Anschaffung des Wirtschaftsguts erfolgt, und
2. die verdeckte Einlage in eine Kapitalgesellschaft.

(2) Einkünfte aus privaten Veräußerungsgeschäften der in Absatz 1 bezeichneten Art sind den Einkünften aus anderen Einkunftsarten zuzurechnen, soweit sie zu diesen gehören.

(3) ¹Gewinn oder Verlust aus Veräußerungsgeschäften nach Absatz 1 ist der Unterschied zwischen Veräußerungspreis einerseits und den Anschaffungs- oder Herstellungskosten und den Werbungskosten andererseits. ²In den Fällen des Absatzes 1 Satz 5 Nummer 1 tritt an die Stelle des Veräußerungspreises der für den Zeitpunkt der Einlage nach § 6 Absatz 1 Nummer 5 angesetzte Wert, in den Fällen des Absatzes 1 Satz 5 Nummer 2 der gemeine

---

1) Gemäß BMF-Schreiben v. 13.8.2008 (BStBl. I S. 847) betr. Maschinelles Anfrageverfahren zur Identifikationsnummer (§ 22a Absatz 2, § 52a Absatz 38a Satz 2 bis 4 EStG) wird der amtliche Datensatz und die Datensatzbeschreibung unter www.bzst.de (Rentenbezugsmitteilungsverfahren) veröffentlicht. Die Schnittstelle und Dokumentation wird im geschützten Bereich der zentralen Stelle www.zfa.deutsche-rentenversicherung-bund.de zur Verfügung gestellt. Hinweis auf BMF-Schreiben vom 28.9.2009 (BStBl. I S. 1171) betr. Maschinelles Anfrageverfahren zur Abfrage der steuerlichen Identifikationsnummer (Bestimmung von Inhalt und Aufbau der Datensätze).
2) Zur Anwendung von § 23 siehe § 52a Abs.11 EStG.

Rechtsprechung § 23

Wert. [3]In den Fällen des Absatzes 1 Satz 2 tritt an die Stelle der Anschaffungs- oder Herstellungskosten der nach § 6 Absatz 1 Nummer 4 oder § 16 Absatz 3 angesetzte Wert. [4]Die Anschaffungs- oder Herstellungskosten mindern sich um Absetzungen für Abnutzung, erhöhte Absetzungen und Sonderabschreibungen, soweit sie bei der Ermittlung der Einkünfte im Sinne des § 2 Absatz 1 Satz 1 Nummer 4 bis 7 abgezogen worden sind. [5]Gewinne bleiben steuerfrei, wenn der aus den privaten Veräußerungsgeschäften erzielte Gesamtgewinn im Kalenderjahr weniger als 600 Euro betragen hat. [6]In den Fällen des Absatzes 1 Satz 5 Nummer 1 sind Gewinne oder Verluste für das Kalenderjahr, in dem der Preis für die Veräußerung aus dem Betriebsvermögen zugeflossen ist, in den Fällen des Absatzes 1 Satz 5 Nummer 2 für das Kalenderjahr der verdeckten Einlage anzusetzen. [7]Verluste dürfen nur bis zur Höhe des Gewinns, den der Steuerpflichtige im gleichen Kalenderjahr aus privaten Veräußerungsgeschäften erzielt hat, ausgeglichen werden; sie dürfen nicht nach § 10d abgezogen werden. [8]Die Verluste mindern jedoch nach Maßgabe des § 10d die Einkünfte, die der Steuerpflichtige in dem unmittelbar vorangegangenen Veranlagungszeitraum oder in den folgenden Veranlagungszeiträumen aus privaten Veräußerungsgeschäften im Sinne des Absatz 1 erzielt hat oder erzielt; § 10d Absatz 4 gilt entsprechend. [9]Verluste aus privaten Veräußerungsgeschäften im Sinne des § 23 in der bis zum 31. Dezember 2008 anzuwendenden Fassung können abweichend von Satz 7 auch mit Einkünften aus Kapitalvermögen im Sinne des § 20 Absatz 2 in der Fassung des Artikels 1 des Gesetzes vom 14. August 2007 (BGBl. I S. 1912) ausgeglichen werden. [10]Sie mindern abweichend von Satz 8 nach Maßgabe des § 10d auch die Einkünfte, die der Steuerpflichtige in den folgenden Veranlagungszeiträumen aus § 20 Absatz 2 in der Fassung des Artikels 1 des Gesetzes vom 14. August 2007 (BGBl. I S. 1912) erzielt.

Rechtsprechungsauswahl

BFH v. 25. 8. 2009 IX R 60/07 (BStBl. II S. 999): Werden Wertpapiere, die innerhalb der Jahresfrist des § 23 Abs. 1 Satz 1 Nr. 2 EStG mit Verlust veräußert werden, am selben Tage in gleicher Art und Anzahl, aber zu unterschiedlichem Kurs wieder gekauft, so liegt hierin kein Gestaltungsmissbrauch i.S. von § 42 AO.

BFH v. 12. 5. 2009 IX R 45/08 (BStBl. II S. 891):
1. Die Änderung eines Steuerbescheids wegen nachträglich bekannt gewordener Tatsachen gemäß § 173 AO kommt nicht in Betracht, wenn das FA bei ursprünglicher Kenntnis der Tatsachen nicht anders hätte entscheiden können.
2. Die Feststellung der Verfassungswidrigkeit eines Steuergesetzes durch das BVerfG ist keine Tatsache i. S. von § 173 AO.

BFH v. 22. 4. 2008 IX R 29/06 (BStBl. 2009 II S. 296): Die Veräußerung eines Gebrauchtkraftwagens innerhalb eines Jahres nach Anschaffung ist nach § 23 Abs. 1 Satz 1 Nr. 2 EStG steuerbar.

BFH v. 19. 12. 2007 IX B 219/07 (BStBl. 2008 II S. 382): Die Verfassungsmäßigkeit des § 23 Abs. 1 Satz 1 Nr. 2 EStG i. d. F. ab 1999 ist nicht zweifelhaft.

BFH v. 18. 10. 2006 IX R 5/06 (BStBl. 2007 II S. 179): § 23 Abs. 1 Sätze 2 und 3 EStG i. d. F. des StEntlG 1999/2000/2002 vom 24. März 1999 (BGBl. I 1999, 402) sind auf Entnahmen vor dem 1. Januar 1999 nicht anzuwenden (gegen BMF-Schreiben vom 5. Oktober 2000, BStBl. I 2000, 1383, Tz. 1).*)

*) Hinweis BStBl. II auf BMF-Schreiben vom 7.2.2007 (BStBl. I S. 262) – mit Anpassung der beanstandeten Tz.1 gemäß Urteil –.

BFH v. 18. 10. 2006 IX R 28/05 (BStBl. 2007 II S. 259): Die Beschränkung des Verlustausgleichs bei privaten Veräußerungsgeschäften i.S. des § 23 Abs. 1 Nr. 2 EStG durch § 23 Abs. 3 Satz 8 EStG ist verfassungsgemäß.

BFH v. 27. 6. 2006 IX R 47/04 (BStBl. 2007 II S. 162): Die Rückabwicklung eines Anschaffungsgeschäfts wegen irreparabler Vertragsstörungen stellt kein steuerpflichtiges Veräußerungsgeschäft i.S. des § 23 Abs. 1 Satz 1 Nr. 1 EStG dar.

BFH v. 29. 11. 2005 IX R 49/04 (BStBl. 2006 II S. 178): Die Besteuerung von Einkünften aus privaten Veräußerungsgeschäften i. S. des § 23 Abs. 1 Satz 1 Nr. 2 EStG in der Fassung ab 1999 ist verfassungsgemäß.

§ 23 Rechtsprechung

(Anmerkung: Verfassungsbeschwerde 2 BvR 294/06 mit Beschluss v. 10.1.2008 nicht zur Entscheidung angenommen.)

BFH v. 22. 9. 2005 IX R 21/04 (BStBl. 2007 II S. 158): Über die Verrechenbarkeit von Verlusten aus privaten Veräußerungsgeschäften i.S. des § 23 EStG, die im Entstehungsjahr nicht ausgeglichen werden können, ist im Jahr der Verrechnung zu entscheiden; ein gesondertes Feststellungsverfahren sieht die Vorschrift nicht vor (entgegen BMF vom 5. Oktober 2000 IV C 3 – S 2256 – 263/00, BStBl. I 2000, 1383, Tz. 42).*)
*) Nach dem BMF-Schreiben vom 14.2.2007 (BStBl. I S. 268) „sind die Rechtsgrundsätze des Urteils nicht über den entschiedenen Einzelfall hinaus anzuwenden. Bei der Verlustverrechnung findet weiterhin Rz. 42 des BMF-Schreibens vom 5. Oktober 2000 (BStBl. I S. 1383) Anwendung."

Schwebende Verfahren

BVerfG 2 BvL 21/09 (BFH-Webseite): Es wird die Entscheidung des Bundesverfassungsgerichts darüber eingeholt, ob die zu § 23 Abs.1 Nr. 1 Satz 2 EStG in der Fassung des Steuerbereinigungsgesetzes 1999 vom 22.12.1999 (BGBl. I 1999, 2601) ergangene Anwendungsregelung des § 52 Abs. 39 EStG in der Fassung des Steuerbereinigungsgesetzes 1999 mit Art. 20 Abs. 3 i.V.m. Art. 2 Abs. 1 GG insoweit vereinbar ist, als § 23 Abs.1 Nr. 1 Satz 2 EStG in der Fassung des Steuerbereinigungsgesetzes 1999 auf Veräußerungen anzuwenden ist, die auf vor der Verkündung des Steuerbereinigungsgesetzes 1999 abgeschlossenen obligatorischen Veräußerungsverträgen beruhen und mit einer höheren Steuer belegt werden als durch die vorhergehende Fassung des § 23 Abs. 1 Nr. 1, Abs. 3 EStG.
– Normenkontrollverfahren –
Vorgehend: FG Münster, Entscheidung vom 17.8.2009 (10 K 3918/05 E)

BVerfG 2 BvL 13/05 (Beilage 3/2008 BStBl. II S. 181): Ist die Besteuerung privater Grundstücksveräußerungsgeschäfte insoweit verfassungswidrig, als sie auch solche Geschäfte erfasst, bei denen am 31. Dezember 1998 die Spekulationsfrist von zwei Jahren bereits abgelaufen war? (Art. 2 Abs. 1, Art. 20 Abs. 3 GG) (Normenkontrollverfahren zu FG Köln v. 24.8.2005 – 14 K 6187/00 –.)

BVerfG 2 BvL 2/04 (Beilage 3/2008 BStBl. II S. 181): (Normenkontrollverfahren zu BFH v. 16. 12. 2003 IX R 46/02 BStBl. 2004 II S. 284) Ist die für die Besteuerung privater Grundstücksveräußerungsgeschäfte eingeführte rückwirkende, übergangslose Verlängerung der zum Stichtag bereits abgelaufenen Spekulationsfrist von zwei auf zehn Jahre verfassungskonform (Art. 2 Abs. 1, Art. 20 Abs. 3 GG)?

BFH IX R 57/03 (EFG 2004 S. 45; Beilage 3/2008 BStBl. II S. 91): Verfassungsmäßigkeit der Verlängerung der Spekulationsfrist bei Grundstücksveräußerungen – Ist die Vorschrift des § 23 Abs. 1 Satz 1 Nr. 1 EStG wegen Verfassungswidrigkeit nicht anzuwenden, wenn die Grundstücksveräußerung zwischen der Beschlussfassung des Deutschen Bundestags über das StEntlG 1999/2000/2002 am 4.3.1999 und der Zustimmung des Bundesrats zum StEntlG 1999/2000/2002 am 19.3.1999 bzw. der Verkündung des StEntlG 1999/2000/2002 am 31.3.1999 erfolgt ist (hier: Besteuerung des auf das Arbeitszimmer einer eigengenutzten Eigentumswohnung entfallenden Veräußerungsgewinns, welche am 28.2.1992 erworben und am 10.3.1999 veräußert wurde)?
(Hinweis: Das Verfahren ist bis zur Entscheidung BVerfG 2 BvL 2/04 ausgesetzt.)

BFH IX R 19/03 (EFG 2003 S. 714; Beilage 3/2008 BStBl. II S. 90): Verfassungsmäßigkeit der Verlängerung der Spekulationsfrist bei Grundstücken – Ist der vom Kläger im Kj. 1999 nach Teilung eines 1993 erworbenen Grundstücks durch Veräußerung von drei Parzellen erzielte Gewinn steuerfrei, weil die Verlängerung der Spekulationsfrist von zwei auf zehn Jahren und deren Anwendung ab dem 1.1.1999 durch das StEntlG 1999/2000/2002 verfassungswidrig und damit eine Besteuerung des Gewinns nach § 23 Abs. 1 Satz 1 Nr. 1 i. V. mit § 52 Abs. 39 Satz 1 EStG i. d. F. des StEntlG 1999/2000/2002 rechtswidrig ist (hier: Veräußerung a) einer Parzelle am 23.3.1999 und damit zwischen der Beschlussfassung des Deutschen Bundestags am 4.3.1999 und der Bekanntmachung des StEntlG 1999/2000/2002 im BGBl. vom 31.3.1999 und b) zweier Parzellen am 15.4. und 20.5.1999 und damit nach der Bekanntmachung der gesetzlichen Neuregelung)?
(Hinweis: Das Verfahren ist bis zur Entscheidung BVerfG 2 BvL 14/02 und 2 BvL 2/04 ausgesetzt.)

BVerfG 2 BvL 14/02 (Beilage 3/2008 BStBl. II S. 181): Ist die rückwirkende Besteuerung privater Grundstücksveräußerungsgeschäfte innerhalb der von zwei auf zehn Jahre verlängerten Veräußerungsfrist bei den zwischen dem 1.1.1999 und dem Gesetzesbeschluss am 4.3.1999 abgeschlossenen Veräußerungsgeschäften aus Gründen unzulässiger Rückwirkung verfassungswidrig? (Normenkontrollverfahren zu FG Köln v. 25.7.2002 EFG S. 1236.)

h) Gemeinsame Vorschriften

§ 24 (Gemeinsame Vorschriften)

Zu den Einkünften im Sinne des § 2 Absatz 1 gehören auch

1. Entschädigungen, die gewährt worden sind
   a) als Ersatz für entgangene oder entgehende Einnahmen oder
   b) für die Aufgabe oder Nichtausübung einer Tätigkeit, für die Aufgabe einer Gewinnbeteiligung oder einer Anwartschaft auf eine solche;
   c) als Ausgleichszahlungen an Handelsvertreter nach § 89b des Handelsgesetzbuchs;
2. Einkünfte aus einer ehemaligen Tätigkeit im Sinne des § 2 Absatz 1 Nummer 1 bis 4 oder aus einem früheren Rechtsverhältnis im Sinne des § 2 Absatz 1 Nummer 5 bis 7, und zwar auch dann, wenn sie dem Steuerpflichtigen als Rechtsnachfolger zufließen;
3. Nutzungsvergütungen für die Inanspruchnahme von Grundstücken für öffentliche Zwecke sowie Zinsen auf solche Nutzungsvergütungen und auf Entschädigungen, die mit der Inanspruchnahme von Grundstücken für öffentliche Zwecke zusammenhängen.

ESt-Kartei NW

1. Beiträge an eine berufliche Unfallversicherung und Zahlungen aus dieser Unfallversicherung – Hinweis auf § 9 EStG Fach 9 Nr. 1 –
2. Prämien für die Autoinsassen-Unfallversicherung (Prämienzahlung durch Arbeitgeber kein Arbeitslohn und keine Zukunftssicherungsaufwendungen, da Aufteilung der Prämien auf Arbeitnehmer und Nichtbetriebsangehörige nicht möglich; zur Besteuerung von Entschädigungen aus der Versicherung nach § 24 Nr. 1 Buchstabe a EStG, echter Schadensersatz und Ersatz von Krankheitskosten nicht steuerpflichtig; zahlt der Arbeitgeber, dann Lohnsteuerabzug, soweit Steuerpflicht nach § 2 Abs. 2 Nr. 4 LStDV 1990 gegeben ist)
3. Abfindungen bei vorzeitiger Beendigung des Arbeitsverhältnisses von Flugbegleitern der Deutschen Lufthansa – ausgesondert – (überholt durch BFH v. 8. 8. 1986 VI R 28/84 BStBl. 1987 II S. 106, wonach Entschädigungen vorliegen)
1000. Begünstigung eines Ausgleichsanspruchs analog § 89b HGB eines Kraftfahrzeug-Vertragshändlers gemäß §§ 24 Nr. 1c, 34 Abs. 2 Nr. 2 EStG – ausgesondert – (überholt durch BFH v. 12. 10. 1999 VIII R 21/97 BStBl. 2000 II S. 220)

Rechtsprechungsauswahl

BFH v. 25. 8. 2009 IX R 3/09 (BFH-Webseite): (Teilabfindung für Arbeitszeitreduzierung als Entschädigung – Zweck des § 34 Abs. 2 EStG)
Zahlt der Arbeitgeber seinem Arbeitnehmer eine Abfindung, weil dieser seine Wochenarbeitszeit aufgrund eines Vertrags zur Änderung des Arbeitsvertrags unbefristet reduziert, so kann darin eine begünstigt zu besteuernde Entschädigung i.S. von § 24 Nr. 1 Buchst. a EStG liegen (Klarstellung der Rechtsprechung).

BFH v. 6. 7. 2005 XI R 46/04 (BStBl. 2006 II S. 55): Schadensersatz, der einem Steuerpflichtigen infolge einer schuldhaft verweigerten Wiedereinstellung zufließt, ist eine Entschädigung i. S. des § 24 Nr. 1 Buchst. a EStG, die bei zusammengeballtem Zufluss tarifbegünstigt zu besteuern ist.

BFH v. 15. 10. 2003 XI R 17/02 (BStBl. 2004 II S. 264): Für die Abgrenzung zwischen arbeitsvertraglichen Erfüllungsleistungen und Entschädigungen i. S. des § 24 Nr. 1 Buchst. a EStG ist der im Aufhebungsvertrag vereinbarte Zeitpunkt der Beendigung des Arbeitsverhältnisses maßgeblich.

BFH v. 10. 9. 2003 XI R 9/02 (BStBl. 2004 II S. 349): Eine Entschädigung i. S. des § 24 Nr. 1 Buchst. a EStG liegt auch dann vor, wenn bereits bei Beginn des Dienstverhältnisses ein Ersatzanspruch für den Fall der betriebsbedingten Kündigung oder Nichtverlängerung des Dienstverhältnisses vereinbart wird (Abweichung von BFH-Urteil vom 27. Februar 1991 XI R 8/87, BFHE 164, 243, BStBl. II 1991, 703).

§ 24a

§ 24a Altersentlastungsbetrag

¹Der Altersentlastungsbetrag ist bis zu einem Höchstbetrag im Kalenderjahr ein nach einem Prozentsatz ermittelter Betrag des Arbeitslohns und der positiven Summe der Einkünfte, die nicht solche aus nichtselbstständiger Arbeit sind. ²Bei der Bemessung des Betrags bleiben außer Betracht:
1. Versorgungsbezüge im Sinne des § 19 Absatz 2;
2. Einkünfte aus Leibrenten im Sinne des § 22 Nummer 1 Satz 3 Buchstabe a;
3. Einkünfte im Sinne des § 22 Nummer 4 Satz 4 Buchstabe b;
4. Einkünfte im Sinne des § 22 Nummer 5 Satz 1, soweit § 52 Absatz 34c anzuwenden ist;
5. Einkünfte im Sinne des § 22 Nummer 5 Satz 2 Buchstabe a.

³Der Altersentlastungsbetrag wird einem Steuerpflichtigen gewährt, der vor dem Beginn des Kalenderjahres, in dem er sein Einkommen bezogen hat, das 64. Lebensjahr vollendet hatte. ⁴Im Fall der Zusammenveranlagung von Ehegatten zur Einkommensteuer sind die Sätze 1 bis 3 für jeden Ehegatten gesondert anzuwenden. ⁵Der maßgebende Prozentsatz und der Höchstbetrag des Altersentlastungsbetrags sind der nachstehenden Tabelle zu entnehmen:

Das auf die Vollendung des 64. Lebensjahres folgende Kalenderjahr	Altersentlastungsbetrag	
	in % der Einkünfte	Höchstbetrag in Euro
2005	40,0	1 900
2006	38,4	1 824
2007	36,8	1 748
2008	35,2	1 672
2009	33,6	1 596
2010	32,0	1 520
2011	30,4	1 444
2012	28,8	1 368
2013	27,2	1 292
2014	25,6	1 216
2015	24,0	1 140
2016	22,4	1 064
2017	20,8	988
2018	19,2	912
2019	17,6	836
2020	16,0	760
2021	15,2	722
2022	14,4	684
2023	13,6	646
2024	12,8	608
2025	12,0	570
2026	11,2	532
2027	10,4	494
2028	9,6	456
2029	8,8	418
2030	8,0	380
2031	7,2	342
2032	6,4	304

Das auf die Vollendung des 64. Lebensjahres folgende Kalenderjahr	Altersentlastungsbetrag	
	in % der Einkünfte	Höchstbetrag in Euro
2033	5,6	266
2034	4,8	228
2035	4,0	190
2036	3,2	152
2037	2,4	114
2038	1,6	76
2039	0,8	38
2040	0,0	0

Hinweise

LStH 24a *Allgemeines*
→ *R 24a EStR, H 24a EStH*
Altersentlastungsbetrag beim Lohnsteuerabzug
→ *LStR 39b.4*

EStR 2008

R 24a. Altersentlastungsbetrag[1)]

Allgemeines

(1) ¹Bei der Berechnung des Altersentlastungsbetrags sind Einkünfte aus Land- und Forstwirtschaft nicht um den Freibetrag nach § 13 Abs. 3 EStG zu kürzen. ²Sind in den Einkünften neben Leibrenten auch andere wiederkehrende Bezüge i. S. d. § 22 Nr. 1 EStG enthalten, ist der Werbungskosten-Pauschbetrag nach § 9a Satz 1 Nr. 3 EStG von den der Besteuerung nach § 22 Nr. 1 Satz 3 EStG unterliegenden Teilen der Leibrenten abzuziehen, soweit er diese nicht übersteigt. ³Der Altersentlastungsbetrag ist auf den nächsten vollen Euro-Betrag aufzurunden.

Berechnung bei Anwendung anderer Vorschriften

(2) Ist der Altersentlastungsbetrag außer vom Arbeitslohn noch von weiteren Einkünften zu berechnen und muss er für die Anwendung weiterer Vorschriften, z. B. § 10c Abs. 2 Satz 3 EStG, von bestimmten Beträgen abgezogen werden, ist davon auszugehen, dass er zunächst vom Arbeitslohn berechnet worden ist.

Rechtsprechungsauswahl

BFH v. 17. 11. 2005 III R 83/04 (BStBl. 2006 II S. 511): Bei der Ermittlung der positiven Summe der Einkünfte i. S. des § 24a Satz 1 EStG für die Höhe des Altersentlastungsbetrages sind im Veranlagungszeitraum 1999 die Vorschriften über den Verlustausgleich in § 2 Abs. 3 EStG i. d. F. des StEntlG 1999/ 2000/2002 zu berücksichtigen.

---

1) Hinweis auf BMF-Schreiben vom 23.5.2007 (BStBl. I S. 486) betr. Einkünfte, die bei der Bemessung des Altersentlastungsbetrags gemäß § 24a Satz 2 EStG außer Betracht bleiben
„Nach § 24a Satz 2 EStG bleiben insbesondere Versorgungsbezüge i. S. des § 19 Abs. 2 EStG und Leibrenten i. S. des § 22 Nr. 1 Satz 3 Buchstabe a EStG bei der Bemessung des Altersentlastungsbetrages außer Betracht. Zu diesen Versorgungsbezügen i. S. des § 19 Abs. 2 EStG zählen auch sonstige Einkünfte nach § 22 Nr. 5 Satz 1 EStG, auf die § 19 Abs. 2 EStG wegen der Regelung des § 52 Abs. 34c EStG anzuwenden ist. Zu den Leibrenten i. S. des § 22 Nr. 1 Satz 3 Buchstabe a EStG gehören auch sonstige Einkünfte nach § 22 Nr. 5 Satz 2 Buchstabe a EStG (bis 31. Dezember 2006: § 22 Nr. 5 Satz 2 EStG), auf die § 22 Nr. 1 Satz 3 Buchstabe a EStG Anwendung findet."

§ 24b LStH 24b, Rechtsprechung

§ 24b Entlastungsbetrag für Alleinerziehende

(1) ¹Allein stehende Steuerpflichtige können einen Entlastungsbetrag in Höhe von 1 308 Euro im Kalenderjahr von der Summe der Einkünfte abziehen, wenn zu ihrem Haushalt mindestens ein Kind gehört, für das ihnen ein Freibetrag nach § 32 Absatz 6 oder Kindergeld zusteht. ²Die Zugehörigkeit zum Haushalt ist anzunehmen, wenn das Kind in der Wohnung des allein stehenden Steuerpflichtigen gemeldet ist. ³Ist das Kind bei mehreren Steuerpflichtigen gemeldet, steht der Entlastungsbetrag nach Satz 1 demjenigen Alleinstehenden zu, der die Voraussetzungen auf Auszahlung des Kindergeldes nach § 64 Absatz 2 Satz 1 erfüllt oder erfüllen würde in Fällen, in denen nur ein Anspruch auf einen Freibetrag nach § 32 Absatz 6 besteht.

(2) ¹Allein stehend im Sinne des Absatzes 1 sind Steuerpflichtige, die nicht die Voraussetzungen für die Anwendung des Splitting-Verfahrens (§ 26 Absatz 1) erfüllen oder verwitwet sind und keine Haushaltsgemeinschaft mit einer anderen volljährigen Person bilden, es sei denn, für diese steht ihnen ein Freibetrag nach § 32 Absatz 6 oder Kindergeld zu oder es handelt sich um ein Kind im Sinne des § 63 Absatz 1 Satz 1, das einen Dienst nach § 32 Absatz 5 Satz 1 Nummer 1 und 2 leistet oder eine Tätigkeit nach § 32 Absatz 5 Satz 1 Nummer 3 ausübt. ²Ist die andere Person mit Haupt- oder Nebenwohnsitz in der Wohnung des Steuerpflichtigen gemeldet, wird vermutet, dass sie mit dem Steuerpflichtigen gemeinsam wirtschaftet (Haushaltsgemeinschaft). ³Diese Vermutung ist widerlegbar, es sei denn, der Steuerpflichtige und die andere Person leben in einer eheähnlichen Gemeinschaft oder in einer eingetragenen Lebenspartnerschaft.

(3) Für jeden vollen Kalendermonat, in dem die Voraussetzungen des Absatzes 1 nicht vorgelegen haben, ermäßigt sich der Entlastungsbetrag um ein Zwölftel.

Hinweise

LStH 24b *Allgemeine Grundsätze*
→ BMF vom 29.10.2004 (BStBl. I S. 1042) — *Anlage § 024b-01 —*

Rechtsprechungsauswahl

BVerfG v. 22. 5. 2009 2 BvR 310/07 (BStBl. II S. 884): Die Gewährung des Entlastungsbetrags nach § 24b EStG nur für Alleinerziehende unter Ausschluss von Steuerpflichtigen, die die Voraussetzungen für eine Ehegattenveranlagung erfüllen, stellt keine Verletzung von Grundrechten dar.

BFH v. 19. 10. 2006 III R 4/05 (BStBl. 2007 II S. 637): Die Nichtbegünstigung zusammenlebender Eltern durch Versagung des Entlastungsbetrages für Alleinerziehende begegnet keinen verfassungsrechtlichen Bedenken.
(Hinweis auf Verfassungsbeschwerde BVerfG 2 BvR 310/07.)

Schwebende Verfahren

BFH III R 79/08 (BFH-Webseite): Ist, soweit das Kind in mehreren Haushalten gleichermaßen aufgenommen wurde, der Entlastungsbetrag für Alleinerziehende gem. § 24b EStG nach § 64 Abs. 2 Satz 2 EStG analog dem Steuerpflichtigen zu gewähren, der übereinstimmend als Kindergeldberechtigter bestimmt wurde?

III. Veranlagung

§ 25 Veranlagungszeitraum, Steuererklärungspflicht

(1) Die Einkommensteuer wird nach Ablauf des Kalenderjahres (Veranlagungszeitraum) nach dem Einkommen veranlagt, das der Steuerpflichtige in diesem Veranlagungszeitraum bezogen hat, soweit nicht nach § 43 Absatz 5 und § 46 eine Veranlagung unterbleibt.

(2) (weggefallen)

(3) ¹Der Steuerpflichtige hat für den abgelaufenen Veranlagungszeitraum eine Einkommensteuererklärung abzugeben. ²Ehegatten haben für den Fall der Zusammenveranlagung (§ 26b) eine gemeinsame Einkommensteuererklärung abzugeben. ³Wählt einer der Ehegatten die getrennte Veranlagung (§ 26a) oder wählen beide Ehegatten die besondere Veranlagung für den Veranlagungszeitraum der Eheschließung (§ 26c), hat jeder der Ehegatten eine Einkommensteuererklärung abzugeben. ⁴Der Steuerpflichtige hat die Einkommensteuererklärung eigenhändig zu unterschreiben. ⁵Eine gemeinsame Einkommensteuererklärung ist von beiden Ehegatten eigenhändig zu unterschreiben.

(4) ¹Die Erklärung nach Absatz 3 ist nach amtlich vorgeschriebenem Datensatz durch Datenfernübertragung zu übermitteln, wenn Einkünfte nach § 2 Absatz 1 Satz 1 Nummer 1 bis 3 erzielt werden und es sich nicht um einen der Veranlagungsfälle gemäß § 46 Absatz 2 Nummer 2 bis 8 handelt. ²Auf Antrag kann die Finanzbehörde zur Vermeidung unbilliger Härten auf eine Übermittlung durch Datenfernübertragung verzichten.[1)]

Rechtsprechungsauswahl

BFH v. 10. 4. 2002 VI R 66/98 (BStBl. II S. 455): Kehrt ein ausländischer Arbeitnehmer auf Dauer in sein Heimatland zurück, so kann dessen Einkommensteuer-Erklärung ausnahmsweise durch einen Bevollmächtigten unter Offenlegung des Vertretungsverhältnisses unterzeichnet werden.

§ 26 Veranlagung von Ehegatten

(1) ¹Ehegatten, die beide unbeschränkt einkommensteuerpflichtig im Sinne des § 1 Absatz 1 oder 2 oder des § 1a sind und nicht dauernd getrennt leben und bei denen diese Voraussetzungen zu Beginn des Veranlagungszeitraums vorgelegen haben oder im Laufe des Veranlagungszeitraums eingetreten sind, können zwischen getrennter Veranlagung (§ 26a) und Zusammenveranlagung (§ 26b) wählen; für den Veranlagungszeitraum der Eheschließung können sie stattdessen die besondere Veranlagung nach § 26c wählen. ²Eine Ehe, die im Laufe des Veranlagungszeitraums aufgelöst worden ist, bleibt für die Anwendung des Satzes 1 unberücksichtigt, wenn einer der Ehegatten in demselben Veranlagungszeitraum wieder geheiratet hat und bei ihm und dem neuen Ehegatten die Voraussetzungen des Satzes 1 ebenfalls vorliegen. ³Satz 2 gilt nicht, wenn eine Ehe durch Tod aufgelöst worden ist und die Ehegatten der neuen Ehe die besondere Veranlagung nach § 26c wählen.

(2) ¹Ehegatten werden getrennt veranlagt, wenn einer der Ehegatten getrennte Veranlagung wählt. ²Ehegatten werden zusammen veranlagt oder – für den Veranlagungszeitraum der Eheschließung – nach § 26c veranlagt, wenn beide Ehegatten die betreffende Veranlagungsart wählen. ³Die zur Ausübung der Wahl erforderlichen Erklärungen sind beim Finanzamt schriftlich oder zu Protokoll abzugeben.

(3) Werden die nach Absatz 2 erforderlichen Erklärungen nicht abgegeben, so wird unterstellt, dass die Ehegatten die Zusammenveranlagung wählen.

---

1) § 25 Absatz 4 ist erstmals für Einkommensteuererklärungen VZ 2011 anzuwenden (§ 52 Absatz 39 EStG).

§ 26 Rechtsprechung

Rechtsprechungsauswahl

BFH v. 14. 10. 2009 X R 14/08 (BFH-Webseite): Änderung eines Steuerbescheides bei Zusammenveranlagung
1. Allein die Änderung eines Einkommensteuerbescheides wegen eines den Vorwegabzug betreffenden rückwirkenden Ereignisses, das die Verhältnisse nur eines Ehegatten berührt, berechtigt nicht zur Korrektur eines Fehlers, der die steuerlichen Verhältnisse des anderen Ehegatten berührt.
2. Eine Änderung wegen einer nachträglich bekannt gewordenen Tatsache kommt nicht in Betracht, wenn sich die nachträglich bekannt gewordene Tatsache zunächst wegen Zusammenveranlagung nicht ausgewirkt hatte.

BFH v. 21. 6. 2007 III R 59/06 (BStBl. II S. 770): Das Veranlagungswahlrecht steht nach dem Tode eines Ehegatten dessen Erben zu. Das Einverständnis des Erben mit der Zusammenveranlagung kann nur dann nach § 26 Abs. 3 EStG unterstellt werden, wenn er Kenntnis von seiner Erbenstellung und den steuerlichen Vorgängen des Erblassers hat. Bis zur Ermittlung des Erben ist daher getrennt zu veranlagen.

BFH v. 21. 9. 2006 VI R 80/04 (BStBl. 2007 II S. 11): Ist ein Ehegatte gemäß § 25 EStG zur Einkommensteuer zu veranlagen und wird auf seinen Antrag eine getrennte Veranlagung durchgeführt, ist auch der andere Ehegatte gemäß § 26 Abs. 2 Satz 1 EStG zwingend getrennt zu veranlagen. Für die Veranlagung des anderen Ehegatten kommt es in einem solchen Fall auf das Vorliegen der Voraussetzungen des § 46 Abs. 2 Nr. 1 bis Nr. 8 EStG nicht mehr an.

BFH v. 20. 7. 2006 III R 8/04 (BStBl. II S. 883): Es verstößt nicht gegen das aus Art. 3 Abs. 1 GG abgeleitete Gebot der Besteuerung nach der finanziellen Leistungsfähigkeit, dass der Partner einer eingetragenen Lebenspartnerschaft Unterhaltsleistungen an den anderen Partner nur bis zu dem Höchstbetrag des § 33a EStG als außergewöhnliche Belastung abziehen kann.

BFH v. 26. 1. 2006 III R 51/05 (BStBl. II S. 515): Partner einer eingetragenen Lebenspartnerschaft haben keinen Anspruch auf Durchführung einer Zusammenveranlagung zur Einkommensteuer unter Anwendung des Splittingtarifs.
(Anmerkung: Verfassungsbeschwerde anhängig BVerfG 2 BvR 909/06.)

BFH v. 19. 10. 2005 I R 76/04 (BStBl. 2006 II S. 274): Die Einführung des besonderen Kirchgelds für Kirchenmitglieder, die in glaubensverschiedener Ehe leben, zum 1. Januar 2001 nach dem Kirchensteuergesetz Nordrhein-Westfalen, den einschlägigen Kirchensteuerordnungen und dem Kirchensteuerbeschluss 2001 verstößt nicht gegen Verfassungsrecht.

Schwebende Verfahren

BVerfG 2 BvR 288/07 (Beilage 3/2008 BStBl. II S. 181): (Verfassungsbeschwerde zu BFH v. 19.10.2006 III R 29/06) Verletzt die Nichtgewährung des Splittings an eine eingetragene Lebenspartnerschaft den allgemeinen Gleichheitssatz und das Diskriminierungsverbot nach europäischem Recht und Völkerrecht? (Art. 3 Abs. l, Art. 6, Art. 2 Abs. 1 i.V.m. Art. 20 Abs. 3, Art. 101 Abs. 1 Satz 2 GG; Art. 234 Abs. 2 EG; Art. 14 MRK)

BFH III R 71/07 (Beilage 3/2008 BStBl. II S. 92): Strittig ist, ob die Ehegatten schon ab November/Dezember 2000 (so lt. Scheidungsakte, lt. pers. Vorsprache und Angaben in der ESt-Erklärung der Ehefrau) oder erst ab Januar 2001 (tatsächlicher Auszug des Ehemannes) getrennt gelebt haben. Ist der Tatbestand einer ehelichen Lebensgemeinschaft und Wirtschaftsgemeinschaft ausschließlich an objektiven Merkmalen zu beurteilen, oder kommt es im Rahmen der gebotenen Gesamtwürdigung auch und gerade auf die innere Einstellung an?
(Hinweis: Das Verfahren ist ausgesetzt bis zur Entscheidung BVerfG 2 BvR 909/06.)

BVerfG 2 BvR 909/06 (Beilage 3/2008 BStBl. II S. 182): (Verfassungsbeschwerde zu BFH v. 26.1.2006 III R 51/05 BStBl. II S. 515) Zur Frage, ob die Versagung des Splittingtarifs für eine eingetragene Lebenspartnerschaft verfassungswidrig ist (Art. 3 Abs. 1, Art. 6 Abs. 1 GG).

BFH III R 83/06 (Beilage 3/2008 BStBl. II S. 92): Lebenspartnerschaft nach § 5 LPartG als eigener Familienstand, der die Zusammenveranlagung mit dem Lebenspartner rechtfertigt? Ist demnach das Ehegattensplitting im Wege der verfassungskonformen Auslegung auf die eingetragene Lebenspartnerschaft anzuwenden? Keine Vorlage an das Bundesverfassungsgericht notwendig, aber Einholung einer Vorabentscheidung durch den EuGH? Ist wegen der bestehenden Unterhaltsverpflichtung trotz überschrittenem Grenzbetrag ein Pauschbetrag nach § 33a EStG i.H. von 7.188 DM zu berücksichtigen?
(Hinweis: Das Verfahren ist ausgesetzt bis zur Entscheidung BVerfG 2 BvR 909/06.)

Rechtsprechung §§ 26, 26a

BFH III R 14/05 (EFG 2005 S. 1202; Beilage 3/2008 BStBl. II S. 92): Notwendige Zusammenveranlagung mit dem mangels Arbeitsgenehmigung einkommenslosen ausländischen gleichgeschlechtlichen Lebenspartner?
(Hinweis: Das Verfahren ist ausgesetzt bis zur Entscheidung BVerfG 2 BvR 909/06.)

BFH III R 13/05 (Beilage 3/2008 BStBl. II S. 92): Wie III R 14/05.

BFH III R 12/05 (Beilage 3/2008 BStBl. II S. 92): Wie III R 11/05.

BFH III R 11/05 (EFG 2005 S. 705; Beilage 3/2008 BStBl. II S. 92): Ist das Ehegattensplitting im Wege der verfassungskonformen Auslegung – wegen der durch § 5 LPartG begründeten wechselseitigen Unterhaltsverpflichtung – auf die eingetragene Lebenspartnerschaft anzuwenden?
(Hinweis: Das Verfahren ist ausgesetzt bis zur Entscheidung BVerfG 2 BvR 909/06.)

§ 26a Getrennte Veranlagung von Ehegatten

(1) ¹Bei getrennter Veranlagung von Ehegatten in den in § 26 bezeichneten Fällen sind jedem Ehegatten die von ihm bezogenen Einkünfte zuzurechnen. ²Einkünfte eines Ehegatten sind nicht allein deshalb zum Teil dem anderen Ehegatten zuzurechnen, weil dieser bei der Erzielung der Einkünfte mitgewirkt hat.

(2) ¹Sonderausgaben nach § 9c und außergewöhnliche Belastungen (§§ 33 bis 33b) werden in Höhe des bei einer Zusammenveranlagung in Betracht kommenden Betrags bei beiden Veranlagungen jeweils zur Hälfte abgezogen, wenn die Ehegatten nicht gemeinsam eine andere Aufteilung beantragen. ²Die nach § 33b Absatz 5 übertragbaren Pauschbeträge stehen den Ehegatten insgesamt nur einmal zu; sie werden jedem Ehegatten zur Hälfte gewährt. ³Die nach § 34f zu gewährende Steuerermäßigung steht den Ehegatten in dem Verhältnis zu, in dem sie erhöhte Absetzungen nach § 7b oder Abzugsbeträge nach § 10e Absatz 1 bis 5 oder nach § 15b des Berlinförderungsgesetzes in Anspruch nehmen. ⁴Die nach § 35a zu gewährende Steuerermäßigung steht den Ehegatten jeweils zur Hälfte zu, wenn die Ehegatten nicht gemeinsam eine andere Aufteilung beantragen.

(3) Die Anwendung des § 10d für den Fall des Übergangs von der getrennten Veranlagung zur Zusammenveranlagung und von der Zusammenveranlagung zur getrennten Veranlagung, wenn bei beiden Ehegatten nicht ausgeglichene Verluste vorliegen, wird durch Rechtsverordnung der Bundesregierung mit Zustimmung des Bundesrates geregelt.

Rechtsprechungsauswahl

BFH v. 26. 3. 2009 VI R 59/08 (BStBl. II S. 808): Es ist verfassungsrechtlich nicht zu beanstanden, dass die zumutbare Belastung bei getrennter Veranlagung von Ehegatten vom Gesamtbetrag der Einkünfte beider Ehegatten berechnet wird.

BFH v. 28. 7. 2005 III R 48/03 (BStBl. II S. 865):
1. Wird in dem Rechtsstreit zwischen FA und einem Ehegatten um die Zulässigkeit eines Antrags auf getrennte Veranlagung das FA gerichtlich verpflichtet, den Ehegatten getrennt zu veranlagen, erstreckt sich diese im Tenor des Urteils ausgesprochene Verpflichtung nur auf die Veranlagung des Ehegatten, der den Rechtsstreit geführt hat, nicht auch auf die Veranlagung des anderen Ehegatten, selbst wenn er zum Verfahren beigeladen war.
2. Der gegenüber dem beigeladenen Ehegatten ergangene Zusammenveranlagungsbescheid ist nach § 175 Abs. 1 Satz 1 Nr. 2 AO 1977 aufzuheben und eine getrennte Veranlagung durchzuführen. Auf Festsetzungsverjährung kann sich der beigeladene Ehegatte nicht berufen. Der Ablauf der Festsetzungsfrist ist solange gehemmt, bis über den Antrag auf getrennte Veranlagung unanfechtbar entschieden worden ist (Fortführung des Senatsurteils vom 3. März 2005 III R 22/02, BFH/NV 2005, 1657).

§ 26b

§ 26b Zusammenveranlagung von Ehegatten

Bei der Zusammenveranlagung von Ehegatten werden die Einkünfte, die die Ehegatten erzielt haben, zusammengerechnet, den Ehegatten gemeinsam zugerechnet und, soweit nichts anderes vorgeschrieben ist, die Ehegatten sodann gemeinsam als Steuerpflichtiger behandelt.

Rechtsprechungsauswahl

BFH v. 30. 9. 2008 VII R 18/08 (BStBl. 2009 II S. 38): Werden Vorauszahlungen auf die Einkommensteuer zusammen veranlagter Eheleute ohne die ausdrückliche Bestimmung geleistet, dass mit der Zahlung nur die Schuld des Leistenden beglichen werden soll, muss das FA eine Überzahlung beiden Eheleuten zu gleichen Teilen erstatten (Bestätigung der ständigen Rechtsprechung); das gilt auch, wenn über das Vermögen des anderen Ehegatten das Insolvenzverfahren eröffnet war.

BFH v. 20. 8. 2008 I R 78/07 (BStBl. 2009 II S. 708):
1. Die für die personelle Ausweitung der unbeschränkten Steuerpflicht maßgebende Höhe der Einkünfte in § 1 Abs. 3 Satz 2 EStG 2002 ist nach deutschem Recht zu ermitteln, und zwar auch dann, wenn die Einkünfte im ausländischen Wohnsitzstaat zum Teil steuerfrei sind.
2. Überschreiten die im ausländischen Wohnsitzstaat erzielten Einkünfte bei einer Ermittlung nach deutschem Recht die absolute Wesentlichkeitsgrenze des § 1 Abs. 3 Satz 2 i.V.m. § 1a Abs. 1 Nr. 2 Satz 3 EStG 2002, ist eine Zusammenveranlagung zur Einkommensteuer auch dann ausgeschlossen, wenn die ausländischen Einkünfte nach dem Recht des Wohnsitzstaates ermittelt unterhalb der absoluten Wesentlichkeitsgrenze liegen. Dies gilt jedenfalls dann, wenn die steuerpflichtigen Einkünfte im Wohnsitzstaat so hoch sind, dass sie den persönlichen Verhältnissen des Ehegatten Rechnung tragen.

BFH v. 17. 1. 2008 VI R 45/04 (BStBl. II S. 418): Bei zusammen veranlagten Ehegatten, die Gesamtschuldner rückständiger Steuern sind, kann auch der Ehegatte, der Gesamtrechtsnachfolger seines verstorbenen Ehepartners ist, eine Aufteilung der Steuern nach den §§ 268 ff. AO beantragen.

BFH v. 20. 7. 2006 III R 8/04 (BStBl. II S. 883): Es verstößt nicht gegen das aus Art. 3 Abs. 1 GG abgeleitete Gebot der Besteuerung nach der finanziellen Leistungsfähigkeit, dass der Partner einer eingetragenen Lebenspartnerschaft Unterhaltsleistungen an den anderen Partner nur bis zu dem Höchstbetrag des § 33a EStG als außergewöhnliche Belastung abziehen kann.

BFH v. 25. 4. 2006 X R 42/05 (BStBl. 2007 II S. 220): Auch im Falle der Zusammenveranlagung von Ehegatten zur Einkommensteuer ist die Frage, ob Festsetzungsverjährung eingetreten ist, für jeden Ehegatten gesondert zu prüfen.

BFH v. 26. 1. 2006 III R 51/05 (BStBl. II S. 515): Partner einer eingetragenen Lebenspartnerschaft haben keinen Anspruch auf Durchführung einer Zusammenveranlagung zur Einkommensteuer unter Anwendung des Splittingtarifs.

Schwebende Verfahren

BFH III R 103/07 (EFG 2007 S. 684; Beilage 3/2008 BStBl. II S. 92): Haben die Partner einer eingetragenen Lebenspartnerschaft einen Anspruch auf Durchführung einer Zusammenveranlagung zur Einkommensteuer unter Anwendung des Splittingtarifs? Hätte das Finanzgericht das Verfahren aussetzen und eine Entscheidung des Bundesverfassungsgerichts einholen müssen? Aussetzung des Revisionsverfahrens bis zur Entscheidung des BVerfG in den Verfahren 2 BvR 909/06 und 2 BvR 288/07?
(Hinweis: Das Verfahren ist durch Beschluss v. 30.1.2009 bis zur Entscheidung BVerfG 2 BvR 909/06 und 2 BvR 288/07 ausgesetzt.)

BVerfG 2 BvR 1981/06 (BFH-Webseite): Abziehbarkeit von Unterhaltsaufwendungen des Partners einer eingetragenen Lebenspartnerschaft nur im Rahmen des § 33a EStG – keine Zusammenveranlagung für eingetragene Lebenspartnerschaften
Vorgehend: BFH, Urteil vom 20.7.2006 (III R 8/04), BStBl. 2006 II S. 883.

§ 26c Besondere Veranlagung für den Veranlagungszeitraum der Eheschließung

(1) ¹Bei besonderer Veranlagung für den Veranlagungszeitraum der Eheschließung werden Ehegatten so behandelt, als ob sie diese Ehe nicht geschlossen hätten. ²§ 12 Nummer 2 bleibt unberührt. ³§ 26a Absatz 1 gilt sinngemäß.

(2) Bei der besonderen Veranlagung ist das Verfahren nach § 32a Absatz 5 anzuwenden, wenn der zu veranlagende Ehegatte zu Beginn des Veranlagungszeitraums verwitwet war und bei ihm die Voraussetzungen des § 32a Absatz 6 Nummer 1 vorgelegen hatten.

§ 27 (weggefallen)

§ 28 Besteuerung bei fortgesetzter Gütergemeinschaft

Bei fortgesetzter Gütergemeinschaft gelten Einkünfte, die in das Gesamtgut fallen, als Einkünfte des überlebenden Ehegatten, wenn dieser unbeschränkt steuerpflichtig ist.

§§ 29 und 30 (weggefallen)

§ 31 ESt-Kartei NW, Rechtsprechung

IV. Tarif

§ 31 Familienleistungsausgleich [1]

¹Die steuerliche Freistellung eines Einkommensbetrags in Höhe des Existenzminimums eines Kindes einschließlich der Bedarfe für Betreuung und Erziehung oder Ausbildung wird im gesamten Veranlagungszeitraum entweder durch die Freibeträge nach § 32 Absatz 6 oder durch Kindergeld nach Abschnitt X bewirkt. ²Soweit das Kindergeld dafür nicht erforderlich ist, dient es der Förderung der Familie. ³Im laufenden Kalenderjahr wird Kindergeld als Steuervergütung monatlich gezahlt. ⁴Bewirkt der Anspruch auf Kindergeld für den gesamten Veranlagungszeitraum die nach Satz 1 gebotene steuerliche Freistellung nicht vollständig und werden deshalb bei der Veranlagung zur Einkommensteuer die Freibeträge nach § 32 Absatz 6 vom Einkommen abgezogen, erhöht sich die unter Abzug dieser Freibeträge ermittelte tarifliche Einkommensteuer um den Anspruch auf Kindergeld für den gesamten Veranlagungszeitraum; bei nicht zusammenveranlagten Eltern wird der Kindergeldanspruch im Umfang des Kinderfreibetrags angesetzt. ⁵Satz 4 gilt entsprechend für mit dem Kindergeld vergleichbare Leistungen nach § 65. ⁶Besteht nach ausländischem Recht Anspruch auf Leistungen für Kinder, wird dieser insoweit nicht berücksichtigt, als er das inländische Kindergeld übersteigt.

ESt-Kartei NW

1. Familienleistungsausgleich (§§ 2 Abs. 6, 31, 32, 36 Abs. 2, 37 Abs. 3, 39a Abs. 1, 51a Abs. 2 EStG) (entspricht BMF-Schreiben v. 9. 3. 1998 BStBl I S. 347).
2. Günstigerprüfung im Rahmen des Familienleistungsausgleichs (§ 31, § 36 Abs. 2 Satz 1 EStG); Anwendung der Grundsätze des BFH-Urteils vom 16.12.2002 (BStBl. 2003 II S. 593) (entspricht BMF-Schreiben v. 16.7.2003 BStBl. I S. 385)
800. Regelungen des Bundesamtes für Finanzen für die Familienkassen zur Gewährung von Kindergeld, die auch von den Finanzämtern bei Gewährung von Kinderfreibeträgen zu beachten sind
    I. Dienstanweisung zum Familienleistungsausgleich (DA-FamEStG) (Schreiben des Bundesamtes für Finanzen v. 15. 3. 2002 für VZ ab 2002 BStBl. 2002 I S. 366 und v. 5. 8. 2004 Stand August 2004 BStBl. I S. 742)
    II. Übersicht der Leistungen für Kinder, die im Ausland gewährt werden und als andere Leistungen i. S. d. § 65 (1) Satz 1 Nr. 2 EStG dem Kindergeld vergleichbar sind (§§ 31 Satz 5, 36 (2) EStG) (Schreiben des Bundesamtes für Finanzen v. 30. 6. 1998 BStBl. I S. 888, v. 31. 3. 1999 BStBl. I S. 452, v. 26. 6. 2000 BStBl. I S. 1128 und v. 14. 2. 2002 BStBl. I S. 241)
    III. Kindergeld für behinderte Kinder; Kindergeld-Merkblatt (Schreiben Bundesamt für Finanzen v. 16. 2. 2004 BStBl. I S. 304)

Rechtsprechungsauswahl

BVerfG v. 13. 10. 2009 2 BvL 3/05 (BGBl. I S. 3785): – Entscheidungsformel –

§ 31 Satz 5 und § 36 Absatz 2 Satz 1 des Einkommensteuergesetzes in der Fassung des Gesetzes zur Familienförderung vom 22. Dezember 1999 (BGBl. I S. 2552) sind mit dem Grundgesetz vereinbar, soweit danach bei Steuerpflichtigen, deren Einkommen gemäß § 31 Satz 4 des Einkommensteuergesetzes um die Freibeträge des § 32 Absatz 6 des Einkommensteuergesetzes gemindert wurde, die tarifliche Einkommensteuer auch in den Fällen um die Hälfte des gezahlten Kindergeldes zu erhöhen ist, in denen eine Anrechnung des Kindergeldes auf den Unterhalt nach § 1612b Absatz 5 des Bürgerlichen Gesetzbuchs in der Fassung des Gesetzes zur Ächtung der Gewalt in der Erziehung und zur Änderung des Kindesunterhaltsrechts vom 2. November 2000 (BGBl. I S. 1479) ganz oder teilweise unterblieben ist.

Die vorstehende Entscheidungsformel hat gemäß § 31 Absatz 2 des Bundesverfassungsgerichtsgesetzes Gesetzeskraft.

BFH v. 30. 11. 2004 VIII R 51/03 (BStBl. 2008 II S. 795): Es wird eine Entscheidung des BVerfG darüber eingeholt, ob § 31 Satz 5 und § 36 Abs. 2 Satz 1 EStG in der für das Streitjahr 2001 maßgeblichen

---

1) Zum X. Abschnitt EStG s. §§ 62 bis 78. Hinweis auf Schreiben Bundeszentralamt für Steuern vom 23.2.2010 (BStBl. I S. 182) betr. Kindergeldmerkblatt 2010, vom 16.2.2009 (BStBl. I S. 399) betr. Kindergeldmerkblatt 2009; aktuelle Versionen der Vordrucke sind abrufbar unter http://www.bzst.de.

Rechtsprechung § 31

Fassung insoweit mit dem GG vereinbar sind, als danach bei Steuerpflichtigen, deren Einkommen gemäß § 31 Satz 4 EStG um die Freibeträge des § 32 Abs. 6 EStG gemindert wurde, die tarifliche Einkommensteuer auch in den Fällen um die Hälfte des gezahlten Kindergelds zu erhöhen ist, in denen eine Anrechnung des Kindergelds auf den Barunterhalt nach § 1612b Abs. 5 BGB i. d. F. des Gesetzes zur Ächtung der Gewalt in der Erziehung und zur Änderung des Kindesunterhaltsrechts vom 2. November 2000 (BGBl. I 2000, 1479) mit der Folge ganz oder teilweise unterblieben ist, dass im wirtschaftlichen Ergebnis nicht einmal die tatsächlichen – die Freibeträge des § 32 Abs. 6 EStG unterschreitenden – Unterhaltszahlungen des Steuerpflichtigen in vollem Umfang von der Einkommensteuer freigestellt worden sind.

(Anmerkung: Normenkontrollverfahren BVerfG 2 BvL 3/05; Entscheidung BVerfG v. 13.10.2009.)

Schwebende Verfahren

BFH III R 86/09 (BFH-Webseite): Auslandskind: Steht dem Kläger für seinen nichtehelichen Sohn, der bei der Mutter in Norwegen lebt, der doppelte Kinderfreibetrag und der doppelte Betreuungsfreibetrag nach § 32 Abs. 6 S 3 (bzw. S. 4) Nr. 1 Alt. 2 EStG zu und ist –da die Freistellung des Existenzminimums durch die Freibeträge nach § 32 Abs. 6 EStG erfolgte– die tarifliche Einkommensteuer gem. § 31 Satz 5 EStG um die vollen Kindergeldbeträge zu erhöhen?

BFH III R 82/09 (BFH-Webseite): Günstigerprüfung: Ist ein an sich ungünstigerer Kinderfreibetrag (ohne Anrechnung von Kindergeld auf die tarifliche ESt) zu gewähren, wenn der Anspruch auf Kindergeld wegen des bestandskräftigen Ablehnungsbescheides nicht mehr realisierbar ist?

BFH III R 50/08 (BFH-Webseite): Art der Vergleichsrechnung bei Günstigerprüfung: Ist für jedes Kind grundsätzlich auch dann eine weitere Vergleichsrechnung durchzuführen, wenn – wie im Streitfall – durch die Anwendung der Tarifvergünstigung des § 34 Abs. 1 EStG auf die ESt-Schuld der Eltern die kumulative Gewährung der Freibeträge nach § 32 Abs. 6 EStG zu einer deutlich niedrigeren Steuerschuld als die isolierte Betrachtung nach Abschnitt R 175 Abs. 1 Satz 3 EStR 2003 führt?

BFH III R 111/07 (BFH-Webseite): Berücksichtigung weiteren Ausbildungsbedarfs für das auswärts studierende Kind: Ist der Sonderbedarf mit 77 EUR monatlich ausreichend bemessen? Führt die Günstigerprüfung nach § 31 EStG zu zutreffenden Ergebnissen?

Verfassungswidrigkeit der §§ 31, 32 Abs. 6 und 33a Abs. 2 EStG in der Fassung des Zweiten Gesetzes zur Familienförderung vom 16.8.2001 (BStBl I 2001, 533)? Notwendige Vorlage an das Bundesverfassungsgericht?

BFH III R 94/03 (EFG 2003 S. 1249; Beilage 3/2008 BStBl. II S. 93): Günstigerprüfung für einen unterhaltspflichtigen Elternteil, der kein Kindergeld erhalten und einen Unterhalt von weniger als 135 % des Regelsatzes der Düsseldorfer Tabelle geleistet hat, im Jahr 2001 (In-Kraft-Treten der Neuregelung in § 1612b Abs. 5 BGB): Verrechnung des hälftigen Kindergeldes oder nur des Teilbetrages des Kindergeldes, für den ein zivilrechtlicher Ausgleichsanspruch besteht, nach § 36 Abs. 2 EStG?

(Hinweis: Das Verfahren ist ausgesetzt wegen BVerfG 2 BvL 3/05; Entscheidung BVerfG v. 13.10.2009, BGBl. I S. 3785.)

§ 32

§ 32 Kinder, Freibeträge für Kinder

(1) Kinder sind
1. im ersten Grad mit dem Steuerpflichtigen verwandte Kinder,
2. Pflegekinder (Personen, mit denen der Steuerpflichtige durch ein familienähnliches, auf längere Dauer berechnetes Band verbunden ist, sofern er sie nicht zu Erwerbszwecken in seinen Haushalt aufgenommen hat und das Obhuts- und Pflegeverhältnis zu den Eltern nicht mehr besteht). [1)]

(2) ¹Besteht bei einem angenommenen Kind das Kindschaftsverhältnis zu den leiblichen Eltern weiter, ist es vorrangig als angenommenes Kind zu berücksichtigen. ²Ist ein im ersten Grad mit dem Steuerpflichtigen verwandtes Kind zugleich ein Pflegekind, ist es vorrangig als Pflegekind zu berücksichtigen.

(3) Ein Kind wird in dem Kalendermonat, in dem es lebend geboren wurde, und in jedem folgenden Kalendermonat, zu dessen Beginn es das 18. Lebensjahr noch nicht vollendet hat, berücksichtigt.

(4) ¹Ein Kind, das das 18. Lebensjahr vollendet hat, wird berücksichtigt, wenn es
1. noch nicht das 21. Lebensjahr vollendet hat, nicht in einem Beschäftigungsverhältnis steht und bei einer Agentur für Arbeit im Inland als Arbeitsuchender gemeldet ist oder
2. noch nicht das 25. Lebensjahr vollendet hat und
   a) für einen Beruf ausgebildet wird oder
   b) sich in einer Übergangszeit von höchstens vier Monaten befindet, die zwischen zwei Ausbildungsabschnitten oder zwischen einem Ausbildungsabschnitt und der Ableistung des gesetzlichen Wehr- oder Zivildienstes, einer vom Wehr- oder Zivildienst befreienden Tätigkeit als Entwicklungshelfer oder als Dienstleistender im Ausland nach § 14b des Zivildienstgesetzes oder der Ableistung eines freiwilligen Dienstes im Sinne des Buchstaben d liegt, oder
   c) eine Berufsausbildung mangels Ausbildungsplatzes nicht beginnen oder fortsetzen kann oder
   d) ein freiwilliges soziales Jahr oder ein freiwilliges ökologisches Jahr im Sinne des Jugendfreiwilligendienstegesetzes oder einen Freiwilligendienst im Sinne des Beschlusses Nr. 1719/2006/EG des Europäischen Parlaments und des Rates vom 15. November 2006 zur Einführung des Programms „Jugend in Aktion" (ABl. EU Nr. L 327 S. 30) oder einen anderen Dienst im Ausland im Sinne von § 14b des Zivildienstgesetzes oder einen entwicklungspolitischen Freiwilligendienst „weltwärts" im Sinne der Richtlinie des Bundesministeriums für wirtschaftliche Zusammenarbeit und Entwicklung vom 1. August 2007 (BAnz. 2008 S. 1297) oder einen Freiwilligendienst aller Generationen im Sinne von § 2 Absatz 1a des Siebten Buches Sozialgesetzbuch leistet oder [2)]
3. wegen körperlicher, geistiger oder seelischer Behinderung außerstande ist, sich selbst zu unterhalten; Voraussetzung ist, dass die Behinderung vor Vollendung des 25. Lebensjahres eingetreten ist.

²Nach Satz 1 Nummer 1 und 2 wird ein Kind nur berücksichtigt, wenn es Einkünfte und Bezüge, die zur Bestreitung des Unterhalts oder der Berufsausbildung bestimmt oder geeignet sind, von nicht mehr als 8 004 Euro im Kalenderjahr hat. ³Dieser Betrag ist zu kürzen, soweit es nach den Verhältnissen im Wohnsitzstaat des Kindes notwendig und angemessen ist. ⁴Zu den Bezügen gehören auch steuerfreie Gewinne nach den §§ 14, 16 Absatz 4, § 17 Absatz 3 und § 18 Absatz 3, die nach § 19 Absatz 2 steuerfrei bleibenden Einkünfte sowie Sonderabschreibungen und erhöhte Absetzungen, soweit sie die höchstmöglichen Absetzungen für Abnutzung nach § 7 übersteigen. ⁵Bezüge, die für besondere Ausbildungszwecke bestimmt sind, bleiben hierbei außer Ansatz; Entsprechendes gilt für Einkünfte, soweit sie

---
1) Zur Anwendung von § 32 Absatz 1 Nummer 2 siehe § 52 Absatz 40 Satz 1 EStG.
2) Zur Anwendung von § 32 Absatz 4 Nummer 2 Buchstabe d siehe § 52 Absatz 40 Sätze 2 ff.

§ 32

für solche Zwecke verwendet werden. ⁶Liegen die Voraussetzungen nach Satz 1 Nummer 1 oder 2 nur in einem Teil des Kalendermonats vor, sind Einkünfte und Bezüge nur insoweit anzusetzen, als sie auf diesen Teil entfallen. ⁷Für jeden Kalendermonat, in dem die Voraussetzungen nach Satz 1 Nummer 1 oder 2 an keinem Tag vorliegen, ermäßigt sich der Betrag nach Satz 2 oder 3 um ein Zwölftel. ⁸Einkünfte und Bezüge des Kindes, die auf diese Kalendermonate entfallen, bleiben außer Ansatz. ⁹Ein Verzicht auf Teile der zustehenden Einkünfte und Bezüge steht der Anwendung der Sätze 2, 3 und 7 nicht entgegen. ¹⁰Nicht auf Euro lautende Beträge sind entsprechend dem für Ende September des Jahres vor dem Veranlagungszeitraum von der Europäischen Zentralbank bekannt gegebenen Referenzkurs umzurechnen.¹⁾

(5) ¹In den Fällen des Absatzes 4 Satz 1 Nummer 1 oder Nummer 2 Buchstabe a und b wird ein Kind, das

1. den gesetzlichen Grundwehrdienst oder Zivildienst geleistet hat, oder

2. sich an Stelle des gesetzlichen Grundwehrdienstes freiwillig für die Dauer von nicht mehr als drei Jahren zum Wehrdienst verpflichtet hat, oder

3. eine vom gesetzlichen Grundwehrdienst oder Zivildienst befreiende Tätigkeit als Entwicklungshelfer im Sinne des § 1 Absatz 1 des Entwicklungshelfer-Gesetzes ausgeübt hat,

für einen der Dauer dieser Dienste oder der Tätigkeit entsprechenden Zeitraum, höchstens für die Dauer des inländischen gesetzlichen Grundwehrdienstes oder bei anerkannten Kriegsdienstverweigerern für die Dauer des inländischen gesetzlichen Zivildienstes über das 21. oder 25. Lebensjahr hinaus berücksichtigt. ²Wird der gesetzliche Grundwehrdienst oder Zivildienst in einem Mitgliedstaat der Europäischen Union oder einem Staat, auf den das Abkommen über den Europäischen Wirtschaftsraum Anwendung findet, geleistet, so ist die Dauer dieses Dienstes maßgebend. ³Absatz 4 Satz 2 bis 10 gilt entsprechend.

(6) ¹Bei der Veranlagung zur Einkommensteuer wird für jedes zu berücksichtigende Kind des Steuerpflichtigen ein Freibetrag von 2 184 Euro für das sächliche Existenzminimum des Kindes (Kinderfreibetrag) sowie ein Freibetrag von 1 320 Euro für den Betreuungs- und Erziehungs- oder Ausbildungsbedarf des Kindes vom Einkommen abgezogen. ²Bei Ehegatten, die nach den §§ 26, 26b zusammen zur Einkommensteuer veranlagt werden, verdoppeln sich die Beträge nach Satz 1, wenn das Kind zu beiden Ehegatten in einem Kindschaftsverhältnis steht. ³Die Beträge nach Satz 2 stehen dem Steuerpflichtigen auch dann zu, wenn

1. der andere Elternteil verstorben oder nicht unbeschränkt einkommensteuerpflichtig ist oder

2. der Steuerpflichtige allein das Kind angenommen hat oder das Kind nur zu ihm in einem Pflegekindschaftsverhältnis steht.

⁴Für ein nicht nach § 1 Absatz 1 oder 2 unbeschränkt einkommensteuerpflichtiges Kind können die Beträge nach den Sätzen 1 bis 3 nur abgezogen werden, soweit sie nach den Verhältnissen seines Wohnsitzstaates notwendig und angemessen sind. ⁵Für jeden Kalendermonat, in dem die Voraussetzungen für einen Freibetrag nach den Sätzen 1 bis 4 nicht vorliegen, ermäßigen sich die dort genannten Beträge um ein Zwölftel. ⁶Abweichend von Satz 1 wird bei einem unbeschränkt einkommensteuerpflichtigen Elternpaar, bei dem die Voraussetzungen des § 26 Absatz 1 Satz 1 nicht vorliegen, auf Antrag eines Elternteils der dem anderen Elternteil zustehende Kinderfreibetrag auf ihn übertragen, wenn er, nicht jedoch der andere Elternteil seiner Unterhaltspflicht gegenüber dem Kind für das Kalenderjahr im wesentlichen nachkommt; bei minderjährigen Kindern wird der dem Elternteil, in dessen Wohnung das Kind nicht gemeldet ist, zustehende Freibetrag für den Betreuungs- und Erziehungs- oder Ausbildungsbedarf auf Antrag des anderen Elternteils auf diesen übertragen. ⁷Die den Eltern nach den Sätzen 1 bis 6 zustehenden Freibeträge können auf Antrag auch auf einen Stiefelternteil oder Großelternteil übertragen werden, wenn dieser das Kind in seinen Haushalt aufgenommen hat; dies kann auch mit Zustimmung des be-

---

1) Hinweis auf Schreiben Bundeszentralamt für Steuern vom 15.1.2010 (BStBl. I S. 44) betr. Umrechnungskurse September 2009, vom 22.1.2009 (BStBl. I S. 363) betr. Umrechnungskurse September 2008.

rechtigten Elternteils geschehen, die nur für künftige Kalenderjahre widerrufen werden kann.

Hinweise

LStH 32 Berücksichtigung von Kindern
→ *R 32.1 bis R 32.13 EStR, H 32.1 bis H 32.13 EStH*

EStR 2008

R 32.1 Im ersten Grad mit dem Steuerpflichtigen verwandte Kinder – unbesetzt –

R 32.2 Pflegekinder

Pflegekindschaftsverhältnis

(1) [1]Ein Pflegekindschaftsverhältnis (§ 32 Abs. 1 Nr. 2 EStG) setzt voraus, dass das Kind im Haushalt der Pflegeeltern sein Zuhause hat und diese zu dem Kind in einer familienähnlichen, auf längere Dauer angelegten Beziehung wie zu einem eigenen Kind stehen, z. B. wenn der Steuerpflichtige ein Kind im Rahmen von Hilfe zur Erziehung in Vollzeitpflege (§§ 27, 33 SGB VIII) oder im Rahmen von Eingliederungshilfe (§ 35a Abs. 2 Nr. 3 SGB VIII) in seinen Haushalt aufnimmt, sofern das Pflegeverhältnis auf Dauer ausgelegt ist. [2]Hieran fehlt es, wenn ein Kind von vornherein nur für eine begrenzte Zeit im Haushalt des Steuerpflichtigen Aufnahme findet. [3]Kinder, die mit dem Ziel der Annahme vom Steuerpflichtigen in Pflege genommen werden (§ 1744 BGB), sind regelmäßig Pflegekinder. [4]Zu Erwerbszwecken in den Haushalt aufgenommen sind z. B. Kostkinder. [5]Hat der Steuerpflichtige mehr als sechs Kinder in seinem Haushalt aufgenommen, spricht eine Vermutung dafür, dass es sich um Kostkinder handelt.

Kein Obhuts- und Pflegeverhältnis zu den leiblichen Eltern

(2) [1]Voraussetzung für ein Pflegekindschaftsverhältnis zum Steuerpflichtigen ist, dass das Obhuts- und Pflegeverhältnis zu den leiblichen Eltern nicht mehr besteht, d.h. die familiären Bindungen zu diesen auf Dauer aufgegeben sind. [2]Gelegentliche Besuchskontakte allein stehen dem nicht entgegen.

Altersunterschied

(3) [1]Ein Altersunterschied wie zwischen Eltern und Kindern braucht nicht unbedingt zu bestehen. [2]Dies gilt auch, wenn das zu betreuende Geschwister von Kind an wegen Behinderung pflegebedürftig war und das betreuende Geschwister die Stelle der Eltern, z.B. nach deren Tod, einnimmt. [3]Ist das zu betreuende Geschwister dagegen erst im Erwachsenenalter pflegebedürftig geworden, so wird im Allgemeinen ein dem Eltern-Kind-Verhältnis ähnliches Pflegeverhältnis nicht mehr begründet werden können.

R 32.3 Allgemeines zur Berücksichtigung von Kindern

[1]Ein Kind wird vom Beginn des Monats an, in dem die Anspruchsvoraussetzungen erfüllt sind, berücksichtigt. [2]Entsprechend endet die Berücksichtigung mit Ablauf des Monats, in dem die Anspruchsvoraussetzungen wegfallen (Monatsprinzip). [3]Eine Berücksichtigung außerhalb des Zeitraums der unbeschränkten Steuerpflicht der Eltern ist – auch in den Fällen des § 2 Abs. 7 Satz 3 EStG – nicht möglich. [4]Ein vermisstes Kind ist bis zur Vollendung des 18. Lebensjahres zu berücksichtigen.

R 32.4 Kinder, die Arbeit suchen – unbesetzt –

R 32.5 Kinder, die für einen Beruf ausgebildet werden

[1]Ein behindertes Kind befindet sich auch dann in der Berufsausbildung, wenn es durch gezielte Maßnahmen auf eine – wenn auch einfache – Erwerbstätigkeit vorbereitet wird, die nicht spezifische Fähigkeiten oder Fertigkeiten erfordert. [2]Unter diesem Gesichtspunkt kann z. B. auch der Besuch einer Behindertenschule, einer Heimsonderschule, das Arbeitstraining in einer Anlernwerkstatt oder die Förderung im Berufsbildungsbereich einer Werkstatt für behinderte Menschen eine Berufsausbildung darstellen. [3]Die Ausbildung des behinderten Kindes ist abgeschlossen, wenn ihm eine seinen Fähigkeiten angemessene Beschäftigung möglich ist. [4]Eine Bescheinigung der besuchten Einrichtung kann einen Anhaltspunkt für die Beurteilung geben.

R 32.6 Kinder, die sich in einer Übergangszeit befinden
– unbesetzt –

R 32.7 Kinder, die mangels Ausbildungsplatz ihre Berufsausbildung nicht beginnen oder fortsetzen können

Allgemeines

(1) ¹Grundsätzlich ist jeder Ausbildungswunsch des Kindes anzuerkennen, es sei denn, dass seine Verwirklichung wegen der persönlichen Verhältnisse des Kindes ausgeschlossen erscheint. ²Dies gilt auch dann, wenn das Kind bereits eine abgeschlossene Ausbildung in einem anderen Beruf besitzt. ³Das Finanzamt kann verlangen, dass der Steuerpflichtige die ernsthaften Bemühungen des Kindes um einen Ausbildungsplatz durch geeignete Unterlagen nachweist oder zumindest glaubhaft macht.

Ausbildungsplätze

(2) Ausbildungsplätze sind neben betrieblichen und überbetrieblichen insbesondere solche an Fach- und Hochschulen sowie Stellen, an denen eine in der Ausbildungs- oder Prüfungsordnung vorgeschriebene praktische Tätigkeit abzuleisten ist.

→ **Ernsthafte Bemühungen um einen Ausbildungsplatz**

(3) ¹Für die Berücksichtigung eines Kindes ohne Ausbildungsplatz ist Voraussetzung, dass es dem Kind trotz ernsthafter Bemühungen nicht gelungen ist, seine Berufsausbildung (→ R 32.5) zu beginnen oder fortzusetzen. ²Als Nachweis der ernsthaften Bemühungen kommen z.B. Bescheinigungen der Agentur für Arbeit über die Meldung des Kindes als Bewerber um eine berufliche Ausbildungsstelle, Unterlagen über eine Bewerbung bei der Zentralen Vergabestelle von Studienplätzen, Bewerbungsschreiben unmittelbar an Ausbildungsstellen sowie deren Zwischennachricht oder Ablehnung in Betracht.

(4) ¹Die Berücksichtigung eines Kindes ohne Ausbildungsplatz ist ausgeschlossen, wenn es sich wegen Kindesbetreuung nicht um einen Ausbildungsplatz bemüht. ²Eine Berücksichtigung ist dagegen möglich, wenn das Kind infolge Erkrankung oder wegen eines Beschäftigungsverbots nach den §§ 3 und 6 Mutterschutzgesetz daran gehindert ist, seine Berufsausbildung zu beginnen oder fortzusetzen.

R 32.8 Kinder, die ein freiwilliges soziales oder ökologisches Jahr oder freiwillige Dienste leisten
– unbesetzt –

R 32.9 Kinder, die wegen körperlicher, geistiger oder seelischer Behinderung außerstande sind, sich selbst zu unterhalten

Behinderte Kinder

(1) ¹Als Kinder, die wegen körperlicher, geistiger oder seelischer Behinderung außerstande sind, sich selbst zu unterhalten, kommen insbesondere Kinder in Betracht, deren Schwerbehinderung (§ 2 Abs. 2 SGB IX) festgestellt ist oder die einem schwer behinderten Menschen gleichgestellt sind (§ 2 Abs. 3 SGB IX). ²Ein Kind, das wegen seiner Behinderung außerstande ist, sich selbst zu unterhalten, kann bei Vorliegen der sonstigen Voraussetzungen über das 25. Lebensjahr hinaus ohne altersmäßige Begrenzung berücksichtigt werden. ³**Eine Berücksichtigung setzt voraus, dass die Behinderung, deretwegen das Kind nicht in der Lage ist, sich selbst zu unterhalten, vor Vollendung des 25. Lebensjahres eingetreten ist.** ⁴Ein Kind kann auch berücksichtigt werden, wenn diese Behinderung bereits vor dem 1. 1. 2007 und vor Vollendung des 27. Lebensjahres eingetreten ist (§ 52 Abs. 40 Satz 5 EStG).

→ **Außerstande sein, sich selbst zu unterhalten**

(2) ¹Ob das Kind wegen seiner Behinderung außerstande ist, sich selbst zu unterhalten, ist nach den Gesamtumständen des Einzelfalles zu beurteilen. ²Dabei kommt es nicht nur auf die Unfähigkeit des Kindes an, durch eigene Erwerbstätigkeit seinen gesamten notwendigen Lebensbedarf zu bestreiten, sondern auch darauf, ob dem Kind hierfür andere Einkünfte oder Bezüge zur Verfügung stehen. ³R 32.10 gilt entsprechend. ⁴Bezieht das Kind weder Einkünfte aus einer eigenen Erwerbstätigkeit noch Lohnersatzleistungen, kann grundsätzlich von der Unfähigkeit zur Ausübung einer Erwerbstätigkeit ausgegangen werden. ⁵Dies gilt jedoch nicht, wenn nicht die Behinderung, sondern offensichtlich andere Gründe, z. B. die Arbeitsmarktlage, ursächlich dafür sind, dass das Kind eine eigene Erwerbstätigkeit nicht ausüben kann. ⁶Ein über **25** Jahre altes Kind, das wegen seiner Behinderung noch in Schul- oder Berufsausbildung steht, ist in jedem Fall als unfähig zur Ausübung einer Erwerbstätigkeit anzusehen.

Unschädliche Einkünfte und Bezüge des behinderten Kindes

(3) Übersteigen die Einkünfte und Bezüge des Kindes nicht den Grenzbetrag des § 32 Abs. 3 Satz 2 EStG, ist davon auszugehen, dass das Kind außerstande ist, sich selbst zu unterhalten.

R 32.10 Einkünfte und Bezüge des Kindes

Einkünfte

(1) ¹→ Einkünfte sind stets in vollem Umfang zu berücksichtigen, also auch soweit sie zur Bestreitung des Unterhalts nicht zur Verfügung stehen oder die Verfügungsbefugnis beschränkt ist. ²Dies gilt nicht für **Einkünfte, die durch unvermeidbare → Versicherungsbeiträge des Kindes gebunden sind.** ³Bei einer privaten Krankenversicherung ist nicht zu prüfen, ob der Versicherungsumfang die Mindestvorsorge für den Krankheitsfall nach sozialhilferechtlichen Vorschriften (§§ 47 ff. SGB XII) übersteigt; dies gilt nicht für Ergänzungstarife oder für eine Zusatzkrankenversicherung.

Bezüge

(2) ¹Bezüge im Sinne von § 32 Abs. 4 Satz 2 EStG sind alle Einnahmen in Geld oder Geldeswert, die nicht im Rahmen der einkommensteuerrechtlichen Einkunftsermittlung erfasst werden. ²Zu diesen Bezügen gehören insbesondere:

1. die nicht der Besteuerung unterliegenden Teile der Leistungen (§ 22 Nr. 1 Satz 3 Buchstabe a Doppelbuchstabe aa EStG) und die Teile von Leibrenten, die den Ertragsanteil nach § 22 Nr. 1 Satz 3 Buchstabe a Doppelbuchstabe bb EStG übersteigen,
2. Einkünfte und Leistungen, soweit sie dem Progressionsvorbehalt unterliegen (→ R 32b), **mit Ausnahme des an Kinder wegen der Geburt eines Kindes gezahlten Elterngeldes nach dem Bundeselterngeld- und Elternzeitgesetz – BEEG – vom 5. 12. 2006 (BGBl. I S. 2748) in Höhe der Mindestbeträge von monatlich 300 Euro (§ 2 Abs. 5 BEEG) bzw. 150 Euro (§ 6 Satz 2 BEEG); bei Mehrlingsgeburten entsprechend vervielfacht nach Zahl der in einem Monat oder Teil des Monats lebenden Kinder,**
3. Renten nach § 3 Nr. 1 Buchstabe a EStG, Bezüge nach § 3 Nr. 2b, 3, 6, 27, 58 EStG und nach § 3b EStG, Bezüge nach § 3 Nr. 44 EStG, soweit sie zur Bestreitung des Lebensunterhalts dienen, sowie Bezüge nach § 3 Nr. 5 und 11 EStG mit Ausnahme der Heilfürsorge, der steuerfreien Beihilfen in Krankheits-, Geburts- und Todesfällen i. S. d. Beihilfevorschriften des Bundes und der Länder **und der Beitragsermäßigungen und Prämienrückzahlungen eines Trägers der gesetzlichen Krankenversicherung für nicht in Anspruch genommene Beihilfeleistungen, soweit diese die → Versicherungsbeiträge des Kindes gemindert haben,**
4. die nach § 3 Nr. 40 und 40a EStG steuerfrei bleibenden Beträge abzüglich der damit in Zusammenhang stehenden Aufwendungen i. S. d. § 3c EStG,
5. pauschal besteuerte Bezüge nach § 40a EStG,
6. Unterhaltsleistungen des geschiedenen oder dauernd getrennt lebenden Ehegatten, soweit nicht als sonstige Einkünfte i. S. d. § 22 Nr. 1a EStG erfasst,
7. Zuschüsse eines Trägers der gesetzlichen Rentenversicherung zu den Aufwendungen eines Rentners für seine Krankenversicherung.

(3) ¹Nicht anzusetzen sind Bezüge, die für besondere Ausbildungszwecke bestimmt sind. ²Dies sind insbesondere Leistungen für

– **Studiengebühren und Reisekosten bei einem Auslandsstudium,**
– **Wechselkursausgleich bei einem Auslandsstudium (Auslandszuschlag),**
– **Auslandskrankenversicherung bei einem Auslandsstudium,**
– **Reisekosten bei einem Freiwilligendienst i.S.d. Gesetzes zur Förderung von Jugendfreiwilligendiensten sowie**
– **das Büchergeld von Ausbildungshilfen gewährenden Förderungseinrichtungen.**

Kostenpauschale für Bezüge

(4) ¹Bei der Feststellung der anzurechnenden Bezüge sind aus Vereinfachungsgründen insgesamt 180 Euro im Kalenderjahr abzuziehen, wenn nicht höhere Aufwendungen, die im Zusammenhang mit dem Zufluss der entsprechenden Einnahmen stehen, nachgewiesen oder glaubhaft gemacht werden. ²Ein solcher Zusammenhang ist z. B. bei Kosten eines Rechtsstreits zur Erlangung der Bezüge und bei Kontoführungskosten gegeben.

R 32.11 Verlängerungstatbestände bei Arbeit suchenden Kindern und Kindern in Berufsausbildung

¹Kalendermonate der Ableistung eines Dienstes im Sinne von § 32 Abs. 5 EStG, in denen auch die Voraussetzungen des § 32 Abs. 4 Satz 1 Nr. 1 oder Nr. 2 Buchstabe a oder b EStG vorgelegen haben, führen nicht zu einer Berücksichtigung über das 21. **Lebensjahr** bzw. **das 25./26./27. Lebensjahr (→ §52 Abs. 40 Satz 6 EStG)** hinaus. ²Dies gilt auch, wenn das Kind für diese Kalendermonate nicht zu be-

rücksichtigen war, weil seine Einkünfte und Bezüge die maßgebliche Grenze des § 32 Abs. 4 Satz 2 EStG überschritten hatten.

R 32.12 Höhe der Freibeträge für Kinder in Sonderfällen
Einem Steuerpflichtigen, der die vollen Freibeträge für Kinder erhält, weil der andere Elternteil verstorben ist (§ 32 Abs. 6 Satz 3 EStG), werden Steuerpflichtige in Fällen gleichgestellt, in denen
1. der Wohnsitz oder gewöhnliche Aufenthalt des anderen Elternteils nicht zu ermitteln ist oder
2. der Vater des Kindes amtlich nicht feststellbar ist.

R 32.13 Übertragung der Freibeträge für Kinder
Barunterhaltsverpflichtung
(1) ¹Bei dauernd getrennt lebenden oder geschiedenen Ehegatten sowie bei Eltern eines nichtehelichen Kindes ist der Elternteil, in dessen Obhut das Kind sich nicht befindet, grundsätzlich zur Leistung von Barunterhalt verpflichtet. ²Wenn die Höhe nicht durch gerichtliche Entscheidung, Verpflichtungserklärung, Vergleich oder anderweitig durch Vertrag festgelegt ist, können dafür die von den Oberlandesgerichten als Leitlinien aufgestellten Unterhaltstabellen, z. B. "Düsseldorfer Tabelle", einen Anhalt geben.

Der Unterhaltsverpflichtung im Wesentlichen nachkommen
(2) ¹Ein Elternteil kommt seiner Barunterhaltsverpflichtung gegenüber dem Kind im Wesentlichen nach, wenn er sie mindestens zu 75 % erfüllt. ²Der Elternteil, in dessen Obhut das Kind sich befindet, erfüllt seine Unterhaltsverpflichtung in der Regel durch die Pflege und Erziehung des Kindes (§ 1606 Abs. 3 BGB).

Maßgebender Verpflichtungszeitraum
(3) ¹Hat aus Gründen, die in der Person des Kindes liegen, oder wegen des Todes des Elternteiles die Unterhaltsverpflichtung nicht während des ganzen Kalenderjahres bestanden, ist für die Frage, inwieweit sie erfüllt worden ist, nur auf den Verpflichtungszeitraum abzustellen. ²Wird ein Elternteil erst im Laufe des Kalenderjahres zur Unterhaltszahlung verpflichtet, ist für die Prüfung, ob er seiner Barunterhaltsverpflichtung gegenüber dem Kind zu mindestens 75 % nachgekommen ist, nur der Zeitraum zu Grunde zu legen, für den der Elternteil zur Unterhaltsleistung verpflichtet wurde. ³Im Übrigen kommt es nicht darauf an, ob die unbeschränkte Steuerpflicht des Kindes oder der Eltern während des ganzen Kalenderjahres bestanden hat.

Verfahren
(4) ¹Wird die Übertragung der dem anderen Elternteil zustehenden Freibeträge für Kinder beantragt, weil dieser seiner Unterhaltsverpflichtung gegenüber dem Kind für das Kalenderjahr nicht im Wesentlichen nachgekommen ist, muss der Antragsteller die Voraussetzungen dafür darlegen. ²Die Übertragung des Kinderfreibetrags führt stets auch zur Übertragung des Freibetrags für den Betreuungs- und Erziehungs- oder Ausbildungsbedarf. ³Der betreuende Elternteil kann auch beantragen, dass der dem anderen Elternteil, in dessen Wohnung das minderjährige Kind nicht gemeldet ist, zustehende Freibetrag für den Betreuungs- und Erziehungs- oder Ausbildungsbedarf auf ihn übertragen wird. ⁴In Zweifelsfällen ist dem anderen Elternteil Gelegenheit zu geben, sich zum Sachverhalt zu äußern (§ 91 AO). ⁵In dem Kalenderjahr, in dem das Kind das 18. Lebensjahr vollendet, ist die Übertragung des Freibetrags für Betreuungs- und Erziehungs- oder Ausbildungsbedarf nur für den Teil des Kalenderjahres möglich, in dem das Kind noch minderjährig ist. ⁶Werden die Freibeträge für Kinder bei einer Veranlagung auf den Steuerpflichtigen übertragen, teilt das Finanzamt dies dem für den anderen Elternteil zuständigen Finanzamt mit. ⁷Ist der andere Elternteil bereits veranlagt, ist die Änderung der Steuerfestsetzung, sofern sie nicht nach § 164 Abs. 2 Satz 1 oder § 165 Abs. 2 AO vorgenommen werden kann, nach § 175 Abs. 1 Satz 1 Nr. 2 AO durchzuführen. ⁸Beantragt der andere Elternteil eine Herabsetzung der gegen ihn festgesetzten Steuer mit der Begründung, die Voraussetzungen für die Übertragung der Freibeträge für Kinder auf den Steuerpflichtigen lägen nicht vor, ist der Steuerpflichtige unter den Voraussetzungen des § 174 Abs. 4 und 5 AO zu dem Verfahren hinzuzuziehen. ⁹Obsiegt der andere Elternteil, kommt die Änderung der Steuerfestsetzung beim Steuerpflichtigen nach § 174 Abs. 4 AO in Betracht. ¹⁰Dem Finanzamt des Steuerpflichtigen ist zu diesem Zweck die getroffene Entscheidung mitzuteilen.

ESt-Kartei NW

Fach 1 Kinderfreibetrag
1. Einführungsschreiben zum Familienleistungsausgleich – Hinweis auf § 31 EStG Nr. 1 –
2. Berücksichtigung ausländischer Verhältnisse – Ländergruppenteilung – Hinweis auf § 33a Fach 1 Nr. 1 –

§ 32 ESt-Kartei NW, Rechtsprechung

3. Umsetzung der Entscheidungen des Bundesverfassungsgerichts vom 10. 11. 1998 zu den Kinderfreibeträgen (§ 32 Abs. 6 EStG) – Hinweis auf § 53 EStG Nr. 1 – (entspricht BMF-Schreiben v. 14. 3. 2000 BStBl. I S. 413)
4. Familienleistungsausgleich (§§ 31, 32 EStG); Berücksichtigung eines volljährigen Kindes nach Eheschließung (entspricht BMF-Schreiben v. 5. 10. 2000 BStBl. I S. 1391 zu BFH v. 2. 3. 2000 BStBl. II S. 522)
5. Familienleistungsausgleich (§§ 31, 32 EStG); Zwangspause vor und nach Ableistung des gesetzlichen Wehr- und Zivildienstes als Übergangszeit zwischen zwei Ausbildungsabschnitten (R 180a EStR) (entspricht BMF-Schreiben v. 9. 3. 2001 BStBl. I S. 207)
1000. Gewährung des Kinderfreibetrages – Berücksichtigung von Einkünften und Bezügen bei Beendigung der Berufsausbildung – Zuordnung von Sonderzuwendungen – Berücksichtigung eines volljährigen Kindes nach Eheschließung (entspricht Schreiben Bundesamt für Finanzen v. 4. 8. 2000 BStBl. I S. 1216)

Fach 2 Haushaltsfreibetrag

1. Haushaltsfreibetrag bei Übertragung des Kinderfreibetrags (entspricht BMF-Schreiben v. 15. 3. 1993 BStBl. I S. 278)
1000. Zuordnung von Kindern (§ 32 Abs. 7 Satz 2 EStG) und Bescheinigung der Steuerklasse II auf der Lohnsteuerkarte (§ 38b Satz 2 Nr. 2 EStG) (wenn beide Eheleute in derselben Gemeinde mit Wohnsitz gemeldet sind, maßgebend ist Melderegister)

Fach 3 Tariffreibetrag – leer –

Rechtsprechungsauswahl

BFH v. 17. 12. 2009 III R 74/07 (BFH-Webseite): Kindergeld: Verletztenrente aus der gesetzlichen Unfallversicherung als Bezug des Kindes

Entstehen dem Kind als Folge eines Unfalls Aufwendungen zur Heilung einer gesundheitlichen Beeinträchtigung, die von der gesetzlichen Unfallversicherung nicht erstattet werden, ist die als Bezug anzusetzende Verletztenrente um diese Aufwendungen zu mindern.

BFH v. 17. 12. 2009 VI R 64/08 (BFH-Webseite): Keine Opfergrenze, aber Berücksichtigung des Kindesunterhalts bei Unterhalt an Lebensgefährtin

1. Unterhaltsleistungen eines Steuerpflichtigen an seine mit ihm in einer Haushaltsgemeinschaft lebende, mittellose Lebenspartnerin sind ohne Berücksichtigung der sog. Opfergrenze als außergewöhnliche Belastung nach § 33a Abs. 1 EStG abziehbar (Anschluss an BFH-Urteil vom 29. Mai 2008 III R 23/07, BFHE 222, 250, BStBl. II 2009, 363).
2. Gehört der Haushaltsgemeinschaft ein unterhaltsberechtigtes Kind an, sind die für Unterhaltsleistungen zur Verfügung stehenden Mittel um den nach § 32 Abs. 6 Satz 2 EStG bemessenen Mindestunterhaltsbedarf des Kindes zu kürzen.
3. Der Mindestunterhalt ist in Höhe des doppelten Freibetrags für das sächliche Existenzminimum des Kindes anzusetzen. § 1612a Abs. 1 Satz 3 BGB kommt entsprechend zur Anwendung.

BFH v. 17. 12. 2009 VI R 63/08 (BFH-Webseite): Studiengebühren sind keine außergewöhnlichen Belastungen

1. Studiengebühren für den Besuch einer (privaten) Hochschule sind weder nach § 33a Abs. 2 EStG noch nach § 33 EStG als außergewöhnliche Belastung abziehbar.
2. Das Abzugsverbot begegnet keinen verfassungsrechtlichen Bedenken. Vielmehr hat der Gesetzgeber dem Ausbildungsbedarf von Kindern in § 32 Abs. 6 Satz 1 Halbsatz 2 EStG und § 33a Abs. 2 EStG – jedenfalls im Streitjahr – ausreichend Rechnung getragen.
3. § 33a Abs. 2 EStG ist eine zusätzliche Ausbildungskomponente im Familienleistungsausgleich. Eine isolierte Betrachtung der Verfassungsmäßigkeit dieser Vorschrift scheidet damit aus.

BFH v. 22. 10. 2009 III R 50/07 (BFH-Webseite): Anspruch auf Kindergeld für ein arbeitsloses, behindertes Kind nur, wenn die Behinderung in erheblichem Umfang mitursächlich für die Arbeitslosigkeit ist oder wenn die von ihm erzielbaren Einkünfte nicht den gesamten Lebensbedarf decken könnten

1. Für ein arbeitsloses, behindertes Kind besteht ein Anspruch auf Kindergeld nach § 32 Abs. 4 Satz 1 Nr. 3 EStG, wenn die Behinderung in erheblichem Umfang mitursächlich dafür ist, dass es keine Arbeit findet und deshalb außerstande ist, seinen Lebensunterhalt zu bestreiten. Die Entscheidung, ob eine erhebliche Mitursächlichkeit gegeben ist, hat das FG unter Würdigung der Umstände des

Rechtsprechung § 32

einzelnen Falles zu treffen (Bestätigung des Senatsurteils vom 19. November 2008 III R 105/07, BFHE 223, 365, BFH/NV 2009, 638).

2. Ist keine erhebliche Mitursächlichkeit anzunehmen, besteht ein Anspruch auf Kindergeld auch dann, wenn die Einkünfte, die das Kind aus einer –trotz der Behinderung möglichen– Erwerbstätigkeit erzielen könnte, nicht ausreichen würden, seinen gesamten Lebensbedarf (existenziellen Grundbedarf und behinderungsbedingten Mehrbedarf) zu decken.

BFH v. 28. 5. 2009 III R 8/06 (BFH-Webseite): Bei der Ermittlung der kindergeldschädlichen Einkünfte und Bezüge des Kindes ist eine vom Kind gebildete Rücklage nach § 7g Abs. 3 EStG 2002, die es gemäß § 7g Abs. 6 EStG 2002 bei seinen gewerblichen Einkünften als Betriebsausgaben abgezogen hat, nicht entsprechend § 32 Abs. 4 Satz 4 EStG 2002 als Bezug anzusetzen.

BFH v. 23. 4. 2009 VI R 60/06 (BFH-Webseite): Der Betreuungsfreibetrag in § 32 Abs. 6 Satz 1 EStG 2001 erfasst auch erwerbsbedingten Betreuungsbedarf.

BFH v. 2. 4. 2009 III R 85/08 (BFH-Webseite):
1. Die ernsthafte und nachhaltige Vorbereitung auf eine Wiederholungsprüfung gehört auch dann zur Berufsausbildung, wenn das Ausbildungsverhältnis mit dem Lehrbetrieb nach der nicht bestandenen Abschlussprüfung endet und das Kind keine Berufsschule besucht.
2. Nimmt das Kind an der erstmaligen Wiederholungsprüfung teil und besteht diese, ist in der Regel zu unterstellen, dass sich das Kind ernsthaft und nachhaltig auf diese Prüfung vorbereitet hat.

BFH v. 2. 4. 2009 III R 92/06 (BFH-Webseite):
1. Leistet ein als Betreiber einer sonstigen betreuten Wohnform nach § 34 SGB VIII anerkannter Trägerverein einer Pflegeperson Zahlungen für die Erziehung und Unterbringung eines fremden Kindes, so scheidet die Annahme eines Pflegekindschaftsverhältnisses aus, weil das Kind zu Erwerbszwecken in den Haushalt der Pflegeperson aufgenommen worden ist (§ 32 Abs. 1 Nr. 2 EStG).
2. Die sozialrechtliche Einordnung als sonstige betreute Wohnform hat steuerrechtliche Tatbestandswirkung. Es kommt daher nicht darauf an, ob die Unterbringung des Kindes sozialrechtlich als Vollzeitpflege nach § 33 SGB VIII hätte behandelt werden müssen.

BFH v. 18. 3. 2009 III R 26/06 (BFH-Webseite): Die ernsthafte Vorbereitung auf ein Abitur für Nichtschüler ist – zumindest ab dem Monat der Anmeldung zur Prüfung – als Berufsausbildung anzusehen.

BFH v. 18. 3. 2009 III R 33/07 (BStBl. II S. 1010):
1. Kinder, die einen Freiwilligendienst leisten, werden steuerrechtlich nur berücksichtigt, wenn der Dienst die Voraussetzungen des § 32 Abs. 4 Satz 1 Nr. 2 Buchst. d EStG in Verbindung mit der jeweiligen Verweisungsnorm erfüllt. Die Vorschrift ist nicht analog auf andere freiwillige soziale Dienste anwendbar.
2. Dienste i.S. des § 14b ZDG sind Dienste im Ausland, die das friedliche Zusammenleben der Völker fördern, von einem nach § 14b Abs. 3 ZDG anerkannten Träger durchgeführt werden und von einem anerkannten Kriegsdienstverweigerer unentgeltlich anstelle des Zivildienstes geleistet werden. Es verstößt nicht gegen Art. 3 GG, dass andere Kinder, die einen vergleichbaren Friedensdienst im Ausland erbringen, nicht berücksichtigt werden.

BFH v. 19. 11. 2008 III R 105/07 (BFH-Webseite):
1. Eine Mitursächlichkeit der Behinderung des Kindes für seine mangelnde Fähigkeit zum Selbstunterhalt genügt für den Kindergeldanspruch nach § 32 Abs. 4 Satz 1 Nr. 3 EStG. Aus dem Wortlaut der Vorschrift ergibt sich aber, dass die Mitursächlichkeit erheblich sein muss.
2. Die Entscheidung, ob eine erhebliche Mitursächlichkeit vorliegt, hat das FG im Rahmen einer Gesamtwürdigung aller Umstände des Einzelfalles zu treffen, die vom BFH nur eingeschränkt überprüfbar ist.

BFH v. 25. 9. 2008 III R 91/07 (BStBl. 2010 II S. 47):
1. Der Registrierung des arbeitsuchenden Kindes bzw. der daran anknüpfenden Bescheinigung der Agentur für Arbeit kommt keine (echte) Tatbestandswirkung für den Kindergeldanspruch nach § 32 Abs. 4 Satz 1 Nr. 1 EStG zu.
2. Entscheidend für den Kindergeldanspruch ist vielmehr, ob sich das Kind im konkreten Fall tatsächlich bei der Arbeitsvermittlung als Arbeitsuchender gemeldet hat bzw. diese Meldung alle drei Monate erneuert hat.

§ 32 Rechtsprechung

BFH v. 19. 6. 2008 III R 68/05 (BStBl. 2009 II S. 1008): Die Meldung eines volljährigen, aber noch nicht 21 Jahre alten Kindes als arbeitsuchend bei der Arbeitsvermittlung der Agentur für Arbeit wirkt nur drei Monate fort. Nach Ablauf dieser Frist muss sich das Kind erneut als Arbeitsuchender melden, da sonst der Kindergeldanspruch entfällt.

BFH v. 19. 6. 2008 III R 66/05 (BStBl. 2009 II S. 1005): Die Meldung eines ausbildungsuchenden volljährigen Kindes bei der Ausbildungsvermittlung des Arbeitsamtes (jetzt: Agentur für Arbeit) dient regelmäßig als Nachweis dafür, dass es sich ernsthaft um einen Ausbildungsplatz bemüht hat. Die Meldung wirkt jedoch nur drei Monate fort. Nach Ablauf dieser Frist muss sich das Kind erneut als Ausbildungsuchender melden, da sonst der Kindergeldanspruch entfällt.

BFH v. 26. 9. 2007 III R 4/07 (BStBl. 2008 II S. 738):
1. Bei der Prüfung, ob die Einkünfte und Bezüge des Kindes den Jahresgrenzbetrag überschreiten, sind die Einkünfte weder um die einbehaltene Lohn- und Kirchensteuer noch um die Beiträge zu einer privaten Zusatzkrankenversicherung oder einer Kfz-Haftpflichtversicherung zu kürzen.
2. Beiträge für eine private Rentenversicherung mindern die Einkünfte jedenfalls dann nicht, wenn sich das Kind in Ausbildung befindet und in der gesetzlichen Rentenversicherung pflichtversichert ist.

BFH v. 19. 4. 2007 III R 65/06 (BStBl. 2008 II S. 756):
1. Anspruch auf Kindergeld für ein verheiratetes Kind besteht nur dann, wenn die Einkünfte des Ehepartners für den vollständigen Unterhalt des Kindes nicht ausreichen, das Kind ebenfalls nicht über ausreichende eigene Mittel für den Unterhalt verfügt und die Eltern deshalb weiterhin für das Kind aufkommen müssen - sog. Mangelfall - (Fortführung der BFH-Urteile vom 2. März 2000 VI R 13/99, BFHE 191, 69, BStBl. II 2000, 522, und vom 23. November 2001 VI R 144/00, BFH/NV 2002, 482).
2. Ein Mangelfall ist anzunehmen, wenn die Einkünfte und Bezüge des Kindes einschließlich der Unterhaltsleistungen des Ehepartners niedriger sind als das steuerrechtliche – dem Jahresgrenzbetrag des § 32 Abs. 4 Satz 2 EStG entsprechende – Existenzminimum.

BFH v. 25. 1. 2007 III R 23/06 (BStBl. 2008 II S. 664): Kinder können bis zur Vollendung des 27. Lebensjahres (ab 1. Januar 2007: 25. Lebensjahr) auch in einer Übergangszeit von höchstens vier Monaten zwischen Ausbildungsabschluss und Beginn des gesetzlichen Wehrdienstes zu berücksichtigen sein.

BFH v. 14. 12. 2006 III R 24/06 (BStBl. 2007 II S. 530): Beiträge eines beihilfeberechtigten Kindes für eine private Kranken- und Pflegeversicherung sind nicht in die Bemessungsgröße für den Jahresgrenzbetrag (§ 32 Abs. 4 Satz 2 EStG) einzubeziehen, soweit sie auf Tarife entfallen, mit denen der von der Beihilfe nicht freigestellte Teil der beihilfefähigen Aufwendungen für ambulante, stationäre und zahnärztliche Heilbehandlungen abgedeckt wird.*)

*) Hinweis BStBl. II: Die Änderung des insweit anders lautenden BMF-Schreibens vom 18.11.2005 (BStBl. I S. 1027) erfolgt in Kürze. Siehe BMF-Schreiben vom 4.7.2008 (BStBl. I S. 716).

BFH v. 28. 11. 2006 III R 6/06 (BStBl. 2007 II S. 717): Ein bestandskräftiger Bescheid, mit dem die Familienkasse die Festsetzung von Kindergeld im laufenden Kalenderjahr wegen der den Jahresgrenzbetrag (§ 32 Abs. 4 Satz 2 EStG) voraussichtlich übersteigenden Einkünfte und Bezüge des Kindes aufgehoben hat (Prognoseentscheidung), ist nicht nach § 70 Abs. 4 EStG zu ändern, wenn der Jahresgrenzbetrag allein deshalb unterschritten wird, weil nach der späteren Entscheidung des BVerfG die Arbeitnehmerbeiträge des Kindes zur gesetzlichen Sozialversicherung abweichend von der bisher vorherrschenden Rechtsauffassung nicht in die Bemessungsgröße für den Jahresgrenzbetrag des § 32 Abs. 4 Satz 2 EStG einzubeziehen sind.

BFH v. 16. 11. 2006 III R 15/06 (BStBl. 2008 II S. 56): Geht das Kind in dem Zeitraum, in dem es die gesetzlichen Voraussetzungen eines Berücksichtigungstatbestands i.S. des § 32 Abs. 4 Satz 1 Nr . 2 Buchst. a bis c EStG erfüllt, einer Erwerbstätigkeit nach und übersteigen seine gesamten Einkünfte und Bezüge den (anteiligen) Jahresgrenzbetrag nicht, besteht ein Anspruch auf Kindergeld unabhängig davon, ob es sich bei der Erwerbstätigkeit um eine Vollzeiterwerbstätigkeit handelt (Änderung der Rechtsprechung).

BFH v. 16. 11. 2006 III R 74/05 (BStBl. 2007 II S. 527): Aufwendungen des Kindes als freiwilliges Mitglied einer gesetzlichen Krankenversicherung für die Beiträge zur Kranken- und Pflegeversicherung sind nicht in die Bemessungsgröße für den Jahresgrenzbetrag (§ 32 Abs. 4 Satz 2 EStG) einzubeziehen.*)

*) Hinweis BStBl. II: Die Änderung des insweit anders lautenden BMF-Schreibens vom 18.11.2005 (BStBl. I S. 1027) erfolgt in Kürze. Siehe BMF-Schreiben vom 4.7.2008 (BStBl. I S. 716).

Rechtsprechung § 32

BFH v. 31. 8. 2006 III R 71/05 (BFH-Webseite): Für die Prüfung, ob ein volljähriges blindes Kind i. S. des § 32 Abs. 4 Satz 1 Nr. 3 EStG außerstande ist, sich selbst zu unterhalten, ist bei dem Vergleich seiner Einkünfte und Bezüge mit seinem existentiellen Lebensbedarf (Grundbedarf und behinderungsbedingter Mehrbedarf) das Blindengeld zwar den zur Bestreitung des Lebensunterhalts geeigneten Bezügen zuzuordnen. Jedoch ist es bei der Ermittlung des behinderungsbedingten Mehrbedarfs anstelle des Pauschbetrages für behinderte Menschen nach § 33b Abs. 3 Satz 3 EStG anzusetzen, wenn es der Höhe nach den Pauschbetrag übersteigt. Es ist zu vermuten, dass in Höhe des tatsächlich ausbezahlten Blindengeldes ein behinderungsbedingter Mehraufwand besteht.

BFH v. 28. 6. 2006 III R 13/06 (BStBl. 2007 II S. 714):
1. Hat die Familienkasse die Festsetzung von Kindergeld für das abgelaufene Kalenderjahr wegen Überschreitens des Grenzbetrages nach § 32 Abs. 4 Satz 2 EStG bestandskräftig abgelehnt, bleibt die Bestandskraft dieses Bescheids durch eine spätere Entscheidung des BVerfG unberührt, nach der im Wege verfassungskonformer Auslegung des § 32 Abs. 4 Satz 2 EStG die Einkünfte des Kindes um die von ihm gezahlten Arbeitnehmerbeiträge zur gesetzlichen Sozialversicherung zu mindern sind.
2. Nach § 70 Abs. 4 EStG kann ein die Festsetzung von Kindergeld ablehnender Bescheid nur geändert oder aufgehoben werden, wenn er vor Beginn oder während des Kalenderjahrs als Prognoseentscheidung über die Höhe der Einkünfte und Bezüge des Kindes im Kalenderjahr ergangen ist, nicht aber, wenn die Festsetzung von Kindergeld für ein abgelaufenes Kalenderjahr abgelehnt worden ist.

BFH v. 18. 5. 2006 III R 71/04 (BStBl. 2008 II S. 352): Liegen bei den Eltern eines Kindes die Voraussetzungen für eine Zusammenveranlagung nicht vor, wird allein auf Antrag des Elternteils, bei dem das Kind gemeldet ist, der Betreuungsfreibetrag des anderen Elternteils übertragen. Die Übertragung hängt nicht davon ab, dass der andere Elternteil seine Unterhaltspflicht verletzt oder der Übertragung zugestimmt hat.

BFH v. 23. 2. 2006 III R 8/05, III R 46/05 (BStBl. 2008 II S. 704): Ein Kind, das sich aus einer Erwerbstätigkeit heraus um einen Studienplatz bewirbt, kann ab dem Monat der Bewerbung nach § 32 Abs. 4 Satz 1 Nr. 2 Buchst. c EStG beim Kindergeldberechtigten zu berücksichtigen sein, wenn es sich bei der Tätigkeit nicht um eine Vollzeiterwerbstätigkeit handelt.

BFH v. 23. 2. 2006 III R 82/03 (BStBl. 2008 II S. 702): Geht ein volljähriges Kind, das die Voraussetzungen des § 32 Abs. 4 Satz 1 Nr. 2 Buchst. b EStG erfüllt, einer Teilzeiterwerbstätigkeit von 20 Stunden in der Woche nach, besteht weiterhin eine typische Unterhaltssituation, die rechtfertigt, für das Kind Kindergeld zu gewähren, sofern die Einkünfte und Bezüge den Jahresgrenzbetrag nicht übersteigen. Die Höhe der von dem Kind erzielten Einkünfte und Bezüge ist für die Beurteilung, ob eine die Berücksichtigung als Kind ausschließende Vollzeiterwerbstätigkeit anzunehmen ist, nicht entscheidend.

BFH v. 15. 12. 2005 III R 82/04 (BStBl. 2008 II S. 621): Vollendet das arbeitslose Kind während des laufenden Kalenderjahres das 21. Lebensjahr, so dass es nicht mehr nach § 32 Abs. 4 Satz 1 Nr. 1 EStG als Kind zu berücksichtigen ist, und überschreiten seine bis dahin zugeflossenen Einkünfte und Bezüge den maßgebenden anteiligen Jahresgrenzbetrag, ist die Familienkasse nach § 70 Abs. 4 EStG berechtigt, die Festsetzung des Kindergeldes vor Ablauf des Kalenderjahres aufzuheben, wenn in den verbleibenden Monaten des Kalenderjahres offenkundig auch nicht die Voraussetzungen des § 32 Abs. 4 Satz 1 Nr. 2 EStG für die Berücksichtigung als Kind vorliegen.

BFH v. 15. 9. 2005 III R 67/04 (BStBl. 2006 II S. 305):
1. Geht ein volljähriges Kind nach Abitur und anschließendem Zivildienst bis zum Beginn des Studiums einer Vollzeiterwerbstätigkeit nach, ist es für die vollen Monate, in denen es erwerbstätig ist, nicht als Kind zu berücksichtigen.
2. Für die Monate des Jahres, in denen es nach § 32 Abs. 4 Satz 1 Nr. 2 Buchst. a bis c EStG als Kind zu berücksichtigen ist, z. B. weil es studiert, besteht Anspruch auf Kindergeld, sofern die Einkünfte und Bezüge des Kindes die maßgebende Grenze nicht übersteigen. Bei der Ermittlung der Einkünfte und Bezüge des Kindes bleiben die Einkünfte aus der Vollzeiterwerbstätigkeit außer Ansatz, soweit sie auf die Monate entfallen, in denen das Kind den gesamten Monat erwerbstätig war.

BFH v. 28. 7. 2005 III R 68/04 (BStBl. 2008 II S. 350): Erkennt der leibliche Vater eines Kindes in einem Rechtsstreit um die Gewährung eines Kinder- und Haushaltsfreibetrags während des finanzgerichtlichen Verfahrens die Vaterschaft an, nachdem das Kind die Scheinvaterschaft des ehelichen Vaters angefochten hat, hat das FG die zivilrechtlich bis zur Geburt zurückwirkende Vaterschaft bei der Entscheidung über die angefochtenen Einkommensteuerbescheide zu berücksichtigen und die kindbedingten Steuervorteile zu gewähren.

§ 32 Rechtsprechung

BFH v. 2. 6. 2005 III R 86/03 (BStBl. II S. 756): Für ein behindertes, über 27 Jahre altes Kind besteht nach § 32 Abs. 4 Satz 1 Nr. 3 EStG kein Anspruch auf Kindergeld, wenn die Behinderung nach Ablauf des 27. Lebensjahres eingetreten ist. Diese Altersgrenze, innerhalb derer die Behinderung eingetreten sein muss, ist nicht aufgrund entsprechender Anwendung des § 32 Abs. 5 Satz 1 EStG oder aufgrund verfassungskonformer Auslegung um den Zeitraum des vom Kind in früheren Jahren geleisteten einjährigen Grundwehrdienstes auf 28 Jahre zu verlängern.

BFH v. 11. 5. 2005 VI R 38/02 (BFH-Webseite): Erhebt der im Einspruchsverfahren hinzugezogene Elternteil Klage gegen die Übertragung des eigenen Kinderfreibetrags auf den anderen Elternteil, so ist dieser andere Elternteil notwendig beizuladen (Abgrenzung zum BFH-Beschluss vom 4. Juli 2001 VI B 301/98, BFHE 195, 50, BStBl. II 2001, 729).

Schwebende Verfahren

BVerfG 2 BvR 2157/09 (BFH-Webseite): Kindergeldanspruch für Pflegekinder – Aufnahme eines Kindes in den Haushalt zu Erwerbszwecken – Unterbringung des Kindes in einer Pflegefamilie als sonstiger betreuter Wohnform nach § 34 SGB VIII – Pflegegelder nach § 33 SGB VIII – Steuerrechtliche Tatbestandswirkung der sozialrechtlichen Einordnung

– Verfassungsbeschwerde –

Vorgehend: BFH, Urteil vom 2.4.2009 (III R 92/06)

BFH III R 86/09 (BFH-Webseite): Auslandskind: Steht dem Kläger für seinen nichtehelichen Sohn, der bei der Mutter in Norwegen lebt, der doppelte Kinderfreibetrag und der doppelte Betreuungsfreibetrag nach § 32 Abs. 6 S 3 (bzw. S. 4) Nr. 1 Alt. 2 EStG zu und ist – da die Freistellung des Existenzminimums durch die Freibeträge nach § 32 Abs. 6 EStG erfolgte – die tarifliche Einkommensteuer gem. § 31 Satz 5 EStG um die vollen Kindergeldbeträge zu erhöhen?

BFH III R 84/09 (BFH-Webseite): Berechnung des Grenzbetrages bei Vollzeiterwerbstätigkeit in der Übergangszeit zwischen zwei Ausbildungsabschnitten: Schließt eine Vollzeiterwerbstätigkeit den Kindergeldanspruch nicht mehr aus, wenn der Tatbestand des § 32 Abs. 4 S 1 Nr. 2 Buchst. b EStG erfüllt ist? Ist mit dem Urteil III R 15/06 die Rechtsprechung zur Vollzeiterwerbstätigkeit vollständig aufgegeben worden?

BFH III R 83/09 (BFH-Webseite): Absenkung der Altersgrenze zum 1.1.2007 in § 32 Abs. 4 Satz 1 Nr. 2 EStG durch Art. 1 Nr. 11 des StÄndG 2007 vom 19.07.2006 (BGBl I 2006, 1652) verfassungsgemäß, da unechte Rückwirkung für alle am Tag des Gesetzesbeschlusses bereits Studierende? Wegen weiterer Nachteile (u.a. Beihilfe und Kinderzuschlag entfallen) notwendige Vorlage an das BVerfG?

BFH III R 81/09 (BFH-Webseite): Überschrittener Grenzbetrag: Gleichstellung der Beiträge zur Versorgungsanstalt des Bundes und der Länder (VBL) – als nicht gesetzliche Pflichtversicherung – mit Sozialversicherungsbeiträgen?

BFH III R 78/09 (BFH-Webseite): Freiwilligendienst ohne Ausbildungscharakter: Handelt es sich bei dem Praktikumsaufenthalt beim Ashburnham Christian Trust in England – einem Träger ohne Hauptsitz im Inland – mit Einbindung in „Volunteer-Programme" und Sprachkurs um eine Berufsausbildung, da kein Unterschied zu einem Au-pair Verhältnis? Verfahrensmangel der unterlassenen Beweiserhebung?

BFH III R 76/09 (BFH-Webseite): Überschrittener Grenzbetrag aufgrund Ehegattenunterhalt: Bemisst sich der im Rahmen des § 32 Abs. 4 S. 2 EStG als Bezug des volljährigen studierenden Kindes anzusetzende Unterhalt durch seinen Ehepartner nach dessen Einkommen oder nach dessen Einkünften? Sind demzufolge Fahrtkosten, Kfz-Haftpflichtversicherung und die Lohnsteuer abzugsfähig?

BFH III R 74/09 (BFH-Webseite): Überschrittener Grenzbetrag bei befristeter Vollzeiterwerbstätigkeit nach Ausbildungsende und Beginn der Fachhochschule: Schließt eine Vollzeiterwerbstätigkeit den Kindergeldanspruch nicht mehr aus, wenn der Tatbestand des § 32 Abs. 4 S. 1 Nr. 2 Buchst. c EStG erfüllt ist (Bewerbung zur Fachoberschule bereits Anfang des Jahres)? Ist mit dem Urteil III R 15/06 die Rechtsprechung zur Vollzeiterwerbstätigkeit vollständig aufgegeben worden?

BFH III R 73/09 (BFH-Webseite): Überschrittener Grenzbetrag: Sind Aufwendungen des Kindes für die Betreuung des eigenen Kindes (ESt-rechtlich außergewöhnliche Belastungen nach § 33c EStG a.F.) von den Einkünften und Bezügen der Tochter in Abzug zu bringen? Ist die Halbwaisenrente nur mit dem Ertragsanteil zu berücksichtigen? Verletzung rechtl. Gehörs wegen fehlender Auseinandersetzung mit wesentlichen Fragen zur Berechnung des Grenzbetrages?

Rechtsprechung § 32

BFH III R 71/09 (BFH-Webseite): Überschrittener Grenzbetrag: Berechnung des Grenzbetrages bei nach Ausbildungsende ausgeübter Vollzeiterwerbstätigkeit? Ist mit dem Urteil III R 15/06 die Rechtsprechung zur Vollzeiterwerbstätigkeit vollständig aufgegeben worden? Sind demnach immer alle Einkünfte und Bezüge in die Berechnung des maßgeblichen Grenzbetrages einzubeziehen, wenn die Berufsausbildung ernsthaft und nachhaltig betrieben wird?

BFH III R 70/09 (BFH-Webseite): Streitig ist, ob zwischen dem Kläger und seiner volljährigen schwerbehinderten Schwägerin (GdB 100 , G, H, B), seiner jetzigen Ehefrau und seinem volljährigen behinderten Schwager (GdB 70) Pflegekindschaftsverhältnisse bestehen.

1) Revision des Klägers:
Werden mit einem das Kindergeld ablehnenden Bescheid auch zukünftige, nach der Einspruchsentscheidung noch nicht entstandene Kindergeldansprüche geregelt? Ist demnach eine Klage auch ohne Vorverfahren zulässig, soweit der Zeitraum nach der Einspruchsentscheidung betroffen ist?

2) Revision der Beklagten:
Pflegekindschaftsverhältnis nur durch Haushaltsaufnahme und Personensorge? Kann ein familienähnliches Band i. S. von § 32 Abs. 1 Nr. 2 EStG zu einem bereits Volljährigen nur dann angenommen werden, wenn der Volljährige derart schwer geistig oder seelisch behindert ist, dass er in seiner geistigen Entwicklung einem Kind gleichsteht (vgl. DA-FamEStG 63.2.2.3 Abs. 3 Sätze 5 und 6 und III R 15/09)?

BFH III R 68/09 (BFH-Webseite): Ist die Absenkung der Altersgrenze von 27 Jahre auf 25 Jahre durch § 32 Abs. 4 Satz 1 Nr. 2 EStG auch unter Berücksichtigung der Übergangsregelung nach § 52 Abs. 40 S. 3 EStG verfassungsgemäß?

BFH III R 58/09 (BFH-Webseite): Nachweis der Ausbildungsplatzsuche: Ist die zur Vorlage beim Rentenversicherungsträger zum Nachweis von Anrechnungszeiten i.S. von § 58 Abs. 1 Satz 1 Nr. 3a SGB VI bestimmte Bescheinigung der Berufsberatung geeignet für den Nachweis der Zeiten, in denen das Kind ausbildungsplatzsuchend war, oder ist die eigens dafür vorgesehene Bescheinigung der Agentur für Arbeit erforderlich?

BFH III R 57/09 (BFH-Webseite): Überschrittener Grenzbetrag: Gehört die Arbeitgeberzulage zu den vermögenswirksamen Leistungen zu den Einkünften, die zur Bestreitung des Unterhalts und der Ausbildung geeignet sind, obwohl diese nicht in den Verfügungsbereich des Kindes gelangt?

BFH III R 54/09 (BFH-Webseite): Bindungswirkung eines systemwidrig zukünftige Zeiträume konkret regelnden Kindergeld-Ablehnungsbescheides wegen prognostizierter Grenzbetragsüberschreitung? Keine Änderungsmöglichkeit nach § 70 Abs. 4 EStG zur Berücksichtigung der Arbeitnehmeranteile zur Sozialversicherung? Keine Überprüfungsmöglichkeit der vorläufigen Prognoseentscheidung trotz möglicher Gesetzesänderungen in den Folgejahren? Nichtigkeit des bestandskräftigen Ablehnungsbescheides?

BFH III R 50/09 (BFH-Webseite): Absenkung der Altersgrenze zum 1.1.2007 in § 32 Abs. 4 Satz 1 Nr. 2 EStG durch Art. 1 Nr. 11 des StÄndG 2007 vom 19.07.2006 (BGBl. I 2006, 1652) auf 25 Jahre verfassungsgemäß? Kein Ruhen des Verfahrens, da das Rechtsschutzbedürfnis für die Eintragung des Kinderfreibetrages auf der Lohnsteuerkarte 2009 mit Ablauf des 28.2.2010 entfällt?

BFH III R 49/09 (BFH-Webseite): Berechnung des Grenzbetrages bei nach Ausbildungsende ausgeübter Vollzeiterwerbstätigkeit und parallel besuchtem Abendgymnasium: Ist mit dem Urteil III R 15/06 die Rechtsprechung zur Vollzeiterwerbstätigkeit vollständig aufgegeben worden? Sind demnach immer alle Einkünfte und Bezüge in die Berechnung des maßgeblichen Grenzbetrages einzubeziehen, wenn die Berufsausbildung ernsthaft und nachhaltig betrieben wird?

BFH III R 46/09 (BFH-Webseite): Überschrittener Grenzbetrag: Sind die im Rahmen einer Familienversicherung geleisteten Beiträge zu einer privaten Krankenversicherung bei der Berechnung der Einkünfte und Bezüge auch dann abzugsfähig, wenn das Kind nicht als Versicherungsnehmer auftritt?

BFH III R 41/09 (BFH-Webseite): Überschrittener Grenzbetrag: Inwieweit sind bei der Ermittlung der Einkünfte und Bezüge i.S. § 32 Abs. 4 Satz 2 EStG die Beiträge des öffentlichen Arbeitgebers zu einer zusätzlichen tarifvertraglichen Altersversorgung gem. § 25 TVöD zu berücksichtigen? Gleichstellung mit Sozialversicherungsbeiträgen?

BFH III R 29/09 (BFH-Webseite): Ist ein wegen seiner Behinderung nur im Niedriglohnniveau als Beiköchin beschäftigtes volljähriges Kind im Stande, sich selbst zu unterhalten? Muss es dem Kind objektiv möglich sein, seinen gesamten Lebensunterhalt durch die eigene Erwerbstätigkeit zu bestreiten?

§ 32 Rechtsprechung

BFH III R 28/09 (BFH-Webseite): Überschrittener Grenzbetrag: Aufwendungen für Unterkunft und Verpflegung nach reisekostenrechtlichen Grundsätzen als ausbildungsbedingter Mehrbedarf des im Rahmen eines Auslandspraktikums in den USA untergebrachten Kindes bei beibehaltenem Wohnsitz im Inland?

BFH III R 2/09 (BFH-Webseite): Absenkung der Altersgrenze zum 1.1.2007 in § 32 Abs. 4 Satz 1 Nr. 2 EStG durch Art. 1 Nr. 11 des StÄndG 2007 vom 19.07.2006 (BGBl. I 2006, 1652) wegen der damit verbundenen weiteren Nachteile (u.a. Beihilfe, Kinderzuschlag und Ausbildungsfreibetrag entfallen) verfassungsgemäß? Unechte Rückwirkung für alle am Tag des Gesetzesbeschlusses bereits Studierende? Müsste die Übergangsregelung in § 52 Abs. 40 EStG den Geburtsjahrgang 1983 mit erfassen?

BFH III R 25/09 (BFH-Webseite): Mehr als vier Monate unterbrochene Ausbildung zwischen Abitur und Beginn des Zivildienstes: Sind Verzögerungen bei der Einberufung zum Wehrdienst / Zivildienst – ohne Einflussmöglichkeit des Kindes – für die Anspruchsberechtigung auf Kindergeld unschädlich, so dass dem Kläger das Kindergeld auch dann zusteht, wenn der Sohn in dieser Zeit weder ausbildungsplatzsuchend noch bei der Berufsberatung gemeldet war?
Das Verfahren ruht gemäß Beschluss vom 28.12.2009 bis zur Entscheidung des BFH in den Verfahren III R 5/07 und III R 41/07.

BFH III R 24/09 (BFH-Webseite): Setzt der Kindergeldanspruch für den über 27 Jahre alten, behinderten (50 v.H.), eine Erwerbsunfähigkeitsrente beziehenden, betreuten Sohn voraus, dass nicht nur die Behinderung, sondern auch die durch die Behinderung bedingte Unfähigkeit zum Selbstunterhalt vor Vollendung des 27. Lebensjahres eingetreten ist? Mangelnde Sachaufklärung zum Einkommen des Kindes und damit zur Unmöglichkeit, sich selbst zu unterhalten?

BFH III R 23/09 (BFH-Webseite): Überschrittener Grenzbetrag: Gehören vermögenswirksame Leistungen zu den Einkünften, die bei der Höhe des Grenzbetrages i.S. § 32 Abs. 4 Satz 2 EStG zu berücksichtigen sind (vgl. DA-FamEStG Nr. 63.4.2.1. Abs. 3 Nr. 1)? Gehört dazu auch der Arbeitgeberanteil, obwohl dieser nicht in den Verfügungsbereich des Kindes gelangt? Keine Benachteiligung wegen der freiwillig eingegangenen Vertragsverpflichtung?

BFH III R 22/09 (BFH-Webseite): Entlassungsgeld als Überbrückungsgeld? Inwieweit ist ein mit Beendigung des Grundwehrdienstes zum 31.12.2004 gezahltes und auch zugeflossenes Entlassungsgeld in den Grenzbetrag für 2005 einzubeziehen (vgl. VIII R 57/00 und VIII R 82/01)?

BFH III R 17/09 (BFH-Webseite): Absenkung der Altersgrenze zum 1.1.2007 in § 32 Abs. 4 Satz 1 Nr. 2 EStG durch Art. 1 Nr. 11 des StÄndG 2007 vom 19.07.2006 (BGBl. I 2006, 1652) verfassungsgemäß? Müsste die Übergangsregelung in § 52 Abs. 40 EStG den Geburtsjahrgang 1983 mit erfassen?

BFH III R 15/09 (BFH-Webseite): Pflegekindschaftsverhältnis nur durch Haushaltsaufnahme und Personensorge? Kann ein familienähnliches Band i. S. von § 32 Abs. 1 Nr. 2 EStG zu einem bereits Volljährigen nur dann angenommen werden, wenn der Volljährige derart schwer geistig oder seelisch behindert ist, dass er in seiner geistigen Entwicklung einem Kind gleichsteht (vgl. DA-FamEStG 63.2.2.3 Abs. 2 Sätze 5 und 6)? Im Streitfall hat der Nervenarzt nur eine leichte bis mittelschwere geistige und psychische Behinderung festgestellt.

BFH III R 11/09 (BFH-Webseite): Freiwilligendienst nach dem Abitur als Missionarin auf Zeit: Reicht es zur Erfüllung des Tatbestandsmerkmals in § 32 Abs. 4 S. 1 Nr. 2a EStG „für einen Beruf ausgebildet" aus, dass ein Freiwilligendienst für den Zugang zu einer Berufsausbildung, insbesondere durch Berücksichtigung im Verfahren über die Zulassung zu einem Studium, förderlich sein konnte?

BFH III R 3/09 (BFH-Webseite): Im Rahmen einer Prognoseentscheidung überschrittener Grenzbetrag: Sind Zeiten der Vollzeiterwerbstätigkeit nur dann zu berücksichtigen, wenn der (Jahres-) Grenzbetrag nicht überschritten wird? Ist die „Günstigerprüfung" seit dem Urteil III R 15/06 (BStBl. II 2008, 56) nicht mehr anzuwenden (vgl. BZSt im BStBl. I 2008, 716)?

BFH III R 93/08 (BFH-Webseite): Mindeststundenzahl: Befindet sich ein Kind, das die Jungarbeiterklasse einer staatlichen Berufsschule – mit nur acht Schulstunden pro Woche – besucht, in Berufsausbildung? In welchem Umfang müssen Zeit und Arbeitskraft des Kindes bei einer schulischen Ausbildung, die eine ernsthafte Vorbereitung auf das Berufsziel beinhaltet, gebunden sein (10 Wochenstunden wie bei Au-pair Verhältnissen?)?

BFH III R 88/08 (BFH-Webseite): Marketing-Trainee als gering bezahltes Arbeitsverhältnis? Ende der Berufsausbildung mit Bekanntgabe des Prüfungsergebnisses; somit kein Kindergeld für Tochter, die nach Beendigung des Hochschulstudiums im Rahmen eines auf ein Jahr befristeten Arbeitsvertrages als

Rechtsprechung § 32

Trainee bei einem Verlag angestellt war (vgl DA-FamEStG 63.3.2.2 Abs. 3 Satz 3 und 63.3.2.4 Abs. 1 Satz 1)?

BFH III R 84/08 (BFH-Webseite): Ende der Berufsausbildung bei nicht bestandener Abschlussprüfung, wenn das Ausbildungsverhältnis wegen Insolvenz des Ausbildungsbetriebes nicht fortbesteht? Ist neben der eigeninitiativen Vorbereitung auf die Wiederholungsprüfung der regelmäßige Besuch der Berufsschule notwendig (vgl. DA-FamEStG 63.3.2.6 Abs. 7)? Fehlende Feststellungen des FG zur Frage, ob sich das Kind ernsthaft auf die Wiederholungsprüfung vorbereitet hat?

BFH III R 83/08 (BFH-Webseite): Fehlender Wille zur Berufsausbildung bei Kinderbetreuung? Zumutbarkeit fortgesetzter Bemühungen um einen Ausbildungsplatz nicht während der Zeit des Mutterschutzes (vgl. DA-FamEStG 63.3.2.7 Abs. 3 Satz 1) aber während der anschließenden Kinderbetreuungszeit?

BFH III R 80/08 (BFH-Webseite): Ende der Berufsausbildung mit bestandenem Examen? Kindergeld für den Sohn, der nach erfolgreichem Hochschulabschluss mangels Anstellung immatrikuliert geblieben ist und sich berufsspezifische Kenntnisse aneignete (entgegen DA-FamEStG 63.3.2.3 Abs. 1 S 3)?

BFH III R 78/08 (BFH-Webseite): Erfüllt ein Kind, das nicht arbeitsuchend gemeldet ist, jedoch Leistungen zur Sicherung des Lebensunterhalts nach dem SGB II (Arbeitslosengeld II/Sozialgeld) bezieht, die Voraussetzungen des § 32 Abs. 4 S 1 Nr. 1 EStG?

BFH III R 73/08 (BFH-Webseite): Überschrittener Grenzbetrag: Sind vermögenswirksam angelegte Sparbeiträge und der geldwerte Vorteil von Belegschaftsaktien nicht in die Bemessungsgröße für den Grenzbetrag nach § 32 Abs. 4 EStG einzubeziehen?

BFH III R 70/08 (BFH-Webseite): Überschrittener Grenzbetrag: Führt bei einer bestehenden PC-Anlage der Austausch eines Druckers und einer Maus zu sofort abzugsfähigem Erhaltungsaufwand? Falls nach dem BFH-Urteil VIII R 42/03 (BFH/NV 2004, 1527) nur AfA – Beträge abzugsfähig wären, bliebe im Streitfall die Frage unentschieden, ob neben Studiengebühren auch die üblichen Semester- oder Rückmeldegebühren zu den besonderen Ausbildungskosten gehören, oder ob sie als Mischkosten nicht beim Grenzbetrag zu berücksichtigen sind (vgl. DA-FamEStG 63.4.2.8).

BFH III R 63/08 (BFH-Webseite): Befindet sich ein Kind noch in Berufsausbildung, wenn es neben einer Vollzeitbeschäftigung nach Abschluss des Architektur-Erststudiums ein Zusatzstudium (Wirtschafts- und Arbeitsrecht) an einer Fernuniversität betreibt?

BFH III R 61/08 (BFH-Webseite): Setzt der Kindergeldanspruch für ein über 27 Jahre altes behindertes (60 v.H.) Kind voraus, dass nicht nur die Behinderung, sondern auch die durch die Behinderung bedingte Unfähigkeit zum Selbstunterhalt vor Vollendung des 27. Lebensjahres eingetreten ist?

BFH III R 59/08 (BFH-Webseite): Mangels Berufsausbildung kein Kindergeld für die Tochter, die als Au-pair in den USA tätig war. Der Aufenthalt im Ausland mit insgesamt 163 Stunden Sprachkurs (unter 10 Wochenstunden) war aber für die spätere Studienplatzvergabe förderlich.

BFH III R 58/08 (BFH-Webseite): Sprachaufenthalt im Rahmen eines Au-pair Verhältnisses in England als Berufsausbildung, wenn wöchentlich nur vier (bzw. acht) Stunden Unterricht im Rahmen eines „ESOL-Skills for Life Level 1 Kurses" stattfanden und nur durch Hausaufgaben und zusätzliche Übungen 10 Wochenstunden erreicht wurden?

BFH III R 48/08 (Beilage 3/2008 BStBl. II S. 98): Überschrittener Grenzbetrag bei einem Kind mit eigenem Kind: 1. Sind im Wege verfassungskonformer Auslegung des § 32 Abs. 4 S. 2 EStG die eigenen Einkünfte und Bezüge des Kindes wegen dessen Unterhaltsleistungen an sein Kind (Enkel des Klägers) mangels eigener Einkünfte der Ehefrau – entgegen DAFamEStG 63.4.1.1. Abs. 2 – um das volle Existenzminimum (Kinderfreibetrag + Betreuungsfreibetrag ./. gewährtes Kindergeld) zu mindern? 2. Keine Anrechnung von Kindergeld auf die tarifliche ESt, da der Anspruch auf Kindergeld wegen angeblicher Rückforderung nicht realisiert war.

BFH III R 47/08 (BFH-Webseite): Ist das über 27 Jahre alte studierende Kind wegen seelischer Behinderung außer Stande, sich selbst zu unterhalten, wenn ein Gutachten eine mindestens 15-stündige Beschäftigung für möglich hält? Wie ist die Unfähigkeit zum Selbstunterhalt nachzuweisen?

BFH III R 38/08 (Beilage 3/2008 BStBl. II S. 100): Überschrittener Grenzbetrag: Sind die neben den Studiengebühren zu zahlenden „Üblichen Semestergebühren" keine besonderen Ausbildungskosten (vgl. DA-FamEStG DA 63.4.2.8. Abs. 2 Satz 2), da sie als Mischkosten nicht aufgeschlüsselte Einzelposten beinhalten?

§ 32 Rechtsprechung

BFH III R 35/08 (Beilage 3/2008 BStBl. II S. 96): Reicht für den Nachweis des ernsthaften Bemühens um einen Ausbildungsplatz die Meldung als Ausbildungsplatzsuchender bei der Agentur für Arbeit aus? Unter welchen Voraussetzungen kann die Agentur die Vermittlungsbemühungen einstellen (hier: Sohn war mehr als zwei Jahre nicht als ausbildungsplatzsuchend gemeldet)? Nichtvernehmung des Kindes als Zeugen für seine hinreichenden Bemühungen um einen Ausbildungsplatz als Verfahrensmangel?

BFH III R 30/08 (EFG 2008 S. 1043; Beilage 3/2008 BStBl. II S. 95): Ist der Nachweis des ernsthaften Bemühens um einen Ausbildungsplatz nach Abbruch der Schulausbildung nur durch die Bescheinigung der Berufsberatung zu führen oder begründet die Mitteilung an die Rentenversicherung mit dem Meldegrund „Ausbildungssuche bei einer deutschen Agentur für Arbeit" (§ 58 Abs. 1 Satz 1 Nr. 3a SGB VI) die Vermutung der Ausbildungsplatzsuche (mit der Folge der Beweislastumkehr zulasten der Behörde)?

BFH III R 29/08 (Beilage 3/2008 BStBl. II S. 98): Teilzeitbeschäftigung während der Berufsausbildung mit über dem Grenzbetrag liegenden Einkünften: Ist ein Doktorand, der während des Promotionsstudiums als wissenschaftlicher Mitarbeiter eine faktische Ganztagsbeschäftigung (anstelle Halbtagsbeschäftigung und Promotion) ausübt, als Vollzeiterwerbstätiger nicht in Berufsausbildung? Gebietet das Rechtsstaatsprinzip und das Prinzip des Vertrauensschutzes die analoge Anwendung des § 49 Abs. 3 VwVfG auf Kindergeldzahlungen, oder steht dem § 70 Abs. 4 EStG entgegen?

BFH III R 23/08 (Beilage 3/2008 BStBl. II S. 96): Kindergeld für den Sohn, der nach dem Abschluss der theoretischen Ausbildung zum Verkehrsflugzeugführer im Juni 2005 erst ab Juli 2006 die Ausbildung fortsetzen konnte und zwischenzeitlich als Rettungssanitäter tätig war? Einheitlicher Ausbildungsvertrag mit einjähriger Unterbrechung oder zwei getrennte Ausbildungsabschnitte?

BFH III R 8/08 (EFG 2008 S. 628; Beilage 3/2008 BStBl. II S. 98): Entfällt der Anspruch auf Kindergeld für ein verheiratetes Kind auch dann, wenn dieses vom Ehegatten getrennt lebt und dieser trotz rechtskräftiger Feststellung durch das Amtsgericht keinen Trennungsunterhalt leistet? Ist der Anspruch auf Unterhalt (vgl. DA FamEStG 63.4.2.5 Abs. 6) zu berücksichtigen oder gilt ab dem JStG 1996 ausschließlich das Zuflussprinzip?

BFH III R 5/08 (Beilage 3/2008 BStBl. II S. 97): Muss die Behinderung des Kindes die alleinige, bzw. ganz überwiegende Ursache für die Unfähigkeit zum Selbstunterhalt sein oder ist eine Mitursächlichkeit – kumulative Kausalität – (hier: Kind mit einer Behinderung von nur 25 v.H. in Ausbildung) ausreichend?

BFH III R 3/08 (EFG 2008 S. 631; Beilage 3/2008 BStBl. II S. 97): Handelt es sich bei der Fortbildung zur Handelsfachwirtin nach Abschluss der Ausbildung zur Kauffrau im Einzelhandel um ein Ausbildungs- oder um ein Arbeitsverhältnis? Wie wirkt sich ein ggf. neben der Berufsausbildung ausgeübtes Arbeitsverhältnis auf die Berechnung des Grenzbetrages aus? Ist die Rechtsprechung zur Vollzeiterwerbstätigkeit auch im Rahmen des § 32 Abs. 4 Satz 1 Nr. 2a anzuwenden?

BFH III R 111/07 (BFH-Webseite): Berücksichtigung weiteren Ausbildungsbedarfs für das auswärts studierende Kind: Ist der Sonderbedarf mit 77 EUR monatlich ausreichend bemessen? Führt die Günstigerprüfung nach § 31 EStG zu zutreffenden Ergebnissen? Verfassungswidrigkeit der §§ 31, 32 Abs. 6 und 33a Abs. 2 EStG in der Fassung des Zweiten Gesetzes zur Familienförderung vom 16.8.2001 (BStBl I 2001, 533)? Notwendige Vorlage an das Bundesverfassungsgericht?

BFH III R 84/07 (Beilage 3/2008 BStBl. II S. 93): Nachweis des Bemühens um einen Ausbildungsplatz: Ist eine Studienbewerberin, die nach Absage durch die ZVS die Bewerbungsfrist für das nächste Semester versäumt, noch ausbildungswillig? Verfahrensmängel, u.a. fehlende Zeugenvernehmung?

BFH III R 70/07 (Beilage 3/2008 BStBl. II S. 94): Ist die Zeit, in der sich ein Kind auf eine Nachprüfung vorbereitet, auch dann als Berufsausbildung i.S. des § 32 Abs. 4 Satz 1 Nr. 2a EStG anzusehen, wenn dies außerhalb des Ausbildungsverhältnisses vollkommen eigeninitiativ, also ohne Einbindung in eine schulische Mindestorganisation geschieht?

BFH III R 62/07 (Beilage 3/2008 BStBl. II S. 97): Unbekanntes Geburtsdatum: Kommt es für den Bezug des Kindergeldes auf das in amtlichen Dokumenten ausgewiesene oder auf das tatsächliche (biologische) Lebensalter des Kindes an? Analoge Anwendung des § 33a SGB I für die Kindergeldfestsetzung nach dem EStG? Beweislast bei Nichtfeststellbarkeit des Tatbestandsmerkmals „Alter"? Verfahrensmangel: Verstoß gegen den Amtsermittlungsgrundsatz?

BFH III R 49/07 (Beilage 3/2008 BStBl. II S. 96): Ist die arbeitslose Tochter mit ihrer 50 %igen Körperbehinderung außer Stande, sich selbst zu unterhalten, wenn sie 20 Wochenstunden arbeitsfähig ist?

Rechtsprechung § 32

Setzt die Fähigkeit, sich selbst zu unterhalten, voraus, dass objektiv neben der möglichen Arbeitszeit auch eine der Behinderung angemessene Einsatztätigkeit zur Verfügung gestanden hat? Mangelnde Sachverhaltsermittlung durch das FG?

BFH III R 42/07 (EFG 2007 S. 1245; Beilage 3/2008 BStBl. II S. 100): Übertragung des Freibetrages für den Betreuungs- und Erziehungs- oder Ausbildungsbedarf allein auf Antrag des Elternteils, bei dem das Kind gemeldet ist: Ist § 32 Abs. 6 Satz 6 Halbsatz 2 EStG verfassungswidrig, da er weder auf eine Verletzung der Unterhaltspflichten noch auf eine Zustimmung des anderen Elternteils (analog des Kinderfreibetrages) abstellt? Bewegt sich die Anknüpfung an das Melderegister noch im Rahmen der Typisierungsbefugnis des Gesetzgebers?

BFH III R 41/07 (Beilage 3/2008 BStBl. II S. 96): Kindergeld für den Sohn, der in der Übergangszeit von 6 Monaten zwischen Abitur und Einberufung zur Bundeswehr dem Arbeitsamt nicht zur Verfügung stand? Einarbeitung in das Abrechnungswesen der physiotherapeutischen Praxis der Mutter und Grundwehrdienst (später Zeitsoldat und Offizierslaufbahn) als Ausbildung i.S. § 32 Abs. 4 S. 1 Nr. 2a EStG? Verfahrensmangel der unterlassenen Sachaufklärung?

BFH III R 5/07 (Beilage 3/2008 BStBl. II S. 94): Begrenzung der Übergangszeit zwischen zwei Ausbildungsabschnitten auf vier Monate als unzulässige Rechtsausübung? Steht dem Kläger das Kindergeld auch dann zu, wenn der Sohn nach Schulabschluss bis zum Beginn des Zivildienstes 7 Monate weder bei der Arbeitsvermittlung noch bei der Berufsberatung gemeldet war?

§ 32a Einkommensteuertarif

(1)[1] ¹Die tarifliche Einkommensteuer bemisst sich nach dem zu versteuernden Einkommen. ²Sie beträgt vorbehaltlich der §§ 32b, 32d, 34, 34a, 34b und 34c jeweils in Euro für zu versteuernde Einkommen

1. bis 8 004 Euro (Grundfreibetrag): 0;
2. von 8 005 Euro bis 13 469 Euro: $(912{,}17 \cdot y + 1\,400) \cdot y$;
3. von 13 470 Euro bis 52 881 Euro: $(228{,}74 \cdot z + 2\,397) \cdot z + 1038$;
4. von 52 882 Euro bis 250 730 Euro: $0{,}42 \cdot x - 8\,172$;
5. von 250 731 Euro an: $0{,}45 \cdot x - 15\,694$.

³„y" ist ein Zehntausendstel des 8 004 Euro übersteigenden Teils des auf einen vollen Euro-Betrag abgerundeten zu versteuernden Einkommens. ⁴„z" ist ein Zehntausendstel des 13 469 Euro übersteigenden Teils des auf einen vollen Euro-Betrag abgerundeten zu versteuernden Einkommens. ⁵„x" ist das auf einen vollen Euro-Betrag abgerundete zu versteuernde Einkommen. ⁶Der sich ergebende Steuerbetrag ist auf den nächsten vollen Euro-Betrag abzurunden.

(2) bis (4) (weggefallen)

(5) Bei Ehegatten, die nach den §§ 26, 26b zusammen zur Einkommensteuer veranlagt werden, beträgt die tarifliche Einkommensteuer vorbehaltlich der §§ 32b, 32d, 34, 34a, 34b und 34c das Zweifache des Steuerbetrags, der sich für die Hälfte ihres gemeinsam zu versteuernden Einkommens nach den Absatz 1 ergibt (Splitting-Verfahren).

(6) ¹Das Verfahren nach Absatz 5 ist auch anzuwenden zur Berechnung der tariflichen Einkommensteuer für das zu versteuernde Einkommen

1. bei einem verwitweten Steuerpflichtigen für den Veranlagungszeitraum, der dem Kalenderjahr folgt, in dem der Ehegatte verstorben ist, wenn der Steuerpflichtige und sein verstorbener Ehegatte im Zeitpunkt seines Todes die Voraussetzungen des § 26 Absatz 1 Satz 1 erfüllt haben,
2. bei einem Steuerpflichtigen, dessen Ehe in dem Kalenderjahr, in dem er sein Einkommen bezogen hat, aufgelöst worden ist, wenn in diesem Kalenderjahr
   a) der Steuerpflichtige und sein bisheriger Ehegatte die Voraussetzungen des § 26 Absatz 1 Satz 1 erfüllt haben,
   b) der bisherige Ehegatte wieder geheiratet hat und
   c) der bisherige Ehegatte und dessen neuer Ehegatte ebenfalls die Voraussetzungen des § 26 Absatz 1 Satz 1 erfüllen.

²Dies gilt nicht, wenn eine Ehe durch Tod aufgelöst worden ist und die Ehegatten der neuen Ehe die besondere Veranlagung nach § 26c wählen.

²Voraussetzung für die Anwendung des Satzes 1 ist, dass der Steuerpflichtige nicht nach den §§ 26, 26a getrennt zur Einkommensteuer veranlagt wird.

Rechtsprechungsauswahl

BFH v. 18. 11. 2009 X R 34/07 (BFH-Webseite): Beschränkte Abziehbarkeit von Altersvorsorgeaufwendungen verfassungsgemäß – Verfassungsmäßigkeit des Grundfreibetrags

1. Im zeitlichen Geltungsbereich des Alterseinkünftegesetzes geleistete Beiträge zu den gesetzlichen Rentenversicherungen sind als Sonderausgaben nur beschränkt abziehbar (Bestätigung des Senatsbeschlusses vom 1. Februar 2006 X B 166/05, BFHE 212, 242, BStBl. II 2006, 420). Hiergegen bestehen keine verfassungsrechtlichen Bedenken.
2. Der im Jahr 2005 im Fall der Zusammenveranlagung zu berücksichtigende Grundfreibetrag ist verfassungsrechtlich nicht zu beanstanden.

---
[1] § 32a Absatz 1 in der ab VZ 2010 anzuwendenden Fassung gemäß § 52 Absatz 41 EStG.

Rechtsprechung § 32a

BFH v. 20. 7. 2006 III R 8/04 (BStBl. II S. 883): Es verstößt nicht gegen das aus Art. 3 Abs. 1 GG abgeleitete Gebot der Besteuerung nach der finanziellen Leistungsfähigkeit, dass der Partner einer eingetragenen Lebenspartnerschaft Unterhaltsleistungen an den anderen Partner nur bis zu dem Höchstbetrag des § 33a EStG als außergewöhnliche Belastung abziehen kann.

BFH v. 26. 1. 2006 III R 51/05 (BStBl. II S. 515): Partner einer eingetragenen Lebenspartnerschaft haben keinen Anspruch auf Durchführung einer Zusammenveranlagung zur Einkommensteuer unter Anwendung des Splittingtarifs.

BFH v. 9. 8. 2001 III R 50/00 (BStBl. II S. 778): Es begegnet keinen verfassungsrechtlichen Bedenken, dass wegen der in § 32 Abs. 1 Satz 2 EStG angeordneten vorrangigen Anwendung des Progressionsvorbehalts des § 32b EStG auch ein zu versteuerndes Einkommen unterhalb des Grundfreibetrags der Einkommensteuer unterliegt.

EuGH v. 14. 9. 1999 Rs. C – 391/97 (BStBl. II S. 841): Verweigerung des Splittingtarifs für verheiratete EG-Bürger, die in Deutschland arbeiten und in anderem Mitgliedstaat ansässig sind, verstößt nicht gegen Gemeinschaftsrecht.

Schwebende Verfahren

BFH III R 1/09 (BFH-Webseite): Freistellung des Existenzminimums: Bestehen verfassungsrechtliche Bedenken gegen die steuerliche Freistellung des Existenzminimums eines Ehepaares mit drei Kindern in Ausbildung durch den Grundfreibetrag, die Kinderfreibeträge, und den Betreuungsbedarf in den Jahren 2000 bis 2004? Vorlage an das Bundesverfassungsgericht?

BFH III R 103/07 (EFG 2007 S. 684; Beilage 3/2008 BStBl. II S. 92): Haben die Partner einer eingetragenen Lebenspartnerschaft einen Anspruch auf Durchführung einer Zusammenveranlagung zur Einkommensteuer unter Anwendung des Splittingtarifs? Hätte das Finanzgericht das Verfahren aussetzen und eine Entscheidung des Bundesverfassungsgerichts einholen müssen? Aussetzung des Revisionsverfahrens bis zur Entscheidung des BVerfG in den Verfahren 2 BvR 909/06 und 2 BvR 288/07? (Hinweis: Das Verfahren ist durch Beschluss v. 30.1.2009 bis zur Entscheidung 2 BVerfG 909/06 und 2 BvR 288/07 ausgesetzt.)

BFH III R 12/05 (Beilage 3/2008 BStBl. II S. 92): Wie III R 11/05.

BFH III R 11/05 (EFG 2005 S. 705; Beilage 3/2008 BStBl. II S. 92): Ist das Ehegattensplitting im Wege der verfassungskonformen Auslegung – wegen der durch § 5 LPartG begründeten wechselseitigen Unterhaltsverpflichtung – auf die eingetragene Lebenspartnerschaft anzuwenden? (Hinweis: Das Verfahren ist ausgesetzt bis zur Entscheidung BVerfG 2BvR 909/06.)

§ 32b

§ 32b Progressionsvorbehalt

(1) ¹Hat ein zeitweise oder während des gesamten Veranlagungszeitraumes unbeschränkt Steuerpflichtiger oder ein beschränkt Steuerpflichtiger, auf den § 50 Absatz 2 Satz 2 Nummer 4 Anwendung findet,

1. a) Arbeitslosengeld, Teilarbeitslosengeld, Zuschüsse zum Arbeitsentgelt, Kurzarbeitergeld, Winterausfallgeld, Insolvenzgeld, Arbeitslosenhilfe, Übergangsgeld, Altersübergangsgeld, Altersübergangsgeld-Ausgleichsbetrag, Unterhaltsgeld als Zuschuss, Eingliederungshilfe nach dem Dritten Buch Sozialgesetzbuch oder dem Arbeitsförderungsgesetz, das aus dem Europäischen Sozialfonds finanzierte Unterhaltsgeld sowie Leistungen nach § 10 des Dritten Buches Sozialgesetzbuch, die dem Lebensunterhalt dienen; Insolvenzgeld, das nach § 188 Absatz 1 des Dritten Buches Sozialgesetzbuch einem Dritten zusteht, ist dem Arbeitnehmer zuzurechnen,

   b) Krankengeld, Mutterschaftsgeld, Verletztengeld, Übergangsgeld oder vergleichbare Lohnersatzleistungen nach dem Fünften, Sechsten oder Siebten Buch Sozialgesetzbuch, der Reichsversicherungsordnung, dem Gesetz über die Krankenversicherung der Landwirte oder dem Zweiten Gesetz über die Krankenversicherung der Landwirte,

   c) Mutterschaftsgeld, Zuschuss zum Mutterschaftsgeld, die Sonderunterstützung nach dem Mutterschutzgesetz sowie den Zuschuss bei Beschäftigungsverboten für die Zeit vor oder nach einer Entbindung sowie für den Entbindungstag während einer Elternzeit nach beamtenrechtlichen Vorschriften,

   d) Arbeitslosenbeihilfe oder Arbeitslosenhilfe nach dem Soldatenversorgungsgesetz,

   e) Entschädigungen für Verdienstausfall nach dem Infektionsschutzgesetz vom 20. Juli 2000 (BGBl. I S. 1045),

   f) Versorgungskrankengeld oder Übergangsgeld nach dem Bundesversorgungsgesetz,

   g) nach § 3 Nummer 28 steuerfreie Aufstockungsbeträge oder Zuschläge,

   h) Verdienstausfallentschädigung nach dem Unterhaltssicherungsgesetz,

   i) (weggefallen)

   j) Elterngeld nach dem Bundeselterngeld- und Elternzeitgesetz oder

2. ausländische Einkünfte, die im Veranlagungszeitraum nicht der deutschen Einkommensteuer unterlegen haben; dies gilt nur für Fälle der zeitweisen unbeschränkten Steuerpflicht einschließlich der in § 2 Absatz 7 Satz 3 geregelten Fälle; ausgenommen sind Einkünfte, die nach einem sonstigen zwischenstaatlichen Übereinkommen im Sinne der Nummer 4 steuerfrei sind und die nach diesem Übereinkommen nicht unter dem Vorbehalt der Einbeziehung bei der Berechnung der Einkommensteuer stehen,

3. Einkünfte, die nach einem Abkommen zur Vermeidung der Doppelbesteuerung steuerfrei sind,

4. Einkünfte, die nach einem sonstigen zwischenstaatlichen Übereinkommen unter dem Vorbehalt der Einbeziehung bei der Berechnung der Einkommensteuer steuerfrei sind,

5. ¹⁾ Einkünfte, die bei Anwendung von § 1 Absatz 3 oder § 1a oder § 50 Absatz 2 Satz 2 Nummer 4 im Veranlagungszeitraum bei der Ermittlung des zu versteuernden Einkommens unberücksichtigt bleiben, weil sie nicht der deutschen Einkommensteuer oder einem Steuerabzug unterliegen; ausgenommen sind Einkünfte, die nach einem sonstigen zwischenstaatlichen Übereinkommen im Sinne der Nummer 4 steuerfrei sind und die nach diesem Übereinkommen nicht unter dem Vorbehalt der Einbeziehung bei der Berechnung der Einkommensteuer stehen,

bezogen, so ist auf das nach § 32a Absatz 1 zu versteuernde Einkommen ein besonderer Steuersatz anzuwenden. ²Satz 1 Nummer 3 gilt nicht für Einkünfte

---

1) Zur Anwendung von § 32b Absatz 1 Nummer 5 siehe § 52 Absatz 43a Satz 1 EStG.

§ 32b

1. aus einer anderen als in einem Drittstaat belegenen land- und forstwirtschaftlichen Betriebsstätte,
2. aus einer anderen als in einem Drittstaat belegenen gewerblichen Betriebsstätte, die nicht die Voraussetzungen des § 2a Absatz 2 Satz 1 erfüllt,
3. aus der Vermietung oder der Verpachtung von unbeweglichem Vermögen oder von Sachinbegriffen, wenn diese in einem anderen Staat als in einem Drittstaat belegen sind, oder
4. aus der entgeltlichen Überlassung von Schiffen, sofern diese ausschließlich oder fast ausschließlich in einem anderen als einem Drittstaat eingesetzt worden sind, es sei denn, es handelt sich um Handelsschiffe, die
   a) von einem Vercharterer ausgerüstet überlassen oder
   b) an in einem anderen als in einem Drittstaat ansässige Ausrüster, die die Voraussetzungen des § 510 Absatz 1 des Handelsgesetzbuchs erfüllen, überlassen oder
   c) insgesamt nur vorübergehend an in einem Drittstaat ansässige Ausrüster, die die Voraussetzungen des § 510 Absatz 1 des Handelsgesetzbuchs erfüllen, überlassen
   worden sind, oder
5. aus dem Ansatz des niedrigeren Teilwerts oder der Übertragung eines zu einem Betriebsvermögen gehörenden Wirtschaftsguts im Sinne der Nummern 3 und 4.

³§ 2a Absatz 2a gilt entsprechend.

(1a) Als unmittelbar von einem unbeschränkt Steuerpflichtigen bezogene ausländische Einkünfte im Sinne des Absatzes 1 Nummer 3 gelten auch die ausländischen Einkünfte, die eine Organgesellschaft im Sinne des § 14 oder § 17 des Körperschaftsteuergesetzes bezogen hat und die nach einem Abkommen zur Vermeidung der Doppelbesteuerung steuerfrei sind, in dem Verhältnis, in dem das unbeschränkt Steuerpflichtigen das Einkommen der Organgesellschaft bezogen auf das gesamte Einkommen der Organgesellschaft im Veranlagungszeitraum zugerechnet wird.

(2) ¹Der besondere Steuersatz nach Absatz 1 ist der Steuersatz, der sich ergibt, wenn bei der Berechnung der Einkommensteuer das nach § 32a Absatz 1 zu versteuernde Einkommen vermehrt oder vermindert wird um

1. im Fall des Absatzes 1 Nummer 1 die Summe der Leistungen nach Abzug des Arbeitnehmer-Pauschbetrags (§ 9a Satz 1 Nummer 1), soweit er nicht bei der Ermittlung der Einkünfte aus nichtselbständiger Arbeit abziehbar ist;
2. im Fall des Absatzes 1 Nummer 2 bis 5 die dort bezeichneten Einkünfte, wobei die darin enthaltenen außerordentlichen Einkünfte mit einem Fünftel zu berücksichtigen sind. ²Bei der Ermittlung der Einkünfte im Fall des Absatzes 1 Nummer 2 bis 5
   a) ist der Arbeitnehmer-Pauschbetrag (§ 9a Satz 1 Nummer 1 Buchstabe a) abzuziehen, soweit er nicht bei der Ermittlung der Einkünfte aus nichtselbständiger Arbeit abziehbar ist;
   b) sind Werbungskosten nur insoweit abzuziehen, als sie zusammen mit den bei der Ermittlung der Einkünfte aus nichtselbständiger Arbeit abziehbaren Werbungskosten den Arbeitnehmer-Pauschbetrag (§ 9a Satz 1 Nummer 1 Buchstabe a) übersteigen.

²Ist der für die Berechnung des besonderen Steuersatzes maßgebende Betrag höher als 250 000 Euro und sind im zu versteuernden Einkommen Einkünfte im Sinne des § 2 Absatz 1 Satz 1 Nummer 1 bis 3 enthalten, ist für den Anteil dieser Einkünfte am zu versteuernden Einkommen der Steuersatz im Sinne des Satzes 1 nach § 32a mit der Maßgabe zu berechnen, dass in Absatz 1 Satz 2 die Angabe „§ 32b" und die Nummer 5 entfallen sowie die Nummer 4 in folgender Fassung anzuwenden ist:

„4. von 52 152 Euro an: $0{,}42 \cdot x - 7\,914$."

§ 32b   EStR 2008 R 32b

³Für die Bemessung des Anteils im Sinne des Satzes 2 gilt § 32c Absatz 1 Satz 2 und 3 entsprechend.

(3)¹⁾ ¹*Die Träger der Sozialleistungen im Sinne des Absatzes 1 Nummer 1 haben bei Einstellung der Leistung oder spätestens am Ende des jeweiligen Kalenderjahres dem Empfänger die Dauer des Leistungszeitraums sowie Art und Höhe der während des Kalenderjahres gezahlten Leistungen mit Ausnahme des Insolvenzgeldes zu bescheinigen.* ²*In der Bescheinigung ist der Empfänger auf die steuerliche Behandlung dieser Leistungen und seine Steuererklärungspflicht hinzuweisen.*

(4)²⁾ ¹*Die Bundesagentur für Arbeit hat die Daten über das im Kalenderjahr gewährte Insolvenzgeld für jeden Empfänger bis zum 28. Februar des Folgejahres nach amtlich vorgeschriebenem Datensatz durch Datenfernübertragung an die amtlich bestimmte Übermittlungsstelle zu übermitteln; § 41b Absatz 2 gilt entsprechend.* ²*Der Arbeitnehmer ist entsprechend zu informieren und auf die steuerliche Behandlung des Insolvenzgeldes und seine Steuererklärungspflicht hinzuweisen.* ³*In den Fällen des § 188 Absatz 1 des Dritten Buches Sozialgesetzbuch ist Empfänger des an Dritte ausgezahlten Insolvenzgeldes der Arbeitnehmer, der seinen Arbeitsentgeltanspruch übertragen hat.*

Hinweise

LStH 32b   → R 32b EStR, H 32b EStH

EStR 2008

R 32b. Progressionsvorbehalt

Allgemeines

(1) ¹Entgelt-, Lohn- oder Einkommensersatzleistungen der gesetzlichen Krankenkassen unterliegen auch insoweit dem Progressionsvorbehalt nach § 32b Abs. 1 Nr. 1 Buchstabe b EStG, als sie freiwillig Versicherten gewährt werden. ²Beim Übergangsgeld, das behinderten oder von Behinderung bedrohten Menschen nach den §§ 45 bis 52 SGB IX gewährt wird, handelt es sich um steuerfreie Leistungen nach dem SGB III, SGB VI, SGB VII oder dem Bundesversorgungsgesetz, die dem Progressionsvorbehalt unterliegen. ³Leistungen nach der Berufskrankheitenverordnung sowie das Krankentagegeld aus einer privaten Krankenversicherung und Leistungen zur Sicherung des Lebensunterhalts und zur Eingliederung in Arbeit nach dem SGB II (sog. Arbeitslosengeld II) gehören nicht zu den Lohn- oder Einkommensersatzleistungen, die dem Progressionsvorbehalt unterliegen.

(2) ¹In den Progressionsvorbehalt sind die Entgelt-, Lohn- und Einkommensersatzleistungen mit den Beträgen einzubeziehen, die als Leistungsbeträge nach den einschlägigen Leistungsgesetzen festgestellt werden. ²Kürzungen dieser Leistungsbeträge, die sich im Falle der Abtretung oder durch den Abzug von Versichertenanteilen an den Beiträgen zur Rentenversicherung, Arbeitslosenversicherung und ggf. zur Kranken- und Pflegeversicherung ergeben, bleiben unberücksichtigt. ³Der bei der Ermittlung der Einkünfte als nichtselbständiger Arbeit nicht ausgeschöpfte Arbeitnehmer-Pauschbetrag ist auch von Entgelt-, Lohn- und Einkommensersatzleistungen abzuziehen.

Rückzahlung von Entgelt-, Lohn- oder Einkommensersatzleistungen

(3) ¹Werden die in § 32b Abs. 1 Nr. 1 EStG bezeichneten Entgelt-, Lohn- oder Einkommensersatzleistungen zurückgezahlt, so sind sie von den selben Kalenderjahr bezogenen Leistungsbeträgen abzusetzen, unabhängig davon, ob die zurückgezahlten Beträge im Kalenderjahr ihres Bezugs dem Progressionsvorbehalt unterlegen haben. ²Ergibt sich durch die Absetzung ein negativer Betrag, weil die Rückzahlungen höher sind als die im selben Kalenderjahr empfangenen Beträge oder weil den zurückgezahlten keine empfangenen Beträge gegenüberstehen, ist auch der negative Betrag bei der Ermittlung des besonderen Steuersatzes nach § 32b EStG zu berücksichtigen (negativer Progressionsvorbehalt). ³Aus Vereinfachungsgründen bestehen keine Bedenken, zurückgezahlte Beträge dem Kalenderjahr zuzurechnen, in dem der Rückforderungsbescheid ausgestellt worden ist. ⁴Beantragt der Steuerpflichtige, die zurückgezahlten Beträge dem Kalenderjahr zuzurechnen, in dem sie tatsächlich abgeflossen sind, hat

---

1) Zur Weiteranwendung von § 32b Absatz 3 in dieser Fassung siehe § 52 Absatz 43a Satz 5 EStG.
   Zur Anwendung der Neufassung von § 32b Absatz 3 (siehe EStG vorne) siehe § 52 Absatz 43a Satz 4 und 6 ff. EStG.
2) Absatz 4 ist 2008 weggefallen. Zur Weiteranwendung von § 32b Absatz 4 in dieser Fassung siehe § 52 Absatz 43a Satz 5 EStG. (Das gemäß § 52 Absatz 43a Satz 4 vorgesehene BMF-Schreiben liegt noch nicht vor.)

der den Zeitpunkt des tatsächlichen Abflusses anhand von Unterlagen, z. B. Aufhebungs-/Erstattungsbescheide oder Zahlungsbelege, nachzuweisen oder glaubhaft zu machen.

Rückwirkender Wegfall von Entgelt-, Lohn- oder Einkommensersatzleistungen

(4) Fällt wegen der rückwirkenden Zubilligung einer Rente der Anspruch auf Sozialleistungen (z. B. Kranken- oder Arbeitslosengeld) rückwirkend ganz oder teilweise weg, ist dies am Beispiel des Krankengeldes steuerlich wie folgt zu behandeln:

1. ¹Soweit der Krankenkasse ein Erstattungsanspruch nach § 103 SGB X gegenüber dem Rentenversicherungsträger zusteht, ist das bisher gezahlte Krankengeld als Rentenzahlung anzusehen und nach § 22 Nr. 1 Satz 3 Buchstabe a EStG der Besteuerung zu unterwerfen. ²Das Krankengeld unterliegt insoweit nicht dem Progressionsvorbehalt nach § 32b EStG.
2. ¹Gezahlte und die Rentenleistung übersteigende Krankengeldbeträge i. S. d. § 50 Abs. 1 Satz 2 SGB V sind als Krankengeld nach § 3 Nr. 1 Buchstabe a EStG steuerfrei; § 32b EStG ist anzuwenden. ²Entsprechendes gilt für das Krankengeld, das vom Empfänger infolge rückwirkender Zubilligung einer Rente aus einer ausländischen gesetzlichen Rentenversicherung nach § 50 Abs. 1 Satz 3 SGB V an die Krankenkasse zurückzuzahlen ist.
3. Soweit die nachträgliche Feststellung des Rentenanspruchs auf VZ zurückwirkt, für die Steuerbescheide bereits ergangen sind, sind diese Steuerbescheide nach § 175 Abs. 1 Satz 1 Nr. 2 AO zu ändern.

Fehlende Entgelt-, Lohn- oder Einkommensersatzleistungen

(5) ¹Hat ein Arbeitnehmer trotz Arbeitslosigkeit kein Arbeitslosengeld erhalten, weil ein entsprechender Antrag abgelehnt worden ist, kann dies durch die Vorlage des Ablehnungsbescheids nachgewiesen werden; hat der Arbeitnehmer keinen Antrag gestellt, kann dies durch die Vorlage der vom Arbeitgeber nach § 312 SGB III ausgestellten Arbeitsbescheinigung im Original belegt werden. ²Kann ein Arbeitnehmer weder durch geeignete Unterlagen nachweisen noch in sonstiger Weise glaubhaft machen, dass er keine Entgelt-, Lohn- oder Einkommensersatzleistungen erhalten hat, kann das Finanzamt bei dem für den Arbeitnehmer zuständigen Agentur für Arbeit (§ 327 SGB III) eine Bescheinigung darüber anfordern (Negativbescheinigung).

ESt-Kartei NW

Fach 1 Progressionsvorbehalt auf Lohnersatzleistungen

1. Kurzarbeitergeld für Heimarbeiter – ausgesondert – (überholt ab 1. 1. 1990)
2. Progressionsvorbehalt bei Bezug von Vorruhestands- und Altersübergangsgeld im Beitrittsgebiet – Hinweis auf § 3 EStG Fach 1 Nr. 3 –
3. Hinweis ausgesondert
4. Progressionsvorbehalt für Leistungen aus dem Europäischen Sozialfonds (ESF) – Hinweis auf § 3 EStG Fach 1 Nr. 4 –

Fach 2 Progressionsvorbehalt auf ausländische Einkünfte

1. Progressionsvorbehalt bei steuerbefreiten Gehältern von Bediensteten internationaler Organisationen (zu berücksichtigen, wenn Privilegienregelung ihn enthält, dies ist in neueren Regelungen regelmäßig der Fall)
800. Berücksichtigung des (positiven oder negativen) Progressionsvorbehalts im Rahmen eines Verlustabzugs nach § 10d EStG (nach Ermittlung des zu versteuernden Einkommens ist in der 2. Stufe bei der Berechnung des besonderen Steuersatzes eine Schattenveranlagung vorzunehmen, und zwar stets im VZ der steuerfreien Einkünfte, aber auch im VZ des Verlustabzugs; Beispiele; – Hinweis: Wegfall der Schattenveranlagung ab 1996 –)

Rechtsprechungsauswahl

BFH v. 11. 11. 2009 I R 83/08 (BFH-Webseite): Freistellung nach Art. 24 Abs. 1 Nr. 1 Satz 1 Buchst. d DBA-Schweiz 1992 erfasst auch die Einkünfte leitender Angestellter von schweizerischen Kapitalgesellschaften aus Tätigkeiten außerhalb der Schweiz

Die Tätigkeit eines in Deutschland ansässigen leitenden Angestellten für eine schweizerische Kapitalgesellschaft, die unter Art. 15 Abs. 4 DBA-Schweiz 1992 fällt, wird auch insoweit i.S. des Art. 24 Abs. 1 Nr. 1 Satz 1 Buchst. d DBA-Schweiz 1992 „in der Schweiz ausgeübt", als sie tatsächlich außerhalb der Schweiz verrichtet wird (Bestätigung des Senatsurteils vom 25. Oktober 2006 I R 81/04, BFHE 215, 237).

§ 32b

Rechtsprechung

BFH v. 22. 9. 2009 IX R 93/07 (BFH-Webseite): Zusammentreffen von außerordentlichen Einkünften und dem Progressionsvorbehalt unterliegenden Einkünften
Hat der Steuerpflichtige neben außerordentlichen Einkünften i.S. von § 34 Abs. 2 EStG auch steuerfreie Einnahmen i.S. von § 32b Abs. 1 EStG bezogen, so sind diese in der Weise in die Berechnung nach § 34 Abs. 1 EStG einzubeziehen, dass sie in voller Höhe dem verbleibenden zu versteuernden Einkommen hinzugerechnet werden (Anschluss an BFH-Urteil vom 17. Januar 2008 VI R 44/07, BFHE 220, 269).

BFH v. 21. 9. 2009 VI B 31/09 (BFH-Webseite):
1. § 32b Abs. 1 Nr. 1 Buchst. j EStG wirft nach seinem eindeutigen Wortlaut, das nach dem Bundeselterngeld- und Elternzeitgesetz (BEEG) gezahlte Elterngeld dem Progressionsvorbehalt zu unterstellen, keine klärungsbedürftigen, die Revisionszulassung rechtfertigenden Fragen auf.
2. Das Elterngeld bezweckt, die durch die erforderliche Kinderbetreuung entgangenen Einkünfte teilweise auszugleichen. Dies gilt auch dann, wenn nur der Sockelbetrag nach § 2 Abs. 5 BEEG geleistet wird.

BFH v. 11. 2. 2009 I R 25/08 (BFH-Webseite):
1. Aufwendungen eines Referendars für eine Ausbildungsstation in den USA sind nur im Hinblick auf den Anteil, der auf den hierfür bezogenen inländischen Arbeitslohn entfällt, als Werbungskosten bei den Einkünften aus nichtselbständiger Arbeit zu berücksichtigen, wenn von der Ausbildungsstation eine steuerfreie Tätigkeitsvergütung gezahlt wird (Art. 23 Abs. 2 Satz 1 Buchst. a DBA-USA 1989).
2. Die steuerfreie Tätigkeitsvergütung ist nach Abzug des hierauf entfallenden Anteils der Aufwendungen im Rahmen des Progressionsvorbehalts zu erfassen.

BFH v. 26. 11. 2008 X R 53/06 (BStBl. 2009 II S. 376): Die Einbeziehung des Krankengeldes, das ein freiwillig in einer gesetzlichen Krankenkasse versicherter Steuerpflichtiger erhält, in den Progressionsvorbehalt gemäß § 32b Abs. 1 Nr. 1 Buchst. b EStG ist verfassungsgemäß.

BFH v. 17. 1. 2008 VI R 44/07 (BFH-Webseite):
1. Trifft die Tarifermäßigung des § 34 Abs. 1 EStG mit dem (positiven) Progressionsvorbehalt des § 32b EStG zusammen, so ist eine integrierte Steuerberechnung dergestalt vorzunehmen, dass die Progressionseinkünfte bei der Steuerberechnung nach § 34 Abs. 1 EStG steuersatzerhöhend berücksichtigt werden (Abgrenzung zum BFH-Urteil vom 15. November 2007 VI R 66/03).
2. Übersteigen die der Tarifermäßigung unterliegenden außerordentlichen Einkünfte das zu versteuernde Einkommen, so richtet sich die Steuerberechnung nach § 34 Abs. 1 Satz 3 EStG. Die Progressionseinkünfte sind hierbei nur insoweit zu berücksichtigen, als sich nach einer Verrechnung mit dem negativen verbleibenden zu versteuernden Einkommen ein positiver Differenzbetrag ergibt (so auch H 34.2 Beispiel 4 EStH 2006).

BFH v. 15. 11. 2007 VI R 66/03 (BStBl. 2008 II S. 375):
1. Leistet der Arbeitgeber aufgrund des gesetzlichen Forderungsübergangs nach § 115 SGB X eine Lohnnachzahlung unmittelbar an die Arbeitsverwaltung, führt dies beim Arbeitnehmer zum Zufluss von Arbeitslohn.
2. Unterliegt der Nachzahlungsbetrag sowohl der Tarifermäßigung des § 34 Abs. 1 EStG als auch dem negativen Progressionsvorbehalt des § 32b EStG, so ist eine integrierte Steuerberechnung nach dem Günstigkeitsprinzip vorzunehmen. Danach sind die Ermäßigungsvorschriften in der Reihenfolge anzuwenden, die zu einer geringeren Steuerbelastung führt, als dies bei ausschließlicher Anwendung des negativen Progressionsvorbehalts der Fall wäre.

BFH v. 5. 6. 2007 I R 1/06 (BStBl. II S. 810): Wird ein in Deutschland ansässiger Arbeitnehmer in den USA für einen Arbeitgeber tätig, der nach Maßgabe des Art. 4 DBA-USA1989 sowohl in Deutschland als auch in den USA ansässig ist, so ist der auf diese Tätigkeit entfallende Arbeitslohn unter Progressionsvorbehalt von der Einkommensteuer befreit.

BFH v. 20. 9. 2006 I R 59/05 (BStBl. 2007 II S. 756):
1. Vorab entstandene Werbungskosten im Zusammenhang mit einer beabsichtigten nichtselbständigen Tätigkeit im Ausland sind nicht in die Bemessungsgrundlage der Einkommensteuer einzubeziehen, wenn die Einkünfte aus der beabsichtigten Tätigkeit nicht der deutschen Besteuerung unterliegen. Sie sind jedoch in einem solchen Fall bei der Bemessung des anzuwendenden Steuersatzes zu berücksichtigen (Progressionsvorbehalt), wenn dies nicht durch ein Doppelbesteuerungsabkommen ausgeschlossen wird (Bestätigung der Senatsurteile vom 6. Oktober 1993 I R 32/93, BFHE 172, 385,

Rechtsprechung § 32b

BStBl.II 1994, 113; vom 19. Dezember 2001 I R 63/00, BFHE 197, 495, BStBl.II 2003, 302; vom 15. Mai 2002 I R 40/01, BFHE 199, 224, BStBUl 2002, 660).

2. Die Höhe der dem Progressionsvorbehalt unterliegenden Einkünfte ist nach deutschem Recht zu ermitteln. Dabei sind die dort vorgesehenen Abzugsbeschränkungen zu berücksichtigen. Eine Ausnahme hiervon gilt nur für Beschränkungen, die sich daraus ergeben, dass die betreffenden Einkünfte nicht der deutschen Einkommensteuer unterliegen bzw. abkommensrechtlich steuerbefreit sind.

3. Ein Zusammenhang mit nach deutschem Recht steuerfreien Einnahmen hindert den Werbungskostenabzug auch dann, wenn die betreffenden Aufwendungen mit erst in Zukunft zu erwartenden Einnahmen zusammenhängen.

BFH v. 17. 6. 2005 VI R 109/00 (BStBl. 2006 II S. 17): Leistungen der gesetzlichen Krankenkasse für eine Ersatzkraft im Rahmen der Haushaltshilfe an nahe Angehörige (§ 38 Abs. 4 Satz 2 SGB V) unterliegen nicht dem Progressionsvorbehalt.

BFH v. 17. 12. 2003 I R 75/03 (BStBl. 2005 II S. 96): Bei der Ermittlung des für den Progressionsvorbehalt zu berechnenden besonderen Einkommensteuersatzes nach § 32 Abs. 2 Nr. 2 EStG 1997 sind die nach einem DBA steuerfreien ausländischen Einkünfte, um die das nach § 32a Abs. 1 EStG 1997 zu versteuernde Einkommen zu vermehren ist, um die tatsächlich angefallenen Werbungskosten zu kürzen. Das gilt auch dann, wenn bei der Ermittlung des im Inland zu versteuernden Einkommens der sog. Arbeitnehmer-Pauschbetrag gemäß § 9a Satz 1 Nr. 1 EStG 1997 gewährt wurde.

BFH v. 19. 11. 2003 I R 19/03 (BStBl. 2004 II S. 549): Verzieht ein Arbeitnehmer im Verlauf eines Kalenderjahres vom Ausland ins Inland, so sind seine in diesem Kalenderjahr vor dem Zuzug erzielten Einkünfte im Wege des Progressionsvorbehalts zu berücksichtigen (Bestätigung der Senatsurteile vom 19. Dezember 2001 I R 63/00, BFHE 197, 495, BStBl. II 2003, 302, und vom 15. Mai 2002 I R 40/01, BFHE 199, 224, BStBl. II 2002, 660).

BFH v. 15. 5. 2002 I R 40/01 (BStBl. II S. 660): Verzieht ein Arbeitnehmer im Verlauf eines Kalenderjahres vom Inland ins Ausland, so sind seine in diesem Kalenderjahr nach dem Wegzug erzielten Einkünfte auch dann im Wege des Progressionsvorbehalts zu berücksichtigen, wenn sich sein neuer Wohnsitz in einem EU-Staat befindet (Fortentwicklung de Senatsurteils vom 19.12.2001, I R 63/00, IStR 2002, 239).

BFH v. 19. 12. 2001 I R 63/00 (BStBl. 2003 II S. 302):
1. Ob bestimmte Einkünfte den Regeln über die unbeschränkte Steuerpflicht unterliegen, ist nach den Verhältnissen im Zeitpunkt des Erzielens der Einkünfte zu beurteilen.
2. § 32b Abs. 1 Nr. 2 EStG ist wörtlich und nicht teleologisch reduziert auszulegen.
3. § 32b Abs. 1 Nr. 2 EStG ist nicht verfassungswidrig.
4. § 32b Abs. 1 Nr. 2 EStG verstößt gegen kein „Gebot der inneren Sachgesetzlichkeit".
5. Die Anwendung von § 32b Abs. 1 Nr. 2 EStG setzt abkommensrechtlich lediglich voraus, dass das einschlägige DBA die Berücksichtigung eines Progressionsvorbehalts nicht verbietet (Änderung der Rechtsprechung).

BFH v. 9. 8. 2001 III R 50/00 (BStBl. II S. 778): Es begegnet keinen verfassungsrechtlichen Bedenken, dass wegen der in § 32 Abs. 1 Satz 2 EStG angeordneten vorrangigen Anwendung des Progressionsvorbehalts des § 32b EStG auch ein zu versteuerndes Einkommen unterhalb des Grundfreibetrags der Einkommensteuer unterliegt.

Schwebende Verfahren

BVerfG 2 BvR 2604/09 (BFH-Webseite): Progressionsvorbehalt bei Elterngeld
Vorgehend: BFH, Beschluss vom 21.9.2009 (VI B 31/09)

BFH I R 73/09 (BFH-Webseite): Sind Versicherungsbeiträge für die gesetzliche niederländische Krankenversicherung bei der Berechnung des Progressionsvorbehalts einzubeziehen?

BFH X R 41/09 (BFH-Webseite):
1. Zur gesetzlichen Zwangsruhe des § 363 Abs. 2 AO und der Fortsetzung des Einspruchsverfahrens; fehlerhafte Ermessensausübung und deren Rechtsfolgen; gebotene Aussetzung des Verfahrens; Anspruch im Rahmen des eingelegten Rechtsmittels auf die Chance des vorläufigen Rechtsschutzes; Auswirkungen, Reichweite und Bestimmtheit von Vorläufigkeitsvermerken.
2. Sind die Beiträge zur Arbeitslosenversicherung über den Sonderausgabenabzug hinaus einem negativen Progressionsvorbehalt zuzuordnen?

§ 32b
Rechtsprechung

3. Verfassungswidrigkeit der Höhe des Grundfreibetrages im Jahr 2002?
BFH X R 40/09 (BFH-Webseite): Wie X R 41/09.
BFH X R 39/09 (BFH-Webseite): Wie X R 41/09.
BFH X R 38/09 (BFH-Webseite): Wie X R 41/09.
BFH X R 37/08 (EFG 2008 S. 685; Beilage 3/2008 BStBl. II S. 88): Sind im Streitjahr 2005 bezogene dänische Renteneinkünfte im Rahmen des Progressionsvorbehalts mit dem Besteuerungsanteil gemäß § 22 Nr. 1 Satz 3 a/aa oder nur mit dem Ertragsanteil nach § 22 Nr. 1 Satz 3 a/bb zu berücksichtigen? Fallen auch ausländische Rentenversicherungssysteme unter die Regelung des § 22 Nr. 1 Satz 3 a/aa und handelt es sich um Leistungen aus der gesetzlichen Rentenversicherung?

§§ 32c, 32d

§ 32c   Tarifbegrenzung bei Gewinneinkünften[1]

(1) ¹Sind in dem zu versteuernden Einkommen Einkünfte im Sinne des § 2 Absatz 1 Nummer 1 bis 3 (Gewinneinkünfte) enthalten, ist von der tariflichen Einkommensteuer nach § 32a ein Entlastungsbetrag für den Anteil dieser Einkünfte am zu versteuernden Einkommen abzuziehen. ²Dieser Anteil bemisst sich nach dem Verhältnis der Gewinneinkünfte zur Summe der Einkünfte. ³Er beträgt höchstens 100 Prozent. ⁴Einkünfte, die nach den §§ 34, 34b ermäßigt besteuert werden, gelten nicht als Gewinneinkünfte im Sinne der Sätze 1 und 2.

(2) ¹Zur Ermittlung des Entlastungsbetrags im Sinne des Absatzes 1 wird der nach Absatz 1 Satz 2 ermittelte Anteilssatz auf den Teil des zu versteuernden Einkommens angewandt, der 250 000 Euro übersteigt. ²Der Entlastungsbetrag beträgt 3 Prozent dieses Betrags. ³Der Entlastungsbetrag ist auf den nächsten vollen Euro-Betrag aufzurunden.

(3) ¹Bei Ehegatten, die zusammen zur Einkommensteuer veranlagt werden, beträgt der Entlastungsbetrag das Zweifache des Entlastungsbetrags, der sich für die Hälfte ihres gemeinsam zu versteuernden Einkommens nach den Absätzen 1 und 2 ergibt. ²Die Ehegatten sind bei der Verhältnisrechnung nach Absatz 1 Satz 2 gemeinsam als Steuerpflichtiger zu behandeln. ³Satz 1 gilt entsprechend bei Steuerpflichtigen, deren Einkommensteuer nach § 32a Absatz 6 zu ermitteln ist.

(4) Die Absätze 1 bis 3 sind nicht anzuwenden, wenn der Steuersatz nach § 32b zu ermitteln ist.

§ 32d[2]   **Gesonderter Steuertarif für Einkünfte aus Kapitalvermögen**

(1) ¹Die Einkommensteuer für Einkünfte aus Kapitalvermögen, die nicht unter § 20 Absatz 8 fallen, beträgt 25 Prozent. ²Die Steuer nach Satz 1 vermindert sich um die nach Maßgabe des Absatzes 5 anrechenbaren ausländischen Steuern. ³Im Fall der Kirchensteuerpflicht ermäßigt sich die Steuer nach den Sätzen 1 und 2 um 25 Prozent der auf die Kapitalerträge entfallenden Kirchensteuer. ⁴Die Einkommensteuer beträgt damit $\frac{e-4q}{4+k}$.
⁵Dabei sind „e" die nach den Vorschriften des § 20 ermittelten Einkünfte, „q" die nach Maßgabe des Absatzes 5 anrechenbare ausländische Steuer und „k" der für die Kirchensteuer erhebende Religionsgesellschaft (Religionsgemeinschaft) geltende Kirchensteuersatz.

(2) Absatz 1 gilt nicht

1. für Kapitalerträge im Sinne des § 20 Absatz 1 Nummer 4 und 7 sowie Absatz 2 Satz 1 Nummer 4 und 7,
    a) wenn Gläubiger und Schuldner einander nahe stehende Personen sind,
    b) wenn sie von einer Kapitalgesellschaft oder Genossenschaft an einen Anteilseigner gezahlt werden, der zu mindestens 10 Prozent an der Gesellschaft oder Genossenschaft beteiligt ist. ²Dies gilt auch, wenn der Gläubiger der Kapitalerträge eine dem Anteilseigner nahe stehende Person ist, oder
    c) soweit ein Dritter die Kapitalerträge schuldet und diese Kapitalanlage im Zusammenhang mit einer Kapitalüberlassung an einen Betrieb des Gläubigers steht. ²Dies gilt entsprechend, wenn Kapital überlassen wird
        aa) an eine dem Gläubiger der Kapitalerträge nahestehende Person oder
        bb) an eine Personengesellschaft, bei der der Gläubiger der Kapitalerträge oder eine diesem nahestehende Person als Mitunternehmer beteiligt ist oder

---

1) § 32c ist für VZ 2007 anzuwenden, siehe § 52 Abs. 44 EStG.
2) § 32d ist erstmals für VZ 2009 anzuwenden (§ 52a Absatz 15 EStG).

§ 32d

cc) an eine Kapitalgesellschaft oder Genossenschaft, an der der Gläubiger der Kapitalerträge oder eine diesem nahestehende Person zu mindestens 10 Prozent beteiligt ist,

sofern der Dritte auf den Gläubiger oder eine diesem nahestehende Person zurückgreifen kann. ³Ein Zusammenhang ist anzunehmen, wenn die Kapitalanlage und die Kapitalüberlassung auf einem einheitlichen Plan beruhen. ⁴Hiervon ist insbesondere dann auszugehen, wenn die Kapitalüberlassung in engem zeitlichen Zusammenhang mit einer Kapitalanlage steht oder die jeweiligen Zinsvereinbarungen miteinander verknüpft sind. ⁵Von einem Zusammenhang ist jedoch nicht auszugehen, wenn die Zinsvereinbarungen marktüblich sind oder die Anwendung des Absatzes 1 beim Steuerpflichtigen zu keinem Belastungsvorteil führt. ⁶Die Sätze 1 bis 5 gelten sinngemäß, wenn das überlassene Kapital vom Gläubiger der Kapitalerträge für die Erzielung von Einkünften im Sinne des § 2 Absatz 1 Satz 1 Nummer 4, 6 und 7 eingesetzt wird.

²Insoweit findet § 20 Absatz 6 und 9 keine Anwendung;

2. für Kapitalerträge im Sinne des § 20 Absatz 1 Nummer 6 Satz 2. ²Insoweit findet § 20 Absatz 6 keine Anwendung;

3. auf Antrag für Kapitalerträge im Sinne des § 20 Absatz 1 Nummer 1 und 2 aus einer Beteiligung an einer Kapitalgesellschaft, wenn der Steuerpflichtige im Veranlagungszeitraum, für den der Antrag erstmals gestellt wird, unmittelbar oder mittelbar

   a) zu mindestens 25 Prozent an der Kapitalgesellschaft beteiligt ist oder

   b) zu mindestens 1 Prozent an der Kapitalgesellschaft beteiligt und beruflich für diese tätig ist.

²Insoweit finden § 3 Nummer 40 Satz 2 und § 20 Absatz 6 und 9 keine Anwendung. ³Der Antrag gilt für die jeweilige Beteiligung erstmals für den Veranlagungszeitraum, für den er gestellt worden ist. ⁴Er ist spätestens zusammen mit der Einkommensteuererklärung für den jeweiligen Veranlagungszeitraum zu stellen und gilt, solange er nicht widerrufen wird, auch für die folgenden vier Veranlagungszeiträume, ohne dass die Antragsvoraussetzungen erneut zu belegen sind. ⁵Die Widerrufserklärung muss dem Finanzamt spätestens mit der Steuererklärung für den Veranlagungszeitraum zugehen, für den die Sätze 1 bis 4 erstmals nicht mehr angewandt werden sollen. ⁶Nach einem Widerruf ist ein erneuter Antrag des Steuerpflichtigen für diese Beteiligung an der Kapitalgesellschaft nicht mehr zulässig.

(3) ¹Steuerpflichtige Kapitalerträge, die nicht der Kapitalertragsteuer unterlegen haben, hat der Steuerpflichtige in seiner Einkommensteuererklärung anzugeben. ²Für diese Kapitalerträge erhöht sich die tarifliche Einkommensteuer um den nach Absatz 1 ermittelten Betrag.

(4) Der Steuerpflichtige kann mit der Einkommensteuererklärung für Kapitalerträge, die der Kapitalertragsteuer unterlegen haben, eine Steuerfestsetzung entsprechend Absatz 3 Satz 2 insbesondere in Fällen eines nicht vollständig ausgeschöpften Sparer-Pauschbetrags, einer Anwendung der Ersatzbemessungsgrundlage nach § 43a Absatz 2 Satz 7, eines noch nicht im Rahmen des § 43a Absatz 3 berücksichtigten Verlusts, eines Verlustvortrags nach § 20 Absatz 6 und noch nicht berücksichtigter ausländischer Steuern, zur Überprüfung des Steuereinbehalts dem Grund oder der Höhe nach oder zur Anwendung von Absatz 1 Satz 3 beantragen.

(5) ¹In den Fällen der Absätze 3 und 4 ist bei unbeschränkt Steuerpflichtigen, die mit ausländischen Kapitalerträgen in dem Staat, aus dem die Kapitalerträge stammen, zu einer der deutschen Einkommensteuer entsprechenden Steuer herangezogen werden, die auf ausländische Kapitalerträge festgesetzte und gezahlte und um einen entstandenen Ermäßigungsanspruch gekürzte ausländische Steuer, jedoch höchstens 25 Prozent ausländische Steuer auf den einzelnen Kapitalertrag, auf die deutsche Steuer anzurechnen. ²Soweit in einem Abkommen zur Vermeidung der Doppelbesteuerung die Anrechnung einer ausländischen Steuer einschließlich einer als gezahlt geltenden Steuer auf die deutsche Steuer

§ 32d

vorgesehen ist, gilt Satz 1 entsprechend. [3]Die ausländischen Steuern sind nur bis zur Höhe der auf die im jeweiligen Veranlagungszeitraum bezogenen Kapitalerträge im Sinne des Satzes 1 entfallenden deutschen Steuer anzurechnen.

(6) [1]Auf Antrag des Steuerpflichtigen werden anstelle der Anwendung der Absätze 1, 3 und 4 die nach § 20 ermittelten Kapitaleinkünfte den Einkünften im Sinne des § 2 hinzugerechnet und der tariflichen Einkommensteuer unterworfen, wenn dies zu einer niedrigeren Einkommensteuer führt (Günstigerprüfung). [2]Absatz 5 ist mit der Maßgabe anzuwenden, dass die nach dieser Vorschrift ermittelten ausländischen Steuern auf die zusätzliche tarifliche Einkommensteuer anzurechnen sind, die auf die hinzugerechneten Kapitaleinkünfte entfällt. [3]Der Antrag kann für den jeweiligen Veranlagungszeitraum nur einheitlich für sämtliche Kapitalerträge gestellt werden. [4]Bei zusammenveranlagten Ehegatten kann der Antrag nur für sämtliche Kapitalerträge beider Ehegatten gestellt werden.

§ 33 Außergewöhnliche Belastungen

(1) Erwachsen einem Steuerpflichtigen zwangsläufig größere Aufwendungen als der überwiegenden Mehrzahl der Steuerpflichtigen gleicher Einkommensverhältnisse, gleicher Vermögensverhältnisse und gleichen Familienstands (außergewöhnliche Belastung), so wird auf Antrag die Einkommensteuer dadurch ermäßigt, dass der Teil der Aufwendungen, der die dem Steuerpflichtigen zumutbare Belastung (Absatz 3) übersteigt, vom Gesamtbetrag der Einkünfte abgezogen wird.

(2) ¹Aufwendungen erwachsen dem Steuerpflichtigen zwangsläufig, wenn er sich ihnen aus rechtlichen, tatsächlichen oder sittlichen Gründen nicht entziehen kann und soweit die Aufwendungen den Umständen nach notwendig sind und einen angemessenen Betrag nicht übersteigen. ²Aufwendungen, die zu den Betriebsausgaben, Werbungskosten oder Sonderausgaben gehören oder unter § 9 Absatz 5 oder § 9c fallen, bleiben dabei außer Betracht; das gilt für Aufwendungen im Sinne des § 10 Absatz 1 Nummer 7 und 9 nur insoweit, als sie als Sonderausgaben abgezogen werden können. ³Aufwendungen, die durch Diätverpflegung entstehen, können nicht als außergewöhnliche Belastung berücksichtigt werden.

(3) ¹Die zumutbare Belastung beträgt

bei einem Gesamtbetrag der Einkünfte	bis 15 340 EUR	über 15 340 EUR bis 51 130 EUR	über 51 130 EUR
1. bei Steuerpflichtigen, die keine Kinder haben und bei denen die Einkommensteuer			
a) nach § 32a Absatz 1,	5	6	7
b) nach § 32a Absatz 5 oder 6 (Splitting-Verfahren) zu berechnen ist;	4	5	6
2. bei Steuerpflichtigen mit			
a) einem oder zwei Kindern,	2	3	4
b) drei oder mehr Kindern	1	1	2
	Prozent des Gesamtbetrags der Einkünfte.		

²Als Kinder des Steuerpflichtigen zählen die, für die er Anspruch auf einen Freibetrag nach § 32 Absatz 6 oder auf Kindergeld hat.

Hinweise

LStH 33 Außergewöhnliche Belastungen allgemeiner Art
  → *R 33.1 bis 33.4 EStR, H 33.1 bis 33.4 EStH*

EStR 2008

R 33.1 Außergewöhnliche Belastungen allgemeiner Art

¹§ 33 EStG setzt eine Belastung des Steuerpflichtigen auf Grund außergewöhnlicher und dem Grunde und der Höhe nach zwangsläufiger Aufwendungen voraus. ²Der Steuerpflichtige ist belastet, wenn ein Ereignis in seiner persönlichen Lebenssphäre ihn zu Ausgaben zwingt, die er selbst endgültig zu tragen hat. ³Die Belastung tritt mit der Verausgabung ein. ⁴Zwangsläufigkeit dem Grunde nach wird in der Regel auf Aufwendungen des Steuerpflichtigen für sich selbst oder für Angehörige i.S.d. § 15 AO beschränkt sein. ⁵Aufwendungen für andere Personen können diese Voraussetzung nur ausnahmsweise erfüllen (sittliche Pflicht).

R 33.2 Aufwendungen für existentiell notwendige Gegenstände

Aufwendungen zur Wiederbeschaffung oder Schadensbeseitigung können im Rahmen des Notwendigen und Angemessenen unter folgenden Voraussetzungen als außergewöhnliche Belastung berücksichtigt werden:

1. Sie müssen einen existentiell notwendigen Gegenstand betreffen – dies sind Wohnung, Hausrat und Kleidung, nicht aber z.b. ein Pkw **oder** eine Garage.

2. Der Verlust oder die Beschädigung muss durch ein unabwendbares Ereignis wie Brand, Hochwasser, Kriegseinwirkung, Vertreibung, politische Verfolgung verursacht sein, oder von dem Gegenstand muss eine → Gesundheitsgefährdung ausgehen, die beseitigt werden muss und die nicht auf Verschulden des Steuerpflichtigen oder seines Mieters oder auf einen Baumangel zurückzuführen ist (z. B. bei Schimmelpilzbildung).

3. Dem Steuerpflichtigen müssen tatsächlich finanzielle Aufwendungen entstanden sein; ein bloßer Schadenseintritt reicht zur Annahme von Aufwendungen nicht aus.

4. Die Aufwendungen müssen ihrer Höhe nach notwendig und angemessen sein und werden nur berücksichtigt, soweit sie den Wert des Gegenstandes im Vergleich zu vorher nicht übersteigen.

5. Nur der endgültig verlorene Aufwand kann berücksichtigt werden, d.h. die Aufwendungen sind um einen etwa nach Schadenseintritt noch vorhandenen Restwert zu kürzen.

6. Der Steuerpflichtige muss glaubhaft darlegen, dass er den Schaden nicht verschuldet hat und dass realisierbare Ersatzansprüche gegen Dritte nicht bestehen.

7. Ein Abzug scheidet aus, sofern der Steuerpflichtige zumutbare Schutzmaßnahmen unterlassen oder eine allgemein zugängliche und übliche Versicherungsmöglichkeit nicht wahrgenommen hat.

8. Das schädigende Ereignis darf nicht länger als drei Jahre zurückliegen, bei Baumaßnahmen muss mit der Wiederherstellung oder Schadensbeseitigung innerhalb von drei Jahren nach dem schädigenden Ereignis begonnen worden sein.

R 33.3 Aufwendungen wegen Pflegebedürftigkeit und erheblich eingeschränkter Alltagskompetenz

Voraussetzungen und Nachweis

(1) ¹Zu dem begünstigten Personenkreis zählen pflegebedürftige Personen, bei denen mindestens ein Schweregrad der Pflegebedürftigkeit i. S. d. §§ 14, 15 SGB XI besteht **und Personen, bei denen eine erhebliche Einschränkung der Alltagskompetenz nach § 45a SGB XI festgestellt wurde.** ²Der Nachweis ist durch eine Bescheinigung (z. B. Leistungsbescheid oder -mitteilung) der sozialen Pflegekasse oder des privaten Versicherungsunternehmens, das die private Pflegeversicherung durchführt, oder nach § 65 Abs. 2 EStDV zu führen. ³**Pflegekosten von Personen, die nicht zu dem nach Satz 1 begünstigten Personenkreis zählen und ambulant gepflegt werden, können ohne weiteren Nachweis auch dann als außergewöhnliche Belastungen berücksichtigt werden, wenn sie von einem anerkannten Pflegedienst nach § 89 SGB XI gesondert in Rechnung gestellt worden sind.**

Eigene Pflegeaufwendungen

(2) ¹Zu den Aufwendungen infolge Pflegebedürftigkeit **und erheblich eingeschränkter Alltagskompetenz** zählen sowohl Kosten für die Beschäftigung einer ambulanten Pflegekraft und/oder die Inanspruchnahme von Pflegediensten, **von Einrichtungen der Tages- oder Nachtpflege, der Kurzzeitpflege oder von nach Landesrecht anerkannten niedrigschwelligen Betreuungsangeboten** als auch Aufwendungen zur Unterbringung in einem Heim. ²Wird bei einer Heimunterbringung wegen Pflegebedürftigkeit der private Haushalt aufgelöst, ist die → Haushaltsersparnis mit dem in § 33a Abs. 1 Satz 1 EStG genannten Höchstbetrag der abziehbaren Aufwendungen anzusetzen. ³Liegen die Voraussetzungen nur während eines Teils des Kalenderjahres vor, sind die anteiligen Beträge anzusetzen (1/360 pro Tag, 1/12 pro Monat). ⁴Nimmt der Steuerpflichtige wegen seiner pflegebedingten Aufwendungen den Abzug nach § 33 EStG in Anspruch, sind die Gesamtkosten um den auf hauswirtschaftliche Dienstleistungen entfallenden Anteil zu kürzen, der zur Vereinfachung in Höhe des Abzugsbetrags nach § 33a Abs. 3 EStG anzusetzen ist.

Konkurrenz zu § 33a Abs. 3 EStG

(3) Nimmt der Steuerpflichtige wegen seiner behinderungsbedingten Aufwendungen einen Pauschbetrag nach § 33b Abs. 3 EStG in Anspruch, kann er daneben Folgendes geltend machen:

– bei Heimunterbringung zusätzlich den Abzugsbetrag für Heimbewohner nach § 33a Abs. 3 Satz 2 Nr. 2 EStG oder

– bei ambulanter Pflege, wenn in den Aufwendungen solche für hauswirtschaftliche Dienstleistungen enthalten sind, den Abzug wegen der Beschäftigung einer Hilfe im Haushalt nach § 33a Abs. 3 Satz 1 Nr. 2 EStG.

§ 33 EStR 2008 R 33.3, 33.4

Konkurrenz zu § 33b EStG

(4) ¹Die Inanspruchnahme **eines** Pauschbetrags nach § 33b Abs. 3 EStG schließt die Berücksichtigung **von Aufwendungen nach Absatz 2** im Rahmen des § 33 EStG aus. ²Dies gilt auch dann, wenn es sich um das pflegebedürftige Kind eines Steuerpflichtigen handelt und der Steuerpflichtige den Pauschbetrag auf sich hat übertragen lassen.

Pflegeaufwendungen für Dritte

(5) Hat der pflegebedürftige Dritte im Hinblick auf sein Alter oder eine etwaige Bedürftigkeit dem Steuerpflichtigen Vermögenswerte zugewendet, z.B. ein Hausgrundstück, kommt ein Abzug der Pflegeaufwendungen nur in der Höhe in Betracht, wie die Aufwendungen den Wert des hingegebenen Vermögens übersteigen.

R 33.4 Aufwendungen wegen Krankheit, Behinderung und Tod

Nachweis

(1) ¹Der Nachweis der Zwangsläufigkeit, Notwendigkeit und Angemessenheit von Aufwendungen im Krankheitsfall ist zu führen

- durch Verordnung eines **Arztes** oder **Heilpraktikers** für Arznei-, Heil- und Hilfsmittel (→ §§ 2, 23, 31 bis 33 SGB V); bei einer andauernden Erkrankung mit anhaltendem Verbrauch bestimmter Arznei-, Heil- und Hilfsmittel reicht die einmalige Vorlage einer Verordnung. ²Wurde die Notwendigkeit einer Sehhilfe durch einen Augenarzt festgestellt, genügt die Folgerefraktionsbestimmung durch einen Augenoptiker. ³Als Nachweis der angefallenen Krankheitsaufwendungen kann auch die Vorlage der Erstattungsmitteilungen der privaten Krankenversicherung oder der Beihilfebescheide einer Behörde ausreichen. ⁴Diese Erleichterung entbindet den Stpfl. aber nicht von der Verpflichtung, in Einzelfällen die Zwangsläufigkeit, Notwendigkeit und Angemessenheit nicht erstatteter Aufwendungen dem Finanzamt auf Verlangen nachzuweisen,
- durch **amtsärztliches** Attest **vor** Kauf oder Behandlung
  - für Bade- und Heilkuren; bei Vorsorgekuren muss auch die Gefahr einer durch die Kur abzuwendenden Krankheit, bei Klimakuren der medizinisch angezeigte Kurort und die voraussichtliche Kurdauer bescheinigt werden,
  - für psychotherapeutische Behandlungen; **die Fortführung einer Behandlung nach Ablauf der Bezuschussung durch die Krankenkasse steht einem Behandlungsbeginn gleich,**
  - für den Krankheitswert einer Legasthenie oder einer anderen Behinderung eines Kindes, der die auswärtige Unterbringung für eine medizinische Behandlung erfordert,
  - für die Notwendigkeit der Betreuung alter oder hilfloser Steuerpflichtiger durch eine → Begleitperson, sofern sich diese nicht bereits aus dem Ausweis nach dem SGB IX ergibt,
  - für medizinische Hilfsmittel, die als allgemeine Gebrauchsgegenstände des täglichen Lebens anzusehen sind → § 33 Abs. 1 SGB V,
  - für wissenschaftlich nicht anerkannte Behandlungsmethoden, wie Frisch- und Trockenzellenbehandlungen, Sauerstoff-, Chelat- und Eigenbluttherapie,

  dem amtsärztlichen Attest stehen ärztliche Bescheinigungen eines Medizinischen Dienstes der Krankenversicherung (MDK, → § 275 SGB V) gleich; bei Pflichtversicherten die Bescheinigung der Versicherungsanstalt, bei öffentlich Bediensteten die Bescheinigung von Beihilfestellen in Behörden, wenn offensichtlich die Notwendigkeit der Kur im Rahmen der Bewilligung von Zuschüssen oder Beihilfen anerkannt worden ist,
- durch Attest des behandelnden Krankenhausarztes für Aufwendungen für Besuchsfahrten zu in einem Krankenhaus für längere Zeit liegenden Ehegatten oder Kind des Steuerpflichtigen, wenn das Attest bestätigt, dass gerade der Besuch des Steuerpflichtigen zur Linderung oder Heilung einer bestimmten Krankheit entscheidend beitragen kann.

²Bei Aufwendungen für eine Augen-Laser-Operation ist die Vorlage eines amtsärztlichen Attests nicht erforderlich.

Privatschulbesuch

(2) ¹Ist ein Kind ausschließlich wegen einer Behinderung im Interesse einer angemessenen Berufsausbildung auf den Besuch einer Privatschule (Sonderschule oder allgemeine Schule in privater Trägerschaft) mit individueller Förderung angewiesen, weil eine geeignete öffentliche Schule oder eine den schulgeldfreien Besuch ermöglichende geeignete Privatschule nicht zur Verfügung steht oder nicht in zumutbarer Weise erreichbar ist, ist das Schulgeld dem Grunde nach als außergewöhnliche Belastung nach § 33 EStG – neben einem auf den Steuerpflichtigen übertragbaren Pauschbetrag für behinderte

Menschen – zu berücksichtigen. ²Der Nachweis, dass der Besuch der Privatschule erforderlich ist, muss durch eine Bestätigung der zuständigen obersten Landeskultusbehörde oder der von ihr bestimmten Stelle geführt werden.

Kur

(3) ¹Kosten für Kuren im Ausland sind in der Regel nur bis zur Höhe der Aufwendungen anzuerkennen, die in einem dem Heilzweck entsprechenden inländischen Kurort entstehen würden. ²Verpflegungsmehraufwendungen anlässlich einer Kur können nur in tatsächlicher Höhe nach Abzug der Haushaltsersparnis von 1/5 der Aufwendungen berücksichtigt werden.

Aufwendungen behinderter Menschen für Verkehrsmittel

(4) Macht ein gehbehinderter Steuerpflichtiger neben den Aufwendungen für Privatfahrten mit dem eigenen Pkw auch solche für andere Verkehrsmittel (z.B. für Taxis) geltend, ist die als noch angemessen anzusehende jährliche Fahrleistung von 3 000 km (beim GdB von mindestens 80 oder GdB von mindestens 70 und Merkzeichen G) – bzw. von 15 000 km (bei Merkzeichen aG, Bl oder H) – entsprechend zu kürzen.

ESt-Kartei NW

1. Aufwendungen zur Bevorratung von Arzneimitteln (wegen Gegenwert nicht abzugsfähig, wohl aber der laufende Zukauf für die Bedarfsdeckung)

2. Nicht ersetzte Vormundschaftskosten (grundsätzlich kein Abzug der mit einem Ehrenamt verbundenen Aufwendungen; Abzug kommt in Betracht, wenn der Steuerpflichtige zur Übernahme des Amtes verpflichtet war)

3. Einkommensteuerliche Behandlung des Versorgungsausgleichs – Hinweis auf § 22 EStG Fach 1 Nr. 1 – (entspricht BMF-Schreiben v. 20. 7. 1981 BStBl. I S. 567)

4. Wiederbeschaffung von Hausrat oder Kleidung bei Übersiedlung aus der DDR oder Berlin (Ost) bzw. Spätaussiedlung (entspricht BMF-Schreiben v. 25. 4. 1990 BStBl. I S. 222; – bei Übersiedlung nach dem 31. 12. 1989 regelmäßig keine außergewöhnliche Belastung anzuerkennen, ausgenommen im Einzelfall bei unabwendbarem Ereignis –)

5. Berücksichtigung von Kfz-Aufwendungen Geh- und Stehbehinderter und außergewöhnlich Gehbehinderter als außergewöhnliche Belastung – Angemessenheit der Aufwendungen – Hinweis auf § 33b EStG Nr. 1 –

6. Hinweis ausgesondert

7. Trinkgelder als außergewöhnliche Belastungen (Aufhebung BMF-Schreiben v. 24. 4. 1997 BStBl. I S. 561 weil gegenstandslos durch geänderte Rechtsprechung BFH v. 30.10.2003 III R 32/01 BStBl. 2004 II S. 270)

8. Aufwendungen von Eltern erwachsener behinderter Menschen in vollstationärer Heimunterbringung als außergewöhnliche Belastung (entspricht BMF-Schreiben v. 14.4.2003 BStBl. I S. 360)

9. Steuerliche Maßnahmen zur Unterstützung der Opfer der Hochwasserkatastrophe im August 2002; Zusammenstellung der Maßnahmen – Hinweis auf § 4 (4) EStG Fach 1 Nr. 12 – (entspricht BMF-Schreiben v. 1.10.2002 BStBl. I S. 960)

10. Steuerliche Maßnahmen zur Unterstützung der Opfer der Seebeben-Katastrophe im Dezember 2004 in Indien, Indonesien, Sri Lanka, Thailand, Malaysia, Birma (Myanmar), Bangladesch, auf den Malediven, den Seychellen sowie Kenia, Tansania und Somalia – Hinweis auf § 4 (4) EStG Fach 1 Nr. 14 – (entspricht BMF-Schreiben v. 14.1.2005 BStBl. I S. 52).

800. Amtsärztliche Bescheinigungen über die Notwendigkeit von Badekuren (Mitteilung der Weisung des Innenministers des Landes NW v. 4. 1. 1966 an die Gesundheitsämter, veröffentlicht MBl NW 1966 S. 180)

801. Wiederbeschaffung von Hausrat oder Kleidung (bei unabwendbarem Ereignis wie Brand, Unwetter, Vertreibung oder politische Verfolgung; Angemessenheitsgrenzen ab VZ 1992 für den Steuerpflichtigen bis 21000 DM, für den Ehegatten bis 14000 DM, für jede weitere haushaltszugehörige Person bis 5800 DM; bis 1991 18000/12000/5000 DM)

§ 33 Rechtsprechung

Rechtsprechungsauswahl

BFH v. 17. 12. 2009 VI R 63/08 (BFH-Webseite): Studiengebühren sind keine außergewöhnlichen Belastungen

1. Studiengebühren für den Besuch einer (privaten) Hochschule sind weder nach § 33a Abs. 2 EStG noch nach § 33 EStG als außergewöhnliche Belastung abziehbar.
2. Das Abzugsverbot begegnet keinen verfassungsrechtlichen Bedenken. Vielmehr hat der Gesetzgeber dem Ausbildungsbedarf von Kindern in § 32 Abs. 6 Satz 1 2. Halbsatz EStG und § 33a Abs. 2 EStG – jedenfalls im Streitjahr – ausreichend Rechnung getragen.
3. § 33a Abs. 2 EStG ist eine zusätzliche Ausbildungskomponente im Familienleistungsausgleich. Eine isolierte Betrachtung der Verfassungsmäßigkeit dieser Vorschrift scheidet damit aus.

BFH v. 3. 12. 2009 VI R 58/07 (BFH-Webseite): Keine Angaben zu außergewöhnlichen Belastungen; grobes Verschulden des steuerlichen Beraters

1. Einem Steuerberater kann ein grobes Verschulden am nachträglichen Bekanntwerden von Zahnbehandlungskosten zur Last fallen, wenn er es unterlässt, seinen Mandanten nach solchen Aufwendungen zu fragen.
2. Die Verpflichtung nachzufragen entfällt auch nicht dadurch, dass ein Dritter Angaben und Unterlagen für den Steuerpflichtigen beibringt.

BFH v. 22. 10. 2009 VI R 7/09 (BFH-Webseite): Behinderungsbedingte Umbaumaßnahmen als außergewöhnliche Belastungen

Aufwendungen für den behindertengerechten Umbau eines Hauses können als außergewöhnliche Belastungen abziehbar sein, wenn sie so stark unter dem Gebot der sich aus der Situation ergebenden Zwangsläufigkeit stehen, dass die etwaige Erlangung eines Gegenwertes in Anbetracht der Gesamtumstände des Einzelfalles in den Hintergrund tritt.

BFH v. 26. 3. 2009 VI R 59/08 (BStBl. II S. 808): Es ist verfassungsrechtlich nicht zu beanstanden, dass die zumutbare Belastung bei getrennter Veranlagung von Ehegatten vom Gesamtbetrag der Einkünfte beider Ehegatten berechnet wird.

BFH v. 19. 6. 2008 III R 57/05 (BFH-Webseite):
1. Aufwendungen für den typischen Unterhaltsbedarf - insbesondere Ernährung, Kleidung, Wohnung, Hausrat, Versicherungen - einer dem Steuerpflichtigen gegenüber unterhaltsberechtigten Person können nur nach § 33a Abs. 1 EStG abgezogen werden; Unterhaltsleistungen, mit denen ein besonderer und außergewöhnlicher Bedarf abgedeckt wird – z.B. Krankheits- oder Pflegekosten – dagegen nach § 33 EStG.
2. Die Abgrenzung der typischen von den untypischen Unterhaltsaufwendungen richtet sich nach deren Anlass und Zweckbestimmung, nicht nach deren Zahlungsweise. Die Abfindung der Unterhaltsansprüche des geschiedenen oder getrennt lebenden Ehegatten fällt daher auch dann unter § 33a Abs. 1 EStG, wenn der Steuerpflichtige dazu verpflichtet ist.

BFH v. 18. 10. 2007 VI R 42/04 (BStBl. 2008 II S. 223):
1. Strafverteidigungskosten sind Erwerbsaufwendungen, wenn der strafrechtliche Vorwurf, gegen den sich der Steuerpflichtige zur Wehr setzt, durch sein berufliches Verhalten veranlasst war.
2. Auf einer Honorarvereinbarung beruhende Strafverteidigungskosten führen nicht zu einer außergewöhnlichen Belastung, soweit sie nach einem Freispruch des Steuerpflichtigen nicht der Staatskasse zur Last fallen.

BFH v. 27. 9. 2007 III R 28/05 (BStBl. 2008 II S. 287): Aufwendungen eines Elternteils für Besuche seiner bei dem anderen Elternteil lebenden Kinder sind nicht als außergewöhnliche Belastung abziehbar (Fortführung des Senatsurteils vom 28. März 1996 III R 208/94, BFHE 180, 551, BStBl. II 1997, 54).

BFH v. 21. 6. 2007 III R 48/04 (BStBl. II S. 880):
1. Aufwendungen für Diätverpflegung sind nach dem eindeutigen Wortlaut des § 33 Abs. 2 Satz 3 EStG und der Entstehungsgeschichte der Ausschlussnorm ausnahmslos nicht als außergewöhnliche Belastung abziehbar (Bestätigung der Rechtsprechung). Dies gilt auch für Sonderdiäten, die – wie z. B. bei der Zöliakie (Glutenunverträglichkeit) – eine medikamentöse Behandlung ersetzen.
2. Gegen das gesetzliche Verbot der Berücksichtigung von Aufwendungen für Diätverpflegung bestehen keine verfassungsrechtlichen Bedenken.

Rechtsprechung § 33

BFH v. 10. 5. 2007 III R 47/05 (BStBl. II S. 871): Aufwendungen einer nicht verheirateten empfängnisunfähigen Frau für Maßnahmen zur Sterilitätsbehandlung durch sog. In-vitro-Fertilisation sind als außergewöhnliche Belastung abziehbar, wenn die Maßnahmen in Übereinstimmung mit den Richtlinien der ärztlichen Berufsordnungen vorgenommen werden (Änderung der Rechtsprechung).

BFH v. 10. 5. 2007 III R 39/05 (BStBl. II S. 764): Wer in einem Wohn- und Pflegeheim untergebracht ist, kann die ihm gesondert in Rechnung gestellten Pflegesätze, die das Heim mit dem Sozialhilfeträger für pflegebedürftige Personen der sog. Pflegestufe 0 vereinbart hat, als außergewöhnliche Belastung abziehen.

BFH v. 20. 4. 2006 III R 23/05 (BStBl. 2007 II S. 41):
1. Unterhaltsleistungen des Steuerpflichtigen für seinen bedürftigen ausländischen Lebenspartner können nach § 33a Abs. 1 Satz 2 EStG als außergewöhnliche Belastung abziehbar sein, wenn der Partner bei Inanspruchnahme von Sozialhilfe damit rechnen müsste, keine Aufenthaltsgenehmigung zu erhalten und ausgewiesen zu werden.
2. Prozesskosten, die durch ein verwaltungsgerichtliches Verfahren zur Erlangung eines dauerhaften Aufenthaltsrechts des ausländischen Partners entstanden sind, sind nicht als außergewöhnliche Belastung abziehbar.

BFH v. 28. 7. 2005 III R 30/03 (BStBl. 2006 II S. 495): Aufwendungen einer nicht verheirateten, empfängnisunfähigen Frau für künstliche Befruchtungen können auch dann nicht als außergewöhnliche Belastung steuermindernd berücksichtigt werden, wenn die Frau in einer festen Partnerschaft lebt (Weiterentwicklung der Rechtsprechung, BFH-Urteil vom 18. Juni 1997 III R 84/96, BFHE 183, 476, BStBl. II 1997, 805).

BFH v. 30. 6. 2005 III R 27/04 (BStBl. 2006 II S. 492): Die auf einen Teilvergleich im Rahmen des Scheidungsverfahrens entfallenden Kosten einer Vermögensauseinandersetzung sind nicht als außergewöhnliche Belastung zu berücksichtigen.

BFH v. 30. 6. 2005 III R 36/03 (BStBl. 2006 II S. 491): Kosten für die Aufhebung und Auseinandersetzung einer früher vereinbarten Gütergemeinschaft sind unabhängig davon, ob sie auf Antrag der Eheleute im Scheidungsverbund durch das Familiengericht oder außergerichtlich vor oder nach der Scheidung getroffen worden sind, für die Eheleute nicht unabwendbar und unvermeidbar und damit nicht als außergewöhnliche Belastung zu berücksichtigen.

BFH v. 21. 4. 2005 III R 45/03 (BStBl. II S. 602): Aufwendungen für die Unterbringung eines verhaltensauffälligen Jugendlichen in einer sozialtherapeutischen Wohngruppe können nur dann als außergewöhnliche Belastung anerkannt werden, wenn durch ein vor der Unterbringung ausgestelltes amtsoder vertrauensärztliches Gutachten nachgewiesen wird, dass die Verhaltensauffälligkeiten auf einer Krankheit beruhen und die Unterbringung in der Wohngruppe medizinisch notwendig ist.

BFH v. 3. 3. 2005 III R 68/03 (BStBl. II S. 566): Aufwendungen für eine künstliche Befruchtung (In-vitro-Fertilisation), die infolge veränderter Lebensplanung wegen einer früher freiwillig zum Zweck der Empfängnisverhütung vorgenommenen Sterilisation erforderlich werden, sind nicht als außergewöhnliche Belastung zu berücksichtigen.

Schwebende Verfahren

BFH VI R 51/09 (BFH-Webseite): Kann eine nicht pflegebedürftige Ehefrau ihre eigenen Kosten für ein Pflegeheim als außergewöhnliche Belastung geltend machen, weil sie mit ihrem pflegebedürftigen Ehemann in ein Pflegeheim übersiedelt?

BFH VI R 38/09 (BFH-Webseite): Welche Anforderungen sind an den Nachweis der krankheitsbedingten Unterbringung in einem Seniorenheim mit betreutem Wohnen zu stellen? Sind die Unterbringungskosten um die Haushaltsersparnis zu kürzen, wenn die private Wohnung nicht aufgelöst wurde, obwohl mit einer dauerhaften krankheitsbedingten Heimunterbringung zu rechnen ist?

BFH VI R 18/09 (BFH-Webseite): Setzt der Nachweis der medizinischen Notwendigkeit einer krankheitsbedingten Maßnahme stets voraus, dass v o r Einleitung dieser Maßnahme ein amtsärztliches Gutachten/Attest erstellt wird?

BFH VI R 17/09 (BFH-Webseite): Wie VI R 18/09.

BFH VI R 16/09 (BFH-Webseite): Unter welchen Voraussetzungen können Aufwendungen für die Anschaffung neuer Möbel zur Reduzierung von Asthmabeschwerden als außergewöhnliche Belastung abgezogen werden?

§ 33 Rechtsprechung

Welche Anforderungen sind an den Nachweis der Unterhaltsbedürftigkeit (Glaubwürdigkeit der amtlichen Unterhaltsbescheinigung) von im Ausland lebenden Eltern zu stellen?

BFH VI R 14/09 (BFH-Webseite): Welche Anforderungen sind an den Nachweis der behinderungsbedingten Heimunterbringung zu stellen?

BFH VI R 11/09 (BFH-Webseite): Unter welchen Voraussetzungen sind Aufwendungen für eine immunbiologische Krebsabwehrtherapie mit Ukrain als außergewöhnliche Belastung anzuerkennen?

BFH VI R 10/09 (BFH-Webseite): Sind Mehraufwendungen für die Begleitung der schwerbehinderten Ehefrau durch den Ehemann bei Kurzreisen/urlauben als außergewöhnliche Belastung abziehbar?

BFH VI R 62/08 (BFH-Webseite): Mietzahlungen als verlorener Aufwand außergewöhnliche Belastung oder durch den Grundfreibetrag abgegolten, wenn der Kläger seine erworbene fremdfinanzierte Eigentumswohnung aufgrund einer Ordnungsverfügung (wegen akuter Einsturzgefahr des Hauses) nicht mehr nutzen konnte? Ob und unter welchen Voraussetzungen kann ein gravierender Baumangel einer (plötzlich eingetretenen) Katastrophe gleichgestellt werden?

BFH VI R 61/08 (EFG 2008 S. 1710; BFH-Webseite): Sind Unterhaltsaufwendungen für ein volljähriges behindertes Kind (Merkmal "H") u.a. für die Unterbringung in einer sozialtherapeutischen Hofgemeinschaft unabhängig vom Vermögen des Kindes (hier: vermietetes Mehrfamilienhaus mit negativen Einkünften) als außergewöhnliche Belastung abziehbar? Fehlende Zwangsläufigkeit der Unterhaltsaufwendungen im Hinblick auf verwertbares Vermögen? Sind Wertungswidersprüche zum Sozialrecht erst ab 1.1.2005 durch Einführung der Vermögensschonung in § 92 Abs. 2 SGB XII entstanden?

§ 33a

§ 33a Außergewöhnliche Belastung in besonderen Fällen

(1) ¹Erwachsen einem Steuerpflichtigen Aufwendungen für den Unterhalt und eine etwaige Berufsausbildung einer dem Steuerpflichtigen oder seinem Ehegatten gegenüber gesetzlich unterhaltsberechtigten Person, so wird auf Antrag die Einkommensteuer dadurch ermäßigt, dass die Aufwendungen bis zu 8 004 Euro im Kalenderjahr vom Gesamtbetrag der Einkünfte abgezogen werden. ²Der Höchstbetrag nach Satz 1 erhöht sich um den Betrag der im jeweiligen Veranlagungszeitraum nach § 10 Absatz 1 Nummer 3 für die Absicherung der unterhaltsberechtigten Person aufgewandten Beiträge; dies gilt nicht für Kranken- und Pflegeversicherungsbeiträge, die bereits nach § 10 Absatz 1 Nummer 3 Satz 1 anzusetzen sind. ³Der gesetzlich unterhaltsberechtigten Person gleichgestellt ist eine Person, wenn bei ihr zum Unterhalt bestimmte inländische öffentliche Mittel mit Rücksicht auf die Unterhaltsleistungen des Steuerpflichtigen gekürzt werden. ⁴Voraussetzung ist, dass weder der Steuerpflichtige noch eine andere Person Anspruch auf einen Freibetrag nach § 32 Absatz 6 oder auf Kindergeld für die unterhaltene Person hat und die unterhaltene Person kein oder nur ein geringes Vermögen besitzt. ⁵Hat die unterhaltene Person andere Einkünfte oder Bezüge, so vermindert sich die Summe der nach Satz 1 und Satz 2 ermittelten Beträge um den Betrag, um den diese Einkünfte und Bezüge den Betrag von 624 Euro im Kalenderjahr übersteigen, sowie um die von der unterhaltenen Person als Ausbildungshilfe aus öffentlichen Mitteln oder von Förderungseinrichtungen, die hierfür öffentliche Mittel erhalten, bezogenen Zuschüsse; zu den Bezügen gehören auch die in § 32 Absatz 4 Satz 4 genannten. ⁶Ist die unterhaltene Person nicht unbeschränkt einkommensteuerpflichtig, so können die Aufwendungen nur abgezogen werden, soweit sie nach den Verhältnissen des Wohnsitzstaats der unterhaltenen Person notwendig und angemessen sind, höchstens jedoch der Betrag, der sich nach den Sätzen 1 bis 5 ergibt; ob der Steuerpflichtige zum Unterhalt gesetzlich verpflichtet ist, ist nach inländischen Maßstäben zu beurteilen. ⁷Werden die Aufwendungen für eine unterhaltene Person von mehreren Steuerpflichtigen getragen, so wird bei jedem der Teil des sich hiernach ergebenden Betrags abgezogen, der seinem Anteil am Gesamtbetrag der Leistungen entspricht.

(2) ¹Zur Abgeltung des Sonderbedarfs eines sich in Berufsausbildung befindenden, auswärtig untergebrachten, volljährigen Kindes, für das Anspruch auf einen Freibetrag nach § 32 Absatz 6 oder Kindergeld besteht, kann der Steuerpflichtige einen Freibetrag in Höhe von 924 Euro je Kalenderjahr vom Gesamtbetrag der Einkünfte abziehen. ²Dieser Freibetrag vermindert sich um die eigenen Einkünfte und Bezüge im Sinne des § 32 Absatz 4 Satz 2 und 4 des Kindes, soweit diese 1 848 Euro im Kalenderjahr übersteigen, sowie um die von dem Kind als Ausbildungshilfe aus öffentlichen Mitteln oder von Förderungseinrichtungen, die hierfür öffentliche Mittel erhalten, bezogenen Zuschüsse. ³Für ein nicht unbeschränkt einkommensteuerpflichtiges Kind mindern sich die vorstehenden Beträge nach Maßgabe des Absatzes 1 Satz 5. ⁴Erfüllen mehrere Steuerpflichtige für dasselbe Kind die Voraussetzungen nach Satz 1, so kann der Freibetrag insgesamt nur einmal abgezogen werden. ⁵Jedem Elternteil steht grundsätzlich die Hälfte des Abzugsbetrags nach den Sätzen 1 bis 3 zu. ⁶Auf gemeinsamen Antrag der Eltern ist eine andere Aufteilung möglich.

(3) ¹Für jeden vollen Kalendermonat, in dem die in den Absätzen 1 und 2 bezeichneten Voraussetzungen nicht vorgelegen haben, ermäßigen sich die dort bezeichneten Beträge um je ein Zwölftel. ²Eigene Einkünfte und Bezüge der unterhaltenen Person oder des Kindes, die auf diese Kalendermonate entfallen, vermindern die nach Satz 1 ermäßigten Höchstbeträge und Freibeträge nicht. ³Als Ausbildungshilfe bezogene Zuschüsse mindern nur die zeitanteiligen Höchstbeträge und Freibeträge der Kalendermonate, für die die Zuschüsse bestimmt sind.

(4) In den Fällen der Absätze 1 und 2 kann wegen der in diesen Vorschriften bezeichneten Aufwendungen der Steuerpflichtige eine Steuerermäßigung nach § 33 nicht in Anspruch nehmen.

Hinweise

LStH 33a Außergewöhnliche Belastung in besonderen Fällen
→ R 33a.1 bis 33a.4 EStR, H 33a.1 bis 33a.4 EStH

EStR 2008

R 33a.1 Aufwendungen für den Unterhalt und eine etwaige Berufsausbildung
Gesetzlich unterhaltsberechtigte Person

(1) ¹Gesetzlich unterhaltsberechtigt sind Personen, denen gegenüber der Steuerpflichtige nach dem BGB **oder dem LPartG** unterhaltsverpflichtet ist. ²Die Tatsache, dass der Steuerpflichtige nur nachrangig verpflichtet ist, steht dem Abzug tatsächlich geleisteter Unterhaltsaufwendungen nicht entgegen. ³Für den Abzug reicht es aus, dass die unterhaltsberechtigte Person dem Grunde nach gesetzlich unterhaltsberechtigt (z. B. verwandt in gerader Linie) und bedürftig ist. ⁴Eine Prüfung, ob im Einzelfall tatsächlich ein Unterhaltsanspruch besteht, ist **aus Gründen der Verwaltungsvereinfachung** nicht erforderlich, **wenn die unterstützte Person unbeschränkt steuerpflichtig sowie dem Grunde nach (potenziell) unterhaltsberechtigt ist, tatsächlich Unterhalt erhält und alle übrigen Voraussetzungen des § 33a Abs. 1 EStG vorliegen; insoweit wird die Bedürftigkeit der unterstützten Person typisierend unterstellt.** ⁵Gehört die unterhaltsberechtigte Person zum Haushalt des Steuerpflichtigen, kann regelmäßig davon ausgegangen werden, dass ihm dafür Unterhaltsaufwendungen in Höhe des maßgeblichen Höchstbetrags erwachsen.

Arbeitskraft und Vermögen

(2) ¹Die zu unterhaltende Person muss zunächst ihr eigenes Vermögen, wenn es nicht geringfügig ist, einsetzen und verwerten. ²**Hinsichtlich des vorrangigen Einsatzes und Verwertung der eigenen Arbeitskraft ist Absatz 1 Satz 4 entsprechend anzuwenden.** ³Als geringfügig kann in der Regel ein Vermögen bis zu einem gemeinen Wert (Verkehrswert) von 15 500 Euro angesehen werden. ⁴Dabei bleiben außer Betracht:

1. Vermögensgegenstände, deren Veräußerung offensichtlich eine Verschleuderung bedeuten würde,
2. Vermögensgegenstände, die einen besonderen persönlichen Wert, z. B. Erinnerungswert, für den Unterhaltsempfänger haben oder zu seinem Hausrat gehören, und ein angemessenes Hausgrundstück im Sinne von § 90 Abs. 2 Nr. 8 SGB XII, wenn der Unterhaltsempfänger das Hausgrundstück allein oder zusammen mit Angehörigen bewohnt, denen es nach seinem Tode weiter als Wohnung dienen soll.

Opfergrenze, Ländergruppeneinteilung

(3) ¹Die → Opfergrenze ist unabhängig davon zu beachten, ob die unterhaltene Person im Inland oder im Ausland lebt. ²Die nach § 33a Abs. 1 Satz 5 EStG maßgeblichen Beträge sind anhand der → Ländergruppeneinteilung[1]) zu ermitteln.

R 33a.2 Freibetrag zur Abgeltung des Sonderbedarfs eines sich in Berufsausbildung befindenden, auswärtig untergebrachten, volljährigen Kindes
Allgemeines

(1) ¹Den Freibetrag nach § 33a Abs. 2 EStG kann nur erhalten, wer für das in Berufsausbildung befindliche Kind **einen Anspruch auf** einen Freibetrag nach § 32 Abs. 6 EStG oder Kindergeld **hat**. ²Der Freibetrag nach § 33a Abs. 2 EStG kommt daher für Kinder i.S.d. § 63 Abs. 1 EStG in Betracht. ³**Wegen des Begriffs der Berufsausbildung → R 32.5.**

Auswärtige Unterbringung

(2) ¹Eine auswärtige Unterbringung i. S. d. § 33a Abs. 2 Satz 1 EStG liegt vor, wenn ein Kind außerhalb des Haushalts der Eltern wohnt. ²Dies ist nur anzunehmen, wenn für das Kind außerhalb des Haushalts der Eltern eine Wohnung ständig bereitgehalten und das Kind auch außerhalb des elterlichen Haushalts verpflegt wird. ³Seine Unterbringung muss darauf angelegt sein, die räumliche Selbständigkeit des Kindes während seiner ganzen Ausbildung, z.B. eines Studiums, oder eines bestimmten Ausbildungsabschnitts, z.B. eines Studiensemesters oder -trimesters, zu gewährleisten. ⁴Voraussetzung ist, dass die auswärtige Unterbringung auf eine gewisse Dauer angelegt ist. ⁵Auf die Gründe für die auswärtige Unterbringung kommt es nicht an.

---

1) Anlage § 001-01.

R 33a.3 Aufwendungen für eine Hilfe im Haushalt oder für vergleichbare Dienstleistungen (§ 33a Abs. 3 EStG)

(1) Kinder oder andere unterhaltene Personen i. S. d. § 33a Abs. 3 Satz 1 Nr. 2 EStG gehören zum Haushalt des Steuerpflichtigen, wenn sie bei einheitlicher Wirtschaftsführung unter Leitung des Steuerpflichtigen dessen Wohnung teilen oder sich mit seiner Einwilligung außerhalb seiner Wohnung zu anderen als Erwerbszwecken, insbesondere zur Erziehung, Ausbildung oder Erholung im Inland oder Ausland aufhalten.

(2) Wird wegen Krankheit, Hilflosigkeit oder schwerer Behinderung einer zum Haushalt des Steuerpflichtigen gehörenden Person, die weder sein Ehegatte noch sein Kind ist, eine Hilfe im Haushalt beschäftigt, sind die Aufwendungen im Rahmen der Höchstbeträge neben dem nach § 33a Abs.1 EStG abziehbaren Betrag für den Unterhalt dieser Person zu berücksichtigen.

R 33a.4 Zeitanteilige Ermäßigung nach § 33a Abs. 4 EStG

Ansatz bei unterschiedlicher Höhe des Höchstbetrags nach § 33a Abs. 1 EStG oder des Freibetrags nach § 33a Abs. 2 EStG

(1) Ist in einem Kalenderjahr der Höchstbetrag nach § 33a Abs. 1 EStG oder der Freibetrag nach § 33a Abs. 2 EStG in unterschiedlicher Höhe anzusetzen, z. B. bei Anwendung der Ländergruppeneinteilung für einen Teil des Kalenderjahres, wird für den Monat, in dem die geänderten Voraussetzungen eintreten, der jeweils höhere Betrag angesetzt.

Aufteilung der eigenen Einkünfte und Bezüge

(2) ¹Der Jahresbetrag der eigenen Einkünfte und Bezüge ist für die Anwendung des § 33a Abs. 4 Satz 2 EStG wie folgt auf die Zeiten innerhalb und außerhalb des Unterhalts- oder Ausbildungszeitraums aufzuteilen:

1. Einkünfte aus nichtselbständiger Arbeit, sonstige Einkünfte sowie Bezüge nach dem Verhältnis der in den jeweiligen Zeiträumen zugeflossenen Einnahmen; die Grundsätze des § 11 Abs. 1 EStG gelten entsprechend; Pauschbeträge nach § 9a EStG und die Kostenpauschale nach R 32.10 **Abs. 4** Satz 1 sind hierbei zeitanteilig anzusetzen;
2. andere Einkünfte auf jeden Monat des Kalenderjahres mit einem Zwölftel.

²Der Steuerpflichtige kann jedoch nachweisen, dass eine andere Aufteilung wirtschaftlich gerechtfertigt ist, wie es z.B. der Fall ist, wenn bei Einkünften aus selbständiger Arbeit die Tätigkeit erst im Laufe des Jahres aufgenommen wird oder wenn bei Einkünften aus nichtselbständiger Arbeit im Unterhalts- oder Ausbildungszeitraum höhere Werbungskosten angefallen sind als bei verhältnismäßiger bzw. zeitanteiliger Aufteilung darauf entfallen würden.

ESt-Kartei NW

Fach 1 Unterhalt und Berufsausbildung

1. Berücksichtigung ausländischer Verhältnisse – Ländergruppeneinteilung – (I. ab 1. 1. 1990; entspricht BMF-Schreiben v. 11. 12. 1989 BStBl. I S. 463; II. ab 1996; enspricht BMF-Schreiben v. 27. 2. 1996 BStBl. I S. 115; III. ab 2001; entspricht BMF-Schreiben v. 26. 10. 2000 BStBl. I S. 1502; IV. ab 2004; entspricht BMF-Schreiben v. 17. 11. 2003 BStBl. I S. 637; aktuelles Schreiben **Anlage § 001-01**)
2. Anrechnung von „Contergan"-Renten als eigene Bezüge (ist zu verneinen, da sie nicht zur Bestreitung des Unterhalts oder der Berufsausbildung bestimmt sind)
3. Bekanntgabe eigener Einkünfte des Unterstützungsempfängers an den Steuerpflichtigen (der Höhe nach zulässig bei – wegen der Einkünfte – teilweiser Ablehnung der Steuerermäßigung, bei voller Ablehnung nur Hinweis auf Übersteigen der Höchstgrenze)
4. Hinweis ausgesondert
5. Aufwendungen für den Unterhalt von Personen aus der DDR, Berlin (Ost) und aus bestimmten osteuropäischen Staaten – ausgesondert – (aufgehoben ab 1. 4. 1990 bzw. ab 1. 1. 1991)
6. Anrechnung von Leistungen nach dem Bundesversorgungsgesetz (BVG) und dem Bundessozialhilfegesetz (BSHG) (zweckgebundene Zulagen – z.B. Pflegezulage, Führhund, erhöhter Kleider- und Wäscheverschleiß, Blindenhilfe, Pflegegelder – sind, da nicht zum Unterhalt bestimmt, nicht als Bezüge anzurechnen)
7. Abzug von Unterhaltungsaufwendungen anstelle der Berücksichtigung von Kinderfreibeträgen – ausgesondert – (entsprach BMF-Schreiben vom 21. 11. 1988 BStBl. I S. 540; R 96 LStR)

§ 33a

ESt-Kartei NW, Rechtsprechung

8. Nachweis von Unterhaltszahlungen an den nicht unbeschränkt einkommensteuerpflichtigen Ehegatten – ausgesondert – (Übergangsregelung bis 31. 12. 1989; entsprach BMF-Schreiben v. 16. 1. 1990 BStBl. I S. 57)

9. I. Steuerliche Behandlung der Aufwendungen für a) den Unterhalt von Auslandskindern, b) den Unterhalt von sonstigen Angehörigen im Ausland, c) die Berufsausbildung von Auslandskindern – ausgesondert – (entsprach BMF-Schreiben v. 22. 12. 1994 BStBl. I S. 928, überholt ab VZ 1996 durch II.). II. Unterhaltsleistungen für Personen im Ausland als außergewöhnliche Belastung (§ 33a Abs. 1 EStG ab 1996) (entspricht BMF-Schreiben v. 15.9.1997 BStBl. I S. 826, – gemäß Tz. 11 BMF-Schreiben v. 9.2.2006 BStBl. I S. 217 durch dieses ersetzt ab 2007 –)

10. Aufwendungen eines Steuerpflichtigen für die krankheits- oder behinderungsbedingte Unterbringung eines nahen Angehörigen in einem Heim als außergewöhnliche Belastung (entspricht BMF-Schreiben v. 2.12.2002 BStBl. I S. 1389)

11. Aufwendungen eines Steuerpflichtigen für die krankheits- oder behinderungsbedingte Unterbringung in einem Alten(wohn)heim für ihn selbst oder einen nahen Angehörigen als außergewöhnliche Belastung (entspricht BMF-Schreiben v. 20.1.2003 BStBl. I S. 89)

12. Berücksichtigung von Unterhaltsaufwendungen an gleichgestellte Personen im Sinne des § 33a Abs. 1 Satz 2 EStG als außergewöhnliche Belastung (entspricht BMF-Schreiben v. 28.3.2003 BStBl. I S. 243)

13. Berücksichtigung von Unterhaltsaufwendungen nach § 33a Abs. 1 EStG als außergewöhnliche Belastung; „Schonvermögen" (entspricht BMF-Schreiben v. 20.8.2003 BStBl. I S. 411)

1000. Steuerermäßigung für türkische Gastarbeiter wegen des Unterhalts von bedürftigen Angehörigen: Unterhaltsbescheinigung (Siegel und Unterschrift durch den „Vali" oder „Kaymakam" erforderlich)

Fach 2 Ausbildungsfreibetrag

800. Ermittlung der Einkünfte und Bezüge im Rahmen des § 33a Abs. 2 EStG (1. Berücksichtigung besonderer Ausbildungskosten 2. a) Anrechnung von Ausbildungshilfen aus öffentlichen Kassen b) Verrechnung von Verlusten aus einer Einkunftsart mit Ausbildungshilfen)

Fach 3 Hilfe im Haushalt und vergleichbare Dienstleistungen

1. Beschäftigung des Partners einer nichtehelichen Lebensgemeinschaft als Hilfe im Haushalt (entspricht BMF-Schreiben v. 14. 3. 1990 BStBl. I S. 147 – eingegangen in R 192 EStR 1993 –)

2. Steuerliche Anerkennung der Beschäftigung des Partners einer nichtehelichen Lebensgemeinschaft als Hilfe im Haushalt (BFH-Urteil vom 13.1.2000 – III R 36/95, BStBl. 2001 II S. 635) (entspricht BMF-Schreiben v. 13.9.2001 BStBl. I S. 615)

Fach 4 Zeitanteilige Ermäßigung – leer –

Rechtsprechungsauswahl

BFH v. 17. 12. 2009 VI R 64/08 (BFH-Webseite): Keine Opfergrenze, aber Berücksichtigung des Kindesunterhalts bei Unterhalt an Lebensgefährtin

1. Unterhaltsleistungen eines Steuerpflichtigen an seine mit ihm in Haushaltsgemeinschaft lebende, mittellose Lebenspartnerin sind ohne Berücksichtigung der sog. Opfergrenze als außergewöhnliche Belastung nach § 33a Abs. 1 EStG abziehbar (Anschluss an BFH-Urteil vom 29. Mai 2008 III R 23/07, BFHE 222, 250, BStBl. II 2009, 363).

2. Gehört der Haushaltsgemeinschaft ein unterhaltsberechtigtes Kind an, sind die für Unterhaltsleistungen zur Verfügung stehenden Mittel um den nach § 32 Abs. 6 Satz 2 EStG bemessenen Mindestunterhaltsbedarf des Kindes zu kürzen.

3. Der Mindestunterhalt ist in Höhe des doppelten Freibetrags für das sächliche Existenzminimum des Kindes anzusetzen. § 1612a Abs. 1 Satz 3 BGB kommt entsprechend zur Anwendung.

BFH v. 17. 12. 2009 VI R 63/08 (BFH-Webseite): Studiengebühren sind keine außergewöhnlichen Belastungen

1. Studiengebühren für den Besuch einer (privaten) Hochschule sind weder nach § 33a Abs. 2 EStG noch nach § 33 EStG als außergewöhnliche Belastung abziehbar.

2. Das Abzugsverbot begegnet keinen verfassungsrechtlichen Bedenken. Vielmehr hat der Gesetzgeber dem Ausbildungsbedarf von Kindern in § 32 Abs. 6 Satz 1 2. Halbsatz EStG und § 33a Abs. 2 EStG – jedenfalls im Streitjahr – ausreichend Rechnung getragen.

Rechtsprechung § 33a

3. § 33a Abs. 2 EStG ist eine zusätzliche Ausbildungskomponente im Familienleistungsausgleich. Eine isolierte Betrachtung der Verfassungsmäßigkeit dieser Vorschrift scheidet damit aus.

BFH v. 19. 6. 2008 III R 57/05 (BStBl. 2009 II S. 365):

1. Aufwendungen für den typischen Unterhaltsbedarf – insbesondere Ernährung, Kleidung, Wohnung, Hausrat, Versicherungen – einer dem Steuerpflichtigen gegenüber unterhaltsberechtigten Person können nur nach § 33a Abs. 1 EStG abgezogen werden; Unterhaltsleistungen, mit denen ein besonderer und außergewöhnlicher Bedarf abgedeckt wird – z.B. Krankheits- oder Pflegekosten – dagegen nach § 33 EStG.

2. Die Abgrenzung der typischen von den untypischen Unterhaltsaufwendungen richtet sich nach deren Anlass und Zweckbestimmung, nicht nach deren Zahlungsweise. Die Abfindung der Unterhaltsansprüche des geschiedenen oder getrennt lebenden Ehegatten fällt daher auch dann unter § 33a Abs. 1 EStG, wenn der Steuerpflichtige dazu verpflichtet ist.

BFH v. 29. 5. 2008 III R 23/07 (BStBl. 2009 II S. 363): Unterhaltsleistungen eines Steuerpflichtigen an seine mit ihm in einer Haushaltsgemeinschaft lebende, mittellose Lebenspartnerin sind ohne Berücksichtigung der sog. Opfergrenze als außergewöhnliche Belastung nach § 33a Abs. 1 Satz 2 EStG abziehbar (gegen BMF-Schreiben vom 28. März 2003, BStBl. I 2003, 243).

BFH v. 29. 5. 2008 III R 48/05 (BStBl. 2009 II S. 361): Ob die unterhaltsberechtigte Person über ein nicht geringes Vermögen verfügt, bestimmt sich nach dessen Verkehrswert. Der Verkehrswert eines Mietwohngrundstücks wird nicht nur durch einen Nießbrauchsvorbehalt, sondern auch durch ein dinglich gesichertes Veräußerungs- und Belastungsverbot gemindert.

BFH v. 20. 7. 2006 III R 8/04 (BStBl. II S. 883): Es verstößt nicht gegen das aus Art. 3 Abs. 1 GG abgeleitete Gebot der Besteuerung nach der finanziellen Leistungsfähigkeit, dass der Partner einer eingetragenen Lebenspartnerschaft Unterhaltsleistungen an den anderen Partner nur bis zu dem Höchstbetrag des § 33a EStG als außergewöhnliche Belastung abziehen kann.

BFH v. 18. 5. 2006 III R 5/05 (BStBl. 2008 II S. 354):

1. Erhält das – während des gesamten Kalenderjahres studierende – Kind unterschiedlich hohe Zuschüsse als Ausbildungshilfe, ist der Ausbildungsfreibetrag für die Anrechnung der Zuschüsse aufzuteilen. Die Zuschüsse mindern nach § 33a Abs. 2 Satz 3 EStG jeweils nur die zeitanteiligen Ausbildungsfreibeträge der Kalendermonate, für welche die Zuschüsse bestimmt sind.

2. Nach dem BAföG geleistete Zuschüsse für ein Auslandsstudium sind grundsätzlich auf den Freibetrag nach § 33a Abs. 2 Satz 2 EStG anzurechnen, soweit sie auf den Grundbedarf entfallen.

BFH v. 18. 5. 2006 III R 26/05 (BStBl. 2007 II S. 108): Der Steuerpflichtige kann Unterhaltsaufwendungen unter den weiteren Voraussetzungen des § 33a EStG als außergewöhnliche Belastung abziehen, wenn der Unterhaltsempfänger dem Grunde nach gesetzlich unterhaltsberechtigt ist. Auf das Bestehen einer konkreten zivilrechtlichen Unterhaltsberechtigung bzw. die Höhe des zivilrechtlichen Unterhaltsanspruchs kommt es nicht an.

BFH v. 20. 4. 2006 III R 23/05 (BStBl. 2007 II S. 41):

1. Unterhaltsleistungen des Steuerpflichtigen für seinen bedürftigen ausländischen Lebenspartner können nach § 33a Abs. 1 Satz 2 EStG als außergewöhnliche Belastung abziehbar sein, wenn der Partner bei Inanspruchnahme von Sozialhilfe damit rechnen müsste, keine Aufenthaltsgenehmigung zu erhalten und ausgewiesen zu werden.

2. Prozesskosten, die durch ein verwaltungsgerichtliches Verfahren zur Erlangung eines dauerhaften Aufenthaltsrechts des ausländischen Partners entstanden sind, sind nicht als außergewöhnliche Belastung abziehbar.

BFH v. 22. 2. 2006 I R 60/05 (BStBl. 2007 II S. 106): Unterhaltsaufwendungen an den im Ausland wohnenden Ehegatten sind gemäß § 33a Abs. 1 Satz 5 EStG 1997 nur insoweit abzugsfähig, als sie nach den Verhältnissen des Wohnsitzstaates notwendig und angemessen sind. Auf die konkreten Lebenshaltungskosten am Wohnort ist nicht abzustellen.

BFH v. 2. 12. 2004 III R 49/03 (BStBl. 2005 II S. 483):

1. Macht ein Steuerpflichtiger Unterhaltszahlungen an im Ausland lebende Angehörige steuermindernd geltend, trifft ihn nach § 90 Abs. 2 AO 1977 eine erhöhte Mitwirkungspflicht zur Aufklärung des Sachverhalts sowie zur Vorsorge und Beschaffung von Beweismitteln. Da die Erfüllung dieser Mitwirkungspflichten erforderlich, möglich, zumutbar und verhältnismäßig sein muss, kön-

§ 33a

nen hinsichtlich der Beschaffung amtlicher Bescheinigungen aus Krisengebieten Beweiserleichterungen in Betracht kommen.

2. Auch wenn das FG nach seiner freien, aus dem Gesamtergebnis des Verfahrens gewonnenen Überzeugung entscheidet und ihm als Tatsacheninstanz die Auswahl und Gewichtung der erforderlichen Beweismittel obliegt, hat es die erhöhte Mitwirkungspflicht des Steuerpflichtigen nach § 90 Abs. 2 AO 1977 zu berücksichtigen. Die Entscheidung, welche Anforderungen an den Nachweis von Unterhaltszahlungen an im Ausland lebende, unterstützungsbedürftige Angehörige zu stellen sind und welche Beweismittel der Steuerpflichtige zu beschaffen hat, gehört zur Rechtsanwendung und kann daher vom BFH überprüft werden.

3. Die tatrichterliche Überzeugungsbildung ist revisionsrechtlich nur eingeschränkt überprüfbar. Sind die Tatsachen, aufgrund derer das FG seine Überzeugung gebildet hat, widersprüchlich oder ist die Folgerung aus den festgestellten Tatsachen nicht nachvollziehbar, liegt ein Verstoß gegen die Denkgesetze vor, den das Revisionsgericht von Amts wegen als Fehler der Rechtsanwendung zu beachten hat.

Schwebende Verfahren

BFH VI R 40/09 (BFH-Webseite): Besteht für im Ausland lebende nicht unbeschränkt einkommensteuerpflichtige Angehörige eine Erwerbsobliegenheit im Rahmen des § 33a EStG?

BFH VI R 35/09 (BFH-Webseite): Ist ein Haus, das unentgeltlich einem Angehörigen zur Nutzung überlassen wird, in die Ermittlung des eigenen Vermögens des Unterhaltsempfängers i.S. des § 33a Abs. 1 Satz 3 EStG einzubeziehen?

BFH VI R 29/09 (BFH-Webseite): Wie BFH VI R 40/09.

BFH VI R 28/09 (BFH-Webseite): Ist § 33a Abs. 1 EStG verfassungskonform dahingehend auszulegen, dass Unterhaltsleistungen an Enkelkinder (hier: Kinderfreibetrag wirkt sich bei den Eltern mangels ausreichenden Einkommens nicht aus) als Aufwendungen für das Existenzminimum von Kindern, denen gegenüber eine Unterhaltspflicht besteht, zu berücksichtigen sind?

BFH VI R 5/09 (BFH-Webseite): Besteht für im Ausland lebende ausländische Angehörige eine Erwerbsobliegenheit im Rahmen des § 33a EStG?

BFH VI R 65/08 (BFH-Webseite): Geringes Vermögen: Sind Bodenrichtwerte nach § 196 des Baugesetzbuches für die Bestimmung des für § 33a Abs. 1 Satz 3 EStG maßgeblichen Verkehrswerts von Grundstücken verbindlich, oder haben diese ihre Berechtigung nur im Erbschaftsteuerrecht? Können durch Bescheidänderung nach § 173 Abs. 1 Nr. 1 AO die bisher wegen ungenauer Angaben in der Steuererklärung anerkannten Unterhaltszahlungen an die Mutter wegen deren nicht nur geringem Vermögen gestrichen werden? Notwendige Rechtserheblichkeit für neue Tatsachen? Diverse Verfahrensmängel?

BFH III R 111/07 (BFH-Webseite): Berücksichtigung weiteren Ausbildungsbedarfs für das auswärts studierende Kind: Ist der Sonderbedarf mit 77 EUR monatlich ausreichend bemessen? Führt die Günstigerprüfung nach § 31 EStG zu zutreffenden Ergebnissen? Verfassungswidrigkeit der §§ 31, 32 Abs. 6 und 33a Abs. 2 EStG in der Fassung des Zweiten Gesetzes zur Familienförderung vom 16.8.2001 (BStBl. I 2001, 533)? Notwendige Vorlage an das Bundesverfassungsgericht?

BVerfG 2 BvR 1981/06 (BFH-Webseite): Abziehbarkeit von Unterhaltsaufwendungen des Partners einer eingetragenen Lebenspartnerschaft nur im Rahmen des § 33a EStG – keine Zusammenveranlagung für eingetragene Lebenspartnerschaften

Vorgehend: BFH, Urteil vom 20.7.2006 (III R 8/04), BStBl. 2006 II S. 883.

§ 33b

§ 33b Pauschbeträge für behinderte Menschen, Hinterbliebene und Pflegepersonen

(1) ¹Wegen der Aufwendungen für die Hilfe bei den gewöhnlichen und regelmäßig wiederkehrenden Verrichtungen des täglichen Lebens, für die Pflege sowie für einen erhöhten Wäschebedarf können behinderte Menschen unter den Voraussetzungen des Absatzes 2 anstelle einer Steuerermäßigung nach § 33 einen Pauschbetrag nach Absatz 3 geltend machen (Behinderten-Pauschbetrag). ²Das Wahlrecht kann für die genannten Aufwendungen im jeweiligen Veranlagungszeitraum nur einheitlich ausgeübt werden.

(2) Die Pauschbeträge erhalten

1. behinderte Menschen, deren Grad der Behinderung auf mindestens 50 festgestellt ist;
2. behinderte Menschen, deren Grad der Behinderung auf weniger als 50, aber mindestens auf 25 festgestellt ist, wenn
   a) dem behinderten Menschen wegen seiner Behinderung nach gesetzlichen Vorschriften Renten oder andere laufende Bezüge zustehen, und zwar auch dann, wenn das Recht auf die Bezüge ruht oder der Anspruch auf die Bezüge durch Zahlung eines Kapitals abgefunden worden ist, oder
   b) die Behinderung zu einer dauernden Einbuße der körperlichen Beweglichkeit geführt hat oder auf einer typischen Berufskrankheit beruht.

(3) ¹Die Höhe des Pauschbetrags richtet sich nach dem dauernden Grad der Behinderung. ²Als Pauschbeträge werden gewährt bei einem Grad der Behinderung

von 25 und 30	310 Euro,
von 35 und 40	430 Euro,
von 45 und 50	570 Euro,
von 55 und 60	720 Euro,
von 65 und 70	890 Euro,
von 75 und 80	1 060 Euro,
von 85 und 90	1 230 Euro,
von 95 und 100	1 420 Euro.

³Für behinderte Menschen, die hilflos im Sinne des Absatzes 6 sind, und für Blinde erhöht sich der Pauschbetrag auf 3 700 Euro.

(4) ¹Personen, denen laufende Hinterbliebenenbezüge bewilligt worden sind, erhalten auf Antrag einen Pauschbetrag von 370 Euro (Hinterbliebenen-Pauschbetrag), wenn die Hinterbliebenenbezüge geleistet werden

1. nach dem Bundesversorgungsgesetz oder einem anderen Gesetz, das die Vorschriften des Bundesversorgungsgesetzes über Hinterbliebenenbezüge für entsprechend anwendbar erklärt, oder
2. nach den Vorschriften über die gesetzliche Unfallversicherung oder
3. nach den beamtenrechtlichen Vorschriften an Hinterbliebene eines an den Folgen eines Dienstunfalls verstorbenen Beamten oder
4. nach den Vorschriften des Bundesentschädigungsgesetzes über die Entschädigung für Schäden an Leben, Körper oder Gesundheit.

²Der Pauschbetrag wird auch dann gewährt, wenn das Recht auf die Bezüge ruht oder der Anspruch auf die Bezüge durch Zahlung eines Kapitals abgefunden worden ist.

(5) ¹Steht der Behinderten-Pauschbetrag oder der Hinterbliebenen-Pauschbetrag einem Kind zu, für das der Steuerpflichtige Anspruch auf einen Freibetrag nach § 32 Absatz 6 oder auf Kindergeld hat, so wird der Pauschbetrag auf Antrag auf den Steuerpflichtigen übertragen, wenn ihn das Kind nicht in Anspruch nimmt. ²Dabei ist der Pauschbetrag grundsätzlich auf beide Elternteile je zur Hälfte aufzuteilen. ³Auf gemeinsamen Antrag der Eltern ist eine andere Aufteilung möglich. ⁴In diesen Fällen besteht für Aufwendungen, für die der Behinderten-Pauschbetrag gilt, kein Anspruch auf eine Steuerermäßigung nach § 33.

(6) ¹Wegen der außergewöhnlichen Belastungen, die einem Steuerpflichtigen durch die Pflege einer Person erwachsen, die nicht nur vorübergehend hilflos ist, kann er an Stelle

§ 33b — EStDV 65

einer Steuerermäßigung nach § 33 einen Pauschbetrag von 924 Euro im Kalenderjahr geltend machen (Pflegepauschbetrag), wenn er dafür keine Einnahmen erhält. ²Zu diesen Einnahmen zählt unabhängig von der Verwendung nicht das von den Eltern eines behinderten Kindes für dieses Kind empfangene Pflegegeld. ³Hilflos im Sinne des Satzes 1 ist eine Person, wenn sie für eine Reihe von häufig und regelmäßig wiederkehrenden Verrichtungen zur Sicherung ihrer persönlichen Existenz im Ablauf eines jeden Tages fremder Hilfe dauernd bedarf. ⁴Diese Voraussetzungen sind auch erfüllt, wenn die Hilfe in Form einer Überwachung oder einer Anleitung zu den in Satz 3 genannten Verrichtungen erforderlich ist oder wenn die Hilfe zwar nicht dauernd geleistet werden muss, jedoch eine ständige Bereitschaft zur Hilfeleistung erforderlich ist. ⁵Voraussetzung ist, dass der Steuerpflichtige die Pflege im Inland entweder in seiner Wohnung oder in der Wohnung des Pflegebedürftigen persönlich durchführt. ⁶Wird ein Pflegebedürftiger von mehreren Steuerpflichtigen im Veranlagungszeitraum gepflegt, wird der Pauschbetrag nach der Zahl der Pflegepersonen, bei denen die Voraussetzungen der Sätze 1 bis 5 vorliegen, geteilt.[1)]

(7) Die Bundesregierung wird ermächtigt, durch Rechtsverordnung mit Zustimmung des Bundesrates zu bestimmen, wie nachzuweisen ist, daß die Voraussetzungen für die Inanspruchnahme der Pauschbeträge vorliegen.

EStDV

§ 65 Nachweis der Behinderung

(1) Den Nachweis einer Behinderung hat der Steuerpflichtige zu erbringen:

1. *bei einer Behinderung, deren Grad auf mindestens 50 festgestellt ist, durch Vorlage eines Ausweises nach dem Neunten Buch Sozialgesetzbuch oder eines Bescheides der für die Durchführung des Bundesversorgungsgesetzes zuständigen Behörde,*

2. *bei einer Behinderung, deren Grad auf weniger als 50, aber mindestens 25 festgestellt ist,*

    a) *durch eine Bescheinigung der für die Durchführung des Bundesversorgungsgesetzes zuständigen Behörde auf Grund eines Feststellungsbescheids nach § 69 Abs. 1 des Neunten Buches Sozialgesetzbuch, die eine Äußerung darüber enthält, ob die Behinderung zu einer dauernden Einbuße der körperlichen Beweglichkeit geführt hat oder auf einer typischen Berufskrankheit beruht, oder,*

    b) *wenn ihm wegen seiner Behinderung nach den gesetzlichen Vorschriften Renten oder andere laufende Bezüge zustehen, durch den Rentenbescheid oder den die anderen laufenden Bezüge nachweisenden Bescheid.*

(2) ¹Die gesundheitlichen Merkmale „blind" und „hilflos" hat der Steuerpflichtige durch einen Ausweis nach dem Neunten Buch Sozialgesetzbuch, der mit den Merkzeichen „Bl" oder „H" gekennzeichnet ist, oder durch einen Bescheid der für die Durchführung des Bundesversorgungsgesetzes zuständigen Behörde, der die entsprechenden Feststellungen enthält, nachzuweisen. ²Dem Merkzeichen „H" steht die Einstufung als Schwerstpflegebedürftiger in Pflegestufe III nach dem Elften Buch Sozialgesetzbuch, dem Zwölften Buch Sozialgesetzbuch oder diesen entsprechenden gesetzlichen Bestimmungen gleich; dies ist durch Vorlage des entsprechenden Bescheides nachzuweisen.

(3) Der Steuerpflichtige hat die Unterlagen nach den Absätzen 1 und 2 zusammen mit seiner Steuererklärung oder seinem Antrag auf Lohnsteuerermäßigung der Finanzbehörde vorzulegen.

(4) ¹Ist der behinderte Mensch verstorben und kann sein Rechtsnachfolger die Unterlagen nach den Absätzen 1 und 2 nicht vorlegen, so genügt zum Nachweis eine gutachtliche Stellungnahme von seiten der für die Durchführung des Bundesversorgungsgesetzes zuständigen Behörde. ²Diese Stellungnahme hat die Finanzbehörde einzuholen.

---

1) Zur Anwendung von § 33b Absatz 6 in dieser Fassung auf alle noch nicht bestandskräftigen Fälle siehe § 52 Absatz 46a EStG.

Hinweise

LStH 33b Pauschbeträge für behinderte Menschen, Hinterbliebene und Pflegepersonen
→ *R 33b EStR, H 33b EStH*

EStR 2008

R 33b. Pauschbeträge für behinderte Menschen, Hinterbliebene und Pflegepersonen

(1) [1]**Ein** Pauschbetrag für behinderte Menschen, **der** Hinterbliebenen-Pauschbetrag und **der** Pflege-Pauschbetrag können mehrfach gewährt werden, wenn mehrere Personen die Voraussetzungen erfüllen (z. B. Steuerpflichtiger, Ehegatte, Kind), oder wenn eine Person die Voraussetzungen für verschiedene Pauschbeträge erfüllt. [2]**Mit dem Pauschbetrag für behinderte Menschen werden die laufenden und typischen Aufwendungen für die Hilfe bei den gewöhnlichen und regelmäßig wiederkehrenden Verrichtungen des täglichen Lebens, für die Pflege sowie für einen erhöhten Wäschebedarf abgegolten.** [3]**Es handelt sich um Aufwendungen, die behinderten Menschen erfahrungsgemäß durch ihre Krankheit bzw. Behinderung entstehen und deren alleinige behinderungsbedingte Veranlassung nur schwer nachzuweisen ist.** [4]**Alle übrigen behinderungsbedingten Aufwendungen (z. B. Operationskosten sowie Heilbehandlungen, Kuren, Arznei- und Arztkosten, → Fahrtkosten) können daneben als außergewöhnliche Belastung nach § 33 EStG berücksichtigt werden.**

(2) Hat ein Kind Anspruch auf einen Pauschbetrag nach § 33b EStG, können andere Personen auf die der Pauschbetrag für behinderte Menschen nicht übertragen worden ist, wegen der behinderungsbedingten Aufwendungen keine Steuerermäßigung nach § 33 EStG in Anspruch nehmen.

(3) Eine Übertragung des Pauschbetrages für behinderte Menschen auf die Eltern eines Kindes mit Wohnsitz oder gewöhnlichem Aufenthalt im Ausland ist nur möglich, wenn das Kind als unbeschränkt steuerpflichtig behandelt wird (insbesondere § 1 Abs. 3 Satz 2, 2. Halbsatz EStG ist zu beachten).

(4) Ein Steuerpflichtiger führt die Pflege auch dann noch persönlich durch, wenn er sich zur Unterstützung zeitweise einer ambulanten Pflegekraft bedient.

(5) § 33b Abs. 6 Satz 6 EStG gilt auch, wenn nur ein Steuerpflichtiger den Pflege-Pauschbetrag tatsächlich in Anspruch nimmt.

(6) Der Pflege-Pauschbetrag nach § 33b Abs. 6 EStG kann neben dem nach § 33b Abs. 5 EStG vom Kind auf die Eltern übertragenen Pauschbetrag für behinderte Menschen in Anspruch genommen werden.

(7) [1]Bei Beginn, Änderung oder Wegfall der Behinderung im Laufe eines Kalenderjahres ist stets der Pauschbetrag nach dem höchsten Grad zu gewähren, der im Kalenderjahr festgestellt war. [2]Eine Zwölftelung ist nicht vorzunehmen. [3]Dies gilt auch für den Hinterbliebenen- und Pflege-Pauschbetrag.

ESt-Kartei NW

1. Berücksichtigung von Kfz-Aufwendungen Geh- und Stehbehinderter und außergewöhnlich Gehbehinderter als außergewöhnliche Belastung; Angemessenheit der Aufwendungen (I. ab VZ 1995, entspricht BMF-Schreiben v. 29. 4. 1996 BStBl. I S. 446; II. ab VZ 2001, entspricht BMF-Schreiben v. 12. 4. 2001 BStBl. I S. 262; III. ab VZ 2002 0,30 Euro je Kilometer, entspricht BMF-Schreiben v. 21. 11. 2001 BStBl. I S. 868)

2. Nachweis der Hilflosigkeit i. S. von § 33b Abs. 3 Satz 3 und Abs. 6 EStG – ausgesondert – (entsprach BMF-Schreiben v. 28. 7. 1994 BStBl. I S. 601 – eingegangen in H 194 EStH 1995 –)

3. Pflege-Pauschbetrag nach § 33b Abs. 6 Satz 1 EStG; kein Pflege-Pauschbetrag bei Einnahmen des Steuerpflichtigen (entspricht BMF-Schreiben v. 7. 11. 1996 BStBl. I S. 1433, mit dem ab VZ 1995 das BMF-Schreiben v. 2. 4. 1992 BStBl. I S. 267 aufgehoben wird)

4. Nachweis der Behinderung von in Deutschland nicht steuerpflichtigen Kindern bei Übertragung des Behinderten-Pauschbetrags nach § 33b Abs. 5 EStG (entspricht BMF-Schreiben v. 8. 8. 1997 BStBl. I S. 1016: Antrag an das zuständige Auslandsversorgungsamt, das sich aus der Auslandszuständigkeitsverordnung v. 28. 5. 1991 BGBl. I S. 1204 ergibt)

800. Pflege-Pauschbetrag nach § 33b Abs. 6 EStG; Erhalt von Einnahmen (Weiterleitung von Pflegegeld an die Pflegeperson schädlich i. S. des § 33b Abs. 6 Satz 1 EStG; ausnahmsweise unschädlich, wenn es für eigene Aufwendungen des Pflegebedürftigen verwendet wird; durch StÄndG 2003 klargestellt, dass von Eltern eines behinderten Kindes empfangene Pflegegeld zählt – unabhängig von der Verwendung – nicht als Einnahme)

§ 33b

Rechtsprechung

Rechtsprechungsauswahl

BFH v. 31. 8. 2006 III R 71/05 (BFH-Webseite): Für die Prüfung, ob ein volljähriges blindes Kind i.S.d. § 32 Abs. 4 Satz 1 Nr. 3 EStG außerstande ist, sich selbst zu unterhalten, ist bei dem Vergleich seiner Einkünfte und Bezüge mit seinem existentiellen Lebensbedarf (Grundbedarf und behinderungsbedingter Mehrbedarf) das Blindengeld zwar den zur Bestreitung des Lebensunterhalts geeigneten Bezügen zuzuordnen. Jedoch ist es bei der Ermittlung des behinderungsbedingten Mehrbedarfs anstelle des Pauschbetrages für behinderte Menschen nach § 33b Abs. 3 Satz 3 EStG anzusetzen, wenn es der Höhe nach den Pauschbetrag übersteigt. Es ist zu vermuten, dass in Höhe des tatsächlich ausbezahlten Blindengeldes ein behinderungsbedingter Mehraufwand besteht.

BFH v. 2. 6. 2005 III R 15/04 (BStBl. II S. 828): Ein Pauschbetrag nach § 33b Abs. 3 EStG für ein behindertes Kind kann nicht nach § 33b Abs. 5 EStG auf einen im Inland unbeschränkt steuerpflichtigen Elternteil übertragen werden, wenn das Kind im Ausland außerhalb eines EU/EWR-Mitgliedstaates seinen Wohnsitz oder gewöhnlichen Aufenthalt hat und im Inland keine eigenen Einkünfte erzielt (Abgrenzung zum BFH-Urteil vom 22. November 1995 I R 6/91, BFHE 180, 33, BStBl. II 1997, 20).

BFH v. 4. 11. 2004 III R 38/02 (BStBl. 2005 II S. 271): Werden die Aufwendungen des Steuerpflichtigen für seine behinderungsbedingte Unterbringung in einem Altenwohnheim als außergewöhnliche Belastung nach § 33 EStG berücksichtigt, steht dem Steuerpflichtigen daneben der Behinderten-Pauschbetrag nach § 33b Abs. 3 Satz 3 EStG nicht zu.

BFH v. 19. 5. 2004 III R 16/02 (BStBl. 2005 II S. 23): Kfz-Kosten schwer geh- und stehbehinderter Steuerpflichtiger sind nur angemessen i. S. von § 33 Abs. 2 Satz 1 EStG, soweit sie die in der EStR und LStR für die Berücksichtigung von Kfz-Kosten als Betriebsausgaben und Werbungskosten festgesetzten Pauschbeträge nicht übersteigen. Das gilt auch für die Kfz-Aufwendungen, die auf Fahrten entfallen, die zum Besuch von Ärzten oder Behandlungseinrichtungen durchgeführt werden (Fortführung des Senatsurteils vom 18. Dezember 2003 III R 31/03, BFHE 205, 74, BStBl. II 2004, 453; Abweichung von dem Senatsurteil vom 3. Dezember 1998 III R 5/98, BFHE 187, 503, BStBl. II 1999, 227).

BFH v. 20. 2. 2003 III R 9/02 (BStBl. II S. 476): Der Pflegepauschbetrag kann nur gewährt werden, wenn der Steuerpflichtige die Behinderung entsprechend den Vorgaben des § 65 Abs. 2 EStDV belegt.

BFH v. 21. 3. 2002 III R 42/00 (BStBl. II S. 417):
1. Die Gewährung des Pflege-Pauschbetrages wird durch jegliche Art von Einnahmen der Pflegeperson im Zusammenhang mit der Pflege, sei es als – steuerfreie – Pflegevergütung, sei es als Aufwendungsersatz, und unabhängig von deren Höhe ausgeschlossen.
2. Die Weiterleitung des Pflegegeldes an die Pflegeperson ist unschädlich, wenn die Pflegeperson die Mittel lediglich treuhänderisch verwaltet und deren tatsächliche Verwendung für den Pflegebedürftigen nachweist. Typische Unterhaltsaufwendungen dürfen insoweit nicht gegengerechnet werden.

§ 34

§ 34 Außerordentliche Einkünfte[1]

(1) ¹Sind in dem zu versteuernden Einkommen außerordentliche Einkünfte enthalten, so ist die auf alle im Veranlagungszeitraum bezogenen außerordentlichen Einkünfte entfallende Einkommensteuer nach den Sätzen 2 bis 4 zu berechnen. ²Die für die außerordentlichen Einkünfte anzusetzende Einkommensteuer beträgt das Fünffache des Unterschiedsbetrags zwischen der Einkommensteuer für das um diese Einkünfte verminderte zu versteuernde Einkommen (verbleibendes zu versteuerndes Einkommen) und der Einkommensteuer für das verbleibende zu versteuernde Einkommen zuzüglich eines Fünftels dieser Einkünfte. ³Ist das verbleibende zu versteuernde Einkommen negativ und das zu versteuernde Einkommen positiv, so beträgt die Einkommensteuer das Fünffache der auf ein Fünftel des zu versteuernden Einkommens entfallenden Einkommensteuer. ⁴Die Sätze 1 bis 3 gelten nicht für außerordentliche Einkünfte im Sinne des Absatzes 2 Nummer 1, wenn der Steuerpflichtige auf diese Einkünfte ganz oder teilweise § 6b oder § 6c anwendet.

(2) Als außerordentliche Einkünfte kommen nur in Betracht:

1. Veräußerungsgewinne im Sinne der §§ 14, 14a Absatz 1, der §§ 16, und 18 Absatz 3 mit Ausnahme des steuerpflichtigen Teils der Veräußerungsgewinne, die nach § 3 Nummer 40 Buchstabe b in Verbindung mit § 3c Absatz 2 teilweise steuerbefreit sind;
2. Entschädigungen im Sinne des § 24 Nummer 1;
3. Nutzungsvergütungen und Zinsen im Sinne des § 24 Nummer 3, soweit sie für einen Zeitraum von mehr als drei Jahren nachgezahlt werden;
4. Vergütungen für mehrjährige Tätigkeiten; mehrjährig ist eine Tätigkeit, soweit sie sich über mindestens zwei Veranlagungszeiträume erstreckt und einen Zeitraum von mehr als zwölf Monaten umfasst;
5. Einkünfte aus außerordentlichen Holznutzungen im Sinne des § 34b Absatz 1 Nummer 1.

(3) ¹Sind in dem zu versteuernden Einkommen außerordentliche Einkünfte im Sinne des Absatzes 2 Nummer 1 enthalten, so kann auf Antrag abweichend von Absatz 1 die auf den Teil dieser außerordentlichen Einkünfte, der den Betrag von insgesamt 5 Millionen Euro[2] nicht übersteigt, entfallende Einkommensteuer nach einem ermäßigten Steuersatz bemessen werden, wenn der Steuerpflichtige das 55. Lebensjahr vollendet hat oder wenn er im sozialversicherungsrechtlichen Sinne dauernd berufsunfähig ist. ²Der ermäßigte Steuersatz beträgt 56 Prozent des durchschnittlichen Steuersatzes, der sich ergäbe, wenn die tarifliche Einkommensteuer nach dem gesamten zu versteuernden Einkommen zuzüglich der dem Progressionsvorbehalt unterliegenden Einkünfte zu bemessen wäre, mindestens jedoch 15 Prozent[3]. ³Auf das um die in Satz 1 genannten Einkünfte verminderte zu versteuernde Einkommen (verbleibendes zu versteuerndes Einkommen) sind vorbehaltlich des Absatzes 1 die allgemeinen Tarifvorschriften anzuwenden. ⁴Die Ermäßigung nach den Sätzen 1 bis 3 kann der Steuerpflichtige nur einmal im Leben in Anspruch nehmen. ⁵Erzielt der Steuerpflichtige in einem Veranlagungszeitraum mehr als einen Veräußerungs- oder Aufgabegewinn im Sinne des Satzes 1, kann er die Ermäßigung nach den Sätzen 1 bis 3 nur für einen Veräußerungs- oder Aufgabegewinn beantragen. ⁶Absatz 1 Satz 4 ist entsprechend anzuwenden.

Hinweise

LStH 34 Abzug des Arbeitnehmer-Pauschbetrags
  → *H 34.1 EStH*

  Arbeitslohn für mehrjährige Tätigkeiten
  → *R 34.4 EStR und H 34.4 EStH*

---

1) Zur Anwendung von § 34 siehe § 52 Abs. 47 EStG. Hinweis auf BMF-Schreiben vom 20.12.2005 (BStBl. 2006 I S. 7) betr. Freibetrag § 16 Abs. 4 EStG und Tarifmäßigung nach § 34 Abs. 3 EStG.
2) § 34 Absatz 3 Satz 1 i. d. F. § 52 Absatz 47 Satz 5 EStG.
3) § 34 Absatz 3 Satz 2 EStG in der ab VZ 2005 geltenden Fassung gemäß § 52 Absatz 47 Satz 6 EStG.

§ 34

EStR 2008 R 34.4, ESt-Kartei NW, Rechtsprechung

Entschädigungen
→ *R 34.3 EStR und H 34.3 EStH*
Fünftelungsregelung im Lohnsteuerabzugsverfahren
→ *LStH 39b.6 (Fünftelungsregelung)*

EStR 2008

R 34.4 Anwendung des § 34 Abs. 1 EStG auf Einkünfte aus der Vergütung für eine mehrjährige Tätigkeit (§ 34 Abs. 2 Nr. 4 EStG)

Allgemeines

(1) ¹§ 34 Abs. 2 Nr. 4 i. V. m. Abs. 1 EStG gilt grundsätzlich für alle Einkunftsarten. ²§ 34 Abs. 1 EStG ist auch auf Nachzahlungen von Ruhegehaltsbezügen und von Renten i. S. d. § 22 Nr. 1 EStG **einschließlich der nachgezahlten Erhöhungsbeträge für den laufenden VZ** anwendbar. ³Voraussetzung für die Anwendung ist, dass auf Grund der Einkunftsermittlungsvorschriften eine → Zusammenballung von Einkünften eintritt, die bei Einkünften aus nichtselbständiger Arbeit auf wirtschaftlich vernünftigen Gründen beruht und bei anderen Einkünften nicht dem vertragsgemäßen oder dem typischen Ablauf entspricht.

Einkünfte aus nichtselbständiger Arbeit

(2) Bei Einkünften aus nichtselbständiger Arbeit kommt es nicht darauf an, dass die Vergütung für eine abgrenzbare Sondertätigkeit gezahlt wird, dass auf sie ein Rechtsanspruch besteht oder dass sie eine zwangsläufige Zusammenballung von Einnahmen darstellt.

Ermittlung der Einkünfte

(3) ¹Bei der Ermittlung der dem § 34 Abs. 2 Nr. 4 i. V. m. Abs. 1 EStG unterliegenden Einkünfte gilt R 34.1 Abs. 4 entsprechend. ²Handelt es sich sowohl bei den laufenden Einnahmen als auch bei den außerordentlichen Bezügen um Versorgungsbezüge i. S. d. § 19 Abs. 2 EStG, können im Kalenderjahr des Zuflusses die Freibeträge für Versorgungsbezüge nach § 19 Abs. 2 EStG nur einmal abgezogen werden; sie sind zunächst bei den nicht nach § 34 EStG begünstigten Einkünften zu berücksichtigen. ³Nur insoweit nicht verbrauchte Freibeträge für Versorgungsbezüge sind bei den nach § 34 EStG begünstigten Einkünften abzuziehen. ⁴Entsprechend ist bei anderen Einkunftsarten zu verfahren, bei denen ein im Rahmen der Einkünfteermittlung anzusetzender Freibetrag **oder Pauschbetrag** abzuziehen ist. ⁵Werden außerordentliche Einkünfte aus nichtselbständiger Arbeit neben laufenden Einkünften dieser Art bezogen, ist bei den Einnahmen der Arbeitnehmer-Pauschbetrag oder der Pauschbetrag nach § 9a Satz 1 Nr. 1 Buchstabe b EStG insgesamt nur einmal abzuziehen, wenn insgesamt keine höheren Werbungskosten nachgewiesen werden. ⁶In anderen Fällen sind die auf die jeweiligen Einnahmen entfallenden tatsächlichen Werbungskosten bei diesen Einnahmen zu berücksichtigen.

ESt-Kartei NW

1. Zusammenballung i. S. d. § 34 EStG, wenn durch die Entschädigung nur Einnahmen eines Jahres abgegolten werden (entspricht BMF-Schreiben v. 18. 11. 1997 BStBl. I S. 973 zu BFH v. 16. 7. 1997 XI R 13/97 BStBl. II S. 753)
2. Zweifelsfragen im Zusammenhang mit der ertragsteuerlichen Behandlung von Entlassungsentschädigungen (entspricht BMF-Schreiben v. 25. 5. 2004 BStBl. I S. 505, **Anlage § 034-01**)

Rechtsprechungsauswahl

BFH v. 22. 9. 2009 IX R 93/07 (BFH-Webseite): Zusammentreffen von außerordentlichen Einkünften und dem Progressionsvorbehalt unterliegenden Einkünften

Hat der Steuerpflichtige neben außerordentlichen Einkünften i.S. von § 34 Abs. 2 EStG auch steuerfreie Einnahmen i.S. von § 32b Abs. 1 EStG bezogen, so sind diese in der Weise in die Berechnung nach § 34 Abs. 1 EStG einzubeziehen, dass sie in voller Höhe dem verbleibenden zu versteuernden Einkommen hinzugerechnet werden (Anschluss an BFH-Urteil vom 17. Januar 2008 VI R 44/07, BFHE 220, 269).

BFH v. 2. 9. 2009 I R 111/08 (BFH-Webseite):
1. Art. 15 Abs. 1 DBA-Schweiz 1971 ermöglicht kein deutsches Besteuerungsrecht für eine Abfindungszahlung, die eine zuvor in Deutschland wohnende Person nach ihrem Wegzug in die Schweiz von ihrem bisherigen inländischen Arbeitgeber aus Anlass der Auflösung des Arbeitsverhältnisses erhält (Bestätigung der ständigen Rechtsprechung).

Rechtsprechung § 34

2. Eine Übereinkunft zwischen den deutschen und Schweizer Steuerbehörden (hier: Verständigungsvereinbarung mit der Eidgenössischen Steuerverwaltung zu der Frage des Besteuerungsrechts bei Abfindungen an Arbeitnehmer, bekannt gegeben durch BMF-Schreiben vom 13. Oktober 1992, RIW 1993, 82) nach Maßgabe von Art. 26 Abs. 3 DBA-Schweiz 1971 bindet die Gerichte nicht (ebenfalls Bestätigung der ständigen Rechtsprechung; entgegen BMF-Schreiben vom 20. Mai 1997, BStBl. I 1997, 560).
3. Die Besteuerung der Abfindung nach der sog. überdachenden Besteuerung gemäß Art. 4 Abs. 4 DBA-Schweiz 1971 scheidet aus, wenn der Zuzug der zuvor in Deutschland wohnenden Person in die Schweiz erfolgte, um dort eine unselbständige Tätigkeit auszuüben; daneben bestehende anderweitige Beweggründe für den Zuzug (hier: beabsichtigte Eheschließung mit einer in der Schweiz ansässigen Person und Begründung eines gemeinsamen Hausstands) sind unschädlich.

BFH v. 2. 9. 2009 I R 90/08 (BFH-Webseite):
1. Art. 15 Abs. 1 DBA-Belgien ermöglicht kein deutsches Besteuerungsrecht für eine Abfindungszahlung, die eine in Belgien ansässige Person von ihrem bisherigen inländischen Arbeitgeber aus Anlass der Kündigung des Arbeitsverhältnisses erhält (Bestätigung der ständigen Rechtsprechung).
2. Eine Übereinkunft zwischen den deutschen und belgischen Steuerbehörden (hier: Verständigungsvereinbarung mit dem belgischen Finanzministerium vom 15. Dezember 2006 über die Zuordnung des Besteuerungsrechts bei Abfindungen an Arbeitnehmer, bekannt gegeben durch BMF-Schreiben vom 10. Januar 2007, BStBl. I 2007, 261) nach Maßgabe von Art. 25 Abs. 3 DBA-Belgien bindet die Gerichte nicht (ebenfalls Bestätigung der ständigen Rechtsprechung).
3. Natürliche Personen, die nach § 1 Abs. 3 EStG 2002 auf Antrag als unbeschränkt steuerpflichtig behandelt werden, unterfallen nicht der sog. Rückfallregelung des § 50d Abs. 9 Satz 1 Nr. 1 EStG 2002 i.d.F. des JStG 2007.

BFH v. 25. 8. 2009 IX R 3/09 (BFH-Webseite): (Teilabfindung für Arbeitszeitreduzierung als Entschädigung – Zweck des § 34 Abs. 2 EStG)
Zahlt der Arbeitgeber seinem Arbeitnehmer eine Abfindung, weil dieser seine Wochenarbeitszeit aufgrund eines Vertrags zur Änderung des Arbeitsvertrags unbefristet reduziert, so kann darin eine begünstigt zu besteuernde Entschädigung i.S. von § 24 Nr. 1 Buchst. a EStG liegen (Klarstellung der Rechtsprechung).

BFH v. 25. 8. 2009 IX R 11/09 (BFH-Webseite): Eine die Anwendung von § 34 EStG rechtfertigende Zusammenballung von Einkünften kommt auch dann in Betracht, wenn zu einer Hauptentschädigungsleistung eine in einem anderen Veranlagungszeitraum zufließende minimale Teilleistung hinzukommt.

BFH v. 17. 1. 2008 VI R 44/07 (BFH-Webseite):
1. Trifft die Tarifermäßigung des § 34 Abs. 1 EStG mit dem (positiven) Progressionsvorbehalt des § 32b EStG zusammen, so ist eine integrierte Steuerberechnung dergestalt vorzunehmen, dass die Progressionseinkünfte bei der Steuerberechnung nach § 34 Abs. 1 EStG steuersatzerhöhend berücksichtigt werden (Abgrenzung zum BFH-Urteil vom 15. November 2007 VI R 66/03).
2. Übersteigen die der Tarifermäßigung unterliegenden außerordentlichen Einkünfte das zu versteuernde Einkommen, so richtet sich die Steuerberechnung nach § 34 Abs. 1 Satz 3 EStG. Die Progressionseinkünfte sind hierbei nur insoweit zu berücksichtigen, als sich nach einer Verrechnung mit dem negativen verbleibenden zu versteuernden Einkommen ein positiver Differenzbetrag ergibt (so auch H 34.2 Beispiel 4 EStH 2006).

BFH v. 18.12.2007 IV R 62/05 (BStBl. 2008 II S. 294):
1. Geldwerte Vorteile aus einem Aktienoptionsprogramm bilden im Regelfall als Anreizlohn eine Vergütung für eine mehrjährige Tätigkeit, wenn die Laufzeit zwischen Einräumung und Ausübung der Optionsrechte mehr als zwölf Monate beträgt und der Arbeitnehmer in dieser Zeit auch bei seinem Arbeitgeber beschäftigt ist (Anschluss an BFH-Urteil vom 19. Dezember 2006 VI R 136/01, BFHE 216, 251, BStBl. II 2007, 456.
2. Als Vergütung für eine mehrjährige Tätigkeit unterliegen die geldwerten Vorteile aus einem Aktienoptionsprogramm der ab 1999 geltenden Tarifermäßigung des § 34 Abs. 1 EStG.

BFH v. 12. 4. 2007 VI R 6/02 (BStBl. II S. 581):
1. Die Ablösung einer vom Arbeitgeber erteilten Pensionszusage führt beim Arbeitnehmer auch dann zum Zufluss von Arbeitslohn, wenn der Ablösungsbetrag auf Verlangen des Arbeitnehmers zur Übernahme der Pensionsverpflichtung an einen Dritten gezahlt wird.

§ 34 Rechtsprechung

2. Der Ablösungsbetrag unterliegt als Vergütung für eine mehrjährige Tätigkeit der Tarifermäßigung des § 34 Abs. 3 EStG 1990.

BFH v. 19. 12. 2006 VI R 136/01 (BStBl. 2007 II S. 456):
1. Geldwerte Vorteile aus einem Aktienoptionsprogramm stellen im Regelfall als Anreizlohn eine Vergütung für eine mehrjährige Tätigkeit dar. Abweichend hiervon können Entgelte für frühere Arbeitsleistungen angenommen werden, wenn die Tatumstände ergeben, dass konkrete Arbeitserfolge zusätzlich entlohnt werden sollten.
2. Mehrjährigkeit erfordert, dass zwischen Einräumung und Erfüllung des Optionsrechts mehr als zwölf Monate liegen und der Arbeitnehmer in diesem Zeitraum auch beschäftigt war.
3. Der Tarifermäßigung des § 34 Abs. 3 EStG steht weder entgegen, dass wiederholt Aktienoptionen eingeräumt werden, noch, dass die jeweils gewährte Option nicht in vollem Umfang einheitlich ausgeübt wird.

BFH v. 14. 12. 2006 IV R 57/05 (BStBl. 2007 II S. 180): Die Annahme außerordentlicher Einkünfte i. S. des § 34 Abs. 2 Nr. 4 EStG setzt voraus, dass die Vergütung für mehrjährige Tätigkeiten eine Progressionswirkung typischerweise erwarten lässt. Dies ist jedenfalls dann der Fall, wenn eine Vergütung für eine mehrjährige Tätigkeit – hier eines Freiberuflers – aufgrund einer vorausgegangenen rechtlichen Auseinandersetzung zusammengeballt zufließt.

BFH v. 2. 8. 2006 XI R 30/03 (BStBl. II S. 895): Es wird die Entscheidung des BVerfG darüber eingeholt, ob die zu § 34 Abs. 1 i.d.F. des StEntlG 1999/2000/2002 vom 24. März 1999 (BGBl. I 1999, 402) ergangene Anwendungsregelung des § 52 Abs. 47 EStG i.d.F. des StEntlG 1999/2000/2002 mit Art. 20 Abs. 3 i.V.m. Art. 2 Abs. 1 GG insoweit vereinbar ist, als Entschädigungen i.S. des § 34 Abs. 2 Nr. 2 i.V.m. § 24 Nr. 1 EStG, die vor dem Beschluss des StEntlG 1999/2000/2002 durch den Bundestag am 4. März 1999 vereinbart und ausgezahlt worden sind, mit einer höheren Steuer belegt werden, als es das im Zeitpunkt der Auszahlung geltende Gesetz vorgesehen hat. (BVerfG 2 BvL 57/06.)

BFH v. 2. 8. 2006 XI R 34/02 (BStBl. II S. 887): Es wird die Entscheidung des BVerfG darüber eingeholt, ob die zu § 34 Abs. 1 i.d.F. des StEntlG 1999/2000/2002 vom 24. März 1999 (BGBl. I 1999, 402) ergangene Anwendungsregelung des § 52 Abs. 47 EStG i.d.F. des StEntlG 1999/2000/2002 mit Art. 20 Abs. 3 i.V.m. Art. 2 Abs. 1 GG insoweit vereinbar ist, als Entschädigungen i.S. des § 34 Abs. 2 Nr. 2 i.V.m. § 24 Nr. 1 EStG, die vor der Verkündung des StEntlG 1999/2000/2002 am 31. März 1999 vereinbart und ausgezahlt worden sind, mit einer höheren Steuer belegt werden, als es das im Zeitpunkt der Auszahlung geltende Gesetz vorgesehen hat. (BVerfG 2 BvL 58/06.)

BFH v. 28. 6. 2006 XI R 58/05 (BStBl. II S. 835): Der Freibetrag des § 3 Nr. 9 EStG ist falls Zahlungen aus Anlass der Auflösung eines Arbeitsverhältnisses in mehr als einem Veranlagungszeitraum bezogen werden bei der ersten Zahlung zu berücksichtigen. Ein Wahlrecht des Steuerpflichtigen bestehtt insoweit nicht.

BFH v. 14. 10. 2004 VI R 46/99 (BStBl. 2005 II S. 289): „Mehrjährig" i. S. des § 34 Abs. 3 EStG a. F. (jetzt: § 34 Abs. 2 Nr. 4 EStG) ist eine Tätigkeit, die sich über zwei Veranlagungszeiträume erstreckt, auch dann, wenn sie einen Zeitraum von weniger als zwölf Monaten umfasst.

BFH v. 26. 8. 2004 IV R 5/03 (BStBl. 2005 II S. 215):
1. Der Tarifvergünstigung unterliegt eine Entschädigung abzüglich der sachlich unmittelbar mit ihr in Zusammenhang stehenden Betriebsausgaben bzw. Werbungskosten.
2. Fallen mit der Entschädigung zusammenhängende Betriebsausgaben bzw. Werbungskosten in einem der Vereinnahmung der Entschädigung vorausgehenden Besteuerungszeitraum an, mindern sie die regelbesteuerten Einkünfte dieses Zeitraums. Entsprechend mindert sich der dem ermäßigten Tarif unterliegende Betrag in dem Besteuerungszeitraum, in dem die Entschädigung als Einnahme zu erfassen ist.

BFH v. 7. 7. 2004 XI R 44/03 (BStBl. 2005 II S. 276): Bei Einkünften aus selbständiger Arbeit kommt – außer in den Fällen der ausschließlichen bzw. der abgrenzbaren mehrjährigen Sondertätigkeit – die Anwendung des § 34 Abs. 3 EStG auch dann in Betracht, wenn eine einmalige Sonderzahlung für langjährige Dienste auf der Grundlage einer arbeitnehmerähnlichen Stellung geleistet wird.

BFH v. 16. 6. 2004 XI R 55/03 (BStBl. II S. 1055): Vorruhestandsgelder, die aufgrund eines Manteltarifvertrages vereinbart werden, sind Teil der Entschädigung für den Verlust des Arbeitsplatzes. Erstreckt sich die Zahlung der Vorruhestandsgelder über mehr als einen Veranlagungszeitraum, ist mangels Zusammenballung eine begünstigte Besteuerung der Gesamtentschädigung zu versagen.

Rechtsprechung § 34

BFH v. 21. 1. 2004 XI R 40/02 (BStBl. II S. 716): Erhält ein Steuerpflichtiger wegen der Körperverletzung durch einen Dritten auf Grund von mehreren gesonderten und unterschiedliche Zeiträume betreffenden Vereinbarungen mit dessen Versicherung Entschädigungen als Ersatz für entgangene und entgehende Einnahmen, so steht der Zufluss der Entschädigungen in verschiedenen Veranlagungszeiträumen der tarifbegünstigten Besteuerung jeder dieser Entschädigungen nicht entgegen.

BFH v. 21. 1. 2004 XI R 33/02 (BStBl. II S. 715): Wird einem Arbeitnehmer anlässlich der betriebsbedingten Aufhebung seines Arbeitsvertrages eine Erhöhung seiner Entlassungsentschädigung für den Fall zugesagt, dass künftig ein für ihn günstigerer Sozialplan aufgestellt werden sollte, so steht eine solche in einem späteren Veranlagungszeitraum zufließende Nachbesserung der tarifbegünstigten Besteuerung der Hauptentschädigung auch dann nicht entgegen, wenn sie 42,3 v. H. der Hauptentschädigung beträgt.

BFH v. 14. 1. 2004 X R 37/02 (BStBl. II S. 493):
1. Die Ablösung wiederkehrender Bezüge aus einer Betriebs- oder Anteilsveräußerung durch eine Einmalzahlung kann als Veräußerungserlös tarifbegünstigt sein (Bestätigung des Senatsurteils vom 10. Juli 1991 X R 79/90, BFHE 165, 75).
2. Ist bereits im Jahr der Betriebs- oder Anteilsveräußerung eine Einmalzahlung tarifbegünstigt versteuert worden, steht dies der Tarifbegünstigung der Ablösezahlung im Hinblick auf den Grundsatz der Verhältnismäßigkeit nicht entgegen, wenn die erstgenannte Einmalzahlung im Verhältnis zum Ablösebetrag als geringfügig anzusehen ist (vgl. Senatsurteil in BFHE 165, 75).

BFH v. 15. 10. 2003 XI R 17/02 (BStBl. 2004 II S. 264): Für die Abgrenzung zwischen arbeitsvertraglichen Erfüllungsleistungen und Entschädigungen i. S. des § 24 Nr. 1 Buchst. a EStG ist der im Aufhebungsvertrag vereinbarte Zeitpunkt der Beendigung des Arbeitsverhältnisses maßgeblich.

BFH v. 13. 8. 2003 XI R 27/03 (BStBl. 2004 II S. 547): Für die Berechnung der begünstigten Einkommensteuer gemäß § 34 Abs. 1 EStG in der seit 1999 geltenden Fassung sind die Verlustausgleichsbeschränkungen des § 2 Abs. 3 Satz 3 ff. EStG nicht zu beachten. Es sind vorrangig die laufenden negativen Einkünfte mit den laufenden positiven Einkünften zu verrechnen; erst danach ist eine Verrechnung mit den begünstigten Einkünften vorzunehmen (Abweichung von R 197 Abs. 3 Satz 4 EStR 1999).

BFH v. 14. 5. 2003 XI R 23/02 (BStBl. 2004 II S. 451): Zahlt ein Arbeitgeber einem Arbeitnehmer im Zeitpunkt der Entlassung eine Abfindung und in einem späteren Veranlagungszeitraum eine Jubiläumszuwendung, die dieser bei Fortsetzung des Arbeitsverhältnisses erhalten hätte, kann die Jubiläumszuwendung eine für die Tarifbegünstigung der Hauptentschädigung unschädliche Entschädigungszusatzleistung sein.

BFH v. 14. 5. 2003 XI R 16/02 (BStBl. II S. 881): Wird in einem vom Arbeitgeber veranlassten Vertrag über die Aufhebung eines Arbeitsvertrages vereinbart, dass der Arbeitnehmer bis zur Beendigung des Arbeitsverhältnisses einen mehrjährigen unbezahlten Übergangsurlaub nimmt, so sind die Zahlung zum Ausgleich des unbezahlten Urlaubs sowie die Abfindung wegen der vorzeitigen Beendigung des Arbeitsverhältnisses Entschädigungen i. S. des § 24 Nr. 1 Buchst. a EStG.

BFH v. 14. 5. 2003 XI R 12/00 (BStBl. 2004 II S. 449): Werden einem Arbeitnehmer in einer Vereinbarung über die vom Arbeitgeber veranlasste Auflösung des Arbeitsverhältnisses eine Abfindung und monatliche Übergangsgelder zugesagt und nimmt er in einer späteren Vereinbarung das Angebot des Arbeitgebers an, ihm insgesamt einen Einmalbetrag zu zahlen, so steht das ihm insoweit eingeräumte Wahlrecht auf Kapitalisierung einer begünstigten Besteuerung des Einmalbetrags nach § 34 Abs. 1 und 2 EStG nicht entgegen.

BFH v. 6. 11. 2002 XI R 42/01 (BStBl. 2003 II S. 257): Es wird die Entscheidung des BVerfG darüber eingeholt, ob § 39b Abs. 3 Satz 9, § 34 Abs. 1 i. V. m. § 52 Abs. 1 Satz 2, § 52 Abs. 47 EStG i. d. F. des StEntlG 1999/2000/2002 vom 24. März 1999 (BGBl. I 1999, 402 – EStG n. F. –) mit dem GG vereinbar sind, soweit (Entlassungs-) Entschädigungen, die nach Beschlussfassung des Gesetzes zur Fortsetzung der Unternehmenssteuerreform vom 29. Oktober 1997 (BGBl. I 1997, 2590) und vor Zuleitung des Gesetzentwurfs der Bundesregierung zum StEntlG 1999/2000/2002 an den Bundesrat (20. November 1998) vereinbart und nach dem 31. Dezember 1998 ausgezahlt wurden, mit einer höheren Einkommensteuer belegt werden als nach dem im Zeitpunkt der Vereinbarung der Entschädigung geltenden Einkommensteuerrecht; bejahendenfalls, ob dies auch gilt, soweit nach diesen Vorschriften Entschädigungen erfasst werden, die im Zeitpunkt der Verkündung des StEntlG 1999/2000/2002 bereits dem Steuerpflichtigen zugeflossen waren.

(Hinweis: Normenkontrollverfahren anhängig BVerfG 2 BvL 1/03.)

§ 34 Rechtsprechung

BFH v. 27. 8. 2002 XI B 94/02 (BStBl. 2003 II S. 18): Das rückwirkende In-Kraft-Treten des § 34 EStG i. d. F. des StEntlG 1999/2000/2002 vom 24. März 1999 zum 1. Januar 1999 ist jedenfalls insoweit verfassungsgemäß, als hiervon Entschädigungen erfasst werden, die zu einem Zeitpunkt vereinbart wurden, in dem die beabsichtigte Gesetzesänderung bekannt war.

BFH v. 10. 7. 2002 XI B 68/02 (BStBl. 2003 II S. 341): Die für die Veranlagungszeiträume 1999 und 2000 geltende Regelung des § 34 Abs. 1 EStG verstößt nicht gegen Art. 3 i. V. m. Art. 20 GG. Der Gesetzgeber ist nicht verpflichtet, die Neuregelung des § 34 Abs. 3 EStG i. d. F. des StSenkErgG rückwirkend auf die Veranlagungszeiträume 1999 und 2000 zu erstrecken.

BFH v. 3.7.2002 XI R 80/00 (BStBl. 2004 II S. 447): Ergänzende Zusatzleistungen aus Gründen der sozialen Fürsorge, die für die Beurteilung der Hauptleistung als einer zusammengeballten Entschädigung i. S. des § 34 Abs. 2 EStG unschädlich sind, setzen weder eine Bedürftigkeit des entlassenen Arbeitnehmers noch eine nachvertragliche Fürsorgepflicht des Arbeitgebers im arbeitsrechtlichen Sinne voraus.*)
*) Anmerkung BStBl.: Hinweis auf BMF-Schreiben v. 24.5.2004 (BStBl. I S. 505), **Anlage § 034-01.**

BFH v. 6.3.2002 XI R 16/01 (BStBl. 2004 II S. 446): Die in Ergänzung zur Hauptentschädigung in einem anderen Veranlagungszeitraum aus sozialer Fürsorge erbrachte Zusatzleistung ist nicht tarifbegünstigt nach § 34 EStG zu versteuern.*)
*) Anmerkung BStBl.: Hinweis auf BMF-Schreiben v. 24.5.2004 (BStBl. I S. 505), **Anlage § 034-01.**

BFH v. 6. 3. 2002 XI R 51/00 (BStBl. II S. 516):
1. Erhält ein Arbeitnehmer, der als Spitzenkandidat seiner Partei für eine Parlamentswahl kandidiert hat, für die Auflösung seines Arbeitsverhältnisses eine Abfindung, so ist diese Entschädigung i. S. des § 24 Nr. 1 Buchst. a EStG, wenn sein Arbeitgeber die Auflösung des Arbeitsverhältnisses fordert, weil der Steuerpflichtige ein Regierungsamt übernimmt.
2. Eine Abfindung ist insoweit keine Entschädigung i. S. des § 24 Nr. 1 Buchst. a EStG, als sie einen künftig entstehenden Pensionsanspruch in kapitalisierter Form abgilt.
3. Erhöht der Arbeitgeber im Zuge der Auflösung des Arbeitsverhältnisses die im Arbeitsvertrag für den Fall der Beendigung des Arbeitsverhältnisses zugesagte monatliche Pension, so steht dies der tarifbegünstigten Besteuerung der Einmalabfindung nicht entgegen (Bestätigung der Tz. 6 ff. des BMF-Schreibens vom 18. Dezember 1998 IV A 5 – S 2290 – 18/98, BStBl. I 1998, 1512).

BFH v. 24. 1. 2002 XI R 2/01 (BStBl. 2004 II S. 444): Aus sozialer Fürsorge in späteren Veranlagungszeiträumen erbrachte Leistungen sind für die Steuerbegünstigung der Entlassungsentschädigung schädlich, wenn sie diese nicht als Zusatz ergänzen, sondern insgesamt betragsmäßig fast erreichen.
*) Anmerkung BStBl.: Hinweis auf BMF-Schreiben v. 24.5.2004 (BStBl. I S. 505), **Anlage § 034-01.**

BFH v. 24. 1. 2002 XI R 43/99 (BStBl. 2004 II S. 442): Leistet ein Arbeitgeber seinem (früheren) Arbeitnehmer wegen Auflösung des Arbeitsverhältnisses eine einmalige Abfindung und zur Überbrückung der Arbeitslosigkeit monatliche Ausgleichszahlungen, so sind diese Leistungen insgesamt auch dann im Jahr ihrer Zahlung tarifvergünstigt zu besteuern, wenn die Ausgleichszahlungen in einem späteren Veranlagungszeitraum fortgeführt werden.
*) Anmerkung BStBl.: Hinweis auf BMF-Schreiben v. 24.5.2004 (BStBl. I S. 505), **Anlage § 034-01.**

Schwebende Verfahren

BFH VIII R 48/09 (BFH-Webseite): Ist für eine Abfindung wegen Aufhebung eines Rechtsberatungsvertrags im Rahmen der Gewinneinkünfte die Tarifbegünstigung nach § 34 Abs. 1 Satz 1 EStG i.V. m. § 24 Nr. 1 Buchst. a EStG zu gewähren, weil das Mandatsverhältnis „arbeitnehmerähnlich" ausgestaltet war?

BFH IX R 39/09 (BFH-Webseite): Zufluss von Abfindungszahlungen in mehreren Jahren – Unterliegt die dem Kläger aufgrund einer nicht auf §§ 123ff InsO beruhenden Sozialplanregelung im Kalenderjahr 2005 zugeflossene sog. ergänzende Abfindung dem ermäßigten Steuersatz gemäß § 34 Abs. 1 EStG (umstrittene Zusammenballung von Einkünften/Verhältnis von Hauptleistung und (sozial motivierter) Nebenleistungen bei geringen Zusatzleistungen in den Jahren 2001 bis 2004 und hoher Abschlusszahlung (= Hauptleistung?) im Streitjahr 2005)?

BFH IX R 31/09 (BFH-Webseite): Zusammenballung von Einkünften aus Voraussetzung für die Tarifbegünstigung von Abfindungen – Ist zur Frage der Zusammenballung von Einkünften i.S. von § 34 EStG lediglich auf die Einkünfte des Vorjahres und nicht der Vorjahre abzustellen – Auslegung des BFH-Urteils vom 4. März 1998 XI R 46/97 (BStBl. II 1998, 787)?

Rechtsprechung § 34

BFH IX R 15/09 (BFH-Webseite): Zuflusszeitpunkt von Abfindungszahlungen – Ist die der Klägerin wegen Kündigung des Arbeitsverhältnisses zustehende Abfindung, die der Klägerin nach der zwischen Arbeitgeber und Betriebsrat geschlossenen Betriebsvereinbarung bereits im Dezember 2003 zustand, aber aufgrund einer zwischen dem Arbeitgeber und der Klägerin getroffenen Vereinbarung aus steuerlichen Gründen erst im Januar 2004 ausgezahlt wurde, nicht im Jahr 2004, sondern bereits im Jahr 2003 zu versteuern?

BFH IX R 14/09 (BFH-Webseite): Wie IX R 15/09.

BFH IX R 13/09 (BFH-Webseite): Wie IX R 15/09.

BFH IX R 12/09 (BFH-Webseite): Wie IX R 15/09.

BFH IX R 81/06 (EFG 2006 S. 979; Beilage 3/2008 BStBl. II S. 103): Entfaltet die rückwirkende Änderung des § 34 Abs. 1 S. 2 EStG i.d.F. des Gesetzes zur Fortsetzung der Unternehmenssteuerreform vom 29. Oktober 1997 (BGBl. I 1997, 2590) eine unzulässige „echte" Rückwirkung und verstößt damit gegen Grundsätze des Vertrauensschutzes?
(Hinweis: Das Verfahren ist ausgesetzt bis zur Entscheidung BVerfG 2 BvL 58/06 und 2 BvL 57/06.)

BVerfG 2 BvL 58/06 (Beilage 3/2008 BStBl. II S. 183): (Normenkontrollverfahren zu BFH v. 2.8.2006 XI R 34/02 BStBl. II S. 887) Zur Verfassungsmäßigkeit rückwirkend verschärfender Besteuerung einer Entlassungsentschädigung durch einen erst nach ihrer Vereinbarung und Zahlung ergangenen Gesetzesbeschluss (Art. 2 Abs. 1, Art. 20 Abs. 3 GG).

BVerfG 2 BvL 57/06 (Beilage 3/2008 BStBl. II S. 183): (Normenkontrollverfahren zu BFH v. 2.8.2006 XI R 30/03 BStBl. II S. 895) Wie 2 BvL 58/06.

BFH IX R 54/05 (EFG 2005 S. 1442; Beilage 3/2008 BStBl. II S. 103): Ist die Anwendung der Vorschrift des § 34 Abs. 1 EStG i. d. F. des Steuerentlastungsgesetzes 1999/2000/2002 vom 24.03.1999 auf eine Abfindungszahlung, welche am 16.12.1998 vereinbart und erst am 30.03.1999 ausgezahlt wurde, verfassungsgemäß oder konnte der Steuerpflichtige auf die Fortgeltung des § 34 Abs. 1 EStG a. F. vertrauen?
(Hinweis: Das Verfahren ist ausgesetzt bis zur Entscheidung BVerfG 2 BvL 58/06 und 2 BvL 57/06.)

BFH X R 63/04 (EFG 2005 S. 47; BFH-Webseite): Verfassungsmäßigkeit der Anwendung der Fünftel-Regelung (§ 34 Abs. 1 Satz 2 EStG i. d. F. des StEntlG 1999/2000/2002) auf Veräußerungsgewinne, die durch Betriebsaufgabe zum 31. 3. 1999 entstanden sind und auf notariellen Kaufverträgen vom 5. 2. 1999 beruhen, wobei diesen Verträgen handschriftliche Verträge vom 30.11.1998 vorausgegangen sind. Liegt eine echte Rückwirkung und/oder ein Verstoß gegen Art. 3 Abs. 1 GG vor, weil ab dem Veranlagungszeitraum 2001 grundsätzlich der halbe Steuersatz für außerordentliche Einkünfte wieder möglich ist?
(Hinweis: Das Verfahren ist ausgesetzt bis zur Entscheidung BVerfG 2 BvL 58/06 und 2 BvL 57/06.)

BFH VIII R 109/03 (EFG 2003 S. 1102; Beilage 3/2008 BStBl. II S. 103): Verfassungsmäßigkeit des § 34 EStG i. d. F. des StEntlG 1999/2000/2002 bzw. des Wegfalls des halben Steuersatzes hinsichtlich der Veräußerung einer Vertragsarztpraxis eines 67-jährigen im Veranlagungszeitraum 1999 im sog. Nachbesetzungsverfahren. Besteht verfassungsrechtlich ein Anspruch auf Fortgeltung des § 34 EStG a. F.?
(Hinweis: Das Verfahren ruht bis zur Entscheidung BVerfG 2 BvL 1/03.)

BFH I R 105/03 (Beilage 3/2008 BStBl. II S. 26): Aufteilung einer für mehrere Jahre vom inländischen Arbeitgeber gezahlten Abfindung: Ist eine Abfindung, die ein für mehrere Jahre in Frankreich beschäftigter Arbeitnehmer von seinem im Inland ansässigen Arbeitgeber erhält, in einen stpfl. inländischen und einen nach Art. 13 DBA-Frankreich von der inländischen Besteuerung ausgenommenen Anteil aufzuteilen? Ist die sog. Fünftelung-Regelung in § 34 Abs. 1 EStG n. F. verfassungsgemäß? (Das Verfahren ist bis zur Entscheidung BVerfG 2 BvL 1/03 ausgesetzt.)

BFH IX R 79/03 (EFG 2003 S. 1704; Beilage 3/2008 BStBl. II S. 103): Ist die Anwendung der sog. Fünftel-Regelung auf eine Entlassungsentschädigung, die am 21.10.1996 vereinbart und im Januar 1999 abgerechnet wurde, verfassungsgemäß?
(Hinweis auf BFH v. 2.8.2006 XI R 30/03 BStBl. II S. 895; Vorlage an BVerfG, BVerfG 2 BvL 57/06.)

§ 34 Rechtsprechung

BFH IX R 78/03 (EFG 2003 S. 1100; Beilage 3/2008 BStBl. II S. 104): Ist die Anwendung der sog. Fünftel-Regelung im Jahr 1999 auf eine Entlassungsentschädigung, die am 31.12.1998 vereinbart, i. H. des steuerfreien Betrags im Veranlagungszeitraum 1998 und i. H. des Restbetrages im Januar 1999 ausgezahlt wurde, verfassungsgemäß?
(Hinweis: Das Verfahren ist bis zur Entscheidung BVerfG 2 BvL 58/06 und 2 BvL 57/06 ausgesetzt.)

BFH X R 55/03 (EFG 2004 S. 48; Beilage 3/2008 BStBl. II S. 102): Verfassungsmäßigkeit des § 34 EStG i. d. F. des Steuerentlastungsgesetzes 1999/2000/2002 (echte Rückwirkung hinsichtlich der Fünftelregelung anstatt des halben Steuersatzes) bezüglich einer im Jahr 1999 gezahlten Abfindung nach § 89b HGB? Notwendige Aussetzung des Verfahrens und Vorlage an das BVerfG wegen Verstoßes gegen das Rechtsstaatsprinzip, gegen Art. 14 GG und gegen die Berufsfreiheit sowie Verletzung des Gleichheitssatzes?
(Hinweis: Das Verfahren ist bis zur Entscheidung BVerfG 2 BvR 339/07 ausgesetzt.)

BVerfG 2 BvL 1/03 (Beilage 3/2008 BStBl. II S. 183): Ist das StEntlG 1999/2000/2002 insoweit verfassungswidrig, als es zu einer rückwirkend verschärfenden Besteuerung einer Entlassungsentschädigung führt, die im Jahr 1998 vor Zuleitung des zugrunde liegenden Gesetzentwurfs der Bundesregierung an den Bundesrat vereinbart und vor der Verkündung des StEntlG dem Steuerpflichtigen zugeflossen ist? (Normenkontrollverfahren zu BFH v. 6.11.2002 XI R 42/01 BStBl. 2003 II S. 257.)

BFH IX R 74/02 (EFG 2003 S. 97; Beilage 3/2008 BStBl. II S. 103): Ist die Anwendung der sog. Fünftel-Regelung auf eine Entlassungsentschädigung, die am 22.11.1998 vereinbart und am 22.3.1999 abgerechnet wurde, verfassungsgemäß?
(Hinweis auf BFH v. 2.8.2006 XI R 34/02 BStBl. II S. 887; Vorlage an BVerfG, BVerfG 2 BvL 58/06.)

BFH IX R 81/01 (EFG 2002 S. 536; Beilage 3/2008 BStBl. II S. 104): Verfassungsmäßigkeit des § 34 EStG i. d. F. des Steuerentlastungsgesetzes 1999/2000/2002 (echte Rückwirkung hinsichtlich der Fünftelregelung anstatt des halben Steuersatzes) bezüglich einer im Jahr 1998 vereinbarten Entlassungsentschädigung, die 1998 i. H. des steuerfreien Anteils und im Übrigen im März 1999 ausgezahlt wurde.
(Anmerkung: Das Verfahren ist bis zur Entscheidung BVerfG 2 BvL 1/03 ausgesetzt. Mit Beschluss v. 6.11.2002 BStBl. 2003 II S. 257 hat der BFH die Rechtsfrage dem BVerfG vorgelegt, BVerfG 2 BvL 1/03. Hinweis auf BFH v. 27.8.2002 XI B 94/02 BStBl. 2003 II S. 18.)

§ 34a

§ 34a[1] **Begünstigung der nicht entnommenen Gewinne**

(1) ¹Sind in dem zu versteuernden Einkommen nicht entnommene Gewinne aus Land- und Forstwirtschaft, Gewerbebetrieb oder selbständiger Arbeit (§ 2 Absatz 1 Satz 1 Nummer 1 bis 3) im Sinne des Absatzes 2 enthalten, ist die Einkommensteuer für diese Gewinne auf Antrag des Steuerpflichtigen ganz oder teilweise mit einem Steuersatz von 28,25 Prozent zu berechnen; dies gilt nicht, soweit für die Gewinne der Freibetrag nach § 16 Absatz 4 oder die Steuerermäßigung nach § 34 Absatz 3 in Anspruch genommen wird oder es sich um Gewinne im Sinne des § 18 Absatz 1 Nummer 4 handelt. ²Der Antrag nach Satz 1 ist für jeden Betrieb oder Mitunternehmeranteil für jeden Veranlagungszeitraum gesondert bei dem für die Einkommensbesteuerung zuständigen Finanzamt zu stellen. ³Bei Mitunternehmeranteilen kann der Steuerpflichtige den Antrag nur stellen, wenn sein Anteil am nach § 4 Absatz 1 Satz 1 oder § 5 ermittelten Gewinn mehr als 10 Prozent beträgt oder 10 000 Euro übersteigt. ⁴Der Antrag kann bis zur Unanfechtbarkeit des Einkommensteuerbescheids für den nächsten Veranlagungszeitraum vom Steuerpflichtigen ganz oder teilweise zurückgenommen werden; der Einkommensteuerbescheid ist entsprechend zu ändern. ⁵Die Festsetzungsfrist endet insoweit nicht, bevor die Festsetzungsfrist für den nächsten Veranlagungszeitraum abgelaufen ist.

(2) Der nicht entnommene Gewinn des Betriebs oder Mitunternehmeranteils ist der nach § 4 Absatz 1 Satz 1 oder § 5 ermittelte Gewinn vermindert um den positiven Saldo der Entnahmen und Einlagen des Wirtschaftsjahres.

(3) ¹Der Begünstigungsbetrag ist der im Veranlagungszeitraum nach Absatz 1 Satz 1 auf Antrag begünstigte Gewinn. ²Der Begünstigungsbetrag des Veranlagungszeitraums, vermindert um die darauf entfallende Steuerbelastung nach Absatz 1 und den darauf entfallenden Solidaritätszuschlag, vermehrt um den nachversteuerungspflichtigen Betrag des Vorjahres und den auf diesen Betrieb oder Mitunternehmeranteil nach Absatz 5 übertragenen nachversteuerungspflichtigen Betrag, vermindert um den Nachversteuerungsbetrag im Sinne des Absatzes 4 und den auf einen anderen Betrieb oder Mitunternehmeranteil nach Absatz 5 übertragenen nachversteuerungspflichtigen Betrag, ist der nachversteuerungspflichtige Betrag des Betriebs oder Mitunternehmeranteils zum Ende des Veranlagungszeitraums. ³Dieser ist für jeden Betrieb oder Mitunternehmeranteil jährlich gesondert festzustellen.

(4) ¹Übersteigt der positive Saldo der Entnahmen und Einlagen des Wirtschaftsjahres bei einem Betrieb oder Mitunternehmeranteil den nach § 4 Absatz 1 Satz 1 oder § 5 ermittelten Gewinn (Nachversteuerungsbetrag), ist vorbehaltlich Absatz 5 eine Nachversteuerung durchzuführen, soweit zum Ende des vorangegangenen Veranlagungszeitraums ein nachversteuerungspflichtiger Betrag nach Absatz 3 festgestellt wurde. ²Die Einkommensteuer auf den Nachversteuerungsbetrag beträgt 25 Prozent. ³Der Nachversteuerungsbetrag ist um die Beträge, die für die Erbschaftsteuer (Schenkungsteuer) anlässlich der Übertragung des Betriebs oder Mitunternehmeranteils entnommen wurden, zu vermindern.

(5) ¹Die Übertragung oder Überführung eines Wirtschaftsguts nach § 6 Absatz 5 Satz 1 bis 3 führt unter den Voraussetzungen des Absatzes 4 zur Nachversteuerung. ²Eine Nachversteuerung findet nicht statt, wenn der Steuerpflichtige beantragt, den nachversteuerungspflichtigen Betrag in Höhe des Buchwerts des übertragenen oder überführten Wirtschaftsguts, höchstens jedoch in Höhe des Nachversteuerungsbetrags, den die Übertragung oder Überführung des Wirtschaftsguts ausgelöst hätte, auf den anderen Betrieb oder Mitunternehmeranteil zu übertragen.

(6) ¹Eine Nachversteuerung des nachversteuerungspflichtigen Betrags nach Absatz 4 ist durchzuführen

1. in den Fällen der Betriebsveräußerung oder -aufgabe im Sinne der §§ 14, 16 Absatz 1 und 3 sowie des § 18 Absatz 3,

---

1) § 34a ist erstmals für VZ 2008 anzuwenden (§ 52 Abs. 48 EStG).

§ 34a

2. in den Fällen der Einbringung eines Betriebs oder Mitunternehmeranteils in eine Kapitalgesellschaft oder eine Genossenschaft sowie in den Fällen des Formwechsels einer Personengesellschaft in eine Kapitalgesellschaft oder Genossenschaft,
3. wenn der Gewinn nicht mehr nach § 4 Absatz 1 Satz 1 oder § 5 ermittelt wird oder
4. wenn der Steuerpflichtige dies beantragt.

²In den Fällen der Nummern 1 und 2 ist die nach Absatz 4 geschuldete Einkommensteuer auf Antrag des Steuerpflichtigen oder seines Rechtsnachfolgers in regelmäßigen Teilbeträgen für einen Zeitraum von höchstens zehn Jahren seit Eintritt der ersten Fälligkeit zinslos zu stunden, wenn ihre alsbaldige Einziehung mit erheblichen Härten für den Steuerpflichtigen verbunden wäre.

(7) ¹In den Fällen der unentgeltlichen Übertragung eines Betriebs oder Mitunternehmeranteils nach § 6 Absatz 3 hat der Rechtsnachfolger den nachversteuerungspflichtigen Betrag fortzuführen. ²In den Fällen der Einbringung eines Betriebs oder Mitunternehmeranteils zu Buchwerten nach § 24 des Umwandlungssteuergesetzes geht der für den eingebrachten Betrieb oder Mitunternehmeranteil festgestellte nachversteuerungspflichtige Betrag auf den neuen Mitunternehmeranteil über.

(8) Negative Einkünfte dürfen nicht mit ermäßigt besteuerten Gewinnen im Sinne von Absatz 1 Satz 1 ausgeglichen werden; sie dürfen insoweit auch nicht nach § 10d abgezogen werden.

(9) ¹Zuständig für den Erlass der Feststellungsbescheide über den nachversteuerungspflichtigen Betrag ist das für die Einkommensbesteuerung zuständige Finanzamt. ²Die Feststellungsbescheide können nur insoweit angegriffen werden, als sich der nachversteuerungspflichtige Betrag gegenüber dem nachversteuerungspflichtigen Betrag des Vorjahres verändert hat. ³Die gesonderten Feststellungen nach Satz 1 können mit dem Einkommensteuerbescheid verbunden werden.

(10) ¹Sind Einkünfte aus Land- und Forstwirtschaft, Gewerbebetrieb oder selbständiger Arbeit nach § 180 Absatz 1 Nummer 2 Buchstabe a oder b der Abgabenordnung gesondert festzustellen, können auch die Höhe der Entnahmen und Einlagen sowie weitere für die Tarifermittlung nach den Absätzen 1 bis 7 erforderliche Besteuerungsgrundlagen gesondert festgestellt werden. ²Zuständig für die gesonderten Feststellungen nach Satz 1 ist das Finanzamt, das für die gesonderte Feststellung nach § 180 Absatz 1 Nummer 2 der Abgabenordnung zuständig ist. ³Die gesonderten Feststellungen nach Satz 1 können mit der Feststellung nach § 180 Absatz 1 Nummer 2 der Abgabenordnung verbunden werden. ⁴Die Feststellungsfrist für die gesonderte Feststellung nach Satz 1 endet nicht vor Ablauf der Feststellungsfrist für die Feststellung nach § 180 Absatz 1 Nummer 2 der Abgabenordnung.

(11) ¹Der Bescheid über die gesonderte Feststellung des nachversteuerungspflichtigen Betrags ist zu erlassen, aufzuheben oder zu ändern, soweit der Steuerpflichtige einen Antrag nach Absatz 1 stellt oder diesen ganz oder teilweise zurücknimmt und sich die Besteuerungsgrundlagen im Einkommensteuerbescheid ändern. ²Dies gilt entsprechend, wenn der Erlass, die Aufhebung oder Änderung des Einkommensteuerbescheids mangels steuerlicher Auswirkung unterbleibt. ³Die Feststellungsfrist endet nicht, bevor die Festsetzungsfrist für den Veran-lagungszeitraum abgelaufen ist, auf dessen Schluss der nachversteuerungspflichtige Betrag des Betriebs oder Mitunternehmeranteils gesondert festzustellen ist.

§ 34b

§ 34b Steuersätze bei außerordentlichen Einkünften aus Forstwirtschaft

(1) Zu den außerordentlichen Einkünften aus Holznutzungen gehören:

1. Einkünfte aus Holznutzungen, die aus wirtschaftlichen Gründen erfolgt sind (außerordentliche Holznutzungen). ²Sie liegen nur insoweit vor, als die gesamte Holznutzung abzüglich der Holznutzung infolge höherer Gewalt den Nutzungssatz (Absatz 4 Nummer 1) übersteigt. ³Bei der Berechnung der zu begünstigenden außerordentlichen Holznutzungen des laufenden Wirtschaftsjahres sind die eingesparten Nutzungen der letzten drei Wirtschaftsjahre in Abzug zu bringen. ⁴Die Differenz zwischen Nutzungssatz und geringerer tatsächlicher Nutzung eines Wirtschaftsjahres stellt die eingesparte Nutzung dar;

2. Einkünfte aus Holznutzungen infolge höherer Gewalt (Kalamitätsnutzungen). ²Sie sind durch Eis-, Schnee-, Windbruch oder Windwurf, Erdbeben, Bergrutsch, Insektenfraß, Brand oder durch Naturereignisse mit vergleichbaren Folgen verursacht. ³Hierzu gehören nicht die Schäden, die in der Forstwirtschaft regelmäßig entstehen.

(2) Bei der Ermittlung der außerordentlichen Einkünfte aus Holznutzungen sind

1. die persönlichen und sachlichen Verwaltungskosten, Grundsteuer und Zwangsbeiträge, soweit sie zu den festen Betriebsausgaben gehören, bei den Einnahmen aus ordentlichen Holznutzungen und Holznutzungen infolge höherer Gewalt, die innerhalb des Nutzungssatzes (Absatz 4 Nummer 1) anfallen, zu berücksichtigen. ²Sie sind entsprechend der Höhe der Einnahmen aus den bezeichneten Holznutzungen auf diese zu verteilen;

2. die anderen Betriebsausgaben entsprechend der Höhe der Einnahmen aus allen Holznutzungsarten auf diese zu verteilen.

(3) ¹Die Einkommensteuer bemisst sich

1. für die zu begünstigenden außerordentlichen Holznutzungen im Sinne des Absatzes 1 Nummer 1 nach § 34 Absatz 1;

2. für die Kalamitätsnutzungen im Sinne des Absatzes 1 Nummer 2, soweit sie den Nutzungssatz (Absatz 4 Nummer 1) übersteigen, nach der Hälfte des durchschnittlichen Steuersatzes, der sich ergäbe, wenn die tarifliche Einkommensteuer nach dem gesamten zu versteuernden Einkommen zuzüglich der dem Progressionsvorbehalt unterliegenden Einkünfte zu bemessen wäre;

3. für Kalamitätsnutzungen im Sinne des Absatzes 1 Nummer 2, soweit sie den doppelten Nutzungssatz übersteigen, nach dem halben Steuersatz der Nummer 2.

²Treffen verschiedene Holznutzungsarten innerhalb eines Wirtschaftsjahres zusammen, sind diese auf die Kalamitätsnutzungen und auf die übrigen Holznutzungen aufzuteilen. ³Sind die übrigen Holznutzungen nicht geringer als der Nutzungssatz, sind die ermäßigten Steuersätze des Satzes 1 Nummer 2 und 3 auf die gesamten Kalamitätsnutzungen anzuwenden. ⁴Sind die übrigen Holznutzungen geringer als der Nutzungssatz, ergibt sich ein Restbetrag, um den die Kalamitätsnutzungen zu mindern sind. ⁵Die ermäßigten Steuersätze des Satzes 1 Nummer 2 und 3 finden in diesem Fall nur Anwendung auf die Einkünfte aus den geminderten Kalamitätsnutzungen.

(4) Außerordentliche Einkünfte aus Holznutzungen sind nur unter den folgenden Voraussetzungen anzuerkennen:

1. auf Grund eines amtlich anerkannten Betriebsgutachtens oder durch ein Betriebswerk muss periodisch für zehn Jahre ein Nutzungssatz festgesetzt sein. ²Dieser muss den Nutzungen entsprechen, die unter Berücksichtigung der vollen Ertragsfähigkeit des Waldes in Festmetern nachhaltig erzielbar sind;

2. die in einem Wirtschaftsjahr erzielten verschiedenen Nutzungen müssen mengenmäßig nachgewiesen werden;

3. Schäden infolge höherer Gewalt müssen unverzüglich nach Feststellung des Schadensfalls dem zuständigen Finanzamt mitgeteilt werden.

§ 34c

V. Steuerermäßigungen

1. Steuerermäßigung bei ausländischen Einkünften

§ 34c (Steuerermäßigung bei ausländischen Einkünften)[1]

(1) ¹Bei unbeschränkt Steuerpflichtigen, die mit ausländischen Einkünften in dem Staat, aus dem die Einkünfte stammen, zu einer der deutschen Einkommensteuer entsprechenden Steuer herangezogen werden, ist die festgesetzte und gezahlte und um einen entstandenen Ermäßigungsanspruch gekürzte ausländische Steuer auf die deutsche Einkommensteuer anzurechnen, die auf die Einkünfte aus diesem Staat entfällt; das gilt nicht für Einkünfte aus Kapitalvermögen, auf die § 32d Absatz 1 und 3 bis 6 anzuwenden ist. ²Die auf die ausländischen Einkünfte nach Satz 1 erster Halbsatz entfallende deutsche Einkommensteuer ist in der Weise zu ermitteln, dass sich bei der Veranlagung des zu versteuernden Einkommens, einschließlich der ausländischen Einkünfte, nach den §§ 32a, 32b, 34, 34a und 34b ergebende deutsche Einkommensteuer im Verhältnis dieser ausländischen Einkünfte zur Summe der Einkünfte aufgeteilt wird. ³Bei der Ermittlung des zu versteuernden Einkommens, der Summe der Einkünfte und der ausländischen Einkünfte sind die Einkünfte nach Satz 1 zweiter Halbsatz nicht zu berücksichtigen; bei der Ermittlung der ausländischen Einkünfte sind die ausländischen Einkünfte nicht zu berücksichtigen, die in dem Staat, aus dem sie stammen, nach dessen Recht nicht besteuert werden. ⁴Gehören ausländische Einkünfte der in § 34d Nummer 3, 4, 6, 7 und 8 Buchstabe c genannten Art zum Gewinn eines inländischen Betriebes, sind bei ihrer Ermittlung Betriebsausgaben und Betriebsvermögensminderungen abzuziehen, die mit den diesen Einkünften zugrunde liegenden Einnahmen in wirtschaftlichem Zusammenhang stehen. ⁵Die ausländischen Steuern sind nur insoweit anzurechnen, als sie auf die im Veranlagungszeitraum bezogenen Einkünfte entfallen.

(2) Statt der Anrechnung (Absatz 1) ist die ausländische Steuer auf Antrag bei der Ermittlung der Einkünfte abzuziehen, soweit sie auf ausländische Einkünfte entfällt, die nicht steuerfrei sind.

(3) Bei unbeschränkt Steuerpflichtigen, bei denen eine ausländische Steuer vom Einkommen nach Absatz 1 nicht angerechnet werden kann, weil die Steuer nicht der deutschen Einkommensteuer entspricht oder nicht in dem Staat erhoben wird, aus dem die Einkünfte stammen, oder weil keine ausländischen Einkünfte vorliegen, ist die festgesetzte und gezahlte und um einen entstandenen Ermäßigungsanspruch gekürzte ausländische Steuer bei der Ermittlung der Einkünfte abzuziehen, soweit sie auf Einkünfte entfällt, die der deutschen Einkommensteuer unterliegen.

(4) (weggefallen)

(5) Die obersten Finanzbehörden der Länder oder die von ihnen beauftragten Finanzbehörden können mit Zustimmung des Bundesministeriums der Finanzen die auf ausländische Einkünfte entfallende deutsche Einkommensteuer ganz oder zum Teil erlassen oder in einem Pauschbetrag festsetzen, wenn es aus volkswirtschaftlichen Gründen zweckmäßig ist oder die Anwendung des Absatzes 1 besonders schwierig ist.

(6) ¹Die Absätze 1 bis 3 sind vorbehaltlich der Sätze 2 bis 6 nicht anzuwenden, wenn die Einkünfte aus einem ausländischen Staat stammen, mit dem ein Abkommen zur Vermeidung der Doppelbesteuerung besteht. ²Soweit in einem Abkommen zur Vermeidung der Doppelbesteuerung die Anrechnung einer ausländischen Steuer auf die deutsche Einkommensteuer vorgesehen ist, sind Absatz 1 Satz 2 bis 5 und Absatz 2 entsprechend auf die nach dem Abkommen anzurechnende ausländische Steuer anzuwenden; das gilt nicht für Einkünfte, auf die § 32d Absatz 1 und 3 bis 6 anzuwenden ist; bei nach dem Abkommen als gezahlt geltenden ausländischen Steuerbeträgen sind Absatz 1 Satz 3 und Absatz 2 nicht anzuwenden. ³Absatz 1 Satz 3 gilt auch dann entsprechend, wenn die Einkünfte in dem ausländischen Staat nach dem Abkommen zur Vermeidung der Doppelbesteuerung mit

---

[1] Zur Anwendung von § 34c siehe § 52 Absatz 49 EStG.

ESt-Kartei NW, Rechtsprechung §§ 34c, 34d

diesem Staat nicht besteuert werden können. ⁴Bezieht sich ein Abkommen zur Vermeidung der Doppelbesteuerung nicht auf eine Steuer vom Einkommen dieses Staates, so sind die Absätze 1 und 2 entsprechend anzuwenden. ⁵In den Fällen des § 50d Absatz 9 sind die Absätze 1 bis 3 und Satz 6 entsprechend anzuwenden. ⁶Absatz 3 ist anzuwenden, wenn der Staat, mit dem ein Abkommen zur Vermeidung der Doppelbesteuerung besteht, Einkünfte besteuert, die nicht aus diesem Staat stammen, es sei denn, die Besteuerung hat ihre Ursache in einer Gestaltung, für die wirtschaftliche oder sonst beachtliche Gründe fehlen, oder das Abkommen gestattet dem Staat die Besteuerung dieser Einkünfte.

(7) Durch Rechtsverordnung können Vorschriften erlassen werden über

1. die Anrechnung ausländischer Steuern, wenn die ausländischen Einkünfte aus mehreren fremden Staaten stammen,
2. den Nachweis über die Höhe der festgesetzten und gezahlten ausländischen Steuern,
3. die Berücksichtigung ausländischer Steuern, die nachträglich erhoben oder zurückgezahlt werden.

ESt-Kartei NW
– Auszug –

5. Auslandstätigkeitserlass (entspricht BMF-Schreiben vom 31. 10. 1983 BStBl. I S. 470, **Anlage § 034c-01**)
10. Verfahrensmäßige Behandlung von Anträgen auf (Teil-)Erlass oder Pauschalierung von Steuern gemäß §§ 34c Abs. 5, 50 Abs. 7 EStG; § 26 Abs. 6 KStG; §§ 12 Abs. 3, 13 VStG (z. B. Auslandstätigkeitserlass keine abschließende Regelung, bei Antrag auf unmittelbare Anwendung des Gesetzes legt FA mit Entscheidungsvorschlag der OFD vor; OFD – oder von ihr beauftragtes FA – kann Antrag ablehnen; OFD legt Finanzministerium NW vor, falls sie Antrag stattgeben wollte)

Rechtsprechungsauswahl

BFH v. 20. 5. 1992 I B 16/92 (BFH/NV S. 740): Auslandstätigkeitserlass als nicht abschließende Regelung der Möglichkeiten des Steuererlasses oder der Steuerpauschalierung nach § 34c Abs. 5 EStG (Bestätigung der Rechtsprechung BFH v. 18. 8. 1987 VIII R 297/82, BStBl. 1988 II S. 139); Darlegung der Erlaßvoraussetzungen durch den Steuerpflichtigen, der Antrag mit einer außerhalb des Auslandstätigkeitserlasses liegenden Begründung stellt; Ausschluß der Leiharbeitnehmerverhältnisse in Abschnitt I Satz 2 des Auslandstätigkeitserlasses grundsätzlich anerkannt.

BFH v. 14. 6. 1991 VI R 185/87 (BStBl. II S. 926): Von der Besteuerung des Arbeitslohns kann nach dem Auslandstätigkeitserlass vom 31. Oktober 1983 nicht abgesehen werden, wenn ein Arbeitnehmer auf Grund eines gegenwärtigen Dienstverhältnisses in der Antarktis tätig war.

Schwebende Verfahren

BFH I R 75/08 (BFH-Webseite): Lässt § 34c Abs. 3 EStG den Abzug abkommenswidrig erhobener Steuern auf Inlandseinkünfte oder Drittstaateneinkünfte zu? Ist in diesem Zusammenhang auf den Ort der Ansässigkeit des Arbeitgeberunternehmens oder auf den Tätigkeitsort abzustellen?

§ 34d Ausländische Einkünfte

Ausländische Einkünfte im Sinne des § 34c Absatz 1 bis 5 sind

1. Einkünfte aus einer in einem ausländischen Staat betriebenen Land- und Forstwirtschaft (§§ 13 und 14) und Einkünfte der in den Nummern 3, 4, 6, 7 und 8 Buchstabe c genannten Art, soweit sie zu den Einkünften aus Land- und Forstwirtschaft gehören;
2. Einkünfte aus Gewerbebetrieb (§§ 15 und 16),
    a) die durch eine in einem ausländischen Staat belegene Betriebsstätte oder durch einen in einem ausländischen Staat tätigen ständigen Vertreter erzielt werden, und Einkünfte der in den Nummern 3, 4, 6, 7 und 8 Buchstabe c genannten Art, soweit sie zu den Einkünften aus Gewerbebetrieb gehören,

§§ 34d, 34e

   b) die aus Bürgschafts- und Avalprovisionen erzielt werden, wenn der Schuldner Wohnsitz, Geschäftsleitung oder Sitz in einem ausländischen Staat hat, oder
   c) die durch den Betrieb eigener oder gecharterter Seeschiffe oder Luftfahrzeuge aus Beförderungen zwischen ausländischen oder von ausländischen zu inländischen Häfen erzielt werden, einschließlich der Einkünfte aus anderen mit solchen Beförderungen zusammenhängenden, sich auf das Ausland erstreckenden Beförderungsleistungen;
3. Einkünfte aus selbständiger Arbeit (§ 18), die in einem ausländischen Staat ausgeübt oder verwertet wird oder worden ist, und Einkünfte der in den Nummern 4, 6, 7 und 8 Buchstabe c genannten Art, soweit sie zu den Einkünften aus selbständiger Arbeit gehören;
4. Einkünfte aus der Veräußerung von
   a) Wirtschaftsgütern, die zum Anlagevermögen eines Betriebs gehören, wenn die Wirtschaftsgüter in einem ausländischen Staat belegen sind,
   b) Anteilen an Kapitalgesellschaften, wenn die Gesellschaft Geschäftsleitung oder Sitz in einem ausländischen Staat hat;
5. Einkünfte aus nichtselbständiger Arbeit (§ 19), die in einem ausländischen Staat ausgeübt oder, ohne im Inland ausgeübt zu werden oder worden zu sein, in einem ausländischen Staat verwertet wird oder worden ist, und Einkünfte, die von ausländischen öffentlichen Kassen mit Rücksicht auf ein gegenwärtiges oder früheres Dienstverhältnis gewährt werden. ²Einkünfte, die von inländischen öffentlichen Kassen einschließlich der Kassen der Deutschen Bundesbahn und der Deutschen Bundesbank mit Rücksicht auf ein gegenwärtiges oder früheres Dienstverhältnis gewährt werden, gelten auch dann als inländische Einkünfte, wenn die Tätigkeit in einem ausländischen Staat ausgeübt wird oder worden ist;
6. Einkünfte aus Kapitalvermögen (§ 20), wenn der Schuldner Wohnsitz, Geschäftsleitung oder Sitz in einem ausländischen Staat hat oder das Kapitalvermögen durch ausländischen Grundbesitz gesichert ist;
7. Einkünfte aus Vermietung und Verpachtung (§ 21), soweit das unbewegliche Vermögen oder die Sachinbegriffe in einem ausländischen Staat belegen oder die Rechte zur Nutzung in einem ausländischen Staat überlassen worden sind;
8. sonstige Einkünfte im Sinne des § 22, wenn
   a) der zur Leistung der wiederkehrenden Bezüge Verpflichtete Wohnsitz, Geschäftsleitung oder Sitz in einem ausländischen Staat hat,
   b) bei privaten Veräußerungsgeschäften die veräußerten Wirtschaftsgüter in einem ausländischen Staat belegen sind,
   c) bei Einkünften aus Leistungen einschließlich der Einkünfte aus Leistungen im Sinne des § 49 Absatz 1 Nummer 9 der zur Vergütung der Leistung Verpflichtete Wohnsitz, Geschäftsleitung oder Sitz in einem ausländischen Staat hat.

2. Steuerermäßigung bei Einkünften aus Land- und Forstwirtschaft

§ 34e (Steuerermäßigung bei Einkünften aus Land- und Forstwirtschaft)

(1) ¹Die tarifliche Einkommensteuer ermäßigt sich in den Veranlagungszeiträumen 1999 und 2000 vorbehaltlich des Absatzes 2 um die Einkommensteuer, die auf den Gewinn dieser Veranlagungszeiträume aus einem land- und forstwirtschaftlichen Betrieb entfällt, höchstens jedoch um 1 000 Deutsche Mark, wenn der Gewinn der in diesen Veranlagungszeiträumen beginnenden Wirtschaftsjahre weder geschätzt noch nach § 13a ermittelt wor-

den ist und den Betrag von 40 000 Deutsche Mark nicht übersteigt. ²Beträgt der Gewinn mehr als 40 000 Deutsche Mark, so vermindert sich der Höchstbetrag für die Steuerermäßigung um 10 Prozent des Betrags, um den der Gewinn den Betrag von 40 000 Deutsche Mark übersteigt. ³Sind an einem solchen land- und forstwirtschaftlichen Betrieb mehrere Steuerpflichtige beteiligt, so ist der Höchstbetrag für die Steuerermäßigung auf die Beteiligten nach ihrem Beteiligungsverhältnis aufzuteilen. ⁴Die Anteile der Beteiligten an dem Höchstbetrag für die Steuerermäßigung sind gesondert festzustellen (§ 179 Abgabenordnung).

(2) ¹Die Steuerermäßigung darf beim Steuerpflichtigen nicht mehr als insgesamt 1 000 Deutsche Mark betragen. ²Die auf den Gewinn des Veranlagungszeitraums nach Absatz 1 Satz 1 entfallende Einkommensteuer bemisst sich nach dem durchschnittlichen Steuersatz der tariflichen Einkommensteuer; dabei ist dieser Gewinn um den Teil des Freibetrags nach § 13 Absatz 3 zu kürzen, der dem Verhältnis des Gewinns zu den Einkünften des Steuerpflichtigen aus Land- und Forstwirtschaft vor Abzug des Freibetrags entspricht. ³Werden Ehegatten nach den §§ 26, 26b zusammen veranlagt, wird die Steuerermäßigung jedem der Ehegatten gewährt, soweit sie Inhaber oder Mitinhaber verschiedener land- und forstwirtschaftlicher Betriebe im Sinne des Absatzes 1 Satz 1 sind.

2a. Steuerermäßigung für Steuerpflichtige mit Kindern bei Inanspruchnahme
erhöhter Absetzungen für Wohngebäude oder der Steuerbegünstigungen
für eigengenutztes Wohneigentum

§ 34f (Steuerermäßigung für Steuerpflichtige mit Kindern bei Inanspruchnahme erhöhter Absetzungen für Wohngebäude oder der Steuerbegünstigungen für eigengenutztes Wohneigentum)

(1) ¹Bei Steuerpflichtigen, die erhöhte Absetzungen nach § 7b oder nach § 15 des Berlinförderungsgesetzes in Anspruch nehmen, ermäßigt sich die tarifliche Einkommensteuer, vermindert um die sonstigen Steuerermäßigungen mit Ausnahme der §§ 34g und 35, auf Antrag um je 600 Deutsche Mark für das zweite und jedes weitere Kind des Steuerpflichtigen oder seines Ehegatten. ²Voraussetzung ist,

1. dass der Steuerpflichtige das Objekt, bei einem Zweifamilienhaus mindestens eine Wohnung, zu eigenen Wohnzwecken nutzt oder wegen des Wechsels des Arbeitsortes nicht zu eigenen Wohnzwecken nutzen kann und

2. dass es sich einschließlich des ersten Kindes um Kinder im Sinne des § 32 Absatz 1 bis 5 oder 6 Satz 7 handelt, die zum Haushalt des Steuerpflichtigen gehören oder in dem für die erhöhten Absetzungen maßgebenden Begünstigungszeitraum gehört haben, wenn diese Zugehörigkeit auf Dauer angelegt ist oder war.

(2) ¹Bei Steuerpflichtigen, die die Steuerbegünstigung nach § 10e Absatz 1 bis 5 oder nach § 15b des Berlinförderungsgesetzes in Anspruch nehmen, ermäßigt sich die tarifliche Einkommensteuer, vermindert um die sonstigen Steuerermäßigungen mit Ausnahme des § 34g, auf Antrag um je 512 Euro für jedes Kind des Steuerpflichtigen oder seines Ehegatten im Sinne des § 32 Absatz 1 bis 5 oder 6 Satz 7. ²Voraussetzung ist, dass das Kind zum Haushalt des Steuerpflichtigen gehört oder in dem für die Steuerbegünstigung maßgebenden Zeitraum gehört hat, wenn diese Zugehörigkeit auf Dauer angelegt ist oder war.

(3)[1)] ¹Bei Steuerpflichtigen, die die Steuerbegünstigung nach § 10e Absatz 1, 2, 4 und 5 in Anspruch nehmen, ermäßigt sich die tarifliche Einkommensteuer, vermindert um die sonstigen Steuerermäßigungen, auf Antrag um je 512 Euro für jedes Kind des Steuerpflichtigen oder seines Ehegatten im Sinne des § 32 Absatz 1 bis 5 oder 6 Satz 7. ²Voraussetzung ist, dass das Kind zum Haushalt des Steuerpflichtigen gehört oder in dem für die Steuerbegünstigung maßgebenden Zeitraum gehört hat, wenn diese Zugehörigkeit auf Dauer angelegt ist oder war. ³Soweit sich der Betrag der Steuerermäßigung nach Satz 1 bei

---
1) Zur Anwendung von § 34f Absatz 3 siehe § 52 Absatz 50 EStG.

§§ 34f, 34g — Rechtsprechung

der Ermittlung der festzusetzenden Einkommensteuer nicht steuerentlastend auswirkt, ist er von der tariflichen Einkommensteuer der zwei vorangegangenen Veranlagungszeiträume abzuziehen. ⁴Steuerermäßigungen, die nach den Sätzen 1 und 3 nicht berücksichtigt werden können, können bis zum Ende des Abzugszeitraums im Sinne des § 10e und in den zwei folgenden Veranlagungszeiträumen abgezogen werden. ⁵Ist für einen Veranlagungszeitraum bereits ein Steuerbescheid erlassen worden, so ist er insoweit zu ändern, als die Steuerermäßigung nach den Sätzen 3 und 4 zu gewähren oder zu berichtigen ist; die Verjährungsfristen enden insoweit nicht, bevor die Verjährungsfrist für den Veranlagungszeitraum abgelaufen ist, für den die Steuerermäßigung nach Satz 1 beantragt worden ist.

(4)[1]) ¹Die Steuerermäßigungen nach den Absätzen 2 oder 3 kann der Steuerpflichtige insgesamt nur bis zur Höhe der Bemessungsgrundlage der Abzugsbeträge nach § 10e Absatz 1 oder 2 in Anspruch nehmen. ²Die Steuerermäßigung nach den Absätzen 1, 2 und 3 Satz 1 kann der Steuerpflichtige im Kalenderjahr nur für ein Objekt in Anspruch nehmen.

Rechtsprechungsauswahl

BFH v. 30. 1. 2008 X R 1/07 (BStBl. II S. 520): Die Steuerermäßigung des § 34f Abs. 3 EStG (Baukindergeld) ist vor der Steuerermäßigung bei Aufwendungen für haushaltsnahe Beschäftigungsverhältnisse des § 35a EStG zu berücksichtigen.

2b. Steuerermäßigung bei Zuwendungen an politische Parteien und an unabhängige Wählervereinigungen

§ 34g (Steuerermäßigung bei Zuwendungen an politische Parteien und an unabhängige Wählervereinigungen)

¹Die tarifliche Einkommensteuer, vermindert um die sonstigen Steuerermäßigungen mit Ausnahme des § 34f Absatz 3, ermäßigt sich bei Zuwendungen an

1. politische Parteien im Sinne des § 2 des Parteiengesetzes und
2. Vereine ohne Parteicharakter, wenn
   a) der Zweck des Vereins ausschließlich darauf gerichtet ist, durch Teilnahme mit eigenen Wahlvorschlägen an Wahlen auf Bundes-, Landes- oder Kommunalebene bei der politischen Willensbildung mitzuwirken, und
   b) der Verein auf Bundes-, Landes- oder Kommunalebene bei der jeweils letzten Wahl wenigstens ein Mandat errungen oder der zuständigen Wahlbehörde oder dem zuständigen Wahlorgan angezeigt hat, dass er mit eigenen Wahlvorschlägen auf Bundes-, Landes- oder Kommunalebene an der jeweils nächsten Wahl teilnehmen will.

²Nimmt der Verein an der jeweils nächsten Wahl nicht teil, wird die Ermäßigung nur für die bis zum Wahltag an ihn geleisteten Beiträge und Spenden gewährt. ³Die Ermäßigung für Beiträge und Spenden an den Verein wird erst wieder gewährt, wenn er sich mit eigenen Wahlvorschlägen an einer Wahl beteiligt hat. ⁴Die Ermäßigung wird in diesem Falle nur für Beiträge und Spenden gewährt, die nach Beginn des Jahres, in dem die Wahl stattfindet, geleistet werden.

²Die Ermäßigung beträgt 50 Prozent der Ausgaben, höchstens jeweils 825 Euro für Ausgaben nach den Nummern 1 und 2, im Fall der Zusammenveranlagung von Ehegatten höchstens jeweils 1 650 Euro. ³§ 10b Absatz 3 und 4 gilt entsprechend.

Hinweise

LStH 34g *Zuwendungen an politische Parteien*
→ *H 34g EStH*

---

1) Zur Anwendung von § 34f Absatz 4 siehe § 52 Absatz 50 EStG.

§ 35

3. Steuerermäßigung bei Einkünften aus Gewerbebetrieb

§ 35[1]**) (Steuerermäßigung bei Einkünften aus Gewerbebetrieb)**

(1) ¹Die tarifliche Einkommensteuer, vermindert um die sonstigen Steuerermäßigungen mit Ausnahme der §§ 34f, 34g und 35a, ermäßigt sich, soweit sie anteilig auf im zu versteuernden Einkommen enthaltene gewerbliche Einkünfte entfällt (Ermäßigungshöchstbetrag),

1. bei Einkünften aus gewerblichen Unternehmen im Sinne des § 15 Absatz 1 Satz 1 Nummer 1

   um das 3,8-fache des jeweils für den dem Veranlagungszeitraum entsprechenden Erhebungszeitraum nach § 14 des Gewerbesteuergesetzes für das Unternehmen festgesetzten Steuermessbetrags (Gewerbesteuer-Messbetrag); Absatz 3 Satz 5 ist entsprechend anzuwenden;

2. bei Einkünften aus Gewerbebetrieb als Mitunternehmer im Sinne des § 15 Absatz 1 Satz 1 Nummer 2 oder als persönlich haftender Gesellschafter einer Kommanditgesellschaft auf Aktien im Sinne des § 15 Absatz 1 Satz 1 Nummer 3

   um das 3,8-fache des jeweils für den dem Veranlagungszeitraum entsprechenden Erhebungszeitraum festgesetzten anteiligen Gewerbesteuer-Messbetrags.

²Der Ermäßigungshöchstbetrag ist wie folgt zu ermitteln:

$$\frac{\text{Summe der positiven gewerblichen Einkünfte}}{\text{Summe aller positiven Einkünfte}} \cdot \text{geminderte tarifliche Steuer.}$$

³Gewerbliche Einkünfte im Sinne der Sätze 1 und 2 sind die der Gewerbesteuer unterliegenden Gewinne und Gewinnanteile, soweit sie nicht nach anderen Vorschriften von der Steuerermäßigung nach § 35 ausgenommen sind. ⁴Geminderte tarifliche Steuer ist die tarifliche Steuer nach Abzug von Beträgen auf Grund der Anwendung zwischenstaatlicher Abkommen und nach Anrechnung der ausländischen Steuern nach § 34c Absatz 1 und 6 dieses Gesetzes und § 12 des Außensteuergesetzes. ⁵Der Abzug des Steuerermäßigungsbetrags ist auf die tatsächlich zu zahlende Gewerbesteuer beschränkt.

(2) ¹Bei Mitunternehmerschaften im Sinne des § 15 Absatz 1 Satz 1 Nummer 2 oder bei Kommanditgesellschaften auf Aktien im Sinne des § 15 Absatz 1 Satz 1 Nummer 3 ist der Betrag des Gewerbesteuer-Messbetrags, die tatsächlich zu zahlende Gewerbesteuer und der auf die einzelnen Mitunternehmer oder auf die persönlich haftenden Gesellschafter entfallende Anteil gesondert und einheitlich festzustellen. ²Der Anteil eines Mitunternehmers am Gewerbesteuer-Messbetrag richtet sich nach seinem Anteil am Gewinn der Mitunternehmerschaft nach Maßgabe des allgemeinen Gewinnverteilungsschlüssels; Vorabgewinnanteile sind nicht zu berücksichtigen. ³Wenn auf Grund der Bestimmungen in einem Abkommen zur Vermeidung der Doppelbesteuerung bei der Festsetzung des Gewerbesteuer-Messbetrags für eine Mitunternehmerschaft nur der auf einen Teil der Mitunternehmer entfallende anteilige Gewerbeertrag berücksichtigt wird, ist der Gewerbesteuer-Messbetrag nach Maßgabe des allgemeinen Gewinnverteilungsschlüssels in voller Höhe auf diese Mitunternehmer entsprechend ihrer Anteile am Gewerbeertrag der Mitunternehmerschaft aufzuteilen. ⁴Der anteilige Gewerbesteuer-Messbetrag ist als Prozentsatz mit zwei Nachkommastellen gerundet zu ermitteln. ⁵Bei der Feststellung nach Satz 1 sind anteilige Gewerbesteuer-Messbeträge, die aus einer Beteiligung an einer Mitunternehmerschaft stammen, einzubeziehen.

(3) ¹Zuständig für die gesonderte Feststellung nach Absatz 2 ist das für die gesonderte Feststellung der Einkünfte zuständige Finanzamt. ²Für die Ermittlung der Steuerermäßigung nach Absatz 1 sind die Festsetzung des Gewerbesteuer-Messbetrags, die Feststellung des Anteils an dem festzustellenden Gewerbesteuer-Messbetrag nach Absatz 2 Satz 1 und die Festsetzung der Gewerbesteuer Grundlagenbescheide. ³Für die Ermittlung des anteiligen Gewerbesteuer-Messbetrags nach Absatz 2 sind die Festsetzung des Gewer-

---

1) Zur erstmaligen Anwendung von § 35 EStG siehe § 52 Abs. 50a EStG.

§§ 35, 35a

besteuer-Messbetrags und die Festsetzung des anteiligen Gewerbesteuer-Messbetrags aus der Beteiligung an einer Mitunternehmerschaft Grundlagenbescheide.

(4) Für die Aufteilung und die Feststellung der tatsächlich zu zahlenden Gewerbesteuer bei Mitunternehmerschaften im Sinne des § 15 Absatz 1 Satz 1 Nummer 2 und bei Kommanditgesellschaften auf Aktien im Sinne des § 15 Absatz 1 Satz 1 Nummer 3 gelten die Absätze 2 und 3 entsprechend.

4. Steuerermäßigung bei Aufwendungen für haushaltsnahe Beschäftigensverhältnisse und für die Inspruchnahme haushaltsnaher Dienstleistungen

§ 35a[1] **Steuerermäßigung bei Aufwendungen für haushaltsnahe Beschäftigensverhältnisse, haushaltsnahe Dienstleistungen und Handwerkerleistungen**

(1) Für haushaltsnahe Beschäftigungsverhältnisse, bei denen es sich um eine geringfügige Beschäftigung im Sinne des § 8a des Vierten Buches Sozialgesetzbuch handelt, ermäßigt sich die tarifliche Einkommensteuer, vermindert um die sonstigen Steuerermäßigungen, auf Antrag um 20 Prozent, höchstens 510 Euro, der Aufwendungen des Steuerpflichtigen.

(2) [1]Für andere als in Absatz 1 aufgeführte haushaltsnahe Beschäftigungsverhältnisse oder für die Inspruchnahme von haushaltsnahen Dienstleistungen, die nicht Dienstleistungen nach Absatz 3 sind, ermäßigt sich die tarifliche Einkommensteuer, vermindert um die sonstigen Steuerermäßigungen, auf Antrag um 20 Prozent, höchstens 4 000 Euro, der Aufwendungen des Steuerpflichtigen. [2]Die Steuerermäßigung kann auch in Anspruch genommen werden für die Inspruchnahme von Pflege- und Betreuungsleistungen sowie für Aufwendungen, die einem Steuerpflichtigen wegen der Unterbringung in einem Heim oder zur dauernden Pflege erwachsen, soweit darin Kosten für Dienstleistungen enthalten sind, die mit denen einer Hilfe im Haushalt vergleichbar sind.

(3) Für die Inspruchnahme von Handwerkerleistungen für Renovierungs-, Erhaltungs- und Modernisierungsmaßnahmen, mit Ausnahme der nach dem CO_2-Gebäudesanierungsprogramm der KfW Förderbank geförderten Maßnahmen, ermäßigt sich die tarifliche Einkommensteuer, vermindert um die sonstigen Steuerermäßigungen, auf Antrag um 20 Prozent, höchstens 1 200 Euro, der Aufwendungen des Steuerpflichtigen.

(4) [1]Die Steuerermäßigung nach den Absätzen 1 bis 3 kann nur in Anspruch genommen werden, wenn das Beschäftigungsverhältnis, die Dienstleistung oder die Handwerkerleistung in einem in der Europäischen Union oder dem Europäischen Wirtschaftsraum liegenden Haushalt des Steuerpflichtigen oder – bei Pflege- und Betreuungsleistungen – der gepflegten oder betreuten Person ausgeübt oder erbracht wird. [2]In den Fällen des Absatzes 2 Satz 2 zweiter Halbsatz ist Voraussetzung, dass das Heim oder der Ort der dauernden Pflege in der Europäischen Union oder dem Europäischen Wirtschaftsraum liegt.

(5) [1]Die Steuerermäßigungen nach den Absätzen 1 bis 3 können nur in Anspruch genommen werden, soweit die Aufwendungen nicht Betriebsausgaben oder Werbungskosten darstellen oder unter § 9c fallen und soweit sie nicht als außergewöhnliche Belastung berücksichtigt worden sind. [2]Der Abzug von der tariflichen Einkommensteuer nach den Absätzen 2 und 3 gilt nur für Arbeitskosten. [3]Voraussetzung für die Inspruchnahme der Steuerermäßigung für haushaltsnahe Dienstleistungen nach Absatz 2 oder für Handwerkerleistungen nach Absatz 3 ist, dass der Steuerpflichtige für die Aufwendungen eine Rechnung erhalten hat und die Zahlung auf das Konto des Erbringers der Leistung erfolgt ist. [4]Leben zwei Alleinstehende in einem Haushalt zusammen, können sie die Höchstbeträge nach den Absätzen 1 bis 3 insgesamt jeweils nur einmal in Anspruch nehmen.

Hinweise

LStH 35a Allgemeine Grundsätze
→ *BMF vom 26.10.2007 (BStBl. I S. 783)* — *Anlage § 035a-01* —

---

1) Zur Anwendung von § 35a EStG siehe § 52 Absatz 50b EStG.

Rechtsprechung §§ 35a, 35b

Rechtsprechungsauswahl

BFH v. 29. 1. 2009 VI R 28/08 (BStBl. 2010 II S. 166): Aus der Rechnung i.S. des § 35a Abs. 2 Satz 3 EStG müssen sich der Erbringer der haushaltsnahen Dienstleistung als Rechnungsaussteller, der Empfänger dieser Dienstleistung, die Art, der Zeitpunkt und der Inhalt der Dienstleistung sowie die dafür vom Steuerpflichtigen jeweils geschuldeten Entgelte ergeben.*)

*)Hinweis auf BMF-Schreiben vom 15.2.2010 (BStBl. I S. 140). – **Anlage § 035a-01** –

BFH v. 29. 1. 2009 VI R 44/08 (BStBl. II S. 411): Entsteht bei einem Steuerpflichtigen infolge der Inanspruchnahme der Steuerermäßigung nach § 35a EStG ein sog. Anrechnungsüberhang, kann der Steuerpflichtige weder die Festsetzung einer negativen Einkommensteuer in Höhe dieses Anrechnungsüberhangs noch die Feststellung einer rück- oder vortragsfähigen Steuerermäßigung beanspruchen.

BFH v. 20. 11. 2008 VI R 14/08 (BStBl. 2009 II S. 307): Die Barzahlung einer Rechnung aus der Inanspruchnahme von Handwerkerleistungen für Renovierungs-, Erhaltungs- und Modernisierungsmaßnahmen ohne bankmäßige Dokumentation des Zahlungsvorgangs schließt die entsprechenden Aufwendungen von der Steuerermäßigung nach § 35a Abs. 2 Satz 2 EStG in seiner im Veranlagungszeitraum 2006 geltenden Fassung aus.

BFH v. 30. 1. 2008 X R 1/07 (BStBl. II S. 520): Die Steuerermäßigung des § 34f Abs. 3 EStG (Baukindergeld) ist vor der Steuerermäßigung bei Aufwendungen für haushaltsnahe Beschäftigungsverhältnisse des § 35a EStG zu berücksichtigen.

BFH v. 1. 2. 2007 VI R 77/05 (BStBl. II S. 760):
1. Haushaltsnahe Dienstleistungen i. S. des § 35a Abs. 2 Satz 1 EStG sind Tätigkeiten, die gewöhnlich durch Mitglieder des privaten Haushalts oder entsprechend Beschäftigte erledigt werden. Keine haushaltsnahen Dienstleistungen sind solche, die zwar im Haushalt des Steuerpflichtigen ausgeübt werden, aber keinen Bezug zur Hauswirtschaft haben.
2. Die Renovierung einer Hausfassade ist keine haushaltsnahe Dienstleistung; als Handwerkerleistung führt sie bis einschließlich VZ 2005 nicht zu einer Steuerermäßigung nach § 35a Abs. 2 Satz 1 EStG.

Schwebende Verfahren

BFH VI R 4/09 (BFH-Webseite): Ist für von einem Handwerksbetrieb ausgeführte Malerarbeiten die Steuerermäßigung nach Satz 1 oder Satz 2 bzw. kumulativ nach den Sätzen 1 und 2 des § 35a Abs. 2 EStG zu gewähren?

5. Steuerermäßigung bei Belastung mit Erbschaftsteuer

§ 35b[1] Steuerermäßigung bei Belastung mit Erbschaftsteuer

¹Sind bei der Ermittlung des Einkommens Einkünfte berücksichtigt worden, die im Veranlagungszeitraum oder in den vorangegangenen vier Veranlagungszeiträumen als Erwerb von Todes wegen der Erbschaftsteuer unterlegen haben, so wird auf Antrag die um sonstige Steuerermäßigungen gekürzte tarifliche Einkommensteuer, die auf diese Einkünfte entfällt, um den in Satz 2 bestimmten Prozentsatz ermäßigt. ²Der Prozentsatz bestimmt sich nach dem Verhältnis, in dem die festgesetzte Erbschaftsteuer zu dem Betrag steht, der sich ergibt, wenn dem steuerpflichtigen Erwerb (§ 10 Absatz 1 des Erbschaftsteuer- und Schenkungsteuergesetzes) die Freibeträge nach den §§ 16 und 17 und der steuerfreie Betrag nach § 5 des Erbschaftsteuer- und Schenkungsteuergesetzes hinzugerechnet werden. ³Die Sätze 1 und 2 gelten nicht, soweit Erbschaftsteuer nach § 10 Absatz 1 Nummer 1a abgezogen wird.

---

1) Zur erstmaligen Anwendung von § 35b (Erbfall nach dem 31.12.2008) siehe § 52 Abs. 50c EStG.

VI. Steuererhebung

1. Erhebung der Einkommensteuer

§ 36 Entstehung und Tilgung der Einkommensteuer

(1) Die Einkommensteuer entsteht, soweit in diesem Gesetz nichts anderes bestimmt ist, mit Ablauf des Veranlagungszeitraums.

(2) Auf die Einkommensteuer werden angerechnet:

1. die für den Veranlagungszeitraum entrichteten Einkommensteuer-Vorauszahlungen (§ 37);

2. [1)] die durch Steuerabzug erhobene Einkommensteuer, soweit sie auf die bei der Veranlagung erfassten Einkünfte oder auf die nach § 3 Nummer 40 dieses Gesetzes oder nach § 8b Absatz 1 und 6 Satz 2 des Körperschaftsteuergesetzes bei der Ermittlung des Einkommens außer Ansatz bleibenden Bezüge entfällt und nicht die Erstattung beantragt oder durchgeführt worden ist. ²Die durch Steuerabzug erhobene Einkommensteuer wird nicht angerechnet, wenn die in § 45a Absatz 2 oder 3 bezeichnete Bescheinigung nicht vorgelegt worden ist. ³In den Fällen des § 8b Absatz 6 Satz 2 des Körperschaftsteuergesetzes ist es für die Anrechnung ausreichend, wenn die Bescheinigung nach § 45a Absatz 2 und 3 vorgelegt wird, die dem Gläubiger der Kapitalerträge ausgestellt worden ist.

(3) [2)] ¹Die Steuerbeträge nach Absatz 2 Nummer 2 sind auf volle Euro aufzurunden. ²Bei den durch Steuerabzug erhobenen Steuern ist jeweils die Summe der Beträge einer einzelnen Abzugsteuer aufzurunden.

(4) ¹Wenn sich nach der Abrechnung ein Überschuss zuungunsten des Steuerpflichtigen ergibt, hat der Steuerpflichtige (Steuerschuldner) diesen Betrag, soweit er den fällig gewordenen, aber nicht entrichteten Einkommensteuer-Vorauszahlungen entspricht, sofort, im Übrigen innerhalb eines Monats nach Bekanntgabe des Steuerbescheids zu entrichten (Abschlußzahlung). ²Wenn sich nach der Abrechnung ein Überschuss zugunsten des Steuerpflichtigen ergibt, wird dieser dem Steuerpflichtigen nach Bekanntgabe des Steuerbescheids ausgezahlt. ³Bei Ehegatten, die nach den §§ 26, 26b zusammen zur Einkommensteuer veranlagt worden sind, wirkt die Auszahlung an einen Ehegatten auch für und gegen den anderen Ehegatten.

Rechtsprechungsauswahl

BVerfG v. 13. 10. 2009 2 BvL 3/05 (BGBl. I S. 3785): – Entscheidungsformel –

§ 31 Satz 5 und § 36 Absatz 2 Satz 1 des Einkommensteuergesetzes in der Fassung des Gesetzes zur Familienförderung vom 22. Dezember 1999 (BGBl. I S. 2552) sind mit dem Grundgesetz vereinbar, soweit danach bei Steuerpflichtigen, deren Einkommen gemäß § 31 Satz 4 des Einkommensteuergesetzes um die Freibeträge des § 32 Absatz 6 des Einkommensteuergesetzes gemindert wurde, die tarifliche Einkommensteuer auch in den Fällen um die Hälfte des gezahlten Kindergeldes zu erhöhen ist, in denen eine Anrechnung des Kindergeldes auf den Unterhalt nach § 1612b Absatz 5 des Bürgerlichen Gesetzbuchs in der Fassung des Gesetzes zur Ächtung der Gewalt in der Erziehung und zur Änderung des Kindesunterhaltsrechts vom 2. November 2000 (BGBl. I S. 1479) ganz oder teilweise unterblieben ist.

Die vorstehende Entscheidungsformel hat gemäß § 31 Absatz 2 des Bundesverfassungsgerichtsgesetzes Gesetzeskraft.

BFH v. 17. 6. 2009 VI R 46/07 (BStBl. 2010 II S. 72):

1. § 36 Abs. 2 Satz 2 Nr. 2 EStG verknüpft inhaltlich Steuerfestsetzungs- und Steuererhebungsverfahren. Daher kann auch die Anfechtung eines Einkommensteuerbescheids mit dem Ziel der Anrechnung höherer Lohnsteuerabzugsbeträge zulässig sein.

---

1) Zur Anwendung von § 36 Absatz 2 Nummer 2 EStG siehe § 52 Absatz 50d EStG.
2) Zur Anwendung von § 36 Absatz 3 EStG siehe § 52 Absatz 50d EStG.

Rechtsprechung §§ 36, 37

2. Die vom Arbeitgeber zu Unrecht angemeldeten und an das FA abgeführten Lohnsteuerbeträge sind als Arbeitslohn beim Arbeitnehmer jedenfalls dann steuerlich zu erfassen, wenn der Lohnsteuerabzug nach § 41c Abs. 3 EStG nicht mehr geändert werden kann (Abgrenzung zum BFH-Urteil vom 24. November 1961 VI 88/61 U, BFHE 74, 246, BStBl. III 1962, 93).

BFH v. 9. 12. 2008 VII R 43/07 (BStBl. 2009 II S. 344):
1. Ein rechtswidriger begünstigender Verwaltungsakt kann nach § 130 Abs. 2 AO nur dann zurückgenommen werden, wenn bei seinem Erlass von einem tatsächlich nicht gegebenen Sachverhalt ausgegangen oder das im Zeitpunkt seines Erlasses geltende Recht unrichtig angewandt worden ist; eine nachträgliche Änderung der Sach- oder Rechtslage hingegen macht einen ursprünglich rechtmäßigen Verwaltungsakt grundsätzlich nicht i.S. des § 130 AO rechtswidrig, es sei denn, es läge ein Fall steuerrechtlicher Rückwirkung vor.
2. Zur Frage, ob eine Verfügung über die Anrechnung der durch Steuerabzug erhobenen Einkommensteuer Geltung nur im Hinblick auf das Steuerschuldverhältnis beansprucht, wie es im Zeitpunkt des Erlasses der Verfügung („Stichtag") besteht, also stillschweigend unter einer auflösenden Bedingung dergestalt steht, dass bei einer Änderung des Steuerbescheids erneut über die Anrechnung zu entscheiden ist.
3. Eine „nachträglich eingetretene Tatsache" i.S. des § 131 Abs. 2 Satz 1 Nr. 3 AO kann auch die steuerrechtliche Beurteilung eines Sachverhalts in einem anderen Bescheid sein, der Bindungswirkung für den zu widerrufenden Bescheid hat.
4. Wird ein Einkommensteuerbescheid geändert, weil die in ihm erfassten Lohnzahlungen wegen Festsetzungsverjährung nicht erfasst werden dürfen, kann die mit dem Einkommensteuerbescheid verbundene Anrechnungsverfügung, welche auf den Lohn entrichtete Lohnsteuer angerechnet hatte, widerrufen werden.

BFH v. 12. 2. 2008 VII R 33/06 (BStBl. II S. 504): Ist abgeführte Kapitalertragsteuer in einer Anrechnungsverfügung nicht angerechnet worden, so kann diese Anrechnung nach Ablauf der durch die Anrechnungsverfügung in Lauf gesetzten Zahlungsverjährungsfrist nicht mehr nachgeholt werden.

BFH v. 13. 1. 2005 VII B 147/04 (BStBl. 2001 II S. 457): Nicht alles, was in dem Abrechnungsteil eines Einkommensteuerbescheides enthalten ist, stellt eine bestandskraftfähige Regelung dar. Dies gilt vielmehr nur für die im EStG vorgeschriebene Entscheidung über die Anrechnung bestimmter Steuerzahlungen auf die Einkommensteuer, nicht aber für sonstige Zahlungen oder Verbuchungen und einen angeblichen Erstattungsanspruch aufgrund solcher Buchungen.

BFH v. 19. 12. 2000 VII R 69/99 (BStBl. 2001 II S. 353): Der Senat hält an seiner Rechtsprechung fest, wonach einbehaltene Lohnsteuer nur insoweit auf die festgesetzte Einkommensteuer angerechnet werden kann, als die zugehörigen Einkünfte bei der Veranlagung erfasst worden sind (hier: Lohnsteuereinbehalt von Sondervergütungen eines Mitunternehmers, die bei der Gewinnfeststellung und folglich bei der Einkommensteuerveranlagung außer Ansatz geblieben sind).

BFH v. 29.11.2000 I R 102/99 (BStBl. 2001 II S. 195): Führt der Arbeitgeber für zunächst als steuerfrei behandelten Arbeitslohn nachträglich Lohnsteuer an das FA ab, so fließt dem Arbeitnehmer hierdurch zusätzlicher Arbeitslohn zu. Das gilt unabhängig davon, ob die nachträglich lohnversteuerten Einkünfte tatsächlich sachlich steuerpflichtig waren oder nicht.

BFH v. 23. 5. 2000 VII R 3/00 (BStBl. II S. 581): Wird nach Beendigung der unbeschränkten Steuerpflicht von den im Ausland bezogenen Einkünften aus nicht selbständiger Arbeit (zu Unrecht) Lohnsteuer einbehalten und an ein inländisches Finanzamt abgeführt, so ist auch diese Lohnsteuer auf die für den Veranlagungszeitraum festgesetzte Einkommensteuerschuld des Arbeitnehmers anzurechnen.

§ 37 Einkommensteuer-Vorauszahlung

(1) ¹**Der Steuerpflichtige hat am 10. März, 10. Juni, 10. September und 10. Dezember Vorauszahlungen auf die Einkommensteuer zu entrichten, die er für den laufenden Veranlagungszeitraum voraussichtlich schulden wird.** ²**Die Einkommensteuer-Vorauszahlung entsteht jeweils mit Beginn des Kalendervierteljahrs, in dem die Vorauszahlungen zu entrichten sind, oder, wenn die Steuerpflicht erst im Laufe des Kalendervierteljahrs begründet wird, mit Begründung der Steuerpflicht.**

§ 37

(2) (weggefallen)

(3) ¹Das Finanzamt setzt die Vorauszahlungen durch Vorauszahlungsbescheid fest. ²Die Vorauszahlungen bemessen sich grundsätzlich nach der Einkommensteuer, die sich nach Anrechnung der Steuerabzugsbeträge (§ 36 Absatz 2 Nummer 2) bei der letzten Veranlagung ergeben hat. ³Das Finanzamt kann bis zum Ablauf des auf den Veranlagungszeitraum folgenden 15. Kalendermonats die Vorauszahlungen an die Einkommensteuer anpassen, die sich für den Veranlagungszeitraum voraussichtlich ergeben wird; dieser Zeitraum verlängert sich auf 21 Monate, wenn die Einkünfte aus Land- und Forstwirtschaft bei der erstmaligen Steuerfestsetzung die anderen Einkünfte voraussichtlich überwiegen werden. ⁴Bei der Anwendung der Sätze 2 und 3 bleiben Aufwendungen im Sinne des § 9c Absatz 2 und 3, des § 10 Absatz 1 Nummer 1, 1a, 1b, 4, 7 und 9, der §§ 10b und 33 sowie die abziehbaren Beträge nach § 33a, wenn die Aufwendungen und abziehbaren Beträge insgesamt 600 Euro nicht übersteigen, außer Ansatz. ⁵Die Steuerermäßigung nach § 34a bleibt außer Ansatz. ⁶Bei der Anwendung der Sätze 2 und 3 bleibt der Sonderausgabenabzug nach § 10a Absatz 1 außer Ansatz. ⁷Außer Ansatz bleiben bis zur Anschaffung oder Fertigstellung der Objekte im Sinne des § 10e Absatz 1 und 2 und § 10h auch die Aufwendungen, die nach § 10e Absatz 6 und § 10h Satz 3 wie Sonderausgaben abgezogen werden; Entsprechendes gilt auch für Aufwendungen, die nach § 10i für nach dem Eigenheimzulagengesetz begünstigte Objekte wie Sonderausgaben abgezogen werden. ⁸Negative Einkünfte aus der Vermietung oder Verpachtung eines Gebäudes im Sinne des § 21 Absatz 1 Satz 1 Nummer 1 werden bei der Festsetzung von Vorauszahlungen nur für Kalenderjahre berücksichtigt, die nach der Anschaffung oder Fertigstellung dieses Gebäudes beginnen. ⁹Wird ein Gebäude vor dem Kalenderjahr seiner Fertigstellung angeschafft, tritt an die Stelle der Anschaffung die Fertigstellung. ¹⁰Satz 8 gilt nicht für negative Einkünfte aus der Vermietung oder Verpachtung eines Gebäudes, für das erhöhte Absetzungen nach den §§ 14a, 14c oder 14d des Berlinförderungsgesetzes oder Sonderabschreibungen nach § 4 des Fördergebietsgesetzes in Anspruch genommen werden. ¹¹Satz 8 gilt für negative Einkünfte aus der Vermietung oder Verpachtung eines anderen Vermögensgegenstandes im Sinne des § 21 Absatz 1 Satz 1 Nummer 1 bis 3 entsprechend mit der Maßgabe, dass an die Stelle der Anschaffung oder Fertigstellung die Aufnahme der Nutzung durch den Steuerpflichtigen tritt. ¹²In den Fällen des § 31, in denen die gebotene steuerliche Freistellung eines Einkommensbetrags in Höhe des Existenzminimums eines Kindes durch das Kindergeld nicht in vollem Umfang bewirkt wird, bleiben bei der Anwendung der Sätze 2 und 3 Freibeträge nach § 32 Absatz 6 und zu verrechnendes Kindergeld außer Ansatz.

(4) ¹Bei einer nachträglichen Erhöhung der Vorauszahlungen ist die letzte Vorauszahlung für den Veranlagungszeitraum anzupassen. ²Der Erhöhungsbetrag ist innerhalb eines Monats nach Bekanntgabe des Vorauszahlungsbescheids zu entrichten.

(5) ¹Vorauszahlungen sind nur festzusetzen, wenn sie mindestens 400 Euro im Kalenderjahr und mindestens 100 Euro für einen Vorauszahlungszeitpunkt betragen. ²Festgesetzte Vorauszahlungen sind nur zu erhöhen, wenn sich der Erhöhungsbetrag im Fall des Absatzes 3 Satz 2 bis 5 für einen Vorauszahlungszeitpunkt auf mindestens 100 Euro, im Fall des Absatzes 4 auf mindestens 5 000 Euro beläuft.

Rechtsprechungsauswahl

BFH v. 30. 9. 2008 VII R 18/08 (BStBl. 2009 II S. 38): Werden Vorauszahlungen auf die Einkommensteuer zusammen veranlagter Eheleute ohne die ausdrückliche Bestimmung geleistet, dass mit der Zahlung nur die Schuld des Leistenden beglichen werden soll, muss das FA eine Überzahlung beiden Eheleuten zu gleichen Teilen erstatten (Bestätigung der ständigen Rechtsprechung); das gilt auch, wenn über das Vermögen des anderen Ehegatten das Insolvenzverfahren eröffnet war.

BFH v. 15. 11. 2005 VII R 16/05 (BStBl. 2006 II S. 453): Werden Einkommensteuer-Vorauszahlungen für zusammen zur Einkommensteuer veranlagte Eheleute geleistet, kann aus der Sicht des FA als Zahlungsempfänger mangels entgegenstehender ausdrücklicher Absichtsbekundungen aufgrund der zwischen den Eheleuten bestehenden Lebens- und Wirtschaftsgemeinschaft angenommen werden, dass derjenige Ehegatte, der die Zahlung auf die gemeinsame Steuerschuld bewirkt, mit seiner Zahlung auch die Steuerschuld des anderen mit ihm zusammen veranlagten Ehepartners begleichen will. In diesem Fall sind bei einer Überzahlung beide Ehegatten erstattungsberechtigt. Der Erstattungsbetrag ist dann zwischen ihnen hälftig aufzuteilen (Bestätigung der ständigen Rechtsprechung).

BFH v. 20. 12. 2004 VI R 182/97 (BStBl. 2005 II S. 358): Die Festsetzung von Einkommensteuer-Vorauszahlungen ist auch dann zulässig, wenn der Steuerpflichtige ausschließlich Einkünfte aus nichtselbstständiger Arbeit erzielt, die dem Lohnsteuerabzug unterliegen.

Schwebende Verfahren

BFH VIII R 11/09 (BFH-Webseite): Bemessung der Einkommensteuer-Vorauszahlungen: Sind die Vorauszahlungen eines Veranlagungszeitraums im Verhältnis zum tatsächlichen Gewinnzufluss auf die einzelnen Vorauszahlungstermine zu verteilen oder ist stets eine gleichmäßige Verteilung geboten?

§ 37a Pauschalierung der Einkommensteuer durch Dritte

(1) ¹Das Finanzamt kann auf Antrag zulassen, dass das Unternehmen, das Sachprämien im Sinne des § 3 Nummer 38 gewährt, die Einkommensteuer für den Teil der Prämien, der nicht steuerfrei ist, pauschal erhebt. ²Bemessungsgrundlage der pauschalen Einkommensteuer ist der gesamte Wert der Prämien, die den im Inland ansässigen Steuerpflichtigen zufließen. ³Der Pauschsteuersatz beträgt 2,25 Prozent.

(2) ¹Auf die pauschale Einkommensteuer ist § 40 Absatz 3 sinngemäß anzuwenden. ²Das Unternehmen hat die Prämienempfänger von der Steuerübernahme zu unterrichten.

(3) ¹Über den Antrag entscheidet das Betriebsstättenfinanzamt des Unternehmens (§ 41a Absatz 1 Nummer 1). ²Hat das Unternehmen mehrere Betriebsstättenfinanzämter, so ist das Finanzamt der Betriebsstätte zuständig, in der die für die pauschale Besteuerung maßgebenden Prämien ermittelt werden. ³Die Genehmigung zur Pauschalierung wird mit Wirkung für die Zukunft erteilt und kann zeitlich befristet werden; sie erstreckt sich auf alle im Geltungszeitraum ausgeschütteten Prämien.

(4) Die pauschale Einkommensteuer gilt als Lohnsteuer und ist von dem Unternehmen in der Lohnsteuer-Anmeldung der Betriebsstätte im Sinne des Absatzes 3 anzumelden und spätestens am zehnten Tag nach Ablauf des für die Betriebsstätte maßgebenden Lohnsteuer-Anmeldungszeitraums an das Betriebsstättenfinanzamt abzuführen.

ESt-Kartei NW

800. Pauschalierung der Einkommensteuer durch Dritte gemäß § 37a EStG; Kundenbindungsprogramme bei Luftfahrtunternehmen (Besteuerung nur der tatsächlich in Anspruch genommenen Prämien; Freiflüge sind mit Flugkilometerwerten ohne Abschläge – BMF-Schreiben v. 23. 12. 1997 BStBl. I S. 1041, aktuelle Werte **Anlage § 008-03** – anzusetzen; ebenso Upgrades entsprechend Punkte-/Meilenverbrauchs; desgleichen aus Vereinfachungsgründen die Erlebnisprämien)

§ 37b

§ 37b Pauschalierung der Einkommensteuer bei Sachzuwendungen

(1) ¹Steuerpflichtige können die Einkommensteuer einheitlich für alle innerhalb eines Wirtschaftsjahres gewährten
1. betrieblich veranlassten Zuwendungen, die zusätzlich zur ohnehin vereinbarten Leistung oder Gegenleistung erbracht werden, und
2. Geschenke im Sinne des § 4 Absatz 5 Satz 1 Nummer 1,

die nicht in Geld bestehen, mit einem Pauschsteuersatz von 30 Prozent erheben. ²Bemessungsgrundlage der pauschalen Einkommensteuer sind die Aufwendungen des Steuerpflichtigen einschließlich Umsatzsteuer; bei Zuwendungen an Arbeitnehmer verbundener Unternehmen ist Bemessungsgrundlage mindestens der sich nach § 8 Absatz 3 Satz 1 ergebende Wert. ³Die Pauschalierung ist ausgeschlossen,
1. soweit die Aufwendungen je Empfänger und Wirtschaftsjahr oder
2. wenn die Aufwendungen für die einzelne Zuwendung

den Betrag von 10 000 Euro übersteigen.

(2) ¹Absatz 1 gilt auch für betrieblich veranlasste Zuwendungen an Arbeitnehmer des Steuerpflichtigen, soweit sie nicht in Geld bestehen und zusätzlich zum ohnehin geschuldeten Arbeitslohn erbracht werden. ²In den Fällen des § 8 Absatz 2 Satz 2 bis 8, Absatz 3, § 40 Absatz 2 sowie in Fällen, in denen Vermögensbeteiligungen überlassen werden, ist Absatz 1 nicht anzuwenden; Entsprechendes gilt, soweit die Zuwendungen nach § 40 Absatz 1 pauschaliert worden sind. ³§ 37a Absatz 1 bleibt unberührt.

(3) ¹Die pauschal besteuerten Sachzuwendungen bleiben bei der Ermittlung der Einkünfte des Empfängers außer Ansatz. ²Auf die pauschale Einkommensteuer ist § 40 Absatz 3 sinngemäß anzuwenden. ³Der Steuerpflichtige hat den Empfänger von der Steuerübernahme zu unterrichten.

(4) ¹Die pauschale Einkommensteuer gilt als Lohnsteuer und ist von dem die Sachzuwendung gewährenden Steuerpflichtigen in der Lohnsteuer-Anmeldung der Betriebsstätte nach § 41 Absatz 2 anzumelden und spätestens am zehnten Tag nach Ablauf des für die Betriebsstätte maßgebenden Lohnsteuer-Anmeldungszeitraums an das Betriebsstättenfinanzamt abzuführen. ²Hat der Steuerpflichtige mehrere Betriebsstätten im Sinne des Satzes 1, so ist das Finanzamt der Betriebsstätte zuständig, in der die für die pauschale Besteuerung maßgebenden Sachbezüge ermittelt werden.

Hinweise

LStH 37b Sachzuwendungen an Arbeitnehmer
  → *BMF vom 29.4.2008 (BStBl. I S. 566)* – *Anlage § 037b-02* –
Zur Pauschalierung der Kirchensteuer
  → *Gleich lautende Erlasse der obersten Finanzbehörden der Länder vom 28.12.2006 (BStBl. 2007 I S. 76).* – *Anlage § 037b-01* –

§ 38

2. Steuerabzug vom Arbeitslohn (Lohnsteuer)
§ 38 Erhebung der Lohnsteuer

(1) ¹Bei Einkünften aus nichtselbständiger Arbeit wird die Einkommensteuer durch Abzug vom Arbeitslohn erhoben (Lohnsteuer), soweit der Arbeitslohn von einem Arbeitgeber gezahlt wird, der

1. im Inland einen Wohnsitz, seinen gewöhnlichen Aufenthalt, seine Geschäftsleitung, seinen Sitz, eine Betriebsstätte oder einen ständigen Vertreter im Sinne der §§ 8 bis 13 der Abgabenordnung hat (inländischer Arbeitgeber) oder

2. einem Dritten (Entleiher) Arbeitnehmer gewerbsmäßig zur Arbeitsleistung im Inland überlässt, ohne inländischer Arbeitgeber zu sein (ausländischer Verleiher).

²Inländischer Arbeitgeber im Sinne des Satzes 1 ist in den Fällen der Arbeitnehmerentsendung auch das in Deutschland ansässige aufnehmende Unternehmen, das den Arbeitslohn für die ihm geleistete Arbeit wirtschaftlich trägt; Voraussetzung hierfür ist nicht, dass das Unternehmen dem Arbeitnehmer den Arbeitslohn im eigenen Namen und für eigene Rechnung auszahlt. ³Der Lohnsteuer unterliegt auch der im Rahmen des Dienstverhältnisses von einem Dritten gewährte Arbeitslohn, wenn der Arbeitgeber weiß oder erkennen kann, dass derartige Vergütungen erbracht werden; dies ist insbesondere anzunehmen, wenn Arbeitgeber und Dritter verbundene Unternehmen im Sinne von § 15 des Aktiengesetzes sind.

(2) ¹Der Arbeitnehmer ist Schuldner der Lohnsteuer. ²Die Lohnsteuer entsteht in dem Zeitpunkt, in dem der Arbeitslohn dem Arbeitnehmer zufließt.

(3) ¹Der Arbeitgeber hat die Lohnsteuer für Rechnung des Arbeitnehmers bei jeder Lohnzahlung vom Arbeitslohn einzubehalten. ²Bei juristischen Personen des öffentlichen Rechts hat die öffentliche Kasse, die den Arbeitslohn zahlt, die Pflichten des Arbeitgebers. ³In den Fällen der nach § 7f Absatz 1 Satz 1 Nummer 2 des Vierten Buches Sozialgesetzbuch an die Deutsche Rentenversicherung Bund übertragenen Wertguthaben hat die Deutsche Rentenversicherung Bund bei Inanspruchnahme des Wertguthabens die Pflichten des Arbeitgebers.

(3a) ¹Soweit sich aus einem Dienstverhältnis oder einem früheren Dienstverhältnis tarifvertragliche Ansprüche des Arbeitnehmers auf Arbeitslohn unmittelbar gegen einen Dritten mit Wohnsitz, Geschäftsleitung oder Sitz im Inland richten und von diesem durch die Zahlung von Geld erfüllt werden, hat der Dritte die Pflichten des Arbeitgebers. ²In anderen Fällen kann das Finanzamt zulassen, dass ein Dritter mit Wohnsitz, Geschäftsleitung oder Sitz im Inland die Pflichten des Arbeitgebers im eigenen Namen erfüllt. ³Voraussetzung ist, dass der Dritte

1. sich hierzu gegenüber dem Arbeitgeber verpflichtet hat,

2. den Lohn auszahlt oder er nur Arbeitgeberpflichten für von ihm vermittelte Arbeitnehmer übernimmt und

3. die Steuererhebung nicht beeinträchtigt wird.

⁴Die Zustimmung erteilt das Betriebsstättenfinanzamt des Dritten auf dessen Antrag im Einvernehmen mit dem Betriebsstättenfinanzamt des Arbeitgebers; sie darf mit Nebenbestimmungen versehen werden, die die ordnungsgemäße Steuererhebung sicherstellen und die Überprüfung des Lohnsteuerabzugs nach § 42f erleichtern sollen. ⁵Die Zustimmung kann mit Wirkung für die Zukunft widerrufen werden. ⁶In den Fällen der Sätze 1 und 2 sind die das Lohnsteuerverfahren betreffenden Vorschriften mit der Maßgabe anzuwenden, dass an die Stelle des Arbeitgebers der Dritte tritt; der Arbeitgeber ist von seinen Pflichten befreit, soweit der Dritte diese Pflichten erfüllt hat. ⁷Erfüllt der Dritte die Pflichten des Arbeitgebers, kann er den Arbeitslohn, der einem Arbeitnehmer in demselben Lohnabrechnungszeitraum aus mehreren Dienstverhältnissen zufließt, für die Lohnsteuerermittlung und in der Lohnsteuerbescheinigung zusammenrechnen.

(4) ¹Wenn der vom Arbeitgeber geschuldete Barlohn zur Deckung der Lohnsteuer nicht ausreicht, hat der Arbeitnehmer dem Arbeitgeber den Fehlbetrag zur Verfügung zu stellen

§ 38

oder der Arbeitgeber einen entsprechenden Teil der anderen Bezüge des Arbeitnehmers zurückzubehalten. ²Soweit der Arbeitnehmer seiner Verpflichtung nicht nachkommt und der Arbeitgeber den Fehlbetrag nicht durch Zurückbehaltung von anderen Bezügen des Arbeitnehmers aufbringen kann, hat der Arbeitgeber dies dem Betriebsstättenfinanzamt (§ 41a Absatz 1 Satz 1 Nummer 1) anzuzeigen. ³Der Arbeitnehmer hat dem Arbeitgeber die von einem Dritten gewährten Bezüge (Absatz 1 Satz 3) am Ende des jeweiligen Lohnzahlungszeitraums anzugeben; wenn der Arbeitnehmer keine Angabe oder eine erkennbar unrichtige Angabe macht, hat der Arbeitgeber dies dem Betriebsstättenfinanzamt anzuzeigen. ⁴Das Finanzamt hat die zuwenig erhobene Lohnsteuer vom Arbeitnehmer nachzufordern.

LStR

R 38.1 Steuerabzug vom Arbeitslohn[1]

¹Der Lohnsteuer unterliegt grundsätzlich jeder von einem inländischen Arbeitgeber oder ausländischen Verleiher gezahlte Arbeitslohn (→ R **38.3**). ²Es ist gleichgültig, ob es sich um laufende oder einmalige Bezüge handelt und in welcher Form sie gewährt werden. ³Der Arbeitgeber hat die Lohnsteuer unabhängig davon einzubehalten, ob der Arbeitnehmer zur Einkommensteuer veranlagt wird oder nicht. ⁴Bei laufendem Arbeitslohn kommt es für die Beurteilung, ob Lohnsteuer einzubehalten ist, allein auf die Verhältnisse des jeweiligen Lohnzahlungszeitraums an; eine Ausnahme gilt, wenn der so genannte permanente Lohnsteuer-Jahresausgleich nach § 39b Abs. 2 Satz 13 (Hinweis: jetzt Satz 12) EStG durchgeführt wird (→ R **39b.8**).

Hinweise

LStH 38.1 Lohnsteuerabzug

- *Keine Befreiung durch Stundung oder Aussetzung der Vollziehung*

  Der Arbeitgeber kann von seiner Verpflichtung zur Einbehaltung der Lohnsteuer nicht – auch nicht durch Stundung oder Aussetzung der Vollziehung – befreit werden (→ BFH vom 8.2.1957 – BStBl. III S. 329).

- *Keine Prüfung, ob Jahreslohnsteuer voraussichtlich anfällt*

  Der Arbeitgeber hat die Frage, ob Jahreslohnsteuer voraussichtlich anfällt, nicht zu prüfen (→ BFH vom 24.11.1961 – BStBl. 1962 III S. 37).

- *Unzutreffender Steuerabzug*

  Ein unzutreffender Lohnsteuerabzug kann durch Einwendungen gegen die Lohnsteuerbescheinigung nicht berichtigt werden (→ BFH vom 13.12.2007 – BStBl. 2008 II S. 434).

- *Verhältnis Einbehaltungspflicht/Anzeigeverpflichtung*

  Die Anzeige des Arbeitgebers nach § 38 Abs. 4 Satz 2 EStG ersetzt die Erfüllung der Einbehaltungspflichten. Bei unterlassener Anzeige hat der Arbeitgeber die Lohnsteuer mit den Haftungsfolgen nicht ordnungsgemäß einbehalten (→ BFH vom 9.10.2002 – BStBl. II S. 884).

LStR

R 38.2 Zufluss von Arbeitslohn

(1) ¹Der Lohnsteuerabzug setzt den Zufluss von Arbeitslohn voraus. ²Hat der Arbeitgeber eine mit dem Arbeitnehmer getroffene Lohnverwendungsabrede erfüllt, ist Arbeitslohn zugeflossen.

(2) Die besondere Regelung für die zeitliche Zuordnung des – zugeflossenen – Arbeitslohns (§ 11 Abs. 1 Satz **4** i.V.m. § 38a Abs. 1 Satz 2 und 3 EStG) bleibt unberührt.

(3) ¹Der Zufluss des Arbeitslohns erfolgt bei einem Gutschein, der bei einem Dritten einzulösen ist, mit Hingabe des Gutscheins, weil der Arbeitnehmer zu diesem Zeitpunkt einen Rechtsanspruch gegenüber

---

[1] Zur **Arbeitslohnspende** Hinweis auf BMF-Schreiben vom 4.2.2010 (BStBl. I S. 179) betr. Steuerliche Maßnahmen zur Unterstützung der Opfer der Erdbeben-Katastrophe im Januar 2010 in Haiti, vom 14. 1. 2005 (BStBl. I S. 52) mit Ergänzung vom 12.4.2005 (BStBl. I S. 626) betr. Steuerliche Maßnahmen zur Unterstützung der Opfer der Seebeben-Katastrophe im Dezember 2004, vom 6.9.2005 (BStBl. I S. 860) betr. Hochwasserkatastrophe im August 2005 in Süddeutschland und vom 19.9.2005 (BStBl. I S. 871) betr. Hurrikan Katrina im Süden der USA.

dem Dritten erhält. ²Ist der Gutschein beim Arbeitgeber einzulösen, fließt Arbeitslohn erst bei Einlösung des Gutscheins zu.

Hinweise

LStH 38.2 Aktienoptionen

– *Bei Aktienoptionsrechten liegt weder bei Einräumung noch im Zeitpunkt der erstmaligen Ausübbarkeit ein Zufluss von Arbeitslohn vor (→ BFH vom 20.6.2001 – BStBl. II S. 689).*

– **Auch bei handelbaren Optionsrechten fließt ein geldwerter Vorteil grundsätzlich erst zu, wenn die Aktien unentgeltlich oder verbilligt in das wirtschaftliche Eigentum des Arbeitnehmers gelangen** *(→ BFH vom 20.11.2008 – BStBl. 2009 II S. 382).*

– *Bei einem entgeltlichen Verzicht auf ein Aktienankaufs- oder Vorkaufsrecht fließt ein geldwerter Vorteil nicht zum Zeitpunkt der Rechtseinräumung, sondern erst zum Zeitpunkt des entgeltlichen Verzichts zu (→ BFH vom 19.6.2008 – BStBl. II S. 826).*

Arbeitnehmerfinanzierte betriebliche Altersversorgung
→ **BMF vom 20.1.2009 (BStBl. I S. 273), Rz. 190 ff.** – *Anlage § 010a-01 –*

Einräumung eines Wohnungsrechts

Die Einräumung eines dinglichen Wohnungsrechts führt zu einem laufenden monatlichen Zufluss von Arbeitslohn (→ BFH vom 19.8.2004 – BStBl. II S. 1076).

Kein Zufluss von Arbeitslohn

Arbeitslohn fließt nicht zu bei

– *Verzicht des Arbeitnehmers auf Arbeitslohnanspruch, wenn er nicht mit einer Verwendungsauflage hinsichtlich der freiwerdenden Mittel verbunden ist (→ BFH vom 30.7.1993 – BStBl. II S. 884);*

– *Verzicht des Arbeitnehmers auf Arbeitslohnanspruch zugunsten von Beitragsleistungen des Arbeitgebers an eine Versorgungseinrichtung, die dem Arbeitnehmer keine Rechtsansprüche auf Versorgungsleistungen gewährt (→ BFH vom 27.5.1993 – BStBl. 1994 II S. 246);*

– *Gutschriften beim Arbeitgeber zugunsten des Arbeitnehmers auf Grund eines Gewinnbeteiligungs- und Vermögensbildungsmodells, wenn der Arbeitnehmer über die gutgeschriebenen Beträge wirtschaftlich nicht verfügen kann (→ BFH vom 14.5.1982 – BStBl. II S. 469);*

– *Verpflichtung des Arbeitgebers im Rahmen eines arbeitsgerichtlichen Vergleichs zu einer Spendenzahlung, ohne dass der Arbeitnehmer auf die Person des Spendenempfängers Einfluss nehmen kann; diese Vereinbarung enthält noch keine zu Einkünften aus nichtselbständiger Arbeit führende Lohnverwendungsabrede (→ BFH vom 23.9.1998 – BStBl. 1999 II S. 98);*

– *Einräumung eines Anspruchs gegen den Arbeitgeber, sondern grundsätzlich erst durch dessen Erfüllung. Das gilt auch für den Fall, dass der Anspruch – wie ein solcher auf die spätere Verschaffung einer Aktie zu einem bestimmten Preis (Aktienoptionsrecht) – lediglich die Chance eines zukünftigen Vorteils beinhaltet (→ BFH vom 24.1.2001 – BStBl. II S. 509 und 512).* **Das gilt grundsätzlich auch bei handelbaren Optionsrechten (→ BFH vom 20.11.2008 – BStBl. 2009 II S. 382);**

– *Einbehalt eines Betrags vom Arbeitslohn durch den Arbeitgeber und Zuführung zu einer Versorgungsrückstellung (→ BFH vom 20.7.2005 – BStBl. II S. 890).*

Wandelschuldverschreibung

– *Wird im Rahmen eines Arbeitsverhältnisses durch Übertragung einer nicht handelbaren Wandelschuldverschreibung ein Anspruch auf die Verschaffung von Aktien eingeräumt, liegt ein Zufluss von Arbeitslohn nicht bereits durch die Übertragung der Wandelschuldverschreibung vor. Bei Ausübung des Wandlungsrechts fließt ein geldwerter Vorteil erst dann zu, wenn durch Erfüllung des Anspruchs das wirtschaftliche Eigentum an den Aktien verschafft wird. Geldwerter Vorteil ist die Differenz zwischen dem Börsenpreis der Aktien am Verschaffungstag und den Erwerbsaufwendungen (→ BFH vom 23.6.2005 – BStBl. II S. 766).*

§ 38 RL 38.3

- Bei Verkauf eines Darlehens, das mit einem Wandlungsrecht zum Bezug von Aktien ausgestattet ist, fließt der geldwerte Vorteil im Zeitpunkt des Verkaufs zu (→ BFH vom 23.6.2005 – BStBl. II S. 770).

Zeitwertkonten
→ BMF vom 17.6.2009 (BStBl. I S. 1286) – Anlage § 038-02 –

Zufluss von Arbeitslohn

Arbeitslohn fließt zu bei

- wirtschaftlicher Verfügungsmacht des Arbeitnehmers über den Arbeitslohn (→ BFH vom 30.4.1974 – BStBl. II S. 541); dies gilt auch bei Zahlungen ohne Rechtsgrund (→ BFH vom 4.5.2006 – BStBl. II S. 832) sowie versehentlicher Überweisung, die der Arbeitgeber zurückfordern kann (→ BFH vom 4.5.2006 – BStBl. II S. 830); zur Rückzahlung von Arbeitslohn → H 11;
- Zahlung, Verrechnung oder Gutschrift (→ BFH vom 10.12.1985 – BStBl. 1986 II S. 342);
- Entgegennahme eines Schecks oder Verrechnungschecks, wenn die bezogene Bank im Fall der sofortigen Vorlage den Scheckbetrag auszahlen oder gutschreiben würde und der sofortigen Vorlage keine zivilrechtlichen Abreden entgegenstehen (→ BFH vom 30.10.1980 – BStBl. 1981 II S. 305);
- Einlösung oder Diskontierung eines zahlungshalber hingegebenen Wechsels (→ BFH vom 5.5.1971 – BStBl. II S. 624);
- Beitragsleistung des Arbeitgebers für eine Direktversicherung seines Arbeitnehmers in dem Zeitpunkt, in dem er seiner Bank einen entsprechenden Überweisungsauftrag erteilt (→ BFH vom 7.7.2005 – BStBl. II S. 726);
- Überlassung einer Jahresnetzkarte mit eingeschränktem Nutzungsrecht in voller Höhe im Zeitpunkt der Überlassung (→ BFH vom 12.4.2007 – BStBl. II S. 686);
- → Wandelschuldverschreibung.

LStR

R 38.3 Einbehaltungspflicht des Arbeitgebers

(1) ¹Zur Einbehaltung der Lohnsteuer vom Arbeitslohn ist jeder inländische Arbeitgeber verpflichtet. ²Für die Einbehaltung der Lohnsteuer seiner Leiharbeitnehmer hat der ausländische Verleiher nach § 38 Abs. 1 Satz 1 Nr. 2 EStG auch dann die gleichen Pflichten wie ein inländischer Arbeitgeber zu erfüllen, wenn er selbst nicht inländischer Arbeitgeber ist.

(2) Neben den im § 12 Satz 2 AO aufgeführten Einrichtungen sind Betriebsstätten auch Landungsbrücken (Anlegestellen von Schifffahrtsgesellschaften), Kontore und sonstige Geschäftseinrichtungen, die dem Unternehmer oder Mitunternehmer oder seinem ständigen Vertreter, z. B. einem Prokuristen, zur Ausübung des Gewerbes dienen.

(3) ¹Ständiger Vertreter nach § 13 AO kann hiernach z. B. auch eine Person sein, die eine Filiale leitet oder die Aufsicht über einen Bautrupp ausübt. ²Ständiger Vertreter ist jedoch z. B. nicht ein einzelner Monteur, der von Fall zu Fall Montagearbeiten im Inland ausführt.

(4) ¹Bei Bauausführungen oder Montagen ausländischer Arbeitgeber im Inland, die länger als sechs Monate (→ § 12 Satz 2 Nr. 8 AO) dauern, ist der ausländische Arbeitgeber zugleich als inländischer Arbeitgeber i.s.d. § 38 Abs. 1 Satz 1 Nr. 1 EStG anzusehen, gleichgültig ob die Bauausführung oder Montage nach dem Doppelbesteuerungsabkommen eine Betriebsstätte begründet. ²Begründet die Bauausführung oder Montage nach dem anzuwendenden Doppelbesteuerungsabkommen keine Betriebsstätte, sind die Arbeitslöhne, die an die im Inland eingesetzten ausländischen Arbeitnehmer gezahlt werden, in der Regel von der Lohnsteuer freizustellen, wenn sie sich höchstens an 183 Tagen im Kalenderjahr, bei bestimmten Doppelbesteuerungsabkommen in einem Zwölfmonatszeitraum im Inland aufhalten.

(5) ¹In den Fällen der Arbeitnehmerentsendung ist inländischer Arbeitgeber auch das in Deutschland ansässige Unternehmen, das den Arbeitslohn für die ihm geleistete Arbeit wirtschaftlich trägt. ²Hiervon ist insbesondere dann auszugehen, wenn die von dem anderen Unternehmen gezahlte Arbeitsvergütung dem deutschen Unternehmen weiterbelastet wird. ³Die Erfüllung der Arbeitgeberpflichten setzt nicht voraus, dass das inländische Unternehmen den Arbeitslohn im eigenen Namen und für eigene Rechnung auszahlt. ⁴Die Lohnsteuer entsteht bereits im Zeitpunkt der Arbeitslohnzahlung an den Arbeitnehmer, wenn das inländische Unternehmen auf Grund der Vereinbarung mit dem ausländischen Unternehmen

RL 38.4 § 38

mit einer Weiterbelastung rechnen kann; in diesem Zeitpunkt ist die Lohnsteuer vom inländischen Unternehmen zu erheben.

Hinweise

LStH 38.3 Arbeitgeberbegriff
- → *R 19.1, LStH 19.1*
- *Wirtschaftlicher Arbeitgeber bei Arbeitnehmerentsendung zwischen international verbundenen Unternehmen → BMF vom 14.6.2006 (BStBl. I S. 532), Tz. 4.3.3*
  – *Anlage § 039b-03* –

Inländischer Arbeitgeber
- *Auch ein im Ausland ansässiger Arbeitgeber, der im Inland eine Betriebsstätte oder einen ständigen Vertreter hat, ist nach § 38 Abs. 1 Satz 1 Nr. 1 EStG inländischer Arbeitgeber (→ BFH vom 5.10.1977 – BStBl. 1978 II S. 205).*
- *Bei Arbeitnehmerentsendung ist das in Deutschland ansässige aufnehmende Unternehmen, das den Arbeitslohn für die ihm geleistete Arbeit wirtschaftlich trägt, Arbeitgeber → § 38 Abs. 1 Satz 2 EStG.*

Leiharbeitnehmer
Nach den neueren Abkommen zur Vermeidung der Doppelbesteuerung (z.B. DBA Frankreich, Italien, Schweden) ist die 183-Tage-Klausel auf Leiharbeitnehmer nicht anwendbar (→ BMF vom 14.9.2006 – BStBl. I S. 532, Tz. 4.3.4). – *Anlage § 039b-03* –

Zuständiges Finanzamt
für ausländische Verleiher → LStH 41.3

LStR

R 38.4 Lohnzahlung durch Dritte

Unechte Lohnzahlung durch Dritte

(1) ¹Eine unechte Lohnzahlung eines Dritten ist dann anzunehmen, wenn der Dritte lediglich als Leistungsmittler fungiert. ²Das ist z. B. der Fall, wenn der Dritte im Auftrag des Arbeitgebers leistet oder die Stellung einer Kasse des Arbeitgebers innehat. ³Der den Dritten als Leistungsmittler einsetzende Arbeitgeber bleibt der den Arbeitslohn Zahlende und ist daher zum Lohnsteuerabzug verpflichtet (§ 38 Abs. 1 Satz 1 EStG).

Echte Lohnzahlung durch Dritte

(2) ¹Eine echte Lohnzahlung eines Dritten liegt dann vor, wenn dem Arbeitnehmer Vorteile von einem Dritten eingeräumt werden, die ein Entgelt für eine Leistung sind, die der Arbeitnehmer im Rahmen seines Dienstverhältnisses für den Arbeitgeber erbringt. ²In diesen Fällen hat der Arbeitgeber die Lohnsteuer einzubehalten und die damit verbundenen sonstigen Pflichten zu erfüllen, wenn er weiß oder erkennen kann, dass derartige Vergütungen erbracht werden (§ 38 Abs. 1 Satz 3 EStG). ³Die dem Arbeitgeber bei der Lohnzahlung durch Dritte auferlegte Lohnsteuerabzugspflicht erfordert, dass dieser den Arbeitnehmer auf ihre gesetzliche Verpflichtung (§ 38 Abs. 4 Satz 3 EStG) hinweist, ihm am Ende des jeweiligen Lohnzahlungszeitraums die von einem Dritten gewährten Bezüge anzugeben. ⁴Kommt der Arbeitnehmer seiner Angabepflicht nicht nach und kann der Arbeitgeber bei der gebotenen Sorgfalt aus seiner Mitwirkung an der Lohnzahlung des Dritten oder aus der Unternehmensverbundenheit mit dem Dritten erkennen, dass der Arbeitnehmer zu Unrecht keine Angaben macht oder seine Angaben unzutreffend sind, hat der Arbeitgeber die ihm bekannten Tatsachen zur Lohnzahlung von dritter Seite dem Betriebsstättenfinanzamt anzuzeigen (§ 38 Abs. 4 Satz 3 zweiter Halbsatz EStG). ⁵Die Anzeige hat unverzüglich zu erfolgen.

Hinweise

LStH 38.4 Abgrenzung zwischen echter und unechter Lohnzahlung durch Dritte
→ *R 38.4 und BFH vom 30.5.2001 (BStBl. 2002 II S. 230)*

Lohnsteuerabzug
Der Arbeitgeber ist insbesondere dann zum Lohnsteuerabzug verpflichtet (unechte Lohnzahlung durch Dritte → R 38.4 Abs. 1), wenn

§ 38 RL 38.5, ESt-Kartei NW, Rechtsprechung

- er in irgendeiner Form tatsächlich oder rechtlich in die Arbeitslohnzahlung eingeschaltet ist (→ BFH vom 13.3.1974 – BStBl. II S. 411);
- ein Dritter in der praktischen Auswirkung nur die Stellung einer zahlenden Kasse hat, z. B. selbständige Kasse zur Zahlung von Unterstützungsleistungen (→ BFH vom 28.3.1958 – BStBl. III S. 268) oder von Erholungsbeihilfen (→ BFH vom 27.1.1961 – BStBl. III S. 167).

Metergelder im Möbeltransportgewerbe
unterliegen in voller Höhe dem Lohnsteuerabzug, wenn auf sie ein Rechtsanspruch besteht (→ BFH vom 9.3.1965 – BStBl. III S. 426).

Rabatte von dritter Seite
Bei einer Mitwirkung des Arbeitgebers an der Rabattgewährung von dritter Seite (→ BMF vom 27.9.1993 – BStBl. I S. 814, Tz. 1) ist der Arbeitgeber zum Lohnsteuerabzug verpflichtet. In anderen Fällen ist zu prüfen, ob der Arbeitgeber weiß oder erkennen kann, dass derartige Vorteile gewährt werden (§ 38 Abs. 1 Satz 3 EStG). **– Anlage § 008-01 –**

Unerlaubte Arbeitnehmerüberlassung
→ R 19.1 Satz 6

LStR

R 38.5 Lohnsteuerabzug durch Dritte
[1]Die Übertragung der Arbeitgeberpflichten nach § 38 Abs. 3a Satz 2 ff. EStG auf einen Dritten kann vom Finanzamt auf schriftlichen Antrag zugelassen werden. [2]Die Zustimmung kann nur erteilt werden, wenn der Dritte für den gesamten Arbeitslohn des Arbeitnehmers die Lohnsteuerabzugsverpflichtung übernimmt.

ESt-Kartei NW

1. Arbeitgeber-Merkblatt zum Solidaritätszuschlag im Lohnsteuer-Abzugsverfahren ab 1995 – Vordruck-Nr. 646/505 – Hinweis auf BStBl. 1994 I S. 757 – **– Anhang 7 –**
2. Auswirkungen auf das Lohnsteuer-Abzugsverfahren durch die Verschiebung der Steuerentlastungsstufe des Jahres 2003 auf das Jahr 2004 durch das Flutopfersolidaritätsgesetz vom 19.09.2002 (BGBl. 2002 I S. 3651, BStBl. 2002 I S. 865) (Weitergeltung der Berechnungsgrundlagen 2002 für 2003; – ab 2004 zeitlich überholt –)
3. Einführungsschreiben Lohnsteuer zum Steueränderungsgesetz 2003 und Haushaltsbegleitgesetz 2004 (entspricht BMF-Schreiben v. 27. 1. 2004 BStBl. I S. 174, **Anlage § 038-01**)
1000. Verlagerungen von Lohnzahlungen 1989 in das Kalenderjahr 1990: Frage des Zuflusses und der Entstehung der Lohnsteuer nach § 38 Abs. 2 EStG (Verlagerung von sonstigen Bezügen auf Januar 1990 wegen des günstigeren Steuertarifs 1990, bei Rechtsanspruch auf Auszahlung in 1989 liegt Einkommensverwendung/Zufluß 1989 vor; auch Verstoß gegen § 42 AO bei einmaliger derartiger Vereinbarung)

Rechtsprechungsauswahl

BFH v. 11. 11. 2009 I R 15/09 (BFH-Webseite): Nichtrückkehrtage bei Anwendung der Grenzgängerregelung in Art. 15a DBA-Schweiz 1992

1. Bei der Anwendung der Grenzgängerregelung in Art. 15a DBA-Schweiz 1992 zählen Dienstreisetage mit Übernachtungen im Ansässigkeitsstaat zu den Tagen, an denen der Arbeitnehmer aus beruflichen Gründen nicht an seinen Wohnsitz zurückkehrt – Nichtrückkehrtage – (Bestätigung des BMF-Schreibens vom 19. September 1994, BStBl. I 1994, 683 Tz. 13).
2. Eintägige Dienstreisen in Drittstaaten führen nicht zu Nichtrückkehrtagen (Abweichung vom BMF-Schreiben in BStBl. I 1994, 683 Tz. 14).
3. Der Tag, an dem der Arbeitnehmer von einer mehrtätigen Dienstreise in Drittstaaten an seinen Wohnsitz zurückkehrt, zählt nicht als Nichtrückkehrtag. Ein Nichtrückkehrtag liegt dagegen vor, wenn der Arbeitnehmer an diesem Tag mit der Rückreise beginnt, aber erst am Folgetag an seinen Wohnsitz zurückkehrt.
4. Tage, an denen der Arbeitnehmer aufgrund einer anderweitigen selbständigen Tätigkeit nicht an seinen Wohnsitz zurückkehrt, führen nicht zu Nichtrückkehrtagen.

Rechtsprechung § 38

5. Entfällt eine mehrtägige Dienstreise des Arbeitnehmers auf Wochenenden oder Feiertage, so liegen keine Nichtrückkehrtage vor, wenn die Arbeit an diesen Tagen nicht ausdrücklich vereinbart ist und der Arbeitgeber für die an diesen Tagen geleistete Arbeit weder einen anderweitigen Freizeitausgleich noch ein zusätzliches Entgelt gewährt, sondern lediglich die Reisekosten übernimmt (Abweichung vom BMF-Schreiben vom 7. Juli 1997, BStBl. I 1997, 723 Tz. 11). Dies gilt auch für leitende Angestellte, die ihre Tätigkeit zeitlich eigenverantwortlich wahrnehmen und während einer Dienstreise freiwillig am Wochenende arbeiten (Bestätigung des Senatsurteils vom 26. Juli 1995 I R 80/94, BFH/NV 1996, 200).

BFH v. 11. 11. 2009 I R 84/08 (BFH-Webseite): Nichtrückkehrtage bei Anwendung der Grenzgängerregelung in Art. 13 Abs. 5 DBA-Frankreich

1. Bei einer Beschäftigung in der Grenzzone während des ganzen Kalenderjahres geht die Grenzgängereigenschaft nach Art. 13 Abs. 5 DBA-Frankreich nur dann verloren, wenn der Arbeitnehmer an mehr als 45 Arbeitstagen (Nichtrückkehrtagen) entweder nicht zum Wohnsitz zurückkehrt oder ganztägig außerhalb der Grenzzone für seinen Arbeitgeber tätig ist (Bestätigung des BMF-Schreibens vom 3. April 2006, BStBl. I 2006, 304 Tz. B.2).

2. Eintägige Dienstreisen außerhalb der Grenzzone führen zu Nichtrückkehrtagen, wenn der Arbeitnehmer an diesen Tagen nicht zugleich innerhalb der Grenzzone gearbeitet hat; bloße Transferreisen innerhalb der Grenzzone sind insoweit unbeachtlich (Abgrenzung zum Senatsbeschluss vom 25. November 2002 I B 136/02, BFHE 201, 119, BStBl. II 2005, 375). Dies gilt in gleicher Weise für Rückreisetage bei mehrtägigen Dienstreisen außerhalb der Grenzzone.

3. Hinreisetage bei mehrtägigen Dienstreisen außerhalb der Grenzzone zählen nur dann zu den Nichtrückkehrtagen, wenn der Arbeitnehmer nicht vor der Abreise zwischen seinem Wohnsitz und dem Arbeitsort in der Grenzzone gependelt ist.

4. Entfällt eine mehrtägige Dienstreise außerhalb der Grenzzone auf Wochenenden oder Feiertage, so liegen keine Nichtrückkehrtage vor, wenn die Arbeit an diesen Tagen weder vertraglich vereinbart ist noch vom Arbeitnehmer tatsächlich ausgeübt wird (Bestätigung des BMF-Schreibens vom 3. April 2006, BStBl. I 2006, 304 Tz. B.4); die Reisetätigkeit ist insoweit nicht als Arbeitstätigkeit anzusehen.

5. Krankheitstage während einer mehrtägigen Dienstreise führen nicht zu Nichtrückkehrtagen. Ein Nichtrückkehrtag liegt dagegen vor, wenn der Arbeitnehmer während der Dienstreise infolge höherer Gewalt (hier: „Taifunwarnung") daran gehindert ist, seine vertraglich vereinbarte Arbeitsleistung zu erbringen.

BFH v. 20. 11. 2008 VI R 25/05 (BStBl. 2009 II S. 382): Räumt der Arbeitgeber selbst handelbare Optionsrechte ein, gelangt der für den Zufluss von Arbeitslohn maßgebliche Vorteil in Gestalt eines Preisnachlasses auf gewährte Aktien erst aufgrund der Verwertung der Option in das wirtschaftliche Eigentum des Optionsnehmers (Arbeitnehmer).

BFH v. 11. 11. 2008 VII R 19/08 (BStBl. 2009 II S. 342):

1. Die erforderliche Kausalität zwischen der Pflichtverletzung und dem mit der Haftung geltend gemachten Schaden richtet sich wegen des Schadensersatzcharakters der Haftung nach § 69 AO wie bei zivilrechtlichen Schadensersatzansprüchen nach der Adäquanztheorie.

2. Die erfolgreiche Insolvenzanfechtung einer erst nach Fälligkeit abgeführten Lohnsteuer unterbricht den Kausalverlauf zwischen Pflichtverletzung und Schadenseintritt jedenfalls dann nicht, wenn der Fälligkeitszeitpunkt vor dem Beginn der Anfechtungsfrist lag.

3. Die Pflicht zur Begleichung der Steuerschuld der GmbH im Zeitpunkt ihrer Fälligkeit ist dem Geschäftsführer nach § 34 Abs. 1 AO, § 41a EStG nicht allein zur Vermeidung eines durch eine verspätete Zahlung eintretenden Zinsausfalls auferlegt, sondern soll auch die Erfüllung der Steuerschuld nach den rechtlichen und wirtschaftlichen Gegebenheiten zum Zeitpunkt ihrer Fälligkeit sicherstellen.

4. Der Zurechnungszusammenhang zwischen einer pflichtwidrig verspäteten Lohnsteuerzahlung und dem eingetretenen Schaden (Steuerausfall) ergibt sich daraus, dass dieser Schaden vom Schutzzweck der verletzten Pflicht zur fristgemäßen Lohnsteuerabführung erfasst wird.

BFH v. 22. 7. 2008 VI R 51/05 (BStBl. II S. 981): Der Vorsitzende und die Referenten des AStA sind Arbeitnehmer im Sinne des Einkommensteuerrechts. Die an sie gezahlten Aufwandsentschädigungen sind als einkommensteuerpflichtiger Lohn zu behandeln.

§ 38 Rechtsprechung

BFH v. 19. 6. 2008 VI R 4/05 (BStBl. II S. 826):
1. Ob eine Zuwendung des Arbeitgebers an den Arbeitnehmer durch das Dienstverhältnis veranlasst ist und zu Einkünften aus nichtselbständiger Arbeit führt oder ob sie aufgrund einer Sonderrechtsbeziehung zwischen Arbeitgeber und Arbeitnehmer einer anderen Einkunftsart oder dem nicht einkommensteuerbaren Bereich zuzurechnen ist, obliegt in erster Linie der tatrichterlichen Würdigung durch das Finanzgericht.
2. Werden einem Arbeitnehmer vom Arbeitgeber oder einem Dritten im Hinblick auf das Dienstverhältnis Aktienankaufs- oder Vorkaufsrechte eingeräumt, fließt dem Arbeitnehmer nicht zum Zeitpunkt der Rechtseinräumung, sondern erst zum Zeitpunkt des entgeltlichen Verzichts hierauf ein geldwerter Vorteil zu (Fortführung der Senatsrechtsprechung in den Senatsurteilen vom 3. Mai 2007 VI R 36/05, BFHE 218, 118, BStBl. II 2007, 647; vom 23. Juni 2005 VI R 124/99, BFHE 209, 549, BStBl. II 2005, 766; vom 23. Juni 2005 VI R 10/03, BFHE 209, 559, BStBl. II 2005, 770).

BFH v. 13. 9. 2007 VI R 54/03 (BStBl. 2008 II S. 58):
1. Bei Nachentrichtung hinterzogener Arbeitnehmeranteile zur Gesamtsozialversicherung führt die Nachzahlung als solche zum Zufluss eines zusätzlichen geldwerten Vorteils (Fortentwicklung der Rechtsprechung).
2. Bei Vereinbarung sog. Schwarzlöhne kommt der Schutzfunktion der Verschiebung der Beitragslast gemäß § 28g SGB IV grundsätzlich kein Vorrang gegenüber dem objektiv bestehenden Zusammenhang der Nachentrichtung der Arbeitnehmeranteile mit dem Arbeitsverhältnis zu.
3. Dem Lohnzufluss steht nicht entgegen, dass der Arbeitgeber beim Arbeitnehmer gemäß § 28g SGB IV keinen Rückgriff mehr nehmen kann.

BFH v. 10. 5. 2006 IX R 82/98 (BStBl. II S. 669): Eine Konzerntochtergesellschaft ist nach der bis einschließlich 2003 geltenden Gesetzeslage nicht verpflichtet, für den verbilligten Wareneinkauf ihrer Arbeitnehmer in einem von einer Schwestergesellschaft betriebenen Belegschafts-Verkaufsladen Lohnsteuer einzubehalten.

BFH v. 4. 4. 2006 VI R 11/03 (BStBl. II S. 668): Verpflichtet sich die Muttergesellschaft gegenüber Arbeitnehmern einer Tochtergesellschaft zur Gewährung von Aktienoptionen und sonstigen Vorteilen, handelt sie in Erfüllung dieser Verpflichtung nicht als bloße Leistungsmittlerin.

BFH 22. 11. 2005 VII R 21/05 (BStBl. 2006 II S. 397): Auch bei Zahlungen, die ein Gesellschafter-Geschäftsführer auf die von der GmbH geschuldeten Löhne aus seinem eigenen Vermögen ohne unmittelbare Berührung der Vermögenssphäre der Gesellschaft und ohne dieser gegenüber dazu verpflichtet zu sein selbst erbringt, hat er dafür zu sorgen, dass die Lohnsteuer einbehalten und an das FA abgeführt wird.

BFH v. 5. 10. 2005 VI R 152/01 (BStBl. 2006 II S. 94): Ein angestellter Chefarzt bezieht mit den Einnahmen aus dem ihm eingeräumten Liquidationsrecht für die gesondert berechenbaren wahlärztlichen Leistungen in der Regel Arbeitslohn, wenn die wahlärztlichen Leistungen innerhalb des Dienstverhältnisses erbracht werden.

BFH v. 20. 7. 2005 VI R 165/01 (BStBl. II S. 890): Behält der Arbeitgeber einen Beitrag vom Arbeitslohn ein und führt ihn einer Versorgungsrückstellung zu, fließt dem Arbeitnehmer (noch) kein Arbeitslohn zu.

BFH v. 20. 12. 2004 VI R 182/97 (BStBl. 2005 II S. 358): Die Festsetzung von Einkommensteuer-Vorauszahlungen ist auch dann zulässig, wenn der Steuerpflichtige ausschließlich Einkünfte aus nichtselbstständiger Arbeit erzielt, die dem Lohnsteuerabzug unterliegen.

BFH v. 19. 2. 2004 VI R 122/00 (BStBl. II S. 620): Eine GmbH ist nicht Arbeitgeberin ihrer von einer Obergesellschaft entlohnten Geschäftsführer, wenn diese vorübergehend entsandt sind und nur im Rahmen ihres mit der Obergesellschaft abgeschlossenen Anstellungsvertrages tätig werden.
(Anmerkung: Ab 1.1.2004 abweichende Rechtslage.)

BFH v. 13. 3. 2003 VII R 46/02 (BStBl. II S. 556):
1. Der Vorsitzende eines eingetragenen Vereins ist als gesetzlicher Vertreter dieser juristischen Person verpflichtet, deren steuerliche Pflichten zu erfüllen.
2. Arbeitgeber ist, wer die Schuldnerposition in dem die Rechtsgrundlage der Arbeitslohnzahlung bildenden Rechtsverhältnis inne hat. Ein Sportverein, der mit Spielern Arbeitsverträge abschließt und diesbezügliche Lohnsteueranmeldungen abgibt, ist folglich auch dann zur Einbehaltung und Ab-

Rechtsprechung § 38

führung von Lohnsteuer verpflichtet, wenn nach der Satzung des Vereins Abteilungen mit eigenem Vertreter bestehen und diesen eine gewisse Selbständigkeit eingeräumt ist.

3. Die für das Verhältnis mehrerer Geschäftsführer entwickelten Grundsätze für die Möglichkeit einer Begrenzung der Verantwortlichkeit des gesetzlichen Vertreters einer juristischen Person durch eine Verteilung der Aufgaben innerhalb derselben gelten auch für die Übertragung steuerlicher Pflichten einer juristischen Person (hier: eines Vereins) auf deren Abteilungen.

BFH v. 21. 2. 2003 VI R 74/00 (BStBl. II S. 496): Bei Entschädigungszahlungen der Urlaubs- und Lohnausgleichskasse der Bauwirtschaft für verfallene Urlaubsansprüche handelt es sich um Einkünfte, die nicht dem Steuerabzug vom Arbeitslohn unterliegen und auf die die Härteregelung nach § 46 Abs. 5 EStG anzuwenden ist.

BFH v. 9. 10. 2002 VI R 112/99 (BStBl. II S. 884): Die Anzeige des Arbeitgebers nach § 38 Abs. 4 Satz 2 EStG ersetzt die Erfüllung der Einbehaltungspflichten. Bei unterlassener Anzeige hat der Arbeitgeber die Lohnsteuer mit den Haftungsfolgen (§ 42d Abs. 1 Nr. 1 EStG) nicht ordnungsgemäß einbehalten.

BFH v. 4. 9. 2002 I R 21/01 (BStBl. 2003 II S. 306):

1. Ein ausländischer Arbeitnehmerverleiher und nicht der inländische Entleiher ist aus abkommenrechtlicher Sicht jedenfalls dann regelmäßig Arbeitgeber des beschäftigten Leiharbeitnehmers, wenn dieser lediglich 2 1/2 Wochen für den Entleiher tätig ist, sich seine Vergütung im Grundsatz unabhängig von der tatsächlich erbrachten Arbeitszeit beim Entleiher berechnet und kein Anhaltspunkt für eine missbräuchliche Einschaltung des Arbeitnehmerverleihers besteht (Abweichung vom BMF-Schreiben vom 5. Januar 1994, BStBl. I 1994, 11 unter 4.).

2. Ein ausländischer Arbeitnehmerverleiher kann anders als ein inländischer Arbeitgeber keine Bescheinigung über die Freistellung von der Lohnsteuer auf gezahlten Arbeitslohn gemäß § 39b Abs. 6 EStG beanspruchen (Abweichung vom Senatsurteil vom 12. Juni 1997 I R 72/96, BFHE 183, 30, BStBl. II 1997, 660).

3. Wegen dieser unterschiedlichen verfahrensrechtlichen Behandlung wird dem EuGH die Frage zur Vorabentscheidung vorgelegt:
   Widerspricht es Art. 49 EG-Vertrag, wenn zwar der inländische Arbeitgeber, nicht aber der ausländische Verleiher von Arbeitnehmern von der Verpflichtung zum Abzug der Lohnsteuer entbunden wird, weil der gezahlte Arbeitslohn nach einem Abkommen zur Vermeidung der Doppelbesteuerung von der Lohnsteuer freizustellen ist?

BFH v. 24. 1. 2001 I R 119/98 (BStBl. II S. 512):

1. – 4. Leitsätze siehe bei § 19 EStG.

5. Wird das Optionsrecht von einem Dritten (hier: einer ausländischen Konzernobergesellschaft) gewährt und hat der Arbeitgeber (hier: die inländische Konzerntochtergesellschaft) von dieser Zuwendung keine konkrete Kenntnis, ist der Arbeitgeber gemäß § 38 Abs. 1 Satz 2 EStG nicht zum Einbehalt der bei Ausübung des Optionsrechts auf die Zuwendung entfallenden Lohnsteuer verpflichtet.

BFH v. 29.11.2000 I R 102/99 (BStBl. 2001 II S. 195):

1. Führt der Arbeitgeber für zunächst als steuerfrei behandelten Arbeitslohn nachträglich Lohnsteuer an das FA ab, so fließt dem Arbeitnehmer hierdurch zusätzlicher Arbeitslohn zu. Das gilt unabhängig davon, ob die nachträglich lohnversteuerten Einkünfte tatsächlich sachlich steuerpflichtig waren oder nicht.

2. Nach Art. 15 DBA-Zypern in Zypern zu besteuernde Einkünfte aus nichtselbständiger Arbeit sind nicht von der deutschen Einkommensteuer freigestellt, wenn sie nach dem Steuerrecht Zyperns nicht der dortigen Einkommensteuer unterliegen.

BFH v. 23. 5. 2000 VII R 3/00 (BStBl. II S. 581): Wird nach Beendigung der unbeschränkten Steuerpflicht von den im Ausland bezogenen Einkünften aus nicht selbständiger Arbeit (zu Unrecht) Lohnsteuer einbehalten und an ein inländisches Finanzamt abgeführt, so ist auch diese Lohnsteuer auf die für den Veranlagungszeitraum festgesetzte Einkommensteuerschuld des Arbeitnehmers anzurechnen.

BFH v. 23. 7. 1999 VI B 116/99 (BStBl. II S. 684):

1. Es ist nicht ernstlich zweifelhaft, daß ein Zufluß von Arbeitslohn nicht bereits durch die Einräumung eines Anspruchs gegen den Arbeitgeber, sondern grundsätzlich erst durch dessen Erfüllung begründet wird.

§ 38 Rechtsprechung

2. Das gilt auch für den Fall, daß der Anspruch – wie ein solcher auf die spätere Verschaffung einer Aktie zu einem bestimmten Preis – lediglich die Chance eines zukünftigen Vorteils beinhaltet.

BFH v. 24. 3. 1999 I R 64/98 (BStBl. 2000 II S. 41):
1. Arbeitgeber i. S. des Abkommensrechts muss nicht notwendigerweise Arbeitgeber i. S. des Lohnsteuerrechts sein.
2. Überlässt eine im Ausland ansässige Kapitalgesellschaft von ihr eingestellte Arbeitnehmer an eine inländische Tochtergesellschaft gegen Erstattung der von ihr gezahlten Lohnkosten, so ist die inländische Gesellschaft nicht Arbeitgeber i. S. des § 38 Abs. 1 Satz 1 Nr. 1 EStG. Die inländische Gesellschaft haftet daher nicht für nicht einbehaltene Lohnsteuer nach § 42d Abs. 1 EStG, sondern allenfalls unter den Voraussetzungen des § 42d Abs. 6 EStG.

BFH v. 12. 6. 1997 I R 72/96 (BStBl. II S. 660): Ausländischer (französischer) Arbeitnehmerverleiher ist nach § 38 Abs. 1 Satz 1 Nr. 2 EStG zum Einbehalt von Lohnsteuer (Steuerabzug) verpflichtet; zur Steuerpflicht/Steuerfreistellung im Inland tätiger französischer Leiharbeitnehmer; Leitsätze s. Rechtsprechung § 39d EStG Teil B Nr. 31.

BFH v. 20. 9. 1996 VI R 57/95 (BStBl. 1997 II S. 144): Bewirkt die fehlerhafte Lohnsteuerbescheinigung durch den Arbeitgeber, daß der Arbeitnehmer zu einer überhöhten Einkommensteuer veranlagt wird, so kann dem Arbeitnehmer gegen den Arbeitgeber ein Schadensersatzanspruch zustehen, dessen Erfüllung durch den Arbeitgeber nicht zum Lohnzufluß führt (Abgrenzung zur Rechtsprechung im Urteil vom 28. Februar 1975 VI R 29/72, BFHE 115, 251, BStBl. II 1975, 520).

BFH v. 6. 3. 1995 VI R 63/94 (BStBl. II S. 471): Zahlt ein Musiktheater an seine angestellten Orchestermusiker Vergütungen für die Übertragung von Leistungsschutzrechten betreffend Fernsehausstrahlungen, so handelt es sich nicht um Arbeitslohn, sondern um Einnahmen aus selbständiger Arbeit, wenn die Leistungsschutzrechte nicht bereits aufgrund des Arbeitsvertrages auf den Arbeitgeber übergegangen und die Höhe der jeweiligen Vergütungen in gesonderten Vereinbarungen festgelegt worden sind.

BFH v. 17. 2. 1995 VI R 41/92 (BStBl. II S. 390): Eine GbR kann Arbeitgeber im lohnsteuerlichen Sinne sein.

Schwebende Verfahren

BFH VI R 41/09 (BFH-Webseite): Stellt der Verzicht eines Dritten auf die sonst üblichen Gebühren für den Abschluss eines Bausparvertrages durch Bankmitarbeiter einen i. S. des § 38 Abs. 1 Satz 3 EStG erkennbaren geldwerten Vorteil dar?

Rechtsprechung § 38a

§ 38a Höhe der Lohnsteuer

(1) ¹Die Jahreslohnsteuer bemisst sich nach dem Arbeitslohn, den der Arbeitnehmer im Kalenderjahr bezieht (Jahresarbeitslohn). ²Laufender Arbeitslohn gilt in dem Kalenderjahr als bezogen, in dem der Lohnzahlungszeitraum endet; in den Fällen des § 39b Absatz 5 Satz 1 tritt der Lohnabrechnungszeitraum an die Stelle des Lohnzahlungszeitraums. ³Arbeitslohn, der nicht als laufender Arbeitslohn gezahlt wird (sonstige Bezüge), wird in dem Kalenderjahr bezogen, in dem er dem Arbeitnehmer zufließt.

(2) Die Jahreslohnsteuer wird nach dem Jahresarbeitslohn so bemessen, dass sie der Einkommensteuer entspricht, die der Arbeitnehmer schuldet, wenn er ausschließlich Einkünfte aus nichtselbständiger Arbeit erzielt.

(3) ¹Vom laufenden Arbeitslohn wird die Lohnsteuer jeweils mit dem auf den Lohnzahlungszeitraum fallenden Teilbetrag der Jahreslohnsteuer erhoben, die sich bei Umrechnung des laufenden Arbeitslohns auf einen Jahresarbeitslohn ergibt. ²Von sonstigen Bezügen wird die Lohnsteuer mit dem Betrag erhoben, der zusammen mit der Lohnsteuer für den laufenden Arbeitslohn des Kalenderjahres und für etwa im Kalenderjahr bereits gezahlte sonstige Bezüge die voraussichtliche Jahreslohnsteuer ergibt.

(4) Bei der Ermittlung der Lohnsteuer werden die Besteuerungsgrundlagen des Einzelfalls durch die Einreihung der Arbeitnehmer in Steuerklassen (§ 38b), Ausstellung von entsprechenden Lohnsteuerkarten (§ 39) sowie Feststellung von Freibeträgen und Hinzurechnungsbeträgen (§ 39a) berücksichtigt.

Rechtsprechungsauswahl

BFH v. 20. 11. 2008 VI R 25/05 (BStBl. 2009 II S. 382): Räumt der Arbeitgeber selbst handelbare Optionsrechte ein, gelangt der für den Zufluss von Arbeitslohn maßgebliche Vorteil in Gestalt eines Preisnachlasses auf gewährte Aktien erst aufgrund der Verwertung der Option in das wirtschaftliche Eigentum des Optionsnehmers (Arbeitnehmer).

BFH v. 30. 9. 2008 VI R 67/05 (BStBl. 2009 II S. 282):

1. Bei einem Aktienerwerb fließt dem Arbeitnehmer der geldwerte Vorteil in dem Zeitpunkt zu, in dem der Anspruch auf Verschaffung der wirtschaftlichen Verfügungsmacht über die Aktien erfüllt wird.
2. Dem Zufluss steht es nicht entgegen, wenn der Arbeitnehmer aufgrund einer Sperr- bzw. Haltefrist die Aktien für eine bestimmte Zeit nicht veräußern kann. Der Erwerber ist rechtlich und wirtschaftlich bereits von dem Augenblick an Inhaber der Aktie, in dem sie auf ihn übertragen oder auf seinen Namen im Depot einer Bank hinterlegt wird.
3. Der geldwerte Vorteil fließt dem Arbeitnehmer auch dann mit der Verschaffung der Verfügungsmacht zu, wenn die Aktien unter der auflösenden Bedingung einer Rückzahlungsverpflichtung (§ 158 Abs. 2 BGB) überlassen werden und diese Bedingung eintritt (sog. Istprinzip).

BFH v. 15. 11. 2007 VI R 66/03 (BStBl. 2008 II S. 375):

1. Leistet der Arbeitgeber aufgrund des gesetzlichen Forderungsübergangs nach § 115 SGB X eine Lohnnachzahlung unmittelbar an die Arbeitsverwaltung, führt dies beim Arbeitnehmer zum Zufluss von Arbeitslohn.
2. Unterliegt der Nachzahlungsbetrag sowohl der Tarifermäßigung des § 34 Abs. 1 EStG als auch dem negativen Progressionsvorbehalt des § 32b EStG, so ist eine integrierte Steuerberechnung nach dem Günstigkeitsprinzip vorzunehmen. Danach sind die Ermäßigungsvorschriften in der Reihenfolge anzuwenden, die zu einer geringeren Steuerbelastung führt, als dies bei ausschließlicher Anwendung des negativen Progressionsvorbehalts der Fall wäre.

BFH v. 7. 11. 2006 VI R 2/05 (BStBl. 2007 II S. 315): Die Rückzahlung ursprünglich als laufender Arbeitslohn gezahlter Beträge gilt nicht schon in dem Kalenderjahr als abgeflossen, in dem der laufende Arbeitslohn selbst gemäß § 11 Abs. 1 Satz 3 (jetzt Satz 4) EStG i.V.m. § 38a Abs. 1 Satz 2 EStG als bezogen galt. Die Rückzahlung ist erst im Kalenderjahr des tatsächlichen Abflusses einkünftemindernd zu berücksichtigen.

Schwebende Verfahren

BFH VI R 37/09 (BFH-Webseite): Welche Auswirkungen haben gesetzlich geregelte Verfügungsbeschränkungen auf den Zeitpunkt des Zuflusses von geldwerten Vorteilen aus unentgeltlich oder verbilligt überlassenen Aktien („restricted shares") an Arbeitnehmer?

§ 38b

§ 38b Lohnsteuerklassen

¹Für die Durchführung des Lohnsteuerabzugs werden unbeschränkt einkommensteuerpflichtige Arbeitnehmer in Steuerklassen eingereiht. ²Dabei gilt Folgendes:

1. In die Steuerklasse I gehören Arbeitnehmer, die
   a) ledig sind,
   b) verheiratet, verwitwet oder geschieden sind und bei denen die Voraussetzungen für die Steuerklasse III oder IV nicht erfüllt sind;
2. in die Steuerklasse II gehören die unter Nummer 1 bezeichneten Arbeitnehmer, wenn bei ihnen der Entlastungsbetrag für Alleinerziehende (§ 24b) zu berücksichtigen ist;[1)]
3. in die Steuerklasse III gehören Arbeitnehmer,
   a) die verheiratet sind, wenn beide Ehegatten unbeschränkt einkommensteuerpflichtig sind und nicht dauernd getrennt leben und
      aa) der Ehegatte des Arbeitnehmers keinen Arbeitslohn bezieht oder
      bb) der Ehegatte des Arbeitnehmers auf Antrag beider Ehegatten in die Steuerklasse V eingereiht wird,
   b) die verwitwet sind, wenn sie und ihr verstorbener Ehegatte im Zeitpunkt seines Todes unbeschränkt einkommensteuerpflichtig waren und in diesem Zeitpunkt nicht dauernd getrennt gelebt haben, für das Kalenderjahr, das dem Kalenderjahr folgt, in dem der Ehegatte verstorben ist,
   c) deren Ehe aufgelöst worden ist, wenn
      aa) im Kalenderjahr der Auflösung der Ehe beide Ehegatten unbeschränkt einkommensteuerpflichtig waren und nicht dauernd getrennt gelebt haben und
      bb) der andere Ehegatte wieder geheiratet hat, von seinem neuen Ehegatten nicht dauernd getrennt lebt und er und sein neuer Ehegatte unbeschränkt einkommensteuerpflichtig sind,

      für das Kalenderjahr, in dem die Ehe aufgelöst worden ist;
4. in die Steuerklasse IV gehören Arbeitnehmer, die verheiratet sind, wenn beide Ehegatten unbeschränkt einkommensteuerpflichtig sind und nicht dauernd getrennt leben und der Ehegatte des Arbeitnehmers ebenfalls Arbeitslohn bezieht;
5. in die Steuerklasse V gehören die unter Nummer 4 bezeichneten Arbeitnehmer, wenn der Ehegatte des Arbeitnehmers auf Antrag beider Ehegatten in die Steuerklasse III eingereiht wird;
6. die Steuerklasse VI gilt bei Arbeitnehmern, die nebeneinander von mehreren Arbeitgebern Arbeitslohn beziehen, für die Einbehaltung der Lohnsteuer vom Arbeitslohn aus dem zweiten und weiteren Dienstverhältnis.

³Als unbeschränkt einkommensteuerpflichtig im Sinne der Nummern 3 und 4 gelten nur Personen, die die Voraussetzungen des § 1 Absatz 1 oder 2 oder des § 1a erfüllen.

Hinweise

LStH 38b *Familienstand*
→ *R 26 EStR, H 26 EStH*

[1)] Zur Anwendung von § 38b Satz 2 Nummer 2 für Lohnsteuerkarten 2004 und 2005 siehe § 52 Absatz 51 EStG.

EStR 2008

R 26. Voraussetzungen für die Anwendung des § 26 EStG
Nicht dauernd getrennt lebend

(1) ¹Bei der Frage, ob Ehegatten als dauernd getrennt lebend anzusehen sind, wird einer auf Dauer herbeigeführten räumlichen Trennung regelmäßig eine besondere Bedeutung zukommen. ²Die eheliche Lebens- und Wirtschaftsgemeinschaft ist jedoch im Allgemeinen nicht aufgehoben, wenn sich die Ehegatten nur vorübergehend räumlich trennen, z.b. bei einem beruflich bedingten Auslandsaufenthalt eines der Ehegatten. ³Sogar in Fällen, in denen die Ehegatten infolge zwingender äußerer Umstände für eine nicht absehbare Zeit räumlich voneinander getrennt leben müssen, z. B. infolge Krankheit oder Verbüßung einer Freiheitsstrafe, kann die eheliche Lebens- und Wirtschaftsgemeinschaft noch weiterbestehen, wenn die Ehegatten die erkennbare Absicht haben, die eheliche Verbindung in dem noch möglichen Rahmen aufrechtzuerhalten und nach dem Wegfall der Hindernisse die volle eheliche Gemeinschaft wiederherzustellen. ⁴Ehegatten, von denen einer vermisst ist, sind im Allgemeinen nicht als dauernd getrennt lebend anzusehen.

(2) bis (4) betreffen die Veranlagungswahlrechte (§§ 26a bis 26c).

(5) betrifft die (hälftige) Zurechnung gemeinsamer Einkünfte.

ESt-Kartei NW

1. Steuerliche Behandlung der Familienmitglieder von Angehörigen ausländischer Streitkräfte (für nichtdeutschen Ehegatten Bescheinigung nach § 39d EStG mit Steuerklasse I; bei deutschen Ehegatten Lohnsteuerkarte mit Steuerklasse I oder II, jedoch familiengerechte Steuerklasse, wenn beide Ehegatten aufgrund anderer Tatsachen – als Stationierung – ihren Wohnsitz in der Bundesrepublik begründet haben, so regelmäßig bei gemeinsamer Familienwohnung außerhalb des Kasernenbereichs)

1000. Zuordnung von Kindern (§ 32 Abs. 7 Satz 2 EStG) und Bescheinigung der Steuerklasse II auf der Lohnsteuerkarte (§ 38b Satz 2 Nr. 2 EStG) – Hinweis auf § 32 Fach 2 Nr. 1000 –

Rechtsprechungsauswahl

BFH v. 16. 11. 1995 III S 4/95 (BFH/NV 1996 S. 496): Eine Klage auf Eintragung einer günstigeren Steuerklasse auf der Lohnsteuerkarte ist nur nach einem vorherigen außergerichtlichen Rechtsbehelfsverfahren zulässig.

Schwebende Verfahren

BVerfG 1 BvR 280/09 (BFH-Webseite): Verfassungsbeschwerde eines bei der Versorgungsanstalt des Bundes und der Länder versicherten, in einer eingetragenen Lebenspartnerschaft lebenden Arbeitnehmers, der im Hinblick auf die zum 1. Januar 2002 erfolgte Umstellung der Zusatzversorgung auf ein Betriebsrentensystem festgestellt haben möchte, dass seine Rentenanwartschaft von der Versorgungsanstalt gemäß der für Verheiratete geltenden Lohnsteuerklasse berechnet wird.

Das Verfahren wurde vom Verfahren 1 BvR 1164/07 abgetrennt.

– Verfassungsbeschwerde –

Vorgehend: BGH, Entscheidung vom 14.2.2007 (IV ZR 267/04)

BVerfG 2 BvR 288/07 (Beilage 3/2008 BStBl. II S. 181): (Verfassungsbeschwerde zu BFH v. 19.10.2006 III R 29/06) Verletzt die Nichtgewährung des Splittings an eine eingetragene Lebenspartnerschaft den allgemeinen Gleichheitssatz und das Diskriminierungsverbot nach europäischem Recht und Völkerrecht? (Art. 3 Abs. l, Art. 6, Art. 2 Abs. l i.V.m. Art. 20 Abs. 3, Art. 101 Abs. l Satz 2 GG; Art. 234 Abs. 2 EG; Art. 14 MRK)

§ 39

§ 39 Lohnsteuerkarte

(1) ¹Die Gemeinden haben den nach § 1 Absatz 1 unbeschränkt einkommensteuerpflichtigen Arbeitnehmern für jedes Kalenderjahr unentgeltlich eine Lohnsteuerkarte nach amtlich vorgeschriebenem Muster auszustellen und zu übermitteln, letzmalig für das Kalenderjahr 2010. ²Steht ein Arbeitnehmer nebeneinander bei mehreren Arbeitgebern in einem Dienstverhältnis, so hat die Gemeinde eine entsprechende Anzahl Lohnsteuerkarten unentgeltlich auszustellen und zu übermitteln. ³Wenn eine Lohnsteuerkarte verlorengegangen, unbrauchbar geworden oder zerstört worden ist, hat die Gemeinde eine Ersatz-Lohnsteuerkarte auszustellen. ⁴Hierfür kann die ausstellende Gemeinde von dem Arbeitnehmer eine Gebühr bis 5 Euro erheben; das Verwaltungskostengesetz ist anzuwenden. ⁵Die Gemeinde hat die Ausstellung einer Ersatz-Lohnsteuerkarte dem für den Arbeitnehmer örtlich zuständigen Finanzamt unverzüglich mitzuteilen.

(2) ¹Für die Ausstellung der Lohnsteuerkarte ist die Gemeinde örtlich zuständig, in deren Bezirk der Arbeitnehmer am 20. September des dem Kalenderjahr, für das die Lohnsteuerkarte gilt, vorangehenden Jahres oder erstmals nach diesem Stichtag seine Hauptwohnung oder in Ermangelung einer Wohnung seinen gewöhnlichen Aufenthalt hatte. ²Bei verheirateten Arbeitnehmern gilt als Hauptwohnung die Hauptwohnung der Familie oder in Ermangelung einer solchen Wohnung die Hauptwohnung des älteren Ehegatten, wenn beide Ehegatten unbeschränkt einkommensteuerpflichtig sind und nicht dauernd getrennt leben.

(3) ¹Die Gemeinde hat auf der Lohnsteuerkarte insbesondere einzutragen:
1. die Steuerklasse (§ 38b) in Buchstaben,
2. die Zahl der Kinderfreibeträge bei den Steuerklassen I bis IV, und zwar für jedes nach § 1 Absatz 1 unbeschränkt einkommensteuerpflichtige Kind im Sinne des § 32 Absatz 1 Nummer 1 und Absatz 3
   a) den Zähler 0,5, wenn dem Arbeitnehmer der Kinderfreibetrag nach § 32 Absatz 6 Satz 1 zusteht, oder
   b) den Zähler 1, wenn dem Arbeitnehmer der Kinderfreibetrag zusteht, weil
      aa) die Voraussetzungen des § 32 Absatz 6 Satz 2 vorliegen,
      bb) der andere Elternteil vor dem Beginn des Kalenderjahres verstorben ist (§ 32 Absatz 6 Satz 3 Nummer 1) oder
      cc) der Arbeitnehmer allein das Kind angenommen hat (§ 32 Absatz 6 Satz 3 Nummer 2),
3. auf den Lohnsteuerkarten für 2009 und 2010 die Identifikationsnummer (§ 139b der Abgabenordnung) des Arbeitnehmers.

²Für die Eintragung der Steuerklasse III ist das Finanzamt zuständig, wenn der Ehegatte des Arbeitnehmers nach § 1a Absatz 1 Nummer 2 als unbeschränkt einkommensteuerpflichtig zu behandeln ist.

(3a) ¹Soweit dem Arbeitnehmer Kinderfreibeträge nach § 32 Absatz 1 bis 6 zustehen, die nicht nach Absatz 3 von der Gemeinde auf der Lohnsteuerkarte einzutragen sind, ist vorbehaltlich des § 39a Absatz 1 Nummer 6 die auf der Lohnsteuerkarte eingetragene Zahl der Kinderfreibeträge sowie im Fall des § 38b Nummer 2 die Steuerklasse vom Finanzamt auf Antrag zu ändern. ²Das Finanzamt kann auf nähere Angaben des Arbeitnehmers verzichten, wenn der Arbeitnehmer höchstens die auf seiner Lohnsteuerkarte für das vorangegangene Kalenderjahr eingetragene Zahl der Kinderfreibeträge beantragt und versichert, dass sich die maßgebenden Verhältnisse nicht wesentlich geändert haben. ³In den Fällen des § 32 Absatz 6 Satz 6 gelten die Sätze 1 und 2 nur, wenn nach den tatsächlichen Verhältnissen zu erwarten ist, dass die Voraussetzungen auch im Laufe des Kalenderjahres bestehen bleiben. ⁴Der Antrag kann nur nach amtlich vorgeschriebenem Vordruck gestellt werden.

(3b) ¹Für die Eintragungen nach den Absätzen 3 und 3a sind die Verhältnisse zu Beginn des Kalenderjahres maßgebend, für das die Lohnsteuerkarte gilt. ²Auf Antrag des Arbeitnehmers kann eine für ihn ungünstigere Steuerklasse oder Zahl der Kinderfreibeträge auf der Lohnsteuerkarte eingetragen werden. [3]In den Fällen der Steuerklassen III und IV sind bei der Eintragung der Zahl der Kinderfreibeträge auch Kinder des Ehegatten zu berücksichtigen. [4]Die Eintragungen sind die gesonderte Feststellung von Besteuerungsgrundlagen im Sinne des § 179 Absatz 1 der Abgabenordnung, die unter dem Vorbehalt der Nachprüfung steht. [5]Den Eintragungen braucht eine Belehrung über den zulässigen Rechtsbehelf nicht beigefügt zu werden.

(4) [1]Der Arbeitnehmer ist verpflichtet, die Eintragung der Steuerklasse und der Zahl der Kinderfreibeträge auf der Lohnsteuerkarte umgehend ändern zu lassen, wenn die Eintragung auf der Lohnsteuerkarte von den Verhältnissen zu Beginn des Kalenderjahres zugunsten des Arbeitnehmers abweicht oder in den Fällen, in denen die Steuerklasse II bescheinigt ist, die Voraussetzungen für die Berücksichtigung des Entlastungsbetrags für Alleinerziehende (§ 24b) im Laufe des Kalenderjahres entfallen; dies gilt nicht, wenn eine Änderung als Folge einer nach Absatz 3 Satz 3 durchgeführten Übertragung des Kinderfreibetrags in Betracht kommt. [2]Die Änderung von Eintragungen im Sinne des Absatzes 3 ist bei der Gemeinde, die Änderung von Eintragungen im Sinne des Absatzes 3a beim Finanzamt zu beantragen. [3]Kommt der Arbeitnehmer seiner Verpflichtung nicht nach, so hat die Gemeinde oder das Finanzamt die Eintragung von Amts wegen zu ändern; der Arbeitnehmer hat die Lohnsteuerkarte der Gemeinde oder dem Finanzamt auf Verlangen vorzulegen. [4]Unterbleibt die Änderung der Eintragung, hat das Finanzamt zuwenig erhobene Lohnsteuer vom Arbeitnehmer nachzufordern, wenn diese 10 Euro übersteigt; hierzu hat die Gemeinde dem Finanzamt die Fälle mitzuteilen, in denen eine von ihr vorzunehmende Änderung unterblieben ist.

(5) [1]Treten bei einem Arbeitnehmer im Laufe des Kalenderjahres, für das die Lohnsteuerkarte gilt, die Voraussetzungen für eine ihm günstigere Steuerklasse oder höhere Zahl der Kinderfreibeträge ein, so kann der Arbeitnehmer bis zum 30. November bei der Gemeinde, in den Fällen des Absatzes 3a beim Finanzamt die Änderung der Eintragung beantragen. [2]Die Änderung ist mit Wirkung von dem Tage an vorzunehmen, an dem erstmals die Voraussetzungen für die Änderung vorlagen. [3]Ehegatten, die beide in einem Dienstverhältnis stehen, können im Laufe des Kalenderjahres einmal, spätestens bis zum 30. November, bei der Gemeinde beantragen, die auf ihren Lohnsteuerkarten eingetragenen Steuerklassen in andere nach § 38b Satz 2 Nummer 3 bis 5 in Betracht kommende Steuerklassen zu ändern. [4]Die Gemeinde hat die Änderung mit Wirkung vom Beginn des auf die Antragstellung folgenden Kalendermonats an vorzunehmen.

(5a) [1]Ist ein Arbeitnehmer, für den eine Lohnsteuerkarte ausgestellt worden ist, zu Beginn des Kalenderjahres beschränkt einkommensteuerpflichtig oder im Laufe des Kalenderjahres beschränkt einkommensteuerpflichtig geworden, hat er dies dem Finanzamt unter Vorlage der Lohnsteuerkarte unverzüglich anzuzeigen. [2]Das Finanzamt hat die Lohnsteuerkarte vom Zeitpunkt des Eintritts der beschränkten Einkommensteuerpflicht an ungültig zu machen. [3]Absatz 3b Satz 4 und 5 gilt sinngemäß. [4]Unterbleibt die Anzeige, hat das Finanzamt zu wenig erhobene Lohnsteuer vom Arbeitnehmer nachzufordern, wenn diese 10 Euro übersteigt.

(6) [1]Die Gemeinden sind insoweit, als sie Lohnsteuerkarten auszustellen, Eintragungen auf die Lohnsteuerkarten vorzunehmen und zu ändern haben, örtliche Landesfinanzbehörden. [2]Sie sind insoweit verpflichtet, den Anweisungen des örtlich zuständigen Finanzamts nachzukommen. [3]Das Finanzamt kann erforderlichenfalls Verwaltungsakte, für die eine Gemeinde sachlich zuständig ist, selbst erlassen. [4]Der Arbeitnehmer, der Arbeitgeber oder andere Personen dürfen die Eintragung auf der Lohnsteuerkarte nicht ändern oder ergänzen.

LStR

R 39.1 Verfahren bei der Ausstellung der Lohnsteuerkarte

Grundlagen und Abschluss des allgemeinen Ausstellungsverfahrens

(1)[1]Die Gemeinde hat die Lohnsteuerkarten auf Grund ihrer melderechtlichen Unterlagen, z. B. Melderegister oder Einwohnerkartei, auszustellen. [2]In der Anschrift des Arbeitnehmers muss der Familien-

§ 39 RL 39.1

name eindeutig erkennbar sein; ist der Familienname zuerst angegeben, wird er durch ein Komma von dem/den Vornamen getrennt. ³Die Eintragung eines Künstlernamens ist möglich, sofern er in den melderechtlichen Unterlagen enthalten ist. ⁴Die Lohnsteuerkarten sind nach der Ausstellung den Arbeitnehmern zu übermitteln. ⁵Die Ausstellung und Übermittlung der Lohnsteuerkarten ist so durchzuführen, dass sich die Lohnsteuerkarten spätestens am 31. Oktober im Besitz der Arbeitnehmer befinden. ⁶Der Tag der Ausstellung der Lohnsteuerkarte ist auf der Lohnsteuerkarte zu vermerken.

Antrag auf Änderung

(2) Ein einmal gestellter Antrag auf Eintragung einer ungünstigeren Steuerklasse oder Zahl der Kinderfreibeträge auf der Lohnsteuerkarte ist auch bei der Ausstellung der Lohnsteuerkarten für die Folgejahre solange zu berücksichtigen, bis er widerrufen wird.

Bescheinigung von Kindern

(3) ¹Kinder, die nicht in der Wohnung des Arbeitnehmers gemeldet sind, darf die Gemeinde nur berücksichtigen,

1. wenn ihr für dieses Kind eine steuerliche Lebensbescheinigung (→ R **39.2** Abs. 6) vorgelegen hat, die nicht älter als drei Jahre ist, oder
2. wenn der Gemeinde durch das Finanzamt die Berücksichtigung dieses Kindes für das vorangegangene oder das davor liegende Kalenderjahr nach → R **39.2** Abs. 10 Nr. 1 angezeigt worden ist oder
3. wenn das Kind in den letzten zwei Jahren vor dem Beginn des Kalenderjahres aus der inländischen Wohnung eines Elternteils in die inländische Wohnung des anderen Elternteils umgezogen ist und der Gemeinde eine Rückmeldung vorgelegen hat.

²Soweit die Gemeinde keine Kinderfreibeträge einzutragen hat, sind zwei Striche „– –" anzubringen.

Bescheinigung der Religionsgemeinschaft

(4) ¹Aus den Angaben auf der Lohnsteuerkarte müssen die Religionsgemeinschaften erkennbar sein, die die Erhebung der Kirchensteuer den Finanzbehörden übertragen haben und die Anspruch auf die im Einzelfall einzubehaltende Kirchensteuer haben. ²Es sind die folgenden Abkürzungen zu verwenden:

ev = evangelisch (protestantisch),

rk = römisch-katholisch,

ak = altkatholisch.

³Die für die Finanzverwaltung zuständigen obersten Landesbehörden sowie die vorgesetzte Behörde können weitere Abkürzungen zulassen. ⁴Ist keine Kirchensteuer einzubehalten, sind zwei Striche „– –" einzutragen. ⁵Bei nicht dauernd getrennt lebenden Ehegatten, die beide unbeschränkt einkommensteuerpflichtig sind, ist das Kirchensteuermerkmal für den Ehegatten nur bei konfessionsverschiedenen Eheleuten anzugeben; bei konfessionsgleichen und bei glaubensverschiedenen Eheleuten ist das Kirchensteuermerkmal für den Ehegatten nicht zu bescheinigen.

Eintragung des Gemeindeschlüssels und der Nummer des Finanzamts

(5) Auf der Lohnsteuerkarte ist neben der Gemeinde auch ihr amtlicher Gemeindeschlüssel (AGS) und außer der Bezeichnung des Finanzamts auch dessen vierstellige Nummer nach dem bundeseinheitlichen Finanzamtsschlüssel anzugeben.

Eintragung der Pauschbeträge für behinderte Menschen und Hinterbliebene

(6) ¹Für die Eintragung der Pauschbeträge für behinderte Menschen und Hinterbliebene sind den Gemeinden von dem zuständigen Finanzamt die betreffenden Arbeitnehmer und die erforderlichen Merkmale mitzuteilen. ²Bei der Eintragung sind geeignete Vorkehrungen gegen unbefugte Änderungen zu treffen und sowohl die Gemeinde als auch das Datum der Eintragung anzugeben; eine Unterschrift ist entbehrlich, wenn die Eintragungen maschinell vorgenommen werden.

Ausstellung von Lohnsteuerkarten mit den Steuerklassen V und VI

(7) ¹Auf Lohnsteuerkarten, auf denen die Steuerklasse V oder VI bescheinigt wird, ist die Zahl der Kinderfreibeträge nicht anzugeben; dagegen ist die Religionsgemeinschaft zu bezeichnen. ²Im Übrigen kann die Gemeinde bereits im Rahmen des allgemeinen Ausstellungsverfahrens eine Lohnsteuerkarte mit der Steuerklasse V oder VI ausstellen, wenn für den Arbeitnehmer auch im Vorjahr eine Lohnsteuerkarte mit der Steuerklasse V oder VI ausgestellt worden ist.

Ausstellung von Lohnsteuerkarten für Gefangene und Haftentlassene

(8) ¹Wenn ein Gefangener oder Haftentlassener, der unter der Anschrift der Justizvollzugsanstalt (JVA) gemeldet ist, vermeiden will, dass seine Lohnsteuerkarte die Anschrift der JVA enthält, kann er auf die

Ausstellung der Lohnsteuerkarte im allgemeinen Ausstellungsverfahren verzichten. ²Beantragt er nach der Haftentlassung eine Lohnsteuerkarte, ist deren nachträgliche Ausstellung, für die nach wie vor die Gemeinde örtlich zuständig ist, in deren Bezirk sich die JVA befindet, mit der Anmeldung bei der ersten Wohnsitzgemeinde nach der Haftentlassung in der Weise zu verbinden, dass die neue Meldeadresse eingetragen wird.

Verpflichtung der Gemeinde und des Arbeitnehmers

(9) ¹Die Gemeinde hat den Abschluss der Übermittlung der Lohnsteuerkarten öffentlich bekannt zu machen mit der Aufforderung, die Ausstellung etwa fehlender Lohnsteuerkarten zu beantragen. ²Der Arbeitnehmer hat vor Beginn des Kalenderjahres oder vor Beginn eines Dienstverhältnisses bei der zuständigen Gemeinde die Ausstellung einer Lohnsteuerkarte zu beantragen, wenn ihm die Lohnsteuerkarte nicht im Rahmen des allgemeinen Ausstellungsverfahrens zugegangen ist. ³Die Gemeinde hat einen mit einer Rechtsbehelfsbelehrung versehenen schriftlichen Bescheid zu erteilen, wenn dem Antrag des Arbeitnehmers auf Ausstellung der Lohnsteuerkarte nicht entsprochen wird (→ § 39 Abs. 6 Satz 1 EStG).

Verzeichnis der ausgestellten Lohnsteuerkarten

(10) ¹Die Gemeinde hat über die von ihr ausgestellten Lohnsteuerkarten in geeigneter Form ein Verzeichnis zu führen, in das der Tag der Ausstellung der Lohnsteuerkarte und die auf der Lohnsteuerkarte vorgenommenen Eintragungen enthalten sein müssen. ²Das Verzeichnis ist dem örtlich zuständigen Finanzamt auf Verlangen vorzulegen.

Sicherheitsmaßnahmen

(11) ¹Aus Sicherheitsgründen sind alle Lohnsteuerkarten, die nicht mit elektronischen Datenverarbeitungsanlagen, Lochkartenanlagen oder Adressiermaschinen ausgestellt werden, mit dem Dienstsiegel der ausstellenden Gemeinde und einer Unterschrift zu versehen; der Eindruck eines Dienstsiegels und einer faksimilierten Unterschrift auf der Lohnsteuerkarte ist nicht zulässig. ²Für die Aufbewahrung der Lohnsteuerkartenvordrucke haben die Gemeinden besondere Sicherheitsmaßnahmen zu treffen. ³Ein Restbestand an Lohnsteuerkartenvordrucken ist unverzüglich nach Ablauf des Jahres, für das die Lohnsteuerkarten gelten, zu vernichten.

Hinweise

LStH 39.1 *Bescheinigung der Religionsgemeinschaft*

– *Die Bescheinigung der Religionsgemeinschaft auf der Lohnsteuerkarte ist verfassungsgemäß (→ BVerfG vom 25.5.2001 – 1 BvR 2253/00). Dies gilt auch für die Eintragung „– –" auf der Lohnsteuerkarte, aus der sich ergibt, dass der Steuerpflichtige keiner kirchensteuererhebungsberechtigten Religionsgemeinschaft angehört (→ BVerfG vom 30.9.2002 – 1 BvR 1744/02).*

– *Beispiele*

| Konfessionszugehörigkeit | | Eintragung im Feld |
Arbeitnehmer	Ehegatte	Kirchensteuerabzug
ev	rk	ev rk
ev	ev	ev
rk	– –	rk
– –	ev	– –
– –	– –	– –

Bescheinigung der Steuerklasse

Die Gemeinde hat in Abschnitt I der Lohnsteuerkarte die Steuerklasse (§§ 38b, 39 Abs. 3 Nr. 1 EStG) in Buchstaben zu bescheinigen. Für die Eintragung der Steuerklasse sind die Verhältnisse zu Beginn des Kalenderjahres maßgebend, für das die Lohnsteuerkarte gilt (§ 39 Abs. 3b Satz 1 EStG). Auf Antrag des Arbeitnehmers kann eine für ihn ungünstigere Steuerklasse auf der Lohnsteuerkarte eingetragen werden (§ 39 Abs. 3b Satz 2 EStG).

Bescheinigung der Steuerklasse II

Die Steuerklasse II ist bei einem nicht in Steuerklasse III, IV oder V gehörenden Arbeitnehmer zu bescheinigen, wenn er ein Kind i.S.d. § 32 Abs. 1 EStG hat, und ihm der Entlastungsbetrag für Alleinerziehende zusteht (→ BMF vom 29.10.2004 – BStBl. I S. 1042)

– Anlage § 024b-01 –

§ 39

Bescheinigung von Kindern

Kinder sind von der Gemeinde im allgemeinen Ausstellungsverfahren nur zu bescheinigen, wenn sie zu Beginn des Kalenderjahres unbeschränkt einkommensteuerpflichtig sind, das 18. Lebensjahr noch nicht vollendet haben und es sich weder um Pflegekinder noch um Kinder eines Arbeitnehmers handelt, die zu Beginn des Kalenderjahres Pflegekinder eines anderen Steuerpflichtigen sind. Die Bescheinigung von Kindern richtet sich nach § 32 Abs. 1 und 3 sowie nach § 39 Abs. 3 Nr. 2 und Abs. 3b EStG. Danach hat die Gemeinde in Abschnitt I der Lohnsteuerkarte für unbeschränkt einkommensteuerpflichtige Kinder des Arbeitnehmers oder seines nicht dauernd getrennt lebenden unbeschränkt einkommensteuerpflichtigen Ehegatten, die im ersten Grad mit ihm oder seinem nicht dauernd getrennt lebenden, unbeschränkt einkommensteuerpflichtigen Ehegatten verwandt sind, die Zahl der Kinderfreibeträge nach § 39 Abs. 3 Nr. 2 EStG (nur in den Steuerklassen I bis IV) in arabischen Ziffern einzutragen.

Identifikationsnummer

Auf der Lohnsteuerkarte ist von den Gemeinden in dem dafür vorgesehenen Feld die elfstellige Identifikationsnummer des Arbeitnehmers einzutragen (→ *BMF vom 27.7.2009 – BStBl. I S. 817*). *– Anlage § 039-01 –*

Zahl der Kinderfreibeträge

Die Zahl der Kinderfreibeträge wird für jedes zu berücksichtigende Kind grundsätzlich mit dem Zähler 0,5 bescheinigt. Der Zähler 1 gilt für ein Kind,

1. das bei verheirateten Arbeitnehmern in Steuerklasse III oder IV zu beiden Ehegatten in einem steuerlichen Kindschaftsverhältnis steht oder
2. dessen anderer Elternteil vor dem Beginn des Kalenderjahres verstorben ist oder
3. das ein Arbeitnehmer oder sein nicht dauernd getrennt lebender Ehegatte allein angenommen hat.

Auf Antrag des Arbeitnehmers kann eine geringere Zahl der Kinderfreibeträge auf der Lohnsteuerkarte eingetragen werden (→ § 39 Abs. 3b Satz 2 EStG).

Zuständigkeit der Gemeinde

Die Zuständigkeit der Gemeinde für die Ausstellung der Lohnsteuerkarte richtet sich nach § 39 Abs. 2 EStG. Bei verheirateten Arbeitnehmern, deren Ehegatte unbeschränkt einkommensteuerpflichtig ist und die von ihrem Ehegatten nicht dauernd getrennt leben, ist die Gemeinde örtlich zuständig, in deren Bezirk die Ehegatten am maßgebenden Stichtag

1. wenn sie insgesamt nur eine Wohnung haben, für diese eine gemeinsame Wohnung,
2. wenn sie mehrere Wohnungen haben, für eine gemeinsame Hauptwohnung

gemeldet sind. Sind die Ehegatten weder im Fall der Nummer 1 für eine gemeinsame Wohnung noch im Fall der Nummer 2 für eine gemeinsame Hauptwohnung gemeldet, so ist die Gemeinde örtlich zuständig, in deren Bezirk der ältere Ehegatte am maßgebenden Stichtag für seine Wohnung, bei mehreren Wohnungen für seine Hauptwohnung, gemeldet ist.

LStR

R 39.2 Änderungen und Ergänzungen der Lohnsteuerkarte

Änderung unrichtiger Eintragungen

(1) ¹Eintragungen auf der Lohnsteuerkarte, denen die Verhältnisse zu Beginn des Kalenderjahres zugrunde zu legen waren und die unrichtig sind, sind auf Antrag zu ändern. ²Die in § 39 Abs. 5 EStG vorgeschriebene Antragsfrist gilt nur für Anträge auf Änderungen und Ergänzungen der Lohnsteuerkarte, die bei einer im Laufe des Kalenderjahres eingetretenen Änderung der Verhältnisse gestellt werden.

Änderung der Steuerklassen

(2) ¹Wird die Ehe eines Arbeitnehmers durch Scheidung oder Aufhebung aufgelöst oder haben die Ehegatten die dauernde Trennung herbeigeführt, dürfen Eintragungen auf der Lohnsteuerkarte nicht geändert werden; es kommt nur ein Steuerklassenwechsel nach Absatz 5 in Betracht. ²Das gilt nicht, wenn bei einer durch Scheidung oder Aufhebung aufgelösten Ehe der andere Ehegatte im selben Kalenderjahr wieder geheiratet hat, von seinem neuen Ehegatten nicht dauernd getrennt lebt und er und sein neuer Ehegatte unbeschränkt einkommensteuerpflichtig sind; in diesen Fällen ist die auf der Lohnsteuerkarte des nicht wieder verheirateten Ehegatten eingetragene Steuerklasse auf Antrag in Steuerklasse III zu

ändern, wenn die Voraussetzungen des § 38b **Satz 2** Nr. 3 Buchstabe c Doppelbuchstabe aa EStG erfüllt sind.

(3) ¹Wird eine Ehe durch Tod aufgelöst, ist auf der Lohnsteuerkarte des anderen Ehegatten auf Antrag mit Wirkung vom Beginn des ersten auf den Todestag des Ehegatten folgenden Kalendermonats an die Steuerklasse III zu bescheinigen. ²Voraussetzung ist, dass der Arbeitnehmer und sein verstorbener Ehegatte zu Beginn oder im Laufe des Kalenderjahres unbeschränkt einkommensteuerpflichtig waren und nicht dauernd getrennt gelebt haben.

(4) Die Bescheinigung der Steuerklasse II oder III in den Fällen des § 1a EStG bei unbeschränkt einkommensteuerpflichtigen Arbeitnehmern, die Staatsangehörige eines Mitgliedsstaats der Europäischen Union oder der Staaten Island, Norwegen oder Liechtenstein sind, ist dem Finanzamt vorbehalten.

S t e u e r k l a s s e n w e c h s e l   – **Steuerklassenwahl Anlage § 038b-01** –

(5) ¹Bei Ehegatten, die beide Arbeitslohn beziehen, hat die Gemeinde auf gemeinsamen Antrag der Ehegatten die auf den Lohnsteuerkarten eingetragenen Steuerklassen wie folgt zu ändern (Steuerklassenwechsel – § 39 Abs. 5 Satz 3 und 4 EStG):

1. Ist auf den Lohnsteuerkarten beider Ehegatten die Steuerklasse IV bescheinigt, sind diese Eintragungen auf der Lohnsteuerkarte des einen Ehegatten in Steuerklasse III und auf der Lohnsteuerkarte des anderen Ehegatten in Steuerklasse V zu ändern.
2. Ist auf der Lohnsteuerkarte des einen Ehegatten die Steuerklasse III und auf der Lohnsteuerkarte des anderen Ehegatten die Steuerklasse V bescheinigt, sind diese Eintragungen auf den Lohnsteuerkarten beider Ehegatten in Steuerklasse IV zu ändern.
3. Ist auf der Lohnsteuerkarte des einen Ehegatten die Steuerklasse III und auf der Lohnsteuerkarte des anderen Ehegatten die Steuerklasse V bescheinigt, ist die Eintragung der Steuerklasse III auf der Lohnsteuerkarte des einen Ehegatten in Steuerklasse V und die Eintragung der Steuerklasse V auf der Lohnsteuerkarte des anderen Ehegatten in Steuerklasse III zu ändern.

²Ein Steuerklassenwechsel darf frühestens mit Wirkung vom Beginn des Kalendermonats an erfolgen, der auf die Antragstellung folgt. ³Der Antrag kann nur bis zum 30. 11. des Kalenderjahres gestellt werden, für das die Lohnsteuerkarten gelten. ⁴In einem Kalenderjahr kann jeweils nur ein Antrag gestellt werden. ⁵Das gilt nicht, wenn eine Änderung der vorgenommenen Eintragung deshalb beantragt wird, weil ein Ehegatte keinen steuerpflichtigen Arbeitslohn mehr bezieht oder verstorben ist, weil sich die Ehegatten auf Dauer getrennt haben oder wenn nach einer Arbeitslosigkeit ein Arbeitsverhältnis wieder aufgenommen wird. ⁶Eine nach Erhalt der Lohnsteuerkarten, aber vor Beginn des Kalenderjahres, für das die Lohnsteuerkarten gelten, vorgenommene Steuerklassenänderung ist ebenso kein Steuerklassenwechsel wie die erstmalige Änderung der Steuerklassen aus Anlass der Eheschließung.

Ä n d e r u n g d e r E i n t r a g u n g e n f ü r K i n d e r d u r c h d i e G e m e i n d e ; s t e u e r l i c h e L e b e n s b e s c h e i n i g u n g

(6) ¹Wegen der Kinder eines Arbeitnehmers, die zu Beginn des Kalenderjahres unbeschränkt einkommensteuerpflichtig sind, das 18. Lebensjahr noch nicht vollendet haben und die nicht in der Wohnung des Arbeitnehmers gemeldet sind, ist eine Änderung der Lohnsteuerkarte durch die Gemeinde nur zulässig, wenn der Arbeitnehmer eine von der Wohnsitzgemeinde des Kindes für steuerliche Zwecke ausgestellte Lebensbescheinigung vorlegt. ²Diese darf nicht älter als drei Jahre sein (→ R **39.1** Abs. 3 Satz 1 Nr. 1). ³Die steuerliche Lebensbescheinigung für Kinder ist auf Antrag Personen auszustellen, die mit dem Kind im ersten Grad verwandt sind, wenn das Kind nicht in der Wohnung dieser Person gemeldet ist und zu Beginn des Kalenderjahres das 18. Lebensjahr noch nicht vollendet hat; die Ausstellung ist in entsprechender Anwendung des § 39 Abs. 1 Satz 1 EStG gebührenfrei. ⁴In die Lebensbescheinigung sind Aussagen über ein Pflegekindschaftsverhältnis nur aufzunehmen, wenn hierüber eine Mitteilung des Finanzamts vorliegt. ⁵Zuständig für die Ausstellung der Lebensbescheinigung ist die Gemeinde, bei der das Kind mit (Haupt-) Wohnung gemeldet ist. ⁶Die Vordrucke für die Lebensbescheinigung werden den Gemeinden von den Finanzämtern kostenlos zur Verfügung gestellt. ⁷Die Gemeinden können die Lebensbescheinigung auf eigene Kosten auch in anderer Form erteilen, wenn sie die in dem Vordruckmuster geforderten Angaben enthält. ⁸Bei Ausstellung der Lebensbescheinigung hat die Gemeinde festzustellen,

1. ob sie dieses Kind in einer von ihr ausgestellten Lohnsteuerkarte mit dem Zähler 1 berücksichtigt hat oder
2. ob eine Mitteilung des Finanzamts über die Eintragung des Zählers 1 für dieses Kind vorliegt (→ Absatz **10** Nr. 2 Buchstabe b).

§ 39 RL 39.2

[9]Ggf. hat sie im Fall **des Satzes 8 Nr. 1** die Lohnsteuerkarte von Amts wegen zu ändern (§ 39 Abs. 4 Satz 3 und 4 EStG) oder im Fall **des Satzes 8 Nr. 2** das Finanzamt über die Ausstellung der Lebensbescheinigung zu unterrichten.

Änderung der Eintragungen für Kinder durch das Finanzamt

(7) [1]Die Eintragungen für Kinder sind nach § 39 Abs. 3a EStG vom Finanzamt im Abschnitt II der Lohnsteuerkarte zu ändern

1. für Kinder,
    a) die zu Beginn des Kalenderjahres das 18. Lebensjahr vollendet haben oder
    b) die Pflegekinder sind,
2. für Kinder, die zu Beginn des Kalenderjahres das 18. Lebensjahr noch nicht vollendet haben und die nicht in der Wohnung des Arbeitnehmers gemeldet sind, wenn der Arbeitnehmer für dieses Kind keine Lebensbescheinigung beibringen kann,
3. wenn dem Arbeitnehmer für ein Kind statt des Kinderfreibetrags nach § 32 Abs. 6 Satz 1 EStG der Kinderfreibetrag nach § 32 Abs. 6 Satz 2 EStG zusteht, weil
    a) der Wohnsitz oder gewöhnliche Aufenthalt des anderen Elternteils nicht zu ermitteln oder der Vater des Kindes amtlich nicht feststellbar ist oder
    b) der andere Elternteil voraussichtlich während des ganzen Kalenderjahres nicht unbeschränkt einkommensteuerpflichtig ist oder
    c) der Kinderfreibetrag des anderen Elternteils auf den Arbeitnehmer zu übertragen ist,
4. wenn der Kinderfreibetrag auf den Arbeitnehmer als Stiefelternteil oder als Großelternteil nach § 32 Abs. 6 Satz 7 EStG zu übertragen ist; in diesem Falle entfällt Nummer 3 Buchstabe c,
5. für nicht unbeschränkt einkommensteuerpflichtige Kinder, für die dem Arbeitnehmer nicht ermäßigte Kinderfreibeträge zustehen.

[2]Ist wegen eines Kindes im vorstehenden Sinne die Steuerklasse II anzuwenden, ist auch die Steuerklasse II vom Finanzamt einzutragen. [3]Aus Vereinfachungsgründen kann das Finanzamt nach § 39 Abs. 6 Satz 3 EStG auch unbeschränkt einkommensteuerpflichtige Kinder, **die das 18. Lebensjahr noch nicht vollendet haben,** eintragen, die von der Gemeinde zu bescheinigen wären, wenn der Arbeitnehmer die Berücksichtigung des Kindes im Rahmen seines Lohnsteuer-Ermäßigungsantrags geltend macht. [4]Ermäßigte Kinderfreibeträge für nicht unbeschränkt einkommensteuerpflichtige Kinder sind nicht zu bescheinigen.

Vereinfachte Eintragung

(8) Bei einem Antrag nach § 39 Abs. 3a Satz 2 EStG soll das Finanzamt grundsätzlich auf Einzelangaben verzichten, es sei denn, dass konkrete Anhaltspunkte dafür vorliegen, dass die Zahl der Kinderfreibeträge in der beantragten Höhe nicht in Betracht kommen kann.

Übertragung eines Kinderfreibetrags

(9) [1]Der Zähler 1 kann bescheinigt werden, wenn der Arbeitnehmer darlegt, dass die Voraussetzungen für die Übertragung erfüllt sind und eine summarische Prüfung keine Anhaltspunkte dafür ergibt, dass die Angaben des Arbeitnehmers unzutreffend sind oder sich die Voraussetzungen im Laufe des Kalenderjahres ändern werden. [2]Dem Finanzamt des anderen Elternteils ist die Übertragung erst mitzuteilen, wenn sie im Rahmen der Veranlagung des Arbeitnehmers erfolgt ist. [3]Der andere Elternteil ist berechtigt, aber nicht verpflichtet, im Übertragungsfall seine Lohnsteuerkarte ändern zu lassen.

Mitteilungen der Finanzämter an die Gemeinden

(10) Das Finanzamt hat

1. der Gemeinde, bei der der Arbeitnehmer mit Hauptwohnung gemeldet ist, mitzuteilen, wenn es ein Kind nach Absatz 7 Satz 1 Nr. 2 oder nach Absatz 7 Satz 3 eingetragen hat,
2. den Gemeinden, bei denen das Kind mit Wohnung gemeldet ist, mitzuteilen, wenn es
    a) das Kind erstmals nach Absatz 7 Satz 1 Nr. 1 Buchstabe b als Pflegekind anerkannt oder abgelehnt hat oder
    b) für ein Kind, **das das 18. Lebensjahr noch nicht vollendet hat,** nach Absatz 7 Satz 1 Nr. 3 Buchstaben a oder b den Zähler 1 bescheinigt hat.

Zeitliche Wirkung der Eintragung

(11) [1]Die Gemeinde oder das Finanzamt tragen bei einer Änderung oder Ergänzung der Lohnsteuerkarte den Zeitpunkt ein, von dem an die Änderung oder Ergänzung gilt (§ 39 Abs. 5 Satz 2 EStG). [2]Als Zeitpunkt ist der Tag einzutragen, an dem alle Voraussetzungen für eine Änderung oder eine Ergänzung der

Lohnsteuerkarte erstmalig erfüllt waren. ³Es darf jedoch kein Tag eingetragen werden, der vor dem Beginn des Kalenderjahres liegt, für das die Lohnsteuerkarte gilt.

Örtliche Zuständigkeit

(12) Bei Änderungen und Ergänzungen der Lohnsteuerkarte gilt für die örtliche Zuständigkeit der Gemeinden Folgendes:

1. ¹Bei unverheirateten Arbeitnehmern und bei verheirateten Arbeitnehmern, deren Ehegatte nicht unbeschränkt einkommensteuerpflichtig ist oder die von ihrem Ehegatten dauernd getrennt leben, ist die Gemeinde örtlich zuständig, in deren Bezirk der Arbeitnehmer im Zeitpunkt der Vorlage der Lohnsteuerkarte für seine Wohnung, bei mehreren Wohnungen für seine Hauptwohnung, gemeldet ist. ²Ist der Arbeitnehmer für eine Wohnung nicht gemeldet, ist die Änderung von der Gemeinde vorzunehmen, in deren Bezirk der Arbeitnehmer im Zeitpunkt der Vorlage der Lohnsteuerkarte seinen gewöhnlichen Aufenthalt hat,

2. ¹Bei verheirateten Arbeitnehmern, deren Ehegatte unbeschränkt einkommensteuerpflichtig ist und die von ihrem Ehegatten nicht dauernd getrennt leben, ist die Gemeinde örtlich zuständig, in deren Bezirk die Ehegatten im Zeitpunkt der Vorlage der Lohnsteuerkarte,
    a) wenn sie insgesamt nur eine Wohnung haben, für diese eine gemeinsame Wohnung,
    b) wenn sie mehrere Wohnungen haben, für eine gemeinsame Hauptwohnung

gemeldet sind. ²Sind die Ehegatten weder für eine gemeinsame Wohnung i.S.d. **Satzes 1** Buchstaben a noch im Falle des **Satzes 1** Buchstaben b für eine gemeinsame Hauptwohnung gemeldet, ist die Änderung von der Gemeinde vorzunehmen, in deren Bezirk der ältere Ehegatte im Zeitpunkt der Vorlage der Lohnsteuerkarte für seine Wohnung, bei mehreren Wohnungen für seine Hauptwohnung, gemeldet ist.

Hinweise

LStH 39.2 *Allgemeines*

Für die Eintragungen auf der Lohnsteuerkarte sind grundsätzlich die Verhältnisse zu Beginn des Kalenderjahres, für das die Lohnsteuerkarte gilt, maßgebend (→ § 39 Abs. 3b EStG). Ändert sich die Zahl der Kinderfreibeträge zugunsten des Arbeitnehmers, z.B. bei einer Eheschließung oder der Geburt eines Kindes im Laufe des Kalenderjahres, so ist die Lohnsteuerkarte auf Antrag zu ergänzen; der Antrag kann nur bis zum 30. November des laufenden Kalenderjahres gestellt werden (→ § 39 Abs. 5 Satz 1 EStG). Ändert sich die Zahl der Kinderfreibeträge zuungunsten des Arbeitnehmers, so kann – vorbehaltlich der Vorschriften in § 39 Abs. 4 EStG – die Lohnsteuerkarte unverändert bleiben. Diese Grundsätze gelten auch für die nachträgliche Ausstellung der Lohnsteuerkarte im Laufe des Kalenderjahres.

Beispiele:

   A. *Ein Arbeitnehmer hat am 20. 9. geheiratet. Auf der Lohnsteuerkarte ist die Steuerklasse I eingetragen. Mit Wirkung vom Tage der Eheschließung an ist die Steuerklasse III zu bescheinigen, wenn der Ehegatte keinen Arbeitslohn bezieht oder im Laufe des Kalenderjahres bezogen hat. Wenn beide Ehegatten Arbeitslohn beziehen oder im Laufe des Kalenderjahres bezogen haben, ist mit Wirkung vom Tage der Eheschließung an auf den Lohnsteuerkarten beider Ehegatten die Steuerklasse IV einzutragen, es sei denn, dass die Ehegatten die Bescheinigung der Steuerklassen III und V beantragen.*

   B. *Auf der Lohnsteuerkarte des geschiedenen Arbeitnehmers A ist die Steuerklasse I eingetragen. Diese Angabe ist jedoch unrichtig. Es wäre die Steuerklasse II und die Kinderfreibetragszahl 0,5 einzutragen gewesen, weil ihm der Entlastungsbetrag für Alleinerziehende zusteht. A beantragt am 20. 7. bei der Gemeinde, die unrichtigen Eintragungen auf der Lohnsteuerkarte durch Bescheinigung der Steuerklasse II und der Kinderfreibetragszahl 0,5 zu ändern (→ R 39.2 Abs. 1 Satz 1). Die Gemeinde hat als Zeitpunkt, von dem an die Änderung gilt, den 1. 1. des Kalenderjahres einzutragen, für das die Lohnsteuerkarte gilt.*

   C. *Auf der Lohnsteuerkarte des Arbeitnehmers B sind die Steuerklasse III und die Kinderfreibetragszahl 1 bescheinigt. Dem B wurde am 20. 7. des Kalenderjahres, für das die Lohnsteuerkarte gilt, ein zweites Kind geboren. Es kamen für B seit dem 20. 7. die Steuerklasse III und die Kinderfreibetragszahl 2 in Betracht. B legt die Lohnsteuerkarte am 5. 8. der Gemeinde zur Ergänzung vor. Die Gemeinde hat als Zeitpunkt, von dem an die Ergänzung gilt, den 20. 7. einzutragen. Es liegen an diesem Tag erstmalig alle Voraussetzungen für eine Ergänzung der Lohnsteuerkarte vor.*

D. *Auf der Lohnsteuerkarte des ledigen Arbeitnehmers A ist die Steuerklasse II eingetragen. Die Voraussetzungen für die Gewährung des Entlastungsbetrags für Alleinerziehende sind bis März gegeben. A zieht mit B im März zusammen; die beiden heiraten im September. A ist verpflichtet, die Steuerklasse ab April von II auf I ändern zu lassen. Ab September hat die Gemeinde die Steuerklasse III, IV oder V zu bescheinigen (→ Beispiel A). Eine rückwirkende Änderung der Steuerklasse II in I für den Zeitraum 1.1. bis 31.3. kommt nicht in Betracht.*

Änderung unrichtiger Eintragungen

Unrichtige Eintragungen auf der Lohnsteuerkarte sind auch noch nach Ablauf des Kalenderjahres, für das die Lohnsteuerkarte gilt, zu berichtigen, wenn der Arbeitnehmer hieran ein begründetes Interesse hat (→ BFH vom 8.11.1972 – BStBl. 1973 II S. 223).

Steuerklasse in EU/EWR-Fällen

*Ein Arbeitnehmer, der als Staatsangehöriger eines Mitgliedstaats der Europäischen Union (EU) oder der Staaten Island, Liechtenstein oder Norwegen (EWR) nach § 1 Abs. 1 EStG unbeschränkt einkommensteuerpflichtig ist, ist auf Antrag in die **Steuerklasse III** einzuordnen, wenn der Ehegatte des Arbeitnehmers in einem EU/EWR-Mitgliedstaates lebt (→ § 1a Abs. 1 Nr. 2 EStG). Es ist nicht erforderlich, dass der Ehegatte ebenfalls Staatsangehöriger eines EU/EWR-Mitgliedstaates ist. **Auf die prozentuale oder absolute Höhe der nicht der deutschen Einkommensteuer unterliegenden Einkünfte beider Ehegatten kommt es nicht an.***

Die Eintragung der Steuerklasse III auf der Lohnsteuerkarte führt zur Veranlagungspflicht nach § 46 Abs. 2 Nr. 7 Buchstabe a EStG.

*Bei einem allein stehenden Arbeitnehmer, der Staatsangehöriger eines EU/EWR-Mitgliedstaates ist und nach § 1 Abs. 1 EStG unbeschränkt einkommensteuerpflichtig ist, ist auf der Lohnsteuerkarte die **Steuerklasse II** einzutragen, wenn ihm der Entlastungsbetrag für Alleinerziehende zusteht.*

*Für die Änderung der Steuerklasse ist das Wohnsitzfinanzamt des im Inland lebenden Arbeitnehmers zuständig (→ BMF vom 29.9.1995 – BStBl. I S. 429, Tz. 1.1 **unter Berücksichtigung der zwischenzeitlich eingetretenen Rechtsänderungen).***

LStR

R 39.3 Nachträgliche Ausstellung von Lohnsteuerkarten

Allgemeines

(1) [1]Die Gemeinde hat für Arbeitnehmer, die erst im Laufe des Kalenderjahres Arbeitslohn beziehen, für das Kalenderjahr auf Antrag nachträglich eine Lohnsteuerkarte auszustellen und dem Arbeitnehmer auszuhändigen. [2]Nach Ablauf des Kalenderjahres darf mit Wirkung für das abgelaufene Kalenderjahr eine Lohnsteuerkarte nicht mehr ausgestellt werden. [3]Die §§ 38b, 39 Abs. 2, 3, 3a und 3b EStG gelten auch für die nachträgliche Ausstellung von Lohnsteuerkarten.

Ausstellung einer Lohnsteuerkarte bei Eheschließung

(2) Wird die Lohnsteuerkarte für einen Arbeitnehmer ausgestellt, der im Laufe des Kalenderjahres geheiratet hat, kann die Steuerklasse III aus Vereinfachungsgründen abweichend von § 39 Abs. 3b Satz 1 EStG auf der Lohnsteuerkarte mit Wirkung vom Beginn des Kalenderjahres an bescheinigt werden; Voraussetzung ist, dass für den Ehegatten keine Lohnsteuerkarte ausgestellt worden ist.

Ausstellung einer Lohnsteuerkarte für den Ehegatten

(3) [1]Wird die Lohnsteuerkarte für den Ehegatten eines Arbeitnehmers ausgestellt, auf dessen Lohnsteuerkarte die Steuerklasse III bescheinigt ist, hat die Gemeinde die Steuerklasse V zu bescheinigen. [2]Auf Antrag der Ehegatten kann mit Wirkung vom Beginn des Kalenderjahres an die Steuerklasse V und mit Wirkung vom Tag an, von dem an der Ehegatte Arbeitslohn bezieht, die Steuerklasse IV sowie die Zahl der Kinderfreibeträge (§ 32 Abs. 1, 3 und 6, § 39 Abs. 3, 3b und 4 EStG) bescheinigt werden. [3]Die Steuerklasse IV darf nur bescheinigt werden, wenn gleichzeitig die auf der Lohnsteuerkarte des Ehegatten mit Wirkung vom Tag an, von dem sein Ehegatte Arbeitslohn bezieht, die Steuerklasse III in die Steuerklasse IV geändert wird und der Antrag gestellt wird, bevor der Ehegatte erstmals Arbeitslohn bezieht. [4]Wird der Antrag erst zu einem späteren Zeitpunkt gestellt, ist auf der Lohnsteuerkarte des Ehegatten mit Wirkung vom Beginn des Kalenderjahres an die Steuerklasse V einzutragen; die beantragte Änderung in Steuerklasse IV ist nach den Vorschriften des § 39 Abs. 5 Satz 3 und 4 EStG vorzunehmen.

Ausstellung einer Lohnsteuerkarte bei Auflösung der Ehe

(4) ¹Wird die Lohnsteuerkarte für einen Arbeitnehmer ausgestellt, dessen Ehe im Laufe des Kalenderjahres aufgehoben oder geschieden wurde, hat die Gemeinde die Steuerklasse und die Zahl der Kinderfreibeträge zu bescheinigen, die nach § 38b Nr. 3 bis 5, § 39 Abs. 3, 3b und 5 EStG sowie nach vorstehendem Absatz 3 ohne die Auflösung der Ehe maßgebend gewesen wären; dasselbe gilt, wenn die Ehegatten im Laufe des Kalenderjahres die dauernde Trennung herbeigeführt haben. ²Abweichend hiervon sind bei einem Arbeitnehmer, dessen Ehe im Laufe des Kalenderjahres aufgehoben oder geschieden wurde, mit Wirkung vom Beginn des Kalenderjahres an die Steuerklasse V und mit Wirkung von dem Tag an, von dem der Arbeitnehmer Arbeitslohn bezieht, die Steuerklasse III und ggf. die Zahl der Kinderfreibeträge zu bescheinigen, wenn der andere Ehegatte im selben Kalenderjahr wieder geheiratet hat, von seinem neuen Ehegatten nicht dauernd getrennt lebt und er und sein neuer Ehegatte unbeschränkt einkommensteuerpflichtig sind und wenn im Übrigen die Voraussetzungen des § 38 b Nr. 3 Buchstabe c Doppelbuchstabe aa EStG erfüllt sind.

Ausstellung einer Lohnsteuerkarte bei Tod des Ehegatten

(5) ¹Wird die Lohnsteuerkarte für einen Arbeitnehmer ausgestellt, dessen Ehegatte im Laufe des Kalenderjahres verstorben ist, hat die Gemeinde mit Wirkung vom Beginn des Kalenderjahres an die Steuerklasse V und mit Wirkung vom Beginn des ersten, auf den Todestag des Ehegatten folgenden Kalendermonats an die Steuerklasse III und ggf. die Zahl der Kinderfreibeträge zu bescheinigen. ²Wurde für den verstorbenen Ehegatten keine Lohnsteuerkarte ausgestellt, hat die Gemeinde die Steuerklasse III und gegebenenfalls die Zahl der Kinderfreibeträge zu bescheinigen. ³Voraussetzung ist jeweils, dass der Arbeitnehmer und sein verstorbener Ehegatte zu Beginn oder im Laufe des Kalenderjahres unbeschränkt einkommensteuerpflichtig waren und nicht dauernd getrennt gelebt haben.

Ersatz-Lohnsteuerkarte

(6) Wird für einen Arbeitnehmer eine Ersatz-Lohnsteuerkarte ausgestellt (§ 39 Abs. 1 Satz 3 EStG), ist sie als „Ersatz-Lohnsteuerkarte" zu kennzeichnen.

Hinweise

LStH 39.3 *Zuständigkeit der Gemeinde*

für die nachträgliche Ausstellung von Lohnsteuerkarten → LStH 39.1 (Zuständigkeit der Gemeinde)

ESt-Kartei NW

1. Ausstellung der Lohnsteuerkarten 2001 (Nachweis BMF-Schreiben v. 26. 6. 2000 BStBl. I S. 1155)
2. Ausstellung der Lohnsteuerkarten 2002 (Nachweis BMF-Schreiben v. 17. 7. 2001 BStBl. I S. 480)
3. Ausstellung der Lohnsteuerkarten 2003 (Nachweis BMF-Schreiben v. 12. 7. 2002 BStBl. I S. 652)
4. Ausstellung der Lohnsteuerkarten 2004 (Nachweis BMF-Schreiben v. 23. 6. 2003 BStBl. I S. 371, aktuelles Schreiben **Anlage § 039-01**)
5. Ausstellung der Lohnsteuerkarten 1999 (Nachweis BMF-Schreiben v. 10. 7. 1998 BStBl. I S. 1118)
6. Ausstellung der Lohnsteuerkarten 2000 (Nachweis BMF-Schreiben v. 1. 7. 1999 BStBl. I S. 676)
1000. Steuerklassenwechsel bei Trennung von Ehegatten (aus Billigkeitsgründen kann auf gemeinsamen Antrag der Ehegatten ein weiterer Steuerklassenwechsel – zusätzlich zu § 39 Abs. 5 Satz 3 EStG – vorgenommen werden)

Rechtsprechungsauswahl

BVerfG v. 25. 5. 2001 1 BvR R 2253/00 (HFR 2001 S. 907): Die gesetzlich vorgesehene Eintragung der Religionszugehörigkeit auf der Lohnsteuerkarte verletzt keine Grundrechte von Arbeitnehmern; dies gilt auch dann, wenn ersichtlich wird, dass der Arbeitnehmer keiner kirchensteuererhebungsberechtigten Religionsgemeinschaft angehört. (Verfassungsbeschwerde wurde nicht zur Entscheidung genommen.)

§ 39a

§ 39a Freibetrag und Hinzurechnungsbetrag

(1) Auf der Lohnsteuerkarte wird als vom Arbeitslohn abzuziehender Freibetrag die Summe der folgenden Beträge eingetragen:

1. Werbungskosten, die bei den Einkünften aus nichtselbständiger Arbeit anfallen, soweit sie den Arbeitnehmer-Pauschbetrag (§ 9a Satz 1 Nummer 1 Buchstabe a) oder bei Versorgungsbezügen den Pauschbetrag (§ 9a Satz 1 Nummer 1 Buchstabe b) übersteigen,

2. Sonderausgaben im Sinne des § 9c Absatz 2 und 3 und des § 10 Absatz 1 Nummer 1, 1a, 1b, 4, 7 und 9 und des § 10b, soweit sie den Sonderausgaben-Pauschbetrag von 36 Euro übersteigen,

3. der Betrag, der nach den §§ 33, 33a und 33b Absatz 6 wegen außergewöhnlicher Belastungen zu gewähren ist,

4. die Pauschbeträge für behinderte Menschen und Hinterbliebene (§ 33b Absatz 1 bis 5),

5. die folgenden Beträge, wie sie nach § 37 Absatz 3 bei der Festsetzung von Einkommensteuer-Vorauszahlungen zu berücksichtigen sind:

   a) die Beträge, die nach § 10d Absatz 2, §§ 10e, 10f, 10g, 10h, 10i, nach § 15b des Berlinförderungsgesetzes oder nach § 7 des Fördergebietsgesetzes abgezogen werden können,

   b) die negative Summe der Einkünfte im Sinne des § 2 Absatz 1 Satz 1 Nummer 1 bis 3, 6 und 7 und der negativen Einkünfte im Sinne des § 2 Absatz 1 Satz 1 Nummer 5,

   c) das Vierfache der Steuerermäßigung nach den §§ 34f und 35a,

6. die Freibeträge nach § 32 Absatz 6 für jedes Kind im Sinne des § 32 Absatz 1 bis 4, für das kein Anspruch auf Kindergeld besteht. ²Soweit für diese Kinder Kinderfreibeträge nach § 39 Absatz 3 auf der Lohnsteuerkarte eingetragen worden sind, ist die eingetragene Zahl der Kinderfreibeträge entsprechend zu vermindern,

7. ein Betrag auf der Lohnsteuerkarte für ein zweites oder weiteres Dienstverhältnis insgesamt bis zur Höhe des auf volle Euro abgerundeten zu versteuernden Jahresbetrags nach § 39b Absatz 2 Satz 5, bis zu dem nach der Steuerklasse des Arbeitnehmers, die für den Lohnsteuerabzug vom Arbeitslohn aus dem ersten Dienstverhältnis anzuwenden ist, Lohnsteuer nicht zu erheben ist. ²Voraussetzung ist, dass der Jahresarbeitslohn aus dem ersten Dienstverhältnis den nach Satz 1 maßgebenden Eingangsbetrag unterschreitet und dass in Höhe des Betrags zugleich auf der Lohnsteuerkarte für das erste Dienstverhältnis ein dem Arbeitslohn hinzuzurechnender Betrag (Hinzurechnungsbetrag) eingetragen wird. ³Soll auf der Lohnsteuerkarte für das erste Dienstverhältnis auch ein Freibetrag nach den Nummern 1 bis 6 eingetragen werden, so ist nur der diesen Freibetrag übersteigende Betrag als Hinzurechnungsbetrag einzutragen; ist der Freibetrag höher als der Hinzurechnungsbetrag, so ist nur der den Hinzurechnungsbetrag übersteigende Freibetrag einzutragen,

8. der Entlastungsbetrag für Alleinerziehende (§ 24b) bei Verwitweten, die nicht in Steuerklasse II gehören.

(2) ¹Die Gemeinde hat nach Anweisung des Finanzamts die Pauschbeträge für behinderte Menschen und Hinterbliebene bei der Ausstellung der Lohnsteuerkarten von Amts wegen einzutragen; dabei ist der Freibetrag durch Aufteilung in Monatsfreibeträge, erforderlichenfalls Wochen- und Tagesfreibeträge, jeweils auf das Kalenderjahr gleichmäßig zu verteilen. ²Der Arbeitnehmer kann beim Finanzamt die Eintragung des nach Absatz 1 insgesamt in Betracht kommenden Freibetrags beantragen. ³Der Antrag kann nur nach amtlich vorgeschriebenem Vordruck bis zum 30. November des Kalenderjahres gestellt werden, für das die Lohnsteuerkarte gilt. ⁴Der Antrag ist hinsichtlich eines Freibetrags aus der Summe der nach Absatz 1 Nummer 1 bis 3 und 8 in Betracht kommenden Aufwendungen und Beträge unzulässig, wenn die Aufwendungen im Sinne des § 9, soweit sie den Arbeitnehmer-Pauschbetrag übersteigen, die Aufwendungen im Sinne des § 9c Absatz 2 und 3 und des § 10 Absatz 1 Nummer 1, 1a, 1b, 4, 7 und 9, der §§ 10b und 33 sowie

die abziehbaren Beträge nach den §§ 24b, 33a und 33b Absatz 6 insgesamt 600 Euro nicht übersteigen. ⁵Das Finanzamt kann auf nähere Angaben des Arbeitnehmers verzichten, wenn der Arbeitnehmer höchstens den auf seiner Lohnsteuerkarte für das vorangegangene Kalenderjahr eingetragenen Freibetrag beantragt und versichert, dass sich die maßgebenden Verhältnisse nicht wesentlich geändert haben. ⁶Das Finanzamt hat den Freibetrag durch Aufteilung in Monatsfreibeträge, erforderlichenfalls Wochen- und Tagesfreibeträge, jeweils auf die der Antragstellung folgenden Monate des Kalenderjahres gleichmäßig zu verteilen. ⁷Abweichend hiervon darf ein Freibetrag, der im Monat Januar eines Kalenderjahres beantragt wird, mit Wirkung vom 1. Januar dieses Kalenderjahres an eingetragen werden. ⁸Die Sätze 5 bis 7 gelten für den Hinzurechnungsbetrag nach Absatz 1 Nummer 7 entsprechend.

(3) ¹Für Ehegatten, die beide unbeschränkt einkommensteuerpflichtig sind und nicht dauernd getrennt leben, ist jeweils die Summe der nach Absatz 1 Nummer 2 bis 5 und 8 in Betracht kommenden Beträge gemeinsam zu ermitteln; der in Absatz 1 Nummer 2 genannte Betrag ist zu verdoppeln. ²Für die Anwendung des Absatzes 2 Satz 4 ist die Summe der für beide Ehegatten in Betracht kommenden Aufwendungen im Sinne des § 9, soweit sie jeweils den Arbeitnehmer-Pauschbetrag übersteigen, und der Aufwendungen im Sinne des § 9c Absatz 2 und 3 und des § 10 Absatz 1 Nummer 1, 1a, 1b, 4, 7 und 9, der §§ 10b und 33 sowie der abziehbaren Beträge nach den §§ 24b, 33a und 33b Absatz 6 maßgebend. ³Die nach Satz 1 ermittelte Summe ist je zur Hälfte auf die Ehegatten aufzuteilen, wenn für jeden Ehegatten eine Lohnsteuerkarte ausgeschrieben worden ist und die Ehegatten keine andere Aufteilung beantragen. ⁴Für einen Arbeitnehmer, dessen Ehe in dem Kalenderjahr, für das die Lohnsteuerkarte gilt, aufgelöst worden ist und dessen bisheriger Ehegatte in demselben Kalenderjahr wieder geheiratet hat, sind die nach Absatz 1 in Betracht kommenden Beträge ausschließlich auf Grund der in seiner Person erfüllten Voraussetzungen zu ermitteln. ⁵Satz 1 zweiter Halbsatz ist auch anzuwenden, wenn die tarifliche Einkommensteuer nach § 32a Absatz 6 zu ermitteln ist.

(4) ¹Die Eintragung eines Freibetrags oder eines Hinzurechnungsbetrags auf der Lohnsteuerkarte ist die gesonderte Feststellung einer Besteuerungsgrundlage im Sinne des § 179 Absatz 1 der Abgabenordnung, die unter dem Vorbehalt der Nachprüfung steht. ²Der Eintragung braucht eine Belehrung über den zulässigen Rechtsbehelf nicht beigefügt zu werden. ³Ein mit einer Belehrung über den zulässigen Rechtsbehelf versehener schriftlicher Bescheid ist jedoch zu erteilen, wenn dem Antrag des Arbeitnehmers nicht in vollem Umfang entsprochen wird. ⁴§ 153 Absatz 2 der Abgabenordnung ist nicht anzuwenden.

(5) Ist zu wenig Lohnsteuer erhoben worden, weil auf der Lohnsteuerkarte ein Freibetrag unzutreffend eingetragen worden ist, hat das Finanzamt den Fehlbetrag vom Arbeitnehmer nachzufordern, wenn er 10 Euro übersteigt.

LStR

R 39a.1 Verfahren bei der Eintragung eines Freibetrags oder eines Hinzurechnungsbetrags auf der Lohnsteuerkarte

Allgemeines

(1) Bei einem Antrag nach § 39a Abs. 2 Satz 5 EStG soll das Finanzamt grundsätzlich auf Einzelangaben verzichten, es sei denn, dass konkrete Anhaltspunkte dafür vorliegen, dass ein Freibetrag in der beantragten Höhe nicht in Betracht kommen kann.

(2) Sind die Pauschbeträge für behinderte Menschen und Hinterbliebene bei der Ausstellung der Lohnsteuerkarte nicht eingetragen worden (→ R **39.1** Abs. 6), kann die Eintragung beim örtlich zuständigen Finanzamt beantragt werden (§ 39a Abs. 2 Satz 2 EStG).

(3) Soweit die Gewährung eines Freibetrags wegen der Aufwendungen für ein Kind davon abhängt, dass der Arbeitnehmer für dieses Kind einen **Anspruch auf einen** Freibetrag nach § 32 Abs. 6 EStG oder **auf** Kindergeld erhält, ist diese Voraussetzung auch erfüllt, wenn dem Arbeitnehmer im Lohnsteuer-Abzugsverfahren ein Kinderfreibetrag zusteht, er aber nach § 39 Abs. 3 b Satz 2 EStG auf die an sich mögliche Eintragung einer Kinderfreibetragszahl für dieses Kind verzichtet hat oder Anspruch auf einen ermäßigten Freibetrag nach § 32 Abs. 6 EStG besteht.

§ 39a

RL 39a.1

Antragsgrenze

(4) Für die Feststellung, ob die Antragsgrenze nach § 39a Abs. 2 Satz 4 EStG überschritten wird, gilt Folgendes:
1. Soweit für Werbungskosten bestimmte Beträge gelten, z. B. für Verpflegungsmehraufwendungen bei **Auswärtstätigkeit**, für Wege zwischen Wohnung und Arbeitsstätte → R **9.4 bis 9.11**, sind diese maßgebend.
2. ¹Bei Sonderausgaben im Sinne von § 10 Abs. 1 Nr. 1a **und** 4 EStG[1]) sind die tatsächlichen Aufwendungen anzusetzen, auch wenn diese Aufwendungen geringer sind als der Pauschbetrag. ²Für Sonderausgaben im Sinne von § 10 Abs. 1 Nr. 1, **5 und 7 bis** 9 EStG[2]) sind höchstens die nach diesen Vorschriften berücksichtigungsfähigen Aufwendungen anzusetzen.
3. Zuwendungen an politische Parteien sind als Sonderausgaben auch zu berücksichtigen, soweit eine Steuerermäßigung nach § 34g Satz 1 Nr. 1 EStG in Betracht kommt, nicht hingegen Zuwendungen an Vereine i.S.d. § 34g Satz 1 Nr. 2 EStG.
4. Bei außergewöhnlichen Belastungen nach § 33 EStG ist von den dem Grunde und der Höhe nach anzuerkennenden Aufwendungen auszugehen; bei außergewöhnlicher Belastung nach § 33a und § 33b Abs. 6 EStG sind dagegen nicht die Aufwendungen, sondern die wegen dieser Aufwendungen abziehbaren Beträge maßgebend.
5. Die in § 39a Abs. 1 Nr. 4 und 5 EStG bezeichneten Beträge sowie Vorsorgeaufwendungen (§ 10 Abs. 1 Nr. 2 und 3 EStG), auch soweit sie die Vorsorgepauschale (§ 10c Abs. 2 und 3 EStG)[3]) übersteigen, bleiben außer Betracht.
6. ¹Bei Anträgen von Ehegatten, die beide unbeschränkt einkommensteuerpflichtig sind und nicht dauernd getrennt leben, ist die Summe der für beide Ehegatten in Betracht kommenden Aufwendungen und abziehbaren Beträge zugrunde zu legen. ²Die Antragsgrenze ist bei Ehegatten nicht zu verdoppeln (§ 39a Abs. 3 Satz 2 EStG).
7. Ist für beschränkt antragsfähige Aufwendungen bereits ein Freibetrag auf der Lohnsteuerkarte eingetragen, ist bei einer Änderung dieses Freibetrags die Antragsgrenze nicht erneut zu prüfen.

(5) Die Antragsgrenze gilt nicht, soweit es sich um die Eintragung der in § 39a Abs. 1 Nr. 4 bis 7 EStG bezeichneten Beträge handelt.

(6) ¹Wird die Antragsgrenze überschritten oder sind Beträge i.S.d. Absatzes **5** zu berücksichtigen, hat das Finanzamt den Jahresfreibetrag festzustellen und in Worten auf der Lohnsteuerkarte einzutragen. ²Außerdem ist der Zeitpunkt, von dem an die Eintragung gilt, zu vermerken. ³Bei der Berechnung des Jahresfreibetrags sind Werbungskosten – **mit Ausnahme der Kinderbetreuungskosten i.S.d. § 9 Abs. 5 Satz 1 i.V.m. § 4f EStG**[4]) – nur zu berücksichtigen, soweit sie den maßgebenden Pauschbetrag für Werbungskosten nach § 9a Satz 1 Nr. 1 EStG übersteigen, Sonderausgaben mit Ausnahme der Vorsorgeaufwendungen nur anzusetzen, soweit sie den Sonderausgaben-Pauschbetrag (§ 10c Abs. 1 und 4 EStG)[5]) übersteigen, und außergewöhnliche Belastungen (§ 33 EStG) nur einzubeziehen, soweit sie die zumutbare Belastung (→ Absatz **7**) übersteigen. ⁴Zuwendungen an politische Parteien sind auch zu berücksichtigen, soweit eine Steuerermäßigung nach § 34g Satz 1 Nr. 1 EStG in Betracht kommt, nicht hingegen Zuwendungen an Vereine i.S.d. § 34g Satz 1 Nr. 2 EStG.

Freibetrag wegen außergewöhnlicher Belastung

(7) ¹Die zumutbare Belastung ist vom voraussichtlichen Jahresarbeitslohn des Arbeitnehmers und ggf. seines von ihm nicht dauernd getrennt lebenden, unbeschränkt einkommensteuerpflichtigen Ehegatten gekürzt um den Altersentlastungsbetrag (§ 24a EStG), die Freibeträge für Versorgungsbezüge (§ 19 Abs. 2 EStG) und die Werbungskosten (§§ 9, 9a EStG) zu berechnen. ²Steuerfreie Einnahmen sowie alle Bezüge, für die die Lohnsteuer mit einem Pauschsteuersatz nach den §§ 40 bis 40b EStG erhoben wird, und etwaige weitere Einkünfte des Arbeitnehmers und seines Ehegatten bleiben außer Ansatz. ³Bei der Anwendung der Tabelle in § 33 Abs. 3 EStG zählen als Kinder des Steuerpflichtigen die Kinder, für die er einen **Anspruch auf einen** Freibetrag nach § 32 Abs. 6 EStG oder **auf** Kindergeld erhält. ⁴Bei der zumutbaren Belastung sind auch Kinder zu berücksichtigen, für die der Arbeitnehmer nach § 39 Abs. 3b Satz 2 EStG auf die Eintragung einer Kinderfreibetragszahl auf der Lohnsteuerkarte verzichtet hat oder

---

1) Jetzt Nummer 1a, 1b und 4.
2) Jetzt § 9c Absatz 2, § 10 Absatz 1 Nummer 1, 7 und 9 EStG.
3) Jetzt § 39b Absatz 2 Satz 5 Nummer 3 EStG.
4) Jetzt § 9c Absatz 1 EStG.
5) Jetzt § 10c EStG.

Anspruch auf einen ermäßigten Freibetrag nach § 32 Abs. 6 EStG besteht. [5]Ist im Kalenderjahr eine unterschiedliche Zahl von Kindern zu berücksichtigen, ist von der höheren Zahl auszugehen.

Freibetrag und Hinzurechnungsbetrag nach § 39a Abs. 1 Nr. 7 EStG

(8) [1]Arbeitnehmer mit mehr als einem Dienstverhältnis, deren Arbeitslohn aus dem ersten Dienstverhältnis niedriger ist als der Betrag, bis zu dem nach der Steuerklasse des ersten Dienstverhältnisses keine Lohnsteuer zu erheben ist, können die Übertragung bis zur Höhe dieses Betrags als Freibetrag auf die Lohnsteuerkarte mit der Steuerklasse VI beantragen. [2]Dabei kann der Arbeitnehmer den zu übertragenden Betrag selbst bestimmen. [3]Eine Verteilung auf mehrere Lohnsteuerkarten des Arbeitnehmers ist zulässig. [4]Auf der ersten Lohnsteuerkarte wird in diesen Fällen ein Hinzurechnungsbetrag in Höhe der eingetragenen Freibeträge nach den Sätzen 1 bis 3 eingetragen oder ggf. mit einem Freibetrag nach § 39a Abs. 1 Nr. 1 bis 6 und 8 EStG verrechnet.

Umrechnung des Jahresfreibetrags oder des Jahreshinzurechnungsbetrags

(9) [1]Für die Umrechnung des Jahresfreibetrags in einen Freibetrag für monatliche Lohnzahlung ist der Jahresfreibetrag durch die Zahl der in Betracht kommenden Kalendermonate zu teilen. [2]Der Wochenfreibetrag ist mit $^7/_{30}$ und der Tagesfreibetrag mit $^1/_{30}$ des Monatsbetrags anzusetzen. [3]Der sich hiernach ergebende Monatsbetrag ist auf den nächsten vollen Euro-Betrag, der Wochenbetrag auf den nächsten durch 10 teilbaren Centbetrag und der Tagesbetrag auf den nächsten durch 5 teilbaren Centbetrag aufzurunden. [4]Die Sätze 1 bis 3 gelten für die Umrechnung des Jahreshinzurechnungsbetrags entsprechend.

Änderung eines eingetragenen Freibetrags oder Hinzurechnungsbetrags

(10) [1]Ist bereits ein Jahresfreibetrag auf der Lohnsteuerkarte eingetragen und beantragt der Arbeitnehmer im Laufe des Kalenderjahres die Berücksichtigung weiterer Aufwendungen oder abziehbarer Beträge, wird der Jahresfreibetrag unter Berücksichtigung der gesamten Aufwendungen und abziehbaren Beträge des Kalenderjahres neu festgestellt und auf der Lohnsteuerkarte eingetragen; für die Berechnung des Monatsfreibetrags, Wochenfreibetrags usw. ist der Freibetrag um den Teil des bisherigen Freibetrags zu kürzen, der nach den Eintragungen auf der Lohnsteuerkarte für den Zeitraum bis zur Wirksamkeit des neuen Freibetrags zu berücksichtigen war. [2]Der verbleibende Betrag ist auf die Zeit vom Beginn des auf die Antragstellung folgenden Kalendermonats bis zum Schluss des Kalenderjahres gleichmäßig zu verteilen. [3]Die Sätze 1 und 2 gelten für den Hinzurechnungsbetrag entsprechend.

Hinweise

LStH 39a.1 Beispiele
- *Umrechnung des Jahresfreibetrags*

    Ein monatlich entlohnter Arbeitnehmer beantragt am 2. 5. die Eintragung eines Freibetrags. Es wird vom Finanzamt ein Freibetrag von 1 555 € festgestellt, der auf die Monate Juni bis Dezember (7 Monate) zu verteilen ist. Außer dem Jahresfreibetrag von 1 555 € ist ab 1. 6. ein Monatsfreibetrag von 223 € auf der Lohnsteuerkarte einzutragen.

- *Erhöhung eines eingetragenen Freibetrags*

    Ein monatlich entlohnter Arbeitnehmer, auf dessen Lohnsteuerkarte mit Wirkung vom 1. 1. an ein Freibetrag von 2 400 € (monatlich 200 €) vermerkt ist, macht am 10. 3. weitere berücksichtigungsfähige Aufwendungen von 963 € für das Kalenderjahr geltend. Es ergibt sich ein neuer Jahresfreibetrag von (2 400 € + 963 € =) 3 363 €, der auf der Lohnsteuerkarte zu bescheinigen ist. Für die Berechnung des neuen Monatsfreibetrags ist der Jahresfreibetrag um die bei der Lohnsteuerberechnung bisher zu berücksichtigenden Monatsfreibeträge von (3 x 200 € =) 600 € zu kürzen. Der verbleibende Betrag von (3 363 € ./. 600 € =) 2 763 € ist auf die Monate April bis Dezember zu verteilen, so dass ab 1. 4. ein Monatsfreibetrag von 307 € auf der Lohnsteuerkarte einzutragen ist. Für die abgelaufenen Lohnzahlungszeiträume Januar bis März bleibt der Monatsfreibetrag von 200 € unverändert.

- *Herabsetzung eines eingetragenen Freibetrags*

    Ein monatlich entlohnter Arbeitnehmer, auf dessen Lohnsteuerkarte mit Wirkung vom 1. 1. an ein Freibetrag von 4 800 € (monatlich 400 €) vermerkt ist, teilt dem Finanzamt am 10. 3. mit, dass sich die berücksichtigungsfähigen Aufwendungen um 975 € für das Kalenderjahr vermindern. Es ergibt sich ein neuer Jahresfreibetrag von (4 800 € ./. 975 € =) 3 825 €, der auf der Lohnsteuerkarte zu bescheinigen ist. Für die Berechnung des neuen Monatsfreibetrags ist der Jahresfreibetrag um die bei der Lohnsteuerberechnung

§ 39a

RL 39a.2, 39a.3

bisher zu berücksichtigenden Monatsfreibeträge von (3 x 400 € =) 1 200 € zu kürzen. Der verbleibende Betrag von (3 825 € ./. 1 200 € =) 2 625 € ist auf die Monate April bis Dezember zu verteilen, so dass ab 1. 4. ein Monatsfreibetrag von 292 € auf der Lohnsteuerkarte einzutragen ist. Für die abgelaufenen Lohnzahlungszeiträume Januar bis März bleibt der Monatsfreibetrag von 400 € unverändert.

Freibetrag wegen haushaltsnaher Beschäftigungsverhältnisse und haushaltsnaher Dienstleistungen

→ BMF vom 15.2.2010 (BStBl. I S. 140) — *Anlage § O35a-01* —

Freibetrag wegen negativer Einkünfte

→ R 39a.2

LStR

R 39a.2 Freibetrag wegen negativer Einkünfte

[1]In die Ermittlung eines Freibetrags wegen negativer Einkünfte sind sämtliche Einkünfte aus Land- und Forstwirtschaft, Gewerbebetrieb, selbständiger Arbeit, Vermietung und Verpachtung, die sonstigen Einkünfte sowie negative Einkünfte aus Kapitalvermögen einzubeziehen, die der Arbeitnehmer und sein von ihm nicht dauernd getrennt lebender unbeschränkt einkommensteuerpflichtiger Ehegatte voraussichtlich erzielen werden. [2]Das bedeutet, dass sich der Betrag der negativen Einkünfte des Arbeitnehmers z. B. um die positiven Einkünfte des Ehegatten vermindert. [3]Außer Betracht bleiben stets die Einkünfte aus nichtselbständiger Arbeit und positive Einkünfte aus Kapitalvermögen.

Hinweise

LStH 39a.2 Kapitalvermögen

Negative Einkünfte aus Kapitalvermögen, die unter das Verlustausgleichsverbot nach § 20 Abs. 6 Satz 2 EStG fallen, können nicht als Freibetrag auf der Lohnsteuerkarte eingetragen werden.

Vermietung und Verpachtung

Negative Einkünfte aus Vermietung und Verpachtung eines Gebäudes können grundsätzlich erstmals für das Kalenderjahr berücksichtigt werden, das auf das Kalenderjahr der Fertigstellung oder der Anschaffung des Gebäudes folgt (§ 39a Abs. 1 Nr. 5 i.V.m. § 37 Abs. 3 EStG). Das Objekt ist angeschafft, wenn der Kaufvertrag abgeschlossen worden ist und Besitz, Nutzungen, Lasten und Gefahr auf den Erwerber übergegangen sind. Das Objekt ist fertiggestellt, wenn es nach Abschluss der wesentlichen Bauarbeiten bewohnbar ist; die Bauabnahme ist nicht erforderlich (→ H 7.4 (Fertigstellung) EStH). Wird ein Objekt vor der Fertigstellung angeschafft, ist der Zeitpunkt der Fertigstellung maßgebend.

LStR

R 39a.3 Freibeträge bei Ehegatten

Werbungskosten

(1) [1]Werbungskosten werden für jeden Ehegatten gesondert ermittelt. [2]Von den für den einzelnen Ehegatten ermittelten Werbungskosten ist jeweils der maßgebende Pauschbetrag für Werbungskosten nach § 9a Satz 1 Nr. 1 EStG abzuziehen; **dies gilt nicht bei Kinderbetreuungskosten i.S.d. § 9 Abs. 5 Satz 1 i.V.m. § 4f EStG.** [1)]

Sonderausgaben

(2) [1]Sonderausgaben i.S.d. § 10 Abs. 1 Nr. 1, 1a, 4, **5 und 7 bis** 9 EStG[2)] und des § 10b EStG sind bei Ehegatten, die beide unbeschränkt einkommensteuerpflichtig sind und nicht dauernd getrennt leben, einheitlich zu ermitteln. [2]Hiervon ist der Sonderausgaben-Pauschbetrag für Ehegatten abzuziehen.

Außergewöhnliche Belastungen

(3) Bei Ehegatten, die beide unbeschränkt einkommensteuerpflichtig sind und nicht dauernd getrennt leben, genügt es für die Anwendung der §§ 33, 33a **und** 33b Abs. 6 EStG (außergewöhnliche Belastun-

---

1) Jetzt § 9c Absatz 1 EStG.
2) Jetzt § 9c Absatz 2, § 10 Absatz 1 Nummer 1, 1a, 1b, 4, 7 und 9 EStG.

gen), dass die Voraussetzungen für die Eintragung eines Freibetrags in der Person eines Ehegatten erfüllt sind.

Behinderten-Pauschbetrag

(4) ¹Für die Gewährung eines Behinderten-Pauschbetrags nach § 33b EStG ist es bei Ehegatten, die beide unbeschränkt einkommensteuerpflichtig sind und nicht dauernd getrennt leben, unerheblich, wer von ihnen die Voraussetzungen erfüllt. ²Liegen bei beiden Ehegatten die Voraussetzungen für die Gewährung eines Behinderten-Pauschbetrags vor, ist für jeden Ehegatten der in Betracht kommende Pauschbetrag zu gewähren; dies gilt auch, wenn nur ein Ehegatte Arbeitnehmer ist.

Aufteilung des Freibetrags

(5) ¹Bei Ehegatten, die beide unbeschränkt einkommensteuerpflichtig sind und nicht dauernd getrennt leben, ist der Freibetrag grundsätzlich je zur Hälfte auf die Ehegatten aufzuteilen, wenn für jeden Ehegatten eine Lohnsteuerkarte ausgestellt worden ist; auf Antrag der Ehegatten ist aber eine andere Aufteilung vorzunehmen (§ 39a Abs. 3 Satz 3 EStG). ²Eine Ausnahme gilt für einen Freibetrag wegen erhöhter Werbungskosten; dieser darf nur auf der Lohnsteuerkarte des Ehegatten eingetragen werden, dem die Werbungskosten entstanden sind. ³Pauschbeträge, die von der Gemeinde nach § 39a Abs. 2 EStG eingetragen werden, dürfen abweichend von Satz 1 als Freibetrag auf der Lohnsteuerkarte des Ehegatten eingetragen werden, der die Voraussetzungen für den Pauschbetrag erfüllt. ⁴Der Freibetrag bei Ehegatten ist vor der Berücksichtigung des Hinzurechnungsbetrags nach § 39a Abs. 1 Nr. 7 EStG aufzuteilen; der Hinzurechnungsbetrag selbst darf nicht aufgeteilt werden.

Hinweise

LStH 39a.3 Pauschbeträge für behinderte Kinder
> Wegen der Übertragung der Pauschbeträge für behinderte Kinder auf deren Eltern → R 33b EStR. *– abgedruckt bei § 33b EStG, LStH 33.b –*

ESt-Kartei NW

1. Eintragung eines Freibetrags auf der Lohnsteuerkarte wegen negativer Einkünfte – ausgesondert – (entsprach BMF-Schreiben v. 8. 9. 1992 BStBl. I S. 527 und v. 19. 2. 1993 BStBl. I S. 250; ab VZ 1994 durch entsprechende gesetzliche Regelung in § 39a Abs. 1 Nr. 5 EStG überholt)
2. Eintragung eines Freibetrags auf der Lohnsteuerkarte in den Fällen des § 10e EStG – ausgesondert – (entsprach BMF-Schreiben v. 28. 12. 1994 BStBl. I S. 925; überholt durch Zeitablauf)
3. Jahressteuergesetz 1996; Lohnsteuer-Ermäßigungsverfahren für 1996 – ausgesondert – (entsprach BMF-Schreiben v. 29. 9. 1995 BStBl. I S. 429; überholt ab VZ 1997)
1000. Eintragung von Freibeträgen auf der Lohnsteuerkarte und Anpassung von Vorauszahlungen wegen Steuerbegünstigung nach § 10e Abs. 1-5 EStG – ausgesondert – (überholt durch Nr. 2)
1001. Eintragung von Freibeträgen bei Einkünften aus Unterhaltsleistungen i. S. des § 22 Nr. 1 Buchst. a EStG (sog. Realsplitting) – Hinweis auf § 37 EStG Nr. 1001 – (ausdrückliche Antragstellung des Gebers und Zustimmung des Empfängers erforderlich; s. auch § 10 Abs. 1 Nr. 1 EStG)
1002. Lohnsteuer-Ermäßigungsverfahren für das Jahr 2005 (Hinweise zu Gesetzesänderungen ab 2004 und 2005)

Rechtsprechungsauswahl

BFH v. 9. 12. 2009 X R 28/07 (BFH-Webseite): Beschränkte Abziehbarkeit von Altersvorsorgeaufwendungen verfassungsgemäß; keine Eintragung von Altersvorsorgeaufwendungen i.S. des § 10 Abs. 1 Nr. 2 Buchst. a EStG auf der Lohnsteuerkarte

1. Im zeitlichen Geltungsbereich des Alterseinkünftegesetzes geleistete Beiträge zu den gesetzlichen Rentenversicherungen und zu berufsständischen Versorgungseinrichtungen sind als Sonderausgaben nur beschränkt abziehbar (Bestätigung des Senatsbeschlusses vom 1. Februar 2006 X B 166/05, BFHE 212, 242, BStBl. II 2006, 420). Hiergegen bestehen keine verfassungsrechtlichen Bedenken.
2. Es ist verfassungsrechtlich nicht zu beanstanden, dass Altersvorsorgeaufwendungen i.S. des § 10 Abs. 1 Nr. 2 Buchst. a EStG i.d.F. des Alterseinkünftegesetzes nicht als Freibetrag auf der Lohnsteuerkarte eingetragen werden können.

BFH v. 26. 2. 2009 VI R 17/07 (BStBl. II S. 421): Die Kosten eines Verfahrens, das ursprünglich die Eintragung eines höheren Freibetrags auf der Lohnsteuerkarte zum Gegenstand hatte und das die Betei-

§ 39a Rechtsprechung

ligten nach der Entscheidung des BVerfG vom 9. Dezember 2008 zur Verfassungswidrigkeit von § 9 Abs. 2 Satz 1 und Satz 2 EStG i.d.F. des StÄndG 2007 vom 19. Juli 2006 (BGBl. I 2006, 1652, BStBl. I 2006, 432) in der Hauptsache für erledigt erklärt haben, sind dem FA aufzuerlegen. Dies gilt ungeachtet der Tatsache, dass § 9 Abs. 2 Satz 2 EStG zunächst nur im Wege vorläufiger Steuerfestsetzung ohne die Beschränkung auf "erhöhte" Aufwendungen „ab dem 21. Entfernungskilometer" gilt.

BFH v. 23. 8. 2007 VI B 42/07 (BStBl. II S. 799):
1. Es ist ernstlich zweifelhaft, ob das ab 2007 geltende Abzugsverbot des § 9 Abs. 2 EStG betreffend Aufwendungen für Wege zwischen Wohnung und Arbeitsstätte verfassungsgemäß ist.
2. Ein Beitritt des Bundesministeriums der Finanzen zu einem vor dem Bundesfinanzhof anhängigen Beschwerdeverfahren ist jedenfalls dann unzulässig, wenn es sich um eine Sache wegen Aussetzung der Vollziehung handelt.

Hinweis: Zur Aussetzung der Vollziehung BMF-Schreiben vom 4.10.2007 (BStBl. I S. 722).

BFH v. 21. 11. 1997 VI R 93/95 (BStBl. 1998 II S. 208):
1. § 39a Abs. 1 Nr. 5 EStG i. d. F. des StMBG kann nicht entgegen seinem Wortlaut dahin ausgelegt werden, daß bei den Einkünften aus Kapitalvermögen die Werbungskosten oder ein bestimmter Prozentsatz davon als Freibetrag auf der Lohnsteuerkarte einzutragen sind.
2. Es ist verfassungsrechtlich hinzunehmen, daß Werbungskosten und Steuerabzugsbeträge nach § 43 EStG bei Einkommensteuer-Vorauszahlern gemäß § 37 Abs. 3 Satz 2 EStG zu berücksichtigen sind, während Steuerabzugsbeträge und solche Werbungskosten bei den Einkünften aus Kapitalvermögen, die niedriger sind als die Einnahmen, bei der Ermittlung des Freibetrags nach § 39a Abs. 1 EStG i. d. F. des StMBG nicht einzubeziehen sind (Aufgabe der Rechtsprechung in dem Beschluß vom 27. Juni 1995 VI R 93/93, BFH/NV 1995, 1058).

Schwebende Verfahren

BFH VI R 55/08 (BFH-Webseite): Ist § 39a EStG ergänzend dahingehend auszulegen, dass ein Freibetrag auf der Lohnsteuerkarte für eine Einmalzahlung zum Erhalt einer Rente als Sonderausgabe i. S. des § 10 Abs. 1 Nr. 2 Buchst. b EStG einzutragen ist?

§ 39b

§ 39b Durchführung des Lohnsteuerabzugs für unbeschränkt einkommensteuerpflichtige Arbeitnehmer

(1) ¹Für die Durchführung des Lohnsteuerabzugs hat der unbeschränkt einkommensteuerpflichtige Arbeitnehmer seinem Arbeitgeber vor Beginn des Kalenderjahres oder beim Eintritt in das Dienstverhältnis eine Lohnsteuerkarte vorzulegen. ²Der Arbeitgeber hat die Lohnsteuerkarte während des Dienstverhältnisses aufzubewahren. ³Er hat sie dem Arbeitnehmer während des Kalenderjahres zur Vorlage beim Finanzamt oder bei der Gemeinde vorübergehend zu überlassen sowie innerhalb angemessener Frist nach Beendigung des Dienstverhältnisses herauszugeben. ⁴Der Arbeitgeber darf die auf der Lohnsteuerkarte eingetragenen Merkmale nur für die Einbehaltung der Lohnsteuer verwerten; er darf sie ohne Zustimmung des Arbeitnehmers nur offenbaren, soweit dies gesetzlich zugelassen ist.

(2) ¹Für die Einbehaltung der Lohnsteuer vom laufenden Arbeitslohn hat der Arbeitgeber die Höhe des laufenden Arbeitslohns im Lohnzahlungszeitraum festzustellen und auf einen Jahresarbeitslohn hochzurechnen. ²Der Arbeitslohn eines monatlichen Lohnzahlungszeitraums ist mit zwölf, der Arbeitslohn eines wöchentlichen Lohnzahlungszeitraums mit 360/7 und der Arbeitslohn eines täglichen Lohnzahlungszeitraums mit 360 zu vervielfältigen. ³Von dem hochgerechneten Jahresarbeitslohn sind ein etwaiger Versorgungsfreibetrag (§ 19 Absatz 2) und Altersentlastungsbetrag (§ 24a) abzuziehen. ⁴Außerdem ist der hochgerechnete Jahresarbeitslohn um einen etwaigen auf der Lohnsteuerkarte des Arbeitnehmers für den Lohnzahlungszeitraum eingetragenen Freibetrag (§ 39a Absatz 1) oder Hinzurechnungsbetrag (§ 39a Absatz 1 Nummer 7), vervielfältigt unter sinngemäßer Anwendung von Satz 2, zu vermindern oder zu erhöhen. ⁵Der so verminderte oder erhöhte hochgerechnete Jahresarbeitslohn, vermindert um

1. den Arbeitnehmer-Pauschbetrag (§ 9a Satz 1 Nummer 1 Buchstabe a) oder bei Versorgungsbezügen den Pauschbetrag (§ 9a Satz 1 Nummer 1 Buchstabe b) und den Zuschlag zum Versorgungsfreibetrag (§ 19 Absatz 2) in den Steuerklassen I bis V,
2. den Sonderausgaben-Pauschbetrag (§ 10c Satz 1) in den Steuerklassen I bis V,
3. eine Vorsorgepauschale aus den Teilbeträgen

    a) für die Rentenversicherung bei Arbeitnehmern, die in der gesetzlichen Rentenversicherung pflichtversichert oder von der gesetzlichen Rentenversicherung nach § 6 Absatz 1 Nummer 1 des Sechsten Buches Sozialgesetzbuch befreit sind, in den Steuerklassen I bis VI in Höhe des Betrags, der bezogen auf den Arbeitslohn 50 Prozent des Beitrags in der allgemeinen Rentenversicherung unter Berücksichtigung der jeweiligen Beitragsbemessungsgrenzen entspricht,

    b) für die Krankenversicherung bei Arbeitnehmern, die in der gesetzlichen Krankenversicherung versichert sind, in den Steuerklassen I bis VI in Höhe des Betrags, der bezogen auf den Arbeitslohn unter Berücksichtigung der Beitragsbemessungsgrenze und den ermäßigten Beitragssatz (§ 243 des Fünften Buches Sozialgesetzbuch) dem Arbeitnehmeranteil eines pflichtversicherten Arbeitnehmers entspricht,

    c) für die Pflegeversicherung bei Arbeitnehmern, die in der sozialen Pflegeversicherung versichert sind, in den Steuerklassen I bis VI in Höhe des Betrags, der bezogen auf den Arbeitslohn unter Berücksichtigung der Beitragsbemessungsgrenze und den bundeseinheitlichen Beitragssatz dem Arbeitnehmeranteil eines pflichtversicherten Arbeitnehmers entspricht, erhöht um den Beitragszuschlag des Arbeitnehmers nach § 55 Absatz 3 des Elften Buches Sozialgesetzbuch, wenn die Voraussetzungen dafür vorliegen,

    d) für die Krankenversicherung und für die private Pflege-Pflichtversicherung bei Arbeitnehmern, die nicht unter Buchstabe b und c fallen, in den Steuerklassen I bis V in Höhe der dem Arbeitgeber mitgeteilten Beiträge im Sinne des § 10 Absatz 1 Nummer 3, etwaig vervielfältigt unter sinngemäßer Anwendung von Satz 2 auf einen Jahresbetrag, vermindert um den Betrag, der bezogen auf den Arbeitslohn unter Berücksichtigung der Beitragsbemessungsgrenze und den ermäßigten Beitragssatz in der

§ 39b

gesetzlichen Krankenversicherung sowie den bundeseinheitlichen Beitragssatz in der sozialen Pflegeversicherung dem Arbeitgeberanteil für einen pflichtversicherten Arbeitnehmer entspricht, wenn der Arbeitgeber gesetzlich verpflichtet ist, Zuschüsse zu den Kranken- und Pflegeversicherungsbeiträgen des Arbeitnehmers zu leisten;

Entschädigungen im Sinne des § 24 Nummer 1 sind bei Anwendung der Buchstaben a bis c nicht zu berücksichtigen; mindestens ist für die Summe der Teilbeträge nach den Buchstaben b und c oder für den Teilbetrag nach Buchstabe d ein Betrag in Höhe von 12 Prozent des Arbeitslohns, höchstens 1 900 Euro in den Steuerklassen I, II, IV, V, VI und höchstens 3 000 Euro in der Steuerklasse III anzusetzen,

4. den Entlastungsbetrag für Alleinerziehende (§ 24b) in der Steuerklasse II,

ergibt den zu versteuernden Jahresbetrag. ⁶Für den zu versteuernden Jahresbetrag ist die Jahreslohnsteuer in den Steuerklassen I, II und IV nach § 32a Absatz 1 sowie in der Steuerklasse III nach § 32a Absatz 5 zu berechnen. ⁷In den Steuerklassen V und VI ist die Jahreslohnsteuer zu berechnen, die sich aus dem Zweifachen des Unterschiedsbetrags zwischen dem Steuerbetrag für das Eineinviertelfache und dem Steuerbetrag für das Dreiviertelfache des zu versteuernden Jahresbetrags nach § 32a Absatz 1 ergibt; die Jahreslohnsteuer beträgt jedoch mindestens 14 Prozent des Jahresbetrags, für den 9 429 Euro übersteigenden Teil des Jahresbetrags höchstens 42 Prozent und für den 26 441 Euro übersteigenden Teil des zu versteuernden Jahresbetrags jeweils 42 Prozent sowie für den 200 584 Euro übersteigenden Teil des zu versteuernden Jahresbetrags jeweils 45 Prozent.[1)] ⁸Für die Lohnsteuerberechnung ist die auf der Lohnsteuerkarte eingetragene Steuerklasse maßgebend. ⁹Die monatliche Lohnsteuer ist 1/12, die wöchentliche Lohnsteuer sind 7/360 und die tägliche Lohnsteuer ist 1/360 der Jahreslohnsteuer. ¹⁰Bruchteile eines Cents, die sich bei der Berechnung nach den Sätzen 2 und 9 ergeben, bleiben jeweils außer Ansatz. ¹¹Die auf den Lohnzahlungszeitraum entfallende Lohnsteuer ist vom Arbeitslohn einzubehalten. ¹²Das Betriebsstättenfinanzamt kann allgemein oder auf Antrag zulassen, dass die Lohnsteuer unter den Voraussetzungen des § 42b Absatz 1 nach dem voraussichtlichen Jahresarbeitslohn ermittelt wird, wenn gewährleistet ist, dass die zutreffende Jahreslohnsteuer (§ 38a Absatz 2) nicht unterschritten wird.

(3) ¹Für die Einbehaltung der Lohnsteuer von einem sonstigen Bezug hat der Arbeitgeber den voraussichtlichen Jahresarbeitslohn ohne den sonstigen Bezug festzustellen. ²Hat der Arbeitnehmer Lohnsteuerbescheinigungen aus früheren Dienstverhältnissen des Kalenderjahrs nicht vorgelegt, so ist bei der Ermittlung des voraussichtlichen Jahresarbeitslohns der Arbeitslohn für Beschäftigungszeiten bei früheren Arbeitgebern mit dem Betrag anzusetzen, der sich ergibt, wenn der laufende Arbeitslohn im Monat der Zahlung des sonstigen Bezugs entsprechend der Beschäftigungsdauer bei früheren Arbeitgebern hochgerechnet wird. ³Der voraussichtliche Jahresarbeitslohn ist um den Versorgungsfreibetrag (§ 19 Absatz 2) und den Altersentlastungsbetrag (§ 24a), wenn die Voraussetzungen für den Abzug dieser Beträge jeweils erfüllt sind, sowie nach Maßgabe der Eintragungen auf der Lohnsteuerkarte um einen etwaigen Jahresfreibetrag zu vermindern und um einen etwaigen Jahreshinzurechnungsbetrag zu erhöhen. ⁴Für den so ermittelten Jahresarbeitslohn (maßgebender Jahresarbeitslohn) ist die Lohnsteuer nach Maßgabe des Absatzes 2 Satz 5 bis 7 zu ermitteln. ⁵Außerdem ist die Jahreslohnsteuer für den maßgebenden Jahresarbeitslohn unter Einbeziehung des sonstigen Bezugs zu ermitteln. ⁶Dabei ist der sonstige Bezug, soweit es sich nicht um einen sonstigen Bezug im Sinne des Satzes 9 handelt, um den Versorgungsfreibetrag und den Altersentlastungsbetrag zu vermindern, wenn die Voraussetzungen für den Abzug dieser Beträge jeweils erfüllt sind und soweit sie nicht bei der Steuerberechnung für den maßgebenden Jahresarbeitslohn berücksichtigt worden sind. ⁷Für die Lohnsteuerberechnung ist die auf der Lohnsteuerkarte eingetragene Steuerklasse maßgebend. ⁸Der Unterschiedsbetrag zwischen den ermittelten Jahreslohnsteuerbeträgen ist die Lohnsteuer, die vom sonstigen Bezug einzubehalten ist. ⁹Die Lohnsteuer ist bei einem sonstigen Bezug im Sinne des § 34 Absatz 1 und 2 Nummer 2 und 4 in der Weise zu ermäßigen, dass der sonstige Bezug bei der Anwendung des Satzes 5 mit einem Fünftel anzusetzen und

---

1) § 39b Absatz 2 Satz 7 in der ab VZ 2010 anzuwendenden Fassung gemäß § 52 Absatz 51 EStG.

der Unterschiedsbetrag im Sinne des Satzes 8 zu verfünffachen ist; § 34 Absatz 1 Satz 3 ist sinngemäß anzuwenden. ¹⁰Ein sonstiger Bezug im Sinne des § 34 Absatz 1 und 2 Nummer 4 ist bei der Anwendung des Satzes 4 in die Bemessungsgrundlage für die Vorsorgepauschale nach Absatz 2 Satz 5 Nummer 3 einzubeziehen.

(4) In den Kalenderjahren 2010 bis 2024 ist Absatz 2 Satz 5 Nummer 3 Buchstabe a mit der Maßgabe anzuwenden, dass im Kalenderjahr 2010 der ermittelte Betrag auf 40 Prozent begrenzt und dieser Prozentsatz in jedem folgenden Kalenderjahr um je 4 Prozentpunkte erhöht wird.

(5) ¹Wenn der Arbeitgeber für den Lohnzahlungszeitraum lediglich Abschlagszahlungen leistet und eine Lohnabrechnung für einen längeren Zeitraum (Lohnabrechnungszeitraum) vornimmt, kann er den Lohnabrechnungszeitraum als Lohnzahlungszeitraum behandeln und die Lohnsteuer abweichend von § 38 Absatz 3 bei der Lohnabrechnung einbehalten. ²Satz 1 gilt nicht, wenn der Lohnabrechnungszeitraum fünf Wochen übersteigt oder die Lohnabrechnung nicht innerhalb von drei Wochen nach dessen Ablauf erfolgt. ³Das Betriebsstättenfinanzamt kann anordnen, dass die Lohnsteuer von den Abschlagszahlungen einzubehalten ist, wenn die Erhebung der Lohnsteuer sonst nicht gesichert erscheint. ⁴Wenn wegen einer besonderen Entlohnungsart weder ein Lohnzahlungszeitraum noch ein Lohnabrechnungszeitraum festgestellt werden kann, gilt als Lohnzahlungszeitraum die Summe der tatsächlichen Arbeitstage oder Arbeitswochen.

(6) ¹Ist nach einem Abkommen zur Vermeidung der Doppelbesteuerung der von einem Arbeitgeber (§ 38) gezahlte Arbeitslohn von der Lohnsteuer freizustellen, so erteilt das Betriebsstättenfinanzamt auf Antrag des Arbeitnehmers oder des Arbeitgebers eine entsprechende Bescheinigung. ²Der Arbeitgeber hat diese Bescheinigung als Beleg zum Lohnkonto (§ 41 Absatz 1) aufzubewahren.

(7) (weggefallen)

(8) Das Bundesministerium der Finanzen hat im Einvernehmen mit den obersten Finanzbehörden der Länder auf der Grundlage der Absätze 2 und 3 einen Programmablaufplan für die maschinelle Berechnung der Lohnsteuer aufzustellen und bekannt zu machen.¹⁾

LStR

R 39b.1 Aufbewahrung der Lohnsteuerkarte

(1) Verlangt der Arbeitnehmer die vorübergehende Überlassung der Lohnsteuerkarte, hat er dem Arbeitgeber gegenüber glaubhaft zu machen, dass er die Lohnsteuerkarte zur Vorlage beim Finanzamt oder bei der Gemeinde benötigt.

(2) Vor Ablauf des Kalenderjahres darf der Arbeitgeber die Lohnsteuerkarte dem Arbeitnehmer nur dann endgültig herausgeben, wenn das Dienstverhältnis beendet ist und er dem Arbeitnehmer keinen Arbeitslohn mehr zahlt.

(3) ¹Abweichend von Absatz 2 darf die Lohnsteuerkarte auch dann endgültig herausgegeben werden, wenn ein Arbeitnehmer die vom Arbeitgeber aufbewahrte Lohnsteuerkarte gegen eine bisher einem anderen Arbeitgeber vorgelegte Lohnsteuerkarte austauschen will (Steuerkartenwechsel). ²In diesem Falle haben Arbeitgeber, die keine elektronische Lohnsteuerbescheinigung übermitteln, vor der Herausgabe der Lohnsteuerkarte auf der Lohnsteuerkarte die Lohnsteuerbescheinigung auszuschreiben. ³Nach dem Steuerkartenwechsel ist der Lohnsteuerabzug nach den Eintragungen der neu vorgelegten Lohnsteuerkarte vorzunehmen; § 41 c EStG ist nicht anzuwenden.

R 39b.2 Laufender Arbeitslohn und sonstige Bezüge

(1) Laufender Arbeitslohn ist der Arbeitslohn, der dem Arbeitnehmer regelmäßig fortlaufend zufließt, insbesondere:

1. Monatsgehälter,
2. Wochen- und Tagelöhne,
3. Mehrarbeitsvergütungen,
4. Zuschläge und Zulagen,

---

1) Fundstellennachweis der Programmablaufpläne gemäß § 39b Absatz 8 EStG in Anlage § 039b-01.

§ 39b

RL 39b.2–39b.4

5. geldwerte Vorteile aus der ständigen Überlassung von Dienstwagen zur privaten Nutzung,
6. Nachzahlungen und Vorauszahlungen, wenn sich diese ausschließlich auf Lohnzahlungszeiträume beziehen, die im Kalenderjahr der Zahlung enden,
7. Arbeitslohn für Lohnzahlungszeiträume des abgelaufenen Kalenderjahres, der innerhalb der ersten drei Wochen des nachfolgenden Kalenderjahres zufließt.

(2) ¹Ein sonstiger Bezug ist der Arbeitslohn, der nicht als laufender Arbeitslohn gezahlt wird. ²Zu den sonstigen Bezügen gehören insbesondere einmalige Arbeitslohnzahlungen, die neben dem laufenden Arbeitslohn gezahlt werden, insbesondere:

1. dreizehnte und vierzehnte Monatsgehälter,
2. einmalige Abfindungen und Entschädigungen,
3. Gratifikationen und Tantiemen, die nicht fortlaufend gezahlt werden,
4. Jubiläumszuwendungen,
5. Urlaubsgelder, die nicht fortlaufend gezahlt werden, und Entschädigungen zur Abgeltung nicht genommenen Urlaubs,
6. Vergütungen für Erfindungen,
7. Weihnachtszuwendungen,
8. ¹Nachzahlungen und Vorauszahlungen, wenn sich der Gesamtbetrag oder ein Teilbetrag der Nachzahlung oder Vorauszahlung auf Lohnzahlungszeiträume bezieht, die in einem anderen Jahr als dem der Zahlung enden. ²Nachzahlungen liegen auch vor, wenn Arbeitslohn für Lohnzahlungszeiträume des abgelaufenen Kalenderjahres später als drei Wochen nach Ablauf dieses Jahres zufließt.

R 39b.3 Freibetrag für Versorgungsbezüge

(1) ¹Werden Versorgungsbezüge als laufender Arbeitslohn gezahlt, bleibt höchstens der auf den jeweiligen Lohnzahlungszeitraum entfallende Anteil der Freibeträge für Versorgungsbezüge (→ § 19 Abs. 2 EStG) steuerfrei. ²Dieser Anteil ist wie folgt zu ermitteln: Bei monatlicher Lohnzahlung sind die Jahresbeträge mit einem Zwölftel, bei wöchentlicher Lohnzahlung die Monatsbeträge mit 7/30 und bei täglicher Lohnzahlung die Monatsbeträge mit 1/30 anzusetzen. ³Dabei darf der sich hiernach insgesamt ergebende Monatsbetrag auf den nächsten vollen Euro-Betrag, der Wochenbetrag auf den nächsten durch 10 teilbaren Centbetrag und der Tagesbetrag auf den nächsten durch 5 teilbaren Centbetrag aufgerundet werden. ⁴Der dem Lohnzahlungszeitraum entsprechende anteilige Höchstbetrag darf auch dann nicht überschritten werden, wenn in früheren Lohnzahlungszeiträumen desselben Kalenderjahres wegen der damaligen Höhe der Versorgungsbezüge ein niedrigerer Anteil des Höchstbetrags berücksichtigt worden ist. ⁵Eine Verrechnung des in einem Monat nicht ausgeschöpften Höchstbetrags mit den Höchstbetrag übersteigenden Beträgen eines anderen Monats ist nicht zulässig. ⁶Sätze 1 bis 5 gelten nicht in den Fällen des § 39b Abs. 2 Satz 13 [1]) EStG (permanenter Lohnsteuer-Jahresausgleich; → R **39b.8**). ⁷Die Freibeträge für Versorgungsbezüge sind auch beim Lohnsteuerabzug nach der Steuerklasse VI zu berücksichtigen. [2])

(2) ¹Werden Versorgungsbezüge als sonstige Bezüge gezahlt, ist § 39b Abs. 3 EStG anzuwenden. ²Danach dürfen die Freibeträge für Versorgungsbezüge von dem sonstigen Bezug nur abgezogen werden, soweit sich bei der Feststellung des maßgebenden Jahresarbeitslohns nicht verbraucht sind. ³Werden laufende Versorgungsbezüge erstmals gezahlt, nachdem im selben Kalenderjahr bereits Versorgungsbezüge als sonstige Bezüge gewährt worden sind, darf der Arbeitgeber die maßgebenden Freibeträge für Versorgungsbezüge bei den laufenden Bezügen nur berücksichtigen, soweit sie sich bei den sonstigen Bezügen nicht ausgewirkt haben. ⁴Von Arbeitslohn, von dem die Lohnsteuer nach §§ 40 bis 40b EStG mit Pauschsteuersätzen erhoben wird, dürfen die Freibeträge für Versorgungsbezüge nicht abgezogen werden.

(3) Durch die Regelungen der Absätze 1 und 2 wird die steuerliche Behandlung der Versorgungsbezüge beim Lohnsteuer-Jahresausgleich durch den Arbeitgeber oder bei einer Veranlagung zur Einkommensteuer nicht berührt.

R 39b.4. Altersentlastungsbetrag beim Lohnsteuerabzug

(1) ¹Vom laufenden Arbeitslohn ist höchstens der sich aus § 24a EStG ergebende, auf den jeweiligen Lohnzahlungszeitraum entfallende Anteil des Altersentlastungsbetrags abzuziehen. ²Dieser Anteil ist

---

1) Jetzt Satz 12.
2) Der Zuschlag zum Versorgungsfreibetrag ist in der Steuerklasse VI nicht zu berücksichtigen (→ § 39b Abs. 2 Satz 5 Nr.1 EStG).

wie folgt zu ermitteln: Bei monatlicher Lohnzahlung ist der Jahresbetrag mit einem Zwölftel, bei wöchentlicher Lohnzahlung der Monatsbetrag mit 7/30 und bei täglicher Lohnzahlung der Monatsbetrag mit 1/30 anzusetzen. ³Dabei darf der sich hiernach ergebende Monatsbetrag auf den nächsten vollen Euro-Betrag, der Wochenbetrag auf den nächsten durch 10 teilbaren Centbetrag und der Tagesbetrag auf den nächsten durch 5 teilbaren Centbetrag aufgerundet werden. ⁴R **39b.3** Abs. 1 Satz 4 bis 7 gilt entsprechend. ⁵Bei beschränkt einkommensteuerpflichtigen Arbeitnehmern ist ein Altersentlastungsbetrag nicht abzuziehen (→ § 50 Abs. 1 **Satz 4** EStG). ¹⁾

(2) ¹Wird Arbeitslohn als sonstiger Bezug gezahlt, ist § 39b Abs. 3 EStG anzuwenden. ²Danach darf der Altersentlastungsbetrag von dem sonstigen Bezug nur abgezogen werden, soweit er bei der Feststellung des maßgebenden Jahresarbeitslohns nicht verbraucht ist. ³Wird laufender Arbeitslohn erstmals gezahlt, nachdem im selben Kalenderjahr ein Altersentlastungsbetrag bereits bei sonstigen Bezügen berücksichtigt worden ist, darf der Arbeitgeber den maßgebenden steuerfreien Höchstbetrag bei den laufenden Bezügen nur berücksichtigen, soweit er sich bei den sonstigen Bezügen nicht ausgewirkt hat. ⁴Von Arbeitslohn, von dem die Lohnsteuer nach §§ 40 bis 40b EStG mit Pauschsteuersätzen erhoben wird, darf der Altersentlastungsbetrag nicht abgezogen werden.

(3) Durch die Regelungen der Absätze 1 und 2 wird die steuerliche Behandlung des Altersentlastungsbetrags beim Lohnsteuer-Jahresausgleich durch den Arbeitgeber oder bei einer Veranlagung zur Einkommensteuer nicht berührt.

R 39b.5. Einbehaltung der Lohnsteuer vom laufenden Arbeitslohn

Allgemeines

(1) ¹Der Arbeitgeber hat die Lohnsteuer grundsätzlich bei jeder Zahlung vom Arbeitslohn einzubehalten (→ § 38 Abs. 3 EStG). ²Reichen die dem Arbeitgeber zur Verfügung stehenden Mittel zur Zahlung des vollen vereinbarten Arbeitslohns nicht aus, hat er die Lohnsteuer von dem tatsächlich zur Auszahlung gelangenden niedrigeren Betrag zu berechnen und einzubehalten. ³Der Lohnsteuerermittlung sind jeweils die auf der Lohnsteuerkarte eingetragenen Merkmale zugrunde zu legen, die für den Tag gelten, an dem der Lohnzahlungszeitraum endet.

Lohnzahlungszeitraum

(2) ¹Der Zeitraum, für den jeweils der laufende Arbeitslohn gezahlt wird, ist der Lohnzahlungszeitraum. ²Ist ein solcher Zeitraum nicht feststellbar, tritt an seine Stelle die Summe der tatsächlichen Arbeitstage oder der tatsächlichen Arbeitswochen (→ § 39b Abs. 5 Satz 4 EStG). ³Solange das Dienstverhältnis fortbesteht, sind auch solche in den Lohnzahlungszeitraum fallende Arbeitstage mitzuzählen, für die der Arbeitnehmer keinen Lohn bezogen hat.

(3) ¹Wird der Arbeitslohn für einen Lohnzahlungszeitraum gezahlt, für den der steuerfreie Betrag oder der Hinzurechnungsbetrag aus der Lohnsteuerkarte nicht abgelesen werden kann, hat der Arbeitgeber für diesen Lohnzahlungszeitraum den zu berücksichtigenden Betrag selbst zu berechnen. ²Er hat dabei von dem auf der Lohnsteuerkarte für den monatlichen Lohnzahlungszeitraum eingetragenen – also aufgerundeten – steuerfreien Betrag auszugehen.

Nachzahlungen, Vorauszahlungen

(4) ¹Stellen Nachzahlungen oder Vorauszahlungen laufenden Arbeitslohn dar (→ R **39b.2** Abs. 1), ist die Nachzahlung oder Vorauszahlung für die Berechnung der Lohnsteuer den Lohnzahlungszeiträumen zuzurechnen, für die sie geleistet werden. ²Es bestehen jedoch keine Bedenken, diese Nachzahlungen und Vorauszahlungen als sonstige Bezüge nach R **39b.6** zu behandeln, wenn nicht der Arbeitnehmer die Besteuerung nach Satz 1 verlangt; die Pauschalierung nach § 40 Abs. 1 Satz 1 Nr. 1 EStG ist nicht zulässig.

Abschlagszahlungen

(5) ¹Zahlt der Arbeitgeber den Arbeitslohn für den üblichen Lohnzahlungszeitraum nur in ungefährer Höhe (Abschlagszahlung) und nimmt er eine genaue Lohnabrechnung für einen längeren Zeitraum vor, braucht er nach § 39b Abs. 5 EStG die Lohnsteuer erst bei der Lohnabrechnung einzubehalten, wenn der Lohnabrechnungszeitraum fünf Wochen nicht übersteigt und die Lohnabrechnung innerhalb von drei Wochen nach Ablauf des Lohnabrechnungszeitraums erfolgt. ²Die Lohnabrechnung gilt als abgeschlossen, wenn die Zahlungsbelege den Bereich des Arbeitgebers verlassen haben; auf den zeitlichen Zufluss der Zahlung beim Arbeitnehmer kommt es nicht an. ³Wird die Lohnabrechnung für den letzten Abrechnungszeitraum des abgelaufenen Kalenderjahres erst im nachfolgenden Kalenderjahr, aber noch innerhalb der Dreiwochenfrist vorgenommen, handelt es sich um Arbeitslohn und einbehaltene Lohn-

---

1) Jetzt: Bei beschränkt einkommensteuerpflichtigen Arbeitnehmern ist ein Altersentlastungsbetrag abzuziehen (→ §50 Abs.1 Satz 3 EStG).

§ 39b

RL 39b.5, 39b.6

steuer dieses Lohnabrechnungszeitraums; der Arbeitslohn und die Lohnsteuer sind deshalb im Lohnkonto und in den Lohnsteuerbelegen des abgelaufenen Kalenderjahres zu erfassen. [4]Die einbehaltene Lohnsteuer ist aber für die Anmeldung und Abführung als Lohnsteuer des Kalendermonats bzw. Kalendervierteljahres zu erfassen, in dem die Abrechnung tatsächlich vorgenommen wird.

Hinweise

LStH 39b.5 Abschlagszahlungen

Beispiele zum Zeitpunkt der Lohnsteuereinbehaltung:

A. *Ein Arbeitgeber mit monatlichen Abrechnungszeiträumen leistet jeweils am 20. eines Monats eine Abschlagszahlung. Die Lohnabrechnung wird am 10. des folgenden Monats mit der Auszahlung von Spitzenbeträgen vorgenommen.*

Der Arbeitgeber ist berechtigt, auf eine Lohnsteuereinbehaltung bei der Abschlagszahlung zu verzichten und die Lohnsteuer erst bei der Schlussabrechnung einzubehalten.

B. *Ein Arbeitgeber mit monatlichen Abrechnungszeiträumen leistet jeweils am 28. für den laufenden Monat eine Abschlagszahlung und nimmt die Lohnabrechnung am 28. des folgenden Monats vor.*

Die Lohnsteuer ist bereits von der Abschlagszahlung einzubehalten, da die Abrechnung nicht innerhalb von drei Wochen nach Ablauf des Lohnabrechnungszeitraums erfolgt.

C. *Auf den Arbeitslohn für Dezember werden Abschlagszahlungen geleistet. Die Lohnabrechnung erfolgt am 15. 1.*

Die dann einzubehaltende Lohnsteuer ist spätestens am 10. 2. als Lohnsteuer des Monats Januar anzumelden und abzuführen. Sie gehört gleichwohl zum Arbeitslohn des abgelaufenen Kalenderjahrs und ist in die Lohnsteuerbescheinigung für das abgelaufene Kalenderjahr aufzunehmen.

Nachzahlungen

Beispiel zur Berechnung der Lohnsteuer:

Ein Arbeitnehmer mit einem laufenden Bruttoarbeitslohn von 2 000 € monatlich erhält im September eine Nachzahlung von 400 € für die Monate Januar bis August.

Von dem Monatslohn von 2 000 € ist nach der maßgebenden Steuerklasse eine Lohnsteuer von 100 € einzubehalten. Von dem um die anteilige Nachzahlung erhöhten Monatslohn von 2 050 € ist eine Lohnsteuer von 115 € einzubehalten. Auf die anteilige monatliche Nachzahlung von 50 € entfällt mithin eine Lohnsteuer von 15 €. Dieser Betrag, vervielfacht mit der Zahl der in Betracht kommenden Monate, ergibt dann die Lohnsteuer für die Nachzahlung (15 € x 8 =) 120 €.

LStR

R 39b.6 Einbehaltung der Lohnsteuer von sonstigen Bezügen

Allgemeines

(1) [1]Von einem sonstigen Bezug ist die Lohnsteuer stets in dem Zeitpunkt einzubehalten, in dem er zufließt. [2]Der Lohnsteuerermittlung sind die auf der Lohnsteuerkarte eingetragenen Merkmale zugrunde zu legen, die für den Tag des Zuflusses gelten. [3]Der maßgebende Arbeitslohn (§ 39b Abs. 3 EStG) kann nach Abzug eines Freibetrags auch negativ sein.

Voraussichtlicher Jahresarbeitslohn

(2) [1]Zur Ermittlung der von einem sonstigen Bezug einzubehaltenden Lohnsteuer ist jeweils der voraussichtliche Jahresarbeitslohn des Kalenderjahres zugrunde zu legen, in dem der sonstige Bezug dem Arbeitnehmer zufließt. [2]Dabei sind der laufende Arbeitslohn, der für die im Kalenderjahr bereits abgelaufenen Lohnzahlungszeiträume zugeflossen ist, und die in diesem Kalenderjahr bereits gezahlten sonstigen Bezüge mit dem laufenden Arbeitslohn zusammenzurechnen, der sich voraussichtlich für die Restzeit des Kalenderjahres ergibt. [3]Statt dessen kann der voraussichtlich für die Restzeit des Kalenderjahres zu zahlende laufende Arbeitslohn durch Umrechnung des bisher zugeflossenen laufenden Arbeitslohns ermittelt werden. [4]Die im Kalenderjahr früher gezahlten sonstigen Bezüge i.S.d. § 39b Abs. 3 Satz 9 EStG sind nur mit einem Fünftel anzusetzen. [5]Künftige sonstige Bezüge, deren Zahlung bis zum Ablauf des Kalenderjahres zu erwarten ist, sind nicht zu erfassen.

RL 39b.6 § 39b

Sonstige Bezüge nach Ende des Dienstverhältnisses

(3) ¹Werden sonstige Bezüge gezahlt, nachdem der Arbeitnehmer aus dem Dienstverhältnis ausgeschieden ist, und bezieht der Arbeitnehmer zur Zeit der Zahlung des sonstigen Bezugs Arbeitslohn von einem anderen Arbeitgeber, hat er dem Arbeitgeber für die Besteuerung des sonstigen Bezugs eine zweite oder weitere Lohnsteuerkarte vorzulegen. ²Der sonstige Bezug ist dann nach § 39b Abs. 3 EStG unter Anwendung der Steuerklasse VI zu besteuern. ³Bezieht der Arbeitnehmer zur Zeit der Zahlung des sonstigen Bezugs keinen Arbeitslohn von einem anderen Arbeitgeber, ist der sonstige Bezug nach § 39b Abs. 3 EStG auf Grund einer ersten Lohnsteuerkarte zu besteuern. ⁴Der voraussichtliche Jahresarbeitslohn ist dann auf der Grundlage der Angaben des Arbeitnehmers zu ermitteln. ⁵Macht der Arbeitnehmer keine Angaben, ist der beim bisherigen Arbeitgeber zugeflossene Arbeitslohn auf einen Jahresbetrag hochzurechnen. ⁶Eine Hochrechnung ist nicht erforderlich, wenn mit dem Zufließen von weiterem Arbeitslohn im Laufe des Kalenderjahrs, z. B. wegen Alters oder Erwerbsunfähigkeit, nicht zu rechnen ist.

Zusammentreffen regulär und ermäßigt besteuerter sonstiger Bezüge

(4) Trifft ein sonstiger Bezug im Sinne von § 39b Abs. 3 Satz 1 bis 7 EStG mit einem sonstigen Bezug i.S.d. § 39b Abs. 3 Satz 9 EStG zusammen, ist zunächst die Lohnsteuer für den sonstigen Bezug i.S.d. § 39b Abs. 3 Satz 1 bis 7 EStG und danach die Lohnsteuer für den anderen sonstigen Bezug zu ermitteln.

Hinweise

LStH 39b.6 Beispiele:

A. Berechnung des voraussichtlichen Jahresarbeitslohnes

Ein Arbeitgeber X zahlt im September einen sonstigen Bezug von 1.200 € an einen Arbeitnehmer. Der Arbeitnehmer hat seinem Arbeitgeber zwei Ausdrucke der elektronischen Lohnsteuerbescheinigungen seiner vorigen Arbeitgeber vorgelegt:

a)	*Dienstverhältnis beim Arbeitgeber A vom 1.1. bis 31.3., Arbeitslohn*	*8.400 €*
b)	*Dienstverhältnis beim Arbeitgeber B vom 1.5. bis 30.6., Arbeitslohn*	*4.200 €*

Der Arbeitnehmer war im April arbeitslos. Beim Arbeitgeber X steht der Arbeitnehmer seit dem 1.7. in einem Dienstverhältnis; er hat für die Monate Juli und August ein Monatsgehalt von 2.400 € bezogen, außerdem erhielt er am 20.8. einen sonstigen Bezug von 500 €. Vom ersten September an erhält er ein Monatsgehalt von 2.800 € zuzüglich eines weiteren halben (13.) Monatsgehalts am 1.12.

Der vom Arbeitgeber im September zu ermittelnde voraussichtliche Jahresarbeitslohn (ohne den sonstigen Bezug, für den die Lohnsteuer ermittelt werden soll) beträgt hiernach:

Arbeitslohn 1.1. bis 30.6. (8.400 € + 4.200 €)	*12.600 €*
Arbeitslohn 1.7. bis 31.8. (2 x 2.400 € + 500 €)	*5.300 €*
Arbeitslohn 1.9. bis 31.12. (voraussichtlich 4 x 2 800 €)	*11.200 €*
	29.100 €

Das halbe 13. Monatsgehalt ist ein zukünftiger sonstiger Bezug und bleibt daher außer Betracht.

Abwandlung 1:

Legt der Arbeitnehmer seinem Arbeitgeber X zwar den Nachweis über seine Arbeitslosigkeit im April, nicht aber die Ausdrucke der elektronischen Lohnsteuerbescheinigungen der Arbeitgeber A und B vor, ergibt sich folgender voraussichtliche Jahresarbeitslohn:

Arbeitslohn 1.1. bis 30.6. (5 x 2.800 €)	*14.000 €*
Arbeitslohn 1.7. bis 31.8. (2 x 2.400 € + 500 €)	*5.300 €*
Arbeitslohn 1.9. bis 31.12. (voraussichtlich 4 x 2.800 €)	*11.200 €*
	30.500 €

Abwandlung 2:

Ist dem Arbeitgeber X nicht bekannt, dass der Arbeitnehmer im April arbeitslos war, ist der Arbeitslohn für die Monate Januar bis Juni mit 6 x 2.800 € = 16.800 € zu berücksichtigen.

§ 39b

LStH 39b.6

B. Berechnung des voraussichtlichen Jahresarbeitslohns bei Versorgungsbezügen i. V. m. einem sonstigen Bezug

Ein Arbeitgeber zahlt im April einem 65jährigen Arbeitnehmer einen sonstigen Bezug (Umsatzprovision für das vorangegangene Kalenderjahr) in Höhe von 5.000 €. Der Arbeitnehmer ist am **28.2.2010** in den Ruhestand getreten. Der Arbeitslohn betrug bis dahin monatlich 2.300 €. Seit dem **1.3.2010** erhält der Arbeitnehmer neben dem Altersruhegeld aus der gesetzlichen Rentenversicherung Versorgungsbezüge i.S.d. § 19 Abs. 2 EStG von monatlich 900 €. Auf der Lohnsteuerkarte ist ein Jahresfreibetrag von 750 € eingetragen.

Der maßgebende Jahresarbeitslohn, der zu versteuernde Teil des sonstigen Bezugs und die einzubehaltende Lohnsteuer sind wie folgt zu ermitteln:

I.	Neben dem Arbeitslohn für die Zeit vom 1.1. bis 28.2. von (2 x 2.300 € =)	4.600 €
	gehören zum voraussichtlichen Jahresarbeitslohn die Versorgungsbezüge vom 1.3. an mit monatlich 900 €; voraussichtlich werden gezahlt (10 x 900 €)	9.000 €
	Der voraussichtliche Jahresarbeitslohn beträgt somit	<u>13.600 €.</u>
II.	Vom voraussichtlichen Jahresarbeitslohn sind folgende Beträge abzuziehen (→ § 39b Abs. 3 S. 3 EStG):	
	a) der zeitanteilige Versorgungsfreibetrag und der Zuschlag zum Versorgungsfreibetrag, unabhängig von der Höhe der bisher berücksichtigten Freibeträge für Versorgungsbezüge) *(32,0 % von 10.800 €[1] = **3.456 €** höchstens **2.000 €** zuzüglich 720 € = **3.120 €**, davon 10/12)*	2.600 €
	b) der Altersentlastungsbetrag unabhängig von der Höhe des bisher berücksichtigten Betrags *(32,0 % von 4.600 € = **1.472 €** höchstens **1.520 €**)*	1.472 €
	c) ein auf der Lohnsteuerkarte eingetragener Freibetrag von jährlich	750 €
	Gesamtabzugsbetrag somit	<u>4.822 €.</u>
III.	Der maßgebende Jahresarbeitslohn beträgt somit *(13.600 € ./. 4.822 €)*	<u>8.778 €.</u>
IV.	Von dem sonstigen Bezug in Höhe von	5.000 €
	ist der Altersentlastungsbetrag in Höhe von **32,0 %**, höchstens jedoch der Betrag, um den der Jahreshöchstbetrag von **1.520 €** den bei Ermittlung des maßgebenden Jahresarbeitslohns abgezogenen Betrag überschreitet, abzuziehen *(32,0 % von 5.000 € = **1.600 €**, höchstens **1.520 €** abzüglich **1.472 €** =)*	48 €
	Der zu versteuernde Teil des sonstigen Bezugs beträgt somit	<u>4.952 €.</u>
V.	Der maßgebende Jahresarbeitslohn einschließlich des sonstigen Bezugs beträgt somit *(**8.778 €** + **4.952 €**)*	<u>13.730 €.</u>

C. Berechnung der Lohnsteuer beim gleichzeitigen Zufluss eines regulär und eines ermäßigt besteuerten sonstigen Bezugs

Ein Arbeitgeber zahlt seinem Arbeitnehmer, dessen Jahresarbeitslohn 40.000 € beträgt, im Dezember einen sonstigen Bezug (Weihnachtsgeld) in Höhe von 3.000 € und daneben eine Jubiläumszuwendung von 2.500 €, von dem die Lohnsteuer nach § 39b Abs. 3 Satz 9 i.V.m. § 34 EStG einzubehalten ist.

---

[1] Maßgebend ist der erste Versorgungsbezug (900 €) x 12 Monate → § 19 Abs. 2 Satz 4 EStG.

RL 39b.6 § 39b

Die Lohnsteuer ist wie folgt zu ermitteln:

		darauf entfallende Lohnsteuer		
Jahresarbeitslohn	40.000 €	9.000 €		
zzgl. Weihnachtsgeld	3.000 €			
	43.000 €	10.000 €	= LSt auf das Weihnachtsgeld	1.000 €
zzgl. 1/5 der Jubiläumszuwendung	500 €			
=	43.500 €	10.150 €	= LSt auf 1/5 der Jubiläumszuwendung = 150 € x 5	750 €
			LSt auf beide sonstigen Bezüge =	1.750 €

D. Berechnung der Lohnsteuer bei einem ermäßigt besteuerten sonstigen Bezug im Zusammenspiel mit einem Freibetrag auf der Lohnsteuerkarte

Ein Arbeitgeber zahlt seinem ledigen Arbeitnehmer, dessen Jahresarbeitslohn 78.000 € beträgt, im Dezember eine steuerpflichtige Abfindung von 62.000 €, von der die Lohnsteuer nach § 39b Abs. 3 Satz 9 i. V. m. § 34 EStG einzubehalten ist. Auf der Lohnsteuerkarte des Arbeitnehmers ist ein Freibetrag (Verlust V+V) i. H. v. 80.000 € eingetragen.

Die Lohnsteuer ist wie folgt zu ermitteln:

Jahresarbeitslohn	78.000 €
abzüglich Freibetrag	80.000 €
	./. 2.000 €
zuzüglich Abfindung	62.000 €
Zwischensumme	60.000 €
Davon 1/5	12.000 €
darauf entfallende Lohnsteuer	200 €
Lohnsteuer auf die Abfindung (5 x 200 €)	1.000 €

Fünftelungsregelung

– Allgemeine Grundsätze → BMF vom 24.5.2004 (BStBl. I S. 505, berichtigt BStBl. I S. 633)
  – *Anlage § 034-01* –

– Die Fünftelungsregelung ist nicht anzuwenden, wenn sie zu einer höheren Steuer führt als die Besteuerung als nicht begünstigter sonstiger Bezug (→ BMF vom 10.1.2000 – BStBl. I S. 138). – *Anlage § 040-01* –

– Bei Jubiläumszuwendungen kann der Arbeitgeber im Lohnsteuerabzugsverfahren eine Zusammenballung unterstellen, wenn die Zuwendung an einen Arbeitnehmer gezahlt wird, der voraussichtlich bis Ende des Kalenderjahrs nicht aus dem Dienstverhältnis ausscheidet (→ BMF vom 10.1.2000 – BStBl. I S. 138). – *Anlage § 040-01* –

– Bei Aktienoptionsprogrammen kann die Fünftelungsregelung angewendet werden, wenn die Laufzeit zwischen Einräumung und Ausübung der Optionsrechte mehr als 12 Monate beträgt und der Arbeitnehmer in dieser Zeit auch bei seinem Arbeitgeber beschäftigt ist. Dies gilt auch dann, wenn dem Arbeitnehmer wiederholt Aktienoptionen eingeräumt worden sind und die jeweilige Option nicht in vollem Umfang in einem Kalenderjahr ausgeübt worden ist (→ BFH vom 18.12.2007– BStBl. 2008 II S. 294).

Vergütung für eine mehrjährige Tätigkeit

→ R 34.4 EStR und H 34.4 EStH   – *abgedruckt bei § 34 EStG, LStH 34* –

LStR

R 39b.7 Berücksichtigung der Vorsorgepauschale beim Lohnsteuerabzug
Auf den Abdruck der formell nicht aufgehobenen aber inhaltlich überholten R 39b.7 wurde verzichtet. Zur Berücksichtigung der Vorsorgepauschale beim Lohnsteuerabzug ab 2010 → § 39b Abs. 2 Satz 5 Nr. 3 EStG und H 39b.7 (Allgemeines).

Hinweise

LStH 39b.7 Allgemeines
> Zur Ermittlung der Vorsorgepauschale im Lohnsteuerabzugsverfahren ab 2010 → BMF
> vom 14.12.2009 (BStBl. I S. 1516) – Anlage § 039b-05 –

R 39b.8 Permanenter Lohnsteuer-Jahresausgleich

[1]Nach § 39b Abs. 2 Satz 13 (Hinweis: jetzt Satz 12) EStG darf **das Betriebsstättenfinanzamt** zulassen, dass die Lohnsteuer nach dem voraussichtlichen Jahresarbeitslohn ermittelt wird (so genannter permanenter Lohnsteuer-Jahresausgleich). [2]Voraussetzung für den permanenten Lohnsteuer-Jahresausgleich ist, dass

1. der Arbeitnehmer unbeschränkt einkommensteuerpflichtig ist,
2. dem Arbeitgeber die Lohnsteuerkarte und die Lohnsteuerbescheinigungen aus etwaigen vorangegangenen Dienstverhältnissen des Arbeitnehmers vorliegen,
3. der Arbeitnehmer seit Beginn des Kalenderjahres ständig in einem Dienstverhältnis gestanden hat,
4. die zutreffende Jahreslohnsteuer (→ § 38 a Abs. 2 EStG) nicht unterschritten wird,
5. bei der Lohnsteuerberechnung kein Freibetrag oder Hinzurechnungsbetrag zu berücksichtigen war,
6. der Arbeitnehmer kein Kurzarbeitergeld **einschl. Saison-Kurzarbeitergeld**, keinen Zuschuss zum Mutterschaftsgeld nach dem Mutterschutzgesetz oder § 4a Mutterschutzverordnung[1)] oder einer entsprechenden Landesregelung, keine Entschädigung für Verdienstausfall nach dem Infektionsschutzgesetz, keine Aufstockungsbeträge nach dem Altersteilzeitgesetz und keine Zuschläge auf Grund § 6 Abs. 2 des Bundesbesoldungsgesetzes (BBesG) bezogen hat,
7. im Lohnkonto oder in der Lohnsteuerbescheinigung kein Großbuchstabe U eingetragen ist,
8. im Kalenderjahr nicht sowohl die ungekürzte als auch die gekürzte Vorsorgepauschale zu berücksichtigen sind[2)] und
9. der Arbeitnehmer keinen Arbeitslohn bezogen hat, der nach einem Doppelbesteuerungsabkommen oder nach dem Auslandstätigkeitserlass von der deutschen Lohnsteuer freigestellt ist.

[3]Auf die Steuerklasse des Arbeitnehmers kommt es nicht an. [4]Sind die in Satz 2 bezeichneten Voraussetzungen erfüllt, gilt die Genehmigung des Betriebsstättenfinanzamts grundsätzlich als erteilt, wenn sie nicht im Einzelfall widerrufen wird. [5]Die besondere Lohnsteuerermittlung nach dem voraussichtlichen Jahresarbeitslohn beschränkt sich im Übrigen auf den laufenden Arbeitslohn; für die Lohnsteuerermittlung von sonstigen Bezügen sind stets § 39b Abs. 3 EStG und R **39b.6** anzuwenden. [6]Zur Anwendung des besonderen Verfahrens ist nach Ablauf eines jeden Lohnzahlungszeitraums oder – in den Fällen des § 39b Abs. 5 EStG – Lohnabrechnungszeitraums der laufende Arbeitslohn der abgelaufenen Lohnzahlungs- oder Lohnabrechnungszeiträume auf einen Jahresbetrag hochzurechnen, z. B. der laufende Arbeitslohn für die Monate Januar bis April x 3. [7]Von dem Jahresbetrag sind die Freibeträge für Versorgungsbezüge (→ § 19 Abs. 2 EStG) und der Altersentlastungsbetrag (→ § 24 a EStG) abzuziehen, wenn die Voraussetzungen für den Abzug jeweils erfüllt sind. [8]Für den verbleibenden Jahreslohn ist die Jahreslohnsteuer zu ermitteln. [9]Dabei ist die auf der Lohnsteuerkarte eingetragene Steuerklasse maßgebend. [10]Sodann ist der Teilbetrag der Jahreslohnsteuer zu ermitteln, der auf die abgelaufenen Lohnzahlungs- oder Lohnabrechnungszeiträume entfällt. [11]Von diesem Steuerbetrag ist die Lohnsteuer abzuziehen, die von dem laufenden Arbeitslohn der abgelaufenen Lohnzahlungs- oder Lohnabrechnungszeiträume bereits erhoben worden ist; der Restbetrag ist die Lohnsteuer, die für den zuletzt abgelaufenen Lohnzahlungs- oder Lohnabrechnungszeitraum zu erheben ist. [12]In den Fällen, in denen die maßgebende Steuerklasse während des Kalenderjahres gewechselt hat, ist anstelle der Lohnsteuer, die

---

1) Ab 14.2.2009 gilt die Verordnung über den Mutterschutz für Beamtinnen des Bundes und die Elternzeit für Beamtinnen und Beamte des Bundes (BGBl. I S. 320).
2) Ab 2010 überholt durch das Bürgerentlastungsgesetz Krankenversicherung. Analog zum Lohnsteuer-Jahresausgleich durch den Arbeitgeber ist auch Voraussetzung für den permanenten Lohnsteuer-Jahresausgleich, dass kein Fall des § 42b Abs. 1 Satz 4 Nr. 5 EStG vorliegt.

vom laufenden Arbeitslohn der abgelaufenen Lohnzahlungs- oder Lohnabrechnungszeiträume erhoben worden ist, die Lohnsteuer abzuziehen, die nach der zuletzt maßgebenden Steuerklasse vom laufenden Arbeitslohn bis zum vorletzten abgelaufenen Lohnzahlungs- oder Lohnabrechnungszeitraum zu erheben gewesen wäre.

R 39b.9 Besteuerung des Nettolohns

(1) ¹Will der Arbeitgeber die auf den Arbeitslohn entfallende Lohnsteuer selbst tragen, sind die von ihm übernommenen Abzugsbeträge Teile des Arbeitslohns, die dem Nettolohn zur Steuerermittlung hinzugerechnet werden müssen. ²Die Lohnsteuer ist aus dem Bruttoarbeitslohn zu berechnen, der nach Abzug der Lohnsteuer den ausgezahlten Nettobetrag ergibt. ³Die aus dem Bruttoarbeitslohn berechnete Lohnsteuer ist vom Arbeitgeber abzuführen. ⁴Übernimmt der Arbeitgeber außer der Lohnsteuer auch den Solidaritätszuschlag, die Kirchensteuer und den Arbeitnehmeranteil am Gesamtsozialversicherungsbeitrag, sind bei der Ermittlung des Bruttoarbeitslohns außer der Lohnsteuer diese weiteren Abzugsbeträge einzubeziehen. ⁵Aus Vereinfachungsgründen sind vor der Steuerberechnung nach **Satz 1 bis 4** vom Nettolohn der auf den Lohnzahlungszeitraum entfallende Anteil der Freibeträge für Versorgungsbezüge und des Altersentlastungsbetrags abzuziehen, wenn die Voraussetzungen für den Abzug dieser Beträge jeweils erfüllt sind.

(2) ¹Sonstige Bezüge, die netto gezahlt werden, z. B. Nettogratifikationen, sind nach § 39b Abs. 3 EStG zu besteuern. ² R **39b.6** ist mit folgender Maßgabe anzuwenden:

1. Bei der Ermittlung des maßgebenden Jahresarbeitslohns sind der voraussichtliche laufende Jahresarbeitslohn und frühere, netto gezahlte sonstige Bezüge mit den entsprechenden Bruttobeträgen anzusetzen.

2. ¹Übernimmt der Arbeitgeber auch den auf den sonstigen Bezug entfallenden Solidaritätszuschlag, die Kirchensteuer und ggf. den Arbeitnehmeranteil am Gesamtsozialversicherungsbeitrag, sind bei der Ermittlung des Bruttobetrags des sonstigen Bezugs außer der Lohnsteuer auch diese weiteren Lohnabzugsbeträge zu berücksichtigen. ²Bruttobezug des sonstigen Bezugs ist in jedem Fall der Nettobetrag zuzüglich der tatsächlich abgeführten Beträge an Lohnsteuer, Solidaritätszuschlag, Kirchensteuer und übernommenem Arbeitnehmeranteil am Gesamtsozialversicherungsbeitrag. ³Der hiernach ermittelte Bruttobetrag ist auch bei späterer Zahlung sonstiger Bezüge im selben Kalenderjahr bei der Ermittlung des maßgebenden Jahresarbeitslohns zugrunde zu legen.

(3) Im Lohnkonto und in den Lohnsteuerbescheinigungen sind in allen Fällen von Nettolohnzahlungen die nach den Absätzen 1 **und** 2 ermittelten Bruttoarbeitslöhne anzugeben.

Hinweise

LStH 39b.9 Anerkennung einer Nettolohnvereinbarung

Eine Nettolohnvereinbarung mit steuerlicher Wirkung kann nur bei einwandfreier Gestaltung anerkannt werden (→ BFH vom 18.1.1957 – BStBl. III S.116, vom 18.5.1972 – BStBl. II S. 816, vom 12.12.1979 – BStBl. 1980 II S. 257 und vom 28.2.1992 – BStBl. II S. 733).

Finanzrechtsweg bei Nettolohnvereinbarung

Bei einer Nettolohnvereinbarung ist für Streitigkeiten über die Höhe des in der Lohnsteuerbescheinigung auszuweisenden Bruttoarbeitslohns der Finanzrechtsweg nicht gegeben. Ein unzutreffender Lohnsteuerabzug kann durch Einwendungen gegen die Lohnsteuerbescheinigung nicht berichtigt werden (→ BFH vom 13.12.2007 – BStBl. 2008 II S. 434).

Steuerschuldner bei Nettolohnvereinbarung

bleibt der Arbeitnehmer (→ BFH vom 19.12.1960 – BStBl. 1961 III S. 170).

§ 39b

RL 39b.10, ESt-Kartei NW

LStR

R 39b.10 Anwendung von Doppelbesteuerungsabkommen[1]

¹Ist die Steuerbefreiung nach einem Doppelbesteuerungsabkommen antragsunabhängig, hat das Betriebsstättenfinanzamt gleichwohl auf Antrag eine Freistellungsbescheinigung zu erteilen. ²Das Finanzamt hat in der Bescheinigung den Zeitraum anzugeben, für den sie gilt. ³Dieser Zeitraum darf grundsätzlich 3 Jahre nicht überschreiten und soll mit Ablauf eines Kalenderjahres enden. ⁴Die Bescheinigung ist vom Arbeitgeber als Beleg zum Lohnkonto aufzubewahren. ⁵Der Verzicht auf den Lohnsteuerabzug schließt die Berücksichtigung des Progressionsvorbehalts (→ § 32 b EStG) bei einer Veranlagung des Arbeitnehmers zur Einkommensteuer nicht aus. ⁶Die Nachweispflicht nach § 50d Abs. 8 EStG betrifft nicht das Lohnsteuerabzugsverfahren.

Hinweise

LStH 39b.10 *Antragsabhängige Steuerbefreiung nach DBA*

> Der Lohnsteuerabzug darf nur dann unterbleiben, wenn das Betriebsstättenfinanzamt bescheinigt, dass der Arbeitslohn nicht der deutschen Lohnsteuer unterliegt (→ *BFH vom 10.5.1989 – BStBl. II S. 755*).
>
> **Anwendung der 183-Tage-Klausel**
>
> → *BMF vom 14.9.2006 (BStBl. I S. 532)*   – *Anlage § 039b-03* –
>
> **Doppelbesteuerungsabkommen**
>
> Stand 1.1.*2009* → *BMF vom 22.1.2009 (BStBl. I S. 355)*
> Stand 1.1.*2010* → **BMF vom 12.1.2010** *(BStBl. I S. 35)*   – *Anlage § 039b-02* –
>
> **EU-Tagegeld**
>
> → *BMF vom 12.4.2006 (BStBl. I S. 340)*   – *Anlage § 003-04* –
>
> **Gastlehrkräfte**
>
> → *BMF vom 10.1.1994 (BStBl. I S. 14)*   – *Anlage § 039b-04* –
>
> **Organe einer Kapitalgesellschaft**
>
> → *BMF vom 14.9.2006 (BStBl. I S. 532)*   – *Anlage § 039b-03* –
>
> **Rückfallklausel**
>
> – *Die Rückfallklausel nach § 50d Abs. 8 EStG gilt nicht für das Lohnsteuerabzugsverfahren und die Fälle des Auslandstätigkeitserlasses (→ BMF vom 21.7.2005 – BStBl. I S. 821).*
>
> – *Die Rückfallklausel nach § 50d Abs. 9 Satz 1 Nr. 2 EStG kann auch im Lohnsteuerabzugsverfahren in Betracht kommen (→ BMF vom 12.11.2008 – BStBl. I S. 988).*

ESt-Kartei NW

1. Vorlage von Lohnsteuerkarten bei Leistungen aus Unterstützungskassen (sinngemäße Anwendung des § 40a EStG bis 400 DM monatlich, dies bedeutet Pauschalierungsmöglichkeit der Lohnsteuer mit 10 v.H. unter Verzicht auf die Vorlage einer Lohnsteuerkarte, dabei ist § 40 Abs. 3 EStG anzuwenden; letztmalig anwenden für Lohnzahlungszeiträume, die vor dem 1.1.2005 enden, Hinweis auf möglichen Freibetrag § 39a Abs. 1 Nr. 7 EStG)
2. Durch die gemeinnützige Urlaubskasse für das Maler- und Lackiererhandwerk in Sonderfällen gezahlte Urlaubsabgeltung (bisher zugelassene pauschale Versteuerung kommt aufgrund Steu-

---

1) Hinweis auf BMF vom 25.1.2006 (BStBl. I S. 26) Merkblatt zur zwischenstaatlichen Amtshilfe durch Auskunftsaustausch in Steuersachen; zum DBA-Schweiz s. Anhang CD49; zum DBA-Frankreich (Grenzgängerregelung, Beschreibung des Grenzgebiets) s. BMF-Schreiben vom 11. 6. 1996 BStBl I S. 645. Hinweis auf BMF-Schreiben vom 9.11.2001 (BStBl. I S. 796) betr. Einkunftsabgrenzung zwischen international verbundenen Unternehmen in den Fällen der Arbeitnehmerentsendung (Tz. 4.4 Hinweise zur Besteuerung der Einkünfte aus unselbständiger Arbeit). Hinweis auf BMF-Schreiben vom 18. 2. 2004 (BStBl. I S. 286) betr. OECD-Musterabkommen 2003. Hinweis auf BMF-Schreiben vom 10.5.2005 (BStBl. I S. 696) betr. Steuerliche Behandlung von Berufskraftfahrern nach dem deutsch-luxemburgischen DBA. Zur Ansässigkeitsbescheinigung für Grenzgänger DBA Schweiz s. BMF-Schreiben vom 20.10.2006 (BStBl. 2007 I S. 68). Verständigungsvereinbarung zur Zuordnung des Besteuerungsrechts bei Abfindungen an Arbeitnehmer, DBA Niederlande, s. BMF-Schreiben vom 29.10. 2007 (BStBl. I S. 756).

erreformgesetz 1990 nicht mehr in Betracht; Behandlung wie bei ähnlichen Leistungen in der Bauwirtschaft – § 19 EStG Fach 2 Nr. 23 –, danach Lohnzahlung durch Dritten, Erfassung in ESt-Veranlagung, Bescheinigung durch Urlaubskasse; bei Urlaubsabgeltung durch [letzten] Arbeitgeber jedoch Lohnsteuerabzug durch diesen)

3. Durchführung des Lohnsteuerabzugs bei Abschlagszahlungen – ausgesondert – (s. jetzt R 118 Abs. 5 LStR)
4. Durch die Sozialkasse des Gerüstbaugewerbes gezahlte Urlaubsabgeltung – ausgesondert – (ab 1. 1. 1990 überholt)
5. Steuerfreistellung des Existenzminimums im Lohnsteuerabzugsverfahren – Hinweis auf § 61 EStG Nr. 1 –
6. Programmablaufplan für die maschinelle Berechnung der vom Arbeitslohn einzubehaltenden Lohnsteuer, des Solidaritätszuschlags und der Maßstabssteuer für die Kirchenlohnsteuer ab 2001 – Hinweise auf die jeweiligen BMF-Schreiben – (s. Fundstellennachweis aktuell **Anlage § 039b-01**)
7. Auskunftsaustausch über Arbeitslöhne von in der Bundesrepublik Deutschland ansässigen und in anderen EU-Mitgliedstaaten tätigen Arbeitnehmern (Hinweis auf BMF-Schreiben v. 3. 6. 1996 BStBl. I S 644) (– aufgehoben durch BMF-Schreiben v. 21. 7. 2005 BStBl. I S. 821 mit der Maßgabe, dass die Dienstwegregelung für entsprechende Spontanauskünfte an einen anderen EU-Mitgliedstaat beibehalten wird –)
8. Gesetz zur Neuregelung der geringfügigen Beschäftigungsverhältnisse und Steuerentlastungsgesetz 1999/2000/2002; Anwendung von Vorschriften zum LSt-Abzugsverfahren (entspricht BMF-Schreiben v. 10. 1. 2000 BStBl. I S. 138, **Anlage § 040-01**)
9. Auswirkungen auf das Lohnsteuer-Abzugsverfahren durch die Verschiebung der Steuerentlastungsstufe des Jahres 2003 auf das Jahr 2004 durch das Flutopfersolidaritätsgesetz vom 19.09.2002 (BGBl. 2002 I S. 3651, BStBl. 2002 I S. 865) – Hinweis auf § 38 EStG Nr. 2 –
10. Programmablaufplan für die Erstellung von Lohnsteuertabellen in 2004 (einschließlich der Berechnung des Solidaritätszuschlags und der Bemessungsgrundlage für die Kirchenlohnsteuer – Hinweise auf die jeweiligen BMF-Schreiben – (s. Fundstellennachweis aktuell **Anlage § 039b-01**)

1000. Steuerliche Fragen im Zusammenhang mit Nettolohnvereinbarungen – Hinweis auf § 19 EStG Fach 2 Nr. 1000 –
1001. Steuerliche Behandlung der Winterbeihilfen, Übergangsbeihilfen und Entschädigungsbeiträge in der Bauwirtschaft – Hinweis auf § 19 EStG Fach 2 Nr. 1002 –

Rechtsprechungsauswahl

BFH v. 25. 8. 2009 I R 33/08 (BStBl. 2010 II S. 150): Bei der Berechnung der Lohnsteuer für einen „sonstigen Bezug", der einem (ehemaligen) Arbeitnehmer nach einem Wechsel von der unbeschränkten in die beschränkte Steuerpflicht in diesem Kalenderjahr zufließt, ist der während der Zeit der unbeschränkten Steuerpflicht gezahlte Arbeitslohn im „Jahresarbeitslohn" (§ 39d Abs. 3 Satz 4 i.V.m. § 39b Abs. 3 Satz 7 EStG 2002) zu berücksichtigen.

BFH v. 30. 7. 2009 VI R 29/06 (BStBl. 2010 II S. 148):

1. Maßgeblich für den Lohnsteuereinbehalt vom laufenden Arbeitslohn bei einer Nettolohnvereinbarung ist der Arbeitslohn, der vermindert um die übernommenen Lohnabzüge den arbeitsvertraglich vereinbarten Nettobetrag ergibt. Damit ist die steuerliche Ausgangsgröße des Lohnsteuerabzugs auch im Fall der Nettolohnabrede ein Bruttobetrag.
2. Ein Einkommensteuererstattungsanspruch, den der Arbeitnehmer im Rahmen einer Nettolohnvereinbarung seinem Arbeitgeber abgetreten hat, ist deshalb im Rahmen des Lohnsteuereinbehalts nur durch einen Abzug vom laufenden (Brutto)Arbeitslohn und nicht durch eine Verminderung des laufenden Nettolohns zu berücksichtigen.
3. Eine Hochrechnung der Steuererstattung auf einen fiktiven Bruttobetrag ist nicht möglich.

BFH v. 13. 12. 2007 VI R 57/04 (BStBl. 2008 II S. 434):

1. Ist nach einer Nettolohnvereinbarung streitig, in welcher Höhe Bruttoarbeitslohn in der Lohnsteuerbescheinigung hätte berücksichtigt werden müssen, ist der Finanzrechtsweg nicht gegeben.
2. Nach der Übermittlung der Lohnsteuerbescheinigung kann der Arbeitnehmer eine Berichtigung der Lohnsteuerbescheinigung nicht mehr verlangen.

§ 39b Rechtsprechung

3. Ein unzutreffender Lohnsteuerabzug kann mit Einwendungen gegen die Lohnsteuerbescheinigung nicht mehr rückgängig gemacht werden.

BFH v. 4. 9. 2002 I R 21/01 (BStBl. 2003 II S. 306):
1. Ein ausländischer Arbeitnehmerverleiher und nicht der inländische Entleiher ist aus abkommenrechtlicher Sicht jedenfalls dann regelmäßig Arbeitgeber des beschäftigten Leiharbeitnehmers, wenn dieser lediglich 2 1/2 Wochen für den Entleiher tätig ist, sich seine Vergütung im Grundsatz unabhängig von der tatsächlich erbrachten Arbeitszeit beim Entleiher berechnet und kein Anhaltspunkt für eine missbräuchliche Einschaltung des Arbeitnehmerverleihers besteht (Abweichung vom BMF-Schreiben vom 5. Januar 1994, BStBl. I 1994, 11 unter 4.).
2. Ein ausländischer Arbeitnehmerverleiher kann anders als ein inländischer Arbeitgeber keine Bescheinigung über die Freistellung von der Lohnsteuer auf gezahlten Arbeitslohn gemäß § 39b Abs. 6 EStG beanspruchen (Abweichung vom Senatsurteil vom 12. Juni 1997 I R 72/96, BFHE 183, 30, BStBl. II 1997, 660).
3. Wegen dieser unterschiedlichen verfahrensrechtlichen Behandlung wird dem EuGH die Frage zur Vorabentscheidung vorgelegt:
   Widerspricht es Art. 49 EG-Vertrag, wenn zwar der inländische Arbeitgeber, nicht aber der ausländische Verleiher von Arbeitnehmern von der Verpflichtung zum Abzug der Lohnsteuer entbunden wird, weil der gezahlte Arbeitslohn nach einem Abkommen zur Vermeidung der Doppelbesteuerung von der Lohnsteuer freizustellen ist?

BFH v. 6. 3. 2002 XI R 51/00 (BStBl. II S. 516):
1. Erhält ein Arbeitnehmer, der als Spitzenkandidat seiner Partei für eine Parlamentswahl kandidiert hat, für die Auflösung seines Arbeitsverhältnisses eine Abfindung, so ist diese Entschädigung i. S. des § 24 Nr. 1 Buchst. a EStG, wenn sein Arbeitgeber die Auflösung des Arbeitsverhältnisses fordert, weil der Steuerpflichtige ein Regierungsamt übernimmt.
2. Eine Abfindung ist insoweit keine Entschädigung i. S. des § 24 Nr. 1 Buchst. a EStG, als sie einen künftig entstehenden Pensionsanspruch in kapitalisierter Form abgilt.
3. Erhöht der Arbeitgeber im Zuge der Auflösung des Arbeitsverhältnisses die im Arbeitsvertrag für den Fall der Beendigung des Arbeitsverhältnisses zugesagte monatliche Pension, so steht dies der tarifbegünstigten Besteuerung der Einmalabfindung nicht entgegen (Bestätigung der Tz. 6 ff. des BMF-Schreibens vom 18. Dezember 1998 IV A 5 – S 2290 – 18/98, BStBl. I 1998, 1512). (S. Anlage § 034-01.)

BFH v. 14. 8. 2001 XI R 22/00 (BStBl. 2002 II S. 180): Eine Entlassungsentschädigung bleibt auch dann steuerbegünstigt, wenn in einem späteren Veranlagungszeitraum aus sozialer Fürsorge für eine gewisse Übergangszeit ergänzende Entschädigungszusatzleistungen erbracht werden.

Schwebende Verfahren

BVerfG 2 BvL 1/03 (Beilage 3/2008 BStBl. II S. 183): Ist das StEntlG 1999/2000/2002 insoweit verfassungswidrig, als es zu einer rückwirkend verschärfenden Besteuerung einer Entlassungsentschädigung führt, die im Jahr 1998 vor Zuleitung des zugrunde liegenden Gesetzentwurfs der Bundesregierung an den Bundesrat vereinbart und vor der Verkündung des StEntlG dem Steuerpflichtigen zugeflossen ist? (Normenkontrollverfahren zu BFH v. 6.11.2002 XI R 42/01 BStBl. 2003 II S. 257.)

§ 39c Durchführung des Lohnsteuerabzugs ohne Lohnsteuerkarte

(1) ¹Solange der unbeschränkt einkommensteuerpflichtige Arbeitnehmer dem Arbeitgeber eine Lohnsteuerkarte schuldhaft nicht vorlegt oder die Rückgabe der ihm ausgehändigten Lohnsteuerkarte schuldhaft verzögert, hat der Arbeitgeber die Lohnsteuer nach der Steuerklasse VI zu ermitteln. ²Weist der Arbeitnehmer nach, dass er die Nichtvorlage oder verzögerte Rückgabe der Lohnsteuerkarte nicht zu vertreten hat, so hat der Arbeitgeber für die Lohnsteuerberechnung die ihm bekannten Familienverhältnisse des Arbeitnehmers zugrunde zu legen.

(2) ¹Der Arbeitgeber kann die Lohnsteuer von dem Arbeitslohn für den Monat Januar eines Kalenderjahres abweichend von Absatz 1 auf Grund der Eintragungen auf der Lohnsteuerkarte für das vorhergehende Kalenderjahr ermitteln, wenn der Arbeitnehmer eine Lohnsteuerkarte für das neue Kalenderjahr bis zur Lohnabrechnung nicht vorgelegt hat. ²Nach Vorlage der Lohnsteuerkarte ist die Lohnsteuerermittlung für den Monat Januar zu überprüfen und erforderlichenfalls zu ändern. ³Legt der Arbeitnehmer bis zum 31. März keine Lohnsteuerkarte vor, ist nachträglich Absatz 1 anzuwenden. ⁴Die zu wenig oder zu viel einbehaltene Lohnsteuer ist jeweils bei der nächsten Lohnabrechnung auszugleichen.

(3) ¹Für Arbeitnehmer, die nach §1 Absatz 2 unbeschränkt einkommensteuerpflichtig sind, hat der Arbeitgeber die Lohnsteuer unabhängig von einer Lohnsteuerkarte zu ermitteln. ²Dabei ist die Steuerklasse maßgebend, die nach § 39 Absatz 3 bis 5 auf einer Lohnsteuerkarte des Arbeitnehmers einzutragen wäre. ³Auf Antrag des Arbeitnehmers erteilt das Betriebsstättenfinanzamt (§ 41a Absatz 1 Satz 1 Nummer 1) über die maßgebende Steuerklasse, die Zahl der Kinderfreibeträge und einen etwa in Betracht kommenden Freibetrag oder Hinzurechnungsbetrag (§ 39a) eine Bescheinigung, für die die Vorschriften über die Eintragung auf der Lohnsteuerkarte sinngemäß anzuwenden sind.

(4) ¹Arbeitnehmer, die nach § 1 Absatz 3 als unbeschränkt einkommensteuerpflichtig behandelt werden, haben ihrem Arbeitgeber vor Beginn des Kalenderjahres oder beim Eintritt in das Dienstverhältnis eine Bescheinigung vorzulegen. ²Die Bescheinigung wird auf Antrag des Arbeitnehmers vom Betriebsstättenfinanzamt (§ 41a Absatz 1 Satz 1 Nummer 1) des Arbeitgebers erteilt. ³In die Bescheinigung, für die die Vorschriften über die Eintragung auf der Lohnsteuerkarte sinngemäß anzuwenden sind, trägt das Finanzamt die maßgebende Steuerklasse, die Zahl der Kinderfreibeträge und einen etwa in Betracht kommenden Freibetrag oder Hinzurechnungsbetrag (§ 39a) ein. ⁴Ist der Arbeitnehmer gleichzeitig bei mehreren inländischen Arbeitgebern tätig, ist für die Erteilung jeder weiteren Bescheinigung das Betriebsstättenfinanzamt zuständig, das die erste Bescheinigung ausgestellt hat. ⁵Bei Ehegatten, die beide Arbeitslohn von einem inländischen Arbeitgeber beziehen, ist für die Erteilung der Bescheinigungen das Betriebsstättenfinanzamt des älteren Ehegatten zuständig.

(5) In den Fällen des § 38 Absatz 3a Satz 1 kann der Dritte die Lohnsteuer für einen sonstigen Bezug mit 20 Prozent unabhängig von einer Lohnsteuerkarte ermitteln, wenn der maßgebende Jahresarbeitslohn nach § 39b Absatz 3 zuzüglich des sonstigen Bezugs 10 000 Euro nicht übersteigt; bei der Feststellung des maßgebenden Jahresarbeitslohns sind nur die Lohnzahlungen des Dritten zu berücksichtigen.

LStR

R 39c. Nichtvorlage der Lohnsteuerkarte

(1) ¹Die Ermittlung der Lohnsteuer nach der Steuerklasse VI wegen Nichtvorlage oder Nichtrückgabe der Lohnsteuerkarte setzt ein schuldhaftes Verhalten des Arbeitnehmers voraus. ²Ein schuldhaftes Verhalten liegt vor, wenn der Arbeitnehmer vorsätzlich oder fahrlässig die Vorlage oder Rückgabe der Lohnsteuerkarte verzögert.

(2) ¹Der Arbeitgeber kann davon ausgehen, dass den Arbeitnehmer kein Verschulden trifft, wenn

1. die Lohnsteuerkarte für das laufende Kalenderjahr bis zum 31. März vorgelegt wird oder

2. der Arbeitnehmer binnen 6 Wochen

§ 39c

RL 39c

a) die Lohnsteuerkarte nach Eintritt in das Dienstverhältnis, vorbehaltlich der Nummer 1, vorlegt oder

b) eine ihm von dem Arbeitgeber während des Dienstverhältnisses ausgehändigte Lohnsteuerkarte zurückgibt.

²Werden die genannten Zeiträume überschritten, kann ein Verschulden des Arbeitnehmers unterstellt werden, es sei denn, der Arbeitnehmer weist nach, dass er die Verzögerung nicht zu vertreten hat. ³Der Nachweisbeleg ist zum Lohnkonto zu nehmen.

(3) ¹Solange nach Absatz 2 ein Verschulden nicht anzunehmen ist, hat der Arbeitgeber

1. im Falle der Nichtvorlage der Lohnsteuerkarte zu Beginn des Kalenderjahres oder bei Eintritt in das Dienstverhältnis die ihm bekannten oder durch amtliche Unterlagen nachgewiesenen Familienverhältnisse des Arbeitnehmers, d. h. Familienstand und Zahl der Kinderfreibeträge,
2. im Falle der Nichtrückgabe einer ausgehändigten Lohnsteuerkarte die bisher eingetragenen Merkmale der Lohnsteuerkarte

zugrunde zu legen. ²Nach Vorlage oder Rückgabe der Lohnsteuerkarte ist § 41c EStG anzuwenden.

(4) ¹Wird die Lohnsteuer für den Monat Januar noch nach den Eintragungen auf der Lohnsteuerkarte für das vorhergehende Kalenderjahr berechnet, ist ein auf der Lohnsteuerkarte für das vorhergehende Kalenderjahr eingetragener steuerfreier Jahresbetrag oder Jahreshinzurechnungsbetrag

bei monatlicher Lohnzahlung mit 1/12,
bei wöchentlicher Lohnzahlung mit 7/360 und
bei täglicher Lohnzahlung nur mit 1/360

zu berücksichtigen. ²Dabei ist der so ermittelte Monatsbetrag auf den nächsten vollen Euro-Betrag, der Wochenbetrag auf den nächsten durch 10 teilbaren Centbetrag und der Tagesbetrag auf den nächsten durch 5 teilbaren Centbetrag aufzurunden.

(5) ¹Ist ein Dritter zum Lohnsteuerabzug verpflichtet, weil er tarifvertragliche Ansprüche eines Arbeitnehmers eines anderen Arbeitgebers unmittelbar zu erfüllen hat (§ 38 Abs. 3a Satz 1 EStG), kann der Dritte die Lohnsteuer für einen sonstigen Bezug unter den Voraussetzungen des § 39c Abs. 5 EStG mit 20 % unabhängig von einer Lohnsteuerkarte ermitteln. ²Es handelt sich dabei nicht um eine pauschale Lohnsteuer i.S.d. §§ 40 ff EStG. ³Schuldner der Lohnsteuer bleibt im Falle des § 39c Abs. 5 EStG der Arbeitnehmer. ⁴Der versteuerte Arbeitslohn ist im Rahmen einer Einkommensteuerveranlagung des Arbeitnehmers zu erfassen und die pauschal erhobene Lohnsteuer auf die Einkommensteuerschuld anzurechnen. ⁵Der Dritte hat daher dem Arbeitnehmer eine besondere Lohnsteuerbescheinigung auszustellen und die einbehaltene Lohnsteuer zu bescheinigen (§ 41b EStG).

Hinweise

LStH 39c *Fehlerhafte Bescheinigung*
→ *H 41c.3 (Einzelfälle)*

Grenzpendler

Ein Arbeitnehmer, der im Inland keinen Wohnsitz oder gewöhnlichen Aufenthalt hat, wird auf Antrag nach § 1 Abs. 3 EStG als unbeschränkt einkommensteuerpflichtig behandelt, wenn seine Einkünfte **zu mindestens 90 %** *der deutschen Einkommensteuer unterliegen oder die nicht der deutschen Einkommensteuer unterliegenden Einkünfte* **höchstens 8.004 Euro** *betragen.*

Ein Grenzpendler, der als Staatsangehöriger eines Mitgliedstaates der Europäischen Union (EU) oder der Staaten Island, Liechtenstein oder Norwegen (EWR) nach § 1 Abs. 3 EStG als unbeschränkt einkommensteuerpflichtig behandelt wird, ist auf Antrag in die **Steuerklasse III** *einzuordnen, wenn der Ehegatte des Arbeitnehmers in einem EU/EWR-Mitgliedstaat lebt (→ § 1a Abs. 1 Nr. 2 EStG). Es ist nicht erforderlich, dass der Ehegatte ebenfalls Staatsangehöriger eines EU/EWR-Mitgliedstaates ist. Voraussetzung ist jedoch, dass die Einkünfte beider Ehegatten zu mindestens 90 % der deutschen Einkommensteuer unterliegen oder ihre nicht der deutschen Einkommensteuer unterliegenden Einkünfte höchstens* **16.008** *Euro betragen. Die Steuerklasse ist in der Bescheinigung nach § 39c Abs. 4 EStG vom Betriebsstättenfinanzamt anzugeben.*

Bei Grenzpendlern i.S.d. § 1 Abs. 3 EStG, die nicht Staatsangehörige eines EU/EWR-Mitgliedstaates sind, kann der Ehegatte steuerlich nicht berücksichtigt werden. Für diese Arbeitnehmer ist in der nach § 39c Abs. 4 EStG zu erteilenden Bescheinigung die **Steuerklasse I** *oder für das zweite oder jedes weitere Dienstverhältnis die Steuerklasse VI anzugeben; in den Fällen des § 32a Abs. 6 EStG (= Witwensplitting) Steuerklasse III.*

Die nicht der deutschen Einkommensteuer unterliegenden Einkünfte sind jeweils durch eine **Bescheinigung** *der zuständigen ausländischen Steuerbehörde nachzuweisen.*

Die Erteilung der Bescheinigung nach § 39c Abs. 4 EStG führt zur **Veranlagungspflicht** *nach § 46 Abs. 2 Nr. 7 Buchstabe b EStG.*

Für Arbeitnehmer, die im Ausland ansässig sind und nicht die Voraussetzungen des § 1 Abs. 2 oder § 1 Abs. 3 EStG erfüllen, ist weiterhin das **Bescheinigungsverfahren nach § 39d EStG** *anzuwenden.*

(→ BMF vom 29.9.1995 – BStBl. I S. 429, Tz. 1 **unter Berücksichtigung der zwischenzeitlich eingetretenen Rechtsänderungen***).*

Lohnsteuer-Ermäßigungsverfahren

Im Lohnsteuer-Ermäßigungsverfahren kann auf die Bestätigung der ausländischen Steuerbehörde in der Anlage Grenzpendler EU/EWR bzw. Anlage Grenzpendler außerhalb EU/EWR verzichtet werden, wenn für einen der beiden vorangegangenen Veranlagungszeiträume bereits eine von der ausländischen Steuerbehörde bestätigte Anlage vorliegt und sich die Verhältnisse nach Angaben des Steuerpflichtigen nicht geändert haben (BMF vom 25.11.1999 – BStBl. I S. 990).

Öffentlicher Dienst

Bei Angehörigen des öffentlichen Dienstes i.S.d. § 1 Abs. 2 Satz 1 Nr. 1 und 2 EStG ohne diplomatischen oder konsularischen Status, die nach § 1 Abs. 3 EStG auf Antrag als unbeschränkt einkommensteuerpflichtig behandelt werden und an einem ausländischen Dienstort tätig sind, sind die unter dem Stichwort → Grenzpendler genannten Regelungen zur Eintragung der Steuerklasse III auf Antrag entsprechend anzuwenden (→ § 1a Abs. 2 EStG). Dabei muss auf den Wohnsitz, den gewöhnlichen Aufenthalt, die Wohnung oder den Haushalt im Staat des ausländischen Dienstortes abgestellt werden. Danach kann auch bei außerhalb von EU/EWR-Mitgliedstaaten tätigen Beamten weiterhin die Steuerklasse III in Betracht kommen. Dagegen erfüllen ein pensionierter Angehöriger des öffentlichen Dienstes und ein im Inland tätiger Angehöriger des öffentlichen Dienstes, die ihren Wohnsitz außerhalb eines EU/EWR-Mitgliedstaates haben, nicht die Voraussetzungen des § 1a Abs. 2 EStG. Sie können aber ggf. als Grenzpendler in die Steuerklasse III eingeordnet werden, wenn der Ehegatte in einem EU/EWR-Mitgliedstaat lebt (→ BMF vom 29.9.1995 – BStBl. I S. 429, Tz. 1.4 **unter Berücksichtigung der zwischenzeitlich eingetretenen Rechtsänderungen***).*

Rechtsprechungsauswahl

BFH v. 23. 9. 2008 I R 65/07 (BStBl. 2009 II S. 666): Das FA kann auch dann „nachträglich" i.S. von § 50 Abs. 5 Satz 4 Nr. 1 EStG 1997/§ 50 Abs. 5 Satz 2 Nr. 1 EStG 1997 i.d.F. des StSenkG feststellen, dass die Voraussetzungen der unbeschränkten Einkommensteuerpflicht nach § 1 Abs. 3 EStG 1997 nicht vorgelegen haben, wenn es dies bereits bei Erteilung der Bescheinigung hätte bemerken können. Auch bei einer fehlerhaft erteilten Bescheinigung nach § 39c Abs. 4 EStG 1997 kann das FA die zu wenig erhobene Lohnsteuer nachfordern.

BFH v. 12. 1. 2001 VI R 102/98 (BStBl. 2003 II S. 151): Führt der Arbeitgeber entgegen § 39c Abs. 1 Satz 1 i.V.m. § 39d Abs. 3 Satz 4 EStG den Lohnsteuerabzug trotz Nichtvorliegen der Bescheinigung gemäß § 39d Abs. 1 Satz 3 EStG nicht nach der Steuerklasse VI, sondern nach der Steuerklasse I durch, kann der Arbeitgeber auch nach Ablauf des Kalenderjahres, für das die Bescheinigung nach § 39d Abs. 1 Satz 3 EStG gilt, grundsätzlich nach § 42d Abs. 1 Nr. 1 EStG in Haftung genommen werden.

§ 39d

§ 39d Durchführung des Lohnsteuerabzugs für beschränkt einkommensteuerpflichtige Arbeitnehmer

(1) ¹Für die Durchführung des Lohnsteuerabzugs werden beschränkt einkommensteuerpflichtige Arbeitnehmer in die Steuerklasse I eingereiht. ²§ 38b Nummer 6 ist anzuwenden. ³Das Betriebsstättenfinanzamt (§ 41a Absatz 1 Satz 1 Nummer 1) erteilt auf Antrag des Arbeitnehmers über die maßgebende Steuerklasse eine Bescheinigung, für die die Vorschriften über die Eintragungen auf der Lohnsteuerkarte mit der Maßgabe sinngemäß anzuwenden sind, dass der Arbeitnehmer eine Änderung der Bescheinigung bis zum Ablauf des Kalenderjahres, für das sie gilt, beim Finanzamt beantragen kann.

(2) ¹In die nach Absatz 1 zu erteilende Bescheinigung trägt das Finanzamt für einen Arbeitnehmer, bei dem § 50 Absatz 1 Satz 4 anzuwenden ist, auf Antrag Folgendes ein:

1. Werbungskosten, die bei den Einkünften aus nichtselbständiger Arbeit anfallen (§ 9), soweit sie den Arbeitnehmer-Pauschbetrag (§ 9a Satz 1 Nummer 1 Buchstabe a) oder bei Versorgungsbezügen den Pauschbetrag (§ 9a Satz 1 Nummer 1 Buchstabe b) übersteigen.
2. Sonderausgaben im Sinne des § 10b, soweit sie den Sonderausgaben-Pauschbetrag (§ 10c) übersteigen, und die wie Sonderausgaben abziehbaren Beträge nach § 10e oder § 10i, jedoch erst nach Fertigstellung oder Anschaffung des begünstigten Objekts oder nach Fertigstellung der begünstigten Maßnahme,
3. den Freibetrag oder den Hinzurechnungsbetrag nach § 39a Absatz 1 Nummer 7.

²Der Antrag kann nur nach amtlich vorgeschriebenem Vordruck bis zum Ablauf des Kalenderjahres gestellt werden, für das die Bescheinigung gilt. ³Das Finanzamt hat die Summe der eingetragenen Beträge durch Aufteilung in Monatsbeträge, erforderlichenfalls Wochen- und Tagesbeträge, jeweils auf die voraussichtliche Dauer des Dienstverhältnisses im Kalenderjahr gleichmäßig zu verteilen. ⁴§ 39a Absatz 4 und 5 ist sinngemäß anzuwenden.

(3) ¹Der Arbeitnehmer hat die nach Absatz 1 erteilte Bescheinigung seinem Arbeitgeber vor Beginn des Kalenderjahres oder beim Eintritt in das Dienstverhältnis vorzulegen. ²Der Arbeitgeber hat die Bescheinigung aufzubewahren. ³§ 39b Absatz 1 Satz 3 und 4 gilt sinngemäß. ⁴Der Arbeitgeber hat im Übrigen den Lohnsteuerabzug nach Maßgabe des § 39b Absatz 2 bis 6, des § 39c Absatz 1, 2 und 5 und des § 41c durchzuführen; dabei tritt die nach Absatz 1 erteilte Bescheinigung an die Stelle der Lohnsteuerkarte. ⁵§ 41b ist sinngemäß anzuwenden.

LStR

R 39d. Durchführung des Lohnsteuerabzugs für beschränkt einkommensteuerpflichtige Arbeitnehmer

Ausübung oder Verwertung (§ 49 Abs. 1 Nr. 4 Buchstabe a EStG)

(1) ¹Die nichtselbständige Arbeit wird im Inland ausgeübt, wenn der Arbeitnehmer im Geltungsbereich des Einkommensteuergesetzes persönlich tätig wird. ²Sie wird im Inland verwertet, wenn der Arbeitnehmer das Ergebnis einer außerhalb des Geltungsbereichs des Einkommensteuergesetzes ausgeübten Tätigkeit im Inland seinem Arbeitgeber zuführt. ³Zu der im Inland ausgeübten oder verwerteten nichtselbständigen Arbeit gehört nicht die nichtselbständige Arbeit, die auf einem deutschen Schiff während seines Aufenthalts in einem ausländischen Küstenmeer, in einem ausländischen Hafen von Arbeitnehmern ausgeübt wird, die weder einen Wohnsitz noch ihren gewöhnlichen Aufenthalt im Inland haben. ⁴Unerheblich ist, ob der Arbeitslohn zu Lasten eines inländischen Arbeitgebers gezahlt wird. ⁵Arbeitgeber i.S.d. Satzes 2 ist die Stelle im Inland, z. B. eine Betriebsstätte oder der inländische Vertreter eines ausländischen Arbeitgebers, die unbeschadet des formalen Vertragsverhältnisses zu einem möglichen ausländischen Arbeitgeber die wesentlichen Rechte und Pflichten eines Arbeitgebers tatsächlich wahrnimmt; inländischer Arbeitgeber ist auch ein inländisches Unternehmen bezüglich der Arbeitnehmer, die bei rechtlich unselbständigen Betriebsstätten, Filialen oder Außenstellen im Ausland beschäftigt sind.

§ 39d

Befreiung von der beschränkten Einkommensteuerpflicht

(2) Einkünfte aus der Verwertung einer außerhalb des Geltungsbereichs des Einkommensteuergesetzes ausgeübten nichtselbständigen Arbeit bleiben bei der Besteuerung außer Ansatz,

1. wenn zwischen der Bundesrepublik Deutschland und dem Wohnsitzstaat ein Doppelbesteuerungsabkommen besteht und nach R **39b.10** der Lohnsteuerabzug unterbleiben darf oder
2. in anderen Fällen, wenn nachgewiesen oder glaubhaft gemacht wird, dass von diesen Einkünften in dem Staat, in dem die Tätigkeit ausgeübt worden ist, eine der deutschen Einkommensteuer entsprechende Steuer tatsächlich erhoben wird.[1] ²Auf diesen Nachweis ist zu verzichten bei Arbeitnehmern, bei denen die Voraussetzungen des Auslandstätigkeitserlasses[2] vorliegen.

Künstler, Berufssportler, Schriftsteller, Journalisten, Bildberichterstatter und Artisten

(3) ¹Bezüge von beschränkt einkommensteuerpflichtigen Künstlern, Berufssportlern, Schriftstellern, Journalisten und Bildberichterstattern unterliegen dem Lohnsteuerabzug gemäß § 39d EStG, wenn sie zu den Einkünften aus nichtselbständiger Arbeit gehören und von einem inländischen Arbeitgeber i.S.d. § 38 Abs. 1 Satz 1 Nr. 1 EStG gezahlt werden. ²Von ihren Vergütungen wird die Einkommensteuer nach Maßgabe des § 50a Abs. 4[3] und 5, § 50d EStG erhoben, wenn diese nicht von einem inländischen Arbeitgeber gezahlt werden.

(4) ¹Aus Vereinfachungsgründen kann bei beschränkt einkommensteuerpflichtigen Artisten, deren nichtselbständige Arbeit im Inland ausgeübt oder verwertet wird, die darauf entfallende Lohnsteuer mit einem Pauschsteuersatz erhoben werden. ²Der Pauschsteuersatz beträgt

1. 20 % des Arbeitslohns, wenn der Arbeitnehmer die Lohnsteuer trägt,
2. 25 % des Arbeitslohns, wenn der Arbeitgeber die Lohnsteuer übernimmt.

³Der Solidaritätszuschlag beträgt zusätzlich jeweils 5,5 % der Lohnsteuer.

Bescheinigungsverfahren

(5) ¹Die nach § 39d Abs. 1 EStG auszustellende Bescheinigung kann auch vom Arbeitgeber beantragt werden, wenn dieser den Antrag im Namen des Arbeitnehmers stellt. ²Bezieht ein Arbeitnehmer gleichzeitig Arbeitslohn aus mehreren gegenwärtigen oder früheren Dienstverhältnissen, in denen er der beschränkten Steuerpflicht unterliegt, hat das Finanzamt in der Bescheinigung für das zweite und jedes weitere Dienstverhältnis zu vermerken, dass die Steuerklasse VI anzuwenden ist. ³Bei Nichtvorlage der Bescheinigung hat der Arbeitgeber den Lohnsteuerabzug nach Maßgabe des § 39c Abs. 1 und 2 EStG vorzunehmen. ⁴R **39c** ist entsprechend anzuwenden.

(6) ¹Nach § 39d Abs. 2 EStG ist ein Freibetrag oder ein Hinzurechnungsbetrag durch Aufteilung in Monatsbeträge, erforderlichenfalls in Wochen- und Tagesbeträge, jeweils auf die voraussichtliche Dauer des Dienstverhältnisses im Kalenderjahr gleichmäßig zu verteilen. ²Dabei sind ggf. auch die im Kalenderjahr bereits abgelaufenen Zeiträume desselben Dienstverhältnisses einzubeziehen, es sei denn, der Arbeitnehmer beantragt die Verteilung des Betrags auf die restliche Dauer des Dienstverhältnisses. ³Bei beschränkt einkommensteuerpflichtigen Arbeitnehmern, bei denen § 50 Abs. 1 Satz 5 EStG anzuwenden ist, sind Werbungskosten und Sonderausgaben insoweit einzutragen, als sie die zeitanteiligen Pauschbeträge (→ § 50 Abs. 1 Satz 6[4] EStG) übersteigen.

Hinweise

LStH 39d *Arbeitnehmer mit Wohnsitz*

— *in der Schweiz*

→ *Artikel 3 des Zustimmungsgesetzes vom 30.9.1993 (BStBl. I S. 927)* — **Anhang CD49** —

→ *Einführungsschreiben zur Neuregelung der Grenzgängerbesteuerung vom 19.9.1994 (BStBl. I S. 683)*

→ *BMF vom 7.7.1997 (BStBl. I S. 723)* **unter Berücksichtigung der Änderungen durch BMF vom 30.9.2008 (BStBl. I S. 935)**

---

1) Falls nach den besonderen Verhältnissen dem Steuerpflichtigen jährlicher Nachweis der Besteuerung im Ausland nicht zugemutet werden kann, ist einmaliger Nachweis für bis zu drei Jahre möglich (ESt-Kartei NW § 39d Nr. 2).
2) Anlage § 034c-01.
3) Jetzt § 50 Absatz 1 EStG.
4) Jetzt Satz 5.

§ 39d — LStH 39d, ESt-Kartei NW, Rechtsprechung

- *in Belgien*
  - → *Grenzgängerregelung nach dem Zusatzabkommen zum DBA Belgien (BGBl. 2003 II S. 1615)*

Auslandstätigkeitserlass
- → *BMF vom 31.10.1983 (BStBl. I S. 470)* — *Anlage § 034c-01* —

Entschädigung
- → *BMF vom 14.9.2006 (BStBl. I S. 532), Tz. 6.3* — *Anlage § 039b-03* —

Künstler
- → *BMF vom 31.7.2002 (BStBl. I S. 707)* — *Anlage § 039d-01* —

Öffentliche Kassen
- → *LStH 3.11*

Verwertungstatbestand
- — → *BFH vom 12.11.1986 (BStBl. 1987 II S. 377, 379, 381, 383)*

- *Beispiel:*

  Ein lediger Wissenschaftler wird im Rahmen eines Forschungsvorhabens in Südamerika tätig. Seinen inländischen Wohnsitz hat er aufgegeben. Er übergibt entsprechend den getroffenen Vereinbarungen seinem inländischen Arbeitgeber einen Forschungsbericht. Der Arbeitgeber sieht von einer kommerziellen Auswertung der Forschungsergebnisse ab.

  Der Wissenschaftler ist mit den Bezügen, die er für die Forschungstätigkeit von seinem Arbeitgeber erhält, beschränkt einkommensteuerpflichtig nach § 1 Abs. 4 i. V. m. § 49 Abs. 1 Nr. 4 Buchstabe a EStG; sie unterliegen deshalb dem Lohnsteuerabzug nach § 39d EStG.

ESt-Kartei NW

1. Für deutsche Arbeitgeber im Ausland tätige Arbeitnehmer mit Wohnsitz in einem Drittstaat (kein deutscher Steuerverzicht entsprechend Abschnitt 92 Abs. 3 Satz 1 LStR/Abschnitt 125 Abs. 3 Satz 1 LStR 1993, wenn im Tätigkeitsstaat keine der deutschen Einkommensteuer entsprechende Steuer erhoben wird; Beseitigung der Doppelbesteuerung obliegt vorrangig dem Wohnsitzstaat oder dem Staat der Staatsangehörigkeit des Arbeitnehmers)
2. Nachweis der Besteuerung im Ausland (zu Abschnitt 92 Abs. 3 Satz 1 Nr. 2 LStR/Abschnitt 125 Abs. 3 Satz 1 Nr. 2 LStR 1993, Glaubhaftmachung genügt, einmaliger Nachweis für bis zu drei Jahre möglich, wenn jährlicher Nachweis dem Steuerpflichtigen nach den besonderen Verhältnissen des Auslandes nicht zugemutet werden kann)
3. Hinweis ausgesondert
4. Umsetzung des EuGH-Urteils vom 14. 2. 1995 — Schumacker — im Rahmen des Jahressteuergesetzes 1996 — Hinweis auf § 1a EStG Nr. 1, 1000 und 1001 —
5. Besteuerung der Einkünfte aus nichtselbständiger Arbeit bei beschränkt einkommensteuerpflichtigen Künstlern (entspricht BMF-Schreiben v. 31. 7. 2002 BStBl. I S. 707, **Anlage § 039d-01**)
800. Hinweis ausgesondert
1000. Steuerliche Fragen im Zusammenhang mit Nettolohnvereinbarungen — Hinweis auf § 19 EStG Fach 2 Nr. 1000 —
1001. Beschränkte Steuerpflicht von Arbeitnehmern, die für deutsche Arbeitgeber im Ausland tätig sind und ihren Wohnsitz in einem Drittstaat haben (zu Abschnitt 125 Abs. 3 Nr. 2 LStR; besteht mit dem Wohnsitzstaat des Arbeitnehmers ein DBA, kommt nur eine Freistellung nach diesem DBA in Betracht)

Rechtsprechungsauswahl

BFH v. 25. 8. 2009 I R 33/08 (BStBl. 2010 II S. 150): Bei der Berechnung der Lohnsteuer für einen „sonstigen Bezug", der einem (ehemaligen) Arbeitnehmer nach einem Wechsel von der unbeschränkten in die beschränkte Steuerpflicht in diesem Kalenderjahr zufließt, ist der während der Zeit der unbeschränkten Steuerpflicht gezahlte Arbeitslohn im „Jahresarbeitslohn" (§ 39d Abs. 3 Satz 4 i.V.m. § 39b Abs. 3 Satz 7 EStG 2002) zu berücksichtigen.

Rechtsprechung § 39d

BFH v. 12. 1. 2001 VI R 102/98 (BStBl. 2003 II S. 151): Führt der Arbeitgeber entgegen § 39c Abs. 1 Satz 1 i.V.m. § 39d Abs. 3 Satz 4 EStG den Lohnsteuerabzug trotz Nichtvorliegen der Bescheinigung gemäß § 39d Abs. 1 Satz 3 EStG nicht nach der Steuerklasse VI, sondern nach der Steuerklasse I durch, kann der Arbeitgeber auch nach Ablauf des Kalenderjahres, für das die Bescheinigung nach § 39d Abs. 1 Satz 3 EStG gilt, grundsätzlich nach § 42d Abs. 1 Nr. 1 EStG in Haftung genommen werden.

BFH v. 17. 12. 1997 I R 60-61/97 (BStBl. 1999 II S. 13): Ein Beamter übt keine Tätigkeit „in der Verwaltung" i. S. des Art. 14 Abs. 1 DBA-Frankreich aus, wenn er aufgrund einer Dienstleistungsüberlassung seine Dienste tatsächlich in einem privatwirtschaftlich strukturierten Unternehmen erbringt.

BFH v. 12. 6. 1997 I R 72/96 (BStBl. II S. 660):
1. Die Auslegung eines Verwaltungsaktes durch das FG ist revisionsrechtlich überprüfbar.
2. Die Erhebung einer Klage auf Feststellung der Steuerfreiheit von Lohneinkünften nach dem DBA-Frankreich durch den Arbeitgeber ist unzulässig, wenn dieser das Verfahren nach § 39d Abs. 3 Satz 4 i. V. m. § 39b Abs. 6 EStG einleiten kann.
3. Die Steuerpflicht im Inland tätiger „französischer Arbeitnehmer" beurteilt sich primär nach § 49 Abs. 1 Nr. 4 EStG.
4. Über eine Steuerbefreiung der Löhne im Inland nach Art. 13 DBA-Frankreich kann wegen Art. 25b Abs. 1 Satz 1 DBA-Frankreich nur im Verfahren gemäß § 39d Abs. 3 Satz 4 i. V. m. § 39b Abs. 6 EStG oder in einem besonderen Erstattungsverfahren entschieden werden.
5. Das besondere Erstattungsverfahren kann nur von dem einzelnen Arbeitnehmer eingeleitet werden. Einen Antrag nach § 39d Abs. 3 Satz 4 i. V. m. § 39b Abs. 6 EStG kann auch der Arbeitgeber stellen.

BFH v. 10. 7. 1996 I R 4/96 (BStBl. 1997 II S. 15): Kehren Arbeitnehmer, die länger als 183 Tage im Kalenderjahr eine nichtselbständige Arbeit im Inland ausüben, arbeitstäglich zu ihrem Wohnsitz im Ausland zurück, so halten sie sich dennoch in der Bundesrepublik i. S. des Art. 10 DBA-Niederlande auf (Änderung der Rechtsprechung: BFH-Urteil vom 10. Mai 1989 I R 50/85, BFHE 157,142, BStBl. II 1989, 755).

§ 39e

§ 39e Elektronische Lohnsteuerabzugsmerkmale

(1) Das Finanzamt teilt die nach den §§ 39 bis 39d sowie nach § 39f von ihm festzustellenden Lohnsteuerabzugsmerkmale dem Bundeszentralamt für Steuern zum Zweck der Bereitstellung für den automatisierten Abruf durch den Arbeitgeber mit.

(2) ¹Für jeden Steuerpflichtigen speichert das Bundeszentralamt für Steuern zum Zweck der Bereitstellung automatisiert abrufbarer Lohnsteuerabzugsmerkmale für den Arbeitgeber folgende Daten zu den in § 139b Absatz 3 der Abgabenordnung genannten Daten hinzu:

1. rechtliche Zugehörigkeit zu einer steuererhebenden Religionsgemeinschaft sowie Datum des Eintritts und Austritts,
2. melderechtlicher Familienstand und bei Verheirateten die Identifikationsnummer des Ehegatten,
3. Kinder mit ihrer Identifikationsnummer und soweit bekannt die Rechtsstellung und Zuordnung der Kinder zu den Eltern sowie die Identifikationsnummer des anderen Elternteiles,
4. Familienstand für die Bereitstellung von elektronischen Lohnsteuermerkmalen und gewählte Steuerklassen (§ 38b), Zahl der Lohnsteuerkarten und beantragte ungünstigere Steuerklasse und Angaben zu Kinderfreibeträgen (§ 39), Freibetrag und Hinzurechnungsbetrag (§§ 39a, 39d), Faktor (§ 39f), amtlicher Gemeindeschlüssel der Wohnsitzgemeinde,
5. Höhe der Beiträge für eine Krankenversicherung und für eine private Pflege-Pflichtversicherung (§ 10 Absatz 1 Nummer 3, § 39b Absatz 2 Satz 5 Nummer 3 Buchstabe d), wenn der Steuerpflichtige dies beantragt.

²Die nach Landesrecht für das Meldewesen zuständigen Behörden (Meldebehörden) haben dem Bundeszentralamt für Steuern unter Angabe der Identifikationsnummer die in Satz 1 Nummer 1 bis 3 bezeichneten Daten und deren Änderungen im Melderegister mitzuteilen, in den Fällen der Nummer 3 bis das Kind das 18. Lebensjahr vollendet hat.

(3) ¹Das Bundeszentralamt für Steuern hält die Identifikationsnummer, den Tag der Geburt, Merkmale für den Kirchensteuerabzug und folgende Lohnsteuerabzugsmerkmale des Arbeitnehmers zum unentgeltlichen automatisierten Abruf durch den Arbeitgeber nach amtlich vorgeschriebenem Datensatz bereit: Steuerklasse (§ 38b) in Zahlen, die Zahl der Kinderfreibeträge (§ 39), Freibetrag und Hinzurechnungsbetrag (§§ 39a, 39d) sowie den Faktor (§ 39f), Teilbetrag der Vorsorgepauschale für die Krankenversicherung und private Pflege-Pflichtversicherung (§ 39b Absatz 2 Satz 5 Nummer 3 Buchstabe d). ²Bezieht ein Arbeitnehmer nebeneinander von mehreren Arbeitgebern Arbeitslohn, so sind für jedes weitere Dienstverhältnis elektronische Lohnsteuerabzugsmerkmale zu bilden. ³Das Bundeszentralamt für Steuern führt die elektronischen Lohnsteuerabzugsmerkmale des Arbeitnehmers zum Zweck ihrer Bereitstellung nach Satz 1 mit der Wirtschafts-Identifikationsnummer (§ 139c der Abgabenordnung) des Arbeitgebers zusammen.

(4) ¹Der Arbeitnehmer hat seinem Arbeitgeber bei Eintritt in das Dienstverhältnis zum Zweck des Abrufs der Lohnsteuerabzugsmerkmale seine Identifikationsnummer sowie den Tag seiner Geburt mitzuteilen. ²Der Arbeitgeber hat bei Beginn des Dienstverhältnisses die Lohnsteuerabzugsmerkmale für den Arbeitnehmer beim Bundeszentralamt für Steuern durch Datenfernübertragung abzurufen und sie in das Lohnkonto für den Arbeitnehmer zu übernehmen. ³Zur Plausibilitätsprüfung der Identifikationsnummer hält das Bundeszentralamt für Steuern für den Arbeitgeber entsprechende Regeln zum Abruf bereit. ⁴Für den Abruf der Lohnsteuerabzugsmerkmale hat sich der Arbeitgeber zu authentifizieren und seine Wirtschafts-Identifikationsnummer sowie die Identifikationsnummer und den Tag der Geburt des Arbeitnehmers mitzuteilen. ⁵Der Arbeitgeber hat die Beendigung des Dienstverhältnisses unverzüglich dem Bundeszentralamt für Steuern mitzuteilen. ⁶Beauftragt der Arbeitgeber einen Dritten mit der Durchführung des Lohnsteuerabzugs, hat sich der Dritte für den Datenabruf zu authentifizieren und zusätzlich seine Wirtschafts-Identifikationsnummer mitzuteilen.

§ 39e

(5) ¹Auf die elektronischen Lohnsteuerabzugsmerkmale sind die für die Lohnsteuerkarte geltenden Schutzvorschriften entsprechend anzuwenden. ²Wer Lohnsteuerabzugsmerkmale vorsätzlich oder leichtfertig für andere Zwecke als die Durchführung des Lohn- und Kirchensteuerabzugs verwendet, handelt ordnungswidrig; § 50f Absatz 2 ist anzuwenden.

(6) Die abgerufenen Lohnsteuerabzugsmerkmale sind vom Arbeitgeber für die Durchführung des Lohnsteuerabzugs des Arbeitnehmers anzuwenden bis ihm das Bundeszentralamt für Steuern geänderte Lohnsteuerabzugsmerkmale zum Abruf bereitstellt und die Bereitstellung mitteilt oder der Arbeitgeber dem Bundeszentralamt für Steuern die Beendigung des Dienstverhältnisses anzeigt.

(7) ¹Die elektronischen Lohnsteuerabzugsmerkmale werden erstmals für die Durchführung des Lohnsteuerabzugs gebildet. ²Der Steuerpflichtige kann beim Wohnsitzfinanzamt (§ 19 der Abgabenordnung) beantragen, dass für ihn keine elektronischen Lohnsteuerabzugsmerkmale mehr gebildet werden. ³Erstmalig gebildete oder geänderte elektronische Lohnsteuerabzugsmerkmale sind dem Arbeitnehmer auf Antrag mitzuteilen oder elektronisch bereitzustellen. ⁴Werden dem Arbeitnehmer elektronische Lohnsteuerabzugsmerkmale bekannt, die zu seinen Gunsten von den tatsächlichen Verhältnissen abweichen, so ist er verpflichtet, sie ändern zu lassen.

(8) ¹Auf Antrag des Arbeitgebers kann das Betriebsstättenfinanzamt zur Vermeidung unbilliger Härten zulassen, dass der Arbeitgeber nicht am Abrufverfahren teilnimmt. ²Dem Antrag eines Arbeitgebers ohne maschinelle Lohnabrechnung, der ausschließlich Arbeitnehmer im Rahmen einer geringfügigen Beschäftigung in seinem Privathaushalt im Sinne des § 8a des Vierten Buches Sozialgesetzbuch beschäftigt, ist stattzugeben. ³Der Arbeitgeber hat dem Antrag unter Angabe seiner Wirtschafts-Identifikationsnummer ein Verzeichnis der beschäftigten Arbeitnehmer mit Angabe der jeweiligen Identifikationsnummer und des Geburtsdatums des Arbeitnehmers beizufügen. ⁴Der Antrag ist nach amtlich vorgeschriebenem Vordruck zu stellen. ⁵Das Betriebsstättenfinanzamt übermittelt dem Arbeitgeber für die Durchführung des Lohnsteuerabzugs für ein Kalenderjahr eine arbeitgeberbezogene Bescheinigung mit den Lohnsteuerabzugsmerkmalen für den Arbeitnehmer. ⁶Absatz 5 ist entsprechend anzuwenden.

(9) ¹Die elektronischen Lohnsteuerabzugsmerkmale sind für die Durchführung des Lohnsteuerabzugs ab 2011 anzuwenden. ²Die Gemeinden haben die Lohnsteuerkarte nach § 39 letztmals für das Kalenderjahr 2010 auszustellen und zu übermitteln. ³Auf den Lohnsteuerkarten für 2009 und 2010 ist zusätzlich die Identifikationsnummer des Arbeitnehmers einzutragen. ⁴Das Bundeszentralamt für Steuern errichtet unverzüglich die Datei der elektronischen Lohnsteuerabzugsmerkmale und das Verfahren für den Abruf durch den Arbeitgeber zum Zweck der Durchführung des Lohnsteuerabzugs ab 2011. ⁵Die Meldebehörden übermitteln die Daten gemäß Absatz 2 dem Bundeszentralamt für Steuern in dem mit ihm abzustimmenden Verfahren und zur Einführung der elektronischen Lohnsteuerabzugsmerkmale für jeden Steuerpflichtigen unter Angabe der Identifikationsnummer die im Melderegister gespeicherten Daten nach Absatz 2 Satz 1 Nummer 1 bis 3 sowie die in § 2 Absatz 2 Nummer 2 des Melderechtsrahmengesetzes in der Fassung der Bekanntmachung vom 19. April 2002 (BGBl. I S. 1342), das zuletzt durch Artikel 26b des Gesetzes vom 20. Dezember 2007 (BGBl. I S. 3150) geändert worden ist, in der jeweils geltenden Fassung, bezeichneten Daten; für die Datenübermittlung zur Einführung der elektronischen Lohnsteuerabzugsmerkmale gilt § 39 Absatz 6 entsprechend. ⁶Für die Datenübermittlung gilt § 6 Absatz 2a der Zweiten Bundesmeldedatenübermittlungsverordnung vom 31. Juli 1995 (BGBl. I S. 1011), die zuletzt durch Artikel 19 des Gesetzes vom 20. Dezember 2007 (BGBl. I S. 3150) geändert worden ist, in der jeweils geltenden Fassung, entsprechend. ⁷Das Bundesministerium der Finanzen kann im Einvernehmen mit dem Bundesministerium des Innern und den obersten Finanzbehörden der Länder Beginn und Zeitpunkt der erstmaligen Übermittlung nach Absatz 2 sowie den Beginn und die Frist für die Datenübermittlung nach Satz 5 durch ein im Bundessteuerblatt zu veröffentlichendes Schreiben mitteilen.

(10) ¹Das Bundesministerium der Finanzen kann den Zeitpunkt des erstmaligen Datenabrufs durch den Arbeitgeber durch ein im Bundessteuerblatt zu veröffentlichendes

Schreiben mitteilen. ²Zur Prüfung und zum Nachweis der Funktionsfähigkeit der Verfahren zur Bildung, Speicherung und Übermittlung, Änderung, Bereitstellung sowie zum Abruf der elektronischen Lohnsteuerabzugsmerkmale können die elektronischen Lohnsteuerabzugsmerkmale vor 2010 gebildet, gespeichert und genutzt werden. ³Zur Erprobung der in Satz 2 genannten Verfahren können das Bundeszentralamt für Steuern und die an der Erprobung teilnehmenden Arbeitgeber die Regelungen der Absätze 1 bis 6 und Absatz 7 Satz 1 im Kalenderjahr 2010 anwenden. ⁴Das Bundesministerium der Finanzen hat auf die Möglichkeit der Erprobung des Verfahrens der elektronischen Lohnsteuerabzugsmerkmale durch ein im Bundessteuerblatt zu veröffentlichendes Schreiben hinzuweisen. ⁵Das Bundeszentralamt für Steuern kann mit Zustimmung des Bundesministeriums der Finanzen die an der Erprobung teilnehmenden Arbeitgeber auswählen. ⁶Ist bei der Erprobung oder dem Einsatz des Verfahrens der elektronischen Lohnsteuerabzugsmerkmale die Wirtschafts-Identifikationsnummer noch nicht oder nicht vollständig eingeführt, tritt die Umsatzsteuer-Identifikationsnummer (§ 27a des Umsatzsteuergesetzes) an die Stelle der Wirtschafts-Identifikationsnummer.

(11) Die beim Bundeszentralamt für Steuern nach Absatz 2 Satz 1 gespeicherten Daten können auch zur Prüfung und Durchführung der Einkommensbesteuerung (§ 2) des Steuerpflichtigen für Veranlagungszeiträume ab 2005 verwendet werden.

§ 39f Faktorverfahren anstelle Steuerklassenkombination III/V[1)]

(1) ¹Bei Ehegatten, die in die Steuerklasse IV gehören (§ 38b Satz 2 Nummer 4), hat das Finanzamt auf Antrag beider Ehegatten nach § 39a anstelle der Steuerklassenkombination III/V (§ 38b Satz 2 Nummer 5) auf der Lohnsteuerkarte jeweils die Steuerklasse IV in Verbindung mit einem Faktor zur Ermittlung der Lohnsteuer einzutragen, wenn der Faktor kleiner als 1 ist. ²Der Faktor ist $Y : X$ und vom Finanzamt mit drei Nachkommastellen ohne Rundung zu berechnen. ³„Y" ist die voraussichtliche Einkommensteuer für beide Ehegatten nach dem Splittingverfahren (§ 32a Absatz 5) unter Berücksichtigung der in § 39b Absatz 2 genannten Abzugsbeträge. ⁴„X" ist die Summe der voraussichtlichen Lohnsteuer bei Anwendung der Steuerklasse IV für jeden Ehegatten. ⁵In die Bemessungsgrundlage für Y werden jeweils neben den Jahresarbeitslöhnen der ersten Dienstverhältnisse zusätzlich nur Beträge einbezogen, die nach § 39a Absatz 1 Nummer 1 bis 6 als Freibetrag auf der Lohnsteuerkarte eingetragen werden könnten; Freibeträge werden neben dem Faktor nicht eingetragen. ⁶In den Fällen des § 39a Absatz 1 Nummer 7 sind bei der Ermittlung von Y und X die Hinzurechnungsbeträge zu berücksichtigen; die Hinzurechnungsbeträge sind zusätzlich auf der Lohnsteuerkarte für das erste Dienstverhältnis einzutragen. ⁷Arbeitslöhne aus zweiten und weiteren Dienstverhältnissen (Steuerklasse VI) sind im Faktorverfahren nicht zu berücksichtigen.

(2) Für die Einbehaltung der Lohnsteuer vom Arbeitslohn hat der Arbeitgeber Steuerklasse IV und den Faktor anzuwenden.

(3) ¹§ 39 Absatz 5 Satz 3 und 4 gilt sinngemäß. ²§ 39a ist anzuwenden mit der Maßgabe, dass ein Antrag nach amtlich vorgeschriebenem Vordruck (§ 39a Absatz 2) nur erforderlich ist, wenn bei der Faktorermittlung zugleich Beträge nach § 39a Absatz 1 Nummer 1 bis 6 berücksichtigt werden sollen.

(4) Das Faktorverfahren ist im Programmablaufplan für die maschinelle Berechnung der Lohnsteuer (§ 39b Absatz 8) zu berücksichtigen.

---

1) § 39f ist erstmals für den Lohnsteuerabzug 2010 anzuwenden (§ 52 Absatz 52 EStG).

§ 40

§ 40 Pauschalierung der Lohnsteuer in besonderen Fällen

(1) ¹Das Betriebsstättenfinanzamt (§ 41a Absatz 1 Satz 1 Nummer 1) kann auf Antrag des Arbeitgebers zulassen, dass die Lohnsteuer mit einem unter Berücksichtigung der Vorschriften des § 38a zu ermittelnden Pauschsteuersatz erhoben wird, soweit

1. von dem Arbeitgeber sonstige Bezüge in einer größeren Zahl von Fällen gewährt werden oder
2. in einer größeren Zahl von Fällen Lohnsteuer nachzuerheben ist, weil der Arbeitgeber die Lohnsteuer nicht vorschriftsmäßig einbehalten hat.

²Bei der Ermittlung des Pauschsteuersatzes ist zu berücksichtigen, dass die in Absatz 3 vorgeschriebene Übernahme der pauschalen Lohnsteuer durch den Arbeitgeber für den Arbeitnehmer eine in Geldeswert bestehende Einnahme im Sinne des § 8 Absatz 1 darstellt (Nettosteuersatz). ³Die Pauschalierung ist in den Fällen des Satzes 1 Nummer 1 ausgeschlossen, soweit der Arbeitgeber einem Arbeitnehmer sonstige Bezüge von mehr als 1 000 Euro im Kalenderjahr gewährt. ⁴Der Arbeitgeber hat dem Antrag eine Berechnung beizufügen, aus der sich der durchschnittliche Steuersatz unter Zugrundelegung der durchschnittlichen Jahresarbeitslöhne und der durchschnittlichen Jahreslohnsteuer in jeder Steuerklasse für diejenigen Arbeitnehmer ergibt, denen die Bezüge gewährt werden sollen oder gewährt worden sind.

(2) ¹Abweichend von Absatz 1 kann der Arbeitgeber die Lohnsteuer mit einem Pauschsteuersatz von 25 Prozent erheben, soweit er

1. arbeitstäglich Mahlzeiten im Betrieb an die Arbeitnehmer unentgeltlich oder verbilligt abgibt oder Barzuschüsse an ein anderes Unternehmen leistet, das arbeitstäglich Mahlzeiten an die Arbeitnehmer unentgeltlich oder verbilligt abgibt. ²Voraussetzung ist, dass die Mahlzeiten nicht als Lohnbestandteile vereinbart sind,
2. Arbeitslohn aus Anlass von Betriebsveranstaltungen zahlt,
3. Erholungsbeihilfen gewährt, wenn diese zusammen mit Erholungsbeihilfen, die in demselben Kalenderjahr früher gewährt worden sind, 156 Euro für den Arbeitnehmer, 104 Euro für dessen Ehegatten und 52 Euro für jedes Kind nicht übersteigen und der Arbeitgeber sicherstellt, dass die Beihilfen zu Erholungszwecken verwendet werden,
4. Vergütungen für Verpflegungsmehraufwendungen anlässlich einer Tätigkeit im Sinne des § 4 Absatz 5 Satz 1 Nummer 5 Satz 2 bis 4 zahlt, soweit diese die dort bezeichneten Pauschbeträge um nicht mehr als 100 Prozent übersteigen,
5. den Arbeitnehmern zusätzlich zum ohnehin geschuldeten Arbeitslohn unentgeltlich oder verbilligt Personalcomputer übereignet; das gilt auch für Zubehör und Internetzugang. ²Das Gleiche gilt für Zuschüsse des Arbeitgebers, die zusätzlich zum ohnehin geschuldeten Arbeitslohn zu den Aufwendungen des Arbeitnehmers für die Internetnutzung gezahlt werden.

²Der Arbeitgeber kann die Lohnsteuer mit einem Pauschsteuersatz von 15 Prozent für Sachbezüge in Form der unentgeltlichen oder verbilligten Beförderung eines Arbeitnehmers zwischen Wohnung und Arbeitsstätte und für zusätzlich zum ohnehin geschuldeten Arbeitslohn geleistete Zuschüsse zu den Aufwendungen des Arbeitnehmers für Fahrten zwischen Wohnung und Arbeitsstätte erheben, soweit diese Bezüge den Betrag nicht übersteigen, den der Arbeitnehmer nach § 9 Absatz 1 Satz 3 Nummer 4 und Absatz 2 als Werbungskosten geltend machen könnte, wenn die Bezüge nicht pauschal besteuert würden. ³Die nach Satz 2 pauschal besteuerten Bezüge mindern die nach § 9 Absatz 1 Satz 3 Nummer 4 und Absatz 2 abziehbaren Werbungskosten; sie bleiben bei der Anwendung des § 40a Absatz 1 bis 4 außer Ansatz.¹⁾

(3) ¹Der Arbeitgeber hat die pauschale Lohnsteuer zu übernehmen. ²Er ist Schuldner der pauschalen Lohnsteuer; auf den Arbeitnehmer abgewälzte pauschale Lohnsteuer gilt als zugeflossener Arbeitslohn und mindert nicht die Bemessungsgrundlage²⁾. ³Der pauschal

---

1) Anwendung von § 40 Absatz 2 Satz 2 und 3 ab VZ 2007 gemäß § 52 Absatz 52a EStG.
2) Zur Anwendung von § 40 Absatz 3 Satz 2 siehe BMF-Schreiben vom 10. 1. 2000 (BStBl. I S. 138), Anlage § 040-01.

§ 40 RL 40.1

besteuerte Arbeitslohn und die pauschale Lohnsteuer bleiben bei einer Veranlagung zur Einkommensteuer und beim Lohnsteuer-Jahresausgleich außer Ansatz. ⁴Die pauschale Lohnsteuer ist weder auf die Einkommensteuer noch auf die Jahreslohnsteuer anzurechnen.

LStR

R 40.1 Bemessung der Lohnsteuer nach besonderen Pauschsteuersätzen (§ 40 Abs. 1 EStG)

Größere Zahl von Fällen

(1) ¹Eine größere Zahl von Fällen ist ohne weitere Prüfung anzunehmen, wenn gleichzeitig mindestens 20 Arbeitnehmer in die Pauschalbesteuerung einbezogen werden. ²Wird ein Antrag auf Lohnsteuerpauschalierung für weniger als 20 Arbeitnehmer gestellt, kann unter Berücksichtigung der besonderen Verhältnisse des Arbeitgebers und der mit der Pauschalbesteuerung angestrebten Vereinfachung eine größere Zahl von Fällen auch bei weniger als 20 Arbeitnehmern angenommen werden.

Beachtung der Pauschalierungsgrenze

(2) ¹Der Arbeitgeber hat anhand der Aufzeichnungen im Lohnkonto (→ § 4 Abs. 2 Nr. 8 Satz 1 LStDV) vor jedem Pauschalierungsantrag zu prüfen, ob die Summe aus den im laufenden Kalenderjahr bereits gezahlten sonstigen Bezügen, für die die Lohnsteuer mit einem besonderen Steuersatz erhoben worden ist, und aus dem sonstigen Bezug, der nunmehr in die Pauschalbesteuerung einbezogen werden soll, die Pauschalierungsgrenze nach § 40 Abs. 1 Satz 3 EStG übersteigt. ²Wird diese Pauschalierungsgrenze durch den sonstigen Bezug überschritten, ist der übersteigende Teil nach § 39b Abs. 3 EStG zu besteuern. ³Hat der Arbeitgeber die Pauschalierungsgrenze mehrfach nicht beachtet, sind Anträge auf Lohnsteuerpauschalierung nach § 40 Abs. 1 Satz 1 Nr. 2 EStG nicht zu genehmigen.

Berechnung des durchschnittlichen Steuersatzes

(3) ¹Die Verpflichtung, den durchschnittlichen Steuersatz zu errechnen, kann der Arbeitgeber dadurch erfüllen, dass er

1. den Durchschnittsbetrag der pauschal zu versteuernden Bezüge,
2. die Zahl der betroffenen Arbeitnehmer nach Steuerklassen getrennt in folgenden drei Gruppen:
    a) Arbeitnehmer in den Steuerklassen I, II und IV,
    b) Arbeitnehmer in der Steuerklasse III und
    c) Arbeitnehmer in den Steuerklassen V und VI sowie
3. die Summe der Jahresarbeitslöhne der betroffenen Arbeitnehmer, gemindert um die nach § 39b Abs. 3 **Satz 3** EStG abziehbaren Freibeträge und den Entlastungsbetrag für Alleinerziehende bei der Steuerklasse II, erhöht um den Hinzurechnungsbetrag,

ermittelt. ²Werden die sonstigen Bezüge sowohl Arbeitnehmern gewährt, für die die ungekürzte Vorsorgepauschale[1]) gilt, als auch Arbeitnehmern, für die die gekürzte Vorsorgepauschale[2]) gilt, ist Satz 1 auf die beiden Gruppen jeweils gesondert anzuwenden; hiervon kann aus Vereinfachungsgründen abgesehen werden, wenn die Zahl der zu einer Gruppe gehörenden Arbeitnehmer im Verhältnis zur Gesamtzahl der in Betracht kommenden Arbeitnehmer von ganz untergeordneter Bedeutung ist. ³Aus Vereinfachungsgründen kann für die Ermittlungen nach **Satz 1** Nr. 2 und 3 eine repräsentative Auswahl der betroffenen Arbeitnehmer zugrunde gelegt werden. ⁴Zur Festsetzung eines Pauschsteuersatzes für das laufende Kalenderjahr können für die Ermittlung nach **Satz 1** Nr. 3 auch die Verhältnisse des Vorjahres zugrunde gelegt werden. ⁵Aus dem nach **Satz 1** Nr. 3 ermittelten Betrag hat der Arbeitgeber den durchschnittlichen Jahresarbeitslohn der erfassten Arbeitnehmer zu berechnen. ⁶Für jede der in **Satz 1** Nr. 2 bezeichneten Gruppen hat der Arbeitgeber sodann den Steuerbetrag zu ermitteln, dem der Durchschnittsbetrag der pauschal zu versteuernden Bezüge unterliegt, wenn er dem durchschnittlichen Jahresarbeitslohn hinzugerechnet wird. ⁷Dabei ist für die Gruppe nach **Satz 1** Nr. 2 Buchstabe a die Steuerklasse I, für die Gruppe nach **Satz 1** Nr. 2 Buchstabe b die Steuerklasse III und für die Gruppe nach **Satz 1** Nr. 2 Buchstabe c die Steuerklasse V maßgebend; **der Durchschnittsbetrag der pauschal zu besteuernden Bezüge ist auf den nächsten durch 216 ohne Rest teilbaren Euro-Betrag aufzurunden.** ⁸Durch Multiplikation der Steuerbeträge mit der Zahl der in der entsprechenden Gruppe erfassten Ar-

---

1) Vgl. Neufassung § 10c EStG und Änderung § 39b EStG ab 2010 durch das Bürgerentlastungsgesetz Krankenversicherung; jetzt: Gruppe der Arbeitnehmer, die in allen Sozialversicherungszweigen versichert sind (§ 39b Abs. 2 Satz 5 Nr. 3 Buchstabe a bis c EStG).

2) Vgl. Neufassung § 10c EStG und Änderung § 39b EStG ab 2010 durch das Bürgerentlastungsgesetz Krankenversicherung; jetzt: Gruppe der Arbeitnehmer, die **nicht in allen Sozialversicherungszweigen** versichert sind.

LStH 40.1 § 40

beitnehmer und Division der sich hiernach ergebenden Summe der Steuerbeträge durch die Gesamtzahl der Arbeitnehmer und den Durchschnittsbetrag der pauschal zu besteuernden Bezüge ist hiernach die durchschnittliche Steuerbelastung zu berechnen, der die pauschal zu besteuernden Bezüge unterliegen. [9]Das Finanzamt hat den Pauschsteuersatz nach dieser Steuerbelastung so zu berechnen, dass unter Berücksichtigung der Übernahme der pauschalen Lohnsteuer durch den Arbeitgeber insgesamt nicht zu wenig Lohnsteuer erhoben wird. [10]Die **Prozentsätze** der durchschnittlichen Steuerbelastung und des Pauschsteuersatzes sind mit einer Dezimalstelle anzusetzen, die nachfolgenden Dezimalstellen sind fortzulassen.

Hinweise

LStH 40.1 *Berechnung des durchschnittlichen Steuersatzes*

Die in R 40.1 Abs. 3 dargestellte Berechnung des durchschnittlichen Steuersatzes ist nicht zu beanstanden (→ BFH vom 11.3.1988 – BStBl. II S. 726). Die auf der Lohnsteuerkarte eingetragenen Kinderfreibeträge sind nicht zu berücksichtigen (→ BFH vom 26.7.2007 – BStBl. II S. 844).

Beispiel:

1. *Der Arbeitgeber ermittelt für rentenversicherungspflichtige Arbeitnehmer*
   a) *den durchschnittlichen Betrag der pauschal zu besteuernden Bezüge mit 550 €,*
   b) *die Zahl der betroffenen Arbeitnehmer*
      – *in den Steuerklassen I, II und IV mit 20,*
      – *in der Steuerklasse III mit 12 und*
      – *in den Steuerklassen V und VI mit 3,*
   c) *die Summe der Jahresarbeitslöhne der betroffenen Arbeitnehmer nach Abzug aller Freibeträge mit 610 190 €; dies ergibt einen durchschnittlichen Jahresarbeitslohn von (610 910 € : 35 =) 17 434 €.*

2. *Die Erhöhung des durchschnittlichen Jahresarbeitslohns um den auf 648 € aufgerundeten Durchschnittsbetrag der pauschal zu besteuernden Bezüge ergibt für diesen Betrag folgende Jahreslohnsteuerbeträge:*
   – *in der Steuerklasse I = 160 €,*
   – *in der Steuerklasse III = 80 €,*
   – *in der Steuerklasse V = 180 €.*

3. *Die durchschnittliche Steuerbelastung der pauschal zu besteuernden Bezüge ist hiernach wie folgt zu berechnen:*

$$\frac{20 \times 160 + 12 \times 80 + 3 \times 180}{35 \times 648} = 20{,}7\,\%.$$

4. *Der Pauschsteuersatz beträgt demnach*

$$\frac{100 \times 20{,}7\%}{100 - 20{,}7\%} = 26{,}1\,\%.$$

Bindung des Arbeitgebers an den Pauschalierungsbescheid

Der Arbeitgeber ist an seinen rechtswirksam gestellten Antrag auf Pauschalierung der Lohnsteuer gebunden, sobald der Lohnsteuer-Pauschalierungsbescheid wirksam wird (→BFH vom 5.3.1993 – BStBl. II S. 692).

Bindung des Finanzamts an den Pauschalierungsbescheid

Wird auf den Einspruch des Arbeitgebers ein gegen ihn ergangener Lohnsteuer-Pauschalierungsbescheid aufgehoben, so kann der dort berücksichtigte Arbeitslohn bei der Veranlagung des Arbeitnehmers erfasst werden (→ BFH vom 18.1.1991 – BStBl. II S. 309).

Bindung des Finanzamts an eine Anrufungsauskunft

Hat der Arbeitgeber eine Anrufungsauskunft eingeholt und ist er danach verfahren, ist das Betriebsstättenfinanzamt im Lohnsteuer-Abzugsverfahren daran gebunden. Eine Nacherhebung der Lohnsteuer ist auch dann nicht zulässig, wenn der Arbeitgeber nach einer Lohnsteuer-Außenprüfung einer Pauschalierung nach § 40 Abs. 1 Satz 1 Nr. 2 EStG zugestimmt hat (→ BFH vom 16.11.2005 – BStBl. 2006 II S. 210).

§ 40 RL 40.2

Entstehung der pauschalen Lohnsteuer

In den Fällen des § 40 Abs. 1 Satz 1 Nr. 2 EStG ist der geldwerte Vorteil aus der Steuerübernahme des Arbeitgebers nicht nach den Verhältnissen im Zeitpunkt der Steuernachforderung zu versteuern. Vielmehr muss der für die pauschalierten Löhne nach den Verhältnissen der jeweiligen Zuflussjahre errechnete Bruttosteuersatz (→ Beispiel Nr. 1 bis 3) jeweils auf den Nettosteuersatz (→ Beispiel Nr. 4) der Jahre hochgerechnet werden, in denen die pauschalierten Löhne zugeflossen sind und in denen die pauschale Lohnsteuer entsteht (→ BFH vom 6.5.1994 – BStBl. II S. 715).

Kirchensteuer bei Pauschalierung der Lohnsteuer

→ Gleich lautende Ländererlasse vom 17.11.2006 (BStBl. I S. 716) – *Anlage § 040-02* –

Pauschalierungsantrag

Derjenige, der für den Arbeitgeber im Rahmen der Lohnsteuer-Außenprüfung auftritt, ist in der Regel dazu befugt, einen Antrag auf Lohnsteuer-Pauschalierung zu stellen (→ BFH vom 10.10.2002 – BStBl. 2003 II S. 156).

Pauschalierungsbescheid

Die pauschalen Steuerbeträge sind im Pauschalierungsbescheid auf die einzelnen Jahre aufzuteilen (→ BFH vom 18.7.1985 – BStBl. 1986 II S. 152).

Pauschalierungsvoraussetzungen

Die pauschalierte Lohnsteuer darf nur für solche Einkünfte aus nichtselbstständiger Arbeit erhoben werden, die dem Lohnsteuerabzug unterliegen, wenn der Arbeitgeber keinen Pauschalierungsantrag gestellt hätte (→ BFH vom 10.5.2006 – BStBl. II S. 669).

Wirkung einer fehlerhaften Pauschalbesteuerung

Eine fehlerhafte Pauschalbesteuerung ist für die Veranlagung zur Einkommensteuer nicht bindend (→ BFH vom 10.6.1988 – BStBl. II S. 981).

LStR

R 40.2 Bemessung der Lohnsteuer nach einem festen Pauschsteuersatz (§ 40 Abs. 2 EStG)

Allgemeines

(1) [1]Die Lohnsteuer kann mit einem Pauschsteuersatz von 25 % erhoben werden

1. nach § 40 Abs. 2 Satz 1 Nr. 1 EStG für den Unterschiedsbetrag zwischen dem amtlichen Sachbezugswert und dem niedrigeren Entgelt, das der Arbeitnehmer für die Mahlzeiten entrichtet (→ R **8.1** Abs. 7 Nr. 1 bis 3); ggf. ist der nach R **8.1** Abs. 7 Nr. 5 ermittelte Durchschnittswert der Besteuerung zugrunde zu legen. [2]Bei der Ausgabe von Essenmarken ist die Pauschalversteuerung nur zulässig, wenn die Mahlzeit mit dem maßgebenden Sachbezugswert zu bewerten ist (→ R **8.1** Abs. 7 Nr. 4 Buchstabe a) oder der Verrechnungswert der Essenmarke nach R **8.1** Abs. 7 Nr. 4 Buchstabe b anzusetzen ist;
2. nach § 40 Abs. 2 Satz 1 Nr. 2 EStG für Zuwendungen bei Betriebsveranstaltungen, wenn die Betriebsveranstaltung oder die Zuwendung nicht üblich ist (→ R **19.5**);
3. nach § 40 Abs. 2 Satz 1 Nr. 3 EStG für Erholungsbeihilfen, soweit sie nicht ausnahmsweise als steuerfreie Unterstützungen anzusehen sind und wenn sie nicht die in § 40 Abs. 2 Satz 1 Nr. 3 EStG genannten Grenzen übersteigen;
4. nach § 40 Abs. 2 Satz 1 Nr. 4 EStG für Vergütungen für Verpflegungsmehraufwendungen, die anlässlich einer **Auswärtstätigkeit** mit einer Abwesenheitsdauer von mindestens 8 Stunden gezahlt werden, soweit die Vergütungen die in § 4 Abs. 5 Satz 1 Nr. 5 EStG bezeichneten Pauschbeträge um nicht mehr als 100 % übersteigen; die Pauschalversteuerung gilt nicht für die Erstattung von Verpflegungsmehraufwendungen wegen einer doppelten Haushaltsführung;
5. nach § 40 Abs. 2 Satz 1 Nr. 5 EStG für zusätzlich zum ohnehin geschuldeten Arbeitslohn unentgeltlich oder verbilligt übereignete Personalcomputer, Zubehör und Internetzugang sowie für zusätzlich zum ohnehin geschuldeten Arbeitslohn gezahlte Zuschüsse des Arbeitgebers zu den Aufwendungen des Arbeitnehmers für die Internetnutzung.

Verhältnis zur Pauschalierung nach § 40 Abs. 1 Satz 1 Nr. 1

(2) Die nach § 40 Abs. 2 EStG pauschal besteuerten sonstigen Bezüge werden nicht auf die Pauschalierungsgrenze (→ R **40.1** Abs. 2) angerechnet.

Erholungsbeihilfen

(3) ¹Bei der Feststellung, ob die im Kalenderjahr gewährten Erholungsbeihilfen zusammen mit früher gewährten Erholungsbeihilfen die in § 40 Abs. 2 Satz 1 Nr. 3 EStG bezeichneten Beträge übersteigen, ist von der Höhe der Zuwendungen im Einzelfall auszugehen. ²Die Jahreshöchstbeträge für den Arbeitnehmer, seinen Ehegatten und seine Kinder sind jeweils gesondert zu betrachten. ³Die Erholungsbeihilfen müssen für die Erholung dieser Personen bestimmt sein und verwendet werden. ⁴Übersteigen die Erholungsbeihilfen im Einzelfall den maßgebenden Jahreshöchstbetrag, ist auf sie insgesamt entweder § 39b Abs. 3 EStG mit Ausnahme des Satzes 9 oder § 40 Abs. 1 Satz 1 Nr. 1 EStG anzuwenden.

Reisekosten

(4) ¹Die Pauschalversteuerung mit einem Pauschsteuersatz von 25 % nach § 40 Abs. 2 Satz 1 Nr. 4 EStG ist auf einen Vergütungsbetrag bis zur Summe der wegen der Auswärtstätigkeit anzusetzenden Verpflegungspauschalen begrenzt. ²Für den darüber hinausgehenden Vergütungsbetrag kann weiterhin eine Pauschalversteuerung mit einem besonderen Pauschsteuersatz nach § 40 Abs. 1 Satz 1 Nr. 1 EStG in Betracht kommen. ³Zur Ermittlung des steuerfreien Vergütungsbetrags dürfen die einzelnen Aufwendungsarten zusammengefasst werden (→ R 3.16 Satz 1). ⁴Aus Vereinfachungsgründen bestehen auch keine Bedenken, den Betrag, der den steuerfreien Vergütungsbetrag übersteigt, einheitlich als Vergütung für Verpflegungsmehraufwendungen zu behandeln, die in den Grenzen des § 40 Abs. 2 Satz 1 Nr. 4 EStG mit 25 % pauschal versteuert werden kann.

Personalcomputer und Internet

(5) ¹Die Pauschalierung nach § 40 Abs. 2 Satz 1 Nr. 5 Satz 1 EStG kommt bei Sachzuwendungen des Arbeitgebers in Betracht. ²Hierzu rechnet die Übereignung von Hardware einschließlich technischem Zubehör und Software als Erstausstattung oder als Ergänzung, Aktualisierung und Austausch vorhandener Bestandteile. ³Die Pauschalierung ist auch möglich, wenn der Arbeitgeber ausschließlich technisches Zubehör oder Software übereignet. ⁴Telekommunikationsgeräte, die nicht Zubehör eines Personalcomputers sind oder nicht für die Internetnutzung verwendet werden können, sind von der Pauschalierung ausgeschlossen. ⁵Hat der Arbeitnehmer einen Internetzugang, sind die Barzuschüsse des Arbeitgebers für die Internetnutzung des Arbeitnehmers nach § 40 Abs. 2 Satz 1 Nr. 5 Satz 2 EStG pauschalierungsfähig. ⁶Zu den Aufwendungen für die Internetnutzung in diesem Sinne gehören sowohl die laufenden Kosten (z. B. Grundgebühr für den Internetzugang, laufende Gebühren für die Internetnutzung, Flatrate), als auch die Kosten der Einrichtung des Internetzugangs (z. B. ISDN-Anschluss, Modem, Personalcomputer). ⁷Aus Vereinfachungsgründen kann der Arbeitgeber den vom Arbeitnehmer erklärten Betrag für die laufende Internetnutzung (Gebühren) pauschal versteuern, soweit dieser 50 Euro im Monat nicht übersteigt. ⁸Der Arbeitgeber hat diese Erklärung als Beleg zum Lohnkonto aufzubewahren. ⁹Bei höheren Zuschüssen zur Internetnutzung und zur Änderung der Verhältnisse gilt R 3.50 Abs. 2 sinngemäß. ¹⁰Soweit die pauschal besteuerten Bezüge auf Werbungskosten entfallen, ist der Werbungskostenabzug grundsätzlich ausgeschlossen. ¹¹Zu Gunsten des Arbeitnehmers sind die pauschal besteuerten Zuschüsse zunächst auf den privat veranlassten Teil der Aufwendungen anzurechnen. ¹²Aus Vereinfachungsgründen unterbleibt zu Gunsten des Arbeitnehmers eine Anrechnung auf seine Werbungskosten bei Zuschüssen bis zu 50 Euro im Monat.

Fahrten zwischen Wohnung und Arbeitsstätte ¹⁾

(6) ¹Die Lohnsteuer kann nach § 40 Abs. 2 Satz 2 EStG mit einem Pauschsteuersatz von 15 % erhoben werden
1. für den nach R 8.1 Abs. 9 ermittelten Wert der unentgeltlichen oder teilentgeltlichen Überlassung eines Kraftfahrzeugs zu Fahrten zwischen Wohnung und Arbeitsstätte
   a) bei behinderten Arbeitnehmern i.S.d. § 9 Abs. 2 **Satz 11** EStG in vollem Umfang,
   b) bei allen anderen Arbeitnehmern bis zur Höhe der Entfernungspauschale nach § 9 **Abs. 2 Satz 2** EStG; aus Vereinfachungsgründen kann unterstellt werden, dass das Kraftfahrzeug an 15 Arbeitstagen monatlich zu Fahrten zwischen Wohnung und Arbeitsstätte benutzt wird,
2. für den Ersatz von Aufwendungen des Arbeitnehmers für Fahrten zwischen Wohnung und Arbeitsstätte (Fahrtkostenzuschüsse)
   a) bei behinderten Arbeitnehmern i.S.d. § 9 Abs. 2 **Satz 11** EStG **bis zur Höhe der tatsächlich entstandenen Aufwendungen,**
   b) bei allen anderen Arbeitnehmern
      aa) bei Benutzung eines eigenen oder zur Nutzung überlassenen Kraftfahrzeugs mit Ausnahme der Nummer 1 **bis zur** Höhe der **abziehbaren** Entfernungspauschale nach § 9 **Abs. 2 Satz 2**

---

1) Überholt durch das Gesetz zur Fortführung der Gesetzeslage 2006 bei der Entfernungspauschale. Zur Berechnung der pauschalen Lohnsteuer → BMF vom 31.8.2009 (BStBl. I S. 891); Tz. 5 → – **Anlage § 009-07** –.

§ 40

RL 40.2

EStG; aus Vereinfachungsgründen kann unterstellt werden, dass an 15 Arbeitstagen monatlich Fahrten zwischen Wohnung und Arbeitsstätte unternommen werden,

bb) bei **Flugstrecken bis zur** Höhe der tatsächlichen Aufwendungen des Arbeitnehmers,

cc) **bei entgeltlicher Sammelbeförderung bis zur Höhe der ab dem 21. Entfernungskilometer entstandenen Aufwendungen des Arbeitnehmers,**

dd) bei der Benutzung anderer Verkehrsmittel **bis zur** Höhe der tatsächlichen Aufwendungen des Arbeitnehmers, höchstens bis **zur abziehbaren** Entfernungspauschale nach § 9 Abs. 2 Satz 2 EStG; **aus Vereinfachungsgründen kann unterstellt werden, dass an 15 Arbeitstagen monatlich Fahrten zwischen Wohnung und Arbeitsstätte unternommen werden.**

²Die pauschal besteuerten Bezüge mindern die nach R **9.10** abziehbaren Werbungskosten.

Hinweise

LStH 40.2 *Abwälzung der pauschalen Lohnsteuer*
- *bei bestimmten Zukunftssicherungsleistungen* → H 40b.1 *(Abwälzung der pauschalen Lohnsteuer)*
- *bei Fahrtkosten (*→ *BMF vom 10.1.2000 – BStBl. I S. 138)*   *– Anlage § 040-01 –*

Beispiel:

Ein Arbeitnehmer hat Anspruch auf einen Zuschuss zu seinen Pkw-Kosten für Fahrten zwischen Wohnung und regelmäßiger Arbeitsstätte in Höhe des gesetzlichen Entfernungspauschale, so dass sich für den Lohnabrechnungszeitraum ein Fahrtkostenzuschuss von insgesamt 210 € ergibt. Arbeitgeber und Arbeitnehmer haben vereinbart, dass diese Arbeitgeberleistung pauschal besteuert werden und der Arbeitnehmer die pauschale Lohnsteuer tragen soll.

Bemessungsgrundlage für die Anwendung des gesetzlichen Pauschsteuersatzes von 15 % ist der Bruttobetrag von 210 €.

*Als pauschal besteuerte Arbeitgeberleistung ist der Betrag von 210 € zu bescheinigen. Dieser Betrag mindert den nach § **9 Abs. 1 Satz 3 Nr. 4 EStG** als Werbungskosten abziehbaren Betrag von 210 € auf 0 €.*

- *bei Teilzeitbeschäftigten* → *LStH 40a.1 (Abwälzung der pauschalen Lohnsteuer)*

Bescheinigungspflicht für Fahrgeldzuschüsse
- → *§ 41b Abs. 1 Satz 2 Nr. 7 EStG*

Betriebsveranstaltung
- **Eine nur Führungskräften eines Unternehmens vorbehaltene Abendveranstaltung ist mangels Offenheit des Teilnehmerkreises keine Betriebsveranstaltung i. S. d. § 40 Abs. 2 Satz 1 Nr. 2 EStG (BFH vom 15.1.2009 – BStBl. II S. 476).**
- *Im Rahmen einer Betriebsveranstaltung an alle Arbeitnehmer überreichte Goldmünzen unterliegen nicht der Pauschalierungsmöglichkeit des § 40 Abs. 2 Satz 1 Nr. 2 EStG (*→ *BFH vom 7.11.2006 – BStBl. 2007 II S. 128).*
- *Während einer Betriebsveranstaltung überreichte Geldgeschenke, die kein zweckgebundenes Zehrgeld sind, können nicht nach § 40 Abs. 2 EStG pauschal besteuert werden (*→ *BFH vom 7.2.1997 – BStBl. II S. 365).*

Erholungsbeihilfen
- → *LStH 3.11 (Erholungsbeihilfen und andere Beihilfen)*

Fahrtkostenzuschüsse
- *als zusätzlich erbrachte Leistung* → *R 3.33 Abs. 5*
- *sind auch bei Teilzeitbeschäftigten i.S.d. § 40a EStG unter Beachtung der Abzugsbeschränkung bei der Entfernungspauschale nach § 40 Abs. 2 Satz 2 EStG pauschalierbar. Die pauschal besteuerten Beförderungsleistungen und Fahrtkostenzuschüsse sind in die Prüfung der Arbeitslohngrenzen des § 40a EStG nicht einzubeziehen(*→ *§ 40 Abs. 2 Satz 3 EStG).*

Fehlerhafte Pauschalversteuerung
- → *LStH 40a.1 (Fehlerhafte Pauschalversteuerung)*

Kirchensteuer bei Pauschalierung der Lohnsteuer

→ *Gleich lautende Ländererlasse vom 17.11.2006 (BStBl. I S. 716)* — **Anlage § 040-02** —

Pauschalversteuerung von Reisekosten

Beispiel:

Ein Arbeitnehmer erhält wegen einer Auswärtstätigkeit von Montag 11 Uhr bis Mittwoch 20 Uhr mit kostenloser Übernachtung und Bewirtung im Gästehaus eines Geschäftsfreundes lediglich pauschalen Fahrtkostenersatz von 250 €, dem eine Fahrstrecke mit eigenem Pkw von 500 km zugrunde liegt.

Steuerfrei sind

– eine Fahrtkostenvergütung von (500 x 0,30 € =)	150 €
– Verpflegungspauschalen von (6 € + 24 € + 12 € =)	42 €
insgesamt	192 €.

Der Mehrbetrag von (250 € ./. 192 € =) 58 € kann mit einem Teilbetrag von 42 € pauschal mit 25 % versteuert werden. Bei einer Angabe in der Lohnsteuerbescheinigung sind 42 € einzutragen (→ § 41b Abs. 1 **Satz** 2 Nr. 10 EStG).

ESt-Kartei NW

1. Überwälzung pauschaler Steuerbeträge auf den Arbeitnehmer – ausgesondert – (entsprach BMF-Schreiben v. 20. 11. 1990 BStBl. I S. 776, **Anlage § 040-01**, – überholt ab VZ 1999 durch entsprechende Gesetzesänderung in § 40 Abs. 3 EStG –)
2. Berücksichtigung des Solidaritätszuschlags bei der Ermittlung des Pauschsteuersatzes nach § 40 Abs. 1 Nr. 1 und 2 EStG (aus Vereinfachungsgründen ist Solidaritätszuschlag – entsprechend der Behandlung der Kirchensteuer – dem zu versteuernden Betrag nicht hinzuzurechnen; bei § 40 Abs. 1 Nr. 2 EStG Hochrechnung auf den Nettosteuersatz nach den Verhältnissen der jeweiligen Zuflußjahre – Abschnitt 126 Abs. 4 LStR 1990/1993 –, daher fällt bei pauschaler Nachversteuerung von vor dem 1. 7. 1991 und nach dem 30. 6. 1992 zugeflossenen Löhnen kein Solidaritätszuschlag an; entsprechende Regelung für Solidaritätszuschlag 1995)
3. Hinweis ausgesondert
4. Hinweis ausgesondert
5. Ertragsteuerliche Behandlung von Incentive-Reisen – Hinweis auf § 4 (1-3) EStG Nr. 5 – (entspricht BMF-Schreiben v. 14. 10. 1996 BStBl. I S. 1192, **Anlage § 004-02**)
6. Gesetz zur Neuregelung der geringfügigen Beschäftigungsverhältnisse und Steuerentlastungsgesetz 1999/2000/2002; Anwendung von Vorschriften zum LSt-Abzugsverfahren – Hinweis auf § 39b EStG Nr. 8 –

Rechtsprechungsauswahl

BFH v. 1. 10. 2009 VI R 41/07 (BFH-Webseite): Zuschüsse zum ohnehin geschuldeten Arbeitslohn
1. Der ohnehin geschuldete Arbeitslohn i.S. des § 40 Abs. 2 Satz 2 EStG ist der arbeitsrechtlich geschuldete.
2. Ein Zuschuss zum ohnehin geschuldeten Arbeitslohn i.S. des § 40 Abs. 2 Satz 2 EStG kann auch unter Anrechnung auf andere freiwillige Sonderzahlungen geleistet werden (entgegen R 3.33 Abs. 5 Satz 6 LStR 2009).

BFH v. 30. 4. 2009 VI R 55/07 (BStBl. II S. 726):
1. Sachzuwendungen an Arbeitnehmer anlässlich einer Veranstaltung, die sowohl Elemente einer Betriebsveranstaltung als auch einer sonstigen betrieblichen Veranstaltung enthält, sind grundsätzlich aufzuteilen (Anschluss an Senatsentscheidung vom 16. November 2005 VI R 118/01, BFHE 212, 55, BStBl. II 2006, 444).
2. Die Aufwendungen des Arbeitgebers für die Durchführung der gemischt veranlassten Gesamtveranstaltung sind nur dann kein Arbeitslohn, wenn die dem Betriebsveranstaltungsteil zuzurechnenden anteiligen Kosten die für die Zuordnung bei Betriebsveranstaltungen maßgebliche Freigrenze nicht überschreiten.

BFH v. 15. 1. 2009 VI R 22/06 (BStBl. II S. 476): Eine nur Führungskräften eines Unternehmens vorbehaltene Abendveranstaltung stellt mangels Offenheit des Teilnehmerkreises keine Betriebsver-

§ 40 Rechtsprechung

anstaltung i.S. des § 40 Abs. 2 Satz 1 Nr. 2 EStG dar. Die Möglichkeit der Lohnsteuer-Pauschalierung mit einem festen Steuersatz von 25 % scheidet aus.

BFH v. 20. 11. 2008 VI R 4/06 (BStBl. 2009 II S. 374):
1. Ob die von einem Warenproduzenten im Rahmen des Vertriebs in Warenhäusern beschäftigten Servicekräfte als Arbeitnehmer anzusehen sind, ist anhand einer Vielzahl in Betracht kommender Merkmale nach dem Gesamtbild der Verhältnisse zu beurteilen.
2. Die Nachforderung pauschaler Lohnsteuer beim Arbeitgeber setzt voraus, dass der Arbeitgeber der Pauschalierung zustimmt.

BFH v. 18. 10. 2007 VI R 96/04 (BStBl. 2008 II S. 198): Der nach der sog. 1 %-Regelung gemäß § 40 Abs. 1 EStG pauschaliert besteuerte Vorteil eines vom Arbeitgeber dem Arbeitnehmer zur Privatnutzung überlassenen Dienstwagens ist nicht um die vom Arbeitnehmer selbst getragenen Treibstoffkosten zu mindern. Übernommene individuelle Kosten sind kein Entgelt für die Einräumung der Nutzungsmöglichkeit.

BFH v. 26.7.2007 VI R 48/03 (BStBl. II S. 844): Bei der Ermittlung des Pauschsteuersatzes für die pauschale Lohnsteuer nach § 40 Abs. 1 EStG werden die auf den Lohnsteuerkarten der Arbeitnehmer eingetragenen Kinderfreibeträge nicht berücksichtigt.

BFH v. 7. 11. 2006 VI R 58/04 (BStBl. 2007 II S. 128): Im Rahmen einer Betriebsveranstaltung an alle Arbeitnehmer überreichte Goldmünzen unterliegen nicht der Pauschalierungsmöglichkeit des § 40 Abs. 2 Satz 1 Nr. 2 EStG.

BFH v. 16. 11. 2005 VI R 68/00 (BStBl. 2006 II S. 440): Führt ein Arbeitgeber pro Kalenderjahr mehr als zwei Betriebsveranstaltungen für denselben Kreis von Begünstigten durch, so wird ab der dritten Veranstaltung Arbeitslohn zugewendet.

BFH v. 16. 11. 2005 VI R 23/02 (BStBl. 2006 II S. 210): Hat der Arbeitgeber eine Anrufungsauskunft eingeholt und ist er danach verfahren, ist das Betriebsstätten-FA im Lohnsteuer-Abzugsverfahren daran gebunden. Eine Nacherhebung der Lohnsteuer ist auch dann nicht zulässig, wenn der Arbeitgeber nach einer Lohnsteuer-Außenprüfung einer Pauschalierung nach § 40 Abs. 1 Satz 1 Nr. 2 EStG zugestimmt hat.

BFH v. 10. 10. 2002 VI R 13/01 (BStBl. 2003 II S. 156): Derjenige, der für den Arbeitgeber im Rahmen der Lohnsteuer-Außenprüfung auftritt, ist in der Regel nach den Grundsätzen der Anscheinsvollmacht dazu befugt, einen Antrag auf Lohnsteuerpauschalierung zu stellen.

BFH v. 1. 3. 2002 VI R 171/98 (BStBl. II S. 440): Wird Lohnsteuer mit einem Pauschsteuersatz erhoben, ist die pauschale Lohnsteuer Bemessungsgrundlage für den Solidaritätszuschlag.

BFH v. 7. 2. 2002 VI R 80/00 (BStBl. II S. 438): Ein nach § 40 Abs. 1 Satz 1 Nr. 2 EStG ergangener Lohnsteuer-Pauschalierungsbescheid ist nicht deshalb nichtig, weil der Arbeitgeber keinen Pauschalierungsantrag gestellt hat.

BFH v.7. 2. 1997 VI R 3/96 (BStBl. II S. 365): Während einer Betriebsveranstaltung (Weihnachtsfeier) überreichte Geldgeschenke, die kein zweckgebundenes Zehrgeld sind, unterliegen nicht der Pauschalierungsmöglichkeit des § 40 Abs. 2 Satz 1 Nr. 2 EStG.

§ 40a

§ 40a Pauschalierung der Lohnsteuer für Teilzeitbeschäftigte und geringfügig Beschäftigte

(1) ¹Der Arbeitgeber kann unter Verzicht auf die Vorlage einer Lohnsteuerkarte bei Arbeitnehmern, die nur kurzfristig beschäftigt werden, die Lohnsteuer mit einem Pauschsteuersatz von 25 Prozent des Arbeitslohns erheben. ²Eine kurzfristige Beschäftigung liegt vor, wenn der Arbeitnehmer bei dem Arbeitgeber gelegentlich, nicht regelmäßig wiederkehrend beschäftigt wird, die Dauer der Beschäftigung 18 zusammenhängende Arbeitstage nicht übersteigt und

1. der Arbeitslohn während der Beschäftigungsdauer 62 Euro durchschnittlich je Arbeitstag nicht übersteigt oder
2. die Beschäftigung zu einem unvorhersehbaren Zeitpunkt sofort erforderlich wird.

(2) Der Arbeitgeber kann unter Verzicht auf die Vorlage einer Lohnsteuerkarte die Lohnsteuer einschließlich Solidaritätszuschlag und Kirchensteuern (einheitliche Pauschsteuer) für das Arbeitsentgelt aus geringfügigen Beschäftigungen im Sinne des § 8 Absatz 1 Nummer 1 oder des § 8a des Vierten Buches Sozialgesetzbuch, für das er Beiträge nach § 168 Absatz 1 Nummer 1b oder 1c (geringfügig versicherungspflichtig Beschäftigte) oder nach § 172 Absatz 3 oder 3a (versicherungsfrei geringfügig Beschäftigte) des Sechsten Buches Sozialgesetzbuch zu entrichten hat, mit einem einheitlichen Pauschsteuersatz in Höhe von insgesamt 2 Prozent des Arbeitsentgelts erheben.

(2a) Hat der Arbeitgeber in den Fällen des Absatzes 2 keine Beiträge nach § 168 Absatz 1 Nummer 1b oder 1c oder nach § 172 Absatz 3 oder 3a des Sechsten Buches Sozialgesetzbuch zu entrichten, kann er unter Verzicht auf die Vorlage einer Lohnsteuerkarte die Lohnsteuer mit einem Pauschsteuersatz in Höhe von 20 Prozent des Arbeitsentgelts erheben.

(3) ¹Abweichend von den Absätzen 1 und 2a kann der Arbeitgeber unter Verzicht auf die Vorlage einer Lohnsteuerkarte bei Aushilfskräften, die in Betrieben der Land- und Forstwirtschaft im Sinne des § 13 Absatz 1 Nummer 1 bis 4 ausschließlich mit typisch land- oder forstwirtschaftlichen Arbeiten beschäftigt werden, die Lohnsteuer mit einem Pauschsteuersatz von 5 Prozent des Arbeitslohns erheben. ²Aushilfskräfte im Sinne dieser Vorschrift sind Personen, die für die Ausführung und für die Dauer von Arbeiten, die nicht ganzjährig anfallen, beschäftigt werden; eine Beschäftigung mit anderen land- und forstwirtschaftlichen Arbeiten ist unschädlich, wenn deren Dauer 25 Prozent der Gesamtbeschäftigungsdauer nicht überschreitet. ³Aushilfskräfte sind nicht Arbeitnehmer, die zu den land- und forstwirtschaftlichen Fachkräften gehören oder die der Arbeitgeber mehr als 180 Tage im Kalenderjahr beschäftigt.

(4) Die Pauschalierungen nach den Absätzen 1 und 3 sind unzulässig

1. bei Arbeitnehmern, deren Arbeitslohn während der Beschäftigungsdauer durchschnittlich je Arbeitsstunde 12 Euro übersteigt,
2. bei Arbeitnehmern, die für eine andere Beschäftigung von demselben Arbeitgeber Arbeitslohn beziehen, der nach den §§ 39b bis 39d dem Lohnsteuerabzug unterworfen wird.

(5) Auf die Pauschalierungen nach den Absätzen 1 bis 3 ist § 40 Absatz 3 anzuwenden.

(6) ¹Für die Erhebung der einheitlichen Pauschsteuer nach Absatz 2 ist die Deutsche Rentenversicherung Knappschaft-Bahn-See/Verwaltungsstelle Cottbus zuständig. ²Die Regelungen zum Steuerabzug vom Arbeitslohn sind entsprechend anzuwenden. ³Für die Anmeldung, Abführung und Vollstreckung der einheitlichen Pauschsteuer gelten dabei die Regelungen für die Beiträge nach § 168 Absatz 1 Nummer 1b oder 1c oder nach § 172 Absatz 3 oder 3a des Sechsten Buches Sozialgesetzbuch. ⁴Die Deutsche Rentenversicherung Knappschaft-Bahn-See/Verwaltungsstelle Cottbus hat die einheitliche Pauschsteuer auf die erhebungsberechtigten Körperschaften aufzuteilen; dabei entfallen aus Vereinfachungsgründen 90 Prozent der einheitlichen Pauschsteuer auf die Lohnsteuer, 5 Prozent auf den Solidaritätszuschlag und 5 Prozent auf die Kirchensteuern. ⁵Die erhebungsberechtigten Kirchen haben sich auf eine Aufteilung des Kirchensteueranteils zu verständigen und diesen der Deutschen Rentenversicherung Knappschaft-Bahn-See/Verwaltungsstelle Cottbus mitzuteilen. ⁶Die Deutsche Rentenversicherung Knappschaft-Bahn-See/Verwaltungsstelle

§ 40a

Cottbus ist berechtigt, die einheitliche Pauschsteuer nach Absatz 2 zusammen mit den Sozialversicherungsbeiträgen beim Arbeitgeber einzuziehen.

LStR

R 40a.1 Kurzfristig Beschäftigte und Aushilfskräfte in der Land- und Forstwirtschaft

Allgemeines

(1) [1]Die Pauschalierung der Lohnsteuer nach § 40a Abs. 1 und 3 EStG ist sowohl für unbeschränkt als auch für beschränkt einkommensteuerpflichtige Aushilfskräfte zulässig. [2]Bei der Prüfung der Voraussetzungen für die Pauschalierung ist von den Merkmalen auszugehen, die sich für das einzelne Dienstverhältnis ergeben. [3]Es ist nicht zu prüfen, ob die Aushilfskraft noch in einem Dienstverhältnis zu einem anderen Arbeitgeber steht. [4]Der Arbeitgeber darf die Pauschalbesteuerung nachholen, solange keine Lohnsteuerbescheinigung ausgeschrieben ist, eine Lohnsteuer-Anmeldung noch berichtigt werden kann und noch keine Festsetzungsverjährung eingetreten ist. [5]Der Arbeitnehmer kann Aufwendungen, die mit dem pauschal besteuerten Arbeitslohn zusammenhängen, nicht als Werbungskosten abziehen.

Gelegentliche Beschäftigung

(2) [1]Als gelegentliche, nicht regelmäßig wiederkehrende Beschäftigung ist eine ohne feste Wiederholungsabsicht ausgeübte Tätigkeit anzusehen. [2]Tatsächlich kann es zu Wiederholungen der Tätigkeit kommen. [3]Entscheidend ist, dass die erneute Tätigkeit nicht bereits von vornherein vereinbart worden ist. [4]Es kommt dann nicht darauf an, wie oft die Aushilfskräfte tatsächlich im Laufe des Jahres tätig werden. [5]Ob sozialversicherungsrechtlich eine kurzfristige Beschäftigung vorliegt oder nicht, ist für die Pauschalierung nach § 40a Abs. 1 EStG ohne Bedeutung.

Unvorhersehbarer Zeitpunkt

(3) [1]§ 40a Abs. 1 Satz 2 Nr. 2 EStG setzt voraus, dass das Dienstverhältnis dem Ersatz einer ausgefallenen oder dem unvorhergesehenen Bedarf einer zusätzlichen Arbeitskraft dient. [2]Die Beschäftigung von Aushilfskräften, deren Einsatzzeitpunkt längere Zeit vorher feststeht, z. B. bei Volksfesten oder Messen, kann grundsätzlich nicht als unvorhersehbar und sofort erforderlich angesehen werden; eine andere Beurteilung ist aber z. B. hinsichtlich solcher Aushilfskräfte möglich, deren Einstellung entgegen dem vorhersehbaren Bedarf an Arbeitskräften notwendig geworden ist.

Bemessungsgrundlage für die pauschale Lohnsteuer

(4) [1]Zur Bemessungsgrundlage der pauschalen Lohnsteuer gehören alle Einnahmen, die dem Arbeitnehmer aus der Aushilfsbeschäftigung zufließen (→ § 2 LStDV). [2]Steuerfreie Einnahmen bleiben außer Betracht. [3]Der Arbeitslohn darf für die Ermittlung der pauschalen Lohnsteuer nicht um den Altersentlastungsbetrag (§ 24a EStG) gekürzt werden.

Pauschalierungsgrenzen

(5) [1]Bei der Prüfung der Pauschalierungsgrenzen des § 40a Abs. 1 und 3 EStG ist Absatz 4 entsprechend anzuwenden. [2]Pauschal besteuerte Bezüge mit Ausnahme des § 40 Abs. 2 Satz 2 EStG sind bei der Prüfung der Pauschalierungsgrenzen zu berücksichtigen. [3]Zur Beschäftigungsdauer gehören auch solche Zeiträume, in denen der Arbeitslohn wegen Urlaubs, Krankheit oder gesetzlicher Feiertage fortgezahlt wird.

Aushilfskräfte in der Land- und Forstwirtschaft

(6) [1]Eine Pauschalierung der Lohnsteuer nach § 40a Abs. 3 EStG für Aushilfskräfte in der Land- und Forstwirtschaft ist nur zulässig, wenn die Aushilfskräfte in einem Betrieb i.S.d. § 13 Abs. 1 EStG beschäftigt werden. [2]Für Aushilfskräfte, die in einem Gewerbebetrieb i.S.d. § 15 EStG tätig sind, kommt die Pauschalierung nach § 40a Abs. 3 EStG selbst dann nicht in Betracht, wenn sie mit typisch land- und forstwirtschaftlichen Arbeiten beschäftigt werden; **eine Pauschalierung der Lohnsteuer ist grundsätzlich zulässig, wenn ein Betrieb, der Land- und Forstwirtschaft betreibt, nur wegen seiner Rechtsform oder der Abfärbetheorie (§ 15 Abs. 3 Nr. 1 EStG) als Gewerbebetrieb gilt.** [3]Werden die Aushilfskräfte zwar in einem land- und forstwirtschaftlichen Betrieb i.S.d. § 13 Abs. 1 EStG beschäftigt, üben sie aber keine typische land- und forstwirtschaftliche Tätigkeit aus, z.B. Blumenbinder, Verkäufer, oder sind sie abwechselnd mit typisch land- und forstwirtschaftlichen und anderen Arbeiten betraut, z.B. auch im Gewerbebetrieb oder Nebenbetrieb desselben Arbeitgebers tätig, ist eine Pauschalierung der Lohnsteuer nach § 40a Abs. 3 EStG nicht zulässig.

§ 40a

Hinweise

LStH 40a.1 Abwälzung der pauschalen Lohnsteuer
→ *BMF vom 10.1.2000 (BStBl. I S. 138)* – **Anlage § 040-01** –

Arbeitstag
Als Arbeitstag i.S.d. § 40a Abs. 1 Satz 2 Nr. 1 EStG ist grundsätzlich der Kalendertag zu verstehen. Arbeitstag kann jedoch auch eine auf zwei Kalendertage fallende Nachtschicht sein (→ *BFH vom 28.1.1994 – BStBl. II S. 421*).

Arbeitsstunde
Arbeitsstunde i.S.d § 40a Abs. 4 Nr. 1 EStG ist die Zeitstunde. Wird der Arbeitslohn für kürzere Zeiteinheiten gezahlt, z.B. für 45 Minuten, ist der Lohn zur Prüfung der Pauschalierungsgrenze nach § 40a Abs. 4 Nr. 1 EStG entsprechend umzurechnen (→ *BFH vom 10.8.1990 – BStBl. II S. 1092*).

Aufzeichnungspflichten
– → § 4 Abs. 2 Nr. 8 vorletzter Satz LStDV
– Als Beschäftigungsdauer ist jeweils die Zahl der tatsächlichen Arbeitsstunden (= 60 Minuten) in dem jeweiligen Lohnzahlungs- oder Lohnabrechnungszeitraum aufzuzeichnen (→ *BFH vom 10.9.1976 – BStBl. 1977 II S. 17*).
– Bei fehlenden oder fehlerhaften Aufzeichnungen ist die Lohnsteuerpauschalierung zulässig, wenn die Pauschalierungsvoraussetzungen auf andere Weise, z.B. durch Arbeitsnachweise, Zeitkontrollen, Zeugenaussagen, nachgewiesen oder glaubhaft gemacht werden (→ *BFH vom 12.6.1986 – BStBl. II S. 681*).

Fehlerhafte Pauschalversteuerung
– Eine fehlerhafte Pauschalbesteuerung ist für die Veranlagung zur Einkommensteuer nicht bindend (→ *BFH vom 10.6.1988 – BStBl. II S. 981*).

Kirchensteuer bei Pauschalierung der Lohnsteuer
→ Gleich lautende Ländererlasse vom 17.11.2006 (BStBl. I S. 716) – **Anlage § 040-02** –

Land- und Forstwirtschaft
– Abgrenzung Gewerbebetrieb – Betrieb der Land- und Forstwirtschaft → R 15.5 EStR
– Die Pauschalierung nach § 40a Abs. 3 EStG ist zulässig, wenn ein Betrieb, der Land- und Forstwirtschaft betreibt, ausschließlich wegen seiner Rechtsform als Gewerbebetrieb gilt (→ *BFH vom 5.9.1980 – BStBl. 1981 II S. 76*). Entsprechendes gilt, wenn der Betrieb nur wegen § 15 Abs. 3 Nr. 1 EStG (Abfärbetheorie) als Gewerbebetrieb anzusehen ist (→ *BFH vom 14.9.2005 – BStBl. 2006 II S. 92*).
– Die Pauschalierung der Lohnsteuer nach § 40a Abs. 3 EStG ist nicht zulässig, wenn der Betrieb infolge erheblichen Zukaufs fremder Erzeugnisse aus dem Tätigkeitsbereich des § 13 Abs. 1 EStG ausgeschieden und einheitlich als Gewerbebetrieb zu beurteilen ist. Etwas anderes gilt auch nicht für Neben- oder Teilbetriebe, die für sich allein die Merkmale eines land- und forstwirtschaftlichen Betriebs erfüllen (→ *BFH vom 3.8.1990 – BStBl. II S. 1002*).

Land- und forstwirtschaftliche Arbeiten
Das Schälen von Spargel durch Aushilfskräfte eines landwirtschaftlichen Betriebs zählt nicht zu den typisch land- und forstwirtschaftlichen Arbeiten i. S. d. § 40a Abs. 3 Satz 1 EStG (→ *BFH vom 8.5.2008 – BStBl. 2009 II S. 40*).

Land- und forstwirtschaftliche Fachkraft
– Ein Arbeitnehmer, der die Fertigkeiten für eine land- oder forstwirtschaftliche Tätigkeit im Rahmen einer Berufsausbildung erlernt hat, gehört zu den Fachkräften, ohne dass es darauf ankommt, ob die durchgeführten Arbeiten den Einsatz einer Fachkraft erfordern (→ *BFH vom 25.10.2005 – BStBl. 2006 II S. 208*).
– Hat ein Arbeitnehmer die erforderlichen Fertigkeiten nicht im Rahmen einer Berufsausbildung erworben, gehört er nur dann zu den land- und forstwirtschaftlichen Fachkräften, wenn er anstelle einer Fachkraft eingesetzt ist (→ *BFH vom 25.10.2005 – BStBl. 2006 II S. 208*).

§ 40a

- *Ein Arbeitnehmer ist anstelle einer land- und forstwirtschaftlichen Fachkraft eingesetzt, wenn mehr als 25 % der zu beurteilenden Tätigkeit Fachkraft-Kenntnisse erfordern (→ BFH vom 25.10.2005 – BStBl. 2006 II S. 208).*
- *Traktorführer sind jedenfalls dann als Fachkräfte und nicht als Aushilfskräfte zu beurteilen, wenn sie den Traktor als Zugfahrzeug mit landwirtschaftlichen Maschinen führen (→ BFH vom 25.10.2005 – BStBl. 2006 II S. 204).*

Land- und forstwirtschaftliche Saisonarbeiten

- *Land- und forstwirtschaftliche Arbeiten fallen nicht ganzjährig an, wenn sie wegen der Abhängigkeit vom Lebensrhythmus der produzierten Pflanzen oder Tiere einen erkennbaren Abschluss in sich tragen. Dementsprechend können darunter auch Arbeiten fallen, die im Zusammenhang mit der Viehhaltung stehen (→ BFH vom 25.10.2005 – BStBl. 2006 II S. 206).*
- *Wenn die Tätigkeit des Ausmistens nicht laufend, sondern nur im Zusammenhang mit dem einmal jährlich erfolgenden Vieh-Austrieb auf die Weide möglich ist, handelt es sich um eine nicht ganzjährig anfallende Arbeit. Unschädlich ist, dass ähnliche Tätigkeiten bei anderen Bewirtschaftungsformen ganzjährig anfallen können (→ BFH vom 25.10.2005 – BStBl. 2006 II S. 206).*
- *Reinigungsarbeiten, die ihrer Art nach während des ganzen Jahres anfallen (hier: Reinigung der Güllekanäle und Herausnahme der Güllespalten), sind nicht vom Lebensrhythmus der produzierten Pflanzen oder Tiere abhängig und sind daher keine saisonbedingten Arbeiten (→ BFH vom 25.10.2005 – BStBl. 2006 II S. 204).*
- *Die Unschädlichkeitsgrenze von 25 % der Gesamtbeschäftigungsdauer bezieht sich auf ganzjährig anfallende land- und forstwirtschaftliche Arbeiten. Für andere land- und forstwirtschaftliche Arbeiten gilt sie nicht (→ BFH vom 25.10.2005 – BStBl. 2006 II S. 206).*

Nachforderung pauschaler Lohnsteuer

Die Nachforderung pauschaler Lohnsteuer beim Arbeitgeber setzt voraus, dass dieser der Pauschalierung zustimmt (→ BFH vom 20.11.2008 – BStBl. 2009 II S. 374).

Nebenbeschäftigung für denselben Arbeitgeber

Übt der Arbeitnehmer für denselben Arbeitgeber neben seiner Haupttätigkeit eine Nebentätigkeit mit den Merkmalen einer kurzfristigen Beschäftigung oder Aushilfskraft aus, ist die Pauschalierung der Lohnsteuer nach § 40a Abs. 1 und 3 EStG ausgeschlossen (→ § 40a Abs. 4 Nr. 2 EStG).

Ruhegehalt neben kurzfristiger Beschäftigung

In einer kurzfristigen Beschäftigung kann die Lohnsteuer auch dann pauschaliert werden, wenn der Arbeitnehmer vom selben Arbeitgeber ein betriebliches Ruhegeld bezieht, das dem normalen Lohnsteuerabzug unterliegt (→ BFH vom 27.7.1990 – BStBl. II S. 931).

LStR

R 40a.2 Geringfügig entlohnte Beschäftigte

[1]Die Erhebung der einheitlichen Pauschsteuer nach § 40a Abs. 2 EStG knüpft allein an die sozialversicherungsrechtliche Beurteilung als geringfügige Beschäftigung an und kann daher nur dann erfolgen, wenn der Arbeitgeber einen pauschalen Beitrag zur gesetzlichen Rentenversicherung von **15 %** bzw. 5 % (geringfügig Beschäftigte im Privathaushalt) zu entrichten hat. [2]Die Pauschalierung der Lohnsteuer nach § 40a Abs. 2a EStG kommt in Betracht, wenn der Arbeitgeber für einen geringfügig Beschäftigten nach § 8 Abs. 1 Nr. 1, § 8a SGB IV keinen pauschalen Beitrag zur gesetzlichen Rentenversicherung zu entrichten hat (z. B. auf Grund der Zusammenrechnung mehrerer geringfügiger Beschäftigungsverhältnisse). [3]Bemessungsgrundlage für die einheitliche Pauschsteuer (§40a Abs. 2 EStG) und den Pauschsteuersatz nach § 40a Abs. 2a EStG ist das sozialversicherungsrechtliche Arbeitsentgelt, **unabhängig davon, ob es steuerpflichtiger oder steuerfreier Arbeitslohn ist.** [4]Für Lohnbestandteile, die nicht zum sozialversicherungsrechtlichen Arbeitsentgelt gehören, **ist die** Lohnsteuerpauschalierung nach § 40a Abs. 2 und 2a EStG **nicht zulässig; sie unterliegen der Lohnsteuererhebung nach den allgemeinen Regelungen.**

Hinweise

LStH 40a.2 Wechsel zwischen Pauschalversteuerung und Regelbesteuerung

– *Es ist nicht zulässig, im Laufe eines Kalenderjahres zwischen der Regelbesteuerung und der Pauschalbesteuerung zu wechseln, wenn dadurch allein die Ausnutzung der mit Einkünften aus nichtselbständiger Arbeit verbundenen Frei- und Pauschbeträge erreicht werden soll (→ BFH vom 20.12.1991 – BStBl. 1992 II S. 695).*

– *Ein Arbeitgeber ist weder unter dem Gesichtspunkt des Rechtsmissbrauchs noch durch die Zielrichtung des § 40a EStG gehindert, nach Ablauf des Kalenderjahres die Pauschalversteuerung des Arbeitslohnes für die in seinem Betrieb angestellte Ehefrau rückgängig zu machen und zur Lohn-Regelbesteuerung überzugehen (→ BFH vom 26.11.2003 – BStBl. 2004 II S. 195).*

ESt-Kartei NW

1. Arbeitslohngrenzen für die Pauschalierung der Lohnsteuer bei Teilzeitbeschäftigten nach § 40a (2) und (4) EStG (Pauschalierungsgrenzen ab 1993, zuletzt für 1999 entspricht BMF-Schreiben v. 29. 12. 1998 BStBl. I S. 1630; – überholt durch Gesetzesänderung –)

Rechtsprechungsauswahl

BFH v. 29. 5. 2008 VI R 57/05 (BStBl. 2009 II S. 147):

1. Ob ein nach § 3 Nr. 39 EStG steuerfreies Arbeitsentgelt aus einer geringfügigen Beschäftigung erzielt wird, beurteilt sich ausschließlich nach sozialversicherungsrechtlichen Maßstäben. Die Geringfügigkeitsgrenze ist auch unter Einbeziehung tariflich geschuldeter, aber tatsächlich nicht ausgezahlter Löhne zu bestimmen (sozialversicherungsrechtliches „Entstehungsprinzip").

2. Der Einkommensteuer unterliegt auch bei einer geringfügigen Beschäftigung nur der tatsächlich zugeflossene Arbeitslohn („Zuflussprinzip").

BFH v. 8. 5. 2008 VI R 76/04 (BStBl. 2009 II S. 40): Das Schälen von Spargel durch Aushilfskräfte eines landwirtschaftlichen Betriebs zählt nicht zu den typisch landwirtschaftlichen und forstwirtschaftlichen Arbeiten i.S. des § 40a Abs. 3 Satz 1 EStG.

BFH v. 25. 10. 2005 VI R 60/03 (BStBl. 2006 II S. 206):

1. Land- und forstwirtschaftliche Arbeiten fallen nach § 40a Abs. 3 Satz 2 Halbsatz 1 EStG nicht ganzjährig an, wenn sie wegen der Abhängigkeit vom Lebensrhythmus der produzierten Pflanzen oder Tiere einen erkennbaren Abschluss in sich tragen. Dementsprechend können darunter auch Arbeiten fallen, die im Zusammenhang mit der Viehhaltung stehen.

2. Wenn die Tätigkeit des Ausmistens nicht laufend, sondern nur im Zusammenhang mit dem einmal jährlich erfolgenden Vieh-Austrieb auf die Weide möglich ist, handelt es sich um eine nicht ganzjährig anfallende Arbeit. Unschädlich ist, dass ähnliche Tätigkeiten bei anderen Bewirtschaftungsformen ganzjährig anfallen können.

3. Die Unschädlichkeitsgrenze von 25 v. H. der Gesamtbeschäftigungsdauer in § 40a Abs. 3 Satz 2 Halbsatz 2 EStG bezieht sich auf ganzjährig anfallende land- und forstwirtschaftliche Arbeiten. Für andere land- und forstwirtschaftliche Arbeiten gilt sie nicht.

BFH v. 25. 10. 2005 VI R 59/03 (BStBl. 2006 II S. 204):

1. Traktorführer sind jedenfalls dann als Fachkräfte i. S. des § 40a Abs. 3 Satz 3 EStG und nicht als Aushilfskräfte zu beurteilen, wenn Sie den Traktor als Zugfahrzeug mit landwirtschaftlichen Maschinen führen.

2. Reinigungsarbeiten, die ihrer Art nach während des ganzen Jahres anfallen (hier: Reinigung der Güllekanäle und Herausnahme der Güllespalten), sind nicht vom Lebensrhythmus der produzierten Pflanzen oder Tiere abhängig und sind daher keine saisonbedingten Arbeiten.

BFH v. 25. 10. 2005 VI R 77/02 (BStBl. 2006 II S. 208):

1. Ein Arbeitnehmer, der die Fertigkeiten für eine land- oder forstwirtschaftliche Tätigkeit im Rahmen einer Berufsausbildung erlernt hat, gehört zu den Fachkräften, ohne dass es darauf ankommt, ob die durchgeführten Arbeiten den Einsatz einer Fachkraft erfordern.

§ 40a

2. Hat ein Arbeitnehmer die erforderlichen Fertigkeiten nicht im Rahmen einer Berufsausbildung erworben, gehört er nur dann zu den land- und forstwirtschaftlichen Fachkräften, wenn er anstelle einer Fachkraft eingesetzt ist.
3. Ein Arbeitnehmer ist anstelle einer land- und forstwirtschaftlichen Fachkraft eingesetzt, wenn mehr als 25 v.H. der zu beurteilenden Tätigkeit Fachkraft-Kenntnisse erfordern.

BFH v. 14. 9. 2005 VI R 89/98 (BStBl. 2006 II S. 92): Die Pauschalierung der Lohnsteuer für Aushilfskräfte in Betrieben der Land- und Forstwirtschaft nach § 40a Abs. 3 EStG ist auch dann zulässig, wenn der Betrieb einer Personengesellschaft, die Land- und Forstwirtschaft i. S. des § 13 Abs. 1 Nr. 1 bis 4 EStG betreibt, nur wegen § 15 Abs. 3 Nr. l EStG (Abfärbetheorie) als Gewerbebetrieb gilt.

BFH v. 26. 11. 2003 VI R 10/99 (BStBl. 2004 II S. 195): Ein Arbeitgeber ist weder unter dem Gesichtspunkt des Rechtsmissbrauchs noch durch die Zielrichtung des § 40a EStG gehindert, nach Ablauf des Kalenderjahres die Pauschalversteuerung des Arbeitslohnes für die in seinem Betrieb angestellte Ehefrau rückgängig zu machen und zur Lohn-Regelbesteuerung überzugehen.

§ 40b

§ 40b Pauschalierung der Lohnsteuer bei bestimmten Zukunftsicherungsleistungen [1)]

(1) Der Arbeitgeber kann die Lohnsteuer von den Zuwendungen zum Aufbau einer nicht kapitalgedeckten betrieblichen Altersversorgung an eine Pensionskasse mit einem Pauschsteuersatz von 20 Prozent der Zuwendungen erheben.

(2) [1]Absatz 1 gilt nicht, soweit die zu besteuernden Zuwendungen des Arbeitgebers für den Arbeitnehmer 1 752 Euro im Kalenderjahr übersteigen oder nicht aus seinem ersten Dienstverhältnis bezogen werden. [2]Sind mehrere Arbeitnehmer gemeinsam in der Pensionskasse versichert, so gilt als Zuwendung für den einzelnen Arbeitnehmer der Teilbetrag, der sich bei einer Aufteilung der gesamten Zuwendungen durch die Zahl der begünstigten Arbeitnehmer ergibt, wenn dieser Teilbetrag 1 752 Euro nicht übersteigt; hierbei sind Arbeitnehmer, für die Zuwendungen von mehr als 2 148 Euro im Kalenderjahr geleistet werden, nicht einzubeziehen. [3]Für Zuwendungen, die der Arbeitgeber für den Arbeitnehmer aus Anlass der Beendigung des Dienstverhältnisses erbracht hat, vervielfältigt sich der Betrag von 1 752 Euro mit der Anzahl der Kalenderjahre, in denen das Dienstverhältnis des Arbeitnehmers zu dem Arbeitgeber bestanden hat; in diesem Fall ist Satz 2 nicht anzuwenden. [4]Der vervielfältigte Betrag vermindert sich um die nach Absatz 1 pauschal besteuerten Zuwendungen, die der Arbeitgeber in dem Kalenderjahr, in dem das Dienstverhältnis beendet wird, und in den sechs vorangegangenen Kalenderjahren erbracht hat.

(3) Von den Beiträgen für eine Unfallversicherung des Arbeitnehmers kann der Arbeitgeber die Lohnsteuer mit einem Pauschsteuersatz von 20 Prozent der Beiträge erheben, wenn mehrere Arbeitnehmer gemeinsam in einem Unfallversicherungsvertrag versichert sind und der Teilbetrag, der sich bei einer Aufteilung der gesamten Beiträge nach Abzug der Versicherungsteuer durch die Zahl der begünstigten Arbeitnehmer ergibt, 62 Euro im Kalenderjahr nicht übersteigt.

(4) In den Fällen des § 19 Absatz 1 Satz 1 Nummer 3 Satz 2 hat der Arbeitgeber die Lohnsteuer mit einem Pauschsteuersatz in Höhe von 15 Prozent der Sonderzahlungen zu erheben. [2)]

(5) [1]§ 40 Absatz 3 ist anzuwenden. [2]Die Anwendung des § 40 Absatz 1 Satz 1 Nummer 1 auf Bezüge im Sinne des Absatzes 1, des Absatzes 3 und des Absatzes 4 ist ausgeschlossen.

LStR

R 40b.1 Pauschalierung der Lohnsteuer bei Beiträgen zu Direktversicherungen und Zuwendungen an Pensionskassen für Versorgungszusagen, die vor dem 1. 1. 2005 erteilt wurden

Direktversicherung

(1) [1]Eine Direktversicherung ist eine Lebensversicherung auf das Leben des Arbeitnehmers, die durch den Arbeitgeber bei einem inländischen oder ausländischen Versicherungsunternehmen abgeschlossen worden ist und bei der der Arbeitnehmer oder seine Hinterbliebenen hinsichtlich der Versorgungsleistungen des Versicherers ganz oder teilweise bezugsberechtigt sind (→ § 1b Abs. 2 Satz 1 BetrAVG) [3)]. [2]Dasselbe gilt für eine Lebensversicherung auf das Leben des Arbeitnehmers, die nach Abschluss durch den Arbeitnehmer vom Arbeitgeber übernommen worden ist. [3]Der Abschluss einer Lebensversicherung durch eine mit dem Arbeitgeber verbundene Konzerngesellschaft schließt die Anerkennung als Direktversicherung nicht aus, wenn der Anspruch auf die Versicherungsleistungen durch das Dienstverhältnis veranlasst ist und der Arbeitgeber die Beitragslast trägt. [4]Als Versorgungsleistungen können Leistungen der Alters-, Invaliditäts- oder Hinterbliebenenversorgung in Betracht kommen.

(2) [1]Es ist grundsätzlich gleichgültig, ob es sich um Kapitalversicherungen einschließlich Risikoversicherungen, um Rentenversicherungen oder fondsgebundene Lebensversicherungen handelt. [2]Kapitallebensversicherungen mit steigender Todesfallleistung sind als Direktversicherung anzuerkennen, wenn zu Beginn der Versicherung eine Todesfallleistung von mindestens 10 % der Kapitalleistung im Erlebensfall vereinbart und der Versicherungsvertrag vor dem 1.8.1994 abgeschlossen worden ist. [3]Bei

---

1) Zur Weiterverwendung von § 40b Abs. 1 und 2 i.d.F. am 31.12.2004 auf Versorgungszusagen vor 1.1.2005 siehe § 52 Abs. 52b EStG.
2) Absatz 4 ist erstmals auf Sonderzahlungen anzuwenden, die nach dem 23.8.2006 gezahlt werden (§52 Abs. 52b Satz 3 EStG).
3) Anhang 8.

§ 40b

einer nach dem 31.7.1994 abgeschlossenen Kapitallebensversicherung ist Voraussetzung für die Anerkennung, dass die Todesfallleistung über die gesamte Versicherungsdauer mindestens 50 % der für den Erlebensfall vereinbarten Kapitalleistung beträgt. [4]Eine nach dem 31.12.1996 abgeschlossene Kapitallebensversicherung ist als Direktversicherung anzuerkennen, wenn die Todesfallleistung während der gesamten Laufzeit des Versicherungsvertrags mindestens 60 % der Summe der Beiträge beträgt, die nach dem Versicherungsvertrag für die gesamte Vertragsdauer zu zahlen sind. [5]Kapitalversicherungen mit einer Vertragsdauer von weniger als 5 Jahren können nicht anerkannt werden, es sei denn, dass sie im Rahmen einer Gruppenversicherung nach dem arbeitsrechtlichen Grundsatz der Gleichbehandlung abgeschlossen worden sind. [6]Dasselbe gilt für Rentenversicherungen mit Kapitalwahlrecht, bei denen das Wahlrecht innerhalb von 5 Jahren nach Vertragsabschluss wirksam werden kann, und für Beitragserhöhungen bei bereits bestehenden Kapitalversicherungen mit einer Restlaufzeit von weniger als 5 Jahren; aus Billigkeitsgründen können Beitragserhöhungen anerkannt werden, wenn sie im Zusammenhang mit der Anhebung der Pauschalierungsgrenzen durch das Steuer-Euroglättungsgesetz erfolgt sind. [7]Unfallversicherungen sind keine Lebensversicherungen, auch wenn bei Unfall mit Todesfolge eine Leistung vorgesehen ist. [8]Dagegen gehören Unfallzusatzversicherungen und Berufsunfähigkeitszusatzversicherungen, die im Zusammenhang mit Lebensversicherungen abgeschlossen werden, sowie selbständige Berufsunfähigkeitsversicherungen und Unfallversicherungen mit Prämienrückgewähr, bei denen der Arbeitnehmer Anspruch auf die Prämienrückgewähr hat, zu den Direktversicherungen. [9]Die Bezugsberechtigung des Arbeitnehmers oder seiner Hinterbliebenen muss vom Versicherungsnehmer (Arbeitgeber) der Versicherungsgesellschaft gegenüber erklärt werden (→ § 166 des Versicherungsvertragsgesetzes – VVG). [10]Die Bezugsberechtigung kann widerruflich oder unwiderruflich sein; bei widerruflicher Bezugsberechtigung sind die Bedingungen eines Widerrufs steuerlich unbeachtlich. [11]Unbeachtlich ist auch, ob die Anwartschaft des Arbeitnehmers arbeitsrechtlich bereits unverfallbar ist.

Rückdeckungsversicherung

(3) [1]Für die Abgrenzung zwischen einer Direktversicherung und einer Rückdeckungsversicherung, die vom Arbeitgeber abgeschlossen wird und die nur dazu dient, dem Arbeitgeber die Mittel zur Leistung einer dem Arbeitnehmer zugesagten Versorgung zu verschaffen, sind regelmäßig die zwischen Arbeitgeber und Arbeitnehmer getroffenen Vereinbarungen (Innenverhältnis) maßgebend und nicht die Abreden zwischen Arbeitgeber und Versicherungsunternehmen (Außenverhältnis). [2]Deshalb kann eine Rückdeckungsversicherung steuerlich grundsätzlich nur anerkannt werden, wenn die nachstehenden Voraussetzungen sämtlich erfüllt sind:

1. Der Arbeitgeber hat dem Arbeitnehmer eine Versorgung aus eigenen Mitteln zugesagt, z. B. eine Werkspension.
2. Zur Gewährleistung der Mittel für diese Versorgung hat der Arbeitgeber eine Versicherung abgeschlossen, zu der der Arbeitnehmer keine eigenen Beiträge i.S.d. § 2 Abs. 2 Nr. 2 Satz 2 LStDV leistet.
3. [1]Nur der Arbeitgeber, nicht aber der Arbeitnehmer erlangt Ansprüche gegen die Versicherung. [2]Unschädlich ist jedoch die Verpfändung der Ansprüche aus der Rückdeckungsversicherung an den Arbeitnehmer, weil dieser bei einer Verpfändung gegenwärtig keine Rechte erwirbt, die ihm einen Zugriff auf die Versicherung und die darin angesammelten Werte ermöglichen. [3]Entsprechendes gilt für eine aufschiebend bedingte Abtretung des Rückdeckungsanspruchs, da die Abtretung rechtlich erst wirksam wird, wenn die Bedingung eintritt (§ 158 Abs. 1 des Bürgerlichen Gesetzbuches – BGB), und für die Abtretung des Rückdeckungsanspruchs zahlungshalber im Falle der Liquidation oder der Vollstreckung in die Versicherungsansprüche durch Dritte.

[3]Wird ein Anspruch aus einer Rückdeckungsversicherung ohne Entgelt auf den Arbeitnehmer übertragen oder eine bestehende Rückdeckungsversicherung in eine Direktversicherung umgewandelt, fließt dem Arbeitnehmer im Zeitpunkt der Übertragung bzw. Umwandlung ein lohnsteuerpflichtiger geldwerter Vorteil zu, der **grundsätzlich** dem geschäftsplanmäßigen Deckungskapital **zuzüglich einer bis zu diesem Zeitpunkt zugeteilten Überschussbeteiligung** der Versicherung entspricht; **§ 3 Nr. 65 Satz 1 Buchstabe c EStG ist anwendbar.** [4]Entsprechendes gilt, wenn eine aufschiebend bedingte Abtretung rechtswirksam wird (→ Satz 2 Nr. 3).

Pensionskasse

(4) [1]Als Pensionskassen sind sowohl rechtsfähige Versorgungseinrichtungen i.S.d. § 1b Abs. 3 Satz 1 BetrAVG als auch nichtrechtsfähige Zusatzversorgungseinrichtungen des öffentlichen Dienstes i.S.d. § 18 BetrAVG anzusehen, die den Leistungsberechtigten, insbesondere Arbeitnehmern und deren Hinterbliebenen, auf ihre Versorgungsleistungen einen Rechtsanspruch gewähren. [2]Es ist gleichgültig, ob die Kasse ihren Sitz oder ihre Geschäftsleitung innerhalb oder außerhalb des Geltungsbereichs des Einkommensteuergesetzes hat. [3]Absatz 1 Satz 4 gilt sinngemäß.

Barlohnkürzung

(5) Für die Lohnsteuerpauschalierung nach § 40b EStG kommt es nicht darauf an, ob Beiträge oder Zuwendungen zusätzlich zum ohnehin geschuldeten Arbeitslohn oder auf Grund einer Vereinbarung mit dem Arbeitnehmer durch Herabsetzung des individuell zu besteuernden Arbeitslohns erbracht werden.

Voraussetzungen der Pauschalierung

(6) [1]Die Lohnsteuerpauschalierung setzt bei Beiträgen für eine Direktversicherung voraus, dass
1. die Versicherung nicht auf den Erlebensfall eines früheren als des 60. Lebensjahres des Arbeitnehmers abgeschlossen,
2. die Abtretung oder Beleihung eines dem Arbeitnehmer eingeräumten unwiderruflichen Bezugsrechts in dem Versicherungsvertrag ausgeschlossen und
3. eine vorzeitige Kündigung des Versicherungsvertrags durch den Arbeitnehmer ausgeschlossen

worden ist. [2]Der Versicherungsvertrag darf keine Regelung enthalten, nach der die Versicherungsleistung für den Erlebensfall vor Ablauf des 59. Lebensjahres fällig werden könnte. [3]Lässt der Versicherungsvertrag z. B. die Möglichkeit zu, Gewinnanteile zur Abkürzung der Versicherungsdauer zu verwenden, muss die Laufzeitverkürzung bis zur Vollendung des 59. Lebensjahrs begrenzt sein. [4]Der Ausschluss einer vorzeitigen Kündigung des Versicherungsvertrags ist anzunehmen, wenn in dem Versicherungsvertrag zwischen dem Arbeitgeber als Versicherungsnehmer und dem Versicherer folgende Vereinbarung getroffen worden ist:

„Es wird unwiderruflich vereinbart, dass während der Dauer des Dienstverhältnisses eine Übertragung der Versicherungsnehmer-Eigenschaft und eine Abtretung von Rechten aus diesem Vertrag auf den versicherten Arbeitnehmer bis zu dem Zeitpunkt, in dem der versicherte Arbeitnehmer sein 59. Lebensjahr vollendet, insoweit ausgeschlossen ist, als die Beiträge vom Versicherungsnehmer (Arbeitgeber) entrichtet worden sind."

[5]Wird anlässlich der Beendigung des Dienstverhältnisses die Direktversicherung auf den ausscheidenden Arbeitnehmer übertragen, bleibt die Pauschalierung der Direktversicherungsbeiträge in der Vergangenheit hiervon unberührt. [6]Das gilt unabhängig davon, ob der Arbeitnehmer den Direktversicherungsvertrag auf einen neuen Arbeitgeber überträgt, selbst fortführt oder kündigt. [7]Es ist nicht Voraussetzung, dass die Zukunftssicherungsleistungen in einer größeren Zahl von Fällen erbracht werden.

Bemessungsgrundlage der pauschalen Lohnsteuer

(7) [1]Die pauschale Lohnsteuer bemisst sich grundsätzlich nach den tatsächlichen Leistungen, die der Arbeitgeber für den einzelnen Arbeitnehmer erbringt. [2]Bei einer Verrechnung des Tarifbeitrags mit Überschussanteilen stellt deshalb der ermäßigte Beitrag die Bemessungsgrundlage für die pauschale Lohnsteuer dar. [3]Wird für mehrere Arbeitnehmer gemeinsam eine pauschale Leistung erbracht, bei der Teil, der auf den einzelnen Arbeitnehmer entfällt, nicht festgestellt werden kann, ist dem einzelnen Arbeitnehmer der Teil der Leistung zuzurechnen, der sich bei einer Aufteilung der Leistung nach der Zahl der begünstigten Arbeitnehmer ergibt (→ § 2 Abs. 2 Nr. 3 Satz 3 LStDV). [4]Werden Leistungen des Arbeitgebers für die tarifvertragliche Zusatzversorgung der Arbeitnehmer mit einem **Prozentsatz** der Bruttolohnsumme des Betriebs erbracht, ist die Arbeitgeberleistung Bemessungsgrundlage der pauschalen Lohnsteuer. [5]Für die Feststellung der Pauschalierungsgrenze (→ Absatz 8) für zusätzlichen pauschal besteuerbaren Leistungen für einzelne Arbeitnehmer ist die Arbeitgeberleistung auf die Zahl der durch die tarifvertragliche Zusatzversorgung begünstigten Arbeitnehmer aufzuteilen.

Pauschalierungsgrenze

(8) [1]Die Pauschalierungsgrenze von 1 752 Euro nach § 40b Abs. 2 Satz 1 EStG i. d. F. am 31.12.2004 kann auch in den Fällen voll ausgeschöpft werden, in denen feststeht, dass dem Arbeitnehmer bereits aus einem vorangegangenen Dienstverhältnis im selben Kalenderjahr pauschal besteuerte Zukunftssicherungsleistungen zugeflossen sind. [2]Soweit pauschal besteuerbare Leistungen den Grenzbetrag von 1 752 Euro überschreiten, müssen sie dem normalen Lohnsteuerabzug unterworfen werden.

Durchschnittsberechnung

(9) [1]Wenn mehrere Arbeitnehmer gemeinsam in einem Direktversicherungsvertrag oder in einer Pensionskasse versichert sind, ist für die Feststellung der Pauschalierungsgrenze eine Durchschnittsberechnung anzustellen. [2]Ein gemeinsamer Direktversicherungsvertrag liegt außer bei einer Gruppenversicherung auch dann vor, wenn in einem Rahmenvertrag mit einem oder mehreren Versicherern sowohl die versicherten Personen als auch die versicherten Wagnisse bezeichnet werden und die Einzelheiten in Zusatzvereinbarungen geregelt sind. [3]Ein Rahmenvertrag, der z. B. nur den Beitragseinzug und die Beitragsabrechnung regelt, stellt keinen gemeinsamen Direktversicherungsvertrag dar. [4]Bei der Durchschnittsberechnung bleiben Beiträge des Arbeitgebers unberücksichtigt, die nach § 3 Nr. 63 EStG steu-

§ 40b RL 40b.1

erfrei sind oder wegen der Ausübung des Wahlrechts nach § 3 Nr. 63 Satz 2 zweite Alternative EStG individuell besteuert werden. ⁵Im Übrigen ist wie folgt zu verfahren:

1. ¹Sind in der Direktversicherung oder in der Pensionskasse Arbeitnehmer versichert, für die pauschal besteuerbare Leistungen von jeweils insgesamt mehr als 2 148 Euro (§ 40b Abs. 2 Satz 2 i. d. F. am 31.12.2004) jährlich erbracht werden, scheiden die Leistungen für diese Arbeitnehmer aus der Durchschnittsberechnung aus. ²Das gilt z. B. auch dann, wenn mehrere Direktversicherungsverträge bestehen und die Beitragsanteile für den einzelnen Arbeitnehmer insgesamt 2 148 Euro übersteigen. ³Die Erhebung der Lohnsteuer auf diese Leistungen richtet sich nach Absatz 8 Satz 2.

2. ¹Die Leistungen für die übrigen Arbeitnehmer sind zusammenzurechnen und durch die Zahl der Arbeitnehmer zu teilen, für die sie erbracht worden sind. ²Bei einem konzernumfassenden gemeinsamen Direktversicherungsvertrag ist der Durchschnittsbetrag durch Aufteilung der Beitragszahlungen des Arbeitgebers auf die Zahl seiner begünstigten Arbeitnehmer festzustellen; es ist nicht zulässig, den Durchschnittsbetrag durch Aufteilung des Konzernbeitrags auf alle Arbeitnehmer des Konzerns zu ermitteln.

   a) ¹Übersteigt der so ermittelte Durchschnittsbetrag nicht 1 752 Euro, ist dieser für jeden Arbeitnehmer der Pauschalbesteuerung zugrunde zu legen. ²Werden für den einzelnen Arbeitnehmer noch weitere pauschal besteuerbare Leistungen erbracht, dürfen aber insgesamt nur 1 752 Euro pauschal besteuert werden; im Übrigen gilt Absatz 8 Satz 2.

   b) ¹Übersteigt der Durchschnittsbetrag 1 752 Euro, kommt er als Bemessungsgrundlage für die Pauschalbesteuerung nicht in Betracht. ²Der Pauschalbesteuerung sind die tatsächlichen Leistungen zugrunde zu legen, soweit sie für den einzelnen Arbeitnehmer 1 752 Euro nicht übersteigen; im Übrigen gilt Absatz 8 Satz 2.

3. ¹Ist ein Arbeitnehmer
   a) in mehreren Direktversicherungsverträgen gemeinsam mit anderen Arbeitnehmern,
   b) in mehreren Pensionskassen oder
   c) in Direktversicherungsverträgen gemeinsam mit anderen Arbeitnehmern und in Pensionskassen

   versichert, ist jeweils der Durchschnittsbetrag aus der Summe der Beiträge für mehrere Direktversicherungen, aus der Summe der Zuwendungen an mehrere Pensionskassen oder aus der Summe der Beiträge zu Direktversicherungen und der Zuwendungen an Pensionskassen zu ermitteln. ²In diese gemeinsame Durchschnittsbildung dürfen jedoch solche Verträge nicht einbezogen werden, bei denen wegen der 2 148-Euro-Grenze (→ Nummer 1) nur noch ein Arbeitnehmer übrig bleibt; in diesen Fällen liegt eine gemeinsame Versicherung, die in die Durchschnittsberechnung einzubeziehen ist, nicht vor.

(10) Werden die pauschal besteuerbaren Leistungen nicht in einem Jahresbetrag erbracht, gilt Folgendes:

1. Die Einbeziehung der auf den einzelnen Arbeitnehmer entfallenden Leistungen in die Durchschnittsberechnung nach § 40b Abs. 2 Satz 2 EStG entfällt von dem Zeitpunkt an, in dem sich ergibt, dass die Leistungen für diesen Arbeitnehmer voraussichtlich insgesamt 2 148 Euro im Kalenderjahr übersteigen werden.

2. Die Lohnsteuerpauschalierung auf der Grundlage des Durchschnittsbetrags entfällt von dem Zeitpunkt an, in dem sich ergibt, dass der Durchschnittsbetrag voraussichtlich 1 752 Euro im Kalenderjahr übersteigen wird.

3. ¹Die Pauschalierungsgrenze von 1 752 Euro ist jeweils insoweit zu vermindern, als sie bei der Pauschalbesteuerung von früheren Leistungen im selben Kalenderjahr bereits ausgeschöpft worden ist. ²Werden die Leistungen laufend erbracht, darf die Pauschalierungsgrenze mit dem auf den jeweiligen Lohnzahlungszeitraum entfallenden Anteil berücksichtigt werden.

Vervielfältigungsregelung

(11) ¹Die Vervielfältigung der Pauschalierungsgrenze nach § 40b Abs. 2 Satz 3 EStG steht in Zusammenhang mit der Beendigung des Dienstverhältnisses; ein solcher Zusammenhang ist insbesondere dann zu vermuten, wenn der Direktversicherungsbeitrag innerhalb von 3 Monaten vor dem Auflösungszeitpunkt geleistet wird. ²Die Vervielfältigungsregelung gilt auch bei der Umwandlung von Arbeitslohn (→ Absatz 5); nach Auflösung des Dienstverhältnisses kann sie ohne zeitliche Beschränkung angewendet werden, wenn die Umwandlung spätestens zum Zeitpunkt der Auflösung des Dienstverhältnisses vereinbart wird. ³Die Gründe, aus denen das Dienstverhältnis beendet wird, sind für die Vervielfältigung der Pauschalierungsgrenze unerheblich. ⁴Die Vervielfältigungsregelung kann daher auch in den Fällen angewendet werden, in denen ein Arbeitnehmer wegen Erreichens der Altersgrenze aus dem Dienstverhältnis ausscheidet. ⁵Auf die vervielfältigte Pauschalierungsgrenze sind die für den einzelnen Arbeitnehmer in dem Kalenderjahr, in dem das Dienstverhältnis beendet wird, und in den

RL 40b.1 § **40b**

sechs vorangegangenen Kalenderjahren tatsächlich entrichteten Beiträge und Zuwendungen anzurechnen, die nach § 40b Abs. 1 EStG pauschal besteuert wurden. [6]Dazu gehören auch die 1 752 Euro übersteigenden personenbezogenen Beiträge, wenn sie nach § 40b Abs. 2 Satz 2 EStG in die Bemessungsgrundlage für die Pauschsteuer einbezogen worden sind. [7]Ist bei Pauschalzuweisungen ein personenbezogener Beitrag nicht feststellbar, ist als tatsächlicher Beitrag für den einzelnen Arbeitnehmer der Durchschnittsbetrag aus der Pauschalzuweisung anzunehmen.

Rückzahlung pauschalbesteuerungsfähiger Leistungen

(12) [1]Arbeitslohnrückzahlungen an den Arbeitgeber (negative Einnahmen des Arbeitnehmers) sind anzunehmen, soweit Gewinnanteile zugunsten des Arbeitgebers beim Versicherungsunternehmen angesammelt, während der Versicherungsdauer mit fälligen Beiträgen des Arbeitgebers verrechnet oder an den Arbeitgeber ausgezahlt werden. [2]Der Zeitpunkt der Arbeitslohnrückzahlung bestimmt sich nach dem Zeitpunkt der Gutschrift, Verrechnung oder Auszahlung der Gewinnanteile. [3]Aus Vereinfachungsgründen können Arbeitslohnrückzahlungen auch dann als negative Einnahmen berücksichtigt werden, wenn von Beitragsleistungen für Kalenderjahre vor 1990 der Zukunftssicherungsfreibetrag abgezogen worden ist.

(13) [1]Eine Arbeitslohnrückzahlung (negative Einnahme) ist ebenfalls anzunehmen, wenn der Arbeitnehmer sein Bezugsrecht aus einer Direktversicherung (z. B. bei vorzeitigem Ausscheiden aus dem Dienstverhältnis) ganz oder teilweise ersatzlos verliert. [2]Der Zeitpunkt dieser Arbeitslohnrückzahlung bestimmt sich nach dem Zeitpunkt, in dem die den Verlust des Bezugsrechts begründenden Willenserklärungen (z. B. Kündigung oder Widerruf) wirksam geworden sind. [3]Dabei ist das verlorene Bezugsrecht mit dem entsprechenden geschäftsplanmäßigen Deckungskapital anzusetzen; Absatz **12** Satz 4 gilt entsprechend. [4]Zahlungen des Arbeitnehmers zum Wiedererwerb des verlorenen Bezugsrechts sind der Vermögenssphäre zuzurechnen; sie stellen keine Arbeitslohnrückzahlung dar.

(14) [1]Sind nach den Absätzen **12** und **13** Arbeitslohnrückzahlungen aus pauschal versteuerten Beitragsleistungen anzunehmen, mindern sie die gleichzeitig (im selben Kalenderjahr) anfallenden pauschalbesteuerungsfähigen Beitragsleistungen des Arbeitgebers. [2]Übersteigen **in einem Kalenderjahr** die Arbeitslohnrückzahlungen **betragsmäßig** die Beitragsleistungen **des Arbeitgebers**, ist eine **Minderung der Beitragsleistungen im selben Kalenderjahr nur bis auf Null möglich**. [3]Eine Minderung **über die im Kalenderjahr der Verrechnung oder Auszahlung der Gewinnanteile fälligen Beitragsleistungen hinaus, also von Beitragsleistungen des Arbeitgebers aus den Vorjahren, ist nicht möglich.** [4]Der Arbeitnehmer kann negative Einnahmen aus pauschal versteuerten Beitragsleistungen nicht geltend machen.

(15) [1]Wenn Arbeitslohnrückzahlungen nach den Absätzen **12** und **13** aus teilweise individuell und teilweise pauschal versteuerten Beitragsleistungen herrühren, ist der Betrag entsprechend aufzuteilen. [2]Dabei kann aus Vereinfachungsgründen das Verhältnis zugrunde gelegt werden, das sich nach den Beitragsleistungen in den vorangegangenen fünf Kalenderjahren ergibt. [3]Maßgebend sind die tatsächlichen Beitragsleistungen; § 40b Abs. 2 Satz 2 EStG ist nicht anzuwenden. [4]Die lohnsteuerliche Berücksichtigung der dem Arbeitnehmer zuzurechnenden Arbeitslohnzahlung richtet sich nach folgenden Grundsätzen:

1. Besteht im Zeitpunkt der Arbeitslohnrückzahlung noch das Dienstverhältnis zu dem Arbeitgeber, der die Versicherungsbeiträge geleistet hat, kann der Arbeitgeber die Arbeitslohnrückzahlung mit dem Arbeitslohn des Kalenderjahres der Rückzahlung verrechnen und den so verminderten Arbeitslohn der Lohnsteuer unterwerfen.

2. [1]Soweit der Arbeitgeber von der vorstehenden Möglichkeit nicht Gebrauch macht oder machen kann, kann der Arbeitnehmer die Arbeitslohnrückzahlung wie Werbungskosten – ohne Anrechnung des maßgebenden Pauschbetrags für Werbungskosten nach § 9a Satz 1 Nr. 1 EStG – als Freibetrag auf seiner Lohnsteuerkarte eintragen lassen oder bei der Veranlagung zur Einkommensteuer geltend machen. [2]Erzielt der Arbeitnehmer durch die Arbeitslohnrückzahlung bei seinen Einkünften aus nichtselbständiger Arbeit einen Verlust, kann er **diesen mit Einkünften aus anderen Einkunftsarten ausgleichen oder** unter den Voraussetzungen des § 10d EStG den Verlustabzug beanspruchen.

(16) Die Absätze **12** bis **15** gelten für Zuwendungen an Pensionskassen sinngemäß.

Hinweise

***LStH 40b.1** § 40b Abs. 1 und Abs. 2 in der am 31.12.2004 geltenden Fassung:*
  Zur Anwendungsregelung → § 52 Abs. 52a EStG
  (1) [1]Der Arbeitgeber kann die Lohnsteuer von den Beiträgen für eine Direktversicherung des Arbeitnehmers und von den Zuwendungen an eine Pensionskasse mit einem Pausch-

§ 40b

LStH 40b.1

steuersatz von 20 vom Hundert der Beiträge und Zuwendungen erheben. ²Die pauschale Erhebung der Lohnsteuer von Beiträgen für eine Direktversicherung ist nur zulässig, wenn die Versicherung nicht auf den Erlebensfall eines früheren als des 60. Lebensjahres abgeschlossen und eine vorzeitige Kündigung des Versicherungsvertrages durch den Arbeitnehmer ausgeschlossen worden ist.

(2) ¹Absatz 1 gilt nicht, soweit die zu besteuernden Beiträge und Zuwendungen des Arbeitgebers für den Arbeitnehmer 1.752 Euro im Kalenderjahr übersteigen oder nicht aus seinem ersten Dienstverhältnis bezogen werden. ²Sind mehrere Arbeitnehmer gemeinsam in einem Direktversicherungsvertrag oder in einer Pensionskasse versichert, so gilt als Beitrag oder Zuwendung für den einzelnen Arbeitnehmer der Teilbetrag, der sich bei einer Aufteilung der gesamten Beiträge oder der gesamten Zuwendungen durch die Zahl der begünstigten Arbeitnehmer ergibt, wenn dieser Teilbetrag 1.752 Euro nicht übersteigt; hierbei sind Arbeitnehmer, für die Beiträge und Zuwendungen von mehr als 2.148 Euro im Kalenderjahr geleistet werden, nicht einzubeziehen. ³Für Beiträge und Zuwendungen, die der Arbeitgeber für den Arbeitnehmer aus Anlass der Beendigung des Dienstverhältnisses erbracht hat, vervielfältigt sich der Betrag von 1.752 Euro mit der Anzahl der Kalenderjahre, in denen das Dienstverhältnis des Arbeitnehmers zu dem Arbeitgeber bestanden hat; in diesem Fall ist Satz 2 nicht anzuwenden. ⁴Der vervielfältigte Betrag vermindert sich um die nach Absatz 1 pauschal besteuerten Beiträge und Zuwendungen, die der Arbeitgeber in dem Kalenderjahr, in dem das Dienstverhältnis beendet wird, und in den sechs vorangegangenen Kalenderjahren erbracht hat.

44-Euro-Freigrenze

– Tarifvertraglich vereinbarte Zahlungen des Arbeitgebers an eine Zusatzversorgungskasse sind als Barlohn zu qualifizieren, wenn zwischen dem Arbeitgeber und der Zusatzversorgungskasse keine vertraglichen Beziehungen bestehen; die 44-Euro-Freigrenze findet keine Anwendung (→ BFH vom 26.11.2002 – BStBl. 2003 II S. 331).

– Auf Zukunftssicherungsleistungen des Arbeitgebers i. S. d. § 40b EStG findet die 44-Euro-Freigrenze keine Anwendung (→ BFH vom 26.11.2002 – BStBl. 2003 II S. 492); → R 8.1 Abs. 3 Satz 2.

Abwälzung der pauschalen Lohnsteuer

→ BMF vom 10.1.2000 (BStBl. I S. 138) – *Anlage § 040-01* –

Beispiel:

Der Arbeitnehmer erhält eine Sonderzuwendung von 2.500 €. Er vereinbart mit dem Arbeitgeber, dass hiervon 1.752 € für eine vor 2005 abgeschlossene Direktversicherungsbeitrag verwendet werden, die eine Kapitalauszahlung vorsieht. Der Direktversicherungsbeitrag soll pauschal versteuert werden. Der Arbeitnehmer trägt die pauschale Lohnsteuer.

Sonderzuwendung	2.500 €
abzüglich Direktversicherungsbeitrag	1.752 €
nach den Merkmalen der Lohnsteuerkarte als sonstiger Bezug zu besteuern	748 €
Bemessungsgrundlage für die pauschale Lohnsteuer	1.752 €

Allgemeines

– Der Lohnsteuerpauschalierung unterliegen nur die Arbeitgeberleistungen i.S.d. § 40b EStG zugunsten von Arbeitnehmern oder früheren Arbeitnehmern und deren Hinterbliebenen (→ BFH vom 7.7.1972 – BStBl. II S. 890).

– Die Pauschalierung der Lohnsteuer nach § 40b EStG ist auch dann zulässig, wenn die Zukunftssicherungsleistung erst nach Ausscheiden des Arbeitnehmers aus dem Betrieb erbracht wird und er bereits in einem neuen Dienstverhältnis steht (→ BFH vom 18.12.1987 – BStBl. 1988 II S. 554).

– Pauschalbesteuerungsfähig sind jedoch nur Zukunftssicherungsleistungen, die der Arbeitgeber auf Grund ausschließlich eigener rechtlicher Verpflichtung erbringt (→ BFH vom 29.4.1991 – BStBl. II S. 647).

– Die Pauschalierung der Lohnsteuer nach § 40b EStG ist ausgeschlossen, wenn der Arbeitgeber für den Ehegatten eines verstorbenen früheren Arbeitnehmers eine Lebensversicherung abschließt oder wenn bei einer Versicherung das typische Todesfallwagnis und – bereits bei Vertragsabschluss – das Rentenwagnis ausgeschlossen worden sind. Hier liegt begrifflich keine Direktversicherung i.S.d. § 40b EStG vor (→ BFH vom 9.11.1990 – BStBl. 1991 II S. 189).

– Die Pauschalierung setzt allgemein voraus, dass die Zukunftssicherungsleistungen aus einem ersten Dienstverhältnis bezogen werden. Sie ist demnach bei Arbeitnehmern nicht anwendbar, die dem Arbeitgeber eine Lohnsteuerkarte mit der Steuerklasse VI vorgelegt haben (→ BFH vom 12.8.1996 – BStBl. 1997 II S. 143). Bei pauschal besteuerten Teilzeitarbeitsverhältnissen (→ § 40a EStG) ist die Pauschalierung zulässig, wenn es sich dabei um das erste Dienstverhältnis handelt (→ BFH vom 8.12.1989 – BStBl. 1990 II S. 398).

– Für Zukunftssicherungsleistungen i.S.d. § 40b EStG kann die Lohnsteuerpauschalierung nach § 40 Abs. 1 Satz 1 Nr. 1 EStG nicht vorgenommen werden, selbst wenn sie als sonstige Bezüge gewährt werden (§ 40b Abs. 4 EStG).

– Zum Zeitpunkt der Beitragsleistung des Arbeitgebers für eine Direktversicherung → LStH 38.2 (Zufluss von Arbeitslohn).

– Die Pauschalierung setzt voraus, dass es sich bei den Beiträgen um Arbeitslohn handelt, der den Arbeitnehmern im Zeitpunkt der Abführung durch den Arbeitgeber an die Versorgungseinrichtung zufließt (→ BFH vom 12.4.2007 – BStBl. II S. 619).

Arbeitnehmerfinanzierte betriebliche Altersversorgung
→ *BFH vom 20.1.2009 (BStBl. I S. 273), Rz. 183 ff.* – *Anlage 010a-01* –

Barlohnkürzung

Beispiel:

Der Anspruch auf das 13. Monatsgehalt entsteht gemäß Tarifvertrag zeitanteilig nach den vollen Monaten der Beschäftigung im Kalenderjahr und ist am 1.12. fällig. Die Barlohnkürzung vom 13. Monatsgehalt zu Gunsten eines Direktversicherungsbeitrags wird im November des laufenden Kalenderjahres vereinbart.

Der Barlohn kann vor Fälligkeit, also bis spätestens 30.11., auch um den Teil des 13. Monatsgehalts, der auf bereits abgelaufene Monate entfällt, steuerlich wirksam gekürzt werden. Auf den Zeitpunkt der Entstehung kommt es nicht an (→ R 40b.1 Abs. 5).

Beendigung einer betrieblichen Altersversorgung
→ *BMF vom 20.1.2009 (BStBl. I S.273), Rz. 285* – *Anlage § 010a-01* –

Dienstverhältnis zwischen Ehegatten

Zur Anerkennung von Zukunftssicherungsleistungen bei Dienstverhältnissen zwischen Ehegatten → H 6a (10) EStH.

Durchschnittsberechnung nach § 40b Abs. 2 Satz 2 EStG:

– *„Eigenbeiträge" des Arbeitnehmers, die aus versteuertem Arbeitslohn stammen, sind in die Durchschnittsberechnung nicht einzubeziehen (→ BFH vom 12.4.2007 – BStBl. II S. 619).*

– **Beispiel:**

Es werden ganzjährig laufend monatliche Zuwendungen an eine Pensionskasse (Altverträge mit Kapitalauszahlung)

b) für 2 Arbeitnehmer je 175 € =	500 €	
b) für 20 Arbeitnehmer je 175 € =	3.500 €	
c) für 20 Arbeitnehmer je 125 € =	2.500 €	
insgesamt	6.500 € geleistet.	

Die Leistungen für die Arbeitnehmer zu a) betragen jeweils mehr als 2 148 € jährlich; sie sind daher in eine Durchschnittsberechnung nicht einzubeziehen. Die Leistungen für die Arbeitnehmer zu b) und c) übersteigen jährlich jeweils nicht 2 148 €; es ist daher der Durchschnittsbetrag festzustellen. Der Durchschnittsbetrag beträgt 150 € monatlich; er übersteigt hiernach 1 752 € jährlich und kommt deshalb als Bemessungsgrundlage nicht in Betracht. Der Pauschalbesteuerung sind also in allen Fällen die tatsächlichen Leistungen zugrunde zu legen. Der Arbeitgeber kann dabei

in den Fällen zu a)	im 1. bis 7. Monat je 250 € und im 8. Monat noch 2 € oder monatlich je 146 €,
in den Fällen zu b)	im 1. bis 10. Monat je 175 € und im 11. Monat noch 2 €

§ 40b

in den Fällen zu c) pauschal versteuern.   *oder monatlich je 146 €, monatlich je 125 €*

Kirchensteuer bei Pauschalierung der Lohnsteuer
→ Gleich lautende Ländererlasse vom 17.11.2006 (BStBl. I S. 716)   – *Anlage § 040-02* –

Mindesttodesfallschutz
→ R 40b.1 Abs. 2

→ BMF vom 22.8.2002 (BStBl. I S. 827), Rdnr. 23 – 30

Pensionskassen
Wegen der Voraussetzung, dass bei nichtrechtsfähigen Zusatzversorgungseinrichtungen des öffentlichen Dienstes die Zuführungen Arbeitslohn darstellen müssen, → BFH vom 15.7.1977 (BStBl. II S. 761).

Rückzahlung von Arbeitslohn
Der Verlust des durch eine Direktversicherung eingeräumten Bezugsrechts bei Insolvenz des Arbeitgebers führt wegen des Ersatzanspruchs nicht zu einer Arbeitslohnrückzahlung (→ BFH vom 5.7.2007 – BStBl. II S. 774); zur Rückzahlung pauschal besteuerter Leistungen → R 40b.1 Abs. 12 ff.

Verhältnis von § 3 Nr. 63 EStG und § 40b EStG
→ BMF vom 20.1.2009 (BStBl. I S. 273), Rz. 245 ff.   – *Anlage § 010a-01* –

Vervielfältigungsregelung
Die Beendigung des Dienstverhältnisses i. S. d. § 40b Abs. 2 Satz 3 1. Halbsatz EStG ist die nach bürgerlichem (Arbeits-)Recht wirksame Beendigung. Ein Dienstverhältnis kann daher auch dann beendet sein, wenn der Arbeitnehmer und sein bisheriger Arbeitgeber im Anschluss an das bisherige Dienstverhältnis ein neues vereinbaren, sofern es sich nicht als Fortsetzung des bisherigen erweist. Es liegt keine solche Beendigung vor, wenn das neue Dienstverhältnis mit demselben Arbeitgeber in Bezug auf den Arbeitsbereich, die Entlohnung und die sozialen Besitzstände im Wesentlichen dem bisherigen Dienstverhältnis entspricht (→ BFH vom 30.10.2008 – BStBl. 2009 II S. 162).

Wahlrecht
→ BMF vom **20.1.2009** (BStBl. I S. 273), Rz. 255–258   – *Anlage § 010a-01* –

Wirkung einer fehlerhaften Pauschalbesteuerung
Eine fehlerhafte Pauschalbesteuerung ist für die Veranlagung zur Einkommensteuer nicht bindend (→ BFH vom 10.6.1988 – BStBl. II S. 981).

Zukunftssicherungsleistungen i. S. d. § 40b EStG n.F.
→ BMF vom 20.1.2009 (BStBl. I S. 273), Rz. 234, 243, 260   – *Anlage § 010a-01* –

LStR

R 40b.2 Pauschalierung der Lohnsteuer bei Beiträgen zu einer Gruppenunfallversicherung

[1]Die Lohnsteuerpauschalierung nach §40b Abs. 3 EStG ist nicht zulässig, wenn der steuerpflichtige Durchschnittsbeitrag – ohne Versicherungsteuer – 62 Euro jährlich übersteigt; in diesem Falle ist der steuerpflichtige Durchschnittsbeitrag dem normalen Lohnsteuerabzug zu unterwerfen. [2]Bei konzernumfassenden Gruppenunfallversicherungen ist der Durchschnittsbeitrag festzustellen, der sich bei Aufteilung der Beitragszahlungen des Arbeitgebers auf die Zahl seiner begünstigten Arbeitnehmer ergibt; es ist nicht zulässig, den Durchschnittsbeitrag durch Aufteilung des Konzernbeitrags auf alle Arbeitnehmer des Konzerns zu ermitteln. [3]Ein gemeinsamer Unfallversicherungsvertrag i.S.d. § 40b Abs. 3 EStG liegt außer bei einer Gruppenversicherung auch dann vor, wenn in einem Rahmenvertrag mit einem oder mehreren Versicherern sowohl die versicherten Personen als auch die versicherten Wagnisse bezeichnet werden und die Einzelheiten in Zusatzvereinbarungen geregelt sind. [4]Ein Rahmenvertrag, der z. B. nur den Beitragseinzug und die Beitragsabrechnung regelt, stellt keinen gemeinsamen Unfallversicherungsvertrag dar.

Hinweise

LStH 40b.2 Allgemeine Grundsätze

Zur Ermittlung des steuerpflichtigen Beitrags für Unfallversicherungen, die das Unfallrisiko sowohl im beruflichen als auch im außerberuflichen Bereich abdecken → BMF vom 28.10.2009 (BStBl. I S. 1275). *– Anlage § 009-03 –*

ESt-Kartei NW

1. Aufwendungen des Arbeitgebers zur zusätzlichen Altersversorgung der bei den Stationierungsstreitkräften beschäftigten Arbeitnehmer (auf die Beiträge zur Gruppenversicherung ist § 40b EStG anwendbar, Vereinbarung einer Abfindungszahlung für den Fall einer vorzeitigen Auflösung des Dienstverhältnisses nicht schädlich)
2. Übertragung einer Pensionsverpflichtung vom Arbeitgeber auf eine Pensionskasse oder ein Lebensversicherungs-Unternehmen (Beiträge sind als Zukunftssicherungsleistungen zu versteuern, nicht erst die künftigen Versorgungsleistungen; Vervielfältigungsregelung des § 40b Abs. 2 Satz 3 EStG bei Auflösung des Dienstverhältnisses wegen Eintritt des Versorgungsfalles anwendbar – insoweit inhaltlich übernommen in Abschnitt 96 Abs. 12 Sätze 2 und 3 LStR 1987/Abschnitt 129 Abs. 12 Sätze 3 und 4 LStR 1993)
3. Abfindungen nach § 3 Abs. 1 des Gesetzes zur Verbesserung der betrieblichen Altersversorgung (zur Abgeltung eines Direktversicherungsanspruchs durch das Versicherungsunternehmen als Schuldner der Abfindungszahlung unterliegen nicht der Lohnsteuer, vorausgegangene Pauschalbesteuerung bleibt unberührt)
4. Einkommensteuerrechtliche (lohnsteuerrechtliche) Behandlung von Direktversicherungen (entspricht BMF-Schreiben vom 9. 2. 1993 BStBl. I S. 248; – überholt durch Regelungen in Abschnitt 129 Abs. 14ff. LStR 1996/R 129 Abs. 13 ff. LStR 2002 –)
5. Aufwendungen des Arbeitgebers für die betriebliche Altersversorgung des Ehegatten – Hinweis auf § 6a EStG Nr. 5 – (entspricht BMF-Schreiben v. 4. 9. 1984 BStBl. I S. 495 und v. 9. 1. 1986 BStBl. I S. 7)
6. Hinweis ausgesondert
7. Anerkennung einer Kapitallebensversicherung mit steigender Todesfallleistung als Direktversicherung im Sinne des § 40b EStG – ausgesondert – (überholt ab VZ 1997 durch BMF-Schreiben v. 6. 12. 1996 BStBl. I S. 1438)
8. Gesetz zur Neuregelung der geringfügigen Beschäftigungsverhältnisse und Steuerentlastungsgesetz 1999/2000/2002; Anwendung von Vorschriften zum LSt-Abzugsverfahren – Hinweis auf § 39b EStG Nr. 8 –
9. Gehaltsumwandlung bei bestimmten Zukunftssicherungsleistungen (R 129 Abs. 5 LStR 2001) (entspricht BMF-Schreiben v. 3. 5. 2001 BStBl. I S. 342: für Kj. 2001 ist Fassung R 129 Abs. 5 LStR 2000 anzuwenden)
10. Anpassung von Versicherungsverträgen wegen des Steuer-Euroglättungsgesetzes (Anpassung der bisherigen DM-Höchstbeträge auf die neuen Euro-Höchstbeträge ist steuerrechtlich keine schädliche Vertragsänderung)
11. Steuerliche Förderung der privaten Altersvorsorge und betrieblichen Altersversorgung – Hinweis auf § 10a EStG Nr. 1 – **(Anlage § 010a-01)**
800. Pauschalierung der Lohnsteuer von Arbeitgeberbeiträgen zur VBL (möglich für Beitrag des Arbeitgebers zur Pflichtversicherung eines Arbeitnehmers und Umlage des Arbeitgebers, VBL ist Pensionskasse i.S. § 40b EStG; Ausscheiden des Arbeitgebers aus VBL führt nicht zu negativem Arbeitslohn, weil keine Bezugsrechte entfallen, daher R 129 Abs. 13 ff. LStR nicht anwendbar)

Rechtsprechungsauswahl

BFH v. 12. 11. 2009 VI R 20/07 (BFH-Webseite): Gewinnausschüttungen einer Versorgungskasse sind keine Arbeitslohnrückzahlungen

1. Arbeitslohnrückzahlungen setzen voraus, dass Güter in Geld oder Geldeswert beim Arbeitnehmer abfließen.
2. Schüttet eine Versorgungskasse an ihren Träger, den Arbeitgeber, Gewinne aus, wird damit kein Arbeitslohn zurückgezahlt. Gewinnausschüttungen einer Versorgungskasse können daher weder

§ 40b — Rechtsprechung

pauschal besteuerbare Beitragsleistungen des Arbeitgebers mindern noch einen Anspruch auf Lohnsteuererstattung begründen (entgegen Abschn. 129 Abs. 14, 16 LStR 1999).

BFH v. 30. 10. 2008 VI R 53/05 (BStBl. 2009 II S. 162): Die Beendigung des Dienstverhältnisses i.S. des § 40b Abs. 2 Satz 3 1. Halbsatz EStG ist die nach bürgerlichem (Arbeits-)Recht wirksame Beendigung. Ein Dienstverhältnis kann daher auch dann beendet sein, wenn der Arbeitnehmer und sein bisheriger Arbeitgeber im Anschluss an das bisherige Dienstverhältnis ein neues vereinbaren, sofern es sich nicht als Fortsetzung des bisherigen erweist. Es liegt keine solche Beendigung vor, wenn das neue Dienstverhältnis mit demselben Arbeitgeber in Bezug auf den Arbeitsbereich, die Entlohnung und die sozialen Besitzstände im Wesentlichen dem bisherigen Dienstverhältnis entspricht.

BFH v. 5. 7. 2007 VI R 58/05 (BStBl. II S. 774): Der Verlust des durch eine Direktversicherung eingeräumten Bezugsrechts bei Insolvenz des Arbeitgebers löst keine lohnsteuerrechtlichen Folgen aus. Das folgt aus den Besonderheiten der Insolvenzsicherung gemäß § 7 BetrAVG.

BFH v. 12. 4. 2007 VI R 55/05 (BStBl. II S. 619):
1. Beiträge für eine Direktversicherung des Arbeitnehmers i.S. des § 40b EStG i.d.F. bis 2004 sind nur solche Leistungen des Arbeitgebers, die als Arbeitslohn zu qualifizieren sind.
2. Sind für Arbeitnehmer Gesamtprämien in Höhe von jeweils mehr als 4 200 DM im Kalenderjahr zu leisten, sind diese Arbeitnehmer dennoch in die Durchschnittsberechnung der Pauschalierungsgrenze gemäß § 40b Abs. 2 Satz 2 EStG einzubeziehen, wenn der als Arbeitslohn zu qualifizierende Anteil diesen Betrag nicht übersteigt.

BFH v. 15. 2. 2006 VI R 92/04 (BStBl. 2006 II S. 528): Durch die Zahlung des Gegenwerts beim Ausscheiden eines Arbeitgebers aus der Versorgungsanstalt des Bundes und der Länder fließt den Arbeitnehmern kein Arbeitslohn zu.*)
*) Hinweis auf BMF-Schreiben vom 30.5.2006 (BStBl. I S. 415). – **Anlage § 019-07** –

BFH v. 14. 9. 2005 VI R 32/04 (BStBl. 2006 II S. 500): Leistet der Arbeitgeber im Zusammenhang mit der Schließung des Umlagesystems Sonderzahlungen an eine Zusatzversorgungskasse, fließt den Arbeitnehmern kein Arbeitslohn zu.*)
*) Hinweis auf BMF-Schreiben vom 30.5.2006 (BStBl. I S. 415). – **Anlage § 019-07** –

BFH v. 14. 9. 2005 VI R 148/98 (BStBl. 2006 II S. 532): Leistet der Arbeitgeber beim Wechsel zu einer anderen umlagefinanzierten Zusatzversorgungskasse Sonderzahlungen, fließt den Arbeitnehmern kein Arbeitslohn zu.*)
*) Hinweis auf BMF-Schreiben vom 30.5.2006 (BStBl. I S. 415). – **Anlage § 019-07** –

BFH v. 7. 7. 2005 IX R 7/05 (BStBl. II S. 726): Der Arbeitgeber leistet einen Beitrag für eine Direktversicherung seines Arbeitnehmers grundsätzlich in dem Zeitpunkt, in dem er seiner Bank einen entsprechenden Überweisungsauftrag erteilt.

BFH v. 26. 11. 2002 VI R 68/01 (BStBl. 2003 II S. 492): Zukunftssicherungsleistungen des Arbeitgebers i. S. des § 40b EStG bleiben auch dann nicht nach § 8 Abs. 2 Satz 9 EStG steuerfrei, wenn sie 50 DM je Arbeitnehmer im Kalendermonat nicht überschreiten und der Arbeitgeber Versicherungsnehmer ist.

BFH v. 26. 11. 2002 VI R 161/01 (BStBl. 2003 II S. 331): Tarifvertraglich vereinbarte Zahlungen des Arbeitgebers an die Zusatzversorgungskasse der Land- und Forstwirtschaft in Höhe von mtl. 10 DM je Arbeitnehmer sind als Barlohn zu qualifizieren, wenn zwischen dem Arbeitgeber und der Zusatzversorgungskasse keine vertraglichen Beziehungen bestehen. Auf Barlohnzahlungen findet § 8 Abs. 2 Satz 9 EStG keine Anwendung.

BFH v. 12. 9. 2001 VI R 154/99 (BStBl. 2002 II S. 22): Zur Frage, ob Zuwendungen des Trägerunternehmens an eine Pensionskasse zur Bildung der gesetzlich vorgeschriebenen Solvabilitätsspanne als Arbeitslohn der aktiven oder ehemaligen Arbeitnehmer zu qualifizieren sind.

BFH v. 30. 5. 2001 VI R 159/99 (BStBl. II S. 815): Der Zuschuss, den der Bund an die Bahnversicherungsanstalt Abteilung B leistet (Bundeszuschuss), ist nicht bei den dort zusatzversicherten Arbeitnehmern des Bundeseisenbahnvermögens anteilig als Arbeitslohn zu erfassen.

Schwebende Verfahren

BFH VI R 57/08 (BFH-Webseite): Sind Eigenanteile von Arbeitnehmern an den Beiträgen zur betrieblichen Altersversorgung gemäß § 3 Nr. 63 EStG steuerfrei, wenn der Gruppenversicherungsvertrag

Rechtsprechung § 40b

zwischen dem Arbeitgeber und der Pensionskasse geschlossen worden ist? Wie ist der Begriff „Beiträge des Arbeitgebers" in § 3 Nr. 63 EStG auszulegen?

BFH VI R 9/08 (EFG 2008 S. 856; Beilage 3/2008 BStBl. II S. 106): Sind Beiträge zu Einzeldirektversicherungen, die aus Gruppenversicherungen beim vorherigen Arbeitgeber resultieren und nach dem Arbeitgeberwechsel als Einzelversicherungen fortgeführt werden, in die Durchschnittsberechnung nach § 40b Abs. 2 Satz 2 EStG einzubeziehen?

§ 41 Aufzeichnungspflichten beim Lohnsteuerabzug

(1) ¹Der Arbeitgeber hat am Ort der Betriebsstätte (Absatz 2) für jeden Arbeitnehmer und jedes Kalenderjahr ein Lohnkonto zu führen. ²In das Lohnkonto sind die für den Lohnsteuerabzug und die Lohnsteuerzerlegung erforderlichen Merkmale aus der Lohnsteuerkarte oder aus einer entsprechenden Bescheinigung zu übernehmen. ³Bei jeder Lohnzahlung für das Kalenderjahr, für das das Lohnkonto gilt, sind im Lohnkonto die Art und Höhe des gezahlten Arbeitslohns einschließlich der steuerfreien Bezüge sowie die einbehaltene oder übernommene Lohnsteuer einzutragen; an die Stelle der Lohnzahlung tritt in den Fällen des § 39b Absatz 5 Satz 1 die Lohnabrechnung. ⁴Ferner sind das Kurzarbeitergeld, das Schlechtwettergeld, das Winterausfallgeld, der Zuschuss zum Mutterschaftsgeld nach dem Mutterschutzgesetz, der Zuschuss bei Beschäftigungsverboten für die Zeit vor oder nach einer Entbindung sowie für den Entbindungstag während einer Elternzeit nach beamtenrechtlichen Vorschriften, die Entschädigungen für Verdienstausfall nach dem Infektionsschutzgesetz vom 20. Juli 2000 (BGBl. I S. 1045) sowie die nach § 3 Nummer 28 steuerfreien Aufstockungsbeträge oder Zuschläge einzutragen. ⁵Ist während der Dauer des Dienstverhältnisses in anderen Fällen als in denen des Satzes 4 der Anspruch auf Arbeitslohn für mindestens fünf aufeinander folgende Arbeitstage im wesentlichen weggefallen, so ist dies jeweils durch Eintragung des Großbuchstabens U zu vermerken. ⁶Hat der Arbeitgeber die Lohnsteuer von einem sonstigen Bezug im ersten Dienstverhältnis berechnet und ist dabei der Arbeitslohn aus früheren Dienstverhältnissen des Kalenderjahres außer Betracht geblieben, so ist dies durch Eintragung des Großbuchstabens S zu vermerken. ⁷Die Bundesregierung wird ermächtigt, durch Rechtsverordnung mit Zustimmung des Bundesrates vorzuschreiben, welche Einzelangaben im Lohnkonto aufzuzeichnen sind. ⁸Dabei können für Arbeitnehmer mit geringem Arbeitslohn und für die Fälle der §§ 40 bis 40b Aufzeichnungserleichterungen sowie für steuerfreie Bezüge Aufzeichnungen außerhalb des Lohnkontos zugelassen werden. ⁹Die Lohnkonten sind bis zum Ablauf des sechsten Kalenderjahres, das auf die zuletzt eingetragene Lohnzahlung folgt, aufzubewahren.

(2) ¹Betriebsstätte ist der Betrieb oder Teil des Betriebs des Arbeitgebers, in dem der für die Durchführung des Lohnsteuerabzugs maßgebende Arbeitslohn ermittelt wird. ²Wird der maßgebende Arbeitslohn nicht in dem Betrieb oder einem Teil des Betriebs des Arbeitgebers oder nicht im Inland ermittelt, so gilt als Betriebsstätte der Mittelpunkt der geschäftlichen Leitung des Arbeitgebers im Inland; im Fall des § 38 Absatz 1 Satz 1 Nummer 2 gilt als Betriebsstätte der Ort im Inland, an dem die Arbeitsleistung ganz oder vorwiegend stattfindet. ³Als Betriebsstätte gilt auch der inländische Heimathafen deutscher Handelsschiffe, wenn die Reederei im Inland keine Niederlassung hat.

LStDV

§ 4 Lohnkonto

(1) Der Arbeitgeber hat im Lohnkonto des Arbeitnehmers Folgendes aufzuzeichnen:

1. *den Vornamen, den Familiennamen, den Geburtstag, den Wohnort, die Wohnung, den amtlichen Gemeindeschlüssel der Gemeinde, die die Lohnsteuerkarte ausgestellt hat, das Finanzamt, in dessen Bezirk die Lohnsteuerkarte oder die entsprechende Bescheinigung ausgestellt worden ist, sowie die auf der Lohnsteuerkarte oder in einer entsprechenden Bescheinigung eingetragenen allgemeinen Besteuerungsmerkmale und in den Fällen des § 41 Abs. 1 Satz 4 des Einkommensteuergesetzes den Großbuchstaben B*[1]*. ²Ändern sich im Laufe des Jahres die auf der Lohnsteuerkarte oder in einer entsprechenden Bescheinigung eingetragenen allgemeinen Besteuerungsmerkmale, so ist auch der Zeitpunkt anzugeben, von dem an die Änderung gilt;*

---

1) § 41 Abs. 1 Satz 4 EStG wurde durch das Gesetz zur verbesserten steuerlichen Berücksichtigung von Vorsorgeaufwendungen (Bürgerentlastungsgesetz Krankenversicherung) vom 16.7.2009 (BGBl. I S. 1959) ab dem Kalenderjahr 2010 aufgehoben. Der Großbuchstabe B ist im Lohnkonto dann nicht mehr aufzuzeichnen.

2. den Jahresfreibetrag oder den Jahreshinzurechnungsbetrag sowie den Monatsbetrag, Wochenbetrag oder Tagesbetrag, der auf der Lohnsteuerkarte oder in einer entsprechenden Bescheinigung eingetragen ist, und den Zeitraum, für den die Eintragung gilt;

3. bei einem Arbeitnehmer, der dem Arbeitgeber eine Bescheinigung nach § 39b Abs. 6 des Einkommensteuergesetzes (Freistellungsbescheinigung) vorgelegt hat, einen Hinweis darauf, dass eine Bescheinigung vorliegt, den Zeitraum, für den die Lohnsteuerbefreiung gilt, das Finanzamt, das die Bescheinigung ausgestellt hat, und den Tag der Ausstellung;

4. in den Fällen des § 19 Abs. 2 des Einkommensteuergesetzes die für die zutreffende Berechnung des Versorgungsfreibetrags und des Zuschlags zum Versorgungsfreibetrag erforderlichen Angaben.

(2) Bei jeder Lohnabrechnung ist im Lohnkonto Folgendes aufzuzeichnen:

1. der Tag der Lohnzahlung und der Lohnzahlungszeitraum;

2. in den Fällen des § 41 Abs. 1 Satz 6 des Einkommensteuergesetzes jeweils der Großbuchstabe U;

3. der Arbeitslohn, getrennt nach Barlohn und Sachbezügen, und die davon einbehaltene Lohnsteuer. ²Dabei sind die Sachbezüge einzeln zu bezeichnen und – unter Angabe des Abgabetags oder bei laufenden Sachbezügen des Abgabezeitraums, des Abgabeorts und des Entgelts – mit dem nach § 8 Abs. 2 oder 3 des Einkommensteuergesetzes maßgebenden und um das Entgelt geminderten Wert zu erfassen. ³Sachbezüge im Sinne des § 8 Abs. 3 des Einkommensteuergesetzes und Versorgungsbezüge sind jeweils als solche kenntlich zu machen und ohne Kürzung um Freibeträge nach § 8 Abs. 3 oder § 19 Abs. 2 des Einkommensteuergesetzes einzutragen. ⁴Trägt der Arbeitgeber im Falle der Nettolohnzahlung die auf den Arbeitslohn entfallende Steuer selbst, ist in jedem Fall der Bruttoarbeitslohn einzutragen, die nach den Nummern 4 bis 8 gesondert aufzuzeichnenden Beträge sind nicht mitzuzählen;

4. steuerfreie Bezüge mit Ausnahme der Vorteile im Sinne des § 3 Nr. 45 des Einkommensteuergesetzes und der Trinkgelder. ²Das Betriebsstättenfinanzamt kann zulassen, dass auch andere nach § 3 des Einkommensteuergesetzes steuerfreie Bezüge nicht angegeben werden, wenn es sich um Fälle von geringer Bedeutung handelt oder wenn die Möglichkeit zur Nachprüfung in anderer Weise sichergestellt ist;

5. Bezüge, die nach einem Abkommen zur Vermeidung der Doppelbesteuerung oder unter Progressionsvorbehalt nach § 34c Abs. 5 des Einkommensteuergesetzes von der Lohnsteuer freigestellt sind;

6. außerordentliche Einkünfte im Sinne des § 34 Abs. 1 und 2 Nr. 2 und 4 des Einkommensteuergesetzes und die davon nach § 39b Abs. 3 Satz 9 des Einkommensteuergesetzes einbehaltene Lohnsteuer;

7. (weggefallen)

8. Bezüge, die nach den §§ 40 bis 40b des Einkommensteuergesetzes pauschal besteuert worden sind, und die darauf entfallende Lohnsteuer. ²Lassen sich in den Fällen des § 40 Abs. 1 Nr. 2 und Abs. 2 des Einkommensteuergesetzes die auf den einzelnen Arbeitnehmer entfallenden Beträge nicht ohne weiteres ermitteln, so sind sie in einem Sammelkonto anzuschreiben. ³Das Sammelkonto muss die folgenden Angaben enthalten: Tag der Zahlung, Zahl der bedachten Arbeitnehmer, Summe der insgesamt gezahlten Bezüge, Höhe der Lohnsteuer sowie Hinweise auf die als Belege zum Sammelkonto aufzubewahrenden Unterlagen, insbesondere Zahlungsnachweise, Bestätigung des Finanzamts über die Zulassung der Lohnsteuerpauschalierung. ⁴In den Fällen des § 40a des Einkommensteuergesetzes genügt es, wenn der Arbeitgeber Aufzeichnungen führt, aus denen sich für die einzelnen Arbeitnehmer Name und Anschrift, Dauer der Beschäftigung, Tag der Zahlung, Höhe des Arbeitslohns und in den Fällen des § 40a Abs. 3 des Einkommensteuergesetzes auch die Art der Beschäftigung ergeben. ⁵Sind in den Fällen der Sätze 3 und 4 Bezüge nicht mit dem ermäßigten Kirchensteuersatz besteuert worden, so ist zusätzlich der fehlende Kirchensteuerabzug aufzuzeichnen und auf die als Beleg aufzubewahrende Unterlage hinzuweisen, aus der hervorgeht, dass der Arbeitnehmer keiner Religionsgemeinschaft angehört, für die Kirchensteuer von den Finanzbehörden erhoben wird.

(3) ¹*Die Oberfinanzdirektion kann bei Arbeitgebern, die für die Lohnabrechnung ein maschinelles Verfahren anwenden, Ausnahmen von den Vorschriften der Absätze 1 und 2 zulassen, wenn die Möglichkeit zur Nachprüfung in anderer Weise sichergestellt ist.* ²*Das Betriebsstättenfinanzamt soll zulassen, dass Sachbezüge im Sinne des § 8 Abs. 2 Satz 9 und Abs. 3 des Einkommensteuergesetzes für solche Arbeitnehmer nicht aufzuzeichnen sind, für die durch betriebliche Regelungen und entsprechende Überwachungsmaßnahmen gewährleistet ist, daß die in § 8 Abs. 2 Satz 9 oder Abs. 3 des Einkommensteuergesetzes genannten Beträge nicht überschritten werden.*

(4) ¹*In den Fällen des § 38 Abs. 3a des Einkommensteuergesetzes ist ein Lohnkonto vom Dritten zu führen.* ²*In den Fällen des § 38 Abs. 3a Satz 2 ist der Arbeitgeber anzugeben und auch der Arbeitslohn einzutragen, der nicht vom Dritten, sondern vom Arbeitgeber selbst gezahlt wird.* ³*In den Fällen des § 38 Abs. 3a Satz 7 ist der Arbeitslohn für jedes Dienstverhältnis gesondert aufzuzeichnen.*

§ 5 Besondere Aufzeichnungs- und Mitteilungspflichten im Rahmen der betrieblichen Altersversorgung

(1) Der Arbeitgeber hat bei Durchführung einer kapitalgedeckten betrieblichen Altersversorgung über einen Pensionsfonds, eine Pensionskasse oder eine Direktversicherung ergänzend zu den in § 4 Abs. 2 Nr. 4 und 8 angeführten Aufzeichnungspflichten gesondert je Versorgungszusage und Arbeitnehmer Folgendes aufzuzeichnen:

1. *bei Inanspruchnahme der Steuerbefreiung nach § 3 Nr. 63 Satz 3 des Einkommensteuergesetzes den Zeitpunkt der Erteilung, den Zeitpunkt der Übertragung nach dem „Abkommen zur Übertragung von Direktversicherungen oder Versicherungen in eine Pensionskasse bei Arbeitgeberwechsel" oder nach vergleichbaren Regelungen zur Übertragung von Versicherungen in Pensionskassen oder Pensionsfonds, bei der Änderung einer vor dem 1. Januar 2005 erteilten Versorgungszusage alle Änderungen der Zusage nach dem 31. Dezember 2004;*

2. *bei Anwendung des § 40b des Einkommensteuergesetz in der am 31. Dezember 2004 geltenden Fassung den Inhalt der am 31. Dezember 2004 bestehenden Versorgungszusagen, sowie im Fall des § 52 Abs. 6 Satz 1 des Einkommensteuergesetzes die erforderliche Verzichtserklärung und bei der Übernahme einer Versorgungszusage nach § 4 Abs. 2 Nr. 1 des Betriebsrentengesetzes vom 19. Dezember 1974 (BGBl. I S. 3610), das zuletzt durch Artikel 2 des Gesetzes vom 29. August 2005 (BGBl. I S. 2546) geändert worden ist, in der jeweils geltenden Fassung einer anderen Übertragung nach dem „Abkommen zur Übertragung von Direktversicherungen oder Versicherungen in eine Pensionskasse bei Arbeitgeberwechsel" oder nach vergleichbaren Regelungen zur Übertragung von Versicherungen in Pensionskassen oder Pensionsfonds im Falle einer vor dem 1. Januar 2005 erteilten Versorgungszusage zusätzlich die Erklärung des ehemaligen Arbeitgebers, dass diese Versorgungszusage vor dem 1. Januar 2005 erteilt und dass diese bis zur Übernahme nicht als Versorgungszusage im Sinne des § 3 Nr. 63 Satz 3 des Einkommensteuergesetzes behandelt wurde.*

(2) ¹*Der Arbeitgeber hat der Versorgungseinrichtung (Pensionsfonds, Pensionskasse, Direktversicherung), die für ihn die betriebliche Altersversorgung durchführt, spätestens zwei Monate nach Ablauf des Kalenderjahres oder nach Beendigung des Dienstverhältnisses im Laufe des Kalenderjahres gesondert je Versorgungszusage die für den einzelnen Arbeitnehmer geleisteten und*

1. *nach § 3 Nr. 56 und 63 des Einkommensteuergesetzes steuerfrei belassenen,*

2. *nach § 40b des Einkommensteuergesetzes in der am 31. Dezember 2004 geltenden Fassung pauschal besteuerten oder*

3. *individuell besteuerten*

Beiträge mitzuteilen. ²*Ferner hat der Arbeitgeber oder die Unterstützungskasse die nach § 3 Nr. 66 des Einkommensteuergesetzes steuerfrei belassenen Leistungen mitzuteilen.* ³*Die Mitteilungspflicht des Arbeitgebers oder der Unterstützungskasse kann durch einen Auftragnehmer wahrgenommen werden.*

(3) ¹*Eine Mitteilung nach Absatz 2 kann unterbleiben, wenn die Versorgungseinrichtung die steuerliche Behandlung der für den einzelnen Arbeitnehmer im Kalenderjahr geleisteten Beiträge bereits kennt oder aus den bei ihr vorhandenen Daten feststellen kann, und dieser Umstand dem Arbeitgeber mitgeteilt worden ist.* ²*Unterbleibt die Mitteilung des Arbeitgebers, ohne dass ihm eine entsprechende Mitteilung*

der Versorgungseinrichtung vorliegt, so hat die Versorgungseinrichtung davon auszugehen, dass es sich insgesamt bis zu den in § 3 Nr. 56 oder 63 des Einkommensteuergesetzes genannten Höchstbeträgen um steuerbegünstigte Beiträge handelt, die in der Auszahlungsphase als Leistungen im Sinne von § 22 Nr. 5 Satz 1 des Einkommensteuergesetzes zu besteuern sind.

LStR

R 41.1 Aufzeichnungserleichterungen, Aufzeichnung der Religionsgemeinschaft

(1) [1]Die nach § 40 Abs. 1 Satz 1 Nr. 1 und § 40b EStG pauschal besteuerten Bezüge und die darauf entfallende pauschale Lohnsteuer sind grundsätzlich in dem für jeden Arbeitnehmer zu führenden Lohnkonto aufzuzeichnen. [2]Soweit die Lohnsteuerpauschalierung nach § 40b EStG auf der Grundlage des Durchschnittsbetrags durchgeführt wird (→ § 40b Abs. 2 Satz 2 EStG), ist dieser aufzuzeichnen.

(2) [1]Die vorgesetzten Behörden können nach § 4 Abs. 3 Satz 1 LStDV Ausnahmen von der Aufzeichnung im Lohnkonto zulassen, wenn die Möglichkeit zur Nachprüfung in anderer Weise sichergestellt ist. [2]Die Möglichkeit zur Nachprüfung ist in den bezeichneten Fällen nur dann gegeben, wenn die Zahlung der Bezüge und die Art ihrer Aufzeichnung im Lohnkonto vermerkt werden.

(3) [1]Das Finanzamt hat Anträgen auf Befreiung von der Aufzeichnungspflicht nach § 4 Abs. 3 Satz 2 LStDV im Allgemeinen zu entsprechen, wenn es im Hinblick auf die betrieblichen Verhältnisse nach der Lebenserfahrung so gut wie ausgeschlossen ist, dass der Rabattfreibetrag (→ § 8 Abs. 3 EStG) oder die Freigrenze nach § 8 Abs. 2 Satz 9 EStG im Einzelfall überschritten wird. [2]Zusätzlicher Überwachungsmaßnahmen durch den Arbeitgeber bedarf es in diesen Fällen nicht.

(4) [1]Der Arbeitgeber hat die auf der Lohnsteuerkarte des Arbeitnehmers oder einer entsprechenden Bescheinigung eingetragene Religionsgemeinschaft im Lohnkonto aufzuzeichnen (§ 4 Abs. 1 Nr. 1 LStDV). [2]Erhebt der Arbeitgeber von pauschal besteuerten Bezügen (§§ **37b**, 40, 40a Abs. 1, 2a und 3, § 40b EStG) keine Kirchensteuer, weil der Arbeitnehmer keiner Religionsgemeinschaft angehört, für die die Kirchensteuer von den Finanzbehörden erhoben wird, hat er die Unterlage hierüber als Beleg zu den nach § 4 Abs. 2 Nr. 8 Satz 3 und 4 LStDV zu führenden Unterlagen zu nehmen (§ 4 Abs. 2 Nr. 8 Satz 5 LStDV). [3]Als Beleg gilt ein Vermerk des Arbeitgebers darüber, dass der Arbeitnehmer seine Nichtzugehörigkeit zu einer kirchensteuererhebenden Religionsgemeinschaft durch Vorlage der Lohnsteuerkarte nachgewiesen hat; der Vermerk muss die ausstellende Gemeindebehörde enthalten. [4]In den Fällen des § 37b EStG und des § 40a Abs. 1, 2a und 3 EStG kann der Arbeitgeber auch eine Erklärung zur Religionszugehörigkeit nach amtlichem Muster als Beleg verwenden. – *Anlage § 040-02* –

R 41.2 Aufzeichnung des Großbuchstaben U

[1]Der Anspruch auf Arbeitslohn ist im Wesentlichen weggefallen, wenn z. B. lediglich vermögenswirksame Leistungen oder Krankengeldzuschüsse gezahlt werden, oder wenn während unbezahlter Fehlzeiten (z. B. **Elternzeit**) eine Beschäftigung mit reduzierter Arbeitszeit aufgenommen wird. [2]Der Großbuchstabe U ist je Unterbrechung einmal im Lohnkonto einzutragen. [3]Wird Kurzarbeitergeld **einschl. Saison-Kurzarbeitergeld**, der Zuschuss zum Mutterschaftsgeld nach dem Mutterschutzgesetz, der Zuschuss nach § 4a der Mutterschutzverordnung[1]) oder einer entsprechenden Landesregelung, die Entschädigung für Verdienstausfall nach dem Infektionsschutzgesetz oder werden Aufstockungsbeträge nach dem Altersteilzeitgesetz gezahlt, ist kein Großbuchstabe U in das Lohnkonto einzutragen.

R 41.3 Betriebsstätte

[1]Die lohnsteuerliche Betriebsstätte ist der im Inland gelegene Betrieb oder Betriebsteil des Arbeitgebers, an dem der Arbeitslohn insgesamt ermittelt wird, d.h. wo die einzelnen Lohnbestandteile oder bei maschineller Lohnabrechnung die Eingabewerte zu dem für die Durchführung des Lohnsteuerabzugs maßgebenden Arbeitslohn zusammengefasst werden. [2]Es kommt nicht darauf an, wo einzelne Lohnbestandteile ermittelt werden, wo die Berechnung der Lohnsteuer vorgenommen wird und die für den Lohnsteuerabzug maßgebenden Unterlagen aufbewahrt werden. [3]Ein selbständiges Dienstleistungsunternehmen, das für einen Arbeitgeber tätig wird, kann nicht als Betriebsstätte dieses Arbeitgebers angesehen werden. [4]Bei einer Arbeitnehmerüberlassung (→ R **42d.2**) kann nach § 41 Abs. 2 Satz 2 EStG eine abweichende lohnsteuerliche Betriebsstätte in Betracht kommen. [5]Erlangt ein Finanzamt von Umständen Kenntnis, die auf eine Zentralisierung oder Verlegung von lohnsteuerlichen Betriebsstätten in seinem Zuständigkeitsbereich hindeuten, hat es vor einer Äußerung gegenüber dem Arbeitgeber die anderen betroffenen Finanzämter unverzüglich hierüber zu unterrichten und sich mit ihnen abzustimmen.

---

1) Ab 14.2.2009 gilt die Verordnung über den Mutterschutz für Beamtinnen des Bundes und die Elternzeit für Beamtinnen und Beamte des Bundes (BGBl. I S. 320).

§ 41 LStH 41.3

Hinweise

LStH 41.3 Zuständige Finanzämter für ausländische Bauunternehmer
Für ausländische Bauunternehmer sind die in der Umsatzsteuerzuständigkeitsverordnung genannten Finanzämter für die Verwaltung der Lohnsteuer zuständig (→ BMF vom 27.12.2002 – BStBl. I S. 1399, Tz. 100).

Ansässigkeitsstaat	Finanzamt	Adresse
Belgien	Trier	Hubert-Neuerburg-Str. 1 54290 Trier
Bulgarien	Neuwied	Augustasstr. 54 56564 Neuwied
Dänemark	Flensburg	Duburger Str. 58-64 24939 Flensburg
Estland	Rostock	Möllner Str. 13 18109 Rostock
Finnland	Bremen-Mitte	Rudolf-Hilferding-Platz 1 28195 Bremen
Frankreich	Offenburg	Zeller Straße 1 – 3 77654 Offenburg
Großbritannien (einschließlich Nordirland)	Hannover-Nord	Vahrenwalder Str. 206 30165 Hannover
Griechenland	Neukölln	Thiemannstraße 1 12059 Berlin
Irland	Hamburg-Nord	Borsteler Chaussee 45 22453 Hamburg
Italien	München	**Finanzamt München Abteilung Körperschaften 80275 München**
Kroatien	Kassel II-Hofgeismar	**Altmarkt 1 34125 Kassel**
Lettland	Bremen-Mitte	Rudolf-Hilferding-Platz 1 28195 Bremen
Liechtenstein	Konstanz	Bahnhofplatz 12 78462 Konstanz
Litauen	Mühlhausen	Martinistr. 22 99974 Mühlhausen
Luxemburg	Saarbrücken	Am Stadtgraben 2-4 66111 Saarbrücken
Mazedonien	Neukölln	Thiemannstraße 1 12059 Berlin
Niederlande	Kleve	Emmericher Str. 182 47533 Kleve
Norwegen	Bremen-Mitte	Rudolf-Hilferding-Platz 1 28195 Bremen
Österreich	München	**Finanzamt München Abteilung Körperschaften 80275 München**
Polen	Oranienburg (Nach- bzw. Firmenname A bis M)	Heinrich-Grüber-Platz 3 16515 Oranienburg
	Cottbus (Nach- bzw. Firmenname N bis Z)	Vom-Stein-Straße 29 03050 Cottbus
Portugal	Kassel II-Hofgeismar	**Altmarkt 1 34125 Kassel**

Ansässigkeitsstaat	Finanzamt	Adresse
Rumänien	Chemnitz-Süd	Paul-Bertz-Straße 1 09120 Chemnitz
Russland	Magdeburg	Tessenowstraße 10 39114 Magdeburg
Schweden	Hamburg-Nord	Borsteler Chaussee 45 22453 Hamburg
Schweiz	Konstanz	Bahnhofplatz 12 78462 Konstanz
Slowakei	Chemnitz-Süd	Paul-Bertz-Straße 1 09120 Chemnitz
Spanien	Kassel II-Hofgeismar	**Altmarkt 1** **34125 Kassel**
Slowenien	Oranienburg	Heinrich-Grüber-Platz 3 16515 Oranienburg
Tschechische Republik	Chemnitz-Süd	Paul-Bertz-Straße 1 09120 Chemnitz
Türkei	Dortmund-Unna	Trakehnerweg 4 44143 Dortmund
Ukraine	Magdeburg	Tessenowstraße 10 39114 Magdeburg
Ungarn	Zentralfinanzamt Nürnberg	Voigtländerstraße 7 90489 Nürnberg
Vereinigte Staaten von Amerika	Bonn-Innenstadt	Welschnonnenstr. 15 53111 Bonn
Weißrussland	Magdeburg	Tessenowstraße 10 39114 Magdeburg
Übriges Ausland	Neukölln	Thiemannstraße 1 12059 Berlin

Zuständige Finanzämter für ausländische Verleiher

Die Zuständigkeit für ausländische Verleiher (ohne Bauunternehmen) ist in den Ländern bei folgenden Finanzämtern zentralisiert:

Land	Finanzamt	Adresse
Baden-Württemberg	Offenburg	Zeller Straße 1-3 77654 Offenburg
Bayern	München	**Finanzamt München** **Abteilung Körperschaften** **80275 München**
	Zentralfinanzamt Nürnberg	Voigtländerstraße 7 90489 Nürnberg
Berlin	Körperschaften III	Volkmarstraße 13 12099 Berlin
Brandenburg	Oranienburg	Heinrich-Grüber-Platz 3 16515 Oranienburg
Bremen	Bremen Mitte	Rudolf-Hilferding-Platz 1 28195 Bremen
Hamburg	Hamburg-Nord	Borsteler Chaussee 45 22453 Hamburg
Hessen	Kassel II-Hofgeismar	**Altmarkt 1** **34125 Kassel**

§ 41

LStH 41.3, ESt-Kartei NW

Land	Finanzamt	Adresse
Mecklenburg-Vorpommern	Pasewalk	Torgelower Straße 32 1709 Pasewalk
Niedersachsen	Bad Bentheim	**Heinrich-Böll-Straße 2** 48455 Bad Bentheim
Nordrhein-Westfalen	Düsseldorf-Altstadt	Kaiserstraße 52 40479 Düsseldorf
Rheinland-Pfalz	Kaiserslautern	Eisenbahnstraße 56 67655 Kaiserslautern
Saarland	Saarbrücken	Am Stadtgraben 2 - 4 66111 Saarbrücken
Sachsen	Chemnitz-Süd	Paul-Bertz-Straße 1 09120 Chemnitz
Sachsen-Anhalt	Magdeburg	Tessenowstraße **10** 39114 Magdeburg
Schleswig-Holstein	Kiel-Nord	Holtenauer Straße 183 24118 Kiel
Thüringen	Mühlhausen	Martinistraße 22 99974 Mühlhausen

ESt-Kartei NW

1. Hinweis ausgesondert
2. Anmeldung und Abführung der Lohnsteuer an ein unzuständiges Finanzamt (Arbeitgeber muss künftig an das zuständige Betriebsstättenfinanzamt anmelden/abführen, dieses ist in der Lohnsteuerbescheinigung für das laufende Kalenderjahr anzugeben; im übrigen ist ein verwaltungsinterner Ausgleich vorzunehmen, soweit dies nicht schon durch die Zerlegung geschieht)

§ 41a

§ 41a Anmeldung und Abführung der Lohnsteuer

(1) ¹Der Arbeitgeber hat spätestens am zehnten Tag nach Ablauf eines jeden Lohnsteuer-Anmeldungszeitraums

1. dem Finanzamt, in dessen Bezirk sich die Betriebsstätte (§ 41 Absatz 2) befindet (Betriebsstättenfinanzamt), eine Steuererklärung einzureichen, in der er die Summen der im Lohnsteuer-Anmeldungszeitraum einzubehaltenden und zu übernehmenden Lohnsteuer angibt (Lohnsteuer-Anmeldung),

2. die im Lohnsteuer-Anmeldungszeitraum insgesamt einbehaltene und übernommene Lohnsteuer an das Betriebsstättenfinanzamt abzuführen.

²Die Lohnsteuer-Anmeldung ist nach amtlich vorgeschriebenem Datensatz durch Datenfernübertragung nach Maßgabe der Steuerdaten-Übermittlungsverordnung zu übermitteln. ³Auf Antrag kann das Finanzamt zur Vermeidung unbilliger Härten auf eine elektronische Übermittlung verzichten; in diesem Fall ist die Lohnsteuer-Anmeldung nach amtlich vorgeschriebenem Vordruck abzugeben und vom Arbeitgeber oder von einer zu seiner Vertretung berechtigten Person zu unterschreiben. ⁴Der Arbeitgeber wird von der Verpflichtung zur Abgabe weiterer Lohnsteuer-Anmeldungen befreit, wenn er Arbeitnehmer, für die er Lohnsteuer einzubehalten oder zu übernehmen hat, nicht mehr beschäftigt und das dem Finanzamt mitteilt.

(2) ¹Lohnsteuer-Anmeldungszeitraum ist grundsätzlich der Kalendermonat. ²Lohnsteuer-Anmeldungszeitraum ist das Kalendervierteljahr, wenn die abzuführende Lohnsteuer für das vorangegangene Kalenderjahr mehr als 1 000 Euro, aber nicht mehr als 4 000 Euro betragen hat; Lohnsteuer-Anmeldungszeitraum ist das Kalenderjahr, wenn die abzuführende Lohnsteuer für das vorangegangene Kalenderjahr nicht mehr als 1 000 Euro betragen hat. ³Hat die Betriebsstätte nicht während des ganzen vorangegangenen Kalenderjahres bestanden, so ist die für das vorangegangene Kalenderjahr abzuführende Lohnsteuer für die Feststellung des Lohnsteuer-Anmeldungszeitraums auf einen Jahresbetrag umzurechnen. ⁴Wenn die Betriebsstätte im vorangegangenen Kalenderjahr noch nicht bestanden hat, ist die auf einen Jahresbetrag umgerechnete, für den ersten vollen Kalendermonat nach der Eröffnung der Betriebsstätte abzuführende Lohnsteuer maßgebend.

(3) ¹Die oberste Finanzbehörde des Landes kann bestimmen, dass die Lohnsteuer nicht dem Betriebsstättenfinanzamt, sondern einer anderen öffentlichen Kasse anzumelden und an diese abzuführen ist; die Kasse erhält insoweit die Stellung einer Landesfinanzbehörde. ²Das Betriebsstättenfinanzamt oder die zuständige andere öffentliche Kasse kann anordnen, dass die Lohnsteuer abweichend von dem nach Absatz 1 maßgebenden Zeitpunkt anzumelden und abzuführen ist, wenn die Abführung der Lohnsteuer nicht gesichert erscheint.

(4) ¹Arbeitgeber, die eigene oder gecharterte Handelsschiffe betreiben, dürfen vom Gesamtbetrag der anzumeldenden und abzuführenden Lohnsteuer einen Betrag von 40 Prozent der Lohnsteuer der auf solchen Schiffen in einem zusammenhängenden Arbeitsverhältnis von mehr als 183 Tagen beschäftigten Besatzungsmitglieder abziehen und einbehalten. ²Die Handelsschiffe müssen in einem inländischen Seeschiffsregister eingetragen sein, die deutsche Flagge führen und zur Beförderung von Personen oder Gütern im Verkehr mit oder zwischen ausländischen Häfen, innerhalb eines ausländischen Hafens oder zwischen einem ausländischen Hafen und der Hohen See betrieben werden. ³Die Sätze 1 und 2 sind entsprechend anzuwenden, wenn Seeschiffe im Wirtschaftsjahr überwiegend außerhalb der deutschen Hoheitsgewässer zum Schleppen, Bergen oder zur Aufsuchung von Bodenschätzen oder zur Vermessung von Energielagerstätten unter dem Meeresboden eingesetzt werden. ⁴Ist für den Lohnsteuerabzug die Lohnsteuer nach der Steuerklasse V oder VI zu ermitteln, so bemisst sich der Betrag nach Satz 1 nach der Lohnsteuer der Steuerklasse I.[1)]

---

1) Die 40%ige Nichtabführung der von Seeleuten zu entrichtenden Lohnsteuer durch die Reedereien (Arbeitgeber) ist gemäß Entscheidung der Europäischen Kommission mit dem EG-Vertrag vereinbar (Bekanntmachung vom 21.12.1998 BStBl. 1999 I S. 828).

§ 41a

RL 41a.1

LStR

R 41a.1 Lohnsteuer-Anmeldung[1)] — *Vordruckmuster Anlage § 041a-01* —

(1) ¹Der Arbeitgeber ist von der Verpflichtung befreit, eine weitere Lohnsteuer-Anmeldung abzugeben, wenn er dem Betriebsstättenfinanzamt mitteilt, dass er im Lohnsteuer-Anmeldungszeitraum keine Lohnsteuer einzubehalten oder zu übernehmen hat, weil der Arbeitslohn nicht steuerbelastet ist. ²Dies gilt auch, wenn der Arbeitgeber nur Arbeitnehmer beschäftigt, für die er lediglich die Pauschsteuer nach § 40a Abs. 2 EStG an die **Deutsche Rentenversicherung Knappschaft-Bahn-See** entrichtet.

(2) ¹Für jede Betriebsstätte (→ § 41 Abs. 2 EStG) und für jeden Lohnsteuer-Anmeldungszeitraum ist eine einheitliche Lohnsteuer-Anmeldung einzureichen. ²Die Abgabe mehrerer Lohnsteuer-Anmeldungen für dieselbe Betriebsstätte und denselben Lohnsteuer-Anmeldungszeitraum, etwa getrennt nach den verschiedenen Bereichen der Lohnabrechnung, z. B. gewerbliche Arbeitnehmer, Gehaltsempfänger, Pauschalierungen nach §§ 40 bis 40b EStG, ist nicht zulässig.

(3) Der für den Lohnsteuer-Anmeldungszeitraum maßgebende Betrag der abzuführenden Lohnsteuer (→ § 41a Abs. 2 EStG) ist die Summe der einbehaltenen und übernommenen Lohnsteuer ohne Kürzung um das ihr entnommene Kindergeld (→ § 72 Abs. 7 EStG).

(4) ¹Das Betriebsstättenfinanzamt hat den rechtzeitigen Eingang der Lohnsteuer-Anmeldung zu überwachen. ²Es kann bei nicht rechtzeitigem Eingang der Lohnsteuer-Anmeldung einen Verspätungszuschlag nach § 152 AO festsetzen oder erforderlichenfalls die Abgabe der Lohnsteuer-Anmeldung mit Zwangsmitteln nach §§ 328 bis 335 AO durchsetzen. ³Das Finanzamt kann bei Nichtabgabe der Lohnsteuer-Anmeldung die Lohnsteuer im Schätzungswege ermitteln und den Arbeitgeber durch Steuerbescheid in Anspruch nehmen (→ §§ 162, 167 Abs. 1 AO). ⁴Pauschale Lohnsteuer kann im Schätzungswege ermittelt und in einem Steuerbescheid festgesetzt werden, wenn der Arbeitgeber mit dem Pauschalierungsverfahren einverstanden ist.

(5) ¹Bemessungsgrundlage für den Steuereinbehalt nach § 41a Abs. 4 EStG ist die Lohnsteuer, die auf den für die Tätigkeit an Bord von Schiffen gezahlten Arbeitslohn entfällt, wenn der betreffende Arbeitnehmer mehr als 183 Tage bei dem betreffenden Reeder beschäftigt ist. ²Der Lohnsteuereinbehalt durch den Reeder nach § 41a Abs. 4 EStG gilt für den Kapitän und alle Besatzungsmitglieder – einschließlich des Servicepersonals –, die über ein Seefahrtsbuch verfügen und deren Arbeitgeber er ist. ³Der Lohnsteuereinbehalt kann durch Korrespondent- oder Vertragsreeder nur vorgenommen werden, wenn diese mit der Bereederung des Schiffes in ihrer Eigenschaft als Mitgesellschafter an der Eigentümergesellschaft beauftragt sind. ⁴Bei Vertragsreedern ist dies regelmäßig nicht der Fall. ⁵Bei Korrespondentreedern ist der Lohnsteuereinbehalt nur für die Heuern der Seeleute zulässig, die auf den Schiffen tätig sind, bei denen die Korrespondentreeder auch Miteigentümer ist.

Hinweise

LStH 41a.1 *Änderung der Lohnsteuer-Anmeldung durch das Finanzamt*

Eine Erhöhung der Lohnsteuer-Entrichtungsschuld ist unter den Voraussetzungen des § 164 Abs. 2 Satz 1 AO auch nach Übermittlung oder Ausschreibung der Lohnsteuerbescheinigung zulässig (→ BFH vom 30.10.2008 – BStBl. 2009 II S. 354).

Anfechtung der Lohnsteuer-Anmeldung durch den Arbeitnehmer

Ein Arbeitnehmer kann die Lohnsteuer-Anmeldung des Arbeitgebers aus eigenem Recht anfechten, soweit sie ihn betrifft (→ BFH vom 20.7.2005 – BStBl. II S. 890).

Elektronische Abgabe der Lohnsteuer-Anmeldung

Für nach dem 31.12.2004 endende Anmeldungszeiträume hat der Arbeitgeber die Lohnsteuer-Anmeldung nach Maßgabe der Steuerdaten-Übermittlungsverordnung (StDÜV) elektronisch zu übermitteln (§ 41a Abs. 1 EStG). Zur Vermeidung unbilliger Härten kann das Betriebsstättenfinanzamt auf Antrag die Abgabe in herkömmlicher Form – auf Papier oder per Fax – weiterhin zulassen. Ein Härtefall kann insbesondere dann vorliegen, wenn dem Arbeitgeber nicht zumutbar ist, die technischen Voraussetzungen für die elektronische Übermittlung einzurichten (→ BMF vom 29.11.2004 – BStBl. I S. 1135). — *Anlage § 041a-05* —

→ *Steuerdaten-Übermittlungsverordnung (StDÜV)* — *Anhang 35* —

→ *BMF vom 15.1.2007 (BStBl. I S. 95)* — *Anhang 35a* —

---

1) Hinweis: Die Abgabe-Schonfrist für die Lohnsteuer-Anmeldung von bis zu 5 Tagen ist ab 2004 weggefallen (BMF-Schreiben v. 1.4.2003 BStBl. I S. 239). Die Zahlungs-Schonfrist (§ 240 Abs. 3 AO) wurde ab 2004 von 5 auf 3 Tage verkürzt (Artikel 8 StÄndG 2003 vom 15.12.2003 BGBl. I S. 2645, BStBl. I S. 710).

§ 41a

Schätzungsbescheid

Wenn ein Arbeitgeber die Lohnsteuer trotz gesetzlicher Verpflichtung nicht anmeldet und abführt, kann das Finanzamt sie durch Schätzungsbescheid festsetzen. Die Möglichkeit, einen Haftungsbescheid zu erlassen, steht dem nicht entgegen (→ BFH vom 7.7.2004 – BStBl. II S. 1087).

LStR

R 41a.2 Abführung der Lohnsteuer

¹Der Arbeitgeber hat die Lohnsteuer in einem Betrag an die Kasse des Betriebsstättenfinanzamts (→ § 41 Abs. 2 EStG) oder an eine von der obersten Finanzbehörde des Landes bestimmte öffentliche Kasse (→ § 41a Abs. 3 EStG) abzuführen. ²Der Arbeitgeber muss auf dem Zahlungsabschnitt angeben oder durch sein Kreditinstitut angeben lassen: die Steuernummer, die Bezeichnung der Steuer und den Lohnsteuer-Anmeldungszeitraum. ³Eine Stundung der einzubehaltenden oder einbehaltenen Lohnsteuer ist nicht möglich (→ § 222 Satz 3 und 4 AO).

Rechtsprechungsauswahl

BFH v. 21. 10. 2009 I R 70/08 (BFH-Webseite): Lohnsteuererstattungsanspruch bei abkommenswidriger Lohnsteuereinbehaltung

1. Ein Arbeitnehmer kann die Lohnsteuer-Anmeldung des Arbeitgebers – soweit sie ihn betrifft – aus eigenem Recht anfechten. Nach dem Eintritt der formellen Bestandskraft der Lohnsteuer-Anmeldung kann der Arbeitnehmer eine Änderung der Anmeldung (§ 164 Abs. 2 AO) begehren.
2. Wird eine Zahlung des Arbeitgebers zu Unrecht dem Lohnsteuerabzug unterworfen, weil die Besteuerung der Zahlung abkommensrechtlich dem Wohnsitzstaat des Arbeitnehmers zugewiesen ist, hat der Arbeitnehmer einen Erstattungsanspruch in analoger Anwendung des § 50d Abs. 1 Satz 2 EStG 2002, der gegen das Betriebsstätten-Finanzamt des Arbeitgebers zu richten ist (Bestätigung der ständigen Rechtsprechung).
3. Eine Erfindervergütung für eine sog. Diensterfindung (§ 9 ArbnErfG) ist grundsätzlich steuerpflichtiger Arbeitslohn (§ 19 EStG 2002) und unterfällt der beschränkten Steuerpflicht gemäß § 49 Abs. 1 Nr. 4 Buchst. a EStG 2002. Dies gilt auch dann, wenn das Arbeitsverhältnis im Augenblick der Zahlung nicht mehr besteht.
4. Da eine Vergütung gemäß § 9 ArbnErfG regelmäßig nicht als konkrete Gegenleistung für eine Arbeitsleistung anzusehen ist, handelt es sich nicht um ein zusätzliches Entgelt „für" eine (frühere) Tätigkeit i.S. des Art. 15 Abs. 1 OECD-MustAbk, so dass eine Besteuerung nur im Ansässigkeitsstaat des (früheren) Arbeitnehmers erfolgt.

BFH v. 11. 11. 2008 VII R 19/08 (BStBl. 2009 II S. 342):

1. Die erforderliche Kausalität zwischen der Pflichtverletzung und dem mit der Haftung geltend gemachten Schaden richtet sich wegen des Schadensersatzcharakters der Haftung nach § 69 AO wie bei zivilrechtlichen Schadensersatzansprüchen nach der Adäquanztheorie.
2. Die erfolgreiche Insolvenzanfechtung einer erst nach Fälligkeit abgeführten Lohnsteuer unterbricht den Kausalverlauf zwischen Pflichtverletzung und Schadenseintritt jedenfalls dann nicht, wenn der Fälligkeitszeitpunkt vor dem Beginn der Anfechtungsfrist lag.
3. Die Pflicht zur Begleichung der Steuerschuld der GmbH im Zeitpunkt ihrer Fälligkeit ist dem Geschäftsführer nach § 34 Abs. 1 AO, § 41a EStG nicht allein zur Vermeidung eines durch eine verspätete Zahlung eintretenden Zinsausfalls auferlegt, sondern soll auch die Erfüllung der Steuerschuld nach den rechtlichen und wirtschaftlichen Gegebenheiten zum Zeitpunkt ihrer Fälligkeit sicherstellen.
4. Der Zurechnungszusammenhang zwischen einer pflichtwidrig verspäteten Lohnsteuerzahlung und dem eingetretenen Schaden (Steuerausfall) ergibt sich daraus, dass dieser Schaden vom Schutzzweck der verletzten Pflicht zur fristgemäßen Lohnsteuerabführung erfasst wird.

BFH v. 30. 10. 2008 VI R 10/05 (BStBl. 2009 II S. 354): Eine Änderung der Festsetzung der Lohnsteuer-Entrichtungsschuld (§§ 155, 167 Abs. 1 Satz 1 AO i.V.m. § 41a Abs. 1 Satz 1 Nr. 1 EStG) ist unter den Voraussetzungen des § 164 Abs. 2 Satz 1 AO auch nach Übermittlung oder Ausschreibung der Lohnsteuerbescheinigung (§ 41c Abs. 3 EStG) zulässig.

§ 41a

Rechtsprechung

BFH v. 23. 9. 2008 VII R 27/07 (BStBl. 2009 II S. 129):
1. Allein der Antrag auf Eröffnung des Insolvenzverfahrens befreit den GmbH-Geschäftsführer nicht von der Haftung wegen Nichtabführung der einbehaltenen Lohnsteuer.
2. Sind im Zeitpunkt der Lohnsteuer-Fälligkeit noch liquide Mittel zur Zahlung der Lohnsteuer vorhanden, besteht die Verpflichtung des Geschäftsführers zu deren Abführung so lange, bis ihm durch Bestellung eines (starken) Insolvenzverwalters oder Eröffnung des Insolvenzverfahrens die Verfügungsbefugnis entzogen wird.
3. Die Haftung ist auch nicht ausgeschlossen, wenn die Nichtzahlung der fälligen Steuern in die dreiwöchige Schonfrist fällt, die dem Geschäftsführer zur Massesicherung ab Feststellung der Zahlungsunfähigkeit gemäß § 64 Abs. 1 Satz 1 GmbHG eingeräumt ist (Fortentwicklung der Senatsrechtsprechung im Hinblick auf die geänderte Rechtsprechung des BGH im Urteil vom 14. Mai 2007 II ZR 48/06, DStR 2007, 1174, HFR 2007, 1242).

BFH v. 6. 3. 2008 VI R 5/05 (BStBl. II S. 597):
1. Die Festsetzungsfrist für einen Lohnsteuer-Haftungsbescheid endet nicht vor Ablauf der Festsetzungsfrist für die Lohnsteuer (§ 191 Abs. 3 Satz 4 1. Halbsatz AO).
2. Der Beginn der Festsetzungsfrist für die Lohnsteuer richtet sich nach § 170 Abs. 2 Satz 1 Nr. 1 AO.
3. Für den Beginn der die Lohnsteuer betreffenden Festsetzungsfrist ist die Lohnsteuer-Anmeldung (Steueranmeldung) und nicht die Einkommensteuererklärung der betroffenen Arbeitnehmer maßgebend.

BFH v. 7. 2. 2008 VI R 83/04 (BStBl. 2009 II S. 703):
1. Ist im Anschluss an eine Lohnsteueraußenprüfung der Vorbehalt der Nachprüfung für die den Prüfungszeitraum betreffenden Lohnsteueranmeldungen aufgehoben, darf gegenüber dem Arbeitgeber ein neuer Haftungsbescheid nur unter den Voraussetzungen des § 173 Abs. 2 AO ergehen (Bestätigung der Rechtsprechung).
2. Der Beginn der Festsetzungsfrist für die Lohnsteuer richtet sich nach § 170 Abs. 2 Satz 1 Nr. 1 AO.

BFH v. 5. 6. 2007 VII R 65/05 (BStBl. 2008 II S. 273):
1. Werden fällig gewordene Steuerbeträge pflichtwidrig nicht an das FA abgeführt, kann die Kausalität dieser Pflichtverletzung für einen dadurch beim Fiskus entstandenen Vermögensschaden nicht durch nachträglich eingetretene Umstände oder durch die Annahme eines hypothetischen Kausalverlaufs beseitigt werden.
2. Die Frage, ob ein hypothetischer Kausalverlauf bei der haftungsrechtlichen Inanspruchnahme Berücksichtigung finden kann, ist im Rahmen der Schadenszurechnung unter Berücksichtigung des Schutzzwecks von § 69 AO zu beantworten.
3. Die Funktion und der Schutzzweck des in § 69 AO normierten Haftungstatbestandes schließen die Berücksichtigung hypothetischer Kausalverläufe aus. Deshalb entfällt die Haftung eines GmbH-Geschäftsführers nicht dadurch, dass der Steuerausfall unter Annahme einer hypothetischen, auf § 130 Abs. 1 InsO gestützten Anfechtung gedachter Steuerzahlungen durch den Insolvenzverwalter ebenfalls entstanden wäre.

BFH v. 27. 2. 2007 VII R 67/05 (BStBl. 2009 II S. 348):
1. Die steuerrechtlich und die insolvenzrechtlich unterschiedliche Bewertung der Lohnsteuer-Abführungspflicht des Arbeitgebers in insolvenzreifer Zeit kann zu einer Pflichtenkollision führen. Eine solche steht der Haftung des Geschäftsführers wegen Nichtabführung der Lohnsteuer aber jedenfalls dann nicht entgegen, wenn der Insolvenzverwalter die Beträge im gedachten Falle der pflichtgemäßen Zahlung der Lohnsteuer vom FA deshalb nicht herausverlangen kann, weil die Anfechtungsvoraussetzungen nach §§ 129 ff. InsO nicht vorliegen.
2. Die gesellschaftsrechtliche Pflicht des Geschäftsführers zur Sicherung der Masse i.S. des § 64 Abs. 2 GmbHG kann die Verpflichtung zur Vollabführung der Lohnsteuer allenfalls in den drei Wochen suspendieren, die dem Geschäftsführer ab Kenntnis der Überschuldung bzw. Zahlungsunfähigkeit der GmbH nach § 64 Abs. 1 GmbHG eingeräumt sind, um die Sanierungsfähigkeit der GmbH zu prüfen und Sanierungsversuche durchzuführen. Nur in diesem Zeitraum kann das die Haftung nach § 69 AO begründende Verschulden ausgeschlossen sein.

BFH v. 22. 11. 2005 VII R 21/05 (BStBl. 2006 II S. 397): Auch bei Zahlungen, die ein Gesellschafter-Geschäftsführer auf die von der GmbH geschuldeten Löhne aus seinem eigenen Vermögen ohne unmittelbare Berührung der Vermögenssphäre der Gesellschaft und ohne dieser gegenüber dazu verpflichtet zu sein selbst erbringt, hat er dafür zu sorgen, dass die Lohnsteuer einbehalten und an das FA abgeführt wird.

BFH v. 11. 8. 2005 VII B 244/04 (BStBl. 2006 II S. 201): Es bestehen ernstliche Zweifel, ob die Abführung von Lohnsteuern in den letzten drei Monaten vor dem Antrag auf Eröffnung des Insolvenzverfahrens eine nach § 130 Abs. 1 Nr. 1 InsO anfechtbare Rechtshandlung darstellt, oder ob ein sog. Bargeschäft nach § 142 InsO vorliegt, das nur unter den Voraussetzungen des § 133 Abs. 1 InsO angefochten werden kann.

BFH v. 20. 7. 2005 VI R 165/01 (BStBl. II S. 890): Ein Arbeitnehmer kann die Lohnsteuer-Anmeldung des Arbeitgebers aus eigenem Recht anfechten, soweit sie ihn betrifft (Anschluss an das Urteil des BFH vom 12. Oktober 1995 I R 39/95, BFHE 179, 91, BStBl. II 1996, 87).

BFH v. 24. 8. 2004 VII R 50/03 (BStBl. 2005 II S. 127): Eine unzutreffende, jedoch bestandskräftig gewordene Lohnsteueranmeldung muss sich der als Haftungsschuldner in Anspruch genommene Geschäftsführer einer GmbH dann nicht nach § 166 AO 1977 entgegenhalten lassen, wenn er nicht während der gesamten Dauer der Rechtsbehelfsfrist Vertretungsmacht und damit das Recht gehabt hat, namens der GmbH zu handeln.

BFH v. 7. 7. 2004 VI R 171/00 (BStBl. II S. 1087): Wenn ein Arbeitgeber die Lohnsteuer trotz gesetzlicher Verpflichtung nicht anmeldet und abführt, kann das Finanzamt sie durch Schätzungsbescheid festsetzen. Die Möglichkeit, einen Haftungsbescheid zu erlassen, steht nicht entgegen.

BFH v. 4. 7. 2002 V R 31/01 (BStBl. 2003 II S. 45):
1. Eine dem Finanzamt per Telefax übermittelte Umsatzsteuer-Voranmeldung auf einem amtlich vorgeschriebenen Vordruck ist wirksam.*)
2. Die Verwaltungspraxis, nach der von der Festsetzung eines Verspätungszuschlages bei einer bis zu fünf Tage verspäteten Umsatzsteuer-Voranmeldung abzusehen ist, wenn der Steuerpflichtige die angemeldete Steuer gleichzeitig mit der Abgabe der Steueranmeldung entrichtet (sog. Abgabe-Schonfrist), ist gerichtlich nicht zu beanstanden.

*) Hinweis auf BMF-Schreiben v. 20. 1. 2003 (BStBl. I S. 74):
„Unter Bezugnahme auf das Ergebnis der Erörterung mit den obersten Finanzbehörden der Länder sind die Grundsätze dieses Urteils zur Telefax-Übermittlung auf sämtliche Steuererklärungen anzuwenden, für die das Gesetz keine eigenhändige Unterschrift des Steuerpflichtigen vorschreibt. Somit können beispielsweise Lohnsteuer-Anmeldungen und Kapitalertragsteuer-Anmeldungen per Telefax wirksam übermittelt werden, nicht jedoch beispielsweise Einkommensteuererklärungen und Umsatzsteuererklärungen für das Kalenderjahr oder für den kürzeren Besteuerungszeitraum."

§ 41b

§ 41b Abschluss des Lohnsteuerabzugs

(1) ¹Bei Beendigung eines Dienstverhältnisses oder am Ende des Kalenderjahres hat der Arbeitgeber das Lohnkonto des Arbeitnehmers abzuschließen. ²Auf Grund der Eintragungen im Lohnkonto hat der Arbeitgeber spätestens bis zum 28. Februar des Folgejahres nach amtlich vorgeschriebenem Datensatz auf elektronischem Weg nach Maßgabe der Steuerdaten-Übermittlungsverordnung vom 28. Januar 2003 (BGBl. I S. 139), zuletzt geändert durch Artikel 1 der Verordnung vom 26. Juni 2007 (BGBl. I S. 1185), in der jeweils geltenden Fassung,¹⁾ insbesondere folgende Angaben zu übermitteln (elektronische Lohnsteuerbescheinigung):

1. Name, Vorname, Geburtsdatum und Anschrift des Arbeitnehmers, die auf der Lohnsteuerkarte oder der entsprechenden Bescheinigung eingetragenen Besteuerungsmerkmale, den amtlichen Schlüssel der Gemeinde, die die Lohnsteuerkarte ausgestellt hat, die Bezeichnung und die Nummer des Finanzamts, an das die Lohnsteuer abgeführt worden ist sowie die Steuernummer des Arbeitgebers,
2. die Dauer des Dienstverhältnisses während des Kalenderjahres sowie die Anzahl der nach § 41 Absatz 1 Satz 6 vermerkten Großbuchstaben U,
3. die Art und Höhe des gezahlten Arbeitslohns sowie den nach § 41 Absatz 1 Satz 7 vermerkten Großbuchstaben S,
4. die einbehaltene Lohnsteuer, den Solidaritätszuschlag und die Kirchensteuer,
5. das Kurzarbeitergeld, das Schlechtwettergeld, das Winterausfallgeld, den Zuschuss zum Mutterschaftsgeld nach dem Mutterschutzgesetz, die Entschädigungen für Verdienstausfall nach dem Infektionsschutzgesetz vom 20. Juli 2000 (BGBl. I S. 1045), zuletzt geändert durch Artikel 11 § 3 des Gesetzes vom 6. August 2002 (BGBl. I S. 3082), in der jeweils geltenden Fassung, sowie die nach § 3 Nummer 28 steuerfreien Aufstockungsbeträge oder Zuschläge,
6. die auf die Entfernungspauschale anzurechnenden steuerfreien Arbeitgeberleistungen für Fahrten zwischen Wohnung und Arbeitsstätte,
7. die pauschal besteuerten Arbeitgeberleistungen für Fahrten zwischen Wohnung und Arbeitsstätte,
8. (weggefallen)
9. für die steuerfreie Sammelbeförderung nach § 3 Nummer 32 den Großbuchstaben F,
10. die nach § 3 Nummer 13 und 16 steuerfrei gezahlten Verpflegungszuschüsse und Vergütungen bei doppelter Haushaltsführung,
11. Beiträge zu den gesetzlichen Rentenversicherungen und an berufsständische Versorgungseinrichtungen, getrennt nach Arbeitgeber- und Arbeitnehmeranteil,
12. die nach § 3 Nummer 62 gezahlten Zuschüsse zur Kranken- und Pflegeversicherung,
13. die Beiträge des Arbeitnehmers zur gesetzlichen Krankenversicherung und zur sozialen Pflegeversicherung,
14. die Beiträge des Arbeitnehmers zur Arbeitslosenversicherung,
15. den nach § 39b Absatz 2 Satz 5 Nummer 3 Buchstabe d berücksichtigten Teilbetrag der Vorsorgepauschale.

³Der Arbeitgeber hat dem Arbeitnehmer einen nach amtlich vorgeschriebenem Muster gefertigten Ausdruck der elektronischen Lohnsteuerbescheinigung mit Angabe des lohnsteuerlichen Ordnungsmerkmals (Absatz 2) auszuhändigen oder elektronisch bereitzustellen. ⁴Wenn das Dienstverhältnis vor Ablauf des Kalenderjahres beendet wird, hat der Arbeitgeber dem Arbeitnehmer die Lohnsteuerkarte auszuhändigen. ⁵Nach Ablauf des Kalenderjahres darf der Arbeitgeber die Lohnsteuerkarte nur aushändigen, wenn sie eine Lohnsteuerbescheinigung enthält und der Arbeitnehmer zur Einkommensteuer veranlagt wird. ⁶Dem Arbeitnehmer nicht ausgehändigte Lohnsteuerkarten ohne Lohnsteuerbe-

---
1) Neufassung dieses Satzteils von § 41b Absatz 1 Satz 2 ist ab 2009 anzuwenden (§ 52 Absatz 52c EStG).

scheinigungen kann der Arbeitgeber vernichten; nicht ausgehändigte Lohnsteuerkarten mit Lohnsteuerbescheinigungen hat er dem Betriebsstättenfinanzamt einzureichen.

(2) ¹Für die Datenübermittlung nach Absatz 1 Satz 2 hat der Arbeitgeber aus dem Namen, Vornamen und Geburtsdatum des Arbeitnehmers ein Ordnungsmerkmal nach amtlich festgelegter Regel für den Arbeitnehmer zu bilden und zu verwenden. ²Das lohnsteuerliche Ordnungsmerkmal darf nur erhoben, gebildet, verarbeitet oder genutzt werden für die Zuordnung der elektronischen Lohnsteuerbescheinigung oder sonstiger für das Besteuerungsverfahren erforderlicher Daten zu einem bestimmten Steuerpflichtigen und für Zwecke des Besteuerungsverfahrens. ³Nach Vergabe der Identifikationsnummer (§ 139b der Abgabenordnung) hat der Arbeitgeber für die Datenübermittlung anstelle des lohnsteuerlichen Ordnungsmerkmals die Identifikationsnummer des Arbeitnehmers zu verwenden. ⁴Das Bundesministerium der Finanzen teilt den Zeitpunkt der erstmaligen Verwendung durch ein im Bundessteuerblatt zu veröffentlichendes Schreiben mit. ⁵Der nach Maßgabe der Steuerdaten-Übermittlungsverordnung authentifizierte Arbeitgeber kann die Identifikationsnummer des Arbeitnehmers für die Übermittlung der Lohnsteuerbescheinigung 2010 beim Bundeszentralamt für Steuern erheben. ⁶Das Bundeszentralamt für Steuern teilt dem Arbeitgeber die Identifikationsnummer des Arbeitnehmers mit, sofern die übermittelten Daten mit den nach § 139b Absatz 3 der Abgabenordnung beim Bundeszentralamt für Steuern gespeicherten Daten übereinstimmen. ⁷Die Anfrage des Arbeitgebers und die Antwort des Bundeszentralamtes für Steuern sind über die zentrale Stelle (§ 81) zu übermitteln. ⁸§ 22a Absatz 2 Satz 5 bis 8 ist entsprechend anzuwenden.

(3) ¹Ein Arbeitgeber ohne maschinelle Lohnabrechnung, der ausschließlich Arbeitnehmer im Rahmen einer geringfügigen Beschäftigung in seinem Privathaushalt im Sinne des § 8a des Vierten Buches Sozialgesetzbuch beschäftigt und keine elektronische Lohnsteuerbescheinigung erteilt, hat an Stelle der elektronischen Lohnsteuerbescheinigung eine entsprechende Lohnsteuerbescheinigung auf der Lohnsteuerkarte des Arbeitnehmers zu erteilen. ²Liegt dem Arbeitgeber eine Lohnsteuerkarte des Arbeitnehmers nicht vor, hat er die Lohnsteuerbescheinigung nach amtlich vorgeschriebenem Muster zu erteilen. ³Der Arbeitgeber hat dem Arbeitnehmer die Lohnsteuerbescheinigung auszuhändigen, wenn das Dienstverhältnis vor Ablauf des Kalenderjahres beendet wird oder der Arbeitnehmer zur Einkommensteuer veranlagt wird. ⁴In den übrigen Fällen hat der Arbeitgeber die Lohnsteuerbescheinigung dem Betriebsstättenfinanzamt einzureichen.

(4) Die Absätze 1 bis 3 gelten nicht für Arbeitnehmer, soweit sie Arbeitslohn bezogen haben, der nach den §§ 40 bis 40b pauschal besteuert worden ist.

LStR

R 41b. Abschluss des Lohnsteuerabzugs

Lohnsteuerbescheinigungen

(1) Die Lohnsteuerbescheinigung richtet sich nach § 41b EStG und der im Bundessteuerblatt Teil I bekannt gemachten Datensatzbeschreibung für die elektronische Übermittlung sowie dem entsprechenden Vordruckmuster.

Verbleib der Lohnsteuerkarten

(2) ¹Nach Ablauf des Kalenderjahres hat der Arbeitgeber nicht ausgehändigte Lohnsteuerkarten ohne Lohnsteuerbescheinigungen so zu vernichten, dass eine weitere Verwendung ausgeschlossen ist. ²Für den Fall, dass solche Lohnsteuerkarten nicht vernichtet wurden, sind sie aufzubewahren (→ § 147 AO). ³Ein Nachweis der Vernichtung der Lohnsteuerkarten ist nicht zu führen. ⁴Nicht ausgehändigte Lohnsteuerkarten mit Lohnsteuerbescheinigungen sind dem Betriebsstättenfinanzamt einzureichen.

(3) Arbeitnehmer, die am Schluss des Kalenderjahres im Besitz ihrer Lohnsteuerkarte sind, z. B. weil sie zu diesem Zeitpunkt nicht in einem Dienstverhältnis gestanden haben, haben die Lohnsteuerkarte spätestens bis zum Ablauf des Folgejahres dem Finanzamt einzusenden, in dessen Bezirk die Gemeinde liegt, die die Lohnsteuerkarte ausgestellt hat; das gilt nicht, wenn die Lohnsteuerkarte einer Einkommensteuererklärung beizufügen ist.

§ 41b

LStH 41b, ESt-Kartei NW

Lohnsteuerbescheinigungen von öffentlichen Kassen

(4) ¹Wird ein Arbeitnehmer, der den Arbeitslohn im Voraus für einen Lohnzahlungszeitraum erhalten hat, während dieser Zeit einer anderen Dienststelle zugewiesen und geht die Zahlung des Arbeitslohns auf die Kasse dieser Dienststelle über, hat die früher zuständige Kasse in der Lohnsteuerbescheinigung (→ Absatz 1) den vollen von ihr gezahlten Arbeitslohn und die davon einbehaltene Lohnsteuer auch dann aufzunehmen, wenn ihr ein Teil des Arbeitslohns von der nunmehr zuständigen Kasse erstattet wird; der Arbeitslohn darf nicht um die Freibeträge für Versorgungsbezüge (→ § 19 Abs. 2 EStG) und den Altersentlastungsbetrag (→ § 24a EStG) gekürzt werden. ²Die nunmehr zuständige Kasse hat den der früher zuständigen Kasse erstatteten Teil des Arbeitslohns nicht in die Lohnsteuerbescheinigung aufzunehmen.

Hinweise

LStH 41b **Ausdruck der elektronischen Lohnsteuerbescheinigung 2010 und Besondere Lohnsteuerbescheinigung 2010 einschließlich Ausstellungsschreiben**
→ *BMF 26.8.2009 (BStBl. I S. 902)* – Anlage § 041b-01 –

Berichtigung der Lohnsteuerbescheinigung

Der Arbeitnehmer kann nach Übermittlung oder Ausschreibung der Lohnsteuerbescheinigung deren Berichtigung nicht mehr verlangen (→ BFH vom 13.12.2007 – BStBl. 2008 II S. 434).

Bescheinigung zu Unrecht einbehaltener Lohnsteuer

Wird von steuerfreien Einnahmen aus nichtselbständiger Arbeit (zu Unrecht) Lohnsteuer einbehalten und an ein inländisches Finanzamt abgeführt, so ist auch diese Lohnsteuer in der Lohnsteuerbescheinigung einzutragen und auf die für den Veranlagungszeitraum festgesetzte Einkommensteuerschuld des Arbeitnehmers anzurechnen (→ BFH vom 23.5.2000 – BStBl. II S. 581).

Finanzrechtsweg

Bei einer Nettolohnvereinbarung ist für Streitigkeiten über die Höhe des in der Lohnsteuerbescheinigung auszuweisenden Bruttoarbeitslohns der Finanzrechtsweg nicht gegeben (→ BFH vom 13.12.2007 – BStBl. 2008 II S. 434).

Unzutreffender Steuerabzug

Ein unzutreffender Lohnsteuerabzug kann durch Einwendungen gegen die Lohnsteuerbescheinigung nicht berichtigt werden (→ BFH vom 13.12.2007 – BStBl. 2008 II S. 434).

ESt-Kartei NW

1. Hinweis ausgesondert
2. – 22. betreffen die Ausschreibung von Lohnsteuerbescheinigungen und Besonderen Lohnsteuerbescheinigungen von 1994 bis 2002; auf Abdruck wird wegen zeitlicher Überholung verzichtet.
3. Lohnsteuerbescheinigungen bei maschineller Lohnabrechnung durch den Arbeitgeber ab 2003 (entspricht BMF-Schreiben v. 13.9.2002 BStBl. I S. 941)
4. Ausschreibung von Lohnsteuerbescheinigungen und Besonderen Lohnsteuerbescheinigungen durch den Arbeitgeber für das Kalenderjahr 2003 (entspricht BMF-Schreiben v. 13.9.2002 BStBl. I S. 945)
5. Ausschreibung von Lohnsteuerbescheinigungen und Besonderen Lohnsteuerbescheinigungen durch den Arbeitgeber für das Kalenderjahr 2004 (entspricht BMF-Schreiben v. 21. 10. 2003 BStBl. I S. 559)
6. Übermittlung der elektronischen Lohnsteuerbescheinigungen an die Finanzverwaltung und Ausdruck der elektronischen Lohnsteuerbescheinigungen für den Arbeitnehmer („Startschreiben"); Vordruckmuster 2004 und 2005 (entspricht BMF-Schreiben v. 22. 10. 2004 BStBl. I S. 1009)
7. Bekanntmachung von Vordrucken; Ausschreibung von Lohnsteuerbescheinigungen und Besonderen Lohnsteuerbescheinigungen durch den Arbeitgeber ohne maschinelle Lohnabrechnung für das Kalenderjahr 2005 (entspricht BMF-Schreiben v. 8. 10. 2004 BStBl. I S. 961) – aktuelles Schreiben – **Anlage § 041b-01 –**

Rechtsprechung § 41b

Rechtsprechungsauswahl

BFH v. 23. 5. 2000 VII R 3/00 (BStBl. II S. 581): Wird nach Beendigung der unbeschränkten Steuerpflicht von den im Ausland bezogenen Einkünften aus nicht selbständiger Arbeit (zu Unrecht) Lohnsteuer einbehalten und an ein inländisches Finanzamt abgeführt, so ist auch diese Lohnsteuer auf die für den Veranlagungszeitraum festgesetzte Einkommensteuerschuld des Arbeitnehmers anzurechnen.

§ 41c

§ 41c Änderung des Lohnsteuerabzugs

(1) ¹Der Arbeitgeber ist berechtigt, bei der jeweils nächstfolgenden Lohnzahlung bisher erhobene Lohnsteuer zu erstatten oder noch nicht erhobene Lohnsteuer nachträglich einzubehalten,

1. wenn ihm der Arbeitnehmer eine Lohnsteuerkarte mit Eintragungen vorlegt, die auf einen Zeitpunkt vor Vorlage der Lohnsteuerkarte zurückwirken, oder
2. wenn er erkennt, dass er die Lohnsteuer bisher nicht vorschriftsmäßig einbehalten hat; dies gilt auch bei rückwirkender Gesetzesänderung.

²In den Fällen des Satzes 1 Nummer 2 ist der Arbeitgeber jedoch verpflichtet, wenn ihm dies wirtschaftlich zumutbar ist.

(2) ¹Die zu erstattende Lohnsteuer ist dem Betrag zu entnehmen, den der Arbeitgeber für seine Arbeitnehmer insgesamt an Lohnsteuer einbehalten oder übernommen hat. ²Wenn die zu erstattende Lohnsteuer aus dem Betrag nicht gedeckt werden kann, der insgesamt an Lohnsteuer einzubehalten oder zu übernehmen ist, wird der Fehlbetrag dem Arbeitgeber auf Antrag vom Betriebsstättenfinanzamt ersetzt.

(3) ¹Nach Ablauf des Kalenderjahres oder, wenn das Dienstverhältnis vor Ablauf des Kalenderjahres endet, nach Beendigung des Dienstverhältnisses ist die Änderung des Lohnsteuerabzugs nur bis zur Übermittlung oder Ausschreibung der Lohnsteuerbescheinigung zulässig. ²Bei Änderung des Lohnsteuerabzugs nach Ablauf des Kalenderjahres ist die nachträglich einzubehaltende Lohnsteuer nach dem Jahresarbeitslohn zu ermitteln. ³Eine Erstattung von Lohnsteuer ist nach Ablauf des Kalenderjahres nur im Wege des Lohnsteuer-Jahresausgleichs nach § 42b zulässig.

(4) ¹Der Arbeitgeber hat die Fälle, in denen er die Lohnsteuer nach Absatz 1 nicht nachträglich einbehält oder die Lohnsteuer nicht nachträglich einbehalten kann, weil

1. Eintragungen auf der Lohnsteuerkarte eines Arbeitnehmers, die nach Beginn des Dienstverhältnisses vorgenommen worden sind, auf einen Zeitpunkt vor Beginn des Dienstverhältnisses zurückwirken,
2. der Arbeitnehmer vom Arbeitgeber Arbeitslohn nicht mehr bezieht oder
3. der Arbeitgeber nach Ablauf des Kalenderjahres bereits die Lohnsteuerbescheinigung übermittelt oder ausgeschrieben hat,

dem Betriebsstättenfinanzamt unverzüglich anzuzeigen. ²Das Finanzamt hat die zu wenig erhobene Lohnsteuer vom Arbeitnehmer nachzufordern, wenn der nachzufordernde Betrag 10 Euro übersteigt. ³§ 42d bleibt unberührt.

LStR

R 41c.1 Änderung des Lohnsteuerabzugs

(1) ¹Unabhängig von der Verpflichtung des Arbeitgebers, nach § 39c Abs. 2 EStG den Lohnsteuerabzug für den Monat Januar erforderlichenfalls zu ändern, ist der Arbeitgeber in den in § 41c Abs. 1 EStG bezeichneten Fällen zu einer Änderung des Lohnsteuerabzugs bei der jeweils nächstfolgenden Lohnzahlung berechtigt. ²Die Änderung ist zugunsten oder zuungunsten des Arbeitnehmers zulässig, ohne dass es dabei auf die Höhe der zu erstattenden oder nachträglich einzubehaltenden Steuer ankommt. ³Für die nachträgliche Einbehaltung durch den Arbeitgeber gilt der Mindestbetrag für die Nachforderung durch das Finanzamt (§ 41c Abs. 4 Satz 2 EStG) nicht.

(2) ¹Der Arbeitgeber ist zur Änderung des Lohnsteuerabzugs nur berechtigt, soweit die Lohnsteuer von ihm einbehalten worden ist oder einzubehalten war. ²Bei Nettolöhnen (→ R **39b.9**) gilt dies für die zu übernehmende Steuer. ³Bei Eintragungen auf der Lohnsteuerkarte eines Arbeitnehmers, die auf einen Zeitpunkt vor Beginn des Dienstverhältnisses zurückwirken, wird auf die Anzeigepflicht des Arbeitgebers (→ R **41c.2**) verwiesen.

(3) ¹Die Änderung des Lohnsteuerabzugs auf Grund rückwirkender Eintragungen auf der Lohnsteuerkarte ist nicht auf die Fälle beschränkt, in denen die Gemeinde oder das Finanzamt Eintragungen auf der Lohnsteuerkarte eines Arbeitnehmers mit Wirkung von einem zurückliegenden Zeitpunkt an ändert oder ergänzt. ²Die Änderung des Lohnsteuerabzugs ist ebenso zulässig, wenn der Arbeitgeber

wegen Nichtvorlage der Lohnsteuerkarte den Lohnsteuerabzug gemäß § 39c Abs. 1 EStG vorgenommen hat und der Arbeitnehmer erstmals eine Lohnsteuerkarte vorlegt oder wenn bei Vorauszahlung des Arbeitslohns der Geltungsbeginn einer Eintragung auf der Lohnsteuerkarte in einen bereits abgerechneten Lohnzahlungszeitraum fällt. ³Der Inhalt der nach § 39b Abs. 6, § 39c Abs. 3 und § 39d Abs. 1 EStG ausgestellten Bescheinigungen ist ebenso wie die Eintragungen auf der Lohnsteuerkarte zu berücksichtigen.

(4) ¹Die Änderung des Lohnsteuerabzugs ist, sofern der Arbeitgeber von seiner Berechtigung hierzu Gebrauch macht, bei der nächsten Lohnzahlung vorzunehmen, die auf die Vorlage der Lohnsteuerkarte mit den rückwirkenden Eintragungen oder das Erkennen einer nicht vorschriftsmäßigen Lohnsteuereinbehaltung folgt. ²Der Arbeitgeber darf in Fällen nachträglicher Einbehaltung von Lohnsteuer die Einbehaltung nicht auf mehrere Lohnzahlungen verteilen. ³Die nachträgliche Einbehaltung ist auch insoweit zulässig, als dadurch die Pfändungsfreigrenzen unterschritten werden; wenn die nachträglich einzubehaltende Lohnsteuer den auszuzahlenden Barlohn übersteigt, ist die nachträgliche Einbehaltung insgesamt zu unterlassen und dem Finanzamt eine Anzeige nach § 41c Abs. 4 EStG zu erstatten.

(5) ¹Im Falle der Erstattung von Lohnsteuer hat der Arbeitgeber die zu erstattende Lohnsteuer dem Gesamtbetrag der von ihm abzuführenden Lohnsteuer zu entnehmen. ²Als Antrag auf Ersatz eines etwaigen Fehlbetrags reicht es aus, wenn in der Lohnsteuer-Anmeldung der Erstattungsbetrag kenntlich gemacht wird. ³Macht der Arbeitgeber von seiner Berechtigung zur Lohnsteuererstattung nach § 41c Abs. 1 und 2 EStG keinen Gebrauch, kann der Arbeitnehmer die Erstattung nach § 37 Abs. 2 AO beim Finanzamt beantragen.

(6) ¹Nach Ablauf des Kalenderjahres ist eine Änderung des Lohnsteuerabzugs in der Weise vorzunehmen, dass die Jahreslohnsteuer festzustellen und durch Gegenüberstellung mit der insgesamt einbehaltenen Lohnsteuer der nachträglich einzubehaltende oder zu erstattende Steuerbetrag zu ermitteln ist. ²Eine Erstattung darf aber nur im Lohnsteuer-Jahresausgleich unter den Voraussetzungen des § 42b EStG vorgenommen werden. ³Wenn der Arbeitgeber nach § 42b Abs. 1 EStG den Lohnsteuer-Jahresausgleich nicht durchführen darf, ist auch eine Änderung des Lohnsteuerabzugs mit Erstattungsfolge nicht möglich; der Arbeitnehmer kann in diesen Fällen die Erstattung im Rahmen einer Veranlagung zur Einkommensteuer erreichen. ⁴Soweit der Arbeitgeber auf Grund einer Änderung des Lohnsteuerabzugs nach Ablauf des Kalenderjahres nachträglich Lohnsteuer einbehält, handelt es sich um Lohnsteuer des abgelaufenen Kalenderjahres, die zusammen mit der übrigen einbehaltenen Lohnsteuer des abgelaufenen Kalenderjahres in einer Summe in der Lohnsteuerbescheinigung zu übermitteln oder anzugeben ist.

(7) ¹Hat der Arbeitgeber die Lohnsteuerbescheinigung übermittelt oder ausgestellt, ist eine Änderung des Lohnsteuerabzuges nicht mehr möglich. ²Die bloße Korrektur eines zunächst unrichtig übermittelten Datensatzes ist zulässig. ³Die Anzeigeverpflichtung nach § 41c Abs. 4 Satz 1 Nr. 3 EStG bleibt unberührt.

(8) ¹Bei beschränkt Steuerpflichtigen ist auch nach Ablauf des Kalenderjahres eine Änderung des Lohnsteuerabzugs nur für die Lohnzahlungszeiträume vorzunehmen, auf die sich die Änderungen beziehen. ²Eine Änderung mit Erstattungsfolge kann in diesem Falle nur das Finanzamt durchführen (→ § 37 Abs. 2 AO).

Hinweise

LStH 41c.1 Änderung der Festsetzung
Eine Erhöhung der Lohnsteuer-Entrichtungsschuld ist unter den Voraussetzungen des § 164 Abs. 2 Satz 1 AO auch nach Übermittlung oder Ausschreibung der Lohnsteuerbescheinigung zulässig (→ BFH vom 30.10.2008 – BStBl. 2009 II S. 354).

Erstattungsantrag
Erstattungsansprüche des Arbeitnehmers wegen zu Unrecht einbehaltener Lohnsteuer sind nach Ablauf des Kalenderjahres im Rahmen einer Veranlagung zur Einkommensteuer geltend zu machen. Darüber hinaus ist ein Erstattungsantrag gemäß § 37 AO nicht zulässig (→ BFH vom 20.5.1983 – BStBl. II S. 584).

LStR

R 41c.2 Anzeigepflichten des Arbeitgebers
(1) ¹Der Arbeitgeber hat die Anzeigepflichten nach § 38 Abs. 4, § 41c Abs. 4 EStG unverzüglich zu erfüllen. ²Sobald der Arbeitgeber erkennt, dass der Lohnsteuerabzug in zu geringer Höhe vorgenommen

§ 41c

RL 41c.2, 41c.3

worden ist, hat er dies dem Betriebsstättenfinanzamt anzuzeigen, wenn er die Lohnsteuer nicht nachträglich einbehalten kann oder von seiner Berechtigung hierzu keinen Gebrauch macht; dies gilt auch bei rückwirkender Gesetzesänderung. ³Der Arbeitgeber hat die Anzeige über die zu geringe Einbehaltung der Lohnsteuer ggf. auch für die zurückliegenden vier Kalenderjahre zu erstatten. ⁴Die Anzeigepflicht besteht unabhängig von dem Mindestbetrag (§ 41c Abs. 4 Satz 2 EStG) für die Nachforderung durch das Finanzamt.

(2) ¹Die Anzeige ist schriftlich zu erstatten. ²In ihr sind der Name und die Anschrift des Arbeitnehmers, die auf der Lohnsteuerkarte eingetragenen Besteuerungsmerkmale, nämlich **Geburtsdatum**, Steuerklasse, Zahl der Kinderfreibeträge, **Kirchensteuermerkmal** (→ R 39.1 Abs. 4) und ggf. ein Freibetrag oder Hinzurechnungsbetrag, sowie der Anzeigegrund und die für die Berechnung einer Lohnsteuer-Nachforderung erforderlichen Mitteilungen über Höhe und Art des Arbeitslohns, z. B. Auszug aus dem Lohnkonto, anzugeben.

(3) ¹Das Betriebsstättenfinanzamt hat die Anzeige an das für die Einkommensbesteuerung des Arbeitnehmers zuständige Finanzamt weiterzuleiten, wenn es zweckmäßig erscheint, die Lohnsteuer-Nachforderung nicht sofort durchzuführen, z. B. weil es wahrscheinlich ist, dass der Arbeitnehmer zur Einkommensteuer veranlagt wird. ²Das ist auch angebracht in Fällen, in denen bei Eingang der Anzeige **abzusehen** ist, ob sich bei Änderung des Lohnsteuerabzugs nach Ablauf des Kalenderjahres (→ § 41c Abs. 3 Satz 2 EStG) eine Lohnsteuer-Nachforderung ergeben wird.

R 41c.3 Nachforderung von Lohnsteuer

(1) Zur Erfassung der Nachforderungsfälle, die auf einer Änderung oder Ergänzung der Eintragungen auf der Lohnsteuerkarte durch die Gemeinde beruhen, kann das Finanzamt Anweisungen erteilen (→ § 39 Abs. 6 Satz 2 EStG).

(2) In den Fällen des § 38 Abs. 4 und § 41c Abs. 4 EStG ist das Betriebsstättenfinanzamt für die Nachforderung dann zuständig, wenn die zuwenig erhobene Lohnsteuer bereits im Laufe des Kalenderjahres nachgefordert werden soll.

(3) ¹Im Falle des § 41c Abs. 4 EStG gilt für die Berechnung der nachzufordernden Lohnsteuer nach Ablauf des Kalenderjahres R **41c.1** Abs. 6 Satz 1 und Abs. **8** Satz 1 entsprechend. ²In anderen Fällen ist die Jahreslohnsteuer wie folgt zu ermitteln:

1		Bruttoarbeitslohn
2	+	ermäßigt besteuerte Entschädigungen und ermäßigt besteuerte Vergütungen für mehrjährige Tätigkeit i.S.d. § 34 EStG
3	=	Jahresarbeitslohn
4	−	Freibeträge für Versorgungsbezüge (§ 19 Abs. 2 EStG)
5	−	Werbungskosten, maßgebender Pauschbetrag für Werbungskosten (§§ 9, 9a EStG)
6	−	Altersentlastungsbetrag (§ 24a EStG)
	−	**Erwerbsbedingte Kinderbetreuungskosten (§ 9 Abs. 5 Satz 1 i.V.m. § 4f¹⁾ EStG)**
7	−	Entlastungsbetrag für Alleinerziehende (§ 24b EStG)
8	=	Gesamtbetrag der Einkünfte (§ 2 Abs. 3 EStG)
9	−	Sonderausgaben (§§ 10, 10b, 10c EStG)²⁾
10	−	außergewöhnliche Belastungen (§§ 33 bis **33b** EStG)
11	=	Einkommen (§ 2 Abs. 4 EStG)
12	−	Freibeträge für Kinder (nur für Kinder, für die kein Anspruch auf Kindergeld besteht; § 39a Abs. 1 Nr. 6 EStG)
13	=	zu versteuerndes Einkommen (§ 2 Abs. 5 EStG)
14	−	Entschädigungen und Vergütungen i.S.d. § 34 EStG (Zeile 2)
15	=	verbleibendes zu versteuerndes Einkommen
16	+	ein Fünftel der Entschädigungen und Vergütungen i.S.d. § 34 EStG (Zeile 2)
17	=	Summe
18	=	Steuerbetrag für die Summe (Zeile 17) laut Grundtarif/Splittingtarif

---

1) Jetzt § 9c Absatz 1 EStG.
2) Jetzt § 9c Absatz 2, §§ 10, 10b, 10c EStG.

19	–	Steuerbetrag für das verbleibende zu versteuernde Einkommen (Zeile 15) laut Grundtarif/Splittingtarif
20	=	Unterschiedsbetrag

³Hat der Arbeitnehmer keine Entschädigungen und Vergütungen i.S.d. § 34 EStG bezogen, ist der für das zu versteuernde Einkommen (Zeile 13) nach dem Grundtarif/Splittingtarif ermittelte Steuerbetrag die Jahreslohnsteuer (tarifliche Einkommensteuer – § 32a Abs. 1, 5 EStG). ⁴Hat der Arbeitnehmer Entschädigungen und Vergütungen i.S.d. § 34 EStG bezogen, ist der Steuerbetrag für das verbleibende zu versteuernde Einkommen (Zeile 19) zuzüglich des Fünffachen des Unterschiedsbetrags (Zeile 20) die Jahreslohnsteuer (tarifliche Einkommensteuer – § 32a Abs. 1, 5 EStG).

(4) ¹Will das Finanzamt zu wenig einbehaltene Lohnsteuer vom Arbeitnehmer nachfordern, erlässt es gegen diesen einen Steuerbescheid. ²Nach Ablauf des Kalenderjahres kommt eine Nachforderung von Lohnsteuer oder Einkommensteuer ggf. auch durch erstmalige oder geänderte Veranlagung zur Einkommensteuer in Betracht. ³Die Nachforderung von Lohnsteuer oder Einkommensteuer erfolgt durch erstmalige oder geänderte Veranlagung zur Einkommensteuer, wenn auf der Lohnsteuerkarte ein Hinzurechnungsbetrag eingetragen ist (→ § 46 Abs. 2 Nr. 2 EStG).

(5) ¹Außer im Falle des § 38 Abs. 4 EStG unterbleibt die Nachforderung, wenn die nachzufordernde Lohnsteuer den Mindestbetrag nach § 41c Abs. 4 Satz 2 EStG nicht übersteigt. ²Bezieht sich die Nachforderung auf mehrere Kalenderjahre, ist für jedes Kalenderjahr gesondert festzustellen, ob der Mindestbetrag überschritten wird. ³Treffen in einem Kalenderjahr mehrere Nachforderungsgründe zusammen, gilt der Mindestbetrag für die insgesamt nachzufordernde Lohnsteuer.

Hinweise

LStH 41c.3 Einzelfälle

Das Finanzamt hat die zu wenig einbehaltene Lohnsteuer vom Arbeitnehmer nachzufordern, wenn

– *der Barlohn des Arbeitnehmers zur Deckung der Lohnsteuer nicht ausreicht und die Steuer weder aus zurückbehaltenen anderen Bezügen des Arbeitnehmers noch durch einen entsprechenden Barzuschuss des Arbeitnehmers aufgebracht werden kann (→ § 38 Abs. 4 EStG),*

– *eine Änderung von Eintragungen auf der Lohnsteuerkarte erforderlich war, diese aber unterblieben ist (→ § 39 Abs. 4 EStG),*

– *in den Fällen des § 39a Abs. 5 EStG ein auf der Lohnsteuerkarte eingetragener Freibetrag rückwirkend herabgesetzt worden ist und der Arbeitgeber die zuwenig erhobene Lohnsteuer nicht nachträglich einbehalten kann,*

– *die rückwirkende Änderung eines auf der Lohnsteuerkarte eingetragenen Pauschbetrags für behinderte Menschen und Hinterbliebene (→ § 33b EStG) wegen der bereits erteilten Lohnsteuerbescheinigung nicht zu einer Nacherhebung von Lohnsteuer durch den Arbeitgeber führen kann (→ BFH vom 24.9.1982 – BStBl. 1983 II S. 60),*

– *der Arbeitgeber dem Finanzamt angezeigt hat, dass er von seiner Berechtigung, Lohnsteuer nachträglich einzubehalten, keinen Gebrauch macht, oder die Lohnsteuer nicht nachträglich einbehalten kann (→ § 41c Abs. 4 EStG),*

– *der Arbeitnehmer in den Fällen des § 42d Abs. 3 Satz 4 EStG für die nicht vorschriftsmäßig einbehaltene oder angemeldete Lohnsteuer in Anspruch zu nehmen ist; wegen der Wahl der Inanspruchnahme → R 42d.1 Abs. 3 und 4* **oder**

– **die Voraussetzungen der unbeschränkten Einkommensteuerpflicht nach § 1 Abs. 3 EStG nicht vorgelegen haben und es dies bereits bei Erteilung der Bescheinigung hätte bemerken können (→ § 50 Abs. 2 Satz 2 Nr. 2 EStG); auch bei einer fehlerhaft erteilten Bescheinigung nach § 39c Abs. 4 EStG kann das Finanzamt die zu wenig erhobene Lohnsteuer nachfordern (→ BFH vom 23.9.2008 – BStBl. 2009 II S. 666).**

Erkenntnisse aus rechtswidriger Außenprüfung

→ *BFH vom 9.11.1984 (BStBl. 1985 II S. 191).*

Freibeträge, rückwirkende Änderung

Wird Lohnsteuer nach Ablauf des Kalenderjahres wegen der rückwirkenden Änderung eines auf der Lohnsteuerkarte eingetragenen Pauschbetrags für behinderte Menschen und

§§ 41c, 42, 42a

Hinterbliebene (→ § 33b EStG) und einer bereits erteilten Lohnsteuerbescheinigung nachgefordert, bedarf es keiner förmlichen Berichtigung des Freibetrags; es genügt, wenn die Inanspruchnahme des Arbeitnehmers ausdrücklich mit der rückwirkenden Änderung des eingetragenen Freibetrags begründet wird (→ BFH vom 24.9.1982 – BStBl. 1983 II S. 60).

Zuständigkeit

Für die Nachforderung ist im Allgemeinen das für die Einkommensbesteuerung des Arbeitnehmers zuständige Finanzamt zuständig (→ BFH vom 21.2.1992 – BStBl. II S. 565).

Für die Nachforderung zu wenig einbehaltener Lohnsteuer von beschränkt einkommensteuerpflichtigen Arbeitnehmern ist stets das Betriebsstättenfinanzamt zuständig (→ BFH vom 20.6.1990 – BStBl. 1992 II S. 43).

Rechtsprechungsauswahl

BFH v. 17. 6. 2009 VI R 46/07 (BStBl. 2010 II S. 72):
1. § 36 Abs. 2 Satz 2 Nr. 2 EStG verknüpft inhaltlich Steuerfestsetzungs- und Steuererhebungsverfahren. Daher kann auch die Anfechtung eines Einkommensteuerbescheids mit dem Ziel der Anrechnung höherer Lohnsteuerabzugsbeträge zulässig sein.
2. Die vom Arbeitgeber zu Unrecht angemeldeten und an das FA abgeführten Lohnsteuerbeträge sind als Arbeitslohn beim Arbeitnehmer jedenfalls dann steuerlich zu erfassen, wenn der Lohnsteuerabzug nach § 41c Abs. 3 EStG nicht mehr geändert werden kann (Abgrenzung zum BFH-Urteil vom 24. November 1961 VI 88/61 U, BFHE 74, 246, BStBl. III 1962, 93).

BFH v. 30. 10. 2008 VI R 10/05 (BStBl. 2009 II S. 354): Eine Änderung der Festsetzung der Lohnsteuer-Entrichtungsschuld (§§ 155, 167 Abs. 1 Satz 1 AO i.V.m. § 41a Abs. 1 Satz 1 Nr. 1 EStG) ist unter den Voraussetzungen des § 164 Abs. 2 Satz 1 AO auch nach Übermittlung oder Ausschreibung der Lohnsteuerbescheinigung (§ 41c Abs. 3 EStG) zulässig.

BFH v. 28. 2. 2008 VI R 62/06 (BStBl. II S. 595): Reicht ein Steuerpflichtiger vor Ablauf der Festsetzungsfrist eine Berichtigungsanzeige i. S. des § 153 Abs. 1 AO bei einem unzuständigen FA ein, so ist die Anzeige zwar erstattet; zur Berechnung der Ablaufhemmung nach § 171 Abs. 9 AO ist jedoch grundsätzlich auf den Eingang beim zuständigen FA abzustellen.
(Anmerkung: Betrifft Überlassung von Aktien/Aktienoptionen der Muttergesellschaft durch Konzernobergesellschaft, Lohnzufluss zum Zeitpunkt der Erfüllung der Ansprüche aus dem Optionsrecht; zur haftungsbefreienden Anzeige des Arbeitgebers nach § 41c Abs. 4, § 42d Abs. 2 EStG.)

BFH v. 13. 12. 2007 VI R 57/04 (BStBl. 2008 II S. 434):
1. Ist nach einer Nettolohnvereinbarung streitig, in welcher Höhe Bruttoarbeitslohn in der Lohnsteuerbescheinigung hätte berücksichtigt werden müssen, ist der Finanzrechtsweg nicht gegeben.
2. Nach der Übermittlung der Lohnsteuerbescheinigung kann der Arbeitnehmer eine Berichtigung der Lohnsteuerbescheinigung nicht mehr verlangen.
3. Ein unzutreffender Lohnsteuerabzug kann mit Einwendungen gegen die Lohnsteuerbescheinigung nicht mehr rückgängig gemacht werden.

Schwebende Verfahren

BFH VI R 29/08 (BFH-Webseite): Greift der Haftungsausschluss nach § 42d Abs. 2 EStG i.V.m. § 41c Abs. 4 EStG dann nicht ein, wenn der Arbeitgeber erst aufgrund von Hinweisen des Lohnsteuerprüfers im Rahmen einer Lohnsteuer-Außenprüfung die nicht vorschriftsmäßige Einbehaltung von Lohnsteuerabzugsbeträgen erkennt und anzeigt?

§§ 42 und 42a (weggefallen)

§ 42b

§ 42b Lohnsteuer-Jahresausgleich durch den Arbeitgeber

(1) ¹Der Arbeitgeber ist berechtigt, seinen unbeschränkt einkommensteuerpflichtigen Arbeitnehmern, die während des abgelaufenen Kalenderjahres (Ausgleichsjahr) ständig in einem Dienstverhältnis gestanden haben, die für das Ausgleichsjahr einbehaltene Lohnsteuer insoweit zu erstatten, als sie die auf den Jahresarbeitslohn entfallende Jahreslohnsteuer übersteigt (Lohnsteuer-Jahresausgleich). ²Er ist zur Durchführung des Lohnsteuer-Jahresausgleichs verpflichtet, wenn er am 31. Dezember des Ausgleichsjahres mindestens zehn Arbeitnehmer beschäftigt. ³Voraussetzung für den Lohnsteuer-Jahresausgleich ist, dass dem Arbeitgeber die Lohnsteuerkarte und Lohnsteuerbescheinigungen aus etwaigen vorangegangenen Dienstverhältnissen vorliegen. ⁴Der Arbeitgeber darf den Lohnsteuer-Jahresausgleich nicht durchführen, wenn

1. der Arbeitnehmer es beantragt oder
2. der Arbeitnehmer für das Ausgleichsjahr oder für einen Teil des Ausgleichsjahres nach den Steuerklassen V oder VI zu besteuern war oder
3. der Arbeitnehmer für einen Teil des Ausgleichsjahres nach den Steuerklassen II, III oder IV zu besteuern war oder
3a. bei der Lohnsteuerberechnung ein Freibetrag oder Hinzurechnungsbetrag zu berücksichtigen war oder
3b. das Faktorverfahren angewandt wurde oder
4. der Arbeitnehmer im Ausgleichsjahr Kurzarbeitergeld, Schlechtwettergeld, Winterausfallgeld, Zuschuss zum Mutterschaftsgeld nach dem Mutterschutzgesetz, Zuschuss bei Beschäftigungsverboten für die Zeit vor oder nach einer Entbindung sowie für den Entbindungstag während einer Elternzeit nach beamtenrechtlichen Vorschriften, Entschädigungen für Verdienstausfall nach dem Infektionsschutzgesetz vom 20. Juli 2000 (BGBl. I S. 1045) oder nach § 3 Nummer 28 steuerfreie Aufstockungsbeträge oder Zuschläge bezogen hat oder
4a. die Anzahl der im Lohnkonto oder in der Lohnsteuerbescheinigung eingetragenen Großbuchstaben U mindestens eins beträgt oder
5. für den Arbeitnehmer im Ausgleichsjahr im Rahmen der Vorsorgepauschale jeweils nur zeitweise Beträge nach § 39b Absatz 2 Satz 5 Nummer 3 Buchstabe a bis d oder der Beitragszuschlag nach § 39b Absatz 2 Satz 5 Nummer 3 Buchstabe c berücksichtigt wurden oder
6. der Arbeitnehmer im Ausgleichsjahr ausländische Einkünfte aus nichtselbständiger Arbeit bezogen hat, die nach einem Abkommen zur Vermeidung der Doppelbesteuerung oder unter Progressionsvorbehalt nach § 34c Absatz 5 von der Lohnsteuer freigestellt waren.

(2) ¹Für den Lohnsteuer-Jahresausgleich hat der Arbeitgeber den Jahresarbeitslohn aus dem zu ihm bestehenden Dienstverhältnis und nach den Lohnsteuerbescheinigungen aus etwaigen vorangegangenen Dienstverhältnissen festzustellen. ²Dabei bleiben Bezüge im Sinne des § 34 Absatz 1 und 2 Nummer 2 und 4 außer Ansatz, wenn der Arbeitnehmer nicht jeweils die Einbeziehung in den Lohnsteuer-Jahresausgleich beantragt. ³Vom Jahresarbeitslohn sind der etwa in Betracht kommende Versorgungsfreibetrag und Zuschlag zum Versorgungsfreibetrag und der etwa in Betracht kommende Altersentlastungsbetrag abzuziehen. ⁴Für den so geminderten Jahresarbeitslohn ist nach Maßgabe der auf der Lohnsteuerkarte zuletzt eingetragenen Steuerklasse die Jahreslohnsteuer nach § 39b Absatz 2 Satz 6 und 7 zu ermitteln. ⁵Den Betrag, um den die sich hiernach ergebende Jahreslohnsteuer die Lohnsteuer unterschreitet, die von dem zugrunde gelegten Jahresarbeitslohn insgesamt erhoben worden ist, hat der Arbeitgeber dem Arbeitnehmer zu erstatten. ⁶Bei der Ermittlung der insgesamt erhobenen Lohnsteuer ist die Lohnsteuer auszuscheiden, die von den nach Satz 2 außer Ansatz gebliebenen Bezügen einbehalten worden ist.

(3) ¹Der Arbeitgeber darf den Lohnsteuer-Jahresausgleich frühestens bei der Lohnabrechnung für den letzten im Ausgleichsjahr endenden Lohnzahlungszeitraum, spätestens

§§ 42b, 42c

bei der Lohnabrechnung für den letzten Lohnzahlungszeitraum, der im Monat März des dem Ausgleichsjahr folgenden Kalenderjahres endet, durchführen. ²Die zu erstattende Lohnsteuer ist dem Betrag zu entnehmen, den der Arbeitgeber für seine Arbeitnehmer für den Lohnzahlungszeitraum insgesamt an Lohnsteuer erhoben hat. ³§ 41c Absatz 2 Satz 2 ist anzuwenden.

(4) ¹Der Arbeitgeber hat im Lohnkonto für das Ausgleichsjahr den Inhalt etwaiger Lohnsteuerbescheinigungen aus vorangegangenen Dienstverhältnissen des Arbeitnehmers einzutragen. ²Im Lohnkonto für das Ausgleichsjahr ist die im Lohnsteuer-Jahresausgleich erstattete Lohnsteuer gesondert einzutragen. ³In der Lohnsteuerbescheinigung für das Ausgleichsjahr ist der sich nach Verrechnung der erhobenen Lohnsteuer mit der erstatteten Lohnsteuer ergebende Betrag als erhobene Lohnsteuer einzutragen.

LStR

R 42b. Durchführung des Lohnsteuer-Jahresausgleichs durch den Arbeitgeber

(1) ¹Der Arbeitgeber darf den Lohnsteuer-Jahresausgleich nur für unbeschränkt einkommensteuerpflichtige Arbeitnehmer durchführen,
1. die während des Ausgleichsjahres ständig in einem Dienstverhältnis gestanden haben,
2. die am 31. Dezember des Ausgleichsjahres in seinen Diensten stehen oder zu diesem Zeitpunkt von ihm Arbeitslohn aus einem früheren Dienstverhältnis beziehen und
3. bei denen kein Ausschlusstatbestand nach § 42b Abs. 1 Satz 3 und 4 EStG vorliegt.

²In die Feststellung, ob die Voraussetzung **des Satzes 1 Nr.** 1 erfüllt ist, sind auch Zeiträume einzubeziehen, für die der Arbeitnehmer laufenden Arbeitslohn aus einem früheren Dienstverhältnis erhalten hat. ³Beginnt oder endet die unbeschränkte Einkommensteuerpflicht im Laufe des Kalenderjahres, darf der Arbeitgeber den Lohnsteuer-Jahresausgleich nicht durchführen.

(2) Beantragt der Arbeitnehmer, Entschädigungen oder Vergütungen für mehrjährige Tätigkeit i.S.d. § 34 EStG in den Lohnsteuer-Jahresausgleich einzubeziehen (→ § 42b Abs. 2 Satz 2 EStG), gehören die Entschädigungen und Vergütungen zum Jahresarbeitslohn, für den die Jahreslohnsteuer zu ermitteln ist.

(3) ¹Bei Arbeitnehmern, für die der Arbeitgeber nach § 42b Abs. 1 EStG einen Lohnsteuer-Jahresausgleich durchführen darf, darf der Arbeitgeber den Jahresausgleich mit der Ermittlung der Lohnsteuer für den letzten im Ausgleichsjahr endenden Lohnzahlungszeitraum zusammenfassen (→ § 42b Abs. 3 Satz 1 EStG). ²Hierbei ist die Jahreslohnsteuer nach § 42b Abs. 2 Satz 1 bis 3 EStG zu ermitteln und der Lohnsteuer, die von dem Jahresarbeitslohn erhoben worden ist, gegenüberzustellen. ³Übersteigt die ermittelte Jahreslohnsteuer die erhobene Lohnsteuer, ist der Unterschiedsbetrag der Lohnsteuer, die für den letzten Lohnzahlungszeitraum des Ausgleichsjahres einzubehalten ist. ⁴Übersteigt die erhobene Lohnsteuer die ermittelte Jahreslohnsteuer, ist der Unterschiedsbetrag dem Arbeitnehmer zu erstatten; § 42b Abs. 3 Satz 2 und 3 sowie Abs. 4 EStG ist hierbei anzuwenden.

ESt-Kartei NW

1000. Steuerliche Fragen im Zusammenhang mit Nettolohnvereinbarungen – Hinweis auf § 19 Fach 2 Nr. 1000 –

§ 42c (weggefallen)

§ 42d

§ 42d Haftung des Arbeitgebers und Haftung bei Arbeitnehmerüberlassung

(1) Der Arbeitgeber haftet

1. für die Lohnsteuer, die er einzubehalten und abzuführen hat,
2. für die Lohnsteuer, die er beim Lohnsteuer-Jahresausgleich zu Unrecht erstattet hat,
3. für die Einkommensteuer (Lohnsteuer), die auf Grund fehlerhafter Angaben im Lohnkonto oder in der Lohnsteuerbescheinigung verkürzt wird,
4. für die Lohnsteuer, die in den Fällen des § 38 Absatz 3a der Dritte zu übernehmen hat.

(2) Der Arbeitgeber haftet nicht, soweit Lohnsteuer nach § 39 Absatz 4 oder § 39a Absatz 5 nachzufordern ist und in den vom Arbeitgeber angezeigten Fällen des § 38 Absatz 4 Satz 2 und 3 und des § 41c Absatz 4.

(3) ¹Soweit die Haftung des Arbeitgebers reicht, sind der Arbeitgeber und der Arbeitnehmer Gesamtschuldner. ²Das Betriebsstättenfinanzamt kann die Steuerschuld oder Haftungsschuld nach pflichtgemäßem Ermessen gegenüber jedem Gesamtschuldner geltend machen. ³Der Arbeitgeber kann auch dann in Anspruch genommen werden, wenn der Arbeitnehmer zur Einkommensteuer veranlagt wird. ⁴Der Arbeitnehmer kann im Rahmen der Gesamtschuldnerschaft nur in Anspruch genommen werden,

1. wenn der Arbeitgeber die Lohnsteuer nicht vorschriftsmäßig vom Arbeitslohn einbehalten hat,
2. wenn der Arbeitnehmer weiß, dass der Arbeitgeber die einbehaltene Lohnsteuer nicht vorschriftsmäßig angemeldet hat. ²Dies gilt nicht, wenn der Arbeitnehmer den Sachverhalt dem Finanzamt unverzüglich mitgeteilt hat.

(4) ¹Für die Inanspruchnahme des Arbeitgebers bedarf es keines Haftungsbescheids und keines Leistungsgebots, soweit der Arbeitgeber

1. die einzubehaltende Lohnsteuer angemeldet hat oder
2. nach Abschluss einer Lohnsteuer-Außenprüfung seine Zahlungsverpflichtung schriftlich anerkennt.

²Satz 1 gilt entsprechend für die Nachforderung zu übernehmender pauschaler Lohnsteuer.

(5) Von der Geltendmachung der Steuernachforderung oder Haftungsforderung ist abzusehen, wenn diese insgesamt 10 Euro nicht übersteigt.

(6) ¹Soweit einem Dritten (Entleiher) Arbeitnehmer gewerbsmäßig zur Arbeitsleistung überlassen werden, haftet er mit Ausnahme der Fälle, in denen eine Arbeitnehmerüberlassung nach § 1 Absatz 3 des Arbeitnehmerüberlassungsgesetzes vorliegt, neben dem Arbeitgeber. ²Der Entleiher haftet nicht, wenn der Überlassung eine Erlaubnis nach § 1 des Arbeitnehmerüberlassungsgesetzes in der Fassung der Bekanntmachung vom 3. Februar 1995 (BGBl. I S. 158), das zuletzt durch Artikel 11 Nummer 21 des Gesetzes vom 30. Juli 2004 (BGBl. I S. 1950) geändert worden ist, in der jeweils geltenden Fassung zugrunde liegt und soweit er nachweist, dass er den nach § 51 Absatz 1 Nummer 2 Buchstabe d vorgesehenen Mitwirkungspflichten nachgekommen ist. ³Der Entleiher haftet ferner nicht, wenn er über das Vorliegen einer Arbeitnehmerüberlassung ohne Verschulden irrte. ⁴Die Haftung beschränkt sich auf die Lohnsteuer für die Zeit, für die ihm der Arbeitnehmer überlassen worden ist. ⁵Soweit die Haftung des Entleihers reicht, sind der Arbeitgeber, der Entleiher und der Arbeitnehmer Gesamtschuldner. ⁶Der Entleiher darf auf Zahlung nur in Anspruch genommen werden, soweit die Vollstreckung in das inländische bewegliche Vermögen des Arbeitgebers fehlgeschlagen ist oder keinen Erfolg verspricht; § 219 Satz 2 der Abgabenordnung ist entsprechend anzuwenden. ⁷Ist durch die Umstände der Arbeitnehmerüberlassung die Lohnsteuer schwer zu ermitteln, so ist die Haftungsschuld mit 15 Prozent des zwischen Verleiher und Entleiher vereinbarten Entgelts ohne Umsatzsteuer anzunehmen, solange der Entleiher nicht glaubhaft macht, dass die Lohnsteuer, für die er haftet, niedriger ist. ⁸Die Absätze 1 bis 5 sind entsprechend anzuwenden. ⁹Die Zuständigkeit des Finanzamts richtet sich nach dem Ort der Betriebsstätte des Verleihers.

(7) Soweit der Entleiher Arbeitgeber ist, haftet der Verleiher wie ein Entleiher nach Absatz 6.

§ 42d

(8) ¹Das Finanzamt kann hinsichtlich der Lohnsteuer der Leiharbeitnehmer anordnen, dass der Entleiher einen bestimmten Teil des mit dem Verleiher vereinbarten Entgelts einzubehalten und abzuführen hat, wenn dies zur Sicherung des Steueranspruchs notwendig ist; Absatz 6 Satz 4 ist anzuwenden. ²Der Verwaltungsakt kann auch mündlich erlassen werden. ³Die Höhe des einzubehaltenden und abzuführenden Teils des Entgelts bedarf keiner Begründung, wenn der in Absatz 6 Satz 7 genannte Prozentsatz nicht überschritten wird.

(9) ¹Der Arbeitgeber haftet auch dann, wenn ein Dritter nach § 38 Absatz 3a dessen Pflichten trägt. ²In diesen Fällen haftet der Dritte neben dem Arbeitgeber. ³Soweit die Haftung des Dritten reicht, sind der Arbeitgeber, der Dritte und der Arbeitnehmer Gesamtschuldner. ⁴Absatz 3 Satz 2 bis 4 ist anzuwenden; Absatz 4 gilt auch für die Inanspruchnahme des Dritten. ⁵Im Fall des § 38 Absatz 3a Satz 2 beschränkt sich die Haftung des Dritten auf die Lohnsteuer, die für die Zeit zu erheben ist, für die er sich gegenüber dem Arbeitgeber zur Vornahme des Lohnsteuerabzugs verpflichtet hat; der maßgebende Zeitraum endet nicht, bevor der Dritte seinem Betriebsstättenfinanzamt die Beendigung seiner Verpflichtung gegenüber dem Arbeitgeber angezeigt hat. ⁶In den Fällen des § 38 Absatz 3a Satz 7 ist als Haftungsschuld der Betrag zu ermitteln, um den die Lohnsteuer, die für den gesamten Arbeitslohn des Lohnzahlungszeitraums zu berechnen und einzubehalten ist, die insgesamt tatsächlich einbehaltene Lohnsteuer übersteigt. ⁷Betrifft die Haftungsschuld mehrere Arbeitgeber, so ist sie bei fehlerhafter Lohnsteuerberechnung nach dem Verhältnis der Arbeitslöhne und für nachträglich zu erfassende Arbeitslohnbeträge nach dem Verhältnis dieser Beträge auf die Arbeitgeber aufzuteilen. ⁸In den Fällen des § 38 Absatz 3a ist das Betriebsstättenfinanzamt des Dritten für die Geltendmachung der Steuer- oder Haftungsschuld zuständig.

LStR

R 42d.1 Inanspruchnahme des Arbeitgebers

Allgemeines

(1) ¹Der Arbeitnehmer ist – vorbehaltlich § 40 Abs. 3 EStG – Schuldner der Lohnsteuer (§ 38 Abs. 2 EStG); dies gilt auch für den Fall einer Nettolohnvereinbarung (→ R **39b.9**). ²Für diese Schuld kann der Arbeitgeber als Haftender in Anspruch genommen werden, soweit seine Haftung reicht (§ 42d Abs. 1 und 2 EStG); die Haftung entfällt auch in den vom Arbeitgeber angezeigten Fällen des § 38 Abs. 4 Satz 3 EStG. ³Dies gilt auch bei Lohnzahlung durch Dritte, soweit der Arbeitgeber zur Einbehaltung der Lohnsteuer verpflichtet ist (§ 38 Abs. 1 Satz 3 EStG), und in den Fällen des § 38 Abs. 3a EStG.

Haftung anderer Personen

(2) ¹Soweit Dritte für Steuerleistungen in Anspruch genommen werden können, z. B. gesetzliche Vertreter juristischer Personen, Vertreter, Bevollmächtigte, Vermögensverwalter, Rechtsnachfolger, haften sie als Gesamtschuldner neben dem Arbeitgeber als weiterem Haftenden und neben dem Arbeitnehmer als Steuerschuldner (§ 44 AO). ²Die Haftung kann sich z. B. aus §§ 69 bis 77 AO ergeben.

Gesamtschuldner

(3) ¹Soweit Arbeitgeber, Arbeitnehmer und ggf. andere Personen Gesamtschuldner sind, schuldet jeder die gesamte Leistung (§ 44 Abs. 1 Satz 2 AO). ²Das Finanzamt muss die Wahl, an welchen Gesamtschuldner es sich halten will, nach pflichtgemäßem Ermessen unter Beachtung der durch Recht und Billigkeit gezogenen Grenzen und unter verständiger Abwägung der Interessen aller Beteiligten treffen.

Ermessensprüfung

(4) ¹Die Haftung des Arbeitgebers ist von einem Verschulden grundsätzlich nicht abhängig. ²Ein geringfügiges Verschulden oder ein schuldloses Verhalten des Arbeitgebers ist aber bei der Frage zu würdigen, ob eine Inanspruchnahme des Arbeitgebers im Rahmen des Ermessens liegt. ³Die Frage, ob der Arbeitgeber vor dem Arbeitnehmer in Anspruch genommen werden darf, hängt wesentlich von den Gesamtumständen des Einzelfalls ab, wobei von dem gesetzgeberischen Zweck des Lohnsteuerverfahrens, nämlich den Abzug an der Quelle den schnellen Eingang der Lohnsteuer in einem vereinfachten Verfahren sicherzustellen, auszugehen ist. ⁴Die Inanspruchnahme des Arbeitgebers kann ausgeschlossen sein, wenn er den individuellen Lohnsteuerabzug ohne Berücksichtigung von Gesetzesänderungen durchgeführt hat, soweit es ihm in der kurzen Zeit zwischen der Verkündung des Gesetzes und den folgenden Lohnabrechnungen bei Anwendung eines strengen Maßstabs nicht zumutbar war, die Gesetzesänderungen zu berücksichtigen.

§ 42d

Haftungsbescheid

(5) ¹Wird der Arbeitgeber nach § 42d EStG als Haftungsschuldner in Anspruch genommen, ist, vorbehaltlich § 42d Abs. 4 Nr. 1 und 2 EStG, ein Haftungsbescheid zu erlassen. ²Darin sind die für das Entschließungs- und Auswahlermessen maßgebenden Gründe anzugeben. ³Hat der Arbeitgeber nach Abschluss einer Lohnsteuer-Außenprüfung eine Zahlungsverpflichtung schriftlich anerkannt, steht die Anerkenntniserklärung einer Lohnsteuer-Anmeldung gleich (§ 167 Abs. 1 Satz 3 AO). ⁴Ein Haftungsbescheid lässt die Lohnsteuer-Anmeldungen unberührt.

Nachforderungsbescheid

(6) ¹Wird pauschale Lohnsteuer nacherhoben, die der Arbeitgeber zu übernehmen hat (§ 40 Abs. 3 EStG), ist ein Nachforderungsbescheid (Steuerbescheid) zu erlassen; Absatz 5 Satz 3 und 4 gilt entsprechend. ²Der Nachforderungsbescheid bezieht sich auf bestimmte steuerpflichtige Sachverhalte. ³Die Änderung ist hinsichtlich der ihm zugrunde liegenden Sachverhalte – außer in den Fällen der §§ 172 und 175 AO – wegen der Änderungssperre des § 173 Abs. 2 AO nur bei Steuerhinterziehung oder leichtfertiger Steuerverkürzung möglich.

Zahlungsfrist

(7) Für die durch Haftungsbescheid (→ Absatz 5) oder Nachforderungsbescheid (→ Absatz 6) angeforderten Steuerbeträge ist eine Zahlungsfrist von einem Monat zu setzen.

Hinweise

LStH 42d.1 *Allgemeines zur Arbeitgeberhaftung*

– *Wegen der Einschränkung der Haftung in den Fällen, in denen sich der Arbeitgeber und der Arbeitnehmer über die Zugehörigkeit von Bezügen zum Arbeitslohn und damit auch über die Notwendigkeit der Eintragung der mit diesen Bezügen zusammenhängenden Werbungskosten irrten und irren konnten, → BFH vom 5.11.1971 (BStBl. 1972 II S. 137).*

– *Die Lohnsteuer ist nicht vorschriftsmäßig einbehalten, wenn der Arbeitgeber im Lohnsteuer-Jahresausgleich eine zu hohe Lohnsteuer erstattet (→ BFH vom 24.1.1975 – BStBl. II S. 420).*

– *Wurde beim Arbeitgeber eine Lohnsteuer-Außenprüfung durchgeführt, bewirkt dies nicht zugleich eine Hemmung der Verjährungsfrist in Bezug auf den Steueranspruch gegen den Arbeitnehmer (→ BFH vom 15.12.1989 – BStBl. 1990 II S. 526).*

– *Der Arbeitgeber hat den Arbeitslohn vorschriftsmäßig gekürzt, wenn er die Lohnsteuer entsprechend den Eintragungen auf der Lohnsteuerkarte berechnet hat und wenn er der Berechnung der Lohnsteuer die für das maßgebende Jahr gültigen Lohnsteuertabellen zugrunde gelegt hat (→ BFH vom 9.3.1990 – BStBl. II S. 608).*

– *Die Lohnsteuer ist dann vorschriftsmäßig einbehalten, wenn in der betreffenden Lohnsteuer-Anmeldung die mit dem Zufluss des Arbeitslohns entstandene Lohnsteuer des Anmeldungszeitraums erfasst wurde. Maßgebend für das Entstehen der Lohnsteuer sind dabei nicht die Kenntnisse und Vorstellungen des Arbeitgebers, sondern die Verwirklichung des Tatbestandes, an den das Gesetz die Besteuerung knüpft. Die haftungsbefreiende Wirkung der Anzeige nach § 41c Abs. 4 EStG setzt voraus, dass die nicht vorschriftsmäßige Einbehaltung der Lohnsteuer vom Arbeitgeber erkannt worden ist. Weicht der Arbeitgeber von einer erteilten Anrufungsauskunft ab, kann er nicht dadurch einen Haftungsausschluss bewirken, indem er die Abweichung dem Betriebsstättenfinanzamt anzeigt (→ BFH vom 4.6.1993 – BStBl. II S. 687).*

– *Bei einer fehlerhaft ausgestellten Lohnsteuerbescheinigung beschränkt sich die Haftung des Arbeitgebers auf die Lohnsteuer, die sich bei der Einkommensteuerveranlagung des Arbeitnehmers ausgewirkt hat (→ BFH vom 22.7.1993 – BStBl. II S. 775).*

– *Führt der Arbeitgeber trotz Nichtvorlage der Lohnsteuerkarte oder der Bescheinigung gemäß § 39d Abs. 1 Satz 3 EStG den Lohnsteuerabzug nicht nach der Steuerklasse VI, sondern nach der Steuerklasse I bis V durch, kann der Arbeitgeber auch nach Ablauf des Kalenderjahres grundsätzlich nach Steuerklasse VI (§ 42d Abs. 1 Nr. 1 EStG) in Haftung genommen werden (→ BFH vom 12.1.2001 – BStBl. 2003 II S. 151).*

– *Die Anzeige des Arbeitgebers nach § 38 Abs. 4 Satz 2 EStG ersetzt die Erfüllung der Einbehaltungspflichten. Bei unterlassener Anzeige hat der Arbeitgeber die Lohnsteuer*

§ 42d

mit den Haftungsfolgen nicht ordnungsgemäß einbehalten (→ BFH vom 9.10.2002 – BStBl. II S. 884).

- **Hat der Arbeitgeber auf Grund unrichtiger Angaben in den Lohnkonten oder den Lohnsteuerbescheinigungen vorsätzlich Lohnsteuer verkürzt, ist ihm als Steuerstraftäter der Einwand verwehrt, das Finanzamt hätte statt seiner die Arbeitnehmer in Anspruch nehmen müssen (→ BFH vom 12.2.2009 – BStBl. II S. 478).**

Ausübung des Ermessens

- Die Grundsätze von Recht und Billigkeit verlangen keine vorrangige Inanspruchnahme des Arbeitnehmers (→ BFH vom 6.5.1959 – BStBl. III S. 292).
- Eine vorrangige Inanspruchnahme des Arbeitgebers vor dem Arbeitnehmer kann unzulässig sein, wenn die Lohnsteuer ebenso schnell und ebenso einfach vom Arbeitnehmer nacherhoben werden kann, weil z.B. der Arbeitnehmer ohnehin zu veranlagen ist (→ BFH vom 30.11.1966 – BStBl. 1967 III S. 331 und vom 12.1.1968 – BStBl. II S. 324); das gilt insbesondere dann, wenn der Arbeitnehmer inzwischen aus dem Betrieb ausgeschieden ist (→ BFH vom 10.1.1964 – BStBl. II S. 213).
- Zur Ermessensprüfung bei geringfügigem Verschulden → BFH vom 21.1.1972 (BStBl. II S. 364).
- Der Inanspruchnahme des Arbeitgebers steht nicht entgegen, dass das Finanzamt über einen längeren Zeitraum von seinen Befugnissen zur Überwachung des Lohnsteuerabzugs und zur Beitreibung der Lohnabzugsbeträge keinen Gebrauch gemacht hat (→ BFH vom 11.8.1978 – BStBl. II S. 683).
- Kann die Steuer beim Arbeitnehmer deshalb nicht nachgefordert werden, weil seine Einkommensteuerveranlagung bestandskräftig ist und die für eine Änderung des Steuerbescheides nach § 173 Abs. 1 Nr. 1 AO erforderlichen Voraussetzungen nicht vorliegen, ist ein Haftungsbescheid gegen den Arbeitgeber in der Regel ermessensfehlerhaft (→ BFH vom 9.10.1992 – BStBl. 1993 II S. 169).
- War die Inanspruchnahme des Arbeitgebers nach der Ermessensprüfung unzulässig, so kann er trotzdem in Anspruch genommen werden, wenn der Versuch des Finanzamts, die Lohnsteuer beim Arbeitnehmer nachzuerheben, erfolglos verlaufen ist (→ BFH vom 18.7.1958 – BStBl. III S. 384) und § 173 Abs. 2 AO dem Erlass eines Haftungsbescheids nicht entgegensteht (→ BFH vom 17.2.1995 – BStBl. II S. 555).
- **Eine vorsätzliche Steuerstraftat prägt das Auswahlermessen für die Festsetzung der Lohnsteuerhaftungsschuld; eine besondere Begründung der Ermessensentscheidung ist entbehrlich (→ BFH vom 12.2.2009 – BStBl. II S. 478).**

Eine Inanspruchnahme des Arbeitgebers kann ausgeschlossen sein, wenn z.B.

- der Arbeitgeber eine bestimmte Methode der Steuerberechnung angewendet und das Finanzamt hiervon Kenntnis erlangt und nicht beanstandet hat oder wenn der Arbeitgeber durch Prüfung und Erörterung einer Rechtsfrage durch das Finanzamt in einer unrichtigen Rechtsauslegung bestärkt wurde (→ BFH vom 20.7.1962 – BStBl. 1963 III S. 23),
- der Arbeitgeber einem entschuldbaren Rechtsirrtum unterlegen ist, weil das Finanzamt eine unklare oder falsche Auskunft gegeben hat (→ BFH vom 24.11.1961 – BStBl. 1962 III S. 37) oder weil er den Angaben in einem Manteltarifvertrag über die Steuerfreiheit vertraut hat (→ BFH vom 18.9.1981 – BStBl. II S. 801),
- der Arbeitgeber den Lohnsteuerabzug entsprechend der von einer Oberfinanzdirektion in einer Verfügung geäußerten Auffassung durchführt, auch wenn er die Verfügung nicht gekannt hat (→ BFH vom 25.10.1985 – BStBl. 1986 II S. 98); das gilt aber nicht, wenn dem Arbeitgeber bekannt war, dass das für ihn zuständige Betriebsstättenfinanzamt eine andere Auffassung vertritt.

Die Inanspruchnahme des Arbeitgebers ist in aller Regel ermessensfehlerfrei, wenn

- die Einbehaltung der Lohnsteuer in einem rechtlich einfach und eindeutig vorliegenden Fall nur deshalb unterblieben ist, weil der Arbeitgeber sich über seine Verpflichtungen nicht hinreichend unterrichtet hat (→ BFH vom 5.2.1971 – BStBl. II S. 353),
- das Finanzamt auf Grund einer fehlerhaften Unterlassung des Arbeitgebers aus tatsächlichen Gründen nicht in der Lage ist, die Arbeitnehmer als Schuldner der Lohnsteuer heranzuziehen (→ BFH vom 7.12.1984 – BStBl. 1985 II S. 164),

- *im Falle einer Nettolohnvereinbarung der Arbeitnehmer nicht weiß, dass der Arbeitgeber die Lohnsteuer nicht angemeldet hat (→ BFH vom 8.11.1985 – BStBl. 1986 II S. 186),*
- *sie der Vereinfachung dient, weil gleiche oder ähnliche Berechnungsfehler bei einer größeren Zahl von Arbeitnehmern gemacht worden sind (→ BFH vom 16.3.1962 – BStBl. III S. 282, vom 6.3.1980 – BStBl. II S. 289 und vom 24.1.1992 – BStBl. II S. 696: regelmäßig bei mehr als 40 Arbeitnehmern),*
- *die individuelle Ermittlung der Lohnsteuer schwierig ist und der Arbeitgeber bereit ist, die Lohnsteuerschulden seiner Arbeitnehmer endgültig zu tragen und keinen Antrag auf Pauschalierung stellt. In diesen und vergleichbaren Fällen kann die nachzufordernde Lohnsteuer unter Anwendung eines durchschnittlichen Bruttosteuersatzes – gegebenenfalls im Schätzungswege – ermittelt werden (→ BFH vom 7.12.1984 – BStBl. 1985 II S. 170, vom 12.6.1986 – BStBl. II S. 681 und vom 29.10.1993 – BStBl. 1994 II S. 197),*
- *der Arbeitgeber in schwierigen Fällen, in denen bei Anwendung der gebotenen Sorgfalt Zweifel über die Rechtslage kommen müssen, einem Rechtsirrtum unterliegt, weil er von der Möglichkeit der Anrufungsauskunft (§ 42e EStG) keinen Gebrauch gemacht hat (→ BFH vom 18.8.2005 – BStBl. 2006 II S. 30 und vom 29.5.2008 – BStBl. II S. 933).*

Ermessensbegründung
- *Die Ermessensentscheidung des Finanzamts muss im Haftungsbescheid, spätestens aber in der Einspruchsentscheidung begründet werden, andernfalls ist sie im Regelfall fehlerhaft. Dabei müssen die bei der Ausübung des Verwaltungsermessens angestellten Erwägungen – die Abwägung des Für und Wider der Inanspruchnahme des Haftungsschuldners – aus der Entscheidung erkennbar sein. Insbesondere muss zum Ausdruck kommen, warum der Haftungsschuldner anstatt des Steuerschuldners oder an Stelle anderer ebenfalls für die Haftung in Betracht kommender Personen in Anspruch genommen wird (→ BFH vom 8.11.1988 – BStBl. 1989 II S. 219).*
- *Enthält der Haftungsbescheid keine Aufgliederung des Haftungsbetrags auf die Anmeldungszeiträume, so ist er nicht deshalb nichtig (→ BFH vom 22.11.1988 – BStBl. 1989 II S. 220).*
- *Nimmt das Finanzamt sowohl den Arbeitgeber nach § 42d EStG als auch den früheren Gesellschafter-Geschäftsführer u. a. wegen Lohnsteuer-Hinterziehung nach § 71 AO in Haftung, so hat es insoweit eine Ermessensentscheidung nach § 191 Abs. 1 i. V. m. § 5 AO zu treffen und die Ausübung dieses Ermessens regelmäßig zu begründen (→ BFH vom 9.8.2002 – BStBl. 2003 II S. 160).*

Haftung anderer Personen
- *Zur Frage der Pflichtverletzung bei der Abführung von Lohnsteuer durch den Geschäftsführer einer GmbH → BFH vom 20.4.1982 (BStBl. II S. 521).*
- *Zur Frage der Pflichtverletzung des Geschäftsführers bei Zahlung von Arbeitslohn aus dem eigenen Vermögen → BFH vom 22.11.2005 (BStBl. 2006 II S. 397).*
- *Die steuerrechtlich und die insolvenzrechtlich unterschiedliche Bewertung der Lohnsteuer-Abführungspflicht des Arbeitgebers in insolvenzreifer Zeit kann zu einer Pflichtenkollision führen. Eine solche steht der Haftung des Geschäftsführers wegen Nichtabführung der Lohnsteuer aber jedenfalls dann nicht entgegen, wenn der Insolvenzverwalter die Beträge im gedachten Falle der pflichtgemäßen Zahlung der Lohnsteuer vom FA deshalb nicht herausverlangen kann, weil die Anfechtungsvoraussetzungen nach §§ 129 ff. InsO nicht vorliegen (→ BFH vom 27.2.2007 – BStBl. 2009 II S. 348).*
- *Die gesellschaftsrechtliche Pflicht des Geschäftsführers zur Sicherung der Masse i.S.d. § 64 Abs. 2 GmbHG kann die Verpflichtung zur Vollabführung der Lohnsteuer allenfalls in den drei Wochen suspendieren, die dem Geschäftsführer ab Kenntnis der Überschuldung bzw. Zahlungsunfähigkeit der GmbH nach § 64 Abs. 1 GmbHG eingeräumt sind, um die Sanierungsfähigkeit der GmbH zu prüfen und Sanierungsversuche durchzuführen. Nur in diesem Zeitraum kann das die Haftung nach § 69 AO begründende Verschulden ausgeschlossen sein (→ BFH vom 27.2.2007 – BStBl. 2009 II S. 348).*
- *Der Geschäftsführer einer GmbH kann als Haftungsschuldner für die von der GmbH nicht abgeführte Lohnsteuer auch insoweit in Anspruch genommen werden, als die Steuer auf seinen eigenen Arbeitslohn entfällt (→ BFH vom 15.4.1987 – BStBl. 1988 II S. 167).*

- Zu den Anforderungen an die inhaltliche Bestimmtheit von Lohnsteuerhaftungsbescheiden bei der Haftung von Vertretern → BFH vom 8.3.1988 (BStBl. II S. 480).
- Zum Umfang der Haftung bei voller Auszahlung der Nettolöhne → BFH vom 26.7.1988 (BStBl. II S. 859).
- Durch privatrechtliche Vereinbarungen im Gesellschaftsvertrag kann die Haftung der Gesellschafter einer Gesellschaft bürgerlichen Rechts nicht auf das Gesellschaftsvermögen beschränkt werden (→ BFH vom 27.3.1990 – BStBl. II S. 939).
- Das Auswahlermessen für die Inanspruchnahme eines von zwei jeweils alleinvertretungsberechtigten GmbH-Geschäftsführern als Haftungsschuldner ist in der Regel nicht sachgerecht ausgeübt, wenn das Finanzamt hierfür allein auf die Beteiligungsverhältnisse der Geschäftsführer am Gesellschaftskapital abstellt (→ BFH vom 29.5.1990 – BStBl. II S. 1008).
- Zum Zeitpunkt der Anmeldung und Fälligkeit der einzubehaltenden Lohnsteuer und seine Auswirkung auf die Geschäftsführerhaftung → BFH vom 17.11.1992 (BStBl. 1993 II S. 471).
- Ein ehrenamtlich und unentgeltlich tätiger Vorsitzender eines Vereins, der sich als solcher wirtschaftlich betätigt und zur Erfüllung seiner Zwecke Arbeitnehmer beschäftigt, haftet für die Erfüllung der steuerlichen Verbindlichkeiten des Vereins grundsätzlich nach denselben Grundsätzen wie ein Geschäftsführer einer GmbH (→ BFH vom 23.6.1998 – BStBl. II S. 761).
- Eine unzutreffende, jedoch bestandskräftig gewordene Lohnsteuer-Anmeldung muss sich der als Haftungsschuldner in Anspruch genommene Geschäftsführer einer GmbH dann nicht nach § 166 AO entgegenhalten lassen, wenn er nicht während der gesamten Dauer der Rechtsbehelfsfrist Vertretungsmacht und damit das Recht hatte, namens der GmbH zu handeln (→ BFH vom 24.8.2004 – BStBl. 2005 II S. 127).

Haftungsverfahren
- Wurde nach einer ergebnislosen Lohnsteuer-Außenprüfung der Vorbehalt der Nachprüfung aufgehoben, steht einer Änderung der Lohnsteuer-Anmeldung nach § 173 Abs. 1 AO durch Erlass eines Lohnsteuer-Haftungsbescheides die Änderungssperre des § 173 Abs. 2 AO entgegen, es sei denn, es liegt eine Steuerhinterziehung oder eine leichtfertige Steuerverkürzung vor (→ BFH vom 15.5.1992 - BStBl. 1993 II S. 840 und vom 7.2.2008 – BStBl. 2009 II S. 703). Gleiches gilt, wenn nach einer Lohnsteuer-Außenprüfung bereits ein Lohnsteuer-Haftungsbescheid ergangen ist und der Vorbehalt der Nachprüfung für die betreffenden Lohnsteuer-Anmeldungen aufgehoben worden ist (→ BFH vom 15.5.1992 – BStBl. 1993 II S. 829).
- Wird im Anschluss an eine Außenprüfung pauschale Lohnsteuer fälschlicherweise durch einen Haftungsbescheid geltend gemacht, kann mit der Aufhebung des Haftungsbescheides die Unanfechtbarkeit i.S.d. § 171 Abs. 4 Satz 1 AO und damit das Ende der Ablaufhemmung für die Festsetzungsfrist eintreten. Der Eintritt der Festsetzungsverjährung kann nur vermieden werden, wenn der inkorrekte Haftungsbescheid erst dann aufgehoben wird, nachdem zuvor der formell korrekte Nachforderungsbescheid erlassen worden ist (→ BFH vom 6.5.1994 – BStBl. II S. 715).
- Wird vom Arbeitgeber Lohnsteuer in einer Vielzahl von Fällen nachgefordert, so ist die Höhe der Lohnsteuer trotz des damit verbundenen Arbeitsaufwands grundsätzlich individuell zu ermitteln. Etwas anderes gilt dann, wenn entweder die Voraussetzungen des § 162 AO für eine Schätzung der Lohnsteuer vorliegen oder der Arbeitgeber der Berechnung der Haftungsschuld mit einem durchschnittlichen Steuersatz zugestimmt hat (→ BFH vom 17.3.1994 – BStBl. II S. 536).
- Auch die Ansprüche gegenüber dem Haftenden unterliegen der Verjährung (→ § 191 Abs. 3 AO). Die Festsetzungsfrist für einen Lohnsteuer-Haftungsbescheid endet nicht vor Ablauf der Festsetzungsfrist für die Lohnsteuer (§ 191 Abs. 3 Satz 4 1. Halbsatz AO). Der Beginn der Festsetzungsfrist für die Lohnsteuer richtet sich nach § 170 Abs. 2 Satz 1 Nr. 1 AO. Für den Beginn der die Lohnsteuer betreffenden Festsetzungsfrist ist die Lohnsteuer-Anmeldung (Steueranmeldung) und nicht die Einkommensteuererklärung der betroffenen Arbeitnehmer maßgebend (→ BFH vom 6.3.2008 – BStBl. II S. 597).
- Wenn ein Arbeitgeber die Lohnsteuer trotz gesetzlicher Verpflichtung nicht anmeldet und abführt, kann das Finanzamt sie durch Schätzungsbescheid festsetzen. Die Möglichkeit,

einen Haftungsbescheid zu erlassen, steht dem nicht entgegen (→ BFH vom 7.7.2004 – BStBl. II S. 1087).

Nachforderungsverfahren
- *Hat der Arbeitgeber Arbeitslohn nach § 40a Abs. 3 EStG pauschal versteuert, obwohl nicht die Voraussetzungen dieser Vorschrift, sondern die des § 40a Abs. 2 EStG erfüllt sind, so kann ein Nachforderungsbescheid nur erlassen werden, wenn sich der Arbeitgeber eindeutig zu einer Pauschalierung nach § 40a Abs. 2 EStG bereit erklärt hat (→ BFH vom 25.5.1984 – BStBl. II S. 569).*
- *Wird Lohnsteuer für frühere Kalenderjahre nachgefordert, so braucht die Steuerschuld nur nach Kalenderjahren aufgegliedert zu werden (→ BFH vom 18.7.1985 – BStBl. 1986 II S. 152).*
- **Die Nachforderung pauschaler Lohnsteuer beim Arbeitgeber setzt voraus, dass der Arbeitgeber der Pauschalierung zustimmt (→ BFH vom 20.11.2008 – BStBl. 2009 II S. 374).**

Rechtsbehelf gegen den Haftungsbescheid
- *Der Arbeitnehmer hat gegen diesen Haftungsbescheid insoweit ein Einspruchsrecht, als er persönlich für die nachgeforderte Lohnsteuer in Anspruch genommen werden kann (→ BFH vom 29.6.1973 – BStBl. II S. 780).*
- *Wird der Arbeitgeber nach dem Entscheidungssatz des Bescheids als Haftender in Anspruch genommen, so ist der Bescheid unwirksam, wenn nach seiner Begründung pauschale Lohnsteuer nachgefordert wird (→ BFH vom 15.3.1985 – BStBl. II S. 581).*
- *Wird Lohnsteuer für frühere Kalenderjahre nachgefordert, so braucht der Haftungsbetrag nur nach Kalenderjahren aufgegliedert zu werden (→ BFH vom 18.7.1985 – BStBl. 1986 II S. 152).*
- *Der Haftungsbetrag ist grundsätzlich auf die einzelnen Arbeitnehmer aufzuschlüsseln; wegen der Ausnahmen → BFH vom 8.11.1985 (BStBl. 1986 II S. 274) und die dort genannten Urteile.*
- *Werden zu verschiedenen Zeiten und auf Grund unterschiedlicher Tatbestände entstandene Haftungsschulden in einem Haftungsbescheid festgesetzt und ficht der Haftungsschuldner diesen Sammelhaftungsbescheid nur hinsichtlich ganz bestimmter Haftungsfälle an, so erwächst der restliche Teil des Bescheids in Bestandskraft (→ BFH vom 4.7.1986 – BStBl. II S. 921).*
- *Der Arbeitnehmer kann sich als Steuerschuldner nicht darauf berufen, dass die haftungsweise Inanspruchnahme des Arbeitgebers wegen Nichtbeanstandung seines Vorgehens bei einer vorangegangenen Außenprüfung gegen Treu und Glauben verstoßen könnte (→ BFH vom 27.3.1991 – BStBl. II S. 720).*
- *In einem allein vom Arbeitnehmer veranlassten Einspruchsverfahren ist der Arbeitgeber hinzuzuziehen (→ § 360 AO).*

Zusammengefasster Steuer- und Haftungsbescheid
- *Steuerschuld und Haftungsschuld können äußerlich in einer Verfügung verbunden werden (→ BFH vom 16.11.1984 – BStBl. 1985 II S. 266).*
- *Wird vom Arbeitgeber pauschale Lohnsteuer nacherhoben und wird er zugleich als Haftungsschuldner in Anspruch genommen, so ist die Steuerschuld von der Haftungsschuld zu trennen. Dies kann im Entscheidungssatz des zusammengefassten Steuer- und Haftungsbescheids, in der Begründung dieses Bescheids oder in dem dem Arbeitgeber bereits bekannten oder beigefügten Bericht einer Lohnsteuer-Außenprüfung, auf den zur Begründung Bezug genommen ist, geschehen (→ BFH vom 1.8.1985 – BStBl. II S. 664).*

LStR

R 42d.2 Haftung bei Arbeitnehmerüberlassung

Allgemeines

(1) ¹Bei Arbeitnehmerüberlassung ist steuerrechtlich grundsätzlich der Verleiher Arbeitgeber der Leiharbeitnehmer (→ **R 19.1 Satz 5**). ²Dies gilt für einen ausländischen Verleiher (→ R **38.3** Abs. 1 Satz 2) selbst dann, wenn der Entleiher Arbeitgeber im Sinne eines Doppelbesteuerungsabkommens ist; die Arbeitgebereigenschaft des Entleihers nach einem Doppelbesteuerungsabkommen hat nur Bedeutung

§ 42d RL 42d.2

für die Zuweisung des Besteuerungsrechts. ³Wird der Entleiher als Haftungsschuldner in Anspruch genommen, ist wegen der unterschiedlichen Voraussetzungen und Folgen stets danach zu unterscheiden, ob er als Arbeitgeber der Leiharbeitnehmer oder als Dritter nach § 42d Abs. 6 EStG neben dem Verleiher als dem Arbeitgeber der Leiharbeitnehmer haftet.

Inanspruchnahme des Entleihers nach § 42d Abs. 6 EStG

(2) ¹Der Entleiher haftet nach § 42d Abs. 6 EStG wie der Verleiher (Arbeitgeber), jedoch beschränkt auf die Lohnsteuer für die Zeit, für die ihm der Leiharbeitnehmer überlassen worden ist. ²Die Haftung des Entleihers richtet sich deshalb nach denselben Grundsätzen wie die Haftung des Arbeitgebers. ³Sie scheidet aus, wenn der Verleiher als Arbeitgeber nicht haften würde. ⁴Die Haftung des Entleihers kommt nur bei gewerbsmäßiger Arbeitnehmerüberlassung nach § 1 des Arbeitnehmerüberlassungsgesetzes (AÜG)¹⁾ in Betracht. ⁵Die Arbeitnehmerüberlassung ist gewerbsmäßig, wenn die gewerberechtlichen Voraussetzungen vorliegen. ⁶Gewerbsmäßig handelt danach derjenige Unternehmer (Verleiher), der Arbeitnehmerüberlassung nicht nur gelegentlich, sondern auf Dauer betreibt und damit wirtschaftliche Vorteile erzielen will. ⁷Die Voraussetzungen können z. B. nicht erfüllt sein, wenn Arbeitnehmer gelegentlich zwischen selbständigen Betrieben zur Deckung eines kurzfristigen Personalmehrbedarfs ausgeliehen werden, in andere Betriebsstätten ihres Arbeitgebers entsandt oder zu Arbeitsgemeinschaften freigestellt werden. ⁸Arbeitnehmerüberlassung liegt nicht vor, wenn das Überlassen von Arbeitnehmern als Nebenleistung zu einer anderen Leistung anzusehen ist, wenn z. B. im Falle der Vermietung von Maschinen und Überlassung des Bedienungspersonals der wirtschaftliche Wert der Vermietung überwiegt. ⁹In den Fällen des § 1 Abs. 1 Satz 2 und Abs. 3 AÜG ist ebenfalls keine Arbeitnehmerüberlassung anzunehmen.

(3) ¹Zur rechtlichen Würdigung eines Sachverhalts mit drittbezogener Tätigkeit als Arbeitnehmerüberlassung und ihre Abgrenzung insbesondere gegenüber einem Werkvertrag ist entscheidend auf das Gesamtbild der Tätigkeit abzustellen. ²Auf die Bezeichnung des Rechtsgeschäfts, z. B. als Werkvertrag, kommt es nicht entscheidend an. ³Auf Arbeitnehmerüberlassung weisen z. B. folgende Merkmale hin:

1. Der Inhaber der Drittfirma (Entleiher) nimmt im Wesentlichen das Weisungsrecht des Arbeitgebers wahr;
2. der mit dem Einsatz des Arbeitnehmers verfolgte Leistungszweck stimmt mit dem Betriebszweck der Drittfirma überein;
3. das zu verwendende Werkzeug wird im Wesentlichen von der Drittfirma gestellt, es sei denn auf Grund von Sicherheitsvorschriften;
4. die mit anderen Vertragstypen, insbesondere Werkvertrag, verbundenen Haftungsrisiken sind ausgeschlossen oder beschränkt worden;
5. die Arbeit des eingesetzten Arbeitnehmers gegenüber dem entsendenden Arbeitgeber wird auf der Grundlage von Zeiteinheiten vergütet.

⁴Bei der Prüfung der Frage, ob Arbeitnehmerüberlassung vorliegt, ist die Auffassung der Bundesagentur für Arbeit zu berücksichtigen. ⁵Eine Inanspruchnahme des Entleihers kommt regelmäßig nicht in Betracht, wenn die Bundesagentur für Arbeit gegenüber dem Entleiher die Auffassung geäußert hat, bei dem verwirklichten Sachverhalt liege Arbeitnehmerüberlassung nicht vor.

(4) ¹Ausnahmen von der Entleiherhaftung enthält § 42d Abs. 6 Satz 2 und 3 EStG. ²Der Überlassung liegt eine Erlaubnis nach § 1 AÜG i.S.d. des § 42d Abs. 6 Satz 2 EStG immer dann zugrunde, wenn der Verleiher eine Erlaubnis nach § 1 AÜG zur Zeit des Verleihs besessen hat oder die Erlaubnis in dieser Zeit nach § 2 Abs. 4 AÜG als fortbestehend gilt, d.h. bis zu 12 Monaten nach Erlöschen der Erlaubnis für die Abwicklung der erlaubt abgeschlossenen Verträge. ³Der Überlassung liegt jedoch keine Erlaubnis zugrunde, wenn Arbeitnehmer gewerbsmäßig in Betriebe des Baugewerbes für Arbeiten überlassen werden, die üblicherweise von Arbeitern verrichtet werden, weil dies nach § 1b AÜG unzulässig ist und sich die Erlaubnis nach § 1 AÜG auf solchen Verleih nicht erstreckt, es sei denn, die Überlassung erfolgt zwischen Betrieben des Baugewerbes, die von denselben Rahmen- und Sozialkassentarifverträgen oder von der Allgemeinverbindlichkeit erfasst werden. ⁴Bei erlaubtem Verleih durch einen inländischen Verleiher haftet der Entleiher nicht. ⁵Der Entleiher trägt die Feststellungslast, wenn er sich darauf beruft, dass er über das Vorliegen einer Arbeitnehmerüberlassung ohne Verschulden irrte (§ 42d Abs. 6 Satz 3 EStG). ⁶Bei der Inanspruchnahme des Entleihers ist Absatz 3 zu berücksichtigen. ⁷Im Bereich unzulässiger Arbeitnehmerüberlassung sind wegen des Verbots in § 1b AÜG strengere Maßstäbe anzulegen, wenn sich der Entleiher darauf beruft, ohne Verschulden einem Irrtum erlegen zu sein. ⁸Dies gilt insbesondere, wenn das Überlassungsentgelt deutlich günstiger ist als dasjenige von anderen Anbietern. ⁹Ob der Verleiher eine Erlaubnis nach § 1 AÜG hat, muss der Verleiher in dem schriftlichen Überlas-

---

1) Anhang 9.

sungsvertrag nach § 12 Abs. 1 AÜG erklären und kann der Entleiher selbst oder das Finanzamt durch Anfrage bei der Regionaldirektion der Bundesagentur für Arbeit erfahren oder überprüfen.

(5) ¹Die Höhe des Haftungsbetrags ist auf die Lohnsteuer begrenzt, die vom Verleiher ggf. anteilig für die Zeit einzubehalten war, für die der Leiharbeitnehmer dem Entleiher überlassen war. ²Hat der Verleiher einen Teil der von ihm insgesamt einbehaltenen und angemeldeten Lohnsteuer für den entsprechenden Lohnsteuer-Anmeldungszeitraum gezahlt, wobei er auch die Lohnsteuer des dem Entleiher überlassenen Leiharbeitnehmers berücksichtigt hat, mindert sich der Haftungsbetrag im Verhältnis von angemeldeter zu gezahlter Lohnsteuer.

(6) ¹Der Haftungsbescheid kann gegen den Entleiher ergehen, wenn die Voraussetzungen der Haftung erfüllt sind. ²Auf Zahlung darf er jedoch erst in Anspruch genommen werden nach einem fehlgeschlagenen Vollstreckungsversuch in das inländische bewegliche Vermögen des Verleihers oder wenn die Vollstreckung keinen Erfolg verspricht (§ 42d Abs. 6 Satz 6 EStG). ³Eine vorherige Zahlungsaufforderung an den Arbeitnehmer oder ein Vollstreckungsversuch bei diesem ist nicht erforderlich (entsprechende Anwendung des § 219 Satz 2 AO).

Inanspruchnahme des Verleihers nach § 42d Abs. 7 EStG

(7) ¹Nach § 42d Abs. 7 EStG kann der Verleiher, der steuerrechtlich nicht als Arbeitgeber zu behandeln ist, wie ein Entleiher nach § 42d Abs. 6 EStG als Haftender in Anspruch genommen werden. ²Insoweit kann er erst nach dem Entleiher auf Zahlung in Anspruch genommen werden. ³Davon zu unterscheiden ist der Erlass des Haftungsbescheids, der vorher ergehen kann. ⁴Gegen den Haftungsbescheid kann sich der Verleiher deswegen nicht mit Erfolg darauf berufen, der Entleiher sei auf Grund der tatsächlichen Abwicklung einer unerlaubten Arbeitnehmerüberlassung als Arbeitgeber aller oder eines Teils der überlassenen Leiharbeitnehmer zu behandeln.

Sicherungsverfahren nach § 42d Abs. 8 EStG

(8) ¹Als Sicherungsmaßnahme kann das Finanzamt den Entleiher verpflichten, einen bestimmten Euro-Betrag oder einen als **Prozentsatz** bestimmten Teil des vereinbarten Überlassungsentgelts einzubehalten und abzuführen. ²Hat der Entleiher bereits einen Teil der geschuldeten Überlassungsvergütung an den Verleiher geleistet, kann der Sicherungsbetrag mit einem bestimmten Euro-Betrag oder als **Prozentsatz** bis zur Höhe des Restentgelts festgesetzt werden. ³Die Sicherungsmaßnahme ist nur anzuordnen in Fällen, in denen eine Haftung in Betracht kommen kann. ⁴Dabei darf berücksichtigt werden, dass sie den Entleiher im Ergebnis weniger belasten kann als die nachfolgende Haftung, wenn er z. B. einen Rückgriffsanspruch gegen den Verleiher nicht durchsetzen kann.

Haftungsverfahren

(9) Wird der Entleiher oder Verleiher als Haftungsschuldner in Anspruch genommen, ist ein Haftungsbescheid zu erlassen (→ R **42d.1** Abs. 5).

Zuständigkeit

(10) ¹Zuständig für den Haftungsbescheid gegen den Entleiher oder Verleiher ist das Betriebsstättenfinanzamt des Verleihers (§ 42d Abs. 6 Satz 9 EStG). ²Wird bei einem Entleiher festgestellt, dass seine Inanspruchnahme als Haftungsschuldner nach § 42d Abs. 6 EStG in Betracht kommt, ist das Betriebsstättenfinanzamt des Verleihers einzuschalten. ³Bei Verleih durch einen ausländischen Verleiher (→ § 38 Abs. 1 Satz 1 Nr. 2 EStG) ist das Betriebsstättenfinanzamt des Entleihers zuständig, wenn dem Finanzamt keine andere Überlassung des Verleihers im Inland bekannt ist, da es zugleich Betriebsstättenfinanzamt des Verleihers nach § 41 Abs. 2 Satz 2 EStG ist. ⁴Dies gilt grundsätzlich auch für eine Sicherungsmaßnahme nach § 42d Abs. 8 EStG. ⁵Darüber hinaus ist für eine Sicherungsmaßnahme jedes Finanzamt zuständig, in dessen Bezirk der Anlass für die Amtshandlung hervortritt, insbesondere bei Gefahr im Verzug (§§ 24, 29 AO).

Hinweise

LStH 42d.2 Abgrenzungsfragen

Zur Abgrenzung zwischen Arbeitnehmerüberlassung und Werk- oder Dienstverträgen bei Einsatz hochqualifizierter Mitarbeiter des Auftragnehmers → BFH vom 18.1.1991 (BStBl. II S. 409).

Arbeitnehmerüberlassung im Baugewerbe

Die Haftung des Entleihers nach § 42d Abs. 6 EStG sowie die Anordnung einer Sicherungsmaßnahme nach § 42d Abs. 8 EStG sind ausgeschlossen, soweit der zum Steuerabzug nach § 48 Abs. 1 EStG verpflichtete Leistungsempfänger den Abzugsbetrag einbehalten und abgeführt hat bzw. dem Leistungsempfänger im Zeitpunkt der Abzugsverpflichtung eine

Freistellungsbescheinigung des Leistenden vorliegt, auf deren Rechtmäßigkeit er vertrauen durfte (→ § 48 Abs. 4 Nr. 2, § 48b Abs. 5 EStG).

Arbeitnehmerüberlassung im Konzern
Überlässt eine im Ausland ansässige Kapitalgesellschaft von ihr eingestellte Arbeitnehmer an eine inländische Tochtergesellschaft gegen Erstattung der von ihr gezahlten Lohnkosten, so ist die inländische Tochtergesellschaft nicht Arbeitgeber im lohnsteuerlichen Sinne. Sie haftet daher für nicht einbehaltene Lohnsteuer nur unter den Voraussetzungen des § 42d Abs. 6 EStG (→ BFH vom 24.3.1999 – BStBl. 2000 II S. 41).

Steuerrechtlicher Arbeitgeber
Der Verleiher ist grundsätzlich auch bei unerlaubter Arbeitnehmerüberlassung Arbeitgeber der Leiharbeitnehmer, da § 10 Abs. 1 AÜG, der den Entleiher bei unerlaubter Arbeitnehmerüberlassung als Arbeitgeber der Leiharbeitnehmer bestimmt, steuerrechtlich nicht maßgebend ist. Der Entleiher kann jedoch nach dem Gesamtbild der tatsächlichen Gestaltung der Beziehungen zu den für ihn tätigen Leiharbeitnehmern und zum Verleiher, insbesondere bei Entlohnung der Leiharbeitnehmer, steuerrechtlich Arbeitgeber sein (→ BFH vom 2.4.1982 – BStBl. II S. 502).

Zuständige Finanzämter für ausländische Verleiher
→ LStH 41.3

LStR

R 42d.3 Haftung bei Lohnsteuerabzug durch einen Dritten

[1]In den Fällen der Lohnzahlung durch Dritte haftet der Dritte in beiden Fallgestaltungen des § 38 Abs. 3a EStG neben dem Arbeitgeber (§ 42d Abs. 9 EStG). [2]Es besteht eine Gesamtschuldnerschaft zwischen Arbeitgeber, dem Dritten und dem Arbeitnehmer. [3]Das Finanzamt muss die Wahl, an welchen Gesamtschuldner es sich halten will, nach pflichtgemäßem Ermessen unter Beachtung der durch Recht und Billigkeit gezogenen Grenzen und unter verständiger Abwägung der Interessen aller Beteiligten treffen. [4]Eine Haftungsinanspruchnahme des Arbeitgebers unterbleibt, wenn beim Arbeitnehmer selbst eine Nachforderung unzulässig ist, weil der Mindestbetrag nach § 42d Abs. 5 EStG nicht überschritten wird. [5]Für die durch Haftungsbescheid angeforderten Steuerbeträge ist eine Zahlungsfrist von einem Monat zu setzen.

ESt-Kartei NW

1000. Steuerliche Fragen im Zusammenhang mit Nettolohnvereinbarungen – Hinweis auf § 19 Fach 2 Nr. 1000 –

Rechtsprechungsauswahl

BFH v. 21. 1. 2010 VI R 2/08 (BFH-Webseite): Übernahme von Steuerberatungskosten ist Arbeitslohn
Die Übernahme von Steuerberatungskosten für die Erstellung von Einkommensteuererklärungen der Arbeitnehmer durch den Arbeitgeber führt bei Vorliegen einer Nettolohnvereinbarung zu Arbeitslohn.

BFH v. 30. 7. 2009 VI R 29/06 (BStBl. 2010 II S. 148):
1. Maßgeblich für den Lohnsteuereinbehalt vom laufenden Arbeitslohn bei einer Nettolohnvereinbarung ist der Arbeitslohn, der vermindert um die übernommenen Lohnabzüge den arbeitsvertraglich vereinbarten Nettobetrag ergibt. Damit ist die steuerliche Ausgangsgröße des Lohnsteuerabzugs auch im Fall der Nettolohnabrede ein Bruttobetrag.
2. Ein Einkommensteuererstattungsanspruch, den der Arbeitnehmer im Rahmen einer Nettolohnvereinbarung seinem Arbeitgeber abgetreten hat, ist deshalb im Rahmen des Lohnsteuereinbehalts nur durch einen Abzug vom laufenden (Brutto)Arbeitslohn und nicht durch eine Verminderung des laufenden Nettolohns zu berücksichtigen.
3. Eine Hochrechnung der Steuererstattung auf einen fiktiven Bruttobetrag ist nicht möglich.

BFH v. 21. 7. 2009 VII R 49/08 (BStBl. 2010 II S. 13): Jedenfalls nach der Rechtslage bis zum Inkrafttreten des Gesetzes zur Vereinfachung des Insolvenzverfahrens vom 13. April 2007 konnte das FA den Insolvenzverwalter über das Vermögen des Geschäftsführers einer GmbH, der nach Eröffnung des Insolvenzverfahrens die von der GmbH geschuldeten Lohnsteuern nicht abgeführt hat, nicht mit Haftungsbescheid in Anspruch nehmen. Die Haftungsschuld war keine Masseverbindlichkeit. Die bloße

Rechtsprechung § 42d

Duldung der Geschäftsführertätigkeit durch den Insolvenzverwalter erfüllte nicht das Tatbestandsmerkmal des Verwaltens der Insolvenzmasse i.S. des § 55 Abs. 1 Nr. 1 2. Halbsatz InsO.

BFH v. 12. 2. 2009 VI R 40/07 (BStBl. II S. 478):
1. Liegt eine vorsätzlich begangene Steuerstraftat vor, ist das Auswahlermessen des FA insoweit vorgeprägt, als die Haftungsschuld gegen den Steuerstraftäter festzusetzen ist und dass es einer besonderen Begründung dieser Ermessensbetätigung nicht bedarf.
2. Diese Vorprägung des Ermessens gilt insbesondere auch dann, wenn sich mehrere Haftungsschuldner einer Steuerhinterziehung schuldig gemacht haben und deshalb bei der Ausübung des Auswahlermessens grundsätzlich gleichrangig nebeneinander stehen.
3. Der jeweils betroffene Haftungsschuldner kann in diesem Fall nicht beanspruchen, dass das FA bei der Ermessensausübung in einer Weise differenziert, dass andere Haftungsschuldner abgabenrechtlich in Anspruch genommen werden, er selbst hingegen nicht.

BFH v. 20. 11. 2008 VI R 4/06 (BStBl. 2009 II S. 374):
1. Ob die von einem Warenproduzenten im Rahmen des Vertriebs in Warenhäusern beschäftigten Servicekräfte als Arbeitnehmer anzusehen sind, ist anhand einer Vielzahl in Betracht kommender Merkmale nach dem Gesamtbild der Verhältnisse zu beurteilen.
2. Die Nachforderung pauschaler Lohnsteuer beim Arbeitgeber setzt voraus, dass der Arbeitgeber der Pauschalierung zustimmt.

BFH v. 11. 11. 2008 VII R 19/08 (BStBl. 2009 II S. 342):
1. Die erforderliche Kausalität zwischen der Pflichtverletzung und dem mit der Haftung geltend gemachten Schaden richtet sich wegen des Schadensersatzcharakters der Haftung nach § 69 AO wie bei zivilrechtlichen Schadensersatzansprüchen nach der Adäquanztheorie.
2. Die erfolgreiche Insolvenzanfechtung einer erst nach Fälligkeit abgeführten Lohnsteuer unterbricht den Kausalverlauf zwischen Pflichtverletzung und Schadenseintritt jedenfalls dann nicht, wenn der Fälligkeitszeitpunkt vor dem Beginn der Anfechtungsfrist lag.
3. Die Pflicht zur Begleichung der Steuerschuld der GmbH im Zeitpunkt ihrer Fälligkeit ist dem Geschäftsführer nach § 34 Abs. 1 AO, § 41a EStG nicht allein zur Vermeidung eines durch eine verspätete Zahlung eintretenden Zinsausfalls auferlegt, sondern soll auch die Erfüllung der Steuerschuld nach den rechtlichen und wirtschaftlichen Gegebenheiten zum Zeitpunkt ihrer Fälligkeit sicherstellen.
4. Der Zurechnungszusammenhang zwischen einer pflichtwidrig verspäteten Lohnsteuerzahlung und dem eingetretenen Schaden (Steuerausfall) ergibt sich daraus, dass dieser Schaden vom Schutzzweck der verletzten Pflicht zur fristgemäßen Lohnsteuerabführung erfasst wird.

BFH v. 23. 9. 2008 VII R 27/07 (BStBl. 2009 II S. 129):
1. Allein der Antrag auf Eröffnung des Insolvenzverfahrens befreit den GmbH-Geschäftsführer nicht von der Haftung wegen Nichtabführung der einbehaltenen Lohnsteuer.
2. Sind im Zeitpunkt der Lohnsteuer-Fälligkeit noch liquide Mittel zur Zahlung der Lohnsteuer vorhanden, besteht die Verpflichtung des Geschäftsführers zu deren Abführung so lange, bis ihm durch Bestellung eines (starken) Insolvenzverwalters oder Eröffnung des Insolvenzverfahrens die Verfügungsbefugnis entzogen wird.
3. Die Haftung ist auch nicht ausgeschlossen, wenn die Nichtzahlung der fälligen Steuern in die dreiwöchige Schonfrist fällt, die dem Geschäftsführer zur Massesicherung ab Feststellung der Zahlungsunfähigkeit gemäß § 64 Abs. 1 Satz 1 GmbHG eingeräumt ist (Fortentwicklung der Senatsrechtsprechung im Hinblick auf die geänderte Rechtsprechung des BGH im Urteil vom 14. Mai 2007 II ZR 48/06, DStR 2007, 1174, HFR 2007, 1242).

BFH v. 29. 5. 2008 VI R 11/07 (BStBl. II S. 933):
1. Ob Telefoninterviewer als Arbeitnehmer anzusehen sind, ist anhand einer Vielzahl in Betracht kommender Merkmale nach dem Gesamtbild der Verhältnisse zu beurteilen.
2. Ein bei Inanspruchnahme des Arbeitgebers als Lohnsteuer-Haftungsschuldner beachtlicher entschuldbarer Rechtsirrtum des Arbeitgebers liegt regelmäßig nicht vor, wenn dieser die Möglichkeit der Anrufungsauskunft (§ 42e EStG) hat, davon jedoch keinen Gebrauch macht.
3. Auch bei Schätzung der Höhe der Lohnsteuer-Haftungsschuld sind alle Umstände zu berücksichtigen, die für die Schätzung von Bedeutung sind. Ein Verstoß gegen § 162 Abs. 1 Satz 2 AO kann nicht durch pauschale Abschläge auf die Haftungsschuld geheilt werden.

§ 42d
Rechtsprechung

BFH v. 6. 3. 2008 VI R 5/05 (BStBl. II S. 597):
1. Die Festsetzungsfrist für einen Lohnsteuer-Haftungsbescheid endet nicht vor Ablauf der Festsetzungsfrist für die Lohnsteuer (§ 191 Abs. 3 Satz 4 1. Halbsatz AO).
2. Der Beginn der Festsetzungsfrist für die Lohnsteuer richtet sich nach § 170 Abs. 2 Satz 1 Nr. 1 AO.
3. Für den Beginn der die Lohnsteuer betreffenden Festsetzungsfrist ist die Lohnsteuer-Anmeldung (Steueranmeldung) und nicht die Einkommensteuererklärung der betroffenen Arbeitnehmer maßgebend.

BFH v. 28. 2. 2008 VI R 62/06 (BStBl. II S. 595): Reicht ein Steuerpflichtiger vor Ablauf der Festsetzungsfrist eine Berichtigungsanzeige i. S. des § 153 Abs. 1 AO bei einem unzuständigen FA ein, so ist die Anzeige zwar erstattet; zur Berechnung der Ablaufhemmung nach § 171 Abs. 9 AO ist jedoch grundsätzlich auf den Eingang beim zuständigen FA abzustellen.

(Anmerkung: Betrifft Überlassung von Aktien/Aktienoptionen der Muttergesellschaft durch Konzernobergesellschaft, Lohnzufluss zum Zeitpunkt der Erfüllung der Ansprüche aus dem Optionsrecht; zur haftungsbefreienden Anzeige des Arbeitgebers nach § 41c Abs. 4, § 42d Abs. 2 EStG.)

BFH v. 7. 2. 2008 VI R 83/04 (BStBl. 2009 II S. 703):
1. Ist im Anschluss an eine Lohnsteueraußenprüfung der Vorbehalt der Nachprüfung für die den Prüfungszeitraum betreffenden Lohnsteueranmeldungen aufgehoben, darf gegenüber dem Arbeitgeber ein neuer Haftungsbescheid nur unter den Voraussetzungen des § 173 Abs. 2 AO ergehen (Bestätigung der Rechtsprechung).
2. Der Beginn der Festsetzungsfrist für die Lohnsteuer richtet sich nach § 170 Abs. 2 Satz 1 Nr. 1 AO.

BFH v. 13. 12. 2007 VI R 57/04 (BStBl. 2008 II S. 434):
1. Ist nach einer Nettolohnvereinbarung streitig, in welcher Höhe Bruttoarbeitslohn in der Lohnsteuerbescheinigung hätte berücksichtigt werden müssen, ist der Finanzrechtsweg nicht gegeben.
2. Nach der Übermittlung der Lohnsteuerbescheinigung kann der Arbeitnehmer eine Berichtigung der Lohnsteuerbescheinigung nicht mehr verlangen.
3. Ein unzutreffender Lohnsteuerabzug kann mit Einwendungen gegen die Lohnsteuerbescheinigung nicht mehr rückgängig gemacht werden.

BFH v. 13. 9. 2007 VI R 54/03 (BStBl. 2008 II S. 58):
1. Bei Nachentrichtung hinterzogener Arbeitnehmeranteile zur Gesamtsozialversicherung führt die Nachzahlung als solche zum Zufluss eines zusätzlichen geldwerten Vorteils (Fortentwicklung der Rechtsprechung).
2. Bei Vereinbarung sog. Schwarzlöhne kommt der Schutzfunktion der Verschiebung der Beitragslast gemäß § 28g SGB IV grundsätzlich kein Vorrang gegenüber dem objektiv bestehenden Zusammenhang der Nachentrichtung der Arbeitnehmeranteile mit dem Arbeitsverhältnis zu.
3. Dem Lohnzufluss steht nicht entgegen, dass der Arbeitgeber beim Arbeitnehmer gemäß § 28g SGB IV keinen Rückgriff mehr nehmen kann.

BFH v. 5. 6. 2007 VII R 65/05 (BStBl. 2008 II S. 273):
1. Werden fällig gewordene Steuerbeträge pflichtwidrig nicht an das FA abgeführt, kann die Kausalität dieser Pflichtverletzung für einen dadurch beim Fiskus entstandenen Vermögensschaden nicht durch nachträglich eingetretene Umstände oder durch die Annahme eines hypothetischen Kausalverlaufs beseitigt werden.
2. Die Frage, ob ein hypothetischer Kausalverlauf bei der haftungsrechtlichen Inanspruchnahme Berücksichtigung finden kann, ist im Rahmen der Schadenszurechnung unter Berücksichtigung des Schutzzwecks von § 69 AO zu beantworten.
3. Die Funktion und der Schutzzweck des in § 69 AO normierten Haftungstatbestandes schließen die Berücksichtigung hypothetischer Kausalverläufe aus. Deshalb entfällt die Haftung eines GmbH-Geschäftsführers nicht dadurch, dass der Steuerausfall unter Annahme einer hypothetischen, auf § 130 Abs. 1 InsO gestützten Anfechtung gedachter Steuerzahlungen durch den Insolvenzverwalter ebenfalls entstanden wäre.

BFH v. 27. 2. 2007 VII R 67/05 (BStBl. 2009 II S. 348):
1. Die steuerrechtlich und die insolvenzrechtlich unterschiedliche Bewertung der Lohnsteuer-Abführungspflicht des Arbeitgebers in insolvenzreifer Zeit kann zu einer Pflichtenkollision führen. Eine solche steht der Haftung des Geschäftsführers wegen Nichtabführung der Lohnsteuer aber jedenfalls

§ 42d

Rechtsprechung

dann nicht entgegen, wenn der Insolvenzverwalter die Beträge im gedachten Falle der pflichtgemäßen Zahlung der Lohnsteuer vom FA deshalb nicht herausverlangen kann, weil die Anfechtungsvoraussetzungen nach §§ 129 ff. InsO nicht vorliegen.

2. Die gesellschaftsrechtliche Pflicht des Geschäftsführers zur Sicherung der Masse i.S. des § 64 Abs. 2 GmbHG kann die Verpflichtung zur Vollabführung der Lohnsteuer allenfalls in den drei Wochen suspendieren, die dem Geschäftsführer ab Kenntnis der Überschuldung bzw. Zahlungsunfähigkeit der GmbH nach § 64 Abs. 1 GmbHG eingeräumt sind, um die Sanierungsfähigkeit der GmbH zu prüfen und Sanierungsversuche durchzuführen. Nur in diesem Zeitraum kann das die Haftung nach § 69 AO begründende Verschulden ausgeschlossen sein.

BFH 22. 11. 2005 VII R 21/05 (BStBl. 2006 II S. 397): Auch bei Zahlungen, die ein Gesellschafter-Geschäftsführer auf die von der GmbH geschuldeten Löhne aus seinem eigenen Vermögen ohne unmittelbare Berührung der Vermögenssphäre der Gesellschaft und ohne dieser gegenüber dazu verpflichtet zu sein selbst erbringt, hat er dafür zu sorgen, dass die Lohnsteuer einbehalten und an das FA abgeführt wird.

BFH v. 18. 8. 2005 VI R 32/03 (BStBl. 2006 II S. 30): Macht der Arbeitgeber in schwierigen Fällen, in denen ihm bei Anwendung der gebotenen Sorgfalt Zweifel über die Rechtslage kommen müssen, von der Möglichkeit der Anrufungsauskunft (§ 42e EStG) keinen Gebrauch, so ist ein auf dieser Unterlassung beruhender Rechtsirrtum grundsätzlich nicht entschuldbar und steht der Inanspruchnahme des Arbeitgebers im Wege der Haftung nicht entgegen.

Schwebende Verfahren

BFH VI R 23/09 (BFH-Webseite): Sind Eigenanteile von Arbeitnehmern an den Beiträgen zur betrieblichen Altersversorgung gemäß § 3 Nr. 63 EStG steuerfrei, wenn der Gruppenversicherungsvertrag zwischen dem Arbeitgeber und der Pensionskasse geschlossen worden ist? Wie ist der Begriff „Beiträge des Arbeitgebers" in § 3 Nr. 63 EStG auszulegen?

Ist die Festsetzung der pauschalen Lohnsteuer im Wege eines Haftungsbescheids statt eines Nachforderungsbescheids rechtmäßig?

BFH VI R 52/08 (BFH-Webseite): Entfalten Bescheide der Sozialversicherungsbehörden über die Frage der Sozialversicherungspflicht eines Beschäftigungsverhältnisses Bindungswirkung für das Besteuerungsverfahren?

BFH VI R 29/08 (BFH-Webseite): Greift der Haftungsausschluss nach § 42d Abs. 2 EStG i.V.m. § 41c Abs. 4 EStG dann nicht ein, wenn der Arbeitgeber erst aufgrund von Hinweisen des Lohnsteuerprüfers im Rahmen einer Lohnsteuer-Außenprüfung die nicht vorschriftsmäßige Einbehaltung von Lohnsteuerabzugsbeträgen erkennt und anzeigt?

§ 42e

RL 42e

§ 42e Anrufungsauskunft

¹Das Betriebsstättenfinanzamt hat auf Anfrage eines Beteiligten darüber Auskunft zu geben, ob und inwieweit im einzelnen Fall die Vorschriften über die Lohnsteuer anzuwenden sind. ²Sind für einen Arbeitgeber mehrere Betriebsstättenfinanzämter zuständig, so erteilt das Finanzamt die Auskunft, in dessen Bezirk sich die Geschäftsleitung (§ 10 der Abgabenordnung) des Arbeitgebers im Inland befindet. ³Ist dieses Finanzamt kein Betriebsstättenfinanzamt, so ist das Finanzamt zuständig, in dessen Bezirk sich die Betriebsstätte mit den meisten Arbeitnehmern befindet. ⁴In den Fällen der Sätze 2 und 3 hat der Arbeitgeber sämtliche Betriebsstättenfinanzämter, das Finanzamt der Geschäftsleitung und erforderlichenfalls die Betriebsstätte mit den meisten Arbeitnehmern anzugeben sowie zu erklären, für welche Betriebsstätten die Auskunft von Bedeutung ist.

LStR

R 42e. Anrufungsauskunft[1)]

(1) ¹Einen Anspruch auf **gebührenfreie** Auskunft haben sowohl der Arbeitgeber als auch der Arbeitnehmer. ²In beiden Fällen ist das Betriebsstättenfinanzamt für die Erteilung der Auskunft zuständig; bei Anfragen eines Arbeitnehmers soll es jedoch sein Auskunft mit dessen Wohnsitzfinanzamt abstimmen. ³Das Finanzamt soll die Auskunft unter ausdrücklichem Hinweis auf § 42e EStG schriftlich erteilen; das gilt auch, wenn der Beteiligte die Auskunft nur formlos erbeten hat. ⁴Ein Rechtsbehelf ist nur gegeben, wenn das Finanzamt eine Auskunftserteilung ablehnt.

(2) ¹Hat ein Arbeitgeber mehrere Betriebsstätten, hat das zuständige Finanzamt seine Auskunft mit den anderen Betriebsstättenfinanzämtern abzustimmen, soweit es sich um einen Fall von einigem Gewicht handelt und die Auskunft auch für die anderen Betriebsstätten von Bedeutung ist. ²Bei Anrufungsauskünften grundsätzlicher Art informiert das zuständige Finanzamt die übrigen betroffenen Finanzämter.

(3) ¹Sind mehrere Arbeitgeber unter einer einheitlichen Leitung zusammengefasst (Konzernunternehmen), bleiben für den einzelnen Arbeitgeber entsprechend der Regelung des § 42e Satz 1 und 2 EStG das Betriebsstättenfinanzamt bzw. das Finanzamt der Geschäftsleitung für die Erteilung der Anrufungsauskunft zuständig. ²Sofern es sich bei einer Anrufungsauskunft um einen Fall von einigem Gewicht handelt und erkennbar ist, dass die Auskunft auch für andere Arbeitgeber des Konzerns von Bedeutung ist oder bereits Entscheidungen anderer Finanzämter vorliegen, ist insbesondere auf Antrag des Auskunftsersuchenden die zu erteilende Auskunft mit den übrigen betroffenen Finanzämtern abzustimmen. ³Dazu informiert das für die Auskunftserteilung zuständige Finanzamt das Finanzamt der Konzernzentrale. ⁴Dieses koordiniert daraufhin die Abstimmung mit den Finanzämtern der anderen Arbeitgeber des Konzerns, die von der zu erteilenden Auskunft betroffen sind. ⁴**Befindet sich die Konzernzentrale im Ausland, koordiniert das Finanzamt die Abstimmung, das als erstes mit der Angelegenheit betraut war.**

(4) ¹In Fällen der Lohnzahlung durch Dritte, in denen der Dritte die Pflichten des Arbeitgebers trägt, ist die Anrufungsauskunft bei dem Betriebsstättenfinanzamt des Dritten zu stellen. ²Fasst der Dritte die dem Arbeitnehmer in demselben Lohnzahlungszeitraum aus mehreren Dienstverhältnissen zufließenden Arbeitslöhne zusammen, ist die Anrufungsauskunft bei dem Betriebsstättenfinanzamt des Dritten zu stellen. ³Dabei hat das Betriebsstättenfinanzamt seine Auskunft in Fällen von einigem Gewicht mit den anderen Betriebsstättenfinanzämtern abzustimmen.

Hinweise

LStH 42e Bindungswirkung

– Die Auskunft bindet das Finanzamt nur gegenüber dem, der sie erbeten hat. Durch eine dem Arbeitgeber erteilte Auskunft ist das Finanzamt nicht gehindert, gegenüber dem Arbeitnehmer einen für ihn ungünstigeren Rechtsstandpunkt einzunehmen (→ BFH vom 28.8.1991 – BStBl. 1992 II S. 107).

---

1) Hinweis auf BMF-Schreiben vom 29.12.2003 (BStBl. I S. 742) betr. Auskunft mit Bindungswirkung nach Treu und Glauben (verbindliche Auskunft) (Anmerkung: außerhalb des § 42e EStG und der §§ 204 ff. AO).

- *Auskünfte des Betriebsstättenfinanzamts an einen Arbeitnehmer binden dessen Wohnsitzfinanzamt bei der Einkommensteuerveranlagung nicht (→ BFH vom 9.10.1992 – BStBl. 1993 II S. 166).*
- *Hat der Arbeitgeber eine Anrufungsauskunft eingeholt und ist er danach verfahren, ist das Betriebsstättenfinanzamt im Lohnsteuer-Abzugsverfahren daran gebunden. Eine Nacherhebung der Lohnsteuer ist auch dann nicht zulässig, wenn der Arbeitgeber nach einer Lohnsteuer-Außenprüfung einer Pauschalierung nach § 40 Abs. 1 Satz 1 Nr. 2 EStG zugestimmt hat (→ BFH vom 16.11.2005 – BStBl. 2006 II S. 210).*

Rechtsbehelfsverfahren
→ *BMF vom ... (BStBl I S. ....)*

Rechtsprechungsauswahl

BFH v. 30. 4. 2009 VI R 54/07 (BFH-Webseite):
1. Eine dem Arbeitgeber erteilte Anrufungsauskunft (§ 42e EStG) stellt nicht nur eine Wissenserklärung (unverbindliche Rechtsauskunft) des Betriebsstätten-FA darüber dar, wie im einzelnen Fall die Vorschriften über die Lohnsteuer anzuwenden sind. Sie ist vielmehr feststellender Verwaltungsakt i.s. des § 118 Satz 1 AO, mit dem sich das FA selbst bindet.
2. Die Vorschrift des § 42e EStG gibt dem Arbeitgeber nicht nur ein Recht auf förmliche Bescheidung seines Antrags. Sie berechtigt ihn auch, eine ihm erteilte Anrufungsauskunft erforderlichenfalls im Klagewege inhaltlich überprüfen zu lassen.

Leitsätze 1 und 2: Änderung der Rechtsprechung

BFH v. 29. 5. 2008 VI R 11/07 (BStBl. II S. 933):
1. Ob Telefoninterviewer als Arbeitnehmer anzusehen sind, ist anhand einer Vielzahl in Betracht kommender Merkmale nach dem Gesamtbild der Verhältnisse zu beurteilen.
2. Ein bei Inanspruchnahme des Arbeitgebers als Lohnsteuer-Haftungsschuldner beachtlicher entschuldbarer Rechtsirrtum des Arbeitgebers liegt regelmäßig nicht vor, wenn dieser die Möglichkeit der Anrufungsauskunft (§ 42e EStG) hat, davon jedoch keinen Gebrauch macht.
3. Auch bei Schätzung der Höhe der Lohnsteuer-Haftungsschuld sind alle Umstände zu berücksichtigen, die für die Schätzung von Bedeutung sind. Ein Verstoß gegen § 162 Abs. 1 Satz 2 AO kann nicht durch pauschale Abschläge auf die Haftungsschuld geheilt werden.

BFH v. 16. 11. 2005 VI R 23/02 (BStBl. 2006 II S. 210): Hat der Arbeitgeber eine Anrufungsauskunft eingeholt und ist er danach verfahren, ist das Betriebsstätten-FA im Lohnsteuer-Abzugsverfahren daran gebunden. Eine Nacherhebung der Lohnsteuer ist auch dann nicht zulässig, wenn der Arbeitgeber nach einer Lohnsteuer-Außenprüfung einer Pauschalierung nach § 40 Abs. 1 Satz 1 Nr. 2 EStG zugestimmt hat.

BFH v. 18. 8. 2005 VI R 32/03 (BStBl. 2006 II S. 30): Macht der Arbeitgeber in schwierigen Fällen, in denen ihm bei Anwendung der gebotenen Sorgfalt Zweifel über die Rechtslage kommen müssen, von der Möglichkeit der Anrufungsauskunft (§ 42e EStG) keinen Gebrauch, so ist ein auf dieser Unterlassung beruhender Rechtsirrtum grundsätzlich nicht entschuldbar und steht der Inanspruchnahme des Arbeitgebers im Wege der Haftung nicht entgegen.

Schwebende Verfahren

BFH VI R 3/09 (BFH-Webseite): Stellt der Widerruf einer Lohnsteuer-Anrufungsauskunft gemäß § 42e EStG einen Verwaltungsakt i.S. des § 118 Satz 1 AO dar?

§ 42f

§ 42f Lohnsteuer-Außenprüfung

(1) Für die Außenprüfung der Einbehaltung oder Übernahme und Abführung der Lohnsteuer ist das Betriebsstättenfinanzamt zuständig.

(2) ¹Für die Mitwirkungspflicht des Arbeitgebers bei der Außenprüfung gilt § 200 der Abgabenordnung. ²Darüber hinaus haben die Arbeitnehmer des Arbeitgebers dem mit der Prüfung Beauftragten jede gewünschte Auskunft über Art und Höhe ihrer Einnahmen zu geben und auf Verlangen die etwa in ihrem Besitz befindlichen Lohnsteuerkarten sowie die Belege über bereits entrichtete Lohnsteuer vorzulegen. ³Dies gilt auch für Personen, bei denen es streitig ist, ob sie Arbeitnehmer des Arbeitgebers sind oder waren.

(3) ¹In den Fällen des § 38 Absatz 3a ist für die Außenprüfung das Betriebsstättenfinanzamt des Dritten zuständig; § 195 Satz 2 der Abgabenordnung bleibt unberührt. ²Die Außenprüfung ist auch beim Arbeitgeber zulässig; dessen Mitwirkungspflichten bleiben neben den Pflichten des Dritten bestehen.

(4) Auf Verlangen des Arbeitgebers können die Außenprüfung und die Prüfungen durch die Träger der Rentenversicherung (§ 28p des Vierten Buches Sozialgesetzbuch) zur gleichen Zeit durchgeführt werden.

LStR

R 42f. Lohnsteuer-Außenprüfung

(1) ¹Für die Lohnsteuer-Außenprüfung gelten die §§ 193 bis 207 AO. ²Die §§ 5 bis 12, 20 bis 24, 29 und 30 Betriebsprüfungsordnung sind mit Ausnahme des § 5 Abs. 4 Satz 2 sinngemäß anzuwenden. ¹⁾

(2) ¹Der Lohnsteuer-Außenprüfung unterliegen sowohl private als auch öffentlich-rechtliche Arbeitgeber. ²Prüfungen eines öffentlich-rechtlichen Arbeitgebers durch die zuständige Aufsichts- und Rechnungsprüfungsbehörde stehen der Zulässigkeit einer Lohnsteuer- Außenprüfung nicht entgegen.

(3) ¹Die Lohnsteuer-Außenprüfung hat sich hauptsächlich darauf zu erstrecken, ob sämtliche Arbeitnehmer, auch die nicht ständig beschäftigten, erfasst **wurden** und alle zum Arbeitslohn gehörigen Einnahmen, gleichgültig in welcher Form sie gewährt **wurden**, dem Steuerabzug unterworfen **wurden** und ob bei der Berechnung der Lohnsteuer von der richtigen Lohnhöhe ausgegangen **wurde**. ²Privathaushalte, in denen nur gering entlohnte Hilfen beschäftigt werden, sind in der Regel nicht zu prüfen.

(4) ¹Über das Ergebnis der Außenprüfung ist dem Arbeitgeber ein Prüfungsbericht zu übersenden (→ § 202 Abs. 1 AO). ²Führt die Außenprüfung zu keiner Änderung der Besteuerungsgrundlagen, genügt es, wenn dies dem Arbeitgeber schriftlich mitgeteilt wird (→ § 202 Abs. 1 Satz 3 AO). ³In den Fällen, in denen ein Nachforderungsbescheid oder ein Haftungsbescheid nicht zu erteilen ist (→ § 42d Abs. 4 EStG), kann der Arbeitgeber auf die Übersendung eines Prüfungsberichts verzichten.

(5) Das Recht auf Anrufungsauskunft nach § 42e EStG steht dem Recht auf Erteilung einer verbindlichen Zusage auf Grund einer Außenprüfung nach § 204 AO nicht entgegen.

Hinweise

LStH 42f *Aufhebung des Vorbehalts der Nachprüfung*
→ § 164 Abs. 3 Satz 3 AO.

Festsetzungsverjährung

Wurde beim Arbeitgeber eine Lohnsteuer-Außenprüfung durchgeführt, bewirkt dies nicht zugleich eine Hemmung der Verjährungsfrist in Bezug auf den Steueranspruch gegen den Arbeitnehmer (→ BFH vom 15.12.1989 – BStBl. 1990 II S. 526).

Rechte und Mitwirkungspflichten des Arbeitgebers

→ BMF vom 20.7.2001 (BStBl. I S. 502) – *Anhang 45* –

---

1) Anhang 44; Anhang 45 Hinweise bei der Außenprüfung.

Rechtsprechung § 42f

Rechtsprechungsauswahl

BFH v. 7. 2. 2008 VI R 83/04 (BStBl. 2009 II S. 703):
1. Ist im Anschluss an eine Lohnsteueraußenprüfung der Vorbehalt der Nachprüfung für die den Prüfungszeitraum betreffenden Lohnsteueranmeldungen aufgehoben, darf gegenüber dem Arbeitgeber ein neuer Haftungsbescheid nur unter den Voraussetzungen des § 173 Abs. 2 AO ergehen (Bestätigung der Rechtsprechung).
2. Der Beginn der Festsetzungsfrist für die Lohnsteuer richtet sich nach § 170 Abs. 2 Satz 1 Nr. 1 AO.

BFH v. 26. 7. 2007 VI R 68/04 (BStBl. 2009 II S. 338):
1. Das für eine Außenprüfung nach § 193 Abs. 2 Nr. 2 AO erforderliche Aufklärungsbedürfnis liegt jedenfalls dann vor, wenn dem Steuerpflichtigen im Prüfungszeitraum aufgrund außerordentlich hoher Einkünfte („Einkunftsmillionär") erhebliche Beträge zu Anlagezwecken zur Verfügung standen und der Steuerpflichtige nur Kapitaleinkünfte in geringer Höhe erklärt sowie keine substantiierten und nachprüfbaren Angaben zur Verwendung der verfügbaren Geldmittel gemacht hat.
2. Die Entscheidung des FA über die Zweckmäßigkeit einer Außenprüfung nach § 193 Abs. 2 Nr. 2 AO ist ermessensfehlerfrei, wenn eine Vielzahl von Belegen zu überprüfen und insoweit mit zahlreichen Rückfragen zu rechnen ist.
3. Die Außenprüfung nach § 193 Abs. 2 Nr. 2 AO kann auch in den Räumen des FA durchgeführt werden. Sie ist insoweit von einer Prüfung an Amtsstelle durch Maßnahmen der Einzelermittlung i. S. der §§ 88 ff. AO zu unterscheiden.
4. Die Entscheidung des FA, die Außenprüfung in den eigenen Amtsräumen durchzuführen, ist ermessensfehlerfrei, wenn der Steuerpflichtige weder über Geschäftsräume noch über einen inländischen Wohnsitz verfügt. Eine Wohnung des Steuerpflichtigen im Ausland kann das FA bei der Festlegung des Prüfungsortes unberücksichtigt lassen.

BFH v. 7. 2. 2002 IV R 9/01 (BStBl. II S. 269):
1. Die Anordnung einer sog. Anschlussprüfung bei Großbetrieben ist grundsätzlich rechtmäßig. Insoweit beruht § 4 Abs. 2 Satz 1 BpO 2000 auf sachgerechten Ermessenserwägungen i. S. des § 193 Abs. 1 AO 1977 (Anschluss an BFH-Urteil vom 10. April 1990 VIII R 415/83, BFHE 160, 409, BStBl. II 1990, 721).
2. Die aus der Einteilung in Größenklassen folgende unterschiedliche Prüfungshäufigkeit der verschiedenen (Klein-, Mittel- und Groß-)Betriebe verstößt nicht gegen das Gleichheitsgebot (Art. 3 Abs. 1 GG).
3. Betriebliche Eigenheiten und einkunftsabhängige Besonderheiten sind hinreichende Differenzierungsgründe für unterschiedliche Maßstäbe zur Einordnung von (hier landwirtschaftlichen) Betrieben in eine der drei prüfungsrelevanten Größenklassen.

BFH v. 10. 11. 1998 VIII R 3/98 (BStBl. 1999 II S. 199): Die während einer Außenprüfung vom Prüfer gegenüber dem Steuerpflichtigen erlassene schriftliche Aufforderung, bestimmte Fragen zu beantworten sowie genau bezeichnete Belege, Verträge und Konten vorzulegen, ist in der Regel kein Verwaltungsakt, sondern eine nicht selbständig anfechtbare Vorbereitungshandlung, wenn sie ausschließlich der Ermittlung steuermindernder Umstände dient und deshalb nicht erzwingbar ist. Dies gilt nicht, wenn der Steuerpflichtige die Aufforderung nach ihrem objektiven Erklärungsinhalt als Maßnahme zur Schaffung einer Rechtsgrundlage für die Einleitung eines Erzwingungsverfahrens verstehen mußte.

§ 43

3. Steuerabzug vom Kapitalertrag (Kapitalertragsteuer)

§ 43 Kapitalerträge mit Steuerabzug[1)]

(1) ¹Bei den folgenden inländischen und in den Fällen der Nummern 6, 7 Buchstabe a und Nummern 8 bis 12 sowie Satz 2 auch ausländischen Kapitalerträgen wird die Einkommensteuer durch Abzug vom Kapitalertrag (Kapitalertragsteuer) erhoben:

1. Kapitalerträgen im Sinne des § 20 Absatz 1 Nummer 1 und 2. ²Entsprechendes gilt für Kapitalerträge im Sinne des § 20 Absatz 2 Satz 1 Nummer 2 Buchstabe a und Nummer 2 Satz 2;

2. Zinsen aus Teilschuldverschreibungen, bei denen neben der festen Verzinsung ein Recht auf Umtausch in Gesellschaftsanteile (Wandelanleihen) oder eine Zusatzverzinsung, die sich nach der Höhe der Gewinnausschüttung des Schuldners richtet (Gewinnobligationen), eingeräumt ist, und Zinsen aus Genussrechten, die nicht in § 20 Absatz 1 Nummer 1 genannt sind. ²Zu den Gewinnobligationen gehören nicht solche Teilschuldverschreibungen, bei denen der Zinsfuß nur vorübergehend herabgesetzt und gleichzeitig eine von dem jeweiligen Gewinnergebnis des Unternehmens abhängige Zusatzverzinsung bis zur Höhe des ursprünglichen Zinsfußes festgelegt worden ist. ³Zu den Kapitalerträgen im Sinne des Satzes 1 gehören nicht die Bundesbankgenussrechte im Sinne des § 3 Absatz 1 des Gesetzes über die Liquidation der Deutschen Reichsbank und der Deutschen Golddiskontbank in der im Bundesgesetzblatt Teil III, Gliederungsnummer 7620-6, veröffentlichten bereinigten Fassung, das zuletzt durch das Gesetz vom 17. Dezember 1975 (BGBl. I S. 3123) geändert worden ist;

3. Kapitalerträgen im Sinne des § 20 Absatz 1 Nummer 4;

4. Kapitalerträgen im Sinne des § 20 Absatz 1 Nummer 6; § 20 Absatz 1 Nummer 6 Satz 2 und 3 in der am 1. Januar 2008 anzuwendenden Fassung bleiben für Zwecke der Kapitalertragsteuer unberücksichtigt. ²Der Steuerabzug vom Kapitalertrag ist in den Fällen des § 20 Absatz 1 Nummer 6 Satz 4 in der am 31. Dezember 2004 geltenden Fassung nur vorzunehmen, wenn das Versicherungsunternehmen auf Grund einer Mitteilung des Finanzamts weiß oder infolge der Verletzung eigener Anzeigeverpflichtungen nicht weiß, dass die Kapitalerträge nach dieser Vorschrift zu den Einkünften aus Kapitalvermögen gehören;

5. (weggefallen)

6. ausländischen Kapitalerträgen im Sinne der Nummer 1;

7. Kapitalerträgen im Sinne des § 20 Absatz 1 Nummer 7, außer bei Kapitalerträgen im Sinne der Nummer 2, wenn

   a) es sich um Zinsen aus Anleihen und Forderungen handelt, die in ein öffentliches Schuldbuch oder in ein ausländisches Register eingetragen oder über die Sammelurkunden im Sinne des § 9a des Depotgesetzes oder Teilschuldverschreibungen ausgegeben sind;

   b) der Schuldner der nicht in Buchstabe a genannten Kapitalerträge ein inländisches Kreditinstitut oder ein inländisches Finanzdienstleistungsinstitut im Sinne des Gesetzes über das Kreditwesen ist. ²Kreditinstitut in diesem Sinne ist auch die Kreditanstalt für Wiederaufbau, eine Bausparkasse, ein Versicherungsunternehmen für Erträge aus Kapitalanlagen, die mit Einlagegeschäften bei Kreditinstituten vergleichbar sind, die Deutsche Postbank AG, die Deutsche Bundesbank bei Geschäften mit jedermann einschließlich ihrer Betriebsangehörigen im Sinne der §§ 22 und 25 des Gesetzes über die Deutsche Bundesbank und eine inländische Zweigstelle eines ausländischen Kreditinstituts oder eines ausländischen Finanzdienstleistungsinstituts im Sinne der §§ 53 und 53b des Gesetzes über das Kreditwesen, nicht aber eine ausländische Zweigstelle eines inländischen Kreditinstituts oder eines inländischen Finanzdienstleistungsinstituts. ³Die inländische Zweigstelle

---

1) Zur Anwendung von § 43 in dieser Fassung (ab 2009) siehe § 52a EStG. Hinweis auf BMF-Schreiben vom 22.12.2009 (BStBl. 2010 I S.94) betr. Einzelfragen zur Abgeltungssteuer.

§ 43

gilt an Stelle des ausländischen Kreditinstituts oder des ausländischen Finanzdienstleistungsinstituts als Schuldner der Kapitalerträge;

7a. Kapitalerträgen im Sinne des § 20 Absatz 1 Nummer 9;

7b. Kapitalerträgen im Sinne des § 20 Absatz 1 Nummer 10 Buchstabe a;

7c. Kapitalerträgen im Sinne des § 20 Absatz 1 Nummer 10 Buchstabe b;

8. Kapitalerträgen im Sinne des § 20 Absatz 1 Nummer 11;

9. Kapitalerträgen im Sinne des § 20 Absatz 2 Satz 1 Nummer 1 Satz 1 und 2;

10. Kapitalerträgen im Sinne des § 20 Absatz 2 Satz 1 Nummer 2 Buchstabe b und Nummer 7;

11. Kapitalerträgen im Sinne des § 20 Absatz 2 Satz 1 Nummer 3;

12. Kapitalerträgen im Sinne des § 20 Absatz 2 Satz 1 Nummer 8.

²Dem Steuerabzug unterliegen auch Kapitalerträge im Sinne des § 20 Absatz 3, die neben den in den Nummern 1 bis 12 bezeichneten Kapitalerträgen oder an deren Stelle gewährt werden. ³Der Steuerabzug ist ungeachtet des § 3 Nummer 40 und des § 8b des Körperschaftsteuergesetzes vorzunehmen. ⁴Für Zwecke des Kapitalertragsteuerabzugs gilt die Übertragung eines von einer auszahlenden Stelle verwahrten oder verwalteten Wirtschaftsguts im Sinne des § 20 Absatz 2 auf einen anderen Gläubiger als Veräußerung des Wirtschaftsguts. ⁵Satz 4 gilt nicht, wenn der Steuerpflichtige der auszahlenden Stelle mitteilt, dass es sich um eine unentgeltliche Übertragung handelt. ⁶Die auszahlende Stelle hat dies dem für sie zuständigen Betriebsstättenfinanzamt anzuzeigen.

(1a) ¹Abweichend von § 13 des Umwandlungssteuergesetzes treten für Zwecke des Kapitalertragsteuerabzugs die Anteile an der übernehmenden Körperschaft steuerlich an die Stelle der Anteile an der übertragenden Körperschaft. ²Abweichend von § 21 des Umwandlungssteuergesetzes gelten die eingebrachten Anteile zum Zwecke des Kapitalertragsteuerabzugs als mit dem Wert der Anschaffungsdaten veräußert.

(2) ¹Der Steuerabzug ist außer in den Fällen des Absatzes 1 Satz 1 Nummer 7c nicht vorzunehmen, wenn Gläubiger und Schuldner der Kapitalerträge (Schuldner) oder die auszahlende Stelle im Zeitpunkt des Zufließens dieselbe Person sind. ²Der Steuerabzug ist außerdem nicht vorzunehmen, wenn in den Fällen des Absatzes 1 Satz 1 Nummer 6, 7 und 8 bis 12 Gläubiger der Kapitalerträge ein inländisches Kreditinstitut oder inländisches Finanzdienstleistungsinstitut nach Absatz 1 Satz 1 Nummer 7 Buchstabe b oder eine inländische Kapitalanlagegesellschaft ist. ³Bei Kapitalerträgen im Sinne des Absatzes 1 Satz 1 Nummer 6 und 8 bis 12 ist ebenfalls kein Steuerabzug vorzunehmen, wenn

1. eine unbeschränkt steuerpflichtige Körperschaft, Personenvereinigung oder Vermögensmasse, die nicht unter Satz 2 oder § 44a Absatz 4 Satz 1 fällt, Gläubigerin der Kapitalerträge ist, oder

2. die Kapitalerträge Betriebseinnahmen eines inländischen Betriebs sind und der Gläubiger der Kapitalerträge dies gegenüber der auszahlenden Stelle nach amtlich vorgeschriebenem Vordruck erklärt; dies gilt entsprechend für Kapitalerträge aus Options- und Termingeschäften im Sinne des Absatzes 1 Satz 1 Nummer 8 und 11, wenn sie zu den Einkünften aus Vermietung und Verpachtung gehören.

⁴Im Fall des § 1 Absatz 1 Nummer 4 und 5 des Körperschaftsteuergesetzes ist Satz 3 Nummer 1 nur anzuwenden, wenn die Körperschaft, Personenvereinigung oder Vermögensmasse durch eine Bescheinigung des für sie zuständigen Finanzamts ihre Zugehörigkeit zu dieser Gruppe von Steuerpflichtigen nachweist. ⁵Die Bescheinigung ist unter dem Vorbehalt des Widerrufs auszustellen.

⁶Die Fälle des Satzes 3 Nummer 2 hat die auszahlende Stelle gesondert aufzuzeichnen und die Erklärung der Zugehörigkeit der Kapitalerträge zu den Betriebseinnahmen oder zu den Einnahmen aus Vermietung und Verpachtung zehn Jahre aufzubewahren; die Frist beginnt mit dem Schluss des Kalenderjahres, in dem die Erklärung zugegangen ist. ⁷Die auszahlende Stelle hat in den Fällen des Satzes 3 Nummer 2 daneben die Konto- oder Depot-

bezeichnung oder die sonstige Kennzeichnung des Geschäftsvorgangs, Vor- und Zunamen des Gläubigers sowie die Identifikationsnummer nach § 139b der Abgabenordnung bzw. bei Personenmehrheit den Firmennamen und die zugehörige Steuernummer nach amtlich vorgeschriebenem Datensatz zu speichern und durch Datenfernübertragung zu übermitteln. [8]Das Bundesministerium der Finanzen wird den Empfänger der Datenlieferungen sowie den Zeitpunkt der erstmaligen Übermittlung durch ein im Bundessteuerblatt zu veröffentlichendes Schreiben mitteilen.

(3) [1]Kapitalerträge im Sinne des Absatzes 1 Satz 1 Nummer 1 Satz 1 sowie Nummer 2 bis 4 sind inländische, wenn der Schuldner Wohnsitz, Geschäftsleitung oder Sitz im Inland hat; Kapitalerträge im Sinne des Absatzes 1 Satz 1 Nummer 4 sind auch dann inländische, wenn der Schuldner eine Niederlassung im Sinne des § 106, § 110a oder § 110d des Versicherungsaufsichtsgesetzes im Inland hat. [2]Kapitalerträge im Sinne des Absatzes 1 Satz 1 Nummer 1 Satz 2 sind inländische, wenn der Schuldner der veräußerten Ansprüche die Voraussetzungen des Satzes 1 erfüllt. [3]Kapitalerträge im Sinne des § 20 Absatz 1 Nummer 1 Satz 4 sind inländische, wenn der Emittent der Aktien Geschäftsleitung oder Sitz im Inland hat. [4]Kapitalerträge im Sinne des Absatzes 1 Satz 1 Nummer 6 sind ausländische, wenn weder die Voraussetzungen nach Satz 1 noch nach Satz 2 vorliegen.

(4) Der Steuerabzug ist auch dann vorzunehmen, wenn die Kapitalerträge beim Gläubiger zu den Einkünften aus Land- und Forstwirtschaft, aus Gewerbebetrieb, aus selbständiger Arbeit oder aus Vermietung und Verpachtung gehören.

(5) [1]Für Kapitalerträge im Sinne des § 20, die der Kapitalertragsteuer unterlegen haben, ist die Einkommensteuer mit dem Steuerabzug abgegolten, soweit nicht der Gläubiger nach § 44 Absatz 1 Satz 7 bis 9 und Absatz 5 in Anspruch genommen werden kann. [2]Dies gilt nicht in Fällen des § 32d Absatz 2 und für Kapitalerträge, die zu den Einkünften aus Land- und Forstwirtschaft, aus Gewerbebetrieb, aus selbständiger Arbeit oder aus Vermietung und Verpachtung gehören. [3]Auf Antrag des Gläubigers werden Kapitalerträge im Sinne des Satzes 1 in die besondere Besteuerung von Kapitalerträgen nach § 32d einbezogen.

§ 43a Bemessung der Kapitalertragsteuer[1)]

(1) [1]Die Kapitalertragsteuer beträgt

1. in den Fällen des § 43 Absatz 1 Satz 1 Nummer 1 bis 4, 6 bis 7a und 8 bis 12 sowie Satz 2:

    25 Prozent des Kapitalertrags;

2. in den Fällen des § 43 Absatz 1 Satz 1 Nummer 7b und 7c:

    15 Prozent des Kapitalertrags.

[2]Im Fall einer Kirchensteuerpflicht ermäßigt sich die Kapitalertragsteuer um 25 Prozent der auf die Kapitalerträge entfallenden Kirchensteuer. [3]§ 32d Absatz 1 Satz 4 und 5 gilt entsprechend.

(2) [1]Dem Steuerabzug unterliegen die vollen Kapitalerträge ohne jeden Abzug. [2]In den Fällen des § 43 Absatz 1 Satz 1 Nummer 9 bis 12 bemisst sich der Steuerabzug nach § 20 Absatz 4 und 4a, wenn die Wirtschaftsgüter von der die Kapitalerträge auszahlenden Stelle erworben oder veräußert und seitdem verwahrt oder verwaltet worden sind. [3]Überträgt der Steuerpflichtige die Wirtschaftsgüter auf ein anderes Depot, hat die abgebende inländische auszahlende Stelle der übernehmenden inländischen auszahlenden Stelle die Anschaffungsdaten mitzuteilen. [4]Satz 3 gilt in den Fällen des § 43 Absatz 1 Satz 5 entsprechend. [5]Handelt es sich bei der abgebenden auszahlenden Stelle um ein Kreditinstitut oder Finanzdienstleistungsinstitut mit Sitz in einem anderen Mitgliedstaat der Europäischen Gemeinschaft, in einem anderen Vertragsstaat des EWR-Abkommens vom 3. Januar 1994 (ABl. EG Nr. L 1 S. 3) in der jeweils geltenden Fassung oder in einem anderen Vertragsstaat

---

1) Zur Anwendung von § 43a in dieser Fassung (ab 2009) siehe § 52a EStG.

§ 43a

nach Artikel 17 Absatz 2 Ziffer i der Richtlinie 2003/48/EG vom 3. Juni 2003 im Bereich der Besteuerung von Zinserträgen (ABl. EU Nr. L 157 S. 38), kann der Steuerpflichtige den Nachweis nur durch eine Bescheinigung des ausländischen Instituts führen; dies gilt entsprechend für eine in diesem Gebiet belegene Zweigstelle eines inländischen Kreditinstituts oder Finanzdienstleistungsinstituts. [6]In allen anderen Fällen ist ein Nachweis der Anschaffungsdaten nicht zulässig. [7]Sind die Anschaffungsdaten nicht nachgewiesen, bemisst sich der Steuerabzug nach 30 Prozent der Einnahmen aus der Veräußerung oder Einlösung der Wirtschaftsgüter. [8]In den Fällen des § 43 Absatz 1 Satz 4 gelten der Börsenpreis zum Zeitpunkt der Übertragung zuzüglich Stückzinsen als Einnahmen aus der Veräußerung und die mit dem Depotübertrag verbundenen Kosten als Veräußerungskosten im Sinne des § 20 Absatz 4 Satz 1. [9]Zur Ermittlung des Börsenpreises ist der niedrigste am Vortag der Übertragung im regulierten Markt notierte Kurs anzusetzen; liegt am Vortag eine Notierung nicht vor, so werden die Wirtschafsgüter mit dem letzen innerhalb von 30 Tagen vor dem Übertragungstag im regulierten Markt notierten Kurs angesetzt; entsprechendes gilt für Wertpapiere, die im Inland im Freiverkehr einbezogen sind oder in einem anderen Staat des Europäischen Wirtschaftsraums zum Handel an einem geregelten Markt im Sinne des Artikels 1 Nummer 13 der Richtlinie 93/22/EWG des Rates vom 10. Mai 1993 über Wertpapierdienstleistungen (ABl. EG Nr. L 141 S. 27) zugelassen sind. [10]Liegt ein Börsenpreis nicht vor, bemisst sich die Steuer nach 30 Prozent der Anschaffungskosten. [11]Die übernehmende auszahlende Stelle hat als Anschaffungskosten den von der abgebenden Stelle angesetzen Börsenpreis anzusetzen und die bei der Übertragung als Einnahmen aus der Veräußerung angesetzten Stückzinsen nach Absatz 3 zu berücksichtigen. [12]Satz 9 gilt entsprechend. [13]Liegt ein Börsenpreis nicht vor, bemisst sich der Steuerabzug nach 30 Prozent der Einnahmen aus der Veräußerung oder Einlösung der Wirtschaftsgüter. [14]Hat die auszahlende Stelle die Wirtschaftsgüter vor dem 1. Januar 1994 erworben oder veräußert und seitdem verwahrt oder verwaltet, kann sie den Steuerabzug nach 30 Prozent der Einnahmen aus der Veräußerung oder Einlösung der Wertpapiere und Kapitalforderungen bemessen. [15]Abweichend von den Sätzen 2 bis 14 bemisst sich der Steuerabzug bei Kapitalerträgen aus nicht für einen marktmäßigen Handel bestimmten schuldbuchfähigen Wertpapieren des Bundes und der Länder oder bei Kapitalerträgen im Sinne des § 43 Absatz 1 Satz 1 Nummer 7 Buchstabe b aus nicht in Inhaber- oder Orderschuldverschreibungen verbrieften Kapitalforderungen nach dem vollen Kapitalertrag ohne jeden Abzug.

(3) [1]Die auszahlende Stelle hat ausländische Steuern auf Kapitalerträge nach Maßgabe des § 32d Absatz 5 zu berücksichtigen. [2]Sie hat unter Berücksichtigung des § 20 Absatz 6 Satz 5 im Kalenderjahr negative Kapitalerträge einschließlich gezahlter Stückzinsen bis zur Höhe der positiven Kapitalerträge auszugleichen; liegt ein gemeinsamer Freistellungsauftrag im Sinne des § 44a Absatz 2 Satz 1 Nummer 1 in Verbindung mit § 20 Absatz 9 Satz 2 vor, erfolgt ein gemeinsamer Ausgleich. [3]Der nicht ausgeglichene Verlust ist auf das nächste Kalenderjahr zu übertragen. [4]Auf Verlangen des Gläubigers der Kapitalerträge hat sie über die Höhe eines nicht ausgeglichenen Verlusts eine Bescheinigung nach amtlich vorgeschriebenem Muster zu erteilen; der Verlustübertrag entfällt in diesem Fall. [5]Der unwiderrufliche Antrag auf Erteilung der Bescheinigung muss bis zum 15. Dezember des laufenden Jahres der auszahlenden Stelle zugehen. [6]Überträgt der Gläubiger der Kapitalerträge seine im Depot befindlichen Wirtschaftsgüter vollständig auf ein anderes Depot, hat die abgebende auszahlende Stelle der übernehmenden auszahlenden Stelle auf Verlangen des Gläubigers der Kapitalerträge die Höhe des nicht ausgeglichenen Verlusts mitzuteilen; eine Bescheinigung nach Satz 4 darf in diesem Fall nicht erteilt werden. [7]Die vorstehenden Sätze gelten nicht in den Fällen des § 20 Absatz 8 und des § 44 Absatz 1 Satz 4 Nummer 1 Buchstabe a Doppelbuchstabe bb sowie bei Körperschaften, Personenvereinigungen oder Vermögensmassen.

(4) [1]Die Absätze 2 und 3 gelten entsprechend für die das Bundesschuldbuch führende Stelle oder eine Landesschuldenverwaltung als auszahlende Stelle. [2]Werden die Wertpapiere oder Forderungen von einem Kreditinstitut oder einem Finanzdienstleistungsinstitut mit der Maßgabe der Verwahrung und Verwaltung durch die das Bundesschuldbuch führende Stelle oder eine Landesschuldenverwaltung erworben, hat das Kreditinstitut oder das Fi-

§§ 43a, 43b

nanzdienstleistungsinstitut der das Bundesschuldbuch führenden Stelle oder einer Landesschuldenverwaltung zusammen mit den im Schuldbuch einzutragenden Wertpapieren und Forderungen den Erwerbszeitpunkt und die Anschaffungsdaten sowie in Fällen des Absatzes 2 den Erwerbspreis der für einen marktmäßigen Handel bestimmten schuldbuchfähigen Wertpapiere des Bundes oder der Länder und außerdem mitzuteilen, dass es diese Wertpapiere und Forderungen erworben oder veräußert und seitdem verwahrt oder verwaltet hat.

§ 43b Bemessung der Kapitalertragsteuer bei bestimmten Gesellschaften [1]

(1) ¹Auf Antrag wird die Kapitalertragsteuer für Kapitalerträge im Sinne des § 20 Absatz 1 Nummer 1, die einer Muttergesellschaft, die weder ihren Sitz noch ihre Geschäftsleitung im Inland hat, oder einer in einem anderen Mitgliedstaat der Europäischen Union gelegenen Betriebsstätte dieser Muttergesellschaft, aus Ausschüttungen einer Tochtergesellschaft zufließen, nicht erhoben. ²Satz 1 gilt auch für Ausschüttungen einer Tochtergesellschaft, die einer in einem anderen Mitgliedstaat der Europäischen Union gelegenen Betriebsstätte einer unbeschränkt steuerpflichtigen Muttergesellschaft zufließen. ³Ein Zufluss an die Betriebsstätte liegt nur vor, wenn die Beteiligung an der Tochtergesellschaft tatsächlich zu dem Betriebsvermögen der Betriebsstätte gehört. ⁴Die Sätze 1 bis 3 gelten nicht für Kapitalerträge im Sinne des § 20 Absatz 1 Nummer 1, die anlässlich der Liquidation oder Umwandlung einer Tochtergesellschaft zufließen.

(2) ¹Muttergesellschaft im Sinne des Absatzes 1 ist jede Gesellschaft, die die in der Anlage 2 zu diesem Gesetz bezeichneten Voraussetzungen erfüllt und nach Artikel 3 Absatz 1 Buchstabe a der Richtlinie 90/435/EWG des Rates vom 23. Juli 1990 über das gemeinsame Steuersystem der Mutter- und Tochtergesellschaften verschiedener Mitgliedstaaten (ABl. EG Nr. L 225 S. 6, Nr. L 266 S. 20, 1997 Nr. L 16 S. 98), zuletzt geändert durch die Richtlinie 2006/98/EG des Rates vom 20. November 2006 (ABl. EU Nr. L 363 S. 129), im Zeitpunkt der Entstehung der Kapitalertragsteuer nach § 44 Absatz 1 Satz 2 nachweislich mindestens zu 15 Prozent unmittelbar am Kapital der Tochtergesellschaft (Mindestbeteiligung) beteiligt ist. ²Ist die Mindestbeteiligung zu diesem Zeitpunkt nicht erfüllt, ist der Zeitpunkt des Gewinnverteilungsbeschlusses maßgeblich. ³Tochtergesellschaft im Sinne des Absatzes 1 sowie des Satzes 1 ist jede unbeschränkt steuerpflichtige Gesellschaft, die die in der Anlage 2 zu diesem Gesetz und in Artikel 3 Absatz 1 Buchstabe b der Richtlinie 90/435/EWG bezeichneten Voraussetzungen erfüllt. ⁴Weitere Voraussetzung ist, dass die Beteiligung nachweislich ununterbrochen zwölf Monate besteht. ⁵Wird dieser Beteiligungszeitraum nach dem Zeitpunkt der Entstehung der Kapitalertragsteuer gemäß § 44 Absatz 1 Satz 2 vollendet, ist die einbehaltene und abgeführte Kapitalertragsteuer nach § 50d Absatz 1 zu erstatten; das Freistellungsverfahren nach § 50d Absatz 2 ist ausgeschlossen.

(2a) Betriebsstätte im Sinne der Absätze 1 und 2 ist eine feste Geschäftseinrichtung in einem anderen Mitgliedstaat der Europäischen Union, durch die die Tätigkeit der Muttergesellschaft ganz oder teilweise ausgeübt wird, wenn das Besteuerungsrecht für die Gewinne dieser Geschäftseinrichtung nach dem jeweils geltenden Abkommen zur Vermeidung der Doppelbesteuerung dem Staat, in dem sie gelegen ist, zugewiesen wird und diese Gewinne in diesem Staat der Besteuerung unterliegen.

(3) Absatz 1 in Verbindung mit Absatz 2 gilt auch, wenn die Beteiligung der Muttergesellschaft am Kapital der Tochtergesellschaft mindestens 10 Prozent beträgt, und der Staat, in dem die Muttergesellschaft nach einem mit einem anderen Mitgliedstaat der Europäischen Union abgeschlossenen Abkommen zur Vermeidung der Doppelbesteuerung als ansässig gilt, dieser Gesellschaft für Ausschüttungen der Tochtergesellschaft eine Steuerbefreiung oder eine Anrechnung der deutschen Körperschaftsteuer auf die Steuer der Muttergesell-

---

[1] Zur Anwendung von § 43b siehe § 52 Absatz 53 und Absatz 55a bis 55d EStG.

schaft gewährt und seinerseits Ausschüttungen an eine unbeschränkt steuerpflichtige Muttergesellschaft ab der gleichen Beteiligungshöhe von der Kapitalertragsteuer befreit.

§ 44 Entrichtung der Kapitalertragsteuer[1)]

(1) ¹Schuldner der Kapitalertragsteuer ist in den Fällen des § 43 Absatz 1 Satz 1 Nummer 1 bis 7b und 8 bis 12 sowie Satz 2 der Gläubiger der Kapitalerträge. ²Die Kapitalertragsteuer entsteht in dem Zeitpunkt, in dem die Kapitalerträge dem Gläubiger zufließen. ³In diesem Zeitpunkt haben in den Fällen des § 43 Absatz 1 Satz 1 Nummer 1 bis 4 sowie 7a und 7b der Schuldner der Kapitalerträge, jedoch in den Fällen des § 43 Absatz 1 Satz 1 Nummer 1 Satz 2 die für den Verkäufer der Wertpapiere den Verkaufsauftrag ausführende Stelle im Sinne des Satzes 4 Nummer 1 und in den Fällen des § 20 Absatz 1 Nummer 1 Satz 4 das für den Verkäufer der Aktien den Verkaufsauftrag ausführende inländische Kreditinstitut oder Finanzdienstleistungsinstitut im Sinne des § 43 Absatz 1 Satz 1 Nummer 7 Buchstabe b (den Verkaufsauftrag ausführende Stelle), und in den Fällen des § 43 Absatz 1 Satz 1 Nummer 6, 7 und 8 bis 12 sowie Satz 2 die die Kapitalerträge auszahlende Stelle den Steuerabzug für Rechnung des Gläubigers der Kapitalerträge vorzunehmen. ⁴Die die Kapitalerträge auszahlende Stelle ist

1. in den Fällen des § 43 Absatz 1 Satz 1 Nummer 6, 7 Buchstabe a und Nummer 8 bis 12 sowie Satz 2

   a) das inländische Kreditinstitut oder das inländische Finanzdienstleistungsinstitut im Sinne des § 43 Absatz 1 Satz 1 Nummer 7 Buchstabe b, das inländische Wertpapierhandelsunternehmen oder die inländische Wertpapierhandelsbank,

   aa) das die Teilschuldverschreibungen, die Anteile an einer Sammelschuldbuchforderung, die Wertrechte, die Zinsscheine oder sonstigen Wirtschaftsgüter verwahrt oder verwaltet oder deren Veräußerung durchführt und die Kapitalerträge auszahlt oder gutschreibt oder in den Fällen des § 43 Absatz 1 Satz 1 Nummer 11 die Kapitalerträge auszahlt oder gutschreibt,

   bb) das die Kapitalerträge gegen Aushändigung der Zinsscheine oder der Teilschuldverschreibungen einem anderen als einem ausländischen Kreditinstitut oder einem ausländischen Finanzdienstleistungsinstitut auszahlt oder gutschreibt;

   b) der Schuldner der Kapitalerträge in den Fällen des § 43 Absatz 1 Satz 1 Nummer 7 Buchstabe a und Nummer 10 unter den Voraussetzungen des Buchstabens a, wenn kein inländisches Kreditinstitut oder kein inländisches Finanzdienstleistungsinstitut die die Kapitalerträge auszahlende Stelle ist;

2. in den Fällen des § 43 Absatz 1 Satz 1 Nummer 7 Buchstabe b das inländische Kreditinstitut oder das inländische Finanzdienstleistungsinstitut, das die Kapitalerträge als Schuldner auszahlt oder gutschreibt.

⁵Die innerhalb eines Kalendermonats einbehaltene Steuer ist jeweils bis zum zehnten des folgenden Monats an das Finanzamt abzuführen, das für die Besteuerung

1. des Schuldners der Kapitalerträge,
2. der den Verkaufsauftrag ausführenden Stelle oder
3. der die Kapitalerträge auszahlenden Stelle

nach dem Einkommen zuständig ist; bei Kapitalerträgen im Sinne des § 43 Absatz 1 Satz 1 Nummer 1 ist die einbehaltene Steuer, soweit es sich nicht um Kapitalerträge im Sinne des § 20 Absatz 1 Nummer 1 Satz 4 handelt, in dem Zeitpunkt abzuführen, in dem die Kapitalerträge dem Gläubiger zufließen. ⁶Dabei ist die Kapitalertragsteuer, die zu demselben Zeitpunkt abzuführen ist, jeweils auf den nächsten vollen Eurobetrag abzurunden. ⁷Wenn Kapitalerträge ganz oder teilweise nicht in Geld bestehen (§ 8 Absatz 2) und der in Geld

---

1) Zur Anwendung von § 44 in dieser Fassung (ab 2009) siehe § 52a EStG.

§ 44

geleistete Kapitalertrag nicht zur Deckung der Kapitalertragsteuer ausreicht, hat der Gläubiger der Kapitalerträge dem zum Steuerabzug Verpflichteten den Fehlbetrag zur Verfügung zu stellen. [8]Soweit der Gläubiger seiner Verpflichtung nicht nachkommt, hat der zum Steuerabzug Verpflichtete dies dem für ihn zuständigen Betriebsstättenfinanzamt anzuzeigen. [9]Das Finanzamt hat die zu wenig erhobene Kapitalertragsteuer vom Gläubiger der Kapitalerträge nachzufordern.

(2) [1]Gewinnanteile (Dividenden) und andere Kapitalerträge im Sinne des § 43 Absatz 1 Satz 1 Nummer 1, deren Ausschüttung von einer Körperschaft beschlossen wird, fließen dem Gläubiger der Kapitalerträge an dem Tag zu (Absatz 1), der im Beschluss als Tag der Auszahlung bestimmt worden ist. [2]Ist die Ausschüttung nur festgesetzt, ohne dass über den Zeitpunkt der Auszahlung ein Beschluss gefasst worden ist, so gilt als Zeitpunkt des Zufließens der Tag nach der Beschlussfassung. [3]Für Kapitalerträge im Sinne des § 20 Absatz 1 Nummer 1 Satz 4 gelten diese Zuflusszeitpunkte entsprechend.

(3) [1]Ist bei Einnahmen aus der Beteiligung an einem Handelsgewerbe als stiller Gesellschafter in dem Beteiligungsvertrag über den Zeitpunkt der Ausschüttung keine Vereinbarung getroffen, so gilt der Kapitalertrag am Tag nach der Aufstellung der Bilanz oder einer sonstigen Feststellung des Gewinnanteils des stillen Gesellschafters, spätestens jedoch sechs Monate nach Ablauf des Wirtschaftsjahres, für das der Kapitalertrag ausgeschüttet oder gutgeschrieben werden soll, als zugeflossen. [2]Bei Zinsen aus partiarischen Darlehen gilt Satz 1 entsprechend.

(4) Haben Gläubiger und Schuldner der Kapitalerträge vor dem Zufließen ausdrücklich Stundung des Kapitalertrags vereinbart, weil der Schuldner vorübergehend zur Zahlung nicht in der Lage ist, so ist der Steuerabzug erst mit Ablauf der Stundungsfrist vorzunehmen.

(5) [1]Die Schuldner der Kapitalerträge, die den Verkaufsauftrag ausführenden Stellen oder die die Kapitalerträge auszahlenden Stellen haften für die Kapitalertragsteuer, die sie einzubehalten und abzuführen haben, es sei denn, sie weisen nach, dass sie die ihnen auferlegten Pflichten weder vorsätzlich noch grob fahrlässig verletzt haben. [2]Der Gläubiger der Kapitalerträge wird nur in Anspruch genommen,

1. wenn der Schuldner, die den Verkaufsauftrag ausführende Stelle oder die die Kapitalerträge auszahlende Stelle die Kapitalerträge nicht vorschriftsmäßig gekürzt hat,
2. wenn der Gläubiger weiß, dass der Schuldner, die den Verkaufsauftrag ausführende Stelle oder die die Kapitalerträge auszahlende Stelle die einbehaltene Kapitalertragsteuer nicht vorschriftsmäßig abgeführt hat, und dies dem Finanzamt nicht unverzüglich mitteilt oder
3. wenn das die Kapitalerträge auszahlende inländische Kreditinstitut oder das inländische Finanzdienstleistungsinstitut die Kapitalerträge zu Unrecht ohne Abzug der Kapitalertragsteuer ausgezahlt hat.

[3]Für die Inanspruchnahme des Schuldners der Kapitalerträge, der den Verkaufsauftrag ausführenden Stelle und der die Kapitalerträge auszahlenden Stelle bedarf es keines Haftungsbescheids, soweit der Schuldner, die den Verkaufsauftrag ausführende Stelle oder die die Kapitalerträge auszahlende Stelle die einbehaltene Kapitalertragsteuer richtig angemeldet hat oder soweit sie ihre Zahlungsverpflichtungen gegenüber dem Finanzamt oder dem Prüfungsbeamten des Finanzamts schriftlich anerkennen.

(6) [1]In den Fällen des § 43 Absatz 1 Satz 1 Nummer 7c gilt die juristische Person des öffentlichen Rechts und die von der Körperschaftsteuer befreite Körperschaft, Personenvereinigung oder Vermögensmasse als Gläubiger und der Betrieb gewerblicher Art und der wirtschaftliche Geschäftsbetrieb als Schuldner der Kapitalerträge. [2]Die Kapitalertragsteuer entsteht, auch soweit sie auf verdeckte Gewinnausschüttungen entfällt, die im abgelaufenen Wirtschaftsjahr vorgenommen worden sind, im Zeitpunkt der Bilanzerstellung; sie entsteht spätestens acht Monate nach Ablauf des Wirtschaftsjahres; in den Fällen des § 20 Absatz 1 Nummer 10 Buchstabe b Satz 2 am Tag nach der Beschlussfassung über die Verwendung und in den Fällen des § 22 Absatz 4 des Umwandlungssteuergesetzes am Tag

§§ 44, 44a

nach der Veräußerung. ³Die Kapitalertragsteuer entsteht in den Fällen des § 20 Absatz 1 Nummer 10 Buchstabe b Satz 3 zum Ende des Wirtschaftsjahres. ⁴Die Absätze 1 bis 4 und 5 Satz 2 sind entsprechend anzuwenden. ⁵Der Schuldner der Kapitalerträge haftet für die Kapitalertragsteuer, soweit sie auf verdeckte Gewinnausschüttungen und auf Veräußerungen im Sinne des § 22 Absatz 4 des Umwandlungssteuergesetzes entfällt.

(7) ¹In den Fällen des § 14 Absatz 3 des Körperschaftsteuergesetzes entsteht die Kapitalertragsteuer in dem Zeitpunkt der Feststellung der Handelsbilanz der Organgesellschaft; sie entsteht spätestens acht Monate nach Ablauf des Wirtschaftsjahrs der Organgesellschaft. ²Die entstandene Kapitalertragsteuer ist an dem auf den Entstehungszeitpunkt nachfolgenden Werktag an das Finanzamt abzuführen, das für die Besteuerung der Organgesellschaft nach dem Einkommen zuständig ist. ³Im Übrigen sind die Absätze 1 bis 4 entsprechend anzuwenden.

§ 44a Abstandnahme vom Steuerabzug¹⁾

(1) Bei Kapitalerträgen im Sinne des § 43 Absatz 1 Satz 1 Nummer 3, 4, 6, 7 und 8 bis 12 sowie Satz 2, die einem unbeschränkt einkommensteuerpflichtigen Gläubiger zufließen, ist der Steuerabzug nicht vorzunehmen,

1. soweit die Kapitalerträge zusammen mit den Kapitalerträgen, für die die Kapitalertragsteuer nach § 44b zu erstatten ist, den Sparer-Pauschbetrag nach § 20 Absatz 9 nicht übersteigen,
2. wenn anzunehmen ist, dass auch für Fälle der Günstigerprüfung nach § 32d Absatz 6 keine Steuer entsteht.

(2) ¹Voraussetzung für die Abstandnahme vom Steuerabzug nach Absatz 1 ist, dass dem nach § 44 Absatz 1 zum Steuerabzug Verpflichteten in den Fällen

1. des Absatzes 1 Nummer 1 ein Freistellungsauftrag des Gläubigers der Kapitalerträge nach amtlich vorgeschriebenem Vordruck oder²⁾
2. des Absatzes 1 Nummer 2 eine Nichtveranlagungs-Bescheinigung des für den Gläubiger zuständigen Wohnsitzfinanzamts

vorliegt. ²In den Fällen des Satzes 1 Nummer 2 ist die Bescheinigung unter dem Vorbehalt des Widerrufs auszustellen. ³Ihre Geltungsdauer darf höchstens drei Jahre betragen und muss am Schluss eines Kalenderjahres enden. ⁴Fordert das Finanzamt die Bescheinigung zurück oder erkennt der Gläubiger, dass die Voraussetzungen für ihre Erteilung weggefallen sind, so hat er dem Finanzamt die Bescheinigung zurückzugeben.

(3) Der nach § 44 Absatz 1 zum Steuerabzug Verpflichtete hat in seinen Unterlagen das Finanzamt, das die Bescheinigung erteilt hat, den Tag der Ausstellung der Bescheinigung und die in der Bescheinigung angegebene Steuer- und Listennummer zu vermerken sowie die Freistellungsaufträge aufzubewahren.

(4) ¹Ist der Gläubiger

1. eine von der Körperschaftsteuer befreite inländische Körperschaft, Personenvereinigung oder Vermögensmasse oder
2. eine inländische juristische Person des öffentlichen Rechts,

so ist der Steuerabzug bei Kapitalerträgen im Sinne des § 43 Absatz 1 Satz 1 Nummer 4, 6, 7 und 8 bis 12 sowie Satz 2 nicht vorzunehmen. ²Dies gilt auch, wenn es sich bei den Kapitalerträgen um Bezüge im Sinne des § 20 Absatz 1 Nummer 1 und 2 handelt, die der Gläubiger von einer von der Körperschaftsteuer befreiten Körperschaft bezieht. ³Voraussetzung ist, dass der Gläubiger dem Schuldner oder dem die Kapitalerträge auszahlenden inländischen

---

1) Zur Anwendung von § 44a in dieser Fassung (ab 2009) siehe § 52a EStG.
2) Muster des Freistellungsauftrags für Kapitalerträge und Änderung ab 2007 siehe BMF-Schreiben vom 4.8.2006 (BStBl. I S. 490); zu Freistellungsaufträgen im elektronischen Verfahren siehe BMF-Schreiben vom 13.12.2005 (BStBl. I S. 1051).

§ 44a

Kreditinstitut oder inländischen Finanzdienstleistungsinstitut durch eine Bescheinigung des für seine Geschäftsleitung oder seinen Sitz zuständigen Finanzamts nachweist, dass er eine Körperschaft, Personenvereinigung oder Vermögensmasse im Sinne des Satzes 1 Nummer 1 oder 2 ist. ⁴Absatz 2 Satz 2 bis 4 und Absatz 3 gelten entsprechend. ⁵Die in Satz 3 bezeichnete Bescheinigung wird nicht erteilt, wenn die Kapitalerträge in den Fällen des Satzes 1 Nummer 1 in einem wirtschaftlichen Geschäftsbetrieb anfallen, für den die Befreiung von der Körperschaftsteuer ausgeschlossen ist, oder wenn sie in den Fällen des Satzes 1 Nummer 2 in einem nicht von der Körperschaftsteuer befreiten Betrieb gewerblicher Art anfallen.

(5) ¹Bei Kapitalerträgen im Sinne des § 43 Absatz 1 Satz 1 Nummer 6, 7 und 8 bis 12 sowie Satz 2, die einem unbeschränkt oder beschränkt einkommensteuerpflichtigen Gläubiger zufließen, ist der Steuerabzug nicht vorzunehmen, wenn die Kapitalerträge Betriebseinnahmen des Gläubigers sind und die Kapitalertragsteuer bei ihm auf Grund der Art seiner Geschäfte auf Dauer höher wäre als die gesamte festzusetzende Einkommensteuer oder Körperschaftsteuer. ²Ist der Gläubiger ein Lebens- oder Krankenversicherungsunternehmen als Organgesellschaft, ist für die Anwendung des Satzes 1 eine bestehende Organschaft im Sinne des § 14 des Körperschaftsteuergesetzes nicht zu berücksichtigen, wenn die beim Organträger anzurechnende Kapitalertragsteuer, einschließlich der Kapitalertragsteuer des Lebens- oder Krankenversicherungsunternehmens, die auf Grund von § 19 Absatz 5 des Körperschaftsteuergesetzes anzurechnen wäre, höher wäre, als die gesamte festzusetzende Körperschaftsteuer. ³Für die Prüfung der Voraussetzung des Satzes 2 ist auf die Verhältnisse der dem Antrag auf Erteilung einer Bescheinigung im Sinne des Satzes 4 vorangehenden drei Veranlagungszeiträume abzustellen. ⁴Die Voraussetzung des Satzes 1 ist durch eine Bescheinigung des für den Gläubiger zuständigen Finanzamts nachzuweisen. ⁵Die Bescheinigung ist unter dem Vorbehalt des Widerrufs auszustellen. ⁶Die Voraussetzung des Satzes 2 ist gegenüber dem für den Gläubiger zuständigen Finanzamt durch eine Bescheinigung des für den Organträger zuständigen Finanzamts nachzuweisen.

(6) ¹Voraussetzung für die Abstandnahme vom Steuerabzug nach den Absätzen 1, 4 und 5 bei Kapitalerträgen im Sinne des § 43 Absatz 1 Satz 1 Nummer 6, 7 und 8 bis 12 sowie Satz 2 ist, dass die Teilschuldverschreibungen, die Anteile an der Sammelschuldbuchforderung, die Wertrechte, die Einlagen und Guthaben oder sonstigen Wirtschaftsgüter im Zeitpunkt des Zufließens der Einnahmen unter dem Namen des Gläubigers der Kapitalerträge bei der die Kapitalerträge auszahlenden Stelle verwahrt oder verwaltet werden. ²Ist dies nicht der Fall, ist die Bescheinigung nach § 45a Absatz 2 durch einen entsprechenden Hinweis zu kennzeichnen.

(7) ¹Ist der Gläubiger eine inländische

1. Körperschaft, Personenvereinigung oder Vermögensmasse im Sinne des § 5 Absatz 1 Nummer 9 des Körperschaftsteuergesetzes oder
2. Stiftung des öffentlichen Rechts, die ausschließlich und unmittelbar gemeinnützigen oder mildtätigen Zwecken dient, oder
3. juristische Person des öffentlichen Rechts, die ausschließlich und unmittelbar kirchlichen Zwecken dient,

so ist der Steuerabzug bei Kapitalerträgen im Sinne des § 43 Absatz 1 Satz 1 Nummer 7a bis 7c nicht vorzunehmen. ²Der Steuerabzug vom Kapitalertrag ist außerdem nicht vorzunehmen bei Kapitalerträgen im Sinne des § 43 Absatz 1 Satz 1 Nummer 1, soweit es sich um Erträge aus Anteilen an Gesellschaften mit beschränkter Haftung, Namensaktien nicht börsennotierter Aktiengesellschaften und Anteilen an Erwerbs- und Wirtschaftsgenossenschaften sowie aus Genussrechten handelt, und bei Kapitalerträgen im Sinne des § 43 Absatz 1 Satz 1 Nummer 2 und Nummer 3; Voraussetzung für die Abstandnahme bei Kapitalerträgen aus Genussrechten im Sinne des § 43 Absatz 1 Satz 1 Nummer 1 und Kapitalerträgen im Sinne des § 43 Absatz 1 Satz 1 Nummer 2 ist, dass die Genussrechte und Wirtschaftsgüter im Sinne des § 43 Absatz 1 Satz 1 Nummer 2 nicht sammelverwahrt werden. ³Bei allen übrigen Kapitalerträgen nach § 43 Absatz 1 Satz 1 Nummer 1 und 2 ist § 44b Absatz 6 sinngemäß anzuwenden. ⁴Voraussetzung für die Anwendung der Sätze 1 und 2 ist, dass der Gläubiger durch eine Bescheinigung des für seine Geschäftsleitung oder seinen Sitz zuständigen Finanzamts nachweist, dass er eine Körperschaft, Personenvereinigung oder Vermögensmasse nach Satz 1 ist. ⁵Absatz 4 gilt entsprechend.[1)]

(8) ¹Ist der Gläubiger[2)]

1. eine nach § 5 Absatz 1 mit Ausnahme der Nummer 9 des Körperschaftsteuergesetzes oder nach anderen Gesetzen von der Körperschaftsteuer befreite Körperschaft, Personenvereinigung oder Vermögensmasse oder

2. eine inländische juristische Person des öffentlichen Rechts, die nicht in Absatz 7 bezeichnet ist,

so ist der Steuerabzug bei Kapitalerträgen im Sinne des § 43 Absatz 1 Satz 1 Nummer 1, soweit es sich um Erträge aus Anteilen an Gesellschaften mit beschränkter Haftung, Namensaktien nicht börsennotierter Aktiengesellschaften und Erwerbs- und Wirtschaftsgenossenschaften handelt, sowie von Erträgen aus Genussrechen im Sinne des § 43 Absatz 1 Satz 1 Nummer 1 und Kapitalerträgen im Sinne des § 43 Absatz 1 Satz 1 Nummer 2 und 3 unter der Voraussetzung, dass diese Wirtschaftsgüter nicht sammelverwahrt werden, und bei Kapitalerträgen im Sinne des § 43 Absatz 1 Satz 1 Nummer 7a nur in Höhe von drei Fünfteln vorzunehmen. ²Bei allen übrigen Kapitalerträgen nach § 43 Absatz 1 Satz 1 Nummer 1 bis 3 ist § 44b Absatz 6 in Verbindung mit Satz 1 sinngemäß anzuwenden (Erstattung von zwei Fünfteln der gesetzlich in § 43a vorgeschriebenen Kapitalertragsteuer). ³Voraussetzung für die Anwendung des Satzes 1 ist, dass der Gläubiger durch eine Bescheinigung des für seine Geschäftsleitung oder seinen Sitz zuständigen Finanzamts nachweist, dass er eine Körperschaft, Personenvereinigung oder Vermögensmasse im Sinne des Satzes 1 ist. ⁴Absatz 4 gilt entsprechend.[3)]

(9) ¹Ist der Gläubiger der Kapitalerträge im Sinne des § 43 Absatz 1 Satz 1 Nummer 1 bis 4 eine beschränkt steuerpflichtige Körperschaft im Sinne des § 2 Nummer 1 des Körperschaftsteuergesetzes, so werden zwei Fünftel der einbehaltenen und abgeführten Kapitalertragsteuer erstattet. ²§ 50d Absatz 1 Satz 3 bis 9, Absatz 3 und 4 ist entsprechend anzuwenden. ³Der Anspruch auf eine weitergehende Freistellung und Erstattung nach § 50d Absatz 1 in Verbindung mit § 43b oder nach einem Abkommen zur Vermeidung der Doppelbesteuerung bleibt unberührt. ⁴Verfahren nach den vorstehenden Sätzen und nach § 50d Absatz 1 soll das Bundeszentralamt für Steuern verbinden.[4)]

§ 44b Erstattung der Kapitalertragsteuer[5)]

(1) ¹Bei Kapitalerträgen im Sinne des § 43 Absatz 1 Satz 1 Nummer 1 und 2, die einem unbeschränkt einkommensteuerpflichtigen und in den Fällen des § 44a Absatz 5 auch einem beschränkt einkommensteuerpflichtigen Gläubiger zufließen, wird auf Antrag die einbehaltene und abgeführte Kapitalertragsteuer unter den Voraussetzungen des § 44a Absatz 1 Nummer 2, Absatz 2 Satz 1 Nummer 2 und Absatz 5 in dem dort bestimmten Umfang erstattet. ²Dem Antrag auf Erstattung sind

a) die Nichtveranlagungs-Bescheinigung nach § 44a Absatz 2 Satz 1 Nummer 2 sowie eine Steuerbescheinigung nach § 45a Absatz 3 oder

b) die Bescheinigung nach § 44a Absatz 5 sowie eine Steuerbescheinigung nach § 45a Absatz 2 oder Absatz 3 beizufügen.

(2) ¹Für die Erstattung ist das Bundeszentralamt für Steuern zuständig. ²Der Antrag ist nach amtlich vorgeschriebenem Muster zu stellen und zu unterschreiben.

---

1) Zur Anwendung von § 44a Absatz 7 siehe § 52 Absatz 55g EStG.
2) Zur Anwendung von § 44a Absatz 8 Satz 1 und 2 siehe § 52a Absatz 16 Satz 1 und 2 EStG.
3) Zur Anwendung von § 44a Absatz 8 siehe § 52 Absatz 55g und § 52a Absatz 16 Satz 1 und 2 EStG.
4) Zur Anwendung von § 44a Absatz 9 siehe § 52a Absatz 16 Satz 3 EStG.
5) Zur Anwendung von § 44b siehe § 52 Absatz 53 und 55h sowie § 52a EStG.

§ 44b

(3) ¹Die Antragsfrist endet am 31. Dezember des Jahres, das dem Kalenderjahr folgt, in dem die Einnahmen zugeflossen sind. ²Die Frist kann nicht verlängert werden.

(4) Die Erstattung ist ausgeschlossen, wenn die vorgeschriebenen Steuerbescheinigungen nicht vorgelegt oder durch einen Hinweis nach § 44a Absatz 6 Satz 2 gekennzeichnet worden sind.

(5) ¹Ist Kapitalertragsteuer einbehalten oder abgeführt worden, obwohl eine Verpflichtung hierzu nicht bestand, oder hat der Gläubiger dem nach § 44 Absatz 1 zum Steuerabzug Verpflichteten die Bescheinigung nach § 43 Absatz 2 Satz 4, den Freistellungsauftrag, die Nichtveranlagungs-Bescheinigung oder die Bescheinigungen nach § 44a Absatz 4 oder 5 erst zu einem Zeitpunkt vorgelegt, zu dem die Kapitalertragsteuer bereits abgeführt war, oder nach diesem Zeitpunkt erst die Erklärung nach § 43 Absatz 2 Satz 3 Nummer 2 abgegeben, ist auf Antrag des nach § 44 Absatz 1 zum Steuerabzug Verpflichteten die Steueranmeldung (§ 45a Absatz 1) insoweit zu ändern; stattdessen kann der zum Steuerabzug Verpflichtete bei der folgenden Steueranmeldung die abzuführende Kapitalertragsteuer entsprechend kürzen. ²Erstattungsberechtigt ist der Antragsteller. ³Die vorstehenden Sätze sind in den Fällen des Absatzes 6 nicht anzuwenden.

(6) ¹Werden Kapitalerträge im Sinne des § 43 Absatz 1 Satz 1 Nummer 1 und 2 durch ein inländisches Kredit- oder Finanzdienstleistungsinstitut im Sinne des § 43 Absatz 1 Satz 1 Nummer 7 Buchstabe b, das die Wertpapiere, Wertrechte oder sonstigen Wirtschaftsgüter unter dem Namen des Gläubigers verwahrt oder verwaltet, als Schuldner der Kapitalerträge oder für Rechnung des Schuldners gezahlt, kann das Kredit- oder Finanzdienstleistungsinstitut die einbehaltene und abgeführte Kapitalertragsteuer dem Gläubiger der Kapitalerträge bis zur Ausstellung einer Steuerbescheinigung, längstens bis zum 31. März des auf den Zufluss der Kapitalerträge folgenden Kalenderjahres, unter den folgenden Voraussetzungen erstatten:

1. dem Kredit- oder Finanzdienstleistungsinstitut wird eine Nichtveranlagungs-Bescheinigung nach § 44a Absatz 2 Satz 1 Nummer 2 für den Gläubiger vorgelegt,
2. dem Kredit- oder Finanzdienstleistungsinstitut wird eine Bescheinigung nach § 44a Absatz 5 für den Gläubiger vorgelegt,
3. dem Kredit- oder Finanzdienstleistungsinstitut wird eine Bescheinigung nach § 44a Absatz 7 Satz 4 für den Gläubiger vorgelegt und eine Abstandnahme war nicht möglich oder
4. dem Kredit- oder Finanzdienstleistungsinstitut wird eine Bescheinigung nach § 44a Absatz 8 Satz 3 für den Gläubiger vorgelegt und die teilweise Abstandnahme war nicht möglich; in diesen Fällen darf die Kapitalertragsteuer nur in Höhe von zwei Fünfteln erstattet werden.

²Das erstattende Kredit- oder Finanzdienstleistungsinstitut haftet in sinngemäßer Anwendung des § 44 Absatz 5 für zu Unrecht vorgenommene Erstattungen; für die Zahlungsaufforderung gilt § 219 Satz 2 der Abgabenordnung entsprechend. ³Das Kredit- oder Finanzdienstleistungsinstitut hat die Summe der Erstattungsbeträge in der Steueranmeldung gesondert anzugeben und von der von ihm abzuführenden Kapitalertragsteuer abzusetzen. ⁴Wird dem Kredit- oder Finanzdienstleistungsinstitut ein Freistellungsauftrag erteilt, der auch Kapitalerträge im Sinne des Satzes 1 erfasst, oder führt das Institut einen Verlustausgleich nach § 43a Absatz 3 Satz 2 unter Einbeziehung von Kapitalerträgen im Sinne des Satzes 1 aus, so hat es bis zur Ausstellung der Steuerbescheinigung, längstens bis zum 31. März des auf den Zufluss der Kapitalerträge folgenden Kalenderjahres, die einbehaltene und abgeführte Kapitalertragsteuer auf diese Kapitalerträge zu erstatten; Satz 2 ist entsprechend anzuwenden.

§§ 45, 45a

§ 45 Ausschluss der Erstattung von Kapitalertragsteuer[1]

¹In den Fällen, in denen die Dividende an einen anderen als an den Anteilseigner ausgezahlt wird, ist die Erstattung von Kapitalertragsteuer an den Zahlungsempfänger ausgeschlossen. ²Satz 1 gilt nicht für den Erwerber eines Dividendenscheins in den Fällen des § 20 Absatz 2 Satz 1 Nummer 2 Buchstabe a. ³In den Fällen des § 20 Absatz 2 Satz 1 Nummer 2 Buchstabe b ist die Erstattung von Kapitalertragsteuer an den Erwerber von Zinsscheinen nach § 37 Absatz 2 der Abgabenordnung ausgeschlossen.

§ 45a Anmeldung und Bescheinigung der Kapitalertragsteuer[2]

(1) ¹Die Anmeldung der einbehaltenen Kapitalertragsteuer ist dem Finanzamt innerhalb der in § 44 Absatz 1 oder Absatz 7 bestimmten Frist nach amtlich vorgeschriebenem Vordruck auf elektronischem Weg nach Maßgabe der Steuerdaten-Übermittlungsverordnung zu übermitteln. ²Satz 1 gilt entsprechend, wenn ein Steuerabzug nicht oder nicht in voller Höhe vorzunehmen ist. ³Der Grund für die Nichtabführung ist anzugeben. ⁴Auf Antrag kann das Finanzamt zur Vermeidung unbilliger Härten auf eine elektronische Übermittlung verzichten; in diesem Fall ist die Kapitalertragsteuer-Anmeldung von dem Schuldner, der den Verkaufsauftrag ausführenden Stelle, der auszahlenden Stelle oder einer vertretungsberechtigten Person zu unterschreiben.

(2) ¹In den Fällen des § 43 Absatz 1 Satz 1 Nummer 1 bis 4, 7a und 7b sind der Schuldner der Kapitalerträge und in den Fällen des § 43 Absatz 1 Satz 1 Nummer 6, 7 und 8 bis 12 sowie Satz 2 die die Kapitalerträge auszahlende Stelle vorbehaltlich des Absatzes 3 verpflichtet, dem Gläubiger der Kapitalerträge auf Verlangen eine Bescheinigung nach amtlich vorgeschriebenem Muster auszustellen, die die nach § 32d erforderlichen Angaben enthält. ²Die Bescheinigung braucht nicht unterschrieben zu werden, wenn sie in einem maschinellen Verfahren ausgedruckt worden ist und den Aussteller erkennen lässt. ³§ 44a Absatz 6 gilt sinngemäß; über die zu kennzeichnenden Bescheinigungen haben die genannten Institute und Unternehmen Aufzeichnungen zu führen. ⁴Diese müssen einen Hinweis auf den Buchungsbeleg über die Auszahlung an den Empfänger der Bescheinigung enthalten.

(3) ¹Werden Kapitalerträge für Rechnung des Schuldners durch ein inländisches Kreditinstitut oder ein inländisches Finanzdienstleistungsinstitut gezahlt, so hat an Stelle des Schuldners das Kreditinstitut oder das Finanzdienstleistungsinstitut die Bescheinigung zu erteilen. ²Satz 1 gilt in den Fällen des § 20 Absatz 1 Nummer 1 Satz 4 entsprechend; der Emittent der Aktien gilt insoweit als Schuldner der Kapitalerträge.

(4) ¹Eine Bescheinigung nach Absatz 2 oder 3 ist auch zu erteilen, wenn in Vertretung des Gläubigers ein Antrag auf Erstattung der Kapitalertragsteuer nach § 44b gestellt worden ist oder gestellt wird. ²Satz 1 gilt entsprechend, wenn nach § 44a Absatz 8 Satz 1 der Steuerabzug nicht in voller Höhe vorgenommen worden ist.

(5) ¹Eine Ersatzbescheinigung darf nur ausgestellt werden, wenn die Urschrift nach den Angaben des Gläubigers abhanden gekommen oder vernichtet ist. ²Die Ersatzbescheinigung muss als solche gekennzeichnet sein. ³Über die Ausstellung von Ersatzbescheinigungen hat der Aussteller Aufzeichnungen zu führen.

(6) ¹Eine Bescheinigung, die den Absätzen 2 bis 5 nicht entspricht, hat der Aussteller zurückzufordern und durch eine berichtigte Bescheinigung zu ersetzen. ²Die berichtigte Bescheinigung ist als solche zu kennzeichnen. ³Wird die zurückgeforderte Bescheinigung nicht innerhalb eines Monats nach Zusendung der berichtigten Bescheinigung an den Aussteller zurückgegeben, hat der Aussteller das nach seinen Unterlagen für den Empfänger zuständige Finanzamt schriftlich zu benachrichtigen.

---

1) Zur Anwendung von § 45 siehe § 52 Absatz 53 EStG.
2) Zur Anwendung von § 45a siehe § 52 Absatz 53 und § 52a Absatz 16 Satz 4 EStG. Hinweis auf BMF-Schreiben vom 18.12.2009 (BStBl. 2010 I S. 79) betr. Ausstellung von Steuerbescheinigungen für Kapitalerträge nach § 45a Absatz 2 und 3 EStG.

§§ 45a, 45b

(7) ¹Der Aussteller einer Bescheinigung, die den Absätzen 2 bis 5 nicht entspricht, haftet für die auf Grund der Bescheinigung verkürzten Steuern oder zu Unrecht gewährten Steuervorteile. ²Ist die Bescheinigung nach Absatz 3 durch ein inländisches Kreditinstitut oder ein inländisches Finanzdienstleistungsinstitut auszustellen, so haftet der Schuldner auch, wenn er zum Zweck der Bescheinigung unrichtige Angaben macht. ³Der Aussteller haftet nicht
1. in den Fällen des Satzes 2,
2. wenn er die ihm nach Absatz 6 obliegenden Verpflichtungen erfüllt hat.

§ 45b Erstattung von Kapitalertragsteuer auf Grund von Sammelanträgen[1]

(1) ¹Wird in den Fällen des § 44b Absatz 1 der Antrag auf Erstattung von Kapitalertragsteuer in Vertretung das Gläubigers der Kapitalerträge durch einen Vertreter im Sinne des Absatzes 2 gestellt, kann von der Nichtveranlagungs-Bescheinigung nach § 44a Absatz 2 Satz 1 Nummer 2 oder der Bescheinigung nach § 44a Absatz 5 sowie der Steuerbescheinigung nach § 45a Absatz 2 oder 3 abgesehen werden, wenn der Vertreter versichert, dass
1. eine Bescheinigung im Sinne des § 45a Absatz 2 oder 3 als ungültig gekennzeichnet oder nach den Angaben des Gläubigers der Kapitalerträge abhanden gekommen oder vernichtet ist,
2. die Wertpapiere oder die Kapitalforderungen im Zeitpunkt des Zufließens der Einnahmen in einem auf den Namen des Vertreters lautenden Wertpapierdepot bei dem inländischen Kreditinstitut oder bei der inländischen Zweigniederlassung eines der in § 53b Absatz 1 oder 7 des Gesetzes über das Kreditwesen genannten Institute oder Unternehmen verzeichnet waren oder bei Vertretern im Sinne des Absatzes 2 Satz 1 Nummer 3 zu diesem Zeitpunkt der Geschäftsanteil vom Vertreter verwaltet wurde,
3. eine Nichtveranlagungs-Bescheinigung nach § 44a Absatz 2 Satz 1 Nummer 2 oder eine Bescheinigung nach § 44a Absatz 5 vorliegt und
4. die Angaben im dem Antrag wahrheitsgemäß nach bestem Wissen und Gewissen gemacht worden sind.

²Über Anträge, in denen ein Vertreter versichert, dass die Bescheinigung im Sinne des § 45a Absatz 2 oder 3 als ungültig gekennzeichnet oder nach den Angaben des Gläubigers der Kapitalerträge abhanden gekommen oder vernichtet ist, haben die Vertreter Aufzeichnungen zu führen.

(2) ¹Absatz 1 gilt für Anträge, die
1. eine Kapitalgesellschaft in Vertretung ihrer Arbeitnehmer stellt, soweit es sich um Einnahmen aus Anteilen handelt, die den Arbeitnehmern von der Kapitalgesellschaft überlassen worden sind und von ihr, einem inländischen Kreditinstitut oder einer inländischen Zweigniederlassung eines der in § 53b Absatz 1 oder 7 des Gesetzes über das Kreditwesen genannten Institute oder Unternehmen verwahrt werden;
2. der von einer Kapitalgesellschaft bestellte Treuhänder in Vertretung der Arbeitnehmer dieser Kapitalgesellschaft stellt, soweit es sich um Einnahmen aus Anteilen handelt, die den Arbeitnehmern von der Kapitalgesellschaft überlassen worden sind und von dem Treuhänder, einem inländischen Kreditinstitut oder einer inländischen Zweigniederlassung eines der in § 53b Absatz 1 oder 7 des Gesetzes über das Kreditwesen genannten Institute oder Unternehmen verwahrt werden;
3. eine Erwerbs- oder Wirtschaftsgenossenschaft in Vertretung ihrer Mitglieder stellt, soweit es sich um Einnahmen aus Anteilen an dieser Genossenschaft handelt und nicht die Abstandnahme gemäß § 44a Absatz 8 durchgeführt wurde.

²Den Arbeitnehmern im Sinne des Satzes 1 Nummer 1 und 2 stehen Arbeitnehmer eines mit der Kapitalgesellschaft verbundenen Unternehmens (§ 15 Aktiengesetz) sowie frühere Ar-

---
1) Zur Anwendung von § 45b siehe § 52 Absatz 53 EStG.

§§ 45b, 45c, 45d

beitnehmer der Kapitalgesellschaft oder eines mit ihr verbundenen Unternehmens gleich. ³Den von der Kapitalgesellschaft überlassenen Anteilen stehen Aktien gleich, die den Arbeitnehmern bei einer Kapitalerhöhung auf Grund ihres Bezugsrechts aus den von der Kapitalgesellschaft überlassenen Aktien zugeteilt worden sind oder die den Arbeitnehmern auf Grund einer Kapitalerhöhung aus Gesellschaftsmitteln gehören.

(2a) ¹Sammelanträge auf volle oder teilweise Erstattung können auch Gesamthandsgemeinschaften für ihre Mitglieder im Sinne von § 44a Absatz 7 und 8 stellen. ²Die Absätze 1 und 2 sind entsprechend anzuwenden.

(3) ¹Erkennt der Vertreter des Gläubigers der Kapitalerträge vor Ablauf der Festsetzungsfrist im Sinne der §§ 169 bis 171 der Abgabenordnung, dass die Erstattung ganz oder teilweise zu Unrecht festgesetzt worden ist, so hat er dies dem Bundeszentralamt für Steuern anzuzeigen. ²Das Bundeszentralamt für Steuern hat die zu Unrecht erstatteten Beträge von dem Gläubiger zurückzufordern, für den sie festgesetzt worden sind. ³Der Vertreter des Gläubigers haftet für die zurückzuzahlenden Beträge.

(4) ¹§ 44b Absatz 1 bis 4 gilt entsprechend. ²Die Antragsfrist gilt als gewahrt, wenn der Gläubiger die beantragende Stelle bis zu dem in § 44b Absatz 3 bezeichneten Zeitpunkt schriftlich mit der Antragstellung beauftragt hat.

(5) Die Vollmacht, den Antrag auf Erstattung von Kapitalertragsteuer zu stellen, ermächtigt zum Empfang der Steuererstattung.

§ 45c (weggefallen)[1]

§ 45d Mitteilungen an das Bundeszentralamt für Steuern[2]

(1) ¹Wer nach § 44 Absatz 1 dieses Gesetzes und § 7 des Investmentsteuergesetzes zum Steuerabzug verpflichtet ist oder auf Grund von Sammelanträgen nach § 45b Absatz 1 und 2 die Erstattung von Kapitalertragsteuer beantragt, hat dem Bundeszentralamt für Steuern bis zum 31. Mai des Jahres, das auf das Jahr folgt, in dem die Kapitalerträge den Gläubigern zufließen, folgende Daten zu übermitteln:[3]

1. Vor- und Zunamen sowie das Geburtsdatum der Person – gegebenenfalls auch des Ehegatten –, die den Freistellungsauftrag erteilt hat (Auftraggeber),

2. Anschrift des Auftraggebers,

3. bei den Kapitalerträgen, für die ein Freistellungsauftrag erteilt worden ist,

    a) die Kapitalerträge, bei denen vom Steuerabzug Abstand genommen worden ist oder bei denen auf Grund des Freistellungsauftrags gemäß § 44b Absatz 6 Satz 4 oder gemäß § 7 Absatz 5 Satz 1 des Investmentsteuergesetzes Kapitalertragsteuer erstattet wurde,

    b) die Kapitalerträge, bei denen die Erstattung von Kapitalertragsteuer beim Bundeszentralamt für Steuern beantragt worden ist,

4. Namen und Anschrift des Empfängers des Freistellungsauftrags.

²Die Datenübermittlung hat nach amtlich vorgeschriebenem Datensatz auf amtlich vorgeschriebenen maschinell verwertbaren Datenträgern zu erfolgen. ³Im Übrigen findet § 150 Absatz 6 der Abgabenordnung entsprechende Anwendung. ⁴Das Bundeszentralamt für Steuern kann auf Antrag eine Übermittlung nach amtlich vorgeschriebenem Vordruck zulassen, wenn eine Übermittlung nach Satz 2 eine unbillige Härte mit sich bringen würde.

---

1) § 45c ist letztmals für VZ 2008 anzuwenden (§ 52a Absatz 1 EStG), aufgehoben durch Unternehmensteuerreformgesetz 2008 vom 14.8.2007 (BGBl. I S. 1912).
2) Zur Anwendung von § 45d in dieser Fassung (ab 2009) siehe § 52a Absatz 1 EStG.
3) Zur elektronischen Übermittlung s. BMF-Schreiben v. 5.2.2003 (BStBl. I S. 158).

§§ 45d, 45e, 46

(2) ¹Das Bundeszentralamt für Steuern darf den Sozialleistungsträgern die Daten nach Absatz 1 mitteilen, soweit dies zur Überprüfung des bei der Sozialleistung zu berücksichtigenden Einkommens oder Vermögens erforderlich ist oder der Betroffene zustimmt. ²Für Zwecke des Satzes 1 ist das Bundeszentralamt für Steuern berechtigt, die ihm von den Sozialleistungsträgern übermittelten Daten mit den vorhandenen Daten nach Absatz 1 im Wege des automatisierten Datenabgleichs zu überprüfen und das Ergebnis den Sozialleistungsträgern mitzuteilen.

(3) ¹Ein inländischer Versicherungsvermittler im Sinne des § 59 Absatz 1 des Versicherungsvertragsgesetzes hat bis zum 30. März des Folgejahres das Zustandekommen eines Vertrages im Sinne des § 20 Absatz 1 Nummer 6 zwischen einer im Inland ansässigen Person und einem Versicherungsunternehmen mit Sitz und Geschäftsleitung im Ausland gegenüber dem Bundeszentralamt für Steuern mitzuteilen; dies gilt nicht, wenn das Versicherungsunternehmen eine Niederlassung im Inland hat oder das Versicherungsunternehmen dem Bundeszentralamt für Steuern bis zu diesem Zeitpunkt das Zustandekommen eines Vertrages angezeigt und den Versicherungsvermittler hierüber in Kenntnis gesetzt hat. ²Folgende Daten sind zu übermitteln:

1. Vor- und Zunamen sowie das Geburtsdatum, Anschrift und Steueridentifikationsnummer des Versicherungsnehmers,
2. Vertragsnummer oder sonstige Kennzeichnung des Vertrages,
3. Versicherungssumme und Laufzeit,
4. Angabe, ob es sich um einen konventionellen, einen fondsgebundenen oder einen vermögensverwaltenden Versicherungsvertrag handelt.

⁵Die Regelungen des Absatzes 1 Satz 2 bis 4 sind entsprechend anzuwenden.

§ 45e Ermächtigung für Zinsinformationsverordnung[1)]

¹Die Bundesregierung wird ermächtigt, durch Rechtsverordnung mit Zustimmung des Bundesrates die Richtlinie 2003/48/EG des Rates vom 3. Juni 2003 (ABl. EU Nr. L 157 S. 38) in der jeweils geltenden Fassung im Bereich der Besteuerung von Zinserträgen umzusetzen. ²§ 45d Absatz 1 Satz 2 bis 4 und Absatz 2 sind entsprechend anzuwenden.

4. Veranlagung von Steuerpflichtigen mit steuerabzugspflichtigen Einkünften

§ 46 Veranlagung bei Bezug von Einkünften aus nichtselbständiger Arbeit

(1) (weggefallen)

(2) Besteht das Einkommen ganz oder teilweise aus Einkünften aus nichtselbständiger Arbeit, von denen ein Steuerabzug vorgenommen worden ist, so wird eine Veranlagung nur durchgeführt,

1. wenn die positive Summe der einkommensteuerpflichtigen Einkünfte, die nicht dem Steuerabzug vom Arbeitslohn zu unterwerfen waren, vermindert um die darauf entfallenden Beträge nach § 13 Absatz 3 und § 24a, oder die positive Summe der Einkünfte und Leistungen, die dem Progressionsvorbehalt unterliegen, jeweils mehr als 410 Euro beträgt;
2. wenn der Steuerpflichtige nebeneinander von mehreren Arbeitgebern Arbeitslohn bezogen hat; das gilt nicht, soweit nach § 38 Absatz 3a Satz 7 Arbeitslohn von mehreren Arbeitgebern für den Lohnsteuerabzug zusammengerechnet worden ist;

---

1) Zinsinformationsverordnung (ZIV) vom 26. 1. 2004 (BGBl. I S. 128, BStBl. I S. 297), zuletzt geändert durch Verordnung vom 5.11.2007 (BGBl. I S. 2562). Hinweis auf BMF-Schreiben vom 30.1.2008 (BStBl. I S. 320) betr. Anwendungsschreiben zur Zinsinformationsverordnung (ZIV).

§ 46

3. wenn bei einem Steuerpflichtigen die Summe der beim Steuerabzug vom Arbeitslohn nach § 39b Absatz 2 Satz 5 Nummer 3 Buchstabe b bis d berücksichtigten Teilbeträge der Vorsorgepauschale größer ist als die abziehbaren Vorsorgeaufwendungen nach § 10 Absatz 1 Nummer 3 und Nummer 3a in Verbindung mit Absatz 4;
3a. wenn von Ehegatten, die nach den §§ 26, 26b zusammen zur Einkommensteuer zu veranlagen sind, beide Arbeitslohn bezogen haben und einer für den Veranlagungszeitraum oder einen Teil davon nach der Steuerklasse V oder VI besteuert oder bei Steuerklasse IV der Faktor (§ 39f) eingetragen worden ist;
4. wenn auf der Lohnsteuerkarte eines Steuerpflichtigen ein Freibetrag im Sinne des § 39a Absatz 1 Nummer 1 bis 3, 5 oder 6 eingetragen worden ist; dasselbe gilt für einen Steuerpflichtigen, der zum Personenkreis des § 1 Absatz 2 gehört, wenn diese Eintragungen auf einer Bescheinigung nach § 39c erfolgt sind;
4a. wenn bei einem Elternpaar, bei dem die Voraussetzungen des § 26 Absatz 1 Satz 1 nicht vorliegen,
   a) bis c) (weggefallen)
   d) im Fall des § 33a Absatz 2 Satz 6 das Elternpaar gemeinsam eine Aufteilung des Abzugsbetrags in einem anderen Verhältnis als je zur Hälfte beantragt oder
   e) im Fall des § 33b Absatz 5 Satz 3 das Elternpaar gemeinsam eine Aufteilung des Pauschbetrags für behinderte Menschen oder des Pauschbetrags für Hinterbliebene in einem anderen Verhältnis als je zur Hälfte beantragt.
   ²Die Veranlagungspflicht besteht für jeden Elternteil, der Einkünfte aus nichtselbständiger Arbeit bezogen hat;
5. wenn bei einem Steuerpflichtigen die Lohnsteuer für einen sonstigen Bezug im Sinne des § 34 Absatz 1 und 2 Nummer 2 und 4 nach § 39b Absatz 3 Satz 9 oder für einen sonstigen Bezug nach § 39c Absatz 5 ermittelt wurde;
5a. wenn der Arbeitgeber die Lohnsteuer von einem sonstigen Bezug berechnet hat und dabei der Arbeitslohn aus früheren Dienstverhältnissen des Kalenderjahres außer Betracht geblieben ist (§ 39b Absatz 3 Satz 2, § 41 Absatz 1 Satz 7, Großbuchstabe S);
6. wenn die Ehe des Arbeitnehmers im Veranlagungszeitraum durch Tod, Scheidung oder Aufhebung aufgelöst worden ist und er oder sein Ehegatte der aufgelösten Ehe im Veranlagungszeitraum wieder geheiratet hat;
7. wenn
   a) für einen unbeschränkt Steuerpflichtigen im Sinne des § 1 Absatz 1 auf der Lohnsteuerkarte ein Ehegatte im Sinne des § 1a Absatz 1 Nummer 2 berücksichtigt worden ist oder
   b) für einen Steuerpflichtigen, der zum Personenkreis des § 1 Absatz 3 oder des § 1a gehört, das Betriebsstättenfinanzamt eine Bescheinigung nach § 39c Absatz 4 erteilt hat; dieses Finanzamt ist dann auch für die Veranlagung zuständig;
8. wenn die Veranlagung beantragt wird, insbesondere zur Anrechnung von Lohnsteuer auf die Einkommensteuer. ²Der Antrag ist durch Abgabe einer Einkommensteuererklärung zu stellen.

(3) ¹In den Fällen des Absatzes 2 ist ein Betrag in Höhe der einkommensteuerpflichtigen Einkünfte, von denen der Steuerabzug vom Arbeitslohn nicht vorgenommen worden ist, vom Einkommen abzuziehen, wenn diese Einkünfte insgesamt nicht mehr als 410 Euro betragen. ²Der Betrag nach Satz 1 vermindert sich um den Altersentlastungsbetrag, soweit dieser den unter Verwendung des nach § 24a Satz 5 maßgebenden Prozentsatzes zu ermittelnden Anteil des Arbeitslohns mit Ausnahme der Versorgungsbezüge im Sinne des § 19 Absatz 2 übersteigt, und um den nach § 13 Absatz 3 zu berücksichtigenden Betrag.

(4) ¹Kommt nach Absatz 2 eine Veranlagung zur Einkommensteuer nicht in Betracht, so gilt die Einkommensteuer, die auf die Einkünfte aus nichtselbständiger Arbeit entfällt, für den

§ 46

LStH 46, ESt-Kartei NW, Rechtsprechung

Steuerpflichtigen durch den Lohnsteuerabzug als abgegolten, soweit er nicht für zuwenig erhobene Lohnsteuer in Anspruch genommen werden kann. ²§ 42b bleibt unberührt.

(5) Durch Rechtsverordnung kann in den Fällen des Absatzes 2 Nummer 1, in denen die einkommensteuerpflichtigen Einkünfte, von denen der Steuerabzug vom Arbeitslohn nicht vorgenommen worden ist, den Betrag von 410 Euro übersteigen, die Besteuerung so gemildert werden, dass auf die volle Besteuerung dieser Einkünfte stufenweise übergeleitet wird.

Hinweise

LStH 46 Auftragsveranlagung
→ *R 46.2 EStR, H 46.2 EStH*
Härteausgleich → *H 46.3 EStH*

ESt-Kartei NW

800. Einkommensteuerveranlagung bei unständig beschäftigten Arbeitnehmern (Ausführungen zum Nachweis von Zeiten der Nichtbeschäftigung und zur Hinzuschätzung weiterer Einnahmen, vgl. Abschnitt 149 Abs. 4 LStR 1993; zur Schätzung von Lohnsteuerabzugsbeträgen s. AO-Kartei § 162 Abs. 1 Karte 1)

1000. Veranlagung von Arbeitnehmern mit Einkünften/Bezügen, die dem Progressionsvorbehalt unterliegen (Veranlagungspflicht nach § 46 Abs. 2 Nr. 1 EStG auch wenn wegen der geringen Höhe kein Lohnsteuerabzug vorgenommen wird)

Rechtsprechungsauswahl

BFH v. 12. 11. 2009 VI R 1/09 (BFH-Webseite): Fortgeltung der Antragsveranlagung ungeachtet der Antragsfrist

1. Stellt ein ausschließlich Arbeitslohn beziehender Arbeitnehmer den Antrag auf Einkommensteuer-Veranlagung für Veranlagungszeiträume vor 2005 erst nach dem 28. Dezember 2007, ist er – soweit Verjährungsfristen nicht entgegenstehen – gemäß § 46 Abs. 2 Nr. 8 i.V.m. § 52 Abs. 55j EStG i.d.F. vom 20. Dezember 2007 zu veranlagen.
2. Die inzwischen aufgehobene zweijährige Antragsfrist des § 46 Abs. 2 Nr. 8 EStG a.F. gilt insoweit nicht fort.

BFH v. 29. 11. 2006 VI R 14/06 (BStBl. 2007 II S. 129):

1. Beträgt die positive oder die negative Summe der einkommensteuerpflichtigen Einkünfte, die nicht dem Steuerabzug vom Arbeitslohn zu unterwerfen waren, vermindert um die darauf entfallenden Beträge nach § 13 Abs. 3 und § 24a EStG, jeweils mehr als 800 DM (410 €), ist eine Veranlagung nach § 46 Abs. 2 Nr. 1 EStG vom Amts wegen durchzuführen.*)
2. Eine künftige mit Rückwirkung versehene Gesetzesänderung ist kein Rechtsverhältnis, dessen Bestehen oder Nichtbestehen für die Entscheidung des Rechtsstreits vorgreiflich ist (Anschluss an BFH-Urteil vom 17. Mai 1984 IV R 75/30, juris).

*) Hinweis BStBl. II: Änderung des § 46 Abs. 2 Nr. 1 EStG durch das Jahressteuergesetz 2007 (BStBl. I S. 28).

BFH v. 21. 9. 2006 VI R 47/05 (BStBl. 2007 II S. 47): Beträgt die positive oder die negative Summe der einkommensteuerpflichtigen Einkünfte, die nicht dem Steuerabzug vom Arbeitslohn zu unterwerfen waren, vermindert um die darauf entfallenden Beträge nach § 13 Abs. 3 und § 24a EStG, jeweils mehr als 800 DM (410 €), ist eine Veranlagung nach § 46 Abs. 2 Nr. 1 EStG von Amts wegen durchzuführen.*)
*) Hinweis BStBl. II: Änderung des § 46 Abs. 2 Nr. 1 EStG durch das Jahressteuergesetz 2007 (BStBl. I 2007 S. 28).

BFH v. 21. 9. 2006 VI R 52/04 (BStBl. 2007 II S. 45): Beträgt die positive oder die negative Summe der einkommensteuerpflichtigen Einkünfte, die nicht dem Steuerabzug vom Arbeitslohn zu unterwerfen waren, vermindert um die darauf entfallenden Beträge nach § 13 Abs. 3 und § 24a EStG, jeweils mehr als 800 DM (410 €), ist eine Veranlagung nach § 46 Abs. 2 Nr. 1 EStG von Amts wegen durchzuführen.*)
*) Hinweis BStBl. II: Änderung des § 46 Abs. 2 Nr. 1 EStG durch das Jahressteuergesetz 2007 (BStBl. I 2007 S. 28).

BFH v. 21. 9. 2006 VI R 80/04 (BStBl. 2007 II S. 11): Ist ein Ehegatte gemäß § 25 EStG zur Einkommensteuer zu veranlagen und wird auf seinen Antrag eine getrennte Veranlagung durchgeführt, ist auch

Rechtsprechung §§ 46, 47

der andere Ehegatte gemäß § 26 Abs. 2 Satz 1 EStG zwingend getrennt zu veranlagen. Für die Veranlagung des anderen Ehegatten kommt es in einem solchen Fall auf das Vorliegen der Voraussetzungen des § 46 Abs. 2 Nr. 1 bis Nr. 8 EStG nicht mehr an.

BFH v. 22. 5. 2006 VI R 46/05 (BStBl. II S. 820): Es wird eine Entscheidung des Bundesverfassungsgerichts darüber eingeholt, ob § 46 Abs. 2 Nr. 8 Satz 2 EStG in der für den Veranlagungszeitraum 1996 maßgeblichen Fassung vom 25. Februar 1992 (BGBl. I 1992, 297) mit dem Grundgesetz insoweit unvereinbar ist, als der Antrag auf Veranlagung bis zum Ablauf des auf den Veranlagungszeitraum folgenden zweiten Kalenderjahrs zu stellen ist.
(Hinweis: BVerfG 2 BvL 56/06.)

BFH v. 22. 5. 2006 VI R 49/04 (BStBl. II S. 808): Es wird eine Entscheidung des BVerfG darüber eingeholt, ob § 46 Abs. 2 Nr. 8 Satz 2 EStG in der für den Veranlagungszeitraum 1998 maßgeblichen Fassung vom 16. April 1997 (BGBl. I 1997, 821) mit dem GG insoweit unvereinbar ist, als der Antrag auf Veranlagung bis zum Ablauf des auf den Veranlagungszeitraum folgenden zweiten Kalenderjahrs zu stellen ist.
(Hinweis: BVerfG 2 BvL 55/06.)

BFH v. 22. 5. 2006 VI R 17/05 (BStBl. II S. 806): § 46 EStG enthält keine Rechtsgrundlage für die Änderung bestandskräftiger Steuerbescheide. Ist über den Einkommensteueranspruch bereits durch bestandskräftigen Bescheid entschieden worden, vermag auch ein fristgerechter Antrag auf Veranlagung nach § 46 Abs. 2 Nr. 8 EStG keine erneute Entscheidung über diesen Anspruch herbeizuführen.

BFH v. 22. 5. 2006 VI R 15/05 (BStBl. II S. 912): Für die Durchführung des Veranlagungsverfahrens bedarf es keines Antrags des Steuerpflichtigen gemäß § 46 Abs. 2 Nr. 8 EStG (mehr), wenn das FA das Veranlagungsverfahren von sich aus bereits durchgeführt und die Einkommensteuer festgesetzt hat. Dies gilt jedenfalls dann, wenn bei Erlass des Steuerbescheids aus der insoweit maßgeblichen Sicht des FA die Voraussetzungen für eine Veranlagung von Amts wegen vorlagen.

BFH v. 22. 5. 2006 VI R 51/04 (BStBl. II S. 833): Hat ein Steuerpflichtiger die Frist für den Antrag auf Veranlagung gemäß § 46 Abs. 2 Nr. 8 EStG ohne Verschulden nicht gekannt, kann ihm Wiedereinsetzung in den vorigen Stand zu gewähren sein.

BFH v. 22. 5. 2006 VI R 50/04 (BStBl. II S. 801): In § 46 Abs. 2 Nr. 1 EStG sind bei der Ermittlung der Summe der einkommensteuerpflichtigen Einkünfte, die nicht dem Steuerabzug vom Arbeitslohn zu unterwerfen waren, im Veranlagungszeitraum 1999 die Vorschriften über den Verlustausgleich in § 2 Abs 3 EStG i.d.F. des StEntlG 1999/2000/2002 zu berücksichtigen.

BFH v. 22. 5. 2006 VI R 15/02 (BStBl. 2007 II S. 2): Eine Einkommensteuererklärung ist auch dann „nach amtlich vorgeschriebenem Vordruck" abgegeben, wenn ein – auch einseitig – privat gedruckter oder fotokopierter Vordruck verwendet wird, der dem amtlichen Muster entspricht.

BFH v. 1. 3. 2006 XI R 33/04 (BStBl. 2007 II S. 919): Ein erstmaliger Bescheid über die Feststellung des verbleibenden Verlustabzugs nach § 10d EStG kann bis zum Ablauf der Feststellungsfrist auch dann noch ergehen, wenn eine Veranlagung zur Einkommensteuer vom FA wegen Ablaufs der zweijährigen Antragsfrist des § 46 Abs. 2 Nr. 8 Satz 2 EStG bestandskräftig abgelehnt worden ist.*)
*) Hinweis auf BMF-Schreiben vom 30. 11. 2007 (BStBl. I S. 825).

BFH v. 7. 7. 2004 XI R 10/03 (BStBl. II S. 911):
1. Eindeutigen Steuererklärungen braucht das FA nicht mit Misstrauen zu begegnen, es kann regelmäßig von deren Richtigkeit und Vollständigkeit ausgehen. Dies gilt auch, wenn ein nicht selbstständig tätiger Steuerpflichtiger unter Vorlage der entsprechend ausgefüllten Lohnsteuerkarte eine tarifbegünstigte Entschädigung (§ 24 Nr. 1, § 34 Abs. 1, 2 EStG) erklärt und an der Erstellung der Steuererklärung kein Angehöriger eines steuerberatenden Berufs mitgewirkt hat.
2. Meldet ein Steuerpflichtiger nach Bestandskraft eines Einkommensteuerbescheides bislang nicht erklärte Einkünfte nach, ist das FA vor einer Änderung nach § 172 Abs. 1 Satz 1 Nr. 2 Buchst. a oder § 173 Abs. 1 Nr. 1 AO 1977 grundsätzlich nicht verpflichtet, die Veranlagung in vollem Umfang erneut zu überprüfen.

BFH v. 21. 2. 2003 VI R 74/00 (BStBl. II S. 496): Bei Entschädigungszahlungen der Urlaubs- und Lohnausgleichskasse der Bauwirtschaft für verfallene Urlaubsansprüche handelt es sich um Einkünfte, die nicht dem Steuerabzug vom Arbeitslohn unterliegen und auf die die Härteregelung nach § 46 Abs. 5 EStG anzuwenden ist.

§ 47 (weggefallen)

VII. Steuerabzug bei Bauleistungen

§ 48[1] Steuerabzug

(1) ¹Erbringt jemand im Inland eine Bauleistung (Leistender) an einen Unternehmer im Sinne des § 2 des Umsatzsteuergesetzes oder an eine juristische Person des öffentlichen Rechts (Leistungsempfänger), ist der Leistungsempfänger verpflichtet, von der Gegenleistung einen Steuerabzug in Höhe von 15 Prozent für Rechnung des Leistenden vorzunehmen. ²Vermietet der Leistungsempfänger Wohnungen, so ist Satz 1 nicht auf Bauleistungen für diese Wohnungen anzuwenden, wenn er nicht mehr als zwei Wohnungen vermietet. ³Bauleistungen sind alle Leistungen, die der Herstellung, Instandsetzung, Instandhaltung, Änderung oder Beseitigung von Bauwerken dienen. ⁴Als Leistender gilt auch derjenige, der über eine Leistung abrechnet, ohne sie erbracht zu haben.

(2) ¹Der Steuerabzug muss nicht vorgenommen werden, wenn der Leistende dem Leistungsempfänger eine im Zeitpunkt der Gegenleistung gültige Freistellungsbescheinigung nach § 48b Absatz 1 Satz 1 vorlegt oder die Gegenleistung im laufenden Kalenderjahr den folgenden Betrag voraussichtlich nicht übersteigen wird:

1. 15 000 Euro, wenn der Leistungsempfänger ausschließlich steuerfreie Umsätze nach § 4 Nummer 12 Satz 1 des Umsatzsteuergesetzes ausführt,
2. 5 000 Euro in den übrigen Fällen.

²Für die Ermittlung des Betrags sind die für denselben Leistungsempfänger erbrachten und voraussichtlich zu erbringenden Bauleistungen zusammenzurechnen.

(3) Gegenleistung im Sinne des Absatzes 1 ist das Entgelt zuzüglich Umsatzsteuer.

(4) Wenn der Leistungsempfänger den Steuerabzugsbetrag angemeldet und abgeführt hat,

1. ist § 160 Absatz 1 Satz 1 der Abgabenordnung nicht anzuwenden,
2. sind § 42d Absatz 6 und 8 und § 50a Absatz 7 nicht anzuwenden.

§ 48a Verfahren

(1) ¹Der Leistungsempfänger hat bis zum 10. Tag nach Ablauf des Monats, in dem die Gegenleistung im Sinne des § 48 erbracht wird, eine Anmeldung nach amtlich vorgeschriebenem Vordruck abzugeben, in der er den Steuerabzug für den Anmeldungszeitraum selbst zu berechnen hat. ²Der Abzugsbetrag ist am 10. Tag nach Ablauf des Anmeldungszeitraums fällig und an das für den Leistenden zuständige Finanzamt für Rechnung des Leistenden abzuführen. ³Die Anmeldung des Abzugsbetrages steht einer Steueranmeldung gleich.

(2) Der Leistungsempfänger hat mit dem Leistenden unter Angabe

1. des Namens und der Anschrift des Leistenden,
2. des Rechnungsbetrags, des Rechnungsdatums und des Zahlungstags,
3. der Höhe des Steuerabzugs und
4. des Finanzamts, bei dem der Abzugsbetrag angemeldet worden ist,

über den Steuerabzug abzurechnen.

(3) ¹Der Leistungsempfänger haftet für einen nicht oder zu niedrig abgeführten Abzugsbetrag. ²Der Leistungsempfänger haftet nicht, wenn ihm im Zeitpunkt der Gegenleistung eine Freistellungsbescheinigung (§ 48b) vorgelegen hat, auf deren Rechtmäßigkeit er vertrauen konnte. ³Er darf insbesondere dann nicht auf eine Freistellungsbescheinigung vertrauen, wenn diese durch unlautere Mittel oder durch falsche Angaben erwirkt wurde und

---

1) Zur erstmaligen Anwendung ab 2002 siehe § 52 Abs. 56 EStG. Hinweis auf BMF-Schreiben vom 27.12.2002 (BStBl. I S. 1399) betr. Steuerabzug von Vergütungen für im Inland erbrachte Bauleistungen (§ 48 ff. EStG), teilweise neu gefasst durch BMF-Schreiben vom 4.9.2003 (BStBl. I S. 431); Ergänzung durch BMF-Schreiben vom 20.9.2004 (BStBl. I S. 862) betr. Neuausgabe der Freistellungsbescheinigung nach § 48b EStG als Folgebescheinigung.

ihm dies bekannt oder infolge grober Fahrlässigkeit nicht bekannt war. ⁴Den Haftungsbescheid erlässt das für den Leistenden zuständige Finanzamt.

(4) § 50b gilt entsprechend.

§ 48b Freistellungsbescheinigung

(1) ¹Auf Antrag des Leistenden hat das für ihn zuständige Finanzamt, wenn der zu sichernde Steueranspruch nicht gefährdet erscheint und ein inländischer Empfangsbevollmächtigter bestellt ist, eine Bescheinigung nach amtlich vorgeschriebenen Vordruck zu erteilen, die den Leistungsempfänger von der Pflicht zum Steuerabzug befreit. ²Eine Gefährdung kommt insbesondere dann in Betracht, wenn der Leistende

1. Anzeigepflichten nach § 138 der Abgabenordnung nicht erfüllt,
2. seiner Auskunfts- und Mitwirkungspflicht nach § 90 der Abgabenordnung nicht nachkommt,
3. den Nachweis der steuerlichen Ansässigkeit durch Bescheinigung der zuständigen ausländischen Steuerbehörde nicht erbringt.

(2) Eine Bescheinigung soll erteilt werden, wenn der Leistende glaubhaft macht, dass keine zu sichernden Steueransprüche bestehen.

(3) In der Bescheinigung sind anzugeben:

1. Name, Anschrift und Steuernummer des Leistenden,
2. Geltungsdauer der Bescheinigung,
3. Umfang der Freistellung sowie der Leistungsempfänger, wenn sie nur für bestimmte Bauleistungen gilt,
4. das ausstellende Finanzamt.

(4) Wird eine Freistellungsbescheinigung aufgehoben, die nur für bestimmte Bauleistungen gilt, ist dies den betroffenen Leistungsempfängern mitzuteilen.

(5) Wenn eine Freistellungsbescheinigung vorliegt, gilt § 48 Absatz 4 entsprechend.

(6) ¹Das Bundeszentralamt für Steuern erteilt dem Leistungsempfänger im Sinne des § 48 Absatz 1 Satz 1 im Wege einer elektronischen Abfrage Auskunft über die beim Bundeszentralamt für Steuern gespeicherten Freistellungsbescheinigungen. ²Mit dem Antrag auf die Erteilung einer Freistellungsbescheinigung stimmt der Antragsteller zu, dass seine Daten nach § 48b Absatz 3 beim Bundesamt für Finanzen gespeichert werden und dass über die gespeicherten Daten an die Leistungsempfänger Auskunft gegeben wird.

§ 48c Anrechnung

(1) ¹Soweit der Abzugsbetrag einbehalten und angemeldet worden ist, wird er auf vom Leistenden zu entrichtende Steuern nacheinander wie folgt angerechnet:

1. die nach § 41a Absatz 1 einbehaltene und angemeldete Lohnsteuer,
2. die Vorauszahlungen auf die Einkommen- oder Körperschaftsteuer,
3. die Einkommen- oder Körperschaftsteuer des Besteuerungs- oder Veranlagungszeitraums, in dem die Leistung erbracht worden ist, und
4. die vom Leistenden im Sinne der §§ 48, 48a anzumeldenden und abzuführenden Abzugsbeträge.

²Die Anrechnung nach Satz 1 Nummer 2 kann nur für Vorauszahlungszeiträume innerhalb des Besteuerungs- oder Veranlagungszeitraums erfolgen, in dem die Leistung erbracht worden ist. ³Die Anrechnung nach Satz 1 Nummer 2 darf nicht zu einer Erstattung führen.

§§ 48c, 48d, 49

(2) ¹Auf Antrag des Leistenden erstattet das nach § 20a Absatz 1 der Abgabenordnung zuständige Finanzamt den Abzugsbetrag. ²Die Erstattung setzt voraus, dass der Leistende nicht zur Abgabe von Lohnsteueranmeldungen verpflichtet ist und eine Veranlagung zur Einkommen- oder Körperschaftsteuer nicht in Betracht kommt oder der Leistende glaubhaft macht, dass im Veranlagungszeitraum keine zu sichernden Steueransprüche entstehen werden. ³Der Antrag ist nach amtlich vorgeschriebenen Muster bis zum Ablauf des zweiten Kalenderjahres zu stellen, das auf das Jahr folgt, in dem der Abzugsbetrag angemeldet worden ist; weitergehende Fristen nach einem Abkommen zur Vermeidung der Doppelbesteuerung bleiben unberührt.

(3) Das Finanzamt kann die Anrechnung ablehnen, soweit der angemeldete Abzugsbetrag nicht abgeführt worden ist und Anlass zu der Annahme besteht, dass ein Missbrauch vorliegt.

§ 48d Besonderheiten im Fall von Doppelbesteuerungsabkommen

(1) ¹Können Einkünfte, die dem Steuerabzug nach § 48 unterliegen, nach einem Abkommen zur Vermeidung der Doppelbesteuerung nicht besteuert werden, so sind die Vorschriften über die Einbehaltung, Abführung und Anmeldung der Steuer durch den Schuldner der Gegenleistung ungeachtet des Abkommens anzuwenden. ²Unberührt bleibt der Anspruch des Gläubigers der Gegenleistung auf Erstattung der einbehaltenen und abgeführten Steuer. ³Der Anspruch ist durch Antrag nach § 48c Absatz 2 geltend zu machen. ⁴Der Gläubiger der Gegenleistung hat durch eine Bestätigung der für ihn zuständigen Steuerbehörde des anderen Staates nachzuweisen, dass er dort ansässig ist. ⁵§ 48b gilt entsprechend. ⁶Der Leistungsempfänger kann sich im Haftungsverfahren nicht auf die Rechte des Gläubigers aus dem Abkommen berufen.

(2) Unbeschadet des § 5 Absatz 1 Nummer 2 des Finanzverwaltungsgesetzes liegt die Zuständigkeit für Entlastungsmaßnahmen nach Absatz 1 bei dem nach 20a der Abgabenordnung zuständigen Finanzamt.

VIII. Besteuerung beschränkt Steuerpflichtiger

§ 49 Beschränkt steuerpflichtige Einkünfte

(1) Inländische Einkünfte im Sinne der beschränkten Einkommensteuerpflicht (§ 1 Absatz 4) sind

1. Einkünfte aus einer im Inland betriebenen Land- und Forstwirtschaft (§§ 13, 14);

2. Einkünfte aus Gewerbebetrieb (§§ 15 bis 17),

    a) für den im Inland eine Betriebsstätte unterhalten wird oder ein ständiger Vertreter bestellt ist,

    b) die durch den Betrieb eigener oder gecharterter Seeschiffe oder Luftfahrzeuge aus Beförderungen zwischen inländischen und von inländischen zu ausländischen Häfen erzielt werden, einschließlich der Einkünfte aus anderen mit solchen Beförderungen zusammenhängenden, sich auf das Inland erstreckenden Beförderungsleistungen,

    c) die von einem Unternehmen im Rahmen einer internationalen Betriebsgemeinschaft oder eines Pool-Abkommens, bei denen ein Unternehmen mit Sitz oder Geschäftsleitung im Inland die Beförderung durchführt, aus Beförderungen und Beförderungsleistungen nach Buchstabe b erzielt werden,

    d) die, soweit sie nicht zu den Einkünften im Sinne der Nummern 3 und 4 gehören, durch im Inland ausgeübte oder verwertete künstlerische, sportliche, artistische, unterhaltende oder ähnliche Darbietungen erzielt werden, einschließlich der Einkünfte aus anderen mit diesen Leistungen zusammenhängenden Leistungen, unabhängig davon, wem die Einnahmen zufließen,

§ 49

- e) die unter den Voraussetzungen des § 17 erzielt werden, wenn es sich um Anteile an einer Kapitalgesellschaft handelt,
  - aa) die ihren Sitz oder ihre Geschäftsleitung im Inland hat oder
  - bb) bei deren Erwerb auf Grund eines Antrags nach § 13 Absatz 2 oder § 21 Absatz 2 Satz 3 Nummer 2 des Umwandlungssteuergesetzes nicht der gemeine Wert der eingebrachten Anteile angesetzt worden ist oder auf die § 17 Absatz 5 Satz 2 anzuwenden war, oder
- f) die, soweit sie nicht zu den Einkünften im Sinne des Buchstaben a gehören, durch
  - aa) Vermietung und Verpachtung oder
  - bb) Veräußerung

  von inländischem unbeweglichen Vermögen, von Sachinbegriffen oder Rechten, die im Inland belegen oder in ein inländisches öffentliches Buch oder Register eingetragen sind oder deren Verwertung in einer inländischen Betriebsstätte oder anderen Einrichtung erfolgt, erzielt werden. ²Als Einkünfte aus Gewerbebetrieb gelten auch die Einkünfte aus Tätigkeiten im Sinne dieses Buchstabens, die von einer Körperschaft im Sinne des § 2 Nummer 1 des Körperschaftsteuergesetzes erzielt werden, die mit einer Kapitalgesellschaft oder sonstigen juristischen Person im Sinne des § 1 Absatz 1 Nummer 1 bis 3 des Körperschaftsteuergesetzes vergleichbar ist;

3. Einkünfte aus selbständiger Arbeit (§ 18), die im Inland ausgeübt oder verwertet wird oder worden ist, oder für die im Inland eine feste Einrichtung oder eine Betriebsstätte unterhalten wird;
4. Einkünfte aus nichtselbständiger Arbeit (§ 19), die
   - a) im Inland ausgeübt oder verwertet wird oder worden ist,
   - b) aus inländischen öffentlichen Kassen einschließlich der Kassen des Bundeseisenbahnvermögens und der Deutschen Bundesbank mit Rücksicht auf ein gegenwärtiges oder früheres Dienstverhältnis gewährt werden, ohne dass ein Zahlungsanspruch gegenüber der inländischen öffentlichen Kasse bestehen muss,
   - c) als Vergütung für eine Tätigkeit als Geschäftsführer, Prokurist oder Vorstandsmitglied einer Gesellschaft mit Geschäftsleitung im Inland bezogen werden,
   - d) als Entschädigung im Sinne des § 24 Nummer 1 für die Auflösung eines Dienstverhältnisses gezahlt werden, soweit die für die zuvor ausgeübte Tätigkeit bezogenen Einkünfte der inländischen Besteuerung unterlegen haben,
   - e) an Bord eines im internationalen Luftverkehr eingesetzten Luftfahrzeugs ausgeübt wird, das von einem Unternehmen mit Geschäftsleitung im Inland betrieben wird;
5. [1]) Einkünfte aus Kapitalvermögen im Sinne des
   - a) § 20 Absatz 1 Nummer 1 mit Ausnahme der Erträge aus Investmentanteilen im Sinne des § 2 des Investmentsteuergesetzes, Nummer 2, 4, 6 und 9, wenn der Schuldner Wohnsitz, Geschäftsleitung oder Sitz im Inland hat oder wenn es sich um Fälle des § 44 Absatz 1 Satz 4 Nummer 1 Buchstabe a Doppelbuchstabe bb dieses Gesetzes handelt; dies gilt auch für Erträge aus Wandelanleihen und Gewinnobligationen,
   - b) § 20 Absatz 1 Nummer 1 in Verbindung mit den §§ 2 und 7 des Investmentsteuergesetzes
     - aa) bei Erträgen im Sinne des § 7 Absatz 3 des Investmentsteuergesetzes,
     - bb) bei Erträgen im Sinne des § 7 Absatz 1, 2 und 4 des Investmentsteuergesetzes, wenn es sich um Fälle des § 44 Absatz 1 Satz 4 Nummer 1 Buchstabe a Doppelbuchstabe bb dieses Gesetzes handelt,

---

1) Zur Anwendung von § 49 Absatz 1 Nummer 5 EStG siehe § 52 Absatz 57a EStG. Zur Anwendung in dieser Fassung (ab 2009) siehe § 52a Absatz 17 EStG.

§ 49

   c) § 20 Absatz 1 Nummer 5 und 7, wenn

   aa) das Kapitalvermögen durch inländischen Grundbesitz, durch inländische Rechte, die den Vorschriften des bürgerlichen Rechts über Grundstücke unterliegen, oder durch Schiffe, die in ein inländisches Schiffsregister eingetragen sind, unmittelbar oder mittelbar gesichert ist. ²Ausgenommen sind Zinsen aus Anleihen und Forderungen, die in ein öffentliches Schuldbuch eingetragen oder über die Sammelurkunden im Sinne des § 9a des Depotgesetzes oder Teilschuldverschreibungen ausgegeben sind, oder

   bb) das Kapitalvermögen aus Genussrechten besteht, die nicht in § 20 Absatz 1 Nummer 1 genannt sind,

   d) § 43 Absatz 1 Satz 1 Nummer 7 Buchstabe a, Nummer 9 und 10 sowie Satz 2, wenn sie von einem Schuldner oder von einem inländischen Kreditinstitut oder einem inländischen Finanzdienstleistungsinstitut im Sinne des § 43 Absatz 1 Satz 1 Nummer 7 Buchstabe b einem anderen als einem ausländischen Kreditinstitut oder einem ausländischen Finanzdienstleistungsinstitut

   aa) gegen Aushändigung der Zinsscheine ausgezahlt oder gutgeschrieben werden und die Teilschuldverschreibungen nicht von dem Schuldner, dem inländischen Kreditinstitut oder dem inländischen Finanzdienstleistungsinstitut verwahrt werden oder

   bb) gegen Übergabe der Wertpapiere ausgezahlt oder gutgeschrieben werden und diese vom Kreditinstitut weder verwahrt noch verwaltet werden.

   ²§ 20 Absatz 3 gilt entsprechend;

6. Einkünfte aus Vermietung und Verpachtung (§ 21), soweit sie nicht zu den Einkünften im Sinne der Nummern 1 bis 5 gehören, wenn das unbewegliche Vermögen, die Sachinbegriffe oder Rechte im Inland belegen oder in ein inländisches öffentliches Buch oder Register eingetragen sind oder in einer inländischen Betriebsstätte oder in einer anderen Einrichtung verwertet werden;

7. sonstige Einkünfte im Sinne des § 22 Nummer 1 Satz 3 Buchstabe a, die von den inländischen gesetzlichen Rentenversicherungsträgern, den inländischen landwirtschaftlichen Alterskassen, den inländischen berufsständischen Versorgungseinrichtungen, den inländischen Versicherungsunternehmen oder sonstigen inländischen Zahlstellen gewährt werden; dies gilt entsprechend für Leibrenten und andere Leistungen ausländischer Zahlstellen, wenn die Beiträge, die den Leistungen zugrunde liegen, nach § 10 Absatz 1 Nummer 2 ganz oder teilweise bei der Ermittlung der Sonderausgaben berücksichtigt wurden;

8. sonstige Einkünfte im Sinne des § 22 Nummer 2, soweit es sich um private Veräußerungsgeschäfte handelt, mit

   a) inländischen Grundstücken oder

   b) inländischen Rechten, die den Vorschriften des bürgerlichen Rechts über Grundstücke unterliegen;

8a. sonstige Einkünfte im Sinne des § 22 Nummer 4;

9. sonstige Einkünfte im Sinne des § 22 Nummer 3, auch wenn sie bei Anwendung dieser Vorschrift einer anderen Einkunftsart zuzurechnen wären, soweit es sich um Einkünfte aus inländischen unterhaltenden Darbietungen, aus der Nutzung beweglicher Sachen im Inland oder aus der Überlassung der Nutzung oder des Rechts auf Nutzung von gewerblichen, technischen, wissenschaftlichen und ähnlichen Erfahrungen, Kenntnissen und Fertigkeiten, zum Beispiel Plänen, Mustern und Verfahren, handelt, die im Inland genutzt werden oder worden sind; dies gilt nicht, soweit es sich um steuerpflichtige Einkünfte im Sinne der Nummern 1 bis 8 handelt;

10. sonstige Einkünfte im Sinne des § 22 Nummer 5; dies gilt auch für Leistungen ausländischer Zahlstellen, soweit die Leistungen bei einem unbeschränkt Steuerpflichtigen zu Einkünften nach § 22 Nummer 5 Satz 1 führen würden oder wenn die Beiträge, die den

Leistungen zugrunde liegen, nach § 10 Absatz 1 Nummer 2 ganz oder teilweise bei der Ermittlung der Sonderausgaben berücksichtigt wurden.

(2) Im Ausland gegebene Besteuerungsmerkmale bleiben außer Betracht, soweit bei ihrer Berücksichtigung inländische Einkünfte im Sinne des Absatzes 1 nicht angenommen werden könnten.

(3) ¹Bei Schifffahrt- und Luftfahrtunternehmen sind die Einkünfte im Sinne des Absatzes 1 Nummer 2 Buchstabe b mit 5 Prozent der für diese Beförderungsleistungen vereinbarten Entgelte anzusetzen. ²Das gilt auch, wenn solche Einkünfte durch eine inländische Betriebsstätte oder einen inländischen ständigen Vertreter erzielt werden (Absatz 1 Nummer 2 Buchstabe a). ³Das gilt nicht in den Fällen des Absatzes 1 Nummer 2 Buchstabe c oder soweit das deutsche Besteuerungsrecht nach einem Abkommen zur Vermeidung der Doppelbesteuerung ohne Begrenzung des Steuersatzes aufrechterhalten bleibt.

(4) ¹Abweichend von Absatz 1 Nummer 2 sind Einkünfte steuerfrei, die ein beschränkt Steuerpflichtiger mit Wohnsitz oder gewöhnlichem Aufenthalt in einem ausländischen Staat durch den Betrieb eigener oder gecharterter Schiffe oder Luftfahrzeuge aus einem Unternehmen bezieht, dessen Geschäftsleitung sich in dem ausländischen Staat befindet. ²Voraussetzung für die Steuerbefreiung ist, dass dieser ausländische Staat Steuerpflichtigen mit Wohnsitz oder gewöhnlichem Aufenthalt im Geltungsbereich dieses Gesetzes eine entsprechende Steuerbefreiung für derartige Einkünfte gewährt und dass das Bundesministerium für Verkehr, Bau und Stadtentwicklung die Steuerbefreiung nach Satz 1 für verkehrspolitisch unbedenklich erklärt hat.

ESt-Kartei NW

– Auszug –

6. Steuerliche Behandlung von Vorruhestandsleistungen – Hinweis auf § 19 EStG Fach 2 Nr. 21 –

1000. Beschränkte Steuerpflicht von Arbeitnehmern, die für deutsche Arbeitgeber im Ausland tätig sind und ihren Wohnsitz in einem Drittstaat haben – Hinweis auf § 39d EStG Nr. 1001 –

Rechtsprechungsauswahl

BFH v. 21. 10. 2009 I R 70/08 (BFH-Webseite): Lohnsteuererstattungsanspruch bei abkommenswidriger Lohnsteuereinbehaltung

1. Ein Arbeitnehmer kann die Lohnsteuer-Anmeldung des Arbeitgebers – soweit sie ihn betrifft – aus eigenem Recht anfechten. Nach dem Eintritt der formellen Bestandskraft der Lohnsteuer-Anmeldung kann der Arbeitnehmer eine Änderung der Anmeldung (§ 164 Abs. 2 AO) begehren.
2. Wird eine Zahlung des Arbeitgebers zu Unrecht dem Lohnsteuerabzug unterworfen, weil die Besteuerung der Zahlung abkommensrechtlich dem Wohnsitzstaat des Arbeitnehmers zugewiesen ist, hat der Arbeitnehmer einen Erstattungsanspruch in analoger Anwendung des § 50d Abs. 1 Satz 2 EStG 2002, der gegen das Betriebsstätten-Finanzamt des Arbeitgebers zu richten ist (Bestätigung der ständigen Rechtsprechung).
3. Eine Erfindervergütung für eine sog. Diensterfindung (§ 9 ArbnErfG) ist grundsätzlich steuerpflichtiger Arbeitslohn (§ 19 EStG 2002) und unterfällt der beschränkten Steuerpflicht gemäß § 49 Abs. 1 Nr. 4 Buchst. a EStG 2002. Dies gilt auch dann, wenn das Arbeitsverhältnis im Augenblick der Zahlung nicht mehr besteht.
4. Da eine Vergütung gemäß § 9 ArbnErfG regelmäßig nicht als konkrete Gegenleistung für eine Arbeitsleistung anzusehen ist, handelt es sich nicht um ein zusätzliches Entgelt „für" eine (frühere) Tätigkeit i.S. des Art. 15 Abs. 1 OECD-MustAbk, so dass eine Besteuerung nur im Ansässigkeitsstaat des (früheren) Arbeitnehmers erfolgt.

BFH v. 27. 8. 2008 I R 81/07 (BStBl. 2009 II S. 632): Eine Entlassungsabfindung für einen in das Ausland verzogenen Arbeitnehmer, die den Verlust künftigen Arbeitsverdienstes abgelten soll und keinen Zusammenhang (z.B. durch die Bemessung an der Dauer der bisher ausgeübten Tätigkeit) zu einer tatsächlich ausgeübten Tätigkeit im Inland aufweist, zählt nicht zu den beschränkt steuerpflichtigen inländischen Einkünften i.S. des § 49 Abs. 1 Nr. 4 EStG 1997 (Rechtslage vor der Änderung des EStG durch das StÄndG 2003 vom 15. Dezember 2003, BGBl. I 2003, 2645, BStBl. I 2003, 710 ab dem Veranlagungszeitraum 2004).

§ 50

§ 50 Sondervorschriften für beschränkt Steuerpflichtige[1]

(1) ¹Beschränkt Steuerpflichtige dürfen Betriebsausgaben (§ 4 Absatz 4 bis 8) oder Werbungskosten (§ 9) nur insoweit abziehen, als sie mit inländischen Einkünften in wirtschaftlichem Zusammenhang stehen. ²§ 32a Absatz 1 ist mit der Maßgabe anzuwenden, dass das zu versteuernde Einkommen um den Grundfreibetrag des § 32a Absatz 1 Satz 2 Nummer 1 erhöht wird; dies gilt nicht für Arbeitnehmer, die Einkünfte aus nichtselbständiger Arbeit im Sinne des § 49 Absatz 1 Nummer 4 beziehen. ³§ 9 Absatz 5 Satz 1, soweit er § 9c Absatz 1 und 3 für anwendbar erklärt, die §§ 9c, 10, 10a, 10c, 16 Absatz 4, die §§ 24b, 32, 32a Absatz 6, die §§ 33, 33a, 33b und 35a sind nicht anzuwenden. ⁴Hiervon abweichend sind bei Arbeitnehmern, die Einkünfte aus nichtselbständiger Arbeit im Sinne des § 49 Absatz 1 Nummer 4 beziehen, § 9 Absatz 5 Satz 1, soweit er § 9c Absatz 1 und 3 für anwendbar erklärt, § 10 Absatz 1 Nummer 2 und 3 sowie § 10c anzuwenden, soweit die Aufwendungen auf die Zeit entfallen, in der Einkünfte im Sinne des § 49 Absatz 1 Nummer 4 erzielt wurden. ⁵Die Jahres- und Monatsbeträge der Pauschalen nach § 9a Satz 1 Nummer 1 und § 10c ermäßigen sich zeitanteilig, wenn Einkünfte im Sinne des § 49 Absatz 1 Nummer 4 nicht während eines vollen Kalenderjahres oder Kalendermonats zugeflossen sind.

(2) ¹Die Einkommensteuer für Einkünfte, die dem Steuerabzug vom Arbeitslohn oder vom Kapitalertrag oder dem Steuerabzug auf Grund des § 50a unterliegen, gilt bei beschränkt Steuerpflichtigen durch den Steuerabzug als abgegolten. ²Satz 1 gilt nicht
1. für Einkünfte eines inländischen Betriebs;
2. wenn nachträglich festgestellt wird, dass die Voraussetzungen der unbeschränkten Einkommensteuerpflicht im Sinne des § 1 Absatz 2 oder Absatz 3 oder des § 1a nicht vorgelegen haben; § 39 Absatz 5a ist sinngemäß anzuwenden;
3. in Fällen des § 2 Absatz 7 Satz 3;
4. für Einkünfte aus nichtselbständiger Arbeit im Sinne des § 49 Absatz 1 Nummer 4,
   a) wenn auf Grund des § 39d Absatz 2 eine Eintragung auf der Bescheinigung im Sinne des § 39d Absatz 1 Satz 3 erfolgt ist oder
   b) wenn die Veranlagung zur Einkommensteuer beantragt wird (§ 46 Absatz 2 Nummer 8);
5. für Einkünfte im Sinne des § 50a Absatz 1 Nummer 1, 2 und 4, wenn die Veranlagung zur Einkommensteuer beantragt wird.

³In den Fällen des Satzes 2 Nummer 4 erfolgt die Veranlagung durch das Betriebsstättenfinanzamt, das die Bescheinigung nach § 39d Absatz 1 Satz 3 erteilt hat. ⁴Bei mehreren Betriebsstättenfinanzämtern ist das Betriebsstättenfinanzamt zuständig, in dessen Bezirk der Arbeitnehmer zuletzt beschäftigt war. ⁵Bei Arbeitnehmern mit Steuerklasse VI ist das Betriebsstättenfinanzamt zuständig, in dessen Bezirk der Arbeitnehmer zuletzt unter Anwendung der Steuerklasse I beschäftigt war. ⁶Ist keine Bescheinigung nach § 39d Absatz 1 Satz 3 erteilt worden, ist das Betriebsstättenfinanzamt zuständig, in dessen Bezirk der Arbeitnehmer zuletzt beschäftigt war. ⁷Satz 2 Nummer 4 Buchstabe b und Nummer 5 gilt nur für Staatsangehörige eines Mitgliedstaats der Europäischen Union oder eines anderen Staates, auf den das Abkommen über den Europäischen Wirtschaftsraum Anwendung findet, die im Hoheitsgebiet eines dieser Staaten ihren Wohnsitz oder gewöhnlichen Aufenthalt haben. ⁸In den Fällen des Satzes 2 Nummer 5 erfolgt die Veranlagung durch das Bundeszentralamt für Steuern.

(3) § 34c Absatz 1 bis 3 ist bei Einkünften aus Land- und Forstwirtschaft, Gewerbebetrieb oder selbständiger Arbeit, für die im Inland ein Betrieb unterhalten wird, entsprechend anzuwenden, soweit darin nicht Einkünfte aus einem ausländischen Staat enthalten sind, mit denen der beschränkt Steuerpflichtige dort in einem der unbeschränkten Steuerpflicht ähnlichen Umfang zu einer Steuer vom Einkommen herangezogen wird.

(4) Die obersten Finanzbehörden der Länder oder die von ihnen beauftragten Finanzbehörden können mit Zustimmung des Bundesministeriums der Finanzen die Einkommen-

---
1) Zur Anwendung von § 50 siehe § 52 Abs. 58 EStG.

steuer bei beschränkt Steuerpflichtigen ganz oder zum Teil erlassen oder in einem Pauschbetrag festsetzen, wenn dies im besonderen öffentlichen Interesse liegt; ein besonderes öffentliches Interesse besteht insbesondere

1. im Zusammenhang mit der inländischen Veranstaltung international bedeutsamer kultureller und sportlicher Ereignisse, um deren Ausrichtung ein internationaler Wettbewerb stattfindet, oder
2. im Zusammenhang mit dem inländischen Auftritt einer ausländischen Kulturvereinigung, wenn ihr Auftritt wesentlich aus öffentlichen Mitteln gefördert wird.[1)]

Rechtsprechungsauswahl

BFH v. 23. 9. 2008 I R 65/07 (BStBl. 2009 II S. 666): Das FA kann auch dann „nachträglich" i.S. von § 50 Abs. 5 Satz 4 Nr. 1 EStG 1997/§ 50 Abs. 5 Satz 2 Nr. 1 EStG 1997 i.d.F. des StSenkG feststellen, dass die Voraussetzungen der unbeschränkten Einkommensteuerpflicht nach § 1 Abs. 3 EStG 1997 nicht vorgelegen haben, wenn es dies bereits bei Erteilung der Bescheinigung hätte bemerken können. Auch bei einer fehlerhaft erteilten Bescheinigung nach § 39c Abs. 4 EStG 1997 kann das FA die zu wenig erhobene Lohnsteuer nachfordern.

BFH v. 7. 3. 2007 I R 98/05 (BStBl. 2008 II S. 186): Haben ausländische Künstler Einkünfte aus Auftritten im Inland erzielt, so ist die hierdurch ausgelöste Einkommensteuer nicht gemäß § 50 Abs. 7 EStG zu erlassen, wenn die Auftritte im Rahmen eines solistisch besetzten Ensembles erzielt worden sind. Als „solistisch besetztes Ensemble" in diesem Sinne ist eine Formation jedenfalls dann anzusehen, wenn bei den einzelnen Veranstaltungen nicht mehr als fünf Mitglieder auftreten und die ihnen abverlangte künstlerische Gestaltungshöhe mit derjenigen eines Solisten vergleichbar ist.

BFH v. 10. 1. 2007 I R 87/03 (BStBl. 2008 II S. 22):
1. Ein beschränkt Steuerpflichtiger mit Einkünften gemäß § 50a Abs. 4 Satz 1 Nrn. 1 bis 3 EStG 1990 unterliegt im Veranlagungszeitraum 1996 dem Steuerabzug nach § 50a Abs. 4 Satz 3 und 4 EStG 1996 mit seinen Bruttoeinnahmen. Hat der beschränkt Steuerpflichtige jedoch Ausgaben, welche unmittelbar mit der betreffenden wirtschaftlichen Tätigkeit zusammenhängen, aus der die zu versteuernden Einkünfte erzielt worden sind, und werden diese Ausgaben dem Vergütungsschuldner mitgeteilt, so sind die Ausgaben regelmäßig bereits im Rahmen des Abzugsverfahrens zu berücksichtigen. Soweit § 50a Abs. 4 Satz 4 EStG 1990 dies ausschließt, verstößt die Vorschrift gegen Gemeinschaftsrecht (Anschluss an EuGH-Urteil vom 3. Oktober 2006 Rs. C-290/04 „Scorpio", BFH/NV 2007, Beilage 1, 36 [BStBl. 2007 II S. 352]).
2. Wenn und soweit unmittelbar mit der Tätigkeit zusammenhängende Aufwendungen im Abzugsverfahren nicht berücksichtigt worden sind, kann der beschränkt Steuerpflichtige deren Erstattung in unmittelbarer oder analoger Anwendung des § 50 Abs 5 Satz 4 Nr. 3 EStG 1990 (i.d.F. des JStG 1997), ggf auch des § 50d Abs. H Satz 3 EStG 1990 beantragen. Die wahlweise Beantragung eines Veranlagungsverfahrens scheidet aus. Ein solches Wahlrecht ist weder aus Gründen des Verfassungs- noch des Gemeinschaftsrechts geboten.
3. Der Mindeststeuersatz gemäß § 50 Abs. 3 Satz 2 EStG 1990 von 25 v.H. des Einkommens eines gebietsfremden beschränkt Steuerpflichtigen aus selbständiger Arbeit verstößt weder gegen Gemeinschafts- noch gegen Verfassungsrecht, sofern er nicht höher ist als der Steuersatz, der sich für den betroffenen Steuerpflichtigen tatsächlich aus der Anwendung des progressiven Steuertarifs auf die Nettoeinkünfte zuzüglich eines Betrages in Höhe des Grundfreibetrages ergeben würde (Bestätigung des Senatsurteils vom 19. November 2003 I R 34/02, BFHE 204, 449, BStBl. II 2004, S. 773; Anschluss an EuGH-Urteil vom 12. Juni 2003 Rs. C-234/01 „Gerritse", EuGHE I 2003, 5933, BStBl. II 2003, 859).

EuGH v. 6. 7. 2006 Rs. C-346/04 (BStBl. 2007 II S. 350): Artikel 52 EG-Vertrag (nach Änderung jetzt Artikel 43 EG) steht einer nationalen Vorschrift entgegen, die einer beschränkt steuerpflichtigen Person nicht erlaubt, die Steuerberatungskosten, die ihr für die Erstellung ihrer Einkommensteuererklärung entstanden sind, nicht in gleicher Weise wie eine unbeschränkt steuerpflichtige Person von ihren steuerpflichtigen Einkünften als Sonderausgaben abzuziehen.*)

*) Hinweis BStBl. II auf BMF-Schreiben vom 17.4.2007 (BStBl. I S. 451).

---

1) Hinweis auf BMF-Schreiben vom 21.1.2010 (BStBl. I S. 49) betr. Steuererlass bei europäischen Vereinswettbewerben, Negativliste zum 31.12.2009.

§ 50a

§ 50a Steuerabzug bei beschränkt Steuerpflichtigen [1]

(1) Die Einkommensteuer wird bei beschränkt Steuerpflichtigen im Wege des Steuerabzugs erhoben

1. bei Einkünften, die durch im Inland ausgeübte künstlerische, sportliche, artistische, unterhaltende oder ähnliche Darbietungen erzielt werden, einschließlich der Einkünfte aus anderen mit diesen Leistungen zusammenhängenden Leistungen, unabhängig davon, wem die Einkünfte zufließen (§ 49 Absatz 1 Nummer 2 bis 4 und 9), es sei denn, es handelt sich um Einkünfte aus nichtselbständiger Arbeit, die bereits dem Steuerabzug vom Arbeitslohn nach § 38 Absatz 1 Satz 1 Nummer 1 unterliegen,
2. bei Einkünften aus der inländischen Verwertung von Darbietungen im Sinne der Nummer 1 (§ 49 Absatz 1 Nummer 2 bis 4 und 6),
3. bei Einkünften, die aus Vergütungen für die Überlassung der Nutzung oder des Rechts auf Nutzung von Rechten, insbesondere von Urheberrechten und gewerblichen Schutzrechten, von gewerblichen, technischen, wissenschaftlichen und ähnlichen Erfahrungen, Kenntnissen und Fertigkeiten, zum Beispiel Plänen, Mustern und Verfahren, herrühren (§ 49 Absatz 1 Nummer 2, 3, 6 und 9), [2]
4. bei Einkünften, die Mitgliedern des Aufsichtsrats, Verwaltungsrats, Grubenvorstands oder anderen mit der Überwachung der Geschäftsführung von Körperschaften, Personenvereinigungen und Vermögensmassen im Sinne des § 1 des Körperschaftsteuergesetzes beauftragten Personen sowie von anderen inländischen Personenvereinigungen des privaten und öffentlichen Rechts, bei denen die Gesellschafter nicht als Unternehmer (Mitunternehmer) anzusehen sind, für die Überwachung der Geschäftsführung gewährt werden (§ 49 Absatz 1 Nummer 3).

(2) ¹Der Steuerabzug beträgt 15 Prozent, in den Fällen des Absatzes 1 Nummer 4 beträgt er 30 Prozent der gesamten Einnahmen. ²Vom Schuldner der Vergütung ersetzte oder übernommene Reisekosten gehören nur insoweit zu den Einnahmen, als die Fahrt- und Übernachtungsauslagen die tatsächlichen Kosten und die Vergütungen für Verpflegungsmehraufwand die Pauschbeträge nach § 4 Absatz 5 Satz 1 Nummer 5 übersteigen. ³Bei Einkünften im Sinne des Absatzes 1 Nummer 1 wird ein Steuerabzug nicht erhoben, wenn die Einnahmen je Darbietung 250 Euro nicht übersteigen.

(3) ¹Der Schuldner der Vergütung kann von den Einnahmen in den Fällen des Absatzes 1 Nummer 1, 2 und 4 mit ihnen in unmittelbarem wirtschaftlichem Zusammenhang stehende Betriebsausgaben oder Werbungskosten abziehen, die ihm ein beschränkt Steuerpflichtiger in einer für das Bundeszentralamt für Steuern nachprüfbaren Form nachgewiesen hat oder die vom Schuldner der Vergütung übernommen worden sind. ²Das gilt nur, wenn der beschränkt Steuerpflichtige Staatsangehöriger eines Mitgliedstaats der Europäischen Union oder eines anderen Staates ist, auf den das Abkommen über den Europäischen Wirtschaftsraum Anwendung findet, und im Hoheitsgebiet eines dieser Staaten seinen Wohnsitz oder gewöhnlichen Aufenthalt hat. ³Es gilt entsprechend bei einer beschränkt steuerpflichtigen Körperschaft, Personenvereinigung oder Vermögensmasse im Sinne des § 32 Absatz 4 des Körperschaftsteuergesetzes. ⁴In diesen Fällen beträgt der Steuerabzug von den nach Abzug der Betriebsausgaben oder Werbungskosten verbleibenden Einnahmen (Nettoeinnahmen), wenn

1. Gläubiger der Vergütung eine natürliche Person ist, 30 Prozent,
2. Gläubiger der Vergütung eine Körperschaft, Personenvereinigung oder Vermögensmasse ist, 15 Prozent.

(4) ¹Hat der Gläubiger einer Vergütung seinerseits Steuern für Rechnung eines anderen beschränkt steuerpflichtigen Gläubigers einzubehalten (zweite Stufe), kann er vom Steuerabzug absehen, wenn seine Einnahmen bereits dem Steuerabzug nach Absatz 2 unterlegen haben. ²Wenn der Schuldner der Vergütung auf zweiter Stufe Betriebsausgaben oder Wer-

---

1) Zur Anwendung von § 50a siehe § 52 Abs. 58a, 58b EStG.
2) Hinweis auf BMF-Schreiben vom 9.1.2009 (BStBl. I S. 362) betr. Steuerabzug von Einkünften beschränkt steuerpflichtiger Fotomodelle; Aufteilung von Gesamtvergütungen.

Rechtsprechung § 50a

bungskosten nach Absatz 3 geltend macht, die Veranlagung nach § 50 Absatz 2 Satz 2 Nummer 5 beantragt oder die Erstattung der Abzugsteuer nach § 50d Absatz 1 oder einer anderen Vorschrift beantragt, hat er die sich nach Absatz 2 oder Absatz 3 ergebende Steuer zu diesem Zeitpunkt zu entrichten; Absatz 5 gilt entsprechend.

(5) ¹Die Steuer entsteht in dem Zeitpunkt, in dem die Vergütung dem Gläubiger zufließt. ²In diesem Zeitpunkt hat der Schuldner der Vergütung den Steuerabzug für Rechnung des Gläubigers (Steuerschuldner) vorzunehmen. ³Er hat die innerhalb eines Kalendervierteljahres einbehaltene Steuer jeweils bis zum zehnten des dem Kalendervierteljahr folgenden Monats an das Bundeszentralamt für Steuern abzuführen. ⁴Der Schuldner der Vergütung haftet für die Einbehaltung und Abführung der Steuer. ⁵Der Steuerschuldner kann in Anspruch genommen werden, wenn der Schuldner der Vergütung den Steuerabzug nicht vorschriftsmäßig vorgenommen hat. ⁶Der Schuldner der Vergütung ist verpflichtet, dem Gläubiger auf Verlangen die folgenden Angaben nach amtlich vorgeschriebenem Muster zu bescheinigen:

1. den Namen und die Anschrift des Gläubigers,
2. die Art der Tätigkeit und Höhe der Vergütung in Euro,
3. den Zahlungstag,
4. den Betrag der einbehaltenen und abgeführten Steuer nach Absatz 2 oder Absatz 3.

(6) Die Bundesregierung kann durch Rechtsverordnung mit Zustimmung des Bundesrates bestimmen, dass bei Vergütungen für die Nutzung oder das Recht auf Nutzung von Urheberrechten (Absatz 1 Nummer 3), die nicht unmittelbar an den Gläubiger, sondern an einen Beauftragten geleistet werden, anstelle des Schuldners der Vergütung der Beauftragte die Steuer einzubehalten und abzuführen hat und für die Einbehaltung und Abführung haftet.

(7) ¹Das Finanzamt des Vergütungsgläubigers kann anordnen, dass der Schuldner der Vergütung für Rechnung des Gläubigers (Steuerschuldner) die Einkommensteuer von beschränkt steuerpflichtigen Einkünften, soweit diese nicht bereits dem Steuerabzug unterliegen, im Wege des Steuerabzugs einzubehalten und abzuführen hat, wenn dies zur Sicherung des Steueranspruchs zweckmäßig ist. ²Der Steuerabzug beträgt 25 Prozent der gesamten Einnahmen, bei Körperschaften, Personenvereinigungen oder Vermögensmassen 15 Prozent der gesamten Einnahmen, wenn der Vergütungsgläubiger nicht glaubhaft macht, dass die voraussichtlich geschuldete Steuer niedriger ist. ³Absatz 5 gilt entsprechend mit der Maßgabe, dass die Steuer bei dem Finanzamt anzumelden und abzuführen ist, das den Steuerabzug angeordnet hat. ⁴§ 50 Absatz 2 Satz 1 ist nicht anzuwenden.

Rechtsprechungsauswahl

BFH v. 27. 5. 2009 I R 86/07 (BStBl. 2010 II S. 120): Einnahmen eines ausländischen Sportvereins aus einer Transfervereinbarung mit einem inländischen Verein in der Form der sog. Spielerleihe sind keine – eine beschränkte Steuerpflicht auslösenden – Einnahmen aus Vermietung und Verpachtung durch die zeitlich begrenzte Überlassung eines Rechts. Eine Steuerabzugspflicht des inländischen Vereins nach § 50a Abs. 4 Satz 1 Nr. 3 i.V.m. § 49 Abs. 1 Nr. 6 EStG 1990 besteht nicht.*)
*) Hinweis auf BMF-Schreiben vom 7.1.2010 (BStBl. I S. 44) – „bis auf weiteres über den entschiedenen Einzelfall nicht allgemein anzuwenden" –.

BFH v. 24. 4. 2007 I R 39/04 (BStBl. 2008 II S. 95):
1. Ficht ein Vergütungsschuldner einen gegen ihn gemäß § 50a Abs. 5 EStG 1990 ergangenen Haftungsbescheid an, so ist der Vergütungsgläubiger, auf den sich die Inanspruchnahme aus dem Haftungsbescheid bezieht, zu dem finanzgerichtlichen Verfahren nicht notwendig beizuladen (Bestätigung der ständigen Rechtsprechung).
2. Die Haftung des Vergütungsschuldners gemäß § 50a Abs. 5 EStG 1990 wird nicht dadurch ausgeschlossen, dass das Besteuerungsrecht für die von dem Vergütungsgläubiger erzielten Einkünfte nach Maßgabe des betreffenden Doppelbesteuerungsabkommens dem Ansässigkeitsstaat zusteht und Deutschland daher diese Einkünfte nicht besteuern darf.
3. Ein beschränkt Steuerpflichtiger mit Einkünften gemäß § 50a Abs. 4 Satz 1 Nrn. 1 bis 3 EStG 1990 n. F. unterliegt im Anmeldungszeitraum 1993 dem Steuerabzug nach § 50a Abs. 4 Sätze 3, 5 und 6

§ 50a

Rechtsprechung

EStG 1990 n.F. mit seinen Bruttoeinnahmen. Nur wenn der beschränkt Steuerpflichtige Ausgaben hat, welche unmittelbar mit der betreffenden wirtschaftlichen Tätigkeit zusammenhängen, aus der die zu versteuernden Einkünfte erzielt worden sind, und wenn diese Ausgaben dem Vergütungsschuldner mitgeteilt werden, sind die Ausgaben bereits im Rahmen des Abzugs- bzw. eines ggf. nachfolgenden Haftungsverfahrens zu berücksichtigen. Soweit § 50a Abs. 4 Satz 5 und 6 EStG 1990 n.F. dies ausschließt, verstößt die Vorschrift gegen Gemeinschaftsrecht und ist sie deswegen in normerhaltender Weise zu reduzieren (Anschluss an EuGH-Urteil vom 3. Oktober 2006 Rs. C-290/04 „Scorpio", IStR 2006, 743).

BFH v. 10.1.2007 I R 87/03 (BStBl. 2008 II S. 22): Berücksichtigung von Ausgaben beim Steuerabzug nach § 50a Abs. 4 EStG – Beschränkt Steuerpflichtiger mit Einkünften nach § 50a Abs. 4 EStG hat keinen Anspruch auf Veranlagung (Leitsätze siehe bei § 50 EStG).
(Hinweis auf Verfassungsbeschwerde BVerfG 2 BvR 1178/07.)

EuGH v. 3.10.2006 Rs. C-290/04 (BStBl. 2007 II S. 352): Besonderes Steuerabzugsverfahren für beschränkt Steuerpflichtige teilweise mit EG-Vertrag nicht vereinbar. Hinweis BStBl. II auf BMF-Schreiben vom 5.4.2007 (BStBl. I S. 449).

BFH v. 16.6.2004 I B 44/04 (BStBl. II S. 882): Es ist ernstlich zweifelhaft, ob es mit Art. 49 und 50 EG vereinbar ist, dass die Regelungen in § 50a Abs. 4 und 5 und § 50d Abs. 1 EStG auch auf Vergütungen für künstlerische Darbietungen angewendet werden, die ein im Inland ansässiger Vergütungsschuldner an einen in einem anderen EU-Mitgliedstaat ansässigen Angehörigen eines EU-Mitgliedstaats oder an eine diesem gemäß Art. 48 i. V. m. Art. 55 EG gleichgestellte Gesellschaft zu zahlen hat.*)
*) Anmerkung BStBl.: Hinweis auf BMF-Schreiben vom 17.10.2004 (BStBl. I S. 950).

BFH v. 19.11.2003 I R 22/02 (BStBl. 2004 II S. 560):
1. Trägt der Veranstalter eines Konzerts die Kosten für den Transport des von ihm engagierten Künstlers zum Veranstaltungsort und für die Übernachtung und Verpflegung des Künstlers im Zusammenhang mit der Veranstaltung, so führt dies regelmäßig zu Einnahmen des Künstlers (Abgrenzung zum Senatsurteil vom 27. Juli 1988 I R 28/87, BFHE 155, 479, BStBl. II 1989, 449).
2. Ein Künstler erzielt Einnahmen „für das Kalenderjahr" i. S. des Art. 17 Abs. 1 DBA-USA, wenn die Einnahmen eine in dem betreffenden Kalenderjahr erbrachte Leistung des Künstlers abgelten. Auf den Zeitpunkt des Zuflusses der Einnahmen kommt es in diesem Zusammenhang nicht an.

EuGH v. 12.6.2003 Rs. C-234/01 (BStBl. II S. 859):
1. Die Artikel 59 EG-Vertrag (nach Änderung jetzt Artikel 49 EG) und 60 EG-Vertrag (jetzt Artikel 50 EG) stehen einer nationalen Regelung wie der im Ausgangsverfahren fraglichen entgegen, nach der in der Regel bei Gebietsfremden die Bruttoeinkünfte, ohne Abzug der Betriebsausgaben, besteuert werden, während bei Gebietsansässigen die Nettoeinkünfte, nach Abzug der Betriebsausgaben, besteuert werden.
2. Dagegen stehen diese Artikel des EG-Vertrags einer solchen nationalen Regelung nicht entgegen, soweit nach ihr in der Regel die Einkünfte Gebietsfremder einer definitiven Besteuerung zu einem einheitlichen Steuersatz von 25 % durch Steuerabzug unterliegen, während die Einkünfte Gebietsansässiger nach einem progressiven Steuertarif mit einem Grundfreibetrag besteuert werden, sofern der Steuersatz von 25 % nicht höher ist als der Steuersatz, der sich für den Betroffenen tatsächlich aus der Anwendung des progressiven Steuertarifs auf die Nettoeinkünfte zuzüglich eines Betrages in Höhe des Grundfreibetrags ergeben würde.*)
*) Hinweis auf BMF-Schreiben v. 3.11.2003 (BStBl. I S. 553) (Vereinfachtes Erstattungsverfahren in Anwendung des Urteils bis zu einer gesetzlichen Neuregelung).

Schwebende Verfahren

BVerfG 2 BvR 1178/07 (Beilage 3/2008 BStBl. II S. 183): (Verfassungsbeschwerde zu BFH v. 10.1.2007 I R 87/03 BStBl. 2008 II S. 22). Zur Frage, ob einem beschränkt steuerpflichtigen Künstler eine Antragsveranlagung unter Berücksichtigung des Grundfreibetrags, von Betriebsausgaben und von personenbezogenen Steuervergünstigungen versagt werden kann (Art. 3 Abs. 1 GG).

§§ 50b, 50c, 50d

IX. Sonstige Vorschriften, Bußgeld-, Ermächtigungs- und Schlussvorschriften

§ 50b Prüfungsrecht

[1]Die Finanzbehörden sind berechtigt, Verhältnisse, die für die Anrechnung oder Vergütung von Körperschaftsteuer, für die Anrechnung oder Erstattung von Kapitalertragsteuer, für die Nichtvornahme des Steuerabzugs, für die Ausstellung der Jahresbescheinigung nach § 24c oder für die Mitteilungen an das Bundeszentralamt für Steuern nach § 45e von Bedeutung sind oder der Aufklärung bedürfen, bei den am Verfahren Beteiligten zu prüfen. [2]Die §§ 193 bis 203 der Abgabenordnung gelten sinngemäß.

§ 50c (weggefallen)[1)]

§ 50d Besonderheiten im Fall von Doppelbesteuerungsabkommen und der §§ 43b und 50g[2)]

(1) [1]Können Einkünfte, die dem Steuerabzug vom Kapitalertrag oder dem Steuerabzug auf Grund des § 50a unterliegen, nach den §§ 43b, 50g oder nach einem Abkommen zur Vermeidung der Doppelbesteuerung nicht oder nur nach einem niedrigeren Steuersatz besteuert werden, so sind die Vorschriften über die Einbehaltung, Abführung und Anmeldung der Steuer ungeachtet der §§ 43b und 50g sowie des Abkommens anzuwenden. [2]Unberührt bleibt der Anspruch des Gläubigers der Kapitalerträge oder Vergütungen auf völlige oder teilweise Erstattung der einbehaltenen und abgeführten oder der auf Grund Haftungsbescheid oder Nachforderungsbescheid entrichteten Steuer. [3]Die Erstattung erfolgt auf Antrag des Gläubigers der Kapitalerträge oder Vergütungen auf der Grundlage eines Freistellungsbescheids; der Antrag ist nach amtlich vorgeschriebenem Vordruck bei dem Bundeszentralamt für Steuern zu stellen. [4]Der zu erstattende Betrag wird nach Bekanntgabe des Freistellungsbescheids ausgezahlt. [5]Hat der Gläubiger der Vergütungen im Sinne des § 50a nach § 50a Absatz 5 Steuern für Rechnung beschränkt steuerpflichtiger Gläubiger einzubehalten, kann die Auszahlung des Erstattungsanspruchs davon abhängig gemacht werden, dass er die Zahlung der von ihm einzubehaltenden Steuer nachweist, hierfür Sicherheit leistet oder unwiderruflich die Zustimmung zur Verrechnung seines Erstattungsanspruchs mit seiner Steuerzahlungsschuld erklärt. [6]Das Bundeszentralamt für Steuern kann zulassen, dass Anträge auf maschinell verwertbaren Datenträgern gestellt werden. [7]Die Frist für den Antrag auf Erstattung beträgt vier Jahre nach Ablauf des Kalenderjahrs, in dem die Kapitalerträge oder Vergütungen bezogen worden sind. [8]Die Frist nach Satz 7 endet nicht vor Ablauf von sechs Monaten nach dem Zeitpunkt der Entrichtung der Steuer. [9]Für die Erstattung der Kapitalertragsteuer gilt § 45 entsprechend. [10]Der Schuldner der Kapitalerträge oder Vergütungen kann sich vorbehaltlich des Absatzes 2 nicht auf die Rechte des Gläubigers aus dem Abkommen berufen.

(1a) [1]Der nach Absatz 1 in Verbindung mit § 50g zu erstattende Betrag ist zu verzinsen. [2]Der Zinslauf beginnt zwölf Monate nach Ablauf des Monats, in dem der Antrag auf Erstattung und alle für die Entscheidung erforderlichen Nachweise vorliegen, frühestens am Tag der Entrichtung der Steuer durch den Schuldner der Kapitalerträge oder Vergütungen. [3]Er endet mit Ablauf des Tages, an dem der Freistellungsbescheid wirksam wird. [4]Wird der Freistellungsbescheid aufgehoben, geändert oder nach § 129 der Abgabenordnung berichtigt, ist eine bisherige Zinsfestsetzung zu ändern. [5]§ 233a Absatz 5 der Abgabenordnung gilt sinngemäß. [6]Für die Höhe und Berechnung der Zinsen gilt § 238 der Abgabenordnung. [7]Auf die Festsetzung der Zinsen ist § 239 der Abgabenordnung sinngemäß anzuwenden.

---

1) Zur weiteren Anwendung von § 50c EStG siehe § 52 Absatz 59 EStG.
2) Zur Anwendung von § 50d EStG siehe § 52 Absatz 59a EStG. Hinweis auf Merkblätter zu § 50d EStG Bundesamt für Finanzen v. 9. 10. 2002 (BStBl. I S. 904) betr. Künstler und Sportler und v. 9. 10. 2002 (BStBl. I S. 916) betr. Lizenzgebühren und ähnliche Vergütungen.

§ 50d

⁸Die Vorschriften dieses Absatzes sind nicht anzuwenden, wenn der Steuerabzug keine abgeltende Wirkung hat (§ 50 Absatz 2).

(2) ¹In den Fällen der §§ 43b, 50a Absatz 1, § 50g kann der Schuldner der Kapitalerträge oder Vergütungen den Steuerabzug nach Maßgabe von § 43b oder § 50g oder des Abkommens unterlassen oder nach einem niedrigeren Steuersatz vornehmen, wenn das Bundeszentralamt für Steuern dem Gläubiger auf Grund eines vom ihm nach amtlich vorgeschriebenem Vordruck gestellten Antrags bescheinigt, dass die Voraussetzungen dafür vorliegen (Freistellung im Steuerabzugsverfahren); dies gilt auch bei Kapitalerträgen, die einer nach einem Abkommen zur Vermeidung der Doppelbesteuerung im anderen Vertragsstaat ansässigen Kapitalgesellschaft, die am Nennkapital einer unbeschränkt steuerpflichtigen Kapitalgesellschaft im Sinne des § 1 Absatz 1 Nummer 1 des Körperschaftsteuergesetzes zu mindestens einem Zehntel unmittelbar beteiligt ist und im Staat ihrer Ansässigkeit den Steuern vom Einkommen oder Gewinn unterliegt, ohne davon befreit zu sein, von der unbeschränkt steuerpflichtigen Kapitalgesellschaft zufließen. ²Die Freistellung kann unter dem Vorbehalt des Widerrufs erteilt und von Auflagen oder Bedingungen abhängig gemacht werden. ³Sie kann in den Fällen des § 50a Absatz 1 von der Bedingung abhängig gemacht werden, dass die Erfüllung der Verpflichtungen nach § 50a Absatz 5 nachgewiesen werden, soweit die Vergütungen an andere beschränkt Steuerpflichtige weitergeleitet werden. ⁴Die Geltungsdauer der Bescheinigung nach Satz 1 beginnt frühestens an dem Tag, an dem der Antrag beim Bundeszentralamt für Steuern eingeht; sie beträgt mindestens ein Jahr und darf drei Jahre nicht überschreiten; der Gläubiger der Kapitalerträge oder der Vergütungen ist verpflichtet, den Wegfall der Voraussetzungen für die Freistellung unverzüglich dem Bundeszentralamt für Steuern mitzuteilen. ⁵Voraussetzung für die Abstandnahme vom Steuerabzug ist, dass dem Schuldner der Kapitalerträge oder Vergütungen die Bescheinigung nach Satz 1 vorliegt. ⁶Über den Antrag ist innerhalb von drei Monaten zu entscheiden. ⁷Die Frist beginnt mit der Vorlage aller für die Entscheidung erforderlichen Nachweise. ⁸Bestehende Anmeldeverpflichtungen bleiben unberührt.

(3) ¹Eine ausländische Gesellschaft hat keinen Anspruch auf völlige oder teilweise Entlastung nach Absatz 1 oder Absatz 2, soweit Personen an ihr beteiligt sind, denen die Erstattung oder Freistellung nicht zustände, wenn sie die Einkünfte unmittelbar erzielten, und

1. für die Einschaltung der ausländischen Gesellschaft wirtschaftliche oder sonst beachtliche Gründe fehlen oder

2. die ausländische Gesellschaft nicht mehr als 10 Prozent ihrer gesamten Bruttoerträge des betreffenden Wirtschaftsjahres aus eigener Wirtschaftstätigkeit erzielt oder

3. die ausländische Gesellschaft nicht mit einem für ihren Geschäftszweck angemessen eingerichteten Geschäftsbetrieb am allgemeinen wirtschaftlichen Verkehr teilnimmt.

²Maßgebend sind ausschließlich die Verhältnisse der ausländischen Gesellschaft; organisatorische, wirtschaftliche oder sonst beachtliche Merkmale der Unternehmen, die der ausländischen Gesellschaft nahe stehen (§ 1 Absatz 2 des Außensteuergesetzes), bleiben außer Betracht. ³An einer eigenen Wirtschaftstätigkeit fehlt es, soweit die ausländische Gesellschaft ihre Bruttoerträge aus der Verwaltung von Wirtschaftsgütern erzielt oder ihre wesentlichen Geschäftstätigkeiten auf Dritte überträgt. ³Die Sätze 1 bis 3 sind nicht anzuwenden, wenn mit der Hauptgattung der Aktien der ausländischen Gesellschaft ein wesentlicher und regelmäßiger Handel an einer anerkannten Börse stattfindet oder für die ausländische Gesellschaft die Vorschriften des Investmentsteuergesetzes gelten.

(4) ¹Der Gläubiger der Kapitalerträge oder Vergütungen im Sinne des § 50a hat nach amtlich vorgeschriebenem Vordruck durch eine Bestätigung der für ihn zuständigen Steuerbehörde des anderen Staates nachzuweisen, dass er dort ansässig ist oder die Voraussetzungen des § 50g Absatz 3 Nummer 5 Buchstabe c erfüllt sind. ²Das Bundesministerium der Finanzen kann im Einvernehmen mit den obersten Finanzbehörden der Länder erleichterte Verfahren oder vereinfachte Nachweise zulassen.

(5) ¹Abweichend von Absatz 2 kann das Bundeszentralamt für Steuern in den Fällen des § 50a Absatz 1 Nummer 3 den Schuldner der Vergütung auf Antrag allgemein ermächtigen,

§ 50d

den Steuerabzug zu unterlassen oder nach einem niedrigeren Steuersatz vorzunehmen (Kontrollmeldeverfahren)[1]). ²Die Ermächtigung kann in Fällen geringer steuerlicher Bedeutung erteilt und mit Auflagen verbunden werden. ³Einer Bestätigung nach Absatz 4 Satz 1 bedarf es im Kontrollmeldeverfahren nicht. ⁴Inhalt der Auflage kann die Angabe des Namens, des Wohnortes oder des Ortes des Sitzes oder der Geschäftsleitung des Schuldners und des Gläubigers, der Art der Vergütung, des Bruttobetrags und des Zeitpunkts der Zahlungen sowie des einbehaltenen Steuerbetrags sein. ⁵Mit dem Antrag auf Teilnahme am Kontrollmeldeverfahren gilt die Zustimmung des Gläubigers und des Schuldners zur Weiterleitung der Angaben des Schuldners an den Wohnsitz- oder Sitzstaat des Gläubigers als erteilt. ⁶Die Ermächtigung ist als Beleg aufzubewahren. ⁷Absatz 2 Satz 8 gilt entsprechend.

(6) ²⁾Soweit Absatz 2 nicht anwendbar ist, gilt Absatz 5 auch für Kapitalerträge im Sinne des § 43 Absatz 1 Satz 1 Nummer 1 und 4, wenn sich im Zeitpunkt der Zahlung des Kapitalertrags der Anspruch auf Besteuerung nach einem niedrigeren Steuersatz ohne nähere Ermittlungen feststellen lässt.

(7) Werden Einkünfte im Sinne des § 49 Absatz 1 Nummer 4 aus einer Kasse einer juristischen Person des öffentlichen Rechts im Sinne der Vorschrift eines Abkommens zur Vermeidung der Doppelbesteuerung über den öffentlichen Dienst gewährt, so ist diese Vorschrift bei Bestehen eines Dienstverhältnisses mit einer anderen Person in der Weise auszulegen, dass die Vergütungen für der erstgenannten Person geleistete Dienste gezahlt werden, wenn sie ganz oder im Wesentlichen aus öffentlichen Mitteln aufgebracht werden.

(8)³⁾ ¹Sind Einkünfte eines unbeschränkt Steuerpflichtigen aus nichtselbständiger Arbeit (§ 19) nach einem Abkommen zur Vermeidung der Doppelbesteuerung von der Bemessungsgrundlage der deutschen Steuer auszunehmen, wird die Freistellung bei der Veranlagung ungeachtet des Abkommens nur gewährt, soweit der Steuerpflichtige nachweist, dass der Staat, dem nach dem Abkommen das Besteuerungsrecht zusteht, auf dieses Besteuerungsrecht verzichtet hat oder dass die in diesem Staat auf die Einkünfte festgesetzten Steuern entrichtet wurden. ²Wird ein solcher Nachweis erst geführt, nachdem die Einkünfte in eine Veranlagung zur Einkommensteuer einbezogen wurden, ist der Steuerbescheid insoweit zu ändern. ³§ 175 Absatz 1 Satz 2 der Abgabenordnung ist entsprechend anzuwenden.

(9) ¹Sind Einkünfte eines unbeschränkt Steuerpflichtigen nach einem Abkommen zur Vermeidung der Doppelbesteuerung von der Bemessungsgrundlage der deutschen Steuer auszunehmen, so wird die Freistellung der Einkünfte ungeachtet des Abkommens nicht gewährt, wenn

1. der andere Staat die Bestimmungen des Abkommens so anwendet, dass die Einkünfte in diesem Staat von der Besteuerung auszunehmen sind oder nur zu einem durch das Abkommen begrenzten Steuersatz besteuert werden können, oder

2. die Einkünfte in dem anderen Staat nur deshalb nicht steuerpflichtig sind, weil sie von einer Person bezogen werden, die in diesem Staat nicht auf Grund ihres Wohnsitzes, ständigen Aufenthalts, des Ortes ihrer Geschäftsleitung, des Sitzes oder eines ähnlichen Merkmals unbeschränkt steuerpflichtig ist.

²Nummer 2 gilt nicht für Dividenden, die nach einem Abkommen zur Vermeidung der Doppelbesteuerung von der Bemessungsgrundlage der deutschen Steuer auszunehmen sind, es sei denn, die Dividenden sind bei der Ermittlung des Gewinns der ausschüttenden Gesellschaft abgezogen worden. ³Bestimmungen eines Abkommens zur Vermeidung der Doppelbesteuerung, die die Freistellung von Einkünften in einem weitergehenden Umfang

---

1) Hinweis auf BMF-Schreiben v. 18. 12. 2002 (BStBl. I S. 1386).
2) Hinweis auf BMF-Schreiben vom 20.5 2009 (BStBl. I S. 645) Erstreckung Kontrollmeldeverfahren auf Kapitalerträge gemäß § 50d Absatz 6 EStG.
3) Hinweis auf BMF vom 21.7.2005 (BStBl. I S. 821) Merkblatt zur Steuerfreistellung ausländischer Einkünfte gem. § 50d Absatz 8 EStG. Aus Tz. 1 Anwendungsbereich: „Die Nachweispflicht besteht für das Veranlagungsverfahren. Sie gilt nicht für das Lohnsteuerabzugsverfahren. Das Betriebsstättenfinanzamt kann daher unverändert auf Antrag des Arbeitnehmers oder des Arbeitgebers (§ 38 EStG) eine Freistellungsbescheinigung erteilen (§ 39b Absatz 6 Satz 1 EStG)." Tz. 5 zum Informationsaustausch, siehe dazu auch BMF vom 25.1.2006 (BStBl. I S. 26) Merkblatt zur zwischenstaatlichen Amtshilfe durch Auskunftsaustausch in Steuersachen.

einschränken, sowie Absatz 8 und § 20 Absatz 2 des Außensteuergesetzes bleiben unberührt.

(10) ¹Sind auf Vergütungen im Sinne des § 15 Absatz 1 Satz 1 Nummer 2 Satz 1 zweiter Halbsatz und Nummer 3 zweiter Halbsatz die Vorschriften eines Abkommens zur Vermeidung der Doppelbesteuerung anzuwenden und enthält das Abkommen keine solche Vergütungen betreffende ausdrückliche Regelung, gelten diese Vergütungen für Zwecke der Anwendung des Abkommens ausschließlich als Unternehmensgewinne. ²Absatz 9 Nummer 1 bleibt unberührt.

Rechtsprechungsauswahl

BFH v. 21. 10. 2009 I R 70/08 (BFH-Webseite): Lohnsteuererstattungsanspruch bei abkommenswidriger Lohnsteuereinbehaltung

1. Ein Arbeitnehmer kann die Lohnsteuer-Anmeldung des Arbeitgebers – soweit sie ihn betrifft – aus eigenem Recht anfechten. Nach dem Eintritt der formellen Bestandskraft der Lohnsteuer-Anmeldung kann der Arbeitnehmer eine Änderung der Anmeldung (§ 164 Abs. 2 AO) begehren.
2. Wird eine Zahlung des Arbeitgebers zu Unrecht dem Lohnsteuerabzug unterworfen, weil die Besteuerung der Zahlung abkommensrechtlich dem Wohnsitzstaat des Arbeitnehmers zugewiesen ist, hat der Arbeitnehmer einen Erstattungsanspruch in analoger Anwendung des § 50d Abs. 1 Satz 2 EStG 2002, der gegen das Betriebsstätten-Finanzamt des Arbeitgebers zu richten ist (Bestätigung der ständigen Rechtsprechung).
3. Eine Erfindervergütung für eine sog. Diensterfindung (§ 9 ArbnErfG) ist grundsätzlich steuerpflichtiger Arbeitslohn (§ 19 EStG 2002) und unterfällt der beschränkten Steuerpflicht gemäß § 49 Abs. 1 Nr. 4 Buchst. a EStG 2002. Dies gilt auch dann, wenn das Arbeitsverhältnis im Augenblick der Zahlung nicht mehr besteht.
4. Da eine Vergütung gemäß § 9 ArbnErfG regelmäßig nicht als konkrete Gegenleistung für eine Arbeitsleistung anzusehen ist, handelt es sich nicht um ein zusätzliches Entgelt „für" eine (frühere) Tätigkeit i.S. des Art. 15 Abs. 1 OECD-MustAbk, so dass eine Besteuerung nur im Ansässigkeitsstaat des (früheren) Arbeitnehmers erfolgt.

§ 50e Bußgeldvorschriften; Nichtverfolgung von Steuerstraftaten bei geringfügiger Beschäftigung in Privathaushalten

(1) ¹Ordnungswidrig handelt, wer vorsätzlich oder leichtfertig entgegen § 45d Absatz 1 Satz 1, § 45d Absatz 3 Satz 1, der nach § 45e erlassenen Rechtsverordnung oder den unmittelbar geltenden Verträgen mit den in Artikel 17 der Richtlinie 2003/48/EG genannten Staaten und Gebieten eine Mitteilung nicht, nicht richtig, nicht vollständig oder nicht rechtzeitig abgibt. ²Die Ordnungswidrigkeit kann mit einer Geldbuße bis zu fünftausend Euro geahndet werden.

(2) ¹Liegen die Voraussetzungen des § 40a Absatz 2 vor, werden Steuerstraftaten (§§ 369 bis 376 der Abgabenordnung) als solche nicht verfolgt, wenn der Arbeitgeber in den Fällen des § 8a des Vierten Buches Sozialgesetzbuch entgegen § 41a Absatz 1 Nummer 1, auch in Verbindung mit Absatz 2 und § 51a, und § 40a Absatz 6 Satz 3 dieses Gesetzes in Verbindung mit § 28a Absatz 7 Satz 1 des Vierten Buches Sozialgesetzbuch für das Arbeitsentgelt die Lohnsteuer-Anmeldung und die Anmeldung der einheitlichen Pauschsteuer nicht oder nicht rechtzeitig durchführt und dadurch Steuern verkürzt oder für sich oder einen anderen nicht gerechtfertigte Steuervorteile erlangt. ²Die Freistellung von der Verfolgung nach Satz 1 gilt auch für den Arbeitnehmer einer in Satz 1 genannten Beschäftigung, der die Finanzbehörde pflichtwidrig über steuerlich erhebliche Tatsachen aus dieser Beschäftigung in Unkenntnis lässt. ³Die Bußgeldvorschriften der §§ 377 bis 384 der Abgabenordnung bleiben mit der Maßgabe anwendbar, dass § 378 der Abgabenordnung auch bei vorsätzlichem Handeln anwendbar ist.

§ 50f Bußgeldvorschriften

(1) Ordnungswidrig handelt, wer vorsätzlich oder leichtfertig entgegen § 22a Absatz 2 Satz 9 die Identifikationsnummer für andere als die dort genannten Zwecke verwendet.

(2) Die Ordnungswidrigkeit kann mit einer Geldbuße bis zu zehntausend Euro geahndet werden.

§ 50g[1]) Entlastung vom Steuerabzug bei Zahlungen von Zinsen und Lizenzgebühren zwischen verbundenen Unternehmen verschiedener Mitgliedstaaten der Europäischen Union

(1) ¹Auf Antrag werden die Kapitalertragsteuer für Zinsen und die Steuer auf Grund des § 50a für Lizenzgebühren, die von einem Unternehmen der Bundesrepublik Deutschland oder einer dort gelegenen Betriebsstätte eines Unternehmens eines anderen Mitgliedstaates der Europäischen Union als Schuldner an ein Unternehmen eines anderen Mitgliedstaates der Europäischen Union oder an eine in einem anderen Mitgliedstaat der Europäischen Union gelegene Betriebsstätte eines Unternehmens eines Mitgliedstaates der Europäischen Union als Gläubiger gezahlt werden, nicht erhoben. ²Erfolgt die Besteuerung durch Veranlagung, werden die Zinsen und Lizenzgebühren bei der Ermittlung der Einkünfte nicht erfasst. ³Voraussetzung für die Anwendung der Sätze 1 und 2 ist, dass der Gläubiger der Zinsen oder Lizenzgebühren ein mit dem Schuldner verbundenes Unternehmen oder dessen Betriebsstätte ist. ⁴Die Sätze 1 bis 3 sind nicht anzuwenden, wenn die Zinsen oder Lizenzgebühren an eine Betriebsstätte eines Unternehmens eines Mitgliedstaates der Europäischen Union als Gläubiger gezahlt werden, die in einem Staat außerhalb der Europäischen Union oder im Inland gelegen ist und in der die Tätigkeit des Unternehmens ganz oder teilweise ausgeübt wird.

(2) Absatz 1 ist nicht anzuwenden auf die Zahlung von

1. Zinsen,
    a) die nach deutschem Recht als Gewinnausschüttung behandelt werden (§ 20 Absatz 1 Nummer 1 Satz 2) oder
    b) die auf Forderungen beruhen, die einen Anspruch auf Beteiligung am Gewinn des Schuldners begründen;
2. Zinsen oder Lizenzgebühren, die den Betrag übersteigen, den der Schuldner und der Gläubiger ohne besondere Beziehungen, die zwischen den beiden oder einem von ihnen und einem Dritten auf Grund von Absatz 3 Nummer 5 Buchstabe b bestehen, vereinbart hätten.

(3) Für die Anwendung der Absätze 1 und 2 gelten die folgenden Begriffsbestimmungen und Beschränkungen:

1. Der Gläubiger muss der Nutzungsberechtigte sein. ²Nutzungsberechtigter ist
    a) ein Unternehmen, wenn es die Einkünfte im Sinne von § 2 Absatz 1 erzielt;
    b) eine Betriebsstätte, wenn
        aa) die Forderung, das Recht oder der Gebrauch von Informationen, auf Grund derer/dessen Zahlungen von Zinsen oder Lizenzgebühren geleistet werden, tatsächlich zu der Betriebsstätte gehört und
        bb) die Zahlungen der Zinsen oder Lizenzgebühren Einkünfte darstellen, auf Grund derer die Gewinne der Betriebsstätte in dem Mitgliedstaat der Europäischen Union, in dem sie gelegen ist, zu einer der in Nummer 5 Buchstabe a Doppelbuchstabe cc genannten Steuer beziehungsweise im Fall Belgiens dem „impôt des non-résidents/ belasting der nietverblijfhouders" beziehungsweise im Fall Spaniens dem „Impuesto sobre la Renta de no Residentes" beziehungs-

---
1) Zur erstmaligen Anwendung von § 50g siehe § 52 Absatz 59b EStG.

§ 50g

weise zu einer mit diesen Steuern identischen oder weitgehend ähnlichen Steuer herangezogen werden, die nach dem jeweiligen Zeitpunkt des Inkrafttretens der Richtlinie 2003/49/EG des Rates vom 3. Juni 2003 über eine gemeinsame Steuerregelung für Zahlungen von Zinsen und Lizenzgebühren zwischen verbundenen Unternehmen verschiedener Mitgliedstaaten (ABl. EU Nr. L 157 S. 49), zuletzt geändert durch die Richtlinie 2006/98/EG des Rates vom 20. November 2006 (ABl. EU Nr. L 363 S. 129), anstelle der bestehenden Steuern oder ergänzend zu ihnen eingeführt wird.

2. Eine Betriebsstätte gilt nur dann als Schuldner der Zinsen oder Lizenzgebühren, wenn die Zahlung bei der Ermittlung des Gewinns der Betriebsstätte eine steuerlich abzugsfähige Betriebsausgabe ist.

3. Gilt eine Betriebsstätte eines Unternehmens eines Mitgliedstaates der Europäischen Union als Schuldner oder Gläubiger von Zinsen oder Lizenzgebühren, so wird kein anderer Teil des Unternehmens als Schuldner oder Gläubiger der Zinsen oder Lizenzgebühren angesehen.

4. Im Sinne des Absatzes 1 sind

   a) „Zinsen" Einkünfte aus Forderungen jeder Art, auch wenn die Forderungen durch Pfandrechte an Grundstücken gesichert sind, insbesondere Einkünfte aus öffentlichen Anleihen und aus Obligationen einschließlich der damit verbundenen Aufgelder und der Gewinne aus Losanleihen; Zuschläge für verspätete Zahlung und die Rückzahlung von Kapital gelten nicht als Zinsen;

   b) „Lizenzgebühren" Vergütungen jeder Art, die für die Nutzung oder für das Recht auf Nutzung von Urheberrechten an literarischen, künstlerischen oder wissenschaftlichen Werken, einschließlich kinematografischer Filme und Software, von Patenten, Marken, Mustern oder Modellen, Plänen, geheimen Formeln oder Verfahren oder für die Mitteilung gewerblicher, kaufmännischer oder wissenschaftlicher Erfahrungen gezahlt werden; Zahlungen für die Nutzung oder das Recht auf Nutzung gewerblicher, kaufmännischer oder wissenschaftlicher Ausrüstungen gelten als Lizenzgebühren.

5. Die Ausdrücke „Unternehmen eines Mitgliedstaates der Europäischen Union", „verbundenes Unternehmen" und „Betriebsstätte" bedeuten:

   a) „Unternehmen eines Mitgliedstaates der Europäischen Union" jedes Unternehmen, das

      aa) eine der in Anlage 3 Nummer 1 zu diesem Gesetz aufgeführten Rechtsformen aufweist und

      bb) nach dem Steuerrecht eines Mitgliedstaates in diesem Mitgliedstaat ansässig ist und nicht nach einem zwischen dem betreffenden Staat und einem Staat außerhalb der Europäischen Union geschlossenen Abkommen zur Vermeidung der Doppelbesteuerung von Einkünften für steuerliche Zwecke als außerhalb der Gemeinschaft ansässig gilt und

      cc) einer der in Anlage 3 Nummer 2 zu diesem Gesetz aufgeführten Steuern unterliegt und nicht von ihr befreit ist. [2]Entsprechendes gilt für eine mit diesen Steuern identische oder weitgehend ähnliche Steuer, die nach dem jeweiligen Zeitpunkt des Inkrafttretens der Richtlinie 2003/49/EG des Rates vom 3. Juni 2003 (ABl. EU Nr. L 157 S. 49), zuletzt geändert durch die Richtlinie 2006/98/EG des Rates vom 20. November 2006 (ABl. EU Nr. L 363 S. 129), anstelle der bestehenden Steuern oder ergänzend zu ihnen eingeführt wird.

   [2]Ein Unternehmen ist im Sinne von Doppelbuchstabe bb in einem Mitgliedstaat der Europäischen Union ansässig, wenn es der unbeschränkten Steuerpflicht im Inland oder einer vergleichbaren Besteuerung in einem anderen Mitgliedstaat der Europäischen Union nach dessen Rechtsvorschriften unterliegt.

b) „Verbundenes Unternehmen" jedes Unternehmen, das dadurch mit einem zweiten Unternehmen verbunden ist, dass

    aa) das erste Unternehmen unmittelbar mindestens zu 25 Prozent an dem Kapital des zweiten Unternehmens beteiligt ist oder

    bb) das zweite Unternehmen unmittelbar mindestens zu 25 Prozent an dem Kapital des ersten Unternehmens beteiligt ist oder

    cc) ein drittes Unternehmen unmittelbar mindestens zu 25 Prozent an dem Kapital des ersten Unternehmens und dem Kapital des zweiten Unternehmens beteiligt ist.

²Die Beteiligungen dürfen nur zwischen Unternehmen bestehen, die in einem Mitgliedstaat der Europäischen Union ansässig sind.

c) „Betriebsstätte" eine feste Geschäftseinrichtung in einem Mitgliedstaat der Europäischen Union, in der die Tätigkeit eines Unternehmens eines anderen Mitgliedstaates der Europäischen Union ganz oder teilweise ausgeübt wird.

(4) ¹Die Entlastung nach Absatz 1 ist zu versagen oder zu entziehen, wenn der hauptsächliche Beweggrund oder einer der hauptsächlichen Beweggründe für Geschäftsvorfälle die Steuervermeidung oder der Missbrauch sind. ²§ 50d Absatz 3 bleibt unberührt.

(5) Entlastungen von der Kapitalertragsteuer für Zinsen und der Steuer auf Grund des § 50a nach einem Abkommen zur Vermeidung der Doppelbesteuerung, die weiter gehen als die nach Absatz 1 gewährten, werden durch Absatz 1 nicht eingeschränkt.

(6) ¹Ist im Fall des Absatzes 1 Satz 1 eines der Unternehmen ein Unternehmen der Schweizerischen Eidgenossenschaft oder ist eine in der Schweizerischen Eidgenossenschaft gelegene Betriebsstätte eines Unternehmens eines anderen Mitgliedstaats der Europäischen Union Gläubiger der Zinsen oder Lizenzgebühren, gelten die Absätze 1 bis 5 entsprechend mit der Maßgabe, dass die Schweizerische Eidgenossenschaft insoweit einem Mitgliedstaat der Europäischen Union gleichgestellt ist. ²Absatz 3 Nummer 5 Buchstabe a gilt entsprechend mit der Maßgabe, dass ein Unternehmen der Schweizerischen Eidgenossenschaft jedes Unternehmen ist, das

1. eine der folgenden Rechtsformen aufweist:
   – Aktiengesellschaft/société anonyme/società anonima;
   – Gesellschaft mit beschränkter Haftung/société à responsabilité limitée/ società a responsabilità limitata;
   – Kommanditaktiengesellschaft/société en commandite par actions/società in accomandita per azioni, und

2. nach dem Steuerrecht der Schweizerischen Eidgenossenschaft dort ansässig ist und nicht nach einem zwischen der Schweizerischen Eidgenossenschaft und einem Staat außerhalb der Europäischen Union geschlossenen Abkommen zur Vermeidung der Doppelbesteuerung von Einkünften für steuerliche Zwecke als außerhalb der Gemeinschaft oder der Schweizerischen Eidgenossenschaft ansässig gilt, und

3. unbeschränkt der schweizerischen Körperschaftsteuer unterliegt, ohne von ihr befreit zu sein.

§ 50h[1)] Bestätigung für Zwecke der Entlastung von Quellensteuern in einem anderen Mitgliedstaat der Europäischen Union oder der Schweizerischen Eidgenossenschaft

Auf Antrag hat das Finanzamt, das für die Besteuerung eines Unternehmens der Bundesrepublik Deutschland oder einer dort gelegenen Betriebsstätte eines Unternehmens eines anderen Mitgliedstaats der Europäischen Union im Sinne des § 50g Absatz 3 Nummer 5 oder eines Unternehmens der Schweizerischen Eidgenossenschaft im Sinne des § 50g

---

1) Zur erstmaligen Anwendung von § 50h siehe § 52 Absatz 59b EStG.

§§ 50h, 51

Absatz 6 Satz 2 zuständig ist, für die Entlastung von der Quellensteuer dieses Staats auf Zinsen oder Lizenzgebühren im Sinne des § 50g zu bescheinigen, dass das empfangende Unternehmen steuerlich im Inland ansässig ist oder die Betriebsstätte im Inland gelegen ist.

§ 51 Ermächtigungen

(1) bis (3) siehe Seite 126 ff.

(4) Das Bundesministerium der Finanzen wird ermächtigt,

1. [1)] im Einvernehmen mit den obersten Finanzbehörden der Länder die Vordrucke für
   - a) (weggefallen)
   - b) die Erklärungen zur Einkommensbesteuerung,
   - c) die Anträge nach § 39 Absatz 3a sowie die Anträge nach § 39a Absatz 2, in dessen Vor- drucke der Antrag nach § 39f einzubeziehen ist,
   - d) die Lohnsteuer-Anmeldung (§ 41a Absatz 1),
   - e) die Anmeldung der Kapitalertragsteuer (§ 45a Absatz 1) und den Freistellungsauftrag nach § 44a Absatz 2 Satz 1 Nummer 1,
   - f) die Anmeldung des Abzugsbetrags (§ 48a),
   - g) die Erteilung der Freistellungsbescheinigung (§ 48b),
   - h) die Anmeldung der Abzugsteuer (§ 50a),
   - i) die Entlastung von der Kapitalertragsteuer und vom Steuerabzug nach § 50a auf Grund von Abkommen zur Vermeidung der Doppelbesteuerung

   und die Muster der Lohnsteuerkarte (§ 39), der Bescheinigungen nach den §§ 39c und 39d, des Ausdrucks der elektronischen Lohnsteuerbescheinigung (§ 41b Absatz 1), das Muster der Lohnsteuerbescheinigung nach § 41b Absatz 3 Satz 2, der Anträge auf Erteilung einer Bescheinigung nach den §§ 39c und 39d und der in § 45a Absatz 2 und 3 und § 50a Absatz 5 Satz 7 vorgesehenen Bescheinigungen zu bestimmen;

1a. im Einvernehmen mit den obersten Finanzbehörden der Länder auf der Basis der §§ 32a und 39b einen Programmablaufplan für die Herstellung von Lohnsteuertabellen zur manuellen Berechnung der Lohnsteuer aufzustellen und bekannt zu machen. ²Der Lohnstufenabstand beträgt bei den Jahrestabellen 36. ³Die in den Tabellenstufen auszuweisende Lohnsteuer ist aus der Obergrenze der Tabellenstufen zu berechnen und muss an der Obergrenze mit der maschinell berechneten Lohnsteuer übereinstimmen. ⁴Die Monats-, Wochen- und Tagestabellen sind aus den Jahrestabellen abzuleiten;[2)]

1b. im Einvernehmen mit den obersten Finanzbehörden der Länder den Mindestumfang der nach § 5b elektronisch zu übermittelnden Bilanz und Gewinn- und Verlustrechnung zu bestimmen;

1c. durch Rechtsverordnung zur Durchführung dieses Gesetzes mit Zustimmung des Bundesrates Vorschriften über einen von dem vorgesehenen erstmaligen Anwendungszeitpunkt gemäß § 52 Absatz 15a in der Fassung des Artikels 1 des Gesetzes vom 20. Dezember 2008 (BGBl. I S. 2850) abweichenden späteren Anwendungszeitpunkt zu erlassen, wenn bis zum 31. Dezember 2010 erkennbar ist, dass die technischen oder organisatorischen Voraussetzungen für eine Umsetzung der in § 5b Absatz 1 in der Fassung des Artikels 1 des Gesetzes vom 20. Dezember 2008 (BGBl. I S. 2850) vorgesehenen Verpflichtung nicht ausreichen;

---

1) Zur letztmaligen Anwendung der früheren Fassung von § 51 Absatz 4 Nummer 1 siehe § 52 Absatz 59c EStG.
2) Zu § 51 Absatz 4 Nummer 1a Programmablaufpläne für Lohnsteuertabellen Fundstellennachweis Anlage § 039b-01.

2. den Wortlaut dieses Gesetzes und der zu diesem Gesetz erlassenen Rechtsverordnungen in der jeweils geltenden Fassung satzweise numeriert mit neuem Datum und in neuer Paragraphenfolge bekanntzumachen und dabei Unstimmigkeiten im Wortlaut zu beseitigen.

§ 51a Festsetzung und Erhebung von Zuschlagsteuern[1)]

(1) Auf die Festsetzung und Erhebung von Steuern, die nach der Einkommensteuer bemessen werden (Zuschlagsteuern), sind die Vorschriften dieses Gesetzes entsprechend anzuwenden.

(2) [1]Bemessungsgrundlage ist die Einkommensteuer, die abweichend von § 2 Absatz 6 unter Berücksichtigung von Freibeträgen nach § 32 Absatz 6 in allen Fällen des § 32 festzusetzen wäre. [2]Zur Ermittlung der Einkommensteuer im Sinne des Satzes 1 ist das zu versteuernde Einkommen um die nach § 3 Nummer 40 steuerfreien Beträge zu erhöhen und um die nach § 3c Absatz 2 nicht abziehbaren Beträge zu mindern. [3]§ 35 ist bei der Ermittlung der festzusetzenden Einkommensteuer nach Satz 1 nicht anzuwenden.

(2a) [1]Vorbehaltlich des § 40a Absatz 2 in der Fassung des Gesetzes vom 23. Dezember 2002 (BGBl. I S. 4621) ist beim Steuerabzug vom Arbeitslohn Bemessungsgrundlage die Lohnsteuer; beim Steuerabzug vom laufenden Arbeitslohn und beim Jahresausgleich ist die Lohnsteuer maßgebend, die sich ergibt, wenn der nach § 39b Absatz 2 Satz 5 zu versteuernde Jahresbetrag für die Steuerklassen I, II und III um den Kinderfreibetrag von 4 368 Euro sowie den Freibetrag für den Betreuungs- und Erziehungs- oder Ausbildungsbedarf von 2 640 Euro und für die Steuerklasse IV um den Kinderfreibetrag von 2 184 Euro sowie den Freibetrag für den Betreuungs- und Erziehungs- oder Ausbildungsbedarf von 1 320 Euro für jedes Kind vermindert wird, für das eine Kürzung der Freibeträge für Kinder nach § 32 Absatz 6 Satz 4 nicht in Betracht kommt. [2]Bei der Anwendung des § 39b für die Ermittlung der Zuschlagsteuern ist die auf der Lohnsteuerkarte eingetragene Zahl der Kinderfreibeträge maßgebend. [3]Bei Anwendung des § 39f ist beim Steuerabzug vom laufenden Arbeitslohn die Lohnsteuer maßgebend, die sich bei Anwendung des nach § 39f Absatz 1 ermittelten Faktors auf den nach den Sätzen 1 und 2 ermittelten Betrag ergibt.

(2b) Wird die Einkommensteuer nach § 43 Absatz 1 durch Abzug vom Kapitalertrag (Kapitalertragsteuer) erhoben, wird die darauf entfallende Kirchensteuer nach dem Kirchensteuersatz der Religionsgemeinschaft, der der Kirchensteuerpflichtige angehört, als Zuschlag zur Kapitalertragsteuer erhoben.

(2c) [1]Der zur Vornahme des Steuerabzugs verpflichtete Schuldner der Kapitalerträge oder die auszahlende Stelle im Sinne des § 44 Absatz 1 Satz 3 oder in den Fällen des Satzes 2 die Person oder Stelle, die die Auszahlung an den Gläubiger vornimmt, hat die auf Kapitalertragsteuer nach Absatz 2b entfallende Kirchensteuer auf schriftlichen Antrag des Kirchensteuerpflichtigen hin einzubehalten (Kirchensteuerabzugsverpflichteter). [2]Zahlt der Abzugsverpflichtete die Kapitalerträge nicht unmittelbar an den Gläubiger aus, ist Kirchensteuerabzugsverpflichteter die Person oder Stelle, die die Auszahlung für die Rechnung des Schuldners an den Gläubiger vornimmt; in diesem Fall hat der Kirchensteuerabzugsverpflichtete zunächst die vom Schuldner der Kapitalerträge erhobene Kapitalertragsteuer gemäß § 43a Absatz 1 Satz 3 in Verbindung mit § 32d Absatz 1 Satz 4 und 5 zu ermäßigen und im Rahmen seiner Steueranmeldung nach § 45a Absatz 1 die abzuführende Kapitalertragsteuer entsprechend zu kürzen. [3]Der Antrag nach Satz 1 kann nicht auf Teilbeträge des Kapitalertrags eingeschränkt werden; er kann nicht rückwirkend widerrufen werden. [4]Der Antrag hat die Religionsangehörigkeit des Steuerpflichtigen zu benennen. [5]Der Kirchensteuerabzugsverpflichtete hat den Kirchensteuerabzug getrennt nach Religionsangehörigkeiten an das für ihn zuständige Finanzamt abzuführen. [6]Der abgeführte Steuerabzug ist an die Religionsgemeinschaft weiterzuleiten. [7]§ 44 Absatz 5 ist mit der Maßgabe anzuwenden, dass der Haftungsbescheid von dem für den Kirchensteuer-

---

1) Zur Anwendung von § 51a in dieser Fassung (ab 2009) siehe § 52a Absatz 18 EStG.

§ 51a — Rechtsprechung

abzugsverpflichteten zuständigen Finanzamt erlassen wird. [8]Satz 6 gilt entsprechend. [9]§ 45a Absatz 2 ist mit der Maßgabe anzuwenden, dass auch die Religionsgemeinschaft angegeben wird. [10]Sind an den Kapitalerträgen mehrere Personen beteiligt, kann der Antrag nach Satz 1 nur gestellt werden, wenn es sich um Ehegatten handelt oder alle Beteiligten derselben Religionsgemeinschaft angehören. [11]Sind an den Kapitalerträgen Ehegatten beteiligt, haben diese für den Antrag nach Satz 1 übereinstimmend zu erklären, in welchem Verhältnis der auf jeden Ehegatten entfallende Anteil der Kapitalerträge zu diesen Erträgen steht. [12]Die Kapitalerträge sind entsprechend diesem Verhältnis aufzuteilen und die Kirchensteuer ist einzubehalten, soweit ein Anteil einem kirchensteuerpflichtigen Ehegatten zuzuordnen ist. [13]Wird das Verhältnis nicht erklärt, wird der Anteil nach dem auf ihn entfallenden Kopfteil ermittelt. [14]Der Kirchensteuerabzugsverpflichtete darf die durch den Kirchensteuerabzug erlangten Daten nur für den Kirchensteuerabzug verwenden; für andere Zwecke darf er sie nur verwenden, soweit der Kirchensteuerpflichtige zustimmt oder dies gesetzlich zugelassen ist.

(2d) [1]Wird die nach Absatz 2b zu erhebende Kirchensteuer nicht nach Absatz 2c als Kirchensteuerabzug vom Kirchensteuerabzugsverpflichteten einbehalten, wird sie nach Ablauf des Kalenderjahres nach dem Kapitalertragsteuerbetrag veranlagt, der sich ergibt, wenn die Steuer nach § 32d Absatz 1 Satz 4 und 5 errechnet wird; wenn Kirchensteuer als Kirchensteuerabzug nach Absatz 2c erhoben wurde, wird eine Veranlagung auf Antrag des Steuerpflichtigen durchgeführt. [2]Der Abzugsverpflichtete hat dem Kirchensteuerpflichtigen auf dessen Verlangen hin eine Bescheinigung über die einbehaltene Kapitalertragsteuer zu erteilen. [3]Der Kirchensteuerpflichtige hat die erhobene Kapitalertragsteuer zu erklären und die Bescheinigung nach Satz 2 oder nach § 45a Absatz 2 oder 3 vorzulegen.

(2e) [1]Die Auswirkungen der Absätze 2c bis 2d werden unter Beteiligung von Vertretern von Kirchensteuern erhebenden Religionsgemeinschaften und weiteren Sachverständigen durch die Bundesregierung mit dem Ziel überprüft, einen umfassenden verpflichtenden Quellensteuerabzug auf der Grundlage eines elektronischen Informationssystems, das den Abzugsverpflichteten Auskunft über die Zugehörigkeit zu einer Kirchensteuer erhebenden Religionsgemeinschaft gibt, einzuführen. [2]Die Bundesregierung unterrichtet den Bundestag bis spätestens zum 30. Juni 2010 über das Ergebnis.

(3) Ist die Einkommensteuer für Einkünfte, die dem Steuerabzug unterliegen, durch den Steuerabzug abgegolten oder werden solche Einkünfte bei der Veranlagung zur Einkommensteuer oder beim Lohnsteuer-Jahresausgleich nicht erfasst, gilt dies für die Zuschlagsteuer entsprechend.

(4) [1]Die Vorauszahlungen auf Zuschlagsteuern sind gleichzeitig mit den festgesetzten Vorauszahlungen auf die Einkommensteuer zu entrichten; § 37 Absatz 5 ist nicht anzuwenden. [2]Solange ein Bescheid über die Vorauszahlungen auf Zuschlagsteuern nicht erteilt worden ist, sind die Vorauszahlungen ohne besondere Aufforderung nach Maßgabe der für die Zuschlagsteuern geltenden Vorschriften zu entrichten. [3]§ 240 Absatz 1 Satz 3 der Abgabenordnung ist insoweit nicht anzuwenden; § 254 Absatz 2 der Abgabenordnung gilt insoweit sinngemäß.

(5) [1]Mit einem Rechtsbehelf gegen die Zuschlagsteuer kann weder die Bemessungsgrundlage noch die Höhe des zu versteuernden Einkommens angegriffen werden. [2]Wird die Bemessungsgrundlage geändert, ändert sich die Zuschlagsteuer entsprechend.

(6) Die Absätze 1 bis 5 gelten für die Kirchensteuern nach Maßgabe landesrechtlicher Vorschriften.

Rechtsprechungsauswahl

BFH v. 1. 7. 2009 I R 81/08 (BFH-Webseite):

1. Es ist nicht sachlich unbillig, wenn eine Kirchensteuer auch insoweit erhoben wird, als sie auf der Berücksichtigung von Veräußerungsgewinnen und Übergangsgewinnen beruht.
2. Ist die Bestimmung der Besteuerungsgrundlagen für die Kirchensteuer den Kirchengemeinden übertragen, so ist die einzelne Kirchengemeinde insoweit nicht an die von anderen Kirchengemeinden getroffenen Regelungen gebunden.

Rechtsprechung   §§ 51a, 52, 52a

BFH v. 11. 2. 2009 X R 51/06 (BStBl. II S. 892): Beantragt der Kläger im Klageverfahren, einen Vorläufigkeitsvermerk zu erweitern, und beantragt er im Revisionsverfahren, die Einkommensteuer herabzusetzen, liegt eine unzulässige Klageänderung i. S. der §§ 67, 123 FGO vor.

Die Reichweite eines Einspruchs gegen einen (mehrere Festsetzungen umfassenden) Sammelbescheid richtet sich nach der Beschwer, die sich aus der Begründung des Einspruchs ergibt (Anschluss an BFH-Urteil vom 8. Mai 2008 VI R 12/05, BFHE 222, 196, BStBl. II 2009, 116).

§ 52 Anwendungsvorschriften

(1) ¹Diese Fassung des Gesetzes ist, soweit in den folgenden Absätzen und § 52a nichts anderes bestimmt ist, erstmals für den Veranlagungszeitraum 2010 anzuwenden. ²Beim Steuerabzug vom Arbeitslohn gilt Satz 1 mit der Maßgabe, dass diese Fassung erstmals auf den laufenden Arbeitslohn anzuwenden ist, der für einen nach dem 31. Dezember 2009 endenden Lohnzahlungszeitraum gezahlt wird, und auf sonstige Bezüge, die nach dem 31. Dezember 2009 zufließen.

Zu den Absätzen 1a bis 67 wird auf die Seiten 134 ff. verwiesen. Vom Abdruck an dieser Stelle wird aus Gründen der Platzersparnis abgesehen.

§ 52a Anwendungsvorschriften zur Einführung einer Abgeltungsteuer auf Kapitalerträge und Veräußerungsgewinne

(1) Beim Steuerabzug vom Kapitalertrag ist diese Fassung des Gesetzes[1] erstmals auf Kapitalerträge anzuwenden, die dem Gläubiger nach dem 31. Dezember 2008 zufließen, soweit in den folgenden Absätzen nichts anderes bestimmt ist.

Zu den Absätzen 2 bis 18 wird auf die Seiten 151 ff. verwiesen. Vom Abdruck an dieser Stelle wird aus Gründen der Platzersparnis abgesehen.

---

1) Artikel 1 Unternehmensteuerreformgesetz 2008 vom 14.8.2007 (BGBl. I S. 1912, BStBl. I S. 630).

§ 53 Sondervorschrift zur Steuerfreistellung des Existenzminimums eines Kindes in den Veranlagungszeiträumen 1983 bis 1995

[1]In den Veranlagungszeiträumen 1983 bis 1995 sind in Fällen, in denen die Einkommensteuer noch nicht formell bestandskräftig oder hinsichtlich der Höhe der Kinderfreibeträge vorläufig festgesetzt ist, für jedes bei der Festsetzung berücksichtigte Kind folgende Beträge als Existenzminimum des Kindes steuerfrei zu belassen:

1983	3.732 Deutsche Mark,
1984	3.864 Deutsche Mark,
1985	3.924 Deutsche Mark,
1986	4.296 Deutsche Mark,
1987	4.416 Deutsche Mark,
1988	4.572 Deutsche Mark,
1989	4.752 Deutsche Mark,
1990	5.076 Deutsche Mark,
1991	5.388 Deutsche Mark,
1992	5.676 Deutsche Mark,
1993	5.940 Deutsche Mark,
1994	6.096 Deutsche Mark,
1995	6.168 Deutsche Mark.

[2]Im Übrigen ist § 32 in der für den jeweiligen Veranlagungszeitraum geltenden Fassung anzuwenden. [3]Für die Prüfung, ob die nach Satz 1 und 2 gebotene Steuerfreistellung bereits erfolgt ist, ist das dem Steuerpflichtigen im jeweiligen Veranlagungszeitraum zustehende Kindergeld mit dem auf das bisherige zu versteuernde Einkommen des Steuerpflichtigen in demselben Veranlagungszeitraum anzuwendenden Grenzsteuersatz in einen Freibetrag umzurechnen; dies gilt auch dann, soweit das Kindergeld dem Steuerpflichtigen im Wege eines zivilrechtlichen Ausgleichs zusteht. [4]Die Umrechnung des zustehenden Kindergeldes ist entsprechend dem Umfang der bisher abgezogenen Kinderfreibeträge vorzunehmen. [5]Bei einem unbeschränkt einkommensteuerpflichtigen Elternpaar, bei dem die Voraussetzungen des § 26 Absatz 1 Satz 1 nicht vorliegen, ist eine Änderung der bisherigen Inanspruchnahme des Kinderfreibetrags unzulässig. [6]Erreicht die Summe aus dem bei der bisherigen Einkommensteuerfestsetzung abgezogenen Kinderfreibetrag und dem nach Satz 3 und 4 berechneten Freibetrag nicht den nach Satz 1 und 2 für den jeweiligen Veranlagungszeitraum maßgeblichen Betrag, ist der Unterschiedsbetrag vom bisherigen zu versteuernden Einkommen abzuziehen und die Einkommensteuer neu festzusetzen. [7]Im Zweifel hat der Steuerpflichtige die Voraussetzungen durch Vorlage entsprechender Unterlagen nachzuweisen.

ESt-Kartei NW

1. Umsetzung der Entscheidungen des Bundesverfassungsgerichts vom 10.11.1998 zu den Kinderfreibeträgen (§ 32 Abs. 6 EStG) (entspricht BMF-Schreiben v. 14.3.2000 BStBl. I S. 413)

§ 54 (weggefallen)

§ 55

§ 55 Schlussvorschriften[1)]
(Sondervorschriften für die Gewinnermittlung nach § 4 oder nach Durchschnittssätzen bei vor dem 1. Juli 1970 angeschafftem Grund und Boden)

(1) ¹Bei Steuerpflichtigen, deren Gewinn für das Wirtschaftsjahr, in das der 30. Juni 1970 fällt, nicht nach § 5 zu ermitteln ist, gilt bei Grund und Boden, der mit Ablauf des 30. Juni 1970 zu ihrem Anlagevermögen gehört hat, als Anschaffungs- oder Herstellungskosten (§ 4 Absatz 3 Satz 4 und § 6 Absatz 1 Nummer 2 Satz 1) das Zweifache des nach den Absätzen 2 bis 4 zu ermittelnden Ausgangsbetrags. ²Zum Grund und Boden im Sinne des Satzes 1 gehören nicht die mit ihm in Zusammenhang stehenden Wirtschaftsgüter und Nutzungsbefugnisse.

(2) ¹Bei der Ermittlung des Ausgangsbetrags des zum land- und forstwirtschaftlichen Vermögen (§ 33 Absatz 1 Satz 1 Bewertungsgesetz in der Fassung der Bekanntmachung vom 10. Dezember 1965 – BGBl. I S. 1861 –, zuletzt geändert durch das Bewertungsänderungsgesetz 1971 vom 27. Juli 1971 – BGBl. I S. 1157) gehörenden Grund und Bodens ist seine Zuordnung zu den Nutzungen und Wirtschaftsgütern (§ 34 Absatz 2 Bewertungsgesetz) am 1. Juli 1970 maßgebend; dabei sind die Hof- und Gebäudeflächen sowie die Hausgärten im Sinne des § 40 Absatz 3 des Bewertungsgesetzes nicht in die einzelne Nutzung einzubeziehen. ²Es sind anzusetzen:

1. bei Flächen, die nach dem Bodenschätzungsgesetz vom 20. Dezember 2007 (BGBl. I S. 3150, 3176) in der jeweils geltenden Fassung zu schätzen sind, für jedes katastermäßig abgegrenzte Flurstück der Betrag in Deutsche Mark, der sich ergibt, wenn die für das Flurstück am 1. Juli 1970 im amtlichen Verzeichnis nach § 2 Absatz 2 der Grundbuchordnung (Liegenschaftskataster) ausgewiesene Ertragsmesszahl vervierfacht wird. ²Abweichend von Satz 1 sind für Flächen der Nutzungsteile

   a) Hopfen, Spargel, Gemüsebau und Obstbau   2,05 Euro je Quadratmeter,
   b) Blumen- und Zierpflanzenbau sowie Baumschulen   2,56 Euro je Quadratmeter

   anzusetzen, wenn der Steuerpflichtige dem Finanzamt gegenüber bis zum 30. Juni 1972 eine Erklärung über die Größe, Lage und Nutzung der betreffenden Flächen abgibt,

2. für Flächen der forstwirtschaftlichen Nutzung je Quadratmeter 0,51 Euro,
3. für Flächen der weinbaulichen Nutzung der Betrag, der sich unter Berücksichtigung der maßgebenden Lagenvergleichszahl (Vergleichszahl der einzelnen Weinbaulage, § 39 Absatz 1 Satz 3 und § 57 Bewertungsgesetz), die für ausbauende Betriebsweise mit Fassweinerzeugung anzusetzen ist, aus der nachstehenden Tabelle ergibt:

Lagenvergleichszahl			Ausgangsbetrag je Quadratmeter in Euro
	bis	20	1,28
21	bis	30	1,79
31	bis	40	2,56
41	bis	50	3,58
51	bis	60	4,09
61	bis	70	4,60
71	bis	100	5,11
	über	100	6,39

4. für Flächen der sonstigen land- und forstwirtschaftlichen Nutzung, auf die Nummer 1 keine Anwendung findet, je Quadratmeter   0,51 Euro,
5. für Hofflächen, Gebäudeflächen und Hausgärten im Sinne des § 40 Absatz 3 des Bewertungsgesetzes je Quadratmeter   2,56 Euro,
6. für Flächen des Geringstlandes je Quadratmeter   0,13 Euro,
7. für Flächen des Abbaulandes je Quadratmeter   0,26 Euro,

---
1) § 55 ist auch für VZ vor 1999 anzuwenden (§ 52 Abs. 60 EStG).

§§ 55, 56

8. für Flächen des Unlandes je Quadratmeter   0,05 Euro.

(3) ¹Lag am 1. Juli 1970 kein Liegenschaftskataster vor, in dem Ertragsmesszahlen ausgewiesen sind, so ist der Ausgangsbetrag in sinngemäßer Anwendung des Absatzes 2 Nummer 1 Satz 1 auf der Grundlage der durchschnittlichen Ertragsmesszahl der landwirtschaftlichen Nutzung eines Betriebs zu ermitteln, die die Grundlage für die Hauptfeststellung des Einheitswerts auf den 1. Januar 1964 bildet. ²Absatz 2 Nummer 1 Satz 2 bleibt unberührt.

(4) Bei nicht zum land- und forstwirtschaftlichen Vermögen gehörenden Grund und Boden ist als Ausgangsbetrag anzusetzen:
1. Für unbebaute Grundstücke der auf den 1. Januar 1964 festgestellte Einheitswert. ²Wird auf den 1. Januar 1964 kein Einheitswert festgestellt oder hat sich der Bestand des Grundstücks nach dem 1. Januar 1964 und vor dem 1. Juli 1970 verändert, so ist der Wert maßgebend, der sich ergeben würde, wenn das Grundstück nach seinem Bestand vom 1. Juli 1970 und nach den Wertverhältnissen vom 1. Januar 1964 zu bewerten wäre;
2. für bebaute Grundstücke der Wert, der sich nach Nummer 1 ergeben würde, wenn das Grundstück unbebaut wäre.

(5) ¹Weist der Steuerpflichtige nach, daß der Teilwert für Grund und Boden im Sinne des Absatzes 1 am 1. Juli 1970 höher ist als das Zweifache des Ausgangsbetrags, so ist auf Antrag des Steuerpflichtigen der Teilwert als Anschaffungs- oder Herstellungskosten anzusetzen. ²Der Antrag ist bis zum 31. Dezember 1975 bei dem Finanzamt zu stellen, das für die Ermittlung des Gewinns aus dem Betrieb zuständig ist. ³Der Teilwert ist gesondert festzustellen. ⁴Vor dem 1. Januar 1974 braucht diese Feststellung nur zu erfolgen, wenn ein berechtigtes Interesse des Steuerpflichtigen gegeben ist. ⁵Die Vorschriften der Abgabenordnung und der Finanzgerichtsordnung über die gesonderte Feststellung von Besteuerungsgrundlagen gelten entsprechend.

(6) ¹Verluste, die bei der Veräußerung oder Entnahme von Grund und Boden im Sinne des Absatzes 1 entstehen, dürfen bei der Ermittlung des Gewinns in Höhe des Betrags nicht berücksichtigt werden, um den der ausschließlich auf den Grund und Boden entfallende Veräußerungspreis oder der an dessen Stelle tretende Wert nach Abzug der Veräußerungskosten unter dem Zweifachen des Ausgangsbetrags liegt. ²Entsprechendes gilt bei Anwendung des § 6 Absatz 1 Nummer 2 Satz 2.

(7) Grund und Boden, der nach § 4 Absatz 1 Satz 5 des Einkommensteuergesetzes 1969 nicht anzusetzen war, ist wie eine Einlage zu behandeln; er ist dabei mit dem nach Absatz 1 oder 5 maßgebenden Wert anzusetzen.

§ 56 Sondervorschriften für Steuerpflichtige in dem in Artikel 3 des Einigungsvertrages genannten Gebiet

Bei Steuerpflichtigen, die am 31. Dezember 1990 einen Wohnsitz oder ihren gewöhnlichen Aufenthalt in dem in Artikel 3 des Einigungsvertrages genannten Gebiet und im Jahre 1990 keinen Wohnsitz oder gewöhnlichen Aufenthalt im bisherigen Geltungsbereich dieses Gesetzes hatten, gilt Folgendes:

§ 7 Absatz 5 ist auf Gebäude anzuwenden, die in dem Artikel 3 des Einigungsvertrages genannten Gebiet nach dem 31. Dezember 1990 angeschafft oder hergestellt worden sind.

§§ 57, 58

§ 57 Besondere Anwendungsregeln aus Anlass der Herstellung der Einheit Deutschlands

(1) Die §§ 7c, 7f, 7g, 7k und 10e dieses Gesetzes, die §§ 76, 78, 82a und 82f der Einkommensteuer-Durchführungsverordnung sowie die §§ 7 und 12 Absatz 3 des Schutzbaugesetzes sind auf Tatbestände anzuwenden, die in dem in Artikel 3 des Einigungsvertrages genannten Gebiet nach dem 31. Dezember 1990 verwirklicht worden sind.

(2) Die §§ 7b und 7d dieses Gesetzes sowie die §§ 81, 82d, 82g und 82i der Einkommensteuer-Durchführungsverordnung sind nicht auf Tatbestände anzuwenden, die in dem in Artikel 3 des Einigungsvertrages genannten Gebiet verwirklicht worden sind.

(3) Bei der Anwendung des § 7g Absatz 2 Nummer 1 und des § 14a Absatz 1 ist in dem in Artikel 3 des Einigungsvertrages genannten Gebiet anstatt vom maßgebenden Einheitswert des Betriebs der Land- und Forstwirtschaft und den darin ausgewiesenen Werten vom Ersatzwirtschaftswert nach § 125 des Bewertungsgesetzes auszugehen.

(4) ¹§ 10 d Absatz 1 ist mit der Maßgabe anzuwenden, daß der Sonderausgabenabzug erstmals von dem für die zweite Hälfte des Veranlagungszeitraums 1990 ermittelten Gesamtbetrag der Einkünfte vorzunehmen ist. ²§ 10d Absatz 2 und 3 ist auch für Verluste anzuwenden, die in dem in Artikel 3 des Einigungsvertrages genannten Gebiet im Veranlagungszeitraum 1990 entstanden sind.

(5) § 22 Nummer 4 ist auf vergleichbare Bezüge anzuwenden, die auf Grund des Gesetzes über Rechtsverhältnisse der Abgeordneten der Volkskammer der Deutschen Demokratischen Republik vom 31. Mai 1990 (GBl. I Nr. 30 S. 274) gezahlt worden sind.

(6) § 34f Absatz 3 Satz 3 ist erstmals auf die in dem in Artikel 3 des Einigungsvertrages genannten Gebiet für die zweite Hälfte des Veranlagungszeitraums 1990 festgesetzte Einkommensteuer anzuwenden.

§ 58 Weitere Anwendung von Rechtsvorschriften, die vor Herstellung der Einheit Deutschlands in dem in Artikel 3 des Einigungsvertrages genannten Gebiet gegolten haben

(1) Die Vorschriften über Sonderabschreibungen nach § 3 Absatz 1 des Steueränderungsgesetzes vom 6. März 1990 (GBl. I Nr. 17 S. 136) in Verbindung mit § 7 der Durchführungsbestimmung zum Gesetz zur Änderung der Rechtsvorschriften über die Einkommen-, Körperschaft- und Vermögensteuer – Steueränderungsgesetz – vom 16. März 1990 (GBl. I Nr. 21 S. 195) sind auf Wirtschaftsgüter weiter anzuwenden, die nach dem 31. Dezember 1989 und vor dem 1. Januar 1991 in dem in Artikel 3 des Einigungsvertrages genannten Gebiet angeschafft oder hergestellt worden sind.

(2) ¹Rücklagen nach § 3 Absatz 2 des Steueränderungsgesetzes vom 6. März 1990 (GBl. I Nr. 17 S. 136) in Verbindung mit § 8 der Durchführungsbestimmung zum Gesetz zur Änderung der Rechtsvorschriften über die Einkommen-, Körperschaft- und Vermögensteuer – Steueränderungsgesetz – vom 16. März 1990 (GBl. I Nr. 21 S. 195) dürfen, soweit sie zum 31. Dezember 1990 zulässigerweise gebildet worden sind, auch nach diesem Zeitpunkt fortgeführt werden. ²Sie sind spätestens im Veranlagungszeitraum 1995 gewinn- oder sonst einkünfteerhöhend aufzulösen. ³Sind vor dieser Auflösung begünstigte Wirtschaftsgüter angeschafft oder hergestellt worden, sind die in Rücklage eingestellten Beträge von den Anschaffungs- oder Herstellungskosten abzuziehen; die Rücklage ist in Höhe des abgezogenen Betrags im Veranlagungszeitraum der Anschaffung oder Herstellung gewinn- oder sonst einkünfteerhöhend aufzulösen.

(3) Die Vorschrift über den Steuerabzugsbetrag nach § 9 Absatz 1 der Durchführungsbestimmung zum Gesetz zur Änderung der Rechtsvorschriften über die Einkommen-, Körperschaft- und Vermögensteuer – Steueränderungsgesetz – vom 16. März 1990 (GBl. I Nr. 21 S. 195) ist für Steuerpflichtige weiter anzuwenden, die vor dem 1. Januar 1991 in dem in Artikel 3 des Einigungsvertrages genannten Gebiet eine Betriebsstätte begründet haben, wenn sie von dem Tag der Begründung der Betriebsstätte an zwei Jahre lang die Tätigkeit ausüben, die Gegenstand der Betriebsstätte ist.

§§ 59–62

§§ 59 bis 61 (weggefallen)

X. Kindergeld[1]

§ 62 Anspruchsberechtigte[2]

(1) Für Kinder im Sinne des § 63 hat Anspruch auf Kindergeld nach diesem Gesetz, wer
1. im Inland einen Wohnsitz oder seinen gewöhnlichen Aufenthalt hat oder
2. ohne Wohnsitz oder gewöhnlichen Aufenthalt im Inland
   a) nach § 1 Absatz 2 unbeschränkt einkommensteuerpflichtig ist oder
   b) nach § 1 Absatz 3 als unbeschränkt einkommensteuerpflichtig behandelt wird.

(2)[3] Ein nicht freizügigkeitsberechtigter Ausländer erhält Kindergeld nur, wenn er
1. eine Niederlassungserlaubnis besitzt,
2. eine Aufenthaltserlaubnis besitzt, die zur Ausübung einer Erwerbstätigkeit berechtigt oder berechtigt hat, es sei denn, die Aufenthaltserlaubnis wurde
   a) nach § 16 oder § 17 des Aufenthaltsgesetzes erteilt,
   b) nach § 18 Absatz 2 des Aufenthaltsgesetzes erteilt und die Zustimmung der Bundesagentur für Arbeit darf nach der Beschäftigungsverordnung nur für einen bestimmten Höchstzeitraum erteilt werden,
   c) nach § 23 Absatz 1 des Aufenthaltsgesetzes wegen eines Krieges in seinem Heimatland oder nach den §§ 23a, 24, 25 Absatz 3 bis 5 des Aufenthaltsgesetzes erteilt
   oder
3. eine in Nummer 2 Buchstabe c genannte Aufenthaltserlaubnis besitzt und
   a) sich seit mindestens drei Jahren rechtmäßig, gestattet oder geduldet im Bundesgebiet aufhält und
   b) im Bundesgebiet berechtigt erwerbstätig ist, laufende Geldleistungen nach dem Dritten Buch Sozialgesetzbuch bezieht oder Elternzeit in Anspruch nimmt.

Rechtsprechungsauswahl

BFH v. 30. 10. 2008 III R 92/07 (BStBl. 2009 II S. 923): Dem EuGH werden folgende Rechtsfragen zur Vorabentscheidung vorgelegt:
1. Ist die Regelung in Art. 76 Abs. 2 VO Nr. 1408/71 entsprechend auf Art. 10 Buchst. a VO Nr. 574/72 anzuwenden in Fällen, in denen der anspruchsberechtigte Elternteil die ihm im Beschäftigungsland zustehenden Familienleistungen nicht beantragt?
2. Für den Fall, dass Art. 76 Abs. 2 VO Nr. 1408/71 entsprechend anwendbar ist: Aufgrund welcher Ermessenserwägungen kann der für Familienleistungen zuständige Träger des Wohnlandes Art. 10 Buchst. a VO Nr. 574/72 anwenden, als ob Leistungen im Beschäftigungsland gewährt würden? Kann das Ermessen, den Erhalt von Familienleistungen im Beschäftigungsland zu unterstellen, eingeschränkt sein, wenn der Anspruchsberechtigte im Beschäftigungsland die ihm zustehenden Familienleistungen bewusst nicht beantragt, um der Kindergeldberechtigten im Wohnland zu schaden?

---

1) Hinweis auf Neufassung der Dienstanweisung zur Durchführung des Familienleistungsausgleichs (DA-FamEStG) vom 30.9.2009 (BStBl. I S. 1030). Hinweis auf Schreiben Bundeszentralamt für Steuern vom 23.2.2010 (BStBl. I S. 182) betr. Kindergeldmerkblatt 2010, vom 16.2.2009 (BStBl. I S. 399) betr. Kindergeldmerkblatt 2009; aktuelle Versionen der Vordrucke sind abrufbar unter http://www.bzst.de. Hinweis auf Schreiben Bundeszentralamt für Steuern vom 23.12.2008 (BStBl. 2009 I S. 18) betr. Konsequenzen aus dem BVerfG-Urteil vom 9.12.2008 zur Entfernungspauschale bei der Festsetzung von Kindergeld; aufgehoben und ersetzt durch Schreiben Bundeszentralamt für Steuern vom 7.9.2009 (BStBl. I S. 926) betr. Konsequenzen aus dem Gesetz zur Fortführung der Gesetzeslage 2006 bei der Entfernungspauschale (BGBl. I S. 774).
2) Zur Anwendung von § 62 siehe § 52 Absatz 61 EStG.
3) § 62 Absatz 2 ist in dieser Fassung in allen noch nicht bestandskräftigen Fällen anzuwenden (§ 52 Absatz 61a Satz 2 EStG).

Rechtsprechung § 62

BFH v. 17. 4. 2008 III R 36/05 (BStBl. 2009 II S. 921): Der niederländische Unterhaltszuschuss nach der „REGELING TEGEMOETKOMING ONDERHOUDSKOSTEN THUISWONENDE GEHANDICAPTE KINDEREN" vom 20. Dezember 1999 (TOG 2000) ist eine Familienleistung i. S. des Art. 1 Buchst. u, i i. V. m. Art. 4 Abs. 1 Buchst. h VO Nr. 1408/71. Er mindert nach der gemeinschaftsrechtlichen Kollisionsregel des Art. 10 Abs. 1 Buchst. b, i VO Nr. 574/72 den Anspruch auf das deutsche Kindergeld nach § 62 EStG.

BFH v. 17. 4. 2008 III R 16/05 (BStBl. 2009 II S. 918): Ausländer, die vergeblich die Anerkennung als Vertriebene deutscher Volkszugehörigkeit begehren, haben auch für solche Zeiten keinen Anspruch auf Kindergeld nach § 62 Abs. 1 EStG, in denen sie zu Unrecht im Besitz deutscher Ausweispapiere sind.

BFH v. 21. 2. 2008 III R 79/03 (BStBl. 2009 II S. 916): Aus dem früheren Jugoslawien stammende, geringfügig beschäftigte Arbeitnehmer, für die der Arbeitgeber pauschale Sozialversicherungsbeiträge abführt, haben keinen Anspruch auf Kindergeld nach dem Abkommen zwischen der Bundesrepublik Deutschland und der Sozialistischen Föderativen Republik Jugoslawien über Soziale Sicherheit vom 12. Oktober 1968 (BGBl. II 1969, 1438) i. d. F. des Änderungsabkommens vom 30. September 1974 (BGBl. II 1975, 390).

BFH v. 22. 11. 2007 III R 60/99 (BStBl. 2009 II S. 910): Weder aus Art. 24 noch aus Art. 29 des Staatenlosenübereinkommens (StlÜbk) ergibt sich ein Anspruch auf Kindergeld (Fortführung der Rechtsprechung zu den gleichlautenden Bestimmungen der Genfer Konvention).

BFH v. 22. 11. 2007 III R 54/02 (BStBl. 2008 II S. 758):

1. Es ist von Verfassungs wegen nicht zu beanstanden, dass Ausländer, deren Aufenthalt in der Bundesrepublik Deutschland lediglich geduldet ist, auch nach der Neuregelung der Kindergeldberechtigung (§ 62 Abs. 2 EStG i.d.F. des AuslAnsprG vom 13. Dezember 2006, BGBl I 2006, 1915) keinen Anspruch auf Kindergeld haben (Festhalten am Senatsurteil vom 15. März 2007 III R 93/03, zur amtlichen Veröffentlichung bestimmt, BFH/NV 2007, 1234)*).

2. Ebenso wenig begegnet es verfassungsrechtlichen Bedenken, dass die Anspruchsberechtigung von Ausländern mit bestimmten Aufenthaltstiteln (§ 62 Abs. 2 Nr. 2 Buchst. c EStG n.F.) an die Integration in den deutschen Arbeitsmarkt geknüpft ist.

*) BFHE 217, 443, BStBl. 2009 II S. 905.

BFH v. 25. 10. 2007 III R 90/03 (BStBl. 2009 II S. 908): Weder aus Art. 24 noch aus Art. 29 des Abkommens über die Rechtsstellung der Flüchtlinge (Genfer Konvention) ergibt sich ein Anspruch auf Kindergeld.

BFH v. 25. 7. 2007 III R 55/02 (BStBl. 2008 II S. 758): Ausländische Staatsangehörige, die vor dem 1. April 1999 eine Tätigkeit als Mitglied des Verwaltungs- und technischen Personals oder des dienstlichen Hauspersonals einer Botschaft aufgenommen haben und nicht im Besitz eines ausländerrechtlichen Aufenthaltstitels sind, haben Anspruch auf Kindergeld, wenn sie einen vom Auswärtigen Amt ausgestellten „gelben Ausweis" besitzen und hinsichtlich der Sozialversicherungs- sowie der Einkommensteuerpflicht als ständig ansässig behandelt worden sind.

BFH v. 15. 3. 2007 III R 93/03 (BStBl. 2009 II S. 905): Ausländer, die sich im Rahmen einer ausländerrechtlichen Duldung im Inland aufhalten, haben keinen Anspruch auf Kindergeld.

BFH v. 22. 12. 2006 VII B 121/06 (BStBl. 2009 II S. 839):

1. Kontrollbesuche der Steuerfahndung in Räumlichkeiten, die an Prostituierte zur Ausübung ihrer Erwerbstätigkeit vermietet worden sind, sind grundsätzlich – in angemessener und zumutbarer Häufigkeit – zur Aufdeckung und Ermittlung unbekannter Steuerfälle i. S. des § 208 Abs. 1 Satz 1 Nr. 3 AO 1977 hinreichend veranlasst. Der mögliche (Neben-)Effekt, die Prostituierten zu veranlassen, ihre steuerlichen Pflichten zu erfüllen bzw. am „Düsseldorfer Verfahren" teilzunehmen, ist mit dem Ermittlungsauftrag der Steuerfahndung nicht unvereinbar.

2. Der Vermieter kann sich gegenüber den Kontrollbesuchen nicht auf ein Abwehrrecht als Inhaber des Hausrechts an den vermieteten Räumen bzw. an den gemeinschaftlich zu nutzenden Bereichen berufen, da die Kontrollbesuche bei den Mieterinnen selbst nicht als „Eingriffe und Beschränkungen" i. S. des Art. 13 Abs. 7 GG zu qualifizieren sind.

BFH v. 23. 2. 2006 III R 67/98 (BStBl. II S. 465): Das BMF wird gemäß § 122 Abs. 2 Satz 3 FGO aufgefordert, dem Revisionsverfahren III R 67/98 beizutreten, um zur Verfassungsmäßigkeit der Kindergeldregelung für Ausländer und zu der geplanten Neuregelung Stellung zu nehmen.

§§ 62, 63 — Rechtsprechung

Nach dem Beschluss des BVerfG vom 6. Juli 2004 1 BvL 4/97 u.a. (BVerfGE 111, 160, BFH/NV 2005, Beilage 2, 114) ist § 1 Abs. 3 BKGG i. d. F. durch das 1. SKWPG vom 21. Dezember 1993 (BGBl. I 1993, 2353) unvereinbar mit dem Gleichheitssatz des Art. 3 Abs. 1 GG, soweit Ausländer nur Anspruch auf Kindergeld haben, wenn sie im Besitz einer Aufenthaltsberechtigung (§ 27 AuslG 1990) oder einer Aufenthaltserlaubnis (§ 15 AuslG 1990) sind, nicht aber wenn sie nur eine Aufenthaltsbefugnis (§ 30 AuslG 1990) besitzen.

1. Teilt das BMF die Auffassung des Senats, dass die Gründe für die Verfassungswidrigkeit des § 1 Abs. 3 BKGG i. d. F. des 1. SKWPG ebenso für den wortgleichen § 62 Abs. 2 Satz 1 EStG i. d. F. des JStG 1996 vom 11. Oktober 1995 (BGBl. I 1995, 1250) gelten?
2. In welchem Stadium befindet sich das angekündigte Gesetzgebungsverfahren zur Neuregelung des § 62 Abs. 2 Satz 1 EStG und wann ist mit dem In-Kraft-Treten der Neuregelung zu rechnen?
3. Unter welchen Voraussetzungen haben legal in der Bundesrepublik lebende Ausländer nach der geplanten Neuregelung Anspruch auf Kindergeld?
4. Soll die Neuregelung für alle noch offenen Fälle gelten?
5. Könnte der Klägerin, die im Streitjahr 1996 im Besitz einer mehrfach verlängerten Aufenthaltsbefugnis war, nach der geplanten Neuregelung Kindergeld für die Vergangenheit zustehen?
6. Ist das BMF, falls sich die weiteren beim Senat anhängigen 22 Revisionen durch die Neuregelung nicht erledigen werden, an einem Beitritt interessiert?

§ 63 Kinder

(1) [1]Als Kinder werden berücksichtigt

1. Kinder im Sinne des § 32 Absatz 1,
2. vom Berechtigten in seinen Haushalt aufgenommene Kinder seines Ehegatten,
3. vom Berechtigten in seinen Haushalt aufgenommene Enkel.

[2]§ 32 Absatz 3 bis 5 gilt entsprechend. [3]Kinder, die weder einen Wohnsitz noch ihren gewöhnlichen Aufenthalt im Inland, in einem Mitgliedstaat der Europäischen Union oder in einem Staat, auf den das Abkommen über den Europäischen Wirtschaftsraum Anwendung findet, haben, werden nicht berücksichtigt, es sei denn, sie leben im Haushalt eines Berechtigten im Sinne des § 62 Absatz 1 Nummer 2 Buchstabe a. [4]Kinder im Sinne von § 2 Absatz 4 Satz 2 des Bundeskindergeldgesetzes werden nicht berücksichtigt.

(2) Die Bundesregierung wird ermächtigt, durch Rechtsverordnung, die nicht der Zustimmung des Bundesrates bedarf, zu bestimmen, dass einem Berechtigten, der im Inland erwerbstätig ist oder sonst seine hauptsächlichen Einkünfte erzielt, für seine in Absatz 1 Satz 3 erster Halbsatz bezeichneten Kinder Kindergeld ganz oder teilweise zu leisten ist, soweit dies mit Rücksicht auf die durchschnittlichen Lebenshaltungskosten für Kinder in deren Wohnsitzstaat und auf die dort gewährten dem Kindergeld vergleichbaren Leistungen geboten ist.

Rechtsprechungsauswahl

BFH v. 2. 4. 2009 III R 85/08 (BFH-Webseite):

1. Die ernsthafte und nachhaltige Vorbereitung auf eine Wiederholungsprüfung gehört auch dann zur Berufsausbildung, wenn das Ausbildungsverhältnis mit dem Lehrbetrieb nach der nicht bestandenen Abschlussprüfung endet und das Kind keine Berufsschule besucht.
2. Nimmt das Kind an der erstmaligen Wiederholungsprüfung teil und besteht diese, ist in der Regel zu unterstellen, dass sich das Kind ernsthaft und nachhaltig auf diese Prüfung vorbereitet hat.

BFH v. 2. 4. 2009 III R 92/06 (BFH-Webseite):

1. Leistet ein als Betreiber einer sonstigen betreuten Wohnform nach § 34 SGB VIII anerkannter Trägerverein einer Pflegeperson Zahlungen für die Erziehung und Unterbringung eines fremden Kindes, so scheidet die Annahme eines Pflegekindschaftsverhältnisses aus, weil das Kind zu Erwerbszwecken in den Haushalt der Pflegeperson aufgenommen worden ist (§ 32 Abs. 1 Nr. 2 EStG).

Rechtsprechung §§ 63, 64

2. Die sozialrechtliche Einordnung als sonstige betreute Wohnform hat steuerrechtliche Tatbestandswirkung. Es kommt daher nicht darauf an, ob die Unterbringung des Kindes sozialrechtlich als Vollzeitpflege nach § 33 SGB VIII hätte behandelt werden müssen.

BFH v. 23. 2. 2006 III R 8/05, III R 46/05 (BStBl. 2008 II S. 704): Ein Kind, das sich aus einer Erwerbstätigkeit heraus um einen Studienplatz bewirbt, kann ab dem Monat der Bewerbung nach § 32 Abs. 4 Satz 1 Nr. 2 Buchst. c EStG beim Kindergeldberechtigten zu berücksichtigen sein, wenn es sich bei der Tätigkeit nicht um eine Vollzeiterwerbstätigkeit handelt.

BFH v. 23. 2. 2006 III R 82/03 (BStBl. 2008 II S. 702): Geht ein volljähriges Kind, das die Voraussetzungen des § 32 Abs. 4 Satz 1 Nr. 2 Buchst. b EStG erfüllt, einer Teilzeiterwerbstätigkeit von 20 Stunden in der Woche nach, besteht weiterhin eine typische Unterhaltssituation, die es rechtfertigt, für das Kind Kindergeld zu gewähren, sofern die Einkünfte und Bezüge den Jahresgrenzbetrag nicht übersteigen. Die Höhe der von dem Kind erzielten Einkünfte und Bezüge ist für die Beurteilung, ob eine die Berücksichtigung als Kind ausschließende Vollzeiterwerbstätigkeit anzunehmen ist, nicht entscheidend.

§ 64 Zusammentreffen mehrerer Ansprüche

(1) Für jedes Kind wird nur einem Berechtigten Kindergeld gezahlt.

(2) ¹Bei mehreren Berechtigten wird das Kindergeld demjenigen gezahlt, der das Kind in seinen Haushalt aufgenommen hat. ²Ist ein Kind in den gemeinsamen Haushalt von Eltern, einem Elternteil und dessen Ehegatten, Pflegeeltern oder Großeltern aufgenommen worden, so bestimmen diese untereinander den Berechtigten. ³Wird eine Bestimmung nicht getroffen, so bestimmt das Familiengericht auf Antrag den Berechtigten. ⁴Den Antrag kann stellen, wer ein berechtigtes Interesse an der Zahlung des Kindergeldes hat. ⁵Lebt ein Kind im gemeinsamen Haushalt von Eltern und Großeltern, so wird das Kindergeld vorrangig einem Elternteil gezahlt; es wird an einen Großelternteil gezahlt, wenn der Elternteil gegenüber der zuständigen Stelle auf seinen Vorrang schriftlich verzichtet hat.

(3) ¹Ist das Kind nicht in den Haushalt eines Berechtigten aufgenommen, so erhält das Kindergeld derjenige, der dem Kind eine Unterhaltsrente zahlt. ²Zahlen mehrere Berechtigte dem Kind Unterhaltsrenten, so erhält das Kindergeld derjenige, der dem Kind die höchste Unterhaltsrente zahlt. ³Werden gleich hohe Unterhaltsrenten gezahlt oder zahlt keiner der Berechtigten dem Kind Unterhalt, so bestimmen die Berechtigten untereinander, wer das Kindergeld erhalten soll. ⁴Wird eine Bestimmung nicht getroffen, so gilt Absatz 2 Satz 3 und 4 entsprechend.

Rechtsprechungsauswahl

BFH v. 25. 6. 2009 III R 2/07 (BStBl. II S. 968): Ist ein Kind getrennt lebender Eltern auf eigenen Entschluss von dem Haushalt eines Elternteils in den Haushalt des anderen Elternteils umgezogen, kann in der Regel davon ausgegangen werden, dass der andere Elternteil – auch wenn er nicht sorgeberechtigt ist – das Kind i.S. des § 64 Abs. 2 Satz 1 EStG in seinen Haushalt aufgenommen und damit Anspruch auf Auszahlung des Kindergeldes hat, wenn das Kind seit mehr als drei Monaten dort lebt und eine Rückkehr in den Haushalt des sorgeberechtigten Elternteils nicht von vornherein feststeht.

BFH v. 23. 3. 2005 III R 91/03 (BStBl. 2008 II S. 752): Ein Kind getrennt lebender Eltern ist in den Haushalt beider Elternteile aufgenommen, wenn es sich bei beiden in annähernd gleichem zeitlichen Umfang aufhält. In diesem Fall ist das Kindergeld demjenigen zu zahlen, den die Eltern untereinander bestimmt haben. Auch eine vor der Trennung getroffene Bestimmung des Berechtigten bleibt wirksam, bis sie von einem Berechtigten widerrufen wird.

BFH v. 14. 12. 2004 VIII R 106/03 (BStBl. 2008 II S. 762):

1. Es verstößt nicht gegen das GG oder sonstiges Recht,
   – dass das Kindergeld gemäß § 64 Abs. 1 EStG an nur einen Berechtigten zu zahlen ist und
   – dass es gemäß § 64 Abs. 2 Satz 1 EStG an denjenigen Berechtigten zu zahlen ist, der das Kind in seinen Haushalt aufgenommen hat (Obhutsprinzip).

2. Der Begriff der Haushaltsaufnahme i. S. des § 64 Abs. 2 Satz 1 EStG ist unter Berücksichtigung seines Zwecks dahin auszulegen, dass ein Kind, welches sich in den Haushalten beider Elternteile in

§§ 64, 65, 66 — Rechtsprechung

einer Besuchscharakter überschreitenden Weise aufhält, demjenigen Elternteil zuzuordnen ist, in dessen Haushalt es sich überwiegend aufhält und seinen Lebensmittelpunkt hat.

BFH v. 2. 6. 2005 III R 66/04 (BStBl. 2006 II S. 184):

1. Zahlen geschiedene Eltern ihrem Kind, das in einem selbständigen Haushalt lebt, jeweils eine Unterhaltsrente, hat Anspruch auf Kindergeld, wer die höhere Unterhaltsrente leistet. Hat derjenige, der das Kindergeld bisher erhalten hat, den Betrag an das Kind als Unterhalt weitergeleitet, so bleibt das Kindergeld für die Feststellung der höheren Unterhaltsrente außer Betracht.
2. Begehrt der Berechtigte mit der Klage, den die Zahlung von Kindergeld ablehnenden Bescheid der Familienkasse aufzuheben und die Familienkasse zu verpflichten, Kindergeld auf unbestimmte Zeit zu zahlen, handelt es sich um eine Verpflichtungsklage. Ist die Ablehnung des Kindergelds rechtswidrig, ist der Ablehnungsbescheid aufzuheben und die Familienkasse zu verpflichten, über den Kindergeldantrag erneut zu entscheiden.

§ 65 Andere Leistungen für Kinder[1)]

(1) ¹Kindergeld wird nicht für ein Kind gezahlt, für das eine der folgenden Leistungen zu zahlen ist oder bei entsprechender Antragstellung zu zahlen wäre:

1. Kinderzulagen aus der gesetzlichen Unfallversicherung oder Kinderzuschüsse aus den gesetzlichen Rentenversicherungen,
2. Leistungen für Kinder, die im Ausland gewährt werden und dem Kindergeld oder einer der unter Nummer 1 genannten Leistungen vergleichbar sind,[2)]
3. Leistungen für Kinder, die von einer zwischen- oder überstaatlichen Einrichtung gewährt werden und dem Kindergeld vergleichbar sind.

²Soweit es für die Anwendung von Vorschriften dieses Gesetzes auf den Erhalt von Kindergeld ankommt, stehen die Leistungen nach Satz 1 dem Kindergeld gleich. ³Steht ein Berechtigter in einem Versicherungspflichtverhältnis zur Bundesagentur für Arbeit nach § 24 des Dritten Buches Sozialgesetzbuch oder ist er versicherungsfrei nach § 28 Nr. 1 des Dritten Buches Sozialgesetzbuch oder steht er im Inland in einem öffentlich-rechtlichen Dienst- oder Amtsverhältnis, so wird sein Anspruch auf Kindergeld für ein Kind nicht nach Satz 1 Nummer 3 mit Rücksicht darauf ausgeschlossen, dass sein Ehegatte als Beamter, Ruhestandsbeamter oder sonstiger Bediensteter der Europäischen Gemeinschaften für das Kind Anspruch auf Kinderzulage hat.

(2) Ist in den Fällen des Absatzes 1 Satz 1 Nr. 1 der Bruttobetrag der anderen Leistung niedriger als das Kindergeld nach § 66, wird Kindergeld in Höhe des Unterschiedsbetrages gezahlt, wenn er mindestens 5 Euro beträgt.

§ 66 Höhe des Kindergeldes, Zahlungszeitraum[3)]

(1) ¹Das Kindergeld beträgt monatlich für erste und zweite Kinder jeweils 184 Euro, für dritte Kinder 190 Euro und für das vierte und jedes weitere Kind jeweils 215 Euro. ²Darüber hinaus wird für jedes Kind, für das im Kalenderjahr 2009 mindestens für einen Kalendermonat ein Anspruch auf Kindergeld besteht, für das Kalenderjahr 2009 ein Einmalbetrag in Höhe von 100 Euro gezahlt.[4)]

---

1) Zur Anwendung von § 65 siehe § 52 Abs. 61 EStG.
2) Hinweis auf die Übersicht der vergleichbaren Leistungen im Sinne des § 65 Abs. 1 Satz 1 Nr. 2 EStG gemäß Schreiben Bundesamt für Finanzen vom 14.2.2002 BStBl. I S. 241.
3) Zur Anwendung des (weggefallenen) § 66 Abs. 3 siehe § 52 Abs. 62 EStG.
4) Zum Einmalbetrag nach § 66 Absatz 1 Satz 2 EStG („Kinderbonus") BMF-Schreiben vom 11.3.2009 (BStBl. I S. 488).

Rechtsprechung §§ 66, 67, 68

(2) Das Kindergeld wird monatlich vom Beginn des Monats an gezahlt, in dem die Anspruchsvoraussetzungen erfüllt sind, bis zum Ende des Monats, in dem die Anspruchsvoraussetzungen wegfallen.

Rechtsprechungsauswahl

BFH v. 24. 3. 2006 III R 41/05 (BStBl. 2008 II S. 369): Wohnen Eltern mit ihren Kindern in Deutschland, arbeiten aber beide in der Schweiz, stehen ihnen Leistungen für ihre Kinder nur nach dem in der Schweiz geltenden Recht zu. Ein Anspruch auf die Differenz zwischen dem in der Schweiz gezahlten und dem höheren Kindergeld nach § 66 EStG besteht nicht.

BFH v. 20. 10. 2005 III S 20/05 (BStBl. 2006 II S. 77): Hebt die Familienkasse die Festsetzung von Kindergeld auf, bemisst sich der Streitwert in einem Verfahren gegen den Aufhebungsbescheid nur nach dem Kindergeldbetrag für das Kind, für das der Anspruch streitig ist. Mittelbare Auswirkungen auf das Kindergeld für weitere Kinder des Anspruchsberechtigten bleiben außer Betracht.

BFH v. 26. 2. 2002 VIII R 92/98 (BStBl. II S. 596):
1. § 66 Abs. 1 EStG in der für das Kalenderjahr 1996 gültigen Fassung, wonach das Kindergeld für das erste und zweite Kind jeweils 200 DM beträgt, ist verfassungsgemäß. Dies gilt unabhängig davon, ob der Kinderfreibetrag gemäß § 32 Abs. 6 Sätze 1 und 2 EStG den verfassungsrechtlichen Anforderungen an die steuerliche Freistellung des Existenzminimums der Kinder genügt.
2. Der Gleichheitssatz (Art. 3 GG) verpflichtet den Gesetzgeber nicht, Eltern unabhängig von ihrer Bedürftigkeit für jedes Kind staatliche Hilfen in gleicher Höhe zu gewähren.

§ 67 Antrag

¹Das Kindergeld ist bei der zuständigen Familienkasse schriftlich zu beantragen. ²Den Antrag kann außer dem Berechtigten auch stellen, wer ein berechtigtes Interesse an der Leistung des Kindergeldes hat.

Rechtsprechungsauswahl

BFH v. 26. 11. 2009 III R 67/07 (BFH-Webseite): Keine erneute Entscheidung über bestandskräftig abgelehntes Kindergeld aufgrund eines Kindergeldantrags des nach § 67 Satz 2 Alternative 2 EStG selbst antragsberechtigten Kindes
Auch wenn ein Kind nach § 67 Satz 2 Alternative 2 EStG berechtigt ist, das Kindergeld selbst zu beantragen, kann es mit einem Antrag auf Kindergeld keine erneute Entscheidung über den vom Kindergeldberechtigten geltend gemachten, bestandskräftig abgelehnten Kindergeldanspruch erreichen.

§ 68 Besondere Mitwirkungspflichten

(1) ¹Wer Kindergeld beantragt oder erhält, hat Änderungen in den Verhältnissen, die für die Leistung erheblich sind oder über die im Zusammenhang mit der Leistung Erklärungen abgegeben worden sind, unverzüglich der zuständigen Familienkasse mitzuteilen. ²Ein Kind, das das 18. Lebensjahr vollendet hat, ist auf Verlangen der Familienkasse verpflichtet, an der Aufklärung des für die Kindergeldzahlung maßgebenden Sachverhalts mitzuwirken; § 101 der Abgabenordnung findet insoweit keine Anwendung.

(2) (weggefallen)

(3) Auf Antrag des Berechtigten erteilt die das Kindergeld auszahlende Stelle eine Bescheinigung über das für das Kalenderjahr ausgezahlte Kindergeld.

(4) Die Familienkassen dürfen den die Bezüge im öffentlichen Dienst anweisenden Stellen Auskunft über den für die jeweilige Kindergeldzahlung maßgebenden Sachverhalt erteilen.

§§ 68, 69, 70 — Rechtsprechung

Rechtsprechungsauswahl

BFH v. 18. 5. 2006 III R 80/04 (BStBl. 2008 II S. 371): Die Mitteilung über Änderungen in den für das Kindergeld erheblichen Verhältnissen, zu welcher der Kindergeldberechtigte nach § 68 Abs. 1 Satz 1 EStG verpflichtet ist, ist keine „Anzeige" i. S. von § 170 Abs. 2 Satz 1 Nr. 1 AO 1977, die zu einer Anlaufhemmung der Festsetzungsfrist für den Anspruch auf Kindergeld führt.

§ 69 Überprüfung des Fortbestehens von Anspruchsvoraussetzungen durch Meldedaten-Übermittlung

Die Meldebehörden übermitteln in regelmäßigen Abständen den Familienkassen nach Maßgabe einer auf Grund des § 20 Absatz 1 des Melderechtsrahmengesetzes zu erlassenden Rechtsverordnung die in § 18 Absatz 1 des Melderechtsrahmengesetzes genannten Daten aller Einwohner, zu deren Person im Melderegister Daten von minderjährigen Kindern gespeichert sind, und dieser Kinder, soweit die Daten nach ihrer Art für die Prüfung der Rechtmäßigkeit des Bezuges von Kindergeld geeignet sind.

§ 70 Festsetzung und Zahlung des Kindergeldes

(1) Das Kindergeld nach § 62 wird von den Familienkassen durch Bescheid festgesetzt und ausgezahlt.

(2) ¹Soweit in den Verhältnissen, die für den Anspruch auf Kindergeld erheblich sind, Änderungen eintreten, ist die Festsetzung des Kindergeldes mit Wirkung vom Zeitpunkt der Änderung der Verhältnisse aufzuheben oder zu ändern. ²Ist die Änderung einer Kindergeldfestsetzung nur wegen einer Anhebung der in § 66 Absatz 1 genannten Kindergeldbeträge erforderlich, kann von der Erteilung eines schriftlichen Änderungsbescheides abgesehen werden.

(3) ¹Materielle Fehler der letzten Festsetzung können durch Neufestsetzung oder durch Aufhebung der Festsetzung beseitigt werden. ²Neu festgesetzt oder aufgehoben wird mit Wirkung ab dem auf die Bekanntgabe der Neufestsetzung oder der Aufhebung der Festsetzung folgenden Monat. ³Bei der Neufestsetzung oder Aufhebung der Festsetzung nach Satz 1 ist § 176 der Abgabenordnung entsprechend anzuwenden; dies gilt nicht für Monate, die nach der Verkündung der maßgeblichen Entscheidung eines obersten Gerichtshofes des Bundes beginnen.

(4) Eine Kindergeldfestsetzung ist aufzuheben oder zu ändern, wenn nachträglich bekannt wird, dass die Einkünfte und Bezüge des Kindes den Grenzbetrag nach § 32 Absatz 4 über- oder unterschreiten.

Rechtsprechungsauswahl

BFH v. 26. 11. 2009 III R 87/07 (BFH-Webseite): Zeitlicher Regelungsumfang eines Kindergeld-Aufhebungsbescheids

Ein Bescheid, mit dem die Festsetzung von Kindergeld mit Wirkung vom 1. Januar eines früheren Jahres unter Hinweis auf § 70 Abs. 4 EStG aufgehoben wird, weil die Einkünfte und Bezüge des Kindes in diesem Jahr den Grenzbetrag nach § 32 Abs. 4 Satz 2 EStG überschritten hätten, ist aus Empfängersicht dahin auszulegen, dass nur für dieses Jahr eine Verwaltungsentscheidung getroffen werden soll, nicht aber für den nachfolgenden Zeitraum bis zur Bekanntgabe des Aufhebungsbescheids.

BFH v. 10. 5. 2007 III R 103/06 (BStBl. 2008 II S. 549):

1. Eine bestandskräftige Aufhebung der Kindergeldfestsetzung im laufenden Kalenderjahr wegen der voraussichtlich den Jahresgrenzbetrag übersteigenden Einkünfte und Bezüge des Kindes (Prognoseentscheidung) kann nicht allein aufgrund geänderter Rechtsauffassung nach § 70 Abs. 4 EStG aufgehoben werden. Lagen bei der Prognoseentscheidung die Einkünfte und Bezüge des Kindes nur deshalb über dem Jahresgrenzbetrag, weil die Familienkasse entgegen der später ergangenen Rechtsprechung des BVerfG die Arbeitnehmerbeiträge des Kindes zur gesetzlichen Sozial-

Rechtsprechung § 70

versicherung als Einkünfte angesetzt hat, kommt daher eine Aufhebung nach Ablauf des Kalenderjahres nicht in Betracht (Bestätigung der Rechtsprechung).

2. Hätten dagegen bei der Prognoseentscheidung die prognostizierten Einkünfte und Bezüge des Kindes den Jahresgrenzbetrag auch nach Abzug der gesetzlichen Sozialversicherungsbeiträge überschritten, ist der Anwendungsbereich des § 70 Abs. 4 EStG wieder eröffnet, wenn sich die tatsächlichen Einkünfte und Bezüge gegenüber den prognostizierten Beträgen geändert haben.

3. In diesem Fall hat die Familienkasse bei der Prüfung nach Ablauf des Kalenderjahres, ob die tatsächlichen Einkünfte und Bezüge des Kindes gegenüber der Prognoseentscheidung in entscheidungserheblicher Weise abweichen, die geänderte Rechtsauffassung zur Berücksichtigung der Sozialversicherungsbeiträge zu beachten und die als Prognoseentscheidung ergangene bestandskräftige Aufhebung der Kindergeldfestsetzung nach § 70 Abs. 4 EStG aufzuheben, wenn die tatsächlichen Einkünfte und Bezüge abzüglich der Sozialversicherungsbeiträge den Jahresgrenzbetrag nicht überschreiten.

BFH v. 28. 11. 2006 III R 6/06 (BStBl. 2007 II S. 717): Ein bestandskräftiger Bescheid, mit dem die Familienkasse die Festsetzung von Kindergeld im laufenden Kalenderjahr wegen der den Jahresgrenzbetrag (§ 32 Abs. 4 Satz 2 EStG) voraussichtlich übersteigenden Einkünfte und Bezüge des Kindes aufgehoben hat (Prognoseentscheidung), ist nicht nach § 70 Abs. 4 EStG zu ändern, wenn der Jahresgrenzbetrag allein deshalb unterschritten wird, weil nach der späteren Entscheidung des BVerfG die Arbeitnehmerbeiträge des Kindes zur gesetzlichen Sozialversicherung abweichend von der bisher vorherrschenden Rechtsauffassung nicht in die Bemessungsgröße für den Jahresgrenzbetrag des § 32 Abs. 4 Satz 2 EStG einzubeziehen sind.

BFH v. 28. 6. 2006 III R 13/06 (BStBl. 2007 II S. 714):

1. Hat die Familienkasse die Festsetzung von Kindergeld für das abgelaufene Kalenderjahr wegen Überschreitens des Grenzbetrages nach § 32 Abs. 4 Satz 2 EStG bestandskräftig abgelehnt, bleibt die Bestandskraft dieses Bescheids durch eine spätere Entscheidung des BVerfG unberührt, nach der im Wege verfassungskonformer Auslegung des § 32 Abs. 4 Satz 2 EStG die Einkünfte des Kindes um die von ihm gezahlten Arbeitnehmerbeiträge zur gesetzlichen Sozialversicherung zu mindern sind.

2. Nach § 70 Abs. 4 EStG kann ein die Festsetzung von Kindergeld ablehnender Bescheid nur geändert oder aufgehoben werden, wenn er vor Beginn oder während des Kalenderjahres als Prognoseentscheidung über die Höhe der Einkünfte und Bezüge des Kindes im Kalenderjahr ergangen ist, nicht aber, wenn die Festsetzung von Kindergeld für ein abgelaufenes Kalenderjahr abgelehnt worden ist.

BFH v. 20.4.2006 III R 64/04 (BStBl. 2007 II S. 240): Kindergeldnachzahlungen sind nicht zu verzinsen.

BFH v. 15. 12. 2005 III R 82/04 (BStBl. 2008 II S. 621): Vollendet das arbeitslose Kind während des laufenden Kalenderjahres das 21. Lebensjahr, so dass es nicht mehr nach § 32 Abs. 4 Satz 1 Nr. 1 EStG als Kind zu berücksichtigen ist, und überschreiten seine bis dahin zugeflossenen Einkünfte und Bezüge den maßgebenden anteiligen Jahresgrenzbetrag, ist die Familienkasse nach § 70 Abs. 4 EStG berechtigt, die Festsetzung des Kindergeldes vor Ablauf des Kalenderjahres aufzuheben, wenn in den verbleibenden Monaten des Kalenderjahres offenkundig auch nicht die Voraussetzungen des § 32 Abs. 4 Satz 1 Nr. 2 EStG für die Berücksichtigung als Kind vorliegen.

§§ 71, 72

§ 71 (weggefallen)

§ 72 Festsetzung und Zahlung des Kindergeldes an Angehörige des öffentlichen Dienstes

(1) ¹Steht Personen, die

1. in einem öffentlich-rechtlichen Dienst-, Amts- oder Ausbildungsverhältnis stehen, mit Ausnahme der Ehrenbeamten, oder
2. Versorgungsbezüge nach beamten- oder soldatenrechtlichen Vorschriften oder Grundsätzen erhalten oder
3. Arbeitnehmer des Bundes, eines Landes, einer Gemeinde, eines Gemeindeverbandes oder einer sonstigen Körperschaft, einer Anstalt oder einer Stiftung des öffentlichen Rechts sind, einschließlich der zu ihrer Berufsausbildung Beschäftigten,

Kindergeld nach Maßgabe dieses Gesetzes zu, wird es von den Körperschaften, Anstalten oder Stiftungen des öffentlichen Rechts festgesetzt und ausgezahlt. ²Die genannten juristischen Personen sind insoweit Familienkasse.

(2) Der Deutschen Post AG, der Deutschen Postbank AG und der Deutschen Telekom AG obliegt die Durchführung dieses Gesetzes für ihre jeweiligen Beamten und Versorgungsempfänger in Anwendung des Absatzes 1.

(3) Absatz 1 gilt nicht für Personen, die ihre Bezüge oder Arbeitsentgelt

1. von einem Dienstherrn oder Arbeitgeber im Bereich der Religionsgesellschaften des öffentlichen Rechts oder
2. von einem Spitzenverband der Freien Wohlfahrtspflege, einem diesem unmittelbar oder mittelbar angeschlossenen Mitgliedsverband oder einer einem solchen Verband angeschlossenen Einrichtung oder Anstalt

erhalten.

(4) Die Absätze 1 und 2 gelten nicht für Personen, die voraussichtlich nicht länger als sechs Monate in den Kreis der in Absatz 1 Satz 1 Nummer 1 bis 3 und Absatz 2 Bezeichneten eintreten.

(5) Obliegt mehreren Rechtsträgern die Zahlung von Bezügen oder Arbeitsentgelt (Absatz 1 Satz 1) gegenüber einem Berechtigten, so ist für die Durchführung dieses Gesetzes zuständig:

1. bei Zusammentreffen von Versorgungsbezügen mit anderen Bezügen oder Arbeitsentgelt der Rechtsträger, dem die Zahlung der anderen Bezüge oder des Arbeitsentgelts obliegt;
2. bei Zusammentreffen mehrerer Versorgungsbezüge der Rechtsträger, dem die Zahlung der neuen Versorgungsbezüge im Sinne der beamtenrechtlichen Ruhensvorschriften obliegt;
3. bei Zusammentreffen von Arbeitsentgelt (Absatz 1 Satz 1 Nummer 3) mit Bezügen aus einem der in Absatz 1 Satz 1 Nummer 1 bezeichneten Rechtsverhältnisse der Rechtsträger, dem die Zahlung dieser Bezüge obliegt;
4. bei Zusammentreffen mehrerer Arbeitsentgelte (Absatz 1 Satz 1 Nummer 3) der Rechtsträger, dem die Zahlung des höheren Arbeitsentgelts obliegt oder – falls die Arbeitsentgelte gleich hoch sind – der Rechtsträger, zu dem das zuerst begründete Arbeitsverhältnis besteht.

(6) ¹Scheidet ein Berechtigter im Laufe eines Monats aus dem Kreis der in Absatz 1 Satz 1 Nummer 1 bis 3 Bezeichneten aus oder tritt er im Laufe eines Monats in diesen Kreis ein, so wird das Kindergeld für diesen Monat von der Stelle gezahlt, die bis zum Ausscheiden oder Eintritt des Berechtigten zuständig war. ²Dies gilt nicht, soweit die Zahlung von Kindergeld für ein Kind in Betracht kommt, das erst nach dem Ausscheiden oder Eintritt bei dem Berechtigten nach § 63 zu berücksichtigen ist. ³Ist in einem Fall des Satzes 1 das Kindergeld

bereits für einen folgenden Monat gezahlt worden, so muss der für diesen Monat Berechtigte die Zahlung gegen sich gelten lassen.

(7) ¹In den Abrechnungen der Bezüge und des Arbeitsentgelts ist das Kindergeld gesondert auszuweisen, wenn es zusammen mit den Bezügen oder dem Arbeitsentgelt ausgezahlt wird. ²Der Rechtsträger hat die Summe des von ihm für alle Berechtigten ausgezahlten Kindergeldes dem Betrag, den er insgesamt an Lohnsteuer einzubehalten hat, zu entnehmen und bei der nächsten Lohnsteuer-Anmeldung gesondert abzusetzen. ³Übersteigt das insgesamt ausgezahlte Kindergeld den Betrag, der insgesamt an Lohnsteuer abzuführen ist, so wird der übersteigende Betrag dem Rechtsträger auf Antrag von dem Finanzamt, an das die Lohnsteuer abzuführen ist, aus den Einnahmen der Lohnsteuer ersetzt.

(8) ¹Abweichend von Absatz 1 Satz 1 werden Kindergeldansprüche auf Grund über- oder zwischenstaatlicher Rechtsvorschriften durch die Familienkassen der Bundesagentur für Arbeit festgesetzt und ausgezahlt. ²Dies gilt auch für Fälle, in denen Kindergeldansprüche sowohl nach Maßgabe diese Gesetzes als auch auf Grund über- oder zwischenstaatlicher Rechtsvorschriften bestehen.[1)]

§ 73 (weggefallen)[2)]

§ 74 Zahlung des Kindergeldes in Sonderfällen

(1) ¹Das für ein Kind festgesetzte Kindergeld nach § 66 Absatz 1 kann an das Kind ausgezahlt werden, wenn der Kindergeldberechtigte ihm gegenüber seiner gesetzlichen Unterhaltspflicht nicht nachkommt. ²Kindergeld kann an Kinder, die bei der Festsetzung des Kindergeldes berücksichtigt werden, bis zur Höhe des Betrages, der sich bei entsprechender Anwendung des § 76 ergibt, ausgezahlt werden. ³Dies gilt auch, wenn der Kindergeldberechtigte mangels Leistungsfähigkeit nicht unterhaltspflichtig ist oder nur Unterhalt in Höhe eines Betrages zu leisten braucht, der geringer ist als das für die Auszahlung in Betracht kommende Kindergeld. ⁴Die Auszahlung kann auch an die Person oder Stelle erfolgen, die dem Kind Unterhalt gewährt.

(2) Für Erstattungsansprüche der Träger von Sozialleistungen gegen die Familienkasse gelten die §§ 102 bis 109 und 111 bis 113 des Zehnten Buches Sozialgesetzbuch entsprechend.

Rechtsprechungsauswahl

BFH v. 9. 2. 2009 III R 37/07 (BStBl. II S. 928):

1. Entstehen dem Kindergeldberechtigten für sein behindertes volljähriges Kind, das überwiegend auf Kosten des Sozialleistungsträgers vollstationär in einer Pflegeeinrichtung untergebracht ist, Aufwendungen mindestens in Höhe des Kindergeldes, ist das Ermessen der Familienkasse, ob und in welcher Höhe das Kindergeld an den Sozialleistungsträger abzuzweigen ist, eingeschränkt; ermessensgerecht ist allein die Auszahlung des vollen Kindergeldes an den Kindergeldberechtigten (Fortführung des Senatsurteils vom 23. Februar 2006 III R 65/04, BFHE 212, 481, BStBl. II 2008, 753).

2. Bei der Prüfung, ob Aufwendungen in Höhe des Kindergeldes entstanden sind, dürfen keine fiktiven Kosten für die Betreuung des Kindes, sondern nur tatsächlich entstandene Aufwendungen für das Kind berücksichtigt werden.

BFH v. 17. 12. 2008 III R 6/07 (BStBl. 2009 II S. 926): Die Voraussetzungen des § 74 Abs. 1 Satz 4 i. V. m. Satz 1 und 3 EStG für eine Abzweigung des Kindergeldes an den Sozialleistungsträger sind dem

---

1) Zur Zuständigkeit der Familienkassen nach § 72 Absatz 8 EStG Hinweis auf Schreiben Bundesamt für Finanzen vom 2.5.2001 (BStBl. I S. 329).
2) § 73 EStG betraf Zahlung des Kindergeldes an Arbeitnehmer außerhalb des öffentlichen Dienstes (§ 72 EStG). Ab 1.1.1999 weggefallen (Steuerentlastungsgesetz 1999 vom 19.12.1998 BGBl. I S. 3816, BStBl. 1999 I S. 81). Für vom privaten Arbeitgeber für Zeiträume vor dem 1.1.1999 auszuzahlendes Kindergeld weiter anzuwenden (§ 52 Absatz 63 EStG); dazu Hinweis auf die auf § 73 Absatz 3 EStG beruhende Kindergeldauszahlungs-Verordnung (KAV) vom 10.11.1995 (BGBl. I S. 1510, BStBl. I S. 715) – Anhang CD5 –.

Grunde nach auch dann erfüllt, wenn der Kindergeldberechtigte nicht zum Unterhalt seines volljährigen, behinderten Kindes verpflichtet ist, weil es Grundsicherungsleistungen nach §§ 41 ff. SGB XII erhält.

BFH v. 17. 4. 2008 III R 33/05 (BStBl. 2009 II S. 919): Ein Anspruch des Sozialhilfeträgers auf Erstattung von nachträglich festgesetztem Kindergeld setzt voraus, dass das Kindergeld zum Einkommen des Hilfeempfängers gehört, dem der Sozialhilfeträger Sozialhilfeleistungen erbracht hat. Hat der Sozialhilfeträger einem im eigenen Haushalt lebenden Kind Hilfe zum Lebensunterhalt geleistet, hat er in der Regel keinen Anspruch auf Erstattung von nachträglich festgesetztem Kindergeld, weil das Kindergeld zum Einkommen des anspruchsberechtigten Elternteils gehört. Dem Einkommen des Kindes kann das Kindergeld nur zugeordnet werden, wenn es ihm aufgrund einer förmlichen Abzweigung ausgezahlt wird oder ihm zumindest tatsächlich zufließt.

BFH v. 23. 2. 2006 III R 65/04 (BStBl. 2008 II S. 753):
1. Ist ein behindertes volljähriges Kind auf Kosten des Sozialhilfeträgers vollstationär in einer Pflegeeinrichtung untergebracht und wird der Kindergeldberechtigte aufgrund der Billigkeitsregelung in § 91 Abs. 2 Satz 2 BSHG a. F. nicht in Anspruch genommen, kommt dieser seiner Unterhaltspflicht nicht nach, so dass die Familienkasse das Kindergeld nach § 74 Abs. 1 Sätze 1 und 4 EStG an den Sozialhilfeträger abzweigen kann.
2. Auch wenn der Kindergeldberechtigte neben den Leistungen des Sozialhilfeträgers nur geringe eigene Unterhaltsleistungen für das Kind erbringt, ist die Ermessensentscheidung der Familienkasse, ob und in welcher Höhe das Kindergeld an den Sozialhilfeträger abgezweigt wird, nicht dahin gehend auf Null reduziert, dass das gesamte Kindergeld an den Sozialhilfeträger auszuzahlen ist.

BFH v. 26. 1. 2006 III R 89/03 (BStBl. II S. 544): Die Klage, mit der die Familienkasse einen Anspruch gegen den Sozialleistungsträger auf Rückerstattung von Kindergeld gemäß § 112 SGB X geltend macht, ist als allgemeine Leistungsklage i.S. des § 40 Abs. 1 FGO zulässig.

BFH v. 17. 2. 2004 VIII R 58/03 (BStBl. 2006 II S. 130):
1. Übernimmt ein Sozialhilfeträger im Rahmen der Eingliederungshilfe die gesamten Kosten für die vollstationäre Unterbringung eines behinderten volljährigen Kindes, kann er die Abzweigung des Kindergeldes in voller Höhe für sich beanspruchen, wenn der Kindergeldberechtigte keinerlei Aufwendungen für den Unterhalt des Kindes oder die Kontaktpflege mit dem Kind trägt. Die Höhe des abzuzweigenden Kindergeldes wird durch die in § 91 Abs. 2 Satz 3 BSHG in der ab 2002 geltenden Fassung getroffene Regelung über den Übergang des Unterhaltsanspruchs gegen die Eltern nicht auf nur monatlich 26 € beschränkt.
2. Das der Familienkasse bei der Entscheidung über die Abzweigung grundsätzlich zustehende Ermessen ist angesichts der besonderen Umstände dieses Sachverhalts auf Null reduziert.

BFH v. 16. 4. 2002 VIII R 50/01 (BStBl. II S. 575): Das Kindergeld, das zugunsten des Vaters einer Tochter, die eine Zweitausbildung absolviert, festgesetzt ist, kann in analoger Anwendung des § 74 Abs. 1 Sätze 1 und 3 EStG an die Tochter ausgezahlt werden, wenn der Vater tatsächlich keinen Unterhalt leistet und zivilrechtlich auch nicht dazu verpflichtet ist.

§ 75 Aufrechnung

(1) Mit Ansprüchen auf Rückzahlung von Kindergeld kann die Familienkasse gegen Ansprüche auf laufendes Kindergeld bis zu deren Hälfte aufrechnen, wenn der Leistungsberechtigte nicht nachweist, dass er dadurch hilfebedürftig im Sinne der Vorschriften des Zwölften Buches Sozialgesetzbuch über die Hilfe zum Lebensunterhalt oder im Sinne der Vorschriften des Zweiten Buches Sozialgesetzbuch über die Leistungen zur Sicherung des Lebensunterhalts wird.

(2) Absatz 1 gilt für die Aufrechnung eines Anspruchs auf Erstattung von Kindergeld gegen einen späteren Kindergeldanspruch eines mit dem Erstattungspflichtigen in Haushaltsgemeinschaft lebenden Berechtigten entsprechend, soweit es sich um laufendes Kindergeld für ein Kind handelt, das bei beiden berücksichtigt werden kann oder konnte.

§§ 76, 76a, 77

§ 76 Pfändung

¹Der Anspruch auf Kindergeld kann nur wegen gesetzlicher Unterhaltsansprüche eines Kindes, das bei der Festsetzung des Kindergeldes berücksichtigt wird, gepfändet werden. ²Für die Höhe des pfändbaren Betrages gilt:

1. ¹Gehört das unterhaltsberechtigte Kind zum Kreis der Kinder, für die dem Leistungsberechtigten Kindergeld gezahlt wird, so ist eine Pfändung bis zu dem Betrag möglich, der bei gleichmäßiger Verteilung des Kindergeldes auf jedes dieser Kinder entfällt. ²Ist das Kindergeld durch die Berücksichtigung eines weiteren Kindes erhöht, für das einer dritten Person Kindergeld oder dieser oder dem Leistungsberechtigten eine andere Geldleistung für Kinder zusteht, so bleibt der Erhöhungsbetrag bei der Bestimmung des pfändbaren Betrages des Kindergeldes nach Satz 1 außer Betracht;
2. der Erhöhungsbetrag nach Nummer 1 Satz 2 ist zugunsten jedes bei der Festsetzung des Kindergeldes berücksichtigten unterhaltsberechtigten Kindes zu dem Anteil pfändbar, der sich bei gleichmäßiger Verteilung auf alle Kinder, die bei der Festsetzung des Kindergeldes zugunsten des Leistungsberechtigten berücksichtigt werden, ergibt.

§ 76a Kontenpfändung und Pfändung von Bargeld[1]

(1) ¹Wird Kindergeld auf das Konto des Berechtigten oder in den Fällen des § 74 Absatz 1 Satz 1 bis 3 bzw. § 76 auf das Konto des Kindes bei einem Geldinstitut *(ab 1.7.2010 „Kreditinstitut")* überwiesen, ist die Forderung, die durch die Gutschrift entsteht, für die Dauer von sieben *(ab 1.7.2010 „14")* Tagen seit der Gutschrift der Überweisung unpfändbar. ²EinePfändung des Guthabens gilt als mit der Maßgabe ausgesprochen, dass sie das Guthaben in Höhe der in Satz 1 bezeichneten Forderung während der sieben *(ab 1.7.2010 „14")* Tage nicht erfasst.

(2) ¹Das Geldinstitut *(ab 1.7.2010 „Kreditinstitut")* ist dem Schuldner innerhalb der sieben *(ab 1.7.2010 „14")* Tage zur Leistung aus dem nach Absatz 1 Satz 2 von der Pfändung nicht erfassten Guthaben nur soweit verpflichtet, als der Schuldner nachweist oder als dem Geldinstitut *(ab 1.7.2010 „Kreditinstitut")* sonst bekannt ist, dass das Guthaben von der Pfändung nicht erfasst ist. ²Soweit das Geldinstitut *(ab 1.7.2010 „Kreditinstitut")* hiernach geleistet hat, gilt Absatz 1 Satz 2 nicht.

(3) ¹Eine Leistung, die das Geldinstitut *(ab 1.7.2010 „Kreditinstitut")* innerhalb der sieben *(ab 1.7.2010 „14")* Tage aus dem nach Absatz 1 Satz 2 von der Pfändung nicht erfassten Guthaben an den Gläubiger bewirkt, ist dem Schuldner gegenüber unwirksam. ²Das gilt auch für eine Hinterlegung.

(4) Bei Empfängern laufender Kindergeldleistungen sind die in Absatz 1 genannten Forderungen nach Ablauf von sieben *(ab 1.7.2010 „14")* Tagen seit der Gutschrift sowie Bargeld insoweit nicht der Pfändung unterworfen, als ihr Betrag dem unpfändbaren Teil der Leistungen für die Zeit von der Pfändung bis zum nächsten Zahlungstermin entspricht.

(5) ¹Pfändungsschutz für Kontoguthaben besteht nach dieser Vorschrift nicht, wenn der Schuldner ein Pfändungsschutzkonto im Sinne von § 850k Absatz 7 der Zivilprozessordnung führt. ²Hat das Kreditinstitut keine Kenntnis von dem Bestehen eines Pfändungsschutzkontos, leistet es nach den Absätzen 1 bis 4 mit befreiender Wirkung an den Schuldner. ³Gegenüber dem Gläubiger ist das Kreditinstitut zur Leistung nur verpflichtet, wenn ihm das Bestehen des Pfändungsschutzkontos nachgewiesen ist.

§ 77 Erstattung von Kosten im Vorverfahren

(1) ¹Soweit der Einspruch gegen die Kindergeldfestsetzung erfolgreich ist, hat die Familienkasse demjenigen, der den Einspruch erhoben hat, die zur zweckentsprechenden

---
1) Die kursiven Änderungen in § 76a treten am 1.7.2010 in Kraft; insgesamt wird § 76a am 1.1.2012 aufgehoben (Artikel 5 und 7 Absatz 4, Artikel 11 Absatz 1 und 2 des Gesetzes vom 7.7.2009, BGBl. I S. 1707, BStBl. I S. 872).

Rechtsverfolgung oder Rechtsverteidigung notwendigen Aufwendungen zu erstatten. ²Dies gilt auch, wenn der Einspruch nur deshalb keinen Erfolg hat, weil die Verletzung einer Verfahrens- oder Formvorschrift nach § 126 der Abgabenordnung unbeachtlich ist. ³Aufwendungen, die durch das Verschulden eines Erstattungsberechtigten entstanden sind, hat dieser selbst zu tragen; das Verschulden eines Vertreters ist dem Vertretenen zuzurechnen.

(2) Die Gebühren und Auslagen eines Bevollmächtigten oder Beistandes, der nach den Vorschriften des Steuerberatungsgesetzes zur geschäftsmäßigen Hilfeleistung in Steuersachen befugt ist, sind erstattungsfähig, wenn dessen Zuziehung notwendig war.

(3) ¹Die Familienkasse setzt auf Antrag den Betrag der zu erstattenden Aufwendungen fest. ²Die Kostenentscheidung bestimmt auch, ob die Zuziehung eines Bevollmächtigten oder Beistandes im Sinne des Absatzes 2 notwendig war.

§ 78 Übergangsregelungen

(1) bis (4) (weggefallen)

(5) ¹Abweichend von § 64 Absatz 2 und 3 steht Berechtigten, die für Dezember 1990 für ihre Kinder Kindergeld in dem in Artikel 3 des Einigungsvertrages genannten Gebiet bezogen haben, das Kindergeld für diese Kinder auch für die folgende Zeit zu, solange sie ihren Wohnsitz oder gewöhnlichen Aufenthalt in diesem Gebiet beibehalten und die Kinder die Voraussetzungen ihrer Berücksichtigung weiterhin erfüllen. ²§ 64 Absatz 2 und 3 ist insoweit erst für die Zeit vom Beginn des Monats an anzuwenden, in dem ein hierauf gerichteter Antrag bei der zuständigen Stelle eingegangen ist; der hiernach Berechtigte muss die nach Satz 1 geleisteten Zahlungen gegen sich gelten lassen.

XI. Altersvorsorgezulage

§ 79 Zulageberechtigte

¹Die in § 10a Absatz 1 genannten Personen haben Anspruch auf eine Altersvorsorgezulage (Zulage). ²Leben die Ehegatten nicht dauernd getrennt (§ 26 Absatz 1) und haben sie ihren Wohnsitz oder gewöhnlichen Aufenthalt in einem Mitgliedstaat der Europäischen Union oder einem Staat, auf den das Abkommen über den Europäischen Wirtschaftsraum anwendbar ist, und ist nur ein Ehegatte nach Satz 1 begünstigt, so ist auch der andere Ehegatte zulageberechtigt, wenn ein auf seinen Namen lautender Altersvorsorgevertrag besteht.

Rechtsprechungsauswahl

BFH v. 21. 7. 2009 X R 33/07 (BStBl. II S. 995): Der nur mittelbar zulageberechtigte Ehegatte hat (nur) dann einen Anspruch auf eine Altersvorsorgezulage, wenn er einen Altersvorsorgevertrag abgeschlossen hat. Das Bestehen einer entsprechenden betrieblichen Altersversorgung reicht nicht aus.

§ 80 Anbieter

Anbieter im Sinne dieses Gesetzes sind Anbieter von Altersvorsorgeverträgen gemäß § 1 Absatz 2 des Altersvorsorgeverträge-Zertifizierungsgesetzes sowie die in § 82 Absatz 2 genannten Versorgungseinrichtungen.

§ 81 Zentrale Stelle

Zentrale Stelle im Sinne dieses Gesetzes ist die Deutsche Rentenversicherung Bund.

§§ 81a, 82

§ 81a Zuständige Stelle

¹Zuständige Stelle ist bei einem

1. Empfänger von Besoldung nach dem Bundesbesoldungsgesetz oder einem Landesbesoldungsgesetz die die Besoldung anordnende Stelle,
2. Empfänger von Amtsbezügen im Sinne des § 10a Absatz 1 Satz 1 Nummer 2 die die Amtsbezüge anordnende Stelle,
3. versicherungsfrei Beschäftigten sowie bei einem von der Versicherungspflicht befreiten Beschäftigten im Sinne des § 10a Absatz 1 Satz 1 Nummer 3 der die Versorgung gewährleistende Arbeitgeber der rentenversicherungsfreien Beschäftigung,
4. Beamten, Richter, Berufssoldaten und Soldaten auf Zeit im Sinne des § 10a Absatz 1 Satz 1 Nummer 4 der zur Zahlung des Arbeitsentgelts verpflichtete Arbeitgeber und
5. Empfänger einer Versorgung im Sinne des § 10a Absatz 1 Satz 4 die die Versorgung anordnende Stelle.

²Für die in § 10a Absatz 1 Satz 1 Nummer 5 genannten Steuerpflichtigen gilt Satz 1 entsprechend.

§ 82 Altersvorsorgebeiträge

(1) ¹Geförderte Altersvorsorgebeiträge sind im Rahmen der in § 10a genannten Grenzen

1. Beiträge,
2. Tilgungsleistungen,

die der Zulageberechtigte (§ 79) zugunsten eines auf seinen Namen lautenden Vertrags leistet, der nach § 5 des Altersvorsorgeverträge-Zertifizierungsgesetzes zertifiziert ist (Altersvorsorgevertrag). ²Die Zertifizierung ist Grundlagenbescheid im Sinne des § 171 Absatz 10 der Abgabenordnung. ³Als Tilgungsleistungen gelten auch Beiträge, die zugunsten eines Altersvorsorgevertrags im Sinne des § 1 Absatz 1a Satz 1 Nummer 3 des Altersvorsorgeverträge-Zertifizierungsgesetzes erbracht wurden und die zur Tilgung eines im Rahmen des Altersvorsorgevertrags abgeschlossenen Darlehens abgetreten wurden. ⁴Im Fall der Übertragung von gefördertem Altersvorsorgevermögen nach § 1 Absatz 1 Satz 1 Nummer 10 Buchstabe b des Altersvorsorgeverträge-Zertifizierungsgesetzes in einen Altersvorsorgevertrag im Sinne des § 1 Absatz 1a Satz 1 Nummer 3 des Altersvorsorgeverträge-Zertifizierungsgesetzes gelten die Beiträge nach Satz 1 Nummer 1 ab dem Zeitpunkt der Übertragung als Tilgungsleistungen nach Satz 3; eine erneute Förderung nach § 10a oder Abschnitt XI erfolgt insoweit nicht. ⁵Tilgungsleistungen nach den Sätzen 1 und 3 werden nur berücksichtigt, wenn das zugrunde liegende Darlehen für eine nach dem 31. Dezember 2007 vorgenommene wohnungswirtschaftliche Verwendung im Sinne des § 92a Absatz 1 Satz 1 eingesetzt wurde.

(2) ¹Zu den Altersvorsorgebeiträgen gehören auch

a) die aus dem individuell versteuerten Arbeitslohn des Arbeitnehmers geleisteten Beiträge an einen Pensionsfonds, eine Pensionskasse oder eine Direktversicherung zum Aufbau einer kapitalgedeckten betrieblichen Altersversorgung und

b) Beiträge des Arbeitnehmers und des ausgeschiedenen Arbeitnehmers, die dieser im Fall der zunächst durch Entgeltumwandlung (§ 1a des Betriebsrentengesetzes) finanzierten und nach § 3 Nummer 63 oder § 10a und diesem Abschnitt geförderten kapitalgedeckten betrieblichen Altersversorgung nach Maßgabe des § 1a Absatz 4 und § 1b Absatz 5 Satz 1 Nummer 2 des Betriebsrentengesetzes selbst erbringt,

wenn eine Auszahlung der zugesagten Altersversorgungsleistung in Form einer Rente oder eines Auszahlungsplans (§ 1 Absatz 1 Satz 1 Nummer 4 des Altersvorsorgeverträge-Zertifizierungsgesetzes) vorgesehen ist. ²Die §§ 3 und 4 des Betriebsrentengesetzes stehen dem vorbehaltlich des § 93 nicht entgegen.

§§ 82, 83, 84, 85

(3) Zu den Altersvorsorgebeiträgen gehören auch die Beitragsanteile, die zur Absicherung der verminderten Erwerbsfähigkeit des Zulageberechtigten und zur Hinterbliebenenversorgung verwendet werden, wenn in der Leistungsphase die Auszahlung in Form einer Rente erfolgt.

(4) Nicht zu den Altersvorsorgebeiträgen zählen

1. Aufwendungen, die vermögenswirksame Leistungen nach dem Fünften Vermögensbildungsgesetz in der Fassung der Bekanntmachung vom 4. März 1994 (BGBl. I S. 406), zuletzt geändert durch Artikel 19 des Gesetzes vom 29. Dezember 2003 (BGBl. I S. 3076), in der jeweils geltenden Fassung darstellen,
2. prämienbegünstigte Aufwendungen nach dem Wohnungsbau-Prämiengesetz in der Fassung der Bekanntmachung vom 30. Oktober 1997 (BGBl. I S. 2678), zuletzt geändert durch Artikel 5 des Gesetzes vom 29. Juli 2008 (BGBl. I S. 1509), in der jeweils geltenden Fassung,
3. Aufwendungen, die im Rahmen des § 10 als Sonderausgaben geltend gemacht werden, oder
4. Zahlungen nach § 92a Absatz 2 Satz 4 Nummer 1 und Absatz 3 Satz 9 Nummer 2.

§ 83 Altersvorsorgezulage

In Abhängigkeit von den geleisteten Altersvorsorgebeiträgen wird eine Zulage gezahlt, die sich aus einer Grundzulage (§ 84) und einer Kinderzulage (§ 85) zusammensetzt.

§ 84 Grundzulage

¹Jeder Zulageberechtigte erhält eine Grundzulage; diese beträgt jährlich 154 Euro. ²Für Zulageberechtigte nach § 79 Satz 1, die zu Beginn des Beitragsjahres (§ 88) das 25. Lebensjahr noch nicht vollendet haben, erhöht sich die Grundzulage nach Satz 1 um einmalig 200 Euro. ³Die Erhöhung nach Satz 2 ist für das erste nach dem 31. Dezember 2007 beginnende Beitragsjahr zu gewähren, für das eine Altersvorsorgezulage beantragt wird.

§ 85 Kinderzulage

(1) ¹Die Kinderzulage beträgt für jedes Kind, für das dem Zulageberechtigten Kindergeld ausgezahlt wird, jährlich 185 Euro. ²Für ein nach dem 31. Dezember 2007 geborenes Kind erhöht sich die Kinderzulage nach Satz 1 auf 300 Euro. ³Der Anspruch auf Kinderzulage entfällt für den Veranlagungszeitraum, für den das Kindergeld insgesamt zurückgefordert wird. ⁴Erhalten mehrere Zulageberechtigte für dasselbe Kind Kindergeld, steht die Kinderzulage demjenigen zu, dem für den ersten Anspruchszeitraum (§ 66 Absatz 2) im Kalenderjahr Kindergeld ausgezahlt worden ist.

(2) ¹Bei Eltern, die miteinander verheiratet sind, nicht dauernd getrennt leben (§ 26 Absatz 1) und ihren Wohnsitz oder gewöhnlichen Aufenthalt in einem Mitgliedstaat der Europäischen Union oder einem Staat haben, auf den das Abkommen über den Europäischen Wirtschaftsraum anwendbar ist, wird die Kinderzulage der Mutter zugeordnet, auf Antrag beider Eltern dem Vater. ²Der Antrag kann für ein abgelaufenes Beitragsjahr nicht zurückgenommen werden.

§§ 86, 87

§ 86 Mindesteigenbeitrag[1)]

(1) ¹Die Zulage nach den §§ 84 und 85 wird gekürzt, wenn der Zulageberechtigte nicht den Mindesteigenbeitrag leistet. ²Dieser beträgt jährlich 4 Prozent der Summe der in dem dem Kalenderjahr vorangegangenen Kalenderjahr

1. erzielten beitragspflichtigen Einnahmen im Sinne des Sechsten Buches Sozialgesetzbuch,
2. bezogenen Besoldung und Amtsbezüge,
3. in den Fällen des § 10a Absatz 1 Satz 1 Nummer 3 und Nummer 4 erzielten Einnahmen, die beitragspflichtig wären, wenn die Versicherungsfreiheit in der gesetzlichen Rentenversicherung nicht bestehen würde und
4. bezogenen Rente wegen voller Erwerbsminderung oder Erwerbsunfähigkeit oder bezogenen Versorgungsbezüge wegen Dienstunfähigkeit in den Fällen des § 10a Absatz 1 Satz 4,

jedoch nicht mehr als die in § 10a Absatz 1 Satz 1 genannten Beträge, vermindert um die Zulage nach den §§ 84 und 85; gehört der Ehegatte zum Personenkreis nach § 79 Satz 2, berechnet sich der Mindesteigenbetrag des nach § 79 Satz 1 Begünstigten unter Berücksichtigung der den Ehegatten insgesamt zustehenden Zulagen. ³Auslandsbezogene Bestandteile nach den §§ 52ff. des Bundesbesoldungsgesetzes oder entsprechender Regelungen eines Landesbesoldungsgesetzes bleiben unberücksichtigt. ⁴Als Sockelbetrag sind ab dem Jahr 2005 jährlich 60 Euro zu leisten. ⁵Ist der Sockelbetrag höher als der Mindesteigenbeitrag nach Satz 2, so ist der Sockelbetrag als Mindesteigenbeitrag zu leisten. ⁶Die Kürzung der Zulage ermittelt sich nach dem Verhältnis der Altersvorsorgebeiträge zum Mindesteigenbeitrag.

(2) ¹Ein nach § 79 Satz 2 begünstigter Ehegatte hat Anspruch auf eine ungekürzte Zulage, wenn der zum begünstigten Personenkreis nach § 79 Satz 1 gehörende Ehegatte seinen geförderten Mindesteigenbeitrag unter Berücksichtigung der den Ehegatten insgesamt zustehenden Zulagen erbracht hat. ²Werden bei einer in der gesetzlichen Rentenversicherung pflichtversicherten Person beitragspflichtige Einnahmen zu Grunde gelegt, die höher sind als das tatsächlich erzielte Entgelt, die Entgeltersatzleistung oder der nach § 19 des Zweiten Buches Sozialgesetzbuch als Arbeitslosengeld II ausgezahlte Betrag, ist das tatsächlich erzielte Entgelt, der Zahlbetrag der Entgeltersatzleistung oder der nach § 19 des Zweiten Buches Sozialgesetzbuch als Arbeitslosengeld II ausgezahlte Betrag für die Berechnung des Mindesteigenbeitrags zu berücksichtigen. ³Satz 2 gilt auch in den Fällen, in denen im vorangegangenen Jahr keine der in Absatz 1 Satz 2 genannten Beträge bezogen wurden.

(3) ¹Für Versicherungspflichtige nach dem Gesetz über die Alterssicherung der Landwirte ist Absatz 1 mit der Maßgabe anzuwenden, dass auch die Einkünfte aus Land- und Forstwirtschaft im Sinne des § 13 des zweiten dem Beitragsjahr vorangegangenen Veranlagungszeitraums als beitragspflichtige Einnahmen des vorangegangenen Kalenderjahres gelten. ²Negative Einkünfte im Sinne des Satzes 1 bleiben unberücksichtigt, wenn weitere nach Absatz 1 oder Absatz 2 zu berücksichtigende Einnahmen erzielt werden.

(4) Wird nach Ablauf des Beitragsjahres festgestellt, dass die Voraussetzungen für die Gewährung einer Kinderzulage nicht vorgelegen haben, ändert sich dadurch die Berechnung des Mindesteigenbeitrags für dieses Beitragsjahr nicht.

§ 87 Zusammentreffen mehrerer Verträge

(1) ¹Zahlt der nach § 79 Satz 1 Zulageberechtigte Altersvorsorgebeiträge zugunsten mehrerer Verträge, so wird die Zulage nur für zwei dieser Verträge gewährt. ²Der insgesamt nach § 86 zu leistende Mindesteigenbeitrag muss zugunsten dieser Verträge geleistet wor-

---
1) § 86 ist erstmals für VZ 2002 anzuwenden (§ 52 Absatz 64 EStG).

§§ 87, 88, 89

den sein. ³Die Zulage ist entsprechend dem Verhältnis der auf diese Verträge geleisteten Beiträge zu verteilen.

(2) ¹Der nach § 79 Satz 2 Zulageberechtigte kann die Zulage für das jeweilige Beitragsjahr nicht auf mehrere Altersvorsorgeverträge verteilen. ²Es ist nur der Altersvorsorgevertrag begünstigt, für den zuerst die Zulage beantragt wird.

§ 88 Entstehung des Anspruchs auf Zulage

Der Anspruch auf die Zulage entsteht mit Ablauf des Kalenderjahres, in dem die Altersvorsorgebeiträge geleistet worden sind (Beitragsjahr).

§ 89 Antrag[1)]

(1) ¹Der Zulageberechtigte hat den Antrag auf Zulage nach amtlich vorgeschriebenem Vordruck bis zum Ablauf des zweiten Kalenderjahres, das auf das Beitragsjahr (§ 88) folgt, bei dem Anbieter seines Vertrages einzureichen. ²Hat der Zulageberechtigte im Beitragsjahr Altersvorsorgebeiträge für mehrere Verträge gezahlt, so hat er mit dem Zulageantrag zu bestimmen, auf welche Verträge die Zulage überwiesen werden soll. ³Beantragt der Zulageberechtigte die Zulage für mehr als zwei Verträge, so wird die Zulage nur für die zwei Verträge mit den höchsten Altersvorsorgebeiträgen gewährt. ⁴Sofern eine Zulagenummer (§ 90 Absatz 1 Satz 2) durch die zentrale Stelle (§ 81) oder eine Versicherungsnummer nach § 147 des Sechsten Buches Sozialgesetzbuch für den nach § 79 Satz 2 berechtigten Ehegatten noch nicht vergeben ist, hat dieser über seinen Anbieter eine Zulagenummer bei der zentralen Stelle zu beantragen. ⁵Der Antragsteller ist verpflichtet, dem Anbieter unverzüglich eine Änderung der Verhältnisse mitzuteilen, die zu einer Minderung oder zum Wegfall des Zulageanspruchs führt.

(1a) ¹Der Zulageberechtigte kann den Anbieter seines Vertrages schriftlich bevollmächtigen, für ihn abweichend von Absatz 1 die Zulage für jedes Beitragsjahr zu beantragen. ²Absatz 1 Satz 5 gilt mit Ausnahme der Mitteilung geänderter beitragspflichtiger Einnahmen entsprechend. ³Ein Widerruf der Vollmacht ist bis zum Ablauf des Beitragsjahres, für das der Anbieter keinen Antrag auf Zulage stellen soll, gegenüber dem Anbieter zu erklären.

(2) ¹Der Anbieter ist verpflichtet,

a) die Vertragsdaten,

b) die Versicherungsnummer nach § 147 des Sechsten Buches Sozialgesetzbuch, die Zulagenummer des Zulageberechtigten und dessen Ehegatten oder einen Antrag auf Vergabe einer Zulagenummer eines nach § 79 Satz 2 berechtigten Ehegatten,

c) die vom Zulageberechtigten mitgeteilten Angaben zur Ermittlung des Mindesteigenbeitrags (§ 86),

d) die für die Gewährung der Kinderzulage erforderlichen Daten,

e) die Höhe der geleisteten Altersvorsorgebeiträge und

f) das Vorliegen einer nach Absatz 1a erteilten Vollmacht

als die für die Ermittlung und Überprüfung des Zulageanspruchs und Durchführung des Zulageverfahrens erforderlichen Daten zu erfassen. ²Er hat die Daten der bei ihm im Laufe eines Kalendervierteljahres eingegangenen Anträge bis zum Ende des folgenden Monats nach amtlich vorgeschriebenem Datensatz durch amtlich bestimmte Datenfernübertragung an die zentrale Stelle zu übermitteln. ³Dies gilt auch im Fall des Absatzes 1 Satz 5.

---

1) Hinweis auf BMF-Schreiben vom 20.10.2009 (BStBl. I S. 1267) betr. Bekanntmachung der Vordruckmuster für den Antrag auf Altersvorsorgezulage für 2009.

§§ 89, 90, 91

(3) ¹Ist der Anbieter nach Absatz 1a Satz 1 bevollmächtigt worden, hat er der zentralen Stelle die nach Absatz 2 Satz 1 erforderlichen Angaben für jedes Kalenderjahr bis zum Ablauf des auf das Beitragsjahr folgenden Kalenderjahres zu übermitteln. ²Liegt die Bevollmächtigung erst nach dem im Satz 1 genannten Meldetermin vor, hat der Anbieter die Angaben bis zum Ende des folgenden Kalendervierteljahres nach der Bevollmächtigung, spätestens jedoch bis zum Ablauf der in Absatz 1 Satz 1 genannten Antragsfrist, zu übermitteln. ³Absatz 2 Satz 2 und 3 gilt sinngemäß.

§ 90 Verfahren

(1) ¹Die zentrale Stelle ermittelt auf Grund der von ihr erhobenen oder der ihr übermittelten Daten, ob und in welcher Höhe ein Zulageanspruch besteht. ²Soweit der zuständige Träger der Rentenversicherung keine Versicherungsnummer vergeben hat, vergibt die zentrale Stelle zur Erfüllung der ihr nach diesem Abschnitt zugewiesenen Aufgaben eine Zulagenummer. ³Die zentrale Stelle teilt im Falle eines Antrags nach § 10a Absatz 1a der zuständigen Stelle, im Falle eines Antrags nach § 89 Absatz 1 Satz 4 dem Anbieter die Zulagenummer mit; von dort wird sie an den Antragsteller weitergeleitet.

(2) ¹Die zentrale Stelle veranlasst die Auszahlung an den Anbieter zugunsten der Zulageberechtigten durch die zuständige Kasse. ²Ein gesonderter Zulagenbescheid ergeht vorbehaltlich des Absatzes 4 nicht. ³Der Anbieter hat die erhaltenen Zulagen unverzüglich den begünstigten Verträgen gutzuschreiben. ⁴Zulagen, die nach Beginn der Auszahlungsphase für das Altersvorsorgevermögen von der zentralen Stelle an den Anbieter überwiesen werden, können vom Anbieter an den Anleger ausgezahlt werden. ⁵Besteht kein Zulageanspruch, so teilt die zentrale Stelle dies dem Anbieter durch Datensatz mit. ⁶Die zentrale Stelle teilt dem Anbieter die Altersvorsorgebeiträge im Sinne des § 82, auf die § 10a oder dieser Abschnitt angewendet wurde, durch Datensatz mit.

(3) ¹Erkennt die zentrale Stelle nachträglich, dass der Zulageanspruch ganz oder teilweise nicht besteht oder weggefallen ist, so hat sie zu Unrecht gutgeschriebene oder ausgezahlte Zulagen zurückzufordern und dies dem Anbieter durch Datensatz mitzuteilen. ²Bei bestehendem Vertragsverhältnis hat der Anbieter das Konto zu belasten. ³Die ihm im Kalendervierteljahr mitgeteilten Rückforderungsbeträge hat er bis zum zehnten Tag des dem Kalendervierteljahr folgenden Monats in einem Betrag bei der zentralen Stelle anzumelden und an diese abzuführen. ⁴Die Anmeldung nach Satz 3 ist nach amtlich vorgeschriebenem Vordruck abzugeben¹⁾. ⁵Sie gilt als Steueranmeldung im Sinne der Abgabenordnung.

(4) ¹Eine Festsetzung der Zulage erfolgt nur auf besonderen Antrag des Zulageberechtigten. ²Der Antrag ist schriftlich innerhalb eines Jahres nach Erteilung der Bescheinigung nach § 92 durch den Anbieter vom Antragsteller an den Anbieter zu richten. ³Der Anbieter leitet den Antrag der zentralen Stelle zur Festsetzung zu. ⁴Er hat dem Antrag eine Stellungnahme und die zur Festsetzung erforderlichen Unterlagen beizufügen. ⁵Die zentrale Stelle teilt die Festsetzung auch dem Anbieter mit. ⁶Im Übrigen gilt Absatz 3 entsprechend.

§ 91 Datenerhebung und Datenabgleich

(1) ¹Für die Berechnung und Überprüfung der Zulage sowie die Überprüfung des Vorliegens der Voraussetzungen des Sonderausgabenabzugs nach § 10a übermitteln die Träger der gesetzlichen Rentenversicherung, der Spitzenverband der landwirtschaftlichen Sozialversicherung für die Träger der Alterssicherung der Landwirte, die Bundesagentur für Arbeit, die Meldebehörden, die Familienkassen und die Finanzämter der zentralen Stelle auf Anforderung die bei ihnen vorhandenen Daten nach § 89 Absatz 2 durch Datenfernübertragung; für Zwecke der Berechnung des Mindesteigenbeitrags für ein Beitragsjahr

---

1) Vordruckmuster für die Anmeldung nach § 90 Absatz 3 Satz 4 EStG s. BMF-Schreiben v. 15.11.2005 (BStBl. I S. 1017).

darf die zentrale Stelle bei den Trägern der gesetzlichen Rentenversicherung und dem Spitzenverband der landwirtschaftlichen Sozialversicherung für die Träger der Alterssicherung der Landwirte die bei ihnen vorhandenen Daten zu den beitragspflichtigen Einnahmen sowie in den Fällen des § 10a Absatz 1 Satz 4 zur Höhe der bezogenen Rente wegen voller Erwerbsminderung oder Erwerbsunfähigkeit erheben, sofern diese nicht vom Anbieter nach § 89 übermittelt worden sind. ²Für Zwecke der Überprüfung nach Satz 1 darf die zentrale Stelle die ihr übermittelten Daten mit den ihr nach § 89 Absatz 2 übermittelten Daten automatisiert abgleichen. ³Führt die Überprüfung zu einer Änderung der ermittelten oder festgesetzten Zulage, ist dies dem Anbieter mitzuteilen. ⁴Ergibt die Überprüfung eine Abweichung von dem in der Steuerfestsetzung berücksichtigten Sonderausgabenabzug nach § 10a oder der gesonderten Feststellung nach § 10a Absatz 4, ist dies dem Finanzamt mitzuteilen; die Steuerfestsetzung oder die gesonderte Feststellung ist insoweit zu ändern.[1)]

(2) ¹Die zuständige Stelle hat der zentralen Stelle die Daten nach § 10a Absatz 1 Satz 1 zweiter Halbsatz bis zum 31. März des dem Beitragsjahr folgenden Kalenderjahres durch Datenfernübertragung zu übermitteln. ²Liegt die Einwilligung nach § 10a Absatz 1 Satz 1 zweiter Halbsatz erst nach dem in Satz 1 genannten Meldetermin vor, hat die zuständige Stelle die Daten spätestens bis zum Ende des folgenden Kalendervierteljahres nach Erteilung der Einwilligung nach Maßgabe von Satz 1 zu übermitteln.

§ 92 Bescheinigung

¹Der Anbieter hat dem Zulageberechtigten jährlich eine Bescheinigung nach amtlich vorgeschriebenem Vordruck[2)] zu erteilen über

1. die Höhe der im abgelaufenen Beitragsjahr geleisteten Altersvorsorgebeiträge (Beiträge und Tilgungsleistungen),
2. die im abgelaufenen Beitragsjahr getroffenen, aufgehobenen oder geänderten Ermittlungsergebnisse (§ 90),
3. die Summe der bis zum Ende des abgelaufenen Beitragsjahres dem Vertrag gutgeschriebenen Zulagen,
4. die Summe der bis zum Ende des abgelaufenen Beitragsjahres geleisteten Altersvorsorgebeiträge (Beiträge und Tilgungsleistungen),
5. den Stand des Altersvorsorgevermögens,
6. den Stand des Wohnförderkontos (§ 92a Absatz 2 Satz 1) und
7. die Bestätigung der durch den Anbieter erfolgten Datenübermittlung an die zentrale Stelle im Fall des § 10a Absatz 5 Satz 4.

²In den Fällen des § 92a Absatz 2 Satz 10 erster Halbsatz bedarf es keiner jährlichen Bescheinigung, wenn zu Satz 1 Nummer 1 und 2 keine Angaben erforderlich sind, sich zu Satz 1 Nummer 3 bis 5 keine Änderungen gegenüber der zuletzt erteilten Bescheinigung ergeben und der Anbieter dem Zulageberechtigten eine Bescheinigung ausgestellt hat, in der der jährliche Stand des Wohnförderkontos bis zum Beginn der vereinbarten Auszahlungsphase ausgewiesen wurde. ³Der Anbieter kann dem Zulageberechtigten mit dessen Einverständnis die Bescheinigung auch elektronisch bereitstellen.

§ 92a[3)] Verwendung für eine selbst genutzte Wohnung

(1) ¹Der Zulageberechtigte kann das in einem Altersvorsorgevertrag gebildete und nach § 10a oder diesem Abschnitt geförderte Kapital bis zu 75 Prozent oder zu 100 Prozent wie folgt verwenden (Altersvorsorge-Eigenheimbetrag):

---

1) Zur Anwendung von § 91 Absatz 1 Satz 4 ab VZ 2002 siehe § 52 Absatz 65 EStG.
2) Bekanntmachung des Vordruckmusters nach § 92 EStG siehe BMF-Schreiben vom 9.1.2009 (BStBl. I S. 46).
3) Zur Anwendung von § 92a siehe § 52 Absatz 24c EStG.

§ 92a

1. bis zum Beginn der Auszahlungsphase unmittelbar für die Anschaffung oder Herstellung einer Wohnung oder
2. zu Beginn der Auszahlungsphase zur Entschuldung einer Wohnung oder
3. für den Erwerb von Geschäftsanteilen (Pflichtanteilen) an einer eingetragenen Genossenschaft für die Selbstnutzung einer Genossenschaftswohnung.

²Eine nach Satz 1 begünstigte Wohnung ist
1. eine Wohnung in einem eigenen Haus oder
2. eine eigene Eigentumswohnung oder
3. eine Genossenschaftswohnung einer eingetragenen Genossenschaft,

wenn diese Wohnung in einem Mitgliedstaat der Europäischen Union oder in einem Staat, auf den das Abkommen über den Europäischen Wirtschaftsraum (EWR-Abkommen) anwendbar ist, belegen ist und die Hauptwohnung oder den Mittelpunkt der Lebensinteressen des Zulageberechtigten darstellt. ³Der Altersvorsorge-Eigenheimbetrag nach Satz 1 gilt nicht als Leistung aus einem Altersvorsorgevertrag, die dem Zulageberechtigten im Zeitpunkt der Auszahlung zufließt. ⁴Der Anschaffung einer zu eigenen Wohnzwecken genutzten Wohnung steht die Anschaffung eines eigentumsähnlichen oder lebenslangen Dauerwohnrechts nach § 33 des Wohnungseigentumsgesetzes gleich, soweit Vereinbarungen nach § 39 des Wohnungseigentumsgesetzes getroffen werden.

(2) ¹Der Altersvorsorge-Eigenheimbetrag, die Tilgungsleistungen im Sinne des § 82 Absatz 1 Satz 1 Nummer 2 und die hierfür gewährten Zulagen sind vom jeweiligen Anbieter gesondert zu erfassen (Wohnförderkonto). ²Beiträge, die nach § 82 Absatz 1 Satz 3 wie Tilgungsleistungen behandelt wurden, sind im Zeitpunkt der unmittelbaren Darlehenstilgung einschließlich der zur Tilgung eingesetzten Zulagen und Erträge in das Wohnförderkonto aufzunehmen; dies gilt nicht, wenn Absatz 3 Satz 8 anzuwenden ist. ³Nach Ablauf eines Beitragsjahres, letztmals für das Beitragsjahr des Beginns der Auszahlungsphase, ist der sich aus dem Wohnförderkonto ergebende Gesamtbetrag um 2 Prozent zu erhöhen. ⁴Das Wohnförderkonto ist zu vermindern um

1. Zahlungen des Zulageberechtigten auf einen auf seinen Namen lautenden zertifizierten Altersvorsorgevertrag nach § 1 Absatz 1 des Altersvorsorgeverträge-Zertifizierungsgesetzes zur Minderung der in das Wohnförderkonto eingestellten Beträge; erfolgt die Einzahlung nicht beim Anbieter, der das Wohnförderkonto führt, hat der Zulageberechtigte dies den Anbietern, in den Fällen des Satzes 10 erster Halbsatz auch der zentralen Stelle mitzuteilen,
2. den Verminderungsbetrag nach Satz 5.

⁵Verminderungsbetrag ist der sich mit Ablauf des Kalenderjahres des Beginns der Auszahlungsphase ergebende Stand des Wohnförderkontos dividiert durch die Anzahl der Jahre bis zur Vollendung des 85. Lebensjahres des Zulageberechtigten; als Beginn der Auszahlungsphase gilt der vom Zulageberechtigten und Anbieter vereinbarte Zeitpunkt, der zwischen der Vollendung des 60. Lebensjahres und des 68. Lebensjahres des Zulageberechtigten liegen muss; ist ein Auszahlungszeitpunkt nicht vereinbart, so gilt die Vollendung des 67. Lebensjahres als Beginn der Auszahlungsphase. ⁶Anstelle einer Verminderung nach Satz 5 kann der Zulageberechtigte zu Beginn der Auszahlungsphase von seinem Anbieter, in den Fällen des Satzes 10 erster Halbsatz von der zentralen Stelle die Auflösung des Wohnförderkontos verlangen (Auflösungsbetrag). ⁷Der Anbieter hat te Einstellung in das Wohnförderkonto die Beträge nach den Sätzen 2 und 4 Nummer 1 und zu Beginn der Auszahlungsphase den vertraglich vorgesehenen Beginn der Auszahlungsphase sowie ein Verlangen nach Satz 6 der zentralen Stelle nach amtlich vorgeschriebenem Datensatz durch Datenfernübertragung mitzuteilen. ⁸Wird gefördertes Altersvorsorgevermögen nach § 93 Absatz 2 Satz 1 von einem Anbieter auf einen anderen auf den Namen des Zulageberechtigten lautenden Altersvorsorgevertrag übertragen und wird für den Zulageberechtigten zugleich ein Wohnförderkonto geführt, so ist das Wohnförderkonto beim Anbieter des bisherigen Vertrags zu schließen und vom Anbieter des neuen Altersvorsorgevertrags fortzuführen. ⁹Dies gilt entsprechend bei Übertragungen nach § 93 Absatz 1

761

§ 92a

Satz 4 Buchstabe c und § 93 Absatz 1a. ¹⁰Wurde die Geschäftsbeziehung im Hinblick auf den jeweiligen Altersvorsorgevertrag zwischen dem Zulageberechtigten und dem Anbieter beendet, weil das angesparte Kapital vollständig aus dem Altersvorsorgevertrag entnommen oder das gewährte Darlehen vollständig getilgt wurde, wird das Wohnförderkonto bei diesem Anbieter geschlossen und von der zentralen Stelle weitergeführt; erfolgt eine Zahlung nach Satz 4 Nummer 1 oder nach Absatz 3 Satz 9 Nummer 2, wird das Wohnförderkonto vom Zeitpunkt der Einzahlung vom Anbieter, bei dem die Einzahlung erfolgt, weitergeführt. ¹¹Der Zulageberechtigte kann abweichend von Satz 10 bestimmen, dass das Wohnförderkonto nicht von der zentralen Stelle weitergeführt, sondern mit dem Wohnförderkonto eines weiteren Anbieters, der ebenfalls ein Wohnförderkonto für den Zulageberechtigten führt, zusammengeführt wird. ¹²Der Zulageberechtigte hat dies beiden Anbietern schriftlich mitzuteilen. ¹³In den Fällen des Satzes 10 erster Halbsatz teilt der Anbieter dem Zulageberechtigten die beabsichtigte Übertragung des Wohnförderkontos auf die zentrale Stelle mit. ¹⁴Erhält der Anbieter innerhalb von vier Wochen nach Übersendung der Mitteilung nach Satz 13 keine Mitteilung des Zulageberechtigten nach Satz 12, teilt der Anbieter der zentralen Stelle nach amtlich vorgeschriebenem Datensatz durch amtlich bestimmte Datenfernübertragung den Stand des Wohnförderkontos und den Zeitpunkt der Beendigung der Geschäftsbeziehung mit. ¹⁵In den Fällen des Satzes 11 hat der Anbieter die Mitteilung des Satzes 14 ergänzt um die Angaben zu dem neuen Anbieter der zentralen Stelle zu übermitteln. ¹⁶In den Fällen des Satzes 10 zweiter Halbsatz teilt die zentrale Stelle dem Anbieter nach amtlich vorgeschriebenem Datensatz durch amtlich bestimmte Datenfernübertragung den Stand des Wohnförderkontos mit.

(3) ¹Nutzt der Zulageberechtigte die Wohnung im Sinne des Absatzes 1 Satz 2, für die ein Altersvorsorge-Eigenheimbetrag verwendet oder für die eine Tilgungsförderung im Sinne des § 82 Absatz 1 in Anspruch genommen worden ist, nicht nur vorübergehend nicht mehr zu eigenen Wohnzwecken, hat er dies dem Anbieter, in der Auszahlungsphase der zentralen Stelle, unter Angabe des Zeitpunkts der Aufgabe der Selbstnutzung mitzuteilen; eine Aufgabe der Selbstnutzung liegt auch vor, soweit der Zulageberechtigte das Eigentum an der Wohnung aufgibt. ²In den Fällen des Absatzes 2 Satz 10 erster Halbsatz besteht die Mitteilungspflicht auch in der Zeit bis zum Beginn der Auszahlungsphase gegenüber der zentralen Stelle. ³Die Mitteilungspflicht gilt entsprechend für den Rechtsnachfolger der begünstigten Wohnung, wenn der Zulageberechtigte stirbt. ⁴Die Anzeigepflicht entfällt, wenn das Wohnförderkonto vollständig zurückgeführt worden ist. ⁵Im Fall des Satzes 1 gelten bei einem bestehenden Wohnförderkonto die erfassten Beträge als Leistungen aus einem Altersvorsorgevertrag, die dem Zulageberechtigten im Zeitpunkt der Aufgabe zufließen; das Wohnförderkonto ist aufzulösen (Auflösungsbetrag). ⁶Verstirbt der Zulageberechtigte, ist der Auflösungsbetrag ihm noch zuzurechnen. ⁷Der Anbieter hat den Auflösungsbetrag der zentralen Stelle nach amtlich vorgeschriebenem Datensatz durch Datenfernübertragung unter Angabe des Zeitpunkts der Aufgabe mitzuteilen. ⁸Wurde im Fall des Satzes 1 eine Tilgungsförderung nach § 82 Absatz 1 Satz 3 in Anspruch genommen und erfolgte keine Einstellung in das Wohnförderkonto nach Absatz 2 Satz 2, gelten die Tilgungsleistungen sowie die darauf entfallenden Zulagen und Erträge als gefördertes Altersvorsorgevermögen. ⁹Die Sätze 5 und 6 sind nicht anzuwenden, wenn

1. der Zulageberechtigte einen Betrag in Höhe des noch nicht zurückgeführten Betrags im Wohnförderkonto innerhalb eines Jahres vor und von vier Jahren nach Ablauf des Veranlagungszeitraums, in dem er die Wohnung letztmals zu eigenen Wohnzwecken genutzt hat, für eine weitere Wohnung im Sinne des Absatzes 1 Satz 2 verwendet,

2. der Zulageberechtigte einen Betrag in Höhe des noch nicht zurückgeführten Betrags im Wohnförderkonto innerhalb eines Jahres nach Ablauf des Veranlagungszeitraums, in dem er die Wohnung letztmals zu eigenen Wohnzwecken genutzt hat, auf einen auf seinen Namen lautenden zertifizierten Altersvorsorgevertrag zahlt; Absatz 2 Satz 4 Nummer 1 und Satz 7 ist entsprechend anzuwenden,

3. der Ehegatte des verstorbenen Zulageberechtigten innerhalb eines Jahres Eigentümer der Wohnung wird, er sie zu eigenen Wohnzwecken nutzt und die Ehegatten im Zeitpunkt des Todes des Zulageberechtigten nicht dauernd getrennt gelebt haben (§ 26 Ab-

satz 1) und ihren Wohnsitz oder gewöhnlichen Aufenthalt in einem Mitgliedstaat der Europäischen Union oder einem Staat hatten, auf den das Abkommen über den Europäischen Wirtschaftsraum anwendbar ist; in diesem Fall führt der Anbieter das Wohnförderkonto für den überlebenden Ehegatten fort und teilt dies der zentralen Stelle mit,

4. die Ehewohnung auf Grund einer richterlichen Entscheidung nach § 1361b des Bürgerlichen Gesetzbuchs oder nach der Verordnung über die Behandlung der Ehewohnung und des Hausrats dem anderen Ehegatten zugewiesen wird, oder

5. der Zulageberechtigte krankheits- oder pflegebedingt die Wohnung nicht mehr bewohnt, sofern er Eigentümer dieser Wohnung bleibt, sie ihm weiterhin zur Selbstnutzung zur Verfügung steht und sie nicht von Dritten, mit Ausnahme seines Ehegatten, genutzt wird.

[10]In den Fällen des Satzes 9 Nummer 1 und 2 hat der Zulageberechtigte dem Anbieter, in den Fällen des Absatzes 2 Satz 10 erster Halbsatz und in der Auszahlungsphase der zentralen Stelle, die Reinvestitionsabsicht und den Zeitpunkt der Reinvestition oder die Aufgabe der Reinvestitionsabsicht mitzuteilen; in den Fällen des Satzes 9 Nummer 3 und 4 gelten die Sätze 1 bis 8 und Satz 9 Nummer 1 und 2 entsprechend für den Ehegatten, wenn er die Wohnung nicht nur vorübergehend nicht mehr zu eigenen Wohnzwecken nutzt. [11]Satz 5 ist mit der Maßgabe anzuwenden, dass der Eingang der Mitteilung der aufgegebenen Reinvestitionsabsicht als Zeitpunkt der Aufgabe gilt.

(4) [1]Absatz 3 ist auf Antrag des Steuerpflichtigen nicht anzuwenden, wenn er

1. die Wohnung im Sinne des Absatzes 1 Satz 2 auf Grund eines beruflich bedingten Umzugs für die Dauer der beruflich bedingten Abwesenheit nicht selbst nutzt; wird während dieser Zeit mit einer anderen Person ein Nutzungsrecht für diese Wohnung vereinbart, ist diese Vereinbarung von vornherein entsprechend zu befristen,

2. beabsichtigt, die Selbstnutzung wieder aufzunehmen und

3. die Selbstnutzung spätestens mit der Vollendung seines 67. Lebensjahres aufnimmt.

[2]Der Steuerpflichtige hat den Antrag bei der zentralen Stelle zu stellen und dabei die notwendigen Nachweise zu erbringen. [3]Die zentrale Stelle erteilt dem Steuerpflichtigen einen Bescheid über die Bewilligung des Antrags. [4]Entfällt eine der in Satz 1 genannten Voraussetzungen, ist Absatz 3 mit der Maßgabe anzuwenden, dass bei einem Wegfall der Voraussetzung nach Satz 1 Nummer 1 als Zeitpunkt der Aufgabe der Zeitpunkt des Wegfalls der Voraussetzung und bei einem Wegfall der Voraussetzung nach Satz 1 Nummer 2 oder Nummer 3 der Eingang der Mitteilung des Steuerpflichtigen nach Absatz 3 als Zeitpunkt der Aufgabe gilt, spätestens jedoch die Vollendung des 67. Lebensjahres des Steuerpflichtigen.

§ 92b Verfahren bei Verwendung für eine selbst genutzte Wohnung

(1) [1]Der Zulageberechtigte hat die Verwendung des Kapitals nach § 92a Absatz 1 Satz 1 bei der zentralen Stelle zu beantragen und dabei die notwendigen Nachweise zu erbringen. [2]Er hat zu bestimmen, aus welchen Altersvorsorgeverträgen welche Beträge ausgezahlt werden sollen. [3]Die zentrale Stelle teilt dem Zulageberechtigten durch Bescheid und den Anbietern der in Satz 2 genannten Altersvorsorgeverträge nach amtlich vorgeschriebenem Datensatz durch Datenfernübertragung mit, welche Beträge förderunschädlich ausgezahlt werden können.

(2) [1]Die Anbieter der in Absatz 1 Satz 2 genannten Altersvorsorgeverträge dürfen den Altersvorsorge-Eigenheimbetrag auszahlen, sobald sie die Mitteilung nach Absatz 1 Satz 3 erhalten haben. [2]Sie haben der zentralen Stelle nach amtlich vorgeschriebenem Datensatz durch Datenfernübertragung Folgendes anzuzeigen:

1. den Auszahlungszeitpunkt und den Auszahlungsbetrag,

§§ 92b, 93

2. die Summe der bis zum Auszahlungszeitpunkt dem Altersvorsorgevertrag gutgeschriebenen Zulagen,
3. die Summe der bis zum Auszahlungszeitpunkt geleisteten Altersvorsorgebeiträge und
4. den Stand des geförderten Altersvorsorgevermögens im Zeitpunkt der Auszahlung.

(3) ¹Die zentrale Stelle stellt zu Beginn der Auszahlungsphase und in den Fällen des § 92a Absatz 2 Satz 8 bis 11 sowie Absatz 3 Satz 5 den Stand des Wohnförderkontos, soweit für die Besteuerung erforderlich, den Verminderungsbetrag und den Auflösungsbetrag von Amts wegen gesondert fest. ²Die zentrale Stelle teilt die Feststellung dem Zulageberechtigten durch Bescheid und dem Anbieter nach amtlich vorgeschriebenem Datensatz durch Datenfernübertragung mit. ³Der Anbieter hat auf Anforderung der zentralen Stelle die zur Feststellung erforderlichen Unterlagen vorzulegen. ⁴Auf Antrag des Zulageberechtigten stellt die zentrale Stelle den Stand des Wohnförderkontos gesondert fest. ⁵§ 90 Absatz 4 Satz 2 bis 5 gilt entsprechend.

§ 93 Schädliche Verwendung

(1) ¹Wird gefördertes Altersvorsorgevermögen nicht unter den in § 1 Absatz 1 Satz 1 Nummer 4 und 10 Buchstabe c des Altersvorsorgeverträge-Zertifizierungsgesetzes oder § 1 Absatz 1 Satz 1 Nummer 4, 5 und 10 Buchstabe c des Altersvorsorgeverträge-Zertifizierungsgesetzes in der bis zum 31. Dezember 2004 geltenden Fassung genannten Voraussetzungen an den Zulageberechtigten ausgezahlt (schädliche Verwendung), sind die auf das ausgezahlte geförderte Altersvorsorgevermögen entfallenden Zulagen und die nach § 10a Absatz 4 gesondert festgestellten Beträge (Rückzahlungsbetrag) zurückzuzahlen. ²Dies gilt auch bei einer Auszahlung nach Beginn der Auszahlungsphase (§ 1 Absatz 1 Satz 1 Nummer 2 des Altersvorsorgeverträge-Zertifizierungsgesetzes) und bei Auszahlungen im Falle des Todes des Zulageberechtigten. ³Hat der Zulageberechtigte Zahlungen im Sinne des § 92a Absatz 2 Satz 4 Nummer 1 oder § 92a Absatz 3 Satz 9 Nummer 2 geleistet, dann handelt es sich bei dem hierauf beruhenden Altersvorsorgevermögen um gefördertes Altersvorsorgevermögen im Sinne des Satzes 1; der Rückzahlungsbetrag bestimmt sich insoweit nach der für die in das Wohnförderkonto eingestellten Beträge gewährten Förderung. ⁴Eine Rückzahlungsverpflichtung besteht nicht für den Teil der Zulagen und der Steuermäßigung,

a) der auf nach § 1 Absatz 1 Satz 1 Nummer 2 des Altersvorsorgeverträge-Zertifizierungsgesetzes angespartes gefördertes Altersvorsorgevermögen entfällt, wenn es in Form einer Hinterbliebenenrente an die dort genannten Hinterbliebenen ausgezahlt wird; dies gilt auch für Leistungen im Sinne des § 82 Absatz 3 an Hinterbliebene des Steuerpflichtigen;

b) der den Beitragsanteilen zuzuordnen ist, die für die zusätzliche Absicherung der verminderten Erwerbsfähigkeit und eine zusätzliche Hinterbliebenenabsicherung ohne Kapitalbildung verwendet worden sind;

c) der auf gefördertes Altersvorsorgevermögen entfällt, das im Falle des Todes des Zulageberechtigten auf einen auf den Namen des Ehegatten lautenden Altersvorsorgevertrag übertragen wird, wenn die Ehegatten im Zeitpunkt des Todes des Zulageberechtigten nicht dauernd getrennt gelebt haben (§ 26 Absatz 1) und ihren Wohnsitz oder gewöhnlichen Aufenthalt in einem Mitgliedstaat der Europäischen Union oder einem Staat hatten, auf den das Abkommen über den Europäischen Wirtschaftsraum anwendbar ist;

d) der auf den Altersvorsorge-Eigenheimbetrag entfällt.

(1a) ¹Eine schädliche Verwendung liegt nicht vor, wenn gefördertes Altersvorsorgevermögen auf Grund einer internen Teilung nach § 10 des Versorgungsausgleichsgesetzes oder auf Grund einer externen Teilung nach § 14 des Versorgungsausgleichsgesetzes auf einen zertifizierten Altersvorsorgevertrag oder eine nach § 82 Absatz 2 begünstigte betriebliche Altersversorgung übertragen wird. ²In diesen Fällen teilt die zentrale Stelle der ausgleichspflichtigen Person die Höhe der auf die Ehezeit im Sinne des § 3 Absatz 1 des Versorgungsausgleichsgesetzes entfallenden gesondert festgestellten Beträge nach § 10a Absatz 4 und die ermittelten Zulagen mit. ³Die entsprechenden Beträge sind monatsweise zuzuordnen. ⁴Soweit das während der Ehezeit gebildete geförderte Altersvorsorgevermögen nach Satz 1 übertragen wird, geht die steuerliche Förderung mit allen Rechten und Pflichten auf die ausgleichsberechtigte Person über. ⁵Die zentrale Stelle teilt die geänderte Zuordnung der gesondert festgestellten Beträge nach § 10a Absatz 4 sowie der ermittelten Zulagen der ausgleichspflichtigen und der ausgleichsberechtigten Person durch Feststellungsbescheid mit. ⁶Nach Eintritt der Unanfechtbarkeit dieses Feststellungsbescheids informiert die zentrale Stelle den Anbieter durch einen Datensatz über die geänderte Zuordnung.

(2) ¹Die Übertragung von gefördertem Altersvorsorgevermögen auf einen anderen auf den Namen des Zulageberechtigten lautenden Altersvorsorgevertrag (§ 1 Absatz 1 Satz 1 Nummer 10 Buchstabe b des Altersvorsorgeverträge-Zertifizierungsgesetzes) stellt keine schädliche Verwendung dar. ²Dies gilt sinngemäß in den Fällen des § 4 Absatz 2 und 3 des Betriebsrentengesetzes, wenn das geförderte Altersvorsorgevermögen auf eine der in § 82 Absatz 2 Buchstabe a genannten Einrichtungen der betrieblichen Altersversorgung zum Aufbau einer kapitalgedeckten betrieblichen Altersversorgung übertragen und eine lebenslange Altersversorgung im Sinne des § 1 Absatz 1 Satz 1 Nummer 4 des Altersvorsorgeverträge-Zertifizierungsgesetzes oder § 1 Absatz 1 Satz 1 Nummer 4 und 5 des Altersvorsorgeverträge-Zertifizierungsgesetzes in der bis zum 31. Dezember 2004 geltenden Fassung vorgesehen wird. ³In den übrigen Fällen der Abfindung von Anwartschaften der betrieblichen Altersversorgung gilt dies, soweit das geförderte Altersvorsorgevermögen zu Gunsten eines auf den Namen des Zulageberechtigten lautenden Altersvorsorgevertrages geleistet wird.

(3) ¹Auszahlungen zur Abfindung einer Kleinbetragsrente zu Beginn der Auszahlungsphase gelten nicht als schädliche Verwendung. ²Eine Kleinbetragsrente ist eine Rente, die bei gleichmäßiger Verrentung des gesamten zu Beginn der Auszahlungsphase zur Verfügung stehenden Kapitals eine monatliche Rente ergibt, die 1 Prozent der monatlichen Bezugsgröße nach § 18 des Vierten Buches Sozialgesetzbuch nicht übersteigt. ³Bei der Berechnung dieses Betrags sind alle bei einem Anbieter bestehenden Verträge des Zulageberechtigten insgesamt zu berücksichtigen, auf die nach diesem Abschnitt geförderte Altersvorsorgebeiträge geleistet wurden.

§ 94 Verfahren bei schädlicher Verwendung

(1) ¹In den Fällen des § 93 Absatz 1 hat der Anbieter der zentralen Stelle vor der Auszahlung des geförderten Altersvorsorgevermögens die schädliche Verwendung nach amtlich vorgeschriebenem Datensatz durch amtlich bestimmte Datenfernübertragung anzuzeigen. ²Die zentrale Stelle ermittelt den Rückzahlungsbetrag und teilt diesen dem Anbieter durch Datensatz mit. ³Der Anbieter hat den Rückzahlungsbetrag einzubehalten, mit der nächsten Anmeldung nach § 90 Absatz 3 anzumelden und an die zentrale Stelle abzuführen. ⁴Der Anbieter hat die einbehaltenen und abgeführten Beträge der zentralen Stelle nach amtlich vorgeschriebenem Datensatz durch amtlich bestimmte Datenfernübertragung mitzuteilen und diese Beträge sowie die dem Vertrag bis zur schädlichen Verwendung gutgeschriebenen Erträge dem Zulageberechtigten zu bescheinigen. ⁵In den Fällen des § 93 Absatz 3 gilt Satz 1 entsprechend.

(2) ¹Eine Festsetzung des Rückzahlungsbetrags erfolgt durch die zentrale Stelle auf besonderen Antrag des Zulageberechtigten oder sofern die Rückzahlung nach Absatz 1 ganz oder teilweise nicht möglich oder nicht erfolgt ist. ²§ 90 Absatz 4 Satz 2 bis 6 gilt entsprechend. ³Im Rückforderungsbescheid sind auf den Rückzahlungsbetrag die vom Anbieter bereits einbehaltenen und abgeführten Beträge nach Maßgabe der Bescheinigung nach Absatz 1 Satz 4 anzurechnen. ⁴Der Zulageberechtigte hat den verbleibenden Rückzahlungsbetrag innerhalb eines Monats nach Bekanntgabe des Rückforderungsbescheids an die zuständige Kasse zu entrichten. ⁵Die Frist für die Festsetzung des Rückzahlungs-

betrags beträgt vier Jahre und beginnt mit Ablauf des Kalenderjahres, in dem die Auszahlung im Sinne des § 93 Absatz 1 erfolgt ist.

§ 95 Sonderfälle der Rückzahlung

(1) Die §§ 93 und 94 gelten entsprechend, wenn

1. sich der Wohnsitz oder gewöhnliche Aufenthalt des Zulageberechtigten außerhalb der Mitgliedstaaten der Europäischen Union und der Staaten befindet, auf die das Abkommen über den Europäischen Wirtschaftsraum (EWR-Abkommen) anwendbar ist, oder wenn der Zulageberechtigte ungeachtet eines Wohnsitzes oder gewöhnlichen Aufenthaltes in einem dieser Staaten nach einem Abkommen zur Vermeidung der Doppelbesteuerung mit einem dritten Staat als außerhalb des Hoheitsgebiets dieser Staaten ansässig gilt, und

2. entweder die Zulageberechtigung endet oder die Auszahlungsphase des Altersvorsorgevertrags begonnen hat.

(2) ¹Auf Antrag des Zulageberechtigten ist der Rückzahlungsbetrag (§ 93 Absatz 1 Satz 1) zunächst bis zum Beginn der Auszahlung (§ 1 Absatz 1 Nummer 2 des Altersvorsorgeverträge-Zertifizierungsgesetzes oder § 92a Absatz 2 Satz 5) zu stunden. ²Die Stundung ist zu verlängern, wenn der Rückzahlungsbetrag mit mindestens 15 Prozent der Leistungen aus dem Altersvorsorgevertrag getilgt wird. ³Die Stundung endet, wenn das geförderte Altersvorsorgevermögen nicht unter den in § 1 Absatz 1 Satz 1 Nummer 4 des Altersvorsorgeverträge-Zertifizierungsgesetzes genannten Voraussetzungen an den Zulageberechtigten ausgezahlt wird. ⁴Der Stundungsantrag ist über den Anbieter an die zentrale Stelle zu richten. ⁵Die zentrale Stelle teilt ihre Entscheidung auch dem Anbieter mit.

(3) Wurde der Rückzahlungsbetrag nach Absatz 2 gestundet und

1. verlegt der ehemals Zulageberechtigte seinen ausschließlichen Wohnsitz oder gewöhnlichen Aufenthalt in einen Mitgliedstaat der Europäischen Union oder einen Staat, auf den das Abkommen über den Europäischen Wirtschaftsraum (EWR-Abkommen) anwendbar ist, oder

2. wird der ehemals Zulageberechtigte erneut zulageberechtigt,

sind der Rückzahlungsbetrag und die bereits entstandenen Stundungszinsen von der zentralen Stelle zu erlassen.

§ 96 Anwendung der Abgabenordnung, allgemeine Vorschriften

(1) ¹Auf die Zulagen und die Rückzahlungsbeträge sind die für Steuervergütungen geltenden Vorschriften der Abgabenordnung entsprechend anzuwenden. ²Dies gilt nicht für § 163 der Abgabenordnung.

(2) ¹Der Anbieter haftet als Gesamtschuldner neben dem Zulageempfänger für die Zulagen und die nach § 10a Absatz 4 gesondert festgestellten Beträge, die wegen seiner vorsätzlichen oder grob fahrlässigen Pflichtverletzung zu Unrecht gezahlt, nicht einbehalten oder nicht zurückgezahlt worden sind. ²Für die Inanspruchnahme des Anbieters ist die zentrale Stelle zuständig.

(3) Die zentrale Stelle hat auf Anfrage des Anbieters Auskunft über die Anwendung des Abschnitts XI zu geben.

(4) ¹Die zentrale Stelle kann beim Anbieter ermitteln, ob er seine Pflichten erfüllt hat. ²Die §§ 193 bis 203 der Abgabenordnung gelten sinngemäß. ³Auf Verlangen der zentralen Stelle hat der Anbieter ihr Unterlagen, soweit sie im Ausland geführt und aufbewahrt werden, verfügbar zu machen.

(5) Der Anbieter erhält vom Bund oder den Ländern keinen Ersatz für die ihm aus diesem Verfahren entstehenden Kosten.

§§ 96, 97, 98, 99

(6) ¹Der Anbieter darf die im Zulageverfahren bekannt gewordenen Verhältnisse der Beteiligten nur für das Verfahren verwerten. ²Er darf sie ohne Zustimmung der Beteiligten nur offenbaren, soweit dies gesetzlich zugelassen ist.

(7) ¹Für die Zulage gelten die Strafvorschriften des § 370 Absatz 1 bis 4, der §§ 371, 375 Absatz 1 und des § 376 sowie die Bußgeldvorschriften der §§ 378, 379 Absatz 1 und 4 und der §§ 383 und 384 der Abgabenordnung entsprechend. ²Für das Strafverfahren wegen einer Straftat nach Satz 1 sowie der Begünstigung einer Person, die eine solche Tat begangen hat, gelten die §§ 385 bis 408, für das Bußgeldverfahren wegen einer Ordnungswidrigkeit nach Satz 1 die §§ 409 bis 412 der Abgabenordnung entsprechend.

§ 97 Übertragbarkeit

¹Das nach § 10a oder Abschnitt XI geförderte Altersvorsorgevermögen einschließlich seiner Erträge, die geförderten laufenden Altersvorsorgebeiträge und der Anspruch auf die Zulage sind nicht übertragbar. ²§ 93 Absatz 1a und § 4 des Betriebsrentengesetzes bleiben unberührt.

§ 98 Rechtsweg

In öffentlich-rechtlichen Streitigkeiten über die aufgrund des Abschnitts XI ergehenden Verwaltungsakte ist der Finanzrechtsweg gegeben.

§ 99 Ermächtigung

(1) Das Bundesministerium der Finanzen wird ermächtigt, die Vordrucke für die Anträge nach § 89, für die Anmeldung nach § 90 Absatz 3 und für die in den §§ 92 und 94 Absatz 1 Satz 4 vorgesehenen Bescheinigungen und im Einvernehmen mit den obersten Finanzbehörden der Länder die Vordrucke für die nach § 10a Absatz 5 Satz 1 und § 22 Nummer 5 Satz 7 vorgesehenen Bescheinigungen und den Inhalt und Aufbau der für die Durchführung des Zulageverfahrens zu übermittelnden Datensätze zu bestimmen.[1)]

(2) ¹Das Bundesministerium der Finanzen wird ermächtigt, im Einvernehmen mit dem Bundesministerium für Arbeit und Soziales und dem Bundesministerium des Innern durch Rechtsverordnung[2)] mit Zustimmung des Bundesrates Vorschriften zur Durchführung dieses Gesetzes über das Verfahren für die Ermittlung, Festsetzung, Auszahlung, Rückzahlung und Rückforderung der Zulage sowie die Rückzahlung und Rückforderung der nach § 10a Absatz 4 festgestellten Beträge zu erlassen. ²Hierzu gehören insbesondere

1. Vorschriften über Aufzeichnungs-, Aufbewahrungs-, Bescheinigungs- und Anzeigepflichten des Anbieters,

2. Grundsätze des vorgesehenen Datenaustausches zwischen den Anbietern, der zentralen Stelle, den Trägern der gesetzlichen Rentenversicherung, der Bundesagentur für Arbeit, den Meldebehörden, den Familienkassen, den zuständigen Stellen und den Finanzämtern und

---

1) Hinweis auf BMF-Schreiben vom 13.9.2007 (BStBl. I S. 700) betr. Bestimmung von Inhalt und Aufbau der für die Durchführung des Zulageverfahrens zu übermittelnden Datensätze (§ 99 Absatz 1 EStG): „Der Inhalt und der Aufbau der für die Durchführung des Zulageverfahrens zu übermittelnden Datensätze werden auf der Internetseite des BZSt (www.bzst.de) veröffentlicht." Hinweis auf BMF-Schreiben vom 20.10.2009 (BStBl. I S. 1267) betr. Bekanntmachung der Vordruckmuster für den Antrag auf Altersvorsorgezulage für 2009.

2) Bekanntmachung der Neufassung der Altersvorsorge-Durchführungsverordnung (AltvDV) vom 28.2.2005 (BGBl. I S. 487) unter Berücksichtigung der Änderungen zuletzt durch Verordnung vom 12.1.2005 (BGBl. I S. 109), – **Anhang 10** –.

§ 99

3. Vorschriften über Mitteilungspflichten, die für die Erteilung der Bescheinigungen nach § 22 Nummer 5 Satz 7 und § 92 erforderlich sind.

Anlagen 1 (zu § 4d Absatz 1) und 2 (zu § 43b) zum EStG (– Siehe Seiten 168 ff. –)
Anlage 3 (zu § 50g) zum EStG (– Siehe Seiten 172 f. –)

Anlage § 001-01/Ländergruppeneinteilung

Berücksichtigung ausländischer Verhältnisse; Ländergruppeneinteilung ab 1. Januar 2010

BMF-Schreiben vom 6. November 2009 IV C 4 - S 2285/07/0005, 2009/0727276 (BStBl. I S. 1323)

In Abstimmung mit den obersten Finanzbehörden der Länder ist die Ländergruppeneinteilung mit Wirkung ab 1. Januar 2010 überarbeitet worden. Änderungen sind durch Fettdruck hervorgehoben. Gegenüber der Ländergruppeneinteilung zum 1. Januar 2008 ergeben sich insbesondere folgende Änderungen:

Antigua und Barbuda: von Gruppe 2 nach Gruppe 3,
Äquatorialguinea: von Gruppe 4 nach Gruppe 2,
Belize: von Gruppe 3 nach Gruppe 4,
Estland: von Gruppe 3 nach Gruppe 2,
Griechenland: von Gruppe 2 nach Gruppe 1,
Israel: von Gruppe 1 nach Gruppe 2,
Jamaika: von Gruppe 3 nach Gruppe 4,
Kasachstan: von Gruppe 4 nach Gruppe 3,
Montenegro: von Gruppe 4 nach Gruppe 3,
Neuseeland: von Gruppe 2 nach Gruppe 1,
Palau: von Gruppe 2 nach Gruppe 3,
Serbien: von Gruppe 4 nach Gruppe 3,
Slowakische Republik: von Gruppe 3 nach Gruppe 2,
Suriname: von Gruppe 4 nach Gruppe 3,
Zypern: von Gruppe 2 nach Gruppe 1.

Die Beträge des § 1 Absatz 3 Satz 2, des § 9c Absatz 3 Satz 2, des § 32 Absatz 6 Satz 4, des § 33a Absatz 1 Satz 6 und Absatz 2 Satz 3 EStG sind mit Wirkung ab 1. Januar 2010 wie folgt anzusetzen:

in voller Höhe	mit 3/4	mit 1/2	mit 1/4
Wohnsitzstaat des Steuerpflichtigen bzw. der unterhaltenen Person			
1	2	3	4
Andorra	Äquatorialguinea	**Antigua und Barbuda**	Afghanistan
Australien	Bahamas	Argentinien	Ägypten
Belgien	Bahrain	Botsuana	Albanien
Brunei Darussalam	Barbados	Brasilien	Algerien
Dänemark	**Estland**	Bulgarien	Angola
Finnland	**Israel**	Chile	Armenien
Frankreich	Korea, Republik	Cookinseln	Aserbaidschan
Griechenland	Malta	Costa Rica	Äthiopien
Hongkong	Oman	Dominica	Bangladesch
Irland	**Palästinensische Gebiete**	Gabun	**Belize**
Island	Portugal	Grenada	Benin
Italien	Saudi Arabien	**Kasachstan**	Bhutan
Japan	**Slowakische Republik**	Kroatien	Bolivien
Kaiman-Inseln	Slowenien	Lettland	Bosnien und Herzegowina
Kanada	Taiwan	Libanon	Burkina Faso
Katar	Trinidad und Tobago	Libysch-Arabische Dschamahirija/**Libyen**	Burundi
Kuwait	Tschechische Republik	Litauen	China (VR)
Liechtenstein	Turks- und Caicos-Inseln	Malaysia	Côte d'Ivoire/ **Elfenbeinküste**
Luxemburg		Mauritius	Dominikanische Republik
Macau		Mexiko	Dschibuti
Monaco		**Montenegro**	Ecuador
Neuseeland		Nauru	El Salvador
Niederlande		Niue	Eritrea
Norwegen		**Palau**	Fidschi
Österreich		Panama	Gambia

Anlage § 001-01/Ländergruppeneinteilung

in voller Höhe	mit 3/4	mit 1/2	mit 1/4
Wohnsitzstaat des Steuerpflichtigen bzw. der unterhaltenen Person			
1	2	3	4
San Marino		Polen	Georgien
Schweden		Rumänien	Ghana
Schweiz		Russische Föderation	Guatemala
Singapur		**Serbien**	Guinea
Spanien		Seychellen	Guinea-Bissau
Vereinigte Arabische Emirate		St. Kitts und Nevis	Guyana
Vereinigte Staaten		St. Lucia	Haiti
Vereinigtes Königreich		St. Vincent und die Grenadinen	Honduras
Zypern		Südafrika	Indien
		Suriname	Indonesien
		Türkei	Irak
		Ungarn	Iran, Islamische Republik
		Uruguay	**Jamaika**
		Venezuela	Jemen
		Weißrussland/Belarus	Jordanien
			Kambodscha
			Kamerun
			Kap Verde
			Kenia
			Kirgisistan
			Kiribati
			Kolumbien
			Komoren
			Kongo, Republik
			Kongo, Demokratische Republik
			Korea, Demokratische VR
			Kosovo
			Kuba
			Laos, Demokratische VR
			Lesotho
			Liberia
			Madagaskar
			Malawi
			Malediven
			Mali
			Marokko
			Marshallinseln
			Mauretanien
			Mazedonien (ehemalige jugoslawische Republik)
			Mikronesien, Föderierte Staaten von
			Moldau, Republik/ **Moldawien**
			Mongolei
			Mosambik
			Myanmar
			Namibia
			Nepal
			Nicaragua
			Niger
			Nigeria
			Pakistan

Anlage § 001-01/Ländergruppeneinteilung

in voller Höhe	mit 3/4	mit 1/2	mit 1/4
Wohnsitzstaat des Steuerpflichtigen bzw. der unterhaltenen Person			
1	2	3	4
			Papua Neuguinea
			Paraguay
			Peru
			Philippinen
			Ruanda
			Salomonen
			Sambia
			Samoa
			São Tomé und Principe
			Senegal
			Sierra Leone
			Simbabwe
			Somalia
			Sri Lanka
			Sudan
			Swasiland
			Syrien, Arabische Republik
			Tadschikistan
			Tansania, Vereinigte Republik
			Thailand
			Timor-Leste
			Togo
			Tonga
			Tschad
			Tunesien
			Turkmenistan
			Tuvalu
			Uganda
			Ukraine
			Usbekistan
			Vanuatu
			Vietnam
			Zentralafrikanische Republik

Dieses Schreiben ersetzt ab dem Veranlagungszeitraum 2010 das BMF-Schreiben vom 9. September 2008 (BStBl. I S. 936).

Es steht ab sofort für eine Übergangszeit auf den Internetseiten des Bundesministeriums der Finanzen (http://www.bundesfinanzministerium.de) unter der Rubrik Wirtschaft und Verwaltung – Steuern – Veröffentlichungen zu Steuerarten – Einkommensteuer bereit.

Anlage § 003-02/Ehrenamtliche Tätigkeit § 3 Nr. 26a (Zu LStH 3.26a)

Steuerfreie Einnahmen aus ehrenamtlicher Tätigkeit; Gesetz zur weiteren Stärkung des bürgerschaftlichen Engagements vom 10. Oktober 2007

BMF-Schreiben vom 25. November 2008 IV C 4 - S 2121/07/0010, 2008/0656438 (BStBl. I S. 985)

Anwendungsschreiben zu § 3 Nr. 26a EStG

Unter Bezugnahme auf das Ergebnis der Erörterung mit den obersten Finanzbehörden der Länder gilt zur Anwendung des § 3 Nr. 26a EStG in der Fassung des Gesetzes zur weiteren Stärkung des bürgerschaftlichen Engagements vom 10. Oktober 2007 (BStBl. I S. 815) Folgendes:

1. Begünstigte Tätigkeiten

§ 3 Nr. 26a EStG sieht im Gegensatz zu § 3 Nr. 26 EStG keine Begrenzung auf bestimmte Tätigkeiten im gemeinnützigen Bereich vor. Begünstigt sind z. B. die Tätigkeiten der Mitglieder des Vorstands, des Kassierers, der Bürokräfte, des Reinigungspersonals, des Platzwartes, des Aufsichtspersonals, der Betreuer und Assistenzbetreuer im Sinne des Betreuungsrechts. Die Tätigkeit der Amateursportler ist nicht begünstigt. Eine Tätigkeit im Dienst oder Auftrag einer steuerbegünstigten Körperschaft muss für deren ideellen Bereich einschließlich ihrer Zweckbetriebe ausgeübt werden. Tätigkeiten in einem steuerpflichtigen wirtschaftlichen Geschäftsbetrieb und bei der Verwaltung des Vermögens sind nicht begünstigt.

2. Nebenberuflichkeit

Eine Tätigkeit wird nebenberuflich ausgeübt, wenn sie – bezogen auf das Kalenderjahr – nicht mehr als ein Drittel der Arbeitszeit eines vergleichbaren Vollzeiterwerbs in Anspruch nimmt. Es können deshalb auch solche Personen nebenberuflich tätig sein, die im steuerrechtlichen Sinne keinen Hauptberuf ausüben, z. B. Hausfrauen, Vermieter, Studenten, Rentner oder Arbeitslose. Übt ein Steuerpflichtiger mehrere verschiedenartige Tätigkeiten i. S. des § 3 Nr. 26 oder 26a EStG aus, ist die Nebenberuflichkeit für jede Tätigkeit getrennt zu beurteilen. Mehrere gleichartige Tätigkeiten sind zusammenzufassen, wenn sie nach der Verkehrsanschauung als Ausübung eines einheitlichen Hauptberufs darstellen, z. B. Erledigung der Buchführung oder Aufzeichnungen von jeweils weniger als dem dritten Teil des Pensums einer Bürokraft für mehrere gemeinnützige Körperschaften. Eine Tätigkeit wird nicht nebenberuflich ausgeübt, wenn sie als Teil der Haupttätigkeit anzusehen ist. Dies ist auch bei formaler Trennung von haupt- und nebenberuflicher selbständiger oder nichtselbständiger Tätigkeit für denselben Arbeitgeber anzunehmen, wenn beide Tätigkeiten gleichartig sind und die Nebentätigkeit unter ähnlichen organisatorischen Bedingungen wie die Haupttätigkeit ausgeübt wird oder der Steuerpflichtige mit der Nebentätigkeit eine ihm aus seinem Dienstverhältnis faktisch oder rechtlich obliegende Nebenpflicht erfüllt.

3. Auftraggeber/Arbeitgeber

Der Freibetrag wird nur gewährt, wenn die Tätigkeit im Dienst oder im Auftrag einer der in § 3 Nr. 26a EStG genannten Personen erfolgt. Als juristische Personen des öffentlichen Rechts kommen beispielsweise in Betracht Bund, Länder, Gemeinden, Gemeindeverbände, Industrie- und Handelskammern, Handwerkskammern, Rechtsanwaltskammern, Steuerberaterkammern, Wirtschaftsprüferkammern, Ärztekammern, Universitäten oder die Träger der Sozialversicherung. Zu den Einrichtungen i. S. des § 5 Abs. 1 Nr. 9 des Körperschaftsteuergesetzes (KStG) gehören Körperschaften, Personenvereinigungen, Stiftungen und Vermögensmassen, die nach der Satzung oder dem Stiftungsgeschäft und nach der tatsächlichen Geschäftsführung ausschließlich und unmittelbar gemeinnützige, mildtätige oder kirchliche Zwecke verfolgen. Nicht zu den begünstigten Einrichtungen gehören beispielsweise Berufsverbände (Arbeitgeberverband, Gewerkschaft) oder Parteien. Fehlt es an einem begünstigten Auftraggeber/Arbeitgeber, kann der Freibetrag nicht in Anspruch genommen werden.

Rechtliche Betreuer handeln wegen der rechtlichen und tatsächlichen Ausgestaltung des Vormundschafts- und Betreuungswesens im Dienst oder Auftrag einer juristischen Person des öffentlichen Rechts.

4. Förderung gemeinnütziger, mildtätiger und kirchlicher Zwecke

Die Begriffe der gemeinnützigen, mildtätigen und kirchlichen Zwecke ergeben sich aus den §§ 52 bis 54 der Abgabenordnung (AO). Eine Tätigkeit dient auch dann der selbstlosen Förderung begünstigter Zwecke, wenn sie diesen Zwecken nur mittelbar zugutekommt.

Wird die Tätigkeit im Rahmen der Erfüllung der Satzungszwecke einer juristischen Person ausgeübt, die wegen Förderung gemeinnütziger, mildtätiger oder kirchlicher Zwecke steuerbegünstigt ist, ist im Allgemeinen davon auszugehen, dass die Tätigkeit ebenfalls der Förderung dieser steuerbegünstigten Zwecke dient. Dies gilt auch dann, wenn die nebenberufliche Tätigkeit in einem so genannten Zweck-

(Zu LStH 3.26a) **Anlage § 003-02/Ehrenamtliche Tätigkeit § 3 Nr. 26a**

betrieb i. S. der §§ 65 bis 68 AO ausgeübt wird, z. B. als nebenberuflicher Kartenverkäufer in einem Museum, Theater oder Opernhaus nach § 68 Nr. 7 AO.

Der Förderung begünstigter Zwecke kann auch eine Tätigkeit für eine juristische Person des öffentlichen Rechts dienen, z. B. nebenberufliche Aufsichtstätigkeit in einem Schwimmbad, nebenberuflicher Kirchenvorstand. Dem steht nicht entgegen, dass die Tätigkeit in den Hoheitsbereich der juristischen Person des öffentlichen Rechts fallen kann.

5. Nach § 3 Nr. 12 oder 26 EStG begünstigte Tätigkeiten

Der Freibetrag nach § 3 Nr. 26a EStG kann nicht in Anspruch genommen werden, wenn für die Einnahmen aus derselben Tätigkeit ganz oder teilweise eine Steuerbefreiung nach § 3 Nr. 12 EStG (Aufwandsentschädigungen aus öffentlichen Kassen) gewährt wird oder eine Steuerbefreiung nach § 3 Nr. 26 EStG (sog. Übungsleiterfreibetrag) gewährt wird oder gewährt werden könnte. Die Tätigkeit der Versichertenältesten fällt unter die schlichte Hoheitsverwaltung, so dass die Steuerbefreiungsvorschrift des § 3 Nr. 12 Satz 2 EStG anwendbar ist. Für eine andere Tätigkeit, die neben einer nach § 3 Nr. 12 oder 26 EStG begünstigten Tätigkeit bei einer anderen oder derselben Körperschaft ausgeübt wird, kann die Steuerbefreiung nach § 3 Nr. 26a EStG nur dann in Anspruch genommen werden, wenn die Tätigkeit nebenberuflich ausgeübt wird (s. dazu 2.) und die Tätigkeiten voneinander trennbar sind, gesondert vergütet werden und die dazu getroffenen Vereinbarungen eindeutig sind und durchgeführt werden. Einsatz- und Bereitschaftsdienstzeiten der Rettungssanitäter und Ersthelfer sind als einheitliche Tätigkeit zu behandeln, die insgesamt nach § 3 Nr. 26 EStG begünstigt sein kann und für die deshalb auch nicht teilweise die Steuerbefreiung nach § 3 Nr. 26a EStG gewährt wird.

6. Verschiedenartige Tätigkeiten

Erzielt der Steuerpflichtige Einnahmen, die teils für eine Tätigkeit, die unter § 3 Nr. 26a EStG fällt, und teils für eine andere Tätigkeit, die nicht unter § 3 Nr. 12, 26 oder 26a EStG fällt, gezahlt werden, ist lediglich für den entsprechenden Anteil nach § 3 Nr. 26a EStG der Freibetrag zu gewähren. Die Steuerfreiheit von Bezügen nach anderen Vorschriften, z. B. nach § 3 Nr. 13, 16 EStG, bleibt unberührt; wenn auf bestimmte Bezüge sowohl § 3 Nr. 26a EStG als auch andere Steuerbefreiungsvorschriften anwendbar sind, sind die Vorschriften in der Reihenfolge anzuwenden, die für den Steuerpflichtigen am günstigsten ist.

7. Höchstbetrag

Der Freibetrag nach § 3 Nr. 26a EStG ist ein Jahresbetrag. Dieser wird auch dann nur einmal gewährt, wenn mehrere begünstigte Tätigkeiten ausgeübt werden. Er ist nicht zeitanteilig aufzuteilen, wenn die begünstigte Tätigkeit lediglich wenige Monate ausgeübt wird.

Die Steuerbefreiung ist auch bei Ehegatten personenbezogen vorzunehmen. Auch bei der Zusammenveranlagung von Ehegatten kann der Freibetrag demnach von jedem Ehegatten bis zur Höhe der Einnahmen, höchstens 500 Euro, die er für eine eigene begünstigte Tätigkeit erhält, in Anspruch genommen werden. Eine Übertragung des nicht ausgeschöpften Teils des Freibetrags eines Ehegatten auf höhere Einnahmen des anderen Ehegatten aus der begünstigten nebenberuflichen Tätigkeit ist nicht zulässig.

8. Ehrenamtlicher Vorstand

– *Nummer 8 ist ersetzt durch BMF-Schreiben vom 14.10.2009 (BStBl. I S. 1318): Nachfolgend abgedruckt.* –

9. Werbungskosten- bzw. Betriebsausgabenabzug

Ein Abzug von Werbungskosten bzw. Betriebsausgaben, die mit den steuerfreien Einnahmen nach § 3 Nr. 26a EStG in einem unmittelbaren wirtschaftlichen Zusammenhang stehen, ist nur dann möglich, wenn die Einnahmen aus der Tätigkeit und gleichzeitig auch die jeweiligen Ausgaben den Freibetrag übersteigen. In Arbeitnehmerfällen ist in jedem Falle der Arbeitnehmer-Pauschbetrag anzusetzen, soweit er nicht bei anderen Dienstverhältnissen verbraucht ist.

Beispiel:

Ein Student, der keine anderen Einnahmen aus nichtselbständiger Arbeit erzielt, arbeitet nebenberuflich im Dienst der Stadt als Tierpfleger bei deren als gemeinnützig anerkanntem Tierheim. Dafür erhält er insgesamt 1 200 Euro im Jahr. Von den Einnahmen sind der Arbeitnehmer-Pauschbetrag von 920 Euro (§ 9a Satz 1 Nr. 1 Buchstabe b EStG) und der Freibetrag nach § 3 Nr. 26a EStG bis zur Höhe der verbliebenen Einnahmen (280 Euro) abzuziehen. Die Einkünfte aus der nebenberuflichen Tätigkeit betragen 0 Euro.

Anlage § 003-02/Ehrenamtliche Tätigkeit § 3 Nr. 26a (Zu LStH 3.26a)

10. Freigrenze des § 22 Nr. 3 EStG

Gehören die Einnahmen des Steuerpflichtigen aus seiner nebenberuflichen Tätigkeit zu den sonstigen Einkünften (§ 22 Nr. 3 EStG), ist der Freibetrag nach § 3 Nr. 26a EStG bei der Prüfung der Frage, ob die bei dieser Einkunftsart zu beachtende gesetzliche Freigrenze in Höhe von 256 Euro im Jahr überschritten ist, zu berücksichtigen.

Beispiel:

Ein nebenberuflicher rechtlicher Betreuer erhält für die Betreuung von zwei Personen zweimal die Entschädigungspauschale nach § 1835a BGB, also insgesamt 646 Euro. Nach Abzug des Freibetrags nach § 3 Nr. 26a EStG betragen die Einkünfte 146 Euro, liegen also unterhalb der Freigrenze des § 22 Nr. 3 EStG von 256 Euro.

11. Lohnsteuerverfahren

Beim Lohnsteuerabzug ist eine zeitanteilige Aufteilung des Freibetrags nicht erforderlich. Dies gilt auch dann, wenn feststeht, dass das Dienstverhältnis nicht bis zum Ende des Kalenderjahres besteht. Der Arbeitnehmer hat dem Arbeitgeber jedoch schriftlich zu bestätigen, dass die Steuerbefreiung nach § 3 Nr. 26a EStG nicht bereits in einem anderen Dienst- oder Auftragsverhältnis berücksichtigt worden ist oder berücksichtigt wird. Diese Erklärung ist zum Lohnkonto zu nehmen.

12. Rückspende

Die Rückspende einer steuerfrei ausgezahlten Aufwandsentschädigung oder Vergütung an die steuerbegünstigte Körperschaft ist grundsätzlich zulässig. Für den Spendenabzug sind die Grundsätze des BMF-Schreibens vom 7. Juni 1999 (BStBl. I S. 591) zur Anerkennung sog. Aufwandsspenden an gemeinnützige Vereine zu beachten.

Dieses Schreiben steht ab sofort für eine Übergangszeit auf den Internetseiten des Bundesministeriums der Finanzen (www.bundesfinanzministerium.de) unter der Rubrik Wirtschaft und Verwaltung – Steuern – Veröffentlichungen zu Steuerarten – Einkommensteuer zur Ansicht und zum Abruf bereit.

Gemeinnützigkeitsrechtliche Folgerungen aus der Anwendung des § 3 Nummer 26a EStG: Zahlungen an Mitglieder des Vorstands

BMF-Schreiben vom 14. Oktober 2009 IV C 4 – S 2121/07/0010, 2009/0680374 (BStBl. I S. 1318)

Nach den Feststellungen der Finanzverwaltung haben gemeinnützige Vereine die Einführung des neuen Steuerfreibetrags für Einnahmen aus nebenberuflichen Tätigkeiten im Dienst oder Auftrag einer steuerbegünstigten Körperschaft oder einer Körperschaft des öffentlichen Rechts zur Förderung steuerbegünstigter Zwecke in Höhe von 500 Euro im Jahr durch das Gesetz zur weiteren Stärkung des bürgerschaftlichen Engagements vom 10. Oktober 2007 (vgl. § 3 Nummer 26a des Einkommensteuergesetzes – EStG) zum Anlass genommen, pauschale Tätigkeitsvergütungen an Mitglieder des Vorstands zu zahlen.

Im Einvernehmen mit den obersten Finanzbehörden der Länder gilt dazu Folgendes:

Nach dem gesetzlichen Regelstatut des BGB hat ein Vorstandsmitglied Anspruch auf Auslagenersatz (§§ 27, 670 BGB). Die Zahlung von pauschalen Vergütungen für Arbeits- oder Zeitaufwand (Tätigkeitsvergütungen) an den Vorstand ist nur dann zulässig, wenn dies durch bzw. aufgrund einer Satzungsregelung ausdrücklich zugelassen ist. Ein Verein, der nicht ausdrücklich die Bezahlung des Vorstands regelt und der dennoch Tätigkeitsvergütungen an Mitglieder des Vorstands zahlt, verstößt gegen das Gebot der Selbstlosigkeit. Die regelmäßig in den Satzungen enthaltene Aussage: „Es darf keine Person ... durch unverhältnismäßig hohe Vergütungen begünstigt werden" (vgl. Anlage 1 zu § 60 AO; dort § 4 der Mustersatzung) ist keine satzungsmäßige Zulassung von Tätigkeitsvergütungen an Vorstandsmitglieder.

Eine Vergütung ist auch dann anzunehmen, wenn sie nach der Auszahlung an den Verein zurückgespendet oder durch Verzicht auf die Auszahlung eines entstandenen Vergütungsanspruchs an den Verein gespendet wird.

Der Ersatz tatsächlich entstandener Auslagen (z. B. Büromaterial, Telefon- und Fahrtkosten) ist auch ohne entsprechende Regelung in der Satzung zulässig. Der Einzelnachweis der Auslagen ist nicht erforderlich, wenn pauschale Zahlungen den tatsächlichen Aufwand offensichtlich nicht übersteigen; dies gilt nicht, wenn durch die pauschalen Zahlungen auch Arbeits- oder Zeitaufwand abgedeckt werden soll. Die Zahlungen dürfen nicht unangemessen hoch sein (§ 55 Absatz 1 Nummer 3 AO).

(Zu LStH 3.26a) **Anlage § 003-02/Ehrenamtliche Tätigkeit § 3 Nr. 26a**

Falls ein gemeinnütziger Verein bis zu dem Datum dieses Schreibens ohne ausdrückliche Erlaubnis dafür in seiner Satzung bereits Tätigkeitsvergütungen gezahlt hat, sind daraus unter den folgenden Voraussetzungen keine für die Gemeinnützigkeit des Vereins schädlichen Folgerungen zu ziehen:
1. Die Zahlungen dürfen nicht unangemessen hoch gewesen sein (§ 55 Absatz 1 Nummer 3 AO).
2. Die Mitgliederversammlung beschließt bis zum 31. Dezember 2010 eine Satzungsänderung, die Tätigkeitsvergütungen zulässt. An die Stelle einer Satzungsänderung kann ein Beschluss des Vorstands treten, künftig auf Tätigkeitsvergütungen zu verzichten.

Dieses Schreiben ersetzt meine Schreiben vom 22. April 2009 – IV C 4 – S 2121/07/0010 – (**nicht** im BStBl. veröffentlicht) und vom 9. März 2009 – IV C 4 – S 2121/07/0010 – (BStBl. I S. 445) und Nummer 8 meines Schreibens vom 25. November 2008 – IV C 4 – S 2121/07/0010 – (BStBl. I S. 985).

– Anlage § 003-02 –

Anlage § 003-03/Kaufkraftzuschläge § 3 Nr. 64 (Zu R 3.64 Abs. 2 LStR)

Gesamtübersicht über die Kaufkraftzuschläge zum 1. Januar 2010 (§ 3 Nummer 64 EStG) mit Zeitraum ab 1. Januar 2008

BMF-Schreiben vom 8. Januar 2010 IV C 5 - S 2341/09/10001, 2009/0872534 (BStBl. I S. 23)

Land/Dienstort		Datum vor 2008 entspricht letzter Änderung	Kaufkraftzuschlag in Prozent
Afghanistan		1.1.02	0
Ägypten		1.1.01	0
Albanien		1.9.02	0
Algerien		1.6.01	0
Angola		1.12.09	25
		1.11.08	30
		1.9.08	25
		1.11.07	20
Argentinien		1.3.02	0
Armenien		1.9.04	0
Aserbeidschan		1.3.09	0
		1.11.08	5
		1.2.03	0
Äthiopien		1.7.03	0
Australien		1.12.08	0
Australien		1.5.09	5
		1.12.08	0
		1.12.07	5
Bahrain		1.7.02	0
Bangladesch		1.4.02	0
Belgien		1.12.81	0
Benin		1.4.99	5
Bolivien		1.8.01	0
Bosnien-Herzegowina		1.11.98	0
Botsuana		1.10.90	0
Brasilien	– Brasilia	1.8.09	10
		1.12.08	5
		1.8.08	10
		1.7.08	5
		1.7.08	5
		1.6.07	10
	– Porto Alegre	1.5.09	5
		1.2.09	0
		1.7.07	5
	– Recife	1.8.09	10
		1.12.08	5
		1.8.08	10
		1.7.08	5
		1.6.07	10
	– Rio de Janeiro	1.5.09	10
		1.2.09	5
		1.7.07	10
	– Sao Paulo	s. Rio de Janeiro	
Brunei		1.8.02	0
Bulgarien		1.6.95	0
Burkina Faso		1.3.06	10
Burundi		1.9.09	5
		1.2.09	10
		1.1.09	5
		1.11.08	10
		1.1.07	5
Chile		1.4.06	0
China	– Hongkong	1.4.09	0

Land/Dienstort		Datum vor 2008 entspricht letzter Änderung	Kaufkraftzuschlag in Prozent
		1.2.09	5
		1.1.09	0
		1.11.08	5
		1.3.07	0
	– Kanton	1.8.02	0
	– Peking	1.8.02	0
	– Shanghai	1.2.03	0
Costa Rica		1.3.02	0
Côte d'Ivoire		1.8.98	10
Dänemark		1.12.93	15
Dominikanische Republik		1.12.05	0
Dschibuti		1.9.09	0
		1.7.09	5
		1.2.09	10
		1.12.07	5
Ecuador		1.8.02	0
El Salvador		1.12.06	0
Eritrea		1.11.08	15
		1.7.05	10
Estland		1.12.96	0
Finnland		1.7.09	5
		1.6.09	10
		1.2.05	5
Frankreich		1.10.00	10
Gabun		1.11.97	20
Georgien		1.1.09	5
		1.11.08	10
		1.10.06	5
Ghana		1.12.99	0
Griechenland		1.9.08	0
		1.9.07	5
Guatemala		1.11.07	0
Guinea		1.2.09	5
		1.1.09	10
		1.6.07	5
Haiti		1.1.10	0
		1.1.09	5
		1.12.08	10
		1.9.08	5
		1.5.08	0
		1.3.08	5
		1.4.04	14
Honduras		1.4.09	0
		1.2.09	5
		1.4.04	0
Indien		1.6.01	0
Indonesien		1.7.02	0
Irak		1.8.01	5
Iran		1.11.98	0
Irland		1.12.09	5
		1.5.08	0
Island		1.5.09	0
		1.2.09	5

(Zu R 3.64 Abs. 2 LStR)   **Anlage § 003-03/Kaufkraftzuschläge § 3 Nr. 64**

Land/Dienstort	Datum vor 2008 entspricht letzter Änderung	Kaufkraftzuschlag in Prozent	Land/Dienstort	Datum vor 2008 entspricht letzter Änderung	Kaufkraftzuschlag in Prozent
	1.11.08	0	Kosovo	1.12.98	0
	1.10.08	5	Kroatien	1.2.99	0
	1.9.08	10	Kuba	1.7.09	5
	1.8.08	5		1.4.09	10
	1.5.08	10		1.3.09	5
	1.3.08	15		1.11.08	10
	1.1.08	25		1.3.07	5
Israel	1.2.08	5	Kuwait	1.7.02	0
	1.8.07	0	Laotische Demokratische Volksrepublik	1.7.02	0
Italien	1.4.96	5			
Jamaika	1.11.09	0			
	1.2.09	5	Lettland	1.1.01	0
	1.11.08	10	Libanon	1.6.03	0
	1.5.08	5	Libyen	1.8.02	0
	1.4.08	0	Litauen	1.12.98	0
	1.1.08	5	Luxemburg	1.7.85	0
	1.12.07	0	Madagaskar	1.11.09	0
Japan	1.5.09	25		1.4.08	5
	1.3.09	30		1.2.04	0
	1.2.09	35	Malawi	1.3.03	0
	1.11.08	30	Malaysia	1.6.02	0
	1.9.08	20	Mali	1.11.03	20
	1.8.08	15	Malta	1.5.03	0
	1.8.07	20	Marokko	1.6.02	0
Jemen	1.9.02	0	Mauretanien	1.5.09	10
Jordanien	1.3.03	0		1.10.08	15
Kambodscha	1.12.04	0		1.10.06	10
Kamerun	1.9.08	10	Mazedonien	1.10.92	0
	1.3.08	5	Mexiko	1.4.03	0
	1.2.08	10	Moldau	1.9.01	0
	1.3.07	5	Mongolei	1.10.09	0
Kanada – Montreal		s. Ottawa		1.2.09	5
– Ottawa	1.3.08	0		1.10.08	10
	1.12.07	5		1.5.08	5
– Toronto		s. Ottawa		1.10.07	0
– Vancouver	1.8.08	0	Mosambik	1.7.09	0
	1.1.08	5		1.7.06	5
Kasachstan	1.3.09	0	Montenegro	1.5.07	0
	1.2.09	5	Myanmar	1.12.09	10
	1.1.09	0		1.8.08	15
	1.11.08	5		1.7.08	10
	1.9.02	0		1.6.08	15
Katar	1.8.02	0		1.4.08	10
Kap Verde	1.4.09	0		1.3.07	15
Kenia	1.7.09	0	Namibia	1.5.02	0
	1.2.09	5	Nepal	1.3.01	0
	1.2.08	0	Neuseeland	1.3.08	0
	1.12.07	5		1.8.07	5
Kirgisistan	1.12.98	0	Nicaragua	1.10.03	0
Kolumbien	1.7.02	0	Niederlande	1.10.83	0
Kongo, Dem. Rep.	1.12.09	5	Niger	1.9.07	10
	1.3.09	10	Nigeria	1.2.09	20
	1.9.08	20		1.1.09	25
	1.2.08	15		1.12.08	30
	1.6.07	20		1.9.08	25
Korea	1.12.08	5		1.7.05	20
	1.12.07	10	Norwegen	1.9.09	20
Korea, Demokratische Volksrepublik	1.4.05	10		1.12.08	15
				1.4.04	20
			Oman	1.8.02	0

Anlage § 003-03/Kaufkraftzuschläge § 3 Nr. 64 (Zu R 3.64 Abs. 2 LStR)

Land/Dienstort	Datum vor 2008 entspricht letzter Änderung	Kaufkraftzuschlag in Prozent
Österreich	1.11.99	5
Pakistan	1.9.95	0
Palästin. Autonom.		s. Israel
Panama	1.8.04	0
Papua-Neuguinea		s. Australien
Paraguay	1.8.01	0
Peru	1.10.04	0
Philippinen	1.1.98	0
Polen	1.12.99	0
Portugal	1.2.93	0
Ruanda	1.4.09	5
	1.2.09	10
	1.1.09	5
	1.11.08	10
	1.6.08	5
	1.4.08	0
	1.3.08	5
	1.12.07	0
Rumänien	1.1.99	0
Russische Föderation	1.3.04	0
Sambia	1.7.06	0
Saudi-Arabien	1.8.02	0
Schweden	1.5.09	5
	1.3.09	0
	1.1.08	5
	1.4.07	10
Schweiz	1.12.09	15
	1.11.09	20
	1.5.09	15
	1.11.08	20
	1.9.08	15
	1.8.08	10
	1.3.08	15
	1.3.07	10
Senegal	1.3.09	5
	1.8.08	10
	1.12.03	5
Serbien	1.7.92	0
Sierra Leone	1.12.09	0
	1.4.09	5
	1.3.09	10
	1.11.08	5
	1.10.08	10
	1.6.05	5
Simbabwe	1.1.09	0
	1.11.05	0
Singapur	1.2.03	0
Slowakische Republik	1.8.94	0
Slowenien	1.11.91	0
Spanien	1.11.09	0
	1.9.09	5
	1.7.09	0
	1.4.09	5
	1.1.09	0
	1.4.08	5
	1.12.07	0
Sri Lanka	1.2.95	0
Südafrika	1.9.01	0
Sudan	1.4.09	5
	1.2.09	10
	1.1.09	5
	1.11.08	10
	1.11.07	5
Syrien	1.2.04	0
Tadschikistan	1.9.04	0
Taiwan	1.8.05	0
Tansania	1.11.03	0
Thailand	1.11.98	0
Togo	1.9.01	5
Trinidad und Tobago	1.7.09	0
	1.2.09	5
	1.1.09	0
	1.11.08	5
	1.2.04	0
Tschad	1.12.09	20
	1.3.09	25
	1.2.09	20
	1.1.09	25
	1.11.08	20
	1.6.098	25
	1.3.07	20
Tschechische Republik	1.4.00	0
Tunesien	1.2.01	0
Türkei	1.10.08	0
	1.9.08	5
	1.4.08	0
	1.10.07	5
Turkmenistan	1.3.03	0
Uganda	1.5.09	0
	1.9.08	5
	1.8.07	0
Ukraine	1.8.02	0
Ungarn	1.7.91	0
Uruguay	1.10.02	0
Usbekistan	1.3.02	0
Venezuela	1.7.02	0
Vereinigte Arabische Emirate	1.8.02	0
Vereinigte Staaten – Atlanta	1.7.09	5
	1.4.09	5
	1.3.09	10
	1.1.09	5
	1.11.08	10
	1.10.07	0
– Boston	1.12.09	0
	1.6.09	5
	1.11.08	10
	1.9.08	5
	1.11.07	0
– Chicago	1.10.09	0
	1.9.09	5
	1.8.09	0
	1.4.09	5
	1.11.08	10
	1.10.08	5
	1.11.07	0

(Zu R 3.64 Abs. 2 LStR) **Anlage § 003-03/Kaufkraftzuschläge § 3 Nr. 64**

Land/Dienstort	Datum vor 2008 entspricht letzter Änderung	Kaufkraftzuschlag in Prozent
– Houston	1.12.09	0
	1.4.09	5
	1.11.08	10
	1.9.08	5
	1.11.07	0
– Los Angeles	1.12.09	0
	1.6.09	5
	1.11.08	10
	1.9.08	5
	1.11.07	0
– Miami	1.4.09	0
	1.11.06	5
	1.6.06	0
– New York	1.12.09	5
	1.4.09	10
	1.11.08	15
	1.9.08	10
	1.11.07	5
– San Francisco	1.12.09	0
	1.7.09	5
	1.11.08	10
	1.9.08	5
	1.12.07	0
– Washington	1.12.09	0
	1.6.09	5
	1.11.08	10
	1.9.08	5
	1.11.07	0
Vereinigtes Königreich	1.9.09	0
	1.7.09	5
	1.2.09	0
	1.4.08	5
	1.1.08	10
Vietnam	1.5.03	0
Weißrussland	1.11.01	0
Zypern	1.8.95	0

Änderungen und Ergänzungen dieser Übersicht werden vierteljährlich im Bundessteuerblatt Teil I veröffentlicht. Der Zuschlag bezieht sich, sofern nicht andere Zuschläge festgesetzt sind, jeweils auf den gesamten konsularischen Amtsbezirk einer Vertretung (R 3.64 Abs. 3 LStR 2008). Informationen zu den konsularischen Amtsbezirken der Vertretungen erhalten Sie unter www.auswaertiges-amt.de.
Kaufkraftzuschläge für den Zeitraum 1. Januar 2004 bis 1. Januar 2008 ergeben sich aus der Bekanntmachung vom 10. Januar 2008 – IV C 5 – S 2341/08/0001–/–2008/0010594 (BStBl. I 2008 S. 259). Kaufkraftzuschläge für den Zeitraum vom 1. Januar 2000 bis 1. Januar 2004 ergeben sich aus der Bekanntmachung vom 23. Dezember 2003 – IV C 5 – S 2341 – 16/03 – (BStBl. I 2004 S. 45). Kaufkraftzuschläge für Zeiträume vor dem 1. Januar 2000 ergeben sich aus der Bekanntmachung vom 27. Dezember 2002 – IV C 5 – S 2341 – 13/02 – (BStBl. I 2003 S. 50).

Anlage § 003-04/Tagegeld EU-Beamte (Zu LStH 3.64)

Steuerliche Behandlung des von Organen der EU gezahlten Tagegeldes für in ihrem Bereich verwendete Beamte

BMF-Schreiben vom 12. April 2006 IV B 3 – S 1311 – 75/06 (BStBl. I S. 340)

Unter Bezugnahme auf das Ergebnis der Erörterungen mit den obersten Finanzbehörden der Länder gilt für die steuerliche Behandlung des von den Organen der EU gezahlten Tagegeldes für in ihrem Geschäftsbereich verwendete Beamtinnen und Beamte Folgendes:

1. Allgemeines

Die EU zahlt an ihren Organen zugewiesene nationale Sachverständige (Beamte) ein Tagegeld (EU-Tagegeld). Darüber hinaus erhält der Beamte während der Zuweisung bei der EU die ihm aus seinem Amt zustehende Besoldung von seiner Herkunftsdienststelle.

2. Steuerliche Behandlung nach nationalem deutschen Recht

Wird der Beamte nach § 123a Abs. 1 Beamtenrechtsrahmengesetz (BRRG) zugewiesen und wird die Zuweisung einer Abordnung i.S.d. § 58 Abs. 1 Satz 2 Bundesbesoldungsgesetz (BBesG) gleich gestellt, erhält der Beamte neben den Inlandsdienstbezügen bei Vorliegen der sonstigen Voraussetzungen von seinem deutschen Dienstherrn (steuerfreie) Auslandsdienstbezüge nach § 52 Abs. 1 BBesG.

Das EU-Tagegeld ist Arbeitslohn, weil es auf Grund des vorübergehenden Dienstverhältnisses mit der EU gezahlt wird. Es bleibt jedoch steuerfrei, soweit es auf steuerfreie Auslandsdienstbezüge angerechnet wird (§ 3 Nr. 64 EStG i.V.m. § 9a Abs. 2 BBesG), siehe auch Nr. 5.

3. Keine Steuerbefreiung nach Art. 13 des Protokolls über die Vorrechte und Befreiungen der Europäischen Gemeinschaft vom 8. April 1965

Die EU ist für die ihr zugewiesenen Beamten zwar auch als Arbeitgeberin i.S.d. Art. 15 Abs. 2 Nr. 2 Doppelbesteuerungsabkommen-Belgien (DBA-Belgien) anzusehen, die betroffenen Personen sind aber trotzdem keine Beamten oder sonstigen Bediensteten der EU. Die vergüteten Tagegelder unterliegen daher nicht Art. 13 des Protokolls über die Vorrechte und Befreiungen der Europäischen Gemeinschaft vom 8. April 1965 und sind daher nicht steuerbefreit.

4. Zuordnung des Besteuerungsrechts nach den DBA

Für die dem Beamten gewährten Inlandsdienstbezüge steht nach den Vorschriften des jeweils einschlägigen DBA über die Bezüge aus öffentlichen Kassen der Vertragsstaaten (z.B. Art. 19 DBA-Belgien, Art. 11 DBA-Luxemburg) Deutschland als Kassenstaat das Besteuerungsrecht zu. Der inländische Dienstherr bleibt weiterhin Arbeitgeber im abkommensrechtlichen Sinne.

Für das EU-Tagegeld ist die Vorschrift über Einkünfte aus nichtselbständiger Arbeit des jeweiligen DBA anzuwenden (z.B. Art. 15 DBA-Belgien, Art. 10 DBA-Luxemburg); die Kassenstaatsklauseln finden keine Anwendung. Danach hat der Staat das Besteuerungsrecht, in dem die nichtselbständige Arbeit ausgeübt wird. Der Ort der Arbeitsausübung befindet sich grundsätzlich dort, wo sich der Arbeitnehmer zur Ausführung seiner Tätigkeit persönlich aufhält. In der Regel steht daher den Tätigkeitsstaaten (z.B. Belgien, Luxemburg) das Besteuerungsrecht zu. Das die EU-Tagegelder zahlende und wirtschaftlich tragende EU-Organ ist während der Tätigkeit des Beamten bei diesem Organ – neben dem inländischen Dienstherrn – (partiell) auch dessen Arbeitgeber im abkommensrechtlichen Sinne (BFH vom 15. März 2000, BStBl. 2002 II S. 238).

Ist der Beamte (weiterhin) in Deutschland ansässig und übt er seine Tätigkeit bei einem Organ der EU (in dem maßgebenden Veranlagungszeitraum) nicht länger als 183 Tage aus, wird das EU-Tagegeld grundsätzlich in Deutschland besteuert. Dies gilt jedoch nicht, wenn das die EU-Tagegelder zahlende und wirtschaftlich tragende Organ der EU seinen Sitz im Tätigkeitsstaat hat und somit i.S.d. DBA ansässig ist.

Beispiel 1:

Zuweisung des Beamten zur Europäischen Kommission, Tätigkeit in Brüssel.

Die EU-Kommission (Arbeitgeberin) hat ihren Sitz in Brüssel; sie ist damit in Belgien ansässig i.S.d. Art. 4 Abs. 1 DBA-Belgien. Das Besteuerungsrecht für das EU-Tagegeld steht somit Belgien zu (Art. 15 Abs. 1 DBA-Belgien).

Beispiel 2:

Zuweisung des Beamten zur Europäischen Kommission, Tätigkeit in Luxemburg.

Die EU-Kommission (Arbeitgeberin) ist in Belgien ansässig, der Beamte ist aber in Luxemburg tätig. Das Besteuerungsrecht für die EU-Tagegelder steht Luxemburg zu, wenn sich der Beamte

(Zu LStH 3.64)　　　　　　　　　　　　　**Anlage § 003-04/Tagegeld EU-Beamte**

mehr als 183 Tage in Luxemburg aufhält (Art. 10 Abs. 1 DBA-Luxemburg; die Voraussetzungen des Art. 10 Abs. 2 Nr. 1 DBA-Luxemburg sind nicht erfüllt). Hält sich der Beamte nicht mehr als 183 Tage in Luxemburg auf, steht das Besteuerungsrecht für die EU-Tagegelder Deutschland zu, weil die Arbeitgeberin des Beamten nicht in Luxemburg ansässig ist (Art. 10 Abs. 2 Nr. 2 DBA-Luxemburg). Wird das EU-Tagegeld nach einem DBA von der deutschen Steuer freigestellt, ist gem. § 32b Abs. 1 Nr. 2 und 3 EStG bei unbeschränkter Steuerpflicht der Steuersatz anzuwenden, der sich unter Berücksichtigung des EU-Tagegeldes ergibt (Progressionsvorbehalt). Dies gilt nicht, soweit das EU-Tagegeld gem. § 9a Abs. 2 BBesG auf steuerfreie Auslandsdienstbezüge angerechnet wird (vgl. Nr. 5).

5. Anrechnung des EU-Tagegeldes auf steuerfreie Auslandsdienstbezüge

Steuerfreie Auslandsdienstbezüge und das EU-Tagegeld werden auf Grund der besoldungsrechtlich vorgeschriebenen Anrechnung grundsätzlich nicht in voller Höhe nebeneinander gezahlt (§ 9a Abs. 2 BBesG).

Bei der Besteuerung nach dem Einkommen ist nur der Teil des EU-Tagegeldes zu berücksichtigen, der die steuerfreien Auslandsdienstbezüge, die dem Steuerpflichtigen gezahlt würden, wenn er kein EU-Tagegeld erhalten hätte, übersteigt. Bei der Berechnung dieses Teils des EU-Tagegeldes ist die Höhe der steuerfreien Auslandsdienstbezüge, die dem Steuerpflichtigen ohne Zahlung von EU-Tagegeld zustehen würden, zu ermitteln und von dem insgesamt gezahlten EU-Tagegeld abzuziehen, auch wenn der Steuerpflichtige tatsächlich keine steuerfreien Auslandsdienstbezüge erhält (fiktive Anrechnung).

Beispiel:

Ein Steuerpflichtiger übt während des gesamten Kalenderjahrs eine Tätigkeit als nationaler Sachverständiger (Beamter) bei einem Organ der EU aus. Er erhält hierfür neben seinen Inlandsdienstbezügen ein EU-Tagegeld in Höhe von 3 000 € monatlich. Würde ihm kein EU-Tagegeld gezahlt werden, hätte er steuerfreie Auslandsdienstbezüge in Höhe von insgesamt 2 500 € monatlich erhalten. Der bei der Besteuerung zu berücksichtigende Teil des EU-Tagegeldes berechnet sich wie folgt:

Jahresbetrag des EU-Tagegeldes (12 x 3 000 €)	36 000 €
abzüglich Jahresbetrag der steuerfreien Auslandsdienstbezüge, die dem Steuerpflichtigen ohne Zahlung von EU-Tagegeld zustehen würden (12 x 2 500 €)	– 30 000 €
Übersteigender Betrag des EU-Tagegeldes	6 000 €

Bei der Besteuerung nach dem Einkommen ist das EU-Tagegeld in Höhe von 6 000 € zu berücksichtigen.

Die steuerfreien Auslandsdienstbezüge sind geregelt in §§ 52 ff. BBesG in der Fassung der Bekanntmachung vom 6. August 2002 (BGBl. I S. 3020), zuletzt geändert durch Artikel 3 Abs. 10 des Gesetzes vom 7. Juli 2005 (BGBl. I S. 1970) und durch Artikel 2 des Gesetzes vom 22. September 2005 (BGBl. I S. 2809). Bei Zweifelsfragen empfiehlt es sich, die für die Besoldung des Steuerpflichtigen zuständige Dienststelle um Amtshilfe zu bitten.

Dieses Schreiben tritt an die Stelle des BMF-Schreibens vom 12. März 2002 – IV B 6 – S 1300 – 157/01 – (BStBl. I S. 483), welches hiermit aufgehoben wird. Es ist in allen noch offenen Fällen anzuwenden.

Anlage § 003-06/Übertragung auf Pensionsfonds (Zu LStH 3.66)

Übertragung von Versorgungsverpflichtungen und Versorgungsanwartschaften auf Pensionsfonds; Anwendung der Regelungen in § 4d Abs. 3 EStG und § 4e Abs. 3 EStG i. V. m. § 3 Nr. 66 EStG

BMF-Schreiben vom 26. Oktober 2006 IV B 2 – S 2144 – 57/06 (BStBl. I S. 709)

Nach § 4e Abs. 3 Satz 1 EStG können auf Antrag die insgesamt erforderlichen Leistungen an einen Pensionsfonds zur teilweisen oder vollständigen Übernahme einer bestehenden Versorgungsverpflichtung oder Versorgungsanwartschaft durch den Pensionsfonds erst in den dem Wirtschaftsjahr der Übertragung folgenden zehn Wirtschaftsjahren gleichmäßig verteilt als Betriebsausgabe abgezogen werden. Werden Versorgungszusagen über eine Unterstützungskasse von einem Pensionsfonds übernommen, ist die Verteilungsregelung mit der Maßgabe anzuwenden, dass die im Zusammenhang mit der Übernahme erforderliche Zuwendung an die Unterstützungskasse erst in den dem Wirtschaftsjahr der Zuwendung folgenden zehn Wirtschaftsjahren gleichmäßig verteilt als Betriebsausgaben abgezogen werden können (§ 4d Abs. 3 EStG). Der Antrag nach § 4d Abs. 3 EStG oder § 4e Abs. 3 EStG führt nach Maßgabe der folgenden Regelungen zur Lohnsteuerfreiheit der entsprechenden Leistungen des Arbeitgebers oder der Unterstützungskasse an den Pensionsfonds (§ 3 Nr. 63, 66 EStG).

Für die Anwendung dieser Regelungen gilt nach Abstimmung mit den obersten Finanzbehörden der Länder Folgendes:

1. Anwendungsbereich der Regelungen in § 3 Nr. 63 und 66 EStG i. V. m. § 4d Abs. 3 EStG und § 4e Abs. 3 EStG

a) Übertragung von Versorgungsverpflichtungen gegenüber Leistungsempfängern und von unverfallbaren Versorgungsanwartschaften ausgeschiedener Versorgungsberechtigter

1   Leistungen eines Arbeitgebers oder einer Unterstützungskasse an einen Pensionsfonds zur Übernahme bestehender Versorgungsverpflichtungen gegenüber Leistungsempfängern (laufende Rentenzahlungen) und unverfallbarer Versorgungsanwartschaften ausgeschiedener Versorgungsberechtigter sind insgesamt nach § 3 Nr. 66 EStG steuerfrei, wenn ein Antrag gemäß § 4d Abs. 3 EStG oder § 4e Abs. 3 EStG gestellt wird.

b) Übertragung von Versorgungsanwartschaften aktiver Beschäftigter

2   Bei einer entgeltlichen Übertragung von Versorgungsanwartschaften aktiver Beschäftigter kommt die Anwendung von § 3 Nr. 66 EStG nur für Zahlungen an den Pensionsfonds in Betracht, die für die bis zum Zeitpunkt der Übertragung bereits erdienten Versorgungsanwartschaften geleistet werden.

3   Zahlungen an den Pensionsfonds für zukünftig noch zu erdienende Anwartschaften sind ausschließlich in dem begrenzten Rahmen des § 3 Nr. 63 EStG lohnsteuerfrei.

4   Die bis zum Zeitpunkt der Übertragung bereits erdienten, entgeltlich übertragenen Versorgungsanwartschaften sind grundsätzlich mit dem steuerlich ausfinanzierbaren Teil, mindestens aber in Höhe des zeitanteilig quotierten Versorgungsanteiles nach § 2 Abs. 1 oder Abs. 5a des Betriebsrentengesetzes (Gesetz zur Verbesserung der betrieblichen Altersversorgung – BetrAVG) zu berücksichtigen.

5   Soll eine Versorgungsanwartschaft eines Aktiven aus einer Pensionszusage auf einen Pensionsfonds übertragen werden, ergibt sich der erdiente Teil der Anwartschaft als Quotient des Teilwertes gem. § 6a Abs. 3 Satz 2 Nr. 1 EStG zum Barwert der künftigen Pensionsleistungen, jeweils ermittelt auf den Übertragungszeitpunkt.

2. Berücksichtigung der insgesamt erforderlichen Leistungen zur Übernahme von Versorgungsverpflichtungen oder Versorgungsanwartschaften

6   Nach dem Sinn und Zweck der Regelungen in § 4d Abs. 3 EStG und § 4e Abs. 3 EStG können alle Leistungen des Steuerpflichtigen im Sinne der Randnummern 1 und 2 im Zusammenhang mit der Übernahme von Versorgungsverpflichtungen oder Versorgungsanwartschaften durch Pensionsfonds über den Verteilungszeitraum als Betriebsausgaben abgezogen werden. Das gilt auch für nach § 3 Nr. 66 EStG begünstigte Leistungen (Randnummern 1 und 2), die nach dem Wirtschaftsjahr der Übernahme der Versorgungsverpflichtung entstanden sind oder entrichtet werden (z. B. nachträgliche zusätzliche Zuwendungen aufgrund einer nicht hinreichenden Deckung durch den zum Übernahmezeitpunkt geleisteten Einmalbetrag). Der Antrag auf Verteilung kann nur einheitlich für sämtliche Leistungen zur Übernahme einer Versorgungsverpflichtung oder Versorgungsanwartschaft gestellt werden. Wurden die erstmaligen Aufwendungen im vollen Umfang Gewinn mindernd geltend gemacht, ist auch eine Verteilung eventueller Nachschusszahlungen nicht möglich.

(Zu LStH 3.66) **Anlage § 003-06/Übertragung auf Pensionsfonds**

3. Beginn des Verteilungszeitraumes

Der zehnjährige Verteilungszeitraum beginnt bei einer Bilanzierung nach § 4 Abs. 1 und § 5 EStG in dem dem Wirtschaftsjahr des Entstehens der Leistungsverpflichtung folgenden Wirtschaftsjahr und bei einer Gewinnermittlung nach § 4 Abs. 3 EStG in dem dem Jahr der Leistung folgenden Wirtschaftsjahr. Das gilt auch für die Verteilung einer möglichen Nachschusszahlung, wobei es unerheblich ist, ob noch innerhalb des ursprünglichen Zehnjahresraumes nach dem Wirtschaftsjahr der Übertragung der Versorgungsverpflichtung oder Versorgungsanwartschaft oder erst zu einem späteren Zeitpunkt die Leistungsverpflichtung entsteht oder die Zahlung geleistet wird. 7

4. Beispiel

Arbeitgeber A passiviert in der steuerlichen Gewinnermittlung zum 31. Dezember 2003 aufgrund einer Direktzusage zulässigerweise eine Pensionsrückstellung nach § 6a EStG in Höhe von 100 000 €. In 2004 wird die Versorgungsanwartschaft von einem Pensionsfonds übernommen. A zahlt hierfür 150 000 € (begünstigt nach § 3 Nr. 66 EStG, vgl. Randnummer 2) und stellt einen Antrag nach § 4e Abs. 3 EStG auf Verteilung der Betriebsausgaben. Im Jahr 2010 leistet A aufgrund einer Deckungslücke einen weiteren unter § 3 Nr. 66 EStG fallenden Einmalbetrag von 30.000 €. 8

In 2004 ist die Rückstellung nach § 6a EStG Gewinn erhöhend aufzulösen. Da A einen Antrag auf Verteilung der dem Grunde nach sofort abzugsfähigen Betriebsausgaben gestellt hat, mindern in 2004 im Ergebnis nur 100.000 € (= Höhe der aufzulösenden Pensionsrückstellung, § 4e Abs. 3 Satz 3 EStG) den Gewinn. Der verbleibende Betrag von 50.000 € (150.000 € – 100.000 €) ist dem Gewinn 2004 außerbilanziell wieder hinzuzurechnen. In den Jahren 2005 bis 2014 ist der Gewinn um jeweils 1/10 x 50.000 € = 5.000 € außerbilanziell zu vermindern.

Auch die in 2010 geleistete Nachschusszahlung von 30.000 € ist aufgrund des für alle Leistungen im Zusammenhang mit der Übertragung bindenden Antrages nach § 4e Abs. 3 EStG zu verteilen. Demnach erhöht der Betrag von 30.000 € außerbilanziell den Gewinn in 2010. In den Jahren 2011 bis 2020 mindert sich der Gewinn außerbilanziell jährlich um je 1/10 x 30.000 € = 3.000 €. Hätte A die ursprüngliche Zahlung von 150.000 € vollumfänglich in 2004 als Betriebsausgabe geltend gemacht, hätte auch die in 2010 geleistete Nachschusszahlung nicht verteilt werden können.

Anlage § 003-07/Vermögensbeteiligungen ab 2009 (Zu LStH 3.39)

Behandlung der Überlassung von Vermögensbeteiligungen ab 2009
(§ 3 Nummer 39, § 19a EStG)

BMF-Schreiben vom 8. Dezember 2009 IV C 5 - S 2347/09/10002, 2009/0810442 (BStBl. I S. 1513)

Durch das Gesetz zur steuerlichen Förderung der Mitarbeiterkapitalbeteiligungen (Mitarbeiterkapitalbeteiligungsgesetz) vom 7. März 2009 (BGBl. I S. 451, BStBl. I S. 436) hat die lohnsteuerliche Behandlung der Überlassung von Vermögensbeteiligungen an Arbeitnehmer wesentliche Änderungen erfahren. Unter Bezugnahme auf das Ergebnis einer Erörterung mit den obersten Finanzbehörden der Länder und dem Bundesministerium für Arbeit und Soziales wird zur lohnsteuerlichen Behandlung der Überlassung von Vermögensbeteiligungen ab 2009 wie folgt Stellung genommen:

1. Steuerfreistellung über § 3 Nummer 39 EStG
1.1 Allgemeines (§ 3 Nummer 39 Satz 1 EStG)
1.1.1 Begünstigter Personenkreis

§ 3 Nummer 39 des Einkommensteuergesetzes (EStG) gilt für unbeschränkt und beschränkt einkommensteuerpflichtige Arbeitnehmer (siehe § 1 der Lohnsteuer-Durchführungsverordnung – LStDV –), die in einem gegenwärtigen Dienstverhältnis zum Unternehmen (siehe § 1 Absatz 2 LStDV) stehen. Ein erstes Dienstverhältnis ist nicht Voraussetzung für die Steuerfreistellung.

In einem gegenwärtigen Dienstverhältnis stehen auch Arbeitnehmer, deren Dienstverhältnis ruht (z. B. während der Mutterschutzfristen, der Elternzeit, Zeiten der Ableistung von Wehr- und Zivildienst) oder die sich in der Freistellungsphase einer Altersteilzeitvereinbarung befinden.

Die Überlassung von Vermögensbeteiligungen an frühere Arbeitnehmer des Arbeitgebers ist nur steuerbegünstigt, soweit die unentgeltliche oder verbilligte Vermögensbeteiligung im Rahmen einer Abwicklung des früheren Dienstverhältnisses noch als Arbeitslohn für die tatsächliche Arbeitsleistung überlassen wird. Personen, die ausschließlich Versorgungsbezüge beziehen, stehen nicht mehr in einem gegenwärtigen Dienstverhältnis.

1.1.2 Begünstigte Vermögensbeteiligungen

Die Vermögensbeteiligungen, deren Überlassung nach § 3 Nummer 39 EStG steuerbegünstigt ist, sind in § 3 Nummer 39 Satz 1 EStG i. V. m. § 2 Absatz 1 Nummer 1 Buchstabe a, b und d bis l und Absatz 2 bis 5 des Fünften Vermögensbildungsgesetzes (5. VermBG) abschließend aufgezählt. Auf das BMF-Schreiben vom 9. August 2004 (BStBl. I S. 717), das mit Wirkung ab 2009 durch das BMF-Schreiben vom 16. März 2009 (BStBl. I S. 501) geändert wurde, wird hingewiesen. Aktienoptionen sind keine Vermögensbeteiligungen im Sinne des Fünften Vermögensbildungsgesetzes. – **Anhang 25** –

Es muss sich um Beteiligungen „... am Unternehmen des Arbeitgebers ..." handeln. Unternehmen, die demselben Konzern im Sinne von § 18 des Aktiengesetzes (AktG) angehören, gelten als Arbeitgeber in diesem Sinne (§ 3 Nummer 39 Satz 3 EStG). Der Begriff „Unternehmen des Arbeitgebers" im Sinne des § 3 Nummer 39 Satz 1 EStG umfasst das gesamte Betätigungsfeld des Arbeitgebers im lohnsteuerlichen Sinn; zum Arbeitgeberbegriff in diesem Sinne siehe § 1 Absatz 2 Satz 2 LStDV, R 19.1 der Lohnsteuer-Richtlinien 2008 – LStR 2008 – sowie die entsprechenden Hinweise.

Inländische und ausländische Investmentanteile können nicht steuerbegünstigt überlassen werden, soweit es sich nicht um Anteile an einem Mitarbeiterbeteiligungs-Sondervermögen im Sinne des § 90l InvG handelt (Ausschluss des Buchstabens c § 2 Absatz 1 Nummer 1 des 5. VermBG). Dies gilt auch dann, wenn das Sondervermögen oder der ausländische Investmentfonds Vermögenswerte des Arbeitgebers beinhaltet (insbesondere Aktien).

Die Beteiligung an einem Mitarbeiterbeteiligungs-Sondervermögen ist bei Erwerb von entsprechenden Anteilen durch den Arbeitgeber für den Arbeitnehmer begünstigt, denn aufgrund der besonderen Ausgestaltung des Mitarbeiterbeteiligungs-Sondervermögens handelt es sich ebenfalls im Grunde nach um eine Beteiligung „... am Unternehmen des Arbeitgebers ..."; eine Investition des Sondervermögens in das Unternehmen des Arbeitgebers ist hier nicht erforderlich.

Auch der Erwerb von Vermögensbeteiligungen durch eine Bruchteilsgemeinschaft sowie der Erwerb durch eine Gesamthandsgemeinschaft, der jeweils ausschließlich Arbeitnehmer angehören, stellt einen Erwerb im Sinne des § 2 Absatz 1 Nummer 1 des 5. VermBG dar. Dies gilt nicht, wenn die gemeinschaftlich erworbenen Vermögensbeteiligungen den Arbeitnehmern bei wirtschaftlicher Betrachtung nicht zuzurechnen sind (vgl. Tz. 4).

1.1.3 Überlassung der Vermögensbeteiligung durch einen Dritten

Voraussetzung für die Steuerbegünstigung ist nicht, dass der Arbeitgeber Rechtsinhaber der zu überlassenden Vermögensbeteiligung am Unternehmen des Arbeitgebers ist. Die Steuerbegünstigung gilt deshalb auch für den geldwerten Vorteil, der bei Überlassung der Vermögensbeteiligung durch einen Dritten entsteht, sofern die Überlassung durch das gegenwärtige Dienstverhältnis veranlasst ist. Eine steuerbegünstigte Überlassung von Vermögensbeteiligungen durch Dritte liegt z. B. vor, wenn der Arbeitnehmer die Vermögensbeteiligung unmittelbar erhält

1. von einem Beauftragten des Arbeitgebers, z. B. einem Kreditinstitut oder anderen Unternehmen, oder
2. von einem Unternehmen, das mit dem Unternehmen des Arbeitgebers in einem Konzern (§ 18 AktG) verbunden ist (z. B. Ausgabe von Aktien oder anderen Vermögensbeteiligungen durch eine Konzernobergesellschaft an Arbeitnehmer der Konzernuntergesellschaft oder zwischen anderen Konzerngesellschaften).

Dabei kommt es nicht darauf an, ob der Arbeitgeber in die Überlassung eingeschaltet ist oder ob der Arbeitgeber dem Dritten den Preis der Vermögensbeteiligung oder die durch die Überlassung entstehenden Kosten ganz oder teilweise ersetzt.

1.1.4 Mehrfache Inanspruchnahme

§ 3 Nummer 39 EStG ist auf das Dienstverhältnis bezogen. Steht der Arbeitnehmer im Kalenderjahr nacheinander oder nebeneinander in mehreren Dienstverhältnissen, kann die Steuerbefreiung in jedem Dienstverhältnis in Anspruch genommen werden.

1.1.5 Geldleistungen

Die Steuerbegünstigung gilt nur für den geldwerten Vorteil, den der Arbeitnehmer durch die unentgeltliche oder verbilligte Überlassung der Vermögensbeteiligung erhält. Deshalb sind Geldleistungen des Arbeitgebers an den Arbeitnehmer zur Begründung oder zum Erwerb der Vermögensbeteiligung oder für den Arbeitnehmer vereinbarte vermögenswirksame Leistungen im Sinne des Fünften Vermögensbildungsgesetzes, die zur Begründung oder zum Erwerb der Vermögensbeteiligung angelegt werden, nicht steuerbegünstigt.

1.1.6 Nebenkosten

Die Übernahme der mit der Überlassung von Vermögensbeteiligungen verbundenen Nebenkosten durch den Arbeitgeber, z. B. Notariatsgebühren, Eintrittsgelder im Zusammenhang mit Geschäftsguthaben bei einer Genossenschaft und Kosten für Registereintragungen, ist kein Arbeitslohn. Ebenfalls kein Arbeitslohn sind vom Arbeitgeber übernommene Depotgebühren, die durch die Festlegung der Wertpapiere für die Dauer einer vertraglich vereinbarten Sperrfrist entstehen; dies gilt entsprechend bei der kostenlosen Depotführung durch den Arbeitgeber.

1.2 Einzubeziehende Arbeitnehmer (§ 3 Nummer 39 Satz 2 Buchstabe b EStG)

Nach § 3 Nummer 39 Satz 2 Buchstabe b EStG ist unabhängig von der arbeitsrechtlichen Verpflichtung zur Gleichbehandlung Voraussetzung für die Steuerfreiheit, dass die Beteiligung mindestens allen Arbeitnehmern (§ 1 LStDV) offensteht, die im Zeitpunkt der Bekanntgabe des Angebots ein Jahr oder länger ununterbrochen in einem gegenwärtigen Dienstverhältnis zum Unternehmen des Arbeitgebers stehen (§ 2 LStDV). Einzubeziehen sind danach z. B. auch geringfügig Beschäftigte, Teilzeitkräfte, Auszubildende und weiterbeschäftigte Rentner. Bei einem Entleiher sind Leiharbeitnehmer nicht einzubeziehen. Arbeitnehmer, die kürzer als ein Jahr in einem Dienstverhältnis zum Unternehmen stehen, können einbezogen werden. Bei einem Konzernunternehmen müssen die Beschäftigten der übrigen Konzernunternehmen nicht einbezogen werden.

Es wird nicht beanstandet, wenn aus Vereinfachungsgründen ins Ausland entsandte Arbeitnehmer (sog. Expatriates) nicht einbezogen werden. Entsprechendes gilt für Organe von Körperschaften, für Mandatsträger, für Arbeitnehmer mit einem gekündigten Dienstverhältnis und für Arbeitnehmer, die zwischen dem Zeitpunkt des Angebots und dem Zeitpunkt der Überlassung der Vermögensbeteiligung aus sonstigen Gründen aus dem Unternehmen ausscheiden (z. B. Auslaufen des Arbeitsvertrages).

War ein Arbeitgeber begründet davon ausgegangen, dass ein bestimmter Arbeitnehmer oder eine bestimmte Gruppe von Arbeitnehmern nicht einzubeziehen ist, und stellt sich im Nachhinein etwas anderes heraus, bleibt die Steuerfreiheit der übrigen Arbeitnehmer unberührt.

Beispiel:
Der Arbeitgeber ging davon aus, allen Arbeitnehmern ein Angebot zum verbilligten Erwerb einer Vermögensbeteiligung unterbreitet zu haben. Bei einer nicht einbezogenen Gruppe von Personen

Anlage § 003-07/Vermögensbeteiligungen ab 2009 (Zu LStH 3.39)

stellte sich jedoch im Rahmen einer Lohnsteuer-Außenprüfung heraus, dass es sich nicht um selbständige Mitarbeiter, sondern um Arbeitnehmer handelt. Die Steuerfreiheit der übrigen Arbeitnehmer bleibt davon unberührt.

Hinsichtlich der Konditionen, zu denen die Vermögensbeteiligungen überlassen werden, kann bei den einzelnen Arbeitnehmern differenziert werden (z. B. bezüglich der Höhe einer Zuzahlung oder der Beteiligungswerte). Dies bedarf aus arbeitsrechtlicher Sicht eines sachlichen Grundes.

1.3 Bewertung (§ 3 Nummer 39 Satz 4 EStG)

Nach § 3 Nummer 39 Satz 4 EStG ist als Wert der Vermögensbeteiligung der gemeine Wert zum Zeitpunkt der Überlassung anzusetzen. Für die Höhe des Wertes wird dabei an die Grundsätze des Bewertungsgesetzes (BewG) angeknüpft und nicht an die üblichen Endpreise am Abgabeort, wie sie nach § 8 Absatz 2 Satz 1 EStG sonst für die nicht in Geld bestehenden Einnahmen im Regelfall anzusetzen sind. § 8 Absatz 2 Satz 9 EStG und R 8.1 Absatz 2 Satz 9 LStR 2008 sind daher nicht anzuwenden.

Für die Bewertung der in § 3 Nummer 39 EStG genannten Vermögensbeteiligungen gilt immer § 3 Nummer 39 Satz 4 EStG als spezielle Bewertungsvorschrift, und zwar auch dann, wenn die Steuerbegünstigung nach § 3 Nummer 39 EStG nicht greift.

Veräußerungssperren mindern den Wert der Vermögensbeteiligung nicht (vgl. BFH-Urteile vom 7. April 1989 – VI R 47/88 –, BStBl. II S. 608 und vom 30. September 2008 – VI R 67/05 –, BStBl. 2009 II S. 282).

Aus Vereinfachungsgründen kann die Ermittlung des Wertes der Vermögensbeteiligung beim einzelnen Arbeitnehmer am Tag der Ausbuchung beim Überlassenden oder dessen Erfüllungsgehilfen erfolgen; es kann auch auf den Vortag der Ausbuchung abgestellt werden. Bei allen begünstigten Arbeitnehmern kann aber auch der durchschnittliche Wert der Vermögensbeteiligungen angesetzt werden, wenn das Zeitfenster der Überlassung nicht mehr als einen Monat beträgt. Dies gilt jeweils im Lohnsteuerabzugs- und Veranlagungsverfahren.

1.4 Ermittlung des steuerfreien geldwerten Vorteils

Der geldwerte Vorteil ergibt sich aus dem Unterschied zwischen dem Wert der Vermögensbeteiligung bei Überlassung und dem Preis, zu dem die Vermögensbeteiligung dem Arbeitnehmer überlassen wird. Der Zeitpunkt der Beschlussfassung über die Überlassung, der Zeitpunkt des Angebots an die Arbeitnehmer und der Zeitpunkt des Abschlusses des obligatorischen Rechtsgeschäfts sind in jedem Fall unmaßgeblich. Bei einer Verbilligung ist es unerheblich, ob der Arbeitgeber einen prozentualen Abschlag auf den Wert der Vermögensbeteiligung oder einen Preisvorteil in Form eines Festbetrags gewährt.

1.5 Pauschalbesteuerung nach § 37b EStG

Nach § 37b Absatz 2 Satz 2 EStG sind sämtliche Vermögensbeteiligungen von der Anwendung des § 37b EStG ausgeschlossen. Steuerpflichtige geldwerte Vorteile aus der Überlassung von Vermögensbeteiligungen (z. B. den steuerfreien Höchstbetrag nach § 3 Nummer 39 Satz 1 EStG übersteigende geldwerte Vorteile und Fälle, in denen die Steuerfreistellung des § 3 Nummer 39 EStG bereits dem Grunde nach nicht greift) sind danach grds. individuell zu besteuern.

1.6 Zuflusszeitpunkt

Der Zuflusszeitpunkt bestimmt sich nach den allgemeinen lohnsteuerlichen Regelungen. Zeitpunkt des Zuflusses ist der Tag der Erfüllung des Anspruchs des Arbeitnehmers auf Verschaffung der wirtschaftlichen Verfügungsmacht über die Vermögensbeteiligung (BFH-Urteil vom 23. Juni 2005 – VI R 10/03 –, BStBl. II S. 770). Bei Aktien ist dies der Zeitpunkt der Einbuchung der Aktien in das Depot des Arbeitnehmers (BFH-Urteil vom 20. November 2008 – VI R 25/05 –, BStBl. 2009 II S. 382). Zu Vereinfachungsregelungen siehe aber unter Tz. 1.3.

Muss der Arbeitnehmer aufgrund der getroffenen Vereinbarung einen höheren Kaufpreis als z. B. den Kurswert der Vermögensbeteiligung zahlen, führt dies nicht zu negativem Arbeitslohn. Entsprechendes gilt für Kursrückgänge nach dem Zuflusszeitpunkt.

2. Erstmalige Anwendung des § 3 Nummer 39 EStG

§ 3 Nummer 39 EStG gilt infolge der Anwendungsregelung in § 52 Absatz 1 EStG erstmals für die Lohnzahlungszeiträume des Jahres 2009 (bei laufendem Arbeitslohn) und für die Zuflusszeitpunkte im Jahr 2009 (bei sonstigen Bezügen).

Hat der Arbeitgeber in der Zeit zwischen dem 1. Januar 2009 und dem 31. März 2009 Vermögensbeteiligungen im Sinne des § 3 Nummer 39 EStG überlassen und sind diese nach dem 1. April 2009 (Inkrafttreten des Mitarbeiterkapitalbeteiligungsgesetzes) steuerlich anders zu behandeln (keine Begrenzung auf den halben Wert der Beteiligung, neuer Höchstbetrag von 360 €), greift § 41c Absatz 1 Nummer 2 EStG. Der Arbeitgeber kann den Lohnsteuerabzug ändern; er ist dazu verpflichtet, wenn ihm dies wirtschaftlich zumutbar ist (§ 41c Absatz 1 Satz 2 EStG in der Fassung des Gesetzes zur Sicherung von Beschäftigung und Stabilität in Deutschland vom 2. März 2009, BGBl. I S. 416, BStBl. I S. 434). Ändert der Arbeitgeber den Lohnsteuerabzug nicht, kann der Arbeitnehmer beim Finanzamt den höheren Steuerfreibetrag in der Regel bei der Veranlagung zur Einkommensteuer geltend machen.

3. Weiteranwendung des § 19a EStG a. F. über § 52 Absatz 35 EStG

Die Übergangsregelung nach § 52 Absatz 35 Nummer 2 EStG greift auch dann, wenn eine Vereinbarung vor dem 1. April 2009 getroffen wurde, aber die Höhe des geldwerten Vorteils noch ungewiss ist. Dies ist z. B. der Fall, wenn die Höhe der Vermögensbeteiligung und damit die Höhe des geldwerten Vorteils vom Betriebsergebnis abhängig ist.

Die Übergangsregelung des § 52 Absatz 35 Nummer 2 EStG ist betriebsbezogen, nicht personenbezogen. Sie kann auch greifen, wenn das Dienstverhältnis nach dem 31. März 2009 begründet wird.

4. Mitarbeiterbeteiligungsprogramm nach französischem Recht (FCPE)

Nach ständiger Rechtsprechung des BFH (siehe u. a. BFH vom 23. Juni 2005 – VI R 124/99 –, BStBl. II S. 766, zu den Wandelschuldverschreibungen) führt das Innehaben von Ansprüchen oder Rechten ggü. dem Arbeitgeber regelmäßig noch nicht zum Lohnzufluss. Der Zufluss ist grundsätzlich erst mit der Erfüllung des Anspruchs (der Gewinnchance) gegeben. Ein Vorteil ist dem Arbeitnehmer erst dann zugeflossen, wenn die geschuldete Leistung tatsächlich erbracht worden ist, er also wirtschaftlich verfügt oder zumindest verfügen kann.

Unter Berücksichtigung dieser Grundsätze erfolgt bei Mitarbeiterbeteiligungsprogrammen mittels Einschaltung eines Fonds Commun de Placement d'Entreprise (FCPE) nach französischem Recht und in gleich gelagerten Fällen eine Besteuerung des geldwerten Vorteils erst im Zeitpunkt der Auflösung des Programms und Überweisung eines Geldbetrags an den Arbeitnehmer bzw. der Zuwendung anderer Vorteile (z. B. Tausch in Aktien). Dies gilt unabhängig von der Ausgestaltung im Einzelfall. Bis zur Auflösung des Programms fließen dem Arbeitnehmer auch keine Kapitaleinkünfte (Dividenden, Zinsen etc.) zu.

5. Anwendung

Dieses Schreiben ist ab 1. Januar 2009 anzuwenden.

Es steht ab sofort für eine Übergangszeit auf den Internetseiten des Bundesministeriums der Finanzen (http://www.bundesfinanzministerium.de) unter der Rubrik Wirtschaft und Verwaltung – Steuern – Veröffentlichungen zu Steuerarten – Lohnsteuer zur Ansicht und zum Abruf bereit.

Anlage § 004-02/Incentive-Reisen (Zu LStH 19.7)

Ertragsteuerliche Behandlung von Incentive-Reisen

BMF-Schreiben vom 14.Oktober 1996 IV B 2 – S 2143 – 23/96 (BStBl. I S. 1192)

Im Einvernehmen mit den obersten Finanzbehörden der Länder nehme ich zur ertragsteuerlichen Behandlung von Incentive-Reisen bei den Unternehmen, die die Leistungen gewähren, und den Empfängern der Leistungen wie folgt Stellung:

Incentive-Reisen werden von einem Unternehmen gewährt, um Geschäftspartner oder Arbeitnehmer des Betriebs für erbrachte Leistungen zu belohnen und zu Mehr- oder Höchstleistungen zu motivieren. Reiseziel, Unterbringung, Transportmittel und Teilnehmerkreis werden von dem die Reiseleistung gewährenden Unternehmen festgelegt. Der Ablauf der Reise und die einzelnen Veranstaltungen dienen allgemein-touristischen Interessen.

1. Behandlung der Aufwendungen bei dem die Reiseleistung gewährenden Unternehmen:
   a) Aufwendungen für Geschäftspartner

   Wird eine Incentive-Reise mit Geschäftspartnern des Steuerpflichtigen durchgeführt, ist bei der Beurteilung der steuerlichen Abzugsfähigkeit der für die Reise getätigten Aufwendungen danach zu unterscheiden, ob die Reise als Belohnung zusätzlich zum vereinbarten Entgelt oder zur Anknüpfung, Sicherung oder Verbesserung von Geschäftsbeziehungen gewährt wird.

   Wird die Reise in sachlichem und zeitlichem Zusammenhang mit den Leistungen des Empfängers als – zusätzliche – Gegenleistung gewährt, sind die tatsächlich entstandenen Fahrtkosten sowie die Unterbringungskosten in vollem Umfang als Betriebsausgaben abzugsfähig. Nutzt der Unternehmer allerdings ein eigenes Gästehaus, das sich nicht am Ort des Betriebs befindet, dürfen die Aufwendungen für die Unterbringung den Gewinn nicht mindern (§ 4 Abs. 5 Satz 1 Nr. 3 EStG). Die Aufwendungen für die Gewährung von Mahlzeiten sind als Bewirtungskosten in Höhe von 80 v.H. der angemessenen und nachgewiesenen Kosten abzugsfähig (§ 4 Abs. 5 Satz 1 Nr. 2 EStG).

   Wird die Reise mit gegenwärtigen oder zukünftigen Geschäftspartnern durchgeführt, um allgemeine Geschäftsbeziehungen erst anzuknüpfen, zu erhalten oder zu verbessern, handelt es sich um ein Geschenk (§ 4 Abs. 5 Satz 1 Nr. 1 EStG). Fahrt- und Unterbringungskosten dürfen dann den Gewinn nicht mindern (BFH-Urteil vom 23. Juni 1993, BStBl. IIS. 806); Aufwendungen für die Bewirtung sind nach § 4 Abs. 5 Satz 1 Nr. 2 EStG zu beurteilen.

   b) Aufwendungen für Arbeitnehmer

   Wird die Reise mit Arbeitnehmern des Betriebs durchgeführt, sind die hierdurch veranlassten Aufwendungen als Betriebsausgaben in voller Höhe berücksichtigungsfähig; die Abzugsbeschränkungen nach § 4 Abs. 5 Satz 1 Nr. 1, 2 und 3 EStG greifen nicht ein.

2. Behandlung der Reise beim Empfänger
   a) Gewährung der Reiseleistungen an Geschäftspartner
      aa) Erfassung als Betriebseinnahmen

      Wendet der Unternehmer einem Geschäftspartner, der in einem Einzelunternehmen betriebliche Einkünfte erzielt, eine Incentive-Reise zu, hat der Empfänger den Wert der Reise im Rahmen seiner steuerlichen Gewinnermittlung als Betriebseinnahme zu erfassen (BFH-Urteile vom 22. Juli 1988, BStBl. II S. 995; vom 20. April 1989, BStBl. II S. 641). Wird der Wert der Incentive-Reise einer Personengesellschaft oder einer Kapitalgesellschaft zugewandt, haben sie in Höhe des Sachwerts der Reise eine Betriebseinnahme anzusetzen. Der Wert einer Reise ist auch dann als Betriebseinnahme anzusetzen, wenn das die Reiseleistungen gewährende Unternehmen die Aufwendungen nicht als Betriebsausgaben abziehen darf (BFH-Urteil vom 26. September 1995, BStBl. II 1996 S. 273).

      bb) Verwendung der erhaltenen Reiseleistungen

      Mit der Teilnahme an der Reise wird eine Entnahme verwirklicht, da mit der Reise regelmäßig allgemein-touristische Interessen befriedigt werden. Dies gilt auch, wenn eine Personengesellschaft die empfangene Reiseleistung an ihre Gesellschafter weiterleitet (BFH-Urteil vom 26. September 1995 a.a.O.). Leitet die Kapitalgesellschaft die erhaltene Reiseleistung an ihre Gesellschafter weiter, so liegt hierin grundsätzlich eine verdeckte Gewinnausschüttung.

b) Gewährung der Reiseleistungen an Arbeitnehmer[1]

Wird Arbeitnehmern des Unternehmens eine Incentive-Reise gewährt, liegt steuerpflichtiger Arbeitslohn vor (BFH-Urteil vom 9. März 1990, BStBl. II S. 711), der unter den Voraussetzungen des § 40 Abs. 1 EStG pauschal versteuert werden kann.

c) Wert der Reise

Die Gewährung der Reise ist steuerlich in ihrer Gesamtheit zu beurteilen. Ihr Wert entspricht nach ihren Leistungsmerkmalen und ihrem Erlebniswert regelmäßig einer am Markt angebotenen Gruppenreise, bei der Reiseziel, Reiseprogramm und Reisedauer festgelegt und der Teilnehmerkreis begrenzt sind; deshalb können einzelne Teile der Durchführung und der Organisation aus der Sicht des Empfängers nur im Zusammenhang gesehen werden (vgl. BFH-Beschluss vom 27. November 1978, BStBl. II 1979 S. 213). Bei der Wertermittlung ist weder den tatsächlichen Aufwendungen des zuwendenden Unternehmers noch der subjektiven Vorstellung des Empfängers entscheidende Bedeutung beizumessen (BFH-Urteil vom 22. Juli 1988, a.a.O.); ihr Wert kann daher grundsätzlich nicht aus den Aufwendungen – auch nicht vermindert um einen pauschalen Abschlag bei über das übliche Maß hinausgehenden Aufwendungen – abgeleitet werden. Der Wert der zugewandten Reise ist daher in ihrer Gesamtheit mit dem üblichen Endpreis am Abgabeort anzusetzen (§ 8 Abs. 2 EStG). Er entspricht regelmäßig dem Preis der von Reiseveranstaltern am Markt angebotenen Gruppenreisen mit vergleichbaren Leistungsmerkmalen (z.B. Hotelkategorie, Besichtigungsprogramme); eine Wertminderung wegen des vom zuwendenden Unternehmen festgelegten Reiseziels, des Reiseprogramms, der Reisedauer und des fest umgrenzten Teilnehmerkreises kommt nicht in Betracht. Rabatte, die dem die Leistung gewährenden Unternehmen eingeräumt werden, bleiben für die Bewertung beim Empfänger ebenfalls außer Betracht; gleiches gilt für Preisaufschläge, die das Unternehmen speziell für die Durchführung der Reise aufwenden muss.

d) Aufwendungen des Empfängers der Reiseleistungen

Aufwendungen, die im Zusammenhang mit der Teilnahme an der Reise stehen, darf der Empfänger nicht als Betriebsausgaben oder Werbungskosten abziehen, da die Teilnahme an der Reise durch private Interessen, die nicht nur von untergeordneter Bedeutung sind, veranlasst ist (BFH-Urteil vom 22. Juli 1988 a.a.O.; vgl. auch R 117a EStR). Zur Berücksichtigung von einzelnen Aufwendungen als Betriebsausgaben wird auf H 117a („Einzelaufwendungen") EStH hingewiesen; hinsichtlich des Werbungskostenabzugs wird ergänzend auf Abschnitt 35 LStR verwiesen.

---

[1] Hinweis auf neues BFH-Urteil vom 18.8.2005 VI R 32/03 (BStBl. 2006 II S. 30, s. Rechtsprechung zu § 19 EStG), wonach die Kosten einer vom Arbeitgeber bezahlten Auslandsreise (gemischt veranlasste Sachzuwendung) grundsätzlich aufgeteilt werden können in solche mit und solche ohne Entlohnungscharakter.

Anlage § 004-03/Arbeitszimmer (Zu LStH 9.12, 9.14)

Einkommensteuerliche Behandlung der Aufwendungen für ein häusliches Arbeitszimmer nach § 4 Abs. 5 Satz 1 Nr. 6b, § 9 Abs. 5 und § 10 Abs. 1 Nr. 7 EStG; Neuregelung durch das Steueränderungsgesetz 2007 vom 19. Juli 2006 (BGBl. I S. 1652, BStBl. I S. 432)

BMF-Schreiben vom 3. April 2007 IV B 2 - S 2145/07/0002, 2007/0141884 (BStBl. I S. 442)

Im Einvernehmen mit den obersten Finanzbehörden der Länder gilt zur einkommensteuerrechtlichen Behandlung der Aufwendungen für ein häusliches Arbeitszimmer nach § 4 Abs. 5 Satz 1 Nr. 6b, § 9 Abs. 5 und § 10 Abs. 1 Nr. 7 EStG in der Fassung des Steueränderungsgesetzes 2007 (BGBl. 2006 I S. 1652, BStBl. I 2006 S. 432) Folgendes:

I. Grundsatz

1 Nach § 4 Abs. 5 Satz 1 Nr. 6b Satz 1 und § 9 Abs. 5 Satz 1 EStG dürfen die Aufwendungen für ein häusliches Arbeitszimmer sowie die Kosten der Ausstattung grundsätzlich nicht als Betriebsausgaben oder Werbungskosten abgezogen werden. Nach § 4 Abs. 5 Satz 1 Nr. 6b Satz 2 EStG dürfen sie nur dann steuerlich berücksichtigt werden, wenn das häusliche Arbeitszimmer den Mittelpunkt der gesamten betrieblichen und beruflichen Betätigung bildet.

II. Anwendungsbereich der gesetzlichen Regelung

2 Unter die Regelungen des § 4 Abs. 5 Satz 1 Nr. 6b und § 9 Abs. 5 EStG fällt die Nutzung eines häuslichen Arbeitszimmers zur Erzielung von Einkünften aus sämtlichen Einkunftsarten.

III. Begriff des häuslichen Arbeitszimmers

3 Ein häusliches Arbeitszimmer ist ein Raum, der seiner Lage, Funktion und Ausstattung nach in die häusliche Sphäre des Steuerpflichtigen eingebunden ist, vorwiegend der Erledigung gedanklicher, schriftlicher, verwaltungstechnischer oder -organisatorischer Arbeiten dient (BFH-Urteile vom 19. September 2002 – VI R 70/01 –, BStBl. II 2003 S. 139 und vom 16. Oktober 2002 – XI R 89/00 –, BStBl. II 2003 S. 185) und ausschließlich oder nahezu ausschließlich zu betrieblichen und/oder beruflichen Zwecken genutzt wird. Es muss sich aber nicht zwingend um Arbeiten büromäßiger Art handeln; ein häusliches Arbeitszimmer kann auch bei geistiger, künstlerischer oder schriftstellerischer Betätigung gegeben sein. In die häusliche Sphäre eingebunden ist ein als Arbeitszimmer genutzter Raum regelmäßig dann, wenn er zur privaten Wohnung oder zum Wohnhaus des Steuerpflichtigen gehört. Dies betrifft nicht nur die Wohnräume, sondern ebenso Zubehörräume (BFH-Urteile vom 26. Februar 2003 – VI R 130/01 –, BStBl. II 2004 S. 74 und vom 19. September 2002 – VI R 70/01 –, BStBl. II 2003 S. 139). So kann auch ein Raum, z. B. im Keller oder unter dem Dach (Mansarde) des Wohnhauses, in dem der Steuerpflichtige seine Wohnung hat, ein häusliches Arbeitszimmer sein, wenn die Räumlichkeiten aufgrund der unmittelbaren Nähe mit den privaten Wohnräumen des Steuerpflichtigen als gemeinsame Wohneinheit verbunden sind.

Dagegen kann es sich bei einem im Keller oder Dachgeschoss eines Mehrfamilienhauses befindlichen Raum, der nicht zur Privatwohnung des Steuerpflichtigen gehört, sondern zusätzlich angemietet wurde, um ein außerhäusliches Arbeitszimmer handeln (BFH-Urteile vom 26. Februar 2003 – VI R 160/99 –, BStBl. II S. 515 und vom 18. August 2005 – VI R 39/04 –, BStBl. II 2006 S. 428). Maßgebend ist, ob eine innere häusliche Verbindung des Arbeitszimmers mit der privaten Lebenssphäre des Steuerpflichtigen besteht. Dabei ist das Gesamtbild der Verhältnisse im Einzelfall entscheidend. Für die Anwendung des § 4 Abs. 5 Satz 1 Nr. 6b, des § 9 Abs. 5 und des § 10 Abs. 1 Nr. 7 EStG ist es ohne Bedeutung, ob die Wohnung, zu der das häusliche Arbeitszimmer gehört, gemietet ist oder ob sie sich im Eigentum des Steuerpflichtigen befindet. Auch mehrere Räume können als ein häusliches Arbeitszimmer anzusehen sein; die Abtrennung der Räumlichkeiten vom übrigen Wohnbereich ist erforderlich.

4 Nicht unter die Abzugsbeschränkung des § 4 Abs. 5 Satz 1 Nr. 6b und § 9 Abs. 5 EStG fallen Räume, bei denen es sich um Betriebsräume, Lagerräume, Ausstellungsräume handelt, selbst wenn diese an die Wohnung angrenzen (BFH-Urteil vom 28. August 2003 – IV R 53/01 –, BStBl. II 2004 S. 55).

Beispiele:

a) Ein häusliches Arbeitszimmer liegt in folgenden Fällen regelmäßig vor:
  – häusliches Büro eines selbständigen Handelsvertreters, eines selbständigen Übersetzers oder eines selbständigen Journalisten,

(Zu LStH 9.12, 9.14) **Anlage § 004-03/Arbeitszimmer**

- bei Anmietung einer unmittelbar angrenzenden oder unmittelbar gegenüberliegenden Zweitwohnung in einem Mehrfamilienhaus (BFH-Urteile vom 26. Februar 2003 – VI R 124/01 – und - VI R 125/01 -, BStBl. II 2004 S. 69 und 72),
- häusliches ausschließlich beruflich genutztes Musikzimmer der freiberuflich tätigen Konzertpianistin, in dem diese Musikunterricht erteilt.

b) Kein häusliches Arbeitszimmer, sondern betrieblich genutzte Räume liegen regelmäßig in folgenden Fällen vor:
- Arzt-, Steuerberater- oder Anwaltspraxis grenzt an das Einfamilienhaus an oder befindet sich im selben Gebäude wie die Privatwohnung, wenn diese Räumlichkeiten für einen intensiven und dauerhaften Publikumsverkehr geöffnet und z. B. bei häuslichen Arztpraxen für Patientenbesuche und -untersuchungen eingerichtet sind (BFH-Urteil vom 5. Dezember 2002 – IV R 7/01 –, BStBl. II 2003 S. 463 zu einer Notfallpraxis und Negativabgrenzung im BFH-Urteil vom 23. Januar 2003 – IV R 71/00 –, BStBl. II 2004 S. 43 zur Gutachtertätigkeit einer Ärztin).
- In einem Geschäftshaus befinden sich neben der Wohnung des Bäckermeisters die Backstube, der Verkaufsraum, ein Aufenthaltsraum für das Verkaufspersonal und das Büro, in dem die Buchhaltungsarbeiten durchgeführt werden. Das Büro ist in diesem Fall aufgrund der Nähe zu den übrigen Betriebsräumen nicht als häusliches Arbeitszimmer zu werten.
- Im Keller ist ein Arbeitsraum belegen, der - anders als z. B. ein Archiv (BFH-Urteil vom 19. September 2002 – VI R 70/01 –, BStBl. II 2003 S. 139) – keine (Teil-)Funktionen erfüllt, die typischerweise einem häuslichen Arbeitszimmer zukommen, z. B. Lager für Waren und Werbematerialien.

IV. Betroffene Aufwendungen

Zu den Aufwendungen für ein häusliches Arbeitszimmer gehören insbesondere die anteiligen Aufwendungen für: 5
- Miete,
- Gebäude-AfA, Absetzungen für außergewöhnliche technische oder wirtschaftliche Abnutzung, Sonderabschreibungen,
- Schuldzinsen für Kredite, die zur Anschaffung, Herstellung oder Reparatur des Gebäudes oder der Eigentumswohnung verwendet worden sind,
- Wasser- und Energiekosten,
- Reinigungskosten,
- Grundsteuer, Müllabfuhrgebühren, Schornsteinfegergebühren, Gebäudeversicherungen,
- Renovierungskosten.

Die Kosten einer Gartenerneuerung können anteilig den Kosten des häuslichen Arbeitszimmers zuzurechnen sein, wenn bei einer Reparatur des Gebäudes Schäden am Garten verursacht worden sind. Den Kosten des Arbeitszimmers zuzurechnen sind allerdings nur diejenigen Aufwendungen, die der Wiederherstellung des ursprünglichen Zustands dienen (BFH-Urteil vom 6. Oktober 2004 – VI R 27/01 –, BStBl. II S. 1071). Aufwendungen für die Ausstattung des Zimmers, wie z. B. Tapeten, Teppiche, Fenstervorhänge, Gardinen und Lampen gehören ebenfalls zu den Aufwendungen für ein häusliches Arbeitszimmer.

Luxusgegenstände wie z. B. Kunstgegenstände, die vorrangig der Ausschmückung des Arbeitszimmers 6 dienen, gehören zu den nach § 12 Nr. 1 EStG nicht abziehbaren Aufwendungen (BFH-Urteil vom 30. Oktober 1990 – VIII R 42/87 –, BStBl. II 1991 S. 340).

Keine Aufwendungen i. S. d. § 4 Abs. 5 Satz 1 Nr. 6b EStG sind die Aufwendungen für Arbeitsmittel 7 (BFH-Urteil vom 21. November 1997 - VI R 4/97 -, BStBl. II 1998 S. 351). Diese werden daher von § 4 Abs. 5 Satz 1 Nr. 6b EStG nicht berührt.

V. Mittelpunkt der gesamten betrieblichen und beruflichen Betätigung

Ein häusliches Arbeitszimmer ist der Mittelpunkt der gesamten betrieblichen und beruflichen Betätigung 8 des Steuerpflichtigen, wenn nach Würdigung des Gesamtbildes der Verhältnisse und der Tätigkeitsmerkmale dort diejenigen Handlungen vorgenommen und Leistungen erbracht werden, die für die konkret ausgeübte betriebliche oder berufliche Tätigkeit wesentlich und prägend sind. Der Tätigkeitsmittelpunkt i. S. d. § 4 Abs. 5 Satz 1 Nr. 6b Satz 2 EStG bestimmt sich nach dem inhaltlichen (qualitativen) Schwerpunkt der betrieblichen und beruflichen Betätigung des Steuerpflichtigen.

Dem zeitlichen (quantitativen) Umfang der Nutzung des häuslichen Arbeitszimmers kommt im Rahmen 9 dieser Würdigung lediglich eine indizielle Bedeutung zu; das zeitliche Überwiegen der außerhäuslichen

Anlage § 004-03/Arbeitszimmer (Zu LStH 9.12, 9.14)

Tätigkeit schließt einen unbeschränkten Abzug der Aufwendungen für das häusliche Arbeitszimmer nicht von vornherein aus (BFH-Urteile vom 13. November 2002 – VI R 82/01 –, BStBl. II 2004 S. 62; – VI R 104/01 –, BStBl. II 2004 S. 65 und – VI R 28/02 –, BStBl. II 2004 S. 59).

10 Übt ein Steuerpflichtiger nur eine betriebliche oder berufliche Tätigkeit aus, die in qualitativer Hinsicht gleichwertig sowohl im häuslichen Arbeitszimmer als auch am außerhäuslichen Arbeitsort erbracht wird, so liegt der Mittelpunkt der gesamten beruflichen und betrieblichen Betätigung dann im häuslichen Arbeitszimmer, wenn der Steuerpflichtige mehr als die Hälfte der Arbeitszeit im häuslichen Arbeitszimmer tätig wird (BFH-Urteil vom 23. Mai 2006 – VI R 21/03 –, BStBl. II S. 600).

11 Übt ein Steuerpflichtiger mehrere betriebliche und berufliche Tätigkeiten nebeneinander aus, ist nicht auf eine Einzelbetrachtung der jeweiligen Betätigung abzustellen; vielmehr sind alle Tätigkeiten in ihrer Gesamtheit zu erfassen. Grundsätzlich lassen sich folgende Fallgruppen unterscheiden:

- Bilden bei allen Erwerbstätigkeiten - jeweils - die im häuslichen Arbeitszimmer verrichteten Arbeiten den qualitativen Schwerpunkt, so liegt dort auch der Mittelpunkt der Gesamttätigkeit.
- Bilden hingegen die außerhäuslichen Tätigkeiten – jeweils – den qualitativen Schwerpunkt der Einzeltätigkeiten oder lassen sich diese keinem Schwerpunkt zuordnen, so kann das häusliche Arbeitszimmer auch nicht durch die Summe der darin verrichteten Arbeiten zum Mittelpunkt der Gesamttätigkeit werden.
- Bildet das häusliche Arbeitszimmer schließlich den qualitativen Mittelpunkt lediglich einer Einzeltätigkeit, nicht jedoch im Hinblick auf die übrigen Tätigkeiten, ist regelmäßig davon auszugehen, dass das Arbeitszimmer nicht den Mittelpunkt der Gesamttätigkeit bildet.

Der Steuerpflichtige hat jedoch die Möglichkeit, anhand konkreter Umstände des Einzelfalls glaubhaft zu machen oder nachzuweisen, dass die Gesamttätigkeit gleichwohl einem einzelnen qualitativen Schwerpunkt zugeordnet werden kann und dass dieser im häuslichen Arbeitszimmer liegt. Abzustellen ist dabei auf das Gesamtbild der Verhältnisse und auf die Verkehrsanschauung, nicht auf die Vorstellung des betroffenen Steuerpflichtigen (BFH-Urteil vom 13. Oktober 2003 – VI R 27/02 –, BStBl. II 2004 S. 771 und vom 16. Dezember 2004 – IV R 19/03 –, BStBl. II 2005 S. 212).

Das häusliche Arbeitszimmer und der Außendienst können nicht gleichermaßen „Mittelpunkt" der beruflichen Betätigung eines Steuerpflichtigen i. S. d. § 4 Abs. 5 Satz 1 Nr. 6b Satz 2 EStG sein (BFH-Urteil vom 21. Februar 2003 – VI R 14/02 –, BStBl. II 2004 S. 68).

Beispiele, in denen das häusliche Arbeitszimmer den Mittelpunkt der gesamten betrieblichen und beruflichen Betätigung bilden kann:

- Bei einem Verkaufsleiter, der zur Überwachung von Mitarbeitern und zur Betreuung von Großkunden auch im Außendienst tätig ist, kann das häusliche Arbeitszimmer Tätigkeitsmittelpunkt sein, wenn er dort die für den Beruf wesentlichen Leistungen (z. B. Organisation der Betriebsabläufe) erbringt (BFH-Urteil vom 13. November 2002 – VI R 104/01 –, BStBl. II 2004 S. 65).
- Bei einem Ingenieur, dessen Tätigkeit durch die Erarbeitung theoretischer, komplexer Problemlösungen im häuslichen Arbeitszimmer geprägt ist, kann dieses auch dann der Mittelpunkt der beruflichen Betätigung sein, wenn die Betreuung von Kunden im Außendienst ebenfalls zu seinen Aufgaben gehört (BFH-Urteil vom 13. November 2002 – VI R 28/02 –, BStBl. II 2004 S. 59).
- Bei einem Praxis-Konsultant, der ärztliche Praxen in betriebswirtschaftlichen Fragen berät, betreut und unterstützt, kann das häusliche Arbeitszimmer auch dann den Mittelpunkt der gesamten beruflichen Tätigkeit bilden, wenn er einen nicht unerheblichen Teil seiner Arbeitszeit im Außendienst verbringt (BFH-Urteil vom 29. April 2003 – VI R 78/02 –, BStBl. II 2004 S. 76).

Beispiele, in denen das Arbeitszimmer nicht den Mittelpunkt der gesamten betrieblichen und beruflichen Betätigung bildet:

- Bei einem – freien oder angestellten – Handelsvertreter liegt der Tätigkeitsschwerpunkt außerhalb des häuslichen Arbeitszimmers, wenn die Tätigkeit nach dem Gesamtbild der Verhältnisse durch die Arbeit im Außendienst geprägt ist, auch wenn die zu Hause verrichteten Tätigkeiten zur Erfüllung der beruflichen Aufgaben unerlässlich sind (BFH-Urteil vom 13. November 2002 – VI R 82/01 –, BStBl. II 2004 S. 62).
- Ein kaufmännischer Angestellter eines Industrieunternehmens ist nebenbei als Mitarbeiter für einen Lohnsteuerhilfeverein selbständig tätig und nutzt für letztere Tätigkeit sein häusliches Arbeitszimmer als „Beratungsstelle", in dem er Steuererklärungen erstellt, Beratungsgespräche führt und Rechtsbehelfe bearbeitet. Für diese Nebentätigkeit ist das Arbeitszimmer zwar der Tätigkeitsmittelpunkt. Aufgrund der erforderlichen Gesamtbetrachtung ist das Arbeitszimmer jedoch

nicht Mittelpunkt seiner gesamten betrieblichen und beruflichen Betätigung (BFH-Urteil vom 23. September 1999 – VI R 74/98 –, BStBl. II 2000 S. 7).
- Bei einer Ärztin, die Gutachten über die Einstufung der Pflegebedürftigkeit erstellt und dazu ihre Patienten ausschließlich außerhalb des häuslichen Arbeitszimmers untersucht und dort (vor Ort) alle erforderlichen Befunde erhebt, liegt der qualitative Schwerpunkt nicht im häuslichen Arbeitszimmer, in welchem lediglich die Tätigkeit begleitende Aufgaben erledigt werden (BFH-Urteil vom 23. Januar 2003 – IV R 71/00 –, BStBl. II 2004 S. 43).
- Bei einem Architekten, der neben der Planung auch mit der Ausführung der Bauwerke (Bauüberwachung) betraut ist, kann diese Gesamttätigkeit keinem konkreten Tätigkeitsschwerpunkt zugeordnet werden. Das häusliche Arbeitszimmer bildet in diesem Fall nicht den Mittelpunkt der gesamten beruflichen und betrieblichen Betätigung (BFH-Urteil vom 26. Juni 2003 – IV R 9/03 –, BStBl. II 2004 S. 50).
- Bei Lehrern befindet sich der Mittelpunkt der betrieblichen und beruflichen Betätigung regelmäßig nicht im häuslichen Arbeitszimmer, weil die berufsprägenden Merkmale eines Lehrers im Unterrichten bestehen und diese Leistungen in der Schule o. Ä. erbracht werden (BFH-Urteil vom 26. Februar 2003 – VI R 125/01 –, BStBl. II 2004 S. 72). Deshalb sind die Aufwendungen für das häusliche Arbeitszimmer auch dann nicht abziehbar, wenn die überwiegende Arbeitszeit auf die Vor- und Nachbereitung des Unterrichts verwendet und diese Tätigkeit im häuslichen Arbeitszimmer ausgeübt wird.

VI. Nutzung des Arbeitszimmers zur Erzielung unterschiedlicher Einkünfte

Übt ein Steuerpflichtiger mehrere betriebliche und berufliche Tätigkeiten nebeneinander aus und bildet das häusliche Arbeitszimmer den Mittelpunkt der gesamten betrieblichen und beruflichen Betätigung, so sind die Aufwendungen für das Arbeitszimmer entsprechend dem Nutzungsumfang den darin ausgeübten Tätigkeiten zuzuordnen. Liegt dabei der Mittelpunkt einzelner Tätigkeiten außerhalb des häuslichen Arbeitszimmers, ist der Abzug der anteiligen Aufwendungen auch für diese Tätigkeiten möglich. 12

VII. Nutzung des Arbeitszimmers durch mehrere Steuerpflichtige

Jeder Nutzende darf die Aufwendungen abziehen, die er getragen hat, wenn die Voraussetzungen des § 4 Abs. 5 Satz 1 Nr. 6b Satz 2 EStG in seiner Person vorliegen. 13

VIII. Nicht ganzjährige Nutzung des häuslichen Arbeitszimmers

Ändern sich die Nutzungsverhältnisse innerhalb eines Wirtschafts- oder Kalenderjahres, können nur die auf den Zeitraum, in dem das Arbeitszimmer den Mittelpunkt der gesamten betrieblichen und beruflichen Betätigung bildet, entfallenden Aufwendungen in voller Höhe abgezogen werden. Für den übrigen Zeitraum kommt ein Abzug nicht in Betracht. 14

Wird das Arbeitszimmer für eine spätere Nutzung vorbereitet, bei der die Abzugsvoraussetzungen vorliegen, sind die darauf entfallenden Aufwendungen entsprechend zu berücksichtigen (BFH-Urteil vom 23. Mai 2006 – VI R 21/03 –, BStBl. II S. 600). 15

IX. Nutzung eines häuslichen Arbeitszimmers zu Ausbildungszwecken

Nach § 10 Abs. 1 Nr. 7 Satz 4 EStG ist die Regelung des § 4 Abs. 5 Satz 1 Nr. 6b EStG auch für Aufwendungen für ein häusliches Arbeitszimmer anzuwenden, das für die eigene Berufsausbildung genutzt wird. Im Rahmen der Ausbildungskosten können jedoch in jedem Fall Aufwendungen nur bis zu insgesamt 4 000 € als Sonderausgaben abgezogen werden (§ 10 Abs. 1 Nr. 7 Satz 1 EStG). Wird das häusliche Arbeitszimmer auch zur Einkunftserzielung genutzt, ist für die Aufteilung der Kosten Rdnr. 12 entsprechend anzuwenden. 16

X. Besondere Aufzeichnungspflichten

Nach § 4 Abs. 7 EStG dürfen Aufwendungen für ein häusliches Arbeitszimmer bei der Gewinnermittlung nur berücksichtigt werden, wenn sie besonders aufgezeichnet sind. Es bestehen keine Bedenken, wenn die auf das Arbeitszimmer anteilig entfallenden Finanzierungskosten im Wege der Schätzung ermittelt werden und nach Ablauf des Wirtschafts- oder Kalenderjahres eine Aufzeichnung aufgrund der Jahresabrechnung des Kreditinstitutes erfolgt. Entsprechendes gilt für die verbrauchsabhängigen Kosten wie z. B. Wasser- und Energiekosten. Es ist ausreichend, Abschreibungsbeträge einmal jährlich – zeitnah nach Ablauf des Kalender- oder Wirtschaftsjahres – aufzuzeichnen. 17

XI. Zeitliche Anwendung

Nach § 52 Abs. 1 EStG i. d. F. des Steueränderungsgesetzes 2007 ist § 4 Abs. 5 Satz 1 Nr. 6b EStG erstmals für den Veranlagungszeitraum 2007 anzuwenden. Wird der Gewinn nach einem vom Kalen- 18

Anlage § 004-03/Arbeitszimmer (Zu LStH 9.12, 9.14)

derjahr abweichenden Wirtschaftsjahr ermittelt, ist die Vorschrift ab 1. Januar 2007 anzuwenden. Für den Teil des Wirtschaftsjahres, der vor dem 1. Januar 2007 liegt, ist § 4 Abs. 5 Satz 1 Nr. 6b EStG in der bis dahin gültigen Fassung maßgebend.

19 Dieses Schreiben gilt ab dem Veranlagungszeitraum 2007. Es ersetzt ab diesem Veranlagungszeitraum die BMF-Schreiben vom 7. Januar 2004 (BStBl. I S. 143) und vom 14. September 2004 (BStBl. I S. 861). Das BMF-Schreiben zur Vermietung eines Büroraumes an den Arbeitgeber vom 13. Dezember 2005 (BStBl. I 2006 S. 4) bleibt unberührt. – **Anlage § 019-06** –

(Zu LStH 9.1) **Anlage § 004f-01/Kinderbetreuungskosten ab 2006**

Steuerliche Berücksichtigung von Kinderbetreuungskosten (EStG: §§ 4f, 9 Abs. 5 Satz 1, § 9a Satz 1 Nr. 1 Buchstabe a, § 10 Abs. 1 Nr. 5 und 8); Anwendungsschreiben[1)]

BMF-Schreiben vom 19. Januar 2007 IV C 4 – S 2221 – 2/07 (BStBl. I S. 184)

Unter Bezugnahme auf das Ergebnis der Erörterungen mit den obersten Finanzbehörden der Länder gilt für die steuerliche Berücksichtigung von Kinderbetreuungskosten ab dem Veranlagungszeitraum 2006 Folgendes:

I. Allgemeine Voraussetzungen

1. Dienstleistungen zur Betreuung

Betreuung im Sinne der §§ 4f, 9 Abs. 5 Satz 1 in Verbindung mit § 9a Satz 1 Nr. 1 Buchstabe a, § 10 Abs. 1 Nr. 5 und 8 EStG ist die behütende oder beaufsichtigende Betreuung, d.h. die persönliche Fürsorge für das Kind muss der Dienstleistung erkennbar zugrunde liegen. Berücksichtigt werden können danach z.b. Aufwendungen für 1

– die Unterbringung von Kindern in Kindergärten, Kindertagesstätten, Kinderhorten, Kinderheimen und Kinderkrippen sowie bei Tagesmüttern, Wochenmüttern und in Ganztagespflegestellen,

– die Beschäftigung von Kinderpflegerinnen, Erzieherinnen und Kinderschwestern,

– die Beschäftigung von Hilfen im Haushalt, soweit sie ein Kind betreuen,

– die Beaufsichtigung des Kindes bei Erledigung seiner häuslichen Schulaufgaben (BFH-Urteil vom 17. November 1978, BStBl. 1979 II S. 142).

Aufwendungen für Kinderbetreuung durch einen Angehörigen des Steuerpflichtigen können nur berücksichtigt werden, wenn den Leistungen klare und eindeutige Vereinbarungen zu Grunde liegen, die zivilrechtlich wirksam zustande gekommen sind, inhaltlich dem zwischen Fremden Üblichen entsprechen, tatsächlich so auch durchgeführt werden und die Leistungen nicht üblicherweise auf familienrechtlicher Grundlage unentgeltlich erbracht werden. So können z.B. nach dem BFH-Urteil vom 6. November 1997 (BStBl. 1998 II S. 187) Aufwendungen für eine Mutter, die zusammen mit dem gemeinsamen Kind im Haushalt des Steuerpflichtigen lebt, nicht berücksichtigt werden. Auch bei einer eheähnlichen Lebensgemeinschaft oder einer Lebenspartnerschaft zwischen dem Steuerpflichtigen und der Betreuungsperson ist eine Berücksichtigung von Kinderbetreuungskosten nicht möglich. Leistungen an eine Person, die für das betreute Kind Anspruch auf einen Freibetrag nach § 32 Abs. 6 EStG oder auf Kindergeld hat, können nicht als Kinderbetreuungskosten anerkannt werden. 2

2. Aufwendungen

Zu berücksichtigen sind Ausgaben in Geld oder Geldeswert (Wohnung, Kost, Waren, sonstige Sachleistungen) für Dienstleistungen zur Betreuung eines Kindes einschließlich der Erstattungen an die Betreuungsperson (z.B. Fahrtkosten), wenn die Leistungen im Einzelnen in der Rechnung oder im Vertrag aufgeführt werden. Wird z.B. bei einer ansonsten unentgeltlich erbrachten Betreuung ein Fahrtkostenersatz gewährt, so ist dieser zu berücksichtigen, wenn hierüber eine Rechnung erstellt wird. Aufwendungen für Fahrten des Kindes zur Betreuungsperson sind nicht zu berücksichtigen (BFH-Urteil vom 29. August 1986, BStBl. 1987 II S. 167). Eine Gehaltsreduzierung, die dadurch entsteht, dass der Steuerpflichtige seine Arbeitszeit zugunsten der Betreuung seiner Kinder kürzt, stellt keinen Aufwand für Kinderbetreuung dar. Für Sachleistungen gilt § 8 Abs. 2 EStG entsprechend. 3

Wird ein einheitliches Entgelt sowohl für Betreuungsleistungen als auch für andere Leistungen gezahlt, ist mit Ausnahme der in Rdnr. 7 bezeichneten Fälle gegebenenfalls eine Aufteilung im Schätzungswege vorzunehmen. Von einer Aufteilung ist abzusehen, wenn die anderen Leistungen von untergeordneter Bedeutung sind. 4

Bei Aufnahme eines Au-pairs in eine Familie fallen in der Regel sowohl Aufwendungen für die Betreuung der Kinder als auch für leichte Hausarbeiten an. Wird in einem solchen Fall der Umfang der Kinderbetreuungskosten nicht nachgewiesen (z.B. durch Festlegung der Tätigkeiten im Vertrag und entsprechende Aufteilung des Entgelts), kann ein Anteil von 50 Prozent der Gesamtaufwendungen als Kinderbetreuungskosten berücksichtigt werden. 5

Aufwendungen für Unterricht (z.B. Schulgeld, Nachhilfe oder Fremdsprachenunterricht), die Vermittlung besonderer Fähigkeiten (z.B. Musikunterricht, Computerkurse) oder für sportliche und 6

---
1) Hinweis auf Gesetzesänderung, jetzt § 9c EStG.

Anlage § 004f-01/Kinderbetreuungskosten ab 2006 (Zu LStH 9.1)

andere Freizeitbetätigungen (z.B. Mitgliedschaft in Sportvereinen oder anderen Vereinen, Tennis- oder Reitunterricht) sind nicht zu berücksichtigen. Auch Aufwendungen für die Verpflegung des Kindes sind nicht zu berücksichtigen (BFH-Urteil vom 28. November 1986, BStBl. 1987 II S. 490).

7 Werden für eine Nachmittagsbetreuung in der Schule Elternbeiträge erhoben und umfassen diese nicht nur eine Hausaufgabenbetreuung, so sind Entgeltanteile, die z.B. auf Nachhilfe oder bestimmte Kurse (z.B. Computerkurs) oder auf eine etwaige Verpflegung entfallen, nicht zu berücksichtigen. Ein Abzug von Kinderbetreuungskosten ist nur möglich, wenn eine entsprechende Aufschlüsselung der Beiträge vorliegt.

8 Soweit Kinderbetreuungskosten im Rahmen einer Tätigkeit geltend gemacht werden, für die der Gewinn nach Betriebsvermögensvergleich zu ermitteln ist, gelten für die zeitliche Zuordnung der Aufwendungen die allgemeinen Bilanzierungsgrundsätze. Im Übrigen gilt § 11 EStG.

9 Bei beschränkter Steuerpflicht kann der Steuerpflichtige keine Aufwendungen für Kinderbetreuung wie Betriebsausgaben oder Werbungskosten bzw. als Sonderausgaben geltend machen (§ 50 Abs. 1 Satz 4 EStG).

3. Haushaltszugehörigkeit

10 Ein Kind gehört zum Haushalt des Steuerpflichtigen, wenn es dauerhaft in dessen Wohnung lebt oder mit seiner Einwilligung vorübergehend auswärtig untergebracht ist. Auch in Fällen, in denen der Steuerpflichtige mit seinem Kind in der Wohnung seiner Eltern oder Schwiegereltern oder in Wohngemeinschaft mit anderen Personen lebt, ist die Haushaltszugehörigkeit des Kindes als gegeben anzusehen. Haushaltszugehörigkeit erfordert ferner eine Verantwortung für das materielle (Versorgung, Unterhaltsgewährung) und immaterielle Wohl (Fürsorge, Betreuung) des Kindes. Eine Heimunterbringung ist unschädlich, wenn die Wohnverhältnisse in der Familienwohnung die speziellen Bedürfnisse des Kindes berücksichtigen und es sich im Haushalt des Steuerpflichtigen regelmäßig aufhält (BFH-Urteil vom 14. November 2001, BStBl. 2002 II S. 244). Bei nicht zusammenlebenden Elternteilen ist grundsätzlich die Meldung des Kindes maßgebend. Gleichwohl kann ein Kind ausnahmsweise zum Haushalt eines Elternteils gehören, bei dem es nicht gemeldet ist, wenn der Steuerpflichtige dies nachweist oder glaubhaft macht. Die Zahlung des Kindergeldes an einen Elternteil ist ein weiteres Indiz für die Zugehörigkeit des Kindes zu dessen Haushalt. In Ausnahmefällen kann ein Kind auch zu den Haushalten beider getrennt lebender Elternteile gehören (BFH-Urteil vom 14. April 1999, BStBl. II S. 594).

4. Berechtigter Personenkreis

11 Zum Abzug von Kinderbetreuungskosten ist grundsätzlich nur der Elternteil berechtigt, der die Aufwendungen getragen hat und zu dessen Haushalt das Kind gehört. Trifft dies auf beide Elternteile zu, kann jeder seine tatsächlichen Aufwendungen grundsätzlich nur bis zur Höhe des hälftigen Abzugshöchstbetrags geltend machen. Etwas anderes gilt nur bei verheirateten Eltern (Rdnr. 29) oder wenn gegenüber dem Finanzamt eine einvernehmliche andere Aufteilung angezeigt wurde (Rdnr. 33 und 34).

12 Aufwendungen zur Betreuung von Stiefkindern und Enkelkindern können nicht berücksichtigt werden, da es sich insoweit nicht um Kinder im Sinne des § 32 Abs. 1 EStG handelt.

5. Höchstbetrag

13 Betreuungskosten sind in Höhe von zwei Dritteln der Aufwendungen, höchstens 4 000 Euro je Kind und Kalenderjahr bzw. Wirtschaftsjahr, abziehbar.

14 **Beispiel:**
Bei einem verheirateten Elternpaar mit einem Kind sind beide Elternteile erwerbstätig. Im Juni des Jahres erleidet ein Elternteil einen Unfall und kann einer Erwerbstätigkeit nicht mehr nachgehen, weil er als Folge des Unfalls behindert ist. Kinderbetreuungskosten sind im Kalenderjahr in Höhe von 12.000 Euro angefallen.

Lösung:
Unabhängig davon, nach welcher Vorschrift (§§ 4f, 9 Abs. 5 Satz 1, § 10 Abs. 1 Nr. 5 oder 8 EStG) die Kinderbetreuungskosten zu berücksichtigen sind, können insgesamt im Kalenderjahr bzw. Wirtschaftsjahr nur zwei Drittel der Aufwendungen, höchstens 4.000 Euro, abgezogen werden.

15 Haben bei zusammenlebenden Eltern, die nicht miteinander verheiratet sind, beide Elternteile Kinderbetreuungskosten getragen, ist das nicht abziehbare Drittel bei jedem Elternteil entsprechend der Höhe seiner Aufwendungen zu ermitteln.

16 Der Höchstbetrag beläuft sich auch bei einem Elternpaar, das entweder gar nicht oder nur zeitweise zusammengelebt hat, auf 4 000 Euro je Kind für das gesamte Kalenderjahr. Eine Aufteilung auf die

(Zu LStH 9.1) **Anlage § 004f-01/Kinderbetreuungskosten ab 2006**

Zeiträume des gemeinsamen Haushalts bzw. der getrennten Haushalte ist nicht vorzunehmen. Grundsätzlich sind die Kinderbetreuungskosten bei dem Elternteil zu berücksichtigen, der sie getragen hat. Haben beide Elternteile entsprechende Aufwendungen getragen, sind sie bei jedem Elternteil nur bis zu einem Höchstbetrag von 2 000 Euro zu berücksichtigen, es sei denn, die Eltern beantragen einvernehmlich eine andere Aufteilung. Eine abweichende Aufteilung kommt z.B. dann in Betracht, wenn der Höchstbetrag unter Berücksichtigung der getragenen Aufwendungen bei einem Elternteil 2.000 Euro überschreitet, bei dem anderen Elternteil aber nicht erreicht wird.

Der Umstand, dass im Kalenderjahr Kinderbetreuungskosten nicht regelmäßig geleistet worden 17 sind, führt nicht zu einer zeitanteiligen Ermäßigung des Höchstbetrags. Wenn in dem Zeitraum, in dem alle gesetzlichen Voraussetzungen vorliegen (z.B. Erwerbstätigkeit beider Elternteile nur im zweiten Halbjahr eines Jahres), Aufwendungen für Kinderbetreuung in Höhe von 6 000 Euro anfallen, können davon zwei Drittel bis zum Höchstbetrag von 4 000 Euro je Kind abgesetzt werden.

Liegen die gesetzlichen Voraussetzungen nicht für das gesamte Kalenderjahr vor, sind aber für das 18 gesamte Kalenderjahr Kinderbetreuungskosten angefallen, so sind die Kinderbetreuungskosten den jeweiligen Zeiträumen zuzuordnen. Ist dies nicht möglich, weil für das gesamte Kalenderjahr lediglich ein Gesamtbetrag ausgewiesen wird, sind die Aufwendungen im Verhältnis der jeweiligen Zeiträume aufzuteilen, in denen die Voraussetzungen vorgelegen bzw. nicht vorgelegen haben. Für den Zeitraum, in dem die Voraussetzungen vorgelegen haben, können die anteiligen Kinderbetreuungskosten in Höhe von zwei Dritteln, höchstens 4 000 Euro je Kind, berücksichtigt werden.

Ist das zu betreuende Kind nicht unbeschränkt einkommensteuerpflichtig, ist der Höchstbetrag zu 19 kürzen, soweit es nach den Verhältnissen im Wohnsitzstaat des Kindes notwendig und angemessen ist. Die für die einzelnen Staaten in Betracht kommenden Kürzungen ergeben sich aus der Ländergruppeneinteilung, die durch BMF-Schreiben bekannt gemacht wird, zuletzt durch BMF-Schreiben vom 17. November 2003 (BStBl. I S. 637) unter Berücksichtigung der Änderung vom 9. Februar 2005 (BStBl. I S. 369). – **Anlage § 001-01** –

6. Nachweis

Die Aufwendungen für die Kinderbetreuung müssen durch Vorlage einer Rechnung und – bei 20 Geldleistungen zusätzlich – durch die Zahlung auf das Konto des Erbringers der Leistung nachgewiesen werden. Es muss sich dabei nicht um eine Rechnung im Sinne des Umsatzsteuergesetzes handeln.

Einer Rechnung stehen gleich 21
- bei einem sozialversicherungspflichtigen Beschäftigungsverhältnis oder einem Minijob der zwischen dem Arbeitgeber und Arbeitnehmer abgeschlossene schriftliche (Arbeits-)Vertrag,
- bei Au-pair-Verhältnissen ein Au-pair-Vertrag, aus dem ersichtlich ist, dass ein Anteil der Gesamtaufwendungen auf die Kinderbetreuung entfällt,
- bei der Betreuung in einem Kindergarten oder Hort der Bescheid des öffentlichen oder privaten Trägers über die zu zahlenden Gebühren,
- eine Quittung, z.B. über Nebenkosten zur Betreuung, wenn die Quittung genaue Angaben über die Art und Höhe der Nebenkosten enthält. Ansonsten sind Nebenkosten nur zu berücksichtigen, wenn sie in dem Vertrag oder der Rechnung aufgenommen worden sind.

Die Zahlung auf das Konto des Erbringers der Leistung erfolgt in der Regel durch Überweisung. 22 Beträge, für deren Begleichung ein Dauerauftrag eingerichtet worden ist oder die durch eine Einzugsermächtigung abgebucht oder im Wege des Online-Bankings überwiesen wurden, können in Verbindung mit dem Kontoauszug, der die Abbuchung ausweist, anerkannt werden. Dies gilt auch bei Übergabe eines Verrechnungsschecks oder der Teilnahme am Electronic-Cash-Verfahren oder am elektronischen Lastschriftverfahren. Barzahlungen und Barschecks können nicht anerkannt werden.

II. Besondere Voraussetzungen

1. Erwerbsbedingte Kinderbetreuungskosten im Sinne der §§ 4f und 9 Abs. 5 Satz 1 EStG

 a) Erwerbstätigkeit

Ein Steuerpflichtiger ist erwerbstätig, wenn er einer auf die Erzielung von Einkünften gerichteten 23 Beschäftigung nachgeht, die den Einsatz der persönlichen Arbeitskraft des Steuerpflichtigen erfordert (BFH-Urteil vom 16. Mai 1975, BStBl. II S. 537; Studium ist keine Erwerbstätigkeit; das Gleiche gilt für Vermögensverwaltung und Liebhaberei). Daraus folgt, dass es sich auch bei einem Minijob oder einer nicht sozialversicherungspflichtigen Tätigkeit, z.B. einer stundenweisen Aushilfstätigkeit, um eine Erwerbstätigkeit im Sinne des Gesetzes handeln kann. Bei einer Arbeitszeit von mindestens 10 Stunden pro Woche kann davon ausgegangen werden, dass die

Anlage § 004f-01/Kinderbetreuungskosten ab 2006 (Zu LStH 9.1)

Kinderbetreuungskosten erwerbsbedingt anfallen. Bei zusammenlebenden Elternteilen liegen erwerbsbedingte Kinderbetreuungskosten nur vor, wenn beide Elternteile erwerbstätig sind.

24 Wird die Erwerbstätigkeit z.B. durch Arbeitslosigkeit, Krankheit oder Urlaub unterbrochen, können auch die während der Zeit der Unterbrechung entstandenen Kinderbetreuungskosten wie Betriebsausgaben oder Werbungskosten berücksichtigt werden, längstens jedoch für einen zusammenhängenden Zeitraum von vier Monaten.

b) Arbeitnehmer-Pauschbetrag und Betriebsausgabenpauschale

25 Sind die Kinderbetreuungskosten im Zusammenhang mit Einkünften aus nichtselbständiger Arbeit entstanden, können sie nach § 9a Satz 1 Nr. 1 Buchstabe a EStG zusätzlich zum Arbeitnehmer-Pauschbetrag berücksichtigt werden. Diese Kinderbetreuungskosten können auch bereits im Rahmen des Lohnsteuerermäßigungsverfahrens als Freibetrag auf der Lohnsteuerkarte eingetragen werden (§ 39a EStG). Die Mindestgrenze des § 39a Abs. 2 Satz 4 EStG (600 Euro) ist zu beachten.

26 Kinderbetreuungskosten im Zusammenhang mit Gewinneinkünften, für die eine besondere Betriebsausgabenpauschale (H 18.2 EStH 2005) in Anspruch genommen wird, können zusätzlich zur Pauschale gesondert abgezogen werden.

27 In den vorgenannten Fällen sind die Kinderbetreuungskosten bei der Ermittlung der jeweiligen Einkünfte nach dem Arbeitnehmer-Pauschbetrag bzw. der besonderen Betriebsausgabenpauschale abzuziehen.

c) Zuordnung der Aufwendungen

28 Erwerbsbedingte Kinderbetreuungskosten sind grundsätzlich bei der Einkunftsquelle zu berücksichtigen, durch die sie verursacht worden sind. Sind die Kinderbetreuungskosten durch mehrere Einkunftsquellen verursacht, ist aus Vereinfachungsgründen der Aufteilung der Aufwendungen durch den Steuerpflichtigen oder der Zuordnung zu einer Einkunftsquelle zu folgen. Der Abzug von Kinderbetreuungskosten wie Betriebsausgaben oder Werbungskosten kann auch zu einem Verlust führen und den Gewerbeertrag (§ 7 GewStG) mindern. Bei einer gesonderten sowie einer gesonderten und einheitlichen Feststellung der Einkünfte sind die Kinderbetreuungskosten in die Feststellung der Einkünfte mit einzubeziehen und dem Wohnsitzfinanzamt nachrichtlich mitzuteilen.

29 Bei verheirateten Eltern, die beide erwerbstätig sind und die beide Aufwendungen für Kinderbetreuung getragen haben, sind die Aufwendungen – unabhängig von der Veranlagungsart – grundsätzlich bei der Einkunftsquelle des jeweiligen Elternteils zu berücksichtigen. Hat ein Elternteil mehrere Einkunftsquellen, gelten die Ausführungen im vorhergehenden Absatz entsprechend.

2. Kinderbetreuungskosten im Sinne des § 10 Abs. 1 Nr. 5 oder 8 EStG

a) Ausbildung

30 Wird die Ausbildung im Rahmen eines Ausbildungsdienstverhältnisses absolviert, können die Kinderbetreuungskosten nach §§ 4f, 9 Abs. 5 Satz 1 bzw. § 9a Satz 1 Nr. 1 Buchstabe a EStG berücksichtigt werden.

31 Wird die Ausbildung unterbrochen, können auch die während der Zeit der Unterbrechung entstandenen Kinderbetreuungskosten berücksichtigt werden, längstens jedoch für einen zusammenhängenden Zeitraum von vier Monaten. Das gleiche gilt, wenn in einer Übergangszeit nach Beendigung der Ausbildung und vor Aufnahme einer Erwerbstätigkeit Kinderbetreuungskosten anfallen.

b) Nachweis einer Behinderung oder Krankheit

32 Ein Sonderausgabenabzug gemäß § 10 Abs. 1 Nr. 8 EStG kommt in Betracht, wenn einer der Elternteile körperlich, geistig oder seelisch behindert im Sinne des § 33b EStG ist. Der entsprechende Nachweis ist nach § 65 EStDV zu führen. Eine Krankheit ist durch ärztliches Attest nachzuweisen.

c) Zuordnung der Aufwendungen

33 Für den Abzug von Kinderbetreuungskosten als Sonderausgaben kommt es bei verheirateten Eltern, die nach § 26b EStG zusammen zur Einkommensteuer veranlagt werden, nicht darauf an, wer die Aufwendungen geleistet hat (R 10.1 EStR 2005). In den Fällen einer getrennten Veranlagung nach § 26a EStG werden die Aufwendungen wie bei einer Zusammenveranlagung ermittelt und bei jedem Elternteil zur Hälfte abgezogen, es sei denn, die Eltern beantragen einvernehmlich eine andere Aufteilung (§ 26a Abs. 2 Satz 1 EStG).

(Zu LStH 9.1) **Anlage § 004f-01/Kinderbetreuungskosten ab 2006**

Bei nicht verheirateten Eltern ist der Elternteil zum Abzug von Kinderbetreuungskosten berechtigt, der die Aufwendungen getragen hat und zu dessen Haushalt das Kind gehört. Trifft dies auf beide Elternteile zu, kann jeder seine tatsächlichen Aufwendungen grundsätzlich nur bis zur Höhe des hälftigen Abzugshöchstbetrags geltend machen. Etwas anderes gilt nur dann, wenn die Eltern einvernehmlich eine andere Aufteilung wählen und dies gegenüber dem Finanzamt anzeigen. 34

III. Ausschluss eines weiteren Abzugs und Übergangsregelung

1. Ausschluss eines weiteren Abzugs

Aufwendungen für Kinderbetreuung sind vorrangig wie Betriebsausgaben oder Werbungskosten (§§ 4f und 9 Abs. 5 Satz 1 EStG) zu berücksichtigen. Liegen die entsprechenden Voraussetzungen hierfür nicht vor, ist zu prüfen, ob ein Abzug als Sonderausgaben nach § 10 Abs. 1 Nr. 8 EStG in Betracht kommt. Ist dies nicht der Fall, können Aufwendungen für Kinderbetreuung eventuell nach § 10 Abs. 1 Nr. 5 EStG berücksichtigt werden. Ist ein Abzug weder wie Betriebsausgaben oder Werbungskosten noch als Sonderausgaben möglich, kann unter Umständen ein Abzug im Rahmen der außergewöhnlichen Belastungen (§ 33a Abs. 3 EStG) oder eine Berücksichtigung im Rahmen des § 35a EStG erfolgen. 35

Erfüllen Kinderbetreuungskosten grundsätzlich die Voraussetzungen für einen Abzug wie Betriebsausgaben oder Werbungskosten bzw. als Sonderausgaben, kommt ein Abzug nach § 35a EStG nicht mehr in Betracht (§ 35a Abs. 1 Satz 1 und Abs. 2 Satz 3 EStG). Auf den tatsächlichen Abzug wie Betriebsausgaben oder Werbungskosten bzw. als Sonderausgaben kommt es nicht an. Dies gilt nicht nur für das nicht abziehbare Drittel der Aufwendungen, sondern auch für die Aufwendungen, die den Höchstbetrag von 4 000 Euro je Kind übersteigen. 36

2. Übergangsregelung

Die Vorschriften zur steuerlichen Berücksichtigung der Kinderbetreuungskosten sind rückwirkend ab Beginn des Kalenderjahres 2006 anzuwenden. Da das Gesetz zur steuerlichen Förderung von Wachstum und Beschäftigung erst am 26. April 2006 ausgefertigt worden ist, konnten die Steuerpflichtigen die Nachweiserfordernisse zu Beginn des Kalenderjahres 2006 noch nicht beachten. Liegt grundsätzlich ein Nachweis über getätigte Aufwendungen, z.B. eine Bestätigung der Tagesmutter, vor, ist es nicht zu beanstanden, wenn bei der Geltendmachung von Aufwendungen für Kinderbetreuung, die bis zum 31. Dezember 2006 getätigt worden sind, keine Rechnungen und Kontobelege vorgelegt werden. 37

Dieses Schreiben wird im Bundessteuerblatt Teil I veröffentlicht. Es steht ab sofort für eine Übergangszeit auf den Internetseiten des Bundesministeriums der Finanzen unter der Rubrik Steuern – Veröffentlichungen zu Steuerarten – Einkommensteuer (http://www.bundesfinanzministerium.de) zum Abruf und zur Ansicht bereit.

Anlage § 008-01/Rabatte von Dritten (Zu LStH 8.2, 19.3, 38.4)

Steuerliche Behandlung der Rabatte, die Arbeitnehmern von dritter Seite eingeräumt werden

BMF-Schreiben vom 27. September 1993 IV B 6 – S 2334 – 152/93 (BStBl. I S. 814)

Zur steuerlichen Behandlung von Preisvorteilen, die den Arbeitnehmern bei der Nutzung oder dem Erwerb von Waren oder Dienstleistungen nicht unmittelbar vom Arbeitgeber eingeräumt werden, wird unter Bezugnahme auf das Ergebnis der Erörterungen mit den obersten Finanzbehörden der Länder wie folgt Stellung genommen:

1. Preisvorteile gehören zum Arbeitslohn, wenn der Arbeitgeber an der Verschaffung dieser Preisvorteile mitgewirkt hat.

    Eine Mitwirkung des Arbeitgebers in diesem Sinne liegt nur vor, wenn

    a) aus dem Handeln des Arbeitgebers ein Anspruch des Arbeitnehmers auf den Preisvorteil entstanden ist oder

    b) der Arbeitgeber für den Dritten Verpflichtungen übernommen hat, z.B. Inkassotätigkeit oder Haftung, oder

    c) zwischen dem Arbeitgeber und dem Dritten eine enge wirtschaftliche oder tatsächliche Verflechtung oder enge Beziehung sonstiger Art besteht, z.B. Organschaftsverhältnis, oder

    d) dem Arbeitnehmer Preisvorteile von einem Unternehmen eingeräumt werden, dessen Arbeitnehmer ihrerseits Preisvorteile vom Arbeitgeber erhalten.

2. Eine Mitwirkung des Arbeitgebers an der Verschaffung von Preisvorteilen ist nicht anzunehmen, wenn sich seine Beteiligung darauf beschränkt,

    a) Angebote Dritter in seinem Betrieb bekanntzumachen oder

    b) Angebote Dritter an die Arbeitnehmer seines Betriebs zu dulden oder

    c) die Betriebszugehörigkeit der Arbeitnehmer zu bescheinigen.

    An einer Mitwirkung des Arbeitgebers fehlt es auch dann, wenn bei der Verschaffung von Preisvorteilen allein eine vom Arbeitgeber unabhängige Selbsthilfeeinrichtung der Arbeitnehmer mitwirkt.

3. Die Mitwirkung des Betriebsrats oder Personalrats an der Verschaffung von Preisvorteilen durch Dritte ist für die steuerliche Beurteilung dieser Vorteile dem Arbeitgeber nicht zuzurechnen und führt allein nicht zur Annahme von Arbeitslohn. In den Fällen der Nummer 1 wird die Zurechnung von Preisvorteilen zum Arbeitslohn jedoch nicht dadurch ausgeschlossen, dass der Betriebsrat oder Personalrat ebenfalls mitgewirkt hat.

4. Ohne Mitwirkung des Arbeitgebers im Sinne der Nummer 1 gehören Preisvorteile, die Arbeitnehmern von Dritten eingeräumt werden, zum Arbeitslohn, wenn sie Entgelt für eine Leistung sind, die der Arbeitnehmer im Rahmen seines Dienstverhältnisses für den Arbeitgeber erbringt.

5. Für die Bewertung der zum Arbeitslohn gehörenden Preisvorteile ist der Preis maßgebend, der im allgemeinen Geschäftsverkehr von Letztverbrauchern in der Mehrzahl der Verkaufsfälle am Abgabeort für gleichartige Waren oder Dienstleistungen tatsächlich gezahlt wird. Aus Vereinfachungsgründen ist es nicht zu beanstanden, wenn auf die Feststellung dieses Preises verzichtet wird und er statt dessen mit 96 v.H. des konkreten Endpreises für Letztverbraucher angesetzt wird; dieser Endpreis ist nach Abschnitt 32 Abs. 2 LStR mit der Maßgabe zu ermitteln, dass an die Stelle des Arbeitgebers der Dritte tritt.

6. Die nach Nummer 1 zum Arbeitslohn gehörenden Preisvorteile unterliegen dem Lohnsteuerabzug (§ 38 Abs. 1 Satz 1 EStG). Preisvorteile im Sinne der Nummer 4 unterliegen dem Lohnsteuerabzug, wenn sie **üblicherweise** von einem Dritten für eine Arbeitsleistung gewährt werden (§ 38 Abs. 1 Satz 2 EStG). Soweit der Arbeitgeber diese Bezüge nicht selbst ermitteln kann, hat der Arbeitnehmer sie ihm für jeden Lohnzahlungszeitraum schriftlich anzuzeigen. Der Arbeitnehmer muss die Richtigkeit seiner Angaben durch Unterschrift bestätigen. Der Arbeitgeber hat die Anzeige als Beleg zum Lohnkonto aufzubewahren und die angezeigten Bezüge zusammen mit dem übrigen Arbeitslohn des Arbeitnehmers dem Lohnsteuerabzug zu unterwerfen. Abschn. 106 Abs. 5 LStR ist anzuwenden.

7. Soweit der vor dem 1. November 1993 zugeflossene Arbeitslohn im Sinne der Nummer 1 Sätze 1 und 2 Buchstaben a und b nicht der Besteuerung unterworfen worden ist, kann es dabei verbleiben; Lohnsteuer oder Einkommensteuer ist insoweit nicht festzusetzen.

8. Die Erlasse der obersten Finanzbehörden der Länder zur lohnsteuerlichen Behandlung von Sondertarifen für das sog. Job-Ticket im öffentlichen Personennahverkehr werden durch dieses Schreiben nicht berührt; sie werden jedoch im Hinblick auf § 3 Nr. 34 EStG mit Wirkung zum 1. Januar 1994 aufgehoben.

(Zu LStR 8.1 Abs. 7) **Anlage § 008-02/Mahlzeiten ab 2010**

Lohnsteuerliche Behandlung von unentgeltlichen oder verbilligten Mahlzeiten der Arbeitnehmer ab Kalenderjahr 2010; Zweite Verordnung zur Änderung der Sozialversicherungsentgeltverordnung vom 19. Oktober 2009 (BGBl. I S. 3667)

BMF-Schreiben vom 3. Dezember 2009 IV C 5 – S 2334/09/10011, 2009/0690452 (BStBl. I S. 1512)

Mahlzeiten, die arbeitstäglich unentgeltlich oder verbilligt an die Arbeitnehmer abgegeben werden, sind mit dem anteiligen amtlichen Sachbezugswert nach der Verordnung über die sozialversicherungsrechtliche Beurteilung von Zuwendungen des Arbeitgebers als Arbeitsentgelt (Sozialversicherungsentgeltverordnung – SvEV)[1] zu bewerten. Darüber hinaus wird es nicht beanstandet, wenn auch Mahlzeiten zur üblichen Beköstigung bei Auswärtstätigkeit oder im Rahmen einer doppelten Haushaltsführung unter den Voraussetzungen des R 8.1 Absatz 8 Nummer 2 LStR 2008 mit dem maßgebenden Sachbezugswert angesetzt werden (BMF-Schreiben vom 13. Juli 2009, BStBl. I S. 771)[2]. Die Sachbezugswerte ab Kalenderjahr 2010 sind durch die Zweite Verordnung zur Änderung der Sozialversicherungsentgeltverordnung vom 19. Oktober 2009 (BGBl. I S. 3667) festgesetzt worden. Hiernach beträgt der Wert für Mahlzeiten, die ab Kalenderjahr 2010 gewährt werden,

a) für ein Mittag- oder Abendessen 2,80 Euro,
b) für ein Frühstück 1,57 Euro.

Im Übrigen wird auf R 8.1 Absatz 7 und 8 LStR 2008 hingewiesen.

Dieses Schreiben steht ab sofort für eine Übergangszeit auf den Internetseiten des Bundesministeriums der Finanzen (http://www.bundesfinanzministerium.de) unter der Rubrik Wirtschaft und Verwaltung – Steuern – Veröffentlichungen zu Steuerarten – Lohnsteuer zur Ansicht und zum Abruf bereit.

(Anmerkung:
Werte für 2009: a) 2,73 Euro b) 1,53 Euro.
Werte für 2007 und 2008: a) 2,67 Euro b) 1,50 Euro.
Werte für 2006: a) 2,64 Euro b) 1,48 Euro.
Werte für 2005: a) 2,61 Euro b) 1,46 Euro.
Werte für 2004: a) 2,58 Euro b) 1,46 Euro.
Werte für 2003: a) 2,55 Euro b) 1,43 Euro.
Werte für 2002: a) 2,51 Euro b) 1,40 Euro.
Werte für 2001: a) 4,82 DM (2,47 Euro) b) 2,70 DM (1,38 Euro).
Werte für 2000: a) 4,77 DM b) 2,67 DM.

---

1) Anhang 3.
2) Anlage § 008-05.

Anlage § 008-03/Sachbezugswerte (Zu LStH 8.1 Abs. 4)

1. Steuerliche Behandlung der von Luftfahrtunternehmen gewährten unentgeltlichen oder verbilligten Flüge

Gleich lautende Erlasse der obersten Finanzbehörden der Länder
vom 9. November 2009 (BStBl. I S. 1314)

Für die Bewertung der zum Arbeitslohn gehörenden Vorteile aus unentgeltlich oder verbilligt gewährten Flügen gilt Folgendes:

1. Gewähren Luftfahrtunternehmen ihren Arbeitnehmern unentgeltlich oder verbilligt Flüge, die unter gleichen Beförderungsbedingungen auch betriebsfremden Fluggästen angeboten werden, so ist der Wert der Flüge nach § 8 Absatz 3 EStG zu ermitteln, wenn die Lohnsteuer nicht nach § 40 EStG pauschal erhoben wird.
2. Die Mitarbeiterflüge sind nach § 8 Absatz 2 EStG mit dem um übliche Preisnachlässe geminderten üblichen Endpreis am Abgabeort zu bewerten
   a) bei Beschränkungen im Reservierungsstatus, wenn das Luftfahrtunternehmen Flüge mit entsprechenden Beschränkungen betriebsfremden Fluggästen nicht anbietet, oder
   b) wenn die Lohnsteuer pauschal erhoben wird.
3. Gewähren Luftfahrtunternehmen Arbeitnehmern anderer Arbeitgeber unentgeltlich oder verbilligt Flüge, so sind diese Flüge ebenfalls nach § 8 Absatz 2 EStG zu bewerten.
4. In den Fällen der Nummern 2 und 3 können die Flüge mit Durchschnittswerten angesetzt werden. Für die Jahre 2010 bis 2012 werden die folgenden Durchschnittswerte nach § 8 Absatz 2 Satz 8 EStG für jeden Flugkilometer festgesetzt.
   a) Wenn keine Beschränkungen im Reservierungsstatus bestehen, ist der Wert des Fluges wie folgt zu berechnen:

bei einem Flug von	Durchschnittswerte in Euro je Flugkilometer (FKM)
1 – 4 000 km	0,04
4 001 – 12 000 km	$0{,}04 - \dfrac{0{,}01 \times (\text{FKM} - 4\,000)}{8\,000}$
mehr als 12 000 km	0,03

Jeder Flug ist gesondert zu bewerten. Die Zahl der Flugkilometer ist mit dem Wert anzusetzen, der der im Flugschein angegebenen Streckenführung entspricht. Nimmt der Arbeitgeber einen nicht vollständig ausgeflogenen Flugschein zurück, so ist die tatsächlich ausgeflogene Strecke zugrunde zu legen. Bei der Berechnung des Flugkilometerwerts sind die Beträge nur bis zur fünften Dezimalstelle anzusetzen.
Die nach dem IATA-Tarif zulässigen Kinderermäßigungen sind entsprechend anzuwenden.
   b) Bei Beschränkungen im Reservierungsstatus mit dem Vermerk „space available – SA –" auf dem Flugschein beträgt der Wert je Flugkilometer 60 Prozent des nach Buchstabe a ermittelten Werts.
   c) Bei Beschränkungen im Reservierungsstatus ohne Vermerk „space available „ SA –" auf dem Flugschein beträgt der Wert je Flugkilometer 80 Prozent des nach Buchstabe a ermittelten Werts.

Der nach den Durchschnittswerten ermittelte Wert des Fluges ist um 12 Prozent zu erhöhen.

Beispiel:
Der Arbeitnehmer erhält einen Freiflug Frankfurt-Palma de Mallorca und zurück. Der Flugschein trägt den Vermerk „SA". Die Flugstrecke beträgt insgesamt 2 507 km. Der Wert des Fluges für diesen Flug beträgt 60 Prozent von (0,04 x 2 507) = 60,17 Euro, zu erhöhen um 12 Prozent (= 7,22 Euro) = 67,39 Euro.

5. Mit den Durchschnittswerten nach Nummer 4 können auch Flüge bewertet werden, die der Arbeitnehmer von seinem Arbeitgeber erhalten hat, der kein Luftfahrtunternehmer ist, wenn
   a) der Arbeitgeber diesen Flug von einem Luftfahrtunternehmen erhalten hat und
   b) dieser Flug den unter Nummer 4 Buchstaben b oder c genannten Beschränkungen im Reservierungsstatus unterliegt.
6. Von den Werten nach Nummern 2 bis 5 sind die von den Arbeitnehmern jeweils gezahlten Entgelte abzuziehen. Der Rabattfreibetrag nach § 8 Absatz 3 EStG ist nicht abzuziehen.

(Zu LStH 8.1 Abs. 4) **Anlage § 008-03/Sachbezugswerte**

7. Luftfahrtunternehmen im Sinne der vorstehenden Regelungen sind Unternehmen, denen die Betriebsgenehmigung zur Beförderung von Fluggästen im gewerblichen Luftverkehr nach der Verordnung (EWG) Nr. 2407/92 des Rates vom 23. Juli 1992 (Amtsblatt EG Nr. L 240/1) oder nach entsprechenden Vorschriften anderer Staaten erteilt worden ist.

Dieser Erlass ergeht mit Zustimmung des Bundesministeriums der Finanzen und im Einvernehmen mit den obersten Finanzbehörden der anderen Länder. Er ersetzt den Erlass vom 1. Dezember 2006 (BStBl. I S. 776) für die Jahre 2010 bis 2012.

Anlage § 008-03/Sachbezugswerte (Zu LStH 8.1 Abs. 4)

2. Bewertung der Beköstigung im Bereich der Seeschifffahrt (Kauffahrtei) und im Bereich der Fischerei für Zwecke des Steuerabzugs vom Arbeitslohn für die Zeit ab 1. Januar 2010

Gemeinsame Erlasse der obersten Finanzbehörden Bremen, Hamburg, Mecklenburg-Vorpommern, Niedersachsen, Schleswig-Holstein vom 3. März 2010 (BStBl. I S. . . . .)

Bewertung der freien Beköstigung

Der zuständige Ausschuss der Vertreterversammlung der See-Berufsgenossenschaft hat den Wert des Sachbezuges „Beköstigung" für die Zwecke der Sozialversicherung für alle Bereiche in der Seefahrt (Kauffahrtei und Fischerei) mit Wirkung vom 1. Januar 2010 an auf monatlich **216,00 €** festgesetzt.

Für Teilverpflegung in der Kauffahrtei sowie in der Kleinen Hochseefischerei und in der Küstenfischerei gelten die folgenden Werte: Frühstück **48,00 €**, Mittag- und Abendessen jeweils **84,00 €** monatlich.[1]

Der Durchschnittssatz für Beköstigung der Kanalsteurer beträgt ab 1. Januar 2010 weiterhin monatlich **45,00 €**, für halbpartfahrende Kanalsteurer monatlich **22,50 €** und für Kanalsteueranwärter monatlich **24,00 €**.[2]

Diese Sachbezugswerte sind auch dem Steuerabzug vom Arbeitslohn zugrunde zu legen.

Geltung der Sachbezugswerte

Die festgesetzten Sachbezugswerte gelten auch dann, wenn in einem Tarifvertrag, einer Betriebsvereinbarung oder einem Arbeitsvertrag für die Beköstigung auf Seeschiffen höhere oder niedrigere Werte festgesetzt sind.

Die festgesetzten Sachbezugswerte gelten nicht, wenn anstelle der vorgesehenen Sachbezüge die im Tarifvertrag, in der Betriebsvereinbarung oder im Arbeitsvertrag festgesetzten Werte bar ausbezahlt werden. Wird jedoch nur gelegentlich oder vorübergehend bar ausgezahlt (z.B. bei tageweiser auswärtiger Beschäftigung, bei tariflich vorgesehener Umschaufrist, bei Krankheit oder für die Zeit des Urlaubs – auch wenn mehrere Urlaubsansprüche in einem Kalenderjahr zusammenfallen –), so sind die festgesetzten und bekannt gegebenen Sachbezugswerte zugrunde zu legen, wenn mit der Barvergütung der tatsächliche Wert der zustehenden Sachbezüge abgegolten wird und die Barvergütung anstelle der Sachbezüge zusätzlich zu dem bei Gewährung der Sachleistung maßgeblichen Lohn gezahlt wird.

Für die Beurteilung der Frage, ob eine Barvergütung dem Wert der nicht in Anspruch genommenen Beköstigung entspricht, ist zu berücksichtigen, dass das amtliche Sachbezugswert unter den Kosten liegt, die im Inland für eine entsprechende Beköstigung aufzuwenden wären. Ich bitte deshalb, die Auffassung zu vertreten, dass die tariflich vorgesehenen Barvergütungen den tatsächlichen Wert des Sachbezugs nicht übersteigen.

Wird jedoch bei Beendigung des Heuerverhältnisses durch

– Zeitablauf,
– Tod des Besatzungsmitgliedes,
– ordentliche Kündigung,
– außerordentliche Kündigung oder
– beiderseitiges Einvernehmen (Aufhebungsvertrag)

ein Urlaubsanspruch durch Barablösung abgegolten und hierbei auch das Verpflegungsgeld für die abgegoltenen Urlaubstage ausgezahlt, so ist der gesamte Betrag der Ablösung steuerpflichtiger Arbeitslohn, da durch die Beendigung des Dienstverhältnisses vor Antritt des Urlaubs der Arbeitnehmer nicht mehr an den Arbeitgeber gebunden und dieser somit von der Urlaubsverpflichtung befreit ist. Es ist in diesen Fällen steuerlich unbeachtlich, ob der Arbeitnehmer tatsächlich seinen Urlaub antritt oder ein neues Arbeitsverhältnis begründet.

Inkrafttreten

Die neuen Sachbezugswerte gelten bei laufendem Arbeitslohn erstmalig für den Arbeitslohn, der für einen nach dem 31. Dezember 2009 endenden Lohnzahlungszeitraum gezahlt wird, und bei sonstigen, insbesondere einmaligen Bezügen erstmalig für die Bezüge, die dem Arbeitnehmer nach dem 31. Dezember 2009 zufließen.

---

1) Die entsprechenden Werte betragen für 2009 (BStBl. I S. 411) 210 €, 45 €, 81 €; für 2007 und 2008 (BStBl. 2007 I S. 306) 204 €, 45 €, 81 €; für 2006 (BStBl. 2006 I S. 190) 204 €, 45 €, 78 €; für 2005 (BStBl. 2005 I S. 504) 201 €, 45 €, 78 €; für 2004 (BStBl. 2004 I S. 344) 198 €, 42 €, 78 €; für 2003 (BStBl. 2003 I S. 135) 195 €, 42 €, 78 €.

2) Die entsprechenden Werte betragen für 2007 bis 2009 (BStBl. 2007 I S. 306, BStBl. 2009 I S. 411) 45 €, 22,50 €, 24 €; für 2006 (BStBl. I S. 190), für 2005 (BStBl. 2005 I S. 504) und für 2004 (BStBl. 2004 I S. 344) Kanalsteurer 45 € und 22,50 €; für 2003 (BStBl. 2003 I S. 135) Kanalsteurer 45 € und 24 €.

(Zu LStH 8.1 Abs. 4, 8.2) **Anlage § 008-04/Arbeitgeberdarlehen**

Steuerliche Behandlung von Arbeitgeberdarlehen

BMF-Schreiben vom 1. Oktober 2008 IV C 5 – S 2334/07/0009, 2008/0537560 (BStBl. I S. 892)

Im Einvernehmen mit den obersten Finanzbehörden der Länder gilt zur steuerlichen Behandlung von Arbeitgeberdarlehen Folgendes:

1. Anwendungsbereich

Ein Arbeitgeberdarlehen ist die Überlassung von Geld durch den Arbeitgeber oder aufgrund des Dienstverhältnisses durch einen Dritten an den Arbeitnehmer, die auf dem Rechtsgrund eines Darlehensvertrags beruht. 1

Nicht unter den Anwendungsbereich „Arbeitgeberdarlehen" fallen insbesondere Reisekostenvorschüsse, ein vorschüssiger Auslagenersatz, als Arbeitslohn zufließende Lohnabschläge und als Arbeitslohn zufließende Lohnvorschüsse, sofern es sich bei letzteren nur um eine abweichende Vereinbarung über die Bedingungen der Zahlung des Arbeitslohns handelt. Diese Voraussetzung ist beispielsweise bei Gehaltsvorschüssen im öffentlichen Dienst nach den Vorschussrichtlinien des Bundes oder entsprechenden Richtlinien der Länder nicht erfüllt, so dass entsprechende Gehaltsvorschüsse unter den Anwendungsbereich „Arbeitgeberdarlehen" fallen. 2

2. Ermittlung des geldwerten Vorteils

Für die Ermittlung des geldwerten Vorteils aus der Überlassung eines zinslosen oder zinsverbilligten Arbeitgeberdarlehens ist zwischen einer Bewertung nach § 8 Abs. 2 EStG (z. B. Arbeitnehmer eines Einzelhändlers erhält ein zinsverbilligtes Arbeitgeberdarlehen) und einer Bewertung nach § 8 Abs. 3 EStG (z. B. Sparkassenangestellter erhält ein zinsverbilligtes Arbeitgeberdarlehen) zu unterscheiden. Zinsvorteile sind als Sachbezüge zu versteuern, wenn die Summe der noch nicht getilgten Darlehen am Ende des Lohnzahlungszeitraums 2 600 € übersteigt. 3

2.1. Bewertung nach § 8 Abs. 2 EStG

2.1.1. Allgemeine Grundsätze

Der Arbeitnehmer erlangt keinen lohnsteuerlich zu erfassenden Vorteil, wenn der Arbeitgeber ihm ein Darlehen zu einem marktüblichen Zinssatz (Maßstabszinssatz) gewährt (BFH-Urteil vom 4. Mai 2006 – VI R 28/05 –, BStBl. II S. 781). Marktüblich in diesem Sinne ist auch die nachgewiesene günstigste Marktkondition für Darlehen mit vergleichbaren Bedingungen am Abgabeort unter Einbeziehung allgemein zugänglicher Internetangebote (z. B. von Direktbanken). 4

Bei Zinsvorteilen, die nach § 8 Abs. 2 EStG zu bewerten sind, bemisst sich der geldwerte Vorteil nach dem Unterschiedsbetrag zwischen dem Maßstabszinssatz für vergleichbare Darlehen am Abgabeort und dem Zinssatz, der im konkreten Einzelfall vereinbart ist. Vergleichbar in diesem Sinne ist ein Darlehen, das dem Arbeitgeberdarlehen insbesondere hinsichtlich der Kreditart (z. B. Wohnungsbaukredit, Konsumentenkredit/Ratenkredit, Überziehungskredit), der Laufzeit des Darlehens und der Dauer der Zinsfestlegung im Wesentlichen entspricht. Bei Arbeitgeberdarlehen mit Zinsfestlegung ist grundsätzlich für die gesamte Vertragslaufzeit der Maßstabszinssatz bei Vertragsabschluss maßgeblich. Werden nach Ablauf der Zinsfestlegung die Zinskonditionen desselben Darlehensvertrages neu vereinbart (Prolongation), ist der Zinsvorteil neu zu ermitteln. Dabei ist der neu vereinbarte Zinssatz mit dem Maßstabszinssatz im Zeitpunkt der Prolongationsvereinbarung zu vergleichen. Bei Arbeitgeberdarlehen mit variablem Zinssatz ist für die Ermittlung des geldwerten Vorteils im Zeitpunkt der vertraglichen Zinssatzanpassung der neu vereinbarte Zinssatz mit dem jeweils aktuellen Maßstabszinssatz zu vergleichen. Der Arbeitgeber hat die Grundlagen für den ermittelten Zinsvorteil als Belege zum Lohnkonto aufzubewahren. 5

Bei der Feststellung, ob die 44 €-Freigrenze (§ 8 Abs. 2 Satz 9 EStG) überschritten wird, sind geldwerte Vorteile aus der Überlassung eines zinslosen oder zinsverbilligten Arbeitgeberdarlehens vorbehaltlich Rdnr. 3 Satz 2 einzubeziehen. 6

Ein nach Beachtung der Rdnr. 3 Satz 2 und der Rdnr. 6 ermittelter steuerpflichtiger geldwerter Vorteil aus der Überlassung eines zinslosen oder zinsverbilligten Arbeitgeberdarlehens i. S. d. § 8 Abs. 2 EStG kann nach § 37b EStG pauschal besteuert werden (vgl. hierzu BMF-Schreiben vom 29. April 2008, BStBl. I S. 566). – *Anlage § 037b-02* – 7

Aus Vereinfachungsgründen wird es nicht beanstandet, wenn bei einer Bewertung nach § 8 Abs. 2 EStG für die Feststellung des Maßstabszinssatzes die bei Vertragsabschluss von der Deutschen Bundesbank zuletzt veröffentlichten Effektivzinssätze – also die gewichteten Durchschnittszinssätze – herangezogen werden, die unter http://www.bundesbank.de/statistik/statistik_zinsen_tabellen.php unter der Rubrik 8

805

Anlage § 008-04/Arbeitgeberdarlehen (Zu LStH 8.1 Abs. 4, 8.2)

„EWU-Zinsstatistik [Bestände, Neugeschäft]" veröffentlicht sind. Es sind die Effektivzinssätze unter „Neugeschäft" maßgeblich. Von dem sich danach ergebenden Effektivzinssatz kann ein Abschlag von 4 % vorgenommen werden. Aus der Differenz zwischen diesem Maßstabszinssatz und dem Zinssatz, der im konkreten Einzelfall vereinbart ist, sind die Zinsverbilligung und der geldwerte Vorteil zu ermitteln, wobei die Zahlungsweise der Zinsen (z. B. monatlich, jährlich) unmaßgeblich ist. Zwischen den einzelnen Arten von Krediten (z. B. Wohnungsbaukredit, Konsumentenkredit/Ratenkredit, Überziehungskredit) ist zu unterscheiden.

Beispiel:

Ein Arbeitnehmer erhält im Juni 2008 ein Arbeitgeberdarlehen von 16 000 € zu einem Effektivzinssatz von 2 % jährlich (Laufzeit 4 Jahre mit monatlicher Tilgung und monatlicher Fälligkeit der Zinsen). Der bei Vertragsabschluss im Juni 2008 von der Deutschen Bundesbank für Konsumentenkredite mit anfänglicher Zinsbindung von über 1 Jahr bis 5 Jahre veröffentlichte Effektivzinssatz (Erhebungszeitraum April 2008) beträgt 5,68 %.

Nach Abzug eines Abschlags von 4 % ergibt sich ein Maßstabszinssatz von 5,45 %. Die Zinsverbilligung beträgt somit 3,45 % (5,45 % abzüglich 2 %). Danach ergibt sich im Juni 2008 ein geldwerter Vorteil von 46 € (3,45 % von 16 000 € x 1/12). Dieser Vorteil ist – da die 44 €-Freigrenze überschritten ist – lohnsteuerpflichtig. Der geldwerte Vorteil ist jeweils bei Tilgung des Arbeitgeberdarlehens für die Restschuld neu zu ermitteln.

2.1.2. Für Arbeitgeberdarlehen mit Vertragsabschluss vor dem 1. Januar 2008 (Bestandsdarlehen) gilt Folgendes:

2.1.2.1. Ermittlung des geldwerten Vorteils

9 Bei Arbeitgeberdarlehen mit Zinsfestlegung ist der vereinbarte Zinssatz grundsätzlich mit dem Maßstabszinssatz bei Vertragsabschluss (nicht dem Richtlinienzinssatz) zu vergleichen. Im Falle der Prolongation ist der neu vereinbarte Zinssatz mit dem Maßstabszinssatz im Zeitpunkt der Prolongationsvereinbarung zu vergleichen. Der geldwerte Vorteil ist auf dieser Basis für die Restschuld und die verbleibende Vertragslaufzeit des Arbeitgeberdarlehens ab dem Kalenderjahr 2008 zu ermitteln (vgl. Beispiel in Rdnr. 11). Bei Arbeitgeberdarlehen mit variablem Zinssatz ist für die Ermittlung des geldwerten Vorteils im Zeitpunkt der vertraglichen Zinssatzanpassung der neu vereinbarte Zinssatz mit dem jeweils aktuellen Maßstabszinssatz zu vergleichen. Auf den historischen marktüblichen Zinssatz bei Vertragsabschluss ist nicht abzustellen.

2.1.2.2. Vereinfachungsregelung bei Vertragsabschluss ab dem Kalenderjahr 2003

10 Für Bestandsdarlehen mit Vertragsabschluss ab dem Kalenderjahr 2003 kann Rdnr. 8 in allen offenen Fällen angewendet werden.

2.1.2.3. Vereinfachungsregelung bei Vertragsabschluss vor dem Kalenderjahr 2003

11 Für Bestandsdarlehen mit Vertragsabschluss vor dem 1. Januar 2003 kann Rdnr. 8 mit der Maßgabe angewendet werden, dass die frühere Bundesbank-Zinsstatistik „Erhebung über Soll- und Habenzinsen ausgewählter Kredit- und Einlagenarten" herangezogen wird, die unter http://www.bundesbank.de/statistik/statistik_zeitreihen.php unter der Rubrik „Zinsen, Renditen", dort Bundesbank Zinsstatistik, veröffentlicht ist. Zur Einordnung der Arbeitgeberdarlehen wird auf die Gegenüberstellung der Instrumentenkategorien der EWU-Zinsstatistik und der Erhebungspositionen der früheren Bundesbank-Zinsstatistik verwiesen, die unter http://www.bundesbank.de/meldewesen/ mw_bankenstatistik_ewustatistik.php veröffentlicht ist. Es ist die Untergrenze der Streubreite der statistisch erhobenen Zinssätze (ohne Abschlag von 4 %) zugrunde zu legen. Zwischen den einzelnen Arten von Krediten (z. B. Wohnungsbaukredit, Konsumentenkredit/Ratenkredit, Überziehungskredit) ist zu unterscheiden.

Beispiel:

Der Arbeitnehmer hat von seinem Arbeitgeber im Januar 1999 einen unbesicherten Wohnungsbaukredit über 150 000 € zu einem festen Effektivzinssatz von 2 % mit einer Zinsbindung von 10 Jahren erhalten. Der nach der Bundesbank-Zinsstatistik ermittelte Maßstabszinssatz betrug für einen Hypothekarkredit auf Wohngrundstücke bei Vertragsabschluss im Januar 1999 4,91 % (Zeitreihe SU0047) und beträgt für vergleichbare Wohnungsbaukredite an private Haushalte im Januar 2008 5,04 % (Zeitreihe SUD118). Der Richtlinienzinssatz nach R 31 Abs. 8 Satz 3 LStR 1999 betrug im Kalenderjahr 1999 6 %.

Der geldwerte Vorteil ist ab dem Veranlagungszeitraum 2008 mit 2,91 % (Maßstabszinssatz 4,91 %, abzüglich Zinslast des Arbeitnehmers von 2 %) für die Restschuld und die verbleibende Vertragslaufzeit zu ermitteln.

(Zu LStH 8.1 Abs. 4, 8.2) **Anlage § 008-04/Arbeitgeberdarlehen**

2.1.2.4. Ermittlung des geldwerten Vorteils bis einschließlich Kalenderjahr 2007
Es wird nicht beanstandet, wenn der geldwerte Vorteil nach den Regelungen in R 31 Abs. 11 LStR 2005 (vormals R 31 Abs. 8 Satz 3 LStR 1999) - unbeachtlich des BFH-Urteils vom 4. Mai 2006 – VI R 28/05 – (BStBl. II S. 781) – in allen offenen Fällen bis einschließlich Kalenderjahr 2007 ermittelt wird. Sowohl die Grenze von 2 600 € als auch der für das entsprechende Kalenderjahr maßgebliche Richtlinienzinssatz sind anwendbar.

2.1.3. Einzelanfragen zur Ermittlung des Maßstabszinssatzes
Einzelanfragen zur Ermittlung des Maßstabszinssatzes für vergleichbare Darlehen am Abgabeort sind bei der Deutschen Bundesbank unter EWU-zinsstatistik@ bundesbank.de möglich.

2.2. Bewertung nach § 8 Abs. 3 EStG
Der geldwerte Vorteil aus der Überlassung eines zinslosen oder zinsverbilligten Darlehens ist nach § 8 Abs. 3 EStG zu ermitteln, wenn der Arbeitgeber Darlehen gleicher Art und – mit Ausnahme des Zinssatzes – zu gleichen Konditionen (insbesondere Laufzeit des Darlehens, Dauer der Zinsfestlegung) überwiegend an betriebsfremde Dritte vergibt und der geldwerte Vorteil nicht nach § 40 EStG pauschal besteuert wird.

Bei Zinsvorteilen, die nach § 8 Abs. 3 EStG zu bewerten sind, bemisst sich der geldwerte Vorteil nach dem Unterschiedsbetrag zwischen dem im Preisaushang der kontoführenden Zweigstelle des Kreditinstituts oder im Preisverzeichnis des Arbeitgebers, das zur Einsichtnahme bereitgehalten wird, angegebenen um 4 % geminderten Effektivzinssatz, den der Arbeitgeber fremden Letztverbrauchern im allgemeinen Geschäftsverkehr für Darlehen vergleichbarer Kreditart (z. B. Wohnungsbaukredit, Konsumentenkredit) anbietet (Maßstabszinssatz), und dem Zinssatz, der im konkreten Einzelfall vereinbart ist. Bei Arbeitgeberdarlehen mit Zinsfestlegung ist grundsätzlich für die gesamte Vertragslaufzeit der Maßstabszinssatz bei Vertragsabschluss maßgeblich. Im Falle der Prolongation ist der neu vereinbarte Zinssatz mit dem Maßstabszinssatz im Zeitpunkt der Prolongationsvereinbarung zu vergleichen. Bei Arbeitgeberdarlehen mit variablem Zinssatz ist für die Ermittlung des geldwerten Vorteils im Zeitpunkt der vertraglichen Zinssatzanpassung der neu vereinbarte Zinssatz mit dem jeweils aktuellen Maßstabszinssatz zu vergleichen. Der Arbeitgeber hat die Grundlagen für den ermittelten Zinsvorteil als Belege zum Lohnkonto aufzubewahren.

Wird der geldwerte Vorteil aus der Überlassung eines zinslosen oder zinsverbilligten Darlehens nach § 40 EStG auf Antrag des Arbeitgebers pauschal versteuert, so ist der Zinsvorteil nach § 8 Abs. 2 EStG zu bewerten (vgl. Tz. 2.1., Rdnr. 4 bis 12), auch wenn der Arbeitgeber Geld darlehensweise überwiegend betriebsfremden Dritten überlässt. Wenn die Voraussetzungen für die Lohnsteuerpauschalierung erfüllt sind, insbesondere ein Pauschalierungsantrag gestellt worden ist, gilt dies auch dann, wenn keine pauschale Lohnsteuer anfällt. Zinsvorteile sind als sonstige Bezüge i. S. d. § 40 Abs. 1 Satz 1 Nr. 1 EStG anzusehen, wenn der maßgebende Verzinsungszeitraum den jeweiligen Lohnzahlungszeitraum überschreitet.

Wird der geldwerte Vorteil aus der Überlassung eines zinslosen oder zinsverbilligten Darlehens nur zum Teil pauschal versteuert, weil die Pauschalierungsgrenze des § 40 Abs. 1 Satz 3 EStG überschritten ist, so ist bei der Bewertung des individuell zu versteuernden Zinsvorteils der Teilbetrag des Darlehens außer Ansatz zu lassen, für den die Zinsvorteile unter Anwendung der Tz. 2.1. (Rdnr. 4 bis 12) pauschal versteuert werden.

Beispiel:
Ein Kreditinstitut überlässt seinem Arbeitnehmer A am 1. Januar 2008 ein Arbeitgeberdarlehen von 150 000 € zum Effektivzinssatz von 4 % jährlich (Laufzeit 4 Jahre mit jährlicher Tilgung und vierteljährlicher Fälligkeit der Zinsen). Darlehen gleicher Art bietet das Kreditinstitut fremden Kunden im allgemeinen Geschäftsverkehr zu einem Effektivzinssatz von 6,5 % an. Der marktübliche Zinssatz für vergleichbare Darlehen am Abgabeort wurde im Internet bei einer Direktbank mit 6 % ermittelt.

Das Kreditinstitut beantragt die Besteuerung nach § 40 Abs. 1 Satz 1 Nr. 1 EStG. Der geldwerte Vorteil ist insoweit nach § 8 Abs. 2 Satz 1 EStG zu ermitteln. Die nach Tz. 2.1. (Rdnr. 5) ermittelte Zinsverbilligung beträgt 2 % (marktüblicher Zinssatz 6 %, abzüglich Zinslast des Arbeitnehmers von 4 %).

Der geldwerte Vorteil beträgt im Kalenderjahr 2008 3 000 € (2 % von 150 000 €). Mangels anderer pauschal besteuerter Leistungen kann der Zinsvorteil des Arbeitnehmers A bis zum Höchstbetrag von 1 000 € pauschal besteuert werden (Pauschalierungsgrenze). Ein Zinsvorteil von 1 000 € ergibt sich unter Berücksichtigung der nach Tz. 2.1. ermittelten Zinsverbilligung von 2 % für ein Darlehen von 50 000 € (2 % von 50 000 € = 1 000 €). Mithin wird durch die Pauschalbesteuerung nur der Zinsvorteil aus einem Darlehensteilbetrag von 50 000 € abgedeckt. Der Zinsvorteil aus dem restlichen Darlehens-

Anlage § 008-04/Arbeitgeberdarlehen (Zu LStH 8.1 Abs. 4, 8.2)

teilbetrag von 100 000 € ist individuell zu versteuern. Der zu versteuernde Betrag ist wie folgt zu ermitteln:
Nach Abzug eines Abschlags von 4 % (§ 8 Abs. 3 Satz 1 EStG) vom Angebotspreis des Arbeitgebers von 6,5 % ergibt sich ein Maßstabszinssatz von 6,24 %.

100 000 € Darlehen x Maßstabszinssatz 6,24 %	6 240 €
./. Zinslast des Arbeitnehmers 100 000 € x 4 %	4 000 €
Zinsvorteil	2 240 €
./. Rabattfreibetrag (§ 8 Abs. 3 Satz 2 EStG)	1 080 €
zu versteuernder geldwerter Vorteil (Jahresbetrag)	1 160 €
vierteljährlich der Lohnsteuer zu unterwerfen	290 €

Der geldwerte Vorteil ist jeweils bei Tilgung des Arbeitgeberdarlehens für die Restschuld neu zu ermitteln.

3. Zufluss von Arbeitslohn

18 Als Zuflusszeitpunkt ist der Zeitpunkt der Fälligkeit der Zinsen als Nutzungsentgelt für die Überlassung eines zinsverbilligten Darlehens anzusehen (vgl. Beispiel unter Tz. 2.2., Rdnr. 17). Bei der Überlassung eines zinslosen Darlehens ist der Zufluss in dem Zeitpunkt anzunehmen, in dem das Entgelt üblicherweise fällig wäre. Es kann davon ausgegangen werden, dass das Entgelt üblicherweise zusammen mit der Tilgungsrate fällig wäre.

4. Versteuerung in Sonderfällen

4.1. Versteuerung bei fehlender Zahlung von Arbeitslohn

19 Erhält der Arbeitnehmer keinen laufenden Arbeitslohn (z. B. Beurlaubung, Ableistung des Grundwehr-/Zivildienstes, Elternzeit), ist bei Wiederaufnahme der Arbeitslohnzahlung oder nach Ablauf des Kalenderjahres der Gesamtbetrag der im jeweiligen Zeitraum angefallenen geldwerten Vorteile aus einem noch nicht getilgten Arbeitgeberdarlehen nach § 41c EStG zu behandeln.

4.2. Versteuerung bei Ausscheiden aus dem Dienstverhältnis

20 Scheidet der Arbeitnehmer aus dem Dienstverhältnis aus und fallen infolge eines noch nicht getilgten zinslosen oder zinsverbilligten Arbeitgeberdarlehens geldwerte Vorteile aus dem beendeten Dienstverhältnis an, so hat der Arbeitgeber dies dem Betriebsstättenfinanzamt anzuzeigen, wenn die Lohnsteuer nicht nachträglich einbehalten werden kann (§ 41c Abs. 4 Nr. 2 EStG).

5. Anrufungsauskunft

21 Für Sachverhalte zur steuerlichen Behandlung von Arbeitgeberdarlehen kann eine Anrufungsauskunft i. S. d. § 42e EStG eingeholt werden.

6. Zeitliche Anwendung

22 Dieses Schreiben ersetzt das BMF-Schreiben vom 13. Juni 2007, BStBl. I S. 502, und ist in allen offenen Fällen anzuwenden.

Das BMF-Schreiben zur steuerlichen Behandlung von Nutzungsüberlassungen vom 28. April 1995, BStBl. I S. 273, geändert durch BMF-Schreiben vom 21. Juli 2003, BStBl. I S. 391, und das BMF-Schreiben zur Anwendung der 44 €-Freigrenze für Sachbezüge nach § 8 Abs. 2 Satz 9 EStG vom 9. Juli 1997, BStBl. I S. 735, geändert durch BMF-Schreiben vom 13. Juni 2007, BStBl. I S. 502, werden aufgehoben.

Dieses Schreiben steht ab sofort für eine Übergangszeit auf den Internetseiten des Bundesministeriums der Finanzen (http://www.bundesfinanzministerium.de) unter der Rubrik Wirtschaft und Verwaltung – Steuern – Veröffentlichungen zu Steuerarten - Lohnsteuer zur Ansicht und zum Abruf bereit.

(Zu LStH 3.13, 3.16, 8.1 [8]) **Anlage § 008-05/Mahlzeitengestellung bei Auswärtstätigkeit**

Lohnsteuerliche Behandlung von Mahlzeitengestellungen bei Auswärtstätigkeit (§ 3 Nummer 13 und 16, § 8 Absatz 2 Satz 6 EStG); Anwendung des BFH-Beschlusses vom 19. November 2008 – VI R 80/06 – (BStBl. 2009 II S. 547) und der Lohnsteuer-Richtlinien (R 8.1 Absatz 8 Nummer 2 LStR 2008)

BMF-Schreiben vom 13. Juli 2009 IV C 5 – S 2334/08/10013, 2009/0454064 (BStBl. I S. 771)

Zu dem Beschluss des Bundesfinanzhofs (BFH) vom 19. November 2008 – VI R 80/06 – (BStBl. 2009 II S. 547) gilt im Einvernehmen mit den obersten Finanzbehörden der Länder Folgendes:

Die Rechtsgrundsätze des Beschlusses sind über den entschiedenen Einzelfall hinaus anwendbar. Es ist nicht zu beanstanden, wenn weiterhin nach den Regelungen in den Lohnsteuer-Richtlinien 2008 (R 8.1 Absatz 8 Nummer 2 LStR 2008) verfahren wird.

1. Lohnsteuerliche Behandlung bei Anwendung des BFH-Beschlusses – VI R 80/06 –

Nach der Auffassung des BFH sind die amtlichen Sachbezugswerte anzuwenden, wenn die Verpflegung auf eine gewisse Dauer gerichtet ist und im üblichen Rahmen eines Arbeitsverhältnisses als Teil des Arbeitslohns zur Verfügung gestellt wird. Sie fänden hingegen keine Anwendung auf die Gewährung von Mahlzeiten aus einmaligem Anlass. Aufwendungen für Mahlzeiten, die zur Beköstigung der Arbeitnehmer anlässlich einer Auswärtstätigkeit (Fortbildungsveranstaltung) abgegeben werden, seien mit den tatsächlichen Werten anzusetzen. Steuerfreie Sachbezüge seien in die Prüfung der Freigrenze gemäß § 8 Absatz 2 Satz 9 EStG nicht einzubeziehen. § 3 Nummer 16 EStG komme auch dann zur Anwendung, wenn der Arbeitgeber nicht einen Geldbetrag, sondern die damit zu erlangende Leistung unmittelbar zuwendet.

Die Rechtsgrundsätze des Beschlusses sind in den Fällen des § 3 Nummer 13 und 16 EStG anwendbar, Beispiel 1a). Leistet der Arbeitgeber neben der gestellten Mahlzeit einen Zuschuss, so ist der Zuschuss unter den Voraussetzungen des § 3 Nummer 13 oder 16 EStG steuerfrei. Der geldwerte Vorteil aus der gestellten Mahlzeit ist mit dem Wert nach § 8 Absatz 2 Satz 1 EStG zu bewerten und – soweit durch den Zuschuss noch nicht ausgeschöpft – im Rahmen des § 3 Nummer 13 oder 16 EStG steuerfrei. Der den steuerfreien Teil übersteigende Betrag ist in die Prüfung der 44-Euro-Freigrenze gemäß § 8 Absatz 2 Satz 9 EStG einzubeziehen, Beispiel 1b). Erhält der Arbeitnehmer vom Arbeitgeber eine nach § 3 Nummer 13 oder 16 EStG steuerfreie Leistung (Zuschuss oder Sachbezug) in Höhe des Pauschbetrags für Verpflegungsmehraufwendungen, so kann er keine Verpflegungsmehraufwendungen als Werbungskosten geltend machen.

Beispiel 1:

Anlässlich einer eintägigen Fortbildungsveranstaltung stellt der Arbeitgeber den teilnehmenden Arbeitnehmern ein Mittagessen zur Verfügung. Der Wert der gestellten Mahlzeit beträgt 14 Euro. Die Abwesenheitsdauer der Arbeitnehmer beträgt 10 Stunden.

a) Der Arbeitgeber stellt die Mahlzeit und leistet keinen Zuschuss:

Der geldwerte Vorteil aus der gestellten Mahlzeit wird mit dem Wert nach § 8 Absatz 2 Satz 1 EStG von 14 Euro angesetzt. Hiervon sind nach § 3 Nummer 13 oder 16 EStG 6 Euro steuerfrei. Der den steuerfreien Teil übersteigende Betrag von 8 Euro ist in die Prüfung der 44-Euro-Freigrenze einzubeziehen. Der Arbeitnehmer kann keine Verpflegungsmehraufwendungen als Werbungskosten bei seinen Einkünften aus nichtselbständiger Arbeit geltend machen, weil er einen steuerfreien Sachbezug in Höhe des Pauschbetrags für Verpflegungsmehraufwendungen erhalten hat.

b) Der Arbeitgeber stellt die Mahlzeit und leistet einen Zuschuss von 5 Euro:

Der geldwerte Vorteil aus der gestellten Mahlzeit wird mit dem Wert nach § 8 Absatz 2 Satz 1 EStG von 14 Euro angesetzt. Der Zuschuss von 5 Euro und 1 Euro vom Wert der Mahlzeit sind nach § 3 Nummer 13 oder 16 EStG steuerfrei. Der den steuerfreien Teil übersteigende Betrag von 13 Euro ist in die Prüfung der 44-Euro-Freigrenze einzubeziehen. Der Arbeitnehmer kann keine Verpflegungsmehraufwendungen als Werbungskosten bei seinen Einkünften aus nichtselbständiger Arbeit geltend machen, weil er insgesamt steuerfreie Leistungen (einen Zuschuss von 5 Euro und einen Sachbezug von 1 Euro) in Höhe des Pauschbetrags für Verpflegungsmehraufwendungen erhalten hat.

Anlage § 008-05/Mahlzeitengestellung bei Auswärtstätigkeit (Zu LStH 3.13, 3.16, 8.1 [8])

2. Lohnsteuerliche Behandlung bei Anwendung der Lohnsteuer-Richtlinien (R 8.1 Absatz 8 Nummer 2 LStR 2008)

Unter den Voraussetzungen des R 8.1 Absatz 8 Nummer 2 LStR 2008 ist eine Mahlzeit, die zur üblichen Beköstigung der Arbeitnehmer anlässlich oder während einer Auswärtstätigkeit oder im Rahmen einer doppelten Haushaltsführung abgegeben wird und deren Wert 40 Euro nicht übersteigt, mit dem maßgebenden amtlichen Sachbezugswert nach der Sozialversicherungsentgeltverordnung anzusetzen. Die 44-Euro-Freigrenze ist nicht anzuwenden.

Eine mit dem Sachbezugswert bewertete Mahlzeit ist nicht nach § 3 Nummer 13 oder 16 EStG steuerfrei, Beispiel 2a). Leistet der Arbeitgeber neben der gestellten Mahlzeit einen Zuschuss, so ist der Zuschuss unter den Voraussetzungen des § 3 Nummer 13 oder 16 EStG steuerfrei und der geldwerte Vorteil aus der gestellten Mahlzeit mit dem Sachbezugswert anzusetzen, Beispiel 2b). Soweit der Arbeitgeber von dem Zuschuss den Sachbezugswert einbehält, gilt die Kürzung des Zuschusses als Zahlung durch den Arbeitnehmer, die auf den geldwerten Vorteil anzurechnen ist, Beispiel 2c). Erhält der Arbeitnehmer vom Arbeitgeber einen nach § 3 Nummer 13 oder 16 EStG steuerfreien Zuschuss in Höhe des Pauschbetrags für Verpflegungsmehraufwendungen, so kann er keine Verpflegungsmehraufwendungen als Werbungskosten geltend machen.

Übersteigt der Wert der Mahlzeit die Üblichkeitsgrenze von 40 Euro, so ist der geldwerte Vorteil aus der gestellten Mahlzeit mit dem Wert nach § 8 Absatz 2 Satz 1 EStG anzusetzen und Tz. 1 anzuwenden.

Beispiel 2:
wie Beispiel 1

a) Der Arbeitgeber stellt die Mahlzeit und leistet keinen Zuschuss:

Da der Wert der Mahlzeit die Üblichkeitsgrenze von 40 Euro unterschreitet, ist der geldwerte Vorteil aus der gestellten Mahlzeit mit dem Sachbezugswert von 2,73 Euro (2009) anzusetzen und zu versteuern. Der Arbeitnehmer kann den Pauschbetrag für Verpflegungsmehraufwendungen von 6 Euro als Werbungskosten bei seinen Einkünften aus nichtselbständiger Arbeit geltend machen.

b) Der Arbeitgeber stellt die Mahlzeit und leistet einen Zuschuss von 5 Euro:

Da der Wert der Mahlzeit die Üblichkeitsgrenze von 40 Euro unterschreitet, ist der geldwerte Vorteil aus der gestellten Mahlzeit mit dem Sachbezugswert von 2,73 Euro (2009) anzusetzen und zu versteuern. Der Zuschuss von 5 Euro ist nach § 3 Nummer 13 oder 16 EStG steuerfrei. Der Arbeitnehmer kann Verpflegungsmehraufwendungen von 1 Euro als Werbungskosten bei seinen Einkünften aus nichtselbständiger Arbeit geltend machen.

c) Der Arbeitgeber stellt die Mahlzeit zur Verfügung und leistet einen Zuschuss von 5 Euro, von dem er den Sachbezugswert von 2,73 Euro (2009) einbehält:

Da der Wert der Mahlzeit die Üblichkeitsgrenze von 40 Euro unterschreitet, wäre der geldwerte Vorteil aus der Mahlzeit mit dem Sachbezugswert von 2,73 Euro (2009) anzusetzen. Die Hinzurechnung dieses geldwerten Vorteils zum steuerpflichtigen Arbeitslohn entfällt, denn die Kürzung des Zuschusses um 2,73 Euro gilt als Zahlung durch den Arbeitnehmer, die auf den geldwerten Vorteil anzurechnen ist. Der Zuschuss von 5 Euro ist nach § 3 Nummer 13 oder 16 EStG steuerfrei und nach § 4 Absatz 2 LStDV aufzuzeichnen. Der Arbeitnehmer kann Verpflegungsmehraufwendungen von 1 Euro als Werbungskosten bei seinen Einkünften aus nichtselbständiger Arbeit geltend machen.

Dieses Schreiben steht ab sofort für eine Übergangszeit auf den Internetseiten des Bundesministeriums der Finanzen (http://www.bundesfinanzministerium.de) unter der Rubrik Wirtschaft und Verwaltung – Steuern – Veröffentlichungen zu Steuerarten - Lohnsteuer zur Ansicht und zum Abruf bereit.

(Zu LStH 8.1 Abs. 9)   **Anlage § 008-06/Kraftfahrzeugüberlassung**

Steuerliche Behandlung der Überlassung eines betrieblichen Kraftfahrzeugs an Arbeitnehmer

BMF-Schreiben vom 28. Mai 1996 IV B 6 – S 2334 – 173/96 (BStBl. I S. 654)

Die steuerliche Bewertung der Überlassung eines betrieblichen Kraftfahrzeugs an Arbeitnehmer ist in Abschnitt 31 Abs. 7 und 7a LStR 1996 und in Tz. 20 bis 37 des Merkblatts zu den Rechtsänderungen beim Steuerabzug vom Arbeitslohn ab 1. Januar 1996 (BStBl. 1995 I S. 719)[1] geregelt. Unter Bezugnahme auf das Ergebnis der Besprechung mit den obersten Finanzbehörden der Länder wird zu Zweifelsfragen wie folgt Stellung genommen:

I. Pauschaler Nutzungswert

1. **Listenpreis**

   Für den pauschalen Nutzungwert ist der inländische Listenpreis des Kraftfahrzeugs im Zeitpunkt seiner Erstzulassung maßgebend. Das gilt auch für re-importierte Fahrzeuge. Soweit das re-importierte Fahrzeug mit zusätzlichen Sonderausstattungen versehen ist, die sich im inländischen Listenpreis nicht niedergeschlagen haben, ist der Wert der Sonderausstattung zusätzlich zu berücksichtigen. Soweit das re-importierte Fahrzeug geringerwertig ausgestattet ist, läßt sich der Wert der „Minderausstattung" durch einen Vergleich mit einem adäquaten inländischen Fahrzeug angemessen berücksichtigen.

2. **Überlassung von mehreren Kraftfahrzeugen**

   Stehen einem Arbeitnehmer gleichzeitig mehrere Kraftfahrzeuge zur Verfügung, so ist für jedes Fahrzeug die private Nutzung mit monatlich 1 v.H. des Listenpreises anzusetzen; dem privaten Nutzungswert kann der Listenpreis des überwiegend genutzten Kraftfahrzeugs zugrunde gelegt werden, wenn die Nutzung der Fahrzeuge durch andere zur Privatsphäre des Arbeitnehmers gehörende Personen so gut wie ausgeschlossen ist. Dem Nutzungswert für Fahrten zwischen Wohnung und Arbeitsstätte ist stets der Listenpreis des überwiegend für diese Fahrten benutzten Kraftfahrzeugs zugrunde zu legen.

3. **Monatsbeträge**

   Die pauschalen Nutzungswerte nach § 8 Abs. 2 Satz 2 und 3 EStG sind mit ihren Monatsbeträgen auch dann anzusetzen, wenn der Arbeitnehmer das ihm überlassene Kraftfahrzeug tatsächlich nur gelegentlich nutzt oder wenn er von seinem Zugriffsrecht auf ein Kraftfahrzeug aus einem Fahrzeugpool nur gelegentlich Gebrauch macht.[2]

   Die Monatsbeträge brauchen nicht angesetzt zu werden

   a) für volle Kalendermonate, in denen dem Arbeitnehmer kein betriebliches Kraftfahrzeug zur Verfügung steht, oder

   b) wenn dem Arbeitnehmer das Kraftfahrzeug aus besonderem Anlaß oder zu einem besonderen Zweck nur gelegentlich (von Fall zu Fall) für nicht mehr als fünf Kalendertage im Kalendermonat überlassen wird. In diesem Fall ist die Nutzung zu Privatfahrten und zu Fahrten zwischen Wohnung und Arbeitsstätte je Fahrtkilometer mit 0,001 v.H. des inländischen Listenpreises des Kraftfahrzeugs zu bewerten (Einzelbewertung). Zum Nachweis der Fahrstrecke müssen die Kilometerstände festgehalten werden.

4. **Dienstliche Nutzung im Zusammenhang mit Fahrten zwischen Wohnung und Arbeitsstätte**

   Ein geldwerter Vorteil ist für Fahrten zwischen Wohnung und Arbeitsstätte nicht zu erfassen, wenn ein Arbeitnehmer ein Firmenfahrzeug ausschließlich an den Tagen für seine Fahrten zwischen Wohnung und Arbeitsstätte erhält, an denen es erforderlich werden kann, daß er dienstliche Fahrten von der Wohnung aus antritt, z.B. beim Bereitschaftsdienst in Versorgungsunternehmen.

5. **Nutzungsverbot**

   Wird dem Arbeitnehmer ein Kraftfahrzeug mit der Maßgabe zur Verfügung gestellt, es für Privatfahrten und/oder Fahrten zwischen Wohnung und Arbeitsstätte nicht zu nutzen, so kann von dem Ansatz des jeweils in Betracht kommenden pauschalen Wertes nur abgesehen werden, wenn der Arbeitgeber die Einhaltung seines Verbots überwacht oder wenn wegen der besonderen Umstände des Falles die verbotene Nutzung so gut wie ausgeschlossen ist, z.B. wenn der Arbeitnehmer das

---

1) Anlage § 008-07. Für den Nicht-Arbeitnehmer-Bereich Hinweis auf BMF-Schreiben vom 21.1.2002 (BStBl. I S. 148).

2) Hinweis auf BFH v. 15.5.2002 VI R 132/00 (BStBl. 2003 II S. 311) und LStH 31 (9-10) „Fahrzeugpool" und „Nutzung durch mehrere Arbeitnehmer".

Anlage § 008-06/Kraftfahrzeugüberlassung (Zu LStH 8.1 Abs. 9)

Fahrzeug nach seiner Arbeitszeit und am Wochenende auf dem Betriebsgelände abstellt und den Schlüssel abgibt.

Das Nutzungsverbot ist durch entsprechende Unterlagen nachzuweisen, die zum Lohnkonto zu nehmen sind. Wird das Verbot allgemein oder aus besonderem Anlaß oder zu besonderem Zweck von Fall zu Fall ausgesetzt, so ist Nummer 3 entsprechend anzuwenden.

6. Park and ride

Setzt der Arbeitnehmer ein ihm überlassenes Kraftfahrzeug bei den Fahrten zwischen Wohnung und Arbeitsstätte oder bei Familienheimfahrten nur für eine Teilstrecke ein, weil er regelmäßig die andere Teilstrecke mit öffentlichen Verkehrsmitteln zurücklegt, so ist der Ermittlung des pauschalen Nutzungswerts die gesamte Entfernung zugrunde zu legen. Ein Nutzungswert auf die Grundlage der Entfernung, die mit dem Kraftfahrzeug zurückgelegt worden ist, kommt nur in Betracht, wenn das Kraftfahrzeug vom Arbeitgeber nur für diese Teilstrecke zur Verfügung gestellt worden ist. Nummer 5 ist entsprechend anzuwenden.

7. Fahrergestellung bei Familienheimfahrten

Stellt der Arbeitgeber dem Arbeitnehmer für die steuerlich zu erfassenden Familienheimfahrten ein Kraftfahrzeug mit Fahrer zur Verfügung, so ist der Nutzungswert der Fahrten, die unter Inanspruchnahme eines Fahrers durchgeführt worden sind, um 50 v.H. zu erhöhen.

8. Begrenzung des pauschalen Nutzungswerts

Der pauschale Nutzungswert nach § 8 Abs. 2 Satz 2, 3 und 5 EStG kann die dem Arbeitgeber für das Fahrzeug insgesamt entstandenen Kosten übersteigen. Wird dies im Einzelfall nachgewiesen, so ist der Nutzungswert höchstens mit dem Betrag der Gesamtkosten des Kraftfahrzeugs anzusetzen, wenn nicht aufgrund des Nachweises der Fahrten durch ein Fahrtenbuch nach § 8 Abs. 2 Satz 4 EStG ein geringerer Wertansatz in Betracht kommt. Der mit dem Betrag der Gesamtkosten anzusetzende Nutzungswert ist um 50 v.H. zu erhöhen, wenn das Kraftfahrzeug mit Fahrer zur Verfügung gestellt worden ist.

II. Individueller Nutzungswert

1. Elektronisches Fahrtenbuch [1]

Ein elektronisches Fahrtenbuch ist anzuerkennen, wenn sich daraus dieselben Erkenntnisse wie aus einem manuell geführten Fahrtenbuch gewinnen lassen. Beim Ausdrucken von elektronischen Aufzeichnungen müssen nachträgliche Veränderungen der aufgezeichneten Angaben technisch ausgeschlossen, zumindest aber dokumentiert werden.

2. Erleichterungen bei der Führung eines Fahrtenbuchs [1]

Ein Fahrtenbuch soll die Zuordnung von Fahrten zur betrieblichen und beruflichen Sphäre darstellen und ermöglichen. Es muß laufend geführt werden. Bei einer Dienstreise, Einsatzwechseltätigkeit und Fahrtätigkeit müssen die über die Fahrtstrecken hinausgehenden Angaben hinsichtlich Reiseziel, Reiseroute, Reisezweck und aufgesuchte Geschäftspartner die berufliche Veranlassung plausibel erscheinen lassen und ggf. eine stichprobenartige Nachprüfung ermöglichen. Auf einzelne dieser zusätzlichen Angaben kann verzichtet werden, soweit wegen der besonderen Umstände im Einzelfall die erforderliche Aussagekraft und Überprüfungsmöglichkeit nicht beeinträchtigt wird. Bei Kundendienstmonteuren und Handelsvertretern mit täglich wechselnden Auswärtstätigkeiten reicht es aus z. B. aus, wenn sie angeben, welche Kunden sie an welchem Ort aufsuchen. Angaben über die Reiseroute und zu den Entfernungen zwischen den Stationen einer Auswärtstätigkeit sind nur bei größerer Differenz zwischen direkter Entfernung und tatsächlicher Fahrtstrecke erforderlich. Bei sicherheitsgefährdeten Personen, deren Fahrtroute häufig von sicherheitsmäßigen Gesichtspunkten bestimmt wird, kann auf die Angabe der Reiseroute auch bei größeren Differenzen zwischen der direkten Entfernung und der tatsächlichen Fahrtstrecke verzichtet werden.

3. Aufwendungen bei sicherheitsgeschützten Fahrzeugen

Wird der Nutzungswert für ein aus Sicherheitsgründen gepanzertes Kraftfahrzeug nach § 8 Abs. 2 Satz 4 EStG ermittelt, so kann dabei die AfA nach dem Anschaffungspreis des leistungsschwächeren Fahrzeugs zugrunde gelegt werden, das dem Arbeitnehmer zur Verfügung gestellt würde, wenn seine Sicherheit nicht gefährdet wäre. Im Hinblick auf die durch die Panzerung verursachten höheren laufenden Betriebskosten bestehen keine Bedenken, wenn der Nutzungswertermittlung 70 v.H. der tatsächlich festgestellten laufenden Kosten (ohne AfA) zugrunde gelegt werden.

---

[1] Hinweis auf die entsprechenden/jüngeren Ausführungen zum betrieblichen Bereich (§ 4 Abs. 5 Satz 1 Nr. 6 und § 6 Abs. 1 Nr. 4 Sätze 2 und 3 EStG) im BMF-Schreiben vom 21.1.2002 (BStBl. I S. 148) Randziffern 16-25.

(Zu LStH 8.1 Abs. 9) **Anlage § 008-06/Kraftfahrzeugüberlassung**

4. **Fahrergestellung**

Wenn ein Kraftfahrzeug mit Fahrer zur Verfügung gestellt wird, ist der für die Fahrten zwischen Wohnung und Arbeitsstätte insgesamt ermittelte Nutzungswert um 50 v.H. zu erhöhen. Für Privatfahrten erhöht sich der hierfür insgesamt ermittelte Nutzungswert nach Abschnitt 31 Abs. 7a Nr. 2 LStR 1996 entsprechend dem Grad der Inanspruchnahme des Fahrers um 50, 40 oder 25 v.H. Bei Familienheimfahrten erhöht sich der auf die einzelne Familienheimfahrt ermittelte Nutzungsvorteil nur dann um 50 v.H., wenn für diese Fahrt ein Fahrer in Anspruch genommen worden ist.

Bei der Feststellung der privat und der dienstlich zurückgelegten Fahrtstrecken sind sog. Leerfahrten, die bei der Überlassung eines Kraftfahrzeugs mit Fahrer durch die An- und Abfahrten des Fahrers auftreten können, den dienstlichen Fahrten zuzurechnen.

III. Lohnsteuerpauschalierung

Ist der Nutzungswert für Familienheimfahrten nach § 8 Abs. 2 Satz 5 EStG zu erfassen, so kommt eine Pauschalbesteuerung nach § 40 Abs. 2 Satz 2 EStG nur für Familienheimfahrten nach Ablauf von zwei Jahren[1] nach Aufnahme der Tätigkeit am neuen Beschäftigungsort und nur bis zur Höhe des Betrags in Betracht, den der Arbeitnehmer als Werbungskosten für Fahrten zwischen Wohnung und Arbeitsstätte geltend machen könnte.

---

[1] Durch Wegfall der Zweijahresfrist bei doppelter Haushaltsführung gegenstandslos.

Anlage § 008-07/Merkblatt Arbeitgeber 1996 (Zu LStH 8.1 Abs. 9)

Merkblatt für den Arbeitgeber zu den Rechtsänderungen beim Steuerabzug vom Arbeitslohn ab 1. Januar 1996 und zur Auszahlung des Kindergeldes ab 1. Januar 1996

(BStBl. 1995 I S. 719)

– Auszug –

A. Änderungen beim Steuerabzug vom Arbeitslohn

...

II. Lohnsteuerliche Erfassung und Bewertung von Sachbezügen

1. Überlassung eines betrieblichen Kraftfahrzeugs zu Privatfahrten

a) Allgemeines[1]

20 Überläßt der Arbeitgeber oder aufgrund des Dienstverhältnisses ein Dritter dem Arbeitnehmer ein Kraftfahrzeug unentgeltlich zu Privatfahrten, so ist der Nutzungsvorteil dem Arbeitslohn zuzurechnen. Zur privaten Nutzung eines Kraftfahrzeugs gehören alle Fahrten, die einem privaten Zweck dienen, z. B. Fahrten zur Erholung, Fahrten zu Verwandten, Freunden, kulturellen oder sportlichen Veranstaltungen, Einkaufsfahrten, Fahrten zu Gaststättenbesuchen und Mittagsheimfahrten. Nicht zu den privaten Fahrten gehören Fahrten zwischen Wohnung und Arbeitsstätte (vgl. Tz. 28 bis 35) einschließlich der Fahrten, die der Arbeitnehmer aus beruflichen Gründen mehrmals am Tag durchführen muß, und Familienheimfahrten im Rahmen einer doppelten Haushaltsführung (vgl. dazu Tz. 36 und 37).

b) Pauschaler Nutzungswert

21 Der Arbeitgeber hat grundsätzlich die private Nutzung mit monatlich 1 v.H. des inländischen Listenpreises des Kraftfahrzeugs zu bewerten (§ 8 Abs. 2 Satz 2 i. V. m. § 6 Abs. 1 Nr. 4 Satz 2 EStG). Dies gilt auch dann, wenn der Arbeitgeber das Kraftfahrzeug gebraucht erworben oder geleast hat. Listenpreis ist die auf volle 100 DM abgerundete unverbindliche Preisempfehlung des Herstellers für das genutzte Kraftfahrzeug im Zeitpunkt seiner Erstzulassung zuzüglich der Zuschläge für Sonderausstattungen, einschließlich der Umsatzsteuer; der Wert eines Autotelefons bleibt außer Ansatz. Bei einem Kraftwagen, der aus Sicherheitsgründen gepanzert ist, kann der Listenpreis des leistungsschwächeren Fahrzeugs zugrunde gelegt werden, das dem Arbeitnehmer zur Verfügung gestellt würde, wenn seine Sicherheit nicht gefährdet wäre. Der Monatswert ist auch dann anzusetzen, wenn das Kraftfahrzeug dem Arbeitnehmer im Kalendermonat nur zeitweise zur privaten Nutzung zur Verfügung steht. Werden einem Arbeitnehmer während eines Kalendermonats abwechselnd unterschiedliche Fahrzeuge zur privaten Nutzung überlassen, so ist das Fahrzeug der pauschalen Nutzungswertbesteuerung zugrunde zu legen, das der Arbeitnehmer überwiegend nutzt. Dies gilt auch bei einem Fahrzeugwechsel im Laufe eines Kalendermonats.

c) Individueller Nutzungswert

22 Anstelle des pauschalen Nutzungswerts kann der Arbeitgeber den Wert der privaten Nutzung des dem Arbeitnehmer überlassenen Kraftfahrzeugs mit dem Anteil der Aufwendungen für das Kraftfahrzeug ansetzen, der auf die privaten Fahrten entfällt. Dies setzt voraus, daß die für das Kraftfahrzeug insgesamt entstehenden Aufwendungen durch Belege und das Verhältnis der privaten zu den übrigen Fahrten durch ein ordnungsgemäßes Fahrtenbuch nachgewiesen werden. Werden dem Arbeitnehmer abwechselnd unterschiedliche Kraftfahrzeuge zur privaten Nutzung überlassen, so müssen für jedes Kraftfahrzeug die insgesamt entstehenden Aufwendungen und das Verhältnis der privaten zu den übrigen Fahrten nachgewiesen werden. Die insgesamt entstehenden Aufwendungen sind als Summe der Nettoaufwendungen zuzüglich Umsatzsteuer und der Absetzungen für Abnutzung zu ermitteln. Den Absetzungen für Abnutzung sind die tatsächlichen Anschaffungs- oder Herstellungskosten (einschließlich der Umsatzsteuer) des einzelnen Kraftfahrzeugs zugrunde zu legen. Ein Durchschnittswert ist nicht zulässig. Es ist auch nicht zulässig, die individuelle Nutzungswertermittlung auf Privatfahrten zu beschränken, wenn das Kraftfahrzeug auch zu Fahrten zwischen Wohnung und Arbeitsstätte genutzt wird.

23 Ein ordnungsgemäßes Fahrtenbuch setzt voraus, daß die dienstlich und privat zurückgelegten Fahrtstrecken gesondert und laufend eingetragen werden. Für dienstliche Fahrten sind mindestens die folgenden Angaben erforderlich:

– Datum und Kilometerstand zu Beginn und am Ende jeder einzelnen Auswärtstätigkeit (Dienstreise, Einsatzwechseltätigkeit, Fahrtätigkeit),

---

1) Siehe Anlage § 008-06.

- Reiseziel und Reiseroute,
- Reisezweck und aufgesuchte Geschäftspartner.

Für Privatfahrten genügen jeweils Kilometerangaben. Für Fahrten zwischen Wohnung und Arbeitsstätte genügt jeweils ein kurzer Vermerk. Die Führung des Fahrtenbuchs kann nicht auf einen repräsentativen Zeitraum beschränkt werden, selbst wenn die Nutzungsverhältnisse keinen größeren Schwankungen unterliegen. Anstelle des Fahrtenbuchs kann ein Fahrtenschreiber eingesetzt werden, wenn sich daraus dieselben Erkenntnisse gewinnen lassen.

Der private Nutzungswert ist der Anteil an den Gesamtkosten des überlassenen Kraftfahrzeugs, der dem Verhältnis der Privatfahrten (vgl. dazu Tz. 20) zur Gesamtfahrtstrecke entspricht. Aus Vereinfachungsgründen kann der Monatswert vorläufig mit einem Zwölftel des Vorjahresbetrags angesetzt werden. Es bestehen auch keine Bedenken, wenn die Privatfahrten je Fahrtkilometer vorläufig mit 0,001 v.H. des inländischen Listenpreises für das Kraftfahrzeug angesetzt werden. Nach Ablauf des Kalenderjahrs oder nach Beendigung des Dienstverhältnisses ist der tatsächlich zu versteuernde Nutzungswert zu ermitteln und eine etwaige Lohnsteuerdifferenz nach Maßgabe der §§ 41c, 42b EStG auszugleichen. 24

Der Arbeitgeber muß in Abstimmung mit dem Arbeitnehmer im vorhinein für jedes Kalenderjahr festlegen, ob die individuelle Nutzungswertermittlung an die Stelle der pauschalen Nutzungswertermittlung treten soll. Das Verfahren darf bei demselben Kraftfahrzeug während des Kalenderjahrs nicht gewechselt werden. 25

d) Überlassung eines Kraftfahrzeugs mit Fahrer

Stellt der Arbeitgeber dem Arbeitnehmer für Privatfahrten ein Kraftfahrzeug mit Fahrer zur Verfügung, so ist der private Nutzungswert des Kraftfahrzeugs zu erhöhen 26
- um 50 v.H., wenn der Fahrer überwiegend in Anspruch genommen wird,
- um 40 v.H., wenn der Arbeitnehmer das Kraftfahrzeug häufig selbst steuert,
- um 25 v.H., wenn der Arbeitnehmer das Kraftfahrzeug weit überwiegend selbst steuert.

Bei einem Kraftwagen, der aus Sicherheitsgründen gepanzert und deshalb zum Selbststeuern nicht geeignet ist, führt die Gestellung des Fahrers nicht zur Erhöhung des privaten Nutzungswerts. Es ist dabei unerheblich, in welcher Gefährdungsstufe der Arbeitnehmer eingeordnet ist.

e) Nutzungsentgelt des Arbeitnehmers

Zahlt der Arbeitnehmer unabhängig vom Umfang der tatsächlichen privaten Nutzung des überlassenen Kraftfahrzeugs an den Arbeitgeber ein pauschales Nutzungsentgelt, so mindert dieses im Zahlungsjahr den privaten Nutzungswert. Dasselbe gilt für Zuschüsse des Arbeitnehmers zu den Anschaffungskosten des Kraftfahrzeugs; Zuschußrückzahlungen sind Arbeitslohn, soweit die Zuschüsse den privaten Nutzungswert gemindert haben. Nutzungsentgelte, die nach dem Umfang der privaten Nutzung bemessen werden (z.B. Kilometergeld) können nur auf den individuellen Nutzungswert (Tz. 22 bis 24) angerechnet werden. 27

2. Überlassung eines betrieblichen Kraftfahrzeugs zu Fahrten zwischen Wohnung und Arbeitsstätte

a) Pauschaler Nutzungswert

Kann ein Kraftfahrzeug, das der Arbeitgeber oder aufgrund des Dienstverhältnisses ein Dritter dem Arbeitnehmer unentgeltlich überlassen hat, von dem Arbeitnehmer für Fahrten zwischen Wohnung und Arbeitsstätte genutzt werden, so ist diese Nutzungsmöglichkeit unabhängig von der Nutzung des Fahrzeugs zu Privatfahrten (Tz. 20 bis 24) monatlich mit 0,03 v.H. des inländischen Listenpreises (vgl. dazu Tz. 21) des Kraftfahrzeugs für jeden Kilometer der Entfernung zwischen Wohnung und Arbeitsstätte zu bewerten und dem Arbeitslohn zuzurechnen. Es ist unerheblich, ob und wie oft im Kalendermonat das Kraftfahrzeug tatsächlich zu Fahrten zwischen Wohnung und Arbeitsstätte genutzt wird; der Ansatz des pauschalen Nutzungswerts hängt allein davon ab, daß der Arbeitnehmer das Kraftfahrzeug zu Fahrten zwischen Wohnung und Arbeitsstätte nutzen kann. Der Monatswert ist deshalb auch dann anzusetzen, wenn das Kraftfahrzeug dem Arbeitnehmer im Kalendermonat nur zeitweise zur Verfügung steht. Ein durch Urlaub oder Krankheit bedingter Nutzungsausfall ist im Nutzungswert pauschal berücksichtigt. 28

Fahrten zwischen Wohnung und regelmäßiger Arbeitsstätte im Sinne dieser Regelung liegen nicht vor bei Arbeitnehmern, die eine Einsatzwechseltätigkeit im Sinne des Abschnitts 37 Abs. 6 LStR 1996 ausüben, hinsichtlich der Fahrten zwischen Wohnung und Einsatzstelle, wenn arbeitstäglich mindestens eine Einsatzstelle aufgesucht wird, die mehr als 30 km von der Wohnung entfernt ist und die Dauer der Tätigkeit an dieser Einsatzstelle nicht über drei Monate hinausgeht oder wenn die Tätigkeit im wesentlichen durch den täglichen mehrfachen Ortswechsel geprägt ist; hierzu wird auf Abschnitt 38 Abs. 5 29

Anlage § 008-07/Merkblatt Arbeitgeber 1996 (Zu LStH 8.1 Abs. 9)

LStR 1996 und Tz. 2 hingewiesen. Wird ein Kraftfahrzeug ausschließlich zu solchen Fahrten zwischen Wohnung und regelmäßiger Arbeitsstätte überlassen, durch die eine dienstliche Nutzung des Kraftfahrzeugs an der Wohnung begonnen oder beendet werden kann, so sind auch diese Fahrten nicht zu erfassen.

30 Dem pauschalen Nutzungswert ist die einfache Entfernung zwischen Wohnung und Arbeitsstätte zugrunde zu legen; diese ist auf den nächsten vollen Kilometerbetrag abzurunden. Maßgebend ist die kürzeste benutzbare Straßenverbindung. Der pauschale Nutzungswert ist nicht zu erhöhen, wenn der Arbeitnehmer das Kraftfahrzeug an einem Arbeitstag mehrmals zwischen Wohnung und Arbeitsstätte benutzt. Werden dem Arbeitnehmer abwechselnd unterschiedliche Kraftfahrzeuge zu Fahrten zwischen Wohnung und Arbeitsstätte zur Verfügung gestellt, so ist dem pauschalen Nutzungswert das Kraftfahrzeug zugrunde zu legen, das vom Arbeitnehmer im Kalendermonat überwiegend genutzt wird.

31 Fährt der Arbeitnehmer abwechselnd zu verschiedenen Wohnungen oder zu verschiedenen Arbeitsstätten, ist ein pauschaler Monatswert nach Tz. 28 unter Zugrundelegung der Entfernung zur näher gelegenen Wohnung oder näher gelegenen Arbeitsstätte anzusetzen. Für jede Fahrt von und zu der weiter entfernt liegenden Wohnung oder von und zu der weiter entfernt liegenden Arbeitsstätte ist zusätzlich ein pauschaler Nutzungswert von 0,002 v.H. des inländischen Listenpreises des Kraftfahrzeugs für jeden Kilometer der Entfernung zwischen Wohnung und Arbeitsstätte dem Arbeitslohn zuzurechnen, soweit sie die Entfernung zur nähergelegenen Wohnung übersteigt.

Bei Arbeitnehmern, die eine Einsatzwechseltätigkeit im Sinne des Abschnitts 37 Abs. 6 LStR 1996 ausüben und bei denen die Fahrten zeitweise Einsatzstellen betreffen, die nicht mehr als 30 km von der Wohnung entfernt sind oder an denen die Tätigkeit über drei Monate hinaus ausgeübt wird, ist der pauschale Nutzungswert arbeitstäglich mit 0,002 v.H. des inländischen Listenpreises des Kraftfahrzeugs für jeden Kilometer der Entfernung zwischen Wohnung und Arbeitsstätte anzusetzen.

b) Individueller Nutzungswert

32 Anstelle des pauschalen Nutzungswerts kann der Arbeitgeber den Nutzungswert mit dem Anteil der Aufwendungen für das Kraftfahrzeug ansetzen, der auf die Fahrten zwischen Wohnung und Arbeitsstätte entfällt, wenn die für das Kraftfahrzeug insgesamt entstehenden Aufwendungen durch Belege und das Verhältnis der Fahrten zwischen Wohnung und Arbeitsstätte zu den übrigen Fahrten durch ein ordnungsgemäßes Fahrtenbuch nachgewiesen werden. Hierzu gelten im einzelnen die unter Tz. 22 bis 25 dargestellten Regelungen. Es ist nicht zulässig, die individuelle Nutzungswertermittlung auf Fahrten zwischen Wohnung und Arbeitsstätte zu beschränken, wenn das Fahrzeug auch zu Privatfahrten genutzt wird.

c) Fahrergestellung, Nutzungsentgelt, Pauschalbesteuerung

33 Stellt der Arbeitgeber dem Arbeitnehmer für Fahrten zwischen Wohnung und Arbeitsstätte ein Kraftfahrzeug mit Fahrer zur Verfügung, so ist der jeweilige Nutzungswert des Kraftfahrzeugs für diese Fahrten um 50 v.H. zu erhöhen. Dies gilt nicht für ein aus Sicherheitsgründen gepanzertes Kraftfahrzeug, das zum Selbststeuern nicht geeignet ist und deshalb mit Fahrer zur Verfügung gestellt wird.

34 Zahlt der Arbeitnehmer an den Arbeitgeber ein Entgelt für die Nutzung des Kraftfahrzeugs zu Fahrten zwischen Wohnung und Arbeitsstätte, so mindert dies den Nutzungswert. Es ist in diesem Falle gleichgültig, ob das Nutzungsentgelt pauschal oder entsprechend der tatsächlichen Nutzung des Kraftfahrzeugs bemessen wird.

35 Der steuerpflichtige Wert der Überlassung eines Kraftfahrzeugs zu Fahrten zwischen Wohnung und Arbeitsstätte kann bei behinderten Arbeitnehmern im Sinne des § 9 Abs. 2 EStG in vollem Umfang und bei allen anderen Arbeitnehmern bis zu einem Teilbetrag von 0,70 DM je Entfernungskilometer für jeden Arbeitstag, an dem das Kraftfahrzeug zu Fahrten zwischen Wohnung und Arbeitsstätte benutzt wird, nach § 40 Abs. 2 Satz 2 EStG mit 15 v.H. pauschal der Lohnsteuer unterworfen werden. Dabei hat der Arbeitgeber die pauschale Lohnsteuer zu übernehmen. Aus Vereinfachungsgründen kann der Arbeitgeber unterstellen, daß das Kraftfahrzeug an 15 Arbeitstagen monatlich zu Fahrten zwischen Wohnung und Arbeitsstätte benutzt wird, wenn der Arbeitnehmer nichts anderes nachweist. Zur Möglichkeit der Überwälzung der pauschalen Lohnsteuer auf den Arbeitnehmer wird auf Abschnitt 127 Abs. 8 LStR 1996 hingewiesen. Der pauschal besteuerte Nutzungswert ist in der Lohnsteuerbescheinigung gesondert auszuweisen (vgl. Abschnitt 135 Abs. 3 Nr. 6 LStR 1996).

3. Überlassung eines betrieblichen Kraftfahrzeugs zu Familienheimfahrten

36 Überläßt der Arbeitgeber oder aufgrund des Dienstverhältnisses ein Dritter dem Arbeitnehmer ein Kraftfahrzeug unentgeltlich zu wöchentlichen Familienheimfahrten im Rahmen einer beruflich veranlaßten doppelten Haushaltsführung, so ist insoweit der Nutzungswert nach § 8 Abs. 2 Satz 5 EStG

(Zu LStH 8.1 Abs. 9) **Anlage § 008-07/Merkblatt Arbeitgeber 1996**

steuerlich nicht zu erfassen, solange die Dauer der Beschäftigung am selben Ort zwei Jahre nicht überschritten hat (zur Zweijahresfrist vgl. Tz. 14 bis 16).

Wird das Kraftfahrzeug zu mehr als einer Familienheimfahrt wöchentlich oder nach Ablauf der Zweijahresfrist zu Familienheimfahrten genutzt, so ist für jede Familienheimfahrt ein pauschaler Nutzungswert in Höhe von 0,002 v.H. des inländischen Listenpreises (vgl. dazu Tz. 21) des Kraftfahrzeugs für jeden Kilometer der Entfernung zwischen dem Beschäftigungsort und dem Ort des eigenen Hausstands anzusetzen und dem Arbeitslohn zuzurechnen. Anstelle des pauschalen Nutzungswerts kann der Arbeitgeber den Nutzungswert mit den Aufwendungen für das Kraftfahrzeug ansetzen, die auf die zu erfassenden Fahrten entfallen, wenn die für das Kraftfahrzeug insgesamt entstehenden Aufwendungen durch Belege und das Verhältnis der privaten zu den übrigen Fahrten durch ein ordnungsgemäßes Fahrtenbuch nachgewiesen werden. In diesem Falle sind die zu erfassenden Familienheimfahrten den Privatfahrten zuzurechnen und die Regelungen unter Tz. 22 bis 25 anzuwenden. 37

4. Abgabe von Mahlzeiten

– Tz. 38 und 39 nicht abgedruckt wegen zeitlicher Überholung –

5. Freigrenze für Sachbezüge ohne amtlichen Sachbezugswert

Sachbezüge, für die keine amtlichen Sachbezugswerte festgesetzt sind und die nicht als sog. Belegschaftsrabatte nach § 8 Abs. 3 EStG zu bewerten sind, sind nach § 8 Abs. 2 Satz 1 EStG mit den um üblichen Preisnachlässe geminderten üblichen Endpreisen am Abgabeort im Zeitpunkt der Abgabe anzusetzen. Das ist der Preis, der im allgemeinen Geschäftsverkehr von Letztverbrauchern in der Mehrzahl der Verkaufsfälle am Abgabeort für gleichartige Waren oder Dienstleistungen tatsächlich gezahlt wird. Handelt es sich um Waren oder Dienstleistungen, so darf der Arbeitgeber nach Abschnitt 31 Abs. 2 LStR 1996 den üblichen Endpreis aus Vereinfachungsgründen mit 96 v.H. des Endpreises ansetzen, zu dem sie fremden Letztverbrauchern im allgemeinen Geschäftsverkehr angeboten werden. Soweit das Entgelt des Arbeitnehmers den üblichen Endpreis unterschreitet, erhält der Arbeitnehmer einen geldwerten Vorteil, der grundsätzlich dem Arbeitslohn zuzurechnen ist. Nach § 8 Abs. 2 Satz 9 EStG bleiben aber ab 1996 solche Vorteile steuerlich außer Ansatz, wenn sie insgesamt 50 DM im Kalendermonat nicht übersteigen. Diese Freigrenze ist z. B. anwendbar auf die Nutzung von betrieblichen Fernsprecheinrichtungen zu privaten Ferngesprächen und auf Mietvorteile bei der Überlassung von Werkswohnungen, die nicht nach § 3 Nr. 59 EStG steuerfrei sind. 40

III. Ermittlung der Steuerabzugsbeträge

– Tz. 41-43 nicht abgedruckt wegen zeitlicher Überholung –

IV. Pauschalierung der Lohnsteuer

1. Pauschalierung der Lohnsteuer für Teilzeitbeschäftigte

– Tz. 44 und 45 nicht abgedruckt wegen zeitlicher Überholung/Gesetzesänderung –

2. Pauschalierung der Lohnsteuer bei bestimmten Zukunftssicherungsleistungen

Von den Beiträgen für eine Direktversicherung des Arbeitnehmers und von den Zuwendungen an eine Pensionskasse kann die Lohnsteuer nach § 40b EStG weiterhin pauschal erhoben werden. Der Höchstbetrag der pauschal besteuerbaren Zukunftssicherungsleistungen zugunsten eines Arbeitnehmers beträgt ab 1996 3408 DM (bisher 3000 DM) im Kalenderjahr. Der Pauschsteuersatz beträgt ab 1996 20 v. H. (bisher 15 v. H.). Das gilt auch für die Pauschalierung von Beiträgen zu Gruppenunfallversicherungen. 46

B. Auszahlung des Kindergeldes durch private Arbeitgeber

– Vom Abdruck dieses Abschnitts wird abgesehen, da der private Arbeitgeber für Zeiträume ab 1.1.1999 nicht mehr verpflichtet ist, das Kindergeld auszuzahlen. Auf von ihm auszuzahlendes Kindergeld für Zeiträume vor dem 1.1.1999 sind die bisherigen Regelungen weiter anzuwenden. –

Anlage § 008-08/Erwerb von Kraftfahrzeugen (Zu LStH 8.2)

Ermittlung des geldwerten Vorteils beim Erwerb von Kraftfahrzeugen vom Arbeitgeber in der Automobilbranche (§ 8 Absatz 3 EStG)

BMF-Schreiben vom 18. Dezember 2009 IV C 5 – S 2334/09/10006, 2009/0830813
(BStBl. 2010 I S. 20)

Im Einvernehmen mit den obersten Finanzbehörden der Länder gilt bei der Ermittlung des geldwerten Vorteils beim Erwerb von Kraftfahrzeugen vom Arbeitgeber in der Automobilbranche Folgendes: Personalrabatte, die Automobilhersteller oder Automobilhändler ihren Arbeitnehmern beim Erwerb von Kraftfahrzeugen gewähren, gehören grundsätzlich als geldwerte Vorteile zum steuerpflichtigen Arbeitslohn. Der steuerlichen Bewertung der Kraftfahrzeuge sind unter den Voraussetzungen des § 8 Absatz 3 EStG (vgl. R 8.2 Absatz 1 LStR 2008) die Endpreise zugrunde zu legen, zu denen der Arbeitgeber die Kraftfahrzeuge anderen Letztverbrauchern im allgemeinen Geschäftsverkehr anbietet. Bietet der Arbeitgeber die Kraftfahrzeuge anderen Letztverbrauchern nicht an, so sind die Endpreise des nächstgelegenen Händlers maßgebend (R 8.2 Absatz 2 Satz 1 bis 6 LStR 2008).

Endpreis ist nicht der Preis, der mit dem Käufer unter Berücksichtigung individueller Preiszugeständnisse tatsächlich vereinbart wird. Regelmäßig ist vielmehr der Preis maßgebend, der nach der Preisangabenverordnung anzugeben und auszuweisen ist. Dies ist z. B. der sog. Hauspreis, mit dem Kraftfahrzeuge ausgezeichnet werden, die im Verkaufsraum eines Automobilhändlers ausgestellt werden. Wenn kein anderes Preisangebot vorliegt, ist dem Endpreis grundsätzlich die unverbindliche Preisempfehlung (UPE) des Herstellers zugrunde zu legen.

Nach den Gepflogenheiten in der Automobilbranche werden Kraftfahrzeuge im allgemeinen Geschäftsverkehr fremden Letztverbrauchern tatsächlich häufig zu einem Preis angeboten, der unter der UPE des Herstellers liegt. Deshalb kann der tatsächliche Angebotspreis anstelle des empfohlenen Preises angesetzt werden (vgl. BFH-Urteil vom 4. Juni 1993 – BStBl. II S. 687, BFH-Urteil vom 17. Juni 2009 – BStBl. 2010 II S. 67).

Im Hinblick auf die Schwierigkeiten bei der Ermittlung des tatsächlichen Angebotspreises ist es nicht zu beanstanden, wenn als Endpreis im Sinne des § 8 Absatz 3 EStG der Preis angenommen wird, der sich ergibt, wenn 80 Prozent des Preisnachlasses, der durchschnittlich beim Verkauf an fremde Letztverbraucher im allgemeinen Geschäftsverkehr tatsächlich gewährt wird, von dem empfohlenen Preis abgezogen wird. Dabei ist der durchschnittliche Preisnachlass modellbezogen nach den tatsächlichen Verkaufserlösen in den vorangegangenen drei Kalendermonaten zu ermitteln und jeweils der Endpreisfeststellung im Zeitpunkt der Bestellung (Bestellbestätigung) zugrunde zu legen.

Bei der Ermittlung des durchschnittlichen Preisnachlasses sind auch Fahrzeugverkäufe, deren Endpreise inklusive Transport- und Überführungskosten im Einzelfall über der UPE liegen, sowie Fahrzeugverkäufe, die mit überhöhter Inzahlungnahme von Gebrauchtfahrzeugen, Sachzugaben oder anderen indirekten Rabatten einhergehen, einzubeziehen. Neben Barrabatten ist der Wert indirekter Rabatte bei der Ermittlung des durchschnittlichen Preisnachlasses zu berücksichtigen, soweit diese in den Verkaufsunterlagen des Automobilherstellers oder Automobilhändlers nachvollziehbar dokumentiert sind. Fahrzeugverkäufe mit marktzins unterschreitenden Finanzierungen bleiben bei der Ermittlung des durchschnittlichen Preisnachlasses unberücksichtigt.

Es wird nicht beanstandet, wenn bei neu eingeführten Modellen in den ersten drei Kalendermonaten ein pauschaler Abschlag von 6 Prozent der UPE als durchschnittlicher Preisnachlass angenommen wird. Als neues Modell ist ein neuer Fahrzeugtyp oder eine neue Fahrzeuggeneration anzusehen, nicht dagegen eine sog. Modellpflegemaßnahme ("Facelift"). Es bestehen keine Bedenken, in Zweifelsfällen hierzu auf die ersten Ziffern des im Fahrzeugschein oder in der Zulassungsbescheinigung Teil I verzeichneten Typenschlüssels des Herstellers abzustellen. Wurde ein Modell in den der Bestellung vorangegangenen drei Kalendermonaten nicht verkauft, ist auf den durchschnittlichen Preisnachlass des letzten Dreimonatszeitraums abzustellen, in dem Verkaufsfälle vorliegen.

Der Arbeitgeber hat die Grundlagen für den ermittelten geldwerten Vorteil als Beleg zum Lohnkonto aufzubewahren.

Dieses Schreiben ersetzt das BMF-Schreiben vom 30. Januar 1996 (BStBl. I S. 114) und ist ab dem 1. Januar 2009 anzuwenden.

(Zu LStH 8.2) **Anlage § 008-09/Bewertung von Sachbezügen**

Verhältnis von § 8 Abs. 2 und Abs. 3 EStG bei der Bewertung von Sachbezügen; Anwendung des BFH-Urteils vom 5. September 2006 – VI R 41/02 – (BStBl. 2007 II S. 309)

BMF-Schreiben vom 28. März 2007 IV C 5 – S 2334/07/0011, 2007/0125805 (BStBl. I S. 464)

Zu dem Urteil des Bundesfinanzhofs (BFH) vom 5. September 2006 - VI R 41/02 – (BStBl. 2007 II S. 309) gilt im Einvernehmen mit den obersten Finanzbehörden der Länder Folgendes:

Die Rechtsgrundsätze des Urteils sind nicht über den entschiedenen Einzelfall hinaus anzuwenden.

Erhält ein Arbeitnehmer verbilligt Waren (z. B. Jahreswagen), die sein Arbeitgeber herstellt oder vertreibt, kann nach Auffassung des BFH die Höhe des geldwerten Vorteils nach § 8 Abs. 2 EStG (ohne Bewertungsabschlag und Rabattfreibetrag) oder nach § 8 Abs. 3 EStG ermittelt werden. Der BFH sieht in § 8 Abs. 2 EStG die Grundnorm zur Bewertung der Einnahmen, in § 8 Abs. 3 EStG eine Spezialvorschrift mit tendenziell begünstigendem Charakter und räumt dem Arbeitnehmer, jedenfalls für das Veranlagungsverfahren, ein Wahlrecht zur Anwendung der beiden Absätze des § 8 EStG ein. Trotz des Vorliegens der Voraussetzungen des § 8 Abs. 3 EStG könne stets nach § 8 Abs. 2 EStG bewertet werden, wenn dies günstiger ist. Bei Anwendung des § 8 Abs. 2 EStG soll grundsätzlich der „günstigste Preis am Markt" der Vergleichspreis sein.

Ein solches Wahlrecht entspricht nicht dem Wortlaut und Zweck des Gesetzes. Bei Absatz 3 handelt es sich nach dem Gesetzeswortlaut „... so gelten als deren Werte abweichend von Absatz 2 ..." eindeutig um eine Spezialvorschrift zu Absatz 2. Liegen die Voraussetzungen von Absatz 3 vor, so schließt dies die Anwendung von Absatz 2 aus. Ein Wahlrecht war auch nicht gesetzgeberischer Wille. Die besondere Bewertungsvorschrift in Absatz 3 ist eine Typisierung, die der Vereinfachung des Besteuerungsverfahrens dient. In der Gesetzesbegründung zum Entwurf eines Steuerreformgesetzes 1990 (Bundestags-Drucksache 11/2157, S. 141 f.) heißt es dazu: „Die Vorschrift [Anm.: § 8 Abs. 3 EStG] enthält eine grundlegende Neuregelung der steuerlichen Behandlung von Belegschaftsrabatten. Zur Vereinfachung des Besteuerungsverfahrens soll außerdem beitragen, dass die Bewertung der Preisvorteile nicht die üblichen Endpreise [Anm.: wie in Absatz 2], sondern die im allgemeinen Geschäftsverkehr von fremden Letztverbrauchern, die nicht Groß- oder Dauerkunden sind, tatsächlich vom Arbeitgeber geforderten Endpreise zugrunde gelegt werden." Durch ein Wahlrecht zwischen Absatz 2 und Absatz 3 würde der typisierende und vereinfachende Charakter der Regelung zunichte gemacht. Es kann somit für deren Anwendung nicht darauf ankommen, ob im Einzelfall einmal der § 8 Abs. 2 EStG günstiger ist.

Außerdem entspricht die Auffassung des BFH, bei Absatz 2 sei grundsätzlich auf den „günstigsten Preis am Markt" abzustellen, nicht dem Gesetzeswortlaut des § 8 Abs. 2 Satz 1 EStG („... um übliche Preisnachlässe geminderte übliche Endpreise am Abgabeort ..."). Es würde auch einer Typisierung und dem Vereinfachungscharakter der Bewertungsvorschrift zuwider laufen, müsste (z. B. im Lohnsteuerabzugsverfahren vom Arbeitgeber) der „günstigste Preis am Markt" (z. B. wegen eingeräumter Sonderkonditionen für einzelne Kunden) ermittelt werden.

Dieses Schreiben steht ab sofort für eine Übergangszeit auf den Internetseiten des Bundesministeriums der Finanzen (http://www.bundesfinanzministerium.de) unter der Rubrik Steuern – Veröffentlichung zu Steuerarten – Lohnsteuer zur Ansicht und zum Abruf bereit.

Anlage § 008-10/Zinsen, Personalrabatte Kreditinstitute (Zu LStH 19.3, 8.2)

a) Einkommensteuerliche Behandlung der Zinsen, auf Einlagen der Arbeitnehmer von Kreditinstituten

BMF-Schreiben vom 2. März 1990 IV B 6 – S 2332 – 23/90 (BStBl. I S. 141)

Unter Bezugnahme auf das Ergebnis der Erörterungen mit den obersten Finanzbehörden der Länder gilt hinsichtlich der einkommensteuerlichen Behandlung der Zinsen auf Einlagen der Arbeitnehmer von Kreditinstituten folgendes:

Soweit die Arbeitnehmer von Kreditinstituten und ihre Angehörigen auf ihre Einlagen beim Arbeitgeber höhere Zinsen erhalten als betriebsfremde Anleger, sind die zusätzlichen Zinsen durch das Dienstverhältnis veranlaßt und dem Lohnsteuerabzug zu unterwerfen. Aus Vereinfachungsgründen ist es jedoch nicht zu beanstanden, wenn der Zusatzzins als Einnahmen aus Kapitalvermögen behandelt wird, sofern der dem Arbeitnehmer und seinen Angehörigen eingeräumte Zinssatz nicht mehr als 1 Prozentpunkt über dem Zinssatz liegt, den die kontoführende Stelle des Arbeitgebers betriebsfremden Anlegern im allgemeinen Geschäftsverkehr anbietet.

b) Steuerliche Behandlung der Personalrabatte bei Arbeitnehmern von Kreditinstituten

BMF-Schreiben vom 15. April 1993 IV B 6 – S 2334 – 68/93 (BStBl. I S. 339)

Nach dem Ergebnis der Erörterung mit den obersten Finanzbehörden der Länder gilt für die steuerliche Behandlung der Personalrabatte bei Arbeitnehmern von Kreditinstituten Folgendes:

1. **Endpreis**

   Endpreis im Sinne des § 8 Abs. 3 EStG für die von einem Kreditinstitut gegenüber seinen Mitarbeitern erbrachten Dienstleistungen ist der Preis, der für diese Leistungen im Preisaushang der kontoführenden Zweigstelle des Kreditinstituts angegeben ist. Dieser Preisaushang ist für die steuerliche Bewertung auch der Dienstleistungen maßgebend, die vom Umfang her den Rahmen des standardisierten Privatkundengeschäfts übersteigen, es sei denn, dass für derartige Dienstleistungen in den Geschäftsräumen besondere Preisverzeichnisse ausgelegt werden.

2. **Aufzeichnungserleichterungen**

   Das Betriebsstättenfinanzamt kann auf Antrag eines Kreditinstituts auf die Aufzeichnung der Vorteile verzichten, die sich aus der unentgeltlichen oder verbilligten
   - Kontenführung (dazu gehören auch die Ausgabe von Überweisungsvordrucken, Scheckvordrucken, Scheckkarten und Reiseschecks, die Einrichtung und Löschung von Daueraufträgen, die Verfügung am Geldautomaten sowie aus Vereinfachungsgründen die Ausgabe von Kreditkarten),
   - Depotführung bis zu einem Depotnennwert von 100 000,– DM (maßgebend ist der Depotnennwert, nach dem die Depotgebühren berechnet werden),
   - Vermietung von Schließfächern und Banksafes und
   - Beschaffung und Rücknahme von Devisen durch Barumtausch

   ergeben.

   Voraussetzung hierfür ist, dass

   a) der durchschnittliche Betrag des Vorteils aus den von der Aufzeichnung befreiten Dienstleistungen unter Berücksichtigung des Preisabschlags nach § 8 Abs. 3 EStG von 4 v.H. je Arbeitnehmer ermittelt wird (Durchschnittsbetrag).

   Der Durchschnittsbetrag ist jeweils im letzten Lohnzahlungszeitraum eines Kalenderjahrs aus der summarischen Erfassung sämtlicher aufzeichnungsbefreiter Vorteile der vorangegangenen 12 Monate für die Arbeitnehmer eines Kreditinstituts (einschließlich sämtlicher inländischer Zweigstellen) zu ermitteln. Dabei sind auch die Vorteile einzubeziehen, die das Kreditinstitut Personen einräumt, die mit den Arbeitnehmern verbunden sind. Falls erforderlich, können für alleinstehende und verheiratete Arbeitnehmer unterschiedliche Durchschnittsbeträge festgesetzt werden.

   Ist die summarische Erfassung der aufzeichnungsbefreiten Vorteile im Einzelfall technisch nur mit unverhältnismäßigem Mehraufwand möglich, kann der Durchschnittsbetrag geschätzt werden. In diesem Fall ist der Durchschnittsbetrag vom Betriebsstättenfinanzamt festzusetzen. Hat

(Zu LStH 19.3, 8.2) **Anlage § 008-10/Zinsen, Personalrabatte Kreditinstitute**

ein Kreditinstitut mehrere lohnsteuerliche Betriebsstätten, so ist der Aufzeichnungsverzicht und ggf. die Festsetzung des Durchschnittsbetrags mit den anderen Betriebsstättenfinanzämtern abzustimmen.

b) der Arbeitgeber im letzten Lohnzahlungszeitraum des Kalenderjahrs den Betrag pauschal nach § 40 Abs. 1 EStG versteuert, um den die Summe der Vorteile aus den nicht aufzeichnungsbefreiten Dienstleistungen und dem Durchschnittsbetrag bei den einzelnen Arbeitnehmern den Rabattfreibetrag von 2 400,– DM übersteigt. Dabei ist der übersteigende Betrag wenigstens bis zur Höhe des Durchschnittsbetrags pauschal zu versteuern. Soweit die Vorteile pauschal versteuert werden, sind sie nach § 8 Abs. 2 EStG zu bewerten; die Minderung der Vorteile um 4 v.H. ist insoweit rückgängig zu machen.

Beispiel

Der durchschnittliche Vorteil wird auf der Basis der Endpreise ermittelt mit	677,– DM.
Nach Abzug des Bewertungsabschlags von (677,– DM x 4 v.H.)	27,– DM.
ergibt sich ein Durchschnittsbetrag von	650,– DM.
Nach § 4 Abs. 2 Nr. 3 LStDV sind im Lohnkonto des Arbeitnehmers als Sachbezüge im Sinne des § 8 Abs. 3 EStG aufgezeichnet worden	1853,– DM.
Die Summe von	2503,– DM.
übersteigt den Rabattfreibetrag um	103,– DM.
Der auf diesen Teil des Durchschnittsbetrags entfallende Bewertungsabschlag wird durch Vervielfältigung mit 1,0417 rückgängig gemacht (103,– DM x 1,0417) =	107,29 DM.

Für diesen Betrag ist die Lohnsteuer pauschal nach § 40 Abs. 1 Nr. 1 EStG zu erheben.

Anlage § 008-11/Abschlussgebühr Bausparvertrag

Lohnsteuerliche Behandlung ersparter Abschlussgebühren bei Abschluss eines Bausparvertrages

BMF-Schreiben vom 28. März 1994 IV B 6 – S 2334 – 46/94 (BStBl. I S. 233)

Wenn Bausparkassen gegenüber ihren eigenen Mitarbeitern, gegenüber Arbeitnehmern von anderen Kreditinstituten oder gegenüber Arbeitnehmern von Versicherungsunternehmen und anderen Unternehmen beim Abschluss von Bausparverträgen zunächst auf die übliche Sondereinlage in Höhe von 1 v.H. der Bausparsumme und bei der Inanspruchnahme eines Bauspardarlehens auf die dann fällige Abschlussgebühr verzichten, gilt nach dem Ergebnis der Erörterung mit den obersten Finanzbehörden der Länder Folgendes:

1. Der Verzicht auf die Sondereinlage beim Abschluss eines Bausparvertrags ist lohnsteuerlich ohne Bedeutung.
2. Der Abschluss eines Bausparvertrags ist eine Dienstleistung der Bausparkasse; der durch den Verzicht auf die Abschlussgebühr entstehende geldwerte Vorteil gehört zum Arbeitslohn.
3. Bei eigenen Arbeitnehmern der Bausparkassen handelt es sich um eine Dienstleistung im Sinne des § 8 Abs. 3 EStG.
4. Bei Arbeitnehmern anderer Kreditinstitute, Arbeitnehmern von Versicherungsunternehmen und anderen Unternehmen ist nach dem BMF-Schreiben vom 27. September 1993 – IV B 6 – S 2334 – 152/93 – (BStBl. I S. 814)[1] sowie den entsprechenden Erlassen der obersten Finanzbehörden der Länder zu verfahren.
5. Soweit der Vorteil als Arbeitslohn versteuert wird, ist er der Zahlung einer Abschlussgebühr gleichzustellen und nach Maßgabe des § 10 EStG und des § 2 WoPG als Bausparbeitrag zu behandeln.
6. Wenn vor dem 1. April 1994 zugeflossene Vorteile nicht der Besteuerung unterworfen worden sind, kann es dabei verbleiben, soweit diese Vorteile nicht höher sind als die Vorteile, die nach der bisherigen ländereinheitlichen Regelung (z. B. LSt-Kartei NW, Teil L, § 19 EStG, Fach 2 Nr. 105) steuerfrei belassen worden sind. Lohnsteuer und Einkommensteuer sind insoweit nicht festzusetzen.

---

1) Anlage § 008-01.

Überlassung von Dienstwagen für Fahrten zwischen Wohnung und Arbeitsstätte (§ 8 Abs. 2 Satz 3 EStG); Anwendung der Urteile des BFH vom 4. April 2008 – VI R 85/04 – (BStBl. II S. 887) und – VI R 68/05 – (BStBl. II S. 890)

BMF-Schreiben vom 23. Oktober 2008 IV C 5 – S 2334/08/10010, 2008/0570272 (BStBl. I S. 961)

Zu den Urteilen des Bundesfinanzhofs (BFH) vom 4. April 2008 – VI R 85/04 – (BStBl. II S. 887) und - VI R 68/05 - (BStBl. II S. 890) gilt im Einvernehmen mit den obersten Finanzbehörden der Länder Folgendes:

Die Rechtsgrundsätze der Urteile werden von den obersten Finanzbehörden des Bundes und der Länder nicht geteilt. Das BFH-Urteil – VI R 85/04 – ist nicht über den entschiedenen Einzelfall hinaus anzuwenden. Das BFH-Urteil – VI R 68/05 – ist im Ergebnis im Wege der nachfolgenden Billigkeitsregelung anzuwenden.

Wird der geldwerte Vorteil aus der privaten Nutzung eines betrieblichen Kraftfahrzeugs zu privaten Fahrten typisierend nach der 1 %-Regelung besteuert, so ist der geldwerte Vorteil um monatlich 0,03 % des Listenpreises für jeden Kilometer der Entfernung zwischen Wohnung und Arbeitsstätte zu erhöhen, wenn das Kraftfahrzeug auch für Fahrten zwischen Wohnung und Arbeitsstätte genutzt werden kann (§ 8 Abs. 2 Satz 3 EStG).

Der BFH vertritt in seinen Urteilen vom 4. April 2008 - VI R 85/04 – (BStBl. II S. 887) und – VI R 68/05 – (BStBl. II S. 890) die Auffassung, dass der Zuschlag nach § 8 Abs. 2 Satz 3 EStG nur zur Anwendung kommt, wenn der Arbeitnehmer den Dienstwagen tatsächlich für Fahrten zwischen Wohnung und Arbeitsstätte nutzt. Wird dem Arbeitnehmer ein Dienstwagen auch für diese Fahrten überlassen, so besteht laut BFH ein Anscheinsbeweis für eine entsprechende Nutzung. Wird der Dienstwagen auf dem Weg zwischen Wohnung und Arbeitsstätte nur auf einer Teilstrecke eingesetzt, beschränkt sich der Zuschlag nach der Auffassung des BFH (Urteil – VI R 68/05 –) auf diese Teilstrecke. Der Anscheinsbeweis, dass der Arbeitnehmer den Dienstwagen für die Gesamtstrecke nutze, sei entkräftet, wenn für eine Teilstrecke eine auf den Arbeitnehmer ausgestellte Jahres-Bahnfahrkarte vorgelegt werde. Wird der Dienstwagen einmal wöchentlich für Fahrten zwischen Wohnung und Arbeitsstätte genutzt, so hängt der Zuschlag nach § 8 Abs. 2 Satz 3 EStG laut BFH (Urteil - VI R 85/04 -) von der Anzahl der tatsächlich durchgeführten Fahrten ab. Zur Ermittlung des Zuschlags sei eine Einzelbewertung der Fahrten mit 0,002 % des Listenpreises i. S. des § 6 Abs. 1 Nr. 4 Satz 2 EStG je Entfernungskilometer vorzunehmen.

Eine solche auf den Umfang der tatsächlichen Nutzung eines betrieblichen Kraftfahrzeugs für Fahrten zwischen Wohnung und Arbeitsstätte abstellende Auslegung der Vorschrift § 8 Abs. 2 Satz 3 EStG entspricht weder dem Wortlaut noch dem Zweck des Gesetzes. § 8 Abs. 2 Satz 3 und 4 EStG lassen zur Ermittlung des geldwerten Vorteils aus der Nutzung eines betrieblichen Kraftfahrzeugs für Fahrten zwischen Wohnung und Arbeitsstätte nur zwei Methoden zu: Die pauschale Nutzungswertermittlung (1 %-Regelung) und die individuelle Nutzungswertermittlung (Fahrtenbuchmethode).

Der Umfang der tatsächlichen Nutzung eines betrieblichen Kraftfahrzeugs für Fahrten zwischen Wohnung und Arbeitsstätte ist für die Anwendung des § 8 Abs. 2 Satz 3 EStG unerheblich, denn nach dem Gesetzeswortlaut („kann ... genutzt werden") und dem Zweck des Gesetzes kommt es allein darauf an, ob der Arbeitnehmer die objektive Möglichkeit hat, das betriebliche Kraftfahrzeug auch für Fahrten zwischen Wohnung und Arbeitsstätte zu nutzen. Bereits die Verfügbarkeit des Kraftfahrzeugs für diese Fahrten führt zu dem geldwerten Vorteil. Es entspricht nicht dem gesetzgeberischen Willen, entgegen dem Wortlaut des § 8 Abs. 2 Satz 3 EStG eine Einzelbewertung der Fahrten entsprechend § 8 Abs. 2 Satz 5 EStG vorzunehmen. Die Regelung des § 8 Abs. 2 Satz 3 EStG ist eine Typisierung, die der Vereinfachung des Besteuerungsverfahrens dient. Mit einer über die Fahrtenbuchmethode hinausgehenden Einzelbewertung der Fahrten würde der typisierende und vereinfachende Charakter der Regelung zunichte gemacht und der Gesetzesvollzug erschwert.

Zu dem BFH-Urteil vom 4. April 2008 – VI R 68/05 – (BStBl. II S. 890) gilt im Einvernehmen mit den obersten Finanzbehörden der Länder Folgendes:

Setzt der Arbeitnehmer ein ihm überlassenes Kraftfahrzeug bei den Fahrten zwischen Wohnung und regelmäßiger Arbeitsstätte oder bei Familienheimfahrten nur für eine Teilstrecke ein, weil er regelmäßig die andere Teilstrecke mit öffentlichen Verkehrsmitteln zurücklegt, ist bei der Ermittlung des pauschalen Nutzungswerts die gesamte Entfernung zugrunde zu legen. Ein Nutzungswert auf der Grundlage der Entfernung, die mit dem Kraftfahrzeug tatsächlich zurückgelegt worden ist, kommt in Betracht, wenn das Kraftfahrzeug vom Arbeitgeber nur für diese Teilstrecke zur Verfügung gestellt worden ist. Der Arbeitgeber hat die Einhaltung seines Verbots zu überwachen (BMF-Schreiben vom 28. Mai 1996, BStBl. I S. 654).

– Anlage § 008-06 –

Anlage § 008-12/Dienstwagen, Anwendung BFH-Urteile (LStH 8.1 [9-10])

Aus Billigkeitsgründen kann der pauschale Nutzungswert auch dann auf der Grundlage der Entfernung, die mit dem Kraftfahrzeug tatsächlich zurückgelegt worden ist, ermittelt werden, wenn für die restliche Teilstrecke z. B. eine auf den Arbeitnehmer ausgestellte Jahres-Bahnfahrkarte vorgelegt wird.

Dieses Schreiben steht ab sofort für eine Übergangszeit auf den Internetseiten des Bundesministeriums der Finanzen (http://www.bundesfinanzministerium.de) unter der Rubrik Wirtschaft und Verwaltung – Steuern – Veröffentlichungen zu Steuerarten – Lohnsteuer zur Ansicht und zum Abruf bereit.

Anlage § 008-13/Dienstwagen, Zuzahlungen Arbeitnehmer

Lohnsteuerliche Behandlung von Zuzahlungen des Arbeitnehmers zu den Anschaffungskosten eines betrieblichen Kraftfahrzeugs (§ 8 Abs. 2 Satz 2 ff. EStG); Anwendung des BFH-Urteils vom 18. Oktober 2007 – VI R 59/06 – (BStBl. 2009 II S. 200)

BMF-Schreiben vom 6. Februar 2009 IV C 5 - S 2334/08/10003, 2009/0046728 (BStBl. I S. 413)

Zu dem Urteil des Bundesfinanzhofs (BFH) vom 18. Oktober 2007 – VI R 59/06 – (BStBl. 2009 II S. 200) gilt im Einvernehmen mit den obersten Finanzbehörden der Länder Folgendes:

Das Urteil ist nicht über den entschiedenen Einzelfall hinaus anzuwenden.

Der BFH sieht Zuzahlungen zu den Anschaffungskosten eines dem Arbeitnehmer zur privaten Nutzung überlassenen betrieblichen Kraftfahrzeugs auch dann als Werbungskosten bei den Einkünften aus nichtselbständiger Arbeit an, wenn der Nutzungsvorteil nach der 1%-Regelung besteuert wird. Nach der Auffassung des BFH handelt es sich um Aufwand, der wie Anschaffungskosten eines Nutzungsrechts zu behandeln ist, so dass AfA für das Nutzungsrecht „wie [für] ein materielles Wirtschaftsgut" vorgenommen werden kann (§ 9 Abs. 1 Satz 3 Nr. 7 EStG i. V. m. § 7 Abs. 1 EStG). Die Anschaffungskosten des Nutzungsrechts sind laut BFH über die voraussichtliche Gesamtdauer des Nutzungsrechts linear abzuschreiben.

Die Rechtsgrundsätze des Urteils werden von den obersten Finanzbehörden des Bundes und der Länder nicht geteilt. Die obersten Finanzbehörden des Bundes und der Länder sehen in Höhe der selbst getragenen Zuzahlungen des Arbeitnehmers zu den Anschaffungskosten eines ihm auch zur privaten Nutzung überlassenen betrieblichen Kraftfahrzeugs keine Werbungskosten, sondern eine Minderung des geldwerten Vorteils. Der Arbeitnehmer ist insoweit nicht bereichert und die gesetzlichen Voraussetzungen des § 8 Abs. 1 EStG i. V. m. § 19 Abs. 1 EStG sind nicht erfüllt. Daher gilt Folgendes:

Zuzahlungen des Arbeitnehmers zu den Anschaffungskosten eines ihm auch zur privaten Nutzung überlassenen betrieblichen Kraftfahrzeugs können - entgegen R 8.1 Abs. 9 Nr. 4 Satz 3, 1. Halbsatz LStR 2008 - nicht nur im Zahlungsjahr, sondern auch in den darauf folgenden Kalenderjahren auf den geldwerten Vorteil angerechnet werden. R 8.1 Abs. 9 Nr. 4 Satz 3, 2. Halbsatz LStR 2008 bleibt unberührt. Dies gilt im Vorgriff auf eine entsprechende Änderung des R 8.1 Abs. 9 Nr. 4 Satz 3 LStR, 1. Halbsatz LStR 2008 in allen offenen Fällen.

Dieses Schreiben steht ab sofort für eine Übergangszeit auf den Internetseiten des Bundesministeriums der Finanzen unter der Rubrik Wirtschaft und Verwaltung – Steuern – Veröffentlichungen zu Steuerarten – Lohnsteuer – (http://www.bundesfinanzministerium.de) zur Ansicht und zum Abruf bereit.

Anlage § 008-14/Dienstwagen, Aufwendungen Arbeitnehmer (LStH 8.1 [9-10])

Lohnsteuerliche Behandlung vom Arbeitnehmer selbst getragener Aufwendungen bei der Überlassung eines betrieblichen Kraftfahrzeugs (§ 8 Abs. 2 Satz 2 ff. EStG); Anwendung des BFH-Urteils vom 18. Oktober 2007 – VI R 57/06 – (BStBl. 2009 II S. 199)

BMF-Schreiben vom 6. Februar 2009 IV C 5 – S 2334/08/10003, 2009/0046712 (BStBl. I S. 412)

Zu dem Urteil des Bundesfinanzhofs (BFH) vom 18. Oktober 2007 – VI R 57/06 – (BStBl. 2009 II S. 199) gilt im Einvernehmen mit den obersten Finanzbehörden der Länder Folgendes:
Das Urteil ist nicht über den entschiedenen Einzelfall hinaus anzuwenden.

Nach der Auffassung des BFH gehen bei der Ermittlung des geldwerten Vorteils nach der Fahrtenbuchmethode in die Gesamtkosten eines dem Arbeitnehmer vom Arbeitgeber zur privaten Nutzung überlassenen Kraftfahrzeugs auch vom Arbeitnehmer selbst getragene Aufwendungen ein. Der BFH sieht darin Aufwendungen zum Erwerb des Nutzungsvorteils i. S. d. § 9 Abs. 1 Satz 1 EStG und damit Werbungskosten. Eine Berücksichtigung der selbst getragenen Aufwendungen als Werbungskosten kommt laut BFH bei der 1%-Regelung dagegen nicht in Betracht, weil bei dieser typisierenden Regelung die Höhe des geldwerten Vorteils nicht von den individuellen Kosten abhängt.

Die Rechtsgrundsätze des BFH-Urteils werden hinsichtlich der Fahrtenbuchmethode von den obersten Finanzbehörden des Bundes und der Länder nicht geteilt.

In Höhe der selbst getragenen Aufwendungen ist der Arbeitnehmer nicht bereichert und die gesetzlichen Voraussetzungen des § 8 Abs. 1 EStG i. V. m. § 19 Abs. 1 EStG sind nicht erfüllt. Bei der Fahrtenbuchmethode fließen vom Arbeitnehmer selbst getragene Aufwendungen nicht in die Gesamtkosten ein und erhöhen nicht den individuell zu ermittelnden geldwerten Vorteil (R 8.1 Abs. 9 Nr. 2 Satz 1, 2. Halbsatz LStR 2008). Bei der 1%-Regelung mindern vom Arbeitnehmer selbst getragene Aufwendungen nicht den pauschal ermittelten geldwerten Vorteil (R 8.1 Abs. 9 Nr. 1 Satz 5 LStR 2008). Sie stellen auch kein Nutzungsentgelt dar (BFH-Urteil vom 18. Oktober 2007, BStBl. 2008 II S. 198).

Dieses Schreiben steht ab sofort für eine Übergangszeit auf den Internetseiten des Bundesministeriums der Finanzen unter der Rubrik Wirtschaft und Verwaltung – Steuern – Veröffentlichungen zu Steuerarten – Lohnsteuer – (http://www.bundesfinanzministerium.de) zur Ansicht und zum Abruf bereit.

Anlage § 008-15/Beherbungsleistungen 2010

Anwendung des ermäßigten Umsatzsteuersatzes für Beherbergungsleistungen (§ 12 Abs. 2 Nr. 11 UStG) ab dem 1. Januar 2010; Folgen für die Umsatz- und Lohnbesteuerung

BMF-Schreiben vom 5. März 2010 IV D 2 – S 7210/07/10003, IV C 5 – S 2353/09/10008, 2010/ 0166200 (BStBl. I S. . . . .)

Durch Art. 5 Nr. 1 des Gesetzes zur Beschleunigung des Wirtschaftswachstums vom 22. Dezember 2009 (BGBl. I S. 3950) wurde § 12 Abs. 2 UStG um eine neue Nummer 11 ergänzt, nach der Umsätze aus der Vermietung von Wohn- und Schlafräumen, die ein Unternehmer zur kurzfristigen Beherbergung von Fremden bereithält, sowie die kurzfristige Vermietung von Campingflächen dem ermäßigten Umsatzsteuersatz unterliegen. Die Steuerermäßigung gilt nicht für Leistungen, die nicht unmittelbar der Vermietung dienen, auch wenn diese Leistungen mit dem Entgelt für die Vermietung abgegolten sind. Die Änderung ist am 1. Januar 2010 in Kraft getreten.

Unter Bezugnahme auf das Ergebnis der Erörterungen mit den obersten Finanzbehörden der Länder gilt hierzu Folgendes:

I. Anwendung des ermäßigten Steuersatzes für Beherbergungsleistungen (§ 12 Abs. 2 Nr. 11 UStG) ab dem 1. Januar 2010

1.) Allgemeines

Die Steuerermäßigung ist gemäß § 27 Abs. 1 Satz 1 UStG auf Umsätze anzuwenden, die nach dem 31. Dezember 2009 ausgeführt werden. Beherbergungsleistungen werden mit ihrer Beendigung ausgeführt. Für die Bestimmung des Umsatzsteuersatzes kommt es allein auf das Ende der Beherbergungsleistung an, nicht jedoch auf den Zeitpunkt der Buchung, Rechnungsausstellung oder Zahlung. Soweit die jeweilige Leistung nach dem 31. Dezember 2009 endet, unterliegt sie dem ermäßigten Umsatzsteuersatz. Haben die Beteiligten Teilleistungen vereinbart (§ 13 Abs. 1 Nr. 1 Buchst. a Satz 3 UStG), ist der Zeitpunkt der Beendigung der jeweiligen Teilleistung maßgeblich. Beruht die nach dem 31. Dezember 2009 ausgeführte Beherbergungsleistung auf einem vor dem 1. September 2009 geschlossenen Vertrag, kann der Leistungsempfänger unter den Voraussetzungen des § 29 Abs. 2 UStG einen angemessenen Ausgleich der umsatzsteuerlichen Minderbelastung verlangen.

Die in § 12 Abs. 2 Nr. 11 Satz 1 UStG bezeichneten Umsätze gehören zu den nach § 4 Nr. 12 Satz 2 UStG von der Steuerbefreiung ausgenommenen Umsätzen. Hinsichtlich des Merkmals der Kurzfristigkeit gelten daher die in den Abschnitten 84 Abs. 1 und 78 Abs. 2 UStR dargestellten Grundsätze. Die Anwendung des ermäßigten Steuersatzes setzt neben der Kurzfristigkeit voraus, dass die Umsätze unmittelbar der Beherbergung dienen (vgl. Rz. 5 ff.).

Sonstige Leistungen eigener Art, bei denen die Beherbergung nicht charakterbestimmend ist (z. B. Leistungen des Prostitutionsgewerbes), unterliegen auch hinsichtlich ihres Beherbergungsanteils nicht der Steuerermäßigung nach § 12 Abs. 2 Nr. 11 UStG.

2.) Vermietung von Wohn- und Schlafräumen, die ein Unternehmer zur kurzfristigen Beherbergung von Fremden bereithält

Begünstigt sind Leistungen, die in der Aufnahme von Personen zur Gewährung von Unterkunft bestehen. Die Steuerermäßigung für Beherbergungsleistungen umfasst sowohl die Umsätze des klassischen Hotelgewerbes als auch kurzfristige Beherbergungen in Pensionen, Fremdenzimmern, Ferienwohnungen und vergleichbaren Einrichtungen. Für die Inanspruchnahme der Steuerermäßigung ist es jedoch nicht Voraussetzung, dass der Unternehmer einen hotelartigen Betrieb führt oder Eigentümer der überlassenen Räumlichkeiten ist. Begünstigt ist daher beispielsweise auch die Unterbringung von Begleitpersonen in Krankenhäusern, sofern diese Leistung nicht gemäß § 4 Nr. 14 Buchst. b UStG (z. B. bei Aufnahme einer Begleitperson zu therapeutischen Zwecken) steuerfrei ist. Die Weiterveräußerung von eingekauften Zimmerkontingenten im eigenen Namen und für eigene Rechnung an andere Unternehmer (z. B. Reiseveranstalter) unterliegt ebenfalls der Steuerermäßigung.

Die erbrachte Leistung muss unmittelbar der Beherbergung dienen. Diese Voraussetzung ist insbesondere hinsichtlich der folgenden Leistungen erfüllt, auch wenn die Leistungen gegen gesondertes Entgelt erbracht werden:

– Überlassung von möblierten und mit anderen Einrichtungsgegenständen (z. B. Fernsehgerät, Radio, Telefon, Zimmersafe) ausgestatteten Räumen

– Stromanschluss

– Überlassung von Bettwäsche, Handtüchern und Bademänteln

– Reinigung der gemieteten Räume

Anlage § 008-15/Beherbergungsleistungen 2010

- Bereitstellung von Körperpflegeutensilien, Schuhputz- und Nähzeug
- Weckdienst
- Bereitstellung eines Schuhputzautomaten
- Mitunterbringung von Tieren in den überlassenen Wohn- und Schlafräumen

7 Insbesondere folgende Leistungen sind keine Beherbergungsleistungen im Sinne von § 12 Abs. 2 Nr. 11 UStG und daher nicht begünstigt:

- Überlassung von Tagungsräumen
- Überlassung von Räumen zur Ausübung einer beruflichen oder gewerblichen Tätigkeit
- Gesondert vereinbarte Überlassung von Plätzen zum Abstellen von Fahrzeugen
- Überlassung von nicht ortsfesten Wohnmobilen, Caravans, Wohnanhängern, Hausbooten und Yachten
- Beförderungen in Schlafwagen der Eisenbahnen
- Überlassung von Kabinen auf der Beförderung dienenden Schiffen
- Vermittlung von Beherbergungsleistungen
- Umsätze von Tierpensionen
- Unentgeltliche Wertabgaben (z. B. Selbstnutzung von Ferienwohnungen)

8 Stornokosten stellen grundsätzlich nichtsteuerbaren Schadensersatz dar.

3.) Kurzfristige Vermietung von Campingflächen

9 Die kurzfristige Vermietung von Campingflächen betrifft Flächen zum Aufstellen von Zelten und Flächen zum Abstellen von Wohnmobilen und Wohnwagen. Ebenso ist die kurzfristige Vermietung von ortsfesten Wohnmobilen, Wohncaravans und Wohnanhängern begünstigt. Für die Steuerermäßigung ist es unschädlich, wenn auf der überlassenen Fläche auch das zum Transport des Zelts bzw. zum Ziehen des Wohnwagens verwendete Fahrzeug abgestellt werden kann. Zur begünstigten Vermietung gehört auch die Lieferung von Strom (vgl. BFH-Urteil vom 15. Januar 2009 – V R 91/07 – [BStBl. II S. 615] und BMF-Schreiben vom 21. Juli 2009 – IV B 9 – S 7168/08/10001 – [BStBl. I S. 821]).

4.) Leistungen, die nicht unmittelbar der Vermietung dienen

10 Gemäß § 12 Abs. 2 Nr. 11 Satz 2 UStG gilt die Steuerermäßigung nicht für Leistungen, die nicht unmittelbar der Vermietung dienen, auch wenn es sich um Nebenleistungen zur Beherbergung handelt und diese Leistungen mit dem Entgelt für die Vermietung abgegolten sind (Aufteilungsgebot). Hierzu zählen insbesondere:

- Verpflegungsleistungen (z. B. Frühstück, Halb- oder Vollpension, „All inclusive")
- Getränkeversorgung aus der Minibar
- Nutzung von Kommunikationsnetzen (insbesondere Telefon und Internet)
- Nutzung von Fernsehprogrammen außerhalb des allgemein und ohne gesondertes Entgelt zugänglichen Programms („pay per view")
- Leistungen, die das körperliche, geistige und seelische Wohlbefinden steigern („Wellnessangebote"). Die Überlassung von Schwimmbädern oder die Verabreichung von Heilbädern im Zusammenhang mit einer begünstigten Beherbergungsleistung kann dagegen nach § 12 Abs. 2 Nr. 9 Satz 1 UStG dem ermäßigten Steuersatz unterliegen.
- Überlassung von Fahrberechtigungen für den Nahverkehr, die jedoch nach § 12 Abs. 2 Nr. 10 UStG dem ermäßigten Steuersatz unterliegen können
- Überlassung von Eintrittsberechtigungen für Veranstaltungen, die jedoch nach § 4 Nr. 20 UStG steuerfrei sein oder nach § 12 Abs. 2 Nr. 7 Buchst. a oder d UStG dem ermäßigten Steuersatz unterliegen können
- Transport von Gepäck außerhalb des Beherbergungsbetriebs
- Überlassung von Sportgeräten und -anlagen
- Ausflüge
- Reinigung und Bügeln von Kleidung, Schuhputzservice
- Transport zwischen Bahnhof / Flughafen und Unterkunft

5.) Anwendung der Steuerermäßigung in den Fällen des § 25 UStG

11 Soweit Reiseleistungen der Margenbesteuerung nach § 25 UStG unterliegen, gelten sie gemäß § 25 Abs. 1 Satz 3 UStG als eine einheitliche sonstige Leistung. Eine Reiseleistung unterliegt als sonstige

Anlage § 008-15/Beherbungsleistungen 2010

Leistung eigener Art auch hinsichtlich ihres Beherbergungsanteils nicht der Steuerermäßigung nach § 12 Abs. 2 Nr. 11 UStG. Das gilt auch, wenn die Reiseleistung nur aus einer Übernachtungsleistung besteht.

6.) Angaben in der Rechnung

Der Unternehmer ist gemäß § 14 Abs. 2 Satz 1 Nr. 1 UStG grundsätzlich verpflichtet, innerhalb von 6 Monaten nach Ausführung der Leistung eine Rechnung mit den in § 14 Abs. 4 UStG genannten Angaben auszustellen. Für Umsätze aus der Vermietung von Wohn- und Schlafräumen zur kurzfristigen Beherbergung von Fremden sowie die kurzfristige Vermietung von Campingflächen besteht eine Rechnungserteilungspflicht jedoch nicht, wenn die Leistung weder an einen anderen Unternehmer für dessen Unternehmen noch an eine juristische Person erbracht wird (vgl. Abschnitt 183 Abs. 3 Satz 5 UStR).

Soweit eine Rechnungserteilungspflicht besteht, muss die Rechnung u. a. das nach Steuersätzen und einzelnen Steuerbefreiungen aufgeschlüsselte Entgelt, den anzuwendenden Steuersatz sowie den auf das Entgelt entfallenden Steuerbetrag (§ 14 Abs. 4 Nr. 7 und 8 UStG) enthalten. Wird in einer Rechnung über Leistungen, die verschiedenen Steuersätzen unterliegen, der Steuerbetrag durch Maschinen automatisch ermittelt und durch diese in der Rechnung angegeben, ist der Ausweis des Steuerbetrages in einer Summe zulässig, wenn für die einzelnen Posten der Rechnung der Steuersatz angegeben wird (§ 32 UStDV).

Wird für Leistungen, die nicht von der Steuerermäßigung nach § 12 Abs. 2 Nr. 11 Satz 1 UStG erfasst werden, kein gesondertes Entgelt berechnet, ist deren Entgeltanteil zu schätzen. Schätzungsmaßstab kann hierbei beispielsweise der kalkulatorische Kostenanteil zuzüglich eines angemessenen Gewinnaufschlags sein.

Aus Vereinfachungsgründen wird es – auch für Zwecke des Vorsteuerabzugs des Leistungsempfängers – nicht beanstandet, wenn folgende in einem Pauschalangebot enthaltene nicht begünstigte Leistungen in der Rechnung zu einem Sammelposten (z. B. „Business-Package", „Servicepauschale") zusammengefasst werden und der darauf entfallende Entgeltanteil in einem Betrag ausgewiesen wird:

– Abgabe eines Frühstücks

– Nutzung von Kommunikationsnetzen

– Reinigung und Bügeln von Kleidung, Schuhputzservice

– Transport zwischen Bahnhof / Flughafen und Unterkunft

– Transport von Gepäck außerhalb des Beherbergungsbetriebs

– Überlassung von Fitnessgeräten

– Überlassung von Plätzen zum Abstellen von Fahrzeugen

Es wird ebenfalls nicht beanstandet, wenn der auf diese Leistungen entfallende Entgeltanteil mit 20 % des Pauschalpreises angesetzt wird. Für Kleinbetragsrechnungen (§ 33 UStDV) gilt dies für den in der Rechnung anzugebenden Steuerbetrag entsprechend.

Die Vereinfachungsregelung gilt nicht für Leistungen, für die ein gesondertes Entgelt vereinbart wird.

II. Lohnsteuerliche Folgen und Anpassungen ab dem 1. Januar 2010 – im Vorgriff auf eine Ergänzung der Lohnsteuer-Richtlinien –

1.) Getrennter Ausweis von Beherbergungsleistung und Sammelposten für andere, dem allgemeinen Umsatzsteuersatz unterliegende Leistungen (R 9.7 Absatz 1 Satz 4 Nummer 1 LStR 2008)

Ist in einer Rechnung neben der Beherbergungsleistung ein Sammelposten für andere, dem allgemeinen Umsatzsteuersatz unterliegende Leistungen einschließlich Frühstück ausgewiesen und liegt keine Frühstücksgestellung durch den Arbeitgeber vor (Rz. 17), so ist die Vereinfachungsregelung nach R 9.7 Absatz 1 Satz 4 Nummer 1 LStR 2008 (für das Frühstück 20 % des maßgebenden Pauschbetrags für Verpflegungsmehraufwendungen = 4,80 Euro) auf diesen Sammelposten anzuwenden. Der verbleibende Teil dieses Sammelpostens ist als Reisenebenkosten im Sinne von R 9.8 LStR 2008 zu behandeln, wenn kein Anlass für die Vermutung besteht, dass in diesem Sammelposten etwaige nicht als Reisenebenkosten anzuerkennende Nebenleistungen enthalten sind (etwa Pay-TV, private Telefonate, Massagen). Unschädlich ist insbesondere, wenn dieser Sammelposten auch mit Internetzugang, Zugang zu Kommunikationsnetzen, näher bezeichnet wird und der hierzu ausgewiesene Betrag nicht so hoch ist, dass er offenbar den Betrag für Frühstück und steuerlich anzuerkennende Reisenebenkosten übersteigt. Anderenfalls ist dieser Sammelposten steuerlich in voller Höhe als privat veranlasst zu behandeln.

Anlage § 008-15/Beherbungsleistungen 2010

2.) Gestellung eines Frühstücks in Verbindung mit Übernachtung bei einer Auswärtstätigkeit (R 8.1 Absatz 8 Nummer 2 LStR 2008)

17 Ein in Verbindung mit einer Übernachtung gewährtes Frühstück bei einer Auswärtstätigkeit ist im Sinne des R 8.1 Absatz 8 Nummer 2 LStR 2008 grundsätzlich vom Arbeitgeber veranlasst (abgegeben), wenn
- die im Interesse des Arbeitgebers unternommene Auswärtstätigkeit zu der Übernachtung mit Frühstück führt und die Aufwendungen deswegen vom Arbeitgeber dienst- oder arbeitsrechtlich ersetzt werden,
- die Rechnung auf den Arbeitgeber ausgestellt ist und
- der Arbeitgeber oder eine andere durch den Arbeitgeber dienst- oder arbeitsrechtlich beauftragte Person die Übernachtung mit Frühstück bucht (z. B. über das elektronische Buchungssystem des Hotels) und eine entsprechende Buchungsbestätigung des Hotels vorliegt; die Buchung der Übernachtung mit Frühstück durch den Arbeitnehmer wird anerkannt, wenn dienst- oder arbeitsrechtliche Regelungen dies vorsehen – z. B. in Fällen einer nicht vorhandenen Reisestelle –. Davon ist insbesondere auszugehen, wenn
  - der Arbeitgeber die Buchung der Übernachtung mit Frühstück durch den Arbeitnehmer z. B. in einer Dienstanweisung, einem Arbeitsvertrag oder einer Betriebsvereinbarung geregelt hat und die Buchung vom Arbeitnehmer im Rahmen der vom Arbeitgeber festgelegten oder regelmäßig akzeptierten Übernachtungsmöglichkeiten (z. B. Hotellisten, vorgegebene Hotelkategorien oder Preisrahmen, ggf. auch über ein Travel-Management-System) vorgenommen wird, oder
  - eine dementsprechende planmäßige Buchung von Übernachtung mit Frühstück ausnahmsweise nicht möglich war (z. B. spontaner Einsatz, unvorhersehbar länger als geplant dauernder Arbeitseinsatz, gelistetes Hotel belegt) und der Arbeitgeber die Kosten dienst- oder arbeitsrechtlich daher erstattet.

Bei einer solchen Arbeitgeberveranlassung erfolgt die lohnsteuerliche Behandlung nach dem BMF-Schreiben vom 13. Juli 2009 (BStBl. I Seite 771). Danach kann das Frühstück mit dem Sachbezugswert nach der SvEV angesetzt werden. Für diesen Fall kommt es nicht darauf an, wie die einzelnen Kosten in der Rechnung ausgewiesen sind (Höhe des Frühstückspreises oder Sammelposten für Nebenleistungen neben der Beherbergungsleistung – Rz. 16 –).

3.) Anwendungsregelung

18 Abschnitt II dieses Schreibens ist für Übernachtungen mit Frühstück ab 1. Januar 2010 anzuwenden. Es ist nicht zu beanstanden, wenn die genannten Voraussetzungen bis zu drei Monaten nach Veröffentlichung dieses Schreibens nicht insgesamt gegeben sind (Zeitraum für die Anpassung insbesondere der dienst- und arbeitsrechtlichen Voraussetzungen gemäß Rz. 17).

(Zu LStH 9.5 Pauschale Kilometersätze) **Anlage § 009-01/Dienstreise-Kaskoversicherung**

Dienstreise-Kaskoversicherung des Arbeitgebers für Kraftfahrzeuge des Arbeitnehmers und steuerfreier Fahrtkostenersatz; hier: BFH-Urteil vom 27. Juni 1991 – VI R 3/87 –

BMF-Schreiben vom 31. März 1992 IV B 6 – S 2012 – 12/92 (BStBl. I S. 270)

Der Bundesfinanzhof hat in seinem Urteil vom 27. Juni 1991 – VI R 3/87 – (BStBl. 1992 II S. 365) entschieden (2. Leitsatz), dass ein Arbeitgeber, der eine Dienstreise-Kaskoversicherung für ein Kraftfahrzeug des Arbeitnehmers abgeschlossen hat, für Dienstreisen nur einen geminderten Kilometersatz steuerfrei ersetzen kann, wenn der Arbeitnehmer keine eigene Fahrzeug-Vollversicherung abgeschlossen hat.

Unter Bezugnahme auf das Ergebnis der Erörterungen mit den obersten Finanzbehörden der Länder ist der 2. Leitsatz des genannten Urteils über den entschiedenen Einzelfall hinaus nicht anzuwenden. Die allgemeine Anwendung des 2. Leitsatzes würde dem steuerlichen Kilometersatz seinen typisierenden Charakter nehmen, erheblichen zusätzlichen Verwaltungsaufwand verursachen und damit dem Vereinfachungsgedanken der Pauschalregelung zuwiderlaufen.[1]

---

1) Hinweis auf R 9.5 Abs. 2 Satz 3 LStR 2008 und LStH 9.5 (Pauschale Kilometersätze).

Anlage § 009-02/Auslandsdienstreisen ab 1.1.2010 (Zu LStR 9.6 Abs. 3, 9.7 Abs. 3)

Steuerliche Behandlung von Reisekosten und Reisekostenvergütungen bei beruflich und betrieblich veranlassten Auswärtstätigkeiten im Ausland ab 1. Januar 2010

BMF-Schreiben vom 17. Dezember 2009 IV C 5 – S 2353/08/10006, 2009/0855134 (BStBl. I S. 1601)

Aufgrund des § 4 Absatz 5 Satz 1 Nummer 5 EStG werden im Einvernehmen mit den obersten Finanzbehörden der Länder die in der anliegenden Übersicht ausgewiesenen Pauschbeträge für Verpflegungsmehraufwendungen und Übernachtungskosten für beruflich und betrieblich veranlasste Auslandsreisen bekannt gemacht (Fettdruck kennzeichnet Änderungen gegenüber der Übersicht ab 1. Januar 2009 – BStBl. 2008 I S. 1077). Bei Reisen vom Inland in das Ausland bestimmt sich der Pauschbetrag nach dem Ort, den der Steuerpflichtige vor 24 Uhr Ortszeit erreicht hat. Für eintägige Reisen ins Ausland und für Rückreisetage aus dem Ausland in das Inland ist der Pauschbetrag des letzten Tätigkeitsortes im Ausland maßgebend.

Für die in der Bekanntmachung nicht erfassten Länder ist der für Luxemburg geltende Pauschbetrag maßgebend, für nicht erfasste Übersee- und Außengebiete eines Landes ist der für das Mutterland geltende Pauschbetrag maßgebend.

Die Pauschbeträge für Übernachtungskosten sind nur in den Fällen der Arbeitgebererstattung anwendbar (R 9.7 Absatz 3 und R 9.11 Absatz 10 Satz 7 Nummer 3 LStR), für den Werbungskostenabzug sind die tatsächlichen Übernachtungskosten maßgebend (R 9.7 Absatz 2 und R 9.11 Absatz 8 LStR).

Dieses Schreiben gilt entsprechend für Geschäftsreisen in das Ausland und doppelte Haushaltsführungen im Ausland.

Dieses Schreiben steht ab sofort für eine Übergangszeit auf den Internetseiten des Bundesministeriums der Finanzen (http://www.bundesfinanzministerium.de) unter der Rubrik Wirtschaft und Verwaltung – Steuern – Veröffentlichung zu Steuerarten – Lohnsteuer zur Verfügung.

(Zu LStR 9.6 Abs. 3, 9.7 Abs. 3) **Anlage § 009-02/Auslandsdienstreisen ab 1.1.2010**

Übersicht über die ab 1. Januar 2010 geltenden Pauschbeträge für Verpflegungsmehraufwendungen und Übernachtungskosten
(Änderungen gegenüber der Übersicht ab 1. Januar 2009 - BStBl 2008 I S. 1077 - in Fettdruck)

Land	Pauschbeträge für Verpflegungsmehraufwendungen bei einer Abwesenheitsdauer je Kalendertag von			Pauschbetrag für Übernachtungskosten
	mindestens 24 Stunden	weniger als 24, aber mindestens 14 Stunden	weniger als 14, aber mindestens 8 Stunden	
	€	€	€	€
Afghanistan	30	20	10	95
Ägypten	30	20	10	50
Äthiopien	30	20	10	**175**
Albanien	23	16	8	110
Algerien	48	32	16	80
Andorra	32	21	11	82
Angola	**71**	**48**	**24**	**190**
Antigua und Barbuda	42	28	14	85
Argentinien	**36**	**24**	**12**	**125**
Armenien	24	16	8	90
Aserbaidschan	36	24	12	135
Australien				
– Melbourne	**42**	**28**	**14**	**105**
– Sydney	**42**	**28**	**14**	**115**
– im Übrigen	**42**	**28**	**14**	**100**
Bahrain	36	24	12	70
Bangladesch	30	20	10	75
Barbados	42	28	14	110
Belgien	42	28	14	100
Benin	33	22	11	75
Bolivien	24	16	8	65
Bosnien und Herzegowina	24	16	8	70
Botsuana	33	22	11	105
Brasilien				
– Brasilia	38	25	13	130
– Rio de Janeiro	41	28	14	140
– Sao Paulo	38	25	13	95
– im Übrigen	36	24	12	100
Brunei	36	24	12	85
Bulgarien	22	15	8	72
Burkina Faso	30	20	10	70
Burundi	35	24	12	75
Chile	38	25	13	80
China				
– Chengdu	32	21	11	85
– Hongkong	72	48	24	150
– Peking	39	26	13	115
– Shanghai	42	28	14	140
– im Übrigen	33	22	11	80
Costa Rica	32	21	11	60
Côte d'Ivoire	36	24	12	90

Anlage § 009-02/Auslandsdienstreisen ab 1.1.2010 (Zu LStR 9.6 Abs. 3, 9.7 Abs. 3)

Land	Pauschbeträge für Verpflegungsmehraufwendungen bei einer Abwesenheitsdauer je Kalendertag von			Pauschbetrag für Übernachtungskosten
	mindestens 24 Stunden	weniger als 24, aber mindestens 14 Stunden	weniger als 14, aber mindestens 8 Stunden	
	€	€	€	€
Dänemark				
– Kopenhagen	42	28	14	140
– im Übrigen	42	28	14	70
Dominica	36	24	12	80
Dominikanische Republik	30	20	10	100
Dschibuti	39	26	13	120
Ecuador	39	26	13	70
El Salvador	36	24	12	65
Eritrea	30	20	10	110
Estland	27	18	9	85
Fidschi	32	21	11	57
Finnland	45	30	15	150
Frankreich				
– Paris [1]	48	32	16	100
– Straßburg	39	26	13	75
– im Übrigen	39	26	13	100
Gabun	48	32	16	100
Gambia	18	12	6	70
Georgien	30	20	10	140
Ghana	30	20	10	105
Grenada	36	24	12	105
Griechenland				
– Athen	42	28	14	135
– im Übrigen	36	24	12	120
Guatemala	33	22	11	90
Guinea	36	24	12	70
Guinea-Bissau	30	20	10	60
Guyana	36	24	12	90
Haiti	48	32	16	105
Honduras	30	20	10	100
Indien				
– Chennai	30	20	10	135
– Kalkutta	33	22	11	120
– Mumbai	35	24	12	150
– Neu Delhi	35	24	12	130
– im Übrigen	30	20	10	120
Indonesien	39	26	13	110
Iran	30	20	10	120
Irland	42	28	14	130
Island	77	52	26	165
[1] sowie die Departements 92 [Hauts-de-Seine], 93 [Seine-Saint-Denis] und 94 [Val-de-Marne]				

(Zu LStR 9.6 Abs. 3, 9.7 Abs. 3) **Anlage § 009-02/Auslandsdienstreisen ab 1.1.2010**

Land	Pauschbeträge für Verpflegungsmehraufwendungen bei einer Abwesenheitsdauer je Kalendertag von			Pauschbetrag für Übernachtungskosten
	mindestens 24 Stunden	weniger als 24, aber mindestens 14 Stunden	weniger als 14, aber mindestens 8 Stunden	
	€	€	€	€
Israel				
– Tel Aviv	45	30	15	110
– im Übrigen	33	22	11	75
Italien				
– Mailand	36	24	12	140
– Rom	36	24	12	108
– im Übrigen	36	24	12	100
Jamaika	48	32	16	110
Japan				
– Tokio	51	34	17	130
– im Übrigen	51	34	17	90
Jemen	**24**	**16**	**8**	**95**
Jordanien	**36**	**24**	**12**	**85**
Kambodscha	**36**	**24**	**12**	**85**
Kamerun				
– Jaunde	41	28	14	115
– im Übrigen	41	28	14	90
Kanada				
– **Ottawa**	**36**	**24**	**12**	**105**
– **Toronto**	**41**	**28**	**14**	**135**
– **Vancouver**	**36**	**24**	**12**	**125**
– **im Übrigen**	**36**	**24**	**12**	**100**
Kap Verde	30	20	10	55
Kasachstan	30	20	10	110
Katar	45	30	15	100
Kenia	36	24	12	120
Kirgisistan	18	12	6	70
Kolumbien	24	16	8	55
Kongo, Republik	57	38	19	113
Kongo, Demokratische Republik	60	40	20	**155**
Korea, Demokratische Volksrepublik	42	28	14	90
Korea, Republik	66	44	22	180
Kroatien	29	20	10	57
Kuba	42	28	14	**80**
Kuwait	42	28	14	130
Laos	27	18	9	60
Lesotho	24	16	8	70
Lettland	18	12	6	80
Libanon	**40**	**27**	**14**	**80**
Libyen	**45**	**30**	**15**	**100**
Liechtenstein	47	32	16	82
Litauen	27	18	9	100

Anlage § 009-02/Auslandsdienstreisen ab 1.1.2010 (Zu LStR 9.6 Abs. 3, 9.7 Abs. 3)

Land	Pauschbeträge für Verpflegungsmehraufwendungen bei einer Abwesenheitsdauer je Kalendertag von			Pauschbetrag für Übernachtungskosten
	mindestens 24 Stunden	weniger als 24, aber mindestens 14 Stunden	weniger als 14, aber mindestens 8 Stunden	
	€	€	€	€
Luxemburg	39	26	13	87
Madagaskar	35	24	12	120
Malawi				
− Blantyre	30	20	10	100
− im Übrigen	30	20	10	80
Malaysia	27	18	9	55
Malediven	38	25	13	93
Mali	39	26	13	80
Malta	30	20	10	90
Marokko	42	28	14	90
Mauretanien	36	24	12	85
Mauritius	48	32	16	140
Mazedonien	24	16	8	**95**
Mexiko	36	24	12	110
Moldau, Republik	18	12	6	90
Monaco	41	28	14	52
Mongolei	27	18	9	55
Montenegro	29	20	10	95
Mosambik	**30**	**20**	**10**	80
Myanmar	39	26	13	75
Namibia	29	20	10	85
Nepal	32	21	11	72
Neuseeland	**36**	**24**	**12**	**95**
Nicaragua	30	20	10	100
Niederlande	39	26	13	100
Niger	30	20	10	55
Nigeria				
− Lagos	42	28	14	180
− im Übrigen	42	28	14	100
Norwegen	**72**	**48**	**24**	**170**
Österreich				
− Wien	36	24	12	93
− im Übrigen	36	24	12	70
Oman	**48**	**32**	**16**	**120**
Pakistan				
− Islamabad	24	16	8	150
− im Übrigen	24	16	8	70
Panama	45	30	15	110
Papua-Neuguinea	36	24	12	90
Paraguay	24	16	8	50
Peru	36	24	12	90
Philippinen	30	20	10	90
Polen				
− Warschau, Krakau	30	20	10	90

(Zu LStR 9.6 Abs. 3, 9.7 Abs. 3) **Anlage § 009-02/Auslandsdienstreisen ab 1.1.2010**

Land	Pauschbeträge für Verpflegungsmehraufwendungen bei einer Abwesenheitsdauer je Kalendertag von			Pauschbetrag für Übernachtungskosten
	mindestens 24 Stunden	weniger als 24, aber mindestens 14 Stunden	weniger als 14, aber mindestens 8 Stunden	
	€	€	€	€
– im Übrigen	24	16	8	70
Portugal				
– Lissabon	36	24	12	95
– im Übrigen	33	22	11	95
Ruanda	27	18	9	70
Rumänien				
– Bukarest	26	17	9	100
– im Übrigen	27	18	9	80
Russische Föderation				
– Moskau (außer Gästewohnungen der Deutschen Botschaft)	48	32	16	135
– **Moskau (Gästewohnungen der Deutschen Botschaft)**	**33**	**22**	**11**	**0 ²)**
– St. Petersburg	36	24	12	110
– im Übrigen	36	24	12	80
Sambia	36	24	12	95
Samoa	29	20	10	57
São Tomé – Príncipe	42	28	14	75
San Marino	41	28	14	77
Saudi-Arabien				
– Djidda	48	32	16	80
– Riad	48	32	16	95
– im Übrigen	47	32	16	80
Schweden	60	40	20	160
Schweiz				
– Bern	42	28	14	115
– Genf	51	34	17	110
– im Übrigen	42	28	14	110
Senegal	42	28	14	90
Serbien	30	20	10	90
Sierra Leone	**36**	**24**	**12**	90
Simbabwe	24	16	8	130
Singapur	48	32	16	120
Slowakische Republik	**24**	**16**	**8**	**130**
Slowenien	30	20	10	95
²) Soweit diese Wohnungen gegen Entgelt angemietet werden, können 135 EUR angesetzt werden.				

Anlage § 009-02/Auslandsdienstreisen ab 1.1.2010 (Zu LStR 9.6 Abs. 3, 9.7 Abs. 3)

Land	Pauschbeträge für Verpflegungsmehraufwendungen bei einer Abwesenheitsdauer je Kalendertag von			Pauschbetrag für Übernachtungskosten
	mindestens 24 Stunden	weniger als 24, aber mindestens 14 Stunden	weniger als 14, aber mindestens 8 Stunden	
	€	€	€	€
Spanien				
– Barcelona, Madrid	36	24	12	150
– Kanarische Inseln	36	24	12	90
– Palma de Mallorca	36	24	12	125
– im Übrigen	36	24	12	105
Sri Lanka	24	16	8	60
St. Kitts und Nevis	36	24	12	100
St. Lucia	45	30	15	105
St. Vincent und die Grenadinen	36	24	12	110
Sudan	32	21	11	120
Südafrika				
– **Kapstadt**	**30**	**20**	**10**	**90**
– **im Übrigen**	**30**	**20**	**10**	**80**
Suriname	30	20	10	75
Syrien	27	18	9	100
Tadschikistan	24	16	8	50
Taiwan	**39**	**26**	**13**	**110**
Tansania	33	22	11	90
Thailand	**32**	**21**	**11**	**120**
Togo	33	22	11	80
Tonga	32	21	11	36
Trinidad und Tobago	36	24	12	100
Tschad	**48**	**32**	**16**	**140**
Tschechische Republik	24	16	8	97
Türkei				
– Izmir, Istanbul	41	28	14	100
– im Übrigen	42	28	14	70
Tunesien	33	22	11	70
Turkmenistan	28	19	10	60
Uganda	33	22	11	130
Ukraine	**36**	**24**	**12**	**85**
Ungarn	30	20	10	75
Uruguay	**36**	**24**	**12**	**70**
Usbekistan	30	20	10	60
Vatikanstaat	36	24	12	108
Venezuela	46	31	16	150
Vereinigte Arabische Emirate	**42**	**28**	**14**	**145**

Anlage § 009-03/Unfallversicherungen Arbeitnehmer

(Zu LStH 9.8, 19.3, 40b.2)

Land	Pauschbeträge für Verpflegungsmehraufwendungen bei einer Abwesenheitsdauer je Kalendertag von			Pauschbetrag für Übernachtungskosten
	mindestens 24 Stunden	weniger als 24, aber mindestens 14 Stunden	weniger als 14, aber mindestens 8 Stunden	
	€	€	€	€
Vereinigte Staaten von Amerika				
– San Francisco	36	24	12	120
– Boston, Washington	54	36	18	120
– Houston, Miami	48	32	16	110
– New York Staat, Los Angeles	48	32	16	150
– im Übrigen	36	24	12	110
Vereinigtes Königreich von Großbritannien und Nordirland				
– Edinburgh	42	28	14	170
– London	60	40	20	152
– im Übrigen	42	28	14	110
Vietnam	**36**	**24**	**12**	**125**
Weißrussland	24	16	8	100
Zentralafrikanische Republik	29	20	10	52
Zypern	36	24	12	110

Anlage § 009-03/Unfallversicherungen Arbeitnehmer (Zu LStH 9.8, 19.3, 40b.2)

Einkommen-(lohn-)steuerliche Behandlung von freiwilligen Unfallversicherungen

BMF-Schreiben vom 28. Oktober 2009 IV C 5 - S 2332/09/10004, 2009/0690175 (BStBl. I S. 1275

Im Einvernehmen mit den obersten Finanzbehörden der Länder gilt für die einkommen-(lohn-)steuerrechtliche Behandlung von freiwilligen Unfallversicherungen Folgendes[1]:

1. **Versicherungen des Arbeitnehmers**

   1.1 **Versicherung gegen Berufsunfälle**

   Aufwendungen des Arbeitnehmers für eine Versicherung ausschließlich gegen Unfälle, die mit der beruflichen Tätigkeit in unmittelbarem Zusammenhang stehen (einschließlich der Unfälle auf dem Weg von und zur regelmäßigen Arbeitsstätte), sind Werbungskosten (§ 9 Absatz 1 Satz 1 EStG).

   1.2 **Versicherung gegen außerberufliche Unfälle**

   Aufwendungen des Arbeitnehmers für eine Versicherung gegen außerberufliche Unfälle sind Sonderausgaben (§ 10 **Absatz 1 Nummer 3 Buchstabe a i. V. m. § 10 Absatz 4 und 4a EStG und ab dem Veranlagungszeitraum 2010 § 10 Absatz 1 Nummer 3a i. V. m. Absatz 4 und 4a EStG**).

   1.3 **Versicherung gegen alle Unfälle**

   Aufwendungen des Arbeitnehmers für eine Unfallversicherung, die das Unfallrisiko sowohl im beruflichen als auch im außerberuflichen Bereich abdeckt, sind zum einen Teil Werbungskosten und zum anderen Teil Sonderausgaben. Der Gesamtbeitrag einschließlich Versicherungsteuer für beide Risiken ist entsprechend aufzuteilen (vgl. BFH-Urteil vom 22. Juni 1990 – **VI R 2/87** –, BStBl. II S. 901). Für die Aufteilung sind die Angaben des Versicherungsunternehmens darüber maßgebend, welcher Anteil des Gesamtbeitrags das berufliche Unfallrisiko abdeckt. Fehlen derartige Angaben, ist der Gesamtbeitrag durch Schätzung aufzuteilen. Es bestehen keine Bedenken, wenn die Anteile auf jeweils 50 % des Gesamtbeitrags geschätzt werden.

   1.4 **Übernahme der Beiträge durch den Arbeitgeber**

   Vom Arbeitgeber übernommene Beiträge des Arbeitnehmers sind steuerpflichtiger Arbeitslohn. Das gilt nicht, soweit Beiträge zu Versicherungen gegen berufliche Unfälle und Beiträge zu Versicherungen gegen alle Unfälle (Tz. 1.1 und 1.3) auch das Unfallrisiko bei **Auswärtstätigkeiten (R 9.4 Absatz 2 LStR 2008)** abdecken. **Beiträge zu Unfallversicherungen sind als Reisenebenkosten steuerfrei, soweit sie Unfälle bei einer Auswärtstätigkeit abdecken** (§ 3 Nummer 13 und 16 EStG). Es bestehen keine Bedenken, wenn **aus Vereinfachungsgründen** bei der Aufteilung des auf den beruflichen Bereich entfallenden Beitrags/Beitragsanteils in steuerfreie Reisekosten**erstattungen** und steuerpflichtigen Werbungskostenersatz **(z. B. Unfälle auf Fahrten zwischen Wohnung und regelmäßiger Arbeitsstätte)** der auf steuerfreie Reisekosten**erstattungen** entfallende Anteil auf 40 % geschätzt wird. Der Beitragsanteil, der als Werbungskostenersatz dem Lohnsteuerabzug zu unterwerfen ist, gehört zu den Werbungskosten des Arbeitnehmers.

2. **Versicherungen des Arbeitgebers**

   2.1 **Ausübung der Rechte steht ausschließlich dem Arbeitgeber zu**

   2.1.1 **Kein Arbeitslohn zum Zeitpunkt der Beitragszahlung**

   Handelt es sich bei vom Arbeitgeber abgeschlossenen Unfallversicherungen seiner Arbeitnehmer um Versicherungen für fremde Rechnung **(§ 179 Absatz 1 Satz 2 i. V. m. §§ 43 bis 48 VVG)**, bei denen die Ausübung der Rechte ausschließlich dem Arbeitgeber zusteht, so stellen die **Beiträge im Zeitpunkt der Zahlung durch den Arbeitgeber** keinen Arbeitslohn dar (BFH-Urteile vom 16. April 1999 – VI R 60/96 –, BStBl. 2000 II S. 406, sowie – **VI R 66/97** –, BStBl. **2000 II S. 408**).

   2.1.2 **Arbeitslohn zum Zeitpunkt der Leistungsgewährung**

   Erhält ein Arbeitnehmer Leistungen aus einem entsprechenden Vertrag, führen die bis dahin entrichteten, auf den Versicherungsschutz des Arbeitnehmers entfallenden Beiträge im Zeitpunkt der Auszahlung oder Weiterleitung der Leistung an den Arbeitnehmer zu Arbeitslohn in Form von Barlohn, begrenzt auf die dem Arbeitnehmer ausgezahlte Versicherungsleistung (BFH-Urteil **vom 11. Dezember 2008** – VI R 9/05 –, BStBl. 2009 II S. 385);

---

[1] Die Änderungen gegenüber dem BMF-Schreiben vom 17. Juli 2000 – IV C 5 – S 2332 – 67/00 – (BStBl. I S. 1204) sind durch Fettdruck hervorgehoben.

Anlage § 009-03/Unfallversicherungen Arbeitnehmer

das gilt unabhängig davon, ob der Unfall im beruflichen oder außerberuflichen Bereich eingetreten ist und ob es sich um eine Einzelunfallversicherung oder eine Gruppenunfallversicherung handelt. Bei einer Gruppenunfallversicherung ist der auf den einzelnen Arbeitnehmer entfallende Teil der Beiträge ggf. zu schätzen (BFH-Urteil vom 11. Dezember 2008 – VI R 19/06 –, BFH/NV 2009 S. 905). Bei den im Zuflusszeitpunkt zu besteuernden Beiträgen kann es sich um eine Vergütung für eine mehrjährige Tätigkeit i.S.d. § 34 Absatz 1 i. V. m. Absatz 2 Nummer 4 EStG handeln.

Da sich der Vorteil der Beitragsgewährung nicht auf den konkreten Versicherungsfall, sondern allgemein auf das Bestehen von Versicherungsschutz des Arbeitnehmers bezieht, sind zur Ermittlung des Arbeitslohns alle seit Begründung des Dienstverhältnisses entrichteten Beiträge zu berücksichtigen, unabhängig davon, ob es sich um einen oder mehrere Versicherungsverträge handelt. Das gilt auch dann, wenn die Versicherungsverträge zeitlich befristet abgeschlossen wurden, das Versicherungsunternehmen gewechselt wurde oder der Versicherungsschutz für einen bestimmten Zeitraum des Dienstverhältnisses nicht bestanden hat (zeitliche Unterbrechung des Versicherungsschutzes). Bei einem Wechsel des Arbeitgebers sind ausschließlich die seit Begründung des neuen Dienstverhältnisses entrichteten Beiträge zu berücksichtigen, auch wenn der bisherige Versicherungsvertrag vom neuen Arbeitgeber fortgeführt wird. Das gilt auch, wenn ein Wechsel des Arbeitnehmers innerhalb eines Konzernverbundes zwischen Konzernunternehmen mit einem Arbeitgeberwechsel verbunden ist. Bei einem Betriebsübergang nach § 613a BGB liegt kein neues Dienstverhältnis vor.

Beiträge, die individuell oder pauschal besteuert wurden, sind im Übrigen nicht einzubeziehen.

Aus Vereinfachungsgründen können die auf den Versicherungsschutz des Arbeitnehmers entfallenden Beiträge unter Berücksichtigung der Beschäftigungsdauer auf Basis des zuletzt vor Eintritt des Versicherungsfalls geleisteten Versicherungsbeitrags hochgerechnet werden.

Die bei einer früheren Versicherungsleistung als Arbeitslohn berücksichtigten Beiträge sind bei einer späteren Versicherungsleistung nicht erneut als Arbeitslohn zu erfassen. Bei einer späteren Versicherungsleistung sind zumindest die seit der vorangegangenen Auszahlung einer Versicherungsleistung entrichteten Beiträge zu berücksichtigen (BFH-Urteil vom 11. Dezember 2008 – VI R 3/08 –, BFH/NV 2009 S. 907), allerdings auch in diesem Fall begrenzt auf die ausgezahlte Versicherungsleistung.

Erhält ein Arbeitnehmer die Versicherungsleistungen in mehreren Teilbeträgen oder ratierlich, so fließt dem Arbeitnehmer solange Arbeitslohn in Form von Barlohn zu, bis die Versicherungsleistungen die Summe der auf den Versicherungsschutz des Arbeitnehmers entfallenden Beiträge erreicht haben. Erhält ein Arbeitnehmer die Versicherungsleistungen als Leibrente, so fließt dem Arbeitnehmer solange Arbeitslohn in Form von Barlohn zu, bis der Teil der Versicherungsleistungen, der nicht Ertragsanteil ist (§ 22 Nummer 1 Satz 3 Buchstabe a Doppelbuchstabe bb EStG ggf. i.V.m. § 55 EStDV; siehe auch Tz. 2.1.6), die Summe der auf den Versicherungsschutz des Arbeitnehmers entfallenden Beiträge erreicht hat. Beiträge, die vom Arbeitgeber nach der ersten Auszahlung oder Weiterleitung von Versicherungsleistungen an den Arbeitnehmer gezahlt werden, sind hier aus Vereinfachungsgründen jeweils nicht einzubeziehen; diese Beiträge sind dann bei einem ggf. später eintretenden Versicherungsfall zu berücksichtigen.

> **Beispiel:**
> Nach einem Unfall wird ab dem Jahr 01 eine Versicherungsleistung als Leibrente i.H.v. jährlich 1 000 € ausgezahlt. Der Ertragsanteil beträgt 25 %. An Beiträgen wurden für den Arbeitnehmer in der Vergangenheit insgesamt 2 500 € gezahlt.
>
> Ab dem Jahr 01 sind 250 € (1 000 € x 25 % Ertragsanteil) steuerpflichtig nach § 22 Nummer 1 Satz 3 Buchstabe a Doppelbuchstabe bb EStG.
>
> Darüber hinaus sind in den Jahren 01 bis 03 jeweils ein Betrag von 750 € und im Jahr 04 ein Betrag von 250 € (2 500 € - [3 Jahre x 750 €]) steuerpflichtig nach § 19 EStG. Ab dem Jahr 05 fließt kein steuerpflichtiger Arbeitslohn mehr zu; steuerpflichtig ist dann nur noch die Leibrente mit dem Ertragsanteil von 25 %.

Dem Arbeitnehmer steht bei mehreren Versicherungsleistungen innerhalb verschiedener Veranlagungszeiträume (mehr als ein Versicherungsfall oder bei einem Versicherungsfall, Auszahlung in mehreren Veranlagungszeiträumen) kein Wahlrecht zu, inwieweit die vom

Anlage § 009-03/Unfallversicherungen Arbeitnehmer (Zu LStH 9.8, 19.3, 40b.2)

Arbeitgeber erbrachten Beiträge jeweils als Arbeitslohn erfasst werden sollen. In diesen Fällen ist für den Arbeitslohn im jeweiligen Veranlagungszeitraum gesondert zu prüfen, ob es sich um eine Vergütung für eine mehrjährige Tätigkeit i.S.d. § 34 Absatz 1 i.V.m. Absatz 2 Nummer 4 EStG handelt.

2.1.3 Steuerfreier Reisekostenersatz und lohnsteuerpflichtiger Werbungskostenersatz

Der auf das Risiko beruflicher Unfälle entfallende Anteil der Beiträge ist zum Zeitpunkt der Leistungsgewährung steuerfreier Reisekostenersatz oder steuerpflichtiger Werbungskostenersatz des Arbeitgebers (dem bei der Veranlagung zur Einkommensteuer Werbungskosten in gleicher Höhe gegenüberstehen). Für die Aufteilung und Zuordnung gelten die Regelungen in Tz. 1.1 bis 1.4.

2.1.4 Schadensersatzleistungen

Bei einem im beruflichen Bereich eingetretenen Unfall gehört die Auskehrung des Arbeitgebers nicht zum Arbeitslohn, soweit der Arbeitgeber gesetzlich zur Schadensersatzleistung verpflichtet ist oder soweit der Arbeitgeber einen zivilrechtlichen Schadensersatzanspruch des Arbeitnehmers wegen schuldhafter Verletzung arbeitsvertraglicher Fürsorgepflichten erfüllt (BFH-Urteil vom 20. September 1996 – VI R 57/95 –, BStBl. 1997 II S. 144). **Der gesetzliche Schadensersatzanspruch des Arbeitnehmers aus unfallbedingten Personenschäden im beruflichen Bereich wird regelmäßig durch Leistungen aus der gesetzlichen Unfallversicherung erfüllt; diese Leistungen sind nach § 3 Nummer 1 Buchstabe a EStG steuerfrei.**

Schmerzensgeldrenten nach § 253 Absatz 2 BGB (bis 31. Juli 2002: § 847 BGB), Schadensersatzrenten zum Ausgleich vermehrter Bedürfnisse (§ 843 Absatz 1 2. Alternative BGB), Unterhaltsrenten nach § 844 Absatz 2 BGB sowie Ersatzansprüche wegen entgangener Dienste nach § 845 BGB sind ebenfalls nicht steuerbar (vgl. BMF-Schreiben vom 15. Juli 2009 – IV C 3 – S 2255/08/10012 –, BStBl. I S. 836).

2.1.5 Entschädigungen für entgangene oder entgehende Einnahmen

Sind die Versicherungsleistungen ausnahmsweise Entschädigungen für entgangene oder entgehende Einnahmen i. S. d. § 24 Nummer 1 Buchstabe a EStG (z. B. Leistungen wegen einer Körperverletzung, soweit sie den Verdienstausfall ersetzen; siehe H 24.1 EStH 2008), liegen insoweit zusätzliche steuerpflichtige Einkünfte aus nichtselbständiger Arbeit (steuerpflichtiger Arbeitslohn) vor. Wickelt das Versicherungsunternehmen die Auszahlung der Versicherungsleistung unmittelbar mit dem Arbeitnehmer ab, hat der Arbeitgeber Lohnsteuer nur einzubehalten, wenn er weiß oder erkennen kann, dass derartige Zahlungen erbracht wurden (§ 38 Absatz 1 Satz 3 EStG).

Der nach Tz. 2.1.2 zu besteuernde Betrag ist in diesen Fällen anteilig zu mindern.

> Beispiel:
>
> Nach einem Unfall wird eine Versicherungsleistung i. H. v. 10 000 € ausgezahlt. Hiervon sind 8 000 € die Entschädigung für entgangene oder entgehende Einnahmen. An Beiträgen wurden in der Vergangenheit 2 500 € gezahlt.
>
> Die steuerpflichtigen Leistungen i. S. d. § 24 Nummer 1 Buchstabe a EStG betragen 8 000 €. Zusätzlich sind 500 € (= 2 500 € - [2 500 € x 8 000 € : 10 000 €]) entsprechend der Regelungen in Tz. 2.1.2 und 2.1.3 zu besteuern.

2.1.6 Sonstige Einkünfte nach § 22 Nummer 1 EStG

Wiederkehrende Leistungen aus der **entsprechenden** Unfallversicherung können Leibrenten nach § 22 **Nummer** 1 Satz 3 **Buchstabe a Doppelbuchstabe bb** EStG sein. Siehe auch Tz. 2.1.2 letzter Absatz.

2.2 Ausübung der Rechte steht unmittelbar dem Arbeitnehmer zu

2.2.1 Arbeitslohn zum Zeitpunkt der Beitragszahlung

Kann der Arbeitnehmer den Versicherungsanspruch **bei einer vom Arbeitgeber abgeschlossenen Unfallversicherung** unmittelbar gegenüber dem Versicherungsunternehmen geltend machen, **sind** die Beiträge **bereits im Zeitpunkt der Zahlung durch den Arbeitgeber** als Zukunftssicherungsleistungen **Arbeitslohn in Form von Barlohn** (§ 19 Absatz 1 Satz 1 **Num**mer 1 EStG, § 2 **Absatz** 2 **Nummer** 3 Satz 1 LStDV). Davon ist auch dann auszugehen, wenn zwar der Anspruch durch den Versicherungsnehmer (Arbeitgeber) geltend gemacht werden kann, vertraglich nach den Unfallversicherungsbedingungen jedoch vorgesehen ist, dass die Versicherer die Versicherungsleistung in jedem Fall an die versicherte Person (Arbeitnehmer) auszahlt. Die Ausübung der Rechte steht dagegen nicht unmittelbar dem Arbeitnehmer zu, wenn die Versicherungsleistung mit befreiender Wirkung auch an den Arbeitgeber gezahlt werden kann; in diesem Fall kann der Arbeitnehmer die Auskehrung der Versicherungsleistung letztlich nur im Innenverhältnis vom Arbeitgeber verlangen. Das gilt unabhängig davon, ob es sich um eine Einzelunfallversicherung oder eine Gruppenunfallversicherung handelt; Beiträge zu Gruppenunfallversicherungen sind ggf. nach der Zahl der versicherten Arbeitnehmer auf diese aufzuteilen (§ 2 **Absatz** 2 **Nummer** 3 Satz 3 LStDV). Steuerfrei sind Beiträge oder Beitragsteile, die **bei Auswärtstätigkeiten (R 9.4 Absatz 2 LStR 2008)** das Unfallrisiko abdecken und deshalb zu den steuerfreien Reisekosten**erstattungen** gehören. Für die Aufteilung eines auf den beruflichen Bereich entfallenden Gesamtbeitrags in steuerfreie Reisekosten**erstattungen** und steuerpflichtigen Werbungskostenersatz ist die Vereinfachungsregelung in Tz. 1.4 anzuwenden.

2.2.2 Arbeitslohn zum Zeitpunkt der Leistungsgewährung

Leistungen aus einer **entsprechenden** Unfallversicherung **gehören zu den Einkünften aus nichtselbständiger Arbeit (steuerpflichtiger Arbeitslohn)**, soweit sie Entschädigungen für entgangene oder entgehende Einnahmen i. S. d. § 24 **Nummer** 1 **Buchstabe** a EStG darstellen, der Unfall im beruflichen Bereich eingetreten ist und die Beiträge ganz oder teilweise Werbungskosten bzw. steuerfreie Reisenebenkosten**erstattungen** waren.

Der Arbeitgeber hat Lohnsteuer nur einzubehalten, wenn er weiß oder erkennen kann, dass derartige Zahlungen erbracht wurden (§ 38 Absatz 1 Satz 3 EStG). Andernfalls ist der als Entschädigung i. S. d. § 24 **Nummer** 1 **Buchstabe** a EStG steuerpflichtige **Teil des Arbeitslohns, der** ggf. durch Schätzung zu ermitteln **ist**, im Rahmen der Veranlagung des Arbeitnehmers zur Einkommensteuer zu erfassen.

2.2.3 Sonstige Einkünfte nach § 22 Nummer 1 Satz 1 EStG

Tz. 2.1.6 gilt entsprechend.

3. Arbeitgeber als Versicherer

Gewährt ein Arbeitgeber als Versicherer Versicherungsschutz, handelt es sich um Sachleistungen. Tz. 2 gilt entsprechend. § 8 Absatz 3 EStG ist zu beachten.

4. Werbungskosten- oder Sonderausgabenabzug

Der Arbeitnehmer kann die dem Lohnsteuerabzug unterworfenen Versicherungsbeiträge als Werbungskosten oder als Sonderausgaben geltend machen. Für die **Aufteilung und** Zuordnung gelten die Regelungen in Tz. 1.1 bis 1.3.

5. Lohnsteuerabzug von Beitragsleistungen

Soweit die vom Arbeitgeber übernommenen Beiträge (Tz. 1.4) oder die Beiträge zu Versicherungen des Arbeitgebers (Tz. 2) steuerpflichtiger Arbeitslohn sind, sind sie im Zeitpunkt **ihres Zuflusses** dem Lohnsteuerabzug **nach den allgemeinen Regelungen** zu unterwerfen, wenn nicht eine Pauschalbesteuerung nach § 40b **Absatz** 3 EStG **erfolgt. Zu den Voraussetzungen der Lohnsteuerpauschalierung siehe auch R 40b. 2 LStR 2008.**

6. Betriebliche Altersversorgung

Die lohnsteuerliche Behandlung von Zusagen auf Leistungen der betrieblichen Altersversorgung nach dem Betriebsrentengesetz bleibt durch dieses Schreiben unberührt. Zu den Einzelheiten vgl. BMF-Schreiben vom 20. Januar 2009 – VI C 3 – S 2496/08/10011 – / – IV C 5 – S 2333/07/0003 – (BStBl. I S. 273).

7. Anwendungsregelung

Dieses Schreiben ist in allen noch nicht formell bestandskräftigen Fällen anzuwenden. Das BMF-Schreiben vom 17. Juli 2000 – IV C 5 – S 2332 – 67/00 – (BStBl. I s. 1204) wird hiermit aufgehoben.

Dieses Schreiben steht ab sofort für eine Übergangszeit auf den Internetseiten des Bundesministeriums der Finanzen (http://www.bundesfinanzministerium.de) unter der Rubrik Wirtschaft und Verwaltung - Steuern - Veröffentlichungen zu Steuerarten - Lohnsteuer zur Ansicht und zum Abruf bereit.

Anlage § 009-04/Umzugskosten (Zu LStH 9.9)

Steuerliche Anerkennung von Umzugskosten nach R 9.9 Abs. 2 LStR 2008; Änderung der maßgebenden Beträge für umzugsbedingte Unterrichtskosten und sonstige Umzugsauslagen ab 1. Januar 2008, 1. Januar 2009, 1. Juli 2009

BMF-Schreiben vom 16. Dezember 2008 IV C 5 - S 2353/08/10007, 2008/0701206 (BStBl. I S. 1076)

Im Einvernehmen mit den obersten Finanzbehörden der Länder gilt zur Anwendung der §§ 6 bis 10 des Bundesumzugskostengesetzes (BUKG) für Umzüge ab 1. Januar 2008, 1. Januar 2009 sowie 1. Juli 2009 Folgendes:

1. Der Höchstbetrag, der für die Anerkennung umzugsbedingter Unterrichtskosten für ein Kind nach § 9 Abs. 2 BUKG maßgebend ist, beträgt bei Beendigung des Umzugs

    ab 1. Januar 2008   1 473 €,
    ab 1. Januar 2009   1 514 €,
    ab 1. Juli 2009   1 584 €.

2. Der Pauschbetrag für sonstige Umzugsauslagen nach § 10 Abs. 1 BUKG beträgt

    a) für Verheiratete bei Beendigung des Umzugs

        ab 1. Januar 2008   1 171 €,
        ab 1. Januar 2009   1 204 €,
        ab 1. Juli 2009   1 256 €.

    b) für Ledige bei Beendigung des Umzugs

        ab 1. Januar 2008   585 €,
        ab 1. Januar 2009   602 €,
        ab 1. Juli 2009   628 €.

    Der Pauschbetrag erhöht sich für jede in § 6 Abs. 3 Sätze 2 und 3 BUKG bezeichnete weitere Person mit Ausnahme des Ehegatten zum 1. Januar 2008 um 258 €, zum 1. Januar 2009 um 265 € sowie zum 1. Juli 2009 um 277 €.

Das BMF-Schreiben vom 5. August 2003 (BStBl. I S. 416) ist auf Umzüge, die nach dem 31. Dezember 2007 beendet werden, nicht mehr anzuwenden.

(Zu LStR 9.5 Abs. 1, LStH 9.5) **Anlage § 009-06/Pauschale Kilometersätze ab 2002**

Pauschale Kilometersätze ab 1. Januar 2002
– bei Benutzung eines Privatfahrzeugs zu Dienstreisen, Einsatzwechseltätigkeit oder Fahrtätigkeit
– bei der Berücksichtigung der tatsächlichen Fahrtkosten in anderen Fällen

BMF-Schreiben vom 20. August 2001 IV C 5 – S 2353 – 312/01 (BStBl. I S. 541)

Im Einvernehmen mit den obersten Finanzbehörden der Länder gelten nach R 38 Abs. 1 Satz 6 LStR [1] ab 1. Januar 2002 die folgenden pauschalen Kilometersätze:

I. Pauschale Kilometersätze bei Benutzung eines privaten Fahrzeugs zu Dienstreisen, zu einer Einsatzwechseltätigkeit oder Fahrtätigkeit

Soweit bei Arbeitnehmern Fahrtkosten nach R 38 Abs. 1 bis 3 LStR als Reisekosten anerkannt werden, können bei Benutzung eines privaten Fahrzeugs abweichend von R 38 Abs. 1 Satz 3 LStR die Fahrtkosten mit folgenden pauschalen Kilometersätzen angesetzt werden:

1. bei einem Kraftwagen   0,30 € je Fahrtkilometer,
2. bei einem Motorrad oder einem Motorroller   0,13 € je Fahrtkilometer,
3. bei einem Moped oder Mofa   0,08 € je Fahrtkilometer,
4. bei einem Fahrrad   0,05 € je Fahrtkilometer.

Für jede Person, die **aus beruflicher Veranlassung** bei einer Dienstreise mitgenommen wird, erhöhen sich der Kilometersatz nach Nummer 1 um 0,02 € und der Kilometersatz nach Nummer 2 um 0,01 €. Aufwendungen, die durch die Mitnahme von Gepäck verursacht worden sind, sind durch die Kilometersätze abgegolten.

II. Pauschaler Kilometersatz in anderen Fällen

Soweit behinderte Arbeitnehmer nach § 9 Abs. 2 EStG ihre tatsächlichen Aufwendungen für die Benutzung eines eigenen Kraftfahrzeugs zu Fahrten zwischen Wohnung und Arbeitsstätte oder zu Familienheimfahrten im Rahmen einer doppelten Haushaltsführung als Werbungskosten geltend machen dürfen, können die Fahrtkosten mit den Kilometersätzen nach Abschnitt I dieses Schreibens angesetzt werden. Dasselbe gilt bei allen Arbeitnehmern für Fahrtkosten anlässlich der Wohnungswechsel zu Beginn und innerhalb der Zweijahresfrist am Ende einer doppelten Haushaltsführung.

Dieses Schreiben steht ab sofort für eine Übergangszeit auf den Internet-Seiten des Bundesministeriums der Finanzen unter der Rubrik „Steuern und Zölle – Steuern – Veröffentlichungen zu Steuerarten – Lohnsteuer" (www.bundesfinanzministerium.de) zur Ansicht und zum Abruf bereit.

---

[1] Jetzt R 9.5 Abs. 1 Satz 5 LStR 2008.

Anlage § 009-07/Entfernungspauschalen ab 2007 (Zu LStR 9.5, LStH 9.5)

Entfernungspauschalen ab 2007;
Gesetz zur Fortführung der Gesetzeslage 2006 bei der Entfernungspauschale
(BGBl. I S. 774, BStBl. I S. 536)

BMF-Schreiben vom 31. August 2009 IV C 5 – S 2351/09/10002, 2009/0534694 (BStBl. I S. 891)

Mit dem Gesetz zur Fortführung der Gesetzeslage 2006 bei der Entfernungspauschale vom 20. April 2009 (BGBl. I S. 774, BStBl. I S. 536) wird die Gesetzeslage zur Entfernungspauschale von 2006 rückwirkend ab 1. Januar 2007 fortgeführt. Die Neuregelung zu den Entfernungspauschalen ab 2007 und das BMF-Schreiben vom 1. Dezember 2006 (BStBl. I S. 778) sind damit überholt.

Inhaltsübersicht

1. **Entfernungspauschale für die Wege zwischen Wohnung und regelmäßiger Arbeitsstätte (§ 9 Absatz 1 Satz 3 Nummer 4 und Absatz 2 EStG)**
   1.1 Allgemeines
   1.2 Höhe der Entfernungspauschale
   1.3 Höchstbetrag von 4 500 Euro
   1.4 Maßgebende Entfernung zwischen Wohnung und regelmäßiger Arbeitsstätte
   1.5 Fahrgemeinschaften
   1.6 Benutzung verschiedener Verkehrsmittel
   1.7 Mehrere Wege an einem Arbeitstag
   1.8 Mehrere Dienstverhältnisse
   1.9 Anrechnung von Arbeitgeberleistungen auf die Entfernungspauschale
2. **Entfernungspauschale für Familienheimfahrten bei doppelter Haushaltsführung (§ 9 Absatz 1 Satz 3 Nummer 5 EStG)**
3. **Behinderte Menschen**
4. **Abgeltungswirkung der Entfernungspauschalen**
5. **Pauschalbesteuerung nach § 40 Absatz 2 Satz 2 EStG**
   5.1 Höhe der Pauschalbesteuerung
   5.2 Pauschalbesteuerung und Rückwirkung der Gesetzesänderung
6. **Anwendungsregelung**

Zu den Entfernungspauschalen ab 2007 wird im Einvernehmen mit den obersten Finanzbehörden der Länder wie folgt Stellung genommen:

1. Entfernungspauschale für die Wege zwischen Wohnung und regelmäßiger Arbeitsstätte (§ 9 Absatz 1 Satz 3 Nummer 4 und Absatz 2 EStG)

1.1 Allgemeines

Die Entfernungspauschale ist grundsätzlich unabhängig vom Verkehrsmittel zu gewähren. Ihrem Wesen als Pauschale entsprechend kommt es grundsätzlich nicht auf die Höhe der tatsächlichen Aufwendungen an. Unfallkosten können als außergewöhnliche Aufwendungen (§ 9 Absatz 1 Satz 1 EStG) jedoch neben der Entfernungspauschale berücksichtigt werden (siehe Tz. 4).

Auch bei Benutzung öffentlicher Verkehrsmittel wird die Entfernungspauschale angesetzt. Übersteigen die Aufwendungen für die Benutzung öffentlicher Verkehrsmittel die anzusetzende Entfernungspauschale, können diese übersteigenden Aufwendungen zusätzlich angesetzt werden (§ 9 Absatz 2 Satz 2 EStG). Dabei ist auf den einzelnen Arbeitstag bezogen zu ermitteln, ob für den Weg zur Arbeit mit öffentlichen Verkehrsmitteln die tatsächlich aufgewendeten Fahrtkosten höher sind als die anzusetzende Entfernungspauschale (BFH vom 11. Mai 2005, BStBl. II S. 712).

Beispiel:

Ein Arbeitnehmer benutzt von Januar bis September (an 165 Arbeitstagen) für die Wege von seiner Wohnung zur 90 km entfernten regelmäßigen Arbeitsstätte und zurück den eigenen Kraftwagen. Dann verlegt er seinen Wohnsitz. Von der neuen Wohnung aus gelangt er ab Oktober (an 55 Arbeitstagen) zur nunmehr nur noch 5 km entfernten regelmäßigen Arbeitsstätte mit dem öffentlichen Bus. Hierfür entstehen ihm tatsächliche Kosten in Höhe von (3 x 70 Euro =) 210 Euro.

Für die Strecken mit dem eigenen Kraftwagen ergibt sich eine Entfernungspauschale von 165 Arbeitstagen x 90 km x 0,30 Euro = 4 455 Euro. Für die Strecke mit dem Bus errechnet sich eine Ent-

(Zu LStR 9.5, LStH 9.5) **Anlage § 009-07/Entfernungspauschalen ab 2007**

fernungspauschale von 55 Arbeitstagen x 5 km x 0,30 Euro = 83 Euro. Insoweit sind die tatsächlichen Aufwendungen von 210 Euro anzusetzen, so dass sich eine insgesamt anzusetzende Entfernungspauschale von 4 665 Euro ergibt.

Ausgenommen von der Entfernungspauschale sind Flugstrecken und Strecken mit steuerfreier Sammelbeförderung.

Für Flugstrecken sind die tatsächlichen Aufwendungen anzusetzen (BFH vom 26. März 2009, BStBl. II S. 724). Bei entgeltlicher Sammelbeförderung durch den Arbeitgeber sind die Aufwendungen des Arbeitnehmers ebenso als Werbungskosten anzusetzen.

1.2 Höhe der Entfernungspauschale

Die Entfernungspauschale beträgt 0,30 Euro für jeden vollen Entfernungskilometer zwischen Wohnung und regelmäßiger Arbeitsstätte. Die Entfernungspauschale gilt auch für die An- und Abfahrten zu und von Flughäfen.

Die anzusetzende Entfernungspauschale ist wie folgt zu berechnen:

Zahl der Arbeitstage x volle Entfernungskilometer x 0,30 Euro.

1.3 Höchstbetrag von 4 500 Euro

Die anzusetzende Entfernungspauschale ist grundsätzlich auf einen Höchstbetrag von 4 500 Euro im Kalenderjahr begrenzt. Die Beschränkung auf 4 500 Euro gilt

- wenn der Weg zwischen Wohnung und regelmäßiger Arbeitsstätte mit einem Motorrad, Motorroller, Moped, Fahrrad oder zu Fuß zurückgelegt wird,
- bei Benutzung eines Kraftwagens für die Teilnehmer an einer Fahrgemeinschaft und zwar für die Tage, an denen der Arbeitnehmer seinen eigenen oder zur Nutzung überlassenen Kraftwagen nicht einsetzt,
- bei Benutzung öffentlicher Verkehrsmittel, soweit keine höheren Aufwendungen glaubhaft gemacht oder nachgewiesen werden (§ 9 Absatz 2 Satz 2 EStG).

Bei Benutzung eines eigenen oder zur Nutzung überlassenen Kraftwagens greift die Begrenzung auf 4 500 Euro nicht. Der Arbeitnehmer muss lediglich nachweisen oder glaubhaft machen, dass er die Fahrten zwischen Wohnung und regelmäßiger Arbeitsstätte mit dem eigenen oder ihm zur Nutzung überlassenen Kraftwagen zurückgelegt hat. Ein Nachweis der tatsächlichen Aufwendungen für den Kraftwagen ist somit für den Ansatz eines höheren Betrages als 4 500 Euro nicht erforderlich.

1.4 Maßgebende Entfernung zwischen Wohnung und regelmäßiger Arbeitsstätte

Für die Bestimmung der Entfernung zwischen Wohnung und regelmäßiger Arbeitsstätte ist die kürzeste Straßenverbindung zwischen Wohnung und regelmäßiger Arbeitsstätte maßgebend. Dabei sind nur volle Kilometer der Entfernung anzusetzen, ein angefangener Kilometer bleibt unberücksichtigt. Die Entfernungsbestimmung richtet sich nach der Straßenverbindung; sie ist unabhängig von dem Verkehrsmittel, das tatsächlich für den Weg zwischen Wohnung und regelmäßiger Arbeitsstätte benutzt wird. Bei Benutzung eines Kraftfahrzeugs kann eine andere als die kürzeste Straßenverbindung zugrunde gelegt werden, wenn diese offensichtlich verkehrsgünstiger ist und vom Arbeitnehmer regelmäßig für die Wege zwischen Wohnung und regelmäßiger Arbeitsstätte benutzt wird. Dies gilt auch, wenn der Arbeitnehmer ein öffentliches Verkehrsmittel benutzt, dessen Linienführung direkt über die verkehrsgünstigere Straßenverbindung erfolgt (z. B. öffentlicher Bus). Eine von der kürzesten Straßenverbindung abweichende Strecke ist verkehrsgünstiger, wenn der Arbeitnehmer die regelmäßige Arbeitsstätte – trotz gelegentlicher Verkehrsstörungen – in der Regel schneller und pünktlicher erreicht (BFH vom 10. Oktober 1975, BStBl. II S. 852). Teilstrecken mit steuerfreier Sammelbeförderung sind nicht in die Entfernungsermittlung einzubeziehen.

Eine Fährverbindung ist, soweit sie zumutbar erscheint und wirtschaftlich sinnvoll ist, mit in die Entfernungsberechnung einzubeziehen. Die Fahrtstrecke der Fähre selbst ist dann jedoch nicht Teil der maßgebenden Entfernung. An ihrer Stelle können die tatsächlichen Fährkosten berücksichtigt werden.

Gebühren für die Benutzung eines Straßentunnels oder einer mautpflichtigen Straße dürfen dagegen nicht neben der Entfernungspauschale berücksichtigt werden, weil sie nicht für die Benutzung eines Verkehrsmittels entstehen. Fallen die Hin- und Rückfahrt zur regelmäßigen Arbeitsstätte auf verschiedene Arbeitstage, so kann aus Vereinfachungsgründen unterstellt werden, dass die Fahrten an einem Arbeitstag durchgeführt wurden; ansonsten ist H 9.10 (Fahrtkosten - bei einfacher Fahrt) LStH 2009 weiter zu beachten.

Anlage § 009-07/Entfernungspauschalen ab 2007 (Zu LStR 9.5, LStH 9.5)

Beispiel 1:
Ein Arbeitnehmer fährt mit der U-Bahn zur regelmäßigen Arbeitsstätte. Einschließlich der Fußwege beträgt die zurückgelegte Entfernung 15 km. Die kürzeste Straßenverbindung beträgt 10 km.
Für die Ermittlung der Entfernungspauschale ist eine Entfernung von 10 km anzusetzen.

Beispiel 2:
Ein Arbeitnehmer wohnt an einem Fluss und hat seine regelmäßige Arbeitsstätte auf der anderen Flussseite. Die Entfernung zwischen Wohnung und regelmäßiger Arbeitsstätte beträgt über die nächstgelegene Brücke 60 km und bei Benutzung einer Autofähre 20 km. Die Fährstrecke beträgt 0,6 km, die Fährkosten betragen 650 Euro jährlich.

Für die Entfernungspauschale ist eine Entfernung von 19 km anzusetzen. Daneben können die Fährkosten berücksichtigt werden (siehe auch Tz. 1.6 Beispiel 4).

1.5 Fahrgemeinschaften

Unabhängig von der Art der Fahrgemeinschaft ist bei jedem Teilnehmer der Fahrgemeinschaft die Entfernungspauschale entsprechend der für ihn maßgebenden Entfernungsstrecke anzusetzen. Umwegstrecken, insbesondere zum Abholen von Mitfahrern, sind jedoch nicht in die Entfernungsermittlung einzubeziehen.

Der Höchstbetrag für die Entfernungspauschale von 4 500 Euro greift auch bei einer wechselseitigen Fahrgemeinschaft, und zwar für die Mitfahrer der Fahrgemeinschaft an den Arbeitstagen, an denen sie ihren Kraftwagen nicht einsetzen.

Bei wechselseitigen Fahrgemeinschaften kann zunächst der Höchstbetrag von 4 500 Euro durch die Wege an den Arbeitstagen ausgeschöpft werden, an denen der Arbeitnehmer mitgenommen wurde. Deshalb ist zunächst die (auf 4 500 Euro begrenzte) anzusetzende Entfernungspauschale für die Tage zu berechnen, an denen der Arbeitnehmer mitgenommen wurde. Anschließend ist die anzusetzende (unbegrenzte) Entfernungspauschale für die Tage zu ermitteln, an denen der Arbeitnehmer seinen eigenen Kraftwagen benutzt hat. Beide Beträge zusammen ergeben die insgesamt anzusetzende Entfernungspauschale.

Beispiel:

Bei einer aus drei Arbeitnehmern bestehenden wechselseitigen Fahrgemeinschaft beträgt die Entfernung zwischen Wohnung und regelmäßiger Arbeitsstätte für jeden Arbeitnehmer 100 km. Bei tatsächlichen 210 Arbeitstagen benutzt jeder Arbeitnehmer seinen eigenen Kraftwagen an 70 Tagen für die Fahrten zwischen Wohnung und regelmäßiger Arbeitsstätte.

Die Entfernungspauschale ist für jeden Teilnehmer der Fahrgemeinschaft wie folgt zu ermitteln:
Zunächst ist die Entfernungspauschale für die Fahrten und Tage zu ermitteln, an denen der Arbeitnehmer mitgenommen wurde:

140 Arbeitstage x 100 km x 0,30 Euro = 4 200 Euro
(Höchstbetrag von 4 500 Euro ist nicht überschritten).

Anschließend ist die Entfernungspauschale für die Fahrten und Tage zu ermitteln, an denen der Arbeitnehmer seinen eigenen Kraftwagen benutzt hat:

70 Arbeitstage x 100 km x 0,30 Euro = 2 100 Euro
abziehbar (unbegrenzt)
anzusetzende Entfernungspauschale = 6 300 Euro

Setzt bei einer Fahrgemeinschaft nur ein Teilnehmer seinen Kraftwagen ein, kann er die Entfernungspauschale ohne Begrenzung auf den Höchstbetrag von 4 500 Euro für seine Entfernung zwischen Wohnung und regelmäßiger Arbeitsstätte geltend machen; eine Umwegstrecke zum Abholen der Mitfahrer ist nicht in die Entfernungsermittlung einzubeziehen. Bei den Mitfahrern wird gleichfalls die Entfernungspauschale angesetzt, allerdings bei ihnen begrenzt auf den Höchstbetrag von 4 500 Euro.

1.6 Benutzung verschiedener Verkehrsmittel

Arbeitnehmer legen die Wege zwischen Wohnung und regelmäßiger Arbeitsstätte oftmals auf unterschiedliche Weise zurück, d. h. für eine Teilstrecke werden der Kraftwagen und für die weitere Teilstrecke öffentliche Verkehrsmittel benutzt (Park & Ride) oder es werden für einen Teil des Jahres der eigene Kraftwagen und für den anderen Teil öffentliche Verkehrsmittel benutzt. In derartigen Mischfällen ist zunächst die maßgebende Entfernung für die kürzeste Straßenverbindung zu ermitteln (Tz. 1.4).

(Zu LStR 9.5, LStH 9.5) **Anlage § 009-07/Entfernungspauschalen ab 2007**

Auf der Grundlage dieser Entfernung ist sodann die anzusetzende Entfernungspauschale für die Fahrten zwischen Wohnung und regelmäßiger Arbeitsstätte zu berechnen.

Die Teilstrecke, die mit dem eigenen Kraftwagen zurückgelegt wird, ist in voller Höhe anzusetzen; für diese Teilstrecke kann Tz. 1.4 zur verkehrsgünstigeren Strecke angewandt werden. Der verbleibende Teil der maßgebenden Entfernung ist die Teilstrecke, die auf öffentliche Verkehrsmittel entfällt.

Die anzusetzende Entfernungspauschale ist sodann für die Teilstrecke und Arbeitstage zu ermitteln, an denen der Arbeitnehmer seinen eigenen oder ihm zur Nutzung überlassenen Kraftwagen eingesetzt hat. Anschließend ist die anzusetzende Entfernungspauschale für die Teilstrecke und Arbeitstage zu ermitteln, an denen der Arbeitnehmer öffentliche Verkehrsmittel benutzt. Beide Beträge ergeben die insgesamt anzusetzende Entfernungspauschale, so dass auch in Mischfällen ein höherer Betrag als 4 500 Euro angesetzt werden kann.

Beispiel 1:

Ein Arbeitnehmer fährt an 220 Arbeitstagen im Jahr mit dem eigenen Kraftwagen 30 km zur nächsten Bahnstation und von dort 100 km mit der Bahn zur regelmäßigen Arbeitsstätte. Die kürzeste maßgebende Entfernung (Straßenverbindung) beträgt 100 km. Die Aufwendungen für die Bahnfahrten betragen (monatlich 180 Euro x 12 =) 2 160 Euro im Jahr.

Von der maßgebenden Entfernung von 100 km entfällt eine Teilstrecke von 30 km auf Fahrten mit dem eigenen Kraftwagen, so dass sich hierfür eine Entfernungspauschale von 220 Arbeitstagen x 30 km x 0,30 Euro = 1 980 Euro ergibt. Für die verbleibende Teilstrecke mit der Bahn von (100 km – 30 km =) 70 km errechnet sich eine Entfernungspauschale von 220 Arbeitstagen x 70 km x 0,30 Euro = 4 620 Euro. Hierfür ist der Höchstbetrag von 4 500 Euro anzusetzen, so dass sich eine insgesamt anzusetzende Entfernungspauschale von 6 480 Euro ergibt. Die tatsächlichen Aufwendungen für die Bahnfahrten in Höhe von 2 160 Euro bleiben unberücksichtigt, weil sie unterhalb der insoweit anzusetzenden Entfernungspauschale liegen.

Beispiel 2:

Ein Arbeitnehmer fährt an 220 Arbeitstagen im Jahr mit dem eigenen Kraftwagen 25 km zu einer verkehrsgünstig gelegenen Straßenbahnstation und von dort noch 5 km mit der Straßenbahn zur regelmäßigen Arbeitsstätte. Die kürzeste maßgebende Entfernung (Straßenverbindung) beträgt 29 km. Die Monatskarte für die Straßenbahn kostet 44 Euro (x 12 = 528 Euro).

Für die Teilstrecke mit dem eigenen Kraftwagen von 25 km ergibt sich eine Entfernungspauschale von 220 Arbeitstagen x 25 km x 0,30 Euro = 1 650 Euro. Für die verbleibende Teilstrecke mit der Bahn von (29 km - 25 km =) 4 km errechnet sich eine Entfernungspauschale von 220 Arbeitstagen x 4 km x 0,30 Euro = 264 Euro. Insoweit sind die tatsächlichen Aufwendungen von 528 Euro jährlich anzusetzen, so dass sich eine insgesamt anzusetzende Entfernungspauschale von 2 178 Euro ergibt.

Beispiel 3:

Ein Arbeitnehmer fährt im Kalenderjahr die ersten drei Monate mit dem eigenen Kraftwagen und die letzten neun Monate mit öffentlichen Verkehrsmitteln zur 120 km entfernten regelmäßigen Arbeitsstätte. Die entsprechende Monatskarte kostet 190 Euro.

Die Entfernungspauschale beträgt bei 220 Arbeitstagen: 220 x 120 km x 0,30 Euro = 7 920 Euro. Da jedoch für einen Zeitraum von neun Monaten öffentliche Verkehrsmittel benutzt worden sind, ist hier die Begrenzung auf den Höchstbetrag von 4 500 Euro zu beachten. Die anzusetzende Entfernungspauschale ist deshalb wie folgt zu ermitteln:

165 Arbeitstage x 120 km x 0,30 Euro	= 5 960 Euro
Begrenzt auf den Höchstbetrag von	4 500 Euro
(Die tatsächlichen Kosten für die Benutzung der öffentlichen Verkehrsmittel sind nicht höher.)	
zuzüglich	
55 Arbeitstage x 120 km x 0,30 Euro	= 1 980 Euro
anzusetzende Entfernungspauschale	
insgesamt	= 6 480 Euro

Beispiel 4:

Ein Arbeitnehmer wohnt in Konstanz und hat seine regelmäßige Arbeitsstätte auf der anderen Seite des Bodensees. Für die Fahrt zur regelmäßigen Arbeitsstätte benutzt er seinen Kraftwagen und die Fähre von Konstanz nach Meersburg. Die Fahrtstrecke einschließlich der Fährstrecke von 4,2 km

Anlage § 009-07/Entfernungspauschalen ab 2007 (Zu LStR 9.5, LStH 9.5)

beträgt insgesamt 15 km. Die Monatskarte für die Fähre kostet 122,50 Euro. Bei 220 Arbeitstagen im Jahr ergibt sich eine

Entfernungspauschale von: 220 Arbeitstage x 10 km x 0,30 Euro =	660 Euro
zuzüglich Fährkosten (12 x 122,50 Euro) =	1 470 Euro
Insgesamt zu berücksichtigen	2 130 Euro

1.7 Mehrere Wege an einem Arbeitstag
Die Entfernungspauschale kann für die Wege zu derselben regelmäßigen Arbeitsstätte für jeden Arbeitstag nur einmal angesetzt werden.

1.8 Mehrere Dienstverhältnisse
Bei Arbeitnehmern, die in mehreren Dienstverhältnissen stehen und denen Aufwendungen für die Wege zu mehreren auseinanderliegenden regelmäßigen Arbeitsstätten entstehen, ist die Entfernungspauschale für jeden Weg zur regelmäßigen Arbeitsstätte anzusetzen, wenn der Arbeitnehmer am Tag zwischenzeitlich in die Wohnung zurückkehrt. Die Einschränkung, dass täglich nur eine Fahrt zu berücksichtigen ist, gilt nur für eine, nicht aber für mehrere regelmäßige Arbeitsstätten. Werden täglich mehrere regelmäßige Arbeitsstätten ohne Rückkehr zur Wohnung nacheinander angefahren, so ist für die Entfernungsermittlung der Weg zur ersten regelmäßigen Arbeitsstätte als Umwegstrecke zur nächsten regelmäßigen Arbeitsstätte zu berücksichtigen; die für die Ermittlung der Entfernungspauschale anzusetzende Entfernung darf höchstens die Hälfte der Gesamtstrecke betragen.

Beispiel:
Ein Arbeitnehmer fährt vormittags von seiner Wohnung A zur regelmäßigen Arbeitsstätte B, nachmittags weiter zur regelmäßigen Arbeitsstätte C und abends zur Wohnung in A zurück. Die Entfernungen betragen zwischen A und B 30 km, zwischen B und C 40 km und zwischen C und A 50 km.

Die Gesamtentfernung beträgt 30 + 40 + 50 km = 120 km, die Entfernung zwischen der Wohnung und den beiden regelmäßigen Arbeitsstätten 30 + 50 km = 80 km. Da dies mehr als die Hälfte der Gesamtentfernung ist, sind (120 km : 2) = 60 km für die Ermittlung der Entfernungspauschale anzusetzen.

1.9 Anrechnung von Arbeitgeberleistungen auf die Entfernungspauschale
Jeder Arbeitnehmer erhält die Entfernungspauschale unabhängig von der Höhe seiner Aufwendungen für die Wege zwischen Wohnung und regelmäßiger Arbeitsstätte. Nach § 9 Absatz 1 Satz 3 Nummer 4 EStG gilt dies auch dann, wenn der Arbeitgeber dem Arbeitnehmer ein Kraftfahrzeug für die Wege zwischen Wohnung und regelmäßiger Arbeitsstätte überlässt und diese Arbeitgeberleistung nach § 8 Absatz 3 EStG (Rabattfreibetrag) steuerfrei ist, z. B. wenn ein Mietwagenunternehmen dem Arbeitnehmer einen Mietwagen für die Fahrten zwischen Wohnung und regelmäßiger Arbeitsstätte überlässt.

Die folgenden steuerfreien bzw. pauschal versteuerten Arbeitgeberleistungen sind jedoch auf die anzusetzende und ggf. auf 4 500 Euro begrenzte Entfernungspauschale anzurechnen:
– nach § 8 Absatz 2 Satz 9 EStG (44-Euro-Grenze) steuerfreie Sachbezüge für die Wege zwischen Wohnung und regelmäßiger Arbeitsstätte,
– nach § 8 Absatz 3 EStG steuerfreie Sachbezüge für Fahrten zwischen Wohnung und regelmäßiger Arbeitsstätte bis höchstens 1 080 Euro (Rabattfreibetrag),
– der nach § 40 Absatz 2 Satz 2 EStG pauschal besteuerte Arbeitgeberersatz bis zur Höhe der abziehbaren Entfernungspauschale (siehe Tz. 5).

Die vorgenannten steuerfreien oder pauschal besteuerten Arbeitgeberleistungen sind vom Arbeitgeber zu bescheinigen (§ 41b Absatz 1 Satz 2 Nummer 6 und 7 EStG).

2. Entfernungspauschale für Familienheimfahrten bei doppelter Haushaltsführung (§ 9 Absatz 1 Satz 3 Nummer 5 EStG)
Auf die Entfernungspauschale für Familienheimfahrten bei doppelter Haushaltsführung sind die Tzn. 1.1 und 1.4 entsprechend anzuwenden. Die Begrenzung auf den Höchstbetrag von 4 500 Euro gilt bei Familienheimfahrten nicht. Für Flugstrecken und bei entgeltlicher Sammelbeförderung durch den Arbeitgeber sind die tatsächlichen Aufwendungen des Arbeitnehmers anzusetzen. Arbeitgeberleistungen für

Familienheimfahrten, die nach § 3 Nummer 13 oder 16 EStG steuerfrei sind, sind nach § 3c Absatz 1 EStG auf die für die Familienheimfahrten anzusetzende Entfernungspauschale anzurechnen.

3. Behinderte Menschen

Nach § 9 Absatz 2 Satz 3 EStG können behinderte Menschen für die Wege zwischen Wohnung und regelmäßiger Arbeitsstätte an Stelle der Entfernungspauschale die tatsächlichen Aufwendungen ansetzen. Bei Benutzung eines privaten Fahrzeugs können die Fahrtkosten ohne Einzelnachweis mit den pauschalen Kilometersätzen gemäß BMF-Schreiben vom 20. August 2001, BStBl. I Seite 541, vgl. H 9.5 (Pauschale Kilometersätze) LStH 2009 angesetzt werden. Bei Benutzung eines eigenen oder zur Nutzung überlassenen Kraftwagens kann danach ohne Einzelnachweis der Kilometersatz von 0,30 Euro je gefahrenen Kilometer angesetzt werden. Unfallkosten, die auf einer Fahrt zwischen Wohnung und regelmäßiger Arbeitsstätte entstanden sind, können neben dem pauschalen Kilometersatz berücksichtigt werden. Werden die Wege zwischen Wohnung und regelmäßiger Arbeitsstätte mit verschiedenen Verkehrsmitteln zurückgelegt, kann das Wahlrecht - Entfernungspauschale oder tatsächliche Kosten - für beide zurückgelegten Teilstrecken - nur einheitlich ausgeübt werden (BFH vom 5. Mai 2009, BStBl. II S. 729).

Beispiel:

Ein behinderter Arbeitnehmer (Grad der Behinderung von 90) fährt an 195 Arbeitstagen im Jahr mit dem eigenen Kraftwagen 17 km zu einem behindertengerechten Bahnhof und von dort 82 km mit der Bahn zur regelmäßigen Arbeitsstätte. Die tatsächlichen Bahnkosten betragen 1 682 Euro im Jahr.

a) Ermittlung der Entfernungspauschale

Für die Teilstrecke mit dem eigenen Kraftwagen errechnet sich eine Entfernungspauschale von 195 Arbeitstagen x 17 km x 0,30 Euro = 995 Euro zuzüglich 195 Arbeitstagen x 82 km x 0,30 Euro = 4 797 Euro, jedoch höchstens 4 500 Euro, so dass sich eine insgesamt anzusetzende Entfernungspauschale von 5 495 Euro ergibt.

b) Ermittlung der tatsächlichen Kosten

Für die Teilstrecke mit dem eigenen Kraftwagen sind 195 Arbeitstage x 17 km x 2 x 0,30 Euro = 1 989 Euro anzusetzen (= tatsächliche Aufwendungen mit pauschalem Kilometersatz); für die verbleibende Teilstrecke mit der Bahn 1 682 Euro, insgesamt also 3 671 Euro.

Da die Entfernungspauschale mit 5 495 Euro höher ist, ist diese anzusetzen.

Eine Kombination von tatsächlichen Aufwendungen für die Teilstrecke mit dem Kraftwagen (1 989 Euro) und der Entfernungspauschale für die Strecke mit der Bahn (4 500 Euro), so dass insgesamt 6 489 Euro angesetzt werden könnten, ist mit § 9 Absatz 2 Satz 3 EStG nicht vereinbar.

4. Abgeltungswirkung der Entfernungspauschalen

Nach § 9 Absatz 2 Satz 1 EStG sind durch die Entfernungspauschale sämtliche Aufwendungen abgegolten, die durch die Wege zwischen Wohnung und regelmäßiger Arbeitsstätte und Familienheimfahrten entstehen. Dies gilt z. B. auch für Parkgebühren für das Abstellen des Kraftfahrzeugs während der Arbeitszeit, für Finanzierungskosten, Beiträge für Kraftfahrerverbände, Versicherungsbeiträge für Insassenunfallschutz, Aufwendungen infolge Diebstahls sowie für die Kosten eines Austauschmotors anlässlich eines Motorschadens auf einer Fahrt zwischen Wohnung und regelmäßiger Arbeitsstätte oder einer Familienheimfahrt. Unfallkosten, die auf einer Fahrt zwischen Wohnung und regelmäßiger Arbeitsstätte oder auf einer zu berücksichtigenden Familienheimfahrt entstehen, sind als außergewöhnliche Aufwendungen im Rahmen der allgemeinen Werbungskosten nach § 9 Absatz 1 Satz 1 EStG weiterhin neben der Entfernungspauschale zu berücksichtigen (siehe Bundestags-Drucksache 16/12099, Seite 6). Hinweis 9.10 (Unfallschäden) LStH 2009 ist deshalb nicht mehr zu beachten.

5. Pauschalbesteuerung nach § 40 Absatz 2 Satz 2 EStG

5.1 Höhe der Pauschalbesteuerung

Der Arbeitgeber kann die Lohnsteuer für zusätzlich zum ohnehin geschuldeten Arbeitslohn gezahlte Zuschüsse zu den Aufwendungen des Arbeitnehmers für Fahrten zwischen Wohnung und regelmäßiger Arbeitsstätte pauschal mit 15 % erheben, soweit diese Zuschüsse den Betrag nicht übersteigen, den der Arbeitnehmer nach § 9 Absatz 1 Satz 3 Nummer 4 EStG als Werbungskosten geltend machen kann. Ausschlaggebend für die Höhe der Zuschüsse ist demnach der Betrag, den der Arbeitnehmer für die Fahrten zwischen Wohnung und regelmäßiger Arbeitsstätte als Werbungskosten geltend machen kann.

Bei Benutzung eines eigenen oder zur Nutzung überlassenen Kraftwagens ist die Höhe der pauschalierungsfähigen Zuschüsse des Arbeitgebers auf die Höhe der nach § 9 Absatz 1 Satz 3 Nummer 4 EStG als Werbungskosten abziehbaren Entfernungspauschale beschränkt. Ein höherer Zuschuss als 4 500 Euro ist

Anlage § 009-07/Entfernungspauschalen ab 2007 (Zu LStR 9.5, LStH 9.5)

pauschalierbar, soweit die anzusetzende Entfernungspauschale für die Fahrten zwischen Wohnung und regelmäßiger Arbeitsstätte diesen Betrag übersteigt. Aus Vereinfachungsgründen kann davon ausgegangen werden, dass monatlich an 15 Arbeitstagen Fahrten zwischen Wohnung und regelmäßiger Arbeitsstätte erfolgen.

Bei Benutzung anderer Verkehrsmittel als des eigenen oder zur Nutzung überlassenen Kraftwagens richtet sich die Höhe der pauschalierungsfähigen Zuschüsse nach den tatsächlichen Aufwendungen, maximal bis zu 4 500 Euro. Bei Nutzung eines Motorrads, Motorrollers, Mopeds, Mofas oder Fahrrads können die pauschalen Kilometersätze angesetzt werden, die nach R 9.5 Absatz 1 Satz 5 LStR mit dem BMF-Schreiben vom 20. August 2001 (BStBl. I S. 541) bekannt gemacht worden sind. Die pauschalierungsfähigen Zuschüsse des Arbeitgebers sind auf die Höhe der nach § 9 Absatz 1 Satz 3 Nummer 4 EStG als Werbungskosten abziehbaren Entfernungspauschale beschränkt. Aus Vereinfachungsgründen kann davon ausgegangen werden, dass monatlich an 15 Arbeitstagen Fahrten zwischen Wohnung und regelmäßiger Arbeitsstätte erfolgen.

Eine Pauschalierung in Höhe der tatsächlichen Aufwendungen des Arbeitnehmers für die Fahrten zwischen Wohnung und regelmäßiger Arbeitsstätte ist ferner bei Benutzung öffentlicher Verkehrsmittel oder Fähren, bei entgeltlicher Sammelbeförderung, für Flugstrecken sowie bei behinderten Menschen zulässig.

5.2 Pauschalbesteuerung und Rückwirkung der Gesetzesänderung

Der Arbeitgeber kann für alle nach dem 31. Dezember 2006 beginnenden Lohnzahlungszeiträume die Fahrtkostenzuschüsse auch dann in der genannten Höhe (Tz. 5.1) pauschal besteuern, wenn die Lohnsteuerbescheinigung (§ 41b EStG) für das Jahr 2007 und 2008 (ggf. auch 2009) bereits übermittelt oder erteilt worden ist.

Macht der Arbeitgeber von der Pauschalierungsmöglichkeit Gebrauch, so ist die bereits übermittelte oder erteilte Lohnsteuerbescheinigung nicht zu ändern (§ 41c Absatz 3 Satz 1 EStG).

Zum Zweck einer möglichen Änderung der Einkommensteuerveranlagung des Arbeitnehmers hat der Arbeitgeber dem Arbeitnehmer nach durchgeführter Pauschalierung zu bescheinigen, dass er einen bisher im Kalenderjahr 2007 oder 2008 (ggf. 2009 gesondert) in Höhe von ... Euro individuell besteuerten und bescheinigten Arbeitslohn nunmehr (in dieser Höhe) nach § 40 Absatz 2 Satz 2 EStG pauschal besteuert hat. Zur Aufzeichnung pauschal besteuerter Bezüge im Lohnkonto siehe § 4 Absatz 2 Nummer 8 LStDV; es ist nicht zu beanstanden, wenn für 2007 und 2008 (ggf. 2009) die Möglichkeit zur Nachprüfung in anderer Weise sichergestellt wird.

Der Arbeitnehmer kann mit der Bescheinigung des Arbeitgebers über die rückwirkend durchgeführte Pauschalbesteuerung im Rahmen der Einkommensteuerveranlagung 2007 und 2008 eine entsprechende Korrektur des Arbeitslohns geltend machen (§ 175 Absatz 1 Satz 1 Nummer 2 AO). Die (rückwirkend) nach § 40 Absatz 2 Satz 2 EStG pauschal besteuerten Fahrtkostenzuschüsse und geldwerten Vorteile bleiben bei der Veranlagung zur Einkommensteuer außer Ansatz (§ 40 Absatz 3 Satz 3 EStG); sie mindern aber die Entfernungspauschale (§ 40 Absatz 2 Satz 3 EStG). Bei der Korrektur des Arbeitslohns ist daher eine ggf. zwischenzeitlich erfolgte Anerkennung als Werbungskosten rückgängig zu machen.

Die infolge der (rückwirkenden) Pauschalierung erstatteten Sozialversicherungsbeiträge (Arbeitgeber- und Arbeitnehmeranteil) sind grundsätzlich in der Lohnsteuerbescheinigung des Jahres der Erstattung der Beiträge zu berücksichtigen. Ist die Lohnsteuerbescheinigung für 2009 noch änderbar, kann die Erstattung in dieser Lohnsteuerbescheinigung berücksichtigt werden.

6. Anwendungsregelung

Das Einführungsschreiben zu den Entfernungspauschalen ab 2007 vom 1. Dezember 2006 (BStBl. I S. 778) und das BMF-Schreiben zur rückwirkenden Pauschalbesteuerung von Fahrtkostenzuschüssen und geldwerten Vorteilen aus Sachleistungen durch den Arbeitgeber vom 30. Dezember 2008 (BStBl. 2009 I S. 28) werden aufgehoben.

Das BMF-Schreiben vom 23. April 2009 (BStBl. I S. 539) zu den verfahrensrechtlichen Folgerungen ist weiter anzuwenden.

Dieses Schreiben ist mit Wirkung ab 1. Januar 2007 anzuwenden.

Es steht ab sofort für eine Übergangsfrist auf den Internetseiten des Bundesministeriums der Finanzen unter der Rubrik Wirtschaft und Verwaltung – Steuern – Veröffentlichungen zu Steuerarten – Lohnsteuer zur Ansicht und zum Abruf bereit.

(Zu LStH 9.2 „Fremdsprachenunterricht") **Anlage § 009-08/Auslandssprachkurse**

Einkommensteuerliche Behandlung von Aufwendungen für Auslandssprachkurse als Werbungskosten oder Betriebsausgaben nach § 9 Abs. 1 Satz 1, § 4 Abs. 4 EStG und § 12 Nr. 1 EStG; Rechtsfolgen aus dem Urteil des BFH vom 13. Juni 2002 – VI R 168/00 – (BStBl. II 2003 S. 765)

BMF-Schreiben vom 26. September 2003 IV A 5 – S 2227 – 1/03 (BStBl. I S. 447)

In dem o.a. Urteil hat der BFH zwar grundsätzlich an dem im Urteil vom 31. Juli 1980 (BStBl. II S. 746) aufgestellten Merkmalen zur Abgrenzung von beruflicher und privater Veranlassung eines Auslandssprachkurses festgehalten. Der BFH hat ihre Geltung aber eingeschränkt, soweit sie in Widerspruch zu Artikel 59 des Vertrages zur Gründung der Europäischen Gemeinschaft (nach Änderung Art. 49 EGV) stehen, der die Dienstleistungsfreiheit in den Mitgliedstaaten garantiert. Die bislang bei einer Gesamtwürdigung von privater und beruflicher Veranlassung einer Fortbildungsveranstaltung zugrunde gelegte Vermutung, es spreche für eine überwiegend private Veranlassung, wenn die Veranstaltung im Ausland stattfinde, und die u. a. daraus gezogene Folgerung der steuerlichen Nichtanerkennung der entsprechenden Aufwendungen, kann danach für Mitgliedstaaten der Europäischen Union nicht mehr aufrechterhalten werden.

Unter Bezugnahme auf das Ergebnis der Erörterung mit den obersten Finanzbehörden der Länder sind die Grundsätze des BFH-Urteils wie folgt anzuwenden:

Die Grundsätze dieser Entscheidung gelten nicht nur für alle Mitgliedstaaten der Europäischen Union, sondern auch für Staaten, auf die das Abkommen über den europäischen Wirtschaftsraum (Island, Liechtenstein, Norwegen) Anwendung findet, und wegen eines bilateralen Abkommens, das die Dienstleistungsfreiheit ebenfalls festschreibt, auch für die Schweiz. Sie sind im Übrigen nicht nur auf Sprachkurse, sondern auf Fortbildungsveranstaltungen allgemein anzuwenden.

Die Grundsätze der Entscheidung sind außerdem bei der Frage, ob im Falle einer Kostenübernahme durch den Arbeitgeber für solche Fortbildungsveranstaltungen Arbeitslohn vorliegt oder ein überwiegend eigenbetriebliches Interesse des Arbeitgebers für die Zahlung angenommen werden kann (R 74 LStR)[1], zu berücksichtigen.

---

1) Jetzt R 19.7 LStR 2008.

Anlage § 009-09/doppelte Haushaltsführung, Wegverlegung (Zu LStH 9.11)

Steuerliche Behandlung einer doppelten Haushaltsführung nach Wegverlegung des Lebensmittelpunktes vom Beschäftigungsort; Anwendung der BFH-Urteile vom 5. März 2009 – VI R 23/07 und VI R 58/06 – (BStBl. II S. 1016 und 1012)

BMF-Schreiben vom 10. Dezember 2009 IV C 5 – S 2352/0, 2009/0813056 (BStBl. I S. 1599)

Der BFH hat mit seinen Urteilen vom 5. März 2009 - VI R 23/07 und VI R 58/06 – (BStBl. II S. 1016 und 1012) seine ständige Rechtsprechung zur doppelten Haushaltsführung in sog. Wegverlegungsfällen geändert. Die anders lautenden Hinweise in H 9.11 (1-4) [Berufliche Veranlassung] sowie [Private Veranlassung] LStH 2009 sind insoweit nicht mehr zu beachten. H 9.11 (1-4) LStH 2010 ist im Hinblick auf die Veröffentlichung der BFH-Urteile vom 5. März 2009 und dieses Schreiben bereits geändert. Des Weiteren gilt im Einvernehmen mit den obersten Finanzbehörden der Länder Folgendes:

1. Begründung einer beruflich veranlassten doppelten Haushaltsführung

Eine aus beruflichem Anlass begründete doppelte Haushaltsführung liegt auch dann vor, wenn ein Steuerpflichtiger seinen Haupthausstand aus privaten Gründen vom Beschäftigungsort wegverlegt und er darauf in einer Wohnung am Beschäftigungsort einen Zweithaushalt begründet, um von dort seiner bisherigen Beschäftigung weiter nachgehen zu können.

In den Fällen, in denen bereits zum Zeitpunkt der Wegverlegung des Lebensmittelpunktes vom Beschäftigungsort ein Rückumzug an den Beschäftigungsort geplant ist oder feststeht, handelt es sich hingegen nicht um eine doppelte Haushaltsführung im Sinne von § 9 Absatz 1 Satz 3 Nummer 5 EStG.

Demzufolge liegt insbesondere in Fällen, in denen eine Familie über die Sommermonate oder während der Ferien ihren bisherigen Lebensmittelpunkt z. B. in ein Ferienhaus oder Ähnliches verlegt und die Wohnung am Beschäftigungsort nur noch tageweise von einem der beruflich und/oder betrieblich tätigen Ehegatten genutzt wird, keine aus beruflichem Anlass begründete doppelte Haushaltsführung vor. Der Zeitraum zwischen Hin- und Rückumzug ist hierbei unerheblich. In diesen Fällen kann nur für die tatsächlich durchgeführten Fahrten zwischen Wohnung und regelmäßiger Arbeitsstätte – ausgehend von der jeweils tatsächlich genutzten Wohnung – lediglich die Entfernungspauschale geltend gemacht werden.

2. Angemessenheit der Unterkunftskosten für die Zweitwohnung am Beschäftigungsort

Bei der Frage, ob und in welcher Höhe notwendige Mehraufwendungen für die Zweitwohnung entstanden sind, ist auch im Fall der Wegverlegung des Lebensmittelpunktes vom Beschäftigungsort zu beachten, dass Unterkunftskosten am Beschäftigungsort nur insoweit notwendig im Sinne von § 9 Absatz 1 Satz 3 Nummer 5 Satz 1 EStG sind, als sie den durchschnittlichen Mietzins einer 60-qm-Wohnung am Beschäftigungsort nicht überschreiten (vgl. dazu BFH-Urteile vom 9. August 2007, BStBl. II S. 820 und vom 9. August 2007, BStBl. 2009 II S. 722, H 9.11 [5-10] [Angemessenheit der Unterkunftskosten] LStH 2010). Diese Flächenbegrenzung kann auch nicht mit der Begründung überschritten werden, dass etwa ein Mangel an kleineren Wohnungen herrsche, die Wohnungswahl eilbedürftig sei oder dass zu der Wohnung ein Zimmer gehöre, das teilweise auch büromäßig genutzt werde. Erfüllt das Zimmer die Voraussetzungen eines steuerrechtlich anzuerkennenden Arbeitszimmers, sind die dadurch entstehenden Aufwendungen gesondert zu beurteilen und nach den für ein häusliches Arbeitszimmer geltenden gesetzlichen Regelungen abziehbar.

3. Kosten für den Umzug in die Wohnung außerhalb des Beschäftigungsortes

Umzugskosten, die infolge der Wegverlegung des Lebensmittelpunktes vom Beschäftigungsort für den Umzug in die Wohnung außerhalb des Beschäftigungsortes entstehen, sind keine Werbungskosten, sondern Kosten der privaten Lebensführung und unterliegen demzufolge dem Abzugsverbot des § 12 Nummer 1 EStG.

4. Kosten für den Umzug in eine andere Unterkunft am Beschäftigungsort und für die endgültige Aufgabe der Zweitwohnung am Beschäftigungsort

Umzugskosten, die nach Wegverlegung des Lebensmittelpunktes vom Beschäftigungsort für den Umzug in eine andere, ausschließlich aus beruflichen Gründen genutzte Unterkunft am Beschäftigungsort entstehen, sind als Werbungskosten abzugsfähig. R 9.11 Absatz 9 LStR 2008 ist zu beachten.

Umzugskosten, die nach Wegverlegung des Lebensmittelpunktes vom Beschäftigungsort durch die endgültige Aufgabe der Zweitwohnung am Beschäftigungsort entstehen, sind nur dann entsprechend R 9.11 Absatz 9 LStR 2008 als Werbungskosten abziehbar, wenn die Auflösung ausschließlich beruflich veranlasst ist, wie z. B. im Falle eines Arbeitsplatzwechsels. In allen anderen Fällen der Auflösung, wie

(Zu LStH 9.11) **Anlage § 009-09/doppelte Haushaltsführung, Wegverlegung**

z. B. infolge des Eintritts in den Ruhestand, handelt es sich um Kosten der privaten Lebensführung, die dem Abzugsverbot des § 12 Nummer 1 EStG unterliegen.

Die Berücksichtigung des Pauschbetrags für sonstige Umzugsauslagen nach § 10 Absatz 1 Bundesumzugskostengesetz bzw. des Pauschbetrags für sonstige Umzugsauslagen im Sinne des § 10 Auslandsumzugskostenverordnung kommt nicht in Betracht (R 9.11 Absatz 9 LStR 2008).

5. Verpflegungsmehraufwendungen

Verlegt der Steuerpflichtige seinen Lebensmittelpunkt aus privaten Gründen vom Beschäftigungsort weg und begründet in seiner bisherigen Wohnung oder einer anderen Unterkunft am Beschäftigungsort einen Zweithaushalt, um von dort seiner bisherigen Beschäftigung weiter nachgehen zu können, sind neben den Fahrtkosten und Unterkunftskosten am Beschäftigungsort auch Verpflegungsmehraufwendungen abziehbar, wenn und soweit der Arbeitnehmer am Beschäftigungsort zuvor nicht bereits drei Monate gewohnt hat; die Dauer eines unmittelbar vor der Begründung der Zweitwohnung am Beschäftigungsort vorausgegangenen Aufenthalts am Ort der Zweitwohnung ist auf die Dreimonatsfrist anzurechnen.

Die Grundsätze dieses Schreibens sind in allen noch offenen Fällen anzuwenden.

Dieses Schreiben steht ab sofort für eine Übergangszeit auf den Internetseiten des Bundesministeriums der Finanzen (http://www.bundesfinanzministerium.de) unter der Rubrik Wirtschaft und Verwaltung – Steuern – Veröffentlichungen zu Steuerarten – Lohnsteuer zur Ansicht und zum Abruf bereit.

Anlage § 009-10/Regelmäßige Arbeitsstätte, Auswärtstätigkeit (Zu LStH 9.4)

Regelmäßige Arbeitsstätte und Auswärtstätigkeit bei einer beruflichen Tätigkeit außerhalb einer betrieblichen Einrichtung des eigenen Arbeitgebers; Anwendung der BFH-Urteile vom 10. Juli 2008 – VI R 21/07 – (BStBl. 2009 II S. 818) und vom 9. Juli 2009 – VI R 21/08 – (BStBl. II S. 822)

BMF-Schreiben vom 21. Dezember 2009 IV C 5 – S 2353/08/10010, 2009/0829172 (BStBl. 2010 I S. 21)

Nach R 9.4 Absatz 3 Satz 1 LStR 2008 ist regelmäßige Arbeitsstätte der ortsgebundene Mittelpunkt der dauerhaft angelegten beruflichen Tätigkeit des Arbeitnehmers, unabhängig davon, ob es sich um eine Einrichtung des Arbeitgebers handelt.

Der BFH hat in seinen Urteilen vom 10. Juli 2008 – VI R 21/07 – und vom 9. Juli 2009 – VI R 21/08 – (BStBl. 2009 II S. 818 und 822) entschieden, dass die betriebliche Einrichtung eines Kunden des Arbeitgebers keine regelmäßige Arbeitsstätte des Arbeitnehmers ist, auch wenn er bei dem Kunden längerfristig eingesetzt wird.

Bei der Anwendung der Regelung in R 9.4 Absatz 3 Satz 1 LStR 2008 für die Abgrenzung, ob eine berufliche Tätigkeit des Arbeitnehmers außerhalb einer betrieblichen Einrichtung des eigenen Arbeitgebers eine Auswärtstätigkeit begründet oder ob sie an einer regelmäßigen Arbeitsstätte erfolgt, ist insbesondere in Fällen der Leiharbeit und des Outsourcing im Einvernehmen mit den obersten Finanzbehörden der Länder daher Folgendes zu beachten:

1. Auswärtstätigkeit

Betriebliche Einrichtungen von Kunden des Arbeitgebers sind keine regelmäßigen Arbeitsstätten seiner Arbeitnehmer, unabhängig von der Dauer der dortigen Tätigkeit.

Beispiel 1:

Ein bei einer Zeitarbeitsfirma (Arbeitgeber) unbefristet beschäftigter Hochbauingenieur wird in regelmäßigem Wechsel verschiedenen Entleihfirmen (Kunden) überlassen und auf deren Baustellen eingesetzt. Er wird befristet für einen Zeitraum von zwei Jahren an eine Baufirma überlassen und von dieser während des gesamten Zeitraums auf ein und derselben Großbaustelle eingesetzt.

Die Großbaustelle wird bereits deshalb nicht zur regelmäßigen Arbeitsstätte, weil die dortige Tätigkeit vorübergehend, d. h. auf eine von vornherein bestimmte Dauer angelegt ist; diese kann im Übrigen auch projektbezogen sein (z. B. Überlassung des Leiharbeitnehmers bis zur Vollendung eines konkreten Bauvorhabens).

Beispiel 2:

Ein unbefristet beschäftigter Arbeitnehmer wird von einer Zeitarbeitsfirma einem Kunden als kaufmännischer Mitarbeiter überlassen. Der Überlassungsvertrag enthält keine zeitliche Befristung („bis auf Weiteres").

Auch in diesem Fall liegt beim Kunden keine regelmäßige Arbeitsstätte in der außerbetrieblichen Einrichtung vor. Die bisher anders lautende Rechtsauffassung ist durch die Urteile des BFH vom 10. Juli 2008 – VI R 21/07 – und vom 9. Juli 2009 – VI R 21/08 – überholt.

2. Regelmäßige Arbeitsstätte in einer außerbetrieblichen Einrichtung

Etwas anderes gilt, wenn ein Arbeitnehmer von einem Arbeitnehmerverleiher (Arbeitgeber) für die gesamte Dauer seines Arbeitsverhältnisses zum Verleiher

– dem Entleiher (zur Tätigkeit in dessen betrieblicher Einrichtung) überlassen oder

– mit dem Ziel der späteren Anstellung beim Entleiher (Kunden) eingestellt wird.

Hier kann nicht von einer Auswärtstätigkeit in Form der Tätigkeit an typischerweise ständig wechselnden Tätigkeitsstätten ausgegangen werden; der Arbeitnehmer muss nicht damit rechnen, im Rahmen dieses Arbeitsverhältnisses an wechselnden Tätigkeitsstätten eingesetzt zu werden. Vielmehr wird er in diesem Fall dauerhaft an einer regelmäßigen (wenn auch außerbetrieblichen) Arbeitsstätte tätig.

Beispiel 3:

Der Arbeitnehmer (technischer Zeichner) ist von der Zeitarbeitsfirma ausschließlich für die Überlassung an die Baufirma eingestellt worden; das Arbeitsverhältnis endet vertragsgemäß nach Abschluss des Bauvorhabens.

In diesem Fall liegt ab dem ersten Tag der Tätigkeit bei der Baufirma eine regelmäßige Arbeitsstätte in einer außerbetrieblichen Einrichtung vor, denn die Tätigkeit dort ist nicht vorübergehend, sondern auf Dauer angelegt. Da der Arbeitnehmer ausschließlich nur für die Überlassung bei der bestimmten

(Zu LStH 9.4) **Anlage § 009-10/Regelmäßige Arbeitsstätte, Auswärtstätigkeit**

Baufirma eingestellt worden ist, wird er nicht anders behandelt wie ein entsprechender Arbeitnehmer, der unmittelbar bei der Baufirma angestellt wäre. Ein steuerfreier Reisekostenersatz/ Werbungskostenabzug ist somit nicht zulässig.

Etwas anderes gilt ausnahmsweise dann, wenn der Arbeitnehmer – bestimmt durch die Art der Tätigkeit beim Entleiher (Kunden) – bereits bei diesem eine Auswärtstätigkeit ausübt.

Beispiel 4:
Sachverhalt wie Beispiel 3, der Arbeitnehmer ist jedoch Bauarbeiter und wird vom Entleiher nur auf der Baustelle eingesetzt.

Der Arbeitnehmer übt – ebenso wie die von der Baufirma fest angestellten Bauarbeiter – eine Auswärtstätigkeit aus, ein steuerfreier Reisekostenersatz/ Werbungskostenabzug ist somit zulässig. Für die Berücksichtigung von Verpflegungsmehraufwendungen ist die Abwesenheit vom Betrieb des Entleihers (nicht von der Zeitarbeitsfirma) und der Wohnung maßgebend.

Eine regelmäßige Arbeitsstätte in einer außerbetrieblichen Einrichtung ist auch anzunehmen, wenn zwar das Dienstverhältnis an einen anderen Arbeitgeber ausgelagert wird, der Arbeitnehmer aber weiterhin an seiner bisherigen regelmäßigen Arbeitsstätte tätig ist (Outsourcing).

Beispiel 5:
Ein Automobilunternehmen lagert einen Teil der in der Montage beschäftigten Arbeitnehmer an eine Leiharbeitsfirma aus, die ihrerseits die Arbeitnehmer wieder an das Automobilunternehmen entleiht. Dort üben sie die gleiche Tätigkeit aus wie zuvor im Automobilunternehmen.

Es liegt ab dem ersten Tag der Tätigkeit eine regelmäßige Arbeitsstätte für die betroffenen Arbeitnehmer vor. Weder die Tätigkeit noch die Tätigkeitsstätte hat hier gewechselt. Ein steuerfreier Reisekostenersatz/Werbungskostenabzug ist somit nicht möglich.

Dieses Schreiben steht ab sofort für eine Übergangszeit auf den Internetseiten des Bundesministeriums der Finanzen (http://www.bundesfinanzministerium.de) unter der Rubrik Wirtschaft und Verwaltung – Steuern – Veröffentlichungen zu Steuerarten – Lohnsteuer zur Ansicht und zum Abruf bereit.

Anlage § 010-01/Altersvorsorgeaufwendungen und Altersbezüge (Zu LStH 19.8)

Gesetz zur Neuordnung der einkommensteuerrechtlichen Behandlung von Altersvorsorgeaufwendungen und Altersbezügen - Alterseinkünftegesetz (AltEinkG) mit Änderungen durch die Jahressteuergesetze 2007 und 2008 (JStG 2007/JStG 2008); Aktualisierung des Schreibens des Bundesministeriums der Finanzen vom 24. Februar 2005, BStBl. I S. 429

BMF-Schreiben vom 30. Januar 2008 $\frac{\text{IV C 8} - \text{S 2222/07/0003}}{\text{IV C 5} - \text{S 2345/08/0001}}$, 2008/0017104 (BStBl. I S. 390)[1)2)]

Zum Sonderausgabenabzug für Beiträge nach § 10 Abs. 1 und zur Besteuerung von Versorgungsbezügen nach § 19 Abs. 2 sowie von Einkünften nach § 22 Nr. 1 Satz 3 Buchstabe a des Einkommensteuergesetzes (EStG) gilt im Einvernehmen mit den obersten Finanzbehörden der Länder Folgendes:

Inhaltsübersicht

		Randziffer
A.	**Abzug von Altersvorsorgeaufwendungen – § 10 EStG –**	1 – 67
I.	Sonderausgabenabzug für Beiträge nach § 10 Abs. 1 Nr. 2 EStG	1 – 49
	1. Begünstigte Beiträge	1 – 26
	a) Beiträge im Sinne des § 10 Abs. 1 Nr. 2 Buchstabe a EStG	1 – 7
	aa) Beiträge zu den gesetzlichen Rentenversicherungen	1 – 4
	bb) Beiträge zu den landwirtschaftlichen Alterskassen	5
	cc) Beiträge zu berufsständischen Versorgungseinrichtungen	6 – 7
	b) Beiträge im Sinne des § 10 Abs. 1 Nr. 2 Buchstabe b EStG	8 – 24
	c) Zusammenhang mit steuerfreien Einnahmen	25
	d) Beitragsempfänger	26
	2. Ermittlung des Abzugsbetrags nach § 10 Abs. 3 EStG	27 – 49
	a) Höchstbetrag	27
	b) Kürzung des Höchstbetrags nach § 10 Abs. 3 Satz 3 EStG	28 – 40
	aa) Kürzung des Höchstbetrags beim Personenkreis des § 10c Abs. 3 Nr. 1 EStG	31 – 33
	bb) Kürzung des Höchstbetrags beim Personenkreis des § 10c Abs. 3 Nr. 2 EStG	34 – 36
	cc) Kürzung des Höchstbetrags bei Steuerpflichtigen mit Einkünften im Sinne des § 22 Nr. 4 EStG	37 – 40
	c) Kürzung des Höchstbetrags bei Ehegatten	41
	d) Übergangsregelung (2005 bis 2024)	42
	e) Kürzung des Abzugsbetrags bei Arbeitnehmern nach § 10 Abs. 3 Satz 5 EStG	43 – 49
II.	Sonderausgabenabzug für Beiträge nach § 10 Abs. 1 Nr. 3 EStG	50 – 57
	1. Begünstigte Beiträge	50 – 53
	2. Ermittlung des Abzugsbetrags nach § 10 Abs. 4 EStG	54 – 57
	a) Höchstbetrag	54 – 56
	b) Abzugsbetrag bei Ehegatten	57
III.	Günstigerprüfung nach § 10 Abs. 4a EStG	58 – 61
IV.	Vorsorgepauschale	62 – 67
B.	**Besteuerung von Versorgungsbezügen – § 19 Abs. 2 EStG –**	68 – 87
I.	Arbeitnehmer-/Werbungskosten-Pauschbetrag/Zuschlag zum Versorgungsfreibetrag	68
II.	Versorgungsfreibetrag/Zuschlag zum Versorgungsfreibetrag	69 – 86
	1. Allgemeines	69
	2. Berechnung des Versorgungsfreibetrags und des Zuschlags zum Versorgungsfreibetrag	70
	3. Festschreibung des Versorgungsfreibetrags und des Zuschlags zum Versorgungsfreibetrag	71

---
1) Änderungen gegenüber dem BMF-Schreiben vom 24.2.2005 (BStBl. I S. 429) sind durch **Fettdruck** hervorgehoben.
2) Unter Berücksichtigung der Änderungen durch BMF-Schreiben vom 18.9.2008 (BStBl. I S. 887) betr. Änderungen durch das Eigenheimrentengesetz (Rz. 18, 108, 182).

(Zu LStH 19.8) **Anlage § 010-01/Altersvorsorgeaufwendungen und Altersbezüge**

	4. Neuberechnung des Versorgungsfreibetrags und des Zuschlags zum Versorgungsfreibetrag	72 – 73
	5. Zeitanteilige Berücksichtigung des Versorgungsfreibetrags und des Zuschlags zum Versorgungsfreibetrag	74
	6. Mehrere Versorgungsbezüge	75 – 77
	7. Hinterbliebenenversorgung	78 – 81
	8. Berechnung des Versorgungsfreibetrags im Falle einer Kapitalauszahlung/Abfindung	82 – 85
	9. Zusammentreffen von Versorgungsbezügen (§ 19 EStG) und Rentenleistungen (§ 22 EStG)	86
III.	Aufzeichnungs- und Bescheinigungspflichten	87
C.	**Besteuerung von Einkünften gemäß § 22 Nr. 1 Satz 3 Buchstabe a EStG**	88 – 159
I.	Allgemeines	88 – 89
II.	Leibrenten und andere Leistungen im Sinne des § 22 Nr. 1 Satz 3 Buchstabe a Doppelbuchstabe aa EStG	90 – 106
	1. Leistungen aus den gesetzlichen Rentenversicherungen, aus den landwirtschaftlichen Alterskassen und aus den berufsständischen Versorgungseinrichtungen	90 – 99
	a) Besonderheiten bei Leibrenten und anderen Leistungen aus den gesetzlichen Rentenversicherungen	91 – 93
	b) Besonderheiten bei Leibrenten und anderen Leistungen aus den landwirtschaftlichen Alterskassen	94 – 95
	c) Besonderheiten bei Leibrenten und anderen Leistungen aus den berufsständischen Versorgungseinrichtungen	96 – 99
	2. Leibrenten und andere Leistungen aus Rentenversicherungen im Sinne des § 10 Abs. 1 Nr. 2 Buchstabe b EStG	100 – 106
III.	Leibrenten und andere Leistungen im Sinne des § 22 Nr. 1 Satz 3 Buchstabe a Doppelbuchstabe bb EStG	107 – 110
IV.	Besonderheiten bei der kapitalgedeckten betrieblichen Altersversorgung	111
V.	Durchführung der Besteuerung	112 – 159
	1. Leibrenten und andere Leistungen im Sinne des § 22 Nr. 1 Satz 3 Buchstabe a Doppelbuchstabe aa EStG	112 – 130
	a) Allgemeines	112
	b) Jahresbetrag der Rente	113
	c) Bestimmung des Prozentsatzes	114 – 124
	aa) Allgemeines	114 – 117
	bb) Erhöhung oder Herabsetzung der Rente	118
	cc) Besonderheiten bei Folgerenten aus derselben Versicherung	119 – 124
	d) Ermittlung des steuerfreien Teils der Rente	125 – 130
	aa) Allgemeines	125
	bb) Bemessungsgrundlage für die Ermittlung des steuerfreien Teils der Rente	126
	cc) Neuberechnung des steuerfreien Teils der Rente	127 – 130
	2. Leibrenten und andere Leistungen im Sinne des § 22 Nr. 1 Satz 3 Buchstabe a Doppelbuchstabe bb EStG	131 – 132
	3. Öffnungsklausel	133 – 159
	a) Allgemeines	133
	b) Antrag	134
	c) 10-Jahres-Grenze	135
	d) Maßgeblicher Höchstbeitrag	136
	e) Ermittlung der geleisteten Beiträge	137 – 141
	f) Nachweis der gezahlten Beiträge	142

Anlage § 010-01/Altersvorsorgeaufwendungen und Altersbezüge (Zu LStH 19.8)

g) Ermittlung des auf Beiträgen oberhalb des Betrags des Höchstbetrags beruhenden Teils der Rente	143 – 145
h) Aufteilung bei Beiträgen an mehr als einen Versorgungsträger	146 – 150
aa) Beiträge an mehr als eine berufsständische Versorgungseinrichtung	147
bb) Beiträge an die gesetzliche Rentenversicherung und an berufsständische Versorgungseinrichtungen	148 – 150
i) Öffnungsklausel bei einmaligen Leistungen	151 – 152
j) Versorgungsausgleich unter Ehegatten oder unter Lebenspartnern	153 – 158
k) Bescheinigung der Leistung nach § 22 Nr. 1 Satz 3 Buchstabe a Doppelbuchstabe bb Satz 2 EStG	159
D. Rentenbezugsmitteilung nach § 22a EStG	160 – 183
I. Allgemeines	160 – 161
II. Mitteilungspflichtige	162
III. Inhalt der Rentenbezugsmitteilung	163 – 180
1. Angaben zur Identifikation des Leistungsempfängers	164
2. Angaben zur Höhe und Bestimmung des Leistungsbezugs	165 – 172
3. Angaben zum Teil der Rente, der ausschließlich auf einer regelmäßigen Anpassung der Rente beruht	173 – 177
4. Angaben zum Zeitpunkt des Beginns und Ende des Leistungsbezugs	178 – 179
5. Angaben zur Identifikation des Mitteilungspflichtigen	180
IV. Mitteilung der Identifikationsnummer (§ 139b AO) an den Mitteilungspflichtigen	181
V. Unterrichtung des Leistungsempfängers	182
VI. Ermittlungspflicht	183
E. Anwendungsregelung	184

A. Abzug von Altersvorsorgeaufwendungen – § 10 EStG –

I. Sonderausgabenabzug für Beiträge nach § 10 Abs. 1 Nr. 2 EStG

1. Begünstigte Beiträge

a) Beiträge im Sinne des § 10 Abs. 1 Nr. 2 Buchstabe a EStG

aa) Beiträge zu den gesetzlichen Rentenversicherungen

1 Als Beiträge zur gesetzlichen Rentenversicherung sind Beiträge an folgende Träger der gesetzlichen Rentenversicherung zu berücksichtigen:
– Deutsche Rentenversicherung Bund
– Deutsche Rentenversicherung Knappschaft-Bahn-See
– Deutsche Rentenversicherung Regionalträger.

2 Die Beiträge können wie folgt erbracht und nachgewiesen werden:

Art der Beitragsleistung	Nachweis durch
Pflichtbeiträge aufgrund einer abhängigen Beschäftigung einschließlich des nach § 3 Nr. 62 EStG steuerfreien Arbeitgeberanteils	Lohnsteuerbescheinigung
Pflichtbeiträge aufgrund einer selbständigen Tätigkeit (mit Ausnahme von selbständigen Künstlern und Publizisten)	Beitragsbescheinigung des Rentenversicherungsträgers
freiwillige Beiträge	Beitragsbescheinigung des Rentenversicherungsträgers
Nachzahlung von freiwilligen Beiträgen	Beitragsbescheinigung des Rentenversicherungsträgers

(Zu LStH 19.8) **Anlage § 010-01/Altersvorsorgeaufwendungen und Altersbezüge**

Art der Beitragsleistung	Nachweis durch
freiwillige Zahlung von Beiträgen zum Ausgleich einer Rentenminderung (bei vorzeitiger Inanspruchnahme einer Altersrente) § 187a **des Sechsten Buches Sozialgesetzbuch – SGB VI –**	Beitragsbescheinigung des Rentenversicherungsträgers
freiwillige Zahlung von Beiträgen zum **Auffüllen von Rentenanwartschaften, die durch einen Versorgungsausgleich gemindert worden sind** § 187 SGB VI	Besondere Beitragsbescheinigung des Rentenversicherungsträgers
Abfindung von Anwartschaften auf betriebliche Altersversorgung § 187b SGB VI	Besondere Beitragsbescheinigung des Rentenversicherungsträgers

Bei selbständigen Künstlern und Publizisten, die nach Maßgabe des Künstlersozialversicherungsgesetzes versicherungspflichtig sind, ist als Beitrag zur gesetzlichen Rentenversicherung der von diesen entrichtete Beitrag an die Künstlersozialkasse zu berücksichtigen. Die Künstlersozialkasse fungiert als Einzugsstelle und nicht als Träger der gesetzlichen Rentenversicherung. Der Beitrag des Versicherungspflichtigen stellt den hälftigen Gesamtbeitrag dar. Der andere Teil wird in der Regel von der Künstlersozialkasse aufgebracht und setzt sich aus der Künstlersozialabgabe und einem Zuschuss des Bundes zusammen. Der von der Künstlersozialkasse gezahlte Beitragsanteil ist bei der Ermittlung der nach § 10 Abs. 1 Nr. 2 EStG zu berücksichtigenden Aufwendungen nicht anzusetzen. 3

Zu den Beiträgen zur gesetzlichen Rentenversicherung gehören auch Beiträge an ausländische gesetzliche Rentenversicherungsträger. Der Beitrag eines inländischen Arbeitgebers, den dieser an eine ausländische Rentenversicherung zahlt, ist dem Arbeitnehmer zuzurechnen, wenn die Abführung auf vertraglicher und nicht auf gesetzlicher Grundlage erfolgte (BFH vom 18. Mai 2004, BStBl. II S. 1014). Die Anwendung des § 3 Nr. 62 EStG kommt in diesen Fällen nicht in Betracht. 4

bb) Beiträge zu den landwirtschaftlichen Alterskassen

In der Alterssicherung der Landwirte können der Landwirt, sein Ehegatte oder in bestimmten Fällen mitarbeitende Familienangehörige versichert sein. Beiträge zu den landwirtschaftlichen Alterskassen können, soweit sie zum Aufbau einer eigenen Altersversorgung führen, von dem zur Zahlung Verpflichteten als Beiträge im Sinne des § 10 Abs. 1 Nr. 2 Buchstabe a EStG geltend gemacht werden. Werden dem Versicherungspflichtigen aufgrund des Gesetzes zur Alterssicherung der Landwirte Beitragszuschüsse gewährt, mindern diese die nach § 10 Abs. 1 Nr. 2 Buchstabe a EStG anzusetzenden Beiträge. 5

cc) Beiträge zu berufsständischen Versorgungseinrichtungen

Bei berufsständischen Versorgungseinrichtungen im steuerlichen Sinne handelt es sich um öffentlich-rechtliche Versicherungs- oder Versorgungseinrichtungen für Beschäftigte und selbständig tätige Angehörige der kammerfähigen freien Berufe, die den gesetzlichen Rentenversicherungen vergleichbare Leistungen erbringen. Die Mitgliedschaft in der berufsständischen Versorgungseinrichtung tritt aufgrund einer gesetzlichen Verpflichtung bei Aufnahme der betreffenden Berufstätigkeit ein. Die Mitgliedschaft in einer berufsständischen Versorgungseinrichtung führt in den in § 6 Abs. 1 SGB VI genannten Fallgestaltungen auf Antrag zu einer Befreiung von der gesetzlichen Rentenversicherungspflicht. 6

Welche berufsständischen Versorgungseinrichtungen diese Voraussetzung erfüllen, wird jeweils durch gesondertes BMF-Schreiben bekannt gegeben. 7

b) Beiträge im Sinne des § 10 Abs. 1 Nr. 2 Buchstabe b EStG
aa) Allgemeines

Eigene Beiträge (**H 10.1 [abzugsberechtigte Person] der Einkommensteuer-Hinweise 2007 – EStH 2007 –**) zum Aufbau einer kapitalgedeckten Altersversorgung liegen vor, wenn Personenidentität zwischen dem Beitragszahler, der versicherten Person und dem Leistungsempfänger besteht (bei Ehegatten siehe **R 10.1 der Einkommensteuer-Richtlinien 2005 – EStR 2005 –**). Im Fall einer ergänzenden Hinterbliebenenabsicherung ist insoweit ein abweichender Leistungsempfänger zulässig. 8

Die Beiträge können als Sonderausgaben berücksichtigt werden, wenn die Laufzeit **des Vertrages** nach dem 31. Dezember 2004 beginnt (zu **Versicherungs**verträgen mit einem Beginn der Laufzeit und mindestens einer Beitragsleistung vor dem 1. Januar 2005 vgl. Rz. 51) und der Vertrag nur die Zahlung einer 9

Anlage § 010-01/Altersvorsorgeaufwendungen und Altersbezüge (Zu LStH 19.8)

monatlichen, **gleich bleibenden oder steigenden**, lebenslangen Leibrente vorsieht, die nicht vor Vollendung des 60. Lebensjahres des Steuerpflichtigen beginnt (**bei nach dem 31. Dezember 2011 abgeschlossenen Verträgen ist regelmäßig die Vollendung des 62. Lebensjahres maßgebend**).

10 Ein Auszahlungsplan erfüllt dieses Kriterium nicht. Bei einem Auszahlungsplan wird nur ein bestimmtes zu Beginn der Auszahlungsphase vorhandenes Kapital über eine gewisse Laufzeit verteilt. Nach Laufzeitende ist das Kapital aufgebraucht, so dass die Zahlungen dann enden. Insoweit ist eine lebenslange Auszahlung nicht gewährleistet. Eine andere Wertung ergibt sich auch nicht durch eine Kombination eines Auszahlungsplans mit einer sich anschließenden Teilkapitalverrentung. Begrifflich ist die „Teilverrentung" zwar eine Leibrente, allerdings wird der Auszahlungsplan durch die Verknüpfung mit einer Rente nicht selbst zu einer Leibrente.

11 Ein planmäßiges Sinken der Rentenhöhe ist nicht zulässig. Geringfügige Schwankungen in der Rentenhöhe, sofern diese Schwankungen auf in einzelnen Jahren unterschiedlich hohen Überschussanteilen in der Auszahlungsphase beruhen, die für die ab Beginn der Auszahlungsphase garantierten Rentenleistungen gewährt werden, sind unschädlich. D.h. der auf Basis des zu Beginn der Auszahlungsphase garantierten Kapitals zuzügl. der unwiderruflich zugeteilten Überschüsse zu errechnende Rentenbetrag darf während der gesamten Auszahlungsphase nicht unterschritten werden. Ein Anlageprodukt, bei dem dem Anleger lediglich eine Rente zugesichert wird, die unter diesen Rentenbetrag sinken kann, erfüllt demnach nicht die an eine Leibrente im Sinne des § 10 Abs. 1 Nr. 2 Buchstabe b EStG zu stellenden steuerlichen Voraussetzungen.

12 Eine Auszahlung durch die regelmäßige Gutschrift einer gleich bleibenden oder steigenden Anzahl von Investmentanteilen sowie die Auszahlung von regelmäßigen Raten im Rahmen eines Auszahlungsplans sind keine lebenslange Leibrente im Sinne des § 10 Abs. 1 Nr. 2 Buchstabe b EStG.

13 In der vertraglichen Vereinbarung muss geregelt sein, dass die Ansprüche aus dem Vertrag nicht vererblich, nicht übertragbar, nicht beleihbar, nicht veräußerbar und nicht kapitalisierbar sind.

bb) Absicherung von Berufsunfähigkeit, verminderter Erwerbsfähigkeit und Hinterbliebenen

14 Ergänzend können der Eintritt der Berufsunfähigkeit, der verminderten Erwerbsfähigkeit oder auch Hinterbliebene abgesichert werden, wenn die Zahlung einer Rente vorgesehen ist. Im Hinblick auf die entfallende Versorgungsbedürftigkeit, z.B. bei Ende der Erwerbsminderung durch Wegfall der Voraussetzungen für den Bezug (insbesondere bei Verbesserung der Gesundheitssituation oder Erreichen der Altersgrenze), ist es nicht zu beanstanden, wenn eine Rente zeitlich befristet ist. Ebenso ist es unschädlich, wenn der Vertrag bei Eintritt der Berufsunfähigkeit oder der verminderten Erwerbsfähigkeit anstelle oder ergänzend zu einer Rentenzahlung eine Beitragsfreistellung vorsieht.

15 Die ergänzende Absicherung des Eintritts der Berufsunfähigkeit, der verminderten Erwerbsfähigkeit und von Hinterbliebenen ist nur dann unschädlich, wenn mehr als 50 % der Beiträge auf die eigene Altersversorgung des Steuerpflichtigen entfallen. **Für das Verhältnis der Beitragsanteile zueinander ist regelmäßig auf den konkret vom Steuerpflichtigen zu zahlenden (Gesamt-)Beitrag abzustellen.** Dabei dürfen die Überschussanteile aus den entsprechenden Risiken die darauf entfallenden Beiträge mindern.

16 Sieht der Basisrentenvertrag vor, dass der Steuerpflichtige bei Eintritt der Berufsunfähigkeit oder einer verminderten Erwerbsfähigkeit von der Verpflichtung zur Beitragszahlung für diesen Vertrag – vollständig oder teilweise – freigestellt wird, sind die insoweit auf die Absicherung dieses Risikos entfallenden Beitragsanteile der Altersvorsorge zuzuordnen. Das gilt jedoch nur, wenn sie der Finanzierung der vertraglich vereinbarten lebenslangen Leibrente im Sinne des § 10 Abs. 1 Nr. 2 Buchstabe b EStG dienen und aus diesen Beitragsanteilen keine Leistungen wegen Berufsunfähigkeit oder verminderter Erwerbsfähigkeit gezahlt werden, d.h. es wird lediglich der Anspruch auf eine Altersversorgung weiter aufgebaut. Eine Zuordnung zur Altersvorsorge kann jedoch nicht vorgenommen werden, wenn der Steuerpflichtige vertragsgemäß wählen kann, ob er eine Rente wegen Berufsunfähigkeit oder verminderter Erwerbsfähigkeit erhält oder die Beitragsfreistellung in Anspruch nimmt.

17 Sieht der Basisrentenvertrag vor, dass der Steuerpflichtige eine Altersrente und nach seinem Tode der überlebende Ehepartner seinerseits eine lebenslange Leibrente im Sinne des § 10 Abs. 1 Nr. 2 Buchstabe b EStG (insbesondere nicht vor Vollendung seines 60. bzw. 62. Lebensjahres für Verträge die nach dem 31. Dezember 2011 abgeschlossen wurden) erhält, handelt es sich nicht um eine ergänzende Hinterbliebenenabsicherung, sondern insgesamt um eine Altersvorsorge. Der Beitrag ist deshalb in vollem Umfang der Altersvorsorge zuzurechnen. Erfüllt dagegen die zugesagte Rente für den hinterbliebenen Ehegatten nicht die Voraussetzungen des § 10 Abs. 1 Nr. 2 Buchstabe b EStG (insbesondere im Hinblick auf das Mindestalter für den Beginn der Rentenzahlung),

(Zu LStH 19.8) **Anlage § 010-01/Altersvorsorgeaufwendungen und Altersbezüge**

liegt eine ergänzende Hinterbliebenenabsicherung vor. Die Beitragsanteile, die nach versicherungsmathematischen Grundsätzen auf das Risiko der Rentenzahlung an den hinterbliebenen Ehegatten entfallen, sind daher der ergänzenden Hinterbliebenenabsicherung zuzuordnen.

Wird die Hinterbliebenenversorgung ausschließlich aus dem bei Tod des Steuerpflichtigen vorhandenen Altersvorsorge-(Rest-)Kapitals finanziert, handelt es sich bei der Hinterbliebenenabsicherung nicht um eine Risikoabsicherung und der Beitrag ist insoweit der Altersvorsorge zuzurechnen. Das gilt auch, wenn der Steuerpflichtige eine entsprechend gestaltete Absicherung des Ehegatten als besondere Komponente im Rahmen seines (einheitlichen) Basisrentenvertrages hinzu- oder später wieder abwählen kann (z.B. bei Scheidung, Wiederheirat etc.). 18

Sowohl die Altersversorgung als auch die ergänzenden Absicherungen müssen in einem einheitlichen Vertrag geregelt sein. Andernfalls **handelt es sich nicht um ergänzende Absicherungen zu einem Basisrentenvertrag, sondern um eigenständige Versicherungen.** In diesem Fall sind die Aufwendungen **hier**für unter den Voraussetzungen des § 10 Abs. 1 Nr. 3 EStG als sonstige Vorsorgeaufwendungen zu berücksichtigen (Rz. 50 ff.). 19

Bei einem Basisrentenvertrag auf Grundlage von Investmentfonds kann der Einschluss einer ergänzenden Absicherung des Eintritts der Berufsunfähigkeit, der verminderten Erwerbsfähigkeit oder einer zusätzlichen Hinterbliebenenrente im Wege eines einheitlichen Vertrags zugunsten Dritter gem. §§ 328 ff. BGB erfolgen. Hierbei ist die Kapitalanlagegesellschaft Versicherungsnehmer, während der Steuerpflichtige die versicherte Person ist und den eigentlichen (Renten-)Anspruch gegen das entsprechende Versicherungsunternehmen erhält. Dies wird im Fall der Vereinbarung einer Berufsunfähigkeits- bzw. Erwerbsunfähigkeitsversicherung in den Vertragsbedingungen durch Abtretung des Bezugsrechts an den Steuerpflichtigen ermöglicht. Im Falle der Vereinbarung einer zusätzlichen Hinterbliebenenrente erfolgt die Abtretung des Bezugsrechts an den privilegierten Hinterbliebenen. Die Kapitalanlagegesellschaft leitet die Beiträge des Steuerpflichtigen, soweit sie für die ergänzende Absicherung bestimmt sind, an den Versicherer weiter. 20

Zu den Hinterbliebenen, die zusätzlich abgesichert werden können, gehören nur der Ehegatte des Steuerpflichtigen und Kinder im Sinne des § 32 EStG. Der Anspruch auf Waisenrente ist dabei auf den Zeitraum zu begrenzen, in dem das Kind die Voraussetzungen des § 32 EStG erfüllt. Es ist nicht zu beanstanden, wenn die Waisenrente auch für den Zeitraum gezahlt wird, in dem das Kind nur die Voraussetzungen nach § 32 Abs. 4 Satz 1 EStG erfüllt. **Für die vor dem 1. Januar 2007 abgeschlossenen Verträge gilt für das Vorliegen einer begünstigten Hinterbliebenenversorgung die Altersgrenze des § 32 EStG in der bis zum 31. Dezember 2006 geltenden Fassung (§ 52 Abs. 40 Satz 7 EStG). In diesen Fällen können z.B. Kinder in Berufsausbildung in der Regel bis zur Vollendung des 27. Lebensjahres berücksichtigt werden.** 21

cc) Weitere Vertragsvoraussetzungen

Für die Anerkennung als Beiträge zur eigenen kapitalgedeckten Altersversorgung im Sinne des § 10 Abs. 1 Nr. 2 Buchstabe b EStG müssen die Ansprüche aus dem Vertrag folgende weitere Voraussetzungen erfüllen: 22

– **Nichtvererblichkeit**:

Es darf nach den Vertragsbedingungen nicht zu einer Auszahlung an die Erben kommen; im Todesfall kommt das vorhandene Vermögen der Versichertengemeinschaft **bzw. der Gemeinschaft der verbleibenden Vorsorgesparer** zugute. Die Nichtvererblichkeit wird z.B. nicht ausgeschlossen durch gesetzlich zugelassene Hinterbliebenenleistungen im Rahmen der ergänzenden Hinterbliebenenabsicherung (Rz. 15 ff.) und durch Rentenzahlungen für die Zeit bis zum Ablauf des Todesmonats an die Erben.

Im Rahmen von Fondsprodukten (Publikumsfonds) kann die Nichtvererblichkeit dadurch sichergestellt werden, dass keine erbrechtlich relevanten Vermögenswerte aufgrund des Basisrentenvertrages beim Steuerpflichtigen vorhanden sind. Diese Voraussetzung kann entweder über eine auflösend bedingte Ausgestaltung des schuldrechtlichen Leistungsanspruchs („Treuhandlösung") oder im Wege spezieller Sondervermögen erfüllt werden, deren Vertragsbedingungen vorsehen, dass im Falle des Todes des Anlegers dessen Anteile zugunsten des Sondervermögens eingezogen werden („Fondslösung"). Ebenso kann diese Voraussetzung durch eine vertragliche Vereinbarung zwischen dem Anbieter und dem Steuerpflichtigen erfüllt werden, nach der im Falle des Todes des Steuerpflichtigen der Gegenwert seiner Fondsanteile der Spargemeinschaft zugute kommt („vertragliche Lösung").

Für die bei einem fondsbasierten Basis-/Rürup-Rentenprodukt im Rahmen der „vertraglichen Lösung" anfallenden „Sterblichkeitsgewinne" sowie für den Einzug der Anteile am Sonder-

Anlage § 010-01/Altersvorsorgeaufwendungen und Altersbezüge (Zu LStH 19.8)

vermögen und die anschließende Verteilung bei der „Treuhandlösung" fällt mit Blick auf die persönlichen Freibeträge der Erwerber keine Erbschaftsteuer an.

– **Nichtübertragbarkeit:**

Der Vertrag darf keine Übertragung der Ansprüche des Leistungsempfängers auf eine andere Person vorsehen z.B. im Wege der Schenkung; die Pfändbarkeit nach den Vorschriften der ZPO steht dem nicht entgegen. Die Übertragbarkeit zur Regelung von Scheidungsfolgen ist unschädlich. Der Vertrag darf zulassen, dass die Ansprüche des Leistungsempfängers aus dem Vertrag unmittelbar auf einen Vertrag auch bei einem anderen Unternehmen übertragen werden, sofern der neue Vertrag die Voraussetzungen des § 10 Abs. 1 Nr. 2 Buchstabe b EStG ebenfalls erfüllt.

– **Nichtbeleihbarkeit:**

Es muss vertraglich ausgeschlossen sein, dass die Ansprüche z.b. sicherungshalber abgetreten oder verpfändet werden können.

– **Nichtveräußerbarkeit:**

Der Vertrag muss so gestaltet sein, dass die Ansprüche nicht an einen Dritten veräußert werden können.

– **Nichtkapitalisierbarkeit:**

Es darf vertraglich kein Recht auf Kapitalisierung des Rentenanspruchs vorgesehen sein mit Ausnahme der Abfindung einer Kleinbetragsrente in Anlehnung an § 93 Abs. 3 Satz 2 und 3 EStG. **Die Abfindungsmöglichkeit besteht erst mit dem Beginn der Auszahlungsphase, frühestens mit Vollendung des 60. Lebensjahres des Leistungsempfängers (bei nach dem 31. Dezember 2011 abgeschlossenen Verträgen ist grundsätzlich die Vollendung des 62. Lebensjahres maßgebend, vgl. Rz. 9).**

23 Zu den nach § 10 Abs. 1 Nr. 2 Buchstabe b EStG begünstigten Beiträgen können auch Beiträge gehören, die im Rahmen der betrieblichen Altersversorgung erbracht werden (rein arbeitgeberfinanzierte und durch Entgeltumwandlung finanzierte Beiträge sowie Eigenbeiträge). Nicht zu berücksichtigen sind steuerfreie Beiträge, pauschal besteuerte Beiträge (H **10.1** [Zukunftssicherungsleistungen] **EStH 2007**) und Beiträge, die aufgrund einer Altzusage geleistet werden (vgl. **Rz. 245 ff. und 270 des BMF-Schreibens vom 5. Februar 2008, BStBl. I S. 420).** – *Anlage § 010a-01* –

24 Werden Beiträge zugunsten von Vorsorgeverträgen geleistet, die u.a. folgende Möglichkeiten vorsehen, liegen keine Beiträge im Sinne des § 10 Abs. 1 Nr. 2 Buchstabe b EStG vor:

– Kapitalwahlrecht,
– Anspruch bzw. Optionsrecht auf (Teil-)Auszahlung nach Eintritt des Versorgungsfalls,
– Zahlung eines Sterbegeldes,
– Abfindung einer Rente - Abfindungsansprüche und Beitragsrückerstattungen im Fall einer Kündigung des Vertrags; dies gilt nicht für gesetzliche Abfindungsansprüche (z.B. § 3 BetrAVG) oder die Abfindung einer Kleinbetragsrente (vgl. Rz. 22).

c) Zusammenhang mit steuerfreien Einnahmen

25 Voraussetzung für die Berücksichtigung von Vorsorgeaufwendungen im Sinne des § 10 Abs. 1 Nr. 2 EStG ist, dass sie nicht in unmittelbarem wirtschaftlichen Zusammenhang mit steuerfreien Einnahmen stehen. Beiträge – z.B. zur gesetzlichen Rentenversicherung – in unmittelbarem wirtschaftlichen Zusammenhang mit steuerfreiem Arbeitslohn (z.B. nach dem Auslandstätigkeitserlass, aufgrund eines Doppelbesteuerungsabkommens oder aufgrund des zusätzlichen Höchstbetrags von 1.800 € nach § 3 Nr. 63 Satz 3 EStG) sind nicht als Sonderausgaben abziehbar. **Dies gilt nicht, wenn Arbeitslohn nicht zum Zufluss von Arbeitslohn führt, jedoch beitragspflichtig ist (z.B. Umwandlung zugunsten einer Direktzusage oberhalb von 4 % der Beitragsbemessungsgrenze in der allgemeinen Rentenversicherung; § 115 des Vierten Buches Sozialgesetzbuch – SGB IV –).** Die Hinzurechnung des nach § 3 Nr. 62 EStG steuerfreien Arbeitgeberanteils oder eines gleichgestellten steuerfreien Zuschusses des Arbeitgebers nach § 10 Abs. 1 Nr. 2 Satz 2 EStG bleibt hiervon unberührt; dies gilt nicht, soweit der steuerfreie Arbeitgeberanteil auf steuerfreien Arbeitslohn entfällt.

d) Beitragsempfänger

26 Zu den Beitragsempfängern im Sinne des § 10 Abs. 2 Nr. 2 Buchstabe a EStG gehören auch Pensionsfonds, die wie Versicherungsunternehmen den aufsichtsrechtlichen Regelungen des Versicherungsaufsichtsgesetzes unterliegen **und – seit 1. Januar 2006 – Anbieter im Sinne des § 80 EStG. Die Produktvoraussetzungen für das Vorliegen einer Basisrente (§ 10 Abs. 1 Nr. 2 Buchstabe b EStG) werden dadurch nicht erweitert.**

(Zu LStH 19.8) **Anlage § 010-01/Altersvorsorgeaufwendungen und Altersbezüge**

2. Ermittlung des Abzugsbetrags nach § 10 Abs. 3 EStG

a) Höchstbetrag

Die begünstigten Beiträge sind nach § 10 Abs. 3 EStG bis zu 20.000 € als Sonderausgaben abziehbar. Im Falle der Zusammenveranlagung von Ehegatten verdoppelt sich der Betrag auf 40.000 € – unabhängig davon, wer von den Ehegatten die begünstigten Beiträge entrichtet hat. 27

b) Kürzung des Höchstbetrags nach § 10 Abs. 3 Satz 3 EStG

Der Höchstbetrag ist bei einem Steuerpflichtigen, der zum Personenkreis des § 10c Abs. 3 Nr. 1 oder 2 EStG gehört, um den Betrag zu kürzen, der dem Gesamtbeitrag (Arbeitgeber- und Arbeitnehmeranteil) zur allgemeinen Rentenversicherung entspricht. Der Gesamtbeitrag ist dabei anhand der Einnahmen aus der Tätigkeit zu ermitteln, die die Zugehörigkeit zum genannten Personenkreis begründen. 28

Eine Kürzung des Höchstbetrags ist auch bei einem Steuerpflichtigen vorzunehmen, der Einkünfte im Sinne des § 22 Nr. 4 EStG erzielt und der ganz oder teilweise ohne eigene Beitragsleistungen einen Anspruch auf Altersversorgung erwirbt. 29

Für die Berechnung des Kürzungsbetrages ist auf den zu Beginn des jeweiligen Kalenderjahres geltenden Beitragssatz in der allgemeinen Rentenversicherung abzustellen. 30

aa) Kürzung des Höchstbetrags beim Personenkreis des § 10c Abs. 3 Nr. 1 EStG

Zum Personenkreis des § 10c Abs. 3 Nr. 1 EStG gehören insbesondere 31

– Beamte, Richter, Berufssoldaten, Soldaten auf Zeit, Amtsträger,
– Arbeitnehmer, die nach § 5 Abs. 1 Nr. 2 und 3 SGB VI oder § 230 SGB VI versicherungsfrei sind (z.B. Beschäftigte bei Trägern der Sozialversicherung, Geistliche der als öffentlich-rechtliche Körperschaften anerkannten Religionsgemeinschaften),
– Arbeitnehmer, die auf Antrag des Arbeitgebers von der gesetzlichen Rentenversicherungspflicht befreit worden sind, z.B. eine Lehrkraft an nicht öffentlichen Schulen, bei der eine Altersversorgung nach beamtenrechtlichen oder entsprechenden kirchenrechtlichen Grundsätzen gewährleistet ist.

Der Höchstbetrag nach § 10 Abs. 3 Satz 1 EStG ist um einen fiktiven Gesamtbeitrag zur allgemeinen Rentenversicherung zu kürzen. Bemessungsgrundlage für den Kürzungsbetrag sind die erzielten steuerpflichtigen Einnahmen aus der Tätigkeit, die die Zugehörigkeit zum Personenkreis des § 10c Abs. 3 Nr. 1 EStG begründen, höchstens bis zum Betrag der Beitragsbemessungsgrenze in der allgemeinen Rentenversicherung. 32

Es ist unerheblich, ob die Zahlungen insgesamt beitragspflichtig gewesen wären, wenn Versicherungspflicht in der gesetzlichen Rentenversicherung bestanden hätte. Aus Vereinfachungsgründen ist einheitlich auf die Beitragsbemessungsgrenze (Ost) in der allgemeinen Rentenversicherung abzustellen. 33

bb) Kürzung des Höchstbetrags beim Personenkreis des § 10c Abs. 3 Nr. 2 EStG

Zum Personenkreis des § 10c Abs. 3 Nr. 2 EStG gehören **Arbeitnehmer, die während des ganzen oder eines Teils des Kalenderjahres nicht der gesetzlichen Rentenversicherungspflicht unterliegen und denen eine betriebliche Altersversorgung zugesagt worden ist. Hierzu gehören insbesondere beherrschende Gesellschafter-Geschäftsführer einer GmbH oder Vorstandsmitglieder einer Aktiengesellschaft. Die Höhe der Versorgungszusage und die Art der Finanzierung sind für die Zugehörigkeit zum Personenkreis des § 10c Abs. 3 Nr. 2 EStG unbeachtlich.** 34

Für Veranlagungszeiträume von 2005 bis 2007 wird hinsichtlich der Zugehörigkeit zum Personenkreis des § 10c Abs. 3 Nr. 2 EStG danach differenziert, ob das Anwartschaftsrecht ganz oder teilweise ohne eigene Beitragsleistung bzw. durch nach § 3 Nr. 63 EStG steuerfreie Beiträge aufgebaut wurde; siehe hierzu BMF-Schreiben vom 22. Mai. 2007, BStBl. I S. 493. 35

Kommt eine Kürzung des Höchstbetrages nach § 10 Abs. 3 Satz 3 EStG in Betracht, gelten die Rz. 32 Satz 2 und 3 und Rz. 33 entsprechend. 36

cc) Kürzung des Höchstbetrags bei Steuerpflichtigen mit Einkünften im Sinne des § 22 Nr. 4 EStG

Zu den Steuerpflichtigen, die Einkünfte im Sinne des § 22 Nr. 4 EStG beziehen, gehören insbesondere 37

– Bundestagsabgeordnete,
– Landtagsabgeordnete,
– Abgeordnete des Europaparlaments.

Nicht zu diesem Personenkreis gehören z.B. 38

– ehrenamtliche Mitglieder kommunaler Vertretungen,
– kommunale Wahlbeamte wie Landräte und Bürgermeister.

Anlage § 010-01/Altersvorsorgeaufwendungen und Altersbezüge (Zu LStH 19.8)

39 Eine Kürzung des Höchstbetrags nach § 10 Abs. 3 Satz 3 EStG ist jedoch nur vorzunehmen, wenn der Steuerpflichtige zum genannten Personenkreis gehört und ganz oder teilweise ohne eigene Beitragsleistung einen Anspruch auf Altersversorgung nach dem Abgeordnetengesetz, dem Europaabgeordnetengesetz oder entsprechenden Gesetzen der Länder erwirbt.

40 Bemessungsgrundlage für den Kürzungsbetrag sind die Einnahmen im Sinne des § 22 Nr. 4 EStG, soweit sie die Zugehörigkeit zum Personenkreis im Sinne der Rz. 39 begründen, höchstens der Betrag der Beitragsbemessungsgrenze in der allgemeinen Rentenversicherung. Aus Vereinfachungsgründen ist einheitlich auf die Beitragsbemessungsgrenze (Ost) in der allgemeinen Rentenversicherung abzustellen.

c) Kürzung des Höchstbetrags bei Ehegatten

41 Bei Ehegatten ist für jeden Ehegatten gesondert zu prüfen, ob und ggf. in welcher Höhe der gemeinsame Höchstbetrag von 40.000 € zu kürzen ist (Rz. 28 ff.).

d) Übergangsregelung (2005 bis 2024)

42 Für den Übergangszeitraum von 2005 bis 2024 sind die nach Rz. 1 bis 23 und 26 bis 41 zu berücksichtigenden Aufwendungen mit dem sich aus § 10 Abs. 3 Satz 4 und 6 EStG ergebenden **Prozentsatz** anzusetzen:

Jahr	Vomhundertsatz
2005	60
2006	62
2007	64
2008	66
2009	68
2010	70
2011	72
2012	74
2013	76
2014	78
2015	80
2016	82
2017	84
2018	86
2019	88
2020	90
2021	92
2022	94
2023	96
2024	98
ab 2025	100

e) Kürzung des Abzugsbetrags bei Arbeitnehmern nach § 10 Abs. 3 Satz 5 EStG

43 Bei Arbeitnehmern, die steuerfreie Arbeitgeberleistungen nach § 3 Nr. 62 EStG oder diesen gleichgestellte steuerfreie Zuschüsse des Arbeitgebers erhalten haben, ist der sich nach der Rz. 42 ergebende Abzugsbetrag um diese Beträge zu kürzen (nicht jedoch unter 0 Euro). Haben beide Ehegatten steuerfreie Arbeitgeberleistungen erhalten, ist der Abzugsbetrag um beide Beträge zu kürzen.

Beispiele

44 Bei der Berechnung der Beispiele wurde ein Beitragssatz zur allgemeinen Rentenversicherung (RV) in Höhe von **19,9 %** unterstellt.

45 Beispiel 1:

Ein lediger Arbeitnehmer zahlt im Jahr **2008** einen Arbeitnehmeranteil zur allgemeinen Rentenversicherung in Höhe von 4.000 €. Zusätzlich wird ein steuerfreier Arbeitgeberanteil in gleicher Höhe gezahlt. Daneben hat der Arbeitnehmer noch eine Leibrentenversicherung i.S.d. § 10 Abs. 1 Nr. 2 Buchstabe b EStG abgeschlossen und dort Beiträge in Höhe von 3.000 € eingezahlt.

(Zu LStH 19.8) **Anlage § 010-01/Altersvorsorgeaufwendungen und Altersbezüge**

Im Jahr **2008** können Altersvorsorgeaufwendungen i.H.v. **3.260 €** als Sonderausgaben nach § 10 Abs. 1 Nr.2 i.V.m. Abs. 3 EStG abgezogen werden:

Arbeitnehmerbeitrag	4.000 €
Arbeitgeberbeitrag	4.000 €
Leibrentenversicherung	3.000 €
insgesamt	11.000 €
Höchstbetrag	20.000 €
66 % des geringeren Betrages	**7.260 €**
abzüglich steuerfreier Arbeitgeberanteil	4.000 €
verbleibender Betrag	**3.260 €**

Zusammen mit dem steuerfreien Arbeitgeberbeitrag werden damit Altersvorsorgeaufwendungen i.H.v. **7.260 €** von der Besteuerung freigestellt. Dies entspricht **66 %** der insgesamt geleisteten Beiträge.

Beispiel 2: 46

Ein lediger Beamter zahlt 3.000 € in eine begünstigte Leibrentenversicherung i.S.d. § 10 Abs. 1 Nr. 2 Buchstabe b EStG, um zusätzlich zu seinem Pensionsanspruch eine Altersversorgung zu erwerben. Seine Einnahmen aus dem Beamtenverhältnis betragen **40.202 €**.

Im Jahr **2008** können Altersvorsorgeaufwendungen i.H.v. **1.980 €** als Sonderausgaben abgezogen werden:

Leibrentenversicherung		3.000 €
Höchstbetrag	20.000 €	
abzgl. fiktiver Gesamtbeitrag RV (**40.202 €** x **19,9 %** =)	8.000 €	
gekürzter Höchstbetrag		12.000 €
66 % des geringeren Betrages		**1.980 €**

Auch bei diesem Steuerpflichtigen werden 66 % der Beiträge von der Besteuerung freigestellt.

Beispiel 3: 47

Die Eheleute A und B zahlen im Jahr **2008** jeweils 8.000 € für eine Leibrentenversicherung i.S.d. § 10 Abs. 1 Nr. 2 Buchstabe b EStG. A ist im Jahr **2008** als selbständiger Steuerberater tätig und zahlt darüber hinaus 15.000 € in die berufsständische Versorgungseinrichtung der Steuerberater, die der gesetzlichen Rentenversicherung vergleichbare Leistungen erbringt. B ist Beamtin ohne eigene Aufwendungen für ihre künftige Pension. Ihre Einnahmen aus dem Beamtenverhältnis betragen **40.202 €**.

Im Jahr **2008** können Altersvorsorgeaufwendungen i.H.v. **20.460 €** als Sonderausgaben abgezogen werden:

berufsständische Versorgungseinrichtung	15.000 €	
Leibrentenversicherung	16.000 €	
insgesamt		31.000 €
Höchstbetrag	40.000 €	
abzgl. fiktiver Gesamtbeitrag RV (**41.202 €** x **19,9 %** =)	8.000 €	
gekürzter Höchstbetrag		32.000 €
66 % des geringeren Betrages		**20.460 €**

Die Beiträge nach § 168 Abs. 1 Nr. 1b oder 1c SGB VI (geringfügig versicherungspflichtig Beschäftigte) oder nach § 172 Abs. 3 oder 3a SGB VI (versicherungsfrei geringfügig Beschäftigte) vermindern den abziehbaren Betrag nur, wenn der Steuerpflichtige die Hinzurechnung dieser Beiträge zu den Vorsorgeaufwendungen nach § 10 Abs. 1 Nr. 2 Satz 3 beantragt hat. Dies gilt, obwohl der Arbeitgeberbeitrag nach § 3 Nr. 62 EStG steuerfrei ist. 48

Für Veranlagungszeiträume vor 2008 erfolgt hingegen eine Hinzurechnung und Kürzung unabhängig davon, ob der Beitrag in einer Lohnsteuerbescheinigung ausgewiesen wird oder ob eine Pauschalbesteuerung nach § 40a EStG erfolgt ist. Im Fall der Zusammenveranlagung von Ehegatten ist dieses Verfahren entsprechend anzuwenden. Eine Einzelbetrachtung der Ehegatten ist nicht vorzunehmen. Der bei den Ehegatten insgesamt zu berücksichtigende Abzugsbetrag für Altersvorsorgeaufwendungen ist folglich um die Summe der für einen oder beide Ehegatten erbrachten steuerfreien Arbeitgeberleistungen nach § 3 Nr. 62 EStG oder diesen gleichgestellten 49

Anlage § 010-01/Altersvorsorgeaufwendungen und Altersbezüge (Zu LStH 19.8)

steuerfreien Zuschüsse des Arbeitgebers zu mindern; das Ergebnis dieser Berechnung darf 0 € nicht unterschreiten.

II. Sonderausgabenabzug für Beiträge nach § 10 Abs. 1 Nr. 3 EStG

1. Begünstigte Beiträge

50 Begünstigt sind nach § 10 Abs. 1 Nr. 3 Buchstabe a EStG Beiträge zu
- Versicherungen gegen Arbeitslosigkeit (gesetzliche Beiträge an die Bundesagentur für Arbeit und Beiträge zu privaten Versicherungen),
- Erwerbs- und Berufsunfähigkeitsversicherungen, die nicht Bestandteil einer Versicherung im Sinne des § 10 Abs. 1 Nr. 2 Buchstabe b EStG sind; dies gilt auch für Beitragsbestandteile von kapitalbildenden Lebensversicherungen im Sinne des § 20 Abs. 1 Nr. 6 EStG, die bei der Ermittlung des steuerpflichtigen Ertrags nicht abgezogen werden dürfen,
- gesetzlichen oder privaten Kranken- und Pflegeversicherungen,
- Unfallversicherungen, wenn es sich nicht um eine Unfallversicherung mit garantierter Beitragsrückzahlung handelt, die insgesamt als Rentenversicherung oder Kapitalversicherung behandelt wird,
- Haftpflichtversicherungen,
- Lebensversicherungen, die nur für den Todesfall eine Leistung vorsehen (Risikolebensversicherungen).

Rz. 25 gilt entsprechend.

51 Begünstigt sind nach § 10 Abs. 1 Nr. 3 Buchstabe b EStG Beiträge zu
- Rentenversicherungen im Sinne des § 10 Abs. 1 Satz 1 Nr. 2 Buchstabe b EStG,
- Rentenversicherungen ohne Kapitalwahlrecht, die die Voraussetzungen des § 10 Abs. 1 Satz 1 Nr. 2 EStG nicht erfüllen,
- Rentenversicherungen mit Kapitalwahlrecht gegen laufende Beitragsleistung, wenn das Kapitalwahlrecht nicht vor Ablauf von zwölf Jahren seit Vertragsabschluss ausgeübt werden kann,
- Kapitalversicherungen gegen laufende Beitragsleistung mit Sparanteil, wenn der Vertrag für die Dauer von mindestens zwölf Jahren abgeschlossen wird,

wenn die Laufzeit dieser Versicherungen vor dem 1. Januar 2005 begonnen hat und mindestens ein Versicherungsbeitrag bis zum 31. Dezember 2004 entrichtet wurde. Der Zeitpunkt des Vertragsabschlusses ist insoweit unmaßgeblich. Rz. 18 gilt entsprechend.

52 Ein Versicherungsbeitrag ist bis zum 31. Dezember 2004 entrichtet, wenn nach § 11 Abs. 2 EStG der Beitrag einem Kalenderjahr vor 2005 zuzuordnen ist. Für Beiträge im Rahmen der betrieblichen Altersversorgung an einen Pensionsfonds, an eine Pensionskasse oder für eine Direktversicherung gilt **Rz. 228 des BMF-Schreibens vom 5. Februar 2008, BStBl. I S. ...**

53 Für die Berücksichtigung von Beiträgen nach § 10 Abs. 1 Nr. 3 Buchstabe b EStG gelten außerdem die bisherigen Regelungen zu § 10 Abs. 1 Nr. 2 Satz 2 bis 5 und Abs. 2 Satz 2 EStG in der am 31. Dezember 2004 geltenden Fassung.

2. Ermittlung des Abzugsbetrags nach § 10 Abs. 4 EStG

a) Höchstbetrag

54 Vorsorgeaufwendungen im Sinne des § 10 Abs. 1 Nr. 3 EStG können (vorbehaltlich Rz. 55 ff.) grundsätzlich bis zur Höhe von 2.400 € abgezogen werden (z.B. bei Steuerpflichtigen, die Aufwendungen für ihre Krankenversicherung und Krankheitskosten vollständig aus eigenen Mitteln tragen oder bei Angehörigen von Beihilfeberechtigten, die nach den beihilferechtlichen Bestimmungen nicht über einen eigenen Beihilfeanspruch verfügen).

55 Bei einem Steuerpflichtigen, der ganz oder teilweise ohne eigene Aufwendungen einen eigenen Anspruch auf vollständige oder teilweise Erstattung oder Übernahme von Krankheitskosten hat oder für dessen Krankenversicherung Leistungen im Sinne des § 3 Nr. 14, 57 oder 62 EStG erbracht werden, vermindert sich hierbei der Höchstbetrag auf 1.500 €. Dies gilt auch, wenn die Voraussetzungen nur in einem Teil des Kalenderjahres vorliegen. **Ohne Bedeutung ist hierbei, ob aufgrund eines Anspruches tatsächlich Leistungen erbracht werden, sowie die konkrete Höhe des Anspruchs. Es kommt nur darauf an, dass ganz oder teilweise ohne eigene Aufwendungen ein eigener Anspruch besteht. Ein vom Arbeitgeber im Rahmen einer geringfügigen Beschäftigung erbrachter pauschaler Beitrag zur gesetzlichen Krankenversicherung führt nicht zum Ansatz des verminderten Höchstbetrages.**

(Zu LStH 19.8) **Anlage § 010-01/Altersvorsorgeaufwendungen und Altersbezüge**

Der Höchstbetrag i.H.v. 1.500 € gilt z.B. für 56
- Rentner, die aus der gesetzlichen Rentenversicherung nach § 3 Nr. 14 EStG steuerfreie Zuschüsse zu den Krankenversicherungsbeiträgen erhalten,
- **Rentner, bei denen der Träger der gesetzlichen Rentenversicherung Beiträge an eine gesetzliche Krankenversicherung zahlt,**
- sozialversicherungspflichtige Arbeitnehmer, für die der Arbeitgeber nach § 3 Nr. 62 EStG steuerfreie Beiträge zur Krankenversicherung leistet; **das gilt auch dann, wenn der Arbeitslohn aus einer Auslandstätigkeit aufgrund eines DBA steuerfrei gestellt wird,**
- Besoldungsempfänger oder gleichgestellte Personen, die von ihrem Arbeitgeber nach § 3 Nr. 11 EStG steuerfreie Beihilfen zu Krankheitskosten erhalten,
- **Beamte, die in der gesetzlichen Krankenversicherung freiwillig versichert sind und deshalb keine Beihilfe zu ihren Krankheitskosten – trotz eines grundsätzlichen Anspruchs – erhalten,**
- Versorgungsempfänger im öffentlichen Dienst mit Beihilfeanspruch oder gleichgestellte Personen,
- in der gesetzlichen Krankenversicherung ohne eigene Beiträge familienversicherte Angehörige,
- **Personen, für die steuerfreie Leistungen der Künstlersozialkasse nach § 3 Nr. 57 EStG erbracht werden.**

b) Abzugsbetrag bei Ehegatten

Bei zusammen veranlagten Ehegatten ist zunächst für jeden Ehegatten nach dessen persönlichen Ver- 57
hältnissen der ihm zustehende Höchstbetrag zu bestimmen. Die Summe der beiden Höchstbeträge ist der gemeinsame Höchstbetrag, bis zu dessen Höhe die Aufwendungen beider Ehegatten insgesamt abzuziehen sind.

III. Günstigerprüfung nach § 10 Abs. 4a EStG

Die Regelungen zum Abzug von Vorsorgeaufwendungen nach § 10 Abs. 1 Nr. 2 und 3 EStG sind in 58
bestimmten Fällen ungünstiger als nach der für das Kalenderjahr 2004 geltenden Fassung des § 10 Abs. 3 EStG. Zur Vermeidung einer Schlechterstellung wird in diesen Fällen der höhere Betrag berücksichtigt. Die Überprüfung erfolgt von Amts wegen. Einbezogen in die Überprüfung werden nur Vorsorgeaufwendungen, die nach dem ab 2005 geltenden Recht abziehbar sind. Hierzu gehört nicht der nach § 10 Abs. 1 Nr. 2 Satz 2 EStG hinzuzurechnende Betrag (steuerfreier Arbeitgeberanteil zur gesetzlichen Rentenversicherung und ein diesem gleichgestellter steuerfreier Zuschuss des Arbeitgebers).

Für die Jahre 2011 bis 2019 werden bei der Anwendung des § 10 Abs. 3 EStG in der für das Kalenderjahr 59
2004 geltenden Fassung die Höchstbeträge für den Vorwegabzug schrittweise gekürzt; Einzelheiten ergeben sich aus der Tabelle zu § 10 Abs. 4a EStG.

Ab dem Jahr 2006 werden in die Günstigerprüfung nach § 10 Abs. 4a Satz 1 EStG zunächst nur die 60
Vorsorgeaufwendungen ohne die Beiträge nach § 10 Abs. 1 Nr. 2 Buchstabe b EStG einbezogen. Die Beiträge zu einer eigenen kapitalgedeckten Altersversorgung im Sinne des § 10 Abs. 1 Nr. 2 Buchstabe b EStG (siehe Rz. 8 bis 24) werden gesondert, und zwar stets mit dem sich aus § 10 Abs. 3 Satz 4 und 6 EStG ergebenden Prozentsatz berücksichtigt. Hierfür erhöhen sich die nach der Günstigerprüfung als Sonderausgaben zu berücksichtigenden Beträge um einen Erhöhungsbetrag (§ 10 Abs. 4a Satz 1 und 3 EStG) für Beiträge nach § 10 Abs. 1 Nr. 2 Buchstabe b EStG. Es ist jedoch im Rahmen der Günstigerprüfung mindestens der Betrag anzusetzen, der sich ergibt, wenn auch die Beiträge nach § 10 Abs. 1 Nr. 2 Buchstabe b EStG in die Günstigerprüfung nach § 10 Abs. 4a Satz 1 EStG einbezogen werden, allerdings ohne Hinzurechnung des Erhöhungsbetrags nach § 10 Abs. 4a Satz 1 und 3 EStG. Der jeweils höhere Betrag (Vorsorgeaufwendungen nach dem ab 2005 geltenden Recht, Vorsorgeaufwendungen nach dem für das Jahr 2004 geltenden Recht zuzügl. Erhöhungsbetrag oder Vorsorgeaufwendungen nach dem für das Jahr 2004 geltenden Recht einschließlich Beiträge nach § 10 Abs. 1 Nr. 2 Buchstabe b EStG) wird dann als Sonderausgaben berücksichtigt.

Beispiel: 61
Die Eheleute A (Gewerbetreibender) und B (Hausfrau) zahlen im Jahr **2008** folgende Versicherungsbeiträge:

Leibrentenversicherung (§ 10 Abs. 1 Nr. 2 Buchstabe b EStG)	2.000 €
Private Krankenversicherung	6.000 €
Haftpflichtversicherungen	1.200 €
Kapitalversicherung (Versicherungsbeginn 1995, Laufzeit 25 Jahre)	3.600 €

Anlage § 010-01/Altersvorsorgeaufwendungen und Altersbezüge (Zu LStH 19.8)

Kapitalversicherung (Versicherungsbeginn 2005, Laufzeit 20 Jahre)		2.400 €
Insgesamt		15.200 €

Die Beiträge zu der Kapitalversicherung mit Versicherungsbeginn im Jahr 2005 sind nicht zu berücksichtigen, weil sie nicht die Voraussetzungen des § 10 Abs. 1 Nr. 2 und 3 EStG erfüllen.

Abziehbar nach § 10 Abs. 1 Nr. 2 i.V.m § 10 Abs. 3 EStG und § 10 Abs. 1 Nr. 3 i.V.m § 10 Abs. 4 EStG (abziehbare Vorsorgeaufwendungen nach dem ab 2005 geltenden Recht):

a)	Beiträge zur Altersversorgung:	2.000 €		
	Höchstbetrag (ungekürzt)	40.000 €		
	zu berücksichtigen		2.000 €	
	davon **66 %**			**1.320 €**
b)	sonstige Vorsorgeaufwendungen:			
	Krankenversicherung	6.000 €		
	Haftpflichtversicherungen	1.200 €		
	Kapitalversicherung (88 % v. 3 600 €)	3.168 €		
	insgesamt		10.368 €	
	Höchstbetrag nach § 10 Abs. 4 EStG:		4.800 €	
	anzusetzen			4.800 €
c)	insgesamt abziehbar			**6.120 €**

Günstigerprüfung nach § 10 Abs. 4a Satz 1 EStG:

Abziehbare Vorsorgeaufwendungen in der für das Kalenderjahr 2004 geltenden Fassung des § 10 Abs. 3 EStG (ohne Beiträge im Sinne des § 10 Abs. 1 Nr. 2 Buchstabe b EStG) zuzügl. Erhöhungsbetrag nach § 10 Abs. 4a Satz 3 EStG:

a)	Krankenversicherung		6.000 €	
	Haftpflichtversicherungen		1.200 €	
	Kapitalversicherung		3.168 €	
	Summe:		**10.368 €**	
	davon sind abziehbar:			
	Vorwegabzug		6.136 €	6.136 €
	verbleibende Aufwendungen		**4.232 €**	
	Grundhöchstbetrag		2.668 €	2.668 €
	verbleibende Aufwendungen		**1.564 €**	
	hälftige Aufwendungen		782 €	
	hälftiger Höchstbetrag		1.334 €	782 €
	Zwischensumme			9.586 €
b)	zuzügl. Erhöhungsbetrag nach § 10 Abs. 4a Satz 3 EStG/Leibrentenversicherung (§ 10 Abs. 1 Nr. 2 Buchstabe b EStG)		2.000 €	
	davon 66 %		**1.320 €**	
	Erhöhungsbetrag			1.320 €
	Abzugsvolumen nach § 10 Abs. 4a Satz 1 EStG somit:			**10.906 €**

Ermittlung des Mindestbetrags nach § 10a Abs. 4a Satz 2 EStG:

Nach § 10 Abs. 4a Satz 2 EStG ist bei Anwendung der Günstigerprüfung aber mindestens der Betrag anzusetzen, der sich ergibt, wenn auch die Beiträge zur Leibrentenversicherung (§ 10 Abs. 1 Nr. 2 Buchstabe b EStG) in die Berechnung des Abzugsvolumens nach dem bis 2004 geltenden Recht einbezogen werden:

(Zu LStH 19.8)   **Anlage § 010-01/Altersvorsorgeaufwendungen und Altersbezüge**

a)	Leibrentenversicherung	2.000 €	
	Krankenversicherung	6.000 €	
	Haftpflichtversicherungen	1.200 €	
	Kapitalversicherung	3.168 €	
	Summe:	12.368 €	
	davon sind abziehbar:		
	Vorwegabzug	6.136 €	6.136 €
	verbleibende Aufwendungen	6.232 €	
	Grundhöchstbetrag	2.668 €	2.668 €
	verbleibende Aufwendungen	3.564 €	
	hälftige Aufwendungen	1.782 €	
	hälftiger Höchstbetrag	1.334 €	1.334 €
	Zwischensumme		10.138 €
b)	Mindestabzugsvolumen nach § 10 Abs. 4a Satz 2 EStG		10.138 €
Zuammenstellung			
	Abzugsvolumen nach neuem Recht		6.120 €
	Günstigerprüfung nach § 10a Abs. 4a Satz 1 EStG		10.906 €
	Mindestabzugsvolumen nach § 10 Abs. 4a Satz 2 EStG		10.138 €

Die Eheleute A können somit für das Jahr 2008 einen Betrag von 10.906 € als Vorsorgeaufwendungen abziehen.

IV. Vorsorgepauschale[1)]

Bei der Berechnung der Vorsorgepauschale sind fiktive Beiträge zur Rentenversicherung zu berücksichtigen (§ 10c Abs. 2 Satz 2 Nr. 1 EStG). Bemessungsgrundlage ist der Arbeitslohn vermindert um den Versorgungsfreibetrag und den Altersentlastungsbetrag, höchstens die Beitragsbemessungsgrenze in der allgemeinen Rentenversicherung. Aus Vereinfachungsgründen ist einheitlich auf die Beitragsbemessungsgrenze (West) abzustellen. 62

Unbeachtlich ist, dass die Bemessungsgrundlage für die Ermittlung der Vorsorgepauschale und für die Berechnung der Sozialabgaben unterschiedlich sein kann. Für die Berechnung der Vorsorgepauschale ist daher auf den Arbeitslohn und nicht auf das sozialversicherungspflichtige Arbeitsentgelt abzustellen. 63

Beispiel: 64
*Ein Arbeitnehmer mit einem Jahresarbeitslohn von 60.000 € wandelt im Jahr **2008** einen Betrag von 4.000 € bei einer Beitragsbemessungsgrenze in der allgemeinen Rentenversicherung von 63.600 € zugunsten einer betrieblichen Altersversorgung im Durchführungsweg Direktzusage um. Auch wenn 4 % der Beitragsbemessungsgrenze (**2.544 €**) nicht als Arbeitsentgelt im Sinne der Sozialversicherung gelten (§ 14 Abs. 1, § 115 SGB IV) und das sozialversicherungspflichtige Arbeitsentgelt somit **57.456 €** beträgt, ist Bemessungsgrundlage für die Berechnung der Vorsorgepauschale ein steuerpflichtiger Arbeitslohn i.H.v. 56.000 €.*

*Bei der Berechnung der Vorsorgepauschale im Rahmen der Günstigerprüfung (§ 10c Abs. 5 EStG) sind der Versorgungs-Freibetrag und der Altersentlastungsbetrag in der für das Kalenderjahr 2004 geltenden Fassung zu berechnen und abzuziehen (§ 10c Abs. 2 Satz 4 EStG i.d.F. des Kalenderjahres 2004), wenn die entsprechenden Voraussetzungen vorliegen. Dies gilt selbst dann, wenn im Lohnsteuerabzugsverfahren aus Vereinfachungsgründen der Versorgungsfreibetrag und der Altersentlastungsbetrag nicht in der für das Kalenderjahr 2004 geltenden Fassung berücksichtigt werden (siehe auch BMF-Schreiben vom **3. und 19. Dezember 2007**, BStBl. I S. 908 und 923).* 65

*Die Vorsorgepauschale ist auf den nächsten vollen Euro-Betrag aufzurunden. **Dies gilt jedoch nicht für die Berechnung der Vorsorgepauschale im Rahmen der Günstigerprüfung, denn hier ist die Vorsorgepauschale auf den nächsten vollen Euro-Betrag abzurunden (§ 10c Abs. 2 Satz 3 EStG i.d.F. des Kalenderjahres 2004).*** 66

Zur Vorsorgepauschale bei Gesellschafter-Geschäftsführern einer GmbH und Vorstandsmitgliedern einer Aktiengesellschaft siehe auch Rz. 34 f. 67

---
1) Die Randziffern 62 bis 67 sind ab 2010 nicht mehr anzuwenden (Tz. 12 BMF-Schreiben vom 14.12.2009 BStBl. I S. 1516 – **Anlage § 039b-05 –**).

Anlage § 010-01/Altersvorsorgeaufwendungen und Altersbezüge (Zu LStH 19.8)

B. Besteuerung von Versorgungsbezügen – § 19 Abs. 2 EStG –
I. Arbeitnehmer-/Werbungskosten-Pauschbetrag/Zuschlag zum Versorgungsfreibetrag

68 Ab 2005 ist der Arbeitnehmer-Pauschbetrag (§ 9a Satz 1 Nr. 1 Buchstabe a EStG) bei Versorgungsbezügen im Sinne des § 19 Abs. 2 EStG nicht mehr anzuwenden. Stattdessen wird – wie auch bei den Renten – ein Werbungskosten-Pauschbetrag von 102 € berücksichtigt (§ 9a Satz 1 Nr. 1 Buchstabe b EStG). Als Ausgleich für den Wegfall des Arbeitnehmer-Pauschbetrags wird dem Versorgungsfreibetrag ein Zuschlag von zunächst 900 € hinzugerechnet, der für jeden ab 2006 neu in den Ruhestand tretenden Jahrgang abgeschmolzen wird (§ 19 Abs. 2 Satz 3 EStG). Bei Einnahmen aus nichtselbständiger Arbeit im Sinne des § 19 Abs. 1 EStG und Versorgungsbezügen im Sinne des § 19 Abs. 2 EStG kommen der Arbeitnehmer-Pauschbetrag und der Werbungskosten-Pauschbetrag nebeneinander zur Anwendung. Der Werbungskosten-Pauschbetrag ist auch zu berücksichtigen, wenn bei Einnahmen aus nichtselbständiger Arbeit im Sinne des § 19 Abs. 1 EStG höhere Werbungskosten anzusetzen sind.

II. Versorgungsfreibetrag/Zuschlag zum Versorgungsfreibetrag
1. Allgemeines

69 Der maßgebende **Prozentsatz** für den steuerfreien Teil der Versorgungsbezüge und der Höchstbetrag des Versorgungsfreibetrags sowie der Zuschlag zum Versorgungsfreibetrag bestimmen sich ab 2005 nach dem Jahr des Versorgungsbeginns (§ 19 Abs. 2 Satz 3 EStG). Sie werden für jeden ab 2006 neu in den Ruhestand tretenden Jahrgang abgeschmolzen.

2. Berechnung des Versorgungsfreibetrags und des Zuschlags zum Versorgungsfreibetrag

70 Der Versorgungsfreibetrag und der Zuschlag zum Versorgungsfreibetrag (Freibeträge für Versorgungsbezüge) berechnen sich auf der Grundlage des Versorgungsbezugs für Januar 2005 bei Versorgungsbeginn vor 2005 bzw. des Versorgungsbezugs für den ersten vollen Monat bei Versorgungsbeginn ab 2005; wird der Versorgungsbezug insgesamt nicht für einen vollen Monat gezahlt (z.B. wegen Todes des Versorgungsempfängers), ist der Bezug des Teilmonats auf einen Monatsbetrag hochzurechnen. Bei einer nachträglichen Festsetzung von Versorgungsbezügen ist der Monat maßgebend, für den die Versorgungsbezüge erstmals festgesetzt werden; auf den Zahlungstermin kommt es nicht an. Bei Bezügen und Vorteilen aus früheren Dienstleistungen im Sinne des § 19 Abs. 2 Satz 2 Nr. 2 EStG, die wegen Erreichens einer Altersgrenze gezahlt werden, ist der Monat maßgebend, in dem der Steuerpflichtige das 63. Lebensjahr oder, wenn er schwerbehindert ist, das 60. Lebensjahr vollendet hat, da die Bezüge erst mit Erreichen dieser Altersgrenzen als Versorgungsbezüge gelten. Der maßgebende Monatsbetrag ist jeweils mit zwölf zu vervielfältigen und um Sonderzahlungen zu erhöhen, auf die zu dem Zeitpunkt (erster voller Monat bzw. Januar 2005) ein Rechtsanspruch besteht (§ 19 Abs. 2 Satz 4 EStG). Die Sonderzahlungen (z.B. Urlaubs- oder Weihnachtsgeld) sind mit dem Betrag anzusetzen, auf den bei einem Bezug von Versorgungsbezügen für das ganze Jahr des Versorgungsbeginns ein Rechtsanspruch besteht. Bei Versorgungsempfängern, die schon vor dem 1. Januar 2005 in Ruhestand gegangen sind, können aus Vereinfachungsgründen die Sonderzahlungen 2004 berücksichtigt werden.

3. Festschreibung des Versorgungsfreibetrags und des Zuschlags zum Versorgungsfreibetrag

71 Der nach Rz. 70 ermittelte Versorgungsfreibetrag und der Zuschlag zum Versorgungsfreibetrag gelten grundsätzlich für die gesamte Laufzeit des Versorgungsbezugs (§ 19 Abs. 2 Satz 8 EStG).

4. Neuberechnung des Versorgungsfreibetrags und des Zuschlags zum Versorgungsfreibetrag

72 Regelmäßige Anpassungen des Versorgungsbezugs (laufender Bezug und Sonderzahlungen) führen nicht zu einer Neuberechnung (§ 19 Abs. 2 Satz 9 EStG). Zu einer Neuberechnung führen nur Änderungen des Versorgungsbezugs, die ihre Ursache in der Anwendung von Anrechnungs-, Ruhens-, Erhöhungs- oder Kürzungsregelungen haben (§ 19 Abs. 2 Satz 10 EStG), z.B. Wegfall, Hinzutreten oder betragsmäßige Änderungen. Dies ist insbesondere der Fall, wenn der Versorgungsempfänger neben seinen Versorgungsbezügen

– Erwerbs- oder Erwerbsersatzeinkommen (§ 53 des Beamtenversorgungsgesetzes – BeamtVG –),
– andere Versorgungsbezüge (§ 54 BeamtVG),
– Renten (§ 55 BeamtVG) oder
– Versorgungsbezüge aus zwischenstaatlicher und überstaatlicher Verwendung (§ 56 BeamtVG)

erzielt, wenn sich die Voraussetzungen für die Gewährung des Familienzuschlags oder des Unterschiedsbetrags nach § 50 BeamtVG ändern oder wenn ein Witwen- oder Waisengeld nach einer Unterbrechung der Zahlung wieder bewilligt wird. Ändert sich der anzurechnende Betrag aufgrund einer einmaligen Sonderzahlung und hat dies nur eine einmalige Minderung des Versorgungsbezugs zur Folge, so kann auf eine Neuberechnung verzichtet werden. Auf eine Neuberechnung kann aus Vereinfachungsgründen auch verzichtet werden, wenn der Versorgungsbezug, der bisher Bemessungsgrundlage für den

(Zu LStH 19.8)   **Anlage § 010-01/Altersvorsorgeaufwendungen und Altersbezüge**

Versorgungsfreibetrag war, vor und nach einer Anpassung aufgrund von Anrechnungs-, Ruhens-, Erhöhungs- und Kürzungsregelungen mindestens 7.500 € jährlich/625 € monatlich beträgt, also die Neuberechnung zu keiner Änderung der Freibeträge für Versorgungsbezüge führen würde.

In den Fällen einer Neuberechnung ist der geänderte Versorgungsbezug, ggf. einschließlich zwischenzeitlicher Anpassungen, Bemessungsgrundlage für die Berechnung der Freibeträge für Versorgungsbezüge (§ 19 Abs. 2 Satz 11 EStG). 73

5. Zeitanteilige Berücksichtigung des Versorgungsfreibetrags und des Zuschlags zum Versorgungsfreibetrag

Werden Versorgungsbezüge nur für einen Teil des Kalenderjahres gezahlt, so ermäßigen sich der Versorgungsfreibetrag und der Zuschlag zum Versorgungsfreibetrag für jeden vollen Kalendermonat, für den keine Versorgungsbezüge geleistet werden, in diesem Kalenderjahr um ein Zwölftel (§ 19 Abs. 2 Satz 12 EStG). Bei Zahlung mehrerer Versorgungsbezüge erfolgt eine Kürzung nur für Monate, für die keiner der Versorgungsbezüge geleistet wird. Ändern sich der Versorgungsfreibetrag und/oder der Zuschlag zum Versorgungsfreibetrag im Laufe des Kalenderjahres aufgrund einer Neuberechnung nach Rz. 72 f., sind in diesem Kalenderjahr die höchsten Freibeträge für Versorgungsbezüge maßgebend (§ 19 Abs. 2 Satz 11 2. Halbsatz EStG); eine zeitanteilige Aufteilung ist nicht vorzunehmen. Die Änderung der Freibeträge für Versorgungsbezüge kann im Lohnsteuerabzugsverfahren berücksichtigt werden **(R 39b.3 Abs. 1 Satz 4 bis 6 der Lohnsteuer-Richtlinien 2008 – LStR 2008 –).** 74

6. Mehrere Versorgungsbezüge

Bei mehreren Versorgungsbezügen bestimmen sich der maßgebende Prozentsatz für den steuerfreien Teil der Versorgungsbezüge und der Höchstbetrag des Versorgungsfreibetrags sowie der Zuschlag zum Versorgungsfreibetrag nach dem Beginn des jeweiligen Versorgungsbezugs. Die Summe aus den jeweiligen Freibeträgen für Versorgungsbezüge wird nach § 19 Abs. 2 Satz 6 EStG auf den Höchstbetrag des Versorgungsfreibetrags und den Zuschlag zum Versorgungsfreibetrag nach dem Beginn des ersten Versorgungsbezugs begrenzt. Fällt der maßgebende Beginn mehrerer laufender Versorgungsbezüge in dasselbe Kalenderjahr, können die Bemessungsgrundlagen aller Versorgungsbezüge zusammengerechnet werden, da in diesen Fällen für sie jeweils dieselben Höchstbeträge gelten. 75

Werden mehrere Versorgungsbezüge von unterschiedlichen Arbeitgebern gezahlt, ist die Begrenzung der Freibeträge für Versorgungsbezüge im Lohnsteuerabzugsverfahren nicht anzuwenden; die Gesamtbetrachtung und ggf. die Begrenzung erfolgt im Veranlagungsverfahren. Treffen mehrere Versorgungsbezüge bei demselben Arbeitgeber zusammen, ist die Begrenzung auch im Lohnsteuerabzugsverfahren zu beachten. 76

Beispiel: 77

Zwei Ehegatten erhalten jeweils eigene Versorgungsbezüge. Der Versorgungsbeginn des einen Ehegatten liegt im Jahr 2005, der des anderen im Jahr 2006. Im Jahr 2010 verstirbt der Ehegatte, der bereits seit 2005 Versorgungsbezüge erhalten hatte. Dem überlebenden Ehegatten werden ab 2010 zusätzlich zu seinen eigenen Versorgungsbezügen i.H.v. monatlich 400 € Hinterbliebenenbezüge i.H.v. monatlich 250 € gezahlt.

Für die eigenen Versorgungsbezüge des überlebenden Ehegatten berechnen sich die Freibeträge für Versorgungsbezüge nach dem Jahr des Versorgungsbeginns 2006. Der Versorgungsfreibetrag beträgt demnach 38,4 % von 4.800 € (= 400 € Monatsbezug x 12) = 1.844 € (aufgerundet); der Zuschlag zum Versorgungsfreibetrag beträgt 864 €.

Für den Hinterbliebenenbezug sind mit Versorgungsbeginn im Jahr 2010 die Freibeträge für Versorgungsbezüge nach § 19 Abs. 2 Satz 7 EStG unter Zugrundelegung des maßgeblichen **Prozentsatzes**, des Höchstbetrags und des Zuschlags zum Versorgungsfreibetrag des verstorbenen Ehegatten zu ermitteln (siehe dazu Rz. 78 bis 81). Für die Berechnung sind also die Beträge des maßgebenden Jahres 2005 zugrunde zu legen. Der Versorgungsfreibetrag für die Hinterbliebenenbezüge beträgt demnach 40 % von 3.000 € (= 250 € Monatsbezug x 12) = 1.200 €; der Zuschlag zum Versorgungsfreibetrag beträgt 900 €.

Die Summe der Versorgungsfreibeträge ab 2010 beträgt (1.844 € zuzügl. 1.200 €) 3.044 €. Der insgesamt berücksichtigungsfähige Höchstbetrag bestimmt sich nach dem Jahr des Beginns des ersten Versorgungsbezugs (2005: 3.000 €). Da der Höchstbetrag überschritten ist, ist der Versorgungsfreibetrag auf insgesamt 3.000 € zu begrenzen. Auch die Summe der Zuschläge zum Versorgungsfreibetrag (864 € zuzügl. 900 €) 1.764 € ist nach dem maßgebenden Jahr des Versorgungsbeginns (2005) auf insgesamt 900 € zu begrenzen.

Anlage § 010-01/Altersvorsorgeaufwendungen und Altersbezüge (Zu LStH 19.8)

7. Hinterbliebenenversorgung

78 Folgt ein Hinterbliebenenbezug einem Versorgungsbezug, bestimmen sich der **Prozentsatz**, der Höchstbetrag des Versorgungsfreibetrags und der Zuschlag zum Versorgungsfreibetrag für den Hinterbliebenenbezug nach dem Jahr des Beginns des Versorgungsbezugs des Verstorbenen (§ 19 Abs. 2 Satz 7 EStG). Bei Bezug von Witwen- oder Waisengeld ist für die Berechnung der Freibeträge für Versorgungsbezüge das Jahr des Versorgungsbeginns des Verstorbenen maßgebend, der diesen Versorgungsanspruch zuvor begründete.

79 Beispiel:

Im Oktober 2006 verstirbt ein 67-jähriger Ehegatte, der seit dem 63. Lebensjahr Versorgungsbezüge erhalten hat. Der überlebende Ehegatte erhält ab November 2006 Hinterbliebenenbezüge.

Für den verstorbenen Ehegatten sind die Freibeträge für Versorgungsbezüge bereits mit der Pensionsabrechnung für Januar 2005 (40 % der voraussichtlichen Versorgungsbezüge 2005, maximal 3.000 € zuzügl. 900 € Zuschlag) festgeschrieben worden. Im Jahr 2006 sind die Freibeträge für Versorgungsbezüge des verstorbenen Ehegatten mit zehn Zwölfteln zu berücksichtigen. Für den überlebenden Ehegatten sind mit der Pensionsabrechnung für November 2006 eigene Freibeträge für Versorgungsbezüge zu ermitteln. Zugrunde gelegt werden dabei die hochgerechneten Hinterbliebenenbezüge (einschl. Sonderzahlungen). Darauf sind nach § 19 Abs. 2 Satz 7 EStG der maßgebliche **Prozentsatz**, der Höchstbetrag und der Zuschlag zum Versorgungsfreibetrag des verstorbenen Ehegatten (40 %, maximal 3.000 € zuzügl. 900 € Zuschlag) anzuwenden. Im Jahr 2006 sind die Freibeträge für Versorgungsbezüge des überlebenden Ehegatten mit zwei Zwölfteln zu berücksichtigen.

80 Erhält ein Hinterbliebener Sterbegeld, stellt dieses gem. **R 19.8 Abs. 1 Nr. 1 und R 19.9 Abs. 3 Nr. 3 LStR 2008** ebenfalls einen Versorgungsbezug dar. Für das Sterbegeld gelten zur Berechnung der Freibeträge für Versorgungsbezüge ebenfalls der **Prozentsatz**, der Höchstbetrag und der Zuschlag zum Versorgungsfreibetrag des Verstorbenen. Das Sterbegeld darf als Leistung aus Anlass des Todes die Berechnung des Versorgungsfreibetrags für etwaige sonstige Hinterbliebenenbezüge nicht beeinflussen und ist daher nicht in deren Berechnungsgrundlage einzubeziehen. Das Sterbegeld ist vielmehr als eigenständiger – zusätzlicher – Versorgungsbezug zu behandeln. Die Zwölftelungsregelung ist für das Sterbegeld nicht anzuwenden. Als Bemessungsgrundlage für die Freibeträge für Versorgungsbezüge ist die Höhe des Sterbegeldes im Kalenderjahr anzusetzen, unabhängig von der Zahlungsweise und Berechnungsart.

81 Beispiel:

Im April 2007 verstirbt ein Ehegatte, der zuvor seit 2004 Versorgungsbezüge i.H.v. 1.500 € monatlich erhalten hat. Der überlebende Ehegatte erhält ab Mai 2007 laufende Hinterbliebenenbezüge i.H.v. 1.200 € monatlich. Daneben wird ihm einmalig Sterbegeld i.H.v. zwei Monatsbezügen des verstorbenen Ehegatten, also 3.000 € gezahlt.

Laufender Hinterbliebenenbezug:

Monatsbetrag 1.200 € x 12 = 14.400 €. Auf den hochgerechneten Jahresbetrag werden der für den Verstorbenen maßgebende **Prozentsatz** und Höchstbetrag des Versorgungsfreibetrags (2005), zuzügl. des Zuschlags von 900 € angewandt. Das bedeutet im vorliegenden Fall 14.400 € x 40 % = 5.760 €, höchstens 3.000 €. Da der laufende Hinterbliebenenbezug nur für acht Monate gezahlt wurde, erhält der überlebende Ehegatte acht Zwölftel dieses Versorgungsfreibetrags, 3.000 € : 12 = 250 € x 8 = 2.000 €. Der Versorgungsfreibetrag für den laufenden Hinterbliebenenbezug beträgt somit 2.000 €, der Zuschlag zum Versorgungsfreibetrag 600 € (acht Zwölftel von 900 €).

Sterbegeld:

Gesamtbetrag des Sterbegelds 2 x 1.500 € = 3.000 €. Auf diesen Gesamtbetrag von 3.000 € werden ebenfalls der für den Verstorbenen maßgebende **Prozentsatz** und Höchstbetrag des Versorgungsfreibetrags (2005), zuzügl. des Zuschlags von 900 € angewandt, 3.000 € x 40 % = 1.200 €. Der Versorgungsfreibetrag für das Sterbegeld beträgt 1.200 €, der Zuschlag zum Versorgungsfreibetrag 900 €.

Beide Versorgungsfreibeträge ergeben zusammen einen Betrag von 3.200 €, auf den der insgesamt berücksichtigungsfähige Höchstbetrag nach dem maßgebenden Jahr 2005 anzuwenden ist. Der Versorgungsfreibetrag für den laufenden Hinterbliebenenbezug und das Sterbegeld zusammen beträgt damit 3.000 €. Dazu kommt der Zuschlag zum Versorgungsfreibetrag von insgesamt 900 €.

8. Berechnung des Versorgungsfreibetrags im Falle einer Kapitalauszahlung/Abfindung

82 Wird anstelle eines monatlichen Versorgungsbezugs eine Kapitalauszahlung/Abfindung an den Versorgungsempfänger gezahlt, so handelt es sich um einen sonstigen Bezug. Für die Ermittlung der Freibeträge für Versorgungsbezüge ist das Jahr des Versorgungsbeginns zugrunde zu legen, die Zwölfte-

(Zu LStH 19.8)   **Anlage § 010-01/Altersvorsorgeaufwendungen und Altersbezüge**

lungsregelung ist für diesen sonstigen Bezug nicht anzuwenden. Bemessungsgrundlage ist der Betrag der Kapitalauszahlung/Abfindung im Kalenderjahr.

Beispiel: 83
Dem Versorgungsempfänger wird im Jahr 2005 eine Abfindung i.H.v. 10.000 € gezahlt. Der Versorgungsfreibetrag beträgt (40 % von 10.000 € = 4.000 €, höchstens) 3.000 €; der Zuschlag zum Versorgungsfreibetrag beträgt 900 €.

Bei Zusammentreffen mit laufenden Bezügen darf der Höchstbetrag, der sich nach dem Jahr des Versorgungsbeginns bestimmt, nicht überschritten werden (siehe dazu Beispiele in Rz. 79 und 81 zum Sterbegeld). 84

Die gleichen Grundsätze gelten auch, wenn Versorgungsbezüge in einem späteren Kalenderjahr nachgezahlt oder berichtigt werden. 85

9. Zusammentreffen von Versorgungsbezügen (§ 19 EStG) und Rentenleistungen (§ 22 EStG)

Die Frei- und Pauschbeträge sind für jede Einkunftsart gesondert zu berechnen. Der Lohnsteuerabzug ist weiterhin nur für die Versorgungsbezüge vorzunehmen. 86

III. Aufzeichnungs- und Bescheinigungspflichten

Nach § 4 Abs. 1 Nr. 4 LStDV hat der Arbeitgeber im Lohnkonto des Arbeitnehmers in den Fällen des § 19 Abs. 2 EStG die für die zutreffende Berechnung des Versorgungsfreibetrags und des Zuschlags zum Versorgungsfreibetrag erforderlichen Angaben aufzuzeichnen. Aufzuzeichnen sind die Bemessungsgrundlage für den Versorgungsfreibetrag (Jahreswert, Rz. 70), das Jahr des Versorgungsbeginns und die Zahl der Monate (Zahl der Zwölftel), für die Versorgungsbezüge gezahlt werden. Bei mehreren Versorgungsbezügen sind die Angaben für jeden Versorgungsbezug getrennt aufzuzeichnen, soweit die maßgebenden Versorgungsbeginne in unterschiedliche Kalenderjahre fallen (vgl. Rz. 75). Demnach können z.B. alle Versorgungsbezüge mit Versorgungsbeginn bis zum Jahre 2005 zusammengefasst werden. Zu den Bescheinigungspflichten wird auf die jährlichen BMF-Schreiben zu den Lohnsteuerbescheinigungen hingewiesen. 87

C. Besteuerung von Einkünften gem. § 22 Nr. 1 Satz 3 Buchstabe a EStG

I. Allgemeines

Leibrenten und andere Leistungen aus den gesetzlichen Rentenversicherungen, den landwirtschaftlichen Alterskassen, den berufsständischen Versorgungseinrichtungen und aus Leibrentenversicherungen im Sinne des § 10 Abs. 1 Nr. 2 Buchstabe b EStG (vgl. Rz. 8 bis 24) werden innerhalb eines bis in das Jahr 2039 reichenden Übergangszeitraums in die vollständige nachgelagerte Besteuerung überführt (§ 22 Nr. 1 Satz 3 Buchstabe a Doppelbuchstabe aa EStG). Diese Regelung gilt sowohl für Leistungen von inländischen als auch von ausländischen Versorgungsträgern. 88

Bei den übrigen Leibrenten erfolgt die Besteuerung auch weiterhin mit dem Ertragsanteil (§ 22 Nr. 1 Satz 3 Buchstabe a Doppelbuchstabe bb EStG ggf. i.V.m. § 55 Abs. 2 EStDV; vgl. Rz. 131 und 132). Die Regelungen in § 22 Nr. 5 EStG bleiben unberührt (vgl. insoweit auch BMF-Schreiben vom **5. Februar 2008, BStBl. I S. 420**). *– Anlage § 010a-01 –* 89

II. Leibrenten und andere Leistungen im Sinne des § 22 Nr. 1 Satz 3 Buchstabe a Doppelbuchstabe aa EStG

1. Leistungen aus den gesetzlichen Rentenversicherungen, aus den landwirtschaftlichen Alterskassen und aus den berufsständischen Versorgungseinrichtungen

§ 22 Nr. 1 Satz 3 Buchstabe a Doppelbuchstabe aa EStG erfasst alle Leistungen unabhängig davon, ob sie als Rente oder Teilrente (z.B. Altersrente, Erwerbsminderungsrente, Hinterbliebenenrente als Witwen- oder Witwerrente, Waisenrente oder Erziehungsrente) oder als einmalige Leistung (z.B. Sterbegeld oder Abfindung von **Kleinbetragsrenten**) ausgezahlt werden. 90

a) Besonderheiten bei Leibrenten und anderen Leistungen aus den gesetzlichen Rentenversicherungen

Zu den Leistungen im Sinne des § 22 Nr. 1 Satz 3 Buchstabe a Doppelbuchstabe aa EStG gehören auch Zusatzleistungen und andere Leistungen wie Zinsen. 91

§ 22 Nr. 1 Satz 3 Buchstabe a Doppelbuchstabe aa EStG gilt nicht für Einnahmen im Sinne des § 3 EStG wie z.B. 92

– Leistungen aus der gesetzlichen Unfallversicherung wie z.B. Berufsunfähigkeits- oder Erwerbsminderungsrenten der Berufsgenossenschaft (§ 3 Nr. 1 Buchstabe a EStG),

– Sachleistungen und Kinderzuschüsse (§ 3 Nr. 1 Buchstabe b EStG),

Anlage § 010-01/Altersvorsorgeaufwendungen und Altersbezüge (Zu LStH 19.8)

- Übergangsgelder nach dem Sechsten Buch Sozialgesetzbuch - SGB VI (§ 3 Nr. 1 Buchstabe c EStG),
- **den Abfindungsbetrag einer Witwen- oder Witwerrente wegen Wiederheirat des Berechtigten nach § 107 SGB VI (§ 3 Nr. 3 Buchstabe a EStG),**
- **die Erstattung von Versichertenbeiträgen, in Fällen, in denen das mit der Einbeziehung in die Rentenversicherung verfolgte Ziel eines Rentenanspruchs nicht oder voraussichtlich nicht erreicht oder nicht vollständig erreicht werden kann (§§ 210 und 286d SGB VI), die Erstattung von freiwilligen Beiträgen im Zusammenhang mit Nachzahlungen von Beiträgen in besonderen Fällen (§§ 204, 205 und 207 des SGB VI) sowie die Erstattung der vom Versicherten zu Unrecht geleisteten Beiträge nach § 26 Viertes Buch Sozialbesetzbuch (§ 3 Nr. 3 Buchstabe b EStG),**
- Ausgleichszahlungen nach § 86 Bundesversorgungsgesetz (§ 3 Nr. 6 EStG),
- **Renten, die als Entschädigungsleistungen aufgrund gesetzlicher Vorschriften – insbesondere des Bundesentschädigungsgesetzes – zur Wiedergutmachung nationalsozialistischen Unrechts gewährt werden (§ 3 Nr. 8 EStG),**
- Zuschüsse zur freiwilligen oder privaten Krankenversicherung (§ 3 Nr. 14 EStG),
- Leistungen **nach den §§ 294 bis 299 SGB VI** für Kindererziehung an Mütter der Geburtsjahrgänge vor 1921 (§ 3 Nr. 67 EStG); **aus Billigkeitsgründen gehören dazu auch Leistungen nach § 294a Satz 2 SGB VI für Kinderziehung an Mütter der Geburtsjahrgänge vor 1927, die am 18. Mai 1990 ihren gewöhnlichen Aufenthalt im Beitrittsgebiet und am 31. Dezember 1991 keinen eigenen Anspruch auf Rente aus eigener Versicherung hatten.**

93 Renten im Sinne des § 9 Anspruchs- und Anwartschaftsüberführungsgesetz (AAÜG) werden zwar von der Deutschen Rentenversicherung Bund ausgezahlt, es handelt sich jedoch nicht um Leistungen aus der gesetzlichen Rentenversicherung. Die Besteuerung erfolgt nach § 22 Nr. 1 Satz 3 Buchstabe a Doppelbuchstabe bb EStG ggf. i.V.m. § 55 Abs. 2 EStDV, soweit die Rente nicht nach § 3 Nr. 6 EStG steuerfrei ist.

b) Besonderheiten bei Leibrenten und anderen Leistungen aus den landwirtschaftlichen Alterskassen

94 Die Renten wegen Alters, wegen Erwerbsminderung und wegen Todes nach dem Gesetz über die Alterssicherung der Landwirte (ALG) gehören zu den Leistungen im Sinne des § 22 Nr. 1 Satz 3 Buchstabe a Doppelbuchstabe aa EStG.

95 Steuerfrei sind z.B. Sachleistungen nach dem ALG (§ 3 Nr. 1 Buchstabe b EStG), Geldleistungen nach den §§ 10, 36 bis 39 ALG (§ 3 Nr. 1 Buchstabe c EStG) **sowie Beitragserstattungen nach den §§ 75 und 117 des Gesetzes über die Alterssicherung der Landwirte (§ 3 Nr. 3 Buchstabe b EStG).**

c) Besonderheiten bei Leibrenten und anderen Leistungen aus den berufsständischen Versorgungseinrichtungen

96 Leistungen aus berufsständischen Versorgungseinrichtungen werden nach § 22 Nr. 1 Satz 3 Buchstabe a Doppelbuchstabe aa EStG besteuert, unabhängig davon, ob die Beiträge als Sonderausgaben nach § 10 Abs. 1 Nr. 2 Buchstabe a EStG berücksichtigt wurden. Die Besteuerung erfolgt auch dann nach § 22 Nr. 1 Satz 3 Buchstabe a Doppelbuchstabe aa EStG, wenn die berufsständische Versorgungseinrichtung keine den gesetzlichen Rentenversicherungen vergleichbaren Leistungen erbringt.

97 Unselbständige Bestandteile der Rente (z.B. Kinderzuschüsse) werden zusammen mit der Rente nach § 22 Nr. 1 Satz 3 Buchstabe a Doppelbuchstabe aa EStG besteuert.

98 Einmalige Leistungen (z.B. Kapitalauszahlungen, Sterbegeld, Abfindung von **Kleinbetragsrenten**) unterliegen ebenfalls der Besteuerung nach § 22 Nr. 1 Satz 3 Buchstabe a Doppelbuchstabe aa EStG. Das gilt auch für Kapitalauszahlungen, bei denen die erworbenen Anwartschaften auf Beiträgen beruhen, die vor dem 1. Januar 2005 erbracht worden sind.

99 Entsprechend den Regelungen zur gesetzlichen Rentenversicherung sind ab dem Veranlagungszeitraum 2007 folgende Leistungen nach § 3 Nr. 3 Buchstabe c EStG i.V.m. § 3 Nr. 3 Buchstabe a und b EStG steuerfrei:
- Witwen- und Witwerrentenabfindungen (§ 3 Nr. 3 Buchstabe c EStG i.V.m. § 3 Nr. 3 Buchstabe a EStG) bei der ersten Wiederheirat, wenn der Abfindungsbetrag das 60-fache der abzufindenden Monatsrente nicht übersteigt. Übersteigt die Abfindung den genannten Betrag, dann handelt es sich bei der Zahlung insgesamt nicht um eine dem § 3 Nr. 3 Buchstabe a EStG entsprechende Abfindung.
- Beitragserstattungen (§ 3 Nr. 3 Buchstabe c EStG i.V.m. § 3 Nr. 3 Buchstabe b EStG), wenn nicht mehr als 59 Beitragsmonate und höchstens die Beiträge abzügl. des steuerfreien Arbeitgeberanteils bzw. -zuschusses (§ 3 Nr. 62 EStG) nominal erstattet werden. Werden bis zu

60 % der für den Versicherten geleisteten Beiträge erstattet, handelt es sich aus Vereinfachungsgründen insgesamt um eine steuerfreie Beitragserstattung.

Die Möglichkeit der steuerfreien Erstattung von Beiträgen, die nicht Pflichtbeiträge sind, besteht für den Versicherten insgesamt nur einmal. Eine bestimmte Wartefrist - vgl. § 210 Abs. 2 SGB VI - ist insoweit nicht zu beachten. Damit die berufsständische Versorgungseinrichtung erkennen kann, ob es sich um eine steuerfreie Beitragserstattung oder steuerpflichtige Leistung handelt, hat derjenige, der die Beitragserstattung beantragt, gegenüber der berufsständischen Versorgungseinrichtung zu versichern, dass er eine entsprechende Beitragserstattung bisher noch nicht beantragt hat.

Wird die Erstattung von Pflichtbeiträgen beantragt, ist eine steuerfreie Beitragserstattung erst möglich, wenn nach dem Ausscheiden aus der Versicherungspflicht mindestens 24 Monate vergangen sind und nicht erneut eine Versicherungspflicht eingetreten ist. Unter diesen Voraussetzungen kann eine steuerfreie Beitragserstattung auch mehrmals in Betracht kommen, wenn nach einer Beitragserstattung für den Steuerpflichtigen erneut eine Versicherungspflicht in einer berufsständischen Versorgungseinrichtung begründet wird und diese zu einem späteren Zeitpunkt wieder erlischt. Beantragt der Steuerpflichtige somit aufgrund seines Ausscheidens aus der Versicherungspflicht erneut eine Beitragserstattung, dann handelt es sich nur dann um eine steuerfreie Beitragserstattung, wenn lediglich die geleisteten Pflichtbeiträge erstattet werden. Erfolgt eine darüber hinausgehende Erstattung, handelt es sich insgesamt um eine nach § 22 Nr. 1 Satz 3 Buchstabe a Doppelbuchstabe aa EStG steuerpflichtige Leistung. Damit die berufsständische Versorgungseinrichtung die Leistungen zutreffend zuordnen kann, hat derjenige, der die Beitragserstattung beantragt, in den Fällen des Ausscheidens aus der Versicherungspflicht auch im Falle der Erstattung von Pflichtbeiträgen gegenüber der berufsständischen Versorgungseinrichtung zu erklären, ob er bereits eine Beitragserstattung aus einer berufsständischen Versorgungseinrichtung in Anspruch genommen hat.

Nach § 3 Nr. 3 Buchstabe b EStG sind auch Beitragserstattungen nach den §§ 204, 205, 207, 286d SGB VI, § 26 SGB IV steuerfrei. Liegen die in den Vorschriften genannten Voraussetzungen auch bei der von einer berufsständischen Versorgungseinrichtung durchgeführten Beitragserstattung vor, handelt es sich insoweit um eine steuerfreie Leistung.

2. **Leibrenten und andere Leistungen aus Rentenversicherungen im Sinne des § 10 Abs. 1 Nr. 2 Buchstabe b EStG**

Leistungen aus Rentenversicherungen im Sinne des § 10 Abs. 1 Nr. 2 Buchstabe b EStG unterliegen der nachgelagerten Besteuerung gem. § 22 Nr. 1 Satz 3 Buchstabe a Doppelbuchstabe aa EStG. Vgl. im Einzelnen die Ausführungen unter Rz. 8 ff. **100**

Für Renten aus Rentenversicherungen, die nicht den Voraussetzungen des § 10 Abs. 1 Nr. 2 Buchstabe b EStG entsprechen - insbesondere für Renten aus Verträgen im Sinne des § 10 Abs. 1 Nr. 3 Buchstabe b EStG - bleibt es bei der Ertragsanteilsbesteuerung. Vgl. insoweit Rz. 107 ff. Die Regelungen in § 22 Nr. 5 EStG bleiben unberührt (vgl. BMF-Schreiben vom **5. Februar 2008, BStBl. I S. 420**). **101**

–Anlage § 010a-01 –

Wird ein **Rentenversicherungsvertrag** mit Versicherungsbeginn vor dem 1. Januar 2005 in einen Vertrag umgewandelt, der die Voraussetzungen des § 10 Abs. 1 Nr. 2 Buchstabe b EStG erfüllt, ist für die steuerliche Beurteilung der Versicherungsbeginn des ursprünglichen Vertrages maßgebend. Beiträge zu dem umgewandelten Vertrag sind daher nicht nach § 10 Abs. 1 Nr. 2 Buchstabe b EStG als Sonderausgaben abziehbar und die Rente aus dem umgewandelten Vertrag unterliegt der Besteuerung mit dem Ertragsanteil (§ 22 Nr. 1 Satz 3 Buchstabe a Doppelbuchstabe bb EStG). **102**

Wird ein Rentenversicherungsvertrag mit Versicherungsbeginn nach dem 31. Dezember 2004, der die Voraussetzungen des § 10 Abs. 1 Nr. 2 Buchstabe b EStG nicht erfüllt, in einen Vertrag umgewandelt, der die Voraussetzungen des § 10 Abs. 1 Nr. 2 Buchstabe b EStG erfüllt, führt dies zur Beendigung des bestehenden Vertrages – mit den entsprechenden steuerlichen Konsequenzen – und zum Abschluss eines neuen Basisrentenvertrages im Zeitpunkt der Umstellung. Die Beiträge einschließlich des aus dem Altvertrag übertragenen Kapitals können im Rahmen des Sonderausgabenabzugs nach § 10 Abs. 1 Nr. 2 Buchstabe b EStG berücksichtigt werden. Die sich aus dem Basisrentenvertrag ergebenden Leistungen unterliegen insgesamt der Besteuerung nach § 22 Nr. 1 Satz 3 Buchstabe a Doppelbuchstabe aa EStG. **103**

Wird ein Kapitallebensversicherungsvertrag in einen Rentenversicherungsvertrag im Sinne des § 10 Abs. 1 Nr. 2 Buchstabe b EStG umgewandelt, führt auch dies zur Beendigung des bestehenden Vertrages – mit den entsprechenden steuerlichen Konsequenzen – und zum Abschluss eines neuen Basisrentenvertrages im Zeitpunkt der Umstellung. Die Beiträge einschließlich des aus dem Alt- **104**

Anlage § 010-01/Altersvorsorgeaufwendungen und Altersbezüge (Zu LStH 19.8)

vertrag übertragenen Kapitals können im Rahmen des Sonderausgabenabzugs nach § 10 Abs. 1 Nr. 2 Buchstabe b EStG berücksichtigt werden. Die sich aus dem Basisrentenvertrag ergebenden Leistungen unterliegen insgesamt der Besteuerung nach § 22 Nr. 1 Satz 3 Buchstabe a Doppelbuchstabe aa EStG.

105 Wird entgegen der ursprünglichen vertraglichen Vereinbarung (vgl. Rz. 9) ein Versicherungsvertrag mit Versicherungsbeginn nach dem 31. Dezember 2004, der die Voraussetzungen des § 10 Abs. 1 Nr. 2 Buchstabe b EStG erfüllt, in einen Vertrag umgewandelt, der diese Voraussetzungen nicht erfüllt, ist steuerlich von einem neuen Vertrag auszugehen. Wird dabei die auf den „alten" Vertrag entfallende Versicherungsleistung ganz oder teilweise auf den „neuen" Vertrag angerechnet, fließt die angerechnete Versicherungsleistung dem Versicherungsnehmer zu und unterliegt im Zeitpunkt der Umwandlung des Vertrags der Besteuerung nach § 22 Nr. 1 Satz 3 Buchstabe a Doppelbuchstabe aa EStG. Ist die Umwandlung als Missbrauch von rechtlichen Gestaltungsmöglichkeiten (§ 42 der Abgabenordnung – AO –) anzusehen, z.B. Umwandlung innerhalb kurzer Zeit nach Vertragsabschluss ohne erkennbaren sachlichen Grund, ist für die vor der Umwandlung geleisteten Beiträge der Sonderausgabenabzug nach § 10 Abs. 1 Nr. 2 Buchstabe b EStG zu versagen oder rückgängig zu machen.

106 Werden Ansprüche des Leistungsempfängers aus einem Versicherungsvertrag mit Versicherungsbeginn nach dem 31. Dezember 2004, der die Voraussetzungen des § 10 Abs. 1 Nr. 2 Buchstabe b EStG erfüllt, unmittelbar auf einen Vertrag bei einem anderen Unternehmen übertragen, gilt die Versicherungsleistung nicht als dem Leistungsempfänger zugeflossen, wenn der neue Vertrag die Voraussetzungen des § 10 Abs. 1 Nr. 2 Buchstabe b EStG erfüllt. Sie unterliegt daher im Zeitpunkt der Übertragung nicht der Besteuerung.

III. Leibrenten und andere Leistungen im Sinne des § 22 Nr. 1 Satz 3 Buchstabe a Doppelbuchstabe bb EStG

107 Der Anwendungsbereich des § 22 Nr. 1 Satz 3 Buchstabe a Doppelbuchstabe bb EStG umfasst diejenigen Leibrenten und anderen Leistungen, die nicht bereits unter Doppelbuchstabe aa der Vorschrift (vgl. Rz. 90 ff.) oder § 22 Nr. 5 EStG einzuordnen sind, wie Renten aus

– Rentenversicherungen, die nicht den Voraussetzungen des § 10 Abs. 1 Nr. 2 Buchstabe b EStG entsprechen, weil sie z.B. eine Teilkapitalisierung oder Einmalkapitalauszahlung (Kapitalwahlrecht) oder einen Rentenbeginn vor Vollendung des 60. Lebensjahres vorsehen **(bei nach dem 31. Dezember 2011 abgeschlossenen Verträgen ist regelmäßig die Vollendung des 62. Lebensjahres maßgebend)** oder die Laufzeit der Versicherung vor dem 1. Januar 2005 begonnen hat, **oder**

– Verträgen im Sinne des § 10 Abs. 1 Nr. 3 Buchstabe b EStG.

108 Werden neben einer Grundrente Überschussbeteiligungen in Form einer Bonusrente gezahlt, so ist der gesamte Auszahlungsbetrag mit einem einheitlichen Ertragsanteil der Besteuerung zu unterwerfen. R 22.4 Abs. 1 Satz 1 EStR 2005 ist in diesen Fällen nicht einschlägig, da mit der Überschussbeteiligung in Form einer Bonusrente kein neues Rentenrecht begründet wird. In der Mitteilung nach § 22a EStG (bei Leistungen i.S.d. § 22 Nr. 5 Satz 2 Buchstabe a EStG in der Mitteilung nach § 22 Nr. 5 Satz 7 EStG) ist der Betrag von Grund- und Bonusrente in einer Summe auszuweisen.

109 **Dem § 22 Nr. 1 Satz 3 Buchstabe a Doppelbuchstabe bb EStG zuzuordnen sind** auch abgekürzte Leibrenten, die nicht unter § 22 Nr. 1 Satz 3 Buchstabe a Doppelbuchstabe aa EStG fallen (z.B. private selbständige Erwerbsminderungsrente, Waisenrente aus einer privaten Versicherung, die die Voraussetzungen des § 10 Abs. 1 Nr. 2 Buchstabe b EStG nicht erfüllt).

110 Auf Antrag des Steuerpflichtigen sind unter bestimmten Voraussetzungen auch Leibrenten und andere Leistungen im Sinne des § 22 Nr. 1 Satz 3 Buchstabe a Doppelbuchstabe aa EStG nach § 22 Nr. 1 Satz 3 Buchstabe a Doppelbuchstabe bb EStG zu versteuern (sog. Öffnungsklausel). Wegen der Einzelheiten hierzu vgl. die Ausführungen unter Rz. 133 ff.

IV. Besonderheiten bei der betrieblichen Altersversorgung

111 Die Versorgungsleistungen einer Pensionskasse, eines Pensionsfonds oder aus einer Direktversicherung (z.B. Rente, Auszahlungsplan, Teilkapitalauszahlung, Einmalkapitalauszahlung) unterliegen der Besteuerung nach § 22 Nr. 5 EStG. Einzelheiten zur Besteuerung von Leistungen aus der betrieblichen Altersversorgung sind im BMF-Schreiben vom **5. Februar 2008, BStBl. I S. 420, Rz. 265 ff.** geregelt.

– Anlage § 010a-01 –

(Zu LStH 19.8) **Anlage § 010-01/Altersvorsorgeaufwendungen und Altersbezüge**

V. Durchführung der Besteuerung
1. Leibrenten und andere Leistungen im Sinne des § 22 Nr. 1 Satz 3 Buchstabe a Doppelbuchstabe aa EStG
a) Allgemeines

In der Übergangszeit bis zur vollständigen nachgelagerten Besteuerung unterliegt nur ein Teil der Leibrenten und anderen Leistungen der Besteuerung. In Abhängigkeit vom Jahresbetrag der Rente und dem Jahr des Rentenbeginns wird der steuerfreie Teil der Rente ermittelt, der grundsätzlich für die gesamte Laufzeit der Rente gilt. Diese Regelung bewirkt, dass Rentenerhöhungen, die auf einer regelmäßigen Rentenanpassung beruhen, vollständig nachgelagert besteuert werden. 112

b) Jahresbetrag der Rente

Bemessungsgrundlage für die Ermittlung des der Besteuerung unterliegenden Anteils der Rente ist der Jahresbetrag der Rente (§ 22 Nr. 1 Satz 3 Buchstabe a Doppelbuchstabe aa Satz 2 EStG). Jahresbetrag der Rente ist die Summe der im Kalenderjahr zugeflossenen Rentenbeträge einschließlich der bei Auszahlung einbehaltenen eigenen Beitragsanteile zur Kranken- und Pflegeversicherung. Steuerfreie Zuschüsse zu den Krankenversicherungsbeiträgen sind nicht Bestandteil des Jahresbetrags der Rente. Zum Jahresbetrag der Rente gehören auch die im Kalenderjahr zugeflossenen anderen Leistungen. Bei rückwirkender Zubilligung der Rente ist ggf. Rz. 166 zu beachten. 113

c) Bestimmung des Prozentsatzes
aa) Allgemeines

Der **Prozentsatz** in der Tabelle in § 22 Nr. 1 Satz 3 Buchstabe a Doppelbuchstabe aa Satz 3 EStG bestimmt sich grundsätzlich nach dem Jahr des Rentenbeginns. 114

Unter Beginn der Rente ist der Zeitpunkt zu verstehen, ab dem die Rente (ggf. nach rückwirkender Zubilligung) tatsächlich bewilligt wird (siehe Rentenbescheid). 115

Wird die bewilligte Rente bis auf 0 € gekürzt, z.B. weil eigene Einkünfte anzurechnen sind, steht dies dem Beginn der Rente nicht entgegen und unterbricht die Laufzeit der Rente nicht. Verzichtet der Rentenberechtigte in Kenntnis der Kürzung der Rente auf die Beantragung, beginnt die Rente jedoch nicht zu laufen, solange sie mangels Beantragung nicht dem Grunde nach bewilligt wird. 116

Fließt eine andere Leistung vor dem Beginn der Leibrente zu, bestimmt sich der **Prozentsatz** für die Besteuerung der anderen Leistung nach dem Jahr ihres Zuflusses, andernfalls nach dem Jahr des Beginns der Leibrente. 117

bb) Erhöhung oder Herabsetzung der Rente

Soweit Renten im Sinne des § 22 Nr. 1 Satz 3 Buchstabe a Doppelbuchstabe aa EStG später z.B. wegen Anrechnung anderer Einkünfte erhöht oder herabgesetzt werden, ist keine neue Rente anzunehmen. Gleiches gilt, wenn eine Teil-Altersrente in eine volle Altersrente oder eine volle Altersrente in eine Teil-Altersrente umgewandelt wird (§ 42 SGB VI). Für den erhöhten oder verminderten Rentenbetrag bleibt der ursprünglich ermittelte **Prozentsatz** maßgebend (zur Neuberechnung des Freibetrags vgl. Rz. 127 ff.). 118

cc) Besonderheiten bei Folgerenten aus derselben Versicherung oder demselben Vertrag

Renten aus derselben Versicherung **oder demselben Vertrag** liegen vor, wenn Renten auf ein und demselben Rentenrecht beruhen. Das ist beispielsweise der Fall, wenn eine Rente wegen voller Erwerbsminderung einer Rente wegen teilweiser Erwerbsminderung folgt oder umgekehrt, bei einer Altersrente, der eine (volle oder teilweise) Erwerbsminderungsrente vorherging, oder wenn eine kleine Witwen- oder Witwerrente einer großen Witwen- oder Witwerrente folgt und umgekehrt **oder eine Altersrente einer Erziehungsrente folgt**. Das gilt auch dann, wenn die Rentenempfänger nicht identisch sind wie z.B. bei einer Altersrente mit nachfolgender Witwen- oder Witwerrente oder Waisenrente. 119

Folgen nach dem 31. Dezember 2004 Renten aus derselben Versicherung **oder demselben Vertrag** einander nach, wird bei der Ermittlung des **Prozentsatzes** nicht der tatsächliche Beginn der Folgerente herangezogen. Vielmehr wird ein fiktives Jahr des Rentenbeginns ermittelt, indem vom tatsächlichen Rentenbeginn der Folgerente die Laufzeiten vorhergehender Renten abgezogen werden. Dabei darf der **Prozentsatz** von 50 % nicht unterschritten werden. 120

Beispiel: 121

A bezieht von Oktober 2003 bis Dezember 2006 (= 3 Jahre und 3 Monate) eine Erwerbsminderungsrente i.H.v. 1.000 €. Anschließend ist er wieder erwerbstätig. Ab Februar 2013 erhält er seine Altersrente i.H.v. 2.000 €.

In 2003 und 2004 ist die Erwerbsminderungsrente gem. § 55 Abs. 2 EStDV mit einem Ertragsanteil von 4 % zu versteuern, in 2005 und 2006 gem. § 22 Nr. 1 Satz 3 Buchstabe a Doppelbuchstabe aa EStG mit

Anlage § 010-01/Altersvorsorgeaufwendungen und Altersbezüge (Zu LStH 19.8)

einem Besteuerungsanteil von 50 %. Der der Besteuerung unterliegende Teil für die ab Februar 2013 gewährte Altersrente ermittelt sich wie folgt:

Rentenbeginn der Altersrente	Februar 2013
abzgl. der Laufzeit der Erwerbsminderungsrente (3 Jahre und 3 Monate)	
= fiktiver Rentenbeginn	November 2009
Besteuerungsanteil lt. Tabelle	58 %
Jahresbetrag der Rente in 2013: 11 x 2 000 €	22 000 €
Betragsmäßiger Besteuerungsanteil (58 % von 22 000 €)	12 760 €

122 Renten, die vor dem 1. Januar 2005 geendet haben, werden nicht als vorhergehende Renten berücksichtigt und wirken sich daher auf die Höhe des Prozentsatzes für die Besteuerung der nachfolgenden Rente nicht aus.

123 Abwandlung des Beispiels in Rz. 121:
Die Erwerbsminderungsrente wurde von Oktober 2000 bis Dezember 2004 bezogen.

In diesem Fall folgen nicht nach dem 31. Dezember 2004 mehrere Renten aus derselben Versicherung einander nach mit der Folge, dass für die Ermittlung des Besteuerungsanteils für die Altersrente das Jahr 2013 maßgebend ist und folglich ein Besteuerungsanteil von 66 %.

124 Lebt eine wegen Wiederheirat des Berechtigten weggefallene Witwen- oder Witwerrente wegen Auflösung oder Nichtigerklärung der erneuten Ehe oder der erneuten Lebenspartnerschaft wieder auf (§ 46 Abs. 3 SGB VI), ist bei Wiederaufleben der Witwen- oder Witwerrente für die Ermittlung des **Prozentsatzes** nach § 22 Nr. 1 Satz 3 Buchstabe a Doppelbuchstabe aa Satz 3 EStG der Rentenbeginn des erstmaligen Bezugs maßgebend.

d) Ermittlung des steuerfreien Teils der Rente
aa) Allgemeines

125 Nach § 22 Nr. 1 Satz 3 Buchstabe a Doppelbuchstabe aa Satz 4 und 5 EStG gilt der steuerfreie Teil der Rente für die gesamte Laufzeit des Rentenbezugs. Der steuerfreie Teil der Rente wird in dem Jahr ermittelt, das dem Jahr des Rentenbeginns folgt. Bei Renten, die vor dem 1. Januar 2005 begonnen haben, ist der steuerfreie Teil der Rente des Jahres 2005 maßgebend.

bb) Bemessungsgrundlage für die Ermittlung des steuerfreien Teils der Rente

126 Bemessungsgrundlage für die Ermittlung des steuerfreien Teils der Rente ist der Jahresbetrag der Rente in dem Jahr, das dem Jahr des Rentenbeginns folgt. Bei Renten mit Rentenbeginn vor dem 1. Januar 2005 ist der Jahresbetrag der Rente des Jahres 2005 maßgebend. Zum Jahresbetrag der Rente vgl. Rz. 113.

cc) Neuberechnung des steuerfreien Teils der Rente

127 Ändert sich der Jahresbetrag der Rente und handelt es sich hierbei nicht um eine regelmäßige Anpassung (z.B. jährliche Rentenerhöhung), ist der steuerfreie Teil der Rente auf der Basis des bisher maßgebenden **Prozentsatzes** mit der veränderten Bemessungsgrundlage neu zu ermitteln. Auch Rentennachzahlungen oder -rückzahlungen sowie **der Wegfall des Kinderzuschusses zur Rente aus einer berufsständischen Versorgungseinrichtung** können zu einer Neuberechnung des steuerfreien Teils der Rente führen.

128 Der steuerfreie Teil der Rente ist in dem Verhältnis anzupassen, in dem der veränderte Jahresbetrag der Rente zum Jahresbetrag der Rente steht, der der Ermittlung des bisherigen steuerfreien Teils der Rente zugrunde gelegen hat. Regelmäßige Anpassungen des Jahresbetrags der Rente bleiben dabei außer Betracht (§ 22 Nr. 1 Satz 3 Buchstabe a Doppelbuchstabe aa Satz 7 EStG). Die für die Berechnung erforderlichen Angaben ergeben sich aus der Rentenbezugsmitteilung (vgl. Rz. 160 ff.).

129 Beispiel:

R bezieht ab Mai 2006 eine monatliche Witwenrente aus der gesetzlichen Rentenversicherung i.H.v. 1.100 €. Die Rente wird aufgrund regelmäßiger Anpassungen zum 1. Juli 2006, zum 1. Juli 2007, zum 1. Juli 2008 und zum 1. Juli 2009 jeweils um 10 € erhöht. Wegen anderer Einkünfte wird die Rente ab August 2009 auf 830 € gekürzt.

(Zu LStH 19.8) **Anlage § 010-01/Altersvorsorgeaufwendungen und Altersbezüge**

Rentenzeitraum	Monatsbetrag	Betrag im Zahlungszeitraum
1.5.–30.6.2006	1.100,00 €	2.200,00 €
1.7.–31.12.2006	1.110,00 €	6.660,00 €
Jahresrente 2006		**8.860,00 €**
1.1.–30.6.2007	1.110,00 €	6.660,00 €
1.7.–31.12.2007	1.120,00 €	6.720,00 €
Jahresrente 2007		**13.380,00 €**
1.1.–30.6.2008	1.120,00 €	6.720,00 €
1.7.–31.12.2008	1.130,00 €	6.780,00 €
Jahresrente 2008		**13.500,00 €**
1.1.–30.6.2009	1.130,00 €	6.780,00 €
1.7.–31.7.2009	1.140,00 €	1.140,00 €
1.8.–31.12.2009	830,00 €	4.150,00 €
Jahresrente 2009		**12.070,00 €**

Dem Finanzamt liegen die folgenden Rentenbezugsmitteilungen vor:

Jahr	Leistungsbetrag	Anpassungsbetrag
2006	8.860,00 €	0,00 €
2007	13.380,00 €	0,00 €
2008	13.500,00 €	120,00 €
2009	12.070,00 €	206,00 €

Berechnung des steuerfreien Teils der Rente 2007

Jahresrente 2007	13.380,00 €
– der Besteuerung unterliegender Teil: 52 % von 13 380,00 € =	– 6.957,60 €
= steuerfreier Teil der Rente	**6.422,40 €**

Neuberechnung des steuerfreien Teils der Rente im Jahr 2009

Jahresrente 2009 ohne regelmäßige Anpassungen	
(12.070,00 € – 206,00 €) =	11.864,00 €
(11.864,00 €/13.380,00 €) x 6.422,40 € =	**5.694,72 €**

Ermittlung des der Besteuerung unterliegenden Teils der Rente in Anlehnung an den Wortlaut des § 22 Nr. 1 Satz 3 Buchstabe a Doppelbuchstabe aa Satz 3 bis 7 EStG

Jahr	Besteuerungsanteil der Rente	
2006	52 % von 8.860,00 € =	4.607,20 €
2007	52 % von 13.380,00 € =	6.957,60 €
2008	13.500,00 € – 6.422,40 € =	7.077,60 €
2009	12.070,00 € – 5 694,72 € =	6.375,28 €

Ermittlung des der Besteuerung unterliegenden Teils der Rente in Anlehnung an die Einkommensteuererklärung / die Rentenbezugsmitteilung

	2006	2007	2008	2009
Jahresrente lt. Rentenbezugsmitteilung	8.860,00 €	13.380,00 €	13.500,00 €	12.070,00 €
– Anpassungsbetrag lt. Rentenbezugsmitteilung	– 0,00 €	– 0,00 €	– 120,00 €	– 206,00 €
Zwischensumme	8.860,00 €	13.380,00 €	13.380,00 €	11.864,00 €
darauf fester Prozentsatz (hier: 52 %)	4.607,20 €	6.957,60 €	6.957,60 €	6.169,28 €
+ Anpassungsbetrag lt. Rentenbezugsmitteilung	+ 0,00 €	+ 0,00 €	+ 120,00 €	+ 206,00 €
= der Besteuerung unterliegende Anteil der Rente	**4.607,20 €**	**6.957,60 €**	**7.077,60 €**	**6.375,28 €**

Anlage § 010-01/Altersvorsorgeaufwendungen und Altersbezüge (Zu LStH 19.8)

130 Folgerenten im Sinne des § 22 Nr. 1 Satz 3 Buchstabe a Doppelbuchstabe aa Satz 8 EStG (vgl. Rz. 119 ff.) werden für die Berechnung des steuerfreien Teils der Rente (§ 22 Nr. 1 Satz 3 Buchstabe a Doppelbuchstabe aa Satz 3 bis 7 EStG) als eigenständige Renten behandelt. Das gilt nicht, wenn eine wegen Wiederheirat weggefallene Witwen- oder Witwerrente (vgl. Rz. 124) wieder auflebt. In diesem Fall berechnet sich der steuerfreie Teil der Rente nach der ursprünglichen, später weggefallenen Rente (vgl. Rz. 125 und 126).

2. Leibrenten und andere Leistungen im Sinne des § 22 Nr. 1 Satz 3 Buchstabe a Doppelbuchstabe bb EStG

131 Leibrenten im Sinne des § 22 Nr. 1 Satz 3 Buchstabe a Doppelbuchstabe bb EStG (vgl. Rz. 107) unterliegen auch ab dem Veranlagungszeitraum 2005 nur mit dem Ertragsanteil der Besteuerung. Die Ertragsanteile sind gegenüber dem bisherigen Recht abgesenkt worden. Sie ergeben sich aus der Tabelle in § 22 Nr. 1 Satz 3 Buchstabe a Doppelbuchstabe bb Satz 4 EStG. Die neuen Ertragsanteile gelten sowohl für Renten, deren Rentenbeginn vor dem 1. Januar 2005 liegt, als auch für Renten, die erst nach dem 31. Dezember 2004 zu laufen beginnen.

132 Für abgekürzte Leibrenten (vgl. Rz. 109) – z.B. aus einer privaten selbständigen Erwerbsminderungsversicherung, die nur bis zum 65. Lebensjahr gezahlt wird – bestimmen sich die Ertragsanteile auch weiterhin nach § 55 Abs. 2 EStDV.

3. Öffnungsklausel
a) Allgemeines

133 Durch die Öffnungsklausel in § 22 Nr. 1 Satz 3 Buchstabe a Doppelbuchstabe bb Satz 2 EStG werden auf Antrag des Steuerpflichtigen Teile der Leibrenten oder anderer Leistungen, die anderenfalls der nachgelagerten Besteuerung nach § 22 Nr. 1 Satz 3 Buchstabe a Doppelbuchstabe aa EStG unterliegen würden, nach § 22 Nr. 1 Satz 3 Buchstabe a Doppelbuchstabe bb EStG besteuert.

b) Antrag

134 Der Antrag ist vom Steuerpflichtigen beim zuständigen Finanzamt in der Regel im Rahmen der Einkommensteuererklärung formlos zu stellen. Der Antrag kann nicht vor Beginn des Leistungsbezugs gestellt werden. Die Öffnungsklausel in § 22 Nr. 1 Satz 3 Buchstabe a Doppelbuchstabe bb Satz 2 EStG ist nicht von Amts wegen anzuwenden.

c) 10-Jahres-Grenze

135 Die Anwendung der Öffnungsklausel setzt voraus, dass bis zum 31. Dezember 2004 in mindestens zehn Jahren (In-Prinzip) Beiträge oberhalb des Betrags des Höchstbeitrags zur gesetzlichen Rentenversicherung gezahlt wurden. Dabei ist jedes Kalenderjahr getrennt zu betrachten. Die Jahre müssen nicht unmittelbar aufeinander folgen. Der jährliche Höchstbeitrag ist auch dann maßgebend, wenn nur für einen Teil des Jahres Versicherungspflicht bestand oder nicht während des ganzen Jahres Beiträge geleistet wurden. **Für die Prüfung, ob die 10-Jahres-Grenze erfüllt ist, sind nur die vor dem 1. Januar 2005 liegenden Beitragsjahre zu berücksichtigen. Beiträge, die nach dem 31. Dezember 2004 gezahlt wurden, sind nicht einzubeziehen.**

d) Maßgeblicher Höchstbeitrag

136 Für die Prüfung, ob Beiträge oberhalb des Betrags des Höchstbeitrags gezahlt wurden, ist grundsätzlich der Höchstbeitrag zur gesetzlichen Rentenversicherung der Angestellten und Arbeiter (West) im Jahr der Zahlung heranzuziehen. In den Jahren, in denen im gesamten Kalenderjahr eine Versicherung in der knappschaftlichen Rentenversicherung bestand, ist deren Höchstbeitrag maßgebend. Bis 1949 galten in den gesetzlichen Rentenversicherungen unterschiedliche Höchstbeiträge für Arbeiter und Angestellte. Sofern keine Versicherungspflicht in den gesetzlichen Rentenversicherungen bestand, ist stets der Höchstbeitrag für Angestellte in der gesetzlichen Rentenversicherung der Arbeiter und Angestellten zu Grunde zu legen. Höchstbeitrag ist die Summe des Arbeitgeberanteils und des Arbeitnehmeranteils zur jeweiligen gesetzlichen Rentenversicherung. Die maßgeblichen Höchstbeiträge ergeben sich für die Jahre 1927 bis 2004 aus der als Anlage beigefügten Tabelle.

e) Ermittlung der geleisteten Beiträge

137 Für die Frage, ob in einem Jahr Beiträge oberhalb des Betrags des Höchstbeitrags gezahlt wurden, sind sämtliche Beiträge zusammenzurechnen, die in dem einzelnen Jahr an gesetzliche Rentenversicherungen, an landwirtschaftliche Alterskassen und an berufsständische Versorgungseinrichtungen gezahlt wurden. Dabei kommt es darauf an, in welchem Jahr und nicht für welches Jahr die Beiträge gezahlt wurden (In-Prinzip). **Das In-Prinzip ist auch anzuwenden, wenn Beiträge zur gesetzlichen Rentenversicherung aufgrund eines Versorgungsausgleichs (§ 187 Abs. 1 Nr. 1 SGB VI), bei vor-**

(Zu LStH 19.8) **Anlage § 010-01/Altersvorsorgeaufwendungen und Altersbezüge**

zeitiger Inanspruchnahme einer Altersrente (§ 187a SGB VI) oder zur Erhöhung der Rentenanwartschaft (§ 187b SGB VI) geleistet werden. Dies gilt entsprechend für Beitragszahlungen an landwirtschaftliche Alterskassen und berufsständische Versorgungseinrichtungen.

Für die Anwendung der Öffnungsklausel werden nur Beiträge berücksichtigt, die eigene Beitragsleistungen des Steuerpflichtigen enthalten. Bei der Ermittlung der gezahlten Beiträge kommt es nicht darauf an, ob die Beiträge vom Steuerpflichtigen vollständig oder teilweise selbst getragen wurden. Es ist auch unerheblich, ob es sich um Pflichtbeiträge, freiwillige Beiträge oder Beiträge zur Höherversicherung handelt. 138

Beiträge aufgrund von Nachversicherungen in gesetzliche Rentenversicherungen, an landwirtschaftliche Alterskassen und an berufsständische Versorgungseinrichtungen sind nicht zu berücksichtigen. Eine Nachversicherung wird durchgeführt, wenn ein Beschäftigungsverhältnis, das unter bestimmten Voraussetzungen nicht der Versicherungspflicht in der gesetzlichen Rentenversicherung oder in einer berufsständischen Versorgungseinrichtung unterlag (z.B. als Beamtenverhältnis), unter Verlust der Versorgungszusage gelöst wird. 139

Zuschüsse zum Beitrag nach § 32 des Gesetzes über die Alterssicherung der Landwirte werden bei der Berechnung mit einbezogen. 140

Der jährliche Höchstbeitrag ist auch dann maßgebend, wenn nur für einen Teil des Jahres eine Versicherungspflicht bestand oder nicht während des ganzen Jahres Beiträge geleistet wurden. Ein anteiliger Ansatz des Höchstbeitrags erfolgt nicht. 141

f) Nachweis der gezahlten Beiträge

Der Steuerpflichtige muss einmalig nachweisen, dass er in mindestens zehn Jahren vor dem 1. Januar 2005 Beiträge oberhalb des Betrags des Höchstbeitrags gezahlt hat. Der Nachweis ist durch Bescheinigungen der Versorgungsträger, **an die Beiträge geleistet wurden,** – bzw. **von deren Rechtsnachfolgern** – zu erbringen, die Angaben über die in den einzelnen Jahren geleisteten Beiträge enthalten müssen. Soweit der Versorgungsträger das Jahr der Zahlung nicht bescheinigen kann, hat er in der Bescheinigung ausdrücklich darauf hinzuweisen. In diesen Fällen obliegt es dem Steuerpflichtigen, den Zahlungszeitpunkt nachzuweisen. Wird der Nachweis nicht geführt, sind diese Beträge nicht in die Berechnung einzubeziehen. Pflichtbeiträge gelten als in dem Jahr gezahlt, für das sie bescheinigt werden. Beiträge oberhalb des Höchstbeitrags, die nach dem 31. Dezember 2004 geleistet worden sind, bleiben für die Anwendung der Öffnungsklausel auch dann außer Betracht, wenn im Übrigen vor dem 1. Januar 2005 in mindestens zehn Jahren Beiträge oberhalb des Betrags des Höchstbeitrags zur gesetzlichen Rentenversicherung geleistet worden sind. 142

g) Ermittlung des auf Beiträgen oberhalb des Betrags des Höchstbeitrags beruhenden Teils der Leistung

Der Teil der Leibrenten oder anderen Leistungen, der auf Beiträgen oberhalb des Betrags des Höchstbeitrags beruht, ist vom Versorgungsträger nach denselben Grundsätzen zu ermitteln wie in Leistungsfällen, bei denen keine Beiträge oberhalb des Betrags des Höchstbeitrags geleistet wurden. **Dieser Teil wird bezogen auf jeden einzelnen Rentenanspruch getrennt ermittelt.** Dabei sind die insgesamt in den einzelnen Kalenderjahren – ggf. zu verschiedenen Versorgungsträgern – geleisteten Beiträge nach Maßgabe der Rz. 147 bis 149 zu berücksichtigen. Jedes Kalenderjahr ist getrennt zu betrachten. Für jedes Jahr ist der Teil der Leistung, der auf Beiträgen oberhalb des Betrags des Höchstbeitrags beruht, gesondert zu ermitteln. Eine Zusammenrechnung der in den einzelnen Jahren gezahlten Beiträge und eine daraus resultierende Durchschnittsbildung ist nicht zulässig. 143

Abweichend hiervon wird bei berufsständischen Versorgungseinrichtungen zugelassen, dass die tatsächlich geleisteten Beiträge und die den Höchstbeitrag übersteigenden Beiträge zum im entsprechenden Jahr maßgebenden Höchstbeitrag ins Verhältnis gesetzt werden. Aus dem Verhältnis der Summen der sich daraus ergebenden Prozentsätze ergibt sich der Prozentsatz für den Teil der Leistung, der auf Beiträge oberhalb des Betrags des Höchstbeitrags entfällt. Für Beitragszahlungen ab dem Jahr 2005 ist für übersteigende Beiträge kein Prozentsatz anzusetzen. Diese Vereinfachungsregelung ist zulässig, wenn 144

– alle Mitglieder der einheitlichen Anwendung der Vereinfachungsregelung zugestimmt haben oder

– die berufsständische Versorgungseinrichtung für das Mitglied den Teil der Leistung, der auf Beiträgen oberhalb des Betrags des Höchstbeitrags zur gesetzlichen Rentenversicherung beruht, nicht nach Rz. 143 ermitteln kann.

Anlage § 010-01/Altersvorsorgeaufwendungen und Altersbezüge (Zu LStH 19.8)

145 Beispiel:
Der Versicherte V war in den Jahren 1969 bis 2005 bei einer berufsständischen Versorgungseinrichtung versichert. Die Aufteilung kann wie folgt durchgeführt werden:

Jahr	tatsächlich geleistete Beiträge in DM / €	Höchstbeitrag zur gesetzlichen Rentenversicherung (HB) in DM / €	übersteigende Beiträge in DM / €	tatsächlich geleistete Beiträge in % des HB	übersteigende Beiträge in % des HB
1969	2 321,00 DM	3 264,00 DM	0 DM	71,11 %	0,00 %
1970	3 183,00 DM	3 672,00 DM	0 DM	86,68 %	0,00 %
1971	2 832,00 DM	3 876,00 DM	0 DM	73,07 %	0,00 %
1972	10 320,00 DM	4 284,00 DM	6 036,00 DM	240,90 %	140,90 %
1973	11 520,00 DM	4 968,00 DM	6 552,00 DM	231,88 %	131,88 %
1974	12 600,00 DM	5 400,00 DM	7 200,00 DM	233,33 %	133,33 %
1975	13 632,00 DM	6 048,00 DM	7 584,00 DM	225,40 %	125,40 %
1976	15 024,00 DM	6 696,00 DM	8 328,00 DM	224,37 %	124,37 %
1977	16 344,00 DM	7 344,00 DM	9 000,00 DM	222,55 %	122,55 %
1978	14 400,00 DM	7 992,00 DM	6 408,00 DM	180,18 %	80,18 %
1979	16 830,00 DM	8 640,00 DM	8 190,00 DM	194,79 %	94,79 %
1980	12 510,00 DM	9 072,00 DM	3 438,00 DM	137,90 %	37,90 %
1981	13 500,00 DM	9 768,00 DM	3 732,00 DM	138,21 %	38,21 %
1982	12 420,00 DM	10 152,00 DM	2 268,00 DM	122,34 %	22,34 %
1983	14 670,00 DM	10 900,00 DM	3 770,00 DM	134,59 %	34,59 %
1984	19 440,00 DM	11 544,00 DM	7 896,00 DM	168,40 %	68,40 %
1985	23 400,00 DM	12 306,60 DM	11 093,40 DM	190,14 %	90,14 %
1986	18 360,00 DM	12 902,40 DM	5 457,60 DM	142,30 %	42,30 %
1987	17 730,00 DM	12 790,80 DM	4 939,20 DM	138,62 %	38,62 %
1988	12 510,00 DM	13 464,00 DM	0 DM	92,91 %	0,00 %
1989	14 310,00 DM	13 688,40 DM	621,60 DM	104,54 %	4,54 %
1990	16 740,00 DM	14 137,20 DM	2 602,80 DM	118,41 %	18,41 %
1991	18 000,00 DM	14 001,00 DM	3 999,00 DM	128,56 %	28,56 %
1992	16 110,00 DM	14 443,20 DM	1 666,80 DM	111,54 %	11,54 %
1993	16 020,00 DM	15 120,00 DM	900,00 DM	105,95 %	5,95 %
1994	17 280,00 DM	17 510,40 DM	0 DM	98,68 %	0,00 %
1995	16 020,00 DM	17 409,60 DM	0 DM	92,02 %	0,00 %
1996	20 340,00 DM	18 432,00 DM	1 908,00 DM	110,35 %	10,35 %
1997	22 140,00 DM	19 975,20 DM	2 164,80 DM	110,84 %	10,84 %
1998	23 400,00 DM	20 462,40 DM	2 937,60 DM	114,36 %	14,36 %
1999	22 500,00 DM	20 094,00 DM	2 406,00 DM	111,97 %	11,97 %
2000	24 210,00 DM	19 917,60 DM	4 292,40 DM	121,55 %	21,55 %
2001	22 230,00 DM	19 940,40 DM	2 289,60 DM	111,48 %	11,48 %
2002	12 725,00 €	10 314,00 €	2 411,00 €	123,38 %	23,38 %
2003	14 721,80 €	11 934,00 €	2 787,80 €	123,36 %	23,36 %
2004	14 447,00 €	12 051,00 €	2 396,00 €	119,88 %	19,88 %
2005	13 274,50 €	12 168,00 €	0,00 €	109,09 %	0,00 %
			Summe	**5 165,63 %**	**1 542,07 %**
			entspricht	**100 %**	**29,85 %**

(Zu LStH 19.8) **Anlage § 010-01/Altersvorsorgeaufwendungen und Altersbezüge**

Von den Leistungen unterliegt ein Anteil von 29,85 % der Besteuerung nach § 22 Nr. 1 Satz 3 Buchstabe a Doppelbuchstabe bb EStG.

h) Aufteilung bei Beiträgen an mehr als einen Versorgungsträger
Weist der Steuerpflichtige die Zahlung von Beiträgen an mehr als einen Versorgungsträger nach, gilt im Einzelnen Folgendes: 146

aa) Beiträge an mehr als eine berufsständische Versorgungseinrichtung
Die Beiträge bis zum jeweiligen Höchstbeitrag sind einer vom Steuerpflichtigen zu bestimmenden berufsständischen Versorgungseinrichtung vorrangig zuzuordnen. Die berufsständischen Versorgungseinrichtungen haben entsprechend dieser Zuordnung den Teil der Leistung zu ermitteln, der auf Beiträgen beruht, die in den einzelnen Jahren oberhalb des Betrags des Höchstbeitrags zur gesetzlichen Rentenversicherung gezahlt wurden. 147

bb) Beiträge an die gesetzliche Rentenversicherung und an berufsständische Versorgungseinrichtungen
Die Beiträge bis zum jeweiligen Höchstbeitrag sind vorrangig der gesetzlichen Rentenversicherung zuzuordnen. Die berufsständische Versorgungseinrichtung hat den Teil der Leistung zu ermitteln, der auf Beiträgen beruht, die in den einzelnen Jahren oberhalb des Betrags des Höchstbeitrags zur gesetzlichen Rentenversicherung gezahlt wurden. Dies gilt für den Träger der gesetzlichen Rentenversicherung entsprechend, wenn die Beiträge zur gesetzlichen Rentenversicherung bereits oberhalb des Höchstbeitrags zur gesetzlichen Rentenversicherung liegen. 148

Beiträge an die landwirtschaftlichen Alterskassen sind für die Frage der Anwendung der Öffnungsklausel wie Beiträge zur gesetzlichen Rentenversicherung zu behandeln. **Sind Beiträge an die gesetzliche Rentenversicherung und an die landwirtschaftlichen Alterskassen geleistet worden, sind die Beiträge bis zum jeweiligen Höchstbeitrag vorrangig der gesetzlichen Rentenversicherung zuzuordnen.** 149

Beispiel: 150

Der Steuerpflichtige N hat in den Jahren 1980 bis 1990 folgende Beiträge zur gesetzlichen Rentenversicherung der Arbeiter und Angestellten und an eine berufsständische Versorgungseinrichtung gezahlt. Im Jahr 1981 wurden i.H.v. 22.100 DM Rentenversicherungsbeiträge für die Jahre 1965 bis 1978 nachentrichtet. Er beantragt die Anwendung der Öffnungsklausel.

Jahr	Beiträge zur gesetzlichen Rentenversicherung	Beiträge an die berufsständische Versorgungseinrichtung	Höchstbeitrag zur gesetzlichen Rentenversicherung	übersteigende Beiträge
1	2	3	4	5
1980	2 000,00 DM	8 000,00 DM	9 072,00 DM	928,00 DM
1981	24 200,00 DM	8 600,00 DM	9 768,00 DM	23 032,00 DM
1982	2 200,00 DM	8 200,00 DM	10 152,00 DM	248,00 DM
1983	2 300,00 DM	9 120,00 DM	10 900,00 DM	520,00 DM
1984	2 400,00 DM	9 500,00 DM	11 544,00 DM	356,00 DM
1985	2 500,00 DM	9 940,00 DM	12 306,60 DM	133,40 DM
1986	2 600,00 DM	10 600,00 DM	12 902,40 DM	297,60 DM
1987	2 700,00 DM	11 300,00 DM	12 790,80 DM	1 209,20 DM
1988	2 800,00 DM	11 800,00 DM	13 464,00 DM	1 136,00 DM
1989	2 900,00 DM	12 400,00 DM	13 688,40 DM	1 611,60 DM
1990	3 000,00 DM	12 400,00 DM	14 137,20 DM	1 262,80 DM

Die Nachzahlung im Jahr 1981 allein führt nicht zur Anwendung der Öffnungsklausel, da nur die Jahre berücksichtigt werden, in denen Beiträge oberhalb des Betrags des Höchstbeitrags geleistet wurden. Für welche Jahre die Beiträge entrichtet wurden, ist dabei unerheblich.

Im Beispielsfall ist die Öffnungsklausel jedoch anzuwenden, da unabhängig von der Nachzahlung in die gesetzliche Rentenversicherung durch die zusätzliche Zahlung von Beiträgen an eine berufsständische Versorgungseinrichtung in mindestens zehn Jahren Beiträge oberhalb des Betrags des Höchstbeitrags zur gesetzlichen Rentenversicherung geleistet wurden. Die Öffnungsklausel ist vorrangig auf die Rente aus

Anlage § 010-01/Altersvorsorgeaufwendungen und Altersbezüge (Zu LStH 19.8)

der berufsständischen Versorgungseinrichtung anzuwenden. Für die Berechung durch die berufsständische Versorgungseinrichtung, welcher Teil der Rente auf Beiträgen oberhalb des Betrags des Höchstbeitrags beruht, sind die übersteigenden Beiträge (Spalte 5 der Tabelle) – höchstens jedoch die tatsächlich an die berufsständische Versorgungseinrichtung geleisteten Beiträge – heranzuziehen. Es ist ausreichend, wenn die berufsständische Versorgungseinrichtung dem Steuerpflichtigen den prozentualen Anteil der auf die übersteigenden Beiträge entfallenden Leistungen mitteilt. Auf dieser Grundlage hat der Steuerpflichtige selbst in der Auszahlungsphase jährlich den konkreten Anteil der Rente zu ermitteln, der nach § 22 Nr. 1 Satz 3 Buchstabe a Doppelbuchstabe bb EStG der Besteuerung unterliegt.

Eine Besonderheit ergibt sich im Beispielsfall für das Jahr 1981. Aufgrund der Nachentrichtung von Beiträgen für frühere Beitragsjahre wurden im Jahr 1981 an die gesetzliche Rentenversicherung Beiträge oberhalb des Höchstbeitrags zur gesetzlichen Rentenversicherung geleistet. Diese Beiträge sind der gesetzlichen Rentenversicherung zuzuordnen. Die gesetzliche Rentenversicherung hat auf der Grundlage der Entgeltpunkte des Jahres 1981 den Anteil der Rente aus der gesetzlichen Rentenversicherung zu ermitteln, der auf Beiträge oberhalb des Höchstbeitrags entfällt. Die Öffnungsklausel ist daher sowohl auf die Rente aus der berufsständischen Versorgungseinrichtung als auch auf die Rente aus der gesetzlichen Rentenversicherung anzuwenden.

Die Ermittlung des Teils der Leistung, der auf Beiträgen oberhalb des Betrags des Höchstbeitrags zur gesetzlichen Rentenversicherung (Spalte 5 der Tabelle) beruht, erfolgt durch den Versorgungsträger. Hierbei ist nach den Grundsätzen in Rz. 143 bis 145 zu verfahren.

i) Öffnungsklausel bei einmaligen Leistungen

151 Einmalige Leistungen unterliegen nicht der Besteuerung, soweit auf sie die Öffnungsklausel Anwendung findet.

151 Beispiel:

Nach der Bescheinigung der Versicherung beruhen 12 % der Leistungen auf Beiträgen, die oberhalb des Betrags des Höchstbeitrags geleistet wurden. Nach dem Tod des Steuerpflichtigen erhält die Witwe W ein einmaliges Sterbegeld und eine monatliche Witwenrente.

Von der Witwenrente unterliegt ein Anteil von 88 % der nachgelagerten Besteuerung nach § 22 Nr. 1 Satz 3 Buchstabe a Doppelbuchstabe aa EStG und ein Anteil von 12 % der Besteuerung mit dem Ertragsanteil nach § 22 Nr. 1 Satz 3 Buchstabe a Doppelbuchstabe bb EStG. Der Ertragsanteil bestimmt sich nach dem Lebensjahr der rentenberechtigten Witwe W bei Beginn der Witwenrente; die Regelung zur Folgerente findet bei der Ertragsanteilsbesteuerung keine Anwendung.

Das Sterbegeld unterliegt zu einem Anteil von 88 % der nachgelagerten Besteuerung nach § 22 Nr. 1 Satz 3 Buchstabe a Doppelbuchstabe aa EStG. 12 % des Sterbegelds unterliegen nicht der Besteuerung.

j) Versorgungsausgleich unter Ehegatten oder unter Lebenspartnern

153 Anwartschaften, auf deren Leistungen die Öffnungsklausel anzuwenden ist, können in einen Versorgungsausgleich unter Ehegatten oder Lebenspartnern einbezogen worden sein. Soweit eine solche Anwartschaft auf den Ausgleichsberechtigten übertragen bzw. soweit zu Lasten einer solchen Anwartschaft für den Ausgleichsberechtigten eine Anwartschaft begründet wurde (§ 1587b Abs. 1 BGB, § 1 Abs. 2 oder 3 VAHRG), kann auf Antrag des Ausgleichsberechtigten auf die darauf beruhenden Leistungen die Öffnungsklausel ebenfalls Anwendung finden. In dem Umfang, wie der Ausgleichsberechtigte für übertragene oder begründete Anwartschaften die Öffnungsklausel anwenden kann, entfällt für den Ausgleichsverpflichteten die Anwendbarkeit der Öffnungsklausel. Dabei kommt es nicht darauf an, ob der Ausgleichsberechtigte tatsächlich von der Anwendbarkeit der Öffnungsklausel Gebrauch macht.

154 Die Anwendung der Öffnungsklausel beim Ausgleichsberechtigten setzt voraus, dass der Ausgleichsverpflichtete bis zum 31. Dezember 2004 in mindestens zehn Jahren (In-Prinzip) Beiträge oberhalb des Betrages des Höchstbeitrags zur gesetzlichen Rentenversicherung gezahlt hat (vgl. Rz. 135). Dabei sind sämtliche Beitragszahlungen des Ausgleichsverpflichteten ohne Beschränkung auf die Ehe- bzw. Lebenspartnerschaftszeit heranzuziehen.

Bei Ehen bzw. Lebenspartnerschaften, die nach dem 31. Dezember 2004 geschlossen werden, kommt die Öffnungsklausel hinsichtlich der Leistungen an den Ausgleichsberechtigten, die auf im Wege des Versorgungsausgleichs übertragenen oder begründeten Anwartschaften beruhen, nicht zur Anwendung, da die während der Ehe- bzw. Lebenspartnerschaftszeit erworbenen Leistungen des Ausgleichsverpflichteten insgesamt nicht auf bis zum 31. Dezember 2004 geleisteten Beiträgen oberhalb des Höchstbeitrags beruhen.

(Zu LStH 19.8) **Anlage § 010-01/Altersvorsorgeaufwendungen und Altersbezüge**

Erhält der Ausgleichsberechtigte neben der sich aus der im Rahmen des Versorgungsausgleichs übertragenen oder begründeten Anwartschaft ergebenden Leistung noch eine auf „eigenen" Beiträgen beruhende Leistung, ist das Vorliegen der 10-Jahres-Grenze für diese Leistung gesondert zu prüfen. Die Beitragszahlungen des Ausgleichsverpflichteten sind dabei nicht zu berücksichtigen.

Der auf der im Rahmen des Versorgungsausgleichs übertragenen oder begründeten Anwartschaft 155 beruhende Teil der Leistung, der auf Beiträgen oberhalb des Betrags des Höchstbetrags zur gesetzlichen Rentenversicherung beruht, ermittelt sich ehe- bzw. lebenspartnerschaftszeitbezogen. Dazu ist der Teil der Leistung, der auf in der Ehe- bzw. Lebenspartnerschaftszeit vom Ausgleichsverpflichteten geleisteten Beiträgen oberhalb des Höchstbetrags beruht, ins Verhältnis zu der insgesamt während der Ehe- bzw. Lebenspartnerschaftszeit erworbenen Leistung des Ausgleichsverpflichteten zu setzen. Als insgesamt während der Ehe- bzw. Lebenspartnerschaftszeit erworbene Anwartschaft ist stets der durch das Familiengericht dem Versorgungsausgleich zugrunde gelegte Wert maßgeblich. Änderungsverfahren nach § 10a VAHRG sind zu berücksichtigen. Mit dem sich danach ergebenden prozentualen Anteil unterliegt die sich aus der im Rahmen des Versorgungsausgleichs übertragenen oder begründeten Anwartschaft ergebende Leistung an den Ausgleichsberechtigten der Besteuerung nach § 22 Nr. 1 Satz 3 Buchstabe a Doppelbuchstabe bb EStG. Entsprechend reduziert sich der Teil der Leistung des Ausgleichsverpflichteten, auf den die Öffnungsklausel anwendbar ist. Hierzu ist zunächst beim Ausgleichsverpflichteten der Betrag der Leistung zu ermitteln, der sich aus allen durch eigene Versicherung erworbenen Anwartschaften ergibt und auf bis zum 31. Dezember 2004 gezahlten Beiträgen oberhalb des Höchstbetrags zur gesetzlichen Rentenversicherung beruht, wenn kein Versorgungsausgleich durchgeführt worden wäre. Dabei sind auch diejenigen Anwartschaften, die dem Ausgleichsverpflichteten infolge des durchgeführten Versorgungsausgleichs nicht mehr zustehen, weil sie übertragen worden sind bzw. zu ihren Lasten eine Anwartschaft für den Ausgleichsberechtigten begründet worden ist, zu berücksichtigen. Von diesem Betrag wird der Betrag der Leistung abgezogen, der auf Anwartschaften beruht, die auf den Ausgleichsberechtigten im Rahmen des Versorgungsausgleichs übertragen wurden und für die der Ausgleichsberechtigte die Öffnungsklausel in Anspruch nehmen kann. Der verbleibende Betrag ist ins Verhältnis zu der dem Ausgleichsverpflichteten nach Berücksichtigung des Versorgungsausgleichs tatsächlich verbleibenden Leistung zu setzen. Mit diesem Prozentsatz unterliegt die nach Durchführung des Versorgungsausgleichs verbleibende Leistung des Ausgleichsverpflichteten der Öffnungsklausel nach § 22 Nr. 1 Satz 3 Buchstabe a Doppelbuchstabe bb Satz 2 EStG. Diese Berechnung ist auch dann vorzunehmen, wenn der Ausgleichsberechtigte die Anwendung der Öffnungsklausel auf die im Versorgungsausgleich übertragene oder begründete Anwartschaft nicht geltend macht.

Die Anwendung der Öffnungsklausel auf im Rahmen des Versorgungsausgleichs übertragene 156 bzw. begründete Anwartschaften ist unabhängig vom Rentenbeginn des Ausgleichsverpflichteten und unabhängig davon, ob dieser für sich selbst die Öffnungsklausel beantragt. Der beim Ausgleichsberechtigten nach § 22 Nr. 1 Satz 3 Buchstabe a Doppelbuchstabe aa EStG anzuwendende Prozentsatz (für die Kohortenbesteuerung) bestimmt sich nach dem Jahr seines Rentenbeginns.

Bezieht der Ausgleichsberechtigte vom gleichen Versorgungsträger neben der auf der im Rahmen 157 des Versorgungsausgleichs übertragenen oder begründeten Anwartschaft beruhenden Leistung eine durch eigene Versicherung erworbene Leistung, ist die Anwendung der Öffnungsklausel und deren Umfang für die Leistung aus eigener Versicherung gesondert zu ermitteln. Die Beitragszahlungen des Ausgleichsverpflichteten sind dabei nicht zu berücksichtigen. Der sich insoweit ergebende Prozentsatz kann von demjenigen abweichen, der auf die vom Ausgleichsverpflichteten auf den Ausgleichsberechtigten übertragene bzw. begründete Anwartschaft anzuwenden ist. Wird vom Versorgungsträger eine einheitliche Leistung erbracht, die sich aus der eigenen und der im Rahmen des Versorgungsausgleichs übertragenen bzw. begründeten Anwartschaft zusammensetzt, kann vom Versorgungsträger ein sich auf die Gesamtleistung ergebender einheitlicher Prozentsatz ermittelt werden. Dabei sind ggf. weitere Rentenanteile, die auf einem durchgeführten Versorgungsausgleich verbleiben und für die die Anwendbarkeit der Öffnungsklausel nicht gegeben ist, mit einem Verhältniswert von 0 einzubringen. Solange für Rentenanteile aus dem Versorgungsausgleich die Anwendbarkeit der Öffnungsklausel und der entsprechende Verhältniswert nicht festgestellt sind, ist stets von einem Wert von 0 auszugehen. Wird kein auf die Gesamtleistung anzuwendender Wert ermittelt, sind die einzelnen Leistungsteile, auf die der/die berechnete/n Verhältniswert/e anzuwenden ist/sind, anzugeben.

Anlage § 010-01/Altersvorsorgeaufwendungen und Altersbezüge (Zu LStH 19.8)

158 Beispiel:

Berechnung für den Ausgleichsberechtigten:

Nach dem Ausscheiden aus dem Erwerbsleben erhält A von einer berufsständischen Versorgungseinrichtung eine Rente i.H.v. monatlich 1.000 €. Diese Rente beruht zu 200 € auf im Rahmen des Versorgungsausgleichs auf A übertragenen Rentenanwartschaften von seiner geschiedenen Ehefrau. Die Voraussetzungen der Öffnungsklausel liegen vor. Nach Ermittlung der berufsständischen Versorgungseinrichtung unterliegen 25 % der übertragenen und 5 % der durch eigene Versicherung erworbenen Rentenanwartschaft des A nach § 22 Nr. 1 Satz 3 Buchstabe a Doppelbuchstabe bb Satz 2 EStG der Ertragsanteilsbesteuerung.

Weist die berufsständische Versorgungseinrichtung die Renten jährlich getrennt aus, sind die jeweiligen Prozentsätze unmittelbar auf die einzelnen Renten anzuwenden.

800 € x 12 = 9.600 €	
95 % nach § 22 Nr. 1 Satz 3 Buchstabe a Doppelbuchstabe aa EStG	9.120 €
5 % nach § 22 Nr. 1 Satz 3 Buchstabe a Doppelbuchstabe bb EStG	480 €
200 € x 12 = 2.400 €	
75 % nach § 22 Nr. 1 Satz 3 Buchstabe a Doppelbuchstabe aa EStG	1.800 €
25 % nach § 22 Nr. 1 Satz 3 Buchstabe a Doppelbuchstabe bb EStG	600 €
Ingesamt zu versteuern	
nach § 22 Nr. 1 Satz 3 Buchstabe a Doppelbuchstabe aa EStG	10.920 €
nach § 22 Nr. 1 Satz 3 Buchstabe a Doppelbuchstabe bb EStG	1.080 €

Weist die berufsständische Versorgungseinrichtung einen einheitlichen Rentenbetrag aus, kann anstelle der Rentenaufteilung auch ein einheitlicher Prozentsatz ermittelt werden.

Der einheitliche Wert für die gesamte Leistung berechnet sich wie folgt:
[(800 € x 5 %) + (200 € x 25 %)] : 1.000 € = 9 %

1.000 € x 12 = 12.000 €	
91 % nach § 22 Nr. 1 Satz 3 Buchstabe a Doppelbuchstabe aa EStG	10.920 €
9 % nach § 22 Nr. 1 Satz 3 Buchstabe a Doppelbuchstabe bb EStG	1.080 €

9 % der Rente aus der berufsständischen Versorgungseinrichtung unterliegen der Besteuerung nach § 22 Nr. 1 Satz 3 Buchstabe a Doppelbuchstabe bb EStG.

Berechnung für den Ausgleichsverpflichteten:

B hat Rentenanwartschaften bei einer berufsständischen Versorgungseinrichtung von insgesamt 1.500 € erworben. Davon wurden im Versorgungsausgleich 200 € auf ihren geschiedenen Ehemann A übertragen. B erfüllt die Voraussetzungen für die Anwendung der Öffnungsklausel. 35 % der gesamten Anwartschaft von 1.500 € beruhen auf bis zum 31. Dezember 2004 gezahlten Beiträgen oberhalb des Höchstbetrags zur gesetzlichen Rentenversicherung. Für die Ehezeit hat der Träger der berufsständischen Versorgungseinrichtung einen Anteil von 25 % ermittelt.

Der auf die nach Durchführung des Versorgungsausgleichs der B noch zustehende Rente von 1.300 € anwendbare Prozentsatz für die Öffnungsklausel ermittelt sich wie folgt:

Rente des Ausgleichsverpflichteten *vor* Versorgungsausgleich:
1.500 € x 12 = 18.000 €

Anteilsberechnung für Öffnungsklausel, wenn kein Versorgungsausgleich erfolgt wäre:
35 % von 18.000 € = 6.300 €;
6.300 € der insgesamt von B erworbenen Rentenanwartschaften unterliegen (auf Antrag) der Ertragsanteilsbesteuerung (§ 22 Nr. 1 Satz 3 Buchstabe a Doppelbuchstabe bb EStG), die restlichen 11.700 € sind nach § 22 Nr. 1 Satz 3 Buchstabe a Doppelbuchstabe aa EStG zu versteuern.

Im Versorgungsausgleich übertragene Rentenanwartschaft:
200 € x 12 = 2.400 €
25 % von 2.400 € = 600 €
Von den im Versorgungsausgleich auf den geschiedenen Ehemann A übertragenen Rentenanwartschaften können 600 € mit dem Ertragsanteil besteuert werden.

Verbleibender Betrag beim Ausgleichsverpflichteten für die Anteilsberechnung im Rahmen der Öffnungsklausel:
6.300 € - 600 € = 5.700 €
Der für B verbleibende Betrag, der mit dem Ertragsanteil (§ 22 Nr. 1 Satz 3 Buchstabe a Doppelbuchstabe bb EStG) besteuert werden kann, beträgt 5.700 €.

Rente des Ausgleichsverpflichteten *nach* Versorgungsausgleich:
1.300 € x 12 = 15.600 €
Anteilsberechnung beim Ausgleichsverpflichteten:
5.700 € von 15.600 € = 36,54 %
Dies entspricht 36,54 % der B nach Durchführung des Versorgungsausgleichs zustehenden Rente. Dieser Anteil der Rente ist nach § 22 Nr. 1 Satz 3 Buchstabe a Doppelbuchstabe bb EStG zu versteuern. Für den übrigen Anteil i.H.v. 63,46 % (9.900 € von 15.600 €) ist § 22 Nr. 1 Satz 3 Buchstabe a Doppelbuchstabe aa EStG anzuwenden.

Rechenweg für die Anteilsberechnung (Öffnungsklausel) beim Ausgleichsverpflichteten in verkürzter Darstellung:
(18.000 € x 35 % - 2.400 € x 25 %) / 15.600 € x 100 = 36,54 %

k) Bescheinigung der Leistung nach § 22 Nr. 1 Satz 3 Buchstabe a Doppelbuchstabe bb Satz 2 EStG

Der Versorgungsträger hat dem Steuerpflichtigen auf dessen Verlangen den prozentualen Anteil der Leistung zu bescheinigen, der auf bis zum 31. Dezember 2004 geleisteten Beiträgen beruht, die oberhalb des Betrags des Höchstbeitrags zur gesetzlichen Rentenversicherung gezahlt wurden. Im Fall der Anwendung der Vereinfachungsregelung (Rz. 144) hat der Versorgungsträger die Berechnung – entsprechend dem Beispielsfall in Rz. 145 – darzustellen. 159

Wurden Beiträge an mehr als einen Versorgungsträger gezahlt und ist der Höchstbetrag – auch unter Berücksichtigung der Zusammenrechnung nach Rz. 137 – nur bei einem Versorgungsträger überschritten, so ist nur von diesem Versorgungsträger eine Bescheinigung zur Aufteilung der Leistung auszustellen. Der dort bescheinigte Prozentsatz ist nur auf die Leistung dieses Versorgungsträgers anzuwenden. Für die Leistungen der übrigen Versorgungsträger kommt die Öffnungsklausel nicht zur Anwendung. Diese unterliegen in vollem Umfang der Besteuerung nach § 22 Nr. 1 Satz 3 Buchstabe a Doppelbuchstabe aa EStG.

Stellt die gesetzliche Rentenversicherung fest, dass Beiträge zur gesetzlichen Rentenversicherung in mindestens einem Jahr oberhalb des Betrags des Höchstbeitrags geleistet wurden, so stellt sie – unabhängig davon, ob die Voraussetzungen für die Öffnungsklausel erfüllt sind – eine Mitteilung aus, in der bescheinigt wird, welcher Teil der Leistung auf Beiträgen oberhalb des Betrags des Höchstbeitrags beruht. In dieser Bescheinigung wird ausdrücklich darauf hingewiesen, in wie vielen Jahren der Betrag des Höchstbeitrags überschritten wurde und dass die Öffnungsklausel nur zur Anwendung kommt, wenn in mindestens zehn Jahren Beiträge oberhalb des Betrags des Höchstbeitrags geleistet wurden. Sind die Voraussetzungen der Öffnungsklausel durch Beiträge an weitere Versorgungsträger erfüllt, dient diese Mitteilung der gesetzlichen Rentenversicherung als Bescheinigung zur Aufteilung der Leistung. Der darin mitgeteilte Prozentsatz ist in diesem Fall auf die Leistung der gesetzlichen Rentenversicherung anzuwenden; eine weitere Bescheinigung ist nicht erforderlich.

Die endgültige Entscheidung darüber, ob die Öffnungsklausel zur Anwendung kommt, obliegt ausschließlich der Finanzverwaltung und nicht der die Rente auszahlenden Stelle. Der Steuerpflichtige muss deshalb die Anwendung der Öffnungsklausel beim Finanzamt und nicht Versorgungsträger beantragen. Der Versorgungsträger ermittelt hierfür den Teil der Leistung, der auf Beiträgen oberhalb des Betrags des Höchstbeitrags beruht und bescheinigt diesen.

D. Rentenbezugsmitteilung nach § 22a EStG

I. Allgemeines

Nach § 22a EStG müssen von den Mitteilungspflichtigen Rentenbezugsmitteilungen nach amtlich vorgeschriebenem Datensatz durch Datenfernübertragung an die zentrale Stelle übermittelt werden. Für jeden Vertrag und für jede Rente ist eine gesonderte Rentenbezugsmitteilung erforderlich. Nicht in das Rentenbezugsmitteilungsverfahren einbezogen werden Renten, Teile von Renten oder andere (Teil-)Leistungen, die steuerfrei sind (vgl. z.B. Rz. 92 und § 3 Nr. 1 Buchstabe a EStG) oder nicht der Besteuerung unterliegen. Eine Rentenbezugsmitteilung ist ebenfalls nicht erforderlich, wenn die Rentenansprüche – z.B. wegen der Höhe der eigenen Einkünfte – ruhen und daher im gesamten Kalenderjahr keine Zahlungen erfolgen sind oder gewährte Leistungen im selben Kalenderjahr auch zurückgezahlt wurden. 160

Das **Bundeszentralamt für Steuern** wird abweichend von § 22a Abs. 1 EStG den Zeitpunkt der erstmaligen Übermittlung von Rentenbezugsmitteilungen durch ein im Bundessteuerblatt zu veröffentlichendes Schreiben bekannt geben (§ 52 Abs. 38a EStG). Die Mitteilungspflichtigen müssen die Daten bis zum Zeitpunkt der erstmaligen Übermittlung der Rentenbezugsmitteilungen vorhalten **(vgl. BfF-Schreiben vom 5. Dezember 2005, BStBl. I S. 1029).** 161

Anlage § 010-01/Altersvorsorgeaufwendungen und Altersbezüge (Zu LStH 19.8)

II. Mitteilungspflichtige

162 Mitteilungspflichtig nach § 22a EStG sind die Träger der gesetzlichen Rentenversicherung, der Gesamtverband der landwirtschaftlichen Alterskassen für die Träger der Alterssicherung der Landwirte, die berufsständischen Versorgungseinrichtungen, die Pensionskassen, die Pensionsfonds, die Versicherungsunternehmen, die Unternehmen, die Verträge im Sinne des § 10 Abs. 1 Nr. 2 Buchstabe b EStG anbieten, und die Anbieter im Sinne des § 80 EStG. Dieser Verpflichtung unterliegen auch **ausländische Versicherungsunternehmen (einschließlich Pensionskassen) sowie ausländische Pensionsfonds, sofern sie aufsichtsrechtlich zur Ausübung des Geschäftsbetriebs im Inland befugt sind.**

III. Inhalt der Rentenbezugsmitteilung

163 Die in die Rentenbezugsmitteilung aufzunehmenden Daten sind in § 22a Abs. 1 EStG aufgezählt.

1. Angaben zur Identifikation des Leistungsempfängers

164 Die Rentenbezugsmitteilung muss die Identifikationsnummer (§ 139b AO), den Familiennamen, den Vornamen und das Geburtsdatum des Leistungsempfängers beinhalten. **Eine Übermittlung des Geburtsortes ist nicht erforderlich.** Zum Verfahren zur Erlangung der Identifikationsnummer vgl. Rz. 181.

2. Angaben zur Höhe und Bestimmung des Leistungsbezugs

165 In der Rentenbezugsmitteilung sind die im Kalenderjahr zugeflossenen Leistungen grundsätzlich in einer Summe anzugeben. Im Leistungsbetrag enthaltene Nachzahlungen für mehrere Jahre können gesondert ausgewiesen werden.

166 Ist wegen rückwirkender Zubilligung einer Rente der Anspruch auf eine bisher gewährte Sozialleistung (z.B. auf Kranken-, Arbeitslosengeld oder Sozialhilfe) rückwirkend ganz oder teilweise weggefallen und steht dem Leistenden deswegen gegenüber dem Rentenversicherungsträger (z.B. nach § 103 des Zehnten Buches Sozialgesetzbuch – SGB X –) ein Erstattungsanspruch zu, sind die bisher gezahlten Sozialleistungen in Höhe dieses Erstattungsanspruchs als Rentenzahlungen anzusehen. Die Rente gilt in dieser Höhe im Zeitpunkt der Zahlung der ursprünglichen Leistungen als dem Leistungsempfänger zugeflossen. Die umgewidmeten Beträge unterliegen ebenfalls der Mitteilungspflicht nach § 22a EStG, wenn sie nach dem 31. Dezember 2004 zugeflossen sind. Bereits erstellte Rentenbezugsmitteilungen sind entsprechend zu berichtigen.

167 Der Betrag der Leibrenten und anderen Leistungen im Sinne des § 22 Nr. 1 Satz 3 Buchstabe a Doppelbuchstabe aa, bb Satz 4 und Doppelbuchstabe bb Satz 5 EStG i.V.m. § 55 Abs. 2 EStDV sowie im Sinne des § 22 Nr. 5 EStG muss jeweils gesondert ausgewiesen sein. Die Leistungen nach § 22 Nr. 5 EStG sind je gesondert nach Satz 1 bis 4 mitzuteilen.

168 Beispiel:
R erhält im Jahr 2005 aus einem zertifizierten Altersvorsorgevertrag eine Rente i.H.v. 1.100 €. Die Rente beruht i.H.v. 220 € auf steuerlich nicht geförderten Beiträgen.
In der Rentenbezugsmitteilung ist jeweils gesondert mitzuteilen der Teil der Rente, der nach § 22 Nr. 5 Satz 1 EStG zu besteuern ist (880 €) und der Teil der Rente, welcher der Besteuerung mit dem Ertragsanteil nach § 22 Nr. 5 Satz 2 **Buchstabe a** i.V.m. Nr. 1 Satz 3 Buchstabe a Doppelbuchstabe bb EStG unterliegt (220 €).

169 Die Anwendung der Öffnungsklausel (§ 22 Nr. 1 Satz 3 Buchstabe a Doppelbuchstabe bb Satz 2 EStG; vgl. Rz. 133 ff.) ist antragsgebunden und daher im Rentenbezugsmitteilungsverfahren nicht zu berücksichtigen.

170 Der für die Anwendung des § 11 EStG erforderliche Zeitpunkt des tatsächlichen Zuflusses beim Leistungsempfänger ist den Mitteilungspflichtigen in der Regel nicht bekannt. Für Zwecke der Rentenbezugsmitteilung kann aus Vereinfachungsgründen der Tag der Auszahlung beim Leistungsverpflichteten als Zuflusszeitpunkt angenommen werden. Der Mitteilungspflichtige kann von anderen Kriterien ausgehen, wenn dies wegen seiner organisatorischen Verhältnisse zu genaueren Ergebnissen führt. Dem Leistungsempfänger bleibt es unbenommen, dem Finanzamt einen abweichenden Zuflusszeitpunkt zu belegen.

171 Beispiel:
Die Rentennachzahlung für das Jahr 2004 und die Rente für Januar 2006 werden am 28. Dezember 2005 zur Auszahlung angewiesen.
Für die Erstellung der Rentenbezugsmitteilung kann aus Vereinfachungsgründen unterstellt werden, dass der Betrag am 28. Dezember 2005 dem Konto des Rentenempfängers gutgeschrieben wurde. Die Rentennachzahlung ist nach § 11 Abs. 1 Satz 1 EStG dem Kalenderjahr 2005, die Rente für Januar 2006 nach § 11 Abs. 1 Satz 2 EStG dem Jahr 2006 zuzuordnen.

(Zu LStH 19.8) **Anlage § 010-01/Altersvorsorgeaufwendungen und Altersbezüge**

Werden Renten oder andere Leistungen zurückgefordert, sind sie im Kalenderjahr der Rückzahlung von 172
den ihnen entsprechend zugeflossenen Leistungen abzuziehen. Übersteigt in einem Kalenderjahr der
zurückgezahlte Betrag den Betrag der zugeflossenen Leistungen, ist der überschießende Betrag als
negativer Betrag in der Rentenbezugsmitteilung anzugeben.

3. **Angaben zum Teil der Rente, der ausschließlich auf einer regelmäßigen Anpassung der Rente beruht**

In den Fällen, in denen die Leistung ganz oder teilweise der Besteuerung nach § 22 Nr. 1 Satz 3 Buch- 173
stabe a Doppelbuchstabe aa EStG unterliegt, ist in der Rentenbezugsmitteilung die auf regelmäßigen
Rentenanpassungen beruhende Erhöhung des Jahresbetrags der Rente gegenüber dem Jahr mitzuteilen,
das dem Jahr des Rentenbeginns folgt. Das gilt auch bei einer Neuberechnung der Rente. Bei Renten, die
vor dem 1. Januar 2005 begonnen haben, sind nur die Erhöhungen des Jahresbetrags der Rente gegenüber dem Jahr 2005 mitzuteilen.

Beispiel: 174

R bezieht ab Mai 2006 eine monatliche Witwenrente aus der gesetzlichen Rentenversicherung i.H.v.
1.100 €. Die Rente wird aufgrund regelmäßiger Anpassungen zum 1. Juli 2006, zum 1. Juli 2007, zum
1. Juli 2008 und zum 1. Juli 2009 jeweils um 10 € erhöht.

Rentenzeitraum	Monatsbetrag	Betrag im Zahlungszeitraum
1.5.–30.6.2006	1.100,00 €	2.200,00 €
1.7.–31.12.2006	1.110,00 €	6.660,00 €
Jahresrente 2006		**8.860,00 €**
1.1.–30.6.2007	1.110,00 €	6.660,00 €
1.7.–31.12.2007	1.120,00 €	6.720,00 €
Jahresrente 2007		**13.380,00 €**
1.1.–30.6.2008	1.120,00 €	6.720,00 €
1.7.–31.12.2008	1.130,00 €	6.780,00 €
Jahresrente 2008		**13.500,00 €**
1.1.–30.6.2009	1.130,00 €	6.780,00 €
1.7.–31.12.2009	1.140,00 €	6.840,00 €
Jahresrente 2009		**13.620,00 €**

In den Rentenbezugsmitteilungen für die Jahre 2006 bis 2009 ist als Leistungsbetrag der jeweilige Jahresbetrag der Rente auszuweisen. Zusätzlich ist ab dem Jahr 2008 die auf regelmäßigen Rentenanpassungen beruhende Erhöhung des Jahresbetrags der Rente gegenüber dem Jahr 2007 mitzuteilen.

Rentenbezugsmitteilungen

Jahr	Leistungsbetrag	Anpassungsbetrag
2006	8.860,00 €	0,00 €
2007	13.380,00 €	0,00 €
2008	13.500,00 €	120,00 €
2009	13.620,00 €	240,00 €

Auch in Fällen, in denen sich – z.B. wegen Anrechnung anderer Einkünfte – die monatliche Rente ver- 175
mindert, können in der gekürzten Rente Teile enthalten sein, die auf einer regelmäßigen Anpassung des
Jahresbetrags der Rente beruhen.

Abwandlung des Beispiels in Rz. 174: 176

Wegen anderer Einkünfte erhält R ab August 2009 eine auf 830 € gekürzte Witwenrente.

Rentenzeitraum	Monatsbetrag	Betrag im Zahlungszeitraum
1.1.–30.6.2009	1.130,00 €	6.780,00 €
1.7.–31.7.2009	1.140,00 €	1.140,00 €
1.8.–31.12.2009	830,00 €	4.150,00 €
Jahresrente 2009		**12.070,00 €**

Anlage § 010-01/Altersvorsorgeaufwendungen und Altersbezüge (Zu LStH 19.8)

In der ab August 2009 gekürzten Rente ist derselbe prozentuale Erhöhungsbetrag enthalten, der auf regelmäßigen Anpassungen der Jahresrente beruht, wie in der ungekürzten Rente für Juli 2009. Der in der Rente enthaltene auf regelmäßigen Anpassungen beruhende Teil der Rente errechnet sich wie folgt:

Januar bis Juni 2009:	jeweils 1.130,00 € – (13.380,00 € / 12) = 15 €	insgesamt 90 €
Juli 2009:	1.140,00 € – (13.380,00 € / 12) = 25 €	insgesamt 25 €
August bis Dezember 2009:	jeweils (830,00 € / 1.140,00 €) x 25 € = 18,20 €	insgesamt 91 €

In der Rentenbezugsmitteilung für das Jahr 2009 sind folgende Beträge auszuweisen:

Jahr	Leistungsbetrag	Anpassungsbetrag
2009	12.070,00 €	206,00 €

177 Bei einer vollständigen oder teilweisen Rückforderung der Rente ist der in der Rückforderung enthaltene, auf regelmäßigen Anpassungen beruhende Teil der Rente zu ermitteln. Dieser Betrag ist für den Ausweis in der Rentenbezugsmitteilung mit dem in der laufenden Rente enthaltenen Teil der Rente, der auf regelmäßigen Anpassungen beruht, zu saldieren. Ggf. ist auch ein negativer Betrag in der Rentenbezugsmitteilung auszuweisen.

4. Angaben zum Zeitpunkt des Beginns und Ende des Leistungsbezugs

178 In der Rentenbezugsmitteilung muss der Zeitpunkt des Beginns und - soweit bekannt - des Endes des jeweiligen Leistungsbezugs übermittelt werden. Folgen nach dem 31. Dezember 2004 Renten aus derselben Versicherung einander nach (vgl. Rz. 119 und 120), sind in den Fällen, in denen die Leistung ganz oder teilweise der Besteuerung nach § 22 Nr. 1 Satz 3 Buchstabe a Doppelbuchstabe aa EStG unterliegt, auch Beginn und Ende der vorhergehenden Renten mitzuteilen (vgl. § 22 Nr. 1 Satz 3 Buchstabe a Doppelbuchstabe aa Satz 8 EStG).

179 Einmalige Leistungen sind in der Rentenbezugsmitteilung nicht gesondert auszuweisen (vgl. Rz. 165). Bei einmaligen Leistungen, die vor Beginn der Rente ausgezahlt werden, ist als Beginn des Leistungsbezugs das Datum der Zahlung der einmaligen Leistung anzugeben.

5. Angaben zur Identifikation des Mitteilungspflichtigen

180 Zur Identifikation des Leistenden müssen Bezeichnung und Anschrift des Mitteilungspflichtigen in der Rentenbezugsmitteilung übermittelt werden.

IV. Mitteilung der Identifikationsnummer (§ 139b AO) an den Mitteilungspflichtigen

181 Der Leistungsempfänger muss dem Mitteilungspflichtigen seine Identifikationsnummer mitteilen. Kommt der Leistungsempfänger trotz Aufforderung dieser Verpflichtung nicht nach, kann sich der Mitteilungspflichtige mit der Bitte um Mitteilung der Identifikationsnummer des Leistungsempfängers an das **Bundeszentralamt für Steuern** wenden. In der Anfrage dürfen nur die in § 139b Abs. 3 AO genannten Daten des Leistungsempfängers angegeben werden. **Der Mitteilungspflichtige nach § 22a Abs. 1 EStG kann die Identifikationsnummer (§ 139b AO) eines Leistungsempfängers, dem in den Jahren 2005 bis 2008 Leistungen zugeflossen sind (Bestandsrentner), abweichend von § 22a Abs. 2 Satz 1 und 2 EStG beim Bundeszentralamt für Steuern erheben. Das Bundeszentralamt für Steuern teilt dem Mitteilungspflichtigen die Identifikationsnummer des Leistungsempfängers mit, sofern die übermittelten Daten mit den nach § 139b Abs. 3 AO beim Bundeszentralamt für Steuern gespeicherten Daten übereinstimmen. Stimmen die Daten nicht überein, findet § 22a Abs. 2 Satz 1 und 2 EStG Anwendung. Die Anfrage des Mitteilungspflichtigen und die Antwort des Bundeszentralamtes für Steuern sind über die zentrale Stelle zu übermitteln. Das Bundeszentralamt für Steuern** darf dem Mitteilungspflichtigen nur die Identifikationsnummer des jeweiligen Leistungsempfängers übermitteln. Der Mitteilungspflichtige darf die Identifikationsnummer nur verwenden, soweit dies für die Erfüllung der Mitteilungspflicht nach § 22a Abs. 1 Satz 1 EStG erforderlich ist.

V. Unterrichtung des Leistungsempfängers

182 Der Leistungsempfänger ist vom Mitteilungspflichtigen jeweils darüber zu unterrichten, dass die Leistung der zentralen Stelle mitgeteilt wird (§ 22a Abs. 3 EStG). Dies kann im Rentenbescheid, in einer Rentenanpassungsmitteilung, in einer sonstigen Mitteilung über Leistungen oder in der Mitteilung nach § 22 Nr. 5 Satz 7 EStG erfolgen.

VI. Ermittlungspflicht

183 Nach geltendem Recht sind die Finanzämter bei der Ermittlung der steuererheblichen Sachverhalte an den Grundsatz der Verhältnismäßigkeit gebunden. Danach ist auch bei Vorliegen einer Rentenbezugs-

(Zu LStH 19.8) **Anlage § 010-01/Altersvorsorgeaufwendungen und Altersbezüge**

mitteilung zu berücksichtigen, inwieweit der Ermittlungsaufwand bei der Finanzbehörde, aber auch bei den Steuerpflichtigen durch das voraussichtliche steuerliche Ergebnis gerechtfertigt wäre.

E. Anwendungsregelung

Das BMF-Schreiben vom 24. Februar 2005 – IV C 3 – S 2255 - 51/05 / IV C 4 – S 2221 – 37/05 / IV C 5 – S 2345 – 9/05 –, BStBl. I S. 429 (unter Berücksichtigung der Änderungen durch das BMF-Schreiben vom 14. August 2006, BStBl. I S. 496), wird aufgehoben.

Dieses Schreiben wird im Bundessteuerblatt Teil I veröffentlicht. Es steht für eine Übergangszeit auf den Internetseiten des Bundesministeriums der Finanzen (www.bundesfinanzministerium.de) zur Ansicht und zum Abruf bereit.

Anlage

Zusammenstellung der Höchstbeiträge in der gesetzlichen Rentenversicherung der Arbeiter und Angestellten und in der knappschaftlichen Rentenversicherung (jeweils Arbeitgeber- und Arbeitnehmeranteil) für die Jahre 1927 bis 2004

Jahr	Gesetzliche Rentenversicherung der Arbeiter und Angestellten		Knappschaftliche Rentenversicherung	
	Arbeiter	Angestellte	Arbeiter	Angestellte
1927	83,43 RM	240,00 RM	383,67 RM	700,00 RM
1928	104,00 RM	280,00 RM	371,25 RM	816,00 RM
1929	104,00 RM	360,00 RM	355,50 RM	901,60 RM
1930	104,00 RM	360,00 RM	327,83 RM	890,40 RM
1931	104,00 RM	360,00 RM	362,48 RM	915,60 RM
1932	104,00 RM	360,00 RM	405,40 RM	940,80 RM
1933	104,00 RM	360,00 RM	405,54 RM	940,80 RM
1934	124,80 RM	300,00 RM	456,00 RM	806,40 RM
1935	124,80 RM	300,00 RM	456,00 RM	806,40 RM
1936	124,80 RM	300,00 RM	456,00 RM	806,40 RM
1937	124,80 RM	300,00 RM	456,00 RM	806,40 RM
1938	136,37 RM	300,00 RM	461,93 RM	1 767,60 RM
1939	140,40 RM	300,00 RM	471,90 RM	1 771,20 RM
1940	140,40 RM	300,00 RM	471,90 RM	1 771,20 RM
1941	140,40 RM	300,00 RM	472,73 RM	1 767,60 RM
1942	171,00 RM	351,60 RM	478,50 RM	1 764,00 RM
1943	201,60 RM	403,20 RM	888,00 RM	1 032,00 RM
1944	201,60 RM	403,20 RM	888,00 RM	1 032,00 RM
1945	201,60 RM	403,20 RM	888,00 RM	1 032,00 RM
1946	201,60 RM	403,20 RM	888,00 RM	1 032,00 RM
1947	201,60 RM	403,20 RM	888,00 RM	1 462,00 RM
1948[1)]	201,60 DM	403,20 DM	888,00 DM	1 548,00 DM
1949	**504,00 DM**	**588,00 DM**	1.472,50 DM	1 747,50 DM
1950	720,00 DM		1 890,00 DM	
1951	720,00 DM		1 890,00 DM	
1952	780,00 DM		2 160,00 DM	
1953	900,00 DM		2 700,00 DM	
1954	900,00 DM		2 700,00 DM	
1955	967,50 DM		2 700,00 DM	

---

1) Die im Jahr 1948 vor der Währungsreform geltenden Höchstbeiträge wurden entsprechend der Umstellung der Renten im Verhältnis 1:1 von Reichsmark (RM) in Deutsche Mark (DM) umgerechnet.

Anlage § 010-01/Altersvorsorgeaufwendungen und Altersbezüge (Zu LStH 19.8)

Jahr	Gesetzliche Rentenversicherung der Arbeiter und Angestellten		Knappschaftliche Rentenversicherung	
	Arbeiter	Angestellte	Arbeiter	Angestellte
1956	990,00 DM		2 700,00 DM	
1957	1 215,00 DM		2 770,00 DM	
1958	1 260,00 DM		2 820,00 DM	
1959	1 344,00 DM		2 820,00 DM	
1960	1 428,00 DM		2 820,00 DM	
1961	1 512,00 DM		3 102,00 DM	
1962	1 596,00 DM		3 102,00 DM	
1963	1 680,00 DM		3 384,00 DM	
1964	1 848,00 DM		3 948,00 DM	
1965	2 016,00 DM		4 230,00 DM	
1966	2 184,00 DM		4 512,00 DM	
1967	2 352,00 DM		4 794,00 DM	
1968	2 880,00 DM		5 358,00 DM	
1969	3 264,00 DM		5 640,00 DM	
1970	3 672,00 DM		5 922,00 DM	
1971	3 876,00 DM		6 486,00 DM	
1972	4 284,00 DM		7 050,00 DM	
1973	4 968,00 DM		7 896,00 DM	
1974	5 400,00 DM		8 742,00 DM	
1975	6 048,00 DM		9 588,00 DM	
1976	6 696,00 DM		10 716,00 DM	
1977	7 344,00 DM		11 844,00 DM	
1978	7 992,00 DM		12 972,00 DM	
1979	8 640,00 DM		13 536,00 DM	
1980	9 072,00 DM		14 382,00 DM	
1981	9 768,00 DM		15 876,00 DM	
1982	10 152,00 DM		16 356,00 DM	
1983	10 900,00 DM		17 324,00 DM	
1984	11 544,00 DM		18 624,00 DM	
1985	12 306,60 DM		19 892,30 DM	
1986	12 902,40 DM		20 658,60 DM	
1987	12 790,80 DM		20 831,40 DM	
1988	13 464,00 DM		21 418,20 DM	
1989	13 688,40 DM		22 005,00 DM	
1990	14 137,20 DM		22 885,20 DM	
1991	14 001,00 DM		22 752,00 DM	
1992	14 443,20 DM		23 637,60 DM	
1993	15 120,00 DM		24 831,00 DM	
1994	17 510,40 DM		28 764,00 DM	
1995	17 409,60 DM		28 454,40 DM	
1996	18 432,00 DM		29 988,00 DM	
1997	19 975,20 DM		32 602,80 DM	
1998	20 462,40 DM		33 248,40 DM	
1999	20 094,00 DM		32 635,20 DM	

(Zu LStH 19.8) **Anlage § 010-01/Altersvorsorgeaufwendungen und Altersbezüge**

Jahr	Gesetzliche Rentenversicherung der Arbeiter und Angestellten		Knappschaftliche Rentenversicherung	
	Arbeiter	Angestellte	Arbeiter	Angestellte
2000	19 917,60 DM		32 563,20 DM	
2001	19 940,40 DM		32 613,60 DM	
2002	10 314,00 Euro		16 916,40 Euro	
2003	11 934,00 Euro		19 425,00 Euro	
2004	12 051,00 Euro		19 735,80 Euro	

Anlage § 010-02/Berufsausbildungskosten ab 2004 (Zu LStH 9.2)

Neuregelung der einkommensteuerlichen Behandlung von Berufsausbildungskosten gemäß § 10 Abs. 1 Nr. 7, § 12 Nr. 5 EStG in der Fassung des Gesetzes zur Änderung der Abgabenordnung und weiterer Gesetze vom 21. Juli 2004 (BGBl. I S. 1753, BStBl. I 2005 S. 343) ab 2004

BMF-Schreiben vom 4. November 2005 IV C 8 – S 2227 – 5/05 (BStBl. I S. 955)[1]

1 Die einkommensteuerliche Behandlung von Berufsausbildungskosten wurde durch das Gesetz zur Änderung der Abgabenordnung und weiterer Gesetze vom 21. Juli 2004 (BGBl. I S. 1753, BStBl. I 2005 S. 343) neu geordnet (Neuordnung). Unter Bezugnahme auf das Ergebnis der Erörterung mit den obersten Finanzbehörden der Länder gelten dazu die nachfolgenden Ausführungen.

Unberührt von der Neuordnung bleibt die Behandlung von Aufwendungen für eine berufliche Fort- und Weiterbildung. Sie stellen Betriebsausgaben oder Werbungskosten dar, sofern sie durch den Beruf veranlasst sind, soweit es sich dabei nicht um eine erstmalige Berufsausbildung oder ein Erststudium i.S.d. § 12 Nr. 5 EStG handelt.

1. Grundsätze

2 Aufwendungen für die erstmalige Berufsausbildung oder ein Erststudium stellen nach § 12 Nr. 5 EStG keine Betriebsausgaben oder Werbungskosten dar, es sei denn, die Bildungsmaßnahme findet im Rahmen eines Dienstverhältnisses statt (Ausbildungsdienstverhältnis).

Aufwendungen für die eigene Berufsausbildung, die nicht Betriebsausgaben oder Werbungskosten darstellen, können nach § 10 Abs. 1 Nr. 7 EStG bis zu 4.000 Euro im Kalenderjahr als Sonderausgaben abgezogen werden.

3 Ist einer Berufsausbildung eine abgeschlossene erstmalige Berufsausbildung oder ein abgeschlossenes Erststudium vorausgegangen (weitere Berufsausbildung), handelt es sich dagegen bei den durch die weitere Berufsausbildung veranlassten Aufwendungen um Betriebsausgaben oder Werbungskosten, wenn ein hinreichend konkreter, objektiv feststellbarer Zusammenhang mit späteren im Inland steuerpflichtigen Einnahmen aus der angestrebten beruflichen Tätigkeit besteht. Entsprechendes gilt für ein Studium nach einem abgeschlossenen Erststudium (weiteres Studium). Die Rechtsprechung des BFH zur Rechtslage vor der Neuordnung ist insoweit weiter anzuwenden, BFH vom 4. Dezember 2002, VI R 120/01, BStBl. II 2003, 403; vom 17. Dezember 2002, VI R 137/01, BStBl. II 2003, 407; vom 13. Februar 2003, IV R 44/01, BStBl. II 2003, 698; vom 29. April 2003, VI R 86/99, BStBl. II 2003, 749; vom 27. Mai 2003, VI R 33/01, BStBl. II 2004, 884; vom 22. Juli 2003, VI R 190/97, BStBl. II 2004, 886; vom 22. Juli 2003, VI R 137/99, BStBl. II 2004, 888; vom 22. Juli 2003, VI R 50/02, BStBl. II 2004, 889; vom 13. Oktober 2003, VI R 71/02, BStBl. II 2004, 890; vom 4. November 2003, VI R 96/01, BStBl. II 2004, 891.

2. Erstmalige Berufsausbildung, Erststudium und Ausbildungsdienstverhältnisse i.S.d. § 12 Nr. 5 EStG

2.1 Erstmalige Berufsausbildung

4 Unter dem Begriff „Berufsausbildung" i.S.d. § 12 Nr. 5 EStG ist eine berufliche Ausbildung unter Ausschluss eines Studiums zu verstehen.

Eine Berufsausbildung i.S.d. § 12 Nr. 5 EStG liegt vor, wenn der Steuerpflichtige durch eine berufliche Ausbildungsmaßnahme die notwendigen fachlichen Fertigkeiten und Kenntnisse erwirbt, die zur Aufnahme eines Berufs befähigen. Voraussetzung ist, dass der Beruf durch eine Ausbildung im Rahmen eines öffentlich-rechtlich geordneten Ausbildungsgangs erlernt wird (BFH vom 6. März 1992, VI R 163/88, BStBl. II 1992 S. 661) und der Ausbildungsgang durch eine Prüfung abgeschlossen wird.

Die Auslegung des Begriffs „Berufsausbildung" im Rahmen des § 32 Abs. 4 EStG ist für § 12 Nr. 5 EStG nicht maßgeblich.

5 Zur Berufsausbildung zählen:
– Berufsausbildungsverhältnisse gemäß § 1 Abs. 3, §§ 4 bis 52 Berufsbildungsgesetz (Artikel 1 des Gesetzes zur Reform der beruflichen Bildung [Berufsbildungsreformgesetz – BerBiRefG] vom 23. März 2005, BGBl. I S. 931, im Folgenden BBiG), sowie anerkannte Lehr- und Anlernberufe oder vergleichbar geregelte Ausbildungsberufe aus der Zeit vor dem In-Kraft-Treten des BBiG, § 104 BBiG. Der erforderliche Abschluss besteht hierbei in der erfolgreich abgelegten Abschlussprüfung i. S.d. § 37 BBiG. Gleiches gilt, wenn die Abschlussprüfung nach § 43 Abs. 2 BBiG ohne ein Aus-

---

[1] Unter Berücksichtigung der Änderungen durch BMF-Schreiben vom 21.6.2007 (BStBl. I S. 492) mit Neufassung der Randziffern 17 und 25, anzuwenden in allen noch offenen Fällen ab VZ 2004.

(Zu LStH 9.2) **Anlage § 010-02/Berufsausbildungskosten ab 2004**

bildungsverhältnis auf Grund einer entsprechenden schulischen Ausbildung abgelegt wird, die durch Verordnung des jeweiligen Landes als im Einzelnen gleichwertig anerkannt ist;
- mit Berufsausbildungsverhältnissen vergleichbare betriebliche Ausbildungsgänge außerhalb des Geltungsbereichs des BBiG (zur Zeit nach der Schiffsmechaniker-Ausbildungsverordnung vom 12. April 1994, BGBl. I S. 797 in der jeweils geltenden Fassung);
- die Ausbildung auf Grund der bundes- oder landesrechtlichen Ausbildungsregelungen für Berufe im Gesundheits- und Sozialwesen;
- landesrechtlich geregelte Berufsabschlüsse an Berufsfachschulen;
- die Berufsausbildung behinderter Menschen in anerkannten Berufsausbildungsberufen oder auf Grund von Regelungen der zuständigen Stellen in besonderen „Behinderten-Ausbildungsberufen" und
- die Berufsausbildung in einem öffentlich-rechtlichen Dienstverhältnis sowie die Berufsausbildung auf Kauffahrteischiffen, die nach dem Flaggenrechtsgesetz vom 8. Februar 1951 (BGBl. I S. 79) die Bundesflagge führen, soweit es sich nicht um Schiffe der kleinen Hochseefischerei und der Küstenfischerei handelt.

Andere Bildungsmaßnahmen werden einer Berufsausbildung i.S.d. § 12 Nr. 5 EStG gleichgestellt, wenn **6** sie dem Nachweis einer Sachkunde dienen, die Voraussetzung zur Aufnahme einer fest umrissenen beruflichen Betätigung ist. Die Ausbildung muss im Rahmen eines geordneten Ausbildungsgangs erfolgen und durch eine staatliche oder staatlich anerkannte Prüfung abgeschlossen werden. Der erfolgreiche Abschluss der Prüfung muss Voraussetzung für die Aufnahme der beruflichen Betätigung sein. Die Ausbildung und der Abschluss müssen vom Umfang und Qualität der Ausbildungsmaßnahmen und Prüfungen her grundsätzlich mit den Anforderungen, die im Rahmen von Berufsausbildungsmaßnahmen i.S.d. Rz. 5 gestellt werden, vergleichbar sein.

Dazu gehört z.B. die Ausbildung zu Berufspiloten auf Grund der JAR-FCL 1 deutsch vom 15. April 2003, Bundesanzeiger 2003 Nummer 80a.

Aufwendungen für den Besuch allgemeinbildender Schulen einschließlich der in § 10 Abs. 1 Nr. 9 EStG **7** genannten Ersatz- und Ergänzungsschulen sind Kosten der privaten Lebensführung im Sinne des § 12 Nr. 1 EStG und dürfen daher nicht bei den einzelnen Einkunftsarten abgezogen werden. Der Besuch eines Berufskollegs zum Erwerb der Fachhochschulreife gilt als Besuch einer allgemeinbildenden Schule. Dies gilt auch, wenn ein solcher Abschluss, z.B. das Abitur, nach Abschluss einer Berufsausbildung nachgeholt wird. Derartige Aufwendungen können als Sonderausgaben gemäß § 10 Abs. 1 Nr. 7 EStG vom Gesamtbetrag der Einkünfte abgezogen werden.

Die Berufsausbildung ist als erstmalige Berufsausbildung anzusehen, wenn ihr keine andere abge- **8** schlossene Berufsausbildung beziehungsweise kein abgeschlossenes berufsqualifizierendes Hochschulstudium vorausgegangen ist. Wird ein Steuerpflichtiger ohne entsprechende Berufsausbildung in einem Beruf tätig und führt die zugehörige Berufsausbildung nachfolgend durch (nachgeholte Berufsausbildung), handelt es sich dabei um eine erstmalige Berufsausbildung (BFH vom 6. März 1992, VI R 163/88, BStBl. II 1992 S. 661).

Diese Grundsätze gelten auch für die Behandlung von Aufwendungen für Anerkennungsjahre und **9** praktische Ausbildungsabschnitte als Bestandteil einer Berufsausbildung. Soweit keine vorherige abgeschlossene Berufsausbildung vorangegangen ist, stellen sie Teil einer ersten Berufsausbildung dar und unterliegen § 12 Nr. 5 EStG. Nach einer vorherigen abgeschlossenen Berufsausbildung oder einem berufsqualifizierenden Studium können Anerkennungsjahre und Praktika einen Bestandteil einer weiteren Berufsausbildung darstellen oder bei einem entsprechenden Veranlassungszusammenhang als Fort- oder Weiterbildung anzusehen sein.

Bei einem Wechsel und einer Unterbrechung der erstmaligen Berufsausbildung sind die in Rz. 19 ange- **10** führten Grundsätze entsprechend anzuwenden.

Inländischen Abschlüssen gleichgestellt sind Berufsausbildungsabschlüsse von Staatsangehörigen eines **11** Mitgliedstaats der Europäischen Union (EU) oder eines Vertragstaats des europäischen Wirtschaftsraums (EWR) oder der Schweiz, die in einem dieser Länder erlangt werden, sofern der Abschluss in mindestens einem dieser Länder unmittelbar den Zugang zu dem entsprechenden Beruf eröffnet. Ferner muss die Tätigkeit, zu denen die erlangte Qualifikation in mindestens einem dieser Länder befähigt, der Tätigkeit, zu der ein entsprechender inländischer Abschluss befähigt, gleichartig sein. Zur Vereinfachung kann in der Regel davon ausgegangen werden, dass eine Gleichartigkeit vorliegt.

Anlage § 010-02/Berufsausbildungskosten ab 2004 (Zu LStH 9.2)

2.2 Erststudium

2.2.1 Grundsätze

12 Ein Studium i.S.d. § 12 Nr. 5 EStG liegt dann vor, wenn es sich um ein Studium an einer Hochschule i.S.d. § 1 Hochschulrahmengesetzes handelt (Gesetz vom 26. Januar 1976, BGBl. I S. 185 in der Fassung der Bekanntmachung vom 19. Januar 1999, BGBl. I S. 18, zuletzt geändert durch Gesetz vom 27. Dezember 2004, BGBl. I S. 3835, im Folgenden HRG). Nach dieser Vorschrift sind Hochschulen die Universitäten, die Pädagogischen Hochschulen, die Kunsthochschulen, die Fachhochschulen und die sonstigen Einrichtungen des Bildungswesens, die nach Landesrecht staatliche Hochschulen sind. Gleichgestellt sind private und kirchliche Bildungseinrichtungen sowie die Hochschulen des Bundes, die nach Landesrecht als Hochschule anerkannt werden, § 70 HRG. Studien können auch als Fernstudien durchgeführt werden, § 13 HRG. Auf die Frage, welche schulischen Abschlüsse oder sonstigen Leistungen den Zugang zum Studium eröffnet haben, kommt es nicht an.

13 Ein Studium stellt dann ein erstmaliges Studium dar, wenn ihm kein anderes durch einen berufsqualifizierenden Abschluss beendetes Studium vorangegangen ist. Ein Studium wird auf Grund der entsprechenden Prüfungsordnung einer inländischen Hochschule durch eine Hochschulprüfung oder eine staatliche oder kirchliche Prüfung abgeschlossen, §§ 15, 16 HRG.

14 Auf Grund einer berufsqualifizierenden Hochschulprüfung kann ein Hochschulgrad verliehen werden. Hochschulgrade sind der Diplom- und der Magistergrad i.S.d. § 18 HRG. Das Landesrecht kann weitere Grade vorsehen. Ferner können die Hochschulen Studiengänge einrichten, die auf Grund entsprechender berufsqualifizierender Prüfungen zu einem Bachelor- oder Bakkalaureusgrad und einem Master- oder Magistergrad führen, § 19 HRG. Der Magistergrad i.S.d. § 18 HRG setzt anders als der Master- oder Magistergrad i.S.d. des § 19 HRG keinen vorherigen anderen Hochschulabschluss voraus. Zwischenprüfungen stellen keinen Abschluss eines Studiums i.S.d. § 12 Nr. 5 EStG dar.

15 Die von den Hochschulen angebotenen Studiengänge führen in der Regel zu einem berufsqualifizierenden Abschluss, § 10 Abs. 1 Satz 1 HRG. Im Zweifel ist davon auszugehen, dass die entsprechenden Prüfungen berufsqualifizierend sind.

16 Die Ausführungen bei den Berufsausbildungskosten zur Behandlung von Aufwendungen für Anerkennungsjahre und Praktika gelten entsprechend, z.B. für den „Arzt im Praktikum" vgl. Rz. 9.

17 Studien- und Prüfungsleistungen an ausländischen Hochschulen, die zur Führung eines ausländischen akademischen Grades berechtigen, der nach § 20 HRG in Verbindung mit dem Recht des Landes, in dem der Gradinhaber seinen inländischen Wohnsitz oder inländischen gewöhnlichen Aufenthalt hat, anerkannt wird, sowie Studien- und Prüfungsleistungen von Staatsangehörigen eines Mitgliedstaats der EU oder von Vertragsstaaten des EWR oder der Schweiz an Hochschulen dieser Staaten erbracht werden, sind nach diesen Grundsätzen inländischen Studien- und Prüfungsleistungen gleichzustellen. Der Stpfl. hat die Berechtigung zur Führung des Grades nachzuweisen. Für die Gleichstellung von Studien- und Prüfungsleistungen werden die in der Datenbank „anabin" (www.anabin.de) der Zentralstelle für ausländisches Bildungswesen beim Sekretariat der Kultusministerkonferenz aufgeführten Bewertungsvorschläge zugrunde gelegt.[1)]

2.2.2 Einzelfragen:

18 Fachschulen:

Die erstmalige Aufnahme eines Studiums nach dem Abschluss einer Fachschule stellt auch dann ein Erststudium dar, wenn die von der Fachschule vermittelte Bildung und das Studium sich auf ein ähnliches Wissensgebiet beziehen.

19 Wechsel und Unterbrechung des Studiums:

Bei einem Wechsel des Studiums ohne Abschluss des zunächst betriebenen Studiengangs, z.B. von Rechtswissenschaften zu Medizin, stellt das zunächst aufgenommene Jurastudium kein abgeschlossenes Erststudium dar. Bei einer Unterbrechung eines Studiengangs ohne einen berufsqualifizierenden Abschluss und seiner späteren Weiterführung stellt der der Unterbrechung nachfolgende Studienteil kein weiteres Studium dar.

Beispiel:

> An einer Universität wird der Studiengang des Maschinenbaustudiums aufgenommen, anschließend unterbrochen und nunmehr eine Ausbildung als KfZ-Mechaniker erfolgreich begonnen und abgeschlossen. Danach wird der Studiengang des Maschinenbaustudiums an derselben Hochschule weitergeführt und abgeschlossen. § 12 Nr. 5 EStG ist auf beide Teile des Maschinenbaustudiums

---

1) Neufassung Rz. 17 gemäß BMF-Schreiben vom 21.6.2007 (BStBl. I S. 492), anzuwenden in allen noch offenen Fällen ab VZ 2004.

(Zu LStH 9.2) **Anlage § 010-02/Berufsausbildungskosten ab 2004**

anzuwenden. Wird das begonnene Studium statt dessen nach der Ausbildung als KfZ-Mechaniker an einer anderen Hochschule, z.B. einer Fachhochschule, weitergeführt und abgeschlossen, ist der zunächst begonnene Studiengang an der Universität nicht abgeschlossen und ein neuer Studiengang an der Fachhochshcule aufgenommen worden. Auch in diesem Fall ist § 12 Nr. 5 EStG für beide Studiengänge anzuwenden.

Mehrere Studiengänge: 20

Werden zwei (oder ggf. mehrere) Studiengänge parallel studiert, die zu unterschiedlichen Zeiten abgeschlossen werden, stellt der nach dem berufsqualifizierenden Abschluss eines der Studiengänge weiter fortgesetzte andere Studiengang vom Zeitpunkt des Abschlusses an ein weiteres Studium dar.

Aufeinander folgende Abschlüsse unterschiedlicher Hochschultypen: 21

Da die Universitäten, Pädagogischen Hochschulen, Kunsthochschulen, Fachhochschulen sowie weitere entsprechende landesrechtliche Bildungseinrichtungen gleichermaßen Hochschulen i.S.d. § 1 HRG darstellen, stellt ein Studium an einer dieser Bildungseinrichtungen nach einem abgeschlossen Studium an einer anderen dieser Bildungseinrichtungen ein weiteres Studium dar. So handelt es sich bei einem Universitätsstudium nach einem abgeschlossenen Fachhochschulstudium um ein weiteres Studium.

Ergänzungs- und Aufbaustudien: 22

Postgraduale Zusatz-, Ergänzungs- und Aufbaustudien i.S.d. § 12 HRG setzen den Abschluss eines ersten Studiums voraus und stellen daher ein weiteres Studium dar.

Vorbereitungsdienst: 23

Als berufsqualifizierender Studienabschluss gilt auch der Abschluss eines Studiengangs, durch den die fachliche Eignung für einen beruflichen Vorbereitungsdienst oder eine berufliche Einführung vermittelt wird, § 10 Abs. 1 Satz 2 HRG. Dazu zählt beispielhaft der juristische Vorbereitungsdienst (Referendariat). Das erste juristische Staatsexamen stellt daher einen berufsqualifizierenden Abschluss dar.

Bachelor- und Masterstudiengänge: 24

Nach § 19 Abs. 2 HRG stellt der Bachelor- oder Bakkalaureusgrad einer inländischen Hochschule einen berufsqualifizierenden Abschluss dar. Daraus folgt, dass der Abschluss eines Bachelorstudiengangs den Abschluss eines Erststudiums darstellt und ein nachfolgender Studiengang als weiteres Studium anzusehen ist.

Nach § 19 Abs. 3 HRG kann die Hochschule auf Grund von Prüfungen, mit denen ein weiterer berufsqualifizierender Abschluss erworben wird, einen Master- oder Magistergrad verleihen. Die Hochschule kann einen Studiengang ausschließlich mit dem Abschluss Bachelor anbieten (grundständig). Sie kann einen Studiengang mit dem Abschluss als Bachelor und einem inhaltlich darauf aufbauendem Masterstudiengang vorsehen (konsekutives Masterstudium). Sie kann aber auch ein Masterstudium anbieten, ohne selbst einen entsprechenden Bachelorstudiengang anzubieten (postgraduales Masterstudium).

Ein Masterstudium i.S.d. § 19 HRG kann nicht ohne ein abgeschlossenes Bachelor- oder anderes Studium aufgenommen werden. Es stellt daher ein weiteres Studium dar. Dies gilt auch für den Master of Business Administration (MBA). Er ermöglicht Studenten verschiedener Fachrichtungen ein anwendungsbezogenes Postgraduiertenstudium in den Wirtschaftswissenschaften.

Berufsakademien und andere Ausbildungseinrichtungen: 25

Nach Landesrecht kann vorgesehen werden, dass bestimmte an Berufsakademien oder anderen Ausbildungseinrichtungen erfolgreich absolvierte Ausbildungsgänge einem abgeschlossenen Studium an einer Fachhochschule gleichwertig sind und die gleichen Berechtigungen verleihen, auch wenn es sich bei diesen Ausbildungseinrichtungen nicht um Hochschulen i. S. des § 1 HRG handelt. Soweit dies der Fall ist, stellt ein entsprechend abgeschlossenes Studium unter der Voraussetzung, dass ihm kein anderes Studium vorangegangen ist, ein Erststudium i. S. des § 12 Nr. 5 EStG dar.[1)]

Promotion: 26

Es ist regelmäßig davon auszugehen, dass dem Promotionsstudium und der Promotion durch die Hochschule selber der Abschluss eines Studiums vorangeht. Aufwendungen für ein Promotionsstudium und die Promotion stellen Betriebsausgaben oder Werbungskosten dar, sofern ein berufsbezogener Veranlassungszusammenhang zu bejahen ist (BFH vom 4. November 2003, VI R 96/01, BStBl. II 2004, 891). Dies gilt auch, wenn das Promotionsstudium bzw. die Promotion im Einzelfall ohne vorhergehenden berufsqualifizierenden Studienabschluss durchgeführt wird.

Eine Promotion stellt keinen berufsqualifizierenden Abschluss eines Studienganges dar.

---

1) Neufassung Rz. 25 gemäß BMF-Schreiben vom 21.6.2007 (BStBl. I S. 492), anzuwenden in allen noch offenen Fällen ab VZ 2004.

Anlage § 010-02/Berufsausbildungskosten ab 2004 (Zu LStH 9.2)

2.3 Berufsausbildung oder Studium im Rahmen eines Ausbildungsdienstverhältnisses

27 Eine erstmalige Berufsausbildung oder ein Studium findet im Rahmen eines Ausbildungsdienstverhältnisses statt, wenn die Ausbildungsmaßnahme Gegenstand des Dienstverhältnisses ist, s. R 34 LStR 2005 und H 34 (Ausbildungsdienstverhältnis) LStH 2005 sowie die dort angeführte Rechtsprechung des BFH. Die dadurch veranlassten Aufwendungen stellen Werbungskosten dar. Zu den Ausbildungsdienstverhältnissen zählen z.B. die Berufsausbildungsverhältnisse gemäß § 1 Abs. 3, §§ 4 bis 52 BBiG.

28 Dementsprechend liegt kein Ausbildungsdienstverhältnis vor, wenn die Berufsausbildung oder das Studium nicht Gegenstand des Dienstverhältnisses ist, auch wenn die Berufsbildungsmaßnahme oder das Studium seitens des Arbeitgebers durch Hingabe von Mitteln, z.B. eines Stipendiums, gefördert wird.

3. Abzug von Aufwendungen für die eigene Berufsausbildung als Sonderausgaben, § 10 Abs. 1 Nr. 7 EStG

29 Bei der Ermittlung der Aufwendungen gelten die allgemeinen Grundsätze des Einkommensteuergesetzes. Dabei sind die Regelungen in § 4 Abs. 5 Satz 1 Nr. 5 und 6b, § 9 Abs. 1 Satz 3 Nr. 4 und 5 und Abs. 2 EStG zu beachten. Zu den abziehbaren Aufwendungen gehören z.B.:

- Lehrgangs-, Schul- oder Studiengebühren, Arbeitsmittel, Fachliteratur,
- Fahrten zwischen Wohnung und Ausbildungsort,
- Mehraufwendungen für Verpflegung,
- Mehraufwendungen wegen auswärtiger Unterbringung,
- Kosten für ein häusliches Arbeitszimmer.

Für den Abzug von Aufwendungen für eine auswärtige Unterbringung ist nicht erforderlich, dass die Voraussetzungen einer doppelten Haushaltsführung vorliegen.

4. Anwendungszeitraum

30 Die vorstehenden Regelungen zur Neuordnung sind erstmals für den Veranlagungszeitraum 2004 anzuwenden.

(Zu LStH 3.55, 3.56, 3.63, 3.65, 3.66, 38.2) **Anlage § 010a-01/Altersvorsorge**

Steuerliche Förderung der privaten Altersvorsorge und betrieblichen Altersversorgung

BMF-Schreiben vom 31. März 2010 IV C 3 – S 2222/09/10041, IV C 5 – S 2333/07/0003, 2010/0256374 (BStBl. I S. ...)

Zur steuerlichen Förderung der privaten Altersvorsorge und betrieblichen Altersversorgung nehme ich im Einvernehmen mit den obersten Finanzbehörden der Länder wie folgt Stellung:
Für die Inanspruchnahme des Sonderausgabenabzugs nach § 10a EStG wird, was die Prüfungskompetenz der Finanzämter betrifft, vorab auf § 10a Abs. 5 Satz 3 EStG hingewiesen, wonach die in der Bescheinigung des Anbieters mitgeteilten übrigen Voraussetzungen für den Sonderausgabenabzug nach § 10a Abs. 1 bis 3 EStG im Wege des automatisierten Datenabgleichs nach § 91 EStG durch die zentrale Stelle (Zentrale Zulagenstelle für Altersvermögen - ZfA -) überprüft werden.

Inhalt

		Randziffer
A.	**Private Altersvorsorge**	**1-246**
I.	Förderung durch Zulage und Sonderausgabenabzug	1-113
1.	Begünstigter Personenkreis	1-21
	a) Allgemeines	1
	b) Unmittelbar begünstigte Personen	2-16
	aa) Pflichtversicherte in der **inländischen** gesetzlichen Rentenversicherung (§ 10a Abs. 1 Satz 1 Halbsatz 1 EStG) und Pflichtversicherte nach dem Gesetz über die Alterssicherung der Landwirte (§ 10a Abs. 1 Satz 3 EStG)	2-3
	bb) Empfänger von Besoldung und diesen gleichgestellte Personen (§ 10a Abs. 1 Satz 1 Halbsatz 2 EStG)	4-5
	cc) Pflichtversicherten gleichstehende Personen	6
	dd) Pflichtversicherte in einer ausländischen Rentenversicherung	7
	ee) Sonderfall: Beschäftigte internationaler Institutionen	8
	ff) Entsendete Pflichtversicherte und Beamte, denen eine Tätigkeit im Ausland zugewiesen wurde	9-10
	gg) Bezieher einer Rente wegen voller Erwerbsminderung oder Erwerbsunfähigkeit oder einer Versorgung wegen Dienstunfähigkeit	11-16
	c) Nicht unmittelbar begünstigte Personen	17
	d) Mittelbar zulageberechtigte Personen	18-21
2.	Altersvorsorgebeiträge (§ 82 EStG)	22-32
	a) Private Altersvorsorgebeiträge	22-27
	b) Beiträge im Rahmen der betrieblichen Altersversorgung	28
	c) Altersvorsorgebeiträge nach Beginn der Auszahlungsphase	29
	d) Beiträge, die über den Mindesteigenbeitrag hinausgehen	30-31
	e) Beiträge von Versicherten in einer ausländischen gesetzlichen Rentenversicherung	32
3.	Zulage	33-79
	a) Grundzulage	33-34
	b) Kinderzulage	35-49
	aa) Allgemeines	35-38
	bb) Kinderzulageberechtigung bei **miteinander verheirateten** Eltern	39-41
	cc) Kinderzulageberechtigung in anderen Fällen	42-45
	dd) Wechsel des Kindergeldempfängers im Laufe des Beitragsjahres	46-48
	ee) Kindergeldrückforderung	49
	c) Mindesteigenbeitrag	50-79
	aa) Allgemeines	50-57
	bb) Berechnungsgrundlagen	58-72

Anlage § 010a-01/Altersvorsorge (Zu LStH 3.55, 3.56, 3.63, 3.65, 3.66, 38.2)

(1) Beitragspflichtige Einnahmen	59-62
(2) Besoldung und Amtsbezüge	63-65
(3) Land- und Forstwirte	66
(4) Bezieher einer Rente wegen voller Erwerbsminderung/Erwerbsunfähigkeit oder einer Versorgung wegen Dienstunfähigkeit	67-69
(5) Elterngeld	70
(6) Sonderfälle	71-72
cc) Besonderheiten bei Ehegatten	73-77
dd) Kürzung der Zulage	78-79
4. Sonderausgabenabzug	80-106
a) Umfang des Sonderausgabenabzugs bei Ehegatten	84-85
b) Günstigerprüfung	86-99
aa) Anrechnung des Zulageanspruchs	92
bb) Ehegatten	93-99
c) Gesonderte Feststellung der zusätzlichen Steuerermäßigung	100-106
5. Zusammentreffen mehrerer Verträge	107-113
a) Altersvorsorgezulage	107-111
b) Sonderausgabenabzug	112-113
II. Nachgelagerte Besteuerung nach § 22 Nr. 5 EStG	114-158
1. Allgemeines	114-118
2. Abgrenzung der geförderten und der nicht geförderten Beiträge	119-123
a) Geförderte Beiträge	119-121
b) Nicht geförderte Beiträge	122-123
3. Leistungen, die ausschließlich auf geförderten Altersvorsorgebeiträgen beruhen (§ 22 Nr. 5 Satz 1 EStG)	124-125
4. Leistungen, die zum Teil auf geförderten, zum Teil auf nicht geförderten Altersvorsorgebeiträgen beruhen	126-133
5. Leistungen, die ausschließlich auf nicht geförderten Altersvorsorgebeiträgen beruhen	134
6. Wohnförderkonto	135-152
7. Nachträgliche Änderung der Vertragsbedingungen	153-154
8. Provisionserstattungen bei geförderten Altersvorsorgeverträgen	155
9. Bonusleistungen bei geförderten Altersvorsorgeverträgen	**156**
10. Bescheinigungspflicht des Anbieters	157-158
III. Schädliche Verwendung von Altersvorsorgevermögen	159-199
1. Allgemeines	159-175
2. Auszahlung von gefördertem Altersvorsorgevermögen	176-194
a) Möglichkeiten der schädlichen Verwendung	176
b) Folgen der schädlichen Verwendung	177-190
aa) Rückzahlung der Förderung	177-185
bb) Besteuerung nach § 22 Nr. 5 Satz 3 EStG	186-190
c) Übertragung begünstigten Altersvorsorgevermögens auf den überlebenden Ehegatten	191-194
3. Auszahlung von nicht gefördertem Altersvorsorgevermögen	195-196
4. Sonderfälle der Rückzahlung	197-199
IV. Altersvorsorge-Eigenheimbetrag und Tilgungsförderung für eine wohnungswirtschaftliche Verwendung	200-227
1. Allgemeines	200-201
2. Zulageberechtigter als Entnahmeberechtigter	202

(Zu LStH 3.55, 3.56, 3.63, 3.65, 3.66, 38.2) **Anlage § 010a-01/Altersvorsorge**

	3.	Entnehmbare Beträge	203-207
	4.	Begünstigte Verwendung (§ 92a Abs. 1 EStG)	208-214
		a) Unmittelbare Anschaffung oder Herstellung	209-210
		b) Entschuldung	211
		c) Genossenschaftsanteile	212-214
	5.	Begünstigte Wohnung	215-219
	6.	Anschaffung oder Herstellung	220
	7.	Selbstnutzung	221-223
	8.	Aufgabe der Selbstnutzung der eigenen Wohnung	224-227
V.	Sonstiges		228-246
	1.	Pfändungsschutz (§ 97 EStG)	228-230
	2.	Verfahrensfragen	231-246
		a) Zulagenantrag	231-236
		b) Festsetzungsfrist	237-242
		c) Bescheinigungs- und Informationspflichten	243-246
B.	**Betriebliche Altersversorgung**		**247-355**
I.	Allgemeines		247-252
II.	Lohnsteuerliche Behandlung von Zusagen auf Leistungen der betrieblichen Altersversorgung		253-325
	1.	Allgemeines	253
	2.	Entgeltumwandlung zugunsten betrieblicher Altersversorgung	254-257
	3.	Behandlung laufender Zuwendungen des Arbeitgebers und Sonderzahlungen an umlagefinanzierte Pensionskassen (§ 19 Abs. 1 Satz 1 Nr. 3 EStG)	258-262
	4.	Steuerfreiheit nach § 3 Nr. 63 EStG	263-280
		a) Steuerfreiheit nach § 3 Nr. 63 Satz 1 und 3 EStG	263-275
		aa) Begünstigter Personenkreis	263-264
		bb) Begünstigte Aufwendungen	265-271
		cc) Begünstigte Auszahlungsformen	272
		dd) Sonstiges	273-275
		b) Ausschluss der Steuerfreiheit nach § 3 Nr. 63 Satz 2 EStG	276-279
		aa) Personenkreis	276
		bb) Höhe und Zeitpunkt der Ausübung des Wahlrechts	277-279
		c) Vervielfältigungsregelung nach § 3 Nr. 63 Satz 4 EStG	280
	5.	Steuerfreiheit nach § 3 Nr. 66 EStG	281
	6.	Steuerfreiheit nach § 3 Nr. 55 EStG	282-287
	7.	Übernahme von Pensionsverpflichtungen gegen Entgelt durch Beitritt eines Dritten in eine Pensionsverpflichtung (Schuldbeitritt) der Ausgliederung von Pensionsverpflichtungen	288
	8.	Förderung durch Sonderausgabenabzug nach § 10a EStG und Zulage nach Abschnitt XI EStG	289-296
	9.	Steuerfreiheit nach § 3 Nr. 56 EStG	297-303
		a) Begünstigter Personenkreis	297
		b) Begünstigte Aufwendungen	298-303
	10.	Anwendung des § 40b EStG in der ab 1. Januar 2005 geltenden Fassung	304-305
	11.	Übergangsregelungen § 52 Abs. 6 und 52**b** EStG zur Anwendung der §§ 3 Nr. 63 EStG und § 40b EStG a. F.	306-325
		a) Abgrenzung von Alt- und Neuzusage	306-315

Anlage § 010a-01/Altersvorsorge (Zu LStH 3.55, 3.56, 3.63, 3.65, 3.66, 38.2)

	b) Weiteranwendung des § 40b Abs. 1 und 2 EStG a. F.	316-319
	c) Verhältnis von § 3 Nr. 63 Satz 3 EStG und § 40b Abs. 1 und 2 Satz 1 und 2 EStG a. F.	320-321
	d) Verhältnis von § 3 Nr. 63 Satz 4 EStG und § 40b Abs. 1 und 2 Satz 3 und 4 EStG a. F.	322
	e) Keine weitere Anwendung von § 40b Abs. 1 und 2 EStG a. F. auf Neuzusagen	323
	f) Verhältnis von § 3 Nr. 63 EStG und § 40b EStG a. F., wenn die betriebliche Altersversorgung nebeneinander bei verschiedenen Versorgungseinrichtungen durchgeführt wird	324-325
III.	Steuerliche Behandlung der Versorgungsleistungen	326-346
	1. Allgemeines	326
	2. Direktzusage und Unterstützungskasse	327-328
	3. Direktversicherung, Pensionskasse und Pensionsfonds	329-346
	a) Leistungen, die ausschließlich auf nicht geförderten Beiträgen beruhen	331-333
	b) Leistungen, die ausschließlich auf geförderten Beiträgen beruhen	334
	c) Leistungen, die auf geförderten und nicht geförderten Beiträgen beruhen	335-337
	d) Sonderzahlungen des Arbeitgebers nach § 19 Abs. 1 Satz 1 Nr. 3 EStG	338
	e) Bescheinigungspflichten	339
	f) Sonderregelungen	340-346
	aa) für Leistungen aus einem Pensionsfonds aufgrund der Übergangsregelung nach § 52 Abs. 34c EStG	340-341
	bb) Arbeitgeberzahlungen infolge der Anpassungsverpflichtung nach § 16 BetrAVG	342-345
	cc) Beendigung der betrieblichen Altersversorgung	346
IV.	Schädliche Auszahlung von gefördertem Altersvorsorgevermögen	347-355
	1. Allgemeines	347-348
	2. Abfindungen von Anwartschaften, die auf nach § 10a/Abschnitt XI EStG geförderten Beiträgen beruhen	349
	3. Abfindungen von Anwartschaften, die auf steuerfreien und nicht geförderten Beiträgen beruhen	350-351
	4. Portabilität	352-353
	5. Entschädigungsloser Widerruf eines noch verfallbaren Bezugrechts	354-355
C.	**Besonderheiten beim Versorgungsausgleich**	**356-390**
I.	**Allgemeines**	356-366
	1. Gesetzliche Neuregelung des Versorgungsausgleichs	356-363
	2. Besteuerungszeitpunkte	364-366
II.	**Interne Teilung (§ 10 VersAusglG)**	367-370
	1. Steuerfreiheit nach § 3 Nr. 55a EStG	367
	2. Besteuerung	368-370
III.	**Externe Teilung (§ 14 VersAusglG)**	371-377
	1. Steuerfreiheit nach § 3 Nr. 55b EStG	371-372
	2. Besteuerung bei der ausgleichsberechtigten Person	373
	3. Beispiele	374-376
	4. Verfahren	377
IV.	Steuerunschädliche Übertragung im Sinne des § 93 Absatz 1a EStG	378-387
V.	**Leistungen an die ausgleichsberechtigte Person als Arbeitslohn**	388-390
D.	Anwendungsregelung	**391-393**

A. Private Altersvorsorge

I. Förderung durch Zulage und Sonderausgabenabzug

1. Begünstigter Personenkreis

(Zu LStH 3.55, 3.56, 3.63, 3.65, 3.66, 38.2) **Anlage § 010a-01/Altersvorsorge**

a) Allgemeines
Die persönlichen Voraussetzungen müssen im jeweiligen Beitragsjahr (Veranlagungszeitraum) zumindest während eines Teils des Jahres vorgelegen haben. 1

b) Unmittelbar begünstigte Personen
aa) Pflichtversicherte in der inländischen gesetzlichen Rentenversicherung (§ 10a Abs. 1 Satz 1 Halbsatz 1 EStG) und Pflichtversicherte nach dem Gesetz über die Alterssicherung der Landwirte (§ 10a Abs. 1 Satz 3 EStG)

In der **inländischen** gesetzlichen Rentenversicherung pflichtversichert ist, wer nach §§ 1 bis 4, 229, 229a 2 und 230 des Sechsten Buches Sozialgesetzbuch (SGB VI) der Versicherungspflicht unterliegt. Hierzu gehört der in der Anlage 1 Abschnitt A aufgeführte Personenkreis. Allein die Zahlung von Pflichtbeiträgen zur **inländischen** gesetzlichen Rentenversicherung ohne Vorliegen einer Versicherungspflicht, beispielsweise von dritter Seite aufgrund eines Forderungsüberganges (Regressierung) wegen eines Schadensersatzanspruchs (§ 119 des Zehnten Buches Sozialgesetzbuch – SGB X -), begründet nicht die Zugehörigkeit zu dem nach § 10a Abs. 1 Satz 1 EStG begünstigten Personenkreis.

Pflichtversicherte nach dem Gesetz über die Alterssicherung der Landwirte gehören, soweit sie nicht als 3 Pflichtversicherte der **inländischen** gesetzlichen Rentenversicherung ohnehin bereits anspruchsberechtigt sind, in dieser Eigenschaft ebenfalls zum begünstigten Personenkreis. Darunter fallen insbesondere die in Anlage 1 Abschnitt B aufgeführten Personen.

bb) Empfänger von Besoldung und diesen gleichgestellte Personen (§ 10a Abs. 1 Satz 1 Halbsatz 2 EStG)

Zum begünstigten Personenkreis nach § 10a Abs. 1 Satz 1 Halbsatz 2 EStG gehören: 4
- Empfänger von **inländischer** Besoldung nach dem Bundesbesoldungsgesetz – BBesG – oder einem entsprechenden Landesbesoldungsgesetz (§ 10a Abs. 1 Satz 1 Halbsatz 2 Nr. 1 EStG),
- Empfänger von Amtsbezügen aus einem **inländischen** Amtsverhältnis, deren Versorgungsrecht die entsprechende Anwendung des § 69e Abs. 3 und 4 des Beamtenversorgungsgesetzes – BeamtVG – vorsieht (§ 10a Abs. 1 Satz 1 Halbsatz 2 Nr. 2 EStG),
- die nach § 5 Abs. 1 Satz 1 Nr. 2 und 3 SGB VI versicherungsfrei Beschäftigten und die nach § 6 Abs. 1 Satz 1 Nr. 2 SGB VI oder nach § 230 Abs. 2 Satz 2 SGB VI von der Versicherungspflicht befreiten Beschäftigten, deren Versorgungsrecht die entsprechende Anwendung des § 69e Abs. 3 und 4 BeamtVG vorsieht (§ 10a Abs. 1 Satz 1 Halbsatz 2 Nr. 3 EStG),
- Beamte, Richter, Berufssoldaten und Soldaten auf Zeit, die ohne Besoldung beurlaubt sind, für die Zeit einer Beschäftigung, wenn während der Beurlaubung die Gewährleistung einer Versorgungsanwartschaft unter den Voraussetzungen des § 5 Abs. 1 Satz 1 SGB VI auf diese Beschäftigung erstreckt wird (§ 10a Abs. 1 Satz 1 Halbsatz 2 Nr. 4 EStG) und
- Steuerpflichtige im Sinne von § 10a Abs. 1 Satz 1 Nr. 1 bis 4 EStG, die beurlaubt sind und deshalb keine Besoldung, Amtsbezüge oder Entgelt erhalten, sofern sie eine Anrechnung von Kindererziehungszeiten nach § 56 SGB VI in Anspruch nehmen könnten, wenn die Versicherungsfreiheit in der **inländischen** gesetzlichen Rentenversicherung nicht bestehen würde (§ 10a Abs. 1 Satz 1 Halbsatz 2 Nr. 5 EStG). Der formale Grund für die Beurlaubung ist insoweit ohne Bedeutung.

Einzelheiten ergeben sich aus der Anlage 2 zu diesem Schreiben.

Neben den vorstehend genannten Voraussetzungen ist für die steuerliche Förderung die schriftliche 5 Einwilligung zur Weitergabe der für einen maschinellen Datenabgleich notwendigen Daten von der zuständigen Stelle (§ 81a EStG) an die ZfA erforderlich. Die Einwilligung ist spätestens bis zum Ablauf des zweiten Kalenderjahres, das auf das Beitragsjahr folgt, gegenüber der zuständigen Stelle zu erteilen. Die zuständigen Stellen haben die Daten nach § 10a Abs. 1 Satz 1 EStG zeitnah – spätestens bis zum Ende des folgenden Kalendervierteljahres – nach Vorlage der Einwilligung an die ZfA zu übermitteln (§ 91 Abs. 2 EStG). Wechselt die zuständige Stelle, muss gegenüber der neuen zuständigen Stelle eine Einwilligung abgegeben werden.

Auch der Gesamtrechtsnachfolger (z. B. Witwe, Witwer) kann die Einwilligung innerhalb der Frist für den Verstorbenen/die Verstorbene nachholen.

Wenn ein Angehöriger dieses Personenkreises keine Sozialversicherungsnummer hat, muss über die zuständige Stelle eine Zulagennummer bei der ZfA beantragt werden (§ 10a Abs. 1a EStG).

cc) Pflichtversicherten gleichstehende Personen

Nach § 10a Abs. 1 Satz 3 EStG stehen den Pflichtversicherten der **inländischen** gesetzlichen Renten- 6 versicherung Personen gleich, die wegen Arbeitslosigkeit bei einer inländischen Agentur für Arbeit als Arbeitsuchende gemeldet sind und der Versicherungspflicht in der Rentenversicherung nicht unterlie-

Anlage § 010a-01/Altersvorsorge (Zu LStH 3.55, 3.56, 3.63, 3.65, 3.66, 38.2)

gen, weil sie eine Leistung nach dem Zweiten Buch Sozialgesetzbuch nur wegen des zu berücksichtigenden Einkommens oder Vermögens nicht beziehen. Wird eine Leistung nicht gezahlt, weil sich der Arbeitslose nicht bei einer Agentur für Arbeit als Arbeitssuchender gemeldet hat, besteht keine Förderberechtigung nach § 10a Abs. 1 Satz 3 EStG.

dd) Pflichtversicherte in einer ausländischen gesetzlichen Rentenversicherung

7   Zum begünstigten Personenkreis gehören **nach § 52 Abs. 24c Satz 2 EStG** auch **Pflichtmitglieder in einem ausländischen gesetzlichen Alterssicherungssystem, wenn diese Pflichtmitgliedschaft**

– mit einer Pflichtmitgliedschaft in einem inländischen Alterssicherungssystem nach § 10a Abs. 1 Satz 1 oder 3 vergleichbar ist und

– vor dem 1. Januar 2010 begründet wurde,

sofern sie unbeschränkt einkommensteuerpflichtig sind oder für das Beitragsjahr nach § 1 Abs. 3 EStG als unbeschränkt einkommensteuerpflichtig behandelt werden (vgl. Rz. 32). Das gilt ebenso für den Fall der Arbeitslosigkeit, wenn die Pflichtversicherung in der ausländischen gesetzlichen Rentenversicherung fortbesteht. In sämtlichen ausländischen Rentenversicherungssystemen der Anrainerstaaten der Bundesrepublik Deutschland bestehen derartige Pflichtversicherungen.

ee) Sonderfall: Beschäftigte internationaler Institutionen

8   Bedienstete der Europäischen Gemeinschaften (Beamte und sonstige Bedienstete) sind **für die Beurteilung der Zugehörigkeit zum begünstigten Personenkreis und für das Verfahren** grundsätzlich **so zu behandeln, als bestünde für sie eine Pflichtmitgliedschaft in einem ausländischen gesetzlichen Alterssicherungssystem, die mit einer Pflichtmitgliedschaft in einem inländischen Alterssicherungssystem nach § 10a Abs. 1 Satz 1 oder 3 EStG vergleichbar ist (vgl. Rz. 7).** Dies gilt entsprechend insbesondere für die Beschäftigten der Europäischen Patentorganisation (EPO) sowie Koordinierten Organisationen (Europäische Weltraumorganisation [ESA] / Europarat / Nordatlantikvertragsorganisation [NATO] / Organisation für wirtschaftliche Zusammenarbeit und Entwicklung [OECD] / Westeuropäische Union [WEU] / Europäisches Zentrum für mittelfristige Wettervorhersage [EZMV, engl. ECWMF]).

ff) Entsendete Pflichtversicherte und Beamte, denen eine Tätigkeit im Ausland zugewiesen wurde

9   **Bei Pflichtversicherten** in der inländischen gesetzlichen Rentenversicherung, die von ihrem Arbeitgeber entsendet werden, ergibt sich die Zugehörigkeit **zum** begünstigten **Personenkreis unmittelbar** aus § 10a Abs. 1 Satz 1 Halbsatz 1 EStG.

10 Beamte, denen im dienstlichen oder öffentlichen Interesse vorübergehend eine Tätigkeit bei einer öffentlichen Einrichtung außerhalb der Bundesrepublik Deutschland zugewiesen wurde (§ 123a BRRG) und die in ihrem bisherigen **inländischen** Alterssicherungssystem verbleiben, gehören **unmittelbar** zu der nach § 10a Abs. 1 Satz 1 Nr. 1 EStG begünstigten Personengruppe.

gg) Bezieher einer Rente wegen voller Erwerbsminderung oder Erwerbsunfähigkeit oder einer Versorgung wegen Dienstunfähigkeit

11 Zum begünstigten Personenkreis nach § 10a Abs. 1 Satz 4 EStG gehören Personen, die nicht nach § 10a Abs. 1 Satz 1 oder 3 EStG begünstigt sind und eine Rente wegen voller Erwerbsminderung oder Erwerbsunfähigkeit oder eine Versorgung wegen Dienstunfähigkeit aus einem der in § 10a Abs. 1 Satz 1 oder 3 EStG genannten **inländischen** Alterssicherungssysteme beziehen, wenn sie unmittelbar vor dem Bezug der Leistung einer in § 10a Abs. 1 Satz 1 oder 3 EStG genannten Personengruppe angehörten. Eine vorangegangene Zugehörigkeit zu einer begünstigten Personengruppe ist auch anzunehmen, wenn eine Förderberechtigung nur wegen des Fehlens der Einwilligung (Rz. 5) nicht bestand. **Der Bezug einer Rente wegen teilweiser Erwerbsminderung oder einer Rente wegen Berufsunfähigkeit begründet keine Zugehörigkeit zum begünstigten Personenkreis nach § 10a Abs. 1 Satz 4 EStG.** Voraussetzung für die Inanspruchnahme der steuerlichen Förderung bei Beziehern einer Rente wegen Dienstunfähigkeit ist die Erteilung einer Einwilligungserklärung (Rz. 5). Zum begünstigten Personenkreis gehören auch Bezieher einer Rente wegen voller Erwerbsminderung oder Erwerbsunfähigkeit oder einer Versorgung wegen Dienstunfähigkeit, deren Rente/Versorgung vor dem 1. Januar 2002 begonnen hat.

12 Ein tatsächlicher Bezug der Rente wegen voller Erwerbsminderung oder Erwerbsunfähigkeit oder Versorgung wegen Dienstunfähigkeit ist nicht erforderlich, wenn ein Anspruch dem Grunde nach besteht (einschließlich Antragstellung), aber die Rente oder Versorgung aufgrund von Anrechnungsvorschriften (z. B. §§ 93 Abs. 1 SGB VI, 53 ff. BeamtVG) nicht geleistet wird.

(Zu LStH 3.55, 3.56, 3.63, 3.65, 3.66, 38.2) **Anlage § 010a-01/Altersvorsorge**

Zum begünstigten Personenkreis gehören auch Personen, 13
- die aus einem ausländischen gesetzlichen Alterssicherungssystem eine Leistung erhalten, die mit einer Rente wegen voller Erwerbsminderung oder Erwerbsunfähigkeit oder einer Versorgung wegen Dienstunfähigkeit aus einem der in § 10a Abs. 1 Satz 1 oder 3 EStG genannten inländischen Alterssicherungssysteme vergleichbar ist,
- die unmittelbar vor dem Bezug dieser Leistung einer der in Rz. 2 bis 10 genannten Personengruppen angehörten,
- das 67. Lebensjahr noch nicht vollendet haben und
- unbeschränkt einkommensteuerpflichtig sind oder für das Beitragsjahr nach § 1 Abs. 3 EStG als unbeschränkt einkommensteuerpflichtig behandelt werden (vgl. Rz. 32).

Gehörte der Empfänger einer Versorgung wegen Dienstunfähigkeit vor Beginn der Versorgung zum 14 begünstigten Personenkreis und wechselt die zuständige Stelle (§ 81a EStG) wegen des Versorgungsbezugs, muss er gegenüber der die Versorgung anordnenden Stelle seine Einwilligung (vgl. Rz. **5**) erklären.

Bei den Personen nach § 10a Abs. 1 Satz 4 EStG ist der unmittelbare zeitliche Zusammenhang gegeben, 15 wenn im Veranlagungszeitraum vor dem Eintritt der vollen Erwerbsminderung/Erwerbsunfähigkeit oder Dienstunfähigkeit eine Zugehörigkeit zur Personengruppe nach § 10a Abs. 1 Sätze 1 und 3 EStG bestand. **Dies gilt entsprechend für den in Rz. 13 genannten Personenkreis.**

Die Begünstigung nach § 10a Abs. 1 Satz 4 EStG endet, wenn die anspruchsbegründende Leistung 16 wegfällt oder in eine Altersrente umgestellt wird, spätestens jedoch mit der Vollendung des 67. Lebensjahres des Steuerpflichtigen. Rz. **1** findet Anwendung.

c) Nicht unmittelbar begünstigte Personen

Nicht unmittelbar begünstigt sind insbesondere die in Anlage 1 Abschnitt C aufgeführten Personen- 17 gruppen.

d) Mittelbar zulageberechtigte Personen

Bei Ehegatten, **die nicht dauernd getrennt leben** (§ 26 Abs. 1 EStG) und von denen nur ein Ehegatte 18 unmittelbar zulageberechtigt ist, ist auch der andere Ehegatte (mittelbar) zulageberechtigt,
- wenn beide Ehegatten jeweils einen auf ihren Namen lautenden, nach § 5 des Altersvorsorgeverträge-Zertifizierungsgesetzes (AltZertG) zertifizierten Vertrag (Altersvorsorgevertrag) abgeschlossen haben oder der unmittelbar zulageberechtigte Ehegatte über eine förderbare Versorgung im Sinne des § 82 Abs. 2 EStG bei einer Pensionskasse, einem Pensionsfonds oder über eine nach § 82 Abs. 2 EStG förderbare Direktversicherung verfügt und der andere Ehegatte einen auf seinen Namen lautenden, nach § 5 AltZertG zertifizierten Vertrag abgeschlossen hat **und**
- **sie ihren Wohnsitz oder gewöhnlichen Aufenthalt in einem Mitgliedstaat der Europäischen Union oder einem Staat, auf den das Abkommen über den Europäischen Wirtschaftsraum anwendbar ist, (EU-/EWR-Staat) haben.**

Es reicht nicht aus, wenn der nicht unmittelbar zulageberechtigte Ehegatte über eine förderbare Versorgung im Sinne des § 82 Abs. 2 EStG bei einer Pensionskasse, einem Pensionsfonds oder über eine nach § 82 Abs. 2 EStG förderbare Direktversicherung verfügt (BFH-Urteil vom 21. Juli 2009, BStBl II S. 995). Eigene Altersvorsorgebeiträge müssen nur von dem unmittelbar zulageberechtigten Ehegatten, nicht jedoch von dem mittelbar zulageberechtigten Ehegatten erbracht werden (vgl. Rz. **76** ff.). Zum Sonderausgabenabzug nach § 10a EStG vgl. Rz. **85**. Im Hinblick auf die Beantragung einer Zulagenummer wird auf § 89 Abs. 1 Satz 4 EStG verwiesen.

Die mittelbare Zulageberechtigung entfällt, 19
- wenn der mittelbar Zulageberechtigte unmittelbar zulageberechtigt wird,
- der unmittelbar zulageberechtigte Ehegatte nicht mehr zum zulageberechtigten Personenkreis gehört,
- die Ehegatten **dauernd getrennt leben oder**
- **mindestens ein Ehegatte seinen Wohnsitz oder gewöhnlichen Aufenthalt nicht mehr in einem EU-/EWR-Staat, hat.**

Fließen dem mittelbar zulageberechtigten Ehegatten Leistungen aus einem Altersvorsorgevertrag zu, kann er für diesen Vertrag keine Zulage mehr beanspruchen.

Ein mittelbar zulageberechtigter Ehegatte verliert im Falle der Auflösung der Ehe – auch wenn die Ehe- 20 gatten nicht bereits während des ganzen Jahres getrennt gelebt haben – bereits für das Jahr der Auflösung der Ehe seine Zulageberechtigung, wenn der unmittelbar Zulageberechtigte im selben Jahr wieder ge-

Anlage § 010a-01/Altersvorsorge (Zu LStH 3.55, 3.56, 3.63, 3.65, 3.66, 38.2)

heiratet hat und **er** und **der neue Ehegatte nicht dauernd getrennt leben und ihren Wohnsitz oder gewöhnlichen Aufenthalt in einem EU-/EWR-Staat, haben.**

21 Bei eingetragenen Lebenspartnerschaften kommt eine mittelbare Zulageberechtigung nicht in Betracht.

2. Altersvorsorgebeiträge (§ 82 EStG)

a) Private Altersvorsorgebeiträge

22 Altersvorsorgebeiträge im Sinne des § 82 Abs. 1 EStG sind die zugunsten eines auf den Namen des Zulageberechtigten lautenden nach § 5 AltZertG zertifizierten Vertrags (Altersvorsorgevertrag) geleisteten Beiträge und Tilgungsleistungen. Die dem Vertrag gutgeschriebenen oder zur Tilgung eingesetzten Zulagen stellen – anders als im AltZertG – keine Altersvorsorgebeiträge dar und sind daher selbst nicht zulagefähig. Beiträge zugunsten von Verträgen, bei denen mehrere Personen als Vertragspartner sind, sind nicht begünstigt. Dies gilt auch für Verträge, die von Ehegatten gemeinsam abgeschlossen werden. Der Notwendigkeit zum Abschluss eigenständiger Verträge steht jedoch nicht entgegen, wenn eine dritte Person oder der Ehegatte für das im Rahmen eines zertifizierten Altersvorsorgevertrages aufgenommene Darlehen mithaftet.

23 Altersvorsorgebeiträge nach § 82 Abs. 1 Satz 1 Nr. 2 EStG sind die zugunsten eines auf den Namen des Zulageberechtigten lautenden Altersvorsorgevertrages geleisteten Tilgungen für ein Darlehen, das der Zulageberechtigte **ausschließlich für eine nach dem 31. Dezember 2007 vorgenommene wohnungswirtschaftliche Verwendung** im Sinne des § 92a Abs. 1 Satz 1 EStG eingesetzt hat, vgl. hierzu Rz. **215** bis **223**. Dies gilt auch, wenn das für eine entsprechende Verwendung nach Satz 1 aufgenommene Darlehen später auf einen zertifizierten Altersvorsorgevertrag in Form eines Darlehensvertrages umgeschuldet wird; auch mehrfache Umschuldungen sind in **den** Fällen **der wohnungswirtschaftlichen Verwendung im Sinne des § 92a Abs. 1 Satz 1 EStG nach dem 31. Dezember 2007** möglich. Es kommt nicht darauf an, ob das abgelöste Darlehen im Rahmen eines zertifizierten Altersvorsorgevertrags gewährt worden ist und ob der Zulageberechtigte alleiniger oder gemeinschaftlicher Vertragsnehmer des abgelösten Darlehens war. Die für die Tilgungsleistungen gezahlten Zulagen sind unmittelbar für die Tilgung des jeweiligen Darlehens zu verwenden. Bei Beiträgen zugunsten mehrerer Altersvorsorgeverträge vgl. Rz. **107, 108**. Der Zulageberechtigte muss die vertragsgemäße Verwendung des Darlehens gegenüber seinem Anbieter nachweisen. Der Anbieter hat solange ganz oder teilweise von nicht ordnungsgemäß verwendeten Darlehensbeträgen auszugehen, bis die ordnungsgemäße Verwendung nachgewiesen ist.

24 Setzt sich ein Altersvorsorgevertrag aus einer Vertragsgestaltung im Sinne des § 1 Abs. 1 AltZertG und einem Rechtsanspruch auf Gewährung eines Darlehens zusammen (§ 1 Abs. 1a Satz 1 Nr. 2 AltZertG), handelt es sich bei den geleisteten Beiträgen für den Vertragsteil, der nach § 1 Abs. 1 AltZertG ausgestaltet ist, um Altersvorsorgebeiträge nach § 82 Abs. 1 Satz 1 Nr. 1 EStG und bei den zur Tilgung des Darlehens geleisteten Zahlungen um Altersvorsorgebeiträge nach § 82 Abs. 1 Satz 1 Nr. 2 EStG.

25 Handelt es sich um Zahlungen zugunsten eines zertifizierten Altersvorsorgevertrages nach § 1 Abs. 1a Satz 1 Nr. 3 AltZertG, ist zu differenzieren: Zahlungen, die unmittelbar für die Tilgung des Darlehens eingesetzt werden, sind Tilgungsleistungen nach § 82 Abs. 1 Satz 1 Nr. 2 EStG. Wird mit den vom Zulageberechtigten geleisteten Zahlungen jedoch zunächst Altersvorsorgevermögen gebildet, welches zu einem späteren Zeitpunkt zur Tilgung des Darlehens eingesetzt wird und ist dies bereits bei Vertragsabschluss unwiderruflich vereinbart worden, dann gelten die geleisteten Zahlungen bereits im Zahlungszeitpunkt als Tilgungsleistungen nach § 82 Abs. 1 Satz 3 EStG.

26 Der in der zu zahlenden Kreditrate enthaltene Zinsanteil sowie die anfallenden Kosten und Gebühren sind keine Altersvorsorgebeiträge und damit nicht **nach** § 10a/Abschnitt XI EStG begünstigt. Die Förderung bezieht sich nur auf den in der gezahlten Kreditrate enthaltenen Tilgungsanteil.

27 Wird gefördertes Altersvorsorgevermögen von einem Altersvorsorgevertrag im Sinne des § 1 Abs. 1 oder Abs. 1a Satz 1 Nr. 2 AltZertG in einen Altersvorsorgevertrag im Sinne des § 1 Abs. 1a Satz 1 Nr. 3 AltZertG übertragen (§ 1 Abs. 1 Nr. 10 Buchstabe b AltZertG), sind ab dem Zeitpunkt der Übertragung des **gebildeten** Kapitals, **frühestens ab der Inanspruchnahme des Vorfinanzierungsdarlehens oder des Zwischenkredits,** die damit übertragenen und bereits geförderten Beiträge nicht mehr Beiträge im Sinne des § 82 Abs. 1 Satz 1 Nr. 1 EStG, sondern bereits geförderte Tilgungsleistungen nach § 82 Abs. 1 Satz 3 EStG. **Dies gilt auch, wenn ein Altersvorsorgevertrag im Sinne des § 1 Abs. 1a Satz 1 Nr. 3 AltZertG für eine Umschuldung im Sinne der Rz. 23 genutzt wird.**

b) Beiträge im Rahmen der betrieblichen Altersversorgung

28 Auf die Ausführungen in Rz. **265** ff. und **290** ff. wird hingewiesen.

c) Altersvorsorgebeiträge nach Beginn der Auszahlungsphase

Für Altersvorsorgebeiträge zugunsten eines Vertrags, die nach Beginn der Auszahlungsphase geleistet wurden, kommt eine steuerliche Förderung nach § 10a/Abschnitt XI EStG nicht mehr in Betracht. 29

d) Beiträge, die über den Mindesteigenbeitrag hinausgehen

Auch Beiträge, die über den Mindesteigenbeitrag hinausgehen, sind Altersvorsorgebeiträge. Zum Begriff der Überzahlung wird auf Rz. 122 verwiesen. 30

Sieht der Altersvorsorgevertrag allerdings eine vertragliche Begrenzung auf einen festgelegten Höchstbetrag vor (z. B. den Betrag nach § 10a EStG oder den nach § 86 EStG erforderlichen Mindesteigenbeitrag zuzüglich Zulageanspruch), handelt es sich bei Zahlungen, die darüber hinausgehen, um zivilrechtlich nicht geschuldete Beträge, hinsichtlich derer dem Anleger ein Rückerstattungsanspruch gegen den Anbieter zusteht. Diese Beträge stellen grundsätzlich keine Altersvorsorgebeiträge im Sinne des § 82 Abs. 1 EStG dar (Ausnahme vgl. Rz. **123**). Der Anbieter darf diese Beträge daher nicht in seine Bescheinigung nach § 10a Abs. 5 Satz 1 EStG aufnehmen. 31

e) Beiträge von Versicherten in einer ausländischen gesetzlichen Rentenversicherung

Als Altersvorsorgebeiträge im Sinne des § 82 EStG sind bei den in Rz. 7, 8 und 13 genannten Personengruppen nur diejenigen Beiträge zu berücksichtigen, die vom Zulageberechtigten zugunsten eines vor dem 1. Januar 2010 abgeschlossenen Vertrags geleistet wurden. 32

3. Zulage

a) Grundzulage

Jeder unmittelbar Zulageberechtigte erhält auf Antrag für seine im abgelaufenen Beitragsjahr gezahlten Altersvorsorgebeiträge eine Grundzulage. Für die Zulagengewährung bei mittelbar zulageberechtigten Ehegatten sind die Rz. **18** bis **21** zu beachten. Die Grundzulage beträgt ab dem Jahr 2008 jährlich 154 €. 33

Für unmittelbar Zulageberechtigte, die das 25. Lebensjahr noch nicht vollendet haben, erhöht sich die Grundzulage einmalig um einen Betrag von 200 € (sog. Berufseinsteiger-Bonus). Für die Erhöhung ist kein gesonderter Antrag erforderlich. Die erhöhte Grundzulage ist einmalig für das erste nach dem 31. Dezember 2007 beginnende Beitragsjahr zu zahlen, für das der Zulageberechtigte die Altersvorsorgezulage beantragt, wenn er zu Beginn des betreffenden Beitragsjahres das 25. Lebensjahr noch nicht vollendet hat. Das Datum des Vertragsabschlusses ist insoweit unerheblich. Für die Berechnung des Mindesteigenbeitrages ist in dem ersten Beitragsjahr, in dem die Voraussetzungen für die Gewährung des Erhöhungsbetrages vorliegen, die erhöhte Grundzulage zu berücksichtigen. Erbringt der Zulageberechtigte nicht den erforderlichen Mindesteigenbeitrag (§ 86 Abs. 1 EStG), erfolgt eine entsprechende Kürzung der Altersvorsorgezulage und damit auch des in der erhöhten Grundzulage enthaltenen einmalig zu gewährenden Erhöhungsbetrages (vgl. Rz. **78**). Eine Nachholungsmöglichkeit des gekürzten Erhöhungsbetrages in späteren Beitragsjahren gibt es nicht. 34

b) Kinderzulage

aa) Allgemeines

Anspruch auf Kinderzulage besteht für jedes Kind, für das für mindestens einen Monat des Beitragsjahres Kindergeld an den Zulageberechtigten ausgezahlt worden ist. Die Kinderzulage beträgt ab dem Jahr 2008 für jedes vor dem 1. Januar 2008 geborene Kind 185 € und für jedes nach dem 31. Dezember 2007 geborene Kind 300 € jährlich. Auf den Zeitpunkt der Auszahlung **des Kindergeldes** kommt es nicht an. Anspruch auf Kinderzulage besteht für ein Beitragsjahr auch dann, wenn das Kindergeld für dieses Jahr erst in einem späteren Kalenderjahr rückwirkend gezahlt wurde. Wird ein Kind z. B. am Ende des Beitragsjahres geboren, so besteht der Anspruch auf Kinderzulage für das gesamte Jahr, auch wenn das Kindergeld für Dezember regelmäßig erst im nachfolgenden Kalenderjahr ausgezahlt wird. 35

Wird einem anderen als dem Kindergeldberechtigten, z. B. einer Behörde, das Kindergeld ausgezahlt (§ 74 EStG), ist die Festsetzung des Kindergelds für die Zulageberechtigung maßgebend. 36

Beispiel: 37

Für den kindergeldberechtigten Vater wird Kindergeld festgesetzt. Wegen der Unterbringung des Kindes in einem Heim stellt das Jugendamt einen Antrag auf Abzweigung des Kindergelds, dem stattgegeben wird. Das Kindergeld wird nicht an den Vater, sondern an das Jugendamt ausgezahlt.

Anspruch auf Kinderzulage hat in diesem Fall der Vater.

Dem Kindergeld gleich stehen andere Leistungen für Kinder im Sinne des § 65 Abs. 1 Satz 1 EStG (§ 65 Abs. 1 Satz 2 EStG). Zu den mit dem Kindergeld vergleichbaren Leistungen im Sinne des § 65 Abs. 1 38

Anlage § 010a-01/Altersvorsorge (Zu LStH 3.55, 3.56, 3.63, 3.65, 3.66, 38.2)

Satz 1 Nr. 2 EStG wird auf das Schreiben des Bundesamtes für Finanzen vom 5. August 2004, BStBl I S. 742 verwiesen.

bb) Kinderzulageberechtigung bei miteinander verheirateten Eltern

39 Steht ein Kind zu beiden Ehegatten, **die**
   – **nicht dauernd getrennt leben** (§ 26 Abs. 1 EStG) **und**
   – **ihren Wohnsitz oder gewöhnlichen Aufenthalt in einem EU-/EWR-Staat haben,**

   in einem Kindschaftsverhältnis (§ 32 Abs. 1 EStG), erhält grundsätzlich die Mutter die Kinderzulage. Die Eltern können gemeinsam für das jeweilige Beitragsjahr beantragen, dass der Vater die Zulage erhält. In beiden Fällen kommt es nicht darauf an, welchem Elternteil das Kindergeld ausgezahlt wurde. Die Übertragung der Kinderzulage muss auch in den Fällen beantragt werden, in denen die Mutter keinen Anspruch auf Altersvorsorgezulage hat, weil sie beispielsweise keinen Altersvorsorgevertrag abgeschlossen hat. Eine Übertragungsmöglichkeit besteht nicht, wenn das Kind nur zu einem der Ehegatten in einem Kindschaftsverhältnis steht (vgl. Rz. **43**).

40 Der Antrag kann
   – für jedes einzelne Kind gestellt werden,
   – nach Eingang beim Anbieter nicht mehr widerrufen werden.

41 Hat der Vater seinem Anbieter eine Vollmacht (vgl. Rz. **233**) zur formlosen Antragstellung erteilt, kann der Antrag auf Übertragung der Kinderzulage von der Mutter auf ihn auch für die Folgejahre bis auf Widerruf erteilt werden. Der Antrag kann vor Ende des Beitragsjahres, für das er erstmals nicht mehr gelten soll, gegenüber dem Anbieter des Vaters widerrufen werden.

cc) Kinderzulageberechtigung in anderen Fällen

42 **Sind die** Eltern nicht **miteinander verheiratet, leben sie dauernd getrennt oder haben sie ihren Wohnsitz oder gewöhnlichen Aufenthalt nicht in einem EU-/EWR-Staat,** erhält der Elternteil die Kinderzulage, dem das Kindergeld für das Kind ausgezahlt wird (§ 85 Abs. 1 Satz 1 EStG). Eine Übertragung der Kinderzulage nach § 85 Abs. 2 EStG ist in diesen Fällen nicht möglich. Dies gilt auch, wenn derjenige Elternteil, dem das Kindergeld ausgezahlt wird, keine Grundzulage erhält.

43 Sind nicht beide Ehegatten Eltern des Kindes, ist eine Übertragung der Kinderzulage nach § 85 Abs. 2 EStG nicht zulässig. Erhält beispielsweise ein zulageberechtigter Kindergeld für ein in seinen Haushalt aufgenommenes Kind seines Ehegatten (§ 63 Abs. 1 Satz 1 Nr. 2 EStG), steht nur ihm die Kinderzulage nach § 85 Abs. 1 EStG zu.

44 Erhält ein Großelternteil nach § 64 Abs. 2 EStG das Kindergeld, steht nur ihm die Kinderzulage zu.

45 Wird das Kindergeld dem Kind selbst ausgezahlt, haben die Eltern keinen Anspruch auf die Kinderzulage für dieses Kind. Dem Kind selbst steht in diesem Fall die Kinderzulage nur zu, soweit es auch eine Grundzulage erhält.

dd) Wechsel des Kindergeldempfängers im Laufe des Beitragsjahrs

46 Wurde während des Beitragsjahrs mehreren Zulageberechtigten für unterschiedliche Zeiträume Kindergeld ausgezahlt, hat gem. § 85 Abs. 1 Satz **4** EStG grundsätzlich derjenige den Anspruch auf die Kinderzulage, dem für den zeitlich frühesten Anspruchszeitraum im Beitragsjahr Kindergeld ausgezahlt wurde. Dies gilt nicht bei einem Wechsel zwischen **den in Rz. 39 genannten** Elternteilen.

47 Beispiel:

Das Kind lebt mit den Großeltern und der unverheirateten Mutter in einem gemeinsamen Haushalt. Ein Großelternteil erhält das Kindergeld für die Monate Januar bis Mai 2007. Ab Juni 2007 erhält die Mutter das Kindergeld.

Die Kinderzulage steht dem zulageberechtigten Großelternteil zu, da dieser im Jahr 2007 den zeitlich ersten Kindergeldanspruch besaß.

48 Hat der Kindergeldberechtigte keinen Kindergeldantrag gestellt, **wird** aber vom Finanzamt **der** Kinderfreibetrag nach § 32 Abs. 6 Satz 1 EStG **berücksichtigt**, besteht nach § 85 Abs. 1 Satz 1 EStG kein Anspruch auf die Kinderzulage.

ee) Kindergeldrückforderung

49 Stellt sich zu einem späteren Zeitpunkt heraus, dass das gesamte Kindergeld im Beitragsjahr zu Unrecht ausgezahlt wurde und wird das Kindergeld dahingehend insgesamt zurückgefordert, entfällt der Anspruch auf die Zulage gem. § 85 Abs. 1 Satz 3 EStG. Darf dieses zu Unrecht ausgezahlte Kindergeld aus verfahrensrechtlichen Gründen nicht zurückgefordert werden, bleibt der Anspruch auf die Zulage für das entsprechende Beitragsjahr bestehen. Wird Kindergeld teilweise zu Unrecht ausgezahlt und später für

(Zu LStH 3.55, 3.56, 3.63, 3.65, 3.66, 38.2) **Anlage § 010a-01/Altersvorsorge**

diese Monate zurückgezahlt, bleibt der Anspruch auf Zulage für das entsprechende Beitragsjahr ebenfalls bestehen; allerdings ist in diesen Fällen Rz. **46** zu beachten.

c) Mindesteigenbeitrag
aa) Allgemeines

Die Altersvorsorgezulage wird nur dann in voller Höhe gewährt, wenn der Berechtigte einen bestimmten 50
Mindesteigenbeitrag zugunsten der begünstigten – maximal zwei – Verträge erbracht hat (§§ 86, 87 EStG).

Der Mindesteigenbeitrag ermittelt sich wie folgt: 51

in den Veranlagungszeiträumen 2002 und 2003	1 % der maßgebenden Einnahmen maximal 525 € abzüglich der Zulage
in den Veranlagungszeiträumen 2004 und 2005	2 % der maßgebenden Einnahmen maximal 1 050 € abzüglich der Zulage
in den Veranlagungszeiträumen 2006 und 2007	3 % der maßgebenden Einnahmen maximal 1 575 € abzüglich der Zulage
ab dem Veranlagungszeitraum 2008 jährlich	4 % der maßgebenden Einnahmen maximal 2 100 € abzüglich der Zulage

Der Mindesteigenbeitrag gem. Rz. **51** ist – auch bei Beiträgen zugunsten von Verträgen, die vor dem 1. 52
Januar 2005 abgeschlossen wurden – mit dem Sockelbetrag nach § 86 Abs. 1 Satz 4 EStG zu vergleichen. Dieser beträgt ab dem Beitragsjahr 2005 jährlich einheitlich 60 €. Die Altersvorsorgezulage wird nicht gekürzt, wenn der Berechtigte in dem maßgebenden Beitragsjahr den höheren der beiden Beträge als Eigenbeitrag zugunsten der begünstigten – maximal zwei – Verträge eingezahlt hat. Zu den Besonderheiten bei Ehegatten vgl. Rz. **73** ff.

Hat der Zulageberechtigte in dem dem Beitragsjahr vorangegangenen Kalenderjahr keine maßgebenden 53
Einnahmen (vgl. Rz. **58**) erzielt, ist als Mindesteigenbeitrag immer der Sockelbetrag zugrunde zu legen.

Beispiel 1: 54

A, ledig, Sitz des Arbeitgebers in Bremen, keine Kinder, zahlt zugunsten seines Altersvorsorgevertrags im Jahr 2008 eigene Beiträge von 1.946 € ein. Im Jahr 2007 hatte er beitragspflichtige Einnahmen i. H. v. 53.000 €. Die beitragspflichtigen Einnahmen des A überschreiten nicht die Beitragsbemessungsgrenze in der allgemeinen Rentenversicherung (West) für das Kalenderjahr 2007.

Beitragspflichtige Einnahmen	53.000 €	
4 %	2.120 €	
höchstens	2.100 €	
anzusetzen		2.100 €
abzüglich Zulage		154 €
Mindesteigenbeitrag (§ 86 Abs. 1 Satz 2 EStG)		1.946 €
Sockelbetrag (§ 86 Abs. 1 Satz 4 EStG)		60 €
maßgebend (§ 86 Abs. 1 Satz 5 EStG)		1.946 €

Da A den Mindesteigenbeitrag erbracht hat, wird die Zulage von 154 € nicht gekürzt.

Abwandlung des Beispiels 1 in Rz. **54**: 55

A erhält zudem Kinderzulage für seine in den Jahren 2004 und 2005 geborenen Kinder.

Beitragspflichtige Einnahmen	53.000 €	
4 %	2.120 €	
höchstens	2.100 €	
anzusetzen		2.100 €
abzüglich Zulage (114 € + 2 x 185 €)		524 €
Mindesteigenbeitrag (§ 86 Abs. 1 Satz 2 EStG)		1.576 €
Sockelbetrag (§ 86 Abs. 1 Satz 4 EStG)		60 €
maßgebend (§ 86 Abs. 1 Satz 5 EStG)		1.576 €

Die von A geleisteten Beiträge übersteigen den Mindesteigenbeitrag. Die Zulage wird nicht gekürzt.

Anlage § 010a-01/Altersvorsorge (Zu LStH 3.55, 3.56, 3.63, 3.65, 3.66, 38.2)

56 **Beispiel 2:**
B werden in der gesetzlichen Rentenversicherung für das Jahr 2008 Kindererziehungszeiten (§ 56 SGB VI) angerechnet. Sie hat zwei Kinder, die in den Jahren 2006 und 2007 geboren worden sind, und zahlt zugunsten ihres Altersvorsorgevertrags im Jahr 2008 eigene Beiträge i. H. v. 30 € ein. Im Jahr 2008 hat sie keine beitragspflichtigen Einnahmen erzielt, 2007 erzielte sie aus einer geringfügigen (rentenversicherungspflichtigen) Beschäftigung beitragspflichtige Einnahmen i. H. v. insgesamt 4.800 €. Außerdem erhielt sie im Jahr 2007 Elterngeld i. H. v. 300 € (keine beitragspflichtigen Einnahmen, vgl. Rz. **70**).

Elterngeld (kein Ansatz)	0 €	
Beitragspflichtige Einnahmen	4.800 €	
4 %	192 €	
höchstens	2.100 €	
anzusetzen	192 €	
abzüglich Zulage (154 € + 2 x 185 €)	524 €	
Mindesteigenbeitrag (§ 86 Abs. 1 Satz 2 EStG)	0 €	
Sockelbetrag (§ 86 Abs. 1 Satz 4 EStG)	60 €	
maßgebend (§ 86 Abs. 1 Satz 5 EStG)		60 €
geleisteter Eigenbeitrag		30 €
Kürzungsfaktor (Eigenbeitrag – Mindesteigenbeitrag x 100)		50 %

Da B den Mindesteigenbeitrag (in Höhe des Sockelbetrages) nur zu 50 % geleistet hat, wird die Zulage von insgesamt 524 € um 50 % gekürzt, so dass eine Zulage i. H. v. 262 € gewährt wird.

57 Für die Berechnung der Zulagehöhe sowie des erforderlichen Mindesteigenbeitrags wird u. a. von der ZfA auf der Internetseite www.deutsche-rentenversicherung.de ein Zulagerechner zur Verfügung gestellt.

bb) Berechnungsgrundlagen

58 Maßgebend für den individuell zu ermittelnden Mindesteigenbeitrag (Rz. **51**) ist die Summe der in dem Beitragsjahr vorangegangenen Kalenderjahr erzielten beitragspflichtigen Einnahmen im Sinne des SGB VI, der bezogenen Besoldung und Amtsbezüge, in den Fällen des § 10a Abs. 1 Satz 1 Halbsatz 2 Nr. 3 und 4 EStG der erzielten Einnahmen, die beitragspflichtig gewesen wären, wenn die Versicherungsfreiheit in der gesetzlichen Rentenversicherung nicht bestanden hätte und der bezogenen Bruttorente wegen voller Erwerbsminderung oder Erwerbsunfähigkeit oder bezogenen Versorgungsbezüge wegen Dienstunfähigkeit (maßgebende Einnahmen). Die entsprechenden Beträge sind auf volle Euro abzurunden, dies gilt auch für die Ermittlung des Mindesteigenbeitrags.
Zu Besonderheiten siehe Rz. **71** ff.

(1) Beitragspflichtige Einnahmen

59 Als „beitragspflichtige Einnahmen" im Sinne des SGB VI ist nur der Teil des Arbeitsentgelts zu erfassen, der die jeweils gültige Beitragsbemessungsgrenze nicht übersteigt. Insoweit ist auf diejenigen Einnahmen abzustellen, die im Rahmen des sozialrechtlichen Meldeverfahrens den Trägern der gesetzlichen Rentenversicherung gemeldet werden.

60 Die beitragspflichtigen Einnahmen ergeben sich
– bei Arbeitnehmern und Beziehern von Vorruhestandsgeld aus der Durchschrift der „Meldung zur Sozialversicherung nach dem DEÜV" (Arbeitsentgelte) und
– bei rentenversicherungspflichtigen Selbständigen aus der vom Rentenversicherungsträger erstellten Bescheinigung.

61 Als beitragspflichtige Einnahmen bei dem in **den** Rz. **7 und 8** beschriebenen Personenkreis sind die Einnahmen aus der nichtselbständigen Tätigkeit zu berücksichtigen, die die Zugehörigkeit zum Personenkreis nach **§ 52 Abs. 24c Satz 2 EStG** begründen; Freistellungen nach dem jeweiligen DBA sind bei der Bestimmung der beitragspflichtigen Einnahmen unbeachtlich.

62 Bei der Ermittlung der nach § 86 EStG maßgebenden Einnahmen ist auf die in dem dem Beitragsjahr vorangegangenen Kalenderjahr erzielten beitragspflichtigen Einnahmen im Sinne des SGB VI abzustellen. Dabei handelt es sich um diejenigen Einnahmen, die im Rahmen des sozialversicherungs-

(Zu LStH 3.55, 3.56, 3.63, 3.65, 3.66, 38.2) **Anlage § 010a-01/Altersvorsorge**

rechtlichen Meldeverfahrens den Trägern der gesetzlichen Sozialversicherung gemeldet wurden. Für die Zuordnung der erzielten beitragspflichtigen Einnahmen zu den einzelnen Beitragsjahren ist auf die sozialversicherungsrechtlichen Wertungen abzustellen. Dies gilt auch, wenn der Steuerpflichtige in einem Beitragsjahr beitragspflichtige Einnahmen erzielt, die sozialversicherungsrechtlich einem von der tatsächlichen Zahlung abweichenden Jahr zuzurechnen sind.

(2) Besoldung und Amtsbezüge

Die Besoldung und die Amtsbezüge ergeben sich aus den **Bezüge-/Besoldungsmitteilungen** bzw. den Mitteilungen über die Amtsbezüge der die Besoldung bzw. die Amtsbezüge anordnenden Stelle. Für die Bestimmung der maßgeblichen Besoldung ist auf die in dem betreffenden Kalenderjahr zugeflossene Besoldung/Amtsbezüge entsprechend der Besoldungsmitteilung/Mitteilung über die Amtsbezüge abzustellen.

Für die Mindesteigenbeitragsberechnung sind sämtliche Bestandteile der Besoldung oder Amtsbezüge außer den Auslandsdienstbezügen im Sinne der § 52 ff. BBesG oder entsprechender Regelungen eines Landesbesoldungsgesetzes zu berücksichtigen. Dabei ist es unerheblich, ob die Bestandteile

- **beitragspflichtig wären, wenn die Versicherungsfreiheit in der gesetzlichen Rentenversicherung nicht bestünde,**
- **steuerfrei oder**
- **ruhegehaltsfähig sind.**

Besoldungsbestandteil. sind u. a. das Grundgehalt, Leistungsbezüge an Hochschulen, der Familienzuschlag, Zulagen und Vergütungen, ferner Anwärterbezüge, jährliche Sonderzahlungen, vermögenswirksame Leistungen, das jährliche Urlaubsgeld, der Altersteilzeitzuschlag und die Sachbezüge.

Die Höhe der Amtsbezüge richtet sich nach den jeweiligen bundes- oder landesrechtlichen Vorschriften.

(3) Land- und Forstwirte

Bei einem Land- und Forstwirt, der nach dem Gesetz über die Alterssicherung der Landwirte pflichtversichert ist, ist für die Berechnung des Mindesteigenbeitrags auf die Einkünfte im Sinne des § 13 EStG des zweiten dem Beitragsjahr vorangegangenen Veranlagungszeitraums abzustellen (§ 86 Abs. 3 EStG). Ist dieser Land- und Forstwirt neben seiner land- und forstwirtschaftlichen Tätigkeit auch als Arbeitnehmer tätig und in der gesetzlichen Rentenversicherung pflichtversichert, sind die beitragspflichtigen Einnahmen des Vorjahres und die positiven Einkünfte im Sinne des § 13 EStG des zweiten dem Beitragsjahr vorangegangenen Veranlagungszeitraums zusammenzurechnen. Eine Saldierung mit negativen Einkünften im Sinne des § 13 EStG erfolgt nicht.

(4) Bezieher einer Rente wegen voller Erwerbsminderung/Erwerbsunfähigkeit oder einer Versorgung wegen Dienstunfähigkeit

Der Bruttorentenbetrag ist der Jahresbetrag der Rente vor Abzug der einbehaltenen eigenen Beitragsanteile zur Kranken- und Pflegeversicherung. Nicht diesem Betrag hinzuzurechnen sind Zuschüsse zur Krankenversicherung. Leistungsbestandteile, wie z. B. der Auffüllbetrag nach § 315a SGB VI oder der Rentenzuschlag nach § 319a SGB VI sowie Steigerungsbeträge aus der Höherversicherung nach § 269 SGB VI zählen zum Bruttorentenbetrag. Es sind nur die Rentenzahlungen für die Mindesteigenbeitragsberechnung zu berücksichtigen, die zur unmittelbaren Zulageberechtigung führen. Private Renten oder Leistungen der betrieblichen Altersversorgung bleiben unberücksichtigt.

Hat der Bezieher einer Rente wegen voller Erwerbsminderung/Erwerbsunfähigkeit oder einer Versorgung wegen Dienstunfähigkeit im maßgeblichen Bemessungszeitraum (auch) Einnahmen nach § 86 Abs. 1 Satz 2 Nr. 1 bis 3 EStG bezogen, sind diese Einnahmen bei der Mindesteigenbeitragsberechnung mit zu berücksichtigen.

Beispiel:

A erhält im April 2008 den Bescheid, mit dem ihm die Deutsche Rentenversicherung rückwirkend ab dem 1. Oktober 2007 eine Rente wegen voller Erwerbsminderung bewilligt. Das Krankengeld, das ihm bis zum Beginn der laufenden Rentenzahlung noch bis zum 31. Mai 2008 von seiner gesetzlichen Krankenkasse gezahlt wird, wird aufgrund deren Erstattungsanspruchs mit der Rentennachzahlung verrechnet.

In dem Beitragsjahr 2007, in das der Beginn der rückwirkend bewilligten Rente fällt, gehörte A noch aufgrund des Bezugs von Entgeltersatzleistungen zum begünstigten Personenkreis nach § 10a Abs. 1 Satz 1 EStG. Als Bemessungsgrundlage für den für 2007 zu zahlenden Mindesteigenbeitrag wäre hier

Anlage § 010a-01/Altersvorsorge (Zu LStH 3.55, 3.56, 3.63, 3.65, 3.66, 38.2)

entweder die in 2006 berücksichtigten beitragspflichtigen Einnahmen oder das ggf. niedrigere tatsächlich bezogene Krankengeld heranzuziehen – vgl. Rz. 72.

Ab Beginn des Beitragsjahres 2008 liegt der Tatbestand des Leistungsbezuges vor, aus dem sich die Zugehörigkeit zum begünstigten Personenkreis nach § 10a Abs. 1 Satz 4 EStG begründet. Die Bemessungsgrundlage für den im Kalenderjahr 2008 zu leistenden Mindesteigenbeitrag bildet damit die Rente, die am 1. Oktober 2007 begonnen hat, und das im Zeitraum vom 1. Januar bis zum 30. September 2007 bezogene Krankengeld.

(5) Elterngeld

70 Das Elterngeld ist keine maßgebende Einnahme im Sinne des § 86 EStG. Eine Berücksichtigung im Rahmen der Mindesteigenbeitragsberechnung scheidet daher aus.

(6) Sonderfälle

71 In der gesetzlichen Rentenversicherung werden für bestimmte pflichtversicherte Personen abweichend vom tatsächlich erzielten Entgelt (§ 14 SGB IV) oder von der Entgeltersatzleistung andere Beträge als beitragspflichtige Einnahmen berücksichtigt. Beispielhaft sind folgende Personen zu nennen:
- zu ihrer Berufsausbildung Beschäftigte,
- behinderte Menschen, die in Einrichtungen der Jugendhilfe oder in anerkannten Werkstätten für behinderte Menschen beschäftigt werden,
- Personen, die für eine Erwerbstätigkeit befähigt werden sollen,
- Bezieher von Kurzarbeiter- oder Winterausfallgeld,
- Beschäftigte, die in einem Altersteilzeitarbeitsverhältnis stehen,
- Bezieher von Vorruhestandsgeld, Krankengeld, Arbeitslosengeld, Unterhaltsgeld, Übergangsgeld, Verletztengeld oder Versorgungskrankengeld,
- als wehr- oder zivildienstleistende Versicherte,
- Versicherte, die für Zeiten der Arbeitsunfähigkeit oder Rehabilitation ohne Anspruch auf Krankengeld versichert sind,
- Personen, die einen Pflegebedürftigen nicht erwerbsmäßig wenigstens 14 Stunden in der Woche in seiner häuslichen Umgebung pflegen,
- Bezieher von Arbeitslosengeld II.

72 Sind die rentenrechtlich berücksichtigten beitragspflichtigen Einnahmen in den genannten Fallgestaltungen höher als das tatsächlich erzielte Entgelt, der Zahlbetrag der Entgeltersatzleistung (z. B. das Arbeitslosengeld oder Krankengeld) oder der als Arbeitslosengeld II ausgezahlte Betrag, dann sind die tatsächlichen Einnahmen anstelle der rentenrechtlich berücksichtigten Einnahmen für die Berechnung des individuellen Mindesteigenbeitrags zugrunde zu legen. Bei Altersteilzeitarbeit ist das aufgrund der abgesenkten Arbeitszeit erzielte Arbeitsentgelt – ohne Aufstockungs- und Unterschiedsbetrag – maßgebend.

cc) Besonderheiten bei Ehegatten

73 Gehören beide Ehegatten zum unmittelbar begünstigten Personenkreis, ist für jeden Ehegatten anhand seiner jeweiligen maßgebenden Einnahmen (Rz. 58 bis 72) ein eigener Mindesteigenbeitrag nach Maßgabe der Rz. 51 und 53 zu berechnen.

74 Die Grundsätze zur Zuordnung der Kinderzulage (Rz. 39 ff.) gelten auch für die Ermittlung des Mindesteigenbeitrags.

75 Ist nur ein Ehegatte unmittelbar und der andere mittelbar begünstigt, ist die Mindesteigenbeitragsberechnung nur für den unmittelbar begünstigten Ehegatten durchzuführen. Berechnungsgrundlage sind seine Einnahmen im Sinne der Rz. 58 bis 72. Der sich nach Anwendung des maßgebenden Prozentsatzes ergebende Betrag ist um die den Ehegatten insgesamt zustehenden Zulagen zu vermindern.

76 Hat der unmittelbar begünstigte Ehegatte den erforderlichen geförderten Mindesteigenbeitrag zugunsten seines Altersvorsorgevertrags oder einer förderbaren Versorgung im Sinne des § 82 Abs. 2 EStG bei einer Pensionskasse, einem Pensionsfonds oder einer nach § 82 Abs. 2 EStG förderbaren Direktversicherung erbracht, erhält auch der Ehegatte mit dem mittelbaren Zulageanspruch die Altersvorsorgezulage ungekürzt. Es ist nicht erforderlich, dass er neben der Zulage eigene Beiträge zugunsten seines Altersvorsorgevertrags leistet.

77 Beispiel:
A und B sind verheiratet und haben drei Kinder, die in den Jahren 1995, 1997 und 2000 geboren wurden. A erzielt sozialversicherungspflichtige Einkünfte bei einem Arbeitgeber mit Sitz in Bremen. Im Jahr

(Zu LStH 3.55, 3.56, 3.63, 3.65, 3.66, 38.2) **Anlage § 010a-01/Altersvorsorge**

2007 betragen seine beitragspflichtigen Einnahmen 53.000 €. B erzielt keine Einkünfte und hat für das Beitragsjahr auch keinen Anspruch auf Kindererziehungszeiten mehr. B ist nur mittelbar zulageberechtigt. Beide haben in 2008 einen eigenen Altersvorsorgevertrag abgeschlossen. A zahlt einen eigenen jährlichen Beitrag von 1.237 € zugunsten seines Vertrags ein. B erbringt keine eigenen Beiträge; es fließen nur die ihr zustehende Grundzulage und die Kinderzulagen für drei Kinder auf ihren Vertrag.

Mindesteigenbeitragsberechnung für A:

Beitragspflichtige Einnahmen	53.000 €	
4 %	2.120 €	
höchstens	2.100 €	
anzusetzen		2.100 €
abzüglich Zulage (2 x 154 € + 3 x 185 €)		863 €
Mindesteigenbeitrag (§ 86 Abs. 1 Satz 2 EStG)		1.237 €
Sockelbetrag (§ 86 Abs. 1 Satz 4 EStG)		60 €
maßgebend (§ 86 Abs. 1 Satz 5 EStG)		1.237 €

Beide Ehegatten haben Anspruch auf die volle Zulage, da A seinen Mindesteigenbeitrag von 1.237 € erbracht hat, der sich auch unter Berücksichtigung der B zustehenden Kinder- und Grundzulage errechnet.

dd) Kürzung der Zulage

Erbringt der unmittelbar Begünstigte in einem Beitragsjahr nicht den erforderlichen Mindesteigenbeitrag, ist die für dieses Beitragsjahr zustehende Altersvorsorgezulage (Grundzulage und Kinderzulage) nach dem Verhältnis der geleisteten Altersvorsorgebeiträge zum erforderlichen Mindesteigenbeitrag zu kürzen. Ist der Ehegatte nur mittelbar zulageberechtigt, gilt dieser Kürzungsmaßstab auch für ihn, unabhängig davon, ob er eigene Beiträge zugunsten seines Vertrags geleistet hat (§ 86 Abs. 2 Satz 1 EStG). 78

Beispiel: 79

Wie Beispiel in Rz. **77**, allerdings haben A und B im Beitragsjahr **2008** zugunsten ihrer Verträge jeweils folgende Beiträge geleistet:

A	1.100 €
B	200 €

Mindesteigenbeitragsberechnung für A:

Beitragspflichtige Einnahmen	53.000 €	
4 %	2.120 €	
höchstens	2.100 €	
anzusetzen		2.100 €
abzüglich Zulage (2 x 154 € + 3 x 185 €)		863 €
Mindesteigenbeitrag (§ 86 Abs. 1 Satz 2 EStG)		1.237 €
Sockelbetrag (§ 86 Abs. 1 Satz 4 EStG)		60 €
maßgebend (§ 86 Abs. 1 Satz 5 EStG)		1.237 €
tatsächlich geleisteter Eigenbeitrag		1.100 €
dies entspricht 88,92 % des Mindesteigenbeitrags (1.100 : 1.237 x 100 = 88,92)		
Zulageanspruch A:		
88,92 % von 154 €		136,94 €
Zulageanspruch B:		
88,92 % von 709 € (154 € + 3 x 185 €)		630,44 €
Zulageansprüche gesamt		767,38 €

Die eigenen Beiträge von B haben keine Auswirkung auf die Berechnung der Zulageansprüche, können aber von A im Rahmen seines Sonderausgabenabzugs nach § 10a Abs. 1 EStG (vgl. Rz. **85**) geltend gemacht werden (1.100 € + 200 € + Zulagen A und B 767,38 € = 2.067,38 €).

Anlage § 010a-01/Altersvorsorge (Zu LStH 3.55, 3.56, 3.63, 3.65, 3.66, 38.2)

4. Sonderausgabenabzug

80 Neben der Zulageförderung nach Abschnitt XI EStG können die zum begünstigten Personenkreis gehörenden Steuerpflichtigen ihre **Altersvorsorgebeiträge** (vgl. Rz. 22 -32) bis zu bestimmten Höchstbeträgen als Sonderausgaben geltend machen (§ 10a Abs. 1 EStG). **Bei Ehegatten, die nach § 26b EStG zusammen zur Einkommensteuer veranlagt werden, kommt es nicht darauf an, ob der Ehemann oder die Ehefrau die Altersvorsorgebeiträge geleistet hat.** Altersvorsorgebeiträge gelten auch dann als eigene Beiträge des Steuerpflichtigen, wenn sie im Rahmen der betrieblichen Altersversorgung direkt vom Arbeitgeber an die Versorgungseinrichtung gezahlt werden.

81 Zu den abziehbaren Sonderausgaben gehören die im Veranlagungszeitraum geleisteten Altersvorsorgebeiträge (siehe Rz. **22 ff.** und Rz. **290 ff.**). Außerdem ist die dem Steuerpflichtigen zustehende Altersvorsorgezulage (Grund- und Kinderzulage) zu berücksichtigen. Hierbei ist abweichend von § 11 Abs. 2 EStG der für das Beitragsjahr (= Kalenderjahr) entstandene Anspruch auf Zulage für die Höhe des Sonderausgabenabzugs maßgebend (§ 10a Abs. 1 Satz 1 EStG). Ob und wann die Zulage dem begünstigten Vertrag gutgeschrieben wird, ist unerheblich. Bei der Ermittlung des nach § 10a Abs. 1 anzusetzenden Anspruchs auf Zulage ist der Erhöhungsbetrag nach § 84 Satz 2 und 3 EStG nicht zu berücksichtigen.

82 Die Höhe der Altersvorsorgebeiträge hat der Steuerpflichtige bis zum Veranlagungszeitraum 2009 durch eine Bescheinigung des Anbieters nach amtlich vorgeschriebenem Vordruck nachzuweisen (§ 10a Abs. 5 Satz 1 EStG). Die übrigen Tatbestandsvoraussetzungen für die Inanspruchnahme des Sonderausgabenabzugs nach § 10a EStG werden grundsätzlich im Wege des Datenabgleichs nach § 91 EStG durch die ZfA überprüft. Eine gesonderte Prüfung durch die Finanzämter erfolgt grundsätzlich nicht.

83 Ab dem Veranlagungszeitraum 2010 ist die Höhe der vom Steuerpflichtigen geleisteten Altersvorsorgebeiträge durch einen entsprechenden Datensatz des Anbieters nachzuweisen. Hierzu hat der Steuerpflichtige gegenüber dem Anbieter schriftlich darin einzuwilligen, dass dieser die im jeweiligen Beitragsjahr zu berücksichtigenden Altersvorsorgebeiträge unter Angabe der steuerlichen Identifikationsnummer (§ 139b AO) an die ZfA übermittelt. Die Einwilligung muss dem Anbieter spätestens bis zum Ablauf des zweiten Kalenderjahres, das auf das Beitragsjahr folgt, vorliegen. Die Einwilligung gilt auch für folgende Beitragsjahre, wenn der Steuerpflichtige sie nicht gegenüber seinem Anbieter schriftlich widerruft. Sind beide Ehegatten unmittelbar zulageberechtigt oder ist ein Ehegatte unmittelbar zulageberechtigt und ein Ehegatte mittelbar berechtigt, müssen beide Ehegatten die Einwilligungserklärung abgeben. Die Einwilligung gilt auch ohne gesonderte Erklärung als erteilt, wenn

– der Zulageberechtigte seinen Anbieter bevollmächtigt hat, für ihn den Zulageantrag zu stellen (Rz. **233**),

– dem Anbieter für das betreffende Beitragsjahr ein Zulageantrag des mittelbar Zulageberechtigten vorliegt.

Bei Vorliegen der Einwilligung hat der Anbieter die nach § 10a Abs. 5 EStG erforderlichen Daten an die ZfA zu übermitteln. Zu diesen Daten zählt u. a. die Versicherungsnummer nach § 147 SGB VI oder die Zulagenummer. Soweit noch keine Versicherungs- oder Zulagenummer vergeben wurde, gilt die Einwilligung des Zulageberechtigten auch als Antrag auf Vergabe einer Zulagenummer durch die ZfA. Der Anbieter hat den Zulageberechtigten über die erfolgte Datenübermittlung in der Bescheinigung nach § 92 EStG zu informieren. Werden die erforderlichen Daten aus Gründen, die der Steuerpflichtige nicht zu vertreten hat (z. B. technische Probleme), vom Anbieter nicht übermittelt, kann der Steuerpflichtige den Nachweis über die geleisteten Altersvorsorgebeiträge auch in anderer Weise erbringen.

a) Umfang des Sonderausgabenabzugs bei Ehegatten

84 Für Ehegatten, die beide unmittelbar begünstigt sind, ist die Begrenzung auf den Höchstbetrag nach § 10a Abs. 1 EStG jeweils gesondert vorzunehmen. Ein nicht ausgeschöpfter Höchstbetrag eines Ehegatten kann dabei nicht auf den anderen Ehegatten übertragen werden.

85 Ist nur ein Ehegatte nach § 10a Abs. 1 EStG unmittelbar begünstigt, kommt ein Sonderausgabenabzug bis zu der in § 10a Abs. 1 EStG genannten Höhe grundsätzlich nur für seine Altersvorsorgebeiträge sowie die **ihm und dem mittelbar zulageberechtigten** Ehegatten zustehenden Zulagen in Betracht. Der Höchstbetrag verdoppelt sich **in diesem Fall** nicht. Hat der **mittelbar zulageberechtigte** Ehegatte einen eigenen Altersvorsorgevertrag abgeschlossen, können die zugunsten dieses Vertrages geleisteten Altersvorsorgebeiträge beim Sonderausgabenabzug des unmittelbar zulageberechtigten Ehegatten berücksichtigt werden, wenn der Höchstbetrag durch die vom unmittelbar Zulageberechtigten geleisteten Altersvorsorgebeiträge sowie die zu berücksichtigenden Zulagen nicht ausgeschöpft wird. Auf das Beispiel in Rz. 79 wird hingewiesen. Der mittelbar Begünstigte hat, auch wenn er keine Altersvorsorgebeiträge erbracht hat, **bis zum Veranlagungszeitraum 2009** die vom Anbieter ausgestellte Bescheinigung bei-

(Zu LStH 3.55, 3.56, 3.63, 3.65, 3.66, 38.2)   **Anlage § 010a-01/Altersvorsorge**

zufügen (§ 10a Abs. 5 Satz 2 EStG). **Ab dem Veranlagungszeitraum 2010 hat er gegenüber seinem Anbieter in die Datenübermittlung nach § 10a Abs. 2a Satz 1 EStG einzuwilligen (§ 10a Abs. 2a Satz 3 EStG).**

b) Günstigerprüfung

Ein Sonderausgabenabzug nach § 10a Abs. 1 EStG wird nur gewährt, wenn er für den Steuerpflichtigen einkommensteuerlich günstiger ist als der Anspruch auf Zulage nach Abschnitt XI EStG (§ 10a Abs. 2 Satz 1 und 2 EStG). Bei der Veranlagung zur Einkommensteuer wird diese Prüfung von Amts wegen vorgenommen. Voraussetzung hierfür ist allerdings, dass der Steuerpflichtige den Sonderausgabenabzug nach § 10a Abs. 1 EStG im Rahmen seiner Einkommensteuererklärung beantragt und die nach § 10a Abs. 5 Satz 1 EStG erforderliche Bescheinigung beigefügt hat. Anstelle der Vorlage der Bescheinigung nach § 10a Abs. 5 EStG hat der Steuerpflichtige ab dem Veranlagungszeitraum 2010 gegenüber seinem Anbieter in die Datenübermittlung nach § 10a Abs. 2a Satz 1 EStG einzuwilligen; der Nachweis über die Höhe der geleisteten Beiträge erfolgt dann durch den entsprechenden Datensatz des Anbieters.   86

Bei der Günstigerprüfung wird stets auf den sich nach den erklärten Angaben ergebenden Zulageanspruch abgestellt. Daher ist es für die Höhe des im Rahmen des Sonderausgabenabzugs zu berücksichtigenden Zulageanspruchs unerheblich, ob ein Zulageantrag gestellt worden ist. Der Erhöhungsbetrag nach § 84 Satz 2 und 3 EStG bleibt bei der Ermittlung der dem Steuerpflichtigen zustehenden Zulage außer Betracht.   87

Ist eine bereits erteilte Bescheinigung nach § 10a Abs. 5 Satz 1 EStG materiell unzutreffend (z. B. weil der der Bescheinigung zugrunde liegende tatsächliche Geldfluss von den bescheinigten Werten abweicht) und wurde aufgrund dieser falschen Bescheinigung bereits eine bestandskräftige Steuerfestsetzung durchgeführt, ist nach der Korrektur oder Berichtigung der Anbieterbescheinigung in der Regel (siehe insoweit Rz. 90) eine Änderung der Einkommensteuerfestsetzung nach § 10a Abs. 5 Satz 3 EStG vorzunehmen.   88

Rz. **88** gilt ab dem Beitragsjahr 2010 entsprechend für die Datenübermittlung nach § 10a EStG. Der Steuerbescheid kann dann auch geändert werden, wenn die Daten nach Bekanntgabe des Steuerbescheids, aber innerhalb der in § 10a EStG benannten Fristen übermittelt werden.   89

§ 10a Abs. 5 Satz 3 EStG ist auch für Veranlagungszeiträume vor 2008 anzuwenden, soweit sich dies zugunsten des Steuerpflichtigen auswirkt oder die Steuerfestsetzung bei Inkrafttreten des Jahressteuergesetzes 2008 noch nicht unanfechtbar war oder unter dem Vorbehalt der Nachprüfung stand (§ 52 Abs. **24d** EStG).   90

§ 10a Abs. 5 Satz 3 EStG ist nicht anzuwenden, wenn nach einer bestandskräftigen Einkommensteuerfestsetzung für den betreffenden Veranlagungszeitraum erstmals eine Anbieterbescheinigung vorgelegt wird. In diesen Fällen gelten die allgemeinen Regelungen der Abgabenordnung.   91

aa) Anrechnung des Zulageanspruchs

Erfolgt aufgrund der Günstigerprüfung ein Sonderausgabenabzug, erhöht sich die unter Berücksichtigung des Sonderausgabenabzugs ermittelte tarifliche Einkommensteuer um den Anspruch auf Zulage (§ 10a Abs. 2 EStG i. V. m. § 2 Abs. 6 Satz 2 EStG). Durch diese Hinzurechnung wird erreicht, dass dem Steuerpflichtigen im Rahmen der Einkommensteuerveranlagung nur die über den Zulageanspruch hinausgehende Steuerermäßigung gewährt wird. Der Erhöhungsbetrag nach § 84 Satz 2 und 3 EStG bleibt bei der Ermittlung der dem Steuerpflichtigen zustehenden Zulage außer Betracht. Um die volle Förderung sicherzustellen, muss stets die Zulage beantragt werden. Über die zusätzliche Steuerermäßigung kann der Steuerpflichtige verfügen; sie wird nicht Bestandteil des Altersvorsorgevermögens. Die Zulage verbleibt auch dann auf dem Altersvorsorgevertrag, wenn die Günstigerprüfung ergibt, dass der Sonderausgabenabzug für den Steuerpflichtigen günstiger ist.   9

bb) Ehegatten

Wird bei einer Zusammenveranlagung von Ehegatten der Sonderausgabenabzug beantragt, gilt für die Günstigerprüfung Folgendes: 93

Ist nur ein Ehegatte unmittelbar begünstigt und hat der andere Ehegatte keinen Altersvorsorgevertrag abgeschlossen, wird die Steuerermäßigung für die Aufwendungen nach § 10a Abs. 1 EStG des berechtigten Ehegatten mit seinem Zulageanspruch verglichen.   94

Ist nur ein Ehegatte unmittelbar begünstigt und hat der andere Ehegatte einen Anspruch auf Altersvorsorgezulage aufgrund seiner mittelbaren Zulageberechtigung nach § 79 Satz 2 EStG, wird die Steuerermäßigung für die im Rahmen des § 10a Abs. 1 EStG berücksichtigten Aufwendungen beider Ehegatten einschließlich der hierfür zustehenden Zulagen mit dem den Ehegatten insgesamt zustehenden Zulageanspruch verglichen (§ 10a Abs. 3 Satz 2 i. V. m. Abs. 2 EStG; vgl. auch das Beispiel in Rz. **99**).   95

917

Anlage § 010a-01/Altersvorsorge (Zu LStH 3.55, 3.56, 3.63, 3.65, 3.66, 38.2)

96 Haben beide unmittelbar begünstigten Ehegatten Altersvorsorgebeiträge geleistet, wird die Steuerermäßigung für die Summe der für jeden Ehegatten nach § 10a Abs. 1 EStG anzusetzenden Aufwendungen mit dem den Ehegatten insgesamt zustehenden Zulageanspruch verglichen (§ 10a Abs. 3 Satz 1 i. V. m. Abs. 2 EStG; vgl. auch das Beispiel in Rz. **98**). Auch wenn nur für die von einem Ehegatten geleisteten Altersvorsorgebeiträge ein Sonderausgabenabzug nach § 10a Abs. 1 EStG beantragt wird, wird bei der Ermittlung der über den Zulageanspruch hinausgehenden Steuerermäßigung die den beiden Ehegatten zustehende Zulage berücksichtigt (§ 10a Abs. 3 Satz 3 EStG).

97 Im Fall der getrennten Veranlagung nach § 26a EStG oder der besonderen Veranlagung nach § 26c EStG ist Rz. **94** oder **95** entsprechend anzuwenden; sind beide Ehegatten unmittelbar begünstigt, erfolgt die Günstigerprüfung für jeden Ehegatten wie bei einer Einzelveranlagung. Es wird daher nur der den jeweiligen Ehegatten zustehende Zulageanspruch angesetzt.

98 Beispiel:
Ehegatten, die beide unmittelbar begünstigt sind, haben im Jahr 2008 ein zu versteuerndes Einkommen i. H. v. 150.000 € (ohne Sonderausgabenabzug nach § 10a EStG). Darin sind Einkünfte aus unterschiedlichen Einkunftsarten enthalten. Sie haben mit den Beiträgen i. H. v. 2.300 € (Ehemann) / 900 € (Ehefrau) zugunsten ihrer Verträge mehr als die erforderlichen Mindestbeiträge gezahlt und daher für das Beitragsjahr 2008 jeweils einen Zulageanspruch von 154 €.

Ehemann		Ehefrau	
Eigenbeitrag	2.300 €	Eigenbeitrag	900 €
davon gefördert		davon gefördert	
(höchstens 2.100 € – 154 € =)	1.946 €	(höchstens 2.100 € – 154 € =)	1.946 €
gefördert somit	1.946 €	gefördert somit	900 €
Abziehbare Sonderausgaben		Abziehbare Sonderausgaben	
(1.946 € + 154 € =)	2.100 €	(900 € + 154 € =)	1.054 €

zu versteuerndes Einkommen (bisher)		150 000 €
abzüglich Sonderausgaben Ehemann	2.100 €	
abzüglich Sonderausgaben Ehefrau	1.054 €	
	3.154 €	
zu versteuerndes Einkommen (neu)		146.846 €
Einkommensteuer auf 150 000 €		47.172 €
Einkommensteuer auf 146.846 €		45.846 €
Differenz		1.326 €
abzüglich Zulageansprüche insgesamt (2 x 154 €)		308 €
zusätzliche Steuerermäßigung insgesamt		1.018 €

Der Sonderausgabenabzug nach § 10a EStG ergibt für die Ehegatten eine zusätzliche Steuerermäßigung i. H. v. 1.018 €. Zur Zurechnung der auf den einzelnen Ehegatten entfallenden Steuerermäßigung vgl. Rz. **105**.

99 Beispiel:
Ehegatten haben im Jahr 2008 ein zu versteuerndes Einkommen i. H. v. 150.000 € (ohne Sonderausgabenabzug nach § 10a EStG). Darin sind Einkünfte aus unterschiedlichen Einkunftsarten enthalten. Nur der Ehemann ist unmittelbar begünstigt; er hat den erforderlichen Mindesteigenbeitrag erbracht. Seine Ehefrau hat einen eigenen Altersvorsorgevertrag abgeschlossen und ist daher mittelbar zulageberechtigt. Sie haben Beiträge i. H. v. 1.700 € (Ehemann) bzw. 250 € (Ehefrau) zugunsten ihrer Verträge gezahlt und – da sie den erforderlichen Mindesteigenbeitrag geleistet haben – für das Beitragsjahr 2008 jeweils einen Zulageanspruch von 154 €.

Ehemann		Ehefrau	
Eigenbeitrag	1.700 €	Eigenbeitrag	250 €
davon gefördert	1.700 €		
durch den unmittelbar Zulageberechtigten ausgeschöpftes Abzugsvolumen:			
Eigenbeitrag des Ehemanns	1.700 €		
Zulageanspruch Ehemann	154 €		

(Zu LStH 3.55, 3.56, 3.63, 3.65, 3.66, 38.2) **Anlage § 010a-01/Altersvorsorge**

Zulageanspruch Ehefrau	154 €		
ausgeschöpft somit	2.008 €		
Abzugsvolumen insgesamt	2.100 €		
noch nicht ausgeschöpft	92 €	förderbar	92 €

Abziehbare Sonderausgaben der Ehegatten insgesamt:
(1.700 € + 92 € + 154 € + 154 € =) 2.100 €.

zu versteuerndes Einkommen (bisher)	150 000 €
abzüglich Sonderausgaben Ehemann	2.100 €
zu versteuerndes Einkommen (neu)	147.900 €
Steuer auf 150 000 €	47.172 €
Steuer auf 147.900 €	46.290 €
Differenz	882 €
abzüglich Zulageansprüche insgesamt (2 x 154 €)	308 €
zusätzliche Steuerermäßigung insgesamt	574 €

Der Sonderausgabenabzug nach § 10a EStG ergibt für die Ehegatten eine zusätzliche Steuerermäßigung i. H. v. 574 €. Zur Zurechnung der auf den einzelnen Ehegatten entfallenden Steuerermäßigung vgl. Rz. **106**.

c) Gesonderte Feststellung der zusätzlichen Steuerermäßigung

Eine gesonderte Feststellung der zusätzlichen Steuerermäßigung nach § 10a Abs. 4 Satz 1 EStG ist nur durchzuführen, wenn der Sonderausgabenabzug nach § 10a Abs. 1 EStG günstiger ist als der Zulageanspruch nach Abschnitt XI EStG. Das Wohnsitzfinanzamt stellt in diesen Fällen die über den Zulageanspruch hinausgehende Steuerermäßigung fest und teilt sie der ZfA mit. Wirkt sich eine Änderung der Einkommensteuerfestsetzung auf die Höhe der Steuerermäßigung aus, ist die Feststellung nach § 10a Abs. 4 Satz 1 i. V. m. § 10d Abs. 4 Satz 4 EStG ebenfalls zu ändern. **100**

Ehegatten, bei denen die Voraussetzungen des § 26 Abs. 1 EStG vorliegen, ist die über den Zulageanspruch hinausgehende Steuerermäßigung – unabhängig von der gewählten Veranlagungsart – jeweils getrennt zuzurechnen (§ 10a Abs. 4 Satz 3 EStG). Hierbei gilt Folgendes: **101**

Gehören beide Ehegatten zu dem nach § 10a Abs. 1 EStG begünstigten Personenkreis, ist die über den Zulageanspruch hinausgehende Steuerermäßigung jeweils getrennt zuzurechnen (§ 10a Abs. 4 Satz 3 EStG). Die Zurechnung erfolgt im Verhältnis der als Sonderausgaben berücksichtigten Altersvorsorgebeiträge (geförderte Eigenbeiträge; § 10a Abs. 4 Satz 3 Halbsatz 2 EStG). **102**

Gehört nur ein Ehegatte zu dem nach § 10a Abs. 1 EStG begünstigten Personenkreis und ist der andere Ehegatte nicht nach § 79 Satz 2 EStG zulageberechtigt, weil er keinen eigenen Altersvorsorgevertrag abgeschlossen hat, ist die Steuerermäßigung dem Ehegatten zuzurechnen, der zum unmittelbar begünstigten Personenkreis gehört. **103**

Gehört nur ein Ehegatte zu dem nach § 10a Abs. 1 EStG begünstigten Personenkreis und ist der andere Ehegatte nach § 79 Satz 2 EStG zulageberechtigt, ist die Steuerermäßigung den Ehegatten getrennt zuzurechnen. Die Zurechnung erfolgt im Verhältnis der als Sonderausgaben berücksichtigten Altersvorsorgebeiträge (geförderte Eigenbeiträge; § 10a Abs. 4 Satz 3 und 4 EStG). **104**

Fortführung des Beispiels aus Rz. **98**: **105**

Die zusätzliche Steuerermäßigung von 1.018 € ist den Ehegatten für die gesonderte Feststellung nach § 10a Abs. 4 Satz 2 EStG getrennt zuzurechnen. Aufteilungsmaßstab hierfür sind die nach § 10a Abs. 1 EStG berücksichtigten Eigenbeiträge.

Zusätzliche Steuerermäßigung insgesamt		1.018,00 €
davon Ehemann	(1.946 € : 2.846 € x 100 = 68,38 %)	696,11 €
davon Ehefrau	(900 € : 2.846 € x 100 = 31,62 %)	321,89 €

Diese Beträge und die Zuordnung zu den jeweiligen Verträgen sind nach § 10a Abs. 4 EStG gesondert festzustellen und der ZfA als den jeweiligen Verträgen zugehörig mitzuteilen.

Fortführung des Beispiels aus Rz. **99**: **106**

Die zusätzliche Steuerermäßigung von 574 € ist den Ehegatten für die gesonderte Feststellung nach § 10a Abs. 4 Satz 4 EStG getrennt zuzurechnen. Aufteilungsmaßstab hierfür ist das Verhältnis der Ei-

Anlage § 010a-01/Altersvorsorge (Zu LStH 3.55, 3.56, 3.63, 3.65, 3.66, 38.2)

genbeiträge des unmittelbar zulageberechtigten Ehegatten zu den wegen der Nichtausschöpfung des Höchstbetrags berücksichtigten Eigenbeiträgen des mittelbar zulageberechtigten Ehegatten.

Zusätzliche Steuerermäßigung insgesamt		574,00 €
davon Ehemann	(1.700 € : 1.792 € x 100 = 94,86 %)	544,50 €
davon Ehefrau	(92 € : 1.792 € x 100 = 5,14 %)	29,50 €

Diese Beträge und die Zuordnung zu den jeweiligen Verträgen sind nach § 10a Abs. 4 EStG gesondert festzustellen und der ZfA als den jeweiligen Verträgen zugehörig mitzuteilen.

5. Zusammentreffen mehrerer Verträge

a) Altersvorsorgezulage

107 Die Altersvorsorgezulage wird bei einem unmittelbar Zulageberechtigten höchstens für zwei Verträge gewährt (§ 87 Abs. 1 Satz 1 EStG). Der Zulageberechtigte kann im Zulageantrag jährlich neu bestimmen, für welche Verträge die Zulage gewährt werden soll (§ 89 Abs. 1 Satz 2 EStG). Wurde nicht der gesamte nach § 86 EStG erforderliche Mindesteigenbeitrag zugunsten dieser Verträge geleistet, wird die Zulage entsprechend gekürzt (§ 86 Abs. 1 Satz 6 EStG). Die zu gewährende Zulage wird entsprechend dem Verhältnis der zugunsten dieser beiden Verträge geleisteten Altersvorsorgebeiträge verteilt. Es steht dem Zulageberechtigten allerdings frei, auch wenn er mehrere Verträge abgeschlossen hat, die Förderung nur für einen Vertrag in Anspruch zu nehmen.

108 Erfolgt bei mehreren Verträgen keine Bestimmung oder wird die Zulage für mehr als zwei Verträge beantragt, wird die Zulage nur für die zwei Verträge gewährt, für die im Beitragsjahr die höchsten Altersvorsorgebeiträge geleistet wurden (§ 89 Abs. 1 Satz 3 EStG).

109 Beispiel:
Der Zulageberechtigte zahlt im Jahr 2008 800 €, 800 € und 325 € zugunsten von drei verschiedenen Altersvorsorgeverträgen (ohne Zulage). Sein Mindesteigenbeitrag beträgt 1.461 €.
Der Zulageberechtigte beantragt die Zulage für die Verträge 1 und 2:

	Vertrag 1	Vertrag 2	Vertrag 3
Beiträge	800 €	800 €	325 €
Zulage	77 € (800 € : 1.600 € x 154 €)	77 € (800 € : 1.600 € x 154 €)	–

Er erhält die ungekürzte Zulage von 154 €, da zugunsten der Verträge 1 und 2 in der Summe der erforderliche Mindesteigenbeitrag geleistet worden ist.

110 Abwandlung:
Wie oben, der Zulageberechtigte zahlt die Beiträge (ohne Zulage) jedoch i. H. v. 650 €, 650 € und 325 € zugunsten von drei verschiedenen Altersvorsorgeverträgen.
Weil der Zulageberechtigte mit den Einzahlungen zugunsten der zwei Verträge, für die die Zulage beantragt wird, nicht den Mindesteigenbeitrag i. H. v. 1.461 € erreicht, wird die Zulage von 154 € im Verhältnis der Altersvorsorgebeiträge zum Mindesteigenbeitrag gekürzt (§ 86 Abs. 1 Satz 6 EStG). Die Zulage beträgt 154 € x 1.300 € ? 1.461 € = 137,03 €, sie wird den Verträgen 1 und 2 mit jeweils 68,52 € gutgeschrieben:

	Vertrag 1	Vertrag 2	Vertrag 3
Beiträge	650 €	650 €	325 €
Zulage	68,52 € (650 € : 1.300 € x 137,03 €)	68,52 € (650 € : 1.300 € x 137,03 €)	

111 Der nach § 79 Satz 2 EStG mittelbar Zulageberechtigte kann die Zulage für das jeweilige Beitragsjahr nicht auf mehrere Verträge verteilen (§ 87 Abs. 2 EStG). Es ist nur der Vertrag begünstigt, für den zuerst die Zulage beantragt wird.

b) Sonderausgabenabzug

112 Für den Sonderausgabenabzug nach § 10a Abs. 1 EStG ist keine Begrenzung der Anzahl der zu berücksichtigenden Verträge vorgesehen. Der Steuerpflichtige kann im Rahmen des Höchstbetrags nach § 10a Abs. 1 Satz 1 EStG auch Altersvorsorgebeiträge für Verträge geltend machen, für die keine Zulage beantragt wurde oder aufgrund des § 87 Abs. 1 EStG keine Zulage gewährt wird. In dem Umfang, in dem

eine Berücksichtigung nach § 10a EStG erfolgt, gelten die Beiträge als steuerlich gefördert. Die Zurechnung der über den Zulageanspruch nach Abschnitt XI EStG hinausgehenden Steuerermäßigung erfolgt hierbei im Verhältnis der berücksichtigten Altersvorsorgebeiträge (§ 10a Abs. 4 Satz 2 EStG).

Beispiel: 113
Der Steuerpflichtige zahlt im Jahr 2008 insgesamt 2.400 € Beiträge (ohne Zulage von 154 €) auf vier verschiedene Altersvorsorgeverträge ein (800 €, 800 €, 400 €, 400 €). Sein Mindesteigenbeitrag beträgt 1.461 €. Die Zulage wird für die beiden Verträge mit je 800 € Beitragsleistung beantragt. Die zusätzliche Steuerermäßigung für den Sonderausgabenabzug nach § 10a Abs. 1 EStG beträgt 270 €.

Die Steuerermäßigung ist den vier Verträgen wie folgt zuzurechnen:

	Vertrag 1	Vertrag 2	Vertrag 3	Vertrag 4
Beiträge	800 €	800 €	400 €	400 €
Zulage	77 €	77 €	–	–
Zusätzliche Steuermäßigung	90 € (800 € : 2.400 € x 270 €)	90 € (800 € : 2.400 € x 270 €)	45 € (400 € : 2.400 € x 270 €)	45 € (400 € : 2.400 € x 270 €)

Obwohl die Altersvorsorgebeiträge für die Verträge 3 und 4 sich nicht auf die Zulagegewährung auswirken (§ 87 Abs. 1 Satz 1 EStG), gehören die auf diese Beiträge entfallenden Leistungen aus diesen Verträgen in der Auszahlungsphase ebenfalls zu den sonstigen Einkünften nach § 22 Nr. 5 Satz 1 EStG, soweit sie als Sonderausgaben berücksichtigt wurden. In folgender Höhe sind die Beiträge steuerlich begünstigt worden:

Sonderausgabenhöchstbetrag abzüglich Zulage im Verhältnis zu den geleisteten Beiträgen (2.100 € : 154 € = 1.946 € 1.946 € : 2.400€ x 100 = 81,08 %)	648,64 € (81,08 % von 800 €)	648,64 € (81,08 % von 800 €)	324,32 € (81,08 % von 400 €)	324,32 € (81,08 % von 400 €)
Zulage		77 €	77 €	–	–
bei den einzelnen Verträgen sind somit die folgenden Einzahlungen steuerlich begünstigt (725,64 € + 725,64 € + 324,32 € + 324,32 € = 2099,92 €)	725,64 €	725,64 €	324,32 €	324,32 €

II. Nachgelagerte Besteuerung nach § 22 Nr. 5 EStG

1. Allgemeines

§ 22 Nr. 5 EStG ist anzuwenden auf Leistungen aus Altersvorsorgeverträgen im Sinne des § 82 Abs. 1 114
EStG sowie auf Leistungen aus Pensionsfonds, Pensionskassen und Direktversicherungen. Korrespondierend mit der Freistellung der Beiträge, Zahlungen, Erträge und Wertsteigerungen von steuerlichen Belastungen in der Ansparphase werden die Leistungen erst in der Auszahlungsphase besteuert (nachgelagerte Besteuerung; zu Ausnahmen vgl. Rz. **159 ff.**), und zwar auch dann, wenn zugunsten des Vertrags ausschließlich Beiträge geleistet wurden, die nicht nach § 10a/Abschnitt XI EStG gefördert worden sind. § 22 Nr. 5 EStG ist gegenüber anderen Vorschriften des EStG und des InvStG eine vorrangige Spezialvorschrift. Dies bedeutet auch, dass die ab dem 1. Januar 2009 geltende Abgeltungsteuer in diesen Fällen keine Anwendung findet.

Während der Ansparphase erfolgt bei zertifizierten Altersvorsorgeverträgen keine Besteuerung von Er- 115
trägen und Wertsteigerungen. Dies gilt unabhängig davon, ob oder in welchem Umfang die Altersvorsorgebeiträge nach § 10a/Abschnitt XI EStG gefördert wurden. Die Zuflussfiktion, wonach bei thesaurierenden Fonds ein jährlicher Zufluss der nicht zur Kostendeckung oder Ausschüttung verwendeten Einnahmen und Gewinne anzunehmen ist, findet im Zusammenhang mit Altersvorsorgeverträgen keine Anwendung (§ 2 Abs. 1 Satz 2 InvStG, § 14 Abs. 5 Satz 2 InvStG). Laufende Erträge ausschüttender Fonds, die wieder angelegt werden, werden in der Ansparphase nicht besteuert.

Die Regelungen über die Erhebung der Kapitalertragsteuer sind nicht anzuwenden. In der Ansparphase 116
fallen keine kapitalertragsteuerpflichtigen Kapitalerträge an; die Leistungen in der Auszahlungsphase unterliegen nach § 22 Nr. 5 EStG der Besteuerung im Rahmen der Einkommensteuerveranlagung, so dass auch in der Auszahlungsphase kein Kapitalertragsteuerabzug vorzunehmen ist. Da es sich um Einkünfte nach § 22 Nr. 5 EStG handelt, ist kein Sparer-Freibetrag nach § 20 Abs. 4 EStG (ab 2009: Sparer-

Anlage § 010a-01/Altersvorsorge (Zu LStH 3.55, 3.56, 3.63, 3.65, 3.66, 38.2)

Pauschbetrag nach § 20 Abs. 9 EStG) anzusetzen. Der Pauschbetrag für Werbungskosten bestimmt sich nach § 9a Satz 1 Nr. 3 EStG.

117 Der Umfang der Besteuerung der Leistungen in der Auszahlungsphase richtet sich danach, inwieweit die Beiträge in der Ansparphase steuerfrei gestellt (§ 3 Nr. 63 und 66 EStG), nach § 10a/Abschnitt XI EStG (Sonderausgabenabzug und Altersvorsorgezulage) gefördert worden sind, durch steuerfreie Zuwendungen nach § 3 Nr. 56 EStG **oder durch die nach § 3 Nr. 55b Satz 1 EStG steuerfreien Leistungen aus einem im Versorgungsausgleich begründeten Anrecht** erworben wurden. Dies gilt auch für Leistungen aus einer ergänzenden Absicherung der verminderten Erwerbsfähigkeit oder Dienstunfähigkeit und einer zusätzlichen

Absicherung der Hinterbliebenen. Dabei ist von einer einheitlichen Behandlung der Beitragskomponenten für Alter und Zusatzrisiken auszugehen. **Die Abgrenzung von geförderten und nicht geförderten Beiträgen im Fall einer internen Teilung nach § 10 des Versorgungsausgleichsgesetzes – VersAusglG – (BGBl. I S. 700) ist bei der ausgleichsberechtigten Person genauso vorzunehmen, wie sie bei der ausgleichspflichtigen Person erfolgt wäre, wenn die interne Teilung nicht stattgefunden hätte.**

118 Zu den Einzelheiten zur Besteuerung der Leistungen aus Pensionsfonds, Pensionskassen und Direktversicherungen vgl. Rz. **329** ff.

2. Abgrenzung der geförderten und der nicht geförderten Beiträge

a) Geförderte Beiträge

119 Zu den geförderten Beiträgen gehören die geleisteten Eigenbeiträge zuzüglich der für das Beitragsjahr zustehenden Altersvorsorgezulage, soweit sie den Höchstbetrag nach § 10a EStG nicht übersteigen, mindestens jedoch die gewährten Zulagen und die geleisteten Sockelbeträge im Sinne des § 86 Abs. 1 Satz 4 EStG. Zu den im Rahmen der betrieblichen Altersversorgung im Sinne des § 22 Nr. 5 EStG geförderten Beiträgen vgl. Rz. **247** ff.

120 Soweit Altersvorsorgebeiträge zugunsten eines zertifizierten Altersvorsorgevertrags, für den keine Zulage beantragt wird oder der als weiterer Vertrag nicht mehr zulagebegünstigt ist (§ 87 Abs. 1 Satz 1 EStG), als Sonderausgaben im Sinne des § 10a EStG berücksichtigt werden, gehören die Beiträge ebenfalls zu den geförderten Beiträgen.

121 Bei einem mittelbar zulageberechtigten Ehegatten gehören die im Rahmen des Sonderausgabenabzugs nach § 10a Abs. 1 EStG berücksichtigten Altersvorsorgebeiträge (vgl. Rz. **85, 99, 104**) und die für dieses Beitragsjahr zustehende Altersvorsorgezulage zu den geförderten Beiträgen.

b) Nicht geförderte Beiträge

122 Zu den nicht geförderten Beiträgen gehören Beträge,
- die zugunsten eines zertifizierten Altersvorsorgevertrags in einem Beitragsjahr eingezahlt werden, in dem der Anleger nicht zum begünstigten Personenkreis gehört,
- für die er keine Altersvorsorgezulage und keinen steuerlichen Vorteil aus dem Sonderausgabenabzug nach § 10a EStG erhalten hat oder
- die den Höchstbetrag nach § 10a EStG abzüglich der individuell für das Beitragsjahr zustehenden Zulage übersteigen („Überzahlungen"), sofern es sich nicht um den Sockelbetrag handelt.

123 Sieht der zertifizierte Altersvorsorgevertrag vertraglich die Begrenzung auf einen festgelegten Höchstbetrag (z. B. den Betrag nach § 10a EStG oder den nach § 86 EStG erforderlichen Mindesteigenbeitrag zuzüglich Zulageanspruch) vor, handelt es sich bei Zahlungen, die darüber hinausgehen, um zivilrechtlich nicht geschuldete Beträge. Der Anleger kann sie entweder nach den allgemeinen zivilrechtlichen Vorschriften vom Anbieter zurückfordern oder in Folgejahren mit geschuldeten Beiträgen verrechnen lassen. In diesem Fall sind sie für das Jahr der Verrechnung als Altersvorsorgebeiträge zu behandeln.

3. Leistungen, die ausschließlich auf geförderten Altersvorsorgebeiträgen beruhen (§ 22 Nr. 5 Satz 1 EStG)

124 Die Leistungen in der Auszahlungsphase unterliegen in vollem Umfang der Besteuerung nach § 22 Nr. 5 Satz 1 EStG, wenn die gesamten Altersvorsorgebeiträge in der Ansparphase nach § 10a/Abschnitt XI EStG gefördert worden sind. Dies gilt auch, soweit die Leistungen auf gutgeschriebenen Zulagen sowie den erzielten Erträgen und Wertsteigerungen beruhen.

125 Beispiel:
Der Steuerpflichtige hat über 25 Jahre einschließlich der Zulagen immer genau die förderbaren Höchstbeiträge zugunsten eines begünstigten Altersvorsorgevertrags eingezahlt. Er erhält ab Vollendung des 65. Lebensjahres eine monatliche Rente i. H. v. 500 €.

(Zu LStH 3.55, 3.56, 3.63, 3.65, 3.66, 38.2) **Anlage § 010a-01/Altersvorsorge**

Die Rentenzahlung ist mit 12 x 500 € = 6.000 € im Rahmen der Einkommensteuerveranlagung nach § 22 Nr. 5 Satz 1 EStG voll steuerpflichtig.

4. Leistungen, die zum Teil auf geförderten, zum Teil auf nicht geförderten Altersvorsorgebeiträgen beruhen (§ 22 Nr. 5 Satz 1 und 2 EStG)

Hat der Steuerpflichtige in der Ansparphase sowohl geförderte als auch nicht geförderte Beiträge zugunsten des Vertrags geleistet, sind die Leistungen in der Auszahlungsphase aufzuteilen. **126**

Soweit die Altersvorsorgebeiträge nach § 10a/Abschnitt XI EStG gefördert worden sind, sind die Leistungen nach § 22 Nr. 5 Satz 1 EStG voll zu besteuern. Insoweit gilt Rz. **124** entsprechend. **127**

Aufteilungsfälle liegen z. B. vor, wenn **128**

– ein Vertrag, der die Voraussetzungen des AltZertG bisher nicht erfüllt hat, in einen zertifizierten Altersvorsorgevertrag umgewandelt worden ist (§ 1 Abs. 1 AltZertG),

– ein zertifizierter Altersvorsorgevertrag nicht in der gesamten Ansparphase gefördert worden ist, weil z. B. in einigen Jahren die persönlichen Fördervoraussetzungen nicht vorgelegen haben, aber weiterhin Beiträge eingezahlt worden sind,

– der Begünstigte höhere Beiträge eingezahlt hat, als im einzelnen Beitragsjahr nach § 10a EStG begünstigt waren.

Für die Frage des Aufteilungsmaßstabs sind die Grundsätze des BMF-Schreibens vom 11. November 2004, BStBl I S. 1061 anzuwenden. Beiträge, die nach dem 31. Dezember 2001 zugunsten eines zertifizierten Altersvorsorgevertrages geleistet wurden, sind danach getrennt aufzuzeichnen und die sich daraus ergebenden Leistungen einschließlich zugeteilter Erträge getrennt zu ermitteln. Dabei scheidet die Anwendung eines beitragsproportionalen Verfahrens für einen längeren Zeitraum – mehr als zwei Beitragsjahre – zur Ermittlung der sich aus den entsprechenden Beiträgen ergebenden Leistungen und Erträge aus.

Die Besteuerung von Leistungen, die auf nicht geförderten Beiträgen beruhen, richtet sich nach der Art der Leistung. Es werden insoweit drei Gruppen unterschieden: **129**

– Leistungen in Form einer lebenslangen Rente oder einer Berufsunfähigkeits-, Erwerbsminderungs- und Hinterbliebenenrente, § 22 Nr. 5 Satz 2 Buchstabe a EStG (Rz. **130**)

– andere Leistungen aus Altersvorsorgeverträgen (zertifizierten Versicherungsverträgen), Pensionsfonds, Pensionskassen und Direktversicherungen, § 22 Nr. 5 Satz 2 Buchstabe b EStG (Rz. **131**)

– übrige Leistungen, § 22 Nr. 5 Satz 2 Buchstabe c EStG (Rz. **132**).

Soweit es sich um eine lebenslange Rente oder eine Berufsunfähigkeits-, Erwerbsminderungs- und Hinterbliebenenrente handelt, die auf nicht geförderten Beiträgen beruht, erfolgt die Besteuerung nach § 22 Nr. 5 Satz 2 Buchstabe a i. V. m. § 22 Nr. 1 Satz 3 Buchstabe a Doppelbuchstabe bb EStG mit dem entsprechenden Ertragsanteil. Werden neben einer Grundrente Überschussbeteiligungen in Form einer Bonusrente gezahlt, so ist der gesamte Auszahlungsbetrag mit einem einheitlichen Ertragsanteil der Besteuerung zu unterwerfen. R 22.4 Abs. 1 Satz 1 EStR ist in diesen Fällen nicht einschlägig, da mit der Überschussbeteiligung in Form einer Bonusrente kein neues Rentenrecht begründet wird. In der Mitteilung nach § 22 Nr. 5 EStG ist der Betrag von Grund- und Bonusrente in einer Summe auszuweisen. **130**

Wird auf nicht geförderten Beiträgen beruhendes Kapital aus einem zertifizierten Versicherungsvertrag ausgezahlt, ist nach § 22 Nr. 5 Satz 2 Buchstabe b EStG die Regelung des § 20 Abs. 1 Nr. 6 EStG in der für den zugrunde liegenden Vertrag geltenden Fassung entsprechend anzuwenden. Erfolgt bei einem vor dem 1. Januar 2005 abgeschlossenen Versicherungsvertrag die Kapitalauszahlung erst nach Ablauf von 12 Jahren seit Vertragsabschluss und erfüllt der Vertrag die weiteren Voraussetzungen des § 10 Abs. 1 Nr. 2 EStG in der am 31. Dezember 2004 geltenden Fassung, unterliegt die Kapitalauszahlung insgesamt nicht der Besteuerung (§ 52 Abs. 36 Satz 5 EStG). Liegen die genannten Voraussetzungen nicht vor, unterliegen die rechnungsmäßigen und außerrechnungsmäßigen Zinsen der Besteuerung (§ 52 Abs. 36 Satz 5 EStG). Bei einem nach dem 31. Dezember 2004 abgeschlossenen Versicherungsvertrag, der die Voraussetzungen des § 20 Abs. 1 Nr. 6 EStG erfüllt, unterliegt bei Kapitalauszahlungen der Unterschiedsbetrag zwischen der Versicherungsleistung und der Summe der auf sie entrichteten Beiträge der Besteuerung. Erfolgt die Auszahlung erst nach Vollendung des 60. Lebensjahres des Steuerpflichtigen und hat der Vertrag im Zeitpunkt der Auszahlung mindestens 12 Jahre bestanden, ist nur die Hälfte dieses Unterschiedsbetrags der Besteuerung zu Grunde zu legen. Für nach dem 31. Dezember 2011 abgeschlossene Verträge ist grundsätzlich auf die Vollendung des 62. Lebensjahres abzustellen. **131**

Erhält der Steuerpflichtige in der Auszahlungsphase gleich bleibende oder steigende monatliche (Teil-) Raten, variable Teilraten oder eine Kapitalauszahlung, auf die § 22 Nr. 5 Satz 2 Buchstabe b EStG nicht anzuwenden ist (z. B. Teilkapitalauszahlung aus einem Altersvorsorgevertrag in der Form eines zertifi- **132**

Anlage § 010a-01/Altersvorsorge (Zu LStH 3.55, 3.56, 3.63, 3.65, 3.66, 38.2)

zierten Bank-/Fondssparplans **oder Bausparvertrags**), gilt § 22 Nr. 5 Satz 2 Buchstabe c EStG. Zu versteuern ist der Unterschiedsbetrag zwischen der ausgezahlten Leistung und den auf sie entrichteten Beiträgen. Erfolgt die Auszahlung der Leistung nach Vollendung des 60. Lebensjahres des Leistungsempfängers und hatte der Vertrag eine Laufzeit von mehr als 12 Jahren, ist nur die Hälfte des Unterschiedsbetrags zu versteuern. Für nach dem 31. Dezember 2011 abgeschlossene Verträge ist grundsätzlich auf die Vollendung des 62. Lebensjahres abzustellen. Für die Berechnung des Unterschiedsbetrags ist das BMF-Schreiben vom **1. Oktober 2009**, BStBl I S. **1172** entsprechend anzuwenden.

133 Beispiel:

A (geb. im Januar 1961) hat einen Altersvorsorgevertrag abgeschlossen und zugunsten dieses Vertrages ausschließlich geförderte Beiträge eingezahlt (§ 10a EStG/Abschnitt XI EStG). Der Vertrag sieht vor, dass 10 % der geleisteten Beiträge zur Absicherung der verminderten Erwerbsfähigkeit eingesetzt werden.

Im Januar 2020 wird A vermindert erwerbsfähig und erhält aus dem Altersvorsorgevertrag eine Erwerbsminderungsrente i. H. v. 100 € monatlich ausgezahlt. Die Zahlung der Erwerbsminderungsrente steht unter der auflösenden Bedingung des Wegfalls der Erwerbsminderung. Der Versicherer hat sich vorbehalten, die Voraussetzungen für die Rentengewährung alle zwei Jahre zu überprüfen. Diese Rente endet mit Ablauf des Jahres 2025. Ab dem Jahr 2026 erhält A aus dem Vertrag eine Altersrente i. H. v. monatlich 150 €.

Die Erwerbsminderungsrente ist im Jahr 2020 i. H. v. 1.200 € (12 x 100 €) im Rahmen der Einkünfte aus § 22 Nr. 5 Satz 1 EStG zu erfassen. Dies gilt entsprechend für die Jahre 2021 bis 2025. Ab dem Jahr 2026 erfolgt eine Erfassung der Altersrente i. H. v. 1.800 € (12 x 150 €) nach § 22 Nr. 5 Satz 1 EStG.

Abwandlung:

A leistet ab dem Jahr 2008 einen jährlichen Beitrag i. H. v. insgesamt 1.000 €. Er ist in den Jahren 2008 bis 2017 (10 Jahre) unmittelbar förderberechtigt. Die von ihm geleisteten Beiträge werden nach § 10a EStG/Abschnitt XI EStG gefördert. Im Jahr 2018 und 2019 ist er hingegen nicht förderberechtigt. Er zahlt in den Jahren jedoch – trotz der fehlenden Förderung – weiterhin einen jährlichen Beitrag i. H. v. 1.000 €. Ende des Jahres 2019 beträgt das von A geförderte Altersvorsorgevermögen 15.000 €. Das Gesamtvermögen beläuft sich auf 18.000 €.

Die Erwerbsminderungsrente ist im Jahr 2020 i. H. v. 1.000 € (1.200 € x 15/18) im Rahmen der Einkünfte aus § 22 Nr. 5 Satz 1 EStG zu erfassen. Die verbleibenden 200 € sind nach § 22 Nr. 5 Satz 2 Buchstabe a EStG i. V. m. § 22 Nr. 1 Satz 3 Buchstabe a Doppelbuchstabe bb Satz 5 EStG i. V. m. § 55 EStDV mit einem Ertragsanteil i. H. v. 7 % (bemessen nach einer voraussichtlichen Laufzeit von 6 Jahren) steuerlich zu erfassen. Der Ertragsanteil bemisst sich grundsätzlich nach der Zeitspanne zwischen dem Eintritt des Versicherungsfalles (Begründung der Erwerbsminderung) und dem voraussichtlichen Leistungsende (hier: Erreichen der für die Hauptversicherung vereinbarten Altersgrenze). Steht der Anspruch auf Rentengewährung unter der auflösenden Bedingung des Wegfalls der Erwerbsminderung und lässt der Versicherer das Fortbestehen der Erwerbsminderung in mehr oder minder regelmäßigen Abständen prüfen, wird hierdurch die zu berücksichtigende voraussichtliche Laufzeit nicht berührt. Ab dem Jahr 2026 erfolgt eine Erfassung der Altersrente i. H. v. 1.500 € (1.800 € x 15/18) nach § 22 Nr. 5 Satz 1 EStG. Der verbleibende Rentenbetrag i. H. v. 300 € wird mit dem vom Alter des Rentenberechtigten bei Beginn der Altersrente abhängigen Ertragsanteil nach § 22 Nr. 5 Satz 2 Buchstabe a EStG i. V. m. § 22 Nr. 1 Satz 3 Buchstabe a Doppelbuchstabe bb EStG erfasst.

5. Leistungen, die ausschließlich auf nicht geförderten Altersvorsorgebeiträgen beruhen

134 Hat der Steuerpflichtige in der Ansparphase ausschließlich nicht geförderte Beiträge zugunsten eines zertifizierten Altersvorsorgevertrags eingezahlt, gelten für die gesamte Auszahlungsleistung die Ausführungen in Rz. **129** bis **133**.

6. Wohnförderkonto

135 Das im Wohneigentum gebundene steuerlich geförderte Altersvorsorgekapital wird nach § 22 Nr. 5 EStG nachgelagert besteuert und zu diesem Zweck in einem Wohnförderkonto erfasst. In diesem hat der Anbieter die geförderten Tilgungsbeiträge (vgl. Rz. **23** -**27**), die hierfür gewährten Zulagen sowie den entnommenen Altersvorsorge-Eigenheimbetrag vertragsbezogen zu erfassen. Die Tilgungsleistungen für ein zu wohnungswirtschaftlicher Verwendung in Anspruch genommenes Darlehen sind in das Wohnförderkonto einzustellen, sobald die Meldung der ZfA über die Steuerunschädlichkeit dieser Tilgungsleistungen (§ 90 Abs. 2 Satz 6 EStG) dem Anbieter vorliegt. Die Zulagen für Tilgungsleistungen sind spätestens in das Wohnförderkonto einzustellen, wenn sie dem Altersvorsorgevertrag gutgeschrieben wurden. Zulagen für Tilgungsleistungen, die erst nach der vollständigen Tilgung des Darlehens, für das die Tilgungsleistungen gezahlt wurden, ausgezahlt werden, müssen vom Anbieter unmittelbar an den

(Zu LStH 3.55, 3.56, 3.63, 3.65, 3.66, 38.2) Anlage § 010a-01/Altersvorsorge

Zulageberechtigten weitergereicht werden. Diese Zulagen sind aber dennoch im Wohnförderkonto zu erfassen. Die Erfassung erfolgt durch die ZfA, wenn diese das Wohnförderkonto führt, Rz. **245** bleibt unberührt. Zulagen für Tilgungsleistungen, die erst nach Beginn der Auszahlungsphase beantragt werden, müssen vom Anbieter an den Anleger weitergereicht werden; der Anbieter hat diesen Betrag als Leistung nach § 22 Nr. 5 Satz 1 EStG zu behandeln **und entsprechend nach § 22a EStG zu melden.** Sie sind nicht im Wohnförderkonto zu erfassen. **Die dazugehörigen Tilgungsleistungen sind rückwirkend zum letzten Tag vor Beginn der Auszahlungsphase in das Wohnförderkonto einzustellen.** Zahlungen, die nach § 82 Abs. 1 Satz 3 EStG als Tilgungsleistungen gelten (Rz. **25** und **27**), werden erst im Zeitpunkt der tatsächlichen Darlehenstilgung einschließlich der zur Tilgung eingesetzten Zulagen und Erträge in das Wohnförderkonto eingestellt (§ 92a Abs. 2 Satz 2 EStG). Dies gilt nicht, wenn vor diesem Zeitpunkt die Selbstnutzung der geförderten Wohnung aufgegeben wurde. In diesem Fall sind die als Tilgungsleistungen behandelten Zahlungen (§ 82 Abs. 1 Satz 3 EStG), die dafür gewährten Zulagen und die entsprechenden Erträge als gefördertes Altersvorsorgevermögen zu behandeln.

Der sich aus dem Wohnförderkonto ergebende Gesamtbetrag ist in der Ansparphase jährlich um 2 % zu erhöhen. Diese Erhöhung erfolgt – unabhängig vom Zeitpunkt der Einstellung der entsprechenden Beträge ins Wohnförderkonto – nach Ablauf des jeweiligen Beitragsjahres; letztmals ist sie im Zeitpunkt des Beginns der Auszahlungsphase vorzunehmen. **136**

Beispiel: **137**

Der am 5. Februar 1970 geborene Zulageberechtigte hat in seinem zertifizierten Darlehensvertrag mit dem Anbieter vereinbart, dass die Auszahlungsphase am 1. Februar 2035 beginnt. Das Darlehen wurde im Jahr 2033 vollständig getilgt und das Wohnförderkonto auf die ZfA übertragen. Der Gesamtbetrag des Wohnförderkontos am 31. Dezember 2034 beträgt nach der Erhöhung um 2 % 30.000 €.

Das Wohnförderkonto wird letztmals zum 1. Februar 2035 für 2035 um 2 % auf 30.600 € erhöht. Im Fall der jährlichen Teilauflösung (Rz. **147**) ist dieser Betrag in den Veranlagungszeiträumen 2035 bis 2055 in Höhe von 1/21 von 30.600 € = 1.457,14 € zu versteuern. Wählt der Zulageberechtigte die Auflösung des Wohnförderkontos (Rz. **150**) werden im Veranlagungszeitraum 2035 70 % von 30.600 € = 21.420 € versteuert.

Das Wohnförderkonto ist vom Anbieter vertragsbezogen zu führen. Wird die Geschäftsbeziehung zwischen dem Zulageberechtigten und dem Anbieter im Hinblick auf den betreffenden Altersvorsorgevertrag durch eine vollständige Entnahme des angesparten Kapitals oder eine vollständige Tilgung des gewährten Darlehens beendet, wird das betreffende Wohnförderkonto von dem Anbieter geschlossen und auf die ZfA (§ 92a Abs. 2 Satz 10 Halbsatz 1 EStG), einen anderen Anbieter oder beim selben Anbieter auf einen anderen Vertrag (§ 92a Abs. 2 Satz 11 EStG) übertragen. **138**

Vor einer Übertragung des geschlossenen Wohnförderkontos auf die ZfA hat der Anbieter dem Zulageberechtigten die beabsichtigte Übertragung des Wohnförderkontos mitzuteilen. Der Zulageberechtigte kann bis spätestens vier Wochen nach Übersendung des Schreibens gegenüber dem Anbieter schriftlich bestimmen, dass das Wohnförderkonto nicht auf die ZfA übertragen werden soll, sondern mit einem Wohnförderkonto desselben oder eines anderen Anbieters zusammen zu führen ist. In der Mitteilung nach Satz 1 hat der Anbieter über die Wahlmöglichkeiten und den Tag des Fristablaufs (Eingang beim Anbieter) zu informieren. Bestimmt der Zulageberechtigte die Übertragung auf einen anderen Anbieter, so hat er den Anbieter, auf den das Wohnförderkonto übertragen werden soll, genau zu bezeichnen, die entsprechenden Vertragsdaten anzugeben und auch diesen Anbieter zu informieren. **139**

Erteilt der Zulageberechtigte eine entsprechende Weisung, hat der bisherige Anbieter das Wohnförderkonto auf den vom Zulageberechtigten bestimmten Anbieter unter Angabe des Stands des Wohnförderkontos und des Zeitpunkts der Beendigung der Geschäftsbeziehung zu übertragen (§ 92a Abs. 2 Satz 15 EStG i. V. m. § 11 Abs. 3 Satz 4 AltvDV). Der bisherige Anbieter hat dies der ZfA ergänzt um Angaben zu dem neuen Anbieter mitzuteilen (§ 92a Abs. 2 Satz 15 EStG). Für das übertragene Wohnförderkonto ist ab dem Zeitpunkt der Zusammenführung der Beginn der Auszahlungsphase des aufnehmenden Vertrags maßgebend. **140**

Bestimmt der Zulageberechtigte eine Zusammenführung des Wohnförderkontos mit einem beim selben Anbieter geführten Wohnförderkonto, hat der Anbieter dies der ZfA mitzuteilen unter Angabe **141**

– des Stands des Wohnförderkontos,

– des Zeitpunktes der Beendigung der Geschäftsbeziehung bezogen auf den bisherigen Vertrag und

– der Vertragsdaten des Wohnförderkontos, in das er die Beträge des bisherigen Wohnförderkontos eingestellt hat.

Anlage § 010a-01/Altersvorsorge (Zu LStH 3.55, 3.56, 3.63, 3.65, 3.66, 38.2)

142 Erhält der Anbieter innerhalb von vier Wochen nach Übersendung der Mitteilung keine Weisung des Zulageberechtigten, hat er der ZfA mit der Übertragung des Wohnförderkontos dessen Stand und den Zeitpunkt der Beendigung der Geschäftsbeziehung mitzuteilen (§ 92a Abs. 2 Satz 14 EStG).

143 Das Wohnförderkonto wird vermindert um Zahlungen des Zulageberechtigten, die dieser – soweit Vertragsvereinbarungen nicht entgegen stehen – auf einen auf seinen Namen lautenden Altersvorsorgevertrag zur Minderung der in das Wohnförderkonto eingestellten Beträge leistet. Die zur Minderung des Wohnförderkontos geleisteten Beträge sind keine Altersvorsorgebeiträge (§ 82 Abs. 4 Nr. 4 EStG); insoweit kann keine erneute Förderung beansprucht werden. Sie stellen jedoch gefördertes Altersvorsorgevermögen dar, welches im Fall einer schädlichen Verwendung bei der Berechnung des Rückzahlungsbetrages (§ 94 EStG) zu berücksichtigen ist. Hierbei bestimmt sich der Rückzahlungsbetrag nach der Förderung, die für die in das Wohnförderkonto eingestellten und durch die Zahlung getilgten Beträge gewährt wurde.

144 Beispiel:
Der Stand des Wohnförderkontos des Zulageberechtigten beträgt 10.000 €. Dieser Betrag setzt sich aus eingestellten Zulagen (4.000 €), Tilgungsleistungen (5.000 €) und dem Erhöhungsbetrag (1.000 €) zusammen. Neben den Zulagen hat der Zulageberechtigte noch einen über die Zulage hinausgehenden Steuervorteil (§ 10a EStG) in Höhe von 800 € erhalten. Der Zulageberechtigte entscheidet sich, Einzahlungen auf einen zertifizierten Altersvorsorgevertrag zur Minderung seines Wohnförderkontos in Höhe von 5.000 € vorzunehmen. Auf dem Wohnförderkonto verbleiben somit 5.000 €. Auf dem neu abgeschlossenen Altersvorsorgevertrag gehen in den nächsten 10 Jahren keine zusätzlichen Einzahlungen ein. Das angesparte Altersvorsorgevermögen einschließlich der Erträge beläuft sich nach 10 Jahren auf insgesamt 6.100 €. Jetzt verwendet der Zulageberechtigte das geförderte Altersvorsorgevermögen schädlich.

Zur Auszahlung gelangen:

Altersvorsorgevermögen	6.100 €
abzüglich Zulagen	2.000 €
abzüglich Steuervorteil	400 €
=	3.700 €
Betrag nach § 22 Nr. 5 Satz 3 EStG	
Altersvorsorgevermögen	6.100 €
abzüglich Zulagen	2.000 €
=	4.100 €
Auf diesen Betrag ist § 22 Nr. 5 Satz 2 Buchst. c EStG anzuwenden.	
maßgebender Betrag	4.100 €
abzüglich eingezahlte Beträge (Tilgungsleistungen)	2.500 €
=	1.600 €

Nach § 22 Nr. 5 Satz 2 Buchst. c EStG sind 1.600 € zu versteuern.

Das Wohnförderkonto bleibt von der schädlichen Verwendung unberührt.

145 Der Zulageberechtigte kann die Zahlung zur Minderung der in das Wohnförderkonto eingestellten Beträge auch an einen anderen Anbieter leisten als an den, der das Wohnförderkonto führt. In diesem Fall hat er beide Anbieter über diese Zahlungen zu informieren. Damit soll sichergestellt werden, dass das Wohnförderkonto entsprechend vermindert wird und die Zahlungen nicht als Altersvorsorgebeiträge behandelt werden.

146 Führt die ZfA das Wohnförderkonto, hat der Zulageberechtigte neben dem Anbieter auch die ZfA zu informieren. In diesem Fall wird das Wohnförderkonto ab dem Zeitpunkt der Einzahlung von dem Anbieter, bei dem die Einzahlung erfolgt, weitergeführt. Dies gilt entsprechend für Zahlungen nach § 92a Abs. 3 Satz 9 Nr. 2 EStG (Einzahlung der in das Wohnförderkonto eingestellten Beträge bei Aufgabe der Selbstnutzung).

147 Eine weitere Verminderung des Wohnförderkontos erfolgt durch den jährlichen Verminderungsbetrag (§ 92a Abs. 2 Satz 5 EStG), der nachgelagert besteuert wird (§ 22 Nr. 5 Satz 4 EStG). Dieser Betrag stellt eine jährliche Teilauflösung des Wohnförderkontos dar. Er ergibt sich, indem zu Beginn der Auszahlungsphase der im Wohnförderkonto eingestellte Gesamtbetrag einschließlich des darin enthaltenen Erhöhungsbetrages zu gleichen Teilen auf die Jahre bis zur Vollendung des 85. Lebensjahres verteilt wird (vgl. auch Beispiel unter Rz. **137**).

(Zu LStH 3.55, 3.56, 3.63, 3.65, 3.66, 38.2) **Anlage § 010a-01/Altersvorsorge**

Der Beginn der Auszahlungsphase ergibt sich grundsätzlich aus den vertraglichen Vereinbarungen. Er **148** muss zwischen der Vollendung des 60. und des 68. Lebensjahres des Zulageberechtigten liegen (§ 92a Abs. 2 Satz 5 EStG). Der vereinbarte Zeitpunkt kann zwischen Anbieter und Zulageberechtigtem einvernehmlich bis zu Beginn der Auszahlungsphase geändert werden. Wird das Wohnförderkonto von der ZfA geführt (Rz. **138**), ist eine Änderung des Auszahlungsbeginns nicht möglich. Soweit der Vertrag keine anders lautende Vereinbarung enthält, gilt als Beginn der Auszahlungsphase die Vollendung des 67. Lebensjahres.

Gibt der Zulageberechtigte die Selbstnutzung der geförderten Wohnung nicht nur vorübergehend auf **149** (Rz. **224**), ist das Wohnförderkonto aufzulösen. Dies gilt auch für den Fall der Aufgabe der Reinvestitionsabsicht im Sinne des § 92a Abs. 3 Satz 9 Nr. 1 und 2 in Verbindung mit Satz 10 EStG (vgl. Abschnitt IV). Gleiches gilt, wenn der Zulageberechtigte in der Auszahlungsphase stirbt und das Wohnförderkonto noch nicht vollständig zurückgeführt worden ist. Der Auflösungsbetrag (§ 92a Abs. 3 Satz 5 EStG) gilt im Zeitpunkt der Aufgabe der Selbstnutzung als Leistung im Sinne des § 22 Nr. 5 Satz 1 EStG (§ 22 Nr. 5 Satz 4 EStG). Im Falle des Todes des Zulageberechtigten ist der Auflösungsbetrag noch dem Erblasser zuzurechnen, so dass in dessen letzter Einkommensteuererklärung die nachgelagerte Besteuerung vorgenommen wird.

Anstelle der sukzessiven Besteuerung durch Verminderung des Wohnförderkontos kann der Steuer- **150** pflichtige die einmalige Besteuerung wählen. Hierfür kann er verlangen, dass das Wohnförderkonto zu Beginn der Auszahlungsphase vollständig aufgelöst wird. Der Antrag ist beim Anbieter oder der ZfA, wenn diese das Wohnförderkonto führt, spätestens zu Beginn der Auszahlungsphase zu stellen. Ein späterer Antrag ist unbeachtlich. Im Fall eines wirksamen Antrages wird der Auflösungsbetrag (§ 92a Abs. 2 Satz 6 EStG) als der im Wohnförderkonto eingestellte Gesamtbetrag einschließlich des darin enthaltenen Erhöhungsbetrages zu 70 % der Besteuerung unterworfen (§ 22 Nr. 5 Satz 5 EStG).

Gibt der Zulageberechtigte die Selbstnutzung der geförderten Wohnung nach der Einmalbesteuerung **151** innerhalb einer Frist von 20 Jahren nicht nur vorübergehend auf, ist der bisher noch nicht besteuerte Betrag gestaffelt nach der Haltedauer im Zeitpunkt der Aufgabe der Selbstnutzung eineinhalbfach (innerhalb eines Zeitraums von zehn Jahren ab Beginn der Auszahlungsphase) oder einfach (in den nachfolgenden zehn Jahren) mit dem individuellen Steuersatz der Besteuerung zu unterwerfen (§ 22 Nr. 5 Satz 6 EStG). Der Tod des Zulageberechtigten führt hingegen nicht zu einer nachgelagerten Besteuerung des noch nicht erfassten Betrages.

Beispiel: **152**

Der Zulageberechtigte bestimmt zum Beginn der Auszahlungsphase, die am 1. Juli 2034 beginnt, die Auflösung des Wohnförderkontos. Bei einer Aufgabe der Selbstnutzung in der Zeit vom 1. Juli 2034 bis einschließlich 30. Juni 2044 ist der bisher noch nicht besteuerte Betrag mit dem Eineinhalbfachen der Besteuerung zu unterwerfen, in der Zeit vom 1. Juli 2044 bis einschließlich 30. Juni 2054 mit dem Einfachen.

7. Nachträgliche Änderung der Vertragsbedingungen

Erfüllt ein Altersvorsorgevertrag aufgrund nachträglicher Änderungen nicht mehr die Zertifizierungs- **153** kriterien nach dem AltZertG, gilt im Zeitpunkt der Vertragsänderung das Altersvorsorgevermögen als zugeflossen. Wird bei einem Altersvorsorgevertrag nach § 1 Abs. 1a AltZertG das Darlehen nicht wohnungswirtschaftlich im Sinne des § 92a Abs. 1 Satz 1 EStG verwendet, erfolgt kein Zufluss, soweit das Altersvorsorgevermögen zuvor auf einen weiteren zertifizierten Vertrag übertragen wird.

Soweit ungefördertes Altersvorsorgevermögen zufließt, gelten die Ausführungen in Rz. **129** bis **133**. **154** Soweit gefördertes Altersvorsorgevermögen zufließt, finden die Regelungen der schädlichen Verwendung Anwendung (vgl. Rz. **177** ff.).

8. Provisionserstattungen bei geförderten Altersvorsorgeverträgen

Abschluss- und Vertriebskosten eines Altersvorsorgevertrages, die dem Steuerpflichtigen erstattet wer- **155** den, unterliegen der Besteuerung nach § 22 Nr. 5 Satz 9 EStG unabhängig davon, ob der Erstattungsbetrag auf den Altersvorsorgevertrag eingezahlt oder an den Steuerpflichtigen ausgezahlt wird.

9. Bonusleistungen bei geförderten Altersvorsorgeverträgen

Bonusleistungen, die im Zusammenhang mit einem Altersvorsorgevertrag stehen, z. B. Sonder- 156 auszahlungen oder Zins-Boni für die Nichtinanspruchnahme eines Bau-Darlehens, unterliegen ebenfalls der Besteuerung nach § 22 Nr. 5 EStG.

10. Bescheinigungspflicht des Anbieters

Nach § 22 Nr. 5 Satz 7 EStG hat der Anbieter beim erstmaligen Bezug von Leistungen sowie bei Än- **157** derung der im Kalenderjahr auszuzahlenden Leistungen dem Steuerpflichtigen nach amtlich vor-

Anlage § 010a-01/Altersvorsorge (Zu LStH 3.55, 3.56, 3.63, 3.65, 3.66, 38.2)

geschriebenem Vordruck den Betrag der im abgelaufenen Kalenderjahr zugeflossenen Leistungen zu bescheinigen. In dieser Bescheinigung sind die Leistungen entsprechend den Grundsätzen in Rz. **126** bis **156** gesondert auszuweisen. **In den Fällen, in denen die ZfA das Wohnförderkonto führt, erhält der Steuerpflichtige die entsprechenden Angaben nach § 22 Nr. 5 Satz 7 EStG von der ZfA.**

158 Wird bei einem Altersvorsorgevertrag nach Beginn der Auszahlungsphase noch eine Förderung gewährt oder eine gewährte Förderung zurückgefordert, ist die Aufteilung der Leistung hinsichtlich des Beruhens auf geförderten/nicht geförderten Beiträgen neu vorzunehmen. Die Bescheinigung(en) nach § 22 Nr. 5 Satz 7 EStG sowie die Rentenbezugsmitteilung(en) nach § 22a EStG sind ab Beginn der Auszahlungsphase zu korrigieren. Eine Korrektur ab Beginn der Auszahlungsphase ist auch erforderlich, wenn die ZfA die Feststellung des Verminderungsbetrages oder des Auflösungsbetrages ändert.

III. Schädliche Verwendung von Altersvorsorgevermögen

1. Allgemeines

159 Nach den Regelungen des AltZertG **und des § 93 EStG** darf Altersvorsorgevermögen nur wie folgt ausgezahlt werden:

frühestens
- mit Vollendung des 60. Lebensjahres (bei nach dem 31. Dezember 2011 abgeschlossenen Verträgen grundsätzlich mit Vollendung des 62. Lebensjahres – § 14 Abs. 2 AltZertG) oder
- mit Beginn der Altersrente
  – aus der gesetzlichen Rentenversicherung
  oder
  – nach dem Gesetz über die Alterssicherung der Landwirte
  oder
- mit Beginn einer Versorgung nach beamten- oder soldatenversorgungsrechtlichen Regelungen wegen Erreichens der Altersgrenze in monatlichen Leistungen in Form
  - einer lebenslangen gleich bleibenden oder steigenden monatlichen Leibrente (§ 1 Abs. 1 Satz 1 Nr. 2 und 4 Buchstabe a AltZertG) oder
  - eines Auszahlungsplans mit gleich bleibenden oder steigenden Raten und unmittelbar anschließender lebenslanger Teilkapitalverrentung spätestens ab dem 85. Lebensjahr des Zulageberechtigten (§ 1 Abs. 1 Satz 1 Nr. 4 Buchstabe a AltZertG)
    oder
  - einer lebenslangen Verminderung des monatlichen Nutzungsentgeltes für eine vom Zulageberechtigten selbst genutzte Genossenschaftswohnung (§ 1 Abs. 1 Satz 1 Nr. 4 Buchstabe b AltZertG)
    oder
  - einer zeitlich befristeten Verminderung des monatlichen Nutzungsentgeltes für eine vom Zulageberechtigten selbst genutzte Genossenschaftswohnung mit einer anschließenden Teilkapitalverrentung ab spätestens dem 85. Lebensjahr des Zulageberechtigten (§ 1 Abs. 1 Satz 1 Nr. 4 Buchstabe b AltZertG)
    oder
  - einer Hinterbliebenenrente (§ 1 Abs. 1 Satz 1 Nr. 2 AltZertG)
    oder
  - einer Rente wegen verminderter Erwerbsfähigkeit oder Dienstunfähigkeit (§ 1 Abs. 1 Satz 1 Nr. 2 AltZertG)

  außerhalb der monatlichen Leistungen
  - in Form eines zusammengefassten Auszahlungsbetrags i. H. v. bis zu 12 Monatsleistungen (§ 1 Abs. 1 Satz 1 Nr. 4 **Buchstabe a und b** AltZertG; dies gilt auch bei einer Hinterbliebenen- oder Erwerbsminderungsrente)
    oder
  - die in der Auszahlungsphase **anfallenden** Zinsen und Erträge (§ 1 Abs. 1 Satz 1 Nr. 4 **Buchstabe a und b** AltZertG); **hierbei handelt es sich um die bereits erwirtschafteten Zinsen und Erträge**
    oder

(Zu LStH 3.55, 3.56, 3.63, 3.65, 3.66, 38.2) **Anlage § 010a-01/Altersvorsorge**

- in Form einer Auszahlung zur Abfindung einer Kleinbetragsrente im Sinne des § 93 Abs. 3 EStG (§ 1 Abs. 1 Satz 1 Nr. 4 **Buchstabe a und b** AltZertG; dies gilt auch bei einer Hinterbliebenen- oder Erwerbsminderungsrente); vgl. Rz. 161

oder

- in Form einer einmaligen Teilkapitalauszahlung von bis zu 30 % des zu Beginn der Auszahlungsphase zur Verfügung stehenden Kapitals (§ 1 Abs. 1 Satz 1 Nr. 4 **Buchstabe a und b** AltZertG); vgl. Rz. 170

oder

- wenn der Vertrag im Verlauf der Ansparphase gekündigt und das gebildete geförderte Kapital auf einen anderen auf den Namen des Zulageberechtigten lautenden Altersvorsorgevertrag übertragen wird (§ 1 Abs. 1 Satz 1 Nr. 10 Buchstabe b AltZertG)

oder

- wenn im Fall der Aufgabe der Selbstnutzung der Genossenschaftswohnung, des Ausschlusses, des Ausscheidens des Mitglieds aus der Genossenschaft oder der Auflösung der Genossenschaft mindestens die eingezahlten Eigenbeiträge, Zulagen und die gutgeschriebenen Erträge auf einen auf den Namen des Zulageberechtigten lautenden Altersvorsorgevertrag übertragen werden (§ 1 Abs. 1 Satz 1 Nr. 5 **Buchstabe a AltZertG**)

oder

- wenn im Fall der Verminderung des monatlichen Nutzungsentgelts für eine vom Zulageberechtigten selbst genutzte Genossenschaftswohnung der Vertrag bei Aufgabe der Selbstnutzung der Genossenschaftswohnung in der Auszahlungsphase gekündigt wird und das noch nicht verbrauchte Kapital auf einen anderen auf den Namen des Zulageberechtigten lautenden Altersvorsorgevertrag desselben oder eines anderen Anbieters übertragen wird (**§ 1 Abs. 1 Satz 1 Nr. 11 AltZertG**)

oder

- wenn im Falle des Versorgungsausgleichs auf Grund einer internen oder externen Teilung nach den §§ 10 oder 14 VersAusglG gefördertes Altersvorsorgevermögen auf einen auf den Namen der ausgleichsberechtigten Person lautenden Altersvorsorgevertrag oder eine nach § 82 Abs. 2 EStG begünstigte betriebliche Altersversorgung (einschließlich der Versorgungsausgleichskasse nach dem Gesetz über die Versorgungsausgleichskasse) übertragen wird (§ 93 Abs. 1a Satz 1 EStG)

oder

- wenn im Falle des Todes des Zulageberechtigten das geförderte Altersvorsorgevermögen auf einen auf den Namen des Ehegatten lautenden Altersvorsorgevertrag übertragen wird, wenn die Ehegatten im Zeitpunkt des Todes des Zulageberechtigten **nicht dauernd getrennt gelebt haben** (§ 26 Abs. 1 EStG) **und ihren Wohnsitz oder gewöhnlichen Aufenthalt in einem EU-/EWR-Staat hatten**

oder

- im Verlauf der Ansparphase als Altersvorsorge-Eigenheimbetrag im Sinne des § 92a EStG (§ 1 Abs. 1 Satz 1 Nr. 10 Buchstabe c AltZertG).

Soweit der Vertrag Leistungen für den Fall der Erwerbsminderung oder eine Hinterbliebenenrente im Sinne des § 1 Abs. 1 Satz 1 Nr. **2** AltZertG vorsieht, dürfen diese im Versicherungsfall schon vor Erreichen der Altersgrenze zur Auszahlung kommen. 160

Eine Kleinbetragsrente nach § 93 Abs. 3 EStG liegt vor, wenn bei gleichmäßiger Verteilung des zu Beginn der Auszahlungsphase zur Verfügung stehenden geförderten Kapitals – einschließlich einer eventuellen Teilkapitalauszahlung – der Wert von 1 % der monatlichen Bezugsgröße (West) nach § 18 SGB IV nicht überschritten wird. Die monatliche Bezugsgröße zum 1. Januar **2010** beträgt **2.555 €**, so dass im Jahr **2010** eine Kleinbetragsrente bei einem monatlichen Rentenbetrag von nicht mehr als **25,55 €** vorliegt. Das geförderte Altersvorsorgevermögen von sämtlichen Verträgen bei einem Anbieter ist für die Berechnung zusammenzufassen. 161

Bestehen bei einem Anbieter mehrere Verträge, aus denen sich unterschiedliche Auszahlungstermine ergeben, liegt eine Kleinbetragsrente vor, wenn alle für die Altersversorgung zur Auszahlung kommenden Leistungen, die auf geförderten Altersvorsorgebeiträgen beruhen, den Wert von 1 % der monatlichen Bezugsgröße nach § 18 SGB IV nicht übersteigen. Stichtag für die Berechnung, ob die Voraussetzungen für das Vorliegen einer Kleinbetragsrente gegeben sind, ist der Tag des Beginns der Auszahlungsphase für den abzufindenden Vertrag. Bei Beginn der Auszahlung aus dem ersten Vertrag ist 162

Anlage § 010a-01/Altersvorsorge (Zu LStH 3.55, 3.56, 3.63, 3.65, 3.66, 38.2)

zu prognostizieren und festzuhalten, in welcher Höhe zukünftig Leistungen monatlich anfallen würden. Wird der Höchstwert nicht überschritten, liegen insgesamt Kleinbetragsrenten vor, die unschädlich abgefunden werden können. Wird der Höchstwert bei Auszahlung der weiteren Leistungen dennoch überschritten, z. B. wegen günstiger Konditionen am Kapitalmarkt, verbleibt es für die bereits abgefundenen Verträge bei der ursprünglichen Prognose; eine schädliche Verwendung tritt insoweit nicht ein. Für den bei Feststellung der Überschreitung des Höchstwerts zur Auszahlung anstehenden und alle weiteren Verträge mit späterem Auszahlungsbeginn kommt eine Abfindung nicht mehr in Betracht.

163 Für die Zusammenfassung (§ 93 Abs. 3 Satz 3 EStG) ist auf die sich aus der entsprechenden Absicherung des jeweiligen biometrischen Risikos ergebende Leistung abzustellen, wenn für dieses Risiko ein eigenes Deckungskapital gebildet wurde. Für die Prüfung, ob eine Kleinbetragsrente vorliegt, erfolgt die Zusammenfassung getrennt nach dem jeweils abgesicherten Risiko und dem jeweiligen Deckungskapital. In die Prüfung, ob eine Kleinbetragsrente vorliegt, sind nur die Leistungen einzubeziehen, die für den entsprechenden Versicherungsfall zur Auszahlung kommen. Eine nachträgliche Verschiebung von Deckungskapital mit dem Ziel, das Vorliegen der Voraussetzungen für eine Kleinbetragsrente herbeizuführen, ist nicht zulässig.

164 Für die Abfindung einer Altersrente kann eine solche Betrachtung erst zu Beginn der Auszahlungsphase dieser Rente vorgenommen werden. Dementsprechend ist die Auszahlung der Abfindung einer Kleinbetragsrente aus der Altersrente bereits vor Beginn der Auszahlungsphase eine schädliche Verwendung im Sinne des § 93 EStG. Bei Leistungen für den Fall der Erwerbsminderung oder bei Hinterbliebenenrenten im Sinne des § 1 Abs. 1 Satz 1 Nr. 2 AltZertG ist für den Beginn der Auszahlungsphase Rz. 160 zu beachten.

165 Geht nach der Auszahlung der Kleinbetragsrentenabfindung beim Anbieter eine Zulagenzahlung für den Anleger ein, hat dies keinen Einfluss auf das Vorliegen einer Kleinbetragsrente. Diese Zulage gehörte im Zeitpunkt des Beginns der Auszahlungsphase noch nicht zum zur Verfügung stehenden Altersvorsorgevermögen und ist daher nicht in die Berechnung des Höchstbetrages für die Kleinbetragsrentenabfindung einzubeziehen.

166 Die Zulage kann im Fall einer abgefundenen Altersrente vom Anbieter unmittelbar an den Zulageberechtigten weitergereicht werden. Sie ist in diesem Fall nicht in die Bescheinigung nach § 92 EStG als dem Vertrag gutgeschriebene Zulage aufzunehmen. **Der Anbieter hat diese Zulage als Leistung nach § 22 Nr. 5 Satz 1 EStG zu behandeln und entsprechend nach § 22a EStG zu melden.**

167 Zulagen, die nach der Auszahlung der Kleinbetragsrentenabfindung wegen Erwerbsminderung beim Anbieter eingehen, sind dem Altersvorsorgevertrag für die Alters- und ggf. Hinterbliebenenabsicherung gutzuschreiben und nicht unmittelbar an den Zulageberechtigten weiterzureichen.

168 Wird eine Hinterbliebenenrente aus einer zusätzlichen Hinterbliebenenrisikoabsicherung ohne Kapitalbildung gezahlt oder als Kleinbetragsrente abgefunden, darf eine nach Beginn der Auszahlungsphase für diese Hinterbliebenenrisikorente ermittelte Zulage nicht mehr an den/die Hinterbliebenen ausgezahlt werden. Sie fällt dem bisherigen Altersvorsorgekapital zu.

169 Etwas anderes gilt für den Teil der Zulagen, der auf nach § 1 Abs. 1 Nr. 2 AltZertG angespartes gefördertes Altersvorsorgevermögen entfällt, das in Form einer Hinterbliebenenrente oder Abfindung einer Hinterbliebenenkleinbetragsrente an die in § 1 Abs. 1 Nr. 2 AltZertG genannten Hinterbliebenen ausgezahlt wird (d. h., für die Hinterbliebenenrente wird das bei Risikoeintritt vorhandene Kapital eingesetzt). Dieser Teil der Zulagen darf nach Beginn der Auszahlungsphase der Hinterbliebenenrente(n) an den/die Hinterbliebenen weitergereicht werden. **Der Anbieter hat diesen Teil der Zulage als Leistung nach § 22 Nr. 5 Satz 1 EStG zu behandeln und entsprechend nach § 22a EStG zu melden.**

170 Die Entnahme des Teilkapitalbetrags von bis zu 30 % des zur Verfügung stehenden Kapitals aus dem Vertrag hat zu Beginn der Auszahlungsphase zu erfolgen. **Nach § 92a Abs. 1 Satz 1 Nr. 2 EStG darf zu Beginn der Auszahlungsphase auch Kapital zur Entschuldung einer begünstigten Wohnung entnommen werden. Beide Arten der Entnahme sind kombinierbar. Bemessungsgrundlage für die in den Regelungen enthaltenen Prozentsätze (bis zu 30 %, bis zu 75 % oder 100 %) ist jeweils das zu Beginn der Auszahlungsphase vorhandene Kapital.** Eine Verteilung über mehrere Auszahlungszeitpunkte ist nicht möglich.

171 Soweit gefördertes Altersvorsorgevermögen nicht diesen gesetzlichen Regelungen entsprechend ausgezahlt wird, liegt eine schädliche Verwendung (§ 93 EStG) vor.

172 Erfolgt die Auszahlung des geförderten Altersvorsorgevermögens abweichend von den in Rz. 159 aufgeführten Möglichkeiten in Raten, z. B. als Rentenzahlung im Rahmen einer vereinbarten Rentengarantiezeit im Falle des Todes des Zulageberechtigten, so stellt jede Teilauszahlung eine anteilige schädliche Verwendung dar.

(Zu LStH 3.55, 3.56, 3.63, 3.65, 3.66, 38.2) **Anlage § 010a-01/Altersvorsorge**

Wird nicht gefördertes Altersvorsorgevermögen (zur Abgrenzung von geförderten und nicht geförderten Beiträgen vgl. Rz. **119 ff.**) abweichend von den in Rz. **159** aufgeführten Möglichkeiten verwendet, liegt keine schädliche Verwendung vor (Rz. **195 f.**). | 173

Im Fall einer Übertragung nach § 1 Abs. 1 Satz 1 Nr. 10 Buchstabe b AltZertG gilt das geförderte Altersvorsorgevermögen im aufnehmenden Altersvorsorgevertrag auch als gefördertes Vermögen. Im Zeitpunkt der Übertragung erfolgt keine Besteuerung. Dies gilt auch für das gleichzeitig mit übertragene nicht geförderte Altersvorsorgevermögen. **Die Sätze 1 bis 3 gelten auch bei einer Übertragung von einer Versorgung im Sinne des § 82 Abs. 2 EStG auf eine andere Versorgung im Sinne des § 82 Abs. 2 EStG.** | 174

Rz. 174 ist entsprechend anzuwenden bei einer Übertragung im Falle des Todes des Zulageberechtigten auf einen auf den Namen des Ehegatten lautenden Altersvorsorgevertrag, wenn die Ehegatten im Zeitpunkt des Todes nicht dauernd getrennt gelebt haben (§ 26 Abs. 1 EStG) und ihren Wohnsitz in einem EU-/EWR-Staat hatten. | 175

2. Auszahlung von gefördertem Altersvorsorgevermögen

a) Möglichkeiten der schädlichen Verwendung

Eine schädliche Verwendung von gefördertem Altersvorsorgevermögen liegt beispielsweise in folgenden Fällen vor: | 176

– (Teil-)Kapitalauszahlung aus einem geförderten Altersvorsorgevertrag an den Zulage-berechtigten während der Ansparphase oder nach Beginn der Auszahlungsphase (§ 93 Abs. 1 Satz 1 und 2 EStG), soweit das Kapital nicht als Altersvorsorge-Eigenheimbetrag (§ 1 Abs. 1 Satz 1 Nr. 10 Buchstabe c AltZertG i. V. m. § 93 Abs. 1 Satz 1 EStG), im Rahmen einer Rente, eines Auszahlungsplans **oder einer Verminderung des monatlichen Nutzungsentgeltes für eine vom Zulageberechtigten selbst genutzte Genossenschaftswohnung** im Sinne des § 1 Abs. 1 Satz 1 Nr. 4 **Buchstabe a und b** AltZertG oder als Abfindung einer Kleinbetragsrente ausgezahlt wird;

– **(Teil-)Kapitalauszahlung aus gefördertem Altersvorsorgevermögen bei einer externen Teilung (§ 14 VersAusglG) im Rahmen des Versorgungsausgleichs, soweit das Kapital nicht unmittelbar zur Begründung eines Anrechts in einem Altersvorsorgevertrag oder in einer nach § 82 Abs. 2 EStG begünstigten betrieblichen Altersversorgung (einschließlich Versorgungsausgleichskasse) verwendet wird** (vgl. Rz 182);

– Weiterzahlung der Raten oder Renten aus gefördertem Altersvorsorgevermögen an die Erben im Fall des Todes des Zulageberechtigten nach Beginn der Auszahlungsphase (§ 93 Abs. 1 Satz 2 EStG), sofern es sich nicht um eine Hinterbliebenenversorgung im Sinne des § 1 Abs. 1 Satz 1 Nr. 2 AltZertG handelt (§ 93 Abs. 1 Satz 3 Buchstabe a EStG); zu Heilungsmöglichkeiten für den überlebenden Ehegatten vgl. Rz. **191 ff.**;

– (Teil-)Kapitalauszahlung aus gefördertem Altersvorsorgevermögen im Fall des Todes des Zulageberechtigten an die Erben (§ 93 Abs. 1 Satz **2** EStG; zu Heilungsmöglichkeiten für den überlebenden Ehegatten vgl. Rz. **191 ff.**).

b) Folgen der schädlichen Verwendung

aa) Rückzahlung der Förderung

Liegt eine schädliche Verwendung von gefördertem Altersvorsorgevermögen vor, sind die darauf entfallenden während der Ansparphase gewährten Altersvorsorgezulagen und die nach § 10a Abs. 4 EStG gesondert festgestellten Steuerermäßigungen zurückzuzahlen (Rückzahlungsbetrag § 94 Abs. 1 EStG; vgl. Beispiel in Rz. **187**). Der Anbieter darf Kosten und Gebühren, die durch die schädliche Verwendung entstehen (z. B. Kosten für die Vertragsbeendigung), nicht mit diesem Rückzahlungsbetrag verrechnen. **Abschluss- und Vertriebskosten i. S. d. § 1 Abs. 1 Satz 1 Nr. 8 AltZertG sowie bis zur schädlichen Verwendung angefallene Kosten i. S. d. § 7 Abs. 1 Satz 1 Nr. 1 und 2 und Beitragsanteile zur Absicherung der verminderten Erwerbsfähigkeit oder der Hinterbliebenenabsicherung im Sinne des § 1 Abs. 1 Satz 1 Nr. 3 AltZertG können dagegen vom Anbieter berücksichtigt werden, soweit sie auch angefallen wären, wenn die schädliche Verwendung nicht stattgefunden hätte.** | 177

Wurde für ein Beitragsjahr bereits eine Zulage zugunsten eines Vertrages ausgezahlt, dessen steuerlich gefördertes Altersvorsorgevermögen anschließend schädlich verwendet wird, und gehen während der Antragsfrist noch weitere Zulageanträge für zugunsten anderer Verträge geleistete Beiträge ein, so werden neben dem Antrag zu dem zwischenzeitlich schädlich verwendeten Vertrag alle für dieses Beitragsjahr eingehenden rechtswirksamen Zulageanträge in die Zulageermittlung nach den Verteilungsvorschriften gem. §§ 87 Abs. 1 und 89 Abs. 1 Satz 3 EStG einbezogen. | 178

Anlage § 010a-01/Altersvorsorge (Zu LStH 3.55, 3.56, 3.63, 3.65, 3.66, 38.2)

179 Eine Rückzahlungsverpflichtung besteht nicht für den Teil der Zulagen, der auf nach § 1 Abs. 1 Nr. 2 AltZertG angespartes gefördertes Altersvorsorgevermögen entfällt, wenn es in Form einer Hinterbliebenenrente an die dort genannten Hinterbliebenen ausgezahlt wird. Dies gilt auch für den entsprechenden Teil der Steuerermäßigung.

180 Im Fall der schädlichen Verwendung besteht ebenfalls keine Rückzahlungsverpflichtung für den Teil der Zulagen oder der Steuerermäßigung, der den Beitragsanteilen zuzuordnen ist, die für die Absicherung der verminderten Erwerbsfähigkeit und einer zusätzlichen Hinterbliebenenabsicherung ohne Kapitalbildung eingesetzt worden sind.

181 Für den Fall der schädlichen Verwendung sowie für die Beitragszusage nach § 1 Abs. 1 Nr. 3 AltZertG ist zu beachten, dass nach dem Beginn der Auszahlungsphase einer Rente wegen Erwerbsminderung oder einer Abfindung einer Kleinbetragsrente wegen Erwerbsminderung keine Beitragsanteile mehr der Absicherung der verminderten Erwerbsfähigkeit zuzuordnen sind.

182 Erfolgt aufgrund des § 6 VersAusglG eine Auszahlung aus gefördertem Altersvorsorgevermögen oder wird gefördertes Altersvorsorgevermögen aufgrund einer externen Teilung nach § 14 VersAusglG nicht im Rahmen des § 93 Abs. 1a Satz 1 EStG übertragen, treten die Folgen der schädlichen Verwendung zu Lasten der ausgleichspflichtigen Person ein. Dies gilt selbst dann, wenn die ausgleichsberechtigte Person das an sie im Rahmen einer Vereinbarung nach § 6 VersAusglG ausgezahlte Kapital wieder auf einen Altersvorsorgevertrag oder in eine nach § 82 Abs. 2 EStG begünstigte betriebliche Altersversorgung (einschließlich Versorgungsausgleichskasse) einzahlt. Die auf das ausgezahlte geförderte Altersvorsorgevermögen entfallenden Zulagen und die nach § 10a Abs. 4 EStG gesondert festgestellten Beträge sind zurückzuzahlen.

183 Werden dem Zulageberechtigten Raten im Rahmen eines Auszahlungsplans mit einer anschließenden Teilkapitalverrentung ab spätestens dem 85. Lebensjahr gezahlt und lässt er sich nach Beginn der Auszahlungsphase, aber vor Beginn der Teilkapitalverrentung, das gesamte für den Auszahlungsplan noch vorhandene Kapital auszahlen, handelt es sich um eine schädliche Verwendung des gesamten noch vorhandenen geförderten Altersvorsorgevermögens. Dies gilt selbst dann, wenn dem Anleger aus dem Teil des Kapitals, das als Einmalbetrag in eine Rentenversicherung eingezahlt wurde, ab spätestens dem 85. Lebensjahr eine Rente gezahlt wird. Deshalb sind auch die auf das gesamte zum Zeitpunkt der Teil-Kapitalentnahme noch vorhandene geförderte Altersvermögen entfallenden Zulagen und die nach § 10a Abs. 4 EStG gesondert festgestellten Beträge zurückzuzahlen.

184 Die Rückforderung erfolgt sowohl für die Zulagen als auch für die gesondert festgestellten Steuerermäßigungen durch die ZfA. Die Rückforderung zieht keine Änderung von Einkommensteuer- oder Feststellungsbescheiden im Sinne des § 10a Abs. 4 EStG nach sich.

185 Verstirbt der Zulageberechtigte und wird steuerlich gefördertes Altersvorsorgevermögen schädlich verwendet (Rz. **176**), hat die Rückzahlung (Rz. **177**) vor der Auszahlung des Altervorsorgevermögens an die Erben oder Vermächtnisnehmer zu erfolgen.

bb) Besteuerung nach § 22 Nr. 5 Satz 3 EStG

186 § 22 Nr. 5 Satz 3 EStG regelt die Besteuerung in den Fällen, in denen das ausgezahlte geförderte Altersvorsorgevermögen steuerschädlich verwendet wird (§ 93 EStG). Der Umfang der steuerlichen Erfassung richtet sich insoweit nach der Art der ausgezahlten Leistung (§ 22 Nr. 5 Satz 2 EStG). Hierbei sind Rz. **129** bis **134** zu beachten. Als ausgezahlte Leistung im Sinne des § 22 Nr. 5 Satz 2 EStG gilt das geförderte Altersvorsorgevermögen nach Abzug der Zulagen im Sinne des Abschnitts XI EStG. Die insoweit nach § 10a Abs. 4 EStG gesondert festgestellten, zurückgezahlten Beträge sind nicht in Abzug zu bringen.

187 Beispiel:
Der 50-jährige Steuerpflichtige hat zugunsten eines Altersvorsorgevertrags ausschließlich geförderte Beiträge (insgesamt 38.000 €) eingezahlt. Zum Zeitpunkt der schädlichen Verwendung (Kapitalauszahlung aus einem zertifizierten Banksparplan) beträgt das Altersvorsorgevermögen 55.000 €. Dem Altersvorsorgevertrag wurden Zulagen i. H. v. insgesamt 3.080 € gutgeschrieben. Die Steuerermäßigungen nach § 10a EStG wurden i. H. v. 5.000 € festgestellt.

Zur Auszahlung gelangen:

Altersvorsorgevermögen	55 000 €
abzüglich Zulagen	3 080 €
abzüglich Steuervorteil	5 000 €
=	46 920 €

(Zu LStH 3.55, 3.56, 3.63, 3.65, 3.66, 38.2) **Anlage § 010a-01/Altersvorsorge**

Betrag nach § 22 Nr. 5 Satz 3 EStG
Altersvorsorgevermögen	55 000 €
abzüglich Zulagen	3 080 €
=	51.920 €

Auf diesen Betrag ist § 22 Nr. 5 Satz 2 Buchstabe c EStG anzuwenden.
maßgebender Betrag	51.920 €
abzüglich Eigenbeiträge	38.000 €
=	13.920 €

Nach § 22 Nr. 5 Satz 2 Buchstabe c EStG sind 13.920 € zu versteuern.

Verstirbt der Zulageberechtigte und wird steuerlich gefördertes Altersvorsorgevermögen außerhalb einer **188**
zulässigen Hinterbliebenenabsicherung an die Erben ausgezahlt, sind die bis zum Todestag entstandenen
Erträge dem Erblasser zuzurechnen. Die nach dem Todeszeitpunkt entstehenden Erträge sind von den
Erben zu versteuern.

Abwandlung des Beispiels zu Rz. **187**. **189**

Der 60-jährige Steuerpflichtige hat zugunsten eines Altersvorsorgevertrags (zertifizierter Banksparplan)
ausschließlich geförderte Beiträge (insgesamt 38.000 €) eingezahlt. Dem Altersvorsorgevertrag wurden
Zulagen i. H. v. insgesamt 3.080 € gutgeschrieben. Die Steuerermäßigungen nach § 10a EStG wurden
i. H. v. 5.000 € festgestellt. Bevor die Auszahlung beginnt, verstirbt er. Im Zeitpunkt seines Todes beträgt
das angesparte Altersvorsorgevermögen 55.000 €. Bis es im Wege der Einmalkapitalauszahlung zur
Auszahlung des Altersvorsorgevermögens an die Tochter kommt, beträgt das Vermögen 55.500 €.

Zur Auszahlung gelangen:
Altersvorsorgevermögen	55.500 €
abzüglich Zulagen	3.080 €
abzüglich Steuervorteil	5.000 €
=	47.420 €

Betrag nach § 22 Nr. 5 Satz 3 EStG beim Steuerpflichtigen
Altersvorsorgevermögen im Todeszeitpunkt	55.000 €
abzüglich Zulagen	3.080 €
=	51.920 €

Auf diesen Betrag ist § 22 Nr. 5 Satz 2 Buchstabe c EStG anzuwenden.
maßgebender Betrag	51.920 €
abzüglich Eigenbeiträge	38.000 €
Unterschiedsbetrag	13.920 €
davon zu versteuern 50 %	6.960 €

Nach § 22 Nr. 5 Satz 2 Buchstabe c EStG sind beim Steuerpflichtigen 6.960 € zu versteuern.

Bei der Tochter unterliegen 500 € der Besteuerung nach § 22 Nr. 5 Satz 3 i. V. m. Satz 2 Buchstabe c
EStG.

Die als Einkünfte nach § 22 Nr. 5 Satz 3 EStG i. V. m. § 22 Nr. 5 Satz 2 EStG zu besteuernden Beträge **190**
muss der Anbieter gem. § 94 Abs. 1 Satz 4 EStG dem Zulage-berechtigten bescheinigen und im Wege
des Rentenbezugsmitteilungsverfahrens (§ 22a EStG) mitteilen. Ergeben sich insoweit steuerpflichtige
Einkünfte nach § 22 Nr. 5 Satz 3 EStG für einen anderen Leistungsempfänger (z. B. Erben), ist für diesen
eine entsprechende Rentenbezugsmitteilung der ZfA zu übermitteln.

c) Übertragung begünstigten Altersvorsorgevermögens auf den überlebenden Ehegatten

Haben die Ehegatten im Zeitpunkt des Todes des Zulageberechtigten **nicht dauernd getrennt gelebt (§** **191**
26 Abs. 1 EStG) und hatten sie im Zeitpunkt des Todes ihren Wohnsitz oder gewöhnlichen Aufenthalt in einem EU-/EWR-Staat, treten die Folgen der schädlichen Verwendung nicht ein, wenn das
geförderte Altersvorsorgevermögen des verstorbenen Ehegatten zugunsten eines auf den Namen des
überlebenden Ehegatten lautenden zertifizierten Altersvorsorgevertrags übertragen wird (§ 93 Abs. 1
Satz **4** Buchstabe c EStG). Eine solche Übertragung kann beispielsweise durch Abtretung eines Aus-

Anlage § 010a-01/Altersvorsorge (Zu LStH 3.55, 3.56, 3.63, 3.65, 3.66, 38.2)

zahlungsanspruchs erfolgen. Es ist unerheblich, ob der Vertrag des überlebenden Ehegatten bereits bestand oder im Zuge der Kapitalübertragung neu abgeschlossen wird und ob der überlebende Ehegatte selbst zum begünstigten Personenkreis gehört oder nicht. Die Auszahlung von Leistungen aus diesem Altersvorsorgevertrag richtet sich nach § 1 Abs. 1 AltZertG.

192 Hat der verstorbene Ehegatte einen Altersvorsorgevertrag mit einer Rentengarantiezeit abgeschlossen, treten die Folgen einer schädlichen Verwendung auch dann nicht ein, wenn die jeweilige Rentengarantieleistungen fortlaufend mit dem jeweiligen Auszahlungsanspruch und nicht kapitalisiert unmittelbar zugunsten eines zertifizierten Altersvorsorgevertrags des überlebenden Ehegatten übertragen werden. Im Fall der Kapitalisierung des Auszahlungsanspruchs gilt Rz. **191** entsprechend.

193 Steht das Altersvorsorgevermögen nicht dem überlebenden Ehegatten allein zu, sondern beispielsweise einer aus dem überlebenden Ehegatten und den Kindern bestehenden Erbengemeinschaft, treten ebenfalls die in Rz. **191** genannten Rechtsfolgen ein, wenn das gesamte geförderte Altersvorsorgevermögen zugunsten eines auf den Namen des überlebenden Ehegatten lautenden zertifizierten Altersvorsorgevertrags übertragen wird. Es ist unschädlich, wenn die übrigen Erben für den über die Erbquote des überlebenden Ehegatten hinausgehenden Kapitalanteil einen Ausgleich erhalten. Satz 1 und 2 gelten entsprechend, wenn Rentengarantieleistungen im Sinne der Rz. **192** der Erbengemeinschaft zustehen und diese unmittelbar mit dem jeweiligen Auszahlungsanspruch zugunsten eines zertifizierten Altersvorsorgevertrags des überlebenden Ehegatten übertragen werden.

194 Die Verwendung des geförderten geerbten Altersvorsorgevermögens zur Begleichung der durch den Erbfall entstehenden Erbschaftsteuer stellt auch beim überlebenden Ehegatten eine schädliche Verwendung dar.

3. Auszahlung von nicht gefördertem Altersvorsorgevermögen

195 Die Auszahlung von Altersvorsorgevermögen, das aus nicht geförderten Beiträgen (vgl. Rz. **122** f.) stammt, stellt keine schädliche Verwendung im Sinne von § 93 EStG dar. Bei Teilauszahlungen aus einem zertifizierten Altersvorsorgevertrag gilt das nicht geförderte Kapital als zuerst ausgezahlt (Meistbegünstigung).

196 Beispiel:

A, ledig, hat (ab 2008) über 20 Jahre jährlich (einschließlich der Grundzulage von 154 €) 2.100 € geförderte Beiträge zugunsten eines Fondssparplans eingezahlt. Zusätzlich hat er jährlich 500 € nicht geförderte Beiträge geleistet. Zusätzlich zur Zulage von 3.080 € hat A über die gesamte Ansparphase insgesamt einen – gesondert festgestellten – Steuervorteil i. H. v. 12.500 € erhalten (§ 10a EStG). Am 31. Dezember 2027 beträgt das Kapital, das aus nicht geförderten Beiträgen besteht, 14.000 €. A entnimmt einen Betrag von 12.000 €.

Nach Rz. **195** ist davon auszugehen, dass A das nicht geförderte Altersvorsorgevermögen entnommen hat. Aus diesem Grund kommt es nicht zur Rückforderung der gewährten Zulagen und Steuerermäßigungen. Allerdings hat A nach § 22 Nr. 5 Satz 2 Buchstabe c EStG den Unterschiedsbetrag zwischen der Leistung (Auszahlung) und der Summe der auf sie entrichteten Beiträge zu versteuern.

4. Sonderfälle der Rückzahlung

197 **Endet die Zulageberechtigung oder hat die Auszahlungsphase des Altersvorsorgevertrags begonnen,** treten grundsätzlich die Folgen der schädlichen Verwendung ein,
- **wenn sich der Wohnsitz oder gewöhnliche Aufenthalt des Zulageberechtigten außerhalb der EU-/EWR-Staaten befindet oder**
- **wenn sich der Wohnsitz oder gewöhnliche Aufenthalt zwar in einem EU-/EWR-Staat befindet, der Zulageberechtigte aber nach einem DBA als außerhalb eines EU/EWR-Staates ansässig gilt.**

Dabei kommt es nicht darauf an, ob aus dem Altersvorsorgevertrag **Gelder ausgezahlt werden** oder nicht.

198 Auf Antrag des Zulageberechtigten wird der Rückzahlungsbetrag (Zulagen und Steuerermäßigungen) bis zum Beginn der Auszahlungsphase gestundet, wenn keine vorzeitige Auszahlung von gefördertem Altersvorsorgevermögen erfolgt (§ 95 Abs. 2 EStG). Bei Beginn der Auszahlungsphase ist die Stundung auf Antrag zu verlängern **bzw. erstmalig zu gewähren,** wenn der Rückzahlungsbetrag mit mindestens 15 % der Leistungen aus dem Altersvorsorgevertrag getilgt wird. **Für die Dauer der gewährten Stundung sind Stundungszinsen nach § 234 AO zu erheben. Die** Stundung kann innerhalb eines Jahres nach Erteilung der Bescheinigung nach § 92 EStG für das Jahr, in dem die Voraussetzungen des § 95 Abs. 1 EStG eingetreten sind, beim Anbieter beantragt werden. Beantragt der Zulageberechtigte eine Stundung innerhalb der Jahresfrist, aber erst nach Zahlung des Rückzahlungs-

(Zu LStH 3.55, 3.56, 3.63, 3.65, 3.66, 38.2) **Anlage § 010a-01/Altersvorsorge**

betrages, ist ein Bescheid über die Stundung eines Rückzahlungsbetrages zu erlassen und der maschinell einbehaltene und abgeführte Rückzahlungsbetrag rückabzuwickeln.

Beispiel:

Ende der Zulageberechtigung
bei Wohnsitz außerhalb eines EU-/EWR-Staats am   31.12.**2010**
Beginn der Auszahlungsphase am   01.02.**2012**
Das Altersvorsorgevermögen wird nicht vorzeitig ausgezahlt.
Summe der zurückzuzahlenden Zulagen und Steuervorteile: 1.500 €
Monatliche Leistung aus dem Altersvorsorgevertrag ab 01.02.**2012**   100 €

Der Rückzahlungsbetrag i. H. v. 1.500 € ist bis zum 1. Februar **2012** zu stunden. Die Stundung ist zu verlängern, wenn der Rückzahlungsbetrag vom 1. Februar **2012** an mit 15 € pro Monat getilgt wird. **Für die Dauer der gewährten Stundung sind Stundungszinsen nach § 234 AO zu erheben. Die Stundungszinsen werden mit Ablauf des Kalenderjahres, in dem die Stundung geendet hat, festgesetzt (§ 239 Abs. 1 Nr. 2 AO).**

IV. Altersvorsorge-Eigenheimbetrag und Tilgungsförderung für eine wohnungswirtschaftlich) Verwendung

1. Allgemeines

Die Auszahlung eines Altersvorsorge-Eigenheimbetrages ist nur aus einem zertifizierten Altersvorsorgevertrag und die Tilgungsförderung nur bei Zahlung von Tilgungsleistungen auf einen zertifizierten Altersvorsorgevertrag möglich. Für den Bereich der betrieblichen Altersversorgung sind diese Möglichkeiten gesetzlich nicht vorgesehen. Dies gilt auch, wenn das Altersvorsorgevermögen aus Beiträgen im Sinne des § 82 Abs. 2 EStG gebildet worden ist.

Die Einschränkung der Entnahmemöglichkeit nach § 92a Abs. 1 Satz 1 EStG (bis zu 75 % oder zu 100 %) bezieht sich nur auf das nach § 10a/Abschnitt XI EStG geförderte Altersvorsorgevermögen einschließlich der erwirtschafteten Erträge, Wertsteigerungen und Zulagen. Der Altersvorsorgevertrag darf vorsehen, dass nur eine vollständige Auszahlung des gebildeten Kapitals für eine Verwendung im Sinne des § 92a EStG verlangt werden kann. Nicht gefördertes Kapital kann unbegrenzt ausgezahlt werden, wenn der Vertrag dies zulässt; insoweit sind die in der Auszahlung enthaltenen Erträge im Rahmen des § 22 Nr. 5 Satz 2 EStG zu besteuern.

2. Zulageberechtigter als Entnahmeberechtigter

Entnahmeberechtigt im Sinne des § 92a Abs. 1 Satz 1 EStG sind Personen, die in einem Altersvorsorgevertrag Altersvorsorgevermögen gebildet haben, das nach § 10a/Abschnitt XI EStG gefördert wurde. Eine Zulageberechtigung nach § 79 EStG muss im Zeitpunkt der Entnahme und der wohnungswirtschaftlichen Verwendung nicht bestehen.

3. Entnehmbare Beträge

Der Altersvorsorge-Eigenheimbetrag oder die Summe der Altersvorsorge-Eigenheimbeträge darf die Herstellungs- oder Anschaffungskosten der Wohnung inklusive der Anschaffungsnebenkosten (z. B. Notargebühren, Grunderwerbsteuer) zuzüglich der Anschaffungskosten für den dazugehörenden Grund und Boden nicht überschreiten (vgl. Rz. **216**).

Hat der Zulageberechtigte mehrere Altersvorsorgeverträge, kann er die Entnahmemöglichkeit für jeden dieser Verträge nutzen. Dabei muss der Zeitpunkt der Entnahme aus den einzelnen Verträgen nicht identisch sein. Es ist auch eine mehrmalige Entnahme aus demselben Vertrag zulässig. Jede Entnahme muss jedoch unmittelbar mit einer wohnungswirtschaftlichen Verwendung nach § 92a Abs. 1 Satz 1 EStG zusammenhängen. **Auch eine Entnahme in mehreren Teilbeträgen in Abhängigkeit vom Baufortschritt ist zulässig, solange die Einschränkung der Entnahmemöglichkeit nach § 92a Abs. 1 Satz 1 EStG (bis zu 75 % oder zu 100 % des bei der erstmaligen Entnahme für diese begünstigte Wohnung vorhandenen geförderten Altersvorsorgevermögens) beachtet wird.**

Hat der Zulageberechtigte 100 % des geförderten Altersvorsorgevermögens entnommen, gehören auch die Zulagen, die nach erfolgter Entnahme der entnommenen Beiträge noch auf den Altersvorsorgevertrag ausgezahlt werden, zum entnehmbaren Betrag. Dies gilt auch dann, wenn die Auszahlung dieser Zulagen nicht mehr im unmittelbar zeitlichen Zusammenhang mit der wohnungswirtschaftlichen Verwendung steht. **Ein gesonderter Entnahmeantrag ist hierfür nicht erforderlich.**

Ändert sich nach Erteilung des Bescheides über die Entnahme des Altersvorsorge-Eigenheimbetrags rückwirkend der Umfang der steuerlichen Förderung, gilt das nicht geförderte Kapital als

Anlage § 010a-01/Altersvorsorge (Zu LStH 3.55, 3.56, 3.63, 3.65, 3.66, 38.2)

zuerst entnommen (vgl. Rz. 195). Das Wohnförderkonto ist entsprechend zu korrigieren. Im Fall der rückwirkenden Verringerung der steuerlichen Förderung ist auch der Bescheid entsprechend zu korrigieren. Hinsichtlich der Einhaltung der 75 %-Grenze ist auf den Zeitpunkt der erstmaligen Erteilung des Entnahmebescheides abzustellen.

207 Beispiel:

A hat im Jahr 2009 Altersvorsorgebeiträge in Höhe von 1.946 € auf seinen Altersvorsorgevertrag eingezahlt. Anfang des Jahres 2010 erhält er für die Altersvorsorgebeiträge des Jahres 2009 154 € Zulage. Das Kapital in seinem Altersvorsorgevertrag beträgt mit den in den Vorjahren angesparten Beträgen insgesamt 12.154 €, davon sind 12.154 € gefördert und 0 € ungefördert. Weitere Beiträge zahlt er nicht ein.

Mitte des Jahres 2010 entnimmt er 75 % des geförderten Vermögens = 9.115,50 € als Altersvorsorge-Eigenheimbetrag. Es werden 9.115,50 € ins Wohnförderkonto eingestellt.

Im Herbst des Jahres 2010 stellt die ZfA fest, dass A für das Jahr 2009 keinen Zulageanspruch hatte. Der Anbieter zahlt die Zulage von 154 € an die ZfA zurück.

Rückwirkend zum Zeitpunkt der Entnahme betrachtet, wären damit 12.000 € Kapital im Altersvorsorgevertrag gewesen, davon 10.054 € gefördert und 1.946 € ungefördert. Auf den entnommenen Altersvorsorge-Eigenheimbetrag von 9.115,50 € entfallen somit 7.169,50 € auf gefördertes Vermögen und 1.946 € auf ungefördertes Vermögen. Das Wohnförderkonto wird auf 7.169,50 € korrigiert.

Zu beachten ist, dass ggf. in dem ungeförderten Vermögen enthaltene Erträge nach § 22 Nr. 5 Satz 2 EStG im Zeitpunkt der Entnahme zu versteuern sind.

4. Begünstigte Verwendung (§ 92a Abs. 1 EStG)

208 Für den Altersvorsorge-Eigenheimbetrag sieht der Gesetzgeber drei verschiedene **begünstigte** Verwendungsarten vor:

- bis zum Beginn der Auszahlungsphase unmittelbar für die Anschaffung oder Herstellung einer Wohnung (§ 92a Abs. 1 Satz 1 Nr. 1 EStG),
- zu Beginn der Auszahlungsphase zur Entschuldung einer Wohnung (§ 92a Abs. 1 Satz 1 Nr. 2 EStG) und
- ohne zeitliche Beschränkung jederzeit für den Erwerb von Geschäftsanteilen (Pflichtanteilen) an einer eingetragenen Genossenschaft für die Selbstnutzung einer Genossenschaftswohnung (§ 92a Abs. 1 Satz 1 Nr. 3 EStG).

Andere **begünstigte** Verwendungsarten sieht das Gesetz nicht vor.

a) Unmittelbare Anschaffung oder Herstellung

209 Der Entnahmevorgang und die Anschaffung/Herstellung der Wohnung müssen in einem unmittelbaren zeitlichen Zusammenhang erfolgen. Davon ist auszugehen, wenn innerhalb von einem Monat vor Antragstellung bei der ZfA und bis zwölf Monate nach Auszahlung entsprechende Aufwendungen für die Anschaffung/Herstellung entstanden sind. Aufwendungen, für die der Zulageberechtigte bereits eine vertragsmäßige Verwendung im Sinne des WoPG erklärt hat, bleiben unberücksichtigt.

210 Der Antrag nach § 92b Abs. 1 EStG ist unter Vorlage der notwendigen Nachweise vom Zulageberechtigten bei der ZfA zu stellen. Der Zulageberechtigte kann den Anbieter hierzu bevollmächtigen. Im Rahmen eines einheitlichen Vertrages nach § 1 Abs. 1a AltZertG ist nicht zu beanstanden, wenn der Anbieter die für die Prüfung der Entnahmevoraussetzungen erforderlichen Daten an die ZfA übermittelt und das Vorliegen der den Daten zugrunde liegenden Nachweise bestätigt.

b) Entschuldung

211 Eine weitere begünstigte Verwendung für den Altersvorsorge-Eigenheimbetrag ist die **vollständige oder teilweise** Ablösung eines für die Anschaffung oder Herstellung der selbst genutzten Wohnung eingesetzten Darlehens (Entschuldung); auf den Anschaffungs/Herstellungszeitpunkt kommt es insoweit nicht an. Eine Entschuldung ist nur zu Beginn der Auszahlungsphase möglich. Zu diesem Zeitpunkt muss eine Selbstnutzung vorliegen, eine vorangegangene Vermietung ist unerheblich. **Die Entnahme von gefördertem Altersvorsorgevermögen nach § 92a Abs. 1 Satz 1 Nr. 2 EStG ist auch zur teilweisen Entschuldung möglich.** Der Beginn der Auszahlungsphase und damit der **Zeitpunkt der Ent**nahmemöglichkeit bestimmt sich aus dem Altersvorsorgevertrag, aus dem die Entnahme erfolgen soll **und liegt zwischen der Vollendung des 60. und 68. Lebensjahres des Zulageberechtigten.** Soweit der Vertrag keine anders lautende Vereinbarung enthält, gilt als Beginn der Auszahlungsphase die

(Zu LStH 3.55, 3.56, 3.63, 3.65, 3.66, 38.2) **Anlage § 010a-01/Altersvorsorge**

Vollendung des 67. Lebensjahres. Zu Beginn der Auszahlung einer Leistung aus einer ergänzenden Absicherung der verminderten Erwerbsfähigkeit oder Dienstunfähigkeit ist eine Entnahme für die Entschuldung nicht zulässig. Im Zeitpunkt der Entnahme für die Entschuldung beginnt gleichzeitig die Besteuerung des entsprechenden Wohnförderkontos. Rz. **210** Satz 1 und 2 **gilt** entsprechend.

c) Genossenschaftsanteile
Eine weitere begünstigte Verwendung für den Altersvorsorge-Eigenheimbetrag ist – ohne zeitliche Beschränkung – der Erwerb von Geschäftsanteilen (Pflichtanteilen) an einer eingetragenen Genossenschaft für die Selbstnutzung einer Genossenschaftswohnung (§ 92a Abs. 1 Satz 1 Nr. 3 EStG). Der Pflichtanteil ist der Anteil, den der Zulageberechtigte erwerben muss, um eine Genossenschaftswohnung selbst beziehen zu können. Hiervon abzugrenzen ist der Erwerb von weiteren Geschäftsanteilen an einer eingetragenen Genossenschaft. 212

Die Wohnungsgenossenschaft muss in diesen Fällen nicht die im AltZertG genannten Voraussetzungen für das Anbieten von Altersvorsorgeverträgen erfüllen, da eine entsprechende Bezugnahme in § 92a Abs. 1 Satz 1 Nr. 3 EStG fehlt. Erforderlich ist lediglich, dass es sich um eine in das Genossenschaftsregister eingetragene Genossenschaft handelt. 213

Rz. **210** Satz 1 und 2 **gilt** entsprechend. 214

5. Begünstigte Wohnung 215
Als begünstigte Wohnung zählt
- eine Wohnung in einem eigenen Haus (dies kann auch ein Mehrfamilienhaus sein),
- eine eigene Eigentumswohnung,
- eine Genossenschaftswohnung einer in das Genossenschaftsregister eingetragenen Genossenschaft oder
- ein eigentumsähnliches oder lebenslanges Dauerwohnrecht.

Die Wohnung muss in **einem EU-/EWR-Staat** liegen **und** mit Beginn der Selbstnutzung die Hauptwohnung oder den Mittelpunkt der Lebensinteressen des Zulageberechtigten darstellen.
Nicht begünstigt sind somit Ferien- oder Wochenendwohnungen.

Der Zulageberechtigte muss wirtschaftlicher Eigentümer (§ 39 Abs. 2 Nr. 1 Satz 1 AO) der begünstigten Wohnung sein. Er muss nicht Alleineigentümer der Wohnung werden, ein Miteigentumsanteil ist grundsätzlich ausreichend. Die Höhe des Eigentumsanteils ist insoweit von nachrangiger Bedeutung. Der Entnahmebetrag darf jedoch die Anschaffungs-/Herstellungskosten des Miteigentumsanteils nicht übersteigen. 216

Im Fall der Entschuldung gilt Rz. **216** sinngemäß mit der Maßgabe, dass der Entnahmebetrag auf die Höhe der auf den Miteigentumsanteil entfallenden originären Anschaffungs-/Herstellungskosten beschränkt ist. Sind Ehegatten gesamtschuldnerische Darlehensnehmer, kann der Zulageberechtigte das Darlehen bis zur Höhe seiner anteiligen Anschaffungs-/Herstellungskosten ablösen. 217

Der Erwerb eines eigentumsähnlichen (unbefristeten und vererbbaren) oder lebenslangen (befristeten und nicht vererbbaren) Dauerwohnrechts nach § 33 Wohneigentumsgesetz wird bei der Verwendung des Altersvorsorge-Eigenheimbetrags dem Wohneigentum gleichgestellt. Voraussetzung hierfür ist, dass Vereinbarungen im Sinne des § 39 Wohnungseigentumsgesetz getroffen werden, die den Fortbestand des Dauerwohnrechts auch im Falle einer Zwangsversteigerung sicherstellen. 218

Für den Begriff der Wohnung gelten die bewertungsrechtlichen Abgrenzungsmerkmale, die nach der Rechtsprechung des Bundesfinanzhofs, insbesondere zur Abgeschlossenheit und zum eigenen Zugang, maßgebend sind. Auf die Art des Gebäudes, in dem sich die Wohnung befindet, kommt es nicht an. 219

6. Anschaffung oder Herstellung
Es gelten die allgemeinen einkommensteuerlichen Grundsätze zur Anschaffung oder Herstellung. 220

7. Selbstnutzung
Eine Wohnung wird nur zu Wohnzwecken genutzt, wenn sie tatsächlich bewohnt wird. Der Zulageberechtigte muss nicht Alleinnutzer der Wohnung sein. Ein Ehegatte nutzt eine ihm gehörende Wohnung, die er zusammen mit dem anderen Ehegatten bewohnt, auch dann zu eigenen Wohnzwecken, wenn der andere Ehegatte ein Wohnrecht an der gesamten Wohnung hat. Eine Nutzung zu eigenen Wohnzwecken liegt regelmäßig auch vor, wenn die Wohnung in der Form des betreuten Wohnens genutzt wird. 221

Eine Wohnung im eigenen Haus oder eine Eigentumswohnung dient nicht eigenen Wohn-zwecken, wenn sie in vollem Umfang betrieblich oder beruflich genutzt oder unentgeltlich überlassen wird. Die 222

Anlage § 010a-01/Altersvorsorge (Zu LStH 3.55, 3.56, 3.63, 3.65, 3.66, 38.2)

unentgeltliche Überlassung an Angehörige im Sinne des § 15 AO dient ebenfalls nicht den eigenen Wohnzwecken des Zulageberechtigten.

223 Dient die Wohnung teilweise beruflichen oder betrieblichen Zwecken, liegt insoweit keine Nutzung zu eigenen Wohnzwecken vor.

8. Aufgabe der Selbstnutzung der eigenen Wohnung

224 Die Auflösung des Wohnförderkontos und Besteuerung des Auflösungsbetrags erfolgt, wenn der Zulageberechtigte die Selbstnutzung der geförderten Wohnung nicht nur vorübergehend oder das Eigentum an der geförderten Wohnung vollständig aufgibt. Bei anteiliger Aufgabe des Eigentums erfolgt die Auflösung des Wohnförderkontos und die Besteuerung des Auflösungsbetrags, soweit der Stand des Wohnförderkontos die auf den verbleibenden Miteigentumsanteil entfallenden originären Anschaffungs-/Herstellungskosten übersteigt. Von einer nur vorübergehenden Aufgabe der Selbstnutzung kann nach Würdigung des Einzelfalls bei einem Zeitraum von bis zu einem Jahr ausgegangen werden.

225 Sofern das Wohnförderkonto noch nicht vollständig zurückgeführt ist, hat der Zulageberechtigte dem Anbieter, der das Wohnförderkonto führt, unverzüglich den Zeitpunkt der Aufgabe der Selbstnutzung oder des Eigentumsübergangs mitzuteilen. Führt die ZfA das Wohnförderkonto, hat der Zulageberechtigte die ZfA direkt zu informieren. Im Fall des Todes des Zulageberechtigten besteht diese Mitteilungspflicht für den Rechtsnachfolger.

226 Eine Auflösung des Wohnförderkontos in den Fällen der Rz. **224** unterbleibt,

a) wenn der Zulageberechtigte einen Betrag in Höhe des Stands des Wohnförderkontos innerhalb eines Jahres vor und von vier Jahren nach Ablauf des Veranlagungszeitraums, in dem die Nutzung zu eigenen Wohnzwecken aufgegeben wurde, für eine weitere förderbare Wohnung verwendet (§ 92a Abs. 3 Satz 9 Nr. 1 EStG). In diesem Fall hat der Zulageberechtigte dem Anbieter seine Absicht, in eine weitere selbst genutzte eigene Wohnimmobilie zu investieren, mitzuteilen; führt die ZfA das Wohnförderkonto, so hat er die ZfA zu informieren. **Übersteigt der Stand des Wohnförderkontos die auf den Eigentumsanteil des Zulageberechtigten entfallenden Anschaffungs- oder Herstellungskosten für die weitere Wohnung, erfolgt zum Zeitpunkt der Reinvestition die Teilauflösung und Besteuerung des den reinvestierten Betrag übersteigenden Anteils des Wohnförderkontos. Eine Besteuerung erfolgt nicht, soweit der übersteigende Anteil gemäß Buchstabe b vom Zulageberechtigten auf einen auf seinen Namen lautenden Altersvorsorgevertrag eingezahlt wird.** Gibt er die Reinvestitionsabsicht auf, erfolgt zu diesem Zeitpunkt die Auflösung des Wohnförderkontos und Besteuerung des Auflösungsbetrags;

b) wenn der Zulageberechtigte innerhalb eines Jahres nach Ablauf des Veranlagungszeitraums, in dem die Nutzung zu eigenen Wohnzwecken aufgegeben wurde, einen Betrag in Höhe des Stands des Wohnförderkontos auf einen auf seinen Namen lautenden Altersvorsorgevertrag zahlt (§ 92a Abs. 3 Satz 9 Nr. 2 EStG). In diesem Fall hat der Zulageberechtigte dem Anbieter seine Absicht, in einen Altersvorsorgevertrag zu investieren, mitzuteilen. Besteht dieser Altersvorsorgevertrag nicht bei dem Anbieter, der das Wohnförderkonto führt, so hat der Zulageberechtigte beide Anbieter darüber zu informieren, dass er eine Zahlung nach § 92a Abs. 3 Satz 9 Nr. 2 EStG vorgenommen hat; führt die ZfA das Wohnförderkonto, so hat er auch die ZfA zu informieren. **Ist der reinvestierte Betrag geringer als der Stand des Wohnförderkontos, erfolgt zum Zeitpunkt der Reinvestition die Teilauflösung und Besteuerung des den reinvestierten Betrag übersteigenden Anteils des Wohnförderkontos.** Gibt er die Reinvestitionsabsicht auf, erfolgt zu diesem Zeitpunkt die Auflösung des Wohnförderkontos und Besteuerung des Auflösungsbetrags;

c) wenn der Ehegatte des verstorbenen Zulageberechtigten innerhalb eines Jahres Eigentümer der geförderten Wohnung wird und diese zu eigenen Wohnzwecken nutzt; hierbei müssen die Ehegatten im Zeitpunkt des Todes des Zulageberechtigten **nicht dauernd getrennt gelebt** (§ 26 Abs. 1 EStG) **und ihren Wohnsitz oder gewöhnlichen Aufenthalt in einem EU-/EWR-Staat gehabt** haben (§ 92a Abs. 3 Satz 9 Nr. 3 EStG). In diesem Fall wird das Wohnförderkonto aus dem Vertrag des verstorbenen Zulageberechtigten für den überlebenden Ehegatten weitergeführt; dies gilt auch in der Auszahlungsphase, solange das Wohnförderkonto noch nicht vollständig zurückgeführt wurde; einer Übertragung auf einen Vertrag des Ehegatten bedarf es nicht;

d) solange die Ehewohnung aufgrund einer richterlichen Entscheidung nach § 1361b BGB oder nach der Verordnung über die Behandlung der Ehewohnung und des Hausrats dem Ehegatten des Zulageberechtigten zugewiesen und von diesem selbst genutzt wird (§ 92a Abs. 3 Satz 9 Nr. 4 EStG). Hierbei wird das Wohnförderkonto grundsätzlich für den Zulageberechtigten weitergeführt;

(Zu LStH 3.55, 3.56, 3.63, 3.65, 3.66, 38.2) **Anlage § 010a-01/Altersvorsorge**

e) wenn der Zulageberechtigte krankheits- oder pflegebedingt die Wohnung nicht mehr bewohnt, sofern er Eigentümer dieser Wohnung bleibt, sie ihm weiterhin zur Selbstnutzung zur Verfügung steht und sie nicht von Dritten, mit Ausnahme seines Ehegatten, genutzt wird;

f) auf Antrag des Zulageberechtigten – in den Fällen des Buchstaben c des überlebenden Ehegatten – bei der ZfA, wenn er die eigene Wohnung aufgrund eines beruflich bedingten Umzugs für die Dauer der beruflich bedingten Abwesenheit nicht mehr selbst nutzt und beabsichtigt, die Selbstnutzung wieder aufzunehmen. Die Selbstnutzung muss bei Beendigung der beruflich bedingten Abwesenheit, spätestens mit der Vollendung des 67. Lebensjahres des Zulageberechtigten – in den Fällen des Buchstaben c des überlebenden Ehegatten – wieder aufgenommen werden. Wird während der beruflich bedingten Abwesenheit mit einer anderen Person ein Nutzungsrecht vereinbart, muss die Vereinbarung von vorneherein entsprechend befristet werden (§ 92a Abs. 4 EStG). Gibt der Zulageberechtigte – in den Fällen des Buchstaben c der überlebende Ehegatte – seine Absicht, die Selbstnutzung wieder aufzunehmen, auf oder hat er die Selbstnutzung bis zur Vollendung seines 67. Lebensjahres nicht wieder aufgenommen, erfolgt die Auflösung des Wohnförderkontos und Besteuerung des Auflösungsbetrags. Dies gilt auch für den Fall, dass die Selbstnutzung nach einem Wegfall der berufsbedingten Abwesenheitsgründe nicht wieder aufgenommen wird.

Beiträge, 227

– **die nach § 82 Abs. 1 Satz 3 EStG wie Tilgungsleistungen behandelt wurden, weil sie zugunsten eines Altersvorsorgevertrags im Sinne des § 1 Abs. 1a Satz 1 Nr. 3 AltZertG erbracht und zur Tilgung eines im Rahmen des Altersvorsorgevertrags abgeschlossenen Darlehens abgetreten wurden,**

– **die aber noch nicht in das Wohnförderkonto eingestellt wurden, weil die unmittelbare Darlehenstilgung noch nicht erfolgt ist,**

gelten einschließlich der darauf entfallenden Zulagen und Erträge als gefördertes Altersvorsorgevermögen, wenn der Zulageberechtigte die Selbstnutzung der geförderten Wohnung nicht nur vorübergehend oder das Eigentum an der Wohnung vollständig aufgibt. Wird bei einem Altersvorsorgevertrag nach § 1 Abs. 1a Satz 1 Nr. 3 AltZertG das Darlehen nicht mehr wohnungswirtschaftlich im Sinne des § 92a Abs. 1 Satz 1 EStG verwendet, wird ein steuerschädlicher Zufluss angenommen, es sei denn, das Altersvorsorgevermögen wird zuvor auf einen weiteren zertifizierten Vertrag übertragen (vgl. Rz. 153 und 154). Der Anbieter hat dies der ZfA nach amtlich vorgeschriebenen Datensatz anzuzeigen, sobald er davon Kenntnis erlangt. Die Rückforderung der steuerlichen Förderung erfolgt von der ZfA unmittelbar gegenüber dem Zulageberechtigten.

V. Sonstiges

1. Pfändungsschutz (§ 97 EStG)

Gem. § 97 EStG sind das geförderte Altersvorsorgevermögen einschließlich der hierauf entfallenden 228 Erträge und Wertzuwächse, die geförderten laufenden Altersvorsorgebeiträge und der Anspruch auf Zulage nicht übertragbar. Dieses Vermögen ist daher unpfändbar; dies gilt auch für den Fall einer Verbraucherinsolvenz (§ 851 Abs. 1 Zivilprozessordnung – ZPO – sowie §§ 4 und 304 ff. InsO). Der Pfändungsschutz erstreckt sich nicht auf Kapital, das auf nicht geförderten Beiträgen (vgl. Rz. 122 f.) einschließlich der hierauf entfallenden Erträge und Wertzuwächse beruht und auch nicht auf das in einer Immobilie gebundene geförderte Vermögen. Der Pfändung des steuerlich nicht geförderten Altersvorsorgevermögens steht ein vertragliches Abtretungs- und Übertragungsverbot nicht entgegen. Im Fall einer Pfändung tritt insoweit keine schädliche Verwendung im Sinne des § 93 EStG ein.

Der Einsatz des geförderten Altersvorsorgevermögens zur Tilgung des Darlehens, zur Verpfändung, zur 229 Sicherungsabtretung und zur Aufrechnung bei Altersvorsorgeverträgen nach § 1 Abs. 1a Satz 1 Nr. 3 AltZertG stellt keine Übertragung im Sinne des § 97 EStG dar. Das Übertragungsverbot des § 97 EStG findet auf gefördertes Altersvorsorgevermögen, das im Rahmen eines Altersvorsorgevertrages nach § 1 Abs. 1a Satz 1 Nr. 3 AltZertG gebildet wurde, im Verhältnis der Vertragspartner untereinander keine Anwendung. Da es sich um einen einheitlichen Vertrag handeln muss, erfolgt lediglich eine Umbuchung innerhalb des Vertrages.

Die in der Auszahlungsphase an den Vertragsinhaber zu leistenden Beträge unterliegen nicht dem 230 Pfändungsschutz nach § 97 EStG. Insoweit sind ausschließlich die zivilrechtlichen Regelungen (z. B. §§ 850 ff. ZPO) maßgeblich.

Anlage § 010a-01/Altersvorsorge (Zu LStH 3.55, 3.56, 3.63, 3.65, 3.66, 38.2)

2. Verfahrensfragen

a) Zulageantrag

231 Die Zulage wird nur auf Antrag gewährt. Ein rechtswirksamer Antrag setzt nach § 89 Abs. 1 EStG voraus, dass der Steuerpflichtige die Altersvorsorgezulage nach amtlich vorgeschriebenem Vordruck beantragt. Der Vordruck muss innerhalb der Antragsfrist des § 89 Abs. 1 Satz 1 EStG beim Anbieter eingehen und bis dahin vom Antragsteller eigenhändig unterschrieben sein. Zudem muss erkennbar sein, wer Antragsteller ist; dies setzt voraus, dass die üblichen Personaldaten angegeben werden. Dem Antrag muss ferner entnommen werden können, dass eine Grundzulage und ggf. auch eine Kinderzulage vom Steuerpflichtigen beantragt werden.

232 Ist bei Tilgungsleistungen eines unmittelbar Zulageberechtigten aus Sicht des Anbieters die wohnungswirtschaftliche Verwendung nicht gegeben, hat er dennoch den Antrag auf Zulage an die ZfA weiterzuleiten und die Altersvorsorgebeiträge insoweit mit 0 € zu übermitteln.

233 Ab 1. Januar 2005 hat der Zulageberechtigte die Möglichkeit, dem jeweiligen Anbieter eine schriftliche Vollmacht zu erteilen, für ihn den Antrag – bis auf Widerruf – zu stellen. Die Vollmacht kann im Rahmen des Zulageantrags oder formlos erteilt werden und ist auch für zurückliegende Beitragsjahre, für die noch kein Zulageantrag gestellt worden ist, möglich.

234 Die Antragsfrist endet mit Ablauf des zweiten Kalenderjahres nach Ablauf des Beitragsjahres. Maßgebend ist der Zeitpunkt, in dem der Zulageantrag beim Anbieter eingeht (§ 89 Abs. 1 EStG). Hat der Zulageberechtigte dem Anbieter seines Vertrages eine schriftliche Vollmacht zur formlosen Antragstellung erteilt (§ 89 Abs. 1a EStG), gilt als Antragseingang die Erstellung des Datensatzes durch den Anbieter.

235 Der Zulageberechtigte kann grundsätzlich auf Angaben zu den beitragspflichtigen Einnahmen und zur Höhe seiner Bruttorente im Zulageantrag verzichten. In diesen Fällen darf die ZfA die Angaben bei den Trägern der gesetzlichen Rentenversicherung erheben. Dies gilt nicht, wenn der Zulageberechtigte nicht der deutschen Rentenversicherung unterliegt oder wenn er Einkünfte aus Land- und Forstwirtschaft hat. Für die Bezieher einer Rente wegen voller Erwerbsminderung nach dem Gesetz über die Alterssicherung der Landwirte darf die ZfA bei fehlender Angabe im Zulageantrag die Höhe der Bruttorente beim Gesamtverband der landwirtschaftlichen Alterskassen erheben. An die Stelle des Gesamtverbands tritt ab 1. Januar 2009 der Spitzenverband der landwirtschaftlichen Sozialversicherung. Sind die der gesetzlichen Rentenversicherung zugrunde liegenden beitragspflichtigen Einnahmen höher als das tatsächlich erzielte Entgelt oder ein Zahlbetrag von Entgeltersatzleistungen des Zulageberechtigten (siehe Rz. 71 f.), sollte dies im Zulageantrag angegeben werden. Andernfalls werden die höheren – beim Rentenversicherungsträger erhobenen – beitragspflichtigen Einnahmen der Mindesteigenbeitragsberechnung zugrunde gelegt. Bei einem Begünstigten nach § 10a Abs. 1 Satz 1 Halbsatz 2 EStG werden die erforderlichen Daten von den zuständigen Stellen an die ZfA übermittelt.

236 Zur Durchführung des Verfahrens ist es erforderlich, dass der Anleger dem Anbieter die Änderungen der folgenden Verhältnisse mitteilt:
1. Änderung der Art der Zulageberechtigung (mittelbar/unmittelbar),
2. Änderung des Familienstandes,
3. Änderung der Daten zur Ermittlung des Mindesteigenbeitrages, sofern diese im Antrag angegeben worden sind (z. B. tatsächliches Entgelt),
4. Wegfall des Kindergeldes für ein Kind, für das eine Kinderzulage beantragt wird,
5. Änderung der Zuordnung der Kinder.

In seinem eigenen Interesse sollte der Anleger darüber hinaus auch die Änderungen der folgenden Tatbestände anzeigen:
1. Änderung bei der Verteilung der Zulage auf mehrere Verträge,
2. Änderung des beruflichen Status (z. B. Beamter wird Angestellter oder umgekehrt),
3. Erhöhung der Anzahl der Kinder, für die eine Kinderzulage beantragt werden soll,
4. Änderungen der zuständigen Familienkasse und der Kindergeldnummer.

b) Festsetzungsfrist

237 Die reguläre Frist für die Berechnung bzw. Festsetzung der Altersvorsorgezulage beträgt vier Jahre (§ 169 Abs. 2 Satz 1 Nr. 2 AO) und beginnt mit Ablauf des Jahres, in dem sie entstanden ist, d. h. mit Ablauf des Beitragsjahres (§ 88 EStG i. V. m. § 170 Abs. 1 AO).

238 Die Festsetzungsfrist für die Rückforderung der Zulage nach § 90 Abs. 3 EStG sowie für die Aufhebung, Änderung oder Berichtigung der Zulagefestsetzung nach einer Festsetzung im Sinne des § 90 Abs. 4

(Zu LStH 3.55, 3.56, 3.63, 3.65, 3.66, 38.2) **Anlage § 010a-01/Altersvorsorge**

EStG beginnt nach § 170 Abs. 3 AO nicht vor Ablauf des Jahres, in dem der Antrag nach § 89 EStG gestellt worden ist.

Beispiel: 239

Der Zulageantrag für das Beitragsjahr 2002 geht im Jahr 2004 beim Anbieter ein und wird von diesem im Dezember 2004 per Datenübertragung an die ZfA übermittelt. Die ZfA ermittelt die Zulage und überweist sie im Jahr 2005 an den Anbieter. Im Rahmen des Datenabgleichs stellt die ZfA im Jahr 2008 fest, dass der Anleger nicht zum begünstigten Personenkreis gehört. Sie teilt dies dem Anbieter noch im gleichen Jahr mit und fordert gem. § 90 Abs. 3 EStG die gewährte Zulage zurück.

Nach § 170 Abs. 3 AO beginnt die Festsetzungsfrist für die Rückforderung nach § 90 Abs. 3 EStG mit Ablauf des Jahres 2004. Damit endet die vierjährige Festsetzungsfrist mit Ablauf des Jahres 2008. Die ZfA hat folglich den Rückforderungsanspruch vor Ablauf der Festsetzungsfrist geltend gemacht.

Die Festsetzungsfrist endet frühestens in dem Zeitpunkt, in dem über den Zulageantrag unanfechtbar 240 entschieden worden ist (§ 171 Abs. 3 AO). Maßgebend ist der Zeitpunkt, in dem die Bescheinigung des Anbieters nach § 92 EStG dem Zulageberechtigten zugegangen ist.

Korrigiert die ZfA die Berechnung der Zulage nach § 90 Abs. 3 EStG, hat die erneute Bescheinigung 241 nach § 92 EStG über das korrigierte Ergebnis keine Auswirkung auf die Festsetzungsfrist.

Beantragt der Zulageberechtigte die förmliche Festsetzung der Zulage nach § 90 Abs. 4 EStG, tritt in- 242 soweit eine weitere Ablaufhemmung nach § 171 Abs. 3 AO ein. Geht dieser Antrag innerhalb der Jahresfrist des § 90 Abs. 4 EStG beim Anbieter ein, gilt § 171 Abs. 3a Satz 1 zweiter Halbsatz AO entsprechend.

c) Bescheinigungs- und Informationspflichten des Anbieters

Hat der Anleger im abgelaufenen Beitragsjahr Altersvorsorgebeiträge auf den Vertrag eingezahlt oder 243 wurde der Anbieter von der ZfA über die Ermittlungsergebnisse im abgelaufenen Beitragsjahr informiert oder hat sich im abgelaufenen Beitragsjahr der Stand des Altersvorsorgevermögens oder der Stand des Wohnförderkontos geändert, ist der Anbieter verpflichtet, dem Anleger eine Bescheinigung nach § 92 EStG auszustellen. Dies gilt auch nach einer vollständigen schädlichen Verwendung (§ 93 Abs. 1 EStG), nach **Eintritt der Voraussetzungen des § 95 Abs. 1 EStG**, nach Abfindung einer Kleinbetragsrente nach § 93 Abs. 3 EStG, **nach einer Übertragung von gefördertem Altersvorsorgevermögen nach § 93 Abs. 1a EStG** und in der Auszahlungsphase. **Die Übertragung nach § 93 Abs. 1a EStG stellt bei der ausgleichsberechtigten Person keine zu bescheinigende Einzahlung von Altersvorsorgebeiträgen dar. Wie bei der ausgleichspflichtigen Person ist ein geänderter Stand des Altersvorsorgevermögens zu bescheinigen.**

Bei der Ermittlung des Standes des Altersvorsorgevermögens ist auch der Wert des in eine aufschiebend 244 bedingte bzw. sofort beginnende Rentenversicherung investierten Kapitals mit in die Bescheinigung aufzunehmen. Bezogen auf den Teil des Altersvorsorgevermögens, der in eine aufschiebende oder sofort beginnende Rentenversicherung investiert worden ist, ist das von der Versicherung jährlich neu errechnete Deckungskapital der Rentenversicherung mit einzubeziehen.

Die jährliche Bescheinigungspflicht nach § 92 EStG entfällt für den Anbieter, wenn die ZfA das Wohn- 245 förderkonto weiterführt, weil die Geschäftsbeziehung zwischen dem Anbieter und dem Zulageberechtigten im Hinblick auf den jeweiligen Altersvorsorgevertrag beendet wurde und der Anbieter in dem Fall eine Bescheinigung ausgestellt hat, in der der Stand des Wohnförderkontos getrennt nach den einzelnen Jahren bis zum vereinbarten Beginn der Auszahlungsphase ausgewiesen wird. Dies gilt jedoch nur, wenn für das abgelaufene Beitragsjahr keine geleisteten Altersvorsorgebeiträge des Zulageberechtigten und keine Ermittlungsergebnisse der ZfA zu bescheinigen sind. Darüber hinaus dürfen sich gegenüber der zuletzt erteilten Bescheinigung weder zur Summe der bis zum Ende des abgelaufenen Beitragsjahres dem Vertrag gutgeschriebenen Zulagen und der geleisteten Altersvorsorgebeiträge noch zum Stand des Altersvorsorgevermögens Änderungen ergeben haben.

Die jährliche Information nach § 7 Abs. 4 AltZertG hat zu erfolgen, solange der Vertrag besteht, d. h. 246 auch in der Auszahlungsphase. Auch wenn das gebildete Kapital oder ein Teil davon für eine sofort beginnende oder für eine aufgeschobene Rente (Teilkapitalverrentung ab dem vollendeten 85. Lebensjahr) an ein Versicherungsunternehmen übertragen worden ist, besteht die Informationspflicht des Anbieters wegen der Einheitlichkeit des Vertrages fort. Er muss sich in diesem Fall die Daten, die er für die Erfüllung seiner Informationspflichten benötigt, von dem Versicherungsunternehmen mitteilen lassen.

Anlage § 010a-01/Altersvorsorge (Zu LStH 3.55, 3.56, 3.63, 3.65, 3.66, 38.2)

B. Betriebliche Altersversorgung

I. Allgemeines

247 Betriebliche Altersversorgung liegt vor, wenn dem Arbeitnehmer aus Anlass seines Arbeitsverhältnisses vom Arbeitgeber Leistungen zur Absicherung mindestens eines biometrischen Risikos (Alter, Tod, Invalidität) zugesagt werden und Ansprüche auf diese Leistungen erst mit dem Eintritt des biologischen Ereignisses fällig werden (§ 1 BetrAVG). Werden mehrere biometrische Risiken abgesichert, ist aus steuerrechtlicher Sicht die gesamte Vereinbarung/ Zusage nur dann als betriebliche Altersversorgung anzuerkennen, wenn für alle Risiken die Vorgaben der Rz. 247 bis 252 beachtet werden. Keine betriebliche Altersversorgung in diesem Sinne liegt vor, wenn vereinbart ist, dass ohne Eintritt eines biometrischen Risikos die Auszahlung an beliebige Dritte (z. B. die Erben) erfolgt. Dies gilt für alle Auszahlungsformen (z. B. lebenslange Rente, Auszahlungsplan mit Restkapitalverrentung, Einmalkapitalauszahlung und ratenweise Auszahlung). Als Durchführungswege der betrieblichen Altersversorgung kommen die Direktzusage (§ 1 Abs. 1 Satz 2 BetrAVG), die Unterstützungskasse (§ 1b Abs. 4 BetrAVG), die Direktversicherung (§ 1b Abs. 2 BetrAVG), die Pensionskasse (§ 1b Abs. 3 BetrAVG) oder der Pensionsfonds (§ 1b Abs. 3 BetrAVG, § 112 VAG) in Betracht.

248 Nicht um betriebliche Altersversorgung handelt es sich, wenn der Arbeitgeber oder eine Versorgungseinrichtung dem nicht bei ihm beschäftigten Ehegatten eines Arbeitnehmers eigene Versorgungsleistungen zur Absicherung seiner biometrischen Risiken (Alter, Tod, Invalidität) verspricht, da hier keine Versorgungszusage aus Anlass eines Arbeitsverhältnisses zwischen dem Arbeitgeber und dem Ehegatten vorliegt (§ 1 BetrAVG).

249 Das biologische Ereignis ist bei der Altersversorgung das altersbedingte Ausscheiden aus dem Erwerbsleben, bei der Hinterbliebenenversorgung der Tod des Arbeitnehmers und bei der Invaliditätsversorgung der Invaliditätseintritt. Als Untergrenze für betriebliche Altersversorgungsleistungen bei altersbedingtem Ausscheiden aus dem Erwerbsleben gilt im Regelfall das 60. Lebensjahr. In Ausnahmefällen können betriebliche Altersversorgungsleistungen auch schon vor dem 60. Lebensjahr gewährt werden, so z. B. bei Berufsgruppen wie Piloten, bei denen schon vor dem 60. Lebensjahr Versorgungsleistungen üblich sind. Ob solche Ausnahmefälle vorliegen, ergibt sich aus Gesetz, Tarifvertrag oder Betriebsvereinbarung. Erreicht der Arbeitnehmer im Zeitpunkt der Auszahlung das 60. Lebensjahr, hat aber seine berufliche Tätigkeit noch nicht beendet, so ist dies in der Regel (insbesondere bei Direktversicherung, Pensionskasse und Pensionsfonds) unschädlich; die bilanzielle Behandlung beim Arbeitgeber bleibt davon unberührt. Für Versorgungszusagen, die nach dem 31. Dezember 2011 erteilt werden, tritt an die Stelle des 60. Lebensjahres regelmäßig das 62. Lebensjahr (siehe auch BT-Drucksache 16/3794 vom 12. Dezember 2006, S. 31 unter „IV. Zusätzliche Altersvorsorge" zum RV-Altersgrenzenanpassungsgesetz vom 20. April 2007, BGBl. I 2007 S. 554). **Bei der Invaliditätsversorgung kommt es auf den Invaliditätsgrad nicht an.**

250 Eine Hinterbliebenenversorgung im steuerlichen Sinne darf nur Leistungen an die Witwe des Arbeitnehmers oder den Witwer der Arbeitnehmerin, die Kinder im Sinne des § 32 Abs. 3, 4 Satz 1 Nr. 1 bis 3 und Abs. 5 EStG, den früheren Ehegatten oder die Lebensgefährtin/ den Lebensgefährten vorsehen. Der Arbeitgeber hat bei Erteilung oder Änderung der Versorgungszusage zu prüfen, ob die Versorgungsvereinbarung insoweit generell diese Voraussetzungen erfüllt; ob im Einzelfall Hinterbliebene in diesem Sinne vorhanden sind, ist letztlich vom Arbeitgeber/Versorgungsträger erst im Zeitpunkt der Auszahlung der Hinterbliebenenleistung zu prüfen. Als Kind kann auch ein im Haushalt des Arbeitnehmers auf Dauer aufgenommenes Kind begünstigt werden, welches in einem Obhuts- und Pflegeverhältnis zu ihm steht **und nicht die Voraussetzungen des § 32 EStG zu ihm erfüllt** (Pflegekind/Stiefkind und faktisches Stiefkind). Dabei ist es – anders als bei der Gewährung von staatlichen Leistungen – unerheblich, **ob** noch ein Obhuts- und Pflegeverhältnis zu **einem** leiblichen Elternteil des Kindes besteht**, der ggf. ebenfalls im Haushalt des Arbeitnehmers lebt. Es muss jedoch spätestens zu Beginn der Auszahlungsphase der Hinterbliebenenleistung eine schriftliche Versicherung des Arbeitnehmers vorliegen, in der, neben der geforderten namentlichen Benennung des Pflegekindes/Stiefkindes und faktischen Stiefkindes, bestätigt wird, dass ein entsprechendes Kindschaftsverhältnis besteht.** Entsprechendes gilt, wenn ein Enkelkind auf Dauer im Haushalt der Großeltern aufgenommen und versorgt wird. Bei Versorgungszusagen, die vor dem 1. Januar 2007 erteilt wurden, sind für das Vorliegen einer begünstigten Hinterbliebenenversorgung die Altersgrenzen des § 32 EStG in der bis zum 31. Dezember 2006 geltenden Fassung (27. Lebensjahr) maßgebend. Der Begriff des/ der Lebensgefährten/in ist als Oberbegriff zu verstehen, der auch die gleichgeschlechtliche Lebenspartnerschaft mit erfasst. Ob eine gleichgeschlechtliche Lebenspartnerschaft eingetragen wurde oder nicht, ist dabei zunächst unerheblich. Für Partner einer eingetragenen Lebenspartnerschaft besteht allerdings die Besonderheit, dass sie einander nach § 5 Lebenspartnerschaftsgesetz zum Unterhalt verpflichtet sind. Insoweit liegt eine mit

(Zu LStH 3.55, 3.56, 3.63, 3.65, 3.66, 38.2) Anlage § 010a-01/Altersvorsorge

der zivilrechtlichen Ehe vergleichbare Partnerschaft vor. Handelt es sich dagegen um eine andere Form der nicht ehelichen Lebensgemeinschaft, muss anhand der im BMF-Schreiben vom 25. Juli 2002, BStBl I S. 706 genannten Voraussetzungen geprüft werden, ob diese als Hinterbliebenenversorgung anerkannt werden kann. Ausreichend ist dabei regelmäßig, dass spätestens zu Beginn der Auszahlungsphase der Hinterbliebenenleistung eine schriftliche Versicherung des Arbeitnehmers vorliegt, in der neben der geforderten namentlichen Benennung des/der Lebensgefährten/in bestätigt wird, dass eine gemeinsame Haushaltsführung besteht.

Die Möglichkeit, andere als die in Rz. **250** genannten Personen als Begünstigte für den Fall des Todes des Arbeitnehmers zu benennen, führt steuerrechtlich dazu, dass es sich nicht mehr um eine Hinterbliebenenversorgung handelt, sondern von einer Vererblichkeit der Anwartschaften auszugehen ist. Gleiches gilt, wenn z. B. bei einer vereinbarten Rentengarantiezeit die Auszahlung auch an andere als die in Rz. **250** genannten Personen möglich ist. Ist die Auszahlung der garantierten Leistungen nach dem Tod des Berechtigten hingegen ausschließlich an Hinterbliebene im engeren Sinne (Rz. **250**) möglich, ist eine vereinbarte Rentengarantiezeit ausnahmsweise unschädlich. Ein Wahlrecht des Arbeitnehmers zur Einmal- oder Teilkapitalauszahlung ist in diesem Fall nicht zulässig. Es handelt sich vielmehr nur dann um unschädliche Zahlungen nach dem Tod des Berechtigten, wenn die garantierte Rente in unveränderter Höhe (einschließlich Dynamisierungen) an die versorgungsberechtigten Hinterbliebenen im engeren Sinne weiter gezahlt wird. Dabei ist zu beachten, dass die Zahlungen einerseits durch die garantierte Zeit und andererseits durch das Vorhandensein von entsprechenden Hinterbliebenen begrenzt werden. Die Zusammenfassung von bis zu 12 Monatsleistungen in einer Auszahlung sowie die gesonderte Auszahlung der zukünftig in der Auszahlungsphase anfallenden Zinsen und Erträge sind dabei unschädlich. Im Fall der(s) Witwe(rs) oder der Lebensgefährtin/des Lebensgefährten wird dabei nicht beanstandet, wenn anstelle der Zahlung der garantierten Rentenleistung in unveränderter Höhe das im Zeitpunkt des Todes des Berechtigten noch vorhandene „Restkapital" ausnahmsweise lebenslang verrentet wird. Die Möglichkeit, ein einmaliges angemessenes Sterbegeld an andere Personen als die in Rz. **250** genannten Hinterbliebenen auszuzahlen, führt nicht zur Versagung der Anerkennung als betriebliche Altersversorgung; bei Auszahlung ist das Sterbegeld gem. § 19 EStG oder § 22 Nr. 5 EStG zu besteuern (vgl. Rz. **326** ff.). Im Fall der Pauschalbesteuerung von Beiträgen für eine Direktversicherung nach § 40b EStG in der am 31. Dezember 2004 geltenden Fassung (§ 40b EStG a. F.) ist es ebenfalls unschädlich, wenn eine beliebige Person als Bezugsberechtigte für den Fall des Todes des Arbeitnehmers benannt wird. 251

Keine betriebliche Altersversorgung liegt vor, wenn zwischen Arbeitnehmer und Arbeitgeber die Vererblichkeit von Anwartschaften vereinbart ist. Auch Vereinbarungen, nach denen Arbeitslohn gutgeschrieben und ohne Abdeckung eines biometrischen Risikos zu einem späteren Zeitpunkt (z. B. bei Ausscheiden aus dem Dienstverhältnis) ggf. mit Wertsteigerung ausgezahlt wird, sind nicht dem Bereich der betrieblichen Altersversorgung zuzuordnen. Gleiches gilt, wenn von vornherein eine Abfindung der Versorgungsanwartschaft, z. B. zu einem bestimmten Zeitpunkt oder bei Vorliegen bestimmter Voraussetzungen, vereinbart ist und dadurch nicht mehr von der Absicherung eines biometrischen Risikos ausgegangen werden kann. Demgegenüber führt allein die Möglichkeit einer Beitragserstattung einschließlich der gutgeschriebenen Erträge bzw. einer entsprechenden Abfindung für den Fall des Ausscheidens aus dem Dienstverhältnis vor Erreichen der gesetzlichen Unverfallbarkeit und/oder für den Fall des Todes vor Ablauf einer arbeitsrechtlich vereinbarten Wartezeit sowie der Abfindung einer Witwenrente/Witwerrente für den Fall der Wiederheirat noch nicht zur Versagung der Anerkennung als betriebliche Altersversorgung. **Ebenfalls unschädlich für das Vorliegen von betrieblicher Altersversorgung ist die Abfindung vertraglich unverfallbarer Anwartschaften; dies gilt sowohl bei Beendigung als auch während des bestehenden Arbeitsverhältnisses.** Zu den steuerlichen Folgen im Auszahlungsfall siehe Rz. **326** ff. 252

II. Lohnsteuerliche Behandlung von Zusagen auf Leistungen der betrieblichen Altersversorgung

1. Allgemeines

Der Zeitpunkt des Zuflusses von Arbeitslohn richtet sich bei einer arbeitgeberfinanzierten und einer steuerlich anzuerkennenden durch Entgeltumwandlung finanzierten betrieblichen Altersversorgung nach dem Durchführungsweg der betrieblichen Altersversorgung (vgl. auch R 40b.1 LStR zur Abgrenzung). Bei der Versorgung über eine Direktversicherung, eine Pensionskasse oder einen Pensionsfonds liegt Zufluss von Arbeitslohn im Zeitpunkt der Zahlung der Beiträge durch den Arbeitgeber an die entsprechende Versorgungseinrichtung vor. Erfolgt die Beitragszahlung durch den Arbeitgeber vor „Versicherungsbeginn", liegt ein Zufluss von Arbeitslohn jedoch erst im Zeitpunkt des „Versicherungsbeginns" vor. Die Einbehaltung der Lohnsteuer richtet sich nach § 38a Abs. 1 und 3 EStG (vgl. auch R 39b.2, 39b.5 und 39b.6 LStR). Bei der Versorgung über eine Direktzusage oder Unterstützungskasse 253

Anlage § 010a-01/Altersvorsorge (Zu LStH 3.55, 3.56, 3.63, 3.65, 3.66, 38.2)

fließt der Arbeitslohn erst im Zeitpunkt der Zahlung der Altersversorgungsleistungen an den Arbeitnehmer zu.

2. Entgeltumwandlung zugunsten betrieblicher Altersversorgung

254 Um durch Entgeltumwandlung finanzierte betriebliche Altersversorgung handelt es sich, wenn Arbeitgeber und Arbeitnehmer vereinbaren, künftige Arbeitslohnansprüche zugunsten einer betrieblichen Altersversorgung herabzusetzen (Umwandlung in eine wertgleiche Anwartschaft auf Versorgungsleistungen – Entgeltumwandlung – § 1 Abs. 2 Nr. 3 BetrAVG). Davon zu unterscheiden sind die sog. Eigenbeiträge des Arbeitnehmers (§ 1 Abs. 2 Nr. 4 BetrAVG), bei denen der Arbeitnehmer aus seinem bereits zugeflossenen und versteuerten Arbeitsentgelt Beiträge zur Finanzierung der betrieblichen Altersversorgung leistet.

255 Eine Herabsetzung von Arbeitslohnansprüchen zugunsten betrieblicher Altersversorgung ist steuerlich als Entgeltumwandlung auch dann anzuerkennen, wenn die in § 1 Abs. 2 Nr. 3 BetrAVG geforderte Wertgleichheit außerhalb versicherungsmathematischer Grundsätze berechnet wird. Entscheidend ist allein, dass die Versorgungsleistung zur Absicherung mindestens eines biometrischen Risikos (Alter, Tod, Invalidität) zugesagt und erst bei Eintritt des biologischen Ereignisses fällig wird.

256 Die Herabsetzung von Arbeitslohn (laufender Arbeitslohn, Einmal- und Sonderzahlungen) zugunsten der betrieblichen Altersversorgung wird aus Vereinfachungsgründen grundsätzlich auch dann als Entgeltumwandlung steuerlich anerkannt, wenn die Gehaltsänderungsvereinbarung bereits erdiente, aber noch nicht fällig gewordene Anteile umfasst. Dies gilt auch, wenn eine Einmal- oder Sonderzahlung einen Zeitraum von mehr als einem Jahr betrifft.

257 Bei einer Herabsetzung laufenden Arbeitslohns zugunsten einer betrieblichen Altersversorgung hindert es die Annahme einer Entgeltumwandlung nicht, wenn der bisherige ungekürzte Arbeitslohn weiterhin Bemessungsgrundlage für künftige Erhöhungen des Arbeitslohns oder andere Arbeitgeberleistungen (wie z. B. Weihnachtsgeld, Tantieme, Jubiläumszuwendungen, betriebliche Altersversorgung) bleibt, die Gehaltsminderung zeitlich begrenzt oder vereinbart wird, dass der Arbeitnehmer oder der Arbeitgeber sie für künftigen Arbeitslohn einseitig ändern können.

3. Behandlung laufender Zuwendungen des Arbeitgebers und Sonderzahlungen an umlagefinanzierte Pensionskassen (§ 19 Abs. 1 Satz 1 Nr. 3 EStG)

258 Laufende Zuwendungen sind regelmäßig fortlaufend geleistete Zahlungen des Arbeitgebers für eine betriebliche Altersversorgung an eine Pensionskasse, die nicht im Kapitaldeckungsverfahren, sondern im Umlageverfahren finanziert wird. Hierzu gehören insbesondere Umlagen an die Versorgungsanstalt des Bundes und der Länder – VBL – bzw. an eine kommunale Zusatzversorgungskasse.

259 Sonderzahlungen des Arbeitgebers sind insbesondere Zahlungen, die an die Stelle der bei regulärem Verlauf zu entrichtenden laufenden Zuwendungen treten oder neben laufenden Beiträgen oder Zuwendungen entrichtet werden und zur Finanzierung des nicht kapitalgedeckten Versorgungssystems dienen. Hierzu gehören beispielsweise Zahlungen, die der Arbeitgeber anlässlich seines Ausscheidens aus einem umlagefinanzierten Versorgungssystem, des Wechsels von einem umlagefinanzierten zu einem anderen umlagefinanzierten Versorgungssystem oder der Zusammenlegung zweier nicht kapitalgedeckter Versorgungssysteme zu leisten hat.

260 Beispiel zum Wechsel der Zusatzversorgungskasse (ZVK):

Die ZVK A wird auf die ZVK B überführt. Der Umlagesatz der ZVK A betrug bis zur Überführung 6 % vom zusatzversorgungspflichtigen Entgelt. Die ZVK B erhebt nur 4 % vom zusatzversorgungspflichtigen Entgelt. Der Arbeitgeber zahlt nach der Überführung auf die ZVK B für seine Arbeitnehmer zusätzlich zu den 4 % Umlage einen festgelegten Betrag, durch den die Differenz bei der Umlagenhöhe (6 % zu 4 % vom zusatzversorgungspflichtigen Entgelt) ausgeglichen wird.

Bei dem Differenzbetrag, den der Arbeitgeber nach der Überführung auf die ZVK B zusätzlich leisten muss, handelt es sich um eine steuerpflichtige Sonderzahlung gem. § 19 Abs. 1 Satz 1 Nr. 3 Satz 2 Buchstabe b EStG, die mit 15 % gem. § 40b Abs. 4 EStG pauschal zu besteuern ist.

261 Zu den nicht zu besteuernden Sanierungsgeldern gehören die Sonderzahlungen des Arbeitgebers, die er anlässlich der Umstellung der Finanzierung des Versorgungssystems von der Umlagefinanzierung auf die Kapitaldeckung für die bis zur Umstellung bereits entstandenen Versorgungsverpflichtungen oder -anwartschaften noch zu leisten hat. Gleiches gilt für die Zahlungen, die der Arbeitgeber im Fall der Umstellung auf der Leistungsseite für diese vor Umstellung bereits entstandenen Versorgungsverpflichtungen und -anwartschaften in das Versorgungssystem leistet. Davon ist z. B. auszugehen, wenn

(Zu LStH 3.55, 3.56, 3.63, 3.65, 3.66, 38.2) **Anlage § 010a-01/Altersvorsorge**

- eine deutliche Trennung zwischen bereits entstandenen und neu entstehenden Versorgungsverpflichtungen sowie -anwartschaften sichtbar wird,
- der finanzielle Fehlbedarf zum Zeitpunkt der Umstellung hinsichtlich der bereits entstandenen Versorgungsverpflichtungen sowie -anwartschaften ermittelt wird und
- dieser Betrag ausschließlich vom Arbeitgeber als Zuschuss geleistet wird.

Beispiel zum Sanierungsgeld: 262

Die ZVK A stellt ihre betriebliche Altersversorgung auf der Finanzierungs- und Leistungsseite um. Bis zur Systemumstellung betrug die Umlage 6,2 % vom zusatzversorgungspflichtigen Entgelt. Nach der Systemumstellung beträgt die Zahlung insgesamt 7,7 % vom zusatzversorgungspflichtigen Entgelt. Davon werden 4 % zugunsten der nun im Kapitaldeckungsverfahren finanzierten Neuanwartschaften und 3,7 % für die weiterhin im Umlageverfahren finanzierten Anwartschaften einschließlich eines Sanierungsgeldes geleistet.

Die Ermittlung des nicht zu besteuernden Sanierungsgeldes erfolgt nach § 19 Abs. 1 Satz 1 Nr. 3 Satz 4 2. Halbsatz EStG. Ein solches nicht zu besteuerndes Sanierungsgeld liegt nur vor, soweit der bisherige Umlagesatz überstiegen wird.

Zahlungen nach der Systemumstellung insgesamt	7,7 %
Zahlungen vor der Systemumstellung	6,2 %
Nicht zu besteuerndes Sanierungsgeld	1,5 %

Ermittlung der weiterhin nach § 19 Abs. 1 Satz 1 Nr. 3 Satz 1 EStG grundsätzlich zu besteuernden Umlagezahlung:

Nach der Systemumstellung geleistete Zahlung für das Umlageverfahren einschließlich des Sanierungsgeldes	3,7 %
Nicht zu besteuerndes Sanierungsgeld	1,5 %
grundsätzlich zu besteuernde Umlagezahlung	2,2 %

Eine Differenzrechnung nach § 19 Abs. 1 Satz 1 Nr. 3 Satz 4 zweiter Halbsatz EStG entfällt, wenn es an laufenden und wiederkehrenden Zahlungen entsprechend dem periodischen Bedarf fehlt, also das zu erbringende Sanierungsgeld als Gesamtfehlbetrag feststeht und lediglich ratierlich getilgt wird.

4. Steuerfreiheit nach § 3 Nr. 63 EStG

a) Steuerfreiheit nach § 3 Nr. 63 Satz 1 und 3 EStG

aa) Begünstigter Personenkreis

Zu dem durch § 3 Nr. 63 EStG begünstigten Personenkreis gehören alle Arbeitnehmer (§ 1 LStDV) 263 unabhängig davon, ob sie in der gesetzlichen Rentenversicherung pflichtversichert sind oder nicht (z. B. beherrschende Gesellschafter-Geschäftsführer, geringfügig Beschäftigte, in einem berufsständischen Versorgungswerk Versicherte).

Die Steuerfreiheit setzt lediglich ein bestehendes erstes Dienstverhältnis voraus. Diese Voraussetzung 264 kann auch erfüllt sein, wenn es sich um ein geringfügiges Beschäftigungsverhältnis oder eine Aushilfstätigkeit handelt. Die Steuerfreiheit ist jedoch nicht bei Arbeitnehmern zulässig, die dem Arbeitgeber eine Lohnsteuerkarte mit der Steuerklasse VI vorgelegt haben.

bb) Begünstigte Aufwendungen

Zu den nach § 3 Nr. 63 EStG begünstigten Aufwendungen gehören nur Beiträge an Pensionsfonds, 265 Pensionskassen und Direktversicherungen, die zum Aufbau einer betrieblichen Altersversorgung im Kapitaldeckungsverfahren erhoben werden. Für Umlagen, die vom Arbeitgeber an eine Versorgungseinrichtung entrichtet werden, kommt die Steuerfreiheit nach § 3 Nr. 63 EStG dagegen nicht in Betracht (siehe aber § 3 Nr. 56 EStG, Rz. 297 ff.). Werden sowohl Umlagen als auch Beiträge im Kapitaldeckungsverfahren erhoben, gehören letztere nur dann zu den begünstigten Aufwendungen, wenn eine getrennte Verwaltung und Abrechnung beider Vermögensmassen erfolgt (Trennungsprinzip).

Steuerfrei sind sowohl die Beiträge des Arbeitgebers, die zusätzlich zum ohnehin geschuldeten Ar- 266 beitslohn erbracht werden (rein arbeitgeberfinanzierte Beiträge) als auch die Beiträge des Arbeitgebers, die durch Entgeltumwandlung finanziert werden (vgl. Rz. 254 ff.). Im Fall der Finanzierung der Beiträge durch eine Entgeltumwandlung ist die Beachtung des Mindestbetrages gem. § 1a BetrAVG für die Inanspruchnahme der Steuerfreiheit nicht erforderlich. Eigenbeiträge des Arbeitnehmers (§ 1 Abs. 2 Nr. 4 BetrAVG) sind dagegen vom Anwendungsbereich des § 3 Nr. 63 EStG ausgeschlossen, auch wenn sie vom Arbeitgeber an die Versorgungseinrichtung abgeführt werden.

Anlage § 010a-01/Altersvorsorge (Zu LStH 3.55, 3.56, 3.63, 3.65, 3.66, 38.2)

267 Die Steuerfreiheit nach § 3 Nr. 63 EStG kann nur dann in Anspruch genommen werden, wenn der vom Arbeitgeber zur Finanzierung der zugesagten Versorgungsleistung gezahlte Beitrag nach bestimmten individuellen Kriterien dem einzelnen Arbeitnehmer zugeordnet wird. Allein die Verteilung eines vom Arbeitgeber gezahlten Gesamtbeitrags nach der Anzahl der begünstigten Arbeitnehmer genügt hingegen für die Anwendung des § 3 Nr. 63 EStG nicht. Für die Anwendung des § 3 Nr. 63 EStG ist nicht Voraussetzung, dass sich die Höhe der zugesagten Versorgungsleistung an der Höhe des eingezahlten Beitrags des Arbeitgebers orientiert, da der Arbeitgeber nach § 1 BetrAVG nicht nur eine Beitragszusage mit Mindestleistung oder eine beitragsorientierte Leistungszusage, sondern auch eine Leistungszusage erteilen kann.

268 Maßgeblich für die betragsmäßige Begrenzung der Steuerfreiheit auf 4 % der Beitragsbemessungsgrenze in der allgemeinen Rentenversicherung ist auch bei einer Beschäftigung in den neuen Ländern oder Berlin (Ost) die in dem Kalenderjahr gültige Beitragsbemessungsgrenze (West). Zusätzlich zu diesem Höchstbetrag können Beiträge, die vom Arbeitgeber aufgrund einer nach dem 31. Dezember 2004 erteilten Versorgungszusage (Neuzusage, vgl. Rz. **306** ff.) geleistet werden, bis zur Höhe von 1.800 € steuerfrei bleiben. Dieser zusätzliche Höchstbetrag kann jedoch nicht in Anspruch genommen werden, wenn für den Arbeitnehmer in dem Kalenderjahr Beiträge nach § 40b Abs. 1 und 2 EStG a. F. pauschal besteuert werden (vgl. Rz. **320**). Bei den Höchstbeträgen des § 3 Nr. 63 EStG handelt es sich jeweils um Jahresbeträge. Eine zeitanteilige Kürzung der Höchstbeträge ist daher nicht vorzunehmen, wenn das Arbeitsverhältnis nicht während des ganzen Jahres besteht oder nicht für das ganze Jahr Beiträge gezahlt werden. Die Höchstbeträge können erneut in Anspruch genommen werden, wenn der Arbeitnehmer sie in einem vorangegangenen Dienstverhältnis bereits ausgeschöpft hat. Im Fall der Gesamtrechtsnachfolge und des Betriebsübergangs nach § 613a BGB kommt dies dagegen nicht in Betracht.

269 Soweit die Beiträge die Höchstbeträge übersteigen, sind sie individuell zu besteuern. Für die individuell besteuerten Beiträge kann eine Förderung durch Sonderausgabenabzug nach § 10a und Zulage nach Abschnitt XI EStG in Betracht kommen (vgl. Rz. **289** ff.). Zur Übergangsregelung des § 52 Abs. **52b** EStG siehe Rz. **316** ff.

270 Bei monatlicher Zahlung der Beiträge bestehen keine Bedenken, wenn die Höchstbeträge in gleichmäßige monatliche Teilbeträge aufgeteilt werden. Stellt der Arbeitgeber vor Ablauf des Kalenderjahres, z. B. bei Beendigung des Dienstverhältnisses fest, dass die Steuerfreiheit im Rahmen der monatlichen Teilbeträge nicht in vollem Umfang ausgeschöpft worden ist oder werden kann, muss eine ggf. vorgenommene Besteuerung der Beiträge rückgängig gemacht werden (spätester Zeitpunkt hierfür ist die Übermittlung oder Erteilung der Lohnsteuerbescheinigung) oder der monatliche Teilbetrag künftig so geändert werden, dass die Höchstbeträge ausgeschöpft werden.

271 Rein arbeitgeberfinanzierte Beiträge sind steuerfrei, soweit sie die Höchstbeträge (4 % der Beitragsbemessungsgrenze in der allgemeinen Rentenversicherung sowie 1.800 €) nicht übersteigen. Die Höchstbeträge werden zunächst durch diese Beiträge ausgefüllt. Sofern die Höchstbeträge dadurch nicht ausgeschöpft worden sind, sind die auf Entgeltumwandlung beruhenden Beiträge zu berücksichtigen.

cc) Begünstigte Auszahlungsformen

272 Voraussetzung für die Steuerfreiheit ist, dass die Auszahlung der zugesagten Alters-, Invaliditäts- oder Hinterbliebenenversorgungsleistungen in Form einer lebenslangen Rente oder eines Auszahlungsplans mit anschließender lebenslanger Teilkapitalverrentung (§ 1 Abs. 1 Satz 1 Nr. 4 **Buchstabe a** AltZertG) vorgesehen ist. Im Hinblick auf die entfallende Versorgungsbedürftigkeit z. B. für den Fall der Vollendung des 25. Lebensjahres der Kinder (siehe auch Rz. **250**; bei Versorgungszusagen, die vor dem 1. Januar 2007 erteilt wurden, ist grundsätzlich das 27. Lebensjahr maßgebend), der Wiederheirat der Witwe/des Witwers, dem Ende der Erwerbsminderung durch Wegfall der Voraussetzungen für den Bezug (insbesondere bei Verbesserung der Gesundheitssituation oder Erreichen der Altersgrenze) ist es nicht zu beanstanden, wenn eine Rente oder ein Auszahlungsplan zeitlich befristet ist. Von einer Rente oder einem Auszahlungsplan ist auch noch auszugehen, wenn bis zu 30 % des zu Beginn der Auszahlungsphase zur Verfügung stehenden Kapitals außerhalb der monatlichen Leistungen ausgezahlt werden. Die zu Beginn der Auszahlungsphase zu treffende Entscheidung und Entnahme des Teilkapitalbetrags aus diesem Vertrag (Rz. **170**) führt zur Besteuerung nach § 22 Nr. 5 EStG. Allein die Möglichkeit, anstelle dieser Auszahlungsformen eine Einmalkapitalauszahlung (100 % des zu Beginn der Auszahlungsphase zur Verfügung stehenden Kapitals) zu wählen, steht der Steuerfreiheit noch nicht entgegen. Die Möglichkeit, eine Einmalkapitalauszahlung anstelle einer Rente oder eines Auszahlungsplans zu wählen, gilt nicht nur für Altersversorgungsleistungen, sondern auch für Invaliditäts- oder Hinterbliebenenversorgungsleistungen. Entscheidet sich der Arbeitnehmer zugunsten einer Einmalkapitalauszahlung, so sind von diesem Zeitpunkt an die Voraussetzungen des § 3 Nr. 63 EStG nicht mehr erfüllt und die Beitragsleistungen zu besteuern. Erfolgt die Ausübung des Wahlrechtes innerhalb des letzten Jahres vor dem altersbedingten Ausscheiden aus dem Erwerbsleben, so ist es aus Verein-

(Zu LStH 3.55, 3.56, 3.63, 3.65, 3.66, 38.2) **Anlage § 010a-01/Altersvorsorge**

fachungsgründen nicht zu beanstanden, wenn die Beitragsleistungen weiterhin nach § 3 Nr. 63 EStG steuerfrei belassen werden. Für die Berechnung der Jahresfrist ist dabei auf das im Zeitpunkt der Ausübung des Wahlrechts vertraglich vorgesehene Ausscheiden aus dem Erwerbsleben (vertraglich vorgesehener Beginn der Altersversorgungsleistung) abzustellen. Da die Auszahlungsphase bei der Hinterbliebenenleistung erst mit dem Zeitpunkt des Todes des ursprünglich Berechtigten beginnt, ist es in diesem Fall aus steuerlicher Sicht nicht zu beanstanden, wenn das Wahlrecht im zeitlichen Zusammenhang mit dem Tod des ursprünglich Berechtigten ausgeübt wird. Bei Auszahlung oder anderweitiger wirtschaftlicher Verfügung ist der Einmalkapitalbetrag gem. § 22 Nr. 5 EStG zu besteuern (siehe dazu Rz. **329** ff.)

dd) Sonstiges

Eine Steuerfreiheit der Beiträge kommt nicht in Betracht, soweit es sich hierbei nicht um Arbeitslohn im Rahmen eines Dienstverhältnisses, sondern um eine verdeckte Gewinnausschüttung im Sinne des § 8 Abs. 3 Satz 2 KStG handelt. Die allgemeinen Grundsätze zur Abgrenzung zwischen verdeckter Gewinnausschüttung und Arbeitslohn sind hierbei zu beachten. 273

Beiträge an Pensionsfonds, Pensionskassen und – bei Direktversicherungen – an Versicherungsunternehmen in der EU sowie in Drittstaaten, mit denen besondere Abkommen abgeschlossen worden sind (z. B. DBA USA), können nach § 3 Nr. 63 EStG begünstigt sein, wenn der ausländische Pensionsfonds, die ausländische Pensionskasse oder das ausländische Versicherungsunternehmen versicherungsaufsichtsrechtlich zur Ausübung ihrer Tätigkeit zugunsten von Arbeitnehmern in inländischen Betriebsstätten befugt sind. 274

Unter den vorgenannten Voraussetzungen sind auch die Beiträge des Arbeitgebers an eine **Zusatzversorgungskasse** (wie z. B. zur Versorgungsanstalt der deutschen Bühnen – VddB –, zur Versorgungsanstalt der deutschen Kulturorchester VddKO – oder zum Zusatzversorgungswerk für Arbeitnehmer in der Land- und Forstwirtschaft – ZLF –), die er nach der jeweiligen Satzung der Versorgungseinrichtung als Pflichtbeiträge für die Altersversorgung seiner Arbeitnehmer zusätzlich zu den nach § 3 Nr. 62 EStG steuerfreien Beiträgen zur gesetzlichen Rentenversicherung zu erbringen hat, ebenfalls im Rahmen des § 3 Nr. 63 EStG steuerfrei. Die Steuerfreiheit nach § 3 Nr. 62 Satz 1 EStG kommt für diese Beiträge nicht in Betracht. Die Steuerbefreiung des § 3 Nr. 63 (und auch Nr. 56) EStG ist nicht nur der Höhe, sondern dem Grunde nach vorrangig anzuwenden; die Steuerbefreiung nach § 3 Nr. 62 EStG ist bei Vorliegen von Zukunftssicherungsleistungen i. S. d. § 3 Nr. 63 (und auch Nr. 56) EStG daher auch dann ausgeschlossen, wenn die Höchstbeträge des § 3 Nr. 63 (und Nr. 56) EStG bereits voll ausgeschöpft werden. 275

b) Ausschluss der Steuerfreiheit nach § 3 Nr. 63 Satz 2 EStG

aa) Personenkreis

Auf die Steuerfreiheit können grundsätzlich nur Arbeitnehmer verzichten, die in der gesetzlichen Rentenversicherung pflichtversichert sind (§§ 1a, 17 Abs. 1 Satz 3 BetrAVG). Alle anderen Arbeitnehmer können von dieser Möglichkeit nur dann Gebrauch machen, wenn der Arbeitgeber zustimmt. 276

bb) Höhe und Zeitpunkt der Ausübung des Wahlrechts

Soweit der Arbeitnehmer einen Anspruch auf Entgeltumwandlung nach § 1a BetrAVG hat, ist eine individuelle Besteuerung dieser Beiträge bereits auf Verlangen des Arbeitnehmers durchzuführen. In allen anderen Fällen der Entgeltumwandlung (z. B. Entgeltumwandlungsvereinbarung aus dem Jahr 2001 oder früher) ist die individuelle Besteuerung der Beiträge hingegen nur aufgrund einvernehmlicher Vereinbarung zwischen Arbeitgeber und Arbeitnehmer möglich. Bei rein arbeitgeberfinanzierten Beiträgen kann auf die Steuerfreiheit nicht verzichtet werden (vgl. Rz. **271**). 277

Die Ausübung des Wahlrechts nach § 3 Nr. 63 Satz 2 EStG muss bis zu dem Zeitpunkt erfolgen, zu dem die entsprechende Gehaltsänderungsvereinbarung steuerlich noch anzuerkennen ist (vgl. Rz. **256**). 278

Eine nachträgliche Änderung der steuerlichen Behandlung der im Wege der Entgeltumwandlung finanzierten Beiträge ist nicht zulässig. 279

c) Vervielfältigungsregelung nach § 3 Nr. 63 Satz 4 EStG

Beiträge an einen Pensionsfonds, eine Pensionskasse oder für eine Direktversicherung, die der Arbeitgeber aus Anlass der Beendigung des Dienstverhältnisses leistet, können im Rahmen des § 3 Nr. 63 Satz 4 EStG steuerfrei belassen werden. Die Höhe der Steuerfreiheit ist dabei begrenzt auf den Betrag, der sich ergibt aus 1.800 € vervielfältigt mit der Anzahl der Kalenderjahre, in denen das Dienstverhältnis des Arbeitnehmers zu dem Arbeitgeber bestanden hat; der vervielfältigte Betrag vermindert sich um die nach § 3 Nr. 63 EStG steuerfreien Beiträge, die der Arbeitgeber in dem Kalenderjahr, in dem das Dienstverhältnis beendet wird, und in den sechs vorangegangenen Jahren erbracht hat. Sowohl bei der Ermitt- 280

Anlage § 010a-01/Altersvorsorge (Zu LStH 3.55, 3.56, 3.63, 3.65, 3.66, 38.2)

lung der zu vervielfältigenden als auch der zu kürzenden Jahre sind nur die Kalenderjahre ab 2005 zu berücksichtigen. Dies gilt unabhängig davon, wie lange das Dienstverhältnis zu dem Arbeitgeber tatsächlich bestanden hat. Die Vervielfältigungsregelung steht jedem Arbeitnehmer aus demselben Dienstverhältnis insgesamt nur einmal zu. Werden die Beiträge statt als Einmalbeitrag in Teilbeträgen geleistet, sind diese so lange steuerfrei, bis der für den Arbeitnehmer maßgebende Höchstbetrag ausgeschöpft ist. Eine Anwendung der Vervielfältigungsregelung des § 3 Nr. 63 Satz 4 EStG ist nicht möglich, wenn gleichzeitig die Vervielfältigungsregelung des § 40b Abs. 2 Satz 3 und 4 EStG a. F. auf die Beiträge, die der Arbeitgeber aus Anlass der Beendigung des Dienstverhältnisses leistet, angewendet wird (vgl. Rz. 322). Eine Anwendung ist ferner nicht möglich, wenn der Arbeitnehmer bei Beiträgen für eine Direktversicherung auf die Steuerfreiheit der Beiträge zu dieser Direktversicherung zugunsten der Weiteranwendung des § 40b EStG a. F. verzichtet hatte (vgl. Rz. **316 ff.**).

5. Steuerfreiheit nach § 3 Nr. 66 EStG

281 Voraussetzung für die Steuerfreiheit ist, dass vom Arbeitgeber ein Antrag nach § 4d Abs. 3 EStG oder § 4e Abs. 3 EStG gestellt worden ist. Die Steuerfreiheit nach § 3 Nr. 66 EStG gilt auch dann, wenn beim übertragenden Unternehmen keine Zuwendungen i.S.v. § 4d Abs. 3 EStG oder Leistungen i.S.v. § 4e Abs. 3 EStG im Zusammenhang mit der Übernahme einer Versorgungsverpflichtung durch einen Pensionsfonds anfallen. Bei einer entgeltlichen Übertragung von Versorgungsanwartschaften aktiver Beschäftigter kommt die Anwendung von § 3 Nr. 66 EStG nur für Zahlungen an den Pensionsfonds in Betracht, die für die bis zum Zeitpunkt der Übertragung bereits erdienten Versorgungsanwartschaften geleistet werden (sog. „Past-Service"); Zahlungen an den Pensionsfonds für zukünftig noch zu erdienende Anwartschaften (sog. „Future-Service") sind ausschließlich in dem begrenzten Rahmen des § 3 Nr. 63 EStG lohnsteuerfrei; zu weiteren Einzelheiten, insbesondere zur Abgrenzung von „Past-" und „Future-Service", siehe BMF-Schreiben vom 26. Oktober 2006, BStBl I S. 709.

6. Steuerfreiheit nach § 3 Nr. 55 EStG

282 Gem. § 4 Abs. 2 Nr. 2 BetrAVG kann nach Beendigung des Arbeitsverhältnisses im Einvernehmen des ehemaligen mit dem neuen Arbeitgeber sowie dem Arbeitnehmer der Wert der vom Arbeitnehmer erworbenen Altersversorgung (Übertragungswert nach § 4 Abs. 5 BetrAVG) auf den neuen Arbeitgeber übertragen werden, wenn dieser eine wertgleiche Zusage erteilt. § 4 Abs. 3 BetrAVG gibt dem Arbeitnehmer für Versorgungszusagen, die nach dem 31. Dezember 2004 erteilt werden, das Recht, innerhalb eines Jahres nach Beendigung des Arbeitsverhältnisses von seinem ehemaligen Arbeitgeber zu verlangen, dass der Übertragungswert auf den neuen Arbeitgeber übertragen wird, wenn die betriebliche Altersversorgung beim ehemaligen Arbeitgeber über einen Pensionsfonds, eine Pensionskasse oder eine Direktversicherung durchgeführt worden ist und der Übertragungswert die im Zeitpunkt der Übertragung maßgebliche Beitragsbemessungsgrenze in der allgemeinen Rentenversicherung nicht übersteigt.

283 **Die Anwendung der Steuerbefreiungsvorschrift des § 3 Nr. 55 EStG setzt aufgrund des Verweises auf die Vorschriften des Betriebsrentengesetzes die Beendigung des bisherigen Dienstverhältnisses und ein anderes Dienstverhältnis voraus. Die Übernahme der Versorgungszusage durch einen Arbeitgeber, bei dem der Arbeitnehmer bereits beschäftigt ist, ist betriebsrentenrechtlich unschädlich und steht daher der Anwendung der Steuerbefreiungsvorschrift nicht entgegen.** § 3 Nr. 55 EStG und Rz. **282** gelten entsprechend für Arbeitnehmer, die nicht in der gesetzlichen Rentenversicherung pflichtversichert sind (z. B. beherrschende Gesellschafter-Geschäftsführer oder geringfügig Beschäftigte).

284 Der geleistete Übertragungswert ist nach § 3 Nr. 55 Satz 1 EStG steuerfrei, wenn die betriebliche Altersversorgung sowohl beim ehemaligen Arbeitgeber als auch beim neuen Arbeitgeber über einen Pensionsfonds, eine Pensionskasse oder eine Direktversicherung durchgeführt wird. Es ist nicht Voraussetzung, dass beide Arbeitgeber auch den gleichen Durchführungsweg gewählt haben. Um eine Rückabwicklung der steuerlichen Behandlung der Beitragsleistungen an einen Pensionsfonds, eine Pensionskasse oder eine Direktversicherung vor der Übertragung (Steuerfreiheit nach § 3 Nr. 63, 66 EStG, individuelle Besteuerung, Besteuerung nach § 40b EStG) zu verhindern, bestimmt § 3 Nr. 55 Satz 3 EStG, dass die auf dem Übertragungsbetrag beruhenden Versorgungsleistungen weiterhin zu den Einkünften gehören, zu denen sie gehört hätten, wenn eine Übertragung nach § 4 BetrAVG nicht stattgefunden hätte.

285 Der Übertragungswert ist gem. § 3 Nr. 55 Satz 2 EStG auch steuerfrei, wenn er vom ehemaligen Arbeitgeber oder von einer Unterstützungskasse an den neuen Arbeitgeber oder an eine andere Unterstützungskasse geleistet wird.

(Zu LStH 3.55, 3.56, 3.63, 3.65, 3.66, 38.2) **Anlage § 010a-01/Altersvorsorge**

Die Steuerfreiheit des § 3 Nr. 55 EStG kommt jedoch nicht in Betracht, wenn die betriebliche Alters- **286**
versorgung beim ehemaligen Arbeitgeber als Direktzusage oder mittels einer Unterstützungskasse ausgestaltet war, während sie beim neuen Arbeitgeber über einen Pensionsfonds, eine Pensionskasse oder eine Direktversicherung abgewickelt wird. Dies gilt auch für den umgekehrten Fall. Ebenso kommt die Steuerfreiheit nach § 3 Nr. 55 EStG bei einem Betriebsübergang nach § 613a BGB nicht in Betracht, da in einem solchen Fall die Regelung des § 4 BetrAVG keine Anwendung findet.

Wird die betriebliche Altersversorgung sowohl beim alten als auch beim neuen Arbeitgeber über einen **287**
Pensionsfonds, eine Pensionskasse oder eine Direktversicherung abgewickelt, liegt im Fall der Übernahme der Versorgungszusage nach § 4 Abs. 2 Nr. 1 BetrAVG lediglich ein Schuldnerwechsel und damit für den Arbeitnehmer kein lohnsteuerlich relevanter Vorgang vor. Entsprechendes gilt im Fall der Übernahme der Versorgungszusage nach § 4 Abs. 2 Nr. 1 BetrAVG, wenn die betriebliche Altersversorgung sowohl beim alten als auch beim neuen Arbeitgeber über eine Direktzusage oder Unterstützungskasse durchgeführt wird. Zufluss von Arbeitslohn liegt hingegen vor im Fall der Ablösung einer gegenüber einem beherrschenden Gesellschafter-Geschäftsführer erteilten Pensionszusage, bei der nach der Ausübung eines zuvor eingeräumten Wahlrechtes auf Verlangen des Gesellschafter-Geschäftsführers der Ablösungsbetrag zur Übernahme der Pensionsverpflichtung an einen Dritten gezahlt wird (BFH-Urteil vom 12. April 2007 – VI R 6/02 -, BStBl II S. 581).

7. Übernahme von Pensionsverpflichtungen gegen Entgelt durch Beitritt eines Dritten in eine Pensionsverpflichtung (Schuldbeitritt) oder Ausgliederung von Pensionsverpflichtungen

Bei der Übernahme von Pensionsverpflichtungen gegen Entgelt durch Beitritt eines Dritten in eine **288**
Pensionsverpflichtung (Schuldbeitritt) oder durch Ausgliederung von Pensionsverpflichtungen – ohne inhaltliche Veränderung der Zusage – handelt es sich weiterhin um eine Direktzusage des Arbeitgebers (siehe dazu auch BMF-Schreiben vom 16. Dezember 2005, BStBl I S. 1052). Aus lohnsteuerlicher Sicht bleibt es folglich bei den für eine Direktzusage geltenden steuerlichen Regelungen, d. h. es liegen erst bei Auszahlung der Versorgungsleistungen – durch den Dritten bzw. durch die Pensionsgesellschaft anstelle des Arbeitgebers – Einkünfte im Sinne des § 19 EStG vor. Der Lohnsteuerabzug kann in diesem Fall mit Zustimmung des Finanzamts anstelle vom Arbeitgeber auch von dem Dritten bzw. der Pensionsgesellschaft vorgenommen werden (§ 38 Abs. 3a Satz 2 EStG).

8. Förderung durch Sonderausgabenabzug nach § 10a EStG und Zulage nach Abschnitt XI EStG

Zahlungen im Rahmen der betrieblichen Altersversorgung an einen Pensionsfonds, eine Pensionskasse **289**
oder eine Direktversicherung können als Altersvorsorgebeiträge durch Sonderausgabenabzug nach § 10a EStG und Zulage nach Abschnitt XI EStG gefördert werden (§ 82 Abs. 2 EStG). Die zeitliche Zuordnung der Altersvorsorgebeiträge im Sinne des § 82 Abs. 2 EStG richtet sich grundsätzlich nach den für die Zuordnung des Arbeitslohns geltenden Vorschriften (§ 38a Abs. 3 EStG; R 39b.2, 39b.5 und 39b.6 LStR).

Um Beiträge im Rahmen der betrieblichen Altersversorgung handelt es sich nur, wenn die Beiträge für **290**
eine vom Arbeitgeber aus Anlass des Arbeitsverhältnisses zugesagte Versorgungsleistung erbracht werden (§ 1 BetrAVG). Dies gilt unabhängig davon, ob die Beiträge ausschließlich vom Arbeitgeber finanziert werden, auf einer Entgeltumwandlung beruhen oder es sich um Eigenbeiträge des Arbeitnehmers handelt (§ 1 Abs. 1 und 2 BetrAVG). Im Übrigen sind Rz. **248** ff. zu beachten.

Voraussetzung für die steuerliche Förderung ist neben der individuellen Besteuerung der Beiträge, dass **291**
die Auszahlung der zugesagten Altersversorgungsleistung in Form einer lebenslangen Rente oder eines Auszahlungsplans mit anschließender lebenslanger Teilkapitalverrentung (§ 1 Abs. 1 Satz 1 Nr. 4 **Buchstabe a** AltZertG) vorgesehen ist. Die steuerliche Förderung von Beitragsteilen, die zur Absicherung einer Invaliditäts- oder Hinterbliebenenversorgung verwendet werden, kommt nur dann in Betracht, wenn die Auszahlung in Form einer Rente (§ 1 Abs. 1 Satz 1 Nr. 4 **Buchstabe a** AltZertG; vgl. Rz. **272**) vorgesehen ist. Eine Rente oder Auszahlungsplan in diesem Sinne liegt auch dann vor, wenn bis zu 30 % des zu Beginn der Auszahlungsphase zur Verfügung stehenden Kapitals außerhalb der monatlichen Leistungen ausgezahlt werden. Die zu Beginn der Auszahlungsphase zu treffende Entscheidung und Entnahme des Teilkapitalbetrags aus diesem Vertrag (Rz. **170**) führt zur Besteuerung nach § 22 Nr. 5 EStG. Allein die Möglichkeit, anstelle dieser Auszahlungsformen eine Einmalkapitalauszahlung (100 % des zu Beginn der Auszahlungsphase zur Verfügung stehenden Kapitals) zu wählen, steht der Förderung noch nicht entgegen. Die Möglichkeit, eine Einmalkapitalauszahlung anstelle einer Rente oder eines Auszahlungsplans zu wählen, gilt nicht nur für Altersvorsorgeleistungen, sondern auch für Invaliditäts- oder Hinterbliebenenversorgungsleistungen. Entscheidet sich der Arbeitnehmer zugunsten einer Einmalkapitalauszahlung, so sind von diesem Zeitpunkt an die Voraussetzungen des § 10a und Abschnitt XI EStG nicht mehr erfüllt und die Beitragsleistungen können nicht mehr gefördert werden. Erfolgt die Ausübung des Wahlrechtes innerhalb des letzten Jahres vor dem altersbedingten Ausscheiden aus dem

Anlage § 010a-01/Altersvorsorge (Zu LStH 3.55, 3.56, 3.63, 3.65, 3.66, 38.2)

Erwerbsleben, so ist es aus Vereinfachungsgründen nicht zu beanstanden, wenn die Beitragsleistungen weiterhin nach § 10a/Abschnitt XI EStG gefördert werden. Für die Berechnung der Jahresfrist ist dabei auf das im Zeitpunkt der Ausübung des Wahlrechts vertraglich vorgesehene Ausscheiden aus dem Erwerbsleben (vertraglich vorgesehener Beginn der Altersversorgungsleistung) abzustellen. Da die Auszahlungsphase bei der Hinterbliebenenleistung erst mit dem Zeitpunkt des Todes des ursprünglich Berechtigten beginnt, ist es in diesem Fall aus steuerlicher Sicht nicht zu beanstanden, wenn das Wahlrecht zu diesem Zeitpunkt ausgeübt wird. Bei Auszahlung des Einmalkapitalbetrags handelt es sich um eine schädliche Verwendung im Sinne des § 93 EStG (vgl. Rz. 347 f.), soweit sie auf steuerlich gefördertem Altersvorsorgevermögen beruht. Da es sich bei der Teil- bzw. Einmalkapitalauszahlung nicht um außerordentliche Einkünfte im Sinne des § 34 Abs. 2 EStG (weder eine Entschädigung noch eine Vergütung für eine mehrjährige Tätigkeit) handelt, kommt eine Anwendung der Fünftelungsregelung des § 34 EStG auf diese Zahlungen nicht in Betracht.

292 Altersvorsorgebeiträge im Sinne des § 82 Abs. 2 EStG sind auch die Beiträge des ehemaligen Arbeitnehmers, die dieser im Fall einer zunächst ganz oder teilweise durch Entgeltumwandlung finanzierten und nach § 3 Nr. 63 oder § 10a/Abschnitt XI EStG geförderten betrieblichen Altersversorgung nach der Beendigung des Arbeitsverhältnisses nach Maßgabe des § 1b Abs. 5 Nr. 2 BetrAVG selbst erbringt. Dies gilt entsprechend in den Fällen der Finanzierung durch Eigenbeiträge des Arbeitnehmers.

293 Die vom Steuerpflichtigen nach Maßgabe des § 1b Abs. 5 **Satz 1** Nr. 2 BetrAVG selbst zu erbringenden Beiträge müssen nicht aus individuell versteuertem Arbeitslohn stammen (z. B. Finanzierung aus steuerfreiem Arbeitslosengeld). Gleiches gilt, soweit der Arbeitnehmer trotz eines weiter bestehenden Arbeitsverhältnisses keinen Anspruch auf Arbeitslohn mehr hat und anstelle der Beiträge aus einer Entgeltumwandlung die Beiträge selbst erbringt (z. B. während der Schutzfristen des § 3 Abs. 2 und § 6 Abs. 1 des Mutterschutzgesetzes, der Elternzeit, des Bezugs von Krankengeld oder auch § 1a Abs. 4 BetrAVG) oder aufgrund einer gesetzlichen Verpflichtung Beiträge zur betrieblichen Altersversorgung entrichtet werden (z. B. nach §§ 14a und 14b des Arbeitsplatzschutzgesetzes).

294 Voraussetzung für die Förderung durch Sonderausgabenabzug nach § 10a EStG und Zulage nach Abschnitt XI EStG ist in den Fällen der Rz. 292 f., dass der Steuerpflichtige zum begünstigten Personenkreis gehört. Die zeitliche Zuordnung dieser Altersvorsorgebeiträge richtet sich grundsätzlich nach § 11 Abs. 2 EStG.

295 Zu begünstigten Altersvorsorgebeiträgen gehören nur Beiträge, die zum Aufbau einer betrieblichen Altersversorgung im Kapitaldeckungsverfahren erhoben werden. Für Umlagen, die an eine Versorgungseinrichtung gezahlt werden, kommt die Förderung dagegen nicht in Betracht. Werden sowohl Umlagen als auch Beiträge im Kapitaldeckungsverfahren erhoben, gehören letztere nur dann zu den begünstigten Aufwendungen, wenn eine getrennte Verwaltung und Abrechnung beider Vermögensmassen erfolgt (Trennungsprinzip).

296 Die Versorgungseinrichtung hat dem Zulageberechtigten jährlich eine Bescheinigung zu erteilen (§ 92 EStG). Diese Bescheinigung muss u. a. den Stand des Altersvorsorgevermögens ausweisen (§ 92 Nr. 5 EStG). Bei einer Leistungszusage (§ 1 Abs. 1 Satz 2 Halbsatz 2 BetrAVG) und einer beitragsorientierten Leistungszusage (§ 1 Abs. 2 Nr. 1 BetrAVG) kann stattdessen der Barwert der erdienten Anwartschaft bescheinigt werden.

9. Steuerfreiheit nach § 3 Nr. 56 EStG

a) Begünstigter Personenkreis

297 Rz. 263 f. gelten entsprechend.

b) Begünstigte Aufwendungen

298 Zu den nach § 3 Nr. 56 EStG begünstigten Aufwendungen gehören nur laufende Zuwendungen des Arbeitgebers für eine betriebliche Altersversorgung an eine Pensionskasse, die nicht im Kapitaldeckungsverfahren, sondern im Umlageverfahren finanziert wird (wie z. B. Umlagen an die Versorgungsanstalt des Bundes und der Länder – VBL – bzw. an eine kommunale oder kirchliche Zusatzversorgungskasse). Soweit diese Zuwendungen nicht nach § 3 Nr. 56 EStG steuerfrei bleiben, können sie individuell oder nach § 40b Abs. 1 und 2 EStG pauschal besteuert werden. Im Übrigen gelten Rz. **266** bis **268** Satz 1 und 4 ff., Rz.**270** bis **272** entsprechend. Danach ist z. B. der Arbeitnehmereigenanteil an einer Umlage nicht steuerfrei nach § 3 Nr. 56 EStG.

299 Werden von der Versorgungseinrichtung sowohl Zuwendungen/Umlagen als auch Beiträge im Kapitaldeckungsverfahren erhoben, ist § 3 Nr. 56 EStG auch auf die im Kapitaldeckungsverfahren erhobenen Beiträge anwendbar, wenn eine getrennte Verwaltung und Abrechnung beider Vermögensmassen (Trennungsprinzip, Rz. 265) nicht erfolgt.

(Zu LStH 3.55, 3.56, 3.63, 3.65, 3.66, 38.2) **Anlage § 010a-01/Altersvorsorge**

Erfolgt eine getrennte Verwaltung und Abrechnung beider Vermögensmassen, ist die Steuerfreiheit nach § 3 Nr. 63 EStG für die im Kapitaldeckungsverfahren erhobenen Beiträge vorrangig zu berücksichtigen. Dies gilt unabhängig davon, ob diese Beiträge rein arbeitgeberfinanziert sind oder auf einer Entgeltumwandlung beruhen. Die nach § 3 Nr. 63 EStG steuerfreien Beträge mindern den Höchstbetrag des § 3 Nr. 56 EStG (§ 3 Nr. 56 Satz 3 EStG). Zuwendungen nach § 3 Nr. 56 EStG sind daher nur steuerfrei, soweit die nach § 3 Nr. 63 EStG steuerfreien Beiträge den Höchstbetrag des § 3 Nr. 56 EStG unterschreiten. Eine Minderung nach § 3 Nr. 56 Satz 3 EStG ist immer nur in dem jeweiligen Dienstverhältnis vorzunehmen; die Steuerfreistellung nach § 3 Nr. 56 EStG bleibt somit unberührt, wenn z. B. erst in einem späteren ersten Dienstverhältnis Beiträge nach § 3 Nr. 63 EStG steuerfrei bleiben. 300

Beispiel: 301

Arbeitgeber A zahlt in 2008 an seine **Zusatzversorgungskasse** einen Betrag i. H. v.:

– 240 € (12 x 20 €) zugunsten einer getrennt verwalteten und abgerechneten kapitalgedeckten betrieblichen Altersversorgung und

– 1.680 € (12 x 140 €) zugunsten einer umlagefinanzierten betrieblichen Altersversorgung.

Der Beitrag i. H. v. 240 € ist steuerfrei gem. § 3 Nr. 63 EStG, denn der entsprechende Höchstbetrag wird nicht überschritten.

Von der Umlage sind 396 € steuerfrei gem. § 3 Nr. 56 Satz 1 und 3 EStG (grundsätzlich 1.680 €, aber maximal 1 % der Beitragsbemessungsgrenze 2008 in der allgemeinen Rentenversicherung i. H. v. 636 € abzüglich 240 €). Die verbleibende Umlage i. H. v. 1.284 € (1.680 € abzüglich 396 €) ist individuell oder gem. § 40b Abs. 1 und 2 EStG pauschal zu besteuern.

Es bestehen keine Bedenken gegen eine Kalenderjahr bezogene Betrachtung hinsichtlich der gem. § 3 Nr. 56 Satz 3 EStG vorzunehmenden Verrechnung, wenn sowohl nach § 3 Nr. 63 EStG steuerfreie Beiträge als auch nach § 3 Nr. 56 EStG steuerfreie Zuwendungen erbracht werden sollen. Stellt der Arbeitgeber vor Übermittlung der elektronischen Lohnsteuerbescheinigung fest (z. B. wegen einer erst im Laufe des Kalenderjahres vereinbarten nach § 3 Nr. 63 EStG steuerfreien Entgeltumwandlung aus einer Sonderzuwendung), dass die ursprüngliche Betrachtung nicht mehr zutreffend ist, hat er eine Korrektur vorzunehmen. 302

Beispiel: 303

Arbeitgeber A zahlt ab dem 1. Januar 2008 monatlich an eine **Zusatzversorgungskasse** 140 € zugunsten einer umlagefinanzierten betrieblichen Altersversorgung; nach § 3 Nr. 63 EStG steuerfreie Beiträge werden nicht entrichtet. Aus dem Dezembergehalt (Gehaltszahlung 15. Dezember 2008) wandelt der Arbeitnehmer einen Betrag i. H. v. 240 € zugunsten einer kapitalgedeckten betrieblichen Altersversorgung um (wobei die Mitteilung an den Arbeitgeber am 5. Dezember 2008 erfolgt).

Der Beitrag i. H. v. 240 € ist vorrangig steuerfrei nach § 3 Nr. 63 EStG.

Von der Umlage wurde bisher ein Betrag i. H. v. 583 € (= 11 x 53 € [1 % der Beitragsbemessungsgrenze 2008 in der allgemeinen Rentenversicherung i. H. v. 636 €, verteilt auf 12 Monate]) nach § 3 Nr. 56 EStG steuerfrei belassen.

Im Monat Dezember 2008 ist die steuerliche Behandlung der Umlagezahlung zu korrigieren, denn nur ein Betrag i. H. v. 396 € (636 € abzüglich 240 €) kann steuerfrei gezahlt werden. Der Betrag i. H. v. 187 € (583 € abzüglich 396 €) ist noch individuell oder pauschal zu besteuern. Der Arbeitgeber kann wahlweise den Lohnsteuerabzug der Monate 01/2008 bis 11/2008 korrigieren oder im Dezember 2008 den Betrag als sonstigen Bezug behandeln. Der Betrag für den Monat Dezember 2008 i. H. v. 140 € ist individuell oder pauschal zu besteuern.

10. Anwendung des § 40b EStG in der ab 1. Januar 2005 geltenden Fassung

§ 40b EStG erfasst nur noch Zuwendungen des Arbeitgebers für eine betriebliche Altersversorgung an eine Pensionskasse, die nicht im Kapitaldeckungsverfahren, sondern im Umlageverfahren finanziert wird (wie z. B. Umlagen an die Versorgungsanstalt des Bundes und der Länder – VBL – bzw. an eine kommunale oder kirchliche Zusatzversorgungskasse). Werden für den Arbeitnehmer solche Zuwendungen laufend geleistet, bleiben diese ab 1. Januar 2008 zunächst im Rahmen des § 3 Nr. 56 EStG steuerfrei. Die den Rahmen des § 3 Nr. 56 EStG übersteigenden Zuwendungen können dann nach § 40b Abs. 1 und 2 EStG pauschal besteuert werden. Dies gilt unabhängig davon, ob die Zuwendungen aufgrund einer Alt- oder Neuzusage geleistet werden. Lediglich für den Bereich der kapitalgedeckten betrieblichen Altersversorgung wurde die Möglichkeit der Pauschalbesteuerung nach § 40b EStG grundsätzlich zum 1. Januar 2005 aufgehoben. Werden von einer Versorgungseinrichtung sowohl Umlagen als auch Beiträge im Kapitaldeckungsverfahren erhoben, ist dann § 40b EStG auch auf die im Kapital- 304

Anlage § 010a-01/Altersvorsorge (Zu LStH 3.55, 3.56, 3.63, 3.65, 3.66, 38.2)

deckungsverfahren erhobenen Beiträge anwendbar, wenn eine getrennte Verwaltung und Abrechnung beider Vermögensmassen (Trennungsprinzip, Rz. **265**) nicht erfolgt.

305 Zuwendungen des Arbeitgebers im Sinne des § 19 Abs. 1 Satz 1 Nr. 3 Satz 2 EStG an eine Pensionskasse sind in voller Höhe pauschal nach § 40b Abs. 4 EStG i. d. F. des Jahressteuergesetzes 2007 mit 15 % zu besteuern. Dazu gehören z. B. Gegenwertzahlungen nach § 23 Abs. 2 der Satzung der Versorgungsanstalt des Bundes und der Länder – VBL -. Für die Anwendung des § 40b Abs. 4 EStG ist es unerheblich, wenn an die Versorgungseinrichtung keine weiteren laufenden Beiträge oder Zuwendungen geleistet werden.

11. Übergangsregelungen § 52 Abs. 6 und 52b EStG zur Anwendung der §§ 3 Nr. 63 EStG und 40b EStG a. F.

a) Abgrenzung von Alt- und Neuzusage

306 Für die Anwendung von § 3 Nr. 63 Satz 3 EStG sowie § 40b Abs. 1 und 2 EStG a. F. kommt es darauf an, ob die entsprechenden Beiträge aufgrund einer Versorgungszusage geleistet werden, die vor dem 1. Januar 2005 (Altzusage) oder nach dem 31. Dezember 2004 (Neuzusage) erteilt wurde.

307 Für die Frage, zu welchem Zeitpunkt eine Versorgungszusage erstmalig erteilt wurde, ist grundsätzlich die zu einem Rechtsanspruch führende arbeitsrechtliche bzw. betriebsrentenrechtliche Verpflichtungserklärung des Arbeitgebers maßgebend (z. B. Einzelvertrag, Betriebsvereinbarung oder Tarifvertrag). Entscheidend ist danach nicht, wann Mittel an die Versorgungseinrichtung fließen. Bei kollektiven, rein arbeitgeberfinanzierten Versorgungsregelungen ist die Zusage daher in der Regel mit Abschluss der Versorgungsregelung bzw. mit Beginn des Dienstverhältnisses des Arbeitnehmers erteilt. Ist die erste Dotierung durch den Arbeitgeber erst nach Ablauf einer von vornherein arbeitsrechtlich festgelegten Wartezeit vorgesehen, so wird der Zusagezeitpunkt dadurch nicht verändert. Im Fall der ganz oder teilweise durch Entgeltumwandlung finanzierten Zusage gilt diese regelmäßig mit Abschluss der erstmaligen Gehaltsänderungsvereinbarung (vgl. auch Rz. **254** ff.) als erteilt. Liegen zwischen der Gehaltsänderungsvereinbarung und der erstmaligen Herabsetzung des Arbeitslohns mehr als 12 Monate, gilt die Versorgungszusage erst im Zeitpunkt der erstmaligen Herabsetzung als erteilt.

308 Die Änderung einer solchen Versorgungszusage stellt aus steuerrechtlicher Sicht unter dem Grundsatz der Einheit der Versorgung insbesondere dann keine Neuzusage dar, wenn bei ansonsten unveränderter Versorgungszusage:
– die Beiträge und/oder die Leistungen erhöht oder vermindert werden,
– die Finanzierungsform ersetzt oder ergänzt wird (rein arbeitgeberfinanziert, Entgeltumwandlung oder Eigenbeiträge im Sinne des § 1 Abs. 1 und 2 BetrAVG),
– der Versorgungsträger/Durchführungsweg gewechselt wird,
– die zu Grunde liegende Rechtsgrundlage gewechselt wird (z. B. bisher tarifvertraglich jetzt einzelvertraglich),
– eine befristete Entgeltumwandlung erneut befristet oder unbefristet fortgesetzt wird.

309 Eine Altzusage liegt auch im Fall der Übernahme der Zusage (Schuldübernahme) nach § 4 Abs. 2 Nr. 1 BetrAVG durch den neuen Arbeitgeber und bei Betriebsübergang nach § 613a BGB vor.

310 Um eine Neuzusage handelt es sich neben den in Rz. **307** aufgeführten Fällen insbesondere,
– soweit die bereits erteilte Versorgungszusage um zusätzliche biometrische Risiken erweitert wird und dies mit einer Beitragserhöhung verbunden ist,
– im Fall der Übertragung der Zusage beim Arbeitgeberwechsel nach § 4 Abs. 2 Nr. 2 und Abs. 3 BetrAVG.

311 Werden einzelne Leistungskomponenten der Versorgungszusage im Rahmen einer von vornherein vereinbarten Wahloption verringert, erhöht oder erstmals aufgenommen (z. B. Einbeziehung der Hinterbliebenenabsicherung nach Heirat) und kommt es infolge dessen nicht zu einer Beitragsanpassung, liegt keine Neuzusage vor; es handelt sich weiterhin um eine Altzusage.

312 Aus steuerlicher Sicht ist es möglich, mehrere Versorgungszusagen nebeneinander, also neben einer Altzusage auch eine Neuzusage zu erteilen (z. B. „alte" Direktversicherung und „neuer" Pensionsfonds).

313 Wurde vom Arbeitgeber vor dem 1. Januar 2005 eine Versorgungszusage erteilt (Altzusage) und im Rahmen eines Pensionsfonds, einer Pensionskasse oder Direktversicherung durchgeführt, bestehen aus steuerlicher Sicht keine Bedenken, wenn auch nach einer Übertragung auf einen neuen Arbeitgeber unter Anwendung des „Abkommens zur Übertragung von Direktversicherungen oder Versicherungen in einer Pensionskasse" oder vergleichbaren Regelungen zur Übertragung von Versicherungen in Pensionskassen oder Pensionsfonds weiterhin von einer Altzusage ausgegangen wird. Dies gilt auch, wenn sich

dabei die bisher abgesicherten biometrischen Risiken ändern, ohne dass damit eine Beitragsänderung verbunden ist. Die Höhe des Rechnungszinses spielt dabei für die lohnsteuerliche Beurteilung keine Rolle. Es wird in diesen Fällen nicht beanstandet, wenn die Beiträge für die Direktversicherung oder an eine Pensionskasse vom neuen Arbeitgeber weiter pauschal besteuert werden (§ 52 Abs. 6 und **52b** EStG i. V. m. § 40b EStG a. F.). Zu der Frage der Novation und des Zuflusses von Zinsen siehe Rz. 35 des BMF-Schreibens vom 22. August 2002, BStBl I S. 827 und Rz. 88 ff. des BMF-Schreibens vom **1. Oktober 2009,** BStBl I S. **1172.**

Entsprechendes gilt, wenn der (Alt-)Vertrag unmittelbar vom neuen Arbeitgeber fortgeführt wird. Auch insoweit bestehen keine Bedenken, wenn weiterhin von einer Altzusage ausgegangen wird und die Beiträge nach § 40b EStG a. F. pauschal besteuert werden. 314

Wird eine vor dem 1. Januar 2005 abgeschlossene Direktversicherung (Altzusage) oder Versicherung in einer Pensionskasse nach § 2 Abs. 2 oder 3 BetrAVG infolge der Beendigung des Dienstverhältnisses auf den Arbeitnehmer übertragen (versicherungsvertragliche Lösung), dann von diesem zwischenzeitlich privat (z. B. während der Zeit einer Arbeitslosigkeit) und später von einem neuen Arbeitgeber wieder als Direktversicherung oder Pensionskasse fortgeführt, bestehen ebenfalls keine Bedenken, wenn unter Berücksichtigung der übrigen Voraussetzungen bei dem neuen Arbeitgeber weiterhin von einer Altzusage ausgegangen wird. Das bedeutet insbesondere, dass der Versicherungsvertrag trotz der privaten Fortführung und der Übernahme durch den neuen Arbeitgeber – abgesehen von den in Rz.**308** f. genannten Fällen – keine wesentlichen Änderungen erfahren darf. Der Zeitraum der privaten Fortführung sowie die Tatsache, ob in dieser Zeit Beiträge geleistet oder der Vertrag beitragsfrei gestellt wurde, ist insoweit unmaßgeblich. Es wird in diesen Fällen nicht beanstandet, wenn die Beiträge für die Direktversicherung oder Pensionskasse vom neuen Arbeitgeber weiter pauschal besteuert werden (§ 52 Abs. 6 und **52b** EStG i. V. m. § 40b EStG a. F.). 315

b) Weiteranwendung des § 40b Abs. 1 und 2 EStG a. F.

Auf Beiträge zugunsten einer kapitalgedeckten betrieblichen Altersversorgung, die aufgrund von Altzusagen geleistet werden, kann § 40b Abs. 1 und 2 EStG a. F. unter folgenden Voraussetzungen weiter angewendet werden: 316

Beiträge für eine Direktversicherung, die die Voraussetzungen des § 3 Nr. 63 EStG nicht erfüllen, können weiterhin vom Arbeitgeber nach § 40b Abs. 1 und 2 EStG a. F. pauschal besteuert werden, ohne dass es hierfür einer Verzichtserklärung des Arbeitnehmers bedarf. 317

Beiträge für eine Direktversicherung, die die Voraussetzungen des § 3 Nr. 63 EStG erfüllen, können nur dann nach § 40b Abs. 1 und 2 EStG a. F. pauschal besteuert werden, wenn der Arbeitnehmer zuvor gegenüber dem Arbeitgeber für diese Beiträge auf die Anwendung des § 3 Nr. 63 EStG verzichtet hat; dies gilt auch dann, wenn der Höchstbetrag nach § 3 Nr. 63 Satz 1 EStG bereits durch anderweitige Beitragsleistungen vollständig ausgeschöpft wird. Handelt es sich um rein arbeitgeberfinanzierte Beiträge und wird die Pauschalsteuer nicht auf den Arbeitnehmer abgewälzt, kann von einer solchen Verzichtserklärung bereits dann ausgegangen werden, wenn der Arbeitnehmer der Weiteranwendung des § 40b EStG a. F. bis zum Zeitpunkt der ersten Beitragsleistung in 2005 nicht ausdrücklich widersprochen hat. In allen anderen Fällen ist eine Weiteranwendung des § 40b EStG a. F. möglich, wenn der Arbeitnehmer dem Angebot des Arbeitgebers, die Beiträge weiterhin nach § 40b EStG a. F. pauschal zu versteuern, spätestens bis zum 30. Juni 2005 zugestimmt hat. Erfolgte die Verzichtserklärung erst nach Beitragszahlung, kann § 40b EStG a. F. für diese Beitragszahlung/en nur dann weiter angewendet und die Steuerfreiheit nach § 3 Nr. 63 EStG rückgängig gemacht werden, wenn die Lohnsteuerbescheinigung im Zeitpunkt der Verzichtserklärung noch nicht übermittelt oder ausgeschrieben worden war. Im Fall eines späteren Arbeitgeberwechsels ist in den Fällen des § 4 Abs. 2 Nr. 1 BetrAVG die Weiteranwendung des § 40b EStG a. F. möglich, wenn der Arbeitnehmer dem Angebot des Arbeitgebers, die Beiträge weiterhin nach § 40b EStG a. F. pauschal zu versteuern, spätestens bis zur ersten Beitragsleistung zustimmt. 318

Beiträge an Pensionskassen können nach § 40b EStG a. F. insbesondere dann weiterhin pauschal besteuert werden, wenn die Summe der nach § 3 Nr. 63 EStG steuerfreien Beiträge und der Beiträge, die wegen der Ausübung des Wahlrechts nach § 3 Nr. 63 Satz 2 EStG individuell versteuert werden, 4 % der Beitragsbemessungsgrenze in der allgemeinen Rentenversicherung übersteigt. Wurde im Fall einer Altzusage bisher lediglich § 3 Nr. 63 EStG angewendet und wird der Höchstbetrag von 4 % der Beitragsbemessungsgrenze in der allgemeinen Rentenversicherung erst nach dem 31. Dezember 2004 durch eine Beitragserhöhung überschritten, ist eine Pauschalbesteuerung nach § 40b EStG a. F. für die übersteigenden Beiträge möglich. Der zusätzliche Höchstbetrag von 1.800 € bleibt in diesen Fällen unberücksichtigt, da er nur dann zur Anwendung gelangt, wenn es sich um eine Neuzusage handelt. 319

Anlage § 010a-01/Altersvorsorge   (Zu LStH 3.55, 3.56, 3.63, 3.65, 3.66, 38.2)

c) Verhältnis von § 3 Nr. 63 Satz 3 EStG und § 40b Abs. 1 und 2 Satz 1 und 2 EStG a. F.

320 Der zusätzliche Höchstbetrag von 1.800 € nach § 3 Nr. 63 Satz 3 EStG für eine Neuzusage kann dann nicht in Anspruch genommen werden, wenn die für den Arbeitnehmer aufgrund einer Altzusage geleisteten Beiträge bereits nach § 40b Abs. 1 und 2 Satz 1 und 2 EStG a. F. pauschal besteuert werden. Dies gilt unabhängig von der Höhe der pauschal besteuerten Beiträge und somit auch unabhängig davon, ob der Dotierungsrahmen des § 40b Abs. 2 Satz 1 EStG a. F. (1.752 €) voll ausgeschöpft wird oder nicht. Eine Anwendung des zusätzlichen Höchstbetrags von 1.800 € kommt aber dann in Betracht, wenn z. B. bei einem Beitrag zugunsten der Altzusage statt der Weiteranwendung des § 40b Abs. 1 und 2 Satz 1 und 2 EStG a. F. dieser Beitrag individuell besteuert wird.

321 Werden für den Arbeitnehmer im Rahmen einer umlagefinanzierten betrieblichen Altersversorgung Zuwendungen an eine Pensionskasse geleistet und werden diese – soweit sie nicht nach § 3 Nr. 56 EStG steuerfrei bleiben (vgl. Rz.297 ff.) – pauschal besteuert, ist § 40b Abs. 1 und 2 EStG anzuwenden. Dies gilt unabhängig davon, ob die umlagefinanzierten Zuwendungen aufgrund einer Alt- oder Neuzusage geleistet werden. Lediglich für den Bereich der kapitalgedeckten betrieblichen Altersversorgung wurde die Möglichkeit der Pauschalbesteuerung nach § 40b EStG grundsätzlich zum 1. Januar 2005 aufgehoben. Werden von einer Versorgungseinrichtung sowohl Umlagen als auch Beiträge im Kapitaldeckungsverfahren erhoben, wird die Inanspruchnahme des zusätzlichen Höchstbetrags von 1.800 € nach § 3 Nr. 63 Satz 3 EStG für getrennt im Kapitaldeckungsverfahren erhobene Beiträge (Rz. **265**) somit durch nach § 40b EStG pauschal besteuerte Zuwendungen zugunsten der umlagefinanzierten betrieblichen Altersversorgung nicht ausgeschlossen.

d) Verhältnis von § 3 Nr. 63 Satz 4 EStG und § 40b Abs. 1 und 2 Satz 3 und 4 EStG a. F.

322 Begünstigte Aufwendungen (Rz. **265** ff.), die der Arbeitgeber aus Anlass der Beendigung des Dienstverhältnisses nach dem 31. Dezember 2004 leistet, können entweder nach § 3 Nr. 63 Satz 4 EStG steuerfrei belassen oder nach § 40b Abs. 2 Satz 3 und 4 EStG a. F. pauschal besteuert werden. Für die Anwendung der Vervielfältigungsregelung nach § 3 Nr. 63 Satz 4 EStG kommt es nicht darauf an, ob die Zusage vor oder nach dem 1. Januar 2005 erteilt wurde; sie muss allerdings die Voraussetzungen des § 3 Nr. 63 EStG erfüllen (vgl. insbesondere Rz. **272** und **392**). Die Anwendung von § 3 Nr. 63 Satz 4 EStG ist allerdings ausgeschlossen, wenn gleichzeitig § 40b Abs. 2 Satz 3 und 4 EStG a. F. auf die Beiträge, die der Arbeitgeber aus Anlass der Beendigung des Dienstverhältnisses leistet, angewendet wird. Eine Anwendung ist ferner nicht möglich, wenn der Arbeitnehmer bei Beiträgen für eine Direktversicherung auf die Steuerfreiheit der Beiträge zu dieser Direktversicherung zugunsten der Weiteranwendung des § 40b EStG a. F. verzichtet hatte (vgl. Rz. **316** ff.). Bei einer Pensionskasse hindert die Pauschalbesteuerung nach § 40b Abs. 1 und 2 Satz 1 und 2 EStG a. F. die Inanspruchnahme des § 3 Nr. 63 Satz 4 EStG nicht. Für die Anwendung der Vervielfältigungsregelung nach § 40b Abs. 2 Satz 3 und 4 EStG a. F. ist allerdings Voraussetzung, dass die begünstigten Aufwendungen zugunsten einer Altzusage geleistet werden. Da allein die Erhöhung der Beiträge und/oder Leistungen bei einer ansonsten unveränderten Versorgungszusage nach Rz. **308** noch nicht zu einer Neuzusage führt, kann die Vervielfältigungsregelung nach § 40b EStG a. F. auch dann genutzt werden, wenn der Arbeitnehmer erst nach dem 1. Januar 2005 aus dem Dienstverhältnis ausscheidet. Die Höhe der begünstigten Beiträge muss dabei nicht bereits bei Erteilung dieser Zusage bestimmt worden sein. Entsprechendes gilt in den Fällen, in denen bei einer Altzusage bisher lediglich § 3 Nr. 63 EStG angewendet wurde und der Höchstbetrag von 4 % der Beitragsbemessungsgrenze in der allgemeinen Rentenversicherung erst durch die Beiträge, die der Arbeitgeber aus Anlass der Beendigung des Dienstverhältnisses nach dem 31. Dezember 2004 leistet, überschritten wird.

e) Keine weitere Anwendung von § 40b Abs. 1 und 2 EStG a. F. auf Neuzusagen

323 Auf Beiträge, die aufgrund von Neuzusagen geleistet werden, kann § 40b Abs. 1 und 2 EStG a. F. nicht mehr angewendet werden. Die Beiträge bleiben bis zur Höhe von 4 % der Beitragsbemessungsgrenze in der allgemeinen Rentenversicherung zuzüglich 1.800 € grundsätzlich nach § 3 Nr. 63 EStG steuerfrei.

f) Verhältnis von § 3 Nr. 63 EStG und § 40b EStG a. F., wenn die betriebliche Altersversorgung nebeneinander bei verschiedenen Versorgungseinrichtungen durchgeführt wird

324 Leistet der Arbeitgeber nach § 3 Nr. 63 Satz 1 EStG begünstigte Beiträge an verschiedene Versorgungseinrichtungen, kann er § 40b EStG a. F. auf Beiträge an Pensionskassen unabhängig von der zeitlichen Reihenfolge der Beitragszahlung anwenden, wenn die Voraussetzungen für die weitere Anwendung der Pauschalbesteuerung dem Grunde nach vorliegen. Allerdings muss zum Zeitpunkt der Anwendung des § 40b EStG a. F. bereits feststehen oder zumindest konkret beabsichtigt sein, die nach § 3 Nr. 63 Satz 1 EStG steuerfreien Beiträge in voller Höhe zu zahlen. Stellt der Arbeitgeber fest, dass die Steuerfreiheit noch nicht oder nicht in vollem Umfang ausgeschöpft worden ist oder werden kann, muss

954

(Zu LStH 3.55, 3.56, 3.63, 3.65, 3.66, 38.2) **Anlage § 010a-01/Altersvorsorge**

die Pauschalbesteuerung nach § 40b EStG a. F. – ggf. teilweise – rückgängig gemacht werden; spätester Zeitpunkt hierfür ist die Übermittlung oder Erteilung der Lohnsteuerbescheinigung.

Im Jahr der Errichtung kann der Arbeitgeber für einen neu eingerichteten Durchführungsweg die Steuerfreiheit in Anspruch nehmen, wenn er die für den bestehenden Durchführungsweg bereits in Anspruch genommene Steuerfreiheit rückgängig gemacht und die Beiträge nachträglich bis zum Dotierungsrahmen des § 40b EStG a. F. (1.752 €) pauschal besteuert hat. 325

III. Steuerliche Behandlung der Versorgungsleistungen

1. Allgemeines

Die Leistungen aus einer Versorgungszusage des Arbeitgebers können Einkünfte aus nichtselbständiger Arbeit oder sonstige Einkünfte sein oder nicht der Besteuerung unterliegen. 326

2. Direktzusage und Unterstützungskasse

Versorgungsleistungen des Arbeitgebers aufgrund einer Direktzusage und Versorgungsleistungen einer Unterstützungskasse führen zu Einkünften aus nichtselbständiger Arbeit (§ 19 EStG). 327

Werden solche Versorgungsleistungen nicht fortlaufend, sondern in einer Summe gezahlt, handelt es sich um Vergütungen (Arbeitslohn) für mehrjährige Tätigkeiten im Sinne des § 34 Abs. 2 Nr. 4 EStG (vgl. BFH-Urteil vom 12. **April** 2007, BStBl II S. 581), die bei Zusammenballung als außerordentliche Einkünfte nach § 34 Abs. 1 EStG zu besteuern sind. Die Gründe für eine Kapitalisierung von Versorgungsbezügen sind dabei unerheblich. Im Fall von Teilkapitalauszahlungen ist dagegen der Tatbestand der Zusammenballung nicht erfüllt; eine Anwendung des § 34 EStG kommt daher für diese Zahlungen nicht in Betracht. 328

3. Direktversicherung, Pensionskasse und Pensionsfonds

Die steuerliche Behandlung der Leistungen aus einer Direktversicherung, Pensionskasse und Pensionsfonds in der Auszahlungsphase erfolgt nach § 22 Nr. 5 EStG (lex specialis, vgl. Rz. **114** ff.). Der Umfang der Besteuerung hängt davon ab, inwieweit die Beiträge in der Ansparphase durch die Steuerfreiheit nach § 3 Nr. 63 EStG (vgl. Rz. **263** ff.), nach § 3 Nr. 66 EStG (vgl. Rz. **281**) oder durch Sonderausgabenabzug nach § 10a EStG und Zulage nach Abschnitt XI EStG (vgl. Rz. **289** ff.) gefördert wurden oder die Leistungen auf steuerfreien Zuwendungen nach § 3 Nr. 56 EStG basieren. Dies gilt auch für Leistungen aus einer ergänzenden Absicherung der Invalidität oder von Hinterbliebenen. Dabei ist grundsätzlich von einer einheitlichen Versorgungszusage und somit für den Aufteilungsmaßstab von einer einheitlichen Behandlung der Beitragskomponenten für Alter und Zusatzrisiken auszugehen. Ist nur die Absicherung von Zusatzrisiken Gegenstand einer Versorgungszusage, ist für den Aufteilungsmaßstab auf die gesamte Beitragsphase und nicht allein auf den letzten geleisteten Beitrag abzustellen. Zu den nicht geförderten Beiträgen gehören insbesondere die nach § 40b EStG a. F. pauschal besteuerten sowie die vor dem 1. Januar 2002 erbrachten Beiträge an eine Pensionskasse oder für eine Direktversicherung. Die Besteuerung erfolgt auch dann nach § 22 Nr. 5 EStG, wenn ein Direktversicherungsvertrag ganz oder teilweise privat fortgeführt wird. 329

Im Fall von Teil- bzw. Einmalkapitalauszahlungen handelt es sich nicht um außerordentliche Einkünfte im Sinne des § 34 Abs. 2 EStG. Es liegt weder eine Entschädigung noch eine Vergütung für eine mehrjährige Tätigkeit vor. Daher kommt eine Anwendung der Fünftelungsregelung des § 34 EStG auf diese Zahlungen nicht in Betracht. 330

a) Leistungen, die ausschließlich auf nicht geförderten Beiträgen beruhen

Leistungen aus Altzusagen (vgl. Rz. **306** ff.), die ausschließlich auf nicht geförderten Beiträgen beruhen, sind, wenn es sich um eine lebenslange Rente, eine Berufsunfähigkeits-, Erwerbsminderungs- oder um eine Hinterbliebenenrente handelt, als sonstige Einkünfte gem. § 22 Nr. 5 Satz 2 Buchstabe a i. V. m. § 22 Nr. 1 Satz 3 Buchstabe a Doppelbuchstabe bb EStG mit dem Ertragsanteil zu besteuern. 331

Handelt es sich um Renten im Sinne der Rz. **331** aus Neuzusagen (vgl. Rz. **306** ff.), die die Voraussetzungen des § 10 Abs. 1 Nr. 2 **Satz 1** Buchstabe b EStG erfüllen, sind diese als sonstige Einkünfte gem. § 22 Nr. 5 Satz 2 Buchstabe a i. V. m. § 22 Nr. 1 Satz 3 Buchstabe a Doppelbuchstabe aa EStG zu besteuern. Liegen die Voraussetzungen des § 10 Abs. 1 Nr. 2 **Satz 1** Buchstabe b EStG nicht vor, erfolgt die Besteuerung gem. § 22 Nr. 5 Satz 2 Buchstabe a i. V. m. § 22 Nr. 1 Satz 3 Buchstabe a Doppelbuchstabe bb EStG mit dem Ertragsanteil. 332

Auf andere als die in Rz. **331** f. genannten Leistungen (z. B. Kapitalauszahlungen, Teilraten aus Auszahlungsplänen, Abfindungen) sind die Regelungen in Rz. **131** entsprechend anzuwenden. Zu Leistungen aus einer reinen Risikoversicherung vgl. insoweit Rz. 7 des BMF-Schreibens vom **1. Oktober 2009**, BStBl I S. **1172**. 333

Anlage § 010a-01/Altersvorsorge (Zu LStH 3.55, 3.56, 3.63, 3.65, 3.66, 38.2)

b) Leistungen, die ausschließlich auf geförderten Beiträgen beruhen

334 Leistungen, die ausschließlich auf geförderten Beiträgen beruhen, unterliegen als sonstige Einkünfte nach § 22 Nr. 5 Satz 1 EStG in vollem Umfang der Besteuerung (vgl. auch Rz. **124** f.).

c) Leistungen, die auf geförderten und nicht geförderten Beiträgen beruhen

335 Beruhen die Leistungen sowohl auf geförderten als auch auf nicht geförderten Beiträgen, müssen die Leistungen in der Auszahlungsphase aufgeteilt werden (vgl. Rz. **126** ff.). Für die Frage des Aufteilungsmaßstabs ist das BMF-Schreiben vom 11. November 2004, BStBl I S. 1061 anzuwenden.

336 Soweit die Leistungen auf geförderten Beiträgen beruhen, unterliegen sie als sonstige Einkünfte nach § 22 Nr. 5 Satz 1 EStG in vollem Umfang der Besteuerung. Dies gilt unabhängig davon, ob sie in Form der Rente oder als Kapitalauszahlung geleistet werden.

337 Soweit die Leistungen auf nicht geförderten Beiträgen beruhen, gelten die Regelungen in Rz. **331** bis **333** entsprechend.

d) Sonderzahlungen des Arbeitgebers nach § 19 Abs. 1 Satz 1 Nr. 3 EStG

338 Sonderzahlungen des Arbeitgebers im Sinne des § 19 Abs. 1 Satz 1 Nr. 3 Satz 2 EStG einschließlich der Zahlungen des Arbeitgebers zur Erfüllung der Solvabilitätsvorschriften nach den §§ 53c und 114 des Versicherungsaufsichtsgesetzes (VAG), der Zahlungen des Arbeitgebers in der Rentenbezugszeit nach § 112 Abs. 1a VAG und der Sanierungsgelder sind bei der Ermittlung des Aufteilungsmaßstabs nicht zu berücksichtigen.

e) Bescheinigungspflicht

339 Nach § 22 Nr. 5 Satz **7** EStG hat der Anbieter beim erstmaligen Bezug von Leistungen sowie bei Änderung der im Kalenderjahr auszuzahlenden Leistungen dem Steuerpflichtigen nach amtlich vorgeschriebenem Vordruck den Betrag der im abgelaufenen Kalenderjahr zugeflossenen Leistungen zu bescheinigen. In dieser Bescheinigung sind die Leistungen entsprechend den Grundsätzen in Rz. **124** ff. gesondert auszuweisen.

f) Sonderregelungen

aa) Leistungen aus einem Pensionsfonds aufgrund der Übergangsregelung nach § 52 Abs. 34c EStG

340 Haben Arbeitnehmer schon von ihrem Arbeitgeber aufgrund einer Direktzusage oder von einer Unterstützungskasse laufende Versorgungsleistungen erhalten und ist diese Versorgungsverpflichtung nach § 3 Nr. 66 EStG auf einen Pensionsfonds übertragen worden, werden bei den Leistungsempfängern nach § 52 Abs. 34c EStG weiterhin der Arbeitnehmer-Pauschbetrag (§ 9a Satz 1 Nr. 1 Buchstabe a EStG) bzw. der Pauschbetrag für Werbungskosten nach § 9a Satz 1 Nr. 1 Buchstabe b EStG und der Versorgungsfreibetrag sowie der Zuschlag zum Versorgungsfreibetrag (§ 19 Abs. 2 EStG) berücksichtigt. Dies gilt auch, wenn der Zeitpunkt des erstmaligen Leistungsbezugs und der Zeitpunkt der Übertragung der Versorgungsverpflichtung auf den Pensionsfonds in denselben Monat fallen. Die Leistungen unterliegen unabhängig davon als sonstige Einkünfte nach § 22 Nr. 5 Satz 1 EStG der Besteuerung.

341 Handelt es sich bereits beim erstmaligen Bezug der Versorgungsleistungen um Versorgungsbezüge im Sinne des § 19 Abs. 2 EStG, wird der Pauschbetrag nach § 9a Satz 1 Nr. 1 Buchstabe b EStG abgezogen; zusätzlich werden der Versorgungsfreibetrag und der Zuschlag zum Versorgungsfreibetrag mit dem für das Jahr des Versorgungsbeginns maßgebenden Vomhundertsatz und Beträgen berücksichtigt. Handelt es sich beim erstmaligen Bezug der Versorgungsleistungen nicht um Versorgungsbezüge im Sinne des § 19 Abs. 2 EStG, weil z. B. keine der Altersgrenzen in § 19 Abs. 2 EStG erreicht sind, ist lediglich der Arbeitnehmer-Pauschbetrag (§ 9a Satz 1 Nr. 1 Buchstabe a EStG) abzuziehen. Wird eine der Altersgrenzen in § 19 Abs. 2 EStG erst zu einem späteren Zeitpunkt erreicht, sind ab diesem Zeitpunkt der für dieses Jahr maßgebende Versorgungsfreibetrag und der Zuschlag zum Versorgungsfreibetrag abzuziehen sowie anstelle des Arbeitnehmer-Pauschbetrags der Pauschbetrag nach § 9a Satz 1 Nr. 1 Buchstabe b EStG. Ein Abzug des Versorgungsfreibetrags nach § 19 Abs. 2 EStG in der bis zum 31. Dezember 2004 geltenden Fassung kommt nach dem 31. Dezember 2004 nicht mehr in Betracht. Dies gilt unabhängig vom Zeitpunkt der Übertragung der Versorgungsverpflichtung auf den Pensionsfonds.

bb) Arbeitgeberzahlungen infolge der Anpassungsprüfungspflicht nach § 16 BetrAVG

342 Leistungen des Arbeitgebers aufgrund der Anpassungsprüfungspflicht nach § 16 Abs. 1 BetrAVG, mit der die Leistungen einer Versorgungseinrichtung ergänzt werden, gehören zu den Einkünften nach § 19 Abs. 1 Satz 1 Nr. 2 EStG. Rz. **341** gilt entsprechend. Als Versorgungsbeginn im Sinne des § 19 Abs. 2 EStG ist der Beginn der Zahlung durch den Arbeitgeber anzusehen.

(Zu LStH 3.55, 3.56, 3.63, 3.65, 3.66, 38.2) **Anlage § 010a-01/Altersvorsorge**

Erhöhen sich die Zahlungen des Arbeitgebers infolge der Anpassungsprüfungspflicht nach § 16 BetrAVG, liegt eine regelmäßige Anpassung vor, die nicht zu einer Neuberechnung des Versorgungsfreibetrags und des Zuschlags zum Versorgungsfreibetrag führen. **343**

Ändert sich die Höhe der Arbeitgeberzahlung unabhängig von der Anpassungsprüfungspflicht, gilt Folgendes: **344**

Übernimmt die Versorgungseinrichtung die Arbeitgeberzahlung nur zum Teil, ist dies als Anrechnungs-/Ruhensregelung im Sinne des § 19 Abs. 2 Satz 10 EStG anzusehen und führt zu einer Neuberechnung. Gleiches gilt für den Fall, dass die Versorgungseinrichtung die Zahlungen nicht mehr erbringen kann und sich die Arbeitgeberzahlung wieder erhöht.

Kann die Versorgungseinrichtung die Arbeitgeberzahlungen zunächst vollständig übernehmen und stellt diese später (z. B. wegen Liquiditätsproblemen) wieder ein, so dass der Arbeitgeber die Zahlungsverpflichtung wieder vollständig erfüllen muss, lebt der Anspruch wieder auf. Dies führt nicht zu einem neuen Versorgungsbeginn, so dass für die (Neu-)Berechnung des Versorgungsfreibetrags und des Zuschlags zum Versorgungsfreibetrag die „alte" Kohorte maßgebend ist. **345**

cc) Beendigung einer betrieblichen Altersversorgung

Bei Beendigung einer nach § 3 Nr. 63 EStG geförderten betrieblichen Altersversorgung gilt Folgendes: **346**

Liegt eine betriebliche Altersversorgung im Sinne des BetrAVG vor und wird diese lediglich mit Wirkung für die Zukunft beendet, z. B. durch eine Abfindung (ggf. auch in Form der Beitragsrückerstattung), dann handelt es sich bei der Zahlung der Versorgungseinrichtung an den Arbeitnehmer um sonstige Einkünfte im Sinne des § 22 Nr. 5 EStG und nicht um Einkünfte nach § 19 EStG.

Im Fall einer kompletten Rückabwicklung des Vertragsverhältnisses mit Wirkung für die Vergangenheit handelt es sich bei der Zahlung der Versorgungseinrichtung an den Arbeitnehmer um eine Arbeitslohnzahlung im Sinne des § 19 Abs. 1 EStG, die im Zeitpunkt des Zuflusses nach den allgemeinen lohnsteuerlichen Grundsätzen behandelt wird.

IV. Schädliche Auszahlung von gefördertem Altersvorsorgevermögen

1. Allgemeines

Wird das nach § 10a/Abschnitt XI EStG steuerlich geförderte Altersvorsorgevermögen an den Arbeitnehmer nicht als Rente oder im Rahmen eines Auszahlungsplans ausgezahlt, handelt es sich grundsätzlich um eine schädliche Verwendung (§ 93 Abs. 1 EStG; Rz. **159** ff.). Im Bereich der betrieblichen Altersversorgung kann eine solche schädliche Verwendung dann gegeben sein, wenn Versorgungsanwartschaften abgefunden oder übertragen werden. Entsprechendes gilt, wenn der Arbeitnehmer im Versorgungsfall ein bestehendes Wahlrecht auf Einmalkapitalauszahlung ausübt (vgl. Rz. **291**). **347**

Liegt eine schädliche Verwendung von gefördertem Altersvorsorgevermögen vor, gelten Rz. **163** ff. sowie **177** bis **199**. **348**

2. Abfindungen von Anwartschaften, die auf nach § 10a/Abschnitt XI EStG geförderten Beiträgen beruhen

Im Fall der Abfindung von Anwartschaften der betrieblichen Altersversorgung gem. § 3 BetrAVG handelt es sich gem. § 93 Abs. 2 Satz 3 EStG um keine schädliche Verwendung, soweit das nach § 10a/Abschnitt XI EStG geförderte Altersvorsorgevermögen zugunsten eines auf den Namen des Zulageberechtigten lautenden zertifizierten privaten Altersvorsorgevertrags geleistet wird. Der Begriff der Abfindung umfasst außerdem auch Abfindungen, die in arbeitsrechtlich zulässiger Weise außerhalb des Regelungsbereiches des § 3 BetrAVG erfolgen, wie z. B. den Fall der Abfindung ohne Ausscheiden aus dem Arbeitsverhältnis. Liegen die übrigen Voraussetzungen des § 93 Abs. 2 Satz 3 EStG vor, kann somit auch in anderen Abfindungsfällen als denen des § 3 BetrAVG gefördertes Altersvorsorgevermögen aus der betrieblichen Altersversorgung auf einen zertifizierten privaten Altersvorsorgevertrag übertragen werden, ohne dass eine schädliche Verwendung vorliegt. **349**

3. Abfindungen von Anwartschaften, die auf steuerfreien und nicht geförderten Beiträgen beruhen

Wird eine Anwartschaft der betrieblichen Altersversorgung abgefunden, die ganz oder teilweise auf nach § 3 Nr. 63 EStG, § 3 Nr. 66 EStG steuerfreien oder nicht geförderten Beiträgen beruht und zugunsten eines auf den Namen des Steuerpflichtigen lautenden zertifizierten Altersvorsorgevertrags geleistet wird, unterliegt der Abfindungsbetrag im Zeitpunkt der Abfindung nicht der Besteuerung. **350**

Wird der Abfindungsbetrag nicht entsprechend der Rz. **350** verwendet, erfolgt eine Besteuerung des Abfindungsbetrags im Zeitpunkt der Abfindung entsprechend den Grundsätzen der Rz. **331** bis **337**. **351**

Anlage § 010a-01/Altersvorsorge (Zu LStH 3.55, 3.56, 3.63, 3.65, 3.66, 38.2)

4. Portabilität

352 Bei einem Wechsel des Arbeitgebers kann der Arbeitnehmer für Versorgungszusagen, die nach dem 31. Dezember 2004 erteilt werden, gem. § 4 Abs. 3 BetrAVG verlangen, dass der bisherige Arbeitgeber den Übertragungswert (§ 4 Abs. 5 BetrAVG) auf eine Versorgungseinrichtung des neuen Arbeitgebers überträgt. Die Übertragung ist gem. § 93 Abs. 2 Satz 2 EStG dann keine schädliche Verwendung, wenn auch nach der Übertragung eine lebenslange Altersversorgung des Arbeitnehmers im Sinne des § 1 Abs. 1 Satz 1 Nr. 4 **Buchstabe a** AltZertG gewährleistet wird. Dies gilt auch, wenn der alte und neue Arbeitgeber sowie der Arbeitnehmer sich gem. § 4 Abs. 2 Nr. 2 BetrAVG freiwillig auf eine Übertragung der Versorgungsanwartschaften mittels Übertragungswert von einer Versorgungseinrichtung im Sinne des § 82 Abs. 2 EStG auf eine andere Versorgungseinrichtung im Sinne des § 82 Abs. 2 EStG verständigen.

353 Erfüllt die Versorgungseinrichtung des neuen Arbeitgebers nicht die Voraussetzungen des § 1 Abs. 1 Satz 1 Nr. 4 **Buchstabe a** AltZertG, gelten Rz. **331** bis **337** entsprechend.

5. Entschädigungsloser Widerruf eines noch verfallbaren Bezugsrechts

354 Hat der Arbeitnehmer für arbeitgeberfinanzierte Beiträge an eine Direktversicherung, eine Pensionskasse oder einen Pensionsfonds die Förderung durch Sonderausgabenabzug nach § 10a EStG und Zulage nach Abschnitt XI EStG erhalten und verliert er vor Eintritt der Unverfallbarkeit sein Bezugsrecht durch einen entschädigungslosen Widerruf des Arbeitgebers, handelt es sich um eine schädliche Verwendung im Sinne des § 93 Abs. 1 EStG. Das Versicherungsunternehmen oder die Pensionskasse hat der ZfA die schädliche Verwendung nach § 94 Abs. 1 EStG anzuzeigen. Die gutgeschriebenen Zulagen sind vom Anbieter einzubehalten. Darüber hinaus hat die ZfA den steuerlichen Vorteil aus dem Sonderausgabenabzug nach § 10a EStG beim Arbeitnehmer nach § 94 Abs. 2 EStG zurückzufordern. Der maßgebliche Zeitpunkt für die Rückforderung der Zulagen und des steuerlichen Vorteils ist der Zeitpunkt, in dem die den Verlust des Bezugsrechts begründenden Willenserklärungen (z. B. Kündigung oder Widerruf) wirksam geworden sind. Im Übrigen gilt R 40b.1 Abs. 13 ff. LStR.

355 Zahlungen, die das Versicherungsunternehmen, die Pensionskasse oder der Pensionsfonds an den Arbeitgeber leistet, weil der Arbeitnehmer für eine arbeitgeberfinanzierte betriebliche Altersversorgung vor Eintritt der Unverfallbarkeit sein Bezugsrecht verloren hat (z. B. bei vorzeitigem Ausscheiden aus dem Dienstverhältnis), stellen Betriebseinnahmen dar. § 43 EStG ff. ist in diesem Fall zu beachten.

C. Besonderheiten beim Versorgungsausgleich

I. Allgemeines

1. Gesetzliche Neuregelung des Versorgungsausgleichs

356 Mit dem VersAusglG vom 3. April 2009 wurden die Vorschriften zum Versorgungsausgleich grundlegend geändert. Es gilt künftig für alle ausgleichsreifen Anrechte auf Altersversorgung der Grundsatz der internen Teilung, der bisher schon bei der gesetzlichen Rentenversicherung zur Anwendung kam. Bisher wurden alle von den Ehegatten während der Ehe erworbenen Anrechte auf eine Versorgung wegen Alter und Invalidität bewertet und im Wege eines Einmalausgleichs ausgeglichen, vorrangig über die gesetzliche Rentenversicherung.

357 Das neue VersAusglG sieht dagegen die interne Teilung als Grundsatz des Versorgungsausgleichs auch für alle Systeme der betrieblichen Altersversorgung und privaten Altersvorsorge vor. Hierbei werden die von den Ehegatten in den unterschiedlichen Altersversorgungssystemen erworbenen Anrechte zum Zeitpunkt der Scheidung innerhalb des jeweiligen Systems geteilt und für den ausgleichsberechtigten Ehegatten eigenständige Versorgungsanrechte geschaffen, die unabhängig von den Versorgungsanrechten des ausgleichspflichtigen Ehegatten im jeweiligen System gesondert weitergeführt werden.

358 Zu einem Ausgleich über ein anderes Versorgungssystem (externe Teilung) kommt es nur noch in den in §§ 14 bis 17 VersAusglG geregelten Ausnahmefällen. Bei einer externen Teilung entscheidet die ausgleichsberechtigte Person über die Zielversorgung. Sie bestimmt also, in welches Versorgungssystem der Ausgleichswert zu transferieren ist (ggf. Aufstockung einer bestehenden Anwartschaft, ggf. Neubegründung einer Anwartschaft). Dabei darf die Zahlung des Kapitalbetrags an die gewählte Zielversorgung nicht zu nachteiligen steuerlichen Folgen bei der ausgleichspflichtigen Person führen, es sei denn, sie stimmt der Wahl der Zielversorgung zu.

359 Die gesetzliche Rentenversicherung ist Auffang-Zielversorgung, wenn die ausgleichsberechtigte Person ihr Wahlrecht nicht ausübt und es sich nicht um eine betriebliche Altersversorgung handelt. Bei einer betrieblichen Altersversorgung wird bei fehlender Ausübung des Wahlrechts ein Anspruch in der Versorgungsausgleichskasse begründet.

(Zu LStH 3.55, 3.56, 3.63, 3.65, 3.66, 38.2) **Anlage § 010a-01/Altersvorsorge**

Verbunden ist die externe Teilung mit der Leistung eines Kapitalbetrags in Höhe des Ausgleichswerts, der vom Versorgungsträger der ausgleichspflichtigen Person an den Versorgungsträger der ausgleichsberechtigten Person gezahlt wird. (Ausnahme: Externe Teilung von Beamtenversorgungen nach § 16 VersAusglG; hier findet wie nach dem bisherigen Quasi-Splitting zwischen der gesetzlichen Rentenversicherung und dem Träger der Beamtenversorgung ein Erstattungsverfahren im Leistungsfall statt.) 360

Kommt in Einzelfällen weder die interne Teilung noch die externe Teilung in Betracht, etwa weil ein Anrecht zum Zeitpunkt des Versorgungsausgleichs nicht ausgleichsreif ist (§ 19 VersAusglG), z. B. ein Anrecht bei einem ausländischen, zwischenstaatlichen oder überstaatlichen Versorgungsträger oder ein Anrecht im Sinne des BetrAVG, das noch verfallbar ist, kommt es zu Ausgleichsansprüchen nach der Scheidung (§ 20ff. VersAusglG). Zur steuerlichen Behandlung der Ausgleichsansprüche nach der Scheidung vgl. BMF-Schreiben vom 30. Januar 2008, BStBl I S. 390. 361

Nach § 20 des Lebenspartnerschaftsgesetzes – LPartG – (BGBl. I 2001 S. 266) findet, wenn eine Lebenspartnerschaft aufgehoben wird, in entsprechender Anwendung des VersAusglG mit Ausnahme der §§ 32 bis 38 VersAusglG ein Ausgleich von im In- oder Ausland bestehenden Anrechten (§ 2 Abs. 1 VersAusglG) statt, soweit sie in der Lebenspartnerschaftszeit begründet oder aufrechterhalten worden sind. Schließen die Lebenspartner in einem Lebenspartnerschaftsvertrag (§ 7 LPartG) Vereinbarungen über den Versorgungsausgleich, so sind die §§ 6 bis 8 VersAusglG entsprechend anzuwenden. Die Ausführungen zum VersAusglG gelten dementsprechend auch in diesen Fällen. 362

Von den nachfolgenden Ausführungen unberührt bleiben steuerliche Auswirkungen, die sich in Zusammenhang mit Pensionszusagen ergeben, die durch Körperschaften an ihre Gesellschafter erteilt wurden und die ganz oder teilweise gesellschaftsrechtlich veranlasst sind. 363

2. Besteuerungszeitpunkte

Bei der steuerlichen Beurteilung des Versorgungsausgleichs ist zwischen dem Zeitpunkt der Teilung eines Anrechts im Versorgungsausgleich durch gerichtliche Entscheidung und dem späteren Zufluss der Leistungen aus den unterschiedlichen Versorgungssysteme. zu unterscheiden. 364

Bei der internen Teilung wird die Übertragung der Anrechte auf die ausgleichsberechtigte Person zum Zeitpunkt des Versorgungsausgleichs für beide Ehegatten nach § 3 Nr. 55a EStG steuerfrei gestellt, weil auch bei den im Rahmen eines Versorgungsausgleichs übertragenen Anrechten auf eine Alters- und Invaliditätsversorgung das Prinzip der nachgelagerten Besteuerung eingehalten wird. Die Besteuerung erfolgt erst während der Auszahlungsphase. Die später zufließenden Leistungen gehören dabei bei beiden Ehegatten zur gleichen Einkunftsart, da die Versorgungsanrechte innerhalb des jeweiligen Systems geteilt wurden. Ein Wechsel des Versorgungssystems und ein damit möglicherweise verbundener Wechsel der Besteuerung weg von der nachgelagerten Besteuerung hat nicht stattgefunden. Lediglich die individuellen Merkmale für die Besteuerung sind bei jedem Ehegatten gesondert zu ermitteln. 365

Bei einer externen Teilung kann dagegen die Übertragung der Anrechte zu einer Besteuerung führen, da sie mit einem Wechsel des Versorgungsträgers und damit regelmäßig mit einem Wechsel des Versorgungssystems verbunden ist. § 3 Nr. 55b Satz 1 EStG stellt deshalb die Leistung des Ausgleichswerts in den Fällen der externen Teilung für beide Ehegatten steuerfrei, soweit das Prinzip der nachgelagerten Besteuerung insgesamt eingehalten wird. Soweit die späteren Leistungen bei der ausgleichsberechtigten Person jedoch nicht der nachgelagerten Besteuerung unterliegen werden (z. B. Besteuerung nach § 20 Abs. 1 Nr. 6 EStG oder nach § 22 Nr. 1 Satz 3 Buchstabe a Doppelbuchstabe bb EStG mit dem Ertragsanteil), greift die Steuerbefreiung gem. § 3 Nr. 55b Satz 2 EStG nicht, und die Leistung des Ausgleichswerts ist bereits im Zeitpunkt der Übertragung beim ausgleichspflichtigen Ehegatten zu besteuern. Die Besteuerung der später zufließenden Leistungen erfolgt bei jedem Ehegatten unabhängig davon, zu welchen Einkünften die Leistungen beim jeweils anderen Ehegatten führen, und richtet sich danach, aus welchem Versorgungssystem sie jeweils geleistet werden. 366

II. Interne Teilung (§ 10 VersAusglG)

1. Steuerfreiheit nach § 3 Nr. 55a EStG

§ 3 Nr. 55a EStG stellt klar, dass die aufgrund einer internen Teilung durchgeführte Übertragung von Anrechten steuerfrei ist; dies gilt sowohl für die ausgleichspflichtige als auch für die ausgleichsberechtigte Person. 367

Anlage § 010a-01/Altersvorsorge (Zu LStH 3.55, 3.56, 3.63, 3.65, 3.66, 38.2)

2. Besteuerung

368 Die Leistungen aus den übertragenen Anrechten gehören bei der ausgleichsberechtigten Person zu den Einkünften, zu denen die Leistungen bei der ausgleichspflichtigen Person gehören würden, wenn die interne Teilung nicht stattgefunden hätte. Die (späteren) Versorgungsleistungen sind daher (weiterhin) Einkünfte aus nichtselbständiger Arbeit (§ 19 EStG) oder aus Kapitalvermögen (§ 20 EStG) oder sonstige Einkünfte (§ 22 EStG). Ausgleichspflichtige Person und ausgleichsberechtigte Person versteuern beide die ihnen jeweils zufließenden Leistungen. Liegen Einkünfte aus nichtselbständiger Arbeit vor, gilt Rz. 328 auch für die ausgleichberechtigte Person.

369 Für die Ermittlung des Versorgungsfreibetrags und des Zuschlags zum Versorgungsfreibetrag nach § 19 Abs. 2 EStG, des Besteuerungsanteils nach § 22 Nr. 1 Satz 3 Buchstabe a Doppelbuchstabe aa EStG sowie des Ertragsanteils nach § 22 Nr. 1 Satz 3 Buchstabe a Doppelbuchstabe bb EStG bei der ausgleichsberechtigten Person ist auf deren Versorgungsbeginn, deren Rentenbeginn bzw. deren Lebensalter abzustellen. Die Art einer Versorgungszusage (Alt-/Neuzusage) bei der ausgleichsberechtigten Person entspricht grundsätzlich der Art der Versorgungszusage der ausgleichspflichtigen Person. Dies gilt auch bei einer Änderung des Leistungsspektrums nach § 11 Abs. 1 Nr. 3 VersAusglG. Bei einer Hinterbliebenenversorgung zugunsten von Kindern ändert sich die bisher maßgebende Altersgrenze (Rz. 250) nicht. Die Aufstockung eines zugesagten Sterbegeldes (vgl. Rz. 251) ist möglich. Sofern die Leistungen bei der ausgleichsberechtigten Person nach § 22 Nr. 5 EStG zu besteuern sind, ist für die Besteuerung auf die der ausgleichspflichtigen Person gewährten Förderung abzustellen, soweit diese auf die übertragene Anwartschaft entfällt (vgl. Rz. 117).

370 Wird das Anrecht aus einem Altersvorsorgevertrag oder einem Direktversicherungsvertrag intern geteilt und somit ein eigenes Anrecht der ausgleichsberechtigten Person begründet, gilt der Altersvorsorge- oder Direktversicherungsvertrag der ausgleichsberechtigten Person insoweit zu dem gleichen Zeitpunkt als abgeschlossen wie derjenige der ausgleichspflichtigen Person (§ 52 Abs. 36 Satz 12 EStG). Dies gilt entsprechend, wenn die Leistungen bei der ausgleichsberechtigten Person nach § 22 Nr. 5 Satz 2 Buchstabe c i. V. m. § 20 Abs. 1 Nr. 6 EStG zu besteuern sind.

III. Externe Teilung (§ 14 VersAusglG)

1. Steuerfreiheit nach § 3 Nr. 55b EStG

371 Nach § 3 Nr. 55b Satz 1 EStG ist der aufgrund einer externen Teilung an den Träger der Zielversorgung geleistete Ausgleichswert grundsätzlich steuerfrei, soweit die späteren Leistungen aus den dort begründeten Anrechten zu steuerpflichtigen Einkünften bei der ausgleichsberechtigten Person führen würden. Soweit die Übertragung von Anrechten im Rahmen des Versorgungsausgleichs zu keinen Einkünften im Sinne des EStG führt, bedarf es keiner Steuerfreistellung nach § 3 Nr. 55b EStG. Die Steuerfreiheit nach § 3 Nr. 55b Satz 1 EStG greift gemäß § 3 Nr. 55b Satz 2 EStG nicht, soweit Leistungen, die auf dem begründeten Anrecht beruhen, bei der ausgleichsberechtigten Person zu Einkünften nach § 20 Abs. 1 Nr. 6 EStG oder § 22 Nr. 1 Satz 3 Buchstabe a Doppelbuchstabe bb EStG führen würden.

372 Wird bei der externen Teilung einer betrieblichen Altersversorgung für die ausgleichsberechtigte Person ein Anrecht in einer betrieblichen Altersversorgung begründet, richtet sich die Art der Versorgungszusage (Alt-/Neuzusage) bei der ausgleichsberechtigten Person grundsätzlich nach der Art der Versorgungszusage der ausgleichspflichtigen Person. Dies gilt auch bei einer Änderung des Leistungsspektrums nach § 11 Abs. 1 Satz 2 Nr. 3 VersAusglG. Bei einer Hinterbliebenenversorgung zugunsten von Kindern ändert sich die bisher maßgebende Altersgrenze (Rz. 250) nicht. Die Aufstockung eines zugesagten Sterbegeldes (vgl. Rz. 251) ist möglich. Wird im Rahmen der externen Teilung eine bestehende Versorgungszusage der ausgleichsberechtigten Person aufgestockt, richtet sich die Art der Versorgungszusage nach den Rz. 306 ff.

2. Besteuerung bei der ausgleichsberechtigten Person

373 Für die Besteuerung bei der ausgleichsberechtigten Person ist unerheblich, zu welchen Einkünften die Leistungen aus dem übertragenen Anrecht bei der ausgleichspflichtigen Person geführt hätten, da mit der externen Teilung ein neues Anrecht begründet wird. Bei der ausgleichsberechtigten Person unterliegen Leistungen aus Altersvorsorgeverträgen, Pensionsfonds, Pensionskassen oder Direktversicherungen, die auf dem nach § 3 Nr. 55b Satz 1 EStG steuerfrei geleisteten Ausgleichswert beruhen, insoweit in vollem Umfang der nachgelagerten Besteuerung nach § 22 Nr. 5 Satz 1 EStG.

(Zu LStH 3.55, 3.56, 3.63, 3.65, 3.66, 38.2) **Anlage § 010a-01/Altersvorsorge**

3. Beispiele
Beispiel 1:

Im Rahmen einer externen Teilung zahlt das Versicherungsunternehmen X, bei dem der Arbeitnehmerehegatte A eine betriebliche Altersversorgung über eine Direktversicherung (Kapitalversicherung mit Sparanteil) aufgebaut hat, den vom Familiengericht festgesetzten Ausgleichswert an das Versicherungsunternehmen Y zugunsten von Ehegatte B in einen zertifizierten Altersvorsorgevertrag in Form einer Rentenversicherung. Die Beiträge an das Versicherungsunternehmen X wurden in der Vergangenheit ausschließlich pauschal besteuert (§ 40b Abs. 1 und 2 EStG in der am 31. Dezember 2004 geltenden Fassung i. V. m. § 52 Abs. 52b EStG).

Der Ausgleichswert führt nicht zu steuerbaren Einkünften, da kein Erlebensfall oder Rückkauf vorliegt (§ 22 Nr. 5 Satz 2 Buchstabe b i. V. m. § 20 Abs. 1 Nr. 6 EStG). Der Steuerbefreiung nach § 3 Nr. 55b EStG bedarf es daher nicht. Die spätere durch die externe Teilung gekürzte Kapitalleistung unterliegt bei A der Besteuerung nach § 22 Nr. 5 Satz 2 Buchstabe b i. V. m. § 20 Abs. 1 Nr. 6 EStG (ggf. steuerfrei wenn die Direktversicherung vor dem 1. Januar 2005 abgeschlossen wurde, § 52 Abs. 36 Satz 5 EStG i. V. m. § 20 Abs. 1 Nr. 6 Satz 2 EStG a. F.). Die Leistungen aus dem zertifizierten Altersvorsorgevertrag, die auf dem eingezahlten Ausgleichswert beruhen, unterliegen bei B der Besteuerung nach § 22 Nr. 5 Satz 2 EStG (vgl. Rz. 129 bis 134).

Beispiel 2:

Im Rahmen einer externen Teilung zahlt ein Versicherungsunternehmen X, bei der der Arbeitnehmerehegatte A eine betriebliche Altersversorgung über eine Direktversicherung (Rentenversicherung) aufgebaut hat, einen Ausgleichswert an das Versicherungsunternehmen Y zugunsten von Ehegatte B in einen zertifizierten Altersvorsorgevertrag. Die Beiträge an das Versicherungsunternehmen X waren steuerfrei (§ 3 Nr. 63 EStG).

Der Ausgleichswert ist steuerfrei nach § 3 Nr. 55b EStG. Die spätere geminderte Leistung unterliegt bei A der Besteuerung nach § 22 Nr. 5 Satz 1 EStG. Die Leistung bei B unterliegt – soweit diese auf dem eingezahlten Ausgleichswert beruht – ebenfalls der Besteuerung nach § 22 Nr. 5 Satz 1 EStG (vgl. Rz. 124 ff.).

Beispiel 3:

Im Rahmen einer externen Teilung zahlt der Arbeitgeber des Arbeitnehmerehegatten A mit dessen Zustimmung (§§ 14 Abs. 4 i. V. m. 15 Abs. 3 VersAusglG) den hälftigen Kapitalwert aus einer Direktzusage in einen privaten Rentenversicherungsvertrag mit Kapitalwahlrecht des Ehegatten B ein.

Der Ausgleichswert ist steuerpflichtig, da die späteren Leistungen aus dem Rentenversicherungsvertrag zu lediglich mit dem Ertragsanteil steuerpflichtigen Einkünften beim Ehegatten B führen (§ 3 Nr. 55b Satz 2 EStG). Beim Ausgleichswert handelt es sich um steuerpflichtigen – ggf. nach der Fünftelregelung ermäßigt zu besteuernden – Arbeitslohn des Arbeitnehmerehegatten A.

4. Verfahren
Der Versorgungsträger der ausgleichspflichtigen Person hat grundsätzlich den Versorgungsträger der ausgleichsberechtigten Person über die für die Besteuerung der Leistungen erforderlichen Grundlagen zu informieren. Andere Mitteilungs-, Informations- und Aufzeichnungspflichten bleiben hiervon unberührt.

IV. Steuerunschädliche Übertragung im Sinne des § 93 Absatz 1a EStG
Eine steuerunschädliche Übertragung im Sinne des § 93 Abs. 1a Satz 1 EStG liegt vor, wenn auf Grund einer Entscheidung des Familiengerichts im Wege der internen Teilung nach § 10 VersAusglG oder externen Teilung nach § 14 VersAusglG während der Ehezeit (§ 3 Abs. 1 VersAusglG) gebildetes gefördertes Altersvorsorgevermögen auf einen zertifizierten Altersvorsorgevertrag oder in eine nach § 82 Abs. 2 EStG begünstigte betriebliche Altersversorgung (einschließlich der Versorgungsausgleichskasse) übertragen wird. Dies ist bei der internen Teilung immer der Fall. Es ist unerheblich, ob die ausgleichsberechtigte Person selbst zulageberechtigt ist. Werden die bei einer internen Teilung entstehenden Kosten mit dem Altersvorsorgevermögen verrechnet (§ 13 VersAusglG), liegt insoweit keine schädliche Verwendung vor. Im Falle der Verrechnung reduziert sich die Beitragszusage (§ 1 Abs. 1 Satz 1 Nr. 3 AltZertG) des Anbieters entsprechend dem Verhältnis von Verrechnungsbetrag zu dem unmittelbar vor der Verrechnung vorhandenen Altersvorsorgekapital.

374

375

376

377

378

Anlage § 010a-01/Altersvorsorge (Zu LStH 3.55, 3.56, 3.63, 3.65, 3.66, 38.2)

379 Die Übertragung auf Grund einer internen Teilung nach § 10 VersAusglG oder einer externen Teilung nach § 14 VersAusglG auf einen Altersvorsorgevertrag oder eine nach § 82 Abs. 2 EStG begünstigte betriebliche Altersversorgung (einschließlich Versorgungsausgleichskasse) der ausgleichsberechtigten Person führt nicht zu steuerpflichtigen Einnahmen.

380 Beruht das auf die Ehezeit entfallende, aufzuteilende Altersvorsorgevermögen auf geförderten und ungeförderten Beiträgen, ist das zu übertragende Altersvorsorgevermögen entsprechend dem Verhältnis der hierin enthaltenen geförderten und ungeförderten Beiträge aufzuteilen und anteilig zu übertragen.

381 Im Fall der Übertragung im Sinne des § 93 Abs. 1a Satz 1 EStG erfolgt die Mitteilung über die Durchführung der Kapitalübertragung nach dem Verfahren gemäß § 11 AltvDV. Bei der internen Teilung entfällt der Datenaustausch zwischen den Anbietern nach § 11 Abs. 1 bis 3 AltvDV. Der Anbieter der ausgleichspflichtigen Person teilt der ZfA in seiner Meldung zur Kapitalübertragung (§ 11 Abs. 4 AltvDV) neben dem Prozentsatz des geförderten Altersvorsorgekapitals, das übertragen wird, auch die vom Familiengericht angegebene Ehezeit im Sinne des § 3 Abs. 1 VersAusglG mit.

382 Erfolgt die interne Teilung und damit verbunden die Übertragung eines Anrechts im Bereich der betrieblichen Altersversorgung, erlangt die ausgleichsberechtigte Person die versorgungsrechtliche Stellung eines ausgeschiedenen Arbeitnehmers im Sinne des BetrAVG (§ 12 VersAusglG). Damit erlangt sie bei einem Pensionsfonds, einer Pensionskasse oder einer Direktversicherung auch das Recht zur Fortsetzung der betrieblichen Versorgung mit eigenen Beiträgen, die nach § 82 Abs. 2 Buchstabe b EStG zu den Altersvorsorgebeiträgen gehören können, wenn ein Fortsetzungsrecht bei der ausgleichspflichtigen Person für die Versorgung bestanden hätte. Rz. 292 ff. gelten entsprechend.

383 Die ZfA teilt der ausgleichspflichtigen Person den Umfang der auf die Ehezeit entfallenden steuerlichen Förderung nach § 10a/Abschnitt XI EStG mit. Diese Mitteilung beinhaltet die beitragsjahrbezogene Auflistung der ermittelten Zulagen sowie die nach § 10a Abs. 4 EStG gesondert festgestellten Beträge, soweit der ZfA diese bekannt sind, für die innerhalb der Ehezeit liegenden Beitragsjahre. Für die Beitragsjahre, in die der Beginn oder das Ende der Ehezeit fällt, wird die Förderung monatsweise zugeordnet, indem jeweils ein Zwölftel der für das betreffende Beitragsjahr gewährten Förderung den zu der Ehezeit zählenden Monaten zugerechnet wird. Die monatsweise Zuordnung erfolgt unabhängig davon, ob die für diese Beitragsjahre gezahlten Beiträge vor, nach oder während der Ehezeit auf den Altersvorsorgevertrag eingezahlt wurden. Die Mitteilung der Höhe der für den Vertrag insgesamt gewährten Förderung ist kein Verwaltungsakt.

384 Soweit das während der Ehezeit gebildete geförderte Altersvorsorgevermögen im Rahmen des § 93 Abs. 1a Satz 1 EStG übertragen wird, geht die steuerliche Förderung mit allen Rechten und Pflichten auf die ausgleichsberechtigte Person über. Dies hat zur Folge, dass im Falle einer schädlichen Verwendung des geförderten Altersvorsorgevermögens derjenige Ehegatte die Förderung zurückzahlen muss, der über das ihm zugerechnete geförderte Altersvorsorgevermögen schädlich verfügt. Leistungen aus dem geförderten Altersvorsorgevermögen sind beim Leistungsempfänger nachgelagert zu besteuern. Die Feststellung der geänderten Zuordnung der steuerlichen Förderung erfolgt beitragsjahrbezogen durch die ZfA. Sie erteilt sowohl der ausgleichspflichtigen als auch der ausgleichsberechtigten Person einen Feststellungsbescheid über die Zuordnung der nach § 10a Abs. 4 EStG gesondert festgestellten Beträge sowie der ermittelten Zulagen. Einwände gegen diese Bescheide können nur erhoben werden, soweit sie sich gegen die geänderte Zuordnung der steuerlichen Förderung richten. Nach Eintritt der Unanfechtbarkeit dieser Feststellungsbescheide werden auch die Anbieter durch einen Datensatz nach § 90 Abs. 2 Satz 6 EStG von der ZfA über die geänderte Zuordnung informiert.

385 Die ZfA kann die Mitteilung über den Umfang der auf die Ehezeit entfallenden steuerlichen Förderung (§ 93 Abs. 1a Satz 2 EStG, vgl. Rz. 383) und den Feststellungsbescheid über die geänderte Zuordnung der steuerlichen Förderung (§ 93 Abs. 1a Satz 5 EStG, vgl. Rz. 384) an die ausgleichspflichtige Person in einem Schreiben zusammenfassen, sofern deutlich wird, dass ein Einspruch nur zulässig ist, soweit er sich gegen die Zuordnung der steuerlichen Förderung richtet.

386 Stellt die ausgleichspflichtige Person nach der Übertragung im Sinne des § 93 Abs. 1a Satz 1 EStG einen Antrag auf Altersvorsorgezulage für ein Beitragsjahr in der Ehezeit, sind bei der Ermittlung des Zulageanspruchs die gesamten von der ausgleichspflichtigen Person geleisteten Altersvorsorgebeiträge des Beitragsjahrs – also auch der übertragene Teil der Altersvorsorgebeiträge – zugrunde zu legen. Die Zulage wird vollständig dem Vertrag der ausgleichspflichtigen Person gutgeschrieben. Die Zuordnung der Steuerverstrickung auf die ausgleichspflichtige und die aus-

gleichsberechtigte Person erfolgt, als wenn die Zulage bereits vor der Übertragung dem Vertrag gutgeschrieben worden wäre.

Werden nach Erteilung der Mitteilung über den Umfang der auf die Ehezeit entfallenden steuerlichen Förderung und der Feststellungsbescheide über die geänderte Zuordnung der steuerlichen Förderung für die Ehezeit Ermittlungsergebnisse getroffen, aufgehoben oder geändert, so hat die ZfA eine geänderte Mitteilung über den Umfang der auf die Ehezeit entfallenden steuerlichen Förderung zu erteilen und die Feststellungsbescheide über die geänderte Zuordnung der steuerlichen Förderung nach § 175 AO zu ändern. Nach Eintritt der Unanfechtbarkeit dieser geänderten Feststellungsbescheide werden auch die Anbieter durch einen Datensatz nach § 90 Abs. 2 Satz 6 EStG von der ZfA über die geänderte Zuordnung informiert.

V. Leistungen an die ausgleichsberechtigte Person als Arbeitslohn

Nach § 19 Abs. 1 Nr. 2 EStG sind Leistungen, die die ausgleichsberechtigte Person auf Grund der internen oder externen Teilung später aus einer Direktzusage oder von einer Unterstützungskasse erhält, Einkünfte aus nichtselbständiger Arbeit; Rz. 328 gilt entsprechend. Sie unterliegen der Lohnsteuererhebung nach den allgemeinen Regelungen. Bei der ausgleichspflichtigen Person liegen Einkünfte aus nichtselbständiger Arbeit nur hinsichtlich der durch die Teilung gekürzten Leistungen vor.

Sowohl bei der ausgleichspflichtigen Person als auch bei der ausgleichsberechtigten Person werden der Arbeitnehmer-Pauschbetrag (§ 9a Satz 1 Nr. 1 Buchstabe a EStG) oder, soweit die Voraussetzungen dafür jeweils vorliegen, der Pauschbetrag für Werbungskosten (§ 9a Satz 1 Nr. 1 Buchstabe b EStG), der Versorgungsfreibetrag und der Zuschlag zum Versorgungsfreibetrag (§ 19 Abs. 2 EStG) berücksichtigt. Die steuerlichen Abzugsbeträge sind nicht auf die ausgleichspflichtige Person und die ausgleichsberechtigte Person aufzuteilen.

Zur Neuberechnung des Versorgungsfreibetrags und des Zuschlags zum Versorgungsfreibetrag vgl. Rz. 369.

D. Anwendungsregelung

Dieses Schreiben ist mit Wirkung ab **1. Januar 2010** anzuwenden. Soweit die Regelungen den ab dem 1. September 2009 geltenden Versorgungsausgleich betreffen, sind die entsprechenden Rz. bereits ab diesem Zeitpunkt anzuwenden.

Bei Versorgungszusagen, die vor dem 1. Januar 2005 erteilt wurden (Altzusagen, vgl. Rz. **306** ff.), ist es nicht zu beanstanden, wenn in den Versorgungsordnungen in Abweichung von Rz. **247** ff. die Möglichkeit einer Elternrente oder der Beitragserstattung einschließlich der gutgeschriebenen Erträge an die in Rz. **250** genannten Personen im Fall des Versterbens vor Erreichen der Altersgrenze und in Abweichung von Rz. **272** lediglich für die zugesagte Altersversorgung, nicht aber für die Hinterbliebenen- oder Invaliditätsversorgung die Auszahlung in Form einer Rente oder eines Auszahlungsplans vorgesehen ist. Dagegen sind Versorgungszusagen, die nach dem 31. Dezember 2004 (Neuzusagen, vgl. Rz. **306** ff.) aufgrund von Versorgungsordnungen erteilt werden, die die Voraussetzungen dieses Schreibens nicht erfüllen, aus steuerlicher Sicht nicht mehr als betriebliche Altersversorgung anzuerkennen und eine steuerliche Förderung ist hierfür nicht mehr möglich. Im Fall der nach § 40b EStG a. F. pauschal besteuerten (Alt-)Direktversicherungen gilt nach Rz. **251** weiterhin keine Begrenzung bezüglich des Kreises der Bezugsberechtigten.

Das BMF-Schreiben vom **20. Januar 2009** -IV C 3 – S 2496/08/10011 / IV C 5 -S 2333/07/0003 -, BStBl I S. 273 wird mit Wirkung ab 1. Januar 2010 aufgehoben.

Dieses Schreiben wird im Bundessteuerblatt Teil I veröffentlicht (Zuordnung ESt-Kartei: § 10a EStG).

Anlage § 010a-01/Altersvorsorge (Zu LStH 3.55, 3.56, 3.63, 3.65, 3.66, 38.2)

Anlage 1

Pflichtversichert. in der gesetzlichen Rentenversicherung (§ 10a Abs. 1 Satz 1 Halbsatz 1 EStG) und Pflichtversicherte nach dem Gesetz über die Alterssicherung der Landwirte (§ 10a Abs. 1 Satz 3 EStG) / Nicht begünstigter Personenkreis

A. Pflichtversicherte in der gesetzlichen Rentenversicherung (§ 10a Abs. 1 Satz 1 Halbsatz 1 EStG)

1. Personen, die gegen Arbeitsentgelt oder zu ihrer Berufsausbildung beschäftigt sind (§ 1 Satz 1 Nr. 1 des Sechsten Buches Sozialgesetzbuch -SGB VI -).
   Hierzu gehören auch geringfügig beschäftigte Personen im Sinne des § 8 Abs. 1 Nr. 1 des Vierten Buches Sozialgesetzbuch (SGB IV), die auf die Versicherungsfreiheit verzichtet haben und den pauschalen Arbeitgeberbeitrag zur gesetzlichen Rentenversicherung auf den vollen Beitragssatz aufstocken.
   Auch während des Bezuges von Kurzarbeitergeld (bis zum 31. Dezember 2006 auch Winterausfallgeld) nach dem Dritten Buch Sozialgesetzbuch (SGB III) besteht die Versicherungspflicht fort.
2. Behinderte Menschen, die in anerkannten Werkstätten für behinderte Menschen oder in Blindenwerkstätten im Sinne des § 143 SGB IX oder für diese Einrichtungen in Heimarbeit tätig sind (§ 1 Satz 1 Nr. 2 Buchstabe a SGB VI).
3. Behinderte Menschen, die in Anstalten, Heimen oder gleichartigen Einrichtungen in gewisser Regelmäßigkeit eine Leistung erbringen, die einem Fünftel der Leistung eines vollerwerbsfähigen Beschäftigten in gleichartiger Beschäftigung entspricht; hierzu zählen auch Dienstleistungen für den Träger der Einrichtung (§ 1 Satz 1 Nr. 2 Buchstabe b SGB VI).
4. Personen, die in Einrichtungen der Jugendhilfe oder in Berufsbildungswerken oder ähnlichen Einrichtungen für behinderte Menschen für eine Erwerbstätigkeit befähigt werden sollen (§ 1 Satz 1 Nr. 3 SGB VI).
5. Auszubildende, die in einer außerbetrieblichen Einrichtung im Rahmen eines Berufsausbildungsvertrags nach dem Berufsbildungsgesetz ausgebildet werden (§ 1 Satz 1 Nr. 3a SGB VI).
6. Mitglieder geistlicher Genossenschaften, Diakonissen und Angehörige ähnlicher Gemeinschaften während ihres Dienstes für die Gemeinschaft und während der Zeit ihrer außerschulischen Ausbildung (§ 1 Satz 1 Nr. 4 SGB VI).
7. Schwestern vom Deutschen Roten Kreuz.
8. Helfer im freiwilligen sozialen Jahr.
9. Helfer im freiwilligen ökologischen Jahr.
10. Heimarbeiter.
11. Seeleute (Mitglieder der Schiffsbesatzung von Binnenschiffen oder deutschen Seeschiffen).
12. Bezieher von Ausgleichsgeld nach dem Gesetz zur Förderung der Einstellung der landwirtschaftlichen Erwerbstätigkeit.
13. Selbständig tätige Lehrer und Erzieher, die im Zusammenhang mit ihrer selbständigen Tätigkeit keinen versicherungspflichtigen Arbeitnehmer beschäftigen (§ 2 Satz 1 Nr. 1 SGB VI).
14. Pflegepersonen, die in der Kranken-, Wochen-, Säuglings-oder Kinderpflege tätig sind und im Zusammenhang mit ihrer selbständigen Tätigkeit keinen versicherungspflichtigen Arbeitnehmer beschäftigen (§ 2 Satz 1 Nr. 2 SGB VI).
15. Selbständig tätige Hebammen und Entbindungspfleger (§ 2 Satz 1 Nr. 3 SGB VI).
16. Selbständig tätige Seelotsen der Reviere im Sinne des Gesetzes über das Seelotswesen (§ 2 Satz 1 Nr. 4 SGB VI).
17. Selbständige Künstler und Publizisten (§ 2 Satz 1 Nr. 5 SGB VI), wenn sie die künstlerische oder publizistische Tätigkeit erwerbsmäßig und nicht nur vorübergehend ausüben und im Zusammenhang mit der künstlerischen oder publizistischen Tätigkeit nicht mehr als einen Arbeitnehmer beschäftigen, es sei denn, die Beschäftigung erfolgt zur Berufsausbildung oder ist geringfügig im Sinne des § 8 SGB IV.
18. Selbständig tätige Hausgewerbetreibende (§ 2 Satz 1 Nr. 6 SGB VI).
19. Selbständig tätige Küstenschiffer und Küstenfischer, die zur Besatzung ihres Fahrzeuges gehören oder als Küstenfischer ohne Fahrzeug fischen und regelmäßig nicht mehr als vier versicherungspflichtige Arbeitnehmer beschäftigen (§ 2 Satz 1 Nr. 7 SGB VI).
20. Gewerbetreibende, die in die Handwerksrolle eingetragen sind und in ihrer Person die für die Eintragung in die Handwerksrolle erforderlichen Voraussetzungen erfüllen, wobei Handwerksbetriebe

(Zu LStH 3.55, 3.56, 3.63, 3.65, 3.66, 38.2) **Anlage § 010a-01/Altersvorsorge**

im Sinne der §§ 2 und 3 der Handwerksordnung sowie Betriebsfortführungen aufgrund von § 4 der Handwerksordnung außer Betracht bleiben; ist eine Personengesellschaft in die Handwerksrolle eingetragen, gilt als Gewerbetreibender, wer als Gesellschafter in seiner Person die Voraussetzungen für die Eintragung in die Handwerksrolle erfüllt (§ 2 Satz 1 Nr. 8 SGB VI).

21. Personen, die im Zusammenhang mit ihrer selbständigen Tätigkeit regelmäßig keinen versicherungspflichtigen Arbeitnehmer beschäftigen und auf Dauer und im Wesentlichen nur für einen Auftraggeber tätig sind; bei Gesellschaftern gelten als Auftraggeber die Auftraggeber der Gesellschaft (§ 2 Satz 1 Nr. 9 SGB VI).
22. Selbständig tätige Personen für die Dauer des Bezugs eines Zuschusses nach § 421l SGB III (Existenzgründungszuschuss; ab 1. Januar 2003) (§ 2 Satz 1 Nr. 10 SGB VI).

Versicherungspflichtig sind ferner Personen in der Zeit,

23. für die ihnen Kindererziehungszeiten anzurechnen sind (§ 3 Satz 1 Nr. 1 SGB VI).

    Versicherungspflicht wegen Kindererziehung besteht für die ersten 36 Kalendermonate nach dem Geburtsmonat des Kindes (§ 56 Abs. 5 SGB VI). Werden innerhalb des 36-Kalendermonatszeitraumes mehrere Kinder erzogen (z. B. bei Mehrlingsgeburten), verlängert sich die Zeit der Versicherung um die Anzahl an Kalendermonaten, in denen gleichzeitig mehrere Kinder erzogen werden. **Dies gilt auch für Elternteile, die während der Erziehungszeit Anwartschaften auf Versorgung im Alter nach beamtenrechtlichen Vorschriften oder Grundsätzen oder entsprechenden kirchenrechtlichen Regelungen oder nach den Regelungen einer berufsständischen Versorgungseinrichtung aufgrund der Erziehung erworben haben, die systembezogen nicht gleichwertig berücksichtigt wird wie die Kindererziehung nach dem SGB VI.**
24. in der sie einen Pflegebedürftigen im Sinne des § 14 SGB XI nicht erwerbsmäßig wenigstens 14 Stunden wöchentlich in seiner häuslichen Umgebung pflegen, wenn der Pflegebedürftige Anspruch auf Leistungen aus der sozialen oder einer privaten Pflegeversicherung hat (nicht erwerbsmäßig tätige Pflegepersonen - § 3 Satz 1 Nr. 1a SGB VI).
25. in der sie aufgrund gesetzlicher Pflicht Wehrdienst oder Zivildienst leisten (§ 3 Satz 1 Nr. 2 SGB VI); bis zum 29. April 2005 trat eine Versicherungspflicht nur ein, wenn der Wehr-oder Zivildienst mehr als drei Tage dauerte.
26. für die sie von einem Leistungsträger Krankengeld, Verletztengeld, Versorgungskrankengeld, Übergangsgeld, Unterhaltsgeld (bis 31. Dezember 2004), Arbeitslosengeld oder Arbeitslosenhilfe (bis 31. Dezember 2004) beziehen, wenn sie im letzten Jahr vor Beginn der Leistung zuletzt versicherungspflichtig waren (§ 3 Satz 1 Nr. 3 SGB VI).
27. für die sie ab 1. Januar 2005 von den jeweils zuständigen Trägern nach dem Sozialgesetzbuch Zweites Buch (SGB II) Arbeitslosengeld II beziehen; dies gilt nicht für Empfänger der Leistung,

    a) die Arbeitslosengeld II nur darlehensweise oder

    b) nur Leistungen nach § 23 Abs. 3 Satz 1 SGB II beziehen oder

    c) die aufgrund von § 2 Abs. 1a BAföG keinen Anspruch auf Ausbildungsförderung haben oder

    d) deren Bedarf sich nach § 12 Abs. 1 Nr. 1 BAföG oder nach § 66 Abs. 1 Satz 1 SGB III bemisst oder

    e) die versicherungspflichtig beschäftigt oder versicherungspflichtig selbständig tätig sind oder eine Leistung beziehen, wegen der sie nach § 3 Satz 1 Nr. 3 SGB VI versicherungspflichtig sind (für Zeiten ab 1. Januar 2007).
28. für die sie Vorruhestandsgeld beziehen, wenn sie unmittelbar vor Beginn der Leistung versicherungspflichtig waren (§ 3 Satz 1 Nr. 4 SGB VI).

Nach Übergangsrecht im SGB VI bleiben in dieser Beschäftigung oder Tätigkeit weiterhin versicherungspflichtig:

29. Handwerker, die am 31. Dezember 2003 versicherungspflichtig waren und in dieser Tätigkeit versicherungspflichtig bleiben (§ 229 Abs. 2a SGB VI).
30. Personen, die am 31. Dezember 1991 im Beitrittsgebiet als Selbständige versicherungspflichtig waren, und nicht ab 1. Januar 1992 nach §§ 1 bis 3 SGB VI versicherungspflichtig geworden sind und keine Beendigung der Versicherungspflicht beantragt haben (§ 229a Abs. 1 SGB VI).
31. Personen, die am 31. Dezember 1991 als Beschäftigte von Körperschaften, Anstalten oder Stiftungen des öffentlichen Rechts oder ihrer Verbände versicherungspflichtig waren (§ 230 Abs. 2 Nr. 1 SGB VI).

Anlage § 010a-01/Altersvorsorge (Zu LStH 3.55, 3.56, 3.63, 3.65, 3.66, 38.2)

32. Personen, die am 31. Dezember 1991 als satzungsgemäße Mitglieder geistlicher Genossenschaften, Diakonissen oder Angehörige ähnlicher Gemeinschaften versicherungspflichtig waren (§ 230 Abs. 2 Nr. 2 SGB VI).
33. Nach dem Recht ab 1. April 2003 geringfügig Beschäftigte oder selbständig Tätige, die nach dem bis 31. März 2003 geltenden Recht versicherungspflichtig waren, wenn sie nicht die Befreiung von der Versicherungspflicht beantragt haben (§ 229 Abs. 6 SGB VI).
34. Personen, die im Anschluss an den Bezug von Arbeitslosenhilfe Unterhaltsgeld beziehen, für die Dauer des Bezugs von Unterhaltsgeld (§ 229 Abs. 8 SGB VI) (ab 1. Januar 2005).

Auf Antrag sind versicherungspflichtig:

35. Entwicklungshelfer, die Entwicklungsdienst oder Vorbereitungsdienst leisten (§ 4 Abs. 1 Satz 1 Nr. 1 SGB VI).
36. Deutsche, die für eine begrenzte Zeit im Ausland beschäftigt sind (§ 4 Abs. 1 Satz 1 Nr. 2 SGB VI).
37. Personen, die für eine begrenzte Zeit im Ausland beschäftigt sind und die Staatsangehörigkeit eines EU-Mitgliedstaates haben, wenn sie die allgemeine Wartezeit von fünf Jahren erfüllt haben und nicht nach den Rechtsvorschriften des EU-Mitgliedstaates pflicht-oder freiwillig versichert sind (§ 4 Abs. 1 Satz 1 Nr. 3 SGB VI).
38. Personen, die nicht nur vorübergehend selbständig tätig sind, wenn sie die Versicherungspflicht innerhalb von fünf Jahren nach der Aufnahme der selbständigen Tätigkeit oder dem Ende der Versicherungspflicht aufgrund dieser Tätigkeit beantragen (§ 4 Abs. 2 SGB VI).
39. Personen, die Krankengeld, Verletztengeld, Versorgungskrankengeld, Übergangsgeld, Unterhaltsgeld (bis 31. Dezember 2004), Arbeitslosengeld oder Arbeitslosenhilfe (bis 31. Dezember 2004) beziehen, aber im letzten Jahr vor Beginn der Leistung nicht versicherungspflichtig waren (§ 4 Abs. 3 Satz 1 Nr. 1 SGB VI).
40. Personen, die nur deshalb keinen Anspruch auf Krankengeld haben, weil sie nicht in der gesetzlichen Krankenversicherung versichert sind oder in der gesetzlichen Krankenversicherung ohne Anspruch auf Krankengeld versichert sind, u.a. für die Zeit der Arbeitsunfähigkeit, wenn sie im letzten Jahr vor Beginn der Arbeitsunfähigkeit zuletzt versicherungspflichtig waren, längstens jedoch für 18 Monate (§ 4 Abs. 3 Satz 1 Nr. 2 SGB VI).

B. Pflichtversicherte nach dem Gesetz über die Alterssicherung der Landwirte (§ 10a Abs. 1 Satz 3 EStG)

Hierzu gehören insbesondere

1. versicherungspflichtige Landwirte,
2. versicherungspflichtige Ehegatten von Landwirten,
3. versicherungspflichtige mitarbeitende Familienangehörige,
4. ehemalige Landwirte, die nach Übergangsrecht weiterhin unabhängig von einer Tätigkeit als Landwirt oder mitarbeitender Familienangehöriger versicherungspflichtig sind.

C. Nicht begünstigter Personenkreis

Nicht zum Kreis der zulageberechtigten Personen gehören:

1. Freiwillig Versicherte in der gesetzlichen Rentenversicherung (vgl. §§ 7, 232 SGB VI)
2. Von der Versicherungspflicht in der gesetzlichen Rentenversicherung befreite Personen für die Zeit der Befreiung; das sind insbesondere
   a) Angestellte und selbständig Tätige für die Beschäftigung oder selbständige Tätigkeit, wegen der sie aufgrund einer durch Gesetz angeordneten oder auf Gesetz beruhenden Verpflichtung Mitglied einer öffentlich-rechtlichen Versicherungseinrichtung oder Versorgungseinrichtung ihrer Berufsgruppe (berufsständische Versorgungseinrichtung für

   z.B. Ärzte, Architekten, Rechtsanwälte) und zugleich kraft gesetzlicher Verpflichtung Mitglied einer berufsständischen Kammer sind. Für die Befreiung sind weitere Voraussetzungen zu erfüllen (§ 6 Abs. 1 Satz 1 Nr. 1 SGB VI),
   b) Gewerbetreibende im Handwerksbetrieb, wenn für sie mindestens 18 Jahre lang Pflichtbeiträge gezahlt worden sind, ausgenommen Bezirksschornsteinfeger (§ 6 Abs. 1 Satz 1 Nr. 4 SGB VI),
   c) Lehrer und Erzieher an nichtöffentlichen Schulen oder Anstalten (private Ersatzschulen) (§ 6 Abs. 1 Satz 1 Nr. 2 SGBVI),
   d) Selbständige mit einem Auftraggeber als sog. Existenzgründer (§ 6 Abs. 1a SGB VI),

(Zu LStH 3.55, 3.56, 3.63, 3.65, 3.66, 38.2) **Anlage § 010a-01/Altersvorsorge**

e) ab 1. Januar 2005 Bezieher von Arbeitslosengeld II, wenn sie im letzten Kalendermonat vor dem Bezug von Arbeitslosengeld II nicht versichert waren und weitere Voraussetzungen erfüllen (§ 6 Abs. 1b SGB VI),
f) Personen, die am 31. Dezember 1991 von der Versicherungspflicht befreit waren (§ 231 Abs. 1 SGB VI),
g) Selbständige mit einem Auftraggeber, die bereits vor dem 1. Januar 1999 diese Tätigkeit ausübten und weitere Voraussetzungen erfüllen (§ 231 Abs. 5 SGB VI),
h) Selbständige (z.B. Lehrer, Erzieher, Pflegepersonen), die bereits am 31. Dezember 1998 nach §§ 2 Satz 1 Nr. 1 bis 3, 229a Abs. 1 SGB VI versicherungspflichtig waren und weitere Voraussetzungen erfüllen (§ 231 Abs. 6 SGB VI),
i) unter bestimmten Voraussetzungen deutsche Seeleute, die auf einem Seeschiff beschäftigt sind, das nicht berechtigt ist, die Bundesflagge zu führen (§ 231 Abs. 7 SGB VI),
j) selbständig Tätige, die am 31. Dezember 1991 im Beitrittsgebiet aufgrund eines Versicherungsvertrages von der Versicherungspflicht befreit waren, es sei denn sie haben bis zum 31. Dezember 1994 erklärt, dass die Befreiung von der Versicherungspflicht enden soll (§ 231a SGB VI).

3. In der gesetzlichen Rentenversicherung versicherungsfreie Personen; das sind insbesondere
   a) geringfügig Beschäftigte, die den Arbeitgeberbeitrag i.H.v. 15 % (bis zum 30. Juni 2006: 12 %) zur Rentenversicherung nicht durch eigene Beiträge aufstocken (§ 5 Abs. 2 Nr. 1 SGB VI i.V.m. §§ 8 Abs. 1, 8a SGB IV), dies gilt nicht für Personen, die im Rahmen betrieblicher Berufsbildung, nach dem Gesetz zur Förderung eines freiwilligen sozialen Jahres, nach dem Gesetz zur Förderung eines freiwilligen ökologischen Jahres oder nach § 1 Satz 1 Nr. 2 bis 4 SGB VI beschäftigt sind oder von der Möglichkeit einer stufenweisen Wiederaufnahme einer nicht geringfügigen Tätigkeit Gebrauch machen,
   b) selbständig Tätige, die wegen der Geringfügigkeit der Tätigkeit versicherungsfrei sind (§ 5 Abs. 2 Nr. 2 SGB VI i.V.m. § 8 Abs. 3 SGB IV),
   c) Personen, die eine geringfügige nicht erwerbsmäßige Pflegetätigkeit ausüben (§ 5 Abs. 2 Satz 1 Nr. 3 SGBVI),
   d) Personen, die während der Dauer eines Studiums als ordentliche Studierende einer Fachschule oder Hochschule ein Praktikum ableisten, das in ihrer Studienordnung oder Prüfungsordnung vorgeschrieben ist (§ 5 Abs. 3 SGB VI),
   e) Bezieher einer Vollrente wegen Alters (§ 5 Abs. 4 Nr. 1 SGB VI),
   f) Personen, die nach beamtenrechtlichen Vorschriften oder Grundsätzen oder entsprechenden kirchenrechtlichen Regelungen oder einer berufsständischen Versorgungseinrichtung eine Versorgung nach Erreichen einer Altersgrenze beziehen oder die in der Gemeinschaft übliche Versorgung im Alter erhalten (§ 5 Abs. 4 Nr. 2 SGB VI),
   g) Personen, die bis zum Erreichen der Regelaltersgrenze nicht in der gesetzlichen Rentenversicherung versichert waren oder nach Erreichen der Regelaltersgrenze eine Beitragserstattung aus ihrer Versicherung bei der gesetzlichen Rentenversicherung erhalten haben (§ 5 Abs. 4 Nr. 3 SGB VI),
   h) Polizeivollzugsbeamte auf Widerruf, Handwerker, Mitglieder der Pensionskasse deutscher Eisenbahnen und Straßenbahnen sowie Versorgungsbezieher, die am 31. Dezember 1991 versicherungsfrei waren (§ 230 Abs. 1 SGB VI),

4. Ohne Vorliegen von Versicherungspflicht in der gesetzlichen Rentenversicherung
   a) selbständig Tätige,
   b) Handwerker, die am 31. Dezember 1991 nicht versicherungspflichtig waren (§ 229 Abs. 2 SGB VI),
   c) Vorstandsmitglieder von Aktiengesellschaften in der Beschäftigung als Vorstand und weiteren Beschäftigungen in Konzernunternehmen (§ 1 Satz 4 SGB VI). Bis zum 31. Dezember 2003 waren Vorstandsmitglieder von Aktiengesellschaften in allen Beschäftigungen, d.h. auch außerhalb des Konzerns nicht versicherungspflichtig. Seit dem 1. Januar 2004 besteht in Nebenbeschäftigungen nur dann keine Versicherungspflicht, wenn die Nebenbeschäftigung bereits am 6. November 2003 ausgeübt wurde (§ 229 Abs. 1a SGB VI),
   d) Mitglieder des Deutschen Bundestages, der Landtage sowie des Europäischen Parlaments.

Anlage § 010a-01/Altersvorsorge (Zu LStH 3.55, 3.56, 3.63, 3.65, 3.66, 38.2)

Anlage 2

Begünstigter Personenkreis nach § 10a Abs. 1 Satz 1 Halbsatz 2 EStG

1. Empfänger von Besoldung nach dem Bundesbesoldungsgesetz oder einem entsprechenden Landesbesoldungsgesetz (§ 10a Abs. 1 Satz 1 Halbsatz 2 Nr. 1 EStG), insbesondere:
    a) Bundesbeamte, Beamte der Länder, der Gemeinden, der Gemeindeverbände sowie der sonstigen der Aufsicht eines Landes unterstehenden Körperschaften, Anstalten und Stiftungen des öffentlichen Rechts; hierzu gehören nicht die Ehrenbeamten,
    b) Richter des Bundes und der Länder; hierzu gehören nicht die ehrenamtlichen Richter,
    c) Berufssoldaten und Soldaten auf Zeit.
2. Empfänger von Amtsbezügen aus einem Amtsverhältnis (§ 10a Abs. 1 Satz 1 Halbsatz 2 Nr. 2 EStG) In einem öffentlich-rechtlichen Amtsverhältnis stehen z.B. die Mitglieder der Regierung des Bundes oder eines Landes (z.B. § 1 Bundesministergesetz) sowie die Parlamentarischen Staatssekretäre auf Bundes-und Landesebene (z.B. § 1 Abs. 3 des Gesetzes über die Rechtsverhältnisse der Parlamentarischen Staatssekretäre).
3. Sonstige Beschäftigte von Körperschaften, Anstalten oder Stiftungen des öffentlichen Rechts, deren Verbänden einschließlich der Spitzenverbände oder ihrer Arbeitsgemeinschaften (§ 10a Abs. 1 Satz 1 Halbsatz 2 Nr. 3 EStG), wenn ihnen nach beamtenrechtlichen Vorschriften oder Grundsätzen oder entsprechenden kirchenrechtlichen Regelungen Anwartschaft auf Versorgung bei verminderter Erwerbsfähigkeit und im Alter sowie auf Hinterbliebenenversorgung gewährleistet und die Gewährleistung gesichert ist, u.a. rentenversicherungsfreie Kirchenbeamte und Geistliche in öffentlich-rechtlichen Dienstverhältnissen.
4. Satzungsmäßige Mitglieder geistlicher Genossenschaften, Diakonissen oder Angehörige ähnlicher Gemeinschaften (§ 10a Abs. 1 Satz 1 Halbsatz 2 Nr. 3 EStG), wenn ihnen nach den Regeln der Gemeinschaft Anwartschaft auf die in der Gemeinschaft übliche Versorgung bei verminderter Erwerbsfähigkeit und im Alter gewährleistet und die Gewährleistung gesichert ist.
5. Lehrer oder Erzieher, die an nichtöffentlichen Schulen oder Anstalten beschäftigt sind (§ 10a Abs. 1 Satz 1 Halbsatz 2 Nr. 3 EStG), wenn ihnen nach beamtenrechtlichen Vorschriften oder Grundsätzen oder entsprechenden kirchenrechtlichen Regelungen Anwartschaft auf Versorgung bei verminderter Erwerbsfähigkeit und im Alter sowie auf Hinterbliebenenversorgung gewährleistet und die Gewährleistung gesichert ist.
6. Beamte, Richter, Berufssoldaten und Soldaten auf Zeit, die ohne Besoldung beurlaubt sind, für die Zeit einer Beschäftigung, wenn während der Beurlaubung die Gewährleistung einer Versorgungsanwartschaft unter den Voraussetzungen des § 5 Abs. 1 Satz 1 SGB VI auf diese Beschäftigung erstreckt wird (§ 10a Abs. 1 Satz 1 Halbsatz 2 Nr. 4 EStG).
7. Steuerpflichtige im Sinne der oben unter Ziffer 1. bis 6. aufgeführten, die beurlaubt sind und deshalb keine Besoldung, Amtsbezüge oder Entgelt erhalten, sofern sie eine Anrechnung von Kindererziehungszeiten nach § 56 SGB VI (d.h. im Sinne der gesetzlichen Rentenversicherung) in Anspruch nehmen könnten, wenn die Versicherungsfreiheit in der gesetzlichen Rentenversicherung nicht bestehen würde.

In den Fällen der Nummern 2 bis 5 muss das Versorgungsrecht jedoch die Absenkung des Versorgungsniveaus in entsprechender Anwendung des § 69e Abs. 3 Satz 1 und Abs. 4 des Beamtenversorgungsgesetzes vorsehen.

(ESt-Kartei NW § 19 EStG Fach 2 Nr. 28) **Anlage § 019-01/verbilligte Reisen Reisebüromitarbeiter**

Steuerliche Behandlung unentgeltlicher oder verbilligter Reisen bei Mitarbeitern von Reisebüros und Reiseveranstaltern

BMF-Schreiben vom 14. September 1994 IV B 6 – S 2334 – 115/94 (BStBl. I S. 755)

Nach dem Ergebnis der Besprechung mit den obersten Finanzbehörden der Länder gilt für die lohnsteuerrechtliche Behandlung unentgeltlicher oder verbilligter Reisen der Mitarbeiter von Reisebüros und Reiseveranstaltern Folgendes:

1. Die einem Arbeitnehmer vom Arbeitgeber unentgeltlich oder verbilligt verschaffte Reise gehört nicht zum Arbeitslohn, wenn die Reise im ganz überwiegenden betrieblichen Interesse des Arbeitgebers durchgeführt wird. Ein ganz überwiegendes betriebliches Interesse muss über das normale Interesse des Arbeitgebers, das ihn zur Lohnzahlung veranlasst, deutlich hinausgehen. Dieses Interesse muss so stark sein, daß das Interesse des Arbeitnehmers an der Leistung vernachlässigt werden kann. Für die Teilnahme des Arbeitnehmers an der Reise müssen nachweisbare betriebsfunktionale Gründe bestehen.

2. Als Reisen im ganz überwiegenden betrieblichen Interesse des Arbeitgebers kommen in Betracht
   a) Reisen, denen ein unmittelbarer betrieblicher Anlass zugrunde liegt, z. B. Verhandlungen mit einem Geschäftspartner des Arbeitgebers oder Durchführung eines bestimmten Auftrags wie die Vorbereitung von Reiseveranstaltungen oder von Objektbeschreibungen in Katalogen des Arbeitgebers (Dienstreisen),
   b) Reisen zur beruflichen Fortbildung des Arbeitnehmers (Fachstudienreisen).

3. Bei Reisen im Sinne der Nummer 2 Buchstabe a kann ein ganz überwiegendes betriebliches Interesse des Arbeitgebers nur dann angenommen werden, wenn die folgenden Voraussetzungen nebeneinander erfüllt sind:
   a) Die Reise wird auf Anordnung des Arbeitgebers durchgeführt.
   b) Die Reise ist für den Arbeitnehmer unentgeltlich.
   c) Die Reisetage sind grundsätzlich wie normale Arbeitstage mit beruflicher Tätigkeit ausgefüllt (BFH-Urteil vom 12. April 1979 – BStBl. II S. 513).
   d) Die Reisetage werden auf den Urlaub des Arbeitnehmers nicht angerechnet.

4. Bei Reisen im Sinne der Nummer 2 Buchstabe b kann ein ganz überwiegendes betriebliches Interesse des Arbeitgebers (Abschnitt 74 LStR) nur dann angenommen werden, wenn die folgenden Voraussetzungen nebeneinander erfüllt sind:
   a) Der an der Reise teilnehmende Arbeitnehmer ist im Reisevertrieb oder mit der Reiseprogrammbeschreibung, -gestaltung oder -abwicklung beschäftigt.
   b) Der Arbeitgeber wertet die Teilnahme an der Reise als Arbeitszeit und rechnet jeden vollen Reisetag, der auf einen regelmäßigen Arbeitstag des teilnehmenden Arbeitnehmers entfällt, mit mindestens 6 Stunden auf die vereinbarte regelmäßige Arbeitszeit an.
   c) Der Reise liegt eine feste Programmgestaltung zugrunde, wobei das Programm auf die konkreten beruflichen Qualifikations- und Informationsbedürfnisse der in Buchstabe a genannten Arbeitnehmer zugeschnitten ist. Das Programm muss Fachveranstaltungen mit einer Gesamtdauer von mindestens 6 Stunden arbeitstäglich enthalten. Berufliche Programmpunkte können sein:
      – Kennenlernen der Leistungsträger der gesamten Organisation vor Ort,
      – Vorstellung verschiedener Unterkünfte und Unterkunftsbesichtigungen,
      – länderkundliche Referate, Zielgebietsschulung,
      – ortskundige Führungen,
      – Vorträge von Verkehrsämtern und Ausflugsveranstaltern,
      – eigene Recherchen nach Aufgabenstellung (Fallstudien, Gruppenarbeit),
      – regelmäßige Programmbesprechungen.
   d) Der Arbeitnehmer nimmt grundsätzlich an allen vorgesehenen fachlichen Programmpunkten teil und erstellt ein Protokoll über den Reiseverlauf.
   e) Der Arbeitnehmer nimmt keine Begleitperson mit, es sei denn, dass die Mitnahme einer Begleitperson aus zwingenden betrieblichen Gründen erforderlich ist.

5. Zum Nachweis seines ganz überwiegenden betrieblichen Interesses hat der Arbeitgeber folgende Unterlagen aufzubewahren und auf Verlangen vorzulegen:

Anlage § 019-01/verbilligte Reisen Reisebüromitarbeiter (ESt-Kartei NW § 19 EStG Fach 2 Nr. 28)

a) In den Fällen der Nummer 2 Buchstabe a Unterlagen, aus denen sich der Anlass und der Arbeitsauftrag ergeben.
b) In den Fällen der Nummer 2 Buchstabe b
  – die Einladung zur Fachstudienreise,
  – Programmunterlagen,
  – Bestätigungen über die Teilnahme des Arbeitnehmers an den fachlichen Programmpunkten,
  – Protokoll des Arbeitnehmers über den Reiseverlauf,
  – Teilnehmerliste.

6. Leistungen Dritter sind kein Arbeitslohn, wenn sie dem Arbeitnehmer im ganz überwiegenden betrieblichen Interesse des Arbeitgebers zugute kommen, d. h. wenn die in Nummern 2 bis 5 genannten Voraussetzungen erfüllt sind. Andernfalls ist die Frage, ob die Leistung des Dritten Arbeitslohn darstellt und dem Lohnsteuerabzug unterliegt, nach den Grundsätzen des BMF-Schreibens vom 27. September 1993 (BStBl. I S. 814)[1] zu beurteilen.
7. Schließt sich an eine Reise, die im ganz überwiegenden betrieblichen Interesse des Arbeitgebers liegt, ein privater Reiseaufenthalt an, so gehören die Leistungen für den Anschlussaufenthalt zum Arbeitslohn. Leistungen für die Hin- und Rückfahrt gehören nur in den Fällen der Nummer 2 Buchstabe b und nur dann zum Arbeitslohn, wenn der Anschlussaufenthalt mehr als 10 v.H. der gesamten Reisezeit in Anspruch nimmt. Das Gleiche gilt, wenn der im ganz überwiegenden betrieblichen Interesse liegenden Reise ein privater Reiseaufenthalt vorgeschaltet ist.

---

[1] Anlage § 008-01.

(Zu LStH 19.3) **Anlage § 019-02/Sicherheitmaßnahmen**

Lohnsteuerliche Behandlung der Aufwendungen des Arbeitgebers für sicherheitsgefährdete Arbeitnehmer; Sicherheitsmaßnahmen

BMF-Schreiben vom 30. Juni 1997 IV B 6 – S 2334 – 148/97 (BStBl. I S. 696)

Es ist gefragt worden, wie die vom Arbeitgeber getragenen oder ersetzten Aufwendungen für Sicherheitsmaßnahmen bei Arbeitnehmern, die aufgrund ihrer beruflichen Position den Angriffen gewaltbereiter politisch motivierter Personen ausgesetzt sind **(Positionsgefährdung)**, lohnsteuerlich zu behandeln sind. Nach dem Ergebnis der Erörterungen mit den obersten Finanzbehörden der Länder gilt Folgendes:

1. Aufwendungen des Arbeitgebers für das ausschließlich mit dem Personenschutz befasste Personal führen nicht zu steuerpflichtigem Arbeitslohn der zu schützenden Person, weil diese Aufwendungen im ganz überwiegenden eigenbetrieblichen Interesse des Arbeitgebers liegen und der Arbeitnehmer durch diese „aufgedrängten" Leistungen nicht bereichert wird.

2. Bei den Aufwendungen des Arbeitgebers für den Einbau von Sicherheitseinrichtungen (Grund- und Spezialschutz) in eine Mietwohnung oder in ein selbstgenutztes Wohneigentum zum Schutze **positionsgefährdeter Arbeitnehmer**, beurteilt sich die Frage, ob diese Aufwendungen steuerpflichtiger Arbeitslohn sind oder im ganz überwiegenden eigenbetrieblichen Interesse des Arbeitgebers liegen, nach dem Maß der Gefährdung des einzelnen Arbeitnehmers. Für die steuerliche Behandlung ist es unerheblich, ob die Sicherheitseinrichtungen in das Eigentum des Arbeitnehmers übergehen oder nicht.

    a) Bei Arbeitnehmern, die durch eine für die Gefährdungsanalyse zuständige Behörde (Sicherheitsbehörde) in die Gefährdungsstufen 1 bis 3 eingeordnet sind, ist davon auszugehen, dass eine Positionsgefährdung vorliegt **(konkrete Positionsgefährdung)**. Für diese Arbeitnehmer ergibt sich durch den Einbau der Sicherheitseinrichtungen grundsätzlich kein steuerpflichtiger Arbeitslohn, weil der Einbau im ganz überwiegenden eigenbetrieblichen Interesse des Arbeitgebers liegt. Bei Arbeitnehmern der Gefährdungsstufe 3 gilt dies allerdings grundsätzlich nur bis zu dem Betrag je Objekt, der vergleichbaren Bundesbediensteten als Höchstbetrag zur Verfügung gestellt wird; dieser beträgt zur Zeit 30 000 DM. Bei höheren Aufwendungen ist von einem ganz überwiegenden eigenbetrieblichen Interesse des Arbeitgebers auszugehen, soweit sie Einrichtungen betreffen, die von der Sicherheitsbehörde empfohlen worden sind.

    b) Bei Arbeitnehmern, für die die Sicherheitsbehörden keine Gefährdungsanalyse erstellen und keine Sicherheitseinrichtungen empfehlen, handelt es sich bei den Aufwendungen grundsätzlich um steuerpflichtigen Arbeitslohn, es sei denn, eine Positionsgefährdung der Arbeitnehmer ist durch eine oberste Bundes- oder Landesbehörde anerkannt worden oder kann anderweitig nachgewiesen oder glaubhaft gemacht werden **(abstrakte Positionsgefährdung)**. In diesem Fall ist bei einem Einbau von Sicherheitseinrichtungen bis zu einem Betrag von 15 000 DM je Objekt von einem ganz überwiegenden eigenbetrieblichen Interesse des Arbeitgebers auszugehen.

    Die in Buchstabe a und b bezeichneten Höchstbeträge gelten auch, wenn die Aufwendungen je Objekt auf verschiedene Veranlagungszeiträume verteilt werden. Die steuerpflichtigen Vorteile fließen dem Arbeitnehmer beim Einbau von Sicherheitseinrichtungen sofort als Arbeitslohn zu. Eine spätere Änderung der Gefährdungsstufe löst keine steuerlichen Konsequenzen aus (z.B. Erfassung eines Vorteils nach Herabsetzung, kein negativer Arbeitslohn bei Heraufsetzung der Gefährdungsstufe), es sei denn, sie erfolgt noch innerhalb des Jahres, in dem die Sicherheitseinrichtungen eingebaut worden sind. Die dem Arbeitgeber entstehenden Betriebs- und Wartungskosten teilen steuerlich das Schicksal der Einbaukosten. Sie sind gegebenenfalls nur anteilig nach dem Verhältnis des steuerpflichtigen Anteils an den Gesamtkosten steuerpflichtig.

3. Ersetzt der Arbeitgeber dem Arbeitnehmer Aufwendungen für Sicherheitseinrichtungen oder mit diesen Einrichtungen verbundene laufende Betriebs- oder Wartungskosten, ist der Ersatz unter den Voraussetzungen der Nummer 2 ebenfalls kein steuerpflichtiger Arbeitslohn, gegebenenfalls nur anteilig nach dem Verhältnis der nicht steuerpflichtigen Anteils an den Gesamteinbaukosten. Dies gilt allerdings nur dann, wenn die Aufwendungen in zeitlichem Zusammenhang mit dem Einbau bzw. der Zahlung durch den Arbeitnehmer ersetzt werden; andernfalls ist der Aufwendungsersatz steuerpflichtiger Arbeitslohn.

4. Nicht vom Arbeitgeber ersetzte Aufwendungen des Arbeitnehmers für Sicherheitseinrichtungen gehören zu den Kosten der Lebensführung und dürfen aufgrund des Aufteilungs- und Abzugsverbots des § 12 Nr. 1 Satz 2 EStG nicht als Werbungskosten bei den Einkünften aus nichtselbständiger Ar-

Anlage § 019-02/Sicherheitmaßnahmen (Zu LStH 19.3)

beit abgezogen werden. Werden Aufwendungen teilweise durch den Arbeitgeber ersetzt, gilt das Abzugsverbot auch für die nicht ersetzten Aufwendungen.

5. Diese Regelung gilt allgemein ab dem 1. Januar 1997. Sie kann zugunsten des Arbeitnehmers in offenen Fällen auch rückwirkend angewandt werden. Abweichende Regelungen sind nicht mehr anzuwenden.

(Zu LStH 19.0) **Anlage § 019-04/Steuerabzug bei Künstlern**

Steuerabzug vom Arbeitslohn bei unbeschränkt einkommensteuer-(lohnsteuer-)pflichtigen Künstlern und verwandten Berufen [1]

BMF-Schreiben vom 5. Oktober 1990 IV B 6 – S 2332 – 73/90 (BStBl. I S. 638)

Unter Bezugnahme auf das Ergebnis der Erörterung mit den obersten Finanzbehörden der Länder gilt bei Künstlern und verwandten Berufen, soweit sie eine unmittelbare Vertragsbeziehung zum Arbeitgeber/Auftraggeber begründen, zur Abgrenzung zwischen selbständiger Tätigkeit und nichtselbständiger Arbeit sowie für den Steuerabzug bei Annahme einer nichtselbständigen Arbeit folgendes:

1 Abgrenzung zwischen selbständiger Tätigkeit und nichtselbständiger Arbeit

Für die Annahme einer nichtselbständigen Arbeit sind die in §1 LStDV aufgestellten Merkmale maßgebend. Danach liegt eine nichtselbständige Arbeit vor, wenn die tätige Person in der Betätigung ihres geschäftlichen Willens unter der Leitung eines Arbeitgebers steht oder in den geschäftlichen Organismus des Arbeitgebers eingegliedert und dessen Weisungen zu folgen verpflichtet ist. Dagegen ist nicht Arbeitnehmer, wer Lieferungen und sonstige Leistungen innerhalb der von ihm selbständig ausgeübten gewerblichen und beruflichen Tätigkeit im Inland gegen Entgelt ausführt, soweit es sich um die Entgelte für diese Lieferungen und sonstigen Leistungen handelt. Im übrigen kommt es bei der Abgrenzung zwischen selbständiger Tätigkeit und nichtselbständiger Arbeit nicht so sehr auf die formelle vertragliche Gestaltung, z.B. auf die Bezeichnung als freies Mitarbeiterverhältnis, als vielmehr auf die Durchführung der getroffenen Vereinbarung an (BFH-Urteil vom 29.September 1967 – BStBl. 1968 II S. 84). Dies führt bei künstlerischen und verwandten Berufen im allgemeinen zu folgenden Ergebnissen:

1.1 Tätigkeit bei Theaterunternehmen

1.1.1 Spielzeitverpflichtete Künstler

Künstler und Angehörige von verwandten Berufen, die auf Spielzeit- oder Teilspielzeitvertrag angestellt sind, sind in den Theaterbetrieb eingegliedert und damit nichtselbständig. Dabei spielt es keine Rolle, ob der Künstler gleichzeitig eine Gastspielverpflichtung bei einem anderen Unternehmen eingegangen ist.

1.1.2 Gastspielverpflichtete Künstler

Bei gastspielverpflichteten Künstlern und Angehörigen von verwandten Berufen erstreckt sich der Vertrag in der Regel auf eine bestimmte Anzahl von Aufführungen.

Für die Annahme einer nichtselbständigen Tätigkeit kommt es darauf an, ob das Gastspieltheater während der Dauer des Vertrages im wesentlichen über die Arbeitskraft des Gastkünstlers verfügt (BFH-Urteil vom 24.Mai 1973 – BStBl. II S. 636). Dies hängt von dem Maß der Einbindung in den Theaterbetrieb (nicht in das Ensemble) ab. Ob ein Künstler allein (Solokünstler) oder in einer Gruppe (z.B. Chor) auftritt und welchen künstlerischen Rang er hat, spielt für die Abgrenzung keine entscheidende Rolle. Auch kommt es nicht darauf an, wie das für die Veranlagung des Künstlers zuständige Finanzamt eine vergleichbare Tätigkeit des Künstlers bei Hörfunk und Fernsehen bewertet und ob es hierfür eine entsprechende Bescheinigung erteilt hat. Im einzelnen gilt deshalb:

Gastspielverpflichtete Regisseure, Choreographen, Bühnenbildner und Kostümbildner sind selbständig. Gastspielverpflichtete Dirigenten üben dagegen eine nichtselbständige Tätigkeit aus; sie sind ausnahmsweise selbständig, wenn sie nur für kurze Zeit einspringen.

Gastspielverpflichtete Schauspieler, Sänger, Tänzer und andere Künstler sind in den Theaterbetrieb eingegliedert und deshalb nichtselbständig, wenn sie eine Rolle in einer Aufführung übernehmen und gleichzeitig eine Probenverpflichtung zur Einarbeitung in die Rolle oder eine künstlerische Konzeption eingehen. Stell- oder Verständigungsproben reichen nicht aus. Voraussetzung ist außerdem, daß die Probenverpflichtung tatsächlich erfüllt wird. Die Zahl der Aufführungen ist nicht entscheidend.[1)2)]

Aushilfen für Chor und Orchester sind selbständig, wenn sie nur für kurze Zeit einspringen.

Gastspielverpflichtete Künstler einschließlich der Instrumentalsolisten sind selbständig, wenn sie an einer konzertanten Opernaufführung, einem Oratorium, Liederabend oder dergleichen mitwirken.

---

1) Für beschränkt einkommensteuerpflichtige Künstler (Arbeitnehmer) Hinweis auf BMF-Schreiben vom 31.7.2002 (BStBl. I S. 707), Anlage § 039d-01.
2) Zur Selbständigkeit einer Opernsängerin Hinweis auf BFH vom 30.5.1996 V R 2/95 (BStBl. II S. 493), Rechtsprechung § 18 EStG; zur weiteren Anwendung von Tz. 1.1.2 s. ESt-Kartei NW § 19 EStG Fach 1 Nr. 5.

Anlage § 019-04/Steuerabzug bei Künstlern (Zu LStH 19.0)

1.2 Tätigkeit bei Kulturorchestern
Sämtliche gastspielverpflichteten (vgl. Tz. 1.1.2 Abs. 1) Künstler, z. B. Dirigenten, Vokal- und Instrumentalsolisten, sind stets und ohne Rücksicht auf die Art und Anzahl der Aufführungen selbständig. Orchesteraushilfen sind ebenfalls selbständig, wenn sie nur für kurze Zeit einspringen.

1.3 Tätigkeit bei Hörfunk und Fernsehen
Für die neben dem ständigen Personal beschäftigten Künstler und Angehörigen von verwandten Berufen, die in der Regel auf Grund von Honorarverträgen tätig werden und im allgemeinen als freie Mitarbeiter bezeichnet werden, gilt vorbehaltlich der Tz. 1.4 folgendes:

1.3.1 Die freien Mitarbeiter sind grundsätzlich nichtselbständig.

1.3.2 Im allgemeinen sind nur die folgenden Gruppen von freien Mitarbeitern selbständig, soweit sie nur für einzelne Produktionen (z. B. ein Fernsehspiel, eine Unterhaltungssendung oder einen aktuellen Beitrag) tätig werden („Negativkatalog"):

Architekten
Arrangeure
Artisten [1]
Autoren
Berichterstatter
Bildhauer
Bühnenbildner
Choreographen Lektoren
Chorleiter [2]
Darsteller [4]
Dirigenten [6]
Diskussionsleiter
Dolmetscher
Fachberater
Fotografen
Gesprächsteilnehmer
Grafiker
Interviewpartner
Journalisten
Kommentatoren
Komponisten
Korrespondenten
Kostümbildner
Kunstmaler
Moderatoren [3]
musikalische Leiter [5]
Quizmaster
Realisatoren [7]
Regisseure
Schriftsteller
Solisten (Gesang, Musik, Tanz) [8]
Übersetzer

1.3.3 Eine von vornherein auf Dauer angelegte Tätigkeit eines freien Mitarbeiters ist nichtselbständig, auch wenn für sie mehrere Honorarverträge abgeschlossen werden.

Beispiele:

a) Ein Journalist reist in das Land X, um in mehreren Beiträgen über kulturelle Ereignisse zu berichten. Eine Rundfunkanstalt verpflichtet sich vor Reiseantritt, diese Beiträge abzunehmen.

Die Tätigkeit ist nichtselbständig, weil sie von vornherein auf Dauer angelegt ist und die Berichte auf Grund einer vorher eingegangenen Gesamtverpflichtung geliefert werden. Dies gilt auch, wenn diese Beiträge einzeln abgerechnet werden.

b) Ein Journalist wird von einer Rundfunkanstalt für kulturpolitische Sendungen um Beiträge gebeten. Die Beiträge liefert er auf Grund von jeweils einzeln abgeschlossenen Vereinbarungen.

Die Tätigkeit ist selbständig, weil sie nicht von vornherein auf Dauer angelegt ist.

1.3.4 Wird der freie Mitarbeiter für denselben Auftraggeber in mehreren zusammenhängenden Leistungsbereichen tätig, von denen der eine als selbständig und der andere als nichtselbständig zu

---

1) Die als Gast außerhalb eines Ensembles oder einer Gruppe eine Sololeistung erbringen.
2) Soweit sie als Gast mitwirken oder Träger des Chores/Klangkörpers oder Arbeitgeber der Mitglieder des Chores/Klangkörpers sind.
3) Wenn der eigenschöpferische Teil der Leistung überwiegt.
4) Die als Gast in einer Sendung mit Live-Charakter mitwirken.
5) Soweit sie als Gast mitwirken oder Träger des Chores/Klangkörpers oder Arbeitgeber der Mitglieder des Klangkörpers sind.
6) Soweit sie als Gast mitwirken oder Träger des Chores/Klangkörpers oder Arbeitgeber der Mitglieder des Chores/Klangkörpers sind.
7) Wenn der eigenschöpferische Teil der Leistung überwiegt.
8) Die als Gast außerhalb eines Ensembles oder einer Gruppe eine Sololeistung erbringen.

(Zu LStH 19.0) **Anlage § 019-04/Steuerabzug bei Künstlern**

beurteilen ist, ist die gesamte Tätigkeit einheitlich als selbständige oder als nichtselbständige Tätigkeit zu behandeln. Die Einordnung dieser Mischtätigkeit richtet sich nach der überwiegenden Tätigkeit, die sich aus dem Gesamterscheinungsbild ergibt. Für die Frage des Überwiegens kann auch auf die Höhe des aufgeteilten Honorars abgestellt werden.

1.3.5 Übernimmt ein nichtselbständiger Mitarbeiter für seinen Arbeitgeber zusätzliche Aufgaben, die nicht zu den Nebenpflichten aus seiner Haupttätigkeit gehören, so ist nach den allgemeinen Abgrenzungskriterien zu prüfen, ob die Nebentätigkeit selbständig oder nichtselbständig ausgeübt wird (siehe Abschn. 68 LStR und BFH-Urteil vom 25. November 1971 – BStBl. 1972 II S. 212).

1.3.6 Gehört ein freier Mitarbeiter nicht zu einer der im Negativkatalog (Tz. 1.3.2) genannten Berufsgruppen, so kann auf Grund besonderer Verhältnisse des Einzelfalls die Tätigkeit gleichwohl selbständig sein. Das Wohnsitzfinanzamt erteilt dem Steuerpflichtigen nach eingehender Prüfung ggf. eine Bescheinigung nach beiliegendem Muster. Die Bescheinigung bezieht sich auf die Tätigkeit des freien Mitarbeiters für einen bestimmten Auftraggeber. Das Finanzamt hat seine Entscheidung grundsätzlich mit dem Betriebsstättenfinanzamt des Auftraggebers abzustimmen.

1.3.7 Gehört ein freier Mitarbeiter zu einer der in Tz. 1.3.2 genannten Berufsgruppen, so kann er auf Grund besonderer Verhältnisse des Einzelfalls gleichwohl nichtselbständig sein.

1.3.8 Aushilfen für Chor und Orchester sind selbständig, wenn sie nur für kurze Zeit einspringen.

1.4 **Tätigkeit bei Film- und Fernsehfilmproduzenten (Eigen- und Auftragsproduktion) einschl. Synchronisierung**

Filmautoren, Filmkomponisten und Fachberater sind im allgemeinen nicht in den Organismus des Unternehmens eingegliedert, so daß ihre Tätigkeit in der Regel selbständig ist. Schauspieler, Regisseure, Kameraleute, Regieassistenten und sonstige Mitarbeiter in der Film- und Fernsehfilmproduktion sind dagegen im allgemeinen nichtselbständig (BFH-Urteil vom 6.Oktober 1971 – BStBl. 1972 II S. 88). Das gilt auch für Mitarbeiter bei der Herstellung von Werbefilmen.

Synchronsprecher sind in der Regel selbständig (BFH-Urteil vom 12.Oktober 1978 – BStBl. 1981 II S. 706). Das gilt nicht nur für Lippensynchronsprecher, sondern auch für Synchronsprecher für besondere Filme (z. B. Kultur-, Lehr- und Werbefilme), bei denen der in eine andere Sprache zu übertragende Begleittext zu sprechen ist. Diese Grundsätze gelten für Synchronregisseure entsprechend.

1.5 **Wiederholungshonorare**

Wiederholungshonorare sind der Einkunftsart zuzuordnen, zu welcher das Ersthonorar gehört hat. Dies gilt auch dann, wenn das Wiederholungshonorar nicht vom Schuldner des Ersthonorars gezahlt wird. Ist das Ersthonorar im Rahmen der Einkünfte aus nichtselbständiger Arbeit zugeflossen und wird das Wiederholungshonorar durch einen Dritten gezahlt, so ist ein Lohnsteuerabzug nicht vorzunehmen.[1)]

2 **Steuerabzug vom Arbeitslohn**

2.1 Bei Annahme einer nichtselbständigen Tätigkeit ist der Arbeitgeber zur Einbehaltung und Abführung der Lohnsteuer verpflichtet. Die Höhe der einzubehaltenden Lohnsteuer richtet sich dabei nach der für den jeweiligen Lohnzahlungszeitraum maßgebenden Lohnsteuertabelle.

2.2 Bei täglicher Zahlung des Honorars ist grundsätzlich die Lohnsteuertabelle für tägliche Lohnzahlungen anzuwenden. Stellt sich die tägliche Lohnzahlung lediglich als Abschlagszahlung auf ein für einen längeren Lohnabrechnungszeitraum vereinbartes Honorar dar, so ist der Lohnabrechnungszeitraum als Lohnzahlungszeitraum zu betrachten (§ 39b Abs. 5 EStG). Können die Honorare nicht als Abschlagszahlungen angesehen werden, bestehen keine Bedenken, wenn eines der folgenden Verfahren angewendet wird:

2.2.1 **Erweiterter Lohnzahlungszeitraum**

Der Lohnzahlungszeitraum wird auf die vor der tatsächlichen Beschäftigung liegende Zeit ausgedehnt, soweit dieser Zeitraum nach der auf der Lohnsteuerkarte vermerkten Lohnsteuerbescheinigung nicht schon belegt ist. Dabei gilt jedoch die Einschränkung, daß für je zwei Tage der tatsächlichen Beschäftigung nur eine Woche, insgesamt jedoch höchstens ein Monat bescheinigt werden kann.

Beispiel:

a) Beschäftigung vom 26. bis 31.März (6 Tage). Letzte Eintragung auf der Lohnsteuerkarte 2. bis 5. März. Für 6 Tage Beschäftigung Eintragung von 3 Wochen = 21 Tage. Es kommt demnach ein erweiterter Lohnzahlungszeitraum für die Zeit vom 11. bis 31. März (21 Tage) in Betracht.

---
1) Hinweis auf BFH vom 6.3.1995 VI R 63/94 (BStBl. II S. 471), Rechtsprechung § 19 EStG.

Anlage § 019-04/Steuerabzug bei Künstlern (Zu LStH 19.0)

Würde sich im vorstehenden Beispiel die letzte Eintragung auf der Lohnsteuerkarte statt auf die Zeit vom 2. bis 5.März auf die Zeit vom 15. bis 18. März erstrecken, dann käme als erweiterter Lohnzahlungszeitraum nur die Zeit vom 19. bis 31. März in Betracht.

b) Beschäftigung vom 10. bis 19.März (10 Tage). Letzte Eintragung auf der Lohnsteuerkarte vom 2. bis 7. Februar. Für 10 Tage Beschäftigung Eintragung von 5 Wochen, höchstens jedoch ein Monat. Es kommt demnach ein erweiterter Lohnzahlungszeitraum für die Zeit vom 20. Februar bis 19. März in Betracht.

Würde im vorstehenden Beispiel die Beschäftigung statt vom 10. bis 19. März vom 10. März bis 15.April, also mindestens einen Monat dauern, so kommt die Anwendung des erweiterten Lohnzahlungszeitraums nicht in Betracht.

Ist die Zahl der tatsächlichen Beschäftigungstage nicht durch zwei teilbar und verbleibt demnach ein Rest von einem Tag oder beträgt die tatsächliche Beschäftigungsdauer nur einen Tag, so kann hierfür – im Rahmen des Höchstzeitraums von einem Monat – ebenfalls eine Woche bescheinigt werden.

Beispiel:
Beschäftigung vom 10. bis 12. März (3 Tage). Letzte Eintragung auf der Lohnsteuerkarte 2. bis 7. Februar. Für 3 Tage Beschäftigung Eintragung von 2 Wochen = 14 Tage. Es kommt demnach ein erweiterter Lohnzahlungszeitraum für die Zeit vom 27. Februar bis 12. März (14 Tage) in Betracht.

Würde im vorstehenden Beispiel die Beschäftigung statt vom 10. bis 12. März vom 10. bis 18. März dauern, so würden nach dieser Berechnung zwar 5 Wochen in Betracht kommen. Es kann aber nur höchstens ein Monat als Lohnzahlungszeitraum angesetzt werden, also die Zeit vom 19. Februar bis 18. März.

Bei Eintragung voller Wochen ist die Wochentabelle auf jeweils das auf die Anzahl der Wochen aufgeteilte Honorar, bei Eintragung eines Monats die Monatstabelle anzuwenden.

Beispiel:
Das Honorar für eine Beschäftigung von 5 Tagen beträgt 900 DM. Bei einem erweiterten Lohnzahlungszeitraum von 3 Wochen ist die Wochentabelle jeweils auf ein Drittel des Honorars = 300 DM anzuwenden.

Der Arbeitgeber hat in der Lohnsteuerbescheinigung in die zu bescheinigende Dauer des Dienstverhältnisses auch die Tage einzubeziehen, um die nach vorstehenden Verfahren Lohnzahlungszeiträume erweitert worden sind. Im Lohnkonto hat der Arbeitgeber neben den sonstigen Angaben, zu denen er verpflichtet ist, den Zeitraum der tatsächlichen Beschäftigung, den nach vorstehendem Verfahren erweiterten Lohnzahlungszeitraum sowie den auf der Lohnsteuerkarte vermerkten vorangegangenen Beschäftigungszeitraum sowie Name und Anschrift des früheren Arbeitgebers einzutragen.

Händigt der Arbeitgeber dem Arbeitnehmer die Lohnsteuerkarte vorübergehend aus (§ 39b Abs. 1 Satz 3 EStG), so hat er zuvor auf der Rückseite der Lohnsteuerkarte bereits die für eine spätere Lohnsteuerbescheinigung vorgesehene letzte Spalte (Anschrift und Steuer-Nr. des Arbeitgebers, ggf. Firmenstempel, mit Unterschrift) auszufüllen. Ein anderer Arbeitgeber, dem eine derart gekennzeichnete Lohnsteuerkarte vorgelegt wird, darf diese nicht seiner Lohnsteuerberechnung zugrunde legen; er hat vielmehr der Berechnung der Lohnsteuerbeträge die tatsächliche Zahl der Arbeitstage nach § 39b Abs. 4 EStG zugrunde zu legen und die Lohnsteuer nach § 39c Abs. 1 EStG zu errechnen.

2.2.2 Verlängerung des Lohnzahlungszeitraums auf einen Monat

Der Arbeitgeber vereinbart mit dem Arbeitnehmer, daß für das in einem Monat anfallende Honorar der Monat als Lohnzahlungszeitraum angesehen wird und die Zahlungen zunächst als Abschlag behandelt werden. Die in dem Monat gezahlten Abschläge werden innerhalb von drei Wochen nach Ablauf des Monats als Monatshonorare abgerechnet. Die Lohnsteuer wird dem Lohnzahlungszeitraum entsprechend nach der Monatstabelle einbehalten. Auf den Zeitpunkt der Leistung des Arbeitnehmers und die Dauer seiner Beschäftigung wird dabei nicht besonders abgestellt.

Dem Lohnsteuerabzug wird die dem Arbeitgeber vorgelegte Lohnsteuerkarte zugrunde gelegt. Voraussetzung für die Anwendung dieses Verfahrens ist, daß die für den Lohnsteuerabzug maßgebende Lohnsteuerkarte für den betreffenden Monat noch keine Eintragung enthält und mindestens für den Monat, in dem das Honorar anfällt, beim Arbeitgeber verbleibt.

Vor der Aushändigung der Lohnsteuerkarte wird die Lohnsteuerbescheinigung (§ 41b Abs. 1 EStG) eingetragen. Diese ist dem Lohnabrechnungszeitraum entsprechend jeweils für abge-

(Zu LStH 19.0) **Anlage § 019-04/Steuerabzug bei Künstlern**

schlossene Kalendermonate zu erteilen. Als Dauer des Dienstverhältnisses wird der Zeitraum eingetragen, in dem die Lohnsteuerkarte dem Arbeitgeber vorgelegen hat.

Verlangt ein Arbeitnehmer schon im Laufe des Kalenderjahrs die Aushändigung der Lohnsteuerkarte, weil er nicht mehr für den Arbeitgeber tätig ist oder einen Steuerklassenwechsel (z. B. wegen Verlagerung seiner Haupteinnahmequelle zu einem anderen Arbeitgeber; vgl. Abschn. 114 Abs. 3 Satz 1 LStR) vornehmen will, wird diese Lohnsteuerkarte noch bis zum Ende des laufenden Lohnabrechnungszeitraums dem Steuerabzug zugrunde gelegt. Kann die Lohnsteuerkarte nach Ablauf des Lohnabrechnungszeitraums infolge einer maschinellen Lohnabrechnung nicht sofort ausgehändigt werden, erhält der neue Arbeitgeber unmittelbar oder über den Arbeitnehmer eine vorläufige Bescheinigung – Zwischenbescheinigung – (§ 41b Abs. 1 Satz 6 EStG), so daß er ab Beginn des neuen Lohnabrechnungszeitraums (z. B. Monat) die sich daraus ergebende Steuerklasse anwenden kann.

Auf die bei Abschluß des Lohnsteuerabzugs nach § 41b Abs. 1 EStG auszuschreibende Bescheinigung wird besonders hingewiesen.

Enthält die Lohnsteuerkarte für einen Teil des Monats bereits eine Eintragung oder händigt der Arbeitgeber dem Arbeitnehmer die Lohnsteuerkarte vor Ablauf des Monats aus, in dem das Honorar anfällt, so ist der Steuerabzug vom Arbeitslohn für diesen Monat nach den allgemeinen Vorschriften oder nach dem in der nachfolgenden Tz. 2.2.3 zugelassenen Verfahren vorzunehmen. Bei Aushändigung der Lohnsteuerkarte im Laufe des Monats, in dem das Honorar anfällt, ist § 41c EStG zu beachten.

Sofern dem Arbeitgeber eine Lohnsteuerkarte nicht vorliegt, wird nach § 39c Abs. 1 und 2 EStG verfahren.

2.2.3 Permanente Monatsabrechnung

Liegen die Voraussetzungen der Tz. 2.2.2 vor, so kann der Steuerabzug vom Arbeitslohn für die während eines Monats anfallenden Lohnzahlungen nach der Monatstabelle auch in der Weise vorgenommen werden, daß die früheren Lohnzahlungen desselben Monats mit in die Steuerberechnung für den betreffenden Monat einbezogen werden. Dieses Verfahren kann grundsätzlich unabhängig von der auf der Lohnsteuerkarte eingetragenen Steuerklasse angewendet werden. Es gilt also auch bei Vorlage einer Lohnsteuerkarte mit der Steuerklasse VI, hingegen, wenn wegen fehlender Lohnsteuerkarte der Steuerabzug nach der Steuerklasse VI vorzunehmen ist. Die mehrmalige Anwendung der Monatstabelle innerhalb eines Monats ohne Einbeziehung früherer Zahlungen desselben Monats ist auf keinen Fall zulässig.

Beispiel:

Ein Arbeitnehmer, der dem Arbeitgeber eine Lohnsteuerkarte mit der Steuerklasse I vorgelegt hat, erhält am 8. August 1990 für eine eintägige Beschäftigung 400 DM. Die Lohnsteuer hierauf beträgt nach der Monatstabelle 0,– DM.

(Wenn der Arbeitnehmer eine Lohnsteuerkarte mit der Steuerklasse VI vorgelegt hat, beträgt die Lohnsteuer nach der Monatstabelle 75,16 DM.) Erhält der Arbeitnehmer im August 1990 von diesem Arbeitgeber keine weiteren Lohnzahlungen, so beträgt die Lohnsteuer für die am 8. August 1990 gezahlte Vergütung in Höhe von 400 DM nach Steuerklasse I 0,– DM. Erhält der Arbeitnehmer am 13. August 1990 und am 27. August 1990 vom selben Arbeitgeber nochmals jeweils 500 DM, so berechnet der Arbeitgeber die Lohnsteuer für diese Lohnzahlungen wie folgt (in der 2. Spalte ist vergleichsweise die Steuerberechnung bei Vorlage einer Lohnsteuerkarte mit der Steuerklasse VI aufgeführt):

a) **Lohnzahlung am 13. August 1990:**

		Steuerklasse I	Steuerklasse VI
Bis 13. August 1990 bereits gezahlter Arbeitslohn	400 DM		
zuzüglich für den 13. August 1990 zu zahlender Arbeitslohn	500 DM		
insgesamt	900 DM		
Lohnsteuer hierauf nach der Monatstabelle		17,08 DM	177,33 DM
abzüglich: Lohnsteuer, die vom bereits gezahlten Arbeitslohn einbehalten wurde		0,00 DM	75,16 DM
Für die Lohnzahlung am 13. August 1990 einzubehaltende Lohnsteuer		17,08 DM	102,17 DM

Anlage § 019-04/Steuerabzug bei Künstlern (Zu LStH 19.0)

	Steuerklasse I	Steuerklasse VI
b) **Lohnzahlung am 27. August 1990:**		
Bis 27. August 1990 bereits gezahlter Arbeitslohn	900 DM	
zuzüglich für den 27. August 1990 zu zahlender Arbeitslohn	500 DM	
insgesamt	1 400 DM	
Lohnsteuer hierauf nach der Monatstabelle	97,33 DM	303,00 DM
abzüglich: Lohnsteuer, die vom bereits gezahlten Arbeitslohn einbehalten wurde	17,08 DM	177,33 DM
Für die Lohnzahlung am 27. August 1990 einzubehaltende Lohnsteuer	80,25 DM	125,67 DM

Hat der Abeitnehmer dem Arbeitgeber keine Lohnsteuerkarte vorgelegt, so ist für die am 8., 13. und 27. August gezahlten Beträge die Lohnsteuer jeweils nach der Tagestabelle zu ermitteln.

2.2.4 Permanenter Lohnsteuer-Jahresausgleich

Der Steuerabzug vom Arbeitslohn kann unter den in §39b Abs. 2 Satz 7 EStG bzw. in Abschn. 121 Abs. 2 LStR genannten Voraussetzungen auch nach dem voraussichtlichen Jahresarbeitslohn unter Anwendung der Jahreslohnsteuertabelle unabhängig davon vorgenommen werden, welche Steuerklasse auf der Lohnsteuerkarte des Arbeitnehmers eingetragen ist.

Dieses Schreiben tritt an die Stelle der BMF-Schreiben vom 27. Juni 1975 – IV B 6 – S 2365 – 8/75 – (BStBl. I S. 923), vom 20.Juli 1976 – IV B 6 – S 2367 – 22/76 –, vom 22. Juni 1977 – IV B 6 – S 2367 – 10/77 – und vom 23. September 1981 – IV B 6 – S 2367 – 13/81.

Anlage

Finanzamt _____

Steuernummer _____

Bescheinigung

Herrn/Frau _____ geb. am _____

wohnhaft _____

wird bescheinigt, daß er/sie unter der Steuernummer _____

zur Einkommensteuer veranlagt wird.

Aufgrund des/der vorgelegten Vertrages/Verträge,

Prod.-Nr. _____ vom _____

der zwischen ihm/ihr und _____

über die Tätigkeit als _____

geschlossen wurde, werden die Honorareinnahmen unter dem Vorbehalt des jederzeitigen Widerrufs als

Einkünfte aus selbständiger Arbeit i.S. des §18 EStG[1]
Einkünfte aus Gewerbebetrieb i.S. des §15 EStG[1]
behandelt.

Die Unternehmereigenschaft im Sinne des Umsatzsteuergesetzes ist gegeben. Die Regelung des § 19 Abs. 1 UStG wird – nicht[1] – in Anspruch genommen.

Im Auftrag

---

[1] Nichtzutreffendes bitte streichen.

Anlage § 019-05/Rückzahlung Arbeitslohn

Lohnsteuererstattungsanspruch bei Rückzahlung von Arbeitslohn

Erlass des Finanzministers des Landes Nordrhein-Westfalen vom 19.2.1986 S 2399 – 1 – V B 3
(ESt-Kartei NW § 11 EStG Nr. 2)

Zu den im Zusammenhang mit der Rückzahlung von Arbeitslohn auftretenden steuerlichen Fragen wird folgende Auffassung vertreten:

1. Rückzahlung von nicht versteuertem Arbeitslohn

1.1 Zahlt ein Arbeitnehmer Arbeitslohn zurück, der im Zeitpunkt des Zuflusses zu Recht steuerbefreit war, so ist die Rückzahlung als ein außersteuerlicher Vorgang anzusehen. Der Arbeitnehmer kann im Jahr der Rückzahlung weder Werbungskosten noch negative Einnahmen in entsprechender Höhe geltend machen.

1.2 Tz. 1.1 gilt entsprechend für den Fall, daß der Arbeitnehmer Arbeitslohn zurückzahlen muss, bei dem es sich dem Grunde nach zwar um steuerpflichtigen Arbeitslohn gehandelt hat, der aber im Zeitpunkt des Zuflusses zu Unrecht als steuerfrei behandelt worden ist.

Beispiele:

a) Dem Arbeitnehmer ist ein bestimmter Betrag als Reisekostenersatz steuerfrei ausgezahlt worden. Es stellt sich später heraus, daß die Voraussetzungen einer Dienstreise nicht gegeben waren. Der Arbeitgeber fordert den zu Unrecht gewährten Betrag zurück.

b) Der Arbeitnehmer hat ein Jubiläumsgeschenk steuerfrei erhalten, weil der Arbeitgeber irrigerweise davon ausging, daß eine Dienstzeit von 25 Jahren erfüllt sei. Nachträglich stellt der Arbeitgeber fest, daß erst 20 Dienstjahre vorlagen. Der Arbeitgeber fordert aus diesem Grunde das Jubiläumsgeschenk zurück.

Sieht der Arbeitgeber in derartigen Fällen von einer Rückforderung des zu Unrecht als steuerfrei behandelten Arbeitslohns ab, muß dieser Arbeitslohn noch nachträglich steuerlich erfasst werden.

2. Rückzahlung von versteuertem Arbeitslohn

Zahlt ein Arbeitnehmer Arbeitslohn zurück, der dem Lohnsteuerabzug unterlegen hat, so bleibt der früher gezahlte Arbeitslohn zugeflossen (§ 11 Abs. 1 EStG). Die zurückgezahlten Beträge sind im Zeitpunkt der Rückzahlung (§ 11 Abs. 2 EStG) als negative Einnahmen zu behandeln. Im Einzelnen gilt Folgendes:

2.1 Rückzahlung von Arbeitslohn im Kalenderjahr seiner Zahlung bei fortbestehendem Dienstverhältnis

Hat der Arbeitnehmer Arbeitslohn im selben Kalenderjahr zurückzuzahlen, in dem er ihn erhalten hat, und steht er im Zeitpunkt der Rückzahlung noch in einem Dienstverhältnis zu demselben Arbeitgeber, kann dieser den zurückgezahlten Betrag im Lohnzahlungszeitraum der Rückzahlung oder in den auf die Rückzahlung folgenden Lohnzahlungszeiträumen sowie im Lohnsteuer-Jahresausgleich nach § 42b EStG vom steuerpflichtigen Arbeitslohn absetzen. Es bestehen keine Bedenken, wenn der Arbeitgeber statt dessen den Lohnsteuerabzug des früheren Lohnzahlungszeitraums auf Grund der Rückzahlung entsprechend ändert.

Die Berücksichtigung des zurückgezahlten Betrags durch den Arbeitgeber ist gemäß § 41c Abs. 3 EStG aber nur bis zur Ausstellung einer Lohnsteuerbescheinigung oder eines Lohnzettels möglich. Kann der Arbeitgeber deswegen zurückgezahlte Beträge des Arbeitnehmers nicht mehr berücksichtigen oder macht er von seiner Berechtigung hierzu keinen Gebrauch, kann der Arbeitnehmer diese Beträge im Lohnsteuer-Jahresausgleich oder bei der Veranlagung zur Einkommensteuer als negative Einnahmen geltend machen (vgl. Tz. 2.4).

2.2 Rückzahlung von Arbeitslohn in einem späteren Kalenderjahr bei fortbestehendem Dienstverhältnis

Wird Arbeitslohn nicht im Kalenderjahr der Zahlung, sondern in einem späteren Kalenderjahr zurückgefordert, stellen die zurückgezahlten Beträge negative Einnahmen des Rückzahlungsjahrs dar. Steht der Arbeitnehmer zu dem Arbeitgeber, der den Arbeitslohn überzahlt hat, noch in einem Dienstverhältnis, kann der Arbeitgeber die Rückzahlung im Lohnzahlungszeitraum der Rückzahlung oder in den auf die Rückzahlung folgenden Lohnzahlungszeiträumen sowie im Lohnsteuer-Jahresausgleich nach § 42b EStG berücksichtigen. Im Übrigen gilt Tz. 2.1 entsprechend.

Anlage § 019-05/Rückzahlung Arbeitslohn

2.3 **Rückzahlung von Arbeitslohn nach Beendigung des Dienstverhältnisses**

Steht ein Arbeitnehmer im Zeitpunkt der Rückzahlung von Arbeitslohn nicht mehr in einem Dienstverhältnis zu dem Arbeitgeber, der den Arbeitslohn überzahlt hat, kann der zurückgezahlte Betrag nur im Lohnsteuer-Jahresausgleich oder bei einer Veranlagung zur Einkommensteuer berücksichtigt werden (vgl. Tz. 2.4).

2.4 **Berücksichtigung der Rückzahlung beim Lohnsteuer-Jahresausgleich oder bei der Veranlagung zur Einkommensteuer durch das Finanzamt**

Für die Berücksichtigung zurückgezahlten Arbeitslohns als negative Einnahme (vgl. Tz. 2.1, 2.2 und 2.3) im Lohnsteuer-Jahresausgleich oder bei der Veranlagung zur Einkommensteuer gilt folgendes:

2.4.1 Bezieht der Arbeitnehmer im Jahr der Rückzahlung Einkünfte aus nichtselbständiger Arbeit, werden diese durch den zurückgezahlten Arbeitslohn (negative Einnahmen) entsprechend gemindert.

2.4.2 Bezieht der Arbeitnehmer im Kalenderjahr der Rückzahlung keine Einkünfte aus nichtselbständiger Arbeit, so können die negativen Einnahmen mit anderen Einkünften im Rahmen einer Veranlagung zur Einkommensteuer ausgeglichen werden.

2.4.3 Soweit dem Arbeitnehmer im Kalenderjahr der Rückzahlung keine positiven Einkünfte verbleiben, kann er eine Erstattung von Steuern erreichen, indem er für den zurückgezahlten Arbeitslohn einen Verlustabzug von positiven Einkünften der beiden vorangegangenen Kalenderjahre (Verlustrücktrag) bzw. in den folgenden 5 Kalenderjahren (Verlustvortrag) nach Maßgabe von § 10d EStG beantragt. Kommt für diese Kalenderjahre nicht bereits aus anderen Gründen eine Veranlagung zur Einkommensteuer in Betracht, kann sie der Arbeitnehmer besonders beantragen (§ 46 Abs. 2 Nr. 8 EStG).

2.4.4 Die Höhe der im Lohnsteuer-Jahresausgleich bzw. bei der Veranlagung zur Einkommensteuer zu berücksichtigenden negativen Einnahmen ist vom Arbeitnehmer nachzuweisen oder glaubhaft zu machen. Dem Antrag auf Lohnsteuer-Jahresausgleich oder der Einkommensteuererklärung sollte deshalb, wenn der Arbeitnehmer nicht über andere geeignete Unterlagen verfügt, eine entsprechende Bescheinigung des Arbeitgebers beigefügt werden.

3. **Steuererstattungen im Billigkeitswege (§ 227 AO)**

Kann der Arbeitnehmer nach Maßgabe von Tz. 2.4 keinen vollen steuerlichen Ausgleich (einschl. Progressionsnachteile) erlangen, kommt regelmäßig eine zusätzliche Steuererstattung aus sachlichen Billigkeitsgründen (§ 227 AO) nicht in Betracht, weil der Gesetzgeber Auswirkungen bei der Anwendung der Vorschriften des § 11 EStG (Zufluss von Einnahmen, Abfluss von Ausgaben) oder des § 10d EStG (Verlustabzug) zum Vorteil oder zum Nachteil des Steuerpflichtigen bewusst in Kauf genommen hat. Die Erstattung von Steuerbeträgen aus persönlichen Billigkeitsgründen des Arbeitnehmers bleibt hiervon unberührt.

4. **Steuerliche Folgen aus der Rückzahlung von Sozialversicherungsbeiträgen**

Wird bei der Rückzahlung von Arbeitslohn auch die sozialversicherungsrechtliche Behandlung rückgängig gemacht, ist folgendes zu beachten:

4.1 Fordert der Arbeitgeber vom Arbeitnehmer den Bruttoarbeitslohn ohne Kürzung um den Arbeitnehmeranteil zur Sozialversicherung zurück und erstattet er dem Arbeitnehmer später diesen Anteil, weil er den Betrag von dem für alle Arbeitnehmer des Betriebs abzuführenden Sozialversicherungsbeiträgen gekürzt oder vom Sozialversicherungsträger erstattet erhalten hat, so stellt die Vergütung keinen steuerpflichtigen Arbeitslohn dar. Fordert der Arbeitgeber dagegen vom Arbeitnehmer den Bruttoarbeitslohn zunächst gekürzt um den Arbeitnehmeranteil zur Sozialversicherung zurück und behält er die durch Verrechnung zurückerhaltenen Arbeitnehmeranteile zurück, stellen diese ebenfalls zurückgezahlten Arbeitslohn des Arbeitnehmers dar, auf den Tz. 2 anwendbar ist. Dies gilt unabhängig davon, ob die Sozialversicherungsbeiträge in demselben oder im nachfolgenden Kalenderjahr verrechnet werden.

4.2 Die zurückgezahlten Arbeitnehmeranteile zur Sozialversicherung mindern im Rückzahlungsjahr die als Vorsorgeaufwendungen abziehbaren Sozialversicherungsbeiträge. Der Arbeitgeber hat dies bei der Bescheinigung der einbehaltenen Sozialversicherungsbeiträge zu berücksichtigen.

4.3 Die Erstattung des Arbeitgeberanteils zur gesetzlichen Sozialversicherung spielt sich nur im Verhältnis des Arbeitgebers zu den Sozialversicherungsträgern ab und hat keine Auswirkungen auf die Besteuerung des Arbeitslohns. Sie mindert jedoch die ggf. auf den Vorwegabzugsbetrag nach

Anlage § 019-05/Rückzahlung Arbeitslohn

§ 10 Abs. 3 Nr. 2 Buchst. a EStG anzurechnenden Arbeitgeberleistungen; der Arbeitgeber hat dies bei einer Bescheinigung der Arbeitgeberanteile zur Sozialversicherung entsprechend zu berücksichtigen.

5. **Rückzahlung von Arbeitslohn in Fällen der Nettolohnvereinbarung**

    Für die steuerliche Behandlung von zurückgezahltem Arbeitslohn bei Vorliegen einer Nettolohnvereinbarung gelten die Ausführungen unter Tz. 2 bis 4 entsprechend. Steuerschuldner und damit auch Erstattungsberechtigter ist der Arbeitnehmer und nicht der Arbeitgeber.

6. **Rückzahlung von Arbeitslohn in den Fällen der Lohnsteuerpauschalierung nach §§ 40, 40a und 40b EStG**

    Die Rückzahlung von Arbeitslohn, der unter Übernahme der Lohnsteuer durch den Arbeitgeber nach §§ 40, 40a und 40b EStG pauschal versteuert worden ist, hat keine negativen Einnahmen beim Arbeitnehmer zur Folge. Die Rückzahlung führt vielmehr zu einem Erstattungsanspruch des Arbeitgebers. Für die Ermittlung eines evtl. Steuererstattungsanspruchs sind folgende Fälle zu unterscheiden:

    6.1 **Pauschalierung nach §§ 40 Abs. 2, 40a, 40b EStG**

    Soweit eine Verrechnung des zurückgezahlten Arbeitslohns mit entsprechenden Zahlungen im gleichen Anmeldungszeitraum nicht möglich ist, ergibt sich für den Arbeitgeber ein Steuererstattungsanspruch. Der Berechnung dieses Anspruchs ist der entsprechende, im Zeitpunkt der Rückzahlung geltende Pauschsteuersatz zugrunde zu legen. Im Übrigen wird wegen der Rückzahlung von nach § 40b EStG pauschalbesteuertem Arbeitslohn auf die Anweisung im Teil B § 40b EStG Nr. 106 hingewiesen, die dem BMF-Schreiben vom 24.5.1978 – IV B 6 – S 2333 – 13/78 in BStBl. I S. 232 entspricht.

    6.2 **Pauschalierung nach § 40 Abs. 1 EStG**

    Im Fall des § 40 Abs. 1 EStG darf der zurückgezahlte Arbeitslohn nicht mit entsprechenden positiven Zahlungen im gleichen Anmeldungszeitraum verrechnet werden. Die Rückzahlung führt deshalb generell zu einem Steuererstattungsanspruch des Arbeitgebers. Dabei kann aus Vereinfachungsgründen von dem Betrag ausgegangen werden, der vorher als pauschale Lohnsteuer für die zurückgezahlten Beträge abgeführt worden ist.

Dieser Erlass ergeht im Einvernehmen mit dem Bundesminister der Finanzen und den obersten Finanzbehörden der anderen Länder.

Anlage § 019-06/Vermietung Büroraum (Zu LStH 9.14, 19.3)

Vermietung eines Büroraums an den Arbeitgeber;
Anwendung des BFH-Urteils vom 16. September 2004 (BStBl. 2006 II S. 10)

BMF-Schreiben vom 13. Dezember 2005 IV C 3 – S 2253 – 112/05 (BStBl. 2006 I S. 4)

Zur einkommensteuerrechtlichen Behandlung der Vermietung eines Büroraums durch einen Arbeitnehmer an seinen Arbeitgeber, den der Arbeitnehmer als Arbeitszimmer nutzt, hat der Bundesfinanzhof in Fortentwicklung der Urteile vom 19. Oktober 2001 (BStBl. 2002 II S. 300) und vom 20. März 2003 (BStBl. II S. 519) mit Urteil vom 16. September 2004 seine Rechtsprechung weiter präzisiert.

Unter Bezugnahme auf das Ergebnis der Erörterungen mit den obersten Finanzbehörden der Länder sind die Urteilsgrundsätze unter Anlegung eines strengen Maßstabs wie folgt anzuwenden:

Zu den Einkünften aus nichtselbständiger Arbeit zählen nach § 19 Abs. 1 Satz 1 Nr. 1 EStG auch andere Bezüge und Vorteile, die einem Arbeitnehmer für eine Beschäftigung im öffentlichen oder privaten Dienst gewährt werden. Ein Vorteil wird gewährt, wenn er durch das individuelle Dienstverhältnis des Arbeitnehmers veranlasst ist. Hieran fehlt es, wenn der Arbeitgeber dem Arbeitnehmer Vorteile aufgrund einer anderen, neben dem Dienstverhältnis gesondert bestehenden Rechtsbeziehung – beispielsweise einem Mietverhältnis – zuwendet.

Leistet der Arbeitgeber Zahlungen für ein im Haus oder in der Wohnung des Arbeitnehmers gelegenes Büro, das der Arbeitnehmer für die Erbringung seiner Arbeitsleistung nutzt, so ist die Unterscheidung zwischen Arbeitslohn und Einkünften aus Vermietung und Verpachtung danach vorzunehmen, in wessen vorrangigem Interesse die Nutzung des Büros erfolgt.

Dient die Nutzung in erster Linie den Interessen des Arbeitnehmers, ist davon auszugehen, dass die Zahlungen des Arbeitgebers als Gegenleistung für das Zurverfügungstellen der Arbeitskraft des Arbeitnehmers erfolgt sind. Die Einnahmen sind als Arbeitslohn zu erfassen.

Eine für die Zuordnung der Mietzahlungen zu den Einnahmen aus Vermietung und Verpachtung i. S. von § 21 Abs. 1 Nr. 1 EStG erforderliche, neben dem Dienstverhältnis gesondert bestehende Rechtsbeziehung setzt voraus, dass das Arbeitszimmer vorrangig im betrieblichen Interesse des Arbeitgebers genutzt wird und dieses Interesse über die Entlohnung des Arbeitnehmers sowie über die Erbringung der jeweiligen Arbeitsleistung hinaus geht. Die Ausgestaltung der Vereinbarung zwischen Arbeitgeber und Arbeitnehmer als auch die tatsächliche Nutzung des angemieteten Raumes im Haus oder der Wohnung des Arbeitnehmers müssen maßgeblich und objektiv nachvollziehbar von den Bedürfnissen des Arbeitgebers geprägt sein.

Für das Vorliegen eines betrieblichen Interesses sprechen beispielsweise folgende Anhaltspunkte:

– Für den/die Arbeitnehmer sind im Unternehmen keine geeigneten Arbeitszimmer vorhanden; die Versuche des Arbeitgebers, entsprechende Räume von fremden Dritten anzumieten, sind erfolglos geblieben.

– Der Arbeitgeber hat für andere Arbeitnehmer des Betriebs, die über keine für ein Arbeitszimmer geeignete Wohnung verfügen, entsprechende Rechtsbeziehungen mit fremden Dritten, die nicht in einem Dienstverhältnis zu ihm stehen, begründet.

– Es wurde eine ausdrückliche, schriftliche Vereinbarung über die Bedingungen der Nutzung des überlassenen Raumes abgeschlossen.

Allerdings muss der Steuerpflichtige auch in diesen Fällen das vorrangige betriebliche Interesse seines Arbeitgebers nachweisen, ansonsten sind die Zahlungen als Arbeitslohn zu erfassen.

Ein gegen das betriebliche Interesse und damit für den Arbeitslohncharakter der Mieteinnahmen sprechendes gewichtiges Indiz liegt vor, wenn der Arbeitnehmer im Betrieb des Arbeitgebers über einen weiteren Arbeitsplatz verfügt und die Nutzung des häuslichen Arbeitszimmers vom Arbeitgeber lediglich gestattet oder geduldet wird. In diesem Fall ist grundsätzlich von einem vorrangigen Interesse des Arbeitnehmers an der Nutzung des häuslichen Arbeitszimmers auszugehen. Zur Widerlegung dieser Annahme muss der Steuerpflichtige das vorrangige Interesse seines Arbeitgebers an zusätzlichen häuslichen Arbeitsplatz, hinter welches das Interesse des Steuerpflichtigen zurücktritt, nachweisen. Ein etwa gleichgewichtiges Interesse von Arbeitgeber und Arbeitnehmer reicht hierfür nicht aus.

Für das Vorliegen eines betrieblichen Interesses kommt es nicht darauf an,

– ob ein entsprechendes Nutzungsverhältnis zu gleichen Bedingungen auch mit einem fremden Dritten hätte begründet werden können,

– ob der vereinbarte Mietzins die Höhe des ortsüblichen Mietzinses unterschreitet, denn das geforderte betriebliche Interesse an der Nutzung des betreffenden Raumes wird durch eine für den Arbeitgeber vorteilhafte Gestaltung der zugrunde liegenden Rechtsbeziehung nicht in Frage gestellt.

Anlage § 019-06/Vermietung Büroraum

Bei einer auf Dauer angelegten Vermietungstätigkeit ist nach der Rechtsprechung des Bundesfinanzhofs vom Vorliegen der Einkunftserzielungsabsicht auszugehen (vgl. auch BMF-Schreiben vom 8. Oktober 2004 – BStBl. I S. 933). Das gilt auch für die Vermietung eines im Haus oder der Wohnung des Arbeitnehmers gelegenen Büros an den Arbeitgeber. Selbst wenn wegen der Koppelung des Mietvertrags an die Amts- oder Berufszeit des Arbeitnehmers und im Hinblick auf die Höhe des Mietzinses Zweifel am Vorliegen der Einkunftserzielungsabsicht bestehen, steht dies bei vorrangigem betrieblichen Interesse des Arbeitgebers einer Berücksichtigung der Aufwendungen nicht entgegen.

Liegen die Voraussetzungen für die Zuordnung der Mieteinnahmen zu den Einkünften aus Vermietung und Verpachtung vor, sind die das Dienstzimmer betreffenden Aufwendungen in vollem Umfang als Werbungskosten zu berücksichtigen. Sie fallen nicht unter die Abzugsbeschränkung des § 4 Abs. 5 Satz 1 Nr. 6b EStG.

Anlage § 019-08/Übernahme Rentenversicherung (Zu LStH 19.3)

Übernahme von Beitragsleistungen zur freiwilligen Versicherung der Arbeitnehmer in der gesetzlichen Rentenversicherung durch den Arbeitgeber; Anwendung des BFH-Urteils vom 5. September 2006 – VI R 38/04 – (BStBl. 2007 II S. 181)

BMF-Schreiben vom 13. Februar 2007 IV C 5 – S 2333/07/0002, 2007/0056987 (BStBl. I S. 270)

Der Bundesfinanzhof hat mit Urteil vom 5. September 2006 – VI R 38/04 – (BStBl. 2007 II S. 181) entschieden, dass die Übernahme von Beitragsleistungen zur freiwilligen Versicherung in der gesetzlichen Rentenversicherung durch den Arbeitgeber für sog. Kirchenbeamte dann keinen Arbeitslohn darstellt, wenn die Leistungen aus der gesetzlichen Rentenversicherung auf die zugesagten beamtenrechtlichen Versorgungsbezüge angerechnet werden sollen.

Die Entscheidung steht im Widerspruch zur langjährigen Auslegung des § 19 Abs. 1 Satz 1 Nr. 1 EStG in Verbindung mit § 2 Abs. 2 Nr. 3 LStDV und der dazu ergangenen Rechtsprechung. Wie der BFH unter II. 1. b) selbst ausführt, sind Zukunftssicherungsleistungen, die ein Arbeitgeber zugunsten eines Arbeitnehmers leistet, dann Arbeitslohn, wenn dem Arbeitnehmer gegen die Versorgungseinrichtung, an die der Arbeitgeber die Beiträge leistet, ein unentziehbarer Rechtsanspruch auf spätere Versorgungsleistungen zusteht. Diese Voraussetzung ist im entschiedenen Fall unzweifelhaft erfüllt. Die Tatsache, dass die späteren Leistungen aus der gesetzlichen Rentenversicherung auf die zugesagten beamtenrechtlichen Versorgungsbezüge angerechnet werden, rechtfertigt keine abweichende Beurteilung. Sie lässt unberücksichtigt, dass die späteren Leistungen aus der gesetzlichen Rentenversicherung einer anderen Einkunftsart zuzurechnen sind. Die Übernahme der Arbeitnehmeranteile zur gesetzlichen Rentenversicherung erfolgt zwar auch im Interesse des Arbeitgebers, weil die später von ihm selbst zu erbringenden Versorgungsleistungen reduziert werden können. Die Entscheidung berücksichtigt aber nicht, dass auch die Arbeitnehmer ein erhebliches eigenes Interesse an den späteren Leistungen aus der gesetzlichen Rentenversicherung haben. Denn während die Versorgungsbezüge – unter Berücksichtigung der Freibeträge für Versorgungsbezüge – in voller Höhe steuerpflichtig sind, unterliegen die Renten aus der gesetzlichen Rentenversicherung der Besteuerung lediglich mit dem sich aus § 22 Nr. 1 Satz 3 Buchstabe a Doppelbuchstabe aa EStG ergebenden Besteuerungsanteil. Dies führt regelmäßig dazu, dass den Arbeitnehmern, die auch Leistungen aus der gesetzlichen Rentenversicherung beziehen, ein höheres Nettoeinkommen verbleibt, als den Arbeitnehmern, die ausschließlich die zugesagten beamtenrechtlichen Versorgungsbezüge erhalten.

Außerdem schließen die Entscheidungsgründe nicht aus, dass die aufgestellten Rechtsgrundsätze auf andere Zukunftssicherungsleistungen, wie z.B. Direktversicherungen, übertragen werden könnten. Unter der Voraussetzung, dass spätere Leistungen aus einer Direktversicherung auf eine Werkspension angerechnet würden, könnten die Beitragsleistungen für die Direktversicherung nicht als Arbeitslohn angesehen werden, obwohl ein unentziehbarer Rechtsanspruch auf spätere Versorgungsleistungen gegen einen Dritten besteht. Wegen der Besteuerung der Versorgungsleistungen lediglich mit dem Ertragsanteil (§ 22 Nr. 1 Satz 3 Buchstabe a Doppelbuchstabe bb EStG) würde ein Steuersparmodell ermöglicht, worauf bereits in einer Anmerkung zu dem BFH-Urteil in DStRE 2006, S. 1383 hingewiesen wird. Dies ist nicht vertretbar.

Unter Bezugnahme auf das Ergebnis der Erörterung mit den obersten Finanzbehörden der Länder sind die Rechtsgrundsätze des Urteils deshalb nicht über den entschiedenen Einzelfall hinaus anzuwenden.

Dieses Schreiben wird im Bundessteuerblatt Teil I veröffentlicht. Es steht ab sofort für eine Übergangszeit auf den Internetseiten des Bundesministeriums der Finanzen http://www.bundesfinanzministerium.de unter der Rubrik Steuern/Veröffentlichung zu Steuerarten/Lohnsteuer zur Ansicht und zum Abruf bereit.

(Zu LStH 24b, 39.1) **Anlage § 024b-01/Entlastungsbetrag für Alleinerziehende**

Entlastungsbetrag für Alleinerziehende (§ 24b EStG); Anwendungsschreiben

BMF-Schreiben vom 29. Oktober 2004 IV C 4 – S 2281 – 515/04 (BStBl. I S. 1042)

Unter Bezugnahme auf das Ergebnis der Erörterungen mit den obersten Finanzbehörden der Länder gilt für die Anwendung des § 24b EStG ab dem Veranlagungszeitraum 2004 Folgendes:

I. Allgemeines

Durch Artikel 9 des Haushaltsbegleitgesetzes 2004 vom 29. Dezember 2003 (BGBl. I S. 3076; BStBl. 2004 I S. 120) wurde mit § 24b EStG ein Entlastungsbetrag für Alleinerziehende in Höhe von 1 308 Euro jährlich zum 1. Januar 2004 in das Einkommensteuergesetz eingefügt. Durch das Gesetz zur Änderung der Abgabenordnung und weiterer Gesetze vom 21. Juli 2004 (BGBl. I S. 1753) wurden die Voraussetzungen für die Inanspruchnahme des Entlastungsbetrages für Alleinerziehende rückwirkend ab dem 1. Januar 2004 geändert, im Wesentlichen wurde der Kreis der Berechtigten erweitert.

Ziel des Entlastungsbetrages für Alleinerziehende ist es, die höheren Kosten für die eigene Lebens- bzw. Haushaltsführung der sog. echten Alleinerziehenden abzugelten, die einen gemeinsamen Haushalt nur mit ihren Kindern und keiner anderen erwachsenen Person führen, die tatsächlich oder finanziell zum Haushalt beiträgt.

Der Entlastungsbetrag für Alleinerziehende wird außerhalb des Familienleistungsausgleichs bei der Ermittlung des Gesamtbetrages der Einkünfte durch Abzug von der Summe der Einkünfte und beim Lohnsteuerabzug durch die Steuerklasse II berücksichtigt.

II. Anspruchsberechtigte

Der Entlastungsbetrag für Alleinerziehende wird Steuerpflichtigen gewährt, die

– „allein stehend" sind und
– zu deren Haushalt mindestens ein Kind gehört, für das ihnen ein Freibetrag nach § 32 Abs. 6 EStG oder Kindergeld zusteht.

„Allein stehend" im Sinne des § 24b Abs. 1 EStG sind nach § 24b Abs. 2 EStG Steuerpflichtige, die

– nicht die Voraussetzungen für die Anwendung des Splitting-Verfahrens (§ 26 Abs. 1 EStG) erfüllen oder
– verwitwet sind

und

– keine Haushaltsgemeinschaft mit einer anderen volljährigen Person bilden (Ausnahme siehe unter 3.).

1. Haushaltszugehörigkeit

Ein Kind gehört zum Haushalt des Steuerpflichtigen, wenn es dauerhaft in dessen Wohnung lebt oder mit seiner Einwilligung vorübergehend, z.B. zu Ausbildungszwecken, auswärtig untergebracht ist. Haushaltszugehörigkeit erfordert ferner eine Verantwortung für das materielle (Versorgung, Unterhaltsgewährung) und immaterielle Wohl (Fürsorge, Betreuung) des Kindes. Eine Heimunterbringung ist unschädlich, wenn die Wohnverhältnisse in der Familienwohnung die speziellen Bedürfnisse des Kindes berücksichtigen und es sich im Haushalt des Steuerpflichtigen regelmäßig aufhält (vgl. BFH-Urteil vom 14. November 2001, BStBl. 2002 II S. 244). Ist das Kind nicht in der Wohnung des Steuerpflichtigen gemeldet, trägt der Steuerpflichtige die Beweislast für das Vorliegen der Haushaltszugehörigkeit. Ist das Kind bei mehreren Steuerpflichtigen gemeldet oder unbestritten zum Haushalt eines Steuerpflichtigen ohne bei ihm gemeldet zu sein, ist es aber bei weiteren Steuerpflichtigen gemeldet, steht der Entlastungsbetrag demjenigen Alleinstehenden zu, zu dessen Haushalt das Kind tatsächlich gehört. Dies ist im Regelfall derjenige, der das Kindergeld erhält.

2. Splitting-Verfahren

Es sind grundsätzlich nur Steuerpflichtige anspruchsberechtigt, die nicht die Voraussetzungen für die Anwendung des Splitting-Verfahrens erfüllen. Abweichend hiervon können verwitwete Steuerpflichtige nach § 24b Abs. 3 EStG den Entlastungsbetrag für Alleinerziehende erstmals zeitanteilig für den Monat des Todes des Ehegatten beanspruchen. Darüber hinaus, insbesondere in den Fällen der getrennten oder der besonderen Veranlagung im Jahr der Eheschließung, kommt eine zeitanteilige Berücksichtigung nicht in Betracht.

Im Ergebnis sind nur Steuerpflichtige anspruchsberechtigt, die

– während des gesamten Veranlagungszeitraums nicht verheiratet (ledig, geschieden) sind,

Anlage § 024b-01/Entlastungsbetrag für Alleinerziehende (Zu LStH 24b, 39.1)

- verheiratet sind, aber seit dem vorangegangenen Veranlagungszeitraum dauernd getrennt leben,
- verwitwet sind

oder

- deren Ehegatte im Ausland lebt und nicht unbeschränkt einkommensteuerpflichtig im Sinne des § 1 Abs. 1 oder 2 EStG oder des § 1a EStG ist.

3. Haushaltsgemeinschaft

Gemäß § 24b Abs. 2 Satz 1 EStG sind Steuerpflichtige nur dann „allein stehend", wenn sie keine Haushaltsgemeinschaft mit einer anderen volljährigen Person bilden.

Der Gewährung des Entlastungsbetrages für Alleinerziehende steht es kraft Gesetzes nicht entgegen, wenn eine andere minderjährige Person in den Haushalt aufgenommen wird oder es sich bei der anderen volljährigen Person um ein leibliches Kind, Adoptiv-, Pflege-, Stief- oder Enkelkind handelt, für das dem Steuerpflichtigen ein Freibetrag für Kinder (§ 32 Abs. 6 EStG) oder Kindergeld zusteht oder das steuerlich nicht berücksichtigt wird, weil es

- den gesetzlichen Grundwehr- oder Zivildienst leistet (§ 32 Abs. 5 Satz 1 Nr. 1 EStG),
- sich an Stelle des gesetzlichen Grundwehrdienstes freiwillig für die Dauer von nicht mehr als drei Jahren zum Wehrdienst verpflichtet hat (§ 32 Abs. 5 Satz 1 Nr. 2 EStG) oder
- eine vom gesetzlichen Grundwehrdienst oder Zivildienst befreiende Tätigkeit als Entwicklungshelfer im Sinne des § 1 Abs. 1 des Entwicklungshelfer-Gesetzes ausübt (§ 32 Abs. 5 Satz 1 Nr. 3 EStG).

§ 24b Abs. 2 Satz 2 EStG enthält neben der gesetzlichen Definition der Haushaltsgemeinschaft auch die widerlegbare Vermutung für das Vorliegen einer Haushaltsgemeinschaft, die an die Meldung der anderen volljährigen Person mit Haupt- oder Nebenwohnsitz in der Wohnung des Steuerpflichtigen anknüpft. Eine nachträgliche Ab- bzw. Ummeldung ist insoweit unerheblich. Die Vermutung gilt jedoch dann nicht, wenn die Gemeinde oder das Finanzamt positive Kenntnis davon hat, dass die tatsächlichen Verhältnisse von den melderechtlichen Verhältnissen zugunsten des Steuerpflichtigen abweichen.

a) Begriff der Haushaltsgemeinschaft

Eine Haushaltsgemeinschaft liegt vor, wenn der Steuerpflichtige und die andere Person in der gemeinsamen Wohnung – im Sinne des § 8 AO – gemeinsam wirtschaften („Wirtschaften aus einem Topf"). Die Annahme einer Haushaltsgemeinschaft setzt hingegen nicht die Meldung der anderen Person in der Wohnung des Steuerpflichtigen voraus.

Eine Haushaltsgemeinschaft setzt ferner nicht voraus, dass nur eine gemeinsame Kasse besteht und die zur Befriedigung jeglichen Lebensbedarfs dienenden Güter nur gemeinsam und aufgrund gemeinsamer Planung angeschafft werden. Es genügt eine mehr oder weniger enge Gemeinschaft mit nahem Beieinanderwohnen, bei der jedes Mitglied der Gemeinschaft tatsächlich oder finanziell seinen Beitrag zur Haushalts- bzw. Lebensführung leistet und an ihr partizipiert (der gemeinsame Verbrauch der Lebensmittel oder Reinigungsmittel, die gemeinsame Nutzung des Kühlschrankes etc.).

Auf die Zahlungswege kommt es dabei nicht an, d.h. es steht der Annahme einer Haushaltsgemeinschaft nicht entgegen, wenn z.B. der Steuerpflichtige die laufenden Kosten des Haushalts ohne Miete trägt und die andere Person dafür vereinbarungsgemäß die volle Miete bezahlt.

Es kommt ferner nicht darauf an, dass der Steuerpflichtige und die andere Person in besonderer Weise materiell (Unterhaltsgewährung) und immateriell (Fürsorge und Betreuung) verbunden sind.

Deshalb wird grundsätzlich bei jeder Art von Wohngemeinschaften vermutet, dass bei Meldung der anderen Person in der Wohnung des Steuerpflichtigen auch eine Haushaltsgemeinschaft vorliegt.

Als Kriterien für eine Haushaltsgemeinschaft können auch der Zweck und die Dauer der Anwesenheit der anderen Person in der Wohnung des Steuerpflichtigen herangezogen werden. So liegt eine Haushaltsgemeinschaft nicht vor bei nur kurzfristiger Anwesenheit in der Wohnung oder nicht nur vorübergehender Abwesenheit von der Wohnung.

Beispiele für nur kurzfristige Anwesenheit:
Zu Besuchszwecken, aus Krankheitsgründen

Beispiele für nur vorübergehende Abwesenheit:
Krankenhausaufenthalt, Auslandsreise, Auslandsaufenthalt eines Montagearbeiters, doppelte Haushaltsführung aus beruflichen Gründen bei regelmäßiger Rückkehr in die gemeinsame Wohnung

Beispiele für eine nicht nur vorübergehende Abwesenheit:
Strafvollzug, bei Meldung als vermisst, Auszug aus der gemeinsamen Wohnung, evtl. auch Unterhaltung einer zweiten Wohnung aus privaten Gründen

(Zu LStH 24b, 39.1) **Anlage § 024b-01/Entlastungsbetrag für Alleinerziehende**

Haushaltsgemeinschaften sind jedoch insbesondere gegeben bei:
- eheähnlichen Gemeinschaften,
- eingetragenen Lebenspartnerschaften,
- Wohngemeinschaften unter gemeinsamer Wirtschaftsführung mit einer sonstigen volljährigen Person (z.B. mit Studierenden, mit volljährigen Kindern, für die dem Steuerpflichtigen weder Kindergeld noch ein Freibetrag für Kinder zusteht, oder mit anderen Verwandten),
- nicht dauernd getrennt lebenden Ehegatten, bei denen keine Ehegattenbesteuerung in Betracht kommt (z.b. bei deutschen Ehegatten von Angehörigen der NATO-Streitkräfte).

Mit sonstigen volljährigen Personen besteht keine Haushaltsgemeinschaft, wenn sie sich tatsächlich und finanziell nicht an der Haushaltsführung beteiligen.

Die Fähigkeit, sich tatsächlich an der Haushaltsführung zu beteiligen, fehlt bei Personen, bei denen mindestens ein Schweregrad der Pflegebedürftigkeit im Sinne des § 14 SGB XI (Pflegestufe I, II oder III) besteht oder die blind sind.

Die Fähigkeit, sich finanziell an der Haushaltsführung zu beteiligen, fehlt bei Personen, die kein oder nur geringes Vermögen im Sinne des § 33a Abs. 1 Satz 3 EStG besitzen und deren Einkünfte und Bezüge im Sinne des § 32 Abs. 4 Satz 2 bis 4 EStG den dort genannten Betrag nicht übersteigen.

Der Nachweis des gesundheitlichen Merkmals „blind" richtet sich nach § 65 EStDV.

Der Nachweis über den Schweregrad der Pflegebedürftigkeit im Sinne des § 14 SGB XI ist durch Vorlage des Leistungsbescheides des Sozialhilfeträgers bzw. des privaten Pflegeversicherungsunternehmens zu führen.

Bei rückwirkender Feststellung des Merkmals „blind" oder der Pflegebedürftigkeit sind ggf. bestandskräftige Steuerfestsetzungen auch hinsichtlich des Entlastungsbetrages nach § 24b EStG zu ändern.

b) Widerlegbarkeit der Vermutung

Der Steuerpflichtige kann die Vermutung der Haushaltsgemeinschaft bei Meldung der anderen volljährigen Person in seiner Wohnung widerlegen, wenn er glaubhaft darlegt, dass eine Haushaltsgemeinschaft mit der anderen Person nicht vorliegt.

c) Unwiderlegbarkeit der Vermutung

Bei nichtehelichen, aber eheähnlichen Gemeinschaften und eingetragenen Lebenspartnerschaften scheidet wegen des Verbots der Schlechterstellung von Ehegatten (vgl. BVerfG-Beschluss vom 10. November 1998, BStBl. 1999 II S. 182) die Widerlegbarkeit aus.

Eheähnliche Gemeinschaften – im Sinne einer auf Dauer angelegten Verantwortungs- und Einstehensgemeinschaft – können anhand folgender, aus dem Sozialhilferecht abgeleiteter Indizien festgestellt werden:
- Dauer des Zusammenlebens (z.B. von länger als einem Jahr),
- Versorgung gemeinsamer Kinder im selben Haushalt,
- Versorgung anderer Angehöriger im selben Haushalt,
- der Mietvertrag ist von beiden Partnern unterschrieben und auf Dauer angelegt,
- gemeinsame Kontoführung,
- andere Verfügungsbefugnisse über Einkommen und Vermögen des Partners oder
- andere gemeinsame Verträge, z.B. über Unterhaltspflichten.

Beantragt ein Steuerpflichtiger den Abzug von Unterhaltsleistungen an den Lebenspartner als außergewöhnliche Belastungen nach § 33a Abs. 1 EStG, ist i.d.R. vom Vorliegen einer eheähnlichen Gemeinschaft auszugehen.

Anlage § 034-01/Entlassungsentschädigungen (Zu LStH 39b.6)

Zweifelsfragen im Zusammenhang mit der ertragsteuerlichen Behandlung von Entlassungsentschädigungen; Anwendung der BFH-Urteile
vom 24. Januar 2002 – XI R 2/01 – BStBl. 2004 II S. 444
vom 24. Januar 2002 – XI R 43/99 – BStBl. 2004 II S. 442
vom 6. März 2002 – XI R 16/01 – BStBl. 2004 II S. 446
vom 3. Juli 2002 – XI R 80/00 – BStBl. 2004 II S. 447 und
vom 14. Mai 2003 – XI R 23/02 – BStBl. 2004 II S. 451

BMF-Schreiben vom 24. Mai 2004 IV A 5 – S 2290 – 20/04 (BStBl. I S. 505, 633)

Unter Bezugnahme auf das Ergebnis der Erörterungen mit den obersten Finanzbehörden der Länder nehme ich zu Fragen im Zusammenhang mit der ertragsteuerlichen Behandlung von Entlassungsentschädigungen wie folgt Stellung:

Inhaltsverzeichnis	Rz.
I. Allgemeines	1 – 4
II. Lebenslängliche betriebliche Versorgungszusagen	5 – 8
1. Steuerliche Behandlung von Entlassungsentschädigungen bei Verzicht des Arbeitgebers auf die Kürzung einer lebenslänglichen Betriebsrente	6
2. Steuerliche Behandlung von Entlassungsentschädigungen bei vorgezogener lebenslänglicher Betriebsrente	7
3. Steuerliche Behandlung von Entlassungsentschädigungen bei Umwandlung eines (noch) verfallbaren Anspruchs auf lebenslängliche Betriebsrente in einen unverfallbaren Anspruch	8
III. Zusammenballung von Einkünften im Sinne des § 34 EStG	9 – 16
1. Zusammenballung von Einkünften in einem Veranlagungszeitraum (→ 1. Prüfung)	9
2. Zusammenballung von Einkünften unter Berücksichtigung der wegfallenden Einnahmen (→ 2. Prüfung)	10 – 13
2.1 Zusammenballung im Sinne des § 34 EStG, wenn durch die Entschädigung die bis zum Jahresende wegfallenden Einnahmen überschritten werden	10
2.2 Zusammenballung im Sinne des § 34 EStG, wenn durch die Entschädigung nur ein Betrag bis zur Höhe der bis zum Jahresende wegfallenden Einnahmen abgegolten wird	11 – 13
a) Ermittlung der zu berücksichtigenden Einkünfte (mit Beispielen)	12
b) Anwendung im Lohnsteuerabzugsverfahren	13
3. Zusammballung von Einkünften bei zusätzlichern Entschädigungensleistungen des Arbeitgebers	14 – 16
a) Zusätzliche Entschädigungsleistungen des Arbeitgebers	14
b) Zusammenballung von Einkünften bei zusätzlichen Entschädigungsleistungen des Arbeitgebers aus Gründen der sozialen Fürsorge in späteren Veranlagungszeiträumen	15
c) Weitere Nutzung der verbilligten Wohnung	16
IV. Planwidriger Zufluss in mehreren Veranlagungszeiträumen/Rückzahlung bereits empfangener Entschädigungen	17 – 20
1. Versehentlich zu niedrige Auszahlung der Entschädigung	19
2. Nachzahlung nach Rechtsstreit	20
V. Vom Arbeitgeber freiwillig übernommene Rentenversicherungsbeiträge im Sinne des § 187a SGB VI	21 – 22
VI. Anwendung	23

I. Allgemeines

1 Scheidet ein Arbeitnehmer auf Veranlassung des Arbeitgebers vorzeitig aus einem Dienstverhältnis aus, so können ihm folgende Leistungen des Arbeitgebers zufließen, die wegen ihrer unterschiedlichen steuerlichen Auswirkung gegeneinander abzugrenzen sind:

(Zu LStH 39b.6) **Anlage § 034-01/Entlassungsentschädigungen**

– normal zu besteuernder Arbeitslohn nach § 19 EStG, ggf. i.V.m. § 24 Nr. 2 EStG,
– steuerfreie Abfindungen nach § 3 Nr. 9 EStG (→ Rz. 2),
– steuerbegünstigte Entschädigungen nach § 24 Nr. 1 i.V.m. § 34 Abs. 1 und 2 EStG (→ Rz. 2 bis 4),
– steuerbegünstigte Leistungen für eine mehrjährige Tätigkeit im Sinne des § 34 EStG.

Auch die Modifizierung betrieblicher Renten kann Gegenstand von Auflösungsvereinbarungen sein (→ Rz. 5 bis 8).

Abfindungen wegen einer vom Arbeitgeber veranlassten oder gerichtlich ausgesprochenen Auflösung 2 des Dienstverhältnisses sind bis zu bestimmten Höchstbeträgen nach § 3 Nr. 9 EStG steuerfrei. Der diese Höchstbeträge übersteigende Teil der Abfindung ist grundsätzlich ermäßigt zu besteuern, wenn er die Voraussetzungen einer Entschädigung nach § 24 Nr. 1 EStG i.V.m. § 34 Abs. 1 und 2 EStG erfüllt.

Eine Entschädigung setzt voraus, dass an Stelle der bisher geschuldeten Leistung eine andere tritt. Diese 3 andere Leistung muss auf einem anderen, eigenständigen Rechtsgrund beruhen. Ein solcher Rechtsgrund wird regelmäßig Bestandteil der Auflösungsvereinbarung sein; er kann aber auch bereits bei Abschluss des Dienstvertrags oder im Verlauf des Dienstverhältnisses für den Fall des vorzeitigen Ausscheidens vereinbart werden. Eine Leistung in Erfüllung eines bereits vor dem Ausscheiden begründeten Anspruchs des Empfängers ist keine Entschädigung, auch wenn dieser Anspruch in einer der geänderten Situation angepassten Weise erfüllt wird (Modifizierung; siehe z.B. Rz. 5 bis 8). Der Entschädigungsanspruch darf – auch wenn er bereits früher vereinbart worden ist – erst als Folge einer vorzeitigen Beendigung des Dienstverhältnisses entstehen.

Eine Entschädigung im Sinne des § 24 Nr. 1 Buchstabe a EStG, die aus Anlass einer Entlassung aus dem 4 Dienstverhältnis vereinbart wird (Entlassungsentschädigung), setzt den Verlust von Einnahmen voraus, mit denen der Arbeitnehmer rechnen konnte. Weder Abfindung noch Entschädigung sind Zahlungen des Arbeitgebers, die bereits erdiente Ansprüche abgelten, wie z.b. rückständiger Arbeitslohn, anteiliges Urlaubsgeld, Urlaubsabgeltung, Weihnachtsgeld, Gratifikationen, Tantiemen oder bei rückwirkender Beendigung des Dienstverhältnisses bis zum steuerlich anzuerkennenden Zeitpunkt der Auflösung noch zustehende Gehaltsansprüche. Das gilt auch für freiwillige Leistungen, wenn sie in gleicher Weise den verbleibenden Arbeitnehmern tatsächlich zugewendet werden.

II. Lebenslängliche betriebliche Versorgungszusagen

Lebenslängliche Bar- oder Sachleistungen sind als Einkünfte im Sinne des § 24 Nr. 2 EStG zu behandeln 5 (→ BFH vom 28. September 1967, BStBl. 1968 II S. 76). Sie sind keine außerordentlichen Einkünfte im Sinne des § 34 Abs. 2 EStG und damit für eine begünstigte Besteuerung der im Übrigen gezahlten Entlassungsentschädigung im Sinne des § 24 Nr. 1 Buchstabe a EStG unschädlich (siehe die hauptsächlichen Anwendungsfälle in Rz. 6 bis 8). Deshalb kommt die begünstigte Besteuerung auch dann in Betracht, wenn dem Arbeitnehmer im Rahmen der Ausscheidensvereinbarung erstmals lebenslang laufende Versorgungsbezüge zugesagt werden. Auch eine zu diesem Zeitpunkt erstmals eingeräumte lebenslängliche Sachleistung, wie z.B. ein verbilligtes oder unentgeltliches Wohnrecht, ist für die ermäßigte Besteuerung unschädlich.

1. Steuerliche Behandlung von Entlassungsentschädigungen bei Verzicht des Arbeitgebers auf die Kürzung einer lebenslänglichen Betriebsrente

Wird bei Beginn der Rente aus der gesetzlichen Rentenversicherung die lebenslängliche Betriebsrente 6 ungekürzt gezahlt, so schließt dies die ermäßigte Besteuerung der Entlassungsentschädigung, die in einem Einmalbetrag gezahlt wird, nicht aus.

2. Steuerliche Behandlung von Entlassungsentschädigungen bei vorgezogener lebenslänglicher Betriebsrente

Wird im Zusammenhang mit der Auflösung des Dienstverhältnisses neben einer Einmalzahlung eine 7 (vorgezogene) lebenslängliche Betriebsrente bereits vor Beginn der Rente aus der gesetzlichen Rentenversicherung gezahlt, so schließt auch dies die ermäßigte Besteuerung der Entlassungsentschädigung nicht aus. Dabei ist es unerheblich, ob die vorgezogene Betriebsrente gekürzt, ungekürzt oder erhöht geleistet wird. In diesen Fällen ist die vorgezogene Betriebsrente nach § 24 Nr. 2 EStG zu erfassen.

3. Steuerliche Behandlung von Entlassungsentschädigungen bei Umwandlung eines (noch) verfallbaren Anspruchs auf lebenslängliche Betriebsrente in einen unverfallbaren Anspruch

Wird ein (noch) verfallbarer Anspruch auf lebenslängliche Betriebsrente im Zusammenhang mit der 8 Auflösung eines Dienstverhältnisses in einen unverfallbaren Anspruch umgewandelt, so ist die Umwandlung des Anspruchs für die Anwendung des § 34 Abs. 1 EStG auf die Einmalzahlung unschädlich.

Anlage § 034-01/Entlassungsentschädigungen (Zu LStH 39b.6)

III. Zusammenballung von Einkünften im Sinne des § 34 EStG

1. Zusammenballung von Einkünften in einem Veranlagungszeitraum (→ 1. Prüfung)

9   Nach ständiger Rechtsprechung (→ BFH vom 14. August 2001, BStBl. 2002 II S. 180 m.w.N.) setzt die Anwendung der begünstigten Besteuerung nach § 34 Abs. 1 und 2 EStG u.a. voraus, dass die Entschädigungsleistungen zusammengeballt in einem Veranlagungszeitraum zufließen; der Zufluss mehrerer Teilbeträge in unterschiedlichen Veranlagungszeiträumen ist deshalb grundsätzlich schädlich (→ BFH vom 3. Juli 2002, BStBl. 2004 II S. 447; → 1. Prüfung). Ausnahmsweise können jedoch ergänzende Zusatzleistungen, die Teil der einheitlichen Entschädigung sind und in späteren Veranlagungszeiträumen aus Gründen der sozialen Fürsorge für eine gewisse Übergangszeit gewährt werden, für die Beurteilung der Hauptleistung als einer zusammengeballten Entschädigung unschädlich sein (→ Rz. 15). Steuerfreie Einkünfte nach § 3 Nr. 9 EStG sind bei der Beurteilung des Zuflusses in einem Veranlagungszeitraum nicht zu berücksichtigen (→ BFH vom 2. September 1992, BStBl. 1993 II S. 52); das Gleiche gilt für pauschalbesteuerte Arbeitgeberleistungen.

2. Zusammenballung von Einkünften unter Berücksichtigung der wegfallenden Einnahmen (→ 2. Prüfung)

2.1. Zusammenballung im Sinne des § 34 EStG, wenn durch die Entschädigung die bis zum Jahresende wegfallenden Einnahmen überschritten werden

10   Übersteigt die anlässlich der Beendigung eines Arbeitsverhältnisses gezahlte Entschädigung die bis zum Ende des Veranlagungszeitraums entgehenden Einnahmen, die der Arbeitnehmer bei Fortsetzung des Arbeitsverhältnisses bezogen hätte, so ist das Merkmal der Zusammenballung von Einkünften stets erfüllt.

2.2. Zusammenballung im Sinne des § 34 EStG, wenn durch die Entschädigung nur ein Betrag bis zur Höhe der bis zum Jahresende wegfallenden Einnahmen abgegolten wird

11   Für Entschädigungen, die ab dem Veranlagungszeitraum 1999 zufließen, ist die Zusammenballung im Sinne des § 34 EStG nach der BFH-Entscheidung vom 4. März 1998 (BStBl. II S. 787) zu beurteilen (→ 2. Prüfung). Übersteigt die anlässlich der Beendigung eines Dienstverhältnisses gezahlte Entschädigung die bis zum Ende des (Zufluss-) Veranlagungszeitraums entgehenden Einnahmen nicht und bezieht der Steuerpflichtige keine weiteren Einnahmen, die er bei Fortsetzung des Dienstverhältnisses nicht bezogen hätte, so ist das Merkmal der Zusammenballung von Einkünften nicht erfüllt.

a) Ermittlung der zu berücksichtigenden Einkünfte (mit Beispielen)

12   Für die Beurteilung der Zusammenballung ist es ohne Bedeutung, ob die Entschädigung für den Einnahmeverlust mehrerer Jahre gewährt werden soll. Entscheidend ist vielmehr, ob es unter Einschluss der Entschädigung infolge der Beendigung des Dienstverhältnisses in dem jeweiligen Veranlagungszeitraum insgesamt zu einer über die normalen Verhältnisse hinausgehenden Zusammenballung von Einkünften kommt (→ BFH vom 4. März 1998, BStBl. II S. 787). Dagegen kommt es auf eine konkrete Progressionserhöhung nicht an (→ BFH vom 17. Dezember 1982, BStBl. 1983 II S. 221, vom 21. März 1996, BStBl. II S. 416 und vom 4. März 1998, a.a.O.). Auch die Zusammenballung mit anderen laufenden Einkünften des Steuerpflichtigen ist keine weitere Voraussetzung für die Anwendung des § 34 Abs. 1 EStG (→ BFH vom 13. November 1953, BStBl. 1954 III S. 13); dies gilt insbesondere in Fällen, in denen die Zusammenballung entgehender Einnahmen nur geringfügig übersteigt (→ Rz. 10). Andererseits kommt § 34 Abs. 1 EStG unter dem Gesichtspunkt der Zusammenballung auch dann in Betracht, wenn im Jahr des Zuflusses der Entschädigung weitere Einkünfte erzielt werden, die der Steuerpflichtige nicht bezogen hätte, wenn das Dienstverhältnis ungestört fortgesetzt worden wäre und er dadurch mehr erhält, als er bei normalem Ablauf der Dinge erhalten hätte (→ BFH vom 4. März 1998, a.a.O.). Bei Berechnung der Einkünfte, die der Steuerpflichtige bei Fortbestand des Vertragsverhältnisses in seinem Veranlagungszeitraum bezogen hätte, ist auf die Einkünfte des Vorjahres abzustellen (→ BFH vom 4. März 1998, a.a.O.). Die erforderliche Vergleichsberechnung ist grundsätzlich anhand der jeweiligen Einkünfte des Steuerpflichtigen laut Steuerbescheid/Steuererklärung vorzunehmen (→ Beispiele 1 und 2). Dabei ist der Arbeitnehmer-Pauschbetrag vorrangig von den laufenden Einkünften im Sinne des § 19 EStG abzuziehen (→ BFH vom 29. Oktober 1998, BStBl. 1999 II S. 588). Bei Einkünften im Sinne des § 19 EStG ist es nicht zu beanstanden, wenn die erforderliche Vergleichsrechnung stattdessen anhand der betreffenden Einnahmen aus nichtselbständiger Arbeit durchgeführt wird. Unbeschadet der Regelungen in Rz. 9 (Zusammenballung von Einkünften in einem Veranlagungszeitraum) sind bei einer solchen Vergleichsrechnung nach Maßgabe der Einnahmen auch Abfindungen im Sinne des § 3 Nr. 9 EStG, pauschalbesteuerte Arbeitgeberleistungen und dem Progressionsvorbehalt unterliegende Lohnersatzleistungen einzubeziehen (→ Beispiel 3).

(Zu LStH 39b.6) **Anlage § 034-01/Entlassungsentschädigungen**

Beispiel 1:

Auflösung des Dienstverhältnisses im Jahre 02. Die Entschädigung im Jahre 02 beträgt 15 000 EUR (steuerpflichtiger Teil der Gesamtabfindung)

Vergleich

- Jahr 01

Einkünfte im Sinne des § 19 EStG (50 000 EUR ./. 920 EUR)		49 080 EUR
Einkünfte aus den übrigen Einkunftsarten		0 EUR
Summe		49 080 EUR

- Jahr 02

Einnahmen im Sinne des § 19 EStG aus bisherigem Dienstverhältnis	25 000 EUR	
Einnahmen im Sinne des § 19 EStG aus neuem Dienstverhältnis	25 000 EUR	
abzgl. AN-Pauschbetrag	920 EUR	49 080 EUR
Entschädigung		15 000 EUR
Summe		64 080 EUR

Die Entschädigung (15 000 EUR) übersteigt nicht den Betrag der entgehenden Einnahmen (25 000 EUR). Der Steuerpflichtige hat aber aus dem alten und neuen Dienstverhältnis so hohe Einkünfte, dass es unter Einbeziehung der Entschädigung zu einer die bisherigen Einkünfte übersteigenden Zusammenballung von Einkünften und somit zur Anwendung des § 34 EStG kommt.

Ebenso käme es zur Anwendung des § 34 EStG, wenn infolge von zusätzlichen Einkünften aus freiberuflicher Tätigkeit oder aus einer vorgezogenen Betriebsrente die bisherigen Einkünfte überschritten würden.

Beispiel 2:

Auflösung des Dienstverhältnisses im Jahre 02. Die Gesamtabfindungszahlung im Jahre 02 beträgt 27 200 EUR (davon sind 7 200 EUR steuerfrei nach § 3 Nr. 9 EStG)

Vergleich

- Jahr 01

Einkünfte im Sinne des § 19 EStG (50 000 EUR ./. 920 EUR)		49 080 EUR
Einkünfte aus den übrigen Einkunftsarten		0 EUR
Summe		49 080 EUR

- Jahr 02

Einnahmen im Sinne des § 19 EStG aus bisherigem Dienstverhältnis	20 000 EUR	
abzgl. AN-Pauschbetrag	920 EUR	19 080 EUR
Entschädigung		20 000 EUR
Einnahmen im Sinne des § 20 EStG	600 EUR	
abzüglich Werbungskosten und Sparerfreibetrag	600 EUR	0 EUR
Summe		39 080 EUR

Die Entschädigung (= steuerpflichtiger Teil der Gesamtabfindung; 20 000 EUR) übersteigt nicht den Betrag der entgehenden Einnahmen (30 000 EUR). Der auf der Basis der Einkünfte vorgenommene Vergleich der aus dem bisherigen Dienstverhältnis im Jahr 02 bezogenen Einkünfte einschließlich der steuerpflichtigen Entschädigung (19 080 EUR + 20 000 EUR = 39 080 EUR) übersteigt nicht die bisherigen Einkünfte des Jahres 01 (49 080 EUR).

Auch bei einem Vergleich nach Maßgabe der Einnahmen aus nichtselbständiger Arbeit übersteigen die im Jahr 02 bezogenen Einnahmen einschließlich der Gesamtabfindung (20 000 EUR + 27 200 EUR = 47 200 EUR) nicht die Einnahmen des Jahres 01 (50 000 EUR). Eine Zusammenballung der Einkünfte liegt daher nicht vor. Für die steuerpflichtige Entschädigung kommt eine ermäßigte Besteuerung nach § 34 Abs. 1 und 2 EStG deshalb nicht in Betracht.

Anlage § 034-01/Entlassungsentschädigungen (Zu LStH 39b.6)

Beispiel 3:
Auflösung des Dienstverhältnisses im Jahre 02. Die Gesamtabfindung im Jahre 02 beträgt 25 000 EUR (davon steuerfrei im Sinne des § 3 Nr. 9 EStG 11 000 EUR).

Vergleich auf der Basis der Einnahmen
- Jahr 01
  Einnahmen im Sinne des § 19 EStG ..... 50 000 EUR
- Jahr 02
  Einnahmen im Sinne des § 19 EStG aus bisherigem Dienstverhältnis ..... 20 000 EUR
  Entschädigung ..... 14 000 EUR
  steuerfreie Abfindung nach § 3 Nr. 9 EStG ..... 11 000 EUR
  pauschal besteuerte Zukunftssicherungsleistungen ab dem Ausscheiden ..... 994 EUR
  tatsächlich bezogenes Arbeitslosengeld ..... 4 800 EUR
  Summe ..... 50 794 EUR

Die Entschädigung (= steuerpflichtiger Teil der Gesamtabfindung; 14 000 EUR) übersteigt nicht den Betrag der entgehenden Einnahmen (30 000 EUR).

Der Vergleich nach Maßgabe der Einnahmen aus nichtselbständiger Arbeit ergibt, dass die Einnahmen im Jahr 02 einschließlich der gesamten Abfindung, den pauschal besteuerten Zukunftssicherungsleistungen ab dem Ausscheiden und dem tatsächlich bezogenen Arbeitslosengeld (50 794 EUR) die Einnahmen des Jahres 01 (50 000 EUR) übersteigen.

Aufgrund der vorliegenden Zusammenballung kann die steuerpflichtige Entschädigung nach § 34 Abs. 1 und 2 EStG ermäßigt besteuert werden.

b) Anwendung im Lohnsteuerabzugsverfahren

13 Im Lohnsteuerabzugsverfahren richtet sich die Anwendung des § 34 EStG nach § 39b Abs. 3 Satz 9 EStG. Dabei ist die Regelung nach Rz. 9 und 12 ebenfalls anzuwenden, wobei der Arbeitgeber auch solche Einnahmen (Einkünfte) berücksichtigen darf, die der Arbeitnehmer nach Beendigung des bestehenden Dienstverhältnisses erzielt. Kann der Arbeitgeber die erforderlichen Feststellungen nicht treffen, ist im Lohnsteuerabzugsverfahren die Besteuerung ohne Anwendung des § 39b Abs. 3 Satz 9 EStG durchzuführen. Die begünstigte Besteuerung kann dann ggf. erst im Veranlagungsverfahren (z.B. nach § 46 Abs. 2 Nr. 8 EStG) angewandt werden.

3. Zusammenballung von Einkünften bei zusätzlichen Entschädigungsleistungen des Arbeitgebers

a) Zusätzliche Entschädigungsleistungen des Arbeitgebers

14 Sehen Entlassungsvereinbarungen zusätzliche Leistungen des früheren Arbeitgebers vor, z.B. unentgeltliche Nutzung des Dienstwagens oder des Firmentelefons, ohne dass der ausgeschiedene Mitarbeiter noch zu einer Dienstleistung verpflichtet wäre, so kann es sich um eine Entschädigung handeln (→ Rz. 3, 4). Eine Entschädigung liegt in diesen Fällen u.a. nicht vor, wenn derartige zusätzliche Leistungen nicht nur bei vorzeitigem Ausscheiden, sondern auch in anderen Fällen, insbesondere bei altersbedingtem Ausscheiden, erbracht werden, z.B. Fortführung von Mietverhältnissen, von Arbeitgeberdarlehen, von Deputatlieferungen und von Sondertarifen, sowie Weitergewährung von Rabatten. Lebenslänglich zugesagte Geld- oder Sachleistungen sind stets nach § 24 Nr. 2 EStG zu behandeln.

b) Zusammenballung von Einkünften bei zusätzlichen Entschädigungsleistungen des Arbeitgebers aus Gründen der sozialen Fürsorge in späteren Veranlagungszeiträumen

15 Fließt die steuerpflichtige Gesamtentschädigung (Einmalbetrag zuzüglich zusätzlicher Entschädigungsleistungen) nicht in einem Kalenderjahr zu, so ist dies für die Anwendung des § 34 EStG grundsätzlich schädlich (→ Rz. 9). Werden aber zusätzliche Entschädigungsleistungen, die Teil einer einheitlichen Entschädigung sind, aus Gründen der sozialen Fürsorge für eine gewisse Übergangszeit in späteren Veranlagungszeiträumen gewährt, sind diese für die Beurteilung der Hauptleistung als einer zusammengeballten Entschädigung unschädlich, soweit sie weniger als 50 v.H. der Hauptleistung betragen. Die Vergleichsrechnung ist hier durch Einnahmenvergleich vorzunehmen.

Zusatzleistungen aus Gründen der sozialen Fürsorge sind beispielsweise solche Leistungen, die der (frühere) Arbeitgeber dem Steuerpflichtigen zur Erleichterung des Arbeitsplatz- oder Berufswechsels oder als Anpassung an eine dauerhafte Berufsaufgabe und Arbeitslosigkeit erbringt. Sie setzen keine Bedürftigkeit des entlassenen Arbeitnehmers voraus. Soziale Fürsorge ist allgemein im Sinne der Für-

Anlage § 034-01/Entlassungsentschädigungen

sorge des Arbeitgebers für seinen früheren Arbeitnehmer zu verstehen. Ob der Arbeitgeber zu der Fürsorge arbeitsrechtlich verpflichtet ist, ist unerheblich.

Derartige ergänzende Zusatzleistungen können beispielsweise die befristete Weiterbenutzung des Dienstwagens (→ BFH vom 3. Juli 2002, a.a.O.), die befristete Übernahme von Versicherungsbeiträgen (→ BFH vom 11. Dezember 2002, BFH/NV 2003, 607), die befristete Zahlung von Zuschüssen zum Arbeitslosengeld (→ BFH vom 24. Januar 2002, BStBl. 2004 II S. 442) und Zahlungen zur Verwendung für die Altersversorgung (→ BFH vom 15. Oktober 2003, BStBl. 2004 II S. 264) sein.

Die aus sozialer Fürsorge erbrachten ergänzenden Zusatzleistungen, die außerhalb des zusammengeballten Zuflusses in späteren Veranlagungsjahren erfolgen, fallen nicht unter die Tarifbegünstigung des § 34 Abs. 1 EStG.

Beispiel:

Auflösung des Dienstverhältnisses im Jahr 02. Der Arbeitgeber zahlt im Jahr 02 insgesamt 150 000 EUR Abfindung (davon sind 9 000 EUR steuerfrei nach § 3 Nr. 9 EStG) und gewährt von 07/02 bis 06/03 zur Überbrückung der Arbeitslosigkeit einen Zuschuss zum Arbeitslosengeld von monatlich 2 500 EUR. Im Jahr 03 fließen keine weiteren Einkünfte zu.

- Jahr 02

Einnahmen im Sinne des § 19 EStG		50 000 EUR
Entschädigung (150 000 EUR ./. 9 000 EUR)	141 000 EUR	
steuerfreie Abfindung i.S.d. § 3 Nr. 9 EStG	9 000 EUR	
monatlicher Zuschuss (6 x 2 500 EUR)	15 000 EUR	
Entschädigung insgesamt (Hauptleistung)		165 000 EUR

- Jahr 03

monatlicher Zuschuss (6 x 2 500 EUR)	15 000 EUR

Die im Jahre 03 erhaltenen Zahlungen sind zusätzliche Entschädigungsleistungen, die aus sozialer Fürsorge für eine gewisse Übergangszeit gewährt wurden. Sie betragen 15 000 EUR = 9,09 v.H. von 165 000 EUR (Entschädigungshauptleistung) und sind damit unschädlich für die Beurteilung der Hauptleistung als einer zusammengeballten Entschädigung. Die im Jahre 02 erhaltenen Entschädigungsleistungen sind daher nach § 34 EStG ermäßigt zu besteuern. Die im Jahre 03 erhaltenen Zusatzleistungen fallen nicht unter die Tarifbegünstigung des § 34 EStG. Wegen des vorzunehmenden Vergleichs der Einnahmen bleibt der Arbeitnehmer-Pauschbetrag außer Betracht.

c) Weitere Nutzung der verbilligten Wohnung

Ist die weitere Nutzung einer Wohnung Bestandteil der Entschädigungsvereinbarung, so ist die Mietverbilligung nur dann für die Zusammenballung von Einkünften schädlich, wenn sie mietrechtlich frei vereinbar und dem Grunde nach geldwerter Vorteil aus dem früheren Dienstverhältnis ist und nicht auf die Lebenszeit des oder der Berechtigten abgeschlossen ist.

IV. Planwidriger Zufluss in mehreren Veranlagungszeiträumen/Rückzahlung bereits empfangener Entschädigungen

Die Anwendung der begünstigten Besteuerung nach § 34 Abs. 1 und 2 EStG setzt u.a. voraus, dass die Entschädigungsleistungen zusammengeballt, d.h. in einem Veranlagungszeitraum zufließen (→ Rz. 9). Das Interesse der Vertragsparteien ist daher regelmäßig auf den planmäßigen Zufluss in einem Veranlagungszeitraum gerichtet. Findet in den Fällen der nachstehenden Rz. 19 und 20 ein planwidriger Zufluss in mehreren Veranlagungszeiträumen statt, obwohl die Vereinbarungen eindeutig auf einen einmaligen Zufluss gerichtet waren, ist der Korrekturbetrag eines nachfolgenden Veranlagungszeitraums (VZ 02) auf Antrag des Steuerpflichtigen in den Veranlagungszeitraum (VZ 01) zurückzubeziehen, in dem die – grundsätzlich begünstigte – Hauptentschädigung zugeflossen ist. Stimmt das Finanzamt diesem Antrag zu (§ 163 AO), ist der Steuerbescheid (VZ 01) nach § 175 Abs. 1 Satz 1 Nr. 2 AO zu ändern, wobei die begünstigte Besteuerung auf die gesamte Entschädigungsleistung (Hauptentschädigung zzgl. Korrekturbetrag) anzuwenden ist. Wird der Antrag nicht gestellt und ist die Steuerfestsetzung für diesen Veranlagungszeitraum (VZ 02) bereits bestandskräftig, so ist der Bescheid (VZ 01) nach § 175 Abs. 1 Satz 1 Nr. 2 AO zu ändern und die begünstigte Steuerberechnung wegen fehlender Zusammenballung zu versagen.

Hat der Steuerpflichtige in einem nachfolgenden Veranlagungszeitraum (VZ 03) einen Teil der Einmalabfindung zurückzuzahlen, so ist die Rückzahlung als Korrektur der Einmalabfindung zu behandeln. Der tarifbegünstigte Betrag des Veranlagungszeitraums, in dem die Einmalabfindung zugeflossen ist (VZ 01), ist dementsprechend um den Rückzahlungsbetrag zu mindern. Ist die Steuerfestsetzung für

Anlage § 034-01/Entlassungsentschädigungen (Zu LStH 39b.6)

diesen Veranlagungszeitraum (VZ 01) bereits bestandskräftig, so ist der Bescheid nach § 175 Abs. 1 Satz 1 Nr. 2 AO zu ändern.

1. Versehentlich zu niedrige Auszahlung der Entschädigung

19 Es kommt vor, dass eine Entschädigung an den ausscheidenden Arbeitnehmer versehentlich – z.B. auf Grund eines Rechenfehlers, nicht jedoch bei unzutreffender rechtlicher Würdigung – im Jahr des Ausscheidens zu niedrig ausgezahlt wird. Der Fehler wird im Laufe eines späteren Veranlagungszeitraums erkannt und der Differenzbetrag ausgezahlt.

2. Nachzahlung nach Rechtsstreit

20 Streiten sich Arbeitgeber und Arbeitnehmer vor Gericht über die Höhe der Entschädigung, zahlt der Arbeitgeber üblicherweise an den Arbeitnehmer im Jahr des Ausscheidens nur den von ihm (Arbeitgeber) für zutreffend gehaltenen Entschädigungsbetrag und leistet ggf. erst Jahre später auf Grund einer gerichtlichen Entscheidung oder eines Vergleichs eine weitere Zahlung. Voraussetzung für die Anwendung der Billigkeitsregelung nach Rz. 17 ist in diesen Fällen, dass der ausgeschiedene Arbeitnehmer keinen Ersatzanspruch hinsichtlich einer aus der Nachzahlung resultierenden eventuellen ertragsteuerlichen Mehrbelastung gegenüber dem früheren Arbeitgeber hat.

V. Vom Arbeitgeber freiwillig übernommene Rentenversicherungsbeiträge im Sinne des § 187a SGB VI

21 Durch eine Ergänzung des § 3 Nr. 28 EStG ist ab dem Kalenderjahr 1997 eine Steuerbefreiung eingeführt worden in Höhe der Hälfte der vom Arbeitgeber freiwillig übernommenen Rentenversicherungsbeiträge im Sinne des § 187a SGB VI, durch die Rentenminderungen bei vorzeitiger Inanspruchnahme der Altersrente gemildert oder vermieden werden können. Die Berechtigung zur Zahlung dieser Beiträge und damit die Steuerfreistellung setzen voraus, dass der Versicherte erklärt, eine solche Rente zu beanspruchen. Die Steuerfreistellung ist auf die Hälfte der insgesamt geleisteten zusätzlichen Rentenversicherungsbeiträge begrenzt, da auch Pflichtbeiträge des Arbeitgebers zur gesetzlichen Rentenversicherung nur in Höhe des halben Gesamtbeitrags steuerfrei sind. Für den verbleibenden steuerpflichtigen Teil der Rentenversicherungsbeiträge gilt § 3 Nr. 9 EStG.

22 Die vom Arbeitgeber zusätzlich geleisteten Rentenversicherungsbeiträge nach § 187a SGB VI einschließlich darauf entfallender, ggf. vom Arbeitgeber getragener Steuerabzugsbeträge sind als Teil der Entschädigung im Sinne des § 24 Nr. 1 EStG, die im Zusammenhang mit der Auflösung eines Dienstverhältnisses geleistet wird, zu behandeln. Leistet der Arbeitgeber diese Beiträge in Teilbeträgen, ist dies für die Frage der Zusammenballung unbeachtlich. Die dem Arbeitnehmer darüber hinaus zugeflossene Entschädigung (Einmalbetrag) kann daher aus Billigkeitsgründen auf Antrag unter den übrigen Voraussetzungen begünstigt besteuert werden.

VI. Anwendung

23 Die vorstehenden Grundsätze sind in allen noch offenen Fällen anzuwenden.

Dieses Schreiben ersetzt das BMF-Schreiben vom 18. Dezember 1998 (BStBl. I S. 1512) mit Ausnahme der Rz. 12, 13, 24 – 28. Die Rz. 12, 13, 24 – 28 des BMF-Schreibens vom 18. Dezember 1998 sind für die dort genannten Zeiträume weiter anzuwenden.

Dieses Schreiben wird im Bundessteuerblatt Teil I veröffentlicht. Es steht ab sofort für eine Übergangszeit als pdf-Datei auf den Internetseiten des Bundesministeriums der Finanzen unter www.bundesfinanzministerium.de unter der Rubrik Steuern – Veröffentlichungen zu Steuerarten – Einkommensteuer zum Download bereit.

(Zu LStR 39d Abs. 2, LStH 39d) **Anlage § 034c-01/Auslandstätigkeitserlass**

Steuerliche Behandlung von Arbeitnehmereinkünften bei Auslandstätigkeiten (Auslandstätigkeitserlass)

BMF-Schreiben vom 31. Oktober 1983 IV B 6 – S 2293 – 50/83 (BStBl. I S. 470)

Im Einvernehmen mit den obersten Finanzbehörden der Länder gilt auf Grund des §34c Abs. 5 und des § 50 Abs. 7 EStG Folgendes:

Bei Arbeitnehmern eines inländischen Arbeitgebers (Abschnitt 72 LStR)[1] wird von der Besteuerung des Arbeitslohns abgesehen, den der Arbeitnehmer auf Grund eines gegenwärtigen Dienstverhältnisses für eine begünstigte Tätigkeit im Ausland erhält.

I. Begünstigte Tätigkeit

Begünstigt ist die Auslandstätigkeit für einen inländischen Lieferanten, Hersteller, Auftragnehmer oder Inhaber ausländischer Mineralaufsuchungs- oder -gewinnungsrechte im Zusammenhang mit

1. der Planung, Errichtung, Einrichtung, Inbetriebnahme, Erweiterung, Instandsetzung, Modernisierung, Überwachung oder Wartung von Fabriken, Bauwerken, ortsgebundenen großen Maschinen oder ähnlichen Anlagen sowie dem Einbau, der Aufstellung oder Instandsetzung sonstiger Wirtschaftsgüter; außerdem ist das Betreiben der Anlagen bis zur Übergabe an den Auftraggeber begünstigt,
2. dem Aufsuchen oder der Gewinnung von Bodenschätzen,
3. der Beratung (Consulting) ausländischer Auftraggeber oder Organisationen im Hinblick auf Vorhaben im Sinne der Nummern 1 oder 2 oder
4. der deutschen öffentlichen Entwicklungshilfe im Rahmen der Technischen oder Finanziellen Zusammenarbeit.

Nicht begünstigt sind die Tätigkeit des Bordpersonals auf Seeschiffen und die Tätigkeit von Leiharbeitnehmern, für deren Arbeitgeber die Arbeitnehmerüberlassung Unternehmenszweck ist, sowie die finanzielle Beratung mit Ausnahme der Nummer 4. Nicht begünstigt ist ferner das Einholen von Aufträgen (Akquisition), ausgenommen die Beteiligung an Ausschreibungen.

II. Dauer der begünstigten Tätigkeit

Die Auslandstätigkeit muss mindestens drei Monate ununterbrochen in Staaten ausgeübt werden, mit denen kein Abkommen zur Vermeidung der Doppelbesteuerung besteht, in das Einkünfte aus nichtselbständiger Arbeit einbezogen sind.

Sie beginnt mit Antritt der Reise ins Ausland und endet mit der endgültigen Rückkehr ins Inland. Eine vorübergehende Rückkehr ins Inland oder ein kurzer Aufenthalt in einem Staat, mit dem ein Abkommen zur Vermeidung der Doppelbesteuerung besteht, in das Einkünfte aus nichtselbständiger Arbeit einbezogen sind, gelten bis zu einer Gesamtaufenthaltsdauer von zehn vollen Kalendertagen innerhalb der Mindestfrist nicht als Unterbrechung der Auslandstätigkeit, wenn sie zur weiteren Durchführung oder Vorbereitung eines begünstigten Vorhabens notwendig sind. Dies gilt bei längeren Auslandstätigkeiten entsprechend für die jeweils letzten drei Monate.

Eine Unterbrechung der Tätigkeit im Falle eines Urlaubs oder einer Krankheit ist unschädlich, unabhängig davon, wo sich der Arbeitnehmer während der Unterbrechung aufhält. Zeiten der unschädlichen Unterbrechung sind bei der Dreimonatsfrist nicht mitzurechnen.

III. Begünstigter Arbeitslohn

Zum begünstigten Arbeitslohn gehören auch folgende steuerpflichtige Einnahmen, soweit sie für eine begünstigte Auslandstätigkeit gezahlt werden:

1. Zulagen, Prämien oder Zuschüsse des Arbeitgebers für Aufwendungen des Arbeitnehmers, die durch eine begünstigte Auslandstätigkeit veranlasst sind, oder die entsprechende unentgeltliche Ausstattung oder Bereitstellung durch den Arbeitgeber,
2. Weihnachtszuwendungen, Erfolgsprämien oder Tantiemen,
3. Arbeitslohn, der auf den Urlaub – einschließlich eines angemessenen Sonderurlaubs auf Grund einer begünstigten Tätigkeit – entfällt, Urlaubsgeld oder Urlaubsabgeltung,
4. Lohnfortzahlung auf Grund einer Erkrankung während einer begünstigten Auslandstätigkeit bis zur Wiederaufnahme dieser oder einer anderen begünstigten Tätigkeit oder bis zur endgültigen Rückkehr ins Inland.

---
1) Ab LStR 1990 Abschnitt 105, jetzt R 38.3 LStR 2008.

Anlage § 034c-01/Auslandstätigkeitserlass (Zu LStR 39d Abs. 2, LStH 39d)

Werden solche Zuwendungen nicht gesondert für die begünstigte Tätigkeit geleistet, so sind sie im Verhältnis der Kalendertage aufzuteilen.

Der begünstigte Arbeitslohn ist steuerfrei im Sinne der §§ 3c, 10 Abs. 2 Nr. 2 EStG und des § 28 Abs. 2 BerlinFG.

IV. Progressionsvorbehalt für unbeschränkt steuerpflichtige Arbeitnehmer

Auf das nach § 32 a Abs. 1 EStG zu versteuernde Einkommen ist der Steuersatz anzuwenden, der sich ergibt, wenn die begünstigten Einkünfte aus nichtselbständiger Arbeit bei der Berechnung der Einkommensteuer einbezogen werden. Bei der Ermittlung der begünstigten Einkünfte ist der Arbeitslohn um die Freibeträge nach § 19 Abs. 3 und 4 EStG und um den Werbungskosten-Pauschbetrag nach § 9a Nr. 1 EStG zu kürzen, soweit sie nicht bei der Ermittlung der Einkünfte aus nicht begünstigter nichtselbständiger Arbeit berücksichtigt worden sind.

V. Nichtanwendung

Diese Regelung gilt nicht, wenn

1. der Arbeitslohn aus inländischen öffentlichen Kassen – einschließlich der Kassen der Deutschen Bundesbahn und der Deutschen Bundesbank – gezahlt wird,
2. die Tätigkeit in einem Staat ausgeübt wird, mit dem ein Abkommen zur Vermeidung der Doppelbesteuerung besteht, in das Einkünfte aus nichtselbständiger Arbeit einbezogen sind; ist ein Abkommen für die Zeit vor seinem Inkrafttreten anzuwenden, so verbleibt es bis zum Zeitpunkt des Inkrafttretens bei den vorstehenden Regelungen, soweit sie für den Arbeitnehmer günstiger sind, oder
3. es sich um eine Tätigkeit in der Deutschen Demokratischen Republik oder Berlin (Ost) handelt.

VI. Verfahrensvorschriften

1. Der Verzicht auf die Besteuerung im Steuerabzugsverfahren (Freistellungsbescheinigung) ist vom Arbeitgeber oder Arbeitnehmer beim Betriebsstättenfinanzamt zu beantragen.[1] Ein Nachweis, dass von dem Arbeitslohn in dem Staat, in dem die Tätigkeit ausgeübt wird, eine der deutschen Lohnsteuer (Einkommensteuer) entsprechende Steuer erhoben wird, ist nicht erforderlich.

Ist glaubhaft gemacht worden, dass die in Abschnitt I und II bezeichneten Voraussetzungen vorliegen, so kann die Freistellungsbescheinigung erteilt werden, solange dem Arbeitgeber eine Änderung des Lohnsteuerabzugs möglich ist (§ 41 c EStG). Außerdem muss sich der Arbeitgeber verpflichten, das folgende Verfahren einzuhalten:

a) Der begünstigte Arbeitslohn ist im Lohnkonto, auf der Lohnsteuerkarte, der besonderen Lohnsteuerbescheinigung sowie dem Lohnzettel getrennt von dem übrigen Arbeitslohn anzugeben.
b) Die Freistellungsbescheinigung ist als Beleg zum Lohnkonto des Arbeitnehmers zu nehmen.
c) Für Arbeitnehmer, die während des Kalenderjahrs begünstigten Arbeitslohn bezogen haben, darf der Arbeitgeber weder die Lohnsteuer nach dem voraussichtlichen Jahresarbeitslohn (sog. permanenter Jahresausgleich) ermitteln noch einen Lohnsteuer-Jahresausgleich durchführen.

Der Arbeitgeber ist bis zur Ausschreibung der Lohnsteuerbescheinigung sowie des Lohnzettels berechtigt, bei der jeweils nächstfolgenden Lohnzahlung bisher noch nicht erhobene Lohnsteuer nachträglich einzubehalten, wenn er erkennt, dass die Voraussetzungen für den Verzicht auf die Besteuerung nicht vorgelegen haben. Macht er von dieser Berechtigung keinen Gebrauch oder kann die Lohnsteuer nicht nachträglich einbehalten werden, so ist er zu einer Anzeige an das Betriebsstättenfinanzamt verpflichtet.

2. Soweit nicht bereits vom Steuerabzug abgesehen worden ist, hat der Arbeitnehmer den Verzicht auf die Besteuerung bei seinem Wohnsitzfinanzamt zu beantragen.

VII. Anwendungszeitraum, Übergangsregelung

Diese Regelung gilt ab 1. Januar 1984. Sie ersetzt die bisher hierzu ergangenen Verwaltungsbestimmungen.

Eine vor dem 1. Januar 1984 geleistete und nach den vorstehenden Bestimmungen begünstigte Tätigkeit ist bei der Dreimonatsfrist mitzurechnen.

---

1) Bundeseinheitliche Antragsvordrucke beim Finanzamt erhältlich.

(Zu LStH 35a, 39a.1) **Anlage § 035a-01/Anwendungsschreiben § 35a**

Anwendungsschreiben zu § 35a EStG; Überarbeitung des BMF-Schreibens vom 26. Oktober 2007 (BStBl. 2007 I S. 783)

BMF-Schreiben vom 15. Februar 2010 IV C 4 – S 2296-b/07/0003, 2010/0014334 (BStBl. I S. 140)

2 Anlagen

Unter Bezugnahme auf das Ergebnis der Erörterungen mit den obersten Finanzbehörden der Länder gilt für die Anwendung des § 35a EStG Folgendes:

I. Überblick über die zum 1. Januar 2009 in Kraft getretenen Gesetzesänderungen

1. Gesetz zur Umsetzung steuerrechtlicher Regelungen des Maßnahmenpakets „Beschäftigungssicherung durch Wachstumsstärkung" vom 21. Dezember 2008 (BGBl. I S. 2896, BStBl. 2009 I S. 133)

Die Steuerermäßigung für die Inanspruchnahme von Handwerkerleistungen für Renovierungs-, Erhaltungs- und Modernisierungsmaßnahmen wurde zum 1. Januar 2009 auf 20 Prozent von 6 000 € (= 1 200 €) verdoppelt. Nach § 52 Abs. 50b Satz 4 EStG ist die Regelung erstmals für im Veranlagungszeitraum 2009 geleistete Aufwendungen anzuwenden, soweit die den Aufwendungen zu Grunde liegenden Leistungen nach dem 31. Dezember 2008 erbracht worden sind. 1

2. Gesetz zur Förderung von Familien und haushaltsnahen Dienstleistungen (Familienleistungsgesetz – FamLeistG) vom 22. Dezember 2008 (BGBl. I S. 2955, BStBl. 2009 I S. 136)

Die Regelungen über die Steuerermäßigung für haushaltsnahe sozialversicherungspflichtige Beschäftigungsverhältnisse und haushaltsnahe Dienstleistungen einschließlich Pflegeleistungen, die bisher in mehreren gesonderten Tatbeständen erfasst waren, wurden in einer Vorschrift zur Förderung privater Haushalte als Auftraggeber einer Dienstleistung bzw. als Arbeitgeber sozialversicherungspflichtig Beschäftigter zusammengefasst. Die Förderung wurde auf einheitlich 20 Prozent der Aufwendungen von bis zu 20 000 €, höchstens 4 000 € pro Jahr ausgeweitet. Auch für geringfügige Beschäftigungsverhältnisse i. S. des § 8a SGB IV gilt ab 1. Januar 2009 der einheitliche Satz von 20 Prozent; es bleibt aber bei dem Ermäßigungshöchstbetrag von 510 €. Nach § 52 Abs. 50b Satz 5 EStG ist die Regelung erstmals für im Veranlagungszeitraum 2009 geleistete Aufwendungen anzuwenden, soweit die den Aufwendungen zu Grunde liegenden Leistungen nach dem 31. Dezember 2008 erbracht worden sind. 2

Im Rahmen der Zusammenfassung und Vereinheitlichung der Fördertatbestände ist die Zwölftelungsregelung des § 35a Abs. 1 Satz 2 EStG a. F. entfallen. Außerdem wurde die Regelung des § 33a Abs. 3 EStG zum Abzug von Aufwendungen für Haushaltshilfen als außergewöhnliche Belastung mit Wirkung ab dem Veranlagungszeitraum 2009 aufgehoben. Für die Tatbestände, die bisher unter diese Regelung gefallen sind, kann ab 2009 die Steuerermäßigung nach Maßgabe der einheitlichen Förderung des § 35a Abs. 2 EStG in Anspruch genommen werden. Zum Ausschluss der Steuerermäßigung bei Berücksichtigung der Aufwendungen als Sonderausgaben oder außergewöhnliche Belastungen (§ 35a Abs. 5 EStG, § 35a Abs. 2 Satz 3 EStG a. F.) s. Rdnrn. 28, 29. 3

II. Haushaltsnahe Beschäftigungsverhältnisse oder Dienstleistungen i. S. des § 35a EStG

1. Haushaltsnahe Beschäftigungsverhältnisse

Der Begriff des haushaltsnahen Beschäftigungsverhältnisses ist gesetzlich nicht definiert. Im Rahmen eines solchen Beschäftigungsverhältnisses werden Tätigkeiten ausgeübt, die einen engen Bezug zum Haushalt haben. Zu diesen Tätigkeiten gehören u. a. die Zubereitung von Mahlzeiten im Haushalt, die Reinigung der Wohnung des Steuerpflichtigen, die Gartenpflege und die Pflege, Versorgung und Betreuung von Kindern sowie von kranken, alten oder pflegebedürftigen Personen. Die Erteilung von Unterricht (z. B. Sprachunterricht), die Vermittlung besonderer Fähigkeiten sowie sportliche und andere Freizeitbetätigungen fallen nicht darunter. 4

2. Geringfügige Beschäftigung i. S. des § 8a SGB IV

Die Steuerermäßigung nach § 35a Abs. 1 EStG (§ 35a Abs. 1 Satz 1 Nr. 1 EStG a. F.) kann der Steuerpflichtige nur beanspruchen, wenn es sich bei dem haushaltsnahen Beschäftigungsverhältnis um eine geringfügige Beschäftigung i. S. des § 8a SGB IV handelt. Es handelt sich nur dann um ein geringfügiges Beschäftigungsverhältnis i. S. dieser Vorschrift, wenn der Steuerpflichtige am Haushaltsscheckverfahren teilnimmt und die geringfügige Beschäftigung in seinem inländischen oder in einem anderen Mitgliedstaat der Europäischen Union oder im Europäischen Wirtschaftsraum liegenden Haushalt ausgeübt wird. 5

Wohnungseigentümergemeinschaften und Vermieter können im Rahmen ihrer Vermietertätigkeit nicht am Haushaltsscheckverfahren teilnehmen. Die von ihnen eingegangenen geringfügigen Beschäfti- 6

Anlage § 035a-01/Anwendungsschreiben § 35a (Zu LStH 35a, 39a.1)

gungsverhältnisse sind nicht nach § 35a Abs. 1 EStG (§ 35a Abs. 1 Satz 1 Nr. 1 EStG a. F.) begünstigt. Sie fallen unter die haushaltsnahen Dienstleistungen. Zur Berücksichtigung der Aufwendungen siehe Rdnr. 10.

3. Beschäftigungsverhältnisse in nicht inländischen Haushalten

7   Bei einem nicht inländischen Haushalt, der in einem Staat liegt, der der Europäischen Union oder dem Europäischen Wirtschaftsraum angehört, setzt die Inanspruchnahme der Steuerermäßigung nach § 35a Abs. 1 EStG (§ 35a Abs. 1 Satz 1 Nr. 1 EStG a. F.) voraus, dass das monatliche Arbeitsentgelt 400 € nicht übersteigt, die Sozialversicherungsbeiträge ausschließlich von dem Arbeitgeber zu entrichten sind und von ihm auch entrichtet werden. Bei anderen haushaltsnahen Beschäftigungsverhältnissen ist für die Gewährung einer Steuerermäßigung nach § 35a Abs. 2 Satz 1 Alt. 1 EStG (§ 35a Abs. 1 Satz 1 Nr. 2 EStG a. F.) Voraussetzung, dass aufgrund des Beschäftigungsverhältnisses Arbeitgeber- und Arbeitnehmerbeiträge an die Sozialversicherung in dem jeweiligen Staat der Europäischen Union oder des Europäischen Wirtschaftsraums entrichtet werden.

4. Beschäftigungsverhältnisse mit nahen Angehörigen oder zwischen Partnern einer eingetragenen Lebenspartnerschaft bzw. einer nicht ehelichen Lebensgemeinschaft

8   Da familienrechtliche Verpflichtungen grundsätzlich nicht Gegenstand eines steuerlich anzuerkennenden Vertrags sein können, sind entsprechende Vereinbarungen zwischen in einem Haushalt zusammenlebenden Ehegatten (§§ 1360, 1356 Abs. 1 BGB) oder zwischen Eltern und in deren Haushalt lebenden Kindern (§ 1619 BGB) nicht begünstigt. Dies gilt entsprechend für die Partner einer eingetragenen Lebenspartnerschaft. Auch bei in einem Haushalt zusammenlebenden Partnern einer nicht ehelichen Lebensgemeinschaft oder einer nicht eingetragenen Lebenspartnerschaft kann regelmäßig nicht von einem begünstigten Beschäftigungsverhältnis ausgegangen werden, weil jeder Partner auch seinen eigenen Haushalt führt und es deshalb an dem für Beschäftigungsverhältnisse typischen Über- und Unterordnungsverhältnis fehlt. Zur haushaltsbezogenen Inanspruchnahme der Steuerermäßigung vgl. Rdnr. 50.

9   Haushaltsnahe Beschäftigungsverhältnisse mit Angehörigen, die nicht im Haushalt des Steuerpflichtigen leben (z. B. mit Kindern, die in einem eigenen Haushalt leben), können steuerlich nur anerkannt werden, wenn die Verträge zivilrechtlich wirksam zustande gekommen sind, inhaltlich dem zwischen Fremden Üblichen entsprechen und tatsächlich auch so durchgeführt werden.

5. Haushaltsnahe Dienstleistung

Grundsatz

10 Zu den haushaltsnahen Dienstleistungen i. S. des § 35a Abs. 2 Satz 1 EStG gehören nur Tätigkeiten, die nicht zu den handwerklichen Leistungen i. S. des § 35a Abs. 3 EStG (§ 35a Abs. 2 Satz 2 EStG a. F.) gehören, gewöhnlich durch Mitglieder des privaten Haushalts erledigt werden und für die eine Dienstleistungsagentur oder ein selbstständiger Dienstleister in Anspruch genommen wird. Dazu gehören auch geringfügige Beschäftigungsverhältnisse, die durch Wohnungseigentümergemeinschaften und Vermieter im Rahmen ihrer Vermietertätigkeit eingegangen werden. Eine beispielhafte Aufzählung begünstigter und nicht begünstigter haushaltsnaher Dienstleistungen enthält Anlage 1. Keine begünstigte haushaltsnahe Dienstleistung ist die als eigenständige Leistung vergütete Bereitschaft auf Erbringung einer Leistung im Bedarfsfall. Etwas anderes gilt nur dann, wenn der Bereitschaftsdienst Nebenleistung einer ansonsten begünstigten Hauptleistung ist. Siehe auch Rdnrn. 17 und 25.

Personenbezogene Dienstleistungen

11 Personenbezogene Dienstleistungen (z. B. Frisör- oder Kosmetikerleistungen) sind keine haushaltsnahen Dienstleistungen, selbst wenn sie im Haushalt des Steuerpflichtigen erbracht werden. Diese Leistungen können jedoch zu den Pflege- und Betreuungsleistungen i. S. der Rdnr. 13 gehören, wenn sie im Leistungskatalog der Pflegeversicherung aufgeführt sind.

Öffentliches Gelände, Privatgelände, nicht begünstigte Aufwendungen

12 Bei Dienstleistungen, die sowohl auf öffentlichem Gelände als auch auf Privatgelände durchgeführt werden (z. B. Straßen- und Gehwegreinigung, Winterdienst), sind nur Aufwendungen für Dienstleistungen auf Privatgelände begünstigt. Das gilt auch dann, wenn eine konkrete Verpflichtung besteht (z. B. zur Reinigung und Schneeräumung von öffentlichen Gehwegen und Bürgersteigen). Zur betragsoder verhältnismäßigen Aufteilung auf öffentliche Flächen und Privatgelände s. Rdnr. 36. Nicht begünstigt sind Aufwendungen, bei denen die Entsorgung im Vordergrund steht (z.B. Müllabfuhr). Etwas anderes gilt, wenn die Entsorgung als Nebenleistung zur Hauptleistung anzusehen ist. Auch Auf-

wendungen, bei denen eine Gutachtertätigkeit im Vordergrund steht, sind nicht begünstigt. Das Gleiche gilt für Verwaltergebühren.

Pflege- und Betreuungsleistungen

Bis einschließlich Veranlagungszeitraum 2008 verdoppelt sich der Höchstbetrag der Steuerermäßigung für Pflege- und Betreuungsleistungen für Personen, bei denen ein Schweregrad der Pflegebedürftigkeit der Pflegestufen I bis III i. S. der §§ 14, 15 SGB XI besteht, die nach § 43 Abs. 3 SGB XI als Härtefall anerkannt sind oder die Leistungen der Pflegeversicherung beziehen (§ 35a Abs. 2 Satz 1 2. Halbsatz EStG a. F.). Dies gilt nicht für Aufwendungen von Personen der sog. Pflegestufe 0, die nach dem BFH-Urteil vom 10. Mai 2007 (BStBl. II S. 764) ihnen gesondert in Rechnung gestellte Pflegesätze nach § 33 EStG als außergewöhnliche Belastung geltend machen können. Der Nachweis ist durch eine Bescheinigung (z. B. Leistungsbescheid oder -mitteilung) der sozialen Pflegekasse oder des privaten Versicherungsunternehmens, das die private Pflege-Pflichtversicherung durchführt, durch ein amtsärztliches Attest oder nach § 65 Abs. 2 EStDV zu führen. Ab dem Veranlagungszeitraum 2009 sind die Aufwendungen für haushaltsnahe Pflege- und Betreuungsleistungen in dem Fördertatbestand des § 35a Abs. 2 EStG mit aufgegangen (vgl. Rdnr. 2). Die Feststellung und der Nachweis einer Pflegebedürftigkeit oder der Bezug von Leistungen der Pflegeversicherung sowie eine Unterscheidung nach Pflegestufen ist ab 2009 nicht mehr erforderlich. Es reicht aus, wenn Dienstleistungen zur Grundpflege, d. h. zur unmittelbaren Pflege am Menschen (Körperpflege, Ernährung und Mobilität) oder zur Betreuung in Anspruch genommen werden. Die Steuerermäßigung steht neben der pflegebedürftigen Person auch anderen Personen zu, wenn diese für Pflege- oder Betreuungsleistungen aufkommen, die in ihrem inländischen oder in einem anderen Mitgliedstaat der Europäischen Union oder im Europäischen Wirtschaftsraum liegenden Haushalt bzw. im Haushalt der gepflegten oder betreuten Person durchgeführt werden. Die Steuerermäßigung ist haushaltsbezogen. Werden z. B. zwei pflegebedürftige Personen in einem Haushalt gepflegt, kann die Steuerermäßigung nur einmal in Anspruch genommen werden. 13

6. Haushalt des Steuerpflichtigen

Voraussetzung

Das haushaltsnahe Beschäftigungsverhältnis, die haushaltsnahe Dienstleistung oder die Handwerkerleistung müssen in einem inländischen oder in einem anderen in der Europäischen Union oder im Europäischen Wirtschaftsraum liegenden Haushalt des Steuerpflichtigen ausgeübt oder erbracht werden. Beschäftigungsverhältnisse oder Dienstleistungen, die ausschließlich Tätigkeiten zum Gegenstand haben, die außerhalb des Haushalts des Steuerpflichtigen ausgeübt oder erbracht werden, sind nicht begünstigt. Danach gehört z. B. die Tätigkeit einer Tagesmutter nur zu den begünstigten Tätigkeiten i. S. des § 35a EStG, wenn die Betreuung im Haushalt des Steuerpflichtigen erfolgt. Die Begleitung von Kindern, kranken, alten oder pflegebedürftigen Personen bei Einkäufen und Arztbesuchen sowie kleine Botengänge usw. sind nur dann begünstigt, wenn sie zu den Nebenpflichten der Haushaltshilfe, des Pflegenden oder Betreuenden im Haushalt gehören. Pflege- und Betreuungsleistungen sind begünstigt, wenn die Pflege und Betreuung im Haushalt der gepflegten oder betreuten Person durchgeführt wird. In diesem Fall ist Voraussetzung, dass der Haushalt der gepflegten oder betreuten Person im Inland, in einem anderen Mitgliedstaat der Europäischen Union oder im Europäischen Wirtschaftsraum liegt (§ 35a Abs. 4 EStG, § 35a Abs. 2 Satz 1 2. Halbsatz EStG a. F.). 14

Zubehörräume und Außenanlagen

Zur Haushaltsführung gehört auch das Bewirtschaften von Zubehörräumen und Außenanlagen. Die Grenzen des Haushalts i. S. des § 35a EStG werden daher regelmäßig – unabhängig von den Eigentumsverhältnissen – durch die Grundstücksgrenzen abgesteckt. Maßgeblich ist, dass der Steuerpflichtige den ggf. gemeinschaftlichen Besitz über diesen Bereich ausübt und für Dritte dieser Bereich nach der Verkehrsanschauung der (Wohn-)Anlage, in der der Steuerpflichtige seinen Haushalt betreibt, zugeordnet wird. So gehört z. B. auch eine an ein Mietwohngrundstück angrenzende, im Gemeinschaftseigentum der Wohnungseigentümer stehende Gartenanlage zum Haushalt der Bewohner, und zwar unabhängig davon, ob der Bewohner diese Gartenanlage als Miteigentümer kraft eigenen Rechts oder als Mieter kraft abgeleiteten Rechts bewirtschaften darf. 15

Wohnen in einem Alten(wohn)heim, einem Pflegeheim oder einem Wohnstift

Eine Inanspruchnahme der Steuerermäßigung nach § 35a Abs. 1 bis 3 EStG (§ 35a Abs. 1 und 2 EStG a. F.) ist auch möglich, wenn sich der eigenständige und abgeschlossene Haushalt in einem Heim, wie z. B. einem Altenheim, einem Altenwohnheim, einem Pflegeheim oder einem Wohnstift befindet. Ein Haushalt in einem Heim ist gegeben, wenn die Räumlichkeiten des Steuerpflichtigen nach ihrer Ausstattung für eine Haushaltsführung geeignet sind (Bad, Küche, Wohn- und Schlafbereich), individuell genutzt 16

Anlage § 035a-01/Anwendungsschreiben § 35a (Zu LStH 35a, 39a.1)

werden können (Abschließbarkeit) und eine eigene Wirtschaftsführung des Steuerpflichtigen nachgewiesen oder glaubhaft gemacht wird.

17 Zu den begünstigten haushaltsnahen Dienstleistungen bei einer Heimunterbringung gehören neben den in dem eigenständigen und abgeschlossenen Haushalt des Steuerpflichtigen durchgeführten und individuell abgerechneten Leistungen (z.B. Reinigung des Appartements, Pflege- oder Handwerkerleistungen im Appartement) u.a. die Hausmeisterarbeiten, die Gartenpflege sowie kleinere Reparaturarbeiten, die Dienstleistungen des Haus- und Etagenpersonals sowie die Reinigung der Gemeinschaftsflächen, wie Flure, Treppenhäuser und Gemeinschaftsräume (BFH-Urteil vom 29. Januar 2009, BStBl. 2010 II S. 166). Reparatur- und Instandsetzungskosten, die ausschließlich auf Gemeinschaftsflächen entfallen, sind regelmäßig nicht begünstigt. Dies gilt unabhängig davon, ob es sich um kalkulatorische Kosten handelt oder die Aufwendungen gegenüber dem Heimbewohner (einzeln) abgerechnet werden. Die Tätigkeit von Haus- und Etagendamen, deren Aufgabe neben der Betreuung des Bewohners noch zusätzlich in der Begleitung des Steuerpflichtigen, dem Empfang von Besuchern und der Erledigung kleiner Botengänge besteht, ist grundsätzlich den haushaltsnahen Dienstleistungen zuzurechnen. Zur Anspruchsberechtigung im Einzelnen s. Rdnr. 25.

Weitere Fälle eines Haushalts des Steuerpflichtigen

18 Zu dem inländischen oder in einem anderen Mitgliedstaat der Europäischen Union oder im Europäischen Wirtschaftsraum liegenden Haushalt des Steuerpflichtigen gehört auch eine Wohnung, die der Steuerpflichtige einem bei ihm zu berücksichtigenden Kind (§ 32 EStG) zur unentgeltlichen Nutzung überlässt. Das Gleiche gilt für eine vom Steuerpflichtigen tatsächlich eigengenutzte Zweit-, Wochenend- oder Ferienwohnung sowie eine tatsächlich eigengenutzte geerbte Wohnung. Der Steuerpflichtige kann deshalb für Leistungen, die in diesen Wohnungen durchgeführt werden, bei Vorliegen der sonstigen Voraussetzungen die Steuerermäßigung nach § 35a EStG in Anspruch nehmen; dies gilt auch, wenn die Leistungen für die eigengenutzte geerbte Wohnung noch vom Erblasser in Anspruch genommen und die Rechnungsbeträge vom Erben überwiesen worden sind. Die Steuerermäßigung wird – auch bei Vorhandensein mehrerer Wohnungen – insgesamt nur einmal bis zu den jeweiligen Höchstbeträgen gewährt.

Wohnungswechsel, Umzug

19 Der Begriff „im Haushalt" ist nicht in jedem Fall mit „tatsächlichem Bewohnen" gleichzusetzen. Beabsichtigt der Steuerpflichtige umzuziehen, und hat er für diesen Zweck bereits eine Wohnung oder ein Haus gemietet oder gekauft, gehört auch diese Wohnung oder dieses Haus zu seinem Haushalt, wenn er tatsächlich dorthin umzieht. Hat der Steuerpflichtige seinen Haushalt durch Umzug in eine andere Wohnung oder ein anderes Haus verlegt, gelten Maßnahmen zur Beseitigung der durch die bisherige Haushaltsführung veranlassten Abnutzung (z. B. Renovierungsarbeiten eines ausziehenden Mieters) noch als im Haushalt erbracht. Voraussetzung ist, dass die Maßnahmen in einem engen zeitlichen Zusammenhang zu dem Umzug stehen. Für die Frage, ab wann oder bis wann es sich um einen Haushalt des Steuerpflichtigen handelt, kommt es im Übrigen grundsätzlich auf das wirtschaftliche Eigentum an. Bei einem Mietverhältnis ist deshalb der im Mietvertrag vereinbarte Beginn des Mietverhältnisses oder bei Beendigung das Ende der Kündigungsfrist und bei einem Kauf der Übergang von Nutzen und Lasten entscheidend. Ein früherer oder späterer Zeitpunkt für den Ein- oder Auszug ist durch geeignete Unterlagen (z. B. Meldebestätigung der Gemeinde, Bestätigung des Vermieters) nachzuweisen. In Zweifelsfällen kann auf das in der Regel anzufertigende Übergabe-/Übernahmeprotokoll abgestellt werden.

III. Inanspruchnahme von Handwerkerleistungen

20 § 35a Abs. 3 EStG (§ 35a Abs. 2 Satz 2 EStG a. F.) gilt für alle handwerklichen Tätigkeiten für Renovierungs-, Erhaltungs- und Modernisierungsmaßnahmen, die in einem inländischen, in der Europäischen Union oder dem Europäischen Wirtschaftsraum liegenden Haushalt des Steuerpflichtigen erbracht werden, unabhängig davon, ob es sich um regelmäßig vorzunehmende Renovierungsarbeiten oder kleine Ausbesserungsarbeiten handelt, die gewöhnlich durch Mitglieder des privaten Haushalts erledigt werden, oder um Erhaltungs- und Modernisierungsmaßnahmen, die im Regelfall nur von Fachkräften durchgeführt werden. Eine beispielhafte Aufzählung begünstigter und nicht begünstigter handwerklicher Tätigkeiten enthält Anlage 1. Handwerkliche Tätigkeiten im Rahmen einer Neubaumaßnahme sind nicht begünstigt. Als Neubaumaßnahmen gelten alle Maßnahmen, die im Zusammenhang mit einer Nutz- oder Wohnflächenschaffung bzw. -erweiterung anfallen.

21 Das beauftragte Unternehmen muss nicht in die Handwerksrolle eingetragen sein; es können auch Kleinunternehmer i. S. des § 19 Abs. 1 Umsatzsteuergesetz mit der Leistung beauftragt werden.

IV. Anspruchsberechtigte

Arbeitgeber, Auftraggeber

Der Steuerpflichtige kann die Steuerermäßigung nach § 35a EStG grundsätzlich nur in Anspruch nehmen, wenn er entweder Arbeitgeber des haushaltsnahen Beschäftigungsverhältnisses oder Auftraggeber der haushaltsnahen Dienstleistung oder Handwerkerleistung ist. 22

Wohnungseigentümergemeinschaften

Besteht ein Beschäftigungsverhältnis zu einer Wohnungseigentümergemeinschaft (z.B. bei Reinigung und Pflege von Gemeinschaftsräumen) oder ist eine Wohnungseigentümergemeinschaft Auftraggeber der haushaltsnahen Dienstleistung bzw. der handwerklichen Leistung, kommt für den einzelnen Wohnungseigentümer eine Steuerermäßigung in Betracht, wenn in der Jahresabrechnung 23

– die im Kalenderjahr unbar gezahlten Beträge nach den begünstigten haushaltsnahen Beschäftigungsverhältnissen, Dienstleistungen und Handwerkerleistungen jeweils gesondert aufgeführt sind (zur Berücksichtigung von geringfügigen Beschäftigungsverhältnissen – siehe Rdnr. 10),

– der Anteil der steuerbegünstigten Kosten ausgewiesen ist (Arbeits- und Fahrtkosten, siehe auch Rdnr. 35) und

der Anteil des jeweiligen Wohnungseigentümers individuell errechnet wurde. Die Aufwendungen für Dienstleistungen, die sowohl auf öffentlichem Gelände als auch auf Privatgelände durchgeführt werden (vgl. Rdnr. 12), sind entsprechend aufzuteilen (vgl. Rdnr. 36). Hat die Wohnungseigentümergemeinschaft zur Wahrnehmung ihrer Aufgaben und Interessen einen Verwalter bestellt und ergeben sich die Angaben nicht aus der Jahresabrechnung, ist der Nachweis durch eine Bescheinigung des Verwalters über den Anteil des jeweiligen Wohnungseigentümers zu führen. Ein Muster für eine derartige Bescheinigung ist als Anlage 2 beigefügt. Das Datum über die Beschlussfassung der Jahresabrechnung kann formlos bescheinigt oder auf der Bescheinigung vermerkt werden.

Mieter

Auch der Mieter einer Wohnung kann die Steuerermäßigung nach § 35a EStG beanspruchen, wenn die von ihm zu zahlenden Nebenkosten Beträge umfassen, die für ein haushaltsnahes Beschäftigungsverhältnis, für haushaltsnahe Dienstleistungen oder für handwerkliche Tätigkeiten geschuldet werden und sein Anteil an den vom Vermieter unbar gezahlten Aufwendungen entweder aus der Jahresabrechnung hervorgeht oder durch eine Bescheinigung (vgl. Rdnr. 23) des Vermieters oder seines Verwalters nachgewiesen wird. Das gilt auch für den Fall der unentgeltlichen Überlassung einer Wohnung, wenn der Nutzende die entsprechenden Aufwendungen getragen hat. 24

Wohnen in einem Alten(wohn)heim, einem Pflegeheim oder einem Wohnstift

Für Bewohner eines Altenheims, eines Altenwohnheims, eines Pflegeheims oder eines Wohnstiftes (vgl. Rdnr. 16) gilt nach Abschluss eines sog. Heimvertrages Folgendes: Aufwendungen für Dienstleistungen, die innerhalb des Appartements erbracht werden, wie z.B. die Reinigung des Appartements oder die Pflege und Betreuung des Heimbewohners, sind begünstigt. Aufwendungen für Dienstleistungen, die außerhalb des Appartements erbracht werden, sind im Rahmen der Rdnrn. 16 und 17 begünstigt. Das gilt jeweils auch für die von dem Heimbetreiber pauschal erhobenen Kosten, sofern die damit abgegoltene Dienstleistung gegenüber dem einzelnen Heimbewohner nachweislich tatsächlich erbracht worden ist. Darüber hinausgehende Dienstleistungen fallen grundsätzlich nicht unter die Steuerermäßigungsregelung des § 35a EStG, es sei denn, es wird nachgewiesen, dass die jeweilige haushaltsnahe Dienstleistung im Bedarfsfall von dem Heimbewohner abgerufen worden ist. Das gilt sowohl für Dienstleistungen des Heimbetreibers selbst, ggf. mittels eigenen Personals, als auch für Dienstleistungen eines externen Anbieters. Rdnrn. 23 und 24 gelten sinngemäß. Aufwendungen für die Möglichkeit, bei Bedarf bestimmte Pflege- oder Betreuungsleistungen in Anspruch zu nehmen, sind begünstigt. 25

Arbeitgeber-Pool

Schließen sich mehrere Steuerpflichtige als Arbeitgeber für ein haushaltsnahes Beschäftigungsverhältnis zusammen (sog. Arbeitgeber-Pool), kann jeder Steuerpflichtige die Steuerermäßigung für seinen Anteil an den Aufwendungen in Anspruch nehmen, wenn für die an dem Arbeitgeber-Pool Beteiligten eine Abrechnung über die im jeweiligen Haushalt ausgeführten Arbeiten vorliegt. Wird der Gesamtbetrag der Aufwendungen für das Beschäftigungsverhältnis durch ein Pool-Mitglied überwiesen, gelten die Regelungen für Wohnungseigentümer und Mieter (vgl. Rdnr. 23 und 24) entsprechend. 26

Anlage § 035a-01/Anwendungsschreiben § 35a (Zu LStH 35a, 39a.1)

V. Begünstigte Aufwendungen
1. Ausschluss der Steuerermäßigung bei Betriebsausgaben oder Werbungskosten

27 Die Steuerermäßigung für Aufwendungen ist ausgeschlossen, soweit diese zu den Betriebsausgaben oder Werbungskosten gehören oder wie solche behandelt werden. Gemischte Aufwendungen (z. B. für eine Reinigungskraft, die auch das beruflich genutzte Arbeitszimmer reinigt) sind unter Berücksichtigung des zeitlichen Anteils der zu Betriebsausgaben oder Werbungskosten führenden Tätigkeiten an der Gesamtarbeitszeit sachgerecht aufzuteilen.

2. Ausschluss der Steuerermäßigung bei Berücksichtigung der Aufwendungen als Sonderausgaben oder außergewöhnliche Belastungen; Aufwendungen für Kinderbetreuung

Sonderausgaben, außergewöhnliche Belastungen

28 Eine Steuerermäßigung nach § 35a EStG kommt nur in Betracht, soweit die Aufwendungen nicht vorrangig als Sonderausgaben (z. B. Erhaltungsmaßnahme nach § 10f EStG) oder als außergewöhnliche Belastungen berücksichtigt werden. Für den Teil der Aufwendungen, der durch den Ansatz der zumutbaren Belastung nach § 33 Abs. 3 EStG nicht als außergewöhnliche Belastung berücksichtigt wird, kann der Steuerpflichtige die Steuerermäßigung nach § 35a EStG in Anspruch nehmen. Werden im Rahmen des § 33 EStG Aufwendungen geltend gemacht, die dem Grunde nach sowohl bei § 33 EStG als auch bei § 35a EStG berücksichtigt werden können, ist davon auszugehen, dass die zumutbare Belastung vorrangig auf die nach § 35a EStG begünstigten Aufwendungen entfällt.

Behinderten-Pauschbetrag

29 Nimmt die pflegebedürftige Person einen Behinderten-Pauschbetrag nach § 33b Abs. 1 Satz 1 i. V. m. Abs. 3 Satz 2 oder 3 EStG (bis VZ 2007: den erhöhten Behinderten-Pauschbetrag nach § 33b Abs. 3 Satz 3 EStG) in Anspruch, schließt dies eine Berücksichtigung der Pflegeaufwendungen nach § 35a EStG bei ihr aus. Das Gleiche gilt für einen Angehörigen, wenn der einem Kind zustehende Behinderten-Pauschbetrag auf ihn übertragen wird.

Kinderbetreuungskosten

30 Fallen Kinderbetreuungskosten dem Grunde nach unter die Regelungen des § 9c EStG (§§ 4f oder 9 Abs. 5 Satz 1 bzw. § 10 Abs. 1 Nr. 5 oder 8 EStG a. F.), kommt ein Abzug nach § 35a EStG nicht in Betracht (§ 35a Abs. 5 Satz 1 EStG, § 35a Abs. 1 Satz 1 und Abs. 2 Satz 3 EStG a. F.). Dies gilt sowohl für den Betrag, der zwei Drittel der Aufwendungen für Dienstleistungen übersteigt, als auch für alle Aufwendungen, die den Höchstbetrag von 4 000 € je Kind übersteigen.

Au-pair

31 Bei Aufnahme eines Au-pairs in eine Familie fallen in der Regel neben den Aufwendungen für die Betreuung der Kinder auch Aufwendungen für leichte Hausarbeiten an. Wird der Umfang der Kinderbetreuungskosten nicht nachgewiesen (vgl. Rdnr. 5 des BMF-Schreibens vom 19. Januar 2007, BStBl. I S. 184), kann ein Anteil von 50 Prozent der Gesamtaufwendungen im Rahmen der Steuerermäßigung für haushaltsnahe Dienstleistungen nach § 35a Abs. 2 Satz 1 EStG berücksichtigt werden, wenn die übrigen Voraussetzungen des § 35a EStG (insbesondere die Zahlung auf ein Konto des Au-pairs) vorliegen.

3. Umfang der begünstigten Aufwendungen

Arbeitsentgelt

32 Zu den begünstigten Aufwendungen des Steuerpflichtigen nach § 35a Abs. 1 und Abs. 2 Alt. 1 EStG (§ 35a Abs. 1 EStG a. F.) gehört der Bruttoarbeitslohn oder das Arbeitsentgelt (bei Anwendung des Haushaltsscheckverfahrens und geringfügiger Beschäftigung i.S. des § 8a SGB IV) sowie die vom Steuerpflichtigen getragenen Sozialversicherungsbeiträge, die Lohnsteuer ggf. zuzüglich Solidaritätszuschlag und Kirchensteuer, die Umlagen nach dem Aufwendungsausgleichsgesetz (U 1 und U 2) und die Unfallversicherungsbeiträge, die an den Gemeindeunfallversicherungsverband abzuführen sind.

Nachweis des Arbeitsentgelts

33 Als Nachweis dient bei geringfügigen Beschäftigungsverhältnissen (s. Rdnr. 5), für die das Haushaltsscheckverfahren Anwendung findet, die dem Arbeitgeber von der Einzugsstelle (Minijob-Zentrale) zum Jahresende erteilte Bescheinigung nach § 28h Abs. 4 SGB IV. Diese enthält den Zeitraum, für den Beiträge zur Rentenversicherung gezahlt wurden, die Höhe des Arbeitsentgelts sowie die vom Arbeitgeber getragenen Gesamtsozialversicherungsbeiträge und Umlagen. Zusätzlich wird in der Bescheinigung die Höhe der einbehaltenen Pauschsteuer beziffert.

34 Bei sozialversicherungspflichtigen haushaltsnahen Beschäftigungsverhältnissen, für die das allgemeine Beitrags- und Meldeverfahren zur Sozialversicherung gilt und bei denen die Lohnsteuer pauschal oder

(Zu LStH 35a, 39a.1) **Anlage § 035a-01/Anwendungsschreiben § 35a**

nach Maßgabe der vorgelegten Lohnsteuerkarte erhoben wird, sowie bei geringfügigen Beschäftigungsverhältnissen ohne Haushaltsscheckverfahren gelten die allgemeinen Nachweisregeln für die Steuerermäßigung.

Arbeitskosten, Materialkosten

Begünstigt sind generell nur die Arbeitskosten. Das sind die Aufwendungen für die Inanspruchnahme 35 der haushaltsnahen Tätigkeit selbst, für Pflege- und Betreuungsleistungen bzw. für Handwerkerleistungen einschließlich der in Rechnung gestellten Maschinen- und Fahrtkosten. Materialkosten oder sonstige im Zusammenhang mit der Dienstleistung, den Pflege- und Betreuungsleistungen bzw. den Handwerkerleistungen gelieferte Waren bleiben mit Ausnahme von Verbrauchsmitteln außer Ansatz.

Der Anteil der Arbeitskosten muss grundsätzlich anhand der Angaben in der Rechnung gesondert ermittelt werden können. Auch eine prozentuale Aufteilung des Rechnungsbetrages in Arbeitskosten und Materialkosten durch den Rechnungsaussteller ist zulässig. Bei Wartungsverträgen ist es nicht zu beanstanden, wenn der Anteil der Arbeitskosten, der sich auch pauschal aus einer Mischkalkulation ergeben kann, aus einer Anlage zur Rechnung hervorgeht. Dienstleistungen, die sowohl auf öffentlichem Gelände als auch auf Privatgelände durchgeführt werden (vgl. Rdnr. 12), sind vom Rechnungsaussteller entsprechend aufzuteilen. Zur Aufteilung solcher Aufwendungen bei Wohnungseigentümergemeinschaften genügt eine Jahresbescheinigung des Grundstücksverwalters, die die betrags- oder verhältnismäßige Aufteilung auf öffentliche Flächen und Privatgelände enthält. Entsprechendes gilt für die Nebenkostenabrechnung der Mieter. Abschlagszahlungen können nur dann berücksichtigt werden, wenn hierfür eine Rechnung vorliegt, welche die Voraussetzungen des § 35a EStG erfüllt. Ein gesonderter Ausweis der auf die Arbeitskosten entfallenden Mehrwertsteuer ist nicht erforderlich.

Versicherungsleistungen

Aufwendungen für haushaltsnahe Dienstleistungen oder Handwerkerleistungen, die im Zusammenhang 37 mit Versicherungsschadensfällen entstehen, können nur berücksichtigt werden, soweit sie nicht von der Versicherung erstattet werden. Dabei sind nicht nur erhaltene, sondern auch in späteren Veranlagungszeiträumen zu erwartende Versicherungsleistungen zu berücksichtigen. Das gilt auch für Versicherungsleistungen, die zur medizinischen Rehabilitation erbracht werden, wie z.B. für Haushaltshilfen nach § 10 Abs. 2 Satz 2, § 36 Abs. 1 Satz 2, § 37 Abs. 1 Satz 2, § 39 Abs. 1 Satz 2 des Gesetzes über die Alterssicherung der Landwirte, § 10 des Zweiten Gesetzes über die Krankenversicherung der Landwirte, § 38 Abs. 4 Satz 1 Alt. 2 SGB V, § 54 Abs. 2, § 55 SGB VII, § 54 SGB IX. In solchen Fällen ist nur die Selbstbeteiligung nach § 35a EStG begünstigt.

Empfangene Leistungen der Pflegeversicherung des Steuerpflichtigen sowie die Leistungen im Rahmen 38 des Persönlichen Budgets i. S. des § 17 SGB IX sind anzurechnen, soweit sie ausschließlich und zweckgebunden für Pflege- und Betreuungsleistungen sowie für haushaltsnahe Dienstleistungen i. S. des § 35a Abs. 2 i. V. m. Abs. 5 EStG (§ 35a Abs. 2 Satz 1 i. V. m. Satz 5 EStG a.F.), die keine Handwerkerleistungen i. S. des § 35a Abs. 3 EStG (§ 35a Abs. 2 Satz 2 EStG a. F.) sind, gewährt werden. Danach sind Pflegesachleistungen nach § 36 SGB XI und der Kostenersatz für zusätzliche Betreuungsleistungen nach § 45b SGB XI auf die entstandenen Aufwendungen anzurechnen. Leistungen der Pflegeversicherung i. S. des § 37 SGB XI (sog. Pflegegeld) sind dagegen nicht anzurechnen, weil sie nicht zweckgebunden für professionelle Pflegedienste bestimmt sind, die die Voraussetzungen des § 35a Abs. 5 EStG (§ 35a Abs. 2 Satz 5 EStG a. F.) erfüllen (Ausstellung einer Rechnung, Überweisung auf ein Konto des Empfängers).

Beispiel 1:

Ein pflegebedürftiger Steuerpflichtiger der Pflegestufe II mit dauerhafter erheblicher Einschränkung seiner Alltagskompetenz erhält im Veranlagungsjahr 2009 in seinem eigenen Haushalt Pflegesachleistungen in der Form einer häuslichen Pflegehilfe sowie zusätzliche Betreuung. Er nimmt dafür einen professionellen Pflegedienst in Anspruch. Die monatlichen Aufwendungen betragen 1 400 €. Die Pflegeversicherung übernimmt die Aufwendungen in Höhe von monatlich 980 € (§ 36 Abs. 3 Nr. 2 Buchst. a SGB XI). Darüber hinaus erhält der Steuerpflichtige einen zusätzlichen Kostenersatz nach § 45b SGB XI in Höhe von monatlich 100 €.

Es handelt sich um die Inanspruchnahme von Pflege- und Betreuungsleistungen i. S. des § 35a Abs. 2 Satz 2 EStG, für die der Steuerpflichtige eine Steuerermäßigung in Anspruch nehmen kann. Die Beträge nach § 36 SGB XI sowie der Kostenersatz nach § 45b SGB XI sind anzurechnen.

Anlage § 035a-01/Anwendungsschreiben § 35a (Zu LStH 35a, 39a.1)

Die Steuerermäßigung für die Pflege- und Betreuungsleistungen wird für den Veranlagungszeitraum 2009 wie folgt berechnet:

1 400 € x 12 Monate	16 800 €
– (980 € + 100 €) x 12 Monate	– 12 960 €
verbleibende Eigenleistung	3 840 €

Davon 20 % = 768 €. Der Steuerpflichtige kann 768 € als Steuerermäßigungsbetrag in Anspruch nehmen.

Beispiel 2:

Eine pflegebedürftige Steuerpflichtige der Pflegestufe I beantragt anstelle der häuslichen Pflegehilfe (§ 36 SGB XI) ein Pflegegeld nach § 37 SGB XI. Im Veranlagungsjahr 2009 erhält sie monatlich 215 €. Die Steuerpflichtige nimmt zur Deckung ihres häuslichen Pflege- und Betreuungsbedarfs zusätzlich einzelne Pflegeeinsätze eines professionellen Pflegedienstes in Anspruch. Die Aufwendungen dafür betragen jährlich 1 800 €.

Es handelt sich um die Inanspruchnahme von Pflege- und Betreuungsleistungen i. S. des § 35a Abs. 2 Satz 2 EStG, für die die Steuerpflichtige eine Steuerermäßigung in Anspruch nehmen kann. Das Pflegegeld ist nicht anzurechnen.

Die Steuerermäßigung für die Pflege- und Betreuungsleistungen wird für den Veranlagungszeitraum 2009 wie folgt berechnet:

20 % von 1 800 € = 360 €. Die Steuerpflichtige kann 360 € als Steuerermäßigungsbetrag in Anspruch nehmen.

Beispiel 3:

Ein pflegebedürftiger Steuerpflichtiger der Pflegestufe II nimmt im Veranlagungszeitraum 2009 die ihm nach § 36 Abs. 3 SGB XI zustehende Sachleistung nur zur Hälfte in Anspruch (490 €/Monat). Er erhält daneben ein anteiliges Pflegegeld (§ 38 i. V. m. § 37 SGB XI) in Höhe von monatlich 210 €. Die durch die Pflegeversicherung im Wege der Sachleistung zur Verfügung gestellten regelmäßigen professionellen Pflegeeinsätze werden durch den Steuerpflichtigen durch gelegentliche zusätzliche Beauftragungen eines Pflegedienstes ergänzt. Die Aufwendungen hierfür betragen jährlich 1 800 €. Die weiteren Pflege- und Betreuungsdienstleistungen erfolgen durch Freunde des Steuerpflichtigen, von denen eine Person im Rahmen einer geringfügigen Beschäftigung i.S. des § 8a SGB IV zu einem Monatslohn einschließlich der pauschalen Abgaben i. H. von 380 € beschäftigt wird. Einen Teil des Pflegegeldes leitet der Steuerpflichtige an die anderen Hilfspersonen weiter.

Die Inanspruchnahme des Pflegedienstes ist nach § 35a Abs. 2 Satz 2 EStG begünstigt. Die Beträge nach § 36 Abs. 3 SGB XI sind anzurechnen, das Pflegegeld nach § 37 SGB XI ist nicht anzurechnen. Das geringfügige Beschäftigungsverhältnis fällt unter § 35a Abs. 1 EStG.

Die Steuerermäßigung für das geringfügige Beschäftigungsverhältnis wird für den Veranlagungszeitraum 2009 wie folgt berechnet:

380 € x 12 Monate	4 560 €

Davon 20 % = 912 €. Der Steuerpflichtige kann 510 € (= Höchstbetrag) als Steuerermäßigung in Anspruch nehmen.

Die Steuerermäßigung für die zusätzlich zu den Sachleistungen der Pflegeversicherung selbst finanzierten externen Pflegeeinsätze wird für den Veranlagungszeitraum 2009 wie folgt berechnet:

20 % von 1 800 € = 360 €. Der Steuerpflichtige kann (510 € + 360 € =) 870 € als Steuerermäßigungsbetrag in Anspruch nehmen.

39 Wird die Steuerermäßigung für Pflege- und Betreuungsaufwendungen von einem Angehörigen oder einer anderen Person geltend gemacht, ist Rdnr. 38 entsprechend anzuwenden, wenn das Pflegegeld an diese Person weitergeleitet wird.

Beispiel 4:

Eine pflegebedürftige Person der Pflegestufe II nimmt im Veranlagungsjahr 2009 in ihrem eigenen Haushalt einen professionellen Pflegedienst in Anspruch. Die monatlichen Gesamtaufwendungen hierfür betragen 1 300 €. Durch die Pflegeversicherung werden Pflegesachleistungen nach § 36 Abs. 3 Nr. 2 Buchst. a SGB XI in Höhe von 980 € monatlich übernommen. Die darüber hinausgehenden Aufwendungen trägt der Sohn in Höhe von monatlich 320 €.

(Zu LStH 35a, 39a.1) **Anlage § 035a-01/Anwendungsschreiben § 35a**

Es handelt sich um die Inanspruchnahme von Pflege- und Betreuungsleistungen i. S. des § 35a Abs. 2 Satz 2 EStG, für die der Sohn eine Steuerermäßigung in Anspruch nehmen kann. Die Beträge nach § 36 SGB XI sind anzurechnen.

Die Steuerermäßigung für die Pflege- und Betreuungsleistungen wird für den Veranlagungszeitraum 2009 wie folgt berechnet:

Steuerpflichtiger:

1 300 € x 12 Monate	15 600 €
– 980 € x 12 Monate=	– 11 760 €
Eigenleistung des Sohnes	3 840 €

Davon 20 % = 768 €. Der Sohn kann 768 € als Steuerermäßigungsbetrag in Anspruch nehmen.

Beispiel 5:

Ein pflegebedürftiger Steuerpflichtiger der Pflegestufe II beantragt anstelle der häuslichen Pflegehilfe (§ 36 SGB XI) ein Pflegegeld nach § 37 SGB XI. Im Veranlagungsjahr 2009 erhält er monatlich 420 €. Der Steuerpflichtige wird grundsätzlich von seiner Tochter betreut und gepflegt. Er reicht das Pflegegeld an die Tochter weiter. Zu ihrer Unterstützung beauftragt die Tochter gelegentlich zusätzlich einen professionellen Pflegedienst. Die Aufwendungen hierfür haben 2009 insgesamt 1 800 € betragen. Diese Kosten hat die Tochter getragen.

Bei der Beauftragung des Pflegedienstes handelt es sich um die Inanspruchnahme von Pflege- und Betreuungsleistungen i. S. des § 35a Abs. 2 Satz 2 EStG, für die die Tochter eine Steuerermäßigung in Anspruch nehmen kann. Die an sie weitergeleiteten Beträge nach § 37 SGB XI sind nicht anzurechnen.

Die Steuerermäßigung für die Pflege- und Betreuungsleistungen wird bei der Tochter für den Veranlagungszeitraum 2009 wie folgt berechnet:

20 % von 1 800 € = 360 €. Die Tochter kann 360 € als Steuerermäßigungsbetrag in Anspruch nehmen.

Den Pflege-Pauschbetrag nach § 33b Abs. 6 Satz 1 EStG kann die Tochter nicht in Anspruch nehmen, da sie durch Weiterleitung des Pflegegeldes durch den Vater an sie Einnahmen i. S. des § 33b Abs. 6 Satz 1 und 2 EStG erhält und sie das Pflegegeld nicht nur treuhänderisch für den Vater verwaltet, um daraus Aufwendungen des Pflegebedürftigen zu bestreiten (vgl. H 33b „Pflege-Pauschbetrag" EStH 2008).

Beispiel 6:

Ein pflegebedürftiges Ehepaar lebt mit seiner Tochter in einem Haushalt. Der Vater hat Pflegestufe II, die Mutter Pflegestufe I. Der Vater wird täglich durch einen professionellen Pflegedienst gepflegt und betreut. Die Aufwendungen wurden 2009 von der Pflegeversicherung als Pflegesachleistung in Höhe von monatlich 980 € übernommen (§ 36 Abs. 3 Nr. 2 Buchst. a SGB XI). Die Mutter hat 2009 Pflegegeld nach § 37 SGB XI in Höhe von monatlich 215 € bezogen. Bei ihrer Pflege hilft die Tochter. Sie erhält als Anerkennung das Pflegegeld von der Mutter.

Die monatlichen Aufwendungen für den Pflegedienst des Vaters betragen nach Abzug der Leistungen der Pflegeversicherung 320 €. Zu ihrer Unterstützung beauftragt die Tochter gelegentlich zusätzlich einen Pflegedienst für die Mutter. Die Aufwendungen hierfür haben 2009 insgesamt 1 200 € betragen. Diese Kosten hat die Tochter getragen.

Es handelt sich um die Inanspruchnahme von Pflege- und Betreuungsleistungen i. S. des § 35a Abs. 2 Satz 2 EStG, für die die Eltern und die Tochter eine Steuerermäßigung in Anspruch nehmen können. Die Beträge nach § 36 SGB XI sind anzurechnen, die Beträge nach § 37 SGB XI sind nicht anzurechnen.

Die Steuerermäßigung für die Pflege- und Betreuungsleistungen wird für den Veranlagungszeitraum 2009 wie folgt berechnet:

Eltern: Eigenleistung 320 € x 12 Monate	3 840 €

Davon 20 % = 768 €. Die Eltern können 768 € als Steuerermäßigungsbetrag in Anspruch nehmen.

Tochter: Eigenleistung	1 200 €

Davon 20 % = 240 €. Der Tochter kann 240 € als Steuerermäßigung in Anspruch nehmen. Den Pflege-Pauschbetrag nach § 33b Abs. 6 Satz 1 EStG kann die Tochter nicht in Anspruch nehmen, da sie durch Weiterleitung des Pflegegeldes durch die Mutter an sie Einnahmen i. S. des § 33b Abs. 6

Anlage § 035a-01/Anwendungsschreiben § 35a (Zu LStH 35a, 39a.1)

Satz 1 und 2 EStG erhält und sie das Pflegegeld nicht nur treuhänderisch für die Mutter verwaltet, um daraus Aufwendungen der Pflegebedürftigen zu bestreiten (vgl. H 33b „Pflege-Pauschbetrag" EStH 2008).

Zahlungszeitpunkt

40 Für die Inanspruchnahme der Steuerermäßigung ist auf den Veranlagungszeitraum der Zahlung abzustellen (§ 11 Abs. 2 EStG). Bei regelmäßig wiederkehrenden Ausgaben (z. B. nachträgliche monatliche Zahlung oder monatliche Vorauszahlung einer Pflegeleistung), die innerhalb eines Zeitraums von bis zu zehn Tagen nach Beendigung bzw. vor Beginn eines Kalenderjahres fällig und geleistet worden sind, werden die Ausgaben dem Kalenderjahr zugerechnet, zu dem sie wirtschaftlich gehören. Bei geringfügigen Beschäftigungsverhältnissen gehören die Abgaben für das in den Monaten Juli bis Dezember erzielte Arbeitsentgelt, die erst am 15. Januar des Folgejahres fällig werden, noch zu den begünstigten Aufwendungen des Vorjahres.

Dienst- oder Werkswohnung

41 Für vom Arbeitnehmer bewohnte Dienst- oder Werkswohnungen gilt Folgendes: Lässt der Arbeitgeber haushaltsnahe Dienstleistungen oder Handwerkerleistungen durch einen (fremden) Dritten durchführen und trägt er hierfür die Aufwendungen, kann der Arbeitnehmer die Steuerermäßigung nach § 35a EStG nur in Anspruch nehmen, wenn er die Aufwendungen – neben dem Mietwert der Wohnung – als Arbeitslohn (Sachbezug) versteuert hat und der Arbeitgeber eine Bescheinigung erteilt hat, aus der eine Aufteilung der Aufwendungen nach haushaltsnahen Dienstleistungen und Handwerkerleistungen, jeweils unterteilt nach Arbeitskosten und Materialkosten, hervorgeht. Zusätzlich muss aus der Bescheinigung hervorgehen, dass die Leistungen durch (fremde) Dritte ausgeführt worden sind und zu welchem Wert sie zusätzlich zum Mietwert der Wohnung als Arbeitslohn versteuert worden sind. Die Steuerermäßigung kann nicht in Anspruch genommen werden, wenn die haushaltsnahen Dienstleistungen oder Handwerkerleistungen durch eigenes Personal des Arbeitgebers durchgeführt worden sind.

Wohnungseigentümer und Mieter

42 Bei Wohnungseigentümern und Mietern ist erforderlich, dass die auf den einzelnen Wohnungseigentümer und Mieter entfallenden Aufwendungen für haushaltsnahe Beschäftigungsverhältnisse und Dienstleistungen sowie für Handwerkerleistungen entweder in der Jahresabrechnung gesondert aufgeführt oder durch eine Bescheinigung des Verwalters oder Vermieters nachgewiesen sind. Aufwendungen für regelmäßig wiederkehrende Dienstleistungen (wie z.B. Reinigung des Treppenhauses, Gartenpflege, Hausmeister) werden grundsätzlich anhand der geleisteten Vorauszahlungen im Jahr der Vorauszahlungen berücksichtigt, einmalige Aufwendungen (wie z.B. Handwerkerrechnungen) dagegen erst im Jahr der Genehmigung der Jahresabrechnung. Soweit einmalige Aufwendungen durch eine Entnahme aus der Instandhaltungsrücklage finanziert werden, können die Aufwendungen erst im Jahr des Abflusses aus der Instandhaltungsrücklage oder im Jahr der Genehmigung der Jahresabrechnung, die den Abfluss aus der Instandhaltungsrücklage beinhaltet, berücksichtigt werden. Wird eine Jahresabrechnung von einer Verwaltungsgesellschaft mit abweichendem Wirtschaftsjahr erstellt, gilt nichts anderes. Es ist aber auch nicht zu beanstanden, wenn Wohnungseigentümer die gesamten Aufwendungen erst in dem Jahr geltend machen, in dem die Jahresabrechnung im Rahmen der Eigentümerversammlung genehmigt worden ist. Für die zeitliche Berücksichtigung von Nebenkosten bei Mietern gelten die vorstehenden Ausführungen entsprechend. Handwerkerleistungen, die im Jahr 2005 erbracht worden sind, sind auch dann nicht begünstigt, wenn die Jahresabrechnung 2005 im Jahr 2006 durch die Eigentümerversammlung genehmigt worden ist. Zu den Höchstbeträgen in den Veranlagungszeiträumen 2008 und 2009 vgl. Rdnr. 48.

43 Die Entscheidung, die Steuerermäßigung hinsichtlich der Aufwendungen für die regelmäßig wiederkehrenden Dienstleistungen im Jahr der Vorauszahlung und für die einmaligen Aufwendungen im Jahr der Beschlussfassung oder für die gesamten Aufwendungen die Steuerermäßigung erst im Jahr der Beschlussfassung in Anspruch zu nehmen, hat jeder einzelne Eigentümer bzw. Mieter im Rahmen seiner Einkommensteuererklärung zu treffen. Zur Bescheinigung des Datums über die Beschlussfassung s. Rdnr. 23. Hat sich der Wohnungseigentümer bei einer Abrechnung mit abweichendem Wirtschaftsjahr dafür entschieden, die gesamten Aufwendungen erst in dem Jahr geltend zu machen, in dem die Jahresabrechnung im Rahmen der Eigentümerversammlung genehmigt worden ist, hat das zur Folge, dass hinsichtlich der regelmäßig wiederkehrenden Dienstleistungen die Aufwendungen des abweichenden Wirtschaftsjahres maßgebend sind. Eine davon abweichende andere zeitanteilige Aufteilung der Aufwendungen ist nicht möglich. Auch für den Fall, dass die Beschlussfassungen über die Jahresabrechnungen für zwei Kalenderjahre in einem Kalenderjahr getroffen werden, kann die Ent-

scheidung für alle in einem Jahr genehmigten Abrechnungen, die Steuerermäßigung im Jahr der Vorauszahlung oder in dem der Beschlussfassung in Anspruch zu nehmen, nur einheitlich getroffen werden. Für die Frage der Höhe der zulässigen Steuerermäßigung nach den zum 1. Januar 2009 in Kraft getretenen Gesetzesänderungen gelten die Erläuterungen in Rdnr. 48 entsprechend.

4. Nachweis

Bis einschließlich Veranlagungszeitraum 2007

Sowohl bei Aufwendungen im Rahmen einer haushaltsnahen Dienstleistung als auch bei Handwerker- oder Pflege- und Betreuungsleistungen ist die Steuerermäßigung bis einschließlich Veranlagungszeitraum 2007 davon abhängig, dass der Steuerpflichtige die Aufwendungen durch Vorlage einer Rechnung und die Zahlung auf ein Konto des Erbringers der Leistung durch einen Beleg des Kreditinstituts nachweist (§ 35a Abs. 2 Satz 5 EStG i. d. F. des Jahressteuergesetzes 2007). Bei Wohnungseigentümern und Mietern sind die sich aus Rdnr. 42 ergebenden Nachweise mit der Antragstellung vorzulegen. 44

Ab Veranlagungszeitraum 2008

Ab Veranlagungszeitraum 2008 ist die Steuerermäßigung davon abhängig, dass der Steuerpflichtige für die Aufwendungen eine Rechnung erhalten hat und die Zahlung auf das Konto des Erbringers der haushaltsnahen Dienstleistung, der Handwerkerleistung oder der Pflege- oder Betreuungsleistung erfolgt ist (§ 35a Abs. 2 Satz 5 i.V. mit § 52 Abs. 1 und Abs. 50b EStG i.d.F. des Jahressteuergesetzes 2008, § 35a Abs. 5 Satz 3 EStG i.d.F. des FamLeistG). Bei Wohnungseigentümern und Mietern müssen die sich aus Rdnr. 42 ergebenden Nachweise vorhanden sein. Daraus folgt, dass es ab dem Veranlagungszeitraum 2008 ausreicht, wenn der Steuerpflichtige die Nachweise auf Verlangen des Finanzamtes vorlegen kann. 45

Zahlungsarten

Die Zahlung auf das Konto des Erbringers der Leistung erfolgt in der Regel durch Überweisung. Beträge, für deren Begleichung ein Dauerauftrag eingerichtet worden ist oder die durch eine Einzugsermächtigung abgebucht oder im Wege des Online-Bankings überwiesen wurden, können in Verbindung mit dem Kontoauszug, der die Abbuchung ausweist, anerkannt werden. Das gilt auch bei Übergabe eines Verrechnungsschecks oder der Teilnahme am Electronic-Cash-Verfahren oder am elektronischen Lastschriftverfahren. Barzahlungen, Baranzahlungen oder Barteilzahlungen können nicht anerkannt werden (BFH-Urteil vom 20. November 2008, BStBl. 2009 II S. 307). Das gilt selbst dann, wenn die Barzahlung von dem Erbringer der haushaltsnahen Dienstleistung, der Pflege- und Betreuungsleistung oder der Handwerkerleistung tatsächlich ordnungsgemäß verbucht worden ist und der Steuerpflichtige einen Nachweis über die ordnungsgemäße Verbuchung erhalten hat oder wenn eine Barzahlung durch eine später veranlasste Zahlung auf das Konto des Erbringers der Leistung ersetzt wird. 46

Konto eines Dritten

Die Inanspruchnahme der Steuerermäßigung durch den Steuerpflichtigen ist auch möglich, wenn die haushaltsnahe Dienstleistung, Pflege- oder Betreuungsleistung oder die Handwerkerleistung, für die der Steuerpflichtige eine Rechnung erhalten hat, von dem Konto eines Dritten bezahlt worden ist. 47

VI. Höchstbeträge

Übergang von Veranlagungszeitraum 2008 auf Veranlagungszeitraum 2009

Für die Höhe der zulässigen Steuerermäßigung nach den zum 1.1.2009 in Kraft getretenen Gesetzesänderungen (vgl. hierzu Rdnrn. 1 bis 3) kommt es nach § 52 Abs. 50b Satz 4 und 5 EStG darauf an, wann die den Aufwendungen zugrunde liegende Leistung erbracht worden ist. Danach gilt der erhöhte Förderbetrag erstmals für Aufwendungen, die im Veranlagungszeitraum 2009 bezahlt und deren zugrunde liegende Leistungen nach dem 31.12.2008 erbracht worden sind. Die höheren Förderbeträge sind daher z. B. nicht zu gewähren, wenn 48

– haushaltsnahe Dienstleistungen oder Handwerkerleistungen 2008 erbracht worden sind, die Rechnung aber erst im Veranlagungszeitraum 2009 bezahlt wurde,

– im Fall von Wohnungseigentümern und Mietern die Jahresabrechnung 2008 erst im Jahr 2009 durch die Eigentümerversammlung genehmigt worden ist (s.Rdnr. 42), die zugrunde liegenden Leistungen aber schon 2008 erbracht wurden.

In diesen Fällen richtet sich die Steuerermäßigung auch im Veranlagungszeitraum 2009 noch nach den Höchstbeträgen des § 35a EStG a. F. Sind dem Steuerpflichtigen im Veranlagungszeitraum 2009 weitere nach § 35a EStG begünstigte Aufwendungen entstanden, bei denen sowohl die Durchführung als auch die Bezahlung der Leistung erst 2009 erfolgte, richtet sich die Bemessung der Steuerermäßigung für diese Aufwendungen nach § 35a EStG i. d. F. des FamLeistG. Die für Maßnahmen aus dem Veranlagungszeitraum 2008 im Veranlagungszeitraum 2009 geltend zu machenden Aufwendungen einschließlich der

Anlage § 035a-01/Anwendungsschreiben § 35a (Zu LStH 35a, 39a.1)

für den Veranlagungszeitraum 2009 zu gewährenden Steuerermäßigungsbeträge dürfen die jeweiligen Höchstbeträge nach § 35a EStG i. d. F. des FamLeistG insgesamt nicht überschreiten. Auf den für den Veranlagungszeitraum 2009 maßgebenden Höchstbetrag nach § 35a Abs. 3 EStG von 1 200 € werden ggf. im Jahr 2009 in Anspruch genommene Steuerermäßigungsbeträge für Handwerkerleistungen aus 2008, max. also bis 600 €, angerechnet. Es ist nicht möglich, im Jahr 2009 beide Höchstbetragsregelungen für Handwerkerleistungen kumulativ in Anspruch zu nehmen. Bei Aufwendungen für sozialversicherungspflichtige Beschäftigungen oder für die Inanspruchnahme von haushaltsnahen Dienstleistungen gilt Entsprechendes. Zur mehrfachen Inanspruchnahme der Steuerermäßigungen s. im Übrigen Rdnr. 51.

Zwölftelungsregelung

49 Bis einschließlich Veranlagungszeitraum 2008 mindern sich die Höchstbeträge nach § 35a Abs. 1 Satz 1 Nr. 1 und 2 EStG a. F. für jeden vollen Kalendermonat, in dem die Voraussetzungen nach § 35a Abs. 1 Satz 1 EStG nicht vorgelegen haben, um ein Zwölftel. Dies gilt sinngemäß, wenn ein Staat erst im Laufe eines Kalenderjahres der Europäischen Union oder dem Europäischen Wirtschaftsraum beigetreten ist. Diese Zwölftelungsregelung ist im Rahmen der Vereinheitlichung und Zusammenfassung (vgl. Rdnrn. 2, 3) ab dem Veranlagungszeitraum 2009 weggefallen.

Haushaltsbezogene Inanspruchnahme

50 Die Höchstbeträge nach § 35a EStG können nur haushaltsbezogen in Anspruch genommen werden (§ 35a Abs. 5 Satz 4 EStG, § 35a Abs. 3 EStG a. F.). Leben z.B. zwei Alleinstehende im gesamten Veranlagungszeitraum in einem Haushalt und sind beide Arbeitgeber im Rahmen eines haushaltsnahen Beschäftigungsverhältnisses oder Auftraggeber haushaltsnaher Dienstleistungen, von Pflege- und Betreuungsleistungen oder von Handwerkerleistungen, kann jeder seine tatsächlichen Aufwendungen grundsätzlich nur bis zur Höhe des hälftigen Abzugshöchstbetrages geltend machen. Etwas anderes gilt nur dann, wenn beide einvernehmlich eine andere Aufteilung wählen und dies gegenüber dem Finanzamt anzeigen. Das gilt auch für Partner einer eingetragenen Lebenspartnerschaft.

VII. Mehrfache Inanspruchnahme der Steuerermäßigungen

51 Neben der Steuerermäßigung für ein geringfügiges Beschäftigungsverhältnis i. S. des § 8a SGB IV kann der Steuerpflichtige auch die Steuerermäßigung für ein sozialversicherungspflichtiges Beschäftigungsverhältnis beanspruchen. Liegen die Voraussetzungen für die Inanspruchnahme der Steuerermäßigung nach § 35a Abs. 1 Satz 1 Nr. 1 oder 2 EStG a. F. vor, ist für das hiernach förderbare Beschäftigungsverhältnis die Steuerermäßigung nach § 35a Abs. 2 Satz 1 und 2 EStG a. F. ausgeschlossen (§ 35a Abs. 2 Satz 4 EStG a. F.). Ab dem Veranlagungszeitraum 2009 sind die Fördertatbestände – abgesehen von der Steuerermäßigung für ein geringfügiges Beschäftigungsverhältnis i. S. des § 8a SGB IV (§ 35a Abs. 1 EStG) und der Steuerermäßigung für die Inanspruchnahme von Handwerkerleistungen (§ 35a Abs. 3 EStG) – vereinheitlicht und zusammengefasst worden; nach § 35a Abs. 2 EStG können für die anderen haushaltsnahen Beschäftigungsverhältnisse oder die Inanspruchnahme von haushaltsnahen Dienstleistungen zusammengefasst und einheitlich auf Antrag 20 Prozent der gesamten begünstigten Aufwendungen, höchstens insgesamt 4 000 € als Steuerermäßigung in Anspruch genommen werden. Die Förderung von Pflege- und Betreuungsleistungen sowie der Aufwendungen, die einem Steuerpflichtigen wegen der Unterbringung in einem Heim oder zur dauernden Pflege erwachsen, soweit darin Kosten für Dienstleistungen enthalten sind, die mit denen einer Hilfe im Haushalt vergleichbar sind, sind in diesem Höchstbetrag mit aufgegangen (§ 35a Abs. 2 Satz 2 EStG).

VIII. Anrechnungsüberhang

52 Entsteht bei einem Steuerpflichtigen infolge der Inanspruchnahme der Steuerermäßigung nach § 35a EStG ein sog. Anrechnungsüberhang, kann der Steuerpflichtige weder die Festsetzung einer negativen Einkommensteuer in Höhe dieses Anrechnungsüberhangs noch die Feststellung einer rück- oder vortragsfähigen Steuerermäßigung beanspruchen (BFH-Urteil vom 29.1.2009, BStBl. II S. 411).

IX. Anwendungsregelung

53 Dieses Schreiben ersetzt das BMF-Schreiben vom 26. Oktober 2007 (BStBl. I S. 783). Es ist ab dem Veranlagungszeitraum 2006 anzuwenden und ersetzt ab diesem Zeitraum die BMF-Schreiben vom 1. November 2004 (BStBl. I S. 958) und vom 3. November 2006 (BStBl. I S. 711). Für die Inanspruchnahme des § 35a Abs. 2 Satz 2 EStG im Veranlagungszeitraum 2006 ist erforderlich, dass sowohl die Erbringung der Leistung als auch die Bezahlung im Veranlagungszeitraum 2006 erfolgte (§ 52 Abs. 50b Satz 2 EStG).

Rdnrn. 15 bis 17 und 23 bis 26 sind in allen noch offenen Fällen ab dem Veranlagungszeitraum 2003 anzuwenden (Heimbewohner, Wohnungseigentümergemeinschaften, Mieter), soweit es um die Anwendung des § 35a Abs. 1 und Abs. 2 Satz 1 EStG a. F. geht. Für Kalenderjahre bis einschließlich 2006 kann abweichend von Rdnr. 36 Satz 1 der Anteil der steuerbegünstigten Arbeitskosten an den Aufwendungen im Schätzungswege ermittelt werden; in den Fällen der Rdnr. 42 Satz 2 zweiter Halbsatz und Satz 3 können die in Rechnungen des Jahres 2006 im Schätzungswege ermittelten Arbeitskosten auch im Veranlagungszeitraum 2007 geltend gemacht werden. **54**

Dieses Schreiben steht ab sofort auf den Internetseiten des Bundesministeriums der Finanzen (http://www.bundesfinanzministerium.de) unter der Rubrik Wirtschaft und Verwaltung – Steuern – Veröffentlichungen zu Steuerarten – Einkommensteuer zur Ansicht und zum Abruf bereit.

Anlage § 035a-01/Anwendungsschreiben § 35a (Zu LStH 35a, 39a.1)

Anlage 1

Beispielhafte Aufzählung begünstigter und nicht begünstigter haushaltsnaher Dienstleistungen und Handwerkerleistungen
(zu Rdnrn. 10, 20)

Maßnahme	begünstigt	nicht begünstigt	Haushaltsnahe Dienstleistung	Handwerkerleistung
Abfallmanagement („Vorsortierung")	innerhalb des Grundstücks	alle Maßnahmen außerhalb des Grundstücks	X	
Abflussrohrreinigung	innerhalb des Grundstücks	außerhalb des Grundstücks		X
Ablesedienste und Abrechnung bei Verbrauchszählern (Strom, Gas, Wasser, Heizung usw.)		X		
Abriss eines baufälligen Gebäudes mit anschließendem Neubau		X		
Abwasserentsorgung	Wartung und Reinigung innerhalb des Grundstücks	alle Maßnahmen außerhalb des Grundstücks		X
Anliegerbeitrag		X		
Arbeiten 1. am Dach 2. an Bodenbelägen 3. an der Fassade 4. an Garagen 5. an Innen- und Außenwänden 6. an Zu- und Ableitungen	X X X X X soweit innerhalb des Grundstücks	alle Maßnahmen außerhalb des Grundstücks		X X X X X X
Architektenleistung		X		
Asbestsanierung	X			X
Aufstellen eines Baugerüstes	Arbeitskosten	Miete, Material		X
Aufzugnotruf		X		
Austausch oder Modernisierung 1. der Einbauküche 2. von Bodenbelägen (z. B. Teppichboden, Parkett, Fliesen) 3. von Fenstern und Türen	X X X			X X X
Bereitschaft der Erbringung einer ansonsten begünstigten Leistung im Bedarfsfall	als Nebenleistung einer ansonsten begünstigten Hauptleistung	nur Bereitschaft	Abgrenzung im Einzelfall	Abgrenzung im Einzelfall
Brandschadensanierung	soweit nicht Versicherungsleistung	soweit Versicherungsleistung		X
Breitbandkabelnetz	Installation, Wartung und Reparatur innerhalb des Grundstücks	alle Maßnahmen außerhalb des Grundstücks		X

(Zu LStH 35a, 39a.1) **Anlage § 035a-01/Anwendungsschreiben § 35a**

Maßnahme	begünstigt	nicht begünstigt	Haushaltsnahe Dienstleistung	Handwerkerleistung
Carport, Terrassenüberdachung	Arbeitskosten auf dem Grundstück für die Überdachung eines bereits vorhandenen Pkw-Stellplatzes oder einer bereits vorhandenen Terrasse	Materialkosten Neuerrichtung eines Pkw-Stellplatzes oder einer Terrasse einschließlich Überdachung		X
Chauffeur		X		
Dachrinnenreinigung	X			X
Datenverbindungen	s. Hausanschlüsse	s. Hausanschlüsse		X
Deichabgaben		X		
Elektroanlagen	Wartung und Reparatur			X
Energiepass		X		
Entsorgungsleistung	als Nebenleistung, (z. B. Bauschutt, Fliesenabfuhr bei Neuverfliesung eines Bades, Grünschnittabfuhr bei Gartenpflege)	als Hauptleistung		X
Erhaltungsmaßnahmen	innerhalb des Grundstücks	alle Maßnahmen außerhalb des Grundstücks	Abgrenzung im Einzelfall	Abgrenzung im Einzelfall
Erstellung oder Hilfe bei der Erstellung der Steuererklärung		X		
Fäkalienabfuhr		X		
Fahrstuhlkosten	Wartung und Reparatur	Betriebskosten		X
Fertiggaragen		Neuerrichtung, wenn die Fläche vorher nicht als Pkw-Stellplatz genutzt wurde		
Feuerlöscher	Wartung			X
Fitnesstrainer		X		
Friseurleistungen	nur soweit sie zu den Pflege- und Betreuungsleistungen gehören, wenn sie im Leistungskatalog der Pflegeversicherung aufgeführt sind (und der Behinderten-Pauschbetrag nicht geltend gemacht wird; s. Rdnrn. 11, 13, 29)	alle anderen Friseurleistungen	X	

Anlage § 035a-01/Anwendungsschreiben § 35a (Zu LStH 35a, 39a.1)

Maßnahme	begünstigt	nicht begünstigt	Haushaltsnahe Dienstleistung	Handwerkerleistung
Fußbodenheizung	Wartung, Spülung, Reparatur sowie nachträglicher Einbau			X
Gärtner	innerhalb des Grundstücks	alle Maßnahmen außerhalb des Grundstücks	Abgrenzung im Einzelfall	Abgrenzung im Einzelfall
Gartengestaltung	X			X
Gartenpflegearbeiten (z. B. Rasenmähen, Heckenschneiden)	innerhalb des Grundstücks einschließlich Grünschnittentsorgung als Nebenleistung	alle Maßnahmen außerhalb des Grundstücks	X	
Gemeinschaftsmaschinen bei Mietern (z. B. Waschmaschine, Trockner)	Reparatur und Wartung	Miete		X
Gewerbeabfallentsorgung		X		
Graffitibeseitigung	X			X
Gutachtertätigkeiten		X		
Hand- und Fußpflege	nur soweit sie zu den Pflege- und Betreuungsleistungen gehören, wenn sie im Leistungskatalog der Pflegeversicherung aufgeführt sind (und der Behinderten-Pauschbetrag nicht geltend gemacht wird; s. Rdnrn. 11, 13, 29)	alle anderen	X	
Hausanschlüsse	z. B. für den Anschluss von Stromkabeln, für das Fernsehen, für Internet über Kabelfernsehen, Glasfaser oder per Satellitenempfangsanlagen sowie Weiterführung der Anschlüsse, jeweils innerhalb des Grundstücks	alle Maßnahmen außerhalb des Grundstücks		X
Hausarbeiten, wie reinigen, Fenster putzen, bügeln usw.	X		X	
Haushaltsauflösung		X		
Hauslehrer		X		
Hausmeister, Hauswart	X		X	
Hausreinigung	X		X	
Hausschwammbeseitigung	X			X
Hausverwalterkosten oder -gebühren		X		

(Zu LStH 35a, 39a.1) **Anlage § 035a-01/Anwendungsschreiben § 35a**

Maßnahme	begünstigt	nicht begünstigt	Haushaltsnahe Dienstleistung	Handwerkerleistung
Heizkosten: 1. Verbrauch 2. Gerätemiete für Zähler 3. Garantiewartungsgebühren 4. Heizungswartung und Reparatur 5. Austausch der Zähler nach dem Eichgesetz 6. Schornsteinfeger 7. Kosten des Ablesedienstes 8. Kosten der Abrechnung an sich	 X X X X 	X X X X		 X X X X
Insektenschutzgitter	Montage und Reparatur	Material		X
Kaminkehrer	X			X
Kellerschachtabdeckungen	Montage und Reparatur	Material		X
Kfz. — s. Reparatur		X		
Kinderbetreuungskosten	soweit sie nicht unter § 9c EStG (§ 4f, § 9 Abs. 5 Satz 1, § 10 Abs. 1 Nr. 5 oder 8 EStG a. F.) fallen und für eine Leistung im Haushalt des Steuerpflichtigen anfallen	i. S. von § 9c EStG (§ 4f, § 9 Abs. 5 Satz 1, § 10 Abs. 1 Nr. 5 oder 8 EStG a. F.); s. Rdnr. 30	X	
Klavierstimmer	X			X
Kleidungs- und Wäschepflege und -reinigung	im Haushalt des Steuerpflichtigen		X	
Kontrollaufwendungen des TÜV, z. B. für den Fahrstuhl oder den Treppenlift		X		
Kosmetikleistungen	nur soweit sie zu den Pflege- und Betreuungsleistungen gehören, wenn sie im Leistungskatalog der Pflegeversicherung aufgeführt sind (und der Behinderten-Pauschbetrag nicht geltend gemacht wird; s. Rdnrn. 11, 13, 29)	alle anderen	X	
Laubentfernung	auf privatem Grundstück	auf öffentlichem Grundstück	Abgrenzung im Einzelfall	Abgrenzung im Einzelfall
Leibwächter		X		
Material und sonstige im Zusammenhang mit der Leistung gelieferte Waren einschließlich darauf entfallende Umsatzsteuer		Rdnr. 34 Bsp.: Farbe, Fliesen, Pflastersteine, Mörtel, Sand, Tapeten, Teppichboden und andere Fußbodenbeläge, Waren, Stützstrümpfe usw.		

Anlage § 035a-01/Anwendungsschreiben § 35a (Zu LStH 35a, 39a.1)

Maßnahme	begünstigt	nicht begünstigt	Haushaltsnahe Dienstleistung	Handwerkerleistung
Mauerwerksanierung	X			X
Miete von Verbrauchszählern (Strom, Gas, Wasser, Heizung usw.)		X		
Modernisierungsmaßnahmen (z. B. Badezimmer, Küche)	innerhalb des Grundstücks	alle Maßnahmen außerhalb des Grundstücks		X
Montageleistung, z. B. beim Erwerb neuer Möbel	X			X
Müllabfuhr		X		
Müllentsorgungsanlage (Müllschlucker)	Wartung und Reparatur			X
Müllschränke	Anlieferung und Aufstellen	Material		X
Nebenpflichten der Haushaltshilfe, wie kleine Botengänge oder Begleitung von Kindern, kranken, alten oder pflegebedürftigen Personen bei Einkäufen oder zum Arztbesuch	X		X	
Neubaumaßnahmen		Rdnr. 20		
Notbereitschaft/Notfalldienste	soweit es sich um eine nicht gesondert berechnete Nebenleistung z. B. im Rahmen eines Wartungsvertrages handelt	alle anderen reinen Bereitschaftsdienste	X	
Pflasterarbeiten	innerhalb des Grundstücks	alle Maßnahmen außerhalb des Grundstücks		X
Pflegebett		X		
Pflege der Außenanlagen	innerhalb des Grundstücks	alle Maßnahmen außerhalb des Grundstücks	X	
Pilzbekämpfung	X			X
Prüfdienste/Prüfleistung (z. B. bei Aufzügen)		X		
Rechtsberatung		X		
Reinigung	der Wohnung, des Treppenhauses und der Zubehörräume		X	

(Zu LStH 35a, 39a.1)

Anlage § 035a-01/Anwendungsschreiben § 35a

Maßnahme	begünstigt	nicht begünstigt	Haushalts-nahe Dienst-leistung	Handwerker-leistung
Reparatur, Wartung und Pflege 1. von Bodenbelägen (z. B. Teppichboden, Parkett, Fliesen)	X		Pflege	Reparatur und Wartung
2. von Fenstern und Türen (innen und außen)	X		Pflege	Reparatur und Wartung
3. von Gegenständen im Haushalt des Steuerpflichtigen (z. B. Waschmaschine, Geschirrspüler, Herd, Fernseher, Personalcomputer und andere)	soweit es sich um Gegenstände handelt, die in der Hausratversicherung mitversichert werden können	Arbeiten außerhalb des Grundstücks des Steuerpflichtigen	Pflege im Haushalt bzw. auf dem Grundstück des Steuerpflichtigen	Reparatur und Wartung im Haushalt bzw. auf dem Grundstück des Steuerpflichtigen
4. von Heizungsanlagen, Elektro-, Gas- und Wasserinstallationen	auf dem Grundstück des Steuerpflichtigen	außerhalb des Grundstücks des Steuerpflichtigen		
5. von Kraftfahrzeugen		X (einschließlich TÜV-Gebühren)		X
6. von Wandschränken	X			X
Schadensfeststellung, Ursachenfeststellung (z. B. bei Wasserschaden, Rohrbruch usw.)		X		
Schadstoffsanierung	X			X
Schädlings- und Ungezieferbekämpfung	X		Abgrenzung im Einzelfall	Abgrenzung im Einzelfall
Schornsteinfeger	X			X
Sekretär		X		
Sperrmüllabfuhr		X		
Statikerleistung		X		
Straßenreinigung	auf privatem Grundstück	auf öffentlichem Grundstück	X	
Tagesmutter bei Betreuung im Haushalt des Steuerpflichtigen	soweit es sich bei den Aufwendungen nicht um Kinderbetreuungskosten (Rdnr. 30) handelt	Kinderbetreuungskosten (Rdnr. 30)	X	
Taubenabwehr	X		Abgrenzung im Einzelfall	Abgrenzung im Einzelfall
Technische Prüfdienste (z. B. bei Aufzügen)		X		
Trockeneisreinigung	X			X
Trockenlegung von Mauerwerk	Arbeiten mit Maschinen vor Ort	ausschließliche Maschinenanmietung		X
TÜV-Gebühren		X		
Überprüfung von Anlagen (z. B. Gebühr für den Schornsteinfeger oder für die Kontrolle von Blitzschutzanlagen)	X	TÜV-Gebühren		X

Anlage § 035a-01/Anwendungsschreiben § 35a (Zu LStH 35a, 39a.1)

Maßnahme	begünstigt	nicht begünstigt	Haushaltsnahe Dienstleistung	Handwerkerleistung
Umzugsdienstleistungen	für Privatpersonen, soweit nicht Betriebsausgaben oder Werbungskosten (Rdnr. 27)	soweit durch Dritte erstattet	X	
Verarbeitung von Verbrauchsgütern im Haushalt des Steuerpflichtigen	X		X	
Verbrauchsmittel, wie z. B. Schmier-, Reinigungs- oder Spülmittel sowie Streugut	X		als Nebenleistung (Rdnr. 35) — Abgrenzung im Einzelfall	als Nebenleistung (Rdnr. 35) — Abgrenzung im Einzelfall
Verwaltergebühr		X		
Wachdienst	innerhalb des Grundstücks	außerhalb des Grundstücks	X	
Wärmedämmmaßnahmen	X			X
Wartung: 1. Aufzug 2. Heizung und Öltankanlagen (einschließlich Tankreinigung) 3. Feuerlöscher 4. CO_2-Warngeräte 5. Pumpen 6. Abwasser-Rückstau-Sicherungen	 X X X X X X			 X X X X X X
Wasserschadensanierung	X	soweit Versicherungsleistung		X
Wasserversorgung	Wartung und Reparatur			X
Winterdienst	innerhalb des Grundstücks	alle Maßnahmen außerhalb des Grundstücks	X	
Zubereitung von Mahlzeiten im Haushalt des Steuerpflichtigen	X		X	

(Zu LStH 35a, 39a.1)　　　　　**Anlage § 035a-01/Anwendungsschreiben § 35a**

Anlage 2

Muster für eine Bescheinigung
(zu Rdnr. 23)

_____   _____
_____   _____
_____   _____

(Name und Anschrift des Verwalters/Vermieters)   (Name und Anschrift des Eigentümers/Mieters)

Anlage zur Jahresabrechnung für das Jahr/Wirtschaftsjahr ....

Ggf. Datum der Beschlussfassung der Jahresabrechnung: _____

In der Jahresabrechnung für das nachfolgende Objekt

_____

(Ort, Straße, Hausnummer und ggf. genaue Lagebezeichnung der Wohnung)

sind Ausgaben i. S. des § 35a Einkommensteuergesetz (EStG) enthalten, die wie folgt zu verteilen sind:

A) **Aufwendungen für sozialversicherungspflichtige Beschäftigungen**
   (§ 35a Abs. 2 Satz 1 Alt. 1 EStG, § 35a Abs. 1 Satz 1 Nr. 2 EStG a. F.)

Bezeichnung	Gesamtbetrag (in Euro)	Anteil des Miteigentümers/ des Mieters

B) **Aufwendungen für die Inanspruchnahme von haushaltsnahen Dienstleistungen**
   (§ 35a Abs. 2 Satz 1 Alt. 2 EStG, § 35a Abs. 2 Satz 1 1. Halbsatz EStG a. F.)

Bezeichnung	Gesamtbetrag (in Euro)	nicht zu berücksichtigende Materialkosten (in Euro)	Aufwendungen bzw. Arbeitskosten (Rdnr. 35, 36) (in Euro)	Anteil des Miteigentümers/ des Mieters

C) **Aufwendungen für die Inanspruchnahme von Handwerkerleistungen für Renovierungs-, Erhaltungs- und Modernisierungsmaßnahmen**
   (§ 35a Abs. 3 EStG, § 35a Abs. 2 Satz 2 EStG a. F.)

Bezeichnung	Gesamtbetrag (in Euro)	nicht zu berücksichtigende Materialkosten (in Euro)	Aufwendungen bzw. Arbeitskosten (Rdnr. 35, 36) (in Euro)	Anteil des Miteigentümers/ des Mieters

_____   _____

(Ort und Datum)   (Unterschrift des Verwalters oder Vermieters)

Hinweis: Die Entscheidung darüber, welche Positionen im Rahmen der Einkommensteuererklärung berücksichtigt werden können, obliegt ausschließlich der zuständigen Finanzbehörde.

Anlage § 037b-01/KiSt bei Pauschalierung § 37b (LStH 37b)

Gleich lautende Erlasse der obersten Finanzbehörden der Länder betr. Kirchensteuer bei Pauschalierung der Einkommensteuer nach § 37b EStG[1])

Vom 28. Dezember 2006 (BStBl. 2007 I S. 76)[2])

Steuerpflichtige, die Sachzuwendungen nach Maßgabe des § 37b EStG gewähren, können die darauf entfallende Einkommensteuer mit einem Pauschsteuersatz von 30 % abgeltend erheben.

Die pauschale Einkommensteuer gilt als Lohnsteuer und ist von dem die Sachzuwendung gewährenden Steuerpflichtigen in der Lohnsteuer-Anmeldung anzugeben und an das Betriebsstättenfinanzamt abzuführen. In gleicher Weise ist auch hinsichtlich der zu entrichtenden Kirchensteuer zu verfahren. Bei der Erhebung der Kirchensteuer kann der Steuerpflichtige zwischen einem vereinfachten Verfahren und einem Nachweisverfahren wählen. Diese Wahl kann für jeden Lohnsteuer-Anmeldungszeitraum unterschiedlich getroffen werden. Im Einzelnen gilt Folgendes:

1. Entscheidet sich der Steuerpflichtige für die **Vereinfachungsregelung**, hat er für sämtliche Empfänger von Zuwendungen Kirchensteuer zu entrichten. Dabei ist ein ermäßigter Steuersatz anzuwenden, der in pauschaler Weise dem Umstand Rechnung trägt, dass nicht alle Empfänger Angehörige einer steuererhebenden Religionsgemeinschaft sind.

   Die im vereinfachten Verfahren ermittelten Kirchensteuern sind in der Lohnsteuer-Anmeldung bei Kennzahl 47 gesondert anzugeben. Die Aufteilung auf die steuererhebenden Religionsgemeinschaften wird von der Finanzverwaltung übernommen.

2. a) Macht der Steuerpflichtige Gebrauch von der ihm zustehenden **Nachweismöglichkeit**, dass einzelne Empfänger keiner steuererhebenden Religionsgemeinschaft angehören, kann er hinsichtlich dieser Empfänger von der Entrichtung der auf die pauschale Einkommensteuer entfallenden Kirchensteuer absehen; für die übrigen Empfänger ist der allgemeine Kirchensteuersatz anzuwenden.

   b) Als Nachweis über das Religionsbekenntnis bzw. die Nichtzugehörigkeit zu einer steuererhebenden Religionsgemeinschaft genügt eine Erklärung nach beigefügtem **Muster**. Die Erklärung des Empfängers muss vom Steuerpflichtigen aufbewahrt werden. Bei Arbeitnehmern des Steuerpflichtigen ist die Religionszugehörigkeit anhand des in den Lohnkonten aufzuzeichnenden Religionsbekenntnisses zu ermitteln.

   c) Kann der Steuerpflichtige bei einzelnen Empfängern die Religionszugehörigkeit nicht ermitteln, kann er aus Vereinfachungsgründen die gesamte pauschale Einkommensteuer im Verhältnis der kirchensteuerpflichtigen zu den nicht kirchensteuerpflichtigen Empfängern aufteilen; der auf die kirchensteuerpflichtigen Empfänger entfallende Anteil ist Bemessungsgrundlage für die Anwendung des allgemeinen Kirchensteuersatzes. Die so ermittelte Kirchensteuer ist im Verhältnis der Konfessions- bzw. Religionszugehörigkeit der kirchensteuerpflichtigen Empfänger aufzuteilen.

   Die im Nachweisverfahren ermittelten Kirchensteuern sind in der Lohnsteuer-Anmeldung unter der jeweiligen Kirchensteuer-Kennzahl (z.B. 61, 62) anzugeben.

3. Die Höhe der Kirchensteuersätze ergibt sich sowohl bei Anwendung der Vereinfachungsregelung (Nr. 1) als auch im Nachweisverfahren (Nr. 2) aus den Kirchensteuerbeschlüssen der steuererhebenden Religionsgemeinschaften. Die in den jeweiligen Ländern geltenden Regelungen werden für jedes Kalenderjahr im Bundessteuerblatt Teil I veröffentlicht. **– Anhang 48 –**

4. Dieser Erlass ist erstmals für Sachzuwendungen anzuwenden, die nach dem 31.12.2006 gewährt werden.

---

[1]) Zur Kirchensteuer bei Pauschalierung der Lohnsteuer nach §§ 40, 40a, 40b EStG Hinweis auf **Anlage § 040-02**.
[2]) Für Rheinland-Pfalz inhaltsgleicher Erlass vom 29.10.2008 (BStBl. 2009 I S. 332) für nach dem 31.12.2008 gewährte Sachzuwendungen.

(LStH 37b) — Anlage § 037b-01/KiSt bei Pauschalierung § 37b

Muster

Erklärung gegenüber dem Betriebsstättenfinanzamt zur Religionszugehörigkeit für die Erhebung der pauschalen Einkommensteuer nach § 37b Abs. 4 EStG

Finanzamt ....

Steuerpflichtiger:
Name der Firma ....

Anschrift: ....

Empfänger der Zuwendung
Name, Vorname ....

Anschrift: ....

Ich, der vorbezeichnete Empfänger einer Zuwendung, erkläre, dass ich

☐ keiner Religionsgemeinschaft angehöre, die Kirchensteuer erhebt.

☐ der .... angehöre.
  (z.B. der Evangelischen oder Katholischen Kirche, Jüdischen Gemeinde etc.)

Ich versichere, die Angaben in dieser Erklärung wahrheitsgemäß nach bestem Wissen und Gewissen gemacht zu haben. Mir ist bekannt, dass die Erklärung als Grundlage für das Besteuerungsverfahren dient.

....
Ort, Datum   Unterschrift des Zuwendungsempfängers

Diese Erklärung ist vom Zuwendenden aufzubewahren.

Anlage § 037b-02/Pauschalierung ESt § 37b (LStH 37b)

Pauschalierung der Einkommensteuer bei Sachzuwendungen nach § 37b EStG

BMF-Schreiben vom 29. April 2008 IV B 2 – S 2297-b/07/0001, 2008/0210802 (BStBl. I S. 566)

Mit dem Jahressteuergesetz 2007 vom 13. Dezember 2006 (BGBl. I 2006 S. 2878, BStBl. I 2007 S. 28) wurde mit § 37b EStG eine Regelung in das Einkommensteuergesetz eingefügt, die es dem zuwendenden Steuerpflichtigen ermöglicht, die Einkommensteuer auf Sachzuwendungen an Arbeitnehmer oder Nichtarbeitnehmer mit einem Steuersatz von 30 Prozent pauschal zu übernehmen und abzuführen. Zur Anwendung dieser Regelung gilt im Einvernehmen mit den obersten Finanzbehörden der Länder Folgendes:

I. Anwendungsbereich des § 37b EStG

1 Zuwendender i. S. d. § 37b EStG kann jede natürliche und juristische Person sein. Macht der Zuwendende von der Wahlmöglichkeit des § 37b EStG Gebrauch, so ist er Steuerpflichtiger i. S. d. § 33 AO. Ausländische Zuwendende und nicht steuerpflichtige juristische Personen des öffentlichen Rechts werden spätestens mit der Anwendung des § 37b EStG zu Steuerpflichtigen i. S. dieser Vorschrift.

2 Zuwendungsempfänger können eigene Arbeitnehmer des Zuwendenden sowie Dritte unabhängig von ihrer Rechtsform (z. B. AGs, GmbHs, Aufsichtsräte, Verwaltungsratsmitglieder, sonstige Organmitglieder von Vereinen und Verbänden, Geschäftspartner, deren Familienangehörige, Arbeitnehmer Dritter) sein.

3 Zuwendungen an eigene Arbeitnehmer sind Sachbezüge i. S. d. § 8 Abs. 2 Satz 1 EStG, für die keine gesetzliche Bewertungsmöglichkeit nach § 8 Abs. 2 Satz 2 bis 8, Abs. 3 und § 19a EStG sowie keine Pauschalierungsmöglichkeit nach § 40 Abs. 2 EStG besteht. Für sonstige Sachbezüge, die nach § 40 Abs. 1 EStG pauschaliert besteuert werden können, kann der Steuerpflichtige auch die Pauschalierung nach § 37b EStG wählen.

II. Wahlrecht zur Anwendung des § 37b EStG

1. Einheitlichkeit der Wahlrechtsausübung

4 Das Wahlrecht zur Anwendung der Pauschalierung der Einkommensteuer ist nach § 37b Abs. 1 Satz 1 EStG einheitlich für alle innerhalb eines Wirtschaftsjahres gewährten Zuwendungen, mit Ausnahme der die Höchstbeträge nach § 37b Abs. 1 Satz 3 EStG übersteigenden Zuwendungen, auszuüben. Dabei ist es zulässig, für Zuwendungen an Dritte (Absatz 1) und an eigene Arbeitnehmer (Absatz 2) § 37b EStG jeweils gesondert anzuwenden. Die Entscheidung zur Anwendung des § 37b EStG kann nicht zurückgenommen werden.

5 Werden Zuwendungen an Arbeitnehmer verbundener Unternehmen i. S. d. §§ 15 ff. AktG oder § 271 HGB vergeben, fallen diese Zuwendungen in den Anwendungsbereich des § 37b Abs. 1 EStG und sind nach § 37b Abs. 1 Satz 2 EStG mindestens mit dem sich aus § 8 Abs. 3 Satz 1 EStG ergebenden Wert zu bemessen (Rabattgewährung an Konzernmitarbeiter). Es wird nicht beanstandet, wenn diese Zuwendungen an Arbeitnehmer verbundener Unternehmen individuell besteuert werden, auch wenn der Zuwendende für die übrigen Zuwendungen § 37b Abs. 1 EStG anwendet. Für die übrigen Zuwendungen ist das Wahlrecht einheitlich auszuüben.

6 Übt ein ausländischer Zuwendender das Wahlrecht zur Anwendung des § 37b EStG aus, sind die Zuwendungen, die unbeschränkt oder beschränkt Einkommen- oder Körperschaftsteuerpflichtigen im Inland gewährt werden, einheitlich zu pauschalieren.

2. Zeitpunkt der Wahlrechtsausübung

7 Die Entscheidung zur Anwendung der Pauschalierung kann für den Anwendungsbereich des § 37b Abs. 1 EStG auch im laufenden Wirtschaftsjahr, spätestens in der letzten Lohnsteuer-Anmeldung des Wirtschaftsjahres der Zuwendung getroffen werden. Eine Berichtigung der vorangegangenen einzelnen Lohnsteuer-Anmeldungen zur zeitgerechten Erfassung ist nicht erforderlich.

8 Für den Anwendungsbereich des § 37b Abs. 2 EStG ist die Entscheidung zur Anwendung der Pauschalierung spätestens bis zu dem für die Übermittlung der elektronischen Lohnsteuerbescheinigung geltenden Termin (§ 41b Abs. 1 Satz 2 EStG, 28. Februar des Folgejahres) zu treffen. Dieser Endtermin gilt auch, wenn ein Arbeitnehmer während des laufenden Kalenderjahres ausscheidet. Ist eine Änderung des Lohnsteuerabzugs gemäß § 41c EStG zum Zeitpunkt der Ausübung des Wahlrechts nicht mehr möglich, so hat der Arbeitgeber dem Arbeitnehmer eine Bescheinigung über die Pauschalierung nach § 37b Abs. 2 EStG auszustellen. Die Korrektur des bereits individuell besteuerten Arbeitslohns kann der Arbeitnehmer dann nur noch im Veranlagungsverfahren begehren.

III. Bemessungsgrundlage

1. Begriffsbestimmung

Besteuerungsgegenstand sind Zuwendungen, die zusätzlich zur ohnehin vereinbarten Leistung oder zum ohnehin geschuldeten Arbeitslohn erbracht werden, die nicht in Geld bestehen und die nicht gesellschaftsrechtlich veranlasst sind. Verdeckte Gewinnausschüttungen (§ 8 Abs. 3 Satz 2 KStG, R 36 KStR) sind von der Pauschalierung nach § 37b EStG ausgenommen. Bei Zuwendungen an Dritte handelt es sich regelmäßig um Geschenke i. S. d. § 4 Abs. 5 Satz 1 Nr. 1 Satz 1 EStG oder Incentives (z. B. Reise oder Sachpreise aufgrund eines ausgeschriebenen Verkaufs- oder Außendienstwettbewerbs). Geschenke in diesem Sinne sind auch Nutzungsüberlassungen. Zuzahlungen des Zuwendungsempfängers ändern nicht den Charakter als Zuwendung; sie mindern lediglich die Bemessungsgrundlage. Zuzahlungen Dritter (z. B. Beteiligung eines anderen Unternehmers an der Durchführung einer Incentive-Reise) mindern die Bemessungsgrundlage hingegen nicht. 9

Sachzuwendungen, deren Anschaffungs- oder Herstellungskosten 10 Euro nicht übersteigen, sind bei der Anwendung des § 37b EStG als Streuwerbeartikel anzusehen und fallen daher nicht in den Anwendungsbereich der Vorschrift. Die Teilnahme an einer geschäftlich veranlassten Bewirtung i. S. d. § 4 Abs. 5 Satz 1 Nr. 2 EStG ist nicht in den Anwendungsbereich des § 37b EStG einzubeziehen (R 4.7 Abs. 3 EStR, R 8.1 Abs. 8 Nr. 1 LStR 2008). 10

Zuwendungen, die ein Arbeitnehmer von einem Dritten erhalten hat, können nicht vom Arbeitgeber, der nach § 38 Abs. 1 Satz 3 EStG zum Lohnsteuerabzug verpflichtet ist, nach § 37b EStG pauschal besteuert werden. Die Pauschalierung nach § 37b EStG kann nur der Zuwendende selbst vornehmen. 11

Gibt ein Steuerpflichtiger eine Zuwendung unmittelbar weiter, die dieser selbst unter Anwendung des § 37b EStG erhalten hat, entfällt eine erneute pauschale Besteuerung nach § 37b EStG, wenn der Steuerpflichtige hierfür keinen Betriebsausgabenabzug vornimmt. 12

In die Bemessungsgrundlage sind alle Zuwendungen einzubeziehen; es kommt nicht darauf an, dass sie beim Empfänger im Rahmen einer Einkunftsart zufließen (zu den Besonderheiten bei Zuwendungen an Arbeitnehmer siehe Rdnr. 3). 13

2. Bewertung der Zuwendungen

Nach § 37b Abs. 1 Satz 2 EStG sind die Zuwendungen mit den Aufwendungen des Steuerpflichtigen einschließlich Umsatzsteuer zu bewerten. Der Bruttobetrag kann aus Vereinfachungsgründen mit dem Faktor 1,19 aus dem Nettobetrag hochgerechnet werden. In die Bemessung sind die tatsächlich angefallenen Aufwendungen einzubeziehen, die der jeweiligen Zuwendung direkt zugeordnet werden können. Soweit diese nicht direkt ermittelt werden können, weil sie Teil einer Gesamtleistung sind, ist der auf die jeweilige Zuwendung entfallende Anteil an den Gesamtaufwendungen anzusetzen, der ggf. im Wege der Schätzung zu ermitteln ist. 14

Die bestehenden Vereinfachungsregelungen, die zur Aufteilung der Gesamtaufwendungen für VIP-Logen in Sportstätten und in ähnlichen Sachverhalten ergangen sind, gelten unverändert (Rdnrn. 14 und 19 des BMF-Schreibens vom 22. August 2005, BStBl. I S. 845 und BMF-Schreiben vom 11. Juli 2006, BStBl. I S. 447). Der danach ermittelte, auf Geschenke entfallende pauschale Anteil stellt die Aufwendungen dar, die in die Bemessungsgrundlage nach § 37b EStG einzubeziehen sind. Die Vereinfachungsregelungen zur Übernahme der Besteuerung (Rdnrn. 16 und 18 des BMF-Schreibens vom 22. August 2005 und entsprechende Verweise im BMF-Schreiben vom 11. Juli 2006) sind ab dem 1. Januar 2007 nicht mehr anzuwenden. – *Anlage § 040-03* – 15

Besteht die Zuwendung in der Hingabe eines Wirtschaftsgutes des Betriebsvermögens oder in der unentgeltlichen Nutzungsüberlassung und sind dem Zuwendenden keine oder nur unverhältnismäßig geringe Aufwendungen entstanden (z. B. zinslose Darlehensgewährung), ist als Bemessungsgrundlage für eine Besteuerung nach § 37b EStG der gemeine Wert anzusetzen. 16

3. Wirkungen auf bestehende Regelungen

Sachbezüge, die im ganz überwiegenden eigenbetrieblichen Interesse des Arbeitgebers gewährt werden, sowie steuerfreie Sachbezüge werden von § 37b Abs. 2 EStG nicht erfasst. Im Übrigen gilt Folgendes:

a) Sachbezugsfreigrenze

Wird die Freigrenze des § 8 Abs. 2 Satz 9 EStG in Höhe von 44 Euro nicht überschritten, liegt kein steuerpflichtiger Sachbezug vor. Bei der Prüfung der Freigrenze bleiben die nach § 8 Abs. 2 Satz 1 EStG zu bewertenden Vorteile, die nach §§ 37b und 40 EStG pauschal versteuert werden, außer Ansatz. 17

Anlage § 037b-02/Pauschalierung ESt § 37b (LStH 37b)

b) Mahlzeiten aus besonderem Anlass

18 Mahlzeiten aus besonderem Anlass (R 8.1 Abs. 8 Nr. 2 LStR 2008), die vom oder auf Veranlassung des Steuerpflichtigen anlässlich von Auswärtstätigkeiten an seine Arbeitnehmer abgegeben werden, können nach § 37b EStG pauschal besteuert werden, wenn der Wert der Mahlzeit 40 Euro übersteigt.

c) Aufmerksamkeiten

19 Zuwendungen des Steuerpflichtigen an seine Arbeitnehmer, die als bloße Aufmerksamkeiten (R 19.6 LStR 2008) anzusehen sind und deren jeweiliger Wert 40 Euro nicht übersteigt, gehören nicht zum Arbeitslohn und sind daher nicht in die Pauschalierung nach § 37b EStG einzubeziehen. Bei Überschreitung des Betrags von 40 Euro ist die Anwendung des § 37b EStG möglich.

4. Zeitpunkt der Zuwendung

20 Die Zuwendung ist im Zeitpunkt der Erlangung der wirtschaftlichen Verfügungsmacht zu erfassen. Das ist bei Geschenken der Zeitpunkt der Hingabe (z. B. Eintrittskarte) und bei Nutzungen der Zeitpunkt der Inanspruchnahme (z. B. bei der Einladung zu einer Veranstaltung der Zeitpunkt der Teilnahme). Es ist aber nicht zu beanstanden, wenn die Pauschalierung nach § 37b EStG bereits in dem Wirtschaftsjahr vorgenommen wird, in dem der Aufwand zu berücksichtigen ist.

5. Beträge nach § 37b Abs. 1 Satz 3 EStG

21 Die Beträge des § 37b Abs. 1 Satz 3 EStG in Höhe von 10 000 Euro sind auf die Bruttoaufwendungen anzuwenden. Bei dem Betrag nach § 37b Abs. 1 Satz 3 Nr. 1 EStG handelt es sich um einen Höchstbetrag (z. B. drei Zuwendungen im Wert von jeweils 4 000 Euro, § 37b EStG ist nicht nur für die ersten beiden Zuwendungen anwendbar, sondern auch die Hälfte der Aufwendungen für die dritte Zuwendung muss in die Pauschalbesteuerung einbezogen werden); bei dem Betrag nach § 37b Abs. 1 Satz 3 Nr. 2 EStG handelt es sich um eine Höchstgrenze (z. B. Zuwendung im Wert von 15 000 Euro, § 37b EStG ist auf diese Zuwendung nicht anwendbar). Wird die Höchstgrenze für eine Zuwendung überschritten, ist eine Pauschalierung für andere Zuwendungen an diesen Zuwendungsempfänger im Rahmen des § 37b Abs. 1 Satz 3 Nr. 1 EStG zulässig (z. B. drei Zuwendungen im Wert von 3 000 Euro, 5 000 Euro und 12 000 Euro, die Aufwendungen für die Einzelzuwendung in Höhe von 12 000 Euro können nicht nach § 37b EStG pauschal besteuert werden, in die Pauschalbesteuerung sind indes die Aufwendungen für die beiden anderen Einzelzuwendungen von insgesamt 8 000 Euro einzubeziehen). Bei Zuzahlungen durch den Zuwendungsempfänger mindert sich der Wert der Zuwendung, auf den der Höchstbetrag/die Höchstgrenze anzuwenden ist.

IV. Verhältnis zu anderen Pauschalierungsvorschriften

1. Lohnsteuerpauschalierung mit Nettosteuersatz

22 Zum Zeitpunkt der Ausübung des Wahlrechts nach § 37b Abs. 2 EStG bereits nach § 40 Abs. 1 Satz 1 EStG durchgeführte Pauschalierungen müssen nicht rückgängig gemacht werden. Eine Änderung ist aber in den Grenzen der allgemeinen Regelungen zulässig; § 37b Abs. 2 EStG kann danach angewandt werden. Die Rückabwicklung eines nach § 40 Abs. 1 Satz 1 EStG pauschalierten Zuwendungsfalls muss für alle Arbeitnehmer einheitlich vorgenommen werden, die diese Zuwendung erhalten haben. Nach der Entscheidung zur Anwendung des § 37b EStG ist eine Pauschalierung nach § 40 Abs. 1 Satz 1 EStG für alle Zuwendungen, auf die § 37b EStG anwendbar ist, nicht mehr möglich.

2. Arbeitnehmer verbundener Unternehmen

23 Die Pauschalierung ist für Sachzuwendungen an Arbeitnehmer verbundener Unternehmen i. S. d. §§ 15 ff. AktG oder § 271 HGB zulässig, wenn die Voraussetzungen des § 37b Abs. 1 EStG erfüllt sind.

V. Steuerliche Behandlung beim Zuwendenden

1. Zuwendung

24 Die Aufwendungen für die Zuwendung sind nach allgemeinen steuerlichen Grundsätzen zu beurteilen; sie sind entweder in voller Höhe als Betriebsausgaben abziehbar (Geschenke an eigene Arbeitnehmer und Zuwendungen, die keine Geschenke sind) oder unter der Maßgabe des § 4 Abs. 5 Satz 1 Nr. 1 EStG beschränkt abziehbar. Die übrigen Abzugsbeschränkungen des § 4 Abs. 5 EStG, insbesondere des § 4 Abs. 5 Satz 1 Nr. 10 EStG sind ebenfalls zu beachten.

25 Bei der Prüfung der Freigrenze des § 4 Abs. 5 Satz 1 Nr. 1 Satz 2 EStG ist aus Vereinfachungsgründen allein auf den Betrag der Zuwendung abzustellen. Die übernommene Steuer ist nicht mit einzubeziehen.

2. Pauschalsteuer

26 Die Abziehbarkeit der Pauschalsteuer als Betriebsausgabe richtet sich danach, ob die Aufwendungen für die Zuwendung als Betriebsausgabe abziehbar sind.

VI. Steuerliche Behandlung beim Empfänger

Nach § 37b Abs. 3 Satz 1 EStG bleibt eine pauschal besteuerte Sachzuwendung bei der Ermittlung der Einkünfte des Empfängers außer Ansatz.

Besteht die Zuwendung in der Hingabe eines einzelnen Wirtschaftsgutes, das beim Empfänger Betriebsvermögen wird, gilt sein gemeiner Wert als Anschaffungskosten (§ 6 Abs. 4 EStG). Rdnr. 12 ist zu beachten.

VII. Verfahren zur Pauschalierung der Einkommensteuer

1. Entstehung der Steuer

Für den Zeitpunkt der Entstehung der Steuer ist grundsätzlich der Zeitpunkt des Zuflusses der Zuwendung maßgeblich. Dabei ist nicht auf den Entstehungszeitpunkt der Einkommen- und Körperschaftsteuer beim Zuwendungsempfänger abzustellen.

2. Unterrichtung des Empfängers der Zuwendung

Nach § 37b Abs. 3 Satz 3 EStG hat der Zuwendende den Empfänger der Zuwendung über die Anwendung der Pauschalierung zu unterrichten. Eine besondere Form ist nicht vorgeschrieben.

Arbeitnehmer sind nach § 38 Abs. 4 Satz 3 EStG verpflichtet, ihrem Arbeitgeber die ihnen von Dritten gewährten Bezüge am Ende des Lohnzahlungszeitraumes anzuzeigen. Erhält der Arbeitnehmer erst im Nachhinein eine Mitteilung vom Zuwendenden über die Anwendung des § 37b EStG, kann bei bereits durchgeführter individueller Besteuerung eine Korrektur des Lohnsteuerabzugs vorgenommen werden, wenn die Änderung des Lohnsteuerabzugs beim Arbeitnehmer noch zulässig ist.

3. Aufzeichnungspflichten

Die bestehenden Aufzeichnungspflichten für Geschenke nach § 4 Abs. 5 Satz 1 Nr. 1 EStG bleiben unberührt (§ 4 Abs. 7 EStG, R 4.11 EStR). Besondere Aufzeichnungspflichten für die Ermittlung der Zuwendungen, für die § 37b EStG angewandt wird, bestehen nicht. Aus der Buchführung oder den Aufzeichnungen muss sich ablesen lassen, dass bei Wahlrechtsausübung alle Zuwendungen erfasst wurden und dass die Höchstbeträge nicht überschritten wurden. Nach § 37b EStG pauschal versteuerte Zuwendungen müssen nicht zum Lohnkonto genommen werden (§ 4 Abs. 2 Nr. 8 LStDV i. V. m. § 41 Abs. 1 EStG).

Aus Vereinfachungsgründen kann bei Zuwendungen bis zu einem Wert von jeweils 40 Euro davon ausgegangen werden, dass der Höchstbetrag nach § 37b Abs. 1 Satz 3 Nr. 1 EStG auch beim Zusammenfallen mit weiteren Zuwendungen im Wirtschaftsjahr nicht überschritten wird. Eine Aufzeichnung der Empfänger kann insoweit unterbleiben.

§ 37b EStG kann auch angewendet werden, wenn die Aufwendungen beim Zuwendenden ganz oder teilweise unter das Abzugsverbot des § 160 AO fallen. Fallen mehrere Zuwendungen zusammen, bei denen § 160 AO zum Abzugsverbot der Aufwendungen führt, ist die Summe dieser Aufwendungen den Höchstbeträgen gegenüberzustellen.

4. Örtliche Zuständigkeit

Für ausländische Zuwendende ergeben sich die für die Verwaltung der Lohnsteuer zuständigen Finanzämter aus analoger Anwendung des H 41.3 LStH 2008 (wie ausländische Bauunternehmer).

5. Kirchensteuer

Für die Ermittlung der Kirchensteuer bei Anwendung des § 37b EStG ist in Rheinland-Pfalz nach dem Erlass des rheinland-pfälzischen Finanzministeriums vom 29. Dezember 2006 (BStBl. I 2007 S. 79) und in den übrigen Ländern nach den gleichlautenden Erlassen der obersten Finanzbehörden dieser Länder vom 28. Dezember 2006 (BStBl. I 2007 S. 76) zu verfahren. – *Anlage § 037b-01* –

6. Anrufungsauskunft

Für Sachverhalte zur Pauschalierung der Einkommensteuer bei Sachzuwendungen nach § 37b EStG kann eine Anrufungsauskunft i. S. d. § 42e EStG eingeholt werden.

VIII. Anwendungszeitpunkt

Nach Artikel 20 Abs. 6 des Jahressteuergesetzes 2007 tritt Artikel 1 Nr. 28 (§ 37b EStG) zum 1. Januar 2007 in Kraft. § 37b EStG ist daher erstmals auf Zuwendungen anzuwenden, die nach dem 31. Dezember 2006 gewährt werden.

Für Wirtschaftsjahre, die vor dem 1. Juli 2008 enden, kann das Wahlrecht zur Anwendung des § 37b EStG für diesen Zeitraum abweichend von Rdnrn. 7 und 8 ausgeübt werden.

Anlage § 038-01/Einführungsschreiben Lohnsteuer (Zu LStH 8.1 (1-4))

Einführungsschreiben Lohnsteuer zum Steueränderungsgesetz 2003 und Haushaltsbegleitgesetz 2004

BMF-Schreiben vom 27. Januar 2004 IV C 5 – S 2000 – 2/04 (BStBl. I S. 173)

Unter Bezugnahme auf das Ergebnis der Abstimmung mit den obersten Finanzbehörden der Länder nehme ich zu Änderungen im Bereich der Lohnsteuer durch das Steueränderungsgesetz 2003 (StÄndG 2003) vom 15.12.2003 (BGBl. I S. 2645, BStBl. I S. 710) und durch das Haushaltsbegleitgesetz 2004 (HBeglG 2004) vom 29.12.2003 (BGBl. I S. 3076, BStBl. 2004 I S. 120) wie folgt Stellung:

I. Betragsmäßige Änderungen

In den folgenden Vorschriften mit lohnsteuerlichem Bezug haben sich die Freibeträge bzw. Freigrenzen oder Steuersätze verändert; es betragen

- die steuerfreien Höchstbeträge für Abfindungen (§ 3 Nr. 9 EStG) 7.200, 9.000 und 11.000 Euro (bisher 8.181, 10.226 und 12.271 Euro),
- der Steuerfreibetrag für Übergangsgelder und Übergangsbeihilfen wegen Entlassung aus einem Dienstverhältnis (§ 3 Nr. 10 EStG) 10.800 Euro (bisher 12.271 Euro),
- der Steuerfreibetrag für Heirats- und Geburtsbeihilfen (§ 3 Nr. 15 EStG) 315 Euro (bisher 358 Euro),
- der Steuerfreibetrag für Sachprämien aus Kundenbindungsprogrammen (§ 3 Nr. 38 EStG) 1.080 Euro (bisher 1.224 Euro),
- die Berechnungsbasis (Grundlohn je Stunde) für die Steuerfreiheit von Zuschlägen für Sonntags-, Feiertags- oder Nachtarbeit (§ 3b Abs. 2 EStG) 50 Euro (bisher unbegrenzt),
- die monatliche Freigrenze für bestimmte Sachbezüge (§ 8 Abs. 2 Satz 9 EStG) 44 Euro (bisher 50 Euro),
- der Steuerfreibetrag für Belegschaftsrabatte (§ 8 Abs. 3 EStG) 1.080 Euro (bisher 1.224 Euro),
- die Entfernungspauschale für Wege zwischen Wohnung und Arbeitsstätte und die Entfernungspauschale bei einer aus beruflichem Anlass begründeten doppelten Haushaltsführung (§ 9 Abs. 1 Satz 3 Nr. 4 und 5 EStG) für jeden vollen Kilometer der Entfernung 0,30 Euro (bisher 0,36 Euro für die ersten 10 Kilometer und 0,40 Euro für jeden weiteren Kilometer bzw. bei Familienheimfahrten 0,40 Euro für jeden vollen Kilometer); dazu auch Tz. II 1. und 2.,
- der Höchstbetrag der Entfernungspauschale für Wege zwischen Wohnung und Arbeitsstätte (§ 9 Abs. 1 Satz 3 Nr. 4 EStG) 4.500 Euro (bisher 5.112 Euro; bei Benutzung eines Kraftwagens wie bisher höhere Entfernungspauschale möglich),
- der Arbeitnehmer-Pauschbetrag (§ 9a Satz 1 Nr. 1 EStG) 920 Euro (bisher 1.044 Euro),
- der Steuerfreibetrag für die unentgeltliche/verbilligte Überlassung von bestimmten Vermögensbeteiligungen (§ 19a Abs. 1 EStG) 135 Euro (bisher 154 Euro),
- der maßgebende Steuersatz bei der Pauschalierung der Einkommensteuer bei Prämien aus Kundenbindungsprogrammen (§ 37a Abs. 1 EStG) 2,25 % (bisher 2 %).

In den LStR 2004 genannte Beträge, die hiervon abweichen, da sie auf der Rechtslage vor den Änderungen des EStG durch das StÄndG 2003 und das HBeglG 2004 beruhen, sind ab 2004 nicht mehr anzuwenden.

II. Weitere Änderungen

1. Fahrtkostenzuschüsse, Job-Ticket (§ 3 Nr. 34 EStG)

(Steuerpflicht, Pauschalierungsmöglichkeit, Bescheinigungspflichten)

Die Steuerfreiheit nach § 3 Nr. 34 EStG (Zuschüsse des Arbeitgebers zu den Aufwendungen des Arbeitnehmers für Fahrten zwischen Wohnung und Arbeitsstätte mit öffentlichen Verkehrsmitteln im Linienverkehr, auch entsprechende unentgeltliche oder verbilligte Nutzung und sog. Job-Ticket) ist weggefallen. R 21b LStR ist damit ab 2004 überholt.

Derartige Vorteile sind demnach grundsätzlich steuerpflichtig. Ein geldwerter Vorteil ist nicht anzunehmen, wenn der Arbeitgeber seinen Arbeitnehmern ein sog. Job-Ticket für Fahrten zwischen Wohnung und Arbeitsstätte mit öffentlichen Verkehrsmitteln zu dem mit dem Verkehrsträger vereinbarten Preis eines Job-Tickets überlässt (die Tarifermäßigung des Verkehrsträgers für das Job-Ticket gegenüber dem üblichen Endpreis ist also kein geldwerter Vorteil). Der zu versteuernde geldwerte Vorteil ist der Preis für das Job-Ticket abzüglich Zahlbetrag des Arbeitnehmers.

Überlässt der Arbeitgeber seinen Arbeitnehmern solche Job-Tickets für Fahrten zwischen Wohnung und Arbeitsstätte mit öffentlichen Verkehrsmitteln unentgeltlich oder verbilligt, so kommt die Anwendung von § 8 Abs. 2 Satz 9 EStG in Betracht. Danach bleiben Sachbezüge außer Ansatz, wenn die sich nach Anrechnung der vom Arbeitnehmer gezahlten Entgelte ergebenden Vorteile insgesamt 44 Euro im Kalendermonat nicht übersteigen (monatliche Freigrenze). Bei der Freigrenze sind andere Sachbezüge zu berücksichtigen; liegen solche nicht vor, so scheidet die Anwendung der Vorschrift gleichwohl aus, wenn der geldwerte Vorteil für den Sachbezug Job-Ticket allein 44 Euro überschreitet (dann ist also der gesamte Sachbezug Job-Ticket steuerpflichtig). Gilt das Job-Ticket für einen längeren Zeitraum (z.B. Jahresticket), so fließt der Vorteil insgesamt bei Überlassung des Job-Tickets zu.

Bei Arbeitnehmern eines Verkehrsträgers kann der Vorteil aus der Nutzung der öffentlichen Verkehrsmittel im Rahmen des § 8 Abs. 3 EStG (Rabattfreibetrag) steuerfrei bleiben.

Der Arbeitgeber kann die Lohnsteuer für diese nunmehr steuerpflichtigen – zusätzlich zum ohnehin geschuldeten Arbeitslohn geleisteten – Fahrtkostenzuschüsse für Fahrten zwischen Wohnung und Arbeitsstätte mit öffentlichen Verkehrsmitteln und etwaige geldwerten Vorteile bei Job-Tickets sowie etwaige den Rabattfreibetrag (§ 8 Abs. 3 EStG) übersteigende geldwerte Vorteile nach § 40 Abs. 2 Satz 2 EStG mit 15 % pauschal erheben. Die Regelung in R 127 Abs. 5 Satz 4 LStR, wonach bei Benutzung öffentlicher Verkehrsmittel im Linienverkehr eine Pauschalierung nicht in Betracht kommt, ist durch die Gesetzesänderung überholt. Die Pauschalierung ist auf den Betrag beschränkt, den der Arbeitnehmer als Werbungskosten geltend machen könnte, wenn die Bezüge nicht pauschal besteuert würden (§ 40 Abs. 2 Satz 2 EStG). Da die tatsächlichen Fahrtkosten für öffentliche Verkehrsmittel nach § 9 Abs. 2 Satz 2 EStG grundsätzlich in voller Höhe als Werbungskosten abziehbar sind, können sie in voller Höhe pauschaliert werden. Der Arbeitgeber braucht nicht die Höhe der Entfernungspauschale nicht zu ermitteln, da für Fahrtkosten öffentlicher Verkehrsmittel die Begrenzung durch die Entfernungspauschale für Fahrten zwischen Wohnung und Arbeitsstätte nach § 9 Abs. 1 Satz 3 Nr. 4 EStG nicht eingreift.

Die etwaigen steuerfreien Sachbezüge (§ 8 Abs. 2 Satz 9 EStG – Job-Ticket – oder § 8 Abs. 3 EStG – Verkehrsträger –) und die etwaigen pauschal besteuerten Arbeitgeberleistungen sind auf die Entfernungspauschale für Wege zwischen Wohnung und Arbeitsstätte anzurechnen (§ 3c EStG – Job-Ticket –, § 9 Abs. 1 Satz 3 Nr. 4 Satz 5 EStG – Verkehrsträger –, § 40 Abs. 2 Satz 3 EStG – pauschal besteuerte Beträge –). Daher sind die etwaigen steuerfreien Bezüge in der Lohnsteuerbescheinigung einzutragen (§ 41b Abs. 1 Nr. 6 EStG), ebenso die pauschal besteuerten Arbeitgeberleistungen (§ 41b Abs. 1 Nr. 7 EStG). Wenn der Arbeitnehmer bei einem Verkehrsträger beschäftigt ist, so ist der Sachbezug mit dem Preis anzusetzen, den ein dritter Arbeitgeber (Nichtverkehrsträger) an den Verkehrsträger (z.B. für ein Job-Ticket) zu entrichten hätte (§ 9 Abs. 1 Satz 3 Nr. 4 Satz 5 zweiter Halbsatz EStG).

2. Entfernungspauschalen (§ 9 Abs. 1 Satz 3 Nr. 4 und 5 EStG) – *Änderung ab 2007*
Anlage § 009-07 –

– *Wegen zeitlicher Überholung nicht mehr abgedruckt.* –

3. Streichung der Zweijahresfrist bei einer beruflich veranlassten doppelten Haushaltsführung (§ 9 Abs. 1 Satz 3 Nr. 5 EStG)

Die 1996 eingeführte gesetzliche Zweijahresfrist für die steuerliche Berücksichtigung von Mehraufwendungen wegen einer aus beruflichem Anlass begründeten doppelten Haushaltsführung ist bei Arbeitnehmer mit eigenem Hausstand ab 01.01.2003 weggefallen. Darüber hinaus gilt dies auch in Fällen, in denen die Einkommensteuer noch nicht formell bestandskräftig oder hinsichtlich der Aufwendungen für eine beruflich veranlasste doppelte Haushaltsführung vorläufig festgesetzt ist (§ 52 Abs. 23b EStG i.d.F. StÄndG 2003) oder unter einem wirksamen Nachprüfungsvorbehalt steht (BMF-Schreiben vom 22.12.2003 BStBl. 2004 I S. 36). Mit der Streichung der Zweijahresfrist ist die steuerliche Anerkennung von Mehraufwendungen wegen einer aus beruflichem Anlass begründeten doppelten Haushaltsführung nunmehr grundsätzlich zeitlich unbefristet möglich. Zu den Voraussetzungen der doppelten Haushaltsführung sind die LStR mit Ausnahme etwaiger Äußerungen zur Zweijahresfrist anzuwenden. Zu möglichen Folgerungen aus der Gesetzesänderung bei Arbeitnehmern ohne eigenen Hausstand (R 43 Abs. 5 LStR) wird in einem gesonderten BMF-Schreiben Stellung genommen.

Der Wegfall der Zweijahresfrist bei doppelter Haushaltsführung hat zur Folge, dass der Arbeitgeber steuerlich abziehbare Mehraufwendungen bei doppelter Haushaltsführung zeitlich unbefristet steuerfrei zahlen kann (§ 3 Nrn. 13, 16 EStG). Hat der Arbeitgeber die Vergütung bisher aufgrund der Zweijahresfrist versteuert, so kann er den Lohnsteuerabzug berichtigen, solange er (z.B. für 2003) noch keine Lohnsteuerbescheinigung ausgeschrieben hat (§ 41c Abs. 3 Satz 1 EStG).

Anlage § 038-01/Einführungsschreiben Lohnsteuer

4. Lohnsteuerklasse II (Entlastungsbetrag für Alleinerziehende, § 24b EStG)
– Wegen zeitlicher Überholung nicht mehr abgedruckt. Hinweis auf BMF-Schreiben Anlage § 024b-01. –

III. Steuerabzugsverfahren

1. Steuerabzugsverpflichtung bei Arbeitnehmerentsendung (§ 38 Abs. 1 Satz 2 EStG)

Zwischen international verbundenen Gesellschaften werden regelmäßig Arbeitnehmer entsandt (s.a. BMF-Schreiben vom 09.11.2001, BStBl. 2001 I S. 796). Hat ein in Deutschland ansässiges Unternehmen einen vom ausländischen Unternehmen beschäftigten Arbeitnehmer aufgenommen (Entsendung vom Ausland in das Inland), so war im Allgemeinen das deutsche Unternehmen nicht zum Lohnsteuerabzug verpflichtet, obgleich das Besteuerungsrecht für die in Deutschland ausgeübte Tätigkeit nach Abkommensrecht regelmäßig Deutschland zusteht. Nunmehr ist bei internationaler Arbeitnehmerentsendung das in Deutschland ansässige aufnehmende Unternehmen, das den Arbeitslohn für die ihm geleistete Arbeit wirtschaftlich trägt, zum Steuerabzug verpflichtet (§ 38 Abs. 1 Satz 2 EStG). Hierfür ist es nicht erforderlich, dass das deutsche Unternehmen den Arbeitslohn im eigenen Namen und für eigene Rechnung auszahlt.

Durch diese Neuregelung kann auch ein deutsches Unternehmen, das lediglich wirtschaftlicher Arbeitgeber i.S.d. Doppelbesteuerungsabkommen, nicht aber arbeitsrechtlicher Arbeitgeber ist, zum Lohnsteuerabzug verpflichtet sein. Wirtschaftlicher Arbeitgeber nach Abkommensrecht ist derjenige, der einen Arbeitnehmer in seinen Geschäftsbetrieb integriert, weisungsbefugt ist und die Vergütungen für die ihm geleistete unselbständige Arbeit wirtschaftlich trägt, sei es, dass er die Vergütung unmittelbar dem betreffenden Arbeitnehmer auszahlt oder dass ein anderes Unternehmen für ihn mit der Arbeitsvergütung in Vorlage tritt (BFH vom 21.08.1985, BStBl. 1986 II S. 4; BMF-Schreiben vom 09.11.2001 zu 2.2. „Arbeitgeber", BStBl. 2001 I S. 796). Die Voraussetzung des wirtschaftlichen Tragens ist insbesondere auch dann erfüllt, wenn die von dem anderen Unternehmen gezahlte Arbeitsvergütung dem deutschen Unternehmen weiterbelastet wird.

Als inländischer Arbeitgeber ist das deutsche Unternehmen zur Einbehaltung und Abführung von Lohnsteuer verpflichtet. Die Höhe des Arbeitslohns hat es zu ermitteln.

2. Lohnsteuerabzug bei Lohnzahlungen Dritter (§ 38 Abs. 1 Satz 3 und Abs. 4 EStG)

Dem Lohnsteuerabzug unterliegt auch der im Rahmen des Dienstverhältnisses von einem Dritten gewährte Arbeitslohn, wenn der Arbeitgeber weiß oder erkennen kann, dass derartige Vergütungen erbracht werden. Hiervon wird insbesondere ausgegangen, wenn Arbeitgeber und Dritter verbundene Unternehmen im Sinne von § 15 AktG sind (§ 38 Abs. 1 Satz 3 EStG). Nach langjähriger Verwaltungsauffassung unterliegen Preisvorteile (Rabatte) von dritter Seite dem Lohnsteuerabzug, wenn der Arbeitgeber an der Verschaffung der Preisvorteile mitgewirkt hat (BMF-Schreiben vom 27.09.1993, BStBl. I S. 814)[1]. Die Gesetzesänderung dient im Wesentlichen der gesetzlichen Absicherung der bestehenden Verwaltungspraxis.

Der Arbeitnehmer hat dem Arbeitgeber die von einem Dritten gewährten Bezüge am Ende des jeweiligen Lohnzahlungszeitraums anzugeben (§ 38 Abs. 4 Satz 3 erster Halbsatz EStG). Wenn er der Angabepflicht nicht nachkommt, ist der objektive Tatbestand der Steuerverkürzung (§ 370 AO) erfüllt. Kann der Arbeitgeber erkennen, dass Drittvergütungen i.S.d. § 38 Abs. 1 Satz 3 EStG geleistet werden, ist er gehalten, seine Arbeitnehmer auf die Angabepflicht und die Folgen eines Pflichtverstoßes hinzuweisen.

Macht der Arbeitnehmer keine oder eine erkennbar unrichtige Angabe, hat der Arbeitgeber dies dem Betriebsstättenfinanzamt anzuzeigen (§ 38 Abs. 4 Satz 3 zweiter Halbsatz EStG). Eine solche Mitteilung an das Betriebsstättenfinanzamt hat unverzüglich zu erfolgen, wenn Drittvergütungen vorliegen und der Arbeitgeber bei der (sich aus seiner qualifizierten Mitwirkung oder der Unternehmensverbundenheit abzuleitenden) gebotenen Sorgfalt erkennen kann, dass die Angaben des Arbeitnehmers unzutreffend sind.

3. Lohnsteuerabzug durch einen Dritten (§ 38 Abs. 3a EStG)

3.1. Gesetzliche Verpflichtung bei Erfüllung tarifvertraglicher Geldansprüche (§ 38 Abs. 3a Satz 1, § 39c Abs. 5 EStG)

Ein Dritter, der unmittelbar gegen sich gerichtete tarifvertragliche Arbeitslohnansprüche erfüllt, ist zum Lohnsteuerabzug verpflichtet, wenn es sich um Geldleistungen handelt (§ 38 Abs. 3a Satz 1 EStG). Damit wird für Sonderfälle die Steuerabzugsverpflichtung eingeführt, in denen z.B. ein drittes Unternehmen zentral tarifliche Teilleistungen zahlt, die Arbeitslohn (aus gegenwärtiger

---
1) Anlage § 008-01.

oder früheren Dienstverhältnissen bei zahlreichen Arbeitgebern) sind (z.B. Sozialkassen des Baugewerbes). Die Neuregelung sichert die steuerliche Erfassung dieser Arbeitslöhne.

Der Dritte hat die Pflichten des Arbeitgebers. Die Lohnsteuer für sonstige Bezüge kann er mit einem festen Steuersatz von 20 % erheben. Voraussetzung ist, dass der von dem Dritten für den Arbeitnehmer gezahlte Jahresarbeitslohn einschließlich des sonstigen Bezugs 10.000 Euro nicht übersteigt (§ 39c Abs. 5 EStG). Der Dritte meldet die Lohnsteuer bei seinem Betriebsstättenfinanzamt an. Der Dritte hat die Lohnsteuerbescheinigung zu erteilen. In den Fällen des § 39c Abs. 5 EStG kommt es zu einer Pflichtveranlagung des Arbeitnehmers zur Einkommensteuer (§ 46 Abs. 2 Nr. 5 EStG), bei der die Abzugsbeträge angerechnet werden.

3.2. Erfüllung der Arbeitgeberpflichten auf Antrag (§ 38 Abs. 3a Sätze 2 ff. EStG)

Das Finanzamt kann auf (formlosen schriftlichen) Antrag zulassen, dass ein Dritter die Pflichten des Arbeitgebers im eigenen Namen erfüllt (§ 38 Abs. 3a Satz 2 EStG). Die Lohnsteuerabzugsverpflichtung kann damit vom Arbeitgeber auf einen Dritten übertragen werden, wenn der Dritte sich hierzu gegenüber dem Arbeitgeber verpflichtet hat, er den Lohn auszahlt oder er die Arbeitgeberpflichten für von ihm vermittelte Arbeitnehmer übernimmt und die Steuererhebung nicht beeinträchtigt wird (§ 38 Abs. 3a Satz 3 EStG). Voraussetzung für die Übertragung ist, dass das Betriebsstättenfinanzamt des Dritten im Einvernehmen mit dem Betriebsstättenfinanzamt des Arbeitgebers zustimmt. Diese Zustimmung wird nur erteilt, wenn der Dritte für den gesamten Arbeitslohn die Lohnsteuerabzugsverpflichtung übernimmt. Die das Lohnsteuerverfahren betreffenden Vorschriften (z.B. Lohnsteuer-Anmeldung, Lohnsteuerbescheinigung) sind dann auf den Dritten mit der Maßgabe anzuwenden, dass der Dritte an die Stelle des Arbeitgebers tritt (§ 38 Abs. 3a Satz 6 EStG). Die Regelung ermöglicht es, dass der Dritte die Arbeitslöhne zusammenfassen kann (§ 38 Abs. 3a letzter Satz EStG).

Diese Neuregelung dient im wesentlichen dazu, eine gesetzliche Grundlage zu schaffen für die in bestimmten Fällen zum Teil seit langem geübte und den Finanzämtern bekannte Handhabung (z.B. zusammengefasste Lohnabrechnung von Mehrfacharbeitsverhältnissen eines Arbeitnehmers im Konzernverbund, studentische Arbeitsvermittlungen, zentrale Abrechnungsstellen bei den Kirchen, Arbeitnehmern von Wohneigentümergemeinschaften). In solchen bereits praktizierten Fällen der Übernahme der Arbeitgeberpflichten durch einen Dritten ist daher ein (neuer) Antrag nicht erforderlich. Die gesamte Neuregelung, insbesondere die Haftung, ist auch in diesen Altfällen anzuwenden.

Der Dritte haftet in beiden Fallgruppen neben dem Arbeitgeber gemäß § 42d Abs. 9 EStG. Es besteht eine Gesamtschuldnerschaft zwischen Arbeitgeber, dem Dritten und dem Arbeitnehmer. Eine Haftungsinanspruchnahme des Arbeitgebers unterbleibt, wenn beim Arbeitnehmer selbst eine Nachforderung unzulässig ist, weil der Mindestbetrag von 10 Euro nicht überschritten ist (§ 42d Abs. 5 EStG). Für die Lohnsteuer-Außenprüfung ist in Fällen des § 38 Abs. 3a EStG das Betriebsstättenfinanzamt des Dritten zuständig; eine Außenprüfung ist aber auch noch beim Arbeitgeber möglich (§ 42f Abs. 3 EStG).

4. Permanenter Lohnsteuer-Jahresausgleich (§ 39b Abs. 2 Satz 13 EStG)

Nach § 39b Abs. 2 Satz 13 EStG kann zugelassen werden, die Lohnsteuer nach dem voraussichtlichen Jahresarbeitslohn zu ermitteln (sog. permanenter Lohnsteuer-Jahresausgleich durch den Arbeitgeber). Die Zustimmung ist nicht mehr von der Oberfinanzdirektion, sondern vom Betriebsstättenfinanzamt einzuholen. Die Einzelheiten zum Verfahren ergeben sich aus R 121 LStR. (Jetzt R 39b.8)

5. Freistellungsbescheinigung für ausländische Verleiher (§ 39b Abs. 6 EStG)

In § 39b Abs. 6 Satz 1 EStG wird nunmehr auf den Arbeitgeber (§ 38 EStG) verwiesen (bisher „inländischen Arbeitgeber"). Das bedeutet, dass das Betriebsstättenfinanzamt jedem zum Lohnsteuerabzug Verpflichteten (wie z.B. einem ausländischen Verleiher) eine Freistellungsbescheinigung erteilen kann, wenn hierfür die Voraussetzungen nach einem Doppelbesteuerungsabkommen vorliegen. Es bestehen keine Bedenken, ggf. auch für Zeiträume vor 2004 dementsprechend zu verfahren.

6. Lohnsteuer-Anmeldung (§ 41a EStG)

Für nach dem 31.12.2004 endende Anmeldungszeiträume hat der Arbeitgeber die Lohnsteuer-Anmeldungen elektronisch zu übermitteln (§ 41a Abs. 1, § 52 Abs. 52b EStG i.d.F. StÄndG 2003). Zur Vermeidung von unbilligen Härtefällen kann das Betriebsstättenfinanzamt auf Antrag die Abgabe in Papierform weiterhin zulassen. Ein Härtefall kann vorliegen, wenn und solange es dem Arbeitgeber nicht zumutbar ist, die technischen Voraussetzungen einzurichten, die für die Übermittlung der elektronischen Lohnsteuer-Anmeldung nach der Steuerdaten-Übermittlungsverordnung vom 28.01.2003 (BGBl. I S. 139, BStBl. I S. 162) erforderlich sind.

Anlage § 038-01/Einführungsschreiben Lohnsteuer

Ab 01.01.2004 entfällt die bisher bei verspäteter Abgabe der Lohnsteuer-Anmeldung eingeräumte Abgabeschonfrist von 5 Tagen (BMF-Schreiben vom 01.04.2003, BStBl. I S. 239, derzeit noch abrufbar unter www.bundesfinanzministerium.de/Aktuelles/BMF-Schreiben).
Für alle Steuern, zurückzuzahlende Steuervergütungen und Haftungsschulden wurde die sog. Zahlungsschonfrist gem. § 240 Abs. 3 Satz 1 AO 1977 von bisher 5 auf nunmehr 3 Tage verkürzt. Danach werden Säumniszuschläge in Höhe von 1 v.H. des rückständigen Betrags erhoben, wenn die Abführung der Steuerabzugsbeträge nicht bis zum Ablauf von 3 Tagen nach Fälligkeit erfolgt. Bei Überweisung oder Einzahlung auf ein Konto des Finanzamts (Finanzkasse) gilt die Zahlung an dem Tag als wirksam geleistet, an dem der Betrag gutgeschrieben wird. Bei erteilter Einzugsermächtigung an das Finanzamt ist die Verkürzung der Zahlungsschonfrist ohne Bedeutung. Die Regelung, dass bei Zahlung durch Übersendung eines Schecks an das Finanzamt die Zahlungsschonfrist nicht gilt, behält weiterhin Gültigkeit, so dass auch zukünftig bei Verwendung dieses Zahlungsmittels sofort Säumniszuschläge anfallen, wenn der Eingang beim Finanzamt erst nach Ablauf des Fälligkeitstages erfolgt.

7. Bescheinigungspflichten (§ 41b EStG) [1]
– *Wegen zeitlicher Überholung nicht mehr abgedruckt.* –

8. Betrieblicher Lohnsteuer-Jahresausgleich (§ 42b Abs. 1 EStG)
Der Lohnsteuer-Jahresausgleich durch den Arbeitgeber darf nur für unbeschränkt einkommensteuerpflichtige Arbeitnehmer durchgeführt werden, die während des gesamten Ausgleichjahres in einem Dienstverhältnis gestanden (§ 42b Abs. 1 Satz 1 EStG) und bei Arbeitgeberwechsel dem Arbeitgeber neben der Lohnsteuerkarte auch Lohnsteuerbescheinigungen aus vorangegangenen Dienstverhältnissen vorgelegt haben (§ 42b Abs. 1 Satz 3 EStG). Verzichtet der Arbeitnehmer künftig bei elektronischer Lohnsteuerbescheinigung (Tz. V) auf die Vorlage des Ausdrucks der elektronischen Lohnsteuerbescheinigung, so ist ein betrieblicher Jahresausgleich nicht zulässig.
Der Lohnsteuer-Jahresausgleich durch den Arbeitgeber ist auch nicht mehr zulässig, wenn bei der Lohnsteuerberechnung ein auf der Lohnsteuerkarte eingetragener Freibetrag (§ 39a EStG) zu berücksichtigen war (§ 42b Abs. 1 Satz 4 Nr. 3a EStG); Gleiches gilt wie bisher für den Hinzurechnungsbetrag.

9. Abfindungsentschädigungen als beschränkt steuerpflichtige Einkünfte (§ 49 Abs. 1 Nr. 4 Buchstabe d EStG)
Entlassungsentschädigungen i.S.d. § 24 Nr. 1 EStG an beschränkt einkommensteuerpflichtige Arbeitnehmer sind inländische Einkünfte i.S.d. § 49 EStG, soweit die Einkünfte, die für die zuvor ausgeübte Tätigkeit bezogen werden, der inländischen Besteuerung unterlegen haben (§ 49 Abs. 1 Nr. 4 Buchstabe d EStG). Die Lohnsteuerabzugsverpflichtung hierfür ergibt sich aus § 39d Abs. 3 EStG.

> **Beispiel:**
> Das Dienstverhältnis von Arbeitnehmer A (60 Jahre) wird nach einer Beschäftigung (über 20 Jahre) für den Arbeitgeber B in Deutschland zum 01.04.2004 vorzeitig gegen Abfindung aufgelöst. A zieht am 01.03.2004 in die Schweiz um. Am 10.04.2004 erhält er eine Abfindung wegen der Auflösung des Dienstverhältnisses von 36.000 Euro.
>
> Die bisherigen Einkünfte (Arbeitslohn) haben der inländischen Besteuerung unterlegen, so dass die Abfindung als inländische Einkünfte gem. § 49 Abs. 1 Nr. 4d EStG i.H.v. 25.000 Euro (36.000 Euro – 11.000 Euro höchster Freibetrag nach § 3 Nr. 9 EStG) den beschränkten Einkommensteuerpflicht unterliegt. Eine ermäßigte Besteuerung nach § 34 EStG im Lohnsteuerabzugsverfahren kommt nicht in Betracht (§ 39d Abs. 2, § 50 Abs. 1 Sätze 3 und 4 EStG).

Ob der Bundesrepublik Deutschland für die inländischen Einkünfte das Besteuerungsrecht zusteht, ist dann im Weiteren unter Beachtung eines ggf. anzuwendenden Doppelbesteuerungsabkommens zu entscheiden (vgl. auch das BFH-Urteil vom 10.07.1996, BStBl. 1997 II S. 341 und das BMF-Schreiben vom 20.05.1997, BStBl. 1997 I S. 560).

10. Steuerfreistellung ausländischer Einkünfte (§ 50d Abs. 8 EStG)
Nach § 50d Abs. 8 EStG sind Einkünfte eines unbeschränkt Steuerpflichtigen aus nichtselbständiger Arbeit, für die das Besteuerungsrecht nach einem Doppelbesteuerungsabkommen einem anderen Staat zusteht, gleichwohl in Deutschland zu besteuern, soweit der Steuerpflichtige nicht nachweist, dass der (ausländische) Tätigkeitsstaat auf dieses Besteuerungsrecht verzichtet hat oder dass die in diesem Staat auf die Einkünfte festgesetzten Steuern tatsächlich entrichtet wurden. Dies gilt auch dann, wenn nach dem einschlägigen DBA eine Rückfallklausel nicht vorgesehen ist.

---

1) Aktuelle Bescheinigungspflichten siehe Anlage § 041b-01.

Anlage § 038-01/Einführungsschreiben Lohnsteuer

Diese Nachweispflicht betrifft das Veranlagungsverfahren; sie ist im Lohnsteuerabzugsverfahren nicht anzuwenden. Das Betriebsstättenfinanzamt kann daher weiterhin auf Antrag des Arbeitnehmers oder des Arbeitgebers eine Freistellungsbescheinigung erteilen (§ 39b Abs. 6 Satz 1 EStG). Das Betriebsstättenfinanzamt soll dann in der Freistellungsbescheinigung auf die Nachweispflicht im Veranlagungsverfahren hinweisen. Hat der Arbeitgeber den Antrag auf Freistellungsbescheinigung gestellt, sollte er seinem Arbeitnehmer einen solchen Hinweis auf die Nachweispflicht im Veranlagungsverfahren weitergeben. Einen Einkommensteuerbescheid, in dem solche Einkünfte der deutschen Besteuerung unterworfen wurden, kann zu Gunsten des Steuerpflichtigen geändert werden, sobald dieser die tatsächliche Besteuerung im Ausland nachweist. Dadurch ist sichergestellt, dass eine Doppelbesteuerung vermieden wird. Da § 175 Abs. 1 Satz 2 AO anzuwenden ist, beginnt die Festsetzungsfrist mit Ablauf des Kalenderjahres, in dem das rückwirkende Ereignis (= Zahlung der festgesetzten Steuer im Ausland) eintritt (§ 50d Abs. 8 Satz 3 EStG).

IV. Lohnsteuerberechnung, Programmablaufplan 2004

1. Wegfall der 150 Euro-Grenze (§ 39b Abs. 3 Satz 2 EStG a.F.)

– Wegen zeitlicher Überholung nicht mehr abgedruckt. –

2. Berechnung bei sonstigem Bezug und Arbeitgeberwechsel (§ 39b Abs. 3 Satz 2 EStG), Großbuchstabe S (§ 41 Abs. 1 Satz 7 EStG)

Die Versteuerung des sonstigen Bezugs richtet sich nach dem voraussichtlichen Jahresarbeitslohn (§ 39b Abs. 3 Satz 1 EStG). Bei einem Arbeitgeberwechsel ist der für diese Ermittlung notwendige Arbeitslohn aus einem vorangegangenen Dienstverhältnis bzw. mehreren vorangegangenen Dienstverhältnissen dem neuen Arbeitgeber nicht mehr zwingend bekannt, wenn der Vorarbeitgeber eine elektronische Lohnsteuerbescheinigung übermittelt (vgl. dazu Tz. V) und der Arbeitnehmer dem neuen Arbeitgeber den früheren Arbeitslohn nicht mitteilt. In einem solchen Fall kann der neue Arbeitgeber den Arbeitslohn für die vom Arbeitnehmer anzugebenden früheren Beschäftigungszeiten des laufenden Kalenderjahres mit dem Betrag ansetzen, der sich aus der Hochrechnung des laufenden Arbeitslohns im Monat der Zahlung des sonstigen Bezugs entsprechend der Beschäftigungsdauer bei früheren Arbeitgebern ergibt (§ 39b Abs. 3 Satz 2 EStG; R 119 Abs. 3 Satz 6 LStR i.d.F. LStÄR 2004 vom 08.10.2003, BStBl. I S. 455).

Da diese Hochrechnung zu einer ungenauen Lohnsteuer für den sonstigen Bezug führen kann, hat der Arbeitgeber bei Anwendung dieser Methode im Lohnkonto den Großbuchstaben S einzutragen (§ 41 Abs. 1 Satz 7 EStG) und auch zu bescheinigen (§ 41b Abs. 1 Satz 2 Nr. 3 EStG). Es kommt zu einer Pflichtveranlagung zur Einkommensteuer (§ 46 Abs. 2 Nr. 5a EStG).

3. Fünftelungsregelung bei negativem Arbeitslohn (§ 39b Abs. 3 Satz 9 EStG)

Bei der Ermittlung der Lohnsteuer für einen begünstigten sonstigen Bezug ist nunmehr § 34 Abs. 1 Satz 3 EStG sinngemäß anzuwenden (§ 39b Abs. 3 Satz 9 zweiter Halbsatz EStG), damit Einkommensteuernachzahlungen vorgebeugt wird. Die Neuregelung betrifft die Sonderfälle, in denen bei Anwendung der Fünftelungsregelung das zu versteuernde Einkommen (= steuerpflichtige Arbeitslohn) negativ ist (z.B. wegen eines Freibetrages auf der Lohnsteuerkarte) und erst durch Hinzurechnung der außerordentlichen Einkünfte (z.B. steuerpflichtiger Teil einer Abfindung) positiv wird.

Diese Gesetzesänderung ist in dem Programmablaufplan 2004 (Tz. IV 4.) noch nicht berücksichtigt. Es ist daher nicht zu beanstanden, wenn der Arbeitgeber mit maschineller Lohnabrechnung bis zur Veröffentlichung einer entsprechenden Ergänzung des Programmablaufplans die Gesetzesänderung nicht berücksichtigt.

4. Programmablaufplan 2004

– Wegen zeitlicher Überholung nicht mehr abgedruckt. –

V. Elektronische Lohnsteuerbescheinigung (§ 41b EStG), Übergangsregelung

– Wegen zeitlicher Überholung nicht mehr abgedruckt. –
*– Aktuelle Lohnsteuerbescheinigung siehe **Anlage § 041b -01** –*

VI. Anwendung

Diese Änderungen sind nach den allgemeinen Regeln beim Steuerabzug vom laufenden Arbeitslohn erstmals für einen nach dem 31.12.2003 endenden Lohnzahlungszeitraum anzuwenden und beim Steuerabzug auf sonstige Bezüge, die nach dem 31.12.2003 zufließen. Handelt es sich danach um Arbeitslohn des Kalenderjahres 2004, sind z.B. bei den Abfindungen und Zuschlägen nach § 3b EStG die neuen Obergrenzen (Tz. I) maßgebend, auch wenn die Abfindung im Jahr 2003 vereinbart oder die zuschlagsbegünstigte Arbeit im Jahr 2003 geleistet wurde (§ 38 Abs. 1 Satz 2 und 3 EStG).

Anlage § 038-02/Zeitwertkonten (LStH 3b, 38.2)

Lohn-/einkommensteuerliche Behandlung sowie Voraussetzungen für die steuerliche Anerkennung von Zeitwertkonten-Modellen

BMF-Schreiben vom 17. Juni 2009 IV C 5 – S 2332/07/0004, 2009/0406609 (BStBl. I S. 1286)

Zur lohn-/einkommensteuerlichen Behandlung von Zeitwertkonten-Modellen sowie den Voraussetzungen für die steuerliche Anerkennung nehme ich im Einvernehmen mit den obersten Finanzbehörden der Länder wie folgt Stellung:

A. Allgemeines zu Zeitwertkonten

I. Steuerlicher Begriff des Zeitwertkontos

Bei Zeitwertkonten vereinbaren Arbeitgeber und Arbeitnehmer, dass der Arbeitnehmer künftig fällig werdenden Arbeitslohn nicht sofort ausbezahlt erhält, sondern dieser Arbeitslohn beim Arbeitgeber nur betragsmäßig erfasst wird, um ihn im Zusammenhang mit einer vollen oder teilweisen Freistellung von der Arbeitsleistung während des noch fortbestehenden Dienstverhältnisses auszuzahlen. In der Zeit der Arbeitsfreistellung ist dabei das angesammelte Guthaben um den Vergütungsanspruch zu vermindern, der dem Arbeitnehmer in der Freistellungsphase gewährt wird. Der steuerliche Begriff des Zeitwertkontos entspricht insoweit dem Begriff der Wertguthabenvereinbarungen im Sinne von § 7b SGB IV (sog. Lebensarbeitszeit- bzw. Arbeitszeitkonto).

Keine Zeitwertkonten in diesem Sinne sind dagegen Vereinbarungen, die das Ziel der flexiblen Gestaltung der werktäglichen oder wöchentlichen Arbeitszeit oder den Ausgleich betrieblicher Produktions- und Arbeitszeitzyklen verfolgen (sog. Flexi- oder Gleitzeitkonten). Diese dienen lediglich zur Ansammlung von Mehr- oder Minderarbeitszeit, die zu einem späteren Zeitpunkt ausgeglichen wird. Bei Flexi- oder Gleitzeitkonten ist der Arbeitslohn mit Auszahlung bzw. anderweitiger Erlangung der wirtschaftlichen Verfügungsmacht des Arbeitnehmers zugeflossen und zu versteuern.

II. Besteuerungszeitpunkt

Weder die Vereinbarung eines Zeitwertkontos noch die Wertgutschrift auf diesem Konto führen zum Zufluss von Arbeitslohn, sofern die getroffene Vereinbarung den nachfolgenden Voraussetzungen entspricht. Erst die Auszahlung des Guthabens während der Freistellung löst Zufluss von Arbeitslohn und damit eine Besteuerung aus.

Die Gutschrift von Arbeitslohn (laufender Arbeitslohn, Einmal- und Sonderzahlungen) zugunsten eines Zeitwertkontos wird aus Vereinfachungsgründen auch dann steuerlich anerkannt, wenn die Gehaltsänderungsvereinbarung bereits erdiente, aber noch nicht fällig gewordene Arbeitslohnteile umfasst. Dies gilt auch, wenn eine Einmal- oder Sonderzahlung einen Zeitraum von mehr als einem Jahr betrifft.

III. Verwendung des Guthabens zugunsten betrieblicher Altersversorgung

Wird das Guthaben des Zeitwertkontos aufgrund einer Vereinbarung zwischen Arbeitgeber und Arbeitnehmer vor Fälligkeit (planmäßige Auszahlung während der Freistellung) ganz oder teilweise zugunsten der betrieblichen Altersversorgung herabgesetzt, ist dies steuerlich als eine Entgeltumwandlung zugunsten der betrieblichen Altersversorgung anzuerkennen. Der Zeitpunkt des Zuflusses dieser zugunsten der betrieblichen Altersversorgung umgewandelten Beträge richtet sich nach dem Durchführungsweg der zugesagten betrieblichen Altersversorgung (vgl. BMF-Schreiben vom 20. Januar 2009, BStBl. I S. 273, Rz.189).

Bei einem Altersteilzeitarbeitsverhältnis im sog. Blockmodell gilt dies in der Arbeitsphase und der Freistellungsphase entsprechend. Folglich ist auch in der Freistellungsphase steuerlich von einer Entgeltumwandlung auszugehen, wenn vor Fälligkeit (planmäßige Auszahlung) vereinbart wird, das Guthaben des Zeitwertkontos oder den während der Freistellung auszuzahlenden Arbeitslohn zugunsten der betrieblichen Altersversorgung herabzusetzen.

IV. Begünstigter Personenkreis

1. Grundsatz: Arbeitnehmer in einem gegenwärtigen Dienstverhältnis

Ein Zeitwertkonto kann für alle Arbeitnehmer (§ 1 LStDV) im Rahmen eines gegenwärtigen Dienstverhältnisses eingerichtet werden. Dazu gehören auch Arbeitnehmer mit einer geringfügig entlohnten Beschäftigung i. S. d. § 8 bzw. § 8a SGB IV.

Besonderheiten gelten bei befristeten Dienstverhältnissen und bei Arbeitnehmern, die gleichzeitig Organ einer Körperschaft sind.

2. Besonderheiten
a) Befristete Dienstverhältnisse
Bei befristeten Dienstverhältnissen werden Zeitwertkonten steuerlich nur dann anerkannt, wenn die sich während der Beschäftigung ergebenden Guthaben bei normalem Ablauf während der Dauer des befristeten Dienstverhältnisses, d. h. innerhalb der vertraglich vereinbarten Befristung, durch Freistellung ausgeglichen werden.

b) Organe von Körperschaften
Vereinbarungen über die Einrichtung von Zeitwertkonten bei Arbeitnehmern, die zugleich als Organ einer Körperschaft bestellt sind - z. B. bei Mitgliedern des Vorstands einer Aktiengesellschaft oder Geschäftsführern einer GmbH -, sind mit dem Aufgabenbild des Organs einer Körperschaft nicht vereinbar. Infolgedessen führt bereits die Gutschrift des künftig fällig werdenden Arbeitslohns auf dem Zeitwertkonto zum Zufluss von Arbeitslohn.

Die allgemeinen Grundsätze der verdeckten Gewinnausschüttung bleiben unberührt.

Der Erwerb einer Organstellung hat keinen Einfluss auf das bis zu diesem Zeitpunkt aufgebaute Guthaben eines Zeitwertkontos. Nach Erwerb der Organstellung führen alle weiteren Zuführungen zu dem Konto steuerlich zu Zufluss von Arbeitslohn. Nach Beendigung der Organstellung und Fortbestehen des Dienstverhältnisses kann der Arbeitnehmer das Guthaben entsprechend der unter A. I. dargestellten Grundsätze weiter aufbauen oder das aufgebaute Guthaben für Zwecke der Freistellung verwenden.

c) Als Arbeitnehmer beschäftigte beherrschende Anteilseigner
Buchstabe b) gilt entsprechend für Arbeitnehmer, die von der Körperschaft beschäftigt werden, die sie beherrschen.

B. Modellinhalte
I. Aufbau des Zeitwertkontos
In ein Zeitwertkonto können keine weiteren Gutschriften mehr unversteuert eingestellt werden, sobald feststeht, dass die dem Konto zugeführten Beträge nicht mehr durch Freistellung vollständig aufgebraucht werden können.

Bei Zeitwertkontenvereinbarungen, die die Anforderungen des § 7 Absatz 1a Satz 1 Nummer 2 SGB IV hinsichtlich der Angemessenheit der Höhe des während der Freistellung fälligen Arbeitsentgeltes berücksichtigen, wird davon ausgegangen, dass die dem Konto zugeführten Beträge durch Freistellung vollständig aufgebraucht werden können und somit eine solche Prognoseentscheidung regelmäßig entbehrlich ist. Für Zeitwertkonten, die diese Anforderungen nicht berücksichtigen und eine Freistellung für Zeiten, die unmittelbar vor dem Zeitpunkt liegen, zu dem der Beschäftigte eine Rente wegen Alters nach dem SGB VI bezieht oder beziehen könnte, vorsehen, ist hierfür einmal jährlich eine Prognoseentscheidung zu treffen. Für diese Prognoseentscheidung ist zum einen der ungeminderte Arbeitslohnanspruch (ohne Berücksichtigung der Gehaltsänderungsvereinbarung) und zum anderen der voraussichtliche Zeitraum der maximal noch zu beanspruchenden Freistellung maßgeblich. Der voraussichtliche Zeitraum der Freistellung bestimmt sich dabei grundsätzlich nach der vertraglichen Vereinbarung. Das Ende des voraussichtlichen Freistellungszeitraums kann allerdings nicht über den Zeitpunkt hinausgehen, zu dem der Arbeitnehmer eine Rente wegen Alters nach dem SGB VI spätestens beanspruchen kann (Regelaltersgrenze). Jede weitere Gutschrift auf dem Zeitwertkonto ist dann Einkommensverwendung und damit steuerpflichtiger Zufluss von Arbeitslohn.

Beispiel zur Begrenzung der Zuführung:
Zwischen dem 55-jährigen Arbeitnehmer B und seinem Arbeitgeber wird vereinbart, dass künftig die Hälfte des Arbeitslohns in ein Zeitwertkonto eingestellt wird, das dem Arbeitnehmer während der Freistellungsphase ratierlich ausgezahlt werden soll. Das Arbeitsverhältnis soll planmäßig mit Vollendung des 67. Lebensjahrs (Jahr 12) beendet werden. Der aktuelle Jahresarbeitslohn beträgt 100 000 €. Nach sieben Jahren beträgt das Guthaben 370 000 € (einschließlich Wertzuwächsen). Der Jahresarbeitslohn im Jahr 08 beläuft sich auf 120 000 €. Kann hiervon wieder die Hälfte dem Zeitwertkonto zugeführt werden?

Nach Ablauf des achten Jahres verbleiben für die Freistellungsphase noch vier Jahre. Eine Auffüllung des Zeitwertkontos ist bis zum Betrag von 480 000 € (= ungekürzter Arbeitslohn des laufenden Jahres x Dauer der Freistellungsphase in Jahren) steuerlich unschädlich. Daher können im Jahr 08 weitere 60 000 € dem Zeitwertkonto zugeführt werden (370 000 € + 60 000 € = 430 000 € Stand Guthaben 31. Dezember 08). Sollte im Jahr 09 die Freistellungsphase noch nicht begonnen haben, können keine weiteren Beträge mehr unversteuert in das Zeitwertkonto eingestellt werden

Anlage § 038-02/Zeitwertkonten (LStH 3b, 38.2)

(Prognoserechnung: bei einem Jahresarbeitslohn von 120 000 € für die Freistellungsphase von drei Freistellungsjahren = 360 000 €).

Bei erfolgsabhängiger Vergütung ist dabei neben dem Fixum auch der erfolgsabhängige Vergütungsbestandteil zu berücksichtigen. Es bestehen keine Bedenken, insoweit den Durchschnittsbetrag der letzten fünf Jahre zu Grunde zu legen. Wird die erfolgsabhängige Vergütung noch keine fünf Jahre gewährt oder besteht das Dienstverhältnis noch keine fünf Jahre, ist der Durchschnittsbetrag dieses Zeitraumes zu Grunde zu legen.

Beispiel zu erfolgsabhängigen Vergütungen:

Zwischen dem 55-jährigen Arbeitnehmer C und seinem Arbeitgeber wird Anfang 01 vereinbart, dass künftig die Hälfte des Arbeitslohns in ein Zeitwertkonto eingestellt wird, das dem Arbeitnehmer während der Freistellungsphase ratierlich ausgezahlt werden soll. Das Arbeitsverhältnis soll planmäßig mit Vollendung des 67. Lebensjahrs (Jahr 12) beendet werden. C bezieht im Jahr 01 ein Festgehalt von 100 000 €. Daneben erhält er erfolgsabhängige Vergütungsbestandteile, die ebenfalls hälftig dem Zeitwertkonto zugeführt werden sollen. Nach sieben Jahren beträgt das Guthaben des Zeitwertkontos 520 000 €. Die Fixvergütung beläuft sich im Jahr 08 auf 120 000 €. Die variablen Vergütungsbestandteile im Jahr 08 betragen 80 000 €; in den letzten fünf Jahren standen ihm variable Vergütungen in Höhe von insgesamt 300 000 € zu.

Dem Zeitwertkonto können im achten Jahr (Jahr 08) 100 000 € unversteuert zugeführt werden. Damit beläuft sich das Guthaben des Zeitwertkontos am Ende des Jahres 08 auf 620 000 € und ist – bezogen auf eine mögliche Freistellungsphase von noch vier Jahren – weiterhin geringer als das Vierfache des aktuellen jährlichen Fixgehalts (120 000 €) zuzüglich der durchschnittlichen jährlichen variablen Vergütungen von 60 000 € (300 000 € : 5), die sich somit für einen Freistellungszeitraum von vier Jahren auf 720 000 € belaufen (= 180 000 € x 4 Jahre).

II. Verzinsung der Zeitwertkontenguthaben

Im Rahmen von Zeitwertkonten kann dem Arbeitnehmer auch eine Verzinsung des Guthabens zugesagt sein. Diese kann beispielsweise bestehen in einem festen jährlichen Prozentsatz des angesammelten Guthabens, wobei sich der Prozentsatz auch nach dem Umfang der jährlichen Gehaltsentwicklung richten kann, oder in einem Betrag in Abhängigkeit von der Entwicklung bestimmter am Kapitalmarkt angelegter Vermögenswerte.

Die Zinsen erhöhen das Guthaben des Zeitwertkontos, sind jedoch erst bei tatsächlicher Auszahlung an den Arbeitnehmer als Arbeitslohn zu erfassen.

III. Zuführung von steuerfreiem Arbeitslohn zu Zeitwertkonten

Wird vor der Leistung von steuerlich begünstigtem Arbeitslohn bestimmt, dass ein steuerfreier Zuschlag auf dem Zeitwertkonto eingestellt und getrennt ausgewiesen wird, bleibt die Steuerfreiheit bei Auszahlung in der Freistellungsphase erhalten (R 3b Absatz 8 LStR 2008). Dies gilt jedoch nur für den Zuschlag als solchen, nicht hingegen für eine darauf beruhende etwaige Verzinsung oder Wertsteigerung.

IV. Kein Rechtsanspruch gegenüber einem Dritten

Wird das Guthaben eines Zeitwertkontos auf Grund der Vereinbarung zwischen Arbeitgeber und Arbeitnehmer z. B. als Depotkonto bei einem Kreditinstitut oder Fonds geführt, darf der Arbeitnehmer zur Vermeidung eines Lohnzuflusses keinen unmittelbaren Rechtsanspruch gegenüber dem Dritten haben.

Beauftragt der Arbeitgeber ein externes Vermögensverwaltungsunternehmen mit der Anlage der Guthabenbeträge, findet die Minderung wie auch die Erhöhung des Depots z. B. durch Zinsen und Wertsteigerungen infolge von Kursgewinnen zunächst in der Sphäre des Arbeitgebers statt. Beim Arbeitnehmer sind die durch die Anlage des Guthabens erzielten Vermögensminderungen/-mehrungen – unter Berücksichtigung der Regelung zur Zeitwertkontengarantie unter B. V. – erst bei Auszahlung der Beträge in der Freistellungsphase lohnsteuerlich zu erfassen. Ein Kapitalanlagewahlrecht des Arbeitnehmers ist dann unschädlich.

Beim Erwerb von Ansprüchen des Arbeitnehmers gegenüber einem Dritten im Fall der Eröffnung des Insolvenzverfahrens ist § 3 Nummer 65 Buchstabe c 2. Halbsatz EStG zu beachten.

V. Zeitwertkontengarantie

1. Inhalt der Zeitwertkontengarantie

Zeitwertkonten werden im Hinblick auf die in §§ 7d und 7e SGB IV getroffenen Regelungen steuerlich nur dann anerkannt, wenn die zwischen Arbeitgeber und Arbeitnehmer getroffene Vereinbarung vorsieht, dass zum Zeitpunkt der planmäßigen Inanspruchnahme des Guthabens mindestens ein Rückfluss der dem Zeitwertkonto zugeführten Arbeitslohn-Beträge (Bruttoarbeitslohn im steuerlichen Sinne ohne den Arbeitgeberanteil am Gesamtsozialversicherungsbeitrag) gewährleistet ist (Zeitwertkontengarantie). Im Fall der arbeitsrechtlichen Garantie des Arbeitgebers für die in das Zeitwertkonto für den Arbeitnehmer eingestellten Beträge bestehen keine Bedenken, von der Erfüllung der Zeitwertkontengarantie auszugehen, wenn der Arbeitgeber für diese Verpflichtung insbesondere die Voraussetzungen des Insolvenzschutzes nach § 7e SGB IV entsprechend erfüllt. Dies gilt nicht nur zu Beginn, sondern während der gesamten Auszahlungsphase, unter Abzug der bereits geleisteten Auszahlungen. Wertschwankungen sowie die Minderung des Zeitwertkontos (z. B. durch die Abbuchung von Verwaltungskosten und Depotgebühren) in der Zuführungsphase sind lohnsteuerlich unbeachtlich.

Beispiel zur Zeitwertkontengarantie und Wertschwankungen:

Im Rahmen eines vereinbarten Zeitwertkontos ergibt sich zum Ende des dritten Jahres innerhalb der zehnjährigen Ansparphase ein Guthaben von 10 000 €. Bei jährlichen Zuführungen von 4 000 € ergab sich durch Wertschwankungen sowie die Belastung von Provisionszahlungen und Verwaltungskosten ein geringerer Wert als die Summe der zugeführten Arbeitslohnbeträge.

Die Minderung des Guthabens des Zeitwertkontos ist unschädlich, wenn bis zum Beginn der Auszahlungsphase die Wertminderung durch Wertsteigerungen der Anlage oder durch Erträge aus der Anlage wieder ausgeglichen wird.

Beispiel 1 zur Zeitwertkontengarantie und Verwaltungskosten:

Der Bestand des Zeitwertkontos beträgt zu Beginn der Freistellungsphase 60 000 €, die aus jährlichen Gutschriften von jeweils 5 000 € innerhalb der achtjährigen Aufbauphase sowie Erträgen aus der Anlage und Wertsteigerungen herrühren. Während der Freistellungsphase fallen jährlich Verwaltungskosten in Höhe von 120 € an, die dem Zeitwertkonto belastet werden sollen.

Die Belastung des Zeitwertkontos mit Verwaltungskosten und sonstigen Gebühren ist unschädlich, denn die Summe der bis zu Beginn der Freistellungsphase zugeführten Beträge (= 40 000 €) wird hierdurch nicht unterschritten.

Beispiel 2 zur Zeitwertkontengarantie und Verwaltungskosten:

Der Bestand des Zeitwertkontos beträgt zu Beginn der Auszahlungsphase 40 200 €, die aus jährlichen Zuführungen von jeweils 5 000 € innerhalb der achtjährigen Aufbauphase sowie Erträgen aus der Anlage herrühren, aber auch durch Wertschwankungen in der Vergangenheit beeinflusst wurden. Im Hinblick auf die ertragsschwache Anlage wird eine Beratung in Anspruch genommen, die Kosten von 500 € verursacht. Ferner fallen weitere Verwaltungskosten in Höhe von 180 € an.

Die Belastung des Zeitwertkontos ist nur bis zu einem Betrag von 200 € unschädlich (Summe der zugeführten Arbeitslohnbeträge zu Beginn der Freistellungsphase und als steuerpflichtiger Arbeitslohn während der Freistellung mindestens auszuzahlen 40 000 €). Die restlichen Aufwendungen in Höhe von 480 € (= 500 € + 180 € − 200 €) muss der Arbeitgeber, der für den Erhalt des Zeitwertkontos einzustehen hat, tragen.

2. Zeitwertkontengarantie des Anlageinstituts

Wird das Guthaben eines Zeitwertkontos auf Grund der Vereinbarung zwischen Arbeitgeber und Arbeitnehmer bei einem externen Anlageinstitut (z. B. Kreditinstitut oder Fonds) geführt und liegt keine Zeitwertkontengarantie nach Ziffer 1 vor, muss eine vergleichbare Garantie durch das Anlageinstitut vorliegen.

C. Planwidrige Verwendung der Zeitwertkontenguthaben

I. Auszahlung bei existenzbedrohender Notlage

Die Vereinbarungen zur Bildung von Guthaben auf einem Zeitwertkonto werden steuerlich auch dann noch anerkannt, sofern die Möglichkeit der Auszahlung des Guthabens bei fortbestehendem Beschäftigungsverhältnis neben der Freistellung von der Arbeitsleistung auf Fälle einer existenzbedrohenden Notlage des Arbeitnehmers begrenzt wird.

Wenn entgegen der Vereinbarung ohne existenzbedrohende Notlage des Arbeitnehmers das Guthaben dennoch ganz oder teilweise ausgezahlt wird, ist bei dem einzelnen Arbeitnehmer das gesamte Guthaben – also neben dem ausgezahlten Betrag auch der verbleibende Guthabenbetrag – im Zeitpunkt der planwidrigen Verwendung zu besteuern.

II. Beendigung des Dienstverhältnisses vor oder während der Freistellungsphase

Eine planwidrige Verwendung liegt im Übrigen vor, wenn das Dienstverhältnis vor Beginn oder während der Freistellungsphase beendet wird (z. B. durch Erreichen der Altersgrenze, Tod des Arbeitnehmers, Eintritt der Invalidität, Kündigung) und der Wert des Guthabens an den Arbeitnehmer oder seine Erben ausgezahlt wird. Lohnsteuerlich gelten dann die allgemeinen Grundsätze, d. h. der Einmalbetrag ist in

Anlage § 038-02/Zeitwertkonten (LStH 3b, 38.2)

der Regel als sonstiger Bezug zu besteuern. Wurde das Guthaben über einen Zeitraum von mehr als zwölf Monate hinweg angespart, ist eine tarifermäßigte Besteuerung im Rahmen des § 34 EStG vorzunehmen (Arbeitslohn für mehrjährige Tätigkeit).

III. Planwidrige Weiterbeschäftigung
Der Nichteintritt oder die Verkürzung der Freistellung durch planwidrige Weiterbeschäftigung ist ebenfalls eine planwidrige Verwendung. Eine lohnsteuerliche Erfassung erfolgt in diesen Fällen im Zeitpunkt der Auszahlung des Guthabens.

D. Übertragung des Zeitwertkontenguthabens bei Beendigung der Beschäftigung
Bei Beendigung einer Beschäftigung besteht die Möglichkeit, ein in diesem Beschäftigungsverhältnis aufgebautes Zeitwertkonto zu erhalten und nicht auflösen zu müssen.

Bei der Übertragung des Guthabens an den neuen Arbeitgeber (§ 7f Absatz 1 Satz 1 Nummer 1 SGB IV) tritt der neue Arbeitgeber an die Stelle des alten Arbeitgebers und übernimmt im Wege der Schuldübernahme die Verpflichtungen aus der Zeitwertkontenvereinbarung. Die Leistungen aus dem Zeitwertkonto durch den neuen Arbeitgeber sind Arbeitslohn, von dem er bei Auszahlung Lohnsteuer einzubehalten hat.

Im Fall der Übertragung des Guthabens auf die Deutsche Rentenversicherung Bund (§ 7f Absatz 1 Satz 1 Nr. 2 SGB IV) wird die Übertragung durch § 3 Nummer 53 EStG steuerfrei gestellt. Ein tatsächlich noch bestehendes Beschäftigungsverhältnis ist hierfür nicht erforderlich. Bei der Auszahlung des Guthabens durch die Deutsche Rentenversicherung Bund handelt es sich um Arbeitslohn, für den die Deutsche Rentenversicherung Bund Lohnsteuer einzubehalten hat (§ 38 Absatz 3 Satz 3 EStG).

E. Bilanzielle Behandlung der Zeitwertkonten
Zur bilanziellen Berücksichtigung von Arbeitszeit-, Zeitwert- und Lebensarbeitszeitkonten wird in einem gesonderten BMF-Schreiben Stellung genommen.

F. Anwendungsregelung
Dieses Schreiben ist mit Wirkung ab 1. Januar 2009 anzuwenden.

I. Übergangsregelung für vor dem 1. Januar 2009 eingerichtete Zeitwertkonten
Bei Zeitwertkonten-Modellen, die vor dem 1. Januar 2009 eingerichtet wurden und ohne die Regelungen zur Zeitwertkontengarantie nach Abschnitt B. V. steuerlich anzuerkennen gewesen wären, sind aus Vertrauensschutzgründen der am 31. Dezember 2008 vorhandene Wertbestand des Zeitwertkontos sowie die Zuführungen vom 1. Januar bis zum 31. Dezember 2009 erst bei Auszahlung zu besteuern. Zuführungen ab dem 1. Januar 2010 führen steuerlich zum Zufluss von Arbeitslohn.

Wird spätestens bis zum 31. Dezember 2009 eine Zeitwertkontengarantie nach Abschnitt B. V. für den am 31. Dezember 2008 vorhandenen Wertbestand des Zeitwertkontos sowie die Zuführungen vom 1. Januar bis zum 31. Dezember 2009 nachträglich vorgesehen, können diese Modelle steuerlich weiter als Zeitwertkonten anerkannt werden, so dass auch die Zuführungen nach dem 31. Dezember 2009 erst bei Auszahlung zu besteuern sind. Abschnitt C. bleibt unberührt.

II. Übergangsregelung für Zeitwertkonten zugunsten von Organen von Körperschaften (Geschäftsführer und Vorstände) und als Arbeitnehmer beschäftigte beherrschende Anteilseigner
Bei Zeitwertkonten-Modellen für Organe von Körperschaften sowie als Arbeitnehmer beschäftigte beherrschende Anteilseigner, die bis zum 31. Januar 2009 eingerichtet wurden und aus Vertrauensschutzgründen steuerlich anzuerkennen gewesen wären, sind alle Zuführungen bis zum 31. Januar 2009 erst bei Auszahlung zu besteuern. Die Übergangsregelung gilt nicht für verdeckte Gewinnausschüttungen. Abschnitt C. bleibt unberührt.

III. Besondere Aufzeichnungen
Als Arbeitslohn zu besteuernde Zuführungen nach F. I. und F. II. sind im Zeitwertkonto gesondert aufzuzeichnen. Eine etwaige Verzinsung (vgl. Abschnitt B. II.) ist entsprechend aufzuteilen; die auf zu besteuernde Zuführungen nach dem Stichtag entfallenden Zinsen fließen dem Arbeitnehmer als Einkünfte aus Kapitalvermögen zu.

Dieses Schreiben steht ab sofort für eine Übergangszeit auf den Internetseiten des Bundesministeriums der Finanzen (http://www.bundesfinanzministerium.de) unter der Rubrik Wirtschaft und Verwaltung – Steuern – Veröffentlichungen zu Steuerarten – Lohnsteuer zur Ansicht und zum Abruf bereit.

(Zu LStR 39.2 Abs. 5) **Anlage § 038b-01/Steuerklassenwahl**

Merkblatt zur Steuerklassenwahl bei Arbeitnehmer-Ehegatten
für das Jahr 2010

Ehegatten, die beide unbeschränkt steuerpflichtig sind, nicht dauernd getrennt leben und beide Arbeitslohn[1] beziehen, können bekanntlich für den Lohnsteuerabzug wählen, ob sie beide in die Steuerklasse IV eingeordnet werden wollen oder ob einer von ihnen (der Höherverdienende) nach Steuerklasse III und der andere nach Steuerklasse V besteuert werden will. Die Steuerklassenkombination III/V ist so gestaltet, dass die Summe der Steuerabzugsbeträge beider Ehegatten in etwa der zu erwartenden Jahressteuer entspricht, wenn der in Steuerklasse III eingestufte Ehegatte ca. 60 Prozent, der in Steuerklasse V eingestufte ca. 40 Prozent des gemeinsamen Arbeitseinkommens erzielt. Es bleibt den Ehegatten unbenommen, sich trotzdem für die Steuerklassenkombination IV/IV zu entscheiden, wenn sie den höheren Steuerabzug bei dem Ehegatten mit der Steuerklasse V vermeiden wollen; dann entfällt jedoch für den anderen Ehegatten die günstigere Steuerklasse III. Ab dem Kalenderjahr 2010 besteht zudem die Möglichkeit, die Steuerklassenkombination IV/IV mit Faktor zu wählen (siehe **Faktorverfahren**).

Um den Arbeitnehmer-Ehegatten die **Steuerklassenwahl zu erleichtern**, haben das Bundesfinanzministerium und die obersten Finanzbehörden der Länder die in der Anlage beigefügten **Tabellen** ausgearbeitet. Aufgrund der gesetzlichen Änderungen durch das Bürgerentlastungsgesetz Krankenversicherung sind diese Tabellen nur für Arbeitnehmer anwendbar, die in allen Zweigen sozialversichert sind (z. B. auch bei Pflichtversicherung in der gesetzlichen Rentenversicherung sowie freiwilliger Versicherung in der gesetzlichen Kranken- und Pflegeversicherung) sowie für Arbeitnehmer, die in keinem Zweig sozialversichert und keinen Zuschuss des Arbeitgebers zur Kranken- und Pflegeversicherung erhalten (z. B. privat krankenversicherte Beamte). Aus ihnen können die Ehegatten nach der Höhe ihrer monatlichen Arbeitslöhne die Steuerklassenkombination feststellen, bei der sie die geringste Lohnsteuer entrichten müssen. Soweit beim Lohnsteuerabzug **Freibeträge** zu berücksichtigen sind, sind diese vor Anwendung der jeweils in Betracht kommenden Tabelle vom monatlichen Bruttoarbeitslohn **abzuziehen**.

Die Tabellen erleichtern lediglich die Wahl der für den Lohnsteuerabzug günstigsten Steuerklassenkombination. Ihre Aussagen sind auch nur in den Fällen genau, in denen die Monatslöhne über das ganze Jahr konstant bleiben. Im Übrigen besagt die im Laufe des Jahres einbehaltene Lohnsteuer noch **nichts über die Höhe der Jahressteuerschuld.** Die vom Arbeitslohn einbehaltenen Beträge an Lohnsteuer stellen im Regelfall nur Vorauszahlungen auf die endgültige Jahressteuerschuld dar. In welcher Höhe sich nach Ablauf des Jahres Erstattungen oder Nachzahlungen ergeben, lässt sich nicht allgemein sagen; hier kommt es immer auf die Verhältnisse des Einzelfalles an. Das Finanzamt kann Einkommensteuer-Vorauszahlungen festsetzen, wenn damit zu rechnen ist, dass die Jahressteuerschuld die einzubehaltende Lohnsteuer um mindestens 400 Euro im Kalenderjahr übersteigt. Auf die Erläuterungen in dem Heftchen „Lohnsteuer 2010", das der Arbeitnehmer entweder mit seiner Lohnsteuerkarte erhält oder auf den Internetseiten der jeweiligen obersten Finanzbehörden der Länder abgerufen werden kann, wird hingewiesen.

Bei der Wahl der Steuerklassenkombination sollten die Ehegatten auch daran denken, dass die Steuerklassenkombination auch die Höhe der Entgelt-/Lohnersatzleistungen, wie Arbeitslosengeld I, Unterhaltsgeld, Krankengeld, Versorgungskrankengeld, Verletztengeld, Übergangsgeld, Elterngeld und Mutterschaftsgeld oder die Höhe des Lohnanspruchs bei der Altersteilzeit beeinflussen kann. Eine vor Jahresbeginn getroffene Steuerklassenwahl wird bei der Gewährung von Lohnersatzleistungen von der Agentur für Arbeit grundsätzlich anerkannt. Wechseln Ehegatten im Laufe des Kalenderjahres die Steuerklassen, können sich bei der Zahlung von Lohnersatzleistungen, z. B. wegen Arbeitslosigkeit eines Ehegatten oder der Höhe des Lohnanspruchs bei Altersteilzeit unerwartete Auswirkungen ergeben. Deshalb sollten Arbeitnehmer, die damit rechnen, in absehbarer Zeit eine Lohnersatzleistung für sich in Anspruch nehmen zu müssen oder diese bereits beziehen, vor der Neuwahl der Steuerklassenkombination zu deren Auswirkung auf die Höhe der Lohnersatzleistung den zuständigen Sozialleistungsträger bzw. zur Höhe des Lohnanspruchs den Arbeitgeber befragen.

In den Fällen, in denen die Ehegatten bisher schon beide Arbeitslohn bezogen haben, trägt die Gemeinde auf den Lohnsteuerkarten für 2010 die Steuerklasse ein, die auf den Lohnsteuerkarten für 2009 bescheinigt waren. Die Ehegatten haben jedoch die Möglichkeit, die **Steuerklasseneintragung** vor dem 1. Januar 2010 von der Gemeinde, die die Lohnsteuerkarten ausgestellt hat, **ändern** zu lassen. Ein Steuerklassenwechsel im Laufe des Jahres 2010 kann in der Regel nur einmal, und zwar spätestens bis zum 30. November 2010, bei der Gemeinde beantragt werden. Nur in den Fällen, in denen im Laufe des Jahres 2010 ein Ehegatte aus dem Dienstverhältnis ausscheidet oder verstirbt, kann die Gemeinde bis

---
1) Aktives Beschäftigungsverhältnis, keine Versorgungsbezüge.

Anlage § 038b-01/Steuerklassenwahl (Zu LStR 39.2 Abs. 5)

zum 30. November 2010 auch noch ein weiteres Mal einen Steuerklassenwechsel vornehmen. Bei einer Änderung der Steuerklassen oder einem Steuerklassenwechsel sind beide Lohnsteuerkarten bei der Gemeinde vorzulegen.

Steuerklassenwahl

Für die Ermittlung der Lohnsteuer sind zwei Tabellen zur Steuerklassenwahl aufgestellt worden. Die Tabelle I ist zu benutzen, wenn der höher verdienende Ehegatte in allen Zweigen sozialversichert ist; die Tabelle II ist zu benutzen, wenn der höher verdienende Ehegatte in keinem Zweig sozialversichert ist und keinen Zuschuss des Arbeitgebers zur Kranken- und Pflegeversicherung erhält.

Beide Tabellen gehen vom monatlichen Arbeitslohn A[1)] des höher verdienenden Ehegatten aus. Dazu wird jeweils der monatliche Arbeitslohn B[2)] des geringer verdienenden Ehegatten angegeben, der **bei einer Steuerklassenkombination III (für den höher verdienenden Ehegatten) und V (für den geringer verdienenden Ehegatten) nicht überschritten werden darf,** wenn der geringste Lohnsteuerabzug erreicht werden soll. Die Spalten 2 und 5 sind maßgebend, wenn der geringer verdienende Ehegatte in allen Zweigen sozialversichert ist; ist der geringer verdienende Ehegatte in keinem Zweig sozialversichert und hat keinen Zuschuss des Arbeitgebers zur Kranken- und Pflegeversicherung erhalten, sind die Spalten 3 und 6 maßgebend. Übersteigt der monatliche Arbeitslohn des geringer verdienenden Ehegatten den nach den Spalten 2, 3 oder 5 und 6 der Tabellen in Betracht kommenden Betrag, **so führt die Steuerklassenkombination IV/IV für die Ehegatten zu einem geringeren oder zumindest nicht höheren Lohnsteuerabzug** als die Steuerklassenkombination III/V.

Faktorverfahren

Anstelle der Steuerklassenkombination III/V können Arbeitnehmer-Ehegatten ab dem Kalenderjahr 2010 auch die Steuerklassenkombination IV/IV mit Faktor wählen. Durch das Faktorverfahren wird erreicht, dass bei jedem Ehegatten die steuerentlastenden Vorschriften (insbesondere der Grundfreibetrag) beim eigenen Lohnsteuerabzug berücksichtigt werden (Anwendung der Steuerklasse IV). Mit dem Faktor (0,...) wird außerdem die steuermindernde Wirkung des Splittingverfahrens beim Lohnsteuerabzug berücksichtigt. Der Antrag kann beim Finanzamt formlos (Vorlage der jeweiligen ersten Lohnsteuerkarte) oder in Verbindung mit dem förmlichen Antrag auf Eintragung eines Freibetrags gestellt werden. Dabei sind die voraussichtlichen Arbeitslöhne des Jahres 2010 aus den ersten Dienstverhältnissen anzugeben. Das Finanzamt berechnet danach den Faktor mit drei Nachkommastellen ohne Rundung und trägt ihn jeweils zur Steuerklasse IV ein, wenn dieser kleiner als 1 ist. Der Faktor ergibt sich aus der voraussichtlichen Einkommensteuer im Splittingverfahren („Y") geteilt durch die Summe der Lohnsteuer für die Arbeitnehmer-Ehegatten gemäß Steuerklasse IV („X"). Ein etwaiger Freibetrag wird auf der Lohnsteuerkarte nicht eingetragen, weil er bereits bei der Berechnung der voraussichtlichen Einkommensteuer im Splittingverfahren berücksichtigt ist. Die Arbeitgeber der Ehegatten ermitteln die Lohnsteuer nach Steuerklasse IV und mindern sie durch Multiplikation mit dem auf der Lohnsteuerkarte eingetragenen Faktor.

Die Höhe der steuermindernden Wirkung des Splittingverfahrens hängt von der Höhe der Lohnunterschiede ab. Mit dem Faktorverfahren wird der Lohnsteuerabzug der voraussichtlichen Jahressteuerschuld sehr genau angenähert. Damit können höhere Nachzahlungen (und ggf. auch Einkommensteuer-Vorauszahlungen) vermieden werden, die bei der Steuerklassenkombination III/V auftreten. In solchen Fällen ist die Summe der Lohnsteuer im Faktorverfahren dann folgerichtig höher als bei der Steuerklassenkombination III/V. Grundsätzlich führt die Steuerklassenkombination IV/IV-Faktor zu einer erheblich anderen Verteilung der Lohnsteuer zwischen den Ehegatten als die Steuerklassenkombination III/V. Die Ehegatten sollten daher beim Faktorverfahren – ebenso wie bei der Steuerklassenkombination III/V – daran denken, dass dies die Höhe der Entgelt-/Lohnersatzleistungen beeinflussen kann. Das Bundesministerium der Finanzen und die obersten Finanzbehörden der Länder werden auf ihren Internetseiten neben dem Abgabenrechner auch eine Berechnungsmöglichkeit für den Faktor bereithalten, damit die Arbeitnehmer-Ehegatten die steuerlichen Auswirkungen der jeweiligen Steuerklassenkombination prüfen können.

Beispiel zur Ermittlung des Faktors:
Jährliche Lohnsteuer bei Steuerklassenkombination IV/IV:
Arbeitnehmer-Ehegatte A: für monatlich 3.000 Euro (12 x 482,58 Euro) = 5.790,96 Euro
Arbeitnehmer-Ehegatte B: für monatlich 1.700 Euro (12 x 153,66 Euro) = 1.843,92 Euro.
Summe der Lohnsteuer bei Steuerklassenkombination IV/IV (entspricht „X") beträgt 7.634,88 Euro.

---

1) Nach Abzug etwaiger Freibeträge.
2) Nach Abzug etwaiger Freibeträge.

(Zu LStR 39.2 Abs. 5) **Anlage § 038b-01/Steuerklassenwahl**

Die voraussichtliche Einkommensteuer im Splittingverfahren (entspricht „Y") beträgt **7.418,00 Euro**.
Der Faktor ist Y geteilt durch X, also 7.418,00 Euro : 7.634,88 Euro = 0,971 (Der Faktor wird mit drei Nachkommastellen berechnet und nur eingetragen, wenn er kleiner als 1 ist).
Jährliche Lohnsteuer bei Steuerklasse IV/IV mit Faktor 0,971:
Arbeitnehmer-Ehegatte A für monatlich 3.000 Euro (482,58 Euro x 0,971) 468,59 Euro x 12 = 5.623,08 Euro
Arbeitnehmer-Ehegatte B für monatlich 1.700 Euro (153,66 Euro x 0,971) 149,20 Euro x 12 = 1.790,40 Euro
Summe der Lohnsteuer bei Steuerklassenkombination IV/IV mit Faktor 0,971 = 7.413,48 Euro.
Wie bei der Wahl der Steuerklassenkombination III/V sind die Arbeitnehmer-Ehegatten auch bei der Wahl des Faktorverfahrens verpflichtet, eine Einkommensteuererklärung beim Finanzamt einzureichen. Im Beispielsfall führt die Einkommensteuerveranlagung:
– bei der **Steuerklassenkombination III/V**
zu einer **Nachzahlung in Höhe von 218,12 Euro**
(voraussichtliche Einkommensteuer im Splittingverfahren 7.418,00 Euro – Summe Lohnsteuer bei Steuerklassenkombination III/V 7.199,88 Euro (12x[245,83 Euro + 354,16 Euro]),
– bei der **Steuerklassenkombination IV/IV**
zu einer **Erstattung in Höhe von 216,88 Euro** (voraussichtliche Einkommensteuer im Splittingverfahren 7.418,00 Euro – Summe Lohnsteuer bei Steuerklassenkombination IV/IV 7.634,88 Euro),
– **bei der Steuerklassenkombination IV/IV-Faktor**
weder **zu einer Nachzahlung noch zu einer Erstattung** (in diesem Fall nur Rundungsdifferenz in Höhe von 4,52 Euro; voraussichtliche Einkommensteuer Splittingverfahren 7.418,00 Euro – Summe der Lohnsteuer bei Steuerklasse IV/IV mit Faktor 7.413,48 Euro).
Die Lohnsteuer ist im Faktorverfahren wesentlich anders verteilt (5.623,08 Euro für A und 1.790,40 Euro für B) als bei der Steuerklassenkombination III/V (2.949,96 Euro für A und 4.249,92 Euro für B). Die Lohnsteuerverteilung im Faktorverfahren entspricht der familienrechtlichen Verteilung der Steuerlast im Innenverhältnis der Ehegatten.

Beispiele:
1. Ein Arbeitnehmer-Ehepaar, beide in allen Zweigen sozialversichert, bezieht Monatslöhne (nach Abzug etwaiger Freibeträge) von 3.000 Euro und 1.700 Euro. Da der Monatslohn des geringer verdienenden Ehegatten den nach dem Monatslohn des höher verdienenden Ehegatten in der Spalte 2 der Tabelle I ausgewiesenen Betrag von 2.147 Euro nicht übersteigt, führt in diesem Falle die Steuerklassenkombination III/V zur geringsten Lohnsteuer.
   Vergleich nach der Allgemeinen Monatslohnsteuertabelle:
   a) Lohnsteuer für 3.000 € nach Steuerklasse III   245,83 Euro
       für 1.700 € nach Steuerklasse V   354,16 Euro
       insgesamt also   **599,99 Euro**
   b) Lohnsteuer für 3.000 € nach Steuerklasse IV   482,58 Euro
       für 1.700 € nach Steuerklasse IV   153,66 Euro
       insgesamt also   **636,24 Euro.**

2. Würde der Monatslohn des geringerverdienenden Ehegatten 2.500 Euro betragen, so würde die Steuerklassenkombination IV/IV insgesamt zur geringsten Lohnsteuer führen.
   Vergleich nach der Allgemeinen Monatslohnsteuertabelle:
   a) Lohnsteuer für 3.000 Euro nach Steuerklasse III   245,83 Euro
       für 2.500 Euro nach Steuerklasse V   618,66 Euro
       insgesamt also   **864,49 Euro**
   b) Lohnsteuer für 3.000 Euro nach Steuerklasse IV   482,58 Euro
       für 2.500 Euro nach Steuerklasse IV   348,91 Euro
       insgesamt also   **831,49 Euro.**

Anlage § 038b-01/Steuerklassenwahl (Zu LStR 39.2 Abs. 5)

Wahl der Steuerklassen in 2010

Tabelle I: bei **Sozialversicherungspflicht** des höher verdienenden Ehegatten

Monatlicher Arbeitslohn A[1] €	Monatlicher Arbeitslohn B[2] in € bei ... des geringerverdienenden Ehegatten		Monatlicher Arbeitslohn A[3] €	Monatlicher Arbeitslohn B[4] in € bei ... des geringerverdienenden Ehegatten	
	Sozialversicherungsfreiheit	Sozialversicherungsfreiheit		Sozialversicherungsfreiheit	Sozialversicherungsfreiheit
1	2	3	4	5	6
1.250	541	517	3.300	2.359	2.221
1.300	617	589	3.350	2.395	2.253
1.350	702	670	3.400	2.431	2.284
1.400	796	760	3.450	2.464	2.312
1.450	1.040	993	3.500	2.500	2.344
1.500	1.096	1.047	3.550	2.536	2.377
1.550	1.156	1.104	3.600	2.572	2.407
1.600	1.218	1.163	3.650	2.606	2.437
1.650	1.286	1.228	3.700	2.642	2.468
1.700	1.343	1.285	3.750	2.679	2.500
1.750	1.376	1.321	3.800	2.722	2.538
1.800	1.411	1.354	3.850	2.764	2.576
1.850	1.447	1.389	3.900	2.809	2.614
1.900	1.475	1.416	3.950	2.854	2.654
1.950	1.503	1.443	4.000	2.902	2.696
2.000	1.542	1.481	4.050	2.951	2.739
2.050	1.585	1.523	4.100	3.003	2.784
2.100	1.624	1.560	4.150	3.056	2.831
2.150	1.659	1.593	4.200	3.113	2.880
2.200	1.696	1.629	4.250	3.169	2.930
2.250	1.727	1.658	4.300	3.229	2.982
2.300	1.762	1.693	4.350	3.292	3.037
2.350	1.793	1.723	4.400	3.358	3.094
2.400	1.828	1.757	4.450	3.427	3.155
2.450	1.859	1.785	4.500	3.502	3.221
2.500	1.890	1.812	4.550	3.577	3.287
2.550	1.921	1.838	4.600	3.661	3.359
2.600	1.945	1.859	4.650	3.749	3.437
2.650	1.970	1.882	4.700	3.840	3.522
2.700	1.992	1.900	4.750	3.934	3.615
2.750	2.014	1.918	4.800	4.039	3.717
2.800	2.036	1.938	4.850	4.165	3.836
2.850	2.058	1.958	4.900	4.307	3.971
2.900	2.082	1.976	4.950	4.493	4.150
2.950	2.111	2.004	5.000	4.813	4.462
3.000	2.147	2.035	5.050	–	–
3.050	2.184	2.067	5.100	–	–
3.100	2.220	2.098	5.150	–	–
3.150	2.254	2.130	5.200	–	–
3.200	2.290	2.160	5.250	–	–
3.250	2.323	2.189	5.300	–	–

1) Nach Abzug etwaiger Freibeträge
2) Nach Abzug etwaiger Freibeträge
3) Nach Abzug etwaiger Freibeträge
4) Nach Abzug etwaiger Freibeträge

(Zu LStR 39.2 Abs. 5) **Anlage § 038b-01/Steuerklassenwahl**

Wahl der Steuerklassen in 2010

Tabelle II: bei **Sozialversicherungsfreiheit** des höher verdienenden Ehegatten

Monatlicher Arbeitslohn A[1] €	Monatlicher Arbeitslohn B[2] in € bei ... des geringerverdienenden Ehegatten		Monatlicher Arbeitslohn A[3] €	Monatlicher Arbeitslohn B[4] in € bei ... des geringerverdienenden Ehegatten	
	Sozialversicherungsfreiheit	Sozialversicherungsfreiheit		Sozialversicherungsfreiheit	Sozialversicherungsfreiheit
1	2	3	4	5	6
1.250	631	602	3.300	2.800	2.607
1.300	714	681	3.350	2.845	2.646
1.350	808	771	3.400	2.892	2.687
1.400	1.049	1.001	3.450	2.939	2.728
1.450	1.108	1.058	3.500	2.991	2.773
1.500	1.171	1.118	3.550	3.042	2.818
1.550	1.238	1.182	3.600	3.098	2.868
1.600	1.309	1.250	3.650	3.153	2.915
1.650	1.349	1.292	3.700	3.212	2.968
1.700	1.384	1.329	3.750	3.275	3.022
1.750	1.420	1.363	3.800	3.339	3.078
1.800	1.456	1.398	3.850	3.408	3.138
1.850	1.492	1.433	3.900	3.480	3.202
1.900	1.538	1.476	3.950	3.557	3.268
1.950	1.594	1.531	4.000	3.639	3.341
2.000	1.651	1.586	4.050	3.727	3.417
2.050	1.716	1.647	4.100	3.815	3.500
2.100	1.777	1.706	4.150	3.910	3.592
2.150	1.836	1.763	4.200	4.013	3.683
2.200	1.897	1.815	4.250	4.133	3.805
2.250	1.950	1.864	4.300	4.271	3.939
2.300	2.002	1.910	4.350	–	4.104
2.350	2.052	1.951	4.400	–	4.368
2.400	2.099	1.993	4.450	–	–
2.450	2.142	2.032	4.500	–	–
2.500	2.184	2.067	4.550	–	–
2.550	2.223	2.102	4.600	–	–
2.600	2.260	2.134	4.650	–	–
2.650	2.297	2.166	4.700	–	–
2.700	2.333	2.200	4.750	–	–
2.750	2.372	2.231	4.800	–	–
2.800	2.409	2.264	4.850	–	–
2.850	2.445	2.296	4.900	–	–
2.900	2.484	2.331	4.950	–	–
2.950	2.521	2.362	5.000	–	–
3.000	2.558	2.395	5.050	–	–
3.050	2.597	2.429	5.100	–	–
3.100	2.635	2.462	5.150	–	–
3.150	2.674	2.496	5.200	–	–
3.200	2.715	2.533	5.250	–	–
3.250	2.755	2.568	5.300	–	–

1) Nach Abzug etwaiger Freibeträge
2) Nach Abzug etwaiger Freibeträge
3) Nach Abzug etwaiger Freibeträge
4) Nach Abzug etwaiger Freibeträge

Anlage § 039-01/Lohnsteuerkarte (Zu LStR 39.1)

Ausstellung der Lohnsteuerkarte 2010

BMF-Schreiben vom 27. Juli 2009 IV C 5 – S 2363/07/0001, 2009/0223042 (BStBl. I S. 817)

Im Einvernehmen mit den obersten Finanzbehörden der Länder gilt für die Ausstellung der Lohnsteuerkarten 2010 Folgendes:

Die Gemeinden (Meldebehörden) haben letztmals für das Kalenderjahr 2010 Lohnsteuerkarten auszustellen (§ 39e Absatz 9 Satz 2 Einkommensteuergesetz – EStG –). Das bisherige Lohnsteuerkartenverfahren wird ab 2011 durch die Einführung der elektronischen Lohnsteuerabzugsmerkmale (Verfahren „ElsterLohn II") abgelöst.

I. Lohnsteuerkartenmuster

Das Muster der Lohnsteuerkarte 2010 ist gemäß § 51 Absatz 4 Nr. 1 EStG bestimmt worden und wird hiermit in der Anlage bekannt gemacht. Es ist sicherzustellen, dass die Lohnsteuerkarten 2010 dem Muster entsprechen. Im Übrigen wird Folgendes bemerkt:

1. Die ausstellende Gemeinde braucht nur in der ersten Zeile auf der Vorderseite der Lohnsteuerkarte angegeben zu werden.
2. Der Karton für die Lohnsteuerkarten muss mit Tinte beschreibbar sein, soll ein Gewicht von 140 g/qm haben und ein Wasserzeichen enthalten. Die Kartonfarbe ist gelb. Das Format für die Lohnsteuerkarte ist wie bisher ein Blatt DIN A 5 (148 x 210 mm).
3. Wegen der Versendung der Lohnsteuerkarten in Fensterbriefumhüllungen weise ich auf die Allgemeinen Geschäftsbedingungen (AGB) der Deutschen Post AG für die Versendung von Infopost (www.infopost.de) sowie zur Maschinenfähigkeit von Postsendungen hin. Für die Absenderangabe kann der obere Teil des Anschriftenfeldes auf der Lohnsteuerkarte benutzt werden; die Absenderangabe darf nach den postalischen Bestimmungen jedoch nicht mehr als ein Fünftel der Fensterfläche umfassen (vgl. AGB der Deutschen Post AG zur Gestaltung des Anschriftenfeldes). Es dürfen grundsätzlich nur solche Fensterbriefumhüllungen verwendet werden, die keine von dem Muster abweichende Gestaltung der Lohnsteuerkarten erfordern; nur die Abmessungen des Anschriftenfeldes und die Beschriftung der Lohnsteuerkarten dürfen den verwendeten Umhüllungen angepasst werden.

Soweit eine Nummerierung der Lohnsteuerkarte erforderlich ist, kann diese nach Abstimmung mit der zuständigen Vertriebsleitung der Deutschen Post AG am oberen Rand des Anschriftenfeldes rechts- oder linksbündig eingedruckt werden.

II. Ausstellungsverfahren

Für die Ausstellung der Lohnsteuerkarten 2010 sind die Vorschriften des § 39 EStG sowie die Anordnungen in R 39.1 der Lohnsteuer-Richtlinien (LStR 2008) maßgebend.

Ergänzend gilt Folgendes:

1. Bescheinigung der Steuerklasse

Die Bescheinigung der Lohnsteuerklasse richtet sich nach § 38b EStG.

2. Bescheinigung der Merkmale für den Kirchensteuerabzug

Das Kirchensteuermerkmal für den Ehegatten ist nur bei konfessionsverschiedenen Eheleuten einzutragen; bei konfessionsgleichen und bei glaubensverschiedenen Eheleuten ist das Kirchensteuermerkmal des Ehegatten nicht zu bescheinigen.

Beispiele:

Konfessionszugehörigkeit		Eintragung im Feld
Arbeitnehmer	Ehegatte	Kirchensteuerabzug
ev	rk	ev rk
ev	ev	ev
rk	– –	rk
– –	ev	– –
– –	– –	– –

Aus der Nichteintragung des Kirchensteuermerkmals für den Ehegatten kann nicht geschlossen werden, dass der Ehegatte keiner zur Erhebung von Kirchensteuer berechtigten Religionsgemeinschaft angehört.

Die Entscheidung über die persönliche Kirchensteuerpflicht ist Sache der Religionsgemeinschaften. Zweifel, die sich aus den Angaben hinsichtlich der rechtlichen Zugehörigkeit eines Arbeitnehmers

(Zu LStR 39.1) **Anlage § 039-01/Lohnsteuerkarte**

zu einer zur Erhebung von Kirchensteuer berechtigten Religionsgemeinschaft ergeben sollten, müssen im Einvernehmen mit den Kirchenbehörden beseitigt werden. Auf Antrag ist den Kirchenbehörden die Möglichkeit zu einer Prüfung der Angaben über die Zugehörigkeit zu einer Religionsgemeinschaft zu geben. Die Art und Weise der Prüfung richtet sich nach den örtlichen Verhältnissen.

3. **Eintragung der Identifikationsnummer**

   Auf der Lohnsteuerkarte 2010 ist von den Gemeinden in dem dafür vorgesehenen Feld die elfstellige Identifikationsnummer des Arbeitnehmers einzutragen (§§ 39 Absatz 3 Nr. 3, 39e Absatz 9 Satz 3 EStG).

4. **Eintragung des Gemeindeschlüssels**

   Veränderungen des achtstelligen amtlichen Gemeindeschlüssels (AGS) sind nicht zulässig. Die Eintragung ist in dem dafür vorgesehenen Feld vorzunehmen.

5. **Ausstellung von Lohnsteuerkarten bei Nebenwohnung**

   Die Gemeinde, in deren Bezirk der Arbeitnehmer oder bei verheirateten Arbeitnehmern der ältere Ehegatte für eine Nebenwohnung gemeldet ist, darf für diesen keine Lohnsteuerkarte ausstellen.

6. **Versendung der Lohnsteuerkarten**

   Die Lohnsteuerkarten sind in einer verschlossenen Briefumhüllung zu übermitteln. Die Lohnsteuerkarten von Ehegatten sind getrennt zuzustellen. Werbezettel oder Prospekte irgendwelcher Art dürfen den Lohnsteuerkarten nicht beigefügt werden. Auf den Briefumhüllungen darf kein Hinweis auf den Inhalt gedruckt sein. Die Lohnsteuerkarten und die Briefumhüllungen dürfen auch nicht anderweitig zu Werbezwecken verwendet werden.

7. **Sicherheitsmaßnahmen**

   Nach R 39.1 Absatz 11 LStR 2008 ist ein Restbestand an Lohnsteuerkartenvordrucken unverzüglich nach Ablauf des Jahres 2010 zu vernichten. Von dieser Anweisung sind die Lohnsteuerkartenvordrucke ausgenommen, die – durch Stempelaufdruck oder Perforation klar und deutlich als „Muster" gekennzeichnet – archiviert werden, um durch einen Vergleich nach 2010 auftauchende Fälschungen von Lohnsteuerkarten feststellen zu können.

   Es bestehen deshalb keine Bedenken, wenn einzelne Exemplare dieser Muster auch mit dem beim allgemeinen Ausstellungsverfahren üblichen Aufdruck versehen werden.

Dieses Schreiben steht ab sofort für eine Übergangsfrist auf den Internetseiten des Bundesministeriums der Finanzen (http://www.bundesfinanzministerium.de) unter der Rubrik Wirtschaft und Verwaltung – Steuern – Veröffentlichungen zu Steuerarten – Lohnsteuer zur Verfügung.

Anlage § 039-01/Lohnsteuerkarte (Zu LStR 39.1)

Alle Eintragungen in der Lohnsteuerkarte genau prüfen!

Ordnungsmerkmal des Arbeitgebers

Lohnsteuerkarte 2010

Identifikationsnummer

Gemeinde

AGS

Finanzamt und Nr.

Geburtsdatum

I. Allgemeine Besteuerungsmerkmale

| Steuer-klasse | Kinder unter 18 Jahren: Zahl der Kinderfreibeträge |

Kirchensteuerabzug

(Datum)

(Gemeindebehörde)

II. Änderungen der Eintragungen im Abschnitt I

Steuerklasse/Faktor	Zahl der Kinderfreibeträge	Kirchensteuerabzug	Diese Eintragung gilt, wenn sie nicht widerrufen wird:	Datum, Unterschrift und Stempel der Behörde
			vom 2010 an bis zum 2010	
			vom 2010 an bis zum 2010	

III. Für die Berechnung der Lohnsteuer sind vom Arbeitslohn als steuerfrei **abzuziehen**:

Jahresbetrag EUR	monatlich EUR	wöchentlich EUR	täglich EUR	Diese Eintragung gilt, wenn sie nicht widerrufen wird:	Datum, Unterschrift und Stempel der Behörde
in Buchstaben	-tausend		Zehner und Einer wie oben -hundert	vom 2010 an bis zum 31.12.2010	
in Buchstaben	-tausend		Zehner und Einer wie oben -hundert	vom 2010 an bis zum 31.12.2010	

IV. Für die Berechnung der Lohnsteuer sind dem Arbeitslohn **hinzuzurechnen**:

Jahresbetrag EUR	monatlich EUR	wöchentlich EUR	täglich EUR	Diese Eintragung gilt, wenn sie nicht widerrufen wird:	Datum, Unterschrift und Stempel der Behörde
in Buchstaben	-tausend		Zehner und Einer wie oben -hundert	vom 2010 an bis zum 31.12.2010	

(Zu LStR 39.1) Anlage § 039-01/Lohnsteuerkarte

V. Lohnsteuerbescheinigung für das Kalenderjahr 2010 und besondere Angaben

		vom – bis		vom – bis		vom – bis	
1. Dauer des Dienstverhältnisses							
2. Zeiträume ohne Anspruch auf Arbeitslohn	Großbuchstaben (S, F)	Anzahl „U":		Anzahl „U":		Anzahl „U":	
		EUR	Ct	EUR	Ct	EUR	Ct
3. Bruttoarbeitslohn einschl. Sachbezüge ohne 9. und 10.							
4. Einbehaltene Lohnsteuer von 3.							
5. Einbehaltener Solidaritätszuschlag von 3.							
6. Einbehaltene Kirchensteuer des Arbeitnehmers von 3.							
7. Einbehaltene Kirchensteuer des Ehegatten von 3. (nur bei konfessionsverschiedener Ehe)							
8. In 3. enthaltene Versorgungsbezüge							
9. Ermäßigt besteuerte Versorgungsbezüge für mehrere Kalenderjahre							
10. Ermäßigt besteuerter Arbeitslohn für mehrere Kalenderjahre (ohne 9.) und ermäßigt besteuerte Entschädigungen							
11. Einbehaltene Lohnsteuer von 9. und 10.							
12. Einbehaltener Solidaritätszuschlag von 9. und 10.							
13. Einbehaltene Kirchensteuer des Arbeitnehmers von 9. und 10.							
14. Einbehaltene Kirchensteuer des Ehegatten von 9. und 10.(nur bei konfessionsverschiedener Ehe)							
15. Kurzarbeitergeld, Zuschuss zum Mutterschaftsgeld, Verdienstausfallentschädigung (Infektionsschutzgesetz), Aufstockungsbetrag und Altersteilzeitzuschlag							
16. Steuerfreier Arbeitslohn nach	Doppelbesteuerungsabkommen						
	Auslandstätigkeitserlass						
17. Steuerfreie Arbeitgeberleistungen für Fahrten zwischen Wohnung und Arbeitsstätte							
18. Pauschalbesteuerte Arbeitgeberleistungen für Fahrten zwischen Wohnung und Arbeitsstätte							
19. Steuerpflichtige Entschädigungen und Arbeitslohn für mehrere Kalenderjahre, die nicht ermäßigt besteuert wurden – in 3. enthalten							
20. Steuerfreie Verpflegungszuschüsse bei Auswärtstätigkeit							
21. Steuerfreie Arbeitgeberleistungen bei doppelter Haushaltsführung							
22. Arbeitgeberanteil zur gesetzlichen Rentenversicherung und an berufsständische Versorgungseinrichtungen							
23. Arbeitnehmeranteil zur gesetzlichen Rentenversicherung und an berufsständische Versorgungseinrichtungen							
24. Steuerfreie Arbeitgeberzuschüsse zur Krankenversicherung und zur Pflegeversicherung							
25. Arbeitnehmerbeiträge zur gesetzlichen Krankenversicherung							
26. Arbeitnehmerbeiträge zur sozialen Pflegeversicherung							
27. Arbeitnehmerbeiträge zur Arbeitslosenversicherung							
Anschrift des Arbeitgebers (lohnsteuerliche Betriebsstätte) Firmenstempel, Unterschrift							
Finanzamt, an das die Lohnsteuer abgeführt wurde **(Name und dessen vierstellige Nr.)**							

Anlage § 039b-01/Programmablaufpläne

Automation in der Steuerverwaltung;
Programmablaufplan für die maschinelle Berechnung der vom Arbeitslohn einzubehaltenden Lohnsteuer, des Solidaritätszuschlags und der Maßstabsteuer für die Kirchenlohnsteuer in 2010

BMF-Schreiben vom 8. Oktober 2009 IV C 5 – S 2361/09/10004 / I A 5 – Vw 7430/09/10001, 2009/0612938 (BStBl. I S. 1192) und vom 20. November 2009 IV C 5 – S 2361/09/10004, 2009/0769597 (BStBl. I S. 1333)

Mit Wirkung ab 1. Januar 2010 wird der Programmablaufplan für die maschinelle Berechnung der vom Arbeitslohn einzubehaltenden Lohnsteuer, des Solidaritätszuschlags und der Maßstabsteuer für die Kirchenlohnsteuer geändert (Austauschseiten). Der Programmablaufplan berücksichtigt die Anhebung der kindbedingten Freibeträge ab 1. Januar 2010 auf 7 008 Euro gemäß Gesetzentwurf der Regierungsfraktionen über ein Gesetz zur Beschleunigung des Wirtschaftswachstums (Wachstumsbeschleunigungsgesetz, Drucksachen-Nummer 17/15).

Dieses Schreiben und die geänderte Gesamtfassung des Programmablaufplans für die maschinelle Berechnung der vom Arbeitslohn einzubehaltenden Lohnsteuer, des Solidaritätszuschlags und der Maßstabsteuer für die Kirchenlohnsteuer in 2010 stehen ab sofort für eine Übergangszeit auf den Internetseiten des Bundesministeriums der Finanzen (http://www.bundesfinanzministerium.de) unter der Rubrik Wirtschaft und Verwaltung - Steuern - Veröffentlichungen zu Steuerarten - Lohnsteuer zur Ansicht und zum Abruf bereit.

Anlage § 039b-01/Programmablaufpläne

Allgemeine maschinelle Jahreslohnsteuer 2010 (Prüftabelle) [1] [2]

Jahresbruttolohn (in Euro)	Jahreslohnsteuer 2010 (in Euro) in Steuerklasse [3]					
	I	II	III	IV	V	VI
5 000	0	0	0	0	454	588
7 500	0	0	0	0	748	882
10 000	0	0	0	0	1 042	1 176
12 500	237	33	0	237	1 369	1 770
15 000	631	376	0	631	2 251	2 653
17 500	1 153	844	0	1 153	3 217	3 598
20 000	1 747	1 420	0	1 747	4 114	4 448
22 500	2 344	2 018	288	2 344	4 916	5 254
25 000	2 929	2 592	640	2 929	5 698	6 054
27 500	3 536	3 188	1 090	3 536	6 524	6 900
30 000	4 165	3 807	1 594	4 165	7 394	7 788
32 500	4 815	4 446	2 150	4 815	8 303	8 704
35 000	5 487	5 108	2 712	5 487	9 218	9 620
37 500	6 181	5 792	3 252	6 181	10 134	10 535
40 000	6 897	6 498	3 804	6 897	11 050	11 451
42 500	7 634	7 225	4 368	7 634	11 965	12 366
45 000	8 393	7 974	4 940	8 393	12 880	13 282
47 500	9 254	8 822	5 586	9 254	13 889	14 290
50 000	10 142	9 697	6 242	10 142	14 897	15 298
52 500	11 056	10 597	6 914	11 056	15 905	16 307
55 000	11 996	11 524	7 596	11 996	16 913	17 315
57 500	12 962	12 477	8 294	12 962	17 922	18 323
60 000	13 955	13 457	9 004	13 955	18 930	19 331

Allgemeine Lohnsteuer ist die Lohnsteuer, die für einen Arbeitnehmer zu erheben ist, der in allen Sozialversicherungszweigen versichert ist.

Besondere maschinelle Jahreslohnsteuer 2010 (Prüftabelle) [4]

Jahresbruttolohn (in Euro)	Jahreslohnsteuer 2010 (in Euro) in Steuerklasse [3]					
	I	II	III	IV	V	VI
5 000	0	0	0	0	482	616
7 500	0	0	0	0	790	924
10 000	0	0	0	0	1 098	1 232
12 500	323	107	0	323	1 578	1 979
15 000	757	488	0	757	2 502	2 903
17 500	1 322	1 005	0	1 322	3 504	3 848
20 000	1 949	1 618	90	1 949	4 394	4 722
22 500	2 605	2 258	432	2 605	5 264	5 610
25 000	3 289	2 928	820	3 289	6 188	6 554
27 500	4 002	3 625	1 314	4 002	7 166	7 558
30 000	4 743	4 352	1 864	4 743	8 203	8 604
32 500	5 513	5 107	2 462	5 513	9 253	9 654
35 000	6 312	5 890	3 078	6 312	10 303	10 704
37 500	7 139	6 702	3 708	7 139	11 353	11 754
40 000	7 994	7 543	4 352	7 994	12 403	12 804
42 500	8 879	8 413	5 012	8 879	13 453	13 854
45 000	9 792	9 311	5 684	9 792	14 503	14 904
47 500	10 733	10 237	6 370	10 733	15 553	15 954
50 000	11 703	11 192	7 072	11 703	16 603	17 004
52 500	12 702	12 176	7 788	12 702	17 653	18 054
55 000	13 729	13 188	8 518	13 729	18 703	19 104
57 500	14 778	14 229	9 262	14 778	19 753	20 154
60 000	15 828	15 279	10 020	15 828	20 803	21 204

Besondere Lohnsteuer ist die Lohnsteuer, die für einen Arbeitnehmer zu erheben ist, der in keinem Sozialversicherungszweig versichert und privat kranken- und pflegeversichert ist sowie dem Arbeitgeber keine Kranken- und Pflege-Pflichtversicherungsbeiträge mitgeteilt hat.

---

[1] Berechnet für die Beitragsbemessungsgrenzen West
[2] Berechnet mit den Merkern KRV und PKV = 0
[3] In der Steuerklasse II gilt PVZ = 0, in den anderen Steuerklassen gilt PVZ = 1
[4] Berechnet mit den Merkern KRV = 2 und PKV = 1; PKPV = 0

Anlage § 039b-01/Programmablaufpläne

Programmablaufplan für die Erstellung von Lohnsteuertabellen in 2010
(einschließlich der Berechnung des Solidaritätszuschlags und der Bemessungsgrundlage für die Kirchenlohnsteuer)

BMF-Schreiben vom 12. Oktober 2009 IV C 5 – S 2361/09/10004, 2009/0613094 (BStBl. I S. 1216) und vom 20. November 2009 IV C 5 – S 2361/09/10004, 2009/0769647 (BStBl. I S. 1337)

Im Einvernehmen mit den obersten Finanzbehörden der Länder wird hiermit der nach § 51 Absatz 4 Nummer 1a EStG aufzustellende geänderte Programmablaufplan für die Herstellung von Lohnsteuertabellen zur manuellen Berechnung der Lohnsteuer für das Jahr 2010 bekannt gemacht (Austauschseiten). Der Programmablaufplan berücksichtigt die Anhebung der kindbedingten Freibeträge ab 1. Januar 2010 auf 7 008 Euro gemäß Gesetzentwurf der Regierungsfraktionen über ein Gesetz zur Beschleunigung des Wirtschaftswachstums (Wachstumsbeschleunigungsgesetz, Drucksachen-Nummer 17/15).

Dieses Schreiben und die geänderte Gesamtfassung des Programmablaufplans für die Erstellung von Lohnsteuertabellen in 2010 (einschließlich der Berechnung des Solidaritätszuschlags und der Bemessungsgrundlage für die Kirchenlohnsteuer) stehen ab sofort für eine Übergangszeit auf den Internetseiten des Bundesministeriums der Finanzen (http://www.bundesfinanzministerium.de) unter der Rubrik Wirtschaft und Verwaltung – Steuern – Veröffentlichungen zu Steuerarten – Lohnsteuer zur Ansicht und zum Abruf bereit.

Anlage § 039b-01/Programmablaufpläne

Allgemeine Jahreslohnsteuertabelle 2010 (Prüftabelle) [1] [2]

Jahresbruttolohn (in Euro, Cent)	Tabellenstufe von ... Euro	Tabellenstufe bis ... Euro	Jahreslohnsteuer 2010 (in Euro) in Steuerklasse [3] I	II	III	IV	V	VI
5 000	4 968,00	5 003,99	0	0	0	0	454	588
7 500	7 488,00	7 523,99	0	0	0	0	750	884
10 000	9 972,00	10 007,99	0	0	0	0	1 043	1 176
12 500	12 492,00	12 527,99	241	36	0	241	1 378	1 780
15 000	14 976,00	15 011,99	632	378	0	632	2 255	2 656
17 500	17 496,00	17 531,99	1 160	851	0	1 160	3 230	3 610
20 000	19 980,00	20 015,99	1 750	1 423	0	1 750	4 120	4 454
22 500	22 500,00	22 535,99	2 367	2 026	292	2 367	4 948	5 286
25 000	24 984,00	25 019,99	2 951	2 597	642	2 951	5 728	6 084
27 500	27 468,00	27 503,99	3 556	3 189	1 090	3 556	6 554	6 928
30 000	29 988,00	30 023,99	4 193	3 812	1 598	4 193	7 432	7 828
32 500	32 472,00	32 507,99	4 842	4 448	2 152	4 842	8 339	8 741
35 000	34 992,00	35 027,99	5 522	5 116	2 738	5 522	9 265	9 666
37 500	37 476,00	37 511,99	6 215	5 795	3 278	6 215	10 177	10 579
40 000	39 996,00	40 031,99	6 939	6 506	3 838	6 939	11 102	11 504
42 500	42 480,00	42 515,99	7 675	7 229	4 398	7 675	12 015	12 417
45 000	45 000,00	45 035,99	8 445	7 986	4 980	8 445	12 942	13 343
47 500	47 484,00	47 519,99	9 302	8 829	5 620	9 302	13 943	14 345
50 000	49 968,00	50 003,99	10 185	9 698	6 274	10 185	14 945	15 347
52 500	52 488,00	52 523,99	11 107	10 605	6 952	11 107	15 961	16 363
55 000	54 972,00	55 007,99	12 043	11 527	7 632	12 043	16 963	17 365
57 500	57 492,00	57 527,99	13 019	12 488	8 334	13 019	17 980	18 381
60 000	59 976,00	60 011,99	14 007	13 462	9 040	14 007	18 981	19 383

Allgemeine Lohnsteuer ist die Lohnsteuer, die für einen Arbeitnehmer zu erheben ist, der in allen Sozialversicherungszweigen versichert ist.

Besondere Jahreslohnsteuertabelle 2010 (Prüftabelle) [4]

Jahresbruttolohn (in Euro, Cent)	Tabellenstufe von ... Euro	Tabellenstufe bis ... Euro	Jahreslohnsteuer 2010 (in Euro) in Steuerklasse [3] I	II	III	IV	V	VI
5 000	4 968,00	5 003,99	0	0	0	0	482	616
7 500	7 488,00	7 523,99	0	0	0	0	792	926
10 000	9 972,00	10 007,99	0	0	0	0	1 099	1 232
12 500	12 492,00	12 527,99	327	110	0	327	1 587	1 989
15 000	14 976,00	15 011,99	759	490	0	759	2 506	2 907
17 500	17 496,00	17 531,99	1 330	1 013	0	1 330	3 516	3 862
20 000	19 980,00	20 015,99	1 953	1 621	92	1 953	4 398	4 726
22 500	22 500,00	22 535,99	2 614	2 267	438	2 614	5 276	5 622
25 000	24 984,00	25 019,99	3 294	2 933	824	3 294	6 194	6 564
27 500	27 468,00	27 503,99	4 003	3 626	1 314	4 003	7 170	7 558
30 000	29 988,00	30 023,99	4 750	4 359	1 868	4 750	8 212	8 614
32 500	32 472,00	32 507,99	5 515	5 109	2 464	5 515	9 256	9 657
35 000	34 992,00	35 027,99	6 320	5 899	3 084	6 320	10 314	10 716
37 500	37 476,00	37 511,99	7 142	6 706	3 710	7 142	11 357	11 759
40 000	39 996,00	40 031,99	8 005	7 554	4 360	8 005	12 416	12 817
42 500	42 480,00	42 515,99	8 884	8 418	5 014	8 884	13 459	13 861
45 000	45 000,00	45 035,99	9 805	9 323	5 694	9 805	14 517	14 919
47 500	47 484,00	47 519,99	10 740	10 244	6 376	10 740	15 561	15 962
50 000	49 968,00	50 003,99	11 705	11 193	7 072	11 705	16 604	17 006
52 500	52 488,00	52 523,99	12 711	12 185	7 794	12 711	17 662	18 064
55 000	54 972,00	55 007,99	13 732	13 191	8 520	13 732	18 706	19 107
57 500	57 492,00	57 527,99	14 789	14 240	9 270	14 789	19 764	20 166
60 000	59 976,00	60 011,99	15 833	15 283	10 024	15 833	20 807	21 209

Besondere Lohnsteuer ist die Lohnsteuer, die für einen Arbeitnehmer zu erheben ist, der in keinem Sozialversicherungszweig versichert und privat kranken- und pflegeversichert ist sowie dem Arbeitgeber keine Kranken- und Pflege-Pflichtversicherungsbeiträge mitgeteilt hat.

---

[1] Berechnet für die Beitragsbemessungsgrenzen West
[2] Berechnet mit den Merkern KRV und PKV = 0
[3] In allen Steuerklassen gilt PVZ = 0
[4] Berechnet mit den Merkern KRV = 2 und PKV = 1

Anlage § 039b-02/DBA-Übersicht (Zu LStH 39b.10)

Stand der Doppelbesteuerungsabkommen und der Doppelbesteuerungsverhandlungen am 1. Januar 2010

BMF-Schreiben vom 12. Januar 2010 IV B 2 – S 1301/07/10017-01, 2010/0013192 (BStBl. I S. 35)

Hiermit übersende ich eine Übersicht über den gegenwärtigen Stand der Doppelbesteuerungsabkommen (DBA) und der Abkommensverhandlungen.

Wie die Übersicht zeigt, werden verschiedene der angeführten Abkommen nach ihrem Inkrafttreten rückwirkend anzuwenden sein. In geeigneten Fällen sind Steuerfestsetzungen vorläufig durchzuführen, wenn ungewiss ist, ob und wann ein Abkommen wirksam wird, das sich zugunsten des Steuerschuldners auswirken wird. Umfang und Grund der Vorläufigkeit sind im Bescheid anzugeben. Ob bei vorläufiger Steuerfestsetzung der Abkommensinhalt – soweit bekannt – bereits berücksichtigt werden soll, ist nach den Gegebenheiten des einzelnen Falles zu entscheiden.

Bei der Veranlagung unbeschränkt Steuerpflichtiger zur Vermögensteuer bis zum Veranlagungszeitraum 1996 einschließlich kann das aufgezeigte Verfahren auf Fälle beschränkt bleiben, in denen der Steuerpflichtige in dem ausländischen Vertragsstaat Vermögen in Form von Grundbesitz, Betriebsvermögen oder – falls es sich bei dem Steuerpflichtigen um eine Kapitalgesellschaft handelt – eine wesentliche Beteiligung an einer Kapitalgesellschaft des betreffenden ausländischen Vertragsstaats besitzt.

Zur Rechtslage nach dem **Zerfall der Sozialistischen Föderativen Republik Jugoslawien (SFRJ)** ist auf Folgendes hinzuweisen:

Vereinbarungen über die Fortgeltung des DBA mit der SFRJ vom 26. März 1987 wurden geschlossen mit:

Republik Bosnien und Herzegowina (BGBl. 1992 II S. 1196),

Republik Mazedonien (BGBl. 1994 II S. 326) und

Republik Serbien (Namensänderung; ehem. Bundesrepublik Jugoslawien [BGBl. 1997 II S. 961]).

Im Verhältnis zu Montenegro und zum Kosovo gilt derzeit ein abkommensloser Zustand, da es bislang nicht zu einem Notenwechsel hinsichtlich der Fortgeltung des DBA mit der SFRJ gekommen ist.

Zur Rechtslage nach dem **Zerfall der Sowjetunion** ist auf Folgendes hinzuweisen:

Vereinbarungen über die Fortgeltung des DBA mit der UdSSR vom 24. November 1981 wurden geschlossen mit:

Republik Armenien (BGBl. 1993 II S. 169),

Republik Moldau (BGBl. 1996 II S. 768) und

Turkmenistan (Bericht der Botschaft Aschgabat vom 11. August 1999 – Nr. 377/99).

Zur Rechtslage nach der **Teilung der Tschechoslowakei** ist auf Folgendes hinzuweisen:

Vereinbarungen über die Fortgeltung des DBA mit der Tschechoslowakischen Sozialistischen Republik vom 19. Dezember 1980 wurden mit der Slowakischen Republik und mit der Tschechischen Republik getroffen (BGBl. 1993 II S. 762).

Hongkong wurde mit Wirkung ab 1. Juli 1997 ein besonderer Teil der VR China (Hongkong Special Administrative Region). Das allgemeine Steuerrecht der VR China gilt dort nicht. Damit ist das zwischen der Bundesrepublik Deutschland und der VR China abgeschlossene DBA vom 10. Juni 1985 nach dem 1. Juli 1997 in Hongkong nicht anwendbar. Eine Einbeziehung Hongkongs in den Geltungsbereich des DBA China ist nicht angestrebt. Verhandlungen über ein gesondertes Abkommen mit Hongkong sind nicht geplant (zur Vermeidung der Doppelbesteuerung bei Luftfahrtunternehmen s. Anlage).

Vorgenannte Ausführungen zu Hongkong (außer Luftfahrtunternehmen) gelten in entsprechender Weise auch für **Macau** nach dessen Übergabe am 20. Dezember 1999 an die VR China (Macau Special Administrative Region).

Es werden Verhandlungen geführt, wie im Verhältnis zu **Taiwan** Doppelbesteuerungen vermieden werden können.

Ab 1. Januar 2009 ist im Verhältnis zu den **Vereinigten Arabischen Emiraten** bis auf weiteres ein abkommensloser Zustand eingetreten. Am 23. Dezember 2008 wurde ein neues Abkommen paraphiert, welches rückwirkend zum 1. Januar 2009 anzuwenden sein soll. Seine Unterzeichnung ist derzeit allerdings nicht absehbar.

Mit **Österreich** wurde ein Abkommen zur Weiteranwendung der Vorschriften des außer Kraft getretenen Abkommens auf dem Gebiete der Erbschaftsteuern auf Erbfälle, die nach dem 31. Dezember 2007 und

(Zu LStH 39b.10) **Anlage § 039b-02/DBA-Übersicht**

vor dem 1. August 2008 eingetreten sind, am 6. November 2008 unterzeichnet. Die Ratifikationsurkunden wurden am 28. September 2009 im Auswärtigen Amt ausgetauscht.

Hinsichtlich der Abkommen auf dem Gebiet der **Kraftfahrzeugsteuer** ist zur Rechtslage nach dem Zerfall der Sowjetunion auf Folgendes hinzuweisen:

Das Abkommen mit der UdSSR vom 21. Februar 1980 ist im Verhältnis zu den Nachfolgestaaten der UdSSR sowie zu Estland, Lettland und Litauen anzuwenden, bis mit diesen Staaten eine Neuregelung vereinbart wird. Voraussetzung ist, dass die genannten Staaten die im Abkommen vereinbarte Befreiung für deutsche Fahrzeuge gewähren. Diese Gegenseitigkeit muss auch hinsichtlich neuer Abgaben gewährleistet sein, die anstelle der UdSSR-Straßengebühr oder daneben eingeführt worden sind oder eingeführt werden, sofern sie mit der Kraftfahrzeugsteuer vergleichbar sind (siehe Ländererlasse).

Anlage § 039b-02/DBA-Übersicht (Zu LStH 39b.10)

Stand der Doppelbesteuerungabkommen
1. Januar 2010

I. Geltende Abkommen

Abkommen mit	vom	Fundstelle BGBl. II Jg.	S.	Fundstelle BStBl. I Jg.	S.	Inkrafttreten BGBl. II Jg.	S.	Inkrafttreten BStBl. I Jg.	S	Anwendung grundsätzlich ab
1. Abkommen auf dem Gebiet der Steuern vom Einkommen und vom Vermögen										
Ägypten	08.12.87	90	278	90	280	91	1042	92	7	01.01.92
Algerien	12.11.07	08	1.188	09	382	09	136	09	396	01.01.09
Argentinien	13.07.78/	79	585	79	326	79	1332	80	51	01.01.76
	16.09.96	98	18	98	187	01	694	01	540	01.01.96
Armenien	24.11.81	83	2	83	90	83	427	83	352	01.01.80
(DBA mit UdSSR gilt fort, BGBl. 93 II S. 169)										
Aserbaidschan	25.08.04	05	1146	06	291	06	120	06	304:1	01.01.06
Australien	24.11.72	74	337	74	423	75	216	75	386	01.01.71
Bangladesch[1)]	29.05.90	91	1410	92	34	93	847	93	466	01.01.90
Belarus (Weißrussland)	30.09.05	06	1042	07	276	07	287	07	290	01.01.07
Belgien	11.04.67/	69	17	69	38	69	1465	69	468	01.01.66
	05.11.02	03	1615	05	346	03	1744	05	348	01.01.04
Bolivien	30.09.92	94	1086	94	575	95	907	95	758	01.01.91
Bosnien und Herzegowina	26.03.87	88	744	88	372	88	1179	89	35	01.01.89
(DBA mit SFR Jugoslawien gilt fort, BGBl. 92 II S. 1196)										
Bulgarien	02.06.87	88	770	88	389	88	1179	89	34	01.01.89
China (o. Hongkong und Macau)	10.06.85	86	446	86	329	86	731	86	339	01.01.85
Côte d'Ivoire	03.07.79	82	153	82	357	82	637	82	628	01.01.82
Dänemark	22.11.95	96	2565	96	1219	97	728	97	624	01.01.97
Ecuador	07.12.82	84	466	84	339	86	781	86	358	01.01.97
Estland	29.11.96	98	547	98	543	99	84	99	269	01.01.94
Finnland	05.07.79	81	1164	82	201	82	577	82	587	01.01.81
Frankreich	21.07.59/	61	397	61	342	61	1659	61	712	01.01.57
	09.06.69/	70	717	70	900	70	1189	70	1072	01.01.68
	28.09.89/	90	770	90	413	91	387	91	93	01.01.90
	20.12.01	02	2370	02	891	03	542	03	383	01.01.02
Georgien	01.06.06	07	1034	08	482	08	521	08	494	01.01.08
Ghana	12.08.04	06	1018	08	467	08	51	08	481	01.01.08
Griechenland	18.04.66	67	852	67	50	68	30	68	296	01.01.64
Indien	19.06.95	96	706	96	599	97	751	97	363	01.01.97
Indonesien	30.10.90	91	1086	91	1001	91	1401	92	186	01.01.92
Iran, Islamische Republik	20.12.68	69	2133	70	768	69 70	2288 282	70	777	01.01.70
Irland	17.10.62	64	266	64	320	64	632	64	366	01.01.59
Island	18.03.71	73	357	73	504	73	1567	73	730	01.01.68
Israel	09.07.62/	66	329	66	700	66	767	66	946	01.01.61
	20.07.77	79	181	79	124	79	1031	79	603	01.01.70

1) Gilt nicht für die VSt.

(Zu LStH 39b.10) **Anlage § 039b-02/DBA-Übersicht**

Abkommen		Fundstelle				Inkrafttreten				Anwendung
		BGBl. II		BStBl. I		BGBl. II		BStBl. I		grundsätz-
mit	vom	Jg.	S.	Jg.	S.	Jg.	S.	Jg.	S	lich ab
Italien	18.10.89	90	742	90	396	93	59	93	172	01.01.93
Jamaika	08.10.74	76	1194	76	407	76	1703	76	632	01.01.73
Japan	22.04.66/	67	871	67	58	67	2028	67	336	01.01.67
	17.04.79/	80	1182	80	649	80	1426	80	772	01.01.77
	17.02.83	84	194	84	216	84	567	84	388	01.01.81
Jersey	04.07.08	09	589			10	38			
(begrenztes DBA, punktuell insb. Rentner, Stud.)										
Kanada	19.04.01	02	671	02	505	02	962	02	521	01.01.01
Kasachstan	26.11.97	98	1592	98	1029	99	86	99	269	01.01.96
Kenia	17.05.77	79	606	79	337	80	1357	80	792	01.01.80
Kirgisistan	01.12.05	06	1066	07	233	07	214	07	246	01.01.07
Korea, Republik	10.03.00	02	1630	03	24	02	2855	03	36	01.01.03
Kroatien	06.02.06	06	1112	07	246	07	213	07	259	01.01.07
Kuwait	04.12.87/	89	354	89	150	89	637	89	268	01.01.84
										–31.12.97
	18.05.99	00	390	00	439	00	1156	00	1383	01.01.98
Lettland	21.02.97	98	330	98	531	98	2630	98	1219	01.01.96
Liberia	25.11.70	73	1285	73	615	75	916	75	943	01.01.70
Litauen	22.07.97	98	1571	98	1016	98	2962	99	121	01.01.95
Luxemburg	23.08.58/	59	1269	59	1022	60	1532	60	398	01.01.57
	15.06.73	78	109	78	72	78	1396	79	83	01.01.71
Malaysia	08.04.77	78	925	78	324	79	288	79	196	01.01.71
Malta	08.03.01	01	1297	02	76	02	320	02	240	01.01.02
Marokko	07.06.72	74	21	74	59	74	1325	74	1009	01.01.74
Mauritius	15.03.78	80	1261	80	667	81	8	81	34	01.01.79
Mazedonien	26.03.87	88	744	88	372	88	1179	89	35	01.01.89
(DBA mit SFR Jugoslawien gilt fort, BGBl. 94 II S. 326)										
Mexiko	23.02.93	93	1966	93	964	94	617	94	310	01.01.94
	09.07.08	09	746							
Moldau, Rep.	24.11.81	83	2	83	90	83	427	83	352	01.01.80
(DBA mit UdSSR gilt fort, BGBl. 96 II S. 768)										
Mongolei	22.08.94	95	818	95	607	96	1220	96	1135	01.01.97
Namibia	02.12.93	94	1262	94	673	95	770	95	687	01.01.93
Neuseeland	20.10.78	80	1222	80	654	80	1485	80	787	01.01.78
Niederlande	16.06.59/	60	1781	60	381	60	2216	60	626	01.01.56
	13.03.80/	80	1150	80	646	80	1486	80	787	01.01.79
	21.05.91	91	1428	92	94	92	170	92	382	21.02.92
	04.06.04	04	1653	05	364	05	101	05	368	01.01.05
Norwegen	04.10.91	93	970	93	655	93	1895	93	926	01.01.91
Österreich	24.08.00	02	734	02	584	02	2435	02	958	01.01.03
Pakistan[1]	14.07.94	95	836	95	617	96	467	96	445	01.01.95
Philippinen	22.07.83	84	878	84	544	84	1008	84	612	01.01.85
Polen	14.05.03	04	1304	05	15	05	55	05	27	01.01.05
Portugal	15.07.80	82	129	82	347	82	861	82	763	01.01.83

---

1) Gilt nicht für die VSt.

Anlage § 039b-02/DBA-Übersicht (Zu LStH 39b.10)

Abkommen		Fundstelle				Inkrafttreten				Anwendung
		BGBl. II		BStBl. I		BGBl. II		BStBl. I		grundsätz-
mit	vom	Jg.	S.	Jg.	S.	Jg.	S.	Jg.	S	lich ab
Rumänien	04.07.01	03	1594	04	273	04	102	04	286	01.01.04
Russische Föderation	29.05.96	96	2710	96	1490	97	752	97	363	01.01.97
(Änderungsprotokoll)	15.10.07	08	1398	09	831	09	820	09	834	01.01.10
Sambia	30.05.73	75	661	75	688	75	2204	76	7	01.01.71
Schweden	14.07.92	94	686	94	422	95	29	95	88	01.01.95
Schweiz	11.08.71/	72	1021	72	518	73	74	73	61	01.01.72
	30.11.78/	80	751	80	398	80	1281	80	678	01.01.77
	17.10.89/	90	766	90	409	90	1698	91	93	01.01.90
	21.12.92/	93	1886	93	927	94	21	94	110	01.01.94
	12.03.02	03	67	03	165	03	436	03	329	01.01.02/ 01.01.04
Serbien	26.03.87	88	744	88	372	88	1179	89	35	01.01.89
(Namensänderung; ehem. Bundesrepublik Jugoslawien)										
(DBA mit SFR Jugoslawien gilt fort, BGBl. 97 II S. 961)										
Simbabwe	22.04.88	89	713	89	310	90	244	90	178	01.01.87
Singapur	28.06.04	06	930	07	157	07	24	07	171	01.01.07
Slowakei	19.12.80	82	1022	82	904	83	692	83	486	01.01.84
(DBA mit Tschechoslowakei gilt fort, BGBl. 93 II S. 762)										
Slowenien	03.05.06	06	1091	07	171	07	213	07	183	01.01.07
Spanien	05.12.66	68	9	68	296	68	140	68	544	01.01.68
Sri Lanka	13.09.79	81	630	81	610	82	185	82	373	01.01.83
Südafrika	25.01.73	74	1185	74	850	75	440	75	640	01.01.65
Tadschikistan	27.03.03	04	1034	05	15	04	1565	05	27	01.01.05
Thailand	10.07.67	68	589	68	1046	68	1104	69	18	01.01.67
Trinidad und Tobago	04.04.73	75	679	75	697	77	263	77	192	01.01.72
Tschechien	19.12.80	82	1022	82	904	83	692	83	486	01.01.84
(DBA mit Tschechoslowakei gilt fort, BGBl. 93 II S. 762)										
Türkei	16.04.85	89	866	89	471	89	1066	89	482	01.01.90
(gekündigt am 21. Juli 2009 mit Wirkung ab 1. Januar 2011)										
Tunesien	23.12.75	76	1653	76	498	76	1927	77	4	01.01.76
Turkmenistan	24.11.81	83	2	83	90	83	427	83	352	01.01.80
(DBA mit UdSSR gilt fort, Bericht der Botschaft Aschgabat vom 11. August 1999 – Nr. 377/99)										
Ukraine	03.07.95	96	498	96	675	96	2609	96	1421	01.01.97
Ungarn	18.07.77	79	626	79	348	79	1031	79	602	01.01.80
Uruguay	05.05.87	88	1060	88	531	90	740	90	365	01.01.91
Usbekistan	07.09.99	01	978	01	765	02	269	02	239	01.01.02
Venezuela	08.02.95	96	727	96	611	97	1809	97	938	01.01.97
Vereinigte Arabische Emirate	09.04.95	96	518	96	588	96	1221	96	1135	01.01.92
verlängert (bis zum 9. Aug. 2008; abkommensloser Zustand)	04.07.06	07	746	07	724	07	1467	07	726	10.08.06 01.01.09

(Zu LStH 39b.10) **Anlage § 039b-02/DBA-Übersicht**

Abkommen		Fundstelle				Inkrafttreten				Anwendung
		BGBl. II		BStBl. I		BGBl. II		BStBl. I		grundsätz-
mit	vom	Jg.	S.	Jg.	S.	Jg.	S.	Jg.	S	lich ab
Vereinigtes	26.11.64/	66	358	66	729	67	828	67	40	01.01.60
Königreich	23.03.70	71	45	71	139	71	841	71	340	30.05.71
Vereinigte Staaten	29.08.89	91	354	91	94	92	235	92	262	01.01.90
(Bekanntmachung	01.06.06	06	1184							01.01.07/
der Neufassung	04.06.2008)									01.01.08
Vietnam	16.11.95	96	2622	96	1422	97	752	97	364	01.01.97
Zypern	09.05.74	77	488	77	340	77	1204	77	618	01.01.70

2. Abkommen auf dem Gebiet der Erbschaft- und Schenkungsteuern

Dänemark[1)]	22.11.95	96	2565	96	1219	97	728	97	624	01.01.97
Frankreich	12.10.06	07	1402	09	1258	09	596	09	1266	03.04.09
Griechenland	18.11.10/ 01.12.10	12	[2)]173	–	–	53	525	53	377	01.01.53
Österreich	06.11.08	09	714			10	12			01.01.–31.07.08
Schweden[3)]	14.07.92	94	686	94	422	95	29	95	88	01.01.95
Schweiz	30.11.78	80	594	80	243	80	1341	80	786	28.09.80
Vereinigte Staaten	03.12.80/ 14.12.98	82 00	847 1170	82 01	765 110	86 01	860 62	86 01	478 114	01.01.79 15.12.00

3. Sonderabkommen betreffend Einkünfte und Vermögen von Schiffahrt (S)- und Luftfahrt (L)-Unternehmen[4)]

Brasilien (S) (Protokoll)	17.08.50	51	11	–	–	52	604	–	–	10.05.52
Chile (S) (Handelsvertrag)	02.02.51	52	325	–	–	53	128	–	–	08.01.52

---

1) Die Erbschaftsteuer bzw. Vorschriften zur Rechts- und Amtshilfe sind in den unter I.1. bzw. II.1. aufgeführten Abkommen enthalten.
2) Angabe bezieht sich auf RGBl. bzw. RStBl.
3) Die Erbschaftsteuer bzw. Vorschriften zur Rechts- und Amtshilfe sind in den unter I.1. bzw. II.1. aufgeführten Abkommen enthalten.
4) Siehe auch Bekanntmachungen über die Steuerbefreiungen nach § 49 Abs. 4 EStG (und § 2 Abs. 3 VStG):
   Äthiopien L (BStBl. 1962 I S. 536),
   Afghanistan L (BStBl. 1964 I S. 411),
   Bangladesch L (BStBl. 1996 I S. 643),
   Brasilien S, L (BStBl. 2006 I S. 216),
   Brunei Darussalam L (BStBl. 2005 I S. 962)
   Chile L (BStBl. 1977 I S. 350),
   China L (BStBl. 1980 I S. 284),
   Ghana S, L (BStBl. 1985 I S. 222),
   Irak S, L (BStBl. 1972 I S. 490),
   Jordanien L (BStBl. 1976 I S. 278),
   Katar L (BStBl. 2006 I S. . . .) – anzuwenden ab 1. Januar 2001 –
   Libanon S, L (BStBl. 1959 I S. 198),
   Litauen L (BStBl. 1995 I S. 416),
   Papua-Neuguinea L (BStBl. 1989 I S. 115),
   Seychellen L (BStBl. 1998 I S. 582)
   Sudan L (BStBl. 1983 I S. 370),
   Syrien, Arabische Republik S, L (BStBl. 1974 I S. 510),
   Taiwan S (BStBl. 1988 I S. 423) und
   Zaire S, L (BStBl. 1990 I S. 178).

Anlage § 039b-02/DBA-Übersicht

(Zu LStH 39b.10)

Abkommen mit	vom	Fundstelle BGBl. II		Fundstelle BStBl. I		Inkrafttreten BGBl. II		Inkrafttreten BStBl. I		Anwendung grundsätz- lich ab
		Jg.	S.	Jg.	S.	Jg.	S.	Jg.	S	
China (S) (See-verkehrsvertrag)	31.10.75	76	1521	76	496	77	428	77	452	29.03.77
Hongkong (L)	08.05.97	98	2064	98	1156	99	26	00	1554	01.01.98
Hongkong (S)	13.01.03	04	34	05	610	05	332	05	613	01.01.98
Jemen (L)	02.03.05	06	538	06	229	07	214	07	231	01.01.82
Jugoslawien (S)	26.06.54	59	735	–	–	59	1259	–	–	23.10.59
Kolumbien (S, L)	10.09.65	67	762	67	24	71	855	71	340	01.01.62
Paraguay (L)	27.01.83	84	644	84	456	85	623	85	222	01.01.79
Saudi-Arabien (L)	08.11.07	08	782	09	866	09	1027	09	869	01.01.67
Venezuela (S, L)	23.11.87	89	373	89	161	89	1065	90	2	01.01.90
4. Abkommen auf dem Gebiet der Rechts- und Amtshilfe und des Auskunftsaustauschs										
Belgien[1]	11.04.67	69	17	69	38	69	1465	69	468	01.01.66
Dänemark[2]	22.11.95	96	2565	96	1219	97	728	97	624	01.01.97
Finnland	25.09.35	36	[3]37	36	[4]94	54	740	54	404	01.01.36
Frankreich[5]	21.07.59	61	397	61	342	61	1659	61	712	01.01.57
Italien	09.06.38	39	[6]124	39	[7]377	56	2154	57	142	23.01.39
Jersey	04.07.08	09	578			10	38			
Luxemburg[8]	23.08.58	59	1269	59	1022	60	1532	60	398	01.01.57
Niederlande	21.05.99	01	2	01	66	01	691	01	539	23.06.01
Norwegen[9]	04.10.91	93	970	93	655	93	1895	93	926	01.01.91
Österreich	04.10.54	55	833	55	434	55	926	55	743	26.11.55
Schweden[10]	14.07.92	94	686	94	422	95	29	95	88	01.01.95
5. Abkommen auf dem Gebiet der Kraftfahrzeugsteuer										
Armenien	21.02.80	80	890	80	467	80	1484	80	789	30.11.80
(DBA mit UdSSR gilt fort, BGBl. 93 II S. 169)										
Aserbaidschan	21.02.80	80	890	80	467	80	1484	80	789	30.11.80
(DBA mit UdSSR gilt fort, BGBl. 96 II S. 2471)										
Belarus (Weißrussland)	21.02.80	80	890	80	467	80	1484	80	789	30.11.80
(DBA mit UdSSR gilt fort, BGBl. 94 II S. 2533)										

---

1) Die Erbschaftsteuer bzw. Vorschriften zur Rechts- und Amtshilfe sind in den unter I.1. bzw. II.1. aufgeführten Abkommen enthalten.
2) Die Erbschaftsteuer bzw. Vorschriften zur Rechts- und Amtshilfe sind in den unter I.1. bzw. II.1. aufgeführten Abkommen enthalten.
3) Angabe bezieht sich auf RGBl. bzw. RStBl.
4) Angabe bezieht sich auf RGBl. bzw. RStBl.
5) Die Erbschaftsteuer bzw. Vorschriften zur Rechts- und Amtshilfe sind in den unter I.1. bzw. II.1. aufgeführten Abkommen enthalten.
6) Angabe bezieht sich auf RGBl. bzw. RStBl.
7) Angabe bezieht sich auf RGBl. bzw. RStBl.
8) Die Erbschaftsteuer bzw. Vorschriften zur Rechts- und Amtshilfe sind in den unter I.1. bzw. II.1. aufgeführten Abkommen enthalten.
9) Die Erbschaftsteuer bzw. Vorschriften zur Rechts- und Amtshilfe sind in den unter I.1. bzw. II.1. aufgeführten Abkommen enthalten.
10) Die Erbschaftsteuer bzw. Vorschriften zur Rechts- und Amtshilfe sind in den unter I.1. bzw. II.1. aufgeführten Abkommen enthalten.

(Zu LStH 39b.10) **Anlage § 039b-02/DBA-Übersicht**

Abkommen		Fundstelle				Inkrafttreten				Anwendung
		BGBl. II		BStBl. I		BGBl. II		BStBl. I		grundsätz-
mit	vom	Jg.	S.	Jg.	S.	Jg.	S.	Jg.	S	lich ab
Belgien[1)]	17.12.64	66	1508	66	954	67	1748	–	–	01.04.67
Bulgarien	12.02.80	80	888	80	465	80	1488	80	789	25.10.80
Dänemark	19.07.31/ 25.07.31	–	–	31	[2)]562	–	–	[3)]54		01.11.53
Finnland	31.03.78	79	1317	80	64	80	212	80	788	01.03.80
Frankreich	03.11.69	70	1317	71	82	71	206	71	305	01.02.71
Georgien	21.02.80	80	890	80	467	80	1484	80	789	30.11.80
(DBA mit UdSSR gilt fort, BGBl. 92 II S. 1128)										
Griechenland	21.09.77	79	406	79	310	79	1049	80	63	01.08.79
Iran, Islamische Republik	17.03.92	93	914	93	640	95	992	95	820	12.08.95
Irland	10.12.76	78	1009	78	344	78	1264	78	460	01.10.78
Israel	02.12.83	84	964	84	615	87	186	87	374	01.02.87
Italien	18.02.76	78	1005	78	341	79	912	80	63	04.01.79
Kasachstan	21.02.80	80	890	80	467	80	1484	80	789	30.11.80
(DBA mit UdSSR gilt fort, BGBl. 92 II S. 1120)										
Kirgisistan	21.02.80	80	890	80	467	80	1484	80	789	30.11.80
(DBA mit UdSSR gilt fort, BGBl. 92 II S. 1015)										
Kroatien	09.12.96	98	182	98	160	98	2373	98	1426	25.06.98
Lettland[4)]	21.02.97	98	958	98	624	98	2947	99	164	22.10.98
Liechtenstein	29.01.34/ 27.02.34	–	–	34	[5)]288	–	–	34	[6)]288	29.01.34/ 01.04.34
Luxemburg	31.01.30/ 11.03.30	–	–	30	[7)]454	–	–	30	[8)]454	31.01.30/ 01.04.30
Moldau, Republik	21.02.80	80	890	80	467	80	1484	80	789	30.11.80
(DBA mit UdSSR gilt fort, BGBl. 96 II S. 768)										
Niederlande	31.01.30/ 23.04.30/ 19.05.30	–	–	30	[9)]454	–	–	30	[10)]454	01.06.30
Norwegen	11.11.83	84	674	84	486	84	1047	85	125	01.11.84
Österreich	18.11.69	70	1320	71	85	71	215	71	305	16.04.71
Polen	19.07.76	78	1012	78	346	78	1328	78	589	07.10.78
Portugal	24.07.79	80	886	80	463	82	1186	83	17	01.01.83

1) Siehe auch Artikel 5 der Richtlinie 1999/62/EG vom 17.06.1999 (ABl. EG L 187 S. 42) i. V. m. § 1 Abs. 1 Nr. 2 KraftStG (BGBl. I 2002 S. 3819) und Richtlinie 83/182/EWG vom 28.03.1983 (ABl. EG L 105 S. 59) i. V. m. § 3 Nr. 13 KraftStG.
2) Angabe bezieht sich auf RGBl. bzw. RStBl.
3) Bundesanzeiger Nr. 123 vom 01.07.1954 S. 2.
4) Siehe auch Interbus-Übereinkommen, welches bis 30. Juni 2001 zur Unterzeichnung auflag (ABl. EG 2002 L 321 S. 11, 44); gilt ab 1. Januar 2003 zugleich für Litauen und Slowenien.
5) Angabe bezieht sich auf RGBl. bzw. RStBl.
6) Angabe bezieht sich auf RGBl. bzw. RStBl.
7) Angabe bezieht sich auf RGBl. bzw. RStBl.
8) Angabe bezieht sich auf RGBl. bzw. RStBl.
9) Angabe bezieht sich auf RGBl. bzw. RStBl.
10) Angabe bezieht sich auf RGBl. bzw. RStBl.

Anlage § 039b-02/DBA-Übersicht (Zu LStH 39b.10)

Abkommen mit	vom	Fundstelle BGBl. II Jg.	Fundstelle BGBl. II S.	Fundstelle BStBl. I Jg.	Fundstelle BStBl. I S.	Inkrafttreten BGBl. II Jg.	Inkrafttreten BGBl. II S.	Inkrafttreten BStBl. I Jg.	Inkrafttreten BStBl. I S	Anwendung grundsätzlich ab
Rumänien[1]	31.10.73	75	453	75	621	75	1137	–	–	01.07.75
Russische Förderation	21.02.80	80	890	80	467	80	1484	80	789	30.11.80
(DBA mit UdSSR gilt fort, BGBl. 92 II S. 1016)										
San Marino	06.05.86	87	339	87	465	90	14	90	56	01.10.87
Schweden	15.07.77	79	409	79	308	79	1140	80	63	01.09.79
Schweiz[2]	20.06.28	–	–	30	[3]563	–	–	30	[4]563	15.07.28
Slowakei	08.02.90	91	662	91	508	92	594	92	454	27.05.92
(DBA mit Tschechoslowakei gilt fort, BGBl. 93 II S. 762)										
Spanien	08.03.79	79	1320	80	66	80	900	80	788	01.06.80
Tadschikistan	21.02.80	80	890	80	467	80	1484	80	789	30.11.80
(DBA mit UdSSR gilt fort, BGBl. 95 II S. 255)										
Türkei	30.05.83	84	594	84	414	85	55	85	12	01.11.84
Tunesien	30.03.84	84	962	84	613	86	675	86	319	01.05.86
Ukraine	21.02.80	80	890	80	467	80	1484	80	789	30.11.80
(DBA mit UdSSR gilt fort, BGBl. 93 II S. 1189)										
Ungarn[5]	12.02.81	82	291	82	393	82	640	82	630	11.06.82
Usbekistan	21.02.80	80	890	80	467	80	1484	80	789	30.11.80
(DBA mit UdSSR gilt fort, BGBl. 95 II S. 205)										
Vereinigtes Königreich	05.11.71	73	340	73	495	75	1437	–	–	01.09.73
Zypern	22.04.80	81	1018	81	742	82	176	82	376	01.02.82

Änderungen sind durch seitliche Striche gekennzeichnet.

---

1) Siehe auch Interbus-Übereinkommen, welches bis 30. Juni 2001 zur Unterzeichnung auflag (ABl. EG 2002 L 321 S. 11, 44); gilt ab 1. Januar 2003 zugleich für Litauen und Slowenien.
2) Siehe auch Verordnungen über die kraftfahrzeugsteuerliche Behandlung von schweizerischen Straßenfahrzeugen im grenzüberschreitenden Verkehr vom 27.03.1985 (BGBl. I S. 615) und vom 18.05.1994 (BGBl. I S. 1076).
3) Angabe bezieht sich auf RGBl. bzw. RStBl.
4) Angabe bezieht sich auf RGBl. bzw. RStBl.
5) Siehe auch Interbus-Übereinkommen, welches bis 30. Juni 2001 zur Unterzeichnung auflag (ABl. EG 2002 L 321 S. 11, 44); gilt ab 1. Januar 2003 zugleich für Litauen und Slowenien.

(Zu LStH 39b.10) **Anlage § 039b-02/DBA-Übersicht**

II. Künftige Abkommen und laufende Verhandlungen

Abkommen mit	Art des Abkommens[1]	Sachstand[2]	Geltung für Veranlagungssteuern[3] ab	Geltung für Abzugsteuern[4] ab	Bemerkungen
1. Abkommen auf dem Gebiet der Steuern vom Einkommen und vom Vermögen					
Ägypten	R-A	P: 01.08.2005	KR	KR	
Albanien	A	P: 12.05.2006	KR	KR	
Argentinien	R-A	V:			
Australien	R-A	V:			
Belgien	R-P	P: 18.05.2009	KR	KR	
	R-A	V:			
Bulgarien	R-A	P: 11.05.2007	KR	KR	
China	R-A	V:			
Costa Rica	A	P: 16.10.2009	KR	KR	
Frankreich	E-P	P: 15.10.2008			
Griechenland	R-A	P: 02.10.2009	KR	KR	
Indien	R-P	V:			
Iran	R-A	V:			
Irland	R-P	P: 11.11.2009			
	R-A	V:			
Island	R-A	P: 06.07.2005	KR	KR	
Israel	R-A	P: 08.06.2009			
Japan	R-A	V:			
Kolumbien	A	V:			
Libyen	A	V:			
Luxemburg	R-P	U: 11.12.2009	KR	KR	
	R-A	V:			
Malaysia	R-A	P: 08.07.2003	–	–	
Malta	R-P	P: 04.09.2009			
Marokko	R-A	V:			
Mauritius	R-A	P: 09.10.2009			
Mazedonien	A	U: 23.07.2008	KR	KR	
Niederlande	R-A	V:	–	–	
Norwegen	R-A	V:			
Österreich	R-P	V:			
Oman	A	P: 12.04.2002	KR	KR	
Portugal	R-A	V:			
Schweiz	R-P	V:			
Serbien	A	V:			
Slowenien	R-P	P: 20.11.2009	KR	KR	
Spanien	R-A	P: 03.07.2009	KR	KR	

---

1) A: Erstmaliges Abkommen
  R-A: Revisionsabkommen als Ersatz eines bestehenden Abkommens
  R-P: Revisionsprotokoll zu einem bestehenden Abkommen
  E-P: Ergänzungsprotokoll zu einem bestehenden Abkommen
2) V: Verhandlung
  P: Paraphierung
  U: Unterzeichnung hat stattgefunden, Gesetzgebungs- oder Ratifikationsverfahren noch nicht abgeschlossen
3) Einkommen-, Körperschaft-, Gewerbe- und Vermögensteuer KR: Keine Rückwirkung vorgesehen
4) Abzugsteuern von Dividenden, Zinsen und Lizenzgebühren KR: Keine Rückwirkung vorgesehen

Anlage § 039b-02/DBA-Übersicht (Zu LStH 39b.10)

Abkommen mit	Art des Abkommens[1]	Sachstand[2]	Geltung für Veranlagungssteuern[3] ab	Geltung für Abzugsteuern[4] ab	Bemerkungen
Südafrika	R-A	U: 09.09.2008	KR	KR	
Syrien	A	P: 26.04.2004	KR	KR	
Türkei	R-A	V:			
Tunesien	R-A	V:			
Turkmenistan	A	V:			
Ungarn	R-A	P: 02.11.2009	KR	KR	
Ukraine	R-P	V:			
Uruguay	R-A	P: 03.07.2007	KR	KR	
Venezuela	R-P	V:			
Vereinigte Arabische Emirate	A	P: 23.12.2008	01.01.2009	01.01.2009	
Vereinigtes Königreich	R-A	P:	13.02.2009	KR	KR
Zypern	R-A	P:	24.07.2009	KR	KR

2. Abkommen auf dem Gebiet der Erbschaft- und Schenkungsteuern

3. Sonderabkommen betreffend Einkünfte und Vermögen von Schiffahrt (S)- und Luftfahrt (L)-Unternehmen

Insel Man	A (S)	U: 02.03.2009	01.01.2010	KR	
Oman	A (S, L)	P: 22.05.2000	–	–	

4. Abkommen auf dem Gebiet der Amtshilfe und des Auskunftsaustauschs

Andorra	A	V:			
Anguilla	A	P: 17.07.2009	KR	KR	
Aruba	A	P: 14.09.2009	KR	KR	
Bahamas	A	P: 28.10.2009	KR	KR	
Bermuda	A	U: 03.07.2009	KR	KR	
Britische Jungferninseln	A	V:			
Dominica	A	V:			
Gibraltar	A	U: 13.08.2009	KR	KR	
Guernsey	A	U: 26.03.2009	KR	KR	
Insel Man	A	U: 02.03.2009	KR	KR	
Kaiman Inseln	A	P: 23.06.2009	KR	KR	
Liechtenstein	A	U: 02.09.2009	01.01.2009	01.01.2009	
Monaco	A	V:			
Niederländische Antillen	A	P: 15.09.2009	KR	KR	
San Marino	A	P: 26.10.2009			
St. Kitts und Nevis	A	V:			

---

1) A: Erstmaliges Abkommen
   R-A: Revisionsabkommen als Ersatz eines bestehenden Abkommens
   R-P: Revisionsprotokoll zu einem bestehenden Abkommen
   E-P: Ergänzungsprotokoll zu einem bestehenden Abkommen

2) V: Verhandlung
   P: Paraphierung
   U: Unterzeichnung hat stattgefunden, Gesetzgebungs- oder Ratifikationsverfahren noch nicht abgeschlossen

3) Einkommen-, Körperschaft-, Gewerbe- und Vermögensteuer KR: Keine Rückwirkung vorgesehen

4) Abzugsteuern von Dividenden, Zinsen und Lizenzgebühren KR: Keine Rückwirkung vorgesehen

(Zu LStH 39b.10) **Anlage § 039b-02/DBA-Übersicht**

Abkommen mit	Art des Abkommens[1]	Sachstand[2]	Geltung für Veranlagungssteuern[3] ab	Geltung für Abzugsteuern[4] ab	Bemerkungen
St. Vincent und die Grenadinen	A	V:			
Turks und Caicos Inseln	A	P: 17.07.2009	KR	KR	

5. Abkommen auf dem Gebiet der Kraftfahrzeugsteuer

Belarus (Weißrussland)	R-A	P: 10.10.2002	–	–	
Marokko	A	V:			
Slowenien	A	V:	–	–	

Änderungen sind durch seitliche Striche gekennzeichnet.

---

1) A: Erstmaliges Abkommen
   R-A: Revisionsabkommen als Ersatz eines bestehenden Abkommens
   R-P: Revisionsprotokoll zu einem bestehenden Abkommen
   E-P: Ergänzungsprotokoll zu einem bestehenden Abkommen
2) V: Verhandlung
   P: Paraphierung
   U: Unterzeichnung hat stattgefunden, Gesetzgebungs- oder Ratifikationsverfahren noch nicht abgeschlossen
3) Einkommen-, Körperschaft-, Gewerbe- und Vermögensteuer KR: Keine Rückwirkung vorgesehen
4) Abzugsteuern von Dividenden, Zinsen und Lizenzgebühren KR: Keine Rückwirkung vorgesehen

Anlage § 039b-03/Arbeitslohn DBA (Zu LStH 38.3, 39b.10, 39d)

Steuerliche Behandlung des Arbeitslohns nach den Doppelbesteuerungsabkommen

BMF-Schreiben vom 14. September 2006 IV B 6 – S 1300 – 367/06 (BStBl. I S. 532)

Unter Bezugnahme auf das Ergebnis der Erörterungen mit den obersten Finanzbehörden der Länder gilt für die Besteuerung der Einkünfte aus nichtselbständiger Arbeit nach den DBA Folgendes:

Inhaltsübersicht

1 **Allgemeines**
   1.1 Regelungsbereich eines DBA
   1.2 OECD-Musterabkommen
      1.2.1 Bestimmung der Ansässigkeit – Artikel 4 OECD-MA
      1.2.2 Vergütungen aus unselbständiger Arbeit
         1.2.2.1 Artikel 15 OECD-MA
         1.2.2.2 Grenzgängerregelung
         1.2.2.3 Abgrenzung zu anderen Abkommensbestimmungen
      1.2.3 Vermeidung der Doppelbesteuerung – Artikel 23 OECD-MA
2 **Besteuerung im Inland**
   2.1 Steuerpflicht nach dem Einkommensteuergesetz
   2.2 Progressionsvorbehalt
   2.3 Anwendung des § 50d Abs. 8 EStG
3 **Besteuerung im Tätigkeitsstaat – Artikel 15 Abs. 1 OECD-MA**
4 **Besteuerung im Ansässigkeitsstaat – Artikel 15 Abs. 2 OECD-MA (183-Tage-Klausel)**
   4.1 Voraussetzungen
   4.2 Artikel 15 Abs. 2 Buchstabe a OECD-MA – Aufenthalt bis zu 183 Tagen
      4.2.1 Ermittlung der Aufenthalts-/Ausübungstage
      4.2.2 183-Tage-Frist – Aufenthalt im Tätigkeitsstaat
      4.2.3 183-Tage-Frist – Dauer der Ausübung der unselbständigen Arbeit im Tätigkeitsstaat
      4.2.4 Anwendung der 183-Tage-Frist auf das Steuerjahr/Kalenderjahr
      4.2.5 Anwendung der 183-Tage-Frist auf einen 12-Monats-Zeitraum
   4.3 Artikel 15 Abs. 2 Buchstabe b OECD-MA – Zahlung durch einen im Tätigkeitsstaat ansässigen Arbeitgeber
      4.3.1 Allgemeines
      4.3.2 Auslandstätigkeit für den zivilrechtlichen Arbeitgeber
      4.3.3 Arbeitnehmerentsendung zwischen international verbundenen Unternehmen
         4.3.3.1 Wirtschaftlicher Arbeitgeber
         4.3.3.2 Vereinfachungsregelung
         4.3.3.3 Entsendendes und aufnehmendes Unternehmen sind Arbeitgeber
         4.3.3.4 Gestaltungsmissbrauch i. S. des § 42 AO
         4.3.3.5 Arbeitgeber im Rahmen einer Poolvereinbarung
      4.3.4 Gewerbliche Arbeitnehmerüberlassung
      4.3.5 Gelegentliche Arbeitnehmerüberlassung zwischen fremden Dritten
      4.3.6 Beispiele
   4.4 Artikel 15 Abs. 2 Buchstabe c OECD-MA – Zahlung des Arbeitslohns zu Lasten einer Betriebsstätte des Arbeitgebers im Tätigkeitsstaat
5 **Ermittlung des steuerpflichtigen/steuerfreien Arbeitslohns**
   5.1 Differenzierung zwischen der Anwendung der 183-Tage-Klausel und der Ermittlung des steuerpflichtigen/steuerfreien Arbeitslohns
   5.2 Grundsätze bei der Ermittlung des steuerpflichtigen/steuerfreien Arbeitslohns
   5.3 Direkte Zuordnung
   5.4 Aufteilung des verbleibenden Arbeitslohns

5.5 Besonderheiten bei der Aufteilung bestimmter Lohnbestandteile
5.6 Beispiele
6 Abkommensrechtliche Beurteilung bestimmter Auslandstätigkeiten
6.1 Organe von Kapitalgesellschaften
6.2 Sich-zur-Verfügung-Halten
6.3 Abfindung
6.4 Konkurrenz- oder Wettbewerbsverbot
6.5 Tantiemen und andere jahresbezogene Erfolgsvergütungen
6.6 Optionsrecht auf den Erwerb von Aktien („Stock Options")
    6.2.1 Handelbare Optionsrechte
    6.6.2 Nicht handelbare Optionsrechte
6.7 Altersteilzeit nach dem Blockmodell
7 Besonderheiten bei Berufskraftfahrern
7.1 Allgemeines
7.2 Der Berufskraftfahrer und der Arbeitgeber sind im Inland ansässig; der Arbeitslohn wird nicht von einer ausländischen Betriebsstätte getragen
7.3 Der Berufskraftfahrer ist im Inland ansässig, der Arbeitgeber ist im Ausland ansässig oder der Arbeitslohn wird von einer ausländischen Betriebsstätte getragen
7.4 Sonderregelung im DBA-Türkei
8 Personal auf Schiffen und Flugzeugen
9 Rückfallklauseln
9.1 „Subject-to-tax"-Klausel
9.2 „Remittance-base"-Klausel
10 Verständigungsvereinbarungen
11 Aufhebung von Verwaltungsanweisungen
12 Erstmalige Anwendung

Abkürzungsverzeichnis

a. a. O.	am angegebenen Ort
Abs.	Absatz/Absätze
AG	Aktiengesellschaft
AO	Abgabenordnung
Art.	Artikel
BFH	Bundesfinanzhof
BMF	Bundesministerium der Finanzen
Bsp.	Beispiel/Beispiele
BStBl	Bundessteuerblatt
DBA	Doppelbesteuerungsabkommen
d. h.	das heißt
EStG	Einkommensteuergesetz
EU	Europäische Union
EWR	Europäischer Wirtschaftsraum
ggf.	gegebenenfalls
GmbH	Gesellschaft mit beschränkter Haftung
i. d. R.	in der Regel
i. S.	im Sinne
i. V. m.	in Verbindung mit
LStR	Lohnsteuerrichtlinien
Nr.	Nummer

Anlage § 039b-03/Arbeitslohn DBA (Zu LStH 38.3, 39b.10, 39d)

OECD	Organisation für wirtschaftliche Zusammenarbeit und Entwicklung (Organization for Economic Cooperation and Development)
OECD-MA	OECD-Musterabkommen
R	Richtlinie
Rz.	Randziffer/Randziffern
s.	siehe
S.	Seite
sog.	so genannte/so genannten
Tz.	Textziffer/Textziffern
u.	und
u. a.	unter anderem
vgl.	vergleiche
z. B.	zum Beispiel

1 Allgemeines

1.1 Regelungsbereich eines DBA

1   Die DBA enthalten Regelungen für die Zuweisung des Besteuerungsrechts sowie zur Vermeidung einer Doppelbesteuerung im Verhältnis der beiden vertragschließenden Staaten zueinander. Die Abkommen werden häufig durch Protokolle, Briefwechsel oder andere Dokumente ergänzt und erläutert. Diese Dokumente sind Bestandteile des Abkommens und in gleicher Weise verbindlich.

2   Im Nachfolgenden werden die Regeln für die abkommensrechtliche Behandlung der Vergütungen aus unselbständiger Arbeit anhand des OECD-MA dargestellt. Dieses Musterabkommen entfaltet selbst keine rechtliche Bindungswirkung; die von Deutschland abgeschlossenen und rechtlich wirksamen DBA orientieren sich jedoch regelmäßig nach Inhalt und Aufbau am OECD-MA. Im konkreten Einzelfall sind die jeweiligen Vorschriften des anzuwendenden DBA maßgeblich, nicht das OECD-MA.

1.2 OECD-Musterabkommen

3   Sowohl das OECD-MA als auch der Musterkommentar werden vom Steuerausschuss der OECD laufend weiterentwickelt. Die deutsche Übersetzung des OECD-MA unter Berücksichtigung der am 28. Januar 2003 vom Steuerausschuss der OECD beschlossenen Änderungen enthält das BMF-Schreiben vom 18. Februar 2004, BStBl. I S. 286.

4   Bei der steuerlichen Beurteilung von Vergütungen aus unselbständiger Arbeit sind insbesondere die Bestimmungen des nationalen Rechts und die des jeweils einschlägigen DBA zu beachten, wobei die nachfolgenden Regelungen des OECD-MA für die Auslegung einzubeziehen sind.

1.2.1 Bestimmung der Ansässigkeit – Artikel 4 OECD-MA

5   Für die Anwendung eines DBA ist die Bestimmung der Ansässigkeit des Arbeitnehmers und ggf. des Arbeitgebers entsprechend Art. 1 in Verbindung mit Art. 4 OECD-MA erforderlich. Der abkommensrechtliche Begriff der Ansässigkeit entspricht nicht dem im innerstaatlichen Recht verwendeten Begriff der unbeschränkten Steuerpflicht.

6   Während die unbeschränkte Steuerpflicht eine umfassende Steuerpflicht begründet, führt die Ansässigkeit einer Person in einem der Vertragsstaaten zu ihrer Abkommensberechtigung (vgl. Art. 1 OECD-MA). Zugleich wird mit der Bestimmung der Ansässigkeit einer Person in einem Vertragsstaat dieser Staat für die Anwendung des Abkommens zum Ansässigkeitsstaat; der andere Vertragsstaat ist Quellenstaat. Eine Person kann zwar in beiden Vertragsstaaten z. B. aufgrund doppelten Wohnsitzes unbeschränkt steuerpflichtig sein, dagegen kann sie nur in einem der beiden Vertragsstaaten als ansässig im Sinne eines DBA gelten.

7   Eine natürliche Person ist nach Art. 4 Abs. 1 OECD-MA in einem Staat ansässig, wenn sie dort aufgrund ihres Wohnsitzes, ihres ständigen Aufenthaltes oder eines anderen ähnlichen Merkmals steuerpflichtig ist. Ist die Person danach in beiden Vertragsstaaten ansässig, ist nach der im Art. 4 Abs. 2 OECD-MA festgelegten Prüfungsreihenfolge festzustellen, in welchem Vertragsstaat die Person als ansässig gilt.

8   Zu berücksichtigen ist jedoch, dass nach Art. 4 Abs. 1 Satz 2 OECD-MA eine Ansässigkeit in einem Staat nicht begründet wird, wenn die Person in diesem Staat nur mit Einkünften aus Quellen in diesem Staat oder mit in diesem Staat gelegenem Vermögen steuerpflichtig ist, die Person nach deutschem Rechtsverständnis dort also nur der beschränkten Steuerpflicht unterliegt.

1.2.2 Vergütungen aus unselbständiger Arbeit

1.2.2.1 Artikel 15 OECD-MA

Nach Art. 15 Abs. 1 OECD-MA können die Vergütungen aus unselbständiger Arbeit ausschließlich im Ansässigkeitsstaat des Arbeitnehmers besteuert werden, es sei denn, die Tätigkeit wird im anderen Staat ausgeübt. Wird die unselbständige Arbeit im anderen Staat ausgeübt, steht grundsätzlich diesem Staat (Tätigkeitsstaat) das Besteuerungsrecht für die bezogenen Vergütungen zu. Abweichend hiervon steht unter den Voraussetzungen des Art. 15 Abs. 2 OECD-MA (sog. 183-Tage-Klausel) das Besteuerungsrecht für solche Vergütungen nur dem Ansässigkeitsstaat des Arbeitnehmers zu.

Art. 15 Abs. 3 OECD-MA enthält eine gesonderte Bestimmung für die Besteuerung der Vergütungen des Bordpersonals von Seeschiffen und Luftfahrzeugen im internationalen Verkehr und des Bordpersonals von Schiffen im Binnenverkehr (s. Tz. 8).

1.2.2.2 Grenzgängerregelung

Grenzgänger sind Arbeitnehmer, die i. d. R. im Grenzbereich des einen Staates arbeiten und täglich zu ihrem Wohnsitz im Grenzbereich des anderen Staates zurückkehren. Für diese gelten Besonderheiten nach dem DBA mit Frankreich (Art. 13 Abs. 5 – i. d. R. Wohnsitzprinzip), Österreich (Art. 15 Abs. 6 – i. d. R. Wohnsitzprinzip) und der Schweiz (Art. 15a – begrenzte Besteuerung im Tätigkeitsstaat und Wohnsitzbesteuerung mit Anrechnungssystem).

1.2.2.3 Abgrenzung zu anderen Abkommensbestimmungen

Das OECD-MA und die einzelnen DBA enthalten darüber hinaus besondere Regelungen für die Zuweisung des Besteuerungsrechts bei bestimmten Arbeitnehmern, insbesondere für das für die Geschäftsführung eines Unternehmens verantwortliche Personal (z. B. Art. 16 Abs. 2 DBA-Österreich; Art. 16 Abs. 2 DBA-Polen; Art. 15 Abs. 4 DBA-Schweiz; s. auch Tz. 6.1), für Künstler und Sportler (Art. 17 OECD-MA), für Ruhegehälter (Art. 18 OECD-MA), für Studenten, Schüler, Lehrlinge und sonstige Auszubildende (Art. 20 OECD-MA), für Hochschullehrer und Lehrer (z. B. Art. 21 DBA-Italien; Art. 20 Abs. 1 DBA-Österreich; Art. 20 Abs. 1 DBA-USA) sowie für Mitglieder diplomatischer Missionen und konsularischer Vertretungen (Art. 28 OECD-MA).

Art. 15 OECD-MA betrifft nicht Vergütungen und Ruhegehälter im öffentlichen Dienst. Hierfür hat gemäß Art. 19 OECD-MA i. d. R. der Staat der zahlenden Kasse das Besteuerungsrecht. Ausnahmen bestehen für Arbeitnehmer, die die Staatsangehörigkeit des Tätigkeitsstaates besitzen (sog. Ortskräfte) oder deren Vergütungen im Zusammenhang mit einer gewerblichen Tätigkeit eines der Vertragsstaaten stehen.

1.2.3 Vermeidung der Doppelbesteuerung – Artikel 23 OECD-MA

Deutschland als Ansässigkeitsstaat vermeidet bei Einkünften aus unselbständiger Arbeit die Doppelbesteuerung regelmäßig durch Anwendung der Freistellungsmethode (entsprechend Art. 23 A OECD-MA). Das bedeutet, dass die Einkünfte aus unselbständiger Arbeit, die nach den Bestimmungen des anzuwendenden Abkommens im jeweils anderen Vertragsstaat (Tätigkeitsstaat) besteuert werden können, unter Berücksichtigung des Progressionsvorbehalts (§ 32b EStG) von der deutschen Besteuerung ausgenommen werden. Hiervon abweichende Regelungen in einzelnen Abkommen (z. B. Art. 24 Abs. 1 Buchstabe b Doppelbuchstabe bb DBA-Dänemark; Art. 20 Abs. 1 Buchstabe c DBA-Frankreich; Abs. 13 des Protokolls zum DBA-Italien bei gewerbsmäßiger Arbeitnehmerüberlassung) sind zu berücksichtigen.

Zu den Besonderheiten, die bei der Freistellung im deutschen Lohnsteuerabzugsverfahren zu beachten sind, wird auf R 123 LStR verwiesen.

In Ergänzung der abkommensrechtlichen Regelungen setzt die Steuerfreistellung im Veranlagungsverfahren grundsätzlich die ausländische Besteuerung voraus. Hierzu wird auf die Ausführungen zu § 50d Abs. 8 EStG und zu den Rückfallklauseln in den DBA verwiesen (s. Tz. 2.3 und 9).

2 Besteuerung im Inland

2.1 Steuerpflicht nach dem Einkommensteuergesetz

Steuerliche Sachverhalte mit Auslandsbezug, die nach dem nationalen Recht der Besteuerung im Inland unterliegen, können im Verhältnis zu DBA-Staaten nur besteuert werden, wenn das jeweils anzuwendende DBA das deutsche Besteuerungsrecht nicht ausschließt.

Hat ein Arbeitnehmer einen Wohnsitz oder seinen gewöhnlichen Aufenthalt in Deutschland, unterliegt er als unbeschränkt Steuerpflichtiger grundsätzlich mit seinem gesamten Welteinkommen der inländischen Besteuerung (§ 1 Abs. 1 EStG i. V. m. § 2 Abs. 1 EStG). Fehlt es an einem solchen Wohnsitz oder ge-

Anlage § 039b-03/Arbeitslohn DBA (Zu LStH 38.3, 39b.10, 39d)

wöhnlichen Aufenthalt, ist ein Arbeitnehmer, der inländische Einkünfte i. S. des § 49 Abs. 1 Nr. 4 EStG erzielt, nach § 1 Abs. 4 EStG beschränkt steuerpflichtig. Die Erzielung inländischer Einkünfte nach § 49 Abs. 1 Nr. 4 EStG ist nicht von einem Mindestaufenthalt im Inland abhängig.

19 Auf die unbeschränkte Steuerpflicht nach § 1 Abs. 2 und 3 EStG sowie § 1a EStG wird hingewiesen.

20 **Beispiel:**

Der in den Niederlanden wohnhafte Arbeitnehmer A ist für den in Aachen ansässigen Arbeitgeber B tätig.

A übt seine Tätigkeit zu 60 % in Deutschland und zu 40 % in den Niederlanden aus.

Soweit A seine Tätigkeit im Inland ausübt, erzielt er inländische Einkünfte i. S. des § 49 Abs. 1 Nr. 4 Buchstabe a EStG. Nur für den auf diese Tätigkeit entfallenden Arbeitslohn besteht eine beschränkte Steuerpflicht nach § 1 Abs. 4 EStG.

Besteht eine beschränkte Steuerpflicht i. S. des § 1 Abs. 4 EStG, kann der Arbeitnehmer bei Vorliegen der Voraussetzungen des § 1 Abs. 3 EStG (bei EU/EWR-Staatsangehörigen i. V. m. § 1a EStG) als unbeschränkt Steuerpflichtiger behandelt werden.

2.2 Progressionsvorbehalt

21 Besteht im Inland ein Wohnsitz oder gewöhnlicher Aufenthalt, unterliegen die nach einem DBA in Deutschland steuerfreien Einkünfte dem Progressionsvorbehalt nach § 32b Abs. 1 Nr. 3 erster Halbsatz EStG. Bei einer im Veranlagungszeitraum nur zeitweise bestehenden unbeschränkten Steuerpflicht sind die ausländischen Einkünfte, die im Veranlagungszeitraum nicht der deutschen Einkommensteuer unterlegen haben, ebenfalls in den Progressionsvorbehalt einzubeziehen (§ 32b Abs. 1 Nr. 2 EStG).

22 Verfügt der Arbeitnehmer im Inland über keinen Wohnsitz oder hat er keinen gewöhnlichen Aufenthalt und wird § 1 Abs. 3 EStG, § 1a EStG oder § 50 Abs. 5 Satz 2 Nr. 2 EStG angewendet, ist der Progressionsvorbehalt ebenfalls zu berücksichtigen, wenn die Summe der nicht der deutschen Einkommensteuerpflicht unterliegenden Einkünfte positiv ist (§ 32b Abs. 1 Nr. 3 zweiter Halbsatz EStG). Wird eine Einkommensteuerveranlagung nach § 50 Abs. 5 Satz 2 Nr. 2 EStG auf Antrag durchgeführt, sind zusätzlich die Einkünfte, die dem Steuerabzug vom Kapitalertrag oder dem Steuerabzug aufgrund des § 50a EStG unterliegen, in den Progressionsvorbehalt einzubeziehen (§ 50 Abs. 5 Satz 2 Nr. 2 Satz 6 EStG).

23 Die Höhe der Einkünfte, die dem Progressionsvorbehalt unterliegen, ist nach deutschem Steuerrecht zu ermitteln (BFH-Urteil vom 22. Mai 1991, BStBl. 1992 II S. 94). Dies bedeutet, dass beispielsweise ausländische Werbungskostenpauschalen oder Steuerbefreiungsvorschriften nicht zu berücksichtigen sind. Die steuerfreien ausländischen Einkünfte aus nichtselbständiger Arbeit i. S. des § 32b Abs. 1 Nr. 2 und 3 EStG sind als Überschuss der Einnahmen über die Werbungskosten zu berechnen. Dabei sind die tatsächlich angefallenen Werbungskosten oder der Arbeitnehmer-Pauschbetrag auch dann zu berücksichtigen, wenn bei der Ermittlung des im Inland zu versteuernden Einkommens der Arbeitnehmer-Pauschbetrag gemäß § 9a Satz 1 Nr. 1 Buchstabe a EStG gewährt wurde (BFH-Urteil vom 17. Dezember 2003, BStBl. 2005 II S. 96).

2.3 Anwendung des § 50d Abs. 8 EStG

24 Ab dem Veranlagungszeitraum 2004 ist gemäß § 50d Abs. 8 EStG zu beachten, dass die in einem DBA vereinbarte Freistellung der Einkünfte eines unbeschränkt Steuerpflichtigen aus nichtselbständiger Arbeit in Deutschland nur zu gewähren ist, soweit der Steuerpflichtige nachweist, dass der Staat, dem nach dem Abkommen das Besteuerungsrecht zusteht (Tätigkeitsstaat), auf dieses Besteuerungsrecht verzichtet hat oder dass die in diesem Staat auf die Einkünfte festgesetzten Steuern entrichtet wurden.

25 Zu weiteren Einzelheiten hierzu wird auf die Ausführungen im BMF-Schreiben vom 21. Juli 2005, BStBl. I S. 821 verwiesen.

3 Besteuerung im Tätigkeitsstaat – Artikel 15 Abs. 1 OECD-MA

26 Nach Art. 15 Abs. 1 OECD-MA können die Vergütungen aus unselbständiger Arbeit ausschließlich im Ansässigkeitsstaat des Arbeitnehmers besteuert werden, es sei denn, die Tätigkeit wird im anderen Staat ausgeübt. Wird die unselbständige Arbeit im anderen Staat ausgeübt, steht grundsätzlich diesem Staat (Tätigkeitsstaat) das Besteuerungsrecht für die bezogenen Vergütungen zu.

27 Der Ort der Arbeitsausübung ist grundsätzlich der Ort, an dem sich der Arbeitnehmer zur Ausführung seiner Tätigkeit persönlich aufhält. Unerheblich ist, woher oder wohin die Zahlung des Arbeitslohns geleistet wird oder wo der Arbeitgeber ansässig ist.

4 Besteuerung im Ansässigkeitsstaat – Artikel 15 Abs. 2 OECD-MA (183-Tage-Klausel)

4.1 Voraussetzungen

Abweichend von Art. 15 Abs. 1 OECD-MA steht dem Ansässigkeitsstaat des Arbeitnehmers das ausschließliche Besteuerungsrecht für eine nicht in diesem Staat ausgeübte nichtselbständige Arbeit zu, wenn 28

- sich der Arbeitnehmer insgesamt nicht länger als 183 Tage innerhalb eines im jeweiligen Abkommen näher beschriebenen Zeitraums im Tätigkeitsstaat aufgehalten oder die Tätigkeit dort ausgeübt hat (Tz. 4.2) **und**
- der Arbeitgeber, der die Vergütungen zahlt, nicht im Tätigkeitsstaat ansässig ist (Tz. 4.3) **und**
- der Arbeitslohn nicht von einer Betriebsstätte oder einer festen Einrichtung, die der Arbeitgeber im Tätigkeitsstaat hat, getragen wurde (Tz. 4.4).

Nach einigen DBA ist weitere Voraussetzung, dass der Arbeitgeber im selben Staat wie der Arbeitnehmer ansässig ist, z. B. Art. 15 Abs. 2 Buchstabe b DBA-Norwegen. 29

Nur wenn alle drei Voraussetzungen zusammen vorliegen, steht dem Ansässigkeitsstaat des Arbeitnehmers das Besteuerungsrecht für Vergütungen, die für eine im Ausland ausgeübte Tätigkeit gezahlt werden, zu. 30

Liegen dagegen nicht sämtliche Voraussetzungen des Art. 15 Abs. 2 OECD-MA zusammen vor, steht nach Art. 15 Abs. 1 OECD-MA dem Tätigkeitsstaat das Besteuerungsrecht für die vom Arbeitnehmer dort ausgeübte unselbständige Arbeit zu. 31

Ist in einem solchen Fall Deutschland der Ansässigkeitsstaat des Arbeitnehmers, sind die Vergütungen unter Beachtung des § 50d Abs. 8 EStG im Inland freizustellen und nur im Rahmen des Progressionsvorbehalts zu berücksichtigen. 32

Ist in einem solchen Fall Deutschland der Tätigkeitsstaat, ist nach den Vorschriften des nationalen Rechts zu prüfen, ob die Vergütungen des Arbeitnehmers aus seiner im Inland ausgeübten Tätigkeit im Wege der unbeschränkten oder der beschränkten Steuerpflicht der inländischen Besteuerung unterliegen. 33

4.2 Artikel 15 Abs. 2 Buchstabe a OECD-MA – Aufenthalt bis zu 183 Tagen

4.2.1 Ermittlung der Aufenthalts-/Ausübungstage

Die in den DBA genannte 183-Tage-Frist bezieht sich häufig auf den **Aufenthalt** im Tätigkeitsstaat (z. B. Art. 13 Abs. 4 Nr. 1 DBA-Frankreich; Art. 15 Abs. 2 Buchstabe a DBA-Italien; Art. 15 Abs. 2 Buchstabe a DBA-Österreich). Nach einigen DBA ist jedoch die Dauer der **Ausübung** der nichtselbständigen Arbeit im Tätigkeitsstaat maßgebend (Art. 15 Abs. 2 Nr. 1 DBA-Belgien; Art. 15 Abs. 2 Buchstabe a DBA-Dänemark). 34

Die genannte 183-Tage-Frist kann sich entweder auf das **Steuerjahr** beziehen **oder** auf das **Kalenderjahr** (z. B. Art. 15 Abs. 2 Buchstabe a DBA-Italien; Art. 15 Abs. 2 Buchstabe a DBA-Schweiz; Art. 10 Abs. 2 Nr. 1 DBA-Luxemburg) **oder** auch auf einen **Zeitraum von zwölf Monaten** (z. B. Art. 15 Abs. 2 Buchstabe a DBA-Kanada 2001; Art. 15 Abs. 2 Buchstabe a DBA-Russische Föderation; Art. 15 Abs. 2 Buchstabe a DBA-Norwegen). Zum Übergang vom Steuerjahr auf einen Zwölfmonatszeitraum als Bezugszeitraum nach dem DBA-Polen wird auf das BMF-Schreiben vom 29. Oktober 2004, BStBl. I S. 1029 verwiesen. 35

Da es sich bei der Ermittlung der Aufenthalts-/Ausübungstage um ein Besteuerungsmerkmal handelt, das ausschließlich Aufenthalts- oder Ausübungstage im Tätigkeitsstaat betrifft, ist ein Wechsel der Ansässigkeit innerhalb der vorgenannten Bezugszeiträume unbeachtlich. Demzufolge sind die nach der 183-Tage-Klausel zu berücksichtigenden Tage im Tätigkeitsstaat ohne Beachtung der Ansässigkeit zusammenzurechnen. 36

> **Beispiel:**
>
> Der in Schweden ansässige A ist für seinen schwedischen Arbeitgeber ab dem 1. Juni 01 für eine Probezeit von drei Monaten in Deutschland tätig. Ab dem 1. September 01 wird A in Deutschland dauerhaft tätig und soll ab diesem Zeitpunkt als in Deutschland ansässig gelten. A hält sich während des genannten Zeitraums an mehr als 183 Tagen in Deutschland auf.
>
> Für die Ermittlung der Aufenthaltstage ist es unerheblich, dass A ab dem 1. September 01 in Deutschland ansässig ist. Deutschland steht das Besteuerungsrecht für die vom 1. Juni bis 31. Dezember 01 erzielten Vergütungen zu.

Anlage § 039b-03/Arbeitslohn DBA (Zu LStH 38.3, 39b.10, 39d)

4.2.2 183-Tage-Frist – Aufenthalt im Tätigkeitsstaat

37 Wird in einem DBA zur Ermittlung der Aufenthalts-/Ausübungstage auf den **Aufenthalt** im Tätigkeitsstaat abgestellt, so ist hierbei nicht die Dauer der beruflichen Tätigkeit maßgebend, sondern allein die körperliche Anwesenheit im Tätigkeitsstaat. Es kommt darauf an, ob der Arbeitnehmer an mehr als 183 Tagen im Tätigkeitsstaat anwesend war. Dabei ist auch eine nur kurzfristige Anwesenheit an einem Tag als voller Aufenthaltstag im Tätigkeitsstaat zu berücksichtigen. Es muss sich nicht um einen zusammenhängenden Aufenthalt im Tätigkeitsstaat handeln; mehrere Aufenthalte im selben Tätigkeitsstaat sind zusammenzurechnen.

38 Als volle Tage des Aufenthalts im Tätigkeitsstaat werden u. a. mitgezählt:
- der Ankunfts- und Abreisetag,
- alle Tage der Anwesenheit im Tätigkeitsstaat unmittelbar vor, während und unmittelbar nach der Tätigkeit, z. B. Samstage, Sonntage, öffentliche Feiertage,
- Tage der Anwesenheit im Tätigkeitsstaat während Arbeitsunterbrechungen, z. B. bei Streik, Aussperrung, Ausbleiben von Lieferungen oder Krankheit, es sei denn, die Krankheit steht der Abreise des Arbeitnehmers entgegen und er hätte ohne sie die Voraussetzungen für die Steuerbefreiung im Tätigkeitsstaat erfüllt,
- Urlaubstage, die unmittelbar oder in einem engen zeitlichen Zusammenhang vor, während und nach der Tätigkeit im Tätigkeitsstaat verbracht werden (s. Bsp. 3, Rz. 44).

39 Tage, die ausschließlich außerhalb des Tätigkeitsstaats verbracht werden, unabhängig davon, ob aus beruflichen oder privaten Gründen, werden nicht mitgezählt. Auch zählen Tage des Transits in einem Durchreisestaat nicht als Aufenthaltstage für diesen Staat (s. Bsp. 4, Rz. 45).

40 Kehrt der Arbeitnehmer täglich zu seinem Wohnsitz im Ansässigkeitsstaat zurück, so ist er täglich im Tätigkeitsstaat anwesend (BFH-Urteil vom 10. Juli 1996, BStBl. 1997 II S. 15).

41 Zur Ermittlung der Aufenthaltstage nach dem DBA-Frankreich wird auf die Verständigungsvereinbarung mit Frankreich vom 16. Februar 2006 (BMF-Schreiben vom 3. April 2006, BStBl. I S. 304) hingewiesen.

42 **Beispiel 1:**

A ist für seinen deutschen Arbeitgeber mehrere Monate lang jeweils von Montag bis Freitag in den Niederlanden tätig. Seine Wochenenden verbringt er bei seiner Familie in Deutschland. Dazu fährt er an jedem Freitag nach Arbeitsende nach Deutschland. Er verlässt Deutschland jeweils am Montagmorgen, um in den Niederlanden seiner Berufstätigkeit nachzugehen.

Die Tage von Montag bis Freitag sind jeweils als volle Anwesenheitstage in den Niederlanden zu berücksichtigen, weil sich A dort zumindest zeitweise aufgehalten hat. Dagegen können die Samstage und Sonntage mangels Aufenthalt in den Niederlanden nicht als Anwesenheitstage im Sinne der 183-Tage-Klausel berücksichtigt werden.

43 **Beispiel 2:**

Wie Fall 1. Jedoch fährt A an jedem Samstagmorgen von den Niederlanden nach Deutschland und an jedem Sonntagabend zurück in die Niederlande.

Bei diesem Sachverhalt sind auch die Samstage und Sonntage als volle Anwesenheitstage in den Niederlanden im Sinne der 183-Tage-Klausel zu berücksichtigen, weil sich A an diesen Tagen zumindest zeitweise dort aufgehalten hat.

44 **Beispiel 3:** (vgl. Rz. 38)

B ist für seinen deutschen Arbeitgeber vom 1. Januar bis 15. Juni in Schweden tätig. Vom 25. Juni bis 24. Juli verbringt er dort seinen Urlaub.

Das Besteuerungsrecht für den Arbeitslohn hat Schweden, weil sich B länger als 183 Tage im Kalenderjahr in Schweden aufgehalten hat (Art. 15 DBA-Schweden), denn die Urlaubstage, die B im Anschluss an seine Tätigkeit in Schweden verbringt, stehen in einem engen zeitlichen Zusammenhang mit dieser Tätigkeit und werden daher für die Aufenthaltsdauer berücksichtigt.

45 **Beispiel 4:** (vgl. Rz. 39)

C fährt für seinen deutschen Arbeitgeber an einem Montag mit dem Pkw von Hamburg nach Mailand, um dort eine Montagetätigkeit auszuüben. Er unterbricht seine Fahrt in Österreich, wo er übernachtet. Am folgenden Tag fährt C weiter nach Mailand. Am Freitag fährt C von Mailand über Österreich nach Hamburg zurück.

C durchquert Österreich lediglich für Zwecke des Transits. Zur Berechnung der Aufenthaltstage in Österreich werden daher die Tage, die C auf seiner Fahrt von und nach Mailand in Österreich verbringt, nicht gezählt; damit sind für Italien vier Tage zu zählen, für Österreich ist kein Tag zu berücksichtigen.

4.2.3 183-Tage-Frist – Dauer der Ausübung der unselbständigen Arbeit im Tätigkeitsstaat

Wird in einem DBA zur Ermittlung der Aufenthalts-/Ausübungstage auf die Dauer der **Ausübung** der unselbständigen Arbeit im Tätigkeitsstaat abgestellt, so ist hierbei jeder Tag zu berücksichtigen, an dem sich der Arbeitnehmer, sei es auch nur für kurze Zeit, in dem anderen Vertragsstaat zur Arbeitsausübung tatsächlich aufgehalten hat. 46

Tage der Anwesenheit im Tätigkeitsstaat, an denen eine Ausübung der beruflichen Tätigkeit ausnahmsweise nicht möglich ist, werden mitgezählt, z. B. bei Streik, Aussperrung, Ausbleiben von Lieferungen oder Krankheit, es sei denn, die Krankheit steht der Abreise des Arbeitnehmers entgegen und er hätte ohne sie die Voraussetzungen für die Steuerbefreiung im Tätigkeitsstaat erfüllt. Abweichend von Tz. 4.2.2 sind alle arbeitsfreien Tage der Anwesenheit im Tätigkeitsstaat vor, während und nach der Tätigkeit, z. B. Samstage, Sonntage, öffentliche Feiertage, Urlaubstage, nicht zu berücksichtigen (s. Bsp. 1, Rz. 49). 47

Im Verhältnis zu Belgien gilt die Besonderheit, dass für die Berechnung der Tage der Arbeitsausübung übliche Arbeitsunterbrechungen mitgezählt werden. Daraus folgt, dass z. B. Tage wie Samstage, Sonntage, Krankheits- und Urlaubstage, auch wenn sie nicht im Tätigkeitsstaat verbracht werden, mitzuzählen sind, soweit sie auf den Zeitraum der Auslandstätigkeit entfallen (Art. 15 Abs. 2 Nr. 1 DBA-Belgien) (s. Bsp. 2, Rz. 50). 48

Beispiel 1: (vgl. Rz. 47) 49

A ist für seinen deutschen Arbeitgeber mehrere Monate lang jeweils von Montag bis Freitag in Dänemark tätig. Seine Wochenenden verbringt er bei seiner Familie in Deutschland. Dazu fährt er an jedem Samstagmorgen von Dänemark nach Deutschland und an jedem Sonntagabend zurück nach Dänemark.

Die Tage von Montag bis Freitag sind jeweils als volle Tage in Dänemark zu berücksichtigen, weil A an diesen Tagen dort seine berufliche Tätigkeit ausgeübt hat. Dagegen können die Samstage und Sonntage mangels Ausübung der Tätigkeit in Dänemark nicht als Tage im Sinne der 183-Tage-Klausel berücksichtigt werden.

Beispiel 2: (vgl. Rz. 48) 50

B ist für seinen deutschen Arbeitgeber zwei Wochen in Belgien tätig. Hierzu reist B am Sonntag nach Brüssel und nimmt dort am Montag seine Tätigkeit auf. Am folgenden arbeitsfreien Wochenende fährt B am Samstag nach Deutschland und kehrt am Montagmorgen zurück nach Brüssel. Nach Beendigung seiner Tätigkeit am darauf folgenden Freitag kehrt B am Samstag nach Deutschland zurück.

Der Anreisetag sowie der Abreisetag werden nicht als Tage in Belgien berücksichtigt, weil B an diesen Tagen dort seine berufliche Tätigkeit nicht ausgeübt hat und eine Arbeitsunterbrechung nicht gegeben ist. Die Tage von Montag bis Freitag sind jeweils als Tage in Belgien zu berücksichtigen, weil B an diesen Tagen dort seine berufliche Tätigkeit ausgeübt hat. Das dazwischen liegende Wochenende wird unabhängig vom Aufenthaltsort für Belgien berücksichtigt, weil eine übliche Arbeitsunterbrechung vorliegt.

4.2.4 Anwendung der 183-Tage-Frist auf das Steuerjahr/Kalenderjahr

Wird in einem DBA zur Ermittlung der Aufenthalts-/Ausübungstage auf das Steuerjahr oder Kalenderjahr abgestellt, so sind die Aufenthalts-/Ausübungstage für jedes Steuer- oder Kalenderjahr gesondert zu ermitteln. Weicht das Steuerjahr des anderen Vertragsstaats vom Steuerjahr Deutschlands (= Kalenderjahr) ab, ist jeweils das Steuerjahr des Vertragsstaats maßgebend, in dem die Tätigkeit ausgeübt wird. 51

Folgende Vertragsstaaten haben ein vom Kalenderjahr abweichendes Steuerjahr: 52

Australien	01.07. bis 30.06.
Bangladesch	01.07. bis 30.06.
Großbritannien	06.04. bis 05.04.
Indien	01.04. bis 31.03.
Iran	21.03. bis 20.03.
Mauritius	01.07. bis 30.06.
Namibia	01.03. bis 28./29.02.
Neuseeland	01.04. bis 31.03.

Anlage § 039b-03/Arbeitslohn DBA (Zu LStH 38.3, 39b.10, 39d)

Pakistan	01.07. bis 30.06.
Sri Lanka	01.04. bis 31.03.
Südafrika	01.03. bis 28./29.02.

53 Irland hat sein Steuerjahr zum 1. Januar 2002 auf das Kalenderjahr umgestellt.

54 **Beispiel 1:**

A ist vom 1. Oktober 01 bis 31. Mai 02 für seinen deutschen Arbeitgeber in Schweden tätig.

Die Aufenthaltstage sind für jedes Kalenderjahr getrennt zu ermitteln. A hält sich weder im Kalenderjahr 01 noch im Kalenderjahr 02 länger als 183 Tage in Schweden auf.

55 **Beispiel 2:**

B ist für seinen deutschen Arbeitgeber vom 1. Januar bis 31. Juli 02 in Großbritannien (Steuerjahr 6. April bis 5. April) tätig.

Die Aufenthaltstage sind für jedes Steuerjahr getrennt zu ermitteln. Maßgeblich ist das Steuerjahr des Tätigkeitsstaates. Da das Steuerjahr 01/02 in Großbritannien am 5. April 02 endet, hält sich B weder im Steuerjahr 01/02 noch im Steuerjahr 02/03 länger als 183 Tage in Großbritannien auf.

4.2.5 Anwendung der 183-Tage-Frist auf einen 12-Monats-Zeitraum

56 Wird in einem DBA statt auf das Steuer- oder Kalenderjahr auf einen „Zeitraum von zwölf Monaten" abgestellt, so sind hierbei alle denkbaren 12-Monats-Zeiträume in Betracht zu ziehen, auch wenn sie sich zum Teil überschneiden. Immer wenn sich der Arbeitnehmer in einem beliebigen 12-Monats-Zeitraum an mehr als 183 Tagen in dem anderen Vertragsstaat aufhält, steht diesem für die Einkünfte, die auf diese Tage entfallen, das Besteuerungsrecht zu. Mit jedem Aufenthaltstag des Arbeitnehmers in dem anderen Vertragsstaat ergeben sich somit neue zu beachtende 12-Monats-Zeiträume.

57 **Beispiel 1:**

A ist für seinen deutschen Arbeitgeber vom 1. April 01 bis 20. April 01, zwischen dem 1. August 01 und dem 31. März 02 für 90 Tage sowie vom 25. April 02 bis zum 31. Juli 02 für 97 Tage in Norwegen tätig.

Für die Vergütungen, die innerhalb des Zeitraums 1. August 01 bis 31. Juli 02 auf Tage entfallen, an denen sich A in Norwegen aufhält, hat Norwegen das Besteuerungsrecht, da sich A innerhalb eines 12-Monats-Zeitraums dort an insgesamt mehr als 183 Tagen aufgehalten hat. Deutschland stellt insoweit die Vergütungen des A unter Beachtung des § 50d Abs. 8 EStG und des Progressionsvorbehalts frei (Art. 23 Abs. 2 DBA-Norwegen). Das Besteuerungsrecht für die Einkünfte, die auf den Zeitraum 1. April bis 20. April 01 entfallen, steht dagegen Deutschland zu, da in allen auf diesen Zeitraum bezogenen denkbaren 12-Monats-Zeiträumen sich A an nicht mehr als 183 Tagen in Norwegen aufgehalten hat.

58 **Beispiel 2:**

B ist für seinen deutschen Arbeitgeber zwischen dem 1. Januar 01 und dem 28. Februar 01 sowie vom 1. Mai 01 bis zum 30. April 02 für jeweils monatlich 20 Tage in Norwegen tätig.

Das Besteuerungsrecht für die Vergütungen, die innerhalb des Zeitraums 1. Mai 01 bis 30. April 02 auf Tage entfallen, an denen sich B in Norwegen aufhält, hat Norwegen, da sich B innerhalb eines 12-Monats-Zeitraums dort an insgesamt mehr als 183 Tagen (= 240 Tage) aufgehalten hat. Gleiches gilt für den Zeitraum 1. Januar 01 bis 28. Februar 01, da sich B auch innerhalb des 12-Monats-Zeitraums vom 1. Januar 01 bis zum 31. Dezember 01 an insgesamt mehr als 183 Tagen (= 200 Tage) in Norwegen aufgehalten hat. Deutschland stellt insoweit die Vergütungen des B unter Beachtung des § 50d Abs. 8 EStG und des Progressionsvorbehalts frei (Art. 23 Abs. 2 DBA-Norwegen).

4.3 Artikel 15 Abs. 2 Buchstabe b OECD-MA – Zahlung durch einen im Tätigkeitsstaat ansässigen Arbeitgeber

4.3.1 Allgemeines

59 Die im Ausland ausgeübte unselbständige Tätigkeit eines Arbeitnehmers kann für seinen zivilrechtlichen Arbeitgeber (Tz. 4.3.2), im Rahmen einer Arbeitnehmerentsendung zwischen verbundenen Unternehmen (Tz. 4.3.3) oder aber für einen fremden dritten Arbeitgeber (Tz. 4.3.4 und 4.3.5) erfolgen.

60 Eine Betriebsstätte kommt zivilrechtlich nicht als Arbeitgeberin in Betracht (BFH-Urteile vom 29. Januar 1986, BStBl. II S. 442 und BStBl. II S. 513). Jedoch ist eine Personengesellschaft regelmäßig zivilrechtlich Arbeitgeberin. Die Ansässigkeit des Unternehmens bestimmt sich in diesem Fall nach dem Ort der Geschäftsleitung. Entsprechendes gilt für eine Personengesellschaft, die im anderen Staat wie eine Kapitalgesellschaft besteuert wird.

Beispiel: 61

A ist Arbeitnehmer des ausländischen (britischen) Unternehmens B. Er wohnt seit Jahren in Deutschland und ist bei einer deutschen unselbständigen Betriebsstätte des B in Hamburg beschäftigt. Im Jahr 01 befindet er sich an fünf Arbeitstagen bei Kundenbesuchen in der Schweiz und an fünf Arbeitstagen bei Kundenbesuchen in Norwegen.

Aufenthalt in der Schweiz: Maßgeblich ist das DBA-Schweiz, da A in Deutschland ansässig ist (Art. 1, 4 Abs. 1 DBA-Schweiz) und die „Quelle" der Einkünfte aus nichtselbständiger Arbeit in dem Staat liegt, in dem die Tätigkeit ausgeübt wird. Nach Art. 15 Abs. 2 DBA-Schweiz hat Deutschland das Besteuerungsrecht, da neben der Erfüllung der weiteren Voraussetzungen dieser Vorschrift A von einem Arbeitgeber entlohnt wird, der nicht in der Schweiz ansässig ist.

Aufenthalt in Norwegen: Maßgeblich ist das DBA-Norwegen. Deutschland hat kein Besteuerungsrecht für die Tätigkeit in Norwegen. Zwar hält sich A nicht länger als 183 Tage in Norwegen auf. Das Besteuerungsrecht steht Deutschland nach Art. 15 Abs. 2 Buchstabe b DBA-Norwegen aber nur dann zu, wenn der Arbeitgeber in dem Staat ansässig ist, in dem auch der Arbeitnehmer ansässig ist. Arbeitgeber ist hier das ausländische (britische) Unternehmen B; die inländische unselbständige Betriebsstätte kann nicht Arbeitgeber i. S. des DBA sein. Deutschland stellt die Vergütungen unter Beachtung des § 50d Abs. 8 EStG und des Progressionsvorbehalts frei (Art. 23 Abs. 2 DBA-Norwegen).

4.3.2 Auslandstätigkeit für den zivilrechtlichen Arbeitgeber (s. Bsp. 1, Rz. 89)

Sofern der im Inland ansässige Arbeitnehmer für seinen zivilrechtlichen Arbeitgeber z. B. im Rahmen einer Lieferung- oder Werkleistung bei einem nicht verbundenen Unternehmen im Ausland tätig ist, ist regelmäßig davon auszugehen, dass der zivilrechtliche Arbeitgeber auch der Arbeitgeber i.S. des DBA ist. 62

Entsprechendes gilt für einen im Ausland ansässigen Arbeitnehmer, der für seinen zivilrechtlichen Arbeitgeber im Inland tätig ist. 63

4.3.3 Arbeitnehmerentsendung zwischen international verbundenen Unternehmen

4.3.3.1 Wirtschaftlicher Arbeitgeber (s. Bsp. 2 u. 3, Rz. 90 u. 91)

Arbeitgeber i. S. des DBA kann nicht nur der zivilrechtliche Arbeitgeber, sondern auch eine andere natürliche oder juristische Person sein, die die Vergütung für die ihr geleistete nichtselbständige Tätigkeit wirtschaftlich trägt (BFH-Urteil vom 23. Februar 2005, BStBl. II S. 547). Entsprechendes gilt für Personengesellschaften (vgl. Tz. 4.3.1). Wird die unselbständige Tätigkeit eines im Inland ansässigen Arbeitnehmers bei einem im Ausland ansässigen verbundenen Unternehmen (Art. 9 OECD-MA) ausgeübt, ist zu prüfen, welches dieser Unternehmen als Arbeitgeber i. S. des DBA anzusehen ist. Hierbei ist auf den wirtschaftlichen Gehalt und die tatsächliche Durchführung der zugrunde liegenden Vereinbarungen abzustellen. 64

Entsprechendes gilt, wenn ein im Ausland ansässiger Arbeitnehmer bei einem im Inland ansässigen verbundenen Unternehmen (Art. 9 OECD-MA) tätig ist. 65

Wird der Arbeitnehmer zur Erfüllung einer Lieferungs- oder Werkleistungsverpflichtung des entsendenden Unternehmens bei einem verbundenen Unternehmen tätig und ist sein Arbeitslohn Preisbestandteil der Lieferung oder Werkleistung, ist der zivilrechtliche Arbeitgeber (= entsendendes Unternehmen) auch Arbeitgeber i. S. des DBA. Die Grundsätze des BMF-Schreibens vom 9. November 2001, BStBl. I S. 796 (Grundsätze für die Prüfung der Einkunftsabgrenzung zwischen international verbundenen Unternehmen in Fällen der Arbeitnehmerentsendung – [Verwaltungsgrundsätze – Arbeitnehmerentsendung]) sind bei der Abgrenzung zu beachten. Einzeln abgrenzbare Leistungen sind gesondert zu betrachten. 66

Dagegen wird das aufnehmende verbundene Unternehmen Arbeitgeber im abkommensrechtlichen Sinne (wirtschaftlicher Arbeitgeber), wenn 67
– der Arbeitnehmer in das aufnehmende Unternehmen eingebunden ist und
– das aufnehmende Unternehmen den Arbeitslohn (infolge seines eigenen betrieblichen Interesses an der Entsendung des Arbeitnehmers) wirtschaftlich trägt. Hierbei ist es unerheblich, ob die Vergütungen unmittelbar dem betreffenden Arbeitnehmer ausgezahlt werden, oder ein anderes Unternehmen mit diesen Arbeitsvergütungen in Vorlage tritt.

Für die Entscheidung, ob der Arbeitnehmer in das aufnehmende Unternehmen eingebunden ist, ist das Gesamtbild der Verhältnisse maßgebend. Hierbei ist insbesondere zu berücksichtigen, ob 68

Anlage § 039b-03/Arbeitslohn DBA (Zu LStH 38.3, 39b.10, 39d)

- das aufnehmende Unternehmen die Verantwortung oder das Risiko für die durch die Tätigkeit des Arbeitnehmers erzielten Ergebnisse trägt, und
- der Arbeitnehmer den Weisungen des aufnehmenden Unternehmens unterworfen ist.

69 Darüber hinaus kann für die vorgenannte Entscheidung u. a. zu berücksichtigen sein, wer über Art und Umfang der täglichen Arbeit, die Höhe der Bezüge, die Teilnahme an einem etwaigen Erfolgsbonus- und Aktienerwerbsplan des Konzerns oder die Urlaubsgewährung entscheidet, wer die Arbeitsmittel stellt, das Risiko für eine Lohnzahlung im Nichtleistungsfall trägt, das Recht der Entscheidung über Kündigung oder Entlassung hat, oder für die Sozialversicherungsbelange des Arbeitnehmers verantwortlich ist, in wessen Räumlichkeiten die Arbeit erbracht wird, welchen Zeitraum das Tätigwerden im aufnehmenden Unternehmen umfasst, wem gegenüber Abfindungs- und Pensionsansprüche erwachsen und mit wem der Arbeitnehmer Meinungsverschiedenheiten aus dem Arbeitsvertrag auszutragen hat.

70 Ein aufnehmendes Unternehmen wird regelmäßig als wirtschaftlicher Arbeitgeber anzusehen sein, wenn es nach den Verwaltungsgrundsätzen-Arbeitnehmerentsendung (BMF-Schreiben vom 9. November 2001, BStBl. I S. 796) die Lohnaufwendungen getragen hat oder nach dem Fremdvergleich hätte tragen müssen.

71 Zu einem Wechsel der Arbeitgeberstellung bedarf es weder einer förmlichen Änderung des Dienstvertrages zwischen dem Arbeitnehmer und dem entsendenden Unternehmen noch ist der Abschluss eines zusätzlichen Arbeitsvertrages zwischen dem Arbeitnehmer und dem aufnehmenden Unternehmen oder eine im Vorhinein getroffene Verrechnungspreisabrede zwischen den betroffenen verbundenen Unternehmen erforderlich (s. auch BFH-Urteil vom 23. Februar 2005, BStBl. II S. 547).

72 Zu dem Sonderfall eines Arbeitnehmers, der im Interesse seines inländischen Arbeitgebers die Funktion als Verwaltungsratsmitglied oder -beirat bei einem ausländischen verbundenen Unternehmen wahrnimmt, s. BFH-Urteil vom 23. Februar 2005, a. a. O.

73 Auf die in den Fällen der Arbeitnehmerentsendung mögliche Lohnsteuerabzugsverpflichtung für das aufnehmende Unternehmen nach § 38 Abs. 1 Satz 2 EStG wird hingewiesen.

4.3.3.2 Vereinfachungsregelung

74 Bei einer Entsendung von nicht mehr als drei Monaten (jahresübergreifend für sachlich zusammenhängende Tätigkeiten) spricht eine widerlegbare Anscheinsvermutung dafür, dass das aufnehmende Unternehmen mangels Einbindung des Arbeitnehmers nicht als wirtschaftlicher Arbeitgeber anzusehen ist.

4.3.3.3 Entsendendes und aufnehmendes Unternehmen sind Arbeitgeber

75 Ist ein Arbeitnehmer abwechselnd sowohl für seinen inländischen zivilrechtlichen Arbeitgeber als auch für ein weiteres im Ausland ansässiges verbundenes Unternehmen tätig, können abkommensrechtlich beide Unternehmen „Arbeitgeber" des betreffenden Arbeitnehmers sein. Voraussetzung ist, dass nach den vorgenannten Grundsätzen beide Unternehmen für die jeweils anteiligen Vergütungen als Arbeitgeber i. S. des DBA anzusehen sind. Dies kann z. B. der Fall sein, wenn sowohl das entsendende als auch das aufnehmende Unternehmen ein Interesse an der Entsendung haben, weil der Arbeitnehmer Planungs-, Koordinierungs- oder Kontrollfunktionen für das entsendende Unternehmen ausübt (Tz. 3.1.1 der Verwaltungsgrundsätze-Arbeitnehmerentsendung; BMF-Schreiben vom 9. November 2001, BStBl. I S. 796). Es liegen in einem solchen Fall zwei Arbeitsverhältnisse vor, die mit ihren (zeit-)anteiligen Vergütungen getrennt zu beurteilen sind.

76 Erhält der Arbeitnehmer seine Vergütungen aus unselbständiger Tätigkeit in vollem Umfang von seinem zivilrechtlichen Arbeitgeber und trägt das im Ausland ansässige verbundene Unternehmen wirtschaftlich die an den Arbeitnehmer gezahlten (zeit-)anteiligen Vergütungen für die in diesem Unternehmen ausgeübte Tätigkeit, indem die (zeit-)anteiligen Vergütungen zwischen den verbundenen Unternehmen verrechnet werden, ist zu prüfen, ob der Betrag dieser (zeit-)anteiligen Vergütungen höher ist, als sie ein anderer Arbeitnehmer unter gleichen oder ähnlichen Bedingungen für diese Tätigkeit in diesem anderen Staat erhalten hätte. Der übersteigende Betrag stellt keine Erstattung von Arbeitslohn dar, sondern ist Ausfluss des Verhältnisses der beiden verbundenen Unternehmen zueinander. Der übersteigende Betrag gehört nicht zum Arbeitslohn für die für das im Ausland ansässige verbundene Unternehmen ausgeübte Tätigkeit.

4.3.3.4 Gestaltungsmissbrauch i. S. des § 42 AO

77 Dient eine Arbeitnehmerentsendung ausschließlich oder fast ausschließlich dazu, die deutsche Besteuerung zu vermeiden, ist im Einzelfall zu prüfen, ob ein Missbrauch rechtlicher Gestaltungsmöglichkeiten nach § 42 AO vorliegt.

Beispiel: 78

Ein in der Schweiz ansässiger Gesellschafter-Geschäftsführer einer inländischen Kapitalgesellschaft unterlag in der Vergangenheit der inländischen Besteuerung nach Art. 15 Abs. 4 DBA-Schweiz. Er legt diese Beteiligung in eine Schweizer AG ein, an der er ebenfalls als Gesellschafter-Geschäftsführer wesentlich beteiligt ist. Dieser Ertrag ist nach Art. 13 Abs. 3 i. V. m. Abs. 4 DBA-Schweiz in Deutschland steuerfrei. Sein inländischer Anstellungsvertrag wird aufgelöst, er wird ab der Umstrukturierung als Arbeitnehmer der neuen Muttergesellschaft im Rahmen eines Managementverleihvertrags für die deutsche Tochtergesellschaft tätig.

Dient die gewählte Gestaltung nur dazu, die Anwendung des Art. 15 Abs. 4 DBA-Schweiz zu vermeiden, ist die Gestaltung ungeachtet der ggf. erfüllten Kriterien der Tz. 4.3.3.1 nach § 42 AO nicht anzuerkennen.

4.3.3.5 Arbeitgeber im Rahmen einer Poolvereinbarung

Schließen sich verbundene Unternehmen zu einem Pool zusammen, handelt es sich steuerlich um eine 79 Innengesellschaft (Verwaltungsgrundsätze-Umlageverträge, BMF-Schreiben vom 30. Dezember 1999, BStBl. I S. 1122). Das gegebene zivilrechtliche Arbeitsverhältnis bleibt in diesen Fällen unverändert bestehen. Maßgeblich für die Anwendung des DBA ist dieses Arbeitsverhältnis.

Beispiel: 80

Fünf europäische Landesgesellschaften eines international tätigen Maschinenbau-Konzerns schließen sich zusammen, um für Notfälle eine Einsatzgruppe von Technikern zusammen zu stellen, die je nach Bedarf in Notfällen in den einzelnen Ländern tätig werden sollen. Jede Landesgesellschaft stellt hierfür drei Techniker; die Kosten der Gruppe werden nach einem Umsatzschlüssel auf die Gesellschaften verteilt.

Arbeitgeber i. S. des DBA ist der jeweilige zivilrechtliche Arbeitgeber (Landesgesellschaft) des Technikers.

4.3.4 Gewerbliche Arbeitnehmerüberlassung (s. Bsp. 4, Rz. 92)

Gewerbliche Arbeitnehmerüberlassung liegt bei Unternehmen vor, die als Verleiher Dritten (Entleiher) 81 Arbeitnehmer (Leiharbeitnehmer) gewerbsmäßig zur Arbeitsleistung überlassen.

Bei einer grenzüberschreitenden Arbeitnehmerüberlassung nimmt der Entleiher grundsätzlich die wesentlichen Arbeitgeberfunktionen wahr. Die entliehenen Arbeitnehmer sind regelmäßig in den Betrieb des Entleihers eingebunden. Dementsprechend ist in Abweichung von Tz. 4.3.3.2 mit Aufnahme der Tätigkeit des Leiharbeitnehmers beim Entleiher dieser als Arbeitgeber i. S. des DBA anzusehen. 82

In Einzelfällen, z. B. bei nur kurzfristiger Überlassung (s. auch BFH-Beschluss vom 4. September 2002, 83 BStBl. 2003 II S. 306), können auch wesentliche Arbeitgeberfunktionen beim Verleiher verbleiben. In diesen Fällen ist zu prüfen, ob nach dem Gesamtbild der Verhältnisse der Verleiher oder der Entleiher überwiegend die wesentlichen Arbeitgeberfunktionen wahrnimmt und damit als Arbeitgeber i. S. des DBA anzusehen ist. Folgende Kriterien sind bei der Prüfung insbesondere zu beachten:

– Wer trägt die Verantwortung oder das Risiko für die durch die Tätigkeit des Arbeitnehmers erzielten Ergebnisse?
– Wer hat das Recht, dem Arbeitnehmer Weisungen zu erteilen?
– Unter wessen Kontrolle und Verantwortung steht die Einrichtung, in der der Arbeitnehmer seine Tätigkeit ausübt?
– Wer stellt dem Arbeitnehmer im Wesentlichen die Werkzeuge und das Material zur Verfügung?
– Wer bestimmt die Zahl und die Qualifikation der Arbeitnehmer?

Nach einigen DBA ist die 183-Tage-Klausel auf Leiharbeitnehmer nicht anwendbar (z. B. Art. 13 Abs. 6 84 DBA-Frankreich; Protokoll Ziffer 13 zum DBA-Italien; Art. 15 Abs. 4 DBA-Schweden). In diesen Fällen haben beide Vertragsstaaten das Besteuerungsrecht. Die Doppelbesteuerung wird durch Steueranrechnung vermieden.

Nach dem DBA-Österreich steht im Rahmen der Arbeitnehmerüberlassung das Besteuerungsrecht für 85 den Arbeitslohn des überlassenen Arbeitnehmers nur dem Wohnsitzstaat des Arbeitnehmers zu, sofern er sich nicht länger als 183 Tage während des betreffenden Kalenderjahrs im jeweils anderen Staat aufhält und die übrigen Voraussetzungen des Art. 15 Abs. 2 DBA-Österreich erfüllt sind. Hält sich der Arbeitnehmer länger als 183 Tage im Tätigkeitsstaat auf, steht diesem das Besteuerungsrecht zu (Art. 15 Abs. 2, 3 DBA-Österreich).

Anlage § 039b-03/Arbeitslohn DBA (Zu LStH 38.3, 39b.10, 39d)

4.3.5 Gelegentliche Arbeitnehmerüberlassung zwischen fremden Dritten (s. Bsp. 5, Rz. 93)

86 Sofern gelegentlich ein Arbeitnehmer bei einem fremden Dritten eingesetzt wird, kann entweder eine Arbeitnehmerüberlassung oder eine Tätigkeit zur Erfüllung einer Lieferungs- oder Werkleistungsverpflichtung vorliegen.

87 Eine gelegentliche Arbeitnehmerüberlassung liegt grundsätzlich dann vor, wenn der zivilrechtliche Arbeitgeber, dessen Unternehmenszweck nicht die Arbeitnehmerüberlassung ist, mit einem nicht verbundenen Unternehmen vereinbart, den Arbeitnehmer für eine befristete Zeit bei letztgenanntem Unternehmen tätig werden zu lassen und das aufnehmende Unternehmen entweder eine arbeitsrechtliche Vereinbarung (Arbeitsverhältnis) mit dem Arbeitnehmer schließt oder als wirtschaftlicher Arbeitgeber anzusehen ist.

88 Bezogen auf die vom Entleiher gezahlten Vergütungen ist in diesen Fällen regelmäßig der Entleiher als Arbeitgeber i. S. des DBA anzusehen.

4.3.6 Beispiele

89 **Beispiel 1:** (vgl. Rz. 62 u. 63)

Das in Spanien ansässige Unternehmen S ist spezialisiert auf die Installation von Computeranlagen. D, ein im Inland ansässiges Unternehmen, hat kürzlich eine neue Computeranlage angeschafft und schließt für die Durchführung der Installation dieser Anlage einen Vertrag mit S ab. X, ein in Spanien ansässiger Angestellter von S, wird für vier Monate an den Firmensitz von D im Inland gesandt, um die vereinbarte Installation durchzuführen.

X wird im Rahmen einer Werkleistungsverpflichtung und nicht im Rahmen einer Arbeitnehmerentsendung des S bei D tätig. Vorausgesetzt, X hält sich nicht mehr als 183 Tage während des betreffenden Steuerjahres in Deutschland auf und S hat in Deutschland keine Betriebsstätte, der die Gehaltszahlungen an X zuzurechnen sind, findet Art. 15 Abs. 2 DBA-Spanien Anwendung mit der Folge, dass das Besteuerungsrecht für die Vergütungen aus nichtselbständiger Arbeit Spanien zugewiesen wird. Deutschland stellt die Vergütungen steuerfrei.

90 **Beispiel 2:** (vgl. Rz. 64 ff.)

Das in Spanien ansässige Unternehmen S ist die Muttergesellschaft einer Firmengruppe. Zu dieser Gruppe gehört auch D, ein im Inland ansässiges Unternehmen, welches Produkte der Gruppe verkauft. S hat eine neue weltweite Marktstrategie für die Produkte der Gruppe entwickelt. Um sicherzustellen, dass diese Strategie von D richtig verstanden und umgesetzt wird, wird X, ein in Spanien ansässiger Angestellter von S, der an der Entwicklung der Marktstrategie mitgearbeitet hat, für vier Monate an den Firmensitz von D gesandt. Das Gehalt von X wird ausschließlich von S getragen.

Auch wenn X länger als drei Monate bei D tätig wird, ist D nicht als wirtschaftlicher Arbeitgeber des X anzusehen. S trägt alleine die Gehaltsaufwendungen des X. Zudem übt X seine Tätigkeit im alleinigen Interesse von S aus. Eine Eingliederung in die organisatorischen Strukturen des D erfolgt nicht. Das Besteuerungsrecht für die Vergütungen des X wird Spanien zugewiesen (Art. 15 Abs. 2 DBA-Spanien). Deutschland stellt die Vergütungen steuerfrei.

91 **Beispiel 3:** (vgl. Rz. 64 ff.)

Ein internationaler Hotelkonzern betreibt durch eine Anzahl von Tochtergesellschaften weltweit Hotels. S, eine in Spanien ansässige Tochtergesellschaft, betreibt in Spanien ein Hotel. D, eine weitere Tochtergesellschaft der Gruppe, betreibt in Hotel in Deutschland. D benötigt für fünf Monate einen Arbeitnehmer mit spanischen Sprachkenntnissen. Aus diesem Grund wird X, ein in Spanien ansässiger Angestellter der S, zu D entsandt, um während dieser Zeit an der Rezeption im Inland tätig zu sein. X bleibt während dieser Zeit bei S angestellt und wird auch weiterhin von S bezahlt. D übernimmt die Reisekosten von X und bezahlt an S eine Gebühr, die auf dem Gehalt, den Sozialabgaben und weiteren Vergütungen des X für diese Zeit basiert.

Für den Zeitraum der Tätigkeit des X im Inland ist D als wirtschaftlicher Arbeitgeber des X anzusehen. Die Entsendung des X zwischen den international verbundenen Unternehmen erfolgt im Interesse des aufnehmenden Unternehmens D. X ist in dem genannten Zeitraum in den Geschäftsbetrieb des D eingebunden. Zudem trägt D wirtschaftlich die Arbeitsvergütungen. Die Tatbestandsvoraussetzung des Art. 15 Abs. 2 Buchstabe b DBA-Spanien sind damit nicht gegeben. Obwohl X weniger als 183 Tage in Deutschland tätig ist, wird Deutschland gemäß Art. 15 Abs. 1 DBA-Spanien das Besteuerungsrecht für die Vergütungen des X für den genannten Zeitraum zugewiesen.

Beispiel 4: (vgl. Rz. 81 ff.) 92

S ist ein in Spanien ansässiges Unternehmen. Es betreibt eine gewerbliche Arbeitnehmerüberlassung für hoch qualifiziertes Personal. D ist ein in Deutschland ansässiges Unternehmen für hochwertige Dienstleistungen im Bausektor. Zur Fertigstellung eines Auftrages im Inland benötigt D für fünf Monate einen Spezialisten und wendet sich deswegen an S. X, ein in Spanien ansässiger Spezialist, wird daraufhin von S für fünf Monate eingestellt. Gemäß einem separaten Vertrag zwischen S und D erklärt sich S damit einverstanden, dass die Arbeitsleistungen von X während dieser Zeit an D erbracht werden. Gemäß diesem Vertrag zahlt D das Gehalt, Sozialversicherungsabgaben, Reisekosten und andere Vergütungen des X.

Im Rahmen der internationalen Arbeitnehmerüberlassung wird D wirtschaftlicher Arbeitgeber des X. D nimmt während des genannten Zeitraums die wesentlichen Arbeitgeberfunktionen wahr. X ist in den Geschäftsbetrieb des D eingebunden. Die Tatbestandsvoraussetzung des Art. 15 Abs. 2 Buchstabe b DBA-Spanien sind damit nicht erfüllt. Gemäß Art. 15 Abs. 1 DBA-Spanien wird somit Deutschland das Besteuerungsrecht für die Vergütungen des X für den genannten Zeitraum zugewiesen.

Beispiel 5: (vgl. Rz. 86 ff.) 93

S, ein in Spanien ansässiges Unternehmen, und D, ein in Deutschland ansässiges Unternehmen, sind ausschließlich mit der Ausübung technischer Dienstleistungen befasst. Sie sind keine verbundenen Unternehmen i. S. des Art. 9 OECD-MA. D benötigt für eine Übergangszeit die Leistungen eines Spezialisten, um eine Bauleistung im Inland fertig zu stellen und wendet sich deswegen an S. Beide Unternehmen vereinbaren, dass X, ein in Spanien ansässiger Angestellter von S, für die Dauer von vier Monaten für D unter der direkten Aufsicht von dessen erstem Ingenieur arbeiten soll. X bleibt während dieser Zeit formal weiterhin bei S angestellt. D zahlt S einen Betrag, der dem Gehalt, Sozialversicherungsabgaben, Reisekosten und andere Vergütungen des Technikers für diesen Zeitraum entspricht. Zusätzlich wird ein Aufschlag von 5 % gezahlt. Es wurde vereinbart, dass S von allen Schadenersatzansprüchen, die in dieser Zeit aufgrund der Tätigkeit von X entstehen sollten, befreit ist.

Es liegt eine gelegentliche Arbeitnehmerüberlassung zwischen fremden Unternehmen vor. D ist während des genannten Zeitraums von vier Monaten als wirtschaftlicher Arbeitgeber des X anzusehen. Die Tatbestandsvoraussetzung des Art. 15 Abs. 2 Buchstabe b DBA-Spanien sind damit nicht erfüllt. Gemäß Art. 15 Abs. 1 DBA-Spanien wird somit Deutschland das Besteuerungsrecht für die Vergütungen des X für den genannten Zeitraum zugewiesen. Der Aufschlag in Höhe von 5 % stellt keinen Arbeitslohn des X dar.

4.4 Artikel 15 Abs. 2 Buchstabe c OECD-MA – Zahlung des Arbeitslohns zu Lasten einer Betriebsstätte des Arbeitgebers im Tätigkeitsstaat

Maßgebend für den Begriff der „Betriebsstätte" ist die Definition in dem jeweiligen Abkommen (vgl. 94 Art. 5 OECD-MA). Nach mehreren DBA ist z. B. eine Bau- oder Montagestelle (anders als nach § 12 AO – 6 Monate) erst ab einem Zeitraum von mehr als 12 Monaten eine Betriebsstätte (vgl. z. B. Art. 5 Abs. 2 Buchstabe g DBA-Schweiz).

Der Arbeitslohn wird zu Lasten einer Betriebsstätte gezahlt, wenn die Zahlungen wirtschaftlich der Betriebsstätte zuzuordnen sind. Nicht entscheidend ist, wer die Vergütungen auszahlt oder wer die Vergütungen in seiner Teilbuchführung abrechnet. Entscheidend ist allein, ob und ggf. in welchem Umfang die ausgeübte Tätigkeit des Arbeitnehmers nach dem jeweiligen DBA (z. B. Art. 7 DBA-Schweiz) der Betriebsstätte zuzuordnen ist und die Vergütung deshalb wirtschaftlich zu Lasten der Betriebsstätte geht (BFH-Urteil vom 24. Februar 1988, BStBl. II S. 819). Wenn der Arbeitslohn lediglich Teil von Verrechnungen für Lieferungen oder Leistungen im Verhältnis zur Betriebsstätte ist, wird der Arbeitslohn als solcher nicht von der Betriebsstätte getragen (BFH-Urteil vom 24. Februar 1988, a. a. O.).

Eine selbständige Tochtergesellschaft (z. B. GmbH) ist nicht Betriebsstätte der Muttergesellschaft, kann 96 aber ggf. eine Vertreterbetriebsstätte begründen oder selbst Arbeitgeber sein.

Im Übrigen wird auf die „Verwaltungsgrundsätze-Arbeitnehmerentsendung", BMF-Schreiben vom 97 9. November 2001, BStBl. I S. 796, verwiesen.

Die Grundsätze zum wirtschaftlichen Arbeitgeberbegriff sind entsprechend anzuwenden (Tz. 4.3). 98

Beispiel: 99

Fallvariante 1:

A ist vom 1. Januar 01 bis 31. März 01 bei einer Betriebsstätte seines deutschen Arbeitgebers in Frankreich tätig. Der Lohnaufwand ist der Betriebsstätte als Betriebsausgabe zuzuordnen.

Anlage § 039b-03/Arbeitslohn DBA (Zu LStH 38.3, 39b.10, 39d)

Das Besteuerungsrecht für den Arbeitslohn steht Frankreich zu. A ist zwar nicht mehr als 183 Tage in Frankreich tätig, da der Arbeitslohn aber zu Lasten einer französischen Betriebsstätte des Arbeitgebers geht, bleibt das Besteuerungsrecht Deutschland nicht erhalten (Art. 13 Abs. 4 DBA-Frankreich). Frankreich kann als Tätigkeitsstaat den Arbeitslohn besteuern (Art. 13 Abs. 1 DBA-Frankreich). Deutschland stellt die Einkünfte unter Beachtung des § 50d Abs. 8 EStG und des Progressionsvorbehalts frei (Art. 20 Abs. 1 Buchstabe a DBA-Frankreich).

Fallvariante 2:

Der in Frankreich ansässige B ist bei einer deutschen Betriebsstätte seines französischen Arbeitgebers vom 1. Januar 01 bis 31. März 01 in Deutschland tätig. Der Lohnaufwand ist der Betriebsstätte als Betriebsausgabe zuzuordnen.

Das Besteuerungsrecht für den Arbeitslohn hat Deutschland. B ist zwar nicht mehr als 183 Tage in Deutschland tätig, der Arbeitslohn geht aber zu Lasten einer deutschen Betriebsstätte. Deutschland kann daher als Tätigkeitsstaat den Arbeitslohn besteuern (Art. 13 Abs. 1 DBA-Frankreich i. V. m. §§ 1 Abs. 4 und 49 Abs. 1 Nr. 4 Buchstabe a EStG).

5 Ermittlung des steuerpflichtigen/steuerfreien Arbeitslohns

5.1 Differenzierung zwischen der Anwendung der 183-Tage-Klausel und der Ermittlung des steuerpflichtigen/steuerfreien Arbeitslohns

100 Nach Art. 15 Abs. 1 OECD-MA können die Vergütungen aus unselbständiger Arbeit ausschließlich im Ansässigkeitsstaat des Arbeitnehmers besteuert werden, es sei denn, die Tätigkeit wird im anderen Staat ausgeübt. Wird die unselbständige Arbeit im anderen Staat ausgeübt, steht diesem Staat das Besteuerungsrecht für Vergütungen zu, die für die dort ausgeübte Tätigkeit gezahlt werden (s. Tz. 3). Gemäß Art. 15 Abs. 2 OECD-MA ist zu prüfen, ob trotz der Auslandstätigkeit dem Ansässigkeitsstaat des Arbeitnehmers das Besteuerungsrecht an den Vergütungen aus unselbständiger Arbeit verbleibt (s. Tz. 4). Im Rahmen dieser Prüfung wird u. a. eine Berechnung der nach den jeweils anzuwendenden DBA maßgeblichen Aufenthaltstage im Ausland anhand der 183-Tage-Klausel vorgenommen.

101 Die Ermittlung des steuerpflichtigen/steuerfreien Arbeitslohns erfolgt sodann in einem weiteren gesonderten Schritt.

5.2 Grundsätze bei der Ermittlung des steuerpflichtigen/steuerfreien Arbeitslohns

102 Nach § 90 Abs. 2 AO hat der Steuerpflichtige den Nachweis über die Ausübung der Tätigkeit in dem anderen Staat und deren Zeitdauer durch Vorlage geeigneter Aufzeichnungen (z. B. Stundenprotokolle, Terminkalender, Reisekostenabrechnungen) zu führen.

103 Ist der Arbeitslohn in Deutschland nach einem DBA freizustellen, ist zunächst zu prüfen, inwieweit die Vergütungen unmittelbar der Auslandstätigkeit oder unmittelbar der Inlandstätigkeit zugeordnet werden können (Tz. 5.3). Soweit eine derartige Zuordnung nicht möglich ist, ist der verbleibende, nicht unmittelbar zuzuordnende Arbeitslohn aufzuteilen. Die Aufteilung hat bereits der Arbeitgeber im Lohnsteuerabzugsverfahren unter Beachtung der R 123 LStR vorzunehmen. Darüber hinaus hat er den steuerfrei belassenen Arbeitslohn in der Lohnsteuerbescheinigung anzugeben. Im Hinblick auf den vorläufigen Charakter des Lohnsteuerabzugsverfahrens ist das Finanzamt nicht gehindert, im Einkommensteuerveranlagungsverfahren die Aufteilung zu überprüfen.

5.3 Direkte Zuordnung

104 Gehaltsbestandteile, die unmittelbar aufgrund einer konkreten inländischen oder ausländischen Arbeitsleistung gewährt werden, sind vorab direkt zuzuordnen. Dies können z. B. Reisekosten, Überstundenvergütungen, Zuschläge für Sonntags-, Feiertags- und Nachtarbeit, Auslandszulagen, projektbezogene Erfolgsprämien oder die Gestellung einer Wohnung im Tätigkeitsstaat sein.

5.4 Aufteilung des verbleibenden Arbeitslohns

105 Die Aufteilung des verbleibenden Arbeitslohns erfolgt nach den Grundsätzen des BFH-Urteils vom 29. Januar 1986, BStBl. II S. 479. Grundlage für die Berechnung des steuerfreien Arbeitslohns ist die Zahl der vertraglich vereinbarten Arbeitstage. Die vertraglich vereinbarten Arbeitstage sind die Kalendertage pro Jahr abzüglich der Tage, an denen der Arbeitnehmer laut Arbeitsvertrag nicht verpflichtet ist zu arbeiten (z. B. Urlaubstage, Wochenendtage, gesetzliche Feiertage).

106 Den vereinbarten Arbeitstagen ist das für die entsprechende Zeit vereinbarte und nicht nach Tz. 5.3 direkt zugeordnete Arbeitsentgelt gegenüberzustellen. Hierzu gehören neben den laufenden Vergütungen (z. B. Lohn, Gehalt, sonstige Vorteile) auch Zusatzvergütungen, die auf die unselbständige Arbeit des Arbeitnehmers innerhalb des gesamten Berechnungszeitraums entfallen (z. B. Weihnachtsgeld, Urlaubs-

geld). Hat sich das vereinbarte Gehalt während des Kalenderjahres verändert, so ist dieser Veränderung Rechnung zu tragen.

Das aufzuteilende Arbeitsentgelt ist in Bezug zu den vereinbarten Arbeitstagen zu setzen. Daraus ergibt sich ein vereinbartes Arbeitsentgelt pro vereinbartem Arbeitstag. 107

Das aufzuteilende Arbeitsentgelt pro vereinbartem Arbeitstag ist mit den vereinbarten Arbeitstagen zu multiplizieren, an denen sich der Arbeitnehmer tatsächlich im anderen Staat aufgehalten hat. Sollte sich der Arbeitnehmer auch an Tagen in dem anderen Staat aufgehalten haben, die nicht zu den vereinbarten Arbeitstagen zählen (z. B. Verlängerung eines Aufenthalts aus privaten Gründen), fallen diese Tage aus der Berechnung der steuerfreien Einkünfte heraus. 108

Hält sich der Arbeitnehmer nicht vollständig an einem vereinbarten Arbeitstag im anderen Staat auf (z. B. an Reisetagen), so ist das Arbeitsentgelt pro vereinbartem Arbeitstag zeitanteilig aufzuteilen. Dies muss ggf. im Schätzungswege erfolgen. Hierbei ist die für diesen Tag vereinbarte Arbeitszeit zugrunde zu legen. 109

Abgeleistete Überstunden sind gesondert zu berücksichtigen, soweit der Arbeitgeber für sie tatsächlich einen Ausgleich leistet. 110

Darüber hinaus ist bei der Aufteilung zu berücksichtigen, dass vereinbarte Arbeitszeiten, die in Transitländern verbracht werden, dem Ansässigkeitsstaat zuzuordnen sind. 111

5.5 Besonderheiten bei der Aufteilung bestimmter Lohnbestandteile

Eine einmalige Zahlung (z. B. Jubiläumszahlung), die eine Nachzahlung für eine frühere aktive Tätigkeit darstellt und anteilig auf die Auslands- und Inlandstätigkeit entfällt, ist nach den vorgenannten Grundsätzen aufzuteilen. Für die Zuweisung des Besteuerungsrechts kommt es nicht darauf an, zu welchem Zeitpunkt und wo die Vergütung bezahlt wird, sondern allein darauf, dass sie dem Arbeitnehmer für eine Auslandstätigkeit gezahlt wird (BFH-Urteil vom 5. Februar 1992, BStBl. II S. 660). Eine Nachzahlung für eine frühere aktive Tätigkeit liegt nicht vor, wenn die einmalige Zahlung ganz oder teilweise der Versorgung dient (BFH-Urteil vom 5. Februar 1992, BStBl. II S. 660; BFH-Urteil vom 12. Oktober 1978, BStBl. II S. 64). 112

Urlaubsentgelte sind in die Aufteilung einzubeziehen. Dies gilt sowohl für Urlaubsgeld als auch für Bezüge, die für den Verzicht auf den Urlaub gezahlt werden (Urlaubsabgeltung für nicht genommenen Urlaub). Der auf Urlaub entfallende Teil des Arbeitslohns ist dabei im Inland freizustellen, soweit er der im Ausland ausgeübten Tätigkeit entspricht. Weichen die tatsächlichen Arbeitstage von den vereinbarten Arbeitstagen ab, weil der Arbeitnehmer in dem zu beurteilenden Kalenderjahr entweder Urlaub nicht oder aus einem anderen Kalenderjahr genommen hat, sind die vereinbarten Arbeitstage für die Aufteilung des Arbeitslohns entsprechend zu erhöhen oder zu mindern. Hiervon kann aus Vereinfachungsgründen abgesehen werden, wenn die Anzahl der übertragenen Urlaubstage nicht mehr als zehn beträgt. Für Arbeitslohn, der auf Urlaub oder Urlaubsabgeltung eines vorangegangenen Kalenderjahrs entfällt, ist das Aufteilungsverhältnis dieses vorangegangenen Kalenderjahrs maßgeblich. 113

Übt der Arbeitnehmer seine Tätigkeit an Tagen aus, die gemäß dem Arbeitsvertrag den vereinbarten Tagen nicht zuzuordnen sind und erhält er für diese Tätigkeit kein gesondert berechnetes übliches Entgelt sondern einen Freizeitausgleich, sind diese Tage bei den vereinbarten Arbeitstagen zu berücksichtigen (s. Bsp. 3, Rz. 118). 114

Wird Arbeitslohn für die Zeit der Erkrankung fortgezahlt, zählen die Krankheitszeiten zu den vereinbarten Arbeitstagen. Arbeitslohn für die Zeit einer im Ausland verbrachten Erkrankung ist daher im Inland steuerfrei. Krankheitstage ohne Lohnfortzahlung mindern dagegen die vereinbarten Arbeitstage. 115

5.6 Beispiele
Beispiel 1: 116

A ist vom 1. Januar 01 bis 31. Juli 01 für seinen deutschen Arbeitgeber in Japan tätig. Seinen Familienwohnsitz in Deutschland behält er bei. Er erhält im Jahr 01 einen Arbeitslohn einschließlich Weihnachtsgeld und Urlaubsgeld in Höhe von 80.000 € . Für die Tätigkeit in Japan erhält er zusätzlich eine Zulage in Höhe von 30.000 €.

Deutschland hat für den Arbeitslohn, der auf die Tätigkeit in Japan entfällt, kein Besteuerungsrecht, da sich A länger als 183 Tage im Kalenderjahr 01 in Japan aufgehalten hat (Art. 15, 23 Abs. 1 Buchstabe a DBA-Japan). Der steuerfreie Arbeitslohn berechnet sich wie folgt:

Die Zulage in Höhe von 30.000 € ist der Auslandstätigkeit unmittelbar zuzuordnen und deshalb im Inland steuerfrei. Der übrige Arbeitslohn in Höhe von 80.000 € ist nach den vereinbarten Arbeitstagen aufzuteilen. Die vereinbarten Arbeitstage im Jahr 01 sollen hier 220 Tage betragen (= Kalendertage im Jahr, abzüglich der Tage, an denen der Arbeitnehmer laut Arbeitsvertrag nicht ver-

Anlage § 039b-03/Arbeitslohn DBA (Zu LStH 38.3, 39b.10, 39d)

pflichtet ist zu arbeiten). Den vereinbarten Arbeitstagen im Jahr 01 ist das im Jahr 01 aufzuteilende Arbeitsentgelt von 80.000 € gegenüberzustellen. Es ergibt sich ein aufzuteilendes Arbeitsentgelt pro vereinbartem Arbeitstag in Höhe von 363,64 €. Dieses Entgelt ist mit den vereinbarten Arbeitstagen zu multiplizieren, an denen sich A tatsächlich in Japan aufgehalten hat, hier 140 Tage. Von den 80.000 € Arbeitslohn sind daher 140 x 363,64 € = 50.910 € im Inland steuerfrei. Der insgesamt steuerfreie Arbeitslohn in Höhe von 80.910 € (30.000 € + 50.910 €) ist nach Abzug von Werbungskosten, die im Zusammenhang mit der Tätigkeit in Japan angefallen sind, freizustellen und nur im Wege des Progressionsvorbehalts zu berücksichtigen (§ 50d Abs. 8 EStG ist zu beachten). Der übrige Arbeitslohn in Höhe von 29.090 € ist im Inland steuerpflichtig.

117 **Beispiel 2:**

B ist in 01 und 02 für seinen deutschen Arbeitgeber sowohl im Inland als auch in Schweden tätig. Seinen Familienwohnsitz in Deutschland behält er bei. In beiden Jahren hält sich B länger als 183 Tage in Schweden auf. Die vereinbarten Arbeitstage des B belaufen sich in den Kalenderjahren 01 und 02 auf jeweils 220 Tage. Die vertraglichen Urlaubstage betragen je 30 Tage. Der Urlaub von 01 und 02 wurde vollständig in 02 genommen. Die tatsächlichen Arbeitstage in 01 betrugen in Schweden 230 Tage, auf das Inland entfielen 20 Arbeitstage. In 02 entfielen 150 tatsächliche Arbeitstage auf Schweden und 40 tatsächliche Arbeitstage auf das Inland. Der aufzuteilende Arbeitslohn beträgt in 01 50.000 €, in 02 60.000 €.

Deutschland hat für den Arbeitslohn, der auf die Tätigkeit in Schweden entfällt, kein Besteuerungsrecht, da sich B länger als 183 Tage in 01 und 02 in Schweden aufgehalten hat (Art. 15, 23 Abs. 1 Buchstabe a DBA-Schweden). Der steuerfreie Arbeitslohn berechnet sich wie folgt:

Jahr 01:

Die vereinbarten Arbeitstage von 220 sind zu erhöhen um die in 01 nicht genommenen Urlaubstage (30). Die ermittelten 250 Tage sind dem aufzuteilenden Arbeitsentgelt von 50.000 € gegenüberzustellen. Das aufzuteilende Arbeitsentgelt pro vereinbartem Arbeitstag beträgt 200 €. Dieser Betrag ist mit den vereinbarten Arbeitstagen zu multiplizieren, an denen sich B tatsächlich in Schweden aufgehalten hat. Von den 50.000 € Jahresarbeitslohn sind in 01 daher 46.000 € (230 x 200 €) im Inland unter Beachtung des § 50d Abs. 8 EStG steuerfrei und nach Abzug von Werbungskosten, die im Zusammenhang mit der in Schweden ausgeübten Tätigkeit angefallen sind, beim Progressionsvorbehalt zu berücksichtigen. Der übrige Arbeitslohn in Höhe von 4.000 € ist im Inland steuerpflichtig.

Jahr 02:

Soweit der Arbeitslohn des Jahres 02 auf den Urlaub des Jahres 01 entfällt, ist für die Aufteilung des Arbeitslohns das Aufteilungsverhältnis des Jahres 01 maßgebend. 30/220 von 60.000 € = 8.182 € sind deshalb nach dem Aufteilungsverhältnis des Jahres 01 aufzuteilen. Das ergibt einen im Inland steuerfreien Betrag von 7.528 € (8.182 € : 250 x 230). Die verbleibenden 51.818 € (60.000 € – 8.182 €) sind den – um die in 02 genommenen Urlaubstage des Jahres 01 geminderten – vereinbarten Arbeitstagen des Jahres 02 (= 190) gegenüberzustellen. Das aufzuteilende Arbeitsentgelt pro vereinbartem Arbeitstag beträgt damit 272,73 €. Dieses Entgelt ist zu multiplizieren mit den vereinbarten Arbeitstagen, an denen sich B tatsächlich in Schweden aufgehalten hat. Von den 51.818 € des verbleibenden Jahresarbeitslohns sind daher 150 x 272,73 € = 40.910 € im Inland steuerfrei. In 02 sind danach insgesamt 48.438 € (40.910 € + 7.528 €) im Inland unter Beachtung des § 50d Abs. 8 EStG steuerfrei und nach Abzug von Werbungskosten, die im Zusammenhang mit der Tätigkeit in Schweden angefallen sind, beim Progressionsvorbehalt zu berücksichtigen. Der verbleibende Arbeitslohn in Höhe von 11.562 € ist im Inland steuerpflichtig.

118 **Beispiel 3:** (vgl. Rz. 114)

C arbeitet laut Arbeitsvertrag von montags bis freitags. Er macht eine Auslandsdienstreise von Freitag bis Montag, wobei C auch am Samstag und Sonntag für seinen Arbeitgeber tätig ist. Statt einer besonderen Vergütung für die Wochenendtätigkeit erhält C am Dienstag und Mittwoch Freizeitausgleich.

Bei einer unveränderten Anzahl der vereinbarten Arbeitstage in dem entsprechenden Kalenderjahr hat sich C an vier vereinbarten Arbeitstagen im Ausland aufgehalten.

6 Abkommensrechtliche Beurteilung bestimmter Auslandstätigkeiten

6.1 Organe von Kapitalgesellschaften

Organe von Kapitalgesellschaften fallen regelmäßig in den Anwendungsbereich des Art. 15 OECD-MA. 119
Sie üben ihre Tätigkeit grundsätzlich an dem Ort aus, an dem sie sich persönlich aufhalten (BFH-Urteil vom 5. Oktober 1994, BStBl. 1995 II S. 95). Die entgegenstehende Entscheidung des Großen Senats des BFH vom 15. November 1971 (BStBl. 1972 II S. 68) über den Tätigkeitsort des Geschäftsführers einer GmbH am Sitz der Gesellschaft ist zum DBA-Schweiz 1931/1959 ergangen und auf andere DBA nicht übertragbar. Zu beachten sind jedoch die in einigen DBA enthaltenen Sonderregelungen über Geschäftsführervergütungen (z. B. Art. 16 DBA-Japan; Art. 16 Abs. 2 DBA-Dänemark; Art. 16 DBA-Schweden; s. auch Tz. 1.2.2.3).

6.2 Sich-zur-Verfügung-Halten

Soweit die Arbeitsleistung in einem Sich-zur-Verfügung-Halten (z. B. Bereitschaftsdienst, Zeiträume der 120
Arbeitsfreistellung im Zusammenhang mit der Beendigung des Dienstverhältnisses) besteht, ohne dass es zu einer Tätigkeit kommt, wird die Arbeitsleistung dort erbracht, wo sich der Arbeitnehmer während der Dauer des Sich-zur-Verfügung-Haltens tatsächlich aufhält (BFH-Urteil vom 9. September 1970, BStBl. II S. 867).

6.3 Abfindung

Abfindungen, die dem Arbeitnehmer anlässlich seines Ausscheidens aus dem Arbeitsverhältnis gezahlt 121
werden, sind regelmäßig den Vergütungen aus unselbständiger Arbeit i. S. des Art. 15 Abs. 1 OECD-MA als nachträglich gezahlte Tätigkeitsvergütungen zuzuordnen. Unter Abfindungen in diesem Sinne sind Zahlungen i. S. des § 3 Nr. 9 EStG in der bis zum 31.12.2005 geltenden Fassung in Verbindung mit R 9 LStR zu verstehen. Sie stellen jedoch kein zusätzliches Entgelt für die frühere Tätigkeit dar und werden nicht für eine konkrete im In- oder Ausland ausgeübte Tätigkeit gezahlt. Abfindungen sind daher im Ansässigkeitsstaat des Arbeitnehmers (Art. 15 Abs. 1 Satz 1 erster Halbsatz OECD-MA) zu besteuern. Maßgeblich hierfür ist grundsätzlich der Zeitpunkt der Auszahlung (BFH-Urteil vom 24. Februar 1988, BStBl. II S. 819; BFH-Urteil vom 10. Juli 1996, BStBl. 1997 II S. 341).

Keine Abfindungen im vorstehenden Sinne stellen Zahlungen zur Abgeltung bereits vertraglich erdien- 122
ter Ansprüche dar (z. B. Ausgleichszahlungen für Urlaubs- oder Tantiemeansprüche). Diese sind entsprechend den Aktivbezügen zu behandeln.

Bei Abfindungen zur Ablösung eines Pensionsanspruchs handelt es sich um laufende Vergütungen aus 123
unselbständiger Arbeit i. S. des Art. 15 Abs. 1 OECD-MA, für die dem Tätigkeitsstaat das Besteuerungsrecht zusteht. Dagegen fallen Einmalzahlungen mit Versorgungscharakter, die bei Beendigung des Arbeitsverhältnisses an die Stelle einer Betriebspension gezahlt werden, unter Art. 18 OECD-MA (BFH-Urteil vom 19. September 1975, BStBl. 1976 II S. 65).

Im Ausnahmefall kann eine Abfindung auch ein Ruhegehalt i. S. des Art. 18 OECD-MA darstellen. Bei 124
der Abgrenzung zwischen einer Vergütung gemäß Art. 15 und Art. 18 OECD-MA ist nicht auf den Zeitpunkt, sondern auf den Grund der Zahlung abzustellen. Ein Ruhegehalt liegt vor, wenn eine laufende Pensionszahlung kapitalisiert und in einem Betrag ausgezahlt wird (BFH-Urteil vom 19. September 1975, BStBl. 1976 II S. 65).

Zur steuerlichen Behandlung von Abfindungen nach dem DBA-Schweiz wird auf die Verständigungs- 125
vereinbarung mit der Schweiz vom 13. Oktober 1992 (BMF-Schreiben vom 20. Mai 1997, BStBl. I S. 560) hingewiesen.

6.4 Konkurrenz- oder Wettbewerbsverbot

Vergütungen an den Arbeitnehmer für ein Konkurrenz- oder Wettbewerbsverbot fallen unter Art. 15 126
OECD-MA. Die Arbeitsleistung, das Nicht-Tätig-Werden, wird in dem Staat erbracht, in dem sich der Arbeitnehmer während der Dauer des Verbotes aufhält. Hält sich der Arbeitnehmer während dieses Zeitraums in mehreren Staaten auf, ist das Entgelt entsprechend aufzuteilen.

Die BFH-Urteile vom 9. September 1970, BStBl. II S. 867 und vom 9. November 1977, BStBl. 1978 II 127
S. 195 sind insoweit überholt. Der BFH geht im Urteil vom 12. Juni 1996, BStBl. II S. 516, davon aus, dass die Zahlungen für ein Konkurrenz- oder Wettbewerbsverbot auf die Zukunft gerichtet sind. Außerdem hat der BFH im Urteil vom 5. Oktober 1994, BStBl. 1995 II S. 95 die Fiktion eines Tätigkeitsortes unabhängig von der körperlichen Anwesenheit des Arbeitnehmers abgelehnt.

6.5 Tantiemen und andere jahresbezogene Erfolgsvergütungen

Unabhängig vom Zuflusszeitpunkt ist eine nachträglich gewährte Erfolgsvergütung nach den Verhält- 128
nissen des Zeitraums zuzuordnen, für die sie gewährt wird (BFH-Urteil vom 27. Januar 1972, BStBl. II

Anlage § 039b-03/Arbeitslohn DBA (Zu LStH 38.3, 39b.10, 39d)

S. 459) und ggf. unter Beachtung des § 50d Abs. 8 EStG und des Progressionsvorbehalts von der inländischen Besteuerung freizustellen.

6.6 Optionsrecht auf den Erwerb von Aktien („Stock Options")

129 Der geldwerte Vorteil aus der Gewährung von Kaufoptionsrechten ist den Einkünften aus unselbständiger Arbeit nach Art. 15 OECD-MA zuzuordnen. Ungeachtet dessen sind die Einkünfte, die der Arbeitnehmer nach Ausübung des Optionsrechts aus dem Halten der erworbenen Anteile oder ihrer späteren Veräußerung erzielt, gesondert zu beurteilen.

130 Bei der Gewährung von Kaufoptionsrechten auf Aktien ist zu unterscheiden zwischen handelbaren und nicht handelbaren Optionsrechten. Ein Optionsrecht ist handelbar, wenn es an einer Wertpapierbörse gehandelt wird. Für die Abgrenzung unmaßgeblich ist, ob das Optionsrecht nach den Optionsbedingungen übertragbar oder vererbbar ist oder ob es einer Sperrfrist unterliegt. Das Optionsrecht kann direkt vom Arbeitgeber oder von einem konzernverbundenen Unternehmen gewährt werden. Entscheidend ist, dass die Zuwendung des Dritten sich für den Arbeitnehmer als Lohn für seine Arbeit für seinen Arbeitgeber darstellt und aus Sicht des Zuwendenden im Zusammenhang mit diesem Dienstverhältnis erbracht wird (BFH-Urteil vom 24. Januar 2001, BStBl. II S. 509).

6.6.1 Handelbare Optionsrechte

131 Dem Arbeitnehmer fließt mit der Gewährung des handelbaren Optionsrechts ein geldwerter Vorteil zu. Dieser wird regelmäßig gewährt, um in der Vergangenheit geleistete Tätigkeiten zu honorieren. Unabhängig vom Zuflusszeitpunkt ist daher der geldwerte Vorteil nach den Verhältnissen des Zeitraums zuzuordnen, für den er gewährt wird. Der Vorteil ist daher ggf. unter Beachtung des § 50d Abs. 8 EStG und des Progressionsvorbehalts zeitanteilig von der inländischen Besteuerung freizustellen.

6.6.2 Nicht handelbare Optionsrechte

132 Wird einem Arbeitnehmer im Rahmen seines Arbeitsverhältnisses ein nicht handelbares Optionsrecht auf den späteren Erwerb von Aktien zu einem bestimmten Übernahmepreis gewährt, so liegt darin die Einräumung einer Chance. Ein geldwerter Vorteil fließt dem Berechtigten erst zu, wenn dieser die Option tatsächlich ausübt und der Kurswert der Aktien den Übernahmepreis übersteigt (BFH-Urteile vom 24. Januar 2001, BStBl. II S. 509 und 512). Der Zeitpunkt der erstmalig möglichen Ausübung des Optionsrechts ist insoweit unbeachtlich (BFH-Urteil vom 20. Juni 2001, BStBl. II S. 689). Der geldwerte Vorteil ermittelt sich aus der Differenz zwischen dem Kurswert bei tatsächlicher Ausübung und dem vom Arbeitnehmer gezahlten Ausübungspreis.

133 Ein nicht handelbares Optionsrecht wird regelmäßig nicht gewährt, um dadurch in der Vergangenheit erbrachte Leistungen abzugelten, sondern um eine zusätzliche Erfolgsmotivation für die Zukunft zu schaffen. Es stellt damit eine Vergütung für den Zeitraum zwischen der Gewährung und der erstmalig tatsächlich möglichen Ausübung des Optionsrechts durch den Arbeitnehmer dar. Soweit die von dem Arbeitnehmer in dem genannten Zeitraum bezogenen Einkünfte aus nichtselbständiger Arbeit wegen einer Auslandstätigkeit nach DBA in Deutschland steuerfrei sind, ist deshalb auch der bei tatsächlicher Ausübung des Optionsrechts zugeflossene geldwerte Vorteil auf den Zeitraum zwischen der Gewährung des Optionsrechts und dem Zeitpunkt der erstmalig möglichen Ausübung aufzuteilen und zeitanteilig unter Beachtung des § 50d Abs. 8 EStG und des Progressionsvorbehalts von der inländischen Besteuerung freizustellen.

134 Befindet sich der Arbeitnehmer im Zeitpunkt der erstmalig möglichen Ausübung des Optionsrechts bereits im Ruhestand, ist für die Aufteilung des geldwerten Vorteils nur der Zeitraum von der Gewährung des Optionsrechts bis zur Beendigung der aktiven Tätigkeit heranzuziehen. Sofern das Arbeitsverhältnis vor einer erstmalig möglichen Ausübung des Optionsrechts aus anderen Gründen beendet worden ist, ist für die Aufteilung des geldwerten Vorteils entsprechend der Zeitraum von der Gewährung des Optionsrechts bis zum Ausscheiden des Arbeitnehmers aus dem Arbeitsverhältnis maßgeblich.

135 Vorgenannte Ausführungen gelten unbeschadet eines Wechsels der Steuerpflicht des Arbeitnehmers während des genannten Zeitraums.

136 Vergütungen aus Optionen, die nicht auf den Erwerb von Aktien sondern auf die Zahlung eines Geldbetrages in Abhängigkeit von einer Kursentwicklung gerichtet sind (sog. virtuelle Aktienoptionen) stellen wirtschaftlich betrachtet Entgelt für die in der Vergangenheit geleistete Arbeit dar. Die vorgenannten Ausführungen gelten entsprechend.

6.7 Altersteilzeit nach dem Blockmodell

137 Für den Arbeitnehmer besteht im Rahmen des Altersteilzeitgesetzes unter bestimmten Voraussetzungen die Möglichkeit, seine Arbeitszeit zu halbieren. Beim sog. Blockmodell schließt sich dabei an eine Phase der Vollzeitarbeit (Arbeitsphase) eine gleich lange Freistellungsphase an. Das Arbeitsverhältnis besteht

(Zu LStH 38.3, 39b.10, 39d) **Anlage § 039b-03/Arbeitslohn DBA**

bis zum Ende der Freistellungsphase weiter fort. Der Arbeitgeber zahlt dem Arbeitnehmer für die von ihm geleistete Tätigkeit Arbeitslohn. Dieser wird durch den sog. Aufstockungsbetrag erhöht. Den Anspruch auf Zahlung des Arbeitslohns während der Freistellungsphase erwirbt der Arbeitnehmer dabei durch seine Tätigkeit in den Zeiten der Vollzeitbeschäftigung.

Der Arbeitslohn und der Aufstockungsbetrag stellen während der Arbeits- und der Freistellungsphase 138
Vergütungen dar, auf die die DBA-Regelungen entsprechend Art. 15 OECD-MA anzuwenden sind. Während der Freistellungsphase handelt es sich dabei einheitlich um nachträglich gezahlten Arbeitslohn. Dieser ist entsprechend der Aufteilung der Vergütungen zwischen dem Wohnsitzstaat und dem Tätigkeitsstaat während der Arbeitsphase aufzuteilen.

Beispiel: 139

Ausgangssachverhalt: Arbeitnehmer A ist für seinen in Deutschland ansässigen Arbeitgeber B tätig. Zwischen A und B ist für die Jahre 01 und 02 eine Altersteilzeit nach dem Blockmodell vereinbart, d. h. im ersten Jahr liegt die Arbeitsphase, das zweite Jahr umfasst die Freistellungsphase.

Fall 1:

A arbeitet im Jahr 01 für 60 vereinbarte Arbeitstage auf einer langjährigen Betriebsstätte seines Arbeitgebers in Korea. Der Arbeitslohn wird während dieser Zeit von der Betriebsstätte getragen. Die übrigen 180 vereinbarten Arbeitstage ist A in Deutschland tätig. Seinen deutschen Wohnsitz behält A bei. Die Freistellungsphase verbringt A ausschließlich in Deutschland.

In 01 steht Korea als Tätigkeitsstaat des Arbeitnehmers das Besteuerungsrecht anteilig mit 60/240 zu, da die Voraussetzung des Art. 15 Abs. 2 Buchstabe c DBA-Korea nicht erfüllt ist. Deutschland stellt die Vergütungen insoweit unter Beachtung des § 50d Abs. 8 EStG und des Progressionsvorbehalts frei (Art. 23 Abs. 1 Buchstabe a DBA-Korea). Für die übrigen 180/240 der Vergütungen steht Deutschland das Besteuerungsrecht zu. Entsprechend der Aufteilung während der Arbeitsphase steht Korea das Besteuerungsrecht für die Vergütungen des A im Jahr 02 zu 60/240 und zu 180/240 Deutschland zu.

Fall 2:

A ist während der Arbeitsphase und während der Freistellungsphase i. S. des DBA-Dänemark in Dänemark ansässig. Er arbeitet während der Arbeitsphase ausschließlich in Deutschland.

Da sich A im Jahr 01 mehr als 183 Tage in Deutschland aufgehalten hat, steht Deutschland als Tätigkeitsstaat für das Jahr 01 das Besteuerungsrecht in vollem Umfang zu (Art. 15 Abs. 1 DBA-Dänemark). Das Besteuerungsrecht in der Freistellungsphase folgt der Aufteilung zwischen dem Ansässigkeitsstaat und dem Tätigkeitsstaat des A während der Arbeitsphase. Entsprechend steht Deutschland auch im Jahr 02 das volle Besteuerungsrecht zu.

Fall 3:

Im Jahr 01 hat A seinen Wohnsitz in Deutschland und arbeitet auch ausschließlich im Inland. Anfang 02 zieht A nach Spanien.

Im Jahr 01 unterliegt A im Inland der unbeschränkten Steuerpflicht. Ein DBA-Fall ist nicht gegeben. Im Jahr 02 steht ausschließlich Deutschland das Besteuerungsrecht zu, da die Tätigkeit im Jahr 01 in Deutschland ausgeübt worden ist (Art. 15 Abs. 1 DBA-Spanien).

7 Besonderheiten bei Berufskraftfahrern

7.1 Allgemeines

Berufskraftfahrer halten sich während der Arbeitsausübung in oder bei ihrem Fahrzeug auf. Das Fahr- 140
zeug ist daher ihre regelmäßige Arbeitsstätte. Der Ort der Arbeitsausübung des Berufskraftfahrers bestimmt sich nach dem jeweiligen Aufenthalts- oder Fortbewegungsort des Fahrzeugs. Zu den Berufskraftfahrern i. S. dieses Schreibens zählen auch Auslieferungsfahrer, nicht aber Reisevertreter. Fahrten zwischen der Wohnung und dem Standort des Fahrzeugs gehören nicht zur beruflichen Tätigkeit des Berufskraftfahrers i. S. der DBA.

7.2 Der Berufskraftfahrer und der Arbeitgeber sind im Inland ansässig; der Arbeitslohn wird nicht von einer ausländischen Betriebsstätte getragen

Soweit die Vergütungen aus nichtselbständiger Arbeit auf Tätigkeiten des Berufskraftfahrers in 141
Deutschland entfallen, ist der Anwendungsbereich der DBA nicht betroffen. Die Vergütungen des Berufskraftfahrers unterliegen der inländischen unbeschränkten Einkommensteuerpflicht.

Soweit der Berufskraftfahrer seine Tätigkeit in einem anderen Staat ausübt, ist anhand der 183-Tage- 142
Klausel zu prüfen, welchem der beiden Vertragsstaaten das Besteuerungsrecht für die auf das Ausland entfallenden Einkünfte zusteht.

Anlage § 039b-03/Arbeitslohn DBA (Zu LStH 38.3, 39b.10, 39d)

143 Die Berechnung der 183-Tage-Frist ist dabei für jeden Vertragsstaat gesondert durchzuführen. In Abweichung von den Regelungen in Tz. 4.2.2 führt die von einem Berufskraftfahrer ausgeübte Fahrtätigkeit dazu, dass auch Anwesenheitstage der Durchreise in einem Staat bei der Ermittlung der 183-Tage-Frist als volle Tage der Anwesenheit in diesem Staat zu berücksichtigen sind. Durchquert der Fahrer an einem Tag mehrere Staaten, so zählt dieser Tag für Zwecke der Ermittlung der 183-Tage-Frist in jedem dieser Staaten als voller Anwesenheitstag.

144 Für die Zuordnung des Arbeitslohns gelten die Ausführungen der Tz. 5.2 bis 5.5 entsprechend.

145 **Beispiel:**

Der in München wohnhafte Berufskraftfahrer A nimmt seine Fahrt morgens in München auf, und fährt über Österreich nach Italien. Von dort kehrt er am selben Tage über die Schweiz nach München zurück.

Bei Berufskraftfahrern sind auch Tage der Durchreise als volle Anwesenheitstage im jeweiligen Staat zu berücksichtigen. Für die Ermittlung der 183-Tage-Frist ist damit für Österreich, Italien und die Schweiz jeweils ein Tag zu zählen.

7.3 Der Berufskraftfahrer ist im Inland ansässig; der Arbeitgeber ist im Ausland ansässig oder der Arbeitslohn wird von einer ausländischen Betriebsstätte getragen

146 In den Fällen, in denen der Berufskraftfahrer in Deutschland, sein Arbeitgeber aber in dem anderen Vertragsstaat ansässig ist, steht Deutschland das Besteuerungsrecht für die Vergütungen des Berufskraftfahrers aus unselbständiger Arbeit zu, soweit die Vergütungen auf Tätigkeiten des Berufskraftfahrers im Inland entfallen.

147 Soweit der Berufskraftfahrer seine Tätigkeit in dem Staat ausübt, in dem der Arbeitgeber ansässig ist, ist die Anwendung des Art. 15 Abs. 2 OECD-MA ausgeschlossen, da die Voraussetzungen des Art. 15 Abs. 2 Buchstabe b OECD-MA nicht vorliegen. Mit jedem Tätigwerden des Berufskraftfahrers im Ansässigkeitsstaat des Arbeitgebers steht diesem als Tätigkeitsstaat das Besteuerungsrecht insoweit zu (Art. 15 Abs. 1 OECD-MA).

148 Übt der Berufskraftfahrer seine Tätigkeit in einem Drittstaat aus, d. h. weder in Deutschland noch in dem Staat, in dem der Arbeitgeber ansässig ist, steht das Besteuerungsrecht für die auf den Drittstaat entfallenden Arbeitsvergütungen im Verhältnis zum Ansässigkeitsstaat des Arbeitgebers Deutschland als Ansässigkeitsstaat des Berufskraftfahrers zu (Art. 21 Abs. 1 OECD-MA). Besteht mit dem jeweiligen Drittstaat ein DBA, ist im Verhältnis zu diesem Staat nach diesem DBA zu prüfen, welchem Staat das Besteuerungsrecht zusteht. Soweit die Tätigkeit im jeweiligen Drittstaat an nicht mehr als 183 Tagen ausgeübt wird, verbleibt das Besteuerungsrecht regelmäßig bei Deutschland. Eine Ausnahme hierzu enthält Art. 15 Abs. 2 Buchstabe b und Art. 23 Abs. 2 DBA-Norwegen.

149 Die vorgenannten Ausführungen gelten entsprechend für die Fälle, in denen der Arbeitgeber in Deutschland ansässig ist, die Arbeitsvergütungen aber von einer Betriebsstätte oder einer ständigen Einrichtung im Ausland getragen werden, vgl. hierzu Tz. 4.4.

150 Auf die Verständigungsvereinbarung mit Luxemburg vom 8. März 2005, BStBl. I S. 696 wird hingewiesen.

151 **Beispiel:**

A, ansässig im Inland, ist für seinen in Österreich ansässigen Arbeitgeber als Berufskraftfahrer tätig. Im Jahr 01 war A das ganze Jahr über im Inland tätig. Lediglich zwei Arbeitstage hat A in Österreich und zwei Arbeitstage in Italien verbracht. A ist kein Grenzgänger i. S. von Art. 15 Abs. 6 DBA-Österreich.

Deutschland hat als Ansässigkeitsstaat des A das Besteuerungsrecht für die Arbeitsvergütungen, die auf Arbeitstage entfallen, an denen A seine Tätigkeit in Deutschland ausgeübt hat (Art. 15 Abs. 1 DBA-Österreich). Zudem hat Deutschland das Besteuerungsrecht für die Arbeitsvergütungen, die auf die in Italien verbrachten Arbeitstage entfallen, da sich A nicht mehr als 183 Tage in Italien aufgehalten hat (Art. 15 Abs. 1, 2 DBA-Italien). Dagegen wird Österreich das Besteuerungsrecht für die Arbeitsvergütungen zugewiesen, die auf die Tage entfallen, an denen A in Österreich seine Tätigkeit ausgeübt hat (Art. 15 Abs. 1 DBA-Österreich). Insoweit stellt Deutschland die Einkünfte unter Beachtung des § 50d Abs. 8 EStG und des Progressionsvorbehalts frei (Art. 23 Abs. 1 DBA-Österreich).

7.4 Sonderregelung im DBA-Türkei

152 Abweichend von den vorgenannten Ausführungen wird nach Art. 15 Abs. 3 DBA-Türkei das Besteuerungsrecht für Vergütungen für unselbständige Arbeit, die an Bord eines Straßenfahrzeuges im in-

ternationalen Verkehr ausgeübt wird, dem Vertragsstaat zugewiesen, in dem sich der Sitz des Unternehmens befindet.

8 Personal auf Schiffen und Flugzeugen

Für Vergütungen des Bordpersonals von Seeschiffen und Luftfahrzeugen im internationalen Verkehr und des Bordpersonals von Schiffen im Binnenverkehr enthalten die Abkommen entsprechend dem Art. 15 Abs. 3 OECD-MA in der Regel gesonderte Bestimmungen. Das Besteuerungsrecht für diese Vergütungen wird grundsätzlich dem Vertragsstaat zugewiesen, in dem sich der Ort der tatsächlichen Geschäftsleitung des Unternehmens befindet, das das Seeschiff oder Luftfahrzeug betreibt.

Abweichend hiervon regeln die DBA-Liberia sowie DBA-Trinidad und Tobago die Zuweisung des Besteuerungsrechts der Vergütungen aus unselbständiger Arbeit des Bordpersonals von Schiffen und Flugzeugen nicht besonders. Es sind damit die allgemeinen Regelungen des Art. 15 Abs. 1 und 2 DBA-Liberia oder des Art. 15 Abs. 1 und 2 DBA-Trinidad und Tobago anzuwenden. Soweit sich ein Schiff, das unter liberianischer Flagge oder unter der Flagge von Trinidad und Tobago fährt, im Hoheitsgebiet von Liberia oder Trinidad und Tobago oder auf hoher See aufhält, ist Liberia oder Trinidad und Tobago als Tätigkeitsstaat des Personals an Bord des Schiffes anzusehen. Das Besteuerungsrecht für diese Einkünfte steht damit grundsätzlich Liberia oder Trinidad und Tobago zu. Liberia macht von seinem Besteuerungsrecht allerdings keinen Gebrauch (s. auch Tz. 3.3 des BMF-Schreibens vom 21. Juli 2005, BStBl. I S. 821).

9 Rückfallklauseln

Um zu vermeiden, dass Vergütungen in keinem der beiden Vertragsstaaten einer Besteuerung unterliegen, enthalten einige Abkommen Klauseln, die eine Besteuerung zumindest in einem der beiden Staaten gewährleisten sollen. Diese Klauseln sind in den Abkommen unterschiedlich ausgestaltet; überwiegend handelt es sich um sog. subject-to-tax-Klauseln oder um remittance-base-Klauseln.

9.1 „Subject-to-tax"-Klausel

In einigen Abkommen ist allgemein geregelt, dass Vergütungen für Zwecke des DBA nur dann als aus dem anderen Vertragsstaat stammend gelten, wenn sie dort besteuert werden. Ist dies nicht der Fall, fällt das Besteuerungsrecht an den Ansässigkeitsstaat zurück; ist Deutschland in solchen Fällen der Ansässigkeitsstaat, werden die Vergütungen nicht von der deutschen Besteuerung freigestellt. Nach dem BFH-Urteil vom 17. Dezember 2003, BStBl. 2004 II S. 260, ist die subject-to-tax-Klausel für Einkünfte aus nichtselbständiger Arbeit nur bei folgenden DBA anzuwenden:

Abs. 16d des Protokolls zum DBA-Italien;

Art. 15 Abs. 4 DBA-Österreich;

Art. 15 Abs. 4 DBA-Schweiz;

Art. 14 Abs. 2 Buchstabe d DBA-Singapur.

Ist die subject-to-tax-Klausel anzuwenden, gilt Folgendes:

Unterliegen die Vergütungen nach den Bestimmungen des DBA der ausländischen Besteuerung, ist es für die Freistellung von der deutschen Besteuerung unbeachtlich, in welchem Umfang sie von der ausländischen Besteuerung erfasst werden oder ob dort alle Einkunftsteile im Rahmen der ausländischen Veranlagung zu einer konkreten Steuerzahlungspflicht führen (BFH-Urteil vom 27. August 1997, BStBl. 1998 II S. 58). Eine ausländische Besteuerung ist auch anzunehmen, wenn die ausländische Steuer aufgrund von Freibeträgen, aufgrund eines Verlustausgleichs oder Verlustabzugs entfällt oder wenn die betreffenden Vergütungen im Ergebnis zu negativen Einkünften bei der ausländischen Besteuerung führen.

Bei Bestehen solcher Klauseln muss der Steuerpflichtige im Rahmen seiner erhöhten Mitwirkungspflicht nach § 90 Abs. 2 AO den Nachweis erbringen, dass die Vergütungen im Ausland der Besteuerung unterworfen wurden. Wird der Nachweis nicht erbracht, sind die ausländischen Vergütungen grundsätzlich in die Besteuerung im Inland einzubeziehen. Sollte später der Nachweis der Besteuerung erbracht werden, ist der Einkommensteuerbescheid gemäß § 175 Abs. 1 Satz 1 Nr. 2 AO zu ändern (BFH-Urteil vom 11. Juni 1996, BStBl. 1997 II S. 117).

9.2 „Remittance-base"-Klausel

Nach dem innerstaatlichen Recht einiger Staaten können ausländische Vergütungen von dort ansässigen Personen nur dann der dortigen Besteuerung unterworfen werden, wenn sie vom Ausland dorthin überwiesen („remitted") oder dort bezogen worden sind. Die Abkommen mit Großbritannien (Art. II Abs. 2), Irland (Art. II Abs. 2), Israel (Art. 2 Abs. 2), Jamaika (Art. 3 Abs. 3), Malaysia (Protokoll zum DBA, Ziffer 2), Singapur (Art. 21), Trinidad und Tobago (Protokoll zum DBA Ziffer 1 Buchstabe a) sowie mit

Anlage § 039b-03/Arbeitslohn DBA (Zu LStH 38.3, 39b.10, 39d)

Zypern (Protokoll zum DBA Ziffer 2) sehen dementsprechend vor, dass der Quellenstaat eine Freistellung oder Steuerermäßigung nur gewährt, soweit die Vergütungen in den Wohnsitzstaat überwiesen oder dort bezogen worden sind und damit der dortigen Besteuerung unterliegen. Der Quellenstaat beschränkt die von ihm zu gewährende Steuerbefreiung oder Steuerermäßigung auf die in den Wohnsitzstaat überwiesenen oder dort bezogenen Vergütungen. Besonderheiten der jeweils unterschiedlichen Klauseln sind zu beachten.

160 Auch in den Fällen der Remittance-base-Klauseln setzt die Steuerfreistellung den Nachweis der Besteuerung durch den ausländischen Tätigkeitsstaat voraus (BFH-Urteil vom 29. November 2000, BStBl. 2001 II S. 195).

10 Verständigungsvereinbarungen

161 Verständigungsvereinbarungen zwischen den zuständigen Behörden der Vertragsstaaten werden durch die vorstehenden Regelungen nicht berührt.

162 Sofern sich bei der Anwendung der oben genannten Grundsätze eine Doppelbesteuerung ergibt, bleibt es dem Abkommensberechtigten vorbehalten, die Einleitung eines Verständigungsverfahrens zu beantragen (vgl. BMF-Schreiben vom 13. Juli 2006, BStBl. I S. 461).

11 Aufhebung von Verwaltungsanweisungen

163 Die BMF-Schreiben vom 5. Januar 1994, BStBl. I S. 11, vom 5. Juli 1995, BStBl. I S. 373 und vom 20. April 2000, BStBl. I S. 483 (BMF-Schreiben zur Besteuerung des Arbeitslohns nach den Doppelbesteuerungsabkommen; Anwendung der 183-Tage-Klausel), sowie das BMF-Schreiben vom 13. März 2002, BStBl. I S. 485 (BMF-Schreiben zur Besteuerung von Berufskraftfahrern mit luxemburgischen Arbeitgebern und Wohnsitz in Deutschland), werden aufgehoben.

12 Erstmalige Anwendung

164 Die vorstehenden Regelungen sind in allen noch nicht bestandskräftigen Fällen anzuwenden.

165 In Fällen der Tz. 6.6.2 bestehen keine Bedenken, als Erdienungszeitraum den Zeitraum zwischen der Gewährung des Optionsrechts und der tatsächlichen Ausübung anzunehmen, wenn der Zufluss des geldwerten Vorteils vor dem 1. Januar 2006 erfolgte.

166 Dieses Schreiben wird im Bundessteuerblatt veröffentlich. Es ist auf der Internetseite des Bundesministeriums der Finanzen (http://www.bundesfinanzministerium.de) unter der Rubrik Steuern – Veröffentlichungen zu Steuerarten – Internationales Steuerrecht abrufbar.

(Zu LStH 39b.10) **Anlage § 039b-04/Gastlehrkräfte**

Besteuerung von Gastlehrkräften nach den Doppelbesteuerungsabkommen (DBA)

BMF-Schreiben vom 10. Januar 1994 IV C 5 – S 1300 – 196/93 (BStBl. I S. 14)

Unter Bezugnahme auf das Ergebnis der Erörterungen mit den obersten Finanzbehörden der Länder gilt für die Besteuerung der Gastlehrkräfte nach den Doppelbesteuerungsabkommen (DBA) folgendes:

1. Die DBA erhalten unterschiedliche Regelungen zur Befreiung von Lehrtätigkeitsvergütungen bei Gastlehrkräften. Die Befreiung von der deutschen Steuer kann davon abhängen, daß der Gastlehrer im Entsendestaat im Sinne des DBA ansässig bleibt oder daß er zumindest unmittelbar vor Aufnahme der Tätigkeit dort ansässig war. Nach einigen Abkommen setzt die Steuerfreiheit voraus, daß die Vergütungen aus Quellen außerhalb des Tätigkeitsstaats stammen. Die Besonderheiten des jeweiligen Abkommens sind zu beachten. Wird die Lehrkraft aus öffentlichen Kassen des ausländischen Entsendestaats besoldet, sind die Bestimmungen des Abkommens über Zahlungen aus öffentlichen Kassen anzuwenden.

2. Nach mehreren DBA sind die Lehrkräfte aus dem jeweiligen Partnerstaat mit ihren Einkünften aus der Lehrtätigkeit in Deutschland von der deutschen Einkommensteuer befreit, wenn sie sich hier vorübergehend für höchstens zwei Jahre zu Unterrichtszwecken aufhalten (z.B. Artikel XIII DBA-Großbritannien). Bei längerem Aufenthalt tritt für in den ersten beiden Aufenthaltsjahren erzielte Einkünfte aus Lehrtätigkeit auch dann keine Steuerbefreiung ein (wie bisher schon im Verhältnis zu Großbritannien), wenn ursprünglich eine kürzere Verweildauer geplant war und der Aufenthalt später verlängert wurde; es ist auf die objektiv feststellbare Verweildauer abzustellen (BFH-Urteil vom 22. Juli 1987, BStBl. II S. 842).

   Liegt ein Zeitraum von mehr als 6 Monaten zwischen zwei Aufenthalten, so gelten die Aufenthalte nicht als zusammenhängend. Beträgt der Zeitraum weniger als 6 Monate, so gilt der Aufenthalt als nicht unterbrochen, es sei denn, aus den Umständen des Einzelfalls ergibt sich, daß die beiden Aufenthalte völlig unabhängig voneinander sind.

   Ist nach einem Doppelbesteuerungsabkommen die Steuerbefreiung von einem Antrag abhängig, darf der Lohnsteuerabzug nur dann unterbleiben, wenn das Betriebsstättenfinanzamt bescheinigt, daß der Arbeitslohn nicht der deutschen Lohnsteuer unterliegt (vgl. BFH-Urteil vom 10. Mai 1989 – BStBl. II S. 755). Ist die Steuerbefreiung nach einem Doppelbesteuerungsabkommen antragsunabhängig, hat das Betriebsstättenfinanzamt gleichwohl auf Antrag eine Freistellungsbescheinigung zu erteilen. Wird nach einem Doppelbesteuerungsabkommen zulässigerweise kein Antrag gestellt, kann die Überprüfung der für die Lohnsteuerbefreiung maßgebenden 2-Jahres-Frist im Rahmen einer Lohnsteuer-Außenprüfung und unter Umständen die Inanspruchnahme des Arbeitgebers als Haftungsschuldner in Frage kommen.

   Ist zweifelhaft, ob es bei einer ursprünglich vorgesehenen längstens zweijährigen Aufenthaltsdauer bleibt, können Freistellungsbescheinigungen unter dem Vorbehalt der Nachprüfung (§ 164 AO) erteilt werden und Steuerfestsetzungen nach § 165 AO insoweit vorläufig erfolgen oder ausgesetzt werden.

3. Unabhängig von dem in Nummer 2 dargestellten Grundsatz kann im Einzelfall nach Maßgabe der allgemeinen Vorschriften eine Billigkeitsmaßnahme in Betracht kommen, z.B. bei Verlängerung des Aufenthalts einer Gastlehrkraft im Falle einer Schwangerschaft. Ebenso kann in Fällen, in denen der vorübergehende Aufenthalt der Gastlehrkraft durch Heirat mit einem hier Ansässigen und Begründung des Familienwohnsitzes im Inland beendet wird, von einer Nachversteuerung der bis zum Zeitpunkt der Eheschließung bezogenen Bezüge abgesehen werden, sofern die dahin ausgeübte Gastlehrertätigkeit den Zeitraum von höchstens zwei Jahren nicht überschreitet.

4. Lehranstalten im Sinne dieser Regelungen können neben Universitäten, Schulen und anderen Lehranstalten des jeweiligen Staates auch private Institute sein. Voraussetzung ist, daß sie nach Struktur und Zielsetzung mit öffentlichen Lehranstalten, gleich welchen Typs, vergleichbar sind. Insbesondere müssen sie einen ständigen Lehrkörper besitzen, der nach einem festen Lehrplan Unterricht mit einem genau umrissenen Ziel erteilt, das auch von vergleichbaren öffentlichen Lehranstalten verfolgt wird. Das Vorliegen dieser Voraussetzungen kann im allgemeinen bei privaten Lehranstalten unterstellt werden, soweit ihnen Umsatzsteuerfreiheit nach § 4 Nr. 21 Buchstabe a oder b UStG gewährt wird. Nicht erfüllt werden diese Voraussetzungen z.B. von Fernkursveranstaltern und anderen Einrichtungen, bei denen nur ein sehr loses Verhältnis zwischen Lehranstalt und Schülern besteht oder bei denen die Lehrkräfte ihre Tätigkeit in der Hauptsache nebenberuflich ausüben.

   Forschungsinstitutionen mit mehreren Instituten können nicht in ihrer Gesamtheit als Lehranstalt im Sinne der Doppelbesteuerungsabkommen anerkannt werden. Eine Anerkennung ist nur für die ein-

Anlage § 039b-04/Gastlehrkräfte (Zu LStH 39b.10)

zelnen Institute möglich, sofern diese die Voraussetzungen hierfür nachweisen oder sich durch Bescheinigungen der zuständigen Kultusministerien als Lehranstalten ausweisen.

5. Als Lehrer ist jede Person anzusehen, die an einer Lehranstalt eine Lehrtätigkeit hauptberuflich ausübt. Ein besonderer Nachweis der Qualifikation ist nicht zu fordern.

6. Soweit aufgrund der Nummer 2 für die ersten beiden Aufenthaltsjahre keine Steuerfreiheit eintritt, ist das BFH-Urteil vom 22. Juli 1987 (BStBl. II S. 842) für Veranlagungszeiträume vor 1988 in noch offenen Fällen nicht über den entschiedenen Einzelfall hinaus anzuwenden.

7. Dieses Schreiben tritt an die Stelle meiner Schreiben vom
   8. April 1953 – IV – S 2227 – 14/53 –
   4. September 1975 – IV C 5 – S 1300 – 343/75 –
   5. April 1976 – IV C 5 – S 1301 Gr Br – 43/76 –
   15. Juli 1980 – IV C 5 – S 1300 – 242/80 –
   23. August 1985 – IV C 6 – S 1301 SAf – 6/85 – und
   18. August 1986 – IV C 5 – S 1301 GB – 35/86 –.

(Zu LStH 39b.7) **Anlage § 039b-05/Vorsorgepauschale ab 2010**

Vorsorgepauschale ab 2010 (§ 39b Absatz 2 Satz 5 Nummer 3 und Absatz 4 EStG)

BMF-Schreiben vom 14. Dezember 2009 IV C 5 – S 2367/09/10002, 2009/0790333 (BStBl. I S. 1516)

Durch das Gesetz zur verbesserten steuerlichen Berücksichtigung von Vorsorgeaufwendungen (Bürgerentlastungsgesetz Krankenversicherung) vom 16. Juli 2009 (BGBl. I S. 1959, BStBl. I S. 782) wird der Abzug von Vorsorgeaufwendungen ab 1. Januar 2010 in wesentlichen Bereichen geändert. Dies betrifft neben dem Abzug sonstiger Vorsorgeaufwendungen als Sonderausgaben im Rahmen der Veranlagung zur Einkommensteuer auch die Berücksichtigung von Vorsorgeaufwendungen im Lohnsteuerabzugsverfahren über die Vorsorgepauschale. Im Einvernehmen mit den obersten Finanzbehörden der Länder gilt ab 2010 hinsichtlich der Vorsorgepauschale im Lohnsteuerabzugsverfahren (§ 39b Absatz 2 Satz 5 Nummer 3 und Absatz 4 EStG) Folgendes:

1. Allgemeines

Der pauschale Ansatz von Vorsorgeaufwendungen im Veranlagungsverfahren mittels Vorsorgepauschale (§ 10c Absatz 2 bis 5 EStG in der am 31. Dezember 2009 geltenden Fassung – a. F. –) wurde mit Wirkung ab 2010 abgeschafft. Eine Vorsorgepauschale wird ab 2010 ausschließlich im Lohnsteuerabzugsverfahren berücksichtigt (§ 39b Absatz 2 Satz 5 Nummer 3 und Absatz 4 EStG).

Über die Vorsorgepauschale hinaus werden im Lohnsteuerabzugsverfahren keine weiteren Vorsorgeaufwendungen berücksichtigt; die Eintragung eines Freibetrags auf der Lohnsteuerkarte (§ 39a EStG) ist wie bisher nicht möglich. Die Günstigerprüfung bei der Vorsorgepauschale ist im Lohnsteuerabzugsverfahren weggefallen (Regelung bis einschließlich 2009 in § 39b Absatz 2 Satz 5 Nummer 3 i. V. m. § 10c Absatz 5 EStG a. F.).

R 39b.7 LStR 2008 ist nicht mehr anzuwenden.

Eine Vorsorgepauschale wird grundsätzlich in allen Steuerklassen berücksichtigt.

2. Bemessungsgrundlage für die Berechnung der Vorsorgepauschale (§ 39b Absatz 2 Satz 5 Nummer 3 EStG)

Die beim Lohnsteuerabzug zu berücksichtigende Vorsorgepauschale setzt sich aus folgenden Teilbeträgen zusammen:

– Teilbetrag für die Rentenversicherung (§ 39b Absatz 2 Satz 5 Nummer 3 Buchstabe a EStG),
– Teilbetrag für die gesetzliche Kranken- und soziale Pflegeversicherung (§ 39b Absatz 2 Satz 5 Nummer 3 Buchstabe b und c EStG) und
– Teilbetrag für die private Basiskranken- und Pflege-Pflichtversicherung (§ 39b Absatz 2 Satz 5 Nummer 3 Buchstabe d EStG).

Ob die Voraussetzungen für den Ansatz der einzelnen Teilbeträge vorliegen, ist jeweils gesondert zu prüfen. Die Teilbeträge sind getrennt zu berechnen; die auf volle Euro aufgerundete Summe aller Teilbeträge ergibt die anzusetzende Vorsorgepauschale.

Bemessungsgrundlage für die Berechnung der Teilbeträge für die Rentenversicherung und die gesetzliche Kranken- und soziale Pflegeversicherung ist der Arbeitslohn. Entschädigungen i. S. d. § 24 Nummer 1 EStG sind nicht als Arbeitslohnbestandteil zu berücksichtigen (§ 39b Absatz 2 Satz 5 Nummer 3 zweiter Teilsatz EStG). Steuerfreier Arbeitslohn gehört ebenfalls nicht zur Bemessungsgrundlage für die Berechnung der entsprechenden Teilbeträge (BFH-Urteil vom 18. März 1983, BStBl. II S. 475). Dies gilt auch bei der Mindestvorsorgepauschale für die Kranken- und Pflegeversicherung (§ 39b Absatz 2 Satz 5 Nummer 3 dritter Teilsatz EStG, Tz. 7).

Der Arbeitslohn ist für die Berechnung der Vorsorgepauschale und der Mindestvorsorgepauschale (Tz. 7) nicht (mehr) um den Versorgungsfreibetrag (§ 19 Absatz 2 EStG) und den Altersentlastungsbetrag (§ 24a EStG) zu vermindern; zur Rechtslage bis einschließlich 2009 siehe § 10c Absatz 2 Satz 3 EStG a. F.

Die jeweilige Beitragsbemessungsgrenze ist bei allen Teilbeträgen der Vorsorgepauschale zu beachten. Bei den Rentenversicherungsbeiträgen gilt – abhängig vom Beschäftigungsort i. S. d. § 9 SGB IV - die allgemeine Beitragsbemessungsgrenze (BBG West) und die Beitragsbemessungsgrenze Ost (BBG Ost). Dies gilt auch bei einer Versicherung in der knappschaftlichen Rentenversicherung; deren besondere Beitragsbemessungsgrenze ist hier nicht maßgeblich. Die Gleitzone in der Sozialversicherung (Arbeitslöhne von 400,01 Euro bis 800 Euro) ist steuerlich unbeachtlich. Ebenfalls unbeachtlich ist die Verminderung der Beitragsbemessungsgrenzen beim Zusammentreffen mehrerer Versicherungsverhältnisse (§ 22 Absatz 2 SGB IV).

Anlage § 039b-05/Vorsorgepauschale ab 2010 (Zu LStH 39b.7)

Die Bemessungsgrundlage für die Ermittlung der Vorsorgepauschale (Arbeitslohn) und für die Berechnung der Sozialabgaben (Arbeitsentgelt) kann unterschiedlich sein. Für die Berechnung der Vorsorgepauschale ist das sozialversicherungspflichtige Arbeitsentgelt nicht maßgeblich.

Beispiel:
Ein Arbeitnehmer mit einem Jahresarbeitslohn von 60 000 Euro wandelt im Jahr 2010 einen Betrag von 4 000 Euro bei einer Beitragsbemessungsgrenze in der allgemeinen Rentenversicherung von 66 000 Euro zugunsten einer betrieblichen Altersversorgung im Durchführungsweg Direktzusage um.

Bemessungsgrundlage für die Berechnung des Teilbetrags der Vorsorgepauschale für die Rentenversicherung ist der steuerpflichtige Arbeitslohn i. H. v. 56 000 Euro. Das sozialversicherungspflichtige Arbeitsentgelt beträgt hingegen 57 360 Euro, weil 4 % der Beitragsbemessungsgrenze (2 640 Euro) nicht als Arbeitsentgelt im Sinne der Sozialversicherung gelten (§ 14 Absatz 1 SGB IV).

3. Teilbetrag für die Rentenversicherung (§ 39b Absatz 2 Satz 5 Nummer 3 Buchstabe a und Absatz 4 EStG)

Auf Grundlage des steuerlichen Arbeitslohns wird unabhängig von der Berechnung der tatsächlich abzuführenden Rentenversicherungsbeiträge typisierend ein Arbeitnehmeranteil für die Rentenversicherung eines pflichtversicherten Arbeitnehmers berechnet, wenn der Arbeitnehmer in der gesetzlichen Rentenversicherung pflichtversichert und ein Arbeitnehmeranteil zu entrichten ist. Das gilt auch bei der Versicherung in einer berufsständischen Versorgungseinrichtung bei Befreiung von der gesetzlichen Rentenversicherung (§ 6 Absatz 1 Nummer 1 SGB VI). Das Steuerrecht folgt insoweit der sozialversicherungsrechtlichen Beurteilung, so dass der Arbeitgeber hinsichtlich der maßgeblichen Vorsorgepauschale keinen zusätzlichen Ermittlungsaufwand anstellen muss, sondern auf die ihm insoweit bekannten Tatsachen bei der Abführung der Rentenversicherungsbeiträge – bezogen auf das jeweilige Dienstverhältnis – zurückgreifen kann.

Der Teilbetrag der Vorsorgepauschale für die Rentenversicherung gilt daher bezogen auf das jeweilige Dienstverhältnis beispielsweise nicht bei

– Beamten,
– beherrschenden Gesellschafter-Geschäftsführern einer GmbH,
– Vorstandsmitgliedern von Aktiengesellschaften (§ 1 Satz 4 SGB VI),
– weiterbeschäftigten Beziehern einer Vollrente wegen Alters oder vergleichbaren Pensionsempfängern, selbst wenn gemäß § 172 Absatz 1 SGB VI ein Arbeitgeberanteil zur gesetzlichen Rentenversicherung zu entrichten ist,
– Arbeitnehmern, die von ihrem Arbeitgeber nur Versorgungsbezüge i. S. d. § 19 Absatz 2 Satz 2 Nummer 2 EStG erhalten (Werkspensionäre),
– geringfügig beschäftigten Arbeitnehmern, bei denen die Lohnsteuer nach den Merkmalen einer vorgelegten Lohnsteuerkarte erhoben wird und für die nur der pauschale Arbeitgeberbeitrag zur gesetzlichen Rentenversicherung entrichtet wird (keine Aufstockung durch den Arbeitnehmer auf den regulären Beitragssatz zur allgemeinen Rentenversicherung),
– nach § 8 Absatz 1 Nummer 2 SGB IV geringfügig beschäftigten Arbeitnehmern (versicherungsfreie kurzfristige Beschäftigung), bei denen die Lohnsteuer nach den Merkmalen einer vorgelegten Lohnsteuerkarte erhoben wird,
– anderen Arbeitnehmern, die nicht in der gesetzlichen Rentenversicherung pflichtversichert sind und deshalb auch keinen Arbeitnehmerbeitrag zur gesetzlichen Rentenversicherung zu leisten haben (z. B. als Praktikanten oder aus anderen Gründen).

Bei Befreiung von der Versicherungspflicht in der gesetzlichen Rentenversicherung auf eigenen Antrag aufgrund einer der in R 3.62 Absatz 3 LStR 2008 genannten Vorschriften ist der Teilbetrag für die Rentenversicherung nur in den Fällen des § 3 Nummer 62 Satz 2 Buchstabe b (gesetzliche Rentenversicherung) und c (berufsständische Versorgungseinrichtung) EStG, nicht jedoch in den Fällen des § 3 Nummer 62 Satz 2 Buchstabe a EStG (Lebensversicherung) anzusetzen.

4. Teilbetrag für die gesetzliche Krankenversicherung (§ 39b Absatz 2 Satz 5 Nummer 3 Buchstabe b EStG)

Auf Grundlage des steuerlichen Arbeitslohns wird unabhängig von der Berechnung der tatsächlich abzuführenden Krankenversicherungsbeiträge typisierend ein Arbeitnehmeranteil für die Krankenversicherung eines pflichtversicherten Arbeitnehmers berechnet, wenn der Arbeitnehmer in der gesetzlichen Krankenversicherung pflichtversichert oder freiwillig versichert ist (z. B. bei höher verdienenden

(Zu LStH 39b.7) **Anlage § 039b-05/Vorsorgepauschale ab 2010**

Arbeitnehmern und freiwillig versicherten Beamten). Den Arbeitnehmeranteil für die Versicherung in der gesetzlichen Krankenversicherung darf der Arbeitgeber nur ansetzen, wenn er von einer entsprechenden Versicherung Kenntnis hat (z. B. nach Vorlage eines geeigneten Nachweises durch den Arbeitnehmer).

Beispiel:
Lediglich der Beihilfestelle, nicht jedoch der Besoldungsstelle ist bekannt, dass ein Beamter freiwillig gesetzlich krankenversichert ist.

Die Besoldungsstelle berücksichtigt beim Lohnsteuerabzug die Mindestvorsorgepauschale (Tz. 7).

Für geringfügig beschäftigte Arbeitnehmer (geringfügig entlohnte Beschäftigung sowie kurzfristige Beschäftigung), bei denen die Lohnsteuer nach den Merkmalen einer vorgelegten Lohnsteuerkarte erhoben wird, ist kein Teilbetrag für die gesetzliche Krankenversicherung anzusetzen, wenn kein Arbeitnehmeranteil für die Krankenversicherung zu entrichten ist. Entsprechendes gilt für andere Arbeitnehmer, wenn kein Arbeitnehmeranteil zu entrichten ist; dies ist regelmäßig bei Schülern und Studenten der Fall. In den entsprechenden Fällen ist in den Lohnsteuerberechnungsprogrammen (siehe BMF-Schreiben vom 8. Oktober 2009, betreffend Programmablaufplan für die maschinelle Berechnung der vom Arbeitslohn einzubehaltenden Lohnsteuer etc. in 2010, BStBl. I S. 1192, geändert durch BMF-Schreiben vom 20. November 2009, BStBl. I S. 1333) unter dem Eingangsparameter „PKV" der Wert „1" einzugeben. Zum Ansatz der Mindestvorsorgepauschale vergleiche Tz. 7.

5. Teilbetrag für die soziale Pflegeversicherung (§ 39b Absatz 2 Satz 5 Nummer 3 Buchstabe c EStG)

Der Teilbetrag für die soziale Pflegeversicherung wird bei Arbeitnehmern angesetzt, die in der sozialen Pflegeversicherung versichert sind. Der Teilbetrag ist unter Berücksichtigung des Grundsatzes „Pflegeversicherung folgt Krankenversicherung" auch dann anzusetzen, wenn der Arbeitnehmer gesetzlich krankenversichert, jedoch privat pflegeversichert ist.

Länderspezifische Besonderheiten bei den Beitragssätzen sind zu berücksichtigen (höherer Arbeitnehmeranteil in Sachsen [zzt. 1,475 % statt 0,975 %]).

Der Beitragszuschlag für Arbeitnehmer ohne Kinder ist ebenfalls zu berücksichtigen (§ 55 Absatz 3 SGB XI [zzt. 0,25 %]).

6. Teilbetrag für die private Basiskranken- und Pflege-Pflichtversicherung (§ 39b Absatz 2 Satz 5 Nummer 3 Buchstabe d EStG)

Der Teilbetrag für die private Basiskranken- und Pflege-Pflichtversicherung wird bei Arbeitnehmern angesetzt, die nicht in der gesetzlichen Krankenversicherung und sozialen Pflegeversicherung versichert sind (z. B. privat versicherte Beamte, beherrschende Gesellschafter-Geschäftsführer und höher verdienende Arbeitnehmer).

In den Steuerklassen I bis V können die dem Arbeitgeber mitgeteilten privaten Basiskranken- und Pflege-Pflichtversicherungsbeiträge berücksichtigt werden (Tz. 6.1 und 6.2). Hiervon ist ein – unabhängig vom tatsächlich zu zahlenden Zuschuss – typisierend berechneter Arbeitgeberzuschuss abzuziehen, wenn der Arbeitgeber nach § 3 Nummer 62 EStG steuerfreie Zuschüsse zu einer privaten Kranken- und Pflegeversicherung des Arbeitnehmers zu leisten hat. Die Beitragsbemessungsgrenze und landesspezifische Besonderheiten bei der Verteilung des Beitragssatzes für die Pflegeversicherung auf Arbeitgeber und Arbeitnehmer (niedrigerer Arbeitgeberanteil in Sachsen [zzt. 0,475 % statt 0,975 %]) sind zu beachten.

6.1 Mitteilung der privaten Basiskranken- und Pflege-Pflichtversicherungsbeiträge durch den Arbeitnehmer

Es ist die Mindestvorsorgepauschale (Tz. 7) zu berücksichtigen, wenn der Arbeitnehmer dem Arbeitgeber die abziehbaren privaten Basiskranken- und Pflege-Pflichtversicherungsbeiträge nicht mitteilt (Beitragsbescheinigung des Versicherungsunternehmens). Die mitgeteilten Beiträge sind maßgebend, wenn sie höher sind als die Mindestvorsorgepauschale.

Die mitgeteilten Beiträge hat der Arbeitgeber im Rahmen des Lohnsteuerabzugs zu berücksichtigen. Einbezogen werden können Beiträge für die eigene private Basiskranken- und Pflege-Pflichtversicherung des Arbeitnehmers einschließlich der entsprechenden Beiträge für den mitversicherten, nicht dauernd getrennt lebenden, unbeschränkt einkommensteuerpflichtigen Ehegatten oder Lebenspartner im Sinne des Lebenspartnerschaftsgesetzes und für mitversicherte Kinder, für die der Arbeitnehmer einen Anspruch auf einen Freibetrag für Kinder (§ 32 Absatz 6 EStG) oder auf Kindergeld hat. Über diesen Weg sind auch private Versicherungsbeiträge eines selbst versicherten, nicht dauernd getrennt lebenden, unbeschränkt einkommensteuerpflichtigen Ehegatten des Arbeitnehmers zu berück-

Anlage § 039b-05/Vorsorgepauschale ab 2010 (Zu LStH 39b.7)

sichtigen, sofern dieser keine Einkünfte i. S. d. § 2 Absatz 1 Nummer 1 bis 4 EStG (Einkünfte aus Land- und Forstwirtschaft, Gewerbebetrieb, selbständiger Arbeit und nichtselbständiger Arbeit) erzielt. Der Arbeitgeber hat nicht zu prüfen, ob die Voraussetzungen für die Berücksichtigung der Versicherungsbeiträge des selbst versicherten Ehegatten bei der Vorsorgepauschale des Arbeitnehmers erfüllt sind. Eine ggf. erforderliche Korrektur bleibt einer Pflichtveranlagung (§ 46 Absatz 2 Nummer 3 EStG, Tz. 9) vorbehalten. Versicherungsbeiträge des selbst versicherten Lebenspartners im Sinne des Lebenspartnerschaftsgesetzes und selbst versicherter Kinder sind nicht zu berücksichtigen.

Der Arbeitgeber kann die Beitragsbescheinigung oder die geänderte Beitragsbescheinigung entsprechend ihrer zeitlichen Gültigkeit beim Lohnsteuerabzug – auch rückwirkend – berücksichtigen. Bereits abgerechnete Lohnabrechnungszeiträume müssen nicht nachträglich geändert werden. Dies gilt nicht nur, wenn die Beiträge einer geänderten Beitragsbescheinigung rückwirkend höher sind, sondern auch im Falle niedrigerer Beiträge. Im Hinblick auf die Bescheinigungspflicht des Arbeitgebers nach § 41b Absatz 1 Satz 2 Nummer 15 EStG und die ggf. bestehende Veranlagungspflicht nach § 46 Absatz 2 Nummer 3 EStG (Tz. 9) ist keine Anzeige i. S. d. § 41c Absatz 4 EStG erforderlich.

Die vom Versicherungsunternehmen für ein Jahr ausgestellte Beitragsbescheinigung ist bei der Lohnsteuerberechnung für das Folgejahr nicht mehr zu berücksichtigen. Legt der Arbeitnehmer für das Folgejahr keine Beitragsbescheinigung vor, greift die Mindestvorsorgepauschale (Tz. 7).

Sind die als Sonderausgaben abziehbaren privaten Kranken- und Pflege-Pflichtversicherungsbeiträge höher als die im Lohnsteuerabzugsverfahren berücksichtigten Beiträge, kann der Arbeitnehmer die tatsächlich gezahlten Beiträge bei der Veranlagung zur Einkommensteuer geltend machen. Sind die Beiträge niedriger, kommt eine Pflichtveranlagung in Betracht (§ 46 Absatz 2 Nummer 3 EStG, Tz. 9).

6.2 Mitteilung der privaten Basiskranken- und Pflege-Pflichtversicherungsbeiträge mittels ELStAM (§ 39e Absatz 2 Satz 1 Nummer 5 EStG)

Das ELStAM-Verfahren (Elektronische LohnSteuerAbzugsMerkmale) steht voraussichtlich ab 2012 zur allgemeinen Anwendung zur Verfügung. Im Rahmen des ELStAM-Verfahrens wird das Mitteilungsverfahren (Tz. 6.1) abgelöst, voraussichtlich ab 2013. Im ELStAM-Verfahren werden die privaten Basiskranken- und Pflege-Pflichtversicherungsbeiträge nur gespeichert, wenn der Arbeitnehmer die Speicherung beantragt hat. Damit entscheidet er wie bei dem Mitteilungsverfahren mittels Beitragsbescheinigung (Tz. 6.1) selbst, ob der Arbeitgeber die Beitragshöhe erfährt. Sind keine Beiträge gespeichert, ist auch im ELStAM-Verfahren die Mindestvorsorgepauschale (Tz. 7) zu berücksichtigen.

6.3 Bescheinigung der privaten Basiskranken- und Pflege-Pflichtversicherungsbeiträge (§ 41b Absatz 1 Satz 2 Nummer 15 EStG)

Nach dem BMF-Schreiben vom 26. August 2009, betreffend Bekanntgabe des Musters für den Ausdruck der elektronischen Lohnsteuerbescheinigung 2010 etc. (BStBl. I S. 902), sind unter Nummer 28 der elektronischen Lohnsteuerbescheinigung die vom Arbeitnehmer nachgewiesenen privaten Basiskranken- und Pflege-Pflichtversicherungsbeiträge zu bescheinigen. – *Anlage § 041b-01* –

Es sind die kumulierten Monatsbeiträge, die auf den Zeitraum der Beschäftigung entfallen, zu bescheinigen. Dies gilt auch dann, wenn beim Lohnsteuerabzug in einzelnen Kalendermonaten die Mindestvorsorgepauschale zu berücksichtigen war oder bei fortbestehendem Dienstverhältnis kein Arbeitslohn gezahlt wurde (z. B. Krankheit ohne Anspruch auf Lohnfortzahlung). Unterjährige Beitragsänderungen sind zu berücksichtigen. Bei der Ermittlung des zu bescheinigenden Beitrags ist auf volle Monatsbeiträge abzustellen, auch wenn das Dienstverhältnis nicht den ganzen Monat bestand.

7. Mindestvorsorgepauschale für Kranken- und Pflegeversicherungsbeiträge (§ 39b Absatz 2 Satz 5 Nummer 3 dritter Teilsatz EStG)

Die Mindestvorsorgepauschale (§ 39b Absatz 2 Satz 5 Nummer 3 dritter Teilsatz EStG) in Höhe von 12 % des Arbeitslohns mit einem Höchstbetrag von jährlich 1 900 Euro (in Steuerklasse III 3 000 Euro) ist anzusetzen, wenn sie höher ist als die Summe der Teilbeträge für die gesetzliche Krankenversicherung (Tz. 4) und die soziale Pflegeversicherung (Tz. 5) oder die private Basiskranken- und Pflege-Pflichtversicherung (Tz. 6). Die Mindestvorsorgepauschale ist auch dann anzusetzen, wenn vom entsprechenden Arbeitslohn kein Arbeitnehmeranteil zur gesetzlichen Kranken- und sozialen Pflegeversicherung zu entrichten ist (z. B. bei geringfügig beschäftigten Arbeitnehmern, deren Arbeitslohn nicht unter Verzicht auf die Vorlage einer Lohnsteuerkarte nach § 40a EStG pauschaliert wird). Die Mindestvorsorgepauschale ist in allen Steuerklassen zu berücksichtigen.

Neben der Mindestvorsorgepauschale wird der Teilbetrag der Vorsorgepauschale für die Rentenversicherung berücksichtigt, wenn eine Pflichtversicherung in der gesetzlichen Rentenversicherung oder wegen der Versicherung in einer berufsständischen Versorgungseinrichtung eine Befreiung von der gesetzlichen Rentenversicherungspflicht vorliegt (Tz. 3).

8. Lohnsteuer-Jahresausgleich durch den Arbeitgeber (§ 42b Absatz 1 Satz 4 Nummer 5 und § 39b Absatz 2 Satz 12 EStG)

Über die in § 42b Absatz 1 Satz 4 Nummer 5 EStG genannten Ausschlusstatbestände hinaus ist ein Lohnsteuer-Jahresausgleich durch den Arbeitgeber auch dann ausgeschlossen, wenn - bezogen auf den Teilbetrag der Vorsorgepauschale für die Rentenversicherung - der Arbeitnehmer innerhalb des Kalenderjahres nicht durchgängig zum Anwendungsbereich nur einer Beitragsbemessungsgrenze (West oder Ost) gehörte oder wenn – bezogen auf den Teilbetrag der Vorsorgepauschale für die Rentenversicherung oder die gesetzliche Kranken- und soziale Pflegeversicherung – innerhalb des Kalenderjahres nicht durchgängig ein Beitragssatz anzuwenden war. Für den permanenten Lohnsteuer-Jahresausgleich (§ 39b Absatz 2 Satz 12 EStG) gilt dies entsprechend.

9. Pflichtveranlagungstatbestand (§ 46 Absatz 2 Nummer 3 EStG)

Es besteht eine Pflicht zur Veranlagung zur Einkommensteuer, wenn bei einem Steuerpflichtigen die Summe der beim Lohnsteuerabzug berücksichtigten Teilbeträge der Vorsorgepauschale für die gesetzliche und private Kranken- und Pflegeversicherung höher ist als die bei der Veranlagung als Sonderausgaben abziehbaren Vorsorgeaufwendungen nach § 10 Absatz 1 Nummer 3 und 3a EStG.

Dies gilt auch, wenn die beim Lohnsteuerabzug berücksichtigte Mindestvorsorgepauschale (Tz. 7) höher ist als die bei der Veranlagung zur Einkommensteuer als Sonderausgaben abziehbaren Vorsorgeaufwendungen.

10. Lohnsteuertabellen zur manuellen Berechnung der Lohnsteuer (§ 51 Absatz 4 Nummer 1a EStG)

Aus Vereinfachungsgründen wird bei der Erstellung der Lohnsteuertabellen – bezogen auf die Berücksichtigung der Vorsorgepauschale - der Beitragszuschlag für Kinderlose (§ 55 Absatz 3 SGB XI) nicht berücksichtigt (BMF-Schreiben vom 12. Oktober 2009, betreffend Programmablaufplan für die Erstellung von Lohnsteuertabellen in 2010, BStBl. I S. 1216, geändert durch BMF-Schreiben vom 20. November 2009, BStBl. I S. 1337). Die länderspezifische Besonderheit bei der sozialen Pflegeversicherung (Tz. 5, höherer Arbeitnehmeranteil in Sachsen [zzt. 1,475 % statt 0,975 %]) ist jedoch bei der Erstellung von Lohnsteuertabellen zu beachten. Es bestehen keine Bedenken, wenn die Lohnsteuer mittels einer Lohnsteuertabelle berechnet wird, die die Besonderheit nicht berücksichtigt, wenn der Arbeitnehmer einer entsprechenden Lohnsteuerberechnung nicht widerspricht.

Bei geringfügig beschäftigten Arbeitnehmern (geringfügig entlohnte Beschäftigung sowie kurzfristige Beschäftigung), bei denen die Lohnsteuer nach den Merkmalen einer vorgelegten Lohnsteuerkarte erhoben wird und der Arbeitnehmer keinen eigenen Beitrag zur Rentenversicherung und Kranken-/Pflegeversicherung zahlt, ist die Lohnsteuer mit der „Besonderen Lohnsteuertabelle" zu berechnen (BMF-Schreiben vom 12. Oktober 2009, a. a. O., geändert durch BMF-Schreiben vom 20. November 2009, a. a. O.).

11. Pauschalierung der Lohnsteuer in besonderen Fällen (§ 40 Absatz 1 EStG)

R 40.1 Absatz 3 Satz 2 LStR 2008 ist überholt und nicht mehr anzuwenden. Bei der Berechnung des durchschnittlichen Steuersatzes kann aus Vereinfachungsgründen davon ausgegangen werden, dass die betroffenen Arbeitnehmer in allen Zweigen der Sozialversicherung versichert sind und keinen Beitragszuschlag für Kinderlose (§ 55 Absatz 3 SGB XI) leisten. Die individuellen Verhältnisse aufgrund des Faktorverfahrens nach § 39f EStG bleiben unberücksichtigt.

12. Anwendungsregelung

Dieses Schreiben ist erstmals auf den laufenden Arbeitslohn anzuwenden, der für einen nach dem 31. Dezember 2009 endenden Lohnzahlungszeitraum gezahlt wird, und auf sonstige Bezüge, die nach dem 31. Dezember 2009 zufließen.

Die Randziffern 62 bis 67 des BMF-Schreibens vom 30. Januar 2008 (BStBl. I S. 390), betreffend die Vorsorgepauschale nach den Änderungen durch das Alterseinkünftegesetz ab 2005, sind nicht mehr anzuwenden. *– Anlage § 010-01 –*

Anlage § 039d-01/beschränkt einkommensteuerpflichtige Künstler (Zu LStH 39d)

Besteuerung der Einkünfte aus nichtselbständiger Arbeit bei beschränkt einkommensteuerpflichtigen Künstlern

BMF-Schreiben vom 31. Juli 2002 IV C 5 – S 2369 – 5/02 (BStBl. I S. 707)

Unter Bezugnahme auf das Ergebnis der Erörterung mit den obersten Finanzbehörden der Länder gilt für die Besteuerung der Einkünfte aus nichtselbständiger Arbeit bei beschränkt einkommensteuerpflichtigen Künstlern Folgendes:

1. **Abgrenzung der nichtselbständigen Arbeit**

   Für die Abgrenzung zwischen selbständiger Tätigkeit und nichtselbständiger Tätigkeit bei beschränkter Einkommensteuerpflicht sind die Regelungen maßgebend, die für unbeschränkt einkommensteuerpflichtige Künstler in Tz. 1, insbesondere in Tz. 1.1.2, des BMF-Schreibens vom 5. Oktober 1990 (BStBl. I S. 638)[1] getroffen worden sind.

2. **Steuerabzug vom Arbeitslohn**

   2.1 Verpflichtung zum Lohnsteuerabzug

   Die Einkünfte der beschränkt einkommensteuerpflichtigen Künstler aus nichtselbständiger Arbeit unterliegen ab 1996 nicht mehr der Abzugssteuer nach § 50a Abs. 4 EStG, sondern der Lohnsteuer, wenn der Arbeitgeber ein inländischer Arbeitgeber im Sinne des § 38 Abs. 1 Satz 1 Nr. 1 EStG ist, der den Lohnsteuerabzug durchzuführen hat.

   2.2 Freistellung vom Lohnsteuerabzug

   Der Lohnsteuerabzug darf nur dann unterbleiben, wenn der Arbeitslohn nach den Vorschriften eines Doppelbesteuerungsabkommens von der deutschen Lohnsteuer freizustellen ist. Dies ist vielfach für künstlerische Tätigkeiten im Rahmen eines Kulturaustausches vorgesehen. Das Betriebsstättenfinanzamt hat auf Antrag des Arbeitnehmers oder des Arbeitgebers (im Namen des Arbeitnehmers) eine entsprechende Freistellungsbescheinigung nach R 123 LStR zu erteilen (§ 39b Abs. 6 in Verbindung mit § 39d Abs. 3 Satz 4 EStG).

3. **Erhebung der Lohnsteuer nach den Regelvorschriften**

   3.1 Bescheinigung des Betriebsstättenfinanzamts

   Zur Durchführung des Lohnsteuerabzugs hat das Betriebsstättenfinanzamt auf Antrag des Arbeitnehmers oder des Arbeitgebers (im Namen des Arbeitnehmers) eine Bescheinigung über die maßgebende Steuerklasse und den vom Arbeitslohn ggf. abzuziehenden Freibetrag zu erteilen (§ 39d Abs. 1 Satz 3 und Abs. 2 EStG). Dabei kommt ein Freibetrag nur in Betracht, soweit die Werbungskosten, die im wirtschaftlichen Zusammenhang mit der im Inland ausgeübten künstlerischen Tätigkeit stehen, den zeitanteiligen Arbeitnehmer-Pauschbetrag (§ 9a Satz 1 Nr. 1 EStG) und die abziehbaren Ausgaben für steuerbegünstigte Zwecke im Sinne des § 10b EStG den zeitanteiligen Sonderausgaben-Pauschbetrag (§ 10c Abs. 1 EStG) übersteigen (§ 50 Abs. 1 Satz 6 EStG).

   Der Zeitanteil des Arbeitnehmer-Pauschbetrags und des Sonderausgaben-Pauschbetrags bestimmt sich nach der (voraussichtlichen) Dauer des jeweiligen Dienstverhältnisses. Dabei ist der Beginn des Dienstverhältnisses besonders anzugeben. Auf Antrag kann der Beginn des Dienstverhältnisses zurückdatiert werden, soweit glaubhaft gemacht ist, dass der Künstler in der Zwischenzeit nicht bereits für einen anderen inländischen Arbeitgeber als Arbeitnehmer beschäftigt war. Dabei gilt jedoch die Einschränkung, dass für je zwei Tage der tatsächlichen Beschäftigungsdauer nur eine Zurückdatierung um eine Woche, insgesamt jedoch höchstens um einen Monat zulässig ist. Tz. 2.2.1 des BMF-Schreibens vom 5. Oktober 1990 (BStBl. I S. 638) ist sinngemäß anzuwenden.

   Der ermittelte Freibetrag ist durch Aufteilung in Monatsbeträge, erforderlichenfalls auch in Wochen- und Tagesbeträge, ebenfalls auf die (voraussichtliche) Dauer des Dienstverhältnisses zu verteilen; auf Antrag des Künstlers kann nach R 125 Abs. 8 LStR auch die restliche Dauer des Dienstverhältnisses zu Grunde gelegt werden.

   Die Bescheinigung ist vom Arbeitgeber als Beleg zum Lohnkonto aufzubewahren (§ 39d Abs. 3 Satz 2 EStG). Für Künstler, die bei mehreren inländischen Arbeitgebern beschäftigt werden, sind entsprechend viele Bescheinigungen zu erteilen; R 125 Abs. 7 Satz 2 LStR ist zu beachten.

   3.2 Ermittlung der Lohnsteuer

   Der Arbeitgeber hat die Lohnsteuer nach Maßgabe des § 39b Abs. 2 bis 6 und § 39c Abs. 1 und 2 in Verbindung mit § 39d Abs. 3 Satz 4 EStG zu ermitteln. Der Ermittlung ist der steuerpflichtige Ar-

---

1) Anlage § 019-04.

(Zu LStH 39d)   **Anlage § 039d-01/beschränkt einkommensteuerpflichtige Künstler**

beitslohn und die Vorsorgepauschale nach § 10c Abs. 2 EStG zu Grunde zu legen. Zum steuerpflichtigen Arbeitslohn gehören nicht die steuerfreien Bezüge im Sinne des § 3 EStG, insbesondere die steuerfreien Reisekostenvergütungen nach § 3 Nr. 13 und 16 EStG.
Bei täglicher Lohnzahlung ist nach den Regelungen des § 39b Abs. 2 Sätze 5 bis 12 EStG zu verfahren. Stellt sich die tägliche Lohnzahlung lediglich als Abschlagszahlung dar, kann der Lohnabrechnungszeitraum als Lohnzahlungszeitraum behandelt werden (§ 39b Abs. 5 in Verbindung mit § 39d Abs. 3 Satz 4 EStG). Auf Lohnzahlungen, die nicht als Abschlagszahlungen angesehen werden können, kann der Arbeitgeber eines der Verfahren im Sinne der Tz. 2.2.1 bis 2.2.3 des BMF-Schreibens vom 5. Oktober 1990 (BStBl. I S. 638)[1] anwenden. Dabei tritt anstelle des Zeitraumes, der nach der Lohnsteuerbescheinigung nicht belegt ist, der Zeitraum, um den der Beginn des Dienstverhältnisses vom Betriebsstättenfinanzamt nach Tz. 3.1 dieses Schreibens zurückdatiert worden ist.

3.3 Lohnsteuerbescheinigung
Eine Lohnsteuerbescheinigung ist vom Arbeitgeber nur auf besonderen Antrag des Künstlers zu erteilen (§ 39d Abs. 3 Satz 5 EStG). Sie ist erforderlich, wenn der Künstler Staatsangehöriger eines Mitgliedstaates der Europäischen Union oder von Island, Liechtenstein oder Norwegen ist, in einem dieser Staaten ansässig ist und eine Veranlagung zur Einkommensteuer beantragen will (vgl. § 50 Abs. 5 Satz 2 Nr. 2 EStG).

4. Pauschale Erhebung der Lohnsteuer
4.1 Vereinfachungsmaßnahme
Wegen der besonderen Schwierigkeiten, die mit der Anwendung der Regelvorschriften nach Tz. 3.1 und 3.2 zur steuerlichen Erfassung der Einkünfte bei nur kurzfristig beschäftigten Künstlern verbunden sind, wird zugelassen, dass die Lohnsteuer nach Maßgabe folgender Regelungen pauschal erhoben wird. Der Arbeitgeber hat jedoch die Regelvorschriften anzuwenden, wenn der Arbeitnehmer dies verlangt.

4.2 Pauschal zu besteuernder Personenkreis
Der inländische Arbeitgeber kann die Lohnsteuer pauschal erheben bei beschränkt einkommensteuerpflichtigen Künstlern, die
– als gastspielverpflichtete Künstler bei Theaterbetrieben,
– als freie Mitarbeiter für den Hör- oder Fernsehfunk oder
– als Mitarbeiter in der Film- und Fernsehproduktion
nach Tz. 1.1.2, Tz. 1.3.1 (Tz. 1.3.7) bzw. Tz. 1.4 des BMF-Schreibens vom 5. Oktober 1990 (BStBl. I S. 638)[2] nichtselbständig tätig sind und von dem Arbeitgeber nur kurzfristig, höchstens für sechs zusammenhängende Monate, beschäftigt werden.

4.3 Höhe der pauschalen Lohnsteuer
Die pauschale Lohnsteuer bemisst sich nach den gesamten Einnahmen des Künstlers einschließlich der Beträge im Sinne des § 3 Nr. 13 und 16 EStG. Abzüge, z.B. für Werbungskosten, Sonderausgaben und Steuern, sind nicht zulässig. Die pauschale Lohnsteuer beträgt 30 v.H. (ab 2003: 25 v H.) der Einnahmen, wenn der Künstler die Lohnsteuer trägt. Übernimmt der Arbeitgeber die Lohnsteuer und den Solidaritätszuschlag von 5,5 v.H. der Lohnsteuer, so beträgt die Lohnsteuer 43,89 v.H. (ab 2003: 33,95 v.H.) der Einnahmen; sie beträgt 30,50 v.H. (ab 2003: 25,35 v.H.) der Einnahmen, wenn der Arbeitgeber nur den Solidaritätszuschlag übernimmt. Der Solidaritätszuschlag beträgt zusätzlich jeweils 5,5 v.H. der Lohnsteuer.

4.4 Lohnsteuerbescheinigung
Die Verpflichtung des Arbeitgebers, auf Verlangen des Künstlers eine Lohnsteuerbescheinigung zu erteilen (§ 39d Abs. 3 Satz 5 EStG), wird durch die pauschale Lohnsteuererhebung nicht berührt. Dasselbe gilt für das Veranlagungswahlrecht bestimmter Staatsangehöriger nach § 50 Abs. 5 Satz 2 Nr. 2 EStG. In die Lohnsteuerbescheinigung sind aber die Einnahmen im Sinne des § 3 Nr. 13 und 16 EStG nicht einzubeziehen. Die pauschale Lohnsteuer ist nach § 36 Abs. 2 Satz 2 Nr. 2 EStG auf die veranlagte Einkommensteuer anzurechnen.

Dieses Schreiben tritt an die Stelle der BMF-Schreiben vom 15. Januar 1996 (BStBl. I S. 55) und vom 3. März 1998 (BStBl I S. 261).

---

1) Anlage § 019-04.
2) Anlage § 019-04.

Anlage § 039e-01/steuerliche Lebensbescheinigung

Steuerliche Lebensbescheinigung für Kinder unter 18 Jahren; Auswertung des Eintragungsfelds für die Identifikationsnummer des Kindes

BMF-Schreiben vom 3. April 2009 IV C 5 – S 2363/08/10005, 2009/0096417 (BStBl. I S. 520)

Die obersten Finanzbehörden der Länder haben das Vordruckmuster „Steuerliche Lebensbescheinigung für Kinder unter 18 Jahren" bestimmt; es wird hiermit bekannt gemacht (Anlage).

Im Einvernehmen mit den obersten Finanzbehörden der Länder wird auf Folgendes hingewiesen: Nach § 39e Absatz 2 Satz 2 und Absatz 9 Satz 5 Einkommensteuergesetz haben die nach Landesrecht für das Meldewesen zuständigen Behörden (Meldebehörden) dem Bundeszentralamt für Steuern Angaben zu den Kindern mit ihrer Identifikationsnummer und soweit bekannt die Rechtsstellung und Zuordnung der Kinder zu den Eltern und die Änderung dieser Daten im Melderegister mitzuteilen. Dazu sind diese Daten gemäß § 2 Absatz 2 Nr. 2 und Nr. 7 MRRG im Melderegister zu speichern; siehe hierzu auch Datenblatt Nr. 2704 des Datensatzes für das Meldewesen (DSMeld). Um die Kinder, die nicht in derselben Gemeinde wie der Elternteil gemeldet sind, zuzuordnen und ihre Identifikationsnummer hinzuspeichern zu können, ist das Vordruckmuster „Steuerliche Lebensbescheinigung für Kinder unter 18 Jahren" um ein Eintragungsfeld für die Identifikationsnummer des Kindes erweitert worden.

Anlage § 039e-01/steuerliche Lebensbescheinigung

Anlage

(Gemeindebehörde)

Postleitzahl, Ort, Datum

Straße, Hausnummer

Telefonnummer

Auskunft erteilt　　　　　　　　　　　　Zimmernummer

Herrn/Frau

**Steuerliche Lebensbescheinigung
für Kinder unter 18 Jahren**

Zutreffendes ist ☒ angekreuzt

* In Adoptionsfällen ist als frühestes Datum der Zeitpunkt der Begründung des Annahmeverhältnisses anzugeben.

Ihr Antrag vom

Für die steuerliche Berücksichtigung wird bescheinigt, dass das Kind

Name, Vorname

Geburtsdatum　　　Identifikationsnummer

　　　　　　　　　　　　　　　　　　　　　　　　　　　　　mit Wohnung in

Straße, Hausnummer, Postleitzahl, Ort

seit dem (Datum)* gemeldet und im ersten Grad mit der im obigen Anschriftenfeld genannten Person verwandt ist.

☐ Nach den hier vorliegenden Unterlagen besteht ein Pflegekindschaftsverhältnis zu einer anderen Person.

Dienstsiegel

(Unterschrift)

◀ Anschriftenfeld für Zusendungen an einen Dritten

10.08

Anlage § 040-01/Geringf. Beschäftigung, Steuerentlastungsges. 1999/2000/2002 (Zu LStH 39b.6, 40.2, 40a.1, 40b.1)

Gesetz zur Neuregelung der geringfügigen Beschäftigungsverhältnisse und Steuerentlastungsgesetz 1999/2000/2002; Anwendung von Vorschriften zum Lohnsteuerabzugsverfahren

BMF-Schreiben vom 10. Januar 2000 IV C 5 – S 2330 – 2/00 (BStBl. I S. 138)

Unter Bezugnahme auf das Ergebnis der Erörterung mit den obersten Finanzbehörden der Länder nehme ich zu Fragen der Anwendung von Vorschriften des Lohnsteuerabzugsverfahrens, die durch das Gesetz zur Neuregelung der geringfügigen Beschäftigungsverhältnisse vom 24. März 1999 (BGBl. I S. 388; BStBl. I S. 302) und das Steuerentlastungsgesetz 1999/2000/2002 vom 24. März 1999 (BGBl. I S. 402; BStBl. I S. 304) geändert worden sind, wie folgt Stellung:

Gesetz zur Neuregelung der geringfügigen Beschäftigungsverhältnisse
– zeitlich überholt –

Steuerentlastungsgesetz 1999/2000/2002

1. Abwälzung von pauschaler Lohnsteuer und Annexsteuern auf Arbeitnehmer

    Nach § 40 Abs. 3 Satz 2 EStG in der Fassung des Steuerentlastungsgesetzes 1999/2000/2002 gilt die auf den Arbeitnehmer abgewälzte pauschale Lohnsteuer als zugeflossener Arbeitslohn; sie darf die Bemessungsgrundlage nicht mindern. Dies entspricht dem in § 12 Nr. 3 EStG zum Ausdruck kommenden allgemeinen Grundsatz, dass Personensteuern nur abzugsfähig sind, wenn sie die Voraussetzungen als Betriebsausgaben oder Werbungskosten erfüllen oder ihre steuermindernde Berücksichtigung ausdrücklich zugelassen ist. Die Neuregelung gilt aufgrund von Verweisungen auch für §§ 40a und 40b EStG.

    a) Abwälzung von Lohnsteuer

    Im Fall der Abwälzung bleibt zwar der Arbeitgeber Schuldner der pauschalen Lohnsteuer, im wirtschaftlichen Ergebnis wird sie jedoch vom Arbeitnehmer getragen. Die Verlagerung der Belastung darf weder zu einer Minderung des individuell nach den Merkmalen der Lohnsteuerkarte zu versteuernden Arbeitslohns noch zu einer Minderung der Bemessungsgrundlage für die pauschale Lohnsteuer führen. Eine Abwälzung kann sich beispielsweise aus dem Arbeitsvertrag selbst, aus einer Zusatzvereinbarung zum Arbeitsvertrag ergeben oder aus dem wirtschaftlichen Ergebnis einer Gehaltsumwandlung oder Gehaltsänderungsvereinbarung. Das ist der Fall, wenn die pauschale Lohnsteuer als Abzugsbetrag in der Gehaltsabrechnung ausgewiesen wird. Dies gilt auch, wenn zur Abwälzung zwar in arbeitsrechtlich zulässiger Weise eine Gehaltsminderung vereinbart wird, der bisherige ungekürzte Arbeitslohn aber weiterhin für die Bemessung künftiger Erhöhungen des Arbeitslohns oder anderer Arbeitgeberleistungen (z. B. Weihnachtsgeld, Tantieme, Jubiläumszuwendungen) maßgebend bleibt. Eine Abwälzung der pauschalen Lohnsteuer ist hingegen nicht anzunehmen, wenn eine Gehaltsänderungsvereinbarung zu einer Neufestsetzung künftigen Arbeitslohns führt, aus der alle rechtlichen und wirtschaftlichen Folgerungen gezogen werden, also insbesondere der geminderte Arbeitslohn Bemessungsgrundlage für künftige Erhöhungen des Arbeitslohns oder andere Arbeitgeberleistungen wird. Dies gilt auch dann, wenn die Gehaltsminderung in Höhe der Pauschalsteuer vereinbart wird.

    b) Abwälzung von Annexsteuern (Kirchensteuer, Solidaritätszuschlag)

    Für im Zusammenhang mit der Pauschalierung der Lohnsteuer ebenfalls pauschal erhobene und auf den Arbeitnehmer abgewälzte Annexsteuern (Kirchensteuer, Solidaritätszuschlag) gelten die Ausführungen unter Buchstabe a entsprechend. Daher ist auch hinsichtlich der abgewälzten Annexsteuern von zugeflossenem Arbeitslohn auszugehen, der die Bemessungsgrundlage für die Lohnsteuer nicht mindert.

    c) Übergangsregelung

    – zeitlich überholt –

2. Anwendung der Fünftelungsregelung nach § 39b Abs. 3 Satz 9 EStG bei außerordentlichen Einkünften nach § 34 Abs. 2 Nr. 4 EStG im Lohnsteuerabzugsverfahren

    Die Lohnsteuer für Vergütungen für mehrjährige Tätigkeiten (Arbeitnehmer- oder Firmenjubiläum) ist nach § 39b Abs. 3 Satz 9 EStG ab 1. Januar 1999 nach der Fünftelungsmethode zu ermäßigen, wenn eine Zusammenballung im Sinne von § 34 Abs. 1 EStG vorliegt (zur Zusammenballung vgl. BMF-Schreiben vom 18. Dezember 1998 – BStBl. I S. 1512)[1]. Im Lohnsteuerabzugsverfahren ist die begünstigte Besteuerung nicht antragsgebunden und daher vom Arbeitgeber – bei Zu-

---

[1] Aktuelles Schreiben Anlage § 034-01, s. dortige Rz. 23.

sammenballung – grundsätzlich anzuwenden. Dies kann im Einzelfall, insbesondere bei niedrigen Beträgen zu einer höheren Lohnsteuer führen als die Besteuerung als sonstiger Bezug. Da die Lohnsteuer nach dem Wortlaut des Gesetzes zu ermäßigen ist, darf in diesen Fällen die Fünftelungsregelung nicht angewendet werden. Der Arbeitgeber hat daher eine Vergleichsrechnung durchzuführen (Günstigerprüfung) und die Fünftelungsregelung nur anzuwenden, wenn sie zu einer niedrigeren Lohnsteuer führt als die Besteuerung als nicht begünstigter sonstiger Bezug. Die Aufzeichnung und Angabe in der Lohnsteuerbescheinigung folgen anschließend der tatsächlichen Behandlung.

Die für die Anwendung der begünstigten Besteuerung erforderliche Zusammenballung kann der Arbeitgeber im Lohnsteuerabzugsverfahren unterstellen, wenn die Jubiläumszuwendung an einen Arbeitnehmer bezahlt wird, der voraussichtlich bis Ende des Kalenderjahres nicht aus dem Dienstverhältnis ausscheidet.

Anlage § 040-02/KiSt bei LSt-Pauschalierung

(Zu LStH 40.1, 40.2, 40a.1, 40b.1)

Gleich lautende Erlasse der obersten Finanzbehörden der Länder betr. Kirchensteuer bei Pauschalierung der Lohnsteuer [1]

Vom 17. November 2006 (BStBl. I S. 716)

In den Fällen der Pauschalierung der Lohnsteuer nach Maßgabe der §§ 40, 40a Abs. 1, 2a und 3 und 40b EStG kann der Arbeitgeber bei der Erhebung der Kirchensteuer zwischen einem vereinfachten Verfahren und einem Nachweisverfahren wählen. Diese Wahl kann der Arbeitgeber sowohl für jeden Lohnsteuer-Anmeldungszeitraum als auch für die jeweils angewandte Pauschalierungsvorschrift und darüber hinaus für die in den einzelnen Rechtsvorschriften aufgeführten Pauschalierungstatbestände unterschiedlich treffen. Im Einzelnen gilt Folgendes:

1. Entscheidet sich der Arbeitgeber für die **Vereinfachungsregelung**, hat er in allen Fällen der Pauschalierung der Lohnsteuer für sämtliche Arbeitnehmer Kirchensteuer zu entrichten. Dabei ist ein ermäßigter Steuersatz anzuwenden, der in pauschaler Weise dem Umstand Rechnung trägt, dass nicht alle Arbeitnehmer Angehörige einer steuererhebenden Religionsgemeinschaft sind.

   Die im vereinfachten Verfahren ermittelten Kirchensteuern sind in der Lohnsteuer-Anmeldung bei Kennzahl 47 gesondert anzugeben. Die Aufteilung auf die steuererhebenden Religionsgemeinschaften wird von der Finanzverwaltung übernommen.

2. a) Macht der Arbeitgeber Gebrauch von der ihm zustehenden **Nachweismöglichkeit**, dass einzelne Arbeitnehmer keiner steuererhebenden Religionsgemeinschaft angehören, kann er hinsichtlich dieser Arbeitnehmer von der Entrichtung der auf die pauschale Lohnsteuer entfallenden Kirchensteuer absehen; für die übrigen Arbeitnehmer gilt der allgemeine Kirchensteuersatz.

   b) Die Nichtzugehörigkeit zu einer steuererhebenden Religionsgemeinschaft ist durch eine dem Arbeitgeber vorzulegende Lohnsteuerkarte nachzuweisen; in den Fällen des § 40a Abs. 1, 2a und 3 EStG genügt als Nachweis eine Erklärung nach beigefügtem **Muster**.

   Der Nachweis über die fehlende Kirchensteuerpflicht des Arbeitnehmers muss vom Arbeitgeber als Beleg zum Lohnkonto aufbewahrt werden.

   c) Die auf die kirchensteuerpflichtigen Arbeitnehmer entfallende pauschale Lohnsteuer hat der Arbeitgeber anhand des in den Lohnkonten aufzuzeichnenden Religionsbekenntnisses zu ermitteln; führt der Arbeitgeber ein Sammelkonto (§ 4 Abs. 2 Nr. 8 Satz 2 LStDV) oder in den Fällen des § 40a EStG entsprechende Aufzeichnungen, hat er dort das Religionsbekenntnis der betroffenen Arbeitnehmer anzugeben.

   Kann der Arbeitgeber die auf den einzelnen kirchensteuerpflichtigen Arbeitnehmer entfallende pauschale Lohnsteuer nicht ermitteln, kann er aus Vereinfachungsgründen die gesamte pauschale Lohnsteuer im Verhältnis der kirchensteuerpflichtigen zu den nicht kirchensteuerpflichtigen Arbeitnehmern aufteilen; der auf die kirchensteuerpflichtigen Arbeitnehmer entfallende Anteil ist Bemessungsgrundlage für die Anwendung des allgemeinen Kirchensteuersatzes. Die so ermittelte Kirchensteuer ist im Verhältnis der Konfessions- bzw. Religionszugehörigkeit der kirchensteuerpflichtigen Arbeitnehmer aufzuteilen.

   Die im Nachweisverfahren ermittelten Kirchensteuern sind in der Lohnsteuer-Anmeldung unter der jeweiligen Kirchensteuer-Kennzahl (z.B. 61, 62) anzugeben.

3. Die Höhe der Kirchensteuersätze ergibt sich sowohl bei Anwendung der Vereinfachungsregelung (Nr. 1) als auch im Nachweisverfahren (Nr. 2) aus den Kirchensteuerbeschlüssen der steuererhebenden Religionsgemeinschaften. Die in den jeweiligen Ländern geltenden Regelungen werden für jedes Kalenderjahr im Bundessteuerblatt Teil I veröffentlicht. **– Anhang 48 –**

4. Dieser Erlass ist erstmals anzuwenden
   - bei laufendem Arbeitslohn, der für einen nach dem 31. Dezember 2006 endenden Lohnzahlungszeitraum gezahlt wird und
   - bei sonstigen Bezügen, die nach dem 31. Dezember 2006 zufließen.

   Er ersetzt die Bezugserlasse. [2]

---

[1] Zur Kirchensteuer bei Pauschalierung der Einkommensteuer nach § 37b EStG Hinweis auf **Anlage § 037b-01**.
[2] Erlasse vom 19. Mai 1999 (BStBl. I S. 509) und vom 8. Mai 2000 (BStBl. I S. 612).

(Zu LStH 40.1, 40.2, 40a.1, 40b.1) **Anlage § 040-02/KiSt bei LSt-Pauschalierung**

Anlage

Muster
Erklärung gegenüber dem Betriebsstättenfinanzamt zur Religionszugehörigkeit für die
Erhebung der pauschalen Lohnsteuer nach § 40a Abs. 1, 2a und 3 EStG

Finanzamt ....

Arbeitgeber:
Name der Firma ....

Anschrift: ....

Arbeitnehmer:
Name, Vorname ....

Anschrift: ....

Ich, der vorbezeichnete Arbeitnehmer erkläre, dass ich

☐ bereits zu Beginn meiner Beschäftigung bei dem obengenannten Arbeitgeber

☐ seit dem ....

keiner Religionsgemeinschaft angehöre, die Kirchensteuer erhebt.

Ich versichere, die Angaben in dieser Erklärung wahrheitsgemäß nach bestem Wissen und Gewissen gemacht zu haben und werde den Eintritt in eine steuererhebende Religionsgemeinschaft dem Arbeitgeber unverzüglich anzeigen. Mir ist bekannt, dass die Erklärung als Grundlage für das Besteuerungsverfahren dient und meinen Arbeitgeber berechtigt, von der Entrichtung von Kirchensteuer auf den Arbeitslohn abzusehen.

....
Ort, Datum   Unterschrift des Arbeitnehmers

Diese und jede weitere Erklärung über den Beitritt zu einer steuererhebenden Religionsgemeinschaft sind vom Arbeitgeber zum Lohnkonto zu nehmen.

Anlage § 040-03/VIP-Logen in Sportstätten

Ertragsteuerliche Behandlung von Aufwendungen für VIP-Logen in Sportstätten

BMF-Schreiben vom 22. August 2005 IV B 2 – S 2144 – 41/05 (BStBl. I S. 845)

Unter Aufwendungen für VIP-Logen in Sportstätten werden solche Aufwendungen eines Steuerpflichtigen verstanden, die dieser für bestimmte sportliche Veranstaltungen trägt und für die er vom Empfänger dieser Leistung bestimmte Gegenleistungen mit Werbecharakter für die „gesponserte" Veranstaltung erhält. Neben den üblichen Werbeleistungen (z.B. Werbung über Lautsprecheransagen, auf Videowänden, in Vereinsmagazinen) werden dem sponsernden Unternehmer auch Eintrittskarten für VIP-Logen überlassen, die nicht nur zum Besuch der Veranstaltung berechtigen, sondern auch die Möglichkeit der Bewirtung des Steuerpflichtigen und Dritter (z.B. Geschäftsfreunde, Arbeitnehmer) beinhalten. Regelmäßig werden diese Maßnahmen in einem Gesamtpaket vereinbart, wofür dem Sponsor ein Gesamtbetrag in Rechnung gestellt wird.

Im Einvernehmen mit den obersten Finanzbehörden der Länder gilt zur ertragsteuerlichen Behandlung der Aufwendungen für VIP-Logen in Sportstätten Folgendes:

1. Aufwendungen im Zusammenhang mit VIP-Logen in Sportstätten können betrieblich veranlasst (Ausnahme Rdnr. 11) und in der steuerlichen Gewinnermittlung entsprechend der Art der Aufwendungen einzeln zu berücksichtigen sein. Dabei sind die allgemeinen Regelungen des § 4 Abs. 4 und 5 EStG in Verbindung mit dem zum Sponsoring ergangenen BMF-Schreiben vom 18. Februar 1998 (BStBl. I S. 212) zu beachten. Bei den Aufwendungen sind zu unterscheiden:

1. Aufwendungen für Werbeleistungen

2. Die in den vertraglich abgeschlossenen Gesamtpaketen neben den Eintrittskarten, der Bewirtung, den Raumkosten u.ä. erfassten Aufwendungen für Werbeleistungen sind grundsätzlich als Betriebsausgaben gemäß § 4 Abs. 4 EStG abziehbar.

2. Aufwendungen für eine besondere Raumnutzung

3. Wird im Einzelfall glaubhaft gemacht, dass auf der Grundlage einer vertraglichen Vereinbarung Räumlichkeiten in der Sportstätte für betriebliche Veranstaltungen (z.B. Konferenzen, Besprechungen mit Geschäftspartnern) außerhalb der Tage, an denen Sportereignisse stattfinden, genutzt werden, stellen die angemessenen, auf diese Raumnutzung entfallenden Aufwendungen ebenfalls abziehbare Betriebsausgaben dar (vgl. Rdnr. 19).

3. Aufwendungen für VIP-Maßnahmen gegenüber Geschäftsfreunden

a) Geschenke

4. Wendet der Steuerpflichtige seinen Geschäftsfreunden unentgeltlich Leistungen zu (beispielsweise Eintrittskarten), um geschäftliche Kontakte vorzubereiten und zu begünstigen oder um sich geschäftsfördernd präsentieren zu können, kann es sich um Geschenke i. S. von § 4 Abs. 5 Satz 1 Nr. 1 EStG handeln, die nur abziehbar sind, wenn die Anschaffungs- oder Herstellungskosten der dem Empfänger im Wirtschaftsjahr zugewendeten Gegenstände insgesamt 35 Euro nicht übersteigen. Der Schenkungsbegriff des § 4 Abs. 5 Satz 1 Nr. 1 EStG entspricht demjenigen der bürgerlich-rechtlichen Schenkung.

5. Erfolgt die Zuwendung dagegen als Gegenleistung für eine bestimmte in engem sachlichen oder sonstigem unmittelbaren Zusammenhang stehende Leistung des Empfängers, fehlt es an der für ein Geschenk notwendigen unentgeltlichen Zuwendung. Die Aufwendungen sind dann grundsätzlich unbeschränkt als Betriebsausgaben abziehbar.

b) Bewirtung

6. Aufwendungen für die Bewirtung von Geschäftsfreunden aus geschäftlichem Anlass sind gemäß § 4 Abs. 5 Satz 1 Nr. 2 EStG unter den dort genannten Voraussetzungen beschränkt abziehbar.

c) Behandlung beim Empfänger

7. Bei den Empfängern der Geschenke ist der geldwerte Vorteil wegen der betrieblichen Veranlassung als Betriebseinnahme zu versteuern, und zwar auch dann, wenn für den Zuwendenden das Abzugsverbot des § 4 Abs. 5 Satz 1 Nr. 1 EStG gilt (BFH-Urteil vom 26. September 1995, BStBl. 1996 II S. 273). Der Vorteil aus einer Bewirtung i. S. des § 4 Abs. 5 Satz 1 Nr. 2 EStG ist dagegen aus Vereinfachungsgründen beim bewirteten Steuerpflichtigen nicht als Betriebseinnahme zu erfassen (R 18 Abs. 3 EStR 2003).

Anlage § 040-03/VIP-Logen in Sportstätten

4. Aufwendungen für VIP-Maßnahmen zugunsten von Arbeitnehmern

a) Geschenke

Aufwendungen für Geschenke an Arbeitnehmer des Steuerpflichtigen sind vom Abzugsverbot des § 4 Abs. 5 Satz 1 Nr. 1 EStG ausgeschlossen und somit in voller Höhe als Betriebsausgaben abziehbar. **8**

b) Bewirtung

Bewirtungen, die der Steuerpflichtige seinen Arbeitnehmern gewährt, gelten als betrieblich veranlasst und unterliegen mithin nicht der Abzugsbeschränkung des § 4 Abs. 5 Satz 1 Nr. 2 EStG. Zu unterscheiden hiervon ist die Bewirtung aus geschäftlichem Anlass, an der Arbeitnehmer des Steuerpflichtigen lediglich teilnehmen (Beispiel: Der Unternehmer lädt anlässlich eines Geschäftsabschlusses die Geschäftspartner und seine leitenden Angestellten ein). Hier greift § 4 Abs. 5 Satz 1 Nr. 2 EStG auch für den Teil der Aufwendungen, der auf den an der Bewirtung teilnehmenden Arbeitnehmer entfällt. **9**

c) Behandlung beim Empfänger

Die Zuwendung stellt für den Arbeitnehmer einen zum steuerpflichtigen Arbeitslohn gehörenden geldwerten Vorteil dar, wenn der für die Annahme von Arbeitslohn erforderliche Zusammenhang mit dem Dienstverhältnis gegeben ist (§ 8 Abs. 1 i.V.m. § 19 Abs. 1 Satz 1 Nr. 1 EStG und § 2 Abs. 1 LStDV). Der geldwerte Vorteil ist grundsätzlich nach § 8 Abs. 2 Satz 1 EStG zu bewerten. Die Freigrenze für Sachbezüge i.H.v. 44 Euro im Kalendermonat (§ 8 Abs. 2 Satz 9 EStG) und R 31 Abs. 2 Satz 9 LStR 2005 sind zu beachten. **10**

Nicht zum steuerpflichtigen Arbeitslohn gehören insbesondere Zuwendungen, die der Arbeitgeber im ganz überwiegenden betrieblichen Interesse erbringt. Dies sind auch Zuwendungen im Rahmen einer üblichen Betriebsveranstaltung (vgl. R 72 LStR 2005) oder Zuwendungen aus geschäftlichem Anlass (Beispiel: Der Unternehmer lädt anlässlich eines Geschäftsabschlusses die Geschäftspartner und seine leitenden Angestellten ein, vgl. R 31 Abs. 8 Nr. 1 LStR 2005).

5. Privat veranlasste Aufwendungen für VIP-Maßnahmen

Ist die Leistung des Unternehmers privat veranlasst, handelt es sich gemäß § 12 Nr. 1 EStG in vollem Umfang um nicht abziehbare Kosten der privaten Lebensführung; bei Kapitalgesellschaften können verdeckte Gewinnausschüttungen vorliegen. Eine private Veranlassung ist u.a. dann gegeben, wenn der Steuerpflichtige die Eintrittskarten an Dritte überlässt, um damit gesellschaftlichen Konventionen zu entsprechen, z.B. aus Anlass eines persönlichen Jubiläums (vgl. BFH-Urteil vom 12. Dezember 1991, BStBl. 1992 II S. 524; BFH-Urteil vom 29. März 1994, BStBl. II S. 843). **11**

6. Nachweispflichten

Der Betriebsausgabenabzug für Aufwendungen im Rahmen von VIP-Maßnahmen ist zu versagen, wenn keine Nachweise dafür vorgelegt worden sind, welchem konkreten Zweck der getätigte Aufwand diente, d.h. welchem Personenkreis aus welcher Veranlassung die Leistung zugewendet wurde. **12**

Dagegen ist der Betriebsausgabenabzug nicht bereits aus dem Grunde zu versagen, dass der Nutzungsvertrag keine Aufgliederung der vereinbarten Nutzungsentgelte einerseits und der Einräumung der sonstigen werblichen Möglichkeiten andererseits zulässt. Soweit die vertraglichen Vereinbarungen keine Aufschlüsselung des Pauschalpreises in die einzelnen Arten der Ausgaben enthalten, führt dies nicht zu einem generellen Abzugsverbot. Vielmehr ist im Wege der sachgerechten Schätzung mittels Fremdvergleichs unter Mitwirkung des Unternehmers zu ermitteln, in welchem Umfang die Kosten auf die Eintrittskarten, auf die Bewirtung, auf die Werbung und/oder auf eine besondere Raumnutzung entfallen. Das vereinbarte Gesamtentgelt ist hierbei einzelfallbezogen unter Würdigung der Gesamtumstände nach dem Verhältnis der ermittelten Teilwerte für die Einzelleistungen aufzuteilen. Im Rahmen der Einzelfallprüfung ist ggf. auch eine Kürzung der ausgewiesenen Werbekosten vorzunehmen, wenn diese im Fremdvergleich unangemessen hoch ausfallen. **13**

7. Vereinfachungsregelungen

a) Pauschale Aufteilung des Gesamtbetrages für VIP-Logen in Sportstätten [1]

Aus Vereinfachungsgründen ist es nicht zu beanstanden, wenn bei betrieblich veranlassten Aufwendungen der für das Gesamtpaket (Werbeleistungen, Bewirtung, Eintrittskarten usw.) vereinbarte Gesamtbetrag wie folgt pauschal aufgeteilt wird: **14**

– Anteil für die Werbung: 40 v.H. des Gesamtbetrages.

---

1) Zur Weitergeltung von Randnummer 14 siehe BMF-Schreiben vom 29.4.2008 (BStBl. I S. 566) – *Anlage § 037b-02* – (Randnummer 15).

Anlage § 040-03/VIP-Logen in Sportstätten

Dieser Werbeaufwand, der in erster Linie auf die Besucher der Sportstätte ausgerichtet ist, ist in vollem Umfang als Betriebsausgabe abziehbar.
- Anteil für die Bewirtung: 30 v.H. des Gesamtbetrages.
  Dieser Anteil ist gemäß § 4 Abs. 5 Satz 1 Nr. 2 EStG mit dem abziehbaren v.H.-Satz als Betriebsausgabe zu berücksichtigen.
- Anteil für Geschenke: 30 v.H. des Gesamtbetrages.

Sofern nicht eine andere Zuordnung nachgewiesen wird, ist davon auszugehen, dass diese Aufwendungen je zur Hälfte auf Geschäftsfreunde (Rdnr. 15, 16) und auf eigene Arbeitnehmer (Rdnr. 17, 18) entfallen.

b) Geschenke an Geschäftsfreunde (z.B. andere Unternehmer und deren Arbeitnehmer)

15 Da diese Aufwendungen regelmäßig den Betrag von 35 Euro pro Empfänger und Wirtschaftsjahr übersteigen, sind sie gemäß § 4 Abs. 5 Satz 1 Nr. 1 EStG nicht als Betriebsausgabe abziehbar.

16 *Bei den Empfängern der Zuwendungen ist dieser geldwerte Vorteil grundsätzlich als Betriebseinnahme/ Arbeitslohn zu versteuern. Auf eine Benennung der Empfänger und die steuerliche Erfassung des geldwerten Vorteils bei den Empfängern kann jedoch verzichtet werden, wenn zur Abgeltung dieser Besteuerung 60 v.H. des auf Geschäftsfreunde entfallenden Anteils am Gesamtbetrag i. S. der Rdnr. 14 zusätzlich der Besteuerung beim Zuwendenden unterworfen werden.* [1)]

c) Geschenke an eigene Arbeitnehmer

17 Soweit die Aufwendungen auf Geschenke an eigene Arbeitnehmer entfallen, sind sie in voller Höhe als Betriebsausgabe abziehbar. Zur steuerlichen Behandlung dieser Zuwendungen bei den eigenen Arbeitnehmern vgl. Rdnr. 10.

18 *Bei Anwendung der Vereinfachungsregelung i. S. der Rdnr. 14 kann der Steuerpflichtige (Arbeitgeber) die Lohnsteuer für diese Zuwendungen mit einem Pauschsteuersatz in Höhe von 30 v.H. des auf eigene Arbeitnehmer entfallenden Anteils am Gesamtbetrag i. S. der Rdnr. 14 übernehmen. Die Höhe dieses Pauschsteuersatzes berücksichtigt typisierend, dass der Arbeitgeber die Zuwendungen an einen Teil seiner Arbeitnehmer im ganz überwiegenden betrieblichen Interesse erbringt (vgl. Rdnr. 10). § 40 Abs. 3 EStG gilt entsprechend.* [2)]

d) Pauschale Aufteilung bei besonderer Raumnutzung

19 In Fällen der Rdnr. 3, in denen die besondere Raumnutzung mindestens einmal wöchentlich stattfindet, kann der auf diese Raumnutzung entfallende Anteil vorab pauschal mit 15 v.H. des Gesamtbetrages ermittelt und als Betriebsausgabe abgezogen werden. Für die weitere Aufteilung nach Rdnr. 14 ist in diesen Fällen von dem um den Raumnutzungsanteil gekürzten Gesamtbetrag auszugehen. [3)]

8. Zeitliche Anwendung

20 Die vorstehenden Regelungen sind in allen offenen Fällen anzuwenden.

Die Regelungen des BMF-Schreibens vom 18. Februar 1998 (BStBl. I S. 212) bleiben unberührt.

Ertragsteuerliche Behandlung von Aufwendungen für VIP-Logen in Sportstätten; Hospitality-Leistungen im Rahmen der Fußballweltmeisterschaft 2006

BMF-Schreiben vom 30. März 2006 IV B 2 – S 2144 – 26/06 (BStBl. I S. 307)

Mit Schreiben vom 22. August 2005 (BStBl. I S. 845) hat das BMF zur ertragsteuerlichen Behandlung von Aufwendungen für VIP-Logen in Sportstätten Stellung genommen. Im Einvernehmen mit den obersten Finanzbehörden der Länder sind die dort getroffenen Aussagen grundsätzlich auch auf Aufwendungen anzuwenden, die im Zusammenhang mit sog. Hospitality-Leistungen zur Fußballweltmeisterschaft 2006 stehen. Hierzu gilt Folgendes:

1. Hospitality-Leistungen

Im Rahmen der Fußballweltmeisterschaft 2006 werden sog. Hospitality-Leistungen angeboten, die den Eintritt ins Stadion (verbunden mit Logen- oder bevorzugten Sitzplätzen), bevorzugte Parkmöglichkeiten, gesonderten Zugang zum Stadion, Bewirtung, persönliche Betreuung, Erinnerungsgeschenke

---

1) Randnummer 16 ist ab 1.1.2007 nicht mehr anzuwenden, siehe BMF-Schreiben vom 29.4.2008 (BStBl. I S. 566) – *Anlage § 037b-02* – (Randnummer 15).

2) Randnummer 18 ist ab 1.1.2007 nicht mehr anzuwenden, siehe BMF-Schreiben vom 29.4.2008 (BStBl. I S. 566) – *Anlage § 037b-02* – (Randnummer 15).

3) Zur Weitergeltung von Randnummer 19 siehe BMF-Schreiben vom 29.4.2008 (BStBl. I S. 566) – *Anlage § 037b-02* – (Randnummer 15).

Anlage § 040-03/VIP-Logen in Sportstätten

und ein Unterhaltungsangebot umfassen. Diese werden in verschiedenen Kategorien angeboten. In Hospitality-Leistungen sind keine Werbeleistungen enthalten.

2. Anwendung der Vereinfachungsregelungen

Abweichend von Rdnr. 14 des BMF-Schreibens vom 22. August 2005 ist für die pauschale Aufteilung der einzelnen Leistungselemente folgender Aufteilungsmaßstab anzuwenden:
- Der Anteil für Bewirtung wird mit 30 v.H. – begrenzt auf 1.000 Euro pro Teilnehmer je Veranstaltung – angenommen.
- Der Anteil für Geschenke wird mit dem Restbetrag angenommen.

Im Übrigen bleiben die Regelungen des BMF-Schreibens vom 22. August 2005 unberührt.

Ertragsteuerliche Behandlung von Aufwendungen für VIP-Logen in Sportstätten; Anwendung der Vereinfachungsregelungen auf ähnliche Sachverhalte

BMF-Schreiben vom 11. Juli 2006 IV B 2 – S 2144 – 53/06 (BStBl. I S. 447)

Mit Schreiben vom 22. August 2005 (BStBl. I S. 845) hat das BMF zur ertragsteuerlichen Behandlung von Aufwendungen für VIP-Logen in Sportstätten Stellung genommen. Zur Anwendung der Vereinfachungsregelungen (Rdnrn. 14 ff.) vertrete ich im Einvernehmen mit den obersten Finanzbehörden der Länder folgende Auffassung:

1. Nachweis der betrieblichen Veranlassung

Nach Rdnr. 16 des o.g. BMF-Schreibens ist die Benennung der Empfänger der Zuwendung nicht erforderlich. Der Nachweis der betrieblichen Veranlassung der Aufwendungen kann dadurch erfolgen, dass z.B. die Einladung der Teilnehmer, aus der sich die betriebliche/geschäftliche Veranlassung ergibt, zu den Buchungsunterlagen genommen wird. Im Zweifelsfall sollte zum Nachweis der betrieblichen/geschäftlichen Veranlassung auch eine Liste der Teilnehmer zu den Unterlagen genommen werden.

2. Geltung der gesetzlichen Aufzeichnungspflichten

Für die anteiligen Aufwendungen für die Bewirtung i.S.d. Rdnr. 14 müssen die Aufzeichnungen nach § 4 Abs. 5 Satz 1 Nr. 2 Satz 2 EStG nicht geführt werden.

3. Anwendung der pauschalen Aufteilung

Für Fälle, in denen im Gesamtbetrag der Aufwendungen nur die Leistungen Werbung und Eintrittskarten enthalten sind und für die Bewirtung eine Einzelabrechnung vorliegt (z.B. bei Vertrag mit externem Caterer), ist die Vereinfachungsregelung im Hinblick auf die Pauschalaufteilung 40:30:30 nicht anwendbar. Es ist für den Werbeanteil und den Ticketanteil ein anderer angemessener Aufteilungsmaßstab i.S. einer sachgerechten Schätzung zu finden. Der Bewirtungsanteil steht – soweit er angemessen ist – fest. Dessen Abziehbarkeit richtet sich nach den allgemeinen steuerlichen Regelungen des § 4 Abs. 5 Satz 1 Nr. 2 EStG. Die Versteuerung zugunsten des Geschäftsfreundes – anderer Unternehmer und dessen Arbeitnehmer - (Rdnr. 16 des BMF-Schreibens) oder eine Pauschalbesteuerung für die eigenen Arbeitnehmer (Rdnr. 18 des BMF-Schreibens) auf Ebene des Zuwendenden im Hinblick auf den angemessenen Geschenkanteil kommt jedoch in Betracht.

4. Anwendung der Regelungen bei sog. „Business-Seats"

Für sog. Business-Seats, bei denen im Gesamtbetrag der Aufwendungen nur die Leistungen Eintrittskarten und Rahmenprogramm (steuerlich zu beurteilen als Zuwendung) und Bewirtung enthalten sind, ist, soweit für diese ein Gesamtbetrag vereinbart wurde, dieser sachgerecht aufzuteilen (ggf. pauschale Aufteilung entsprechend Rdnr. 14 mit 50 v.H. für Geschenke und 50 v.H. für Bewirtung). Die Vereinfachungsregelungen der Rdnrn. 16 und 18 können angewandt werden.

Weist der Steuerpflichtige nach, dass im Rahmen der vertraglich vereinbarten Gesamtleistungen auch Werbeleistungen erbracht werden, die die Voraussetzungen des BMF-Schreibens vom 18. Februar 1998 (BStBl. I S. 212) erfüllen, kann für die Aufteilung des Gesamtbetrages der Aufteilungsmaßstab der Rdnr. 14 des BMF-Schreibens vom 22. August 2005 (a.a.O) angewendet werden. Der Anteil für Werbung i.H.v. 40 v.H. ist dann als Betriebsausgabe zu berücksichtigen.

5. Andere Veranstaltungen in Sportstätten

Soweit eine andere, z.B. kulturelle Veranstaltung in einer Sportstätte stattfindet, können die getroffenen Regelungen angewendet werden, sofern die Einzelfallprüfung einen gleichartigen Sachverhalt ergibt.

Anlage § 040-03/VIP-Logen in Sportstätten

6. Veranstaltungen außerhalb von Sportstätten
Soweit außerhalb einer Sportstätte in einem Gesamtpaket Leistungen angeboten werden, die Eintritt, Bewirtung und Werbung enthalten (z.B. Operngala) ist eine pauschale Aufteilung möglich. Der Aufteilungsmaßstab muss sich an den Umständen des Einzelfalls orientieren. Die Übernahme der Besteuerung für die Zuwendung an Geschäftsfreunde und die eigenen Arbeitnehmer i.S.d. Vereinfachungsregelungen des BMF-Schreibens vom 22. August 2005 (a.a.O) ist möglich.

7. Abweichende Aufteilung der Gesamtaufwendungen
Die Vereinfachungsregelungen (Übernahme der Besteuerung) gemäß Rdnrn. 16 und 18 sind auch in den Fällen anwendbar, in denen nachgewiesen wird, dass eine von Rdnr. 14 abweichende andere Aufteilung der Gesamtaufwendungen im Einzelfall angemessen ist.

Anlage § 041a-01/Vordruck Lohnsteuer-Anmeldung 2010

Bekanntmachung
des Musters für die Lohnsteuer-Anmeldung 2010

BMF-Schreiben vom 24. August 2009 IV C 5 – S 2533/09/10001, 2009/0547754 (BStBl. I S. 897)

Das Vordruckmuster der Lohnsteuer-Anmeldung für Lohnsteuer-Anmeldungszeiträume ab Januar 2010 ist gemäß § 51 Absatz 4 Nummer 1 Buchstabe d des Einkommensteuergesetzes bestimmt worden. Das Vordruckmuster und die „Übersicht über die länderunterschiedlichen Werte in der Lohnsteuer-Anmeldung" werden hiermit bekannt gemacht. Das Vordruckmuster ist auch für die Gestaltung der Vordrucke maßgebend, die mit Hilfe automatischer Einrichtungen ausgefüllt werden (vgl. BMF-Schreiben vom 11. Mai 2004, BStBl. I S. 475). *– Anlage § 041a-02 –*

Anlage § 041a-01/Vordruck Lohnsteuer-Anmeldung 2010

- Bitte weiße Felder ausfüllen oder [X] ankreuzen und Hinweise auf der Rückseite beachten -

2010

Zeile		
1	Fallart: **11**	Steuernummer	Unterfallart: **62**
		30 Eingangsstempel oder -datum	

Lohnsteuer-Anmeldung 2010

Anmeldungszeitraum
bei **monatlicher** Abgabe bitte ankreuzen / bei **vierteljährlicher** Abgabe bitte ankreuzen

Monat		Monat		Quartal	
10 01	Jan.	10 07	Juli	10 41	I. Kalendervierteljahr
10 02	Feb.	10 08	Aug.	10 42	II. Kalendervierteljahr
10 03	März	10 09	Sept.	10 43	III. Kalendervierteljahr
10 04	April	10 10	Okt.	10 44	IV. Kalendervierteljahr
10 05	Mai	10 11	Nov.	bei **jährlicher** Abgabe bitte ankreuzen	
10 06	Juni	10 12	Dez.	10 19	Kalenderjahr

Finanzamt

Arbeitgeber - Anschrift der Betriebsstätte - Telefonnummer - E-Mail

Berichtigte Anmeldung (falls ja, bitte eine „1" eintragen).......... **10**
Zahl der Arbeitnehmer (einschl. Aushilfs- und Teilzeitkräfte)............... **86**

Zeile		EUR	Ct
17	Summe der einzubehaltenden Lohnsteuer [1)2)]	42	
18	Summe der pauschalen Lohnsteuer - ohne § 37b EStG - [1)]	41	
19	Summe der pauschalen Lohnsteuer nach § 37b EStG [1)]	44	
20	abzüglich an Arbeitnehmer ausgezahltes Kindergeld	43	
21	abzüglich Kürzungsbetrag für Besatzungsmitglieder von Handelsschiffen	33	
22	Verbleiben [1)]	48	
23	Solidaritätszuschlag [1)2)]	49	
24	pauschale Kirchensteuer im vereinfachten Verfahren	47	
25	Evangelische Kirchensteuer [1)2)]	61	
26	Römisch-Katholische Kirchensteuer [1)2)]	62	
27			
28			
29			
30			
31			
32	**Gesamtbetrag** [1)] — 1) Negativen Beträgen ist ein **Minuszeichen** voranzustellen. 2) Nach Abzug der im Lohnsteuer-Jahresausgleich erstatteten Beträge	83	

33 Ein Erstattungsbetrag wird auf das dem Finanzamt benannte Konto überwiesen, soweit der Betrag nicht mit Steuerschulden verrechnet wird.
34 **Verrechnung des Erstattungsbetrags erwünscht / Erstattungsbetrag ist abgetreten** (falls ja, bitt.............................. **29**
35 Geben Sie bitte die Verrechnungswünsche auf einem besonderen Blatt oder auf dem beim Finanzamt erhältlichen Vordruck „Verrechnungsantrag" an.
36 Die **Einzugsermächtigung** wird ausnahmsweise (z. B. wegen Verrechnungswünschen)
37 für diesen Anmeldungszeitraum **widerrufen** (falls ja, bitte eine „1" eintragen)................. **26**
Ein ggf. verbleibender Restbetrag ist gesondert zu entrichten.

Hinweis nach den Vorschriften der Datenschutzgesetze:
38 Die mit der Steueranmeldung angeforderten Daten werden auf Grund der §§ 149 ff. der Abgabenordnung und des § 41a des Einkommensteuergesetzes erhoben.
39 Datum, Unterschrift — Die Angabe der Telefonnummer und der E-Mail-Adresse ist freiwillig.

— **Vom Finanzamt auszufüllen** —

Bearbeitungshinweis
40 1. Die aufgeführten Daten sind mit Hilfe des geprüften und | **11** | **19** |
41 genehmigten Programms sowie ggf. unter Berücksichtigung der gespeicherten Daten maschinell zu verarbeiten.
42 2. Die weitere Bearbeitung richtet sich nach den Ergebnissen | | **12** |
43 der maschinellen Verarbeitung.

Kontrollzahl und/oder Datenerfassungsvermerk

Datum, Namenszeichen/Unterschrift

8.09 - **LStA** - Lohnsteuer-Anmeldung 2010 -

Anlage § 041a-01/Vordruck Lohnsteuer-Anmeldung 2010

Hinweise für den Arbeitgeber

Datenübermittlung oder Steueranmeldung auf Papier?

1. Bitte beachten Sie, dass die Lohnsteuer-Anmeldung nach amtlich vorgeschriebenem Datensatz durch Datenfernübertragung nach Maßgabe der Steuerdaten-Übermittlungsverordnung zu übermitteln ist. Einzelheiten hierzu erfahren Sie unter der Internet-Adressen www.elster.de sowie bei Ihrem Finanzamt, Ihrem steuerlichen Berater oder Ihrem datenverarbeitenden Unternehmen. Auf Antrag kann das Finanzamt zur Vermeidung unbilliger Härten auf eine elektronische Übermittlung verzichten; in diesem Fall haben Sie oder eine zu Ihrer Vertretung berechtigte Person die Lohnsteuer-Anmeldung nach amtlich vorgeschriebenem Vordruck abzugeben und zu unterschreiben.

Abführung der Steuerabzugsbeträge

2. Tragen Sie bitte die Summe der einzubehaltenden Steuerabzugsbeträge (§§ 39b bis 39d EStG) in Zeile 17 ein. Die Summe der mit festen oder besonderen Pauschsteuersätzen erhobenen Lohnsteuer nach den §§ 37a, 40 bis 40b EStG tragen Sie bitte in Zeile 18 ein. Nicht einzubeziehen ist die an die Deutsche Rentenversicherung Knappschaft-Bahn-See abzuführende 2 %-ige Pauschsteuer für geringfügig Beschäftigte i. S. d. § 8 Abs. 1 Nr. 1 und § 8a SGB IV. **In Zeile 19 tragen Sie bitte gesondert die pauschale Lohnsteuer nach § 37b EStG ein.** Vergessen Sie bitte nicht, auf dem Zahlungsabschnitt die Steuernummer, den Zeitraum, in dem die Beträge einbehalten worden sind, und je gesondert den Gesamtbetrag der Lohnsteuer, des Solidaritätszuschlags zur Lohnsteuer und der Kirchensteuer anzugeben oder durch Ihre Bank oder Sparkasse angeben zu lassen.

   Sollten Sie mehr Lohnsteuer erstatten, als Sie einzubehalten haben (z. B. wegen einer Neuberechnung der Lohnsteuer für bereits abgelaufene Lohnzahlungszeiträume desselben Kalenderjahres), kennzeichnen Sie bitte den Betrag mit einem deutlichen Minuszeichen. Der Erstattungsantrag ist durch Übermittlung oder Abgabe der Anmeldung gestellt.

3. Reichen die Ihnen zur Verfügung stehenden Mittel zur Zahlung des vollen vereinbarten Arbeitslohns nicht aus, so ist die Lohnsteuer von dem tatsächlich zur Auszahlung gelangenden niedrigeren Betrag zu berechnen und einzubehalten.

4. Eine Eintragung in Zeile 20 (ausgezahltes Kindergeld) kommt grundsätzlich nur bei Arbeitgebern des öffentlichen Rechts in Betracht.

   Arbeitgeber, die eigene oder gecharterte Handelsschiffe betreiben, dürfen einen Betrag von 40 % der Lohnsteuer der auf solchen Schiffen in einem zusammenhängenden Arbeitsverhältnis von mehr als 183 Tagen beschäftigten Besatzungsmitglieder abziehen. Dieser Betrag ist in Zeile 21 einzutragen.

5. Haben Sie in den Fällen der Lohnsteuerpauschalierung nach §§ 37a, 37b, 40 bis 40b EStG die Kirchensteuer im vereinfachten Verfahren mit einem ermäßigten Steuersatz ermittelt, tragen Sie bitte diese (pauschale) Kirchensteuer in einer Summe in Zeile 24 ein. Die Aufteilung der pauschalen Kirchensteuer auf die steuererhebenden Religionsgemeinschaften wird von der Finanzverwaltung übernommen.

6. Abführungszeitpunkt ist
   a) spätestens der zehnte Tag nach Ablauf eines jeden Kalendermonats, wenn die abzuführende Lohnsteuer für das vorangegangene Kalenderjahr mehr als 4.000 € betragen hat,
   b) spätestens der zehnte Tag nach Ablauf eines jeden Kalendervierteljahres, wenn die abzuführende Lohnsteuer für das vorangegangene Kalenderjahr mehr als 1.000 €, aber nicht mehr als 4.000 € betragen hat,
   c) spätestens der zehnte Tag nach Ablauf eines jeden Kalenderjahres, wenn die abzuführende Lohnsteuer für das vorangegangene Kalenderjahr nicht mehr als 1.000 € betragen hat.

   Hat Ihr Betrieb nicht während des ganzen vorangegangenen Kalenderjahres bestanden, so ist die für das vorangegangene Kalenderjahr abzuführende Lohnsteuer für die Feststellung des Lohnsteuer-Anmeldungszeitraums auf einen Jahresbetrag umzurechnen.

   Hat Ihr Betrieb im vorangegangenen Kalenderjahr noch nicht bestanden, so ist von einem Jahresbetrag umgerechnet, für den ersten vollen Kalendermonat nach der Eröffnung des Betriebs abzuführende Lohnsteuer maßgebend.

7. Im Falle nicht rechtzeitiger Abführung der Steuerabzugsbeträge ist ein Säumniszuschlag zu entrichten. Der Säumniszuschlag beträgt 1 % des rückständigen Steuerbetrages für jeden angefangenen Monat der Säumnis.

8. Verbleibende Beträge von insgesamt weniger als 1 € werden weder erhoben noch erstattet, weil dadurch unverhältnismäßige Kosten entstehen.

Anmeldung der Steuerabzugsbeträge

9. Übermitteln oder übersenden Sie bitte unabhängig davon, ob Sie Lohnsteuer einzubehalten hatten oder ob die einbehaltenen Steuerabzugsbeträge an das Finanzamt abgeführt worden sind, dem Finanzamt der Betriebsstätte spätestens bis zum Abführungszeitpunkt (siehe oben Nummer 6) eine Lohnsteuer-Anmeldung nach amtlich vorgeschriebenem Datensatz oder Vordruck.

   Sie sind aber künftig von der Verpflichtung zur Übermittlung oder Abgabe weiterer Lohnsteuer-Anmeldungen befreit, wenn Sie Ihrem Betriebsstättenfinanzamt mitteilen, dass Sie keine Lohnsteuer einzubehalten oder zu übernehmen haben. Gleiches gilt, wenn Sie nur Arbeitnehmer beschäf☐

10. Trifft die Anmeldung nicht rechtzeitig ein, so kann das Finanzamt von der Lohnsteuer einen **Verspätungszuschlag** bis zu 10 % des anzumeldenden Betrages festsetzen.

11. Um Rückfragen des Finanzamts zu vermeiden, geben Sie bitte in Zeile 15 stets die Zahl der Arbeitnehmer – einschließlich Aushilfs- und Teilzeitkräfte, zu denen auch die an die Deutsche Rentenversicherung Knappschaft-Bahn-See gemeldeten geringfügig Beschäftigten i. S. d. § 8 Abs. 1 Nr. 1 und § 8a SGB IV gehören – an.

Berichtigung von Lohnsteuer-Anmeldungen

12. Wenn Sie feststellen, dass eine bereits eingereichte Lohnsteuer-Anmeldung fehlerhaft oder unvollständig ist, so ist für den betreffenden Anmeldungszeitraum eine berichtigte Lohnsteuer-Anmeldung zu übermitteln oder einzureichen. Dabei sind Eintragungen auch in den Zeilen vorzunehmen, in denen sich keine Änderung ergeben hat. Es ist nicht zulässig, nur Einzel- oder Differenzbeträge nachzumelden. Für die Berichtigung mehrerer Anmeldungszeiträume sind jeweils gesonderte berichtigte Lohnsteuer-Anmeldungen einzureichen. Den Berichtigungsgrund teilen Sie bitte Ihrem Finanzamt gesondert mit.

Anlage § 041a-01/Vordruck Lohnsteuer-Anmeldung 2010

Übersicht über länderunterschiedliche Werte in der Lohnsteuer-Anmeldung 2010

Land	Zeilen-Nr.	Bedeutung	Kenn-zahl
Baden-Württemberg	25	Evangelische Kirchensteuer - ev [1)2)]	61
	26	Römisch-Katholische Kirchensteuer - rk [1)2)]	62
	27	Kirchensteuer der Israelitischen Religionsgemeinschaft Baden - ib [1)2)]	78
	28	Kirchensteuer der Freireligiösen Landesgemeinde Baden - fb [1)2)]	67
	29	Kirchensteuer der Israelitischen Religionsgemeinschaft Württembergs - iw [1)2)]	73
	30	Altkatholische Kirchensteuer - ak [1)2)]	63
Bayern	25	Evangelische Kirchensteuer - ev [1)2)]	61
	26	Römisch-Katholische Kirchensteuer - rk [1)2)]	62
	27	Israelitische Bekenntnissteuer - is [1)2)]	64
	28	Altkatholische Kirchensteuer - ak [1)2)]	63
Berlin	25	Evangelische Kirchensteuer - ev [1)2)]	61
	26	Römisch-Katholische Kirchensteuer - rk [1)2)]	62
	27	Altkatholische Kirchensteuer - ak [1)2)]	63
Brandenburg	25	Evangelische Kirchensteuer - ev [1)2)]	61
	26	Römisch-Katholische Kirchensteuer - rk [1)2)]	62
	27	Israelitische / Jüdische Kultussteuer - is/jh/jd [1)2)]	64
	28	Freireligiöse Gemeinde Mainz - fm [1)2)]	65
	29	Israelitische Kultussteuer der kultussteuerberechtigten Gemeinden Hessen - il [1)2)]	74
	30	Altkatholische Kirchensteuer - ak [1)2)]	63
Bremen	25	Evangelische Kirchensteuer - ev [1)2)]	61
	26	Römisch-Katholische Kirchensteuer - rk [1)2)]	62
	27	Beiträge zur Arbeitnehmerkammer	68
Hamburg	27	Jüdische Kultussteuer - jh [1)2)]	64
	28	Altkatholische Kirchensteuer - ak [1)2)]	63
Hessen	25	Evangelische Kirchensteuer - ev (lt/rf/fr) [1)2)]	61
	26	Römisch-Katholische Kirchensteuer - rk [1)2)]	62
	27	Freireligiöse Gemeinde Offenbach/M. - fs [1)2)]	66
	28	Freireligiöse Gemeinde Mainz - fm [1)2)]	65
	29	Israelitische Kultussteuer Frankfurt - is [1)2)]	64
	30	Israelitische Kultussteuer der kultussteuerberechtigten Gemeinden - il [1)2)]	74
	31	Altkatholische Kirchensteuer - ak [1)2)]	63
Niedersachsen	25	leer	–
	26	leer	–
	27	Kirchensteuer - lt/rf (ev) [1)2)3)]	76
	28	Kirchensteuer - rk/ak [1)2)3)]	77
Nordrhein-Westfalen	25	Evangelische Kirchensteuer - ev/lt/rf/fr [1)2)]	61
	26	Römisch-Katholische Kirchensteuer - rk [1)2)]	62
	27	Jüdische Kultussteuer - jd [1)2)]	64
	28	Altkatholische Kirchensteuer - ak [1)2)]	63
Rheinland-Pfalz	25	Evangelische Kirchensteuer - ev [1)2)]	61
	26	Römisch-Katholische Kirchensteuer - rk [1)2)]	62
	27	Jüdische Kultussteuer - is [1)2)]	64
	28	Freireligiöse Landesgemeinde Pfalz - fg [1)2)]	68
	29	Freireligiöse Gemeinde Mainz - fm [1)2)]	65
	30	Freie Religionsgemeinschaft Alzey - fa [1)2)]	72
	31	Altkatholische Kirchensteuer - ak [1)2)]	63
Saarland	25	Evangelische Kirchensteuer [1)2)]	61
	26	Römisch-Katholische Kirchensteuer [1)2)]	62
	27	Israelitische Kultussteuer [1)2)]	64
	28	Altkatholische Kirchensteuer [1)2)]	63
	29	Beiträge zur Arbeitskammer	70
Schleswig-Holstein	27	Jüdische Kultussteuer - ih [1)2)]	64
	28	Altkatholische Kirchensteuer - ak [1)2)]	63

1) Negativen Beträgen ist ein **Minuszeichen** voranzustellen
2) Nach Abzug der im Lohnsteuer-Jahresausgleich erstatteten Beträge
3) Kann auf volle Cent zugunsten des Arbeitgebers gerundet werden

Anlage § 041a-02/Maschinelle LSt-Anmeldung

Zulassung von Vordrucken, die von den amtlich vorgeschriebenen Vordrucken im Umsatzsteuer-Voranmeldungs- und Lohnsteuer-Anmeldungsverfahren abweichen; Grundsatzschreiben

BMF-Schreiben vom 11. Mai 2004 $\frac{\text{IV D 4} - \text{O 2258} - 5/04}{\text{IV D 4} - \text{O 2298} - 5/04}$ (BStBl. I S. 475)[1]

Unter Bezugnahme auf das Ergebnis der Erörterungen mit den obersten Finanzbehörden der Länder gilt Folgendes:

Vorbemerkung

Im Hinblick darauf, dass für Anmeldungs- und Voranmeldungszeiträume, die nach dem 31. Dezember 2004 enden, die Verpflichtung besteht, Umsatzsteuer-Voranmeldungen und Lohnsteuer-Anmeldungen nach amtlich vorgeschriebenem Vordruck auf elektronischem Weg nach Maßgabe der Steuerdaten-Übermittlungsverordnung (StDÜV) zu übermitteln (§ 18 Abs. 1 Satz 1 UStG i. V. m. § 27 Abs. 9 UStG, § 41a Abs. 1 Satz 2 EStG i. V. m. § 52 Abs. 52b EStG), sollte zunächst geprüft werden, ob die Daten der Steueranmeldungen (einschließlich der Daten für den Antrag auf Dauerfristverlängerung/die Anmeldung der Sondervorauszahlung) elektronisch übermittelt werden können.

I. Allgemeines

(1) Zur Erleichterung und Vereinfachung des Besteuerungsverfahrens kann auf Antrag zugelassen werden, dass

1. die Umsatzsteuer-Voranmeldung (§ 18 Abs. 1 UStG; Vordruckmuster USt 1 A), einschließlich – bis Besteuerungszeitraum 2001 – der Anmeldungen der Umsatzsteuer im Abzugsverfahren (§ 18 Abs. 8 UStG i.V.m. § 54 UStDV i.d.F. bis zum 31.12.2001),
2. der Antrag auf Dauerfristverlängerung/die Anmeldung der Sondervorauszahlung (§ 18 Abs. 6 UStG, §§ 46 bis 48 UStDV; Vordruckmuster USt 1 H) sowie
3. die Lohnsteuer-Anmeldung (§ 41a Abs. 1 Satz 2 EStG; Vordruckmuster LStA)

auf Vordrucken abgegeben werden, die von den amtlich vorgeschriebenen, jährlich im BStBl. Teil I veröffentlichten, Vordrucken abweichen.

Antragsberechtigt ist, wer Vordrucke mit Hilfe automatischer Einrichtungen ausfüllen oder Verfahren hierfür anbieten will. Dem Antrag sind unverkürzte und – sofern auch diese angeboten werden sollen – verkürzte Musterausdrucke für die Bundesländer, für die die Zulassung abweichender Vordrucke beantragt wird, beizufügen.

Von diesem Schreiben werden nicht berührt:

– amtliche Vordrucke, die per Telefax eingereicht werden (BMF-Schreiben vom 20. Januar 2003 – IV D 2 – S 0321 – 4/03 –, BStBl. I S. 74),
– Kopien amtlicher Vordrucke und
– Vordrucke, die mit Druckvorlagen hergestellt werden, die von den zuständigen Finanzbehörden im Internet bereitgestellt werden.

(2) Die Zulassung ist unter dem Vorbehalt des jederzeitigen Widerrufs zu erteilen. Sie kann befristet und mit Auflagen versehen werden.

(3) Die Zulassung nach Absatz 1 berechtigt nicht zur geschäftsmäßigen Hilfeleistung in Steuersachen (§ 1 i. V. m. § 2 des Steuerberatungsgesetzes).

(4) Über den Antrag entscheidet die oberste Landesfinanzbehörde oder eine von ihr beauftragte Stelle (zulassende Stelle), in deren Bezirk sich der Sitz oder die Geschäftsleitung des Antragstellers befindet. Diese Stelle entscheidet insoweit auch über die Verwendung Seite 3 abweichender Vordrucke in anderen Bundesländern. Die zulassende Stelle übersendet den zulassenden Stellen der betroffenen anderen Bundesländer je einen Abdruck des Zulassungsbescheides und der für das jeweils andere Land eingereichten Musterausdrucke zur Kenntnis.

(5) Die Vordrucke sind von dem Antragsberechtigten im Sinne des Absatzes 1 Satz 2 auf eigene Kosten herzustellen.

(6) Steueranmeldungen auf nicht zugelassenen Vordrucken sind von den Finanzämtern zurückzuweisen. Dies gilt auch für Vordrucke, die nicht in der für den jeweiligen Besteuerungszeitraum gültigen Fassung abgegeben werden.

---

[1] Wird zitiert im BFM-Schreiben Anlage § 041a-01.

Anlage § 041a-02/Maschinelle LSt-Anmeldung

II. Gestaltung der abweichenden Vordrucke

(1) Die Vordrucke müssen in Format, Aufbau, Druckbild und Wortlaut grundsätzlich den in dem jeweiligen Bundesland amtlich vorgeschriebenen Vordrucken entsprechen. Bei der Herstellung sind die jährliche Veröffentlichung im Bundessteuerblatt Teil I sowie die Ausführungen im „Merkblatt für die Verwendung von Vordrucken im Umsatzsteuer-Voranmeldungs- und Lohnsteuer-Anmeldungsverfahren" (Anlage 1) zu beachten.

(2) Die Vordrucke müssen mindestens zehn Jahre haltbar und gut lesbar sein.

III. Ausdruck der abweichenden Vordrucke

(1) Die länderspezifischen Ordnungsangaben (Fallart, Steuernummer, Unterfallart und Zeitraum) in der jeweiligen Fassung sind in dem dafür vorgesehenen Bereich im Kopf der Vordrucke auszudrucken. Sie sind nach dem Format aufzubereiten, das in dem Bundesland vorgesehen ist, in dem die Steueranmeldungen abzugeben sind (Anlage 2).
Auf die Übersichten für das Ankreuzen des Anmeldungszeitraums ist zu verzichten. An dieser Stelle kann ein Feld mit Angabe des zutreffenden Zeitraums ausgedruckt werden.

(2) Im Berechnungsteil der Steueranmeldungen kann auf Zeilen für Besteuerungsmerkmale, die nicht vorhanden sind, verzichtet werden („verkürzter Vordruck"). Bei Verzicht auf den Ausdruck nicht benötigter Zeilen behalten die ausgedruckten Zeilen die Zeilen-Nummern laut amtlich vorgeschriebenem Vordruck. Weitere Einzelheiten ergeben sich aus dem Merkblatt (Anlage 1).

(3) Soweit in den amtlich vorgeschriebenen Vordrucken die Angabe
- volle Euro-Beträge vorgesehen ist, dürfen Cent-Beträge nicht ausgedruckt werden,
- von Euro/Cent-Beträgen vorgesehen ist, müssen die Cent-Beträge stets ausgedruckt werden (ggf. „00").

Bei negativen Beträgen ist das Minuszeichen (–) vor den Betrag zu setzen.

(4) In Berichtigungsfällen müssen die Steueranmeldungen alle für den Anmeldungszeitraum erforderlichen Angaben enthalten. Es ist nicht zulässig, lediglich Einzel- oder Unterschiedsbeträge nachzumelden.

(5) Wegen der Einzelheiten der in den einzelnen Bundesländern jeweils erforderlichen Angaben ist die „Übersicht über länderunterschiedliche Werte in der Lohnsteuer-Anmeldung" in der jeweils gültigen Fassung zu beachten.

(6) Bei der Verwendung von verkürzten abweichenden Vordrucken im Sinne des Absatzes 2 muss bei jeder Steueranmeldung eine Versicherung folgenden Wortlauts abgegeben werden:
„Ich versichere, in dieser Steueranmeldung die in dem amtlich vorgeschriebenen Vordruck geforderten Angaben für diesen Anmeldungszeitraum vollständig und wahrheitsgemäß nach bestem Wissen und Gewissen gemacht zu haben."

(7) Die Fußzeile enthält
- die Vordruckbezeichnung,
- den Namen des Antragstellers, ggf. in Kurzform,
- die zulassende Behörde sowie das Datum und das Aktenzeichen der Zulassung.

(8) Mehrseitige Vordrucke
- Bei einseitigem Druck mehrseitiger Vordrucke (d. h. die Rückseite bleibt leer) sind die Ordnungsangaben (Fallart, Steuernummer, Unterfallart, Zeitraum) der Seite 1 in die Kopfzeile oben links auf jeden weiteren Seitenausdruck zu übernehmen.
- Bei umseitigem Druck mehrseitiger Vordrucke dürfen die Ordnungsangaben auf der Rückseite nicht wiederholt werden.

IV. Übergangsbestimmungen

Beträge für Zeiträume sind
- nach dem 31. Dezember 2001 stets in Euro bzw. Euro/Cent,
- nach dem 31. Dezember 1998 und vor dem 1. Januar 2002 in DM bzw. DM/Pf oder mit Kennzahl 32 = 1 in Euro bzw. Euro/Cent,
- vor dem 1. Januar 1999 stets in DM bzw. DM/Pf

anzugeben.
Die nach dem BMF-Schreiben vom 9. Januar 1992 – IV A 5 – S 0082 – 27/91 – (BStBl. I S. 82) erteilten Zulassungen gelten weiterhin, sofern die Grundsätze dieses Schreibens beachtet werden.

Anlage § 041a-02/Maschinelle LSt-Anmeldung

V. Schlussbestimmungen

Dieses Schreiben ersetzt das BMF-Schreiben vom 9. Januar 1992 – IV A 5 – S 0082 – 27/91 – (BStBl. I S. 82).

Die im BMF-Schreiben vom 27. Dezember 1999 $\frac{\text{IV D 4} - \text{O 2250} - 120/99}{\text{IV D 6} - \text{S 0082} - 17/99}$ (BStBl. I S. 1049) aufgestellten Grundsätze zur Verwendung von Steuererklärungsvordrucken bleiben unberührt.

Anlage 1

Merkblatt für die Verwendung von Vordrucken im Umsatzsteuer-Voranmeldungs- und Lohnsteuer-Anmeldungsverfahren

Die folgenden Grundsätze enthalten Vorgaben, die das Erstellen und Ausfüllen maschineller Vordrucke erleichtern, so dass deren Erfassung – insbesondere im Hinblick auf eine maschinelle Beleglesung – gewährleistet wird.

I. Grundsätze

1. Aufbau des Vordrucks:

Feldeinteilungen sind einzuhalten. Die eingetragenen Werte dürfen die Begrenzungslinien nicht berühren. Es ist zu gewährleisten, dass die maschinell vorgenommenen Eintragungen deutlich lesbar und erkennbar sind. Die Zuordnung von Zeilennummer, Text, Kennzahl und Wert müssen eindeutig, zeilen- und spaltengerecht sein.

2. Ausdruck des Wertes „0":

Außer in den nachfolgend beschriebenen Fällen ist der Ausdruck des Wertes „0" nicht zulässig.

Der Ausdruck des Wertes „0" ist erforderlich bei:

– Kennzahl 42 der Lohnsteuer-Anmeldung, wenn im Anmeldungszeitraum Lohnsteuer weder einzubehalten noch zu übernehmen war,
– Kennzahl 83 der Lohnsteuer-Anmeldung und der Umsatzsteuer-Voranmeldung, wenn keine Steuer zu entrichten/kein Überschuss zu erstatten ist,
– Kennzahl 38 der Anmeldung der Sondervorauszahlung, wenn die anzumeldende Sondervorauszahlung 0 Euro beträgt.

Der Ausdruck des Wertes „0" ist zulässig:

– bei Kennzahl 48 der Lohnsteuer-Anmeldung,
– bei Berichtigungen eines angemeldeten Betrages auf 0 Euro,
– zur Verdeutlichung einzelner Sachverhalte.

3. Druck:

Bei einseitigem Druck mehrseitiger Vordrucke ist darauf zu achten, dass die jeweilige Rückseite nicht bedruckt oder beschriftet ist.

Wird auf den Ausdruck nicht benötigter Zeilen verzichtet („verkürzter Vordruck"), ist zunächst die erste Seite ganzseitig zu bedrucken. Ein mehrseitiger Druck ist nur zulässig, wenn eine Seite zur Aufnahme sämtlicher Zeilen nicht ausreicht.

Beim Ausdruck der Vordrucke ist keine Verkleinerung/Vergrößerung (Zoomeinstellung) des Druckbildes zulässig.

II. Technische Hinweise

1. Gestaltung

Papierformat:	DIN A 4
Papierqualität:	DIN 6723 (90 g/qm) oder DIN 6724 (65–5 g/qm)
Hintergrund:	weiß – keine Einfärbung
Layout:	grundsätzlich Verzicht auf:

– die Feldbezeichnungen „Fallart", „Steuernummer" und „Unterfallart" im Bereich der länderspezifischen Ordnungsangaben
– alle Fußnoten und die auf sie verweisenden Hinweiszahlen
– die Erläuterungen und Klammerzusätze, die ausschließlich Anweisungen zum Ausfüllen der Vordrucke enthalten
– die Hinweise nach den Vorschriften der Datenschutzgesetze

Anlage § 041a-02/Maschinelle LSt-Anmeldung

Kennzahlenfelder:	– Höhe der Kennzahlen mindestens 2 mm
	– Boxgröße bei einzeln stehenden Kennzahlen-/Wertefeldern (z.B. Kz 10) jeweils mindestens 5 x 5 mm, höchstens 7 x 7 mm
Schriftfarbe:	schwarz
Linien:	– Feldbegrenzungen und andere senkrechte und waagerechte Linien sind nicht zu unterbrechen
	– Linienstärke mindestens 0,35 mm

Zeilennummerierung:
Übernahme aus den amtlichen Vordrucken, auch bei Verzicht auf nicht relevante Zeilen

Unterschriftsfeld:	Übernahme aus amtlichen Vordrucken, Positionierung in Abhängigkeit zur Zeilennummerierung

2. Ausfüllen

Schriftfarbe:	schwarz
Schriftart:	Empfehlung: „Courier" oder „Courier New"
Zeichenhöhe:	2,5 bis 3,5 mm
Zeichenbreite:	10 Zeichen/Zoll
Zeichenabstand:	mindestens 0,2 mm
Zeilenabstand:	1,5 -zeilig
Ordnungsangaben:	– Aufbereitung von Fallart, Steuernummer, Unterfallart und Anmeldungszeitraum entsprechend der Anlage 2
	– keine Verwendung von Schrägstrichen und Minuszeichen
Wertefelder:	– Abstand zwischen Wert und Linie mindestens 1 mm
	– Abstand zwischen Kennzahl und Wert höchstens 40 mm

Anlage § 041a-02/Maschinelle LSt-Anmeldung

Anlage 2

Übersicht über die Ordnungsangaben
für die Verwendung abweichender Vordrucke in den Steueranmeldungsverfahren

(gilt bereits seit 1. Januar 2003)

Stellen 1 bis 7 einheitlich:

Stellen	1	2	3	4	5	6	7
Inhalt					1	1	

Stellen 8 bis 20:

1. Baden-Württemberg, Berlin, Bremen, Hamburg, Hessen, Niedersachen, Rheinland-Pfalz und Schleswig-Holstein:

Stellen	8	9	10	11	12	13	14	15	16	17	18	19	20
Inhalt		F	F		B	B	B		U	U	U	U	P

2. Bayern*), Brandenburg, Mecklenburg-Vorpommern, Saarland, Sachsen, Sachsen-Anhalt und Thüringen:

Stellen	8	9	10	11	12	13	14	15	16	17	18	19	20
Inhalt	F	F	F		B	B	B		U	U	U	U	P

*) bei 8-stelligen Steuernummern entfällt die Finanzamtsnummer

3. Nordrhein-Westfalen:

Stellen	8	9	10	11	12	13	14	15	16	17	18	19	20
Inhalt	F	F	F		B	B	B	B		U	U	U	P

Stellen 21 bis 32 einheitlich:

Stellen	21	22	23	24	25	26	27	28	29	30	31	32
Inhalt				S	S				J	J	Z	Z

Erläuterungen:

F = Finanzamtsnummer
B = Bezirksnummer
U = Unterscheidungsnummer
P = Prüfziffer
S = Schlüsselzahl für die Unterfallart
  bei abweichenden Vordrucken
   57 bei Umsatzsteuer-Voranmeldungen Anträgen auf Dauerfristverlängerung/ Anmeldungen der Sondervorauszahlungen
   63 bei Lohnsteuer-Anmeldungen
J = Jahr des Anmeldungszeitraum
Z = Anmeldungszeitraum
   00 bei Anträgen auf Dauerfristverlängerung/ Anmeldungen der Sondervorauszahlungen
   01 bis 12 bei monatlichem Zeitraum
   41 bis 44 bei vierteljährlichem Zeitraum
   19 bei jährlichem Lohnsteuer-Anmeldungszeitraum

Anlage § 041a-05/elektronische Lohnsteueranmeldung (Zu LStH 41a.1)

Umsatzsteuer und Lohnsteuer;
Verpflichtung zur Abgabe von Umsatzsteuer-Voranmeldungen und Lohnsteuer-Anmeldungen auf elektronischem Weg (§ 18 Abs. 1 Satz 1 UStG und § 41a Abs. 1 EStG) ab 1. Januar 2005

BMF-Schreiben vom 29. November 2004 $\frac{\text{IV A 6} - \text{S } 7340 - 37/04}{\text{IV C 5} - \text{S } 2377 - 24/04}$ (BStBl. I S. 1135)

Durch das Steueränderungsgesetz 2003 vom 15. Dezember 2003 (BGBl. I S. 2645, BStBl. I S. 710) werden § 18 Abs. 1 Satz 1 UStG und § 41a Abs. 1 EStG geändert. Danach hat der Unternehmer bzw. der Arbeitgeber nach Ablauf jedes Voranmeldungs- bzw. Anmeldungszeitraums eine Umsatzsteuer-Voranmeldung bzw. Lohnsteuer-Anmeldung nach amtlich vorgeschriebenem Vordruck auf elektronischem Weg nach Maßgabe der Steuerdaten-Übermittlungsverordnung zu übermitteln; auf Antrag kann das Finanzamt zur Vermeidung von unbilligen Härten auf eine elektronische Übermittlung verzichten. Die Änderungen treten am 1. Januar 2005 in Kraft und gelten für Voranmeldungs- bzw. Anmeldungszeiträume, die nach dem 31. Dezember 2004 enden.

Unter Bezugnahme auf das Ergebnis der Erörterung mit den obersten Finanzbehörden der Länder gilt hierzu Folgendes:

(1) Für Voranmeldungs- bzw. Anmeldungszeiträume, die nach dem 31. Dezember 2004 enden, sind Umsatzsteuer-Voranmeldungen und Lohnsteuer-Anmeldungen grundsätzlich auf elektronischem Weg nach Maßgabe der Steuerdaten-Übermittlungsverordnung (StDÜV) vom 28. Januar 2003 (BGBl. I S. 139, BStBl. I S. 162) zu übermitteln. Dafür stellt die Steuerverwaltung das kostenlose Programm ElsterFormular (www.elsterformular.de) zur Verfügung.

(2) Zur Vermeidung unbilliger Härten kann das zuständige Finanzamt auf Antrag zulassen, dass die Umsatzsteuer-Voranmeldung und die Lohnsteuer-Anmeldung in herkömmlicher Form – auf Papier oder per Telefax – abgegeben werden. Dem Antrag ist insbesondere dann zuzustimmen, wenn dem Unternehmer bzw. Arbeitgeber die Schaffung der technischen Voraussetzungen, die für die Übermittlung nach der StDÜV erforderlich sind (vgl. BMF-Schreiben vom 5. Februar 2003, BStBl. I S. 160), nicht zuzumuten ist.

(3) Aus Vereinfachungsgründen ist es für bis zum 31. März 2005 endende Voranmeldungs- bzw. Anmeldungszeiträume nicht zu beanstanden, wenn die Abgabe der Umsatzsteuer-Voranmeldung bzw. der Lohnsteuer-Anmeldung in herkömmlicher Form als entsprechender Antrag des Unternehmers bzw. Arbeitgebers angesehen wird. Eine förmliche Zustimmung des Finanzamts ist nicht erforderlich.

(Zu LStH 41b) **Anlage § 041b-01/Lohnsteuerbescheinigungen 2010**

Bekanntgabe des Musters für den Ausdruck der elektronischen Lohnsteuerbescheinigung 2010; Ausschreibung von Lohnsteuerbescheinigungen und Besonderen Lohnsteuerbescheinigungen durch den Arbeitgeber ohne maschinelle Lohnabrechnung für das Kalenderjahr 2010

BMF-Schreiben vom 26. August 2009 IV C 5 – S 2378/09/10002, 2009/0176253 (BStBl. I S. 902)

2 Anlagen

Im Einvernehmen mit den obersten Finanzbehörden der Länder wird auf Folgendes hingewiesen:

Die Arbeitgeber sind grundsätzlich verpflichtet, der Finanzverwaltung bis zum 28. Februar des Folgejahres eine elektronische Lohnsteuerbescheinigung zu übermitteln (§ 41b Absatz 1 Satz 2 des Einkommensteuergesetzes – EStG –). Die Datenübermittlung ist nach amtlich vorgeschriebenem Datensatz nach Maßgabe der Steuerdaten-Übermittlungsverordnung authentifiziert vorzunehmen. Das für die Authentifizierung erforderliche Zertifikat muss vom Datenübermittler einmalig im ELSTER-Online-Portal (www.elsteronline.de) beantragt werden. Ohne Authentifizierung ist eine elektronische Übermittlung der Lohnsteuerbescheinigung nicht möglich. Einzelheiten zum amtlich vorgeschriebenen Datensatz sind unter www.elster.de abrufbar.

Davon abweichend können Arbeitgeber ohne maschinelle Lohnabrechnung, die ausschließlich Arbeitnehmer im Rahmen einer geringfügigen Beschäftigung in ihren Privathaushalten im Sinne des § 8a SGB IV beschäftigen, anstelle der elektronischen Lohnsteuerbescheinigung eine entsprechende manuelle Lohnsteuerbescheinigung erteilen.

Für die elektronische Lohnsteuerbescheinigung und die Ausschreibung von Lohnsteuerbescheinigungen und Besonderen Lohnsteuerbescheinigungen für das Kalenderjahr 2010 sind die Vorschriften des § 39d Absatz 3 und des § 41b EStG sowie die Anordnungen in R 41b der Lohnsteuer-Richtlinien (LStR 2008) maßgebend.

Die jeweilige Bescheinigung richtet sich nach den beigefügten Vordruckmustern (Anlagen 1 und 2).

Für Arbeitnehmer, für die der Arbeitgeber die Lohnsteuer ausschließlich nach den §§ 40 bis 40b EStG pauschal erhoben hat, ist keine Lohnsteuerbescheinigung zu erstellen.

I. Bekanntgabe des Musters für den Ausdruck der elektronischen Lohnsteuerbescheinigung für das Kalenderjahr 2010

Dem Arbeitnehmer ist ein nach amtlich vorgeschriebenem Muster gefertigter Ausdruck der elektronischen Lohnsteuerbescheinigung mit Angabe des lohnsteuerlichen Ordnungsmerkmals (eTIN = elektronische Transfer-Identifikations-Nummer) auszuhändigen oder elektronisch bereitzustellen (§ 41b Absatz 1 Satz 3 EStG). Gemäß § 41b Absatz 2 Sätze 3 und 4 EStG hat der Arbeitgeber nach Vergabe der Identifikationsnummer für die Datenübermittlung anstelle der eTIN die Identifikationsnummer des Arbeitnehmers zu verwenden. Das Bundesministerium der Finanzen teilt den Zeitpunkt der erstmaligen Verwendung durch ein im Bundessteuerblatt zu veröffentlichendes Schreiben gesondert mit.

Außerdem gilt Folgendes:

1. Es sind die auf der Lohnsteuerkarte oder der Bescheinigung des Finanzamts eingetragenen Besteuerungsmerkmale zu bescheinigen, insbesondere der amtliche Schlüssel der Gemeinde (AGS), die die Lohnsteuerkarte ausgestellt hat. Bei Arbeitnehmern ohne Wohnsitz oder gewöhnlichen Aufenthalt im Inland ist der AGS mit „00000000" anzugeben.

2. Unter **Nr. 2** des Ausdrucks sind in dem dafür vorgesehenen Teilfeld die nachfolgenden Großbuchstaben zu bescheinigen:

    „S" ist einzutragen, wenn die Lohnsteuer von einem sonstigen Bezug im ersten Dienstverhältnis berechnet wurde und dabei der Arbeitslohn aus früheren Dienstverhältnissen des Kalenderjahres außer Betracht geblieben ist.

    „F" ist einzutragen, wenn eine steuerfreie Sammelbeförderung eines Arbeitnehmers zwischen Wohnung und regelmäßiger Arbeitsstätte nach § 3 Nummer 32 EStG erfolgte.

3. Unter **Nr. 3** des Ausdrucks ist der Gesamtbetrag des steuerpflichtigen Bruttoarbeitslohns – einschließlich des Werts der Sachbezüge – zu bescheinigen, den der Arbeitnehmer aus dem Dienstverhältnis im Kalenderjahr bezogen hat. Bruttoarbeitslohn ist die Summe aus dem laufenden Arbeitslohn, der für Lohnzahlungszeiträume gezahlt worden ist, die im Kalenderjahr geendet haben, und den sonstigen Bezügen, die dem Arbeitnehmer im Kalenderjahr zugeflossen sind. Netto gezahlter Arbeitslohn ist mit dem hochgerechneten Bruttobetrag anzusetzen. Zum Bruttoarbeitslohn

Anlage § 041b-01/Lohnsteuerbescheinigungen 2010 (Zu LStH 41b)

rechnen auch die laufend und einmalig gezahlten Versorgungsbezüge einschließlich Sterbegelder und Abfindungen/Kapitalauszahlungen solcher Ansprüche (Nr. 8 und 32 des Ausdrucks). Versorgungsbezüge für mehrere Jahre, die ermäßigt besteuert wurden, sind ausschließlich in **Nr. 9** zu bescheinigen. Der Bruttoarbeitslohn darf nicht um die Freibeträge für Versorgungsbezüge (§ 19 Absatz 2 EStG) und den Altersentlastungsbetrag (§ 24a EStG) gekürzt werden. Auf der Lohnsteuerkarte eingetragene Freibeträge sind gleichfalls nicht abzuziehen und Hinzurechnungsbeträge nicht hinzuzurechnen. Arbeitslöhne im Sinne des § 8 Absatz 3 EStG sind um den Rabatt-Freibetrag nach § 8 Absatz 3 Satz 2 EStG zu kürzen.

Hat der Arbeitgeber steuerpflichtigen Arbeitslohn zurückgefordert, ist unter Nr. 3 bei fortbestehendem Dienstverhältnis nur der gekürzte steuerpflichtige Bruttoarbeitslohn zu bescheinigen. Ergibt die Verrechnung von ausgezahltem und zurückgefordertem Arbeitslohn einen negativen Betrag, so ist dieser Betrag mit einem Minuszeichen zu versehen.

Nicht zum steuerpflichtigen Bruttoarbeitslohn gehören steuerfreie Bezüge, z. B. steuerfreie Zuschläge für Sonntags-, Feiertags- und Nachtarbeit, steuerfreie Umzugskostenvergütungen, steuerfreier Reisekostenersatz, Auslagenersatz, die nach § 3 Nummer 56 und 63 EStG steuerfreien Beiträge des Arbeitgebers an einen Pensionsfonds, eine Pensionskasse oder für eine Direktversicherung sowie Bezüge, für die die Lohnsteuer nach §§ 37b, 40 bis 40b EStG pauschal erhoben wurde. Nicht unter Nr. 3, sondern gesondert zu bescheinigen sind insbesondere ermäßigt besteuerte Entschädigungen, ermäßigt besteuerter Arbeitslohn für mehrere Kalenderjahre sowie die auf Grund eines Doppelbesteuerungsabkommens oder des Auslandstätigkeitserlasses von der Lohnsteuer freigestellten Bezüge.

4. Unter **Nr. 4, 5** und **6** des Ausdrucks sind die Lohnsteuer, der Solidaritätszuschlag und die Kirchensteuer zu bescheinigen, die der Arbeitgeber vom bescheinigten Bruttoarbeitslohn einbehalten hat. Wurden Lohnsteuer, Solidaritätszuschlag oder Kirchensteuer nicht einbehalten, ist das jeweilige Eintragungsfeld durch einen waagerechten Strich auszufüllen.

5. Bei konfessionsverschiedenen Ehen (z. B. Ehemann ev, Ehefrau rk) ist der auf den Ehegatten entfallende Teil der Kirchensteuer unter **Nr. 7** oder **Nr. 14** des Ausdrucks anzugeben (Halbteilung der Lohnkirchensteuer). Diese Halbteilung der Lohnkirchensteuer kommt in Bayern, Bremen und Niedersachsen nicht in Betracht. Deshalb ist in diesen Ländern die einbehaltene Kirchensteuer immer nur unter Nr. 6 oder Nr. 13 einzutragen.

6. Unter **Nr. 8** des Ausdrucks sind die in Nr. 3 enthaltenen Versorgungsbezüge nach § 19 Absatz 2 EStG (z. B. auch regelmäßige Anpassungen von Versorgungsbezügen nach § 19 Absatz 2 Satz 9 EStG) einzutragen.

7. Im Lohnsteuerabzugsverfahren ermäßigt besteuerte Entschädigungen (z. B. Abfindungen) und der ermäßigt besteuerte Arbeitslohn für mehrere Kalenderjahre (z. B. Jubiläumszuwendungen) sind in einer Summe unter **Nr. 10** des Ausdrucks gesondert zu bescheinigen.

Entschädigungen und Arbeitslohn für mehrere Kalenderjahre, die nicht ermäßigt besteuert wurden, können unter **Nr. 19** eingetragen werden; diese Beträge müssen in dem unter Nr. 3 bescheinigten Bruttoarbeitslohn enthalten sein.

Gesondert zu bescheinigen sind unter **Nr. 11** bis **14** des Ausdrucks die Lohnsteuer, der Solidaritätszuschlag und die Kirchensteuer, die der Arbeitgeber von ermäßigt besteuerten Versorgungsbezügen für mehrere Kalenderjahre, Entschädigungen und Vergütungen für eine mehrjährige Tätigkeit im Sinne des § 34 EStG einbehalten hat.

8. Das Kurzarbeitergeld einschließlich Saison-Kurzarbeitergeld, der Zuschuss zum Mutterschaftsgeld, die Verdienstausfallentschädigung nach dem Infektionsschutzgesetz, Aufstockungsbeträge und Altersteilzeitzuschläge sind in einer Summe unter **Nr. 15** des Ausdrucks zu bescheinigen. Hat der Arbeitgeber Kurzarbeitergeld zurückgefordert, sind nur die so gekürzten Beträge zu bescheinigen. Ergibt die Verrechnung von ausgezahlten und zurückgeforderten Beträgen einen negativen Betrag, so ist dieser Betrag mit einem deutlichen Minuszeichen zu bescheinigen.

9. Unter **Nr. 16** des Ausdrucks ist der nach Doppelbesteuerungsabkommen oder nach dem Auslandstätigkeitserlass steuerfreie Arbeitslohn in den dafür vorgesehenen Feldern getrennt auszuweisen.

10. Unter **Nr. 17** des Ausdrucks sind die steuerfreien Sachbezüge für Fahrten zwischen Wohnung und Arbeitsstätte (§ 8 Absatz 2 Satz 9 EStG - Job- Ticket – oder § 8 Absatz 3 EStG – Verkehrsträger –) betragsmäßig zu bescheinigen. Im Einzelnen wird auf Textziffer II. 1 des BMF-Schreibens vom 27. Januar 2004 (BStBl. I S. 173) hingewiesen. – *Anlage § 038-01* –

(Zu LStH 41b) **Anlage § 041b-01/Lohnsteuerbescheinigungen 2010**

Bei steuerfreier Sammelbeförderung nach § 3 Nummer 32 EStG ist der Großbuchstabe „F" unter Nr. 2 des Ausdrucks einzutragen; vgl. Textziffer II. 2 des BMF-Schreibens vom 27. Januar 2004 (a. a. O.).

11. Unter **Nr. 18** des Ausdrucks sind pauschalbesteuerte Arbeitgeberleistungen für Fahrten zwischen Wohnung und Arbeitsstätte zu bescheinigen.

12. Unter **Nr. 20** des Ausdrucks sind die steuerfreien Verpflegungszuschüsse bei beruflich veranlassten Auswärtstätigkeiten zu bescheinigen. Die unentgeltliche Gewährung von Mahlzeiten sowie die Zuzahlung des Arbeitnehmers zu gewährten Mahlzeiten haben auf die Höhe der zu bescheinigenden Beträge keinen Einfluss. Steuerfreie Vergütungen bei doppelter Haushaltsführung sind unter **Nr. 21** des Ausdrucks zu bescheinigen.

13. Bei der Bescheinigung von Zukunftssicherungsleistungen ist Folgendes zu beachten:

    a) Der **Arbeitgeberanteil** der Beiträge zu den gesetzlichen Rentenversicherungen und an berufsständische Versorgungseinrichtungen, die den gesetzlichen Rentenversicherungen vergleichbare Leistungen erbringen (vgl. BMF-Schreiben vom 7. Februar 2007, BStBl. I S. 262), ist unter **Nr. 22** des Ausdrucks zu bescheinigen, der entsprechende **Arbeitnehmer**anteil unter **Nr. 23**. Gleiches gilt für Beiträge, die auf Grund einer nach ausländischen Gesetzen bestehenden Verpflichtung an ausländische Sozialversicherungsträger, die den inländischen Sozialversicherungsträgern vergleichbar sind, geleistet werden.

    Unter Nr. 22 und 23 sind auch Beiträge zur umlagefinanzierten Hüttenknappschaftlichen Zusatzversicherung im Saarland und die auf den Hinzurechnungsbetrag nach § 1 Absatz 1 Satz 3 der Sozialversicherungs-Entgeltverordnung (SvEV) basierenden Rentenversicherungsbeiträge zu bescheinigen. Das Gleiche gilt für Rentenversicherungsbeiträge bei geringfügiger Beschäftigung, wenn die Lohnsteuer nicht pauschal erhoben wurde (der Arbeitgeberbeitrag in Höhe von 15 % oder 5 % und der Arbeitnehmerbeitrag bei Verzicht auf die Rentenversicherungsfreiheit). Bei geringfügiger Beschäftigung gilt dies für den Arbeitgeberbeitrag auch dann, wenn der Arbeitnehmer auf die Rentenversicherungsfreiheit nicht verzichtet hat.

    Arbeitgeberbeiträge zur gesetzlichen Rentenversicherung für Beschäftigte nach § 172 Absatz 1 SGB VI (z. B. bei weiterbeschäftigten Rentnern) gehören nicht zum steuerpflichtigen Arbeitslohn; sie sind nicht als steuerfreie Arbeitgeberanteile im Sinne des § 3 Nummer 62 EStG unter Nr. 22 zu bescheinigen. Dies gilt auch, wenn dieser Arbeitnehmerkreis geringfügig beschäftigt ist (§ 172 Absatz 3 und 3a SGB VI).

    Zahlt der Arbeitgeber bei Altersteilzeit steuerfreie Beiträge zur gesetzlichen Rentenversicherung im Sinne des § 3 Nummer 28 EStG, können diese nicht als Sonderausgaben berücksichtigt werden und sind daher nicht in der Bescheinigung anzugeben. Werden darüber hinaus steuerpflichtige Beiträge zum Ausschluss einer Minderung der Altersrente gezahlt, sind diese als Sonderausgaben abziehbar und deshalb unter Nr. 23 zu bescheinigen.

    In Fällen, in denen der Arbeitgeber die Beiträge nicht unmittelbar an eine berufsständische Versorgungseinrichtung, sondern dem Arbeitnehmer einen zweckgebundenen steuerfreien Zuschuss zahlt, darf der Arbeitgeber unter Nr. 22 und 23 weder einen Arbeitgeber- noch einen Arbeitnehmeranteil bescheinigen. Der steuerfreie Arbeitgeberzuschuss kann in den nicht amtlich belegten Zeilen mit der Beschreibung „Steuerfreier Arbeitgeberzuschuss zu berufsständischen Versorgungseinrichtungen" bescheinigt werden.

    b) Steuerfreie Zuschüsse des Arbeitgebers zur Krankenversicherung und zur sozialen Pflegeversicherung eines nicht krankenversicherungspflichtigen Arbeitnehmers, der in der gesetzlichen Krankenversicherung freiwillig versichert ist, soweit der Arbeitgeber zur Zuschussleistung gesetzlich verpflichtet ist, sind unter Nr. 24 des Ausdrucks einzutragen. Gleiches gilt für Zuschüsse des Arbeitgebers zur Kranken- und Pflegeversicherung eines nicht krankenversicherungspflichtigen Arbeitnehmers, der eine private Kranken- und Pflege-Pflichtversicherung abgeschlossen hat. Nicht einzutragen ist der Arbeitgeberanteil zur gesetzlichen Kranken- und Pflegeversicherung.

    c) Der **Arbeitnehmer**beitrag zur **gesetzlichen** Krankenversicherung bei pflichtversicherten Arbeitnehmern ist unter **Nr. 25** einzutragen. Dies gilt auch für die auf den Hinzurechnungsbetrag nach § 1 Absatz 1 Satz 3 SvEV basierenden Krankenversicherungsbeiträge. Unter Nr. 25 sind auch Beiträge von Arbeitnehmern, die **freiwillig** in der gesetzlichen Krankenversicherung versichert sind, zu bescheinigen. Die Beiträge sind stets in voller Höhe, d. h. gegebenenfalls mit Beitragsanteilen für Krankengeld zu bescheinigen.

Anlage § 041b-01/Lohnsteuerbescheinigungen 2010 (Zu LStH 41b)

d) Die Beiträge des **Arbeitnehmers** zur sozialen Pflegeversicherung sind unter **Nr. 26** des Ausdrucks zu bescheinigen.

e) **Arbeitnehmer**beiträge zur Arbeitslosenversicherung sind unter **Nr. 27** des Ausdrucks zu bescheinigen.

f) Unter Nr. 22 bis 27 des Ausdrucks dürfen keine Beiträge oder Zuschüsse bescheinigt werden, die mit steuerfreiem Arbeitslohn in unmittelbarem wirtschaftlichen Zusammenhang stehen, z. B. Arbeitslohn, der nach dem Auslandstätigkeitserlass oder auf Grund eines Doppelbesteuerungsabkommens steuerfrei ist. Gleiches gilt in den Fällen, in denen Beiträge oder Zuschüsse des Arbeitgebers nicht nach § 3 Nummer 62 EStG, sondern nach einer anderen Vorschrift steuerfrei sind. Deshalb sind die Beiträge, die auf den nach § 3 Nummer 63 Satz 3 EStG steuerfreien Arbeitslohn (zusätzlicher Höchstbetrag von 1 800 Euro) entfallen, nicht zu bescheinigen, weil sie nicht als Sonderausgaben abziehbar sind (Rz. 25 des BMF-Schreibens vom 30. Januar 2008, BStBl. I S. 390 – *Anlage § 010-01* -). Dies gilt auch für Rentenversicherungsbeiträge des Arbeitgebers, die im Zusammenhang mit nach § 3 Nummer 2 EStG steuerfreiem Kurzarbeitergeld stehen.

Im Fall der beitragspflichtigen Umwandlung von Arbeitslohn zugunsten einer Direktzusage oberhalb von 4 % der Beitragsbemessungsgrenze in der allgemeinen Rentenversicherung sind die Beiträge unter Nr. 22 bis 27 des Ausdrucks zu bescheinigen (Rz. 25 des BMF-Schreibens vom 30. Januar 2008, a. a. O.).

Werden bei einem sozialversicherungspflichtigen Arbeitnehmer Beiträge von pauschal versteuertem Arbeitslohn (z. B. nach § 37b Absatz 2, § 40b EStG) erhoben, sind diese unter Nr. 22 bis 27 des Ausdrucks zu bescheinigen.

Bei steuerfreien und steuerpflichtigen Arbeitslohnteilen im Lohnzahlungszeitraum ist nur der Anteil der Sozialversicherungsbeiträge zu bescheinigen, der sich nach dem Verhältnis des steuerpflichtigen Arbeitslohns zum gesamten Arbeitslohn des Lohnzahlungszeitraums (höchstens maßgebende Beitragsbemessungsgrenze) ergibt. Hierbei sind steuerpflichtige Arbeitslohnanteile, die nicht der Sozialversicherungspflicht unterliegen (z. B. Entlassungsabfindungen), nicht in die Verhältnisrechnung einzubeziehen. Erreicht der steuerpflichtige Arbeitslohn im Lohnzahlungszeitraum die für die Beitragsberechnung maßgebende Beitragsbemessungsgrenze, sind die Sozialversicherungsbeiträge des Lohnzahlungszeitraums folglich insgesamt dem steuerpflichtigen Arbeitslohn zuzuordnen und in vollem Umfang zu bescheinigen.

Werden Sozialversicherungsbeiträge erstattet, sind unter Nr. 22 bis 27 nur die gekürzten Beiträge zu bescheinigen.

g) Unter **Nr. 28** des Ausdrucks sind die vom Arbeitnehmer **nachgewiesenen** Beiträge zur privaten Krankenversicherung und privaten Pflege-Pflichtversicherung zu bescheinigen. Begünstigt sind nur die vom Versicherungsunternehmen bescheinigten Beiträge über die **Basisabsicherung**.

14. Für die Ermittlung des bei Versorgungsbezügen nach § 19 Absatz 2 EStG zu berücksichtigenden Versorgungsfreibetrags sowie des Zuschlags zum Versorgungsfreibetrag (Freibeträge für Versorgungsbezüge) sind die Bemessungsgrundlage des Versorgungsfreibetrags, das Jahr des Versorgungsbeginns und bei unterjähriger Zahlung von Versorgungsbezügen der erste und letzte Monat, für den Versorgungsbezüge gezahlt werden, maßgebend.

Folgt ein Hinterbliebenenbezug einem Versorgungsbezug, bestimmen sich der Prozentsatz, der Höchstbetrag des Versorgungsfreibetrags und der Zuschlag zum Versorgungsfreibetrag für den Hinterbliebenenbezug nach dem Jahr des Beginns des Versorgungsbezugs des Verstorbenen (§ 19 Absatz 2 Satz 7 EStG). Unabhängig davon ist bei erstmaliger Zahlung dieses Hinterbliebenenbezugs im laufenden Kalenderjahr unter Nr. 31 des Ausdrucks eine unterjährige Zahlung zu bescheinigen.

Sterbegelder und Kapitalauszahlungen/Abfindungen von Versorgungsbezügen sowie Nachzahlungen von Versorgungsbezügen, die sich ganz oder teilweise auf vorangegangene Kalenderjahre beziehen, sind als eigenständige zusätzliche Versorgungsbezüge zu behandeln. Für diese Bezüge sind die Höhe des gezahlten Bruttobetrags im Kalenderjahr und das maßgebende Kalenderjahr des Versorgungsbeginns anzugeben. In diesen Fällen sind die maßgebenden Freibeträge für Versorgungsbezüge in voller Höhe und nicht zeitanteilig zu berücksichtigen (Rz. 80, 82, 84 und 85 des BMF-Schreibens vom 30. Januar 2008, a. a. O.). – *Anlage § 010-01* –

Der Arbeitgeber ist verpflichtet, die für die Berechnung der Freibeträge für Versorgungsbezüge erforderlichen Angaben für jeden Versorgungsbezug gesondert im Lohnkonto aufzuzeichnen (§ 4 Absatz 1 Nummer 4 LStDV i. V. m. Rz. 87 des BMF-Schreibens vom 30. Januar 2008, a. a. O.). Die

(Zu LStH 41b) **Anlage § 041b-01/Lohnsteuerbescheinigungen 2010**

hiernach im Lohnkonto aufgezeichneten Angaben zu Versorgungsbezügen sind in den Ausdruck wie folgt zu übernehmen (§ 41b Absatz 1 Satz 2 EStG):

a) **Versorgungsbezug, der laufenden Arbeitslohn darstellt**

Unter **Nr. 29** des Ausdrucks ist die nach § 19 Absatz 2 Sätze 4 bis 11 EStG ermittelte Bemessungsgrundlage für den Versorgungsfreibetrag (das Zwölffache des Versorgungsbezugs für den ersten vollen Monat zuzüglich voraussichtlicher Sonderzahlungen) einzutragen.

Unter **Nr. 30** ist das maßgebende Kalenderjahr des Versorgungsbeginns (vierstellig) zu bescheinigen.

Unter **Nr. 31** ist nur bei unterjähriger Zahlung eines laufenden Versorgungsbezugs der erste und letzte Monat (zweistellig mit Bindestrich, z. B. „02 – 12" oder „01 – 08"), für den Versorgungsbezüge gezahlt wurden, einzutragen. Dies gilt auch bei unterjährigem Wechsel des Versorgungsträgers.

b) **Versorgungsbezug, der einen sonstigen Bezug darstellt**

Sterbegelder, Kapitalauszahlungen/Abfindungen von Versorgungsbezügen und die als sonstige Bezüge zu behandelnden Nachzahlungen von Versorgungsbezügen, die in Nr. 3 und Nr. 8 des Ausdrucks enthalten sind, sind unter **Nr. 32** gesondert zu bescheinigen.

Nach § 34 EStG ermäßigt zu besteuernde Versorgungsbezüge für mehrere Kalenderjahre sind dagegen nur unter Nr. 9 des Ausdrucks zu bescheinigen. Zusätzlich ist zu den in Nr. 9 oder 32 bescheinigten Versorgungsbezügen jeweils unter Nr. 30 des Ausdrucks das Kalenderjahr des Versorgungsbeginns anzugeben.

c) **Mehrere Versorgungsbezüge**

Fällt der maßgebende Beginn mehrerer laufender Versorgungsbezüge in dasselbe Kalenderjahr (Nr. 30 des Ausdrucks), kann der Arbeitgeber unter Nr. 29 des Ausdrucks die zusammengerechneten Bemessungsgrundlagen dieser Versorgungsbezüge in einem Betrag bescheinigen (Rz. 75 des BMF-Schreibens vom 30. Januar 2008, a. a. O. – *Anlage § 010-01* –). In diesem Fall sind auch die unter Nr. 8 zu bescheinigenden Versorgungsbezüge zusammenzufassen.

Bei mehreren als sonstige Bezüge gezahlten Versorgungsbezügen mit maßgebendem Versorgungsbeginn in demselben Kalenderjahr können die Nr. 8 und/oder 9 sowie 30 und 32 zusammengefasst werden. Gleiches gilt, wenn der Versorgungsbeginn laufender Versorgungsbezüge und als sonstige Bezüge gezahlter Versorgungsbezüge in dasselbe Kalenderjahr fällt.

Bei mehreren laufenden Versorgungsbezügen und als sonstige Bezüge gezahlten Versorgungsbezügen mit unterschiedlichen Versorgungsbeginnen nach § 19 Absatz 2 Satz 3 EStG sind die Angaben zu Nr. 8 und/oder 9 sowie 29 bis 32 jeweils **getrennt** zu bescheinigen (Rz. 87 des BMF-Schreibens vom 30. Januar 2008, a. a. O.).

15. Unter **Nr. 33** des Ausdrucks ist die Summe des vom Arbeitgeber an Angehörige des öffentlichen Dienstes im Kalenderjahr ausgezahlten Kindergeldes zu bescheinigen, wenn es zusammen mit den Bezügen oder dem Arbeitsentgelt ausgezahlt wird (§ 72 Absatz 7 Satz 1 EStG).

16. In der letzten Zeile des Ausdrucks ist stets das Finanzamt, an das die Lohnsteuer abgeführt wurde, und dessen vierstellige Nummer einzutragen. Bei Finanzamtsaußenstellen mit eigener Nummer ist diese Nummer einzutragen.

Das Muster für den Ausdruck der elektronischen Lohnsteuerbescheinigung für das Kalenderjahr 2010 wird hiermit bekannt gemacht (Anlage 1). Der Ausdruck hat das Format DIN A 4.

In den nicht amtlich belegten Zeilen des Ausdrucks sind freiwillig vom Arbeitgeber übermittelte Daten zu bescheinigen, z. B.

– „Arbeitnehmerbeitrag zur Winterbeschäftigungs-Umlage",
– bei Arbeitgeberbeiträgen zur Zusatzversorgung, die nach den Merkmalen der Lohnsteuerkarte versteuert wurden: „Steuerpflichtiger Arbeitgeberbeitrag zur Zusatzversorgung",
– „Arbeitnehmerbeitrag zur Zusatzversorgung",
– bei Fahrten zwischen Wohnung und Arbeitsstätte: „Anzahl der Arbeitstage",
– bei steuerfreiem Fahrtkostenersatz für beruflich veranlasste Auswärtstätigkeiten: „Steuerfreie Fahrtkosten bei beruflich veranlasster Auswärtstätigkeit",
– „Versorgungsbezüge für mehrere Kalenderjahre, die nicht ermäßigt besteuert wurden - in 3. und 8. enthalten".

Außerdem sind weitere, nicht der Finanzverwaltung übermittelte Angaben zulässig (betriebsinterne, für den Arbeitnehmer bestimmte Informationen); dies ist entsprechend zu kennzeichnen.

Anlage § 041b-01/Lohnsteuerbescheinigungen 2010 (Zu LStH 41b)

Der Ausdruck der elektronischen Lohnsteuerbescheinigung kann von dem amtlichen Muster abweichen, wenn er sämtliche Angaben in derselben Reihenfolge des amtlichen Musters enthält.

Die Anschrift des Arbeitnehmers kann im Ausdruck – abweichend von der im Datensatz elektronisch übermittelten Adresse – so gestaltet sein, dass sie den Gegebenheiten des Unternehmens entspricht (z. B. Übermittlung durch Hauspost, Auslandszustellung). Eintragungsfelder (Tabellen) mit zeitraumbezogenen Angaben (Historie) können variabel - je nach Füllungsgrad – ausgedruckt werden. Es ist darauf zu achten, dass die eTIN/Identifikationsnummer bei Benutzung von Fensterbriefumhüllungen im Adressfeld nicht sichtbar ist.

Damit gewährleistet ist, dass die Daten der elektronischen Lohnsteuerbescheinigung(en) der Finanzverwaltung vollständig zur Verfügung stehen, muss nach der elektronischen Übermittlung das Verarbeitungsprotokoll abgerufen werden. Im Ausdruck der elektronischen Lohnsteuerbescheinigung ist als Transferticket die elektronisch vergebene Quittungsnummer des Verarbeitungsprotokolls anzugeben, soweit dies technisch möglich ist.

Eine Korrektur der elektronisch an das Finanzamt übermittelten Lohnsteuerbescheinigung ist zulässig, wenn es sich um eine bloße Berichtigung eines zunächst unrichtig übermittelten Datensatzes handelt (R 41c.1 Absatz 7 LStR 2008).

Stellen Nachzahlungen laufenden Arbeitslohn dar, sind diese für die Berechnung der Lohnsteuer den Lohnzahlungszeiträumen zuzurechnen, für die sie geleistet werden (R 39b.5 Absatz 4 Satz 1 LStR 2008). Wird eine solche Nachzahlung nach Beendigung des Dienstverhältnisses im selben Kalenderjahr für Lohnzahlungszeiträume bis zur Beendigung des Dienstverhältnisses geleistet, ist die bereits erteilte und übermittelte Lohnsteuerbescheinigung zu korrigieren. Sonstige Bezüge, die nach Beendigung des Dienstverhältnisses oder in folgenden Kalenderjahren gezahlt werden, sind gesondert zu bescheinigen; als Dauer des Dienstverhältnisses ist in diesen Fällen der Monat der Zahlung anzugeben.

II. Ausschreibung von Lohnsteuerbescheinigungen und Besonderen Lohnsteuerbescheinigungen für das Kalenderjahr 2010 durch den Arbeitgeber ohne maschinelle Lohnabrechnung

Die unter I. Nr. 1 bis 16 aufgeführten Regelungen für den Ausdruck der elektronischen Lohnsteuerbescheinigung gelten für die Ausschreibung von Lohnsteuerbescheinigungen und Besonderen Lohnsteuerbescheinigungen für das Kalenderjahr 2010 durch den Arbeitgeber ohne maschinelle Lohnabrechnung entsprechend. Die Angaben zu Beiträgen zur privaten Krankenversicherung und privaten Pflege-Pflichtversicherung [vgl. I. Nr. 13f)] und zu Versorgungsbezügen (vgl. I. Nr. 14) sind in nicht benötigten Feldern einzutragen.

Ein Muster des Vordrucks „Besondere Lohnsteuerbescheinigung für das Kalenderjahr 2010" ist als Anlage 2 beigefügt. Der Vordruck wird dem Arbeitgeber auf Anforderung kostenlos vom Finanzamt zur Verfügung gestellt.

Dieses Schreiben nebst Anlagen steht ab sofort für eine Übergangsfrist auf den Internetseiten des Bundesministeriums der Finanzen (http://www.bundesfinanzministerium.de) unter der Rubrik Wirtschaft und Verwaltung – Steuern – Veröffentlichungen zu Steuerarten – Lohnsteuer zur Verfügung.

– Rückseite zu Vordruckmuster Anlage 2 –

Zur Beachtung durch den Arbeitgeber

Der Arbeitgeber ohne maschinelle Lohnabrechnung, der ausschließlich Arbeitnehmer im Rahmen einer geringfügigen Beschäftigung nach § 8a SGB IV in seinem Privathaushalt beschäftigt, und die Lohnsteuerbescheinigung nicht im Rahmen des ElsterLohn-Verfahrens* an die Finanzverwaltung übermittelt, hat eine Besondere Lohnsteuerbescheinigung zu erteilen, wenn für einen Arbeitnehmer bei Abschluss des Lohnkontos keine Lohnsteuerkarte vorgelegen hat. Die Besondere Lohnsteuerbescheinigung ist nach amtlich vorgeschriebenem Muster auszuschreiben.

Erhebt der Arbeitgeber die Lohnsteuer ausschließlich pauschal, ist keine Lohnsteuerbescheinigung auszuschreiben.

*Informationen zum ElsterLohn-Verfahren sind unter der Internetadresse www.elster.de abrufbar.

(Zu LStH 41b) **Anlage § 041b-01/Lohnsteuerbescheinigungen 2010**

Ausdruck der elektronischen Lohnsteuerbescheinigung für 2010
Nachstehende Daten wurden maschinell an die Finanzverwaltung übertragen.

1. Dauer des Dienstverhältnisses	vom - bis	
2. Zeiträume ohne Anspruch auf Arbeitslohn	Anzahl „U"	
Großbuchstaben (S, F)		
	EUR	Ct
3. Bruttoarbeitslohn einschl. Sachbezüge ohne 9. und 10.		
4. Einbehaltene Lohnsteuer von 3.		
5. Einbehaltener Solidaritätszuschlag von 3.		
6. Einbehaltene Kirchensteuer des Arbeitnehmers von 3.		
7. Einbehaltene Kirchensteuer des Ehegatten von 3. (nur bei konfessionsverschiedener Ehe)		
8. In 3. enthaltene Versorgungsbezüge		
9. Ermäßigt besteuerte Versorgungsbezüge für mehrere Kalenderjahre		
10. Ermäßigt besteuerter Arbeitslohn für mehrere Kalenderjahre (ohne 9.) und ermäßigt besteuerte Entschädigungen		
11. Einbehaltene Lohnsteuer von 9. und 10.		
12. Einbehaltener Solidaritätszuschlag von 9. und 10.		
13. Einbehaltene Kirchensteuer des Arbeitnehmers von 9. und 10.		
14. Einbehaltene Kirchensteuer des Ehegatten von 9. und 10. (nur bei konfessionsverschiedener Ehe)		
15. Kurzarbeitergeld, Zuschuss zum Mutterschaftsgeld, Verdienstausfallentschädigung (Infektionsschutzgesetz), Aufstockungsbetrag und Altersteilzeitzuschlag		
16. Steuerfreier Arbeitslohn nach	Doppelbesteuerungsabkommen	
	Auslandstätigkeitserlass	
17. Steuerfreie Arbeitgeberleistungen für Fahrten zwischen Wohnung und Arbeitsstätte		
18. Pauschalbesteuerte Arbeitgeberleistungen für Fahrten zwischen Wohnung und Arbeitsstätte		
19. Steuerpflichtige Entschädigungen und Arbeitslohn für mehrere Kalenderjahre, die nicht ermäßigt besteuert wurden - in 3. enthalten		
20. Steuerfreie Verpflegungszuschüsse bei Auswärtstätigkeit		
21. Steuerfreie Arbeitgeberleistungen bei doppelter Haushaltsführung		
22. Arbeitgeberanteil zur gesetzlichen Rentenversicherung und an berufsständische Versorgungseinrichtungen		
23. Arbeitnehmeranteil zur gesetzlichen Rentenversicherung und an berufsständische Versorgungseinrichtungen		
24. Steuerfreie Arbeitgeberzuschüsse zur Kranken- versicherung und Pflegeversicherung		
25. Arbeitnehmerbeiträge zur gesetzlichen Krankenversicherung		
26. Arbeitnehmerbeiträge zur sozialen Pflegeversicherung		
27. Arbeitnehmerbeiträge zur Arbeitslosenversicherung		
28. Nachgewiesene Beiträge zur privaten Kranken- versicherung und Pflege-Pflichtversicherung		
29. Bemessungsgrundlage für den Versorgungsfreibetrag zu 8.		
30. Maßgebendes Kalenderjahr des Versorgungsbeginns zu 8. und/oder 9.		
31. Zu 8. bei unterjähriger Zahlung: Erster und letzter Monat, für den Versorgungsbezüge gezahlt wurden		
32. Sterbegeld; Kapitalauszahlungen/Abfindungen und Nachzahlungen von Versorgungsbezügen - in 3. und 8. enthalten		
33. Ausgezahltes Kindergeld	-	
Finanzamt, an das die Lohnsteuer abgeführt wurde (Name und vierstellige Nr.)		

Datum:

eTIN:

Identifikationsnummer:

Personalnummer:

Geburtsdatum:

Transferticket:

Dem Lohnsteuerabzug wurden zugrunde gelegt:

Steuerklasse/Faktor	vom - bis

Zahl der Kinderfreibeträge	vom - bis

Steuerfreier Jahresbetrag	vom - bis

Jahreshinzurechnungsbetrag	vom - bis

Kirchensteuermerkmale	vom - bis

AGS:

Anschrift des Arbeitgebers:

6.09

Anlage § 041b-01/Lohnsteuerbescheinigungen 2010 (Zu LStH 41b)

- Bitte Rückseite beachten -

Besondere Lohnsteuerbescheinigung für das Kalenderjahr 2010
Auf Verlangen des Arbeitnehmers aushändigen, sonst bis zum 31. Dezember 2011 dem Finanzamt der Betriebsstätte einsenden.

Ort, Datum

Arbeitgeber

Anschrift der Betriebsstätte (Straße, Hausnummer, Ort)

Arbeitnehmer
Herrn/Frau

Telefonnummer

(Stempel und Unterschrift)

Identifikationsnummer:

Personalnummer:

Geburtsdatum:

Dem Lohnsteuerabzug wurden zugrunde gelegt:

vom - bis

Steuerklasse / Faktor

Zahl der Kinderfreibeträge

Steuerfreier Jahresbetrag € €

Jahreshinzurechnungsbetrag € €

Kirchensteuermerkmale

Vorgelegen hat

☐ Lohnsteuerkarte 2010, ausgestellt von der Gemeinde
(amtlicher Gemeindeschlüssel - AGS)

im Bezirk des Finanzamts

☐ Bescheinigung des Finanzamts

Finanzamt

			vom - bis	
1. Dauer des Dienstverhältnisses				
2. Zeiträume ohne Anspruch auf Arbeitslohn	Großbuchstaben (S, F)		Anzahl „U"	
			EUR	Ct
3. Bruttoarbeitslohn einschl. Sachbezüge ohne 9. und 10.				
4. Einbehaltene Lohnsteuer von 3.				
5. Einbehaltener Solidaritätszuschlag von 3.				
6. Einbehaltene Kirchensteuer des Arbeitnehmers von 3.				
7. Einbehaltene Kirchensteuer des Ehegatten von 3. (nur bei konfessionsverschiedener Ehe)				
8. In 3. enthaltene Versorgungsbezüge				
9. Ermäßigt besteuerte Versorgungsbezüge für mehrere Kalenderjahre				
10. Ermäßigt besteuerter Arbeitslohn für mehrere Kalenderjahre (ohne 9.) und ermäßigt besteuerte Entschädigungen				
11. Einbehaltene Lohnsteuer von 9. und 10.				
12. Einbehaltener Solidaritätszuschlag von 9. und 10.				
13. Einbehaltene Kirchensteuer des Arbeitnehmers von 9. und 10.				
14. Einbehaltene Kirchensteuer des Ehegatten von 9. und 10. (nur bei konfessionsverschiedener Ehe)				
15. Kurzarbeitergeld, Zuschuss zum Mutterschaftsgeld, Verdienstausfallentschädigung (Infektionsschutzgesetz), Aufstockungsbetrag und Altersteilzeitzuschlag				
16. Steuerfreier Arbeitslohn nach	Doppelbesteuerungsabkommen			
	Auslandstätigkeitserlass			
17. Steuerfreie Arbeitgeberleistungen für Fahrten zwischen Wohnung und Arbeitsstätte				
18. Pauschalbesteuerte Arbeitgeberleistungen für Fahrten zwischen Wohnung und Arbeitsstätte				
19. Steuerpflichtige Entschädigungen und Arbeitslohn für mehrere Kalenderjahre, die nicht ermäßigt besteuert wurden - in 3. enthalten				
20. Steuerfreie Verpflegungszuschüsse bei Auswärtstätigkeit				
21. Steuerfreie Arbeitgeberleistungen bei doppelter Haushaltsführung				
22. Arbeitgeberanteil zur gesetzlichen Rentenversicherung und an berufsständische Versorgungseinrichtungen				
23. Arbeitnehmeranteil zur gesetzlichen Rentenversicherung und an berufsständische Versorgungseinrichtungen				
24. Steuerfreie Arbeitgeberzuschüsse zur Krankenversicherung und Pflegeversicherung				
25. Arbeitnehmerbeiträge zur gesetzlichen Krankenversicherung				
26. Arbeitnehmerbeiträge zur sozialen Pflegeversicherung				
27. Arbeitnehmerbeiträge zur Arbeitslosenversicherung				

Finanzamt, an das die Lohnsteuer abgeführt wurde (Name und vierstellige Nr.)

3.09

Anlage § 041b-02/Übermittlung Lohnsteuerbescheinigungen 2009, 2010

Übermittlung der Lohnsteuerbescheinigungen 2009;
Verwendung der steuerlichen Identifikationsnummer und des lohnsteuerlichen Ordnungsmerkmals

BMF-Schreiben vom 28. November 2008 IV C 5 – S 2378/0, 2008/0601386 (BStBl. I S. 992)

Nach § 41b Abs. 2 Satz 3 und 4 EStG hat der Arbeitgeber nach Vergabe der Identifikationsnummer (§ 139b der Abgabenordnung) für die Datenübermittlung der Lohnsteuerbescheinigung anstelle des lohnsteuerlichen Ordnungsmerkmals (eTIN) die Identifikationsnummer des Arbeitnehmers zu verwenden. Der Zeitpunkt der erstmaligen Verwendung der Identifikationsnummer für die Datenübermittlung ist durch ein im Bundessteuerblatt zu veröffentlichendes BMF-Schreiben mitzuteilen.

Im Einvernehmen mit den obersten Finanzbehörden der Länder gilt Folgendes:

Da nicht alle Lohnsteuerkarten für 2009 die Identifikationsnummer enthalten, ist für die Datenübermittlung der Lohnsteuerbescheinigungen 2009 das lohnsteuerliche Ordnungsmerkmal (eTIN = elektronische Transfer-Identifikations-Nummer) zu verwenden. Es ist nicht zu beanstanden, wenn der Arbeitgeber die steuerliche Identifikationsnummer bis auf Weiteres nicht in das Lohnkonto übernimmt.

Übermittlung der Lohnsteuerbescheinigung 2010;
Erstmalige Verwendung der steuerlichen Identifikationsnummer

BMF-Schreiben vom 9. November 2009 IV C 5 – S 2378/09/10004, 2009/0724054 (BStBl. I S. 1313)

Das Ausstellungsschreiben für die Lohnsteuerbescheinigungen 2010 vom 26. August 2009 (IV C 5 – S 2378/09/10002 – / – 2009/0176253, BStBl. I S. 902 – *Anlage § 041b-01* –) weist darauf hin, dass kraft Gesetzes das Bundesministerium der Finanzen den Zeitpunkt der erstmaligen Verwendung der Identifikationsnummer des Arbeitnehmers durch ein im Bundessteuerblatt zu veröffentlichendes Schreiben gesondert mitteilt (§ 41b Absatz 2 Satz 3 und 4 EStG).

Im Einvernehmen mit den obersten Finanzbehörden der Länder ist für die Übermittlung der Lohnsteuerbescheinigungen 2010 grundsätzlich die Identifikationsnummer des Arbeitnehmers (§ 139b AO) zu verwenden.

Zur erleichterten Übernahme der steuerlichen Identifikationsnummer in das Lohnkonto kann der nach Maßgabe der Steuerdaten-Übermittlungsverordnung authentifizierte Arbeitgeber die Identifikationsnummer des Arbeitnehmers für die Übermittlung der Lohnsteuerbescheinigung 2010 beim Bundeszentralamt für Steuern erheben (§ 41b Absatz 2 Satz 5 bis 8 EStG). Diese Anfragemöglichkeit kann voraussichtlich erst ab April 2010 zur Verfügung gestellt werden. Es ist daher nicht zu beanstanden, wenn der Arbeitgeber die Lohnsteuerbescheinigungen 2010 bis zum 31. Oktober 2010 unter Angabe des lohnsteuerlichen Ordnungsmerkmals (eTIN = elektronische Transfer-Identifikations-Nummer) übermittelt und die steuerliche Identifikationsnummer noch nicht in das Lohnkonto übernimmt.

Ab dem 1. November 2010 ist eine Verwendung der eTIN nur noch zulässig, wenn die steuerliche Identifikationsnummer auf der Lohnsteuerkarte des Arbeitnehmers nicht eingetragen ist und der Arbeitnehmer sie nicht mitgeteilt hat und wenn die Ermittlung der Identifikationsnummer des Arbeitnehmers im Rahmen der voraussichtlich ab April 2010 zur Verfügung stehenden Anfragemöglichkeit durch den Arbeitgeber (§ 41b Absatz 2 Satz 5 bis 8 EStG) auch ohne Erfolg geführt hat. Des Weiteren ist ab dem 1. November 2010 eine Verwendung der eTIN noch zulässig in Fällen der bloßen Korrektur einer mit eTIN unrichtig übermittelten Lohnsteuerbescheinigung (R 41c.1 Absatz 7 Satz 2 LStR). Die erneute Übermittlung kann nur dann als Korrektur erkannt werden, wenn das vorher verwendete steuerliche (Ordnungs-)Merkmal unverändert beibehalten wird.

Anlage § 042f-02/Datenzugriff

Grundsätze zum Datenzugriff und zur Prüfbarkeit digitaler Unterlagen (GDPdU)

BMF-Schreiben vom 16. Juli 2001 IV D 2 – S 0316 – 136/01 (BStBl. I S. 415)

Unter Bezugnahme auf das Ergebnis der Erörterungen mit den obersten Finanzbehörden der Länder gilt für die Anwendung der Regelungen zum Datenzugriff und zur Prüfbarkeit digitaler Unterlagen (§ 146 Abs. 5, § 147 Abs. 2, 5, 6, § 200 Abs. 1 AO und § 14 Abs. 4 UStG) Folgendes:

I. Datenzugriff

Nach § 147 Abs. 6 AO ist der Finanzbehörde das Recht eingeräumt, die mit Hilfe eines Datenverarbeitungssystems erstellte Buchführung des Steuerpflichtigen durch Datenzugriff zu prüfen. Diese neue Prüfungsmethode tritt neben die Möglichkeit der herkömmlichen Prüfung. Das Recht auf Datenzugriff steht der Finanzbehörde nur im Rahmen steuerlicher Außenprüfungen zu. Durch die Regelungen zum Datenzugriff wird der sachliche Umfang der Außenprüfung (§ 194 AO) nicht erweitert; er wird durch die Prüfungsanordnung (§ 196 AO, § 5 BpO) bestimmt. Gegenstand der Prüfung sind wie bisher nur die nach § 147 Abs. 1 AO aufbewahrungspflichtigen Unterlagen. Es ist jedoch erforderlich, die Prüfungsmethoden den modernen Buchführungstechniken anzupassen. Dies gilt um so mehr, als in zunehmendem Maße der Geschäftsverkehr papierlos abgewickelt wird und ab dem 1. Januar 2002 der Vorsteuerabzug aus elektronischen Abrechnungen mit qualifizierter elektronischer Signatur und Anbieter-Akkreditierung nach dem Signaturgesetz möglich ist.

Die Einführung dieser neuen Prüfungsmethode ermöglicht zugleich rationellere und zeitnähere Außenprüfungen.

1. **Umfang und Ausübung des Rechts auf Datenzugriff nach § 147 Abs. 6 AO**

    Das Recht auf Datenzugriff beschränkt sich ausschließlich auf Daten, die für die Besteuerung von Bedeutung sind (steuerlich relevante Daten).

    Die Daten der Finanzbuchhaltung, der Anlagenbuchhaltung und der Lohnbuchhaltung sind danach für den Datenzugriff zur Verfügung zu halten.

    Soweit sich auch in anderen Bereichen des Datenverarbeitungssystems steuerlich relevante Daten befinden, sind sie durch den Steuerpflichtigen nach Maßgabe seiner steuerlichen Aufzeichnungs- und Aufbewahrungspflichten zu qualifizieren und für den Datenzugriff in geeigneter Weise vorzuhalten.

    Bei unzutreffender Qualifizierung von Daten kann die Finanzbehörde im Rahmen ihres pflichtgemäßen Ermessens verlangen, dass der Steuerpflichtige den Datenzugriff auf diese steuerlich relevanten Daten nachträglich ermöglicht. Das allgemeine Auskunftsrecht des Prüfers (§§ 88, 199 Abs.1 AO) und die Mitwirkungspflichten des Steuerpflichtigen (§§ 90, 200 AO) bleiben unberührt.

    Bei der Ausübung des Rechts auf Datenzugriff stehen der Finanzbehörde nach dem Gesetz drei Möglichkeiten zur Verfügung. Die Entscheidung, von welcher Möglichkeit des Datenzugriffs die Finanzbehörde Gebrauch macht, steht in ihrem pflichtgemäßen Ermessen; falls erforderlich, kann sie auch mehrere Möglichkeiten in Anspruch nehmen:

    a) Sie hat das Recht, selbst unmittelbar auf das Datenverarbeitungssystem dergestalt zuzugreifen, dass sie in Form des Nur-Lesezugriffs Einsicht in die gespeicherten Daten nimmt und die vom Steuerpflichtigen oder von einem beauftragten Dritten eingesetzte Hard- und Software zur Prüfung der gespeicherten Daten einschließlich der Stammdaten und Verknüpfungen (Daten) nutzt (unmittelbarer Datenzugriff). Dabei darf sie nur mit Hilfe dieser Hard- und Software auf die elektronisch gespeicherten Daten zugreifen. Dies schließt eine Fernabfrage (Online-Zugriff) auf das Datenverarbeitungssystem des Steuerpflichtigen durch die Finanzbehörde aus.

    Der Nur-Lesezugriff umfasst das Lesen, Filtern und Sortieren der Daten gegebenenfalls unter Nutzung der im Datenverarbeitungssystem vorhandenen Auswertungsmöglichkeiten.

    b) Sie kann vom Steuerpflichtigen auch verlangen, dass er an ihrer Stelle die Daten nach ihren Vorgaben maschinell auswertet oder von einem beauftragten Dritten maschinell auswerten lässt, um den Nur-Lesezugriff durchführen zu können (mittelbarer Datenzugriff). Es kann nur eine maschinelle Auswertung unter Verwendung der im Datenverarbeitungssystem des Steuerpflichtigen oder des beauftragten Dritten vorhandenen Auswertungsmöglichkeiten verlangt werden.

    c) Sie kann ferner verlangen, dass ihr die gespeicherten Unterlagen auf einem maschinell verwertbaren Datenträger zur Auswertung überlassen werden (Datenträgerüberlassung). Der zur Auswertung überlassene Datenträger ist spätestens nach Bestandskraft der aufgrund der Außenprüfung ergangenen Bescheide an den Steuerpflichtigen zurückzugeben oder zu löschen.

Anlage § 042f-02/Datenzugriff

2. Umfang der Mitwirkungspflicht nach §§ 147 Abs. 6 und 200 Abs. 1 Satz 2 AO

Der Steuerpflichtige hat die Finanzbehörde bei Ausübung ihres Rechts auf Datenzugriff zu unterstützen (§ 200 Abs. 1 AO). Im Einzelnen gilt folgendes:

a) Beim unmittelbaren Datenzugriff (Abschnitt I Nr. 1 Buchstabe a) hat der Steuerpflichtige dem Prüfer die für den Datenzugriff erforderlichen Hilfsmittel zur Verfügung zu stellen und ihn für den Nur-Lesezugriff in das DV-System einzuweisen. Die Zugangsberechtigung muss so ausgestaltet sein, dass dem Prüfer dieser Zugriff auf alle steuerlich relevanten Daten eingeräumt wird. Sie umfasst u.a. auch die Nutzung der im DV-System vorhandenen Auswertungsprogramme. Enthalten elektronisch gespeicherte Datenbestände andere, z.b. steuerlich nicht relevante personenbezogene oder dem Berufsgeheimnis (§ 102 AO) unterliegende Daten, so obliegt es dem Steuerpflichtigen oder dem von ihm beauftragten Dritten, durch geeignete Zugriffsbeschränkungen sicherzustellen, dass der Prüfer nur auf steuerlich relevante Daten des Steuerpflichtigen zugreifen kann. Die Zugangsberechtigung hat auch die Nutzung der im DV-System vorhandenen Auswertungsprogramme zu umfassen.

Das Datenverarbeitungssystem muss die Unveränderbarkeit des Datenbestandes gewährleisten (§ 146 Abs. 4 AO; Abschnitt V des BMF-Schreibens zu den Grundsätzen ordnungsmäßiger DV-gestützter Buchführungssysteme (GoBS) vom 7. November 1995, BStBl. I S. 738). Eine Veränderung des Datenbestandes und des Datenverarbeitungssystems durch die Finanzbehörde ist somit ausgeschlossen.

b) Beim mittelbaren Datenzugriff (Abschnitt I Nr. 1 Buchstabe b) gehört zur Mithilfe des Steuerpflichtigen beim Nur-Lesezugriff (Abschnitt I Nr. 1 Buchstabe a Abs. 2) neben der Zurverfügungstellung von Hard- und Software die Unterstützung durch mit dem Datenverarbeitungssystem vertraute Personen. Der Umfang der zumutbaren Mithilfe richtet sich nach den betrieblichen Begebenheiten des Unternehmens. Hierfür können z.B. seine Größe oder Mitarbeiterzahl Anhaltspunkte sein.

c) Bei der Datenträgerüberlassung (Abschnitt I Nr. 1 Buchstabe c) sind der Finanzbehörde mit den gespeicherten Unterlagen und Aufzeichnungen alle zur Auswertung der Daten notwendigen Informationen (z.B. über die Dateistruktur, die Datenfelder sowie interne und externe Verknüpfungen) in maschinell auswertbarer Form zur Verfügung zu stellen. Dies gilt auch in den Fällen, in denen sich die Daten bei Dritten befinden.

3. Grundsatz der Verhältnismäßigkeit

Die Finanzbehörde hat bei Anwendung der Regelungen zum Datenzugriff den Grundsatz der Verhältnismäßigkeit zu beachten. Dies bedeutet u.a.:

a) Bei **vor dem 1. Januar 2002** archivierten Daten kann sie beim unmittelbaren Datenzugriff (Abschnitt I Nr. 1 Buchstabe a Abs. 1) und beim mittelbaren Datenzugriff (Abschnitt I Nr. 1 Buchstabe b) nicht verlangen, dass diese Daten für Zwecke ihrer maschinellen Auswertung (§ 147 Abs. 2 Nr. 2 AO i.V. mit § 147 Abs. 6 AO) nochmals in das Datenverarbeitungssystem eingespeist (reaktiviert) werden, wenn dies mit unverhältnismäßigem Aufwand für den Steuerpflichtigen verbunden wäre. Dies kommt z.B. in Betracht bei fehlender Speicherkapazität, nochmaliger Erfassung der Daten, Archivierung der Daten außerhalb des aktuellen Datenverarbeitungssystems, Wechsel des Hard- oder Software-Systems. Müssen hiernach die Daten nicht reaktiviert werden, braucht der Steuerpflichtige auch nicht die für eine maschinelle Auswertung der betreffenden Daten erforderliche Hard- und Software zur Verfügung zu halten, wenn sie nicht mehr im Einsatz ist. Dies gilt auch, wenn die Aufbewahrungsfrist (§ 147 Abs. 3 AO) noch nicht abgelaufen ist.

Diese für die maschinelle Auswertbarkeit der Daten erforderliche technische, organisatorische und zeitliche Einschränkung bezieht sich nicht auf die Pflicht des Steuerpflichtigen zur Lesbarmachung der Daten (§ 147 Abs. 2 Nr. 2 AO, § 147 Abs. 5 AO). Die Lesbarmachung muss während der ganzen Aufbewahrungsfrist sichergestellt sein.

b) Bei **nach dem 31. Dezember 2001** archivierten Daten ist beim unmittelbaren Datenzugriff (Abschnitt I Nr. 1 Buchstabe a Abs. 1) und beim mittelbaren Datenzugriff (Abschnitt I Nr. 1 Buchstabe b) die maschinelle Auswertbarkeit (§ 147 Abs. 2 Nr. 2 und Abs. 6 AO) in Form des Nur-Lesezugriffs (Abschnitt I Nr. 1 Buchstabe a Abs. 2) sicherzustellen. Im Falle eines Systemwechsels ist es nicht erforderlich, die ursprüngliche Hard- und Software vorzuhalten, wenn die maschinelle Auswertbarkeit auch für die nach dem 31. Dezember 2001, aber vor dem Systemwechsel archivierten Daten durch das neue oder ein anderes System gewährleistet ist.

Anlage § 042f-02/Datenzugriff

c) Für die Datenträgerüberlassung (Abschnitt I Nr. 1 Buchstabe c) kann die Finanzbehörde nicht verlangen, **vor dem 1. Januar 2002** auf nicht maschinell auswertbaren Datenträgern (z.B. Mikrofilm) archivierte Daten auf maschinell auswertbare Datenträger aufzuzeichnen.

II. Prüfbarkeit digitaler Unterlagen

1. **Elektronische Abrechnungen im Sinne des § 14 Abs. 4 Satz 2 UStG**

   Die qualifizierte elektronische Signatur mit Anbieter-Akkreditierung nach § 15 Abs. 1 des Signaturgesetzes ist Bestandteil der elektronischen Abrechnung[1]. Der Originalzustand des übermittelten ggf. noch verschlüsselten Dokuments muss jederzeit überprüfbar sein. Dies setzt neben den Anforderungen nach Abschnitt VIII Buchstabe b) Nr. 2 der GoBS (a.a.O.) insbesondere voraus, dass

   - vor einer weiteren Verarbeitung der elektronischen Abrechnung die qualifizierte elektronische Signatur im Hinblick auf die Integrität der Daten und die Signaturberechtigung geprüft werden und das Ergebnis dokumentiert wird;
   - die Speicherung der elektronischen Abrechnung auf einem Datenträger erfolgt, der Änderungen nicht mehr zulässt. Bei einer temporären Speicherung auf einem änderbaren Datenträger muss das DV-System sicherstellen, dass Änderungen nicht möglich sind;
   - bei Umwandlung (Konvertierung) der elektronischen Abrechnung in ein unternehmenseigenes Format (sog. Inhouse-Format) beide Versionen archiviert und nach den GoBS mit demselben Index verwaltet werden sowie die konvertierte Version als solche gekennzeichnet wird;
   - der Signaturprüfschlüssel aufbewahrt wird;
   - bei Einsatz von Kryptographietechniken die verschlüsselte und die entschlüsselte Abrechnung sowie der Schlüssel zur Entschlüsselung der elektronischen Abrechnung aufbewahrt wird;
   - der Eingang der elektronischen Abrechnung, ihre Archivierung und ggf. Konvertierung sowie die weitere Verarbeitung protokolliert werden;
   - die Übertragungs-, Archivierungs- und Konvertierungssysteme den Anforderungen der GoBS, insbesondere an die Dokumentation, an das interne Kontrollsystem, an das Sicherungskonzept sowie an die Aufbewahrung entsprechen;
   - das qualifizierte Zertifikat des Empfängers aufbewahrt wird.

2. **Sonstige aufbewahrungspflichtige Unterlagen**

   - Bei sonstigen aufbewahrungspflichtigen Unterlagen i.S.d. § 147 Abs. 1 AO, die digitalisiert sind und nicht in Papierform übermittelt werden, muss das dabei angewendete Verfahren den GoBS entsprechen.
   - Der Originalzustand der übermittelten ggf. noch verschlüsselten Daten muss erkennbar sein (§ 146 Abs. 4 AO). Die Speicherung hat auf einem Datenträger zu erfolgen, der Änderungen nicht mehr zulässt. Bei einer temporären Speicherung auf einem änderbaren Datenträger muss das Datenverarbeitungssystem sicherstellen, dass Änderungen nicht möglich sind.
   - Bei Einsatz von Kryptographietechniken sind die verschlüsselte und die entschlüsselte Unterlage aufzubewahren.
   - Bei Umwandlung (Konvertierung) der sonstigen aufbewahrungspflichtigen Unterlagen in ein unternehmenseigenes Format (sog. Inhouse-Format) sind beide Versionen zu archivieren und nach den GoBS mit demselben Index zu verwalten sowie die konvertierte Version als solche zu kennzeichnen.
   - Wenn Signaturprüfschlüssel oder kryptographische Verfahren verwendet werden, sind die verwendeten Schlüssel aufzubewahren.
   - Bei sonstigen aufbewahrungspflichtigen Unterlagen sind der Eingang, ihre Archivierung und ggf. Konvertierung sowie die weitere Verarbeitung zu protokollieren.

III. Archivierung digitaler Unterlagen

1. Originär digitale Unterlagen nach § 146 Abs. 5 AO sind auf maschinell verwertbaren Datenträgern zu archivieren. Originär digitale Unterlagen sind die in das Datenverarbeitungssystem in elektronischer Form eingehenden und die im Datenverarbeitungssystem erzeugten Daten; ein maschinell verwertbarer Datenträger ist ein maschinell lesbarer und auswertbarer Datenträger. Die originär digitalen Unterlagen dürfen nicht ausschließlich in ausgedruckter Form oder auf Mikrofilm aufbewahrt werden. Somit reicht die Aufzeichnung im COM-Verfahren (Computer-Output-Microfilm) nicht mehr aus. Diese Einschränkung gilt nicht, wenn die vor der Übertragung auf Mikrofilm vorhandenen Daten vorgehalten werden, die eine maschinelle Auswertbarkeit durch das Datenverarbeitungs-

system gewährleisten. Nicht ausreichend ist auch die ausschließliche Archivierung in maschinell nicht auswertbaren Formaten (z.B. pdf-Datei). Eine Pflicht zur Archivierung einer Unterlage i.S. des § 147 Abs. 1 AO in maschinell auswertbarer Form (§ 147 Abs. 2 Nr. 2 AO) besteht nicht, wenn diese Unterlage zwar DV-gestützt erstellt wurde, sie aber nicht zur Weiterverarbeitung in einem DV-gestützten Buchführungssystem geeignet ist (z.B. Textdokumente).

2. Originär in Papierform angefallene Unterlagen, z.b. Eingangsrechnungen, können weiterhin mikroverfilmt werden.
3. Kann im Falle eines abweichenden Wirtschaftsjahrs die Archivierung ab 1. Januar 2002 nachweisbar aus technischen Gründen nicht auf einem maschinell auswertbaren Datenträger (§ 147 Abs. 2 Nr. 2 AO) erfolgen, wird dies nicht beanstandet, wenn der Steuerpflichtige bis spätestens zu Beginn des anschließenden abweichenden Wirtschaftsjahrs den Archivierungspflichten gemäß § 147 Abs. 2 Nr. 2 AO nachkommt.

IV. Anwendung

1. Die Regelungen zum Datenzugriff (Abschnitt I) sind bei steuerlichen Außenprüfungen anzuwenden, die nach dem 31. Dezember 2001 beginnen.
2. Die Regelungen zur Prüfbarkeit digitaler Unterlagen (Abschnitt II) gelten
   a) für elektronische Abrechnungen mit Inkrafttreten des § 14 Abs. 4 Satz 2 UStG (1. Januar 2002) und
   b) für sonstige aufbewahrungspflichtige Unterlagen, die nach dem 31. Dezember 2001 erstellt werden.

Im Übrigen bleiben die Regelungen des BMF-Schreibens zu den Grundsätzen ordnungsmäßiger DV-gestützter Buchführungssysteme (GoBS) vom 7. November 1995 (BStBl. I S. 738) unberührt.

Dieses Schreiben steht ab sofort für eine Übergangszeit auf den Internetseiten des Bundesfinanzministeriums der Finanzen **(http:/www.bundesfinanzministerium.de)** zur Ansicht und zum Download bereit.

Anhang 1/LStDV

Lohnsteuer-Durchführungsverordnung
(LStDV 1990)

Neufassung vom 10. Oktober 1989 (BGBl. I S. 1848, BStBl. I S. 405)[1)]

§ 1
Arbeitnehmer, Arbeitgeber

(1) [1]Arbeitnehmer sind Personen, die in öffentlichem oder privatem Dienst angestellt oder beschäftigt sind oder waren und die aus diesem Dienstverhältnis oder einem früheren Dienstverhältnis Arbeitslohn beziehen. [2]Arbeitnehmer sind auch die Rechtsnachfolger dieser Personen, soweit sie Arbeitslohn aus dem früheren Dienstverhältnis ihres Rechtsvorgängers beziehen.

(2) [1]Ein Dienstverhältnis (Absatz 1) liegt vor, wenn der Angestellte (Beschäftigte) dem Arbeitgeber (öffentliche Körperschaft, Unternehmer, Haushaltsvorstand) seine Arbeitskraft schuldet. [2]Dies ist der Fall, wenn die tätige Person in der Betätigung ihres geschäftlichen Willens unter der Leitung des Arbeitgebers steht oder im geschäftlichen Organismus des Arbeitgebers dessen Weisungen zu folgen verpflichtet ist.

(3) Arbeitnehmer ist nicht, wer Lieferungen und sonstige Leistungen innerhalb der von ihm selbständig ausgeübten gewerblichen oder beruflichen Tätigkeit im Inland gegen Entgelt ausführt, soweit es sich um die Entgelte für diese Lieferungen und sonstigen Leistungen handelt.

§ 2
Arbeitslohn

(1) [1]Arbeitslohn sind alle Einnahmen, die dem Arbeitnehmer aus dem Dienstverhältnis zufließen. [2]Es ist unerheblich, unter welcher Bezeichnung oder in welcher Form die Einnahmen gewährt werden.

(2) Zum Arbeitslohn gehören auch

1. Einnahmen im Hinblick auf ein künftiges Dienstverhältnis;
2. Einnahmen aus einem früheren Dienstverhältnis, unabhängig davon, ob sie dem zunächst Bezugsberechtigten oder seinem Rechtsnachfolger zufließen. [2]Bezüge, die ganz oder teilweise auf früheren Beitragsleistungen des Bezugsberechtigten oder seines Rechtsvorgängers beruhen, gehören nicht zum Arbeitslohn, es sei denn, dass die Beitragsleistungen Werbungskosten gewesen sind;
3. Ausgaben, die ein Arbeitgeber leistet, um einen Arbeitnehmer oder diesem nahestehende Personen für den Fall der Krankheit, des Unfalls, der Invalidität, des Alters oder des Todes abzusichern (Zukunftssicherung). [2]Voraussetzung ist, dass der Arbeitnehmer der Zukunftssicherung ausdrücklich oder stillschweigend zustimmt. [3]Ist bei einer Zukunftssicherung für mehrere Arbeitnehmer oder diesen nahestehende Personen in Form einer Gruppenversicherung oder Pauschalversicherung der für den einzelnen Arbeitnehmer geleistete Teil der Ausgaben nicht in anderer Weise zu ermitteln, so sind die Ausgaben nach der Zahl der gesicherten Arbeitnehmer auf diese aufzuteilen. [4]Nicht zum Arbeitslohn gehören Ausgaben, die nur dazu dienen, dem Arbeitgeber die Mittel zur Leistung einer dem Arbeitnehmer zugesagten Versorgung zu verschaffen;
4. Entschädigungen, die dem Arbeitnehmer oder seinem Rechtsnachfolger als Ersatz für entgangenen oder entgehenden Arbeitslohn oder für die Aufgabe oder Nichtausübung einer Tätigkeit gewährt werden;
5. besondere Zuwendungen, die auf Grund des Dienstverhältnisses oder eines früheren Dienstverhältnisses gewährt werden, zum Beispiel Zuschüsse im Krankheitsfall;
6. besondere Entlohnungen für Dienste, die über die regelmäßige Arbeitszeit hinaus geleistet werden, wie Entlohnung für Überstunden, Überschichten, Sonntagsarbeit;
7. Lohnzuschläge, die wegen der Besonderheit der Arbeit gewährt werden;
8. Entschädigungen für Nebenämter und Nebenbeschäftigungen im Rahmen eines Dienstverhältnisses.

§ 3
(weggefallen)

---

1) Unter Berücksichtigung der Änderungen zuletzt durch Artikel 2 JStG 2007 vom 13.12.2006 (BGBl. I S. 2878, BStBl. 2007 I S. 28).

§ 4
Lohnkonto

(1) Der Arbeitgeber hat im Lohnkonto des Arbeitnehmers Folgendes aufzuzeichnen:
1. den Vornamen, den Familiennamen, den Geburtstag, den Wohnort, die Wohnung, den amtlichen Gemeindeschlüssel der Gemeinde, die die Lohnsteuerkarte ausgestellt hat, das Finanzamt, in dessen Bezirk die Lohnsteuerkarte oder die entsprechende Bescheinigung ausgestellt worden ist, sowie die auf der Lohnsteuerkarte oder in einer entsprechenden Bescheinigung eingetragenen allgemeinen Besteuerungsmerkmale und in den Fällen des § 41 Abs. 1 Satz 4 des Einkommensteuergesetzes den Großbuchstaben B[1]). ²Ändern sich im Laufe des Jahres die auf der Lohnsteuerkarte oder in einer entsprechenden Bescheinigung eingetragenen Besteuerungsmerkmale, so ist auch der Zeitpunkt anzugeben, von dem an die Änderung gilt;
2. den Jahresfreibetrag oder den Jahreshinzurechnungsbetrag sowie den Monatsbetrag, Wochenbetrag oder Tagesbetrag, der auf der Lohnsteuerkarte oder in einer entsprechenden Bescheinigung eingetragen ist, und den Zeitraum, für den die Eintragung gilt;
3. bei einem Arbeitnehmer, der dem Arbeitgeber eine Bescheinigung nach § 39b Abs. 6 des Einkommensteuergesetzes (Freistellungsbescheinigung) vorgelegt hat, einen Hinweis darauf, dass eine Bescheinigung vorliegt, den Zeitraum, für den die Lohnsteuerbefreiung gilt, das Finanzamt, das die Bescheinigung ausgestellt hat, und den Tag der Ausstellung;
4. in den Fällen des § 19 Abs. 2 des Einkommensteuergesetzes die für die zutreffende Berechnung des Versorgungsfreibetrags und des Zuschlags zum Versorgungsfreibetrag erforderlichen Angaben.

(2) Bei jeder Lohnabrechnung ist im Lohnkonto Folgendes aufzuzeichnen:
1. der Tag der Lohnzahlung und der Lohnzahlungszeitraum;
2. in den Fällen des § 41 Abs. 1 Satz 6 des Einkommensteuergesetzes jeweils der Großbuchstabe U;
3. der Arbeitslohn, getrennt nach Barlohn und Sachbezügen, und die davon einbehaltene Lohnsteuer. ²Dabei sind die Sachbezüge einzeln zu bezeichnen und – unter Angabe des Abgabetags oder bei laufenden Sachbezügen des Abgabezeitraums, des Abgabeorts und des Entgelts – mit dem nach § 8 Abs. 2 oder 3 des Einkommensteuergesetzes maßgebenden und um das Entgelt geminderten Wert zu erfassen. ³Sachbezüge im Sinne des § 8 Abs. 3 des Einkommensteuergesetzes und Versorgungsbezüge sind jeweils als solche kenntlich zu machen und ohne Kürzung um Freibeträge nach § 8 Abs. 3 oder § 19 Abs. 2 des Einkommensteuergesetzes einzutragen. ⁴Trägt der Arbeitgeber im Falle der Nettolohnzahlung die auf den Arbeitslohn entfallende Steuer selbst, ist in jedem Fall der Bruttoarbeitslohn einzutragen, die nach den Nummern 4 bis 8 gesondert aufzuzeichnenden Beträge sind nicht mitzuzählen;
4. steuerfreie Bezüge mit Ausnahme der Vorteile im Sinne des § 3 Nr. 45 des Einkommensteuergesetzes und der Trinkgelder. ²Das Betriebsstättenfinanzamt kann zulassen, dass auch andere nach § 3 des Einkommensteuergesetzes steuerfreie Bezüge nicht angegeben werden, wenn es sich um Fälle von geringer Bedeutung handelt oder wenn die Möglichkeit zur Nachprüfung in anderer Weise sichergestellt ist;
5. Bezüge, die nach einem Abkommen zur Vermeidung der Doppelbesteuerung oder unter Progressionsvorbehalt nach § 34c Abs. 5 des Einkommensteuergesetzes von der Lohnsteuer freigestellt sind;
6. außerordentliche Einkünfte im Sinne des § 34 Abs. 1 und 2 Nr. 2 und 4 des Einkommensteuergesetzes und die davon nach §39b Abs. 3 Satz 9 des Einkommensteuergesetzes einbehaltene Lohnsteuer;
7. (weggefallen)
8. Bezüge, die nach den §§ 40 bis 40b des Einkommensteuergesetzes pauschal besteuert worden sind, und die darauf entfallende Lohnsteuer. ²Lassen sich in den Fällen des § 40 Abs. 1 Nr. 2 und Abs. 2 des Einkommensteuergesetzes die auf den einzelnen Arbeitnehmer entfallenden Beträge nicht ohne weiteres ermitteln, so sind sie in einem Sammelkonto anzuschreiben. ³Das Sammelkonto muss die folgenden Angaben enthalten: Tag der Zahlung, Zahl der bedachten Arbeitnehmer, Summe der insgesamt gezahlten Bezüge, Höhe der Lohnsteuer sowie Hinweise auf die als Belege zum Sammelkonto aufzubewahrenden Unterlagen, insbesondere Zahlungsnachweise, Bestätigung des Finanzamts über die Zulassung der Lohnsteuerpauschalierung. ⁴In den Fällen des § 40a des Einkommen-

---

[1]) § 41 Abs. 1 Satz 4 EStG ist ab Kalenderjahr 2010 aufgehoben (Bürgerentlastungsgesetz Krankenversicherung vom 16.7.2009 BGBl. I S. 1959, BStBl. I S. 782), der Großbuchstabe B ab 2010 nicht mehr im Lohnkonto aufzuzeichnen.

steuergesetzes genügt es, wenn der Arbeitgeber Aufzeichnungen führt, aus denen sich für die einzelnen Arbeitnehmer Name und Anschrift, Dauer der Beschäftigung, Tag der Zahlung, Höhe des Arbeitslohns und in den Fällen des § 40a Abs. 3 des Einkommensteuergesetzes auch die Art der Beschäftigung ergeben. ⁵Sind in den Fällen der Sätze 3 und 4 Bezüge nicht mit dem ermäßigten Kirchensteuersatz besteuert worden, so ist zusätzlich der fehlende Kirchensteuerabzug aufzuzeichnen und auf die als Beleg aufzubewahrende Unterlage hinzuweisen, aus der hervorgeht, dass der Arbeitnehmer keiner Religionsgemeinschaft angehört, für die die Kirchensteuer von Finanzbehörden erhoben wird.

(3) ¹Die Oberfinanzdirektion kann bei Arbeitgebern, die für die Lohnabrechnung ein maschinelles Verfahren anwenden, Ausnahmen von den Vorschriften der Absätze 1 und 2 zulassen, wenn die Möglichkeit zur Nachprüfung in anderer Weise sichergestellt ist. ²Das Betriebsstättenfinanzamt soll zulassen, dass Sachbezüge im Sinne des § 8 Abs. 2 Satz 9 und des Einkommensteuergesetzes für solche Arbeitnehmer nicht aufzuzeichnen sind, für die durch betriebliche Regelungen und entsprechende Überwachungsmaßnahmen gewährleistet ist, dass die in § 8 Abs. 2 Satz 9 oder Abs. 3 des Einkommensteuergesetzes genannten Beträge nicht überschritten werden.

(4) ¹In den Fällen des § 38 Abs. 3a des Einkommensteuergesetzes ist ein Lohnkonto von Dritten zu führen. ²In den Fällen des § 38 Abs. 3a Satz 2 ist der Arbeitgeber anzugeben und auch der Arbeitslohn einzutragen, der nicht vom Dritten, sondern vom Arbeitgeber selbst gezahlt wird. ³In den Fällen des § 38 Abs. 3a Satz 7 ist der Arbeitslohn für jedes Dienstverhältnis gesondert aufzuzeichnen.

§ 5
Besondere Aufzeichnungs- und Mitteilungspflichten im Rahmen der betrieblichen Altersversorgung
(1) Der Arbeitgeber hat bei Durchführung einer kapitalgedeckten betrieblichen Altersversorgung über einen Pensionsfonds, eine Pensionskasse oder eine Direktversicherung ergänzend zu den in § 4 Abs. 2 Nr. 4 und 8 angeführten Aufzeichnungspflichten gesondert je Versorgungszusage und Arbeitnehmer Folgendes aufzuzeichnen:
1. bei Inanspruchnahme der Steuerbefreiung nach § 3 Nr. 63 Satz 3 des Einkommensteuergesetzes den Zeitpunkt der Erteilung, den Zeitpunkt der Übertragung nach dem „Abkommen zur Übertragung von Direktversicherungen oder Versicherungen in eine Pensionskasse bei Arbeitgeberwechsel" oder nach vergleichbaren Regelungen zur Übertragung von Versicherungen in Pensionskassen oder Pensionsfonds, bei der Änderung einer vor dem 1. Januar 2005 erteilten Versorgungszusage alle Änderungen der Zusage nach dem 31. Dezember 2004;
2. bei Anwendung des § 40b Einkommensteuergesetz in der am 31. Dezember 2004 geltenden Fassung den Inhalt der am 31. Dezember 2004 bestehenden Versorgungszusagen, sowie im Fall des § 52 Abs. 6 Satz 1 des Einkommensteuergesetzes die erforderliche Verzichtserklärung und bei der Übernahme einer Versorgungszusage nach § 4 Abs. 2 Nr. 1 des Betriebsrentengesetzes vom 19. Dezember 1974 (BGBl. I S. 3610), das zuletzt durch Artikel 2 des Gesetzes vom 29. August 2005 (BGBl. I S. 2546) geändert worden ist, in der jeweils geltenden Fassung oder bei einer Übertragung nach dem „Abkommen zur Übertragung von Direktversicherungen oder Versicherungen in eine Pensionskasse bei Arbeitgeberwechsel" oder nach vergleichbaren Regelungen zur Übertragung von Versicherungen in Pensionskassen oder Pensionsfonds im Falle einer vor dem 1. Januar 2005 erteilten Versorgungszusage zusätzlich die Erklärung des ehemaligen Arbeitgebers, dass diese Versorgungszusage vor dem 1. Januar 2005 erteilt und dass diese bis zur Übernahme nicht als Versorgungszusage im Sinne des § 3 Nr. 63 Satz 3 des Einkommensteuergesetzes behandelt wurde.

(2) ¹Der Arbeitgeber hat der Versorgungseinrichtung (Pensionsfonds, Pensionskasse, Direktversicherung), die für ihn die betriebliche Altersversorgung durchführt, spätestens zwei Monate nach Ablauf des Kalenderjahres oder nach Beendigung des Dienstverhältnisses im Laufe des Kalenderjahres gesondert je Versorgungszusage die für den einzelnen Arbeitnehmer geleisteten und
1. nach § 3 Nr. 56 und 63 des Einkommensteuergesetzes steuerfrei belassenen,
2. nach § 40b des Einkommensteuergesetzes in der am 31. Dezember 2004 geltenden Fassung pauschal besteuerten oder
3. individuell besteuerten

Beiträge mitzuteilen. ²Ferner hat der Arbeitgeber oder die Unterstützungskasse die nach § 3 Nr. 66 des Einkommensteuergesetzes steuerfrei belassenen Leistungen mitzuteilen. ³Die Mitteilungspflicht des Arbeitgebers oder der Unterstützungskasse kann durch einen Auftragnehmer wahrgenommen werden.

(3) ¹Eine Mitteilung nach Absatz 2 kann unterbleiben, wenn die Versorgungseinrichtung die steuerliche Behandlung der für den einzelnen Arbeitnehmer im Kalenderjahr geleisteten Beiträge bereits kennt oder aus den bei ihr vorhandenen Daten feststellen kann, und dieser Umstand dem Arbeitgeber mitgeteilt

Anhang 1/LStDV

worden ist. ²Unterbleibt die Mitteilung des Arbeitgebers, ohne dass ihm eine entsprechende Mitteilung der Versorgungseinrichtung vorliegt, so hat die Versorgungseinrichtung davon auszugehen, dass es sich insgesamt bis zu den in § 3 Nr. 56 oder 63 des Einkommensteuergesetzes genannten Höchstbeträgen um steuerbegünstigte Beiträge handelt, die in der Auszahlungsphase als Leistungen im Sinne von § 22 Nr. 5 Satz 1 des Einkommensteuergesetzes zu besteuern sind.

§ 6
(weggefallen) (betraf Aufzeichnungs- und Anzeigepflichten bei Überlassung von Vermögensbeteiligungen)

§ 7
(weggefallen) (betraf Nachversteuerung bei schädlicher Verfügung über Vermögensbeteiligungen)

§ 8
Anwendungszeitraum

(1) Die Vorschriften dieser Verordnung in der Fassung des Artikels 2 des Gesetzes vom 13. Dezember 2006 (BGBl. I S. 2878) sind erstmals anzuwenden auf laufenden Arbeitslohn, der für einen nach dem 31. Dezember 2006 endenden Lohnzahlungszeitraum gezahlt wird, und auf sonstige Bezüge, die nach dem 31. Dezember 2006 zufließen.

(2) ¹§ 6 Abs. 3 und 4 sowie § 7 in der am 31. Dezember 2001 geltenden Fassung sind weiter anzuwenden im Falle einer schädlichen Verfügung vor dem 1. Januar 2002. ²Die Nachversteuerung nach § 7 Abs. 1 Satz 1 unterbleibt, wenn der nachzufordernde Betrag 10 Euro nicht übersteigt.

§ 9
(weggefallen)

Anhang 2/EStDV

Einkommensteuer-Durchführungsverordnung 2000
(EStDV 2000)

Neufassung vom 10. Mai 2000 (BGBl. I S. 717, BStBl. I S. 595)[1)]

– Auszug –

§§ 1-3
(weggefallen)

Zu § 3 des Gesetzes

§ 4
Steuerfreie Einnahmen

Die Vorschriften der Lohnsteuer-Durchführungsverordnung über die Steuerpflicht oder die Steuerfreiheit von Einnahmen aus nichtselbständiger Arbeit sind bei der Veranlagung anzuwenden.

Zu § 10 des Gesetzes

§ 29
Anzeigepflichten bei Versicherungsverträgen

[1]Bei Versicherungen, deren Laufzeit vor dem 1. Januar 2005 begonnen hat, hat der Sicherungsnehmer nach amtlich vorgeschriebenem Muster dem für die Veranlagung des Versicherungsnehmers nach dem Einkommen zuständigen Finanzamt, bei einem Versicherungsnehmer, der im Inland weder einen Wohnsitz noch seinen gewöhnlichen Aufenthalt hat, dem für die Veranlagung des Sicherungsnehmers zuständigen Finanzamt (§§ 19, 20 der Abgabenordnung) unverzüglich die Fälle anzuzeigen, in denen Ansprüche aus Versicherungsverträgen zur Tilgung oder Sicherung von Darlehen eingesetzt werden. [2]Satz 1 gilt entsprechend für das Versicherungsunternehmen, wenn der Sicherungsnehmer Wohnsitz, Sitz oder Geschäftsleitung im Ausland hat. [3]Werden Ansprüche aus Versicherungsverträgen von Personen, die im Inland einen Wohnsitz oder ihren gewöhnlichen Aufenthalt haben (§ 1 Abs. 1 des Gesetzes), zur Tilgung oder Sicherung von Darlehen eingesetzt, sind die Sätze 1 und 2 nur anzuwenden, wenn die Darlehen den Betrag von 25 565 Euro übersteigen. [4]Der Steuerpflichtige hat dem für seine Veranlagung zuständigen Finanzamt (§ 19 der Abgabenordnung) die Abtretung und die Beleihung unverzüglich anzuzeigen.

§ 30
Nachversteuerung bei Versicherungsverträgen

[1]Eine Nachversteuerung ist durchzuführen, wenn der Sonderausgabenabzug von Beiträgen nach § 10 Abs. 1 Nr. 3 Buchstabe b des Gesetzes zu versagen ist. [2]Zu diesem Zweck ist die Steuer zu berechnen, die festzusetzen gewesen wäre, wenn der Steuerpflichtige die Beiträge nicht geleistet hätte. [3]Der Unterschied zwischen dieser und der festgesetzten Steuer ist als Nachsteuer zu erheben.

Zu § 10b des Gesetzes

§§ 48 und 49 (weggefallen)[2)]

§ 50
Zuwendungsnachweis

(1) Zuwendungen im Sinne der §§ 10b und 34g des Gesetzes dürfen nur abgezogen werden, wenn sie durch eine Zuwendungsbestätigung nachgewiesen werden, die der Empfänger nach amtlich vorgeschriebenem Vordruck ausgestellt hat.

(1a) [1]Der Zuwendende kann den Zuwendungsempfänger bevollmächtigen, die Zuwendungsbestätigung der Finanzbehörde nach amtlich vorgeschriebenem Datensatz durch Datenfernübertragung nach Maßgabe der Steuerdaten-Übermittlungsverordnung zu übermitteln. [2]Der Zuwendende hat dem Zuwendungsempfänger zu diesem Zweck seine Identifikationsnummer (§ 139b der Abgabenordnung) mitzuteilen. [3]Die Vollmacht kann nur mit Wirkung für die Zukunft widerrufen werden. [4]Der Datensatz ist bis zum 28. Februar des Jahres, das auf das Jahr folgt, in dem die Zuwendung geleistet worden ist, an die

---

1) Unter Berücksichtigung der Änderungen zuletzt durch Artikel 9 Gesetz vom 10.8.2009 (BGBl. I S. 2702, BStBl. I S. 866).
2) §§ 48 und 49 sowie Anlage 1 (zu § 48 Abs. 2) wurden durch Gesetz vom 10.10.2007 (BGBl. I S. 2332, BStBl. I S. 815) mit Wirkung ab VZ 2007 aufgehoben.

Anhang 2/EStDV

Finanzbehörde zu übermitteln. [5]Der Zuwendungsempfänger hat dem Zuwendenden die nach Satz 1 übermittelten Daten elektronisch oder auf dessen Wunsch als Ausdruck zur Verfügung zu stellen; in beiden Fällen ist darauf hinzuweisen, dass die Daten der Finanzbehörde übermittelt worden sind.

(2) [1]Als Nachweis genügt der Bareinzahlungsbeleg oder die Buchungsbestätigung eines Kreditinstituts, wenn

1. die Zuwendung zur Hilfe in Katastrophenfällen innerhalb eines Zeitraums, den die obersten Finanzbehörden der Länder im Benehmen mit dem Bundesministerium der Finanzen bestimmen, auf ein für den Katastrophenfall eingerichtetes Sonderkonto einer inländischen juristischen Person des öffentlichen Rechts, einer inländischen öffentlichen Dienststelle oder eines inländischen amtlich anerkannten Verbandes der freien Wohlfahrtspflege einschließlich seiner Mitgliedsorganisationen eingezahlt worden ist oder

2. die Zuwendung 200 Euro nicht übersteigt und
   a) der Empfänger eine inländische juristische Person des öffentlichen Rechts oder eine inländische öffentliche Dienststelle ist oder
   b) der Empfänger eine Körperschaft, Personenvereinigung oder Vermögensmasse im Sinne des § 5 Abs. 1 Nr. 9 des Körperschaftsteuergesetzes ist, wenn der steuerbegünstigte Zweck, für den die Zuwendung verwendet wird, und die Angaben über die Freistellung des Empfängers von der Körperschaftsteuer auf einem von ihm hergestellten Beleg aufgedruckt sind und darauf angegeben ist, ob es sich bei der Zuwendung um eine Spende oder einen Mitgliedsbeitrag handelt oder
   c) der Empfänger eine politische Partei im Sinne des § 2 des Parteiengesetzes ist und bei Spenden der Verwendungszweck auf dem vom Empfänger hergestellten Beleg aufgedruckt ist.

[2]Aus der Buchungsbestätigung müssen Name und Kontonummer des Auftraggebers und Empfängers, der Betrag sowie der Buchungstag ersichtlich sein. [3]In den Fällen der Nummer 2 Buchstabe b hat der Zuwendende zusätzlich den vom Zuwendungsempfänger hergestellten Beleg vorzulegen.

(3) Als Nachweis für die Zahlung von Mitgliedsbeiträgen an politische Parteien im Sinne des § 2 des Parteiengesetzes genügt die Vorlage von Bareinzahlungsbelegen, Buchungsbestätigungen oder Beitragsquittungen.

(4) [1]Eine in § 5 Abs. 1 Nr. 9 des Körperschaftsteuergesetzes bezeichnete Körperschaft, Personenvereinigung oder Vermögensmasse hat die Vereinnahmung der Zuwendung und ihre zweckentsprechende Verwendung ordnungsgemäß aufzuzeichnen und ein Doppel der Zuwendungsbestätigung aufzubewahren. [2]Bei Sachzuwendungen und beim Verzicht auf die Erstattung von Aufwand müssen sich aus den Aufzeichnungen auch die Grundlagen für den vom Empfänger bestätigten Wert der Zuwendung ergeben.

Zu § 25 des Gesetzes

§ 56

Steuererklärungspflicht

[1]Unbeschränkt Steuerpflichtige haben eine jährliche Einkommensteuererklärung für das abgelaufene Kalenderjahr (Veranlagungszeitraum) in den folgenden Fällen abzugeben:

1. Ehegatten, bei denen im Veranlagungszeitraum die Voraussetzungen des § 26 Abs. 1 des Gesetzes vorgelegen haben und von denen keiner die getrennte Veranlagung nach § 26a des Gesetzes oder die besondere Veranlagung nach § 26c des Gesetzes wählt,
   a) wenn keiner der Ehegatten Einkünfte aus nichtselbständiger Arbeit, von denen ein Steuerabzug vorgenommen worden ist, bezogen und der Gesamtbetrag der Einkünfte mehr als das Zweifache des Grundfreibetrages nach § 32a Absatz 1 Satz 2 Nummer 1 des Gesetzes in der jeweils geltenden Fassung betragen hat,
   b) wenn mindestens einer der Ehegatten Einkünfte aus nichtselbständiger Arbeit, von denen ein Steuerabzug vorgenommen worden ist, bezogen hat und eine Veranlagung nach § 46 Abs. 2 Nr. 1 bis 7 des Gesetzes in Betracht kommt,
   c) wenn eine Veranlagung nach § 46 Abs. 2a des Gesetzes in Betracht kommt;

2. Personen, bei denen im Veranlagungszeitraum die Voraussetzungen des § 26 Abs. 1 des Gesetzes nicht vorgelegen haben,
   a) wenn der Gesamtbetrag der Einkünfte den Grundfreibetrag nach § 32a Absatz 1 Satz 2 Nummer 1 des Gesetzes in der jeweils geltenden Fassung überstiegen hat und darin keine Einkünfte aus nichtselbständiger Arbeit, von denen ein Steuerabzug vorgenommen worden ist, enthalten sind,

b) wenn in dem Gesamtbetrag der Einkünfte Einkünfte aus nichtselbständiger Arbeit, von denen ein Steuerabzug vorgenommen worden ist, enthalten sind und eine Veranlagung nach § 46 Abs. 2 Nr. 1 bis 6 und 7 Buchstabe b des Gesetzes in Betracht kommt,

c) wenn eine Veranlagung nach § 46 Abs. 2a des Gesetzes in Betracht kommt;

²Eine Steuererklärung ist außerdem abzugeben, wenn zum Schluss des vorangegangenen Veranlagungszeitraums ein verbleibender Verlustabzug festgestellt worden ist.

Zu den §§ 26a und 26c des Gesetzes

§ 61

Antrag auf anderweitige Verteilung der außergewöhnlichen Belastungen im Fall des § 26a des Gesetzes

¹Der Antrag auf anderweitige Verteilung der als außergewöhnliche Belastungen vom Gesamtbetrag der Einkünfte abzuziehenden Beträge (§ 26a Abs. 2 des Gesetzes) kann nur von beiden Ehegatten gemeinsam gestellt werden. ²Kann der Antrag nicht gemeinsam gestellt werden, weil einer der Ehegatten dazu aus zwingenden Gründen nicht in der Lage ist, so kann das Finanzamt den Antrag des anderen Ehegatten als genügend ansehen.

Zu § 33 des Gesetzes

§ 64

Mitwirkung der Gesundheitsbehörden beim Nachweis des Gesundheitszustandes für steuerliche Zwecke

Die zuständigen Gesundheitsbehörden haben auf Verlangen des Steuerpflichtigen die für steuerliche Zwecke erforderlichen Gesundheitszeugnisse, Gutachten oder Bescheinigungen auszustellen.

Zu § 33b des Gesetzes

§ 65

Nachweis der Behinderung

(1) Den Nachweis einer Behinderung hat der Steuerpflichtige zu erbringen:

1. bei einer Behinderung, deren Grad auf mindestens 50 festgestellt ist, durch Vorlage eines Ausweises nach dem Neunten Buch Sozialgesetzbuch oder eines Bescheides der für die Durchführung des Bundesversorgungsgesetzes zuständigen Behörde,

2. bei einer Behinderung, deren Grad auf weniger als 50, aber mindestens 25 festgestellt ist,

   a) durch eine Bescheinigung der für die Durchführung des Bundesversorgungsgesetzes zuständigen Behörde auf Grund eines Feststellungsbescheids nach § 69 Abs. 1 des Neunten Buches Sozialgesetzbuch, die eine Äußerung darüber enthält, ob die Behinderung zu einer dauernden Einbuße der körperlichen Beweglichkeit geführt hat oder auf einer typischen Berufskrankheit beruht, oder,

   b) wenn ihm wegen seiner Behinderung nach den gesetzlichen Vorschriften Renten oder andere laufende Bezüge zustehen, durch den Rentenbescheid oder den die anderen laufenden Bezüge nachweisenden Bescheid.

(2) ¹Die gesundheitlichen Merkmale „blind" und „hilflos" hat der Steuerpflichtige durch einen Ausweis nach dem Neunten Buch Sozialgesetzbuch, der mit den Merkzeichen „Bl" oder „H" gekennzeichnet ist, oder durch einen Bescheid der für die Durchführung des Bundesversorgungsgesetzes zuständigen Behörde, der die entsprechenden Feststellungen enthält, nachzuweisen. ²Dem Merkzeichen „H" steht die Einstufung als Schwerstpflegebedürftiger in Pflegestufe III nach dem Elften Buch Sozialgesetzbuch, dem Zwölften Buch Sozialgesetzbuch oder diesen entsprechenden gesetzlichen Bestimmungen gleich; dies ist durch Vorlage des entsprechenden Bescheides nachzuweisen.

(3) Der Steuerpflichtige hat die Unterlagen nach den Absätzen 1 und 2 zusammen mit seiner Steuererklärung oder seinem Antrag auf Lohnsteuerermäßigung der Finanzbehörde vorzulegen.

(4) ¹Ist der behinderte Mensch verstorben und kann sein Rechtsnachfolger die Unterlagen nach den Absätzen 1 und 2 nicht vorlegen, so genügt zum Nachweis eine gutachtliche Stellungnahme von Seiten der für die Durchführung des Bundesversorgungsgesetzes zuständigen Behörde. ²Diese Stellungnahme hat die Finanzbehörde einzuholen.

Anhang 2/EStDV

Zu § 34c des Gesetzes

§ 68b
Nachweis über die Höhe der ausländischen Einkünfte und Steuern

¹Der Steuerpflichtige hat den Nachweis über die Höhe der ausländischen Einkünfte und über die Festsetzung und Zahlung der ausländischen Steuern durch Vorlage entsprechender Urkunden (z. B. Steuerbescheid, Quittung über die Zahlung) zu führen. ²Sind diese Urkunden in einer fremden Sprache abgefasst, so kann eine beglaubigte Übersetzung in die deutsche Sprache verlangt werden.

Zu § 46 des Gesetzes

§ 70
Ausgleich von Härten in bestimmten Fällen [1)]

¹Betragen in den Fällen des § 46 Abs. 2 Nr. 1 bis 7 des Gesetzes die einkommensteuerpflichtigen Einkünfte, von denen der Steuerabzug vom Arbeitslohn nicht vorgenommen worden ist, insgesamt mehr als 410 Euro, so ist vom Einkommen der Betrag abzuziehen, um den die bezeichneten Einkünfte, vermindert um den auf sie entfallenden Altersentlastungsbetrag (§ 24a des Gesetzes) und den nach § 13 Abs. 3 des Gesetzes zu berücksichtigenden Betrag, niedriger als 820 Euro sind (Härteausgleichsbetrag). ²Der Härteausgleichsbetrag darf nicht höher sein als die nach Satz 1 verminderten Einkünfte.

Zu § 50a des Gesetzes

§ 73a
Begriffsbestimmungen

(1) Inländisch im Sinne des § 50a Abs. 1 Nr. 4 des Gesetzes sind solche Personenvereinigungen, die ihre Geschäftsleitung oder ihren Sitz im Geltungsbereich des Gesetzes haben.

(2) Urheberrechte im Sinne des § 50a Abs. 1 Nr. 3 des Gesetzes sind Rechte, die nach Maßgabe des Urheberrechtsgesetzes vom 9. September 1965 (BGBl. I S. 1273), zuletzt geändert durch das Gesetz vom 7. Dezember 2008 (BGBl. I S. 2349), in der jeweils geltenden Fassung geschützt sind.

(3) Gewerbliche Schutzrechte im Sinne des § 50a Abs. 1 Nr. 3 des Gesetzes sind Rechte, die nach Maßgabe des Geschmacksmustergesetzes vom 12. März 2004 (BGBl. I S. 390), zuletzt geändert durch Artikel 7 des Gesetzes vom 7. Juli 2008 (BGBl. I S. 1191), des Patentgesetzes in der Fassung der Bekanntmachung vom 16. Dezember 1980 (BGBl. 1981 I S. 1), zuletzt geändert durch Artikel 2 des Gesetzes vom 7. Juli 2008 (BGBl. I S. 1191), des Gebrauchsmustergesetzes in der Fassung der Bekanntmachung vom 28. August 1986 (BGBl. I S. 1455), zuletzt geändert durch Artikel 3 des Gesetzes vom 7. Juli 2008 (BGBl. I S. 1191) und des Markengesetzes vom 25. Oktober 1994 (BGBl. I S. 3082; 1995 I S. 156), zuletzt geändert durch Artikel 4 des Gesetzes vom 7. Juli 2008 (BGBl. I S. 1191), in der jeweils geltenden Fassung geschützt sind.

§ 73b
(weggefallen)

§ 73c
Zeitpunkt des Zufließens im Sinne des § 50a Abs. 5 Satz 1 des Gesetzes

Die Vergütungen im Sinne des § 50a Abs. 1 des Gesetzes fließen dem Gläubiger zu

1. im Fall der Zahlung, Verrechnung oder Gutschrift:
   bei Zahlung, Verrechnung oder Gutschrift;
2. im Fall der Hinausschiebung der Zahlung wegen vorübergehender Zahlungsunfähigkeit des Schuldners:
   bei Zahlung, Verrechnung oder Gutschrift;
3. im Fall der Gewährung von Vorschüssen:
   bei Zahlung, Verrechnung oder Gutschrift der Vorschüsse.

§ 73d
Aufzeichnungen, Aufbewahrungspflichten, Steueraufsicht

(1) ¹Der Schuldner der Vergütungen im Sinne des § 50a Abs. 1 des Gesetzes (Schuldner) hat besondere Aufzeichnungen zu führen. ²Aus den Aufzeichnungen müssen ersichtlich sein:
1. Name und Wohnung des beschränkt steuerpflichtigen Gläubigers (Steuerschuldners),

---

1) § 70 ist in der Fassung erstmals ab VZ 2002 anzuwenden (§ 84 Abs. 3g EStDV).

2. Höhe der Vergütungen in Euro,
3. Höhe und Art der von der Bemessungsgrundlage des Steuerabzugs abgezogenen Betriebsausgaben oder Werbungskosten,
4. Tag, an dem die Vergütungen dem Steuerschuldner zugeflossen sind,
5. Höhe und Zeitpunkt der Abführung der einbehaltenen Steuer.

³Er hat in Fällen des § 50a Abs. 3 des Gesetzes die von der Bemessungsgrundlage des Steuerabzugs abgezogenen Betriebsausgaben oder Werbungskosten und die Staatsangehörigkeit des beschränkt steuerpflichtigen Gläubigers in einer für das Bundeszentralamt für Steuern nachprüfbaren Form zu dokumentieren.

(2) Bei der Veranlagung des Schuldners zur Einkommensteuer (Körperschaftsteuer) und bei Außenprüfungen, die bei dem Schuldner vorgenommen werden, ist auch zu prüfen, ob die Steuern ordnungsmäßig einbehalten und abgeführt worden sind.

§ 73e
Einbehaltung, Abführung und Anmeldung der Steuer von Vergütungen im Sinne des § 50a Abs. 1 und 7 des Gesetzes (§ 50a Abs. 5 des Gesetzes)

¹Der Schuldner hat die innerhalb eines Kalendervierteljahrs einbehaltene Steuer von Vergütungen im Sinne des § 50a Absatz 1 des Gesetzes unter der Bezeichnung „Steuerabzug von Vergütungen im Sinne des § 50a Absatz 1 des Einkommensteuergesetzes" jeweils bis zum zehnten des dem Kalendervierteljahr folgenden Monats an das Bundeszentralamt für Steuern abzuführen. ²Bis zum gleichen Zeitpunkt hat der Schuldner dem Bundeszentralamt für Steuern eine Steueranmeldung über den Gläubiger, die Höhe der Vergütungen im Sinne des § 50a Absatz 1 des Gesetzes, die Höhe und Art der von der Bemessungsgrundlage des Steuerabzugs abgezogenen Betriebsausgaben oder Werbungskosten und die Höhe des Steuerabzugs zu übersenden. ³Satz 2 gilt entsprechend, wenn ein Steuerabzug auf Grund der Vorschrift des § 50a Abs. 2 Satz 3 oder Abs. 4 Satz 1 des Gesetzes nicht vorzunehmen ist oder auf Grund eines Abkommens zur Vermeidung der Doppelbesteuerung nicht oder nicht in voller Höhe vorzunehmen ist. ⁴Die Steueranmeldung ist nach amtlich vorgeschriebenem Vordruck auf elektronischem Weg zu übermitteln nach Maßgabe der Steuerdaten-Übermittlungsverordnung vom 28. Januar 2003 (BGBl. I S. 139), geändert durch die Verordnung vom 20. Dezember 2006 (BGBl. I S. 3380), in der jeweils geltenden Fassung. ⁵Auf Antrag kann das Bundeszentralamt für Steuern zur Vermeidung unbilliger Härten auf eine elektronische Übermittlung verzichten; in diesem Fall ist die Steueranmeldung vom Schuldner oder von einem zu seiner Vertretung Berechtigten zu unterschreiben. ⁶Ist es zweifelhaft, ob der Gläubiger beschränkt oder unbeschränkt steuerpflichtig ist, so darf der Schuldner die Einbehaltung der Steuer nur dann unterlassen, wenn der Gläubiger durch eine Bescheinigung des nach den abgabenrechtlichen Vorschriften für die Besteuerung seines Einkommens zuständigen Finanzamts nachweist, dass er unbeschränkt steuerpflichtig ist. ⁷Die Sätze 1, 2, 4 und 5 gelten entsprechend für die Steuer nach § 50a Abs. 7 des Gesetzes mit der Maßgabe, dass die Steuer an das Finanzamt abzuführen und bei dem Finanzamt anzumelden ist, das den Steuerabzug angeordnet hat.

§ 73f
Steuerabzug in den Fällen des § 50a Abs. 6 des Gesetzes

¹Der Schuldner der Vergütungen für die Nutzung oder das Recht auf Nutzung von Urheberrechten im Sinne des § 50a Abs. 1 Nr. 3 des Gesetzes braucht den Steuerabzug nicht vorzunehmen, wenn er diese Vergütungen auf Grund eines Übereinkommens nicht an den beschränkt steuerpflichtigen Gläubiger (Steuerschuldner), sondern an die Gesellschaft für musikalische Aufführungs- und mechanische Vervielfältigungsrechte (Gema) oder an einen anderen Rechtsträger abführt und die obersten Finanzbehörden der Länder mit Zustimmung des Bundesministeriums der Finanzen einwilligen, dass dieser andere Rechtsträger an die Stelle des Schuldners tritt. ²In diesem Fall hat die Gema oder der andere Rechtsträger den Steuerabzug vorzunehmen; § 50a Abs. 5 des Gesetzes sowie die §§ 73d und 73e gelten entsprechend.

§ 73g
Haftungsbescheid

(1) Ist die Steuer nicht ordnungsmäßig einbehalten oder abgeführt, so hat das Bundeszentralamt für Steuern oder das zuständige Finanzamt die Steuer von dem Schuldner, in den Fällen des § 73f von dem dort bezeichneten Rechtsträger, durch Haftungsbescheid oder von dem Steuerschuldner durch Steuerbescheid anzufordern.

(2) Der Zustellung des Haftungsbescheids an den Schuldner bedarf es nicht, wenn der Schuldner die einbehaltene Steuer dem Bundeszentralamt für Steuern oder dem Finanzamt ordnungsmäßig angemeldet

Anhang 2/EStDV

hat (§ 73e) oder wenn er vor dem Bundeszentralamt für Steuern oder dem Finanzamt oder einem Prüfungsbeamten des Bundeszentralamts für Steuern oder des Finanzamts seine Verpflichtung zur Zahlung der Steuer schriftlich anerkannt hat.

Schlussvorschriften

§ 84

Anwendungsvorschriften

(1) Die vorstehende Fassung dieser Verordnung ist, soweit in den folgenden Absätzen nichts anderes bestimmt ist, erstmals für den Veranlagungszeitraum 2009 anzuwenden.

(3) § 29 Abs. 3 bis 6, §§ 31 und 32 sind in der vor dem 1. Januar 1996 geltenden Fassung für vor diesem Zeitpunkt an Bausparkassen geleistete Beiträge letztmals für den Veranlagungszeitraum 2005 anzuwenden.

(3a) §§ 48, 49 und 50 sowie Anlage 1 in der Fassung der Verordnung vom 10. Dezember 1999 (BGBl. I S. 2413) sind erstmals für den Veranlagungszeitraum 2000 anzuwenden.

(3b) [1]§ 54 Abs. 1 Satz 2 in der Fassung des Artikels 1a des Gesetzes vom 20. Dezember 2007 (BGBl. I S. 3150) ist erstmals für Vorgänge nach dem 31. Dezember 2007 anzuwenden. [2]§ 54 Abs. 4 in der Fassung des Artikels 2 des Gesetzes vom 7. Dezember 2006 (BGBl. I S. 2782) ist erstmals auf Verfügungen über Anteile an Kapitalgesellschaften anzuwenden, die nach dem 31. Dezember 2006 beurkundet werden.

(3c) § 56 in der Fassung des Artikels 10 des Gesetzes vom 29. Dezember 2003 (BGBl. I S. 3076) ist erstmals für den Veranlagungszeitraum 2004 anzuwenden.

(3g) § 70 in der Fassung des Gesetzes vom 19. Dezember 2000 (BGBl. I S. 1790) ist erstmals ab dem Veranlagungszeitraum 2002 anzuwenden.

(3h) [1]Die §§ 73a, 73c, 73d Abs. 1 sowie die §§ 73e und 73f Satz 1 in der Fassung des Artikels 2 des Gesetzes vom 19. Dezember 2008 (BGBl. I S. 2794) sind erstmals auf Vergütungen anzuwenden, die nach dem 31. Dezember 2008 zufließen. [2]Abweichend von Satz 1 ist § 73e Satz 4 und 5 in der Fassung des Artikels 2 des Gesetzes vom 19. Dezember 2008 (BGBl. I S. 2794) erstmals auf Vergütungen anzuwenden, die nach dem 31. Dezember 2009 zufließen. [3]§ 73e Satz 4 in der Fassung der Bekanntmachung vom 10. Mai 2000 (BGBl. I S. 717) ist letztmals auf Vergütungen anzuwenden, die vor dem 1. Januar 2010 zufließen. [4]Der Zeitpunkt der erstmaligen Anwendung des § 73d Absatz 1 Satz 3, des § 73e Satz 1, 2 und 5 sowie des § 73g Absatz 1 und 2 in der Fassung des Artikels 9 des Gesetzes vom 10. August 2009 (BGBl. I S. 2702) wird durch eine Rechtsverordnung der Bundesregierung bestimmt, die der Zustimmung des Bundesrates bedarf; dieser Zeitpunkt darf nicht vor dem 31. Dezember 2011 liegen.

Anhang 3/SvEV

Verordnung über die sozialversicherungsrechtliche Beurteilung von Zuwendungen des Arbeitgebers als Arbeitsentgelt (Sozialversicherungsentgeltverordnung – SvEV)

Vom 21. Dezember 2006 (BGBl. I S. 3385, BStBl. I S. 782)[1)]

§ 1
Dem sozialversicherungspflichtigen Arbeitsentgelt nicht zuzurechnende Zuwendungen

(1) ¹Dem Arbeitsentgelt sind nicht zuzurechnen:
1. einmalige Einnahmen, laufende Zulagen, Zuschläge, Zuschüsse sowie ähnliche Einnahmen, die zusätzlich zu Löhnen oder Gehältern gewährt werden, soweit sie lohnsteuerfrei sind; dies gilt nicht für Sonntags-, Feiertags- und Nachtarbeitszuschläge, soweit das Entgelt, auf dem sie berechnet werden, mehr als 25 Euro für jede Stunde beträgt,[2)]
2. sonstige Bezüge nach § 40 Abs. 1 Satz 1 Nr. 1 des Einkommensteuergesetzes, die nicht einmalig gezahltes Arbeitsentgelt nach § 23a des Vierten Buches Sozialgesetzbuch sind,
3. Einnahmen nach § 40 Abs. 2 des Einkommensteuergesetzes,
4. Beiträge nach § 40b des Einkommensteuergesetzes in der am 31. Dezember 2004 geltenden Fassung, die zusätzlich zu Löhnen und Gehältern gewährt werden; dies gilt auch für darin enthaltene Beiträge, die aus einer Entgeltumwandlung (§ 1 Abs. 2 Nr. 3 des Betriebsrentengesetzes) stammen,

4a. Zuwendungen nach § 3 Nr. 56 und § 40b des Einkommensteuergesetzes, die zusätzlich zu Löhnen und Gehältern gewährt werden und für die Satz 3 und 4 nichts Abweichendes bestimmen,

5. Beträge nach § 10 des Entgeltfortzahlungsgesetzes,
6. Zuschüsse zum Mutterschaftsgeld nach § 14 des Mutterschutzgesetzes,
7. in den Fällen des § 3 Abs. 3 der vom Arbeitgeber insoweit übernommene Teil des Gesamtsozialversicherungsbeitrags,
8. Zuschüsse des Arbeitgebers zum Kurzarbeitergeld und Saison-Kurzarbeitergeld, soweit sie zusammen mit dem Kurzarbeitergeld 80 Prozent des Unterschiedsbetrages zwischen dem Sollentgelt und dem Ist-Entgelt nach § 179 des Dritten Buches Sozialgesetzbuch nicht übersteigen,
9. steuerfreie Zuwendungen an Pensionskassen, Pensionsfonds oder Direktversicherungen nach § 3 Nr. 63 Satz 1 und 2 des Einkommensteuergesetzes im Kalenderjahr bis zur Höhe von insgesamt 4 Prozent der Beitragsbemessungsgrenze in der allgemeinen Rentenversicherung; dies gilt auch für darin enthaltene Beträge, die aus einer Entgeltumwandlung (§ 1 Abs. 2 Nr. 3 des Betriebsrentengesetzes) stammen,
10. Leistungen eines Arbeitgebers oder einer Unterstützungskasse an einen Pensionsfonds zur Übernahme bestehender Versorgungsverpflichtungen oder Versorgungsanwartschaften durch den Pensionsfonds, soweit diese nach § 3 Nr. 66 des Einkommensteuergesetzes steuerfrei sind,
11. steuerlich nicht belastete Zuwendungen des Beschäftigten zugunsten von durch Naturkatastrophen im Inland Geschädigten aus Arbeitsentgelt einschließlich Wertguthaben,
12. Sanierungsgelder der Arbeitgeber zur Deckung eines finanziellen Fehlbetrages an die Einrichtungen, für die Satz 3 gilt,
13. Sachprämien nach § 37a des Einkommensteuergesetzes,
14. Zuwendungen nach § 37b Abs. 1 des Einkommensteuergesetzes, soweit die Zuwendungen an Arbeitnehmer eines Dritten erbracht werden und diese Arbeitnehmer nicht Arbeitnehmer eines mit dem Zuwendenden verbundenen Unternehmens sind,
15. vom Arbeitgeber getragene oder übernommene Studiengebühren für ein Studium des Beschäftigten, soweit sie steuerrechtlich kein Arbeitslohn sind.

²Die in Satz 1 Nr. 2 bis 4 genannten Einnahmen, Beiträge und Zuwendungen sind nicht dem Arbeitsentgelt zuzurechnen, soweit der Arbeitgeber die Lohnsteuer mit einem Pauschsteuersatz erheben kann und er die Lohnsteuer nicht nach den Vorschriften des § 39b, § 39c oder § 39d des Einkommensteuergesetzes erhebt. ³Die Summe der in Satz 1 Nr. 4a genannten Zuwendungen nach § 3 Nr. 56 und § 40b des Einkommensteuergesetzes, höchstens jedoch monatlich 100 Euro, sind bis zur Höhe von 2,5 Prozent des für ihre Bemessung maßgebenden Entgelts dem Arbeitsentgelt zuzurechnen, wenn die Versorgungsregelung mindestens bis zum 31. Dezember 2000 vor der Anwendung etwaiger Netto-

---

1) Unter Berücksichtigung der Änderungen zuletzt durch Artikel 1 der Zweiten Verordnung zur Änderung der Sozialversicherungsentgeltverordnung vom 19.10.2009 (BGBl. I S. 3667, BStBl. I S. 1511).
2) § 1 Abs. 1 Nr. 1 zweiter Halbsatz SvEV gilt inhaltlich seit 1.7.2006 (§ 1 Satz 2 ArEV in der Fassung Artikel 9, 14 Abs. 2 Haushaltsbegleitgesetz vom 29.6.2006 BGBl. I S. 1402, BStBl. I S. 410).

begrenzungsregelungen eine allgemein erreichbare Gesamtversorgung von mindestens 75 Prozent des gesamtversorgungsfähigen Entgelts und nach dem Eintritt des Versorgungsfalles eine Anpassung nach Maßgabe der Entwicklung der Arbeitsentgelte im Bereich der entsprechenden Versorgungsregelung oder gesetzlicher Versorgungsbezüge vorsieht; die dem Arbeitsentgelt zuzurechnenden Beiträge und Zuwendungen vermindern sich um monatlich 13,30 Euro. ⁴Satz 3 gilt mit der Maßgabe, dass die Zuwendungen nach § 3 Nr. 56 und § 40b des Einkommensteuergesetzes dem Arbeitsentgelt insoweit zugerechnet werden, als sie in der Summe monatlich 100 Euro übersteigen.

(2) In der gesetzlichen Unfallversicherung und in der Seefahrt sind auch lohnsteuerfreie Zuschläge für Sonntags-, Feiertags- und Nachtarbeit dem Arbeitsentgelt zuzurechnen; dies gilt in der Unfallversicherung nicht für Erwerbseinkommen, das bei einer Hinterbliebenenrente zu berücksichtigen ist.

§ 2
Verpflegung, Unterkunft und Wohnung als Sachbezug

(1) ¹Der Wert der als Sachbezug zur Verfügung gestellten Verpflegung wird auf monatlich 215 Euro festgesetzt. ²Dieser Wert setzt sich zusammen aus dem Wert für

1. Frühstück von 47 Euro,
2. Mittagessen von 84 Euro und
3. Abendessen von 84 Euro.

(2) ¹Für Verpflegung, die nicht nur dem Beschäftigten, sondern auch seinen nicht bei demselben Arbeitgeber beschäftigten Familienangehörigen zur Verfügung gestellt wird, erhöhen sich die nach Absatz 1 anzusetzenden Werte je Familienangehörigen,

1. der das 18. Lebensjahr vollendet hat, um 100 Prozent,
2. der das 14., aber noch nicht das 18. Lebensjahr vollendet hat, um 80 Prozent,
3. der das 7., aber noch nicht das 14. Lebensjahr vollendet hat, um 40 Prozent und
4. der das 7. Lebensjahr noch nicht vollendet hat, um 30 Prozent.

²Bei der Berechnung des Wertes ist das Lebensalter des Familienangehörigen im ersten Entgeltabrechnungszeitraum des Kalenderjahres maßgebend. ³Sind Ehegatten bei demselben Arbeitgeber beschäftigt, sind die Erhöhungswerte nach Satz 1 für Verpflegung der Kinder beiden Ehegatten je zur Hälfte zuzurechnen.

(3) ¹Der Wert einer als Sachbezug zur Verfügung gestellten Unterkunft wird auf monatlich 204 Euro festgesetzt. ²Der Wert der Unterkunft nach Satz 1 vermindert sich

1. bei Aufnahme des Beschäftigten in den Haushalt des Arbeitgebers oder bei Unterbringung in einer Gemeinschaftsunterkunft um 15 Prozent,
2. für Jugendliche bis zur Vollendung des 18. Lebensjahres und Auszubildende um 15 Prozent und
2. bei der Belegung
   a) mit zwei Beschäftigten um 40 Prozent,
   b) mit drei Beschäftigten um 50 Prozent und
   c) mit mehr als drei Beschäftigten um 60 Prozent.

³Ist es nach Lage des einzelnen Falles unbillig, den Wert einer Unterkunft nach Satz 1 zu bestimmen, kann die Unterkunft mit dem ortsüblichen Mietpreis bewertet werden; Absatz 4 Satz 2 gilt entsprechend.

(4) ¹Für eine als Sachbezug zur Verfügung gestellte Wohnung ist als Wert der ortsübliche Mietpreis unter Berücksichtigung der sich aus der Lage der Wohnung zum Betrieb ergebenden Beeinträchtigungen anzusetzen. ²Ist im Einzelfall die Feststellung des ortsüblichen Mietpreises mit außergewöhnlichen Schwierigkeiten verbunden, kann die Wohnung mit 3,55 Euro je Quadratmeter monatlich, bei einfacher Ausstattung (ohne Sammelheizung oder ohne Bad oder Dusche) mit 2,88 Euro je Quadratmeter monatlich bewertet werden. ³Bestehen gesetzliche Mietpreisbeschränkungen, sind die durch diese Beschränkungen festgelegten Mietpreise als Werte anzusetzen. ⁴Dies gilt auch für die vertraglichen Mietpreisbeschränkungen im sozialen Wohnungsbau, die nach den jeweiligen Förderrichtlinien des Landes für den betreffenden Förderjahrgang sowie für die mit Wohnungsfürsorgemitteln aus öffentlichen Haushalten geförderten Wohnungen vorgesehen sind. ⁵Für Energie, Wasser und sonstige Nebenkosten ist der übliche Preis am Abgabeort anzusetzen.

(5) Werden Verpflegung, Unterkunft oder Wohnung verbilligt als Sachbezug zur Verfügung gestellt, ist der Unterschiedsbetrag zwischen dem vereinbarten Preis und dem Wert, der sich bei freiem Bezug nach den Absätzen 1 bis 4 ergeben würde, dem Arbeitsentgelt zuzurechnen.

(6) ¹Bei der Berechnung des Wertes für kürzere Zeiträume als einen Monat ist für jeden Tag ein Dreißigstel der Werte nach den Absätzen 1 bis 5 zugrunde zu legen. ²Die Prozentsätze der Absätze 2 und 3 sind auf den Tageswert nach Satz 1 anzuwenden. ³Die Berechnungen werden jeweils auf 2 Dezimalstellen durchgeführt; die zweite Dezimalstelle wird um 1 erhöht, wenn sich in der dritten Dezimalstelle eine der Zahlen 5 bis 9 ergibt.

§ 3
Sonstige Sachbezüge

(1) ¹Werden Sachbezüge, die nicht von § 2 erfasst werden, unentgeltlich zur Verfügung gestellt, ist als Wert für diese Sachbezüge der um übliche Preisnachlässe geminderte übliche Endpreis am Abgabeort anzusetzen. ²Sind auf Grund des § 8 Abs. 2 Satz 8 des Einkommensteuergesetzes Durchschnittswerte festgesetzt worden, sind diese Werte maßgebend. ³Findet § 8 Abs. 2 Satz 2, 3, 4 oder 5 oder Abs. 3 Satz 1 des Einkommensteuergesetzes Anwendung, sind die dort genannten Werte maßgebend. ⁴§ 8 Abs. 2 Satz 9 des Einkommensteuergesetzes gilt entsprechend.

(2) Werden Sachbezüge, die nicht von § 2 erfasst werden, verbilligt zur Verfügung gestellt, ist als Wert für diese Sachbezüge der Unterschiedsbetrag zwischen dem vereinbarten Preis und dem Wert, der sich bei freiem Bezug nach Absatz 1 ergeben würde, dem Arbeitsentgelt zuzurechnen.

(3) ¹Waren und Dienstleistungen, die vom Arbeitgeber nicht überwiegend für den Bedarf seiner Arbeitnehmer hergestellt, vertrieben oder erbracht werden und die nach § 40 Abs. 1 Satz 1 Nr. 1 des Einkommensteuergesetzes pauschal versteuert werden, können mit dem Durchschnittsbetrag der pauschal versteuerten Waren und Dienstleistungen angesetzt werden; dabei kann der Durchschnittsbetrag des Vorjahres angesetzt werden. ²Besteht das Beschäftigungsverhältnis nur während eines Teils des Kalenderjahres, ist für jeden Tag des Beschäftigungsverhältnisses der dreihundertsechzigste Teil des Durchschnittswertes nach Satz 1 anzusetzen. ³Satz 1 gilt nur, wenn der Arbeitgeber den von dem Beschäftigten zu tragenden Teil des Gesamtsozialversicherungsbeitrags übernimmt. ⁴Die Sätze 1 bis 3 gelten entsprechend für Sachzuwendungen im Wert von nicht mehr als 80 Euro, die der Arbeitnehmer für Verbesserungsvorschläge sowie für Leistungen in der Unfallverhütung und im Arbeitsschutz erhält. ⁵Die mit einem Durchschnittswert angesetzten Sachbezüge, die in einem Kalenderjahr gewährt werden, sind insgesamt dem letzten Entgeltabrechnungszeitraum in diesem Kalenderjahr zuzuordnen.

§ 4
(weggefallen) [1]

---

[1] § 4 SvEV ist gemäß Artikel 2, 4 Abs. 2 der Verordnung vom 21.12.2006 (BGBl. I S. 3385, BStBl. I S. 782) ab 1.1.2009 aufgehoben.

Solidaritätszuschlaggesetz 1995

Neufassung vom 15. Oktober 2002 (BGBl. I S. 4130, BStBl. I S. 1154)[1)]

§ 1
Erhebung eines Solidaritätszuschlags

(1) Zur Einkommensteuer und zur Körperschaftsteuer wird ein Solidaritätszuschlag als Ergänzungsabgabe erhoben.

(2) Auf die Festsetzung und Erhebung des Solidaritätszuschlags sind die Vorschriften des Einkommensteuergesetzes und des Körperschaftsteuergesetzes entsprechend anzuwenden.

(3) Ist die Einkommen- oder Körperschaftsteuer für Einkünfte, die dem Steuerabzug unterliegen, durch den Steuerabzug abgegolten oder werden solche Einkünfte bei der Veranlagung zur Einkommen- oder Körperschaftsteuer oder beim Lohnsteuer-Jahresausgleich nicht erfasst, gilt dies für den Solidaritätszuschlag entsprechend.

(4) [1]Die Vorauszahlungen auf den Solidaritätszuschlag sind gleichzeitig mit den festgesetzten Vorauszahlungen auf die Einkommensteuer oder Körperschaftsteuer zu entrichten; § 37 Abs. 5 des Einkommensteuergesetzes ist nicht anzuwenden. [2]Solange ein Bescheid über die Vorauszahlungen auf den Solidaritätszuschlag nicht erteilt worden ist, sind die Vorauszahlungen ohne besondere Aufforderung nach Maßgabe der für den Solidaritätszuschlag geltenden Vorschriften zu entrichten. [3]§ 240 Abs. 1 Satz 3 der Abgabenordnung ist insoweit nicht anzuwenden; § 254 Abs. 2 der Abgabenordnung gilt insoweit sinngemäß.

(5) [1]Mit einem Rechtsbehelf gegen den Solidaritätszuschlag kann weder die Bemessungsgrundlage noch die Höhe des zu versteuernden Einkommens angegriffen werden. [2]Wird die Bemessungsgrundlage geändert, ändert sich der Solidaritätszuschlag entsprechend.

§ 2
Abgabepflicht

Abgabepflichtig sind
1. natürliche Personen, die nach § 1 des Einkommensteuergesetzes einkommensteuerpflichtig sind,
2. natürliche Personen, die nach § 2 des Außensteuergesetzes erweitert beschränkt steuerpflichtig sind,
3. Körperschaften, Personenvereinigungen und Vermögensmassen, die nach § 1 oder § 2 des Körperschaftsteuergesetzes körperschaftsteuerpflichtig sind.

§ 3
Bemessungsgrundlage und zeitliche Anwendung

(1) Der Solidaritätszuschlag bemisst sich vorbehaltlich der Absätze 2 bis 5,
1. soweit eine Veranlagung zur Einkommensteuer oder Körperschaftsteuer vorzunehmen ist:

   nach der nach Absatz 2 berechneten Einkommensteuer oder der festgesetzten Körperschaftsteuer für Veranlagungszeiträume ab 1998, vermindert um die anzurechnende oder vergütete Körperschaftsteuer, wenn ein positiver Betrag verbleibt;
2. soweit Vorauszahlungen zur Einkommensteuer oder Körperschaftsteuer zu leisten sind:

   nach den Vorauszahlungen auf die Steuer für Veranlagungszeiträume ab 2002;
3. soweit Lohnsteuer zu erheben ist:

   nach der nach Absatz 2a berechneten Lohnsteuer für
   a) laufenden Arbeitslohn, der für einen nach dem 31. Dezember 1997 endenden Lohnzahlungszeitraum gezahlt wird,
   b) sonstige Bezüge, die nach dem 31. Dezember 1997 zufließen;
4. soweit ein Lohnsteuer-Jahresausgleich durchzuführen ist, nach der nach Absatz 2a sich ergebenden Jahreslohnsteuer für Ausgleichsjahre ab 1998;
5. soweit Kapitalertragsteuer oder Zinsabschlag zu erheben ist außer in den Fällen des § 43b des Einkommensteuergesetzes:

   nach der ab 1. Januar 1998 zu erhebenden Kapitalertragsteuer oder dem ab diesem Zeitpunkt zu erhebenden Zinsabschlag;

---

1) Unter Berücksichtigung der Änderungen zuletzt durch Artikel 9 Wachstumsbeschleunigungsgesetz vom 22.12.2009 (BGBl. I S. 3950, BStBl. 2010 I S. 2).

6. soweit bei beschränkt Steuerpflichtigen ein Steuerabzugsbetrag nach § 50a des Einkommensteuergesetzes zu erheben ist:

nach dem ab 1. Januar 1998 zu erhebenden Steuerabzugsbetrag.

(2) Bei der Veranlagung zur Einkommensteuer ist Bemessungsgrundlage für den Solidaritätszuschlag die Einkommensteuer, die abweichend von § 2 Abs. 6 des Einkommensteuergesetzes unter Berücksichtigung von Freibeträgen nach § 32 Abs. 6 des Einkommensteuergesetzes in allen Fällen des § 32 des Einkommensteuergesetzes festzusetzen wäre.

(2a) [1]Vorbehaltlich des § 40a Abs. 2 des Einkommensteuergesetzes in der Fassung des Gesetzes vom 23. Dezember 2002 (BGBl. I S. 4621) ist beim Steuerabzug vom Arbeitslohn Bemessungsgrundlage die Lohnsteuer; beim Steuerabzug vom laufenden Arbeitslohn und beim Jahresausgleich ist die Lohnsteuer maßgebend, die sich ergibt, wenn der nach § 39b Abs. 2 Satz 5 des Einkommensteuergesetzes zu versteuernde Jahresbetrag für die Steuerklassen I, II und III im Sinne des § 38b des Einkommensteuergesetzes um den Kinderfreibetrag von 4 368 Euro sowie den Freibetrag für den Betreuungs- und Erziehungs- oder Ausbildungsbedarf von 2 640 Euro und für die Steuerklasse IV im Sinne des § 38b des Einkommensteuergesetzes um den Kinderfreibetrag von 2 184 Euro sowie den Freibetrag für den Betreuungs- und Erziehungs- oder Ausbildungsbedarf von 1 320 Euro für jedes Kind vermindert wird, für das eine Kürzung der Freibeträge für Kinder nach § 32 Abs. 6 Satz 4 des Einkommensteuergesetzes nicht in Betracht kommt. [2]Bei der Anwendung des § 39b des Einkommensteuergesetzes für die Ermittlung des Solidaritätszuschlages ist die auf der Lohnsteuerkarte eingetragene Zahl der Kinderfreibeträge maßgebend. [3]Bei Anwendung des § 39f des Einkommensteuergesetzes ist beim Steuerabzug vom laufenden Arbeitslohn die Lohnsteuer maßgebend, die sich bei Anwendung des nach § 39f Abs. 1 des Einkommensteuergesetzes ermittelten Faktors auf den nach den Sätzen 1 und 2 ermittelten Betrag ergibt.

(3) Der Solidaritätszuschlag ist von einkommensteuerpflichtigen Personen nur zu erheben, wenn die Bemessungsgrundlage nach Absatz 1 Nr. 1 und 2

1. in den Fällen des § 32a Abs. 5 oder 6 des Einkommensteuergesetzes 1 944 Euro,
2. in anderen Fällen 972 Euro

übersteigt.

(4) [1]Beim Abzug vom laufenden Arbeitslohn ist der Solidaritätszuschlag nur zu erheben, wenn die Bemessungsgrundlage im jeweiligen Lohnzahlungszeitraum

1. bei monatlicher Lohnzahlung
    a) in der Steuerklasse III mehr als 162 Euro und
    b) in den Steuerklassen I, II, IV bis VI mehr als 81 Euro,
2. bei wöchentlicher Lohnzahlung
    a) in der Steuerklasse III mehr als 37,80 Euro und
    b) in den Steuerklassen I, II, IV bis VI mehr als 18,90 Euro,
3. bei täglicher Lohnzahlung
    a) in der Steuerklasse III mehr als 5,40 Euro und
    b) in den Steuerklassen I, II, IV bis VI mehr als 2,70 Euro

beträgt. [2]§ 39b Abs. 4 des Einkommensteuergesetzes ist sinngemäß anzuwenden.

(5) Beim Lohnsteuer-Jahresausgleich ist der Solidaritätszuschlag nur zu ermitteln, wenn die Bemessungsgrundlage in Steuerklasse III mehr als 1 944 Euro und in den Steuerklassen I, II oder IV mehr als 972 Euro beträgt.

§ 4
Zuschlagsatz

[1]Der Solidaritätszuschlag beträgt 5,5 Prozent der Bemessungsgrundlage. [2]Er beträgt nicht mehr als 20 Prozent des Unterschiedsbetrags zwischen der Bemessungsgrundlage und der nach § 3 Abs. 3 bis 5 jeweils maßgebenden Freigrenze. [3]Bruchteile eines Cents bleiben außer Ansatz.

§ 5
Doppelbesteuerungsabkommen

Werden auf Grund eines Abkommens zur Vermeidung der Doppelbesteuerung im Geltungsbereich dieses Gesetzes erhobene Steuern vom Einkommen ermäßigt, so ist diese Ermäßigung zuerst auf den Solidaritätszuschlag zu beziehen.

§ 6
Anwendungsvorschrift

(1) § 2 in der Fassung des Gesetzes vom 18. Dezember 1995 (BGBl. I S. 1959) ist ab dem Veranlagungszeitraum 1995 anzuwenden.

(2) Das Gesetz in der Fassung des Gesetzes vom 11. Oktober 1995 (BGBl. I S. 1250) ist erstmals für den Veranlagungszeitraum 1996 anzuwenden.

(3) Das Gesetz in der Fassung des Gesetzes vom 21. November 1997 (BGBl. I S. 2743) ist erstmals für den Veranlagungszeitraum 1998 anzuwenden.

(4) Das Gesetz in der Fassung des Gesetzes vom 23. Oktober 2000 (BGBl. S. 1433) ist erstmals für den Veranlagungszeitraum 2001 anzuwenden.

(5) Das Gesetz in der Fassung des Gesetzes vom 21. Dezember 2000 (BGBl. S. 1978) ist erstmals für den Veranlagungszeitraum 2001 anzuwenden.

(6) Das Solidaritätszuschlaggesetz 1995 in der Fassung des Artikels 6 des Gesetzes vom 19. Dezember 2000 (BGBl. I S. 1790) ist erstmals für den Veranlagungszeitraum 2002 anzuwenden.

(7) § 1 Abs. 2a in der Fassung des Gesetzes zur Regelung der Bemessungsgrundlage für Zuschlagsteuern vom 21. Dezember 2000 (BGBl. I S. 1978, 1979) ist letztmals für den Veranlagungszeitraum 2001 anzuwenden.

(8) § 3 Abs. 2a in der Fassung des Gesetzes zur Regelung der Bemessungsgrundlage für Zuschlagsteuern vom 21. Dezember 2000 (BGBl. I S. 1978, 1979) ist erstmals für den Veranlagungszeitraum 2002 anzuwenden.

(9) § 3 in der Fassung des Artikels 7 des Gesetzes vom 20. Dezember 2007 (BGBl. I S. 3150) ist erstmals für den Veranlagungszeitraum 2008 anzuwenden.

(10) § 3 in der Fassung des Artikels 5 des Gesetzes vom 22. Dezember 2008 (BGBl. I S. 2955) ist erstmals für den Veranlagungszeitraum 2009 anzuwenden.

(11) § 3 in der Fassung des Artikels 9 des Gesetzes vom 22. Dezember 2009 (BGBl. I S. 3950) ist erstmals für den Veranlagungszeitraum 2010 anzuwenden.

Rechtsprechungsauswahl
BFH v. 28. 6. 2006 VII B 324/05 (BStBl. II S. 692):
1. Es bestehen keine Zweifel an der Verfassungsmäßigkeit des SolZG 1995 vom 23. Juni 1993 in der für den Veranlagungszeitraum 2002 geltenden Fassung.
2. Die Frage, ob eine Ergänzungsabgabe i. S. des Art. 106 Abs. 1 Nr. 6 GG nur befristet erhoben werden darf, ist bereits (im verneinenden Sinn) durch die Rechtsprechung des BVerfG geklärt.

BFH v. 1. 3. 2002 VI R 171/98 (BStBl. II S. 440): Wird Lohnsteuer mit einem Pauschsteuersatz erhoben, ist die pauschale Lohnsteuer Bemessungsgrundlage für den Solidaritätszuschlag.

Schwebende Verfahren
BFH II R 50/09 (BFH-Webseite): Solidaritätszuschlag 2005
Ist die Festsetzung des Solidaritätszuschlags für das Jahr 2005 mangels zeitlicher Befristung des Solidaritätszuschlagsgesetzes verfassungswidrig? Ist die Rechtsfrage gegebenenfalls an das Bundesverfassungsgericht vorzulegen?

Anhang 7/Merkblatt SolZ ab 1995

Merkblatt zum Solidaritätszuschlag im Lohnsteuer-Abzugsverfahren ab 1995

BMF-Schreiben vom 20. September 1994 IV B 6 – S 2450 – 6/94 (BStBl. I S. 757)[1]

Das nachstehende Merkblatt wird hiermit im Einvernehmen mit den obersten Finanzbehörden der Länder bekanntgegeben.

Merkblatt zum Solidaritätszuschlag im Lohnsteuer-Abzugsverfahren ab 1995

1 **Erhebung des Solidaritätszuschlags**

1.1 **Zeitraum und Bemessungsgrundlage**

Der Solidaritätszuschlag ist
- vom laufenden Arbeitslohn zu erheben, der für einen nach dem 31. Dezember 1994 endenden Lohnzahlungszeitraum gezahlt wird und
- von sonstigen Bezügen zu erheben, die nach dem 31. Dezember 1994 zufließen.

Bemessungsgrundlage des Solidaritätszuschlags ist die jeweilige Lohnsteuer.

1.2 **Höhe des Solidaritätszuschlags**

Der Solidaritätszuschlag ist für den Steuerabzug vom laufenden Arbeitslohn, für den Steuerabzug von sonstigen Bezügen und für die Steuerpauschalierung nach den §§ 40 bis 40b EStG jeweils gesondert zu ermitteln.

1.2.1 Für den Steuerabzug vom **laufenden Arbeitslohn** ist der Solidaritätszuschlag bei monatlicher Lohnzahlung aus der Tabelle in Anlage 1, bei wöchentlicher Lohnzahlung aus der Tabelle in Anlage 2 und bei täglicher Lohnzahlung aus der Tabelle in Anlage 3 zu ermitteln. Bei höheren als in den Tabellen ausgewiesenen Lohnsteuerbeträgen ist der Solidaritätszuschlag mit 7,5 v.H.[2] der Lohnsteuer zu berechnen.

1.2.2 Bei von monatlichen, wöchentlichen oder täglichen Lohnzahlungszeiträumen **abweichenden Lohnzahlungszeiträumen** ist die Lohnsteuer nach § 39b Abs. 4 EStG unter Anwendung der Wochen- oder Tageslohnsteuertabelle zu ermitteln. Für den Wochen- oder Tageslohnsteuerbetrag ist der Solidaritätszuschlag aus den Tabellen in Anlagen 2 oder 3 zu ermitteln bzw. entsprechend Tz. 1.2.1 Satz 2 zu berechnen. Der sich ergebende Betrag ist mit der Zahl der in den abweichenden Lohnzahlungszeitraum fallenden Wochen oder Kalendertage zu vervielfältigen.

1.2.3 Für den Steuerabzug von **sonstigen Bezügen** und für die Steuerpauschalierung ist der Solidaritätszuschlag stets mit 7,5 v.H.[3] der entsprechenden Lohnsteuer zu berechnen.

1.3 Übernimmt der Arbeitgeber in den Fällen einer **Nettolohnvereinbarung** auch den Solidaritätszuschlag, so ist die Lohnsteuer nach dem Bruttoarbeitslohn zu berechnen, der nach Kürzung um die Lohnabzüge einschließlich des Solidaritätszuschlags den ausgezahlten Nettolohnbetrag ergibt. Übernimmt der Arbeitgeber den Solidaritätszuschlag nicht, so bleibt dieser bei der Berechnung des Bruttoarbeitslohns außer Betracht. Der Nettolohn ist um den Solidaritätszuschlag zu mindern.

1.4 Wird die Lohnsteuer nach dem voraussichtlichen Jahresarbeitslohn des Arbeitnehmers unter Anwendung der Jahreslohnsteuertabelle berechnet (**permanenter Lohnsteuer-Jahresausgleich** – § 39b Abs. 2 letzter Satz EStG, Abschnitt 121 Abs. 2 LStR), so ist der Solidaritätszuschlag entsprechend den für die Lohnsteuer geltenden Regeln aus der Tabelle in Anlage 4 zu ermitteln. Bei höheren Jahreslohnsteuerbeträgen ist der Solidaritätszuschlag mit 7,5 v.H.[4] der Jahreslohnsteuer zu berechnen.

1.5 **Bruchteile eines Pfennigs,** die sich bei der Berechnung des Solidaritätszuschlags nach Tz. 1.2.1, 1.2.2, 1.2.3 und 1.4 ergeben, bleiben jeweils außer Betracht.

1.6 Wird die Lohnsteuer infolge **rückwirkender Änderungen von Besteuerungsmerkmalen** (z. B. rückwirkende Änderung der Zahl der Kinderfreibeträge) neu ermittelt, so ist auch der Solidaritätszuschlag neu zu ermitteln; in diesen Fällen ist ein etwa zuviel einbehaltener Solidaritätszuschlag dem Arbeitnehmer zu erstatten; ein etwa zuwenig einbehaltener Solidaritätszuschlag ist

---

1) Ab 2004 erstellt das BMF keine Tabellen für die Erhebung des Solidaritätszuschlags im Lohnsteuer-Abzugsverfahren. Der Solidaritätszuschlag ergibt sich aus der Berechnung nach dem Programmablaufplan (Fundstellennachweis Anlage § 039b-01).
2) Ab 1998 5,5 v. H.
3) Ab 1998 5,5 v. H.
4) Ab 1998 5,5 v. H.

Anhang 7/Merkblatt SolZ ab 1995

nachzuerheben. Das gilt auch bei nachträglicher Eintragung von Freibeträgen auf der Lohnsteuerkarte.

2 **Behandlung des Solidaritätszuschlags im Lohnsteuer-Jahresausgleich durch den Arbeitgeber**

2.1 Wenn der Arbeitgeber für den Arbeitnehmer einen Lohnsteuer-Jahresausgleich durchführt, ist auch für den Solidaritätszuschlag ein Jahresausgleich durchzuführen.

2.2 Der Jahresbetrag des Solidaritätszuschlags ergibt sich aus der Tabelle in Anlage 4. Bei höheren als in der Tabelle ausgewiesenen Jahreslohnsteuerbeträgen ist der Solidaritätszuschlag mit 7,5 v.H.[1] der Jahreslohnsteuer zu berechnen. Tz. 1.5 ist anzuwenden.

2.3 Übersteigt die Summe der einbehaltenen Zuschlagsbeträge den Jahresbetrag des Solidaritätszuschlags, so ist der Unterschiedsbetrag dem Arbeitnehmer vom Arbeitgeber zu erstatten. Übersteigt der Jahresbetrag des Solidaritätszuschlags die Summe der einbehaltenen Zuschlagsbeträge, so kommt eine nachträgliche Einbehaltung des Unterschiedsbetrags durch den Arbeitgeber nur nach Maßgabe des § 41c EStG in Betracht.

3 **Verhältnis des Solidaritätszuschlags zur Kirchensteuer**

Der Solidaritätszuschlag bezieht sich nur auf die Lohnsteuer, nicht auf die Kirchensteuer. Die Kirchensteuer bemißt sich nach der Lohnsteuer ohne den Solidaritätszuschlag.

4 **Aufzeichnung, Anmeldung und Bescheinigung des Solidaritätszuschlags**

Der Solidaritätszuschlag ist im Lohnkonto (§ 41 EStG), in der Lohnsteuer-Anmeldung (§ 41a EStG) und in der Lohnsteuerbescheinigung (z.B. auf der Lohnsteuerkarte – § 41b EStG) gesondert neben der Lohnsteuer und Kirchensteuer einzutragen.

5 **Maschinelle Berechnung des Solidaritätszuschlags**

Es wird auf den Programmablaufplan zur maschinellen Berechnung der vom laufenden Arbeitslohn einzubehaltenden Lohnsteuer hingewiesen, der mit BMF-Schreiben vom 18. August 1994 im Bundessteuerblatt Teil I S. 713 veröffentlicht worden ist.

---

1) Ab 1998 5,5 v. H.

Gesetz zur Verbesserung der betrieblichen Altersversorgung (Betriebsrentengesetz – BetrAVG)

Vom 19. Dezember 1974 (BGBl. I S. 3610, BStBl. 1975 I S. 22)[1)]

– Auszug –

Erster Teil

Arbeitsrechtliche Vorschriften

Erster Abschnitt

Durchführung der betrieblichen Altersversorgung

§ 1
Zusage des Arbeitgebers auf betriebliche Altersversorgung

(1) [1]Werden einem Arbeitnehmer Leistungen der Alters-, Invaliditäts- oder Hinterbliebenenversorgung aus Anlass seines Arbeitsverhältnisses vom Arbeitgeber zugesagt (betriebliche Altersversorgung), gelten die Vorschriften dieses Gesetzes. [2]Die Durchführung der betrieblichen Altersversorgung kann unmittelbar über den Arbeitgeber oder über einen der in § 1b Abs. 2 bis 4 genannten Versorgungsträger erfolgen. [3]Der Arbeitgeber steht für die Erfüllung der von ihm zugesagten Leistungen auch dann ein, wenn die Durchführung nicht unmittelbar über ihn erfolgt.

(2) Betriebliche Altersversorgung liegt auch vor, wenn

1. der Arbeitgeber sich verpflichtet, bestimmte Beiträge in eine Anwartschaft auf Alters-, Invaliditäts- oder Hinterbliebenenversorgung umzuwandeln (beitragsorientierte Leistungszusage),
2. der Arbeitgeber sich verpflichtet, Beiträge zur Finanzierung von Leistungen der betrieblichen Altersversorgung an einen Pensionsfonds, eine Pensionskasse oder eine Direktversicherung zu zahlen und für Leistungen zur Altersversorgung das planmäßig zuzurechnende Versorgungskapital auf der Grundlage der gezahlten Beiträge (Beiträge und die daraus erzielten Erträge), mindestens die Summe der zugesagten Beiträge, soweit sie nicht rechnungsmäßig für einen biometrischen Risikoausgleich verbraucht wurden, hierfür zur Verfügung zu stellen (Beitragszusage mit Mindestleistung),
3. künftige Entgeltansprüche in eine wertgleiche Anwartschaft auf Versorgungsleistungen umgewandelt werden (Entgeltumwandlung) oder
4. der Arbeitnehmer Beiträge aus seinem Arbeitsentgelt zur Finanzierung von Leistungen der betrieblichen Altersversorgung an einen Pensionsfonds, eine Pensionskasse oder eine Direktversicherung leistet und die Zusage des Arbeitgebers auch die Leistungen aus diesen Beiträgen umfasst; die Regelung für Entgeltumwandlung sind hierbei entsprechend anzuwenden, soweit die zugesagten Leistungen aus diesen Beiträgen im Wege der Kapitaldeckung finanziert werden.[2)]

§ 1a
Anspruch auf betriebliche Altersversorgung durch Entgeltumwandlung

(1) [1]Der Arbeitnehmer kann vom Arbeitgeber verlangen, dass von seinen künftigen Entgeltansprüchen bis zu 4 vom Hundert der jeweiligen Beitragsbemessungsgrenze in der allgemeinen Rentenversicherung durch Entgeltumwandlung für seine betriebliche Altersversorgung verwendet werden. [2]Die Durchführung des Anspruchs des Arbeitnehmers wird durch Vereinbarung geregelt. [3]Ist der Arbeitgeber zu einer Durchführung über einen Pensionsfonds oder eine Pensionskasse (§ 1b Abs. 3) bereit, ist die betriebliche Altersversorgung dort durchzuführen; andernfalls kann der Arbeitnehmer verlangen, dass der Arbeitgeber für ihn eine Direktversicherung (§ 1b Abs. 2) abschließt. [4]Soweit der Anspruch geltend gemacht wird, muss der Arbeitnehmer jährlich einen Betrag in Höhe von mindestens einem Hundertsechzigstel der Bezugsgröße nach § 18 Abs. 1 des Vierten Buches Sozialgesetzbuch für seine betriebliche Altersversorgung verwenden. [5]Soweit der Arbeitnehmer Teile seines regelmäßigen Entgelts für betriebliche Altersversorgung verwendet, kann der Arbeitgeber verlangen, dass während eines laufenden Kalenderjahres gleich bleibende monatliche Beträge verwendet werden.

(2) Soweit eine durch Entgeltumwandlung finanzierte betriebliche Altersversorgung besteht, ist der Anspruch des Arbeitnehmers auf Entgeltumwandlung ausgeschlossen.

(3) Soweit der Arbeitnehmer einen Anspruch auf Entgeltumwandlung für betriebliche Altersversorgung nach Absatz 1 hat, kann er verlangen, dass die Voraussetzungen für eine Förderung nach den §§ 10a, 82

---
1) Unter Berücksichtigung der Änderungen zuletzt durch Artikel 4e des Gesetzes vom 21.12.2008 (BGBl. I S. 2940).
2) Zur Anwendung von § 1 Abs. 2 Nr. 4 zweiter Halbsatz siehe § 30e Abs. 1 und 2.

Anhang 8/BetrAVG

Abs. 2 des Einkommensteuergesetzes erfüllt werden, wenn die betriebliche Altersversorgung über einen Pensionsfonds, eine Pensionskasse oder eine Direktversicherung durchgeführt wird.

(4) [1]Falls der Arbeitnehmer bei fortbestehendem Arbeitverhältnis kein Entgelt erhält, hat er das Recht, die Versicherung oder Versorgung mit eigenen Beiträgen fortzusetzen. [2]Der Arbeitgeber steht auch für die Leistungen aus diesen Beiträgen ein. [3]Die Regelungen über Entgeltumwandlung gelten entsprechend.

§ 1b
Unverfallbarkeit und Durchführung der betrieblichen Altersversorgung

(1) [1]Einem Arbeitnehmer, dem Leistungen aus der betrieblichen Altersversorgung zugesagt worden sind, bleibt die Anwartschaft erhalten, wenn das Arbeitsverhältnis vor Eintritt des Versorgungsfalls, jedoch nach Vollendung des 25. Lebensjahres endet und die Versorgungszusage zu diesem Zeitpunkt mindestens fünf Jahre bestanden hat (unverfallbare Anwartschaft). [2]Ein Arbeitnehmer behält seine Anwartschaft auch dann, wenn er aufgrund einer Vorruhestandsregelung ausscheidet und ohne das vorherige Ausscheiden die Wartezeit und die sonstigen Voraussetzungen für den Bezug von Leistungen der betrieblichen Altersversorgung hätte erfüllen können. [3]Eine Änderung der Versorgungszusage oder ihre Übernahme durch eine andere Person unterbricht nicht den Ablauf der Fristen nach Satz 1. [4]Der Verpflichtung aus einer Versorgungszusage stehen Versorgungsverpflichtungen gleich, die auf betrieblicher Übung oder dem Grundsatz der Gleichbehandlung beruhen. [5]Der Ablauf einer vorgesehenen Wartezeit wird durch die Beendigung des Arbeitsverhältnisses nach Erfüllung der Voraussetzungen der Sätze 1 und 2 nicht berührt. [6]Wechselt ein Arbeitnehmer vom Geltungsbereich dieses Gesetzes in einen anderen Mitgliedstaat der Europäischen Union, bleibt die Anwartschaft in gleichem Umfange wie für Personen erhalten, die auch nach Beendigung eines Arbeitsverhältnisses innerhalb des Geltungsbereichs dieses Gesetzes verbleiben.[1)]

(2) [1]Wird für die betriebliche Altersversorgung eine Lebensversicherung auf das Leben des Arbeitnehmers durch den Arbeitgeber abgeschlossen und sind der Arbeitnehmer oder seine Hinterbliebenen hinsichtlich der Leistungen des Versicherers ganz oder teilweise bezugsberechtigt (Direktversicherung), so ist der Arbeitgeber verpflichtet, wegen Beendigung des Arbeitsverhältnisses nach Erfüllung der in Absatz 1 Satz 1 und 2 genannten Voraussetzungen das Bezugsrecht nicht mehr zu widerrufen. [2]Eine Vereinbarung, nach der das Bezugsrecht durch die Beendigung des Arbeitsverhältnisses nach Erfüllung der in Absatz 1 Satz 1 und 2 genannten Voraussetzungen auflösend bedingt ist, ist unwirksam. [3]Hat der Arbeitgeber die Ansprüche aus dem Versicherungsvertrag abgetreten oder beliehen, so ist er verpflichtet, den Arbeitnehmer, dessen Arbeitsverhältnis nach Erfüllung der in Absatz 1 Satz 1 und 2 genannten Voraussetzungen geendet hat, bei Eintritt des Versicherungsfalles so zu stellen, als ob die Abtretung oder Beleihung nicht erfolgt wäre. [4]Als Zeitpunkt der Erteilung der Versorgungszusage im Sinne des Absatzes 1 gilt der Versicherungsbeginn, frühestens jedoch der Beginn der Betriebszugehörigkeit.

(3) [1]Wird die betriebliche Altersversorgung von einer rechtsfähigen Versorgungseinrichtung durchgeführt, die dem Arbeitnehmer oder seinen Hinterbliebenen auf ihre Leistungen einen Rechtsanspruch gewährt (Pensionskasse und Pensionsfonds), so gilt Absatz 1 entsprechend. [2]Als Zeitpunkt der Erteilung der Versorgungszusage im Sinne des Absatzes 1 gilt der Versicherungsbeginn, frühestens jedoch der Beginn der Betriebszugehörigkeit.

(4) [1]Wird die betriebliche Altersversorgung von einer rechtsfähigen Versorgungseinrichtung durchgeführt, die auf ihre Leistungen keinen Rechtsanspruch gewährt (Unterstützungskasse), so sind die nach Erfüllung der in Absatz 1 Satz 1 und 2 genannten Voraussetzungen und vor Eintritt des Versorgungsfalles aus dem Unternehmen ausgeschiedenen Arbeitnehmer und ihre Hinterbliebenen den bis zum Eintritt des Versorgungsfalles dem Unternehmen angehörenden Arbeitnehmern und deren Hinterbliebenen gleichgestellt. [2]Die Versorgungszusage gilt in dem Zeitpunkt als erteilt im Sinne des Absatzes 1, von dem an der Arbeitnehmer zum Kreis der Begünstigten der Unterstützungskasse gehört.

(5) [1]Soweit betriebliche Altersversorgung durch Entgeltumwandlung erfolgt, behält der Arbeitnehmer seine Anwartschaft, wenn sein Arbeitsverhältnis vor Eintritt des Versorgungsfalles endet; in den Fällen der Absätze 2 und 3

1. dürfen die Überschussanteile nur zur Verbesserung der Leistung verwendet,
2. muss dem ausgeschiedenen Arbeitnehmer das Recht zur Fortsetzung der Versicherung oder Versorgung mit eigenen Beiträgen eingeräumt und
3. muss das Recht zur Verpfändung, Abtretung oder Beleihung durch den Arbeitgeber ausgeschlossen werden.

---

1) Zur Anwendung von § 1b Abs. 1 siehe § 30f des Gesetzes.

Anhang 8/BetrAVG

²Im Fall einer Direktversicherung ist dem Arbeitnehmer darüber hinaus mit Beginn der Entgeltumwandlung ein unwiderrufliches Bezugsrecht einzuräumen.

§ 2
Höhe der unverfallbaren Anwartschaft

(1) ¹Bei Eintritt des Versorgungsfalles wegen Erreichens der Altersgrenze, wegen Invalidität oder Tod haben ein vorher ausgeschiedener Arbeitnehmer, dessen Anwartschaft nach § 1b fortbesteht, und seine Hinterbliebenen einen Anspruch mindestens in Höhe des Teiles der ohne das vorherige Ausscheiden zustehenden Leistung, der dem Verhältnis der Dauer der Betriebszugehörigkeit zu der Zeit vom Beginn der Betriebszugehörigkeit bis zum Erreichen der Regelaltersgrenze in der gesetzlichen Rentenversicherung entspricht; an die Stelle des Erreichens der Regelaltersgrenze tritt ein früherer Zeitpunkt, wenn dieser in der Versorgungsregelung als feste Altersgrenze vorgesehen ist, spätestens der Zeitpunkt, in dem der Arbeitnehmer ausscheidet und gleichzeitig eine Altersrente aus der gesetzlichen Rentenversicherung für besonders langjährig Versicherte in Anspruch nimmt. ²Der Mindestanspruch auf Leistungen wegen Invalidität oder Tod vor Erreichen der Altersgrenze ist jedoch nicht höher als der Betrag, den der Arbeitnehmer oder seine Hinterbliebenen erhalten hätten, wenn im Zeitpunkt des Ausscheidens der Versorgungsfall eingetreten wäre und die sonstigen Leistungsvoraussetzungen erfüllt gewesen wären.

(2) ¹Ist bei einer Direktversicherung der Arbeitnehmer nach Erfüllung der Voraussetzungen des § 1b Abs. 1 und 5 vor Eintritt des Versorgungsfalles ausgeschieden, so gilt Absatz 1 mit der Maßgabe, dass sich der vom Arbeitgeber zu finanzierende Teilanspruch nach Absatz 1, soweit er über die von dem Versicherer nach dem Versicherungsvertrag auf Grund der Beiträge des Arbeitgebers zu erbringende Versicherungsleistung hinausgeht, gegen den Arbeitgeber richtet. ²An die Stelle der Ansprüche nach Satz 1 tritt auf Verlangen des Arbeitgebers die vom Versicherer auf Grund des Versicherungsvertrages zu erbringende Versicherungsleistung, wenn

1. spätestens nach 3 Monaten seit dem Ausscheiden des Arbeitnehmers das Bezugsrecht unwiderruflich ist und eine Abtretung oder Beleihung des Rechts aus dem Versicherungsvertrag durch den Arbeitgeber und Beitragsrückstände nicht vorhanden sind,
2. vom Beginn der Versicherung, frühestens jedoch vom Beginn der Betriebszugehörigkeit an, nach dem Versicherungsvertrag die Überschussanteile nur zur Verbesserung der Versicherungsleistung zu verwenden sind und
3. der ausgeschiedene Arbeitnehmer nach dem Versicherungsvertrag das Recht zur Fortsetzung der Versicherung mit eigenen Beiträgen hat.

³Der Arbeitgeber kann sein Verlangen nach Satz 2 nur innerhalb von 3 Monaten seit dem Ausscheiden des Arbeitnehmers diesem und dem Versicherer mitteilen. ⁴Der ausgeschiedene Arbeitnehmer darf die Ansprüche aus dem Versicherungsvertrag in Höhe des durch Beitragszahlungen des Arbeitgebers gebildeten geschäftsplanmäßigen Deckungskapitals oder, soweit die Berechnung des Deckungskapitals nicht zum Geschäftsplan gehört, das nach § 169 Abs. 3 und 4 des Versicherungsvertragsgesetzes berechneten Wertes weder abtreten noch beleihen. ⁵In dieser Höhe darf der Rückkaufswert auf Grund einer Kündigung des Versicherungsvertrages nicht in Anspruch genommen werden; im Falle einer Kündigung wird die Versicherung in eine prämienfreie Versicherung umgewandelt. ⁶§ 169 Abs. 1 des Versicherungsvertragsgesetzes findet insoweit keine Anwendung. ⁷Eine Abfindung des Anspruchs nach § 3 ist weiterhin möglich.

(3) ¹Für Pensionskassen gilt Absatz 1 mit der Maßgabe, dass sich der vom Arbeitgeber zu finanzierende Teilanspruch nach Absatz 1, soweit er über die von der Pensionskasse nach dem aufsichtsbehördlich genehmigten Geschäftsplan oder, soweit eine aufsichtsbehördliche Genehmigung nicht vorgeschrieben ist, nach den allgemeinen Versicherungsbedingungen und den fachlichen Geschäftsunterlagen im Sinne des § 5 Abs. 3 Nr. 2 Halbsatz 2 des Versicherungsaufsichtsgesetzes (Geschäftsunterlagen) auf Grund der Beiträge des Arbeitgebers zu erbringende Leistung hinausgeht, gegen den Arbeitgeber richtet. ²An die Stelle der Ansprüche nach Satz 1 tritt auf Verlangen des Arbeitgebers die von der Pensionskasse auf Grund des Geschäftsplanes oder der Geschäftsunterlagen zu erbringende Leistung, wenn nach dem aufsichtsbehördlich genehmigten Geschäftsplan oder den Geschäftsunterlagen

1. vom Beginn der Versicherung, frühestens jedoch vom Beginn der Betriebszugehörigkeit an, Überschussanteile, die auf Grund des Finanzierungsverfahrens regelmäßig entstehen, nur zur Verbesserung der Versicherungsleistung zu verwenden sind oder die Steigerung der Versorgungsanwartschaften des Arbeitnehmers der Entwicklung seines Arbeitsentgeltes, soweit es unter den jeweiligen Beitragsbemessungsgrenzen der gesetzlichen Rentenversicherungen liegt, entspricht und
2. der ausgeschiedene Arbeitnehmer das Recht zur Fortsetzung der Versicherung mit eigenen Beiträgen hat.

³Absatz 2 Satz 3 bis 7 gilt entsprechend.

(3a) Für Pensionsfonds gilt Absatz 1 mit der Maßgabe, dass sich der vom Arbeitgeber zu finanzierende Teilanspruch, soweit er über die vom Pensionsfonds auf der Grundlage der nach dem geltenden Pensionsplan im Sinne des § 112 Abs. 1 Satz 2 in Verbindung mit § 113 Abs. 2 Nr. 5 des Versicherungsaufsichtsgesetzes berechnete Deckungsrückstellung hinausgeht, gegen den Arbeitgeber richtet.

(4) Eine Unterstützungskasse hat bei Eintritt des Versorgungsfalles einem vorzeitig ausgeschiedenen Arbeitnehmer, der nach § 1b Abs. 4 gleichgestellt ist, und seinen Hinterbliebenen mindestens den nach Absatz 1 berechneten Teil der Versorgung zu gewähren.

(5) ¹Bei der Berechnung des Teilanspruchs nach Absatz 1 bleiben Veränderungen der Versorgungsregelung und der Bemessungsgrundlagen für die Leistung der betrieblichen Altersversorgung, soweit sie nach dem Ausscheiden des Arbeitnehmers eintreten, außer Betracht; dies gilt auch für die Bemessungsgrundlagen anderer Versorgungsbezüge, die bei der Berechnung der Leistung der betrieblichen Altersversorgung zu berücksichtigen sind. ²Ist eine Rente der gesetzlichen Rentenversicherung zu berücksichtigen, so kann das bei der Berechnung von Pensionsrückstellungen allgemein zulässige Verfahren zugrunde gelegt werden, wenn nicht der ausgeschiedene Arbeitnehmer die Anzahl der im Zeitpunkt des Ausscheidens erreichten Entgeltpunkte nachweist; bei Pensionskassen sind der aufsichtsbehördlich genehmigte Geschäftsplan oder die Geschäftsunterlagen maßgebend. ³Bei Pensionsfonds sind der Pensionsplan und die sonstigen Geschäftsunterlagen maßgebend. ⁴Versorgungsanwartschaften, die der Arbeitnehmer nach seinem Ausscheiden erwirbt, dürfen zu keiner Kürzung des Teilanspruchs nach Absatz 1 führen.

(5a) Bei einer unverfallbaren Anwartschaft als Entgeltumwandlung tritt an die Stelle der Ansprüche nach Absatz 1, 3a oder 4 die vom Zeitpunkt der Zusage auf betriebliche Altersversorgung bis zum Ausscheiden des Arbeitnehmers erreichte Anwartschaft auf Leistungen aus den bis dahin umgewandelten Entgeltbestandteilen; dies gilt entsprechend für eine unverfallbare Anwartschaft aus Beiträgen im Rahmen einer beitragsorientierten Leistungszusage.[1)]

(5b) An die Stelle der Ansprüche nach den Absätzen 2, 3, 3a und 5a tritt bei einer Beitragszusage mit Mindestleistung das dem Arbeitnehmer planmäßig zuzurechnende Versorgungskapital auf der Grundlage der bis zu seinem Ausscheiden geleisteten Beiträge (Beiträge und die bis zum Eintritt des Versorgungsfalls erzielten Erträge), mindestens die Summe der bis dahin zugesagten Beiträge, soweit sie nicht rechnungsmäßig für einen biometrischen Risikoausgleich verbraucht wurden.

(6) (weggefallen)

§ 3
Abfindung[2)]

(1) Unverfallbare Anwartschaften im Falle der Beendigung des Arbeitsverhältnisses und laufende Leistungen dürfen nur unter den Voraussetzungen der folgenden Absätze abgefunden werden.

(2) ¹Der Arbeitgeber kann eine Anwartschaft ohne Zustimmung des Arbeitnehmers abfinden, wenn der Monatsbetrag der aus der Anwartschaft resultierenden laufenden Leistung bei Erreichen der vorgesehenen Altersgrenze 1 vom Hundert, bei Kapitalleistungen zwölf Zehntel der monatlichen Bezugsgröße nach § 18 des Vierten Buches Sozialgesetzbuch nicht übersteigen würde. ²Dies gilt entsprechend für die Abfindung einer laufenden Leistung ³Die Abfindung ist unzulässig, wenn der Arbeitnehmer von seinem Recht auf Übertragung der Anwartschaft Gebrauch macht.

(3) Die Anwartschaft ist auf Verlangen des Arbeitnehmers abzufinden, wenn die Beiträge zur gesetzlichen Rentenversicherung erstattet worden sind.

(4) Der Teil der Anwartschaft, der während eines Insolvenzverfahrens erdient worden ist, kann ohne Zustimmung des Arbeitnehmers abgefunden werden, wenn die Betriebstätigkeit vollständig eingestellt und das Unternehmen liquidiert wird.

(5) Für die Berechnung des Abfindungsbetrages gilt § 4 Abs. 5 entsprechend.

(6) Die Abfindung ist gesondert auszuweisen und einmalig zu zahlen.

§ 4
Übertragung

(1) Unverfallbare Anwartschaften und laufende Leistungen dürfen nur unter den Voraussetzungen der folgenden Absätze übertragen werden.

(2) Nach Beendigung des Arbeitsverhältnisses kann im Einvernehmen des ehemaligen mit dem neuen Arbeitgeber sowie dem Arbeitnehmer

---

1) Zur Anwendung von § 2 Abs. 5a siehe § 30g Abs. 1 des Gesetzes.
2) Zur Anwendung von § 3 siehe § 30g Abs. 2 des Gesetzes.

1. die Zusage vom neuen Arbeitgeber übernommen werden oder
2. der Wert der vom Arbeitnehmer erworbenen unverfallbaren Anwartschaft auf betriebliche Altersversorgung (Übertragungswert) auf den neuen Arbeitgeber übertragen werden, wenn dieser eine wertgleiche Zusage erteilt; für die neue Anwartschaft gelten gelten die Regelungen über Entgeltumwandlung entsprechend.

(3) ¹Der Arbeitnehmer kann innerhalb eines Jahres nach Beendigung des Arbeitsverhältnisses von seinem ehemaligen Arbeitgeber verlangen, dass der Übertragungswert auf den neuen Arbeitgeber übertragen wird, wenn
1. die betriebliche Altersversorgung über einen Pensionsfonds, eine Pensionskasse oder eine Direktversicherung durchgeführt worden ist und
2. der Übertragungswert die Beitragsbemessungsgrenze in der allgemeinen Rentenversicherung nicht übersteigt.

²Der Anspruch richtet sich gegen den Versorgungsträger, wenn der ehemalige Arbeitgeber die versicherungsförmige Lösung nach § 2 Abs. 2 oder 3 gewählt hat oder soweit der Arbeitnehmer die Versicherung oder Versorgung mit eigenen Beiträgen fortgeführt hat. ³Der neue Arbeitgeber ist verpflichtet, eine dem Übertragungswert wertgleiche Zusage zu erteilen und über einen Pensionsfonds, eine Pensionskasse oder eine Direktversicherung durchzuführen. ⁴Für die neue Anwartschaft gelten die Regelungen über Entgeltumwandlung entsprechend.¹⁾

(4) ¹Wird die Betriebstätigkeit eingestellt und das Unternehmen liquidiert, kann eine Zusage von einer Pensionskasse oder einem Unternehmen der Lebensversicherung ohne Zustimmung des Arbeitnehmers oder Versorgungsempfängers übernommen werden, wenn sichergestellt ist, dass die Überschussanteile ab Rentenbeginn entsprechend § 16 Abs. 3 Nr. 2 verwendet werden. ²§ 2 Abs. 2 Satz 4 bis 6 gilt entsprechend.

(5) ¹Der Übertragungswert entspricht bei einer unmittelbar über den Arbeitgeber oder über eine Unterstützungskasse durchgeführten betrieblichen Altersversorgung dem Barwert der nach § 2 bemessenen künftigen Versorgungsleistung im Zeitpunkt der Übertragung; bei der Berechnung des Barwerts sind die Rechnungsgrundlagen sowie die anerkannten Regeln der Versicherungsmathematik maßgebend. ²Soweit die betriebliche Altersversorgung über einen Pensionsfonds, eine Pensionskasse oder eine Direktversicherung durchgeführt worden ist, entspricht der Übertragungswert dem gebildeten Kapital im Zeitpunkt der Übertragung.

(6) Mit der vollständigen Übertragung des Übertragungswerts erlischt die Zusage des ehemaligen Arbeitgebers.

§ 4a
Auskunftsanspruch

(1) Der Arbeitgeber oder der Versorgungsträger hat dem Arbeitnehmer bei einem berechtigten Interesse auf dessen Verlangen schriftlich mitzuteilen,
1. in welcher Höhe aus der bisher erworbenen unverfallbaren Anwartschaft bei Erreichen der in der Versorgungsregelung vorgesehenen Altersgrenze ein Anspruch auf Altersversorgung besteht und
2. wie hoch bei einer Übertragung der Anwartschaft nach § 4 Abs. 3 der Übertragungswert ist.

(2) Der neue Arbeitgeber oder der Versorgungsträger hat dem Arbeitnehmer auf dessen Verlangen schriftlich mitzuteilen, in welcher Höhe aus dem Übertragungswert ein Anspruch auf Altersversorgung und ob eine Invaliditäts- oder Hinterbliebenenversorgung bestehen würde.

Zweiter Abschnitt

Auszehrungsverbot

§ 5
Auszehrung und Anrechnung

(1) Die bei Eintritt des Versorgungsfalles festgesetzten Leistungen der betrieblichen Altersversorgung dürfen nicht mehr dadurch gemindert oder entzogen werden, dass Beträge, um die sich andere Versorgungsbezüge nach diesem Zeitpunkt durch Anpassung an die wirtschaftliche Entwicklung erhöhen, angerechnet oder bei der Begrenzung der Gesamtversorgung auf einen Höchstbetrag berücksichtigt werden.

---
1) Zur Anwendung von § 4 Abs. 3 siehe § 30b des Gesetzes.

Anhang 8/BetrAVG

(2) ¹Leistungen der betrieblichen Altersversorgung dürfen durch Anrechnung oder Berücksichtigung anderer Versorgungsbezüge, soweit sie auf eigenen Beiträgen des Versorgungsempfängers beruhen, nicht gekürzt werden. ²Dies gilt nicht für Renten aus den gesetzlichen Rentenversicherungen, soweit sie auf Pflichtbeiträgen beruhen, sowie für sonstige Versorgungsbezüge, die mindestens zur Hälfte auf Beiträgen oder Zuschüssen des Arbeitgebers beruhen.

Dritter Abschnitt

Altersgrenze

§ 6
Vorzeitige Altersleistung

¹Einem Arbeitnehmer, der die Altersrente aus der gesetzlichen Rentenversicherung als Vollrente in Anspruch nimmt, sind auf sein Verlangen nach Erfüllung der Wartezeit und sonstiger Leistungsvoraussetzungen Leistungen der betrieblichen Altersversorgung zu gewähren. ²Fällt die Altersrente aus der gesetzlichen Rentenversicherung wieder weg oder wird sie auf einen Teilbetrag beschränkt, so können auch die Leistungen der betrieblichen Altersversorgung eingestellt werden. ³Der ausgeschiedene Arbeitnehmer ist verpflichtet, die Aufnahme oder Ausübung einer Beschäftigung oder Erwerbstätigkeit, die zu einem Wegfall oder zu einer Beschränkung der Altersrente aus der gesetzlichen Rentenversicherung führt, dem Arbeitgeber oder sonstigen Versorgungsträger unverzüglich anzuzeigen.

Vierter Abschnitt

Insolvenzsicherung

§ 7
Umfang des Versicherungsschutzes

(1) ¹Versorgungsempfänger, deren Ansprüche aus einer unmittelbaren Versorgungszusage des Arbeitgebers nicht erfüllt werden, weil über das Vermögen des Arbeitgebers oder über seinen Nachlass das Insolvenzverfahren eröffnet worden ist, und ihre Hinterbliebenen haben gegen den Träger der Insolvenzsicherung einen Anspruch in Höhe der Leistung, die der Arbeitgeber aufgrund der Versorgungszusage zu erbringen hätte, wenn das Insolvenzverfahren nicht eröffnet worden wäre. ²Satz 1 gilt entsprechend,
1. wenn Leistungen aus einer Direktversicherung aufgrund der in § 1b Abs. 2 Satz 3 genannten Tatbestände nicht gezahlt werden und der Arbeitgeber seiner Verpflichtung nach § 1b Abs. 2 Satz 3 wegen der Eröffnung des Insolvenzverfahrens nicht nachkommt,
2. wenn eine Unterstützungskasse oder ein Pensionsfonds die nach ihrer Versorgungsregelung vorgesehene Versorgung nicht erbringt, weil über das Vermögen oder den Nachlass eines Arbeitgebers, der der Unterstützungskasse oder dem Pensionsfonds Zuwendungen leistet (Trägerunternehmen), das Insolvenzverfahren eröffnet worden ist.

³§ 14 des Versicherungsvertragsgesetzes findet entsprechende Anwendung. ⁴Der Eröffnung des Insolvenzverfahrens stehen bei der Anwendung der Sätze 1 bis 3 gleich
1. die Abweisung des Antrags auf Eröffnung des Insolvenzverfahrens mangels Masse,
2. der außergerichtliche Vergleich (Stundungs-, Quoten- oder Liquidationsvergleich) des Arbeitgebers mit seinen Gläubigern zur Abwendung eines Insolvenzverfahrens, wenn ihm der Träger der Insolvenzsicherung zustimmt,
3. die vollständige Beendigung der Betriebstätigkeit im Geltungsbereich dieses Gesetzes, wenn ein Antrag auf Eröffnung des Insolvenzverfahrens nicht gestellt worden ist und ein Insolvenzverfahren offensichtlich mangels Masse nicht in Betracht kommt.

(1a) ¹Der Anspruch gegen den Träger der Insolvenzsicherung entsteht mit dem Beginn des Kalendermonats, der auf den Eintritt des Sicherungsfalles folgt. ²Der Anspruch endet mit Ablauf des Sterbemonats des Begünstigten, soweit in der Versorgungszusage des Arbeitgebers nicht etwas anderes bestimmt ist. ³In den Fällen des Absatzes 1 Satz 1 und 4 Nr. 1 und 3 umfasst der Anspruch auch rückständige Versorgungsleistungen, soweit diese bis zu zwölf Monaten vor Entstehen der Leistungspflicht des Trägers der Insolvenzsicherung entstanden sind.

(2) ¹Personen, die bei Eröffnung des Insolvenzverfahrens oder bei Eintritt der nach Absatz 1 Satz 4 gleichstehenden Voraussetzungen (Sicherungsfall) eine nach § 1b unverfallbare Versorgungsanwartschaft haben, und ihre Hinterbliebenen haben bei Eintritt des Versorgungsfalls einen Anspruch gegen den Träger der Insolvenzsicherung, wenn die Anwartschaft beruht
1. auf einer unmittelbaren Versorgungszusage des Arbeitgebers oder

2. auf einer Direktversicherung und der Arbeitnehmer hinsichtlich der Leistungen des Versicherers widerruflich bezugsberechtigt ist oder die Leistungen aufgrund der in § 1b Abs. 2 Satz 3 genannten Tatbestände nicht gezahlt werden und der Arbeitgeber seiner Verpflichtung aus § 1b Abs. 2 Satz 3 wegen der Eröffnung des Insolvenzverfahrens nicht nachkommt.

²Satz 1 gilt entsprechend für Personen, die zum Kreis der Begünstigten einer Unterstützungskasse oder eines Pensionsfonds gehören, wenn der Sicherungsfall bei einem Trägerunternehmen eingetreten ist. ³Die Höhe des Anspruchs richtet sich nach der Höhe der Leistungen gemäß § 2 Abs. 1, 2 Satz 2 und Abs. 5, bei Unterstützungskassen nach dem Teil der nach der Versorgungsregelung vorgesehenen Versorgung, der dem Verhältnis der Dauer der Betriebszugehörigkeit zu der Zeit vom Beginn der Betriebszugehörigkeit bis zum Erreichen der in der Versorgungsregelung vorgesehenen festen Altersgrenze entspricht, es sei denn, § 2 Abs. 5a ist anwendbar. ⁴Für die Berechnung der Höhe des Anspruchs nach Satz 3 wird die Betriebszugehörigkeit bis zum Eintritt des Sicherungsfalles berücksichtigt. ⁵Bei Pensionsfonds mit Leistungszusagen gelten für die Höhe des Anspruchs die Bestimmungen für unmittelbare Versorgungszusagen entsprechend, bei Beitragszusagen mit Mindestleistung gilt für die Höhe des Anspruchs § 2 Abs. 5b.

(3) ¹Ein Anspruch auf laufende Leistungen gegen den Träger der Insolvenzsicherung beträgt im Monat höchstens das Dreifache der im Zeitpunkt der ersten Fälligkeit maßgebenden monatlichen Bezugsgröße gemäß § 18 des Vierten Buches Sozialgesetzbuch. ²Satz 1 gilt entsprechend bei einem Anspruch auf Kapitalleistungen mit der Maßgabe, daß zehn vom Hundert der Leistung als Jahresbetrag einer laufenden Leistung anzusetzen sind.

(4) ¹Ein Anspruch auf Leistungen gegen den Träger der Insolvenzsicherung vermindert sich in dem Umfange, in dem der Arbeitgeber oder sonstige Träger der Versorgung die Leistungen der betrieblichen Altersversorgung erbringt. ²Wird im Insolvenzverfahren ein Insolvenzplan bestätigt, vermindert sich der Anspruch auf Leistungen gegen den Träger der Insolvenzsicherung insoweit, als nach dem Insolvenzplan der Arbeitgeber oder sonstige Träger der Versorgung einen Teil der Leistungen selbst zu erbringen hat. ³Sieht der Insolvenzplan vor, dass der Arbeitgeber oder sonstige Träger der Versorgung die Leistung der betrieblichen Altersversorgung von einem bestimmten Zeitpunkt an selbst zu erbringen hat, entfällt der Anspruch auf Leistungen gegen den Träger der Insolvenzsicherung von diesem Zeitpunkt an. ⁴Die Sätze 2 und 3 sind für den außergerichtlichen Vergleich nach Absatz 1 Satz 4 Nr. 2 entsprechend anzuwenden. ⁵Im Insolvenzplan soll vorgesehen werden, dass bei einer nachhaltigen Besserung der wirtschaftlichen Lage des Arbeitgebers die vom Träger der Insolvenzsicherung zu erbringenden Leistungen ganz oder zum Teil vom Arbeitgeber oder sonstigen Träger der Versorgung übernommen werden.

(5) ¹Ein Anspruch gegen den Träger der Insolvenzsicherung besteht nicht, soweit nach den Umständen des Falles die Annahme gerechtfertigt ist, dass es der alleinige oder überwiegende Zweck der Versorgungszusage oder ihrer Verbesserung oder der für die Direktversicherung in § 1b Abs. 2 Satz 3 genannten Tatbestände gewesen ist, den Träger der Insolvenzsicherung in Anspruch zu nehmen. ²Diese Annahme ist insbesondere dann gerechtfertigt, wenn bei Erteilung oder Verbesserung der Versorgungszusage wegen der wirtschaftlichen Lage des Arbeitgebers zu erwarten war, dass die Zusage nicht erfüllt werde. ³Ein Anspruch auf Leistungen gegen den Träger der Insolvenzsicherung besteht bei Zusagen und Verbesserungen von Zusagen, die in den beiden letzten Jahren vor dem Eintritt des Sicherungsfalls erfolgt sind, nur

1. für ab dem 1. Januar 2002 gegebene Zusagen, soweit bei Entgeltumwandlung Beträge von bis zu 4 vom Hundert der Beitragsbemessungsgrenze in der allgemeinen Rentenversicherung für eine betriebliche Altersversorgung verwendet werden oder
2. für im Rahmen von Übertragungen gegebene Zusagen, soweit der Übertragungswert die Beitragsbemessungsgrenze in der allgemeinen Rentenversicherung nicht übersteigt.

(6) Ist der Sicherungsfall durch kriegerische Ereignisse, innere Unruhen, Naturkatastrophen oder Kernenergie verursacht worden, kann der Träger der Insolvenzsicherung mit Zustimmung der Bundesanstalt für Finanzdienstleistungsaufsicht die Leistungen nach billigem Ermessen abweichend von den Absätzen 1 bis 5 festsetzen.

§ 8
Übertragung der Leistungspflicht und Abfindung

(1) Ein Anspruch gegen den Träger der Insolvenzsicherung auf Leistungen nach § 7 besteht nicht, wenn eine Pensionskasse oder ein Unternehmen der Lebensversicherung sich dem Träger der Insolvenzsicherung gegenüber verpflichtet, diese Leistungen zu erbringen, und die nach § 7 Berechtigten ein unmittelbares Recht erwerben, die Leistungen zu fordern.

Anhang 8/BetrAVG

(1a) ¹Der Träger der Insolvenzsicherung hat die gegen ihn gerichteten Ansprüche auf den Pensionsfonds, dessen Trägerunternehmen die Eintrittspflicht nach § 7 ausgelöst hat, im Sinne von Absatz 1 zu übertragen, wenn die Bundesanstalt für Finanzdienstleistungsaufsicht hierzu die Genehmigung erteilt. ²Die Genehmigung kann nur erteilt werden, wenn durch Auflagen der Bundesanstalt für Finanzdienstleistungsaufsicht die dauernde Erfüllbarkeit der Leistungen aus dem Pensionsplan sichergestellt werden kann. ³Die Genehmigung der Bundesanstalt für Finanzdienstleistungsaufsicht kann der Pensionsfonds nur innerhalb von drei Monaten nach Eintritt des Sicherungsfalles beantragen.

(2) ¹Der Träger der Insolvenzsicherung kann eine Anwartschaft ohne Zustimmung des Arbeitnehmers abfinden, wenn der Monatsbetrag der aus der Anwartschaft resultierenden laufenden Leistung bei Erreichen der vorgesehenen Altersgrenze 1 vom Hundert, bei Kapitalleistungen zwölf Zehntel der monatlichen Bezugsgröße nach § 18 des Vierten Buches Sozialgesetzbuch nicht übersteigen würde oder wenn dem Arbeitnehmer die Beiträge zur gesetzlichen Rentenversicherung erstattet worden sind. ²Dies gilt entsprechend für die Abfindung einer laufenden Leistung ³Die Abfindung ist darüber hinaus möglich, wenn sie an ein Unternehmen der Lebensversicherung gezahlt wird, bei dem der Versorgungsberechtigte im Rahmen einer Direktversicherung versichert ist. ⁴§ 2 Abs. 2 Satz 4 bis 6 und § 3 Abs. 5 gelten entsprechend.

§ 9

Mitteilungspflicht; Forderungs- und Vermögensübergang

(1) ¹Der Träger der Insolvenzsicherung teilt dem Berechtigten die ihm nach § 7 oder § 8 zustehenden Ansprüche oder Anwartschaften schriftlich mit. ²Unterbleibt die Mitteilung, so ist der Anspruch oder die Anwartschaft spätestens ein Jahr nach dem Sicherungsfall bei dem Träger der Insolvenzsicherung anzumelden; erfolgt die Anmeldung später, so beginnen die Leistungen frühestens mit dem Ersten des Monats der Anmeldung, es sei denn, dass der Beschäftigte an der rechtzeitigen Anmeldung ohne sein Verschulden verhindert war.

(2) ¹Ansprüche oder Anwartschaften des Berechtigten gegen den Arbeitgeber auf Leistungen der betrieblichen Altersversorgung, die den Anspruch gegen den Träger der Insolvenzsicherung begründen, gehen im Falle eines Insolvenzverfahrens mit dessen Eröffnung, in den übrigen Sicherungsfällen dann auf den Träger der Insolvenzsicherung über, wenn dieser nach Absatz 1 Satz 1 dem Berechtigten die ihm zustehenden Ansprüche oder Anwartschaften mitteilt. ²Der Übergang kann nicht zum Nachteil des Berechtigten geltend gemacht werden. ³Die mit der Eröffnung des Insolvenzverfahrens übergegangenen Anwartschaften werden im Insolvenzverfahren als unbedingte Forderungen nach § 45 der Insolvenzordnung geltend gemacht.

(3) ¹Ist der Träger der Insolvenzsicherung zu Leistungen verpflichtet, die ohne den Eintritt des Sicherungsfalles eine Unterstützungskasse erbringen würde, geht deren Vermögen einschließlich der Verbindlichkeiten auf ihn über; die Haftung für die Verbindlichkeiten beschränkt sich auf das übergegangene Vermögen. ²Wenn die übergegangenen Vermögenswerte den Barwert der Ansprüche und Anwartschaften gegen den Träger der Insolvenzsicherung übersteigen, hat dieser den übersteigenden Teil entsprechend der Satzung der Unterstützungskasse zu verwenden. ³Bei einer Unterstützungskasse mit mehreren Trägerunternehmen hat der Träger der Insolvenzsicherung einen Anspruch gegen die Unterstützungskasse auf einen Betrag, der dem Teil des Vermögens der Kasse entspricht, der auf das Unternehmen entfällt, bei dem der Sicherungsfall eingetreten ist. ⁴Die Sätze 1 bis 3 gelten nicht, wenn der Sicherungsfall auf den in § 7 Abs. 1 Satz 4 Nr. 2 genannten Gründen beruht, es sei denn, dass das Trägerunternehmen seine Betriebstätigkeit nach Eintritt des Sicherungsfalls nicht fortsetzt und aufgelöst wird (Liquidationsvergleich).

(3a) Absatz 3 findet entsprechende Anwendung auf einen Pensionsfonds, wenn die Bundesanstalt für Finanzdienstleistungsaufsicht die Genehmigung für die Übertragung der Leistungspflicht durch den Träger der Insolvenzsicherung nach § 8 Abs. 1a nicht erteilt.

(4) ¹In einem Insolvenzplan, der die Fortführung des Unternehmens oder eines Betriebes vorsieht, kann für den Träger der Insolvenzsicherung eine besondere Gruppe gebildet werden. ²Sofern im Insolvenzplan nichts anderes vorgesehen ist, kann der Träger der Insolvenzsicherung, wenn innerhalb von drei Jahren nach der Aufhebung des Insolvenzverfahrens ein Antrag auf Eröffnung eines neuen Insolvenzverfahrens über das Vermögen des Arbeitgebers gestellt wird, in diesem Verfahren als Insolvenzgläubiger Erstattung der von ihm erbrachten Leistungen verlangen.

(5) Dem Träger der Insolvenzsicherung steht gegen den Beschluss, durch den das Insolvenzverfahren eröffnet wird, die sofortige Beschwerde zu.

§ 10
Beitragspflicht und Beitragsbemessung

(1) Die Mittel für die Durchführung der Insolvenzsicherung werden auf Grund öffentlich-rechtlicher Verpflichtung durch Beiträge aller Arbeitgeber aufgebracht, die Leistungen der betrieblichen Altersversorgung unmittelbar zugesagt haben oder eine betriebliche Altersversorgung über eine Unterstützungskasse, eine Direktversicherung der in § 7 Abs. 1 Satz 2 und Absatz 2 Satz 1 Nr. 2 bezeichneten Art oder einen Pensionsfonds durchführen.

(2) ¹Die Beiträge müssen den Barwert der im laufenden Kalenderjahr entstehenden Ansprüche auf Leistungen der Insolvenzsicherung decken zuzüglich eines Betrages für die aufgrund eingetretener Insolvenzen zu sichernden Anwartschaften, der sich aus dem Unterschied der Barwerte dieser Anwartschaften am Ende des Kalenderjahres und am Ende des Vorjahres bemisst. ²Der Rechnungszinsfuß bei der Berechnung des Barwerts der Ansprüche auf Leistungen der Insolvenzsicherung bestimmt sich nach § 65 des Versicherungsaufsichtsgesetzes; soweit keine Übertragung nach § 8 Abs. 1 stattfindet, ist der Rechnungszinsfuß bei der Berechnung des Barwerts der Anwartschaften um ein Drittel höher. ³Darüber hinaus müssen die Beiträge die im gleichen Zeitraum entstehenden Verwaltungskosten und sonstigen Kosten, die mit der Gewährung der Leistungen zusammenhängen, und die Zuführung zu einem von der Bundesanstalt für Finanzdienstleistungsaufsicht festgesetzten Ausgleichsfonds decken; § 37 des Versicherungsaufsichtsgesetzes bleibt unberührt. ⁴Auf die am Ende des Kalenderjahres fälligen Beiträge können Vorschüsse erhoben werden. ⁵Sind die nach den Sätzen 1 bis 3 erforderlichen Beiträge höher als im vorangegangenen Kalenderjahr, so kann der Unterschiedsbetrag auf das laufende und die folgenden vier Kalenderjahre verteilt werden. ⁶In Jahren, in denen sich außergewöhnlich hohe Beiträge ergeben würden, kann zu deren Ermäßigung der Ausgleichsfonds in einem von der Bundesanstalt für Finanzdienstleistungsaufsicht zu genehmigenden Umfang herangezogen werden.

(3) Die nach Absatz 2 erforderlichen Beiträge werden auf die Arbeitgeber nach Maßgabe der nachfolgenden Beträge umgelegt, soweit sich auf die laufenden Versorgungsleistungen und die nach § 1b unverfallbaren Versorgungsanwartschaften beziehen (Beitragsbemessungsgrundlage); diese Beträge sind festzustellen auf den Schluss des Wirtschaftsjahres des Arbeitgebers, das im abgelaufenen Kalenderjahr geendet hat:

1. Bei Arbeitgebern, die Leistungen der betrieblichen Altersversorgung unmittelbar zugesagt haben, ist Beitragsbemessungsgrundlage der Teilwert der Pensionsverpflichtung (§ 6a Abs. 3 des Einkommensteuergesetzes).

2. ¹Bei Arbeitgebern, die eine betriebliche Altersversorgung über eine Direktversicherung mit widerruflichem Bezugsrecht durchführen, ist Beitragsbemessungsgrundlage das geschäftsplanmäßige Deckungskapital oder, soweit die Berechnung des Deckungskapitals nicht zum Geschäftsplan gehört, die Deckungsrückstellung. ²Für Versicherungen, bei denen der Versicherungsfall bereits eingetreten ist, und für Versicherungsanwartschaften, für die ein unwiderrufliches Bezugsrecht eingeräumt ist, ist das Deckungskapital oder die Deckungsrückstellung nur insoweit zu berücksichtigen, als die Versicherungen abgetreten oder beliehen sind.

3. Bei Arbeitgebern, die eine betriebliche Altersversorgung über eine Unterstützungskasse durchführen, ist Beitragsbemessungsgrundlage das Deckungskapital für die laufenden Leistungen (§ 4d Abs. 1 Nr. 1 Buchstabe a des Einkommensteuergesetzes) zuzüglich des Zwanzigfachen der nach § 4d Abs. 1 Nr. 1 Buchstabe b Satz 1 des Einkommensteuergesetzes errechneten jährlichen Zuwendungen für Leistungsanwärter im Sinne von § 4d Abs. 1 Nr. 1 Buchstabe b Satz 2 des Einkommensteuergesetzes.

4. Bei Arbeitgebern, soweit sie betriebliche Altersversorgung über einen Pensionsfonds durchführen, ist Beitragsbemessungsgrundlage 20 vom Hundert des entsprechend Nummer 1 ermittelten Betrages.

(4) ¹Aus den Beitragsbescheiden des Trägers der Insolvenzsicherung findet die Zwangsvollstreckung in entsprechender Anwendung der Vorschriften der Zivilprozeßordnung statt. ²Die vollstreckbare Ausfertigung erteilt der Träger der Insolvenzsicherung.

§ 10a
Säumniszuschläge; Zinsen; Verjährung

(1) Für Beiträge, die wegen Verstoßes des Arbeitgebers gegen die Meldepflicht erst nach Fälligkeit erhoben werden, kann der Träger der Insolvenzsicherung für jeden angefangenen Monat vom Zeitpunkt der Fälligkeit an einen Säumniszuschlag in Höhe von bis zu eins vom Hundert der nacherhobenen Beiträge erheben.

Anhang 8/BetrAVG

(2) ¹Für festgesetzte Beiträge und Vorschüsse, die der Arbeitgeber nach Fälligkeit zahlt, erhebt der Träger der Insolvenzsicherung für jeden Monat Verzugszinsen in Höhe von 0,5 vom Hundert der rückständigen Beiträge. ²Angefangene Monate bleiben außer Ansatz.

(3) ¹Vom Träger der Insolvenzsicherung zu erstattende Beiträge werden vom Tage der Fälligkeit oder bei Feststellung des Erstattungsanspruchs durch gerichtliche Entscheidung vom Tage der Rechtshängigkeit an für jeden Monat mit 0,5 vom Hundert verzinst. ²Angefangene Monate bleiben außer Ansatz.

(4) ¹Ansprüche auf Zahlung der Beiträge zur Insolvenzsicherung gemäß § 10 sowie Erstattungsansprüche nach Zahlung nicht geschuldeter Beiträge zur Insolvenzsicherung verjähren in sechs Jahren. ²Die Verjährungsfrist beginnt mit Ablauf des Kalenderjahres, in dem die Beitragspflicht entstanden oder der Erstattungsanspruch fällig geworden ist. ³Auf die Verjährung sind die Vorschriften des Bürgerlichen Gesetzbuchs anzuwenden.

§ 11
Melde-, Auskunfts- und Mitteilungspflichten

(1) ¹Der Arbeitgeber hat dem Träger der Insolvenzsicherung eine betriebliche Altersversorgung nach § 1b Abs. 1 bis 4 für seine Arbeitnehmer innerhalb von 3 Monaten nach Erteilung der unmittelbaren Versorgungszusage, dem Abschluss einer Direktversicherung oder der Errichtung einer Unterstützungskasse oder eines Pensionsfonds mitzuteilen. ²Der Arbeitgeber, der sonstige Träger der Versorgung, der Insolvenzverwalter und die nach § 7 Berechtigten sind verpflichtet, dem Träger der Insolvenzsicherung alle Auskünfte zu erteilen, die zur Durchführung der Vorschriften dieses Abschnittes erforderlich sind, sowie Unterlagen vorzulegen, aus denen die erforderlichen Angaben ersichtlich sind.

(2) ¹Ein beitragspflichtiger Arbeitgeber hat dem Träger der Insolvenzsicherung spätestens bis zum 30. September eines jeden Kalenderjahres die Höhe des nach § 10 Abs. 3 für die Bemessung des Beitrages maßgebenden Betrages bei unmittelbaren Versorgungszusagen und Pensionsfonds auf Grund eines versicherungsmathematischen Gutachtens, bei Direktversicherungen auf Grund einer Bescheinigung des Versicherers und bei Unterstützungskassen auf Grund einer nachprüfbaren Berechnung mitzuteilen. ²Der Arbeitgeber hat die in Satz 1 bezeichneten Unterlagen mindestens 6 Jahre aufzubewahren.

(3) ¹Der Insolvenzverwalter hat dem Träger der Insolvenzsicherung die Eröffnung des Insolvenzverfahrens, Namen und Anschriften der Versorgungsempfänger und die Höhe ihrer Versorgung nach § 7 unverzüglich mitzuteilen. ²Er hat zugleich Namen und Anschriften der Personen, die bei Eröffnung des Insolvenzverfahrens eine nach § 1 unverfallbare Versorgungsanwartschaft haben, sowie die Höhe ihrer Anwartschaft nach § 7 mitzuteilen.

(4) Der Arbeitgeber, der sonstige Träger der Versorgung und die nach § 7 Berechtigten sind verpflichtet, dem Insolvenzverwalter Auskünfte über alle Tatsachen zu erteilen, auf die sich die Mitteilungspflicht nach Absatz 3 bezieht.

(5) In den Fällen, in denen ein Insolvenzverfahren nicht eröffnet wird (§ 7 Abs. 1 Satz 4) oder nach § 207 der Insolvenzordnung eingestellt worden ist, sind die Pflichten des Insolvenzverwalters nach Absatz 3 vom Arbeitgeber oder dem sonstigen Träger der Versorgung zu erfüllen.

(6) Kammern und andere Zusammenschlüsse von Unternehmen oder anderen selbständigen Berufstätigen, die als Körperschaften des öffentlichen Rechts errichtet sind, ferner Verbände und andere Zusammenschlüsse, denen Unternehmer oder andere selbständige Berufstätige kraft Gesetzes angehören oder anzugehören haben, haben den Träger der Insolvenzsicherung bei der Ermittlung der nach § 10 beitragspflichtigen Arbeitgeber zu unterstützen.

(7) Die nach den Absätzen 1 bis 3 und 5 zu Mitteilungen und Auskünften und die nach Absatz 6 zur Unterstützung Verpflichteten haben die vom Träger der Insolvenzsicherung vorgesehenen Vordrucke zu verwenden.

(8) ¹Zur Sicherung der vollständigen Erfassung der nach § 10 beitragspflichtigen Arbeitgeber können die Finanzämter dem Träger der Insolvenzsicherung mitteilen, welche Arbeitgeber für die Beitragspflicht in Betracht kommen. ²Die Bundesregierung wird ermächtigt, durch Rechtsverordnung mit Zustimmung des Bundesrates das Nähere zu bestimmen und Einzelheiten des Verfahrens zu regeln.

§ 12
Ordnungswidrigkeiten

(1) Ordnungswidrig handelt, wer vorsätzlich oder fahrlässig
1. entgegen § 11 Abs. 1 Satz 1, Abs. 2 Satz 1, Abs. 3 oder Abs. 5 eine Mitteilung nicht, nicht richtig, nicht vollständig oder nicht rechtzeitig vornimmt,
2. entgegen § 11 Abs. 1 Satz 2 oder Abs. 4 eine Auskunft nicht, nicht richtig, nicht vollständig oder nicht rechtzeitig erteilt oder

3. entgegen § 11 Abs. 1 Satz 2 Unterlagen nicht, nicht richtig, nicht vollständig oder nicht rechtzeitig vorlegt oder entgegen § 11 Abs. 2 Satz 2 Unterlagen nicht aufbewahrt.

(2) Die Ordnungswidrigkeit kann mit einer Geldbuße bis zu zweitausendfünfhundert Euro geahndet werden.

(3) Verwaltungsbehörde im Sinne des § 36 Abs. 1 Nr. 1 des Gesetzes über Ordnungswidrigkeiten ist die Bundesanstalt für Finanzdienstleistungsaufsicht.

§ 13
(weggefallen)

§ 14
Träger der Insolvenzsicherung

(1) [1]Träger der Insolvenzsicherung ist der Pensions-Sicherungs-Verein Versicherungsverein auf Gegenseitigkeit. [2]Er ist zugleich Träger der Insolvenzsicherung von Versorgungszusagen Luxemburger Unternehmen nach Maßgabe des Abkommens vom 22. September 2000[1)] zwischen der Bundesrepublik Deutschland und dem Großherzogtum Luxemburg über Zusammenarbeit im Bereich der Insolvenzsicherung betrieblicher Altersversorgung. [3]Er unterliegt der Aufsicht durch die Bundesanstalt für Finanzdienstleistungsaufsicht. [4]Die Vorschriften des Versicherungsaufsichtsgesetzes gelten, soweit dieses Gesetz nichts anderes bestimmt.

(2) [1]Der Bundesminister für Arbeit und Sozialordnung weist durch Rechtsverordnung mit Zustimmung des Bundesrates die Stellung des Trägers der Insolvenzsicherung der Kreditanstalt für Wiederaufbau zu, bei der ein Fonds zur Insolvenzsicherung der betrieblichen Altersversorgung gebildet wird, wenn

1. bis zum 31. Dezember 1974 nicht nachgewiesen worden ist, dass der in Absatz 1 genannte Träger die Erlaubnis der Aufsichtsbehörde zum Geschäftsbetrieb erhalten hat,
2. der in Absatz 1 genannte Träger aufgelöst worden ist oder
3. die Aufsichtsbehörde den Geschäftsbetrieb des in Absatz 1 genannten Trägers untersagt oder die Erlaubnis zum Geschäftsbetrieb widerruft.

[2]In den Fällen der Nummern 2 und 3 geht das Vermögen des in Absatz 1 genannten Trägers einschließlich der Verbindlichkeiten auf die Kreditanstalt für Wiederaufbau über, die es dem Fonds zur Insolvenzsicherung der betrieblichen Altersversorgung zuweist.

(3) [1]Wird die Insolvenzsicherung von der Kreditanstalt für Wiederaufbau durchgeführt, gelten die Vorschriften dieses Abschnittes mit folgenden Abweichungen:

1. In § 7 Abs. 6 entfällt die Zustimmung der Bundesanstalt für Finanzdienstleistungsaufsicht.
2. § 10 Abs. 2 findet keine Anwendung. [2]Die von der Kreditanstalt für Wiederaufbau zu erhebenden Beiträge müssen den Bedarf für die laufenden Leistungen der Insolvenzsicherung im laufenden Kalenderjahr und die im gleichen Zeitraum entstehenden Verwaltungskosten und sonstigen Kosten, die mit der Gewährung der Leistungen zusammenhängen, decken. [3]Bei einer Zuweisung nach Absatz 2 Nr. 1 beträgt der Beitrag für die ersten drei Jahre mindestens 0,1 vom Hundert der Beitragsbemessungsgrundlage gemäß § 10 Abs. 3; der nicht benötigte Teil dieses Beitragsaufkommens wird einer Betriebsmittelreserve zugeführt. [4]Bei einer Zuweisung nach Absatz 2 Nr. 2 oder 3 wird in den ersten drei Jahren zu dem Beitrag nach Nummer 2 Satz 2 ein Zuschlag von 0,08 vom Hundert der Beitragsbemessungsgrundlage gemäß § 10 Abs. 3 zur Bildung einer Betriebsmittelreserve erhoben. [5]Auf die Beiträge können Vorschüsse erhoben werden.
3. In § 12 Abs. 3 tritt an die Stelle der Bundesanstalt für Finanzdienstleistungsaufsicht die Kreditanstalt für Wiederaufbau.

[2]Die Kreditanstalt für Wiederaufbau verwaltet den Fonds im eigenen Namen. [3]Für Verbindlichkeiten des Fonds haftet sie nur mit dem Vermögen des Fonds. [4]Dieser haftet nicht für die sonstigen Verbindlichkeiten der Bank. [5]§ 11 Abs. 1 Satz 1 des Gesetzes über die Kreditanstalt für Wiederaufbau in der Fassung der Bekanntmachung vom 23. Juni 1969 (BGBl. I S. 573), das zuletzt durch Artikel 14 des Gesetzes vom 21. Juni 2002 (BGBl. I S. 2010) geändert worden ist, ist in der jeweils geltenden Fassung auch für den Fonds anzuwenden.

§ 15
Verschwiegenheitspflicht

[1]Personen, die bei dem Träger der Insolvenzsicherung beschäftigt oder für ihn tätig sind, dürfen fremde Geheimnisse, insbesondere Betriebs- oder Geschäftsgeheimnisse, nicht unbefugt offenbaren oder verwerten. [2]Sie sind nach dem Gesetz über die förmliche Verpflichtung nichtbeamteter Personen vom

---
1) Abkommen ist veröffentlicht mit Gesetz vom 10.12.2001 (BGBl. II S. 1258).

2. März 1974 (Bundesgesetzbl. I S. 469, 547) von der Bundesanstalt für Finanzdienstleistungsaufsicht auf die gewissenhafte Erfüllung ihrer Obliegenheiten zu verpflichten.

Fünfter Abschnitt
Anpassung

§ 16
Anpassungsprüfungspflicht

(1) Der Arbeitgeber hat alle drei Jahre eine Anpassung der laufenden Leistungen der betrieblichen Altersversorgung zu prüfen und hierüber nach billigem Ermessen zu entscheiden; dabei sind insbesondere die Belange des Versorgungsempfängers und die wirtschaftliche Lage des Arbeitgebers zu berücksichtigen.

(2) Die Verpflichtung nach Absatz 1 gilt als erfüllt, wenn die Anpassung nicht geringer ist als der Anstieg
1. des Verbraucherpreisindexes für Deutschland oder[1]
2. der Nettolöhne vergleichbarer Arbeitnehmergruppen des Unternehmens

im Prüfungszeitraum.

(3) Die Verpflichtung nach Absatz 1 entfällt, wenn
1. der Arbeitgeber sich verpflichtet, die laufenden Leistungen jährlich um wenigstens eins vom Hundert anzupassen,[2]
2. die betriebliche Altersversorgung über eine Direktversicherung im Sinne des § 1b Abs. 2 oder über eine Pensionskasse im Sinne des § 1b Abs. 3 durchgeführt wird, ab Rentenbeginn sämtliche auf den Rentenbestand entfallende Überschussanteile zur Erhöhung der laufenden Leistungen verwendet werden und zur Berechnung der garantierten Leistung der nach § 65 Abs. 1 Nr. 1 Buchstabe a des Versicherungsaufsichtsgesetzes festgesetzte Höchstzinssatz zur Berechnung der Deckungsrückstellung nicht überschritten wird oder
3. eine Beitragszusage mit Mindestleistung erteilt wurde; Absatz 5 findet insoweit keine Anwendung.

(4) ¹Sind laufende Leistungen nach Absatz 1 nicht oder nicht in vollem Umfang anzupassen (zu Recht unterbliebene Anpassung), ist der Arbeitgeber nicht verpflichtet, die Anpassung zu einem späteren Zeitpunkt nachzuholen. ²Eine Anpassung gilt als zu Recht unterblieben, wenn der Arbeitgeber dem Versorgungsempfänger die wirtschaftliche Lage des Unternehmens schriftlich dargelegt hat, der Versorgungsempfänger nicht binnen drei Kalendermonaten nach Zugang der Mitteilung schriftlich widersprochen hat und er auf die Rechtsfolgen eines nicht fristgemäßen Widerspruchs hingewiesen wurde.[3]

(5) Soweit betriebliche Altersversorgung durch Entgeltumwandlung finanziert wird, ist der Arbeitgeber verpflichtet, die Leistungen mindestens entsprechend Absatz 3 Nr. 1 anzupassen oder im Falle der Durchführung über eine Direktversicherung oder eine Pensionskasse sämtliche Überschussanteile entsprechend Absatz 3 Nr. 2 zu verwenden.

(6) Eine Verpflichtung zur Anpassung besteht nicht für monatliche Raten im Rahmen eines Auszahlungsplans sowie für Renten ab Vollendung des 85. Lebensjahres im Anschluss an einen Auszahlungsplan.

Sechster Abschnitt
Geltungsbereich

§ 17
Persönlicher Geltungsbereich und Tariföffnungsklausel

(1) ¹Arbeitnehmer im Sinne der §§ 1 bis 16 sind Arbeiter und Angestellte einschließlich der zu ihrer Berufsausbildung Beschäftigten; ein Berufsausbildungsverhältnis steht einem Arbeitsverhältnis gleich. ²Die §§ 1 bis 16 gelten entsprechend für Personen, die nicht Arbeitnehmer sind, wenn ihnen Leistungen der Alters-, Invaliditäts- oder Hinterbliebenenversorgung aus Anlass ihrer Tätigkeit für ein Unternehmen zugesagt worden sind. ³Arbeitnehmer im Sinne von § 1a Abs. 1 sind nur Personen nach den Sätzen 1 und 2, soweit sie aufgrund der Beschäftigung oder Tätigkeit bei dem Arbeitgeber, gegen den sich der Anspruch nach § 1a richten würde, in der gesetzlichen Rentenversicherung pflichtversichert sind.

(2) Die §§ 7 bis 15 gelten nicht für den Bund, die Länder, die Gemeinden sowie die Körperschaften, Stiftungen und Anstalten des öffentlichen Rechts, bei denen das Insolvenzverfahren nicht zulässig ist,

---

1) Zur Anwendung von § 16 Abs. 2 Nr. 1 vor 2003 siehe § 30c Abs. 4.
2) Zur Anwendung von Absatz 3 Nr. 1 siehe § 30c Abs. 1.
3) Zur Anwendung von Absatz 4 siehe § 30c Abs. 2.

und solche juristische Personen des öffentlichen Rechts, bei denen der Bund, ein Land oder eine Gemeinde kraft Gesetzes die Zahlungsfähigkeit sichert.

(3) ¹Von den §§ 1a, 2 bis 5, 16, 18a Satz 1, §§ 27 und 28 kann in Tarifverträgen abgewichen werden. ²Die abweichenden Bestimmungen haben zwischen nichttarifgebundenen Arbeitgebern und Arbeitnehmern Geltung, wenn zwischen diesen die Anwendung der einschlägigen tariflichen Regelung vereinbart ist. ³Im Übrigen kann von den Bestimmungen dieses Gesetzes nicht zuungunsten des Arbeitnehmers abgewichen werden.

(4) Gesetzliche Regelungen über Leistungen der betrieblichen Altersversorgung werden unbeschadet des § 18 durch die §§ 1 bis 16 und 26 bis 30 nicht berührt.

(5) Soweit Entgeltansprüche auf einem Tarifvertrag beruhen, kann für diese eine Entgeltumwandlung nur vorgenommen werden, soweit dies durch Tarifvertrag vorgesehen oder durch Tarifvertrag zugelassen ist.¹⁾

§ 18
Sonderregelungen für den öffentlichen Dienst²⁾

(1) Für Personen, die
1. bei der Versorgungsanstalt des Bundes und der Länder (VBL) oder einer kommunalen oder kirchlichen Zusatzversorgungseinrichtung pflichtversichert sind, oder
2. bei einer anderen Zusatzversorgungseinrichtung pflichtversichert sind, die mit einer der Zusatzversorgungseinrichtungen nach Nummer 1 ein Überleitungsabkommen abgeschlossen hat oder aufgrund satzungsrechtlicher Vorschriften der Zusatzversorgungseinrichtungen nach Nummer 1 ein solches Abkommen abschließen kann, oder
3. unter das Gesetz über die zusätzliche Alters- und Hinterbliebenenversorgung für Angestellte und Arbeiter der Freien und Hansestadt Hamburg (Erstes Ruhegeldgesetz – 1. RGG), das Gesetz zur Neuregelung der zusätzlichen Alters- und Hinterbliebenenversorgung für Angestellte und Arbeiter der Freien und Hansestadt Hamburg (Zweites Ruhegeldgesetz – 2. RGG) oder unter das Bremische Ruhelohngesetz in ihren jeweiligen Fassungen fallen oder auf die diese Gesetze sonst Anwendung finden,

gelten die §§ 2, 5, 16, 27 und 28 nicht, soweit sich aus den nachfolgenden Regelungen nichts Abweichendes ergibt; § 4 gilt nicht, wenn die Anwartschaft oder die laufende Leistung ganz oder teilweise umlage- oder haushaltsfinanziert ist.

(2) Bei Eintritt des Versorgungsfalles erhalten die in Absatz 1 Nr. 1 und 2 bezeichneten Personen, deren Anwartschaft nach § 1b fortbesteht und deren Arbeitsverhältnis vor Eintritt des Versorgungsfalles geendet hat, von der Zusatzversorgungseinrichtung eine Zusatzrente nach folgenden Maßgaben:
1. ¹Der monatliche Betrag der Zusatzrente beträgt für jedes Jahr der aufgrund des Arbeitsverhältnisses bestehenden Pflichtversicherung bei einer Zusatzversorgungseinrichtung 2,25 vom Hundert, höchstens jedoch 100 vom Hundert der Leistung, die bei dem höchstmöglichen Versorgungssatz zugestanden hätte (Voll-Leistung). ²Für die Berechnung der Voll-Leistung
    a) ist der Versicherungsfall der Regelaltersrente maßgebend,
    b) ist das Arbeitsentgelt maßgebend, das nach der Versorgungsregelung für die Leistungsbemessung maßgebend wäre, wenn im Zeitpunkt des Ausscheidens der Versicherungsfall im Sinne der Versorgungsregelung eingetreten wäre,
    c) finden § 2 Abs. 5 Satz 1 und § 2 Abs. 6 entsprechend Anwendung,
    d) ist im Rahmen einer Gesamtversorgung der im Falle einer Teilzeitbeschäftigung oder Beurlaubung nach der Versorgungsregelung für die gesamte Dauer des Arbeitsverhältnisses maßgebliche Beschäftigungsquotient nach der Versorgungsregelung als Beschäftigungsquotient auch für die übrige Zeit maßgebend,
    e) finden die Vorschriften der Versorgungsregelung über eine Mindestleistung keine Anwendung und
    f) ist eine anzurechnende Grundversorgung nach dem bei der Berechnung von Pensionsrückstellungen für die Berücksichtigung von Renten aus der gesetzlichen Rentenversicherung allgemein zulässigen Verfahren zu ermitteln. ²Hierbei ist das Arbeitsentgelt nach Buchstabe b zugrunde zu legen und – soweit während der Pflichtversicherung Teilzeitbeschäftigung bestand – diese nach Maßgabe der Versorgungsregelung zu berücksichtigen.

---
1) Zur Anwendung von § 17 Abs. 5 siehe § 30h des Gesetzes.
2) Übergangsregelung zu § 18 siehe § 30d.

2. Die Zusatzrente vermindert sich um 0,3 vom Hundert für jeden vollen Kalendermonat, den der Versorgungsfall vor Vollendung des 65. Lebensjahres eintritt, höchstens jedoch um den in der Versorgungsregelung für die Voll-Leistung vorgesehenen Vomhundertsatz.
3. Übersteigt die Summe der Vomhundertsätze nach Nummer 1 aus unterschiedlichen Arbeitsverhältnissen 100, sind die einzelnen Leistungen im gleichen Verhältnis zu kürzen.
4. Die Zusatzrente muss monatlich mindestens den Betrag erreichen, der sich aufgrund des Arbeitsverhältnisses nach der Versorgungsregelung als Versicherungsrente aus den jeweils maßgeblichen Vomhundertsätzen der zusatzversorgungspflichtigen Entgelte oder der gezahlten Beiträge und Erhöhungsbeträge ergibt.
5. ¹Die Vorschriften der Versorgungsregelung über das Erlöschen, das Ruhen und die Nichtleistung der Versorgungsrente gelten entsprechend. ²Soweit die Versorgungsregelung eine Mindestleistung in Ruhensfällen vorsieht, gilt dies nur, wenn die Mindestleistung der Leistung im Sinne der Nummer 4 entspricht.
6. ¹Verstirbt die in Absatz 1 genannte Person, erhält eine Witwe oder ein Witwer 60 vom Hundert, eine Witwe oder ein Witwer im Sinne des § 46 Abs. 1 des Sechsten Buches Sozialgesetzbuch 42 vom Hundert, eine Halbwaise 12 vom Hundert und eine Vollwaise 20 vom Hundert der unter Berücksichtigung der in diesem Absatz genannten Maßgaben zu berechnenden Zusatzrente; die §§ 46, 48, 103 bis 105 des Sechsten Buches Sozialgesetzbuch sind entsprechend anzuwenden. ²Die Leistungen an mehrere Hinterbliebene dürfen den Betrag der Zusatzrente nicht übersteigen; gegebenenfalls sind die Leistungen im gleichen Verhältnis zu kürzen.
7. Versorgungsfall ist der Versicherungsfall im Sinne der Versorgungsregelung.

(3) Personen, auf die bis zur Beendigung ihres Arbeitsverhältnisses die Regelungen des Ersten Ruhegeldgesetzes, des Zweiten Ruhegeldgesetzes oder des Bremischen Ruhelohngesetzes in ihren jeweiligen Fassungen Anwendung gefunden haben, haben Anspruch gegenüber ihrem ehemaligen Arbeitgeber auf Leistungen in sinngemäßer Anwendung des Absatzes 2 mit Ausnahme von Absatz 2 Nr. 3 und 4 sowie Nr. 5 Satz 2; bei Anwendung des Zweiten Ruhegeldgesetzes bestimmt sich der monatliche Betrag der Zusatzrente abweichend von Absatz 2 nach der nach dem Zweiten Ruhegeldgesetz maßgebenden Berechnungsweise.

(4) Die Leistungen nach den Absätzen 2 und 3 werden, mit Ausnahme der Leistungen nach Absatz 2 Nr. 4, jährlich zum 1. Juli um 1 vom Hundert erhöht, soweit in diesem Jahr eine allgemeine Erhöhung der Versorgungsrenten erfolgt.

(5) Besteht bei Eintritt des Versorgungsfalles neben dem Anspruch auf Zusatzrente oder auf die in Absatz 3 oder Absatz 7 bezeichneten Leistungen auch Anspruch auf eine Versorgungsrente oder Versicherungsrente der in Absatz 1 Satz 1 Nr. 1 und 2 bezeichneten Zusatzversorgungseinrichtungen oder Anspruch auf entsprechende Versorgungsleistungen der Versorgungsanstalt der deutschen Kulturorchester oder der Versorgungsanstalt der deutschen Bühnen oder nach den Regeln des Ersten Ruhegeldgesetzes, des Zweiten Ruhegeldgesetzes oder des Bremischen Ruhelohngesetzes, in deren Berechnung auch die der Zusatzrente zugrunde liegenden Zeiten berücksichtigt sind, ist nur die im Zahlbetrag höhere Rente zu leisten.

(6) Eine Anwartschaft auf Zusatzrente nach Absatz 2 oder auf Leistungen nach Absatz 3 kann bei Übertritt der antwartschaftsberechtigten Person in ein Versorgungssystem einer überstaatlichen Einrichtung in das Versorgungssystem dieser Einrichtung übertragen werden, wenn ein entsprechendes Abkommen zwischen der Zusatzversorgungseinrichtung oder der Freien und Hansestadt Hamburg oder der Freien Hansestadt Bremen und der überstaatlichen Einrichtung besteht.

(7) ¹Für Personen, die bei der Versorgungsanstalt der Kulturorchester oder Versorgungsanstalt der deutschen Bühnen pflichtversichert sind, gelten die §§ 2 bis 5, 16, 27 und 28 nicht. ²Bei Eintritt des Versorgungsfalles treten an die Stelle der Zusatzrente und der Leistungen an Hinterbliebene nach Absatz 2 und an die Stelle der Regelung in Absatz 4 die satzungsgemäß vorgesehenen Leistungen; Absatz 2 Nr. 5 findet entsprechend Anwendung. ³Die Höhe der Leistungen kann nach dem Ausscheiden aus dem Beschäftigungsverhältnis nicht mehr geändert werden. ⁴Als pflichtversichert gelten auch die freiwillig Versicherten der Versorgungsanstalt der deutschen Kulturorchester und der Versorgungsanstalt der deutschen Bühnen.

(8) Gegen Entscheidungen der Zusatzversorgungseinrichtungen über Ansprüche nach diesem Gesetz ist der Rechtsweg gegeben, der für Versicherte der Einrichtung gilt.

(9) Bei Personen, die aus einem Arbeitsverhältnis ausscheiden, in dem sie nach § 5 Abs. 1 Satz 1 Nr. 2 des Sechsten Buches Sozialgesetzbuch versicherungsfrei waren, dürfen die Ansprüche nach § 2 Abs. 1 Satz 1 und 2 nicht hinter dem Rentenanspruch zurückbleiben, der sich ergeben hätte, wenn der Arbeitnehmer

für die Zeit der versicherungsfreien Beschäftigung in der gesetzlichen Rentenversicherung nachversichert worden wäre; die Vergleichsberechnung ist im Versorgungsfall aufgrund einer Auskunft der Deutschen Rentenversicherung Bund vorzunehmen.

§ 18a
Verjährung

¹Der Anspruch auf Leistungen aus der betrieblichen Altersversorgung verjährt in 30 Jahren. ²Ansprüche auf regelmäßig wiederkehrende Leistungen unterliegen der regelmäßigen Verjährungsfrist nach den Vorschriften des Bürgerlichen Gesetzbuchs.

§ 30a

(1) ¹Männlichen Arbeitnehmern,
1. die vor dem 1. Januar 1952 geboren sind,
2. die das 60. Lebensjahr vollendet haben,
3. die nach Vollendung des 40. Lebensjahres mehr als 10 Jahre Pflichtbeiträge für eine in der gesetzlichen Rentenversicherung versicherte Beschäftigung oder Tätigkeit nach den Vorschriften des Sechsten Buches Sozialgesetzbuch haben,
4. die die Wartezeit von 15 Jahren in der gesetzlichen Rentenversicherung erfüllt haben und
5. deren Arbeitsentgelt oder Arbeitseinkommen die Hinzuverdienstgrenze nach § 34 Abs. 3 Nr. 1 des Sechsten Buches Sozialgesetzbuch nicht überschreitet,

sind auf deren Verlangen nach Erfüllung der Wartezeit und sonstiger Leistungsvoraussetzungen der Versorgungsregelung für nach dem 17. Mai 1990 zurückgelegte Beschäftigungszeiten Leistungen der betrieblichen Altersversorgung zu gewähren. ²§ 6 Satz 3 gilt entsprechend.

(2) Haben der Arbeitnehmer oder seine anspruchsberechtigten Angehörigen vor dem 17. Mai 1990 gegen die Versagung der Leistungen der betrieblichen Altersversorgung Rechtsmittel eingelegt, ist Absatz 1 für Beschäftigungszeiten nach dem 8. April 1976 anzuwenden.

(3) Die Vorschriften des Bürgerlichen Gesetzbuchs über die Verjährung von Ansprüchen aus dem Arbeitsverhältnis bleiben unberührt.

§ 30b

§ 4 Abs. 3 gilt nur für Zusagen, die nach dem 31. Dezember 2004 erteilt wurden.

§ 30c

(1) § 16 Abs. 3 Nr. 1 gilt nur für laufende Leistungen, die auf Zusagen beruhen, die nach dem 31. Dezember 1998 erteilt werden.

(2) § 16 Abs. 4 gilt für vor dem 1. Januar 1999 zu Recht unterbliebene Anpassungen.

(3) § 16 Abs. 5 gilt nur für laufende Leistungen, die auf Zusagen beruhen, die nach dem 31. Dezember 2000 erteilt werden.

(4) Für die Erfüllung der Anpassungsprüfungspflicht für Zeiträume vor dem 1. Januar 2003 gilt § 16 Abs. 2 Nr. 1 mit der Maßgabe, dass an die Stelle des Verbraucherpreisindexes für Deutschland der Preisindex für die Lebenshaltung von 4-Personen-Haushalten von Arbeitern und Angestellten mit mittlerem Einkommen tritt.

§ 30d
Übergangsregelung zu § 18

(1) ¹Ist der Versorgungsfall vor dem 1. Januar 2001 eingetreten oder ist der Arbeitnehmer vor dem 1. Januar 2001 aus dem Beschäftigungsverhältnis bei einem öffentlichen Arbeitgeber ausgeschieden und der Versorgungsfall nach dem 31. Dezember 2000 eingetreten, sind für die Berechnung der Voll-Leistung die Regelungen der Zusatzversorgungseinrichtungen nach § 18 Abs. 1 Satz 1 Nr. 1 und 2 oder die Gesetze im Sinne des § 18 Abs. 1 Satz 1 Nr. 3 sowie die weiteren Berechnungsfaktoren jeweils in der am 31. Dezember 2000 geltenden Fassung maßgebend; § 18 Abs. 2 Nr. 1 Buchstabe b bleibt unberührt. ²Die Steuerklasse III/0 ist zugrunde zu legen. ³Ist der Versorgungsfall vor dem 1. Januar 2001 eingetreten, besteht der Anspruch auf Zusatzrente mindestens in der Höhe, wie er sich aus § 18 in der Fassung vom 16. Dezember 1997 (BGBl. I S. 2998) ergibt.

(2) Die Anwendung des § 18 ist in den Fällen des Absatzes 1 ausgeschlossen, soweit eine Versorgungsrente der in § 18 Abs. 1 Satz 1 Nr. 1 und 2 bezeichneten Zusatzversorgungseinrichtungen oder eine entsprechende Leistung aufgrund der Regelungen des Ersten Ruhegeldgesetzes, des Zweiten Ruhegeld-

Anhang 8/BetrAVG

gesetzes oder des Bremischen Ruhelohngesetzes bezogen wird, oder eine Versicherungsrente abgefunden wurde.
(3) ¹Für Arbeitnehmer im Sinne des § 18 Abs. 1 Satz 1 Nr. 4, 5 und 6 in der bis zum 31. Dezember 1998 geltenden Fassung, für die bis zum 31. Dezember 1998 ein Anspruch auf Nachversicherung nach § 18 Abs. 6 entstanden ist, gilt Absatz 1 Satz 1 für die aufgrund der Nachversicherung zu ermittelnde Voll-Leistung entsprechend mit der Maßgabe, dass sich der nach § 2 zu ermittelnde Anspruch gegen den ehemaligen Arbeitgeber richtet. ²Für den nach § 2 zu ermittelnden Anspruch gilt § 18 Abs. 2 Nr. 1 Buchstabe b entsprechend; für die übrigen Bemessungsfaktoren ist auf die Rechtslage am 31. Dezember 2000 abzustellen. ³Leistungen der gesetzlichen Rentenversicherung, die auf einer Nachversicherung wegen Ausscheidens aus einem Dienstordnungsverhältnis beruhen, und Leistungen, die die zuständige Versorgungseinrichtung aufgrund von Nachversicherungen im Sinne des § 18 Abs. 6 in der am 31. Dezember 1998 geltenden Fassung gewährt, werden auf den Anspruch nach § 2 angerechnet. ⁴Hat das Arbeitsverhältnis im Sinne des § 18 Abs. 9 bereits am 31. Dezember 1998 bestanden, ist in die Vergleichsberechnung nach § 18 Abs. 9 auch die Zusatzrente nach § 18 in der bis zum 31. Dezember 1998 geltenden Fassung einzubeziehen.

§ 30e
(1) § 1 Abs. 2 Nr. 4 zweiter Halbsatz gilt für Zusagen, die nach dem 31. Dezember 2002 erteilt werden.
(2) ¹§ 1 Abs. 2 Nr. 4 zweiter Halbsatz findet auf Pensionskassen, deren Leistungen der betrieblichen Altersversorgung durch Beiträge der Arbeitnehmer und Arbeitgeber gemeinsam finanziert und die als beitragsorientierte Leistungszusage oder als Leistungszusage durchgeführt werden, mit der Maßgabe Anwendung, dass dem ausgeschiedenen Arbeitnehmer das Recht zur Fortführung mit eigenen Beiträgen nicht eingeräumt werden und eine Überschussverwendung gemäß § 1b Abs. 5 Nr. 1 nicht erfolgen muss. ²Wird dem ausgeschiedenen Arbeitnehmer ein Recht zur Fortführung nicht eingeräumt, gilt für die Höhe der unverfallbaren Anwartschaft § 2 Abs. 5a entsprechend. ³Für die Anpassung laufender Leistungen gelten die Regelungen nach § 16 Abs. 1 bis 4. ⁴Die Regelung in Absatz 1 bleibt unberührt.

§ 30f
(1) ¹Wenn Leistungen der betrieblichen Altersversorgung vor dem 1. Januar 2001 zugesagt worden sind, ist § 1b Abs. 1 mit der Maßgabe anzuwenden, dass die Anwartschaft erhalten bleibt, wenn das Arbeitsverhältnis vor Eintritt des Versorgungsfalles, jedoch nach Vollendung des 35. Lebensjahres endet und die Versorgungszusage zu diesem Zeitpunkt
1. mindestens zehn Jahre oder
2. bei mindestens zwölfjähriger Betriebszugehörigkeit mindestens drei Jahre

bestanden hat; in diesen Fällen bleibt die Anwartschaft auch erhalten, wenn die Zusage ab dem 1. Januar 2001 fünf Jahre bestanden hat und bei Beendigung des Arbeitsverhältnisses das 30. Lebensjahr vollendet ist. ²§ 1b Abs. 5 findet für Anwartschaften aus diesen Zusagen keine Anwendung.
(2) Wenn Leistungen der betrieblichen Altersversorgung vor dem 1. Januar 2009 und nach dem 31. Dezember 2000 zugesagt worden sind, ist § 1b Abs. 1 Satz 1 mit der Maßgabe anzuwenden, dass die Anwartschaft erhalten bleibt, wenn das Arbeitsverhältnis vor Eintritt des Versorgungsfalls, jedoch nach Vollendung des 30. Lebensjahres endet und die Versorgungszusage zu diesem Zeitpunkt fünf Jahre bestanden hat; in diesen Fällen bleibt die Anwartschaft auch erhalten, wenn die Zusage ab dem 1. Januar 2009 fünf Jahre bestanden hat und bei Beendigung des Arbeitsverhältnisses das 25. Lebensjahr vollendet ist.

§ 30g
(1) ¹§ 2 Abs. 5a gilt nur für Anwartschaften, die auf Zusagen beruhen, die nach dem 31. Dezember 2000 erteilt worden sind. ²Im Einvernehmen zwischen Arbeitgeber und Arbeitnehmer kann § 2 Abs. 5a auch auf Anwartschaften angewendet werden, die auf Zusagen beruhen, die vor dem 1. Januar 2001 erteilt worden sind.
(2) § 3 findet keine Anwendung auf laufende Leistungen, die vor dem 1. Januar 2005 erstmals gezahlt worden sind.

§ 30h
§ 17 Abs. 5 gilt für Entgeltumwandlungen, die auf Zusagen beruhen, die nach dem 29. Juni 2001 erteilt werden.

§ 30i
(1) ¹Der Barwert der bis zum 31. Dezember 2005 aufgrund eingetretener Insolvenzen zu sichernden Anwartschaften wird einmalig auf die beitragspflichtigen Arbeitgeber entsprechend § 10 Abs. 3 umge-

legt und vom Träger der Insolvenzsicherung nach Maßgabe der Beträge zum Schluss des Wirtschaftsjahres, das im Jahr 2004 geendet hat, erhoben. ²Der Rechnungszinsfuß bei der Berechnung des Barwerts beträgt 3,67 vom Hundert.

(2) ¹Der Betrag ist in 15 gleichen Raten fällig. ²Die erste Rate wird am 31. März 2007 fällig, die weiteren zum 31. März der folgenden Kalenderjahre. ³Bei vorfälliger Zahlung erfolgt eine Diskontierung der einzelnen Jahresraten mit dem zum Zeitpunkt der Zahlung um ein Drittel erhöhten Rechnungszinsfuß nach § 65 des Versicherungsaufsichtsgesetzes, wobei nur volle Monate berücksichtigt werden.

(3) Der abgezinste Gesamtbetrag ist gemäß Absatz 2 am 31. März 2007 fällig, wenn die sich ergebende Jahresrate nicht höher als 50 Euro ist.

(4) Insolvenzbedingte Zahlungsausfälle von ausstehenden Raten werden im Jahr der Insolvenz in die erforderlichen jährlichen Beiträge gemäß § 10 Abs. 2 eingerechnet.

§ 31

Auf Sicherungsfälle, die vor dem 1. Januar 1999 eingetreten sind, ist dieses Gesetz in der bis zu diesem Zeitpunkt geltenden Fassung anzuwenden.

Anhang 9/AÜG

Gesetz zur Regelung der gewerbsmäßigen Arbeitnehmerüberlassung (Arbeitnehmerüberlassungsgesetz – AÜG)

In der Neufassung vom 3. Februar 1995 (BGBl. I S. 158)[1]

§ 1
Erlaubnispflicht

(1) [1]Arbeitgeber, die als Verleiher Dritten (Entleihern) Arbeitnehmer (Leiharbeitnehmer) gewerbsmäßig zur Arbeitsleistung überlassen wollen, bedürfen der Erlaubnis. [2]Die Abordnung von Arbeitnehmern zu einer zur Herstellung eines Werkes gebildeten Arbeitsgemeinschaft ist keine Arbeitnehmerüberlassung, wenn der Arbeitgeber Mitglied der Arbeitsgemeinschaft ist, für alle Mitglieder der Arbeitsgemeinschaft Tarifverträge desselben Wirtschaftszweiges gelten und alle Mitglieder auf Grund des Arbeitsgemeinschaftsvertrages zur selbständigen Erbringung von Vertragsleistungen verpflichtet sind. [3]Für einen Arbeitgeber mit Geschäftssitz in einem anderen Mitgliedstaat des Europäischen Wirtschaftsraumes ist die Abordnung von Arbeitnehmern zu einer zur Herstellung eines Werkes gebildeten Arbeitsgemeinschaft auch dann keine Arbeitnehmerüberlassung, wenn für ihn deutsche Tarifverträge desselben Wirtschaftszweiges wie für die anderen Mitglieder der Arbeitsgemeinschaft nicht gelten, er aber die übrigen Voraussetzungen des Satzes 2 erfüllt.

(2) Werden Arbeitnehmer Dritten zur Arbeitsleistung überlassen und übernimmt der Überlassende nicht die üblichen Arbeitgeberpflichten oder das Arbeitgeberrisiko (§ 3 Abs. 1 Nr. 1 bis 3), so wird vermutet, dass der Überlassende Arbeitsvermittlung betreibt.

(3) Dieses Gesetz ist mit Ausnahme des § 1b Satz 1, des § 16 Abs. 1 Nr. 1b und Abs. 2 bis 5 sowie der §§ 17 und 18 nicht anzuwenden auf die Arbeitnehmerüberlassung
1. zwischen Arbeitgebern desselben Wirtschaftszweiges zur Vermeidung von Kurzarbeit oder Entlassungen, wenn ein für den Entleiher und Verleiher geltender Tarifvertrag dies vorsieht,
2. zwischen Konzernunternehmen im Sinne des § 18 des Aktiengesetzes, wenn der Arbeitnehmer seine Arbeit vorübergehend nicht bei seinem Arbeitgeber leistet, oder
3. in das Ausland, wenn der Leiharbeitnehmer in ein auf der Grundlage zwischenstaatlicher Vereinbarungen begründetes deutsch-ausländisches Gemeinschaftsunternehmen verliehen wird, an dem der Verleiher beteiligt ist.

§ 1a
Anzeige der Überlassung

(1) Keiner Erlaubnis bedarf ein Arbeitgeber mit weniger als 50 Beschäftigten, der zur Vermeidung von Kurzarbeit oder Entlassungen an einen Arbeitgeber einen Arbeitnehmer bis zur Dauer von zwölf Monaten überlässt, wenn er die Überlassung vorher schriftlich der Bundesagentur für Arbeit angezeigt hat.

(2) In der Anzeige sind anzugeben
1. Vor- und Familiennamen, Wohnort und Wohnung, Tag und Ort der Geburt des Leiharbeitnehmers,
2. Art der vom Leiharbeitnehmer zu leistenden Tätigkeit und etwaige Pflicht zur auswärtigen Leistung,
3. Beginn und Dauer der Überlassung,
4. Firma und Anschrift des Entleihers.

§ 1b
Einschränkungen im Baugewerbe

[1]Gewerbsmäßige Arbeitnehmerüberlassung in Betriebe des Baugewerbes für Arbeiten, die üblicherweise von Arbeitern verrichtet werden, ist unzulässig. [2]Sie ist gestattet
a) zwischen Betrieben des Baugewerbes und anderen Betrieben, wenn diese Betriebe erfassende, für allgemeinverbindlich erklärte Tarifverträge dies bestimmen,
b) zwischen Betrieben des Baugewerbes, wenn der verleihende Betrieb nachweislich seit mindestens drei Jahren von denselben Rahmen- und Sozialkassentarifverträgen oder von deren Allgemeinverbindlichkeit erfasst wird.

[3]Abweichend von Satz 2 ist für Betriebe des Baugewerbes mit Geschäftssitz in einem anderen Mitgliedstaat des Europäischen Wirtschaftsraumes gewerbsmäßige Arbeitnehmerüberlassung auch gestattet, wenn die ausländischen Betriebe nicht von deutschen Rahmen- und Sozialkassentarifverträgen

---

1) Unter Berücksichtigung der Änderungen zuletzt durch Artikel 16 und 19 Absatz 6 des Gesetzes vom 2.3.2009 (BGBl. I S. 416).

oder für allgemeinverbindlich erklärten Tarifverträgen erfasst werden, sie aber nachweislich seit mindestens drei Jahren überwiegend Tätigkeiten ausüben, die unter den Geltungsbereich derselben Rahmen- und Sozialkassentarifverträge fallen, von denen der Betrieb des Entleihers erfasst wird.

§ 2
Erteilung und Erlöschen der Erlaubnis

(1) Die Erlaubnis wird auf schriftlichen Antrag erteilt.

(2) ¹Die Erlaubnis kann unter Bedingungen erteilt und mit Auflagen verbunden werden, um sicherzustellen, daß keine Tatsachen eintreten, die nach § 3 die Versagung der Erlaubnis rechtfertigen. ²Die Aufnahme, Änderung oder Ergänzung von Auflagen sind auch nach Erteilung der Erlaubnis zulässig.

(3) Die Erlaubnis kann unter dem Vorbehalt des Widerrufs erteilt werden, wenn eine abschließende Beurteilung des Antrags noch nicht möglich ist.

(4) ¹Die Erlaubnis ist auf ein Jahr zu befristen. ²Der Antrag auf Verlängerung der Erlaubnis ist spätestens drei Monate vor Ablauf des Jahres zu stellen. ³Die Erlaubnis verlängert sich um ein weiteres Jahr, wenn die Erlaubnisbehörde die Verlängerung nicht vor Ablauf des Jahres ablehnt. ⁴Im Falle der Ablehnung gilt die Erlaubnis für die Abwicklung der nach § 1 erlaubt abgeschlossenen Verträge als fortbestehend, jedoch nicht länger als zwölf Monate.

(5) ¹Die Erlaubnis kann unbefristet erteilt werden, wenn der Verleiher drei aufeinanderfolgende Jahre lang nach § 1 erlaubt tätig war. ²Sie erlischt, wenn der Verleiher von der Erlaubnis drei Jahre lang keinen Gebrauch gemacht hat.

§ 2a
Kosten

(1) Für die Bearbeitung von Anträgen auf Erteilung und Verlängerung der Erlaubnis werden vom Antragsteller Kosten (Gebühren und Auslagen) erhoben.

(2) ¹Die Vorschriften des Verwaltungskostengesetzes sind anzuwenden. ²Die Bundesregierung wird ermächtigt, durch Rechtsverordnung die gebührenpflichtigen Tatbestände näher zu bestimmen und dabei feste Sätze und Rahmensätze vorzusehen. ³Die Gebühr darf im Einzelfall 2500 Euro nicht überschreiten.

§ 3
Versagung

(1) Die Erlaubnis oder ihre Verlängerung ist zu versagen, wenn Tatsachen die Annahme rechtfertigen, dass der Antragsteller

1. die für die Ausübung der Tätigkeit nach § 1 erforderliche Zuverlässigkeit nicht besitzt, insbesondere weil er die Vorschriften des Sozialversicherungsrechts, über die Einbehaltung und Abführung der Lohnsteuer, über die Arbeitsvermittlung, über die Anwerbung im Ausland oder über die Ausländerbeschäftigung, die Vorschriften des Arbeitsschutzrechts oder die arbeitsrechtlichen Pflichten nicht einhält;

2. nach der Gestaltung seiner Betriebsorganisation nicht in der Lage ist, die üblichen Arbeitgeberpflichten ordnungsgemäß zu erfüllen;

3. dem Leiharbeitnehmer für die Zeit der Überlassung an einen Entleiher die im Betrieb dieses Entleihers für einen vergleichbaren Arbeitnehmer des Entleihers geltenden wesentlichen Arbeitsbedingungen einschließlich des Arbeitsentgelts nicht gewährt, es sei denn, der Verleiher gewährt dem zuvor arbeitslosen Leiharbeitnehmer für die Überlassung an einen Entleiher für die Dauer von insgesamt höchstens sechs Wochen mindestens ein Nettoarbeitsentgelt in Höhe des Betrages, den der Leiharbeitnehmer zuletzt als Arbeitslosengeld erhalten hat; Letzteres gilt nicht, wenn mit demselben Verleiher bereits ein Leiharbeitsverhältnis bestanden hat. ²Ein Tarifvertrag kann abweichende Regelungen zulassen. ³Im Geltungsbereich eines solchen Tarifvertrages können nicht tarifgebundene Arbeitgeber und Arbeitnehmer die Anwendung der tariflichen Regelungen vereinbaren.

4. – 6. (weggefallen)

(2) Die Erlaubnis oder ihre Verlängerung ist ferner zu versagen, wenn für die Ausübung der Tätigkeit nach § 1 Betriebe, Betriebsteile oder Nebenbetriebe vorgesehen sind, die nicht in einem Mitgliedstaat der Europäischen Wirtschaftsgemeinschaft oder einem anderen Vertragsstaat des Abkommens über den Europäischen Wirtschaftsraum liegen.

(3) Die Erlaubnis kann versagt werden, wenn der Antragsteller nicht Deutscher im Sinne des Artikels 116 des Grundgesetzes ist oder wenn eine Gesellschaft oder juristische Person den Antrag stellt, die entweder

nicht nach deutschem Recht gegründet ist oder die weder ihren satzungsmäßigen Sitz noch ihre Hauptverwaltung noch ihre Hauptniederlassung im Geltungsbereich dieses Gesetzes hat.

(4) ¹Staatsangehörige der Mitgliedstaaten der Europäischen Wirtschaftsgemeinschaft oder eines anderen Vertragsstaates des Abkommens über den Europäischen Wirtschaftsraum erhalten die Erlaubnis unter den gleichen Voraussetzungen wie deutsche Staatsangehörige. ²Den Staatsangehörigen dieser Staaten stehen gleich Gesellschaften und juristische Personen, die nach den Rechtsvorschriften dieser Staaten gegründet sind und ihren satzungsgemäßen Sitz, ihre Hauptverwaltung oder ihre Hauptniederlassung innerhalb dieser Staaten haben. ³Soweit diese Gesellschaften oder juristischen Personen zwar ihren satzungsmäßigen Sitz, jedoch weder ihre Hauptverwaltung noch ihre Hauptniederlassung innerhalb dieser Staaten haben, gilt Satz 2 nur, wenn ihre Tätigkeit in tatsächlicher und dauerhafter Verbindung mit der Wirtschaft eines Mitgliedstaates oder eines Vertragsstaates des Abkommens über den Europäischen Wirtschaftsraum steht.

(5) ¹Staatsangehörige anderer als der in Absatz 4 genannten Staaten, die sich aufgrund eines internationalen Abkommens im Geltungsbereich dieses Gesetzes niederlassen und hierbei sowie bei ihrer Geschäftstätigkeit nicht weniger günstig behandelt werden dürfen als deutsche Staatsangehörige, erhalten die Erlaubnis unter den gleichen Voraussetzungen wie deutsche Staatsangehörige. ²Den Staatsangehörigen nach Satz 1 stehen gleich Gesellschaften, die nach den Rechtsvorschriften des anderen Staates gegründet sind.

§ 4
Rücknahme

(1) ¹Eine rechtswidrige Erlaubnis kann mit Wirkung für die Zukunft zurückgenommen werden. ²§ 2 Abs. 4 Satz 4 gilt entsprechend.

(2) ¹Die Erlaubnisbehörde hat dem Verleiher auf Antrag den Vermögensnachteil auszugleichen, den dieser dadurch erleidet, dass er auf den Bestand der Erlaubnis vertraut hat, soweit sein Vertrauen unter Abwägung mit dem öffentlichen Interesse schutzwürdig ist. ²Auf Vertrauen kann sich der Verleiher nicht berufen, wenn er

1. die Erlaubnis durch arglistige Täuschung, Drohung oder durch eine strafbare Handlung erwirkt hat;
2. die Erlaubnis durch Angaben erwirkt hat, die in wesentlicher Beziehung unrichtig oder unvollständig waren, oder
3. die Rechtswidrigkeit der Erlaubnis kannte oder infolge grober Fahrlässigkeit nicht kannte.

³Der Vermögensnachteil ist jedoch nicht über den Betrag des Interesses hinaus zu ersetzen das der Verleiher an dem Bestand der Erlaubnis hat. ⁴Der auszugleichende Vermögensnachteil wird durch die Erlaubnisbehörde festgesetzt. ⁵Der Anspruch kann nur innerhalb eines Jahres geltend gemacht werden; die Frist beginnt, sobald die Erlaubnisbehörde den Verleiher auf sie hingewiesen hat.

(3) Die Rücknahme ist nur innerhalb eines Jahres seit dem Zeitpunkt zulässig, in dem die Erlaubnisbehörde von den Tatsachen Kenntnis erhalten hat, die die Rücknahme der Erlaubnis rechtfertigen.

§ 5
Widerruf

(1) Die Erlaubnis kann mit Wirkung für die Zukunft widerrufen werden, wenn

1. der Widerruf bei ihrer Erteilung nach § 2 Abs. 3 vorbehalten worden ist;
2. der Verleiher eine Auflage nach § 2 nicht innerhalb einer ihm gesetzten Frist erfüllt hat;
3. die Erlaubnisbehörde aufgrund nachträglich eingetretener Tatsachen berechtigt wäre, die Erlaubnis zu versagen, oder
4. die Erlaubnisbehörde aufgrund einer geänderten Rechtslage berechtigt wäre, die Erlaubnis zu versagen; § 4 Abs. 2 gilt entsprechend.

(2) ¹Die Erlaubnis wird mit dem Wirksamwerden des Widerrufs unwirksam. ²§ 2 Abs. 4 Satz 4 gilt entsprechend.

(3) Der Widerruf ist unzulässig, wenn eine Erlaubnis gleichen Inhalts erneut erteilt werden müsste.

(4) Der Widerruf ist nur innerhalb eines Jahres seit dem Zeitpunkt zulässig, in dem die Erlaubnisbehörde von den Tatsachen Kenntnis erhalten hat, die den Widerruf der Erlaubnis rechtfertigen.

§ 6
Verwaltungszwang

Werden Leiharbeitnehmer von einem Verleiher ohne die erforderliche Erlaubnis überlassen, so hat die Erlaubnisbehörde dem Verleiher dies zu untersagen und das weitere Überlassen nach den Vorschriften des Verwaltungsvollstreckungsgesetzes zu verhindern.

§ 7
Anzeigen und Auskünfte

(1) ¹Der Verleiher hat der Erlaubnisbehörde nach Erteilung der Erlaubnis unaufgefordert die Verlegung, Schließung und Errichtung von Betrieben, Betriebsteilen oder Nebenbetrieben vorher anzuzeigen, soweit diese die Ausübung der Arbeitnehmerüberlassung zum Gegenstand haben. ²Wenn die Erlaubnis Personengesamtheiten, Personengesellschaften oder juristischen Personen erteilt ist und nach ihrer Erteilung eine andere Person zur Geschäftsführung oder Vertretung nach Gesetz, Satzung oder Gesellschaftsvertrag berufen wird, ist auch dies unaufgefordert anzuzeigen.

(2) ¹Der Verleiher hat der Erlaubnisbehörde auf Verlangen die Auskünfte zu erteilen, die zur Durchführung des Gesetzes erforderlich sind. ²Die Auskünfte sind wahrheitsgemäß, vollständig, fristgemäß und unentgeltlich zu erteilen. ³Auf Verlangen der Erlaubnisbehörde hat der Verleiher die geschäftlichen Unterlagen vorzulegen, aus denen sich die Richtigkeit seiner Angaben ergibt, oder seine Angaben auf sonstige Weise glaubhaft zu machen. ⁴Der Verleiher hat seine Geschäftsunterlagen drei Jahre lang aufzubewahren.

(3) ¹In begründeten Einzelfällen sind die von der Erlaubnisbehörde beauftragten Personen befugt, Grundstücke und Geschäftsräume des Verleihers zu betreten und dort Prüfungen vorzunehmen. ²Der Verleiher hat die Maßnahmen nach Satz 1 zu dulden. ³Das Grundrecht der Unverletzlichkeit der Wohnung (Artikel 13 des Grundgesetzes) wird insoweit eingeschränkt.

(4) ¹Durchsuchungen können nur auf Anordnung des Richters bei dem Amtsgericht, in dessen Bezirk die Durchsuchung erfolgen soll, vorgenommen werden. ²Auf die Anfechtung dieser Anordnung finden die §§ 304 bis 310 der Strafprozeßordnung entsprechende Anwendung. ³Bei Gefahr im Verzuge können die von der Erlaubnisbehörde beauftragten Personen während der Geschäftszeit die erforderlichen Durchsuchungen ohne richterliche Anordnung vornehmen. ⁴An Ort und Stelle ist eine Niederschrift über die Durchsuchung und ihr wesentliches Ergebnis aufzunehmen, aus der sich, falls keine richterliche Anordnung ergangen ist, auch die Tatsachen ergeben, die zur Annahme einer Gefahr im Verzuge geführt haben.

(5) Der Verleiher kann die Auskunft auf solche Fragen verweigern, deren Beantwortung ihn selbst oder einen der in § 383 Abs. 1 Nr. 1 bis 3 der Zivilprozeßordnung bezeichneten Angehörigen der Gefahr strafgerichtlicher Verfolgung oder eines Verfahrens nach dem Gesetz über Ordnungswidrigkeiten aussetzen würde.

§ 8
Statistische Meldungen

(1) ¹Der Verleiher hat der Erlaubnisbehörde halbjährlich statistische Meldungen über
1. die Zahl der überlassenen Leiharbeitnehmer getrennt nach Geschlecht, nach der Staatsangehörigkeit, nach Berufsgruppen und nach der Art der vor der Begründung des Vertragsverhältnisses zum Verleiher ausgeübten Beschäftigung,
2. die Zahl der Überlassungsfälle, gegliedert nach Wirtschaftsgruppen,
3. die Zahl der Entleiher, denen er Leiharbeitnehmer überlassen hat, gegliedert nach Wirtschaftsgruppen,
4. die Zahl und die Dauer der Arbeitsverhältnisse, die er mit jedem überlassenen Leiharbeitnehmer eingegangen ist,
5. die Zahl der Beschäftigungstage jedes überlassenen Leiharbeitnehmers, gegliedert nach Überlassungsfällen,

zu erstatten. ²Die Erlaubnisbehörde kann die Meldepflicht nach Satz 1 einschränken.

(2) Die Meldungen sind für das erste Kalenderhalbjahr bis zum 1. September des laufenden Jahres, für das zweite Kalenderhalbjahr bis zum 1. März des folgenden Jahres zu erstatten.

(3) ¹Die Erlaubnisbehörde gibt zur Durchführung des Absatzes 1 Erhebungsvordrucke aus. ²Die Meldungen sind auf diesen Vordrucken zu erstatten. ³Die Richtigkeit der Angaben ist durch Unterschrift zu bestätigen.

Anhang 9/AÜG

(4) ¹Einzelangaben nach Absatz 1 sind von der Erlaubnisbehörde geheimzuhalten. ²Die §§ 93, 97, 105 Abs. 1, § 111 Abs. 5 in Verbindung mit § 105 Abs. 1 sowie § 116 Abs. 1 der Abgabenordnung gelten nicht. ³Dies gilt nicht, soweit die Finanzbehörden die Kenntnisse für die Durchführung eines Verfahrens wegen einer Steuerstraftat sowie eines damit zusammenhängenden Besteuerungsverfahrens benötigen, an deren Verfolgung ein zwingendes öffentliches Interesse besteht, oder soweit es sich um vorsätzlich falsche Angaben des Auskunftspflichtigen oder der für ihn tätigen Personen handelt. ⁴Veröffentlichungen von Ergebnissen auf Grund von Meldungen nach Absatz 1 dürfen keine Einzelangaben enthalten. ⁵Eine Zusammenfassung von Angaben mehrerer Auskunftspflichtiger ist keine Einzelangabe im Sinne dieses Absatzes.

§ 9
Unwirksamkeit

Unwirksam sind:

1. Verträge zwischen Verleihern und Entleihern sowie zwischen Verleihern und Leiharbeitnehmern, wenn der Verleiher nicht die nach § 1 erforderliche Erlaubnis hat,
2. Vereinbarungen, die für den Leiharbeitnehmer für die Zeit der Überlassung an einen Entleiher schlechtere als die im Betrieb des Entleihers für einen vergleichbaren Arbeitnehmer des Entleihers geltenden wesentlichen Arbeitsbedingungen einschließlich des Arbeitsentgelts vorsehen, es sein denn, der Verleiher gewährt dem zuvor arbeitslosen Leiharbeitnehmer für die Überlassung an einen Entleiher für die Dauer von insgesamt höchstens sechs Wochen mindestens ein Nettoarbeitsentgelt in Höhe des Betrages, den der Leiharbeitnehmer zuletzt als Arbeitslosengeld erhalten hat; Letzteres gilt nicht, wenn mit demselben Verleiher bereits ein Leiharbeitsverhältnis bestanden hat; ein Tarifvertrag kann abweichende Regelungen zulassen; im Geltungsbereich eines solchen Tarifvertrages können nicht tarifgebundene Arbeitgeber und Arbeitnehmer die Anwendung der tariflichen Regelungen vereinbaren,
3. Vereinbarungen, die dem Entleiher untersagen, den Leiharbeitnehmer zu einem Zeitpunkt einzustellen, in dem dessen Arbeitsverhältnis zum Verleiher nicht mehr besteht; dies schließt die Vereinbarung einer angemessenen Vergütung zwischen Verleiher und Entleiher für die nach vorangegangenem Verleih oder mittels vorangegangenem Verleih erfolgte Vermittlung nicht aus,
4. Vereinbarungen, die dem Leiharbeitnehmer untersagen, mit dem Entleiher zu einem Zeitpunkt, in dem das Arbeitsverhältnis zwischen Verleiher und Leiharbeitnehmer nicht mehr besteht, ein Arbeitsverhältnis einzugehen.

§ 10
Rechtsfolgen bei Unwirksamkeit

(1) ¹Ist der Vertrag zwischen einem Verleiher und einem Leiharbeitnehmer nach § 9 Nr. 1 unwirksam, so gilt ein Arbeitsverhältnis zwischen Entleiher und Leiharbeitnehmer zu dem zwischen dem Entleiher und dem Verleiher für den Beginn der Tätigkeit vorgesehenen Zeitpunkt als zustande gekommen; tritt die Unwirksamkeit erst nach Aufnahme der Tätigkeit beim Entleiher ein, so gilt das Arbeitsverhältnis zwischen Entleiher und Leiharbeitnehmer mit dem Eintritt der Unwirksamkeit als zustande gekommen. ²Das Arbeitsverhältnis nach Satz 1 gilt als befristet, wenn die Tätigkeit des Leiharbeitnehmers bei dem Entleiher nur befristet vorgesehen war und ein die Befristung des Arbeitsverhältnisses sachlich rechtfertigender Grund vorliegt. ³Für das Arbeitsverhältnis nach Satz 1 gilt die zwischen dem Verleiher und dem Entleiher vorgesehene Arbeitszeit als vereinbart. ⁴Im Übrigen bestimmen sich Inhalt und Dauer dieses Arbeitsverhältnisses nach den für den Betrieb des Entleihers geltenden Vorschriften und sonstigen Regelungen; sind solche nicht vorhanden, gelten diejenigen vergleichbarer Betriebe. ⁵Der Leiharbeitnehmer hat gegen den Entleiher mindestens Anspruch auf das mit dem Verleiher vereinbarte Arbeitsentgelt.

(2) ¹Der Leiharbeitnehmer kann im Falle der Unwirksamkeit seines Vertrages mit dem Verleiher nach § 9 Nr. 1 von diesem Ersatz des Schadens verlangen, den er dadurch erleidet, dass er auf die Gültigkeit des Vertrages vertraut. ²Die Ersatzpflicht tritt nicht ein, wenn der Leiharbeitnehmer den Grund der Unwirksamkeit kannte.

(3) ¹Zahlt der Verleiher das vereinbarte Arbeitsentgelt oder Teile des Arbeitsentgelts an den Leiharbeitnehmer, obwohl der Vertrag nach § 9 Nr. 1 unwirksam ist, so hat er auch sonstige Teile des Arbeitsentgelts, die bei einem wirksamen Arbeitsvertrag für den Leiharbeitnehmer an einen anderen zu zahlen wären, an den anderen zu zahlen. ²Hinsichtlich dieser Zahlungspflicht gilt der Verleiher neben dem Entleiher als Arbeitgeber; beide haften insoweit als Gesamtschuldner.

(4) Der Leiharbeitnehmer kann im Falle der Unwirksamkeit der Vereinbarung mit dem Verleiher nach § 9 Nr. 2 von diesem die Gewährung der im Betrieb des Entleihers für einen vergleichbaren Arbeitnehmer des Entleihers geltenden wesentlichen Arbeitsbedingungen einschließlich Arbeitsentgelt verlangen.

(5) (weggefallen)

§ 11
Sonstige Vorschriften über das Leiharbeitsverhältnis

(1) ¹Der Nachweis der wesentlichen Vertragsbedingungen des Leiharbeitsverhältnisses richtet sich nach den Bestimmungen des Nachweisgesetzes. ²Zusätzlich zu den in § 2 Abs. 1 des Nachweisgesetzes genannten Angaben sind in die Niederschrift aufzunehmen:
1. Firma und Anschrift des Verleihers, die Erlaubnisbehörde sowie Ort und Datum der Erteilung der Erlaubnis nach § 1.
2. Art und Höhe der Leistungen für Zeiten, in denen der Leiharbeitnehmer nicht verliehen ist.

(2) ¹Der Verleiher ist ferner verpflichtet, dem Leiharbeitnehmer bei Vertragsschluss ein Merkblatt der Erlaubnisbehörde über den wesentlichen Inhalt dieses Gesetzes auszuhändigen. ²Nichtdeutsche Leiharbeitnehmer erhalten das Merkblatt und den Nachweis nach Absatz 1 auf Verlangen in ihrer Muttersprache. ³Die Kosten des Merkblatts trägt der Verleiher.

(3) ¹Der Verleiher hat den Leiharbeitnehmer unverzüglich über den Zeitpunkt des Wegfalls der Erlaubnis zu unterrichten. ²In den Fällen der Nichtverlängerung (§ 2 Abs. 4 Satz 3), der Rücknahme (§ 4) oder des Widerrufs (§ 5) hat er ihn ferner auf das voraussichtliche Ende der Abwicklung (§ 2 Abs. 4 Satz 4) und die gesetzliche Abwicklungsfrist (§ 2 Abs. 4 Satz 4 letzter Halbsatz) hinzuweisen.

(4) ¹§ 622 Abs. 5 Nr. 1 des Bürgerlichen Gesetzbuchs ist nicht auf Arbeitsverhältnisse zwischen Verleihern und Leiharbeitnehmern anzuwenden. ²Das Recht des Leiharbeitnehmers auf Vergütung bei Annahmeverzug des Verleihers (§ 615 Satz 1 des Bürgerlichen Gesetzbuchs) kann nicht durch Vertrag aufgehoben oder beschränkt werden; § 615 Satz 2 des Bürgerlichen Gesetzbuchs bleibt unberührt. ³Das Recht des Leiharbeitnehmers auf Vergütung kann durch Vereinbarung von Kurzarbeit für die Zeit aufgehoben werden, für die dem Leiharbeitnehmer Kurzarbeitergeld nach dem Dritten Buch Sozialgesetzbuch gezahlt wird; eine solche Vereinbarung kann das Recht des Leiharbeitnehmers auf Vergütung bis längstens zum 31. Dezember 2010 ausschließen.¹⁾

(5) ¹Der Leiharbeitnehmer ist nicht verpflichtet, bei einem Entleiher tätig zu sein, soweit dieser durch einen Arbeitskampf unmittelbar betroffen ist. ²In den Fällen eines Arbeitskampfes nach Satz 1 hat der Verleiher den Leiharbeitnehmer auf das Recht, die Arbeitsleistung zu verweigern, hinzuweisen.

(6) ¹Die Tätigkeit des Leiharbeitnehmers bei dem Entleiher unterliegt den für den Betrieb des Entleihers geltenden öffentlich-rechtlichen Vorschriften des Arbeitsschutzrechts; die hieraus sich ergebenden Pflichten für den Arbeitgeber obliegen dem Entleiher unbeschadet der Pflichten des Verleihers. ²Insbesondere hat der Entleiher den Leiharbeitnehmer vor Beginn der Beschäftigung und bei Veränderungen in seinem Arbeitsbereich über Gefahren für Sicherheit und Gesundheit, denen er bei der Arbeit ausgesetzt sein kann, sowie über die Maßnahmen und Einrichtungen zur Abwendung dieser Gefahren zu unterrichten. ³Der Entleiher hat den Leiharbeitnehmer zusätzlich über die Notwendigkeit besonderer Qualifikationen oder beruflicher Fähigkeiten oder einer besonderen ärztlichen Überwachung sowie über erhöhte besondere Gefahren des Arbeitsplatzes zu unterrichten.

(7) Hat der Leiharbeitnehmer während der Dauer der Tätigkeit bei dem Entleiher eine Erfindung oder einen technischen Verbesserungsvorschlag gemacht, so gilt der Entleiher als Arbeitgeber im Sinne des Gesetzes über Arbeitnehmererfindungen.

§ 12
Rechtsbeziehungen zwischen Verleiher und Entleiher

(1) ¹Der Vertrag zwischen dem Verleiher und dem Entleiher bedarf der Schriftform. ²In der Urkunde hat der Verleiher zu erklären, ob er die Erlaubnis nach § 1 besitzt. ³Der Entleiher hat in der Urkunde anzugeben, welche besonderen Merkmale die für den Leiharbeitnehmer vorgesehene Tätigkeit hat und welche berufliche Qualifikation dafür erforderlich ist sowie welche im Betrieb des Entleihers für einen vergleichbaren Arbeitnehmer des Entleihers wesentlichen Arbeitsbedingungen einschließlich des Arbeitsentgelts gelten; Letzteres gilt nicht, soweit die Voraussetzungen einer der beiden in § 3 Abs. 1 Nr. 3 und § 9 Nr. 2 genannten Ausnahmen vorliegen.

---

1) § 11 Abs. 4 Satz 3 tritt mit Ablauf des 31.12.2010 außer Kraft (Artikel 19 Abs. 6 des Gesetzes vom 2.3.2009 BGBl. I S. 416).

(2) ¹Der Verleiher hat den Entleiher unverzüglich über den Zeitpunkt des Wegfalls der Erlaubnis zu unterrichten. ²In den Fällen der Nichtverlängerung (§ 2 Abs. 4 Satz 3), der Rücknahme (§ 4) oder des Widerrufs (§ 5) hat er ihn ferner auf das voraussichtliche Ende der Abwicklung (§ 2 Abs. 4 Satz 4) und die gesetzliche Abwicklungsfrist (§ 2 Abs. 4 Satz 4 letzter Halbsatz) hinzuweisen.

(3) (weggefallen)

§ 13
Auskunftsanspruch des Leiharbeitnehmers

Der Leiharbeitnehmer kann im Falle der Überlassung von seinem Entleiher Auskunft über die im Betrieb des Entleihers für einen vergleichbaren Arbeitnehmer des Entleihers geltenden wesentlichen Arbeitsbedingungen einschließlich des Arbeitsentgelts verlangen; dies gilt nicht, soweit die Voraussetzungen einer der beiden in § 3 Abs. 1 Nr. 3 und § 9 Nr. 2 genannten Ausnahmen vorliegen.

§ 14
Mitwirkungs- und Mitbestimmungsrechte

(1) Leiharbeitnehmer bleiben auch während der Zeit ihrer Arbeitsleistung bei einem Entleiher Angehörige des entsendenden Betriebs des Verleihers.

(2) ¹Leiharbeitnehmer sind bei der Wahl der Arbeitnehmervertreter in den Aufsichtsrat im Entleiherunternehmen und bei der Wahl der betriebsverfassungsrechtlichen Arbeitnehmervertretungen im Entleiherbetrieb nicht wählbar. ²Sie sind berechtigt, die Sprechstunden dieser Arbeitnehmervertretungen aufzusuchen und an den Betriebs- und Jugendversammlungen im Entleiherbetrieb teilzunehmen. ³Die §§ 81, 82 Abs. 1 und die §§ 84 bis 86 des Betriebsverfassungsgesetzes gelten im Entleiherbetrieb auch in bezug auf die dort tätigen Leiharbeitnehmer.

(3) ¹Vor der Übernahme eines Leiharbeitnehmers zur Arbeitsleistung ist der Betriebsrat des Entleiherbetriebs nach § 99 des Betriebsverfassungsgesetzes zu beteiligen. ²Dabei hat der Entleiher dem Betriebsrat auch die schriftliche Erklärung des Verleihers nach § 12 Abs. 1 Satz 2 vorzulegen. ³Er ist ferner verpflichtet, Mitteilungen des Verleihers nach § 12 Abs. 2 unverzüglich dem Betriebsrat bekanntzugeben.

(4) Die Absätze 1 und 2 Satz 1 und 2 sowie Absatz 3 gelten für die Anwendung des Bundespersonalvertretungsgesetzes sinngemäß.

§ 15
Ausländische Leiharbeitnehmer ohne Genehmigung

(1) Wer als Verleiher einen Ausländer, der einen erforderlichen Aufenthaltstitel nach § 4 Abs. 3 des Aufenthaltsgesetzes, eine Aufenthaltsgestattung oder eine Duldung, die zur Ausübung der Beschäftigung berechtigen, oder eine Genehmigung nach § 284 Abs. 1 des Dritten Buches Sozialgesetzbuch nicht besitzt, entgegen § 1 einem Dritten ohne Erlaubnis überlässt, wird mit Freiheitsstrafe bis zu drei Jahren oder mit Geldstrafe bestraft.

(2) ¹In besonders schweren Fällen ist die Strafe Freiheitsstrafe von sechs Monaten bis zu fünf Jahren. ²Ein besonders schwerer Fall liegt in der Regel vor, wenn der Täter gewerbsmäßig oder aus grobem Eigennutz handelt.

§ 15a
Entleih von Ausländern ohne Genehmigung

(1) ¹Wer als Entleiher einen ihm überlassenen Ausländer, der einen erforderlichen Aufenthaltstitel nach § 4 Abs. 3 des Aufenthaltsgesetzes, eine Aufenthaltsgestattung oder eine Duldung, die zur Ausübung der Beschäftigung berechtigen, oder eine Genehmigung nach § 284 Abs. 1 des Dritten Buches Sozialgesetzbuch nicht besitzt, zu Arbeitsbedingungen des Leiharbeitsverhältnisses tätig werden lässt, die in einem auffälligen Missverhältnis zu den Arbeitsbedingungen deutscher Leiharbeitnehmer stehen, die die gleiche oder eine vergleichbare Tätigkeit ausüben, wird mit Freiheitsstrafe bis zu drei Jahren oder mit Geldstrafe bestraft. ²In besonders schweren Fällen ist die Strafe Freiheitsstrafe von sechs Monaten bis zu fünf Jahren; ein besonders schwerer Fall liegt in der Regel vor, wenn der Täter gewerbsmäßig oder aus grobem Eigennutz handelt.

(2) ¹Wer als Entleiher
1. gleichzeitig mehr als fünf Ausländer, die einen erforderlichen Aufenthaltstitel nach § 4 Abs. 3 des Aufenthaltsgesetzes, eine Aufenthaltsgestattung oder eine Duldung, die zur Ausübung der Beschäftigung berechtigen, oder eine Genehmigung nach § 284 Abs. 1 des Dritten Buches Sozialgesetzbuch nicht besitzen, tätig werden lässt oder

2. eine in § 16 Abs. 1 Nr. 2 bezeichnete vorsätzliche Zuwiderhandlung beharrlich wiederholt, wird mit Freiheitsstrafe bis zu einem Jahr oder mit Geldstrafe bestraft. ²Handelt der Täter aus grobem Eigennutz, ist die Strafe Freiheitsstrafe bis zu drei Jahren oder Geldstrafe.

§ 16
Ordnungswidrigkeiten

(1) Ordnungswidrig handelt, wer vorsätzlich oder fahrlässig
1. entgegen § 1 einen Leiharbeitnehmer einem Dritten ohne Erlaubnis überlässt,
1a. einen ihm von einem Verleiher ohne Erlaubnis überlassenen Leiharbeitnehmer tätig werden lässt,
1b. entgegen § 1b Satz 1 gewerbsmäßig Arbeitnehmer überlässt oder tätig werden lässt,
2. einen ihm überlassenen ausländischen Leiharbeitnehmer, der einen erforderlichen Aufenthaltstitel nach § 4 Abs. 3 des Aufenthaltsgesetzes, eine Aufenthaltsgestattung oder eine Duldung, die zur Ausübung der Beschäftigung berechtigen, oder eine Genehmigung nach § 284 Abs. 1 des Dritten Buches Sozialgesetzbuch nicht besitzt, tätig werden lässt,
2a. eine Anzeige nach §1a nicht richtig, nicht vollständig oder nicht rechtzeitig erstattet,
3. einer Auflage nach § 2 Abs. 2 nicht, nicht vollständig oder nicht rechtzeitig nachkommt,
4. eine Anzeige nach § 7 Abs. 1 nicht, nicht richtig, nicht vollständig oder nicht rechtzeitig erstattet,
5. eine Auskunft nach § 7 Abs. 2 Satz 1 nicht, nicht richtig, nicht vollständig oder nicht rechtzeitig erteilt,
6. seiner Aufbewahrungspflicht nach § 7 Abs. 2 Satz 4 nicht nachkommt,
6a. entgegen § 7 Abs. 3 Satz 2 eine dort genannte Maßnahme nicht duldet,
7. eine statistische Meldung nach § 8 Abs. 1 nicht, nicht richtig, nicht vollständig oder nicht rechtzeitig erteilt,
8. einer Pflicht nach § 11 Abs. 1 oder Abs. 2 nicht nachkommt,
9. (weggefallen)

(2) Die Ordnungswidrigkeit nach Absatz 1 Nr. 1 bis 1b kann mit einer Geldbuße bis zu fünfundzwanzigtausend Euro, die Ordnungswidrigkeit nach Absatz 1 Nr. 2 mit einer Geldbuße bis zu fünfhunderttausend Euro, die Ordnungswidrigkeit nach Absatz 1 Nr. 2a und 3 mit einer Geldbuße bis zu zweitausendfünfhundert Euro, die Ordnungswidrigkeit nach Absatz 1 Nr. 4 bis 8 mit einer Geldbuße bis zu fünfhundert Euro geahndet werden.

(3) Verwaltungsbehörden im Sinne des § 36 Abs. 1 Nr. 1 des Gesetzes über Ordnungswidrigkeiten sind für die Ordnungswidrigkeiten nach Absatz 1 Nr. 1 bis 2a die Behörden der Zollverwaltung, für die Ordnungswidrigkeiten nach Absatz 1 Nr. 3 bis 8 die Bundesagentur für Arbeit.

(4) § 66 des Zehnten Buches Sozialgesetzbuch gilt entsprechend.

(5) ¹Die Geldbußen fließen in die Kasse der zuständigen Verwaltungsbehörde. ²Sie trägt abweichend von § 105 Abs. 2 des Gesetzes über Ordnungswidrigkeiten die notwendigen Auslagen und ist auch ersatzpflichtig im Sinne des § 110 Abs. 4 des Gesetzes über Ordnungswidrigkeiten.

§ 17
Durchführung

¹Die Bundesagentur für Arbeit führt dieses Gesetz nach fachlichen Weisungen des Bundesministeriums für Arbeit und Soziales durch. ²Verwaltungskosten werden nicht erstattet.

§ 18
Zusammenarbeit mit anderen Behörden

(1) Zur Verfolgung und Ahndung der Ordnungswidrigkeiten nach § 16 arbeiten die Bundesagentur für Arbeit und die Behörden der Zollverwaltung insbesondere mit folgenden Behörden zusammen:
1. den Trägern der Krankenversicherung als Einzugsstellen für die Sozialversicherungsbeiträge,
2. den in § 71 des Aufenthaltsgesetzes genannten Behörden,
3. den Finanzbehörden,
4. den nach Landesrecht für die Verfolgung und Ahndung von Ordnungswidrigkeiten nach dem Schwarzarbeitsbekämpfungsgesetz zuständigen Behörden,
5. den Trägern der Unfallversicherung,
6. den für den Arbeitsschutz zuständigen Landesbehörden,

Anhang 9/AÜG

7. den Rentenversicherungsträgern,
8. den Trägern der Sozialhilfe.

(2) Ergeben sich für die Bundesagentur für Arbeit oder die Behörden der Zollverwaltung bei der Durchführung dieses Gesetzes im Einzelfall konkrete Anhaltspunkte für

1. Verstöße gegen das Schwarzarbeitsbekämpfungsgesetz,
2. eine Beschäftigung oder Tätigkeit von Ausländern ohne erforderlichen Aufenthaltstitel nach § 4 Abs. 3 des Aufenthaltsgesetzes, eine Aufenthaltsgestattung oder eine Duldung, die zur Ausübung der Beschäftigung berechtigen, oder eine Genehmigung nach § 284 Abs. 1 des Dritten Buches Sozialgesetzbuch,
3. Verstöße gegen die Mitwirkungspflicht nach § 60 Abs. 1 Satz 1 Nr. 2 des Ersten Buches Sozialgesetzbuch gegenüber einer Dienststelle der Bundesagentur für Arbeit, einem Träger der gesetzlichen Kranken-, Pflege-, Unfall- oder Rentenversicherung oder einem Träger der Sozialhilfe oder gegen die Meldepflicht nach § 8a des Asylbewerberleistungsgesetzes,
4. Verstöße gegen die Vorschriften des Vierten und Siebten Buches Sozialgesetzbuch über die Verpflichtung zur Zahlung von Sozialversicherungsbeiträgen, soweit sie im Zusammenhang mit den in den Nummern 1 bis 3 genannten Verstößen sowie mit Arbeitnehmerüberlassung entgegen § 1 stehen,
5. Verstöße gegen die Steuergesetze,
6. Verstöße gegen das Aufenthaltsgesetz,

unterrichten sie die für die Verfolgung und Ahndung zuständigen Behörden, die Träger der Sozialhilfe sowie die Behörden nach § 71 des Aufenthaltsgesetzes.

(3) ¹In Strafsachen, die Straftaten nach den §§ 15 und 15a zum Gegenstand haben, sind der Bundesagentur für Arbeit und den Behörden der Zollverwaltung zur Verfolgung von Ordnungswidrigkeiten

1. bei Einleitung des Strafverfahrens die Personendaten des Beschuldigten, der Straftatbestand, die Tatzeit und der Tatort,
2. im Falle der Erhebung der öffentlichen Klage die das Verfahren abschließende Entscheidung mit Begründung

zu übermitteln. ²Ist mit der in Nummer 2 genannten Entscheidung ein Rechtsmittel verworfen worden oder wird darin auf die angefochtene Entscheidung Bezug genommen, so ist auch die angefochtene Entscheidung zu übermitteln. ³Die Übermittlung veranlasst die Strafvollstreckungs- oder die Strafverfolgungsbehörde. ⁴Eine Verwendung

1. der Daten des Arbeitnehmers für Maßnahmen zu ihren Gunsten,
2. der Daten des Arbeitgebers zur Besetzung seiner offenen Arbeitsplätze, die im Zusammenhang mit dem Strafverfahren bekanntgeworden sind,
3. der in den Nummern 1 und 2 genannten Daten für Entscheidungen über die Einstellung oder Rückforderung von Leistungen der Bundesagentur für Arbeit

ist zulässig.

(4) ¹Gerichte, Strafverfolgungs- oder Strafvollstreckungsbehörden sollen den Behörden der Zollverwaltung Erkenntnisse aus sonstigen Verfahren, die aus ihrer Sicht zur Verfolgung von Ordnungswidrigkeiten nach § 16 Abs. 1 Nr. 1 bis 2 erforderlich sind, übermitteln, soweit nicht für die übermittelnde Stelle erkennbar ist, dass schutzwürdige Interessen des Betroffenen oder anderer Verfahrensbeteiligter an dem Ausschluss der Übermittlung überwiegen. ²Dabei ist zu berücksichtigen, wie gesichert die zu übermittelnden Erkenntnisse sind.

§ 19
Übergangsvorschrift

¹§ 1 Abs. 2, § 1b Satz 2, die §§ 3, 9, 10, 12, 13 und 16 in der vor dem 1. Januar 2003 geltenden Fassung sind auf Leiharbeitsverhältnisse, die vor dem 1. Januar 2004 begründet worden sind, bis zum 31. Dezember 2003 weiterhin anzuwenden. ²Dies gilt nicht für Leiharbeitsverhältnisse im Geltungsbereich eines nach dem 15. November 2002 in Kraft tretenden Tarifvertrages, der die wesentlichen Arbeitsbedingungen einschließlich des Arbeitsentgelts im Sinne des § 3 Abs. 1 Nr. 3 und des § 9 Nr. 2 regelt.

§ 20
(weggefallen)

Anhang 10/Altervorsorge-Durchführungsverordnung (AltvDV)

Verordnung zur Durchführung der steuerlichen Vorschriften des Einkommensteuergesetzes zur Altersvorsorge und zum Rentenbezugsmitteilungsverfahren sowie zum weiteren Datenaustausch mit der zentralen Stelle (Altersvorsorge-Durchführungsverordnung – AltvDV)

Neufassung vom 28.2.2005 (BGBl. I S. 487, BStBl. I S. 452)[1)]

Abschnitt 1
Grundsätze der Datenübermittlung

§ 1
Datensätze

(1) Eine nach den § 10 Absatz 2a, §§ 10a, 22a, 41b Absatz 2, § 52 Absatz 24, 24d, 38a, 43a oder Abschnitt XI des Einkommensteuergesetzes oder nach dieser Verordnung vorgeschriebene Übermittlung von Daten und eine nach diesen Vorschriften bestehende Anzeige- oder Mitteilungspflicht zwischen den am Verfahren Beteiligten erfolgt in Form eines amtlich vorgeschriebenen Datensatzes.

(2) [1]Absatz 1 gilt nicht für Mitteilungen an den Zulageberechtigten nach § 90 Abs. 1 Satz 3 des Einkommensteuergesetzes durch die zuständige Stelle (§ 81a des Einkommensteuergesetzes) und den Anbieter (§ 80 des Einkommensteuergesetzes), für Mitteilungen der zentralen Stelle (§ 81 des Einkommensteuergesetzes) an den Zulageberechtigten nach § 92a Abs. 4 Satz 3 und § 92b Abs. 1 Satz 3 des Einkommensteuergesetzes, für Mitteilungen des Zulagenberechtigten nach § 92a des Einkommensteuergesetzes, für Anzeigen nach den §§ 5 und 13 sowie für Mitteilungen nach den §§ 6, 10 Abs. 2 Satz 2 und § 11 Abs. 1 und 3. [2]Wird die Mitteilung nach § 11 Abs. 1 und 3 über die zentrale Stelle übermittelt, ist Absatz 1 anzuwenden. [3]Die Mitteilung des Anbieters an den Zulageberechtigten nach § 90 Abs. 1 Satz 3 des Einkommensteuergesetzes kann mit der Bescheinigung nach § 10a Abs. 5 Satz 1 oder § 92 des Einkommensteuergesetzes erfolgen.

§ 2
Technisches Übermittlungsformat

(1) Die Datensätze sind im XML-Format zu übermitteln.

(2) [1]Der codierte Zeichensatz für eine nach § 10a oder Abschnitt XI des Einkommensteuergesetzes oder nach einer im Abschnitt 2 dieser Verordnung vorzunehmenden Datenübermittlung hat den Anforderungen der DIN 66303, Ausgabe Juni 2000, zu entsprechen. [2]Der Zeichensatz ist gemäß der Vorgabe der zentralen Stelle an den jeweiligen Stand der Technik anzupassen.

(3) [1]Der codierte Zeichensatz für eine nach § 10 Absatz 2a, den §§ 22a, 41b Absatz 2, § 52 Absatz 24, 24d, 38a oder Absatz 43a des Einkommensteuergesetzes oder nach einer in den Abschnitten 3 und 4 dieser Verordnung vorzunehmenden Datenübermittlung hat den Anforderungen der ISO/IEC 8859-15, Ausgabe März 1999, zu entsprechen. [2]Absatz 2 Satz 2 gilt entsprechend.

§ 2a
DIN- und ISO/IEC-Normen

DIN- und ISO/IEC-Normen, auf die in dieser Verordnung verwiesen wird, sind im Beuth-Verlag GmbH, Berlin und Köln, erschienen und beim Deutschen Patent- und Markenamt in München archivmäßig gesichert niedergelegt.

§ 3
Verfahren der Datenübermittlung, Schnittstellen

(1) Die Übermittlung der Datensätze hat durch Datenfernübertragung zu erfolgen.

(1a) [1]Bei der elektronischen Übermittlung sind die für den jeweiligen Besteuerungszeitraum oder -zeitpunkt bestimmten Schnittstellen ordnungsgemäß zu bedienen. [2]Die für die Datenübermittlung erforderlichen Schnittstellen und die dazugehörige Dokumentation werden über das Internet in einem geschützten Bereich der zentralen Stelle zur Verfügung gestellt.

(2) [1]Werden Mängel festgestellt, die eine ordnungsgemäße Übernahme der Daten beeinträchtigen, kann die Übernahme der Daten abgelehnt werden. [2]Der Absender ist über die Mängel zu unterrichten.

---

1) Unter Berücksichtigung der Änderungen zuletzt durch Artikel 3 Bürgerentlastungsgesetz Krankenversicherung vom 16.7.2009 (BGBl. I S. 1959, BStBl. I S. 782) sowie Artikel 4 Gesetz zur Umsetzung steuerlicher EU-Vorgaben sowie zur Änderung steuerlicher Vorschriften vom ... 2010 (BGBl. I S. ..., BStBl. I S. ...).

Anhang 10/Altervorsorge-Durchführungsverordnung (AltvDV)

(3) Die technischen Einrichtungen für die Datenübermittlung stellt jede übermittelnde Stelle für ihren Bereich bereit.

§ 4
Übermittlung durch Datenfernübertragung

(1) [1]Bei der Datenfernübertragung sind dem jeweiligen Stand der Technik entsprechende Maßnahmen zur Sicherstellung von Datenschutz und Datensicherheit zu treffen, die insbesondere die Vertraulichkeit und Unversehrtheit der Daten sowie die Authentifizierung der übermittelnden und empfangenden Stelle gewährleisten. [2]Bei der Nutzung allgemein zugänglicher Netze sind Verschlüsselungsverfahren zu verwenden. [3]Die zentrale Stelle bestimmt das einzusetzende Verschlüsselungsverfahren, das dem jeweiligen Stand der Technik entsprechen muss.

(2) [1]Die zentrale Stelle bestimmt den zu nutzenden Übertragungsweg. [2]Hierbei soll der Übertragungsweg zugelassen werden, der von den an der Datenübermittlung Beteiligten gewünscht wird.

(3) [1]Die erforderlichen Daten können unter den Voraussetzungen des § 11 des Bundesdatenschutzgesetzes oder der vergleichbaren Vorschriften der Landesdatenschutzgesetze durch einen Auftragnehmer der übermittelnden Stelle an die zentrale Stelle übertragen werden. [2]Geeignet ist ein Auftragnehmer, der die Anforderungen an den Datenschutz und die Datensicherheit gemäß dieser Verordnung erfüllt.

(4) Der nach Absatz 3 mit der Datenfernübertragung beauftragte Auftragnehmer gilt als Empfangsbevollmächtigter für Mitteilungen der zentralen Stelle an den Auftraggeber, solange dieser nicht widerspricht.

§ 5
Identifikation der am Verfahren Beteiligten

(1) Der Anbieter, die zuständige Stelle und die Familienkassen haben der zentralen Stelle auf Anforderung anzuzeigen:
1. die Kundenart,
2. den Namen und die Anschrift,
3. soweit erforderlich die E-Mail-Adresse,
4. die Telefon- und soweit vorhanden die Telefaxnummer,
5. die Betriebsnummer und
6. die Art der Verbindung.

(2) [1]Der Anbieter hat zusätzlich zu den in Absatz 1 aufgeführten Angaben eine Zertifizierungsnummer sowie die Bankverbindung, über welche die Zulagenzahlungen abgewickelt werden sollen, anzuzeigen. [2]Hat der Anbieter ausschließlich Daten nach § 10 Absatz 2a des Einkommensteuergesetzes zu übermitteln, ist die Angabe der Bankverbindung nicht erforderlich.

(2a) Die Familienkassen haben zusätzlich zu den in Absatz 1 aufgeführten Angaben eine von ihnen im Außenverhältnis gegenüber dem Kindergeldempfänger verwendete Kurzbezeichnung der Familienkasse anzuzeigen.

(3) [1]Im Fall der Beauftragung eines Auftragnehmers (§ 4 Abs. 3) hat der Auftraggeber der zentralen Stelle auch die in Absatz 1 genannten Daten des Auftragnehmers anzuzeigen. [2]Eine Mandanten- oder Institutionsnummer des Beteiligten beim Auftragnehmer ist ebenfalls anzuzeigen.

(4) Die am Verfahren Beteiligten (übermittelnde Stellen und ihre Auftragnehmer) erhalten von der zentralen Stelle eine Kundennummer und ein Passwort, die den Zugriff auf den geschützten Bereich des Internets der zentralen Stelle ermöglichen.

(5) Jede Änderung der in den Absätzen 1 bis 3 genannten Daten ist der zentralen Stelle von dem am Verfahren Beteiligten unter Angabe der Kundennummer (Absatz 4) unverzüglich anzuzeigen.

(6) Die Absätze 1 und 3 bis 5 gelten für übermittelnde Stellen im Sinne des § 10 Absatz 2a des Einkommensteuergesetzes, für Mitteilungspflichtige (§ 22a Absatz 1 Satz 1 des Einkommensteuergesetzes) und für Träger der Sozialleistungen (§ 32b Absatz 3 des Einkommensteuergesetzes) entsprechend. Die Teilnahme der Arbeitgeber am maschinellen Anfrageverfahren der Identifikationsnummer (§ 139b der Abgabenordnung) nach § 41b Absatz 2 des Einkommensteuergesetzes setzt voraus, dass diese bereits durch die Finanzverwaltung authentifiziert wurden; eine weitere Identifikation bei der zentralen Stelle findet nicht statt.

Anhang 10/Altervorsorge-Durchführungsverordnung (AltvDV)

Abschnitt 2
Vorschriften zur Altersvorsorge nach § 10a oder Abschnitt XI des Einkommensteuergesetzes
Unterabschnitt 1
Mitteilungs- und Anzeigepflichten

§ 6
Mitteilungspflichten des Arbeitgebers

(1) ¹Der Arbeitgeber hat der Versorgungseinrichtung (Pensionsfonds, Pensionskasse, Direktversicherung), die für ihn die betriebliche Altersversorgung durchführt, spätestens zwei Monate nach Ablauf des Kalenderjahres oder nach Beendigung des Dienstverhältnisses im Laufe des Kalenderjahres gesondert je Versorgungszusage mitzuteilen, in welcher Höhe die für den einzelnen Arbeitnehmer geleisteten Beiträge individuell besteuert wurden. ²Die Mitteilungspflicht des Arbeitgebers kann durch einen Auftragnehmer wahrgenommen werden.

(2) Eine Mitteilung nach Absatz 1 kann unterbleiben, wenn die Versorgungseinrichtung dem Arbeitgeber mitgeteilt hat, dass

1. sie die Höhe der individuell besteuerten Beiträge bereits kennt oder aus den bei ihr vorhandenen Daten feststellen kann oder
2. eine Förderung nach § 10a oder Abschnitt XI des Einkommensteuergesetzes nicht möglich ist.

(3) Der Arbeitnehmer kann gegenüber der Versorgungseinrichtung für die individuell besteuerten Beiträge insgesamt auf die Förderung nach § 10a oder Abschnitt XI des Einkommensteuergesetzes verzichten; der Verzicht kann für die Zukunft widerrufen werden.

(4) Soweit eine Mitteilung nach Absatz 1 unterblieben ist und die Voraussetzungen des Absatzes 2 Nr. 1 nicht vorliegen oder der Arbeitnehmer nach Absatz 3 verzichtet hat, hat die Versorgungseinrichtung davon auszugehen, dass es sich nicht um Altersvorsorgebeiträge im Sinne des § 82 Abs. 2 des Einkommensteuergesetzes handelt.

§ 7
Besondere Mitteilungspflichten der zuständigen Stelle

(1) ¹Beantragt ein Steuerpflichtiger, der zu dem in § 10a Abs. 1 Satz 1 zweiter Halbsatz des Einkommensteuergesetzes bezeichneten Personenkreis gehört, über die für ihn zuständige Stelle (§ 81a des Einkommensteuergesetzes) eine Zulagenummer (§ 10a Abs. 1a des Einkommensteuergesetzes), übermittelt die zuständige Stelle die Angaben des Steuerpflichtigen an die zentrale Stelle. ²Für Empfänger einer Versorgung im Sinne des § 10a Abs. 1 Satz 4 des Einkommensteuergesetzes gilt Satz 1 entsprechend.

(2) ¹Hat der Steuerpflichtige die nach § 10a Abs. 1 Satz 1 zweiter Halbsatz des Einkommensteuergesetzes erforderliche Einwilligung erteilt, hat die zuständige Stelle die Zugehörigkeit des Steuerpflichtigen zum begünstigten Personenkreis für das Beitragsjahr zu bestätigen und die für die Ermittlung des Mindesteigenbeitrags und für die Gewährung der Kinderzulage erforderlichen Daten an die zentrale Stelle zu übermitteln. ²Sind für ein Beitragsjahr oder für das vorangegangene Kalenderjahr mehrere zuständige Stellen nach § 91 Abs. 2 des Einkommensteuergesetzes zur Meldung der Daten nach § 10a Abs. 1 Satz 1 zweiter Halbsatz des Einkommensteuergesetzes verpflichtet, meldet jede zuständige Stelle die Daten für den Zeitraum, für den jeweils das Beschäftigungs-, Amts- oder Dienstverhältnis bestand und auf den sich jeweils die zu übermittelnden Daten beziehen. ³Gehört der Steuerpflichtige im Beitragsjahr nicht mehr zum berechtigten Personenkreis im Sinne des § 10a Abs. 1 Satz 1 zweiter Halbsatz des Einkommensteuergesetzes oder ist er nicht mehr Empfänger einer Versorgung im Sinne des § 10a Abs. 1 Satz 4 des Einkommensteuergesetzes oder hat er im Beitragsjahr erstmalig einen Altersvorsorgevertrag (§ 82 Abs. 1 des Einkommensteuergesetzes) abgeschlossen, hat die zuständige Stelle die für die Ermittlung des Mindesteigenbeitrags erforderlichen Daten an die zentrale Stelle zu übermitteln, wenn ihr eine Einwilligung des Steuerpflichtigen vorliegt. ⁴Sind die zuständige Stelle und die Familienkasse verschiedenen juristischen Personen zugeordnet, entfällt die Meldung der kinderbezogenen Daten nach Satz 1. ⁵In den anderen Fällen kann eine Übermittlung der Kinderdaten durch die zuständige Stelle entfallen, wenn sichergestellt ist, dass die Familienkasse die für die Gewährung der Kinderzulage erforderlichen Daten an die zentrale Stelle übermittelt oder ein Datenabgleich (§ 91 Abs. 1 Satz 1 erster Halbsatz des Einkommensteuergesetzes) erfolgt.

(3) Hat die zuständige Stelle die für die Gewährung der Kinderzulage erforderlichen Daten an die zentrale Stelle übermittelt (§ 91 Abs. 2 des Einkommensteuergesetzes) und wird für diesen gemeldeten

Anhang 10/Altersvorsorge-Durchführungsverordnung (AltvDV)

Zeitraum das Kindergeld insgesamt zurückgefordert, hat die zuständige Stelle dies der zentralen Stelle bis zum 31. März des Kalenderjahres, das dem Kalenderjahr der Rückforderung folgt, mitzuteilen.

§ 8
(weggefallen)

§ 9
Besondere Mitteilungspflicht der Familienkasse

Hat die zuständige Familienkasse der zentralen Stelle die Daten für die Gewährung der Kinderzulage übermittelt und wird für diesen gemeldeten Zeitraum das Kindergeld insgesamt zurückgefordert, hat die Familienkasse dies der zentralen Stelle unverzüglich mitzuteilen.

§ 10
Besondere Mitteilungspflichten des Anbieters

(1) ¹Der Anbieter hat die vom Antragsteller im Zulageantrag anzugebenden Daten sowie die Mitteilungen nach § 89 Abs. 1 Satz 5 des Einkommensteuergesetzes zu erfassen und an die zentrale Stelle zu übermitteln. ²Erfolgt eine Datenübermittlung nach § 89 Abs. 3 des Einkommensteuergesetzes, gilt Satz 1 entsprechend.

(2) ¹Der Anbieter hat einen ihm bekannt gewordenen Tatbestand des § 95 Absatz 1 des Einkommensteuergesetzes der zentralen Stelle mitzuteilen. ²Wenn dem Anbieter ausschließlich eine Anschrift des Zulageberechtigten außerhalb der Mitgliedstaaten der Europäischen Union und der Staaten, auf die das Abkommen über den Europäischen Wirtschaftsraum anwendbar ist, bekannt ist, teilt er dies der zentralen Stelle mit.

(3) Der Anbieter hat der zentralen Stelle die Zahlung des nach § 90 Abs. 3 Satz 3 des Einkommensteuergesetzes abzuführenden Rückforderungsbetrages und des nach § 94 Abs. 1 Satz 3 des Einkommensteuergesetzes abzuführenden Rückzahlungsbetrages, jeweils bezogen auf den Zulageberechtigten, sowie die Zahlung von ihm geschuldeter Verspätungs- oder Säumniszuschläge mitzuteilen.

§ 11
Anbieterwechsel

(1) ¹Im Fall der Übertragung von Altersvorsorgevermögen nach § 1 Abs. 1 Satz 1 Nr. 10 Buchstabe b des Altersvorsorgeverträge-Zertifizierungsgesetzes sowie in den Fällen des § 93 Abs. 1 Satz 4 Buchstabe c, Abs. 1a Satz 1 oder Abs. 2 Satz 2 und 3 des Einkommensteuergesetzes hat der Anbieter des bisherigen Vertrags dem Anbieter des neuen Vertrags die in § 92 des Einkommensteuergesetzes genannten Daten einschließlich der auf den Zeitpunkt der Übertragung fortgeschriebenen Beträge im Sinne des § 19 Abs. 1 und 2 mitzuteilen. ²Bei der Übermittlung hat er die bisherige Vertragsnummer, die Zertifizierungsnummer und die Anbieternummer anzugeben. ³Der Anbieter des bisherigen Vertrags kann die Mitteilung nach Satz 1 über die zentrale Stelle dem Anbieter des neuen Vertrags übermitteln. ⁴Die zentrale Stelle leitet die Mitteilung ohne inhaltliche Prüfung an den Anbieter des neuen Vertrags. ⁵Der Anbieter des bisherigen Vertrags hat den Anbieter des neuen Vertrags über eine Abweisung eines Datensatzes nach § 12 Abs. 1 Satz 3 oder 4 unverzüglich zu unterrichten.

(2) Wird das Altersvorsorgevermögen im laufenden Beitragsjahr vollständig auf einen neuen Anbieter übertragen, ist dieser Anbieter zur Ausstellung der Bescheinigung nach § 92 des Einkommensteuergesetzes sowie zur Übermittlung der Daten nach § 10a Abs. 5 des Einkommensteuergesetzes an die zentrale Stelle für das gesamte Beitragsjahr verpflichtet.

(3) ¹In den Fällen des § 92a Abs. 2 Satz 8 und 9 des Einkommensteuergesetzes hat der Anbieter nach § 1 Abs. 2 des Altersvorsorgeverträge-Zertifizierungsgesetzes des bisherigen Vertrags dem Anbieter nach § 1 Abs. 2 des Altersvorsorgeverträge-Zertifizierungsgesetzes des neuen Vertrags den Stand des Wohnförderkontos (§ 92a Abs. 2 Satz 1 des Einkommensteuergesetzes) zu übermitteln. ²Der Anbieter des bisherigen Vertrags kann die Mitteilung nach Satz 1 über die zentrale Stelle dem Anbieter des neuen Vertrags übermitteln. ³Die zentrale Stelle leitet die Mitteilung ohne inhaltliche Prüfung an den Anbieter des neuen Vertrags weiter. ⁴Die Sätze 1 bis 3 gelten entsprechend in den Fällen des § 92a Abs. 2 Satz 11 des Einkommensteuergesetzes. ⁵Erfolgt die Einzahlung nach § 92a Abs. 2 Satz 4 Nr. 1 oder § 92a Abs. 3 Satz 9 Nr. 2 des Einkommensteuergesetzes nicht beim Anbieter, der das Wohnförderkonto führt, hat der Anbieter, bei dem die Einzahlung erfolgt, dem anderen Anbieter die Höhe der Zahlungen des Zulageberechtigten auf den Altersvorsorgevertrag zu übermitteln. ⁶Der Anbieter, der das Wohnförderkonto führt, teilt dem anderen Anbieter den Betrag mit, um den das Wohnförderkonto gemindert wurde.

(4) ¹In den Fällen des Absatzes 1 Satz 1 hat der Anbieter des bisherigen Vertrags sowie der Anbieter des neuen Vertrags die Übertragung der zentralen Stelle mitzuteilen. ²Satz 1 gilt entsprechend in den Fällen

Anhang 10/Altersvorsorge-Durchführungsverordnung (AltvDV)

des § 92a Abs. 2 Satz 11 des Einkommensteuergesetzes. ³Liegt ein Fall des § 82 Abs. 1 Satz 4 des Einkommensteuergesetzes vor, hat der Anbieter des neuen Vertrags dies der zentralen Stelle ergänzend mitzuteilen. ⁴Im Fall der Übertragung von Altersvorsorgevermögen nach § 93 Absatz 1a Satz 1 des Einkommensteuergesetzes hat der Anbieter des bisherigen Vertrags der zentralen Stelle außerdem die vom Familiengericht angegebene Ehezeit mitzuteilen.

(5) ¹Wird Altersvorsorgevermögen auf Grund vertraglicher Vereinbarung nur teilweise auf einen anderen Vertrag übertragen, gehen Zulagen, Beiträge und Erträge anteilig auf den neuen Vertrag über. ²Die Absätze 1 und 4 gelten entsprechend.

§ 12
Besondere Mitteilungspflichten der zentralen Stelle gegenüber dem Anbieter

(1) ¹Die zentrale Stelle hat dem Anbieter das Ermittlungsergebnis (§ 90 Abs. 1 Satz 1 des Einkommensteuergesetzes) mitzuteilen. ²Die Mitteilung steht unter dem Vorbehalt der Nachprüfung (§ 164 der Abgabenordnung). ³Das Ermittlungsergebnis kann auch durch Abweisung des nach § 89 Abs. 2 des Einkommensteuergesetzes übermittelten Datensatzes, der um eine in dem vom Bundesministerium der Finanzen veröffentlichten Fehlerkatalog besonders gekennzeichnete Fehlermeldung ergänzt wird, übermittelt werden. ⁴Ist der Datensatz nach § 89 Abs. 2 des Einkommensteuergesetzes auf Grund von unzureichenden oder fehlerhaften Angaben des Zulageberechtigten abgewiesen sowie um eine Fehlermeldung ergänzt worden und werden die Angaben innerhalb der Antragsfrist des § 89 Abs. 1 Satz 1 des Einkommensteuergesetzes von dem Zulageberechtigten an den Anbieter nicht nachgereicht, gilt auch diese Abweisung des Datensatzes als Übermittlung des Ermittlungsergebnisses.

(2) ¹Die zentrale Stelle hat dem Anbieter die Auszahlung der Zulage nach § 90 Abs. 2 Satz 1 des Einkommensteuergesetzes und § 15, jeweils bezogen auf den Zulageberechtigten, mitzuteilen. ²Mit Zugang der Mitteilung nach Satz 1 entfällt der Vorbehalt der Nachprüfung der Mitteilung nach Absatz 1 Satz 2. ³Die zentrale Stelle kann eine Mahnung (§ 259 der Abgabenordnung) nach amtlich vorgeschriebenem Datensatz an den Anbieter übermitteln.

(3) Wird der Rückzahlungsbetrag nach § 95 Abs. 3 Satz 1 des Einkommensteuergesetzes erlassen, hat die zentrale Stelle dies dem Anbieter mitzuteilen.

§ 13
Anzeigepflichten des Zulageberechtigten

(1) (weggefallen)

(2) Liegt ein Tatbestand des § 95 Absatz 1 des Einkommensteuergesetzes vor, hat der Zulageberechtigte dies dem Anbieter auch dann anzuzeigen, wenn aus dem Vertrag bereits Leistungen bezogen werden.

Unterabschnitt 2

Ermittlung, Festsetzung, Auszahlung, Rückforderung und Rückzahlung der Zulagen

§ 14
Nachweis der Rentenversicherungspflicht und der Höhe der maßgebenden Einnahmen

(1) ¹Weichen die Angaben des Zulageberechtigten zur Rentenversicherungspflicht oder zu den beitragspflichtigen Einnahmen oder zu der bezogenen Rente wegen voller Erwerbsminderung oder Erwerbsunfähigkeit im Sinne des Sechsten Buches Sozialgesetzbuch – Gesetzliche Rentenversicherung – in der Fassung der Bekanntmachung vom 19. Februar 2002 (BGBl. I S. 754, 1404, 3384), zuletzt geändert durch Artikel 5 des Gesetzes vom 23. Juli 2002 (BGBl. I S. 2787), in der jeweils geltenden Fassung von den nach § 91 Abs. 1 Satz 1 des Einkommensteuergesetzes übermittelten Angaben des zuständigen Sozialversicherungsträgers ab, sind für den Nachweis der Rentenversicherungspflicht oder der Berechnung des Mindesteigenbeitrags die Angaben des zuständigen Sozialversicherungsträgers maßgebend. ²Für die vom Spitzenverband der landwirtschaftlichen Sozialversicherung für die Träger der Alterssicherung der Landwirte übermittelten Angaben gilt Satz 1 entsprechend; § 52 Abs. 65 Satz 2 des Einkommensteuergesetzes findet entsprechend Anwendung. ³Wird abweichend vom tatsächlich erzielten Entgelt, vom Zahlbetrag der Entgeltersatzleistung oder vom nach § 19 des Zweiten Buches Sozialgesetzbuch als Arbeitslosengeld II ausgezahlten Betrag ein höherer Betrag als beitragspflichtige Einnahmen im Sinne des § 86 Abs. 1 Satz 2 Nr. 1 des Einkommensteuergesetzes berücksichtigt und stimmen der vom Zulageberechtigten angegebene und der bei dem zuständigen Sozialversicherungsträger ermittelte Zeitraum überein, ist Satz 1 insoweit nicht anzuwenden. ⁴Im Festsetzungsverfahren ist dem Zulageberechtigten Gelegenheit zu geben, eine Klärung mit dem Sozialversicherungsträger herbeizuführen.

Anhang 10/Altersvorsorge-Durchführungsverordnung (AltvDV)

(2) Liegt der zentralen Stelle eine Bestätigung der zuständigen Stelle über die Zugehörigkeit des Zulageberechtigten zu dem in § 10a Abs. 1 Satz 1 Nr. 1 bis 5 und Satz 4 des Einkommensteuergesetzes genannten Personenkreis vor, gilt Absatz 1 entsprechend.

§ 15
Auszahlung der Zulage

¹Die Zulagen werden jeweils am 15. der Monate Februar, Mai, August und November eines Jahres zur Zahlung angewiesen. ²Zum jeweiligen Auszahlungstermin werden angewiesen:

a) Zulagen, die bis zum Ablauf des dem Auszahlungstermin vorangegangenen Kalendervierteljahres über den Anbieter beantragt worden sind und von der zentralen Stelle bis zum Ablauf des dem Auszahlungstermin vorangehenden Kalendermonats ermittelt wurden,

b) Erhöhungen von Zulagen, die bis zum Ablauf des dem Auszahlungstermin vorangehenden Kalendervierteljahres ermittelt oder festgesetzt wurden.

§ 16
Kleinbetragsgrenze für Rückforderungen gegenüber dem Zulageberechtigten

Ein Rückzahlungsbetrag nach § 94 Abs. 2 des Einkommensteuergesetzes, der nicht über den Anbieter zurückgefordert werden kann, wird nur festgesetzt, wenn die Rückforderung mindestens 10 Euro beträgt.

§ 17
Vollstreckung von Bescheiden über Forderungen der zentralen Stelle

¹Bescheide über Forderungen der zentralen Stelle werden von den Hauptzollämtern vollstreckt. ²Zuständig ist das Hauptzollamt, in dessen Vollstreckungsbezirk der Schuldner oder die Schuldnerin einen Wohnsitz oder gewöhnlichen Aufenthalt hat. ³Mangelt es an einem Wohnsitz oder gewöhnlichen Aufenthalt im Inland, ist das Hauptzollamt Potsdam zuständig. ⁴Über die Niederschlagung (§ 261 der Abgabenordnung) entscheidet die zentrale Stelle.

Unterabschnitt 3

Bescheinigungs-, Aufzeichnungs- und Aufbewahrungspflichten

§ 18
Erteilung der Anbieterbescheinigungen

(1) Werden Bescheinigungen nach § 10a Abs. 5 Satz 1, § 22 Nr. 5 Satz 7, § 92 oder § 94 Abs. 1 Satz 4 des Einkommensteuergesetzes mit Hilfe automatischer Einrichtungen erstellt, können Unterschrift und Namenswiedergabe des Anbieters oder des Vertretungsberechtigten fehlen.

(2) ¹Wird die Bescheinigung nach § 92 oder § 94 Abs. 1 Satz 4 des Einkommensteuergesetzes durch die Post übermittelt, ist das Datum der Aufgabe zur Post auf der Bescheinigung anzugeben. ²Für die Berechnung der Frist nach § 90 Abs. 4 Satz 2 des Einkommensteuergesetzes ist § 122 Abs. 2 und 2a der Abgabenordnung sinngemäß anzuwenden.

§ 19
Aufzeichnungs- und Aufbewahrungspflichten

(1) ¹Der Anbieter nach § 1 Abs. 2 des Altersvorsorgeverträge-Zertifizierungsgesetzes hat für jedes Kalenderjahr Aufzeichnungen zu führen über

1. Name und Anschrift des Anlegers,
2. Vertragsnummer und Vertragsdatum,
3. Altersvorsorgebeiträge, auf die § 10a oder Abschnitt XI des Einkommensteuergesetzes angewendet wurde,
4. dem Vertrag gutgeschriebene Zulagen,
5. dem Vertrag insgesamt gutgeschriebene Erträge,
6. Beiträge, auf die § 10a oder Abschnitt XI des Einkommensteuergesetzes nicht angewendet wurde,
7. Beiträge und Zulagen, die zur Absicherung der verminderten Erwerbsfähigkeit verwendet wurden,
8. Beiträge und Zulagen, die zur Hinterbliebenenabsicherung im Sinne des § 1 Abs. 1 Satz 1 Nr. 2 des Altersvorsorgeverträge-Zertifizierungsgesetzes oder § 1 Abs. 1 Satz 1 Nr. 6 des Altersvorsorgeverträge-Zertifizierungsgesetzes in der bis zum 31. Dezember 2004 geltenden Fassung verwendet wurden, und

Anhang 10/Altervorsorge-Durchführungsverordnung (AltvDV)

9. die im Wohnförderkonto (§ 92a Abs. 2 Satz 1 des Einkommensteuergesetzes) zu berücksichtigenden Beträge.

²Werden zugunsten des Altersvorsorgevertrags auch nicht geförderte Beiträge geleistet, sind die Erträge anteilig den geförderten und den nicht geförderten Beiträgen zuzuordnen und entsprechend aufzuzeichnen. ³Die auf den 31. Dezember des jeweiligen Kalenderjahres fortgeschriebenen Beträge sind gesondert aufzuzeichnen.

(2) ¹Für einen Anbieter nach § 80 zweite Alternative des Einkommensteuergesetzes gilt Absatz 1 sinngemäß. ²Darüber hinaus hat er Aufzeichnungen zu führen über

1. Beiträge, auf die § 3 Nr. 63 des Einkommensteuergesetzes angewendet wurde; hierzu gehören auch die Beiträge im Sinne des § 5 Abs. 3 Satz 2 der Lohnsteuer-Durchführungsverordnung,
2. Beiträge, auf die § 40b des Einkommensteuergesetzes in der am 31. Dezember 2004 geltenden Fassung angewendet wurde, und
3. Leistungen, auf die § 3 Nr. 66 des Einkommensteuergesetzes angewendet wurde.

(3) ¹Für die Aufbewahrung der Aufzeichnungen nach den Absätzen 1 und 2, der Mitteilungen nach § 5 Abs. 2 der Lohnsteuer-Durchführungsverordnung und des Antrags auf Altersvorsorgezulage oder der einer Antragstellung nach § 89 Abs. 3 des Einkommensteuergesetzes zugrunde liegenden Unterlagen gilt § 147 Abs. 3 der Abgabenordnung entsprechend. ²Die Unterlagen sind spätestens am Ende des zehnten Kalenderjahres zu löschen oder zu vernichten, das auf die Mitteilung nach § 22 Nr. 5 Satz 7 des Einkommensteuergesetzes folgt. ³Satz 2 gilt nicht, soweit die Löschung oder Vernichtung schutzwürdige Interessen des Anlegers oder die Wahrnehmung von Aufgaben oder berechtigten Interessen des Anbieters beeinträchtigen würde.

(3a) Unterlagen, die eine wohnungswirtschaftliche Verwendung im Sinne des § 92a Abs. 1 Satz 1 des Einkommensteuergesetzes nach dem 31. Dezember 2007 eines Darlehens im Sinne des § 1 Abs. 1a des Altersvorsorgeverträge-Zertifizierungsgesetzes nachweisen, sind für die Dauer von zehn Jahren nach der Auflösung oder der Schließung des bei dem Anbieter geführten Wohnförderkontos (§ 92a Abs. 2 Satz 1) aufzubewahren.

(4) ¹Nach Absatz 3 Satz 1 und Absatz 3a aufzubewahrende schriftliche Unterlagen können als Wiedergabe auf einem Bild- oder anderen dauerhaften Datenträger aufbewahrt werden, wenn sichergestellt ist, dass

1. die Wiedergabe während der Dauer der Aufbewahrungsfrist verfügbar bleibt und innerhalb angemessener Zeit lesbar gemacht werden kann und
2. die lesbar gemachte Wiedergabe mit der schriftlichen Unterlage bildlich und inhaltlich übereinstimmt.

²Das Vorliegen der Voraussetzung nach Satz 1 Nr. 2 ist vor der Vernichtung der schriftlichen Unterlage zu dokumentieren.

(5) Sonstige Vorschriften über Aufzeichnungs- und Aufbewahrungspflichten bleiben unberührt.

(6) Der Anbieter hat der zentralen Stelle auf Anforderung den Inhalt der Aufzeichnungen mitzuteilen und die für die Überprüfung der Zulage erforderlichen Unterlagen zur Verfügung zu stellen.

Abschnitt 3

Vorschriften zu Rentenbezugsmitteilungen

§ 20

Aufzeichnungs- und Aufbewahrungspflichten

¹Der Mitteilungspflichtige hat die übermittelten Daten aufzuzeichnen und die zugrunde liegenden Unterlagen für die Dauer von sechs Jahren nach dem Ende des Jahres, für das die Übermittlung erfolgt ist, geordnet aufzubewahren. ²§ 19 Abs. 4 bis 6 gilt entsprechend.

§ 21

Erprobung des Verfahrens

(1) Die zentrale Stelle kann bei den Mitteilungspflichtigen Daten nach § 22a Abs. 1 Satz 1 des Einkommensteuergesetzes erheben zum Zweck der Erprobung

1. des Verfahrens der Datenübermittlung von den Mitteilungspflichtigen an die zentrale Stelle,
2. der bei der zentralen Stelle einzusetzenden Programme,
3. der Weiterleitung an die Finanzverwaltung und
4. der Weiterverarbeitung der Daten in der Finanzverwaltung.

Anhang 10/Altersvorsorge-Durchführungsverordnung (AltvDV)

(2) Das Bundeszentralamt für Steuern kann bei den Mitteilungspflichtigen Daten nach § 22a Abs. 2 Satz 3 des Einkommensteuergesetzes in Verbindung mit § 139b Abs. 3 der Abgabenordnung erheben zum Zweck der Erprobung
1. des Verfahrens der Datenübermittlung von den Mitteilungspflichtigen an das Bundeszentralamt für Steuern,
2. des Verfahrens der Datenübermittlung von dem Bundeszentralamt für Steuern an die Mitteilungspflichtigen,
3. der vom Bundeszentralamt für Steuern und der zentralen Stelle einzusetzenden Programme, mit denen den Mitteilungspflichtigen die Daten zur Verfügung gestellt werden.

(3) Die Datenübermittlung erfolgt durch Datenfernübertragung; § 4 Abs. 1 gilt entsprechend.

(4) ¹Die Daten dürfen nur für die in den Absätzen 1 und 2 genannten Zwecke verwendet werden. ²Sie sind unmittelbar nach Beendigung der Erprobung, spätestens am 31. Dezember 2009, zu löschen.

Abschnitt 4
Vorschriften zum weiteren Datenaustausch mit der zentralen Stelle

§ 22
Aufzeichnungs- und Aufbewahrungspflichten

¹Soweit nicht bereits eine Aufzeichnungs- und Aufbewahrungspflicht nach § 19 oder § 20 dieser Verordnung besteht, hat die übermittelnde Stelle die übermittelten Daten aufzuzeichnen und die zugrunde liegenden Unterlagen für die Dauer von sechs Jahren nach dem Ende des Jahres, in dem die Übermittlung erfolgt ist, geordnet aufzubewahren. ²§ 19 Absatz 4 bis 6 gilt entsprechend.

§ 23
Erprobung des Verfahrens

§ 21 Absatz 1 dieser Verordnung gilt für die Erprobung des Verfahrens nach § 10 Absatz 2a des Einkommensteuergesetzes entsprechend mit der Maßgabe, dass die zentrale Stelle bei den übermittelnden Stellen die Daten nach § 10 Absatz 2a des Einkommensteuergesetzes erheben kann.

Anhang 11/Altersteilzeitgesetz

Altersteilzeitgesetz
Vom 23. Juli 1996 (BGBl. I S. 1078)[1)]

§ 1
Grundsatz

(1) Durch Altersteilzeitarbeit soll älteren Arbeitnehmern ein gleitender Übergang vom Erwerbsleben in die Altersrente ermöglicht werden.

(2) Die Bundesagentur für Arbeit (Bundesagentur) fördert durch Leistungen nach diesem Gesetz die Teilzeitarbeit älterer Arbeitnehmer, die ihre Arbeitszeit ab Vollendung des 55. Lebensjahres spätestens ab 31. Dezember 2009 vermindern und damit die Einstellung eines sonst arbeitslosen Arbeitnehmers ermöglichen.

(3) ¹Altersteilzeit im Sinne dieses Gesetzes liegt unabhängig von einer Förderung durch die Bundesagentur auch vor bei einer Teilzeitarbeit älterer Arbeitnehmer, die ihre Arbeitszeit ab Vollendung des 55. Lebensjahres nach dem 31. Dezember 2009 vermindern. ²Für die Anwendung des § 3 Nr. 28 des Einkommensteuergesetzes kommt es nicht darauf an, dass die Altersteilzeit vor dem 1. Januar 2010 begonnen wurde und durch die Bundesagentur nach § 4 gefördert wird.

§ 2
Begünstigter Personenkreis

(1) Leistungen werden für Arbeitnehmer gewährt, die

1. das 55. Lebensjahr vollendet haben,
2. nach dem 14. Februar 1996 auf Grund einer Vereinbarung mit ihrem Arbeitgeber, die sich zumindest auf die Zeit erstrecken muss, bis eine Rente wegen Alters beansprucht werden kann, ihre Arbeitszeit auf die Hälfte der bisherigen wöchentlichen Arbeitszeit vermindert haben, und versicherungspflichtig beschäftigt im Sinne des Dritten Buches Sozialgesetzbuch sind (Altersteilzeitarbeit) und
3. innerhalb der letzten fünf Jahre vor Beginn der Altersteilzeitarbeit mindestens 1 080 Kalendertage in einer versicherungspflichtigen Beschäftigung nach dem Dritten Buch Sozialgesetzbuch oder nach den Vorschriften eines Mitgliedstaates, in dem die Verordnung (EWG) Nr. 1408/71 des Rates der Europäischen Union Anwendung findet, gestanden haben. ²Zeiten mit Anspruch auf Arbeitslosengeld oder Arbeitslosenhilfe, Zeiten des Bezuges von Arbeitslosengeld II sowie Zeiten, in denen Versicherungspflicht nach § 26 Abs. 2 des Dritten Buches Sozialgesetzbuch bestand, stehen der versicherungspflichtigen Beschäftigung gleich. ³§ 427 Abs. 3 des Dritten Buches Sozialgesetzbuch gilt entsprechend.

(2) ¹Sieht die Vereinbarung über die Altersteilzeitarbeit unterschiedliche wöchentliche Arbeitszeiten oder eine unterschiedliche Verteilung der wöchentlichen Arbeitszeit vor, ist die Voraussetzung nach Absatz 1 Nr. 2 auch erfüllt, wenn

1. die wöchentliche Arbeitszeit im Durchschnitt eines Zeitraums von bis zu drei Jahren oder bei Regelung in einem Tarifvertrag, auf Grund eines Tarifvertrages in einer Betriebsvereinbarung oder in einer Regelung der Kirchen und der öffentlich-rechtlichen Religionsgesellschaften im Durchschnitt eines Zeitraums von bis zu sechs Jahren die Hälfte der bisherigen wöchentlichen Arbeitszeit nicht überschreitet und der Arbeitnehmer versicherungspflichtig beschäftigt im Sinne des Dritten Buches Sozialgesetzbuch ist und
2. das Arbeitsentgelt für die Altersteilzeitarbeit sowie der Aufstockungsbetrag nach § 3 Abs. 1 Nr. 1 Buchstabe a fortlaufend gezahlt werden.

²Im Geltungsbereich eines Tarifvertrages nach Satz 1 Nr. 1 kann die tarifvertragliche Regelung im Betrieb eines nicht tarifgebundenen Arbeitgebers durch Betriebsvereinbarung oder, wenn ein Betriebsrat nicht besteht, durch schriftliche Vereinbarung zwischen dem Arbeitgeber und dem Arbeitnehmer übernommen werden. ³Können auf Grund eines solchen Tarifvertrages abweichende Regelungen in einer Betriebsvereinbarung getroffen werden, kann auch in Betrieben eines nicht tarifgebundenen Arbeitgebers davon Gebrauch gemacht werden. ⁴Satz 1 Nr. 1, 2. Alternative gilt entsprechend. ⁵In einem Bereich, in dem tarifvertragliche Regelungen zur Verteilung der Arbeitszeit nicht getroffen sind oder üblicherweise nicht getroffen werden, kann eine Regelung im Sinne des Satzes 1 Nr. 1, 2. Alternative auch durch Betriebsvereinbarung oder, wenn ein Betriebsrat nicht besteht, durch schriftliche Vereinbarung zwischen Arbeitgeber und Arbeitnehmer getroffen werden.

---

1) Unter Berücksichtigung der Änderungen zuletzt durch Artikel 4 des ELENA-Verfahrensgesetzes vom 28.3.2009 (BGBl. I S. 634).

Anhang 11/Altersteilzeitgesetz

(3) ¹Sieht die Vereinbarung über die Altersteilzeitarbeit unterschiedliche wöchentliche Arbeitszeiten oder eine unterschiedliche Verteilung der wöchentlichen Arbeitszeit über einen Zeitraum von mehr als sechs Jahren vor, ist die Voraussetzung nach Absatz 1 Nr. 2 auch erfüllt, wenn die wöchentliche Arbeitszeit im Durchschnitt eines Zeitraums von sechs Jahren, der innerhalb des Gesamtzeitraums der vereinbarten Altersteilzeitarbeit liegt, die Hälfte der bisherigen wöchentlichen Arbeitszeit nicht überschreitet, der Arbeitnehmer versicherungspflichtig beschäftigt im Sinne des Dritten Buches Sozialgesetzbuch ist und die weiteren Voraussetzungen des Absatzes 2 vorliegen. ²Die Leistungen nach § 3 Abs. 1 Nr. 1 sind nur in dem in Satz 1 genannten Zeitraum von sechs Jahren zu erbringen.

§ 3
Anspruchsvoraussetzungen

(1) Der Anspruch auf die Leistungen nach § 4 setzt voraus, dass

1. der Arbeitgeber auf Grund eines Tarifvertrages, einer Regelung der Kirchen und der öffentlich-rechtlichen Religionsgesellschaften, einer Betriebsvereinbarung oder einer Vereinbarung mit dem Arbeitnehmer
   a) das Regelarbeitsentgelt für die Altersteilzeitarbeit um mindestens 20 vom Hundert aufgestockt hat, wobei die Aufstockung auch weitere Entgeltbestandteile umfassen kann, und
   b) für den Arbeitnehmer zusätzlich Beiträge zur gesetzlichen Rentenversicherung mindestens in Höhe des Beitrags entrichtet hat, der auf 80 vom Hundert des Regelarbeitsentgelts für die Altersteilzeitarbeit, begrenzt auf den Unterschiedsbetrag zwischen 90 vom Hundert der monatlichen Beitragsbemessungsgrenze und dem Regelarbeitsentgelt, entfällt, höchstens bis zur Beitragsbemessungsgrenze, sowie
2. der Arbeitgeber aus Anlass des Übergangs des Arbeitnehmers in die Altersteilzeitarbeit
   a) einen bei einer Agentur für Arbeit arbeitslos gemeldeten Arbeitnehmer, einen Bezieher von Arbeitslosengeld II oder einen Arbeitnehmer nach Abschluss der Ausbildung auf dem freigemachten oder auf einem in diesem Zusammenhang durch Umsetzung freigewordenen Arbeitsplatz versicherungspflichtig im Sinne des Dritten Buches Sozialgesetzbuch beschäftigt; bei Arbeitgebern, die in der Regel nicht mehr als 50 Arbeitnehmer beschäftigen, wird unwiderleglich vermutet, dass der Arbeitnehmer auf dem freigemachten oder auf einem in diesem Zusammenhang durch Umsetzung frei gewordenen Arbeitsplatz beschäftigt wird, oder
   b) einen Auszubildenden versicherungspflichtig im Sinne des Dritten Buches Sozialgesetzbuch beschäftigt, wenn der Arbeitgeber in der Regel nicht mehr als 50 Arbeitnehmer beschäftigt
   und
3. die freie Entscheidung des Arbeitgebers bei einer über fünf vom Hundert der Arbeitnehmer des Betriebes hinausgehenden Inanspruchnahme sichergestellt ist oder eine Ausgleichskasse der Arbeitgeber oder eine gemeinsame Einrichtung der Tarifvertragsparteien besteht, wobei beide Voraussetzungen in Tarifverträgen verbunden werden können.

(1a) Die Voraussetzungen des Absatzes 1 Nr. 1 Buchstabe a sind auch erfüllt, wenn Bestandteile des Arbeitsentgelts, die für den Zeitraum der vereinbarten Altersteilzeitarbeit nicht vermindert worden sind, bei der Aufstockung außer Betracht bleiben.

(2) Für die Zahlung der Beiträge nach Absatz 1 Nr. 1 Buchstabe b gelten die Bestimmungen des Sechsten Buches Sozialgesetzbuch über die Beitragszahlung aus dem Arbeitsentgelt.

(3) Hat der in Altersteilzeitarbeit beschäftigte Arbeitnehmer die Arbeitsleistung oder Teile der Arbeitsleistung im voraus erbracht, so ist die Voraussetzung nach Absatz 1 Nr. 2 bei Arbeitszeiten nach § 2 Abs. 2 und 3 erfüllt, wenn die Beschäftigung eines bei einer Agentur für Arbeit arbeitslos gemeldeten Arbeitnehmers oder eines Arbeitnehmers nach Abschluss der Ausbildung auf dem freigemachten oder durch Umsetzung freigewordenen Arbeitsplatz erst nach Erbringung der Arbeitsleistung erfolgt.

§ 4
Leistungen

(1) Die Bundesagentur erstattet dem Arbeitgeber für längstens sechs Jahre

1. den Aufstockungsbetrag nach § 3 Abs. 1 Nr. 1 Buchstabe a in Höhe von 20 vom Hundert des für die Altersteilzeitarbeit gezahlten Regelarbeitsentgelts und
2. den Betrag, der nach § 3 Abs. 1 Nr. 1 Buchstabe b in Höhe des Beitrags geleistet worden ist, der auf den Betrag entfällt, der sich aus 80 vom Hundert des Regelarbeitsentgelts für die Altersteilzeitarbeit ergibt, jedoch höchstens des auf den Unterschiedsbetrag zwischen 90 vom Hundert der monatlichen Beitragsbemessungsgrenze und dem Regelarbeitsentgelt entfallenden Beitrags.

Anhang 11/Altersteilzeitgesetz

(2) ¹Bei Arbeitnehmern, die nach § 6 Abs. 1 Satz 1 Nr. 1 oder § 231 Abs. 1 und 2 des Sechsten Buches Sozialgesetzbuch von der Versicherungspflicht befreit sind, werden Leistungen nach Absatz 1 auch erbracht, wenn die Voraussetzung des § 3 Abs. 1 Nr. 1 Buchstabe b nicht erfüllt ist. ²Dem Betrag nach Absatz 1 Nr. 2 stehen in diesem Fall vergleichbare Aufwendungen des Arbeitgebers bis zur Höhe des Beitrags gleich, den die Bundesagentur nach Absatz 1 Nr. 2 zu tragen hätte, wenn der Arbeitnehmer nicht von der Versicherungspflicht befreit wäre.

§ 5
Erlöschen und Ruhen des Anspruchs

(1) Der Anspruch auf die Leistungen nach § 4 erlischt
1. mit Ablauf des Kalendermonats, in dem der Arbeitnehmer die Altersteilzeitarbeit beendet hat,
2. mit Ablauf des Kalendermonats vor dem Kalendermonat, für den der Arbeitnehmer eine Rente wegen Alters oder, wenn er von der Versicherungspflicht in der gesetzlichen Rentenversicherung befreit ist, das 65. Lebensjahr vollendet hat oder eine der Rente vergleichbare Leistung einer Versicherungs- oder Versorgungseinrichtung oder eines Versicherungsunternehmens beanspruchen kann; dies gilt nicht für Renten, die vor dem für den Versicherten maßgebenden Rentenalter in Anspruch genommen werden können oder
3. mit Beginn des Kalendermonats, für den der Arbeitnehmer eine Rente wegen Alters, eine Knappschaftsausgleichsleistung, eine ähnliche Leistung öffentlich-rechtlicher Art oder, wenn er von der Versicherungspflicht in der gesetzlichen Rentenversicherung befreit ist, eine vergleichbare Leistung einer Versicherungs- oder Versorgungseinrichtung oder eines Versicherungsunternehmens bezieht.

(2) ¹Der Anspruch auf die Leistungen besteht nicht, solange der Arbeitgeber auf dem freigemachten oder durch Umsetzung freigewordenen Arbeitsplatz keinen Arbeitnehmer mehr beschäftigt, der bei Beginn der Beschäftigung die Voraussetzungen des § 3 Abs. 1 Nr. 2 erfüllt hat. ²Dies gilt nicht, wenn der Arbeitsplatz mit einem Arbeitnehmer, der diese Voraussetzungen erfüllt, innerhalb von drei Monaten erneut wiederbesetzt wird oder der Arbeitgeber insgesamt für vier Jahre die Leistungen erhalten hat.

(3) ¹Der Anspruch auf die Leistungen ruht während der Zeit, in der der Arbeitnehmer neben seiner Altersteilzeitarbeit Beschäftigungen oder selbständige Tätigkeiten ausübt, die die Geringfügigkeitsgrenze des § 8 des Vierten Buches Sozialgesetzbuch überschreiten oder auf Grund solcher Beschäftigungen eine Entgeltersatzleistung erhält. ²Der Anspruch auf die Leistungen erlischt, wenn er mindestens 150 Kalendertage geruht hat. ³Mehrere Ruhenszeiträume sind zusammenzurechnen. ⁴Beschäftigungen oder selbständige Tätigkeiten bleiben unberücksichtigt, soweit der altersteilzeitarbeitende Arbeitnehmer sie bereits innerhalb der letzten fünf Jahre vor Beginn der Altersteilzeitarbeit ständig ausgeübt hat.

(4) ¹Der Anspruch auf die Leistungen ruht während der Zeit, in der der Arbeitnehmer über die Altersteilzeitarbeit hinaus Mehrarbeit leistet, die den Umfang der Geringfügigkeitsgrenze des § 8 des Vierten Buches Sozialgesetzbuch überschreitet. ²Absatz 3 Satz 2 und 3 gilt entsprechend.

(5) § 48 Abs. 1 Nr. 3 des Zehnten Buches Sozialgesetzbuch findet keine Anwendung.

§ 6
Begriffsbestimmungen

(1) ¹Das Regelarbeitsentgelt für die Altersteilzeitarbeit im Sinne dieses Gesetzes ist das auf einen Monat entfallende vom Arbeitgeber regelmäßig zu zahlende sozialversicherungspflichtige Arbeitsentgelt, soweit es die Beitragsbemessungsgrenze des Dritten Buches Sozialgesetzbuch nicht überschreitet. ²Entgeltbestandteile, die nicht laufend gezahlt werden, sind nicht berücksichtigungsfähig.

(2) ¹Als bisherige wöchentliche Arbeitszeit ist die wöchentliche Arbeitszeit zugrunde zu legen, die mit dem Arbeitnehmer vor dem Übergang in die Altersteilzeitarbeit vereinbart war. ²Zugrunde zu legen ist höchstens die Arbeitszeit, die im Durchschnitt der letzten 24 Monate vor dem Übergang in die Altersteilzeitarbeit vereinbart war. ³Die ermittelte durchschnittliche Arbeitszeit kann auf die nächste volle Stunde gerundet werden.

(3) (weggefallen)

§ 7
Berechnungsvorschriften

(1) ¹Ein Arbeitgeber beschäftigt in der Regel nicht mehr als 50 Arbeitnehmer, wenn er in dem Kalenderjahr, das demjenigen, für das die Feststellung zu treffen ist, vorausgegangen ist, für einen Zeitraum von mindestens acht Kalendermonaten nicht mehr als 50 Arbeitnehmer beschäftigt hat. ²Hat das Unternehmen nicht während des ganzen nach Satz 1 maßgebenden Kalenderjahrs bestanden, so beschäftigt

der Arbeitgeber in der Regel nicht mehr als 50 Arbeitnehmer, wenn er während des Zeitraums des Bestehens des Unternehmens in der überwiegenden Zahl der Kalendermonate nicht mehr als 50 Arbeitnehmer beschäftigt hat. ³Ist das Unternehmen im Laufe des Kalenderjahrs errichtet worden, in dem die Feststellung nach Satz 1 zu treffen ist, so beschäftigt der Arbeitgeber in der Regel nicht mehr als 50 Arbeitnehmer, wenn nach der Art des Unternehmens anzunehmen ist, dass die Zahl der beschäftigten Arbeitnehmer während der überwiegenden Kalendermonate dieses Kalenderjahrs 50 nicht überschreiten wird.

(2) ¹Für die Berechnung der Zahl der Arbeitnehmer nach § 3 Abs. 1 Nr. 3 ist der Durchschnitt der letzten zwölf Kalendermonate vor dem Beginn der Altersteilzeitarbeit des Arbeitnehmers maßgebend. ²Hat ein Betrieb noch nicht zwölf Monate bestanden, ist der Durchschnitt der Kalendermonate während des Zeitraums des Bestehens des Betriebes maßgebend.

(3) ¹Bei der Feststellung der Zahl der beschäftigten Arbeitnehmer nach Absatz 1 und 2 bleiben schwerbehinderte Menschen und Gleichgestellte im Sinne des Neunten Buches Sozialgesetzbuch sowie Auszubildende außer Ansatz. ²Teilzeitbeschäftigte Arbeitnehmer mit einer regelmäßigen wöchentlichen Arbeitszeit von nicht mehr als 20 Stunden sind mit 0,5 und mit einer regelmäßigen wöchentlichen Arbeitszeit von nicht mehr als 30 Stunden mit 0,75 zu berücksichtigen.

(4) Bei der Ermittlung der Zahl der in Altersteilzeitarbeit beschäftigten Arbeitnehmer nach § 3 Abs. 1 Nr. 3 sind schwerbehinderte Menschen und Gleichgestellte im Sinne des Neunten Buches Sozialgesetzbuch zu berücksichtigen.

§ 8
Arbeitsrechtliche Regelungen

(1) Die Möglichkeit eines Arbeitnehmers zur Inanspruchnahme von Altersteilzeitarbeit gilt nicht als eine die Kündigung des Arbeitsverhältnisses durch den Arbeitgeber begründende Tatsache im Sinne des § 1 Abs. 2 Satz 1 des Kündigungsschutzgesetzes; sie kann auch nicht bei der sozialen Auswahl nach § 1 Abs. 3 Satz 1 des Kündigungsschutzgesetzes zum Nachteil des Arbeitnehmers berücksichtigt werden.

(2) ¹Die Verpflichtung des Arbeitgebers zur Zahlung von Leistungen nach § 3 Abs. 1 Nr. 1 kann nicht für den Fall ausgeschlossen werden, dass der Anspruch des Arbeitgebers auf die Leistungen nach § 4 nicht besteht, weil die Voraussetzung des § 3 Abs. 1 Nr. 2 nicht vorliegt. ²Das Gleiche gilt für den Fall, dass der Arbeitgeber die Leistungen nur deshalb nicht erhält, weil er den Antrag nach § 12 nicht, nicht richtig, nicht vollständig oder nicht rechtzeitig gestellt hat oder seinen Mitwirkungspflichten nicht nachgekommen ist, ohne dass dafür eine Verletzung der Mitwirkungspflichten des Arbeitnehmers ursächlich war.

(3) Eine Vereinbarung zwischen Arbeitnehmer und Arbeitgeber über die Altersteilzeitarbeit, die die Beendigung des Arbeitsverhältnisses ohne Kündigung zu einem Zeitpunkt vorsieht, in dem der Arbeitnehmer Anspruch auf eine Rente wegen Alters hat, ist zulässig.

§ 8a
Insolvenzsicherung

(1) ¹Führt eine Vereinbarung über die Altersteilzeitarbeit im Sinne von § 2 Abs. 2 zum Aufbau eines Wertguthabens, das den Betrag des Dreifachen des Regelarbeitsentgelts nach § 6 Abs. 1 einschließlich des darauf entfallenden Arbeitgeberanteils am Gesamtsozialversicherungsbeitrag übersteigt, ist der Arbeitgeber verpflichtet, das Wertguthaben einschließlich des darauf entfallenden Arbeitgeberanteils am Gesamtsozialversicherungsbeitrag mit der ersten Gutschrift in geeigneter Weise gegen das Risiko seiner Zahlungsunfähigkeit abzusichern; § 7e des Vierten Buches Sozialgesetzbuch findet keine Anwendung. ²Bilanzielle Rückstellungen sowie zwischen Konzernunternehmen (§ 18 des Aktiengesetzes) begründete Einstandspflichten, insbesondere Bürgschaften, Patronatserklärungen oder Schuldbeitritte, gelten nicht als geeignete Sicherungsmittel im Sinne des Satzes 1.

(2) Bei der Ermittlung der Höhe des zu sichernden Wertguthabens ist eine Anrechnung der Leistungen nach § 3 Abs. 1 Nr. 1 Buchstabe a und b und § 4 Abs. 2 sowie der Zahlungen des Arbeitgebers zur Übernahme der Beiträge im Sinne des § 187a des Sechsten Buches Sozialgesetzbuch unzulässig.

(3) ¹Der Arbeitgeber hat dem Arbeitnehmer die zur Sicherung des Wertguthabens ergriffenen Maßnahmen mit der ersten Gutschrift und danach alle sechs Monate in Textform nachzuweisen. ²Die Betriebsparteien können eine andere gleichwertige Art und Form des Nachweises vereinbaren; Absatz 4 bleibt hiervon unberührt.

(4) ¹Kommt der Arbeitgeber seiner Verpflichtung nach Absatz 3 nicht nach oder sind die nachgewiesenen Maßnahmen nicht geeignet und weist er auf schriftliche Aufforderung des Arbeitnehmers nicht innerhalb eines Monats eine geeignete Insolvenzsicherung des bestehenden Wertguthabens in

Textform nach, kann der Arbeitnehmer verlangen, dass Sicherheit in Höhe des bestehenden Wertguthabens geleistet wird. ²Die Sicherheitsleistung kann nur erfolgen durch Stellung eines tauglichen Bürgen oder Hinterlegung von Geld oder solchen Wertpapieren, die nach § 234 Abs. 1 und 3 des Bürgerlichen Gesetzbuchs zur Sicherheitsleistung geeignet sind. ³Die Vorschriften der §§ 233, 234 Abs. 2, §§ 235 und 239 des Bürgerlichen Gesetzbuchs sind entsprechend anzuwenden.

(5) Vereinbarungen über den Insolvenzschutz, die zum Nachteil des in Altersteilzeitarbeit beschäftigten Arbeitnehmers von den Bestimmungen dieser Vorschrift abweichen, sind unwirksam.

(6) Die Absätze 1 bis 5 finden keine Anwendung gegenüber dem Bund, den Ländern, den Gemeinden, Körperschaften, Stiftungen und Anstalten des öffentlichen Rechts, über deren Vermögen die Eröffnung eines Insolvenzverfahrens nicht zulässig ist, sowie solchen juristischen Personen des öffentlichen Rechts, bei denen der Bund, ein Land oder eine Gemeinde kraft Gesetzes die Zahlungsfähigkeit sichert.

§ 9
Ausgleichskassen, gemeinsame Einrichtungen

(1) Werden die Leistungen nach § 3 Abs. 1 Nr. 1 auf Grund eines Tarifvertrages von einer Ausgleichskasse der Arbeitgeber erbracht oder dem Arbeitgeber erstattet, gewährt die Bundesagentur auf Antrag der Tarifvertragsparteien die Leistungen nach § 4 der Ausgleichskasse.

(2) Für gemeinsame Einrichtungen der Tarifvertragsparteien gilt Absatz 1 entsprechend.

§ 10
Soziale Sicherung des Arbeitnehmers

(1) ¹Beansprucht ein Arbeitnehmer, der Altersteilzeitarbeit (§ 2) geleistet hat und für den der Arbeitgeber Leistungen nach § 3 Abs. 1 Nr. 1 erbracht hat, Arbeitslosengeld oder Arbeitslosenhilfe, erhöht sich das Bemessungsentgelt, das sich nach den Vorschriften des Dritten Buches Sozialgesetzbuch ergibt, bis zu dem Betrag, der als Bemessungsgrundlage zugrunde zu legen wäre, wenn der Arbeitnehmer seine Arbeitszeit nicht im Rahmen der Altersteilzeitarbeit vermindert hätte. ²Kann der Arbeitnehmer eine Rente wegen Alters in Anspruch nehmen, ist von dem Tage an, an dem die Rente erstmals beansprucht werden kann, das Bemessungsentgelt maßgebend, das ohne die Erhöhung nach Satz 1 zugrunde zu legen gewesen wäre. ³Änderungsbescheide werden mit dem Tag wirksam, an dem die Altersrente erstmals beansprucht werden konnte.

(2) ¹Bezieht ein Arbeitnehmer, für den die Bundesagentur Leistungen nach § 4 erbracht hat, Krankengeld, Versorgungskrankengeld, Verletztengeld oder Übergangsgeld und liegt der Bemessung dieser Leistungen ausschließlich die Altersteilzeit zugrunde oder bezieht der Arbeitnehmer Krankentagegeld von einem privaten Krankenversicherungsunternehmen, erbringt die Bundesagentur anstelle des Arbeitgebers die Leistungen nach § 3 Abs. 1 Nr. 1 in Höhe der Erstattungsleistungen nach § 4. ²Satz 1 gilt soweit und solange nicht, als Leistungen nach § 3 Abs. 1 Nr. 1 vom Arbeitgeber erbracht werden. ³Durch die Leistungen darf der Höchstförderzeitraum nach § 4 Abs. 1 nicht überschritten werden. ⁴§ 5 Abs. 1 gilt entsprechend.

(3) Absatz 2 gilt entsprechend für Arbeitnehmer, die nur wegen Inanspruchnahme der Altersteilzeit nach § 2 Abs. 1 Nr. 1 und 2 des Zweiten Gesetzes über die Krankenversicherung der Landwirte versicherungspflichtig in der Krankenversicherung der Landwirte sind, soweit und solange ihnen Krankengeld gezahlt worden wäre, falls sie nicht Mitglied einer landwirtschaftlichen Krankenkasse geworden wären.

(4) Bezieht der Arbeitnehmer Kurzarbeitergeld, gilt für die Berechnung der Leistungen des § 3 Abs. 1 Nr. 1 und des § 4 das Entgelt für die vereinbarte Arbeitszeit als Arbeitsentgelt für die Altersteilzeitarbeit.

(5) ¹Sind für den Arbeitnehmer Aufstockungsleistungen nach § 3 Abs. 1 Nr. 1 Buchstabe a und b gezahlt worden, gilt in den Fällen der nicht zweckentsprechenden Verwendung von Wertguthaben für die Berechnung der Beiträge zur gesetzlichen Rentenversicherung der Unterschiedsbetrag zwischen dem Betrag, den der Arbeitgeber der Berechnung der Beiträge nach § 3 Abs. 1 Nr. 1 Buchstabe b zugrunde gelegt hat, und dem Doppelten des Regelarbeitsentgelts bis zum Zeitpunkt der nicht zweckentsprechenden Verwendung, höchstens bis zur Beitragsbemessungsgrenze, als beitragspflichtige Einnahme aus dem Wertguthaben; für die Beiträge zur Krankenversicherung, Pflegeversicherung oder nach dem Recht der Arbeitsförderung gilt § 23b Abs. 2 bis 3 des Vierten Buches Sozialgesetzbuch. ²Im Falle der Zahlungsunfähigkeit des Arbeitgebers gilt Satz 1 entsprechend, soweit Beiträge gezahlt werden.

§ 11
Mitwirkungspflichten des Arbeitnehmers

(1) ¹Der Arbeitnehmer hat Änderungen der ihn betreffenden Verhältnisse, die für die Leistungen nach § 4 erheblich sind, dem Arbeitgeber unverzüglich mitzuteilen. ²Werden im Fall des § 9 die Leistungen von der Ausgleichskasse der Arbeitgeber oder der gemeinsamen Einrichtung der Tarifvertragsparteien erbracht, hat der Arbeitnehmer Änderungen nach Satz 1 diesen gegenüber unverzüglich mitzuteilen.

(2) ¹Der Arbeitnehmer hat der Bundesagentur die dem Arbeitgeber zu Unrecht gezahlten Leistungen zu erstatten, wenn der Arbeitnehmer die unrechtmäßige Zahlung dadurch bewirkt hat, dass er vorsätzlich oder grob fahrlässig

1. Angaben gemacht hat, die unrichtig oder unvollständig sind, oder
2. der Mitteilungspflicht nach Absatz 1 nicht nachgekommen ist.

²Die zu erstattende Leistung ist durch schriftlichen Verwaltungsakt festzusetzen. ³Eine Erstattung durch den Arbeitgeber kommt insoweit nicht in Betracht.

§ 12
Verfahren

(1) ¹Die Agentur für Arbeit entscheidet auf schriftlichen Antrag des Arbeitgebers, ob die Voraussetzungen für die Erbringung von Leistungen nach § 4 vorliegen. ²Der Antrag wirkt vom Zeitpunkt des Vorliegens der Anspruchsvoraussetzungen, wenn er innerhalb von drei Monaten nach deren Vorliegen gestellt wird, andernfalls wirkt er vom Beginn des Monats der Antragstellung. ³In den Fällen des § 3 Abs. 3 kann die Agentur für Arbeit auch vorab entscheiden, ob die Voraussetzungen des § 2 vorliegen. ⁴Mit dem Antrag sind die Namen, Anschriften und Versicherungsnummern der Arbeitnehmer mitzuteilen, für die Leistungen beantragt werden. ⁵Zuständig ist die Agentur für Arbeit, in deren Bezirk der Betrieb liegt, in dem der Arbeitnehmer beschäftigt ist. ⁶Die Bundesagentur erklärt eine andere Agentur für Arbeit für zuständig, wenn der Arbeitgeber dafür ein berechtigtes Interesse glaubhaft macht.

(2) ¹Die Höhe der Leistungen nach § 4 wird zu Beginn des Erstattungsverfahrens in monatlichen Festbeträgen für die gesamte Förderdauer festgelegt. ²Die monatlichen Festbeträge werden nur angepasst, wenn sich das berücksichtigungsfähige Regelarbeitsentgelt um mindestens 10 Euro verringert. ³Leistungen nach § 4 werden auf Antrag erbracht und nachträglich jeweils für den Kalendermonat ausgezahlt, in dem die Anspruchsvoraussetzungen vorgelegen haben. ⁴Leistungen nach § 10 Abs. 2 werden auf Antrag des Arbeitnehmers oder, im Falle einer Leistungserbringung des Arbeitgebers an den Arbeitnehmer gemäß § 10 Abs. 2 Satz 2, auf Antrag des Arbeitgebers monatlich nachträglich ausgezahlt.

(3) ¹In den Fällen des § 3 Abs. 3 werden dem Arbeitgeber die Leistungen nach Absatz 1 erst von dem Zeitpunkt an ausgezahlt, in dem der Arbeitgeber auf dem freigemachten oder durch Umsetzung freigewordenen Arbeitsplatz einen Arbeitnehmer beschäftigt, der bei Beginn der Beschäftigung die Voraussetzungen des § 3 Abs. 1 Nr. 2 erfüllt hat. ²Endet die Altersteilzeitarbeit in den Fällen des § 3 Abs. 3 vorzeitig, erbringt die Agentur für Arbeit dem Arbeitgeber die Leistungen für zurückliegende Zeiträume nach Satz 3, solange die Voraussetzungen des § 3 Abs. 1 Nr. 2 erfüllt sind und soweit dem Arbeitgeber entsprechende Aufwendungen für Aufstockungsleistungen nach § 3 Abs. 1 Nr. 1 und 4 Abs. 2 verblieben sind. ³Die Leistungen für zurückliegende Zeiten werden zusammen mit den laufenden Leistungen jeweils in monatlichen Teilbeträgen ausgezahlt. ⁴Die Höhe der Leistungen für zurückliegende Zeiten bestimmt sich nach der Höhe der laufenden Leistungen.

(4) ¹Über die Erbringung von Leistungen kann die Agentur für Arbeit vorläufig entscheiden, wenn die Voraussetzungen für den Anspruch mit hinreichender Wahrscheinlichkeit vorliegen und zu ihrer Feststellung voraussichtlich längere Zeit erforderlich ist. ²Aufgrund der vorläufigen Entscheidung erbrachte Leistungen sind auf die zustehende Leistung anzurechnen. ³Sie sind zu erstatten, soweit mit der abschließenden Entscheidung ein Anspruch nicht oder nur in geringer Höhe zuerkannt wird.

§ 13
Auskünfte und Prüfung

¹Die §§ 315 und 319[1)] des Dritten Buches und das Zweite Kapitel des Zehnten Buches Sozialgesetzbuch gelten entsprechend. ²§ 2 Abs. 1 Nr. 3 des Schwarzarbeitsbekämpfungsgesetzes bleibt unberührt.

---

1) Änderung in „§§ 315, 319 und 320 a" tritt am 1.1.2012 in Kraft (Artikel 4 und 11 Abs. 2 ELENA-Verfahrensgesetz vom 28.3.2009 BGBl. I S. 634).

§ 14
Bußgeldvorschriften

(1) Ordnungswidrig handelt, wer vorsätzlich oder fahrlässig
1. entgegen § 11 Abs. 1 oder als Arbeitgeber entgegen § 60 Abs. 1 Nr. 2 des Ersten Buches Sozialgesetzbuch eine Mitteilung nicht, nicht richtig, nicht vollständig oder nicht rechtzeitig macht,
2. entgegen § 13 Satz 1 in Verbindung mit § 315 Abs. 1, 2 Satz 1, Abs. 3 oder 5 Satz 1 des Dritten Buches Sozialgesetzbuch eine Auskunft nicht, nicht richtig, nicht vollständig oder nicht rechtzeitig erteilt,
3. entgegen § 13 Satz 1 in Verbindung mit § 319 Abs. 1 Satz 1 des Dritten Buches Sozialgesetzbuch Einsicht oder Zutritt nicht gewährt oder
4. entgegen § 13 Satz 1 in Verbindung mit § 319 Abs. 2 Satz 1 des Dritten Buches Sozialgesetzbuch Daten nicht, nicht richtig, nicht vollständig, nicht in der vorgeschriebenen Weise oder nicht rechtzeitig zur Verfügung stellt.

(2) Die Ordnungswidrigkeit kann in den Fällen des Absatzes 1 Nr. 4 mit einer Geldbuße bis zu dreißigtausend Euro, in den übrigen Fällen mit einer Geldbuße bis zu tausend Euro geahndet werden.

(3) Verwaltungsbehörden im Sinne des § 36 Abs. 1 Nr. 1 des Gesetzes über Ordnungswidrigkeiten sind die Agenturen für Arbeit.

(4) [1]Die Geldbußen fließen in die Kasse der Bundesagentur. [2]§ 66 des Zehnten Buches Sozialgesetzbuch gilt entsprechend.

(5) Die notwendigen Auslagen trägt abweichend von § 105 Abs. 2 des Gesetzes über Ordnungswidrigkeiten die Bundesagentur; diese ist auch ersatzpflichtig im Sinne des § 110 Abs. 4 des Gesetzes über Ordnungswidrigkeiten.

§ 15
Verordnungsermächtigung

[1]Das Bundesministerium für Arbeit und Soziales kann durch Rechtsverordnung die Mindestnettobeträge nach § 3 Abs. 1 Nr. 1 Buchstabe a in der bis zum 30. Juni 2004 gültigen Fassung bestimmen. [2]Die Vorschriften zum Leistungsentgelt des Dritten Buches Sozialgesetzbuch gelten entsprechend. [3]Das bisherige Arbeitsentgelt im Sinne des § 6 Abs. 1 in der bis zum 30. Juni 2004 gültigen Fassung ist auf den nächsten durch fünf teilbaren Euro-Betrag zu runden. [4]Der Kalendermonat ist mit 30 Tagen anzusetzen.

§ 15a
Übergangsregelung nach dem Gesetz zur Reform der Arbeitsförderung

Haben die Voraussetzungen für die Erbringung von Leistungen nach § 4 vor dem 1. April 1997 vorgelegen, erbringt die Bundesagentur die Leistungen nach § 4 auch dann, wenn die Voraussetzungen des § 2 Abs. 1 Nr. 2 und Abs. 2 Nr. 1 in der bis zum 31. März 1997 geltenden Fassung vorliegen.

§ 15b
Übergangsregelung nach dem Gesetz zur Reform der gesetzlichen Rentenversicherung

Abweichend von § 5 Abs. 1 Nr. 2 erlischt der Anspruch auf die Leistungen nach § 4 nicht, wenn mit der Altersteilzeit vor dem 1. Juli 1998 begonnen worden ist und Anspruch auf eine ungeminderte Rente wegen Alters besteht, weil 45 Jahre mit Pflichtbeiträgen für eine versicherte Beschäftigung oder Tätigkeit vorliegen.

§ 15c
Übergangsregelung nach dem Gesetz zur Fortentwicklung der Altersteilzeit

Ist eine Vereinbarung über Altersteilzeitarbeit vor dem 1. Januar 2000 abgeschlossen worden, erbringt die Bundesagentur die Leistungen nach § 4 auch dann, wenn die Voraussetzungen des § 2 Abs. 1 Nr. 2 und 3 in der bis zum 1. Januar 2000 geltenden Fassung vorliegen.

§ 15d
Übergangsregelung zum Zweiten Gesetz zur Fortentwicklung der Altersteilzeit

[1]Ist eine Vereinbarung über Altersteilzeitarbeit vor dem 1. Juli 2000 abgeschlossen worden, gelten § 5 Abs. 2 Satz 2 und § 6 Abs. 2 Satz 2 in der bis zum 1. Juli 2000 geltenden Fassung. [2]Sollen bei einer Vereinbarung nach Satz 1 Leistungen nach § 4 für einen Zeitraum von länger als fünf Jahren beansprucht werden, gilt § 5 Abs. 2 Satz 2 in der ab dem 1. Juli 2000 geltenden Fassung.

§ 15e
Übergangsregelung nach dem Gesetz zur Reform der Renten wegen verminderter Erwerbsfähigkeit

Abweichend von § 5 Abs. 1 Nr. 2 erlischt der Anspruch auf die Leistungen nach § 4 nicht, wenn mit der Altersteilzeit vor dem 17. November 2000 begonnen worden ist und Anspruch auf eine ungeminderter Rente wegen Alters besteht, weil die Voraussetzungen nach § 236a Satz 5 Nr. 1 des Sechsten Buches Sozialgesetzbuch vorliegen.

§ 15f
Übergangsregelung nach dem Zweiten Gesetz für moderne Dienstleistungen am Arbeitsmarkt

Wurde mit der Altersteilzeit vor dem 1. April 2003 begonnen, gelten Arbeitnehmer, die bis zu diesem Zeitpunkt in einer versicherungspflichtigen Beschäftigung nach dem Dritten Buch Sozialgesetzbuch gestanden haben, auch nach dem 1. April 2003 als versicherungspflichtig beschäftigt, wenn sie die bis zum 31. März 2003 geltenden Voraussetzungen für das Vorliegen einer versicherungspflichtigen Beschäftigung weiterhin erfüllen.

§ 15g
Übergangsregelung zum Dritten Gesetz für moderne Dienstleistungen am Arbeitsmarkt

[1]Wurde mit der Altersteilzeitarbeit vor dem 1. Juli 2004 begonnen, sind die Vorschriften in der bis zum 30. Juni 2004 geltenden Fassung mit Ausnahme des § 15 weiterhin anzuwenden. [2]Auf Antrag des Arbeitgebers erbringt die Bundesagentur abweichend von Satz 1 Leistungen nach § 4 in der ab dem 1. Juli 2004 geltenden Fassung, wenn die hierfür ab dem 1. Juli 2004 maßgebenden Voraussetzungen erfüllt sind.

§ 16
Befristung der Förderungsfähigkeit

Für die Zeit ab dem 1. Januar 2010 sind Leistungen nach § 4 nur noch zu erbringen, wenn die Voraussetzungen des § 2 erstmals vor diesem Zeitpunkt vorgelegen haben.

Anhang 12/Teilzeit- und Befristungsgesetz

Gesetz über Teilarbeitszeit und befristete Arbeitsverträge
(Teilzeit- und Befristungsgesetz – TzBfG)

Vom 21. Dezember 2000 (BGBl. I S. 1966)[1]

Erster Abschnitt
Allgemeine Vorschriften

§ 1
Zielsetzung

Ziel des Gesetzes ist, Teilzeitarbeit zu fördern, die Voraussetzungen für die Zulässigkeit befristeter Arbeitsverträge festzulegen und die Diskriminierung von teilzeitbeschäftigten und befristet beschäftigten Arbeitnehmern zu verhindern.

§ 2
Begriff des teilzeitbeschäftigten Arbeitnehmers

(1) Teilzeitbeschäftigt ist ein Arbeitnehmer, dessen regelmäßige Wochenarbeitszeit kürzer ist als die eines vergleichbaren vollzeitbeschäftigten Arbeitnehmers. Ist eine regelmäßige Wochenarbeitszeit nicht vereinbart, so ist ein Arbeitnehmer teilzeitbeschäftigt, wenn seine regelmäßige Arbeitszeit im Durchschnitt eines bis zu einem Jahr reichenden Beschäftigungszeitraums unter der eines vergleichbaren vollzeitbeschäftigten Arbeitnehmers liegt. Vergleichbar ist ein vollzeitbeschäftigter Arbeitnehmer des Betriebes mit derselben Art des Arbeitsverhältnisses und der gleichen oder einer ähnlichen Tätigkeit. Gibt es im Betrieb keinen vergleichbaren vollzeitbeschäftigten Arbeitnehmer, so ist der vergleichbare vollzeitbeschäftigte Arbeitnehmer auf Grund des anwendbaren Tarifvertrages zu bestimmen; in allen anderen Fällen ist darauf abzustellen, wer im jeweiligen Wirtschaftszweig üblicherweise als vergleichbarer vollzeitbeschäftigter Arbeitnehmer anzusehen ist.

(2) Teilzeitbeschäftigt ist auch ein Arbeitnehmer, der eine geringfügige Beschäftigung nach § 8 Abs. 1 Nr. 1 des Vierten Buches Sozialgesetzbuch ausübt.

§ 3
Begriff des befristet beschäftigten Arbeitnehmers

(1) Befristet beschäftigt ist ein Arbeitnehmer mit einem auf bestimmte Zeit geschlossenen Arbeitsvertrag. Ein auf bestimmte Zeit geschlossener Arbeitsvertrag (befristeter Arbeitsvertrag) liegt vor, wenn seine Dauer kalendermäßig bestimmt ist (kalendermäßig befristeter Arbeitsvertrag) oder sich aus Art, Zweck oder Beschaffenheit der Arbeitsleistung ergibt (zweckbefristeter Arbeitsvertrag).

(2) Vergleichbar ist ein unbefristet beschäftigter Arbeitnehmer des Betriebes mit der gleichen oder einer ähnlichen Tätigkeit. Gibt es im Betrieb keinen vergleichbaren unbefristet beschäftigten Arbeitnehmer, so ist der vergleichbare unbefristet beschäftigte Arbeitnehmer auf Grund des anwendbaren Tarifvertrages zu bestimmen; in allen anderen Fällen ist darauf abzustellen, wer im jeweiligen Wirtschaftszweig üblicherweise als vergleichbarer unbefristet beschäftigter Arbeitnehmer anzusehen ist.

§ 4
Verbot der Diskriminierung

(1) Ein teilzeitbeschäftigter Arbeitnehmer darf wegen der Teilzeitarbeit nicht schlechter behandelt werden als ein vergleichbarer vollzeitbeschäftigter Arbeitnehmer, es sei denn, dass sachliche Gründe eine unterschiedliche Behandlung rechtfertigen. Einem teilzeitbeschäftigten Arbeitnehmer ist Arbeitsentgelt oder eine andere teilbare geldwerte Leistung mindestens in dem Umfang zu gewähren, der dem Anteil seiner Arbeitszeit an der Arbeitszeit eines vergleichbaren vollzeitbeschäftigten Arbeitnehmers entspricht.

(2) Ein befristet beschäftigter Arbeitnehmer darf wegen der Befristung des Arbeitsvertrages nicht schlechter behandelt werden als ein vergleichbarer unbefristet beschäftigter Arbeitnehmer, es sei denn, dass sachliche Gründe eine unterschiedliche Behandlung rechtfertigen. Einem befristet beschäftigten Arbeitnehmer ist Arbeitsentgelt oder eine andere teilbare geldwerte Leistung, die für einen bestimmten Bemessungszeitraum gewährt wird, mindestens in dem Umfang zu gewähren, der dem Anteil seiner Beschäftigungsdauer am Bemessungszeitraum entspricht. Sind bestimmte Beschäftigungsbedingungen von der Dauer des Bestehens des Arbeitsverhältnisses in demselben Betrieb oder Unternehmen abhängig, so sind für befristet beschäftigte Arbeitnehmer dieselben Zeiten zu berücksichtigen wie für un-

---
1) Unter Berücksichtigung der Änderungen zuletzt durch Artikel 1 des Gesetzes vom 19.4.2007 (BGBl. I S. 538).

befristet beschäftigte Arbeitnehmer, es sei denn, dass eine unterschiedliche Berücksichtigung aus sachlichen Gründen gerechtfertigt ist.

§ 5
Benachteiligungsverbot
Der Arbeitgeber darf einen Arbeitnehmer nicht wegen der Inanspruchnahme von Rechten nach diesem Gesetz benachteiligen.

Zweiter Abschnitt.

Teilzeitarbeit

§ 6
Förderung von Teilzeitarbeit
Der Arbeitgeber hat den Arbeitnehmern, auch in leitenden Positionen, Teilzeitarbeit nach Maßgabe dieses Gesetzes zu ermöglichen.

§ 7
Ausschreibung; Information über freie Arbeitsplätze
(1) Der Arbeitgeber hat einen Arbeitsplatz, den er öffentlich oder innerhalb des Betriebes ausschreibt, auch als Teilzeitarbeitsplatz auszuschreiben, wenn sich der Arbeitsplatz hierfür eignet.

(2) Der Arbeitgeber hat einen Arbeitnehmer, der ihm den Wunsch nach einer Veränderung von Dauer und Lage seiner vertraglich vereinbarten Arbeitszeit angezeigt hat, über entsprechende Arbeitsplätze zu informieren, die im Betrieb oder Unternehmen besetzt werden sollen.

(3) Der Arbeitgeber hat die Arbeitnehmervertretung über Teilzeitarbeit im Betrieb und Unternehmen zu informieren, insbesondere über vorhandene oder geplante Teilzeitarbeitsplätze und über die Umwandlung von Teilzeitarbeitsplätzen in Vollzeitarbeitsplätze oder umgekehrt. Der Arbeitnehmervertretung sind auf Verlangen die erforderlichen Unterlagen zur Verfügung zu stellen; § 92 des Betriebsverfassungsgesetzes bleibt unberührt.

§ 8
Verringerung der Arbeitszeit
(1) Ein Arbeitnehmer, dessen Arbeitsverhältnis länger als sechs Monate bestanden hat, kann verlangen, dass seine vertraglich vereinbarte Arbeitszeit verringert wird.

(2) Der Arbeitnehmer muss die Verringerung seiner Arbeitszeit und den Umfang der Verringerung spätestens drei Monate vor deren Beginn geltend machen. Er soll dabei die gewünschte Verteilung der Arbeitszeit angeben.

(3) Der Arbeitgeber hat mit dem Arbeitnehmer die gewünschte Verringerung der Arbeitszeit mit dem Ziel zu erörtern, zu einer Vereinbarung zu gelangen. Er hat mit dem Arbeitnehmer Einvernehmen über die von ihm festzulegende Verteilung der Arbeitszeit zu erzielen.

(4) Der Arbeitgeber hat der Verringerung der Arbeitszeit zuzustimmen und ihre Verteilung entsprechend den Wünschen des Arbeitnehmers festzulegen, soweit betriebliche Gründe nicht entgegenstehen. Ein betrieblicher Grund liegt insbesondere vor, wenn die Verringerung der Arbeitszeit die Organisation, den Arbeitsablauf oder die Sicherheit im Betrieb wesentlich beeinträchtigt oder unverhältnismäßige Kosten verursacht. Die Ablehnungsgründe können durch Tarifvertrag festgelegt werden. Im Geltungsbereich eines solchen Tarifvertrages können nicht tarifgebundene Arbeitgeber und Arbeitnehmer die Anwendung der tariflichen Regelungen über die Ablehnungsgründe vereinbaren.

(5) Die Entscheidung über die Verringerung der Arbeitszeit und ihre Verteilung hat der Arbeitgeber dem Arbeitnehmer spätestens einen Monat vor dem gewünschten Beginn der Verringerung schriftlich mitzuteilen. Haben sich Arbeitgeber und Arbeitnehmer nicht nach Absatz 3 Satz 1 über die Verringerung der Arbeitszeit geeinigt und hat der Arbeitgeber die Arbeitszeitverringerung nicht spätestens einen Monat vor deren gewünschtem Beginn schriftlich abgelehnt, verringert sich die Arbeitszeit in dem vom Arbeitnehmer gewünschten Umfang. Haben Arbeitgeber und Arbeitnehmer über die Verteilung der Arbeitszeit kein Einvernehmen nach Absatz 3 Satz 2 erzielt und hat der Arbeitgeber nicht spätestens einen Monat vor dem gewünschten Beginn der Arbeitszeitverringerung die gewünschte Verteilung der Arbeitszeit schriftlich abgelehnt, gilt die Verteilung der Arbeitszeit entsprechend den Wünschen des Arbeitnehmers als festgelegt. Der Arbeitgeber kann die nach Satz 3 oder Absatz 3 Satz 2 festgelegte Verteilung der Arbeitszeit wieder ändern, wenn das betriebliche Interesse daran das Interesse des Arbeitnehmers an der Beibehaltung erheblich überwiegt und der Arbeitgeber die Änderung spätestens einen Monat vorher angekündigt hat.

(6) Der Arbeitnehmer kann eine erneute Verringerung der Arbeitszeit frühestens nach Ablauf von zwei Jahren verlangen, nachdem der Arbeitgeber einer Verringerung zugestimmt oder sie berechtigt abgelehnt hat.

(7) Für den Anspruch auf Verringerung der Arbeitszeit gilt die Voraussetzung, dass der Arbeitgeber, unabhängig von der Anzahl der Personen in Berufsbildung, in der Regel mehr als 15 Arbeitnehmer beschäftigt.

§ 9
Verlängerung der Arbeitszeit

Der Arbeitgeber hat einen teilzeitbeschäftigten Arbeitnehmer, der ihm den Wunsch nach einer Verlängerung seiner vertraglich vereinbarten Arbeitszeit angezeigt hat, bei der Besetzung eines entsprechenden freien Arbeitsplatzes bei gleicher Eignung bevorzugt zu berücksichtigen, es sei denn, dass dringende betriebliche Gründe oder Arbeitszeitwünsche anderer teilzeitbeschäftigter Arbeitnehmer entgegenstehen.

§ 10
Aus- und Weiterbildung

Der Arbeitgeber hat Sorge zu tragen, dass auch teilzeitbeschäftigte Arbeitnehmer an Aus- und Weiterbildungsmaßnahmen zur Förderung der beruflichen Entwicklung und Mobilität teilnehmen können, es sei denn, dass dringende betriebliche Gründe oder Aus- und Weiterbildungswünsche anderer teilzeit- oder vollzeitbeschäftigter Arbeitnehmer entgegenstehen.

§ 11
Kündigungsverbot

Die Kündigung eines Arbeitsverhältnisses wegen der Weigerung eines Arbeitnehmers, von einem Vollzeit- in ein Teilzeitarbeitsverhältnis oder umgekehrt zu wechseln, ist unwirksam. Das Recht zur Kündigung des Arbeitsverhältnisses aus anderen Gründen bleibt unberührt.

§ 12
Arbeit auf Abruf

(1) Arbeitgeber und Arbeitnehmer können vereinbaren, dass der Arbeitnehmer seine Arbeitsleistung entsprechend dem Arbeitsanfall zu erbringen hat (Arbeit auf Abruf). Die Vereinbarung muss eine bestimmte Dauer der wöchentlichen und täglichen Arbeitszeit festlegen. Wenn die Dauer der wöchentlichen Arbeitszeit nicht festgelegt ist, gilt eine Arbeitszeit von zehn Stunden als vereinbart. Wenn die Dauer der täglichen Arbeitszeit nicht festgelegt ist, hat der Arbeitgeber die Arbeitsleistung des Arbeitnehmers jeweils für mindestens drei aufeinander folgende Stunden in Anspruch zu nehmen.

(2) Der Arbeitnehmer ist nur zur Arbeitsleistung verpflichtet, wenn der Arbeitgeber ihm die Lage seiner Arbeitszeit jeweils mindestens vier Tage im Voraus mitteilt.

(3) Durch Tarifvertrag kann von den Absätzen 1 und 2 auch zuungunsten des Arbeitnehmers abgewichen werden, wenn der Tarifvertrag Regelungen über die tägliche und wöchentliche Arbeitszeit und die Vorankündigungsfrist vorsieht. Im Geltungsbereich eines solchen Tarifvertrages können nicht tarifgebundene Arbeitgeber und Arbeitnehmer die Anwendung der tariflichen Regelungen über die Arbeit auf Abruf vereinbaren.

§ 13
Arbeitsplatzteilung

(1) Arbeitgeber und Arbeitnehmer können vereinbaren, dass mehrere Arbeitnehmer sich die Arbeitszeit an einem Arbeitsplatz teilen (Arbeitsplatzteilung). Ist einer dieser Arbeitnehmer an der Arbeitsleistung verhindert, sind die anderen Arbeitnehmer zur Vertretung verpflichtet, wenn sie der Vertretung im Einzelfall zugestimmt haben. Eine Pflicht zur Vertretung besteht auch, wenn der Arbeitsvertrag bei Vorliegen dringender betrieblicher Gründe eine Vertretung vorsieht und diese im Einzelfall zumutbar ist.

(2) Scheidet ein Arbeitnehmer aus der Arbeitsplatzteilung aus, so ist die darauf gestützte Kündigung des Arbeitsverhältnisses eines anderen in die Arbeitsplatzteilung einbezogenen Arbeitnehmers durch den Arbeitgeber unwirksam. Das Recht zur Änderungskündigung aus diesem Anlass und zur Kündigung des Arbeitsverhältnisses aus anderen Gründen bleibt unberührt.

(3) Die Absätze 1 und 2 sind entsprechend anzuwenden, wenn sich Gruppen von Arbeitnehmern auf bestimmten Arbeitsplätzen in festgelegten Zeitabschnitten abwechseln, ohne dass eine Arbeitsplatzteilung im Sinne des Absatzes 1 vorliegt.

Anhang 12/Teilzeit- und Befristungsgesetz

(4) Durch Tarifvertrag kann von den Absätzen 1 und 3 auch zuungunsten des Arbeitnehmers abgewichen werden, wenn der Tarifvertrag Regelungen über die Vertretung der Arbeitnehmer enthält. Im Geltungsbereich eines solchen Tarifvertrages können nicht tarifgebundene Arbeitgeber und Arbeitnehmer die Anwendung der tariflichen Regelungen über die Arbeitsplatzteilung vereinbaren.

Dritter Abschnitt

Befristete Arbeitsverträge

§ 14

Zulässigkeit der Befristung

(1) [1]Die Befristung eines Arbeitsvertrages ist zulässig, wenn sie durch einen sachlichen Grund gerechtfertigt ist. [2]Ein sachlicher Grund liegt insbesondere vor, wenn

1. der betriebliche Bedarf an der Arbeitsleistung nur vorübergehend besteht,
2. die Befristung im Anschluss an eine Ausbildung oder ein Studium erfolgt, um den Übergang des Arbeitnehmers in eine Anschlussbeschäftigung zu erleichtern,
3. der Arbeitnehmer zur Vertretung eines anderen Arbeitnehmers beschäftigt wird,
4. die Eigenart der Arbeitsleistung die Befristung rechtfertigt,
5. die Befristung zur Erprobung erfolgt,
6. in der Person des Arbeitnehmers liegende Gründe die Befristung rechtfertigen,
7. der Arbeitnehmer aus Haushaltsmitteln vergütet wird, die haushaltsrechtlich für eine befristete Beschäftigung bestimmt sind, und er entsprechend beschäftigt wird oder
8. die Befristung auf einem gerichtlichen Vergleich beruht.

(2) [1]Die kalendermäßige Befristung eines Arbeitsvertrages ohne Vorliegen eines sachlichen Grundes ist bis zur Dauer von zwei Jahren zulässig; bis zu dieser Gesamtdauer von zwei Jahren ist auch die höchstens dreimalige Verlängerung eines kalendermäßig befristeten Arbeitsvertrages zulässig. [2]Eine Befristung nach Satz 1 ist nicht zulässig, wenn mit demselben Arbeitgeber bereits zuvor ein befristetes oder unbefristetes Arbeitsverhältnis bestanden hat. [3]Durch Tarifvertrag kann die Anzahl der Verlängerungen oder die Höchstdauer der Befristung abweichend von Satz 1 festgelegt werden. [4]Im Geltungsbereich eines solchen Tarifvertrages können nicht tarifgebundene Arbeitgeber und Arbeitnehmer die Anwendung der tariflichen Regelungen vereinbaren.

(2a) [1]In den ersten vier Jahren nach der Gründung eines Unternehmens ist die kalendermäßige Befristung eines Arbeitsvertrages ohne Vorliegen eines sachlichen Grundes bis zur Dauer von vier Jahren zulässig; bis zu dieser Gesamtdauer von vier Jahren ist auch die mehrfache Verlängerung eines kalendermäßig befristeten Arbeitsvertrages zulässig. [2]Dies gilt nicht für Neugründungen im Zusammenhang mit der rechtlichen Umstrukturierung von Unternehmen und Konzernen. [3]Maßgebend für den Zeitpunkt der Gründung des Unternehmens ist die Aufnahme einer Erwerbstätigkeit, die nach § 138 der Abgabenordnung der Gemeinde oder dem Finanzamt mitzuteilen ist. [4]Auf die Befristung eines Arbeitsvertrages nach Satz 1 findet Absatz 2 Satz 2 bis 4 entsprechende Anwendung.

(3) [1]Die kalendermäßige Befristung eines Arbeitsvertrages ohne Vorliegen eines sachlichen Grundes ist bis zu einer Dauer von fünf Jahren zulässig, wenn der Arbeitnehmer bei Beginn des befristeteten Arbeitsverhältnisses das 52. Lebensjahr vollendet hat und unmittelbar vor Beginn des befristeten Arbeitsverhältnisses mindestens vier Monate beschäftigungslos im Sinne des § 119 Abs. 1 Nr. 1 des Dritten Buches Sozialgesetzbuch gewesen ist, Transferkurzarbeitergeld bezogen oder an einer öffentlich geförderten Beschäftigungsmaßnahme nach dem Zweiten oder Dritten Buch Sozialgesetzbuch teilgenommen hat. [2]Bis zu der Gesamtdauer von fünf Jahren ist auch die mehrfache Verlängerung des Arbeitsvertrages zulässig. [1)]

(4) Die Befristung eines Arbeitsvertrages bedarf zu ihrer Wirksamkeit der Schriftform.

§ 15

Ende des befristeten Arbeitsvertrages

(1) Ein kalendermäßig befristeter Arbeitsvertrag endet mit Ablauf der vereinbarten Zeit.

(2) Ein zweckbefristeter Arbeitsvertrag endet mit Erreichen des Zwecks, frühestens jedoch zwei Wochen nach Zugang der schriftlichen Unterrichtung des Arbeitnehmers durch den Arbeitgeber über den Zeitpunkt der Zweckerreichung.

---

1) Neufassung § 14 Abs. 3 in Kraft ab 1.5.2007 (Artikel 4 Abs. 3 Gesetz vom 19.4.2007 BGBl. I S. 538).

(3) Ein befristetes Arbeitsverhältnis unterliegt nur dann der ordentlichen Kündigung, wenn dies einzelvertraglich oder im anwendbaren Tarifvertrag vereinbart ist.

(4) Ist das Arbeitsverhältnis für die Lebenszeit einer Person oder für längere Zeit als fünf Jahre eingegangen, so kann es von dem Arbeitnehmer nach Ablauf von fünf Jahren gekündigt werden. Die Kündigungsfrist beträgt sechs Monate.

(5) Wird das Arbeitsverhältnis nach Ablauf der Zeit, für die es eingegangen ist, oder nach Zweckerreichung mit Wissen des Arbeitgebers fortgesetzt, so gilt es als auf unbestimmte Zeit verlängert, wenn der Arbeitgeber nicht unverzüglich widerspricht oder dem Arbeitnehmer die Zweckerreichung nicht unverzüglich mitteilt.

§ 16
Folgen unwirksamer Befristung

Ist die Befristung rechtsunwirksam, so gilt der befristete Arbeitsvertrag als auf unbestimmte Zeit geschlossen; er kann vom Arbeitgeber frühestens zum vereinbarten Ende ordentlich gekündigt werden, sofern nicht nach § 15 Abs. 3 die ordentliche Kündigung zu einem früheren Zeitpunkt möglich ist. Ist die Befristung nur wegen des Mangels der Schriftform unwirksam, kann der Arbeitsvertrag auch vor dem vereinbarten Ende ordentlich gekündigt werden.

§ 17
Anrufung des Arbeitsgerichts

Will der Arbeitnehmer geltend machen, dass die Befristung eines Arbeitsvertrages rechtsunwirksam ist, so muss er innerhalb von drei Wochen nach dem vereinbarten Ende des befristeten Arbeitsvertrages Klage beim Arbeitsgericht auf Feststellung erheben, dass das Arbeitsverhältnis auf Grund der Befristung nicht beendet ist. Die §§ 5 bis 7 des Kündigungsschutzgesetzes gelten entsprechend. Wird das Arbeitsverhältnis nach dem vereinbarten Ende fortgesetzt, so beginnt die Frist nach Satz 1 mit dem Zugang der schriftlichen Erklärung des Arbeitgebers, dass das Arbeitsverhältnis auf Grund der Befristung beendet sei.

§ 18
Information über unbefristete Arbeitsplätze

Der Arbeitgeber hat die befristet beschäftigten Arbeitnehmer über entsprechende unbefristete Arbeitsplätze zu informieren, die besetzt werden sollen. Die Information kann durch allgemeine Bekanntgabe an geeigneter, den Arbeitnehmern zugänglicher Stelle im Betrieb und Unternehmen erfolgen.

§ 19
Aus- und Weiterbildung

Der Arbeitgeber hat Sorge zu tragen, dass auch befristet beschäftigte Arbeitnehmer an angemessenen Aus- und Weiterbildungsmaßnahmen zur Förderung der beruflichen Entwicklung und Mobilität teilnehmen können, es sei denn, dass dringende betriebliche Gründe oder Aus- und Weiterbildungswünsche anderer Arbeitnehmer entgegenstehen.

§ 20
Information der Arbeitnehmervertretung

Der Arbeitgeber hat die Arbeitnehmervertretung über die Anzahl der befristet beschäftigten Arbeitnehmer und ihren Anteil an der Gesamtbelegschaft des Betriebes und des Unternehmens zu informieren.

§ 21
Auflösend bedingte Arbeitsverträge

Wird der Arbeitsvertrag unter einer auflösenden Bedingung geschlossen, gelten § 4 Abs. 2, § 5, § 14 Abs. 1 und 4, § 15 Abs. 2, 3 und 5 sowie die §§ 16 bis 20 entsprechend.

Vierter Abschnitt.

Gemeinsame Vorschriften

§ 22
Abweichende Vereinbarungen

(1) Außer in den Fällen des § 12 Abs. 3, § 13 Abs. 4 und § 14 Abs. 2 Satz 3 und 4 kann von den Vorschriften dieses Gesetzes nicht zuungunsten des Arbeitnehmers abgewichen werden.

Anhang 12/Teilzeit- und Befristungsgesetz

(2) Enthält ein Tarifvertrag für den öffentlichen Dienst Bestimmungen im Sinne des § 8 Abs. 4 Satz 3 und 4, § 12 Abs. 3, § 13 Abs. 4, § 14 Abs. 2 Satz 3 und 4 oder § 15 Abs. 3, so gelten diese Bestimmungen auch zwischen nicht tarifgebundenen Arbeitgebern und Arbeitnehmern außerhalb des öffentlichen Dienstes, wenn die Anwendung der für den öffentlichen Dienst geltenden tarifvertraglichen Bestimmungen zwischen ihnen vereinbart ist und die Arbeitgeber die Kosten des Betriebes überwiegend mit Zuwendungen im Sinne des Haushaltsrechts decken.

§ 23
Besondere gesetzliche Regelungen

Besondere Regelungen über Teilzeitarbeit und über die Befristung von Arbeitsverträgen nach anderen gesetzlichen Vorschriften bleiben unberührt.

Gesetz über die Umzugskostenvergütung für die Bundesbeamten, Richter im Bundesdienst und Soldaten (Bundesumzugskostengesetz – BUKG)

Neufassung vom 11. Dezember 1990 (BGBl. I S. 2682; Auszug im BStBl. 1991 I S. 154)[1)]

§ 1
Anwendungsbereich

(1) ¹Dieses Gesetz regelt Art und Umfang der Erstattung von Auslagen aus Anlass der in den §§ 3 und 4 bezeichneten Umzüge und der in § 12 genannten Maßnahmen. ²Berechtigte sind:
1. Bundesbeamte und in den Bundesdienst abgeordnete Beamte,
2. Richter im Bundesdienst und in den Bundesdienst abgeordnete Richter,
3. Berufssoldaten und Soldaten auf Zeit,
4. Beamte und Richter (Nummern 1 und 2) und Berufssoldaten im Ruhestand,
5. frühere Beamte und Richter (Nummern 1 und 2) und Berufssoldaten, die wegen Dienstunfähigkeit oder Erreichens der Altersgrenze entlassen worden sind,
6. Hinterbliebene der in den Nummern 1 bis 5 bezeichneten Personen.

(2) Hinterbliebene sind der Ehegatte, Lebenspartner, Verwandte bis zum vierten Grade, Verschwägerte bis zum zweiten Grade, Pflegekinder und Pflegeeltern, wenn diese Personen zur Zeit des Todes zur häuslichen Gemeinschaft des Verstorbenen gehört haben.

(3) Eine häusliche Gemeinschaft im Sinne dieses Gesetzes setzt ein Zusammenleben in gemeinsamer Wohnung oder in enger Betreuungsgemeinschaft in demselben Hause voraus.

§ 2
Anspruch auf Umzugskostenvergütung

(1) ¹Voraussetzung für den Anspruch auf Umzugskostenvergütung ist die schriftliche oder elektronische Zusage. ²Sie soll gleichzeitig mit der den Umzug veranlassenden Maßnahme erteilt werden. ³In den Fällen des § 4 Abs. 3 muß die Umzugskostenvergütung vor dem Umzug zugesagt werden.

(2) ¹Die Umzugskostenvergütung wird nach Beendigung des Umzuges gewährt. ²Sie ist innerhalb einer Ausschlußfrist von einem Jahr bei der Beschäftigungsbehörde, in den Fällen des § 4 Abs. 3 bei der letzten Beschäftigungsbehörde, schriftlich oder elektronisch zu beantragen. ³Die Frist beginnt mit dem Tage nach Beendigung des Umzuges, in den Fällen des § 11 Abs. 3 Satz 1 mit der Bekanntgabe des Widerrufs.

(3) ¹Umzugskostenvergütung wird nicht gewährt, wenn nicht innerhalb von fünf Jahren nach Wirksamwerden der Zusage der Umzugskostenvergütung umgezogen wird. ²Die oberste Dienstbehörde kann diese Frist in besonders begründeten Ausnahmefällen um längstens zwei Jahre verlängern. ³§ 4 Abs. 3 Satz 2 bleibt unberührt.

§ 3
Zusage der Umzugskostenvergütung

(1) Die Umzugskostenvergütung ist zuzusagen für Umzüge
1. aus Anlass der Versetzung aus dienstlichen Gründen an einen anderen Ort als den bisherigen Dienstort, es sei denn, dass
   a) mit einer baldigen weiteren Versetzung an einen anderen Dienstort zu rechnen ist,
   b) der Umzug aus besonderen Gründen nicht durchgeführt werden soll,
   c) die Wohnung auf einer üblicherweise befahrenen Strecke weniger als 30 Kilometer von der neuen Dienststätte entfernt ist oder im neuen Dienstort liegt (Einzugsgebiet) oder
   d) der Berechtigte auf die Zusage der Umzugskostenvergütung unwiderruflich verzichtet und dienstliche Gründe den Umzug nicht erfordern,
2. auf Anweisung des Dienstvorgesetzten, die Wohnung innerhalb bestimmter Entfernung von der Dienststelle zu nehmen oder eine Dienstwohnung zu beziehen,
3. aus Anlass der Räumung einer Dienstwohnung auf dienstliche Weisung,
4. aus Anlass der Aufhebung einer Versetzung nach einem Umzug mit Zusage der Umzugskostenvergütung.

---
1) Unter Berücksichtigung der Änderungen zuletzt durch Artikel 15 Absatz 42 des Gesetzes vom 5.2.2009 (BGBl. I S. 160).

(2) Absatz 1 Nr. 1 gilt entsprechend für Umzüge aus Anlass
1. der Verlegung der Beschäftigungsbehörde,
2. der nicht nur vorübergehenden Zuteilung aus dienstlichen Gründen zu einem anderen Teil der Beschäftigungsbehörde,
3. der Übertragung eines anderen Richteramtes nach § 32 Abs. 2 des Deutschen Richtergesetzes oder eines weiteren Richteramtes nach § 27 Abs. 2 des vorgenannten Gesetzes.

§ 4
Zusage der Umzugskostenvergütung in besonderen Fällen

(1) Die Umzugskostenvergütung kann in entsprechender Anwendung des § 3 Abs. 1 Nr. 1 zugesagt werden für Umzüge aus Anlass
1. der Einstellung,
2. der Abordnung oder Kommandierung,
3. der vorübergehenden Zuteilung aus dienstlichen Gründen zu einem anderen Teil der Beschäftigungsbehörde,
4. der vorübergehenden dienstlichen Tätigkeit bei einer anderen Stelle als einer Dienststelle.

(2) Die Umzugskostenvergütung kann ferner zugesagt werden für Umzüge aus Anlass
1. der Aufhebung oder Beendigung einer Maßnahme nach Absatz 1 Nr. 2 bis 4 nach einem Umzug mit Zusage der Umzugskostenvergütung,
2. der Räumung einer bundeseigenen oder im Besetzungsrecht des Bundes stehenden Mietwohnung, wenn sie auf Veranlassung der obersten Dienstbehörde oder der von ihr ermächtigten Behörde im dienstlichen Interesse geräumt werden soll,
3. einer Versetzung oder eines Wohnungswechsels wegen des Gesundheitszustandes des Berechtigten, des mit ihm in häuslicher Gemeinschaft lebenden Ehegatten oder Lebenspartners oder der mit ihm in häuslicher Gemeinschaft lebenden, beim Familienzuschlag nach dem Bundesbesoldungsgesetz berücksichtigungsfähigen Kinder, wobei die Notwendigkeit des Umzuges amts- oder vertrauensärztlich bescheinigt sein muß,
4. eines Wohnungswechsels, der notwendig ist, weil die Wohnung wegen der Zunahme der Zahl der zur häuslichen Gemeinschaft gehörenden, beim Familienzuschlag nach dem Bundesbesoldungsgesetz berücksichtigungsfähigen Kinder unzureichend geworden ist. ²Unzureichend ist eine Wohnung, wenn die Zimmerzahl der bisherigen Wohnung um mindestens zwei hinter der zustehenden Zimmerzahl zurückbleibt. ³Dabei darf für jede vor und nach dem Umzug zur häuslichen Gemeinschaft des Berechtigten gehörende Person (§ 6 Abs. 3 Satz 2 und 3) nur ein Zimmer zugebilligt werden.

(3) ¹Die Umzugskostenvergütung kann ferner für Umzüge aus Anlass der Beendigung des Dienstverhältnisses Berechtigten nach § 1 Abs.1 Satz 2 Nr. 4 bis 6 zugesagt werden, wenn
1. ein Verbleiben an Grenzorten, kleineren abgelegenen Plätzen oder Inselorten nicht zumutbar ist oder
2. in den vorausgegangenen zehn Jahren mindestens ein Umzug mit Zusage der Umzugskostenvergütung an einen anderen Ort durchgeführt wurde.

²Die Umzugskostenvergütung wird nur gewährt, wenn innerhalb von zwei Jahren nach Beendigung des Dienstverhältnisses umgezogen wird. ³Sie wird nicht gewährt, wenn das Dienstverhältnis aus Disziplinargründen oder zur Aufnahme einer anderen Tätigkeit beendet wurde.

(4) Der Abordnung nach Absatz 1 Nr. 2 stehen die Zuweisung nach § 29 des Bundesbeamtengesetzes oder nach § 20 des Beamtenstatusgesetzes gleich.

§ 5
Umzugskostenvergütung

(1) Die Umzugskostenvergütung umfasst
1. Beförderungsauslagen (§ 6),
2. Reisekosten (§ 7),
3. Mietentschädigung (§ 8),
4. andere Auslagen (§ 9),
5. Pauschvergütung für sonstige Umzugsauslagen (§ 10),
6. Auslagen nach § 11.

(2) Zuwendungen, die für denselben Umzug von einer anderen Dienst- oder Beschäftigungsstelle gewährt werden, sind auf die Umzugskostenvergütung insoweit anzurechnen, als für denselben Zweck Umzugskostenvergütung nach diesem Gesetz gewährt wird.

(3) ¹Die aufgrund einer Zusage nach § 4 Abs. 1 Nr. 1 oder Abs. 2 Nr. 3 oder 4 gewährte Umzugskostenvergütung ist zurückzuzahlen, wenn der Berechtigte vor Ablauf von zwei Jahren nach Beendigung des Umzuges aus einem von ihm zu vertretenden Grunde aus dem Bundesdienst ausscheidet. ²Die oberste Dienstbehörde kann hiervon Ausnahmen zulassen, wenn der Berechtigte unmittelbar in ein Dienst- oder Beschäftigungsverhältnis zu einem anderen öffentlich-rechtlichen Dienstherrn im Geltungsbereich dieses Gesetzes oder zu einer in § 40 Abs. 6 Satz 2 und 3 des Bundesbesoldungsgesetzes bezeichneten Einrichtung übertritt.

§ 6
Beförderungsauslagen

(1) ¹Die notwendigen Auslagen für das Befördern des Umzugsgutes von der bisherigen zur neuen Wohnung werden erstattet. ²Liegt die neue Wohnung im Ausland, so werden in den Fällen des § 3 Abs. 1 Nr. 3, § 4 Abs. 2 Nr. 2 und Abs. 3 Satz 1 die Beförderungsauslagen bis zum inländischen Grenzort erstattet.

(2) Auslagen für das Befördern von Umzugsgut, das sich außerhalb der bisherigen Wohnung befindet, werden höchstens insoweit erstattet, als sie beim Befördern mit dem übrigen Umzugsgut erstattungsfähig wären.

(3) ¹Umzugsgut sind die Wohnungseinrichtung und in angemessenem Umfang andere bewegliche Gegenstände und Haustiere, die sich am Tage vor dem Einladen des Umzugsgutes im Eigentum, Besitz oder Gebrauch des Berechtigten oder anderer Personen befinden, die mit ihm in häuslicher Gemeinschaft leben. ²Andere Personen im Sinne des Satzes 1 sind der Ehegatte, der Lebenspartner sowie die ledigen Kinder, Stief- und Pflegekinder. ³Es gehören ferner dazu die nicht ledigen in Satz 2 genannten Kinder und Verwandte bis zum vierten Grade, Verschwägerte bis zum zweiten Grade und Pflegeeltern, wenn der Berechtigte diesen Personen aus gesetzlicher oder sittlicher Verpflichtung nicht nur vorübergehend Unterkunft und Unterhalt gewährt, sowie Hausangestellte und solche Personen, deren Hilfe der Berechtigte aus beruflichen oder gesundheitlichen Gründen nicht nur vorübergehend bedarf.

§ 7
Reisekosten

(1) ¹Die Auslagen für die Reise des Berechtigten und der zur häuslichen Gemeinschaft gehörenden Personen (§ 6 Abs. 3 Satz 2 und 3) von der bisherigen zur neuen Wohnung werden wie bei Dienstreisen des Berechtigten erstattet, in den Fällen des § 4 Abs. 3 Satz 1 Nr.1 wie sie bei Dienstreisen im letzten Dienstverhältnis zu erstatten wären. ²Tagegeld wird vom Tage des Einladens des Umzugsgutes an bis zum Tage des Ausladens mit der Maßgabe gewährt, dass auch diese beiden Tage als volle Reisetage gelten. ³Übernachtungsgeld wird für den Tag des Ausladens des Umzugsgutes nur gewährt, wenn eine Übernachtung außerhalb der neuen Wohnung notwendig gewesen ist.

(2) ¹Absatz 1 Satz 1 gilt entsprechend für zwei Reisen einer Person oder eine Reise von zwei Personen zum Suchen oder Besichtigen einer Wohnung mit der Maßgabe, dass die Fahrkosten bis zur Höhe der billigsten Fahrkarte der allgemein niedrigsten Klasse eines regelmäßig verkehrenden Beförderungsmittels erstattet werden. ²Tage- und Übernachtungsgeld wird je Reise für höchstens zwei Reise- und zwei Aufenthaltstage gewährt.

(3) ¹Für eine Reise des Berechtigten zur bisherigen Wohnung zur Vorbereitung und Durchführung des Umzuges werden Fahrkosten gemäß Absatz 2 Satz 1 erstattet. ²Die Fahrkosten einer anderen Person für eine solche Reise werden im gleichen Umfang erstattet, wenn sich zur Zeit des Umzuges am bisherigen Wohnort weder der Berechtigte noch eine andere Person (§ 6 Abs. 3 Satz 2 und 3) befunden hat, der die Vorbereitung und Durchführung des Umzuges zuzumuten war. ³Wird der Umzug vor dem Wirksamwerden einer Maßnahme nach den §§ 3, 4 Abs. 1 durchgeführt, so werden die Fahrkosten für die Rückreise von der neuen Wohnung zum Dienstort, in den Fällen des § 4 Abs. 1 Nr. 1 zur bisherigen Wohnung, gemäß Absatz 2 Satz 1 erstattet.

(4) § 6 Abs. 1 Satz 2 gilt entsprechend.

§ 8
Mietentschädigung

(1) ¹Miete für die bisherige Wohnung wird bis zu dem Zeitpunkt, zu dem das Mietverhältnis frühestens gelöst werden konnte, längstens jedoch für sechs Monate, erstattet, wenn für dieselbe Zeit Miete für die neue Wohnung gezahlt werden musste. ²Ferner werden die notwendigen Auslagen für das Weiterver-

Anhang 15/BUKG

mieten der Wohnung innerhalb der Vertragsdauer bis zur Höhe der Miete für einen Monat erstattet. ³Die Sätze 1 und 2 gelten auch für die Miete einer Garage.

(2) ¹Miete für die neue Wohnung, die nach Lage des Wohnungsmarktes für eine Zeit gezahlt werden mußte, während der die Wohnung noch nicht benutzt werden konnte, wird längstens für drei Monate erstattet, wenn für dieselbe Zeit Miete für die bisherige Wohnung gezahlt werden musste. ²Entsprechendes gilt für die Miete einer Garage.

(3) ¹Die bisherige Wohnung im eigenen Haus oder die Eigentumswohnung steht der Mietwohnung gleich mit der Maßgabe, dass die Mietentschädigung längstens für ein Jahr gezahlt wird. ²Die oberste Dienstbehörde kann diese Frist in besonders begründeten Ausnahmefällen um längstens sechs Monate verlängern. ³An die Stelle der Miete tritt der ortsübliche Mietwert der Wohnung. ⁴Entsprechendes gilt für die neue Garage. Für die neue Wohnung im eigenen Haus oder die neue Eigentumswohnung wird Mietentschädigung nicht gewährt.

(4) Miete nach den Absätzen 1 bis 3 wird nicht für eine Zeit erstattet, in der die Wohnung oder die Garage ganz oder teilweise anderweitig vermietet oder benutzt worden ist.

§ 9
Andere Auslagen

(1) Die notwendigen ortsüblichen Maklergebühren für die Vermittlung einer Mietwohnung und einer Garage oder die entsprechenden Auslagen bis zu dieser Höhe für eine eigene Wohnung werden erstattet.

(2) Die Auslagen für einen durch den Umzug bedingten zusätzlichen Unterricht der Kinder des Berechtigten (§ 6 Abs. 3 Satz 2) werden bis zu vierzig vom Hundert des im Zeitpunkt der Beendigung des Umzuges maßgebenden Endgrundgehaltes der Besoldungsgruppe A12 des Bundesbesoldungsgesetzes für jedes Kind erstattet, und zwar bis zu fünfzig vom Hundert dieses Betrages voll und darüber hinaus zu drei Vierteln.[1)]

(3) ¹Die Auslagen für einen Kochherd werden bis zu einem Betrag von 450 Deutsche Mark erstattet, wenn seine Beschaffung beim Bezug der neuen Wohnung notwendig ist. ²Sofern die neue Wohnung eine Mietwohnung ist, werden unter den gleichen Voraussetzungen auch die Auslagen für Öfen bis zu einem Betrag von 320 Deutsche Mark für jedes Zimmer erstattet.

§ 10
Pauschvergütung für sonstige Umzugsauslagen

(1) ¹Berechtigte, die am Tage vor dem Einladen des Umzugsgutes eine Wohnung hatten und nach dem Umzug wieder eingerichtet haben, erhalten eine Pauschvergütung für sonstige Umzugsauslagen. ²Sie beträgt für verheiratete oder in einer Lebenspartnerschaft lebende Angehörige der Besoldungsgruppen B 3 bis B 11, C 4 sowie R 3 bis R 10 28,6, der Besoldungsgruppen B 1 und B 2, A 13 bis A 16, C 1 bis C 3 sowie R 1 und R 2 24,1, der Besoldungsgruppen A 9 bis A 12 21,4 sowie der Besoldungsgruppen A 1 bis A 8 20,2 Prozent des Endgrundgehaltes der Besoldungsgruppe A 13 nach Anlage IV des Bundesbesoldungsgesetzes. ³Ledige erhalten 50 Prozent des Betrages nach Satz 2. ⁴Die Beträge nach den Sätzen 2 und 3 erhöhen sich für jede in § 6 Abs. 3 Satz 2 und 3 bezeichnete Person mit Ausnahme des Ehegatten oder Lebenspartners um 6,3 Prozent des Endgrundgehaltes der Besoldungsgruppe A 13 nach Anlage IV des Bundesbesoldungsgesetzes, wenn sie auch nach dem Umzug mit dem Umziehenden in häuslicher Gemeinschaft lebt.[1)]

(2) ¹Dem Verheirateten stehen gleich der Verwitwete und der Geschiedene sowie derjenige, dessen Ehe aufgehoben oder für nichtig erklärt ist, ferner der Ledige, der auch in der neuen Wohnung Verwandten bis zum vierten Grade, Verschwägerten bis zum zweiten Grade, Pflegekindern oder Pflegeeltern aus gesetzlicher oder sittlicher Verpflichtung nicht nur vorübergehend Unterkunft und Unterhalt gewährt, sowie der Ledige, der auch in der neuen Wohnung eine andere Person aufgenommen hat, deren Hilfe er aus beruflichen oder gesundheitlichen Gründen nicht nur vorübergehend bedarf. ²Dem in einer Lebenspartnerschaft Lebenden stehen gleich derjenige, der seinen Lebenspartner überlebt hat, und derjenige, dessen Lebenspartnerschaft aufgehoben ist.

(3) ¹Eine Wohnung im Sinne des Absatzes 1 besteht aus einer geschlossenen Einheit von mehreren Räumen, in der ein Haushalt geführt werden kann, darunter stets eine Küche oder ein Raum mit Kochgelegenheit. ²Zu einer Wohnung gehören außerdem Wasserversorgung, Ausguss und Toilette.

---
1) S. hierzu BMF-Schreiben Anlage § 009-04.

(4) ¹Sind die Voraussetzungen des Absatzes 1 Satz 1 nicht gegeben, so beträgt die Pauschvergütung bei Verheirateten 30 vom Hundert, bei Ledigen 20 vom Hundert des Betrages nach Absatz 1 Satz 2 oder 3. ²Die volle Pauschvergütung wird gewährt, wenn das Umzugsgut aus Anlass einer vorangegangenen Auslandsverwendung untergestellt war.

(5) In den Fällen des § 11 Abs.3 werden die nachgewiesenen notwendigen Auslagen bis zur Höhe der Pauschvergütung erstattet.

(6) Ist innerhalb von fünf Jahren ein Umzug mit Zusage der Umzugskostenvergütung nach den §§ 3, 4 Abs. 1 Nr. 2 bis 4 oder Abs. 2 Nr. 1 vorausgegangen, so wird ein Häufigkeitszuschlag in Höhe von 50 vom Hundert der Pauschvergütung nach Absatz 1 gewährt, wenn beim vorausgegangenen und beim abzurechnenden Umzug die Voraussetzungen des Absatzes 1 Satz 1 vorgelegen haben.

(7) Stehen für denselben Umzug mehrere Pauschvergütungen zu, wird nur eine davon gewährt; sind die Pauschvergütungen unterschiedlich hoch, so wird die höhere gewährt.

§ 11
Umzugskostenvergütung in Sonderfällen

(1) ¹Ein Beamter mit Wohnung im Sinne des § 10 Abs. 3, dem Umzugskostenvergütung für einen Umzug nach § 3 Abs. 1 Nr. 1, 3 oder 4, § 4 Abs. 1 Nr. 1 bis 4, Abs. 2 Nr. 1 zugesagt ist, kann für den Umzug in eine vorläufige Wohnung Umzugskostenvergütung erhalten, wenn die zuständige Behörde diese Wohnung vorher schriftlich oder elektronisch als vorläufige Wohnung anerkannt hat. ²Bis zum Umzug in die endgültige Wohnung darf eine Wohnung nur einmal als vorläufige Wohnung anerkannt werden.

(2) ¹In den Fällen des § 4 Abs. 2 Nr. 3 und 4 werden höchstens die Beförderungsauslagen (§ 6) und die Reisekosten (§ 7) erstattet, die bei einem Umzug über eine Entfernung von fünfundzwanzig Kilometern entstanden wären. ²Im Falle des § 4 Abs. 3 Satz 1 Nr. 2 werden nur die Beförderungsauslagen (§ 6) erstattet. ³Satz 2 gilt auch für das Befördern des Umzugsgutes des Ehegatten oder Lebenspartners, wenn der Berechtigte innerhalb von sechs Monaten nach dem Tag geheiratet oder die Lebenspartnerschaft begründet hat, an dem die Umzugskostenvergütung nach § 3 Abs. 1 Nr. 1 oder 2 oder Abs. 2 oder § 4 Abs. 1 oder Abs. 2 Nr. 1 zugesagt worden ist.

(3) ¹Wird die Zusage der Umzugskostenvergütung aus von dem Berechtigten nicht zu vertretenden Gründen widerrufen, so werden die durch die Vorbereitung des Umzuges entstandenen notwendigen, nach diesem Gesetz erstattungsfähigen Auslagen erstattet. ²Muss in diesem Fall ein anderer Umzug durchgeführt werden, so wird dafür Umzugskostenvergütung gewährt; Satz 1 bleibt unberührt. ³Die Sätze 1 und 2 gelten entsprechend, wenn die Zusage der Umzugskostenvergütung zurückgenommen, anderweitig aufgehoben wird oder sich auf andere Weise erledigt.

§ 12
Trennungsgeld

(1) Trennungsgeld wird gewährt
1. in den Fällen des § 3 Abs. 1 Nr.1, 3 und 4 sowie Abs. 2, ausgenommen bei Vorliegen der Voraussetzungen des § 3 Abs. 1 Nr. 1 Buchstaben c und d,
2. in den Fällen des § 4 Abs.1 Nr. 2 bis 4 und Abs. 2 Nr. 1 oder 3, soweit der Berechtigte an einen anderen Ort als den bisherigen Dienstort versetzt wird, und
3. bei der Einstellung mit Zusage der Umzugskostenvergütung

für die dem Berechtigten durch die getrennte Haushaltsführung, das Beibehalten der Wohnung oder der Unterkunft am bisherigen Wohnort oder das Unterstellen des zur Führung eines Haushalts notwendigen Teils der Wohnungseinrichtung entstehenden notwendigen Auslagen unter Berücksichtigung der häuslichen Ersparnis.

(2) ¹Ist dem Berechtigten die Umzugskostenvergütung zugesagt worden, so darf Trennungsgeld nur gewährt werden, wenn er uneingeschränkt umzugswillig ist und nachweislich wegen Wohnungsmangels am neuen Dienstort einschließlich des Einzugsgebietes (§ 3 Abs. 1 Nr. 1 Buchstabe c) nicht umziehen kann. ²Diese Voraussetzungen müssen seit dem Tage erfüllt sein, an dem die Umzugskostenvergütung zugesagt worden ist, falls für den Berechtigten günstiger, die Maßnahme wirksam geworden oder die Dienstwohnung geräumt worden ist.

(3) ¹Nach Wegfall des Wohnungsmangels darf Trennungsgeld nur weitergewährt werden, wenn und solange dem Umzug des umzugswilligen Berechtigten einer der folgenden Hinderungsgründe entgegensteht:
1. Vorübergehende schwere Erkrankung des Berechtigten oder eines seiner Familienangehörigen (§ 6 Abs. 3 Satz 2 und 3) bis zur Dauer von einem Jahr;

2. Beschäftigungsverbote für die Berechtigte oder eine Familienangehörige (§ 6 Abs. 3 Satz 2 und 3) für die Zeit vor oder nach einer Entbindung nach mutterschutzrechtlichen Vorschriften;
3. Schul- oder Berufsausbildung eines Kindes (§ 6 Abs. 3 Satz 2 und 3) bis zum Ende des Schul- oder Ausbildungsjahres. ²Befindet sich das Kind in der Jahrgangsstufe 12 einer Schule, so verlängert sich die Gewährung des Trennungsgeldes bis zum Ende des folgenden Schuljahres; befindet sich das Kind im vorletzten Ausbildungsjahr eines Berufsausbildungsverhältnisses, so velängert sich die Gewährung des Trennungsgeldes bis zum Ende des folgenden Ausbildungsjahres;
4. Schul- oder Berufsausbildung eines schwerbehinderten Kindes (§ 6 Abs. 3 Satz 2 und 3). ²Trennungsgeld wird bis zur Beendigung der Ausbildung gewährt, solange diese am neuen Dienst- oder Wohnort oder in erreichbarer Entfernung davon wegen der Behinderung nicht fortgesetzt werden kann;
5. Akute lebensbedrohende Erkrankung eines Elternteiles des Berechtigten, seines Ehegatten oder Lebenspartners, wenn dieser in hohem Maße Hilfe des Ehegatten, Lebenspartners oder Familienangehörigen des Berechtigten erhält;
6. Schul- oder erste Berufsausbildung des Ehegatten oder Lebenspartners in entsprechender Anwendung der Nummer 3.

²Trennungsgeld darf auch gewährt werden, wenn zum Zeitpunkt des Wirksamwerdens der dienstlichen Maßnahme kein Wohnungsmangel, aber einer dieser Hinderungsgründe vorliegt. ³Liegt bei Wegfall des Hinderungsgrundes ein neuer Hinderungsgrund vor, kann mit Zustimmung der obersten Dienstbehörde Trennungsgeld bis zu längstens einem Jahr weiterbewilligt werden. ⁴Nach Wegfall des Hinderungsgrundes darf Trennungsgeld auch bei erneutem Wohnungsmangel nicht gewährt werden.

(4) ¹Der Bundesminister des Innern wird ermächtigt, durch Rechtsverordnung Vorschriften über die Gewährung des Trennungsgeldes zu erlassen. ²Dabei kann bestimmt werden, dass Trennungsgeld auch bei der Einstellung ohne Zusage der Umzugskostenvergütung gewährt wird und dass in den Fällen des § 3 Abs. 1 Nr. 1 Buchstabe d der Berechtigte für längstens ein Jahr Reisebeihilfen für Heimfahrten erhält.

(5) (weggefallen)

§ 13
Auslandsumzüge

(1) Auslandsumzüge sind Umzüge zwischen Inland und Ausland sowie im Ausland.

(2) ¹Als Auslandsumzüge gelten nicht die Umzüge
1. der im Grenzverkehr tätigen Beamten, und zwar auch dann nicht, wenn sie im Anschluss an die Tätigkeit im Grenzverkehr in das Inland oder in den Fällen des § 3 Abs. 1 Nr. 3, § 4 Abs. 2 Nr. 2 bis 4, Abs. 3 Satz 1 im Ausland umziehen,
2. in das Ausland in den Fällen des § 3 Abs. 1 Nr. 3, § 4 Abs. 2 Nr. 2 bis 4, Abs. 3 Satz 1,
3. in das Inland in den Fällen des § 3 Abs. 1 Nr. 2 und 3,
4. aus Anlass einer Einstellung, Versetzung, Abordnung oder Kommandierung und der in § 3 Abs. 2, § 4 Abs. 1 Nr. 3, Abs. 2 Nr. 2 bis 4 bezeichneten Maßnahmen im Inland einschließlich ihrer Aufhebung, wenn die bisherige oder die neue Wohnung im Ausland liegt.

²In den Fällen des Satzes 1 Nr. 2 bis 4 wird für die Umzugsreise (§ 7 Abs. 1) Tage- und Übernachtungsgeld nur für die notwendige Reisedauer gewährt; § 7 Abs. 2 und 3 findet keine Anwendung.

§ 14
Sondervorschriften für Auslandsumzüge

(1) ¹Der Bundesminister des Auswärtigen wird ermächtigt, im Einvernehmen mit dem Bundesminister des Innern, dem Bundesminister der Verteidigung und dem Bundesminister der Finanzen für Auslandsumzüge durch Rechtsverordnungen nähere Vorschriften über die notwendige Umzugskostenvergütung (Auslandsumzugskostenverordnung, Absatz 2) sowie das notwendige Trennungsgeld (Auslandstrennungsgeldverordnung, Absatz 3) zu erlassen, soweit die besonderen Bedürfnisse des Auslandsdienstes und die besonderen Verhältnisse im Ausland es erfordern. ²Soweit aufgrund dieser Ermächtigung keine Sonderregelungen ergangen sind, finden auch auf Auslandsumzüge die §§ 6 bis 12 Anwendung.

(2) In der Auslandsumzugskostenverordnung sind insbesondere zu regeln:
1. Erstattung der Auslagen für Umzugsvorbereitungen einschließlich Wohnungsbesichtigungsreisen,
2. Erstattung der Beförderungsauslagen,
3. Berücksichtigung bis zu 50 vom Hundert der eingesparten Beförderungsauslagen für zurückgelassene Personenkraftfahrzeuge,

4. Erstattung der Auslagen für die Umzugsreise des Berechtigten und der zu seiner häuslichen Gemeinschaft gehörenden Personen,
5. Gewährung von Beihilfen zu den Fahrkosten von Personen, die mit der Reise in die häusliche Gemeinschaft aufgenommen werden, und zu den Kosten des Beförderns des Heiratsgutes an den Auslandsdienstort, wenn der Anspruchsberechtigte nach seinem Umzug in das Ausland heiratet,
6. Gewährung von Beihilfen zu den Fahrkosten sowie zu den Kosten der Beförderung des anteiligen Umzugsgutes eines Mitglieds der häuslichen Gemeinschaft, wenn es sich vom Berechtigten während seines Auslandsdienstes auf Dauer trennt, bis zur Höhe der Kosten für eine Rückkehr an den letzten Dienstort im Inland,
7. Gewährung der Mietentschädigung,
8. Gewährung der Pauschvergütung für sonstige Umzugsauslagen und Aufwand,
9. Erstattung der nachgewiesenen sonstigen Umzugsauslagen,
10. Erstattung der Lagerkosten oder der Auslagen für das Unterstellen zurückgelassenen Umzugsgutes,
11. Berücksichtigung bis zu 50 vom Hundert der eingesparten Lagerkosten für zurückgelassenes Umzugsgut,
12. Erstattung der Kosten für das Beibehalten der Wohnung im Inland in den Fällen des Absatzes 5,
13. Erstattung der Auslagen für umzugsbedingten zusätzlichen Unterricht,
14. Erstattung der Mietvertragsabschluss-, Gutachter-, Makler- oder vergleichbarer Kosten für die eigene Wohnung,
15. Beiträge zum Beschaffen oder Instandsetzen von Wohnungen,
16. Beiträge zum Beschaffen technischer Geräte und Einrichtungen, die aufgrund der örtlichen Gegebenheiten notwendig sind,
17. Beitrag zum Beschaffen klimabedingter Kleidung,
18. Ausstattungsbeitrag bei Auslandsverwendung,
19. Einrichtungsbeitrag für Leiter von Auslandsvertretungen und funktionell selbständigen Delegationen, die von Botschaftern geleitet werden, sowie für ständige Vertreter und Leiter von Außenstellen von Auslandsvertretungen,
20. Erstattung der Auslagen für die Rückführung von Personen und Umzugsgut aus Sicherheitsgründen,
21. Erstattung der Auslagen für Umzüge in besonderen Fällen,
22. Erstattung der Auslagen für Umzüge in eine vorläufige Wohnung,
23. Erstattung der Umzugsauslagen beim Ausscheiden aus dem Dienst im Ausland.

(3) In der Auslandstrennungsgeldverordnung sind insbesondere zu regeln:
1. Entschädigung für getrennte Haushaltsführung,
2. Entschädigung für getrennte Haushaltsführung aus zwingenden persönlichen Gründen,
3. Entschädigung bei täglicher Rückkehr zum Wohnort,
4. Mietersatz,
5. Gewährung von Trennungsgeld, wenn keine Auslandsdienstbezüge gewährt werden,
6. Gewährung von Trennungsgeld im Einzelfall aus Sicherheitsgründen oder wegen anderer außergewöhnlicher Verhältnisse im Ausland (Trennungsgeld in Krisenfällen),
7. Gewährung von Reisebeihilfen für Heimfahrten für je drei Monate, in besonderen Fällen für je zwei Monate der Trennung. ²Dies gilt auch für längstens ein Jahr, wenn der Berechtigte auf die Zusage der Umzugskostenvergütung unwiderruflich verzichtet und dienstliche Gründe den Umzug nicht erfordern.

(4) Abweichend von § 2 Abs. 2 Satz 1 entsteht der Anspruch auf die Pauschvergütung, den Beitrag zum Beschaffen klimabedingter Kleidung, den Ausstattungsbeitrag und den Einrichtungsbeitrag zu dem Zeitpunkt, an dem die Umzugskostenvergütung nach § 3 oder § 4 zugesagt wird.

(5) Abweichend von den §§ 3 und 4 kann die Umzugskostenvergütung auch in Teilen zugesagt werden, wenn dienstliche Gründe es erfordern.

(6) ¹Abweichend von § 2 Abs. 2 Satz 2 beträgt die Ausschlussfrist bei Auslandsumzügen zwei Jahre. ²Wird in den Fällen des Absatzes 2 Nr. 16 die Beitragsfähigkeit erst nach Beendigung des Umzuges anerkannt, beginnt die Ausschlussfrist mit der Anerkennung. ³In den Fällen des Absatzes 2 Nr. 5 und 6 beginnt sie mit dem Eintreffen am beziehungsweise der Abreise vom Dienstort. ⁴Bei laufenden Zah-

lungen muss die erste Zahlung innerhalb der Frist geleistet werden. [5]Auf einen vor Fristablauf gestellten Antrag können in besonderen Fällen auch später geleistete Zahlungen berücksichtigt werden.

(7) Die oberste Dienstbehörde kann die Umzugskostenvergütung allgemein oder im Einzelfall ermäßigen, soweit besondere Verhältnisse es rechtfertigen.

§ 15
Dienstortbestimmung, Verwaltungsvorschriften

(1) Die oberste Dienstbehörde wird ermächtigt, im Einvernehmen mit dem Bundesminister des Innern benachbarte Gemeinden zu einem Dienstort zu bestimmen, wenn sich Liegenschaften derselben Dienststelle über das Gebiet mehrerer Gemeinden erstrecken.

(2) Die allgemeinen Verwaltungsvorschriften zu diesem Gesetz erläßt der Bundesminister des Innern im Einvernehmen mit dem Bundesminister der Justiz und dem Bundesminister der Verteidigung.

§ 16
Übergangsvorschrift

Ist ein Mietbeitrag vor der Verkündung dieses Gesetzes bewilligt worden, wird er nach bisherigem Recht weiter gewährt.

Anhang 16/AUV

Verordnung
über die Umzugskostenvergütung bei Auslandsumzügen
(Auslandsumzugskostenverordnung – AUV)

Neufassung vom 25. November 2003 (BGBl. I S. 2360)[1]

Auf Grund des Artikels 2 der Vierten Verordnung zur Änderung der Auslandsumzugskostenverordnung vom 20. Dezember 2001 (BGBl. I S. 4159) wird nachstehend der Wortlaut der Auslandsumzugskostenverordnung in der seit dem 1. Januar 2002 geltenden Fassung bekannt gemacht.

§ 1
Allgemeines

(1) ¹Die Umzugskostenvergütung bemisst sich bei Auslandsumzügen
1. nach der Dienststellung, der Besoldungsgruppe, die für den Dienstposten des Berechtigten im Sinne des § 1 Abs. 1 Satz 2 des Bundesumzugskostengesetzes vorgesehen ist, und dem Familienstand des Berechtigten am Tage des Dienstantritts am neuen Dienstort,
2. nach der Zahl der Personen im Sinne des § 6 Abs. 3 des Bundesumzugskostengesetzes und
3. nach der Wohnung im Sinne des § 10 Abs. 3 des Bundesumzugskostengesetzes, wenn diese spätestens ein Jahr nach dem Tage des Dienstantritts am neuen Dienstort bezogen worden ist. ²Dem Tag des Dienstantritts steht der Tag nach Eintritt des maßgeblichen Ereignisses gemäß § 19 Abs. 1 und 2 gleich. ³Auf einen vor Ablauf dieser Frist gestellten Antrag kann die Wohnung auch dann berücksichtigt werden, wenn sie wegen Wohnungsmangels oder aus anderen von der obersten Dienstbehörde als zwingend anerkannten Gründen erst später bezogen worden ist.

²An die Stelle des Tages des Dienstantritts am neuen Dienstort tritt der Tag der Zusage der Umzugskostenvergütung, wenn er später liegt. ³Die oberste Dienstbehörde kann in besonderen Fällen eine Dienststellung zugrunde legen, die der Berechtigte erst nach dem Tage des Dienstantritts am neuen Dienstort erlangt. ⁴Bei Umzügen vom Ausland in das Inland und bei Umzügen aus Anlass des Ausscheidens aus dem Dienst (§ 19) sind abweichend von Satz 1 Nr. 1 die Dienststellung am Tage der Beendigung des Dienstes am bisherigen Dienstort und die Familienverhältnisse an dem Tage maßgebend, für den zuletzt Auslandsdienstbezüge gewährt worden sind. ⁵Die innerhalb eines Zeitraums von 40 Wochen nach dem Einladen des Umzugsgutes geborenen Kinder werden berücksichtigt.

(2) Soweit sich die Umzugskostenvergütung nach Besoldungsgruppen bemisst, ist maßgebend
1. bei Beamten auf Widerruf im Vorbereitungsdienst die Eingangsbesoldungsgruppe ihrer Laufbahn,
2. bei Berechtigten im Ruhestand, früheren Berechtigten und ihren Hinterbliebenen die Besoldungsgruppe des letzten Dienstpostens des Berechtigten.

(3) Soweit für die Umzugskostenvergütung ein vorausgegangener Umzug von Bedeutung ist, wird ein für diesen Umzug entstandener Anspruch auf Umzugskostenvergütung berücksichtigt, selbst wenn er wegen Ablaufs der Frist nach § 14 Abs. 6 Satz 1 des Bundesumzugskostengesetzes erloschen ist.

(4) Die im Bundesumzugskostengesetz und in dieser Verordnung aufgeführten Bestandteile der Umzugskostenvergütung werden nur dann um einen Kaufkraftausgleich (§ 55 des Bundesbesoldungsgesetzes) verändert, wenn es ausdrücklich bestimmt ist.

(5) ¹Der Antrag auf die Umzugskostenvergütung muss die maßgeblichen Berechnungsgrundlagen enthalten. ²Jede Änderung, die die Höhe der Umzugskostenvergütung beeinflusst, hat der Berechtigte unverzüglich anzuzeigen. ³Die Pauschvergütung (§ 10), der Beitrag zum Beschaffen von klimabedingter Bekleidung (§ 11), der Ausstattungsbeitrag (§ 12) und der Einrichtungsbeitrag (§ 13) sind dem Berechtigten unter dem Vorbehalt zu gewähren, daß zuviel erhaltene Beträge zurückzuzahlen hat, wenn er den Umzug anders als zunächst angegeben durchführt. ⁴Entsprechendes gilt für Rabatte, Geld- und Sachzuwendungen sowie für unentgeltliche Leistungen.

§ 2
Beförderungsauslagen

(1) ¹Die notwendigen Auslagen für das Befördern des Umzugsgutes (Beförderungsauslagen) von der bisherigen zur neuen Wohnung am neuen Dienstort oder im übrigen Einzugsgebiet werden erstattet. ²Zu den Beförderungsauslagen gehören auch die Kosten für das Ein- und Auspacken, Montage- und Installationsarbeiten für die üblichen Haushaltsgeräte, Zwischenlagerung im Sinne des Absatzes 6, Transportversicherung sowie durch den Transport bedingte Gebühren und Abgaben.

---
1) Unter Berücksichtigung der Änderungen zuletzt durch Artikel 15 Absatz 44 des Gesetzes vom 5.2.2009 (BGBl. I S. 160).

Anhang 16/AUV

(2) ¹Für den Berechtigten und eine andere auch am neuen Dienstort mit ihm in häuslicher Gemeinschaft lebende Person im Sinne des § 6 Abs. 3 des Bundesumzugskostengesetzes werden Beförderungsauslagen für ein Umzugsvolumen von bis zu 130 cbm erstattet. ²Für jede weitere auch am neuen Dienstort mit dem Berechtigten in häuslicher Gemeinschaft lebende Person erhöht sich das erstattungsfähige Volumen um je 10 cbm. ³Bei Leitern von Auslandsvertretungen und deren Ständigen Vertretern kann in begründeten Einzelfällen die oberste Dienstbehörde Ausnahmen genehmigen. ⁴Beim Umzug können außerdem höchstens zwei Personenkraftfahrzeuge berücksichtigt werden. ⁵Diese bleiben bei der Berechnung des Volumens nach Satz 1 und 2 außer Betracht.

(3) ¹Die oberste Dienstbehörde kann das erstattungsfähige Beförderungsvolumen einschränken, wenn dem Berechtigten eine voll oder teilweise ausgestattete Dienstwohnung zugewiesen wird. ²Besteht die Residenz des Leiters einer Auslandsvertretung aus einem Repräsentationsteil und einem gesonderten privaten Wohnungsteil, so gilt nur letzterer als Wohnung im Sinne des Satzes 1.

(4) § 6 Abs. 3 des Bundesumzugskostengesetzes gilt mit folgenden Abweichungen:
1. ¹Kosten für die Mitnahme eines zweiten Personenkraftfahrzeugs mit bis zu 1,8 l Hubraum und einem Volumen von höchstens 11 cbm werden nur berücksichtigt, wenn zum Haushalt mehr als eine Person gehört. ²Innerhalb Europas mit Ausnahme der Russischen Föderation, der Ukraine, Weißrusslands, Maltas, Zyperns und Islands werden bis zur Höhe der Beförderungsauslagen die Kosten für die Selbstüberführung eines zweiten Personenkraftfahrzeugs nach den Vorschriften des Bundesreisekostengesetzes erstattet. ³Zolleingangsabgaben werden nur erstattet, soweit die Mitnahme eines zweiten Personenkraftfahrzeugs notwendig ist.
2. Bei Umzügen vom Inland in das Ausland und im Ausland gehören zum Umzugsgut auch Einrichtungsgegenstände und Personenkraftfahrzeuge, für die der Berechtigte innerhalb von drei Monaten nach dem Bezug der neuen Wohnung den Lieferauftrag erteilt hat; Absatz 5 bleibt unberührt.
3. ¹Die notwendigen Transportkosten für bis zu zwei Haustiere werden berücksichtigt, soweit sie in der Wohnung gehalten werden. ²Kosten, die über die Transportkosten hinausgehen, werden nicht berücksichtigt. ³Dies gilt insbesondere für Transportbehältnisse, Impfungen, Tierheime, Quarantäne und Ähnliches.

(5) ¹Der Umzug ist so sparsam wie möglich durchzuführen. ²Wird das Umzugsgut getrennt versandt, ohne dass die oberste Dienstbehörde die Gründe dafür als zwingend anerkennt, werden höchstens die Beförderungsauslagen erstattet, die bei ungetrenntem Versand von der bisherigen zu einer Wohnung am neuen Dienstort oder im übrigen Einzugsgebiet entstanden wären. ³Wird ein Umzug vom Ausland in das Inland das Umzugsgut nach einem anderen inländischen Ort aus dem neuen Dienstort oder dessen Einzugsgebiet befördert, werden höchstens die Beförderungsauslagen erstattet, die bei der Beförderung an den neuen Dienstort entstanden wären.

(6) ¹Die notwendigen Auslagen für das Zwischenlagern des Umzugsgutes einschließlich der Lagerversicherung zwischen dem Tage der Räumung der bisherigen Wohnung und dem Tage des Bezuges der neuen Wohnung werden erstattet, soweit der Berechtigte diese nicht zu vertreten hat. ²Satz 1 gilt entsprechend, wenn der Berechtigte vorübergehend keine angemessene Leerraumwohnung am neuen Dienstort beziehen kann.

(7) Zur Ermittlung des Umfangs des Umzugsgutes kann der Dienstherr eine amtliche Vermessung fordern.

§ 3
Lagern und Unterstellen von Umzugsgut

(1) ¹Übernimmt der Dienstherr ganz oder teilweise die Ausstattung der neuen Wohnung, werden dem Berechtigten die notwendigen Auslagen für das Verpacken, Versichern und Unterstellen des aus der bisherigen Wohnung nicht mitgenommenen Umzugsgutes erstattet. ²Daneben werden die notwendigen Auslagen für das Befördern zum Unterstellort, höchstens jedoch bis zum Sitz der obersten Dienstbehörde, oder bis zu einem anderen Ort im Inland mit unentgeltlicher Unterstellmöglichkeit erstattet. ³Wird das Umzugsgut bei einem späteren Umzug, für den Umzugskostenvergütung zugesagt worden ist, in eine nicht oder nur teilweise ausgestattete Wohnung wieder herangezogen, werden die dadurch entstandenen Beförderungsauslagen erstattet. ⁴Hat der Berechtigte nach einer Auslandsverwendung mit ausgestatteter Dienstwohnung innerhalb der folgenden Umzug mit Zusage der Umzugskostenvergütung für Einrichtungsgegenstände innerhalb der Frist des § 2 Abs. 4 Nr. 2 den Lieferauftrag erteilt, um mit diesen Einrichtungsgegenständen eine nicht ausgestattete Wohnung am neuen Dienstort beziehen zu können, werden die Beförderungsauslagen ebenfalls erstattet. ⁵Dies gilt auch für Heiratsgut nach § 15 Abs. 1.

(2) Absatz 1 gilt entsprechend, wenn die Mitnahme des Umzugsgutes an den neuen Dienstort aus klimatischen, sicherheitsmäßigen oder anderen besonderen Gründen nicht zumutbar ist oder wenn während

der Dauer der Verwendung an diesem Ort keine Möglichkeit besteht, eine Leerraumwohnung zu mieten, in der das Umzugsgut untergebracht werden kann.

(3) Absatz 1 gilt entsprechend, wenn bei einem Umzug vom Inland in das Ausland auf Grund der Beschränkung des Transportvolumens in § 2 ein Teil des Umzugsgutes nicht mitgeführt werden kann, mit der Maßgabe, dass dieses Umzugsgut erst wieder bei dem nächsten Umzug in das Inland hinzugezogen werden kann.

§ 4
Reisekosten

(1) Die Auslagen für die Umzugsreise von der bisherigen zur neuen Wohnung am neuen Dienstort oder im übrigen Einzugsgebiet werden unter Berücksichtigung der notwendigen Reisedauer wie folgt erstattet:

1. [1]Der Berechtigte erhält Reisekostenvergütung nach § 7 Abs. 1 des Bundesumzugskostengesetzes mit der Maßgabe, dass an die Stelle der Tage des Einladens und des Ausladens des Umzugsgutes die Tage der Abreise vom bisherigen Wohn- oder Dienstort und der Ankunft am neuen Dienstort treten. [2]Wird die Umzugsreise mit einem Kraftfahrzeug durchgeführt, wird Wegstreckenentschädigung nach § 5 Abs. 1 Satz 2 Halbsatz 1 des Bundesreisekostengesetzes ohne Begrenzung auf den Höchstbetrag gewährt.

2. [1]Für die zu seiner häuslichen Gemeinschaft gehörenden Personen im Sinne des § 1 Abs. 1 Nr. 2 werden das Tage-, Übernachtungs- und Schiffstagegeld sowie die Fahr- und Nebenkosten in dem Umfang erstattet wie bei der Umzugsreise des Berechtigten. [2]Für Hausangestellte werden die Kosten höchstens wie bei einer Umzugsreise eines Beamten der Besoldungsgruppe A 6 erstattet; bei Flugreisen sind die Kosten der niedrigsten Flugklasse erstattungsfähig. [3]Bei gemeinsamer Reise der zur häuslichen Gemeinschaft des Umziehenden gehörenden Personen mit dem Berechtigten können für sie die Fahrkosten für einen Umweg erstattet werden, der für den Berechtigten dienstlich angeordnet war, wenn das Verbleiben am bisherigen Dienstort unzumutbar ist; das Gleiche gilt, wenn und soweit Mietzuschuss eingespart wird.

3. [1]Die notwendigen Auslagen für das Befördern des Reisegepäcks werden erstattet, höchstens jedoch die Auslagen für
   a) 200 kg Reisegepäck für den Berechtigten,
   b) 100 kg für seinen Ehegatten oder Lebenspartner und
   c) je 50 kg Reisegepäck für die anderen in Nummer 2 bezeichneten Personen.

   [2]Bei Flugreisen werden Auslagen bis zur Höhe der Beförderungskosten für unbegleitetes Luftgepäck im Rahmen der Gewichtsgrenzen des Satzes 1 erstattet. [3]Nach vorheriger Zustimmung durch die oberste Dienstbehörde können die Auslagen für begleitetes Luftgepäck bis zu 50 vom Hundert der Gewichtsgrenzen des Satzes 1 erstattet werden, wenn die Mitnahme als begleitetes Luftgepäck aus Sicherheitsgründen notwendig ist oder wenn die Auslösung in einem zumutbaren Zeitraum nicht gewährleistet ist. [4]Das übrige Reisegepäck kann in den Gewichtsgrenzen des Satzes 1 als Luftfracht oder auf dem Land-/Seeweg versandt werden.

(2) Reisekosten werden erstattet:

1. den Leitern einer Auslandsvertretung und funktionell selbständiger Delegationen des Auswärtigen Amtes für höchstens zwei Hausangestellte,

2. den übrigen Berechtigten für eine Hausangestellte. [2]Die oberste Dienstbehörde kann auch den übrigen Berechtigten die Reisekosten für zwei Hausangestellte erstatten, wenn dafür besondere Gründe vorliegen und der Berechtigte innerhalb von drei Monaten nach dem Bezug der endgültigen Wohnung am neuen Dienstort einen entsprechenden Antrag gestellt hat. [3]Unter den Voraussetzungen des Satzes 1 können auch Reisekosten für neu eingestellte Hausangestellte erstattet werden, wenn sie innerhalb eines Jahres nach dem Bezug der neuen Wohnung eingetroffen sind; § 14 Abs. 6 Satz 5 des Bundesumzugskostengesetzes gilt entsprechend. [4]Scheidet eine Hausangestellte, für die Reisekosten erstattet worden sind, aus triftigen Gründen aus dem Arbeitsverhältnis aus, kann die oberste Dienstbehörde im Rahmen der nach Satz 1 zugelassenen Zahl von Hausangestellten innerhalb der Frist nach § 14 Abs. 6 Satz 1 des Bundesumzugskostengesetzes entstandene Reisekosten für eine Ersatzkraft erstatten. [5]Für Hausangestellte, die im Ausland aus triftigen Gründen aus dem Arbeitsverhältnis ausscheiden, können Fahrkosten, auch wenn sie nach Ablauf der Frist nach § 14 Abs. 6 Satz 1 des Bundesumzugskostengesetzes entstanden sind, erstattet werden, soweit die Hausangestellten gegen den Berechtigten einen Rechtsanspruch darauf haben und die Fahrkosten nicht höher sind als für die Fahrt vom Dienstort zum Sitz der obersten Dienstbehörde.

(3) ¹Verbindet der Berechtigte seine Umzugsreise mit einem Urlaub, werden ihm die Auslagen für die Reise zum neuen Dienstort bis zu der Höhe erstattet, in der sie entstanden wären, wenn er unmittelbar vom bisherigen zum neuen Dienstort gereist wäre. ²Wird der Berechtigte im Anschluss an seinen Heimaturlaub an einen anderen Dienstort versetzt oder abgeordnet, erhält er

1. für die Reise vom bisherigen Dienstort zu dem Sitz der für ihn zuständigen Dienststelle im Inland (Heimaturlaubsreise) und für die Reise von dort zum neuen Dienstort Reisekostenvergütung wie bei einer Umzugsreise,
2. Erstattung der Auslagen für die Versicherung des Reisegepäcks für die Dauer des Heimaturlaubs, längstens jedoch für die Zeit von der Abreise vom bisherigen Dienstort bis zur Ankunft am neuen Dienstort.

³Die Sätze 1 und 2 gelten für die in Absatz 1 Nr. 2 bezeichneten Personen entsprechend.

(4) ¹Die Auslagen für die Reise einer Person an den neuen Dienstort zum Suchen oder Besichtigen einer Wohnung und für eine Reise einer Person zur bisherigen Wohnung zur Vorbereitung und Durchführung des Umzuges werden mit der Maßgabe erstattet, dass Tage- und Übernachtungsgeld für höchstens vier Reise- und vier Aufenthaltstage und die Fahrkosten bis zur Höhe der billigsten Fahrkarte der allgemein niedrigsten Klasse eines regelmäßig verkehrenden Beförderungsmittels gezahlt werden. ²Ehepartnern sowie zusammenlebenden Berechtigten mit jeweils eigener Zusage für die Umzugskostenvergütung, die am neuen Dienstort wieder eine gemeinsame Wohnung suchen oder einrichten, werden die Auslagen für nur eine Wohnungsbesichtigungsreise und gegebenenfalls für eine Vorbereitungsreise erstattet.

(5) Vom Tage des Einladens des Umzugsgutes bis zum Tage des Bezugs der Wohnung, bei Abordnungen vom Tage nach Beendigung der Hin- bzw. Rückreise werden, mit Ausnahme der Zeit, für die Auslagen der Umzugsreise erstattet werden, notwendige und nachgewiesene Mehrauslagen für Unterkunft am alten und neuen Wohnort auf Antrag erstattet, soweit sie einen Eigenanteil in Höhe von 28 vom Hundert der für die Berechnung des Mietzuschusses nach § 54 des Bundesbesoldungsgesetzes maßgeblichen Bezüge übersteigen.

(6) ¹Zum Ausgleich von notwendigen Mehrauslagen für Verpflegung der in Absatz 1 Nr. 1 und 2 bezeichneten Personen während des in Absatz 5 genannten Zeitraums wird ohne Vorlage von Einzelnachweisen ein Zuschuss gezahlt, und zwar für die ersten 14 Tage des Aufenthalts

– am ausländischen Wohn- oder Dienstort in Höhe von 75 vom Hundert des Auslandstagegeldes nach § 3 der Auslandsreisekostenverordnung,
– am inländischen Wohn- oder Dienstort in Höhe von 75 vom Hundert des Inlandstagegeldes nach § 6 Abs. 1 des Bundesreisekostengesetzes.

²Vom 15. Tage an wird der Zuschuss auf 50 vom Hundert des Auslandstage- bzw. des Inlandstagegeldes ermäßigt. ³Ist die vorübergehende Unterkunft mit einer Kochgelegenheit ausgestattet, wird die Hälfte der nach Satz 1 und 2 maßgeblichen Beträge gezahlt. ⁴Handelt es sich bei der vorübergehenden Unterkunft um eine Wohnung mit ausgestatteter Küche oder halten sich die in Satz 1 genannten Personen bei Verwandten auf, steht kein Zuschuss zu.

(7) Die Zahlungen nach den Absätzen 5 und 6 werden nicht für die Tage geleistet, an denen der Berechtigte Heimaturlaub oder Urlaub an einem anderen als dem bisherigen oder neuen Wohn- oder Dienstort hat oder Auslandstrennungsgeld oder Leistungen nach der Richtlinie über die Zahlung einer Aufwandsentschädigung an Bundesbeamte in Fällen dienstlich veranlasster doppelter Haushaltsführung bei Versetzungen und Abordnungen vom Inland ins Ausland, im Ausland und vom Ausland ins Inland erhält.

§ 5
Mietentschädigung

(1) ¹Miete für die bisherige Wohnung wird bis zu dem Zeitpunkt, zu dem das Mietverhältnis frühestens gelöst werden kann, längstens jedoch für sechs Monate, für eine Wohnung im Ausland längstens für neun Monate, erstattet, wenn für dieselbe Zeit Miete für eine Unterkunft am neuen Dienstort gezahlt werden muss. ²Mietentschädigung darf nicht für eine Zeit gewährt werden, für die der Berechtigte Leistungen nach der Richtlinie über die Zahlung einer Aufwandsentschädigung an Bundesbeamte in Fällen dienstlich veranlasster doppelter Haushaltsführung bei Versetzungen und Abordnungen vom Inland ins Ausland, im Ausland und vom Ausland ins Inland erhält. ³Aufwendungen, durch die Mietentschädigung eingespart wird, und notwendige Auslagen für das Weitervermieten der Wohnung innerhalb der Vertragsdauer werden erstattet. ⁴Die Sätze 1 bis 3 gelten auch für die Miete einer Garage.

(2) Miete für die endgültige Wohnung am neuen Wohnort, die nach Lage des Wohnungsmarktes für eine Zeit gezahlt werden muss, während der der Berechtigte die Wohnung noch nicht benutzen kann, wird

längstens für drei Monate erstattet, wenn für dieselbe Zeit Miete für die bisherige Wohnung oder für eine vorübergehend bezogene Unterkunft am neuen Dienstort gezahlt werden muss.

(3) ¹Für eine Wohnung oder eine Garage, die anderweitig vermietet oder benutzt werden, wird keine Mietentschädigung nach den Absätzen 1 und 2 gezahlt. ²Miete für die bisherige Wohnung im Ausland kann auch ohne Anmietung einer neuen Wohnung für die Zeit erstattet werden, für die der Berechtigte keine Leistungen nach der Richtlinie über die Zahlung einer Aufwandsentschädigung an Bundesbeamte in Fällen dienstlich veranlasster doppelter Haushaltsführung bei Versetzungen und Abordnungen vom Inland ins Ausland, im Ausland und vom Ausland ins Inland erhält. ³Die oberste Dienstbehörde kann den im Ausland aus dem Dienst ausgeschiedenen Berechtigten Mietentschädigung nach Absatz 1 auch dann zahlen, wenn sie die Wohnung noch benutzen und keine neue Wohnung gemietet haben. ⁴Auf die Mietentschädigung nach Satz 3 sind 18 vom Hundert der Summe aus dem Grundgehalt, dem Familienzuschlag der Stufe 1, der Amts-, Stellen- und Ausgleichszulagen sowie der Überleitungszulage nach Artikel 14 § 1 des Reformgesetzes vom 24. Februar 1997 (BGBl. I S. 322) anzurechnen, auf die Mietentschädigung nach Satz 2 jedoch nur für die Zeit, für die Kosten der Unterkunft anderweitig vergütet werden.

(4) ¹Die bisherige Wohnung im eigenen Haus oder die Eigentumswohnung steht der Mietwohnung gleich mit der Maßgabe, dass Mietentschädigung längstens für ein Jahr gezahlt wird. ²Die oberste Dienstbehörde kann diese Frist in besonders begründeten Ausnahmefällen um längstens sechs Monate verlängern. ³An die Stelle der Miete tritt der ortsübliche Mietwert der Wohnung. ⁴Entsprechendes gilt für die eigene Garage. ⁵Für die neue Wohnung im eigenen Haus oder die neue Eigentumswohnung wird Mietentschädigung nicht gezahlt.

(5) Die oberste Dienstbehörde kann die Fristen in den Absätzen 1 und 2 bei einer Mietentschädigung für eine Wohnung im Ausland um höchstens ein Jahr verlängern, wenn dies wegen der besonderen örtlichen Verhältnisse erforderlich ist.

§ 6
Auslagen zur Erlangung einer Wohnung

(1) ¹Bei Umzügen vom Inland in das Ausland und im Ausland werden die notwendigen nachgewiesenen Mietvertragsabschluss-, Makler-, beim Ein- und Auszug anfallenden Gutachter- sowie vergleichbaren Kosten zur Erlangung einer angemessenen Wohnung erstattet. ²Hierzu gehören auch Kosten für Garantieerklärungen und Bürgschaften. ³Notwendige Sicherheitsleistungen (Kautionen), die die Dienstbezüge des Berechtigten im Ausland für einen Monat – ohne Mietzuschuss und ohne Kaufkraftausgleich – überschreiten, werden erstattet; daraus entstehende Rückzahlungsansprüche sind an den Dienstherrn abzutreten. ⁴Wird die Sicherheitsleistung oder ein Teil derselben vom Vermieter berechtigterweise in Anspruch genommen, ist der Berechtigte zur Rückzahlung an den Dienstherrn verpflichtet.

(2) Bei Umzügen vom Ausland in das Inland findet § 9 Abs. 1 des Bundesumzugskostengesetzes Anwendung; beim Auszug aus einer Wohnung im Ausland anfallende notwendige und nachgewiesene Gutachter- sowie vergleichbare Kosten werden erstattet.

§ 7
Beiträge zum Beschaffen technischer Geräte

¹Müssen beim Bezug der neuen Wohnung im Ausland aufgrund der örtlichen Gegebenheiten Klimageräte, Luftbe- und –entfeuchter, Luftreiniger, Warmwassergeräte, Wasseraufbereiter, Notstromerzeuger oder andere technische Geräte, die nicht zum Hausrat gehören, beschafft werden, werden die angemessenen Auslagen für die notwendige Zahl von Geräten zu 90 vom Hundert, die notwendigen Auslagen für ihren Einbau und die bauliche Herrichtung der Räume in voller Höhe erstattet. ²Beim Auszug hat der Berechtigte die Geräte dem Dienstherrn zur Verfügung zu stellen. ³Ihm werden dann weitere 5 vom Hundert der Auslagen für die Anschaffung der Geräte erstattet.

§ 8
Auslagen für umzugsbedingten zusätzlichen Unterricht

¹Die Auslagen für einen durch den Umzug bedingten zusätzlichen Unterricht der Kinder des Berechtigten (§ 6 Abs. 3 Satz 2 des Bundesumzugskostengesetzes) werden bis zu 80 vom Hundert des im Zeitpunkt der Beendigung des Umzugs maßgebenden Endgrundgehaltes der Besoldungsgruppe A 12 nach Anlage IV des Bundesbesoldungsgesetzes für jedes Kind erstattet, und zwar bis zu 50 vom Hundert des Betrages voll und darüber hinaus zu drei Vierteln. ²Die oberste Dienstbehörde kann von dieser Vorschrift abweichen, soweit deren Anwendung in besonders gelagerten Einzelfällen infolge mehrfacher Auslandsverwendungen zu einer unzumutbaren Härte führen würde.

§ 9
Beiträge zum Instandsetzen von Wohnungen

(1) Kann eine angemessene Wohnung am neuen Dienstort im Ausland aufgrund der besonderen Wohnungssituation nur erlangt werden, wenn sie mit zusätzlichem Aufwand bewohnbar gemacht wird, werden die notwendigen Auslagen hierfür bis zum vierundzwanzigfachen Monatsbetrag des Trennungsgeldes nach der Trennungsgeldverordnung erstattet.

(2) Voraussetzung für den Beitrag ist die vorherige schriftliche Anerkennung der Notwendigkeit der Auslagen durch die oberste Dienstbehörde.

(3) Bei Umzügen vom Ausland in das Inland findet § 12 Abs. 5 des Bundesumzugskostengesetzes Anwendung.

§ 10
Pauschvergütung für sonstige Umzugsauslagen

(1) ¹Der Berechtigte, der an den neuen Dienstort oder in das Einzugsgebiet der neuen Dienststätte umzieht und eine Wohnung (§ 10 Abs. 3 des Bundesumzugskostengesetzes) einrichtet, erhält bei Umzügen innerhalb der Europäischen Union für sonstige Umzugsauslagen für sich und die mit ihm in häuslicher Gemeinschaft lebenden Personen eine Pauschvergütung von § 10 Abs. 1 und 2 des Bundesumzugskostengesetzes. ²Dieser Betrag erhöht sich wie folgt:

1. für Ledige um 380 Euro,
2. für Verheiratete und ihnen nach § 10 Abs. 2 des Bundesumzugskostengesetzes Gleichgestellte um 760 Euro,
3. für jedes berücksichtigungsfähige Kind um 100 Euro.

³Bei allen sonstigen Umzügen erhält der Berechtigte, der an den neuen Dienstort oder in das Einzugsgebiet der neuen Dienststelle umzieht und eine Wohnung (§ 10 Abs. 3 des Bundesumzugskostengesetzes) einrichtet, das Zweifache des Betrages nach § 10 Abs. 1 und 2 des Bundesumzugskostengesetzes.

(2) ¹Ein zur häuslichen Gemeinschaft gehörendes Kind, für das der Berechtigte Auslandskinderzuschlag erhält, wird auch dann berücksichtigt, wenn es keine Umzugsreise durchführt. ²Bleibt das Kind im Inland, berechnet sich der Pauschbetrag nach § 10 Abs. 1 Satz 4 des Bundesumzugskostengesetzes.

(3) Bei einem Umzug am Wohnort oder in seiner Umgebung beträgt die Pauschvergütung 60 vom Hundert der Sätze nach den Absätzen 1 und 2.

(4) Bei einem Umzug vom Ausland in das Inland beträgt die Pauschvergütung 80 vom Hundert der Sätze nach den Absätzen 1 und 2.

(5) ¹Ein Berechtigter, der die Voraussetzungen des Absatzes 1 nicht erfüllt oder eine mit den notwendigen Möbeln und sonstigen Haushaltsgegenständen ausgestattete Wohnung bezieht, erhält eine Pauschvergütung in Höhe des Zweifachen der Sätze nach § 10 Abs. 4 des Bundesumzugskostengesetzes. ²Ist nur ein Teil der Räume, die keine Empfangsräume sind, ausgestattet, wird die Pauschvergütung nach Satz 1 anteilig erhöht.

(6) Ist innerhalb von fünf Jahren ein Umzug im Sinne der §§ 3, 4 Abs. 1 Nr. 2 bis 4 oder Abs. 2 Nr. 1 des Bundesumzugskostengesetzes an einen anderen Wohnort vorausgegangen, wird ein Zuschlag in Höhe von 50 vom Hundert der Pauschvergütung nach den Absätzen 1 bis 5 gezahlt, wenn auch beim vorausgegangenen Umzug eine Wohnung im Sinne des § 10 Abs. 3 des Bundesumzugskostengesetzes vorhanden war.

(7) Besteht am neuen Wohnort eine andere Stromspannung oder Frequenz (Hertzzahl) als am bisherigen Wohnort und ist die neue Wohnung nicht mit einer der alten Wohnung entsprechenden Stromversorgung oder nicht mit den notwendigen elektrischen Geräten ausgestattet, wird ein Zuschlag zur Pauschvergütung in Höhe von 13 vom Hundert, existiert eine andere Fernsehnorm, wird ein weiterer Zuschlag von 10 vom Hundert des Endgrundgehalts der Besoldungsgruppe A 13 nach Anlage IV des Bundesbesoldungsgesetzes gezahlt.

(8) Stehen für denselben Umzug mehrere Pauschvergütungen zu, wird nur eine davon gezahlt; sind die Pauschvergütungen unterschiedlich hoch, wird die höhere gezahlt.

§ 11
Beitrag zum Beschaffen klimabedingter Kleidung

(1) ¹Bei der ersten Verwendung an einem Auslandsdienstort mit einem vom mitteleuropäischen erheblich abweichenden Klima wird ein Beitrag zum Beschaffen klimabedingter Kleidung in folgender Höhe gezahlt:

²Für den Berechtigten und seinen mitumziehenden Ehegatten oder Lebenspartner an Dienstorten mit extrem niedrigen Temperaturen jeweils 30 vom Hundert, an Dienstorten mit extrem hohen Temperaturen jeweils 15 vom Hundert des Endgrundgehalts der Besoldungsgruppe A 13 nach Anlage IV des Bundesbesoldungsgesetzes, für jedes mit an den Dienstort mit extrem niedrigen Temperaturen umziehende Kind 50 vom Hundert des Beitrags für den Berechtigten.¹⁾ ³Wird klimabedingte Kleidung von Amts wegen bereitgestellt, ist der Beitrag um 25 vom Hundert zu kürzen.

(2) Bei einer neuen Verwendung an einem solchen Auslandsdienstort wird ein neuer Beitrag gezahlt, wenn

1. der Berechtigte während der letzten drei Jahre vor der neuen Verwendung nicht an einem solchen Dienstort Auslandsdienstbezüge oder entsprechende Bezüge einer zwischen- oder überstaatlichen Organisation erhalten hat,

2. am neuen Dienstort entgegengesetzte Klimaverhältnisse herrschen oder

3. der Berechtigte bei den vorausgegangenen Umzügen innerhalb der letzten drei Jahre ermäßigte Beiträge nach § 14 Abs. 7 des Bundesumzugskostengesetzes oder nach § 17 erhalten hat und beim neuen Umzug keine Gründe für eine Ermäßigung vorliegen; in diesem Fall sind die bei den vorausgegangenen Umzügen gezahlten Beiträge anzurechnen.

(3) Herrschen an ein und demselben Dienstort sowohl extrem hohe als auch extrem niedrige Temperaturen, werden beide Beiträge gewährt, sofern sich die Verwendung über beide Zeiträume erstreckt.

(4) Der Bundesminister des Auswärtigen bestimmt im Einvernehmen mit dem Bundesminister der Verteidigung die Auslandsdienstorte, für die ein Beitrag zum Beschaffen von klimabedingter Kleidung gezahlt wird.

(5) § 10 Abs. 8 gilt entsprechend.

§ 12
Ausstattungsbeitrag

(1) ¹Bei der ersten Verwendung im Ausland erhält der verheiratete Berechtigte einen Ausstattungsbeitrag in Höhe des Dreifachen des ihm am neuen Dienstort zustehenden Auslandszuschlags nach Stufe 5, höchstens jedoch der Besoldungsgruppe B 3. ²Für den nicht verheirateten Berechtigten und den Berechtigten, dessen Ehegatte oder Lebenspartner nicht an den neuen Dienstort umzieht, verringert sich der Beitrag nach Satz 1 um 10 vom Hundert. ³Für jedes Kind, für das ihm Auslandskinderzuschlag zusteht, erhält er zusätzlich das Dreifache des Erhöhungsbetrages der Stufe 5 des Auslandskinderzuschlags. ⁴Soweit die oberste Dienstbehörde besondere Verpflichtungen der dienstlichen Repräsentation anerkannt hat, erhöht sich der Beitrag um 30 vom Hundert der Beträge nach Satz 1 oder 2; dies gilt nicht für Empfänger eines Einrichtungsbeitrages nach § 13.²⁾

(2) Ein Berechtigter, der am neuen Wohnort keine Wohnung einrichtet oder eine mit den notwendigen Möbeln und sonstigen Haushaltsgegenständen ausgestattete Wohnung bezieht, erhält einen Ausstattungsbeitrag in Höhe von 50 vom Hundert der Sätze nach Absatz 1; ist nur ein Teil der Räume einer Dienstwohnung, die keine Empfangsräume sind, ausgestattet, wird der Ausstattungsbeitrag nach Satz 1 anteilig erhöht.

(3) ¹Bei einer neuen Verwendung im Ausland wird ein neuer Ausstattungsbeitrag gezahlt, wenn der Berechtigte

1. während der letzten drei Jahre vor der neuen Verwendung keine Dienstbezüge im Ausland oder entsprechende Bezüge einer zwischen- oder überstaatlichen Organisation erhalten hat oder

2. bei vorausgegangenen Umzügen innerhalb der letzten drei Jahre keinen oder ermäßigte Beiträge nach § 14 Abs. 7 des Bundesumzugskostengesetzes oder nach § 17 erhalten hat; in diesem Fall sind die bei den vorausgegangenen Umzügen gezahlten Beiträge anzurechnen.

²Hat der Berechtigte in den letzten drei Jahren vor der neuen Verwendung vorübergehend Leistungen im Sinne des Satzes 1 Nr. 1 erhalten, bleiben diese Zeiten bei der Berechnung der Dreijahresfrist außer Betracht. ³Ein Berechtigter, dem bereits anlässlich einer Verwendung in einem Land der Europäischen Union ein Ausstattungsbeitrag gewährt wurde, erhält bei einem erneuten Umzug in ein Land der Europäischen Union keinen weiteren Ausstattungsbeitrag.

(4) Ein Berechtigter, der eine Gemeinschaftsunterkunft bezieht, erhält keinen Ausstattungsbeitrag.

---

1) Die Erhöhungen in § 11 Abs. 1 Satz 2 treten mit Wirkung vom 1.1.2006 in Kraft (Artikel 5 der Änderungsverordnung vom 12.11.2008 (BGBl. I S. 2212).

2) Die Erhöhungen in § 12 Abs. 1 Sätze 1 bis 4 treten mit Wirkung vom 1.1.2006 in Kraft (Artikel 5 der Änderungsverordnung vom 12.11.2008 (BGBl. I S. 2212).

(5) § 10 Abs. 8 gilt entsprechend.

§ 13
Einrichtungsbeitrag

(1) ¹Bei der ersten Ernennung zum Leiter einer Auslandsvertretung oder zum Leiter einer funktionell selbständigen Delegation des Auswärtigen Amtes erhält der Berechtigte, der am neuen Dienstort eine ausgestattete Dienstwohnung bezieht oder eine möblierte Wohnung mietet, einen Einrichtungsbeitrag in Höhe der Dienstbezüge im Ausland eines Ledigen seiner Besoldungsgruppe nach der Stufe 1 des Auslandszuschlags, bei aufsteigenden Gehältern (Bundesbesoldungsordnung A) einheitlich nach der Stufe 6. ²Mietzuschuss und Kaufkraftausgleich werden nicht berücksichtigt. ³Für zusätzliche Einrichtung im Zusammenhang mit der Anwesenheit des Ehegatten oder Lebenspartners am Dienstort erhöht sich der Einrichtungsbeitrag um 10 vom Hundert.

(2) ¹Bezieht der Berechtigte eine Leerraumwohnung, erhöhen sich die Beiträge nach Absatz 1 für die Einrichtung der Empfangsräume und der privaten Wohn- und Esszimmer jeweils um 50 vom Hundert des Bemessungssatzes nach Absatz 1. ²Ist die Wohnung teilweise ausgestattet, ist der Erhöhungsbetrag anteilig niedriger.

(3) ¹Ständige Vertreter des Leiters einer Auslandsvertretung oder einer funktionell selbständigen Delegation des Auswärtigen Amtes sowie Leiter von Außenstellen einer Auslandsvertretung erhalten bei ihrer ersten Ernennung einen Einrichtungsbeitrag in Höhe von 50 vom Hundert des Bemessungssatzes nach Absatz 1. ²Absatz 1 Satz 2 gilt entsprechend. ³Bezieht der Berechtigte eine Leerraumwohnung, erhöht sich dieser Beitrag um 50 vom Hundert des Beitrags nach Satz 1. ⁴Ist die Wohnung teilweise ausgestattet, ist der Erhöhungsbetrag anteilig niedriger.

(4) ¹Bei einer weiteren Ernennung zum Leiter, zum Ständigen Vertreter oder zum Leiter einer Außenstelle wird ein neuer Einrichtungsbeitrag nach den Absätzen 1 bis 3 unter Anrechnung früher ausgezahlter Einrichtungsbeiträge gezahlt. ²Dem Berechtigten sind jedoch mindestens 20 vom Hundert des neuen Einrichtungsbeitrags zu belassen.

(5) Berechtigten, die während einer Auslandsverwendung zum Leiter einer Auslandsvertretung oder zum Leiter einer funktionell selbständigen Delegation des Auswärtigen Amtes ernannt werden, wird der Einrichtungsbeitrag nur gezahlt, wenn ihnen aus Anlass der Ernennung eine Umzugskostenvergütung zugesagt worden ist.

(6) ¹Berechtigte an Dienstorten der Europäischen Union sind verpflichtet, die zweckentsprechende Verwendung des aus Anlass des Umzugs an diesen Dienstort gewährten Einrichtungsbeitrages mittels einer Aufstellung ihrer Ausgaben nachzuweisen. ²Die dazugehörenden Belege sind für die Dauer des Verbleibs an diesem Dienstort aufzubewahren und der obersten Dienstbehörde auf Verlangen vorzulegen.

(7) § 10 Abs. 8 gilt entsprechend.

§ 14
Umzugskostenvergütung in Sonderfällen

(1) ¹Für einen Umzug am ausländischen Dienstort kann bei erheblicher Gefährdung der Gesundheit oder der Sicherheit des Bediensteten oder der mit ihm in häuslicher Gemeinschaft lebenden Personen (§ 1 Abs. 1 Nr. 2) oder aus anderen zwingenden Gründen, die sich aus den besonderen Bedürfnissen des Auslandsdienstes und den besonderen Verhältnissen im Ausland ergeben, Umzugskostenvergütung zugesagt werden. ²In diesen Fällen werden neben den Beförderungsauslagen (§ 2) die Auslagen zur Erlangung einer angemessenen Wohnung nach § 6 Abs. 1 sowie die Pauschvergütung nach § 10 Abs. 3 gezahlt. ³Soweit erforderlich, können auch Beiträge gemäß § 7 gezahlt werden. ⁴Bei Umzügen aus gesundheitlichen Gründen muss die Notwendigkeit amts- oder vertrauensärztlich bescheinigt sein. ⁵Die Umzugskostenvergütung ist so rechtzeitig zu beantragen, dass über sie vor Beginn des geplanten Umzugs entschieden werden kann.

(2) ¹Ein Berechtigter mit Wohnung im Sinne des § 10 Abs. 3 des Bundesumzugskostengesetzes, dem die Umzugskostenvergütung für einen Umzug nach § 3 Abs. 1 Nr. 1, 3 oder 4, § 4 Abs. 1 Nr. 1 bis 4 des Bundesumzugskostengesetzes oder in den Fällen des § 19 Abs. 1 und 2 zugesagt wurde, erhält für den Umzug in eine vorläufige Wohnung Umzugskostenvergütung, wenn der Dienstherr die neue Wohnung vorher schriftlich als vorläufige Wohnung anerkannt hat. ²Bis zum Umzug in die endgültige Wohnung darf eine Wohnung nur einmal als vorläufige Wohnung anerkannt werden.

§ 15
Umzugsbeihilfen

(1) ¹Heiratet ein Berechtigter mit Dienstbezügen, nachdem er den Dienst am neuen ausländischen Dienstort angetreten hat und ihm die Umzugskostenvergütung zugesagt worden ist, können ihm die 50 Euro übersteigenden notwendigen Fahrkosten seines Verlobten oder Ehegatten und dessen Kinder, die durch die Reise in die häusliche Gemeinschaft des Berechtigten aufgenommen werden, bis zur Höhe der billigsten Fahrkarte der allgemein niedrigsten Klasse eines regelmäßig verkehrenden Beförderungsmittels vom inländischen Wohnort des Verlobten oder Ehegatten zum Dienstort erstattet werden, höchstens jedoch für eine Reise vom letzten inländischen an den ausländischen Dienstort. ²Die notwendigen Auslagen für das Befördern des Heiratsgutes an den ausländischen Dienstort können bis zur Höhe der Auslagen erstattet werden, die entstanden wären, wenn das Heiratsgut vom letzten inländischen an den ausländischen Dienstort befördert worden wäre. ³§ 3 ist entsprechend anwendbar.

(2) Die Regelungen des Absatzes 1 gelten entsprechend für Verlobte im Sinne des Lebenspartnerschaftsgesetzes und für Lebenspartner.

(3) ¹Bei dauerhafter Trennung im Ausland findet Absatz 1 sinngemäß Anwendung für die Erstattung der notwendigen Fahrkosten und die Beförderungsauslagen für das Umzugsgut von Personen im Sinne des § 6 Abs. 3 des Bundesumzugskostengesetzes, die in häuslicher Gemeinschaft mit dem Berechtigten leben, vom ausländischen Wohnort zum Ort ihrer Wahl, höchstens bis zur Höhe der Kosten für eine Rückkehr an den letzten inländischen Dienstort. ²Dasselbe gilt auch bei Rückkehr ins Inland der in § 6 Abs. 3 des Bundesumzugskostengesetzes genannten Kinder zur Aufnahme einer Berufsausbildung oder eines Studiums oder zur Ableistung des Grundwehr- oder Zivildienstes. ³Mehrkosten für das getrennte Versenden von Umzugsgut (§ 2 Abs. 5) werden nicht erstattet, wenn innerhalb von drei Monaten die Versetzung in das Inland erfolgt.

§ 16
Erstatten der Auslagen für Umzugsvorbereitungen bei Widerruf der Zusage der Umzugskostenvergütung

(1) ¹Die Zusage der Umzugskostenvergütung kann ganz oder teilweise widerrufen werden, wenn mit einer baldigen weiteren Versetzung an einen anderen Dienstort zu rechnen ist oder der Umzug aus besonderen Gründen nicht durchgeführt werden soll. ²In diesem Fall gilt Folgendes:

1. Der Berechtigte hat, wenn ihm nicht innerhalb von sechs Monaten eine Umzugskostenvergütung für einen Umzug nach einem anderen Ort zugesagt wird, die Pauschvergütung (§ 10) und die Beiträge nach den §§ 11 bis 13 zurückzuzahlen, soweit er sie bis zur Bekanntgabe des Widerrufs der Zusage nicht bestimmungsgemäß verbraucht hat; die aus der Pauschvergütung und den Beiträgen beschafften Gegenstände hat er dem Dienstherrn zur Verfügung zu stellen.

2. Der Berechtigte hat alle Möglichkeiten auszunutzen, durch die Auslagen für Umzugsvorbereitungen vermieden werden können, insbesondere hat er Aufträge an den Spediteur, Passagebuchungen und die Anmietung einer neuen Wohnung unverzüglich rückgängig zu machen.

3. § 11 Abs. 3 des Bundesumzugskostengesetzes findet Anwendung.

4. ¹Andere notwendige Auslagen, die dem Berechtigten in Erwartung des Umzugs entstanden sind, und Schäden, die als unmittelbare Folge des Widerrufs der Zusage der Umzugskostenvergütung entstanden sind, können ihm nach billigem Ermessen erstattet werden. ²Auslagen für Gegenstände dürfen nur erstattet werden, wenn der Berechtigte die Gegenstände dem Dienstherrn zur Verfügung stellt.

³Die Zusage der Umzugskostenvergütung gilt als widerrufen, wenn vor dem Bezug der neuen Wohnung Umzugskostenvergütung für einen anderen Umzug zugesagt worden ist.

(2) Absatz 1 gilt sinngemäß, wenn der Berechtigte stirbt, bevor er an den neuen Dienstort umgezogen ist.

(3) ¹Wird innerhalb von sechs Monaten nach dem Widerruf der Zusage eine Umzugskostenvergütung für einen Umzug nach einem anderen Ort zugesagt, sind die Pauschvergütung (§ 10) und die Beiträge nach den §§ 11 bis 13, die der Berechtigte auf Grund der ersten Zusage erhalten hat, auf die ihm nach der neuen Zusage zustehenden Beträge anzurechnen. ²Die Anrechnung unterbleibt, soweit der Berechtigte die Pauschvergütung und die Beiträge bis zur Bekanntgabe des Widerrufs der ersten Zusage bestimmungsgemäß verbraucht hat und die daraus angeschafften Gegenstände am neuen Dienstort nicht verwendbar sind. ³Die nicht verwendbaren Gegenstände hat der Berechtigte dem Dienst zur Verfügung zu stellen.

Anhang 16/AUV

(4) Wird die Zusage der Umzugskostenvergütung aus Gründen widerrufen, die der Berechtigte zu vertreten hat, hat er abweichend von den Absätzen 1 bis 3 die schon erhaltene Umzugskostenvergütung zurückzuzahlen.

§ 17
Umzugskostenvergütung bei einer Auslandsvertretung von weniger als zwei Jahren

(1) Steht von vornherein fest, dass ein Berechtigter für weniger als zwei Jahre in das Ausland oder im Ausland versetzt, abgeordnet oder kommandiert wird, wird ihm für den Hin- und Rückumzug Umzugskostenvergütung höchstens in folgendem Umfang gezahlt:
1. bei einer Auslandsverwendung von bis zu acht Monaten, bei der Auslandsdienstbezüge nach § 52 des Bundesbesoldungsgesetzes gezahlt werden,
    a) Erstattung der Auslagen für die Umzugsreise (§ 4),
    b) Erstattung der notwendigen Auslagen für das Beibehalten der bisherigen Wohnung im Inland, und zwar in voller Höhe, wenn diese auf Grund der dienstlichen Maßnahme nicht bewohnt wird, im Übrigen anteilig nach der Zahl der Personen, die die Wohnung auf Grund der dienstlichen Maßnahme nicht mehr nutzen, oder der notwendigen Auslagen für das Unterstellen des Umzugsgutes,
    c) Erstattung der Beförderungsauslagen für bis zu 100 kg Umzugsgut für jede zur häuslichen Gemeinschaft gehörende Person, die an der Umzugsreise teilnimmt,
    d) Erstattung der notwendigen Garagenmiete für ein am bisherigen Dienst- oder Wohnort zurückgelassenes Personenkraftfahrzeug, sofern weder das Personenkraftfahrzeug noch die Garage anderweitig genutzt werden,
    e) Mietentschädigung (§ 5),
    f) Erstattung der Auslagen zur Erlangung einer angemessenen Wohnung im Ausland (§ 6),
    g) 20 vom Hundert der Pauschvergütung nach § 10 Abs. 1 bis 5 sowie 10 vom Hundert des Ausstattungsbeitrags (§ 12),
    h) 20 vom Hundert des Beitrags zum Beschaffen klimabedingter Kleidung (§ 11) mit der Maßgabe, dass der Beitrag für den Berechtigten selbst bis zur Hälfte des Betrages nach § 11 gezahlt wird,
2. bei einer Auslandsverwendung von mehr als acht Monaten
    a) Erstattung der Auslagen für die Umzugsreise (§ 4),
    b) Erstattung der notwendigen Auslagen für das Beibehalten der bisherigen Wohnung im Inland, und zwar in voller Höhe, wenn diese auf Grund der dienstlichen Maßnahme nicht bewohnt wird, im Übrigen anteilig nach der Zahl der Personen, die die Wohnung auf Grund der dienstlichen Maßnahme nicht mehr nutzen oder der notwendigen Auslagen für das Unterstellen des Umzugsgutes,
    c) Erstattung der Beförderungsauslagen für bis zu 200 kg Umzugsgut für jede zur häuslichen Gemeinschaft gehörende Person, die an der Umzugsreise teilnimmt,
    d) Erstattung der notwendigen Garagenmiete für ein am bisherigen Dienst- oder Wohnort zurückgelassenes Personenkraftfahrzeug, sofern weder das Personenkraftfahrzeug noch die Garage anderweitig genutzt werden,
    e) Mietentschädigung (§ 5),
    f) Erstattung der Auslagen zur Erlangung einer angemessenen Wohnung im Ausland (§ 6),
    g) 40 vom Hundert der Pauschvergütung nach § 10 Abs. 1 bis 5 sowie des Ausstattungsbeitrags (§ 12),
    h) 40 vom Hundert des Beitrags zum Beschaffen klimabedingter Kleidung (§ 11) mit der Maßgabe, dass der Beitrag für den Berechtigten selbst in voller Höhe nach § 11 gezahlt wird.
3. ¹Zahlungen nach Nummer 1 Buchstabe b und d sowie Nummer 2 Buchstabe b und d werden nicht für die Tage gewährt, an denen der Berechtigte Leistungen nach der Richtlinie über die Gewährung einer Aufwandsentschädigung an Bundesbeamte in Fällen dienstlich veranlasster doppelter Haushaltsführung bei Versetzungen und Abordnungen vom Inland ins Ausland, im Ausland und vom Ausland ins Inland erhält. ²Zahlungen nach Nummer 1 Buchstabe g und h und Nummer 2 Buchstabe g und h werden für Hin- und Rückumzug nur einmal gewährt.

(2) ¹Dauert eine Verwendung im Ausland länger als nach Absatz 1 vorgesehen, kann die für die längere Zeit zustehende Umzugskostenvergütung gezahlt werden. ²In diesem Fall beginnt die Ausschlussfrist des § 14 Abs. 6 Satz 1 des Bundesumzugskostengesetzes für die Zahlung der zusätzlichen Umzugs-

kostenvergütung an dem Tage, an dem dem Berechtigten die Verlängerung seiner Verwendung bekannt gegeben wird.

(3) ¹Anstelle der Erstattung der Auslagen nach Absatz 1 Nr. 1 Buchstabe b sowie Absatz 1 Nr. 2 Buchstabe b können für eine Beförderung des Umzugsgutes an den ausländischen Dienstort Auslagen bis zur Höhe der Kosten erstattet werden, die durch eine Einlagerung im Inland entstanden wären, höchstens jedoch bis zur Höhe der Kosten für das Beibehalten der bisherigen Wohnung. ²Bei unentgeltlicher Unterstellmöglichkeit an einem anderen Ort im Inland können anstelle der Erstattung der Auslagen nach Absatz 1 Nr. 1 Buchstabe b sowie Absatz 1 Nr. 2 Buchstabe b die Beförderungsauslagen nach § 3 Abs. 1 Satz 3 und 4 erstattet werden.

(4) Liegt bei einer Auslandsverwendung die Mitnahme des Personenkraftfahrzeugs im dienstlichen Interesse, kann die oberste Dienstbehörde hierzu die Zusage der Übernahme der Beförderungsauslagen zulassen.

(5) Die Absätze 1 bis 3 gelten nicht, wenn die oberste Dienstbehörde festgestellt hat, dass der Umzug im dienstlichen Interesse liegt.

(6) Die oberste Dienstbehörde kann bei Vorliegen besonderer dienstlicher Gründe (u.a. Sicherheitsaspekte, fiskalische Erwägungen) im Einzelfall die Zusage der Umzugskostenvergütung nach Absatz 1 nur auf die Person des Berechtigten beschränken.

§ 18
Auslagen für die Rückführung von Berechtigten und deren Angehörigen sowie von Umzugsgut aus Gefährdungsgründen

(1) ¹Ist an einem ausländischen Dienstort Leben, Gesundheit oder Eigentum des Berechtigten und seiner Angehörigen erheblich gefährdet, kann die oberste Dienstbehörde Umzugskostenvergütung für die Rückführung oder den Umzug des Berechtigten sowie der zu seiner häuslichen Gemeinschaft gehörenden Personen (§ 1 Abs. 1 Nr. 2) oder die Rückführung von Umzugsgut in das Inland oder nach einem ausländischen Ort zusagen. ²Die Umzugskostenvergütung darf jedoch nur soweit den Umständen nach notwendig zugesagt werden. ³Entsprechendes gilt für die Rückkehr zum Dienstort.

(2) ¹Die oberste Dienstbehörde bestimmt – unter Berücksichtigung von Regelungen, die im gleichen Zusammenhang nach § 12 Abs. 8 der Auslandstrennungsgeldverordnung getroffen wurden – in sinngemäßer Anwendung der Vorschriften dieser Verordnung die Teile der Umzugskostenvergütung im Einzelfall, wenn aus Sicherheitsgründen oder wegen anderer außergewöhnlicher Verhältnisse im Ausland andere als in den §§ 3 oder 4 des Bundesumzugskostengesetzes bezeichnete dienstliche Maßnahmen erforderlich sind. ²Werden für einen Dienstort, an dem sich eine Auslandsvertretung befindet, Maßnahmen nach Satz 1 erforderlich, bestimmt das Auswärtige Amt die Teile der Umzugskostenvergütung für alle an diesem Dienstort tätigen und von der Maßnahme betroffenen Berechtigten.

(3) § 10 Abs. 5 gilt entsprechend, wenn außer dem Reisegepäck Teile des Hausrats zurückgeführt werden müssen und sich die Zusage der Umzugskostenvergütung hierauf erstreckt.

§ 19
Umzugskostenvergütung beim Ausscheiden aus dem Dienst

(1) ¹Berechtigten mit Dienstort im Ausland, die in den Ruhestand treten oder ihr zeitlich befristetes Dienstverhältnis im Ausland beenden, ist Umzugskostenvergütung für einen Umzug nach einem Ort ihrer Wahl im Inland zuzusagen. ²Umzugskostenvergütung wird nur gezahlt, wenn der Umzug spätestens zwei Jahre nach dem Ausscheiden durchgeführt wird. ³Die oberste Dienstbehörde kann in begründeten Ausnahmefällen diese Frist um ein Jahr verlängern.

(2) ¹Absatz 1 gilt nach dem Tode eines Berechtigten, dessen letzter Dienstort im Ausland liegt, entsprechend für die in § 1 Abs. 1 Nr. 2 bezeichneten Personen. ²Sind solche Personen nicht vorhanden oder ziehen sie nicht in das Inland um, können den Erben die notwendigen Auslagen für das Befördern beweglicher Nachlassgegenstände nach einem Ort im Inland erstattet werden, wenn die Auslagen innerhalb der in Absatz 1 genannten Frist entstanden sind. ³Für Hausangestellte gilt § 4 Abs. 2 entsprechend.

(3) ¹Soweit in den Fällen der Absätze 1 und 2 Satz 1 Umzüge im Ausland durchgeführt werden, können die notwendigen Umzugsauslagen erstattet werden, höchstens jedoch die Auslagen, die durch einen Umzug an den Sitz der obersten Dienstbehörde entstanden wären. ²Wird später, jedoch noch innerhalb der Frist nach Absatz 1, ein Umzug in das Inland durchgeführt, ist der nach Satz 1 gewährte Betrag auf die nach Absatz 1 oder 2 zustehende Umzugskostenvergütung anzurechnen.

(4) Scheiden Berechtigte aus von ihnen zu vertretenden Gründen im Ausland aus dem Dienst aus und ziehen sie spätestens sechs Monate danach in das Inland um, können ihnen und den in Absatz 2 bezeichneten Personen für diesen Umzug die Beförderungsauslagen und Fahrkosten bis zur Höhe der bil-

Anhang 16/AUV

ligsten Fahrkarte der allgemein niedrigsten Klasse eines regelmäßig verkehrenden Beförderungsmittels gezahlt werden, höchstens die Auslagen, die durch einen Umzug an den Sitz der obersten Dienstbehörde entstanden wären.

§ 20
Härtefälle

Die oberste Dienstbehörde kann im Einvernehmen mit dem Bundesminister des Auswärtigen und dem Bundesminister der Finanzen in besonderen Ausnahmefällen den Bemessungssatz nach § 10 erhöhen, wenn sich dienstortbezogen aus der Anwendung dieser Vorschrift unzumutbare Härten ergeben.

§ 21
Übergangsvorschrift

Soweit für Umzüge aus Anlass von Versetzungen, Abordnungen und Kommandierungen Beiträge nach § 11 oder § 12 vor dem 1. Januar 2006 gezahlt wurden, ist die Auslandsumzugskostenverordnung in der bis zum 31. Dezember 2005 geltenden Fassung anzuwenden.

§ 22
(Inkrafttreten, Außerkrafttreten)

Gesetz zum Elterngeld und zur Elternzeit
(Bundeselterngeld- und Elternzeitgesetz – BEEG)

Vom 5. Dezember 2006 (BGBl. I S. 2748)[1)]

Abschnitt 1

Elterngeld

§ 1
Berechtigte

(1) Anspruch auf Elterngeld hat, wer
1. einen Wohnsitz oder seinen gewöhnlichen Aufenthalt in Deutschland hat,
2. mit seinem Kind in einem Haushalt lebt,
3. dieses Kind selbst betreut und erzieht und
4. keine oder keine volle Erwerbstätigkeit ausübt.

(2) ¹Anspruch auf Elterngeld hat auch, wer, ohne eine der Voraussetzungen des Absatzes 1 Nr. 1 zu erfüllen,
1. nach § 4 des Vierten Buches Sozialgesetzbuch dem deutschen Sozialversicherungsrecht unterliegt oder im Rahmen seines in Deutschland bestehenden öffentlich-rechtlichen Dienst- oder Amtsverhältnisses vorübergehend ins Ausland abgeordnet, versetzt oder kommandiert ist,
2. Entwicklungshelfer oder Entwicklungshelferin im Sinne des § 1 des Entwicklungshelfer-Gesetzes ist oder als Missionar oder Missionarin der Missionswerke und -gesellschaften, die Mitglieder oder Vereinbarungspartner des Evangelischen Missionswerkes Hamburg, der Arbeitsgemeinschaft Evangelikaler Missionen e.V., des Deutschen katholischen Missionsrates oder der Arbeitsgemeinschaft pfingstlich-charismatischer Missionen sind, tätig ist oder
3. die deutsche Staatsangehörigkeit besitzt und nur vorübergehend bei einer zwischen- oder überstaatlichen Einrichtung tätig ist, insbesondere nach den Entsenderichtlinien des Bundes beurlaubte Beamtinnen und Beamten, oder wer vorübergehend eine nach § 123a des Beamtenrechtsrahmengesetzes oder § 29 des Bundesbeamtengesetzes zugewiesene Tätigkeit im Ausland wahrnimmt.

²Dies gilt auch für mit der nach Satz 1 berechtigten Person in einem Haushalt lebende Ehegatten, Ehegattinnen, Lebenspartner oder Lebenspartnerinnen.

(3) ¹Anspruch auf Elterngeld hat abweichend von Absatz 1 Nr. 2 auch, wer
1. mit einem Kind in einem Haushalt lebt, das er mit dem Ziel der Annahme als Kind aufgenommen hat,
2. ein Kind des Ehegatten, der Ehegattin, des Lebenspartners oder der Lebenspartnerin in seinen Haushalt aufgenommen hat oder
3. mit einem Kind in einem Haushalt lebt und die von ihm erklärte Anerkennung der Vaterschaft nach § 1594 Abs. 2 des Bürgerlichen Gesetzbuchs noch nicht wirksam oder über die von ihm beantragte Vaterschaftsfeststellung nach § 1600d des Bürgerlichen Gesetzbuchs noch nicht entschieden ist.

²Für angenommene Kinder und Kinder im Sinne des Satzes 1 Nr. 1 sind die Vorschriften dieses Gesetzes mit der Maßgabe anzuwenden, dass statt des Zeitpunktes der Geburt der Zeitpunkt der Aufnahme des Kindes bei der berechtigten Person maßgeblich ist.

(4) Können die Eltern wegen einer schweren Krankheit, Schwerbehinderung oder Tod der Eltern ihr Kind nicht betreuen, haben Verwandte bis zum dritten Grad und ihre Ehegatten, Ehegattinnen, Lebenspartner oder Lebenspartnerinnen Anspruch auf Elterngeld, wenn sie die übrigen Voraussetzungen nach Absatz 1 erfüllen und von anderen Berechtigten Elterngeld nicht in Anspruch genommen wird.

(5) Der Anspruch auf Elterngeld bleibt unberührt, wenn die Betreuung und Erziehung des Kindes aus einem wichtigen Grund nicht sofort aufgenommen werden kann oder wenn sie unterbrochen werden muss.

(6) Eine Person ist nicht voll erwerbstätig, wenn ihre wöchentliche Arbeitszeit 30 Wochenstunden im Durchschnitt des Monats nicht übersteigt, sie eine Beschäftigung zur Berufsbildung ausübt oder sie eine geeignete Tagespflegeperson im Sinne des § 23 des Achten Buches Sozialgesetzbuch ist und nicht mehr als fünf Kinder in Tagespflege betreut.

---

1) Unter Berücksichtigung der Änderungen zuletzt durch Artikel 10 ELENA-Verfahrensgesetz vom 28.3.2009 (BGBl. I S. 634).

(7) Ein nicht freizügigkeitsberechtigter Ausländer oder eine nicht freizügigkeitsberechtigte Ausländerin ist nur anspruchsberechtigt, wenn diese Person
1. eine Niederlassungserlaubnis besitzt,
2. eine Aufenthaltserlaubnis besitzt, die zur Ausübung einer Erwerbstätigkeit berechtigt oder berechtigt hat, es sei denn, die Aufenthaltserlaubnis wurde
   a) nach § 16 oder § 17 des Aufenthaltsgesetzes erteilt,
   b) nach § 18 Abs. 2 des Aufenthaltsgesetzes erteilt und die Zustimmung der Bundesagentur für Arbeit darf nach der Beschäftigungsverordnung nur für einen bestimmten Höchstzeitraum erteilt werden,
   c) nach § 23 Abs. 1 des Aufenthaltsgesetzes wegen eines Krieges in ihrem Heimatland oder nach den §§ 23a, 24, 25 Abs. 3 bis 5 des Aufenthaltsgesetzes erteilt,
   d) nach § 104a des Aufenthaltsgesetzes erteilt oder
3. eine in Nummer 2 Buchstabe c genannte Aufenthaltserlaubnis besitzt und
   a) sich seit mindestens drei Jahren rechtmäßig, gestattet oder geduldet im Bundesgebiet aufhält und
   b) im Bundesgebiet berechtigt erwerbstätig ist, laufende Geldleistungen nach dem Dritten Buch Sozialgesetzbuch bezieht oder Elternzeit in Anspruch nimmt.

§ 2
Höhe des Elterngeldes

(1) ¹Elterngeld wird in Höhe von 67 Prozent des in den zwölf Kalendermonaten vor dem Monat der Geburt des Kindes durchschnittlich erzielten monatlichen Einkommens aus Erwerbstätigkeit bis zu einem Höchstbetrag von 1.800 Euro monatlich für volle Monate gezahlt, in denen die berechtigte Person kein Einkommen aus Erwerbstätigkeit erzielt. ²Als Einkommen aus Erwerbstätigkeit ist die Summe der positiven Einkünfte aus Land- und Forstwirtschaft, Gewerbebetrieb, selbstständiger Arbeit und nichtselbstständiger Arbeit im Sinne von § 2 Abs. 1 Satz 1 Nr. 1 bis 4 des Einkommensteuergesetzes nach Maßgabe der Absätze 7 bis 9 zu berücksichtigen.

(2) In den Fällen, in denen das durchschnittlich erzielte monatliche Einkommen aus Erwerbstätigkeit vor der Geburt geringer als 1.000 Euro war, erhöht sich der Prozentsatz von 67 Prozent um 0,1 Prozentpunkte für je 2 Euro, um die das maßgebliche Einkommen den Betrag von 1.000 Euro unterschreitet, auf bis zu 100 Prozent.

(3) ¹Für Monate nach der Geburt des Kindes, in denen die berechtigte Person ein Einkommen aus Erwerbstätigkeit erzielt, das durchschnittlich geringer ist als das nach Absatz 1 berücksichtigte durchschnittlich erzielte Einkommen aus Erwerbstätigkeit vor der Geburt, wird Elterngeld in Höhe des nach Absatz 1 oder 2 maßgeblichen Prozentsatzes des Unterschiedsbetrages dieser durchschnittlich erzielten monatlichen Einkommen aus Erwerbstätigkeit gezahlt. ²Als vor der Geburt des Kindes durchschnittlich erzieltes monatliches Einkommen aus Erwerbstätigkeit ist dabei höchstens der Betrag von 2.700 Euro anzusetzen.

(4) ¹Lebt die berechtigte Person mit zwei Kindern, die das dritte Lebensjahr noch nicht vollendet haben, oder mit drei oder mehr Kindern, die das sechste Lebensjahr noch nicht vollendet haben, in einem Haushalt, so wird das nach den Absätzen 1 bis 3 und 5 zustehende Elterngeld um 10 Prozent, mindestens um 75 Euro, erhöht. ²Zu berücksichtigen sind alle Kinder, für die der berechtigten Person die Voraussetzungen des § 1 Abs. 1 und 3 erfüllt und für die sich das Elterngeld nicht nach Absatz 6 erhöht. ³Für angenommene Kinder und Kinder im Sinne von § 1 Abs. 3 Satz 1 Nr. 1 gilt als Alter des Kindes der Zeitraum seit der Aufnahme des Kindes bei der berechtigten Person. ⁴Die Altersgrenze nach Satz 1 beträgt bei behinderten Kindern im Sinne von § 2 Abs. 1 Satz 1 des Neunten Buches Sozialgesetzbuch jeweils 14 Jahre. ⁵Der Anspruch auf den Erhöhungsbetrag endet mit dem Ablauf des Monats, in dem eine der in Satz 1 genannten Anspruchsvoraussetzungen entfallen ist.

(5) ¹Elterngeld wird mindestens in Höhe von 300 Euro gezahlt. ²Dies gilt auch, wenn in dem nach Absatz 1 Satz 1 maßgeblichen Zeitraum vor der Geburt des Kindes kein Einkommen aus Erwerbstätigkeit erzielt worden ist. ³Der Betrag nach Satz 1 wird nicht zusätzlich zu dem Elterngeld nach den Absätzen 1 bis 3 gezahlt.

(6) Bei Mehrlingsgeburten erhöht sich das nach den Absätzen 1 bis 5 zustehende Elterngeld um je 300 Euro für das zweite und jedes weitere Kind.

(7) ¹Als Einkommen aus nichtselbstständiger Arbeit ist der um die auf dieses Einkommen entfallenden Steuern und die aufgrund dieser Erwerbstätigkeit geleisteten Pflichtbeiträge zur Sozialversicherung in Höhe des gesetzlichen Anteils der beschäftigten Person einschließlich der Beiträge zur Arbeitsförderung vermin-

derte Überschuss der Einnahmen in Geld oder Geldeswert über die mit einem Zwölftel des Pauschbetrags nach § 9a Abs. 1 Satz 1 Nr. 1 Buchstabe a des Einkommensteuergesetzes anzusetzenden Werbungskosten zu berücksichtigen. ²Sonstige Bezüge im Sinne von § 38a Abs. 1 Satz 3 des Einkommensteuergesetzes werden nicht als Einnahmen berücksichtigt. ³Als auf die Einnahmen entfallende Steuern gelten die abgeführte Lohnsteuer einschließlich Solidaritätszuschlag und Kirchensteuer, im Falle einer Steuervorauszahlung der auf die Einnahmen entfallende monatliche Anteil. ⁴Grundlage der Einkommensermittlung sind die entsprechenden monatlichen Lohn- und Gehaltsbescheinigungen des Arbeitgebers; in Fällen, in denen der Arbeitgeber das Einkommen nach § 97 Abs. 1 des Vierten Buches Sozialgesetzbuch vollständig und fehlerfrei gemeldet hat, treten an die Stelle der monatlichen Lohn- und Gehaltsbescheinigungen des Arbeitgebers die entsprechenden elektronischen Einkommensnachweise nach dem Sechsten Abschnitt des Vierten Buches Sozialgesetzbuch. ⁵Kalendermonate, in denen die berechtigte Person vor der Geburt des Kindes ohne Berücksichtigung einer Verlängerung des Auszahlungszeitraums nach § 6 Satz 2 Elterngeld für ein älteres Kind bezogen hat, bleiben bei der Bestimmung der zwölf für die Einkommensermittlung vor der Geburt des Kindes zu Grunde zu legenden Kalendermonate unberücksichtigt. ⁶Unberücksichtigt bleiben auch Kalendermonate, in denen die berechtigte Person Mutterschaftsgeld nach der Reichsversicherungsordnung oder dem Gesetz über die Krankenversicherung der Landwirte bezogen hat oder in denen während der Schwangerschaft wegen einer maßgeblich auf die Schwangerschaft zurückzuführenden Erkrankung Einkommen aus Erwerbstätigkeit ganz oder teilweise weggefallen ist. ⁷Das Gleiche gilt für Kalendermonate, in denen die berechtigte Person Wehrdienst nach Maßgabe des Wehrpflichtgesetzes oder des Vierten Abschnitts des Soldatengesetzes oder Zivildienst nach Maßgabe des Zivildienstgesetzes geleistet hat, wenn dadurch Erwerbseinkommen ganz oder teilweise weggefallen ist.

(8) ¹Als Einkommen aus Land- und Forstwirtschaft, Gewerbebetrieb und selbstständiger Arbeit ist der um die auf dieses Einkommen entfallenden Steuern und die aufgrund dieser Erwerbstätigkeit geleisteten Pflichtbeiträge zur gesetzlichen Sozialversicherung einschließlich der Beiträge zur Arbeitsförderung verminderte Gewinn zu berücksichtigen. ²Grundlage der Einkommensermittlung ist der Gewinn, wie er sich aus einer mindestens den Anforderungen des § 4 Abs. 3 des Einkommensteuergesetzes entsprechenden Berechnung ergibt. ³Kann der Gewinn danach nicht ermittelt werden, ist von den Einnahmen eine Betriebsausgabenpauschale in Höhe von 20 Prozent abzuziehen. ⁴Als auf den Gewinn entfallende Steuern gilt im Falle einer Steuervorauszahlung der auf die Einnahmen entfallende monatliche Anteil der Einkommensteuer einschließlich Solidaritätszuschlag und Kirchensteuer. ⁵Auf Antrag der berechtigten Person ist Absatz 7 Satz 5 und 6 entsprechend anzuwenden.

(9) ¹Ist die dem zu berücksichtigenden Einkommen aus Land- und Forstwirtschaft, Gewerbebetrieb und selbstständiger Arbeit zu Grunde liegende Erwerbstätigkeit sowohl während des gesamten für die Einkommensermittlung vor der Geburt des Kindes maßgeblichen Zeitraums als auch während des gesamten letzten abgeschlossenen steuerlichen Veranlagungszeitraums ausgeübt worden, gilt abweichend von Absatz 8 als vor der Geburt des Kindes durchschnittlich erzieltes monatliches Einkommen aus dieser Erwerbstätigkeit der durchschnittlich monatlich erzielte Gewinn, wie er sich aus dem für den Veranlagungszeitraum ergangenen Steuerbescheid ergibt. ²Dies gilt nicht, wenn im Veranlagungszeitraum die Voraussetzungen des Absatzes 7 Satz 5 und 6 vorgelegen haben. ³Ist in dem für die Einkommensermittlung vor der Geburt des Kindes maßgeblichen Zeitraum zusätzlich Einkommen aus nichtselbstständiger Arbeit erzielt worden, ist Satz 1 nur anzuwenden, wenn die Voraussetzungen der Sätze 1 und 2 auch für die dem Einkommen aus nichtselbstständiger Arbeit zu Grunde liegende Erwerbstätigkeit erfüllt sind; in diesen Fällen gilt als vor der Geburt durchschnittlich erzieltes monatliches Einkommen nach Absatz 7 das in dem dem Veranlagungszeitraum nach Satz 1 zu Grunde liegenden Gewinnermittlungszeitraum durchschnittlich erzielte monatliche Einkommen aus nichtselbstständiger Arbeit. ⁴Als auf den Gewinn entfallende Steuern ist bei Anwendung von Satz 1 der auf die Einnahmen entfallende monatliche Anteil der im Steuerbescheid festgesetzten Einkommensteuer einschließlich Solidaritätszuschlag und Kirchensteuer anzusetzen.

§ 3

Anrechnung von anderen Leistungen

(1) ¹Mutterschaftsgeld, das der Mutter nach der Reichsversicherungsordnung oder dem Gesetz über die Krankenversicherung der Landwirte für die Zeit ab dem Tag der Geburt zusteht, wird mit Ausnahme des Mutterschaftsgeldes nach § 13 Abs. 2 des Mutterschutzgesetzes auf das ihr zustehende Elterngeld nach § 2 angerechnet. ²Das Gleiche gilt für Mutterschaftsgeld, das der Mutter im Bezugszeitraum des Elterngeldes für die Zeit vor dem Tag der Geburt eines weiteren Kindes zusteht. ³Die Sätze 1 und 2 gelten auch für den Zuschuss zum Mutterschaftsgeld nach § 14 des Mutterschutzgesetzes sowie für Dienstbezüge, Anwärterbezüge und Zuschüsse, die nach beamten- oder soldatenrechtlichen Vorschriften für die Zeit der Be-

schäftigungsverbote zustehen. ⁴Stehen die Leistungen nach den Sätzen 1 bis 3 nur für einen Teil des Lebensmonats des Kindes zu, sind sie nur auf den entsprechenden Teil des Elterngeldes anzurechnen.

(2) ¹Soweit Berechtigte an Stelle des vor der Geburt des Kindes erzielten Einkommens aus Erwerbstätigkeit nach der Geburt andere Einnahmen erzielen, die nach ihrer Zweckbestimmung dieses Einkommen aus Erwerbstätigkeit ganz oder teilweise ersetzen, werden diese Einnahmen auf das für das ersetzte Einkommen zustehende Elterngeld angerechnet, soweit letzteres den Betrag von 300 Euro übersteigt; dieser Betrag erhöht sich bei Mehrlingsgeburten um je 300 Euro für das zweite und jedes weitere Kind. ²Absatz 1 Satz 4 ist entsprechend anzuwenden.

(3) ¹Dem Elterngeld vergleichbare Leistungen, auf die eine nach § 1 berechtigte Person außerhalb Deutschlands oder gegenüber einer zwischen- oder überstaatlichen Einrichtung Anspruch hat, werden auf das Elterngeld angerechnet, soweit sie für denselben Zeitraum zustehen und die auf der Grundlage des Vertrages zur Gründung der Europäischen Gemeinschaft erlassenen Verordnungen nicht anzuwenden sind. ²Solange kein Antrag auf die in Satz 1 genannten vergleichbaren Leistungen gestellt wird, ruht der Anspruch auf Elterngeld bis zur möglichen Höhe der vergleichbaren Leistung.

§ 4
Bezugszeitraum

(1) ¹Elterngeld kann in der Zeit vom Tag der Geburt bis zur Vollendung des 14. Lebensmonats des Kindes bezogen werden. ²Für angenommene Kinder und Kinder im Sinne des § 1 Abs. 3 Nr. 1 kann Elterngeld ab Aufnahme bei der berechtigten Person für die Dauer von bis zu 14 Monaten, längstens bis zur Vollendung des achten Lebensjahres des Kindes bezogen werden.

(2) ¹Elterngeld wird in Monatsbeträgen für Lebensmonate des Kindes gezahlt. ²Die Eltern haben insgesamt Anspruch auf zwölf Monatsbeträge. ³Sie haben Anspruch auf zwei weitere Monatsbeträge, wenn für zwei Monate eine Minderung des Einkommens aus Erwerbstätigkeit erfolgt. ⁴Die Eltern können die jeweiligen Monatsbeträge abwechselnd oder gleichzeitig beziehen.

(3) ¹Ein Elternteil kann mindestens für zwei und höchstens für zwölf Monate Elterngeld beziehen. ²Lebensmonate des Kindes, in denen nach § 3 Abs. 1 oder 3 anzurechnende Leistungen zustehen, gelten als Monate, für die die berechtigte Person Elterngeld bezieht. ³Ein Elternteil kann abweichend von Satz 1 für 14 Monate Elterngeld beziehen, wenn eine Minderung des Einkommens aus Erwerbstätigkeit erfolgt und mit der Betreuung durch den anderen Elternteil eine Gefährdung des Kindeswohls im Sinne von § 1666 Abs. 1 und 2 des Bürgerlichen Gesetzbuchs verbunden wäre oder die Betreuung durch den anderen Elternteil unmöglich ist, insbesondere weil er wegen einer schweren Krankheit oder Schwerbehinderung sein Kind nicht betreuen kann; für die Feststellung der Unmöglichkeit der Betreuung bleiben wirtschaftliche Gründe und Gründe einer Verhinderung wegen anderweitiger Tätigkeiten außer Betracht. ⁴Elterngeld für 14 Monate steht einem Elternteil auch zu, wenn

1. ihm die elterliche Sorge oder zumindest das Aufenthaltsbestimmungsrecht allein zusteht oder er eine einstweilige Anordnung erwirkt hat, mit der ihm die elterliche Sorge oder zumindest das Aufenthaltsbestimmungsrecht für das Kind vorläufig übertragen worden ist,
2. eine Minderung des Einkommens aus Erwerbstätigkeit erfolgt und
3. der andere Elternteil weder mit ihm noch mit dem Kind in einer Wohnung lebt.

(4) Der Anspruch endet mit dem Ablauf des Monats, in dem eine Anspruchsvoraussetzung entfallen ist.

(5) ¹Die Absätze 2 und 3 gelten in den Fällen des § 1 Abs. 3 und 4 entsprechend. ²Nicht sorgeberechtigte Elternteile und Personen, die nach § 1 Abs. 3 Nr. 2 und 3 Elterngeld beziehen können, bedürfen der Zustimmung des sorgeberechtigten Elternteils.

§ 5
Zusammentreffen von Ansprüchen

(1) Erfüllen beide Elternteile die Anspruchsvoraussetzungen, bestimmen sie, wer von ihnen welche Monatsbeträge in Anspruch nimmt.

(2) ¹Beanspruchen beide Elternteile zusammen mehr als die ihnen zustehenden zwölf oder 14 Monatsbeträge Elterngeld, besteht der Anspruch eines Elternteils, der nicht über die Hälfte der Monatsbeträge hinausgeht, ungekürzt; der Anspruch des anderen Elternteils wird gekürzt auf die verbleibenden Monatsbeträge. ²Beanspruchen beide Elternteile Elterngeld für mehr als die Hälfte der Monate, steht ihnen jeweils die Hälfte der Monatsbeträge zu.

(3) ¹Die Absätze 1 und 2 gelten in den Fällen des § 1 Abs. 3 und 4 entsprechend. ²Wird eine Einigung mit einem nicht sorgeberechtigten Elternteil oder einer Person, die nach § 1 Abs. 3 Nr. 2 und 3 Elterngeld beziehen kann, nicht erzielt, kommt es abweichend von Absatz 2 allein auf die Entscheidung des sorgeberechtigten Elternteils an.

§ 6
Auszahlung und Verlängerungsmöglichkeit

¹Das Elterngeld wird im Laufe des Monats gezahlt, für den es bestimmt ist. ²Die einer Person zustehenden Monatsbeträge werden auf Antrag in jeweils zwei halben Monatsbeträgen ausgezahlt, so dass sich der Auszahlungszeitraum verdoppelt. ³Die zweite Hälfte der jeweiligen Monatsbeträge wird beginnend mit dem Monat gezahlt, der auf den letzten Monat folgt, für den der berechtigten Person ein Monatsbetrag der ersten Hälfte gezahlt wurde.

§ 7
Antragstellung

(1) ¹Das Elterngeld ist schriftlich zu beantragen. ²Es wird rückwirkend nur für die letzten drei Monate vor Beginn des Monats geleistet, in dem der Antrag auf Elterngeld eingegangen ist.

(2) ¹In dem Antrag ist anzugeben, für welche Monate Elterngeld beantragt wird. ²Die im Antrag getroffene Entscheidung kann bis zum Ende des Bezugszeitraums ohne Angabe von Gründen einmal geändert werden. ³In Fällen besonderer Härte, insbesondere bei Eintritt einer schweren Krankheit, Schwerbehinderung oder Tod eines Elternteils oder eines Kindes oder bei erheblich gefährdeter wirtschaftlicher Existenz der Eltern nach Antragstellung ist bis zum Ende des Bezugszeitraums einmal eine weitere Änderung zulässig. ⁴Eine Änderung kann rückwirkend nur für die letzten drei Monate vor Beginn des Monats verlangt werden, in dem der Änderungsantrag eingegangen ist. ⁵Sie ist außer in den Fällen besonderer Härte unzulässig, soweit Monatsbeträge bereits ausgezahlt sind. ⁶Im Übrigen finden die für die Antragstellung geltenden Vorschriften auch auf den Änderungsantrag Anwendung.

(3) ¹Der Antrag ist außer in den Fällen des § 4 Abs. 3 Satz 3 und 4 und der Antragstellung durch eine allein sorgeberechtigte Person von der Person, die ihn stellt, und zur Bestätigung der Kenntnisnahme auch von der anderen berechtigten Person zu unterschreiben. ²Die andere berechtigte Person kann gleichzeitig einen Antrag auf das von ihr beanspruchte Elterngeld stellen oder der Behörde anzeigen, für wie viele Monate sie Elterngeld beansprucht, wenn mit ihrem Anspruch die Höchstgrenze nach § 4 Abs. 2 Satz 2 und 3 überschritten würde. ³Liegt der Behörde weder ein Antrag noch eine Anzeige der anderen berechtigten Person nach Satz 2 vor, erhält der Antragsteller oder die Antragstellerin die Monatsbeträge ausgezahlt; die andere berechtigte Person kann bei einem späteren Antrag abweichend von § 5 Abs. 2 nur für die unter Berücksichtigung von § 4 Abs. 2 Satz 2 und 3 verbleibenden Monate Elterngeld erhalten.

§ 8
Auskunftspflicht, Nebenbestimmungen

(1) Soweit im Antrag Angaben zum voraussichtlichen Einkommen aus Erwerbstätigkeit gemacht wurden, ist nach Ablauf des Bezugszeitraums das in dieser Zeit tatsächlich erzielte Einkommen aus Erwerbstätigkeit nachzuweisen.

(2) Elterngeld wird in den Fällen, in denen nach den Angaben im Antrag im Bezugszeitraum voraussichtlich kein Einkommen aus Erwerbstätigkeit erzielt wird, unter dem Vorbehalt des Widerrufs für den Fall gezahlt, dass entgegen den Angaben im Antrag Einkommen aus Erwerbstätigkeit erzielt wird.

(3) Kann das vor der Geburt des Kindes erzielte Einkommen aus Erwerbstätigkeit nicht ermittelt werden oder wird nach den Angaben im Antrag im Bezugszeitraum voraussichtlich Einkommen aus Erwerbstätigkeit erzielt, wird Elterngeld bis zum Nachweis des tatsächlich erzielten Einkommens aus Erwerbstätigkeit vorläufig unter Berücksichtigung des glaubhaft gemachten Einkommens aus Erwerbstätigkeit gezahlt.

§ 9
Einkommens- und Arbeitszeitnachweis, Auskunftspflicht des Arbeitgebers

¹Soweit es zum Nachweis des Einkommens aus Erwerbstätigkeit oder der wöchentlichen Arbeitszeit erforderlich ist, hat der Arbeitgeber der nach § 12 zuständigen Behörde für bei ihm Beschäftigte das Arbeitsentgelt, die abgezogene Lohnsteuer und den Arbeitnehmeranteil der Sozialversicherungsbeiträge sowie die Arbeitszeit auf Verlangen zu bescheinigen. ²Für die in Heimarbeit Beschäftigten und die ihnen Gleichgestellten (§ 1 Abs. 1 und 2 des Heimarbeitsgesetzes) tritt an die Stelle des Arbeitgebers der Auftraggeber oder Zwischenmeister. ³*Die Verpflichtung des Arbeitgebers nach Satz 1 besteht nicht für Daten, die dieser nach § 97 Abs. 1 des Vierten Buches Sozialgesetzbuch an die Zentrale Speicherstelle übermittelt hat.* ⁴*Die Sätze 1 und 2 gelten auch für ehemalige Arbeitgeber.* [1]

---

1) § 9 Satz 3 und 4 tritt am 1.1.2012 in Kraft (Artikel 10 und 11 Abs. 2 ELENA-Verfahrensgesetz vom 28.3.2009 BGBl. I S. 634).

§ 10
Verhältnis zu anderen Sozialleistungen

(1) Das Elterngeld und vergleichbare Leistungen der Länder sowie die nach § 3 auf das Elterngeld angerechneten Leistungen bleiben bei Sozialleistungen, deren Zahlung von anderen Einkommen abhängig ist, bis zu einer Höhe von insgesamt 300 Euro im Monat als Einkommen unberücksichtigt.

(2) Das Elterngeld und vergleichbare Leistungen der Länder sowie die nach § 3 auf das Elterngeld angerechneten Leistungen dürfen bis zu einer Höhe von 300 Euro nicht dafür herangezogen werden, um auf Rechtsvorschriften beruhende Leistungen anderer, auf die kein Anspruch besteht, zu versagen.

(3) In den Fällen des § 6 Satz 2 bleibt das Elterngeld nur bis zu einer Höhe von 150 Euro als Einkommen unberücksichtigt und darf nur bis zu einer Höhe von 150 Euro nicht dafür herangezogen werden, um auf Rechtsvorschriften beruhende Leistungen anderer, auf die kein Anspruch besteht, zu versagen.

(4) Die nach den Absätzen 1 bis 3 nicht zu berücksichtigenden oder nicht heranzuziehenden Beträge vervielfachen sich bei Mehrlingsgeburten mit der Zahl der geborenen Kinder.

§ 11
Unterhaltspflichten

[1]Unterhaltsverpflichtungen werden durch die Zahlung des Elterngeldes und vergleichbarer Leistungen der Länder nur insoweit berührt, als die Zahlung 300 Euro monatlich übersteigt. [2]In den Fällen des § 6 Satz 2 werden die Unterhaltspflichten insoweit berührt, als die Zahlung 150 Euro übersteigt. [3]Die in den Sätzen 1 und 2 genannten Beträge vervielfachen sich bei Mehrlingsgeburten mit der Zahl der geborenen Kinder. [4]Die Sätze 1 bis 3 gelten nicht in den Fällen des § 1361 Abs. 3, der §§ 1579, 1603 Abs. 2 und des § 1611 Abs. 1 des Bürgerlichen Gesetzbuchs.

§ 12
Zuständigkeit; Aufbringung der Mittel

(1) [1]Die Landesregierungen oder die von ihnen beauftragten Stellen bestimmen die für die Ausführung dieses Gesetzes zuständigen Behörden. [2]Diesen Behörden obliegt auch die Beratung zur Elternzeit. [3]In den Fällen des § 1 Abs. 2 ist die von den Ländern für die Durchführung dieses Gesetzes bestimmte Behörde des Bezirks zuständig, in dem die berechtigte Person ihren letzten inländischen Wohnsitz hatte; hilfsweise ist die Behörde des Bezirks zuständig, in dem der entsendende Dienstherr oder Arbeitgeber der berechtigten Person oder der Arbeitgeber des Ehegatten, der Ehegattin, des Lebenspartners oder der Lebenspartnerin der berechtigten Person den inländischen Sitz hat.

(2) Der Bund trägt die Ausgaben für das Elterngeld.

§ 13
Rechtsweg

(1) [1]Über öffentlich-rechtliche Streitigkeiten in Angelegenheiten der §§ 1 bis 12 entscheiden die Gerichte der Sozialgerichtsbarkeit. [2]§ 85 Abs. 2 Nr. 2 des Sozialgerichtsgesetzes gilt mit der Maßgabe, dass die zuständige Stelle nach § 12 bestimmt wird.

(2) Widerspruch und Anfechtungsklage haben keine aufschiebende Wirkung.

§ 14
Bußgeldvorschriften

(1) Ordnungswidrig handelt, wer vorsätzlich oder fahrlässig
1. entgegen § 9 eine dort genannte Angabe nicht, nicht richtig, nicht vollständig oder nicht rechtzeitig bescheinigt,
2. entgegen § 60 Abs. 1 Satz 1 Nr. 1 des Ersten Buches Sozialgesetzbuch, auch in Verbindung mit § 8 Abs. 1 Satz 1, eine Angabe nicht, nicht richtig, nicht vollständig oder nicht rechtzeitig macht,
3. entgegen § 60 Abs. 1 Satz 1 Nr. 2 des Ersten Buches Sozialgesetzbuch eine Mitteilung nicht, nicht richtig, nicht vollständig oder nicht rechtzeitig macht oder
4. entgegen § 60 Abs. 1 Satz 1 Nr. 3 des Ersten Buches Sozialgesetzbuch eine Beweisurkunde nicht, nicht richtig, nicht vollständig oder nicht rechtzeitig vorlegt.

(2) Die Ordnungswidrigkeit kann mit einer Geldbuße von bis zu zweitausend Euro geahndet werden.

(3) Verwaltungsbehörden im Sinne des § 36 Abs. 1 Nr. 1 des Gesetzes über Ordnungswidrigkeiten sind die in § 12 Abs. 1 Satz 1 und 3 genannten Behörden.

Abschnitt 2
Elternzeit für Arbeitnehmerinnen und Arbeitnehmer
§ 15
Anspruch auf Elternzeit

(1) ¹Arbeitnehmerinnen und Arbeitnehmer haben Anspruch auf Elternzeit, wenn sie
1. a) mit ihrem Kind,
   b) mit einem Kind, für das sie die Anspruchsvoraussetzungen nach § 1 Abs. 3 oder 4 erfüllen, oder
   c) mit einem Kind, das sie in Vollzeitpflege nach § 33 des Achten Buches Sozialgesetzbuch aufgenommen haben,
   in einem Haushalt leben und
2. dieses Kind selbst betreuen und erziehen.

²Nicht sorgeberechtigte Elternteile und Personen, die nach Satz 1 Nr. 1 Buchstabe b und c Elternzeit nehmen können, bedürfen der Zustimmung des sorgeberechtigten Elternteils.

(1a) ¹Anspruch auf Elternzeit haben Arbeitnehmer und Arbeitnehmerinnen auch, wenn sie mit ihrem Enkelkind in einem Haushalt leben und dieses Kind selbst betreuen und erziehen und
1. ein Elternteil des Kindes minderjährig ist oder
2. ein Elternteil des Kindes sich im letzten oder vorletzten Jahr einer Ausbildung befindet, die vor Vollendung des 18. Lebensjahres begonnen wurde und die Arbeitskraft des Elternteils im Allgemeinen voll in Anspruch nimmt.

²Der Anspruch besteht nur für Zeiten, in denen keiner der Elternteile des Kindes selbst Elternzeit beansprucht.

(2) ¹Der Anspruch auf Elternzeit besteht bis zur Vollendung des dritten Lebensjahres eines Kindes. ²Die Zeit der Mutterschutzfrist nach § 6 Abs. 1 des Mutterschutzgesetzes wird auf die Begrenzung nach Satz 1 angerechnet. ³Bei mehreren Kindern besteht der Anspruch auf Elternzeit für jedes Kind, auch wenn sich die Zeiträume im Sinne von Satz 1 überschneiden. ⁴Ein Anteil der Elternzeit von bis zu zwölf Monaten ist mit Zustimmung des Arbeitgebers auf die Zeit bis zur Vollendung des achten Lebensjahres übertragbar; dies gilt auch, wenn sich die Zeiträume im Sinne von Satz 1 bei mehreren Kindern überschneiden. ⁵Bei einem angenommenen Kind und bei einem Kind in Vollzeit- oder Adoptionspflege kann Elternzeit von insgesamt bis zu drei Jahren ab der Aufnahme bei der berechtigten Person, längstens bis zur Vollendung des achten Lebensjahres des Kindes genommen werden; die Sätze 3 und 4 sind entsprechend anwendbar, soweit sie die zeitliche Aufteilung regeln. ⁶Der Anspruch kann nicht durch Vertrag ausgeschlossen oder beschränkt werden.

(3) ¹Die Elternzeit kann, auch anteilig, von jedem Elternteil allein oder von beiden Elternteilen gemeinsam genommen werden. ²Satz 1 gilt in den Fällen des Absatzes 1 Satz 1 Nr. 1 Buchstabe b und c entsprechend.

(4) ¹Der Arbeitnehmer oder die Arbeitnehmerin darf während der Elternzeit nicht mehr als 30 Wochenstunden erwerbstätig sein. ²Eine im Sinne des § 23 des Achten Buches Sozialgesetzbuch geeignete Tagespflegeperson kann bis zu fünf Kinder in Tagespflege betreuen, auch wenn die wöchentliche Betreuungszeit 30 Stunden übersteigt. ³Teilzeitarbeit bei einem anderen Arbeitgeber oder selbstständige Tätigkeit nach Satz 1 bedürfen der Zustimmung des Arbeitgebers. ⁴Dieser kann sie nur innerhalb von vier Wochen aus dringenden betrieblichen Gründen schriftlich ablehnen.

(5) ¹Der Arbeitnehmer oder die Arbeitnehmerin kann eine Verringerung der Arbeitszeit und ihre Ausgestaltung beantragen. ²Über den Antrag sollen sich der Arbeitgeber und der Arbeitnehmer oder die Arbeitnehmerin innerhalb von vier Wochen einigen. ³Der Antrag kann mit der schriftlichen Mitteilung nach Absatz 7 Satz 1 Nr. 5 verbunden werden. ⁴Unberührt bleibt das Recht, sowohl die vor der Elternzeit bestehende Teilzeitarbeit unverändert während der Elternzeit fortzusetzen, soweit Absatz 4 beachtet ist, als auch nach der Elternzeit zu der Arbeitszeit zurückzukehren, die vor Beginn der Elternzeit vereinbart war.

(6) Der Arbeitnehmer oder die Arbeitnehmerin kann gegenüber dem Arbeitgeber, soweit eine Einigung nach Absatz 5 nicht möglich ist, unter den Voraussetzungen des Absatzes 7 während der Gesamtdauer der Elternzeit zweimal eine Verringerung seiner oder ihrer Arbeitszeit beanspruchen.

(7) ¹Für den Anspruch auf Verringerung der Arbeitszeit gelten folgende Voraussetzungen:
1. Der Arbeitgeber beschäftigt, unabhängig von der Anzahl der Personen in Berufsbildung, in der Regel mehr als 15 Arbeitnehmer und Arbeitnehmerinnen,

2. das Arbeitsverhältnis in demselben Betrieb oder Unternehmen besteht ohne Unterbrechung länger als sechs Monate,
3. die vertraglich vereinbarte regelmäßige Arbeitszeit soll für mindestens zwei Monate auf einen Umfang zwischen 15 und 30 Wochenstunden verringert werden,
4. dem Anspruch stehen keine dringenden betrieblichen Gründe entgegen und
5. der Anspruch wurde dem Arbeitgeber sieben Wochen vor Beginn der Tätigkeit schriftlich mitgeteilt.

²Der Antrag muss den Beginn und den Umfang der verringerten Arbeitszeit enthalten. ³Die gewünschte Verteilung der verringerten Arbeitszeit soll im Antrag angegeben werden. ⁴Falls der Arbeitgeber die beanspruchte Verringerung der Arbeitszeit ablehnen will, muss er dies innerhalb von vier Wochen mit schriftlicher Begründung tun. ⁵Soweit der Arbeitgeber der Verringerung der Arbeitszeit nicht oder nicht rechtzeitig zustimmt, kann der Arbeitnehmer oder die Arbeitnehmerin Klage vor den Gerichten für Arbeitssachen erheben.

§ 16
Inanspruchnahme der Elternzeit

(1) ¹Wer Elternzeit beanspruchen will, muss sie spätestens sieben Wochen vor Beginn schriftlich vom Arbeitgeber verlangen und gleichzeitig erklären, für welche Zeiten innerhalb von zwei Jahren Elternzeit genommen werden soll. ²Bei dringenden Gründen ist ausnahmsweise eine angemessene kürzere Frist möglich. ³Nimmt die Mutter die Elternzeit im Anschluss an die Mutterschutzfrist, wird die Zeit der Mutterschutzfrist nach § 6 Abs. 1 des Mutterschutzgesetzes auf den Zeitraum nach Satz 1 angerechnet. ⁴Nimmt die Mutter die Elternzeit im Anschluss an einen auf die Mutterschutzfrist folgenden Erholungsurlaub, werden die Zeit der Mutterschutzfrist nach § 6 Abs. 1 des Mutterschutzgesetzes und die Zeit des Erholungsurlaubs auf den Zweijahreszeitraum nach Satz 1 angerechnet. ⁵Die Elternzeit kann auf zwei Zeitabschnitte verteilt werden; eine Verteilung auf weitere Zeitabschnitte ist nur mit der Zustimmung des Arbeitgebers möglich. ⁶Der Arbeitgeber hat dem Arbeitnehmer oder der Arbeitnehmerin die Elternzeit zu bescheinigen.

(2) Können Arbeitnehmerinnen und Arbeitnehmer aus einem von ihnen nicht zu vertretenden Grund eine sich unmittelbar an die Mutterschutzfrist des § 6 Abs. 1 des Mutterschutzgesetzes anschließende Elternzeit nicht rechtzeitig verlangen, können sie dies innerhalb einer Woche nach Wegfall des Grundes nachholen.

(3) ¹Die Elternzeit kann vorzeitig beendet oder im Rahmen des § 15 Abs. 2 verlängert werden, wenn der Arbeitgeber zustimmt. ²Die vorzeitige Beendigung wegen der Geburt eines weiteren Kindes oder wegen eines besonderen Härtefalles im Sinne des § 7 Abs. 2 Satz 3 kann der Arbeitgeber nur innerhalb von vier Wochen aus dringenden betrieblichen Gründen schriftlich ablehnen. ³Die Arbeitnehmerin kann ihre Elternzeit nicht wegen der Mutterschutzfristen des § 3 Abs. 2 und § 6 Abs. 1 des Mutterschutzgesetzes vorzeitig beenden; dies gilt nicht während ihrer zulässigen Teilzeitarbeit. ⁴Eine Verlängerung kann verlangt werden, wenn ein vorgesehener Wechsel in der Anspruchsberechtigung aus einem wichtigen Grund nicht erfolgen kann.

(4) Stirbt das Kind während der Elternzeit, endet diese spätestens drei Wochen nach dem Tod des Kindes.

(5) Eine Änderung in der Anspruchsberechtigung hat der Arbeitnehmer oder die Arbeitnehmerin dem Arbeitgeber unverzüglich mitzuteilen.

§ 17
Urlaub

(1) ¹Der Arbeitgeber kann den Erholungsurlaub, der dem Arbeitnehmer oder der Arbeitnehmerin für das Urlaubsjahr zusteht, für jeden vollen Kalendermonat der Elternzeit um ein Zwölftel kürzen. ²Dies gilt nicht, wenn der Arbeitnehmer oder die Arbeitnehmerin während der Elternzeit bei seinem oder ihrem Arbeitgeber Teilzeitarbeit leistet.

(2) Hat der Arbeitnehmer oder die Arbeitnehmerin den ihm oder ihr zustehenden Urlaub vor dem Beginn der Elternzeit nicht oder nicht vollständig erhalten, hat der Arbeitgeber den Resturlaub nach der Elternzeit im laufenden oder im nächsten Urlaubsjahr zu gewähren.

(3) Endet das Arbeitsverhältnis während der Elternzeit oder wird es im Anschluss an die Elternzeit nicht fortgesetzt, so hat der Arbeitgeber den noch nicht gewährten Urlaub abzugelten.

(4) Hat der Arbeitnehmer oder die Arbeitnehmerin vor Beginn der Elternzeit mehr Urlaub erhalten, als ihm oder ihr nach Absatz 1 zusteht, kann der Arbeitgeber den Urlaub, der dem Arbeitnehmer oder der Arbeitnehmerin nach dem Ende der Elternzeit zusteht, um die zu viel gewährten Urlaubstage kürzen.

Anhang 18/BEEG

§ 18
Kündigungsschutz

(1) ¹Der Arbeitgeber darf das Arbeitsverhältnis ab dem Zeitpunkt, von dem an Elternzeit verlangt worden ist, höchstens jedoch acht Wochen vor Beginn der Elternzeit, und während der Elternzeit nicht kündigen. ²In besonderen Fällen kann ausnahmsweise eine Kündigung für zulässig erklärt werden. ³Die Zulässigkeitserklärung erfolgt durch die für den Arbeitsschutz zuständige oberste Landesbehörde oder die von ihr bestimmte Stelle. ⁴Die Bundesregierung kann mit Zustimmung des Bundesrates allgemeine Verwaltungsvorschriften zur Durchführung des Satzes 2 erlassen.

(2) Absatz 1 gilt entsprechend, wenn Arbeitnehmer oder Arbeitnehmerinnen

1. während der Elternzeit bei demselben Arbeitgeber Teilzeitarbeit leisten oder
2. ohne Elternzeit in Anspruch zu nehmen, Teilzeitarbeit leisten und Anspruch auf Elterngeld nach § 1 während des Bezugszeitraums nach § 4 Abs. 1 haben.

§ 19
Kündigung zum Ende der Elternzeit

Der Arbeitnehmer oder die Arbeitnehmerin kann das Arbeitsverhältnis zum Ende der Elternzeit nur unter Einhaltung einer Kündigungsfrist von drei Monaten kündigen.

§ 20
Zur Berufsbildung Beschäftigte, in Heimarbeit Beschäftigte

(1) ¹Die zu ihrer Berufsbildung Beschäftigten gelten als Arbeitnehmer oder Arbeitnehmerinnen im Sinne dieses Gesetzes. ²Die Elternzeit wird auf Berufsbildungszeiten nicht angerechnet.

(2) ¹Anspruch auf Elternzeit haben auch die in Heimarbeit Beschäftigten und die ihnen Gleichgestellten (§ 1 Abs. 1 und 2 des Heimarbeitsgesetzes), soweit sie am Stück mitarbeiten. ²Für sie tritt an die Stelle des Arbeitgebers der Auftraggeber oder Zwischenmeister und an die Stelle des Arbeitsverhältnisses das Beschäftigungsverhältnis.

§ 21
Befristete Arbeitsverträge

(1) Ein sachlicher Grund, der die Befristung eines Arbeitsverhältnisses rechtfertigt, liegt vor, wenn ein Arbeitnehmer oder eine Arbeitnehmerin zur Vertretung eines anderen Arbeitnehmers oder einer anderen Arbeitnehmerin für die Dauer eines Beschäftigungsverbotes nach dem Mutterschutzgesetz, einer Elternzeit, einer auf Tarifvertrag, Betriebsvereinbarung oder einzelvertraglicher Vereinbarung beruhenden Arbeitsfreistellung zur Betreuung eines Kindes oder für diese Zeiten zusammen oder für Teile davon eingestellt wird.

(2) Über die Dauer der Vertretung nach Absatz 1 hinaus ist die Befristung für notwendige Zeiten einer Einarbeitung zulässig.

(3) Die Dauer der Befristung des Arbeitsvertrags muss kalendermäßig bestimmt oder bestimmbar oder den in den Absätzen 1 und 2 genannten Zwecken zu entnehmen sein.

(4) ¹Der Arbeitgeber kann den befristeten Arbeitsvertrag unter Einhaltung einer Frist von mindestens drei Wochen, jedoch frühestens zum Ende der Elternzeit, kündigen, wenn die Elternzeit ohne Zustimmung des Arbeitgebers vorzeitig endet und der Arbeitnehmer oder die Arbeitnehmerin die vorzeitige Beendigung der Elternzeit mitgeteilt hat. ²Satz 1 gilt entsprechend, wenn der Arbeitgeber die vorzeitige Beendigung der Elternzeit in den Fällen des § 16 Abs. 3 Satz 2 nicht ablehnen darf.

(5) Das Kündigungsschutzgesetz ist im Falle des Absatzes 4 nicht anzuwenden.

(6) Absatz 4 gilt nicht, soweit seine Anwendung vertraglich ausgeschlossen ist.

(7) ¹Wird im Rahmen arbeitsrechtlicher Gesetze oder Verordnungen auf die Zahl der beschäftigten Arbeitnehmer und Arbeitnehmerinnen abgestellt, so sind bei der Ermittlung dieser Zahl Arbeitnehmer und Arbeitnehmerinnen, die sich in der Elternzeit befinden oder zur Betreuung eines Kindes freigestellt sind, nicht mitzuzählen, solange für sie aufgrund von Absatz 1 ein Vertreter oder eine Vertreterin eingestellt ist. ²Dies gilt nicht, wenn der Vertreter oder die Vertreterin nicht mitzuzählen ist. ³Die Sätze 1 und 2 gelten entsprechend, wenn im Rahmen arbeitsrechtlicher Gesetze oder Verordnungen auf die Zahl der Arbeitsplätze abgestellt wird.

Anhang 18/BEEG

Abschnitt 3

Statistik und Schlussvorschriften

§ 22

Bundesstatistik

(1) ¹Zur Beurteilung der Auswirkungen dieses Gesetzes sowie zu seiner Fortentwicklung ist eine laufende Erhebung zum Bezug von Elterngeld als Bundesstatistik durchzuführen. ²Die Erhebung erfolgt zentral beim Statistischen Bundesamt.

(2) Die Statistik erfasst nach Maßgabe des Absatzes 3 vierteljährlich für die vorangegangenen drei Kalendermonate erstmalig zum 31. März 2007 folgende Erhebungsmerkmale:

1. Bewilligung oder Ablehnung des Antrags,
2. Monat und Jahr des ersten Leistungsbezugs,
3. Monat und Jahr des letzten Leistungsbezugs,
4. Art der Berechtigung nach § 1,
5. Grundlagen der Berechnung des zustehenden Monatsbetrags (§ 2 Abs. 1, 2, 3, 4, 5 oder 6),
6. Höhe des ersten vollen zustehenden Monatsbetrags,
7. Höhe des letzten zustehenden Monatsbetrags,
8. tatsächliche Bezugsdauer des Elterngeldes,
9. Art und Höhe anderer angerechneter Leistungen nach § 3,
10. Ausübung der Verlängerungsmöglichkeit (§ 6),
11. Inanspruchnahme und Anzahl der Partnermonate (§ 4 Abs. 2 und 3),
12. Geburtstag des Kindes,
13. für die Antragstellerin oder den Antragsteller:
    a) Geschlecht, Geburtsjahr und -monat,
    b) Staatsangehörigkeit,
    c) Wohnsitz oder gewöhnlicher Aufenthalt,
    d) Familienstand und unverheiratetes Zusammenleben mit dem anderen Elternteil und
    e) Anzahl der im Haushalt lebenden Kinder.

(3) Die Angaben nach Absatz 2 Nr. 1, 2, 4 bis 6 und 8 bis 13 sind für das Jahr 2007 für jeden Antrag, nach Absatz 2 Nr. 2 bis 13 ab 2008 für jeden beendeten Leistungsbezug zu melden.

(4) Hilfsmerkmale sind:

1. Name und Anschrift der zuständigen Behörde,
2. Name und Telefonnummer sowie Adresse für elektronische Post der für eventuelle Rückfragen zur Verfügung stehenden Person und
3. Kennnummer des Antragstellers oder der Antragstellerin.

§ 23

Auskunftspflicht; Datenübermittlung

(1) ¹Für die Erhebung nach § 22 besteht Auskunftspflicht. ²Die Angaben nach § 22 Abs. 4 Nr. 2 sind freiwillig. ³Auskunftspflichtig sind die nach § 12 Abs. 1 zuständigen Stellen.

(2) ¹Der Antragsteller oder die Antragstellerin ist gegenüber den nach § 12 Abs. 1 zuständigen Stellen zu den Erhebungsmerkmalen nach § 22 Abs. 2 auskunftspflichtig. ²Die zuständigen Stellen nach § 12 Abs. 1 dürfen die Angaben nach § 22 Abs. 2 Nr. 13, soweit sie für den Vollzug dieses Gesetzes nicht erforderlich sind, nur durch technische und organisatorische Maßnahmen getrennt von den übrigen Daten nach § 22 Abs. 2 und nur für die Übermittlung an das Statistische Bundesamt verwenden und haben diese unverzüglich nach Übermittlung an das Statistische Bundesamt zu löschen.

(3) Die in sich schlüssigen Angaben sind als Einzeldatensätze elektronisch bis zum Ablauf von 30 Arbeitstagen nach Ablauf des Berichtszeitraums an das Statistische Bundesamt zu übermitteln.

§ 24

Übermittlung

¹An die fachlich zuständigen obersten Bundes- oder Landesbehörden dürfen für die Verwendung gegenüber den gesetzgebenden Körperschaften und für Zwecke der Planung, jedoch nicht für die Regelung von Einzelfällen, vom Statistischen Bundesamt Tabellen mit statistischen Ergebnissen übermittelt wer-

den, auch soweit Tabellenfelder nur einen einzigen Fall ausweisen. ²Tabellen, deren Tabellenfelder nur einen einzigen Fall ausweisen, dürfen nur dann übermittelt werden, wenn sie nicht differenzierter als auf Regierungsbezirksebene, im Falle der Stadtstaaten auf Bezirksebene, aufbereitet sind.

§ 25
Bericht

¹Die Bundesregierung legt dem Deutschen Bundestag bis zum 1. Oktober 2008 einen Bericht über die Auswirkungen dieses Gesetzes sowie über die gegebenenfalls notwendige Weiterentwicklung dieser Vorschriften vor. ²Er darf keine personenbezogenen Daten enthalten.

§ 26
Anwendung der Bücher des Sozialgesetzbuches

(1) Soweit dieses Gesetz zum Elterngeld keine ausdrückliche Regelung trifft, ist bei der Ausführung des Ersten Abschnitts das Erste Kapitel des Zehnten Buches Sozialgesetzbuch anzuwenden.

(2) § 331 des Dritten Buches Sozialgesetzbuch gilt entsprechend.

§ 27
Übergangsvorschrift

(1) Für die vor dem 1. Januar 2007 geborenen oder mit dem Ziel der Adoption aufgenommenen Kinder sind die Vorschriften des Ersten und Dritten Abschnitts des Bundeserziehungsgeldgesetzes in der bis zum 31. Dezember 2006 geltenden Fassung weiter anzuwenden; ein Anspruch auf Elterngeld besteht in diesen Fällen nicht.

(2) ¹Der Zweite Abschnitt ist in den in Absatz 1 genannten Fällen mit der Maßgabe anzuwenden, dass es bei der Prüfung des § 15 Abs. 1 Satz 1 Nr. 1 Buchstabe b auf den Zeitpunkt der Geburt oder der Aufnahme des Kindes nicht ankommt. ²Ein vor dem 1. Januar 2007 zustehender Anspruch auf Elternzeit kann bis zum 31. Dezember 2008 geltend gemacht werden.

(3) In den Fällen des Absatzes 1 ist § 18 Abs. 2 Satz 1 Nr. 2 des Bundeserziehungsgeldgesetzes in der bis zum 31. Dezember 2006 geltenden Fassung weiter anzuwenden.

(4) Für die dem Erziehungsgeld vergleichbaren Leistungen der Länder sind § 8 Abs. 1 und § 9 des Bundeserziehungsgeldgesetzes in der bis zum 31. Dezember 2006 geltenden Fassung weiter anzuwenden.

Bundeskindergeldgesetz (BKGG)

Neufassung vom 28. Januar 2009 (BGBl. I S. 142)[1]

Erster Abschnitt
Leistungen

§ 1
Anspruchsberechtigte

(1) Kindergeld nach diesem Gesetz für seine Kinder erhält, wer nach § 1 Absatz 1 und 2 des Einkommensteuergesetzes nicht unbeschränkt steuerpflichtig ist und auch nicht nach § 1 Absatz 3 des Einkommensteuergesetzes als unbeschränkt steuerpflichtig behandelt wird und

1. in einem Versicherungspflichtverhältnis zur Bundesagentur für Arbeit nach dem Dritten Buch Sozialgesetzbuch steht oder versicherungsfrei nach § 28 Absatz 1 Nummer 1 des Dritten Buches Sozialgesetzbuch ist oder
2. als Entwicklungshelfer Unterhaltsleistungen im Sinne des § 4 Absatz 1 Nummer 1 des Entwicklungshelfer-Gesetzes erhält oder als Missionar der Missionswerke und -gesellschaften, die Mitglieder oder Vereinbarungspartner des Evangelischen Missionswerkes Hamburg, der Arbeitsgemeinschaft Evangelikaler Missionen e.V., des Deutschen Katholischen Missionsrates oder der Arbeitsgemeinschaft pfingstlich-charismatischer Missionen sind, tätig ist oder
3. eine nach § 123a des Beamtenrechtsrahmengesetzes oder § 29 des Bundesbeamtengesetzes oder § 20 des Beamtenstatusgesetzes bei einer Einrichtung außerhalb Deutschlands zugewiesene Tätigkeit ausübt oder
4. als Ehegatte eines Mitglieds der Truppe oder des zivilen Gefolges eines NATO-Mitgliedstaates die Staatsangehörigkeit eines EU/EWR-Mitgliedstaates besitzt und in Deutschland seinen Wohnsitz oder gewöhnlichen Aufenthalt hat.

(2) ¹Kindergeld für sich selbst erhält, wer

1. in Deutschland einen Wohnsitz oder seinen gewöhnlichen Aufenthalt hat,
2. Vollwaise ist oder den Aufenthalt seiner Eltern nicht kennt und
3. nicht bei einer anderen Person als Kind zu berücksichtigen ist.

²§ 2 Absatz 2 und 3 sowie die §§ 4 und 5 sind entsprechend anzuwenden. ³Im Fall des § 2 Absatz 2 Satz 1 Nummer 3 wird Kindergeld längstens bis zur Vollendung des 25. Lebensjahres gewährt.

(3) Ein nicht freizügigkeitsberechtigter Ausländer erhält Kindergeld nur, wenn er

1. eine Niederlassungserlaubnis besitzt,
2. eine Aufenthaltserlaubnis besitzt, die zur Ausübung einer Erwerbstätigkeit berechtigt oder berechtigt hat, es sei denn, die Aufenthaltserlaubnis wurde
   a) nach § 16 oder § 17 des Aufenthaltsgesetzes erteilt,
   b) nach § 18 Absatz 2 des Aufenthaltsgesetzes erteilt und die Zustimmung der Bundesagentur für Arbeit darf nach der Beschäftigungsverordnung nur für einen bestimmten Höchstzeitraum erteilt werden,
   c) nach § 23 Absatz 1 des Aufenthaltsgesetzes wegen eines Krieges in seinem Heimatland oder nach den §§ 23a, 24, 25 Absatz 3 bis 5 des Aufenthaltsgesetzes erteilt
   oder
3. eine in Nummer 2 Buchstabe c genannte Aufenthaltserlaubnis besitzt und
   a) sich seit mindestens drei Jahren rechtmäßig, gestattet oder geduldet im Bundesgebiet aufhält und
   b) im Bundesgebiet berechtigt erwerbstätig ist, laufende Geldleistungen nach dem Dritten Buch Sozialgesetzbuch bezieht oder Elternzeit in Anspruch nimmt.

§ 2
Kinder

(1) Als Kinder werden auch berücksichtigt

1. vom Berechtigten in seinen Haushalt aufgenommene Kinder seines Ehegatten,

---

[1] Unter Berücksichtigung der Änderungen zuletzt durch Artikel 8 Wachstumsbeschleunigungsgesetz vom 22.12.2009 (BGBl. I S. 3950, BStBl. 2010 I S. 2).

2. Pflegekinder (Personen, mit denen der Berechtigte durch ein familienähnliches, auf längere Dauer berechnetes Band verbunden ist, sofern er sie nicht zu Erwerbszwecken in seinen Haushalt aufgenommen hat und das Obhuts- und Pflegeverhältnis zu den Eltern nicht mehr besteht),
3. vom Berechtigten in seinen Haushalt aufgenommene Enkel.

(2) ¹Ein Kind, das das 18. Lebensjahr vollendet hat, wird berücksichtigt, wenn es
1. noch nicht das 21. Lebensjahr vollendet hat, nicht in einem Beschäftigungsverhältnis steht und bei einer Agentur für Arbeit im Inland als Arbeitsuchender gemeldet ist oder
2. noch nicht das 25. Lebensjahr vollendet hat und
   a) für einen Beruf ausgebildet wird oder
   b) sich in einer Übergangszeit von höchstens vier Monaten befindet, die zwischen zwei Ausbildungsabschnitten oder zwischen einem Ausbildungsabschnitt und der Ableistung des gesetzlichen Wehr- oder Zivildienstes, einer vom Wehr- oder Zivildienst befreienden Tätigkeit als Entwicklungshelfer oder als Dienstleistender im Ausland nach § 14b Zivildienstgesetz oder der Ableistung eines freiwilligen Dienstes im Sinne des Buchstaben d liegt, oder
   c) eine Berufsausbildung mangels Ausbildungsplatzes nicht beginnen oder fortsetzen kann oder
   d) ein freiwilliges soziales Jahr oder ein freiwilliges ökologisches Jahr im Sinne des Jugendfreiwilligendienstegesetzes oder einen Freiwilligendienst im Sinne des Beschlusses Nummer 1719/2006/EG des Europäischen Parlaments und des Rates vom 15. November 2006 zur Einführung des Programms „Jugend in Aktion" (ABl. EU Nr. L 327 S. 30) oder einen anderen Dienst im Ausland im Sinne von § 14b des Zivildienstgesetzes oder einen entwicklungspolitischen Freiwilligendienst „weltwärts" im Sinne der Richtlinie des Bundesministeriums für wirtschaftliche Zusammenarbeit und Entwicklung vom 1. August 2007 (BAnz. 2008 S. 1297) oder einen Freiwilligendienst aller Generationen im Sinne von § 2 Absatz 1a des Siebten Buches Sozialgesetzbuch leistet oder
3. wegen körperlicher, geistiger oder seelischer Behinderung außerstande ist, sich selbst zu unterhalten; Voraussetzung ist, dass die Behinderung vor Vollendung des 25. Lebensjahres eingetreten ist.

²Nach Satz 1 Nummer 1 und 2 wird ein Kind nur berücksichtigt, wenn es Einkünfte und Bezüge, die zur Bestreitung des Unterhalts oder der Berufsausbildung bestimmt oder geeignet sind, von nicht mehr als 8 004 Euro im Kalenderjahr hat. ³Dieser Betrag ist zu kürzen, soweit es nach den Verhältnissen im Wohnsitzstaat des Kindes notwendig und angemessen ist. ⁴Zu den Bezügen gehören auch steuerfreie Gewinne nach den §§ 14, 16 Absatz 4, § 17 Absatz 3 und § 18 Absatz 3 des Einkommensteuergesetzes, die nach § 19 Absatz 2 des Einkommensteuergesetzes steuerfrei bleibenden Einkünfte sowie Sonderabschreibungen und erhöhte Absetzungen, soweit sie die höchstmöglichen Absetzungen für Abnutzung nach § 7 des Einkommensteuergesetzes übersteigen. ⁵Bezüge, die für besondere Ausbildungszwecke bestimmt sind, bleiben hierbei außer Ansatz; Entsprechendes gilt für Einkünfte, soweit sie für solche Zwecke verwendet werden. ⁶Liegen die Voraussetzungen nach Satz 1 Nummer 1 oder Nummer 2 nur in einem Teil des Kalendermonats vor, sind Einkünfte und Bezüge nur insoweit anzusetzen, als sie auf diesen Teil entfallen. ⁷Für jeden Kalendermonat, in dem die Voraussetzungen nach Satz 1 Nummer 1 oder Nummer 2 an keinem Tag vorliegen, ermäßigt sich der Betrag nach Satz 2 oder Satz 3 um ein Zwölftel. ⁸Einkünfte und Bezüge des Kindes, die auf diese Kalendermonate entfallen, bleiben außer Ansatz. ⁹Ein Verzicht auf Teile der zustehenden Einkünfte und Bezüge steht der Anwendung der Sätze 2, 3 und 7 nicht entgegen. ¹⁰Nicht auf Euro lautende Beträge sind entsprechend dem für Ende September des Jahres vor dem Veranlagungszeitraum von der Europäischen Zentralbank gegebenen Referenzkurs umzurechnen.

(3) ¹In den Fällen des Absatzes 2 Satz 1 Nummer 1 oder Nummer 2 Buchstabe a und b wird ein Kind, das
1. den gesetzlichen Grundwehrdienst oder Zivildienst geleistet hat oder
2. sich an Stelle des gesetzlichen Grundwehrdienstes freiwillig für die Dauer von nicht mehr als drei Jahren zum Wehrdienst verpflichtet hat oder
3. eine vom gesetzlichen Grundwehrdienst oder Zivildienst befreiende Tätigkeit als Entwicklungshelfer im Sinne des § 1 Absatz 1 des Entwicklungshelfer-Gesetzes ausgeübt hat,

für einen der Dauer dieser Dienste oder der Tätigkeit entsprechenden Zeitraum, höchstens für die Dauer des inländischen gesetzlichen Grundwehrdienstes oder, bei anerkannten Kriegsdienstverweigerern für die Dauer des inländischen gesetzlichen Zivildienstes über das 21. oder 25. Lebensjahr hinaus berücksichtigt. ²Wird der gesetzliche Grundwehrdienst oder Zivildienst in einem Mitgliedstaat der Europäischen Union oder einem Staat, auf den das Abkommen über den Europäischen Wirtschaftsraum Anwendung findet, geleistet, so ist die Dauer dieses Dienstes maßgebend. ³Absatz 2 Satz 2 bis 7 gilt entsprechend.

(4) ¹Kinder, für die einer anderen Person nach dem Einkommensteuergesetz Kindergeld oder ein Kinderfreibetrag zusteht, werden nicht berücksichtigt. ²Dies gilt nicht für Kinder, die in den Haushalt des Anspruchsberechtigten nach § 1 aufgenommen sind oder für die dieser die höhere Unterhaltsrente zahlt, wenn sie weder in seinen Haushalt, noch in den Haushalt eines nach § 62 Einkommensteuergesetz Anspruchsberechtigten aufgenommen sind.

(5) ¹Kinder, die weder einen Wohnsitz noch ihren gewöhnlichen Aufenthalt in Deutschland haben, werden nicht berücksichtigt. ²Dies gilt nicht gegenüber Berechtigten nach § 1 Absatz 1 Nummer 2 und 3, wenn sie die Kinder in ihren Haushalt aufgenommen haben.

(6) Die Bundesregierung wird ermächtigt, durch Rechtsverordnung, die nicht der Zustimmung des Bundesrates bedarf, zu bestimmen, daß einem Berechtigten, der in Deutschland erwerbstätig ist oder sonst seine hauptsächlichen Einkünfte erzielt, für seine in Absatz 5 Satz 1 bezeichneten Kinder Kindergeld ganz oder teilweise zu leisten ist, soweit dies mit Rücksicht auf die durchschnittlichen Lebenshaltungskosten für Kinder in deren Wohnland und auf die dort gewährten dem Kindergeld vergleichbaren Leistungen geboten ist.

§ 3
Zusammentreffen mehrerer Ansprüche

(1) Für jedes Kind wird nur einer Person Kindergeld und Kinderzuschlag gewährt.

(2) ¹Erfüllen für ein Kind mehrere Personen die Anspruchsvoraussetzungen, so werden das Kindergeld und der Kinderzuschlag derjenigen Person gewährt, die das Kind in ihren Haushalt aufgenommen hat. ²Ist ein Kind in den gemeinsamen Haushalt von Eltern, einem Elternteil und dessen Ehegatten, Pflegeeltern oder Großeltern aufgenommen worden, bestimmen diese untereinander den Berechtigten. ³Wird eine Bestimmung nicht getroffen, bestimmt das Familiengericht auf Antrag den Berechtigten. ⁴Antragsberechtigt ist, wer ein berechtigtes Interesse an der Leistung des Kindergeldes hat. ⁵Lebt ein Kind im gemeinsamen Haushalt von Eltern und Großeltern, werden das Kindergeld und der Kinderzuschlag vorrangig einem Elternteil gezahlt; sie werden an einen Großelternteil gezahlt, wenn der Elternteil gegenüber der zuständigen Stelle auf seinen Vorrang schriftlich verzichtet hat.

(3) ¹Ist das Kind nicht in den Haushalt einer der Personen aufgenommen, die die Anspruchsvoraussetzungen erfüllen, wird das Kindergeld derjenigen Person gewährt, die dem Kind eine Unterhaltsrente zahlt. ²Zahlen mehrere anspruchsberechtigte Personen dem Kind Unterhaltsrenten, wird das Kindergeld derjenigen Person gewährt, die dem Kind laufend die höchste Unterhaltsrente zahlt. ³Werden gleich hohe Unterhaltsrenten gezahlt oder zahlt keiner der Berechtigten dem Kind Unterhalt, so bestimmen die Berechtigten untereinander, wer das Kindergeld erhalten soll. ⁴Wird eine Bestimmung nicht getroffen, so gilt Absatz 2 Satz 3 und 4 entsprechend.

§ 4
Andere Leistungen für Kinder

(1) ¹Kindergeld wird nicht für ein Kind gewährt, für das eine der folgenden Leistungen zu zahlen ist oder bei entsprechender Antragstellung zu zahlen wäre:

1. Kinderzulagen aus der gesetzlichen Unfallversicherung oder Kinderzuschüsse aus den gesetzlichen Rentenversicherungen,
2. Leistungen für Kinder, die außerhalb Deutschlands gewährt werden und dem Kindergeld oder einer der unter Nummer 1 genannten Leistungen vergleichbar sind,
3. Leistungen für Kinder, die von einer zwischen- oder überstaatlichen Einrichtung gewährt werden und dem Kindergeld vergleichbar sind.

²Steht ein Berechtigter in einem Versicherungspflichtverhältnis zur Bundesagentur für Arbeit nach dem Dritten Buch Sozialgesetzbuch oder ist er versicherungsfrei nach § 28 Absatz 1 Nummer 1 des Dritten Buches Sozialgesetzbuch oder steht er in Deutschland in einem öffentlich-rechtlichen Dienst- oder Amtsverhältnis, so wird sein Anspruch auf Kindergeld für ein Kind nicht nach Satz 1 Nummer 3 mit Rücksicht darauf ausgeschlossen, dass sein Ehegatte als Beamter, Ruhestandsbeamter oder sonstiger Bediensteter der Europäischen Gemeinschaften für das Kind Anspruch auf Kinderzulage hat.

(2) ¹Ist in den Fällen des Absatzes 1 Satz 1 Nummer 1 der Bruttobetrag der anderen Leistungen niedriger als das Kindergeld nach § 6, wird Kindergeld in Höhe des Unterschiedsbetrages gezahlt. ²Ein Unterschiedsbetrag unter 5 Euro wird nicht geleistet.

§ 5
Beginn und Ende des Anspruchs

¹Das Kindergeld und der Kinderzuschlag werden vom Beginn des Monats an gewährt, in dem die Anspruchsvoraussetzungen erfüllt sind; sie werden bis zum Ende des Monats gewährt, in dem die Anspruchsvoraussetzungen wegfallen. ²Abweichend von Satz 1 wird in den Fällen des § 6a Absatz 1 Nummer 4 Satz 2 Kinderzuschlag erst ab dem Monat, der auf den Monat der Antragstellung folgt, gewährt, wenn Leistungen nach dem Zweiten Buch Sozialgesetzbuch für den Monat, in dem der Antrag auf Kinderzuschlag gestellt worden ist, bereits erbracht worden sind.

§ 6
Höhe des Kindergeldes

(1) Das Kindergeld beträgt monatlich für erste und zweite Kinder jeweils 184 Euro, für dritte Kinder 190 Euro und für das vierte und jedes weitere Kind jeweils 215 Euro.

(2) In den Fällen des § 1 Absatz 2 beträgt das Kindergeld 184 Euro monatlich.

(3) Für jedes Kind, für das im Kalenderjahr 2009 mindestens für einen Kalendermonat ein Anspruch auf Kindergeld besteht, wird für das Kalenderjahr 2009 ein Einmalbetrag in Höhe von 100 Euro gezahlt.

§ 6a
Kinderzuschlag

(1) Personen erhalten nach diesem Gesetz für in ihrem Haushalt lebende unverheiratete Kinder, die noch nicht das 25. Lebensjahr vollendet haben, einen Kinderzuschlag, wenn
1. sie für diese Kinder nach diesem Gesetz oder nach dem X. Abschnitt des Einkommensteuergesetzes Anspruch auf Kindergeld oder Anspruch auf andere Leistungen im Sinne von § 4 haben,
2. sie mit Ausnahme des Wohngeldes und des Kindergeldes über Einkommen im Sinne des § 11 Absatz 1 Satz 1 des Zweiten Buches Sozialgesetzbuch in Höhe von 900 Euro oder, wenn sie alleinerziehend sind, in Höhe von 600 Euro verfügen,
3. sie mit Ausnahme des Wohngeldes über Einkommen oder Vermögen im Sinne der §§ 11 und 12 des Zweiten Buches Sozialgesetzbuch verfügen, das höchstens dem nach Absatz 4 Satz 1 für sie maßgebenden Betrag zuzüglich dem Gesamtkinderzuschlag nach Absatz 2 entspricht, und
4. durch den Kinderzuschlag Hilfebedürftigkeit nach § 9 des Zweiten Buches Sozialgesetzbuch vermieden wird. ²Wenn kein Mitglied der Bedarfsgemeinschaft Leistungen nach dem Zweiten oder Zwölften Buch Sozialgesetzbuch beantragt hat oder erhält oder alle Mitglieder der Bedarfsgemeinschaft für den Zeitraum, für den Kinderzuschlag beantragt wird, auf die Inanspruchnahme von Leistungen nach dem Zweiten oder Zwölften Buch Sozialgesetzbuch verzichten, werden bei der Prüfung, ob Hilfebedürftigkeit vermieden wird, Mehrbedarfe nach § 21 und § 28 Absatz 1 Satz 3 Nummer 2 bis 4 des Zweiten Buches Sozialgesetzbuch nicht berücksichtigt. ³In diesem Fall ist § 46 Absatz 2 des Ersten Buches Sozialgesetzbuch nicht anzuwenden. ⁴Der Verzicht kann auch gegenüber der Familienkasse erklärt werden; diese unterrichtet den für den Wohnort des Berechtigten zuständigen Träger der Grundsicherung für Arbeitsuchende über den Verzicht.

(2) ¹Der Kinderzuschlag beträgt für jedes zu berücksichtigende Kind jeweils bis zu 140 Euro monatlich. ²Die Summe der Kinderzuschläge bildet den Gesamtkinderzuschlag. ³Er soll jeweils für sechs Monate bewilligt werden. ⁴Kinderzuschlag wird nicht für Zeiten vor der Antragstellung erbracht. ⁵§ 28 des Zehnten Buches Sozialgesetzbuch gilt mit der Maßgabe, dass der Antrag unverzüglich nach Ablauf des Monats, in dem die Ablehnung oder Erstattung der anderen Leistungen bindend geworden ist, nachzuholen ist.

(3) ¹Der Kinderzuschlag mindert sich um das nach den §§ 11 und 12 des Zweiten Buches Sozialgesetzbuch mit Ausnahme des Wohngeldes zu berücksichtigende Einkommen und Vermögen des Kindes. ²Hierbei bleibt das Kindergeld außer Betracht. ³Ein Anspruch auf Zahlung des Kinderzuschlags für ein Kind besteht nicht für Zeiträume, in denen zumutbare Anstrengungen unterlassen wurden, Einkommen des Kindes zu erzielen.

(4) ¹Der Kinderzuschlag wird, soweit die Voraussetzungen des Absatzes 3 nicht vorliegen, in voller Höhe gezahlt, wenn das nach den §§ 11 und 12 des Zweiten Buches Sozialgesetzbuch mit Ausnahme des Wohngeldes zu berücksichtigende elterliche Einkommen oder Vermögen einen Betrag in Höhe des ohne Berücksichtigung von Kindern jeweils maßgebenden Arbeitslosengeldes II nach § 19 Satz 1 des Zweiten Buches Sozialgesetzbuch oder des Sozialgeldes nach § 28 Absatz 1 des Zweiten Buches Sozialgesetzbuch nicht übersteigt. ²Dazu sind die Kosten für Unterkunft und Heizung in dem Verhältnis aufzuteilen, das sich aus den im jeweils letzten Bericht der Bundesregierung über die Höhe des Existenzminimums von Erwachsenen und Kindern festgestellten entsprechenden Kosten für Alleinstehende, Ehepaare und

Kinder ergibt. ³Der Kinderzuschlag wird außer in den in Absatz 3 genannten Fällen auch dann stufenweise gemindert, wenn das nach den §§ 11 und 12 des Zweiten Buches Sozialgesetzbuch mit Ausnahme des Wohngeldes zu berücksichtigende elterliche Einkommen oder Vermögen den in Satz 1 genannten jeweils maßgebenden Betrag übersteigt. ⁴Als elterliches Einkommen oder Vermögen gilt dabei dasjenige des mit dem Kind im gemeinsamen Haushalt lebenden alleinerziehenden Elternteils, Ehepaares oder als eingetragene Lebenspartner oder in einer eheähnlichen Gemeinschaft zusammenlebenden Paares. ⁵Soweit das zu berücksichtigende elterliche Einkommen nicht nur aus Erwerbseinkünften besteht, ist davon auszugehen, dass die Überschreitung des in Satz 1 genannten jeweils maßgebenden Betrages durch die Erwerbseinkünfte verursacht wird, wenn nicht die Summe der anderen Einkommensteile oder des Vermögens für sich genommen diesen maßgebenden Betrag übersteigt. ⁶Für je 10 Euro, um die der monatlichen Erwerbseinkünfte den maßgebenden Betrag übersteigen, wird der Kinderzuschlag um 5 Euro monatlich gemindert. ⁷Anderes Einkommen sowie Vermögen mindern den Kinderzuschlag in voller Höhe. ⁸Kommt die Minderung des für mehrere Kinder zu zahlenden Kinderzuschlags in Betracht, wird sie beim Gesamtkinderzuschlag vorgenommen.

(4a) ¹Die berechtigte Person erhält für jedes Kind, für das im August des jeweiligen Jahres ein Anspruch auf Kinderzuschlag besteht und das eine allgemein- oder berufsbildende Schule besucht, eine zusätzliche Leistung für die Schule in Höhe des Betrages nach § 24a des Zweiten Buches Sozialgesetzbuch. ²Die Leistung wird nicht erbracht, wenn ein Anspruch des Kindes auf Ausbildungsvergütung besteht. ³Ein Anspruch nach Satz 1 schließt einen Anspruch nach § 24a des Zweiten Buches Sozialgesetzbuch aus.

(5) ¹Ein Anspruch auf Kinderzuschlag entfällt, wenn der Berechtigte erklärt, ihn für einen bestimmten Zeitraum wegen eines damit verbundenen Verlustes von anderen höheren Ansprüchen nicht geltend machen zu wollen. ²In diesen Fällen unterrichtet die Familienkasse den für den Wohnort des Berechtigten zuständigen Träger der Grundsicherung für Arbeitsuchende über die Erklärung. ³Die Erklärung nach Satz 1 kann mit Wirkung für die Zukunft widerrufen werden.

Zweiter Abschnitt

Organisation und Verfahren

§ 7
Beauftragung der Bundesagentur für Arbeit

(1) Die Bundesagentur für Arbeit (Bundesagentur) führt dieses Gesetz nach fachlichen Weisungen des Bundesministeriums für Familie, Senioren, Frauen und Jugend durch.

(2) Die Bundesagentur führt bei der Durchführung dieses Gesetzes die Bezeichnung „Familienkasse".

§ 8
Aufbringung der Mittel durch den Bund

(1) Die Aufwendungen der Bundesagentur für die Durchführung dieses Gesetzes trägt der Bund.

(2) Der Bund stellt der Bundesagentur nach Bedarf die Mittel bereit, die sie für die Zahlung des Kindergeldes benötigt.

(3) Der Bund erstattet die Verwaltungskosten, die der Bundesagentur aus der Durchführung dieses Gesetzes entstehen, in einem Pauschbetrag, der zwischen der Bundesregierung und der Bundesagentur vereinbart wird.

§ 9
Antrag

(1) ¹Das Kindergeld und der Kinderzuschlag sind schriftlich zu beantragen. ²Der Antrag soll bei der nach § 13 zuständigen Familienkasse gestellt werden. ³Den Antrag kann außer dem Berechtigten auch stellen, wer ein berechtigtes Interesse an der Leistung des Kindergeldes hat.

(2) ¹Vollendet ein Kind das 18. Lebensjahr, so wird für den Anspruch auf Kindergeld es nur dann weiterhin berücksichtigt, wenn der oder die Berechtigte anzeigt, dass die Voraussetzungen des § 2 Absatz 2 vorliegen. ²Absatz 1 gilt entsprechend.

§ 10
Auskunftspflicht

(1) § 60 Absatz 1 des Ersten Buches Sozialgesetzbuch gilt auch für die bei dem Antragsteller oder Berechtigten berücksichtigten Kinder, für den nicht dauernd getrennt lebenden Ehegatten des Antragstellers oder Berechtigten und für die sonstigen Personen, bei denen die bezeichneten Kinder berücksichtigt werden.

(2) Soweit es zur Durchführung der §§ 2 und 6a erforderlich ist, hat der jeweilige Arbeitgeber der in diesen Vorschriften bezeichneten Personen auf Verlangen der zuständigen Stelle eine Bescheinigung über den Arbeitslohn, die einbehaltenen Steuern und Sozialabgaben sowie den auf der Lohnsteuerkarte eingetragenen Freibetrag auszustellen.

(3) Die Familienkassen können den nach Absatz 2 Verpflichteten eine angemessene Frist zur Erfüllung der Pflicht setzen.

§ 11
Zahlung des Kindergeldes und des Kinderzuschlags

(1) Das Kindergeld und der Kinderzuschlag werden monatlich gezahlt.

(2) Auszuzahlende Beträge sind auf Euro abzurunden, und zwar unter 50 Cent nach unten, sonst nach oben.

(3) § 45 Absatz 3 des Zehnten Buches Sozialgesetzbuch findet keine Anwendung.

(4) Ein rechtswidriger nicht begünstigender Verwaltungsakt ist abweichend von § 44 Absatz 1 des Zehnten Buches Sozialgesetzbuch für die Zukunft zurückzunehmen; er kann ganz oder teilweise auch für die Vergangenheit zurückgenommen werden.

§ 12
Aufrechnung

§ 51 des Ersten Buches Sozialgesetzbuch gilt für die Aufrechnung eines Anspruchs auf Erstattung von Kindergeld oder Kinderzuschlag gegen einen späteren Anspruch auf Kindergeld oder Kinderzuschlag eines oder einer mit dem Erstattungspflichtigen in Haushaltsgemeinschaft lebenden Berechtigten entsprechend, soweit es sich um laufendes Kindergeld oder laufenden Kinderzuschlag für ein Kind handelt, das bei beiden berücksichtigt werden kann oder konnte.

§ 13
Zuständige Familienkasse

(1) ¹Für die Entgegennahme des Antrags und die Entscheidungen über den Anspruch ist die Familienkasse (§ 7 Absatz 2) zuständig, in deren Bezirk der Berechtigte seinen Wohnsitz hat. ²Hat der Berechtigte keinen Wohnsitz im Geltungsbereich dieses Gesetzes, ist die Familienkasse zuständig, in deren Bezirk er seinen gewöhnlichen Aufenthalt hat. ³Hat der Berechtigte im Geltungsbereich dieses Gesetzes weder einen Wohnsitz noch einen gewöhnlichen Aufenthalt, ist die Familienkasse zuständig, in deren Bezirk er erwerbstätig ist. ⁴In den übrigen Fällen ist die Familienkasse Nürnberg zuständig.

(2) Die Entscheidungen über den Anspruch trifft die Leitung der Familienkasse.

(3) Der Vorstand der Bundesagentur kann für bestimmte Bezirke oder Gruppen von Berechtigten die Entscheidungen über den Anspruch auf Kindergeld einer anderen Familienkasse übertragen.

§ 14
Bescheid

¹Wird der Antrag auf Kindergeld oder Kinderzuschlag abgelehnt, ist ein schriftlicher Bescheid zu erteilen. ²Das Gleiche gilt, wenn das Kindergeld oder der Kinderzuschlag entzogen wird.

§ 15
Rechtsweg

Für Streitigkeiten nach diesem Gesetz sind die Gerichte der Sozialgerichtsbarkeit zuständig.

Dritter Abschnitt
Bußgeldvorschriften

§ 16
Ordnungswidrigkeiten

(1) Ordnungswidrig handelt, wer vorsätzlich oder leichtfertig
1. entgegen § 60 Absatz 1 Satz 1 Nummer 1 oder 3 des Ersten Buches Sozialgesetzbuch in Verbindung mit § 10 Absatz 1 auf Verlangen nicht die leistungserheblichen Tatsachen angibt oder Beweisurkunden vorlegt,
2. entgegen § 60 Absatz 1 Satz 1 Nummer 2 des Ersten Buches Sozialgesetzbuch eine Änderung in den Verhältnissen, die für einen Anspruch auf Kindergeld oder Kinderzuschlag erheblich ist, nicht, nicht richtig, nicht vollständig oder nicht rechtzeitig mitteilt oder

3. entgegen § 10 Absatz 2 oder 3 auf Verlangen eine Bescheinigung nicht, nicht richtig, nicht vollständig oder nicht rechtzeitig ausstellt.
(2) Die Ordnungswidrigkeit kann mit einer Geldbuße geahndet werden.
(3) § 66 des Zehnten Buches Sozialgesetzbuch gilt entsprechend.
(4) Verwaltungsbehörden im Sinne des § 36 Absatz 1 Nummer 1 des Gesetzes über Ordnungswidrigkeiten sind die nach § 409 der Abgabenordnung bei Steuerordnungswidrigkeiten wegen des Kindergeldes nach dem X. Abschnitt des Einkommensteuergesetzes zuständigen Verwaltungsbehörden.

Vierter Abschnitt
Übergangs- und Schlussvorschriften

§ 17
Recht der Europäischen Gemeinschaft

[1]Soweit in diesem Gesetz Ansprüche Deutschen vorbehalten sind, haben Angehörige der anderen Mitgliedstaaten der Europäischen Union, Flüchtlinge und Staatenlose nach Maßgabe des Vertrages zur Gründung der Europäischen Gemeinschaft und der auf seiner Grundlage erlassenen Verordnungen die gleichen Rechte. [2]Auch im Übrigen bleiben die Bestimmungen der genannten Verordnungen unberührt.

§ 18
Anwendung des Sozialgesetzbuches

Soweit dieses Gesetz keine ausdrückliche Regelung trifft, ist bei der Ausführung das Sozialgesetzbuch anzuwenden.

§ 19
Übergangsvorschriften

(1) Ist für die Nachzahlung und Rückforderung von Kindergeld und Zuschlag zum Kindergeld für Berechtigte mit geringem Einkommen der Anspruch eines Jahres vor 1996 maßgeblich, finden die §§ 10, 11 und 11a in der bis zum 31. Dezember 1995 geltenden Fassung Anwendung.
(2) Verfahren, die am 1. Januar 1996 anhängig sind, werden nach den Vorschriften des Sozialgesetzbuches und des Bundeskindergeldgesetzes in der bis zum 31. Dezember 1995 geltenden Fassung zu Ende geführt, soweit in § 78 des Einkommensteuergesetzes nichts anderes bestimmt ist.

§ 20
Anwendungsvorschrift

(1) [1]§ 1 Absatz 3 in der am 19. Dezember 2006 geltenden Fassung ist in Fällen, in denen eine Entscheidung über den Anspruch auf Kindergeld für Monate in dem Zeitraum zwischen dem 1. Januar 1994 und dem 18. Dezember 2006 noch nicht bestandskräftig geworden ist, anzuwenden, wenn dies für den Antragsteller günstiger ist. [2]In diesem Fall werden die Aufenthaltsgenehmigungen nach dem Ausländergesetz den Aufenthaltstiteln nach dem Aufenthaltsgesetz entsprechend den Fortgeltungsregelungen in § 101 des Aufenthaltsgesetzes gleichgestellt.
(2) § 5 Absatz 2 des Bundeskindergeldgesetzes in der Fassung der Bekanntmachung vom 23. Januar 1997 (BGBl. I S. 46) ist erstmals für das Kalenderjahr 1997 anzuwenden, so dass Kindergeld auf einen nach dem 31. Dezember 1997 gestellten Antrag rückwirkend längstens bis einschließlich Juli 1997 gezahlt werden kann.
(3) In Fällen, in denen die Entscheidung über die Höhe des Kindergeldanspruchs für Monate in dem Zeitraum zwischen dem 1. Januar 1994 und dem 31. Dezember 1995 noch nicht bestandskräftig geworden ist, ist statt des § 3 Absatz 3 Satz 1 dieses Gesetzes in der Fassung des Ersten Gesetzes zur Umsetzung des Spar-, Konsolidierungs- und Wachstumsprogramms vom 21. Dezember 1993 (BGBl. I S. 2353) § 3 Absatz 2 Satz 1 und 2 dieses Gesetzes in der am 23. Dezember 2003 geltenden Fassung anzuwenden.
(4) [1]§ 1 Absatz 2 Satz 3 und § 2 Absatz 2 und 3 in der Fassung des Artikels 3 des Gesetzes vom 19. Juli 2006 (BGBl. I S. 1652) ist für Kinder, die im Kalenderjahr 2006 das 24. Lebensjahr vollendeten, mit der Maßgabe anzuwenden, dass jeweils an die Stelle der Angabe „25. Lebensjahres" die Angabe „26. Lebensjahres" und an die Stelle der Angabe „25. Lebensjahr" die Angabe „26. Lebensjahr" tritt; für Kinder, die im Kalenderjahr 2006 das 25. oder 26. Lebensjahr vollendeten, sind § 1 Absatz 2 Satz 3 und § 2 Abs. 2 und 3 weiterhin in der bis zum 31. Dezember 2006 geltenden Fassung anzuwenden. [2]§ 1 Absatz 2 Satz 3 und § 2 Absatz 2 und 3 in der Fassung des Artikels 3 des Gesetzes vom 19. Juli 2006 (BGBl. I S. 1652) sind erstmals für Kinder anzuwenden, die im Kalenderjahr 2007 wegen einer vor Vollendung des 25. Lebensjahres eingetretenen körperlichen, geistigen oder seelischen Behinderung außerstande

sind, sich selbst zu unterhalten; für Kinder, die wegen einer vor dem 1. Januar 2007 in der Zeit ab der Vollendung des 25. Lebensjahres und vor Vollendung des 27. Lebensjahres eingetretenen körperlichen, geistigen oder seelischen Behinderung außerstande sind, sich selbst zu unterhalten, ist § 2 Absatz 2 Satz 1 Nummer 3 weiterhin in der bis zum 31. Dezember 2006 geltenden Fassung anzuwenden. ³§ 2 Absatz 3 Satz 1 in der Fassung des Artikels 3 des Gesetzes vom 19. Juli 2006 (BGBl. I S. 1652) ist für Kinder, die im Kalenderjahr 2006 das 24. Lebensjahr vollendeten, mit der Maßgabe anzuwenden, dass an die Stelle der Angabe „über das 21. oder 25. Lebensjahr hinaus" die Angabe „über das 21. oder 26. Lebensjahr hinaus" tritt; für Kinder, die im Kalenderjahr 2006 das 25., 26. oder 27. Lebensjahr vollendeten, ist § 2 Absatz 3 Satz 1 weiterhin in der bis zum 31. Dezember 2006 geltenden Fassung anzuwenden.

(5) ¹§ 2 Absatz 2 Satz 1 Nummer 2 Buchstabe d in der Fassung des Artikels 2 Absatz 8 Buchstabe a Doppelbuchstabe aa des Gesetzes vom 16. Mai 2008 (BGBl. I S. 842) ist auf Freiwilligendienste im Sinne des Beschlusses Nummer 1719/2006/EG des Europäischen Parlaments und des Rates vom 15. November 2006 zur Einführung des Programms „Jugend in Aktion" (ABl. EU Nr. L 327 S. 30), die ab dem 1. Januar 2007 begonnen wurden, ab dem 1. Januar 2007 und auf Freiwilligendienste „weltwärts" im Sinne der Richtlinie des Bundesministeriums für wirtschaftliche Zusammenarbeit und Entwicklung vom 1. August 2007 (BAnz. 2008 S. 1297) ab dem 1. Januar 2008 anzuwenden. ²Die Regelungen des § 2 Absatz 2 Satz 1 Nummer 2 Buchstabe d in der bis zum 31. Mai 2008 geltenden Fassung sind bezogen auf die Ableistung eines freiwilligen sozialen Jahres im Sinne des Gesetzes zur Förderung eines freiwilligen sozialen Jahres oder eines freiwilligen ökologischen Jahres im Sinne des Gesetzes zur Förderung eines freiwilligen ökologischen Jahres auch über den 31. Mai 2008 hinaus anzuwenden, soweit die vorstehend genannten freiwilligen Jahre vor dem 1. Juni 2008 vereinbart oder begonnen wurden und über den 31. Mai 2008 hinausgehen und die Beteiligten nicht die Anwendung der Vorschriften des Jugendfreiwilligendienstegesetzes vereinbaren. ³§ 2 Absatz 2 Satz 1 Nummer 2 Buchstabe d in der Fassung des Artikels 13 des Gesetzes vom 16. Juli 2009 (BGBl. I S. 1959) ist auf einen Freiwilligendienst aller Generationen im Sinne von § 2 Absatz 1a des Siebten Buches Sozialgesetzbuch ab dem 1. Januar 2009 anzuwenden.

(5a) § 2 Absatz 2 Satz 2 in der Fassung des Artikels 13 des Gesetzes vom 16. Juli 2009 (BGBl. I S. 1959) ist ab dem 1. Januar 2010 anzuwenden.

(6) § 2 Absatz 2 Satz 4 in der Fassung des Artikels 2 Absatz 8 des Gesetzes vom 16. Mai 2008 (BGBl. I S. 842) ist erstmals ab dem 1. Januar 2009 anzuwenden.

(7) § 6a Absatz 1 Nummer 2 in der am 30. September 2008 geltenden Fassung ist in Fällen, in denen zu diesem Zeitpunkt Kinderzuschlag bezogen wurde, so lange weiter anzuwenden, wie dies für den Antragsteller günstiger ist und der Bezug des Kinderzuschlags nicht unterbrochen wurde.

§ 21
Sondervorschrift zur Steuerfreistellung des Existenzminimums eines Kindes in den Veranlagungszeiträumen 1983 bis 1995 durch Kindergeld

¹In Fällen, in denen die Entscheidung über die Höhe des Kindergeldanspruchs für Monate in dem Zeitraum zwischen dem 1. Januar 1983 und dem 31. Dezember 1995 nicht bestandkräftig geworden ist, kommt eine von den §§ 10 und 11 in der jeweils geltenden Fassung abweichende Bewilligung von Kindergeld nur in Betracht, wenn die Einkommensteuer formell bestandskräftig und hinsichtlich der Höhe der Kinderfreibeträge nicht vorläufig festgesetzt sowie das Existenzminimum des Kindes nicht unter der Maßgabe des § 53 des Einkommensteuergesetzes steuerfrei belassen worden ist. ²Dies ist vom Kindergeldberechtigten durch eine Bescheinigung des zuständigen Finanzamtes nachzuweisen. ³Nach Vorlage dieser Bescheinigung hat die Familienkasse den vom Finanzamt ermittelten Unterschiedsbetrag zwischen der festgesetzten Einkommensteuer und der Einkommensteuer, die nach § 53 Satz 6 des Einkommensteuergesetzes festzusetzen gewesen wäre, wenn die Voraussetzungen nach § 53 Satz 1 und 2 des Einkommensteuergesetzes vorgelegen hätten, als zusätzliches Kindergeld zu zahlen.

§ 22
Bericht der Bundesregierung

Die Bundesregierung legt dem Deutschen Bundestag bis zum 31. Dezember 2006 einen Bericht über die Auswirkungen des § 6a (Kinderzuschlag) sowie über die gegebenenfalls notwendige Weiterentwicklung dieser Vorschrift vor.

Anhang 23/5. VermBG

Fünftes Gesetz zur Förderung der Vermögensbildung der Arbeitnehmer
(Fünftes Vermögensbildungsgesetz – 5. VermBG)

Neufassung vom 4. März 1994 (BGBl. I S. 406, BStBl. I S. 237)[1)]

§ 1
Persönlicher Geltungsbereich

(1) Die Vermögensbildung der Arbeitnehmer durch vereinbarte vermögenswirksame Leistungen der Arbeitgeber wird nach den Vorschriften dieses Gesetzes gefördert.

(2) ¹Arbeitnehmer im Sinne dieses Gesetzes sind Arbeiter und Angestellte einschließlich der zu ihrer Berufsausbildung Beschäftigten. ²Als Arbeitnehmer gelten auch die in Heimarbeit Beschäftigten.

(3) Die Vorschriften dieses Gesetzes gelten nicht
1. für vermögenswirksame Leistungen juristischer Personen an Mitglieder des Organs, das zur gesetzlichen Vertretung der juristischen Person berufen ist,
2. für vermögenswirksame Leistungen von Personengesamtheiten an die durch Gesetz, Satzung oder Gesellschaftsvertrag zur Vertretung der Personengesamtheit berufenen Personen.

(4) Für Beamte, Richter, Berufssoldaten und Soldaten auf Zeit gelten die nachstehenden Vorschriften dieses Gesetzes entsprechend.

§ 2
Vermögenswirksame Leistungen, Anlageformen

(1) Vermögenswirksame Leistungen sind Geldleistungen, die der Arbeitgeber für den Arbeitnehmer anlegt
1. als Sparbeiträge des Arbeitnehmers auf Grund eines Sparvertrags über Wertpapiere oder andere Vermögensbeteiligungen (§ 4)
    a) zum Erwerb von Aktien, die vom Arbeitgeber ausgegeben werden oder an einer deutschen Börse zum regulierten Markt zugelassen oder in den Freiverkehr einbezogen sind,
    b) zum Erwerb von Wandelschuldverschreibungen, die vom Arbeitgeber ausgegeben werden oder an einer deutschen Börse zum regulierten Markt zugelassen oder in den Freiverkehr einbezogen sind, sowie von Gewinnschuldverschreibungen, die vom Arbeitgeber ausgegeben werden, zum Erwerb von Namensschuldverschreibungen des Arbeitgebers jedoch nur dann, wenn auf dessen Kosten die Ansprüche des Arbeitnehmers aus der Schuldverschreibung durch ein Kreditinstitut verbürgt oder durch ein Versicherungsunternehmen privatrechtlich gesichert sind und das Kreditinstitut oder Versicherungsunternehmen im Geltungsbereich dieses Gesetzes zum Geschäftsbetrieb befugt ist,
    c) zum Erwerb von Anteilen an Sondervermögen nach den §§ 46 bis 65 und 83 bis 86 des Investmentgesetzes sowie von ausländischen Investmentanteilen, die nach dem Investmentgesetz öffentlich vertrieben werden dürfen, wenn nach dem Jahresbericht für das vorletzte Geschäftsjahr, das dem Kalenderjahr des Abschlusses des Vertrags im Sinne des § 4 oder des § 5 vorausgeht, der Wert der Aktien in diesem Sondervermögen 60 Prozent des Werts dieses Sondervermögens nicht unterschreitet; für neu aufgelegte Sondervermögen ist für das erste und zweite Geschäftsjahr der erste Jahresbericht oder der erste Halbjahresbericht nach Auflegung des Sondervermögens maßgebend,
    d) zum Erwerb von Anteilen an einem Mitarbeiterbeteiligungs-Sondervermögen nach Abschnitt 7a des Investmentgesetzes vom 15. Dezember 2003 (BGBl. I S. 2676), zuletzt geändert durch Artikel 3 des Gesetzes vom .7.3.2008 (BGBl. I S. 451), in der jeweils geltenden Fassung,
    e) (weggefallen)
    f) zum Erwerb von Genussscheinen, die vom Arbeitgeber als Wertpapiere ausgegeben werden oder an einer deutschen Börse zum regulierten Markt zugelassen oder in den Freiverkehr einbezogen sind und von Unternehmen mit Sitz und Geschäftsleitung im Geltungsbereich dieses Gesetzes, die keine Kreditinstitute sind, ausgegeben werden, wenn mit den Genussscheinen das Recht am Gewinn eines Unternehmens verbunden ist und der Arbeitnehmer nicht als Mitunternehmer im Sinne des § 15 Abs. 1 Satz 1 Nr. 2 des Einkommensteuergesetzes anzusehen ist,
    g) zur Begründung oder zum Erwerb eines Geschäftsguthabens bei einer Genossenschaft mit Sitz und Geschäftsleitung im Geltungsbereich dieses Gesetzes; ist die Genossenschaft nicht der Ar-

---
[1)] Unter Berücksichtigung der Änderungen zuletzt durch Artikel 12 Bürgerentlastungsgesetz Krankenversicherung vom 16.7.2009 (BGBl. I S. 1959, BStBl. I S. 782).

beitgeber, so setzt die Anlage vermögenswirksamer Leistungen voraus, dass die Genossenschaft entweder ein Kreditinstitut oder eine Bau- oder Wohnungsgenossenschaft im Sinne des § 2 Abs. 1 Nr. 2 des Wohnungsbau-Prämiengesetzes ist, die zum Zeitpunkt der Begründung oder des Erwerbs des Geschäftsguthabens seit mindestens drei Jahren im Genossenschaftsregister ohne wesentliche Änderung ihres Unternehmensgegenstandes eingetragen und nicht aufgelöst ist oder Sitz und Geschäftsleitung in dem in Artikel 3 des Einigungsvertrages genannten Gebiet hat und dort entweder am 1. Juli 1990 als Arbeiterwohnungsbaugenossenschaft, Gemeinnützige Wohnungsbaugenossenschaft oder sonstige Wohnungsbaugenossenschaft bestanden oder einen nicht unwesentlichen Teil von Wohnungen aus dem Bestand einer solchen Bau- oder Wohnungsgenossenschaft erworben hat,

- h) zur Übernahme einer Stammeinlage oder zum Erwerb eines Geschäftsanteils an einer Gesellschaft mit beschränkter Haftung mit Sitz und Geschäftsleitung im Geltungsbereich dieses Gesetzes, wenn die Gesellschaft das Unternehmen des Arbeitgebers ist,
- i) zur Begründung oder zum Erwerb einer Beteiligung als stiller Gesellschafter im Sinne des § 230 des Handelsgesetzbuchs am Unternehmen des Arbeitgebers mit Sitz und Geschäftsleitung im Geltungsbereich dieses Gesetzes, wenn der Arbeitnehmer nicht als Mitunternehmer im Sinne des § 15 Abs. 1 Nr. 2 des Einkommensteuergesetzes anzusehen ist,
- k) zur Begründung oder zum Erwerb einer Darlehensforderung gegen den Arbeitgeber, wenn auf dessen Kosten die Ansprüche des Arbeitnehmers aus dem Darlehensvertrag durch ein Kreditinstitut verbürgt sind oder durch ein Versicherungsunternehmen privatrechtlich gesichert sind und das Kreditinstitut oder Versicherungsunternehmen im Geltungsbereich dieses Gesetzes zum Geschäftsbetrieb befugt ist,
- l) zur Begründung oder zum Erwerb eines Genußrechts am Unternehmen des Arbeitgebers mit Sitz und Geschäftsleitung im Geltungsbereich dieses Gesetzes, wenn damit das Recht am Gewinn dieses Unternehmens verbunden ist, der Arbeitnehmer nicht als Mitunternehmer im Sinne des § 15 Abs. 1 Nr. 2 des Einkommensteuergesetzes anzusehen ist und über das Genussrecht kein Genussschein im Sinne des Buchstaben f ausgegeben wird,

2. als Aufwendungen des Arbeitnehmers auf Grund eines Wertpapier-Kaufvertrags (§ 5),
3. als Aufwendungen des Arbeitnehmers auf Grund eines Beteiligungs-Vertrags (§ 6) oder eines Beteiligungs-Kaufvertrags (§ 7),
4. als Aufwendungen des Arbeitnehmers nach den Vorschriften des Wohnungsbau-Prämiengesetzes; die Voraussetzungen für die Gewährung einer Prämie nach dem Wohnungsbau-Prämiengesetz brauchen nicht vorzuliegen; die Anlage vermögenswirksamer Leistungen als Aufwendungen nach § 2 Abs. 1 Nr. 2 des Wohnungsbau-Prämiengesetzes für den ersten Erwerb von Anteilen an Bau- und Wohnungsgenossenschaften setzt voraus, dass die Voraussetzungen der Nummer 1 Buchstabe g zweiter Halbsatz erfüllt sind,
5. als Aufwendungen des Arbeitnehmers
   - a) zum Bau, zum Erwerb, zum Ausbau oder zur Erweiterung eines im Inland belegenen Wohngebäudes oder einer im Inland belegenen Eigentumswohnung,
   - b) zum Erwerb eines Dauerwohnrechts im Sinne des Wohnungseigentumsgesetzes an einer im Inland belegenen Wohnung,
   - c) zum Erwerb eines im Inland belegenen Grundstücks zum Zwecke des Wohnungsbaus oder
   - d) zur Erfüllung von Verpflichtungen, die im Zusammenhang mit den in den Buchstaben a bis c bezeichneten Vorhaben eingegangen worden sind;

   die Förderung der Aufwendungen nach den Buchstaben a bis c setzt voraus, dass sie unmittelbar für die dort bezeichneten Vorhaben verwendet werden,
6. als Sparbeiträge des Arbeitnehmers auf Grund eines Sparvertrags (§ 8),
7. als Beiträge des Arbeitnehmers auf Grund eines Kapitalversicherungsvertrags (§ 9),
8. als Aufwendungen des Arbeitnehmers, der nach § 18 Abs. 2 oder 3 die Mitgliedschaft in einer Genossenschaft oder Gesellschaft mit beschränkter Haftung gekündigt hat, zur Erfüllung von Verpflichtungen aus der Mitgliedschaft, die nach dem 31. Dezember 1994 fortbestehen oder entstehen.

(2) ¹Aktien, Wandelschuldverschreibungen, Gewinnschuldverschreibungen oder Genussscheine eines Unternehmens, das im Sinne des § 18 Abs. 1 des Aktiengesetzes als herrschendes Unternehmen mit dem Unternehmen des Arbeitgebers verbunden ist, stehen Aktien, Wandelschuldverschreibungen, Gewinnschuldverschreibungen oder Genussscheine im Sinne des Absatzes 1 Nr. 1 Buchstabe a, b oder f gleich, die vom Arbeitgeber ausgegeben werden. ²Ein Geschäftsguthaben bei einer Genossenschaft mit Sitz und

Geschäftsleitung im Geltungsbereich dieses Gesetzes, die im Sinne des § 18 Abs. 1 des Aktiengesetzes als herrschendes Unternehmen mit dem Unternehmen des Arbeitgebers verbunden ist, steht einem Geschäftsguthaben im Sinne des Absatzes 1 Nr. 1 Buchstabe g bei einer Genossenschaft, die das Unternehmen des Arbeitgebers ist, gleich. ³Eine Stammeinlage oder ein Geschäftsanteil an einer Gesellschaft mit beschränkter Haftung mit Sitz und Geschäftsleitung im Geltungsbereich dieses Gesetzes, die im Sinne des § 18 Abs. 1 des Aktiengesetzes als herrschendes Unternehmen mit dem Unternehmen des Arbeitgebers verbunden ist, stehen einer Stammeinlage oder einem Geschäftsanteil im Sinne des Absatzes 1 Nr. 1 Buchstabe h an einer Gesellschaft, die das Unternehmen des Arbeitgebers ist, gleich. ⁴Eine Beteiligung als stiller Gesellschafter an einem Unternehmen mit Sitz und Geschäftsleitung im Geltungsbereich dieses Gesetzes, das im Sinne des § 18 Abs. 1 des Aktiengesetzes als herrschendes Unternehmen mit dem Unternehmen des Arbeitgebers verbunden ist oder das auf Grund eines Vertrags mit dem Arbeitgeber an dessen Unternehmen gesellschaftsrechtlich beteiligt ist, steht einer Beteiligung als stiller Gesellschafter im Sinne des Absatzes 1 Nr. 1 Buchstabe i gleich. ⁵Eine Darlehensforderung gegen ein Unternehmen mit Sitz und Geschäftsleitung im Geltungsbereich dieses Gesetzes, das im Sinne des § 18 Abs. 1 des Aktiengesetzes als herrschendes Unternehmen mit dem Unternehmen des Arbeitgebers verbunden ist, oder ein Genussrecht an einem solchen Unternehmen stehen einer Darlehensforderung oder einem Genussrecht im Sinne des Absatzes 1 Nr. 1 Buchstabe k oder l gleich.

(3) Die Anlage vermögenswirksamer Leistungen in Gewinnschuldverschreibungen im Sinne des Absatzes 1 Nr. 1 Buchstabe b und des Absatzes 2 Satz 1, in denen neben der gewinnabhängigen Verzinsung eine gewinnunabhängige Mindestverzinsung zugesagt ist, setzt voraus, dass

1. der Aussteller in der Gewinnschuldverschreibung erklärt, die gewinnunabhängige Mindestverzinsung werde im Regelfall die Hälfte der Gesamtverzinsung nicht überschreiten, oder
2. die gewinnunabhängige Mindestverzinsung zum Zeitpunkt der Ausgabe der Gewinnschuldverschreibung die Hälfte der Emissionsrendite festverzinslicher Wertpapiere nicht überschreitet, die in den Monatsberichten der Deutschen Bundesbank für den viertletzten Kalendermonat ausgewiesen wird, der dem Kalendermonat der Ausgabe vorausgeht.

(4) Die Anlage vermögenswirksamer Leistungen in Genussscheinen und Genussrechten im Sinne des Absatzes 1 Nr. 1 Buchstaben f und l und des Absatzes 2 Satz 1 und 5 setzt voraus, dass eine Rückzahlung zum Nennwert nicht zugesagt ist; ist neben dem Recht am Gewinn eine gewinnunabhängige Mindestverzinsung zugesagt, gilt Absatz 3 entsprechend.

(5) Der Anlage vermögenswirksamer Leistungen nach Absatz 1 Nr. 1 Buchstaben f, i bis l, Absatz 2 Satz 1, 4 und 5 sowie Absatz 4 in einer Genossenschaft mit Sitz und Geschäftsleitung im Geltungsbereich dieses Gesetzes stehen § 19 und eine Festsetzung durch Satzung gemäß § 20 des Genossenschaftsgesetzes nicht entgegen.

(5a) ¹Der Arbeitgeber hat vor der Anlage vermögenswirksamer Leistungen im eigenen Unternehmen in Zusammenarbeit mit dem Arbeitnehmer Vorkehrungen zu treffen, die der Absicherung der angelegten vermögenswirksamen Leistungen bei einer während der Dauer der Sperrfrist eintretenden Zahlungsunfähigkeit des Arbeitgebers dienen. ²Das Bundesministerium für Arbeit und Sozialordnung berichtet den gesetzgebenden Körperschaften bis zum 30. Juni 2002 über die nach Satz 1 getroffenen Vorkehrungen.

(6) ¹Vermögenswirksame Leistungen sind steuerpflichtige Einnahmen im Sinne des Einkommensteuergesetzes und Einkommen, Verdienst oder Entgelt (Arbeitsentgelt) im Sinne der Sozialversicherung und des Dritten Buches Sozialgesetzbuch. ²Reicht der nach Abzug der vermögenswirksamen Leistung verbleibende Arbeitslohn zur Deckung der einzubehaltenden Steuern, Sozialversicherungsbeiträge und Beiträge zur Bundesagentur für Arbeit nicht aus, so hat der Arbeitnehmer dem Arbeitgeber den zur Deckung erforderlichen Betrag zu zahlen.

(7) ¹Vermögenswirksame Leistungen sind arbeitsrechtlich Bestandteil des Lohns oder Gehalts. ²Der Anspruch auf die vermögenswirksame Leistung ist nicht übertragbar.

§ 3
Vermögenswirksame Leistungen für Angehörige, Überweisung durch den Arbeitgeber, Kennzeichnungs-, Bestätigungs- und Mitteilungspflichten

(1) ¹Vermögenswirksame Leistungen können auch angelegt werden
1. zugunsten des Ehegatten des Arbeitnehmers (§ 26 Abs. 1 des Einkommensteuergesetzes),
2. zugunsten der in § 32 Abs. 1 des Einkommensteuergesetzes bezeichneten Kinder, die zu Beginn des maßgebenden Kalenderjahrs das 17. Lebensjahr noch nicht vollendet hatten oder die in diesem Kalenderjahr lebend geboren wurden oder

3. zugunsten der Eltern oder eines Elternteils des Arbeitnehmers, wenn der Arbeitnehmer als Kind die Voraussetzungen der Nummer 2 erfüllt.

²Dies gilt nicht für die Anlage vermögenswirksamer Leistungen auf Grund von Verträgen nach den §§ 5 bis 7.

(2) ¹Der Arbeitgeber hat die vermögenswirksamen Leistungen für den Arbeitnehmer unmittelbar an das Unternehmen oder Institut zu überweisen, bei dem sie angelegt werden sollen. ²Er hat dabei gegenüber dem Unternehmen oder Institut die vermögenswirksamen Leistungen zu kennzeichnen. ³Das Unternehmen oder Institut hat die nach § 2 Abs. 1 Nr. 1 bis 5, Abs. 2 bis 4 angelegten vermögenswirksamen Leistungen und die Art ihrer Anlage zu kennzeichnen. ⁴Kann eine vermögenswirksame Leistung nicht oder nicht mehr die Voraussetzungen des § 2 Abs. 1 bis 4 erfüllen, so hat das Unternehmen oder Institut dies dem Arbeitgeber unverzüglich schriftlich mitzuteilen. ⁵Die Sätze 1 bis 4 gelten nicht für die Anlage vermögenswirksamer Leistungen auf Grund von Verträgen nach den §§ 5, 6 Abs. 1 und § 7 Abs. 1 mit dem Arbeitgeber.

(3) ¹Für eine vom Arbeitnehmer gewählte Anlage nach § 2 Abs. 1 Nr. 5 hat der Arbeitgeber auf Verlangen des Arbeitnehmers die vermögenswirksamen Leistungen an den Arbeitnehmer zu überweisen, wenn dieser dem Arbeitgeber eine schriftliche Bestätigung eines Gläubigers vorgelegt hat, dass die Anlage bei ihm die Voraussetzungen des § 2 Abs. 1 Nr. 5 erfüllt; Absatz 2 gilt in diesem Falle nicht. ²Der Arbeitgeber hat die Richtigkeit der Bestätigung nicht zu prüfen.

§ 4
Sparvertrag über Wertpapiere oder andere Vermögensbeteiligungen

(1) Ein Sparvertrag über Wertpapiere oder andere Vermögensbeteiligungen im Sinne des § 2 Abs. 1 Nr. 1 ist ein Sparvertrag mit einem Kreditinstitut oder einer Kapitalanlagegesellschaft, in dem sich der Arbeitnehmer verpflichtet, als Sparbeiträge zum Erwerb von Wertpapieren im Sinne des § 2 Abs. 1 Nr. 1 Buchstaben a bis f, Abs. 2 Satz 1, Abs. 3 und 4 oder zur Begründung oder zum Erwerb von Rechten im Sinne des § 2 Abs. 1 Nr. 1 Buchstabe g bis l, Abs. 2 Satz 2 bis 5 und Abs. 4 einmalig oder für die Dauer von sechs Jahren seit Vertragsabschluss laufend vermögenswirksame Leistungen einzahlen zu lassen oder andere Beträge einzuzahlen.

(2) ¹Die Förderung der auf Grund eine Vertrags nach Absatz 1 angelegten vermögenswirksamen Leistungen setzt voraus, dass

1. die Leistungen eines Kalenderjahrs, vorbehaltlich des Absatzes 3, spätestens bis zum Ablauf des folgenden Kalenderjahrs zum Erwerb der Wertpapiere oder zur Begründung oder zum Erwerb der Rechte verwendet und bis zur Verwendung festgelegt werden und

2. die mit den Leistungen erworbenen Wertpapiere unverzüglich nach ihrem Erwerb bis zum Ablauf einer Frist von sieben Jahren (Sperrfrist) festgelegt werden und über die Wertpapiere oder die mit den Leistungen begründeten oder erworbenen Rechte bis zum Ablauf der Sperrfrist nicht durch Rückzahlung, Abtretung, Beleihung oder in anderer Weise verfügt wird.

²Die Sperrfrist gilt für alle auf Grund des Vertrags angelegten vermögenswirksamen Leistungen und beginnt am 1. Januar des Kalenderjahrs, in dem der Vertrag abgeschlossen worden ist. ³Als Zeitpunkt des Vertragsabschlusses gilt der Tag, an dem die vermögenswirksame Leistung, bei Verträgen über laufende Einzahlungen die erste vermögenswirksame Leistung, beim Kreditinstitut oder bei der Kapitalanlagegesellschaft eingeht.

(3) Vermögenswirksame Leistungen, die nicht bis zum Ablauf der Frist nach Absatz 2 Nr. 1 verwendet worden sind, gelten als rechtzeitig verwendet, wenn sie am Ende eines Kalenderjahrs insgesamt 150 Euro nicht übersteigen und bis zum Ablauf der Sperrfrist nach Absatz 2 verwendet oder festgelegt werden.

(4) Eine vorzeitige Verfügung ist abweichend von Absatz 2 unschädlich, wenn

1. der Arbeitnehmer oder sein von ihm nicht dauernd getrennt lebender Ehegatte (§ 26 Abs. 1 Satz 1 des Einkommensteuergesetzes) nach Vertragsabschluss gestorben oder völlig erwerbsunfähig geworden ist,

2. der Arbeitnehmer nach Vertragsabschluss, aber vor der vorzeitigen Verfügung geheiratet hat und im Zeitpunkt der vorzeitigen Verfügung mindestens zwei Jahre seit Beginn der Sperrfrist vergangen sind,

3. der Arbeitnehmer nach Vertragsabschluss arbeitslos geworden ist und die Arbeitslosigkeit mindestens ein Jahr lang ununterbrochen bestanden hat und im Zeitpunkt der vorzeitigen Verfügung noch besteht,

4. der Arbeitnehmer den Erlös innerhalb der folgenden drei Monate unmittelbar für die eigene Weiterbildung oder für die seines von ihm nicht dauernd getrennt lebenden Ehegatten einsetzt und die Maßnahme außerhalb des Betriebes, dem er oder der Ehegatte angehört, durchgeführt wird und

Anhang 23/5. VermBG

Kenntnisse und Fertigkeiten vermittelt werden, die dem beruflichen Fortkommen dienen und über arbeitsplatzbezogene Anpassungsfortbildungen hinausgehen; für vermögenswirksame Leistungen, die der Arbeitgeber für den Arbeitnehmer nach § 2 Abs. 1 Nr. 1 Buchstabe a, b, d, f bis l angelegt hat und die Rechte am Unternehmen des Arbeitgebers begründen, gilt dies nur bei Zustimmung des Arbeitgebers; bei nach § 2 Abs. 2 gleichgestellten Anlagen gilt dies nur bei Zustimmung des Unternehmens, das im Sinne des § 18 Abs. 1 des Aktiengesetzes als herrschendes Unternehmen mit dem Unternehmen des Arbeitgebers verbunden ist,

5. der Arbeitnehmer nach Vertragsabschluss unter Aufgabe der nichtselbständigen Arbeit eine Erwerbstätigkeit, die nach § 138 Abs. 1 der Abgabenordnung der Gemeinde mitzuteilen ist, aufgenommen hat oder

6. festgelegte Wertpapiere veräußert werden und der Erlös bis zum Ablauf des Kalendermonats, der dem Kalendermonat der Veräußerung folgt, zum Erwerb von in Absatz 1 bezeichneten Wertpapieren wiederverwendet wird; der bis zum Ablauf des der Veräußerung folgenden Kalendermonats nicht wiederverwendete Erlös gilt als rechtzeitig wiederverwendet, wenn er am Ende eines Kalendermonats insgesamt 150 Euro nicht übersteigt.

(5) Unschädlich ist auch, wenn in die Rechte und Pflichten des Kreditinstituts oder der Kapitalanlagegesellschaft aus dem Sparvertrag an seine Stelle ein anderes Kreditinstitut oder eine andere Kapitalanlagegesellschaft während der Laufzeit des Vertrags durch Rechtsgeschäft eintritt.

(6) ¹Werden auf einen Vertrag über laufend einzuzahlende vermögenswirksame Leistungen oder andere Beträge in einem Kalenderjahr, das dem Kalenderjahr des Vertragsabschlusses folgt, weder vermögenswirksame Leistungen noch andere Beträge eingezahlt, so ist der Vertrag unterbrochen und kann nicht fortgeführt werden. ²Das gleiche gilt, wenn mindestens alle Einzahlungen eines Kalenderjahrs zurückgezahlt oder die Rückzahlungsansprüche aus dem Vertrag abgetreten oder beliehen werden.

§ 5
Wertpapier-Kaufvertrag

(1) Ein Wertpapier-Kaufvertrag im Sinne des § 2 Abs. 1 Nr. 2 ist ein Kaufvertrag zwischen dem Arbeitnehmer und dem Arbeitgeber zum Erwerb von Wertpapieren im Sinne des § 2 Abs. 1 Nr. 1 Buchstaben a bis f, Abs. 2 Satz 1, Abs. 3 und 4 durch den Arbeitnehmer mit der Vereinbarung, dem vom Arbeitnehmer geschuldeten Kaufpreis mit vermögenswirksamen Leistungen zu verrechnen oder mit anderen Beträgen zu zahlen.

(2) Die Förderung der auf Grund eines Vertrags nach Absatz 1 angelegten vermögenswirksamen Leistungen setzt voraus, dass

1. mit den Leistungen eines Kalenderjahrs spätestens bis zum Ablauf des folgenden Kalenderjahrs die Wertpapiere erworben werden und

2. die mit den Leistungen erworbenen Wertpapiere unverzüglich nach ihrem Erwerb bis zum Ablauf einer Frist von sechs Jahren (Sperrfrist) festgelegt werden und über die Wertpapiere bis zum Ablauf der Sperrfrist nicht durch Rückzahlung, Abtretung, Beleihung oder in anderer Weise verfügt wird; die Sperrfrist beginnt am 1. Januar des Kalenderjahrs, in dem das Wertpapier erworben worden ist; § 4 Abs. 4 Nr. 1 bis 5 gilt entsprechend.

§ 6
Beteiligungs-Vertrag

(1) Ein Beteiligungs-Vertrag im Sinne des § 2 Abs. 1 Nr. 3 ist ein Vertrag zwischen dem Arbeitnehmer und dem Arbeitgeber über die Begründung von Rechten im Sinne des § 2 Abs. 1 Nr. 1 Buchstaben g bis l und Abs. 4 für den Arbeitnehmer am Unternehmen des Arbeitgebers mit der Vereinbarung, die vom Arbeitnehmer für die Begründung geschuldete Geldsumme mit vermögenswirksamen Leistungen zu verrechnen oder mit anderen Beträgen zu zahlen.

(2) Ein Beteiligungs-Vertrag im Sinne des § 2 Abs. 1 Nr. 3 ist auch ein Vertrag zwischen dem Arbeitnehmer und

1. einem Unternehmen, das nach § 2 Abs. 2 Satz 2 bis 5 mit dem Unternehmen des Arbeitgebers verbunden oder nach § 2 Abs. 2 Satz 4 an diesem Unternehmen beteiligt ist, über die Begründung von Rechten im Sinne des § 2 Abs. 1 Nr. 1 Buchstabe g bis l, Abs. 2 Satz 2 bis 5 und Abs. 4 für den Arbeitnehmer an diesem Unternehmen oder

2. einer Genossenschaft mit Sitz und Geschäftsleitung im Geltungsbereich dieses Gesetzes, die ein Kreditinstitut oder eine Bau- oder Wohnungsgenossenschaft ist, die die Voraussetzungen des § 2 Abs. 1 Nr. 1 Buchstabe g zweiter Halbsatz erfüllt, über die Begründung eines Geschäftsguthabens für den Arbeitnehmer bei dieser Genossenschaft

mit der Vereinbarung, die vom Arbeitnehmer für die Begründung der Rechte oder des Geschäftsguthabens geschuldete Geldsumme mit vermögenswirksamen Leistungen zahlen zu lassen oder mit anderen Beträgen zu zahlen.

(3) Die Förderung der auf Grund eines Vertrags nach Absatz 1 oder 2 angelegten vermögenswirksamen Leistungen setzt voraus, dass
1. mit den Leistungen eines Kalenderjahrs spätestens bis zum Ablauf des folgenden Kalenderjahrs die Rechte begründet werden und
2. über die mit den Leistungen begründeten Rechte bis zum Ablauf einer Frist von sechs Jahren (Sperrfrist) nicht durch Rückzahlung, Abtretung, Beleihung oder in anderer Weise verfügt wird; die Sperrfrist beginnt am 1. Januar des Kalenderjahrs, in dem das Recht begründet worden ist; § 4 Abs. 4 Nr. 1 bis 5 gilt entsprechend.

§ 7
Beteiligungs-Kaufvertrag

(1) Ein Beteiligungs-Kaufvertrag im Sinne des § 2 Abs. 1 Nr. 3 ist ein Kaufvertrag zwischen dem Arbeitnehmer und dem Arbeitgeber zum Erwerb von Rechten im Sinne des § 2 Abs. 1 Nr. 1 Buchstabe g bis l, Abs. 2 Satz 2 bis 5 und Abs. 4 durch den Arbeitnehmer mit der Vereinbarung, den vom Arbeitnehmer geschuldeten Kaufpreis mit vermögenswirksamen Leistungen zu verrechnen oder mit anderen Beträgen zu zahlen.

(2) Ein Beteiligungs-Kaufvertrag im Sinne des § 2 Abs. 1 Nr. 3 ist auch ein Kaufvertrag zwischen dem Arbeitnehmer und einer Gesellschaft mit beschränkter Haftung, die nach § 2 Abs. 2 Satz 3 mit dem Unternehmen des Arbeitgebers verbunden ist, zum Erwerb eines Geschäftsanteils im Sinne des § 2 Abs. 1 Nr. 1 Buchstabe h an dieser Gesellschaft durch den Arbeitnehmer mit der Vereinbarung, den vom Arbeitnehmer geschuldeten Kaufpreis mit vermögenswirksamen Leistungen zahlen zu lassen oder mit anderen Beträgen zu zahlen.

(3) Für die Förderung der auf Grund eines Vertrags nach Absatz 1 oder 2 angelegten vermögenswirksamen Leistungen gilt § 6 Abs. 3 entsprechend.

§ 8
Sparvertrag

(1) Ein Sparvertrag im Sinne des § 2 Abs. 1 Nr. 6 ist ein Sparvertrag zwischen dem Arbeitnehmer und einem Kreditinstitut, in dem die in den Absätzen 2 bis 5 bezeichneten Vereinbarungen, mindestens aber die in den Absätzen 2 und 3 bezeichneten Vereinbarungen, getroffen sind.

(2) ¹Der Arbeitnehmer ist verpflichtet,
1. einmalig oder für die Dauer von sechs Jahren seit Vertragsabschluss laufend, mindestens aber einmal im Kalenderjahr, als Sparbeiträge vermögenswirksame Leistungen einzahlen zu lassen oder andere Beträge einzuzahlen und
2. bis zum Ablauf einer Frist von sieben Jahren (Sperrfrist) die eingezahlten vermögenswirksamen Leistungen bei dem Kreditinstitut festzulegen und die Rückzahlungsansprüche aus dem Vertrag weder abzutreten noch zu beleihen.

²Der Zeitpunkt des Vertragsabschlusses und der Beginn der Sperrfrist bestimmen sich nach den Regelungen in § 4 Abs. 2 Satz 2 und 3.

(3) Der Arbeitnehmer ist abweichend von der in Absatz 2 Satz 1 Nr. 2 bezeichneten Vereinbarung zu vorzeitiger Verfügung berechtigt, wenn eine der in § 4 Abs 4 Nr. 1 bis 5 bezeichneten Voraussetzungen erfüllt ist.

(4) ¹Der Arbeitnehmer ist abweichend von der in Absatz 2 Satz 1 Nr. 2 bezeichneten Vereinbarung auch berechtigt, vor Ablauf der Sperrfrist mit eingezahlten vermögenswirksamen Leistungen zu erwerben
1. Wertpapiere im Sinne des § 2 Abs. 1 Nr. 1 Buchstaben a bis f, Abs. 2 Satz 1, Abs. 3 und 4,
2. Schuldverschreibungen, die vom Bund, von den Ländern, von den Gemeinden, von anderen Körperschaften des öffentlichen Rechts, vom Arbeitgeber, von einem im Sinne des § 18 Abs. 1 des Aktiengesetzes als herrschendes Unternehmen mit dem Unternehmen des Arbeitgebers verbundenen Unternehmen oder von einem Kreditinstitut mit Sitz und Geschäftsleitung im Geltungsbereich dieses Gesetzes ausgegeben werden, Namensschuldverschreibungen des Arbeitgebers jedoch nur dann, wenn auf dessen Kosten die Ansprüche des Arbeitnehmers aus der Schuldverschreibung durch ein Kreditinstitut verbürgt oder durch ein Versicherungsunternehmen privatrechtlich gesichert sind und das Kreditinstitut oder Versicherungsunternehmen im Geltungsbereich dieses Gesetzes zum Geschäftsbetrieb befugt ist,

Anhang 23/5. VermBG

3. Genussscheine, die von einem Kreditinstitut mit Sitz und Geschäftsleitung im Geltungsbereich dieses Gesetzes, das nicht der Arbeitgeber ist, als Wertpapiere ausgegeben werden, wenn mit den Genussscheinen das Recht am Gewinn des Kreditinstituts verbunden ist, der Arbeitnehmer nicht als Mitunternehmer im Sinne des § 15 Abs. 1 Nr. 2 des Einkommensteuergesetzes anzusehen ist und die Voraussetzungen des § 2 Abs. 4 erfüllt sind,
4. Anleiheforderungen, die in ein Schuldbuch des Bundes oder eines Landes eingetragen werden,
5. Anteile an einem Sondervermögen, die von Kapitalanlagegesellschaften im Sinne des Investmentgesetzes ausgegeben werden und nicht unter § 2 Abs. 1 Nr. 1 Buchstabe c oder d fallen oder
6. ausländische Investmentanteile, die nach dem Investmentgesetz im Wege des öffentlichen Anbietens, der öffentlichen Werbung oder in ähnlicher Weise vertrieben werden dürfen und nicht unter § 2 Abs. 1 Nr. 1 Buchstabe e fallen.

²Der Arbeitnehmer ist verpflichtet, bis zum Ablauf der Sperrfrist die nach Satz 1 erworbenen Wertpapiere bei dem Kreditinstitut, mit dem der Sparvertrag abgeschlossen ist, festzulegen und über die Wertpapiere nicht zu verfügen; diese Verpflichtung besteht nicht, wenn eine der in § 4 Abs. 4 Nr. 1 bis 5 bezeichneten Voraussetzungen erfüllt ist.

(5) ¹Der Arbeitnehmer ist abweichend von der in Absatz 2 Satz 1 Nr. 2 bezeichneten Vereinbarung auch berechtigt, vor Ablauf der Sperrfrist die Überweisung eingezahlter vermögenswirksamer Leistungen auf einen von ihm oder seinem Ehegatten (§ 26 Abs. 1 des Einkommensteuergesetzes) abgeschlossenen Bausparvertrag zu verlangen, wenn weder mit der Auszahlung der Bausparsumme begonnen worden ist noch die überwiesenen Beträge vor Ablauf der Sperrfrist ganz oder zum Teil zurückgezahlt, noch Ansprüche aus dem Bausparvertrag abgetreten oder beliehen werden oder wenn eine solche vorzeitige Verfügung nach § 2 Abs. 3 Satz 2 Nr. 1 und 2 des Wohnungsbau-Prämiengesetzes in der Fassung der Bekanntmachung vom 30. Oktober 1997 (BGBl. I S. 2678), das zuletzt durch Artikel 6 des Gesetzes vom 29. Juli 2008 (BGBl. I S. 1509) geändert worden ist, in der jeweils geltenden Fassung unschädlich ist. ²Satz 1 gilt für vor dem 1. Januar 2009 und nach dem 31. Dezember 2008 abgeschlossene Bausparverträge.

§ 9
Kapitalversicherungsvertrag

(1) Ein Kapitalversicherungsvertrag im Sinne des § 2 Abs. 1 Nr. 7 ist ein Vertrag über eine Kapitalversicherung auf den Erlebens- und Todesfall gegen laufenden Beitrag, der für die Dauer von mindestens zwölf Jahren und mit den in den Absätzen 2 bis 5 bezeichneten Vereinbarungen zwischen dem Arbeitnehmer und einem Versicherungsunternehmen abgeschlossen ist, das im Geltungsbereich dieses Gesetzes zum Geschäftsbetrieb befugt ist.

(2) Der Arbeitnehmer ist verpflichtet, als Versicherungsbeiträge vermögenswirksame Leistungen einzahlen zu lassen oder andere Beträge einzuzahlen.

(3) Die Versicherungsbeiträge enthalten keine Anteile für Zusatzleistungen wie für Unfall, Invalidität oder Krankheit.

(4) Der Versicherungsvertrag sieht vor, dass bereits ab Vertragsbeginn ein nicht kürzbarer Anteil von mindestens 50 Prozent des gezahlten Beitrags als Rückkaufswert (§ 169 des Versicherungsvertragsgesetzes) erstattet oder der Berechnung der prämienfreien Versicherungsleistung (§ 165 des Versicherungsvertragsgesetzes) zugrunde gelegt wird.

(5) Die Gewinnanteile werden verwendet
1. zur Erhöhung der Versicherungsleistung oder
2. auf Verlangen des Arbeitnehmers zur Verrechnung mit fälligen Beiträgen, wenn er nach Vertragsabschluss arbeitslos geworden ist und die Arbeitslosigkeit mindestens ein Jahr lang ununterbrochen bestanden hat und im Zeitpunkt der Verrechnung noch besteht.

§ 10
Vereinbarung zusätzlicher vermögenswirksamer Leistungen

(1) Vermögenswirksame Leistungen können in Verträgen mit Arbeitnehmern, in Betriebsvereinbarungen, in Tarifverträgen oder in bindenden Festsetzungen (§ 19 Heimarbeitsgesetz) vereinbart werden.

(2) bis (4) (weggefallen)

(5) Der Arbeitgeber kann auf tarifvertraglich vereinbarte vermögenswirksame Leistungen die betrieblichen Sozialleistungen anrechnen, die dem Arbeitnehmer in dem Kalenderjahr bisher schon als vermögenswirksame Leistungen erbracht worden sind.

§ 11
Vermögenswirksame Anlage von Teilen des Arbeitslohns

(1) Der Arbeitgeber hat auf schriftliches Verlangen des Arbeitnehmers einen Vertrag über die vermögenswirksame Anlage von Teilen des Arbeitslohns abzuschließen.

(2) Auch vermögenswirksam angelegte Teile des Arbeitslohns sind vermögenswirksame Leistungen im Sinne dieses Gesetzes.

(3) ¹Zum Abschluss eines Vertrags nach Absatz 1, wonach die Lohnteile nicht zusammen mit anderen vermögenswirksamen Leistungen für den Arbeitnehmer angelegt und überwiesen werden sollen, ist der Arbeitgeber nur dann verpflichtet, wenn der Arbeitnehmer die Anlage von Teilen des Arbeitslohns in monatlichen der Höhe nach gleichbleibenden Beträgen von mindestens 13 Euro oder in vierteljährlichen der Höhe nach gleichbleibenden Beträgen von mindestens 39 Euro oder nur einmal im Kalenderjahr in Höhe eines Betrags von mindestens 39 Euro verlangt. ²Der Arbeitnehmer kann bei der Anlage in monatlichen Beträgen während des Kalenderjahrs die Art der vermögenswirksamen Anlage und das Unternehmen oder Institut, bei dem sie erfolgen soll, nur mit Zustimmung des Arbeitgebers wechseln.

(4) ¹Der Arbeitgeber kann einen Termin im Kalenderjahr bestimmen, zu dem die Arbeitnehmer des Betriebs oder Betriebsteils die einmalige Anlage von Teilen des Arbeitslohns nach Absatz 3 verlangen können. ²Die Bestimmung dieses Termins unterliegt der Mitbestimmung des Betriebsrats oder der zuständigen Personalvertretung; das für die Mitbestimmung in sozialen Angelegenheiten vorgeschriebene Verfahren ist einzuhalten. ³Der nach Satz 1 bestimmte Termin ist den Arbeitnehmern in jedem Kalenderjahr erneut in geeigneter Form bekanntzugeben. ⁴Zu einem anderen als dem nach Satz 1 bestimmten Termin kann der Arbeitnehmer eine einmalige Anlage nach Absatz 3 nur verlangen

1. von Teilen des Arbeitslohns, den er im letzten Lohnzahlungszeitraum des Kalenderjahres erzielt, oder
2. von Teilen besonderer Zuwendungen, die im Zusammenhang mit dem Weihnachtsfest oder Jahresende gezahlt werden.

(5) ¹Der Arbeitnehmer kann jeweils einmal im Kalenderjahr von dem Arbeitgeber schriftlich verlangen, dass der Vertrag über die vermögenswirksame Anlage von Teilen des Arbeitslohns aufgehoben, eingeschränkt oder erweitert wird. ²Im Fall der Aufhebung ist der Arbeitgeber nicht verpflichtet, in demselben Kalenderjahr einen neuen Vertrag über die vermögenswirksame Anlage von Teilen des Arbeitslohns abzuschließen.

(6) In Tarifverträgen oder Betriebsvereinbarungen kann von den Absätzen 3 bis 5 abgewichen werden.

§ 12
Freie Wahl der Anlage

¹Vermögenswirksame Leistungen werden nur dann nach den Vorschriften dieses Gesetzes gefördert, wenn der Arbeitnehmer die Art der vermögenswirksamen Anlage und das Unternehmen oder Institut, bei dem sie erfolgen soll, frei wählen kann. ²Einer Förderung steht jedoch nicht entgegen, dass durch Tarifvertrag die Anlage auf die Formen des § 2 Abs. 1 Nr. 1 bis 5, Abs. 2 bis 4 beschränkt wird. ³Eine Anlage im Unternehmen des Arbeitgebers nach § 2 Abs. 1 Nr. 1 Buchstaben g bis l und Abs. 4 ist nur mit Zustimmung des Arbeitgebers zulässig.

§ 13
Anspruch auf Arbeitnehmer-Sparzulage

¹Der Arbeitnehmer hat Anspruch auf eine Arbeitnehmer-Sparzulage nach Absatz 2, wenn sein Einkommen folgende Grenzen nicht übersteigt:

1. bei nach § 2 Abs. 1 Nr. 1 bis 3, Abs. 2 bis 4 angelegten vermögenswirksamen Leistungen die Einkommensgrenze von 20 000 Euro oder bei einer Zusammenveranlagung von Ehegatten nach § 26b des Einkommensteuergesetzes von 40 000 Euro oder
2. bei nach § 2 Abs. 1 Nr. 4 und 5 angelegten vermögenswirksamen Leistungen die Einkommensgrenze von 17 900 Euro oder bei einer Zusammenveranlagung von Ehegatten nach § 26b des Einkommensteuergesetzes von 35 800 Euro.

²Maßgeblich ist das zu versteuernde Einkommen nach § 2 des Einkommensteuergesetzes in dem Kalenderjahr, in dem die vermögenswirksamen Leistungen angelegt worden sind.

(2) Die Arbeitnehmer-Sparzulage beträgt 20 Prozent der nach § 2 Abs. 1 Nr. 1 bis 3, Abs. 2 bis 4 angelegten vermögenswirksamen Leistungen, soweit sie 400 Euro im Kalenderjahr nicht übersteigen, und 9 Prozent der nach § 2 Abs. 1 Nr. 4 und 5 angelegten vermögenswirksamen Leistungen, soweit sie 470 Euro im Kalenderjahr nicht übersteigen.

Anhang 23/5. VermBG

(3) ¹Die Arbeitnehmer-Sparzulage gilt weder als steuerpflichtige Einnahme im Sinne des Einkommensteuergesetzes noch als Einkommen, Verdienst oder Entgelt (Arbeitsentgelt) im Sinne der Sozialversicherung und des Dritten Buches Sozialgesetzbuch; sie gilt arbeitsrechtlich nicht als Bestandteil des Lohns oder Gehalts. ²Der Anspruch auf Arbeitnehmer-Sparzulage ist nicht übertragbar.

(4) Der Anspruch auf Arbeitnehmer-Sparzulage entsteht mit Ablauf des Kalenderjahrs, in dem die vermögenswirksamen Leistungen angelegt worden sind.

(5) ¹Der Anspruch auf Arbeitnehmer-Sparzulage entfällt rückwirkend, soweit die in den §§ 4 bis 7 genannten Fristen oder bei einer Anlage nach § 2 Abs. 1 Nr. 4 die in § 2 Abs. 1 Nr. 3 und 4 und Abs. 3 Satz 1 des Wohnungsbau-Prämiengesetzes vorgesehenen Voraussetzungen nicht eingehalten werden. ²Satz 1 gilt für vor dem 1. Januar 2009 und nach dem 31. Dezember 2008 abgeschlossene Bausparverträge. ³Der Anspruch entfällt nicht, wenn die Sperrfrist nicht eingehalten wird, weil

1. der Arbeitnehmer das Umtausch- oder Abfindungsangebot eines Wertpapier-Emittenten angenommen hat oder Wertpapiere dem Aussteller nach Auslosung oder Kündigung durch den Aussteller zur Einlösung vorgelegt worden sind,
2. die mit den vermögenswirksamen Leistungen erworbenen oder begründeten Wertpapiere oder Rechte im Sinne des § 2 Abs. 1 Nr. 1, Abs. 2 bis 4 ohne Mitwirkung des Arbeitnehmers wertlos geworden sind oder
3. der Arbeitnehmer über nach § 2 Abs. 1 Nr. 4 angelegte vermögenswirksame Leistungen nach Maßgabe des § 4 Abs. 4 Nr. 4 in Höhe von mindestens 30 Euro verfügt.

**§ 14
Festsetzung der Arbeitnehmer-Sparzulage, Anwendung der Abgabenordnung,
Verordnungsermächtigung, Rechtsweg**

(1) ¹Die Verwaltung der Arbeitnehmer-Sparzulage obliegt den Finanzämtern. ²Die Arbeitnehmer-Sparzulage wird aus den Einnahmen an Lohnsteuer gezahlt.

(2) ¹Auf die Arbeitnehmer-Sparzulage sind die für Steuervergütungen geltenden Vorschriften der Abgabenordnung entsprechend anzuwenden. ²Dies gilt nicht für § 163 der Abgabenordnung.

(3) ¹Für die Arbeitnehmer-Sparzulage gelten die Strafvorschriften des § 370 Abs. 1 bis 4, der §§ 371, 375 Abs. 1 und des § 376 sowie die Bußgeldvorschriften der §§ 378, 379 Abs. 1 und 4 und der §§ 383 und 384 der Abgabenordnung entsprechend. ²Für das Strafverfahren wegen einer Straftat nach Satz 1 sowie der Begünstigung einer Person, die eine solche Tat begangen hat, gelten die §§ 385 bis 408, für das Bußgeldverfahren wegen einer Ordnungswidrigkeit nach Satz 1 die §§ 409 bis 412 der Abgabenordnung entsprechend.

(4) ¹Die Arbeitnehmer-Sparzulage wird auf Antrag durch das für die Besteuerung des Arbeitnehmers nach dem Einkommen zuständige Finanzamt festgesetzt. ²Der Arbeitnehmer hat den Antrag nach amtlich vorgeschriebenem Vordruck[1)] zu stellen[2)]. ³Der Arbeitnehmer hat die vermögenswirksamen Leistungen durch die Bescheinigung nach § 15 Abs. 1 nachzuweisen. ⁴Die Arbeitnehmer-Sparzulage wird fällig

a) mit Ablauf der für die Anlageform vorgeschriebenen Sperrfrist nach diesem Gesetz,
b) mit Ablauf der im Wohnungsbau-Prämiengesetz oder in der Verordnung zur Durchführung des Wohnungsbau-Prämiengesetzes genannten Sperr- und Rückzahlungsfristen. ²Bei Bausparverträgen gelten die in § 2 Abs. 3 Satz 1 des Wohnungsbau-Prämiengesetzes genannten Sperr- und Rückzahlungsfristen und zwar unabhängig davon, ob der Vertrag vor dem 1. Januar 2009 oder nach dem 31. Dezember 2008 abgeschlossen worden ist,
c) mit Zuteilung des Bausparvertrags oder
d) in den Fällen unschädlicher Verfügung.

(5) Wird im Besteuerungsverfahren die Entscheidung über die Höhe des zu versteuernden Einkommens nachträglich in der Weise geändert, dass dadurch die Einkommensgrenzen des § 13 Abs. 1 unterschritten werden und entsteht für Aufwendungen, die vermögenswirksame Leistungen darstellen, erstmals ein Anspruch auf Arbeitnehmer-Sparzulage, kann der Arbeitnehmer den Antrag auf Arbeitnehmer-Sparzulage abweichend von Absatz 4 innerhalb eines Jahres nach Bekanntgabe der Änderung stellen.

(6) Besteht für Aufwendungen, die vermögenswirksame Leistungen darstellen, ein Anspruch auf Arbeitnehmer-Sparzulage und hat der Arbeitnehmer hierfür abweichend von § 1 Satz 2 Nr. 1 des Wohnungsbau-Prämiengesetzes Wohnungsbauprämie beantragt, kann der Arbeitnehmer die Arbeitnehmer-

---

1) Ankreuzfeld auf Mantelbogen ESt i.V.m. Anlage VL (Anhang 26).
2) Zur Anwendung von § 14 Absatz 4 Satz 2 in dieser Fassung siehe § 17 Absatz 10 VermBG.

Anhang 23/5. VermBG

Sparzulage abweichend von Absatz 4 innerhalb eines Jahres nach Bekanntgabe der Mitteilung über die Änderung des Prämienanspruchs (§ 4a Abs. 4 Satz 1 und 2, § 4b Abs. 2 Satz 3 des Wohnungsbau-Prämiengesetzes) erstmalig beantragen.

(7) ¹Die Bundesregierung wird ermächtigt, durch Rechtsverordnung mit Zustimmung des Bundesrates das Verfahren bei der Festsetzung und der Auszahlung der Arbeitnehmer-Sparzulage näher zu regeln, soweit dies zur Vereinfachung des Verfahrens erforderlich ist. ²Dabei kann auch bestimmt werden, daß der Arbeitgeber, das Unternehmen, das Institut oder der in § 3 Abs. 3 genannte Gläubiger bei der Antragstellung mitwirkt und ihnen die Arbeitnehmer-Sparzulage zugunsten des Arbeitnehmers überwiesen wird.

(8) In öffentlich-rechtlichen Streitigkeiten über die auf Grund dieses Gesetzes ergehenden Verwaltungsakte der Finanzbehörden ist der Finanzrechtsweg gegeben.

§ 15
Bescheinigungspflichten, Haftung, Verordnungsermächtigung, Anrufungsauskunft

(1) ¹Das Unternehmen, das Institut oder der in § 3 Abs. 3 genannte Gläubiger hat dem Arbeitnehmer auf Verlangen eine Bescheinigung¹⁾ auszustellen über

1. den jeweiligen Jahresbetrag der nach § 2 Abs. 1 Nr. 1 bis 5, Abs. 2 bis 4 angelegten vermögenswirksamen Leistungen sowie die Art ihrer Anlage,
2. das Kalenderjahr, dem diese vermögenswirksamen Leistungen zuzuordnen sind und
3. entweder das Ende der für die Anlageform vorgeschriebenen Sperrfrist nach diesem Gesetz oder bei einer Anlage nach § 2 Abs. 1 Nr. 4 das Ende der im Wohnungsbau-Prämiengesetz oder in der Verordnung zur Durchführung des Wohnungsbau-Prämiengesetzes genannten Sperr- und Rückzahlungsfristen. ²Bei Bausparverträgen sind die in § 2 Abs. 3 Satz 1 des Wohnungsbau-Prämiengesetzes genannten Sperr- und Rückzahlungsfristen zu bescheinigen unabhängig davon, ob der Vertrag vor dem 1. Januar 2009 oder nach dem 31. Dezember 2008 abgeschlossen worden ist.

Dem § 15 Abs. 1 des Fünften Vermögensbildungsgesetzes in der Fassung der Bekanntmachung vom 4. März 1994 (BGBl. I S. 406), das zuletzt durch das Gesetz vom 8. Dezember 2008 (BGBl. I S. 2373) geändert worden ist, werden folgende Sätze 2-5 angefügt:

²Das Bundesministerium der Finanzen kann mit Zustimmung des Bundesrates durch Rechtsverordnung bestimmen, dass die Bescheinigung nach Satz 1 nach amtlich vorgeschriebenem Datensatz durch Datenfernübertragung an eine amtlich bestimmte Stelle zu übermitteln ist. ³In der Rechtsverordnung können Ausnahmen zugelassen werden. ⁴In den Fällen des Satzes 2 kann auf das Austellen einer Bescheinigung nach Satz 1 verzichtet werden, wenn der Arbeitnehmer entsprechend unterrichtet wird. ⁵Durch die Datenfernübertragung gilt der Nachweis im Sinne des § 14 Abs. 4 Satz 3 als erbracht.

(2) Die Bundesregierung wird ermächtigt, durch Rechtsverordnung mit Zustimmung des Bundesrates weitere Vorschriften zu erlassen über

1. Aufzeichnungs- und Mitteilungspflichten des Arbeitgebers und des Unternehmens oder Instituts, bei dem die vermögenswirksamen Leistungen angelegt sind, und
2. die Festlegung von Wertpapieren und die Art der Festlegung, soweit dies erforderlich ist, damit nicht die Arbeitnehmer-Sparzulage zu Unrecht gezahlt, versagt, nicht zurückgefordert oder nicht einbehalten wird.

(3) Haben der Arbeitgeber, das Unternehmen, das Institut oder der in § 3 Abs. 3 genannte Gläubiger ihre Pflichten nach diesem Gesetz oder nach einer auf Grund dieses Gesetzes erlassenen Rechtsverordnung verletzt, so haften sie für die Arbeitnehmer-Sparzulage, die wegen ihrer Pflichtverletzung zu Unrecht gezahlt, nicht zurückgefordert oder nicht einbehalten worden ist.

(4) Das Finanzamt, das für die Besteuerung der in Absatz 3 Genannten zuständig ist, hat auf deren Anfrage Auskunft darüber zu erteilen, wie im einzelnen Fall die Vorschriften über vermögenswirksame Leistungen anzuwenden sind, nach § 2 Abs. 1 Nr. 1 bis 5, Abs. 2 bis 4 angelegt werden.

(5) ¹Das für die Lohnsteuer-Außenprüfung zuständige Finanzamt kann bei den in Absatz 3 Genannten eine Außenprüfung durchführen, um festzustellen, ob sie ihre Pflichten nach diesem Gesetz oder nach einer auf Grund dieses Gesetzes erlassenen Rechtsverordnung, soweit diese mit der Anlage vermögenswirksamer Leistungen nach § 2 Abs. 1 Nr. 1 bis 5, Abs. 2 bis 4 zusammenhängen, erfüllt haben. ²Die §§ 195 bis 202 der Abgabenordnung gelten entsprechend.

§ 16
Berlin-Klausel (gegenstandslos)

---

1) Anlage VL (Anhang 26).

Anhang 23/5. VermBG

§ 17
Anwendungsvorschriften

(1) Die vorstehenden Vorschriften dieses Gesetzes gelten vorbehaltlich der nachfolgenden Absätze für vermögenswirksame Leistungen, die nach dem 31. Dezember 1993 angelegt werden.

(2) Für vermögenswirksame Leistungen, die vor dem 1. Januar 1994 angelegt werden, gilt, soweit Absatz 5 nichts anderes bestimmt, § 17 des Fünften Vermögensbildungsgesetzes in der Fassung der Bekanntmachung vom 19. Januar 1989 (BGBl. I S. 137) – Fünftes Vermögensbildungsgesetz 1989 –, unter Berücksichtigung der Änderung durch Artikel 2 Nr. 1 des Gesetzes vom 13. Dezember 1990 (BGBl. I S. 2749).

(3) Für vermögenswirksame Leistungen, die im Jahr 1994 angelegt werden auf Grund eines vor dem 1. Januar 1994 abgeschlossenen Vertrags

1. nach § 4 Abs. 1 oder § 5 Abs. 1 des Fünften Vermögensbildungsgesetzes 1989 zum Erwerb von Aktien oder Wandelschuldverschreibungen, die keine Aktien oder Wandelschuldverschreibungen im Sinne des vorstehenden § 2 Abs. 1 Nr. 1 Buchstabe a oder b, Abs. 2 Satz 1 sind, oder

2. nach § 6 Abs. 2 des Fünften Vermögensbildungsgesetzes 1989 über die Begründung eines Geschäftsguthabens bei einer Genossenschaft, die keine Genossenschaft im Sinne des vorstehenden § 2 Abs. 1 Nr. 1 Buchstabe g, Abs. 2 Satz 2 ist, oder

3. nach § 6 Abs. 2 oder § 7 Abs. 2 des Fünften Vermögensbildungsgesetzes 1989 über die Übernahme einer Stammeinlage oder zum Erwerb eines Geschäftsanteils an einer Gesellschaft mit beschränkter Haftung, die keine Gesellschaft im Sinne des vorstehenden § 2 Abs. 1 Nr. 1 Buchstabe h, Abs. 2 Satz 3 ist,

gelten statt der vorstehenden §§ 2, 4, 6 und 7 die §§ 2, 4, 6 und 7 des Fünften Vermögensbildungsgesetzes 1989.

(4) Für vermögenswirksame Leistungen, die nach dem 31. Dezember 1993 auf Grund eines Vertrags im Sinne des § 17 Abs. 5 Satz 1 des Fünften Vermögensbildungsgesetzes 1989 angelegt werden, gilt § 17 Abs. 5 und 6 des Fünften Vermögensbildungsgesetzes 1989.

(5) [1]Für vermögenswirksame Leistungen, die vor dem 1. Januar 1994 auf Grund eines Vertrags im Sinne des Absatzes 3 angelegt worden sind, gelten § 4 Abs. 2 bis 5, § 5 Abs. 2, § 6 Abs. 3 und § 7 Abs. 3 des Fünften Vermögensbildungsgesetzes 1989 über Fristen für die Verwendung vermögenswirksamer Leistungen und über Sperrfristen nach dem 31. Dezember 1993 nicht mehr. [2]Für vermögenswirksame Leistungen, die vor dem 1. Januar 1990 auf Grund eines Vertrags im Sinne des § 17 Abs. 2 des Fünften Vermögensbildungsgesetzes 1989 über die Begründung einer oder mehrerer Beteiligungen als stiller Gesellschafter angelegt worden sind, gilt § 7 Abs. 3 des Fünften Vermögensbildungsgesetzes in der Fassung der Bekanntmachung vom 19. Februar 1987 (BGBl. I S. 630) über die Sperrfrist nach dem 31. Dezember 1993 nicht mehr.

(6) Für vermögenswirksame Leistungen, die vor dem 1. Januar 1999 angelegt worden sind, gilt § 13 Abs. 1 und 2 dieses Gesetzes in der Fassung der Bekanntmachung vom 4. März 1994 (BGBl. I S. 406).

(7) § 13 Abs. 1 Satz 1 und Abs. 2 in der Fassung des Artikels 2 des Gesetzes vom 7.3.2009 (BGBl. I S. 451) ist erstmals für vermögenswirksame Leistungen anzuwenden, die nach dem 31. Dezember 2008 angelegt werden.

(8) § 8 Abs. 5, § 13 Abs. 5 Satz 1 und 2, § 14 Abs. 4 Satz 4 Buchstabe b und § 15 Abs. 1 Nr. 3 in der Fassung des Artikels 7 des Gesetzes vom 29. Juli 2008 (BGBl. I S. 1509) sind erstmals für vermögenswirksame Leistungen anzuwenden, die nach dem 31. Dezember 2008 angelegt werden.

(9) § 4 Abs. 4 Nr. 4 und § 13 Abs. 5 Satz 3 Nr. 3 in der Fassung des Artikels 1 des Gesetzes vom 8. Dezember 2008 (BGBl. I S. 2373) ist erstmals bei Verfügungen nach dem 31. Dezember 2008 anzuwenden.

(10) § 14 Absatz 4 Satz 2 in der Fassung des Artikels 12 des Gesetzes vom 16. Juli 2009 (BGBl. I S. 1959) ist erstmals für vermögenswirksame Leistungen anzuwenden, die nach dem 31. Dezember 2006 angelegt werden, und in Fällen, in denen am 22. Juli 2009 über einen Antrag auf Arbeitnehmer-Sparzulage noch nicht bestandskräftig entschieden ist.

§ 18
Kündigung eines vor 1994 abgeschlossenen Anlagevertrags und der Mitgliedschaft in einer Genossenschaft oder Gesellschaft mit beschränkter Haftung

(1) Hat sich der Arbeitnehmer in einem Vertrag im Sinne des § 17 Abs. 3 verpflichtet, auch nach dem 31. Dezember 1994 vermögenswirksame Leistungen überweisen zu lassen oder andere Beträge zu zahlen, so kann er den Vertrag bis zum 30. September 1994 auf den 31. Dezember 1994 mit der Wirkung

Anhang 23/5. VermBG

schriftlich kündigen, dass auf Grund dieses Vertrags vermögenswirksame Leistungen oder andere Beträge nach dem 31. Dezember 1994 nicht mehr zu zahlen sind.

(2) [1]Ist der Arbeitnehmer im Zusammenhang mit dem Abschluss eines Vertrags im Sinne des § 17 Abs. 3 Nr. 2 Mitglied in einer Genossenschaft geworden, so kann er die Mitgliedschaft bis zum 30. September 1994 auf den 31. Dezember 1994 mit der Wirkung schriftlich kündigen, dass nach diesem Zeitpunkt die Verpflichtung, Einzahlungen auf einen Geschäftsanteil zu leisten und ein Eintrittsgeld zu zahlen, entfällt. [2]Weitergehende Rechte des Arbeitnehmers nach dem Statut der Genossenschaft bleiben unberührt. [3]Der ausgeschiedene Arbeitnehmer kann die Auszahlung des Auseinandersetzungsguthabens, die Genossenschaft kann die Zahlung eines den ausgeschiedenen Arbeitnehmer treffenden Anteils an einem Fehlbetrag zum 1. Januar 1998 verlangen.

(3) [1]Ist der Arbeitnehmer im Zusammenhang mit dem Abschluss eines Vertrags im Sinne des § 17 Abs. 3 Nr. 3 Gesellschafter einer Gesellschaft mit beschränkter Haftung geworden, so kann er die Mitgliedschaft bis zum 30. September 1994 auf den 31. Dezember 1994 schriftlich kündigen. [2]Weitergehende Rechte des Arbeitnehmers nach dem Gesellschaftsvertrag bleiben unberührt. [3]Der zum Austritt berechtigte Arbeitnehmer kann von der Gesellschaft als Abfindung den Verkehrswert seines Geschäftsanteils verlangen; maßgebend ist der Verkehrswert im Zeitpunkt des Zugangs der Kündigungserklärung. [4]Der Arbeitnehmer kann die Abfindung nur verlangen, wenn die Gesellschaft sie ohne Verstoß gegen § 30 Abs. 1 des Gesetzes betreffend die Gesellschaften mit beschränkter Haftung zahlen kann. [5]Hat die Gesellschaft die Abfindung bezahlt, so stehen dem Arbeitnehmer aus seinem Geschäftsanteil keine Rechte mehr zu. [6]Kann die Gesellschaft bis zum 31. Dezember 1996 die Abfindung nicht gemäß Satz 4 zahlen, so ist sie auf Antrag des zum Austritt berechtigten Arbeitnehmers aufzulösen. [7]§ 61 Abs. 1, Abs. 2 Satz 1 und Abs. 3 des Gesetzes betreffend die Gesellschaften mit beschränkter Haftung gilt im übrigen entsprechend.

(4) Werden auf Grund der Kündigung nach Absatz 1, 2 oder 3 Leistungen nicht erbracht, so hat der Arbeitnehmer dies nicht zu vertreten.

(5) [1]Hat der Arbeitnehmer nach Absatz 1 einen Vertrag im Sinne des § 17 Abs. 3 Nr. 2 oder nach Absatz 2 die Mitgliedschaft in einer Genossenschaft gekündigt, so gelten beide Kündigungen als erklärt, wenn der Arbeitnehmer dies nicht ausdrücklich ausgeschlossen hat. [2]Entsprechendes gilt, wenn der Arbeitnehmer nach Absatz 1 einen Vertrag im Sinne des § 17 Abs. 3 Nr. 3 oder nach Absatz 3 die Mitgliedschaft in einer Gesellschaft mit beschränkter Haftung gekündigt hat.

(6) Macht der Arbeitnehmer von seinem Kündigungsrecht nach Absatz 1 keinen Gebrauch, so gilt die Verpflichtung, vermögenswirksame Leistungen überweisen zu lassen, nach dem 31. Dezember 1994 als Verpflichtung, andere Beträge in entsprechender Höhe zu zahlen.

Verordnung zur Durchführung des Fünften Vermögensbildungsgesetzes (VermBDV 1994)

Vom 20. Dezember 1994 (BGBl. I S. 3904, BStBl. 1995 I S. 67)[1)]

Auf Grund des § 14 Abs. 5 und des § 15 Abs. 2 des Fünften Vermögensbildungsgesetzes in der Fassung der Bekanntmachung vom 4. März 1994 (BGBl. I S. 406) verordnet die Bundesregierung und auf Grund des § 156 Abs. 1 der Abgabenordnung vom 16. März 1976 (BGBl. I S. 613), der durch Artikel 26 des Gesetzes vom 21. Dezember 1993 (BGBl. I S. 2310) geändert worden ist, verordnet das Bundesministerium der Finanzen:

§ 1
Verfahren

Auf das Verfahren bei der Festsetzung, Auszahlung und Rückzahlung der Arbeitnehmer-Sparzulage sind neben den in § 14 Abs. 2 des Gesetzes bezeichneten Vorschriften die für die Einkommensteuer und Lohnsteuer geltenden Regelungen sinngemäß anzuwenden, soweit sich aus den nachstehenden Vorschriften nichts anderes ergibt.

§ 2
Mitteilungspflichten des Arbeitgebers, des Kreditinstituts oder des Unternehmens

(1) Der Arbeitgeber hat bei Überweisung vermögenswirksamer Leistungen im Dezember und Januar eines Kalenderjahres dem Kreditinstitut oder dem Unternehmen, bei dem die vermögenswirksamen Leistungen angelegt werden, das Kalenderjahr mitzuteilen, dem die vermögenswirksamen Leistungen zuzuordnen sind.

(2) ¹Werden bei einer Anlage nach § 2 Abs. 1 Nr. 4 des Gesetzes oder § 17 Abs. 5 Satz 1 Nr. 1 des Fünften Vermögensbildungsgesetzes in der Fassung der Bekanntmachung vom 19. Januar 1989 (BGBl. I S. 137)

1. Wohnbau-Sparverträge in Baufinanzierungs-Verträge umgewandelt (§ 12 Abs. 1 Nr. 2 der Verordnung zur Durchführung des Wohnungsbau-Prämiengesetzes in der Fassung der Bekanntmachung vom 29. Juni 1994, BGBl. I S. 1446),
2. Baufinanzierungs-Verträge in Wohnbau-Sparverträge umgewandelt (§ 18 Abs. 1 Nr. 2 der Verordnung zur Durchführung des Wohnungsbau-Prämiengesetzes in der Fassung der Bekanntmachung vom 29. Juni 1994, BGBl. I S. 1446) oder
3. Sparbeiträge auf einen von dem Arbeitnehmer oder seinem Ehegatten abgeschlossenen Bausparvertrag überwiesen (§ 4 Abs. 3 Nr. 7 des Fünften Vermögensbildungsgesetzes in der Fassung der Bekanntmachung vom 19. Februar 1987, BGBl. I S. 630),

so hat das Kreditinstitut oder Unternehmen, bei dem die vermögenswirksamen Leistungen angelegt worden sind, dem neuen Kreditinstitut oder Unternehmen den Betrag der vermögenswirksamen Leistungen, das Kalenderjahr, das ihnen zuzuordnen sind, das Ende der Sperrfrist, seinen Institutsschlüssel (§ 5 Abs. 2) und die bisherige Vertragsnummer des Arbeitnehmers unverzüglich schriftlich mitzuteilen. ²Das neue Kreditinstitut oder Unternehmen hat die Angaben aufzuzeichnen.

(3) ¹Das Kreditinstitut oder die Kapitalanlagegesellschaft, bei dem vermögenswirksame Leistungen auf Grund eines Vertrags im Sinne des § 4 des Gesetzes angelegt werden, hat

1. dem Arbeitgeber, der mit den vermögenswirksamen Leistungen erworbene Wertpapiere verwahrt oder an dessen Unternehmen eine nichtverbriefte Vermögensbeteiligung im Sinne des § 2 Abs. 1 Nr. 1 Buchstabe g bis l des Gesetzes mit den vermögenswirksamen Leistungen begründet oder erworben wird, oder
2. dem Unternehmen, an dem eine nichtverbriefte Vermögensbeteiligung im Sinne des § 2 Abs. 1 Nr. 1 Buchstabe g bis l des Gesetzes mit den vermögenswirksamen Leistungen begründet oder erworben wird,

das Ende der für die vermögenswirksamen Leistungen geltenden Sperrfrist unverzüglich schriftlich mitzuteilen. ²Wenn über die verbrieften oder nichtverbrieften Vermögensbeteiligungen vor Ablauf der Sperrfrist verfügt worden ist, hat dies der Arbeitgeber oder das Unternehmen dem Kreditinstitut oder der Kapitalanlagegesellschaft unverzüglich mitzuteilen.

(4) ¹Der Arbeitgeber, bei dem vermögenswirksame Leistungen auf Grund eines Vertrags im Sinne des § 5 des Gesetzes angelegt werden, hat dem vom Arbeitnehmer benannten Kreditinstitut, das die erworbenen Wertpapiere verwahrt, oder der vom Arbeitnehmer benannten Kapitalanlagegesellschaft, die die erworbenen Wertpapiere verwahrt, das Ende der für die vermögenswirksamen Leistungen geltenden

---

[1)] Unter Berücksichtigung der Änderungen zuletzt durch Artikel 14 des Gesetzes vom 20.12.2008 (BGBl. I S. 2850, BStBl. 2009 I S. 124).

Anhang 24/VermBDV 1994

Sperrfrist unverzüglich schriftlich mitzuteilen. ²Wenn über die Wertpapiere vor Ablauf der Sperrfrist verfügt worden ist, hat dies das Kreditinstitut oder die Kapitalanlagegesellschaft dem Arbeitgeber unverzüglich mitzuteilen.

§ 3
Aufzeichnungspflichten des Beteiligungsunternehmens

(1) ¹Das Unternehmen, an dem eine nichtverbriefte Vermögensbeteiligung im Sinne des § 2 Abs. 1 Nr. 1 Buchstabe g bis l des Gesetzes auf Grund eines Vertrags im Sinne des § 6 Abs. 2 oder des § 7 Abs. 2 des Gesetzes mit vermögenswirksamen Leistungen begründet oder erworben wird, hat den Betrag der vermögenswirksamen Leistungen und das Kalenderjahr, dem sie zuzuordnen sind, sowie das Ende der Sperrfrist aufzuzeichnen. ²Bei Verträgen im Sinne des § 4 des Gesetzes genügt die Aufzeichnung des Endes der Sperrfrist.

(2) Zu den Aufzeichnungen nach Absatz 1 Satz 1 ist auch der Arbeitgeber verpflichtet, an dessen Unternehmen eine nichtverbriefte Vermögensbeteiligung im Sinne des § 2 Abs. 1 Nr. 1 Buchstabe g bis l des Gesetzes auf Grund eines Vertrags im Sinne des § 6 Abs. 1 oder des § 7 Abs. 1 des Gesetzes mit vermögenswirksamen Leistungen begründet oder erworben wird.

§ 4
Festlegung von Wertpapieren

(1) Wertpapiere, die auf Grund eines Vertrags im Sinne des § 4 des Gesetzes mit vermögenswirksamen Leistungen erworben werden, sind auf den Namen des Arbeitnehmers dadurch festzulegen, dass sie für die Dauer der Sperrfrist wie folgt in Verwahrung gegeben werden:

1. ¹Erwirbt der Arbeitnehmer Einzelurkunden, so müssen diese in das Depot bei dem Kreditinstitut oder der Kapitalanlagegesellschaft gegeben werden, mit dem er den Sparvertrag abgeschlossen hat. ²Das Kreditinstitut oder die Kapitalanlagegesellschaft muss in den Depotbüchern einen Sperrvermerk für die Dauer der Sperrfrist anbringen. ³Bei Drittverwahrung genügt ein Sperrvermerk im Kundenkonto beim erstverwahrenden Kreditinstitut oder der erstverwahrenden Kapitalanlagegesellschaft.
2. Erwirbt der Arbeitnehmer Anteile an einem Sammelbestand von Wertpapieren oder werden Wertpapiere bei einer Wertpapiersammelbank in Sammelverwahrung gegeben, so muss das Kreditinstitut oder die Kapitalanlagegesellschaft einen Sperrvermerk in das Depotkonto eintragen.

(2) ¹Wertpapier nach Absatz 1 Satz 1

1. die eine Vermögensbeteiligung an Unternehmen des Arbeitgebers oder eine gleichgestellte Vermögensbeteiligung (§ 2 Abs. 2 Satz 1 des Gesetzes) verbriefen oder
2. die der Arbeitnehmer vom Arbeitgeber erwirbt,

können auch vom Arbeitgeber verwahrt werden. ²Der Arbeitgeber hat die Verwahrung sowie das Ende der Sperrfrist aufzuzeichnen.

(3) ¹Wertpapiere, die auf Grund eines Vertrags im Sinne des § 5 des Gesetzes erworben werden, sind festzulegen durch Verwahrung

1. beim Arbeitgeber oder
2. im Auftrag des Arbeitgebers bei einem Dritten oder
3. bei einem vom Arbeitnehmer benannten inländischen Kreditinstitut oder bei einer vom Arbeitnehmer benannten inländischen Kapitalanlagegesellschaft.

²In den Fällen der Nummern 1 und 2 hat der Arbeitgeber die Verwahrung, den Betrag der vermögenswirksamen Leistungen, das Kalenderjahr, dem sie zuzuordnen sind, und das Ende der Sperrfrist aufzuzeichnen. ³Im Falle der Nummer 3 hat das Kreditinstitut oder die Kapitalanlagegesellschaft das Ende der Sperrfrist aufzuzeichnen.

(4) Bei einer Verwahrung durch ein Kreditinstitut oder eine Kapitalanlagegesellschaft hat der Arbeitnehmer innerhalb von drei Monaten nach dem Erwerb der Wertpapiere dem Arbeitgeber eine Bescheinigung des Kreditinstituts oder der Kapitalanlagegesellschaft darüber vorzulegen, daß die Wertpapiere entsprechend Absatz 1 in Verwahrung genommen worden sind.

§ 5
Bescheinigung vermögenswirksamer Leistungen

(1) ¹Die Bescheinigung nach § 15 Abs. 1 des Gesetzes ist nach amtlich vorgeschriebenem Vordruck zu erteilen. ²Vermögenswirksame Leistungen, die nach dem 31. Dezember 1994 angelegt werden, sind nach amtlich vorgeschriebenem datenerfassungsgerechtem Vordruck zu bescheinigen.

(2) ¹Das Kreditinstitut, das Unternehmen oder der Arbeitgeber, bei dem vermögenswirksame Leistungen nach § 2 Abs. 1 Nr. 1 bis 4, Abs. 2 bis 4 des Gesetzes oder nach § 17 Abs. 5 Satz 1 des Fünften Vermögensbildungsgesetzes in der am 19. Januar 1989 geltenden Fassung (BGBl. I S. 137) angelegt werden, hat in der Bescheinigung seinen Institutsschlüssel und die Vertragsnummer des Arbeitnehmers anzugeben; dies gilt nicht für Anlagen nach § 2 Abs. 1 Nr. 4 des Gesetzes in Verbindung mit § 2 Abs. 1 Nr. 2 des Wohnungsbau-Prämiengesetzes. ²Der Institutsschlüssel ist bei der Zentralstelle der Länder[1] anzufordern. ³Bei der Anforderung sind anzugeben

1. Name und Anschrift des anfordernden Kreditinstituts, Unternehmens oder Arbeitgebers,
2. Bankverbindung für die Überweisung der Arbeitnehmer-Sparzulagen,
3. Lieferanschrift für die Übersendung von Datenträgern.

⁴Die Vertragsnummer darf keine Sonderzeichen enthalten.

(3) Der Arbeitgeber oder das Unternehmen, bei dem vermögenswirksame Leistungen nach § 2 Abs. 1 Nr. 2 und 3, Abs. 2 bis 4 des Gesetzes angelegt werden, hat in der Bescheinigung für vermögenswirksame Leistungen, die noch nicht zum Erwerb von Wertpapieren oder zur Begründung von Rechten verwendet worden sind, als Ende der Sperrfrist den 31. Dezember des sechsten Kalenderjahres nach dem Kalenderjahr anzugeben, dem die vermögenswirksamen Leistungen zuzuordnen sind.

(4) ¹In der Bescheinigung über vermögenswirksame Leistungen, die nach § 2 Abs. 1 Nr. 1 oder 4 des Gesetzes oder nach § 17 Abs. 5 Satz 1 des Fünften Vermögensbildungsgesetzes in der am 19. Januar 1989 geltenden Fassung (BGBl. I S. 137) bei Kreditinstituten, Kapitalanlagegesellschaften oder Versicherungsunternehmen angelegt worden sind, ist bei einer unschädlichen vorzeitigen Verfügung als Ende der Sperrfrist der Zeitpunkt dieser Verfügung anzugeben. ²Dies gilt bei Zuteilung eines Bausparvertrags entsprechend.

(5) Bei einer schädlichen vorzeitigen Verfügung über vermögenswirksame Leistungen, die nach § 2 Abs. 1 Nr. 1 oder 4 des Gesetzes oder nach § 17 Abs. 5 Satz 1 des Fünften Vermögensbildungsgesetzes in der am 19. Januar 1989 geltenden Fassung (BGBl. I S. 137) bei Kreditinstituten, Kapitalanlagegesellschaften oder Versicherungsunternehmen angelegt worden sind, darf eine Bescheinigung nicht erteilt werden.

§ 6
Festsetzung der Arbeitnehmer-Sparzulage, Mitteilungspflichten der Finanzämter

(1) ¹Die Festsetzung der Arbeitnehmer-Sparzulage ist regelmäßig mit der Einkommensteuererklärung[2] zu beantragen. ²Die festzusetzende Arbeitnehmer-Sparzulage ist auf den nächsten vollen Euro-Betrag aufzurunden. ³Sind für den Arbeitnehmer die vermögenswirksamen Leistungen eines Kalenderjahres auf mehr als einem der in § 2 Abs. 1 Nr. 1 bis 5 des Gesetzes und der in § 17 Abs. 5 Satz 1 des Fünften Vermögensbildungsgesetzes in der am 19. Januar 1989 geltenden Fassung (BGBl. I S. 137) bezeichneten Anlageverträge angelegt worden, so gilt die Aufrundung für jeden Vertrag.

(2) ¹Festgesetzte, noch nicht fällige Arbeitnehmer-Sparzulagen sind der Zentralstelle der Länder zur Aufzeichnung der für ihre Auszahlung notwendigen Daten mitzuteilen. ²Das gilt auch für die Änderung festgesetzter Arbeitnehmer-Sparzulagen sowie in den Fällen, in denen festgesetzte Arbeitnehmer-Sparzulagen nach Auswertung einer Anzeige über die teilweise schädliche vorzeitige Verfügung (§ 8 Abs. 4 Satz 2) unberührt bleiben.[3]

(3) Werden bei einer Anlage nach § 2 Abs. 1 Nr. 1 bis 4, Abs. 2 bis 4 des Gesetzes oder nach § 17 Abs. 5 Satz 1 des Fünften Vermögensbildungsgesetzes in der am 19. Januar 1989 geltenden Fassung (BGBl. I S. 137) vor Ablauf der Sperrfrist teilweise Beträge zurückgezahlt, Ansprüche aus dem Vertrag abgetreten oder beliehen, die Bausparsumme oder Versicherungssumme ausgezahlt, die Festlegung aufgehoben oder Spitzenbeträge nach § 4 Abs. 3 des Gesetzes oder § 5 Abs. 3 des Fünften Vermögensbildungsgesetzes in der am 19. Februar 1987 geltenden Fassung (BGBl. I S. 630) von mehr als 150 Euro nicht rechtzeitig

---
1) **Anschrift:** Senatsverwaltung für Finanzen, Sonnenallee 223a, 12059 Berlin
2) Ankreuzfeld auf Mantelbogen ESt i.V.m. Anlage VL (Anhang 26).
3) Hinweis auf Buchungsordnung für die Finanzämter (BuchO) vom 10.4.1996 (BStBl. I S. 386):
„§ 25 Arbeitnehmer-Sparzulage
(1) Für die Festsetzung einer Arbeitnehmer-Sparzulage gelten die Vorschriften über die Festsetzung von V-Steuern entsprechend.
(2) Festgesetzte, noch nicht fällige Arbeitnehmer-Sparzulagen sind unbeschadet des Ausdrucks im Steuerbescheid der Zentralstelle der Länder (§ 6 Abs. 2 VermBDV) zur Aufzeichnung der für ihre spätere Auszahlung notwendigen Daten mitzuteilen. Dazu teilen die Landesfinanzbehörden der Zentralstelle die festgesetzten Zulagen und das Ende der Sperrfrist auf maschinell lesbaren Datenträgern mit. Eine Anweisung zur Sollstellung unterbleibt."

verwendet, so gelten für die Festsetzung oder Neufestsetzung der Arbeitnehmer-Sparzulage die Beträge in folgender Reihenfolge als zurückgezahlt:
1. Beträge, die keine vermögenswirksamen Leistungen sind,
2. vermögenswirksame Leistungen, für die keine Arbeitnehmer-Sparzulage festgesetzt worden ist,
3. vermögenswirksame Leistungen, für die eine Arbeitnehmer-Sparzulage festgesetzt worden ist.

(4) ¹In den Fällen des § 4 Abs. 4 Nr. 6 des Gesetzes oder des § 5 Abs. 4 des Fünften Vermögensbildungsgesetzes in der am 19. Februar 1987 geltenden Fassung (BGBl. I S. 630) gilt für die Festsetzung oder Neufestsetzung der Arbeitnehmer-Sparzulage der nicht wiederverwendete Erlös, wenn er 150 Euro übersteigt, in folgender Reihenfolge als zurückgezahlt:
1. Beträge, die keine vermögenswirksamen Leistungen sind,
2. vermögenswirksame Leistungen, für die keine Arbeitnehmer-Sparzulage festgesetzt worden ist,
3. vermögenswirksame Leistungen, für die eine Arbeitnehmer-Sparzulage festgesetzt worden ist.

²Maßgebend sind die bis zum Ablauf des Kalenderjahres, das dem Kalenderjahr der Veräußerung vorangeht, angelegten Beträge.

§ 7
Auszahlung der Arbeitnehmer-Sparzulage

(1) Die festgesetzte Arbeitnehmer-Sparzulage ist vom Finanzamt an den Arbeitnehmer auszuzahlen
1. bei einer Anlage nach § 2 Abs. 1 Nr. 4 des Gesetzes in Verbindung mit § 2 Abs. 1 Nr. 2 des Wohnungsbau-Prämiengesetzes sowie bei einer Anlage nach § 2 Abs. 1 Nr. 5 des Gesetzes;
2. bei einer Anlage nach § 2 Abs. 1 Nr. 1 bis 4, Abs. 2 bis 4 des Gesetzes oder nach § 17 Abs. 5 Satz 1 des Gesetzes in der am 1. Januar 1989 geltenden Fassung, wenn im Zeitpunkt der Bekanntgabe des Bescheids über die Festsetzung der Arbeitnehmer-Sparzulage die für die Anlageform vorgeschriebene Sperrfrist oder die im Wohnungsbau-Prämiengesetz oder in der Verordnung zur Durchführung des Wohnungsbau-Prämiengesetzes in der Fassung der Bekanntmachung vom 29. Juni 1994 (BGBl. I S. 1446) genannten Sperr- und Rückzahlungsfristen abgelaufen sind. ²Bei Bausparverträgen gelten die in § 2 Abs. 3 Satz 1 des Wohnungsbau-Prämiengesetzes genannten Sperr- und Rückzahlungsfristen unabhängig davon, ob der Vertrag vor dem 1. Januar 2009 oder nach dem 31. Dezember 2008 abgeschlossen worden ist;
3. in den Fällen des § 5 Abs. 4;
4. bei einer Anlage nach § 2 Abs. 1 Nr. 2 und 3 des Gesetzes, wenn eine unschädliche vorzeitige Verfügung vorliegt.

(2) ¹Die bei der Zentralstelle der Länder aufgezeichneten Arbeitnehmer-Sparzulagen für Anlagen nach § 2 Abs. 1 Nr. 1 bis 4, Abs. 2 bis 4 des Gesetzes oder nach § 17 Abs. 5 Satz 1 des Fünften Vermögensbildungsgesetzes in der am 19. Januar 1989 geltenden Fassung (BGBl. I S. 137) sind dem Kreditinstitut, dem Unternehmen oder dem Arbeitgeber, bei dem die vermögenswirksamen Leistungen angelegt worden sind, zugunsten des Arbeitnehmers zu überweisen. ²Die Überweisung ist in den Fällen des § 14 Abs. 4 Satz 4 Buchstabe c und d des Gesetzes bis zum Ende des Kalendermonats vorzunehmen, der auf den Kalendermonat folgt, in dem die Zuteilung oder die unschädliche vorzeitige Verfügung angezeigt worden ist.

§ 8
Anzeigepflichten des Kreditinstituts, des Unternehmens oder des Arbeitgebers

(1) Der Zentralstelle der Länder ist anzuzeigen,
1. von dem Kreditinstitut, der Kapitalanlagegesellschaft oder dem Versicherungsunternehmen, das bei ihm nach § 2 Abs. 1 Nr. 1 oder 4 des Gesetzes oder § 17 Abs. 5 Satz 1 des Fünften Vermögensbildungsgesetzes in der am 19. Januar 1989 geltenden Fassung (BGBl. I S. 137) angelegte vermögenswirksame Leistungen nach § 15 Abs. 1 des Gesetzes bescheinigt hat, wenn vor Ablauf der Sperrfrist
    a) vermögenswirksame Leistungen zurückgezahlt werden,
    b) über Ansprüche aus einem Vertrag im Sinne des § 4 des Gesetzes, einem Bausparvertrag oder einem Vertrag nach § 17 Abs. 5 Satz 1 des Fünften Vermögensbildungsgesetzes in der am 19. Januar 1989 geltenden Fassung (BGBl. I S. 137) durch Rückzahlung, Abtretung, Beleihung oder in anderer Weise verfügt wird,
    c) die Festlegung erworbener Wertpapiere aufgehoben oder über solche Wertpapiere verfügt wird,
    d) der Bausparvertrag zugeteilt oder die Bausparsumme ausgezahlt wird oder

e) die Versicherungssumme ausgezahlt oder der Versicherungsvertrag in einen Vertrag umgewandelt wird, der die Voraussetzungen des in § 17 Abs. 5 Satz 1 Nr. 3 des Fünften Vermögensbildungsgesetzes in der am 19. Januar 1989 geltenden Fassung (BGBl. I S. 137) bezeichneten Vertrags nicht erfüllt;

2. von dem Kreditinstitut oder der Kapitalanlagegesellschaft, bei dem vermögenswirksame Leistungen nach § 4 des Gesetzes oder § 17 Abs. 5 Satz 1 Nr. 2 des Fünften Vermögensbildungsgesetzes in der am 19. Januar 1989 geltenden Fassung (BGBl. I S. 137) angelegt worden sind, wenn Spitzenbeträge nach § 4 Abs. 3 oder Abs. 4 Nr. 6 des Gesetzes oder § 5 Abs. 3 oder 4 des Fünften Vermögensbildungsgesetzes in der am 19. Februar 1987 geltenden Fassung (BGBl. I S. 630) von mehr als 150 Euro nicht rechtzeitig verwendet oder wiederverwendet worden sind;

3. von dem Kreditinstitut oder der Kapitalanlagegesellschaft, dem nach § 2 Abs. 3 Satz 2 mitgeteilt worden ist, dass über verbriefte oder nichtverbriefte Vermögensbeteiligungen vor Ablauf der Sperrfrist verfügt worden ist;

4. von dem Unternehmen oder Arbeitgeber, bei dem eine nichtverbriefte Vermögensbeteiligung nach § 2 Abs. 1 Nr. 1 Buchstabe g bis l des Gesetzes auf Grund eines Vertrags nach § 6 oder § 7 des Gesetzes mit vermögenswirksamen Leistungen begründet oder erworben worden ist, wenn vor Ablauf der Sperrfrist über die Vermögensbeteiligung verfügt wird oder wenn der Arbeitnehmer die Vermögensbeteiligung nicht bis zum Ablauf des Kalenderjahres erhalten hat, das auf das Kalenderjahr der vermögenswirksamen Leistungen folgt;

5. von dem Arbeitgeber, der Wertpapiere nach § 4 Abs. 3 Satz 1 Nr. 1 oder 2 verwahrt oder bei einem Dritten verwahren lässt, wenn vor Ablauf der Sperrfrist die Festlegung von Wertpapieren aufgehoben oder über Wertpapiere verfügt wird oder wenn bei einer Verwahrung nach § 4 Abs. 3 Satz 1 Nr. 3 der Arbeitnehmer die Verwahrungsbescheinigung nach § 4 Abs. 4 nicht rechtzeitig vorlegt;

6. von dem Arbeitgeber, bei dem vermögenswirksame Leistungen auf Grund eines Vertrags im Sinne des § 5 des Gesetzes angelegt werden, wenn ihm die Mitteilung des Kreditinstituts oder der Kapitalanlagegesellschaft nach § 2 Abs. 4 Satz 2 zugegangen ist oder wenn der Arbeitnehmer mit den vermögenswirksamen Leistungen eines Kalenderjahres nicht bis zum Ablauf des folgenden Kalenderjahres die Wertpapiere erworben hat.

(2) ¹Das Kreditinstitut, die Kapitalanlagegesellschaft oder das Versicherungsunternehmen hat in den Anzeigen nach Absatz 1 Nr. 1 bis 3 zu kennzeichnen, ob eine unschädliche, vollständig schädliche oder teilweise schädliche vorzeitige Verfügung vorliegt. ²Der Betrag, über den schädlich vorzeitig verfügt worden ist, sowie die in den einzelnen Kalenderjahren jeweils angelegten vermögenswirksamen Leistungen sind nur in Anzeigen über teilweise schädliche vorzeitige Verfügungen anzugeben.

(3) Die Anzeigen nach Absatz 1 sind nach amtlich vorgeschriebenem Vordruck oder nach amtlich vorgeschriebenem Datensatz durch Datenfernübertragung für die innerhalb eines Kalendermonats bekannt gewordenen vorzeitigen Verfügungen der Zentralstelle der Länder jeweils spätestens bis zum 15. Tag des folgenden Kalendermonats zuzuleiten. [1]

(4) ¹Sind bei der Zentralstelle der Länder Arbeitnehmer-Sparzulagen für Fälle aufgezeichnet,

1. die nach Absatz 1 Nr. 4 bis 6 angezeigt werden oder

2. die nach Absatz 1 Nr. 1 bis 3 angezeigt werden, wenn die Anzeigen als vollständig oder teilweise schädliche vorzeitige Verfügung gekennzeichnet sind,

so hat die Zentralstelle die Auszahlung der aufgezeichneten Arbeitnehmer-Sparzulagen zu sperren. ²Die Zentralstelle hat die Anzeigen um ihre Aufzeichnungen zu ergänzen und zur Auswertung dem Finanzamt zu übermitteln, das nach Kenntnis der Zentralstelle zuletzt eine Arbeitnehmer-Sparzulage für den Arbeitnehmer festgesetzt hat.

§ 9
Rückforderung der Arbeitnehmer-Sparzulage durch das Finanzamt

¹Das für die Besteuerung des Arbeitnehmers nach dem Einkommen zuständige Finanzamt (§ 19 der Abgabenordnung) hat eine zu Unrecht gezahlte Arbeitnehmer-Sparzulage vom Arbeitnehmer zurückzufordern. ²Die Rückforderung unterbleibt, wenn der zurückzufordernde Betrag fünf Euro nicht übersteigt.

---

1) S. BMF-Schreiben vom 15.11.2001 (BStBl. I S. 875) betr. Bekanntmachung der Vordruckmuster ab 1.1.2002 für Anzeigen nach § 8 Abs. 1 Nr. 1 bis 3 VermBDV 1994 (VermB 12) und nach § 8 Abs. 1 Nr. 4 bis 6 VermBDV 1994 (VermB 13) und der Datensatzbeschreibung für die Übermittlung auf maschinell lesbaren Datenträgern.

§ 10
Anwendungszeitraum

¹§ 8 dieser Verordnung ist auf vermögenswirksame Leistungen, über die nach dem 31. Dezember 1994 vorzeitig verfügt worden ist, anzuwenden. ²Im Übrigen ist diese Verordnung auf vermögenswirksame Leistungen, die nach dem 31. Dezember 1993 angelegt werden, anzuwenden.

§ 11
Inkrafttreten, weiter anzuwendende Vorschriften

(1) Diese Verordnung in der Fassung des Artikels 14 des Gesetzes vom 20. Dezember 2008 (BGBl. I S. 2850) ist ab 1. Januar 2009 anzuwenden.

(2) ¹Die Verordnung zur Durchführung des Fünften Vermögensbildungsgesetzes vom 4. Dezember 1991 (BGBl. I S. 2156), geändert durch Artikel 4 des Gesetzes vom 21. Dezember 1993 (BGBl. I S. 2310), tritt am Tage nach der Verkündung dieser Verordnung außer Kraft. ²Sie ist auf vermögenswirksame Leistungen, die vor dem 1. Januar 1994 angelegt worden sind, weiter anzuwenden; § 7 ist auch auf vermögenswirksame Leistungen, über die vor dem 1. Januar 1995 vorzeitig verfügt worden ist, weiter anzuwenden. ³Im Übrigen ist die Verordnung zur Durchführung des Fünften Vermögensbildungsgesetzes vom 4. Dezember 1991 auf vermögenswirksame Leistungen, die nach dem 31. Dezember 1993 angelegt worden sind, nicht mehr anzuwenden.

Anhang 25/Anwendung 5. VermBG (Zu LStH 19a)

Anwendung des Fünften Vermögensbildungsgesetzes ab 2009

BMF-Schreiben vom 9. August 2004 IV C 5 – S 2430 – 18/04 (BStBl. I S. 717)[1)]

Inhaltsverzeichnis

1. Persönlicher Geltungsbereich (§ 1 VermBG)
2. Begriff der vermögenswirksamen Leistungen, Überweisung (§ 2, § 3 Abs. 2 und 3 VermBG)
3. Zeitliche Zuordnung der vermögenswirksamen Leistungen (§ 2 Abs. 6 VermBG)
4. Vermögensbeteiligungen (§ 2 Abs. 1 Nr. 1 VermBG)
5. Anlagen auf Grund von Sparverträgen über Wertpapiere oder andere Vermögensbeteiligungen (§ 2 Abs. 1 Nr. 1, § 4 VermBG)
6. Anlagen auf Grund von Wertpapier-Kaufverträgen (§ 2 Abs. 1 Nr. 2, § 5 VermBG)
7. Anlagen auf Grund von Beteiligungs-Verträgen und Beteiligungs-Kaufverträgen (§ 2 Abs. 1 Nr. 3, §§ 6 und 7 VermBG)
8. Insolvenzschutz (§ 2 Abs. 5a VermBG)
9. Anlagen nach dem Wohnungsbau-Prämiengesetz (§ 2 Abs. 1 Nr. 4 VermBG)
10. Anlagen für den Bau, den Erwerb, den Ausbau, die Erweiterung oder die Entschuldung eines Wohngebäudes usw. (§ 2 Abs. 1 Nr. 5 VermBG)
11. Anlagen auf Grund von Verträgen des Ehegatten, der Kinder oder der Eltern (§ 3 Abs. 1 VermBG)
12. Vereinbarung der vermögenswirksamen Leistungen, freie Wahl der Anlage (§§ 10, 11, 12 VermBG)
13. Kennzeichnungs- und Mitteilungspflichten (§ 3 Abs. 2 VermBG, § 2 Abs. 1 VermBDV 1994)
14. Bescheinigung vermögenswirksamer Leistungen (§ 15 Abs. 1 VermBG, § 5 VermBDV 1994)
15. Festsetzung der Arbeitnehmer-Sparzulage (§§ 13, 14 VermBG, § 6 Abs. 1 VermBDV 1994)
16. Höhe der Arbeitnehmer-Sparzulage (§ 13 Abs. 2 VermBG)
17. Auszahlung der Arbeitnehmer-Sparzulage (§ 14 Abs. 4 und 5 VermBG, § 7 VermBDV 1994)
18. Wegfall der Zulagebegünstigung (§ 13 Abs. 5 Satz 1 VermBG)
19. Zulageunschädliche Verfügungen (§ 4 Abs. 4 VermBG)
20. Nachweis einer zulageunschädlichen Verfügung (§ 4 Abs. 4 VermBG, § 8 VermBDV 1994)
21. Anzeigepflichten (§ 8 VermBDV 1994)
22. Änderung der Festsetzung, Rückforderung von Arbeitnehmer-Sparzulagen (§ 13 Abs. 5 VermBG, § 6 Abs. 2 und 3, § 8 Abs. 4, § 9 VermBDV 1994)
23. Außenprüfung (§ 15 Abs. 5 VermBG)
24. Übergangsregelungen

Unter Bezugnahme auf das Ergebnis der Erörterungen mit den obersten Finanzbehörden der Länder und mit dem Bundesministerium für **Wirtschaft und Technologie** wird zur Anwendung des Fünften Vermögensbildungsgesetzes in der Fassung der Bekanntmachung vom 4. März 1994 (BGBl. I S. 406, BStBl. I S. 237), zuletzt geändert durch **Artikel 2 des Gesetzes vom 7. März 2009 (BGBl. I S. 451, BStBl. I S. 436)** - VermBG - auf ab **2009** angelegte vermögenswirksame Leistungen wie folgt Stellung genommen:[2)]

1. Persönlicher Geltungsbereich (§ 1 VermBG)

(1) Das VermBG gilt für unbeschränkt und beschränkt einkommensteuerpflichtige Arbeitnehmer im arbeitsrechtlichen Sinne (Angestellte, Arbeiter) und Auszubildende, deren Arbeitsverhältnis oder Ausbildungsverhältnis deutschem Arbeitsrecht unterliegt (§ 1 Abs. 1, Abs. 2 Satz 1 VermBG). Das VermBG gilt auch für in Heimarbeit Beschäftigte (§ 1 Abs. 2 Satz 2 VermBG) und für Beamte, Richter, Berufssoldaten und Soldaten auf Zeit (§ 1 Abs. 4 VermBG). Soldaten auf Zeit, für die das VermBG gilt, sind auch Bezieher von Ausbildungsgeld, das nach § 30 Abs. 2 Soldatengesetz während des Studiums gezahlt wird.

(2) Das VermBG gilt für die in Absatz 1 Satz 1 bezeichneten Arbeitnehmer, z. B. auch dann, wenn sie

---

[1)] Unter Berücksichtigung der Änderungen durch das BMF-Schreiben vom 16. März 2009 IV C 5 – S 2430/09/10001, 2009/0171679 (BStBl. I S. 501) und vom 4. Februar 2010 IV C 5 – S 2430/09/10002, 2010/0076244 (BStBl. I S. 195).

[2)] Die Änderungen durch das BMF-Schreiben vom 16. März 2009 (BStBl. I S. 501) und vom 4.2.2010 (BStBl. I S. 195) sind durch Fettdruck hervorgehoben.

1. ihren Wohnsitz im Ausland haben und als entsandte Kräfte oder deutsche Ortskräfte an Auslandsvertretungen der Bundesrepublik beschäftigt sind,
2. ausländische Arbeitnehmer sind und als Grenzgänger in der Bundesrepublik arbeiten,
3. Kommanditisten oder stille Gesellschafter eines Unternehmens sind und mit der Kommanditgesellschaft oder dem Unternehmen einen Arbeitsvertrag abgeschlossen haben, der sie in eine abhängige Stellung zu der Gesellschaft oder dem Unternehmen bringt und sie deren Weisungsrecht unterstellt,
4. Wehrdienstleistende oder Zivildienstleistende sind und in einem ruhenden Arbeitsverhältnis stehen (§ 1 Abs. 1 Arbeitsplatzschutzgesetz), aus dem sie noch Arbeitslohn erhalten,
5. behinderte Menschen im Arbeitsbereich anerkannter Werkstätten für behinderte Menschen sind und zu den Werkstätten in einem arbeitnehmerähnlichen Rechtsverhältnis stehen (§ 138 Abs. 1 SGB IX),
6. kurzfristig Beschäftigte, Aushilfskräfte in der Land- und Forstwirtschaft und geringfügig entlohnte Beschäftigte sind, deren Arbeitslohn nach § 40a EStG pauschal versteuert wird.

(3) Im Zweifel ist eine Person Arbeitnehmer im arbeitsrechtlichen Sinne, wenn sie Arbeitslohn im steuerlichen Sinne aus einem gegenwärtigen Dienstverhältnis bezieht. Gleiches gilt für einen Gesellschafter, wenn für ihn Sozialversicherungspflicht besteht.

(4) Das VermBG wird darüber hinaus angewendet auf

1. Arbeitnehmer, die als Grenzgänger im benachbarten Ausland nach ausländischem Arbeitsrecht beschäftigt sind, aber ihren ständigen Wohnsitz und den Mittelpunkt ihrer Lebensinteressen im Inland haben (vgl. auch Abschnitt 2 Abs. 3),
2. Personen, die aus dem Arbeitsverhältnis ausgeschieden sind, aber im Rahmen seiner Abwicklung noch Entgelt für geleistete Arbeit erhalten.

(5) Das VermBG gilt vorbehaltlich der Sätze 3 und 4 nicht für Mitglieder des zur gesetzlichen Vertretung berufenen Organs einer juristischen Person und durch Gesetz, Satzung oder Gesellschaftsvertrag zur Vertretung einer Personengesamtheit berufene Personen (§ 1 Abs. 3 VermBG), weil sie in dieser Eigenschaft nicht Arbeitnehmer im arbeitsrechtlichen Sinne sind. Zu diesen Organmitgliedern oder Vertretern einer Personengesamtheit gehören insbesondere Vorstandsmitglieder von Aktiengesellschaften, rechtsfähigen oder nichtrechtsfähigen Vereinen, Stiftungen, Versicherungsvereinen auf Gegenseitigkeit und Genossenschaften sowie Geschäftsführer von Gesellschaften mit beschränkter Haftung und von Orts- und Innungskrankenkassen (vgl. BFH-Urteil vom 15. Oktober 1976, BStBl. 1977 II S. 53). Für die bezeichneten Organmitglieder einer juristischen Person und Vertreter einer Personengesamtheit gilt das VermBG jedoch dann, wenn sie mit einem Dritten einen Arbeitsvertrag abgeschlossen haben und deshalb Arbeitnehmer im Sinne des Absatzes 1 Satz 1 sind, oder wenn sie zu den in § 1 Abs. 4 VermBG bezeichneten Personen gehören (Absatz 1 Satz 2, Absatz 8). Für Vorstandsmitglieder einer Genossenschaft gilt das VermBG darüber hinaus dann, wenn sie mit der Genossenschaft selbst einen Arbeitsvertrag abgeschlossen haben und wenn die Stellung und Tätigkeit auf Grund des Arbeitsverhältnisses von der Stellung und Tätigkeit als Vorstandsmitglied klar abgrenzbar ist und das Arbeitsverhältnis unabhängig von der Vorstandstätigkeit begründet wurde. Eine solche unterscheidbare und trennbare Doppelstellung als Vorstandsmitglied und Arbeitnehmer der Genossenschaft liegt z. B. dann vor, wenn eine vor der Berufung in den Vorstand ausgeübte Tätigkeit als Arbeitnehmer der Genossenschaft danach unverändert fortgesetzt wird, wenn diese Tätigkeit wie bisher bezahlt, die hinzugekommene Vorstandstätigkeit dagegen unentgeltlich geleistet wird, und wenn beide Tätigkeiten sich deutlich voneinander unterscheiden.

(6) Das VermBG gilt außerdem z. B. nicht für folgende Personen, weil sie nicht Arbeitnehmer im arbeitsrechtlichen Sinne sind:

1. Wehrdienstleistende und Zivildienstleistende, wenn sie nicht in einem ruhenden Arbeitsverhältnis stehen (vgl. auch Absatz 2 Nr. 4),
2. Bezieher von Renten aus den gesetzlichen Rentenversicherungen und Empfänger von arbeitsrechtlichen Versorgungsbezügen einschließlich Vorruhestandsbezügen, wenn sie nicht weiter in einem Arbeitsverhältnis stehen,
3. **Personen**, die ein freiwilliges soziales oder **freiwilliges** ökologisches Jahr im Sinne **des Jugendfreiwilligendienstegesetzes oder einen Freiwilligendienst im Sinne des Beschlusses Nr. 1719/2006/EG des Europäischen Parlaments und des Rates vom 15. November 2006 zur Einführung des Programms „Jugend in Aktion" (ABl. EU Nr. L 327 S. 30) oder einen anderen Dienst im Ausland im Sinne von § 14b des Zivildienstgesetzes oder einen entwicklungspolitischen Freiwilligendienst „weltwärts" im Sinne der Richtlinie des Bundesministeriums für wirtschaftliche Zusammenarbeit und Entwicklung vom 1. August 2007 (BAnz. 2008 S. 1297) leisten,**

Anhang 25/Anwendung 5. VermBG (Zu LStH 19a)

4. Entwicklungshelfer im Sinne des Entwicklungshelfer-Gesetzes.

Das VermBG gilt auch nicht für Bedienstete internationaler Organisationen, deren Arbeitsverhältnis nicht deutschem Arbeitsrecht unterliegt.

(7) In Heimarbeit Beschäftigte, für die das VermBG gilt (Absatz 1 Satz 2), sind Heimarbeiter und Hausgewerbetreibende (§ 1 Abs. 1 Heimarbeitsgesetz – HAG). Heimarbeiter sind Personen, die in selbstgewählter Arbeitsstätte (eigener Wohnung oder selbstgewählter Betriebsstätte) allein oder mit Familienangehörigen im Auftrag von Gewerbetreibenden oder Zwischenmeistern erwerbsmäßig arbeiten, jedoch die Verwertung der Arbeitsergebnisse den unmittelbar oder mittelbar auftraggebenden Gewerbetreibenden überlassen (§ 2 Abs. 1 HAG). Hausgewerbetreibende sind Personen, die in eigener Arbeitsstätte (eigener Wohnung oder Betriebsstätte) mit nicht mehr als zwei fremden Hilfskräften oder Heimarbeitern im Auftrag von Gewerbetreibenden oder Zwischenmeistern Waren herstellen, bearbeiten oder verpacken, wobei sie selbst wesentlich am Stück mitarbeiten, jedoch die Verwertung der Arbeitsergebnisse dem unmittelbar auftraggebenden Gewerbetreibenden überlassen; unschädlich ist es, wenn Hausgewerbetreibende vorübergehend, d.h. in nur unbedeutendem Umfang, unmittelbar für den Absatzmarkt arbeiten (§ 2 Abs. 2 HAG). Das VermBG gilt nicht für die den in Heimarbeit Beschäftigten gemäß § 1 Abs. 2 HAG Gleichgestellten.

(8) Das VermBG gilt nicht für

1. sog. Ehrenbeamte (z. B. ehrenamtliche Bürgermeister), weil sie keine beamtenrechtliche Besoldung beziehen,
2. Empfänger beamtenrechtlicher Versorgungsbezüge,
3. entpflichtete Hochschullehrer, wenn sie nach Landesrecht nicht weiter Beamte im beamtenrechtlichen Sinne sind.

2. Begriff der vermögenswirksamen Leistungen, Überweisung (§ 2, § 3 Abs. 2 und 3 VermBG)

(1) Vermögenswirksame Leistungen sind Geldleistungen, die der Arbeitgeber für den Arbeitnehmer in einer der in § 2 Abs. 1 VermBG genannten Anlageformen anlegt; der Arbeitgeber hat für den Arbeitnehmer grundsätzlich unmittelbar an das Unternehmen, das Institut oder den Gläubiger zu leisten, bei dem nach Wahl des Arbeitnehmers (Abschnitt 12 Abs. 6) die vermögenswirksame Anlage erfolgen soll. Ausnahmen bestehen nach Absatz 3 und in folgenden Fällen:

1. Bei einer Anlage nach § 2 Abs. 1 Nr. 2 und 3 VermBG in Beteiligungen auf Grund von Verträgen mit dem Arbeitgeber werden die vermögenswirksamen Leistungen verrechnet (Abschnitt 6 Abs. 1 und 2, Abschnitt 7 Abs. 2).
2. Bei einer Anlage nach § 2 Abs. 1 Nr. 5 VermBG für den Wohnungsbau (Abschnitt 10) können die vermögenswirksamen Leistungen auch unmittelbar an den Arbeitnehmer zur Weiterleitung an den Gläubiger gezahlt werden.

Im Übrigen kann nur Arbeitslohn vermögenswirksam angelegt werden, der dem Arbeitnehmer noch nicht zugeflossen ist; die nachträgliche Umwandlung von zugeflossenem Arbeitslohn in vermögenswirksame Leistungen nach § 11 VermBG (Abschnitt 12 Abs. 2 und 3) ist nur im Fall des Absatzes 3 möglich. **Geldwerte Vorteile aus der verbilligten Überlassung von Vermögensbeteiligungen sind keine vermögenswirksamen Leistungen.**

(2) Vermögenswirksame Leistungen liegen auch insoweit vor, als Anspruch auf Arbeitnehmer-Sparzulage nicht besteht, weil z. B.

1. auf Grund eines Sparvertrags oder Kapitalversicherungsvertrags (§ 2 Abs. 1 Nr. 6 und 7, § 13 Abs. 2 VermBG) angelegt wird,
2. die zulagebegünstigten Höchstbeträge von 400 Euro bzw. 470 Euro überschritten sind (§ 13 Abs. 2 VermBG)

oder

3. die Einkommensgrenze überschritten ist (§ 13 Abs. 1 VermBG).

(3) Für den Grenzgänger (Abschnitt 1 Abs. 4 Nr. 1) kann der ausländische Arbeitgeber vermögenswirksame Leistungen auch dadurch anlegen, dass er eine andere Person mit der Überweisung oder Einzahlung in seinem Namen und für seine Rechnung beauftragt. Geht dies aus dem Überweisungsauftrag oder dem Einzahlungsbeleg eindeutig hervor, bestehen keine Bedenken, wenn es sich bei der beauftragten Person um den Sparenden selbst handelt. Lehnt es der ausländische Arbeitgeber ab, mit dem bei ihm beschäftigten Grenzgänger einen Vertrag nach § 11 Abs. 1 VermBG abzuschließen, so kann statt des Arbeitgebers ein inländisches Kreditinstitut **oder eine inländische Kapitalanlagegesellschaft** mit dem Arbeitnehmer die vermögenswirksame Anlage von Lohnteilen vereinbaren. Voraussetzung ist, dass der ausländische Arbeitgeber den Arbeitslohn auf ein Konto des Arbeitnehmers bei dem Kreditinstitut

(Zu LStH 19a) **Anhang 25/Anwendung 5. VermBG**

überweist und dieses sodann die vermögenswirksam anzulegenden Beträge zu Lasten dieses Kontos unmittelbar an das Unternehmen, das Institut oder den Gläubiger leistet; **wird der Vertrag mit der Kapitalanlagegesellschaft abgeschlossen, gilt dies sinngemäß.** Diese Regelungen gelten auch für Arbeitnehmer, die bei diplomatischen und konsularischen Vertretungen ausländischer Staaten im Inland beschäftigt sind, wenn das Arbeitsverhältnis deutschem Arbeitsrecht unterliegt.

(4) Der Anspruch des Arbeitnehmers auf vermögenswirksame Leistungen ist bis zum Betrag von 870 Euro im Kalenderjahr unabhängig von der Anlageart nicht übertragbar und damit auch nicht pfändbar und nicht verpfändbar (§ 2 Abs. 7 Satz 2 VermBG, § 851 Abs. 1 ZPO, § 1274 Abs. 2 BGB). Dies gilt auch, soweit der Arbeitgeber die vermögenswirksamen Leistungen aus dem Arbeitslohn anzulegen hat (§ 11 VermBG) und unabhängig davon, ob und wieweit die vermögenswirksamen Leistungen zulagebegünstigt sind.

(5) **Aufwendungen, die vermögenswirksame Leistungen darstellen, zählen nicht zu den Altersvorsorgebeiträgen (§ 82 Abs. 4 Nr. 1 EStG). Auf eine Förderung mittels einer Arbeitnehmer-Sparzulage kommt es nicht an.**

3. Zeitliche Zuordnung der vermögenswirksamen Leistungen (§ 2 Abs. 6 VermBG)

(1) Vermögenswirksame Leistungen sind Arbeitslohn (§ 2 Abs. 6 VermBG). Die zeitliche Zuordnung vermögenswirksamer Leistungen richtet sich nach den für die Zuordnung des Arbeitslohns geltenden Vorschriften (vgl. § 38a Abs. 1 Satz 2 und 3 EStG, **R 39b.5 und 39b.6 LStR**). Für die Zurechnung vermögenswirksamer Leistungen zum abgelaufenen Kalenderjahr kommt es auf den Zeitpunkt des Eingangs beim Anlageinstitut nicht an (vgl. Abschnitt 13 Abs. 1).

(2) Die zeitliche Zuordnung vermögenswirksamer Leistungen ist auf den Beginn der Sperrfrist ohne Einfluss. Die Sperrfrist für auf Sparverträge über Wertpapiere oder andere Vermögensbeteiligungen (§ 4 VermBG) angelegte vermögenswirksame Leistungen beginnt stets am 1. Januar des Kalenderjahrs, in dem die einmalige oder erste laufende vermögenswirksame Leistung beim Kreditinstitut **oder der Kapitalanlagegesellschaft** eingeht.

4. Vermögensbeteiligungen (§ 2 Abs. 1 Nr. 1 VermBG)

(1) Die Vermögensbeteiligungen, deren Begründung oder Erwerb nach dem VermBG mit der Arbeitnehmer-Sparzulage begünstigt ist, sind in § 2 Abs. 1 Nr. 1 i.V.m. Abs. 2 bis 4 VermBG abschließend aufgezählt. Danach können sowohl Vermögensbeteiligungen am Unternehmen des Arbeitgebers (betriebliche Beteiligungen) als auch Vermögensbeteiligungen an anderen Unternehmen (außerbetriebliche Beteiligungen) begründet oder erworben werden. Eine Vermögensbeteiligung kann jedoch nur begründet oder erworben werden, wenn ihre Laufzeit nicht vor der für die gewählte Anlage geltenden Sperrfrist endet.

(2) Aktien und Wandelschuldverschreibungen sind Vermögensbeteiligungen, wenn sie

1. vom inländischen oder ausländischen Arbeitgeber oder von einem Unternehmen, das als herrschendes Unternehmen mit dem Unternehmen des Arbeitgebers verbunden ist (§ 18 Abs. 1 des Aktiengesetzes – AktG –) ausgegeben werden oder
2. an einer deutschen Börse zum **regulierten** Markt zugelassen oder in den Freiverkehr einbezogen sind.

(3) Eine Gewinnschuldverschreibung ist ein Wertpapier, das auf Inhaber, Namen oder an Order lautet und in dem die Leistung einer bestimmten Geldsumme – im Regelfall die Einlösung zum Nennwert – versprochen wird. Ob die Einlösung nach Fristablauf, Kündigung oder Rückgabe vorgesehen ist, ist dabei ohne Bedeutung. Unerheblich ist ebenfalls, ob neben Geldsummenansprüchen Geldwertansprüche verbrieft sind; so liegt z. B. eine Gewinnschuldverschreibung auch vor, wenn die Einlösung zum Kurs einer entsprechenden Aktie, mindestens jedoch zu einer bestimmten Geldsumme vereinbart ist. Voraussetzung ist in allen Fällen, dass neben einer bestimmten Geldsumme eine Verzinsung zugesagt ist, die mit dem Gewinn zusammenhängt. Auf die Bezeichnung als Zins kommt es dabei nicht an. Neben dem gewinnabhängigen Zins kann ein fester Zins zugesagt bzw. ein gewinnunabhängiger Mindestzins vereinbart sein. Gewinnschuldverschreibungen sind Vermögensbeteiligungen, wenn sie vom inländischen oder ausländischen Arbeitgeber oder von einem Unternehmen, das als herrschendes Unternehmen mit dem Unternehmen des Arbeitgebers verbunden ist (§ 18 Abs. 1 AktG). Sofern in solchen Gewinnschuldverschreibungen eine gewinnunabhängige Mindestverzinsung zugesagt ist, muss eine der in § 2 Abs. 3 VermBG geforderten Voraussetzungen erfüllt sein; die Mindestverzinsung im Sinne des § 2 Abs. 3 Nr. 2 VermBG bestimmt sich nach dem Ausgabepreis, nicht nach dem Nennwert oder Tageskurs der Gewinnschuldverschreibung.

(4) Wandel- und Gewinnschuldverschreibungen, die Namensschuldverschreibungen des Arbeitgebers sind, sind Vermögensbeteiligungen, wenn die Ansprüche des Arbeitnehmers aus der Schuldver-

Anhang 25/Anwendung 5. VermBG (Zu LStH 19a)

schreibung auf Kosten des Arbeitgebers durch ein inländisches Kreditinstitut verbürgt oder durch ein inländisches Versicherungsunternehmen privatrechtlich gesichert sind; ein Wechsel des Bürgen oder des Versicherungsunternehmens während der für die gewählte Anlage geltenden Sperrfrist ist zulässig, wenn der neue Bürge oder das neue Versicherungsunternehmen die bisher entstandenen Verpflichtungen übernimmt. Durch den Eintritt des Sicherungsfalls wird die für die gewählte Anlage geltende Sperrfrist nicht berührt. Die Sicherung ist nicht erforderlich, wenn der Arbeitgeber ein inländisches Kreditinstitut ist.

(5) Anteile an richtlinienkonformen Sondervermögen im Sinne von § 46 bis 65 des Investmentgesetzes – InvG – und gemischten Sondervermögen im Sinne von § 83 bis 86 InvG (§ 2 Abs. 1 Nr. 1 Buchstabe c VermBG) bleiben Vermögensbeteiligungen bei Änderung der im maßgebenden Jahresbericht oder im ersten Halbjahresbericht nach Auflegung des Sondervermögens festgestellten Zusammensetzung des Sondervermögens, die während der Laufzeit eines Vertrags nach § 4 VermBG über den Erwerb von entsprechenden Anteilen mit laufenden vermögenswirksamen Leistungen eintreten kann. Das gilt auch für ausländische Investmentanteile (§ 2 Abs. 1 Nr. 1 Buchstabe c VermBG) mit der Maßgabe, dass im Zeitpunkt des Vertragsabschlusses der Jahresbericht über das vorletzte Geschäftsjahr stets vorliegen muss. Beim Erwerb verbriefter EG-Investmentanteile gemäß § 2 Abs. 10 des Investmentgesetzes kann für neu aufgelegte Vermögen aus Wertpapieren auch der erste Halbjahresbericht nach Auflegung des Vermögens zugrunde gelegt werden. Die Anlage in Immobilien-Sondervermögen, Altersvorsorge-Sondervermögen und Spezial-Sondervermögen wird nicht gefördert.

(5a) Anteile an Mitarbeiterbeteiligungs-Sondervermögen nach Abschnitt 7a InvG sind auch dann Vermögensbeteiligungen im Sinne des VermBG, wenn der Arbeitgeber des Arbeitnehmers keine freiwilligen Leistungen im Sinne des § 3 Nr. 39 Satz 2 Buchstabe a EStG zum Erwerb von Anteilen gewährt.

(6) Ein Genussschein ist ein Wertpapier, wenn er ein Genussrecht verbrieft und auf Inhaber, Namen oder an Order lautet. Ein Genussschein kann grundsätzlich von Unternehmen jeder Rechtsform ausgegeben werden. Genussrechte können alle Vermögensrechte sein, wie sie typischerweise Aktionären zustehen. Sie unterscheiden sich von Mitgliedschaftsrechten durch das Fehlen der Kontroll- und Verwaltungsrechte. Genussscheine sind Vermögensbeteiligungen, wenn sie

1. vom inländischen oder ausländischen Arbeitgeber oder von einem Unternehmen, das als herrschendes Unternehmen mit dem Unternehmen des Arbeitgebers verbunden ist (§ 18 Abs. 1 AktG), ausgegeben werden oder
2. von einem inländischen Unternehmen, das kein Kreditinstitut ist, ausgegeben werden und an einer deutschen Börse zum **regulierten** Markt zugelassen oder in den Freiverkehr einbezogen sind.

Voraussetzung ist stets, dass mit dem Genussrecht das Recht am Gewinn des Unternehmens verbunden ist. Die Zusage eines gewinnunabhängigen Mindest- bzw. Festzinses steht damit grundsätzlich nicht im Einklang. Ein gewinnunabhängiger Mindest- oder Festzins ist z. B. dann nicht zugesagt, wenn die Zinszahlung ausdrücklich von einem ausreichenden Gewinn abhängig gemacht ist oder das Genussrechtskapital am Verlust teilnimmt (vgl. § 10 Abs. 5 Gesetz über das Kreditwesen). Sofern eine gewinnunabhängige Mindestverzinsung zugesagt ist, muss eine der in § 2 Abs. 4 i.V.m. Abs. 3 VermBG geforderten Voraussetzungen erfüllt sein. Die Mindestverzinsung im Sinne des § 2 Abs. 3 Nr. 2 VermBG bestimmt sich nach dem Ausgabepreis, nicht nach dem Nennwert oder Tageskurs des Genussscheins. Sind neben dem Recht am Gewinn eines Unternehmens andere Rechte vereinbart, die ebenfalls typische Vermögensrechte eines Aktionärs sein können (z. B. Bezugsrechte), steht das der Annahme eines Genussrechts nicht entgegen. Voraussetzung ist außerdem, dass eine Rückzahlung zum Nennwert nicht zugesagt ist. Diese Voraussetzung ist z. B. in folgenden Fällen erfüllt:

1. Ausschluss der Rückzahlbarkeit (Unkündbarkeit, keine Rücknahme des Genussscheins);
2. Rückzahlbarkeit bei Kündigung, bei Rückgabe oder nach Fristablauf, wenn sich der Rückzahlungsanspruch nach der Wertentwicklung eines Unternehmens richtet (z. B. unmittelbar auf einen Anteil am Liquidationserlös gerichtet ist oder sich nach dem Börsenkurs einer entsprechenden Aktie des Unternehmens richtet);
3. Rückzahlbarkeit bei Kündigung, bei Rückgabe oder nach Fristablauf, wenn eine Beteiligung am Verlust vereinbart ist (das ist auch dann der Fall, wenn im Verlustfalle weniger als der Nennwert zurückgezahlt wird);
4. Rückzahlbarkeit bei Kündigung, bei Rückgabe oder nach Fristablauf, wenn eine Rückzahlung nur aus dem Gewinn erfolgen darf.

Ist Rückzahlung zum Nennwert zugesagt, kann es sich um eine Gewinnschuldverschreibung handeln (Absatz 3).

(7) Beteiligungen an einer Genossenschaft durch Begründung oder Erwerb eines Geschäftsguthabens sind Vermögensbeteiligungen, wenn die Genossenschaft

1. der inländische Arbeitgeber oder ein inländisches Unternehmen ist, das als herrschendes Unternehmen mit dem inländischen Unternehmen des Arbeitgebers verbunden ist (§ 18 Abs. 1 AktG), oder
2. ein inländisches Kreditinstitut oder ein Post-, Spar- oder Darlehensverein ist oder
3. eine Bau- oder Wohnungsgenossenschaft im Sinne des § 2 Abs. 1 Nr. 2 des Wohnungsbau-Prämiengesetzes – WoPG – ist, welche die in § 2 Abs. 1 Nr. 1 Buchstabe g VermBG geforderten Voraussetzungen erfüllt.

Die Begründung oder der Erwerb eines Geschäftsguthabens bei einer Genossenschaft setzt voraus, dass der Arbeitnehmer bereits Mitglied der Genossenschaft ist oder vereinbart ist, dass er von der Genossenschaft als Mitglied aufgenommen wird. Zur Begründung von Geschäftsguthaben bei einer Genossenschaft werden auch die vermögenswirksamen Leistungen angelegt, die als Anzahlungen oder als Einzahlungen auf den Geschäftsanteil des Arbeitnehmers geleistet werden, nachdem das Geschäftsguthaben durch Verlust gemindert oder der Geschäftsanteil durch Beschluss der Generalversammlung erhöht worden ist. Ist die Sperrfrist nicht eingehalten, gehören Aufwendungen für den ersten Erwerb von Anteilen an Bau- und Wohnungsgenossenschaften (§ 2 Abs. 1 Nr. 2 WoPG) zu den Anlagen nach § 2 Abs. 1 Nr. 4 VermBG (Abschnitt 9 Abs. 3).

(8) Beteiligungen an einer Gesellschaft mit beschränkter Haftung – GmbH – durch Übernahme einer Stammeinlage oder Erwerb eines Geschäftsanteils sind Vermögensbeteiligungen, wenn die GmbH der inländische Arbeitgeber oder ein inländisches Unternehmen ist, das als herrschendes Unternehmen mit dem inländischen Unternehmen des Arbeitgebers verbunden ist (§ 18 Abs. 1 AktG). Zur Übernahme einer Stammeinlage bei einer GmbH durch den Arbeitnehmer können vermögenswirksame Leistungen

1. bei Errichtung der GmbH auf Grund des mit dem Arbeitnehmer abgeschlossenen Gesellschaftsvertrags oder
2. bei Erhöhung des Stammkapitals der GmbH auf Grund einer Übernahmeerklärung des Arbeitnehmers (§ 55 Abs. 1 GmbH-Gesetz)

nach den Vorschriften des § 6 VermBG über den Beteiligungsvertrag angelegt werden. Zum Erwerb eines Geschäftsanteils an einer GmbH durch den Arbeitnehmer können vermögenswirksame Leistungen auf Grund eines Abtretungsvertrags des Arbeitnehmers mit der arbeitgebenden GmbH oder dem genannten verbundenen Unternehmen, nach den Vorschriften des § 7 VermBG über den Beteiligungs-Kaufvertrag (Abschnitt 7) angelegt werden. Nach den Vorschriften des § 4 VermBG angelegte vermögenswirksame Leistungen können zur Übernahme einer Stammeinlage auf Grund eines Gesellschaftsvertrags oder einer Übernahmeerklärung des Arbeitnehmers und zum Erwerb eines Geschäftsanteils auf Grund eines Abtretungsvertrags verwendet werden (§ 4 Abs. 2 Satz 1 Nr. 1 VermBG). Zur Übernahme einer Stammeinlage können vermögenswirksame Leistungen bereits dann angelegt oder verwendet werden, wenn der Gesellschaftsvertrag abgeschlossen oder die Übernahme der Stammeinlage erklärt, aber die Gesellschaft oder die Erhöhung des Stammkapitals noch nicht in das Handelsregister eingetragen worden ist. Unterbleibt die Eintragung, so sind Abschnitt 18 Abs. 1 Nr. 3 und § 8 Abs. 1 Nr. 4 der Verordnung zur Durchführung des Fünften Vermögensbildungsgesetzes – VermBDV 1994 – zu beachten.

(9) Stille Beteiligungen an einem Unternehmen sind Vermögensbeteiligungen, wenn dieses

1. der inländische Arbeitgeber oder ein inländisches Unternehmen ist, das als herrschendes Unternehmen mit dem inländischen Unternehmen des Arbeitgebers verbunden ist (§ 18 Abs. 1 AktG), oder
2. ein inländisches Unternehmen ist, das auf Grund eines Vertrags mit dem Arbeitgeber an dessen inländischem Unternehmen gesellschaftsrechtlich beteiligt ist (indirekte betriebliche stille Beteiligung über eine so genannte Mitarbeiterbeteiligungsgesellschaft).

Als Vermögensbeteiligungen sind auch stille Beteiligungen an einem inländischen Unternehmen anzusehen, das auf Grund eines Vertrags mit einem anderen inländischen Unternehmen an diesem gesellschaftsrechtlich beteiligt ist, wenn dieses als herrschendes Unternehmen mit dem inländischen Unternehmen des Arbeitgebers verbunden ist (§ 18 Abs. 1 AktG). Die stille Beteiligung muss die im Handelsgesetzbuch für sie vorgeschriebenen Voraussetzungen erfüllen. Die stille Beteiligung an einem Unternehmen ist danach unabhängig von dessen Rechtsform möglich, wenn das Unternehmen ein Handelsgewerbe betreibt, oder wenn das Unternehmen z. B. wegen seiner Rechtsform oder wegen seiner Eintragung im Handelsregister als Unternehmen gilt, das ein Handelsgewerbe betreibt. An einer Gesellschaft, die kein Handelsgewerbe betreibt, aber – zu Unrecht – als Kommanditgesellschaft im Handelsregister eingetragen ist, kann eine stille Beteiligung begründet werden, wenn die eingetragene Gesellschaft ein Gewerbe betreibt. Ob diese Voraussetzung erfüllt ist, ist jeweils unter Berücksichtigung der

Anhang 25/Anwendung 5. VermBG (Zu LStH 19a)

Umstände des Einzelfalls ausschließlich nach handelsrechtlichen Grundsätzen festzustellen. Für die Abgrenzung einer stillen Beteiligung von einem partiarischen Darlehen kommt es darauf an, ob die Vertragspartner einen gemeinsamen Zweck verfolgen (vgl. BFH-Urteil vom 21. Juni 1983, BStBl. II S. 563). Indiz für die Verfolgung eines gemeinsamen Zwecks kann die ausdrückliche Vereinbarung von Kontrollrechten des Arbeitnehmers sein. Fehlt es an einem gemeinsamen Zweck der Vertragspartner, liegt ein partiarisches Darlehen vor (Absatz 10).

(10) Darlehensforderungen sind Vermögensbeteiligungen, wenn
1. sie Forderungen gegen den Arbeitgeber oder gegen ein inländisches Unternehmen sind, das als herrschendes Unternehmen mit dem Unternehmen des Arbeitgebers verbunden ist (§ 18 Abs. 1 AktG) und
2. die Ansprüche des Arbeitnehmers aus dem Darlehensvertrag gesichert sind.

Absatz 4 gilt entsprechend.

(11) Genussrechte an einem Unternehmen, über die keine Genussscheine mit Wertpapiercharakter ausgegeben werden, sind Vermögensbeteiligungen, wenn
1. das Unternehmen der inländische Arbeitgeber oder ein inländisches Unternehmen ist, das als herrschendes Unternehmen mit dem inländischen Unternehmen des Arbeitgebers verbunden ist (§ 18 Abs. 1 AktG), und
2. die Voraussetzungen des Absatzes 6 erfüllt sind.

Ist Rückzahlung zum Nennwert vereinbart, kann es sich um ein partiarisches Darlehen handeln (Absatz 10).

(12) Mit vermögenswirksamen Leistungen können auch Nebenkosten der Begründung oder des Erwerbs einer Vermögensbeteiligung beglichen werden. Nebenkosten sind z. B. Provisionen, Notariatsgebühren, Eintrittsgelder im Zusammenhang mit Geschäftsguthaben bei einer Genossenschaft, Aufgelder im Zusammenhang mit Stammeinlagen bei einer GmbH und Kosten für Registereintragungen. Keine Nebenkosten in diesem Sinne sind z. B. Stückzinsen und Verwaltungskosten wie z. B. Depot- oder Kontoführungsgebühren.

5. Anlagen auf Grund von Sparverträgen über Wertpapiere oder andere Vermögensbeteiligungen (§ 2 Abs. 1 Nr. 1, § 4 VermBG)

(1) Sparverträge über Wertpapiere oder andere Vermögensbeteiligungen (Abschnitt 4) können mit inländischen Kreditinstituten, **inländischen Kapitalanlagegesellschaften** und Kreditinstituten **oder Verwaltungsgesellschaften im Sinne der Richtlinie 85/611/EWG in anderen** EU-Mitgliedstaaten abgeschlossen werden. Die Verträge brauchen die Voraussetzungen des § 21 Abs. 4 der **Kreditinstituts-Rechnungslegungsverordnung** nicht zu erfüllen, d. h., es können auch ohne Ausfertigung eines Sparbuchs mit jeder Einzahlung unmittelbar wertpapiermäßig verbriefte Vermögensbeteiligungen erworben werden. Die Verträge können auf den Erwerb oder die Begründung bestimmter Vermögensbeteiligungen beschränkt sein (z. B. auf den Erwerb von Aktien eines bezeichneten Unternehmens). Die Beschränkung kann geändert oder aufgehoben werden.

(2) Ein Vertrag über eine einmalige Einzahlung ist ein Vertrag über eine einzige, der Höhe nach bestimmte Einzahlung. Ein Vertrag über laufende Einzahlungen liegt vor, wenn auf diesen Vertrag für die Dauer von sechs Jahren seit Vertragsabschluss mindestens einmal in jedem Kalenderjahr Beträge eingezahlt werden sollen; die einzuzahlenden Beträge brauchen der Höhe nach nicht bestimmt zu sein. Als Zeitpunkt des Vertragsabschlusses gilt der Tag, an dem die vermögenswirksame Leistung, bei Verträgen über laufende Einzahlungen die erste vermögenswirksame Leistung, beim Kreditinstitut **oder bei der Kapitalanlagegesellschaft** eingeht. Aus Vereinfachungsgründen bestehen keine Bedenken dagegen, Einzahlungen auf einen Sparvertrag über laufende Einzahlungen noch bis zum letzten Tag des Kalendermonats zuzulassen, in dem die Frist von sechs Jahren endet.

(3) Die siebenjährige Sperrfrist gilt einheitlich für Verträge über die einmalige oder laufende Anlage vermögenswirksamer Leistungen. Sie beginnt am 1. Januar des Kalenderjahrs, in dem die vermögenswirksame Leistung, bei Verträgen über laufende Einzahlungen die erste vermögenswirksame Leistung beim Kreditinstitut **oder bei der Kapitalanlagegesellschaft** eingeht. Die Einzahlung anderer Beträge ist auf den Beginn der Sperrfrist ohne Einfluss.

Beispiel:
Der Arbeitnehmer unterschreibt den Sparvertrag über laufende Einzahlungen am 29. Juli **2009**. Die erste vermögenswirksame Leistung geht am 20. August **2009 bei der Kapitalanlagegesellschaft** ein. Der Sparvertrag gilt am 20. August **2009** als abgeschlossen, **so dass** die sechsjährige Einzahlungsfrist am 19. August **2015** endet. Auf Grund der Vereinfachungsregelung ist die letzte Ein-

(Zu LStH 19a) **Anhang 25/Anwendung 5. VermBG**

zahlung aber auch noch am 31. August **2015** möglich. Die siebenjährige Sperrfrist endet am 31. Dezember **2015**.

(4) Der Vertrag über die laufende Anlage vermögenswirksamer Leistungen ist unterbrochen, wenn in einem Kalenderjahr, das dem Kalenderjahr des Vertragsabschlusses folgt, weder vermögenswirksame Leistungen noch andere Beträge eingezahlt werden; dabei liegt z. B. eine Einzahlung anderer Beträge auch dann vor, wenn Zinsen für eingezahlte Beträge gutgeschrieben bleiben.

Beispiele:
A. Der Arbeitnehmer unterschreibt den Sparvertrag über laufende Einzahlungen am 30. September **2009**. Die erste vermögenswirksame Leistung geht am 4. November **2009**, weitere vermögenswirksame Leistungen gehen bis einschließlich März **2010 bei der Kapitalanlagegesellschaft** ein. Ab 1. April **2010** werden keine Beträge mehr eingezahlt, weil der Arbeitnehmer arbeitslos geworden ist. Die gutgeschriebenen Zinsen und die gutgeschriebenen Erträge aus Vermögensbeteiligungen hat sich der Arbeitnehmer auszahlen lassen. Am 2. November **2011** werden erneut vermögenswirksame Leistungen eingezahlt. Der Vertrag ist nicht unterbrochen, weil in den Kalenderjahren **2010** und **2011** vermögenswirksame Leistungen angelegt worden sind.

B. Der Arbeitnehmer unterschreibt den Sparvertrag über laufende Einzahlungen am 30. September **2009**. Die erste vermögenswirksame Leistung geht am 4. November **2009 bei der Kapitalanlagegesellschaft** ein. Ab 1. Januar **2010** werden keine Beträge mehr eingezahlt, weil der Arbeitnehmer arbeitslos geworden ist. Die gutgeschriebenen Zinsen und die gutgeschriebenen Erträge aus Vermögensbeteiligungen hat sich der Arbeitnehmer auszahlen lassen. Ab 1. Februar **2011** werden erneut vermögenswirksame Leistungen eingezahlt. Der Vertrag ist unterbrochen, weil im Kalenderjahr **2010** keine Einzahlungen vorliegen.

(5) Nach einer Unterbrechung können auf den Sparvertrag keine vermögenswirksamen Leistungen mehr angelegt werden.

(6) Endet für vermögenswirksame Leistungen die Verwendungsfrist (§ 4 Abs. 2 Nr. 1 VermBG) mit oder nach Ablauf der Sperrfrist, so werden sie auch dann gefördert, wenn keine Vermögensbeteiligungen erworben werden.

(7) Die Festlegung erworbener Wertpapiere und die Aufzeichnungspflichten bei ihrer Verwahrung durch den Arbeitgeber sind in § 4 Abs. 1 und 2 VermBDV 1994 geregelt. Die Mitteilungspflichten des Kreditinstituts **oder der Kapitalanlagegesellschaft** und des Arbeitgebers bei Verwahrung der erworbenen Wertpapiere durch den Arbeitgeber sind in § 2 Abs. 3 VermBDV 1994 geregelt.

(8) Die erworbenen Wertpapiere können vor Ablauf der Sperrfrist zulagenunschädlich gegen andere verbriefte Vermögensbeteiligungen ausgetauscht werden (§ 4 Abs. 4 Nr. 6 VermBG). Dieser Austausch ist nur möglich, wenn die Wertpapiere **bei einem** Kreditinstitut **oder bei einer Kapitalanlagegesellschaft** verwahrt werden. Der Erlös aus der Veräußerung einschließlich etwaiger Kursgewinne ist bis zum Ablauf des folgenden Kalendermonats zum Erwerb der für den Rest der Sperrfrist festzulegenden anderen Wertpapiere zu verwenden. Dabei übrig bleibende vermögenswirksame Leistungen bleiben gefördert, wenn sie 150 Euro nicht übersteigen; aus mehreren Veräußerungsvorgängen übrig bleibende vermögenswirksame Leistungen sind zusammenzurechnen. Wird die 150-Euro-Grenze überschritten, wird die Förderung der nicht wieder verwendeten vermögenswirksamen Leistungen rückgängig gemacht, weil in dieser Höhe eine unschädliche Verfügung nicht vorliegt. Sind zum Erwerb von Wertpapieren neben vermögenswirksamen Leistungen auch andere Beträge verwendet worden, so gelten beim Austausch von Wertpapieren zuerst die anderen Beträge als übrig bleibend; diese Beträge bleiben bei der Ermittlung der 150-Euro-Grenze außer Ansatz.

6. Anlagen auf Grund von Wertpapier-Kaufverträgen (§ 2 Abs. 1 Nr. 2, § 5 VermBG)

(1) Auf Grund eines Wertpapier-Kaufvertrags mit dem inländischen Arbeitgeber werden vermögenswirksame Leistungen durch Verrechnung mit dem Kaufpreis zum Erwerb von Wertpapieren (§ 2 Abs. 1 Nr. 1 Buchstaben a bis **d** und f VermBG) angelegt. Der Kaufpreis kann mit vermögenswirksamen Leistungen entrichtet werden durch

– einmalige Verrechnung als Vorauszahlung oder nachträgliche Zahlung,
– laufende Verrechnung als Anzahlungen oder Abzahlungen.

(2) Ist der Kaufpreis durch einmalige Verrechnung vorausgezahlt oder durch laufende Verrechnung angezahlt worden, so hat der Arbeitgeber ein Anzahlungskonto zu führen.

(3) Die Festlegung erworbener Wertpapiere und die Aufzeichnungspflichten bei ihrer Verwahrung sind in § 4 Abs. 3 VermBDV 1994 geregelt. Die Mitteilungspflichten des Arbeitgebers und des Kreditinstituts **oder der Kapitalanlagegesellschaft** bei Verwahrung der erworbenen Wertpapiere durch ein vom Ar-

Anhang 25/Anwendung 5. VermBG (Zu LStH 19a)

beitnehmer benanntes Kreditinstitut **oder eine vom Arbeitnehmer benannte Kapitalanlagegesellschaft** sind in § 2 Abs. 4 VermBDV 1994 geregelt. Der sparzulagenunschädliche Austausch von Wertpapieren (Abschnitt 5 Abs. 8) ist nicht möglich, wenn diese auf Grund eines Wertpapier-Kaufvertrags erworben worden sind.

7. Anlagen auf Grund von Beteiligungs-Verträgen und Beteiligungs-Kaufverträgen (§ 2 Abs. 1 Nr. 3, §§ 6 und 7 VermBG)

(1) Beteiligungs-Verträge (§ 6 VermBG) unterscheiden sich von Beteiligungs-Kaufverträgen (§ 7 VermBG) hauptsächlich dadurch, dass Beteiligungs-Verträge nicht verbriefte Vermögensbeteiligungen erstmals begründen, während auf Grund von Beteiligungs-Kaufverträgen bereits bestehende nicht verbriefte Vermögensbeteiligungen erworben werden.

(2) Auf Grund eines Beteiligungs-Vertrags nach § 6 Abs. 1 VermBG und auf Grund eines Beteiligungs-Kaufvertrags nach § 7 Abs. 1 VermBG zwischen dem Arbeitnehmer und dem inländischen Arbeitgeber können vermögenswirksame Leistungen in nicht verbrieften betrieblichen Vermögensbeteiligungen angelegt werden. Auf Grund eines Beteiligungs-Kaufvertrags nach § 7 Abs. 1 VermBG können außerdem insbesondere außerbetriebliche Vermögensbeteiligungen in Form von Geschäftsguthaben bei inländischen Kredit-, Bau- oder Wohnungsbaugenossenschaften sowie stille Beteiligungen an sog. Mitarbeiterbeteiligungsgesellschaften (Abschnitt 4 Abs. 9) erworben werden. Die vermögenswirksamen Leistungen sind zu verrechnen (Abschnitt 6 Abs. 1 und 2).

(3) Ein Beteiligungs-Vertrag nach § 6 Abs. 2 VermBG kann vom Arbeitnehmer mit einem Unternehmen, das mit dem Unternehmen des Arbeitgebers verbunden ist, mit einer sog. Mitarbeiterbeteiligungsgesellschaft oder mit einer Kredit-, Bau- oder Wohnungsbaugenossenschaft zur Begründung nicht verbriefter Vermögensbeteiligungen an dem vertragschließenden Unternehmen abgeschlossen werden. Ein Beteiligungs-Kaufvertrag nach § 7 Abs. 2 VermBG kann vom Arbeitnehmer mit der GmbH, die mit dem Unternehmen des Arbeitgebers verbunden ist, zum Erwerb von Geschäftsanteilen an der vertragschließenden GmbH abgeschlossen werden. Die vermögenswirksamen Leistungen sind vom Arbeitgeber zu überweisen; die einmalige Überweisung als Voraus- oder nachträgliche Zahlung sowie laufende Überweisungen als An- oder Abzahlungen sind zulässig. So kann in einem Beteiligungs-Vertrag nach § 6 Abs. 2 VermBG vereinbart sein, dass der Arbeitnehmer an eine Genossenschaft vermögenswirksame Leistungen laufend als Anzahlungen zum Zwecke der Begründung von Geschäftsguthaben vom Arbeitgeber überweisen lässt, damit die Genossenschaft für den Arbeitnehmer die Einzahlungen erbringt, die zu leisten sind, sobald er der Genossenschaft beigetreten ist und die Geschäftsanteile übernommen hat.

(4) Ist die für die Begründung der Vermögensbeteiligung geschuldete Geldsumme (§ 6 Abs. 1 und 2 VermBG) oder der Kaufpreis (§ 7 Abs. 1 und 2 VermBG) durch einmalige vermögenswirksame Leistung vorausgezahlt oder durch laufende vermögenswirksame Leistungen angezahlt worden, so hat der Arbeitgeber oder das Unternehmen ein Anzahlungskonto zu führen.

(5) Die Aufzeichnungspflichten während der Dauer der Sperrfrist (§ 6 Abs. 3 Nr. 2, § 7 Abs. 3 VermBG) sind in § 3 VermBDV 1994 geregelt.

8. Insolvenzschutz (§ 2 Abs. 5a VermBG)

Der Arbeitgeber hat vor der Anlage vermögenswirksamer Leistungen im eigenen Unternehmen in Zusammenarbeit mit dem Arbeitnehmer Vorkehrungen zu treffen, die der Absicherung der angelegten vermögenswirksamen Leistungen bei einer während der Dauer der Sperrfrist eintretenden Zahlungsunfähigkeit des Arbeitgebers dienen (§ 2 Abs. 5a VermBG). Vorkehrungen des Arbeitgebers gegen Insolvenz sind nicht Voraussetzung für den Anspruch des Arbeitnehmers auf die Arbeitnehmer-Sparzulage.

9. Anlagen nach dem Wohnungsbau-Prämiengesetz (§ 2 Abs. 1 Nr. 4 VermBG)

(1) Als Aufwendungen des Arbeitnehmers nach dem WoPG können vermögenswirksame Leistungen auf Grund von Verträgen angelegt werden, die nach den Vorschriften des WoPG abgeschlossen worden sind. Bei der Anlage vermögenswirksamer Leistungen nach § 2 Abs. 1 Nr. 2 WoPG als Aufwendungen für den ersten Erwerb von Anteilen an Bau- und Wohnungsgenossenschaften müssen jedoch die Voraussetzungen des § 2 Abs. 1 Nr. 1 Buchstabe g zweiter Halbsatz VermBG erfüllt sein. Eine Anlage nach dem WoPG liegt auch dann vor, wenn der Arbeitnehmer unbeschränkt einkommensteuerpflichtig nach § 1 Abs. 3 EStG ist und die Voraussetzungen des § 1 Abs. 2 Satz Nr. 1 und 2 EStG nicht erfüllt oder beschränkt einkommensteuerpflichtig ist (§ 1 Abs. 4 EStG) oder wenn das Einkommen des Arbeitnehmers die Einkommensgrenze (§ 2a WoPG) überschritten hat.

(2) Beiträge an Bausparkassen zur Erlangung von Baudarlehen setzen den Abschluss eines Bausparvertrags mit einer Bausparkasse voraus (§ 2 Abs. 1 Nr. 1 WoPG). Bausparkassen sind Kreditinstitute im Sinne des § 1 Abs. 1 des Gesetzes über Bausparkassen.

(3) Vermögenswirksame Leistungen können als Aufwendungen für den ersten Erwerb von Anteilen an Bau- und Wohnungsgenossenschaften erbracht werden (§ 2 Abs. 1 Nr. 2 WoPG). Wegen der Zuordnung zu einer Anlage nach § 2 Abs. 1 Nr. 1 Buchstabe g VermBG und den Wegfall dieser Zulagenbegünstigung vgl. Abschnitt 4 Abs. 7 und Abschnitt 18 Abs. 1 Nr. 3.

(4) Wohnbau-Sparverträge im Sinne des WoPG sind Sparverträge mit einem Kreditinstitut oder einem am 31. Dezember 1989 als gemeinnützig anerkannten Wohnungsunternehmen oder einem am 31. Dezember 1989 als Organ der staatlichen Wohnungspolitik anerkannten Unternehmen, wenn diese Unternehmen eigene Spareinrichtungen unterhalten, auf die die Vorschriften des Gesetzes über das Kreditwesen anzuwenden sind. Die eingezahlten Sparbeiträge und die Prämien müssen zum Bau oder Erwerb selbst genutzten Wohneigentums oder zum Erwerb eines eigentumsähnlichen Dauerwohnrechts verwendet werden; die Wohnbau-Sparverträge müssen auf die Dauer von drei bis sechs Jahren als allgemeine Sparverträge oder als Sparverträge mit festgelegten Sparraten abgeschlossen werden (§ 2 Abs. 1 Nr. 3 WoPG).

(5) Baufinanzierungsverträge im Sinne des WoPG sind Verträge mit einem Wohnungs- und Siedlungsunternehmen oder einem am 31. Dezember 1989 anerkannten Organ der staatlichen Wohnungspolitik, die nach der Art von Sparverträgen mit festgelegten Sparraten auf die Dauer von drei bis acht Jahren mit dem Zweck einer Kapitalansammlung abgeschlossen werden; Voraussetzung ist, dass die eingezahlten Beiträge und die Prämien zum Bau oder Erwerb selbst genutzten Wohneigentums oder zum Erwerb eines eigentumsähnlichen Dauerwohnrechts verwendet werden (§ 2 Abs. 1 Nr. 4 WoPG). Baufinanzierungsverträge unterscheiden sich von den Wohnbau-Sparverträgen mit festgelegten Sparraten (Absatz 4) dadurch, dass außer den Verpflichtungen des Arbeitnehmers auch die Verpflichtungen des Unternehmens zur Erbringung der vertraglichen Leistungen von vornherein festgelegt sein müssen (vgl. BFH-Urteil vom 17. März 1972, BStBl. II S. 601).

10. Anlagen für den Bau, den Erwerb, den Ausbau, die Erweiterung oder die Entschuldung eines Wohngebäudes usw. (§ 2 Abs. 1 Nr. 5 VermBG)

Bei einer Anlage unmittelbar für den Bau, den Erwerb, den Ausbau, die Erweiterung oder die Entschuldung eines im Inland belegenen Wohngebäudes usw. gilt Folgendes:

1. Wohngebäude sind Gebäude, soweit sie Wohnzwecken dienen.
2. Für die Anlage ist Voraussetzung, dass der Arbeitnehmer entweder Alleineigentümer oder Miteigentümer des Wohngebäudes usw. ist; mindestens muss jedoch eine Auflassungsvormerkung zu seinen Gunsten im Grundbuch eingetragen sein. **Keine Anlage in diesem Sinne liegt vor, wenn mehr als 15 Arbeitnehmer Miteigentümer des Wohngebäudes usw. werden sollen oder bereits sind.**
3. Eine Anlage liegt u. a. vor, wenn es sich bei den Aufwendungen um Anschaffungskosten, Herstellungskosten und Erhaltungsaufwendungen bei Instandsetzung und Modernisierung handelt (vgl. BMF-Schreiben vom 18. Juli 2003, BStBl. I S. 386).
4. Als Aufwendungen für den Bau, den Erwerb, den Ausbau, die Erweiterung oder die Entschuldung eines Wohngebäudes usw. können die vermögenswirksamen Leistungen nur erbracht werden, soweit im Zeitpunkt ihres Zuflusses die Schuld des Arbeitnehmers, für den die Leistungen erbracht werden, nicht bereits getilgt ist.
5. Sparleistungen an Treuhand- und Immobiliensparsgesellschaften sind keine Aufwendungen für den Bau, den Erwerb, den Ausbau, die Erweiterung oder die Entschuldung eines Wohngebäudes usw.

11. Anlagen auf Grund von Verträgen des Ehegatten, der Kinder oder der Eltern (§ 3 Abs. 1 VermBG)

(1) Der Arbeitnehmer kann vermögenswirksame Leistungen auch auf Grund von Sparverträgen über Wertpapiere oder andere Vermögensbeteiligungen (Abschnitt 5), auf Grund von Verträgen nach den Vorschriften des WoPG (Abschnitt 9), auf Grund von Sparverträgen (§ 8 VermBG) und auf Grund von Kapitalversicherungsverträgen (§ 9 VermBG) anlegen lassen, die von seinem Ehegatten abgeschlossen worden sind, mit dem der Arbeitnehmer die Zusammenveranlagung zur Einkommensteuer wählen kann (§ 26 Abs. 1 Satz 1 EStG). Das gilt auch, wenn die genannten Verträge von Kindern des Arbeitnehmers (§ 32 Abs. 1 EStG) abgeschlossen worden sind, solange die Kinder zu Beginn des Kalenderjahrs der vermögenswirksamen Leistung das 17. Lebensjahr noch nicht vollendet haben. Hat der Arbeitnehmer zu Beginn des Kalenderjahrs der vermögenswirksamen Leistungen das 17. Lebensjahr noch nicht vollendet, so können vermögenswirksame Leistungen auch auf die genannten Verträge angelegt werden, die von seinen Eltern oder einem Elternteil abgeschlossen worden sind. Die vom Arbeitnehmer zugunsten

Anhang 25/Anwendung 5. VermBG (Zu LStH 19a)

des Ehegatten, der Kinder oder der Eltern auf deren Sparverträge über Wertpapiere oder andere Vermögensbeteiligungen angelegten vermögenswirksamen Leistungen sind vom Vertragsinhaber vertragsgemäß zu verwenden; der Vertragsinhaber kann mit diesen Leistungen auch betriebliche Vermögensbeteiligungen erwerben (z. B. Gewinnschuldverschreibungen oder Genussscheine seines Arbeitgebers). Eine Abtretung der Ansprüche aus den genannten Verträgen an den Arbeitnehmer steht der Anlage seiner vermögenswirksamen Leistungen auf diese Verträge nicht entgegen.

(2) Absatz 1 gilt entsprechend bei Anlagen für den Bau, den Erwerb, den Ausbau, die Erweiterung oder die Entschuldung eines Wohngebäudes usw. (Abschnitt 10), wenn die in Absatz 1 genannten Personen Alleineigentümer oder Miteigentümer des Wohngebäudes usw. sind oder zu ihren Gunsten eine Auflassungsvormerkung im Grundbuch eingetragen ist (Abschnitt 10 Nr. 2).

(3) Die Absätze 1 und 2 gelten auch bei steuerlich anerkannten Dienstverhältnissen zwischen Ehegatten (vgl. **R 4.8 Abs. 1 EStR, H 4.8 – Arbeitsverhältnisse zwischen Ehegatten - EStH**).

(4) Vermögenswirksame Leistungen können auch auf Gemeinschaftskonten/-depots angelegt werden. Abschnitt 14 Abs. 2 und Abschnitt 19 Abs. 1 Satz 3 sind zu beachten.

12. Vereinbarung der vermögenswirksamen Leistungen, freie Wahl der Anlage (§§ 10, 11, 12 VermBG)

(1) Vermögenswirksame Leistungen, die zusätzlich zum sonstigen Arbeitslohn zu erbringen sind, können in Verträgen mit Arbeitnehmern, in Betriebsvereinbarungen, in Tarifverträgen sowie in bindenden Festsetzungen nach dem Heimarbeitsgesetz vereinbart werden (§ 10 VermBG); für Beamte, Richter, Berufssoldaten und Soldaten auf Zeit werden zusätzliche vermögenswirksame Leistungen auf Grund eines Gesetzes erbracht.

(2) Die vermögenswirksame Anlage von Teilen des Arbeitslohns (Absatz 3) wird in einem Vertrag vereinbart, den der Arbeitgeber auf schriftlichen Antrag des Arbeitnehmers mit diesem abschließen muss (§ 11 Abs. 1 VermBG; bezüglich der Grenzgänger vgl. Abschnitt 2 Abs. 3). Macht ein Tarifvertrag den Anspruch auf zusätzliche vermögenswirksame Leistungen davon abhängig, dass der Arbeitnehmer als Eigenleistung auch Teile des Arbeitslohns vermögenswirksam anlegt, so ist für die vermögenswirksame Anlage ein schriftlicher Antrag des Arbeitnehmers nicht erforderlich. Der Arbeitgeber muss auf Verlangen des Arbeitnehmers die vermögenswirksame Anlage von Lohnteilen auch dann vereinbaren, wenn der Arbeitnehmer für diese Anlage eine der nicht zulagebegünstigten Anlageformen (Abschnitt 2 Abs. 2 Nr. 1) wählt. Der Arbeitgeber muss dem Verlangen des Arbeitnehmers aber insoweit nicht folgen, als die anzulegenden Lohnteile für sich oder zusammen mit anderen vermögenswirksamen Leistungen den Betrag von 870 Euro im Kalenderjahr übersteigen. Soweit der Arbeitgeber zur Anlage von Lohnteilen nicht verpflichtet ist, kann er sich freiwillig bereit erklären, die vom Arbeitnehmer verlangte Anlage von Lohnteilen zu vereinbaren.

(3) Vermögenswirksam angelegt werden können nur Teile des Arbeitslohns, der zu den Einkünften aus nichtselbständiger Arbeit nach § 19 EStG gehört (Arbeitslohn im steuerlichen Sinne) und der dem Arbeitnehmer noch nicht zugeflossen ist; die nachträgliche Umwandlung von zugeflossenem Arbeitslohn in vermögenswirksame Leistungen ist nur im Fall der Grenzgänger (Abschnitt 2 Abs. 3) möglich. Auch pauschal besteuerter oder steuerfreier Arbeitslohn kann vermögenswirksam angelegt werden, also z. B. Teile

1. des pauschal besteuerten Arbeitslohns von kurzfristig Beschäftigten, Aushilfskräften in der Land- und Forstwirtschaft und geringfügig entlohnten Beschäftigten (§ 40a EStG),
2. der pauschal besteuerten sonstigen Bezüge (§ 40 Abs. 1 EStG),
3. des steuerfreien Zuschusses zum Mutterschaftsgeld (§ 3 Nr. 1 Buchstabe d EStG).

Kein Arbeitslohn in diesem Sinne sind z. B. die steuerfreien Lohnersatzleistungen (wie **Wintergeld - Mehraufwands-Wintergeld, Zuschuss-Wintergeld -**, **Insolvenzgeld**, Mutterschaftsgeld), der Ersatz von Aufwendungen des Arbeitnehmers, die Arbeitnehmer-Sparzulage **und** die Vergütungen, die ein Kommanditist für seine Tätigkeit im Dienst der Kommanditgesellschaft erhält; diese Bezüge können deshalb nicht vermögenswirksam angelegt werden.

(4) Bei einem minderjährigen Arbeitnehmer, den sein gesetzlicher Vertreter zum Abschluss des Arbeitsvertrags ermächtigt hat, ist im Allgemeinen davon auszugehen, dass er ohne ausdrückliche Zustimmung des Vertreters Verträge mit dem Arbeitgeber über vermögenswirksame Leistungen abschließen kann; denn ein solcher Arbeitnehmer ist für alle das Arbeitsverhältnis der gestatteten Art betreffenden Rechtsgeschäfte unbeschränkt geschäftsfähig, wenn die Ermächtigung keine Einschränkungen enthält.

(5) Der Arbeitnehmer hat dem Arbeitgeber mitzuteilen, in welcher Anlageform und bei welchem Unternehmen, Institut oder Gläubiger vermögenswirksame Leistungen nach seiner Wahl (Absatz 6) an-

(Zu LStH 19a) **Anhang 25/Anwendung 5. VermBG**

gelegt werden sollen; er hat dabei anzugeben, wann und in welcher Höhe er die Anlage verlangt, und den Anlagevertrag – z. B. durch dessen Konto- oder Vertragsnummer – näher zu bezeichnen.

(6) Die Zulagebegünstigung vermögenswirksamer Leistungen (§ 13 VermBG) setzt voraus, dass der Arbeitnehmer frei wählen kann, in welcher der Anlageformen und bei welchem Unternehmen, Institut oder Gläubiger (§ 3 Abs. 3 Satz 1 VermBG) der Arbeitgeber die vermögenswirksamen Leistungen anlegen soll (§ 12 Satz 1 VermBG); einer Förderung steht jedoch nicht entgegen, dass durch Tarifvertrag die Anlage auf die Formen des § 2 Abs. 1 Nr. 1 bis 5, Abs. 2 bis 4 beschränkt wird (§ 12 Satz 2 VermBG). Der Arbeitnehmer kann aber eine Vermögensbeteiligung am Unternehmen des Arbeitgebers in einer der in § 2 Abs. 1 Nr. 1 Buchstabe g bis l und Abs. 4 VermBG bezeichneten Formen (Abschnitt 4) nur dann begründen oder erwerben, wenn der Arbeitgeber zustimmt (§ 12 Satz 3 VermBG). Deshalb verstößt es nicht gegen § 12 VermBG, wenn ein Arbeitgeber nur bestimmten Arbeitnehmern oder Arbeitnehmergruppen die Möglichkeit einräumt, mit ihren vermögenswirksamen Leistungen Vermögensbeteiligungen am Unternehmen des Arbeitgebers im Sinne des § 2 Abs. 1 Nr. 1 Buchstabe g bis l und Abs. 4 VermBG – z. B. Darlehensforderungen oder stille Beteiligungen – zu begründen.

(7) Der Arbeitnehmer kann verlangen, dass die für ihn zu erbringenden vermögenswirksamen Leistungen auf verschiedene Anlageformen verteilt werden, oder dass die Anlageform gewechselt wird, wenn er daran ein berechtigtes Interesse hat, das gegenüber dem Interesse des Arbeitgebers an möglichst geringem Verwaltungsaufwand überwiegt. An der Verteilung auf verschiedene Anlageformen oder am Wechsel der Anlageform kann der Arbeitnehmer z. B. dann ein berechtigtes Interesse haben, wenn er dadurch die Förderung voll ausschöpfen möchte. Für den Wechsel der Anlageform bei vermögenswirksamer Anlage von Lohnteilen (Absatz 2) ist § 11 Abs. 5 VermBG zu beachten.

13. Kennzeichnungs- und Mitteilungspflichten (§ 3 Abs. 2 VermBG, § 2 Abs. 1 VermBDV 1994)

(1) Bei Überweisung der vermögenswirksam anzulegenden Beträge an das Unternehmen, Institut oder den Gläubiger (Abschnitt 2 Abs. 1) hat der Arbeitgeber die Beträge als vermögenswirksame Leistung besonders kenntlich zu machen und den Namen des Arbeitnehmers sowie dessen Konto- oder Vertragsnummer anzugeben. Zusätzlich ist bei Überweisungen im Dezember und Januar anzugeben, welchem Kalenderjahr die überwiesenen Beträge zuzuordnen sind (vgl. Abschnitt 3 Abs. 1).

(2) Geht bei dem Unternehmen, dem Institut oder dem Gläubiger ein vom Arbeitgeber als vermögenswirksame Leistung gekennzeichneter Betrag ein und kann dieser nicht nach den Vorschriften des VermBG angelegt werden (z. B. weil ein Anlagevertrag i. S. des VermBG nicht besteht oder bereits erfüllt ist oder weil bei einem Bausparvertrag die Bausparsumme ausgezahlt worden ist), so ist das Unternehmen, das Institut oder der Gläubiger verpflichtet, dies dem Arbeitgeber unverzüglich schriftlich mitzuteilen; nach Eingang einer solchen Mitteilung darf der Arbeitgeber für den Arbeitnehmer keine vermögenswirksame Leistungen mehr überweisen.

14. Bescheinigung vermögenswirksamer Leistungen (§ 15 Abs. 1 VermBG, § 5 VermBDV 1994)

(1) Das Kreditinstitut, die Bausparkasse, das Unternehmen, der Arbeitgeber oder der Gläubiger, mit dem der Arbeitnehmer den Anlagevertrag abgeschlossen hat, hat die vermögenswirksamen Leistungen zu bescheinigen, die im Kalenderjahr angelegt worden sind (§ 15 Abs. 1 VermBG, § 5 VermBDV 1994). Für vermögenswirksame Leistungen, die auf nicht zulagebegünstigte Anlagearten angelegt worden sind, ist die Ausstellung einer Bescheinigung nicht zulässig. Außerdem darf eine Bescheinigung nicht mehr erteilt werden, wenn über sämtliche vermögenswirksame Leistungen schädlich verfügt worden ist, die nach § 2 Abs. 1 Nr. 1 oder 4 VermBG (Abschnitte 5 und 9) angelegt worden sind (§ 5 Abs. 5 VermBDV 1994).

(2) Die Bescheinigung ist auf den Arbeitnehmer auszustellen, für den der Arbeitgeber die vermögenswirksamen Leistungen erbracht hat. Das gilt auch dann, wenn die vermögenswirksamen Leistungen zugunsten des Ehegatten, der Kinder, der Eltern oder eines Elternteils angelegt worden sind (§ 3 Abs. 1 VermBG), wenn mehrere Personen Vertragsinhaber sind (Gemeinschaftsvertrag) oder die vermögenswirksamen Leistungen auf Gemeinschaftskonten/-depots angelegt wurden (vgl. Abschnitt 11 Abs. 4).

(3) Für die Bescheinigung ist der amtlich vorgeschriebene Vordruck zu verwenden; das für das jeweilige Kalenderjahr geltende Vordruckmuster wird im Bundessteuerblatt Teil I bekannt gemacht. Im Einzelnen gilt Folgendes:

1. Der „Institutsschlüssel für die Arbeitnehmer-Sparzulage" wird von der Zentralstelle der Länder **beim Technischen Finanzamt Berlin - ZPS ZANS -, Klosterstraße 59, 10179 Berlin** vergeben (§ 5 Abs. 2 Satz 2 und 3 VermBDV 1994). Er ist bei Anlagearten erforderlich, die einer Sperrfrist unterliegen. Sperrfristen gelten nicht bei Anlagen zum Wohnungsbau (Abschnitt 10) und bei Anlagen für den ersten Erwerb von Anteilen an Bau- und Wohnungsgenossenschaften gemäß § 2 Abs. 1 Nr. 4 VermBG (Abschnitt 9 Abs. 3). In der Bescheinigung kann auf die Angabe dieses Institutsschlüssels

1261

Anhang 25/Anwendung 5. VermBG (Zu LStH 19a)

nur dann verzichtet werden, wenn im Zeitpunkt der Ausstellung die für die Anlageart geltende Sperrfrist abgelaufen ist.

2. Die Vertragsnummer darf höchstens 14-stellig sein und keine Sonderzeichen enthalten. Es ist nicht zulässig, für mehrere Arbeitnehmer dieselbe Vertragsnummer zu verwenden. Werden vermögenswirksame Leistungen auf von Dritten abgeschlossene Verträge oder auf Gemeinschaftsverträge angelegt (Absatz 2), so sind die vermögenswirksamen Leistungen jedes Arbeitnehmers unter einer eigenen Vertragsnummer zu bescheinigen; eine gemeinsame Vertragsnummer ist nur bei Ehegatten zulässig.

3. Der „Institutsschlüssel für die Arbeitnehmer-Sparzulage", die Vertragsnummer und die Sperrfrist (vgl. Nummer 4) bilden den Ordnungsbegriff für das automatisierte Festsetzungs- und Auszahlungsverfahren der Arbeitnehmer-Sparzulage. Das automatisierte Verfahren setzt voraus, dass Inhalt und Darstellung der Vertragsnummer bei der Bescheinigung vermögenswirksamer Leistungen sowie bei der Anzeige über eine vorzeitige Verfügung (durch Datensatz oder Vordruck, vgl. Abschnitt 21 Abs. 1) übereinstimmen.

4. Das Ende der für die vermögenswirksamen Leistungen geltenden Sperrfrist (vgl. Nummer 1) ist stets anzugeben. Bei der Bescheinigung vermögenswirksamer Leistungen, die auf Verträge nach §§ 5 bis 7 VermBG angelegt und noch nicht für Vermögensbeteiligungen verwendet worden sind, ist als Ende der Sperrfrist der 31. Dezember des sechsten Kalenderjahrs nach dem Kalenderjahr der vermögenswirksamen Anlage anzugeben (§ 5 Abs. 3 VermBDV 1994). Ist über vermögenswirksame Leistungen unschädlich vorzeitig verfügt worden, die nach § 2 Abs. 1 Nr. 1 oder 4 VermBG angelegt worden sind, so ist in der Bescheinigung als Ende der Sperrfrist der Zeitpunkt dieser Verfügung anzugeben (§ 5 Abs. 4 VermBDV 1994); das gilt auch für die Bescheinigung der vermögenswirksamen Leistungen, die weiter auf den Anlagevertrag angelegt werden (Abschnitt 17 Abs. 5). Entsprechendes gilt bei Zuteilung eines Bausparvertrags.

(4) Sind vermögenswirksame Leistungen für die Anlage zum Wohnungsbau an den Arbeitnehmer ausgezahlt worden (Abschnitt 2 Abs. 1 Nr. 2), hat der Gläubiger die Bescheinigung auszustellen, wenn der Arbeitnehmer schriftlich erklärt, in welcher Höhe vermögenswirksame Leistungen zum Wohnungsbau verwendet worden sind.

(5) Die Bescheinigung ist grundsätzlich erst nach Ablauf des Kalenderjahrs zu erteilen, in dem die vermögenswirksamen Leistungen angelegt worden sind. Davon abweichend können die vermögenswirksamen Leistungen bereits im laufenden Kalenderjahr bescheinigt werden, wenn

1. bei Anlageverträgen nach § 2 Abs. 1 Nr. 1 VermBG die Einzahlungsfrist abgelaufen ist (Abschnitt 5 Abs. 2),

2. auf Anlageverträge nach §§ 5, 6 und 7 VermBG keine vermögenswirksamen Leistungen mehr angelegt werden können,

3. Anlageverträge nach § 2 Abs. 1 Nr. 1 oder 4 VermBG mit Kreditinstituten, **Kapitalanlagegesellschaften,** Bausparkassen oder Versicherungsunternehmen im Falle einer unschädlichen vorzeitigen Verfügung aufgehoben werden.

(6) In der Bescheinigung sind die angelegten vermögenswirksamen Leistungen auf den nächsten vollen Euro aufzurunden.

15. Festsetzung der Arbeitnehmer-Sparzulage (§§ 13, 14 VermBG, § 6 Abs. 1 VermBDV 1994)

(1) Der Antrag auf Festsetzung der Arbeitnehmer-Sparzulage ist regelmäßig mit der Einkommensteuererklärung zu stellen. Für den Antrag auf Festsetzung der Arbeitnehmer-Sparzulage ist auch dann der Vordruck für die Einkommensteuererklärung zu verwenden, wenn der Arbeitnehmer keinen Antrag auf Veranlagung zur Einkommensteuer stellt und auch nicht zur Einkommensteuer zu veranlagen ist, z. B. weil er nur pauschal besteuerten Arbeitslohn bezogen hat.

(2) Die Arbeitnehmer-Sparzulage kann auch dann erst nach Ablauf des Kalenderjahrs, in dem die vermögenswirksamen Leistungen angelegt worden sind (§ 13 Abs. 4 VermBG), festgesetzt werden, wenn der Antrag schon vorher gestellt ist.

(3) Zuständig ist das Finanzamt, in dessen Bezirk der Arbeitnehmer im Zeitpunkt der Antragstellung seinen Wohnsitz oder gewöhnlichen Aufenthalt hat. Bei Wegfall der unbeschränkten Einkommensteuerpflicht im Laufe eines Kalenderjahrs ist das Finanzamt zuständig, in dessen Bezirk der Arbeitnehmer seinen Wohnsitz oder gewöhnlichen Aufenthalt hatte. Hat der Arbeitnehmer im Inland weder einen Wohnsitz noch seinen gewöhnlichen Aufenthalt, so tritt an die Stelle des Wohnsitzfinanzamts das Betriebsstättenfinanzamt des Arbeitgebers.

(4) Übersteigen die für den Arbeitnehmer erbrachten vermögenswirksamen Leistungen die geförderten Höchstbeträge und sind die Leistungen auf mehrere Anlagearten aufgeteilt worden, kann der Arbeitnehmer durch Vorlage nur einzelner Bescheinigungen (Abschnitt 14) die vermögenswirksamen Leistungen bestimmen, die mit Arbeitnehmer-Sparzulage begünstigt werden sollen. Legt der Arbeitnehmer sämtliche Bescheinigungen vor, begünstigt das Finanzamt die vermögenswirksamen Leistungen in einer Reihenfolge, die im Regelfall für den Arbeitnehmer günstig ist.

(5) Für die Anwendung der Einkommensgrenze von 35 800/**40 000** Euro für Ehegatten ist allein maßgeblich, ob tatsächlich eine Zusammenveranlagung durchgeführt wird. Aus diesem Grunde ist die 35 800/**40 000**-Euro-Grenze auch bei der Zusammenveranlagung des überlebenden Ehegatten mit dem verstorbenen Ehegatten im Todesjahr des Ehegatten anzuwenden. Von dem auf das Todesjahr folgenden Kalenderjahr an gilt die 17 900/**20 000**-Euro-Grenze (BFH-Urteil vom 14. Mai 1976, BStBl. II S. 546). Haben Ehegatten die getrennte Veranlagung oder für das Kalenderjahr der Eheschließung die besondere Veranlagung gewählt, ist für jeden Ehegatten gesondert zu prüfen, ob das von ihm zu versteuernde Einkommen die Einkommensgrenze von 17 900/**20 000** Euro überschreitet. Bei der Ermittlung des zu versteuernden Einkommens sind auch in den Fällen, in denen es auf Grund der Vorschriften zum Familienleistungsausgleich (§ 31 EStG) beim auszuzahlenden Kindergeld verbleibt, stets die in Betracht kommenden Freibeträge für Kinder (§ 32 Abs. 6 EStG) abzuziehen (§ 2 Abs. 5 Satz 2 EStG); dabei sind stets die Freibeträge für das gesamte Sparjahr zugrunde zu legen. Im Übrigen ist § 2 Abs. 5a EStG zu beachten.

(6) Die Einkommensgrenzen des § 13 Abs. 1 VermBG gelten nicht für beschränkt einkommensteuerpflichtige Arbeitnehmer, die nicht zur Einkommensteuer veranlagt werden, da bei diesem Personenkreis ein zu versteuerndes Einkommen im Sinne des § 2 Abs. 5 und 5a EStG nicht festgestellt wird; diesen Arbeitnehmern steht deshalb die Arbeitnehmer-Sparzulage ohne Rücksicht auf die Höhe ihres Einkommens zu.

(7) Die Arbeitnehmer-Sparzulage ist für jeden Anlagevertrag auf volle Euro aufzurunden. Das Finanzamt soll die Entscheidung über die Arbeitnehmer-Sparzulage mit dem Einkommensteuerbescheid verbinden.

16. Höhe der Arbeitnehmer-Sparzulage (§ 13 Abs. 2 VermBG)

(1) Die Arbeitnehmer-Sparzulage beträgt **20** % für vermögenswirksame Leistungen von höchstens 400 Euro, die in Vermögensbeteiligungen (Abschnitt 4) angelegt werden, d. h. auf

1. Sparverträge über Wertpapiere oder andere Vermögensbeteiligungen (§ 4 VermBG; Abschnitt 5),
2. Wertpapier-Kaufverträge (§ 5 VermBG; Abschnitt 6),
3. Beteiligungs-Verträge (§ 6 VermBG; Abschnitt 7) und
4. Beteiligungs-Kaufverträge (§ 7 VermBG; Abschnitt 7).

(2) Die Arbeitnehmer-Sparzulage beträgt 9 % für vermögenswirksame Leistungen von höchstens 470 Euro, die angelegt werden

1. nach dem Wohnungsbau-Prämiengesetz (§ 2 Abs. 1 Nr. 4 VermBG; Abschnitt 9) und
2. für den Bau, den Erwerb, den Ausbau, die Erweiterung oder die Entschuldung eines Wohngebäudes usw. (§ 2 Abs. 1 Nr. 5 VermBG; Abschnitt 10).

(3) Die beiden Zulagen (Absatz 1 und 2) können nebeneinander in Anspruch genommen werden. Insgesamt werden also vermögenswirksame Leistungen bis 870 Euro jährlich mit der Arbeitnehmer-Sparzulage begünstigt. Die Förderung gilt im Übrigen auch für Verträge, die vor 1999 abgeschlossen worden sind.

(4) Die höchstmögliche Arbeitnehmer-Sparzulage kann nur erhalten, wer sowohl in Vermögensbeteiligungen als auch in Bausparen bzw. in Anlagen für den Wohnungsbau anlegt. Dies bedingt zwei Anlageverträge. Da nur Zahlungen durch den Arbeitgeber mit Zulage begünstigt sind (Abschnitt 2), muss dieser zwei Verträge bedienen.

17. Auszahlung der Arbeitnehmer-Sparzulage (§ 14 Abs. 4 und 5 VermBG, § 7 VermBDV 1994)

(1) Die festgesetzten Arbeitnehmer-Sparzulagen werden regelmäßig erst mit Ablauf der für die vermögenswirksamen Leistungen geltenden Sperrfrist an das Kreditinstitut, **die Kapitalanlagegesellschaft**, die Bausparkasse, das Unternehmen oder den Arbeitgeber überwiesen, mit denen der Anlagevertrag abgeschlossen worden ist (§ 7 Abs. 2 VermBDV 1994). Die Zentralstelle der Länder in Berlin erstellt über jeden auszuzahlenden (= je Kalenderjahr festgesetzten) Betrag einen **Datensatz**, der im Aufbau und Inhalt den Datensätzen des maschinellen Steuererstattungsverfahrens entspricht. Der **Datensatz** wird der zuständigen Landesfinanzbehörde zugeleitet, die die Auszahlung veranlasst. Der **Auszahlungsdatensatz** enthält im festen Teil die Kontonummer des Instituts, das die vermögenswirksame Anlage verwaltet; für andere Teile gilt Folgendes:

Anhang 25/Anwendung 5. VermBG (Zu LStH 19a)

1. Der Verwendungszweck des konstanten Teils (27 Stellen) ist wie folgt aufgebaut:
   - „SPZ" (3 Stellen)
   - IFAS (7 Stellen und eine Leerstelle)
   - Vertrags-Nr. der vermögenswirksamen Anlage (14 Stellen)
   - Kalenderjahr (2 Stellen)
2. Der Erweiterungsteil des ersten Satzes des variablen Teils enthält folgende Informationen:
   - Finanzamtsnummer (3 Stellen)
   - Name und Vorname (18 Stellen)
   - Geburtsdatum (6 Stellen)
3. Der Erweiterungsteil des zweiten Satzes des variablen Teils enthält folgende Informationen:
   - Steuernummer (11 Stellen)
   - Fälligkeit = Ende der Sperrfrist (8 Stellen) bzw. bei unschädlicher Verfügung das Erstelldatum des Datensatzes.

(2) Die Anlageinstitute haben die überwiesenen Arbeitnehmer-Sparzulagen an die Arbeitnehmer auszuzahlen. Im Innenverhältnis zwischen Anlageinstitut und Arbeitnehmer kann vereinbart werden, dass die an das Anlageinstitut überwiesenen Arbeitnehmer-Sparzulagen in einer der in § 2 Abs. 1 VermBG genannten Anlageformen angelegt werden. Ist dem Anlageinstitut in Einzelfällen die Auszahlung der Arbeitnehmer-Sparzulage an den Arbeitnehmer nicht möglich, z. B. weil der Wohnort nicht ermittelt werden konnte, hat das Anlageinstitut diese Arbeitnehmer-Sparzulage der Finanzbehörde zu überweisen, von der sie die Arbeitnehmer-Sparzulage erhalten hat; dabei sind die im Auszahlungsdatensatz für den Arbeitnehmer enthaltenen Angaben vollständig mitzuteilen.

(3) Die festgesetzten Arbeitnehmer-Sparzulagen werden in folgenden Fällen vom Finanzamt unmittelbar an den Arbeitnehmer ausgezahlt (§ 7 Abs. 1 VermBDV 1994):
1. bei Anlagen zum Wohnungsbau (Abschnitt 10) und bei Anlagen für den ersten Erwerb von Anteilen an Bau- und Wohnungsgenossenschaften gemäß § 2 Abs. 1 Nr. 4 VermBG (Abschnitt 9 Abs. 3),
2. wenn die für die vermögenswirksamen Leistungen geltende Sperrfrist im Zeitpunkt der Bekanntgabe des Bescheids über die Festsetzung der Arbeitnehmer-Sparzulage abgelaufen ist,
3. wenn über die angelegten vermögenswirksamen Leistungen unschädlich vorzeitig verfügt oder der Bausparvertrag zugeteilt worden ist (Abschnitt 14 Abs. 3 Nr. 4).

(4) **Wenn** Arbeitnehmer-Sparzulagen für vermögenswirksame Leistungen, über die unschädlich vorzeitig verfügt worden sind, bei der Zentralstelle der Länder in Berlin aufgezeichnet sind, wird die Arbeitnehmer-Sparzulage an die Anlageinstitute ausgezahlt (Absatz 1). Abweichend davon ist die Arbeitnehmer-Sparzulage für vermögenswirksame Leistungen, die auf Anlageverträge nach §§ 5 bis 7 VermBG angelegt worden sind, vom Finanzamt unmittelbar an den Arbeitnehmer auszuzahlen.

(5) Ist über angelegte vermögenswirksame Leistungen unschädlich vorzeitig verfügt worden, so endet für diesen Anlagevertrag die Sperrfrist im Zeitpunkt dieser Verfügung (Abschnitt 14 Abs. 3 Nr. 4). Deshalb sind Arbeitnehmer-Sparzulagen für vermögenswirksame Leistungen, die weiter auf diesen Anlagevertrag angelegt werden, vom Finanzamt unmittelbar an den Arbeitnehmer auszuzahlen.

(6) Ergeben sich Nachfragen hinsichtlich der Auszahlung der Arbeitnehmer-Sparzulage, sind diese nicht an die Zentralstelle der Länder, sondern an die zuständigen Stellen in den Ländern zu richten. Arbeitnehmer können die zuständige Stelle bei ihrem Wohnsitzfinanzamt erfragen.

18. Wegfall der Zulagebegünstigung (§ 13 Abs. 5 Satz 1 VermBG)

(1) Die Zulagebegünstigung für vermögenswirksame Leistungen entfällt vorbehaltlich des Absatzes 2 und des Abschnitts 19 rückwirkend,
1. soweit bei Anlagen auf Grund von Sparverträgen über Wertpapiere oder andere Vermögensbeteiligungen (Abschnitt 5) vor Ablauf der siebenjährigen Sperrfrist zulagebegünstigte vermögenswirksame Leistungen zurückgezahlt werden, die Festlegung unterblieben ist oder aufgehoben wird oder über die Vermögensbeteiligungen verfügt wird. Die Zulagebegünstigung entfällt auch für Spitzenbeträge, wenn diese 150 Euro übersteigen (§ 4 Abs. 3 VermBG). Die Förderung entfällt ebenfalls für Beträge, die beim zulageunschädlichen Austausch von Wertpapieren übrig bleiben, wenn die 150-Euro-Grenze überschritten wird (Abschnitt 5 Abs. 8),
2. wenn bei Anlagen auf Grund von Wertpapier-Kaufverträgen (Abschnitt 6) die Wertpapiere, mit deren Kaufpreis die vermögenswirksamen Leistungen eines Kalenderjahrs verrechnet worden sind, nicht spätestens bis zum Ablauf des folgenden Kalenderjahrs erworben werden oder wenn die Fest-

(Zu LStH 19a) **Anhang 25/Anwendung 5. VermBG**

legung unterblieben ist oder soweit vor Ablauf der sechsjährigen Sperrfrist die Festlegung aufgehoben wird oder über die Wertpapiere verfügt wird,

3. wenn bei Anlagen auf Grund von Beteiligungs-Verträgen oder Beteiligungs-Kaufverträgen (Abschnitt 7) der Arbeitnehmer die nicht verbrieften Vermögensbeteiligungen, für deren Begründung oder Erwerb die vermögenswirksamen Leistungen eines Kalenderjahrs verrechnet oder überwiesen worden sind, nicht spätestens bis zum Ablauf des folgenden Kalenderjahrs erhält oder soweit vor Ablauf der sechsjährigen Sperrfrist über die Rechte verfügt wird. Handelt es sich um Aufwendungen für den ersten Erwerb von Anteilen an Bau- und Wohnungsgenossenschaften, so verringert sich bei Verletzung der Sperrfrist die Zulagebegünstigung von **20 %** auf 9 % entsprechend § 2 Abs. 1 Nr. 4 i. V. m. § 13 Abs. 2 VermBG und Abschnitt 16 Abs. 2 Nr. 1 (vgl. Abschnitt 22 Abs. 1 Nr. 1),

4. soweit bei Anlagen nach dem WoPG (Abschnitt 9)
    a) Bausparkassenbeiträge vor Ablauf von sieben Jahren seit Vertragsabschluss zurückgezahlt, die Bausparsumme ausgezahlt oder Ansprüche aus dem Bausparvertrag abgetreten oder beliehen werden; **dies gilt unabhängig von den Regelungen im WoPG für vor dem 1. Januar 2009 und nach dem 31. Dezember 2008 abgeschlossene Bausparverträge**,
    b) Beiträge auf Grund von Wohnbau-Sparverträgen vor Ablauf der jeweiligen Festlegungsfrist zurückgezahlt (§ 9 WoPDV) oder nach Ablauf der jeweiligen Festlegungsfrist nicht zweckentsprechend verwendet werden (§ 10 WoPDV),
    c) Beiträge auf Grund von Baufinanzierungsverträgen zurückgezahlt (§ 15 Abs. 4 WoPDV) oder nicht fristgerecht zweckentsprechend verwendet werden (§ 16 WoPDV).

Im Übrigen liegt in der Kündigung eines Vertrags noch keine sparzulageschädliche Verfügung, sondern erst in der Rückzahlung von Beträgen; deshalb bleibt eine Rücknahme der Kündigung vor Rückzahlung von Beträgen ohne Auswirkung auf festgesetzte Arbeitnehmer-Sparzulage (vgl. BFH-Urteil vom 13. Dezember 1989, BStBl. 1990 II S. 220). Im Gegensatz dazu stellt eine Abtretung auch dann eine sparzulageschädliche Verfügung dar, wenn sie später zurückgenommen wird.

(2) Abweichend von Absatz 1 bleibt die Zulagebegünstigung für vermögenswirksame Leistungen bei Verletzung der Sperrfrist in den Fällen des § 13 Abs. 5 Satz 2 VermBG erhalten. Nach § 13 Abs. 5 Satz 2 Nr. 1 VermBG ist nicht Voraussetzung, dass ggf. die neuen Wertpapiere oder die erhaltenen Beträge für den Rest der Sperrfrist festgelegt werden. Wertlosigkeit im Sinne des § 13 Abs. 5 Satz 2 Nr. 2 VermBG ist anzunehmen, wenn der Arbeitnehmer höchstens 33 % der angelegten vermögenswirksamen Leistungen zurückerhält. Übersteigen die zurückgezahlten Beträge die 33 %-Grenze, so bleibt die Zulagebegünstigung der vermögenswirksamen Leistungen nur dann erhalten, wenn der Arbeitnehmer die erhaltenen Beträge oder damit erworbene andere Vermögensbeteiligungen im Sinne des § 2 Abs. 1 Nr. 1 VermBG bei einem Kreditinstitut **oder bei einer Kapitalanlagegesellschaft** für den Rest der Sperrfrist festlegt.

(3) Sind mit vermögenswirksamen Leistungen, die auf Grund von Sparverträgen über Wertpapiere oder andere Vermögensbeteiligungen angelegt worden sind, Anteile an neu aufgelegten richtlinienkonformen Sondervermögen und gemischten Sondervermögen (Abschnitt 4 Abs. 5) erworben worden sind und ergibt sich aus dem ersten Rechenschaftsbericht oder aus dem ersten Halbjahresbericht, dass die angenommenen Verhältnisse nicht vorgelegen haben, so entfällt für die vermögenswirksamen Leistungen die Zulagebegünstigung.

19. Zulageunschädliche Verfügungen (§ 4 Abs. 4 VermBG)

(1) Bei Anlagen zulagebegünstigter vermögenswirksamer Leistungen auf Grund von
– Sparverträgen über Wertpapiere oder andere Vermögensbeteiligungen (Abschnitt 5),
– Wertpapier-Kaufverträgen (Abschnitt 6),
– Beteiligungs-Verträgen oder Beteiligungs-Kaufverträgen (Abschnitt 7)

ist Arbeitnehmer-Sparzulage trotz Verletzung der Sperrfristen oder der in Abschnitt 5 Abs. 6, Abschnitt 18 Abs. 1 Nr. 2 und 3 bezeichneten Fristen in den Fällen des § 4 Abs. 4 VermBG nicht zurückzufordern. Dabei gilt Folgendes:

1. Völlige Erwerbsunfähigkeit im Sinne des § 4 Abs. 4 Nr. 1 VermBG liegt vor bei einem Grad der Behinderung von mindestens 95.
2. Arbeitslos im Sinne des § 4 Abs. 4 Nr. 3 VermBG sind Personen, die Arbeitslosengeld (§ 117 Drittes Buch Sozialgesetzbuch - **SGB III**), **Arbeitslosengeld II (§ 19 SGB II)** oder Arbeitslosenbeihilfe für ehemalige Soldaten auf Zeit (§ 86a Soldatenversorgungsgesetz) beziehen oder ohne Bezug dieser Leistungen arbeitslos gemeldet sind. Als arbeitslos anzusehen sind auch
    a) Personen, die als Arbeitslose im Sinne des Satzes 1 erkranken oder eine Kur antreten, für die Dauer der Erkrankung oder der Kur,

b) Frauen, die zu Beginn der Schutzfristen nach § 3 Abs. 2, § 6 Abs. 1 des Mutterschutzgesetzes arbeitslos im Sinne des Satzes 1 waren oder als arbeitslos im Sinne des Buchstaben a anzusehen waren, für die Dauer dieser Schutzfristen und der folgenden Monate, für die bei Bestehen eines Arbeitsverhältnisses Elternzeit **nach dem Bundeselterngeld- und Elternzeitgesetz hätte** beansprucht werden können,

c) Personen, die an einer nach §§ 77 bis 96 SGB III geförderten beruflichen Weiterbildung oder die an einer z. B. nach §§ 97 bis 115 SGB III geförderten beruflichen Weiterbildung im Rahmen der Förderung der Teilhabe behinderter Menschen am Arbeitsleben teilnehmen, wenn sie ohne die Teilnahme an der Maßnahme arbeitslos wären.

Sind die vermögenswirksamen Leistungen auf Grund eines Vertrags, dessen Inhaber oder Mitinhaber ein Kind, die Eltern oder ein Elternteil des Arbeitnehmers ist (§ 3 Abs. 1 Nr. 2 und 3 VermBG), oder auf Gemeinschaftskonten/-depots (Abschnitt 14 Abs. 4) angelegt worden, so muss die zulageunschädliche Verfügungsmöglichkeit in der Person des Arbeitnehmers gegeben sein; die zulageunschädliche Verfügungsmöglichkeit ist ohne zeitliche Befristung auf die Leistung des Arbeitnehmers beschränkt. Ist der Ehegatte des Arbeitnehmers Inhaber oder Mitinhaber des Anlagevertrags (§ 3 Abs. 1 Nr. 1 VermBG), wirkt die zulageunschädliche Verfügung für beide Ehegatten.

(2) Werden bei Anlagen nach dem WoPG (Abschnitt 9) Sperrfristen verletzt, so ist in den Fällen des § 4 Abs. 4 Nr. 1 und 3 VermBG (vgl. Absatz 1 Nr. 1 und 2) Arbeitnehmer-Sparzulage nicht zurückzufordern; **dies gilt in den Fällen des § 4 Abs. 4 Nr. 4 VermBG entsprechend, wenn der Arbeitnehmer über nach dem WoPG angelegte vermögenswirksame Leistungen in Höhe von mindestens 30 Euro verfügt.** Außerdem ist bei der Anlage vermögenswirksamer Leistungen auf Grund von Bausparverträgen Arbeitnehmer-Sparzulage nicht zurückzufordern,

1. wenn bei vorzeitiger Auszahlung der Bausparsumme oder bei vorzeitiger Beleihung von Ansprüchen aus dem Bausparvertrag der Arbeitnehmer die empfangenen Beträge unverzüglich und unmittelbar zu wohnwirtschaftlichen Zwecken (vgl. Abschnitt 10) verwendet oder
2. wenn bei vorzeitiger Abtretung der Erwerber die Bausparsumme oder die auf Grund einer Beleihung empfangenen Beträge unverzüglich und unmittelbar zu wohnwirtschaftlichen Zwecken für den Arbeitnehmer oder dessen Angehörige (§ 15 AO) verwendet,
3. wenn ein Bausparvertrag vor Ablauf der Festlegungsfrist gekündigt oder aufgelöst wird, der nach Verrechnung geleisteter Bausparbeiträge mit der Abschlussgebühr kein Guthaben ausweist; bei Bausparverträgen, die ein Guthaben ausweisen, entfällt die Zulagebegünstigung nur für die tatsächlich zurückgezahlten Bausparbeiträge.

Außerdem ist zulageunschädlich, wenn bei Anlagen auf Grund von Wohnbau-Sparverträgen und Baufinanzierungsverträgen die Vertragsinhalte und die Vertragspartner des Arbeitnehmers gegeneinander ausgetauscht werden (§§ 12, 18 WoPDV). Im Übrigen muss die zulageunschädliche Verfügungsmöglichkeit stets in der Person des Vertragsinhabers gegeben sein; sind Angehörige des Arbeitnehmers Inhaber oder Mitinhaber des Vertrags, gilt Absatz 1 Satz 3 und 4 entsprechend.

20. Nachweis einer zulageunschädlichen Verfügung (§ 4 Abs. 4 VermBG, § 8 VermBDV 1994)

Die zulageunschädliche Verfügung (Abschnitt 19) ist dem Kreditinstitut, **der Kapitalanlagegesellschaft** oder dem Versicherungsunternehmen (§ 8 Abs. 2 VermBDV 1994) oder dem Finanzamt (nur bei einer Anlage im Sinne des § 4 Abs. 1 Nr. 4 bis 6 VermBDV 1994) vom Arbeitnehmer (im Todesfall von seinen Erben) wie folgt nachzuweisen:

1. Im Fall der Heirat durch Vorlage der Heiratsurkunde oder eines Auszugs aus dem Familienbuch,
2. im Fall des Todes durch Vorlage der Sterbeurkunde oder des Erbscheins,
3. im Fall der völligen Erwerbsunfähigkeit (d. h. eines Grades der Behinderung von mindestens 95) durch Vorlage eines Ausweises nach § 69 Abs. 5 SGB IX oder eines Feststellungsbescheids nach § 69 Abs. 1 SGB IX oder eines vergleichbaren Bescheids nach § 69 Abs. 2 SGB IX; die Vorlage des Rentenbescheids eines Trägers der gesetzlichen Rentenversicherung der Angestellten und Arbeiter genügt nicht (vgl. BFH-Urteil vom 25. April 1968, BStBl. II S. 606),
4. im Fall der Arbeitslosigkeit des Arbeitnehmers durch Vorlage von Unterlagen über folgende Zahlungen:
    a) Arbeitslosengeld (§ 117 SGB III) oder
    b) **(weggefallen)**
    c) Arbeitslosengeld II **(§ 19 SGB II)** oder
    d) Arbeitslosenbeihilfe für ehemalige Soldaten auf Zeit im Sinne des Soldatenversorgungsgesetzes oder

(Zu LStH 19a) Anhang 25/Anwendung 5. VermBG

e) Krankengeld, Verletztengeld oder Übergangsgeld nach § 47b SGB V, § 47 SGB VII, Versorgungskrankengeld und Übergangsgeld nach §§ 16, 26 Bundesversorgungsgesetz oder nach dem Sozialgesetzbuch oder

f) **Elterngeld** oder

g) Unterhaltsgeld nach § 153 SGB III im Falle der beruflichen Fortbildung oder Umschulung oder Übergangsgeld z. B. nach § 160 SGB III im Falle der Fortbildung oder Umschulung im Rahmen der beruflichen Rehabilitation.

Werden solche Zahlungen nicht geleistet, so sind

– Zeiten der Arbeitslosigkeit durch eine entsprechende Bescheinigung der zuständigen Dienststelle der Bundesagentur für Arbeit (in der Regel: Agentur für Arbeit) nachzuweisen,

– Zeiten der Erkrankung oder der Kur, die als Zeiten der Arbeitslosigkeit anzusehen sind, durch eine Bescheinigung des Kostenträgers oder der Anstalt, in der die Unterbringung erfolgt, oder durch eine ärztliche Bescheinigung nachzuweisen,

– die Zeit der Schutzfristen, die als Zeit der Arbeitslosigkeit anzusehen ist, durch das Zeugnis eines Arztes oder einer Hebamme nachzuweisen und die als Zeit der Arbeitslosigkeit anzusehende Zeit, für die bei Bestehen eines Arbeitsverhältnisses **Elternzeit hätte** beansprucht werden können, glaubhaft zu machen,

5. im Fall der Aufnahme einer selbständigen Erwerbstätigkeit durch Vorlage von Unterlagen über die Auflösung des Arbeitsverhältnisses und die Mitteilung an die Gemeinde nach § 138 Abs. 1 AO,

6. **im Fall der Weiterbildung durch Vorlage einer von einer Beratungsstelle im Sinne der Richtlinien zur Förderung von Prämiengutscheinen und Beratungsleistungen im Rahmen der „Bildungsprämie" (BAnz. 2008 S. 3218) ausgestellten und von einem Weiterbildungsanbieter ergänzten Bescheinigung (Informationen unter www.bildungspraemie.info).**

21. Anzeigepflichten (§ 8 VermBDV 1994)

(1) Wird über vermögenswirksame Leistungen vorzeitig verfügt, ist dies der Zentralstelle der Länder in Berlin anzuzeigen. Für die Anzeige ist der amtlich vorgeschriebene Datensatz zu verwenden. Für eine geringe Anzahl von Mitteilungen ist die Datenübermittlung auf amtlich vorgeschriebenem Vordruck möglich. Die Bekanntgabe der Vordruckmuster und der Datensatzbeschreibung erfolgte letztmals am 15. November 2001 im Bundessteuerblatt Teil I S. 875. Die Anzeigen von Kreditinstituten, **Kapitalanlagegesellschaften,** Bausparkassen und Versicherungsunternehmen sind als unschädliche oder schädliche Verfügungen zu kennzeichnen (§ 8 Abs. 1 bis 3 VermBDV 1994).

(2) Sind auf den Anlagevertrag auch andere Beträge gutgeschrieben, die keine vermögenswirksamen Leistungen sind (z. B. Zinsen, eigene Einzahlungen des Arbeitnehmers), so ist in der Anzeige über eine teilweise schädliche vorzeitige Verfügung als vermögenswirksame Leistung nur der Betrag anzugeben, der die anderen Beträge übersteigt (§ 6 Abs. 3 Nr. 1 und Abs. 4 Nr. 1 VermBDV 1994).

22. Änderung der Festsetzung, Rückforderung von Arbeitnehmer-Sparzulagen
(§ 13 Abs. 5 VermBG, § 6 Abs. 2 und 3, § 8 Abs. 4, § 9 VermBDV 1994)

(1) Der Bescheid über die Festsetzung der Arbeitnehmer-Sparzulage ist zu ändern, wenn

1. bei Anlage vermögenswirksamer Leistungen auf Verträge nach §§ 5 bis 7 VermBG angezeigt worden ist, dass Sperr-, Verwendungs- oder Vorlagefristen verletzt worden sind (§ 8 Abs. 1 Nr. 4 bis 6 VermBDV 1994) oder sich die Förderung in den Fällen des Abschnitts 18 Abs. 1 Nr. 3 Satz 2 verringert,

2. bei Anlage vermögenswirksamer Leistungen nach § 2 Abs. 1 Nr. 1 und 4 VermBG eine teilweise schädliche Verfügung angezeigt worden ist (§ 8 Abs. 1 Nr. 1 bis 3 und Abs. 2 VermBDV 1994) und das Finanzamt die Verfügung über vermögenswirksame Leistungen festgestellt hat, für die Arbeitnehmer-Sparzulagen festgesetzt worden sind (§ 6 Abs. 3 und 4 VermBDV 1994),

3. die Einkommensgrenze des § 13 Abs. 1 VermBG durch nachträgliche Änderung des zu versteuernden Einkommens über- oder unterschritten wird,

4. das Finanzamt davon Kenntnis erhält, z. B. durch eine Außenprüfung, dass eine vermögenswirksame Anlage nicht vorlag.

Bei einer teilweise schädlichen Verfügung (Nr. 2) und einer Förderung mit einem ab 2004 abgesenkten **oder einem ab 2009 angehobenen** Fördersatz ist davon auszugehen, dass über die geringer geförderten vermögenswirksamen Leistungen vorrangig schädlich verfügt wurde.

Anhang 25/Anwendung 5. VermBG (Zu LStH 19a)

Beispiel:
Ein Arbeitnehmer hat am 1. **April 2004** mit einer Kapitalanlagegesellschaft einen Anlagevertrag nach § 4 VermBG abgeschlossen, auf den in den Kalenderjahren **2004 bis 2009 jeweils** 400 Euro **(insgesamt 2 400 Euro)** vermögenswirksame Leistungen angelegt worden sind. Zusätzlich wurden Anteile aus Ausschüttungen im Wert von **100** Euro gutgeschrieben. Im Kalenderjahr **2010** verkauft der Arbeitnehmer Wertpapiere, für die er vermögenswirksame Leistungen in Höhe von durchschnittlich **2 200** Euro aufgewendet hat.

Die Kapitalanlagegesellschaft zeigt an, dass über vermögenswirksame Leistungen in Höhe von **2 100** Euro (**2 200** Euro vermögenswirksame Leistungen abzüglich **100** Euro aus Ausschüttungen, vgl. Abschnitt 21 Abs. 2) schädlich verfügt worden ist. Das Finanzamt stellt fest, dass für die vermögenswirksamen Leistungen des Kalenderjahrs **2008** keine Arbeitnehmer-Sparzulage festgesetzt worden ist, weil die Einkommensgrenze überschritten war. Nach Abzug dieser vermögenswirksamen Leistungen verbleibt ein Betrag von **1 700** Euro (**2 100** Euro abzüglich **400** Euro), für den zu Unrecht eine Arbeitnehmer-Sparzulage gewährt worden ist. Die Festsetzung der Arbeitnehmer-Sparzulage ist deshalb um **308** Euro (**1 600** Euro **[Jahre 2004 bis 2007]** x 18 % zzgl. **100 Euro x 20 %**) zu mindern.

(2) Das Finanzamt hat zu Unrecht bereits ausgezahlte Arbeitnehmer-Sparzulagen vom Arbeitnehmer zurückzufordern. Das gilt auch für Arbeitnehmer-Sparzulagen, die das Finanzamt wegen Ablaufs der Sperrfrist an den Arbeitnehmer ausgezahlt hat und dem Finanzamt erst nachträglich eine schädliche Verfügung über die vermögenswirksamen Leistungen bekannt wird.

23. Außenprüfung (§ 15 Abs. 5 VermBG)

Nach § 15 Abs. 5 VermBG ist eine Außenprüfung bei dem Unternehmen oder Institut zulässig, bei dem die vermögenswirksamen Leistungen angelegt sind. Die Außenprüfung kann sich auf die Einhaltung sämtlicher Pflichten erstrecken, die sich aus dem VermBG und der VermBDV 1994 ergeben, z. B. die Erfüllung von Anzeigepflichten.

24. Übergangsregelungen

[1]**Dieses Schreiben ist ohne die Änderungen durch das BMF-Schreiben vom 16. März 2009 (BStBl. I S. 501) weiter anzuwenden auf vermögenswirksame Leistungen, die vor dem 1. Januar 2009** angelegt worden sind. [2]**Abschnitt 10 Nummer 2 und 5 in der Fassung dieses BMF-Schreibens ist erstmals für Anlagen nach dem 28. Februar 2010 anzuwenden.**

Anhang 26/Bescheinigung vermögenswirksame Leistungen 2009

Bekanntmachung des Vordruckmusters
für die Bescheinigung der 2009 angelegten vermögenswirksamen Leistungen

BMF-Schreiben vom 17. Juli 2009 IV C 5 - S 2439/09/10001 (BStBl. I S. 852)

1 Anlage

Das Vordruckmuster für die Bescheinigung der 2009 angelegten vermögenswirksamen Leistungen wird hiermit in der Anlage bekannt gemacht. Der Vordruck hat das Format DIN A4.

Der Vordruck kann auch maschinell hergestellt werden. Im Interesse einer korrekten Erfassung (maschinelle Beleglesung) muss der maschinell hergestellte Vordruck sämtliche Angaben in gleicher Anordnung enthalten und in Format, Aufbau, Druckbild und Wortlaut dem bekannt gemachten Vordruck entsprechen. Insbesondere darf ein maschinell hergestellter Vordruck bezüglich folgender Punkte nicht vom amtlichen Muster abweichen:

- keine Hinterlegung in Farbe oder Grauwerten,
- keine Kammboxen und keine Erläuterungstexte in den Datenfeldern,
- Schriftgrößen,
- keine Serifenschriften,
- keine zusätzlichen Inhalte wie Erläuterungstexte und Informationen des Anlageinstituts, Unternehmens, Empfängers.

Wird der Vordruck maschinell ausgefüllt, dürfen für die Eintragungen in den Datenfeldern ebenfalls keine Serifenschriften verwendet werden. Diese Eintragungen sind in Schriftgröße 12 pt vorzunehmen. Eine kleinere Schrift darf nur verwendet werden, wenn anderenfalls der für die Eintragung zur Verfügung stehende Platz nicht ausreichen würde.

Maschinell erstellte Bescheinigungen brauchen nicht handschriftlich unterschrieben zu werden.[1]

---

[1] Zur Anschrift der Stelle, die den im Bescheinigungsvordruck anzugebenden „Institutsschlüssel für die Arbeitnehmer-Sparzulage" vergibt, siehe BMF-Schreiben Anhang 24 Abschnitt 14 Absatz 3 Nummer 1.

Anhang 26/Bescheinigung vermögenswirksame Leistungen 2009

vom Arbeitnehmer auszufüllen ▶

Name, Vorname

Steuernummer / Identifikationsnummer

2009

Anlage VL

99	1 5
9	
87	

Wichtiger Hinweis:

Diese Bescheinigung benötigen Sie, wenn Sie eine Arbeitnehmer-Sparzulage nach dem Fünften Vermögensbildungsgesetz (VermBG) beantragen wollen. In diesem Fall fügen Sie bitte die Bescheinigung Ihrer Einkommensteuererklärung / Ihrem Antrag auf Arbeitnehmer-Sparzulage bei.

Bescheinigung vermögenswirksamer Leistungen für 2009
(§ 15 Abs. 1 VermBG, § 5 VermBDV 1994)

Arbeitnehmer (Name, Vorname)

geboren am

Straße, Hausnummer

Postleitzahl, Wohnort

		1. Vertrag		2. Vertrag
Art der Anlage *)	0		0	
Institutsschlüssel für die Arbeitnehmer-Sparzulage	1		1	
Vertragsnummer	2		2	
Vermögenswirksame Leistungen (auf volle Euro aufgerundet)	3		3	
Ende der Sperrfrist (Format: TT.MM.JJJJ)	4		4	
Anlageinstitut, Unternehmen, Empfänger				

*) Bitte zutreffende Kennzahl eintragen.

1 = Sparvertrag über Wertpapiere oder andere Vermögensbeteiligungen (§ 4 VermBG)

2 = Wertpapier-Kaufvertrag (§ 5 VermBG)

3 = Beteiligungs-Vertrag oder Beteiligungs-Kaufvertrag (§§ 6, 7 VermBG)

4 = Bausparvertrag (§ 2 Abs. 1 Nr. 4 VermBG)

8 = Wohnungsbau (§ 2 Abs. 1 Nr. 5 VermBG), mit Ausnahme von Sparleistungen an Treuhand- und Immobilienspargesellschaften, wenn der Anleger als bloßer Treugeber lediglich einen schuldrechtlichen Anspruch, aber kein unmittelbares Grundeigentum erlangt, oder Anlagen nach § 2 Abs. 1 Nr. 4 VermBG in Verbindung mit § 2 Abs. 1 Nr. 2 des Wohnungsbau-Prämiengesetzes

(Datum)

(Unterschrift des Anlageinstituts, Unternehmens, Empfängers)

Anlage VL - Mai 2009

Wohnungsbau-Prämiengesetz (WoPG 1996)

Neufassung vom 30. Oktober 1997 (BGBl. I S. 2678, BStBl. I S. 1050)[1)]

§ 1
Prämienberechtigte

¹Unbeschränkt einkommensteuerpflichtige Personen im Sinne des § 1 Abs. 1 oder 2 oder Abs. 3 in Verbindung mit Abs. 2 Satz 1 Nr. 1 und 2 des Einkommensteuergesetzes, die das 16. Lebensjahr vollendet haben oder Vollwaisen sind, können für Aufwendungen zur Förderung des Wohnungsbaus eine Prämie erhalten. ²Voraussetzung ist, dass

1. die Aufwendungen nicht vermögenswirksame Leistungen darstellen, für die Anspruch auf Arbeitnehmer-Sparzulage nach § 13 des Fünften Vermögensbildungsgesetzes besteht, und
2. das maßgebende Einkommen des Prämienberechtigten die Einkommensgrenze (§ 2a) nicht überschritten hat.

§ 2
Prämienbegünstigte Aufwendungen

(1) Als Aufwendungen zur Förderung des Wohnungsbaus im Sinne des § 1 gelten

1. Beiträge an Bausparkassen zur Erlangung von Baudarlehen, soweit die an dieselbe Bausparkasse geleisteten Beiträge im Sparjahr (§ 4 Abs. 1) mindestens 50 Euro betragen. ²Voraussetzung ist, dass die Bausparkasse ihren Sitz oder ihre Geschäftsleitung in einem Mitgliedstaat der Europäischen Union hat und ihr die Erlaubnis zum Geschäftsbetrieb im Gebiet der Europäischen Union erteilt ist. ³Bausparkassen sind Kreditinstitute, deren Geschäftsbetrieb darauf gerichtet ist, Bauspareinlagen entgegenzunehmen und aus den angesammelten Beträgen den Bausparern nach einem auf gleichmäßige Zuteilungsfolge gerichteten Verfahren Baudarlehen für wohnungswirtschaftliche Maßnahmen zu gewähren. ⁴Werden Beiträge an Bausparkassen zugunsten eines zertifizierten Altersvorsorgevertrages zur Erlangung eines Bauspardarlehens in einem Sparjahr (§ 4 Abs. 1) vom Anbieter den Altersvorsorgebeiträgen nach § 82 des Einkommensteuergesetzes zugeordnet, handelt es sich bei allen Beiträgen zu diesem Vertrag innerhalb dieses Sparjahres bis zu den in § 10a Abs. 1 des Einkommensteuergesetzes genannten Höchstbeträgen um Altersvorsorgebeiträge und nicht um prämienbegünstigte Aufwendungen im Sinne der Absätze 2 und 3;
2. Aufwendungen für den ersten Erwerb von Anteilen an Bau- und Wohnungsgenossenschaften;
3. Beiträge auf Grund von Sparverträgen, die auf die Dauer von drei bis sechs Jahren als allgemeine Sparverträge oder als Sparverträge mit festgelegten Sparraten mit einem Kreditinstitut abgeschlossen werden, wenn die eingezahlten Sparbeiträge und die Prämien zum Bau oder Erwerb selbst genutzten Wohneigentums oder zum Erwerb eines eigentumsähnlichen Dauerwohnrechts verwendet werden;
4. Beiträge auf Grund von Verträgen, die mit Wohnungs- und Siedlungsunternehmen nach der Art von Sparverträgen mit festgelegten Sparraten auf die Dauer von drei bis acht Jahren mit dem Zweck einer Kapitalansammlung abgeschlossen werden, wenn die eingezahlten Beiträge und die Prämien zum Bau oder Erwerb selbst genutzten Wohneigentums oder zum Erwerb eines eigentumsähnlichen Dauerwohnrechts verwendet werden. ²Den Verträgen mit Wohnungs- und Siedlungsunternehmen stehen Verträge mit den am 31. Dezember 1989 als Organe der staatlichen Wohnungspolitik anerkannten Unternehmen gleich, soweit sie die Voraussetzungen nach Satz 1 erfüllen.

(2) ¹Für die Prämienbegünstigung der in Absatz 1 Nr. 1 bezeichneten Aufwendungen ist Voraussetzung, dass

1. bei Auszahlung der Bausparsumme oder bei Beleihung der Ansprüche aus dem Vertrag der Bausparer die empfangenen Beträge unverzüglich und unmittelbar zum Wohnungsbau verwendet oder
2. im Fall der Abtretung der Erwerber die Bausparsumme oder die auf Grund einer Beleihung empfangenen Beträge unverzüglich und unmittelbar zum Wohnungsbau für die abtretende Person oder deren Angehörige im Sinne des § 15 der Abgabenordnung verwendet.

²Unschädlich ist jedoch eine Verwendung ohne Verwendung zum Wohnungsbau, die frühestens sieben Jahre nach dem Vertragsabschluss erfolgt, wenn der Bausparer bei Vertragsabschluss das 25. Lebensjahr noch nicht vollendet hatte. ³Die Prämienbegünstigung ist in diesen Fällen auf die Berücksichtigung der

---

1) Unter Berücksichtigung der Änderungen zuletzt durch Artikel 13 Steuerbürokratieabbaugesetz vom 20.12.2008 (BGBl. I S. 2850, BStBl. 2009 I S. 124).

in Absatz 1 Nr. 1 bezeichneten Aufwendungen der letzten sieben Sparjahre bis zu der Verfügung beschränkt. ⁴Jeder Bausparer kann nur einmal über einen vor Vollendung des 25. Lebensjahres abgeschlossenen Bausparvertrag ohne wohnungswirtschaftliche Verwendung prämienunschädlich verfügen. ⁵Unschädlich ist auch eine Verfügung ohne Verwendung zum Wohnungsbau, wenn der Bausparer oder sein von ihm nicht dauernd getrennt lebender Ehegatte nach Vertragsabschluss gestorben oder völlig erwerbsunfähig geworden ist oder der Bausparer nach Vertragsabschluss arbeitslos geworden ist und die Arbeitslosigkeit mindestens ein Jahr lang ununterbrochen bestanden hat und im Zeitpunkt der Verfügung noch besteht. ⁶Die Prämienbegünstigung ist in diesen Fällen auf die Berücksichtigung der in Absatz 1 Nr. 1 bezeichneten Aufwendungen der letzten sieben Sparjahre bis zum Eintritt des Ereignisses beschränkt. ⁷Die Vereinbarung über die Erhöhung der Bausparsumme ist als selbständiger Vertrag zu behandeln. ⁸Als Wohnungsbau im Sinne der Nummern 1 und 2 gelten auch bauliche Maßnahmen des Mieters zur Modernisierung seiner Wohnung. ⁹Dies gilt ebenfalls für den ersten Erwerb von Anteilen an Bau- und Wohnungsgenossenschaften im Sinne des Absatzes 1 Nr. 2 und den Erwerb von Rechten zur dauernden Selbstnutzung von Wohnraum in Alten-, Altenpflege- und Behinderteneinrichtungen oder -anlagen. ¹⁰Die Unschädlichkeit setzt weiter voraus, dass die empfangenen Beträge nicht zum Wohnungsbau im Ausland eingesetzt werden, sofern nichts anderes bestimmt ist.

(3) ¹Für vor dem 1. Januar 2009 abgeschlossene Verträge, für die bis zum 31. Dezember 2008 mindestens ein Beitrag in Höhe der Regelsparrate entrichtet wurde, ist Voraussetzung für die Prämienbegünstigung der in Absatz 1 Nr. 1 bezeichneten Aufwendungen, dass vor Ablauf von sieben Jahren seit Vertragsabschluss weder die Bausparsumme ganz oder zum Teil ausgezahlt noch geleistete Beiträge ganz oder zum Teil zurückgezahlt oder Ansprüche aus dem Bausparvertrag abgetreten oder beliehen werden. ²Unschädlich ist jedoch die vorzeitige Verfügung, wenn

1. die Bausparsumme ausgezahlt oder die Ansprüche aus dem Vertrag beliehen werden und der Bausparer die empfangenen Beträge unverzüglich und unmittelbar zum Wohnungsbau verwendet,
2. im Fall der Abtretung der Erwerber die Bausparsumme oder die auf Grund einer Beleihung empfangenen Beträge unverzüglich und unmittelbar zum Wohnungsbau für die abtretende Person oder deren Angehörige im Sinne des § 15 der Abgabenordnung verwendet,
3. der Bausparer oder sein von ihm nicht dauernd getrennt lebender Ehegatte nach Vertragsabschluss gestorben oder völlig erwerbsunfähig geworden ist oder
4. der Bausparer nach Vertragsabschluss arbeitslos geworden ist und die Arbeitslosigkeit mindestens ein Jahr lang ununterbrochen bestanden hat und im Zeitpunkt der vorzeitigen Verfügung noch besteht.

³Absatz 2 Satz 7 bis 10 gilt sinngemäß.

§ 2a
Einkommensgrenze

¹Die Einkommensgrenze beträgt 25 600 Euro, bei Ehegatten (§ 3 Abs. 3) 51 200 Euro. ²Maßgebend ist das zu versteuernde Einkommen (§ 2 des Einkommensteuergesetzes) des Sparjahrs (§ 4 Abs. 1). ³Bei Ehegatten ist das zu versteuernde Einkommen maßgebend, das sich bei einer Zusammenveranlagung nach § 26b des Einkommensteuergesetzes ergeben hat oder, falls eine Veranlagung nicht durchgeführt worden ist, ergeben würde.

§ 2b
(weggefallen)

§ 3
Höhe der Prämie

(1) ¹Die Prämie bemisst sich nach den im Sparjahr (§ 4 Abs. 1) geleisteten prämienbegünstigten Aufwendungen. ²Sie beträgt 8,8 vom Hundert der Aufwendungen.¹⁾

(2) ¹Die Aufwendungen des Prämienberechtigten sind je Kalenderjahr bis zu einem Höchstbetrag von 512 Euro, bei Ehegatten (Absatz 3) zusammen bis zu 1 024 Euro prämienbegünstigt. ²Die Höchstbeträge stehen den Prämienberechtigten gemeinsam zu (Höchstbetragsgemeinschaft).

(3) Ehegatten im Sinne dieses Gesetzes sind Personen, welche nach § 26b des Einkommensteuergesetzes zusammen veranlagt werden oder, falls eine Veranlagung zur Einkommensteuer nicht durchgeführt wird, die Voraussetzungen des § 26 Abs. 1 Satz 1 des Einkommensteuergesetzes erfüllen.

---

1) § 3 Abs. 1 ist in dieser Fassung erstmals für das Sparjahr 2004 anzuwenden (§ 10 Abs. 1 Satz 1 WoPG; zuvor Prämie 10 %).

§ 4
Prämienverfahren allgemein

(1) ¹Der Anspruch auf Prämie entsteht mit Ablauf des Sparjahrs. ²Sparjahr ist das Kalenderjahr, in dem die prämienbegünstigten Aufwendungen geleistet worden sind.

(2) ¹Die Prämie ist nach amtlich vorgeschriebenem Vordruck bis zum Ablauf des zweiten Kalenderjahrs, das auf das Sparjahr (Absatz 1) folgt, bei dem Unternehmen zu beantragen, an das die prämienbegünstigten Aufwendungen geleistet worden sind. ²Der Antragsteller hat zu erklären, für welche Aufwendungen er die Prämie beansprucht, wenn bei mehreren Verträgen die Summe der Aufwendungen den Höchstbetrag (§ 3 Abs. 2) überschreitet; Ehegatten (§ 3 Abs. 3) haben dies einheitlich zu erklären. ³Der Antragsteller ist verpflichtet, dem Unternehmen unverzüglich eine Änderung der Verhältnisse mitzuteilen, die zu einer Minderung oder zum Wegfall des Prämienanspruchs führen.

(3) ¹Überschreiten bei mehreren Verträgen die insgesamt ermittelten oder festgesetzten Prämien die für das Sparjahr höchstens zulässige Prämie (§ 3), ist die Summe der Prämien hierauf zu begrenzen. ²Dabei ist die Prämie vorrangig für Aufwendungen auf Verträge mit dem jeweils älteren Vertragsdatum zu belassen. ³Insoweit ist eine abweichende Erklärung des Prämienberechtigten oder seines Ehegatten unbeachtlich.

(4) Ein Rückforderungsanspruch erlischt, wenn er nicht bis zum Ablauf des vierten Kalenderjahrs geltend gemacht worden ist, das auf das Kalenderjahr folgt, in dem der Prämienberechtigte die Prämie verwendet hat (§ 5).

(5) ¹Das Unternehmen darf die im Prämienverfahren bekanntgewordenen Verhältnisse der Beteiligten nur für das Verfahren verwerten. ²Es darf sie ohne Zustimmung der Beteiligten nur offenbaren, soweit dies gesetzlich zugelassen ist.

§ 4a
Prämienverfahren im Fall des § 2 Abs. 1 Nr. 1

(1) ¹Bei Aufwendungen im Sinne des § 2 Abs. 1 Nr. 1 hat die Bausparkasse auf Grund des Antrags zu ermitteln, ob und in welcher Höhe ein Prämienanspruch nach Maßgabe dieses Gesetzes oder nach einer auf Grund dieses Gesetzes erlassenen Rechtsverordnung besteht. ²Dabei hat sie alle Verträge mit dem Prämienberechtigten und seinem Ehegatten (§ 3 Abs. 3) zu berücksichtigen. ³Die Bausparkasse hat dem Antragsteller das Ermittlungsergebnis spätestens im nächsten Kontoauszug mitzuteilen.

(2) ¹Die Bausparkasse hat die im Kalendermonat ermittelten Prämien (Absatz 1 Satz 1) im folgenden Kalendermonat in einem Betrag zur Auszahlung anzumelden, wenn die Voraussetzungen für die Prämienbegünstigung nach § 2 Abs. 2 nachgewiesen sind. ²In den Fällen des § 2 Abs. 3 darf die Prämie nicht vor Ablauf des Kalendermonats angemeldet werden, in dem

a) der Bausparvertrag zugeteilt,
b) die in § 2 Abs. 3 Satz 1 genannte Frist überschritten oder
c) unschädlich im Sinne des § 2 Abs. 3 Satz 2 verfügt

worden ist. ³Die Anmeldung ist nach amtlich vorgeschriebenem Vordruck (Wohnungsbauprämien-Anmeldung) bei dem für die Besteuerung der Bausparkasse nach dem Einkommen zuständigen Finanzamt (§ 20 der Abgabenordnung) abzugeben. ⁴Hierbei hat die Bausparkasse zu bestätigen, dass die Voraussetzungen für die Auszahlung des angemeldeten Prämienbetrags vorliegen. ⁵Die Wohnungsbauprämien-Anmeldung gilt als Steueranmeldung im Sinne der Abgabenordnung. ⁶Das Finanzamt veranlasst die Auszahlung an die Bausparkasse zugunsten der Prämienberechtigten durch die zuständige Bundeskasse. ⁷Die Bausparkasse hat die erhaltenen Prämien unverzüglich dem Prämienberechtigten gutzuschreiben oder auszuzahlen.

(3) ¹Die Bausparkasse hat die für die Überprüfung des Prämienanspruchs erforderlichen Daten innerhalb von vier Monaten nach Ablauf der Antragsfrist für das Sparjahr (§ 4 Abs. 2 Satz 1) nach amtlich vorgeschriebenem Datensatz durch Datenfernübertragung an die Zentralstelle der Länder zu übermitteln. ²Besteht der Prämienanspruch nicht oder in anderer Höhe, so teilt die Zentralstelle dies der Bausparkasse durch einen Datensatz mit.

(4) ¹Erkennt die Bausparkasse oder wird ihr mitgeteilt, dass der Prämienanspruch ganz oder teilweise nicht besteht oder weggefallen ist, so hat sie das bisherige Ermittlungsergebnis aufzuheben oder zu ändern; zu Unrecht gutgeschriebene oder ausgezahlte Prämien hat sie zurückzufordern. ²Absatz 1 Satz 3 gilt entsprechend. ³Bei fortbestehendem Vertragsverhältnis kann sie das Konto belasten. ⁴Die Bausparkasse hat geleistete Rückforderungsbeträge in der Wohnungsbauprämien-Anmeldung des nachfolgenden Monats abzusetzen. ⁵Kann die Bausparkasse zu Unrecht gutgeschriebene oder ausgezahlte Prämien nicht belasten oder kommt der Prämienempfänger ihrer Zahlungsaufforderung nicht nach, so hat sie hierüber unverzüglich das für die Besteuerung nach dem Einkommen des Prämienberechtigten

zuständige Finanzamt (Wohnsitzfinanzamt nach § 19 der Abgabenordnung) zu unterrichten. ⁶In diesen Fällen erlässt das Wohnsitzfinanzamt einen Rückforderungsbescheid.

(5) ¹Eine Festsetzung der Prämie erfolgt nur auf besonderen Antrag des Prämienberechtigten. ²Der Antrag ist schriftlich innerhalb eines Jahres nach Bekanntwerden des Ermittlungsergebnisses der Bausparkasse vom Antragsteller unter Angabe seines Wohnsitzfinanzamts an die Bausparkasse zu richten. ³Die Bausparkasse leitet den Antrag diesem Finanzamt zur Entscheidung zu. ⁴Dem Antrag hat sie eine Stellungnahme und die zur Entscheidung erforderlichen Unterlagen beizufügen. ⁵Das Finanzamt teilt seine Entscheidung auch der Bausparkasse mit.

(6) ¹Die Bausparkasse haftet als Gesamtschuldner neben dem Prämienempfänger für die Prämie, die wegen ihrer Pflichtverletzung zu Unrecht gezahlt, nicht einbehalten oder nicht zurückgefordert wird. ²Die Bausparkasse haftet nicht, wenn sie ohne Verschulden darüber irrte, dass die Prämie zu zahlen war. ³Für die Inanspruchnahme der Bausparkasse ist das in Absatz 2 Satz 3 bestimmte Finanzamt zuständig. ⁴Für die Inanspruchnahme des Prämienempfängers ist das Wohnsitzfinanzamt zuständig.

(7) Das nach Absatz 2 Satz 3 zuständige Finanzamt hat auf Anfrage der Bausparkasse Auskunft über die Anwendung dieses Gesetzes zu geben.

(8) ¹Das nach Absatz 2 Satz 3 zuständige Finanzamt kann bei der Bausparkasse ermitteln, ob sie ihre Pflichten nach diesem Gesetz oder nach auf Grund dieses Gesetzes erlassenen Rechtsverordnung erfüllt hat. ²Die §§ 193 bis 203 der Abgabenordnung gelten sinngemäß. ³Die Unterlagen über das Prämienverfahren sind im Geltungsbereich dieses Gesetzes zu führen und aufzubewahren.

(9) Die Bausparkasse erhält vom Bund oder den Ländern keinen Ersatz für die ihr aus dem Prämienverfahren entstehenden Kosten.

§ 4b
Prämienverfahren in den Fällen des § 2 Abs. 1 Nr. 2 bis 4

(1) Bei Aufwendungen im Sinne des § 2 Abs. 1 Nr. 2 bis 4 hat das Unternehmen den Antrag an das Wohnsitzfinanzamt des Prämienberechtigten weiterzuleiten.¹⁾

(2) ¹Wird dem Antrag entsprochen, veranlasst das Finanzamt die Auszahlung der Prämie an das Unternehmen zugunsten des Prämienberechtigten durch die zuständige Bundeskasse. ²Einen Bescheid über die Festsetzung der Prämie erteilt das Finanzamt nur auf besonderen Antrag des Prämienberechtigten. ³Wird nachträglich festgestellt, dass die Voraussetzungen für die Prämie nicht vorliegen oder die Prämie aus anderen Gründen ganz oder teilweise zu Unrecht gezahlt worden ist, so hat das Finanzamt die Prämienfestsetzung aufzuheben oder zu ändern und die Prämie, soweit sie zu Unrecht gezahlt worden ist, zurückzufordern. ⁴Sind zu diesem Zeitpunkt die prämienbegünstigten Aufwendungen durch das Unternehmen noch nicht ausgezahlt, so darf die Auszahlung nicht vorgenommen werden, bevor die Prämien an das Finanzamt zurückgezahlt sind.

§ 5
Verwendung der Prämie

(1) (weggefallen)

(2) ¹Die Prämien für die in § 2 Abs. 1 Nr. 1, 3 und 4 bezeichneten Aufwendungen sind vorbehaltlich des § 2 Abs. 2 Satz 2 bis 6 sowie Abs. 3 Satz 2 zusammen mit den prämienbegünstigten Aufwendungen zu dem vertragsmäßigen Zweck zu verwenden. ²Geschieht das nicht, so hat das Unternehmen in den Fällen des § 4b dem Finanzamt unverzüglich Mitteilung zu machen.

(3) Über Prämien, die für Aufwendungen nach § 2 Abs. 1 Nr. 2 ausgezahlt werden, kann der Prämienberechtigte verfügen, wenn das Geschäftsguthaben beim Ausscheiden des Prämienberechtigten aus der Genossenschaft ausgezahlt wird.

§ 6
Steuerliche Behandlung der Prämie

Die Prämien gehören nicht zu den Einkünften im Sinne des Einkommensteuergesetzes.

§ 7
Aufbringung der Mittel

Der Bund stellt die Beträge für die Prämien den Ländern in voller Höhe gesondert zur Verfügung.

---

1) S. BMF-Schreiben vom 26.11.2001 (BStBl. I S. 893) betr. Bekanntmachung des Vordruckmusters für die Sammelliste für Wohnungsbauprämien.

§ 8
Anwendung der Abgabenordnung und der Finanzgerichtsordnung

(1) ¹Auf die Wohnungsbauprämie sind die für Steuervergütungen geltenden Vorschriften der Abgabenordnung entsprechend anzuwenden. ²Dies gilt nicht für § 108 Abs. 3 der Abgabenordnung hinsichtlich der in § 2 genannten Fristen sowie für die §§ 109 und 163 der Abgabenordnung.

(2) ¹Für die Wohnungsbauprämie gelten die Strafvorschriften des § 370 Abs. 1 bis 4, der §§ 371, 375 Abs. 1 und des § 376 sowie die Bußgeldvorschriften der §§ 378, 379 Abs. 1, 4 und der §§ 383 und 384 der Abgabenordnung entsprechend. ²Für das Strafverfahren wegen einer Straftat nach Satz 1 sowie der Begünstigung einer Person, die eine solche Tat begangen hat, gelten die §§ 385 bis 408, für das Bußgeldverfahren wegen einer Ordnungswidrigkeit nach Satz 1 die §§ 409 bis 412 der Abgabenordnung entsprechend.

(3) In öffentlich-rechtlichen Streitigkeiten über die auf Grund dieses Gesetzes ergehenden Verwaltungsakte der Finanzbehörden ist der Finanzrechtsweg gegeben.

(4) Besteuerungsgrundlagen für die Berechnung des nach § 2a maßgebenden Einkommens, die der Veranlagung zur Einkommensteuer zugrunde gelegen haben, können der Höhe nach nicht durch einen Rechtsbehelf gegen die Prämie angegriffen werden.

§ 9
Ermächtigungen

(1) Die Bundesregierung wird ermächtigt, durch Rechtsverordnung mit Zustimmung des Bundesrates Vorschriften zur Durchführung dieses Gesetzes zu erlassen über

1. (weggefallen)
2. die Bestimmung der Genossenschaften, die zu den Bau- und Wohnungsgenossenschaften gehören (§ 2 Abs. 1 Nr. 2);
3. den Inhalt der in § 2 Abs. 1 Nr. 3 bezeichneten Sparverträge, die Berechnung der Rückzahlungsfristen, die Folgen vorzeitiger Rückzahlung von Sparbeträgen und die Verpflichtungen der Kreditinstitute; die Vorschriften sind den in den §§ 18 bis 29 der Einkommensteuer-Durchführungsverordnung 1953 enthaltenen Vorschriften mit der Maßgabe anzupassen, dass eine Frist bestimmt werden kann, innerhalb der die Prämien zusammen mit den prämienbegünstigten Aufwendungen zu dem vertragsmäßigen Zweck zu verwenden sind;
4. den Inhalt der in § 2 Abs. 1 Nr. 4 bezeichneten Verträge und die Verwendung der auf Grund solcher Verträge angesammelten Beträge; dabei kann der vertragsmäßige Zweck auf den Bau durch das Unternehmen oder auf den Erwerb von dem Unternehmen, mit dem der Vertrag abgeschlossen worden ist, beschränkt und eine Frist von mindestens drei Jahren bestimmt werden, innerhalb der die Prämien zusammen mit den prämienbegünstigten Aufwendungen zu dem vertragsmäßigen Zweck zu verwenden sind. ²Die Prämienbegünstigung kann auf Verträge über Gebäude beschränkt werden, die nach dem 31. Dezember 1949 fertiggestellt worden sind. ³Für die Fälle des Erwerbs kann bestimmt werden, dass der angesammelte Betrag und die Prämien nur zur Leistung des in bar zu zahlenden Kaufpreises verwendet werden dürfen;
5. die Ermittlung, Festsetzung, Auszahlung oder Rückzahlung der Prämie, wenn Besteuerungsgrundlagen für die Berechnung des nach § 2a maßgebenden Einkommens, die der Veranlagung zur Einkommensteuer zugrunde gelegen haben, geändert werden oder wenn für Aufwendungen, die vermögenswirksame Leistungen darstellen, Arbeitnehmer-Sparzulagen zurückgezahlt oder nachträglich festgesetzt oder ausgezahlt werden;
6. das Verfahren für die Ermittlung, Festsetzung, Auszahlung und Rückforderung der Prämie. ²Hierzu gehören insbesondere Vorschriften über Aufzeichnungs-, Aufbewahrungs-, Bescheinigungs- und Anzeigepflichten des Unternehmens, bei dem die prämienbegünstigten Aufwendungen angelegt worden sind.

(2) Das Bundesministerium der Finanzen wird ermächtigt, den Wortlaut des Wohnungsbau-Prämiengesetzes und der hierzu erlassenen Durchführungsverordnung in der jeweils geltenden Fassung mit neuem Datum, unter neuer Überschrift und in neuer Paragraphenfolge bekanntzumachen und dabei Unstimmigkeiten des Wortlauts zu beseitigen.

(3) Das Bundesministerium der Finanzen wird ermächtigt, im Einvernehmen mit den obersten Finanzbehörden der Länder
   a) den in § 4 Abs. 2 Satz 1 und den in § 4a Abs. 2 Satz 3 vorgeschriebenen Vordruck und
   b) die in § 4a Abs. 3 vorgeschriebenen Datensätze

zu bestimmen.

§ 10
Schlussvorschriften

(1) [1]Dieses Gesetz in der Fassung des Artikels 5 des Gesetzes vom 29. Juli 2008 (BGBl. I S. 1509) ist vorbehaltlich Satz 2 erstmals für das Sparjahr 2009 anzuwenden. [2]§ 2 Abs. 1 Nr. 1 Satz 4 in der Fassung des Artikels 5 des Gesetzes vom 29. Juli 2008 (BGBl. I S. 1509) ist erstmals für das Sparjahr 2008 anzuwenden. [3]Bei Aufwendungen im Sinne des § 2 Abs. 1 Nr. 1 ist die Prämie für Sparjahre vor 1996 nach § 4 in der Fassung des Artikels 7 des Gesetzes vom 15. Dezember 1995 (BGBl. I S. 1783) festzusetzen. [4]§ 4 Abs. 4 in der Fassung des Artikels 29 des Gesetzes vom 20. Dezember 2001 (BGBl. I S. 3794) ist erstmals bei nicht vertragsgemäßer Verwendung nach dem 31. Dezember 1998 anzuwenden. [5]§ 4a Abs. 3 Satz 1 und § 9 Abs. 3 Buchstabe b in der Fassung des Artikels 13 des Gesetzes vom 20. Dezember 2008 (BGBl. I S. 2850) sind erstmals für Datenlieferungen nach dem 31. Dezember 2008 anzuwenden.

(2) [1]Beiträge an Bausparkassen (§ 2 Abs. 1 Nr. 1), für die in den Kalenderjahren 1991 bis 1993 die Zusatzförderung nach § 10 Abs. 6 dieses Gesetzes in der Fassung der Bekanntmachung vom 30. Juli 1992 (BGBl. I S. 1405) in Anspruch genommen worden ist, müssen ausdrücklich zur Verwendung für den Wohnungsbau in dem in Artikel 3 des Einigungsvertrags genannten Gebiet bestimmt sein. [2]Eine Verfügung, die § 2 Abs. 3 entspricht, nicht aber dem besonderen vertraglichen Zweck, ist hinsichtlich der Zusatzprämie und des zusätzlichen Höchstbetrages schädlich. [3]Schädlich ist auch die Verwendung für Ferien- und Wochenendwohnungen, die in einem entsprechend ausgewiesenen Sondergebiet liegen oder die sich auf Grund ihrer Bauweise nicht zum dauernden Bewohnen eignen.

Anhang 29/WoPDV

Verordnung zur Durchführung des Wohnungsbau-Prämiengesetzes (WoPDV 1996)

Neufassung vom 30. Oktober 1997 (BGBl. I S. 2684, BStBl. I S. 1055)[1)]

1. Beiträge an Bausparkassen zur Erlangung von Baudarlehen

§ 1
(weggefallen)

§ 1a
Aufzeichnungs- und Aufbewahrungspflichten

(1) Die Bausparkasse hat Aufzeichnungen zu führen über

1. den Namen und die Anschrift des Bausparers sowie des Abtretenden und des Abtretungsempfängers der Ansprüche aus einem Bausparvertrag,
2. die Vertragsnummer und das Vertragsdatum des Bausparvertrags,
3. die prämienbegünstigten Aufwendungen je Sparjahr,
4. die ermittelte oder festgesetzte Prämie je Sparjahr,
5. die ausgezahlte Prämie je Sparjahr,
6. den Anlass der Anmeldung in den Fällen des § 4a Abs. 2 Satz 2 des Gesetzes,
7. den nach § 4a Abs. 3 Satz 2 des Gesetzes mitgeteilten Prämienanspruch,
8. das Finanzamt, das im Falle des § 4a Abs. 5 des Gesetzes festgesetzt hat.

(2) Die Bausparkasse hat Unterlagen zu den Aufzeichnungen zu nehmen, aus denen sich der Inhalt des Bausparvertrags und die zweckentsprechende Verwendung oder eine unschädliche Verfügung über die Bausparsumme ergeben.

(3) ¹Der Antrag auf Wohnungsbauprämie und die sonstigen Unterlagen sind geordnet zu sammeln und nach Ende des Sparjahrs zehn Jahre lang aufzubewahren. ²Die Bausparkasse kann die Unterlagen durch Bildträger oder andere Speichermedien ersetzen.

(4) Sonstige Vorschriften über Aufzeichnungspflichten bleiben unberührt.

(5) Die Bausparkasse hat dem Finanzamt auf Anforderung den Inhalt der Aufzeichnungen mitzuteilen und die für die Festsetzung der Prämie erforderlichen Unterlagen auszuhändigen.

§ 1b
Übertragung von Bausparverträgen auf eine andere Bausparkasse

¹Werden Bausparverträge auf eine andere Bausparkasse übertragen und verpflichtet sich diese gegenüber dem Bausparer und der Bausparkasse, mit der der Vertrag abgeschlossen worden ist, in die Rechte und Pflichten aus dem Vertrag einzutreten, so gilt die Übertragung nicht als Rückzahlung. ²Das Bausparguthaben muss von der übertragenden Bausparkasse unmittelbar an die übernehmende Bausparkasse überwiesen werden.

§ 2
Wegfall des Prämienanspruchs und Rückzahlung der Prämien

(1) ¹Der Prämienanspruch entfällt, soweit bei Bausparverträgen
1. prämienschädlich verfügt wird, oder
2. die für die Zusatzförderung nach § 10 Abs. 2 des Gesetzes erforderlichen Voraussetzungen nicht erfüllt werden.

²Bereits ausgezahlte Prämien sind an die Bausparkasse oder an das zuständige Finanzamt zurückzuzahlen. ³Bei einer Teilrückzahlung von Beiträgen kann der Bausparer bestimmen, welche Beiträge als zurückgezahlt gelten sollen. ⁴Das gilt auch, wenn die Bausparsumme zum Teil ausgezahlt oder die ausgezahlte Bausparsumme teilweise schädlich verwendet wird oder Ansprüche aus dem Vertrag zum Teil abgetreten oder beliehen werden.

(2) ¹Absatz 1 ist nicht anzuwenden, wenn unschädlich nach § 2 Abs. 2 Satz 2 bis 6 sowie Abs. 3 Satz 2 und 3 des Gesetzes verfügt worden ist. ²Beabsichtigt im Fall des § 2 Abs. 2 Satz 1 Nr. 2 oder Abs. 3 Satz 2 Nr. 2 des Gesetzes der Abtretungsempfänger im Zeitpunkt der Abtretung der Ansprüche aus dem Bausparvertrag eine unverzügliche und unmittelbare Verwendung zum Wohnungsbau für den Abtretenden

---
1) Unter Berücksichtigung der Änderungen zuletzt durch Artikel 6 EigRentG vom 29.7.2008 (BGBl. I S. 1509, BStBl. I S. 818).

oder dessen Angehörige (§ 15 der Abgabenordnung), so ist die Prämie dem Abtretenden auszuzahlen oder die Rückforderung bereits ausgezahlter Prämien auszusetzen, wenn der Abtretende eine Erklärung des Abtretungsempfängers über die Verwendungsabsicht beibringt.

2. Bau- und Wohnungsgenossenschaften

§ 3

Bau- und Wohnungsgenossenschaften im Sinne des § 2 Abs. 1 Nr. 2 des Gesetzes sind Genossenschaften, deren Zweck auf den Bau und die Finanzierung sowie die Verwaltung oder Veräußerung von Wohnungen oder auf die wohnungswirtschaftliche Betreuung gerichtet ist.

3. Wohnbau-Sparverträge

§ 4
Allgemeine Sparverträge

(1) [1]Allgemeine Sparverträge im Sinne des § 2 Abs. 1 Nr. 3 des Gesetzes sind Verträge mit
1. einem Kreditinstitut oder
2. einem am 31. Dezember 1989 als gemeinnützig anerkannten Wohnungsunternehmen oder einem am 31. Dezember 1989 als Organ der staatlichen Wohnungspolitik anerkannten Unternehmen, wenn diese Unternehmen eigene Spareinrichtungen unterhalten, auf die die Vorschriften des Gesetzes über das Kreditwesen anzuwenden sind,

in denen der Prämienberechtigte sich verpflichtet, die eingezahlten Sparbeiträge auf drei bis sechs Jahre festzulegen und die eingezahlten Sparbeiträge sowie die Prämien zu dem in § 2 Abs. 1 Nr. 3 des Gesetzes bezeichneten Zweck zu verwenden. [2]Die Verträge können zugunsten dritter Personen abgeschlossen werden.

(2) [1]Die Verlängerung der Festlegung um jeweils ein Jahr oder um mehrere Jahre bis zu einer Gesamtdauer der Festlegung von sechs Jahren kann zwischen dem Prämienberechtigten und dem Unternehmen vereinbart werden. [2]Die Vereinbarung über die Verlängerung ist vor Ablauf der Festlegungsfrist zu treffen.

§ 5
Rückzahlungsfrist bei allgemeinen Sparverträgen

[1]Die Sparbeiträge dürfen erst nach Ablauf der vereinbarten Festlegungsfrist (§ 4) zurückgezahlt werden. [2]Die Festlegungsfrist beginnt am 1. Januar, wenn der Vertrag vor dem 1. Juli, und am 1. Juli, wenn der Vertrag nach dem 30. Juni des betreffenden Kalenderjahrs abgeschlossen worden ist.

§ 6
Sparverträge mit festgelegten Sparraten

(1) [1]Sparverträge mit festgelegten Sparraten im Sinne des § 2 Abs. 1 Nr. 3 des Gesetzes sind Verträge mit einem der in § 4 Abs. 1 bezeichneten Unternehmen, in denen sich der Prämienberechtigte verpflichtet, für drei bis sechs Jahre laufend, jedoch mindestens vierteljährlich, der Höhe nach gleichbleibende Sparraten einzuzahlen und die eingezahlten Sparbeiträge sowie die Prämien zu dem in § 2 Abs. 1 Nr. 3 des Gesetzes bezeichneten Zweck zu verwenden. [2]Die Verträge können zugunsten dritter Personen abgeschlossen werden.

(2) [1]Die Verlängerung der Einzahlungsverpflichtung um jeweils ein Jahr oder um mehrere Jahre bis zu einer Gesamtdauer der Einzahlungen von sechs Jahren kann zwischen dem Prämienberechtigten und dem Unternehmen vereinbart werden. [2]Die Vereinbarung über die Verlängerung ist spätestens im Zeitpunkt der letzten nach dem Vertrag zu leistenden Einzahlung zu treffen.

(3) Den in Absatz 1 bezeichneten Einzahlungen werden gleichgestellt
1. zusätzliche Einzahlungen, soweit sie in einem Kalenderjahr nicht höher sind als der Jahresbetrag der in Absatz 1 bezeichneten Einzahlungen, sowie
2. zusätzliche Einzahlungen, die vermögenswirksame Leistungen darstellen, bis zur Höhe des nach dem Fünften Vermögensbildungsgesetz geförderten Betrags.

§ 7
Rückzahlungsfrist bei Sparverträgen mit festgelegten Sparraten

Die auf Grund eines Sparvertrags mit festgelegten Sparraten eingezahlten Sparbeiträge dürfen ein Jahr nach dem Tag der letzten Einzahlung, jedoch nicht vor Ablauf eines Jahres nach dem letzten regelmäßigen Fälligkeitstag, zurückgezahlt werden.

§ 8
Unterbrechung von Sparverträgen mit festgelegten Sparraten

(1) [1]Sparraten, die nicht rechtzeitig geleistet worden sind, können innerhalb eines halben Jahres nach ihrer Fälligkeit, spätestens bis zum 15. Januar des folgenden Kalenderjahrs, nachgeholt werden; die im folgenden Kalenderjahr nachgeholten Sparraten gelten als Einzahlungen des Kalenderjahrs der Fälligkeit. [2]Innerhalb des letzten halben Jahres vor Ablauf der Festlegungsfrist ist eine Nachholung ausgeschlossen.

(2) [1]Der Vertrag ist in vollem Umfang unterbrochen, wenn eine Sparrate nicht spätestens vor Ablauf der in Absatz 1 bezeichneten Nachholfrist eingezahlt worden ist oder wenn Einzahlungen zurückgezahlt werden; das Gleiche gilt, wenn Ansprüche aus dem Vertrag abgetreten werden, es sei denn, der Abtretungsempfänger ist ein Angehöriger (§ 15 der Abgabenordnung) oder die im Vertrag bezeichnete andere Person. [2]Der Vertrag ist teilweise unterbrochen, wenn eine Sparrate in geringerer als der vereinbarten Höhe geleistet und der Unterschiedsbetrag nicht innerhalb der in Absatz 1 bezeichneten Frist nachgeholt worden ist.

(3) [1]Ist der Vertrag in vollem Umfang unterbrochen (Absatz 2 Satz 1), so sind spätere Einzahlungen nicht mehr prämienbegünstigt. [2]Liegt eine teilweise Unterbrechung (Absatz 2 Satz 2) vor, so sind spätere Einzahlungen nur in Höhe des Teils der Sparraten prämienbegünstigt, der ununterbrochen in gleichbleibender Höhe geleistet worden ist. [3]Dieser Betrag ist auch maßgebend für die zusätzlichen Einzahlungen, die nach § 6 Abs. 3 Nr. 1 erbracht werden können.

§ 9
Vorzeitige Rückzahlung

[1]Soweit vor Ablauf der in den §§ 5 und 7 bezeichneten Fristen, außer in den Fällen des § 12, Sparbeiträge im Sinne des § 4 oder des § 6 zurückgezahlt werden, werden Prämien nicht ausgezahlt; bereits ausgezahlte Prämien sind an das Finanzamt zurückzuzahlen. [2]Das gilt nicht, wenn der Prämienberechtigte oder die im Vertrag bezeichnete andere Person stirbt oder nach Vertragsabschluss völlig erwerbsunfähig wird.

§ 10
Verwendung der Sparbeiträge

(1) [1]Die auf Grund eines allgemeinen Sparvertrags (§ 4) oder eines Sparvertrags mit festgelegten Sparraten (§ 6) eingezahlten Beträge sind von dem Prämienberechtigten oder der in dem Vertrag bezeichneten anderen Person zusammen mit den Prämien innerhalb eines Jahres nach der Rückzahlung der Sparbeiträge, spätestens aber innerhalb von vier Jahren nach dem Zeitpunkt, in dem die eingezahlten Sparbeiträge frühestens zurückgezahlt werden dürfen, zu dem in § 2 Abs. 1 Nr. 3 des Gesetzes bezeichneten Zweck zu verwenden. [2]§ 9 Satz 2 findet Anwendung.

(2) Eine Verwendung zu dem in § 2 Abs. 1 Nr. 3 des Gesetzes bezeichneten Zweck ist gegeben, wenn die eingezahlten Beträge verwendet werden

1. zum Bau selbst genutzten Wohneigentums für den Prämienberechtigten, die in dem Vertrag bezeichnete andere Person oder die in §15 der Abgabenordnung bezeichneten Angehörigen dieser Personen,
2. zum Erwerb selbst genutzten Wohneigentums oder eines eigentumsähnlichen Dauerwohnrechts durch den Prämienberechtigten, die in dem Vertrag bezeichnete andere Person oder die in § 15 der Abgabenordnung bezeichneten Angehörigen dieser Personen.

§ 11
Anzeigepflicht

[1]Die in § 4 Abs. 1 bezeichneten Unternehmen haben, außer im Fall des Todes des Prämienberechtigten oder der in dem Vertrag bezeichneten anderen Person, dem für ihre Veranlagung zum Prämienberechtigten zuständigen Finanzamt unverzüglich die Fälle mitzuteilen, in denen
1. Sparbeiträge vor Ablauf der in den §§ 5 und 7 bezeichneten Fristen zurückgezahlt werden,
2. Sparbeiträge und Prämien nicht oder nicht innerhalb der Fristen des § 10 zu dem dort bezeichneten Zweck verwendet werden,
3. Sparverträge auf ein anderes Unternehmen übertragen oder in Verträge mit Wohnungs- und Siedlungsunternehmen oder mit am 31. Dezember 1989 anerkannten Organen der staatlichen Wohnungspolitik umgewandelt werden (§ 12 Abs. 1).

[2]Die Anzeige kann auch von der Niederlassung eines Unternehmens an das Finanzamt gerichtet werden, in dessen Bezirk sich die Niederlassung befindet.

§ 12
Übertragung und Umwandlung von Sparverträgen

(1) Prämien werden auch ausgezahlt und bereits ausgezahlte Prämien werden nicht zurückgefordert, wenn

1. allgemeine Sparverträge (§ 4) und Sparverträge mit festgelegten Sparraten (§ 6) während ihrer Laufzeit unter Übertragung der bisherigen Einzahlungen und der Prämien auf ein anderes Unternehmen übertragen werden und sich dieses gegenüber dem Prämienberechtigten und dem Unternehmen, mit dem der Vertrag abgeschlossen worden ist, verpflichtet, in die Rechte und Pflichten aus dem Vertrag einzutreten,
2. Sparverträge mit festgelegten Sparraten während ihrer Laufzeit unter Übertragung der bisherigen Einzahlungen und der Prämien in Verträge mit Wohnungs- und Siedlungsunternehmen oder mit am 31. Dezember 1989 anerkannten Organen der staatlichen Wohnungspolitik im Sinne des § 13 umgewandelt werden.

(2) ¹In Fällen der Übertragung (Absatz 1 Nr. 1) gelten die §§ 4 bis 11 weiter mit der Maßgabe, dass die bisherigen Einzahlungen als Einzahlungen auf Grund des Vertrags mit dem Unternehmen, auf das der Vertrag übertragen worden ist, behandelt werden. ²In Fällen der Umwandlung (Absatz 1 Nr. 2) gelten die §§ 15 bis 17 mit der Maßgabe, dass die bisherigen Einzahlungen als Einzahlungen auf Grund des Vertrags mit dem Wohnungs- oder Siedlungsunternehmen oder mit dem am 31. Dezember 1989 anerkannten Organ der staatlichen Wohnungspolitik behandelt werden.

4. Verträge mit Wohnungs- und Siedlungsunternehmen und Organen der staatlichen Wohnungspolitik (Baufinanzierungsverträge)

§ 13
Inhalt der Verträge

(1) ¹Verträge im Sinne des § 2 Abs. 1 Nr. 4 des Gesetzes sind Verträge mit einem Wohnungs- oder Siedlungsunternehmen (§ 14) oder einem am 31. Dezember 1989 anerkannten Organ der staatlichen Wohnungspolitik (§ 2 Abs. 1 Nr. 4 Satz 2 des Gesetzes), in denen sich der Prämienberechtigte verpflichtet,

1. einen bestimmten Kapitalbetrag in der Weise anzusammeln, dass er für drei bis acht Jahre laufend, jedoch mindestens vierteljährlich, der Höhe nach gleichbleibende Sparraten bei dem Wohnungs- oder Siedlungsunternehmen oder dem am 31. Dezember 1989 anerkannten Organ der staatlichen Wohnungspolitik einzahlt, und
2. den angesammelten Betrag und die Prämien zu dem in § 2 Abs. 1 Nr. 4 des Gesetzes bezeichneten Zweck zu verwenden (§ 16),

und in denen sich das Wohnungs- oder Siedlungsunternehmen oder das am 31. Dezember 1989 anerkannte Organ der staatlichen Wohnungspolitik verpflichtet, die nach dem Vertrag vorgesehene Leistung (§ 16) zu erbringen. ²§ 6 Abs. 2 gilt entsprechend. ³Die Verträge können zugunsten dritter Personen abgeschlossen werden.

(2) Den in Absatz 1 bezeichneten Einzahlungen werden gleichgestellt

1. zusätzliche Einzahlungen, soweit sie in einem Kalenderjahr nicht höher sind als der Jahresbetrag der in Absatz 1 bezeichneten Einzahlungen, sowie
2. zusätzliche Einzahlungen, die vermögenswirksame Leistungen darstellen, bis zur Höhe des nach dem Fünften Vermögensbildungsgesetz geförderten Betrags.

§ 14
Wohnungs- und Siedlungsunternehmen

Wohnungs- und Siedlungsunternehmen im Sinne des § 13 sind

1. am 31. Dezember 1989 als gemeinnützig anerkannte Wohnungsunternehmen,
2. gemeinnützige Siedlungsunternehmen,
3. Unternehmen, die vor Aufhebung des Reichsheimstättengesetzes zur Ausgabe von Heimstätten zugelassen waren,
4. andere Wohnungs- und Siedlungsunternehmen, wenn sie die folgenden Voraussetzungen erfüllen:
   a) Das Unternehmen muss im Handelsregister oder im Genossenschaftsregister eingetragen sein;
   b) der Zweck des Unternehmens muss ausschließlich oder weit überwiegend auf den Bau und die Verwaltung oder Übereignung von Wohnungen oder die wohnungswirtschaftliche Betreuung gerichtet sein. ²Die tatsächliche Geschäftsführung muss dem entsprechen;

c) das Unternehmen muss sich einer regelmäßigen und außerordentlichen Überprüfung seiner wirtschaftlichen Lage und seines Geschäftsgebarens, insbesondere der Verwendung der gesparten Beträge, durch einen wohnungswirtschaftlichen Verband, zu dessen satzungsmäßigem Zweck eine solche Prüfung gehört, unterworfen haben. ²Soweit das Unternehmen oder seine Gesellschafter an anderen Unternehmen gleicher Art beteiligt sind, muss sich die Überprüfung zugleich auf diese erstrecken.

§ 15
Unterbrechung und Rückzahlung der Einzahlungen

(1) ¹Sparraten, die nicht rechtzeitig geleistet worden sind, können innerhalb eines halben Jahres nach ihrer Fälligkeit, spätestens bis zum 15. Januar des folgenden Kalenderjahrs, nachgeholt werden; die im folgenden Kalenderjahr nachgeholten Sparraten gelten als Einzahlungen des Kalenderjahrs der Fälligkeit. ²Innerhalb des letzten halben Jahrs vor Ablauf der Festlegungsfrist ist eine Nachholung ausgeschlossen.

(2) ¹Der Vertrag ist in vollem Umfang unterbrochen, wenn eine Sparrate nicht spätestens vor Ablauf der in Absatz 1 bezeichneten Nachholfrist eingezahlt worden ist oder wenn Einzahlungen zurückgezahlt werden; das Gleiche gilt, wenn Ansprüche aus dem Vertrag abgetreten werden, es sei denn, der Abtretungsempfänger ist ein Angehöriger (§ 15 Abgabenordnung) oder die im Vertrag bezeichnete andere Person. ²Der Vertrag ist teilweise unterbrochen, wenn eine Sparrate in geringerer als der vereinbarten Höhe geleistet und der Unterschiedsbetrag nicht innerhalb der in Absatz 1 bezeichneten Frist nachgeholt worden ist.

(3) ¹Ist der Vertrag in vollem Umfang unterbrochen (Absatz 2 Satz 1), so sind spätere Einzahlungen nicht mehr prämienbegünstigt. ²Liegt eine teilweise Unterbrechung (Absatz 2 Satz 2) vor, so sind spätere Einzahlungen nur in Höhe des Teils der Sparraten prämienbegünstigt, der ununterbrochen in gleichbleibender Höhe geleistet worden ist. ³Dieser Betrag ist auch maßgebend für die zusätzlichen Einzahlungen, die nach § 13 Abs. 2 Nr. 1 erbracht werden können.

(4) ¹Soweit eingezahlte Beiträge, außer in den Fällen des § 18, zurückgezahlt werden, werden Prämien nicht ausgezahlt; bereits ausgezahlte Prämien sind an das Finanzamt zurückzuzahlen. Das gilt nicht, wenn der Prämienberechtigte oder die im Vertrag bezeichnete andere Person stirbt oder nach Vertragsabschluß völlig erwerbsunfähig wird.

§ 16
Verwendung der angesammelten Beträge

(1) ¹Der angesammelte Betrag ist zusammen mit den Prämien innerhalb von fünf Jahren nach dem Zeitpunkt, in dem nach dem Vertrag die letzte Zahlung zu leisten ist, von dem Prämienberechtigten oder der im Vertrag bezeichneten anderen Person zu dem in §2 Abs. 1 Nr. 4 des Gesetzes bezeichneten Zweck zu verwenden. ²§ 15 Abs. 4 Satz 2 findet Anwendung.

(2) Eine Verwendung zu dem in § 2 Abs. 1 Nr. 4 des Gesetzes bezeichneten Zweck ist gegeben, wenn der angesammelte Betrag und die Prämien verwendet werden

1. zum Bau selbst genutzten Wohneigentums für den Prämienberechtigten, die in dem Vertrag bezeichnete andere Person oder die in § 15 der Abgabenordnung bezeichneten Angehörigen dieser Person durch das Wohnungs- und Siedlungsunternehmen oder das am 31. Dezember 1989 anerkannte Organ der staatlichen Wohnungspolitik oder

2. zum Erwerb selbst genutzten Wohneigentums oder eines eigentumsähnlichen Dauerwohnrechts durch den Prämienberechtigten, die in dem Vertrag bezeichnete andere Person oder die in § 15 der Abgabenordnung bezeichneten Angehörigen dieser Personen; dabei muss es sich um einen Erwerb von dem Wohnungs- und Siedlungsunternehmen oder dem am 31. Dezember 1989 anerkannten Organ der staatlichen Wohnungspolitik und um selbst genutztes Wohneigentum handeln, das nach dem 31. Dezember 1949 errichtet worden ist.

(3) Bei einer Verwendung im Sinne des Absatzes 2 Nr. 2 dürfen der angesammelte Betrag und die Prämien nur zur Leistung des bar zu zahlenden Teils des Kaufpreises verwendet werden.

§ 17
Anzeigepflicht

¹Das Wohnungs- oder Siedlungsunternehmen oder das am 31. Dezember 1989 anerkannte Organ der staatlichen Wohnungspolitik hat, außer im Fall des Todes des Prämienberechtigten oder der in dem Vertrag bezeichneten anderen Person, dem für seine Veranlagung oder dem für die Veranlagung des Prämienberechtigten zuständigen Finanzamt unverzüglich die Fälle mitzuteilen, in denen

1. angesammelte Beträge zurückgezahlt werden (§ 15),
2. angesammelte Beträge und Prämien nicht oder nicht innerhalb der Frist des § 16 zu dem in § 2 Abs. 1 Nr. 4 des Gesetzes bezeichneten Zweck verwendet werden,
3. Verträge auf ein anderes Wohnungs- oder Siedlungsunternehmen oder ein anderes am 31. Dezember 1989 anerkanntes Organ der staatlichen Wohnungspolitik übertragen oder in Sparverträge mit festgelegten Sparraten im Sinne des § 6 umgewandelt werden (§ 18 Abs. 1).

²Die Anzeige kann auch von der Niederlassung eines Wohnungs- oder Siedlungsunternehmens oder eines am 31. Dezember 1989 anerkannten Organs der staatlichen Wohnungspolitik an das Finanzamt gerichtet werden, in dessen Bezirk sich die Niederlassung befindet.

§ 18
Übertragung und Umwandlung von Verträgen mit Wohnungs- und Siedlungsunternehmen und Organen der staatlichen Wohnungspolitik

(1) Prämien werden auch ausgezahlt und bereits ausgezahlte Prämien werden nicht zurückgefordert, wenn Verträge mit Wohnungs- und Siedlungsunternehmen oder am 31. Dezember 1989 anerkannten Organen der staatlichen Wohnungspolitik (§ 13) während ihrer Laufzeit unter Übertragung der bisherigen Einzahlungen und der Prämien

1. auf ein anderes Wohnungs- oder Siedlungsunternehmen oder ein anderes am 31. Dezember 1989 anerkanntes Organ der staatlichen Wohnungspolitik übertragen werden und sich dieses gegenüber dem Prämienberechtigten und dem Unternehmen, mit dem der Vertrag abgeschlossen worden ist, verpflichtet, in die Rechte und Pflichten aus dem Vertrag einzutreten,
2. in einen Sparvertrag mit festgelegten Sparraten im Sinne des § 6 umgewandelt werden.

(2) § 12 Abs. 2 ist entsprechend anzuwenden.

5. Änderung der Voraussetzungen für den Prämienanspruch in besonderen Fällen

§ 19
Änderung des zu versteuernden Einkommens

(1) Wird im Besteuerungsverfahren die Entscheidung über die Höhe des zu versteuernden Einkommens nachträglich in der Weise geändert, dass dadurch

1. die Einkommensgrenze (§ 2a des Gesetzes) unterschritten wird, so kann der Prämienberechtigte die Prämie innerhalb eines Jahres nach Bekanntgabe der Änderung erstmalig oder erneut beantragen;
2. die Einkommensgrenze überschritten wird, so ist die Prämie neu zu ermitteln oder festzusetzen; ausgezahlte Prämien sind zurückzufordern.

(2) Besteht oder entsteht für Aufwendungen, die vermögenswirksame Leistungen darstellen,

1. kein Anspruch auf Arbeitnehmer-Sparzulage und liegen dennoch die Voraussetzungen für den Prämienanspruch vor, so kann der Prämienberechtigte die Prämie innerhalb eines Jahres nach Bekanntgabe des Bescheids über die Arbeitnehmer-Sparzulage erstmalig oder erneut beantragen;
2. nachträglich ein Anspruch auf Arbeitnehmer-Sparzulage und entfällt damit der Prämienanspruch, so ist die Prämie neu zu ermitteln oder festzusetzen; ausgezahlte Prämien sind zurückzufordern.

6. Anwendungszeitraum

§ 20
Anwendungsvorschrift

Diese Verordnung in der Fassung des Artikels 6 des Gesetzes vom 29. Juli 2008 (BGBl. I S. 1509) ist erstmals für das Sparjahr 2009 anzuwenden.

Anhang 30/WoPR 2002

Allgemeinen Verwaltungsvorschrift zur Ausführung des Wohnungsbau-Prämiengesetzes

Vom 22. Oktober 2002 (BStBl. I S. 1044)

Nach Artikel 85 Abs. 2 des Grundgesetzes wird die folgende allgemeine Verwaltungsvorschrift zur Ausführung des Wohnungsbau-Prämiengesetzes erlassen:

Wohnungsbau-Prämienrichtlinien 2002 – WoPR 2002 –

Einführung [1]

[1]Die Wohnungsbau-Prämienrichtlinien *2002* (WoPR *2002*) enthalten im Interesse einer einheitlichen Anwendung des Wohnungsbau-Prämienrechts Weisungen zur Auslegung des Wohnungsbau-Prämiengesetzes 1996 (WoPG 1996) in der Fassung der Bekanntmachung vom 30. Oktober 1997 (BGBl. I S. 2678), *zuletzt geändert durch Artikel 13 des Gesetzes vom 23. Juli 2002 (BGBl. I S. 2715),* und seiner Durchführungsverordnung (WoPDV 1996) in der Fassung der Bekanntmachung vom 30. Oktober 1997 (BGBl. I S. 2684), *zuletzt geändert durch Artikel 14 des Gesetzes vom 23. Juli 2002 (BGBl. I S. 2715),* und behandeln Zweifelsfragen und Auslegungsfragen von allgemeiner Bedeutung. [2]Die Wohnungsbau-Prämienrichtlinien 2002 sind auf die prämienbegünstigten Aufwendungen für Sparjahre anzuwenden, die nach dem 31. Dezember 2001 begonnen haben. [3]Vor den Wohnungsbau-Prämienrichtlinien 2002 ergangene sonstige Verwaltungsanweisungen zum Wohnungsbauprämienrecht sind nicht mehr anzuwenden.

Zu § 1 und § 2a des Gesetzes

1. Begünstigter Personenkreis

(1) [1]Eine Prämie erhalten natürliche Personen,

– die unbeschränkt einkommensteuerpflichtig im Sinne des § 1 Abs. 1 oder 2 Einkommensteuergesetz (EStG) sind oder nach § 1 Abs. 3 EStG auf Antrag als unbeschränkt einkommensteuerpflichtig zu behandeln sind und dabei in einem Dienstverhältnis zu einer inländischen juristischen Person des öffentlichen Rechts stehen und dafür Arbeitslohn aus einer inländischen öffentlichen Kasse beziehen,

– spätestens am Ende des Sparjahrs das 16. Lebensjahr vollendet haben oder Vollwaisen sind und

– Aufwendungen zur Förderung des Wohnungsbaus gemacht haben (§ 1 WoPG).

[2]Es ist unschädlich, wenn der Prämienberechtigte nicht während des gesamten Sparjahrs unbeschränkt einkommensteuerpflichtig ist oder als unbeschränkt einkommensteuerpflichtig behandelt wird. [3]Die Voraussetzungen der Prämienberechtigung müssen in der Person des Vertragsinhabers gegeben sein; dies gilt auch, wenn der Vertrag einen Dritten begünstigt (Abschnitt 3 Abs. 3 Satz 1).

(2) [1]Zusammenschlüsse natürlicher Personen, die als solche nicht einkommensteuerpflichtig sind – z.B. nichtrechtsfähige Vereine, Erbengemeinschaften, Personengesellschaften –, sind nicht prämienberechtigt; *Partner einer eingetragenen Lebenspartnerschaft und Partner einer nichtehelichen Lebensgemeinschaft gelten als Alleinstehende.* [2]Jedoch kann der einzelne Beteiligte nach Maßgabe seiner persönlichen Verhältnisse mit den ihm nachweislich zuzurechnenden Aufwendungen prämienberechtigt sein (BFH vom 10.2.1961 – BStBl. III S. 224). [3]*Für die Zuordnung der aufgrund eines Vertrags zur Förderung des Wohnungsbaus geleisteten prämienbegünstigten Aufwendungen auf die einzelnen Beteiligten ist auf das bei Vertragsabschluss im Innenverhältnis festgelegte Verhältnis abzustellen.* [4]*Bei Partnern einer eingetragenen Lebenspartnerschaft und Partnern einer nichtehelichen Lebensgemeinschaft kann – soweit nicht ausdrücklich etwas anderes bestimmt ist – von einer hälftigen Zurechnung ausgegangen werden.*

(3) Wegen des Begriffs „Aufwendungen zur Förderung des Wohnungsbaus" vgl. Abschnitte 3 bis 8.

2. Einkommensgrenzen

(1) [1]Für die Prämienberechtigung sind die Einkommensverhältnisse des Sparjahrs maßgebend. [2]Die Einkommensgrenze beträgt für Alleinstehende (Abschnitt 10 Abs. 2) *25 600 Euro* und für Ehegatten (Abschnitt 10 Abs. 3) *51 200 Euro.* [3]Bei der Ermittlung des zu versteuernden Einkommens *sind* für jedes Kind im Sinne des § 32 EStG *die* jeweils in Betracht kommenden *Freibeträge nach § 32 Abs. 6 EStG* zu berücksichtigen (§ 2 Abs. 5 EStG); dabei *sind* stets *die Freibeträge* für das gesamte Sparjahr zugrunde zu legen. [4]*Im Übrigen erhöht sich das zu versteuernde Einkommen um die nach § 3 Nr. 40 EStG steuerfreien Beträge und mindert sich um die nach § 3c Abs. 2 EStG nicht abziehbaren Beträge (§ 2 Abs. 5a EStG).*

---

1) Änderungen und Ergänzungen gegenüber den Wohnungsbau-Prämienrichtlinien 1996 sind durch **Fett-Kursiv-Druck** hervorgehoben.

(2) Zu den Folgen einer nachträglichen Änderung des zu versteuernden Einkommens wird auf § 19 Abs. 1 WoPDV, Abschnitt 11 Abs. 2 Satz 1, Abschnitt 12 Abs. 4, Abschnitt 13 Abs. 5 Satz 1 Nr. 3 hingewiesen.

Zu § 2 und § 5 des Gesetzes
3. Prämienbegünstigte Aufwendungen (Allgemeines)

(1) ¹Die prämienbegünstigten Aufwendungen ergeben sich abschließend aus § 2 Abs. 1 WoPG. ²Aufwendungen, die vermögenswirksame Leistungen darstellen, sind nur prämienbegünstigt, soweit kein Anspruch auf Arbeitnehmer-Sparzulage nach § 13 des 5. Vermögensbildungsgesetzes (5.VermBG) besteht (§ 1 Nr. 1 WoPG). ³Bei Änderungen des Anspruchs auf Arbeitnehmer-Sparzulage ist § 19 Abs. 2 WoPDV zu beachten. ⁴Die Wohnungsbauprämie gehört nicht zu den prämienbegünstigten Aufwendungen. ⁵Von dem Unternehmen gutgeschriebene Zinsen abzüglich etwaiger Steuern, z. B. des Zinsabschlags, können als prämienbegünstigte Aufwendungen verwendet werden. ⁶Beiträge an dieselbe Bausparkasse, die nach Abzug des Betrags, für den Anspruch auf Arbeitnehmer-Sparzulage besteht, im Sparjahr weniger als 50 Euro betragen, sind keine prämienbegünstigten Aufwendungen (§ 2 Abs. 1 Nr. 1 WoPG).

(2) ¹Rückwirkende Vertragsvereinbarungen sind nicht anzuerkennen. ²Die Vereinbarung über die Erhöhung der Bausparsumme ist als selbständiger Vertrag (Zusatzvertrag) zu behandeln (BFH vom 7.3.1975 – BStBl. II S. 532); *eine aus Anlass der Umstellung auf den Euro vorgenommene Aufrundung der Bausparsumme auf den nächsten glatten durch 1 000 Euro teilbaren Betrag stellt keine Vertragserhöhung in diesem Sinne dar.* ³Werden Bausparverträge zusammengelegt, wird die Bausparsumme herabgesetzt oder der Vertrag geteilt, so liegt lediglich eine Änderung des bisherigen Vertrags vor, die das Abschlussdatum nicht berührt.

(3) ¹Der Prämienberechtigte kann prämienbegünstigte Aufwendungen im Sinne des § 2 Abs. 1 Nr. 1, 3 und 4 WoPG auch zu Gunsten Dritter erbringen. ²Soweit die angesammelten Beträge als Voraussetzung für die Prämie zu dem vertragsmäßigen Zweck verwendet werden müssen, tritt der Begünstigte an die Stelle des Prämienberechtigten. ³Stirbt der Prämienberechtigte vor dem Ende der Einzahlungsdauer, so kann der Vertrag von seinem Rechtsnachfolger fortgesetzt werden. ⁴Das gilt auch, wenn der Vertrag im Wege einer Erbauseinandersetzung auf einen Miterben übertragen worden ist (BFH vom 15.6.1973 – BStBl. II S. 737). ⁵Die am Ende des Todesjahres gutgeschriebenen Zinsen gehören zu den Bausparbeiträgen des Rechtsnachfolgers. ⁶Für die Prämienbegünstigung der Aufwendungen, die vom Fortsetzenden erbracht werden, kommt es allein auf dessen persönliche Verhältnisse an.

(4) ¹Haben Ehegatten einen Vertrag gemeinsam abgeschlossen, so kommt es in bestimmten Fällen – z. B. bei vorzeitiger Verfügung wegen Arbeitslosigkeit oder bei Ehegatten, die als Alleinstehende zu behandeln sind (Abschnitt 10 Abs. 2), oder bei Fortsetzung des Vertrags nach Scheidung der Ehe – darauf an, welcher der Ehegatten die Aufwendungen geleistet hat. ²Für diese Feststellung kann den Angaben der Ehegatten im Allgemeinen gefolgt werden, es sei denn, dass sich aus den Unterlagen, wie es z.B. bei vermögenswirksamen Leistungen der Fall sein kann, etwas anderes ergibt.

4. Beiträge an Bausparkassen zur Erlangung eines Baudarlehens

(1) ¹Baudarlehen sind Darlehen, die bestimmt sind

1. zum Bau, zum Erwerb oder zu einer – gemessen am Verkehrswert nicht unerheblichen – Verbesserung
    a) eines Wohngebäudes,
    b) eines anderen Gebäudes, soweit es Wohnzwecken dient, oder
    c) einer Eigentumswohnung;
2. zur Ausstattung eines Wohngebäudes mit Einbaumöbeln, zur Einrichtung oder zum Einbau von Heizungsanlagen *sowie für Maßnahmen zur Wärmedämmung und zur Nutzung erneuerbarer Energien (Energie aus Biomasse, Geothermie, solarer Strahlung, Wasser- und Windkraft).* ²Voraussetzung ist, dass die Einrichtungen wesentliche Bestandteile des Gebäudes sind oder ein Nebengebäude oder eine Außenanlage (§ 89 Bewertungsgesetz; Abschnitt 45 der Richtlinien für die Bewertung des Grundvermögens) darstellen;
3. zum Erwerb eines eigentumsähnlichen Dauerwohnrechts (zur Definition vgl. Abschnitt 6 Abs. 4 Satz *2*);
4. zum Erwerb von Rechten zur dauernden Selbstnutzung von Wohnraum in Alten-, Altenpflege- und Behinderteneinrichtungen oder -anlagen;
5. zur Beteiligung an der Finanzierung des Baues oder Erwerbs eines Gebäudes gegen Überlassung einer Wohnung;

6. zum Erwerb von Bauland, das der Bausparer in der Absicht erwirbt, ein Wohngebäude darauf zu errichten. ²Soll das zu errichtende Gebäude nur zum Teil Wohnzwecken dienen, so ist der Erwerb nur für den Teil des Baulandes begünstigt, der Wohnzwecken dienen soll. ³Auf die Baureife des Grundstücks kommt es nicht an;

7. zum Erwerb eines Grundstücks, auf dem der Bausparer als Erbbauberechtigter bereits ein Wohngebäude errichtet hat. ²Nummer 6 Satz 2 gilt entsprechend;

8. zur Durchführung baulicher Maßnahmen des Mieters oder anderer nutzungsberechtigter Personen zur Modernisierung ihrer Wohnung;

9. zum ersten Erwerb von Anteilen an Bau- oder Wohnungsgenossenschaften (Abschnitt 5);

10. zur völligen oder teilweisen Ablösung von Verpflichtungen, z. B. von Hypotheken, die im Zusammenhang mit den in Nummer 1 bis 9 bezeichneten Vorhaben eingegangen worden sind, oder von Erbbauzinsreallasten. ²Das gilt auch dann, wenn der Bausparer bereits mit Hilfe fremden Kapitals gebaut hat. ³Nicht als Ablösung von Verpflichtungen gilt die Zahlung von laufenden Tilgungs- und Zinsbeträgen, von aufgelaufenen Tilgungs- und Zinsbeträgen (sog. Nachtilgung) und von vorausgezahlten Tilgungs- und Zinsraten (sog. Voraustilgung). ⁴Eine unschädliche Verwendung des Bausparguthabens zur Ablösung von Verbindlichkeiten, die im Zusammenhang mit dem Erwerb eines Wohngebäudes eingegangen worden sind, liegt nur vor, soweit es sich um Verpflichtungen gegenüber Dritten handelt, nicht aber bei der Verpflichtung mehrerer Erwerber untereinander (BFH vom 29.11.1973 – BStBl. 1974 II S. 126).

²Die Bausparsumme (Bausparguthaben und Baudarlehen) muss grundsätzlich für ein Objekt im Inland verwendet werden; begünstigt sind auch Ferien- oder Wochenendwohnungen. ³Ausnahmen gelten für Bauvorhaben von Bediensteten der Europäischen Union an ihrem ausländischen Wohnsitz, von dem aus sie ihrer Amtstätigkeit nachgehen (BFH vom 1.3.1974 – BStBl. II S. 374).

(2) ¹Als Bausparbeiträge sind die Beiträge, die bis zur vollen oder teilweisen Auszahlung der Bausparsumme entrichtet wurden, zu berücksichtigen, höchstens aber bis zum Erreichen der vereinbarten Bausparsumme; auf den Zeitpunkt der Zuteilung kommt es nicht an (BFH vom 25.7.1958 – BStBl. III S. 368). ²Neben den vertraglich vereinbarten Beiträgen gehören dazu u.a.

– Abschlussgebühren, auch wenn sie zunächst auf einem Sonderkonto gutgeschrieben worden sind,
– freiwillige Beiträge,
– gutgeschriebene Zinsen, die zur Beitragszahlung verwendet werden,
– Umschreibegebühren,
– Zinsen für ein Bausparguthaben, das aus einem Auffüllungskredit entstanden ist (BFH vom 5.5.1972 – BStBl. II S. 732).

³Keine Bausparbeiträge sind Tilgungsbeträge, Bereitstellungszinsen, Darlehenszinsen, Verwaltungskostenbeiträge und Zuteilungsgebühren. ⁴Hat der Bausparer vor der Zuteilung des Baudarlehens einen Zwischenkredit erhalten, sind die Beiträge, die er bis zur Auszahlung der Bausparsumme entrichtet, prämienbegünstigt. ⁵Hat der Bausparer jedoch den Zwischenkredit unter Beleihung von Ansprüchen aus einem Bausparvertrag vor Ablauf der Sperrfrist erhalten, so gilt dies nur, wenn er den Zwischenkredit unverzüglich und unmittelbar zu begünstigten Zwecken verwendet. ⁶Werden Bausparbeiträge vor Ablauf des Sparjahrs, für das sie geleistet wurden, zurückgezahlt, so gelten sie als nicht geleistet.

5. Aufwendungen für den ersten Erwerb von Anteilen an Bau- und Wohnungsgenossenschaften

(1) ¹Bau- und Wohnungsgenossenschaften *im Sinne von* § 2 Abs. 1 Nr. 2 WoPG, § 3 WoPDV müssen eingetragene Genossenschaften im Sinne des § 1 des Genossenschaftsgesetzes (GenG) sein. ²Aufwendungen für den Erwerb von Mitgliedschaftsrechten an Personenvereinigungen anderer Rechtsform, z. B. an Vereinen, sind nicht prämienbegünstigt (BFH vom 23.1.1959 – BStBl. III S. 145).

(2) ¹Aufwendungen für den ersten Erwerb von Anteilen an Bau- und Wohnungsgenossenschaften sind alle Einzahlungen des Prämienberechtigten auf seinen Geschäftsanteil. ²Erster Erwerb ist jeder unmittelbare Erwerb von der Genossenschaft. ³Ein Genosse kann mehrere Anteile an der Genossenschaft prämienbegünstigt erwerben; die Geschäftsanteile müssen nicht gleichzeitig erworben werden. ⁴Prämienbegünstigt sind hiernach z. B. auch Einzahlungen auf den Geschäftsanteil, die geleistet werden, nachdem das Geschäftsguthaben durch Verlustabschreibung gemindert oder der Geschäftsanteil durch Beschluss der Generalversammlung erhöht worden ist. ⁵Darüber hinaus gehören zu den Aufwendungen für den ersten Erwerb die Eintrittsgelder. ⁶Zahlungen, die an den ausscheidenden Genossen für die Übernahme seines Geschäftsguthabens geleistet werden, sind keine Aufwendungen für den ersten Erwerb von Anteilen an Bau- und Wohnungsgenossenschaften.

6. Beiträge auf Grund von Wohnbau-Sparverträgen und auf Grund von Baufinanzierungsverträgen (Allgemeines)

(1) ¹Bei Sparverträgen mit festgelegten Sparraten (§ 2 Abs. 1 Nr. 3 und 4 WoPG) kann der Prämienberechtigte die im laufenden Kalenderjahr fällig werdenden Sparraten im Voraus einzahlen. ²Die vorausgezahlten Sparraten werden jedoch erst im Zeitpunkt der Fälligkeit Sparbeiträge im Sinne des Gesetzes. ³Werden vorausgezahlte Sparraten vor Eintritt ihrer vertraglichen Fälligkeit wieder zurückgezahlt, so gelten sie als nicht geleistet. ⁴Übersteigen im Kalenderjahr die Einzahlungen des Prämienberechtigten die Summe der auf dieses Kalenderjahr entfallenden Sparraten, so können sie als zusätzliche Einzahlungen im Rahmen des § 6 Abs. 3 WoPDV prämienbegünstigt sein.

(2) ¹Voraussetzung für die Festsetzung und Auszahlung einer Prämie ist, dass die Sparbeiträge vor Ablauf der Festlegungsfrist nicht zurückgezahlt werden (§§ 9, 15 Abs. 4 WoPDV). ²Auch bei einer Unterbrechung (§ 8 Abs. 2, § 15 Abs. 2 WoPDV) bleibt die ursprüngliche Festlegungsfrist bestehen.

(3) ¹Der vertragsmäßige Zweck ist erfüllt, wenn die Beiträge und Prämien innerhalb der Verwendungsfrist (§ 10 Abs. 1, § 16 Abs. 1 WoPDV) zu den gesetzmäßigen Zwecken verwendet werden. ²Eine Rückzahlung vor Ablauf der Festlegungsfrist (§§ 5, 7 WoPDV) oder vor dem Zeitpunkt, in dem nach dem Vertrag die letzte Zahlung zu leisten ist, ist auch dann prämienschädlich, wenn die Beiträge zu dem vertragsmäßigen Zweck verwendet werden.

(4) ¹*Der Begriff selbst genutztes Wohneigentum ergibt sich aus § 17 Abs. 2 Wohnraumförderungsgesetz.* ²Ein Dauerwohnrecht (§ 31 Wohnungseigentumsgesetz) ist als eigentumsähnlich anzusehen, wenn der Dauerwohnberechtigte in seinen Rechten und Pflichten einem Wohnungseigentümer wirtschaftlich gleichgestellt ist (BFH vom 11.9.1964 – BStBl. 1965 III S. 8) und der Dauerwohnberechtigte auf Grund des Dauerwohnrechtsvertrags bei einem Heimfall des Dauerwohnrechts eine angemessene Entschädigung erhält. ³Entspricht der Dauerwohnrechtsvertrag dem Mustervertrag über die Bestellung eines eigentumsähnlichen Dauerwohnrechts (Bundesbaublatt 1956 S. 615), so kann ohne weitere Prüfung anerkannt werden, dass der Dauerwohnberechtigte wirtschaftlich einem Wohnungseigentümer gleichsteht.

7. Besonderheiten bei Wohnbau-Sparverträgen

(1) ¹Eine vertragsmäßige Verwendung liegt auch *in einer Beseitigung von Schäden an Gebäuden von selbst genutztem Wohneigentum unter wesentlichem Bauaufwand, durch die die Gebäude auf Dauer zu Wohnzwecken nutzbar gemacht werden.* ²Der Erwerb von Bauland kann bereits als Baumaßnahme angesehen werden, wenn er in zeitlichem Zusammenhang mit dem Bau *von Wohnraum im eigenen Haus* steht. ³Das ist stets anzunehmen, wenn mit dem Bau spätestens innerhalb eines Jahres nach dem Grundstückserwerb begonnen wird (BFH vom 28.7.1972 – BStBl. II S. 923). ⁴Mit dem Bau kann schon vor Beginn der Frist begonnen werden, die nach § 10 Abs. 1 WoPDV für die Verwendung der Mittel maßgebend ist, jedoch dürfen auch in diesen Fällen die Sparbeiträge und die Prämien erst nach Ablauf der Sperrfrist (§§ 5, 7 WoPDV) für das Bauvorhaben verwendet werden. ⁵Der Verwendung zum Bau wird die Ablösung von Verbindlichkeiten gleichgestellt, die im Zusammenhang mit dem Bauvorhaben entstanden sind. ⁶Voraussetzung ist, dass das *selbst genutzte Wohneigentum* bei Abschluss des Wohnbau-Sparvertrags noch nicht fertig gestellt oder noch nicht wiederhergestellt war (vgl. das vorgenannte BFH-Urteil).

(2) ¹Eine Verwendung zum Erwerb *selbst genutzten Wohneigentums* oder eines eigentumsähnlichen Dauerwohnrechts liegt auch vor, wenn die Sparbeiträge und Prämien zur Tilgung von Verbindlichkeiten, die im Zusammenhang mit dem Erwerb entstanden sind, verwendet werden. ²Voraussetzung ist, dass das *selbst genutzte Wohneigentum,* erst nach Abschluss des Wohnbau-Sparvertrags erworben worden ist (BFH vom 31.1.1964 – BStBl. III S. 258).

8. Besonderheiten bei Baufinanzierungsverträgen

(1) Bei Verträgen mit Wohnungs- und Siedlungsunternehmen oder Organen der staatlichen Wohnungspolitik (Baufinanzierungsverträge – § 2 Abs. 1 Nr. 4 WoPG, § 13 WoPDV) muss neben den Verpflichtungen des Prämienberechtigten auch die Verpflichtung des Unternehmens, die vertraglichen Leistungen zu erbringen (§ 16 WoPDV), von vornherein festgelegt sein (BFH vom 17.3.1972 – BStBl. II S. 601).

(2) ¹Das Bauvorhaben (*selbst genutztes Wohneigentum*) muss von dem Wohnungs- und Siedlungsunternehmen oder von dem am 31.12.1989 anerkannten Organ der staatlichen Wohnungspolitik für Rechnung des Prämienberechtigten, der in dem Vertrag bezeichneten anderen Person oder des in § 15 Abgabenordnung (AO) bezeichneten Angehörigen dieser Person durchgeführt, technisch und wirtschaftlich im Wesentlichen betreut werden. ²Begünstigt ist danach sowohl der Trägerbau als auch der Betreuungsbau, nicht aber der Bau ohne Einschaltung des Unternehmens (BFH vom 8.3.1967 – BStBl. III S. 353 und vom 13.7.1967 – BStBl. III S. 590). ³Mit dem Bau kann schon vor Beginn der Ver-

wendungsfrist (§ 16 Abs. 1 WoPDV) begonnen werden, jedoch dürfen der angesammelte Betrag und die dafür gewährten Prämien erst nach Ablauf der Ansammlungsfrist (§ 13 Abs. 1 WoPDV) für das Bauvorhaben verwendet werden. [4]Abschnitt 7 Abs. 1 Satz *5 und 6* wird angewendet.

(3) [1]Beim Erwerb *selbst genutzten Wohneigentums* oder eines eigentumsähnlichen Dauerwohnrechts muss der Prämienberechtigte, die im Vertrag bezeichnete andere Person oder der in § 15 AO bezeichnete Angehörige dieser Person das Eigenheim usw. von dem Wohnungs- und Siedlungsunternehmen oder von dem am 31.12.1989 anerkannten Organ der staatlichen Wohnungspolitik erwerben. [2]Der angesammelte Betrag und die dafür gewährten Prämien dürfen nur zur Leistung des bar zu zahlenden Teils des Kaufpreises verwendet werden (§ 16 Abs. 3 WoPDV). [3]Auf den Zeitpunkt des Erwerbs kommt es dabei nicht an.

9. Bindung der prämienbegünstigten Aufwendungen und Prämien

(1) [1]Der Prämienberechtigte muss bei Bausparverträgen, Wohnbau-Sparverträgen und Baufinanzierungsverträgen (§ 2 Abs. 1 Nr. 1, 3 und 4 WoPG) die prämienbegünstigten Aufwendungen und die Prämien zu dem vertragsmäßigen Zweck verwenden (§ 5 Abs. 2 WoPG, Abschnitte 4 Abs. 1 und 6 Abs. 3). [2]Diese Bindung an den vertragsmäßigen Zweck endet bei Bausparverträgen mit Ablauf der Sperrfrist; für Bausparbeiträge, für die eine Zusatzförderung in Anspruch genommen worden ist, besteht weiterhin eine unbefristete Zweckbindung (§ 10 Abs. 2 WoPG). [3]Bei Wohnbau-Sparverträgen und Baufinanzierungsverträgen besteht eine unbefristete Zweckbindung. [4]Bei Bausparverträgen kann bei Tod oder völliger Erwerbsunfähigkeit (§ 2 Abs. 2 Satz 2 Nr. 3 WoPG) *und bei* länger andauernder Arbeitslosigkeit (§ 2 Abs. 2 Satz 2 Nr. 4 WoPG) über die prämienbegünstigten Aufwendungen und Prämien unschädlich verfügt werden; gleiches gilt für Wohnbau-Sparverträge und Baufinanzierungsverträge.

(2) [1]Die Prämien für Aufwendungen zum ersten Erwerb von Anteilen an Bau- und Wohnungsgenossenschaften (§ 2 Abs. 1 Nr. 2 WoPG) bleiben bei der Genossenschaft gebunden, bis das Geschäftsguthaben anlässlich des Ausscheidens des Prämienberechtigten ausgezahlt wird (§ 5 Abs. 3 WoPG). [2]Dabei ist es ohne Bedeutung, ob die Prämie zur Auffüllung des Geschäftsguthabens gedient hat oder ob sie anderweitig gutgeschrieben worden ist, weil z.B. das Geschäftsguthaben bereits die Höhe des Geschäftsanteils erreicht hat. [3]Kündigt der Prämienberechtigte einzelne Geschäftsanteile, ohne aus der Genossenschaft auszuscheiden (§ 67b GenG), so kann in entsprechender Anwendung des § 5 Abs. 3 WoPG die Prämie insoweit ausgezahlt werden, als sie für die Aufwendungen zum Erwerb des gekündigten Geschäftsanteils gezahlt worden ist. [4]Entsprechendes gilt, wenn im Falle der Verschmelzung von Genossenschaften ein Überhangbetrag nach § 87 Abs. 2 des Umwandlungsgesetzes an den Genossen ausgezahlt wird.

(3) [1]Wird die Bausparsumme nach Zuteilung, aber vor Ablauf der Sperrfrist ausgezahlt, ist dies grundsätzlich prämienschädlich (§ 2 Abs. 2 Satz 1 WoPG), es sei denn, die empfangenen Beträge werden unverzüglich und unmittelbar zum Wohnungsbau für den Prämienberechtigten oder dessen Angehörige (§ 15 AO) verwendet. [2]Wird das Bausparguthaben vor Zuteilung der Bausparsumme ausgezahlt, z. B. nach Kündigung des Bausparvertrags, so handelt es sich um eine Rückzahlung von Beiträgen, die vor Ablauf der Sperrfrist auch dann schädlich ist, wenn die Beiträge zum Wohnungsbau verwendet werden (BFH vom 4.6.1975 – BStBl. II S. 757). [3]Wird dabei die Abschlussgebühr einbehalten, liegt lediglich eine Teilrückzahlung vor. [4]Die einbehaltene Abschlussgebühr bleibt prämienbegünstigt; eine Rückforderung der Prämie unterbleibt insoweit. [5]Hat der Prämienberechtigte Bausparbeiträge geleistet, die sich nicht als prämienbegünstigte Aufwendungen im Sinne des Wohnungsbau-Prämiengesetzes ausgewirkt haben, so sind die zurückgezahlten Beiträge zunächst mit den Beiträgen zu verrechnen, die ohne Auswirkung geblieben sind (§ 2 Abs. 1 Satz 3 WoPDV).

(4) [1]Werden Ansprüche aus dem Bausparvertrag beliehen, ist dies grundsätzlich prämienschädlich (§ 2 Abs. 2 Satz 1 WoPG). [2]Ansprüche sind beliehen, wenn sie sicherungshalber abgetreten oder verpfändet sind und die zu sichernde Schuld entstanden ist. [3]Wird der Bausparvertrag zur Stellung einer Kaution beliehen, so ist auf den Zeitpunkt abzustellen, zu dem die durch die Kaution zu sichernde Verbindlichkeit entsteht. [4]Die Beleihung ist prämienunschädlich, wenn die auf Grund der Beleihung empfangenen Beträge unverzüglich und unmittelbar zum Wohnungsbau für den Prämienberechtigten oder dessen Angehörige (§ 15 AO) verwendet werden (BFH vom 15.6.1973 – BStBl. II S. 719 und vom 11.10.1989 – BFHE 158, 491). [5]Die Pfändung des Bausparguthabens im Wege der Zwangsvollstreckung ist – im Gegensatz zur Verpfändung des Bausparguthabens – keine Beleihung. [6]Die Pfändung ist erst dann und nur insoweit prämienschädlich, als das Bausparguthaben vor Ablauf der Sperrfrist an den Pfändungsgläubiger ausgezahlt oder zu seinen Gunsten verrechnet wird. [7]Soweit die Prämien gepfändet werden, führt die Verwertung vor Ablauf der Sperrfrist zum Wegfall des Prämienanspruchs, weil auch die Prämien zu dem vertragsmäßigen Zweck verwendet werden müssen (§ 5 Abs. 2 WoPG). [8]Bei Wohnbau-Sparverträgen und Baufinanzierungsverträgen ist die Beleihung der Ansprüche aus diesen Verträgen stets prämienunschädlich.

(5) ¹Werden Ansprüche aus dem Bausparvertrag abgetreten, ist dies grundsätzlich prämienschädlich (§ 2 Abs. 2 Satz 1 WoPG). ²Bei einer sicherungshalben Abtretung gilt Absatz 4. ³Die Abtretung ist prämienunschädlich, wenn der Abtretungsempfänger die Mittel unverzüglich nach Auszahlung und unmittelbar zum Wohnungsbau für den Abtretenden oder dessen Angehörige (§ 15 AO) verwendet (§ 2 Abs. 2 WoPDV, BFH vom 17.10.1980 – BStBl. 1981 II S. 141). ⁴Verwendet der Abtretungsempfänger nach Ablauf der Sperrfrist die Bausparmittel nicht zu begünstigten Zwecken, bleiben die von ihm geleisteten Bausparbeiträge prämienbegünstigt; der Prämienanspruch für Aufwendungen des Abtretenden entfällt dagegen. ⁵Bei Wohnbau-Sparverträgen und Baufinanzierungsverträgen ist die Abtretung der Ansprüche aus diesen Verträgen wegen der Zweckbindung ebenfalls prämienschädlich, es sei denn, der Abtretungsempfänger ist ein Angehöriger (§ 15 AO) oder die im Vertrag bezeichnete andere Person (§ 8 Abs. 2, § 15 Abs. 2 WoPDV). ⁶Eine Abtretung unter Ehegatten ist stets prämienunschädlich.

(6) ¹Eine unverzügliche Verwendung zum Wohnungsbau liegt grundsätzlich nur dann vor, wenn innerhalb von zwölf Monaten, nachdem über die Mittel verfügt werden kann, mit dem Wohnungsbau begonnen wird (BFH vom 29.11.1973 – BStBl. 1974 II S. 227). ²Eine vorzeitige Auszahlung der Bausparsumme oder der auf Grund einer Beleihung empfangenen Beträge ist auch dann schädlich, wenn das beabsichtigte Vorhaben aus Gründen scheitert, die der Bausparer nicht zu vertreten hat und er die empfangenen Mittel wieder zurückzahlt (BFH vom 29.11.1973 – BStBl. 1974 II S. 202). ³Eine unmittelbare Verwendung zum Wohnungsbau liegt vor, wenn direkt durch die Hingabe der empfangenen Beträge Rechte an einem begünstigten Objekt erworben werden. ⁴Dies ist z.B. bei dem Erwerb von Immobilienzertifikaten der Fall, wenn der Bausparer wirtschaftlicher Eigentümer der durch den Immobilienfonds angeschafften oder hergestellten Objekte wird, die von ihm für den Erwerb aufgewendeten Mittel unverzüglich und unmittelbar zu den begünstigten Zwecken verwendet werden und der Fonds in Form einer bürgerlich-rechtlichen Gemeinschaft als Bruchteilsgemeinschaft geführt wird (§§ 741 ff. BGB). ⁵Eine unmittelbare Verwendung zum Wohnungsbau liegt nicht vor, wenn Bausparmittel zur Beteiligung an einer juristischen Person oder Personengesellschaft eingesetzt werden, die diese Mittel ihrerseits zum Wohnungsbau verwendet, weil der Bausparer primär einen Anteil an einer Gesellschaft und nicht an einem Grundstück erwirbt (BFH vom 6.5.1977 – BStBl. II S. 633). ⁶Eine unmittelbare Verwendung zum Wohnungsbau liegt auch dann nicht vor, wenn der Bausparer Beträge, die er unter Beleihung von Ansprüchen aus dem Bausparvertrag erlangt hat, zur Auffüllung seines Bausparguthabens verwendet, um eine schnellere Zuteilung zu erreichen (BFH vom 22.3.1968 – BStBl. II S. 404). ⁷Bei Ehegatten im Sinne des § 26 Abs. 1 EStG ist es unerheblich, ob der Bausparer oder sein Ehegatte vorzeitig empfangene Beträge zum Wohnungsbau verwenden. ⁸Die Vorfinanzierung einer begünstigten Baumaßnahme mit Eigenmitteln ist vom Zuteilungstermin an unschädlich, es sei denn, die Bausparsumme wird anschließend in einen Betrieb des Bausparers eingelegt (BFH vom 29.11.1973 – BStBl. 1974 II S. 126).

(7) ¹Ist die ausgezahlte Bausparsumme (Absatz 3) höher als die zum Wohnungsbau verwandten Beträge, so ist zunächst das Verhältnis der zum Wohnungsbau verwandten Beträge zur ausgezahlten Bausparsumme festzustellen (BFH vom 27.11.1964 – BStBl. 1965 III S. 214). ²Für den Teilbetrag der insgesamt geleisteten Bausparbeiträge, der dem zum Wohnungsbau verwandten Anteil entspricht, bleibt die Prämienbegünstigung erhalten.

Beispiel:

Der Prämienberechtigte hat einen Bausparvertrag über 50 000 *Euro* abgeschlossen. Die eingezahlten Beiträge von insgesamt 20 000 *Euro* waren in voller Höhe prämienbegünstigt. Die volle Bausparsumme wird vor Ablauf der Sperrfrist ausgezahlt. Der Prämienberechtigte verwendet sie unverzüglich und unmittelbar zum Bau eines Gebäudes, das nur zum Teil Wohnzwecken dient. Die Baukosten betragen insgesamt 200 000 *Euro*. Davon entfallen 40 000 *Euro* auf den Teil des Gebäudes, der Wohnzwecken dient.

Zwischen dem für den Wohnungsbau verwendeten Teil der Bausparsumme und der gesamten Bausparsumme besteht somit ein Verhältnis von 40 000 *Euro* : 50 000 *Euro* = 4/5 = 80 v. H. Von den geleisteten Bausparbeiträgen in Höhe von 20 000 *Euro* bleiben demnach 80 v. H. = 16 000 *Euro* prämienbegünstigt.

³Eine entsprechende Aufteilung ist auch in den Fällen der Beleihung (Absatz 4) und der Abtretung (Absatz 5) vorzunehmen.

(8) ¹Bei Bausparverträgen, Wohnbau-Sparverträgen und Baufinanzierungsverträgen ist die vorzeitige Auszahlung, Rückzahlung, Abtretung oder Beleihung unschädlich:
1. bei Tod des Prämienberechtigten oder seines Ehegatten (§ 2 Abs. 2 Satz 2 Nr. 3 WoPG). ²Dabei kann über die Beiträge vorzeitig verfügt werden, die der Prämienberechtigte vor seinem Tod oder dem Tod seines Ehegatten geleistet hat. ³Das gilt auch dann, wenn der Vertrag nach dem Todesfall fortgesetzt

worden ist (BFH vom 15.6.1973 – BStBl. II S. 737). [4]Nach einer Verfügung ist der Vertrag jedoch unterbrochen und kann nicht weiter fortgesetzt werden;
2. bei völliger Erwerbsunfähigkeit des Prämienberechtigten oder seines Ehegatten (§ 2 Abs. 2 Satz 2 Nr. 3 WoPG). [2]Völlige Erwerbsunfähigkeit in diesem Sinne liegt vor bei *einer vollen Erwerbsminderung im Sinne des § 43 Abs. 2 des Sechsten Buches Sozialgesetzbuch (SGB VI) oder bei* einem Grad der Behinderung von mindestens 95. [3]Liegen die Voraussetzungen für die unschädliche Verfügung vor, so kann der Prämienberechtigte hiervon zu einem beliebigen Zeitpunkt Gebrauch machen. [4]Das gilt für alle vor der Verfügung geleisteten Beiträge;
3. bei Arbeitslosigkeit des Prämienberechtigten (§ 2 Abs. 2 Satz 2 Nr. 4 WoPG); arbeitslos im Sinne *dieser Richtlinien* sind Personen, die Arbeitslosengeld (§ 117 Drittes Buch Sozialgesetzbuch – SGB III), Arbeitslosenhilfe (§ 190 SGB III), Arbeitslosenbeihilfe *oder Arbeitslosenhilfe* für ehemalige Soldaten auf Zeit (§ 86a Soldatenversorgungsgesetz) beziehen oder ohne Bezug dieser Leistungen *beim Arbeitsamt* arbeitslos gemeldet sind. [2]Als arbeitslos anzusehen sind *im Sinne dieser Richtlinien* auch
   a) Personen, die als Arbeitslose im Sinne des Satzes 1 erkranken oder *Leistungen zur medizinischen Rehabilitation erhalten,* für die Dauer der Erkrankung oder der *Leistungen zur medizinischen Rehabilitation,*
   b) Frauen, die zu Beginn der Schutzfristen nach § 3 Abs. 2, § 6 Abs. 1 des Mutterschutzgesetzes arbeitslos im Sinne des Satzes 1 waren oder als arbeitslos im Sinne des Buchstaben a anzusehen waren, für die Dauer dieser Schutzfristen und der folgenden Monate, für die bei Bestehen eines Arbeitsverhältnisses Erziehungsurlaub nach dem Bundeserziehungsgeldgesetz hätte beansprucht werden können,
   c) Personen, die an einer nach §§ 77 bis 96 SGB III geförderten beruflichen Weiterbildung oder die an einer z. B. nach §§ 97 bis 115 SGB III geförderten beruflichen Weiterbildung im Rahmen der Förderung der *Teilhabe behinderter Menschen am Arbeitsleben teilnehmen,* wenn sie ohne die Teilnahme an der Maßnahme *bzw. ohne die Leistungen* arbeitslos wären.

[2]Bei Verträgen zu Gunsten Dritter (Abschnitt 3 Abs. 3) ist es aus Billigkeitsgründen prämien-unschädlich, wenn der Begünstigte stirbt und die Beträge vorzeitig an seine Erben oder Vermächtnisnehmer gezahlt werden oder wenn der Begünstigte völlig erwerbsunfähig wird und die Beträge vorzeitig an ihn gezahlt werden.

(9) Die unschädliche Verfügung ist nachzuweisen:
1. bei Tod durch Vorlage der Sterbeurkunde oder des Erbscheins;
2. bei völliger Erwerbsunfähigkeit
   a) *aufgrund einer vollen Erwerbsminderung im Sinne des § 43 Abs. 2 SGB VI durch Vorlage des Rentenbescheids eines Trägers der gesetzlichen Rentenversicherung.* [2]*Besteht kein Anspruch auf Rente wegen voller Erwerbsminderung im Sinne des § 43 Abs. 2 SGB VI kann der Nachweis in anderer Form geführt werden,*
   b) *bei einem Grad der Behinderung von mindestens 95* durch Vorlage eines Ausweises nach *§ 69 Abs. 5 des Neunten Buches Sozialgesetzbuch (SGB IX)* oder eines Feststellungsbescheids nach *§ 69 Abs. 1 SGB IX* oder eines vergleichbaren Bescheids nach *§ 69 Abs. 2 SGB IX*; die Vorlage des Rentenbescheids eines Trägers der gesetzlichen Rentenversicherung der Angestellten und Arbeiter genügt nicht (BFH vom 25.4.1968 – BStBl. II S. 606);
3. bei Arbeitslosigkeit durch Vorlage von Unterlagen über folgende Zahlungen:
   a) Arbeitslosengeld (§ 117 SGB III),
   b) Arbeitslosenhilfe (§ 190 SGB III),
   c) Arbeitslosenbeihilfe *und Arbeitslosenhilfe* für ehemalige Soldaten auf Zeit im Sinne des Soldatenversorgungsgesetzes,
   d) Krankengeld nach § 47b des Fünften Buches Sozialgesetzbuch, *Versorgungskrankengeld nach* den §§ 16 und 16a Abs. 1, § 16b Abs. 5 Buchstabe c des Bundesversorgungsgesetzes, Verletztengeld *nach § 47 Abs. 2 des Siebten Buches Sozialgesetzbuch* oder Übergangsgeld *nach § 21 Abs. 4 SGB VI,*
   e) Erziehungsgeld oder
   f) Unterhaltsgeld nach § 153 SGB III bei *Teilnahme an beruflichen Weiterbildungsmaßnahmen oder Anschlussunterhaltsgeld nach § 156 SGB III im Anschluss an abgeschlossene berufliche Weiterbildungsmaßnahmen* oder Übergangsgeld *nach § 45 Abs. 2 SGB IX im Rahmen der Leistungen zur Teilhabe am Arbeitsleben.*

²Werden solche Zahlungen nicht geleistet, so sind
- Zeiten der Arbeitslosigkeit *im Sinne dieser Richtlinien* durch eine entsprechende Bescheinigung der zuständigen Dienststelle der Bundesanstalt für Arbeit (in der Regel: Arbeitsamt) nachzuweisen,
- Zeiten der Erkrankung oder der *Leistungen zur medizinischen Rehabilitation,* die als Zeiten der Arbeitslosigkeit anzusehen sind, durch eine Bescheinigung des Kostenträgers oder der Anstalt, in der die Unterbringung erfolgt, oder durch eine ärztliche Bescheinigung nachzuweisen,
- die Zeit der Schutzfristen, die als Zeit der Arbeitslosigkeit anzusehen ist, durch das Zeugnis eines Arztes oder einer Hebamme nachzuweisen und die als Zeit der Arbeitslosigkeit anzusehende Zeit, für die bei Bestehen eines Arbeitsverhältnisses Erziehungsurlaub hätte beansprucht werden können, glaubhaft zu machen.

Zu § 3 des Gesetzes
10. Höhe der Prämie

(1) ¹Bei einem Alleinstehenden (Absatz 2) sind Aufwendungen bis zu einem Höchstbetrag von *512 Euro* prämienbegünstigt. ²Ehegatten (Absatz 3) steht ein gemeinsamer Höchstbetrag von *1 024 Euro* zu (Höchstbetragsgemeinschaft); ihre Aufwendungen sind zusammenzurechnen.

(2) Alleinstehende Personen im Sinne des WoPG sind Ledige, Verwitwete, Geschiedene, *Partner einer eingetragenen Lebenspartnerschaft und Partner einer nichtehelichen Lebensgemeinschaft* sowie Ehegatten, bei denen die Voraussetzungen des Absatzes 3 nicht erfüllt sind.

(3) ¹Ehegatten im Sinne des WoPG sind Personen, die mindestens während eines Teils des Sparjahrs (§ 4 Abs. 1 WoPG) miteinander verheiratet waren, nicht dauernd getrennt gelebt haben, unbeschränkt einkommensteuerpflichtig (§ 1 Satz 1 WoPG) waren und die für das Sparjahr nicht die getrennte oder besondere Veranlagung zur Einkommensteuer gewählt haben (§ 3 Abs. 3 WoPG). ²Als unbeschränkt einkommensteuerpflichtig im Sinne des Satzes 1 gilt auch der Ehegatte eines nach § 1 Satz 1 WoPG Prämienberechtigten *(Abschnitt 1 Abs. 1),* der auf Antrag nach § 1a Abs. 1 Nr. 2 EStG als unbeschränkt einkommensteuerpflichtig behandelt wird. ³Auf R 174 EStR wird hingewiesen.

(4) Bei der Berechnung der Prämie ist für jeden Vertrag die Summe der im Kalenderjahr geleisteten Aufwendungen auf volle Euro aufzurunden.

Zu § 4 des Gesetzes
11. Antrag auf Wohnungsbauprämie

(1) ¹Der Antrag auf Wohnungsbauprämie ist nach amtlich vorgeschriebenem Vordruck bis zum Ablauf des zweiten Kalenderjahrs, das auf das Sparjahr folgt, an das Unternehmen zu richten, an das die prämienbegünstigten Aufwendungen geleistet worden sind. ²Ehegatten (Abschnitt 10 Abs. 3) müssen einen gemeinsamen Antrag abgeben. ³Beansprucht der Prämienberechtigte Prämien für Aufwendungen, die er an verschiedene Unternehmen geleistet hat, so ist an jedes dieser Unternehmen ein Antrag zu richten; dabei ist in jedem Antrag anzugeben, inwieweit für andere Aufwendungen Prämien beantragt worden sind. ⁴Ist ein Bausparvertrag, Wohnbau-Sparvertrag oder Baufinanzierungsvertrag vor der Antragstellung auf ein anderes Unternehmen übertragen worden (§§ 1b, 12 Abs. 1 und § 18 Abs. 1 WoPDV), so ist der Antrag an dieses Unternehmen zu richten. ⁵Das Unternehmen hat auf dem Antrag die Höhe der Aufwendungen zu bescheinigen, die der Prämienberechtigte geleistet hat. ⁶Die zeitliche Zuordnung vermögenswirksamer Leistungen richtet sich nach den für die Zuordnung von Arbeitslohn geltenden Vorschriften.

(2) ¹Wird auf Grund eines geänderten Einkommensteuerbescheids die Einkommensgrenze (§ 2a WoPG) unterschritten, kann der Prämienberechtigte innerhalb eines Jahres nach Bekanntgabe der Änderung die Prämie erstmalig oder erneut beantragen (§ 19 Abs. 1 Nr. 1 WoPDV). ²Besteht für Aufwendungen, die vermögenswirksame Leistungen darstellen, kein Anspruch auf Arbeitnehmer-Sparzulage und liegen die Voraussetzungen für den Anspruch auf Wohnungsbauprämie vor, kann der Prämienberechtigte im Antrag auf Wohnungsbauprämie verlangen, die vermögenswirksamen Leistungen in die prämienbegünstigten Aufwendungen einzubeziehen, oder er kann einen Prämienantrag innerhalb eines Jahres nach Bekanntgabe des Bescheids über die Arbeitnehmer-Sparzulage stellen (§ 19 Abs. 2 Nr. 1 WoPDV). ³Nimmt der Prämienberechtigte das besondere Antragsrecht nach Satz 1 oder 2 in Anspruch, hat er dem Unternehmen das Vorliegen der Antragsvoraussetzungen formlos zu versichern.

Zu § 4a des Gesetzes
12. Prämienverfahren im Fall des § 2 Abs. 1 Nr. 1WoPG

(1)¹Die Bausparkasse ermittelt nach Ablauf des Sparjahrs auf Grund der Angaben im Antrag des Prämienberechtigten die Höhe der Prämie und teilt das Ergebnis dem Prämienberechtigten mit. ²Fehlende oder unschlüssige Angaben im Antrag lässt die Bausparkasse vom Prämienberechtigten ergänzen. ³Hat der Prämienberechtigte mehrere Verträge bei derselben Bausparkasse und ist seine nach § 4 Abs. 2 Satz 2 WoPG abgegebene Erklärung nicht eindeutig, so kann die Bausparkasse die Prämie vorrangig den Verträgen mit dem älteren Vertragsdatum zuordnen.

(2) ¹Die Bausparkasse fordert fällige Prämien mit der Wohnungsbauprämien-Anmeldung bei dem Finanzamt an, das für ihre Besteuerung nach dem Einkommen zuständig ist (§ 20 AO, Geschäftsleitungsfinanzamt). ²Prämien sind fällig, wenn

– der Bausparvertrag zugeteilt worden ist,
– die Sperrfrist abgelaufen ist (§ 2 Abs. 2 Satz 1 WoPG) oder
– über Ansprüche aus dem Vertrag unschädlich verfügt worden ist (§ 2 Abs. 2 Satz 2 WoPG).

³Die Bausparkasse hat die erhaltenen Prämien unverzüglich dem Prämienberechtigten gutzuschreiben oder auszuzahlen. ⁴Gepfändete Prämien (Abschnitt 9 Abs. 4 Satz 7), die nach Ablauf der Sperrfrist oder nach unschädlicher Verfügung verwertet werden, hat die Bausparkasse als Drittschuldner an den Pfändungsgläubiger auszuzahlen.

(3) ¹Bei der nach § 4a Abs. 3 WoPG vorgeschriebenen Datenübermittlung hat die Bausparkasse auch die Datensätze für Prämienanträge zu berücksichtigen, die auf Grund der besonderen Antragsfristen des § 19 WoPDV (Abschnitt 11 Abs. 2) nach Ablauf der allgemeinen Antragsfrist des § 4 Abs. 2 Satz 1 WoPG bis zum Zeitpunkt der Datenträgererstellung eingegangen sind. ²Die nach diesem Zeitpunkt eingehenden Prämienanträge *sowie Prämienanträge, die zwar vor diesem Zeitpunkt eingegangen sind, bei denen aber erst danach eine Wohnungsbauprämie ermittelt werden konnte,* sind nicht nachzumelden. *³Die Prämienermittlung für diese Fälle ist von den Bausparkassen gesondert festzuhalten.*

(4) ¹Erfährt die Bausparkasse durch eigene Erkenntnis oder durch Mitteilung von anderer Seite, dass die Prämienermittlung unzutreffend ist, muss sie die bisherige Ermittlungsergebnis ändern und den Prämienberechtigten entsprechend unterrichten. ²Eine Prämienfestsetzung des Wohnungsfinanzamts (Absatz 7) bindet die Bausparkasse; gegebenenfalls hat die Bausparkasse eine Änderung der Prämienfestsetzung beim Wohnsitzfinanzamt anzuregen. ³Sind unzutreffend ermittelte Prämien bereits angemeldet worden (Absatz 2), so hat die Bausparkasse diese vom Prämienberechtigten zurückzufordern; hierzu kann sie auch das betreffende Vertragskonto belasten. ⁴Soweit die Rückforderung auf diesem Weg nicht möglich ist, gilt Abschnitt 13 Abs. 6 entsprechend. ⁵Die auf Grund der Rückforderung empfangenen Beträge sind in der Wohnungsbauprämien-Anmeldung des Folgemonats abzusetzen. ⁶Bleibt die Rückforderung erfolglos, muss die Bausparkasse unverzüglich das Wohnsitzfinanzamt des Prämienberechtigten (§ 19 AO) unterrichten.

(5) ¹Der Prämienberechtigte hat Einwände gegen das Ermittlungsergebnis gegenüber der Bausparkasse geltend zu machen. ²Kann die Bausparkasse nicht abhelfen, hat sie schriftliche Eingaben dem Wohnsitzfinanzamt des Prämienberechtigten zuzuleiten. ³Die schriftliche Eingabe ist in diesem Fall als Antrag auf Festsetzung der Prämie im Sinne des § 4a Abs. 5 WoPG zu werten. ⁴Hat die Bausparkasse das Ermittlungsergebnis auf Grund einer Mitteilung der Zentralstelle der Länder nach § 4a Abs. 3 Satz 2 WoPG geändert, so kann sie Einwendungen des Prämienberechtigten hiergegen nicht selbst abhelfen.

(6) ¹Das Geschäftsleitungsfinanzamt (Absatz 2) veranlasst die Auszahlung der angemeldeten Prämien. ²Daneben ist es dafür zuständig,

– auf Anfrage der Bausparkasse Auskunft zum Prämienverfahren zu geben (§ 4a Abs. 7 WoPG),
– bei der Bausparkasse Außenprüfungen durchzuführen (§ 4a Abs. 8 WoPG),
– die Bausparkasse erforderlichenfalls als Haftungsschuldner in Anspruch zu nehmen (§ 4a Abs. 6 WoPG).

(7) Das Wohnsitzfinanzamt des Prämienberechtigten ist dafür zuständig,

– auf Antrag einen Bescheid über die Festsetzung der Prämie zu erlassen (§ 4a Abs. 5 WoPG),
– Prämien zurückzufordern, soweit entsprechende Versuche der Bausparkasse fehlgeschlagen sind (§ 4a Abs. 4 WoPG),
– Rechtsbehelfsverfahren im Zusammenhang mit Prämienfestsetzungen und Rückforderungen zu führen,
– *über einen vom Prämienberechtigten gestellten Antrag auf Wiedereinsetzung in den vorigen Stand (§ 110 AO) zu entscheiden, wenn der Prämienberechtigte den Antrag auf Wohnungsbauprämie verspätet gestellt hat.* ²Das Finanzamt hat der Bausparkasse die Entscheidung über den Antrag auf Wiedereinsetzung mitzuteilen.

Zu § 4b des Gesetzes
13. Prämienverfahren in den Fällen des § 2 Abs. 1 Nr. 2 bis 4 WoPG

(1) ¹Das Unternehmen leitet den Prämienantrag an das Wohnsitzfinanzamt des Prämienberechtigten weiter (§ 4b Abs. 1 WoPG). ²Zur Vereinfachung des Verfahrens können die Unternehmen die Anträge listenmäßig zusammenfassen (Sammellisten) und die Listen in zweifacher Ausfertigung beim Finanzamt einreichen.

(2) ¹Über den Antrag auf Wohnungsbauprämie kann das Finanzamt stets erst nach Ablauf des Sparjahrs entscheiden, in dem die Aufwendungen geleistet worden sind (§ 4 Abs. 1 WoPG). ²Das gilt auch, wenn über die Aufwendungen bereits vor Ablauf dieses Sparjahrs prämienunschädlich verfügt worden ist.

(3) ¹Das Finanzamt unterrichtet das Unternehmen von der Entscheidung über den Prämienantrag und teilt die Höhe der festgesetzten und an das Unternehmen auszuzahlenden Prämie mit. ²Es ist Sache des Unternehmens, den Prämienberechtigten von der Entscheidung über seinen Prämienantrag zu unterrichten. ³Einen förmlichen Bescheid erteilt das Finanzamt dem Prämienberechtigten von Amts wegen, wenn es den Antrag in vollem Umfang ablehnt; in allen anderen Fällen geschieht dies nur auf Antrag des Prämienberechtigten (§ 4b Abs. 2 WoPG). ⁴Der Antrag kann beim Finanzamt bis zum Eintritt der Unanfechtbarkeit der Prämienfestsetzung gestellt werden (vgl. Abschnitt 15 Abs. 2).

(4) Das Finanzamt hat die Prämie unmittelbar nach ihrer Festsetzung zugunsten des Prämienberechtigten über die zuständige Bundeskasse zur Auszahlung an das Unternehmen anzuweisen.

(5) ¹Das Finanzamt hat Prämien vom Prämienberechtigten zurückzufordern, wenn

1. die Voraussetzungen für die Prämienfestsetzung von vornherein nicht vorgelegen haben (§ 4b Abs. 2 Satz 3 WoPG), z. B. wenn eine spätere Überprüfung der Einkommensgrenzen ergibt, dass die Einkommensgrenzen bereits im Zeitpunkt der Prämienfestsetzung überschritten waren;
2. die Voraussetzungen für die Prämienfestsetzung nachträglich weggefallen sind (§ 4b Abs. 2 Satz 3 WoPG);
3. infolge einer Änderung der Besteuerungsgrundlagen die maßgebende Einkommensgrenze überschritten wird (§ 19 Abs. 1 Nr. 2 WoPDV);
4. sich für Aufwendungen nachträglich ein Anspruch auf Arbeitnehmer-Sparzulage nach dem 5. VermBG ergibt und der Prämienanspruch insoweit entfällt (§ 19 Abs. 2 Nr. 2 WoPDV).

²Wegen der Festsetzungsverjährung vgl. Abschnitt 15 Abs. 3.

(6) ¹Die Prämien werden nur zurückgefordert, wenn die Rückforderung mindestens **10 Euro** beträgt (§ 5 KBV). ²Für diese Grenze ist allein der Gesamtbetrag des Rückforderungsbescheids maßgebend. ³Ob der jeweilige Rückforderungsbescheid einen oder mehrere Verträge oder ein oder mehrere Kalenderjahre berührt, ist dabei unerheblich.

(7) ¹Über die Rückforderung ist stets ein förmlicher Bescheid mit Rechtsbehelfsbelehrung zu erteilen. ²Die Rückzahlungsverpflichtung des Prämienberechtigten ist dem Unternehmen mitzuteilen. ³Ist das Guthaben dem Prämienberechtigten noch nicht ausgezahlt worden, so ist vom Unternehmen ein Betrag in Höhe der Rückzahlungsforderung und etwa zu erwartender Nebenforderungen bis zur Erfüllung aller Forderungen zurückzubehalten.

Zu § 5 des Gesetzes
14. Prüfung der Verwendung zu dem vertragsmäßigen Zweck, Anzeigepflichten des Unternehmens

(1) ¹Das Unternehmen hat die Verwendung der prämienbegünstigten Aufwendungen und der Prämien zu dem vertragsmäßigen Zweck vor der Auszahlung zu prüfen. ²Die Art der Prüfung bleibt dem pflichtgemäßen Ermessen des Unternehmens überlassen. ³Es wird sich in der Regel nicht mit der bloßen Erklärung des Prämienberechtigten über die beabsichtigte Verwendung dieser Mittel begnügen können, sondern muss aus vorgelegten Unterlagen die Überzeugung gewinnen, dass eine vertragsmäßige Verwendung zu erwarten ist. ⁴Ist vor der Auszahlung eine abschließende Beurteilung nicht möglich, so muss sich das Unternehmen die Verwendung der prämienbegünstigten Aufwendungen und der Prämien nach der Auszahlung nachweisen lassen.

(2) ¹Erkennt das Unternehmen in den Fällen des § 4b WoPG nach abschließender Prüfung, dass die prämienbegünstigten Aufwendungen nicht vertragsmäßig verwendet werden, oder hat es Bedenken, ob eine vertragsmäßige Verwendung gewährleistet ist, so muss es dies dem Finanzamt unverzüglich mitteilen. ²Sind die prämienbegünstigten Aufwendungen und die Prämien noch nicht ausgezahlt, so hat das Unternehmen die Prämien zurückzuhalten.

(3) ¹Das Finanzamt prüft auf Grund der Mitteilung, ob eine Verwendung zu dem vertragsmäßigen Zweck gegeben ist. ²Ist eine Verwendung zu dem vertragsmäßigen Zweck gegeben, so genügt eine formlose

Benachrichtigung des Unternehmens, dass gegen die Auszahlung keine Bedenken bestehen. ³Andernfalls ändert das Finanzamt die Prämienfestsetzung und fordert Prämien vom Prämienberechtigten zurück (Abschnitt 13 Abs. 5).

(4) Wegen der Anzeigepflichten der Unternehmen wird im übrigen auf § 4a Abs. 4 Satz 5 WoPG und die §§ 11, 17 WoPDV hingewiesen.

Zu § 8 des Gesetzes

15. Festsetzungsverjährung, Unanfechtbarkeit

(1) ¹Der Anspruch auf Wohnungsbauprämie unterliegt der Festsetzungsverjährung (§ 8 Abs. 1 WoPG in Verbindung mit § 155 Abs. 4, §§ 169 bis 171 AO). ²Die Festsetzungsfrist beträgt vier Jahre (§ 169 Abs. 2 Nr. 2 AO). ³Sie beginnt mit Ablauf des Kalenderjahrs, in dem die Aufwendungen erbracht worden sind. *⁴Beantragt der Prämienberechtigte in den Fällen des § 19 Abs. 1 Nr. 1 und Abs. 2 Nr. 1 WoPDV erstmals oder erneut die Prämie, tritt insoweit eine Ablaufhemmung der Festsetzungsfrist nach § 171 Abs. 3 AO ein. ⁵Wird dieser Antrag nach Ablauf der regulären Festsetzungsfrist, aber noch innerhalb der Jahresfrist gemäß § 19 Abs. 1 Nr. 1 und Abs. 2 Nr. 1 WoPDV gestellt, gilt § 171 Abs. 3a Satz 1 zweiter Halbsatz AO entsprechend. ⁶Die Festsetzungsfrist läuft nicht ab, bevor über den Antrag unanfechtbar entschieden worden ist.*

(2) ¹In den Fällen des § 4b WoPG wird die Entscheidung über den Prämienantrag, solange ein förmlicher Bescheid nicht erteilt wird (Abschnitt 13 Abs. 3), mit der Übersendung der Mitteilung über die Gutschrift der Prämie, z. B. Kontoauszug, durch das Unternehmen an den Prämienberechtigten bekanntgegeben. ²Sofern kein Rechtsbehelf eingelegt worden ist, wird die Prämienfestsetzung mit Ablauf eines Monats nach ihrer Bekanntgabe (§ 355 Abs. 1 AO) unanfechtbar. ³Bis zum Eintritt der Unanfechtbarkeit, im Rechtsbehelfsverfahren spätestens im Verfahren vor dem Finanzgericht (BFH vom 27.3.1958 – BStBl. III S. 227 und vom 1.2.1966 – BStBl. III S. 321), kann der Prämienberechtigte nachträglich alle Tatsachen vorbringen, die für die Höhe der Prämie maßgebend sind, er kann innerhalb des prämienbegünstigten Höchstbetrages eine anderweitige Aufteilung der Prämie beantragen (§ 4 Abs. 2 Satz 2 WoPG) oder seinen Prämienantrag ganz oder zum Teil zurücknehmen.

(3) ¹Sind Prämien ausgezahlt worden, obwohl die Voraussetzungen von vornherein nicht vorgelegen haben oder nachträglich entfallen sind, so erlischt nach § 4 Abs. 4 WoPG ein etwaiger Rückforderungsanspruch, wenn er nicht bis zum Ablauf des vierten Kalenderjahrs geltend gemacht worden ist, das auf das Kalenderjahr folgt, in dem der Prämienberechtigte die Prämie verwendet hat (Abschnitt 13 Abs. 5 Satz 1 Nr. 1 und 2). ²Diese Regelung geht den Vorschriften der Abgabenordnung über die Festsetzungsverjährung vor. ³Wird die maßgebliche Einkommensgrenze infolge einer Änderung der Besteuerungsgrundlagen überschritten (Abschnitt 13 Abs. 5 Satz 1 Nr. 3) oder entfällt der Prämienanspruch, weil sich nachträglich ein Anspruch auf Arbeitnehmer-Sparzulage ergeben hat (Abschnitt 13 Abs. 5 Satz 1 Nr. 4), so beginnt nach § 175 Abs. 1 Satz 2 AO die Festsetzungsfrist für den Rückforderungsanspruch mit Ablauf des Kalenderjahrs, in dem das prämienschädliche Ereignis eingetreten ist.

Der Bundesrat hat zugestimmt.

Berlin, 22. Oktober 2002

Der Bundeskanzler

Der Bundesminister der Finanzen

Anhang 31/Anträge Wohnungsbauprämie 2009

Bekanntmachung der Vordruckmuster
für den Antrag auf Wohnungsbauprämie für 2009

BMF-Schreiben vom 25. November 2009 IV C 5 - S 1961/09/10002, 2009/0776797 (BStBl. I S. 1613)

2 Anlagen

Nach § 4 Absatz 2 Wohnungsbau-Prämiengesetz[1] vom 30. Oktober 1997 (BGBl. I S. 2678) ist der Antrag auf Wohnungsbauprämie **nach amtlich vorgeschriebenem Vordruck** zu erstellen. Die Vordruckmuster für 2009 mit Erläuterungen werden hiermit bekannt gemacht. Die Vordrucke können auch maschinell hergestellt werden, wenn sie sämtliche Angaben in der gleichen Reihenfolge enthalten. Abweichende Formate sind zulässig; die Erklärung zu den Einkommensverhältnissen kann hervorgehoben oder auf sie auffallend hingewiesen werden. Maschinell erstellte Anträge für Aufwendungen i. S. des § 2 Absatz 1 Nummer 2 bis 4 WoPG brauchen nicht handschriftlich von dem Unternehmen unterschrieben zu werden.

---

[1] Anhang 28

Anhang 31/Anträge Wohnungsbauprämie 2009

An (Bausparkasse)

Eingangsstempel der Bausparkasse

(Anschrift des/der Prämienberechtigten)

Antrag auf Wohnungsbauprämie 2009
für Bausparbeiträge (§ 2 Abs. 1 Nr. 1 WoPG)

Abgabe eines Antrags je Bausparkasse spätestens bis zum 31. Dezember 2011

Zutreffendes bitte ankreuzen ☒ oder ausfüllen
Die in einen Kreis gesetzten Zahlen verweisen auf die Erläuterungen.

Steuernummer ①

I. Angaben zur Person ②

Prämienberechtigte(r) (Familienname, Vorname) — Geburtsdatum

Ehegatte (Familienname, Vorname) — Geburtsdatum

Wohnsitz des/der Prämienberechtigten bei Antragstellung (Straße, Hausnummer, Postleitzahl, Ort) — Telefonnummer

Für das Sparjahr 2009 besteht Anspruch auf Wohnungsbauprämie als ☐ Alleinstehende(r) ② ☐ Ehegatten ②

II. Aufwendungen, für die eine Prämie beantragt wird

Für vermögenswirksame Leistungen, für die Anspruch auf Arbeitnehmer-Sparzulage besteht, wird keine Prämie gewährt. ③

Bei Beiträgen an Bausparkassen zur Erlangung von Baudarlehen kann eine Prämie nur gewährt werden, wenn die an dieselbe Bausparkasse geleisteten Beiträge (ohne vermögenswirksame Leistungen, für die Anspruch auf Arbeitnehmer-Sparzulage besteht) mindestens 50 Euro betragen haben.
Werden Beiträge zugunsten eines zertifizierten Altersvorsorgevertrages den Altersvorsorgebeiträgen zugeordnet, handelt es sich bei allen Beiträgen zu diesem Vertrag bis zu den in § 10a Abs. 1 des Einkommensteuergesetzes genannten Höchstbeträgen um keine prämienbegünstigte Aufwendungen.

Vertragsnummer	Abschlussdatum Monat/Jahr	Aufwendungen 2009 (ohne vermögenswirksame Leistungen) lt. Kontoauszug mit Anspruch auf		Bei Überschreitung des Höchstbetrags Prämiengewährung für ⑤	nachrichtlich: vermögenswirksame Leistungen
		Prämienauszahlung ④	Prämienvormerkung ④		
1	2	3	4	5	6

Die nachfolgenden Angaben sind für die Ermittlung der Prämie erforderlich.

☐ Ich (wir) beantrage(n) die **Einbeziehung der vermögenswirksamen Leistungen** in die prämienbegünstigten Aufwendungen durch die Bausparkasse, weil das maßgebende zu versteuernde Einkommen über 17.900 Euro (Alleinstehende) bzw. 35.800 Euro (Ehegatten) liegt und deshalb kein Anspruch auf Arbeitnehmer-Sparzulage besteht. Bitte unbedingt Erläuterungen ③ beachten.

Für das Sparjahr 2009 habe(n) ich (wir) bereits eine Wohnungsbauprämie bei einer (einem) anderen Bausparkasse (Unternehmen) beantragt, aber den prämienbegünstigten Höchstbetrag (512/1.024 Euro) noch nicht voll ausgeschöpft ④:

☐ nein ☐ ja. Ich (wir) habe(n) bereits Aufwendungen in Höhe von _____ Euro geltend gemacht.

III. Einkommensverhältnisse

Eine Wohnungsbauprämie kann für 2009 nur gewährt werden, wenn das maßgebende zu versteuernde Einkommen dieses Sparjahres bestimmte Grenzen nicht übersteigt.

Ich (wir) erkläre(n), dass ich (wir) nach meinen (unseren) Einkommensverhältnissen Anspruch auf Wohnungsbauprämie für 2009 habe(n), weil mein (unser) maßgebendes zu versteuerndes Einkommen nicht mehr als 25.600/51.200 Euro beträgt. ⑦

Ich stimme dem Prämienantrag als Ehegatte oder als gesetzlicher Vertreter zu. ⑧

Datum — Prämienberechtigte(r) — Ehegatte — gesetzl. Vertreter/in

Unterschrift – ggf. auch des Ehegatten – nicht vergessen!

Die Angaben in diesem Antrag werden nach §§ 4, 4a des Wohnungsbau-Prämiengesetzes erhoben.

1295

Anhang 31/Anträge Wohnungsbauprämie 2009

Erläuterungen
zum Antrag auf Wohnungsbauprämie für das Kalenderjahr 2009

(Die in einen Kreis gesetzten Zahlen beziehen sich auf die entsprechenden Zahlen im Antragsvordruck.)
Der Antrag muss spätestens bis zum 31. Dezember 2011 bei der Bausparkasse abgegeben werden, an die die Aufwendungen geleistet worden sind.

① Sofern Sie zur Einkommensteuer veranlagt werden, geben Sie bitte die **Steuernummer** an, unter der die Veranlagung zur Einkommensteuer durchgeführt wird.

② **Prämienberechtigt** für 2009 sind alle unbeschränkt einkommensteuerpflichtigen Personen, die vor dem 2. 1. 1994 geboren oder Vollwaisen sind. Unbeschränkt einkommensteuerpflichtig sind natürliche Personen, die in der Bundesrepublik Deutschland ansässig sind (Wohnsitz oder gewöhnlicher Aufenthalt), oder die im Ausland ansässig sind und zu einer inländischen juristischen Person des öffentlichen Rechts in einem Dienstverhältnis stehen und dafür Arbeitslohn aus einer inländischen öffentlichen Kasse beziehen.

Alleinstehende sind alle Personen, die 2009 nicht verheiratet waren, und Ehegatten, die keine Höchstbetragsgemeinschaft bilden.

Ehegatten steht ein gemeinsamer Höchstbetrag zu (Höchstbetragsgemeinschaft), wenn sie beide mindestens während eines Teils des Kalenderjahres 2009 miteinander verheiratet waren, nicht dauernd getrennt gelebt haben, unbeschränkt einkommensteuerpflichtig waren und sie nicht die getrennte oder besondere Veranlagung zur Einkommensteuer wählen. Sie gelten als zusammenveranlagte Ehegatten, auch wenn keine Veranlagung durchgeführt worden ist. Ehegatten, die keine Höchstbetragsgemeinschaft bilden, gelten als Alleinstehende.

③ Bausparbeiträge, die vermögenswirksame Leistungen sind, werden vorrangig durch Gewährung einer Arbeitnehmer-Sparzulage gefördert. Eine Einbeziehung vermögenswirksamer Leistungen in die prämienbegünstigten Aufwendungen kommt deshalb nur in Betracht, wenn Sie keinen Anspruch auf Arbeitnehmer-Sparzulage haben. Ein Anspruch auf Arbeitnehmer-Sparzulage besteht, wenn das maßgebende zu versteuernde Einkommen **unter Berücksichtigung von Freibeträgen für Kinder** ⑦ nicht mehr als 17.900 Euro bei Alleinstehenden ② bzw. 35.800 Euro bei zusammenveranlagten Ehegatten ② beträgt. Sind diese Einkommensgrenzen überschritten, können Sie im Rahmen der prämienbegünstigten Höchstbeträge (512/1.024 Euro) ⑥ für diese vermögenswirksamen Leistungen Wohnungsbauprämie beanspruchen.

④ Die Wohnungsbauprämie wird regelmäßig nur ermittelt und vorgemerkt.

Die Auszahlung der angesammelten Wohnungsbauprämien an die Bausparkasse – zugunsten Ihres Bausparvertrags – erfolgt grundsätzlich erst bei wohnungswirtschaftlicher Verwendung des Bausparvertrags. Für Bausparbeiträge, die auf Bausparverträge erst nach wohnungswirtschaftlicher Verwendung des Bausparvertrags geleistet worden sind, wird die Wohnungsbauprämie bereits nach Bearbeitung des Prämienantrags an die Bausparkasse – zugunsten Ihres Bausparvertrags – ausgezahlt.

Für Bausparverträge, die vor dem 1. 1. 2009 abgeschlossen wurden und für die bis zum 31. 12. 2008 mindestens ein Beitrag in Höhe der Regelsparrate entrichtet wurde, erfolgt die Auszahlung der Wohnungsbauprämie an die Bausparkasse – zugunsten Ihres Bausparvertrags – ausgezahlt, wenn der Bausparvertrag zugeteilt, die Festlegungsfrist von 7 Jahren seit Abschluss des Bausparvertrags überschritten oder unschädlich über den Bausparvertrag verfügt worden ist. Für Bausparbeiträge, die auf bereits zugeteilte Bausparverträge bzw. erst nach Ablauf der Festlegungsfrist von 7 Jahren seit Abschluss des Bausparvertrags geleistet worden sind, wird die Wohnungsbauprämie bereits nach Bearbeitung des Prämienantrags an die Bausparkasse – zugunsten Ihres Bausparvertrags – ausgezahlt.

⑤ Haben Sie mehrere Verträge, aufgrund derer prämienbegünstigte Aufwendungen im Sinne des Wohnungsbau-Prämiengesetzes geleistet werden und **überschreiten Ihre Beiträge den Höchstbetrag** ⑥, müssen Sie erklären, für welche Beiträge Sie die Prämie erhalten wollen. Für die im Antrag unter II. aufgeführten Aufwendungen können Sie eine Prämie allerdings nur insoweit beanspruchen, als Sie den für Sie bzw. Ihre Ehegatten geltenden Höchstbetrag noch nicht anderweitig ausgeschöpft haben, z. B. durch bereits bei einer anderen Bausparkasse oder einem anderen Unternehmen geltend gemachte Aufwendungen. **Tragen Sie deshalb bitte die Beiträge, für die Sie die Prämie beanspruchen, bis zu dem Ihnen höchstens noch zustehenden Betrag, in die dafür unter II. vorgesehene Spalte 5 ein.**

⑥ Bausparbeiträge und andere Aufwendungen im Sinne des Wohnungsbau-Prämiengesetzes sind **insgesamt** nur bis zu einem Höchstbetrag von 512 Euro bei Alleinstehenden ② bzw. 1.024 Euro bei zusammenveranlagten Ehegatten ② prämienbegünstigt.

⑦ Eine Wohnungsbauprämie für das Jahr 2009 kann nur gewährt werden, wenn das zu versteuernde Einkommen des Jahres 2009 die Einkommensgrenze nicht überschritten hat. Deswegen kann eine Wohnungsbauprämie nur ermittelt werden, wenn Sie eine entsprechende Erklärung abgeben. Die maßgebliche Einkommensgrenze für Alleinstehende ② beträgt 25.600 Euro, für zusammenveranlagte Ehegatten ② 51.200 Euro. Sind Ehegatten für 2009 getrennt zur Einkommensteuer veranlagt worden oder haben sie die besondere Veranlagung für das Jahr der Eheschließung gewählt, gilt für jeden die Einkommensgrenze von 25.600 Euro. Für die Ermittlung des für das Wohnungsbau-Prämiengesetz maßgebenden zu versteuernden **Einkommens sind für die steuerlich zu berücksichtigenden Kinder stets die Freibeträge für Kinder für das gesamte Sparjahr abzuziehen.** Dies gilt auch, wenn bei Ihrer Einkommensteuerveranlagung keine Freibeträge für Kinder berücksichtigt wurden, weil Sie Kindergeld erhalten haben. Der Kinderfreibetrag beträgt in der Regel für Alleinstehende ② 1.932 Euro und für zusammenveranlagte Ehegatten ② 3.864 Euro; der Freibetrag für den Betreuungs- und Erziehungs- oder Ausbildungsbedarf des Kindes beträgt in der Regel für Alleinstehende ② 1.080 Euro und für zusammenveranlagte Ehegatten ② 2.160 Euro. Soweit in Ihrem Einkommensteuerbescheid schon Freibeträge für Kinder berücksichtigt sind, dürfen diese nicht nochmals abgezogen werden. Ihr zu versteuerndes Einkommen können Sie aus Ihrem Einkommensteuerbescheid für 2009 entnehmen. Sollte dieser Bescheid noch nicht vorliegen, können Sie anhand der folgenden Erläuterungen eine überschlägige Prüfung selbst vornehmen.

Die Prämiengewährung für 2009 muss nicht ausgeschlossen sein, wenn der Bruttoarbeitslohn bei Arbeitnehmern in 2009 mehr als 25.600/51.200 Euro beträgt. Der nachstehenden Tabelle können Sie entnehmen, bis zu welchem in 2009 bezogenen Bruttoarbeitslohn Ihnen eine Wohnungsbauprämie gewährt werden kann.

Familienstand / Zahl der Kinder
Bruttoarbeitslohn 2009 in Euro
(unter Berücksichtigung der Arbeitnehmern zustehenden Pausch- und Freibeträge und unter der Voraussetzung, dass keine anderen Einkünfte vorliegen)

Alleinstehende ②

	Personenkreis A*	Personenkreis B*
a) ohne Kinder	29.099	28.056
b) mit Kindern	Elternteil, dem die Kinder zugeordnet werden, die anderen Elternteil leistet Unterhalt	Elternteil, dem die Kinder nicht zugeordnet werden, der aber Unterhalt leistet

	Personenkreis A*	Personenkreis B*	Personenkreis A*	Personenkreis B*
1 Kind	33.579	32.375	32.223	31.068
2 Kinder	36.703	35.388	35.347	34.080
3 Kinder	39.827	38.400	38.471	37.092

Zusammenveranlagte Ehegatten ② (ein Arbeitnehmer)

	Personenkreis A*	Personenkreis B*
a) ohne Kinder	57.243	55.192
b) mit 1 Kind	63.491	61.216
c) mit 2 Kindern	69.562	67.240
d) mit 3 Kindern	75.586	73.264

Zusammenveranlagte Ehegatten ② (zwei Arbeitnehmer)

	Personenkreis A*	Personenkreis B*
a) ohne Kinder	58.198	56.112
b) mit 1 Kind	64.446	62.136
c) mit 2 Kindern	70.594	68.160
d) mit 3 Kindern	76.942	74.184

* Unter den Personenkreis A fallen rentenversicherungspflichtige Arbeitnehmer, unter den Personenkreis B nicht rentenversicherungspflichtige Arbeitnehmer, z. B. Beamte, Richter, Berufssoldaten.

Die in der Tabelle angegebenen Beträge können sich außerdem im Einzelfall noch erhöhen, wenn höhere Werbungskosten und Sonderausgaben als die Pauschbeträge oder andere Abzüge (z. B. Versorgungs-Freibetrag, außergewöhnliche Belastungen) zu berücksichtigen sind oder wenn der Sparer mehr als 3 Kinder hat.

Die angegebenen Beträge können sich allerdings auch verringern, wenn Sie noch weitere Einkünfte haben. Weitere Einkünfte sind z. B. Einkünfte aus Land- und Forstwirtschaft, aus Gewerbebetrieb, aus selbständiger Arbeit, aus Vermietung und Verpachtung sowie die sonstigen Einkünfte nach § 22 des Einkommensteuergesetzes, insbesondere der der Besteuerung unterliegende Teil der Renten aus der gesetzlichen Rentenversicherung.

⑧ Der Antrag auf Wohnungsbauprämie ist vom Prämienberechtigten eigenhändig zu unterschreiben. Bei Ehegatten, die eine Höchstbetragsgemeinschaft bilden ②, muss jeder Ehegatte den Antrag unterschreiben. Bei minderjährigen Prämienberechtigten ist auch die Unterschrift des gesetzlichen Vertreters erforderlich.

1296

Anhang 31/Anträge Wohnungsbauprämie 2009

An (Unternehmen)

Eingangsstempel des Unternehmens

(Anschrift des/der Prämienberechtigten)

Antrag auf Wohnungsbauprämie 2009
für Aufwendungen i.S.d. § 2 Abs. 1 Nr. 2–4 WoPG

Abgabe eines Antrags je Unternehmen spätestens bis zum 31. Dezember 2011

Zutreffendes bitte ankreuzen ☒ oder ausfüllen
Die in einen Kreis gesetzten Zahlen verweisen auf die Erläuterungen.

Steuernummer

Zuständiges Finanzamt ①

Vor Ausfüllen des Antrages beachten Sie bitte die Erläuterungen

I. Angaben zur Person ②

Prämienberechtigte(r) (Familienname, Vorname, ggf. Geburtsname) — Geburtsdatum

Ehegatte (Familienname, Vorname, ggf. Geburtsname) — Geburtsdatum

Wohnsitz des/der Prämienberechtigten bei Antragstellung (Straße, Hausnummer, Postleitzahl, Ort) — Telefonnummer

Weiterer Wohnsitz des/der Prämienberechtigten und/oder abweichender Wohnsitz des Ehegatten bei Antragstellung

| Familienstand ☐ ledig | verheiratet seit | verwitwet seit | geschieden seit | dauernd getrennt lebend seit | Finanzamt, bei dem zuletzt eine Wohnungsbauprämie beantragt wurde |

II. Aufwendungen, für die eine Prämie beantragt wird

Für vermögenswirksame Leistungen, für die Anspruch auf Arbeitnehmer-Sparzulage besteht, wird keine Prämie gewährt. ③

Vertragsnummer	Abschlussdatum Monat/Jahr	Aufwendungen 2009 (ohne vermögenswirksame Leistungen)	Bei Überschreitung des Höchstbetrags Prämiengewährung für ④	nachrichtlich: vermögenswirksame Leistungen	Nicht vom Sparer auszufüllen!
1	2	3	4	5	Eintragungen des Unternehmens
					Wir bestätigen die Richtigkeit der nebenstehenden Angaben
					(Unterschrift)

☐ Ich (wir) beantrage(n) die **Einbeziehung der vermögenswirksamen Leistungen** in die prämienbegünstigten Aufwendungen durch das Unternehmen, weil aufgrund des maßgebenden zu versteuernden Einkommens (s. Rückseite IV.) **kein Anspruch auf Arbeitnehmer-Sparzulage** besteht. Bitte unbedingt Erläuterung ③ beachten.

Eintragungen des Finanzamtes

1. Es wird eine Prämie von _____ Euro festgesetzt. Die Prämie ist auszuzahlen.

2. ☐ Über die Ablehnung/Teilablehnung ist ein Bescheid zu erteilen: erl. _____ (Tag, Namensz.)

3. Eintragung in Sammelliste Nr. _____ (Tag, Namensz.)

4. Zu den _____ Akten.

(Sachgebietsleiter/in) (Datum) (Bearbeiter/in) (Datum)

1297

Anhang 31/Anträge Wohnungsbauprämie 2009

III. Einkommensverhältnisse

Eine Wohnungsbauprämie kann für 2009 nur gewährt werden, wenn das zu versteuernde Einkommen (ggf. unter Berücksichtigung von Freibeträgen für Kinder) dieses Jahres bestimmte Grenzen nicht übersteigt. ⑤

Die nachfolgenden Angaben sind für die Prüfung des Prämienanspruchs erforderlich.

Vermerke des Finanzamts

1. ☐ Ein Einkommensteuerbescheid ist für 2009 vom

   Finanzamt, Steuernummer

   erteilt worden. Danach beträgt das maßgebende zu versteuernde Einkommen des Kalenderjahres 2009

   bei Alleinstehenden oder bei Ehegatten, die die getrennte oder die besondere Veranlagung zur Einkommensteuer gewählt haben: ⑦   ☐ mehr als   ☐ nicht mehr als   25.600 Euro

   bei Zusammenveranlagung: ②   ☐ mehr als   ☐ nicht mehr als   51.200 Euro

2. **(Nur ausfüllen, wenn 1. nicht zutrifft)** ⑥

   Eine Einkommensteuererklärung für 2009

   ☐ ist abgegeben.   ☐ wird noch abgegeben.   ☐ wird nicht abgegeben.

   Für eine zügige Bearbeitung sind vollständige Angaben zu a. oder b. erforderlich.

   a. ☐ Ein Einkommensteuerbescheid ist für 2008

   Finanzamt, Steuernummer

   vom _____ erteilt worden. Danach beträgt das zu versteuernde Einkommen des Kalenderjahres 2008

   bei Alleinstehenden: ☐ mehr als   ☐ nicht mehr als   23.300 Euro

   bei Zusammenveranlagung: ☐ mehr als   ☐ nicht mehr als   46.600 Euro

   Hat sich Ihr Einkommen in 2009 gegenüber 2008 um mehr als 10% erhöht?   ☐ Ja   ☐ Nein (weiter bei Abschnitt IV.)

   b. ☐ Eine Einkommensteuererklärung für 2008

   ☐ ist abgegeben.   ☐ wird noch abgegeben.   ☐ wird nicht abgegeben.

   Einkünfte 2009:   Bruttoarbeitslohn: _____ Euro

   weitere Einkünfte: ⑦   Art und Höhe _____ Euro

IV. Einbeziehung der vermögenswirksamen Leistungen ③

(Ausfüllen, wenn unter II. für die vermögenswirksamen Leistungen Wohnungsbauprämie beantragt wird)

Das nach III. 1. oder III. 2. zugrunde zu legende zu versteuernde Einkommen beträgt

bei Alleinstehenden: ☐ mehr als 17.900 Euro,

bei Zusammenveranlagung: ☐ mehr als 35.800 Euro

V. Weitere Aufwendungen im Sinne des Wohnungsbau-Prämiengesetzes ⑥

Hinweis: Keine Eintragung erforderlich, soweit die weiteren Aufwendungen vermögenswirksame Leistungen sind, für die Anspruch auf Arbeitnehmer-Sparzulage besteht. Falls Sie oder Ihr mit Ihnen zusammenveranlagter Ehegatte im Kalenderjahr 2009 noch andere prämienbegünstigte Aufwendungen im Sinne des Wohnungsbau-Prämiengesetzes geleistet haben (z. B. Bausparbeiträge), machen Sie dazu bitte die folgenden Angaben:

Für das Sparjahr 2009 habe(n) ich (wir) bereits eine Wohnungsbauprämie bei einem (einer) anderen Unternehmen (Bausparkasse) beantragt, aber den prämienbegünstigten Höchstbetrag (512/1.024 Euro) noch nicht voll ausgeschöpft:

☐ nein   ☐ ja. Ich (wir) habe(n) bereits Aufwendungen in Höhe von _____ Euro geltend gemacht.

Ich stimme dem Prämienantrag als Ehegatte oder als gesetzlicher Vertreter zu. ⑨

Unterschrift nicht vergessen

Datum   Prämienberechtigte(r)   Ehegatte   gesetzl. Vertreter/in

Unterschrift – ggf. auch des Ehegatten – nicht vergessen!

Die Angaben in diesem Antrag werden nach § 88 der Abgabenordnung in Verbindung mit § 8 des Wohnungsbau-Prämiengesetzes erhoben.

Anhang 31/Anträge Wohnungsbauprämie 2009

Erläuterungen
zum Antrag auf Wohnungsbauprämie für das Kalenderjahr 2009

(Die in einen Kreis gesetzten Zahlen beziehen sich auf die entsprechenden Zahlen im Antragsvordruck.)
Der Antrag muss spätestens bis zum 31. Dezember 2011 bei dem Unternehmen abgegeben werden, an das die Aufwendungen geleistet worden sind.

① **Zuständiges Finanzamt** ist für Sie das im Zeitpunkt der Antragstellung für Ihre Veranlagung zur Einkommensteuer zuständige Finanzamt. Bitte geben Sie dieses Finanzamt auch dann an, wenn Sie keine Einkommensteuererklärung abgeben.

② **Prämienberechtigt** für 2009 sind alle unbeschränkt einkommensteuerpflichtigen Personen, die vor dem 2.1.1994 geboren oder Vollwaisen sind. Unbeschränkt einkommensteuerpflichtig sind natürliche Personen, die in der Bundesrepublik Deutschland ansässig sind (Wohnsitz oder gewöhnlicher Aufenthalt), oder die im Ausland ansässig sind und zu einer inländischen juristischen Person des öffentlichen Rechts in einem Dienstverhältnis stehen und dafür Arbeitslohn aus einer inländischen öffentlichen Kasse beziehen.

Alleinstehende sind alle Personen, die 2009 nicht verheiratet waren, und Ehegatten, die keine Höchstbetragsgemeinschaft bilden.

Ehegatten steht ein gemeinsamer Höchstbetrag zu (Höchstbetragsgemeinschaft), wenn sie beide mindestens während eines Teils des Kalenderjahres 2009 miteinander verheiratet waren, nicht dauernd getrennt gelebt haben, unbeschränkt einkommensteuerpflichtig waren und sie nicht die getrennte oder besondere Veranlagung zur Einkommensteuer wählen. Sie gelten als zusammenveranlagte Ehegatten, auch wenn keine Veranlagung durchgeführt worden ist. Ehegatten, die keine Höchstbetragsgemeinschaft bilden, gelten als Alleinstehende.

③ **Aufwendungen**, die vermögenswirksame Leistungen sind, werden vorrangig durch Gewährung einer Arbeitnehmer-Sparzulage gefördert. Eine Einbeziehung vermögenswirksamer Leistungen in die prämienbegünstigten Aufwendungen kommt deshalb nur in Betracht, wenn Sie keinen Anspruch auf Arbeitnehmer-Sparzulage haben. Ein Anspruch auf Arbeitnehmer-Sparzulage besteht, wenn das maßgebende zu versteuernde Einkommen **unter Berücksichtigung von Freibeträgen für Kinder** ⑤ nicht mehr als 17.900 Euro bei Alleinstehenden ② bzw. 35.800 Euro bei zusammenveranlagten Ehegatten ② beträgt. Überschreiten Sie diese Einkommensgrenzen, können Sie im Rahmen der prämienbegünstigten Höchstbeträge (512/1.024 Euro) ⑧ für diese vermögenswirksamen Leistungen Wohnungsbauprämie beanspruchen.

④ Haben Sie mehrere Verträge, aufgrund derer prämienbegünstigte Aufwendungen im Sinne des Wohnungsbau-Prämiengesetzes geleistet werden und **überschreiten Ihre Beiträge den Höchstbetrag** ⑧, müssen Sie erklären, für welche Beiträge Sie die Prämie erhalten wollen. Für die im Antrag unter II. aufgeführten Aufwendungen können Sie eine Prämie allerdings nur insoweit beanspruchen, als Sie oder Ihr Ehegatte den Höchstbetrag noch nicht anderweitig ausgeschöpft haben, z. B. durch bereits bei anderen Unternehmen oder einer Bausparkasse geltend gemachte Aufwendungen. Tragen Sie deshalb bitte die Beiträge, für die Sie die Prämie beanspruchen, bis zu dem Ihnen höchstens noch zustehenden Betrag, in die dafür unter II. vorgesehene Spalte 4 ein.

⑤ Eine Wohnungsbauprämie für das Jahr 2009 kann nur gewährt werden, wenn das zu versteuernde Einkommen des Jahres 2009 die Einkommensgrenze nicht überschritten hat. Die maßgebliche Einkommensgrenze für Alleinstehende ② beträgt 25.600 Euro, für zusammenveranlagte Ehegatten ② 51.200 Euro. Sind Ehegatten für 2009 getrennt zur Einkommensteuer veranlagt worden oder haben sie die besondere Veranlagung für das Jahr der Eheschließung gewählt, gilt für jeden die Einkommensgrenze von 25.600 Euro. Für die Ermittlung des für das Wohnungsbau-Prämiengesetz **maßgebenden zu versteuernden Einkommens sind für die steuerlich zu berücksichtigenden Kinder** stets die Freibeträge für Kinder für das gesamte Sparjahr abzuziehen. Dies gilt auch, wenn bei Ihrer Einkommensteuerveranlagung keine Freibeträge für Kinder berücksichtigt wurden, weil Sie Kindergeld erhalten haben. Der Kinderfreibetrag beträgt in der Regel für Alleinstehende ② 1.932 Euro und für zusammenveranlagte Ehegatten ② 3.864 Euro; der Freibetrag für den Betreuungs- und Erziehungs- oder Ausbildungsbedarf des Kindes beträgt in der Regel für Alleinstehende ② 1.080 Euro und für zusammenveranlagte Ehegatten ② 2.160 Euro. Soweit in Ihrem Einkommensteuerbescheid schon Freibeträge für Kinder berücksichtigt sind, dürfen diese nicht nochmals abgezogen werden. Ihr zu versteuerndes Einkommen können Sie aus Ihrem Einkommensteuerbescheid für 2009 entnehmen. Sollte dieser Bescheid noch nicht vorliegen, können Sie anhand der folgenden Erläuterungen eine überschlägige Prüfung selbst vornehmen.

Die Prämiengewährung für 2009 muss nicht ausgeschlossen sein, wenn der Bruttoarbeitslohn bei Arbeitnehmern in 2009 mehr als 25.600/51.200 Euro betragen hat. Der nachstehenden Tabelle können Sie entnehmen, bis zu welchem in 2009 bezogenen Bruttoarbeitslohn Ihnen eine Wohnungsbauprämie gewährt werden kann.

Familienstand Zahl der Kinder	Bruttoarbeitslohn 2009 in Euro (unter Berücksichtigung der dem Arbeitnehmer zustehenden Pausch- und Freibeträge und unter der Voraussetzung, dass keine anderen Einkünfte vorliegen)	
Alleinstehende ②	Personenkreis A*	Personenkreis B*
a) ohne Kinder	29.099	28.055
b) mit Kindern	Elternteil, dem die Kinder zugeordnet werden, der andere Elternteil leistet Unterhalt	Elternteil, dem die Kinder zugeordnet werden, der aber Unterhalt leistet

	Personenkreis A*	Personenkreis B*	Personenkreis A*	Personenkreis B*
1 Kind	33.579	32.376	32.223	31.068
2 Kinder	36.703	35.398	35.347	34.080
3 Kinder	39.827	38.400	38.471	37.092

Zusammenveranlagte Ehegatten ② (ein Arbeitnehmer)

	Personenkreis A*	Personenkreis B*
a) ohne Kinder	57.243	55.192
b) mit 1 Kind	63.491	61.216
c) mit 2 Kindern	69.562	67.240
d) mit 3 Kindern	75.586	73.264

Zusammenveranlagte Ehegatten ② (zwei Arbeitnehmer)

	Personenkreis A*	Personenkreis B*
a) ohne Kinder	58.198	56.112
b) mit 1 Kind	64.446	62.136
c) mit 2 Kindern	70.694	68.160
d) mit 3 Kindern	76.942	74.184

* Unter den Personenkreis A fallen rentenversicherungspflichtige Arbeitnehmer, unter den Personenkreis B nicht rentenversicherungspflichtige Arbeitnehmer, z. B. Beamte, Richter, Berufssoldaten.

Die in der Tabelle angegebenen Beträge können sich außerdem im Einzelfall noch erhöhen, wenn höhere Werbungskosten und Sonderausgaben als die Pauschbeträge (zum anderen als Abzüge (z. B. Vorsorgungs-Freibetrag, außergewöhnliche Belastungen) zu berücksichtigen sind oder wenn der Sparer mehr als 3 Kinder hat.

Die Beträge können sich verringern, wenn Sie noch weitere Einkünfte haben.

⑥ Falls Sie zum Zeitpunkt der Antragstellung noch keinen Einkommensteuerbescheid erhalten haben, machen Sie bitte die zusätzlichen Angaben über Ihre Einkommensverhältnisse. Hierdurch wird gewährleistet, dass das Finanzamt Ihren Antrag ohne weitere Rückfragen bearbeiten kann.

⑦ Weitere Einkünfte sind z. B. Einkünfte aus Land- und Forstwirtschaft, aus Gewerbebetrieb, aus selbständiger Arbeit, aus Vermietung und Verpachtung sowie die sonstigen Einkünfte nach §22 des Einkommensteuergesetzes, insbesondere der Besteuerung unterliegende Teil der Renten aus der gesetzlichen Rentenversicherung.

⑧ Bausparbeiträge und andere Aufwendungen im Sinne des Wohnungsbau-Prämiengesetzes sind **insgesamt** bis zu einem Höchstbetrag von 512 Euro bei Alleinstehenden ② bzw. 1.024 Euro bei zusammenveranlagten Ehegatten ② prämienbegünstigt. Für die im Antrag unter II. aufgeführten Aufwendungen besteht im Prämienanspruch nur, soweit Sie die genannten Höchstbeträge noch nicht ausgeschöpft haben.

⑨ Der Antrag auf Wohnungsbauprämie ist vom Prämienberechtigten eigenhändig zu unterschreiben. Bei Ehegatten, die eine Höchstbetragsgemeinschaft ② bilden, muss jeder Ehegatte den Antrag unterschreiben. Bei minderjährigen Prämienberechtigten ist auch die Unterschrift des gesetzlichen Vertreters erforderlich.

1299

Anhang 35/StDÜV

Verordnung über die elektronische Übermittlung von für das Besteuerungsverfahren erforderlichen Daten (Steuerdaten-Übermittlungsverordnung – StDÜV)[1)]

Vom 28. Januar 2003 (BGBl. I S. 139, BStBl. I S. 162)[2)]

Auf Grund

- des § 150 Abs. 6 Satz 1 und 3 Nr. 1 bis 3, 5 und 6, des § 87a Abs. 6 Satz 1 in Verbindung mit § 150 Abs. 6 Satz 3 Nr. 2 der Abgabenordnung in der Fassung der Bekanntmachung vom 1. Oktober 2002 (BGBl. I S. 3866),
- des § 45d Abs. 1 Satz 3 des Einkommensteuergesetzes 2002 in der Fassung der Bekanntmachung vom 19. Oktober 2002 (BGBl. I S. 4210) in Verbindung mit § 150 Abs. 6 Satz 3 Nr. 2 der Abgabenordnung sowie
- des § 18a Abs. 9 Satz 1 und 2 Nr. 1 bis 5 des Umsatzsteuergesetzes 1999 in der Fassung der Bekanntmachung vom 9. Juni 1999 (BGBl. I S. 1270)

verordnet das Bundesministerium der Finanzen:

§ 1
Allgemeines

(1) ¹Für das Besteuerungsverfahren erforderliche Daten mit Ausnahme solcher Daten, die für die Festsetzung von Verbrauchsteuern bestimmt sind, können durch Datenfernübertragung übermittelt werden (elektronische Übermittlung). ²Mit der elektronischen Übermittlung können Dritte beauftragt werden.

(2) ¹Das Bundesministerium der Finanzen bestimmt in Abstimmung mit den obersten Finanzbehörden der Länder Art und Einschränkungen der elektronischen Übermittlung von Daten nach Absatz 1 Satz 1 durch ein im Bundessteuerblatt zu veröffentlichendes Schreiben. ²In diesem Rahmen bestimmte Anforderungen an die Sicherheit der elektronischen Übermittlung sind im Benehmen mit dem Bundesamt für Sicherheit in der Informationstechnik festzulegen. ³Einer Abstimmung mit den obersten Finanzbehörden der Länder bedarf es nicht, soweit ausschließlich die Übermittlung von Daten an Bundesfinanzbehörden betroffen ist.

(3) Bei der elektronischen Übermittlung sind dem jeweiligen Stand der Technik entsprechende Verfahren einzusetzen, die die Authentizität, Vertraulichkeit und Integrität der Daten gewährleisten; im Falle der Nutzung allgemein zugänglicher Netze sind Verschlüsselungsverfahren anzuwenden.

(4) Die in dieser Verordnung genannten Pflichten der Programmhersteller sind ausschließlich öffentlich-rechtlicher Art.

§ 2
Schnittstellen

¹Bei der elektronischen Übermittlung sind die hierfür aufgrund des § 1 Abs. 2 für den jeweiligen Besteuerungszeitraum oder -zeitpunkt bestimmten Schnittstellen ordnungsgemäß zu bedienen. ²Die für die Übermittlung benötigten Schnittstellen werden über das Internet zur Verfügung gestellt.

§ 3
Anforderungen an die Programme

(1) Programme, die für die Verarbeitung von für das Besteuerungsverfahren erforderlichen Daten bestimmt sind, müssen im Rahmen des in der Programmbeschreibung angegebenen Programmumfangs die richtige und vollständige Verarbeitung der für das Besteuerungsverfahren erforderlichen Daten gewährleisten.

(2) Auf den Programmumfang sowie auf Fallgestaltungen, in denen eine richtige und vollständige Erhebung, Verarbeitung und Übermittlung ausnahmsweise nicht möglich ist (Ausschlussfälle), ist in der Programmbeschreibung an hervorgehobener Stelle hinzuweisen.

---

1) Die Verpflichtungen aus der Richtlinie 98/34/EG des Europäischen Parlaments und des Rates vom 22. Juni 1998 über ein Informationsverfahren auf dem Gebiet der Normen und technischen Vorschriften und der Vorschriften für die Dienste der Informationsgesellschaft (ABl. EG Nr. L 204 S. 37), geändert durch die Richtlinie 98/48/EG des Europäischen Parlaments und des Rates vom 20. Juli 1998 (ABl. EG Nr. L 217 S. 18), sind beachtet worden.

2) Unter Berücksichtigung der Änderungen zuletzt durch Artikel 2 der Dritten Verordnung zur Änderung der Altersvorsorge-Durchführungsverordnung vom 8.1.2009 (BGBl. I S. 31, BStBl. I S. 44).

§ 4
Prüfung der Programme

(1) ¹Programme, die für die Verarbeitung von für das Besteuerungsverfahren erforderlichen Daten bestimmt sind, sind vom Hersteller vor der ersten Nutzung und nach jeder Änderung daraufhin zu prüfen, ob sie die Anforderungen nach § 3 Abs. 1 erfüllen. ²Hierbei sind ein Protokoll über den letzten durchgeführten Testlauf und eine Programmauflistung zu erstellen, die fünf Jahre aufzubewahren sind. ³Die Aufbewahrungsfrist nach Satz 2 beginnt mit Ablauf des Kalenderjahres der erstmaligen Nutzung zur Datenübermittlung. ⁴Elektronische, magnetische und optische Speicherverfahren, die eine jederzeitige Wiederherstellung der eingesetzten Programmversion in Papierform ermöglichen, sind der Programmauflistung gleichgestellt. ⁵Die Finanzbehörden sind befugt, die für die Erfassung, Verarbeitung oder elektronische Übermittlung der Daten bestimmten Programme und Dokumentationen zu überprüfen. ⁶§ 200 der Abgabenordnung in der Fassung der Bekanntmachung vom 1. Oktober 2002 (BGBl. I S. 3866) in der jeweils geltenden Fassung gilt entsprechend. ⁷Der Hersteller oder Vertreiber eines fehlerhaften Programms ist unverzüglich zur Nachbesserung oder Ablösung aufzufordern. ⁸Soweit eine unverzügliche Nachbesserung bzw. Ablösung nicht erfolgt, sind die Finanzbehörden berechtigt, die Programme des Herstellers von der elektronischen Übermittlung nach § 1 technisch auszuschließen. ⁹Die Finanzbehörden sind nicht verpflichtet, die Programme zu prüfen.

(2) Sind Programme nach Absatz 1 zum allgemeinen Vertrieb vorgesehen, hat der Hersteller den Finanzbehörden auf Verlangen Muster zum Zwecke der Prüfung kostenfrei zur Verfügung zu stellen.

§ 5
Haftung

(1) ¹Der Hersteller von Programmen, die für die Verarbeitung von für das Besteuerungsverfahren erforderlichen Daten bestimmt sind, haftet, soweit die Daten infolge einer Verletzung einer Pflicht nach dieser Verordnung unrichtig oder unvollständig verarbeitet und dadurch Steuern verkürzt oder zu Unrecht steuerliche Vorteile erlangt werden. ²Die Haftung entfällt, soweit der Hersteller nachweist, dass die Pflichtverletzung nicht auf grober Fahrlässigkeit oder Vorsatz beruht.

(2) ¹Wer Programme nach Absatz 1 zur elektronischen Übermittlung im Auftrag (§ 1 Abs. 1 Satz 2) einsetzt, haftet, soweit aufgrund unrichtiger oder unvollständiger Übermittlung Steuern verkürzt oder zu Unrecht steuerliche Vorteile erlangt werden. ²Die Haftung entfällt, soweit er nachweist, dass die unrichtige oder unvollständige Übermittlung der Daten nicht auf grober Fahrlässigkeit oder Vorsatz beruht.

(3) Die Absätze 1 und 2 gelten nicht für Zusammenfassende Meldungen im Sinne von § 18a Abs. 1 des Umsatzsteuergesetzes.

§ 6
Authentifizierung, Datenübermittlung im Auftrag

(1) Abweichend von § 87a Abs. 3 Satz 2 der Abgabenordnung ist bei der elektronischen Übermittlung keine qualifizierte elektronische Signatur erforderlich, wenn ein anderes Verfahren eingesetzt wird, welches den Datenübermittler authentifiziert und die in § 1 Abs. 3 Satz 1 bestimmten Anforderungen an die Gewährleistung der Authentizität und Integrität der Daten erfüllt.

(2) ¹Im Falle der Übermittlung im Auftrag (§ 1 Abs. 1 Satz 2) hat der Dritte die Daten dem Auftraggeber unverzüglich in leicht nachprüfbarer Form zur Überprüfung zur Verfügung zu stellen. ²Der Auftraggeber hat die Daten unverzüglich zu überprüfen.

§ 7
Rentenbezugsmitteilungen

Für das Rentenbezugsmitteilungsverfahren nach § 22a, auch in Verbindung mit § 52 Abs. 38a, des Einkommensteuergesetzes findet ausschließlich die Altersvorsorge-Durchführungsverordnung in der Fassung der Bekanntmachung vom 28. Februar 2005 (BGBl. I S. 487), die zuletzt durch Artikel 1 der Verordnung vom 8. Januar 2009 (BGBl. I S. 31) geändert worden ist, in der jeweils geltenden Fassung Anwendung.

Anhang 35a/BMF-Schreiben zu StDÜV, StDAV

Automation in der Steuerverwaltung;
Steuerdaten-Übermittlungsverordnung – StDÜV –
Steuerdaten-Abrufverordnung – StDAV –

BMF-Schreiben vom 15. Januar 2007 IV C 6 – O 2250 – 138/06 (BStBl. I S. 95)

Aufgrund § 1 Abs. 2 der Steuerdaten-Übermittlungsverordnung – StDÜV – vom 28. Januar 2003 (BGBl. I S. 139) in der Fassung der Verordnung zur Änderung der Steuerdaten-Übermittlungsverordnung vom 20. Dezember 2006 (BGBl. I S. 3380), § 8 der Steuerdaten-Abrufverordnung – StDAV – vom 13. Oktober 2005 (BGBl. I S. 3021) und unter Bezugnahme auf das Ergebnis der Erörterungen mit den obersten Finanzbehörden der Länder werden die folgenden Regelungen getroffen. Sie gelten für die Abruf von Bescheiddaten sowie für die elektronische Übermittlung von Steuererklärungen und sonstigen für das automatisierte Besteuerungsverfahren erforderlichen Daten mit Ausnahme solcher für Verbrauchsteuern. Sie gelten nicht für die elektronische Übermittlung von Rentenbezugsmitteilungen nach § 22a Einkommensteuergesetz (EStG), da dieses Verfahren zu einem späteren Zeitpunkt geregelt wird.

1. **Art und Umfang der Datenübermittlung nach § 1 der Steuerdaten-Übermittlungsverordnung**

    (1) Die elektronische Übermittlung von für das automatisierte Besteuerungsverfahren erforderlichen Daten ist zulässig, soweit die Finanzverwaltung hierfür einen Zugang eröffnet hat (§ 87a Abs. 1 Satz 1 Abgabenordnung [AO]). Der Zugang wird eröffnet, soweit Art, Umfang und Organisation des Einsatzes automatischer Einrichtungen in den Finanzverwaltungen des Bundes und der Länder eine Datenübermittlung ermöglichen. Eine aktuelle Übersicht der eröffneten Zugänge ist als Anlage beigefügt und wird im Internet unter http://www.eSteuer.de veröffentlicht.

    Hinsichtlich der technischen Bedingungen und Einzelheiten für die elektronische Übermittlung wird auf die „Richtlinie Dateiübertragung Finanzverwaltung" vom 14. Dezember 1999 (BStBl. I S. 1055) in der jeweils geltenden Fassung hingewiesen.

    (2) Der Zugang der elektronisch übermittelten Daten in der für den Empfang bestimmten Einrichtung hat hinsichtlich der Abgabefristen die gleiche Wirkung wie der Zugang der Steuererklärung auf Papier. Als Tag der Abgabe gilt der Tag, an dem die für den Empfang bestimmte Einrichtung die Daten in bearbeitbarer Weise aufgezeichnet hat (§ 87a Abs. 1 Satz 2 AO).

2. **Ordnungsgemäße Bedienung der Schnittstellen**

    Die elektronische Übermittlung von für das automatisierte Besteuerungsverfahren erforderlichen Daten ist zulässig, soweit für die Datenübermittlung die nach § 1 Abs. 2 StDÜV für den jeweiligen Besteuerungszeitraum oder -zeitpunkt bestimmten Schnittstellen ordnungsgemäß bedient werden. Eine ordnungsgemäße Bedienung der Schnittstellen ist bei

    a) Verstößen gegen die technischen Festlegungen („Richtlinie Dateiübermittlung Finanzverwaltung") sowie bei

    b) Fehlern im Datei- oder Schnittstellenaufbau oder in der Datendarstellung

    nicht gegeben. In diesen Fällen gilt die elektronische Übermittlung als nicht erfolgt.

3. **Bereitstellung von Schnittstellen**

    Aus Sicherheitsgründen werden die für den jeweiligen Besteuerungszeitraum oder -zeitpunkt bestimmten und zur elektronischen Datenübermittlung benötigten Daten- und Programmschnittstellen sowie die dazugehörige Dokumentation in einem geschützten Bereich des Internets bereitgestellt. Der Zugang wird Personen, die eine Herstellung von Programmen zur Datenübermittlung nach § 1 StDÜV beabsichtigen, auf Antrag gewährt. Informationen hierzu stehen unter http://www.eSteuer.de zur Verfügung.

    Der Antrag auf Zugang ist abzulehnen, wenn berechtigte Zweifel bestehen, dass Programme zur Datenübermittlung nach § 1 StDÜV hergestellt werden sollen.

4. **Erleichterungen bei der elektronischen Übermittlung und Authentifizierung des Datenübermittlers**

    Zur Erleichterung der elektronischen Übermittlung (§ 1 Abs. 1 StDÜV) steht dem Steuerpflichtigen frei, bei der elektronischen Übermittlung von Steueranmeldungen nach § 18 Abs. 1 bis 2a und 4a des Umsatzsteuergesetzes (UStG), Anträgen auf Dauerfristverlängerung und Anmeldungen nach § 18 Abs. 6 UStG, Steueranmeldungen nach § 41a des EStG sowie Zusammenfassenden Meldungen nach § 18a Abs. 9 UStG auf eine Authentifizierung des Datenübermittlers zu verzichten. Der Verzicht erfolgt formlos. Er ist auf Rückfrage gegenüber der Finanzverwaltung zu bestätigen. Da im Falle einer erstmaligen nicht authentifizierten elektronischen Übermittlung nicht unmittelbar erkannt werden kann, ob der Steuerpflichtige auf die Authentifizierung verzichtet bzw. eine nicht autorisierte Übermittlung vorliegt, wird u.a. zur Vermeidung von Rückfragen die Nutzung des Authentifizierungsverfahrens empfohlen.

Eine Authentifizierung des Datenübermittlers ist zwingend, soweit ein freier (nicht authentifizierter) Zugang nicht eröffnet ist.

5. **Elektronische Übermittlung mit komprimierter Steuererklärung**

   Die elektronische Übermittlung ist auch möglich, soweit für die Datenübermittlung und den Druck der Steuererklärung (komprimierter Vordruck) das von der Finanzverwaltung erstellte Softwarepaket (TeleModul) genutzt wird und der Steuerpflichtige versichert, dass im komprimierten Ausdruck der Steuererklärung keine anschließenden Änderungen vorgenommen worden sind.

   In diesem Fall ersetzt die elektronische Übermittlung nicht die Abgabe einer Steuererklärung nach amtlich vorgeschriebenem Vordruck im Sinne des § 150 Abs. 1 AO. Es gilt insoweit das BMF-Schreiben über die Grundsätze für die Verwendung von Steuererklärungsvordrucken vom 27. Dezember 1999 (BStBl. I S. 1049)[1]. Durch die Übermittlung der Steuererklärungsdaten werden auch die Fristen zur Abgabe einer Steuererklärung nicht gewahrt.

6. **Datenübermittlung im Auftrag**

   Im Fall der Übermittlung im Auftrag hat der Dritte die Daten dem Auftraggeber unverzüglich in leicht nachprüfbarer Form zur Überprüfung zur Verfügung zu stellen. Der Auftraggeber hat die Daten unverzüglich zu überprüfen (§ 6 Abs. 2 StDÜV) und gegebenenfalls zu berichtigen.

   Der Dritte (Datenübermittler) kann die Erfüllung der Verpflichtung nach § 6 Abs. 2 StDÜV sowohl durch eigene Aufzeichnungen als auch durch einen vom Auftraggeber unterschriebenen Ausdruck der elektronisch übermittelten Daten nachweisen.

   Nach den Grundsätzen des Beweises des ersten Anscheins ist davon auszugehen, dass eine von einer Person oder Gesellschaft im Sinne der §§ 3 und 4 des Steuerberatungsgesetzes (StBerG) übermittelte Steuererklärung tatsächlich von dem betreffenden Steuerpflichtigen genehmigt worden ist.

7. **Elektronischer Abruf von Bescheiddaten**

   Der elektronische Abruf von Bescheiddaten ersetzt nicht die Bekanntgabe des Steuerbescheides. Auf die elektronische Übermittlung von Bescheiddaten wird im Steuerbescheid hingewiesen. Für diesen Fall sichert die Finanzverwaltung zu, dass die elektronisch bereitgestellten Daten mit dem bekannt gegebenen Bescheid übereinstimmen. Wird ein Einspruch nur deshalb verspätet eingelegt, weil im Vertrauen auf diese Zusicherung eine Überprüfung des Steuerbescheids innerhalb der Einspruchsfrist unterblieb, ist unter analoger Anwendung des § 126 Abs. 3 AO eine Wiedereinsetzung in den vorigen Stand möglich.

8. **Übergangsregelungen**

   Die für die elektronische Übermittlung von Freistellungsaufträgen (§ 44a Abs. 2 Satz 1 Nr. 1 EStG) und Sammelanträgen (§ 45b EStG) bisher zugelassenen Datenübermittler erhalten die zur künftigen Übermittlung notwendigen Registrierungsunterlagen unaufgefordert vom Bundeszentralamt für Steuern.

9. **Schlussbestimmungen**

   Dieses Schreiben ersetzt die BMF-Schreiben vom 5. Februar 2003 (BStBl. I, S. 158 und S. 160).

---

1) Anlage § 041a-CD03.

Anhang 35a/BMF-Schreiben zu StDÜV, StDAV

A. Übersicht der von den Finanzverwaltungen der Länder eröffneten Zugänge
(Stand 26. Januar 2009 [1])
Anlage

	authentisierter Zugang		freier Zugang	Bemerkungen
	mit elektronischem Zertifikat	mit komprimierter Steuererklärung		
Einkommensteuer				
– Jahreserklärung	bundesweit	bundesweit	–	
Umsatzsteuer				
– Jahreserklärung	bundesweit (ohne Rheinland-Pfalz)	bundesweit	–	
– Voranmeldungen	bundesweit		bundesweit	
Anmeldung von Sondervorauszahlungen	bundesweit		bundesweit	
Antrag auf Dauerfristverlängerung	bundesweit		bundesweit	
Gewerbesteuer				
– Jahreserklärung	bundesweit (ohne Rheinland-Pfalz)	bundesweit	–	
– Erklärung zur Zerlegung des Messbetrages	bundesweit (ohne Berlin, Hessen, Rheinland-Pfalz, Mecklenburg-Vorpommern)	bundesweit (ohne Berlin, Hessen)	–	
– Hebenummern	Niedersachsen	–	–	Besonderer Zugang nur für Gemeinden
Kapitalertragsteuer	bundesweit	–		
Lohnsteuer				
– Anmeldung	bundesweit	–	bundesweit	
– Bescheinigung	bundesweit	–	nur LStB ≤ 2008	
Erbschaftsteuer				
– Sterbefallanzeigen	Bayern, Nordrhein-Westfalen	–	–	Besonderer Zugang nur für Gemeinden
Kraftfahrzeugsteuer				Besonderer Zugang nur für Gemeinden
– Anmeldeliste	Niedersachsen, Saarland, Sachsen-Anhalt, Schleswig-Holstein	–	–	Besonderer Zugang nur für Gemeinden
– Zulassungsdaten	Bayern, Brandenburg, Niedersachsen, Nordrhein-Westfalen, Saarland, Sachsen, Sachsen-Anhalt, Schleswig-Holstein, Thüringen, Mecklenburg-Vorpommern	–	–	Besonderer Zugang nur für Gemeinden
Mitteilungen nach der Mitteilungsverordnung	Nordrhein-Westfalen	–	–	
Insolvenzgeld	–	–	–	Besonderer Zugang nur für die Bundesagentur für Arbeit

[1] Eine aktuelle Fassung dieser Übersicht wird unter http://www.eSteuer.de im Internet veröffentlicht.

B. Übersicht der von der Bundesfinanzverwaltung eröffneten Zugänge
(Stand 26. Januar 2009[1])

	authentisierter Zugang		freier Zugang	Bemerkungen
	mit elektronischem Zertifikat	mit komprimierter Steuererklärung		
Mitteilungen nach § 45d EStG	Ja	–	–	der Zugang für maschinell verwertbare Datenträger wird zum 31.12.2007 endgültig geschlossen
Mitteilungen nach der Zinsinformationsrichtlinie	Ja	–	–	der Zugang für maschinell verwertbare Datenträger wird zum 31.12.2007 endgültig geschlossen
Sammelanträge	Ja	–	–	der Zugang für maschinell verwertbare Datenträger wird zum 30.9.2007 endgültig geschlossen
Umsatzsteuer				
– Zusammenfassende Meldungen	Ja	–	Ja	der Zugang für maschinell verwertbare Datenträger wird zum 31.12.2007 endgültig geschlossen
– Vergütungsanträge	Ja	–	–	

---

[1] Eine aktuelle Fassung dieser Übersicht wird unter http://www.eSteuer.de im Internet veröffentlicht.

Steuerberatungsgesetz (StBerG)

Vom 4. November 1975 (BGBl. I S. 2735, BStBl. I S. 1082)[1]

– Auszug –

Erster Teil Erster Abschnitt: Vorschriften über die Hilfeleistung in Steuersachen

§ 2
Geschäftsmäßige Hilfeleistung

Die Hilfeleistung in Steuersachen darf geschäftsmäßig nur von Personen und Vereinigungen ausgeübt werden, die hierzu befugt sind. Dies gilt ohne Unterschied für hauptberufliche, nebenberufliche, entgeltliche oder unentgeltliche Tätigkeit.

§ 3
Befugnis zu unbeschränkter Hilfeleistung in Steuersachen

Zur geschäftsmäßigen Hilfeleistung in Steuersachen sind befugt:
1. Steuerberater, Steuerbevollmächtigte, Rechtsanwälte, niedergelassene europäische Rechtsanwälte, Wirtschaftsprüfer und vereidigte Buchprüfer,
2. Partnerschaftsgesellschaften, deren Partner ausschließlich die in Nummer 1 und 4 genannten Personen sind,
3. Steuerberatungsgesellschaften, Rechtsanwaltsgesellschaften, Wirtschaftsprüfungsgesellschaften und Buchprüfungsgesellschaften.

§ 4
Befugnis zu beschränkter Hilfeleistung in Steuersachen

Zur geschäftsmäßigen Hilfeleistung in Steuersachen sind ferner befugt:

...

10. Arbeitgeber, soweit sie für ihre Arbeitnehmer Hilfe bei lohnsteuerlichen Sachverhalten oder bei Sachverhalten des Familienleistungsausgleichs im Sinne des Einkommensteuergesetzes leisten,
11. Lohnsteuerhilfevereine[2], soweit sie für ihre Mitglieder Hilfe in Steuersachen leisten, wenn diese
    a) Einkünfte aus nichtselbständiger Arbeit, sonstige Einkünfte aus wiederkehrenden Bezügen (§ 22 Nr. 1 des Einkommensteuergesetzes), Einkünfte aus Unterhaltsleistungen (§ 22 Nr. 1a des Einkommensteuergesetzes) oder Einkünfte aus Leistungen nach § 22 Nr. 5 des Einkommensteuergesetzes erzielen,
    b) keine Einkünfte aus Land- und Forstwirtschaft, aus Gewerbebetrieb oder aus selbständiger Arbeit erzielen oder umsatzsteuerpflichtige Umsätze ausführen, es sei denn, die den Einkünften zugrunde liegenden Einnahmen sind nach § 3 Nr. 12, 26 oder 26a des Einkommensteuergesetzes in voller Höhe steuerfrei, und
    c) Einnahmen aus anderen Einkunftsarten haben, die insgesamt die Höhe von dreizehntausend Euro, im Falle der Zusammenveranlagung von sechsundzwanzigtausend Euro, nicht übersteigen und im Veranlagungsverfahren zu erklären sind oder auf Grund eines Antrags des Steuerpflichtigen erklärt werden.

    [2]Die Befugnis erstreckt sich nur auf die Hilfeleistung bei der Einkommensteuer und ihren Zuschlagsteuern. [3]Soweit zulässig, berechtigt sie auch zur Hilfeleistung bei der Eigenheimzulage und der Investitionszulage nach den §§ 3 bis 4 des Investitionszulagengesetzes 1999, bei mit Kinderbetreuungskosten im Sinne von § 9 Abs. 5, § 9c Abs. 2 und 3 des Einkommensteuergesetzes sowie mit haushaltsnahen Beschäftigungsverhältnissen im Sinne des § 35a des Einkommensteuergesetzes zusammenhängenden Arbeitgeberaufgaben sowie zur Hilfe bei Sachverhalten des Familienleistungsausgleichs im Sinne des Einkommensteuergesetzes und der sonstigen Zulagen und Prämien, auf die die Vorschriften der Abgabenordnung anzuwenden sind. [4]Mitglieder, die arbeitslos geworden sind, dürfen weiterhin beraten werden.
12. inländische Kapitalanlagegesellschaften sowie Personen, Gesellschaften und andere Gesamthandsgemeinschaften, soweit sie in Vertretung der Gläubiger von Kapitalerträgen Sammelanträge auf Erstattung von Kapitalertragsteuer nach § 45b des Einkommensteuergesetzes stellen,

---

1) Unter Berücksichtigung der Änderungen zuletzt durch Artikel 9 Absatz 8 des Gesetzes vom 30.07.2009 (BGBl. I S. 2449, BStBl. I S. 911).
2) Zu den Beratungsbefugnissen siehe die gleich lautenden Ländererlasse vom 15.1.2010 (BStBl. I S. 66), Anhang 39.

12a. ausländische Kreditinstitute, soweit sie in Vertretung der Gläubiger von Kapitalerträgen Anträge auf Erstattung von Kapitalertragsteuer nach § 50d des Einkommensteuergesetzes stellen,

...

14. diejenigen, die Verträge im Sinne des § 2 Abs. 1 Wohnungsbau-Prämiengesetz schließen oder vermitteln, soweit sie bei der Ausfüllung von Anträgen auf Wohnungsbauprämie Hilfe leisten,
15. Stellen, die durch Landesrecht als geeignet im Sinne des § 305 Abs. 1 Nr. 1 der Insolvenzordnung anerkannt sind, im Rahmen ihres Aufgabenbereichs,
16. a) diejenigen, die Verträge im Sinne des § 1 Abs. 1 und 1a des Altersvorsorgeverträge-Zertifizierungsgesetzes schließen oder vermitteln,
    b) die in § 82 Abs. 2 Satz 1 Buchstabe a des Einkommensteuergesetzes genannten Versorgungseinrichtungen,
    soweit sie im Rahmen des Vertragsabschlusses, der Durchführung des Vertrages oder der Antragstellung nach § 89 des Einkommensteuergesetzes Hilfe leisten.

§ 5
Verbot der unbefugten Hilfeleistung in Steuersachen, Missbrauch von Berufsbezeichnungen

(1) Andere als die in den §§ 3, 3a und 4 bezeichneten Personen und Vereinigungen dürfen nicht geschäftsmäßig Hilfe in Steuersachen leisten, insbesondere nicht geschäftsmäßig Rat in Steuersachen erteilen. Die in § 4 bezeichneten Personen und Vereinigungen dürfen nur im Rahmen ihrer Befugnis geschäftsmäßig Hilfe in Steuersachen leisten.

(2) Werden den Finanzbehörden oder den Steuerberaterkammern Tatsachen bekannt, die den Verdacht begründen, dass eine Person oder Vereinigung entgegen Absatz 1 geschäftsmäßig Hilfe in Steuersachen leistet, so haben sie diese Tatsachen der für das Bußgeldverfahren zuständigen Stelle mitteilen.

(3) Werden den Finanzbehörden oder den Steuerberaterkammern Tatsachen bekannt, die den Verdacht begründen, dass Personen, die geschäftsmäßig Hilfe in Steuersachen leisten, entgegen § 132a Abs. 1 Nr. 2 des Strafgesetzbuches die Berufsbezeichnungen „Steuerberater", „Steuerbevollmächtigter", „Rechtsanwalt", „Wirtschaftsprüfer" oder „vereidigter Buchprüfer" oder Vereinigungen, die geschäftsmäßig Hilfe in Steuersachen leisten, entgegen § 161 dieses Gesetzes die Bezeichnungen „Steuerberatungsgesellschaft", „Lohnsteuerhilfeverein" oder „Landwirtschaftliche Buchstelle" oder entgegen § 133 der Wirtschaftsprüferordnung die Bezeichnungen „Wirtschaftsprüfungsgesellschaft" oder „Buchprüfungsgesellschaft" unbefugt führen, haben sie diese Tatsachen der für das Strafverfahren, das Bußgeldverfahren oder ein berufsaufsichtliches Verfahren zuständigen Stelle mitzuteilen; § 83 dieses Gesetzes und § 30 der Abgabenordnung stehen dem nicht entgegen.

§ 6
Ausnahmen vom Verbot der unbefugten Hilfeleistung in Steuersachen

Das Verbot des § 5 gilt nicht für

1. .....
2. die unentgeltliche Hilfeleistung in Steuersachen für Angehörige im Sinne des § 15 Abgabeordnung,
3. .....
4. das Buchen laufender Geschäftsvorfälle, die laufende Lohnabrechnung und das Fertigen der Lohnsteuer-Anmeldungen, soweit diese Tätigkeiten verantwortlich durch Personen erbracht werden, die nach Bestehen der Abschlußprüfung in einem kaufmännischen Ausbildungsberuf oder nach Erwerb einer gleichwertigen Vorbildung mindestens drei Jahre auf dem Gebiet des Buchhaltungswesens in einem Umfang von mindestens 16 Wochenstunden praktisch tätig gewesen sind.

§ 8
Werbung

(1) Auf eigene Dienste oder Dienste Dritter zur geschäftsmäßigen Hilfeleistung in Steuersachen darf hingewiesen werden, soweit über die Tätigkeit in Form und Inhalt sachlich unterrichtet wird.

(2) Werbung, die auf die Erteilung eines Auftrags zur geschäftsmäßigen Hilfeleistung in Steuersachen im Einzelfall gerichtet ist, ist verboten. Dies gilt nicht für die Durchführung der Tätigkeiten nach § 6 Nr. 3 und 4.

(3) Die in § 3 Nr. 1 bis 3 bezeichneten Personen und Gesellschaften dürfen auf ihre Befugnis zur Hilfeleistung in Steuersachen nach den für sie geltenden berufsrechtlichen Vorschriften hinweisen.

(4) Die in § 6 Nr. 4 bezeichneten Personen dürfen auf ihre Befugnisse zur Hilfeleistung in Steuersachen hinweisen und sich als Buchhalter bezeichnen. Personen, die den anerkannten Abschluss „Geprüfter

Anhang 36/StBerG

Bilanzbuchhalter/Geprüfte Bilanzbuchhalterin" oder „Steuerfachwirt/Steuerfachwirtin" erworben haben, dürfen unter dieser Bezeichnung werben. Die genannten Personen dürfen dabei nicht gegen das Gesetz gegen den unlauteren Wettbewerb verstoßen.

§ 12
Hilfeleistung im Abgabenrecht fremder Staaten

Personen und Vereinigungen im Sinne des § 3 Nr. 1 bis 3 sind in Angelegenheiten, die das Abgabenrecht fremder Staaten betreffen, zur geschäftsmäßigen Hilfe in Steuersachen befugt. Die entsprechenden Befugnisse Dritter auf Grund anderer Rechtsvorschriften bleiben unberührt.

Zweiter Abschnitt: Lohnsteuerhilfevereine

§ 13
Zweck und Tätigkeitsbereich

(1) Lohnsteuerhilfevereine sind Selbsthilfeeinrichtungen von Arbeitnehmern zur Hilfeleistung in Steuersachen im Rahmen der Befugnis nach § 4 Nr. 11 für ihre Mitglieder.

(2) Lohnsteuerhilfevereine bedürfen für ihre Tätigkeit der Anerkennung.

§ 14
Voraussetzungen für die Anerkennung, Aufnahme der Tätigkeit

(1) Ein rechtsfähiger Verein kann als Lohnsteuerhilfeverein anerkannt werden, wenn nach der Satzung
1. seine Aufgabe ausschließlich die Hilfeleistung in Steuersachen im Rahmen der Befugnis nach § 4 Nr. 11 für seine Mitglieder ist;
2. der Sitz und die Geschäftsleitung des Vereins sich in demselben Berzik der Aufsichtsbehörde befinden;
3. der Name des Vereins keinen Bestandteil mit besonderem Werbecharakter enthält;
4. eine sachgemäße Ausübung der Hilfeleistung in Steuersachen im Rahmen der Befugnis nach § 4 Nr. 11 sichergestellt ist;
5. für die Hilfeleistung in Steuersachen im Rahmen der Befugnis nach § 4 Nr. 11 neben dem Mitgliedsbeitrag kein besonderes Entgelt erhoben wird;
6. die Anwendung der Vorschriften des § 27 Abs. 1 und 3 sowie der §§ 32 und 33 des Bürgerlichen Gesetzbuches nicht ausgeschlossen ist;
7. Verträge des Vereins mit Mitgliedern des Vorstands oder deren Angehörigen der Zustimmung oder Genehmigung der Mitgliederversammlung bedürfen;
8. innerhalb von drei Monaten nach Bekanntgabe des wesentlichen Inhalts der Prüfungsfeststellungen an die Mitglieder (§ 22 Abs. 7 Nr. 2) eine Mitgliederversammlung stattfinden muss, in der insbesondere eine Aussprache über das Ergebnis der Geschäftsprüfung durchzuführen und über die Entlastung des Vorstandes wegen seiner Geschäftsführung während des geprüften Geschäftsjahres zu befinden ist.

An die Stelle der Mitgliederversammlung kann eine Vertreterversammlung treten, sofern durch sie eine ausreichende Wahrnehmung der Interessen der Mitglieder gewährleistet ist. Die Vorschriften über Mitgliederversammlungen gelten für Vertreterversammlungen sinngemäß.

(2) Die Anerkennung darf nur ausgesprochen werden, wenn das Bestehen einer Versicherung gegen die sich aus der Hilfeleistung in Steuersachen im Rahmen der Befugnis nach § 4 Nr. 11 ergebenden Haftpflichtgefahren (§ 25 Abs. 2) nachgewiesen wird.

(3) Die Hilfeleistung in Steuersachen im Rahmen der Befugnis nach § 4 Nr. 11 darf erst nach der Anerkennung als Lohnsteuerhilfeverein aufgenommen werden.

§ 15
Anerkennungsbehörde, Satzung

(1) Für die Entscheidung über den Antrag auf Anerkennung als Lohnsteuerhilfeverein ist die Aufsichtsbehörde zuständig, in deren Bezirk der Verein seinen Sitz hat.

(2) Dem Antrag auf Anerkennung als Lohnsteuerhilfeverein ist eine öffentlich beglaubigte Abschrift der Satzung beizufügen.

(3) Der Lohnsteuerhilfeverein hat jede Satzungsänderung der für den Sitz des Vereins zuständigen Aufsichtsbehörde innerhalb eines Monats nach der Beschlussfassung anzuzeigen. Der Änderungsanzeige ist eine öffentlich beglaubigte Abschrift der jeweiligen Urkunde beizufügen.

§ 16
Gebühren für die Anerkennung
Für die Bearbeitung des Antrags auf Anerkennung als Lohnsteuerhilfeverein hat der Verein eine Gebühr von dreihundert Euro an die Aufsichtsbehörde zu zahlen.

§ 17
Urkunde
Über die Anerkennung als Lohnsteuerhilfeverein stellt die Aufsichtsbehörde eine Urkunde aus.

§ 18
Bezeichnung „Lohnsteuerhilfeverein"
Der Verein ist verpflichtet, die Bezeichnung „Lohnsteuerhilfeverein" in den Namen des Vereins aufzunehmen.

§ 19
Erlöschen der Anerkennung
(1) Die Anerkennung erlischt durch
1. Auflösung des Vereins;
2. Verzicht auf die Anerkennung;
3. Verlust der Rechtsfähigkeit.

(2) Der Verzicht ist schriftlich gegenüber der Aufsichtsbehörde zu erklären.

§ 20
Rücknahme und Widerruf der Anerkennung
(1) Die Aufsichtsbehörde hat die Anerkennung zurückzunehmen, wenn sich nach der Anerkennung ergibt, daß sie hätte versagt werden müssen.

(2) Die Aufsichtsbehörde hat die Anerkennung zu widerrufen,
1. wenn die Voraussetzungen für die Anerkennung als Lohnsteuerhilfeverein nachträglich fortfallen, es sei denn, dass der Verein innerhalb einer angemessenen, von der Aufsichtsbehörde zu bestimmenden Frist den dem Gesetz entsprechenden Zustand herbeiführt;
2. wenn die tatsächliche Geschäftsführung des Lohnsteuerhilfevereins nicht mit den in § 14 bezeichneten Anforderungen an die Satzung übereinstimmt;
3. wenn eine sachgemäße Ausübung der Hilfeleistung in Steuersachen im Rahmen der Befugnis nach § 4 Nr. 11 oder eine ordnungsgemäße Geschäftsführung nicht gewährleistet ist; eine ordnungsgemäße Geschäftsführung liegt insbesondere nicht vor, wenn
   a) gegen Pflichten nach diesem Gesetz in nachhaltiger Weise verstoßen wurde oder
   b) der Lohnsteuerhilfeverein in Vermögensverfall geraten ist; ein Vermögensverfall wird vermutet, wenn ein Insolvenzverfahren über das Vermögen des Lohnsteuerhilfevereins eröffnet oder der Lohnsteuerhilfeverein in das vom Vollstreckungsgericht zu führende Schuldnerverzeichnis (§ 26 Abs. 2 der Insolvenzordnung; § 882b der Zivilprozessordnung) eingetragen ist.

(3) Vor der Rücknahme oder dem Widerruf ist der Lohnsteuerhilfeverein zu hören.

§ 21
Aufzeichnungspflicht
(1) Der Lohnsteuerhilfeverein hat sämtliche Einnahmen und Ausgaben fortlaufend und vollständig aufzuzeichnen. Die Aufzeichnungen sind unverzüglich und in deutscher Sprache vorzunehmen.

(2) Für einzelne Mitglieder des Lohnsteuerhilfevereins empfangene Beträge sind vom Vereinsvermögen getrennt zu erfassen und gesondert zu verwalten.

(3) Der Lohnsteuerhilfeverein hat bei Beginn seiner Tätigkeit und am Ende eines jeden Geschäftsjahres auf Grund einer für diesen Zeitpunkt vorgenommenen Bestandsaufnahme seine Vermögenswerte und Schulden aufzuzeichnen und in einer Vermögensübersicht zusammenzustellen.

(4) Die Belege und sonstigen Unterlagen sind geordnet zu sammeln und sechs Jahre aufzubewahren. Die Aufzeichnungen der Einnahmen und Ausgaben und die Vermögensübersichten sind zehn Jahre aufzubewahren. Im Übrigen gelten für die Aufbewahrung der Belege, sonstigen Unterlagen, Aufzeichnungen und Vermögensübersichten die Vorschriften des Handelsgesetzbuches über die Aufbewahrung von Bilanzen, Inventaren, Belegen und sonstigen Unterlagen entsprechend.

Anhang 36/StBerG

(5) Sonstige Vorschriften über Aufzeichnungs- und Buchführungspflichten bleiben unberührt.

§ 22
Geschäftsprüfung

(1) Der Lohnsteuerhilfeverein hat die Vollständigkeit und Richtigkeit der Aufzeichnungen und der Vermögensübersicht (§ 21 Abs. 1 bis 3) sowie die Übereinstimmung der tatsächlichen Geschäftsführung mit den satzungsmäßigen Aufgaben des Lohnsteuerhilfevereins jährlich innerhalb von sechs Monaten nach Beendigung des Geschäftsjahres durch einen oder mehrere Geschäftsprüfer prüfen zu lassen.

(2) Zu Geschäftsprüfern können nur bestellt werden
1. Personen und Gesellschaften, die nach § 3 zu unbeschränkter Hilfeleistung in Steuersachen befugt sind,
2. Prüfungsverbände, zu deren satzungsmäßigem Zweck die regelmäßige oder außerordentliche Prüfung der Mitglieder gehört, wenn mindestens ein gesetzlicher Vertreter des Verbandes Steuerberater, Steuerbevollmächtigter, Rechtsanwalt, niedergelassener europäischer Rechtsanwalt, Wirtschaftsprüfer oder vereidigter Buchprüfer ist.

(3) Als Geschäftsprüfer dürfen keine Personen tätig sein, bei denen die Besorgnis der Befangenheit besteht, insbesondere weil sie Vorstandsmitglied, besonderer Vertreter oder Angestellter des zu prüfenden Lohnsteuerhilfevereins sind.

(4) Den Geschäftsprüfern ist Einsicht in die Bücher und Aufzeichnungen sowie den Schriftwechsel des Vereins zu gewähren und eine Untersuchung des Kassenbestandes und der Bestände an sonstigen Vermögenswerten zu gestatten. Ihnen sind alle Aufklärungen und Nachweise zu geben, die für die Durchführung einer sorgfältigen Prüfung notwendig sind.

(5) Die Geschäftsprüfer sind zu gewissenhafter und unparteiischer Prüfung und zur Verschwiegenheit verpflichtet. Sie dürfen Geschäftsgeheimnisse, die sie bei der Wahrnehmung ihrer Obliegenheiten erfahren haben, nicht unbefugt verwerten. Wer seine Obliegenheiten vorsätzlich oder grob fahrlässig verletzt, haftet dem Lohnsteuerhilfeverein für den daraus entstehenden Schaden. Mehrere Personen haften als Gesamtschuldner.

(6) Die Geschäftsprüfer haben über das Ergebnis der Prüfung dem Vorstand des Lohnsteuerhilfevereins unverzüglich schriftlich zu berichten.

(7) Der Lohnsteuerhilfeverein hat
1. innerhalb eines Monats nach Erhalt des Prüfungsberichts spätestens jedoch neun Monate nach Beendigung des Geschäftsjahres eine Abschrift hiervon der zuständigen Aufsichtsbehörde zuzuleiten;
2. innerhalb von sechs Monaten nach Erhalt des Prüfungsberichts den wesentlichen Inhalt der Prüfungsfeststellungen den Mitgliedern schriftlich bekanntzugeben.

§ 23
Ausübung der Hilfeleistung in Steuersachen im Rahmen der Befugnis nach § 4 Nr. 11, Beratungsstellen

(1) Die Hilfeleistung in Steuersachen im Rahmen der Befugnis nach § 4 Nr. 11, darf nur durch Personen ausgeübt werden, die einer Beratungsstelle angehören. Für jede Beratungsstelle ist ein Leiter zu bestellen. Er darf gleichzeitig nur eine weitere Beratungsstelle leiten.

(2) Der Lohnsteuerhilfeverein muss in dem Bezirk der Aufsichtsbehörde, in dem er seinen Sitz hat, mindestens eine Beratungsstelle unterhalten. Die Unterhaltung von Beratungsstellen in Bezirken anderer Aufsichtsbehörden ist zulässig.

(3) Der Lohnsteuerhilfeverein darf zum Leiter einer Beratungsstelle nur Personen bestellen, die
1. zu dem in § 3 Nr. 1 bezeichneten Personenkreis gehören oder
2. eine Abschlussprüfung in einem kaufmännischen Ausbildungsberuf bestanden haben oder eine andere gleichwertige Vorbildung besitzen und nach Abschluss der Ausbildung drei Jahre in einem Umfang von mindestens 16 Wochenstunden auf dem Gebiet der von den Bundes- oder Landesbehörden verwalteten Steuern praktisch tätig gewesen sind oder
3. mindestens drei Jahre auf den für die Beratungsbefugnis nach § 4 Nr. 11 einschlägigen Gebieten des Einkommensteuerrechts in einem Umfang von mindestens 16 Wochenstunden praktisch tätig gewesen sind; auf die mindestens dreijährige Tätigkeit können Ausbildungszeiten nicht angerechnet werden.

Zum Leiter einer Beratungsstelle darf nicht bestellt werden, wer sich so verhalten hat, dass die Besorgnis begründet ist, er werde die Pflichten des Lohnsteuerhilfevereins nicht erfüllen.

(4) Der Lohnsteuerhilfeverein hat der für den Sitz der Beratungsstelle zuständigen Aufsichtsbehörde mitzuteilen
1. die Eröffnung oder Schließung einer Beratungsstelle;
2. die Bestellung oder Abberufung des Leiters einer Beratungsstelle;
3. die Personen, deren sich der Verein bei der Hilfeleistung in Steuersachen im Rahmen der Befugnis nach § 4 Nr. 11 bedient.

(5) Der Mitteilung über die Bestellung des Leiters einer Beratungsstelle ist ein Nachweis darüber beizufügen, dass die Voraussetzungen des Absatzes 3 erfüllt sind.

(6) Eine Beratungsstelle darf ihre Tätigkeit nur ausüben, wenn sie und der Beratungsstellenleiter nach Überprüfung der in Absatz 3 genannten Voraussetzungen bei der zuständigen Aufsichtsbehörde (§ 27 Abs. 2) im Verzeichnis der Lohnsteuerhilfevereine eingetragen sind.

§ 24
Abwicklung der schwebenden Steuersachen im Rahmen der Befugnis nach § 4 Nr. 11

(1) Ist die Anerkennung als Lohnsteuerhilfeverein erloschen, zurückgenommen oder widerrufen worden, so kann die Aufsichtsbehörde auf Antrag erlauben, dass der Verein einen Beauftragten zur Abwicklung der schwebenden Steuersachen im Rahmen der Befugnis nach § 4 Nr. 11 bestellt.

(2) Zum Beauftragten darf nur bestellt werden, wer die in § 23 Abs. 3 bezeichneten Voraussetzungen erfüllt.

(3) Die Erlaubnis nach Absatz 1 darf längstens für die Dauer von sechs Monaten erteilt werden; sie kann jederzeit widerrufen werden.

(4) § 70 Abs. 2 und 3 gilt sinngemäß.

§ 25
Haftungsausschluss, Haftpflichtversicherung

(1) Bei der Hilfeleistung in Steuersachen im Rahmen der Befugnis nach § 4 Nr. 11 für die Mitglieder kann die Haftung des Vereins für das Verschulden seiner Organe und Angestellten nicht ausgeschlossen werden.

(2) Die Lohnsteuerhilfevereine müssen gegen die sich aus der Hilfeleistung in Steuersachen im Rahmen der Befugnis nach § 4 Nr. 11 ergebenden Haftpflichtgefahren angemessen versichert sein. Zuständige Stelle im Sinne des § 117 Abs. 2 des Versicherungsvertragsgesetzes ist die Aufsichtsbehörde.

(3) (weggefallen).

§ 26
Allgemeine Pflichten der Lohnsteuerhilfevereine

(1) Die Hilfeleistung in Steuersachen im Rahmen der Befugnis nach § 4 Nr. 11 ist sachgemäß, gewissenhaft, verschwiegen und unter Beachtung der Regelungen zur Werbung (§ 8) auszuüben.

(2) Die Ausübung einer anderen wirtschaftlichen Tätigkeit in Verbindung mit der Hilfeleistung in Steuersachen im Rahmen der Befugnis nach § 4 Nr. 11 ist nicht zulässig.

(3) Alle Personen, deren sich der Verein bei der Hilfeleistung in Steuersachen im Rahmen der Befugnis nach § 4 Nr. 11 bedient, sind zur Einhaltung der in den Absätzen 1 und 2 bezeichneten Pflichten anzuhalten.

(4) Die Handakten über die Hilfeleistungen in Steuersachen im Rahmen der Befugnis nach § 4 Nr. 11 sind auf die Dauer von zehn Jahren nach Abschluss der Tätigkeit des Vereins in der Steuersache des Mitglieds aufzubewahren. § 66 ist sinngemäß anzuwenden.

§ 27
Aufsichtsbehörde

(1) Aufsichtsbehörde ist die Oberfinanzdirektion oder die durch die Landesregierung bestimmte Landesfinanzbehörde. Sie führt die Aufsicht über die Lohnsteuerhilfevereine, die ihren Sitz im Bezirk der Aufsichtsbehörde haben.

(2) Der Aufsicht durch die Aufsichtsbehörde unterliegen auch alle im Bezirk der Aufsichtsbehörde bestehenden Beratungsstellen. Die im Wege der Aufsicht getroffenen Feststellungen sind der für den Sitz des Lohnsteuerhilfevereins zuständigen Aufsichtsbehörde mitzuteilen.

(3) Die Finanzbehörden teilen der zuständigen Aufsichtsbehörde die ihnen bekannten Tatsachen mit, die den Verdacht begründen, dass ein Lohnsteuerhilfeverein gegen Vorschriften dieses Gesetzes verstoßen hat.

§ 28
Pflicht zum Erscheinen vor der Aufsichtsbehörde, Befugnisse der Aufsichtsbehörde

(1) Die Mitglieder des Vorstandes eines Lohnsteuerhilfevereins und die Personen, deren sich der Verein bei der Hilfeleistung in Steuersachen im Rahmen der Befugnis nach § 4 Nr. 11 bedient, haben auf Verlangen vor der Aufsichtsbehörde zu erscheinen, Auskunft zu geben sowie Handakten und Geschäftsunterlagen vorzulegen.

(2) Die mit der Aufsicht betrauten Amtsträger sind berechtigt, die Geschäftsräume der Lohnsteuerhilfevereine und der in Absatz 1 bezeichneten Personen während der Geschäfts- und Arbeitszeiten zu betreten, um Prüfungen vorzunehmen oder sonst Feststellungen zu treffen, die zur Ausübung der Aufsicht für erforderlich gehalten werden.

(3) Ist für eine Beratungsstelle ein Leiter nicht vorhanden oder erfüllt die zum Leiter bestellte Person nicht die in § 23 Abs. 3 bezeichneten Voraussetzungen oder ist in einer Beratungsstelle die Einhaltung der in § 26 bezeichneten Pflichten nicht gewährleistet, so kann die Aufsichtsbehörde die Schließung dieser Beratungsstelle anordnen.

§ 29
Teilnahme der Aufsichtsbehörde an Mitgliederversammlungen

(1) Von bevorstehenden Mitgliederversammlungen ist die Aufsichtsbehörde spätestens zwei Wochen vorher zu unterrichten.

(2) Die Aufsichtsbehörde ist berechtigt, zur Teilnahme an der Mitgliederversammlung Vertreter zu entsenden.

§ 30
Verzeichnis der Lohnsteuerhilfevereine

(1) Die Aufsichtsbehörden führen ein Verzeichnis über
1. die Lohnsteuerhilfevereine, die im Bezirk der Aufsichtsbehörde ihren Sitz haben;
2. die im Bezirk der Aufsichtsbehörde bestehenden Beratungsstellen.

(2) Die Einsicht in das Verzeichnis ist jedem gestattet, der ein berechtigtes Interesse darlegt.

§ 31
Durchführungsbestimmungen zu den Vorschriften über die Lohnsteuerhilfevereine

(1) Das Bundesministerium der Finanzen wird ermächtigt, durch Rechtsverordnung mit Zustimmung des Bundesrates Bestimmungen zu erlassen – **Anhang 37** –
1. über das Verfahren bei der Anerkennung als Lohnsteuerhilfeverein,
2. über Einrichtung und Führung des Verzeichnisses nach § 30 Abs. 1 sowie über die sich auf die Eintragung beziehenden Meldepflichten der Lohnsteuerhilfevereine,
3. über die Verfahren bei der Eröffnung und Schließung von Beratungsstellen und bei der Bestellung von Beratungsstellenleitern,
4. über die zur Bestellung eines Beratungsstellenleiters erforderlichen Erklärungen und Nachweise;
5. über den Abschluss und die Aufrechterhaltung der Haftpflichtversicherung, den Inhalt, den Umfang und die Ausschlüsse des Versicherungsvertrages sowie über die Höhe der Mindestdeckungssummen.

(2) Die Landesregierungen werden ermächtigt, die den Oberfinanzdirektionen nach dem Zweiten Abschnitt des Ersten Teils zugewiesenen Aufgaben auf eine andere Landesfinanzbehörde zu übertragen. Diese Aufgaben können durch Vereinbarung auch auf eine Landesfinanzbehörde eines anderen Landes übertragen werden. Die Landesregierungen können die Ermächtigung durch Rechtsverordnung auf die jeweils für die Finanzverwaltung zuständige oberste Landesbehörde übertragen.

Dritter Teil (Ordnungswidrigkeiten)

§ 159
Zwangsmittel

Die Anwendung von Zwangsmitteln richtet sich nach der Abgabenordnung.

§ 160
Unbefugte Hilfeleistung in Steuersachen

(1) Ordnungswidrig handelt, wer entgegen § 5 Abs. 1 oder entgegen einer vollziehbaren Untersagung nach § 7 geschäftsmäßig Hilfe in Steuersachen leistet.

(2) Die Ordnungswidrigkeit kann mit einer Geldbuße bis zu fünftausend Euro geahndet werden.

§ 161
Schutz der Bezeichnungen „Steuerberatungsgesellschaft", „Lohnsteuerhilfeverein" und „Landwirtschaftliche Buchstelle"

(1) Ordnungswidrig handelt, wer unbefugt die Bezeichnung „Steuerberatungsgesellschaft", „Lohnsteuerhilfeverein", „Landwirtschaftliche Buchstelle" oder eine einer solchen zum Verwechseln ähnliche Bezeichnung benutzt.

(2) Die Ordnungswidrigkeit kann mit einer Geldbuße bis zu fünftausend Euro geahndet werden.

§ 162
Verletzung der den Lohnsteuerhilfevereinen obliegenden Pflichten

(1) Ordnungswidrig handelt, wer

1. entgegen § 14 Abs. 1 Nr. 8 eine Mitgliederversammlung oder eine Vertreterversammlung nicht durchführt,
2. entgegen § 15 Abs. 3 eine Satzungsänderung der zuständigen Aufsichtsbehörde nicht oder nicht rechtzeitig anzeigt,
3. entgegen § 22 Abs. 1 die jährliche Geschäftsprüfung nicht oder nicht rechtzeitig durchführen lässt,
4. entgegen § 22 Abs. 7 Nr. 1 die Abschrift des Berichts über die Geschäftsprüfung der zuständigen Aufsichtsbehörde nicht oder nicht rechtzeitig zuleitet,
5. entgegen § 22 Abs. 7 Nr. 2 den Mitgliedern des Lohnsteuerhilfevereins den wesentlichen Inhalt der Prüfungsfeststellungen nicht oder nicht rechtzeitig bekanntgibt,
6. entgegen § 23 Abs. 3 Satz 2 zur Leitung einer Beratungsstelle eine Person bestellt, die nicht die dort bezeichneten Voraussetzungen erfüllt,
7. entgegen § 23 Abs. 4 der zuständigen Aufsichtsbehörde die Eröffnung oder Schließung einer Beratungsstelle, die Bestellung oder Abberufung des Leiters einer Beratungsstelle oder die Personen, deren sich der Verein bei der Hilfeleistung in Steuersachen im Rahmen der Befugnis nach § 4 Nr. 11 bedient, nicht mitteilt oder
8. entgegen § 25 Abs. 2 Satz 1 nicht angemessen versichert ist oder
9. entgegen § 29 Abs. 1 die Aufsichtsbehörde nicht oder nicht rechtzeitig von Mitgliederversammlungen oder Vertreterversammlungen unterrichtet.

(2) Die Ordnungswidrigkeit nach Absatz 1 Nr. 1, 3 bis 6 und 8 kann mit einer Geldbuße bis zu fünftausend Euro, die Ordnungswidrigkeit nach Absatz 1 Nr. 2, 7 und 9 mit einer Geldbuße bis zu eintausend Euro geahndet werden.

§ 163
Pflichtverletzung von Personen, deren sich der Verein bei der Hilfeleistung in Steuersachen im Rahmen der Befugnis nach § 4 Nr. 11 bedient

(1) Ordnungswidrig handelt, wer entgegen § 26 Abs. 2 in Verbindung mit der Hilfeleistung in Steuersachen im Rahmen der Befugnis nach § 4 Nr. 11 eine andere wirtschaftliche Tätigkeit ausübt.

(2) Die Ordnungwidrigkeit kann mit einer Geldbuße bis zu fünfundzwanzigtausend Euro geahndet werden.

§ 164
Verfahren

(1) Die Durchführung des Verwaltungsverfahrens in öffentlich-rechtlichen und berufsrechtlichen Angelegenheiten, die durch den Ersten Teil, den Zweiten und Sechsten Abschnitt des Zweiten Teils und den Ersten Abschnitt des Dritten Teils dieses Gesetzes geregelt werden, richtet sich nach der Abgabenordnung.

(2) Im Falle der Rücknahme oder des Widerrufs der Anerkennung als Lohnsteuerhilfeverein (§ 20), der Anordnung der Schließung einer Beratungsstelle (§ 28 Abs. 3), der Bestellung als Steuerberater oder Steuerbevollmächtigter (§ 46) oder Anerkennung als Steuerberatungsgesellschaft (§ 55) gelten § 361 Abs. 4 der Abgabenordnung und § 69 Abs. 5 der Finanzgerichtsordnung entsprechend. Daneben kann die Ausübung der Hilfeleistung in Steuersachen mit sofortiger Wirkung untersagt werden, wenn es das öffentliche Interesse erfordert.

Anhang 36/StBerG

Rechtsprechungsauswahl

BFH v. 31. 3. 2009 VII R 29/08 (BStBl. II S. 549): Befreiung von der Steuerberaterprüfung aufgrund einer fünfzehnjährigen Tätigkeit als Sachbearbeiter kann einem ehemaligen Angestellten der Finanzverwaltung nach § 38 Abs. 1 Nr. 4 Buchst. a StBerG nur dann gewährt werden, wenn dieser eine einem Beamten des gehobenen Dienstes gleichwertige Aus- oder Vorbildung besaß.

BFH v. 11. 4. 2006 VI R 64/02 (BStBl. II S. 642): Lehnt das Finanzamt, gestützt auf den Erlass über Steuererklärungsfristen vom 2. Januar 1997 (BStBl. I 1997, 125) einen Fristverlängerungsantrag allein mit der Begründung ab, der Steuerpflichtige habe nicht Personen oder Gesellschaften i. S. des § 3 StBerG oder Buchstellen von Körperschaften und Vereinigungen i. S. des § 4 Nr. 3 und 8 StBerG, sondern einen Lohnsteuerhilfeverein mit der Anfertigung seiner Einkommensteuererklärung beauftragt, ist diese Entscheidung rechtswidrig.

BFH v. 16. 12. 2003 VII R 59/02 (BStBl. 2004 II S. 838): Die Gewährung eines Anspruches auf Befreiung von der Steuerberaterprüfung nur für „ehemalige" Beamte und Angestellte der Finanzverwaltung ist nicht verfassungswidrig.

BFH v. 8. 1. 2003 VII R 37/02 (BStBl. II S. 421): Die Fertigung von Monatsabschlüssen eines Unternehmens als Grundlage für die Prüfung von dessen Kreditwürdigkeit stellt in der Regel keine Tätigkeit auf dem Gebiet der von den Bundes- oder Landesfinanzbehörden verwalteten Steuern dar, wie sie als Voraussetzung für die Bestellung des Leiters einer Beratungsstelle eines Lohnsteuerhilfevereins verlangt wird.

Verordnung zur Durchführung der Vorschriften über die Lohnsteuerhilfevereine (DVLStHV)

Vom 15. Juli 1975 (BGBl. I S. 1906)[1)]

Auf Grund des § 31 des Steuerberatungsgesetzes vom 16. August 1961 (Bundesgesetzbl. I S. 1301) in der Fassung des Dritten Gesetzes zur Änderung des Steuerberatungsgesetzes vom 24. Juni 1975 (Bundesgesetzbl. I S. 1509) wird mit Zustimmung des Bundesrates verordnet:

Erster Teil
Anerkennung als Lohnsteuerhilfeverein

§ 1
Antrag

Der Antrag auf Anerkennung als Lohnsteuerhilfeverein ist schriftlich bei der zuständigen Aufsichtsbehörde einzureichen, in deren Bezirk der Verein seinen Sitz und seine Geschäftsleitung hat.

§ 2
Nachweise

Dem Antrag auf Anerkennung als Lohnsteuerhilfeverein sind neben der öffentlich beglaubigten Abschrift der Satzung (§ 15 Abs. 2 des Gesetzes) beizufügen

1. der Nachweis über den Erwerb der Rechtsfähigkeit,
2. eine Liste mit den Namen und den Anschriften der Mitglieder des Vorstands,
3. der Nachweis über das Bestehen einer Versicherung gegen die sich aus der Hilfeleistung in Steuersachen im Rahmen der Befugnis nach § 4 Nr. 11 des Steuerberatungsgesetzes ergebenden Haftpflichtgefahren,
4. ein Verzeichnis der Beratungsstellen, deren Eröffnung im Bezirk der für die Anerkennung zuständigen Aufsichtsbehörde (§ 1) beabsichtigt ist, sowie die nach den §§ 4a und 4b erforderlichen Mitteilungen nebst Erklärungen und Nachweisen,
5. eine Abschrift der nicht in der Satzung enthaltenen Regelungen über die Erhebung von Beiträgen.

§ 3
Anerkennungsurkunde

Die Anerkennungsurkunde (§ 17 des Gesetzes) enthält

1. die Bezeichnung der anerkennenden Behörde,
2. Ort und Datum der Anerkennung,
3. Namen und Sitz des Vereins,
4. die Anerkennung als Lohnsteuerhilfeverein,
5. Dienstsiegel und
6. Unterschrift.

§ 4
Ablehnung der Anerkennung

Über eine Ablehnung des Antrags auf Anerkennung als Lohnsteuerhilfeverein ist ein schriftlicher Bescheid zu erteilen.

Zweiter Teil
Beratungsstellen, Beratungsstellenleiter

§ 4a
Eröffnung einer Beratungsstelle

Die Mitteilung über die Eröffnung einer Beratungsstelle (§ 23 Abs. 4 Nr. 1 des Gesetzes) muss folgende Angaben enthalten:

1. Anschrift der Beratungsstelle,

---

1) Unter Berücksichtigung der Änderungen zuletzt durch Artikel 3 des Gesetzes vom 8.4.2008 (BGBl. I S. 666, BStBl. I S. 544).

2. ob und gegebenenfalls welche räumlichen, personellen und organisatorischen Verflechtungen mit anderen wirtschaftlichen Unternehmen bestehen.

§ 4b
Bestellung eines Beratungsstellenleiters

(1) Die Mitteilung über die Bestellung des Leiters einer Beratungsstelle (§ 23 Abs. 4 Nr. 2 des Gesetzes) muß die Anschrift der übernommenen Beratungsstelle sowie folgende Angaben über den Beratungsstellenleiter enthalten:
1. Name, Anschrift und Beruf,
2. ob und gegebenenfalls bei welchem Lohnsteuerhilfeverein er bereits früher Hilfe in Steuersachen im Rahmen der Befugnis nach § 4 Nr. 11 des Steuerberatungsgesetzes geleistet hat,
3. ob und gegebenenfalls welche andere Beratungsstelle eines Lohnsteuerhilfevereins er weiterhin leitet.

(2) Der Mitteilung nach Absatz 1 sind beizufügen:
1. Bescheinigungen über die bisherige berufliche Tätigkeit, insbesondere mit Angaben über Art und Umfang der Tätigkeit, als Nachweis darüber, dass die Voraussetzungen des § 23 Abs. 3 Satz 1 des Gesetzes erfüllt sind,
2. eine Erklärung des Beratungsstellenleiters,
   a) dass er sich in geordneten wirtschaftlichen Verhältnissen befindet,
   b) ob er innerhalb der letzten zwölf Monate strafgerichtlich verurteilt worden ist und ob gegen ihn ein gerichtliches Strafverfahren oder ein Ermittlungsverfahren anhängig ist; entsprechendes gilt für berufsgerichtliche Verfahren sowie für Bußgeldverfahren nach der Abgabenordnung und dem Steuerberatungsgesetz,
   c) dass er bei der Meldebehörde die Erteilung eines Führungszeugnisses zur Vorlage bei der zuständigen Behörde beantragt hat.

Dritter Teil
Verzeichnis der Lohnsteuerhilfevereine

§ 5
Eintragung

In das Verzeichnis der Lohnsteuerhilfevereine sind einzutragen
1. Lohnsteuerhilfevereine, die im Bezirk der Aufsichtsbehörde ihren Sitz und ihre Geschäftsleitung haben, und zwar
   a) der Name, der Sitz und die Anschrift der Geschäftsleitung des Vereins,
   b) der Tag der Anerkennung als Lohnsteuerhilfeverein und die Aufsichtsbehörde,
   die die Anerkennung ausgesprochen hat,
   c) die Namen und die Anschriften der Mitglieder des Vorstands,
   d) sämtliche Beratungsstellen des Vereins
   sowie alle Veränderungen zu den Buchstaben a, c und d;
2. im Aufsichtsbehörde bestehende Beratungsstellen, und zwar
   a) der Name, der Sitz und die Anschrift der Geschäftsleitung des Vereins,
   b) die Anschrift der Beratungsstelle,
   c) der Name und die Anschrift des Leiters der Beratungsstelle
   sowie alle Veränderungen zu den Buchstaben a bis c.

§ 5a
Ablehnung der Eintragung

Wird die Eintragung einer Beratungsstelle oder eines Beratungsstellenleiters in das Verzeichnis der Lohnsteuerhilfevereine abgelehnt, gilt § 4 entsprechend.

§ 6
Löschung

Im Verzeichnis der Lohnsteuerhilfevereine sind zu löschen
1. Lohnsteuerhilfevereine,

a) wenn die Anerkennung als Lohnsteuerhilfeverein erloschen oder unanfechtbar zurückgenommen oder widerrufen ist,
b) wenn der Sitz und die Geschäftsleitung aus dem Bezirk der Aufsichtsbehörde verlegt wird;
2. Beratungsstellen, wenn die Beratungsstelle geschlossen ist.

§ 7
Meldepflichten

Die Vertretungsberechtigten des Vereins haben der das Verzeichnis führenden Aufsichtsbehörde die für die Eintragung oder Löschung nach § 5 Nr. 1 Buchstaben a und c, Nr. 2, § 6 Nr. 1 Buchstabe b und Nr. 2 erforderlichen Angaben innerhalb von zwei Wochen nach Eintritt des Ereignisses, das eine Eintragung oder Löschung notwendig macht, mitzuteilen. Mitteilungen nach § 23 Abs. 4 des Gesetzes gelten gleichzeitig als Mitteilungen im Sinne dieser Vorschrift.

§ 8
Mitteilung über Eintragung und Löschung

(1) Die das Verzeichnis führende Behörde hat dem Verein Eintragungen, die für das Tätigwerden einer Beratungsstelle Voraussetzung sind (§ 23 Abs. 6 des Gesetzes), mitzuteilen. Hat der Verein seinen Sitz und seine Geschäftsleitung im Bezirk einer anderen Aufsichtsbehörde, so sind auch dieser Mitteilungen zu übersenden.

(2) Wird der Verein im Verzeichnis gelöscht, so ist dies allen Aufsichtsbehörden, in deren Verzeichnissen Beratungsstellen des Vereins eingetragen sind, sowie dem zuständigen Registergericht mitzuteilen.

Vierter Teil

Schlußvorschriften

§ 9
Berlin-Klausel

Diese Verordnung gilt nach § 14 des Dritten Überleitungsgesetzes vom 4. Januar 1952 (Bundesgesetzbl. I S. 1) in Verbindung mit Artikel 13 des Dritten Gesetzes zur Änderung des Steuerberatungsgesetzes vom 24. Juni 1975 (Bundesgesetzbl. I S. 1509) auch im Land Berlin.

§ 10
Inkrafttreten

Diese Verordnung tritt am Tage nach der Verkündung in Kraft.

Rechtsprechungsauswahl
BFH v. 8. 12. 2006 VII B 243/05 (BStBl. 2008 II S. 436):
1. Der Leiter der Beratungsstelle eines Lohnsteuerhilfevereins ist wegen der Schließung der Beratungsstelle nicht klagebefugt.
2. Eine Anfechtungsklage ist, wenn dem Kläger die Klagebefugnis fehlt, auch dann als unzulässig abzuweisen, wenn dessen Einspruch mangels Beschwer verworfen worden ist.
3. Ist eine Klage offensichtlich unzulässig, bedarf es keiner notwendigen Beiladung Dritter, die von dem angefochtenen Verwaltungsakt betroffen sind.

BFH v. 17. 10. 2006 VII R 17/05 (BStBl. 2008 II S. 395): Vor der Eintragung der Beratungsstelle eines Lohnsteuerhilfevereins in das Verzeichnis der Beratungsstellen darf die Behörde zur Überprüfung der persönlichen Zuverlässigkeit des künftigen Beratungsstellenleiters die Vorlage einer Auskunft des Wohnsitzfinanzamtes über dessen steuerliches Verhalten verlangen; § 4b Abs. 2 LStHVDV enthält keine abschließende Aufzählung der Eintragungsunterlagen.

Anhang 39/Lohnsteuerhilfevereine Beratungsbefugnis

Umfang der Beratungsbefugnis der Lohnsteuerhilfevereine

Gleich lautende Erlasse der obersten Finanzbehörden der Länder vom 15. Januar 2010 (BStBl. I S. 66)

I. Allgemeines

Die Befugnis der Lohnsteuerhilfevereine zur Hilfeleistung in Steuersachen ist in § 4 Nr. 11 des Steuerberatungsgesetzes (StBerG) geregelt.

Lohnsteuerhilfevereine sind Selbsthilfeeinrichtungen von Arbeitnehmern und demgemäß nur zur Hilfeleistung in Steuersachen für ihre Mitglieder befugt (§ 13 Abs. 1 StBerG). Die Hilfeleistung darf nur unter den in § 4 Nr. 11 StBerG genannten Voraussetzungen erfolgen. Sie schließt die Vertretung vor dem Finanzgericht ein, erstreckt sich jedoch nicht auf die Vertretung vor dem Bundesfinanzhof. Im Zusammenhang mit einer befugtermaßen erbrachten Hilfeleistung in Steuersachen ist auch eine Annexberatung in nichtsteuerlichen Rechtsgebieten als Nebenleistung i.S.d. § 5 Abs. 1 des Gesetzes über außergerichtliche Rechtsdienstleistungen (Rechtsdienstleistungsgesetz – RDG) vom 12. Dezember 2007 (BGBl. I S. 2840) zulässig.

Lohnsteuerhilfevereine dürfen für ihre Mitglieder nur geschäftsmäßig Hilfe in Steuersachen leisten, wenn diese Einkünfte aus nichtselbständiger Arbeit, sonstige Einkünfte aus wiederkehrenden Bezügen (§ 22 Nr. 1 des Einkommensteuergesetzes - EStG), Einkünfte aus Unterhaltsleistungen (§ 22 Nr. 1a EStG) oder Einkünfte aus Leistungen nach § 22 Nr. 5 EStG erzielen (§ 4 Nr. 11 Satz 1 Buchstabe a StBerG).

Die Hilfeleistung ist auch zulässig, wenn die Mitglieder (zusätzlich zu den vorgenannten Einkünften) **Einnahmen** – nicht Einkünfte – aus anderen Einkunftsarten i. S. d. § 4 Nr. 11 Satz 1 Buchstabe c StBerG haben, die insgesamt die Höhe von 13 000 Euro, im Falle der Zusammenveranlagung von 26 000 Euro, nicht übersteigen. Bei der Ermittlung der vorgenannten Betragsgrenzen sind auch solche Einnahmen einzubeziehen, die im Rahmen einer gesonderten und einheitlichen Feststellung von Überschusseinkünften zu berücksichtigen sind. Dabei ist unbeachtlich, ob der Lohnsteuerhilfeverein für das Feststellungsverfahren eine Befugnis zur Hilfeleistung in Steuersachen hat (vgl. Abschnitt II). Einnahmen aus Einkünften, die im Veranlagungsverfahren nicht zu erklären sind und auch nicht auf Grund eines Antrags des Steuerpflichtigen erklärt werden, sind bei der Ermittlung der Betragsgrenze nicht einzubeziehen (vgl. Abschnitt IV, Beispiel 6).

Die Hilfeleistung in Steuersachen wird unzulässig, wenn

- Einkünfte aus Land- und Forstwirtschaft, aus Gewerbebetrieb oder aus selbständiger Arbeit erzielt oder umsatzsteuerpflichtige Umsätze ausgeführt werden (§ 4 Nr. 11 Satz 1 Buchstabe b StBerG), es sei denn, die den Einkünften zugrunde liegenden Einnahmen sind nach § 3 Nr. 12, 26 oder 26a EStG in voller Höhe steuerfrei, oder
- die Einnahmen aus anderen Einkunftsarten i.S.d. § 4 Nr. 11 Satz 1 Buchstabe c StBerG die dort genannten Betragsgrenzen übersteigen.
- § 4 Nr. 11 Satz 1 Buchstabe c StBerG stellt grundsätzlich auf den Einnahmebegriff des § 8 Abs. 1 EStG ab; in den Fällen des § 20 Abs. 2 EStG und § 22 Nr. 2, § 23 EStG ist der sich nach § 20 Abs. 4 EStG bzw. § 23 Abs. 3 EStG ergebende Betrag maßgebend.

Dem Lohnsteuerhilfeverein ist in diesen Fällen die Hilfeleistung in Steuersachen nicht nur für diese (schädlichen) Einkünfte und Einnahmen, sondern insgesamt nicht gestattet.

Die Befugnis zur Hilfeleistung in Steuersachen kann in diesen Fällen auch nicht teilweise dadurch begründet werden, dass für die Gewinneinkünfte oder umsatzsteuerpflichtigen Umsätze zusätzlich ein Steuerberater tätig wird oder der Arbeitnehmer diese Einkünfte selbst ermittelt und erklärt (Verbot der Mandatsteilung, vgl. BFH-Urteil vom 28. Februar 1989, BStBl. II S. 384).

Die Befugnis zur Hilfeleistung in Steuersachen erstreckt sich nur auf die Hilfeleistung bei der Einkommensteuer und ihren Zuschlagsteuern. Somit sind Lohnsteuerhilfevereine nicht zur Hilfeleistung beim Steuerabzug von Vergütungen für im Inland erbrachte Bauleistungen (§§ 48 ff. EStG) und in Fällen der Steuerschuldnerschaft des Leistungsempfängers nach § 13b des Umsatzsteuergesetzes (UStG) befugt.

Sind die Voraussetzungen des § 4 Nr. 11 Satz 1 StBerG erfüllt, so umfasst die Befugnis zur Hilfeleistung in Steuersachen

- die allgemeine Beratung bei den in § 4 Nr. 11 Satz 1 Buchstabe a und c StBerG genannten Einkünften und Einnahmen,
- die Hilfeleistung bei der Eintragung von Freibeträgen oder sonstigen Angaben auf der Lohnsteuerkarte,

Anhang 39/Lohnsteuerhilfevereine Beratungsbefugnis

- die Hilfeleistung bei der Erstellung der Einkommensteuererklärung einschließlich der erforderlichen Anlagen und
- die Hilfeleistung bei Anträgen zur Freistellung oder Anrechnung von Körperschaftsteuer und Kapitalertragsteuer.

Soweit die Hilfeleistung in Steuersachen nach § 4 Nr. 11 Satz 1 StBerG zulässig ist, berechtigt sie gemäß § 4 Nr. 11 Satz 3 StBerG auch zur Hilfeleistung bei
- der Eigenheimzulage nach dem Eigenheimzulagengesetz (EigZulG),
- der Investitionszulage nach den §§ 3 und 4 des Investitionszulagengesetzes 1999,
- mit Kinderbetreuungskosten i. S. von § 9 Abs. 5, § 9c Abs. 2 und 3 EStG sowie mit haushaltsnahen Beschäftigungsverhältnissen i.S.d. § 35a EStG zusammenhängenden Arbeitgeberaufgaben (vgl. Abschnitt IV, Beispiel 2).
- Sachverhalten des Familienleistungsausgleichs im Sinne des Einkommensteuergesetzes,
- sonstigen Zulagen und Prämien, auf die die Vorschriften der Abgabenordnung (AO) anzuwenden sind, z.B. der Altersvorsorgezulage nach Abschnitt XI des Einkommensteuergesetzes.

Mitglieder, die arbeitslos geworden sind, dürfen weiterhin beraten werden.

II. Besonderheiten der Hilfeleistung im Feststellungsverfahren

- In Feststellungsverfahren i. S. d. §§ 179 ff. AO hinsichtlich Gewinneinkünften sind Lohnsteuerhilfevereine nicht zur Hilfeleistung in Steuersachen befugt. Der Lohnsteuerhilfeverein darf die Gewinneinkünfte auch nicht ungeprüft in die Einkommensteuererklärung übernehmen (§ 4 Nr. 11 Satz 1 Buchstabe b StBerG).
- Bei der gesonderten und einheitlichen Feststellung von Überschusseinkünften und mit ihnen im Zusammenhang stehenden anderen Besteuerungsgrundlagen, der steuererheblichen Sachumstände nach § 180 Abs. 5 AO sowie des Abzugsbetrags nach § 10e EStG ist die Hilfeleistung in Steuersachen nur zulässig, wenn alle Beteiligten Mitglieder des die Hilfe leistenden Lohnsteuerhilfevereins sind und jeder Beteiligte die Voraussetzungen des § 4 Nr. 11 Satz 1 StBerG erfüllt.

Ist dies nicht der Fall, ist die Befugnis des Lohnsteuerhilfevereins zur Hilfeleistung im Feststellungsverfahren gegenüber sämtlichen Beteiligten ausgeschlossen. Der Lohnsteuerhilfeverein darf jedoch den gesondert und einheitlich festgestellten Überschuss bzw. Abzugsbetrag der Beteiligten, gegenüber denen die Hilfeleistung (außerhalb des Feststellungsverfahrens) zulässig ist, nachrichtlich in deren Einkommensteuererklärung übernehmen.

- In Feststellungsverfahren i. S. d. §§ 179 ff. AO hinsichtlich der Bemessungsgrundlagen für die Eigenheimzulage nach dem Eigenheimzulagengesetz ist ein Lohnsteuerhilfeverein zur Hilfeleistung in Steuersachen nur dann befugt, wenn alle Anspruchsberechtigten Mitglieder dieses Lohnsteuerhilfevereins sind und jeder Anspruchsberechtigte die Voraussetzungen des § 4 Nr. 11 Satz 1 StBerG erfüllt.

Ist dies nicht der Fall, darf der Lohnsteuerhilfeverein lediglich den gesondert und einheitlich festgestellten Betrag der Anspruchsberechtigten, gegenüber denen die Hilfeleistung (außerhalb des Feststellungsverfahrens) zulässig ist, nachrichtlich in deren Eigenheimzulageantrag übernehmen.

III. Besonderheiten der Hilfeleistung beim Verlustabzug nach § 10d EStG

Liegen die Voraussetzungen des § 4 Nr. 11 Satz 1 StBerG vor, so umfasst die Befugnis zur Hilfeleistung in Steuersachen auch die Übernahme des verbleibenden Verlustabzugs nach § 10d EStG, selbst wenn er aus den in § 4 Nr. 11 Satz 1 Buchstabe b StBerG genannten Einkünften resultiert. Gleiches gilt für die Befugnis zur Hilfeleistung bei der Verteilung des Verlustabzugs.

IV. Beispiele

Einkünfte aus anderen Einkunftsarten

Beispiel 1: Der Arbeitnehmer hat im Kalenderjahr Arbeitslohn bezogen. Daneben hat er für eine schriftstellerische Tätigkeit ein Honorar von 300 Euro (ohne Umsatzsteuer) erhalten.

Stellungnahme: Der Lohnsteuerhilfeverein ist gegenüber diesem Arbeitnehmer ungeachtet der Höhe der Einkünfte aus selbständiger Arbeit insgesamt nicht zur Hilfeleistung in Steuersachen befugt. Der Lohnsteuerhilfeverein darf diese und andere Gewinneinkünfte (z. B. gewerbliche Einkünfte als atypisch stiller Gesellschafter) auch nicht ungeprüft in die Einkommensteuererklärung übernehmen (§ 4 Nr. 11 Satz 1 Buchstabe b StBerG).

Arbeitnehmerbereich

Beispiel 2: Ein Arbeitnehmer beschäftigt eine Hausangestellte, die für ihre Tätigkeit einen Bruttoarbeitslohn von monatlich 400 Euro erhält. Die Hausangestellte wird mit Reinigungsarbeiten und der

Anhang 39/Lohnsteuerhilfevereine Beratungsbefugnis

Beaufsichtigung der Kinder beauftragt. Der Arbeitnehmer bittet den Lohnsteuerhilfeverein, ihm bei der Lohnsteuer-Anmeldung zu helfen.

Stellungnahme: Die Arbeitgeberaufgaben stehen im Zusammenhang mit einem haushaltsnahen Beschäftigungsverhältnis i. S. d. § 35a EStG und mit Kinderbetreuungskosten i. S. von § 9 Abs. 5, § 9c Abs. 2 und 3 EStG. Der Lohnsteuerhilfeverein ist deshalb befugt, dem Mitglied Hilfe bei der Lohnsteuer-Anmeldung für die Hausangestellte zu leisten.

Beispiel 3: Ein Arbeitnehmer lässt in die von ihm vermietete Wohnung von einem in den Niederlanden ansässigen Unternehmer neue Fenster einbauen. Der Arbeitnehmer bittet seinen Lohnsteuerhilfeverein, ihm bei der Umsatzsteuer-Voranmeldung zu helfen.

Stellungnahme: Der Lohnsteuerhilfeverein darf nicht tätig werden. Die Befugnis zur Hilfeleistung erstreckt sich nur auf die Einkommensteuer und ihre Zuschlagsteuern, nicht jedoch auf die Umsatzsteuer.

Beispiel 4: Ein Arbeitnehmer, der drei Eigentumswohnungen geerbt hat, lässt diese zum Zwecke späterer Vermietung für 18 000 Euro renovieren (Erhaltungsaufwendungen). Der Leistende legt keine Freistellungsbescheinigung nach § 48b EStG vor. Der Arbeitnehmer bittet den Lohnsteuerhilfeverein, ihm bei der Anmeldung des einzubehaltenden Steuerabzugs zu helfen.

Stellungnahme: Der Lohnsteuerhilfeverein darf nicht tätig werden. Die Befugnis zur Hilfeleistung in Steuersachen erstreckt sich nur auf die Einkommensteuer des jeweiligen Mitglieds. Die Vornahme des Steuerabzugs und die Abführung des Abzugsbetrags erfolgen hingegen für Rechnung des Leistenden.

Verlustabzug nach § 10d EStG

Beispiel 5: Die Eheleute beziehen beide Arbeitslöhne. Aus einer früheren Tätigkeit aus Gewerbebetrieb haben sie einen verbleibenden Verlustvortrag nach § 10d EStG, der gesondert festgestellt wurde.

Stellungnahme: Der vom Finanzamt gesondert festgestellte Verlustvortrag darf in die Einkommensteuererklärung übernommen werden, obwohl er aus Einkünften aus Gewerbebetrieb resultiert.

Einnahmegrenze

Beispiel 6: Die Eheleute sind beide Arbeitnehmer und Mitglieder des Lohnsteuerhilfevereins. Neben ihrem Arbeitslohn haben sie im Kalenderjahr Zinseinnahmen von je 1 500 Euro bezogen. Außerdem sind sie Eigentümer eines Mietwohngrundstücks, das ihnen je zur Hälfte gehört. Die hieraus erwirtschafteten Mieteinnahmen betragen insgesamt 25 000 Euro. Gewinneinkünfte wurden nicht erzielt.

Stellungnahme: Der Lohnsteuerhilfeverein ist insgesamt nicht zur Hilfeleistung in Steuersachen befugt, da die Einnahmen aus dem Mietwohngrundstück (25 000 Euro) zusammen mit den Einnahmen aus Kapitalvermögen (2 x 1 500 Euro ohne Berücksichtigung der Freibeträge nach § 20 Abs. 4 EStG) die Betragsgrenze des § 4 Nr. 11 Satz 1 Buchstabe c StBerG (26 000 Euro) übersteigen. Soweit ab dem Veranlagungszeitraum 2009 die Einkünfte aus Kapitalvermögen nach § 32d Abs. 1 EStG besteuert werden (Abgeltungsteuer) und im Veranlagungsverfahren weder zu erklären sind noch auf Grund eines Antrags des Steuerpflichtigen erklärt werden (§ 32d Abs. 3 bis 6 EStG), sind die Einnahmen aus Kapitalvermögen bei Prüfung der Betragsgrenze des § 4 Nr. 11 Satz 1 Buchstabe c StBerG nicht einzubeziehen. In diesem Fall wäre im vorliegenden Beispiel die Betragsgrenze nicht überschritten.

Feststellungsverfahren

Beispiel 7: Wie Beispiel 6, jedoch sind die Arbeitnehmer nicht verheiratet und die Einnahmen aus dem Mietwohngrundstück betragen 5 000 Euro.

Stellungnahme: Die Einkünfte aus Vermietung und Verpachtung sind gesondert und einheitlich festzustellen (§ 180 Abs. 1 Nr. 2 Buchstabe a AO). Der Lohnsteuerhilfeverein ist zur Hilfeleistung bei der gesonderten und einheitlichen Feststellung der Vermietungseinkünfte und der Erstellung der Einkommensteuererklärungen befugt, da alle Beteiligten Mitglieder des Lohnsteuerhilfevereins sind, jeder Beteiligte die Voraussetzungen des § 4 Nr. 11 Satz 1 StBerG erfüllt und die Betragsgrenze des § 4 Nr. 11 Satz 1 Buchstabe c StBerG nicht überschritten wird.

Beispiel 8: Wie Beispiel 7, jedoch sind die Arbeitnehmer Mitglieder unterschiedlicher Lohnsteuerhilfevereine.

Stellungnahme: Die Einkünfte aus Vermietung und Verpachtung sind gesondert und einheitlich festzustellen (§ 180 Abs. 1 Nr. 2 Buchstabe a AO). Der Lohnsteuerhilfeverein ist nicht zur Hilfeleistung bei der gesonderten und einheitlichen Feststellung der Vermietungseinkünfte befugt, da die Beteiligten Mitglieder verschiedener Lohnsteuerhilfevereine sind.

Anhang 39/Lohnsteuerhilfevereine Beratungsbefugnis

Der Lohnsteuerhilfeverein darf jedoch den gesondert und einheitlich festgestellten Überschuss seines Mitglieds, gegenüber dem die Hilfeleistung zulässig ist, nachrichtlich in dessen Einkommensteuererklärung übernehmen, da die anteiligen Einnahmen aus Vermietung und Verpachtung (2 500 Euro) und die Einnahmen aus Kapitalvermögen (1 500 Euro) die Betragsgrenze des § 4 Nr. 11 Satz 1 Buchstabe c StBerG i. H. v. 13 000 Euro nicht übersteigen.

Diese Erlasse treten an die Stelle der gleich lautenden Erlasse der obersten Finanzbehörden der Länder vom 27. Oktober 2008 (BStBl. I S. 963).

Anhang 44/BpO 2000

(Zu LStR 42f Abs. 1)

Allgemeine Verwaltungsvorschrift für die Betriebsprüfung
– Betriebsprüfungsordnung – BpO 2000 –

Vom 15. März 2000 (BStBl. I S. 368)[1]

– Auszug –

§ 1
Anwendungsbereich der Betriebsprüfungsordnung

(1) Diese Verwaltungsvorschrift gilt für Außenprüfungen der Landesfinanzbehörden und des Bundeszentralamtes für Steuern.

(2) Für besondere Außenprüfungen der Landesfinanzbehörden und des Bundeszentralamtes für Steuern (z. B. Lohnsteueraußenprüfung und Umsatzsteuersonderprüfung) sind die §§ 5 bis 12, 20 bis 24, 29 und 30 mit Ausnahme des § 5 Abs. 4 Satz 2 sinngemäß anzuwenden.

§ 5
Anordnung der Außenprüfung

(1) Die für die Besteuerung zuständige Finanzbehörde ordnet die Außenprüfung an. Die Befugnis zur Anordnung kann auch der beauftragten Finanzbehörde übertragen werden.

(2) Die Prüfungsanordnung hat die Rechtsgrundlagen der Außenprüfung, die zu prüfenden Steuerarten, Steuervergütungen, Prämien, Zulagen, gegebenenfalls zu prüfende bestimmte Sachverhalte sowie den Prüfungszeitraum zu enthalten. Ihr sind Hinweise auf die wesentlichen Rechte und Pflichten des Steuerpflichtigen bei der Außenprüfung beizufügen. Die Mitteilung über den voraussichtlichen Beginn und die Festlegung des Ortes der Außenprüfung kann mit der Prüfungsanordnung verbunden werden. Handelt es sich um eine abgekürzte Außenprüfung nach § 203 AO, ist die Prüfungsanordnung um diese Rechtsgrundlage zu ergänzen. Soll der Umfang einer Außenprüfung nachträglich erweitert werden, ist eine ergänzende Prüfungsanordnung zu erlassen.

(3) Der Name des Betriebsprüfers, eines Betriebsprüfungshelfers und andere prüfungsleitende Bestimmungen können in die Prüfungsanordnung aufgenommen werden.

(4) Die Prüfungsanordnung und die Mitteilungen nach den Absätzen 2 und 3 sind dem Steuerpflichtigen angemessene Zeit vor Beginn der Prüfung bekanntzugeben, wenn der Prüfungszweck dadurch nicht gefährdet wird. In der Regel sind bei Großbetrieben 4 Wochen und in anderen Fällen 2 Wochen angemessen.

(5) Wird beantragt, den Prüfungsbeginn zu verlegen, können als wichtige Gründe zum Beispiel Erkrankung des Steuerpflichtigen, seines steuerlichen Beraters oder eines für Auskünfte maßgeblichen Betriebsangehörigen, beträchtliche Betriebsstörungen durch Umbau oder höhere Gewalt anerkannt werden. Dem Antrag des Steuerpflichtigen kann auch unter Auflage, zum Beispiel Erledigung von Vorbereitungsarbeiten für die Prüfung, stattgegeben werden.

(6) Werden die steuerlichen Verhältnisse von Gesellschaftern und Mitgliedern sowie von Mitgliedern der Überwachungsorgane in die Außenprüfung einbezogen, so ist für jeden Beteiligten eine Prüfungsanordnung unter Beachtung der Voraussetzungen des § 193 AO zu erteilen.

§ 6
Ort der Außenprüfung

Die Außenprüfung ist in den Geschäftsräumen des Steuerpflichtigen durchzuführen. Ist ein geeigneter Geschäftsraum nachweislich nicht vorhanden und kann die Außenprüfung nicht in den Wohnräumen des Steuerpflichtigen stattfinden, ist an Amtsstelle zu prüfen (§ 200 Abs. 2 AO). Ein anderer Prüfungsort kommt nur ausnahmsweise in Betracht.

§ 7
Prüfungsgrundsätze

Die Außenprüfung ist auf das Wesentliche abzustellen. Ihre Dauer ist auf das notwendige Maß zu beschränken. Sie hat sich in erster Linie auf solche Sachverhalte zu erstrecken, die zu endgültigen Steuerausfällen oder Steuererstattungen oder -vergütungen oder zu nicht unbedeutenden Gewinnverlagerungen führen können.

---

[1] Unter Berücksichtigung der Änderung durch Artikel 2 der Allgemeinen Verwaltungsvorschrift zur Anpassung an den Euro vom 11.12.2001 (BStBl. I S. 984) und Artikel 1 der Allgemeinen Verwaltungsvorschrift vom 22.1.2008 (BStBl. I S. 274). Ab 1.1.2006 Änderung „Bundesamt für Finanzen" in „Bundeszentralamt für Steuern" (in §§ 1, 9, 20-24) gemäß Gesetz vom 22.9.2005 (BGBl. I S. 2809).

§ 8

Mitwirkungspflichten

(1) Der Steuerpflichtige ist zu Beginn der Prüfung darauf hinzuweisen, dass er Auskunftspersonen benennen kann. Ihre Namen sind aktenkundig zu machen. Die Auskunfts- und sonstigen Mitwirkungspflichten des Steuerpflichtigen erlöschen nicht mit der Benennung von Auskunftspersonen.

(2) Der Betriebsprüfer darf im Rahmen seiner Ermittlungsbefugnisse unter den Voraussetzungen des § 200 Abs. 1 Sätze 3 und 4 AO auch Betriebsangehörige um Auskunft ersuchen, die nicht als Auskunftspersonen benannt worden sind.

(3) Die Vorlage von Büchern, Aufzeichnungen, Geschäftspapieren und anderen Unterlagen, die nicht unmittelbar den Prüfungszeitraum betreffen, kann ohne Erweiterung des Prüfungszeitraums verlangt werden, wenn dies zur Feststellung von Sachverhalten des Prüfungszeitraums für erforderlich gehalten wird.

§ 9

Kontrollmitteilungen

Feststellungen, die nach § 194 Abs. 3 AO für die Besteuerung anderer Steuerpflichtiger ausgewertet werden können, sollen der zuständigen Finanzbehörde mitgeteilt werden. Kontrollmaterial über Auslandsbeziehungen ist auch dem Bundeszentralamt für Steuern zur Auswertung zu übersenden.

§ 10

Verdacht einer Steuerstraftat oder -ordnungswidrigkeit

(1) Ergeben sich während einer Außenprüfung zureichende tatsächliche Anhaltspunkte für eine Straftat (§ 152 Abs. 2 StPO), deren Ermittlung der Finanzbehörde obliegt, so ist die für die Bearbeitung dieser Straftat zuständige Stelle unverzüglich zu unterrichten. Dies gilt auch, wenn lediglich die Möglichkeit besteht, dass ein Strafverfahren durchgeführt werden muss. Richtet sich der Verdacht gegen den Steuerpflichtigen, dürfen hinsichtlich des Sachverhalts, auf den sich der Verdacht bezieht, die Ermittlungen (§ 194 AO) bei ihm erst fortgesetzt werden, wenn ihm die Einleitung des Strafverfahrens mitgeteilt worden ist. Der Steuerpflichtige ist dabei, soweit die Feststellungen auch für Zwecke des Strafverfahrens verwendet werden können, darüber zu belehren, dass seine Mitwirkung im Besteuerungsverfahren nicht mehr erzwungen werden kann (§ 393 Abs. 1 AO). Die Belehrung ist unter Angabe von Datum und Uhrzeit aktenkundig zu machen und auf Verlangen schriftlich zu bestätigen (§ 397 Abs. 2 AO).

(2) Absatz 1 gilt beim Verdacht einer Ordnungswidrigkeit sinngemäß.

§ 11

Schlussbesprechung

(1) Findet eine Schlussbesprechung statt, so sind die Besprechungspunkte und der Termin der Schlussbesprechung dem Steuerpflichtigen angemessene Zeit vor der Besprechung bekannt zu geben. Diese Bekanntgabe bedarf nicht der Schriftform.

(2) Hinweise nach § 201 Abs. 2 AO sind aktenkundig zu machen.

§ 12

Prüfungsbericht und Auswertung der Prüfungsfeststellungen

(1) Wenn zu einem Sachverhalt mit einem Rechtsbehelf oder mit einem Antrag auf verbindliche Zusage zu rechnen ist, soll der Sachverhalt umfassend im Prüfungsbericht dargestellt werden.

(2) Ist bei der Auswertung des Prüfungsberichts oder im Rechtsbehelfsverfahren beabsichtigt, von den Feststellungen der Außenprüfung abzuweichen, so ist der Betriebsprüfungsstelle Gelegenheit zur Stellungnahme zu geben. Dies gilt auch für die Erörterung des Sach- und Rechtsstandes gemäß § 364a AO. Bei wesentlichen Abweichungen zuungunsten des Steuerpflichtigen soll auch diesem Gelegenheit gegeben werden, sich hierzu zu äußern.

(3) In dem durch die Prüfungsanordnung vorgegebenen Rahmen muss die Außenprüfung entweder durch Steuerfestsetzung oder durch Mitteilung über eine ergebnislose Prüfung abgeschlossen werden.

Anhang 44/BpO 2000

(Zu LStR 42f Abs. 1)

§ 20[1]
Art der Mitwirkung

(1) Das Bundeszentralamt für Steuern wirkt an Außenprüfungen der Landesfinanzbehörden durch Prüfungstätigkeit und Beteiligung an Besprechungen mit.

(2) Art und Umfang der Mitwirkung werden jeweils von den beteiligten Behörden im gegenseitigen Einvernehmen festgelegt.

(3) Die Landesfinanzbehörde bestimmt den für den Ablauf der Außenprüfung verantwortlichen Prüfer.

§ 21
Auswahl der Betriebe und Unterrichtung über die vorgesehene Mitwirkung

(1) Die Landesfinanzbehörden stellen dem Bundeszentralamt für Steuern die Prüfungsgeschäftspläne für Großbetriebe spätestens 10 Tage vor dem Beginn des Zeitraums, für den sie aufgestellt worden sind, zur Verfügung. Betriebe, bei deren Prüfung eine Mitwirkung des Bundeszentralamtes für Steuern von den Landesfinanzbehörden für zweckmäßig gehalten wird, sollen kenntlich gemacht werden. Das Bundeszentralamt für Steuern teilt den Landesfinanzbehörden unverzüglich die Betriebe mit, an deren Prüfung es mitwirken will.

(2) Sobald die Landesfinanzbehörde den Prüfungsbeginn mitgeteilt hat, wird sie vom Bundeszentralamt für Steuern über die vorgesehene Mitwirkung unterrichtet.

§ 22
Mitwirkung durch Prüfungstätigkeit

(1) Wirkt das Bundeszentralamt für Steuern durch Prüfungstätigkeit mit, so hat der Bundesbetriebsprüfer regelmäßig in sich geschlossene Prüfungsfelder zu übernehmen und diesen Teil des Prüfungsberichts zu entwerfen. Der Prüfungsstoff wird im gegenseitigen Einvernehmen auf die beteiligten Betriebsprüfer aufgeteilt.

(2) Hat das Bundeszentralamt für Steuern an einer Außenprüfung mitgewirkt, so erhält es eine Ausfertigung des Prüfungsberichts.

§ 23
(weggefallen)

§ 24
Verfahren bei Meinungsverschiedenheiten zwischen dem Bundeszentralamt für Steuern und der Landesfinanzbehörde

Soweit Meinungsverschiedenheiten, die sich bei der Mitwirkung an Außenprüfungen zwischen dem Bundeszentralamt für Steuern und der Landesfinanzbehörde ergeben, von den Beteiligten nicht ausgeräumt werden können, ist den obersten Finanzbehörden des Bundes und des Landes zu berichten und die Entscheidung abzuwarten.

---

1) Hinweis auf § 19 Finanzverwaltungsgesetz in der Fassung der Bekanntmachung vom 4. April 2006 (BGBl. I S. 846, 1202), zuletzt geändert durch Artikel 6 Nummer 2 des Gesetzes vom 10. August 2009 (BGBl. I S. 2702, BStBl. 866):
„§ 19 Mitwirkung des Bundeszentralamtes für Steuern an Außenprüfungen
(1) Das Bundeszentralamt für Steuern ist zur Mitwirkung an Außenprüfungen berechtigt, die durch Landesfinanzbehörden durchgeführt werden. Es kann verlangen, dass bestimmte von ihm namhaft gemachte Betriebe zu einem bestimmten Zeitpunkt geprüft werden.
(2) Das Bundeszentralamt für Steuern bestimmt Art und Umfang seiner Mitwirkung. Die Landesfinanzbehörden machen dem Bundeszentralamt für Steuern auf Anforderung alle den Prüfungsfall betreffenden Unterlagen zugänglich und erteilen die erforderlichen Auskünfte.
(3) Im Einvernehmen mit den zuständigen Landesfinanzbehörden kann das Bundeszentralamt für Steuern im Auftrag des zuständigen Finanzamtes Außenprüfungen durchführen. Das gilt insbesondere bei Prüfungen von Auslandsbeziehungen und bei Prüfungen, die sich über das Gebiet eines Landes hinaus erstrecken.
(4) Ist bei der Auswertung des Prüfungsberichts oder im Rechtsbehelfsverfahren beabsichtigt, von den Feststellungen des Bundeszentralamts für Steuern abzuweichen, so ist hierüber Einvernehmen mit dem Bundeszentralamt für Steuern zu erzielen. Dies gilt auch für die in diesen Fällen zu erteilenden verbindlichen Zusagen nach § 204 der Abgabenordnung. Wird kein Einvernehmen erzielt, kann die Frage dem Bundesministerium der Finanzen zur Entscheidung vorgelegt werden.
(5) Das Bundeszentralamt für Steuern kann verlangen, dass bestimmte von ihm namhaft gemachte Steuerpflichtige, die nach § 193 der Abgabenordnung der Außenprüfung unterliegen, geprüft werden und Regelungen zur Durchführung und zu Inhalten der Außenprüfung dieser Steuerpflichtigen festlegen. Es wirkt in diesen Fällen an der jeweiligen Außenprüfung mit. Dies gilt insbesondere in Fällen, in denen die Gleichmäßigkeit der Rechtsanwendung in mehreren Betrieben sicherzustellen ist, sowie in den Fällen des Absatzes 3 Satz 2."

§ 29
Prüferausweis

Für Sachgebietsleiter für Betriebsprüfung und Betriebsprüfer ist jeweils ein Ausweis auszustellen. Der Ausweis hat zu enthalten:
1. die Bezeichnung der ausstellenden Landesfinanzverwaltung oder der ausstellenden Finanzbehörde
2. das Lichtbild des Inhabers
3. den Vor- und Familiennamen
4. die laufende Nummer
5. die Gültigkeitsdauer und
6. die Befugnisse des Inhabers.

§ 30
Prüferbesprechungen

Die Sachgebietsleiter für Betriebsprüfung sollen mit den Prüfern ihrer Sachgebiete, die zuständigen Finanzbehörden mit den Sachgebietsleitern für Betriebsprüfung oder mit den Betriebsprüfern ihrer Oberfinanzbezirke regelmäßig Zweifelsfragen aus der Prüfungstätigkeit erörtern, sie über neuere Rechtsprechung und neueres Schrifttum unterrichten sowie Richtlinien und Anregungen für ihre Arbeit geben.

§ 31
Fach-(Branchen-)Prüferbesprechungen

(1) Für die Fach-(Branchen-)Prüfer sind nach Bedarf Besprechungen durchzuführen. Hierbei sollen die Branchenerfahrungen ausgetauscht und verglichen, zweckmäßige Prüfungsmethoden, Kennzahlen und Formblätter für das prüfungstechnische Vorgehen entwickelt und gemeinsame Richtlinien erarbeitet werden.

(2) Dem Bundeszentralamt für Steuern ist Gelegenheit zu geben, an Fachprüferbesprechungen, die von den zuständigen vorgesetzten Finanzbehörden (§ 38) durchgeführt werden, teilzunehmen.

Anhang 45/Hinweise Außenprüfung (Zu LStH 42f)

Hinweise auf die wesentlichen Rechte und Mitwirkungspflichten des Steuerpflichtigen bei der Außenprüfung (§ 5 Abs. 2 Satz 2 BpO)

BMF-Schreiben vom 20. Juli 2001 IV D 2 – S 0403 – 3/01 (BStBl. I S. 502)

Unter Bezugnahme auf das Ergebnis der Erörterungen mit den obersten Finanzbehörden der Länder sind der Prüfungsanordnung (§ 196 AO) für Außenprüfungen, die nach dem 31. Dezember 2001 beginnen, die anliegenden Hinweise beizufügen. Dieses Schreiben tritt an die Stelle des BMF-Schreibens vom 13. März 1989 – IV A 7 – S 1506 – 5/89 – (BStBl. 1989 I S. 122, AO-Kartei § 196 Karte 2).

Ihre wesentlichen Rechte und Mitwirkungspflichten bei der Außenprüfung

Die Außenprüfung soll dazu beitragen, dass die Steuergesetze gerecht und gleichmäßig angewendet werden; deshalb ist auch zu Ihren Gunsten zu prüfen (§ 199 Abs. 1 Abgabenordnung – AO –)

Beginn der Außenprüfung

Wenn Sie wichtige Gründe gegen den vorgesehenen Zeitpunkt der Prüfung haben, können Sie beantragen, dass ihr Beginn hinausgeschoben wird (§ 197 Abs. 2 AO). Wollen Sie wegen der Prüfungsanordnung Rückfragen stellen, wenden Sie sich bitte an die prüfende Stelle und geben Sie hierbei den Namen des Prüfers an. Über den Prüfungsbeginn sollten Sie ggf. Ihren Steuerberater unterrichten.

Der Prüfer wird sich zu Beginn der Außenprüfung unter Vorlage seines Dienstausweises bei Ihnen vorstellen (§ 198 AO).

Ablauf der Außenprüfung

Haben Sie bitte Verständnis dafür, dass Sie für einen reibungslosen Ablauf der Prüfung zur Mitwirkung verpflichtet sind. Aus diesem Grunde sollten Sie Ihren nachstehenden Mitwirkungspflichten unverzüglich nachkommen. Sie können darüber hinaus auch sachkundige Auskunftspersonen benennen.

Stellen Sie dem Prüfer zur Durchführung der Außenprüfung bitte einen geeigneten Raum oder Arbeitsplatz sowie die erforderlichen Hilfsmittel unentgeltlich zur Verfügung (§ 200 Abs. 2 AO).

Legen Sie ihm bitte Ihre Aufzeichnungen, Bücher, Geschäftspapiere und die sonstigen Unterlagen vor, die er benötigt, erteilen Sie ihm die erbetenen Auskünfte, erläutern Sie ggf. die Aufzeichnungen und unterstützen Sie ihn beim Datenzugriff (§ 200 Abs. 1 AO).

Werden die Unterlagen in Form der Wiedergabe auf einem Bildträger oder auf anderen Datenträgern aufbewahrt, kann der Prüfer verlangen, dass Sie auf Ihre Kosten diejenigen Hilfsmittel zur Verfügung stellen, die zur Lesbarmachung erforderlich sind, bzw. dass Sie auf Ihre Kosten die Unterlagen unverzüglich ganz oder teilweise ausdrucken oder ohne Hilfsmittel lesbare Reproduktionen beibringen (§ 147 Abs. 5 AO).

Wenn Unterlagen und sonstige Aufzeichnungen mit Hilfe eines DV-Systems erstellt worden sind, kann der Prüfer auf Ihre Daten zugreifen (§ 147 Abs. 6 AO)[1]. Dazu kann er verlangen, dass Sie ihm die dafür erforderlichen Geräte und sonstigen Hilfsmittel zur Verfügung stellen. Dies umfasst unter Umständen die Einweisung in das DV-System und die Bereitstellung von fachkundigem Personal zur Auswertung der Daten. Auf Anforderung sind dem Prüfer die Daten auf Datenträgern für Prüfungszwecke zu übergeben.

Über alle Feststellungen von Bedeutung wird Sie der Prüfer während der Außenprüfung unterrichten, es sei denn, Zweck und Ablauf der Prüfung werden dadurch beeinträchtigt (§ 199 Abs. 2 AO).

Ergebnis der Außenprüfung

Wenn sich die Besteuerungsgrundlagen durch die Prüfung ändern, haben Sie das Recht auf eine Schlussbesprechung. Sie erhalten dabei Gelegenheit, einzelne Prüfungsfeststellungen nochmals zusammenfassend zu erörtern (§ 201 AO).

Über das Ergebnis der Außenprüfung ergeht bei Änderung der Besteuerungsgrundlagen ein schriftlicher Prüfungsbericht, der Ihnen auf Antrag vor seiner Auswertung übersandt wird. Zu diesem Bericht können Sie Stellung nehmen (§ 202 AO).

Rechtsbehelfe können Sie allerdings nicht gegen den Bericht, sondern nur gegen die aufgrund der Außenprüfung ergehenden Steuerbescheide einlegen.

Wird bei Ihnen eine abgekürzte Außenprüfung (§ 203 AO) durchgeführt, findet eine Schlussbesprechung nicht statt. Anstelle des schriftlichen Prüfungsberichts erhalten Sie spätestens mit den Steuer-/Feststellungsbescheiden eine schriftliche Mitteilung über die steuerlich erheblichen Prüfungsfeststellungen.

---

[1] Dies gilt nicht für vor dem 1. Januar 2002 archivierte Daten, wenn ein Datenzugriff (§ 147 Abs. 6 AO) des Prüfers für Sie mit einem unverhältnismäßigen Aufwand verbunden wäre. Die Lesbarmachung der Daten muss jedoch während der ganzen Aufbewahrungsfrist sichergestellt sein.

(Zu LStH 42f)

Ablauf der Außenprüfung beim Verdacht einer Steuerstraftat oder einer Steuerordnungswidrigkeit

Ergibt sich während der Außenprüfung der Verdacht einer Steuerstraftat oder einer Steuerordnungswidrigkeit gegen Sie, so dürfen hinsichtlich des Sachverhalts, auf den sich der Verdacht bezieht, die Ermittlungen bei Ihnen erst fortgesetzt werden, wenn Ihnen die Einleitung eines Steuerstraf- oder Bußgeldverfahrens mitgeteilt worden ist (vgl. § 397 AO). Soweit die Prüfungsfeststellungen auch für Zwecke eines Steuerstraf- oder Bußgeldverfahrens verwendet werden können, darf Ihre Mitwirkung bei der Aufklärung der Sachverhalte nicht erzwungen werden (§ 393 Abs. 1 Satz 2 AO). Wirken Sie bei der Aufklärung der Sachverhalte nicht mit (vgl. §§ 90, 93 Abs. 1, 200 Abs. 1 AO), können daraus allerdings im Besteuerungsverfahren für Sie nachteilige Folgerungen gezogen werden; ggf. sind die Besteuerungsgrundlagen zu schätzen, wenn eine zutreffende Ermittlung des Sachverhalts deswegen nicht möglich ist (§ 162 AO).

Anhang 48/Kirchensteuer

Fundstellennachweis der Kirchensteuern[1]

1. **Baden-Württemberg**

   Bekanntmachung über die Kirchensteuerbeschlüsse im Land Baden-Württemberg für das Kalenderjahr **2009** vom 19.5.2009 (BStBl. I S. 678)

   (Hinweis: im Lohnsteuerverfahren 8 % für alle erhebungsberechtigten Religionsgemeinschaften mit Mindestbeträgen; 8 % auch in den Fällen der Pauschalierung der Lohnsteuer, jedoch 6,5 % bei Anwendung der Vereinfachungsregelung nach Nummer 1 der Ländererlasse vom 17.11.2006 (BStBl. I S. 716) – Anlage § 040-02 – und vom 28.12.2006 (BStBl. 2007 I S. 76) – Anlage § 037b-01 –, ab 1.1.2011 ermäßigter Kirchensteuersatz von 6 %; gestaffeltes Kirchgeld in glaubensverschiedener Ehe bei der Evangelischen Landeskirche in Baden und Württemberg, hierbei Vergleichsrechnung mit KiSt, Festsetzung des höheren Betrags; Erhebung bei Kirchensteuermerkmale „ib" oder „iw" auch, wenn sich die Betriebsstätte außerhalb des Kirchengebiets, jedoch in Baden-Württemberg befindet.)

2. **Bayern**

   Bekanntmachung der Kirchensteuerbeschlüsse im Freistaat Bayern für die Steuerjahre (Kalenderjahre) **ab 2009** vom 22.12.2008 (BStBl. 2009 I S. 366)

   (Hinweis: jeweils 8 v. H. für römisch-katholische, evangelische, alt-katholische Kirchensteuer und israelitische Bekenntnissteuer als Zuschlag zur ESt/LSt/Kapitalertragsteuer; keine Mindestbeträge; keine Kappung; bei Pauschalierung der Lohnsteuer 7 %, jedoch keine KiSt, wenn der Arbeitgeber für einzelne Arbeitnehmer Nichtzugehörigkeit zu einer umlageerhebenden Gemeinschaft nachweist, für die übrigen Arbeitnehmer dann 8 %, Aufteilung der gesondert angemeldeten pauschalen KiSt durch die Finanzverwaltung, soweit der Arbeitgeber nicht durch Individualisierung jeweils zugeordnet hatte; gestaffeltes Kirchgeld in glaubensverschiedener Ehe bei der Evangelisch-Lutherischen Kirche.)

3. **Berlin**

   Bekanntmachung der Kirchensteuerbeschlüsse **ab** dem Kalenderjahr **2009** vom 10.7.2009 (BStBl. I S. 751)

   (Hinweis: jeweils 9 v. H. evangelische, römisch-katholische und alt-katholische Kirchensteuer, höchstens 3 v. H. des zu versteuernden Einkommens; gestaffeltes Kirchgeld in glaubensverschiedener Ehe; bei Pauschalierung nach §§ 37b, 40, 40a, 40b EStG pauschale Lohnkirchensteuer 5 v. H., jedoch 9 v. H., wenn der Arbeitgeber nachweist, dass einzelne Arbeitnehmer keiner kirchensteuererhebenden Körperschaft angehören; Aufteilung der pauschalen KiSt durch die Finanzverwaltung im Verhältnis 69,97 % : 29,97 % : 0,06 % für Evangelische und Römisch-Katholische Kirche und Alt-Katholische Kirche.)

4. **Brandenburg**

   Bekanntmachung über die Kirchensteuerbeschlüsse für das Kalenderjahr **2009** vom 29.5.2009 (BStBl. I S. 750).

   (Hinweis: im Lohnsteuerverfahren jeweils 9 %; bei Pauschalierung der Lohnsteuer nach §§ 37b, 40, 40a Abs. 1, 2a und 3 und § 40b EStG 5 % bei Anwendung der Vereinfachungsregelung nach Nummer 1 der Ländererlasse vom 17.11.2006 (BStBl. I S. 716) – Anlage § 040-02 – und vom 29.10.2008 (BStBl. 2009 I S. 332) – Anlage § 037b-01 –.)

5. **Bremen**

   Bekanntmachung über die Kirchensteuerbeschlüsse für das Steuerjahr (Kalenderjahr) **2008** vom 20.2.2008 (BStBl. I S. 505)

   (Hinweis: jeweils 9 v. H. römisch-katholische und evangelische Kirchensteuer, höchstens 3,5 v. H. des zu versteuernden Einkommens; bei Pauschalierung der Lohnsteuer nach §§ 40, 40a Abs. 1, 2a und 3, § 40b 7 v. H., wegen Einzelheiten Hinweis auf Ländererlasse vom 17.11.2006 (BStBl. I S. 716) – Anlage § 040-02 – und vom 28.11.2006 (BStBl. 2007 I S. 76) – Anlage § 037b-01 –; kein Mindestbetrag; gestaffeltes besonderes evangelisches Kirchgeld in glaubensverschiedener Ehe im Rahmen der Einkommensteuerveranlagung, nicht bei Lohnsteuerabzug.)

6. **Hamburg**

   Kirchensteuerbeschlüsse in der Freien und Hansestadt Hamburg für die Kalenderjahre **2009** und **ab 2010** vom 15.7.2009 (BStBl. I S. 1302)

---

[1] Zur Kirchensteuer bei Pauschalierung der Lohnsteuer siehe Anlage § 040-02 und bei Pauschalierung der Einkommensteuer nach § 37b EStG siehe Anlage § 037b-01.

Anhang 48/Kirchensteuer

(Hinweis: jeweils 9 v. H. evangelisch-lutherische, römisch-katholische und ab 1.1.2010 altkatholische KiSt sowie Kultussteuer der Jüdischen Gemeinde Hamburg, höchstens 3 % des zu versteuernden Einkommens; Mindestkirchensteuer, wenn ESt/LSt festgesetzt wird; gestaffeltes Kirchgeld in glaubensverschiedener Ehe bzw. Gemeindegeld der Jüdischen Gemeinde Hamburg; bei Pauschalierung der Lohnsteuer 4 %, jedoch 9 % wenn der Arbeitgeber die Nichtzugehörigkeit einzelner Arbeitnehmer zu einer kirchensteuererhebenden Körperschaft nachweist; pauschalierte KiSt von 4 % wird von der Finanzverwaltung im Verhältnis 70 : 29,5 : 0,5 auf evangelisch-lutherisch, römisch-katholisch und Jüdische Gemeinde Hamburg aufgeteilt.)

7. **Hessen**
Bekanntmachung über die Kirchensteuererhebung im Land Hessen ab dem Kalenderjahr **2005** vom 5.9.2005 (BStBl. I S. 874), Evangelische Kirche in Hessen und Nassau für **2008** und weiter bis zur Neubestimmung vom 22.11.2007 (BStBl. 2008 I S. 279).

(Hinweis: 9 % einheitlich als Zuschlag zur ESt/LSt; auch in Fällen der Pauschalierung der Lohnsteuer, jedoch 7 % bei Anwendung der Vereinfachungsregelung nach Nummer 1 der gleich lautenden Ländererlasse vom 17.11.2006 (BStBl. I S. 716) – Anlage § 040-02 – und vom 28.12.2006 (BStBl. 2007 I S. 76) – Anlage § 037b-01 –; besonderes gestaffeltes Kirchgeld in glaubensverschiedener Ehe; Mindestbetrag, jedoch nicht, wenn nach § 51a EStG keine LSt/ESt anfällt; auf Antrag bei der zuständigen Kirchenbehörde Ermäßigung der Kirchensteuer, wenn sie mehr als 4 % bzw. 3,75 % bzw. 3,5 % des zu versteuernden Einkommens beträgt.)

8. **Mecklenburg-Vorpommern**
Bekanntmachung über die Kirchensteuerbeschlüsse im Land Mecklenburg-Vorpommern **ab** dem Kalenderjahr **2009** vom 10.12.2008 (BStBl. 2009 I S. 334)

(Hinweis: einheitlich 9 % für Evangelisch-Lutherische Landeskirche Mecklenburgs, Evangelisch-reformierte Kirche, Pommersche Evangelische Kirche, katholische Kirche – bei dieser Kappung auf 3 % des zu versteuernden Einkommens –; gestaffeltes Kirchgeld in glaubensverschiedener Ehe, Vergleichsberechnung mit KiSt, der höhere Betrag ist festzusetzen; Mindestbetrag; pauschale Lohnkirchensteuer 5 %, jedoch 9 % wenn der Arbeitgeber die Nichtzugehörigkeit einzelner Arbeitnehmer zu einer kirchensteuererhebenden Körperschaft nachweist; pauschalierte KiSt ist im Verhältnis 90 : 10 auf evangelisch und römisch-katholisch aufzuteilen, falls nicht durch Individualisierung jeweils zugeordnet.)

9. **Niedersachsen**
Bekanntmachung über die Kirchensteuerbeschlüsse für das Steuerjahr (Kalenderjahr) **2009** vom 10.2.2009 (BStBl. S. 674)

(Hinweis: jeweils 9 % evangelische, römisch-katholische und alt-katholische Kirchensteuer, höchstens 3,5 % des zu versteuernden Einkommens bzw. des auf das zu versteuernde Einkommen umzurechnenden Arbeitslohns, von dem Lohnsteuer berechnet wird; für niedersächsischen Teil der Nordelbischen Evangelisch-Lutherischen Kirche jedoch höchstens 3 % des zu versteuernden Einkommens bzw. des umzurechnenden Arbeitslohns; Mindestbeträge bei Lohnsteuereinbehalt; besonderes gestaffeltes Kirchgeld bei evangelischen und katholischen Religionsgemeinschaften, wenn Ehegatte des Kirchensteuerpflichtigen keiner kirchensteuererhebenden Religionsgemeinschaft angehört, Vergleichsberechnung mit KiSt, Festsetzung des höheren Betrags; bei Pauschalierung der Lohnsteuer 9 % und 0 % bei Nichtkirchenzugehörigkeit, jedoch 6 % bei Anwendung der Nummer 1 der koordinierten Ländererlasse vom 17.11.2006 (BStBl. I S. 716 – Anlage § 040-02 –); desgleichen bei Pauschalierung der ESt nach § 37b EStG, vgl. gleich lautende Ländererlasse vom 28.12.2006 (BStBl. 2007 I S. 76) – Anlage § 037b-01 –.)

10. **Nordrhein-Westfalen**
Bekanntmachung der Kirchensteuerbeschlüsse für das Steuerjahr (Kalenderjahr) **2009** vom 30.1.2009 (BStBl. I S. 673)

(Hinweis: jeweils 9 v.H. römisch-katholische, evangelische, alt-katholische Kirchensteuer und jüdische Kultussteuer auch in den Fällen der Pauschalierung der Lohnsteuer, jedoch 7 v.H. bei Anwendung der Vereinfachungsregelung nach Nummer 1 der gleich lautenden Ländererlasse vom 17.11.2006 (BStBl. I S. 716) – Anlage § 040-02 – und vom 28.12.2006 (BStBl. 2007 I S. 76) – Anlage § 037b-01 –; besonderes gestaffeltes Kirchgeld für Evangelische Landeskirchen, wenn Ehegatte nicht kirchensteuerpflichtig ist.)

11. **Rheinland-Pfalz**
Bekanntmachung über die Kirchensteuerbeschlüsse für das Kalenderjahr **2009** vom 16.4.2009 (BStBl. I S. 541)

Anhang 48/Kirchensteuer

(Hinweis: im Lohnsteuerverfahren jeweils 9 v.H. römisch-katholische, evangelische, alt-katholische Kirchensteuer, Kultussteuer der Jüdischen Kultusgemeinde Koblenz, Bad Kreuznach und Religionsgemeinschaftsteuer der Freien Religionsgemeinschaft Alzey, der Freireligiösen Landesgemeinde Pfalz, der Freireligiösen Gemeinde Mainz; bei Pauschalierung der Lohnsteuer gemäß §§ 37a, 37b, 40, 40a Absätze 1, 2a und 3 und § 40b EStG jedoch 7 v.H. bei Anwendung der Vereinfachungsregelung nach Nummer 1 des Erlasses vom 17.11.2006 BStBl. I S. 716 – Anlage § 040-02 – und vom 29.10.2008 BStBl. 2009 I S. 332 – Anlage § 037b-01 –; gestaffeltes besonderes Kirchgeld bei bestimmten evangelischen Kirchen, wenn Ehegatte nicht kirchensteuerpflichtig ist, hierauf Anrechnung von entrichteten Beiträgen.)

12. **Saarland**

    Generelle Anerkennung der Kirchensteuerbeschlüsse für das Steuerjahr **2003** der Evangelischen Kirche im Rheinland vom 13.9.2002 (BStBl. I S. 1042); Kirchensteuerordnung der Pfälzischen Landeskirche im Bereich des Saarlandes vom 22.5.2002 (BStBl. I S. 1043 – Tabelle besonderes Kirchgeld ab 2002 –); Kirchensteuerordnung der Diözese Trier (saarländischer Gebietsteil) vom 17.12.2001 (BStBl. 2002 I S. 599); Diözesan-Kirchensteuerbeschlüsse für **2003** Trier vom 28.10.2002 (BStBl. 2003 I S. 90) und Speyer vom 29.10.2002 (BStBl. 2003 I S. 91)

    (Hinweis: 9 % Kirchensteuer, auch in den Fällen der Pauschalierung der Lohnsteuer, jedoch 7 % bei Anwendung der Vereinfachungsregelung nach Nummer 1 der gleichlautenden Ländererlasse vom 19.5.1999 (BStBl. I S. 509) und vom 8.5.2000 (BStBl. I S. 612) – Anlage § 040-02 –; gestaffeltes Kirchgeld; besonderes gestaffeltes Kirchgeld, wenn Ehegatte keiner steuerberechtigten Kirche angehört.)

13. **Sachsen**

    Bekanntmachung über die Kirchensteuerbeschlüsse im Freistaat Sachsen für das Kalenderjahr **2008** vom 31.1.2008 (BStBl. I S. 379)

    (Hinweis: jeweils 9 % bei den steuerberechtigten evangelischen und römisch-katholischen Kirchen, höchstens 3,5 % des zu versteuernden Einkommens; Mindestbetrag für evangelische Landeskirchensteuer; gestaffeltes besonderes Kirchgeld bei glaubensverschiedener Ehe, hierbei Vergleichsrechnung mit KiSt, Festsetzung des höheren Betrags; pauschalierte Kirchenlohnsteuer im vereinfachten Verfahren 5 % bei §§ 40, 40a Abs. 1, 2a und 3 und § 40b; bei Nachweis Nichtzugehörigkeit einzelner Arbeitnehmer zu einer kirchensteuerhebenden Körperschaft 0 %, für die übrigen Arbeitnehmer 9 %; Entsprechendes gilt für die Pauschalierung der ESt nach § 37b EStG; die im Nachweisverfahren ermittelte KiSt ist im Verhältnis der kirchensteuerpflichtigen Arbeitnehmer aufzuteilen.)

14. **Sachsen-Anhalt**

    Bekanntmachung über die Kirchensteuerbeschlüsse in Sachsen-Anhalt **ab** dem Kalenderjahr **2004** vom 20.9.2004 (BStBl. I S. 944)

    (Hinweis: evangelische und römisch-katholische Kirchensteuer einheitlich 9 v. H., höchstens 3,5 v. H. des zu versteuernden Einkommens; Mindestbetrag bei evangelischer KiSt, wenn LSt/ESt zu entrichten ist; gestaffeltes Kirchgeld bei glaubensverschiedener Ehe; bei Pauschalierung der LSt 5 v. H., bei Nachweis der Nichtzugehörigkeit einzelner Arbeitnehmer zu einer kirchensteuererhebenden Körperschaft für die übrigen Arbeitnehmer 9 %; Aufteilung der pauschalen Lohnkirchensteuer 73 : 27 auf evangelisch und römisch-katholisch, soweit nicht durch Individualisierung zugeordnet.)

15. **Schleswig-Holstein**

    Bekanntmachung über die Kirchensteuerbeschlüsse in Schleswig-Holstein für das Kalenderjahr **2009** vom 28.7.2009 (BStBl. I S. 849)

    (Hinweis: im Lohnsteuerverfahren evangelische, alt-katholische und römisch-katholische Kirchensteuer sowie jüdische Kultussteuer Hamburg 9 v. H., bei pauschalierter Lohnsteuer 6 v. H. oder 9 v. H., wenn die Nichtzugehörigkeit einzelner Arbeitnehmer zu einer kirchensteuererhebenden Körperschaft nachgewiesen wird; Mindestkirchensteuer, Mindestkirchensteuer-Befreiung im Steuerabzugsverfahren; Kappung bei 3 v. H. des zu versteuernden Einkommens; gestaffeltes Kirchgeld in glaubensverschiedener Ehe; Aufteilung pauschaler KiSt 85 : 15 auf die Konfessionen evangelisch und römisch-katholisch.)

16. **Thüringen**

    Bekanntmachung über die Kirchensteuerbeschlüsse im Freistaat Thüringen für die Kalenderjahre **2009 und 2010** vom 16.3.2009 (BStBl. I S. 675)

Anhang 48/Kirchensteuer

(Hinweis: jeweils 9 v. H. evangelische und römisch-katholische Kirchensteuer, höchstens 3,5 v. H. des zu versteuernden Einkommens; Mindestbetrag bei evangelischer Kirchensteuer, wenn ESt/LSt zu entrichten ist; besonderes Kirchgeld in glaubensverschiedener Ehe, hierbei Vergleichsrechnung mit KiSt, Festsetzung des höheren Betrags; bei Pauschalierung der Lohnsteuer nach §§ 40, 40a Abs. 1, 2a und 3, § 40b EStG 5 v.H.; falls Nichtzugehörigkeit zu einer kirchensteuererhebenden Körperschaft nachgewiesen wird insoweit 0 v. H., dann für die übrigen Arbeitnehmer 9 v. H.; pauschalierte KiSt von 5 % wird im Verhältnis 72 % : 28 % auf Konfessionen evangelisch und katholisch aufgeteilt; für KiSt bei Pauschalierung der ESt nach § 37b gilt dies sinngemäß.)

Anhang 51/SV-Rechengrößenverordnung 2010

Verordnung über maßgebende Rechengrößen der Sozialversicherung für 2010 (Sozialversicherungs-Rechengrößenverordnung 2010)

Vom 7. Dezember 2009 (BGBl. I S. 3846)[1]

– Auszug –

§ 1
Durchschnittsentgelt in der Rentenversicherung

(1) Das Durchschnittsentgelt für das Jahr 2008 beträgt 30 625 Euro.
(2) Das vorläufige Durchschnittsentgelt für das Jahr 2010 beträgt 32 003 Euro.
(3) Die Anlage 1 zum Sechsten Buch Sozialgesetzbuch wird entsprechend ergänzt.

§ 2
Bezugsgröße in der Sozialversicherung

(1) Die Bezugsgröße im Sinne des § 18 Absatz 1 des Vierten Buches Sozialgesetzbuch beträgt im Jahr 2010 jährlich 30 660 Euro und monatlich 2 555 Euro.
(2) Die Bezugsgröße (Ost) im Sinne des § 18 Absatz 2 des Vierten Buches Sozialgesetzbuch beträgt im Jahr 2010 jährlich 26 040 Euro und monatlich 2 170 Euro.

§ 3
Beitragsbemessungsgrenzen in der Rentenversicherung

(1) Die Beitragsbemessungsgrenzen betragen im Jahr 2010
1. in der allgemeinen Rentenversicherung jährlich 66 000 Euro und monatlich 5 500 Euro,
2. in der knappschaftlichen Rentenversicherung jährlich 81 600 Euro und monatlich 6 800 Euro.

Die Anlage 2 zum Sechsten Buch Sozialgesetzbuch wird für den Zeitraum „1. 1. 2010 — 31. 12. 2010" um die Jahresbeträge ergänzt.

(2) Die Beitragsbemessungsgrenzen (Ost) betragen im Jahr 2010
1. in der allgemeinen Rentenversicherung jährlich 55 800 Euro und monatlich 4 650 Euro,
2. in der knappschaftlichen Rentenversicherung jährlich 68 400 Euro und monatlich 5 700 Euro.

Die Anlage 2a zum Sechsten Buch Sozialgesetzbuch wird für den Zeitraum „1. 1. 2010 – 31. 12. 2010" um die Jahresbeträge ergänzt.

§ 4
Jahresarbeitsentgeltgrenze in der Krankenversicherung

(1) Die Jahresarbeitsentgeltgrenze nach § 6 Absatz 6 des Fünften Buches Sozialgesetzbuch für das Jahr 2010 beträgt 49 950 Euro.
(2) Die Jahresarbeitsentgeltgrenze nach § 6 Absatz 7 des Fünften Buches Sozialgesetzbuch für das Jahr 2010 beträgt 45 000 Euro.

§ 6
Inkrafttreten

Diese Verordnung tritt am 1. Januar 2010 in Kraft.

---

[1] Anmerkung: Beitragssatz in der Rentenversicherung 2010 insgesamt 19,9 % (unverändert); in der Arbeitslosenversicherung insgesamt 2,8 % bis 30.6.2010 danach 3,0 %; Beitragssatz mit Einführung des Gesundheitsfonds in der gesetzlichen Krankenversicherung ab 1.1.2009 einheitlich – allgemeiner Beitragssatz – 15,5 % (davon 0,9 % Arbeitnehmer-Zusatzbeitrag), ab 1.7.2009 14,9 %; ermäßigter Beitragssatz ab 1.1.2009 14,9 %, ab 1.7.2009 14,3 % (davon 0,9 % Arbeitnehmer-Zusatzbeitrag); Pflegeversicherung insgesamt 1,95 % (ab 2005 zusätzlicher Arbeitnehmeranteil 0,25 Prozentpunkte in bestimmten Fällen, z. B. kinderlose Mitglieder ab Vollendung des 23. Lebensjahres; Arbeitnehmeranteil allgemein 50 % = 0,975 %, in Sachsen 1,475 %). Monatliche Höchstbeträge (Arbeitnehmeranteil pflichtversicherter Arbeitnehmer)

	in den alten Bundesländern		in den neuen Bundesländern
RV	547,25 Euro	RV	462,68 Euro
AV	77,00 Euro	AV	65,10 Euro
KV	296,25 Euro (incl. 0,9 % AN-Zusatzbeitrag)	KV	296,25 Euro
PV	36,56 Euro (für Eltern)	PV	36,56 Euro
PV	41,25 Euro (incl. 0,25% Zuschlag für kinderlose)	PV	41,25 Euro

Anhang 52/SGB III

Sozialgesetzbuch (SGB) Drittes Buch (III)
– Arbeitsförderung –

Vom 24. März 1997 (BGBl. I S. 594)[1)]

– Auszug –

(Vierter Titel Höhe des Arbeitslosengeldes)

§ 133
Leistungsentgelt

(1) ¹Leistungsentgelt ist das um pauschalierte Abzüge verminderte Bemessungsentgelt. ²Abzüge sind
1. eine Sozialversicherungspauschale in Höhe von 21 Prozent des Bemessungsentgelts,
2. die Lohnsteuer, die sich nach dem vom Bundesministerium der Finanzen auf Grund des § 51 Abs. 4 Nr. 1a des Einkommensteuergesetzes bekannt gegebenen Programmablaufplan bei Berücksichtigung der Vorsorgepauschale nach § 39b Absatz 2 Satz 5 Nummer 3 Buchstabe a bis c des Einkommensteuergesetzes in dem Jahr, in dem der Anspruch entstanden ist, ergibt und
3. der Solidaritätszuschlag.

³Bei der Berechnung der Abzüge nach den Nummern 2 und 3 ist der Faktor nach § 39f des Einkommensteuergesetzes zu berücksichtigen; Freibeträge und Pauschalen, die nicht jedem Arbeitnehmer zustehen, sind nicht zu berücksichtigen. ⁴Für die Feststellung der Lohnsteuer wird die Vorsorgepauschale mit folgenden Maßgaben berücksichtigt:
1. für Beiträge zur Rentenversicherung als Beitragsbemessungsgrenze die für das Bundesgebiet West maßgebliche Beitragsbemessungsgrenze,
2. für Beiträge zur Krankenversicherung der nach § 243 Absatz 2 des Fünften Buches von der Bundesregierung festzulegende ermäßigte Beitragssatz,
3. für Beiträge zur Pflegeversicherung der Beitragssatz des § 55 Absatz 1 Satz 1 des Elften Buches.

(2) ¹Die Feststellung der Lohnsteuer richtet sich nach der Lohnsteuerklasse, die zu Beginn des Jahres, in dem der Anspruch entstanden ist, auf der Lohnsteuerkarte des Arbeitslosen eingetragen war. ²Spätere Änderungen der eingetragenen Lohnsteuerklasse werden mit Wirkung des Tages berücksichtigt, an dem erstmals die Voraussetzungen für die Änderung vorlagen. ³Das Gleiche gilt, wenn auf der für spätere Kalenderjahre ausgestellten Lohnsteuerkarte eine andere Lohnsteuerklasse eingetragen wird.

(3) ¹Haben Ehegatten die Lohnsteuerklassen gewechselt, so werden die neu eingetragenen Lohnsteuerklassen von dem Tage an berücksichtigt, an dem sie wirksam werden, wenn
1. die neu eingetragenen Lohnsteuerklassen dem Verhältnis der monatlichen Arbeitsentgelte beider Ehegatten entsprechen oder
2. sich auf Grund der neu eingetragenen Lohnsteuerklassen ein Arbeitslosengeld ergibt, das geringer ist, als das Arbeitslosengeld, das sich ohne den Wechsel der Lohnsteuerklassen ergäbe.

²Ein Ausfall des Arbeitsentgelts, der den Anspruch auf eine lohnsteuerfreie Entgeltersatzleistung begründet, bleibt bei der Beurteilung des Verhältnisses der monatlichen Arbeitsentgelte außer Betracht. ³Absatz 2 Satz 3 gilt entsprechend.

§ 434t
Bürgerentlastungsgesetz Krankenversicherung

Ist der Anspruch auf Arbeitslosengeld vor dem 1. Januar 2010 entstanden, ist § 133 Absatz 1 in der bis zum 31. Dezember 2009 geltenden Fassung anzuwenden.

---

1) Unter Berücksichtigung der Änderungen zuletzt durch Artikel 4 des Gesetzes vom 16.7.2009 (BGBl. I S. 1959).

Anhang 53/SGB IV

Viertes Buch Sozialgesetzbuch
– Gemeinsame Vorschriften für die Sozialversicherung –

Neufassung vom 12. November 2009 (BGBl. I S. 3710)[1)]

– Auszug –

§ 2
Versicherter Personenkreis – Auszug Seeleute –

(3) [1]Deutsche Seeleute, die auf einem Seeschiff beschäftigt sind, das nicht berechtigt ist, die Bundesflagge zu führen, werden auf Antrag des Reeders
1. in der gesetzlichen Kranken-, Renten- und Pflegeversicherung versichert und in die Versicherungspflicht nach dem Dritten Buch einbezogen,
2. in der gesetzlichen Unfallversicherung versichert, wenn der Reeder das Seeschiff der Unfallverhütung und Schiffssicherheitsüberwachung durch die See-Berufsgenossenschaft unterstellt hat und der Staat, dessen Flagge das Seeschiff führt, dem nicht widerspricht.

[2]Für deutsche Seeleute, die ihren Wohnsitz oder gewöhnlichen Aufenthalt im Inland haben und auf einem Seeschiff beschäftigt sind, das im überwiegenden wirtschaftlichen Eigentum eines deutschen Reeders mit Sitz im Inland steht, ist der Reeder verpflichtet, einen Antrag nach Satz 1 Nummer 1 und unter den Voraussetzungen des Satzes 1 Nummer 2 einen Antrag nach Satz 1 Nummer 2 zu stellen. [3]Der Reeder hat auf Grund der Antragstellung gegenüber den Versicherungsträgern die Pflichten eines Arbeitgebers. [4]Ein Reeder mit Sitz im Ausland hat für die Erfüllung seiner Verbindlichkeiten gegenüber den Versicherungsträgern einen Bevollmächtigten im Inland zu bestellen. [5]Der Reeder und der Bevollmächtigte haften gegenüber den Versicherungsträgern als Gesamtschuldner; sie haben auf Verlangen entsprechende Sicherheit zu leisten.

§ 4
Ausstrahlung

(1) Soweit die Vorschriften über die Versicherungspflicht und die Versicherungsberechtigung eine Beschäftigung voraussetzen, gelten sie auch für Personen, die im Rahmen eines im Geltungsbereich dieses Gesetzbuchs bestehenden Beschäftigungsverhältnisses in ein Gebiet außerhalb dieses Geltungsbereichs entsandt werden, wenn die Entsendung infolge der Eigenart der Beschäftigung oder vertraglich im Voraus zeitlich begrenzt ist.

(2) Für Personen, die eine selbständige Tätigkeit ausüben, gilt Absatz 1 entsprechend.

§ 5
Einstrahlung

(1) Soweit die Vorschriften über die Versicherungspflicht und die Versicherungsberechtigung eine Beschäftigung voraussetzen, gelten sie nicht für Personen, die im Rahmen eines außerhalb des Geltungsbereichs dieses Gesetzbuchs bestehenden Beschäftigungsverhältnisses in diesen Geltungsbereich entsandt werden, wenn die Entsendung infolge der Eigenart der Beschäftigung oder vertraglich im Voraus zeitlich begrenzt ist.

(2) Für Personen, die eine selbständige Tätigkeit ausüben, gilt Absatz 1 entsprechend.

§ 7
Beschäftigung

(1) [1]Beschäftigung ist die nichtselbständige Arbeit, insbesondere in einem Arbeitsverhältnis. [2]Anhaltspunkte für eine Beschäftigung sind eine Tätigkeit nach Weisungen und eine Eingliederung in die Arbeitsorganisation des Weisungsgebers.

(1a) [1]Eine Beschäftigung besteht auch in Zeiten der Freistellung von der Arbeitsleistung von mehr als einem Monat, wenn
1. während der Freistellung Arbeitsentgelt aus einem Wertguthaben nach § 7b fällig ist und
2. das monatlich fällige Arbeitsentgelt in der Zeit der Freistellung nicht unangemessen von dem für die vorausgegangenen zwölf Kalendermonate abweicht, in denen Arbeitsentgelt bezogen wurde.

[2]Beginnt ein Beschäftigungsverhältnis mit einer Zeit der Freistellung, gilt Satz 1 Nummer 2 mit der Maßgabe, dass das monatlich fällige Arbeitsentgelt in der Zeit der Freistellung nicht unangemessen von dem für die Zeit der Arbeitsleistung abweichen darf, mit der das Arbeitsentgelt später erzielt werden soll.

---

1) Unter Berücksichtigung der Berichtigung vom 23.12.2009 (BGBl. I S. 3973).

³Eine Beschäftigung gegen Arbeitsentgelt besteht während der Zeit der Freistellung auch, wenn die Arbeitsleistung, mit der das Arbeitsentgelt später erzielt werden soll, wegen einer im Zeitpunkt der Vereinbarung nicht vorhersehbaren vorzeitigen Beendigung des Beschäftigungsverhältnisses nicht mehr erbracht werden kann. ⁴Die Vertragsparteien können beim Abschluss der Vereinbarung nur für den Fall, dass Wertguthaben wegen der Beendigung der Beschäftigung auf Grund verminderter Erwerbsfähigkeit, des Erreichens einer Altersgrenze, zu der eine Rente wegen Alters beansprucht werden kann, oder des Todes des Beschäftigten nicht mehr für Zeiten einer Freistellung von der Arbeitsleistung verwendet werden können, einen anderen Verwendungszweck vereinbaren. ⁵Die Sätze 1 bis 4 gelten nicht für Beschäftigte, auf die Wertguthaben übertragen werden. ⁶Bis zur Herstellung einheitlicher Einkommensverhältnisse im Inland werden Wertguthaben, die durch Arbeitsleistung im Beitrittsgebiet erzielt werden, getrennt erfasst; sind für die Beitrags- oder Leistungsberechnung im Beitrittsgebiet und im Übrigen Bundesgebiet unterschiedliche Werte vorgeschrieben, sind die Werte maßgebend, die für den Teil des Inlandes gelten, in dem das Wertguthaben erzielt worden ist.

(1b) Die Möglichkeit eines Arbeitnehmers zur Vereinbarung flexibler Arbeitszeiten gilt nicht als eine die Kündigung des Arbeitsverhältnisses durch den Arbeitgeber begründende Tatsache im Sinne des § 1 Absatz 2 Satz 1 des Kündigungsschutzgesetzes.

(2) Als Beschäftigung gilt auch der Erwerb beruflicher Kenntnisse, Fertigkeiten oder Erfahrungen im Rahmen betrieblicher Berufsbildung.

(3) ¹Eine Beschäftigung gegen Arbeitsentgelt gilt als fortbestehend, solange das Beschäftigungsverhältnis ohne Anspruch auf Arbeitsentgelt fortdauert, jedoch nicht länger als einen Monat. ²Eine Beschäftigung gilt auch als fortbestehend, wenn Arbeitsentgelt aus einem der Deutschen Rentenversicherung Bund übertragenen Wertguthaben bezogen wird. ³Satz 1 gilt nicht, wenn Krankengeld, Krankentagegeld, Verletztengeld, Versorgungskrankengeld, Übergangsgeld oder Mutterschaftsgeld oder nach gesetzlichen Vorschriften Erziehungsgeld oder Elterngeld bezogen oder Elternzeit in Anspruch genommen oder Wehrdienst oder Zivildienst geleistet wird. ⁴Satz 1 gilt auch nicht für die Inanspruchnahme von Pflegezeit im Sinne des § 3 des Pflegezeitgesetzes.

§ 7a
Anfrageverfahren

(1) ¹Die Beteiligten können schriftlich eine Entscheidung beantragen, ob eine Beschäftigung vorliegt, es sei denn, die Einzugsstelle oder ein anderer Versicherungsträger hatte im Zeitpunkt der Antragstellung bereits ein Verfahren zur Feststellung einer Beschäftigung eingeleitet. ²Die Einzugsstelle hat einen Antrag nach Satz 1 zu stellen, wenn sich aus der Meldung des Arbeitgebers (§ 28a) ergibt, dass der Beschäftigte Ehegatte, Lebenspartner oder Abkömmling des Arbeitgebers oder geschäftsführender Gesellschafter einer Gesellschaft mit beschränkter Haftung ist. ³Über den Antrag entscheidet abweichend von § 28h Abs. 2 die Deutsche Rentenversicherung Bund.

(2) Die Deutsche Rentenversicherung Bund entscheidet auf Grund einer Gesamtwürdigung aller Umstände des Einzelfalles, ob eine Beschäftigung vorliegt.

(3) ¹Die Deutsche Rentenversicherung Bund teilt den Beteiligten schriftlich mit, welche Angaben und Unterlagen sie für ihre Entscheidung benötigt. ²Sie setzt den Beteiligten eine angemessene Frist, innerhalb der diese die Angaben zu machen und die Unterlagen vorzulegen haben.

(4) Die Deutsche Rentenversicherung Bund teilt den Beteiligten mit, welche Entscheidung sie zu treffen beabsichtigt, bezeichnet die Tatsachen, auf die sie ihre Entscheidung stützen will, und gibt den Beteiligten Gelegenheit, sich zu der beabsichtigten Entscheidung zu äußern.

(5) Die Deutsche Rentenversicherung Bund fordert die Beteiligten auf, innerhalb einer angemessenen Frist die Tatsachen anzugeben, die eine Widerlegung begründen, wenn diese die Vermutung widerlegen wollen.

(6) ¹Wird der Antrag nach Absatz 1 innerhalb eines Monats nach Aufnahme der Tätigkeit gestellt und stellt die Deutsche Rentenversicherung Bund ein versicherungspflichtiges Beschäftigungsverhältnis fest, tritt die Versicherungspflicht mit der Bekanntgabe der Entscheidung ein, wenn der Beschäftigte

1. zustimmt und
2. er für den Zeitraum zwischen Aufnahme der Beschäftigung und der Entscheidung eine Absicherung gegen das finanzielle Risiko von Krankheit und zur Altersvorsorge vorgenommen hat, die der Art nach den Leistungen der gesetzlichen Krankenversicherung und der gesetzlichen Rentenversicherung entspricht.

²Der Gesamtsozialversicherungsbeitrag wird erst zu dem Zeitpunkt fällig, zu dem die Entscheidung, dass eine Beschäftigung vorliegt, unanfechtbar geworden ist.

(7) ¹Widerspruch und Klage gegen Entscheidungen, dass eine Beschäftigung vorliegt, haben aufschiebende Wirkung. ²Eine Klage auf Erlass der Entscheidung ist abweichend von § 88 Absatz 1 des Sozialgerichtsgesetzes nach Ablauf von drei Monaten zulässig.

§ 7b
Wertguthabenvereinbarungen

Eine Wertguthabenvereinbarung liegt vor, wenn
1. der Aufbau des Wertguthabens auf Grund einer schriftlichen Vereinbarung erfolgt,
2. diese Vereinbarung nicht das Ziel der flexiblen Gestaltung der werktäglichen oder wöchentlichen Arbeitszeit oder den Ausgleich betrieblicher Produktions- und Arbeitszeitzyklen verfolgt,
3. Arbeitsentgelt in das Wertguthaben eingebracht wird, um es für Zeiten der Freistellung von der Arbeitsleistung oder der Verringerung der vertraglich vereinbarten Arbeitszeit zu entnehmen,
4. das aus dem Wertguthaben fällige Arbeitsentgelt mit einer vor oder nach der Freistellung von der Arbeitsleistung oder der Verringerung der vertraglich vereinbarten Arbeitszeit erbrachten Arbeitsleistung erzielt wird und
5. das fällige Arbeitsentgelt insgesamt 400 Euro monatlich übersteigt, es sei denn, die Beschäftigung wurde vor der Freistellung als geringfügige Beschäftigung ausgeübt.

§ 7c
Verwendung von Wertguthaben

(1) Das Wertguthaben auf Grund einer Vereinbarung nach § 7b kann in Anspruch genommen werden
1. für gesetzlich geregelte vollständige oder teilweise Freistellungen von der Arbeitsleistung oder gesetzlich geregelte Verringerungen der Arbeitszeit, insbesondere für Zeiten,
   a) in denen der Beschäftigte nach § 3 des Pflegezeitgesetzes vom 28. Mai 2008 (BGBl. I S. 874, 896) in der jeweils geltenden Fassung einen pflegebedürftigen nahen Angehörigen in häuslicher Umgebung pflegt,
   b) in denen der Beschäftigte nach § 15 des Bundeselterngeld- und Elternzeitgesetzes ein Kind selbst betreut und erzieht,
   c) für die der Beschäftigte eine Verringerung seiner vertraglich vereinbarten Arbeitszeit nach § 8 des Teilzeit- und Befristungsgesetzes verlangen kann; § 8 des Teilzeit- und Befristungsgesetzes gilt mit der Maßgabe, dass die Verringerung der Arbeitszeit auf die Dauer der Entnahme aus dem Wertguthaben befristet werden kann,
2. für vertraglich vereinbarte vollständige oder teilweise Freistellungen von der Arbeitsleistung oder vertraglich vereinbarte Verringerungen der Arbeitszeit, insbesondere für Zeiten,
   a) die unmittelbar vor dem Zeitpunkt liegen, zu dem der Beschäftigte eine Rente wegen Alters nach dem Sechsten Buch bezieht oder beziehen könnte oder
   b) in denen der Beschäftigte an beruflichen Qualifizierungsmaßnahmen teilnimmt.

(2) Die Vertragsparteien können die Zwecke, für die das Wertguthaben in Anspruch genommen werden kann, in der Vereinbarung nach § 7b abweichend von Absatz 1 auf bestimmte Zwecke beschränken.

§ 7d
Führung und Verwaltung von Wertguthaben

(1) ¹Wertguthaben sind als Arbeitsentgeltguthaben einschließlich des darauf entfallenden Arbeitgeberanteils am Gesamtsozialversicherungsbeitrag zu führen. ²Die Arbeitszeitguthaben sind in Arbeitsentgelt umzurechnen.

(2) Arbeitgeber haben Beschäftigte mindestens einmal jährlich in Textform über die Höhe ihres im Wertguthaben enthaltenen Arbeitsentgeltguthabens zu unterrichten.

(3) ¹Für die Anlage von Wertguthaben gelten die Vorschriften über die Anlage der Mittel von Versicherungsträgern nach dem Vierten Titel des Vierten Abschnitts entsprechend, mit der Maßgabe, dass eine Anlage in Aktien oder Aktienfonds bis zu einer Höhe von 20 Prozent zulässig und ein Rückfluss zum Zeitpunkt der Inanspruchnahme des Wertguthabens mindestens in der Höhe des angelegten Betrages gewährleistet ist. ²Ein höherer Anlageanteil in Aktien oder Aktienfonds ist zulässig, wenn
1. dies in einem Tarifvertrag oder auf Grund eines Tarifvertrages in einer Betriebsvereinbarung vereinbart ist oder
2. das Wertguthaben nach der Wertguthabenvereinbarung ausschließlich für Freistellungen nach § 7c Absatz 1 Nummer 2 Buchstabe a in Anspruch genommen werden kann.

Anhang 53/SGB IV

§ 7e
Insolvenzschutz

(1) ¹Die Vertragsparteien treffen im Rahmen ihrer Vereinbarung nach § 7b durch den Arbeitgeber zu erfüllende Vorkehrungen, um das Wertguthaben einschließlich des darin enthaltenen Gesamtsozialversicherungsbeitrages gegen das Risiko der Insolvenz des Arbeitgebers vollständig abzusichern, soweit
1. ein Anspruch auf Insolvenzgeld nicht besteht und wenn
2. das Wertguthaben des Beschäftigten einschließlich des darin enthaltenen Gesamtsozialversicherungsbeitrages einen Betrag in Höhe der monatlichen Bezugsgröße übersteigt.

²In einem Tarifvertrag oder auf Grund eines Tarifvertrages in einer Betriebsvereinbarung kann ein von Satz 1 Nummer 2 abweichender Betrag vereinbart werden.

(2) ¹Zur Erfüllung der Verpflichtung nach Absatz 1 sind Wertguthaben unter Ausschluss der Rückführung durch einen Dritten zu führen, der im Fall der Insolvenz des Arbeitgebers für die Erfüllung der Ansprüche aus dem Wertguthaben für den Arbeitnehmer einsteht, insbesondere in einem Treuhandverhältnis, das die unmittelbare Übertragung des Wertguthabens in das Vermögen des Dritten und die Anlage des Wertguthabens auf einem offenen Treuhandkonto oder in anderer geeigneter Weise sicherstellt. ²Die Vertragsparteien können in der Vereinbarung nach § 7b ein anderes, einem Treuhandverhältnis im Sinne des Satzes 1 gleichwertiges Sicherungsmittel vereinbaren, insbesondere ein Versicherungsmodell oder ein schuldrechtliches Verpfändungs- oder Bürgschaftsmodell mit ausreichender Sicherung gegen Kündigung.

(3) Keine geeigneten Vorkehrungen sind bilanzielle Rückstellungen sowie zwischen Konzernunternehmen (§ 18 des Aktiengesetzes) begründete Einstandspflichten, insbesondere Bürgschaften, Patronatserklärungen oder Schuldbeitritte.

(4) Der Arbeitgeber hat den Beschäftigten unverzüglich über die Vorkehrungen zum Insolvenzschutz in geeigneter Weise schriftlich zu unterrichten, wenn das Wertguthaben die in Absatz 1 Satz 1 Nummer 2 genannten Voraussetzungen erfüllt.

(5) Hat der Beschäftigte den Arbeitgeber schriftlich aufgefordert, seinen Verpflichtungen nach den Absätzen 1 bis 3 nachzukommen und weist der Arbeitgeber dem Beschäftigten nicht innerhalb von zwei Monaten nach der Aufforderung die Erfüllung seiner Verpflichtung zur Insolvenzsicherung des Wertguthabens nach, kann der Beschäftigte die Vereinbarung nach § 7b mit sofortiger Wirkung kündigen; das Wertguthaben ist nach Maßgabe des § 23b Absatz 2 aufzulösen.

(6) ¹Stellt der Träger der Rentenversicherung bei der Prüfung des Arbeitgebers nach § 28p fest, dass
1. für ein Wertguthaben keine Insolvenzschutzregelung getroffen worden ist,
2. die gewählten Sicherungsmittel nicht geeignet sind im Sinne des Absatzes 3,
3. die Sicherungsmittel in ihrem Umfang das Wertguthaben um mehr als 30 Prozent unterschreiten oder
4. die Sicherungsmittel den im Wertguthaben enthaltenen Gesamtsozialversicherungsbeitrag nicht umfassen,

weist er in dem Verwaltungsakt nach § 28p Absatz 1 Satz 5 den in dem Wertguthaben enthaltenen und vom Arbeitgeber zu zahlenden Gesamtsozialversicherungsbeitrag aus. ²Weist der Arbeitgeber dem Träger der Rentenversicherung innerhalb von zwei Monaten nach der Feststellung nach Satz 1 nach, dass er seiner Verpflichtung nach Absatz 1 nachgekommen ist, entfällt die Verpflichtung zur sofortigen Zahlung des Gesamtsozialversicherungsbeitrages. ³Hat der Arbeitgeber den Nachweis nach Satz 2 nicht innerhalb der dort vorgesehenen Frist erbracht, ist die Vereinbarung nach § 7b als von Anfang an unwirksam anzusehen; das Wertguthaben ist aufzulösen.

(7) ¹Kommt es wegen eines nicht geeigneten oder nicht ausreichenden Insolvenzschutzes zu einer Verringerung oder einem Verlust des Wertguthabens, haftet der Arbeitgeber für den entstandenen Schaden. ²Ist der Arbeitgeber eine juristische Person oder eine Gesellschaft ohne Rechtspersönlichkeit haften auch die organschaftlichen Vertreter gesamtschuldnerisch für den Schaden. ³Der Arbeitgeber oder ein organschaftlicher Vertreter haften nicht, wenn sie den Schaden nicht zu vertreten haben.

(8) Eine Beendigung, Auflösung oder Kündigung der Vorkehrungen zum Insolvenzschutz vor der bestimmungsgemäßen Auflösung des Wertguthabens ist unzulässig, es sei denn, die Vorkehrungen werden mit Zustimmung des Beschäftigten durch einen mindestens gleichwertigen Insolvenzschutz abgelöst.

(9) Die Absätze 1 bis 8 finden keine Anwendung gegenüber dem Bund, den Ländern, Gemeinden, Körperschaften, Stiftungen und Anstalten des öffentlichen Rechts, über deren Vermögen die Eröffnung des Insolvenzverfahrens nicht zulässig ist, sowie solchen juristischen Personen des öffentlichen Rechts, bei denen der Bund, ein Land oder eine Gemeinde kraft Gesetzes die Zahlungsfähigkeit sichert.

Anhang 53/SGB IV

§ 7f
Übertragung von Wertguthaben

(1) ¹Bei Beendigung der Beschäftigung kann der Beschäftigte durch schriftliche Erklärung gegenüber dem bisherigen Arbeitgeber verlangen, dass das Wertguthaben nach § 7b
1. auf den neuen Arbeitgeber übertragen wird, wenn dieser mit dem Beschäftigten eine Wertguthabenvereinbarung nach § 7b abgeschlossen und der Übertragung zugestimmt hat,
2. auf die Deutsche Rentenversicherung Bund übertragen wird, wenn das Wertguthaben einschließlich des Gesamtsozialversicherungsbeitrages einen Betrag in Höhe des Sechsfachen der monatlichen Bezugsgröße übersteigt; die Rückübertragung ist ausgeschlossen.

²Nach der Übertragung sind die mit dem Wertguthaben verbundenen Arbeitgeberpflichten vom neuen Arbeitgeber oder von der Deutschen Rentenversicherung Bund zu erfüllen.

(2) ¹Im Fall der Übertragung auf die Deutsche Rentenversicherung Bund kann der Beschäftigte das Wertguthaben für Zeiten der Freistellung von der Arbeitsleistung und Zeiten der Verringerung der vertraglich vereinbarten Arbeitszeit nach § 7c Absatz 1 sowie auch außerhalb eines Arbeitsverhältnisses für die in § 7c Absatz 1 Nummer 2 Buchstabe a genannten Zeiten in Anspruch nehmen. ²Der Antrag ist spätestens einen Monat vor der begehrten Freistellung schriftlich bei der Deutschen Rentenversicherung Bund zu stellen; in dem Antrag ist auch anzugeben, in welcher Höhe Arbeitsentgelt aus dem Wertguthaben entnommen werden soll; dabei ist § 7 Absatz 1a Satz 1 Nummer 2 zu berücksichtigen.

(3) ¹Die Deutsche Rentenversicherung Bund verwaltet die ihr übertragenen Wertguthaben einschließlich des darin enthaltenen Gesamtsozialversicherungsbeitrages als ihr übertragene Aufgabe bis zu deren endgültiger Auflösung getrennt von ihrem sonstigen Vermögen treuhänderisch. ²Die Wertguthaben sind nach den Vorschriften über die Anlage der Mittel von Versicherungsträgern nach dem Vierten Titel des Vierten Abschnitts anzulegen. ³Die der Deutschen Rentenversicherung Bund durch die Übertragung, Verwaltung und Verwendung von Wertguthaben entstehenden Kosten sind vollständig vom Wertguthaben in Abzug zu bringen und in der Mitteilung an den Beschäftigten nach § 7d Absatz 2 gesondert auszuweisen.

§ 8
Geringfügige Beschäftigung und geringfügige selbständige Tätigkeit

(1) Eine geringfügige Beschäftigung liegt vor, wenn
1. das Arbeitsentgelt aus dieser Beschäftigung regelmäßig im Monat 400 Euro nicht übersteigt,
2. die Beschäftigung innerhalb eines Kalenderjahres auf längstens zwei Monate oder 50 Arbeitstage nach ihrer Eigenart begrenzt zu sein pflegt oder im Voraus vertraglich begrenzt ist, es sei denn, dass die Beschäftigung berufsmäßig ausgeübt wird und ihr Entgelt 400 Euro im Monat übersteigt.

(2) ¹Bei der Anwendung des Absatzes 1 sind mehrere geringfügige Beschäftigungen nach Nummer 1 oder Nummer 2 sowie geringfügige Beschäftigungen nach Nummer 1 mit Ausnahme einer geringfügigen Beschäftigung nach Nummer 1 und nicht geringfügige Beschäftigungen zusammenzurechnen. ²Eine geringfügige Beschäftigung liegt nicht mehr vor, sobald die Voraussetzungen des Absatzes 1 entfallen. ³Wird bei der Zusammenrechnung nach Satz 1 festgestellt, dass die Voraussetzungen einer geringfügigen Beschäftigung nicht mehr vorliegen, tritt die Versicherungspflicht erst mit dem Tage der Bekanntgabe der Feststellung durch die Einzugsstelle oder einen Träger der Rentenversicherung ein. ⁴Dies gilt nicht, wenn der Arbeitgeber vorsätzlich oder grob fahrlässig versäumt hat, den Sachverhalt für die versicherungsrechtliche Beurteilung der Beschäftigung aufzuklären.

(3) ¹Die Absätze 1 und 2 gelten entsprechend, soweit anstelle einer Beschäftigung eine selbständige Tätigkeit ausgeübt wird. ²Dies gilt nicht für das Recht der Arbeitsföderung.

§ 8a
Geringfügige Beschäftigung in Privathaushalten

¹Werden geringfügige Beschäftigungen ausschließlich in Privathaushalten ausgeübt, gilt § 8. ²Eine geringfügige Beschäftigung im Privathaushalt liegt vor, wenn diese durch einen privaten Haushalt begründet ist und die Tätigkeit sonst gewöhnlich durch Mitglieder des privaten Haushalts erledigt wird.

§ 12
Hausgewerbetreibende, Heimarbeiter und Zwischenmeister

(1) Hausgewerbetreibende sind selbständig Tätige, die in eigener Arbeitsstätte im Auftrag und für Rechnung von Gewerbetreibenden, gemeinnützigen Unternehmen oder öffentlich-rechtlichen Körperschaften gewerblich arbeiten, auch wenn sie Roh- oder Hilfsstoffe selbst beschaffen oder vorübergehend für eigene Rechnung tätig sind.

(2) Heimarbeiter sind sonstige Personen, die in eigener Arbeitsstätte im Auftrag und für Rechnung von Gewerbetreibenden, gemeinnützigen Unternehmen oder öffentlich-rechtlichen Körperschaften erwerbsmäßig arbeiten, auch wenn sie Roh- oder Hilfsstoffe selbst beschaffen; sie gelten als Beschäftigte.

(3) Als Arbeitgeber der Hausgewerbetreibenden oder Heimarbeiter gilt, wer die Arbeit unmittelbar an sie vergibt, als Auftraggeber der, in dessen Auftrag und für dessen Rechnung sie arbeiten.

(4) Zwischenmeister ist, wer, ohne Arbeitnehmer zu sein, die ihm übertragene Arbeit an Hausgewerbetreibende oder Heimarbeiter weitergibt.

(5) [1]Als Hausgewerbetreibende, Heimarbeiter oder Zwischenmeister gelten auch die nach § 1 Absatz 2 Satz 1 Buchstaben a, c und d des Heimarbeitsgesetzes gleichgestellten Personen. [2]Dies gilt nicht für das Recht der Arbeitsförderung.

§ 13
Reeder, Seeleute und Deutsche Seeschiffe

(1) [1]Reeder sind die Eigentümer von Seeschiffen. [2]Seeleute sind Kapitäne und Besatzungsmitglieder von Seeschiffen sowie sonstige Arbeitnehmer, die an Bord von Seeschiffen während der Reise im Rahmen des Schiffsbetriebs beschäftigt sind, mit Ausnahme der Lotsen.

(2) Als deutsche Seeschiffe gelten alle zur Seefahrt bestimmten Schiffe, die berechtigt sind, die Bundesflagge zu führen.

§ 14
Arbeitsentgelt

(1) [1]Arbeitsentgelt sind alle laufenden oder einmaligen Einnahmen aus einer Beschäftigung, gleichgültig, ob ein Rechtsanspruch auf die Einnahmen besteht, unter welcher Bezeichnung oder in welcher Form sie geleistet werden und ob sie unmittelbar aus der Beschäftigung oder im Zusammenhang mit ihr erzielt werden. [2]Arbeitentgelt sind auch Entgeltteile, die durch Entgeltumwandlung nach § 1 Absatz 2 Nummer 3 des Betriebsrentengesetzes für betriebliche Altersversorgung in den Durchführungswegen Direktzusage oder Unterstützungskasse verwendet werden, soweit sie 4 vom Hundert der jährlichen Beitragsbemessungsgrenze der allgemeinen Rentenversicherung übersteigen. [3]Steuerfreie Aufwandsentschädigungen und die in § 3 Nummer 26 und 26a des Einkommensteuergesetzes genannten steuerfreien Einnahmen gelten nicht als Arbeitsentgelt.

(2) [1]Ist ein Nettoarbeitsentgelt vereinbart, gelten als Arbeitsentgelt die Einnahmen des Beschäftigten einschließlich der darauf entfallenden Steuern und der seinem gesetzlichen Anteil entsprechenden Beiträge zur Sozialversicherung und zur Arbeitsförderung. [2]Sind bei illegalen Beschäftigungsverhältnissen Steuern und Beiträge zur Sozialversicherung und zur Arbeitsförderung nicht gezahlt worden, gilt ein Nettoarbeitsentgelt als vereinbart.

(3) Bei Verwendung eines Haushaltsschecks (§ 28a Absatz 7) gilt der ausgezahlte Betrag zuzüglich der durch Abzug vom Arbeitslohn einbehaltenen Steuern als Arbeitsentgelt.

§ 18h
Ausstellung, Pflicht zur Vorlage und Mitführung des Sozialversicherungsausweises

(1) Die Datenstelle der Träger der Rentenversicherung stellt für Personen, für die sie eine Versicherungsnummer vergibt, einen Sozialversicherungsausweis aus.

(2) [1]Der Sozialversicherungsausweis enthält folgende Angaben über die Inhaberin oder den Inhaber:
1. die Versicherungsnummer,
2. den Familiennamen und den Geburtsnamen,
3. den Vornamen.

[2]Weitere personenbezogene Daten darf der Ausweis nicht enthalten. [3]Die Gestaltung des Sozialversicherungsausweises im Übrigen legt die Deutsche Rentenversicherung Bund in Grundsätzen fest, die vom Bundesministerium für Arbeit und Soziales zu genehmigen und im Bundesanzeiger zu veröffentlichen sind.

(3) [1]Beschäftigte sind verpflichtet, den Sozialversicherungsausweis bei Beginn einer Beschäftigung dem Arbeitgeber vorzulegen. [2]Kann der Beschäftigte dies nicht zum Zeitpunkt des Beschäftigungsbeginns, so hat er dies unverzüglich nachzuholen.

(4) [1]Die Inhaberin oder der Inhaber ist verpflichtet, der zuständigen Einzugsstelle (§ 28i) den Verlust des Sozialversicherungsausweises oder sein Wiederauffinden unverzüglich anzuzeigen. [2]Ein neuer Sozialversicherungsausweis wird ausgestellt

Anhang 53/SGB IV

1. auf Antrag bei der zuständigen Einzugsstelle, wenn der Sozialversicherungsausweis zerstört worden, abhanden gekommen oder unbrauchbar geworden ist,
2. von Amts wegen, wenn sich die Versicherungsnummer, der Familienname oder der Vorname geändert hat.

³Eine Person darf nur einen auf ihren Namen ausgestellten Sozialversicherungsausweis besitzen; unbrauchbare und weitere Sozialversicherungsausweise sind zurückzugeben.

§ 20
Aufbringung der Mittel, Gleitzone

(1) Die Mittel der Sozialversicherung einschließlich der Arbeitsförderung werden nach Maßgabe der besonderen Vorschriften für die einzelnen Versicherungszweige durch Beiträge der Versicherten, der Arbeitgeber und Dritter, durch staatliche Zuschüsse und durch sonstige Einnahmen aufgebracht.

(2) Eine Gleitzone im Sinne dieses Gesetzbuches liegt bei einem Beschäftigungsverhältnis vor, wenn das daraus erzielte Arbeitsentgelt zwischen 400,01 Euro und 800,00 Euro im Monat liegt und die Grenze von 800,00 Euro im Monat regelmäßig nicht überschreitet; bei mehreren Beschäftigungsverhältnissen ist das insgesamt erzielte Arbeitsentgelt maßgebend.

(3) ¹Der Arbeitgeber trägt abweichend von den besonderen Vorschriften für Beschäftigte für die einzelnen Versicherungszweige den Gesamtsozialversicherungsbeitrag allein, wenn

1. Versicherte, die zu ihrer Berufsausbildung beschäftigt sind, ein Arbeitsentgelt erzielen, das auf den Monat bezogen 325 Euro nicht übersteigt, oder
2. Versicherte ein freiwilliges soziales Jahr oder ein freiwilliges ökologisches Jahr im Sinne des Jugendfreiwilligendienstegesetzes leisten.

²Wird infolge einmalig gezahlten Arbeitsentgelts die in Satz 1 genannte Grenze überschritten, tragen die Versicherten und die Arbeitgeber den Gesamtsozialversicherungsbeitrag von dem diese Grenze übersteigenden Teil des Arbeitsentgelts jeweils zur Hälfte; in der gesetzlichen Krankenversicherung gilt dies nur für den um den Beitragsanteil, der allein vom Arbeitnehmer zu tragen ist, reduzierten Beitrag.

§ 23
Fälligkeit

(1) ¹Laufende Beiträge, die geschuldet werden, werden entsprechend den Regelungen der Satzung der Krankenkasse und den Entscheidungen des Spitzenverbandes Bund der Krankenkassen fällig. ²Beiträge, die nach dem Arbeitsentgelt oder dem Arbeitseinkommen zu bemessen sind, sind in voraussichtlicher Höhe der Beitragsschuld spätestens am drittletzten Bankarbeitstag des Monats fällig, in dem die Beschäftigung oder Tätigkeit, mit der das Arbeitsentgelt oder Arbeitseinkommen erzielt wird, ausgeübt worden ist oder als ausgeübt gilt; ein verbleibender Restbeitrag wird zum drittletzten Bankarbeitstag des Folgemonats fällig. ³Der Arbeitgeber kann abweichend von Satz 2 den Betrag in Höhe der Beiträge des Vormonats zahlen, wenn Änderungen der Beitragsabrechnung regelmäßig durch Mitarbeiterwechsel oder variable Entgeltbestandteile dies erfordern; für einen verbleibenden Restbetrag bleibt es bei der Fälligkeit zum drittletzten Bankarbeitstag des Folgemonats. ⁴Sonstige Beiträge werden spätestens am Fünfzehnten des Monats fällig, der auf den Monat folgt, für den sie zu entrichten sind. ⁵Die erstmalige Fälligkeit der Beiträge für die nach § 3 Satz 1 Nummer 1a des Sechsten Buches versicherten Pflegepersonen ist abhängig von dem Zeitpunkt, in dem die Pflegekasse, das private Versicherungsunternehmen, die Festsetzungsstelle für die Beihilfe oder der Dienstherr bei Heilfürsorgeberechtigten die Versicherungspflicht der Pflegeperson festgestellt hat oder ohne Verschulden hätte feststellen können. ⁶Wird die Feststellung in der Zeit vom Ersten bis zum Fünfzehnten eines Monats getroffen, werden die Beiträge erstmals spätestens am Fünfzehnten des folgenden Monats fällig; wird die Feststellung in der Zeit vom Sechzehnten bis zum Ende eines Monats getroffen, werden die Beiträge erstmals am Fünfzehnten des zweiten darauffolgenden Monats fällig; das Nähere vereinbaren die Spitzenverbände der beteiligten Träger der Sozialversicherung, der Verband der privaten Krankenversicherung e.V. und die Festsetzungsstellen für die Beihilfe.

(2) . . .

(2a) Bei Verwendung eines Haushaltsschecks (§ 28a Absatz 7) sind die Beiträge für das in den Monaten Januar bis Juni erzielte Arbeitsentgelt am 15. Juli des laufenden Jahres und für das in den Monaten Juli bis Dezember erzielte Arbeitsentgelt am 15. Januar des folgenden Jahres fällig.

(3) – (4) . . .

§ 23a
Einmalig gezahltes Arbeitsentgelt als beitragspflichtige Einnahmen

(1) ¹Einmalig gezahltes Arbeitsentgelt sind Zuwendungen, die dem Arbeitsentgelt zuzurechnen sind und nicht für die Arbeit in einem einzelnen Entgeltabrechnungszeitraum gezahlt werden. ²Als einmalig gezahltes Arbeitsentgelt gelten nicht Zuwendungen nach Satz 1, wenn sie

1. überlicherweise zur Abgeltung bestimmter Aufwendungen des Beschäftigten, die auch im Zusammenhang mit der Beschäftigung stehen,
2. als Waren oder Dienstleistungen, die vom Arbeitgeber nicht überwiegend für den Bedarf seiner Beschäftigten hergestellt, vertrieben oder erbracht werden und monatlich in Anspruch genommen werden können,
3. als sonstige Sachbezüge oder
4. als vermögenswirksame Leistungen

vom Arbeitgeber erbracht werden. ³Einmalig gezahltes Arbeitsentgelt versicherungspflichtig Beschäftigter ist dem Entgeltabrechnungszeitraum zuzuordnen, in dem es gezahlt wird, soweit die Absätze 2 und 4 nichts Abweichendes bestimmen.

(2) Einmalig gezahltes Arbeitsentgelt, das nach Beendigung oder bei Ruhen des Beschäftigungsverhältnisses gezahlt wird, ist dem letzten Entgeltabrechnungszeitraum des laufenden Kalenderjahres zuzuordnen, auch wenn dieser nicht mit Arbeitsentgelt belegt ist.

(3) ¹Das einmalig gezahlte Arbeitsentgelt ist bei der Feststellung des beitragspflichtigen Arbeitsentgelts für versicherungspflichtige Beschäftigte zu berücksichtigen, soweit das bisher gezahlte beitragspflichtige Arbeitsentgelt die anteilige Beitragsbemessungsgrenze nicht erreicht. ²Die anteilige Beitragsbemessungsgrenze ist der Teil der Beitragsbemessungsgrenze, der der Dauer aller Beschäftigungsverhältnisse bei demselben Arbeitgeber im laufenden Kalenderjahr bis zum Ablauf des Entgeltabrechnungszeitraumes entspricht, dem einmalig gezahltes Arbeitsentgelt zuzuordnen ist; auszunehmen sind Zeiten, die nicht mit Beiträgen aus laufendem (nicht einmalig gezahltem) Arbeitsentgelt belegt sind.

(4) ¹In der Zeit vom 1. Januar bis zum 31. März einmalig gezahltes Arbeitsentgelt ist dem letzten Entgeltabrechnungszeitraum des vergangenen Kalenderjahres zuzuordnen, wenn es vom Arbeitgeber diesem Entgeltabrechnungszeitraumes gezahlt wird und zusammen mit dem sonstigen für das laufende Kalenderjahr festgestellten beitragspflichtigen Arbeitsentgelt die anteilige Beitragsbemessungsgrenze nach Absatz 3 Satz 2 übersteigt. ²Satz 1 gilt nicht für nach dem 31. März einmalig gezahltes Arbeitsentgelt, das nach Absatz 2 einem in der Zeit vom 1. Januar bis zum 31. März liegenden Entgeltabrechnungszeitraum zuzuordnen ist.

(5) Ist der Beschäftigte in der gesetzlichen Krankenversicherung pflichtversichert, ist für die Zuordnung des einmalig gezahlten Arbeitsentgelts nach Absatz 4 Satz 1 allein die Beitragsbemessungsgrenze der gesetzlichen Krankenversicherung maßgebend.

§ 23b
Beitragspflichtige Einnahmen bei flexiblen Arbeitszeitregelungen

(1) ¹Bei Vereinbarungen nach § 7b ist für Zeiten der tatsächlichen Arbeitsleistung und für Zeiten der Inanspruchnahme des Wertguthabens nach § 7c das in dem jeweiligen Zeitraum fällige Arbeitsentgelt als Arbeitsentgelt im Sinne des § 23 Absatz 1 maßgebend. ²Im Falle des § 23a Absatz 3 und 4 gilt als in dem jeweils maßgebenden Zeitraum erzielte Arbeitsentgelt bis zu einem Betrag in Höhe der Beitragsbemessungsgrenze als bisher gezahltes beitragspflichtiges Arbeitsentgelt; in Zeiten einer Freistellung von der Arbeitsleistung tritt an die Stelle des erzielten Arbeitsentgeltes das fällige Arbeitsentgelt.

(2) ¹Soweit das Wertguthaben nicht gemäß § 7c verwendet wird, insbesondere

1. nicht laufend für eine Zeit der Freistellung von der Arbeitsleistung oder der Verringerung der vertraglich vereinbarten Arbeitszeit in Anspruch genommen wird oder
2. nicht mehr für solche Zeiten gezahlt werden kann, da das Beschäftigungsverhältnis vorzeitig beendet wurde,

ist als Arbeitsentgelt im Sinne des § 23 Absatz 1 ohne Berücksichtigung einer Beitragsbemessungsgrenze die Summe der Arbeitsentgelte maßgebend, die zum Zeitpunkt der tatsächlichen Arbeitsleistung ohne Berücksichtigung der Vereinbarung nach § 7b beitragspflichtig gewesen wäre. ²Maßgebend ist jedoch höchstens der Betrag des Wertguthabens aus diesen Arbeitsentgelten zum Zeitpunkt der nicht zweckentsprechenden Verwendung des Arbeitsentgelts. ³Zugrunde zu legen ist der Zeitraum ab dem Abrechnungsmonat der ersten Gutschrift auf einem Wertguthaben bis zum Zeitpunkt der nicht zweckentsprechenden Verwendung des Arbeitsentgelts. ⁴Bei einem nach § 7f Absatz 1 Satz 1 Nummer 2 auf die Deutsche Rentenversicherung Bund übertragenen Wertguthaben gelten die Sätze 1 bis 3 ent-

Anhang 53/SGB IV

sprechend, soweit das Wertguthaben wegen der Inanspruchnahme einer Rente wegen verminderter Erwerbsfähigkeit, einer Rente wegen Alters oder wegen des Todes des Versicherten nicht mehr in Anspruch genommen werden kann. ⁵Wird das Wertguthaben vereinbarungsgemäß an einen bestimmten Wertmaßstab gebunden, ist der im Zeitpunkt der nicht zweckentsprechenden Verwendung des Arbeitsentgelts maßgebende angepasste Betrag als Höchstbetrag der Berechnung zugrunde zu legen. ⁶Im Falle der Insolvenz des Arbeitgebers gilt auch als beitragspflichtiges Arbeitsentgelt höchstens der Betrag, der als Arbeitsentgelt den gezahlten Beiträgen zugrunde liegt. ⁷Für die Berechnung der Beiträge sind der für den Entgeltabrechnungszeitraum nach den Sätzen 8 und 9 für den einzelnen Versicherungszweig geltende Beitragssatz und die für diesen Zeitraum für den Einzug des Gesamtsozialversicherungsbeitrags zuständige Einzugsstelle maßgebend; für Beschäftigte, die bei keiner Krankenkasse versichert sind, gilt § 28i Satz 2 entsprechend. ⁸Die Beiträge sind mit den Beiträgen der Entgeltabrechnung für den Kalendermonat fällig, der dem Kalendermonat folgt, in dem

1. im Fall der Insolvenz die Mittel für die Beitragszahlung verfügbar sind,
2. das Arbeitsentgelt nicht zweckentsprechend verwendet wird.

⁹Wird durch einen Bescheid eines Trägers der Rentenversicherung der Eintritt von verminderter Erwerbsfähigkeit festgestellt, gilt der Zeitpunkt des Eintritts der verminderten Erwerbsfähigkeit als Zeitpunkt der nicht zweckentsprechenden Verwendung des bis dahin erzielten Wertguthabens; in diesem Fall sind die Beiträge mit den Beiträgen der auf das Ende des Beschäftigungsverhältnisses folgenden Entgeltabrechnung fällig. ¹⁰Wird eine Rente wegen verminderter Erwerbsfähigkeit in Anspruch genommen und besteht ein nach § 7f Absatz 1 Satz 1 Nummer 2 an die Deutsche Rentenversicherung Bund übertragenes Wertguthaben, kann der Versicherte der Auflösung dieses Wertguthabens widersprechen. ¹¹Ist für den Fall der Insolvenz des Arbeitgebers ein Dritter Schuldner des Arbeitsentgelts, erfüllt dieser insoweit die Pflichten des Arbeitgebers.

(2a) ¹Als Arbeitsentgelt im Sinne des § 23 Absatz 1 gilt im Falle des Absatzes 2 auch der positive Betrag, der sich ergibt, wenn die Summe der ab dem Abrechnungsmonat der ersten Gutschrift auf einem Wertguthaben für die Zeit der Arbeitsleistung maßgebenden Beträge der jeweiligen Beitragsbemessungsgrenze um die Summe der in dieser Zeit der Arbeitsleistung abgerechneten beitragspflichtigen Arbeitsentgelte gemindert wird, höchstens der Betrag des Wertguthabens im Zeitpunkt der nicht zweckentsprechenden Verwendung des Arbeitsentgelts. ²Absatz 2 Satz 5 bis 11 findet Anwendung, Absatz 1 Satz 2 findet keine Anwendung.

(3) Kann das Wertguthaben wegen Beendigung des Beschäftigungsverhältnisses nicht mehr nach § 7c oder § 7f Absatz 2 Satz 1 verwendet werden und ist der Versicherte unmittelbar anschließend wegen Arbeitslosigkeit bei einer deutschen Agentur für Arbeit als Arbeitsuchender gemeldet und bezieht eine öffentlich-rechtliche Leistung oder nur wegen des zu berücksichtigenden Einkommens oder Vermögens nicht, sind die Beiträge spätestens sieben Kalendermonate nach dem Kalendermonat, in dem das Arbeitsentgelt nicht zweckentsprechend verwendet worden ist, oder bei Aufnahme einer Beschäftigung in diesem Zeitraum zum Zeitpunkt des Beschäftigungsbeginns fällig, es sei denn, eine zweckentsprechende Verwendung wird vereinbart; beginnt in diesem Zeitraum eine Rente wegen Alters oder Todes oder tritt verminderte Erwerbsfähigkeit ein, gelten diese Zeitpunkte als Zeitpunkt der nicht zweckentsprechenden Verwendung.

(3a) ¹Sieht die Vereinbarung nach § 7b bereits bei ihrem Abschluss für den Fall, dass Wertguthaben wegen der Beendigung der Beschäftigung auf Grund verminderter Erwerbsfähigkeit, des Erreichens einer Altersgrenze, zu der eine Rente wegen Alters beansprucht werden kann, oder des Todes des Beschäftigten nicht mehr für Zeiten einer Freistellung von der Arbeitsleistung oder der Verringerung der vertraglich vereinbarten Arbeitszeit verwendet werden können, deren Verwendung für Zwecke der betrieblichen Altersversorgung vor, gilt das bei Eintritt dieser Fälle für Zwecke der betrieblichen Altersversorgung verwendete Wertguthaben nicht als beitragspflichtiges Arbeitsentgelt; dies gilt nicht,

1. wenn die Vereinbarung über die betriebliche Altersversorgung eine Abfindung vorsieht oder zulässt oder Leistungen im Falle des Todes, der Invalidität und des Erreichens einer Altersgrenze, zu der eine Rente wegen Alters beansprucht werden kann, nicht gewährleistet sind oder
2. soweit bereits im Zeitpunkt der Ansammlung des Wertguthabens vorhersehbar ist, dass es nicht für Zwecke der Freistellung nach § 7c oder § 7f Absatz 2 Satz 1 verwendet werden kann.

²Die Bestimmungen dieses Absatzes finden keine Anwendung auf Vereinbarungen, die nach dem 13. November 2008 geschlossen worden sind.

(4) Werden Wertguthaben auf Dritte übertragen, gelten die Absätze 2 bis 3a nur für den Übertragenden, der die Arbeitsleistung tatsächlich erbringt.

§ 23c
Sonstige nicht beitragspflichtige Einnahmen

(1) ¹Zuschüsse des Arbeitgebers zum Krankengeld, Verletztengeld, Übergangsgeld oder Krankentagegeld und sonstige Einnahmen aus einer Beschäftigung, die für die Zeit des Bezuges von Krankengeld, Krankentagegeld, Versorgungskrankengeld, Verletztengeld, Übergangsgeld, Mutterschaftsgeld, Erziehungsgeld oder Elterngeld weiter erzielt werden, gelten nicht als beitragspflichtiges Arbeitsentgelt, wenn die Einnahmen zusammen mit den genannten Sozialleistungen das Nettoarbeitsentgelt (§ 47 des Fünften Buches) nicht um mehr als 50 Euro im Monat übersteigen. ²Zur Berechnung des Nettoarbeitsentgelts bei freiwilligen Mitgliedern der gesetzlichen Krankenversicherung ist der um den Beitragszuschuss für Beschäftigte verminderte Beitrag des Versicherten zur Kranken- und Pflegeversicherung abzuziehen; dies gilt entsprechend für Personen und für ihre nicht selbstversicherten Angehörigen, die bei einem privaten Krankenversicherungsunternehmen versichert sind einschließlich der Versicherung für das Krankentagegeld. ³Für Beschäftigte, die nach § 6 Absatz 1 Satz 1 Nummer 1 des Sechsten Buches von der Versicherungspflicht befreit sind und Pflichtbeiträge an eine berufsständische Versorgungseinrichtung entrichten, sind bei der Ermittlung des Nettoentgeltes die um den Arbeitgeberanteil nach § 172 Absatz 2 des Sechsten Buches verminderten Pflichtbeiträge des Beschäftigten entsprechend abzuziehen.

(2) ¹Sind zur Gewährung von Krankengeld, Verletztengeld, Übergangsgeld oder Mutterschaftsgeld Angaben über das Beschäftigungsverhältnis notwendig und sind diese dem Leistungsträger aus anderem Grund nicht bekannt, sind sie durch eine Bescheinigung des Arbeitgebers nachzuweisen. ²Der Arbeitgeber *kann*¹⁾ dem Leistungsträger diese Bescheinigung durch gesicherte und verschlüsselte Datenübertragung als systemgeprüften Programmen oder mittels maschinell erstellter Ausfüllhilfen erstatten. ³Den Aufbau des Datensatzes, notwendige Schlüsselzahlen und Angaben bestimmen der Spitzenverband Bund der Krankenkassen, die Deutsche Rentenversicherung Bund, die Bundesagentur für Arbeit und die Spitzenverbände der Unfallversicherungsträger in Gemeinsamen Grundsätzen. ⁴Die Gemeinsamen Grundsätze bedürfen der Genehmigung des Bundesministeriums für Arbeit und Soziales im Einvernehmen mit dem Bundesministerium für Gesundheit; die Bundesvereinigung der Deutschen Arbeitgeberverbände ist anzuhören.

(3) ¹Übermittelt ein Arbeitgeber eine Bescheinigung nach Absatz 2, so hat in diesen Fällen der Leistungsträger alle Angaben gegenüber dem Arbeitgeber durch Datenübertragung zu erstatten. ²Absatz 2 Satz 3 und 4 gilt entsprechend. ³Die Sätze 1 und 2 gelten entsprechend, wenn Krankenkassen auf Antrag des Arbeitgebers Mitteilungen über auf den Anspruch auf Entgeltfortzahlung anrechenbare Zeiten der Arbeitsunfähigkeit der Beschäftigten oder für Anträge nach Absatz 2 Satz 1 die Krankenversicherungsnummer übermitteln. ⁴Im Falle der Zahlung von Krankentagegeld können private Krankenversicherungsunternehmen Angaben gegenüber dem Arbeitgeber nach den Sätzen 1 und 2 erstatten.

§ 28a
Meldepflicht

(1) ¹Der Arbeitgeber oder ein anderer Meldepflichtiger hat der Einzugsstelle für jeden in der Kranken-, Pflege-, Rentenversicherung oder nach dem Recht der Arbeitsförderung kraft Gesetzes Versicherten

1. bei Beginn der versicherungspflichtigen Beschäftigung,
2. bei Ende der versicherungspflichtigen Beschäftigung,
3. bei Eintritt eines Insolvenzereignisses,
4. (weggefallen)
5. bei Änderungen in der Beitragspflicht,
6. bei Wechsel der Einzugsstelle,
7. bei Anträgen auf Altersrenten oder Auskunftsersuchen des Familiengerichts in Versorgungsausgleichsverfahren,
8. bei Unterbrechung der Entgeltzahlung,
9. bei Auflösung des Arbeitsverhältnisses,
10. (weggefallen)
11. (weggefallen)

---

1) In § 23c Abs. 2 Satz 2 werden ab 1.1.2011 das Wort „kann" durch das Wort „hat" ersetzt und nach dem Wort „Ausfüllhilfen" das Wort „zu" eingefügt (Art. 1 Nr. 13 Buchstabe b Doppelbuchstabe aa, Art. 21 Abs. 11 Gesetz vom 22.12.2007 BGBl. I S. 3024).

12. bei einmalig gezahltem Arbeitsentgelt, soweit es nicht in einer Meldung aus anderem Anlass erfasst werden kann,
13. bei Beginn der Berufsausbildung,
14. bei Ende der Berufsausbildung,
15. bei Wechsel von einer Betriebsstätte im Beitrittsgebiet zu einer Betriebsstätte im Übrigen Bundesgebiet oder umgekehrt,
16. bei Beginn der Altersteilzeitarbeit,
17. bei Ende der Altersteilzeitarbeit,
18. bei Änderung des Arbeitsentgelts, wenn die in § 8 Absatz 1 Nummer 1 genannte Grenze über- oder unterschritten wird,
19. bei nach § 23b Absatz 2 und 3 gezahltem Arbeitsentgelt oder
20. bei Wechsel von einem Wertguthaben, das im Beitrittsgebiet und einem Wertguthaben, das im Übrigen Bundesgebiet erzielt wurde,

eine Meldung durch gesicherte und verschlüsselte Datenübertragung aus systemgeprüften Programmen oder mittels maschinell erstellter Ausfüllhilfen zu erstatten. ²Dies gilt für die Übermittlung von Meldungen nach § 97 Absatz 1 entsprechend.

(2) Der Arbeitgeber hat jeden am 31. Dezember des Vorjahres Beschäftigten nach Absatz 1 zu melden (Jahresmeldung).

(3) ¹Die Meldungen enthalten für jeden Versicherten insbesondere
1. seine Versicherungsnummer, soweit bekannt,
2. seinen Familien- und Vornamen,
3. sein Geburtsdatum,
4. seine Staatsangehörigkeit,
5. Angaben über seine Tätigkeit nach dem Schlüsselverzeichnis der Bundesagentur für Arbeit,
6. die Betriebsnummer seines Beschäftigungsbetriebes,
7. die Beitragsgruppen,
8. die zuständige Einzugsstelle und
9. den Arbeitgeber.

²Zusätzlich sind anzugeben
1. bei der Anmeldung
   a) die Anschrift,
   b) der Beginn der Beschäftigung,
   c) sonstige für die Vergabe der Versicherungsnummer erforderliche Angaben,
   d) die Angabe, ob zum Arbeitgeber eine Beziehung als Ehegatte, Lebenspartner oder Abkömmling besteht,
   e) die Angabe, ob es sich um eine Tätigkeit als geschäftsführender Gesellschafter einer Gesellschaft mit beschränkter Haftung handelt,
   f) die Angabe der Staatsangehörigkeit,
2. bei der Abmeldung und bei der Jahresmeldung
   a) eine Namens-, Anschriften- oder Staatsangehörigkeitsänderung, soweit diese Änderung nicht schon anderweitig gemeldet ist,
   b) das in der Rentenversicherung oder nach dem Recht der Arbeitsförderung beitragspflichtige Arbeitsentgelt in Euro,
   c) das in der Unfallversicherung beitragspflichtige Arbeitsentgelt in Euro und die geleisteten Arbeitsstunden,
   d) der Zeitraum, in dem das angegebene Arbeitsentgelt erzielt wurde,
   e) Wertguthaben, die auf die Zeit nach Eintritt der Erwerbsminderung entfallen,
   f) die Unfallversicherungsmitgliedsnummer seines Beschäftigungsbetriebs,
   g) die Betriebsnummer des zuständigen Unfallversicherungsträgers,
   h) die anzuwendende Gefahrtarifstelle,
3. (weggefallen)

4. bei der Meldung nach Absatz 1 Nummer 19
   a) das Arbeitsentgelt in Euro, für das Beiträge gezahlt worden sind,
   b) im Falle des § 23b Absatz 2 der Kalendermonat und das Jahr der nicht zweckentsprechenden Verwendung des Arbeitsentgelts, im Falle der Zahlungsunfähigkeit des Arbeitgebers jedoch der Kalendermonat und das Jahr der Beitragszahlung.

³Arbeitgeber, die Mitglied einer Landwirtschaftlichen Berufsgenossenschaft mit Ausnahme der Gartenbau-Berufsgenossenschaft sind, haben Meldungen nach Satz 2 Nummer 2 Buchstabe c, f, g und h nicht zu erstatten.

(3a) ¹Die Datenstelle der Träger der Rentenversicherung übermittelt für Zwecke der Berechnung der Umlage nach § 152 des Siebten Buches nach Eingang der Jahresmeldung die Daten nach Absatz 3 Satz 2 Nummer 2 Buchstaben c und h zusammengefasst für jeden Arbeitgeber an den zuständigen Träger der gesetzlichen Unfallversicherung. ²Dabei sind die Arbeitsentgelte den Gefahrtarifstellen zuzuordnen.

(4) ¹Arbeitgeber haben den Tag des Beginns eines Beschäftigungsverhältnisses spätestens bei dessen Aufnahme an die Datenstelle der Träger der Rentenversicherung nach Satz 2 zu melden, sofern sie Personen in folgenden Wirtschaftsbereichen oder Wirtschaftszweigen beschäftigen:

1. im Baugewerbe,
2. im Gaststätten- und Beherbergungsgewerbe,
3. im Personenbeförderungsgewerbe,
4. im Speditions-, Transport- und damit verbundenen Logistikgewerbe,
5. im Schaustellergewerbe,
6. bei Unternehmen der Forstwirtschaft,
7. im Gebäudereinigungsgewerbe,
8. bei Unternehmen, die sich am Auf- und Abbau von Messen und Ausstellungen beteiligen,
9. in der Fleischwirtschaft.

²Die Meldung enthält folgende Angaben über den Beschäftigten:

1. den Familien- und die Vornamen,
2. die Versicherungsnummer, soweit bekannt, ansonsten die zur Vergabe einer Versicherungsnummer notwendigen Angaben (Tag und Ort der Geburt, Anschrift),
3. die Betriebsnummer des Arbeitgebers und
4. den Tag der Beschäftigungsaufnahme.

³Die Meldung wird in der Stammsatzdatei nach § 150 Absatz 1 und 2 des Sechsten Buches gespeichert. ⁴Die Meldung gilt nicht als Meldung nach Absatz 1 Satz 1 Nummer 1.

(5) Der Meldepflichtige hat der zu meldenden Person den Inhalt der Meldung in Textform mitzuteilen.

(6) Soweit der Arbeitgeber eines Hausgewerbetreibenden Arbeitgeberpflichten erfüllt, gilt der Hausgewerbetreibende als Beschäftigter.

(6a) Beschäftigt ein Arbeitgeber, der

1. im privaten Bereich nichtgewerbliche Zwecke oder
2. mildtätige, kirchliche, religiöse, wissenschaftliche oder gemeinnützige Zwecke im Sinne des § 10b des Einkommensteuergesetzes

verfolgt, Personen versicherungsfrei geringfügig nach § 8, kann er auf Antrag abweichend von Absatz 1 Meldungen auf Vordrucken erstatten, wenn er glaubhaft macht, dass ihm eine Meldung auf maschinell verwertbaren Datenträgern oder durch Datenübertragung nicht möglich ist.

(7) ¹Der Arbeitgeber erstattet der Einzugsstelle für einen im privaten Haushalt Beschäftigten anstelle der Meldung nach Absatz 1 unverzüglich eine vereinfachte Meldung (Haushaltsscheck) mit den Angaben nach Absatz 8 Satz 1, wenn das Arbeitsentgelt (§ 14 Absatz 3) aus dieser Beschäftigung regelmäßig 400 Euro im Monat nicht übersteigt. ²Der Arbeitgeber erteilt der Einzugsstelle eine Ermächtigung zum Einzug des Gesamtsozialversicherungsbeitrags. ³Der Haushaltsscheck ist vom Arbeitgeber und vom Beschäftigten zu unterschreiben. ⁴Die Absätze 2 bis 5 gelten nicht.

(8) ¹Der Haushaltsscheck enthält

1. den Familiennamen, Vornamen, die Anschrift und die Betriebsnummer des Arbeitgebers,
2. den Familiennamen, Vornamen, die Anschrift und die Versicherungsnummer des Beschäftigten; kann die Versicherungsnummer nicht angegeben werden, ist das Geburtsdatum des Beschäftigten einzutragen,

3. die Angabe, ob der Beschäftigte im Zeitraum der Beschäftigung bei mehreren Arbeitgebern beschäftigt ist, und
4. a) bei einer Meldung bei jeder Lohn- oder Gehaltszahlung den Zeitraum der Beschäftigung, das Arbeitsentgelt (§ 14 Absatz 3) für diesen Zeitraum sowie am Ende der Beschäftigung den Zeitpunkt der Beendigung,
   b) bei einer Meldung zu Beginn der Beschäftigung deren Beginn und das monatliche Arbeitsentgelt (§ 14 Absatz 3),
   c) bei einer Meldung wegen Änderung des Arbeitsentgelts (§ 14 Absatz 3) den neuen Betrag und den Zeitpunkt der Änderung,
   d) bei einer Meldung am Ende der Beschäftigung den Zeitpunkt der Beendigung,
   e) bei Erklärung des Verzichts auf Versicherungsfreiheit nach § 5 Absatz 2 Satz 2 des Sechsten Buches den Zeitpunkt des Verzichts.

²Bei sich anschließenden Meldungen kann von der Angabe der Anschrift des Arbeitgebers und des Beschäftigten abgesehen werden.

(9) Die Absätze 1 bis 8 gelten entsprechend für versicherungsfrei geringfügig Beschäftigte.

(10) ¹Der Arbeitgeber hat für Beschäftigte, die nach § 6 Absatz 1 Nummer 1 des Sechsten Buches von der Versicherungspflicht befreit und Mitglied einer berufsständischen Versorgungseinrichtung sind, die Meldungen nach den Absätzen 1, 2 und 9 zusätzlich an die Annahmestelle der berufsständischen Versorgungseinrichtungen zu erstatten. ²Die Datenübermittlung hat durch gesicherte und verschlüsselte Datenübertragung aus systemgeprüften Programmen oder mittels systemgeprüfter maschinell erstellter Ausfüllhilfen zu erfolgen. ³Zusätzlich zu den Angaben nach Absatz 3 enthalten die Meldungen die Mitgliedsnummer des Beschäftigten bei der Versorgungseinrichtung. ⁴Die Absätze 5 bis 6a gelten entsprechend.

(11) ¹Der Arbeitgeber hat für Beschäftigte, die nach § 6 Absatz 1 Nummer 1 des Sechsten Buches von der Versicherungspflicht befreit und Mitglied einer berufsständischen Versorgungseinrichtung sind, der Annahmestelle der berufsständischen Versorgungseinrichtungen monatliche Meldungen zur Beitragserhebung zu erstatten. ²Absatz 10 Satz 2 gilt entsprechend. ³Diese Meldungen enthalten für den Beschäftigten

1. die Mitgliedsnummer bei der Versorgungseinrichtung oder, wenn die Mitgliedsnummer nicht bekannt ist, die Personalnummer beim Arbeitgeber, den Familien- und Vornamen, das Geschlecht und das Geburtsdatum,
2. den Zeitraum, für den das Arbeitsentgelt gezahlt wird,
3. das beitragspflichtige ungekürzte laufende Arbeitsentgelt für den Zahlungszeitraum,
4. das beitragspflichtige ungekürzte einmalig gezahlte Arbeitsentgelt im Monat der Abrechnung,
5. die Anzahl der Sozialversicherungstage im Zahlungszeitraum,
6. den Beitrag, der bei Firmenzahlern für das Arbeitsentgelt nach Nummer 3 und 4 anfällt,
7. die Betriebsnummer der Versorgungseinrichtung,
8. die Betriebsnummer des Beschäftigungsbetriebes,
9. den Arbeitgeber,
10. den Ort der Betriebsstätte,
11. den Monat der Abrechnung.

⁴Soweit nicht aus der Entgeltbescheinigung des Beschäftigten zu entnehmen ist, dass die Meldung erfolgt ist und welchen Inhalt sie hatte, gilt Absatz 5.

(12) Der Arbeitgeber hat auch für Beschäftigte, die ausschließlich nach § 2 Abs. 1 Nr. 1 des Siebten Buches als Beschäftigte gelten, Meldungen nach Absatz 3 Satz 2 Nr. 2 abzugeben.

(13) ¹Die Künstlersozialkasse hat für die nach dem Künstlersozialversicherungsgesetz krankenversicherungspflichtigen Mitglieder monatlich eine Meldung an die zuständige Krankenkasse (§ 28i) durch Datenübermittlung mit den für den Nachweis der Beitragspflicht notwendigen Angaben, insbesondere die Versicherungsnummer, den Namen und Vornamen, den beitragspflichtigen Zeitraum, die Höhe des der Beitragspflicht zu Grunde liegenden Arbeitseinkommens, ein Kennzeichen über die Ruhensanordnung gemäß § 16 Absatz 2 des Künstlersozialversicherungsgesetzes und den Verweis auf die Versicherungspflicht in der Rentenversicherung des Versicherten zu übermitteln. ²Den Übertragungsweg und die Einzelheiten des Verfahrens wie den Aufbau des Datensatzes regeln die Künstlersozialkasse und der Spitzenverband Bund der Krankenkassen in gemeinsamen Grundsätzen entsprechend § 28b

Absatz 2. ³Bei der Nutzung allgemein zugänglicher Netze sind dem jeweiligen Stand der Technik entsprechende Verschlüsselungsverfahren zu verwenden.

§ 28b
Aufgaben der Einzugsstelle bei Meldungen, gemeinsame Grundsätze

(1) ¹Die Einzugsstelle nimmt die Meldungen für die gesetzliche Kranken- und Rentenversicherung, nach dem Recht der Arbeitsförderung und für die soziale Pflegeversicherung entgegen, soweit durch dieses Gesetzbuch nichts anderes bestimmt ist. ²Dies gilt auch für die Meldungen nach § 196 Absatz 2 Satz 3 des Sechsten Buches. ³Die Einzugsstelle hat dafür zu sorgen, dass die Meldungen rechtzeitig erstattet werden, die erforderlichen Angaben vollständig und richtig enthalten sind und die Meldungen rechtzeitig weitergeleitet werden.

(2) ¹Der Spitzenverband Bund der Krankenkassen, die Deutsche Rentenversicherung Bund, die Bundesagentur für Arbeit und die Deutsche Gesetzliche Unfallversicherung e. V. bestimmen in gemeinsamen Grundsätzen bundeseinheitlich:

1. die Schlüsselzahlen für Personengruppen, Beitragsgruppen und für Abgabegründe der Meldungen,
2. den Aufbau der einzelnen Datensätze für die Übermittlung von Meldungen und Beitragsnachweisen sowie von Eingangsbestätigungen, Fehlermeldungen und Rückmeldungen der Sozialversicherungsträger an die Arbeitgeber durch Datenübertragung.

²Die gemeinsamen Grundsätze bedürfen der Genehmigung des Bundesministeriums für Arbeit und Soziales, das vorher die Bundesvereinigung der Deutschen Arbeitgeberverbände anzuhören hat.

(3) Die Deutsche Rentenversicherung Knappschaft–Bahn–See kann für ihren Bereich von den Bestimmungen nach Absatz 2 Nummer 1 abweichen.

(4) Der Spitzenverband Bund der Krankenkassen, die Deutsche Rentenversicherung Bund und die Bundesagentur für Arbeit bestimmen bundeseinheitlich die Gestaltung des Haushaltsschecks (§ 28a Absatz 7) und der der Einzugsstelle in diesem Verfahren zu erteilenden Einzugsermächtigung.

(5) ¹Für die Meldungen nach § 28a Absatz 10 und 11 gilt Absatz 1 für die Annahmestelle der berufsständischen Versorgungseinrichtungen entsprechend. ²Absatz 2 gilt entsprechend mit der Maßgabe, dass auch die Arbeitsgemeinschaft berufsständischer Versorgungseinrichtungen zu beteiligen ist, soweit Meldungen nach § 28a Absatz 10 und 11 betroffen sind.

(6) ¹Für die Meldungen nach § 97 Absatz 1 sowie die Übermittlung der Daten zwischen der Registratur Fachverfahren, der Zentralen Speicherstelle und den abrufenden Behörden gilt Absatz 2 entsprechend mit der Maßgabe, dass je ein Vertreter des Deutschen Städtetages, des Deutschen Städte- und Gemeindebundes, des Deutschen Landkreistages, der Familienkasse bei der Bundesagentur für Arbeit und beratend je ein Vertreter der Arbeitsgemeinschaft Wirtschaftliche Verwaltung und des Bundesamtes für Sicherheit in der Informationstechnik zu beteiligen sind. ²Die Genehmigung erfolgt im Einvernehmen mit dem Bundesministerium für Wirtschaft und Technologie.

§ 28c
Verordnungsermächtigung

(1) Das Bundesministerium für Arbeit und Soziales wird ermächtigt, durch Rechtsverordnung mit Zustimmung des Bundesrates das Nähere über das Melde- und Beitragsnachweisverfahren zu bestimmen, insbesondere

1. die Frist der Meldungen und Beitragsnachweise,
2. (weggefallen)
3. welche zusätzlichen, für die Verarbeitung der Meldungen und Beitragsnachweise oder die Durchführung der Versicherung erforderlichen Angaben zu machen sind,
4. das Verfahren über die Prüfung, Sicherung und Weiterleitung der Daten,
5. unter welchen Voraussetzungen Systemprüfungen durchzuführen, Meldungen und Beitragsnachweise durch Datenübertragung zu erstatten sind,
6. in welchen Fällen auf einzelne Meldungen oder Angaben verzichtet wird,
7. in welcher Form und Frist der Arbeitgeber die Beschäftigten über die Meldungen zu unterrichten hat.

(2) Absatz 1 gilt entsprechend für das Verfahren des elektronischen Entgeltnachweises nach dem Sechsten Abschnitt.

§ 28d
Gesamtsozialversicherungsbeitrag

¹Die Beiträge in der Kranken- oder Rentenversicherung für einen kraft Gesetzes versicherten Beschäftigten oder Hausgewerbetreibenden sowie der Beitrag aus Arbeitsentgelt aus einer versicherungspflichtigen Beschäftigung nach dem Recht der Arbeitsförderung werden als Gesamtsozialversicherungsbeitrag gezahlt. ²Satz 1 gilt auch für den Beitrag zur Pflegeversicherung für einen in der Krankenversicherung kraft Gesetzes versicherten Beschäftigten. ³Die nicht nach dem Arbeitsentgelt zu bemessenden Beiträge in der landwirtschaftlichen Krankenversicherung für einen kraft Gesetzes versicherten Beschäftigten gelten zusammen mit den Beiträgen zur Rentenversicherung und Arbeitsförderung im Sinne des Satzes 1 ebenfalls als Gesamtsozialversicherungsbeitrag.

§ 28e
Zahlungspflicht, Vorschuss

(1) ¹Den Gesamtsozialversicherungsbeitrag hat der Arbeitgeber und in den Fällen der nach § 7f Absatz 1 Satz 1 Nummer 2 auf die Deutsche Rentenversicherung Bund übertragenen Wertguthaben die Deutsche Rentenversicherung Bund zu zahlen. ²Die Zahlung des vom Beschäftigten zu tragenden Teils des Gesamtsozialversicherungsbeitrags gilt als aus dem Vermögen des Beschäftigten erbracht. ³Ist ein Träger der Kranken- oder Rentenversicherung oder die Bundesagentur für Arbeit der Arbeitgeber, gilt der jeweils für diesen Leistungsträger oder, wenn eine Krankenkasse der Arbeitgeber ist, auch der für die Pflegekasse bestimmte Anteil am Gesamtsozialversicherungsbeitrag als gezahlt; dies gilt für die Beiträge zur Rentenversicherung auch im Verhältnis der Träger der Rentenversicherung untereinander.

(2) ¹Für die Erfüllung der Zahlungspflicht des Arbeitgebers haftet bei einem wirksamen Vertrag der Entleiher wie ein selbstschuldnerischer Bürge, soweit ihm Arbeitnehmer gegen Vergütung zur Arbeitsleistung überlassen worden sind. ²Er kann die Zahlung verweigern, solange die Einzugsstelle den Arbeitgeber nicht gemahnt hat und die Mahnfrist nicht abgelaufen ist. ³Zahlt der Verleiher das vereinbarte Arbeitsentgelt oder Teile des Arbeitsentgelts an den Leiharbeitnehmer, obwohl der Vertrag nach § 9 Nummer 1 des Arbeitnehmerüberlassungsgesetzes unwirksam ist, so hat er auch den hierauf entfallenden Gesamtsozialversicherungsbeitrag an die Einzugsstelle zu zahlen. ⁴Hinsichtlich der Zahlungspflicht nach Satz 3 gilt der Verleiher neben dem Entleiher als Arbeitgeber; beide haften insoweit als Gesamtschuldner.

(2a) ¹Für die Erfüllung der Zahlungspflicht, die sich für den Arbeitgeber knappschaftlicher Arbeiten im Sinne von § 134 Absatz 4 des Sechsten Buches ergibt, haftet der Arbeitgeber des Bergwerksbetriebes, mit dem die Arbeiten räumlich und betrieblich zusammenhängen, wie ein selbstschuldnerischer Bürge. ²Der Arbeitgeber des Bergwerksbetriebes kann die Befriedigung verweigern, solange die Einzugsstelle den Arbeitgeber der knappschaftlichen Arbeiten nicht gemahnt hat und die Mahnfrist nicht abgelaufen ist.

(3) Für die Erfüllung der Zahlungspflicht des Arbeitgebers von Seeleuten nach § 13 Absatz 1 Satz 2 haften Arbeitgeber und Reeder als Gesamtschuldner.

(3a) ¹Ein Unternehmer des Baugewerbes, der einen anderen Unternehmer mit der Erbringung von Bauleistungen im Sinne des § 175 Absatz 2 des Dritten Buches beauftragt, haftet für die Erfüllung der Zahlungspflicht dieses Unternehmers oder eines von diesem Unternehmer beauftragten Verleihers wie ein selbstschuldnerischer Bürge. ²Satz 1 gilt entsprechend für die vom Nachunternehmer gegenüber ausländischen Sozialversicherungsträgern abzuführenden Beiträge. ³Absatz 2 Satz 2 gilt entsprechend.

(3b) ¹Die Haftung nach Absatz 3a entfällt, wenn der Unternehmer nachweist, dass er ohne eigenes Verschulden davon ausgehen konnte, dass der Nachunternehmer oder ein von ihm beauftragter Verleiher seine Zahlungspflicht erfüllt. ²Ein Verschulden des Unternehmers ist ausgeschlossen, soweit und solange er Fachkunde, Zuverlässigkeit und Leistungsfähigkeit des Nachunternehmers oder des von diesem beauftragten Verleihers durch eine Präqualifikation nachweist, die die Eignungsvoraussetzungen nach § 8 der Vergabe- und Vertragsordnung für Bauleistungen Teil A in der Fassung der Bekanntmachung vom 20. März 2006 (BAnz. Nummer 94a vom 18. Mai 2006) erfüllt.

(3c) ¹Ein Unternehmer, der Bauleistungen im Auftrag eines anderen Unternehmers erbringt, ist verpflichtet, auf Verlangen der Einzugsstelle Firma und Anschrift dieses Unternehmers mitzuteilen. ²Kann der Auskunftsanspruch nach Satz 1 nicht durchgesetzt werden, hat ein Unternehmer, der einen Gesamtauftrag für die Erbringung von Bauleistungen für ein Bauwerk erhält, der Einzugsstelle auf Verlangen Firma und Anschrift aller Unternehmer, die von ihm mit der Erbringung von Bauleistungen beauftragt wurden, zu benennen.

(3d) ¹Absatz 3a gilt ab einem geschätzten Gesamtwert aller für ein Bauwerk in Auftrag gegebenen Bauleistungen von 275 000 Euro. ²Für die Schätzung gilt § 3 der Vergabeverordnung vom 9. Januar 2001

Anhang 53/SGB IV

(BGBl. I S. 110), die zuletzt durch Artikel 3 Absatz 1 des Gesetzes vom 16. Mai 2001 (BGBl. I S. 876) geändert worden ist.

(3e) ¹Die Haftung des Unternehmers nach Absatz 3a erstreckt sich in Abweichung von der dort getroffenen Regelung auf das von dem Nachunternehmer beauftragte nächste Unternehmen, wenn die Beauftragung des unmittelbaren Nachunternehmers bei verständiger Würdigung der Gesamtumstände als ein Rechtsgeschäft anzusehen ist, dessen Ziel vor allem die Auflösung der Haftung nach Absatz 3a ist. ²Maßgeblich für die Würdigung ist die Verkehrsanschauung im Baubereich. ³Ein Rechtsgeschäft im Sinne dieser Vorschrift, das als Umgehungstatbestand anzusehen ist, ist in der Regel anzunehmen,

a) wenn der unmittelbare Nachunternehmer weder selbst eigene Bauleistungen noch planerische oder kaufmännische Leistungen erbringt oder

b) wenn der unmittelbare Nachunternehmer weder technisches noch planerisches oder kaufmännisches Fachpersonal in nennenswertem Umfang beschäftigt oder

c) wenn der unmittelbare Nachunternehmer in einem gesellschaftsrechtlichen Abhängigkeitsverhältnis zum Hauptunternehmer steht.

⁴Besonderer Prüfung bedürfen die Umstände des Einzelfalles vor allem in Fällen, in denen der unmittelbare Nachunternehmer seinen handelsrechtlichen Sitz außerhalb des Europäischen Wirtschaftsraums hat.

(3f) ¹Der Unternehmer kann den Nachweis nach Absatz 3b Satz 2 an Stelle der Präqualifikation auch durch Vorlage einer Unbedenklichkeitsbescheinigung der zuständigen Einzugsstelle für den Nachunternehmer oder den von diesem beauftragten Verleiher erbringen. ²Die Unbedenklichkeitsbescheinigung enthält Angaben über die ordnungsgemäße Zahlung der Sozialversicherungsbeiträge und die Zahl der gemeldeten Beschäftigten. ³Die Bundesregierung berichtet unter Beteiligung des Normenkontrollrates über die Wirksamkeit und Reichweite der Generalunternehmerhaftung für Sozialversicherungsbeiträge im Baugewerbe, insbesondere über die Haftungsfreistellung nach Satz 1 und nach Absatz 3b, den gesetzgebenden Körperschaften im Jahr 2012.

(4) Die Haftung umfasst die Beiträge und Säumniszuschläge, die infolge der Pflichtverletzung zu zahlen sind, sowie die Zinsen für gestundete Beiträge (Beitragsansprüche).

(5) Die Satzung der Einzugsstelle kann bestimmen, unter welchen Voraussetzungen vom Arbeitgeber Vorschüsse auf den Gesamtsozialversicherungsbeitrag verlangt werden können.

§ 28f

Aufzeichnungspflicht, Nachweise der Beitragsabrechnung und der Beitragszahlung

(1) ¹Der Arbeitgeber hat für jeden Beschäftigten, getrennt nach Kalenderjahren, Lohnunterlagen im Geltungsbereich dieses Gesetzes in deutscher Sprache zu führen und bis zum Ablauf des auf die letzte Prüfung (§ 28p) folgenden Kalenderjahres geordnet aufzubewahren. ²Satz 1 gilt nicht hinsichtlich der Beschäftigten in privaten Haushalten. ³Die landwirtschaftlichen Krankenkassen können wegen der mitarbeitenden Familienangehörigen Ausnahmen zulassen. ⁴Für die Aufbewahrung der Beitragsabrechnungen und der Beitragsnachweise gilt Satz 1.

(1a) Bei der Ausführung eines Dienst- oder Werkvertrages im Baugewerbe hat der Unternehmer die Lohnunterlagen und die Beitragsabrechnung so zu gestalten, dass eine Zuordnung der Arbeitnehmer, des Arbeitsentgelts und des darauf entfallenden Gesamtsozialversicherungsbeitrags zu dem jeweiligen Dienst- oder Werkvertrag möglich ist.

(2) ¹Hat ein Arbeitgeber die Aufzeichnungspflicht nicht ordnungsgemäß erfüllt und können dadurch die Versicherungs- oder Beitragspflicht oder die Beitragshöhe nicht festgestellt werden, kann der prüfende Träger der Rentenversicherung den Beitrag in der Kranken-, Pflege- und Rentenversicherung und zur Arbeitsförderung von der Summe der vom Arbeitgeber gezahlten Arbeitsentgelte geltend machen. ²Satz 1 gilt nicht, soweit ohne unverhältnismäßig großen Verwaltungsaufwand festgestellt werden kann, dass Beiträge nicht zu zahlen waren oder Arbeitsentgelt einem bestimmten Beschäftigten zugeordnet werden kann. ³Soweit der prüfende Träger der Rentenversicherung die Höhe der Arbeitsentgelte nicht oder nicht ohne unverhältnismäßig großen Verwaltungsaufwand ermitteln kann, hat er diese zu schätzen. ⁴Dabei ist für das monatliche Arbeitsentgelt eines Beschäftigten das am Beschäftigungsort ortsübliche Arbeitsentgelt mitzuberücksichtigen. ⁵Der prüfende Träger der Rentenversicherung hat einen auf Grund der Sätze 1, 3 und 4 ergangenen Bescheid insoweit zu widerrufen, als nachträglich Versicherungs- oder Beitragspflicht oder Versicherungsfreiheit festgestellt und die Höhe des Arbeitsentgelts nachgewiesen werden. ⁶Die von dem Arbeitgeber auf Grund dieses Bescheides geleisteten Zahlungen sind insoweit mit der Beitragsforderung zu verrechnen.

(3) ¹Der Arbeitgeber hat der Einzugsstelle einen Beitragsnachweis zwei Arbeitstage vor Fälligkeit der Beiträge durch Datenübertragung zu übermitteln; dies gilt nicht hinsichtlich der Beschäftigten in privaten Haushalten bei Verwendung von Haushaltsschecks. ²Übermittelt der Arbeitgeber den Beitragsnachweis nicht zwei Arbeitstage vor Fälligkeit der Beiträge, so kann die Einzugsstelle das für die Beitragsberechnung maßgebende Arbeitsentgelt schätzen, bis der Nachweis ordnungsgemäß übermittelt wird. ³Der Beitragsnachweis gilt für die Vollstreckung als Leistungsbescheid der Einzugsstelle und im Insolvenzverfahren als Dokument zur Glaubhaftmachung der Forderungen der Einzugsstelle. ⁴Im Beitragsnachweis ist auch die Steuernummer des Arbeitgebers anzugeben, wenn der Beitragsnachweis die Pauschsteuer für geringfügig Beschäftigte enthält.

(4)¹⁾ ¹Arbeitgeber, die den Gesamtsozialversicherungsbeitrag an mehrere Orts- oder Innungskrankenkassen zu zahlen haben, können bei
1. dem jeweils zuständigen Bundesverband oder
2. einer Orts- oder Innungskrankenkasse

(beauftragte Stelle) für die jeweilige Kassenart beantragen, dass der beauftragten Stelle der jeweilige Beitragsnachweis eingereicht wird. ²Dies gilt auch für Arbeitgeber, die den Gesamtsozialversicherungsbeitrag an mehrere Betriebskrankenkassen oder landwirtschaftliche Krankenkassen zu zahlen haben, gegenüber dem jeweiligen Bundesverband. ³Gibt die beauftragte Stelle dem Antrag statt, hat sie die zuständigen Einzugsstellen zu unterrichten. ⁴Im Falle des Satzes 1 erhält die beauftragte Stelle auch den Gesamtsozialversicherungsbeitrag, den sie arbeitstäglich durch Überweisung unmittelbar an folgende Stellen weiterzuleiten hat:
1. die Beiträge zur Kranken- und Pflegeversicherung an die zuständigen Einzugsstellen,
2. die Beiträge zur Rentenversicherung gemäß § 28k,
3. die Beiträge zur Arbeitsförderung an die Bundesagentur für Arbeit.

⁵Die beauftragte Stelle hat die für die zuständigen Einzugsstellen bestimmten Beitragsnachweise an diese weiterzuleiten. ⁶Die Träger der Pflegeversicherung, der Rentenversicherung und die Bundesagentur für Arbeit können den Beitragsnachweis sowie den Eingang, die Verwaltung und die Weiterleitung ihrer Beiträge bei der beauftragten Stelle prüfen. ⁷§ 28q Absatz 2 und 3 sowie § 28r Absatz 1 und 2 gelten entsprechend.

(5) ¹Abweichend von Absatz 1 Satz 1 sind die am 31. Dezember 1991 im Beitrittsgebiet vorhandenen Lohnunterlagen mindestens bis zum 31. Dezember 2011 vom Arbeitgeber aufzubewahren. ²Die Pflicht zur Aufbewahrung erlischt, wenn der Arbeitgeber die Lohnunterlagen dem Betroffenen aushändigt oder die für die Rentenversicherung erforderlichen Daten bescheinigt, frühestens jedoch mit Ablauf des auf die letzte Prüfung der Träger der Rentenversicherung bei dem Arbeitgeber folgenden Kalenderjahres, und wenn ein Unternehmen aufgelöst wird.

§ 28g

Beitragsabzug

¹Der Arbeitgeber und in den Fällen der nach § 7f Absatz 1 Satz 1 Nummer 2 auf die Deutsche Rentenversicherung Bund übertragenen Wertguthaben die Deutsche Rentenversicherung Bund hat gegen den Beschäftigten einen Anspruch auf den vom Beschäftigten zu tragenden Teil des Gesamtsozialversicherungsbeitrags. ²Dieser Anspruch kann nur durch Abzug vom Arbeitsentgelt geltend gemacht werden. ³Ein unterbliebener Abzug darf nur bei den drei nächsten Lohn- oder Gehaltszahlungen nachgeholt werden, danach nur dann, wenn der Abzug ohne Verschulden des Arbeitgebers unterblieben ist.

---

1) § 28f Abs. 4 SGB IV tritt gemäß Art. 5 Nr. 3, Art. 46 Abs. 12 des Gesetzes vom 26.3.2007 (BGBl. I S. 378) ab 1.1.2011 in folgender Fassung in Kraft:
„(4) ¹Die Krankenkassen stellen sicher, dass der Arbeitgeber statt bei einer Einzugsstelle bei einer Weiterleitungsstelle (beauftragten Stelle)
1. die Meldungen nach § 28a erstatten,
2. die Gesamtsozialversicherungsbeiträge nach § 28d zahlen,
3. die Betragsnachweise nach § 28f einreichen
kann. ²Weiterleitungsstelle können Krankenkassen sowie Verbünde, Arbeitsgemeinschaften oder Verbände von Krankenkassen sein. ³Der Arbeitgeber hat einen entsprechenden Antrag an die beauftragte Stelle zu richten. ⁴Die beauftragte Stelle hat die zuständigen Einzugsstellen davon zu unterrichten. ⁵Die beauftragte Stelle hat die Gesamtsozialversicherungsbeiträge arbeitstäglich unmittelbar an die in § 28k genannten Stellen zu überweisen. ⁶Die Beitragsnachweise und Meldungen sind an die zuständige Einzugsstelle mit einer Übersicht der gezahlten Beiträge unverzüglich weiterzuleiten. ⁷Die Träger der Kranken- und Pflegeversicherung, der Rentenversicherung, die Bundesagentur für Arbeit und das Bundesversicherungsamt, soweit es die Verwaltung des Gesundheitsfonds betrifft, können den Beitragnachweis sowie den Eingang, die Verwaltung und die Weiterleitung der Beiträge bei der beauftragten Stelle prüfen. ⁸§ 28q Absatz 2 und 3 sowie § 28r Absatz 1 und 2 gelten entsprechend."

⁴Die Sätze 2 und 3 gelten nicht, wenn der Beschäftigte seinen Pflichten nach § 28o Absatz 1 vorsätzlich oder grob fahrlässig nicht nachkommt oder er den Gesamtsozialversicherungsbeitrag allein trägt oder solange der Beschäftigte nur Sachbezüge erhält.

§ 28h
Einzugsstellen

(1) ¹Der Gesamtsozialversicherungsbeitrag ist an die Krankenkassen (Einzugsstellen) zu zahlen. ²Die Einzugsstelle überwacht die Einreichung des Beitragsnachweises und die Zahlung des Gesamtsozialversicherungsbeitrags. ³Beitragsansprüche, die nicht rechtzeitig erfüllt worden sind, hat die Einzugsstelle geltend zu machen.

(2) ¹Die Einzugsstelle entscheidet über die Versicherungspflicht und Beitragshöhe in der Kranken-, Pflege- und Rentenversicherung sowie nach dem Recht der Arbeitsförderung und prüft die Einhaltung der Arbeitsentgeltgrenzen bei geringfügiger Beschäftigung nach den §§ 8 und 8a; sie erlässt auch den Widerspruchsbescheid. ²Soweit die Einzugsstelle die Höhe des Arbeitsentgelts nicht oder nicht ohne unverhältnismäßig großen Verwaltungsaufwand ermitteln kann, hat sie dieses zu schätzen. ³Dabei ist für das monatliche Arbeitsentgelt des Beschäftigten das am Beschäftigungsort ortsübliche Arbeitsentgelt mit zu berücksichtigen.

(3) ¹Bei Verwendung eines Haushaltsschecks vergibt die Einzugsstelle im Auftrag der Bundesagentur für Arbeit die Betriebsnummer des Arbeitgebers, berechnet den Gesamtsozialversicherungsbeitrag und die Umlagen nach dem Aufwendungsausgleichsgesetz und zieht diese vom Arbeitgeber im Wege des Lastschriftverfahrens ein. ²Die Einzugsstelle meldet bei Beginn und Ende der Beschäftigung und zum Jahresende der Datenstelle der Träger der Rentenversicherung die für die Rentenversicherung und die Bundesagentur für Arbeit erforderlichen Daten eines jeden Beschäftigten. ³Die Einzugsstelle teilt dem Beschäftigten den Inhalt der abgegebenen Meldung schriftlich mit.

(4) Bei Verwendung eines Haushaltsschecks bescheinigt die Einzugsstelle dem Arbeitgeber zum Jahresende
1. den Zeitraum, für den Beiträge zur Rentenversicherung gezahlt wurden, und
2. die Höhe des Arbeitsentgelts (§ 14 Absatz 3), des von ihm getragenen Gesamtsozialversicherungsbeitrags und der Umlagen.

§ 28i
Zuständige Einzugsstelle

¹Zuständige Einzugsstelle für den Gesamtsozialversicherungsbeitrag ist die Krankenkasse, von der die Krankenversicherung durchgeführt wird. ²Für Beschäftigte, die bei keiner Krankenkasse versichert sind, werden Beiträge zur Rentenversicherung und zur Arbeitsförderung an die Einzugsstelle gezahlt, die der Arbeitgeber in entsprechender Anwendung des § 175 Absatz 3 Satz 2 des Fünften Buches gewählt hat. ³Zuständige Einzugsstelle ist in den Fällen des § 28f Absatz 2 die nach § 175 Absatz 3 Satz 3 des Fünften Buches bestimmte Krankenkasse. ⁴Zuständige Einzugsstelle ist in den Fällen des § 2 Absatz 3 die Deutsche Rentenversicherung Knappschaft-Bahn-See. ⁵Bei geringfügigen Beschäftigungen ist zuständige Einzugsstelle die Deutsche Rentenversicherung Knappschaft-Bahn-See/Verwaltungsstelle Cottbus als Träger der Rentenversicherung.

§ 28o
Auskunfts- und Vorlagepflicht des Beschäftigten

(1) Der Beschäftigte hat dem Arbeitgeber die zur Durchführung des Meldeverfahrens und der Beitragszahlung erforderlichen Angaben zu machen und, soweit erforderlich, Unterlagen vorzulegen; dies gilt bei mehreren Beschäftigungen gegenüber allen beteiligten Arbeitgebern.

(2) ¹Der Beschäftigte hat auf Verlangen den zuständigen Versicherungsträgern unverzüglich Auskunft über die Art und Dauer seiner Beschäftigungen, die hierbei erzielten Arbeitsentgelte, seine Arbeitgeber und die für die Erhebung von Beiträgen notwendigen Tatsachen zu erteilen und alle für die Prüfung der Meldungen und der Beitragszahlung erforderlichen Unterlagen vorzulegen. ²Satz 1 gilt für den Hausgewerbetreibenden, soweit er den Gesamtsozialversicherungsbeitrag zahlt, entsprechend.

§ 28p
Prüfung bei den Arbeitgebern

(1) ¹Die Träger der Rentenversicherung prüfen bei den Arbeitgebern, ob diese ihre Meldepflichten und ihre sonstigen Pflichten nach diesem Gesetzbuch, die im Zusammenhang mit dem Gesamtsozialversicherungsbeitrag stehen, ordnungsgemäß erfüllen; sie prüfen insbesondere die Richtigkeit der Beitragszahlungen und der Meldungen (§ 28a) mindestens alle vier Jahre. ²Die Prüfung soll in kürzeren

Anhang 53/SGB IV

Zeitabständen erfolgen, wenn der Arbeitgeber dies verlangt. [3]Die Einzugsstelle unterrichtet den für den Arbeitgeber zuständigen Träger der Rentenversicherung, wenn sie eine alsbaldige Prüfung bei dem Arbeitgeber für erforderlich hält. [4]Die Prüfung umfasst auch die Lohnunterlagen der Beschäftigten, für die Beiträge nicht gezahlt wurden. [5]Die Träger der Rentenversicherung erlassen im Rahmen der Prüfung Verwaltungsakte zur Versicherungspflicht und Beitragshöhe in der Kranken-, Pflege- und Rentenversicherung sowie nach dem Recht der Arbeitsförderung einschließlich der Widerspruchsbescheide gegenüber den Arbeitgebern; insoweit gelten § 28h Absatz 2 sowie § 93 in Verbindung mit § 89 Absatz 5 des Zehnten Buches nicht. [6]Die landwirtschaftlichen Krankenkassen nehmen abweichend von Satz 1 die Prüfung für die bei ihnen versicherten mitarbeitenden Familienangehörigen vor.

(1a) [1]Die Träger der Rentenversicherung prüfen bei den Arbeitgebern, ob diese ihre Meldepflichten nach dem Künstlersozialversicherungsgesetz ordnungsgemäß erfüllen und die Künstlersozialabgabe rechtzeitig und vollständig entrichten. [2]Das Prüfverfahren kann mit der Aufforderung zur Meldung eingeleitet werden. [3]Die Träger der Deutschen Rentenversicherung erlassen insoweit die erforderlichen Verwaltungsakte zur Künstlersozialabgabepflicht, zur Höhe der Künstlersozialabgabe und zur Höhe der Vorauszahlungen nach dem Künstlersozialversicherungsgesetz einschließlich der Widerspruchsbescheide. [4]Die Träger der Rentenversicherung unterrichten die Künstlersozialkasse über Sachverhalte, soweit sie Melde- und Abgabepflichten der Arbeitgeber nach dem Künstlersozialversicherungsgesetz betreffen.

(1b) [1]Die Träger der Rentenversicherung teilen den Trägern der Unfallversicherung die Feststellungen aus der Prüfung bei den Arbeitgebern nach § 166 Absatz 2 des Siebten Buches mit. [2]Die Träger der Unfallversicherung erlassen die erforderlichen Bescheide.

(2) [1]Im Bereich der Regionalträger richtet sich die örtliche Zuständigkeit nach dem Sitz der Lohn- und Gehaltsabrechnungsstelle des Arbeitgebers. [2]Die Träger der Rentenversicherung stimmen sich darüber ab, welche Arbeitgeber sie prüfen; ein Arbeitgeber ist jeweils nur von einem Träger der Rentenversicherung zu prüfen.

(3) Die Träger der Rentenversicherung unterrichten die Einzugsstellen über Sachverhalte, soweit sie die Zahlungspflicht oder die Meldepflicht des Arbeitgebers betreffen.

(4) (weggefallen)

(5) [1]Die Arbeitgeber sind verpflichtet, angemessene Prüfhilfen zu leisten. [2]Abrechnungsverfahren, die mit Hilfe automatischer Einrichtungen durchgeführt werden, sind in die Prüfung einzubeziehen.

(6) [1]Zu prüfen sind auch steuerberatende Stellen, Rechenzentren und vergleichbare Einrichtungen, die im Auftrag des Arbeitgebers oder einer von ihm beauftragten Person Löhne und Gehälter abrechnen oder Meldungen erstatten. [2]Die örtliche Zuständigkeit richtet sich im Bereich der Regionalträger nach dem Sitz dieser Stellen. [3]Absatz 5 gilt entsprechend.

(7) [1]Die Träger der Rentenversicherung haben eine Übersicht über die Ergebnisse ihrer Prüfungen zu führen und bis zum 31. März eines jeden Jahres für das abgelaufene Kalenderjahr den Aufsichtsbehörden vorzulegen. [2]Das Nähere über Inhalt und Form der Übersicht bestimmen einvernehmlich die Aufsichtsbehörden der Träger der Rentenversicherung mit Wirkung für diese.

(8) [1]Die Deutsche Rentenversicherung Bund führt eine Datei, in der der Name, die Anschrift, die Betriebsnummer, der für den Arbeitgeber zuständige Unfallversicherungsträger und weitere Identifikationsmerkmale eines jeden Arbeitgebers sowie die für die Planung der Prüfungen bei den Arbeitgebern und die für die Übersichten nach Absatz 7 erforderlichen Daten gespeichert sind; die Deutsche Rentenversicherung Bund darf die in dieser Datei gespeicherten Daten nur für die Prüfung bei den Arbeitgebern und zur Ermittlung der nach dem Künstlersozialversicherungsgesetz abgabepflichtigen Unternehmer verarbeiten und nutzen. [2]In die Datei ist eine Kennzeichnung aufzunehmen, wenn nach § 166 Absatz 2 Satz 2 des Siebten Buches die Prüfung der Arbeitgeber für die Unfallversicherung nicht von den Trägern der Rentenversicherung durchzuführen ist; die Träger der Unfallversicherung haben die erforderlichen Angaben zu übermitteln. [3]Die Datenstelle der Träger der Rentenversicherung führt für die Prüfung bei den Arbeitgebern eine Datei, in der neben der Betriebsnummer eines jeden Arbeitgebers, die Betriebsnummer des für den Arbeitgeber zuständigen Unfallversicherungsträgers, die Unfallversicherungsmitgliedsnummer des Arbeitgebers, das in der Unfallversicherung beitragspflichtige Entgelt der bei ihm Beschäftigten in Euro, die anzuwendenden Gefahrtarifstellen der bei ihm Beschäftigten, die Versicherungsnummern der bei ihm Beschäftigten einschließlich des Beginns und des Endes von deren Beschäftigung, die Bezeichnung der für jeden Beschäftigten zuständigen Einzugsstelle sowie eine Kennzeichnung des Vorliegens einer geringfügigen Beschäftigung gespeichert sind. [4]Sie darf die Daten der Stammsatzdatei nach § 150 Absatz 1 und 2 des Sechsten Buches sowie die Daten der Datei nach § 150 Absatz 3 des Sechsten Buches für die Prüfung bei den Arbeitgebern verarbeiten und nutzen; die Daten der Stammsatzdatei darf sie auch für Prüfungen nach § 212a des Sechsten Buches verarbeiten und nutzen. [5]Sie ist verpflichtet, auf Anforderung des prüfenden Trägers der Rentenversicherung

1. die in den Dateien nach den Sätzen 1 und 3 gespeicherten Daten,
2. die in den Versicherungskonten der Träger der Rentenversicherung gespeicherten, auf den Prüfungszeitraum entfallenden Daten der bei dem zu prüfenden Arbeitgeber Beschäftigten,
3. die bei den für den Arbeitgeber zuständigen Einzugsstellen gespeicherten Daten aus den Beitragsnachweisen (§ 28f Absatz 3) für die Zeit nach dem Zeitpunkt, bis zu dem der Arbeitgeber zuletzt geprüft wurde,
4. die bei der Künstlersozialkasse über den Arbeitgeber gespeicherten Daten zur Melde- und Abgabepflicht für den Zeitraum seit der letzten Prüfung sowie
5. die bei den Trägern der Unfallversicherung gespeicherten Daten zur Melde- und Beitragspflicht sowie zur Gefahrtarifstelle für den Zeitraum seit der letzten Prüfung

zu erheben, zu verarbeiten und zu nutzen, soweit dies für die Prüfung, ob die Arbeitgeber ihre Meldepflichten und ihre sonstigen Pflichten nach diesem Gesetzbuch, die im Zusammenhang mit dem Gesamtsozialversicherungsbeitrag stehen, sowie ihre Pflichten als zur Abgabe Verpflichtete nach dem Künstlersozialversicherungsgesetz und ihre Pflichten nach dem Siebten Buch zur Meldung und Beitragszahlung ordnungsgemäß erfüllen, erforderlich ist. [6]Die dem prüfenden Träger der Rentenversicherung übermittelten Daten sind unverzüglich nach Abschluss der Prüfung bei der Datenstelle und beim prüfenden Träger der Rentenversicherung zu löschen. [7]Die Träger der Rentenversicherung, die Einzugsstellen, die Künstlersozialkasse und die Bundesagentur für Arbeit sind verpflichtet, der Deutschen Rentenversicherung Bund und der Datenstelle die für die Prüfung bei den Arbeitgebern erforderlichen Daten zu übermitteln. [8]Sind für die Prüfung bei den Arbeitgebern Daten zu übermitteln, so dürfen sie auch durch Abruf im automatisierten Verfahren übermittelt werden, ohne dass es einer Genehmigung nach § 79 Absatz 1 des Zehnten Buches bedarf.

(9) Das Bundesministerium für Arbeit und Soziales bestimmt im Einvernehmen mit dem Bundesministerium für Gesundheit durch Rechtsverordnung mit Zustimmung des Bundesrates das Nähere über
1. den Umfang der Pflichten des Arbeitgebers und der in Absatz 6 genannten Stellen bei Abrechnungsverfahren, die mit Hilfe automatischer Einrichtungen durchgeführt werden,
2. die Durchführung der Prüfung sowie die Behebung von Mängeln, die bei der Prüfung festgestellt worden sind, und
3. den Inhalt der Datei nach Absatz 8 Satz 1 hinsichtlich der für die Planung der Prüfungen bei Arbeitgebern und der für die Prüfung bei Einzugsstellen erforderlichen Daten, über den Aufbau und die Aktualisierung dieser Datei sowie über den Umfang der Daten aus der Datei nach Absatz 8 Satz 1, die von den Einzugsstellen und der Bundesagentur für Arbeit nach § 28q Absatz 5 abgerufen werden können.

(10) Arbeitgeber werden wegen der Beschäftigten in privaten Haushalten nicht geprüft.

(11) [1]Sind beim Übergang der Prüfung der Arbeitgeber von Krankenkassen auf die Träger der Rentenversicherung Angestellte übernommen worden, die am 1. Januar 1995 ganz oder überwiegend mit der Prüfung der Arbeitgeber beschäftigt waren, sind die bis zum Zeitpunkt der Übernahme gültigen Tarifverträge oder sonstigen kollektiven Vereinbarungen für die übernommenen Arbeitnehmer bis zum Inkrafttreten neuer Tarifverträge oder sonstiger kollektiver Vereinbarungen maßgebend. [2]Soweit es sich bei einem gemäß Satz 1 übernommenen Beschäftigten um einen Dienstordnungs-Angestellten handelt, tragen der aufnehmende Träger der Rentenversicherung und die abgebende Krankenkasse bei Eintritt des Versorgungsfalles die Versorgungsbezüge anteilig, sofern der Angestellte im Zeitpunkt der Übernahme das 45. Lebensjahr bereits vollendet hatte. [3]§ 107b Absatz 2 bis 5 des Beamtenversorgungsgesetzes gilt sinngemäß.

§ 116
Übergangsregelungen für bestehende Wertguthaben

(1) Wertguthaben für Beschäftigte, die am 1. Januar 2009 abweichend von § 7d Absatz 1 als Zeitguthaben geführt werden, können als Zeitguthaben oder als Entgeltguthaben geführt werden; dies gilt auch für neu vereinbarte Wertguthabenvereinbarungen auf der Grundlage früherer Vereinbarungen.

(2) § 7c Absatz 1 findet nur auf Wertguthabenvereinbarungen Anwendung, die nach dem 1. Januar 2009 geschlossen worden sind.

(3) Für Wertguthabenvereinbarungen nach § 7b, die vor dem 31. Dezember 2008 geschlossen worden sind und in denen entgegen § 7e Absatz 1 und 2 keine Vorkehrungen für den Fall der Insolvenz des Arbeitgebers vereinbart sind, gilt § 7e Absatz 5 und 6 mit Wirkung ab dem 1. Juni 2009.

Sozialgesetzbuch (SGB) Sechstes Buch (VI)
– Gesetzliche Rentenversicherung –

Neufassung vom 14. Februar 2002 (BGBl. I S. 754, 1404, 3384)[1)]

– Auszug –

§ 187a
Zahlung von Beiträgen bei vorzeitiger Inanspruchnahme einer Rente wegen Alters

(1) ¹Bis zum Erreichen der Regelaltersgrenze können Rentenminderungen durch die vorzeitige Inanspruchnahme einer Rente wegen Alters durch Zahlung von Beiträgen ausgeglichen werden. ²Die Berechtigung zur Zahlung setzt voraus, dass der Versicherte erklärt, eine solche Rente zu beanspruchen.

(2) ¹Beiträge können bis zu der Höhe gezahlt werden, die sich nach der Auskunft über die Höhe der zum Ausgleich einer Rentenminderung bei vorzeitiger Inanspruchnahme einer Rente wegen Alters erforderlichen Beitragszahlung als höchstmögliche Minderung an persönlichen Entgeltpunkten durch eine vorzeitige Inanspruchnahme einer Rente wegen Alters ergibt. ²Diese Minderung wird auf der Grundlage der Summe aller Entgeltpunkte ermittelt, die mit einem Zugangsfaktor zu vervielfältigen ist und die sich bei Berechnung einer Altersrente unter Zugrundelegung des beabsichtigten Rentenbeginns ergeben würden. ³Dabei ist für jeden Kalendermonat an bisher nicht bescheinigten künftigen rentenrechtlichen Zeiten bis zum beabsichtigten Rentenbeginn von einer Beitragszahlung nach einem vom Arbeitgeber zu bescheinigenden Arbeitsentgelt ausgehen. ⁴Der Bescheinigung ist das gegenwärtige beitragspflichtige Arbeitsentgelt aufgrund der bisherigen Beschäftigung und der bisherigen Arbeitszeit zugrunde zu legen. ⁵Soweit eine Vorausbescheinigung nicht vorliegt, ist von den durchschnittlichen monatlichen Entgeltpunkten der Beitragszeiten des Kalenderjahres auszugehen, für das zuletzt Entgeltpunkte ermittelt werden können.

(3) ¹Für je einen geminderten persönlichen Entgeltpunkt ist der Betrag zu zahlen, der sich ergibt, wenn der zur Wiederauffüllung einer im Rahmen des Versorgungsausgleichs geminderten Rentenanwartschaft für einen Entgeltpunkt zu zahlende Betrag durch den jeweiligen Zugangsfaktor geteilt wird. ²Teilzahlungen sind zulässig. ³Eine Erstattung gezahlter Beiträge erfolgt nicht.

§ 187b
Zahlung von Beiträgen bei Abfindung von Anwartschaften auf betriebliche Altersversorgung

(1) Versicherte, die bei Beendigung eines Arbeitsverhältnisses nach Maßgabe des Gesetzes zur Verbesserung der betrieblichen Altersversorgung eine Abfindung für eine unverfallbare Anwartschaft auf betriebliche Altersversorgung erhalten haben, können innerhalb eines Jahres nach Zahlung der Abfindung Beiträge zur allgemeinen Rentenversicherung bis zur Höhe der geleisteten Abfindung zahlen.

(2) Nach bindender Bewilligung einer Vollrente wegen Alters ist eine Beitragszahlung nicht mehr zulässig.

---

1) Unter Berücksichtigung der Änderung zuletzt durch Artikel 4 Gesetz vom 15.7.2009 (BGBl. I S. 1939).

Anhang 55/Vorläufige Steuerfestsetzung

Vorläufige Steuerfestsetzung im Hinblick auf anhängige Musterverfahren (§ 165 Abs. 1 AO); Ruhenlassen von außergerichtlichen Rechtsbehelfsverfahren (§ 363 Abs. 2 AO); Aussetzung der Vollziehung (§ 361 AO, § 69 Abs. 2 FGO)

BMF-Schreiben vom 1. April 2009 IV A 3 - S 0338/07/10010, 2009/0158373 (BStBl. I S. 510)[1]

Wegen der großen Zahl von Rechtsbehelfen, die im Hinblick auf anhängige Musterverfahren eingelegt werden, gilt unter Bezugnahme auf das Ergebnis der Erörterung mit den obersten Finanzbehörden der Länder im Interesse der betroffenen Bürger und eines reibungslosen Verfahrensablaufs Folgendes:

I. Vorläufige Steuerfestsetzungen[2]

1. Erstmalige Steuerfestsetzungen

Erstmalige Steuerfestsetzungen sind hinsichtlich der in der Anlage zu diesem BMF-Schreiben aufgeführten Punkte nach § 165 Abs. 1 Satz 2 Nrn. 3 und 4 AO vorläufig durchzuführen.

In die Bescheide ist folgender Erläuterungstext aufzunehmen:

„Die Festsetzung der Einkommensteuer ist gemäß § 165 Abs. 1 Satz 2 Nrn. 3 und 4 AO vorläufig hinsichtlich

...

Die Vorläufigkeitserklärung erfasst sowohl die Frage, ob die angeführten gesetzlichen Vorschriften mit höherrangigem Recht vereinbar sind, als auch den Fall, dass **das Bundesverfassungsgericht oder** der Bundesfinanzhof die streitige verfassungsrechtliche Frage durch Anwendung bzw. Auslegung des einfachen Rechts entscheidet. Die Vorläufigkeitserklärung erfolgt lediglich aus verfahrenstechnischen Gründen. Sie ist nicht dahin zu verstehen, dass die im Vorläufigkeitsvermerk angeführten gesetzlichen Vorschriften als verfassungswidrig oder als gegen Europäisches Gemeinschaftsrecht verstoßend angesehen werden. Soweit die Vorläufigkeitserklärung die Frage der Verfassungsmäßigkeit einer Norm betrifft, ist sie außerdem nicht dahingehend zu verstehen, dass die Finanzverwaltung es für möglich hält, das Bundesverfassungsgericht oder der Bundesfinanzhof könne die im Vorläufigkeitsvermerk angeführte Rechtsnorm gegen ihren Wortlaut auslegen.

Die Festsetzung der Einkommensteuer ist ferner gemäß § 165 Abs. 1 Satz 2 Nr. 4 AO vorläufig hinsichtlich

...

Sollte aufgrund einer diesbezüglichen Entscheidung des Gerichtshofs der Europäischen Gemeinschaften, des Bundesverfassungsgerichts oder des Bundesfinanzhofs diese Steuerfestsetzung aufzuheben oder zu ändern sein, wird die Aufhebung oder Änderung von Amts wegen vorgenommen; ein Einspruch ist daher insoweit nicht erforderlich."

2. Geänderte oder berichtigte Steuerfestsetzungen

Bei Änderungen oder Berichtigungen von Steuerfestsetzungen ist wie folgt zu verfahren:

a) Werden Steuerfestsetzungen nach **§ 164 Abs. 2 AO** geändert oder wird der Vorbehalt der Nachprüfung nach **§ 164 Abs. 3 AO** aufgehoben, sind die Steuerfestsetzungen in demselben Umfang wie erstmalige Steuerfestsetzungen vorläufig vorzunehmen. In die Bescheide ist unter Berücksichtigung der aktuellen Anlage zu diesem BMF-Schreiben derselbe Erläuterungstext wie bei erstmaligen Steuerfestsetzungen aufzunehmen.

b) Werden Steuerfestsetzungen nach anderen Vorschriften (einschließlich des § 165 Abs. 2 Satz 2 AO) **zugunsten** der **Steuerpflichtigen** geändert oder berichtigt, sind die den jeweils letzten vorangegangenen Steuerfestsetzungen beigefügten Vorläufigkeitsvermerke zu wiederholen, soweit nicht zwischenzeitlich die Ungewissheit beseitigt ist. Soweit die Ungewissheit beseitigt ist, sind die Steuerfestsetzungen endgültig durchzuführen.

c) Werden Steuerfestsetzungen nach anderen Vorschriften (einschließlich des § 165 Abs. 2 Satz 2 AO) **zuungunsten** der **Steuerpflichtigen** geändert oder berichtigt, sind die den jeweils letzten vorangegangenen Steuerfestsetzungen beigefügten Vorläufigkeitsvermerke zu wiederholen, soweit nicht zwischenzeitlich die Ungewissheit beseitigt ist. Soweit aufgrund der aktuellen Anlage zu diesem BMF-Schreiben weitere Vorläufigkeitsvermerke in Betracht kommen, sind diese den Bescheiden nur beizufügen, soweit die Änderung reicht.

---

1) Unter Berücksichtigung der Neufassungen der Anlage zuletzt durch BMF-Schreiben vom 15.1.2010 (BStBl. I S. 74).

2) Abschnitt I Nummer 1 und Nummer 2 Buchstabe c unter Berücksichtigung der Änderung im BMF-Schreiben vom 23.11.2009 (BStBl. I S. 1319).

Anhang 55/Vorläufige Steuerfestsetzung

In die Bescheide ist folgender Erläuterungstext aufzunehmen:
„Die Festsetzung der Einkommensteuer ist gemäß § 165 Abs. 1 Satz 2 Nrn. 3 und 4 AO vorläufig hinsichtlich

...

Die Vorläufigkeitserklärung erfasst sowohl die Frage, ob die angeführten gesetzlichen Vorschriften mit höherrangigem Recht vereinbar sind, als auch den Fall, dass **das Bundesverfassungsgericht oder** der Bundesfinanzhof die streitige verfassungsrechtliche Frage durch Anwendung bzw. Auslegung des einfachen Rechts entscheidet. Die Vorläufigkeitserklärung erfolgt lediglich aus verfahrenstechnischen Gründen. Sie ist nicht dahin zu verstehen, dass die im Vorläufigkeitsvermerk angeführten gesetzlichen Vorschriften als verfassungswidrig oder als gegen Europäisches Gemeinschaftsrecht verstoßend angesehen werden. Soweit die Vorläufigkeitserklärung die Frage der Verfassungsmäßigkeit einer Norm betrifft, ist sie außerdem nicht dahingehend zu verstehen, dass die Finanzverwaltung es für möglich hält, das Bundesverfassungsgericht oder der Bundesfinanzhof könne die im Vorläufigkeitsvermerk angeführte Rechtsnorm gegen ihren Wortlaut auslegen.

Die Festsetzung der Einkommensteuer ist ferner gemäß § 165 Abs. 1 Satz 2 Nr. 4 AO vorläufig hinsichtlich

...

Soweit diese Festsetzung gegenüber der vorangegangenen in weiteren Punkten vorläufig ist, erstreckt sich der Vorläufigkeitsvermerk nur auf den betragsmäßigen Umfang der Änderung der Steuerfestsetzung.

Sollte aufgrund einer diesbezüglichen Entscheidung des Gerichtshofs der Europäischen Gemeinschaften, des Bundesverfassungsgerichts oder des Bundesfinanzhofs diese Steuerfestsetzung aufzuheben oder zu ändern sein, wird die Aufhebung oder Änderung von Amts wegen vorgenommen; ein Einspruch ist daher insoweit nicht erforderlich."

Soweit die Ungewissheit beseitigt ist, sind die Steuerfestsetzungen endgültig durchzuführen.

d) Werden bisher vorläufig durchgeführte Steuerfestsetzungen nach Beseitigung der Ungewissheit **ohne** eine **betragsmäßige Änderung** gemäß § 165 Abs. 2 Satz 2 AO für **endgültig** erklärt, sind die den jeweils letzten vorangegangenen Steuerfestsetzungen beigefügten übrigen Vorläufigkeitsvermerke zu wiederholen, soweit nicht zwischenzeitlich die Ungewissheit beseitigt ist.

II. Einspruchsfälle

In Fällen eines zulässigen Einspruchs ist wie folgt zu verfahren:
1. Wird mit einem Einspruch geltend gemacht, der Vorläufigkeitsvermerk berücksichtige nicht die aktuelle Anlage zu diesem BMF-Schreiben, und ist dieser Einwand begründet, ist dem Einspruch insoweit durch eine Erweiterung des Vorläufigkeitsvermerks abzuhelfen. Ist Gegenstand des Einspruchsverfahrens ein Änderungsbescheid, sind die Regelungen in Abschnitt I Nr. 2 zu beachten. Mit der Erweiterung des Vorläufigkeitsvermerks ist das Einspruchsverfahren erledigt, falls nicht auch andere Einwendungen gegen die Steuerfestsetzung erhoben werden. Dies gilt entsprechend bei einem rechtzeitig gestellten Antrag auf schlichte Änderung (§ 172 Abs. 1 Satz 1 Nr. 2 Buchstabe a AO).

   Wird der Einspruch auch wegen anderer, vom Vorläufigkeitsvermerk nicht erfasster Fragen erhoben, wird ein den Vorläufigkeitsvermerk erweiternder Bescheid Gegenstand des anhängig bleibenden Einspruchsverfahrens (§ 365 Abs. 3 AO).
2. Wird gegen eine nach Abschnitt I vorläufig durchgeführte Steuerfestsetzung Einspruch eingelegt und betrifft die vom Einspruchsführer vorgetragene Begründung Fragen, die vom Vorläufigkeitsvermerk erfasst sind, ist der Einspruch insoweit zurückzuweisen. Ein Ruhenlassen des Einspruchsverfahrens kommt insoweit nicht in Betracht, es sei denn, dass nach Abschnitt IV dieses BMF-Schreibens die Vollziehung auszusetzen ist.
3. Spätestens in der (Teil-)Einspruchsentscheidung ist die Steuerfestsetzung im Umfang der aktuellen Anlage zu diesem BMF-Schreiben für vorläufig zu erklären. Ist Gegenstand des Einspruchsverfahrens ein Änderungsbescheid, sind die Regelungen in Abschnitt I Nr. 2 zu beachten.

III. Rechtshängige Fälle

In Fällen, in denen Verfahren bei einem Finanzgericht oder beim Bundesfinanzhof anhängig sind, sind rechtzeitig vor der Entscheidung des Gerichts die Steuerfestsetzungen hinsichtlich der in der aktuellen Anlage zu diesem BMF-Schreiben aufgeführten Punkte vorläufig vorzunehmen (§ 172 Abs. 1 Satz 1 Nr. 2 Buchstabe a in Verbindung mit § 132 AO). Dies gilt nicht, wenn die Klage oder das Rechtsmittel (Revision, Nichtzulassungsbeschwerde) unzulässig ist oder die Klage sich gegen eine Einspruchs-

Anhang 55/Vorläufige Steuerfestsetzung

entscheidung richtet, die den Einspruch als unzulässig verworfen hat. Ist Gegenstand des gerichtlichen Verfahrens ein Änderungsbescheid, sind die Regelungen in Abschnitt I Nr. 2 zu beachten. Die hinsichtlich des Vorläufigkeitsvermerks geänderte Steuerfestsetzung wird nach § 68 FGO Gegenstand des gerichtlichen Verfahrens.

IV. Aussetzung der Vollziehung

In den Fällen der Anlage zu diesem BMF-Schreiben kommt eine Aussetzung der Vollziehung nur in Betracht, soweit die Finanzbehörden hierzu durch BMF-Schreiben oder gleich lautende Erlasse der obersten Finanzbehörden der Länder angewiesen worden sind.

V. Anwendung

Dieses Schreiben tritt an die Stelle des BMF-Schreibens vom 27. Juni 2005 (BStBl. I S. 794).

Die im BMF-Schreiben vom 15. Dezember 2008 (BStBl. I S. 1010) getroffene Anweisung zur vorläufigen Steuerfestsetzung hinsichtlich der Anwendung der Entfernungspauschale bleibt unberührt.

Anlage[1]

Festsetzungen der Einkommensteuer sind hinsichtlich folgender Punkte gemäß § 165 Abs. 1 Satz 2 Nrn. 3 und 4 AO im Hinblick auf die Verfassungsmäßigkeit und verfassungskonforme Auslegung der Norm vorläufig vorzunehmen:

1. Anwendung der Neuregelung zur Abziehbarkeit der Aufwendungen für ein häusliches Arbeitszimmer (§ 4 Abs. 5 Satz 1 Nr. 6b EStG in der Fassung des Steueränderungsgesetzes 2007, § 9 Abs. 5 Satz 1 EStG)

2.a) **Beschränkte Abziehbarkeit von Kinderbetreuungskosten (§ 4f, § 9 Abs. 5 Satz 1, § 10 Abs. 1 Nrn. 5 und 8 EStG) – für die Veranlagungszeiträume 2006 bis 2008 –**

2.b) **Beschränkte Abziehbarkeit von Kinderbetreuungskosten (§ 9c, § 9 Abs. 5 Satz 1 EStG) – für Veranlagungszeiträume ab 2009 –**

3. Nichtabziehbarkeit von Steuerberatungskosten als Sonderausgaben (Aufhebung des § 10 Abs. 1 Nr. 6 EStG durch das Gesetz zum Einstieg in ein steuerliches Sofortprogramm vom 22. Dezember 2005, BGBl. I S. 3682)

4. Beschränkte Abziehbarkeit von Vorsorgeaufwendungen (§ 10 Abs. 3, 4, 4a EStG) für die Veranlagungszeiträume 2005 bis 2009

5. Nichtabziehbarkeit von Beiträgen zu Rentenversicherungen als vorweggenommene Werbungskosten bei den Einkünften im Sinne des § 22 Nr. 1 Satz 3 Buchstabe a EStG für Veranlagungszeiträume ab 2005

6. Besteuerung der Einkünfte aus Leibrenten im Sinne des § 22 Nr. 1 Satz 3 Buchstabe a Doppelbuchstabe aa EStG für Veranlagungszeiträume ab 2005

7. Höhe der kindbezogenen Freibeträge nach § 32 Abs. 6 Sätze 1 und 2 EStG

8. Höhe des Grundfreibetrags (§ 32a Abs. 1 Satz 2 Nr. 1 EStG)

9. Höhe des Freibetrags zur Abgeltung des Sonderbedarfs eines sich in Berufsausbildung befindenden, auswärtig untergebrachten, volljährigen Kindes (§ 33a Abs. 2 EStG) für Veranlagungszeiträume ab 2002

10. Nichtberücksichtigung pauschaler Werbungskosten bzw. Betriebsausgaben in Höhe der steuerfreien Aufwandsentschädigung nach § 12 des Gesetzes über die Rechtsverhältnisse der Mitglieder des Deutschen Bundestages

11. Verfassungsmäßiges Zustandekommen des Haushaltsbegleitgesetzes 2004 vom 29. Dezember 2003 (BGBl. I S. 3076, 2004 I S. 69); dieser Vorläufigkeitsvermerk stützt sich nur auf § 165 Abs. 1 Satz 2 Nr. 3 AO.

Der Vorläufigkeitsvermerk gemäß Nummer 1 ist im Rahmen der verfahrensrechtlichen Möglichkeiten sämtlichen Einkommensteuerfestsetzungen sowie sämtlichen Bescheiden über die gesonderte (und ggf. einheitliche) Feststellung von Einkünften für Veranlagungszeiträume ab 2007 beizufügen. Zur Aussetzung der Vollziehung siehe BMF-Schreiben vom 6. Oktober 2009 (BStBl. I S. 1148).

– nachfolgend abgedruckt –

Der Vorläufigkeitsvermerk gemäß Nummer 3 ist im Rahmen der verfahrensrechtlichen Möglichkeiten sämtlichen Einkommensteuerfestsetzungen für Veranlagungszeiträume ab 2006 beizufügen. Bescheiden über die gesonderte (und ggf. einheitliche) Feststellung von Einkünften ist der Vorläufigkeitsvermerk

---

1) Neufassung gemäß nachfolgendem BMF-Schreiben vom 15.1.2010 (BStBl. I S. 74).

Anhang 55/Vorläufige Steuerfestsetzung

nicht beizufügen, weil über die Frage, ob Steuerberatungskosten als Sonderausgaben abziehbar sind, ausschließlich im Verfahren zur Festsetzung der Einkommensteuer zu entscheiden ist.

Der Vorläufigkeitsvermerk gemäß Nummer 5 ist im Rahmen der verfahrensrechtlichen Möglichkeiten sämtlichen Einkommensteuerfestsetzungen für Veranlagungszeiträume ab 2005 beizufügen. In die Bescheide ist zusätzlich folgender Erläuterungstext aufzunehmen: „Der Vorläufigkeitsvermerk hinsichtlich der Nichtabziehbarkeit von Beiträgen zu Rentenversicherungen als vorweggenommene Werbungskosten umfasst auch die Frage einer eventuellen einfachgesetzlich begründeten steuerlichen Berücksichtigung."

Der Vorläufigkeitsvermerk gemäß Nummer 6 erfasst sämtliche Leibrentenarten im Sinne des § 22 Nr. 1 Satz 3 Buchstabe a Doppelbuchstabe aa EStG.

Der Vorläufigkeitsvermerk gemäß Nummer 7 ist im Rahmen der verfahrensrechtlichen Möglichkeiten sämtlichen Einkommensteuerfestsetzungen für Veranlagungszeiträume ab 2001 mit einer Prüfung der Steuerfreistellung nach § 31 EStG beizufügen.

Der Vorläufigkeitsvermerk gemäß Nummer 8 ist im Rahmen der verfahrensrechtlichen Möglichkeiten sämtlichen Einkommensteuerfestsetzungen für Veranlagungszeiträume ab 2001 beizufügen.

Der Vorläufigkeitsvermerk gemäß Nummer 10 ist im Rahmen der verfahrensrechtlichen Möglichkeiten sämtlichen Einkommensteuerfestsetzungen sowie sämtlichen Bescheiden über die gesonderte (und ggf. einheitliche) Feststellung von Einkünften beizufügen. Aufgrund einer personellen Anweisung kann er auch Körperschaftsteuerfestsetzungen beigefügt werden.

Der Vorläufigkeitsvermerk gemäß Nummer 11 ist im Rahmen der verfahrensrechtlichen Möglichkeiten sämtlichen Einkommensteuerfestsetzungen für Veranlagungszeiträume ab 2004, sämtlichen Bescheiden über die gesonderte (und ggf. einheitliche) Feststellung von Einkünften für Feststellungszeiträume ab 2004, sämtlichen Festsetzungen der Arbeitnehmer-Sparzulage für Kalenderjahre ab 2004, sämtlichen Körperschaftsteuerfestsetzungen für Veranlagungszeiträume ab 2004 und sämtlichen Bescheiden über die Feststellungen nach den §§ 27, 28, 37 und 38 KStG für Veranlagungszeiträume ab 2005 beizufügen.

Ferner sind im Rahmen der verfahrensrechtlichen Möglichkeiten sämtliche Festsetzungen des Solidaritätszuschlags für die Veranlagungszeiträume ab 2005 hinsichtlich der Verfassungsmäßigkeit des Solidaritätszuschlaggesetzes 1995 vorläufig gemäß § 165 Abs. 1 Satz 2 Nr. 3 AO vorzunehmen.

**Verfassungsmäßigkeit der Neuregelung zur Abziehbarkeit der Aufwendungen für ein häusliches Arbeitszimmer (§ 4 Abs. 5 Satz 1 Nr. 6b EStG in der Fassung des Steueränderungsgesetzes 2007, § 9 Abs. 5 Satz 1 EStG);
Aussetzung der Vollziehung (§ 361 AO, § 69 Abs. 2 FGO)**

BMF-Schreiben vom 6. Oktober 2009 IV A 3 – S 0623/09/10001, 2009/0650100 (BStBl. I S. 1148)

Unter Bezugnahme auf das Ergebnis der Erörterung mit den obersten Finanzbehörden der Länder gilt im Hinblick auf den BFH-Beschluss vom 25. August 2009 – VI B 69/09 – (BStBl. II S. 826) Folgendes:

Anträgen auf Aussetzung der Vollziehung, mit denen in Rechtsbehelfsverfahren gegen die Ablehnung eines Antrags auf Lohnsteuerermäßigung (§ 39a EStG) für Jahre ab 2009, gegen die Festsetzung von Einkommensteuer-Vorauszahlungen für Veranlagungszeiträume ab 2009 oder gegen Einkommensteuerbescheide für Veranlagungszeiträume ab 2007 begehrt wird, Aufwendungen für ein häusliches Arbeitszimmer über die Regelungen des § 4 Abs. 5 Satz 1 Nr. 6b EStG (in der Fassung des Steueränderungsgesetzes 2007) hinaus steuermindernd zu berücksichtigen, ist stattzugeben, wenn die betriebliche oder berufliche Nutzung des Arbeitszimmers mehr als 50 vom Hundert der gesamten betrieblichen und beruflichen Tätigkeit beträgt oder wenn für die betriebliche oder berufliche Tätigkeit kein anderer Arbeitsplatz zur Verfügung steht und im Übrigen die Voraussetzungen des § 361 AO oder des § 69 Abs. 2 FGO erfüllt sind. Die Aufwendungen sind höchstens bis zu einem Betrag von 1 250 € zu berücksichtigen. Die Aussetzung der Vollziehung eines Einkommensteuerbescheids kann auch zur vorläufigen Erstattung entrichteter Vorauszahlungen und anzurechnender Steuerabzugsbeträge führen (vgl. Nummer 4.6.1 vierter Absatz des Anwendungserlasses zu § 361 AO).

Allgemeine Verwaltungsvorschrift zur Anwendung des Erbschaftsteuer- und Schenkungsteuerrechts (Erbschaftsteuer-Richtlinien 2003 – ErbStR 2003)

Vom 17. März 2003
(Sondernummer 1/2003 BStBl. I)

– Auszug –

R 109.
Kapitalforderungen und Schulden

(1) Besondere Umstände, die eine **vom Nennwert abweichende Bewertung** rechtfertigen, liegen vor,
1. wenn die Kapitalforderungen oder Schulden unverzinslich sind und ihre Laufzeit im Besteuerungszeitpunkt mehr als ein Jahr beträgt;
2. wenn die Kapitalforderungen oder Schulden niedrig verzinst oder hoch verzinst sind und die Kündbarkeit für längere Zeit ausgeschlossen ist;
3. wenn zweifelhaft ist, ob eine Kapitalforderung in vollem Umfang durchsetzbar ist.

(2) [1]Eine **niedrig verzinsliche Kapitalforderung** oder Schuld, die unter dem Nennwert anzusetzen ist, kann angenommen werden, wenn die Verzinsung unter 3 v. H. liegt und die Kündbarkeit am Veranlagungsstichtag für längere Zeit, d. h. für mindestens vier Jahre, eingeschränkt oder ausgeschlossen ist. [2]Stehen einer unverzinslichen oder niedrig verzinslichen Kapitalforderung wirtschaftliche Vorteile gegenüber oder stehen einer unverzinslichen oder niedrig verzinslichen Kapitalschuld andere wirtschaftliche Nachteile gegenüber, kommt eine Bewertung unter dem Nennwert nicht in Betracht. [3]Eine **hoch verzinsliche Kapitalforderung** oder Schuld, die über dem Nennwert anzusetzen ist, kann im Allgemeinen angenommen werden, wenn die Verzinsung über 9 v. H. liegt und die Rückzahlung am Besteuerungsstichtag noch für mindestens vier Jahre ausgeschlossen ist; Satz 2 gilt entsprechend.

(3) [1]Ist zweifelhaft, ob oder inwieweit eine **Kapitalforderung durchsetzbar** ist, kann sie dem Grad der Zweifelhaftigkeit entsprechend mit einem niedrigeren Schätzwert anzusetzen sein. [2]Das gilt insbesondere beim Ansatz verjährter Kapitalforderungen. [3]Schwierigkeiten in der Beurteilung der Rechtslage sind kein besonderer Umstand, der einen Abschlag rechtfertigt.

(4) Nicht zum Betriebsvermögen gehörende **Steuererstattungsansprüche** und **Steuervergütungsansprüche** sowie entsprechende Schulden (z. B. Einkommensteuerschulden) sind als Kapitalforderungen oder Schulden zu bewerten.

(5) Kapitalforderungen und Schulden, die auf **ausländische Währungen** lauten, sind mit dem am Besteuerungszeitpunkt maßgebenden Umrechnungskurs zu bewerten.

R 112.
Einlage des typischen stillen Gesellschafters

[1]Die **Einlage eines typischen stillen Gesellschafters** ist eine Kapitalforderung und grundsätzlich mit dem Nennwert anzusetzen. [2]Ist die Kündbarkeit der Einlage am Besteuerungszeitpunkt für längere Zeit ausgeschlossen und liegt der Durchschnittsertrag über 9 v. H., ist der Nennwert der Vermögenseinlage um den fünffachen Unterschiedsbetrag zwischen dem Durchschnittsertrag und der Verzinsung um 9 v. H. zu erhöhen. [3]Bei einem Durchschnittsertrag unter 3 v. H. der Vermögenseinlage ist, soweit die Kündbarkeit der Einlage am Bewertungsstichtag für längere Zeit ausgeschlossen ist, der Nennwert um den fünffachen Unterschiedsbetrag zwischen 3 v. H. und dem Durchschnittsertrag zu mindern. [4]Der Durchschnittsertrag ist möglichst aus den Gewinnanteilen der letzten drei vor dem Besteuerungszeitpunkt endenden Wirtschaftsjahre herzuleiten. [5]Ein Abschlag wegen Unwägbarkeiten kommt dabei nicht in Betracht. [6]Die Kündbarkeit ist für längere Zeit ausgeschlossen, wenn das Gesellschaftsverhältnis im Besteuerungszeitpunkt noch mehr als fünf Jahre währen wird.

Anhang 59/Übersicht 2010

Übersicht über Zahlen zur Lohnsteuer 2010

Fundstelle – Inhalt	2010
§ 3 Nr. 11 EStG, R 3.11 LStR Beihilfen und Unterstützungen in Notfällen steuerfrei bis	600
§ 3 Nr. 26 EStG Einnahmen aus nebenberuflichen Tätigkeiten steuerfrei bis	2.100
§ 3 Nr. 26a EStG Einnahmen aus ehrenamtlichen Tätigkeiten steuerfrei bis	500
§ 3 Nr. 30 u. 50 EStG, R 9.13 LStR Heimarbeitszuschläge (steuerfrei in % des Grundlohns)	10 %
§ 3 Nr. 34 EStG Freibetrag für Gesundheitsförderung	500
§ 3 Nr. 38 EStG Sachprämien aus Kundenbindungsprogrammen steuerfrei bis	1.080
§ 3 Nr. 39 EStG Freibetrag für Vermögensbeteiligungen	360
§ 3 Nr. 56 EStG Höchstbetrag für Beiträge aus dem ersten Dienstverhältnis an eine nicht kapitalgedeckte Pensionskasse steuerfrei bis jährlich 1 % der Beitragsbemessungsgrenze (West) von 66.000 Euro	660
§ 3 Nr. 63 EStG • Höchstbetrag für Beiträge aus dem ersten Dienstverhältnis an Pensionsfonds, Pensionskassen oder für Direktversicherungen steuerfrei bis jährlich 4 % der Beitragsbemessungsgrenze (West) von 66.000 Euro	2.640
• Erhöhungsbetrag bei Versorgungszusagen nach dem 31.12.2004	1.800
§ 3b EStG Sonntags-, Feiertags- oder Nachtzuschläge (steuerfrei in % des Grundlohns, höchstens von 50 Euro)	
• Nachtarbeit	25 %
• Nachtarbeit von 0 Uhr bis 4 Uhr (wenn Arbeit vor 0 Uhr aufgenommen)	40 %
• Sonntagsarbeit	50 %
• Feiertage + Silvester ab 14 Uhr	125 %
• Weihnachten, Heiligabend ab 14 Uhr und 1. Mai	150 %
§ 8 Abs. 2 Satz 9 EStG Freigrenze für Sachbezüge monatlich	44
§ 8 Abs. 2 EStG, SvEV Sachbezüge	
• Unterkunft (monatlich)	204
• Mahlzeiten (täglich)	
– Frühstück	1,57
– Mittagessen/Abendessen	2,80

Fundstelle – Inhalt	2010
§ 9 Abs. 1 Satz 1 EStG Reisekosten bei Auswärtstätigkeiten • Fahrtkosten je Kilometer (pauschal)	
– Pkw	0,30
– Mitnahme je Person	0,02
– Motorrad oder Motorroller	0,13
– Mitnahme je Person	0,01
– Moped oder Mofa	0,08
– Fahrrad	0,05
• Verpflegungsmehraufwendungen Inland	
– Abwesenheit 24 Stunden	24
– Abwesenheit 14 – 24 Stunden	12
– Abwesenheit 8 – 14 Stunden	6
– Abwesenheit unter 8 Stunden	–
• Übernachtungskosten R 9.7 LStR	
– Pauschale (nur Arbeitgeberersatz)	20
• Auswärtstätigkeiten im Ausland	
– BMF vom 17.12.2009 (BStBl I S. 1601)	
§ 9 Abs. 1 Satz 3 Nr. 4 EStG Entfernungspauschale für Wege zwischen Wohnung und Arbeitsstätte je Entfernungs-km	0,30
Höchstbetrag ohne Nachweis (Ausnahme: behinderte Menschen im Sinne von § 9 Abs. 2 EStG)	4.500
§ 9 Abs. 1 Satz 3 Nr. 5 EStG Doppelte Haushaltsführung	
• Fahrtkosten (Pkw)	
– erste und letzte Fahrt je Kilometer	0,30
– eine Heimfahrt wöchentlich je Entfernungs-km (Entfernungspauschale)	0,30
• Verpflegungsmehraufwendungen	
– 1. bis 3. Monat	6/12/24
– ab 4. Monat	–
• Übernachtungskosten R 9.11 LStR Pauschale (nur Arbeitgeberersatz)	
– 1. bis 3. Monat	20
– ab 4. Monat	5
§ 9a Nr. 1 EStG	
• Arbeitnehmer-Pauschbetrag	920
• für Versorgungsempfänger	102
§ 9c EStG Kinderbetreuungskosten	
• $^{2}/_{3}$ der Aufwendungen, höchstens	4.000
• Altersgrenze für Werbungskostenabzug	14
• Altersgrenze für Sonderausgaben	14
• Altersgrenze für Sonderausgaben (Ausnahme: behinderte Kinder)	3 – 6
§ 19 EStG, R 19.3 Abs. 1 Nr. 4 LStR Fehlgeldentschädigungen steuerfrei bis	16
§ 19 EStG, R 19.3 Abs. 2 Nr. 3 LStR Diensteinführung, Verabschiedung usw.; Freigrenze für Sachleistungen je teilnehmender Person einschl. USt	110

Anhang 59/Übersicht 2010

Übersicht über Zahlen zur Lohnsteuer 2010

Fundstelle – Inhalt	2010
§ 19 EStG, R 19.5 Abs. 4 LStR	
Betriebsveranstaltungen	
Freigrenze je Arbeitnehmer einschl. USt	110
§ 19 EStG, R 19.6 Abs. 1 und 2 LStR	
Freigrenze für	
• Aufmerksamkeiten (Sachzuwendungen)	40
• Arbeitsessen	40
§ 19 Abs. 2 EStG (>Tabelle in § 19 EStG)	
Versorgungsbeginn in 2010	
• Prozentsatz	32,0 %
• Versorgungsfreibetrag[1])	2.400
• Zuschlag zum Versorgungsfreibetrag[1])	720
§ 19a EStG a. F.	
Freibetrag für Vermögensbeteiligungen nach Übergangsregelung	135
§ 24a EStG (>Tabelle in § 24a EStG)	
2010 ist Kalenderjahr nach Vollendung des 64. Lebensjahres	
• Prozentsatz	32,0 %
• Höchstbetrag	1.520
§ 24b EStG	
Entlastungsbetrag für Alleinerziehende[1])	1.308
§§ 37a, 37b EStG, § 39c Abs. 5 EStG, § 40 Abs. 2 EStG, § 40a EStG, § 40b EStG, § 40b EStG a. F.	
Lohnsteuer-Pauschalierungssatz für	
• Kundenbindungsprogramme	2,25 %
• Sachzuwendungen bis 10.000 Euro	30 %
• Auszahlung tarifvertraglicher Ansprüche durch Dritte (keine Abgeltungswirkung) bei sonstigen Bezügen bis 10.000 Euro	20 %
• Kantinenmahlzeiten	25 %
• Betriebsveranstaltungen	25 %
• Erholungsbeihilfen	25 %
• Verpflegungszuschüsse	25 %
• PC-Schenkung und Internet-Zuschüsse	25 %
• Fahrtkostenzuschüsse	15 %
• Kurzfristig Beschäftigte	25 %
• Mini-Job	
– mit pauschaler Rentenversicherung	2 %
– ohne pauschale Rentenversicherung	20 %
• Aushilfskräfte in der Land- und Forstwirtschaft	5 %
• nicht kapitalgedeckte Pensionskassen	20 %
• kapitalgedeckte Pensionskassen und Direktversicherungen bei Versorgungszusage vor dem 1.1.2005	20 %
• Unfallversicherungen	20 %
• Sonderzahlungen in der betrieblichen Altersversorgung	15 %
§ 40 Abs. 1 EStG	
Pauschalierung von sonstigen Bezügen je Arbeitnehmer höchstens	1.000
§ 40 Abs. 2 Nr. 3 EStG	
Höchstbetrag für die Pauschalierung von Erholungsbeihilfen	
• für den Arbeitnehmer	156
• für den Ehegatten	104
• je Kind	52
§ 40 Abs. 2 Satz 2 EStG	
Pauschalierung von Fahrtkostenzuschüssen bei Fahrten zwischen Wohnung und regelmäßiger Arbeitsstätte je Entfernungs-km (Ausnahme: behinderte Menschen im Sinne von § 9 Abs. 2 EStG)	0,30
§ 40a Abs. 1 EStG	
Pauschalierung bei kurzfristig Beschäftigten	
• Dauer der Beschäftigung	18 Tage
• Arbeitslohn je Kalendertag (Ausnahme: unvorhergesehener Zeitpunkt)	62
• Stundenlohngrenze	12
§ 40a Abs. 3 EStG	
Pauschalierung bei Aushilfskräften in der Land- und Forstwirtschaft	
• Dauer der Beschäftigung (im Kalenderjahr)	180 Tage
• Unschädlichkeitsgrenze (in % der Gesamtbeschäftigungsdauer)	25 %
• Stundenlohngrenze	12
§ 40b Abs. 2 EStG, § 40b Abs. 2 a. F.	
Pauschalierung bei nicht kapitalgedeckten Pensionskassen sowie bei kapitalgedeckten Pensionskassen und Direktversicherungen bei Versorgungszusage vor dem 1.1.2005	
• Höchstbetrag im Kalenderjahr je Arbeitnehmer	1.752
• Durchschnittsberechnung möglich bis zu (je Arbeitnehmer)	2.148
§ 40b Abs. 3 EStG	
Pauschalierung bei Unfallversicherungen Höchstbetrag im Kalenderjahr je Arbeitnehmer	62
§ 41a Abs. 2 EStG	
Anmeldungszeitraum	
• Kalenderjahr, wenn Lohnsteuer des Vorjahres bis zu	1.000
• Vierteljahr, wenn Lohnsteuer des Vorjahres bis zu	4.000
• Monat, wenn Lohnsteuer des Vorjahres über	4.000
§ 4 SolZG	
Zuschlagssatz	5,5 %
§ 13 VermBG	
• Einkommensgrenze (zu versteuerndes Einkommen) bei Vermögensbeteiligungen	
– Alleinstehende	20.000
– Verheiratete	40.000
• Einkommensgrenze (zu versteuerndes Einkommen) bei Bausparverträgen u. ä., Aufwendungen zum Wohnungsbau,	
– Alleinstehende	17.900
– Verheiratete	35.800
• Bemessungsgrundlage höchstens	
– Vermögensbeteiligungen	400
– Bausparverträge u. ä., Aufwendungen zum Wohnungsbau	470
• Höhe der Arbeitnehmer-Sparzulage (in % der Bemessungsgrundlage)	
– Vermögensbeteiligungen	20 %
– Bausparverträge u. ä., Aufwendungen zum Wohnungsbau	9 %

[1]) anteilig $1/12$ für jeden Monat.

Überleitung
LStR 2005 → LStR 2008

LStR 2005				LStR 2008		
R	1	LStR 2005	→	R	–	LStR 2008
R	2	LStR 2005	→	R	–	LStR 2008
R	3	LStR 2005	→	R	–	LStR 2008
R	4	LStR 2005	→	R	3.2	LStR 2008
R	5	LStR 2005	→	R	–	LStR 2008
R	6	LStR 2005	→	R	3.4	LStR 2008
R	7	LStR 2005	→	R	3.5	LStR 2008
R	8	LStR 2005	→	R	3.6	LStR 2008
R	9	LStR 2005	→	R	–	LStR 2008
R	10	LStR 2005	→	R	3.10	LStR 2008
R	11	LStR 2005	→	R	3.11	LStR 2008
R	12	LStR 2005	→	R	–	LStR 2008
R	13	LStR 2005	→	R	3.12	LStR 2008
R	14	LStR 2005	→	R	3.13	LStR 2008
R	14a	LStR 2005	→	R	–	LStR 2008
R	15	LStR 2005	→	R	–	LStR 2008
R	16	LStR 2005	→	R	3.16	LStR 2008
R	17	LStR 2005	→	R	3.26	LStR 2008
R	18	LStR 2005	→	R	3.28	LStR 2008
R	19	LStR 2005	→	R	3.30	LStR 2008
R	20	LStR 2005	→	R	3.31	LStR 2008
R	21	LStR 2005	→	R	3.32	LStR 2008
R	21a	LStR 2005	→	R	3.33	LStR 2008
R	21b	LStR 2005	→	R	–	LStR 2008
R	21c	LStR 2005	→	R	3.33	LStR 2008
R	21d	LStR 2005	→	R	–	LStR 2008
R	21e	LStR 2005	→	R	3.45	LStR 2008
R	22	LStR 2005	→	R	3.50	LStR 2008
R	22a	LStR 2005	→	R	–	LStR 2008
R	23	LStR 2005	→	R	3.58	LStR 2008
R	23a	LStR 2005	→	R	3.59	LStR 2008
R	24	LStR 2005	→	R	3.62	LStR 2008
R	25	LStR 2005	→	R	–	LStR 2008
R	26	LStR 2005	→	R	3.64	LStR 2008
R	27	LStR 2005	→	R	3.65	LStR 2008
R	28	LStR 2005	→	R	–	LStR 2008
R	29	LStR 2005	→	R	–	LStR 2008

Anhang 60/Überleitung LStR 2005 – LStR 2008

	LStR 2005				LStR 2008	
R	30	LStR 2005	→	R	3b	LStR 2008
R	31	LStR 2005	→	R	8.1	LStR 2008
R	32	LStR 2005	→	R	8.2	LStR 2008
R	33	LStR 2005	→	R	9.1	LStR 2008
R	34	LStR 2005	→	R	9.2	LStR 2008
R	35	LStR 2005	→	R	–	LStR 2008
R	36	LStR 2005	→	R	9.3	LStR 2008
R	37	LStR 2005	→	R	9.4	LStR 2008
R	38	LStR 2005	→	R	9.5	LStR 2008
R	39	LStR 2005	→	R	9.6	LStR 2008
R	40	LStR 2005	→	R	9.7	LStR 2008
R	40a	LStR 2005	→	R	9.8	LStR 2008
R	41	LStR 2005	→	R	9.9	LStR 2008
R	42	LStR 2005	→	R	9.10	LStR 2008
R	43	LStR 2005	→	R	9.11	LStR 2008
R	44	LStR 2005	→	R	9.12	LStR 2008
R	45	LStR 2005	→	R	–	LStR 2008
R	46	LStR 2005	→	R	9.13	LStR 2008
R	47	LStR 2005	→	R	–	LStR 2008
R	48	LStR 2005	→	R	–	LStR 2008
R	49	LStR 2005	→	R	–	LStR 2008
R	50	LStR 2005	→	R	–	LStR 2008
R	51	LStR 2005	→	R	–	LStR 2008
R	52	LStR 2005	→	R	–	LStR 2008
R	53	LStR 2005	→	R	–	LStR 2008
R	54	LStR 2005	→	R	–	LStR 2008
R	55	LStR 2005	→	R	–	LStR 2008
R	56	LStR 2005	→	R	–	LStR 2008
R	57	LStR 2005	→	R	–	LStR 2008
R	58	LStR 2005	→	R	–	LStR 2008
R	59	LStR 2005	→	R	–	LStR 2008
R	60	LStR 2005	→	R	–	LStR 2008
R	61	LStR 2005	→	R	–	LStR 2008
R	62	LStR 2005	→	R	–	LStR 2008
R	63	LStR 2005	→	R	–	LStR 2008
R	64	LStR 2005	→	R	–	LStR 2008
R	65	LStR 2005	→	R	–	LStR 2008
R	66	LStR 2005	→	R	19.1	LStR 2008
R	67	LStR 2005	→	R	–	LStR 2008

Anhang 60/Überleitung LStR 2005 – LStR 2008

LStR 2005				LStR 2008		
R	68	LStR 2005	→	R	19.2	LStR 2008
R	69	LStR 2005	→	R	–	LStR 2008
R	70	LStR 2005	→	R	19.3	LStR 2008
R	71	LStR 2005	→	R	19.4	LStR 2008
R	72	LStR 2005	→	R	19.5	LStR 2008
R	73	LStR 2005	→	R	19.6	LStR 2008
R	74	LStR 2005	→	R	19.7	LStR 2008
R	75	LStR 2005	→	R	19.8	LStR 2008
R	76	LStR 2005	→	R	19.9	LStR 2008
R	77	LStR 2005	→	R	19a	LStR 2008
R	78	LStR 2005	→	R	–	LStR 2008
R	78a	LStR 2005	→	R	–	LStR 2008
R	79	LStR 2005	→	R	–	LStR 2008
R	80	LStR 2005	→	R	–	LStR 2008
R	81	LStR 2005	→	R	–	LStR 2008
R	82	LStR 2005	→	R	–	LStR 2008
R	83	LStR 2005	→	R	–	LStR 2008
R	84	LStR 2005	→	R	–	LStR 2008
R	85	LStR 2005	→	R	–	LStR 2008
R	86	LStR 2005	→	R	–	LStR 2008
R	87	LStR 2005	→	R	–	LStR 2008
R	88	LStR 2005	→	R	–	LStR 2008
R	89	LStR 2005	→	R	–	LStR 2008
R	90	LStR 2005	→	R	–	LStR 2008
R	91	LStR 2005	→	R	–	LStR 2008
R	92	LStR 2005	→	R	–	LStR 2008
R	93	LStR 2005	→	R	–	LStR 2008
R	94	LStR 2005	→	R	–	LStR 2008
R	95	LStR 2005	→	R	–	LStR 2008
R	96	LStR 2005	→	R	–	LStR 2008
R	97	LStR 2005	→	R	–	LStR 2008
R	98	LStR 2005	→	R	–	LStR 2008
R	99	LStR 2005	→	R	–	LStR 2008
R	100	LStR 2005	→	R	–	LStR 2008
R	101	LStR 2005	→	R	–	LStR 2008
R	102	LStR 2005	→	R	–	LStR 2008
R	103	LStR 2005	→	R	–	LStR 2008
R	103a	LStR 2005	→	R	–	LStR 2008
R	104	LStR 2005	→	R	38.1	LStR 2008

Anhang 60/Überleitung LStR 2005 – LStR 2008

	LStR 2005				LStR 2008	
R	104a	LStR 2005	→	R	38.2	LStR 2008
R	105	LStR 2005	→	R	38.3	LStR 2008
R	106	LStR 2005	→	R	38.4	LStR 2008
R	106a	LStR 2005	→	R	38.5	LStR 2008
R	107	LStR 2005	→	R	–	LStR 2008
R	108	LStR 2005	→	R	39.1	LStR 2008
R	109	LStR 2005	→	R	39.2	LStR 2008
R	110	LStR 2005	→	R	39.3	LStR 2008
R	111	LStR 2005	→	R	39a.1	LStR 2008
R	112	LStR 2005	→	R	39a.2	LStR 2008
R	113	LStR 2005	→	R	39a.3	LStR 2008
R	113a	LStR 2005	→	R	–	LStR 2008
R	114	LStR 2005	→	R	39b.1	LStR 2008
R	115	LStR 2005	→	R	39b.2	LStR 2008
R	116	LStR 2005	→	R	39b.3	LStR 2008
R	117	LStR 2005	→	R	39b.4	LStR 2008
R	118	LStR 2005	→	R	39b.5	LStR 2008
R	119	LStR 2005	→	R	39b.6	LStR 2008
R	120	LStR 2005	→	R	39b.7	LStR 2008
R	121	LStR 2005	→	R	39b.8	LStR 2008
R	122	LStR 2005	→	R	39b.9	LStR 2008
R	123	LStR 2005	→	R	39b.10	LStR 2008
R	124	LStR 2005	→	R	39c	LStR 2008
R	124a	LStR 2005	→	R	–	LStR 2008
R	125	LStR 2005	→	R	39d	LStR 2008
R	126	LStR 2005	→	R	40.1	LStR 2008
R	127	LStR 2005	→	R	40.2	LStR 2008
R	128	LStR 2005	→	R	40a.1	LStR 2008
R	128a	LStR 2005	→	R	40a.2	LStR 2008
R	129	LStR 2005	→	R	40b.1	LStR 2008
R	129a	LStR 2005	→	R	–	LStR 2008
R	129b	LStR 2005	→	R	40b.2	LStR 2008
R	130	LStR 2005	→	R	41.1	LStR 2008
R	131	LStR 2005	→	R	41.2	LStR 2008
R	132	LStR 2005	→	R	41.3	LStR 2008
R	133	LStR 2005	→	R	41a.1	LStR 2008
R	134	LStR 2005	→	R	41a.2	LStR 2008
R	135	LStR 2005	→	R	41b	LStR 2008
R	136	LStR 2005	→	R	41b	LStR 2008

Anhang 60/Überleitung LStR 2005 – LStR 2008

LStR 2005				LStR 2008		
R	137	LStR 2005	→	R	41c.1	LStR 2008
R	138	LStR 2005	→	R	41c.2	LStR 2008
R	139	LStR 2005	→	R	41c.3	LStR 2008
R	140	LStR 2005	→	R	–	LStR 2008
R	141	LStR 2005	→	R	–	LStR 2008
R	142	LStR 2005	→	R	–	LStR 2008
R	143	LStR 2005	→	R	42b	LStR 2008
R	144	LStR 2005	→	R	–	LStR 2008
R	145	LStR 2005	→	R	42d.1	LStR 2008
R	146	LStR 2005	→	R	42d.2	LStR 2008
R	146a	LStR 2005	→	R	42d.3	LStR 2008
R	147	LStR 2005	→	R	42e	LStR 2008
R	148	LStR 2005	→	R	42f	LStR 2008
R	149	LStR 2005	→	R	–	LStR 2008
R	150	LStR 2005	→	R	–	LStR 2008

LStR 2008 → LStR 2005

	LStR 2008				LStR 2005	
R	3.2	LStR 2008	→	R	4	LStR 2005
R	3.4	LStR 2008	→	R	6	LStR 2005
R	3.5	LStR 2008	→	R	7	LStR 2005
R	3.6	LStR 2008	→	R	8	LStR 2005
R	3.10	LStR 2008	→	R	10	LStR 2005
R	3.11	LStR 2008	→	R	11	LStR 2005
R	3.12	LStR 2008	→	R	13	LStR 2005
R	3.13	LStR 2008	→	R	14	LStR 2005
R	3.16	LStR 2008	→	R	16	LStR 2005
R	3.26	LStR 2008	→	R	17	LStR 2005
R	3.28	LStR 2008	→	R	18	LStR 2005
R	3.30	LStR 2008	→	R	19	LStR 2005
R	3.31	LStR 2008	→	R	20	LStR 2005
R	3.32	LStR 2008	→	R	21	LStR 2005
R	3.33	LStR 2008	→	R	21a	LStR 2005
R	3.33	LStR 2008	→	R	21c	LStR 2005
R	3.45	LStR 2008	→	R	21e	LStR 2005
R	3.50	LStR 2008	→	R	22	LStR 2005
R	3.58	LStR 2008	→	R	23	LStR 2005
R	3.59	LStR 2008	→	R	23a	LStR 2005
R	3.62	LStR 2008	→	R	24	LStR 2005
R	3.64	LStR 2008	→	R	26	LStR 2005
R	3.65	LStR 2008	→	R	27	LStR 2005
R	3b	LStR 2008	→	R	30	LStR 2005
R	8.1	LStR 2008	→	R	31	LStR 2005
R	8.2	LStR 2008	→	R	32	LStR 2005
R	9.1	LStR 2008	→	R	33	LStR 2005
R	9.2	LStR 2008	→	R	34	LStR 2005
R	9.3	LStR 2008	→	R	36	LStR 2005
R	9.4	LStR 2008	→	R	37	LStR 2005
R	9.5	LStR 2008	→	R	38	LStR 2005
R	9.6	LStR 2008	→	R	39	LStR 2005
R	9.7	LStR 2008	→	R	40	LStR 2005
R	9.8	LStR 2008	→	R	40a	LStR 2005
R	9.9	LStR 2008	→	R	41	LStR 2005
R	9.10	LStR 2008	→	R	42	LStR 2005
R	9.11	LStR 2008	→	R	43	LStR 2005
R	9.12	LStR 2008	→	R	44	LStR 2005

Anhang 60/Überleitung LStR 2008 – LStR 2005

	LStR 2008				LStR 2005	
R	9.13	LStR 2008	→	R	46	LStR 2005
R	19.1	LStR 2008	→	R	66	LStR 2005
R	19.2	LStR 2008	→	R	68	LStR 2005
R	19.3	LStR 2008	→	R	70	LStR 2005
R	19.4	LStR 2008	→	R	71	LStR 2005
R	19.5	LStR 2008	→	R	72	LStR 2005
R	19.6	LStR 2008	→	R	73	LStR 2005
R	19.7	LStR 2008	→	R	74	LStR 2005
R	19.8	LStR 2008	→	R	75	LStR 2005
R	19.9	LStR 2008	→	R	76	LStR 2005
R	19a	LStR 2008	→	R	77	LStR 2005
R	38.1	LStR 2008	→	R	104	LStR 2005
R	38.2	LStR 2008	→	R	104a	LStR 2005
R	38.3	LStR 2008	→	R	105	LStR 2005
R	38.4	LStR 2008	→	R	106	LStR 2005
R	38.5	LStR 2008	→	R	106a	LStR 2005
R	39.1	LStR 2008	→	R	108	LStR 2005
R	39.2	LStR 2008	→	R	109	LStR 2005
R	39.3	LStR 2008	→	R	110	LStR 2005
R	39a.1	LStR 2008	→	R	111	LStR 2005
R	39a.2	LStR 2008	→	R	112	LStR 2005
R	39a.3	LStR 2008	→	R	113	LStR 2005
R	39b.1	LStR 2008	→	R	114	LStR 2005
R	39b.2	LStR 2008	→	R	115	LStR 2005
R	39b.3	LStR 2008	→	R	116	LStR 2005
R	39b.4	LStR 2008	→	R	117	LStR 2005
R	39b.5	LStR 2008	→	R	118	LStR 2005
R	39b.6	LStR 2008	→	R	119	LStR 2005
R	39b.7	LStR 2008	→	R	120	LStR 2005
R	39b.8	LStR 2008	→	R	121	LStR 2005
R	39b.9	LStR 2008	→	R	122	LStR 2005
R	39b.10	LStR 2008	→	R	123	LStR 2005
R	39c	LStR 2008	→	R	124	LStR 2005
R	39d	LStR 2008	→	R	125	LStR 2005
R	40.1	LStR 2008	→	R	126	LStR 2005
R	40.2	LStR 2008	→	R	127	LStR 2005
R	40a.1	LStR 2008	→	R	128	LStR 2005
R	40a.2	LStR 2008	→	R	128a	LStR 2005
R	40b.1	LStR 2008	→	R	129	LStR 2005

Anhang 60/Überleitung LStR 2008 – LStR 2005

	LStR 2008				LStR 2005	
R	40b.2	LStR 2008	→	R	129b	LStR 2005
R	41.1	LStR 2008	→	R	130	LStR 2005
R	41.2	LStR 2008	→	R	131	LStR 2005
R	41.3	LStR 2008	→	R	132	LStR 2005
R	41a.1	LStR 2008	→	R	133	LStR 2005
R	41a.2	LStR 2008	→	R	134	LStR 2005
R	41b	LStR 2008	→	R	135	LStR 2005
R	41b	LStR 2008	→	R	136	LStR 2005
R	41c.1	LStR 2008	→	R	137	LStR 2005
R	41c.2	LStR 2008	→	R	138	LStR 2005
R	41c.3	LStR 2008	→	R	139	LStR 2005
R	42b	LStR 2008	→	R	143	LStR 2005
R	42d.1	LStR 2008	→	R	145	LStR 2005
R	42d.2	LStR 2008	→	R	146	LStR 2005
R	42d.3	LStR 2008	→	R	146a	LStR 2005
R	42e	LStR 2008	→	R	147	LStR 2005
R	42f	LStR 2008	→	R	148	LStR 2005

Stichwortverzeichnis

A

Abfindungen
- Kapitabfindung aufgrund der Beamtengesetze, Steuerfreiheit § 3 Nr. 3
- Steuerbefreiung bei Auflösung des Dienstverhältnisses § 3 Nr. 9 a.F.

Abfindungsrente
- nach dem BeamtVG als Versorgungsbezug LStR 19.8 (1) Nr. 1

Abfluss
- von Ausgaben § 11

Abführung
- der LSt § 41a, LStR 41a.2

Abgabeort
- Bewertung der Sachbezüge § 8 (2) 1

Abgeltungssteuer
- auf Kapitalerträge Einführungsvorschriften § 52a

Abgrenzung
- der nichtselbständigen Arbeit von der selbständigen Arbeit LStH 19.0
- der Werbungskosten von den Kosten der Lebensführung LStR 9.1 (1), LStR 9.1 (2)

Abnutzungsentschädigung
- Dienstkleidung Bundeswehr etc., Steuerfreiheit § 3 Nr. 4
- Steuerfreiheit der für Dienstkleidung Bundeswehr etc. LStR 3.4
- Steuerfreiheit für Werkzeuggeld § 3 Nr. 30, LStR 3.30

Abschlagszahlung
- Begriff LStR 39b.5 (5)
- pauschale bei steuerfreien Zuschlägen LStR 3b (7)
- und Lohnabrechnungszeitraum § 39b (5), LStR 39b.5 (5)

Abschluss
- des Lohnsteuerabzugs § 41b

Abschlussgebühren
- ersparte Anl. § 008-11

Absetzungen
- erhöhte für Wohngebäude § 10e, § 7b
- Ermittlung des Kfz-Kilometersatzes LStH 9.5, LStR 8.1 (9) Nr. 2 S. 8
- fiktive bei Arbeitsmitteln LStH 9.12
- für Abnutzung als Werbungskosten § 9 (1) Nr. 7, LStH 9.12
- für außergewöhnliche technische Abnutzung bei Kfz-Kilometersatz LStH 9.5
- für Substanzverringerung § 9 (1) Nr. 7

Abtretung
- von Ansprüchen aus Versicherungsverträgen LStR 40b.1 (3 und 6)

Abwälzung
- pauschaler Lohnsteuer auf Arbeitnehmer § 40 (3) 2, LStH 40.2, LStH 40a.1, LStH 40b.1

Änderung
- des Lohnsteuerabzugs § 41c, LStR 41c.1

Änderung der Lohnsteuerkarte LStR 39.2
- Steuerklasse II § 39 (4) 2
- Verbot privater § 39 (6)
- Zeitpunkt der § 39 (5), LStR 39.2 (11)
- Zuständigkeit § 39 (3a)
- Zuständigkeit bei LStR 39.2 (12)

Änderungssperre
- nach Außenprüfung LStR 42d.1 (6)

AfA
- siehe Absetzungen

Aktienoptionen
- Zuflusszeitpunkt LStH 38.2

Alleinerziehende
- BMF-Schreiben Anl. § 024b-01
- Entlastungsbetrag § 24b
- Steuerklasse II § 38b Satz 2 Nr. 2

Altersbezüge
- BMF-Schreiben Alterseinkünftegesetz Anl. § 010-01

Alterseinkünftegesetz
- BMF-Schreiben Anl. § 010-01

Altersentlastungsbetrag EStR 24a
- Begriff § 24a
- Berücksichtigung beim Gesamtbetrag der Einkünfte § 2 (3)
- Berücksichtigung beim Lohnsteuerabzug LStR 39b.4

Altersteilzeitgesetz Anh. 11
- Lohnsteuerbescheinigung der Aufstockungsbeträge nach dem § 41b (1) 2 Nr. 5
- Steuerfreiheit von Leistungen nach dem § 3 Nr. 28, LStR 3.28

Altersübergangsgeld
- Progressionsvorbehalt § 32b (1) Nr. 1

Altersversorgung
- siehe betriebliche Altersversorgung

Altersvorsorgeaufwendungen
- BMF-Schreiben Alterseinkünftegesetz Anl. § 010-01

Altersvorsorgebeiträge
- Begriff § 10a, § 82

Altersvorsorge-Durchführungsverordnung Anh. 10

Altersvorsorgevermögen § 22 Nr. 5, § 92 Nr. 5, § 93 ff.

Altersvorsorgeverträge
- Altersvorsorgezulage § 79 ff.
- Bescheinigung § 92
- Besteuerung der Leistungen § 22 Nr. 5
- Eigenheimbetrag § 92a (1), § 92b
- Sonderausgaben § 10a
- Zertifizierungsgesetz § 22 Nr. 5, § 82 (1)
- zusätzliche § 10a

Altersvorsorgevertrag
- Begriff § 82 (1) 1

1371

Altersvorsorgezulage § 79 ff., § 83
- Anmeldung § 90 (3)
- Grundlage § 84
- Günstigerprüfung § 10a (2)
- Kinderzulage § 85
- Mindesteigenbeitrag § 86
- Rückzahlungsbetrag § 93 (1) 1
- schädliche Verwendung § 93, § 94

Amateursportler
- als Arbeitnehmer LStH 19.0

Annehmlichkeiten
- siehe Aufmerksamkeiten

Anrufungsauskunft § 42e, LStR 42e
- Bindungswirkungen LStH 42e
- Lohnzahlung durch Dritte LStR 42e (4)

Antragsfrist
- bei Veranlagung § 46 (2) Nr. 8
- für Freibetrag beim Lohnsteuerabzug § 39a (2), § 39d (2) 2

Antragsgrenze
- im Ermäßigungsverfahren § 39a (2), LStR 39a.1 (4)

Antragsveranlagung § 46 (2) Nr. 8

Anzeigepflicht
- des Arbeitgebers bei Drittlohn § 38 (4) 3, LStR 38.4 (2)
- des Arbeitgebers bei nachträglicher Änderung der LSt § 41c (4), LStR 41c.2
- des Arbeitgebers bei nicht ausreichendem Barlohn § 38 (4) 2, LStR 41c.2 (1)
- des Arbeitnehmers bei Drittlohn § 38 (4) 3, LStR 38.4 (2)
- des Arbeitnehmers im Ermäßigungsverfahren (1990 weggefallen)
- nach SGB IV Anh. 53

Arbeinehmerentsendung
- inländischer Arbeitgeber LStR 19.1 S. 4

Arbeitgeber
- Anzeigepflichten LStR 41c.2
- Begriff LStDV § 1 (2) zu § 19, LStR 19.1
- Beispiele LStH 19.1
- Einbehaltungspflicht § 38 (3)
- inländische Betriebsstätten ausländischer Unternehmer LStR 39d (1) 5
- inländischer -, Begriff § 38 (1)
- Übernahme der -pflichten durch Dritte § 38 (3a), LStDV 4 (4) zu § 41

Arbeitgeber/Auftraggeber
- bei nebenberuflicher Tätigkeit LStR 3.26 (3)

Arbeitgeberdarlehen
- BMF-Schreiben Anl. § 008-04

Arbeitgeberersatz
- bei Auswärtstätigkeit LStR 3.13 (1)
- bei doppelter Haushaltsführung LStR 3.16 S.3, LStR 9.11 (10)
- bei Übernachtungskosten LStR 9.7 (3)
- Konkurrenzregelung Verpflegungsmehraufwendungen LStR 9.6 (2)
- Reisenebenkosten LStR 9.8
- von Fahrtkosten LStR 9.5 (2)

- von Reisekosten § 3 Nr. 13, § 3 Nr. 16, LStR 3.13, LStR 3.16
- von Umzugskosten § 3 Nr. 13, § 3 Nr. 16, LStR 3.13, LStR 3.16, LStR 9.9 (3)

Arbeitnehmer
- Begriff LStDV § 1 (1) zu § 19, LStH 19.0
- Erben und Hinterbliebene als LStR 19.9

Arbeitnehmeranteile
- Bescheinigung Sozialversicherung § 41b (1) 13
- Übernahme durch Arbeitgeber und Nettolohnberechnung LStR 39b.9 (1) 4
- zur Rentenversicherung als Sonderausgaben § 10 (1) Nr. 2

Arbeitnehmerentsendung
- Einbehaltungpflicht des Arbeitgebers LStR 38.3 (5)
- Lohnsteuerabzug § 38 (1) 2

Arbeitnehmererfindungen
- Zahlung als sonstiger Bezug LStR 39b.2 (2)

Arbeitnehmerjubiläum
- Ehrung eines Jubilars LStR 19.5 (2) 5
- Jubilarfeiern LStR 19.5 (2) Nr. 3
- übliche Sachleistungen und Arbeitslohn LStR 19.3 (2) Nr. 3

Arbeitnehmer-Pauschbetrag § 9a
- erwerbsbedingte Kinderbetreuungskosten neben § 9a S. 1 Nr. 1
- und tarifbegünstigter Arbeitslohn LStH 34

Arbeitnehmer-Sparzulagen
- Höhe der Anh. 23 (§ 13)
- Steuerbefreiung nach dem 5. VermBG Anh. 23 (§ 13)

Arbeitnehmerüberlassung
- Arbeitgeber bei LStR 19.1 S. 5
- Betriebsstätte bei § 41 (2), LStR 41.3
- Haftung bei § 42d (6), LStR 42d.2
- Sicherungsmaßnahme bei § 42d (8), LStR 42d.2 (8)
- Steuerabzugsverpflichtung für ausländischen Verleiher § 38 (1), § 38 (1)
- Unzulässigkeit der im Baugewerbe Anh. 9 (§ 1b)

Arbeitnehmerüberlassungsgesetz Anh. 9

Arbeitsentgeltverordnung
- Sozialversicherungsentgeltverordnung Anh. 3

Arbeitsessen
- als Aufmerksamkeit und Arbeitslohn LStR 19.6 (2)
- keine Betriebsveranstaltung LStR 19.5 (2) 6

Arbeitsförderungsgesetz
- Steuerbefreiung von Leistungen nach dem § 3 Nr. 2

Arbeitsgebiet
- weiträumiges LStH 9.4

Arbeitskleidung
- als Werbungskosten § 9 (1) Nr. 6
- Steuerbefreiung bei Überlassung von § 3 Nr. 31, LStR 3.31

Arbeitslohn
- Abschlagszahlung siehe dort

- an Erben LStR 19.9
- Angabe im Lohnkonto § 41 (1) 3, LStDV § 4 (2) Nr. 3 zu § 41
- Aufzeichnungen für Zeiträume ohne § 41 (1) 5, LStDV § 4 (2) Nr. 2 zu § 41, LStDV § 4 (2) Nr. 2 zu § 41, LStR 41.2
- Begriff und Beispiele LStDV § 2 zu § 19, LStR 19.3
- Bescheinigung von § 41b (1) 2 Nr.3
- durch Dritte § 38 (1) 2, LStR 38.4
- Entstehung der LSt § 38 (2)
- laufender § 39b (2), LStR 39b.2 (1), LStR 39b.5
- Rückzahlung von Anl. § 019-05
- Steuerabzug vom § 38, LStR 38.1
- Zufluss von § 11 (1) 3, § 38a (1), LStR 38.2
- zusätzlich geschuldeter LStR 3.33 (5)

Arbeitslohnspende LStR 38.1 Fußnote

Arbeitslosenbeihilfe
- Progressionsvorbehalt § 32b (1) Nr. 1
- Steuerfreiheit der § 3 Nr. 2a

Arbeitslosengeld
- Progressionsvorbehalt § 32b (1) Nr. 1
- Steuerfreiheit von § 3 Nr. 2, LStR 3.2
- vorweggenommene Werbungskosten LStH 9.1

Arbeitslosenhilfe
- Progressionsvorbehalt § 32b (1) Nr. 1
- Steuerfreiheit von § 3 Nr. 2, § 3 Nr. 2a

Arbeitslosigkeit
- Progressionsvorbehalt bei Lohnersatzleistungen § 32b (1) Nr. 1
- Steuerklassenwechsel LStR 39.2 (5)

Arbeitsmittel
- als Werbungskosten § 9 (1) Nr. 6, LStR 9.12

Arbeitsstätte
- Begriff der regelmäßigen LStR 9.4 (3)
- ständig wechselnde Tätigkeitsstätten LStR 9.4 (2)
- Wege zwischen Wohnung und § 9 (1) Nr. 4, § 9 (2), LStR 9.10

Arbeitsverhältnis
- siehe Dienstverhältnis

Arbeitsverträge
- zwischen Ehegatten EStR 4.8, LStH 19.0

Arbeitszimmer § 4 (5) Nr. 6b, LStH 9.14
- BMF-Schreiben Anl. § 004-03

Artisten
- beschränkte Steuerpflicht und besonderer Steuerabzug § 50a (1) Nr. 1, LStR 39d (3)
- Pauschsteuersatz für LStR 39d (4)

Arzneimittel
- als außergewöhnliche Belastung EStR 33.4

Aufbewahrungszeitraum
- Lohnkonto § 41 (1) 10

Auflösung
- des Dienstverhältnisses und Änderung des Lohnsteuerabzugs § 41c (3)

Aufmerksamkeiten
- aus besonderem Anlass steuerfrei LStR 19.6 (1)
- Begriff LStR 19.6 (1) 1

Aufstockungsbeträge
- Begrenzung auf Nettoarbeitslohn, Beispiele LStH 3.28
- Progressionsvorbehalt § 32b (1) Nr. 1
- Steuerfreiheit § 3 Nr. 28, LStR 3.28

Aufwandsentschädigung
- aus öffentlichen Kassen § 3 Nr. 12, LStR 3.12
- ehrenamtlich tätiger Personen LStR 3.12 (3), LStR 3.12 (5)
- für nebenberufliche Tätigkeit LStR 3.26
- steuerfreie Einnahmen für nebenberufliche Tätigkeit § 3 Nr. 26
- Übertragung Monatsbeträge LStH 3.12

Aufzeichnungserleichterungen
- bei Lohnsteuer-Pauschalierung § 41 (1) 6, LStDV § 4 (2) Nr. 8 zu § 41

Aufzeichnungspflichten
- bei betrieblicher Altersversorgung Anh. 2 (§ 5)
- bei vermögenswirksamen Leistungen Anh. 24 (§ 3)
- beim Lohnsteuerabzug § 41 (1), LStDV § 4 zu § 41
- im Lohnkonto § 41 (1) 3, LStDV § 4 zu § 41
- Religionsgemeinschaften LStR 41.1 (4)
- Zeiträume ohne Arbeitslohn "U" § 41 (1) 5, LStDV § 4 (2) Nr. 2 zu § 41, LStR 41.2

Aus- und Fortbildung LStR 9.2

Ausbilder
- steuerfreie Aufwandsentschädigung LStR 3.26
- steuerfreie Einnahmen § 3 Nr. 26

Ausbildung
- als Sonderausgaben § 10 (1) Nr. 7
- Berufsausbildung als Sonderausgaben EStR 10.9
- eines Kindes § 32 (4)
- Freibetrag EStR 33a.2
- Freibetrag Kind § 33a (2)
- Kosten der Berufsals Sonderausgaben LStR 9.2 (1)
- Kosten der Fort- und Weiterbildung als Werbungskosten LStR 9.2

Ausbildungsbeihilfen
- Steuerbefreiung § 3 Nr. 11, § 3 Nr. 44

Ausbildungsdienstverhältnis LStH 9.2

Ausbildungsfreibeträge § 33a (2), EStR 33a.2
- Aufteilung auf mehrere Steuerpflichtige § 33a (2) 4

Ausbildungsplatz
- Berücksichtigung von Kindern ohne § 32 (4), EStR 32.7

Ausgaben
- für steuerbegünstigte Zwecke § 10b
- nicht abziehbare § 12
- regelmäßig wiederkehrende § 11 (2) 2
- Zeitpunkt der Absetzung von § 11 (2)

Ausgleichsjahr § 42b (1)

Ausgleichsleistungen
- nach dem Lastenausgleichsgesetz steuerfrei § 3 Nr. 7

1373

Aushilfskräfte
- in der Land- und Forstwirtschaft § 40a (3), LStR 40a.1 (6)
- Pauschalierung der LSt für § 40a

Aushilfstätigkeit
- Abgrenzung von Haupttätigkeit und selbständiger Arbeit LStH 19.2
- und Pauschalierung der LSt § 40a

Auskünfte
- im Lohnsteuerverfahren § 42e, LStR 42e
- verbindliche Zusage LStR 42f (5)

ausländische Betriebsstätte
- bei Verwertungstatbestand LStR 39d (1)

ausländischer Verleiher
- Betriebsstättenfinanzamt § 41 (2), LStH 41.3, LStR 41.3
- Verpflichtung zum Steuerabzug § 38 (1), LStR 38.3 (1)

Auslagenersatz
- Begriff § 3 Nr. 50, LStR 3.50 (1) 1
- Steuerbefreiung § 3 Nr. 50, LStR 3.50

Ausland
- Arbeitslohn bei DBA Anl. § 039b-03
- Auslandstagegelder bei Auswärtstätigkeit LStR 9.6 (3) 1
- Auswärtstätigkeiten im -, Reisekosten Anl. § 009-02
- Kaufkraftzuschläge Anl. § 003-03
- Ländergruppeneinteilung Anl. § 001-01

Auslandsbedienstete
- Bewertung Dienstwohnung LStR 8.1 (6) 10
- Kaufkraftzuschläge Anl. § 003-03
- Kaufkraftzuschlag § 3 Nr. 64, LStR 3.64
- Wohnungsgestellung LStH 3.64

Auslandsdienstreisen
- Ländergruppeneinteilung Anl. § 009-02
- Reisekostenersatz LStH 9.7, LStR 3.13, LStR 3.16
- Übernachtungskosten LStR 9.7 (2), LStR 9.7 (3)
- Übernachtungskosten bei Anl. § 009-02
- Verpflegungsmehraufwendungen LStR 9.6 (3)
- Verpflegungsmehraufwendungen bei Anl. § 009-02

Auslandskinder § 33a (2) 3
- Kinderfreibetrag § 32 (6) 4

Auslandssprachkurse Anl. § 009-08

Auslandstätigkeit
- unentgeltliche Wohnung LStR 8.1 (6) 10

Auslandstätigkeitserlass Anl. § 034c-01
- Verzicht auf Nachweis der ausländischen Besteuerung LStR 39d (2)

Auslandstagegeld Anl. § 009-02, LStR 9.6 (3) 1

Auslandsübernachtungsgeld Anl. § 009-02, LStR 9.7 (3)

Auslandsumzüge LStH 9.9, LStR 9.9 (2) 1

Auslandsumzugskostenverordnung Anh. 16

Auslösungen
- Steuerfreiheit von LStR 3.13, LStR 3.16

Außenprüfung
- siehe Lohnsteuer-Außenprüfung

außergewöhnliche Belastungen
- Ausbildungsfreibeträge § 33a (2), EStR 33a.2
- Behinderte, Hinterbliebene und Pflegepersonen § 33b
- Freibetrag bei Ehegatten LStR 39a.3 (3)
- Freibetrag für § 39a (1), LStR 39a.1 (7)
- Hilfe im Haushalt oder vergleichbare Dienstleistungen EStR 33a.3
- Krankheit und Tod EStR 33.4
- Ländergruppeneinteilung Anl. § 001-01
- Pflegebedürftigkeit EStR 33.3
- Privatschulbesuch EStR 33.4
- Steuerermäßigung für § 33, § 33a
- Unterhalt/Berufsausbildung EStR 33a.1
- Wiederbeschaffung existentiell notwendiger Gegenstände EStR 33.2
- zeitanteilige Ermäßigung § 33a (3), EStR 33a.4
- zumutbare Belastung § 33 (3)

außerordentliche Einkünfte
- Einkünfte, die eine Entlohnung für mehrjährige Tätigkeit darstellen § 34, EStR 34.4, LStR 39b.6 (4)

außersteuerliche Rechtsnormen
- Anknüpfen an ESt-Begriffe § 2 (5a), § 2 (5b)

Ausstattungsbeitrag
- bei Auslandsumzügen LStH 9.9
- BMF-Schreiben Anl. § 009-04

Ausstellung der Lohnsteuerkarten
- BMF-Schreiben betr. Anl. § 039-01
- Gefangene/Haftentlassene LStR 39.1 (8)
- Sicherheitsmaßnahmen bei LStR 39.1 (11)
- Verfahren bei LStR 39.1
- Verpflichtung der Gemeinde und des Arbeitnehmers § 39 (1), § 39 (4), LStR 39.1 (9)
- Verzeichnis LStR 39.1 (10)
- Zuständigkeit § 39 (2), LStH 39.1

auswärtige Tätigkeitsstätte
- siehe doppelte Haushaltsführung
- und Dreimonatszeitraum LStR 9.6 (4)

auswärtige Unterbringung
- anlässlich der Berufsausbildung § 10 (1) Nr. 7
- von Kindern in der Ausbildung § 33a (2), EStR 33a.2

Auswärtstätigkeit
- Aus- und Fortbildung LStR 9.2 (2), (3)
- Begriff LStR 9.4
- im Ausland, Reisekosten Anl. § 009-02
- Mahlzeitengestellung BMF-Schreiben Anl. § 008-05
- regelmäßige Arbeitsstätte BMF-Schreiben Anl. § 009-10
- Steuerfreiheit LStR 3.13, LStR 3.16
- vorübergehende LStH 9.4, LStH 9.4, LStR 9.4 (3) S. 5

Auszahlung
- von Sachbezügen LStR 8.1 (4) 4

Authentifizierung
- bei elektronischer Übermittlung Anh. 35 (§ 6)

- BMF-Schreiben zu StDÜV und StDAV Anh. 35a (Tz. 4)

B

Badekuren
- als außergewöhnliche Belastung EStR 33.4

Barlohn
- nicht ausreichender § 38 (4)

Barlohnkürzung
- bei Zukunftssicherungsleistungen LStH 40b.1, LStR 40b.1 (5)

Barzuschüsse
- des Arbeitgebers an Kantine oder Gaststätte LStR 8.1 (7) Nr. 2

Basisgrundlohn
- bei Zuschlägen LStR 3b (2) Nr. 2 Buchst. a

Baukindergeld § 34f (2)

Bauleistungen
- Freistellungsbescheinigung § 48b
- Steuerabzug § 48 ff.

Bausparbeiträge
- siehe Bausparkassen

Bausparkassen
- ersparte Abschlussgebühren Anl. § 008-11

Beamte
- Kürzung bei Vorsorgeaufwendungen § 10 (3-4)

BEEG Anh. 18

Befristungsgesetz Anh. 12

Begleitpersonal
- siehe Fahrtätigkeit

Beherbergungsleistungen
- Reisekosten, Mahlzeiten BMF-Schreiben Anl. § 008-15

Behinderte
- Art und Grad der Behinderung § 33b (2), § 33b (3)
- Aufwendungen wegen Pflegebedürftigkeit als außergewöhnliche Belastung EStR 33.3
- Eintragung des Pauschbetrags auf der Lohnsteuerkarte § 39a (2), LStR 39a.1 (2), LStR 39a.3 (4)
- Kraftfahrzeugkosten als Werbungskosten § 9 (2), LStR 9.10 (3)
- Nachweis der Behinderung EStDV § 65 (1) zu § 33b
- Pauschbeträge für § 33b (3)
- Pflege-Pauschbetrag § 33b (6)
- Übertragung des Pauschbetrags für Kinder § 33b (5)

Behinderten-Pauschbetrag § 33b (1)

Beifahrer
- siehe Fahrtätigkeit

Beihilfe, steuerpflichtige
- Erholungs LStH 3.11

Beihilfen, steuerfreie
- aus öffentlichen Mitteln für Erziehung, Ausbildung, Forschung, Wissenschaft oder Kunst § 3 Nr. 11, § 3 Nr. 44
- in besonderen Notfällen LStR 3.11 (2) 5
- wegen Hilfsbedürftigkeit LStR 3.11

Beiträge
- zu Berufsständen als Werbungskosten § 9 (1) Nr. 3
- zu Parteien als Sonderausgaben § 10b (2)
- zu Versicherungen als Sonderausgaben § 10 (1) Nr. 2, 3, 3a, § 10 (2)

Belegschaftsrabatte
- siehe Rabattgewährung

Belgien
- Grenzgänger LStH 39d

Beratungsleistungen
- für Arbeitnehmer LStR 19.3 (2) Nr. 5

Bergbau
- Steuerfreiheit öffentlicher Leistungen § 3 Nr. 60

Bergmannsprämien § 3 Nr. 46

Berufsausbildung § 10 (1) Nr. 7, EStR 10.9, LStR 9.2
- Aufwendungen für Ehegatten als Sonderausgaben § 10 (1) Nr. 7 S. 2
- Aufwendungen für Kind als außergewöhnliche Belastung § 33a (2)
- des Steuerpflichtigen als Sonderausgaben LStR 9.2 (1)
- Kinder in EStR 32.11, EStR 32.5
- Sonderausgaben bei Aufwendungen für Steuerpflichtigen § 10 (1) Nr. 7
- Unterbrechung bei Kindern § 32 (5), EStR 32.5

Berufsausbildungskosten
- BMF-Schreiben Anl. § 010-02
- erstmalige Berufsausbildung LStH 9.2

Berufskleidung
- als Werbungskosten § 9 (1) Nr. 6, LStH 9.12, LStR 9.1 (2) Nr. 1
- Barablösung von § 3 Nr. 31, LStR 3.31 (2)
- Überlassung typischer § 3 Nr. 31, LStR 3.31

Berufskraftfahrer
- Auswärtstätigkeit LStR 9.4 (2) 2

Berufskrankheit
- Behinderten-Pauschbeträge § 33b (2)

Berufssportler
- beschränkte Steuerpflicht und besonderer Steuerabzug § 50a (1) Nr. 1
- Lohnsteuerabzug für beschränkt steuerpflichtige LStR 39d (3)

Berufsstände
- Aufwendungen für Veranstaltungen als Lebensführungskosten LStR 9.3 (1)
- Aufwendungen für Veranstaltungen als Werbungskosten LStR 9.3 (2)
- Beiträge als Werbungskosten § 9 (1) Nr. 3

Berufsunfähigkeitsversicherung LStR 40b.1 (2) 8

Berufsverbände
- siehe Berufsstände

beschränkt Steuerpflichtige
- Änderung LSt-Abzug LStR 41c.1 (8)

beschränkt steuerpflichtige
- Arbeitnehmer und LStabzug § 39d
- Artisten LStR 39d (4)

1375

- Sondervorschriften für Arbeitnehmer § 50 (1), § 50 (1), § 50 (2), § 50 (2)
- Steuerabzug bei künstlerischen Darbietungen § 50a (1) Nr. 1
- Steuerabzug für Künstler, Berufssportler, Schriftsteller, Journalisten oder Bildberichterstatter Anl. § 039d-01, LStR 39d (3)

beschränkt steuerpflichtige Einkünfte
- aus nichtselbständiger Arbeit § 49
- Verwertungstatbestand § 49 (1) Nr. 4, LStR 39d (1)

beschränkte Steuerpflicht
- siehe Steuerpflicht

Besuchsfahrten
- als außergewöhnliche Belastung EStR 33.4

BetrAVG Anh. 8

Betreuer
- Aufwandsentschädigung für nebenberufliche Tätigkeit LStR 3.26
- steuerfreie Einnahmen § 3 Nr. 26

Betreuungs- und Erziehungs- oder Ausbildungsbedarf
- Freibetrag für Kind § 32 (6) 1

betriebliche Altersversorgung
- Aufzeichnungs- und Mitteilungspflichten Anh. 2 (§ 5)
- BMF-Schreiben Anl. § 010a-01
- BMF-Schreiben Übernahme Rentenversicherungsbeiträge für Anl. § 019-08
- Insolvenzsicherung § 3 Nr. 65, LStR 3.65
- Pflichtpauschalierung § 40b (4)
- Qualifizierung als Arbeitslohn § 3 Nr. 65, LStR 3.65 (3)
- Sonderzahlungen Steuerpflicht § 19 (1) 1 Nr. 3
- Steuerfreiheit § 3 Nr. 63
- Steuerfreiheit nicht kapitalgedeckte § 3 Nr. 56
- Steuerfreiheit Sanierungsgelder § 19 (1) 1 Nr. 3
- Übertragung auf Pensionsfonds, BMF-Schreiben Anl. § 003-06
- Übertragung der § 3 Nr. 55

betriebliche Veranstaltung
- Geburtstag Arbeitnehmer LStR 19.3 (2) Nr. 4

Betriebsfeier
- siehe Betriebsveranstaltung

Betriebsprüfungsordnung Anh. 44

Betriebsstätte
- allgemeiner Begriff der LStR 38.3 (2)
- ausländische Betriebsstätte eines inländischen Arbeitgebers LStR 39d (1)
- lohnsteuerlicher Begriff § 41 (2), LStR 41.3

Betriebsstättenfinanzamt
- Abführung der LSt an § 41a (1), LStR 41a.2
- Anrufungsauskunft vom § 42e
- Begriff § 41a (1)
- bei ausländischem Verleiher § 41 (2), LStH 41.3, LStR 41.3
- Geltendmachung der Haftungsschuld und Steuerschuld durch § 42d (3)
- LSt-Anmeldung beim § 41a (1), LStR 41a.1 (2)
- LSt-Außenprüfung durch § 42f (1)

- Nachforderung von LSt LStR 41c.3 (2)

Betriebsveranstaltung
- Aufzeichnungserleichterungen im Lohnkonto LStDV § 4 (2) Nr. 8 zu § 41
- Barzuwendungen LStR 19.5 (5) Nr. 2
- Begriff LStR 19.5 (2)
- Bewertung von Mahlzeiten LStH 19.5
- Geschenke anlässlich LStR 19.5 (4) Nr. 4
- Pauschalierung der LSt § 40, LStR 40.2 (1)
- Sachzuwendungen LStR 19.5 (4) Nr. 1

Bewirtung
- keine Kürzung der Reisekosten bei unentgeltlicher Verpflegung LStR 9.6 (1) 3
- von Geschäftsfreunden durch Arbeitnehmer, Auslagenersatz § 3 Nr. 50, LStR 3.50

Bildberichterstatter
- Lohnsteuerabzug für beschränkt steuerpflichtige LStR 39d (3)

Bildschirmbrille
- spezielle Sehhilfe LStR 19.3 (2) Nr. 2

Bildungsaufwendungen
- siehe Ausbildung, Berufsausbildung, Fortbildungskosten, Schulbesuch, Weiterbildung

Blinde
- Nachweis EStDV § 65 (2) zu § 33b
- Pauschbetrag für § 33b (3) 3

Blockmodell
- Störfall bei Altersteilzeit LStR 3.28 (2)
- zeitversetzte Auszahlung steuerfreier Zuschläge LStR 3b (8)

Brauereigewerbe
- Haustrunk LStR 8.2 (1) 3

Büroraum
- Vermietung an Arbeitgeber Anl. § 019-06

Bundeseisenbahnvermögen
- beschränkte Steuerpflicht für Arbeitslohn § 49 (1) Nr. 4

Bundeselterngeld- und Elternzeitgesetz Anh. 18

Bundeskindergeldgesetz Anh. 19

Bundesumzugskostengesetz Anh. 15
- BMF-Schreiben zum Anl. § 009-04

Bundesversorgungsgesetz
- Steuerfreiheit von Leistungen nach dem LStR 3.6 (1)

D

Datenabgleich
- Altersvorsorgezulage § 91

Datenzugriff
- Grundsätze zum Anl. § 042f-01

dauernd erwerbsunfähig
- Berücksichtigung von -en Kindern § 32 (4), EStR 32.9

dauernd getrennt lebende Ehegatten
- Lohnsteuerklasse für § 38b Nr. 1

dauernde Lasten
- Abzug als Sonderausgaben § 10 (1) Nr. 1a

Deputate
- Rabattfreibetrag LStR 8.2 (1) 3

deutsche Besteuerung
- Ausnahmen LStH 39b.10

Deutsche Bundesbahn
- siehe Bundeseisenbahnvermögen

Deutsche Bundesbank
- beschränkte Steuerpflicht für Arbeitslohn § 49 (1) Nr. 4

Deutschkurs
- Kosten der Lebensführung LStH 9.2

Diätverpflegung
- keine außergewöhnliche Belastung § 33 (2) 3

Diebstahlsicherungssystem LStR 8.1 (9) Nr. 1

Diensteinführung
- übliche Sachleistungen und Arbeitslohn LStR 19.3 (2) Nr. 3

Dienstfahrt
- siehe Dienstreise

Dienstfernsprecher
- Überlassung als Arbeitslohn LStH 19.3

Dienstgang
- (1996 weggefallen) siehe Dienstreise

Dienstkleidung
- bei Bundeswehr, Bundesgrenzschutz und Polizei § 3 Nr. 4
- Dienstkleidung, Steuerfreiheit LStR 3.4
- siehe Berufskleidung
- Steuerfreiheit einer Abnutzungsentschädigung § 3 Nr. 4, § 3 Nr. 4 Buchst. b
- Überlassung von kein Arbeitslohn § 3 Nr. 31, LStR 3.31

Dienstreise
- Reisekostensätze Ausland Anl. § 009-02, LStR 9.6 (3) 1
- Reisekostensätze Inland § 4 (5) Nr. 5 S. 2
- siehe auch Reisekosten

Dienstreise-Kaskoversicherung
- BMF-Schreiben Anl. § 009-01
- und pauschale Kilometersätze LStH 9.5

Dienstverhältnis
- Arbeitslohn aus früherem LStDV § 1 (1) 2 zu § 19
- Arbeitslohn im Hinblick auf zukünftiges LStDV § 2 (2) Nr. 1 zu § 19
- Auflösung § 41c (3)
- Begriff LStDV § 1 (2) zu § 19
- Einnahmen aus LStDV § 2 zu § 19
- Erhebung ESt durch Steuerabzug § 38 (1)
- vorweggenommene Werbungskosten bei künftigem LStH 9.1
- zwischen Ehegatten EStR 4.8, LStH 19.0

Dienstwagen
- BMF-Schreiben zu Aufwendungen des Arbeitnehmers Anl. § 008-14
- BMF-Schreiben zu BFH-Urteilen vom 4.4.2008 Anl. § 008-12
- BMF-Schreiben zu Zuzahlungen Arbeitnehmer zu Anschaffungskosten Anl. § 008-13

Dienstwohnung
- im Ausland, Bewertung LStR 8.1 (6) 10
- im Ausland, Wohnungsgestellung LStH 3.64

- Sachbezugswert für Unterkunft LStR 8.1 (5)

digitale Unterlagen
- Datenzugriff Anl. § 042f-01

Diplomaten
- Steuerbefreiung ausländischer § 3 Nr. 29
- Steuerbefreiung sonstiger ausländischer Bediensteter bei § 3 Nr. 29
- unbeschränkte Steuerpflicht deutscher § 1 (2)

Direktversicherung
- Begriff LStR 40b.1 (1)
- bei Ehegatten-Arbeitsverhältnis LStH 40b.1
- bei Gewinnermittlung § 4b
- Gehaltsumwandlung LStR 40b.1 (5)
- Pauschalierung der LSt für LStR 40b.1

Doppelbesteuerung
- Anwendung von Doppelbesteuerungsabkommen LStR 39b.10
- Vermeidung de § 39b (6), LStR 39d (2)

Doppelbesteuerungsabkommen
- Anwendung des Progressionsvorbehalts § 32b (1) Nr. 3
- Anwendung von LStR 39b.10
- Arbeitslohn bei Anl. § 039b-03
- Auslandstätigkeitserlass bei ausgeschlossen Anl. § 034c-01 (V.2.)
- Befreiung von beschränkt Steuerpflichtigen bei LStR 39d (2)
- Befreiung von unbeschränkt Steuerpflichtigen bei § 39b (6)
- Berücksichtigung ausländischer Steuern bei § 34c
- Freistellungsbescheinigung zum Lohnkonto LStR 39b.10 S. 4
- Gastlehrkräfte Anl. § 039b-04
- Grenzgänger Schweiz, Belgien LStR 39d
- Übersicht über Anl. § 039b-02

doppelte Haushaltsführung
- Ausland Anl. § 009-02
- Aufwendungen als Werbungskosten § 9 (1) Nr. 5, LStR 9.11 (10)
- Begriff § 9 (1) Nr. 5 S. 2
- eigener Hausstand LStR 9.11 (3)
- Einführungsschreiben Lohnsteuer Anl. § 038-01
- Familienheimfahrt LStR 9.11 (6)
- im Ausland LStR 9.11 (10) 7 Nr. 3
- notwendige Aufwendungen für Zweitwohnung LStH 9.11 (5-10), LStR 9.11 (8)
- Vergütungen für Kosten LStR 3.13 (1), LStR 3.16 S. 3, LStR 9.11 (10)
- Verpflegungsmehraufwendungen LStR 9.11 (7)
- Wegverlegung Lebensmittelpunkt BMF-Schreiben Anl. § 009-09

Dreimonatsfrist
- bei Auswärtstätigkeit LStR 9.6 (4)
- bei Verpflegungsmehraufwendungen LStH 9.6 (4)
- im Auslandstätigkeitserlass Anl. § 034c-01 (II.)
- Verpflegungspauschalen § 4 (5) Nr. 5 S. 5 f.

1377

- Vervielfältigung der Pauschalierungsgrenze LStR 40b.1 (11)

Dritte
- Außenprüfung § 42f (3)
- Beihilfen LStH 3.11
- Haftung Arbeitgeber / Dritte § 42d (9), LStR 42d.3
- Lohnkonto LStDV § 4 (4) zu § 41
- Lohnsteuerabzug § 38 (3a), LStR 38.5
- Lohnsteuerabzug für sonstigen Bezug § 39c (5), LStR 39c (5)
- Lohnzahlung durch LStR 38.4
- Rabatte durch Anl. § 008-01
- Steuerabzug bei Arbeitslohn durch § 38 (1) 2
- Unterstützungen LStR 3.11 (2) 2

durchlaufende Gelder
- Begriff und Abgrenzung § 3 Nr. 50, LStR 3.50
- Steuerfreiheit § 3 Nr. 50

durchschnittlicher Steuersatz
- bei Pauschalierung der LSt in besonderen Fällen § 40 (1), LStR 40.1 (3)
- halber bei Veräußerungsgewinnen § 34 (3)

Durchschnittsberechnung
- bei pauschalierten Zukunftssicherungsleistungen LStH 40b.1, LStR 40b.1 (9)

Durchschnittslohn
- bei Pauschalierung der LSt für Teilzeitbeschäftigte § 40a (1), § 40a (4)

DVLStHV Anh. 37

E

Ehegatten
- Altersentlastungsbetrag bei Zusammenveranlagung § 24a
- Ausgaben für Zukunftssicherung (Direktversicherungen) bei Arbeitsverträgen zwischen LStH 40b.1
- besondere Veranlagung für VZ der Eheschließung § 26c
- Dienstverhältnis zwischen EStR 4.8, LStH 19.0
- Freibeträge bei LStR 39a.3
- getrennte Veranlagung von § 26a
- nicht dauernd getrennt lebend § 38b, EStR 26
- Steuerklassenwechsel § 39 (5), LStR 39.2 (5)
- Veranlagung von § 26, § 46 (2)
- Zusammenveranlagung von § 26b

ehrenamtliche Tätigkeit
- Anwendungsschreiben zu § 3 Nr. 26a Anl. § 003-02
- für Berufsverband LStR 9.3
- nebenberufliche LStR 3.26
- Steuerbefreiung § 3.26a

Ehrensold
- als Versorgungsbezüge LStR 19.8 (1)
- Steuerfreiheit von § 3 Nr. 22

eigener Hausstand
- bei doppelter Haushaltsführung LStR 9.11 (3)

Eigenheimzulagengesetz
- Vorkostenabzug § 10i

Einbehaltungspflicht
- des Arbeitgebers LStR 38.3

Einbuße der körperlichen Beweglichkeit
- Behinderten-Pauschbetrag § 33b (2)

Einfamilienhaus
- erhöhte Absetzungen und Freibetrag § 39a (1)

Einführungsschreiben Lohnsteuer Anl. § 038-01

einheitliche Pauschsteuer
- geringfügig Beschäftigte § 40a (2), § 40a (6), LStR 40a.2

Einigungsvertrag
- Sondervorschriften § 56

Einkleidungsbeihilfen
- Steuerfreiheit § 3 Nr. 4 Buchst. b
- Steuerfreiheit von § 3 Nr. 4 Buchst. b

Einkommensteuer
- Abgeltung durch Lohnsteuerabzug § 46 (4), § 50 (2) 1
- Abzug vom Arbeitslohn § 38 (1)
- Anknüpfen an ESt-Begriffe § 2 (5a), § 2 (5b)
- Anrechnung ausländischer § 34c
- Durchführungsverordnung Anh. 2
- Ermittlung der § 2 (5) 1, § 32a
- Jahressteuer § 2 (7) 1
- Kindergeld/Kinderfreibetrag § 31
- Pauschalierung bei Sachzuwendungen § 37b
- Pauschalisierung durch Dritte § 37a

Einkommensteuerveranlagung
- besondere § 26c
- getrennte bei Ehegatten § 26a
- keine Bindung an Anrufungsauskunft LStH 42e
- von Arbeitnehmern § 46 (2)
- von Ehegatten § 26
- Zusammenveranlagung § 26b

Einkünfte
- aus nichtselbständiger Arbeit § 19 (1)
- aus selbständiger Arbeit § 18
- Begriff § 2 (2)
- beschränkt steuerpflichtige aus nichtselbständiger Arbeit § 49 (1) Nr. 4, LStR 39d (3)
- Gesamtbetrag der § 2 (3)

Einnahmen
- Begriff § 8 (1)
- steuerfreie § 3
- Verbot des Abzugs von Vorsorgeaufwendungen bei steuerfreien § 10 (2) Nr. 1
- Verbot des Abzugs von Werbungskosten bei steuerfreien § 3c
- Zufluss von § 11 (1)
- Zufluss von Lohn § 11 (1) 3, § 38a (1), LStR 38.2

Einsatzwechseltätigkeit
- Auswärtstätigkeit LStR 9.4 (2) 2
- siehe auch wechselnde Tätigkeitsstätte

Einspruch
- Einspruchsrecht des Arbeitnehmers gegen Haftungsbescheid LStH 42d.1
- Hinzuziehung des Arbeitgebers bei Einspruch des Arbeitnehmers LStH 42d.1

Einzelzimmer
– Übernachtungskosten LStR 9.7 (1)
elektronische Lohnsteuerabzugsmerkmale
§ 39e
elektronische Lohnsteuer-Anmeldung § 41a (1) 2, LStH 41a.1
– BMF-Schreiben, Übergangsregelung LStH 41a.1
elektronische Lohnsteuerbescheinigung § 41b
– BMF-Schreiben, Vordruckmuster Anl. § 041b-01
Elterngeld Anh. 18 (§§ 1 ff.)
Elternzeit Anh. 18 (§§ 15 ff.)
Emeritenbezüge
– als steuerbegünstigte Versorgungsbezüge LStH 19.8
Endpreis am Abgabeort
– Bewertung bei Sachbezügen § 8 (2) 1
Entfernungspauschale
– Abgeltungswirkung § 9 (2) 1
– bei Behinderten tatsächliche Aufwendungen § 9 (2) 3
– Bescheinigung anzurechnender steuerfreier Arbeitgeberleistungen § 41b (1) 1 Nr. 6
– BMF-Schreiben ab 2007 Anl. § 009-07
– Familienheimfahrten doppelte Haushaltsführung § 9 (1) Nr. 5 S. 4
– höhere Aufwendungen öffentliche Verkehrsmittel § 9 (2) 2
– Lohnsteuerbescheinigung anzurechnender Arbeitgeberleistungen § 41b (1) Nr. 6
Entgeltbescheinigung
– Bescheinigung bestimmter Lohnersatzleistungen § 32b (3)
Entlassungsabfindungen
– Fünftelungsregelung § 39b (3) 9
Entlassungsentschädigungen Anl. § 034-01
Entlastungsbetrag für Alleinerziehende § 24b, LStR 24b
– BMF-Schreiben Anl. § 024b-01
– Steuerklasse II § 38b Satz 2 Nr. 2
Entleiher
– Haftung bei Arbeitnehmerüberlassung § 42d (6), LStR 42d.2
– Sicherungsmaßnahme bei Arbeitnehmerüberlassung § 42d (8), LStR 42d.2 (8)
Entschädigungen
– Abgeltung nicht gewährten Urlaubs steuerpflichtig LStR 19.3 (1) Nr. 2
– als Ersatz für entgangene oder entgehende Einnahmen § 24 Nr. 1
– als sonstiger Bezug LStR 39b.2 (2)
– an ehemalige Kriegsgefangene § 3 Nr. 19
– aus öffentlichen Kassen siehe Aufwandsentschädigungen
– bei Auflösung des Dienstverhältnisses siehe Entlassungsabfindungen
– ermäßigte Besteuerung § 39b (3) 9
– ermäßigter Steuersatz § 34

– für die Aufgabe oder Nichtausübung einer Tätigkeit § 24 Nr. 1
– pauschal für Fehlgeld LStR 19.3 (1) Nr. 4
Entstehung
– der LSt § 38 (2)
Entwicklungshelfer
– Berücksichtigung als Kind § 32 (5)
– Steuerfreiheit der Leistungen § 3 Nr. 61
Erben
– Arbeitslohn an LStR 19.9
ErbStR Anh. 56
Erfindervergütungen
– als sonstiger Bezug LStR 39b.2 (2)
Erhebung
– der LSt mit Pauschsteuersatz § 40, § 40a, § 40b
– der LSt vom Arbeitslohn § 38 (1)
Erholungsbeihilfen
– als Unterstützungen LStH 3.11
– Pauschsteuersatz bei § 40 (2) 1, LStR 40.2 (1)
Ermäßigungsverfahren § 39a
Ersatz-Lohnsteuerkarte
– Ausstellung durch Gemeinde § 39 (1)
– Gebühr für Ausstellung § 39 (1) 4
– Kennzeichnung als LStR 39.3 (6)
Erschwerniszuschläge
– als steuerpflichtiger Arbeitslohn LStR 19.3 (1) Nr. 1
Ertragsanteil
– von Renten § 22 Nr. 1
erweiterte unbeschränkte Einkommensteuerpflicht § 1 (3), § 1a
Erwerbsunfähigkeit
– Berücksichtigung als Kind § 32 (4), EStR 32.9
– siehe Behinderte
Erzieher
– steuerfreie Einnahmen § 3 Nr. 26
– Steuerfreiheit für nebenberufliche Tätigkeit als LStR 3.26
Erziehungsgeld
– Steuerbefreiung § 3 Nr. 67
Essenmarken LStR 8.1 (7) Nr. 4
EStDV Anh. 2
EU/EWR-Fälle
– Steuerklasse LStH 39.2
EU-Beamte
– Tagegeld, BMF-Schreiben Anl. § 003-04
Existenzminimum
– Grundfreibetrag § 32a (1)
– Sondervorschrift Kinder VZ 1983-1995 § 53

F

Fachbücher
– als Werbungskosten LStH 9.12
Fachkongresse
– Studienreisen und LStH 9.2, LStR 9.2
Fachliteratur
– siehe Fachbücher
Fachschulen
– nebenberufliche Lehrtätigkeit LStR 19.2

1379

Fachverbände
- Ausgaben bei Veranstaltungen von LStR 9.3

Fachzeitschriften
- siehe Fachbücher

Fahrergestellung LStR 8.1 (10)

Fahrgelderstattung
- Steuerfreiheit bei Reisekosten LStR 9.5 (2)

Fahrgemeinschaften LStH 9.10

Fahrrad
- Kilometersatz LStH 9.5

Fahrtätigkeit
- als Auswärtstätigkeit LStR 9.4 (2) 2

Fahrten zwischen Wohnung und Arbeitsstätte
- Arbeitgebervergütungen als Arbeitslohn LStR 19.3 (3) Nr. 2
- Aufwendungen für § 9 (1) Nr. 4, § 9 (2), LStR 9.10
- Begrenzung des Abzugs für bei Gewinneinkünften 4 (5a)
- bei Behinderten § 9 (2) 3, LStR 9.10 (3)
- bei Fahrgemeinschaften LStH 9.10
- bei mehreren Wohnungen § 9 (1) Nr. 4 S. 6, LStR 9.10 (1) 3
- Gestellung eines Kraftfahrzeugs § 8 (2) 3, LStR 8.1 (9)
- Gestellung eines Kraftwagens mit Fahrer LStR 8.1 (10)
- Lohnsteuerbescheinigung § 41b (1) 2, § 41b (1) 2 Nr. 6
- Nutzungsvergütung des Arbeitnehmers bei gestelltem Kraftwagen LStR 8.1 (9) Nr. 4
- Pauschalierung der Arbeitgeberleistung § 40 (2) 2, LStR 40.2 (6)
- Sammelbeförderung von Arbeitnehmern steuerfrei § 3 Nr. 32, LStR 3.32
- Unfallschäden LStH 9.10

Fahrtenbuch
- ordnungsgemäßes LStH 8.1 (9-10), LStR 8.1 (9) Nr. 2

Fahrtenschreiber LStR 8.1 (9) Nr. 25.6

Fahrtkosten
- als Reisekosten LStR 9.5
- für Wege zwischen Wohnung und Arbeitsstätte LStR 9.10

Fahrtkostenzuschüsse
- Pauschalierung ab 2007 Anl. § 040-04
- Pauschalierung der LSt LStH 40.2, LStR 40.2 (6)

Faktorverfahren
- anstelle Steuerklassenkombination III/V § 39f
- Steuerklassenwahl Anl. § 038b-01

Familienhausstand
- siehe eigener Hausstand, Wohnung

Familienheimfahrten
- Begriff § 9 (1) Nr. 5 S. 3
- bei doppelter Haushaltsführung LStR 9.11 (6)
- wahlweise Telefonkosten LStH 9.11 (6-10)

Familienleistungsausgleich § 31
- Kinderfreibetrag/Kindergeld bei ESt § 31

Familienstand
- nicht dauernd getrennt lebend § 38b, EStR 26

Fehlgeldentschädigung
- Steuerfreiheit von 16 Euro pauschaler LStR 19.3 (1) Nr. 4

Fehlzeiten
- siehe Nichtbeschäftigungszeiten

Feiertagsarbeit
- an Heiligabend und Silvester § 3b (1) Nr. 3, § 3b (1) Nr. 4
- Steuerfreiheit der Zuschläge § 3b (1) Nr. 3

Festsetzungsverjährung
- und Lohnsteueraussenprüfung LStH 42f

festzusetzende Einkommensteuer
- Ermittlung der § 2 (6) 1

fiktive AfA
- bei Arbeitsmitteln LStH 9.12

Finanzamt
- siehe Betriebsstättenfinanzamt, Zuständigkeit

Finanzamtsnummer
- in LStbescheinigung § 41b (1) 1

Förderung der Vermögensbildung
- Überlassung von Vermögensbeteiligungen § 19a, § 3 Nr. 39
- Vermögensbildungsgesetz Anh. 23
- Wohnungsbau-Prämiengesetz Anh. 28

Forstwirtschaft
- Pauschalierung der LSt für Aushilfskräfte § 40a (3), LStR 40a.1 (6)

Fortbildungskosten
- Abzug als Werbungskosten LStR 19.7 (2) 7 und (3)
- als Werbungskosten LStH 9.2

Fortbildungsleistungen
- des Arbeitgebers LStR 19.7

freiberufliche Tätigkeit
- siehe selbständige Arbeit

Freibetrag
- Ausschluss LStJA § 42b (1) Nr. 3a
- für Betreuungs- und Erziehungs- oder Ausbildungsbedarf des Kindes § 32 (6) 1
- für weiteres Dienstverhältnis § 39a (1) Nr. 7, LStH 39a.1 (8)
- und Hinzurechnungsbetrag LStR 39a.1 (8)

Freibetrag beim Lohnsteuerabzug § 39a
- Änderung, Beispiele LStH 39a.1
- Verfahren LStR 39a.1

Freibetrag/Freibeträge
- Änderung von -n auf der Lohnsteuerkarte LStR 39a.1 (10)
- als gesonderte Feststellung einer Bemessungsgrundlage § 39a (4)
- Altersentlastungsbetrag siehe dort
- Antrag auf Eintragung eines -s auf der Lohnsteuerkarte § 39a
- Antragsfrist § 39a (2), § 39d (2) 2
- Antragsgrenze § 39a (2), LStR 39a.1 (4)
- Aufteilung bei Ehegatten § 39a (3), LStR 39a.3 (7)
- Ausbildung § 33a (2), EStR 33a.2

- bei außergewöhnlichen Belastungen § 33a
- bei Behinderten § 33b (1)
- Kinder § 32 (6)
- Kundenbindungsprogramm § 3 Nr. 38
- Nachforderung von LSt bei unzutreffendem § 39a (5)
- Rabatt § 8 (3) 2, LStR 8.2 (2) 10
- Sparer-Pauschbetrag § 20 (9)
- Versorgungsfreibetrag siehe dort

freie Berufe
- siehe selbständige Arbeit

freie Getränke und Genussmittel LStR 19.6, LStR 8.2 (1) 3

freie Kost und Wohnung
- Bewertung der Sachbezüge LStR 8.1 (4), LStR 8.1 (5)
- sonstige Festsetzungen Anl. § 008-02, Anl. § 008-03
- Sozialversicherungsentgeltverordnung Anh. 3

freie Unterkunft
- bei doppelter Haushaltsführung LStR 9.11 (10) 7
- Bewertung bei Auslandstätigkeit LStR 8.1 (6) 10
- in werkseigenen Gebäuden LStR 8.1 (6) 7

freie Wohnung
- Bewertung bei Auslandstätigkeit LStR 8.1 (6) 10

Freiflüge
- Sachbezugswerte Anl. § 008-03

Freigrenze
- Sachbezüge § 8 (2) 9, LStR 8.1 (3)

Freistellungsbescheinigung
- bei Auslandstätigkeitserlass Anl. § 034c-01 (VI.)
- bei Bauleistungen § 48b
- bei Doppelbesteuerungsabkommen § 39b (6), LStR 39b.10

Freitabakwaren
- Rabattbegünstigung LStR 8.2 (1) 3

freiwillige Krankenversicherung
- Steuerfreiheit von Zuschüssen des Arbeitgebers LStR 3.62 (2)

freiwillige Zuwendungen
- als nicht abzugsfähige Ausgaben § 12 Nr. 2

freiwilliges soziales Jahr
- Berücksichtigung von Kindern § 32 (4)

Freizigaretten/Freizigarren
- siehe Freitabakwaren

Fremdsprachenunterricht
- im Ausland Anl. § 009-08, LStH 9.2

Fremdwährung
- kein Sachbezug LStR 8.1 (1) 6

Fünftelungsregelung
- bei außerordentlichen Einkünften § 34, § 39b (3) 9

Fünftes VermBG Anh. 23 ff.

G

Gastlehrkräfte
- Besteuerung der nach DBA Anl. § 039b-04

Gefahrenzuschläge
- als steuerpflichtiger Arbeitslohn LStR 19.3 (1) Nr.1

Gefangene
- Ausstellung von Lohnsteuerkarten LStR 39.1 (8)

Geh- und Stehbehinderung
- Kilometersatz bei Fahrten zwischen Wohnung und Arbeitsstätte § 9 (2) 3, LStR 9.10 (3)

Gehaltsumwandlung
- siehe Umwandlung von Arbeitslohn

Gehaltsverzicht
- und Verwendungsauflage LStH 38.2

geldwerter Vorteil
- Abgrenzung von Aufmerksamkeiten LStR 19.6 (1) 2
- bei Dienstleistungen LStR 8.2
- bei Warenüberlassung LStR 8.2
- Bewertung der Sachbezüge LStR 8.1
- Gestellung eines Fahrers LStR 8.1 (10)
- Incentivreisen Anl. § 004-02, LStH 19.7
- Kraftfahrzeugerwerb vom Arbeitgeber Anl. § 008-08
- Kraftfahrzeugüberlassung Anl. § 008-06
- Rabatte durch Dritte Anl. § 008-01
- siehe auch freie Getränke und Genussmittel, freie Kost und Wohnung, freie Unterkunft, Freiflüge, Freitabakwaren
- Überlassung eines Kraftfahrzeugs § 8 (2) 2, LStR 8.1 (9)

Gelegenheitsarbeit
- als nichtselbständige Tätigkeit LStH 19.0
- Pauschalierung für Teilzeitbeschäftigte § 40a

Gelegenheitsgeschenke
- siehe Aufmerksamkeiten
- Steuerpflicht LStH 19.6

Gelegentliche Beschäftigung
- Begriff LStR 40a.1 (2)
- Pauschalierung der LSt bei kurzfristiger Beschäftigung § 40a (1)

Gemeinde
- Ausstellung LSt Karte § 39

Gemeinschaftsunterkunft LStR 8.1 (5) 3

Genussmittel
- als Aufmerksamkeit LStR 19.6

geringfügig Beschäftigte
- Pauschalierung § 40a (2), § 40a (2a)

geringfügig entlohnte Beschäftigte
- Bemessungsgrundlage für einheitliche Pauschsteuer LStR 40a.2
- einheitliche Pauschsteuer § 40a (2), § 40a (6), LStR 40a.2, LStR 40a.2

geringfügige Beschäftigung
- Steuerbefreiung (2003 weggefallen) § 3 Nr. 39 a.F.

1381

Geschäftsreise
- siehe Dienstreise

Geschenke
- bei besonderen Anlässen LStR 19.3 (2) Nr. 4
- bei Betriebsveranstaltungen LStR 19.5 (4) Nr.4
- siehe Arbeitnehmerjubiläum, Betriebsveranstaltungen, Gelegenheitsgeschenke

Geschiedene
- Änderung der Lohnsteuerkarte LStR 39.2 (2)
- Ausstellung der Lohnsteuerkarte LStR 39.3 (4)
- Lohnsteuerklasse § 38b Nr. 1

Gesetzesänderungen
- BMF-Schreiben zu 1996 Anl. § 008-07

gesetzlich unterhaltsberechtigte Personen
- Zuwendungen an § 12 Nr. 2

Gestellung von Kraftwagen
- als Sachbezug § 8 (2), LStR 8.1 (9)
- BMF-Schreiben zu Aufwendungen des Arbeitnehmers Anl. § 008-14
- BMF-Schreiben zu BFH-Urteilen vom 4.4.2008 Anl. § 008-12
- BMF-Schreiben zu Zuzahlungen Arbeitnehmer zu Anschaffungskosten Anl. § 008-13
- mit Fahrer LStR 8.1 (10)
- Nutzungsvergütungen des Arbeitnehmers LStR 8.1 (9) Nr. 4

Getränke
- als Aufmerksamkeit LStR 19.6

getrennte Veranlagung § 26a

gewöhnlicher Aufenthalt
- Steuerabzugspflicht § 38 (1)
- Steuerpflicht § 1 (1)

Grad der Behinderung
- bei Behinderten-Pauschbeträgen § 33b (3)
- bei Werbungskosten § 9 (2) 3
- Nachweis EStDV § 65 (1) zu § 33b

Grenzgänger
- Schweiz, Belgien LStR 39d

Grenzpendler
- Ermäßigungsverfahren LStH 39c
- öffentlicher Dienst LStH 39c
- Steuerklassen LStH 39c

Großbuchstabe "B"
- Ausschluss LStJA bei Anwendung auch der ungekürzten Vorsorgepauschale § 42b (1)

Großbuchstabe "S"
- Aufzeichnungspflicht § 41 (1) 6
- Lohnsteuerbescheinigung § 41b (1) 2 Nr. 3

Großbuchstabe "U"
- Aufzeichnung bei Unterbrechung Lohnanspruch § 41 (1) 5, LStDV § 4 (2) Nr. 2 zu § 41, LStR 41.2
- Eintragung auf Lohnsteuerkarte § 41b (1) 2 Nr. 2
- kein LStJA § 42b (1)

Grundfreibetrag § 32a (1)

Grundlohn
- bei Altersteilzeit LStR 3b (2) Nr. 5
- bei steuerfreien Zuschlägen LStR 3b (2)
- Höchstbetrag § 3b (2) 1
- Höchstbetrag SvEV Anh. 3 § 1 (1) 1 Nr. 1

Grundlohnzusätze
- bei steuerfreien Zuschlägen LStR 3b (2) Nr. 2 Buchst. b

Grundsteuern
- als Werbungskosten § 9 (1) Nr. 2

Gruppenunfallversicherung
- Lohnsteuerpauschalierung § 40b (3), LStR 40b.2

Günstigerprüfung
- Altersvorsorgezulage / Sonderausgaben § 10a (2)
- Kindergeld / Kinderfreibetrag § 31

Gutschein
- Sachbezug LStR 8.1 (1) 7
- Zufluss LStR 38.2 (3)

H

Härteausgleich
- (§ 70 EStDV) Anh. 2
- bei der Veranlagung von Arbeitnehmern § 46 (3), LStH 46

häusliches Arbeitszimmer
- siehe Arbeitszimmer

Haftentlassene
- Ausstellung von Lohnsteuerkarten LStR 39.1 (8)

Haftpflichtversicherung
- Abzug als Sonderausgabe § 10 (1) Nr. 3a, EStR 10.5

Haftung
- anderer Personen LStH 42d.1
- anderer Personen neben dem Arbeitgeber LStR 42d.1 (2)
- Arbeitgeber § 42d (1), LStR 42d.1
- Dritter / Arbeitgeber § 42d (9)
- Entleiher bei Arbeitnehmerüberlassung § 42d (6), LStR 42d.2
- Ermessensprüfung LStR 42d.1 (4), LStR 42d.2 (4)
- haftungsbefreiende Anzeige § 41c (4)
- Inanspruchnahme des Arbeitgebers ohne Haftungsbescheid und Leistungsgebot § 42d (4)
- Inanspruchnahme eines Gesamtschuldners LStR 42d.1 (3)
- Lohnsteuerabzug durch Dritten LStR 42d.3
- Verleiher bei Arbeitnehmerüberlassung § 42d (7), LStR 42d.2 (7)
- zusammengefasster Steuer- und Haftungssbescheid LStH 42d.1

Halbteilung
- Aufteilung der Ausbildungsfreibeträge § 33a (2) 5

Handwerksmeister
- nebenberufliche Lehrtätigkeit als selbständige Tätigkeit LStH 19.2

Hauptwohnung
- Ausstellung der Lohnsteuerkarte § 39 (2), LStH 39.1

Hausgehilfin
– Dienstverhältnis mit LStDV § 1 (2) zu § 19
– siehe Hilfe im Haushalt
Haushalt
– als nicht abziehbare Ausgaben § 12 Nr. 1
Haushaltsersparnis
– bei Heimunterbringung EStR 33.3 (2)
– bei Kuren als außergewöhnliche Belastung EStR 33.4
Haushaltshilfe
– siehe Hilfe im Haushalt
haushaltsnahe Beschäftigungsverhältnisse
– BMF-Schreiben Anl. § 035a-01
– Steuerermäßigung § 35a
haushaltsnahe Dienstleistungen § 35a
Haushaltsscheck
– SGB IV Anh. 53
Haushaltsvorstand
– als Arbeitgeber LStDV § 1 (2) zu § 19
Hausrat
– Wiederbeschaffung als außergewöhnliche Belastung EStR 33.2
Hausstand
– eigener LStR 9.11 (3)
Haustrunk
– im Brauereigewerbe, Rabattbegünstigung LStR 8.2 (1) 3
Heilfürsorge
– Steuerfreiheit für Soldaten und Zivildienstleistende § 3 Nr. 5
Heiligabend
– Feiertagszuschläge § 3b (1) Nr. 4
Heilkuren
– als außergewöhnliche Belastung EStR 33.4
Heilmittel EStR 33.4
Heilpraktiker
– Verordnung auch durch EStR 33.4
Heimarbeiterzuschläge
– Steuerfreiheit LStR 9.13
Heimunterbringung
– Freibetrag bei als außergewöhnliche Belastung EStR 33.3
– wegen Pflegebedürftigkeit EStR 33.3
Hilfe im Haushalt
– Aufwendungen als außergewöhnliche Belastung EStR 33a.3
– Pflege-Pauschbetrag § 33b (6)
Hilflosigkeit
– Nachweis EStDV § 65 (2) zu § 33b
Hilfsbedürftigkeit
– steuerfreie Beihilfen und Unterstützungen LStR 3.11
Hinterbliebene
– Arbeitslohnzahlung an LStR 19.9
– Bezüge der -n als Versorgungsbezüge § 19 (2)
– Eintragung des Pauschbetrags für auf der Lohnsteuerkarte § 39a (2)
– Eintragung Pauschbetrag auf der Lohnsteuerkarte § 39.1 (6)
– Pauschbetrag für § 33b (4)

– Pauschbetragsübertragung bei Nichtinanspruchnahme durch Kind § 33b (5)
– Versorgungsfreibetrag § 19 (2)
Hinterbliebenen-Pauschbetrag § 33b (4)
Hinzurechnungsbetrag
– auf der LSt-Karte § 39a (1) Nr. 7, LStR 39a.1 (8)
– Ausschluss LStJA § 42b (1) Nr. 3a
– beim LSt-Abzug § 39a (2 und 3)
– Veranlagung LStR 41c.3 (4) 3
Höchstbetrag/Höchstbeträge
– Arbeitnehmer-Sparzulage nach dem 5. VermBG Anh. 23 (§ 13)
– außergewöhnliche Belastungen § 33a, Anl. § 001-01
– Spendenabzug § 10b (1), § 10b (2)
– Verpflegungsmehraufwand als Werbungskosten § 4 (5) Nr. 5 S. 2, § 9 (5)
– Vorsorgeaufwendungen § 10 (3-4)
– Vorwegabzug § 10 (4a)
– Wohnungsbauprämie Anh. 28 (§ 3)
Höchstbetragsgemeinschaft
– im WoPG Anh. 28 (§ 3)

I
Identifikationsnummer
– ab 2010 BMF-Schreiben Anl. § 041b-02
– in elektronischen Lohnsteuerabzugsmerkmalen § 39e (2) und (4)
Incentiv-Reisen
– BMF-Schreiben Anl. § 004-02
– geldwerter Vorteil LStH 19.7
Indentifikationsnummer
– in Rentenbezugsmitteilung § 22a
Infektionsschutzgesetz § 3 Nr. 25, § 32b (1) Nr. 1e, § 41 (1) 4
– Ausschluss LStJA § 42b (1) 4 Nr. 4
– Lohnsteuerbescheinigung § 41b (1) 2 Nr. 5
Inland
– Begriff § 1 (1) 2
– bei beschränkt steuerpflichtigen Einkünften § 49 (1), LStR 39d (1)
– bei Sonderausgaben § 10 (2) Nr. 2
Insolvenzgeld
– elektronische Übermittlung § 32b (3), (4)
– Progressionsvorbehalt § 32b (1) Nr. 1 Buchst. a
– Steuerfreiheit LStR 3.2 (2)
Insolvenzsicherung
– Ausgaben zur Zukunftssicherung des Arbeitnehmers LStR 3.65 (2) 2
– Steuerbefreiung der Beiträge des Trägers der § 3 Nr. 65, LStR 3.65
– Versorgungsleistungen als Arbeitslohn LStR 3.65 (3) 3
Internet
– Pauschalierung der LSt LStR 40.2 (5)
– verbilligte Übereignung § 40 (2) 1 Nr. 5
– Zuschüsse Arbeitgeber § 40 (2) 1 Nr. 5

1383

J

Jahresarbeitslohn
- Begriff § 38a (1)
- Bemessungsgrundlage für Jahreslohnsteuer § 38a (1)
- Berechnung des maßgebenden -s bei sonstigen Bezügen § 39b (3), LStH 39b.6, LStR 39b.6 (2)
- voraussichtlicher beim permanenten Lohnsteuer-Jahresausgleich § 39b (2) 12, LStR 39b.8

Jahresausgleich
- siehe Lohnsteuer-Jahresausgleich

Jahresbescheinigung
- Kapitalerträge § 24c
- Veräußerungsgewinne § 24c

Jahresfreibetrag
- Umrechnung, Änderung LStR 39a.1 (9 und 10)

Jahreshinzurechnungsbetrag LStR 39a.1 (9 und 10)

Jahreslohnsteuer
- Ermittlung bei LSt-Nachforderungen LStR 41c.3 (3)

Jahreswagen
- als Sachbezug Anl. § 008-08, LStH 8.2

Job-Ticket
- Steuerfreiheit (2004 weggefallen) § 3 Nr. 34

Journalisten
- Lohnsteuerabzug bei beschränkt steuerpflichtigen LStR 39d (3)

Jubiläumszuwendungen
- als sonstiger Bezug LStR 39b.2 (2)

Jubilarfeiern
- Betriebsveranstaltung LStR 19.5 (2) Nr. 3
- Ehrung eines Jubilars LStR 19.5 (2) 5

K

Kantinenessen
- Ermittlung des geldwerten Vorteils LStR 8.1 (7) Nr. 5
- Sachbezugswerte von Anl. § 008-02

Kapitalabfindungen
- aufgrund der Beamten-/Pensionsgesetze § 3 Nr. 3

Kapitaleinkünfte § 20, § 43

Kapitalvermögen
- gesonderter Steuertarif § 32d

Kapitalversicherungen
- als Sonderausgaben § 10 (1) Nr. 2
- Pauschalierung der LSt bei LStR 40b.1 (2)

Kassen- und Zähldienst
- pauschale Fehlgeldentschädigung LStR 19.3 (1) Nr. 4

Kaufkraftausgleich
- Dienstwohnung bei Auslandsbediensteten LStH 3.64, LStR 8.1 (6) 10
- Gesamtübersicht Kaufkraftzuschläge Anl. § 003-03
- Steuerbefreiung § 3 Nr. 64, Anl. § 003-03, LStR 3.64

Kaufkraftzuschlag
- siehe Kaufkraftausgleich

Kilometer-Pauschbeträge
- siehe Entfernungspauschale

Kilometersätze
- bei Mitnahme eines weiteren Arbeitnehmers LStH 9.5
- Entfernungspauschale für Familienheimfahrten § 9 (1) Nr. 5 S. 4
- Entfernungspauschale für Wege zwischen Wohnung und Arbeitsstätte § 9 (1) Nr. 4, § 9 (2)
- erhöhte bei Fahrten zwischen Wohnung und Arbeitsstätte LStR 9.10 (3)
- erhöhte für Behinderte § 9 (2) 3
- Ermittlung der tatsächlichen Kosten und repräsentativer LStH 9.5, LStR 9.5 (1) 4
- Gestellung eines Kraftfahrzeugs § 8 (2), LStR 8.1 (9) Nr. 1
- pauschale Anl. § 009-06, LStH 9.5
- Pauschbeträge für Familienheimfahrten mit Kraftfahrzeug LStR 9.11 (6)
- steuerfreier Ersatz von Reisekosten durch privaten Arbeitgeber § 3 Nr. 16, LStR 3.16, LStR 9.5 (2)
- Steuerfreiheit als Reisekostenvergütung aus öffentlichen Kassen § 3 Nr. 13, LStR 3.13

Kinder
- dauernde Erwerbsunfähigkeit § 32 (4), EStR 32.9
- Aufwendungen für auswärtige Unterbringung EStR 33a.2
- Ausbildungsfreibeträge § 33a (2), EStR 33a.2
- Begriff § 32 (1)
- bei der zumutbaren Belastung § 33 (3)
- Einkünfte und Bezüge EStR 32.10
- Eintragung auf der Lohnsteuerkarte § 39 (3), LStR 39.1 (3), LStR 39.2 (7)
- Entlastungsbetrag für Alleinerziehende § 24b
- Familienleistungsausgleich § 31
- fehlender Ausbildungsplatz § 32 (4), EStR 32.7
- Freibetrag für Betreuungs- und Erziehungs- oder Ausbildungsbedarf § 32 (6) 1
- im Grundwehrdienst § 32 (5)
- im sozialen Jahr § 32 (4)
- in Berufsausbildung EStR 32.5
- Lebensbescheinigung für Kinder unter 18 Jahren Anl. § 039e-01, LStR 39.2 (6)
- Pauschbetrag für behinderte § 33b (5)
- Sondervorschrift VZ 1983-1995 § 53

Kinderbeihilfen
- Steuerpflicht § 3 Nr. 11 S. 2

Kinderbetreuungskosten
- Ausnahme bei Freibetragsberechnung LStR 39a.1 (6) 3
- BMF-Schreiben ab 2006 Anl. § 004f-01
- erwerbsbedingte § 9c
- erwerbsbedingte neben Arbeitnehmer-Pauschbetrag § 9a S.1 Nr. 1

Kindererziehungszuschlag
- Steuerfreiheit § 3 Nr. 67

Kinderfreibetrag § 31
- Anzahl auf Lohnsteuerkarte LStR 39.1 (2)
- Begriff § 32 (6)
- bei Zuschlagsteuern § 51a (2a)
- geringere Zahl auf Lohnsteuerkarte § 39 (3b), LStR 39.1 (2)
- ökologisches Jahr § 32 (4)
- -szahl auf Lohnsteuerkarte § 39 (3), LStH 39.1
- Übertragung § 32 (6), EStR 32.13

Kindergarten
- steuerfreie Arbeitgeberleistung § 3 Nr. 33, LStR 3.33

Kindergeld § 62 ff.
- als Steuervergütung § 31
- Arbeitgebermerkblatt Anl. § 008-07
- bei ESt-Vorauszahlung § 37 (3) 13
- Gesetz Anh. 19
- Günstigerprüfung Kinderfreibetrag § 31
- Höhe § 66
- öffentlicher Dienst § 72
- Zahlung durch private Arbeitgeber (1999 weggefallen) § 73

Kinderzahl
- siehe Kinderfreibetrag

Kinderzuschlag
- Steuerpflicht § 3 Nr. 11 S. 2

Kinderzuschüsse
- aus einer gesetzlichen Rentenversicherung § 3 Nr. 1 Buchst. b

Kirchensteuer
- Abzug als Sonderausgabe § 10 (1) Nr. 4, EStR 10.7
- bei der Nettolohnberechnung LStR 39b.9 (1) 4
- Bescheinigung auf der Lstkarte § 41b (1) 2 Nr.4
- Bescheinigung der Religionsgemeinschaft auf der Lohnsteuerkarte LStH 39.1, LStR 39.1 (4)
- Fundstellennachweis Anh. 48
- pauschale bei Pauschalierung für Teilzeitbeschäftigte LStH 40a.1
- Pauschalierung bei § 37b EStG Anl. § 037b-01
- vom Arbeitgeber übernommene nachgeforderte als Arbeitslohn LStH 19.3

Kleidung
- als Kosten der Lebensführung LStR 9.1 (2)
- Dienstkleidung, Steuerfreiheit § 3 Nr. 4
- klimabedingte bei Auslandsumzügen LStH 9.9 (2) 1
- siehe auch Berufskleidung
- Steuerfreiheit von Dienst LStR 3.4
- typische Berufskleidung als Werbungskosten § 9 (1) Nr. 6, LStR 9.1 (2) Nr. 1
- Wiederbeschaffung als außergewöhnliche Belastung EStR 33.2

Kleinbetragsgrenze
- siehe Nachforderung von LSt

klimabedingte Bekleidung
- bei Auslandsumzügen LStH 9.9 (2) 1

Körperbehinderte
- siehe Behinderte

Kongresse
- siehe Fachkongresse

Konkurrenzregelungen
- Verpflegungsmehraufwendungen LStR 9.6 (2)

Kontoführungsgebühr
- Vergütung als Arbeitslohn LStR 19.3 (3) Nr. 1

Kontoführungsgebühren
- Aufteilung der LStH 9.1

Konzernunternehmen
- Anrufungsauskunft LStR 42e (3)

Kraftfahrzeug
- Behinderte siehe dort
- Erwerb vom Arbeitgeber Anl. § 008-08
- Gestellung eines Fahrers LStR 8.1 (10)
- Gestellung von § 8 (2), LStR 8.1 (9)
- Überlassung vom Arbeitgeber Anl. § 008-06

Kraftfahrzeug-Haftpflichtversicherung
- als Sonderausgabe EStR 10.5

Kraftfahrzeugkosten
- siehe Kilometersätze, Kredit

Krankenversicherung
- Beiträge als Sonderausgaben § 10 (1) Nr. 3, 3a
- Steuerfreiheit von Arbeitgeberausgaben § 3 Nr. 62, LStR 3.62 (1)
- Steuerfreiheit von Leistungen aus der § 3 Nr. 1 Buchst. a
- Zuschüsse des Arbeitgebers LStR 3.62 (2)

Krankheitskosten
- als außergewöhnliche Belastung EStR 33.4

Kredit
- Zinsen für Kfz bei Kilometersatz LStH 9.5

Kreditinstitute
- Personalrabatte an Arbeitnehmer der Anl. § 008-10 (b)
- Zinsen an Arbeitnehmer der Anl. § 008-10 (a)

Kriegsbeschädigte
- Steuerfreiheit von Bezügen der -n § 3 Nr. 6, LStR 3.6

Kriegsgefangene
- Steuerfreiheit von Entschädigungen für § 3 Nr. 19

Kriegshinterbliebene
- Steuerfreiheit von Bezügen der -n § 3 Nr. 6, LStR 3.6

künftiges Dienstverhältnis
- vorweggenommene Werbungskosten LStH 9.1

Künstler
- beschränkt steuerpflichtige Anl. § 039d-01
- beschränkte Steuerpflicht und besonderer Steuerabzug § 50a (1) Nr. 1
- Lohnsteuerabzug für beschränkt steuerpflichtige LStR 39d (3)
- unbeschränkt steuerpflichtige Anl. § 019-04

Künstlernamen
- in LSt-Karte LStR 39.1 (1) 3

Kundenbindungsprogramm
- Freibetrag für Sachprämien § 3 Nr. 38
- Pauschalierung der ESt durch Dritte § 37a

Kuren
- als außergewöhnliche Belastung EStR 33.4

Kurzarbeitergeld
- Bescheinigung auf der LStkarte § 41b (1) 2 Nr. 5
- Progressionsvorbehalt § 32b (1) Nr. 1
- Steuerfreiheit von § 3 Nr. 2

kurzfristige Beschäftigung
- Aufzeichnungspflichten bei Pauschalierung LStDV § 4 (2) Nr. 8 zu § 41, LStH 40a.1
- Aushilfskräfte in der Land- und Forstwirtschaft LStR 40a.1 (6)
- Begriff § 40a (1) 2
- Gelegenheitsarbeiter als Arbeitnehmer LStH 19.0
- Pauschalierung der LSt für § 40a (1)

L

Ländergruppeneinteilung Anl. § 001-01
- bei Auslandsdienstreisen Anl. § 009-02, LStR 9.6 (3)
- bei Auslandsreisen LStR 9.11 (7)

Landwirtschaft
- Pauschalierung der LSt für Aushilfskräfte § 40a (3), LStR 40a.1 (6)

Lebensbescheinigung
- BMF-Schreiben Anl. § 39e-01
- für Kinder unter 18 Jahren LStR 39.2 (6)

Lebensführung
- Abgrenzung zu Werbungskosten LStR 9.1 (2)
- nicht abziehbare Ausgaben § 12 Nr. 1

Lebensmittelpunkt
- maßgebliche Wohnung LStR 9.10 (1)

Leerfahrten
- grundsätzlich nicht abziehbar LStH 9.10
- von Behinderten bei Fahrten zwischen Wohnung und Arbeitsstätte LStR 9.10 (3)

Lehrgang
- Ausgaben für LStR 9.3 (2)

Lehrgangsausgaben
- berufliche Bildungsmaßnahme LStR 19.7 (2)

Lehrtätigkeit
- nebenberuflich als selbständige oder nichtselbständige Tätigkeit LStR 19.2
- steuerfreie Aufwandsentschädigungen für nebenberufliche LStR 3.26

Leiharbeit
- siehe Arbeitnehmerüberlassung

Leiharbeitnehmer LStR 19.1 S. 5

Leistungsnachweis
- Bescheinigung bestimmter Lohnersatzleistungen § 32b (3)

Lohnabrechnung
- bei Nettolohn LStR 39b.9
- Einbehaltung der LSt vom laufenden Arbeitslohn LStR 39b.5
- Einbehaltung der LSt von sonstigen Bezügen LStR 39b.6
- Eintragungspflicht Lohnkonto § 41 (1)
- Ermittlung der LSt nach voraussichtlichem Jahresarbeitslohn (permanenter Lohnsteuer-Jahresausgleich) LStR 39b.8
- maschinelle siehe dort

Lohnabrechnungszeitraum
- Abschlagszahlungen und LStR 39b.5 (5)
- Begriff § 39b (5)

Lohnersatzleistungen
- Progressionsvorbehalt auf bestimmte § 32b (1) Nr. 1
- Steuerfreiheit von § 3 Nr. 2, LStR 3.2

Lohnkonto
- Angaben im § 41 (1), LStDV § 4 zu § 41
- Aufbewahrung des -s § 41 (1) 10
- Aufzeichnungserleichterungen bei Lohnsteuerpauschalierung LStDV § 4 (2) Nr. 8 zu § 41, LStR 41.1 (1)
- Aufzeichnungspflichten bei Lohnsteuerpauschalierung LStH 40a.1
- Ausnahmen für -führung bei maschineller Lohnabrechnung LStDV § 4 (3) zu § 41, LStR 41.1 (2)
- Dritter LStDV § 4 (4) zu § 41
- Führung für jeden Arbeitnehmer § 41 (1) 1
- Reisekostenbelege zum LStR 9.5 (2) 2
- Sammelkonto bei festen Pauschsteuersätzen LStDV § 4 (2) Nr. 8 zu § 41

Lohnsteuer
- Abführung, Anmeldung § 41a, LStR 41a.1, LStR 41a.2
- Abgeltung der ESt bei beschränkt Steuerpflichtigen § 50 (2) 1
- Anrufungsauskunft § 42e
- Aufzeichnungserleichterungen bei Pauschalierung LStDV § 4 (2) Nr. 8 zu § 41, LStR 41.1
- Aufzeichnungspflichten bei Pauschalierung LStH 40a.1
- Berechnung bei Nettolohnvereinbarung LStR 39b.9
- Bescheinigung § 41b (1) 2, LStR 41b
- Einbehalt für Reeder § 41a (4)
- Eintragung im Lohnkonto § 41 (1) 3
- Erhebung der § 38
- Ermittlung nach dem voraussichtlichen Jahresarbeitslohn LStR 39b.8
- Haftung siehe dort
- Höhe der § 38a
- Nachforderung siehe dort
- Pauschalierung der siehe dort
- Schätzung LStR 41a.1 (4)
- Schuldner § 38 (2) 1, § 40 (3)
- Verpflichtung zur Einbehaltung der § 38 (3), LStR 38.3
- Zuständigkeit siehe dort

Lohnsteuerabzug
- Abgeltung der ESt § 46 (4)
- Abgeltung der ESt bei beschränkt Steuerpflichtigen § 50 (2) 1
- Abschluss des -s § 41b
- Änderung LStR 41c.1
- Änderung des -s § 41c
- Arbeitnehmerentsendung § 38 (1) 2
- Aufzeichnungspflichten § 41

- durch Dritte für sonstigen Bezug § 39c (5), LStR 39c (5)
- durch Dritten § 38 (3a), LStR 38.5
- für beschränkt einkommensteuerpflichtige Arbeitnehmer § 39d
- für unbeschränkt einkommensteuerpflichtige Arbeitnehmer § 39b
- nach Steuerklassen § 38b
- nicht ausreichender Barlohn § 38 (4)
- ohne Vorlage einer LStkarte § 39c
- Pfändungsfreigrenze bei geändertem LStR 41c.1 (4)
- rückwirkende Gesetzesänderung § 41c (1) Nr. 2, LStR 41c.2 (1)
- Verpflichtung zum § 38 (3), LStR 38.1, LStR 38.3

Lohnsteuer-Anmeldung Anl. § 041a-01
- Befreiung von weiterer LStR 41a.1 (1)
- BMF-Schreiben zur elektronischen Anl. § 041a-05, LStH 41a.1
- Einbehalt für Reeder § 41a (4)
- elektronische § 41a (1) 2, LStH 41a.1
- maschinelle Anl. § 041a-02
- Schätzung LStR 41a.1 (4)
- Verpflichtung und Frist zur Abgabe der § 41a (1)
- zuständiges Finanzamt § 41a (1), LStR 41a.1 (2)
- Zwangsmittel zur Abgabe der LStR 41a.1 (4)

Lohnsteuer-Anmeldungszeitraum
- Bestimmung des -s § 41a (2), LStR 41a.1 (3)

Lohnsteuer-Außenprüfung
- Anerkennung der Zahlungsverpflichtung nach § 42d (4)
- Datenzugriff Anl. § 042f-01
- Dritte / Arbeitgeber § 42f (3)
- Hinweise zur Anh. 45
- Mitwirkungspflichten des Arbeitgebers § 42f (2)
- Pauschalierung der LSt § 40 (1)
- verbindliche Zusage nach LStR 42f (5)
- Zuständigkeit § 42f (1)

Lohnsteuerbescheinigung
- Änderung des Lohnsteuerabzugs bis zur Ausschreibung § 41c (3)
- Aushändigung an Arbeitnehmer oder Einsendung an Betriebsstättenfinanzamt § 41b (1) 4 6
- Begriff "elektronische -" § 41b (1) 2
- bei Steuerkartenwechsel LStR 39b.1 (3)
- Bescheinigung Inhalt LStR 41b (1)
- BMF-Schreiben, Vordruckmuster Anl. § 041b-01
- Fahrten zwischen Wohnung und Arbeitsstätte § 41b (1) 2 Nr. 6
- Finanzamtsnummer § 41b (1) 1
- Inhalt § 41b (1) 2
- von öffentlichen Kassen LStR 41b (4)
- Zuschüsse für Fahrten zwischen Wohnung und Arbeitsstätte § 41b (1) 2 Nr. 7

Lohnsteuerbescheinigung 2009
- BMF-Schreiben zur eTIN Anl. § 041b-02

Lohnsteuer-DV Anh. 1

Lohnsteuereinbehalt
- für Reeder § 41a (4), LStR 41a.1 (5)

Lohnsteuerermäßigung
- siehe Freibetrag beim Lohnsteuerabzug

Lohnsteuererstattung
- durch Arbeitgeber oder FA LStR 41c.1 (5 und 8)
- Rückzahlung von Arbeitslohn Anl. § 019-05

Lohnsteuerhilfevereine
- Verordnung über Anh. 37

Lohnsteuer-Jahresausgleich § 42b
- Ausgleichsjahr § 42b (1)
- Ausschluss bei Freibetrag und Hinzurechnungsbetrag § 42b (1)
- Ausschluss bei Vorsorgepauschale § 42b (1)
- Duchführung LStR 42b

Lohnsteuerkarte Anl. § 039-01
- Änderung, Ergänzung § 39 (4), LStR 39.2
- Aufbewahrung beim Arbeitgeber § 39b (1), LStR 39b.1
- Aushändigung an den Arbeitnehmer § 41b (1) 4 ff., § 41b (1) 5, LStR 39b.1
- Ausstellung bei Auflösung der Ehe LStR 39.3 (4)
- Ausstellung bei Eheschließung LStR 39.3 (2)
- Ausstellung bei Tod des Ehegatten LStR 39.3 (5)
- Ausstellung einer Ersatz-Lohnsteuerkarte § 39 (1), LStR 39.3 (6)
- Ausstellung für Ehegatten LStR 39.3 (3)
- Ausstellung für Haftentlassene LStR 39.1 (8)
- Ausstellung für unbeschränkt steuerpflichtige Arbeitnehmer § 39 (1)
- beschränkte Steuerpflicht im Laufe des Jahres § 39 (5a)
- Einsendung an das Betriebsstättenfinanzamt § 41b (1) 6
- Einsendung der durch Arbeitnehmer an das Finanzamt LStR 41b (3)
- Eintragungen auf der § 39 (3)
- elektronische Lohnsteuerabzugsmerkmale § 39e
- Freibetrag siehe dort
- Gebühr Ersatz-Lohnsteuerkarte § 39 (1) 4
- geringere Kinderfreibetragszahl LStR 39.1 (2)
- geringere Kinderzahl § 39 (3b)
- keine Ausstellung nach Ablauf des Kalenderjahres LStR 39.3 (1) 2
- Lohnsteuerbescheinigung siehe dort
- nachträgliche Ausstellung LStR 39.3
- Nichtvorlage der § 39c (1)
- Sicherheitsmaßnahmen bei den Gemeinden LStR 39.1 (11)
- Steuerkartenwechsel LStR 39b.1 (3)
- Übermittlung durch die Gemeinde § 39 (1)
- Verbot privater Änderungen § 39 (6) 4

1387

- Vernichtung durch Arbeitgeber § 41b (1) 6, LStR 41b (2)
- Verzeichnis der ausgestellten -n bei den Gemeinden LStR 39.1 (10)
- zuständige Gemeinde § 39 (2), LStH 39.1

Lohnsteuerklassen
- Einreihung in § 38b
- siehe Steuerklassen

lohnsteuerliches Ordnungsmerkmal
- für elektronische LStBescheinigung § 41b (2)

Lohnsteuerpauschalierung
- siehe Pauschalierung der Lohnsteuer

Lohnsteuer-Richtlinien
- Anwendung der Lohnsteuer LStR Einführung zu § 1
- Überleitung LStR2005-LStR2008 Anh. 60

Lohnsteuertabellen
- Programmablaufplan § 39b (8), § 51 (4) Nr. 1a

Lohnverwendungsabrede LStH 38.2

Lohnzahlungen
- Abschlagszahlung LStR 39b.5 (5)
- Aufzeichnungspflichten bei § 41 (1) 3
- durch Dritte LStR 38.4
- Lohnsteuerabzug bei Beihilfen von Dritten LStH 3.11
- Lohnsteuerabzug bei Lohnzahlung durch Dritte § 38 (1)
- Steuerabzug § 38 (3)
- Zufluss bei sonstigen Bezügen § 38a (1) 3
- Zufluss laufender Arbeitslohn § 38a (1) 2, LStR 38.2

Lohnzahlungszeitraum
- Begriff LStR 39b.5 (2)
- Behandlung des Lohnabrechnungszeitraums als bei Abschlagszahlungen § 39b (5)
- Behandlung Lohnabrechnungszeitraum bei Abschlagszahlungen LStR 39b.5 (5)
- Feststellung des -s für den Lohnsteuerabzug § 39b (2)
- Zufluss des Arbeitslohns § 38a (1)

M

Mahlzeiten
- Bewertung bei Betriebsveranstaltungen LStH 19.5
- Sachbezugswerte bei LStR 8.1 (7) Nr. 1
- Sachbezugswerte von Anl. § 008-02
- unentgeltliche oder verbilligte im Betrieb LStR 8.1 (7)
- Verpflegungsmehraufwendungen bei unentgeltlichen LStR 9.6 (1) 3

Mahlzeitengestellung
- bei Auswärtstätigkeit BMF-Schreiben Anl. § 008-05
- mit Beherbergungsleistungen und Reisekosten BMF-Schreiben Anl. § 008-15

maschinelle Lohnabrechnung
- Ausnahmen von den Angaben im Lohnkonto LStDV § 4 (3) zu § 41
- elektronische Lohnsteuerbescheinigung § 41b
- Programmablaufpläne Anl. § 039b-01

Maßstabsteuer
- siehe Zuschlagsteuern

Medikamente
- als außergewöhnliche Belastung EStR 33.4

Mehrarbeitszuschläge
- Zusammentreffen mit Zuschlägen für Sonntags-, Feiertags- oder Nachtarbeit LStR 3b (5)

mehrjährige Tätigkeit
- steuerliche Behandlung der Entlohnung für § 34, EStR 34.4, LStH 39b.6

Merkblatt
- Rechtsänderungen 1996 Anl. § 008-07
- Solidaritätszuschlag Anh. 7

Metergelder
- Lohnsteuerabzug für LStH 38.4

Mietvorteile
- steuerfreie LStR 3.59

Minderung der Erwerbsfähigkeit
- siehe Grad der Behinderung

Mindesttodesfallschutz LStR 40b.1 (2)

Mindestvorsorgepauschale
- ab 2010 § 39b S. 5 Nr. 3 letzter Halbsatz
- BMF-Schreiben Anl. § 039b-05

Mischzuschlag
- Begriff LStR 3b (5) 1
- steuerliche Behandlung LStR 3b (5) 4

Mitarbeiterbeteiligung
- siehe Vermögensbeteiligungen

Mitarbeiterflüge Anl. § 008-03

Mitgliedsbeiträge
- zu Berufsverbänden als Werbungskosten § 9 (1) Nr. 3

Mitnahme
- siehe Fahrgemeinschaften
- von Arbeitnehmern im eigenen Kraftfahrzeug LStH 9.5

Mittagessen
- siehe Mahlzeiten

Mitteilungspflicht
- Arbeitnehmer über Bezüge von Dritten § 38 (4) 3
- bei betrieblicher Altersversorgung Anh. 2 (§ 5)
- Zuordnung von Kindern LStH 39.2 (6)

Mittelpunkt der Lebensinteressen
- maßgebliche Wohnung LStR 9.10 (1)

Mofa
- Kilometersatz für LStH 9.5

Moped LStH 9.5

Musiker
- künstlerische Nebentätigkeit von Orchester LStH 19.2
- nebenberuflich tätige bei Gastwirt LStH 19.2

Musterverfahren
- vorläufige Steuerfestsetzung Anh. 55

Mutterschutzgesetz
- Steuerfreiheit von Mutterschaftszuwendungen § 3 Nr. 1 Buchst. d

N

Nacherhebung
- von LSt siehe Nachforderung

Nachforderung
- Arbeitnehmer Kleinbetragsgrenze § 41c (4) 2
- Ermittlung der Jahreslohnsteuer LStR 41c.3 (3)
- Kleinbetragsgrenze Arbeitnehmer § 39 (4) 4
- Kleinbetragsgrenze bei vom Arbeitnehmer § 39a (5)
- Kleinbetragsgrenze bei Nachforderung vom Arbeitnehmer LStR 41c.3 (5)
- vom Arbeitnehmer LStH 41c.3
- vom Arbeitnehmer bei nachträglicher Änderung der LSt § 41c (4)
- vom Arbeitnehmer bei nicht ausreichendem Barlohn § 38 (4)
- vom Arbeitnehmer bei nicht vorschriftsmäßiger Einbehaltung und Anmeldung durch Arbeitgeber § 42d (3)
- vom Arbeitnehmer bei Wegfall der unbeschränkten Steuerpflicht § 39 (5a)
- vom Arbeitnehmer wegen unterbliebener Änderung Steuerklasse, Familienstand, Zahl der Kinder § 39 (4)
- vom Arbeitnehmer wegen unzutreffenden Freibetrags § 39a (5)
- Zuständigkeit § 42d (3), LStH 41c.3, LStR 41c.3 (2)

Nachforderungsbescheid
- an den Arbeitgeber bei Nacherhebung pauschaler LSt LStR 42d.1 (6)
- zusammengefasster Steuer- und Haftungsbescheid LStH 42d.1

Nachforderungsverfahren
- bei Nachforderung von LSt vom Arbeitgeber LStH 42d.1
- bei Nachforderung von LSt vom Arbeitnehmer LStR 41c.3 (4) 3

nachgelagerte Besteuerung
- Leistungen aus steuerfrei gebildetem Altersvorsorgevermögen § 22 Nr. 5

Nachtarbeit
- Steuerfreiheit der Zuschläge § 3b (1) Nr. 1, § 3b (3)

Nachzahlung
- von Arbeitslohn als laufender Arbeitslohn LStR 39b.2 (1)
- von Arbeitslohn als sonstiger Bezug LStR 39b.2 (2)
- von LSt siehe Nachforderung
- Zufluss des Arbeitslohns § 38a (1)

NATO-Bedienstete
- Ruhegehaltsbezüge LStH 19.8

Navigationsgerät LStR 8.1 (9) Nr. 1

nebenberufliche Tätigkeiten
- Steuerfreiheit bis 2100 Euro § 3 Nr. 26
- Steuerfreiheit bis 500 Euro § 3 Nr. 26a

Nebentätigkeit
- Abgrenzung von Haupttätigkeit und selbständiger Arbeit LStR 19.2

- steuerfreie Einnahmen § 3 Nr. 26
- Steuerfreiheit von Aufwandsentschädigungen für -en LStR 3.26
- Vermittlungsprovisionen als Arbeitslohn LStR 19.4

Negativbescheinigung
- Nachweis Nichtbezug Lohnersatzleistungen EStR 32b

Nettolohn
- bei Altersteilzeit LStH 3.28, LStR 3.28
- Berechnung der LSt bei -vereinbarung LStR 39b.9

Nichtbeschäftigungszeiten
- Nachweis bei Progressionsvorbehalt für Lohnersatzleistungen EStR 32b

nichtselbständige Arbeit
- Arbeitnehmer- und Arbeitgeberbegriff LStDV § 1 zu § 19
- Arbeitnehmer-Pauschbetrag § 9a
- Arbeitslohnbegriff LStDV § 2 zu § 19, LStR 19.3
- beschränkt steuerpflichtige Einkünfte § 49 (1) Nr. 4, LStR 39d
- Einkünfte aus § 19 (1)
- Erhebung ESt durch Steuerabzug § 38
- Neben- und Aushilfstätigkeit LStR 19.2
- Sachbezüge siehe dort
- Veranlagung § 46
- Vermittlungsprovisionen LStR 19.4
- Vermögensbeteiligungen an Arbeitnehmer § 19a, § 3 Nr. 39

Nichtvorlage der Lohnsteuerkarte
- Lstabzug § 39c (1)
- LStabzug unabhängig von LStkarte § 39c (3)
- Nichtvorlage der Bescheinigung nach § 39d EStG § 39d (3) 4, LStR 39d (5)

Normenflut
- BMF-Schreiben Eindämmung der Anh. 57

Nutzungsanteil
- beruflicher allgemein LStR 9.1 (2) Nr.2

Nutzungsdauer
- für PKW und Kombifahrzeuge LStH 9.5
- Verteilung von Anschaffungskosten für Arbeitsmittel LStR 9.12

Nutzungsvergütungen
- des Arbeitnehmers für gestellten Kraftwagen LStR 8.1 (9) Nr. 4

O

Öffentliche Haushalte
- Zuschüsse und Zinsvorteile LStR 3.58

Öffentliche Kasse
- Lohnsteuerbescheinigung LStR 41b (4)

Öffentliche Kassen
- Aufwandsentschädigungen § 3 Nr. 12, LStR 3.12
- Begriff LStH 3.11
- Beihilfen LStR 3.11
- Reisekostenvergütungen § 3 Nr. 13, LStR 3.13

- Umzugskostenvergütungen § 3 Nr. 13, LStR 3.13
Öffentliche Mittel
- siehe öffentliche Kasse
Öffentlicher Dienst
- steuerfreie Überlassung von Dienstkleidung LStR 3.4
ökologisches Jahr
- Kinderfreibetrag § 32 (4)
Örtliche Zuständigkeit
- der Gemeinde für die Ausstellung der Lohnsteuerkarte § 39 (2), LStH 39.1, LStR 39.2 (12)
- des Betriebsstättenfinanzamts für Lohnsteuer-Anmeldung § 41a (1), LStR 41a.1 (2)
- siehe auch Zuständigkeit
Opfergrenze
- bei außergewöhnlichen Belastungen EStR 33a.1 (3)
Ordnungsmerkmal
- für elektronische LStBescheinigung § 41b (2)
ortsüblicher Mietpreis
- bei Werkswohnungen LStR 8.1 (6)
- in Sozialversicherungsentgeltverordnung Anh. 3 (§ 3 Abs. 1)

P

Parkgebühren
- nicht abziehbar bei Fahrten von der Wohnung zur Arbeitsstätte LStH 9.10
- Reisenebenkosten LStR 9.8 (1) Nr. 3
Parteien
- Freibetrag beim LStabzug LStR 39a.1 (4)
- Steuerermäßigung für Spenden § 34g
- Zuwendungen an politische als Sonderausgaben § 10b (2)
Pauschalbesteuerung
- Fahrtkostenzuschüsse Anl. § 009-07
- fehlerhafte LStH 40a.1, LStR 40b.1
- Wechsel zur Regelbesteuerung LStH 40a.2
pauschale Kilometersätze Anl. § 009-06, LStH 9.5
Pauschalentschädigung
- für gelegentliche ehrenamtliche Tätigkeit LStR 3.12 (5)
pauschaler Auslagenersatz LStR 3.50 (2)
Pauschalierung
- der Est Anl. § 037b-02
- der ESt bei Sachzuwendungen § 37b
- der ESt durch Dritte § 37a
- der KiSt bei Sachzuwendungen Anl. § 037b-01
Pauschalierung der Lohnsteuer
- Abwälzung auf Arbeitnehmer § 40 (3) 2, LStR 40.2
- auf Antrag § 40 (1)
- Aufzeichnungserleichterungen bei LStDV § 4 (2) Nr. 8 zu § 41, LStR 41.1 (1)
- Aufzeichnungspflichten bei LStH 40a.1
- bei bestimmten Zukunftssicherungsleistungen § 40b, LStR 40b.1

- bei Betriebsveranstaltungen § 40 (2) 1 Nr. 2, LStR 40.2 (1)
- bei Direktversicherung LStR 40b.1 (1)
- bei Erholungsbeihilfen § 40 (2) 1 Nr. 3, LStR 40.2 (1)
- bei Nacherhebung von LSt § 40 (1)
- bei Reisekosten LStH 40.2, LStR 40.2 (4)
- bei sonstigen Bezügen § 40 (1)
- bei Teilzeitbeschäftigten § 40a (2), § 40a (2a)
- bei Verpflegungsmehraufwand § 40 (2) 1 Nr. 4, LStR 40.2 (1)
- bei Zuwendungen an Pensionskasse § 40b (1), LStR 40b.1 (4)
- Berechnung Nettosteuersatz LStH 40.1, LStR 40.1 (3)
- Entstehung der Steuerschuldnerschaft LStH 40.1
- mit besonderen Pauschsteuersätzen § 40 (1), LStR 40.1
- mit festem Pauschsteuersatz § 40 (2), § 40a, § 40b, LStR 40.2
- Pauschsteuersatz bei beschränkt steuerpflichtigen Artisten LStR 39d (4)
- Personalcomputer, Internet § 40 (2) 1 Nr. 5
- VIP-Logen in Sportstätten Anl. § 040-03
Pauschalierungsantrag
- Befugnis für LStH 40.1
- Bindung LStH 40.1
Pauschalierungsgrenze
- bei bestimmten Zukunftssicherungsleistungen LStR 40b.1 (8)
- bei sonstigen Bezügen § 40 (1), LStR 40.1 (2)
- bei Teilzeitbeschäftigten § 40a, LStR 40a.1 (5)
- bei Verpflegungsmehraufwand § 40 (2) 1 Nr. 4
Pauschalzahlungen
- bei Sonntags-, Feiertags- oder Nachtarbeit LStR 3b (7)
Pauschbeträge/Pauschsätze
- Arbeitnehmer-Pauschbetrag § 9a
- Auslandstagegeld Anl. § 009-02, LStR 9.6 (3) 1
- Auslandsübernachtungsgeld Anl. § 009-02
- Auslandsübernachtungsgelder LStR 9.7 (3)
- Behinderte § 33b (1), EStR 33b
- besondere Werbungskosten (2000 weggefallen) LStR 47
- Hinterbliebene § 33b (4)
- Pflegepersonen § 33b (6)
- Schiffsreisen LStR 9.6 (3) 4 Nr. 2
- siehe Kilometersätze
- siehe Verpflegungsmehraufwendungen
- Umzugskosten LStR 9.9 (2)
Pauschsteuersatz
- siehe Pauschalierung der Lohnsteuer
Pensionärstreffen
- Betriebsveranstaltung LStR 19.5 (2) Nr. 2
Pensionen
- siehe Versorgungsbezüge
Pensionsfonds
- Beiträge an § 4a

- Steuerfreiheit von Arbeitgeberbeiträgen § 3 Nr. 63
- Übernahme bestehender Vorsorgungsverpflichtungen § 3 Nr. 66
- Übertragung von Versorgungsverpflichtungen, BMF-Schreiben Anl. § 003-06

Pensionskassen
- Begriff LStR 40b.1 (4)
- Pauschalierung der LSt bei Zuwendungen an § 40b (1), LStR 40b.1 (4)
- Steuerfreiheit von Arbeitgeberbeiträgen § 3 Nr. 63

permanenter Lohnsteuer-Jahresausgleich LStR 39b.8

Personalcomputer
- Pauschalierung der LSt LStR 40.2 (5)
- private Nutzung betrieblicher § 3 Nr. 45
- steuerfreie Nutzung betrieblicher LStH 3.45
- verbilligte Übereignung § 40 (2) 1 Nr. 5

Personalrabatte
- siehe Rabattgewährung

Pfändungsfreigrenze
- bei geändertem Lohnsteuerabzug LStR 41c.1 (4)

Pflegegeld
- Steuerfreiheit § 3 Nr. 36

Pflegeheim
- Unterbringung in als außergewöhnliche Belastung EStR 33.3

Pflegekinder
- Kindbegriff § 32 (1), EStR 32.2

Pflege-Pauschbetrag § 33b (6)

Pflegeversicherung
- Sonderausgaben § 10 (1) Nr. 3, 3a
- Steuerfreiheit § 3 Nr. 1 Buchst. a

Pflichtpauschalierung
- Sonderzahlungen betriebliche Altersversorgung § 40b (4)

Pflichtveranlagung
- bei Freibetrag § 46 (2) Nr. 4

PKW
- siehe Kraftfahrzeug, Kilometersätze

Positivliste
- BMF-Schreiben Eindämmung der Normenflut Anh. 57

Prämien
- Bergmanns siehe dort
- Wohnungsbau siehe dort

Preisnachlass/-vorteil
- siehe Rabattgewährung, geldwerter Vorteil

private Altersvorsorge
- BMF-Schreiben Anl. § 010a-01

Privatschulbesuch
- eines Kindes als außergewöhnliche Belastung EStR 33.4

Programmablaufpläne § 39b (8), § 39f (4), § 51 (4) Nr. 1a, Anl. § 039b-01

Progressionsvorbehalt
- bei Doppelbesteuerungsabkommen § 32b (1) Nr. 3
- bei Lohnersatzleistungen § 32b (1) Nr. 1
- im Auslandstätigkeitserlass Anl. § 034c-01 (IV.)
- rückwirkender Wegfall von Lohnersatzleistungen EStR 32b

Promotion
- siehe Doktorprüfung

Provisionen
- im Bankgewerbe und bei Versicherungsgesellschaften als Arbeitslohn LStR 19.4

Prüfungstätigkeit
- nebenberufliche als Ausübung eines freien Berufs LStH 19.2
- steuerfreie Einnahmen LStH 3.26

Q

Qualifikationsmaßnahmen
- für ausscheidende Arbeitnehmer LStR 19.7 (2) 5

R

Rabatt-Freibetrag
- bei Sachbezügen § 8 (3) 2, LStR 8.2 (2) 10

Rabattgewährung
- durch Dritte Anl. § 008-01
- Jahreswagen Anl. § 008-08, LStH 8.2
- Personalrabatte bei Kreditinstituten Anl. § 008-10 (b)
- Reisebüro siehe dort
- verbilligte Getränke und Genussmittel LStR 8.2 (1) 3
- verbilligte Mahlzeiten LStR 8.1 (7) Nr. 1 S. 2
- Waren und Dienstleistungen § 8 (3), LStR 8.2

Realsplitting § 10 (1) Nr. 1a

Rechtsbehelf
- des Arbeitnehmers gegen LSt-Haftungsbescheid LStH 42d.1

Reeder
- LSt Einbehalt § 41a (4)
- LStEinbehalt LStR 41a.1 (5)

Regelbesteuerung
- Wechsel zur Pauschalbesteuerung LStH 40a.2

regelmäßige Arbeitsstätte LStH 9.4, LStH 9.4, LStR 9.4 (3)
- Auswärtstätigkeit BMF-Schreiben Anl. § 009-09
- bei Aus- und Fortbildung LStH 9.2
- Wege Wohnung § 9 (1) Nr. 4, § 9 (2)

Regressverzicht
- durch den Arbeitgeber bei Lohnsteuernachforderung LStH 19.3

Reisebüro
- verbilligte Reisen an Mitarbeiter Anl. § 019-01

Reisekosten
- Abzug als Werbungskosten LStR 9.4, LStR 9.4 (1)
- Begriff LStR 9.4 (1)
- Beherbergungsleistungen BMF-Schreiben Anl. § 008-15
- Berufskraftfahrer LStR 9.4 (2)

1391

- Kilometersätze für Kraftfahrzeuge und Fahrrad LStR 9.5 (1) 5
- Pauschbeträge für Inlandsübernachtungen bei Arbeitgeberersatz LStR 9.7 (3) 1
- Reisenebenkosten LStR 9.8
- Steuerfreiheit von -vergütungen LStH 9.6
- Steuerfreiheit von -vergütungen aus öffentlichen Kassen § 3 Nr. 13, LStR 3.13
- Steuerfreiheit von -vergütungen in der Privatwirtschaft § 3 Nr. 16, LStR 3.16
- Umfang LStR 9.4 (1)
- Verpflegungsmehraufwand LStR 9.6

Reisenebenkosten
- als Werbungskosten LStR 9.8

Religionsgemeinschaft
- Aufzeichnung der LStR 41.1 (4)
- Bescheinigung auf der Lohnsteuerkarte LStR 39.1 (4)
- Kirchensteuer als Sonderausgaben EStR 10.7
- siehe Kirchensteuer

Renten
- Abzug als Sonderausgaben § 10 (1) Nr. 1a
- Abzug als Werbungskosten § 9 (1) Nr. 1
- als sonstige Einkünfte § 22 Nr. 1

Rentenbescheid
- Nachweis der Behinderung EStDV § 65 (1) zu § 33b

Rentenbezugsmitteilung § 22a

Rentenversicherungen
- als Direktversicherung LStR 40b.1 (2)
- Beiträge als Sonderausgaben § 10 (1) Nr. 2
- BMF-Schreiben Übernahme Beiträge für betriebliche Altersversorgung Anl. § 019-08
- Steuerfreiheit der Arbeitgeberanteile § 3 Nr. 62
- Steuerfreiheit der Arbeitgeberanteile zu LStR 3.62 (1)
- Steuerfreiheit von Kapitalabfindungen § 3 Nr. 3
- Steuerfreiheit von Sachleistungen und Kinderzuschüssen § 3 Nr. 1 Buchst. b

Repräsentationsaufwendungen
- Kosten der Lebensführung und berufliche Veranlassung § 12 Nr. 1, LStR 9.1 (2)

Restaurantschecks LStR 8.1 (7) Nr. 4

Risikoversicherung
- als Direktversicherung LStR 40b.1 (2)

Rückfallklausel LStH 39b.10

Rückgabe der Lohnsteuerkarte
- vom Arbeitgeber § 41b (1) 5, LStR 39b.1
- vom Arbeitnehmer an das FA LStR 41b (3)

rückwirkende Eintragungen
- auf der LStkarte und Änderung des LStabzugs § 41c (1)

rückwirkende Gesetzesänderung
- Änderung LSt-Abzug § 41c (1) Nr. 2, LStR 41c.2 (1)

Rückzahlung
- Arbeitnehmer-Sparzulage Anh. 23 (§ 13)
- Arbeitslohn Anl. § 019-05, LStH 11
- pauschalbesteuerungsfähiger Leistungen LStR 40b.1 (12)

- Wohnungsbauprämie Anh. 29 (§ 2)

Ruhegeld, Ruhegehalt
- siehe Versorgungsbezüge

S

Sachbezüge
- als Werbungskosten LStR 9.1 (4) 2
- Aufmerksamkeiten LStR 19.6
- Aufzeichnungserleichterungen LStDV § 4 (3) zu § 41, LStR 41.1 (3)
- Barabgeltung der LStR 8.1 (4) 4
- Begriff § 8 (2) 1
- Bewertung § 8 (2), LStR 8.2 (2)
- Bewertung der LStR 8.1
- Deputate in der Land- und Forstwirtschaft LStR 8.2 (1) 3
- Einzelbewertung LStR 8.1 (2)
- Freigrenze LStR 8.1 (3)
- Fremdwährung kein LStR 8.1 (1) 6
- Gestellung von Kraftwagen § 8 (2), LStR 8.1 (9)
- Getränke und Genussmittel im Betrieb als Aufmerksamkeiten LStR 19.6
- Gewährung von Getränken und Genußmitteln zum häuslichen Verbrauch LStR 8.2 (1)
- Gewährung von Mahlzeiten LStR 8.1 (7)
- Sachbezugswerte für Kost und Wohnung Anh. 3 (§ 2), LStR 8.1 (5)
- sonstige Festsetzungen Anl. § 008-03
- Überlassung von Arbeitskleidung steuerfrei § 3 Nr. 31, LStR 3.31
- unentgeltliche Wohnung bei Auslandstätigkeit LStR 8.1 (6) 10
- unentgeltliche Wohnung bei doppelter Haushaltsführung LStR 9.11 (10) 7
- Wahlrecht LStR 8.2
- Waren und Dienstleistungen § 8 (3), LStR 8.2

Sachbezugsverordnung
- Sozialversicherungsentgeltverordnung Anh. 3

Sachbezugswert
- siehe Sachbezüge

Sachleistungen
- bei Arbeitnehmerjubiläum LStR 19.3 (2) Nr. 3
- bei Diensteinführung LStR 19.3 (2) Nr. 3

Sachprämien
- Freibetrag bei Kundenbindungsprogramm § 3 Nr. 38
- Pauschalierung ESt durch Dritte § 37a

Sachspenden
- siehe Spenden

Sachzuwendungen
- Ausscheiden aus Betrieb LStR 19.3 (2) Nr. 3
- bei Betriebsveranstaltungen LStR 19.5 (4)
- Ehrung eines Jubilars LStR 19.5 (2) 5
- Pauschalierung der ESt bei § 37b
- siehe Sachbezüge, Rabattgewährung
- Steuerfreiheit als Aufmerksamkeiten LStR 19.6

Sammelbeförderung
- Ausnahme bei Entfernungspauschale § 9 (1) Nr. 4 S. 3

– Steuerfreiheit der von Arbeitnehmern § 3 Nr. 32, LStR 3.32
Sammelkonto
– bei pauschalierter LSt LStDV § 4 (2) Nr. 8 zu § 41
Sanierungsgelder
– Steuerfreiheit § 19 (1) 1 Nr. 3
Sanitätshelfer
– als Arbeitnehmer LStH 19.0
Schadensbeseitigung
– für existentiell notwendige Gegenstände als außergewöhnliche Belastung EStR 33.2
Schadensersatzleistungen
– des Arbeitgebers und Arbeitslohn LStH 19.3
Schätzung
– der LSt bei Entleiherhaftung § 42d (6) 7
– der LSt bei nicht rechtzeitigem Eingang der Lohnsteuer-Anmeldung LStR 41a.1 (4)
Schiffsreisen
– Auslandsdienstreise LStR 9.6 (3) 4 Nr. 2
Schmutzzulagen
– Steuerpflicht LStR 19.3 (1) Nr.1
Schriftsteller
– Lohnsteuerabzug für beschränkt steuerpflichtige LStR 39d (3)
Schulbesuch
– eines behinderten Kindes als außergewöhnliche Belastung EStR 33.4
– Freibetrag Kind EStR 33a.2
– Schulgeld für Kind als Sonderausgabe § 10 (1) Nr. 9, EStR 10.10
– zur Berufsausbildung als Sonderausgabe § 10 (1) Nr. 7
Schuldzinsen
– als Werbungskosten § 9 (1) Nr. 1
– bei Ermittlung des Kilometersatzes LStH 9.5
Schulgeld
– siehe Schulbesuch
Schwarzarbeiter
– als Arbeitnehmer des Auftraggebers LStH 19.0
Schweiz
– Grenzgänger LStR 39d
Schwerbehinderte
– siehe Behinderte
Seeleute
– Sachbezugswerte Kost Anl. § 008-03 (Nr. 2)
Seeschiffe
– LSt Einbehalt für Arbeitgeber § 41a (4), LStR 41a.1 (5)
selbständige Arbeit
– Abgrenzung von nichtselbständiger Tätigkeit LStH 19.0
– Begriff § 18 (1)
Sicherheitsmaßnahmen
– bei Lohnsteuerkarten LStR 39.1 (11)
– für sicherheitsgefährdete Arbeitnehmer Anl. § 019-02
Sicherungsmaßnahmen
– bei Arbeitnehmerüberlassung § 42d (8), LStR 42d.2 (8)

Silvester
– Feiertagszuschläge § 3b (1) Nr. 3
Soldatenversorgungsgesetz
– Bezüge nach dem LStR 3.6 (1)
Solidaritätszuschlag
– bei Nettolohnbesteuerung LStR 39b.9 (2)
– LSt-Bescheinigung § 41b (1) 2 Nr.4
Solidaritätszuschlaggesetz 1995 Anh. 6
– Merkblatt Anh. 7
Sonderausgaben
– Begriff § 10 (1)
– Berufsausbildung EStR 10.9
– Berufsausbildung/Weiterbildung in einem nicht ausgeübten Beruf § 10 (1) Nr. 7
– Freibetrag auf der Lohnsteuerkarte LStR 39a.1 (4)
– Höchstbeträge für Spenden § 10b (1), § 10b (2)
– Höchstbeträge für Vorsorgeaufwendungen § 10 (3-4)
– Kinderbetreuungskosten § 9c (2)
– Kirchensteuern EStR 10.7
– Nachversteuerung bei Versicherungen EStDV § 30 zu § 10, EStR 10.6
– Pauschbetrag § 10c (1)
– Schulgeld für Kind § 10 (1) Nr. 9, EStR 10.10
– Spendenabzug § 10b
– Steuerberatungskosten (2006 weggefallen) § 10 (1) Nr. 6
– Verbot des Zusammenhangs mit steuerfreien Einnahmen § 10 (2) Nr. 1
– Verlustabzug § 10d
– von Ehegatten bei Freibetragseintragung LStR 39a.3 (2)
– Vorwegabzug § 10 (4a)
– Wohneigentumsförderung § 10e
– zusätzliche Altersvorsorge § 10a
Sonderausgaben-Pauschbetrag § 10c (1)
Sonntagsarbeit
– Steuerfreiheit der Zuschläge § 3b (1) Nr. 2
sonstige Bezüge
– Begriff § 38a (1)
– Beispiele für LStR 39b.2 (2)
– Berechnung der LSt bei Entlohnung für mehrjährige Tätigkeit LStH 39b.6
– Einbehaltung der LSt § 39b (3), LStR 39b.6
– Lohnsteuerabzug durch Dritten § 39c (5), LStR 39c (5)
– nach Beendigung des Dienstverhältnisses LStR 39b.6 (3)
– Pauschalierung der LSt § 40 (1), LStR 40.1 (3)
sonstige Einkünfte § 22
sozialer Wohnungsbau
– steuerfreie Mietvorteile § 3 Nr. 59, LStR 3.59
– Steuerfreiheit § 3 Nr. 58, LStR 3.58
soziales Jahr
– Berücksichtigung von Kindern § 32 (4)
Sozialgesetzbuch III Anh. 52
– Leistungen nach dem LStR 3.2
– Steuerbefreiung von Leistungen § 3 Nr. 2

Sozialgesetzbuch IV Anh. 53
Sozialgesetzbuch VI Anh. 54
Sozialversicherung
- gesetzlichen Pflichtbeiträgen gleichgestellte Leistungen LStR 3.62 (3)
- Nettolohnberechnung bei Übernahme durch den Arbeitgeber LStR 39b.9 (1) 4
- Sachbezugswerte der für Besteuerung maßgebend LStR 8.1 (4)
- Sachbezugswerte für Besteuerung maßgebend § 8 (2) 6, § 8 (2) 7
- Steuerfreiheit der gesetzlichen Arbeitgeberanteile § 3 Nr. 62, LStR 3.62 (1)
- Steuerfreiheit von Leistungen aus der § 3 Nr. 1

Sozialversicherungsentgeltverordnung Anh. 3
Sozialversicherungs-Rechengrößenverordnung Anh. 51
Sparer-Pauschbetrag
- bei Einkünften aus Kapitalvermögen § 20 (4)

Spenden
- Abzug als Sonderausgaben § 10b
- an politische Parteien § 10b (2)
- Freibetrag auf der Lohnsteuerkarte § 39a (1), LStR 39a.1 (4)
- Freibetrag auf der Lohnsteuerkarte bei Ehegatten LStR 39a.3 (2)
- Höchstbeträge § 10b (1), § 10b (2)
- Sachspenden Wertermittlung § 10b (3)
- Sonderausgaben-Pauschbetrag § 10c (1)
- Steuerermäßigung für Parteispenden § 34g

Sportler
- siehe Berufssportler

Sportverein
- als Arbeitgeber LStH 19.1

staatspolitische Zwecke
- siehe Parteien

ständig wechselnde Tätigkeitsstätten
- Auswärtstätigkeit LStR 9.4 (2)
- Begriff § 4 (5) Nr. 5 S. 3
- Verpflegungsmehraufwendungen LStH 9.6

ständiger Vertreter
- inländischer Arbeitgeber § 38 (1), LStR 38.3 (3)

Stehbehinderung
- Kilometersatz bei Fahrten zwischen Wohnung und Arbeitsstätte § 9 (2) 3, LStR 9.10 (3)

Sterbegeld
- als Versorgungsbezug LStR 19.8 (1) Nr. 1

Steuerabzug
- bei Bauleistungen § 48 ff.
- bei künstlerischen u.a. Darbietungen § 50a (1) Nr. 1
- bei Künstlern Anl. § 019-04, Anl. § 039d-01
- besonderer für beschränkt steuerpflichtige Künstler, Berufssportler, Schriftsteller, Journalisten und Bildberichtstatter LStR 39d (3)
- siehe Lohnsteuerabzug

Steuerabzugsbeträge
- Anrechnung auf die ESt § 36 (2)
- Aufrundung der anzurechnenden § 36 (3)

- siehe Lohnsteuer, Lohnsteuerabzug, Lohnkonto, Lohnsteuer-Anmeldung, Lohnsteuerbescheinigung

steuerabzugspflichtige Einkünfte
- Arbeitslohn vom ausländischen Verleiher § 38 (1) Nr. 2, LStR 38.3 (1)
- Arbeitslohn vom inländischen Arbeitgeber § 38 (1) Nr. 1
- Lohnzahlung durch Dritte § 38 (1), LStR 38.4
- Veranlagung bei zusätzlichen anderen Einkünften § 46 (2)

Steuerbefreiung
- siehe steuerfreie Einnahmen

Steuerbegünstigte Zwecke
- als Sonderausgaben § 10b

steuerbegünstigte Einkünfte
- siehe steuerermäßigte Einkünfte

steuerbegünstigte Zwecke
- siehe Spenden

Steuerberatung
- durch Lohnsteuerhilfevereine siehe dort

Steuerberatungsgesetz Anh. 36

Steuerberatungskosten
- als Sonderausgaben (2006 weggefallen) § 10 (1) Nr. 6

Steuerbescheid
- bei Nachforderung pauschaler LSt vom Arbeitgeber LStR 42d.1 (6)
- bei Nachforderung von LSt vom Arbeitnehmer LStR 41c.3 (4) 3
- Zahlungsfrist bei Nachforderung LStR 42d.1 (7)
- zusammengefasster Steuer- und Haftungsbescheid LStH 42d.1

Steuerbescheinigung
- siehe Lohnsteuerbescheinigung

Steuerdaten-Übermittlungsverordnung Anh. 35
- BMF-Schreiben zu StDÜV und StDAV Anh. 35a

Steuererklärung
- Aushändigung der Lohnsteuerkarte an Arbeitnehmer für § 41b (1) 5
- Veranlagung bei Einkünften aus nichtselbständiger Arbeit § 46

steuerermäßigte Einkünfte
- Arbeitslohn für mehrjährige Tätigkeit siehe mehrjährige Tätigkeit
- siehe Entlassungsabfindungen

Steuerermäßigungen § 34c
- haushaltsnahe Beschäftigungsverhältnisse § 35a

steuerfreie Bezüge
- siehe steuerfreie Einnahmen

steuerfreie Einnahmen § 3, § 3b
- Eintragung im Lohnkonto § 41 (1) 3, LStDV § 4 (2) Nr. 4 zu § 41
- kein Abzug von Vorsorgeaufwendungen im Zusammenhang mit § 10 (2) Nr. 1

- kein Werbungskostenabzug für Ausgaben im Zusammenhang mit § 3c
- siehe Auslandstätigkeitserlass, Doppelbesteuerungsabkommen

Steuerkartenwechsel LStR 39b.1 (3)

Steuerklasse/Steuerklassen
- Änderungen und Ergänzungen der Lohnsteuerkarte LStR 39.2
- Antragsverfahren für Bescheinigung nach § 39d EStG LStR 39d (5)
- Anwendung Steuerklasse VI bei Nichtvorlage der Lohnsteuerkarte § 39c (1)
- Ausstellung von Lohnsteuerkarten mit V oder VI LStR 39.1 (7)
- Bescheinigung auf der Lohnsteuerkarte § 39 (3)
- Bescheinigung bei beschränkt steuerpflichtigen Arbeitnehmern § 39d (1)
- Einreihung bei beschränkt steuerpflichtigen Arbeitnehmern § 39d (1) 1
- Einreihung in Steuerklasse bei unbeschränkt steuerpflichtigen Arbeitnehmern § 38b
- Eintragung ungünstigerer Kinderfreibetragszahl § 39 (3b), LStH 39.1, LStR 39.1 (2)
- EU/EWR-Fälle LStH 39.2
- EU-Staatsangehörige LStR 39.2 (4)

Steuerklassenänderung
- Änderung des LStabzugs § 41c (1), LStR 41c.1 (3)
- Nachforderung von LSt bei unterbliebener § 39 (4) 4, LStH 41c.3
- Verpflichtung bei Abweichung zugunsten des Arbeitnehmers § 39 (4)

Steuerklassenberichtigung
- siehe Steuerklassenänderung

Steuerklassenwahl
- Faktorverfahren Anl. § 038b-01
- Tabellen Anl. § 038b-01

Steuerklassenwechsel
- bei Ehegatten § 39 (5), LStR 39.2 (5)

Steuerpflicht
- Ausnahmen von der deutschen Besteuerung LStH 39b.10, LStR 39b.10
- Befreiung von der beschränkten LStR 39d (2)
- bei künstlerischen u.a. Darbietungen § 50a (1) Nr. 1
- beschränkte § 49
- beschränkte § 1 (4)
- beschränkte bei Künstler, Berufssportler, Schriftsteller, Journalisten, Bildberichterstatter und Artisten LStR 39d (3)
- beschränkte Steuerpflicht nach Ausstellung einer Lohnsteuerkarte § 39 (5a)
- LStabzug bei beschränkt steuerpflichtigen Arbeitnehmern § 39d
- LStabzug bei unbeschränkt steuerpflichtigen Arbeitnehmern § 39b
- unbeschränkte § 1 (1) 1
- Vereinfachungsmaßnahme bei beschränkter Steuerpflicht von Artisten LStR 39d (4)

steuerpflichtiger Arbeitslohn
- Beispiele LStDV § 2 zu § 19, LStH 19.3
- siehe geldwerte Vorteile, Sachbezüge

Steuersätze
- bei außerordentlichen Einkünften § 39b (3) 9
- siehe mehrjährige Tätigkeit, Pauschalierung der Lohnsteuer, Progressionsvorbehalt

Steuerstundungsmodelle § 15b

Steuerübernahme
- bei LStnachforderung als steuerpflichtiger Arbeitslohn LStH 19.3
- bei pauschaler LSt § 40 (3)
- bei pauschaler LSt als geldwerter Vorteil (Nettosteuersatz) § 40 (1)
- Entstehung pauschaler LSt (Nettosteuersatz) LStH 40.1
- Nettolohnberechnung bei Übernahme durch den Arbeitgeber LStR 39b.9
- Zufluss bei Regressverzicht LStH 19.3

Stiftung
- Steuerfreiheit von Bezügen § 3 Nr. 11
- Zuwendungen an § 10b (1a)

Stillegungsvergütung
- im Bergbau § 3 Nr. 60

Stipendien
- aus öffentlichen Mitteln, Steuerfreiheit § 3 Nr. 11, § 3 Nr. 44

Störfall
- bei Altersteilzeit LStR 3.28

Strafverteidigungskosten
- als Werbungskosten LStH 9.1

Studienbeihilfen
- siehe Stipendien

Studienreisen
- und Fachkongresse LStH 9.2, LStR 9.2

Studium
- Ausbildungsdienstverhältnis LStH 9.2
- außergewöhnliche Belastung § 33a (2)

Stundenlohnhöchstgrenze
- bei LStpauschalierung § 40a (4)
- bei steuerfreien Zuschlägen § 3b (1) 2, LStR 3b (2) Nr.3

T

Tabak
- bei Betriebsveranstaltungen LStR 19.5 (4)
- Rabattbegünstigung LStR 8.2 (1) 3

Tabellen
- siehe Programmablaufpläne

Tätigkeit
- Aushilfstätigkeit siehe dort
- Entschädigung für Nichtausübung einer § 24 Nr. 1
- im Ausland Anl. § 034c-01
- mehrjährige siehe dort
- Nebentätigkeit siehe dort
- nichtselbständige § 19

Tätigkeitsstätte
- Dreimonatsfrist bei Auswärtstätigkeit LStR 9.6 (4)

1395

- siehe (regelmäßige) Arbeitsstätte
Tagegeld
- Ausland   LStR 9.6 (3) 1
- Auslands Anl. § 009-02
- Schiffsreisen   LStR 9.6 (3) 4 Nr. 2
- siehe Verpflegungsmehraufwendungen

Tagegeld EU-Beamte
- BMF-Schreiben   Anl. § 003-04

Tantiemen
- als Arbeitslohn   § 19 (1) Nr. 1
- als sonstige Bezüge   LStR 39b.2 (2)

Tarif
- Einkommensteuer   § 32a

Tarifbegrenzung
- bei Gewinneinkünften   § 32c

Tarifvertrag
- Sachbezugswerte   LStR 8.1 (4) 3
- über vermögenswirksame Leistungen   Anh. 23 (§ 10)

Teilzeit- und Befristungsgesetz   Anh. 12

Teilzeitbeschäftigte
- Aufzeichnungspflichten bei Lohnsteuerpauschalierung   LStDV § 4 (2) Nr. 8 zu § 41, LStH 40a.1, LStR 41.1 (1)
- Aushilfskräfte in der Land- und Forstwirtschaft   § 40a (3), LStR 40a.1 (6)
- Bemessungsgrundlage bei Lohnsteuerpauschalierung   LStR 40a.1 (4)
- Pauschalierung der LSt   § 40a
- Pauschalierungsgrenzen   § 40a (4), LStR 40a.1 (5)

Telefon
- Arbeitgeberersatz   LStH 19.3

Telekommunikationsaufwendungen
- als Werbungskosten   LStR 9.1 (5)
- pauschaler Auslagenersatz   LStH 3.50

Telekommunikationsgeräte
- private Nutzung betrieblicher   § 3 Nr. 45
- steuerfreie Nutzung betrieblicher   LStH 3.45

Trainingsmaßnahmen
- für ausscheidende Arbeitnehmer   LStR 19.7 (2) 5

Trinkgelder
- Eintragung im Lohnkonto   LStDV § 4 (2) Nr. 4 zu § 41
- Steuerfreiheit   § 3 Nr. 51
- steuerpflichtiger Arbeitslohn bei Rechtsanspruch   LStR 19.3 (1) Nr. 5

typische Berufskleidung
- Steuerbefreiung   § 3 Nr. 31, LStR 3.31

typische Berufskrankheit
- Behinderten-Pauschbeträge   § 33b (2)

U

Übergangsbeihilfen
- Steuerbefreiung bei Entlassung   § 3 Nr. 10 a.F.

Übergangsgebührnisse   LStH 3.10

Übergangsgeld
- keine steuerbegünstigten Versorgungsbezüge   LStR 19.8 (2)

- Steuerbefreiung bei Entlassung   § 3 Nr. 10 a.F.

Übergangsversorgung
- als steuerbegünstigte Versorgungsbezüge   LStR 19.8 (1) Nr. 2

Überlassung
- siehe unentgeltliche

Überleitung
- LStR2005-LStR2008   Anh. 60

Übernachtungskosten
- Ausland   Anl. § 009-02, LStR 9.7 (2), LStR 9.7 (3)
- Auslandsübernachtungsgeld   Anl. § 009-02
- Begriff   LStR 9.7 (1) 1
- bei doppelter Haushaltsführung   LStR 9.11 (8)
- Erstattung Arbeitgeber   LStR 9.7 (3)
- Fahrtätigkeit   LStR 9.7 (3) 7
- grundsätzlich nachzuweisen   LStH 9.7
- Kürzung für Verpflegung   LStR 9.7 (1) 4
- Pauschbeträge bei Auslandsdienstreisen (Auslandsübernachtungsgeld)   LStR 9.7 (3) 2
- Pauschbeträge für steuerfreien Arbeitgeberersatz bei doppelter Haushaltsführung   LStR 9.11 (10) 7
- Pauschbeträge für steuerfreien Arbeitgeberersatz bei Inlandsreisen   LStR 9.7 (3) 1
- Schiffsreisen   LStR 9.7 (3) 8
- Werbungskostenabzug   LStR 9.7 (2)

Übernahme der Lohnsteuer
- bei pauschaler LSt   § 40 (3)
- Entstehung pauschaler LSt (Nettosteuersatz)   LStH 40.1
- Nettolohnberechnung   LStR 39b.9
- Nettosteuersatz   § 40 (1)
- Regressverzicht bei Lohnsteuernachforderung   LStH 19.3

Überschuss
- Einnahmen über Werbungskosten   § 2 (2) Nr. 2

Übersicht
- über DBA   Anl. § 039b-02
- Zahlen Lohnsteuer   Anh. 59

Übertragung
- Kinderfreibetrag   § 32 (6), EStR 32.13

Überwälzung
- pauschaler Lohnsteuer auf Arbeitnehmer   § 40 (3) 2

Übungsleiter
- Abgrenzung Einkunftsart   LStR 19.2
- Aufwandsentschädigungen für nebenberufliche Tätigkeit   LStR 3.26
- steuerfreie Einnahmen   § 3 Nr. 26

Umwandlung von Arbeitslohn
- bei Fahrtkostenzuschuss   § 40 (2) 2
- bei Kindergartenleistung   LStR 3.33 (5)
- bei Vermögensbeteiligungen   LStR 19a (4)
- bei Zukunftssicherungsleistungen   LStR 40b.1 (5)

Umwegfahrten   LStH 9.10

Umzugskosten
- Auslandsumzüge   Anh. 16, LStH 9.9, LStR 9.9 (2) 1

- Bundesumzugskostengesetz Anh. 15
- Inlandsumzüge Anl. § 009-04, LStR 9.9
- Rückumzug ins Ausland LStH 9.9
- Steuerfreiheit von -vergütungen aus öffentlichen Kassen § 3 Nr. 13, LStR 3.13
- Steuerfreiheit von -vergütungen privater Arbeitgeber § 3 Nr. 16, LStR 3.16, LStR 9.9 (3)

Umzugskostenvergütung
- siehe Umzugskosten

unbeschränkte Einkommensteuerpflicht
- siehe Steuerpflicht

unentgeltliche Überlassung
- Arbeitskleidung § 3 Nr. 31, LStR 3.31
- Aufmerksamkeiten LStR 19.6
- Getränke und Genussmittel LStR 19.6, LStR 8.2 (1) 3
- Kraftfahrzeug § 8 (2), LStR 8.1 (9)
- Mahlzeiten Anl. § 008-02, LStR 8.1 (7 und 8)
- Reisen an Mitarbeiter von Reisebüros Anl. § 019-01
- Sachzuwendungen bei Betriebsveranstaltungen LStR 19.5 (4)
- Unterkunft oder Wohnung Anh. 3 (§ 2)
- Vermögensbeteiligungen an Arbeitnehmer § 19a, § 3 Nr. 39
- von Waren LStR 8.2

Unfallfürsorgeleistungen
- Steuerfreiheit, BeamtVG LStR 3.6 (2)

Unfallschaden
- am eigenen Fahrzeug bei Fahrten zwischen Wohnung und Arbeitsstätte LStH 9.10
- am eigenen Kraftfahrzeug auf Dienstfahrten LStH 9.5
- eigene Schadensersatzleistung LStH 9.10

Unfallversicherung
- als Sonderausgabe § 10 (1) Nr. 3a
- als Zukunftssicherungsleistung des Arbeitgebers § 40b (3), LStR 40b.1 (2) 7
- Arbeitnehmer Anl. § 009-03
- Steuerfreiheit von Leistungen aus der gesetzlichen § 3 Nr. 1 Buchst. a

Unglücksfälle
- Steuerfreiheit von Unterstützung privater Arbeitgeber LStR 3.11 (2)

Unterbringung
- auswärtige zur eigenen Berufsausbildung und Sonderausgabenabzug § 10 (1) Nr. 7

Unterbringungskosten
- für (behinderten) Steuerpflichtigen in Pflegeheim als außergewöhnliche Belastung EStR 33.3
- siehe Übernachtungskosten

Unterhaltsaufwendungen
- als außergewöhnliche Belastung § 33a (1)
- an geschiedenen oder dauernd getrennt lebende Ehegatten als Sonderausgaben § 10 (1) Nr. 1
- an Personen im Ausland § 33a (1) 5, EStR 33a.1 (3)
- Aufteilung des Freibetrags § 33a (1) 6, § 33a (3), EStR 33a.4

Unterhaltsbedürftigkeit
- bei Personen im Ausland, Ländergruppeneinteilung § 33a (1) 5, Anl. § 001-01, Anl. § 001-01, EStR 33a.1 (3)

Unterhaltsgeld
- nach SGB III, AFG steuerfrei § 3 Nr. 2

Unterhaltsleistungen
- siehe Unterhaltsaufwendungen

Unterhaltssicherungsgesetz
- Steuerfreiheit der Leistungen § 3 Nr. 48

Unterkunft
- Sachbezugswerte Anh. 3 (§ 2 Abs. 3)
- Sachbezugswerte für LStR 8.1 (5)

Unterstützung(en)
- an Arbeitnehmer aus öffentlichen Mitteln wegen Hilfsbedürftigkeit steuerfrei § 3 Nr. 11, LStR 3.11 (1)
- von Personen als außergewöhnliche Belastung siehe Unterhaltsaufwendungen
- von privaten Arbeitgebern LStR 3.11 (2)

Unterstützungskasse
- Leistungen an Pensionsfonds § 3 Nr. 66
- Leistungen steuerfrei LStR 3.11 (2) 2
- Leistungen steuerpflichtiger Arbeitslohn LStH 19.3
- Zuwendungen an § 4d

Unwetterschäden
- als außergewöhnliche Belastung EStR 33.2

Urlaubsabgeltung
- als sonstiger Bezug LStR 39b.2 (2)
- als steuerpflichtiger Arbeitslohn LStR 19.3 (1) Nr. 2

Urlaubsgelder
- als sonstige Bezüge LStR 39b.2 (2)

V

Verabschiedung
- Sachleistungen bei LStR 19.3 (2) Nr. 3

Veranlagung
- Anrufungsauskunft und LStH 42e
- Antragsbei Arbeitnehmern § 46 (2) Nr. 8
- Aushändigung der Lohnsteuerkarte zum Zweck der § 41b (1) 5
- Frist für Antrags § 46 (2) Nr. 8
- Pflichtbei Freibetrag § 46 (2) Nr. 4
- von Arbeitnehmern § 46

Verausgabung § 11

verbilligte Überlassung
- siehe unentgeltliche Überlassung

Verbot
- privater Änderung der Lohnsteuerkarte § 39 (6) 4

Verdienstausfall
- steuerfreie Aufwandsentschädigung und § 3 Nr. 12 S. 2, LStR 3.12 (2)

Vereinbarungen von Ehegatten
- bei getrennter Veranlagung § 26a (2)

Vereinnahmung
- allgemein § 11
- von Arbeitslohn LStR 38.2

Verfassungsmäßigkeit
- Musterverfahren Anh. 55

Verheiratete
- siehe Ehegatten

Verkehrsunfall
- siehe Unfallschaden

Verleiher
- Arbeitgeber der Leiharbeitnehmer LStR 19.1 S. 5
- ausländischer § 38 (1)
- Betriebsstätte bei ausländischem § 41 (2), LStR 41.3
- Haftung bei Arbeitnehmerüberlassung § 42d (7), LStR 42d.2 (7)
- zuständige Finanzämter für ausländische LStH 41.3

Verlustabzug
- wie Sonderausgabe § 10d

Verluste
- Freibetrag auf LStkarte § 39a (1), LStR 39a.2

Verlustrücktrag
- siehe Verlustabzug

VermBDV, VermBG Anh. 23 ff.

Vermeidung von Härten
- bei der Arbeitnehmerveranlagung § 46 (3)

Vermietung und Verpachtung
- Einkünfte aus § 21
- Freibetrag auf der Lohnsteuerkarte bei Verlust aus § 39a (1), LStH 39a.2, LStR 39a.2

Vermittlungsprovisionen
- im Bankgewerbe und bei Versicherungsgesellschaften als Arbeitslohn LStR 19.4

Vermögensbeteiligungen
- ab 2009 BMF-Schreiben Anl. § 003-07
- Bewertung § 19a (2), LStH 19a
- Ermittlung des steuerfreien geldwerten Vorteils LStH 19a, LStR 19a (10)
- steuerbegünstigte Überlassung an Arbeitnehmer § 19a (1), LStH 19a, LStR 19a
- Steuerfreiheit Anl. § 3 Nr. 39, LStH 3.39
- Umwandlung von Arbeitslohn LStR 19a (4)

Vermögensbildung
- BMF-Schreiben zum 5. VermBG Anh. 25
- VermBDV Anh. 24
- Vermögensbildungsgesetz Anh. 23

vermögenswirksame Leistungen
- Arbeitnehmer-Sparzulage siehe dort
- Begriff Anh. 23 (§ 2)
- in Tarifverträgen Anh. 23 (§ 10)
- siehe Vermögensbeteiligungen
- Vordruckmuster Bescheinigung Anh. 26

Verpflegungsaufwendungen
- Kosten der Lebensführung LStR 9.1 (2) Nr.4

Verpflegungsmehraufwendungen
- als Reisekosten LStR 9.6
- Anrechnung von Verpflegungszuschüssen LStH 9.6
- Auslandstagegelder Anl. § 009-02, LStR 9.6 (3) 1
- Begrenzung durch Bundesreisekostengesetz § 4 (5) Nr. 5 S. 4
- bei Dienstreisen im Inland (Pauschbeträge) § 4 (5) Nr. 5 S. 2, § 9 (5)
- bei doppelter Haushaltsführung LStR 9.11 (7)
- bei Fortbildungsveranstaltungen LStR 9.2 (2)
- bei Kuren als außergewöhnliche Belastung EStR 33.4
- Flugreisen LStR 9.6 (3) 4 Nr. 1
- Konkurrenzregelung LStR 9.6 (2)
- Pauschalierung § 40 (2) 1 Nr. 4
- Schiffsreisen LStR 9.6 (3) 4 Nr. 2
- Steuerfreiheit der Erstattung durch den Arbeitgeber LStH 9.6
- Steuerfreiheit der Vergütungen aus öffentlichen Kassen § 3 Nr. 13, LStR 3.13
- Steuerfreiheit der Vergütungen von privaten Arbeitgebern § 3 Nr. 16, LStR 3.16, LStR 9.11 (10)

Verpflegungszuschüsse
- Anrechnung bei den Werbungskosten LStH 9.6
- doppelte Haushaltsführung LStR 9.11 (10)
- Mahlzeiten LStR 8.1 (7 und 8)

Versäumnis
- Nichtvorlage der LStkarte durch Arbeitnehmer § 39c (1)
- verspätete Abgabe der Lohnsteuer-Anmeldung LStR 41a.1 (4)

Versicherungsbeiträge
- Abzug als Sonderausgaben § 10 (1) Nr. 2, 3, 3a
- Allgemeines zum Abzug als Vorsorgeaufwendungen § 10 (2)
- des Arbeitgebers für Direktversicherung der Arbeitnehmer § 40b, LStR 40b.1
- Höchstbeträge für Vorsorgeaufwendungen § 10 (3-4)
- Zukunftssicherungsleistungen LStR 3.62

Versicherungsgesellschaften
- Vermittlungsprovision als Arbeitslohn LStR 19.4

Versicherungsunternehmen
- Voraussetzungen für Sonderausgabenabzug § 10 (2) Nr. 2

Versorgungsausgleich
- externe Teilung, Steuerfreiheit § 3 Nr. 55b, LStH 3.55b
- interne Teilung, Steuerfreiheit § 3 Nr. 55a, LStH 3.55a

Versorgungsbezüge
- als Einkünfte aus nichtselbständiger Arbeit § 19 (2), LStR 19.8
- als sonstige Bezüge LStR 39b.3 (2)
- Begriff § 19 (2)
- Beispiele steuerbegünstigter LStR 19.8 (1)
- Pauschbetrag für Werbungskosten § 9a Satz 1 Nr. 1

Versorgungsfreibetrag
- Begriff und Höhe § 19 (2)
- bei laufendem Arbeitslohn LStR 39b.3 (1)
- bei sonstigen Bezügen LStR 39b.3 (2)

- Bemessungsgrundlage § 19 (2) 4
- Lohnsteuerbescheinigung LStR 41b (4)
- Zuschlag zum § 19 (2)

Versorgungsverpflichtungen
- Übertragung auf Pensionsfonds, BMF-Schreiben Anl. § 003-06

Verspätungszuschlag
- bei Lohnsteuer-Anmeldung LStR 41a.1 (4)

Vertreter
- ständiger Vertreter als inländischer Arbeitgeber § 38 (1), LStR 38.3 (3)

Verwendungsauflage LStH 38.2

Verwertung
- nichtselbständige Arbeit im Inland und LStabzug § 49 (1) Nr. 4, LStR 39d (1)

Verwitwete
- Ausstellung einer Lohnsteuerkarte bei Tod des Ehegatten LStR 39.3 (5)
- maßgebende Lohnsteuerklasse § 38b
- Splitting-Verfahren § 32a (6)

Videorecorder
- Nachweis beruflicher Nutzung LStH 9.12

VIP-Logen
- BMF-Schreiben Anl. § 040-03

Vorauszahlung
- Abschlagszahlung siehe dort
- Arbeitslohn als laufender Arbeitslohn LStR 39b.2 (1)
- Arbeitslohn als sonstiger Bezug LStR 39b.2 (2)
- Zufluss des Arbeitslohns § 38a (1), LStR 38.2

Vordruckmuster
- Lohnsteuerbescheinigungen Anl. § 041b-01
- Lohnsteuerkarte Anl. § 039-01
- maschinelle Lohnsteuer-Anmeldung Anl. § 041a-02
- vermögenswirksame Leistungen Anh. 26
- Wohnungsbauprämie Anh. 31

vorläufige Steuerfestsetzung
- Musterverfahren Anh. 55

Vorlage der Lohnsteuerkarte
- beim Arbeitgeber zum Lohnsteuerabzug § 39b (1)
- Nichtvorlage § 39c
- Steuerkartenwechsel LStR 39b.1 (3)

Vorruhestandsgeld
- Progressionsvorbehalt § 32b (1) Nr. 1

Vorsogepauschale
- ab 2009 BMF-Schreiben Anl. § 039b-05

Vorsorgeaufwendungen
- Allgemeines zum Abzug § 10 (2)
- Begriff § 10 (2)
- Beiträge zu Versicherungen § 10 (2)
- Günstigerprüfung § 10 (4a)
- Höchstbeträge § 10 (3-4)
- kein Freibetrag auf der LStkarte LStR 39a.1 (6)
- Verbot des Zusammenhangs mit steuerfreien Einnahmen § 10 (2) Nr. 1
- Vorwegabzug § 10 (4a)

Vorsorgekuren
- als außergewöhnliche Belastung EStR 33.4

Vorsorgepauschale
- ab 2010 § 39b (2) Satz 5 Nr. 3
- Ausschluss LStJA § 42b (1) 4 Nr. 5
- beim Lohnsteuerabzug LStR 39b.7
- Berücksichtigung beim Lohnsteuerabzug § 39b (2) 5 Nr.3

Vorsorgeuntersuchung
- für Arbeitnehmer aus betrieblichen Gründen LStH 19.3

Vorstandskasino
- Sachbezugswertermittlung LStR 8.1 (7) Nr. 5 S. 3

Vorwegabzug § 10 (4a)

vorweggenommene Werbungskosten LStH 9.1

W

Wählervereinigungen
- Steuerermäßigung für Spenden an unabhängige § 34g

Wahlrecht
- bei doppelter Haushaltsführung LStH 9.11 (5-10), LStR 9.11 (10) 6, LStR 9.11 (5)
- Bewertung Sachbezug Anl. § 008-09, LStH 8.2

Waisengelder
- Arbeitslohn/steuerbegünstigte Versorgungsbezüge § 19

Waren
- Bewertung von Sachbezügen § 8 (2), § 8 (3), LStR 8.1, LStR 8.2 (2), LStR 8.2 (2)
- Gewährung von Getränken und Genussmitteln LStR 19.6, LStR 8.2 (1) 3
- unentgeltliche oder verbilligte Überlassung LStR 8.2 (1)

Warengutscheine LStH 8.1 (1-4)

Wartegelder
- als Arbeitslohn § 19 (1) Nr. 2

Wege zwischen Wohnung und regelmäßiger Arbeitsstätte § 9 (1) Nr. 4, § 9 (2)
- BMF-Schreiben zu Entfernungspauschalen Anl. § 009-07
- siehe auch Fahrten

Wehrdienst
- Berücksichtigung von Kindern § 32 (5)

Wehrdienstbeschädigte
- Steuerfreiheit der Bezüge aus öffentlichen Mitteln § 3 Nr. 6, LStR 3.6

Wehrmacht LStR 3.6 (2)

Wehrsold
- Steuerfreiheit der Bezüge § 3 Nr. 5, LStR 3.5

Weihnachtszuwendungen
- als sonstiger Bezug LStR 39b.2 (2)

Weiterbildung
- von Kindern siehe Ausbildung, Berufsausbildung

Weiterbildungsleistungen
- des Arbeitgebers LStR 19.7

weiträumiges Arbeitsgebiet
- Begriff LStH 9.4
- regelmäßige Arbeitsstätte LStH 9.4

Werbungskosten
- Allgemeines LStR 9.1 (1)
- Arbeitsmittel LStR 9.12
- Arbeitszimmer LStH 9.14
- Ausgaben im Zusammenhang mit Berufsverbänden LStR 9.3
- Begriff § 9 (1) 1, LStR 9.1 (1) 1
- besondere Pauschbeträge für bestimmte Berufsgruppen (2000 weggefallen) LStR 47
- doppelte Haushaltsführung LStR 9.11
- Freibeträge auf der Lohnsteuerkarte bei Ehegatten LStR 39a.3 (1)
- Freibetrag auf der Lohnsteuerkarte § 39a (1), LStR 39a.1 (4)
- Heimarbeiterzuschläge LStR 9.13
- Kinderbetreuungskosten § 9 (5), § 9c
- Pauschbeträge § 9a
- Reisekosten LStR 9.4
- Sondervorschriften für beschränkt Steuerpflichtige § 50 (a) 4
- Steuerfreiheit von Auslagenersatz § 3 Nr. 50, LStR 3.50
- Steuerfreiheit von Reisekosten- und Umzugskostenvergütungen § 3 Nr. 13, § 3 Nr. 16, LStR 3.13, LStR 3.16
- Steuerfreiheit von Reisenebenkosten LStR 9.8 (3)
- Steuerfreiheit von Umzugskostenvergütungen LStR 9.9 (3), LStR 9.9 (3)
- Umzugskosten LStR 9.9
- vorweggenommene LStH 9.1
- Wege zwischen Wohnung und Arbeitsstätte LStR 9.10

Werbungskosten-Pauschbeträge
- besondere für bestimmte Berufsgruppen (2000 weggefallen) LStR 47

Werbungskosten-Pauschbetrag
- Arbeitnehmer-Pauschbetrag § 9a
- Versorgungsbezüge § 9a Satz 1 Nr. 1

Werkstattwagen LStH 8.1 (9-10)

Werkswohnung
- Bewertung LStR 8.1 (6)
- im Ausland, Bewertung LStR 8.1 (6) 10
- Sachbezugswert für Wohnung/Unterkunft Anh. 3 (§ 2), LStR 8.1 (5)

Werkzeuge
- Werbungskosten § 9 (1) Nr. 6

Werkzeuggeld
- Steuerbefreiung § 3 Nr. 30, LStR 3.30

Wertguthaben
- Auszahlung Deutsche Rentenversicherung Bund, Arbeitgeberpflichten § 38 (3) 3

Wertminderung
- siehe Absetzungen

Wertpapiere
- vermögenswirksame Leistung Anh. 23 (§§ 4, 5)

Wiederbeschaffung
- existentiell notwendiger Gegenstände als außergewöhnliche Belastung EStR 33.2

wiederkehrende Bezüge
- sonstige Einkünfte § 22 Nr. 1

Winterausfallgeld
- Bescheinigung auf der LStkarte § 41b (1) 5

Wintergeld
- Steuerfreiheit LStR 3.2 (3)

Wirksamkeit
- von Änderungen und Ergänzungen der Lohnsteuerkarte § 39 (5), LStR 39.2 (11)

Wirtschaftsgut
- Absetzungen für Abnutzung als Werbungskosten § 9 (1) Nr. 7
- Absetzungen für Abnutzung eines -s als Werbungskosten LStH 9.12
- Aufwendungen für Arbeitsmittel als Werbungskosten § 9 (1) Nr. 6, LStR 9.12
- Trennung des beruflichen Anteils LStH 9.12

Witwengeld
- Arbeitslohn/steuerbegünstigte Versorgungsbezüge § 19

Wohneigentum
- siehe Wohngebäude

Wohngebäude
- Aufwendungen für als vermögenswirksame Leistung Anh. 23 (§ 2 Abs. 1 Nr. 5)
- Einkünfte aus Vermietung und Verpachtung § 21
- erhöhte Absetzung für Abnutzung nach EStG § 10e, § 7b
- Freibetrag auf der Lohnsteuerkarte § 39a (1)
- Steuerermäßigung für eigengenutztes § 34f

Wohngeld
- Steuerfreiheit § 3 Nr. 58

Wohnsitz
- inländischer Arbeitgeber § 38 (1)
- unbeschränkte Steuerpflicht bei im Inland § 1 (1) 1

Wohnsitzfinanzamt
- keine Bindung an Anrufungsauskunft LStH 42e
- siehe örtliche Zuständigkeit, Zuständigkeit

Wohnung
- als Einnahme/Arbeitslohn § 8 (2)
- als Lebensführungskosten § 12 Nr. 1, LStR 9.1 (2)
- am auswärtigen Beschäftigungsort siehe doppelte Haushaltsführung
- Bewertung LStR 8.1 (6)
- Bewertung Sachbezug Anh. 3 (§ 2 Abs. 4)
- Fahrten zur Arbeitsstätte LStH 9.10
- im Ausland LStR 8.1 (6) 10
- mehrere -en und Fahrten an einem Arbeitstag LStH 9.10
- örtliche Zuständigkeit der Gemeinde für Ausstellung LStkarte § 39 (2), LStH 39.1, LStR 39.2 (12)
- Wege zur Arbeitsstätte LStR 9.10
- Wegverlegung vom Beschäftigungsort BMF-Schreiben Anl. § 009-09

Wohnungsbauprämie
- Einkommensgrenze Anh. 28 (§ 2a)

- Gesetz Anh. 28
- Höchstbeträge Anh. 28 (§ 3)
- Richtlinien Anh. 30
- Rückzahlung Anh. 29 (§ 2)
- Steuerfreiheit Anh. 28 (§ 6)
- Verordnung Anh. 29
- Vordruckmuster Anh. 31

Wohnungsüberlassung
- steuerfreie Mietvorteile § 3 Nr. 59, LStR 3.59

Z

Zählgelder
- pauschale Fehlgeldentschädigung LStR 19.3 (1) Nr. 4

Zahlungsfrist
- bei Haftungsbescheid und Nachforderungsbescheid LStR 42d.1 (7)

zeitanteilige Ermäßigung
- bei außergewöhnlichen Belastungen § 33a (3), EStR 33a.4

Zeiträume ohne Arbeitslohn
- Aufzeichnung "U" § 41 (1) 5, LStDV § 4 (2) Nr. 2 zu § 41, LStR 41.2

Zeitschriften
- siehe Fachbücher

Zeitverlust
- bei Aufwandsentschädigung LStR 3.12 (2) 2

zeitversetzte Auszahlung
- von steuerfreien Zuschüssen LStR 3b (8)

zentrale Stelle
- Altersvorsorgezulage § 81

Zigaretten, Zigarren
- siehe Freitabakwaren

Zinsen
- an Arbeitnehmer von Kreditinstituten Anl. § 008-10 (a)
- Einkünfte aus Kapitalvermögen § 20
- Sparer-Freibetrag § 20 (4)

Zinsersparnisse
- bei Arbeitgeberdarlehen Anl. § 008-04

Zinsinformationsverordnung § 45e

Zivildienst
- Berücksichtigung von Kindern § 32 (5)
- Steuerfreiheit von Bezügen § 3 Nr. 5, LStR 3.5

Zivildienstbeschädigte
- Steuerfreiheit der Bezüge aus öffentlichen Mitteln § 3 Nr. 6, LStR 3.6

Zufluss
- Entstehung der Lohnsteuer § 38 (2) 2
- Regressverzicht des Arbeitgebers bei Lohnsteuernachforderung LStH 19.3
- von Arbeitslohn § 38a (1), LStR 38.2
- von Einnahmen § 11 (1)

Zukunftssicherung, -sleistungen LStR 3.62
- Begriff LStDV § 2 (2) Nr. 3 zu § 19
- Fehler bei der Pauschbesteuerung LStH 40b.1
- Pauschalierung der LSt bei bestimmten § 40b, LStR 40b.1
- Rückdeckung des Arbeitgebers kein Arbeitslohn LStDV § 2 (2) Nr. 3 S. 4 zu § 19

- Rückzahlung LStR 40b.1 (12)
- Steuerfreiheit der gesetzlichen § 3 Nr. 62, LStR 3.62 (1)

Zulagen
- Schmutzzulagen steuerpflichtig LStR 19.3 (1) Nr. 1

zumutbare Belastung
- Abzug bei außergewöhnlichen Belastungen § 33 (3)

zusätzliche Altersvorsorge § 10a

zusätzliche Arbeitgeberleistungen LStR 3.33 (5)

zusätzliche Fahrten
- siehe Zwischenheim- und Leerfahrten

zusätzlicher Sonderausgaben-Höchstbetrag
- siehe Vorwegabzug

Zusage
- verbindliche nach Lohnsteuer-Außenprüfung LStR 42f (5)

Zusammenveranlagung
- Splitting-Verfahren bei § 32a (6)
- von Ehegatten § 26b

Zusatzversorgungskassen
- siehe betriebliche Altersversorgung

Zuschlag zum Versorgungsfreibetrag § 19 (2)

Zuschlag/Zuschläge
- für Erschwernisse wie Hitze, Wasser, Gefahr, Schmutz steuerpflichtig LStR 19.3 (1) Nr.1
- Grundlohn bei Altersteilzeit LStR 3b (2) Nr. 5
- Mehrarbeit LStR 3b (5)
- Misch LStR 3b (5)
- Pauschalen bei Sonntags-, Feiertags- und Nachtarbeitszuschlägen LStR 3b (7)
- Steuerfreiheit für Sonntags-, Feiertags- und Nachtarbeitszuschläge § 3b
- zeitversetzte Auszahlung LStR 3b (8)

Zuschlagsteuern
- Festsetzung und Erhebung § 51a
- Solidaritätszuschlag 1995 Anh. 6

Zuschüsse
- zur Internetnutzung § 40 (2) 1 Nr. 5, LStR 40.2. (5)

Zuständigkeit
- Anmeldung und Abführung der LSt § 41a (1), LStR 41a.1 (2)
- Anrufungsauskunft § 42e, LStR 42e (1)
- Ausstellung der Lohnsteuerkarte § 39 (2), LStH 39.1, LStR 39.1
- Bescheinigung nach § 39d EStG § 39d (1) 3
- Finanzämter für ausländische Verleiher LStH 41.3
- Freistellungsbescheinigung § 39b (6)
- Haftung des Arbeitgebers § 42d (3)
- Haftung des Entleihers § 42d (6) 9, LStR 42d.2 (10)
- Lohnsteuer-Außenprüfung § 42f (1)
- Lohnsteuernachforderung vom Arbeitnehmer LStH 41c.3, LStR 41c.3 (2)
- örtlich bei Änderungen und Ergänzungen der Lohnsteuerkarte LStR 39.2 (12)

1401

- örtliche Landesfinanzbehörde § 39 (6)
- Pauschalierungszulassung § 40 (1)
- sachlich für Freibeträge § 39a (2)
- Weisungen an Gemeinde § 39 (6)

Zuwendungen
- an Pensionskassen § 4c
- an politische Parteien § 10b (2)
- an Stiftungen § 10b (1a)
- an Unterstützungskassen § 4d

Zuzahlungen Arbeitnehmer
- zu Dienstwagen LStH 8.1 (9-10)

Zwangsläufigkeit
- bei außergewöhnlichen Belastungen § 33 (2)

Zwangsmittel
- zur Abgabe der Lohnsteuer-Anmeldung LStR 41a.1 (4)

zweite Lohnsteuerkarte
- Ausstellung durch Gemeinde LStR 39.1 (7)
- sonstige Bezüge aus früherem Dienstverhältnis LStR 39b.6 (3)
- Steuerklasse VI für weiteres Dienstverhältnis § 38b Nr. 6

Zweitwohnung
- bei doppelter Haushaltsführung LStH 9.11 (1-4), LStR 9.11 (4), LStR 9.11 (8)

– Notizen –

– Notizen –

– Notizen –

– Notizen –

– Notizen –

– Notizen –

– Notizen –

– Notizen –